COLLECT

DE

DÉCISIONS

NOUVELLES

ET DE NOTIONS

RELATIVES

A LA

JURISPRUDENCE

ACTUELLE;

Par Me J. B. DENISART, Procureur au Châtelet de Paris.

CINQUIÉME ÉDITION.

TOME SECOND.

A PARIS,

Chez DESAINT, rue du Foin, la premiere Porte cochere à droite, en entrant par la rue Saint Jacques.

M. DCC. LXVI.

COLLECTION

DE

DÉCISIONS

NOUVELLES.

TOME SECOND.

COLLECTION

DE

DÉCISIONS NOUVELLES

ET

DE NOTIONS RELATIVES

A LA JURISPRUDENCE

ACTUELLE.

E

EAU

EAU-BÉNITE.
V. *Droits honorifiques , Pain-béni ,* &c.

ON met l'afperfion de l'Eau-Bénite, au nombre des actes hiérarchiques, parce qu'elle exige & fuppofe une autorité publique en celui qui la fait, & qui a béni l'Eau : ainfi (felon M. Hallier) la bénédiction de l'Eau, & même l'afperfion, font des fonctions qui demandent un miniftere public, & qui ne

Tome II. Part. I.

EAU

doivent être exercées que dans le propre territoire du Pafteur ordinaire, ou de fon confentement.

Les Curés qui affiftent aux Proceffions de l'Evêque , ou même de la Cathédrale , ne doivent point faire porter le bénitier qu'ils peuvent avoir quand ils marchent feuls ; parce qu'alors, en préfence du premier Pafteur ou de la Cathédrale, qu'on regarde comme l'Eglife Mere & Fondatrice de tou-

A

E A U

Ainfi, lorfque l'Evêque fe trouve à l'afperfion de l'Eau-Bénite, on ne le bénit pas, mais on lui préfente le goupillon, avec lequel il fe bénit lui-même, & bénit les autres.

C'eft fur le fondement de ces principes que, par un Arrêt célèbre du 31 Mars 1735, rendu entre M. l'Archevêque de Tours, le Chapitre de la Métropole & celui de S. Martin de la même Ville, fur les Conclufions de M. Joly de Fleury, Avocat Général, la Cour a *fait défenfes auxdits du Chapitre de Saint Martin, de bénir le Peuple, par des afperfions d'Eau-Bénite, dans le cours des Proceffions où il affistera avec le Chapitre (Métropolitain) de Saint Gatien.*

La bénédiction de l'Eau eft une fonction Eccléfiaftique, pour laquelle il ne faut point un pouvoir fpécial de l'Evêque; le caractere Sacerdotal & le confentement du Curé fuffifent.

Le fieur Fortemps, Vicaire à Rheims, ayant fait cette bénédiction du confentement du Curé, après la révocation de fes pouvoirs de Vicaire dans une Paroiffe, fut pourfuivi extraordinairement à ce fujet par l'Archevêque de Rheims: s'étant pourvu au Parlement, un Arrêt célèbre, rendu le 8 Mai 1717, a déclaré toute cette procédure abufive.

Par Arrêt du 12 Janvier 1728, rendu entre le Curé de Vaudeuil, Diocèfe de Beauvais, & la Dame du lieu, il a été ordonné que le Curé donneroit l'Eau-Bénite par afperfion, avec décence, inclination & diftinction (a). L'ufage dans lequel les Seigneurs de Vaudeuil étoient de recevoir l'Eau-Bénite de cette maniere, fut le motif de l'Arrêt: M. l'Avocat Général d'Agueffeau, qui porta la parole, fit voir qu'il (l'ufage) devoit fervir de régle dans ces matieres.

La Sentence, fur l'appel de laquelle eft intervenu cet Arrêt, contenoit fur le fond les mêmes difpofitions que l'Arrêt; cependant elle fut infirmée à caufe de la forme: elle prononçoit, ayant égard aux Statuts du Diocèfe de Beauvais & à l'ufage.

Le Seigneur de Vaujour prétendit, en 1713, que le Curé de la Paroiffe devoit lui donner l'Eau-Bénite féparément & par préfentation, & non point par afperfion; il fe fondoit fur fa qualité de Haut-Jufticier: il le fit ainfi juger par Sentence du Châtelet, du 16 Mai 1713; mais fur l'appel, le Curé de Vaujour offrit de donner l'Eau-Bénite au Seigneur & à fa famille féparément & par afperfion, de la même maniere qu'ils l'avoient reçue depuis douze ans; & il articula que l'ufage de la Paroiffe étoit de la donner de cette maniere de temps immémorial.

Cet ufage, qui ne fut pas contredit, détermina la Cour à infirmer la Sentence du Châtelet, & à maintenir le Curé dans la poffeffion de ne donner l'Eau-Bénite aux Seigneurs que par afperfion, après l'avoir donnée au Clergé (b), & féparément, avant de la donner au refte du peuple, dépens compenfés. L'Arrêt a été rendu fur les Conclufions de M. l'Avocat Général Joly de Fleury, le 21 Août 1714.

L'ufage & la poffeffion déterminent donc fur la maniere de donner l'Eau-Bénite aux perfonnes qui ont les droits honorifiques; & ce n'eft pas feulement le Parlement de Paris qui fe décide par-là: le Parlement d'Aix juge de même, & a, par Arrêt rendu le 11 Mars 1737, confirmé la Sentence qui avoit admis le Seigneur de Cabriès à prouver qu'il étoit en poffeffion de recevoir l'Eau-Bénite par préfentation du goupillon.

Le même Parlement a depuis rendu un pareil Arrêt, entre le Seigneur & la Communauté de Simianne-lès-Aix.

Mais l'ufage des Paroiffes voifines ne doit point influer fur la maniere de donner l'Eau-Bénite dans une Paroiffe où il n'y a fur cela aucun ufage: cette maxime eft confacrée par un Arrêt récent, dont voici l'efpéce.

(a) Le Parlement de Touloufe, qui, par Arrêt du 27 Janvier 1756, a ordonné que l'Eau-Bénite feroit donnée par diftinction au fieur de Sauvan, Marquis d'Aramon, dans fes Terres, s'eft fervi de ces termes: ordonne que les Curés & autres Prêtres defervans les Paroiffes d'Aramon, Valabregne, &c. lui donneront féparément du public, & d'une maniere diftinctive, en fe tournant vers lui, l'Eau-Bénite par afperfion, & enfuite à toute fa famille..........
(b) Remarquez que c'eft du Clergé en furplis dont il eft ici queftion, & non des Eccléfiaftiques en habits ordinaires.

Les Seigneurs de Mazerni faifant profeffion de la Religion prétendue-Réformée, ne paroiffoient pas à l'Eglife depuis long-temps, & n'y recevoient, par conféquent, aucun des honneurs dûs à leur qualité; ils avoient d'ailleurs des conteftations entr'eux fur la queftion de fçavoir, lequel devoit jouir des droits de la Haute-Juftice: mais tous les droits de la Seigneurie & de la Juftice s'étant réunis en 1738 fur la tête d'un feul, qui profeffoit la Religion Catholique, il fomma le Curé de lui déférer les droits honorifiques, & entr'autres, de lui donner l'Eau-Bénite par préfentation du goupillon.

Le Curé refufa, & l'affaire fut portée au Bailliage de Rheims, où il intervint Sentence en faveur du Seigneur.

Sur l'appel, le Seigneur mit en fait, par une Requête précife du 7 Juillet 1741, que dans toutes les Paroiffes voifines de Mazerni, l'ufage étoit de donner l'Eau-Bénite au Seigneur par préfentation; mais, par l'Arrêt rendu le 13 Mars 1742, au rapport de M. Bochard de Sarron, le Curé a été condamné, fuivant fes offres, à recommander le Seigneur aux Prieres, à lui donner le pain-béni, l'encens & la paix à baifer, & à lui donner l'Eau-Bénite, *par afperfion avec diftinction*, le premier après le Clergé & ceux qui en tiennent lieu.

D'Héricourt penfe que l'Eau-Bénite ne doit fe donner par diftinction, qu'à ceux qui ayant droit de l'exiger ainfi, ont leur banc dans le Chœur; parce, dit-il, qu'il n'eft *pas naturel que le Curé les aille chercher chacun à leur place, pour leur donner de l'Eau-Bénite fuivant le rang qu'ils tiennent; cela cauferoit*, felon lui, *un trop grand embarras.* Au refte, jamais l'Eau-Bénite ne doit fe préfenter ou fe donner aux perfonnes qui ont les droits honorifiques, qu'après qu'elle aura été donnée à tout le Clergé & aux Choriftes en furplis.

Le Curé de Brienne, Diocèfe de Troyes, ayant été condamné, par défaut, à donner l'Eau-Bénite par préfentation au Seigneur, l'Evêque de Troyes attaqua l'Arrêt, & interjetta appel de la Sentence du Bailliage de Chaumont qui condamnoit le Curé, & qui avoit été confirmée en la Cour; & par Arrêt rendu le 13 Juin 1724, faifant droit fur l'appel de l'Evêque, il a été ordonné que le Curé donneroit l'Eau-Bénite au Seigneur par afperfion, avec diftinction & la décence convenable. Voyez le Rapport des Agens du Clergé en 1725, page 192.

Le Clergé s'eft toujours élevé contre l'ufage de donner l'Eau-Bénite, par préfentation, à certains Seigneurs. On trouve à ce fujet une Délibération de Corps affemblé en l'année 1665, dans le cinquiéme tome de fes Mémoires, pag. 1470, qui porte que les Curés fe conformeront aux Rituels, & donneront par afperfion l'Eau-Bénite aux Seigneurs: il eft, en effet, bien extraordinaire que l'Eau-Bénite fe donne par préfentation aux particuliers, tandis que le Roi ne la reçoit que par afperfion dans fa Chapelle. Voyez le Rituel d'Alet, par M. Pavillon; le Mémoire envoyé par M. le Cardinal de Noailles aux Curés de fon Diocèfe, pour les inftruire fur la maniere dont ils doivent déférer les honneurs de l'Eglife, dans lequel ce Prélat cite deux Arrêts des 20 Juillet 1699, & 4 Septembre 1716; Van-Efpen & les Arrêtés de M. de Lamoignon.

EAUX ET FORÊTS.

Voyez *Baliveaux, Bois, Chaffe, Gruerie, Pêche, Procureur du Roi, & Table de Marbre.*

Nos Rois conferent anciennement la garde & la confervation des Forêts à de grands Seigneurs: mais ceux-ci ne tarderent point à s'en faire un titre de vexation fur tous leurs voifins. Les Ordonnances du feiziéme fiécle retentiffent des plaintes qui étoient portées jufqu'au trône, & des différens Réglemens qu'on fit pour rétablir l'ordre & faire ceffer les ufurpations.

De-là vinrent les commiffions de Maîtres généraux, Réformateurs des Eaux & Forêts, érigées de temps à autres pour réprimer les abus: ces commiffions particulieres ont été l'origine des grandes Maîtrifes, divifées dans la fuite en Maîtrifes particulieres, pour maintenir la Police, pour conferver les bois fi néceffaires au Royaume, & pour punir les délinquans.

Après le Traité des Pyrénées, Louis XIV chargea des perfonnes expérimentées, de veiller à la réformation des abus qui fubfiftoient encore dans les Forêts; & fur l'avis de ces Commiffaires, il fit plufieurs Réglemens pour régler la coupe & l'ufage des bois ; & pour ne rien omettre fur cette matiere, il fit une Ordonnance au mois d'Août 1669, qui contient toutes les difpofitions qui peuvent établir une bonne Police & la confervation des Forêts du Royaume.

Anciennement les perfonnes qui étoient chargées de veiller à la confervation des Forêts du Roi, n'avoient point de Jurifdiction contentieufe ; ils n'ont commencé de l'exercer qu'en vertu de l'Edit du mois de Décembre 1543, concurremment avec les Juges ordinaires ; & ce n'eft que par des Edits des mois de Février 1554, Janvier & Août 1583, que les Officiers des Maîtrifes des Eaux & Forêts ont été créés en titre d'Office. Voyez Gallon fur l'Ordonnance des Eaux & Forêts.

Actuellement la Jurifdiction des Eaux & Forêts s'exerce par les Grands-Maîtres (a) & les Officiers des Maîtrifes particulieres(b). La compétence & les droits de chacun font déterminés par les titres 2, 3, 4, 5, 6, 7, 8 & 9 de l'Ordonnance de 1669, dont j'ai déja parlé (c). Voyez auffi une Déclaration du 24 Juillet 1745, fur les droits, prérogatives & priviléges des Grands-Maîtres.

L'Edit du mois d'Octobre 1716, regiftré le 4 Décembre fuivant, en fupprimant plufieurs Offices nouvellement créés dans les Maîtrifes des Eaux & Forêts, a ordonné que dorénavant chaque Maîtrife fera compofée feulement d'un Maître particulier, d'un Lieutenant, d'un ... Procureur du Roi, d'un Garde-Marteau, d'un Greffier, d'un Receveur particulier & d'un Receveur des amen-

des, d'un Garde général, Collecteur des amendes, & du nombre d'Arpenteurs, d'Huiffiers-Audienciers & de Gardes qui fe trouvoient établis lors dudit Edit.

Les Officiers des Maîtrifes des Eaux & Forêts font reçus (d) à la Table de Marbre, où l'appel de leurs Sentences reffortit (e). Leurs Sentences ne s'exécutent par provifion, que lorfque la condamnation n'excéde pas 100 liv. de principal ou 10 liv. de rente. V. l'Ordonnance des Eaux & Forêts, titre des Appellations, art. 7.

Les conteftations qui ont pour objet la propriété d'Eaux & Forêts, & qui s'élevent de Partie à Partie, ne font point de la compétence des Maîtrifes des Eaux & Forêts : la connoiffance leur en eft interdite par l'Ordonnance, ibid. tit. 1, art. 10.

Les Officiers des Eaux & Forêts fiégent l'épée au côté ; cependant il n'eft pas néceffaire d'être Gentilhomme pour être pourvu de ces Offices ; il ne faut pas non plus être gradué.

Suivant un Edit du mois de Mars 1707, & des Déclarations des 8 Janvier 1715 (enregiftrées le 23) & 9 Août 1723, les Officiers des Maîtrifes ont fur les Eaux & Forêts des Prélats & autres Eccléfiaftiques, Chapitres (f) & Gens de main-morte, la même Jurifdiction qu'ils exercent fur ceux du Roi, en ce qui concerne le fait des ufages, délits, abus & malverfations, fans qu'ils foient requis, quand même les délits n'auroient pas été commis par les Bénéficiers, &c.

Les Juges mêmes Gruyers des Seigneurs, ne peuvent pas connoître de ces délits &

(a) Les Grands-Maîtres des Eaux & Forêts ont été créés en 17 départemens, par des Edits des mois de Février 1689, regiftré le 28, & Mars 1703, regiftré le 19 Avril fuivant. Voyez auffi les Edits des mois d'Août 1693, Novembre 1706, & Février 1745.

(b) En Rouffillon, l'Intendant ou Commiffaire départi remplit les fonctions & à la même adminiftration qu'ont les Grands-Maîtres dans les autres départemens ; & les Viguiers font celles des Maîtres particuliers. Voyez l'Edit du 17 Juin 1759, regiftré au Confeil Supérieur de Perpignan, le premier Septembre 1759.

(c) Par exception à l'attribution aux Jurifdictions des Eaux & Forêts, des conteftations relatives aux Eaux & Forêts, l'Ordonnance pour la Ville de Paris de l'an 1672, attribue au Bureau de l'Hôtel-de-Ville la connoiffance des conteftations relatives aux adjudications faites pour la provifion de Bois à Paris ; & la Ville de Paris a été maintenue dans cette connoiffance, par Arrêt rendu le 31 Décembre 1760, fur les Conclufions de M. Seguier, contre les Officiers de la Maîtrife de l'Aigle, & le Procureur du Roi de la Table de Marbre à Paris.

(d) Un Arrêt du Confeil du 23 Février 1740, a fait défenfes à la Chambre des Eaux & Forêts du Parlement de Befançon, de procéder à l'information de vie & mœurs des Officiers des Maîtrifes, fans la commiffion expreffe du Grand-Maître du département, à peine de nullité de ladite information, &c. & fous les autres peines portées par un autre Arrêt du Confeil du 28 Juillet 1722. Voyez fur cela l'Ordonnance des Eaux & Forêts.

(e) Il eft défendu aux Tables de Marbre, par un Arrêt du Confeil du 9 Mars 1740, de prendre connoiffance des appellations des Sentences qui interviennent aux Siéges des Maîtrifes, en exécution des Ordonnances particulieres du Confeil ; les appels en ce cas-là doivent fe relever au Confeil.

(f) Le Roi a, par un Arrêt du Confeil du 4 Septembre 1717, dérogé à l'article 41 du titre de la Police des Eaux & Forêts de l'Ordonnance de 1669, en faveur des Comtes de Lyon, & fait défenfes aux Officiers des Bureaux des Finances de les troubler dans la propriété des Ifles & Iflots des Rivieres navigables qui font dans l'étendue de leur Comté.

malverfations : cela a été défendu au Juge
Gruyer de Mongienne, & à tous autres Juges de Seigneurs, tant Eccléfiaftiques que
Laïcs, par un Arrêt du Confeil du 20 Février 1742. Voy. fur cette interdiction aux
Juges de Seigneurs, deux Arrêts du Confeil des 20 Novembre 1725 & 6 Décembre
1735. Celui-ci eft revêtu de Lettres-Patentes adreffées au Parlement de Befançon.

A l'égard des délits, abus & malverfations qui concernent les Eaux & Forêts des
Seigneurs Laïcs ou autres Particuliers,
les Officiers des Eaux & Forêts du Roi
n'ont droit d'en connoître, fuivant la même Déclaration, que lorfque les propriétaires commettent eux-mêmes les délits. Mais
fur tout cela voyez Bois.

Quand les délits font commis par d'autres que par les propriétaires, les Officiers
des Maîtrifes ne peuvent en connoître, à
moins qu'ils n'en foient requis.

Conformément à ces maximes, le Juge
Gruyer du Duché de Rouanne a, par Arrêt
rendu au Confeil le 20 Avril 1728, été
maintenu dans les fonctions & droit d'exercer la Jurifdiction fur les biens dudit Duché, en fe conformant à l'Ordonnance des
Eaux & Forêts, à l'Edit du mois de Mars
1707, & à la Déclaration du mois de Janvier 1715.

Le même Arrêt a auffi maintenu les Officiers de la Maîtrife des Eaux & Forêts de
Montbriffon, conformément aux mêmes Ordonnances, dans la Jurifdiction des Eaux &
Forêts fur les biens des Eccléfiaftiques,
Chapitres & Communautés du Duché de
Rouanne, même dans la connoiffance des
délits commis dans les bois du Duc de
Rouanne, quand lefdits délits feront commis par fes Officiers, & non d'autres, à
moins qu'ils n'en foient requis par le Juge
dudit Duché.

Un autre Arrêt du Confeil du 16 Décembre 1732, a condamné les Officiers de
la Maîtrife du Châlonnois, qui avoient procédé aux Réglemens des bois de Pourlans,
appartenant aux Jéfuites de Dijon, à rendre les fommes qu'ils avoient reçues fans la
taxe du Grand-Maître, à ceux de qui ils les
avoient touchées; & a fait défenfes aux Officiers de ladite Maîtrife, & à tous autres du
département de Bourgogne, d'exiger aucuns

frais ni droits pour raifon de vifites qu'ils
peuvent faire, quand bon leur femble, dans
les bois des Eccléfiaftiques, Commandeurs,
Hôpitaux & Communautés, ou de ce qui
eft par eux fait en exécution des ordres du
Grand-Maître, pour raifon defdites vifites,
fans la taxe du Grand-Maître, à peine de
concuffion.

Le Confeil a rendu un Arrêt à peu près
femblable, contre les Officiers des Eaux &
Forêts de Metz, le 5 Avril 1735; (l'un &
l'autre font imprimés).

Il eft défendu aux Jurifdictions Confulaires de prendre connoiffance des matieres
qui concernent Eaux & Forêts. Voyez Confuls.

Voyez à l'article Procureur du Roi, l'Arrêt du 19 Janvier 1740, qui ordonne au Procureur Général du Parlement de Douay, de
prendre le fait & caufe du Procureur du Roi
des Maîtrifes, &c.

Les Officiers des Maîtrifes particulieres
des Eaux & Forêts ont leurs caufes commifes, tant civiles que criminelles, au Préfidial du reffort, fuivant l'art. 13 du titre 2
de l'Ordonnance des Eaux & Forêts : ce
privilége a lieu, même en matiere réelle,
fuivant des Arrêts du Confeil des 31 Août,
23 Novembre 1694, 19 Janvier 1700, & 4
Mars 1749.

Ce privilége a été contefté aux Sergens
& Gardes des Maîtrifes, mais il leur a été
confirmé par deux Arrêts du Parlement,
des 4 Août & 22 Septembre 1728.

En matiere d'Eaux & Forêts, la compétence des Juges ne fe régle point par le domicile du défendeur, ni par aucun privilége de
caufes commifes, ou autre quel qu'il puiffe
être, mais par le lieu, s'il s'agit de délits,
abus ou malverfations; ou par la fituation
de la Forêt & des Eaux, s'il eft queftion
d'ufages & de propriété, ou de l'exécution de
contrats, pour marchandifes qui en proviennent. Ordonnance des Eaux & Forêts, titre 1, art. 9.

Sur le fondement de cet article, l'Arrêt
rendu par le Confeil de Rouffillon, le 30
Janvier 1736, qui caffoit & annulloit un
Décret décerné par la Maîtrife de Quillau,
contre un Particulier domicilié dans le reffort de ce Confeil, & hors du reffort de
cette Maîtrife, pour un délit commis dans

l'étendue de cette même Maîtrise, ressortissante au Parlement de Toulouse, a lui-même été cassé en très - grande connoissance de cause, par des Arrêts rendus au Conseil d'Etat les 29 Janvier & 17 Décemb. 1737, après avoir demandé au Conseil de Roussillon les motifs de son Arrêt, & entendu l'Inspecteur du Domaine.

Les Officiers de la Maîtrise des Eaux & Forêts d'Auxerre ont prétendu avoir le droit de saisir, & ont réellement saisi au Marché une certaine quantité de poisson d'eau douce, qui y étoit exposée dans le temps de la fraye, & qui n'avoit pas le volume fixé par l'Ordonnance : ils soutenoient y être autorisés par un Jugement en dernier. ressort du premier Mars 1706, qui n'existe pas dans les registres ; mais il s'en est trouvé un autre du 17 Avril 1674.

Les Officiers de Police ont, au contraire, soutenu qu'eux seuls avoient droit de saisir le poisson exposé sur le Marché contre la disposition des Réglemens ; que les Officiers des Maîtrises pouvoient bien empêcher de pêcher dans le temps de la fraye, & saisir le poisson qui n'avoit pas le volume fixé par l'Ordonnance ; mais qu'ils étoient sans droit relativement au poisson exposé au Marché, parce qu'il pouvoit provenir d'étangs & rivieres privées, qui ne sont pas assujetties aux dispositions de l'Ordonnance des Eaux & Forêts, & que le propriétaire d'un étang peut le pêcher, & en faire ce que bon lui semble.

La Cour n'a pas jugé à propos de décider cette question ; & par Arrêt rendu le Lundi premier Septembre 1760, au rapport de M. d'Héricourt, il a été ordonné que les Parties se retireroient pardevers le Roi, à l'effet d'obtenir un Réglement.

Le Grand-Maître des Eaux & Forêts de Berry ayant nommé le Maître particulier des Eaux & Forêts de Bourges, & le Procureur du Roi des Eaux & Forêts de Vierzon, pour faire la visite des bois de l'Abbaye des Bénédictins de S. Sulpice de Bourges, & dresser Procès-verbal de l'état desdits bois, le Procureur du Roi des Eaux & Forêts se pourvut par appel contre les Ordonnances du Grand-Maître, & soutint que, conformément à l'article 5 du titre des Bois appartenans aux Ecclésiastiques, de l'Or-

donnance de 1669, cette visite devoit être faite en présence de lui Procureur du Roi, en la Justice des Eaux & Forêts de Bourges.

Sur cette contestation est intervenu Arrêt le 8 Juin 1701, sur les Conclusions de M. Joly de Fleury, Avocat Général, qui a maintenu le Procureur du Roi de Bourges *dans le droit d'assister aux visites qui seront faites par le Maître particulier des Eaux & Forêts de Bourges, tant en vertu des Commissions de la Cour, que de celles des Grands - Maîtres des Eaux & Forêts & autres, sans que la Partie de le Gendre,* (M. Begon, Grand-Maître), *lorsque le Maître particulier de Bourges sera commis, puisse commettre un autre Substitut de notre Procureur Général, que celui de ladite Maîtrise particuliere de Bourges, si ce n'est qu'il y ait des causes de suspicion & de récusation valables contre ledit Substitut.*

Un Arrêt du Conseil du premier Mai 1735, fait défenses à tous Juges des Seigneurs de donner aucune permission de couper des bois & arbres de futaie, baliveaux sur taillis, ou arbres épars.

Le même Arrêt fait défenses aux Greffiers desdites Justices, de recevoir aucunes déclarations des Particuliers pour raison des arbres qu'ils voudront abattre, à peine de 1000 liv. d'amende contre les Juges, & 500 liv. contre les Greffiers, sauf auxdits Particuliers à se conformer à l'article 3 du titre des Bois des Particuliers, de l'Ordonnance des Eaux & Forêts de 1669, & aux Arrêts du Conseil rendus les 21 Septembre 1700, & 6 Septembre 1723.

Une Déclaration du 13 Novembre 1714, enregistrée le 6 Février 1715, fait défenses d'allumer du feu dans les Forêts, Landes & Bruyeres.

C'est devant les Juges des Eaux & Forêts qu'il faut se pourvoir pour raison des contestations qui s'élevent à l'occasion des biens communaux (qui n'ont pas pour objet la propriété) ; & deux Arrêts du Parlement de Rouen, des 29 Avril, 4 Juin 1728, qui avoient confirmé une Sentence rendue sur pareille matiere par les Juges ordinaires de la Vicomté d'Auge, ont été cassés par Arrêt du Conseil du 19 Juin 1731, lequel, en renvoyant la contestation devant les Officiers de la Maîtrise de ladite Vicomté, a ordonné qu'ils connoîtroient, à l'exclusion des Juges ordinaires, des prairies, secondes herbes, pâturages, &c. Voyez ce que je dis à l'art. *Communautés d'Habitans.* Le Tribunal des Eaux & Forêts ne connoît d'aucuns décrets.

Le Conseil a aussi défendu aux Juges de Seigneurs, par un Arrêt du 10 Juillet 1742, de prendre connoissance des coupes d'arbres de futaie, ou autres délits qui pourront être commis dans les quarts de réserve, & des coupes de baliveaux sur taillis, ou arbres épars, qui seront faites dans les bois des Communautés, à peine de demeurer personnellement garans des amendes auxquelles les délinquans auroient dû être condamnés.

Le Conseil avoit auparavant, par un autre Arrêt du 12 Septembre 1741, cassé un Réglement fait par les Officiers du Bailliage de Langres, concernant les Patis & Communaux de quelques Paroisses, avec défenses aux Officiers dudit Bailliage, & à tous autres, d'en prendre connoissance, à peine d'interdiction, & de 3000 liv. d'amende.

Le Parlement a fait défenses aux Officiers des Maîtrises des Eaux & Forêts, par Arrêt du 11 Juin 1725, d'intituler à l'avenir leurs Sentences du nom de Grand-Maître, si ce n'est dans le cas où le Grand-Maître auroit lui-même instruit & jugé le procès dans le cours de ses visites en réformation, & qu'il auroit pris les Officiers de la Maîtrise, pour juger conjointement avec lui.

Peut-on adjuger des dépens, en matiere d'Eaux & Forêts, au Procureur du Roi? V. *Dépens.*

ECCLÉSIASTIQUES.

V. *Abbés, Abus, Bénéfices, Capacité, Cas privilégié, Censure, Curé, Dégradation, Délit commun, Domestiques, Droits honorifiques, Evêque, Grade, Guet & Garde, Immunités Ecclésiastiques, Logemens de Gens de Guerre, Succession, Taille, Titre Sacerdotal, Vacance.*

Par le mot Ecclésiastique, on entend toutes les personnes qui sont séparées de l'état des simples Laïcs, par une destination expresse au service de l'Eglise.

Il y a des Ecclésiastiques Séculiers & des Réguliers.

Les Séculiers sont ceux qui ne sont pas obligés, par des vœux publics & solemnels, aux régles particulieres d'une Communauté ou d'un Ordre Religieux.

Les Réguliers sont ceux qui ont fait des vœux de pauvreté dans un Ordre Religieux. V. *Religieux.*

Les Ecclésiastiques Séculiers succédent à leurs parens, & leurs parens leur succédent; & nous n'admettons point en France les dispositions de la Novelle 131, qui restraignoit la liberté des Ecclésiastiques, pour la disposition de leurs biens, à ceux qu'ils possédoient au temps de leur promotion aux Bénéfices, & qu'ils recueilloient depuis de leurs parens. Nous regardons les successions des Ecclésiastiques Séculiers, comme celles des autres Citoyens, à l'exception de celles des Curés, sur lesquelles les Archidiacres prétendent avoir des droits singuliers. Voyez *Archidiacres.*

Ce point de droit est décidé par plusieurs de nos Coutumes, & ne fait plus aujourd'hui de difficulté en France. Voyez l'article 336 de la Coutume de Paris, l'art. 570 de la Coutume de Bretagne, l'art. 151 de celle d'Artois, l'art. 148 de celle de Blois, l'art. 40 du titre 19 de la Coutume de Berry, & la Déclaration de Charles VI de l'an 1385, en conformité de laquelle l'Evêque de Langres fut débouté de sa prétention sur les successions des Clercs, par Arrêt du 20 Juillet 1387.

Le Chapitre de Vincennes a aussi prétendu, sur le fondement de Lettres-Patentes que lui avoit accordées Charles V en l'année 1376, pouvoir succéder aux deux tiers du mobilier de l'un de ses Chanoines mort intestat. Le Chapitre avoit la possession la plus suivie; mais, parce que la Coutume de Paris, rédigée postérieurement aux Lettres-Patentes de Charles V, défere la succession des Ecclésiastiques à leurs parens, la prétention du Chapitre a été rejettée par Arrêt rendu en la Grand'Chambre, le 25 Septembre 1755.

Le Chapitre s'est pourvu en cassation contre cet Arrêt; mais, par Arrêt rendu au Conseil des Parties, auquel le Roi a assisté, le 3 Mai 1762, il a été mis néant sur la demande en caffation de l'Arrêt du Parlement.

Je crois néantmoins que les Archevêques de Cambrai font en poffeffion de fuccéder pour un foixantiéme aux meubles & acquêts des Bénéficiers de leur Diocèfe; je crois auffi que les Chapitres de la Cathédrale de Cambrai, de Saint Geri & de Sainte-Croix, fuccédent aux Chanoines décédés *ab inteftat.* J'ignore à cet égard fur quoi le droit de l'un & des autres eft fondé (a).

A l'égard des fucceffions des Eccléfiaftiques Réguliers, voy. *Cotte-morte* & *Evêque.*

Lorfqu'il s'agit de régler le rang des Eccléfiaftiques entr'eux, on le leur accorde felon leur caractere & la dignité de leurs diverfes fonctions, de Cardinaux, Patriarches, Primats, Archevêques, Evêques & autres Prélats, ou, felon leurs Ordres facrés de Prêtres, Diacres, Soudiacres, &c. & en général, chacun à fon rang, par celui de fon Miniftere, de fon Ordre & de fon Bénéfice; fans aucun égard aux qualités perfonnelles; parce que toutes les places des Eccléfiaftiques, & les honneurs qui y font attachés, ont leur rapport unique & précis à des fonctions fpirituelles; c'eft par la différence de leurs miniftere & de ces fonctions, qu'ils font diftingués.

Quand il s'agit du rang & de la préféance entre des Eccléfiaftiques & des Laïcs, on diftingue les occafions où les Eccléfiaftiques exercent les fonctions de leur miniftere, de celles où il ne s'agit pas de ces fonctions.

Dans tous les cas où les Eccléfiaftiques exercent les fonctions de leur miniftere, on leur accorde le rang & la préféance au-deffus de tous les Laïcs; & quoiqu'on voye dans certaines Eglifes que, pendant le Service Divin, on accorde certaines places à des Laïcs, comme, par exemple, à des Magiftrats ou à des Fondateurs, on ne les leur accorde que par grace & pour des confidérations que l'ordre public & l'intérêt de l'Eglife rendent favorables, & d'une maniere qui, ne donnant aux Laïcs aucun rang dans l'Ordre fpirituel, ne leur donne pas auffi de préféance fur ceux de cet Ordre, & ne fait aucun changement à leur dignité.

Mais fi, ne s'agiffant, ni du Service Divin, ni des fonctions fpirituelles, il faut régler le rang des Eccléfiaftiques & des Laïcs, on diftingue les occafions où les Eccléfiaftiques & les Laïcs fe trouvent dans un même corps, pour y exercer les mêmes fonctions, & celles où ils n'ont rien de commun enfemble, par exemple, des Confeillers-Clercs exerçant les mêmes fonctions que les Confeillers-Laïcs, les uns & les autres n'ont rang que du jour de leur réception, parce qu'ils ont tous la même dignité & la même autorité. Sur cette matiere voyez *Préféance.*

Les Eccléfiaftiques, conftitués dans les Ordres facrés, jouiffent des mêmes exemptions & priviléges que les Nobles, Chevaliers de Malte, & Officiers privilégiés, de maniere qu'ils peuvent faire valoir la même quantité de biens que les Nobles, fans payer la Taille. Voyez l'Edit de 1634, art. 33, & celui du mois de Mars 1667; mais voyez auffi ce que je dis à l'art. *Taille.*

Deux Déclarations, l'une & l'autre du 8 Février 1657, qu'on trouve au Code des Curés, leur ont même accordé des priviléges plus étendus que ceux dont jouiffent les Nobles. Mais on ne trouve aucune mention de l'enregistrement de ces deux Déclarations dans cet Ouvrage; & il y a lieu de croire qu'elles ont eu le même fort que l'Edit du même mois de Février 1657, dont je parle au mot *Dixme.*

Les Eccléfiaftiques font exempts de Capitation. Ils font affranchis de cette impofition (V. *Capitation*) par le contrat paffé entre le feu Roi & le Clergé, le 5 Juillet 1710; & M. Feydeau de Brou, Intendant de Paris, a, par fon Ordonnance du 28 Février 1743, déchargé deux Eccléfiaftiques qui avoient été impofés à la Capitation dans la Paroiffe de Perigny; *attendu,* dit cette Ordonnance, *qu'en qualité d'Eccléfiaftiques & Bénéficiers, ils contribuent aux impofitions du Clergé, tenant lieu de Capitation.*

Les Eccléfiaftiques vivent en Nobles, mais ils meurent en Roturiers; ainfi leurs fucceffions ne fe partagent pas comme celles des Nobles, mais comme celles des Rotu-

---

(a) On prétend que dans l'Evêché de Liége, c'eft l'Evêque-Prince qui fuccéde aux Eccléfiaftiques; & que ceux-ci n'ont pas droit de difpofer de leurs biens par teftament. Voyez Pinault des Jaunaux, fur l'article 14 du titre 12 de la Coutume du Cambrefis.

riers,

riers, à moins qu'ils ne soient nés Nobles.

Pour jouir des priviléges Ecclésiastiques, il suffit, suivant le Droit Canon, d'être Clerc Tonsuré; mais l'article 21 de l'Ordonnance de Roussillon porte, que nul ne pourra reclamer & jouir du privilége Clérical, s'il n'est au moins Soudiacre (a). V. aussi l'article 60 de l'Ordonnance de Moulins, l'Edit du mois d'Août 1571, art. 14, & l'art. 22 de l'Edit de Melun.

Les Ecclésiastiques constitués dans les Ordres sacrés, peuvent, comme les Nobles, en matiere criminelle, demander que leurs causes ou leurs personnes soient jugées (en cas d'appel) par les Grand'Chambre & de Tournelle assemblées, lorsque le procès est pendant à un Parlement; & ils ne peuvent être jugés prévotalement en dernier ressort par les Prévôts des Maréchaux, ni par les Présidiaux, suivant l'Edit du mois d'Avril 1695, art. 42, & la Déclaration du 5 Février 1731, art. 11. V. sur la même matiere un Arrêt du Conseil du 8 Octobre 1691, rendu contre les Officiers du Présidial de Rhodès.

Les Ecclésiastiques ne peuvent même être poursuivis devant des Juges de Seigneurs, lorsqu'il s'agit de cas privilégiés. La connoissance de ces sortes d'affaires appartient au Juge Royal; & un Arrêt du mois de Mai 1735, rendu en la Tournelle, fait défenses au Bailli de Nesle (Juge de Seigneur) d'informer contre des Ecclésiastiques. De Jouy cite un Arrêt du Conseil du 13 Janvier 1657, qui a jugé de même. Mais voyez Official.

Les Ecclésiastiques ne doivent pas être nommés tuteurs ni curateurs; la sainteté du ministere qu'ils exercent, les éloigne de toute administration d'affaires temporelles. Voyez la Novelle 123.

Le désintéressement est un des bons exemples que les Ecclésiastiques doivent donner aux Laïcs; ainsi ils ne doivent point rechercher la pluralité des Bénéfices; ils ne doivent rien exiger pour l'administration des Sacremens, & ils doivent au contraire faire un emploi édifiant de leurs revenus.

Comme le commerce est sujet à de grands abus, & singuliérement à la cupidité, au mensonge & au parjure, il est interdit aux Ecclésiastiques; le troisiéme Concile de Carthage leur a même défendu de se rendre Fermiers ou Procureurs des Laïcs, afin qu'ils ne deshonorassent point la sainteté de leur Profession par un gain sordide (b).

L'Arrêt rendu en forme de Réglement pour le Diocése de Boulogne, au Parlement le 4 Août 1745, porte aussi que » les Curés, Vicaires & autres personnes constituées dans les Ordres sacrés, ne pourront » faire aucun commerce de chevaux ou autres animaux, ni se charger d'aucune recette des biens séculiers, ni faire valoir ou » affermer en leurs noms, ou sous des noms » empruntés, aucune Terre, si ce n'est leur » propre bien, ou les dixmes de leur Paroisse «.

Lorsque les Ecclésiastiques, Prêtres, Diacres, Soudiacres, & Clercs vivans cléricalement, résidens, & servans aux Offices, ou au Ministere & Bénéfices qu'ils tiennent en l'Eglise, sont accusés de cas qu'on appelle privilégiés, leur procès doit être instruit conjointement par les Juges d'Eglise, & par les Baillis & Sénéchaux, ou leurs Lieutenans, en la forme prescrite par l'art. 22 de l'Edit de Melun, par celui du mois de Février 1678, & par la Déclaration du mois de Juillet 1684. Voyez l'article 38 de l'Edit du mois d'Avril 1695. Voyez aussi Cas privilégié, Délit commun, Official, &c.

Les Ecclésiastiques qui possédent des Fiefs provenant de leur patrimoine ou d'acquisition, sont exempts des droits de francs-

---

(a) A Perpignan, les simples Clercs jouissent de quelques-uns des priviléges Ecclésiastiques, & singuliérement de celui de faire entrer du vin & quelques denrées, sans payer les droits que payent les autres Bourgeois.

(b) Il est une sorte de commerce qu'il paroît difficile d'empêcher les Moines de faire, c'est celui de l'Apoticairerie; il avoit été défendu aux Jésuites, par un Arrêt du Grand-Conseil du 28 Juin 1755, de plus vendre, débiter ni distribuer, même gratuitement, aucun reméde ni drogue; cependant tout le monde sçait le commerce qu'ils en faisoient à Lyon, & la saisie qui fut faite à la Maison Professe de Paris, dont je parle à l'art. Apoticaire.

La même indocilité se trouve dans une infinité d'autres Moines; j'ai sous les yeux grand nombre de Sentences de Police, qui, conformément aux art. 26 & 27 de l'Edit du mois de Mars 1707, défendent à diverses Maisons de Jacobins, Bénédictins, Augustins, Franciscains & Minimes, de vendre, ni même de donner gratuitement des remédes; cependant ils en font encore presque tous un commerce public, d'autant plus dangereux que ces sortes de gens n'ont pû acquérir l'expérience nécessaire à une Profession de cette importance avant d'entrer au Cloître, où l'on fait Profession à seize ans, & où l'on n'apprend, ni Pharmacie, ni Médecine.

Fiefs, lors même qu'ils ne sont pas nés Nobles, pourvû qu'ils soient constitués dans les Ordres sacrés. Cette exemption se stipule ordinairement dans les contrats qui se passent entre le Roi & le Clergé. Celui du 8 Décembre 1726 en contient une convention expresse; & toutes les fois que les Fermiers ont tenté d'exiger ces droits, les Ecclésiastiques en ont été déchargés. On trouve dans le rapport fait au Clergé en 1740, plusieurs pièces qui établissent cette exemption, & singuliérement une décision du Conseil du 11 Décembre 1737.

Depuis ces décisions particulieres, il est intervenu sur la même matiere un Arrêt de Réglement, rendu le 13 Avril 1751. Voici comme il s'explique par l'art. 16.

Les Ecclésiastiques, constitués dans les Ordres Sacrés, payant ou non payant Décimes, Titulaires ou non Titulaires de Bénéfices, seront exempts des droits de francs-Fiefs, tant pour les biens de leurs Bénéfices, que leurs biens patrimoniaux ; & les simples Clercs (non Nobles) pourvus de Bénéfices, payeront les droits de francs-Fiefs pour leurs biens Nobles patrimoniaux, jusqu'à ce qu'ils ayent pris le Soudiaconat.

Les Ecclésiastiques, qui ne font point partie du Clergé de France, c'est-à-dire, ceux des Duchés de Lorraine & de Bar, des Archevêchés & Evêchés de Strasbourg, Metz, Toul, Verdun, Orange, Besançon, Bellay en Bugey, Cambrai, Arras, S. Omer, &c. ne pourront prétendre cette exemption. Voy. aussi la Décision du Conseil du 6 Octobre 1738.

Les Ecclésiastiques, les Religieux & les Communautés, qui traitent de leurs revenus, ou qui transigent sur des contestations qui n'ont pas pour objet l'aliénation des fonds dépendans des Bénéfices, ne font pas censés mineurs pour ces objets, & il n'y a aucune Loi qui leur défende de contracter sur cette jouissance. Voyez *Aliénation*.

Au contraire, l'article 14 du titre 15 de l'Ordonnance de 1667 déclare les mineurs Ecclésiastiques, pourvus de Bénéfice, *capables d'agir en Justice sans l'autorité & assistance d'un Tuteur ou Curateur, tant en ce qui concerne le possessoire, que pour les droits, fruits & revenus du Bénéfice.*

Si un mineur a cette capacité, à plus forte

raison les Communautés sont-elles en droit de disposer des revenus dont elles ont la jouissance : nous avons même plusieurs Arrêts qui ont débouté des Communautés Religieuses de leurs demandes en enthérinement de Lettres de Rescision, contre des transactions, en forme de partage, des revenus entre les Religieux & les Abbés ou Prieurs Commendataires. Il y en a un entr'autres, du 22 Janvier 1706, contre les Bénédictins de l'Abbaye S. Nicolas d'Angers, qui a été recueilli par Augeard.

Il faut donc regarder comme un principe certain, que les Ecclésiastiques & les mainmortes en général ne peuvent pas invoquer le privilége des mineurs pour ce qui concerne l'administration & les fruits de leurs biens. Les Décrétales n'ont point de titre *de minoribus;* mais quand il est question du fonds ou de la propriété de leurs biens, l'Ordonnance de 1667, tit. 35, art. 7, 10 & 35, leur applique les priviléges des mineurs, soit en leur donnant, pour se pourvoir par Requête civile, le double du temps accordé aux majeurs, soit en leur permettant d'alléguer pour moyens le défaut de défense valable. Voyez aussi le titre 27 de la même Ordonnance, art. 12 & 13, & ce que je dis, article *Biens d'Eglise.*

Les Ecclésiastiques, constitués dans les Ordres Sacrés, ne font pas sujets à la contrainte par corps, pour dettes purement civiles. V. *Contrainte par corps.*

Ils peuvent bien remplir des Charges de Conseillers-Clercs, & faire les fonctions de Juges d'Eglise; mais ils ne peuvent pas faire celles des Juges de Seigneurs, quand même la Seigneurie appartiendroit à des Ecclésiastiques. Despeisses, de qui j'emprunte ceci, dit encore que les Ecclésiastiques ne peuvent être Notaires. Voyez Despeisses, tome 3, des Justices, art. 3, n°. 10, & la Jurisprudence féodale de Provence, tit. 2, n°. 16.

L'art. 73 d'une Ordonnance du 25 Juin 1750, donnée pour le service militaire, porte : *Seront exempts du logement des Gens de guerre, & de toute contribution à icelui, les Ecclésiastiques étant actuellement dans les Ordres, ou pourvus de Bénéfices qui exigent résidence dans le lieu.* Voyez aussi la Déclaration du 27 Janvier 1651, registrée au

Parlement le 24 Avril fuivant ; elle eft dans la Combe, Recueil Canonique.

Les perfonnes conftituées aux Ordres Sacrés de Prêtrife, de Diaconat ou Soudiaconat, ne peuvent être exécutés en leurs meubles deftinés au Service Divin, ou fervant à leur ufage néceffaire, de quelque valeur qu'ils puiffent être, ni même en leurs livres qui leur feront laiffés, jufqu'à la fomme de 150 liv. Ordonnance de 1667, tit. 33, art. 15.

Sur l'habit, la demeure & la conduite extérieure des Eccléfiaftiques, voyez l'Ordonnance de M. le Cardinal de Noailles, Archevêque de Paris, du 12 Août 1697.

É C H A N G E.

V. *Domaine, Engagement, & Garde.*

Le Contrat d'Echange eft fujet aux mêmes régles que le contrat de vente ; ainfi les mineurs, les prodigues, les furieux & les grevés de fubftitution, qui ne peuvent vendre des immeubles, ne peuvent pas non plus les échanger.

De même, s'il y a léfion d'outre moitié dans la valeur des immeubles échangés, celui qui fouffre la léfion, peut fe faire reftituer contre le Contrat d'Echange ; parce que tous deux tiennent lieu de vendeur.

La reftitution, dans ce cas-là, produit même plus d'effet, que fi la léfion étoit occafionnée par une vente ; car la Partie léfée par un Echange, peut contraindre l'autre de lui rendre l'héritage échangé ; au lieu que s'il s'agit d'une vente, la Partie léfée d'outre moitié entre majeurs, ne peut pas contraindre l'acquéreur de lui rendre l'héritage, s'il offre de fuppléer, & payer jufqu'à concurrence de la véritable valeur.

L'héritage échangé eft de même qualité que celui donné en contr'Echange, dit Loyfel ; ainfi, fi l'héritage échangé par un Particulier, étoit propre, celui qui lui eft donné en contr'Echange, eft regardé de même dans les fucceffions, & il eft par conféquent fujet aux réferves coutumieres, comme les propres, & au retrait, mais il conferve la qualité de Fief ou de roture ; ces qualités ne peuvent recevoir aucun changement, ni fe communiquer par la voie de l'Echange.

La garantie a lieu dans les Contrats d'Echange, comme dans les ventes ; ainfi, fi l'une des Parties eft troublée dans la poffeffion ou dans la propriété de l'héritage que l'Echange lui a procuré, l'autre Partie doit, ou faire ceffer le trouble, ou rendre ce qu'elle a reçu en contr'Echange.

Il me femble que, puifque l'héritage pris en Echange, eft de même nature que celui qui a été donné, & qu'il en eft parfaitement repréfentatif, l'hypothéque qui fubfiftoit fur la chofe échangée, devroit fe tranfporter fur celle prife en Echange ; mais on s'eft attaché fur cela à la rigueur du Droit ; & il arrive, par l'Echange, que les créanciers fe trouvent avoir une double hypothéque ; ainfi l'Echange eft toujours onéreux ; en effet, l'héritage donné en Echange, refte toujours fujet aux hypothéques dont il étoit affecté avant l'Echange ; & le créancier qui acquiert une fûreté fur l'héritage dont fon débiteur devient poffeffeur, n'eft pas moins en droit de former fa demande en déclaration d'hypothéque, contre celui qui poffède l'héritage dont le débiteur étoit propriétaire avant l'Echange.

La garantie que fe doivent les copermutans, n'a pas lieu pour les faits du Prince ni pour les voies de fait, non plus que dans le contrat de vente.

Il eft peu de Coutumes qui affujettiffent les mutations d'héritages par Echange au payement de droits Seigneuriaux ; mais par des Edits des mois de Mai 1645 & Février 1674, il a été ordonné que dans les cas d'Echanges (faits dans les Coutumes muettes) d'héritage contre héritage, ou contre des rentes foncieres ou conftituées, il feroit payé au Roi, pour ces mutations, les mêmes droits que fi les héritages avoient été acquis à prix d'argent (*a*).

(*a*) Un Edit du mois de Décembre 1683, regiftré au Parlement de Touloufe, le 15 Avril 1684, a révoqué les droits d'Echange établis par les Edits & Déclarations de 1645, 1673 & 1674, & ordonné qu'il en feroit ufé dans le Languedoc, comme avant lefdits Edits & Déclarations, tant dans les Directes du Roi, que dans celles des Seigneurs Feodaux & Cenfiers. Le motif a été que cette Province, régie par le Droit-Ecrit, il étoit auparavant dû quelque droit pour les Echanges, il a néantmoins été payé une finance pour cette révocation.

Les droits d'Echange ont auffi été éteints & fupprimés dans les Directes particulieres des Seigneurs de Champagne, par un Arrêt du Confeil du 7 Mai 1697, moyennant une finance de 80000 liv., au moyen de quoi ils ne fe perçoivent plus dans cette Province, que dans les Directes & Domaines du Roi.

Il y a eu des arrangemens pris pour la Bretagne avec les Etats de cette Province, fur les droits d'Echange.

Ces droits ont depuis été aliénés au profit des Seigneurs de Fiefs, même Ecclésiastiques. Voyez la Déclaration du 11 Juin 1764, nonobstant l'Edit du mois d'Août 1749, auxquels la faculté de les réunir a été accordée par différentes Déclarations du Roi, & singuliérement par celle du 16 Février 1715, regiſtrée le 27 du même mois.

Il y en a une toute récente (du 20 Mars 1748) qui accorde six mois aux Engagiſtes des Domaines & aux Seigneurs particuliers, pour acquérir ces droits, à compter du jour de la signification des rôles arrêtés au Conseil, après quoi elle permet de procéder » à l'adjudication desdits droits au plus of- » frant . . . . . . & à toutes personnes de les » acquérir, pour les poſſéder à titre de Fief ∞ mouvant du Roi «.

L'article 3 de cette Déclaration veut même que les acquéreurs des droits d'Echange soient réputés Seigneurs en partie des Fiefs, Terres & Seigneuries, dans l'étendue desquels ils les ont acquis, *& qu'ils jouiſſent de tous les droits attachés à la qualité de Seigneurs de Fiefs après les Seigneurs, qui seront tenus de leur exhiber leurs papiers terriers, & autres piéces juſtificatives de leurs Directes, même de leur en fournir, s'ils les requiérent, des copies ou extraits en bonne forme.*

Mais l'Arrêt d'enregiſtrement (du 23 Mars) porte que cet article *ne pourra être entendu que des droits honorifiques dans l'Egliſe seulement, tels qu'ils appartiennent aux Seigneurs de Fiefs, & que les acquéreurs desdits droits (d'Echange) ne pourront exiger des Seigneurs autre communication que celle des titres relatifs aux droits d'Echange qui leur seroient conteſtés.* Voyez *Droits Honorifiques.*

Les droits d'Echange sont dûs en Beaujolois, à raison du douziéme denier, pour chacun des copermutans, suivant un Acte de Notoriété du Bailliage de Villefranche du 23 Juin 1722, quoique dans cette Province il ne soit dû aucun mi-lods.

Les droits d'Echange établis par les Edits de 1645 & 1674, ont donné lieu à la queſtion de sçavoir, si les Chevaliers du S. Eſprit, les Officiers des Cours Supérieures, les Secrétaires du Roi, & autres privilégiés, exempts de payer des droits Seigneuriaux,

quand ils achetent des héritages relevans du Roi, devoient payer ceux occaſionnés par les Echanges. Sur cela ſont intervenus plusieurs Arrêts, qui ont jugé que les privilégiés doivent au Roi les droits Seigneuriaux engendrés par les Echanges des Terres & Biens mouvans des Seigneurs particuliers, lorsque ceux-ci n'ont pas acquis du Roi le droit de les percevoir; mais qu'ils (les privilégiés) jouiroient *de l'exemption des droits Seigneuriaux par Echange, dans l'étendue des Directes de Sa Majeſté, de même que des autres droits Seigneuriaux;* c'eſt ce qui réſulte d'Arrêts du Conseil, rendus les 18 Juillet 1676, 21 Mars 1682 & 1699.

Il en a été rendu un plus récent au Conseil d'Etat, en très-grande connoiſſance de Cauſe, entre le Receveur des Domaines & Bois de la Généralité de Paris, Meſſieurs les Commandeurs & Officiers de l'Ordre du S. Eſprit, & le Duc de Rochechouart, le 23 Décembre 1738, par lequel il a pareillement été ordonné *que tous les privilégiés, & notamment les Commandeurs & Officiers de l'Ordre du Saint-Eſprit, seront tenus de payer au profit de Sa Majeſté, les droits d'Echange des Terres & Biens qu'ils ont acquis, ou qu'ils acquerront à l'avenir, à titre d'Echange, dans les Directes & mouvances des Seigneurs particuliers, auxquels lesdits droits n'auront point été aliénés:* l'Inſpecteur des Domaines étoit Partie dans cette affaire.

Les conteſtations qui naiſſent au ſujet des droits dûs pour Echanges d'héritages relevans en fief ou en censive des Domaines du Roi, doivent être portées aux Bureaux des Finances ou autres Juges, auxquels la connoiſſance des matieres Domaniales appartient, de la même maniere que les demandes formées pour droits Seigneuriaux dans les cas de ventes ou autres, soit que les Domaines appartiennent au Roi, ou qu'ils soient engagés.

Les demandes à conteſtations pour droits d'Echanges, dûs à cauſe d'héritages relevans de Seigneurs particuliers, doivent se porter devant les Juges qui connoiſſent des droits Seigneuriaux ordinaires dûs à ces Seigneurs. Sur cette compétence voyez un Arrêt du Conseil du 13 Octobre 1739.

Quand le Roi échange des Seigneuries contre d'autres Seigneuries, les droits régaliens dont le Roi jouiſſoit dans ces Terres, ne paſſent pas avec aux nouveaux propriétaires ; & il eſt d'uſage d'inſérer dans les Arrêts d'enregiſtrement de ces Echanges au Parlement, que le nouveau Seigneur *ne jouira & ne pourra prétendre d'autres droits que ceux dont le Roi jouiſſoit comme Seigneur particulier, ... ainſi qu'en jouiſſent & ont droit d'en jouir les autres particuliers du Royaume :* telles ſont les modifications ſous leſquelles l'Echange de la Terre de Levis, & une portion de celle d'Uzès, entre le Roi & M. le Duc d'Uzès, a été enregiſtré au Parlement, par Arrêt du 2 Septembre 1721.

L'Arrêt d'enregiſtrement des Lettres-Patentes ſur l'Echange du Domaine de Châteauneuf, donné à M. de Maillebois vers 1728, porte auſſi qu'il ne pourra jouir du droit d'Aubaine & autres droits régaliens, mais ſeulement des droits appartenans aux Seigneurs particuliers. Voyez à l'article *Garde,* ce que je rapporte de l'Arrêt d'enregiſtrement de l'Echange de Bel-Iſle ; mais voyez auſſi l'art. *Domaine.*

ÉCHEVINS.

V. *Buiſſonniers, Capitouls, Conſuls, Hôtel-de-Ville & Préſéance.*

Les Echevins ſont des Officiers Municipaux, qu'on nomme différemment, ſuivant les uſages de chaque Province.

A Toulouſe, on les appelle Capitouls. V. *Capitouls.*

A Bordeaux, ils ſont nommés Jurats. V. *Jurats.*

A Beauvais, on les nomme Pairs, &c.

Les fonctions de ces Officiers ne ſont pas les mêmes dans toutes les Villes.

A Paris, les Echevins ſont les Aſſeſſeurs du Prévôt des Marchands ; ils ſiégent avec lui au Bureau de l'Hôtel-de-Ville, & y rendent la Juſtice ſur les matieres de police des Ports de la Ville, & ſur les affaires du commerce qui a rapport à l'approviſionnement de Paris, tant par la riviere de Seine, que par celles qui y ſont affluentes. Voyez *Hôtel-de-Ville.*

La qualité d'Echevin de Paris annoblit ceux qui en ſont revêtus ; c'eſt un privilège qui a été accordé par Charles V, tant aux Prévôt des Marchands & Echevins, qu'aux Bourgeois de Paris, & qui fut confirmé par Charles VI, Louis XI, François I & Henri II.

Henri III reſtraignit ce privilège aux Prévôt des Marchands & Echevins, Procureurs du Roi & Greffiers ſeulement, en 1577 : il fut totalement ſupprimé par Louis XIV en 1667 ; & ce même Prince l'a rétabli par un Edit du mois de Novembre 1706, & le ſupprima de nouveau par l'art. 5 de l'Edit du mois d'Août 1715 ; mais Louis XV l'a rétabli par un Edit du mois de Juin 1716, regiſtré le 11 Juillet ſuivant, & les Prévôt des Marchands & Echevins en jouiſſent encore aujourd'hui.

Les Echevins de la Ville de Lyon ſont également annoblis par leur nomination, acceptation & réception : l'Edit qui leur accorde ce privilège, eſt du mois de Janvier 1714, & il a été enregiſtré le 24.

Il a été jugé, par Arrêt du Conseil du 24 Mars 1753, que les Lettres d'annobliſſement, envoyées aux Echevins de Dieppe, n'étoient pas compriſes dans la révocation faites ès années 1664 & 1715 ; en conſéquence le ſieur Charles-Antoine Martin, deſcendant de l'un de ces Echevins, a été maintenu dans ſa Nobleſſe par ledit Arrêt.

Les Prévôt des Marchands & Echevins de Paris *ſont les ſeuls du Royaume qui ayent l'honneur de prêter ſerment entre les mains du Roi ; l'Echevinage de Paris ne peut être déféré qu'à des perſonnes d'une profeſſion honorable & de mœurs ſans reproche. . . . . Le moindre ſoupçon, un contrat d'attermoyement, de ſimples Lettres de Répy, quelque juſtes que puiſſent être les cauſes qui les font accorder, ſuffiſent toujours pour exclure ceux qui pourroient prétendre à la qualité d'Echevin.* V. le préambule & les diſpoſitions de l'Edit du mois de Juillet 1716.

En Languedoc, les Conſuls prêtent le ſerment entre les mains du Seigneur Haut-Juſticier ou de ſes Officiers : l'Arrêt rendu au Parlement de Touloufe le 27 Janvier 1756, qui en a déclaré pluſieurs autres communs avec le ſieur de Sauvan, Marquis d'Aramon, Seigneur Haut-Juſticier de pluſieurs Terres ſituées dans cette Province, a ordonné qu'*après la nomination des Conſuls, faite ſuivant l'uſage, ils ſeroient tenus de prêter le ſerment en la forme & maniere accoutumée, entre les mains dudit de Sauvan ou de ses Officiers ; lesquels nouveaux Consuls seront aussi tenus de faire une visite en chaperon audit de Sauvan, & en son absence, à ses Officiers.*

La même chose a lieu en Provence ; & un Arrêt rendu par des Commissaires délégués, le 15 Avril 1711, entre le Seigneur & la Communauté de Rougiers, a ordonné que les Consuls prêteroient serment ès mains du Seigneur dans sa maison, debout & tête nue, sans gants & sans manteaux, à leurs dépens.

Le Parlement de Paris a, par Arrêt rendu le 7 Septembre 1761, entre le sieur Boucot, Seigneur du Marquisat de Dormans, les Habitans & le Corps de Ville dudit Dormans-sur-Marne, ordonné que *les Echevins & autres Officiers de Ville prêteroient le serment entre les mains du Baillif, Juge du Seigneur du Marquisat, & seroient reçus pardevant lui.* (Cet Arrêt a été imprimé.)

Le même Arrêt a ordonné que le Baillif dudit Marquisat présideroit, suivant l'usage, aux assemblées qui se font *à la diligence du Procureur Fiscal pour l'élection des Echevins & autres Officiers de la Ville ;* qu'à défaut du Baillif, il seroit remplacé par *le Lieutenant* qui présideroit, *mettroit les matieres en délibération, recueilleroit les voix, & que le Procureur Fiscal y assisteroit comme principal Officier, après le Baillif & son Lieutenant.*

Cet Arrêt a encore ordonné que *le Receveur de la Ville ne pourroit se défaisir d'aucuns deniers de la Ville, que sur les mandemens signés des Echevins, en conséquence de délibérations arrêtées par le Bureau ;* dans lequel Bureau *le Greffier ni le Receveur n'auroient point de voix délibérative.*

Suivant une autre disposition du même Arrêt du 7 Septembre 1761, le *Bureau de la Ville* doit être composé des *Officiers de la Justice* (Seigneuriale) *du Marquisat de Dormans, des Echevins & de six Notables* nommés tous les trois ans lors de l'élection des *Echevins ;* & le Bureau doit *s'assembler à la diligence du Procureur Fiscal ; le Baillif ou son Lieutenant doivent y présider, y mettre les matieres en délibération, & recueillir les suffrages.*

Dans plusieurs Villes de la Flandres, il n'y a point d'autres Magistrats que le Mayeur ou Maire, & les Echevins, qui décident avec lui les affaires civiles, criminelles & de police, qui naissent dans leur Ville.

Mais dans presque toutes les autres Villes de France, les Echevins sont ordinairement des personnes choisies pour aider le Maire, ou autre Officier municipal, dans l'administration des affaires de la Communauté. L'usage régle les fonctions & les prérogatives de chacun d'eux. Ceux de Lyon, Angoulême, &c. ont sur cela des prérogatives & des privilèges particuliers.

L'Edit du mois de Janvier 1633, par lequel le Parlement de Metz a été érigé, & qui a été registré au Parlement de Paris le 20 Décembre 1635, porte que *les Maître Echevin & treize dudit Metz,* .... pourront, ainsi que *les Juges ordinaires de Toul & Verdun, juger en dernier ressort de toutes matieres civiles qui n'excéderont la valeur de* 100 liv. *une fois payée, ou de* 5 liv. *Tournois de rente.*

Le même Edit porte *que lesdits Maître Echevin & treize dudit Metz, & ceux qui tiennent les mêmes Charges ès Villes de Toul & Verdun, pourront exercer la police & juger en dernier ressort, jusqu'à soixante sols d'amende.......*

ÉCOLE, ÉCOLIER.
V. *Education.*

Les Ecoliers étudians depuis six mois dans un Collége de l'Université de Paris, jouissent d'un privilége qu'on nomme *Scolarité,* en conséquence duquel ils ont leurs causes commises au Châtelet, où ils peuvent assigner leurs débiteurs, & y faire renvoyer les demandes formées contr'eux, dans les matieres personnelles ou mixtes, pourvû que leurs adversaires ne soient pas domiciliés à plus de soixante lieues de Paris. Voyez l'Ordonnance de 1669, & une Déclaration donnée en interprétation. Voyez aussi *Garde-Gardienne.*

Les Ecoliers ne sont pas obligés de rapporter dans les successions de leurs pere & mere, ce qui a été payé pour la dépense de leurs études ; mais s'ils prennent le bonnet de Docteur, la dépense que cette cérémonie occasionne, est sujette à rapport.

Le legs fait par le sieur Bellestre, Médecin, d'une maison située à Paris rue des deux Portes, pour tenir les Ecoles de charité de filles de la Paroiſſe S. Jean en Greve, a été déclaré exempt du droit d'amortiſſement, par Arrêt contradictoire du Conſeil, rendu le 7 Janvier 1738. V. le Rapport des Agens du Clergé en 1740, pag. 327.

C'eſt la Puiſſance Eccléſiaſtique qui eſt en poſſeſſion d'établir des Maîtres & Maîtreſſes d'Ecole dans les Paroiſſes : je ne vois pas trop ſur quoi cette poſſeſſion eſt fondée; il paroîtroit tout auſſi naturel que la Puiſſance Temporelle fût maîtreſſe de ces établiſſemens.

Quoi qu'il en ſoit, il y a des endroits où c'eſt l'Evêque qui eſt maître d'établir & de veiller ſur les Ecoles ; dans d'autres, c'eſt l'Archidiacre : cependant voyez l'Arrêt rendu le 23 Janvier 1680, rapporté au Journal des Audiences, tom. 4, liv. 3, chap. 4, & les anciens Mémoires du Clergé, tom. 2, ch. 20, n. 34 & ſuivans.

Il y a des Dioceſes où cette inſtitution eſt une des principales fonctions de celui qui, dans l'Egliſe Cathédrale, a la dignité d'Ecolâtre ; dans d'autres, l'Ecolâtre a le gouvernement des Ecoles des Villes, & l'Archidiacre, la direction de celles des Campagnes. L'uſage & la poſſeſſion réglent les droits des uns & des autres ; mais l'Eccléſiaſtique à qui cette autorité appartient, peut, quand bon lui ſemble, révoquer les Maîtres & Maîtreſſes d'Ecole, & ordonner qu'on en choiſiſſe d'autres.

A Paris, c'eſt le Chantre de l'Egliſe Métropolitaine qui régit les Ecoles; les Curés ont ſeulement la direction des Ecoles de charité de leurs Paroiſſes, en prenant à cet effet du Chantre des Lettres qu'il ne peut leur refuſer, ſur la repréſentation de leurs proviſions & priſe de poſſeſſion, ſuivant une tranſaction paſſée entre le Chapitre Notre-Dame, le Chantre de ladite Egliſe, & les Curés de Paris, devant Jouſſe, Notaire, & ſon confrere, le 18 Mai 1699 & jours ſuivans.

Quelques Univerſités ont auſſi le privilége de choiſir & de révoquer les Maîtres & Maîtreſſes d'Ecole. Voyez l'art. 14 de l'Edit de 1606, les Arrêts du Conſeil des 15 Octobre 1641, 20 Août 1668, 12 Mars 1669, 10 Septembre 1681 (ce dernier ſe trouve dans le Recueil d'Augeard); la Déclaration de 1666, & l'art. 25 de l'Edit du mois d'Avril 1695.

L'Ecolâtre de l'Egliſe Métropolitaine de Rheims a été maintenu dans le droit & poſſeſſion d'inſtituer & deſtituer les Maîtres & Maîtreſſes de l'Ecole de la Ville de Rheims, Villes & Villages du Dioceſe, par Arrêt rendu ſur les concluſions de M. l'Avocat Général de Lamoignon, aujourd'hui Chancelier, le 5 Juillet 1718.

Ce même Arrêt a fait défenſes aux Maîtres & Maîtreſſes d'Ecole d'enſeigner, ſans avoir pris des Lettres d'inſtitution de l'Ecolâtre, & de continuer, lorſque leſdites inſtitutions ſe trouveront révoquées.

Ces ſortes d'inſtitutions ſe donnent ſans frais.

Domat dit que les Maîtres d'Ecole ſont reſponſables de ce que font chez eux leurs Ecoliers.

Le Roi a créé une Ecole Militaire en faveur des jeunes Gentilshommes du Royaume, par Edit donné au mois de Janvier 1751; je parle de cet Edit au mot *Nobles*. V. auſſi la Déclaration du 14 Août 1760, regiſtrée le 5 Septembre ſuivant.

ÉCONOMATS, ÉCONOME.
V. *Bail*, *Régale* & *Réparations Bénéficielles*.

On appelle Economes, des Séqueſtres nommés par le Roi pour adminiſtrer les biens & revenus, tant des Bénéfices qui ſont à la nomination du Roi pendant la vacance, que des autres Bénéfices, dont les fruits ſont ſaiſis ou ſéqueſtrés en vertu d'Ordonnance de Juſtice.

Il y a eu des Offices d'Economes-Séqueſtres, & même des Contrôleurs créés en titre par des Edits des mois de Décembre 1691, Août 1694, Octobre 1703 & Juillet 1708, pour tous les Dioceſes du Royaume; mais ils furent ſupprimés par un autre Edit du mois de Novembre 1714, & Sa Majeſté confia cette adminiſtration à des perſonnes qui offrirent de les remplir, ſous une médiocre rétribution.

Ce dernier Edit ordonne que les Economes-Séqueſtres qui ſeront commis à la place de ceux qui avoient été créés en titre d'office, en exerceront les fonctions, *conformément aux Edits & Arrêts du Conſeil intervenus ſur cette matiere.*

Ainsi les Economes commis sont substitués aux Economes Officiers, & leurs fonctions sont réglées par l'Edit du mois de Décembre 1691.

Cet Edit, ni celui du mois d'Août 1694, n'ordonnoient pas que les deniers provenans de la vente des meubles des Ecclésiastiques décédés pourvus de Bénéfices auxquels le Roi nomme, seroient remis entre les mains des Economes-Séquestres ; mais il a depuis été ordonné, par un Arrêt du Conseil du 28 Février 1696, que les deniers qui proviendroient des » ventes de meubles & effets mobiliers trouvés dans les Hôtels & » Maisons des Archevêchés, Evêchés, Abbayes, Prieurés & autres Bénéfices à la » nomination de Sa Majesté, après les décès » des Prélats & Bénéficiers qui leur appartiendroient, seroient remis, ainsi que les » fruits & revenus des Bénéfices échus jusqu'au jour de leur décès, entre les mains » des Economes, pour être payés à qui il » appartiendra, après les charges acquittées....,à quoi faire les Huissiers & autres » Dépositaires seroient contraints.....

Comme cet Arrêt ne parloit que des meubles & effets mobiliers trouvés dans les maisons dépendantes des Archevêchés, Evêchés & autres Bénéfices, il a été un temps où le prix des meubles trouvés ailleurs, se remettoit aux héritiers ; mais, par un autre Arrêt du Conseil, rendu en conformité de l'Edit du mois de Juillet 1708, le 25 Juin 1715, il a été ordonné que les deniers provenans de la vente des meubles, trouvés après le décès des Ecclésiastiques pourvus de Bénéfices à la nomination du Roi, tant dans les maisons dépendantes desdits Bénéfices, que dans celles qui en sont indépendantes, seroient remis aux Economes, distraction préalablement faite des frais de scellé, inventaire & vente.

Quand M. le Chevalier de Vendôme est mort, l'Ordre de Malte dont il étoit membre, a prétendu que, quoiqu'il fût décédé pourvu de Bénéfices Consistoriaux, le mobilier de sa succession & le prix de la vente de ses meubles ne devoient pas être portés à l'Economat ; parce que le Procureur Général de l'Ordre au Grand Prieuré, est chargé, par son emploi, de veiller à la conservation des effets des successions des Cheva-

liers, Prélats & Bénéficiers, pour sûreté des charges dûes sur les Bénéfices, & des réparations dont les derniers Titulaires sont tenus.

Deux Arrêts du Grand-Conseil avoient jugé en faveur de l'Ordre de Malte ; mais, sans s'arrêter à ces Arrêts, ni à une Ordonnance du Lieutenant Civil, il a été ordonné, par deux Arrêts du Conseil des 25 Mars & 8 Juillet 1727, que le prix de la vente des meubles du Chevalier de Vendôme, & les revenus dûs à sa succession, seroient touchés par l'Econome-Séquestre, pour être délivrés à qui il appartiendroit, après les charges de ses Bénéfices acquittées, & les réparations faites.

Depuis ces Arrêts, il en est intervenu grand nombre d'autres au Conseil, qui ont tous jugé que le prix des meubles, les deniers comptans, les revenus des Bénéfices, & même ceux des biens & rentes appartenans aux Ecclésiastiques pourvus de Bénéfices Consistoriaux de leur chef, les sommes mobiliaires à eux dûes, la vaisselle d'argent, &c. seroient touchés & remis entre les mains des Economes, nonobstant & à la charge des oppositions qui tiendroient en leurs mains : ces Arrêts sont des 2 Avril, 14 Novembre 1737, 8 Août 1738, 27 Mars, 25 Octobre 1739, 8, 11 Mai 1742, 21 Mai 1743, 21 Septembre 1748, 11 Juillet 1749, 10 Avril, 12 Octobre 1750, & 10 Août 1754.

Ce dernier Arrêt fait en outre défenses aux Officiers du Bailliage de Bourges d'apposer des scellés sur les titres & papiers des Bénéfices vacans, de procéder à la visite des réparations, de saisir de leur autorité les revenus desdits Bénéfices, & de troubler les Economes.

Dans l'espéce de l'Arrêt du 14 Novembre 1737, le Lieutenant Civil du Châtelet avoit, par une Ordonnance sur référé, rendue en son Hôtel le 17 Octobre précédent, ordonné que les titres & piéces inventoriés après le décès du Cardinal de Bissy, seroient remis ; sçavoir ceux concernant l'Abbaye de Trois-Fontaines, encore vacante, à l'Econome ; ceux des Bénéfices remplis par nomination, & les autres titres & piéces étrangers aux Bénéfices, au Marquis de Bissy, héritier bénéficiaire ; mais cette Ordonnance a été cassée par l'Arrêt qui a ordonné

que

que tous les titres des Bénéfices étant à la nomination du Roi, dont le Cardinal de Biſſy étoit décédé pourvu, & les titres actifs de ſa ſucceſſion, ſeroient remis à l'Econome, pour ſervir au recouvrement, &c.

Dans l'eſpéce de celui du 8 Mai 1742, le Cardinal de Polignac avoit fait une donation d'une grande partie de ſes meubles, le 15 Décembre 1738. Le donataire les reclamoit après la mort du Cardinal; & le Lieutenant Civil avoit ordonné, ſur le référé fait devant lui, que les meubles reclamés & le prix de ceux non reclamés ſeroient dépoſés à Mᵉ Roger, Notaire; mais cette Ordonnance a été caſſée, & l'Arrêt a ordonné la remiſe du tout, ſans diſtinction, entre les mains de l'Econome.

Enfin, par Arrêt du Conſeil du 3 Avril 1737, revêtu de Lettres-Patentes du même jour, leſquelles ont été regiſtrées en la Chambre des Comptes le 10 Mai ſuivant, il a été ordonné que tous Tréſoriers, Receveurs & Payeurs, même les Payeurs des rentes de l'Hôtel-de-Ville de Paris, payeront, ſur les quittances de l'Econome-Séqueſtre, toutes les rentes dûes aux Bénéfices vacans à la nomination & à la collation du Roi, tant pour ce qui en appartient aux ſucceſſions des Bénéficiers décédés, que pour le temps de la Régale, enſemble les rentes conſtituées au profit des Bénéficiers décédés, nonobſtant toutes ſaiſies, &c. qui tiendront ès mains de l'Econome.

Depuis la création des Economes en titre d'office, les Juges Royaux ont toujours eu connoiſſance des affaires contentieuſes relatives aux Economats (a). L'eſprit des Edits des mois de Décembre 1691, Août 1707, Juillet 1708, & Novembre 1714, eſt en effet de leur attribuer cette connoiſſance, & ſurtout l'art. 18 de celui de 1691. Néantmoins comme les Bureaux des Finances & quelques autres Juges ont prétendu connoître de ces matieres, à l'excluſion des Juges Royaux

ordinaires, il a été ordonné, par un Arrêt du Conſeil du 7 Mars 1724, que, ſans tirer à conſéquence, & juſqu'à ce qu'il en ait été autrement ordonné par Sa Majeſté, les Economes & leurs prépoſés continueroient de s'adreſſer aux Juges Royaux pour le fait de la Juriſdiction contentieuſe.

Depuis cet Arrêt, le Conſeil en a rendu un autre le 9 Octobre 1751, par lequel Sa Majeſté a ordonné qu'*en attendant le Jugement des conteſtations.... ſur la queſtion de ſçavoir quels Juges doivent appoſer les ſcellés après la mort des Eccléſiaſtiques pourvus de Bénéfices Conſiſtoriaux, l'Econome Séqueſtre ou ſes prépoſés ſeront autoriſés de faire appoſer les ſcellés ſur les effets deſdits Eccléſiaſtiques par le Juge Royal du lieu, où l'appoſition du ſcellé ſera néceſſaire, ou en cas que la Juſtice du lieu appartienne à des Seigneurs particuliers, par le Juge Royal le plus voiſin, ſans que ledit Econome ou ſes prépoſés ſoient tenus d'appeller pour ledit ſcellé le Sénéchal reſſortiſſant nuement au Parlement, dans le reſſort duquel ſe trouve, pour les cas Royaux, le lieu où le ſcellé doit être appoſé, ſi ce n'eſt que ledit Sénéchal fût le Juge ordinaire du lieu, ou que ledit lieu étant dans l'étendue d'une Juſtice Seigneuriale, ledit Sénéchal fût plus prochain Juge Royal* (b).

Les Juges Royaux ſont donc ſeuls Juges compétens, ſuivant cet Arrêt, pour appoſer & lever les ſcellés ſur les effets des pourvus de Bénéfices Conſiſtoriaux, à l'excluſion des Juges de Seigneurs; cela eſt fondé ſur ce que les ſcellés ont pour objet la ſûreté & la conſervation des biens & des droits dépendans des Bénéfices dont le Roi eſt collateur ou patron, & que le Roi ne doit pas, non plus que ceux qui veillent pour lui, reconnoître les Juſtices Seigneuriales. Cela eſt d'ailleurs encore décidé par les Edits des mois de Déc. 1691, Juil. 1708, & par l'Arrêt du Conſeil du 7 Mars 1724, dont j'ai déja parlé, & par d'autres Arrêts du

---

(a) Il faut excepter celles qui concernent le recouvrement des fruits & revenus des Bénéfices vacans. La connoiſſance des conteſtations qui s'élevent entre l'Econome, les Fermiers & autres débiteurs des fruits & revenus des Bénéfices, eſt attribuée aux Intendans des Provinces qui peuvent viſer les Contraintes, répondre les Requêtes, & rendre tous Jugemens à ce ſujet, &c. Voyez l'art. 3 de l'Edit du mois de Novembre 1714, & les Arrêts du Conſeil des 26 Mars 1697, 4 Mai 1740, & 3 Avril 1762.

(b) En Provence, les matieres contentieuſes relatives à

l'Economat ſe portent au Bureau des Finances d'Aix, à l'excluſion des Juges ordinaires, ſuivant des Lettres-Patentes du 16 Juillet 1561, & des Arrêts du Conſeil des 1ᵉʳ Juillet 1678, 14 Septembre 1738, 3 Mars 1741, & 12 Mai 1750.

En Dauphiné, c'eſt la Chambre des Comptes, ou les Juges Royaux par elle commis, qui appoſent les ſcellés, font faire la vente, &c. après le décès des Pourvus de Bénéfices Conſiſtoriaux. Voyez l'Arrêt du Conſeil du 21 Juin 1740. Code de Louis XV.

Confeil, rendus contre différens Juges de Seigneurs, les 10 Juillet 1725, 7 Septemb. 1740, 27 Fév. 1741, 21 Juin 1742, 7 Mai 1743, 25 Avril 1744 & 3 Novembre 1748. Le Parlement l'a jugé de même, par Arrêt rendu le 14 Janv. 1735, entre les Officiers du Bailliage Royal de Langres & le Chapitre de la même Ville.

Mais les Juges Royaux ne peuvent pas, de leur propre autorité, appofer des fcellés fur les effets des Bénéficiers pourvus de Bénéfices Confiftoriaux: cela leur eft défendu par des Arrêts du Confeil des 19 Décemb. 1750, & 9 Octobre 1751. Ils ne le peuvent que quand ils font requis par les héritiers, par les créanciers fondés en titre, ou par l'Econome-Séqueftre.

L'Arrêt rendu le 19 Décembre 1750, à l'occafion du fcellé appofé à la requête du Procureur du Roi de Peronne, après le décès du fieur Deftourmel, Abbé de Sery, fait défenfes au Lieutenant Général de Peronne, & à tous autres, de procéder à l'appofition de fcellés & inventaires des Eccléfiaftiques décédés, pourvus de Bénéfices étant à la nomination du Roi, s'ils n'en font préalablement requis par les Economes ou autres Parties intéreffées.

L'Edit du mois de Juillet 1708, & un Arrêt du Confeil du 18 Août 1741, ont ordonné que les héritiers des Eccléfiaftiques décédés pourvus de Bénéfices Confiftoriaux, leurs Exécuteurs teftamentaires ou créanciers ne pourront faire lever les fcellés appofés fur les meubles & effets defdits Bénéficiers, ni en faire faire l'inventaire & la vente qu'en la préfence des Economes Séqueftres. (On peut néantmoins y procéder en leur abfence, quand ils ont été dûement appellés).

Il a été fait défenfes au Procureur du Roi de Limoges, par un Arrêt du Confeil du 27 Septembre 1740, d'affifter aux levées de fcellés & inventaires des biens des Bénéficiers décédés pourvus de Bénéfices Confiftoriaux, lorfque les héritiers y feront préfens, & d'exiger à ce fujet aucunes vacations.

L'art. 19 de l'Edit du mois de Décembre 1691, permet aux Economes-Séqueftres de retenir deux fols pour livre fur les deniers provenus de leur recette, pour les dédommager de tous frais d'adminiftration, recouvrement & comptes; mais il ne leur accorde que fix deniers pour livre du revenu des Bénéfices faifis par des Créanciers porté aux Economats; & les Economes ont prétendu avoir droit de prélever cette remife fur tous les deniers qui leur étoient remis; mais, par Arrêt du Confeil rendu le 22 Mars 1712, il a été ordonné qu'ils ne pourroient retenir que dix-huit deniers pour livre fur les deniers qui proviendroient du prix des meubles qui feroient vendus après le décès des Bénéficiers. Et par une Déclaration du 12 Août 1721, le Roi a attribué *aux Commis & Prépofés aux fonctions des Economes, un droit de remife de 2 fols pour livre fur tous les deniers de leur recette.... pour tous appointemens, gratifications & frais de régie.*

Les Economes ont voulu exiger les droits fixés par ces Réglemens fur les deniers comptans trouvés chez les Bénéficiers fujets à l'Economat; mais, par Arrêt du Confeil rendu le 19 Juin 1746, Sa Majefté a ordonné qu'ils ne pourroient retenir pour tout droit de dépôt, que deux deniers pour livre, fur les deniers comptans trouvés après le décès defdits Bénéficiers.

Depuis cet Arrêt, il en a été rendu un autre le 24 Septembre 1746, portant nomination des fieurs Meny & Marchal, pour exercer les fonctions d'Economes généraux, dont les Offices font fupprimés par l'Edit du mois de Novembre 1714, par lequel Arrêt Sa Majefté a fixé leurs » droits à 2 » fols pour livre des revenus des Bénéfices » vacans, à eux attribués par les Edits des » mois de Décembre 1691, Juillet 1708, » Arrêts du Confeil des 27 Novemb. 1714, » 16 Décembre 1741, & par la Déclaration » du 12 Août 1721 «.

Sa Majefté a de plus ordonné » qu'il leur » fera auffi payé dix-huit deniers pour livre » du prix des meubles & effets délaiffés par » les Bénéficiers décédés (pourvus de Bé- » néfices à la nomination du Roi) & qu'ils » font obligés de difcuter pour la fûreté des » charges & réparations des Bénéfices va- » cans; & qu'il ne leur fera plus payé à l'a- » venir que 3 deniers pour livre de l'argent » comptant qui fe trouvera fous les fcellés, » & un fol pour livre de la vaiffelle d'argent » appartenante aux fucceffions, au lieu de

» 18 deniers pour livre, qui leur étoient accordés, en exécution de l'Arrêt du 22 Mars » 1712 «.

Anciennement les Economes-Séqueſtres étoient dans l'uſage de ſe faire aſſiſter d'un Procureur, (dont les vacations étoient payées par la ſucceſſion,) à la levée des ſcellés apoſés lors du décès des Titulaires de Bénéfices Conſiſtoriaux & de nomination royale; mais ils n'ont plus cette liberté; & un Arrêt du Conſeil, rendu le 16 Décembre 1741, leur attribue ſeulement *une ſomme de ſix livres une fois payée, pour leurs droits de ſignature de chacun des Procès-verbaux de ſcellés, inventaires & vente des meubles,* ſans qu'ils puiſſent prétendre de plus grands droits, ſous aucun prétexte.

Ce même Arrêt preſcrit aux Economes ce qu'ils doivent obſerver pour les réparations qui ſont à faire aux bâtimens dépendans des Bénéfices; leur ordonne *d'entretenir les Baux faits par les derniers poſſeſſeurs pour l'année courante.* V. l'Arrêt en entier; il contient huit articles. V. auſſi ce que je dis à l'article *Bail.*

Une Déclaration du 20 Février 1725, enregiſtrée le 16 Mars ſuivant, ordonne *que tous procès intentés avant la vacance des Egliſes, pour raiſon des biens & droits qui péuvent leur appartenir, demeurent ſurſis pendant la vacance d'icelles, ſans qu'ils puiſſent être pourſuivis, ſoit par les Prépoſés à la régie & adminiſtration des revenus deſd. Egliſes, ou par les Parties oppoſées, &c.* Voyez la Déclaration entiere.

Cette Déclaration a auſſi été adreſſée au Parlement de Bordeaux par des Lettres-Patentes du 7 Septembre 1735; elle y a été regiſtrée le 24 du même mois.

Lorſque l'Archevêché de Beſançon, les Abbayes, les Prieurés Conventuels & les non Conventuels, ſitués en Franche-Comté, ſont vacans, l'adminiſtration en appartient aux Officiers de Judicature qui doivent appoſer ſcellé, &c.

La maniere dont ils doivent procéder à la conſervation des titres de ces Bénéfices, & à la régie des biens qui en dépendent, &c. eſt réglée par une Décl. du 2 Octob. 1731, publiée au Parlement de Beſançon les 26 Octob. & 19 Nov. 1731; elle contient neuf articles trop étendus pour avoir place ici.

On peut encore, ſur la main-miſe & adminiſtration appartenantes aux Officiers du Roi des Bénéfices vacans dans cette Province, conſulter l'Edit du mois de Janvier 1648, & un Arrêt du 23 Avril 1722, revêtu de Lettres-Patentes regiſtrées au même Parlement (de Beſançon) le 12 Juin ſuivant. Ces Réglemens ſe trouvent dans le Recueil du Parlement de Beſançon.

La forme & les délais dans leſquels les Economes-Séqueſtres doivent rendre compte aux héritiers ou ayans cauſe des Titulaires de Bénéfices Conſiſtoriaux, & aux ſucceſſeurs auxdits Bénéfices, ſont réglés par un Arrêt du Conſeil du 25 Octobre 1754, contenant huit articles.

ÉCROU.

Voyez Effigie, Geoliers, Priſons & Recommandation.

On nomme Ecrou, l'Acte par lequel un Geolier ou Concierge eſt chargé d'un Priſonnier par l'Officier qui en a fait la capture.

Les régles preſcrites & qu'on doit obſerver dans ces ſortes d'Actes, ſont détaillées dans les art. 22, 23, 24, 25 & ſuivans, d'un Arrêt de Réglement du Parlement de Paris, du 18 Juin 1717, qu'on trouve dans le Recueil des Réglemens de Juſtice.

L'article 7 de l'Edit du mois de Janvier 1685, qui a pour objet la Diſcipline du Châtelet, porte: » Ceux qui feront arrêter » Priſonniers leurs débiteurs, ou qui les feront recommander pour dettes dans notre » bonne Ville de Paris . . . . feront » tenus de conſtituer Procureur, & d'élire » domicile dans ladite Ville par les Ecrous » d'empriſonnement, recommandations, ſaiſies ou oppoſitions; & en conſéquence ils » pourront être aſſignés au domicile qu'ils » auront ainſi élu. «

Sur cette Matiere voyez l'art. 2 du titre 7 de l'Ordonnance de 1670, & l'Ordonnance de Saint Louis, article 103, 104 & 105.

ÉDIT.

Voyez Chambre de l'Edit, Déclarations & Loix.

On nomme Edit une Loi générale, par laquelle le Roi, de ſon propre mouvement, défend quelquque chofe ou fait quelque nouvel établiffement général ou particulier.

Les Réglemens & les Ordonnances faits par les Rois de la premiere race, étoient nommés Edits ; ceux de la feconde race furent nommés Capitulaires ; le terme d'Edit eſt redevenu en uſage fous la troiſiéme race.

La plûpart des Edits portent le nom du lieu où ils ont été donnés, tels font ceux de Chanteloup, d'Amboiſe, de Nerac, de Melun, de Nantes, &c. d'autres portent le nom des établiffemens qu'ils avoient pour objet, tels font ceux des Préſidiaux, des Meres, du Contrôle, des Inſinuations, des Duels, des petites Dates, &c.

Les Edits different des Ordonnances en ce qu'ils n'ont ordinairement pour objet qu'un feul point, au lieu que les Ordonnances contiennent des Réglemens plus généraux & plus étendus ; ils different auſſi des Déclarations, en ce que cette derniere eſpéce de Loi n'a pour objet que l'interprétation d'une Ordonnance ou d'un Edit. Sur cela voyez *Capitulaires*, *Coutumes*, *Déclarations*, *Loix*, *Mere* & *Nôces*.

ÉDUCATION.
V. *Bâtards*, *Ecole* & *Enfans*.

L'Education des enfans appartient aux peres & meres ; c'eſt un principe général, & c'eſt même une dette folidaire de la part des peres & meres envers leurs enfans : mais cette régle eſt fujette à des exceptions. V. les articles 8 & 9 de la Déclaration du premier Février 1743, qui régle la maniere de nommer des tuteurs aux enfans qui ont des biens eh France & dans les Colonies.

On voit par les difpoſitions de cette Loi qui forme le Droit commun, que quand il n'y a ni pere ni mere, l'Education des enfans appartient à celui des tuteurs auquel l'avis des parens homologué la défere ; & que s'il n'y a qu'un feul tuteur, c'eſt à lui qu'elle appartient ; c'eſt même de fa part un devoir effentiel de veiller à l'Education de fes pupilles ; mais cette Déclarat. ne décide point auquel du tuteur honoraire ou des tuteurs onéraires l'Education des pupilles doit appartenir ; à cet égard l'uſage & la Jurifprudence l'ont toujours déférée au tuteur honoraire ; c'eſt donc à celui-ci de

nommer aux mineurs des Précepteurs, des Gouverneurs, des Maîtres, &c. & le tuteur onéraire doit payer la dépenſe réglée pour l'Education des mineurs par le tuteur honoraire.

Par Arrêt du 14 Décembre 1729, rendu fur les Concluſions de M. l'Avocat Général Chauvelin, l'Education des enfans d'un premier lit de la dame d'Imberville a été ôtée à l'oncle paternel de ces enfans, qui étoit leur tuteur, & cela parce que le tuteur feptuagénaire & maladif avoit une femme qui faiſoit Profeſſion de la Religion prétendue réformée ; la Cour a accordé le foin de l'Education de ces enfans à leur mere Catholique, à laquelle on avoit ôté la tutelle, parce qu'elle avoit époufé un Roturier après la mort de fon premier mari, pere des mineurs ; mais la tutelle ne fut pas pour cela rendue à la mere ; la Cour la conferva au contraire à l'oncle par l'Arrêt.

L'Education des enfans bâtards eſt déférée à la mere, par préférence au pere. Voyez *Bâtard*.

L'article 4 de la Déclaration du 14 Mai 1724, enregiſtrée le 31, porte à la fin de l'art. » Défendons à tous nos Sujets d'en- » voyer élever leurs enfans hors du Royau- » me, à moins qu'ils n'en ayent obtenu de » Nous une permiſſion par écrit, fignée de » l'un de nos Secrétaires d'Etat, laquelle » nous n'accorderons qu'après que nous au- » rons été fuffifamment informés de la Ca- » tholicité des pere & mere, & ce à peine » d'amende........ qui ne pourra être moindre » de 6000 liv.

Cette même Déclaration contient pluſieurs autres difpoſitions pour l'Education des enfans, & finguliérement pour ceux des nouveaux convertis ; elle eſt très-étendue, on la trouve au Code des Curés, tome 2, page 75, édition de 1753, & dans la Combe.

Lors du Jugement de la féparation d'habitation de la célèbre Defchamps, (fille d'Opéra) d'avec fon mari, il s'eſt agi de fçavoir à qui du pere ou de la mere l'Education de leur fille feroit confiée ; & par Sentence rendue au Châtelet, au rapport de M. de la Mariniere, le 18 Avril 1758, il fut donné acte à la mere *des offres par elle faites de fe charger de Marie-Claude Butzé Defchamps fa fille ; en conféquence* la Sentence ordonna que la mere feroit *tenue de la nourrir & entretenir fuivant fon état.*

D'après ce Jugement, la Defchamps avoit mis fa fille au Couvent de Port-Royal à Paris, & le pere l'en ayant tirée pour la mettre dans un autre Couvent à Nevers ; la Cour, par un Arrêt rendu fur la requête de la mere, mais en conféquence de Conclufions de M. le Procureur Général, le 9 Juillet 1760, a ordonné que ladite fille Burzé Defchamps *feroit réintégrée au Couvent de Port-Royal, à l'effet de quoi* les Religieufes de Nevers feroient tenues de la remettre ès mains de Mathiere, Huiffier de la Cour, porteur de l'Arrêt, accompagné de la mere, lequel en drefferoit fon Procès-verbal.... Voyez *Bâtards.*

E F F I G I E.
V. *Contumace & Exécution.*

Le mot Effigie fignifie Portrait.

Quand le procès des Accufés de crimes a été inftruit contr'eux par contumace, fi le Jugement qui intervient, prononce des condamnations à mort naturelle, il s'exécute par effigie, c'eft-à-dire, que le Portrait du condamné s'attache par l'Exécuteur à une potence dans la Place publique. V. *Contumace*, & l'article 16 du tit. 17 de l'Ordonnance Criminelle.

Pour parvenir à l'exécution par Effigie, il faut écrouer le tableau du coupable dans les prifons, à défaut de fa perfonne, & cela doit fe faire après que la condamnation eft prononcée.

Quand le tableau eft écroué, l'Exécuteur fe tranfporte à la Prifon avec tout l'appareil du fupplice, & avec l'efcorte qui doit accompagner & conduire le Criminel ; là on lui remet le tableau, au lieu du Criminel fugitif ; le tableau fe tranfporte enfuite au lieu préparé pour le fupplice, de la même maniere que le Criminel l'auroit été, & avec toute l'ignominie du fupplice.

Il n'eft point d'ufage que le Juge fe tranfporte à la Place publique où s'attache l'Effigie, pour dreffer Procès-verbal de ces fortes d'exécutions ; il fuffit que ce Procès-verbal foit dreffé par un Greffier, au bas & à la fuite de la Sentence : on en ufe ainfi à Paris.

Quand la condamnation eft exécutée par Effigie, il faut trente ans pour prefcrire le crime. V. *Prefcription.*

À l'égard des condamnations à la peine des Galeres, amende honorable, banniffement perpétuel, flétriffure du fouet, du carcan & du pilory, l'article 16 du tit. 17 de l'Ordonnance du mois d'Août 1670, & une Déclaration du 11 Juillet 1749, n'exigent point d'exécution par Effigie, mais feulement qu'elles foient écrites dans un tableau fans aucune Effigie, & que ce tableau foit attaché dans la Place publique. V. *Carcan & Pilory.*

É G L I S E.
Voyez *Aliénation, Bâtimens, Biens d'Eglife, Chaifes, Chœur & Cancel, Droits Honorifiques, Evêque, Habitans, Pain-Béni, Presbytere, Réparations, Sépulture, Succurfales, Ufufruit,* &c.

On confidere l'Eglife comme un Corps politique, ou comme un Corps myftique & facré.

C'eft un Corps politique, par rapport à l'Etat dont elle eft membre ; mais c'eft un Corps myftique, par relation à Jefus-Chrift dont elle eft époufe.

Comme Corps politique, c'eft une affemblée de Fidéles unis par la même foi, fous un Chef fpirituel, pour travailler en commun à la gloire de Dieu, & en particulier au falut de chacun.

Le Pape en eft le Chef fpirituel, comme Vicaire de Jefus-Chrift. V. *Pape.*

Ainfi deux Puiffances Souveraines font affociées au Gouvernement de l'Eglife ; la temporelle eft la premiere dans l'ordre naturel ; car l'Eglife eft dans l'Etat, & non l'Etat dans l'Eglife ; la fpirituelle eft la premiere dans l'ordre furnaturel.

Le Roi a droit dans la conduite de l'Eglife, comme Corps myftique, non en qualité de Chef, mais comme protecteur, gardien & défenfeur. Voyez *Bras Séculier.*

Le droit du Roi fur l'Eglife, comme Corps politique, eft plutôt fur l'Eglife & dehors de l'Eglife, que dans l'Eglife ; mais le droit du Roi, comme protecteur, eft dans l'Eglife même.

Le premier eft un droit perpétuel, parce que le droit de la Monarchie ne fouffre

point d'interruption dans le Corps politique.

Les droits du Roi dans l'Eglise, comme
protecteur, s'entendent par le mot *Protecteur*. Et de la même maniere qu'on donne
des tuteurs & curateurs aux personnes qui
ne font pas capables d'agir elles-mêmes ;
Dieu a donné des Rois pour tuteurs à l'E-
glise, la protéger & la secourir dans toutes
les choses où elle n'est pas capable de se
défendre par ses propres forces.

En un autre sens, on nomme l'Eglise un
lieu & un bâtiment où les Chrétiens s'af-
semblent pour prier.

Le terrein sur lequel les Eglises Paroif-
siales sont bâties, & celui des Cimetieres,
ne peuvent être assujettis à payer des censives & redevances Seigneuriales, quand il y
a possession immémoriale de franchise, même dans les Coutumes où la maxime, *nulle
Terre sans Seigneur*, a lieu. La franchise de
ces terreins les fait présumer être tenus en
franche aumône ; c'est ce qui a été jugé en
faveur du Curé de Nibelle, situé dans la
Coutume d'Orléans, contre M. de Saint-
Florentin, par Arrêt rendu le 12 Juin 1731,
au rapport de M. le Chevalier, en la cinquiéme Chambre des Enquêtes.

Il y a un semblable Arrêt rendu le 8 Août
1687, en faveur de l'Abbaye de S. Thierri
de Rheims, contre le Marquis de Nesle.

Le Grand-Conseil a jugé en conformité
de ces principes, par l'Arrêt rendu en faveur de l'Abbaye de Bellozanne, le 9 Février 1739.

Le Presbytere est regardé comme accessoire d'une Eglise, & il est par conséquent
présumé jouir de la même franchise. C'est
principalement du Presbytere & de son enclos, dont il s'agissoit dans l'affaire de M.
de Saint-Florentin, & que la Cour a jugé
être présumés tenus en franche-aumône, par
l'Arrêt du 12 Juin 1731, ci-devant cité.

Les possesseurs des biens tenus en franche-aumône, doivent en donner une déclaration séche au Seigneur, pour fixer la con-
sistance de ce qui est possédé librement, afin
de ne pas confondre ces possessions avec les
autres domaines sujets aux charges de la
Seigneurie. L'Arrêt du 12 Juin 1731, dont
je viens de parler, l'a ainsi ordonné. Voyez
Déclaration.

Le Parlement juge aussi que la longue
possession de l'Eglise fait présumer la franche-aumône contre la maxime, *nulle Terre
sans Seigneur* ; il y a sur cela un Arrêt rendu en la Grand'Chambre, entre le Duc de
Chaulnes & les Moines de Lions-en-San-
terre, sur les Conclusions de M. l'Avocat
Général d'Ormesson, le 31 Août 1751.

Par cet Arrêt la Cour a *donné acte aux
Moines de Lions de leurs offres de donner une
déclaration séche des héritages par eux possédés dans l'étendue de la Seigneurie du Duché de Chaulnes*, &c.

Le Grand-Conseil a cependant rendu un
Arrêt le 29 Mars 1755, par lequel il a condamné les Capucins du Marais à Paris, à
payer au Grand-Prieuré de France, vingt-
neuf années de censives, échues au jour de
la demande, & celles échues depuis, nonobstant la possession dans laquelle les Capucins étoient depuis plus de 130 ans de ne
payer aucune censive ; & malgré la représentation d'une Chartre qui leur avoit été donnée en 1624, par M. le Prince de Vendôme, alors Grand-Prieur, contenant décharge de toute censive, &c. Mais dans cette
espéce, les Capucins ne rapportoient pas la
confirmation qui avoit dû être faite par le
Grand Maître de Malte, de la Chartre dont
ils argumentoient : d'ailleurs, l'Ordre de
Malte prétend être affranchi de toutes prescriptions. V. *Malte*.

Les terreins acquis pour la construction
d'une Eglise, ne doivent point le droit d'a-
mortissement ; au moins cela a été ainsi jugé par Arrêt contradictoire, rendu au Conseil le 22 Mai 1736, en faveur de l'Evêque
& du Chapitre de la Rochelle, qui avoient
acheté cinq maisons, pour en employer le
terrein à la construction d'une Eglise Cathédrale. L'Arrêt qui les décharge des poursuites des Fermiers, est dans le rapport des
Agens du Clergé en 1740.

L'article 4 des Lettres-Patentes en forme
d'Edit, rendu le 16 Avril 1751, enregistrées
le 7 Septembre suivant, défend à tous Seigneurs *& autres quelconques, de démolir &
abattre les Eglises ou Chapelles, encore qu'elles fussent de leurs fondations ou de leurs prédécesseurs, à peine de privation de tout droit
de patronage*.

Le Chœur & le Cancel des Eglises Paroiffiales doivent être entretenus par ceux qui perçoivent la Dixme. Voyez *Décimateur*.

Mais les habitans des Paroiffes font tenus *d'entretenir & de réparer la nef des Eglifes, la clôture des cimétieres, & de fournir aux Curés un logement convenable.* Sur cela & fur la maniere de procéder, quand il s'agit de ces réparations & logemens, voyez l'Edit du mois d'Avril 1695, art. 22. Voyez auffi l'article *Habitans*.

L'ancien Droit affujettiffoit cependant les Eccléfiaftiques & les Décimateurs à toutes les réparations des Eglifes; &'la difcipline Romaine eft conforme à cès Loix: on peut fur cette matiere confulter les Capitulaires de nos Rois de la feconde race, entre autres ceux de Charlemagne & de Louis-le-Débonnaire, des années 805, 819 & 829; l'Ordonnance de Charles VI de l'an 1385; le Concile de Mayence, celui de Trente, & l'avis des Docteurs. Voyez le neuviéme Plaidoyer d'Expilly.

Ces anciennes Régles font encore en vigueur dans les Pays nouvellement réunis à la France, & dans lefquels l'Edit de 1695 n'eft pas fuivi. Il y a un Arrêt rendu au Parlement de Metz le 31 Mars 1693, par lequel des habitans ont été admis, contre des Décimateurs, à faire preuve qu'*ils fe font maintenus dans leur ancienne liberté, de ne point contribuer aux réparations de leur Eglife.* Cet Arrêt eft rapporté par Augeard. Voyez une Note que j'ai faite à l'article *Décimateur*.

Il en a été rendu un autre au Confeil-Privé du Roi, le 27 Juillet 1737, qui a confirmé l'Ordonnance de M. de Séchelles, Intendant en Hainault, de laquelle l'Abbé & les Religieux de S. Hubert-en-Ardennes étoient appellans, en ce qu'ils avoient été affujettis *à faire les frais néceffaires* pour l'agrandiffement de l'Eglife Paroiffiale de Notre-Dame de Givet, à caufe de la groffe dixme qui leur appartient fur cette Paroiffe.

Mais dans les autres Provinces du Royaume où l'Edit du mois d'Avril 1695 eft obfervé, cet Edit & la Jurifprudence des Ar-

rêts ont reftraint l'obligation des gros Décimateurs à l'entretien du Chœur; & par Chœur, on entend non-feulement le fanctuaire, la place du Clergé, mais les bas côtés de la voûte du Chœur, jufqu'à l'endroit où eft le Crucifix. Voyez des Arrêts des dernier Juin 1607, 14 Mai 1620, aux Définitions Canoniques, 6 Août 1650, cités par Duperray, fur l'art. 21 de l'Edit de 1695, 9 Mai 1665, & 1 Avril 1670, au Journal des Audiences. Voyez auffi *Chœur & Cancel, Décimateurs & Habitans*.

Eft-ce le propriétaire ou l'ufufruitier d'un héritage qui doit contribuer à ce dont l'héritage eft tenu de payer pour réparations aux Eglifes? V. *Ufufruit*.

ÉLECTION, ÉLUS.

V. *Contrainte, Contrebande, Commis, Grenier à Sel, Préféance, Surtaux, & Taille.*

On nomme Election, une Jurifdiction compofée d'Officiers qui connoiffent en premiere inftance des différends concernant les tailles, fubfides, aides (a) & autres impôts qui fe levent fur les peuples.

Les Ordonnances du Roi Jean, des années 1355 & 1360, font mention des Elus des Cités, auxquels ont fuccédé les Elus en titre. Ces premiers Elus étoient des perfonnes de probité, nommées par les gens des trois Etats, agréées & connues par le Roi, pour connoître des différends qui naiffoient à l'occafion des impofitions qui fe levoient fur les peuples; & on ne pouvoit fe pourvoir contre leurs Sentences, que par voie de fupplication aux Généraux des Aides députés à Paris. Voyez les Ordonnances de 1356 & 1358, & l'Ouvrage du fieur Roquemont, fur les Aides de France & leur régle. Voyez auffi le Traité des Elections, par M. Vieville.

Les Elus en titre font Confeillers du Roi; ce titre leur a été concédé par un Edit du mois de Juillet 1578, qu'on trouve dans le Recueil Fontanon.

Les Officiers des Elections connoiffent auffi des matieres criminelles en cas de rébellion contre les Officiers des Aides, les

---

(a) Dans le Bolonois, c'eft le Juge des Traites qui connoît des matieres d'Aides.
Quid, en Artois? Voyez *Art* & *Confeil d'Artois*.

Les affaires contentieufes des Aides de Verfailles font attribuées en premiere Inftance au Bailli de Verfailles; & par appel, en la Cour des Aides.

Collecteurs des Tailles, & autres Préposés au recouvrement des tributs.

La contrebande est encore une matiere de la compétence des Elections.

Les Officiers des Elections prétendent qu'en cas de mort, d'absence ou de faillite des Cabaretiers & Vignerons, débiteurs de droits d'Aides, ils peuvent apposer scellé sur les effets du mort failli ou absent, s'ils en sont requis par le Fermier ou ses Préposés; & qu'alors il est défendu à tous autres Officiers d'en connoître; mais ils conviennent que si le scellé est apposé, à la requête d'un autre créancier, par les Juges ordinaires, & que le Fermier ne soit qu'opposant, il est défendu aux Officiers des Elections d'en prendre connoissance. Ils citent sur cela l'Ordonn. des Aides, tit. 8, art. 24.

Les Officiers des Elections & autres Juges des Fermes prétendent même qu'ils peuvent seuls, & exclusivement à tous autres Juges, apposer scellé sur les caisses & sur les effets des Receveurs des Fermes & autres Commis comptables, en cas de mort ou autrement, à moins que les Juges ordinaires n'en soient requis par le Fermier ou ses Commis. Ils appuyent cette prétention sur l'Ordonnance de 1681, art. 51; sur l'article 580 du Bail de Forceville, & sur des Arrêts du Conseil des 19 Juin 1744, & 17 Août 1751.

J'ignore quelle est à cet égard la possession des Officiers des Elections & des Juges des Fermes des Provinces; ce qu'il y a de certain, c'est que ceux de l'Election de Paris ayant apposé des scellés à la requête de l'Adjudicataire des Fermes Générales, sur les effets d'un sieur Roger, décédé Receveur Général des Aides à Paris, à l'Hôtel de Bretonvilliers, les Commissaires & les Officiers du Châtelet les croiserent, & apposerent les leurs à la requête des héritiers. Les prétentions réciproques des deux Siéges donnerent lieu à un réglement de Juge; & par Arrêt contradictoire, rendu au Conseil d'Etat, après une instruction très-ample, le 20 Février 1742, il a été ordonné que les scellés apposés par les Officiers de l'Election, seroient brisés par le Commissaire Sautel, qui les avoit croisés en apposant les siens, qui seroient levés en la maniere accoutumée, & l'inventaire fait par les Officiers du

Châtelet. Voyez d'autres Arrêts sur cette matiere, dans le Traité des fonctions des Commissaires du Châtelet.

Les Officiers des Elections connoissent des affaires contentieuses qui naissent à l'occasion de la Ferme du Tabac & des Octrois des Villes, tant au civil qu'au criminel; ils connoissent même des émotions populaires & rébellions d'habitans arrivées à l'occasion de la levée des susdites impositions.

Les Sentences rendues dans les Elections, doivent être signées par les Juges qui ont assisté au Jugement, afin qu'on puisse s'assurer si lesdites Sentences & Jugemens ont été rendus par le nombre des Juges requis par les Réglemens; & ce nombre ne peut être moindre de trois, pour les Jugemens susceptibles d'appel. Voyez les Arrêts rendus par la Cour des Aides, les 14 Décembre 1683, 15 Février 1729, & l'Arrêt du Conseil du 27 Mars 1731.

Ce sont les Elections qui connoissent des priviléges & exemptions des Gentilshommes & Ecclésiastiques, des Secrétaires du Roi, des Commensaux, & de tous autres privilégiés, relativement aux droits du Roi; & si la noblesse des uns & le privilége des autres sont attaqués incidemment à ces matieres, ce sont les Elus qui en décident, à la charge de l'appel; mais il leur est défendu, par Arrêt de la Cour des Aides du 16 Juillet 1734, d'ordonner l'enregistrement des titres des Nobles en leur Greffe.

Il ne faut pas confondre l'enregistrement des titres de noblesse, avec ceux qui ne contiennent qu'une exemption personnelle non transmissible, & quelquefois momentanée; tels, par exemple, que ceux des Commensaux: les titres de ceux-ci doivent être registrés dans les Elections, sans quoi ils ne produiroient aucune exemption; la Cour des Aides a même réglé, par des Arrêts des 7 Octobre 1690 & 21 Août 1731, ce que doit payer un Commensal pour cet enregistrement. V. *Commensaux*.

Les Officiers des Elections sont Juges en dernier ressort, jusqu'à la somme de 30 liv. & au-dessous.

Ils décident aussi en dernier ressort toutes les contestations où le défendeur ne conteste que jusqu'à concurrence de cette somme, offrant de payer le surplus.

II

Il est en ce cas défendu aux Cours des Aides de recevoir l'appel des Sentences des Elus, à moins qu'il ne s'agisse du fond d'un privilége ou exemption.

Les Officiers des Elections décident encore en dernier ressort les Causes intentées par le Fermier pour raison de fraudes, dans lesquelles la demande en confiscation n'excéde point, ou un quart de muid d'eau-de-vie, ou un muid de vin, ou deux muids de bierre, cidre ou poiré, de quelque valeur que soit chaque espéce de boisson, pourvû qu'il s'agisse d'un cas où les amendes peuvent être modérées (a), & que la condamnation d'amende n'aille pas au-delà de 50 liv.

Pour que les Jugemens puissent être réguliérement rendus en dernier ressort dans les Elections, il faut, 1°. qu'il y ait au moins cinq Juges ; & si ce nombre ne s'y trouvoit pas, les Elus peuvent appeler avec eux des Gradués, & même de simples Praticiens, pour les completter, pourvû que ces Praticiens ne soient pas postulans dans l'Election même.

2°. Qu'il soit inséré dans la Sentence, qu'elle est rendue *en dernier ressort*. Voyez la Déclaration du 17 Février 1688, art. 17, 18 & 20.

Les Officiers des Elections ne peuvent rendre aucun Jugement qu'à l'Audience ou à la Chambre du Conseil ; ils doivent y assister en robe & en bonnet quarré, ainsi qu'à toutes les autres fonctions de leur Office.

L'article 64 de l'Edit du mois d'Avril 1634, avoit permis d'exécuter les Sentences des Elections, dans quelque Jurisdiction du Royaume que ce fût, sans *Visa* ni *Pareatis* ; mais l'Ordonnance de 1667 n'ayant fait aucune exception, celle dont les Sentences des Elections jouissoient, a cessé d'avoir lieu.

Les Elus sont reçus en la Cour des Aides : c'est dans cette Cour que ressortissent les appels de leurs Sentences, qui sont exécutoires par provision.

Les Elus sont exempts de taille & de toutes charges publiques ; mais pour jouir de cette exemption, ils doivent résider dans le

lieu de leur établissement, suivant la Déclaration du 29 Décembre 1663. Voy. aussi un Arrêt du Conseil du 16 Juillet 1718.

Ils ne jouissent d'aucune exemption relativement aux droits d'Aides, pas même pour le vin de leur crû, suivant les Edits des mois de Septembre 1741, & Août 1717.

La procédure qui se fait dans les Elections & dans les Greniers à Sel, n'est pas tout-à-fait conforme à ce qui se pratique dans les Tribunaux ordinaires : il y a une Déclaration du 17 Février 1688, qui indique les formalités que doivent observer les Officiers des Elections, Greniers à Sel, & autres Juges qui connoissent des droits des Fermes de Sa Majesté ; elle a été enregistrée en la Cour des Aides le 11 Mars suivant ; on la trouve dans le Recueil Chronologique de M Jousse, tome 2 ; elle contient aussi un Tarif des droits dûs aux divers Officiers des Elections, Greniers à Sel, &c. pour l'instruction des différentes affaires de leur compétence.

Je parle encore de cette Déclaration à l'article *Grenier à Sel*. Voyez au même article plusieurs autres Réglemens communs à ce Tribunal & aux Elections & singuliérement des Arrêts des 13 & 26 Septembre 1702, & la Déclaration du 16 Octobre 1743. Voy. enfin l'Arrêt rendu le 13 Mai 1735 contre les Elus de Montdidier, dont je parle au mot *Amende*.

La Cour des Aides a rendu un Arrêt en forme de Réglement le 20 Septembre 1737, sur les fonctions du Procureur du Roi en l'Election de Meaux ; ses dispositions sont trop étendues pour trouver place ici. (Il est imprimé).

La même Cour a défendu aux Officiers de l'Election des Sables d'Olonne, par Arrêt rendu au rapport de M. de Gomont, le 19 Décembre 1716, *de se taxer ni recevoir des épices sur les Sentences où le Substitut du Procureur du Roi sera seul Partie.*

Un autre Arrêt, rendu en la même Cour le 14 Mai 1716, sur les Conclusions & le Réquisitoire de M. Belanger, Avocat Général, *a fait défenses aux Officiers de l'Election de Paris de rendre des Jugemens portant Réglemens, sous les peines portées par les Or-*

(a) Sur cette modération d'amende voyez l'Ordonnance du mois de Juillet 1681, tit. commun, art. 31, & le détail dans lequel M. le Fevre de la Bellande est entré dans le Traité des Aides, n. 1731 & suivant.

Tome II. Part. I.   D

donnances. Il a été fait de semblables défenses aux Elus d'Amiens, par Arrêt de la
Cour des Aides du premier Février 1735.

La Cour des Aides a, par un Arrêt rendu
en forme de Réglement le 26 Mai 1723,
fait défenses aux Officiers des Elections
d'appointer sur les contestations concernant
la Ferme du Tabac, & condamné les Elus
de la Rochelle à restituer les épices, &c.
Cet Arrêt est imprimé.

Un Arrêt du Conseil, du 20 Juillet 1723,
a fait défenses aux Officiers des Elections
de Normandie, d'admettre la preuve testimoniale des faits tendans à détruire les sou-
missions qui seront faites par les Bouilleurs
& Marchands d'eau-de-vie pour le rapport
des certificats d'arrivée & de décharge desdites eaux-de-vie à leur destination, à peine
de répondre des dommages & intérêts du
Fermier.

La même Cour a aussi, sur les Conclusions de M. le Procureur Général, fait défenses aux Elus d'Issoudun, sous les peines de droit, de rendre des Sentences en
matiere d'Aides, qu'ils ne soient au nombre de trois Juges au moins, par Arrêt
du 5 Septembre 1739.

Il a été enjoint, par un Arrêt rendu au
Conseil le 27 Février 1731, au Fermier des
Aides de la Généralité de Rouen, & à tous
autres, de communiquer aux Procureurs du
Roi des Elections, les causes dans lesquelles il s'agira de prononcer des amendes &
confiscations, avant de les pouvoir porter à
l'Audience ; à cet effet, fait défenses aux
Officiers des Elections de rendre aucunes
Sentences dans lesquelles il s'agira d'amende & confiscation sans Conclusions du Procureur du Roi.

Les Causes concernant les droits d'Aides
& les contraventions qui se font à ces sortes de droits en matiere civile, ne peuvent
être appointées. Les Elus doivent les juger
sommairement à l'Audience, ou sur délibéré, sans épices ni vacations, conformément
aux articles, 12, 13 & 14 de la Déclaration
du 17 Février 1688. Il a été enjoint aux Officiers de Montreuil-Bellay, & à ceux der
autres Elections du Royaume, de se conformer à ces dispositions, par Arrêt du Conseil du 5 Janvier 1715.

L'exécution de cet Arrêt & de la Déclaration du 17 Février 1688, est ordonnée
par un autre Arrêt du Conseil du 20 Mars
1725, lequel, en cassant une Sentence rendue par les Elus de Mortain le 3 Février
précédent, leur fait défenses de se taxer aucuns droits d'épices & vacations dans les
causes concernant les droits d'Aides & contravention à iceux, excepté dans les cas réservés par ladite Déclaration.

Une Déclaration du 11 Janvier 1736, attribue au Président de chaque Election ou
Grenier à Sel, le pouvoir de faire seul les
fonctions de Lieutenant Criminel dans les
affaires de leur ressort ; mais l'Arrêt d'enregistrement du 8 Février suivant, a excepté
les Elections de la Charité, de Sainte-Me-
nehoult, Joinville & Montreau.

Les Officiers de l'Election de Paris ont
Droit de Committimus ; il leur est accordé,
tant par l'Ordonnance de 1669, que par une
Déclaration de l'année 1732.

La Cour des Aides de Paris a ordonné,
par un Arrêt rendu le 26 Septembre 1736,
que tous les Officiers des Elections du ressort seront tenus, à la réquisition du Fermier, de ses Commis & Préposés, de se transporter avec lesdits Commis, & de les assister
dans les visites qu'ils feront dans les Places,
Châteaux, Maisons Royales, celles des Princes & Seigneurs, Couvens & Communautés,
viser, arrêter & parapher les Procès-verbaux
de visites & saisies qui seront faites par lesdits
Commis.

Et en cas de refus de la part des Officiers
des Elections, constaté par Procès-verbal,
&c. l'Arrêt permet aux Commis de se faire
assister de tels Officiers des Jurisdictions des
Traites ou Grenier à Sel que bon leur semble-
ra. V. sur cela les art. 14 & 19 des Déclarations des 6 Décembre 1707, & premier
Août 1721.

Les Offices de Judicature sont déclarés
compatibles avec ceux des Elections, par
une Déclaration du mois de Décembre
1644, que je trouve citée dans le Dictionnaire des Arts, verb. Election : on y cite
encore Dagereau.

On lit encore dans le même Ouvrage,
que les Officiers des Elections en Corps,
ont rang dans les Assemblées publiques,
après les Juges ordinaires du lieu, soit
Royaux ou Seigneuriaux, & qu'ils précé-

dent ceux des Eaux & Forêts, les Mairè & Echevins , &c. Mais voyez ce que je dis à l'article *Préféance*.

Tous les Officiers créés dans les Elections (fous le titre de Lieutenans Civils , Elus , Affeffeurs , Lieutenans Criminels , Vérificateurs des Rôles , Enquêteurs & Commiffaires - Examinateurs , Elus Gardes - Scels , feconds Préfidens , Elus - Contrôleurs anciens & alternatifs , Avocats du Roi , Greffiers alternatifs , & les Vérificateurs des défauts faute de comparoir) par des Edits des mois de Novembre 1689 , Août & Octobre 1693 , Novembre 1696 , Décembre 1701 , Mai 1702 , Novembre 1707 , Août & Octobre 1708 , Septembre 1710 ; enfemble tous les Commiffaires des Tailles créés par Edit du mois de Juin 1702 , ont été fupprimés & éteints par l'art. 8 de l'Edit du mois d'Août 1715 ; & par l'art. 9 il eft fait défenfes à tous ces Officiers de continuer leurs fonctions.

Par un Arrêt du Confeil du 9 Mars 1728, il eft enjoint aux Officiers des Elections , lorfqu'ils prononcent la nullité des Procès-verbaux des Commis aux Aides, d'expliquer & défigner expreffément dans leurs Sentences, les nullités qu'ils y ont trouvées.

Il y a un Arrêt du Confeil , du 17 Février 1731, portant Réglement fur les Conclufions que les Procureurs du Roi doivent. donner avant le Jugement des Procès concernant les Fermes des Aides.

Un Arrêt rendu au Confeil le 9 Juillet 1715, entre les Tréforiers de France au Bureau des Finances de Paris, & le Préfident en l'Election de Pontoife, a entr'autres chofes ordonné que , lorfque les Tréforiers de France iront en chevauchées , tant à Pontoife que dans les autres Elections de la Généralité de Paris, les Préfidens & Officiers des Elections de ladite Généralité feront tenus, fous peine d'interdiction , de fe rendre près d'eux, pour répondre à ce qu'ils auront à leur propofer en conféquence des ordres de Sa Majefté.

ÉLECTION en matiere Bénéficiale.
Voyez *Abbé* & *Suffrage.*

On nomme Election , le choix canonique qu'un Corps Ecclésiaftique fait d'une perfonne pour remplir quelque Bénéfice ou Dignité Ecclésiaftique.

L'ancien ufage étoit de ne donner des Miniftres à l'Eglife que par voie d'Election ; mais il ne fubfifte plus que pour très-peu de Bénéfices. Ils fe conférent prefque tous de la maniere que je le dis aux articles *Bénéfice* , *Collation* , *Commende* , *Concordat* , *Dévolution* , *Grade* , *Indult* , *Inftitution Canonique* , *Patronage* , *Patronage Royal* , *Pragmatique-Sanction* , &c.

ÉMANCIPATION.
Voyez *Avis de Parens* , *Curateur* , *Fils de Famille* , *Garde* , *Habilitation* , *Macédonien* , *Majeur* , *Mineur* , *Puiffance Paternelle* , & *Tuteur.*

Emanciper quelqu'un , c'eft le rendre maître de lui-même , & le mettre hors de la puiffance d'autrui.

Nous connoiffons trois fortes d'Emancipations en France ; fçavoir, celle des mineurs , celle des fils de famille , & celle des gens main-mortables.

Dans la plûpart des Coutumes, la tutelle dure jufqu'à 25 ans ; & comme il eft fouvent avantageux de donner au mineur même la conduite & l'adminiftration de fes biens, on a recours au Prince pour en obtenir des Lettres (a), par lefquelles il man-

---

(a) Les Lettres d'Emancipation ne font pas d'un ufage univerfel dans le Royaume ; il y a beaucoup d'endroits où l'Emancipation fe prononce fur l'avis des parens & amis des mineurs, que le Juge homologue fans avoir recours aux Lettres du Prince ; l'ufage a fur cela force de loi. L'art. 12 de l'Edit du mois de Mars 1704, & l'Edit du mois de Janv. 1706, qui en difpofent autrement, ne font pas exactement fuivis.

L'ufage d'emanciper fans Lettres, a finguliérement lieu en Languedoc ; les Secrétaires du Roi près le Parlement de Touloufe s'étoient néanmoins pourvus au Confeil contre un Jugement rendu en la Chancellerie de Toulou-fe, le 21 Décembre 1677, en conformité de cet ufage ; mais, par Arrêt contradictoire, rendu au Confeil le 15 Juin 1680, les habitans de la Province de Languedoc ont été déchargés, tant pour le paffé que pour l'avenir, de prendre des Lettres d'Emancipation, &c.

Depuis cet Arrêt , il en a été rendu un autre au Confeil, le 7 Janvier 1684, qui a ordonné que dans tous les Pays de Droit - Ecrit , l'Emancipation des mineurs pourroit y être faite fans Lettres de Bénéfice d'âge ; mais cet Arrêt décide que dans les Pays Coutumiers, ils ne pourront être émancipés fans Lettres : cet Arrêt eft dans le Recueil de Dijon, tome 10, page 248.

Dans la Coutume d'Orléans, *un pere peut émanciper fon enfant, tant en la préfence , qu'abfence dudit enfant , en quelqu'âge que ce foit.* Voyez l'art. 185 de cette Coutume.

Dans le Bailliage de Roye , les mineurs âgés de 20 ans peuvent demander à jouir du privilege des Emancipés, fans obtenir de Lettres ; une Sentence rendue fur les Conclufions du Procureur du Roi, fuffit, fuivant un Acte de Notoriété donné par ce Bailliage, le 8 Novembre 1741.

de au Juge du lieu de la tutelle , qu'après avoir pris l'avis de ses parens & amis , s'ils sont d'avis de l'émanciper ; en ce cas il l'habilite à jouir de ses meubles , & à gérer & recevoir les revenus de ses immeubles , sans pouvoir les aliéner.

Dans les Pays de Droit-Ecrit , & dans les Coutumes qui admettent la puissance paternelle , l'émancipation des fils de famille se fait d'une autre maniere. Voyez ce que j'en dis aux articles *Habilitation* , & *Puissance Paternelle.*

Dans les Pays de Droit-Ecrit , la tutelle finit à l'âge de puberté , c'est-à-dire , à douze ans pour les filles , & à quatorze ans pour les mâles ; & les mineurs puberes , dont les biens sont régis par ce droit , n'ont pas besoin d'Emancipation pour être en état d'administrer eux-mêmes leurs biens : dès qu'ils sont en âge de puberté , ils sortent de tutelle , & peuvent disposer de leurs meubles de plein droit , & du revenu de leurs immeubles , sans être assujettis à aucune des formalités requises pour l'Emancipation , soit des mineurs soumis aux Coutumes , soit des fils de famille ; parce qu'il y a une différence extrême entre la tutelle des Pays de Droit-Ecrit & la puissance paternelle.

En Artois , les mâles âgés de quatorze ans complets , & les femelles âgées de onze ans accomplis , sont capables de jouir des fruits & revenus de leurs biens , & de disposer de ces mêmes revenus sans aucune formalité préalable, comme font dans le Royaume les Emancipés par Lettres ; & en Pays de Droit-Ecrit , ceux qui ont atteint l'âge de puberté. Voy. l'art. 154 de la Coutume d'Artois , & l'Acte de Notoriété du Conseil d'Artois , du 14 Août 1741.

L'Emancipation des gens main-mortables ou serfs doit se faire de la maniere, en la forme & aux conditions réglées par les Coutumes qui la permettent : l'effet de cette espéce d'Emancipation est d'affranchir le main-mortable de la servitude à laquelle il est assujetti envers son Seigneur , & de lui donner la même liberté & les mêmes prérogatives dont jouissent tous les autres François. V. *Main-Morte.*

Les Lettres d'Emancipation qui s'accordent aux mineurs , s'obtiennent en Chancellerie ; leur effet , quand elles sont enthé-

rinées , est de donner au mineur émancipé la liberté de jouir & de disposer de ses meubles & effets mobiliers , & du revenu de ses immeubles comme bon lui semble.

En général , les Lettres d'Emancipation ne s'accordent qu'à la pleine puberté ; mais il arrive souvent que des mineurs au-dessous de cet âge obtiennent & font enthériner des Lettres d'Emancipation : cela dépend de la bonne conduite du mineur , & des espérances avantageuses qu'il donne à sa famille.

Au Parlement de Rouen , les Lettres d'Emancipation s'expédient & se scellent , sçavoir , aux garçons à l'âge de 16 ans , & aux filles à 14 ans accomplis ; cela est ainsi réglé par des Arrêts du Conseil des 20 Août 1718 , 14 Août & 3 Sept. 1719. Le dernier est revêtu de Lettres-Patentes , registrées au Parlement de Normandie le 5 Déc. 1719.

Les Lettres d'Emancipation ne suffisent pas seules pour émanciper des mineurs ; elles doivent être enthérinées par le Juge de la tutelle ; & cet enthérinement ne peut se prononcer qu'après que les parens , assemblés devant le Magistrat , ont donné leur avis. V. *Avis de Parens.*

Les Lettres d'Emancipation doivent être insinuées au Bureau établi près le domicile des Impétrans ; & il faut remplir cette formalité avant d'en poursuivre l'enthérinement ; sur quoi il faut remarquer que, quelque nombre de successions qui soient échues aux mineurs , il n'est dû qu'un seul droit d'insinuation par Impétrant , parce que l'Emancipation est personnelle à l'Emancipé.

En enthérinant les Lettres d'Emancipation , il est d'usage de nommer au mineur ce qu'on appelle un curateur aux causes. La mission de ce curateur n'est pas de veiller ou d'aider le mineur dans l'administration de ses biens, mais seulement de l'assister en Justice , & de paroître avec lui dans tous les Procès qu'il a , tant en demandant qu'en défendant , concernant son administration seulement.

L'effet des Lettres d'Emancipation (enthérinées) est , comme je l'ai dit , de mettre le mineur en état de régir & gouverner lui-même ses biens, de les affermer ; sçavoir , les maisons situées dans les Villes pour six ans , & les biens de Campagne pour 9 ans.

Le mineur émancipé peut valablement

contracter des engagemens jufqu'à concurrence du montant de fes revenus feulement ; mais il ne peut, ni vendre, ni aliéner, ni hypothéquer fes immeubles. Si même il abufoit de la faculté que lui accorde l'Emancipation, l'adminiftration de fes biens pourroit lui être ôtée, & il pourroit être remis en la puiffance d'un tuteur, foit par voie d'interdiction, par avis de parens, &c. (V. *Interdiction*) foit par voie d'appel de la Sentence d'Emancipation, ainfi que la Cour l'a jugé par Arrêt rendu le Mercredi 4 Août 1762, fur les Conclufions de M. Seguier, contre le fieur de S. Aubin, mineur, qui avoit fait des dépenfes exceffives : l'Arrêt a infirmé la Sentence d'enthérinement de fes Lettres d'Emancipation, prononcée fur l'avis unanime de fes parens, & a ordonné qu'il feroit pourvu d'un tuteur, quoiqu'âgé de près de dix-neuf ans.

En Bretagne, les mineurs, quoique mariés avec le confentement de leurs parens, & par conféquent émancipés, fuivant l'art. 527, *ne peuvent cependant conftituer rentes & hypothéques, vendre ni démolir grands bois, ni prendre avance pour plus d'un an, jufqu'à ce qu'ils ayent les vingt-cinq ans.* Ce font les termes de l'art. 499 de la Coutume de cette Province.

La Déclaration du premier Février 1743, veut qu'il foit nommé deux tuteurs, & par deux avis de parens différens, aux mineurs qui ont des biens en France & dans nos Colonies ; mais l'art. 10 de cette Déclaration permet de faire émanciper ces mineurs, en obtenant feulement des Lettres, & les faifant enthériner par le Juge du lieu où ils ont leur domicile, foit en France ou dans les Colonies ; & cet enthérinement dans un endroit, produit fon effet dans l'autre, pourvû que les Lettres ayent été *enregiftrées dans les Siéges d'où dépendent les lieux dans lefquels les mineurs ont des biens, fans y avoir leur domicile.*

Sans cet enregiftrement de l'Emancipation du mineur en France, fi elle eft accordée dans les Colonies, ou dans les Colonies fi elle eft accordée en France, le mineur feroit émancipé dans un Pays, & il y auroit l'adminiftration de fes biens, mais il ne l'auroit pas dans l'autre ; le tuteur refteroit toujours l'adminiftrateur des biens du Pays où l'enregiftrement ne feroit pas fait : la Déclaration de 1743 le décide textuellement.

L'article 11 de cette même Déclaration, porte que *les mineurs, quoiqu'émancipés, ne pourront difpofer des Négres qui fervent à exploiter les habitations dans les Colonies, jufqu'à ce qu'ils ayent atteint l'âge de vingt-cinq ans accomplis, fans néantmoins que lefdits Négres ceffent d'être réputés meubles, par rapport à tous autres effets.*

En Pays Coutumier (excepté en Poitou) le mariage émancipe les mineurs qui fe marient, & leur donne la même capacité qu'ont les Emancipés par Lettres du Prince ; ils peuvent même efter feuls en Jugement, fans l'affiftance de curateur pour les affaires qui concernent l'adminiftration de leurs biens feulement, & non pour celles dont il peut réfulter une aliénation ; ce que ne peuvent pas les Emancipés par Lettres (*a*). Voyez les Coutumes de Xaintonge, de Bretagne, de Bourbonnois, & Bretonnier, *Queft. Alphab.*

Le mariage n'émancipe point dans les Pays de Droit-Ecrit, fi ce n'eft dans ceux qui font du reffort du Parlement de Paris. Dans le Reffort de quelques autres Parlemens, le mariage émancipe les filles, à caufe de la puiffance maritale à laquelle il les foumet, *fecùs* des mâles.

Le mineur émancipé, foit par Lettres, foit par mariage, ne peut demander ni entendre feul le compte de fa tutelle ; il faut qu'il foit affifté d'un tuteur *ad hoc.* Voyez l'Ordonnance de 1667, tit. 29, & ce que je dis au mot *Compte.*

Mais la Combe, verb. *Mineur*, n°. 13, cite un Arrêt du 6 Mars 1738, par lequel il dit avoir été jugé »qu'un mineur émanci- » pé peut recevoir & donner quittance du

---

(*a*) Je parle ici d'après l'ufage obfervé au Châtelet ; mais je ne dois pas diffimuler que la Combe (Verb. *Mineur*, n°. 12) dit au contraire que le mineur marié ne peut valablement procéder fans Curateur ; il cite à ce fujet deux Arrêts, l'un de l'année 1736, pour le Marquis de Saluces, l'autre du 17 Mars 1742, fans en rapporter les efpéces ; il dit feulement que le dernier de ces Arrêts eft intervenu fur une demande en féparation de corps formée par madame de la Braille, & que toute la procédure a été déclarée nulle ; à cet égard, je penfe auffi que, pour ces fortes de procédures, il eft néceffaire de nommer un Curateur au mineur marié. Mais voyez Dupleffis, & ce que je dis au mot *Séparation*. Voyez auffi les Actes de Notoriété du Châtelet.

» reliquat de fon compte, à quelque fom-
» me qu'il fe monte, lorfque ce reliquat ne
» provient que d'arrérages de rentes &
» vente de meubles «.

L'Arrêt cité par la Combe, a été rendu au
rapport de M. l'Abbé de Salabery ; il a confirmé la Sentence, par laquelle Mᶜ Allain,
Commiffaire au Châtelet, & Magdeleine-
Angélique Ledroit, fa femme, avoient été
déboutés de leur demande en enthérinement
de Lettres de Refcifion contre une quittance
que la dame Ledroit, mineure émancipée,
affiftée de fon curateur, avoit donnée avant
fon mariage, d'une fomme de 4111 liv. à
fon tuteur, tant pour reliquat de compte de
tutelle, que pour prix de meubles adjugés à
ce tuteur.

EMPHYTÉOSE.

On nomme Emphytéofe ou bail emphytéotique, un bail d'héritage fait pour un
temps excédant neuf ans, & au-deffous de
cent ans, à la charge d'une preftation ou redevance annuelle.

Comme ces fortes de baux emportent aliénation, il n'y a que les perfonnes qui ont la
libre difpofition de leur bien, qui puiffent
en faire ; ainfi les mineurs émancipés, les
femmes, même féparées, les grevés de fubftitution, les titulaires de Bénéfices, & autres perfonnes qui n'ont qu'une fimple adminiftration, ne peuvent faire de baux emphytéotiques.

Cependant comme le bail emphytéotique n'emporte point une aliénation perpétuelle, & que le bailleur conferve une nue
propriété, à laquelle doit fe rejoindre la
jouiffance à l'expiration du bail, il n'engendre point de lods & ventes en faveur du Seigneur direct de l'héritage ainfi aliéné ; on
juge même que la ceffion de ce bail par le
preneur ne donne pas ouverture aux droits
Seigneuriaux, parce qu'il n'y a de mutation
que dans la poffeffion.

La Combe cite un grand nombre d'autorités, qui doivent faire regarder cette maxime comme certaine.

Je penfe néantmoins qu'il faut diftinguer
s'il y a argent débourfé ou non ; s'il y en
a, il eft fans difficulté, felon moi, que les
droits Seigneuriaux font dûs jufqu'à concurrence de la fomme payée au vendeur. La

Coutume de Rheims contient fur cela une
difpofition textuelle dans l'art. 153, qui me
paroît devoir former le Droit commun. V.
l'art. 57 de la Coutume de Bretagne, l'art.
123 de celle de Blois, &c.

Il en feroit autrement, fi l'héritage donné à bail emphytéotique, étoit fief ; alors
il feroit dû un droit de relief, parce que la
mutation dans la poffeffion des fiefs donne
ouverture à ce droit. V. *Relief.*

La reftitution pour léfion d'outre-moitié a lieu contre les baux emphytéotiques,
parce que, comme je l'ai dit, ils emportent
aliénation ; & par la même raifon ils donnent ouverture au retrait lignager ; c'est la
difpofition de l'article 149 de la Coutume
de Paris.

La poffeffion du preneur à bail emphytéotique, quelque longue & quelque continuée qu'elle foit, ne peut jamais lui fervir pour acquérir la perfcription tant que le
bail dure, parce qu'on ne peut pas prefcrire
contre fon propre titre. V. *Poffeffion* & *Prefcription.*

Les Auteurs décident que le propriétaire
des héritages donnés à bail emphytéotique,
n'eft obligé de former oppofition au décret
qui s'en pourfuit fur le preneur, que quand
la durée du bail eft expirée ; leur opinion
n'eft pas fans difficulté. Je crois que cela dépend de la queftion de fçavoir fi le décret
purge la propriété : à cet égard V. *Décret ;*
mais Voyez auffi le Recueil Canonique de
la Combe, verb. *Fondation,* à la fin.

Quoique le preneur à bail emphytéotique n'ait point la propriété de l'héritage,
cependant cet héritage acquiert la qualité
de propre dans fa famille ; il appartient à
l'héritier des propres, quand il a acquis cette
qualité.

Quand le bail eft expiré, l'Emphytéote
doit rendre les chofes en l'état qu'elles font,
fans qu'il puiffe demander aucune récompenfe des améliorations qu'il peut avoir faites.

Un Arrêt rendu au Grand-Confeil le 21
Août 1734, entre le Prieur d'Haponvilliers
& le nommé le Moine, a jugé que l'héritage donné à Emphytéofe, eft réverfible au
bailleur, après l'expiration du temps porté
au bail, nonobftant la poffeffion de plus de
quatre-vingt ans, depuis l'expiration du bail.

Cet Arrêt est imprimé (& il n'est pas absolument conforme dans ses dispositions, au titre que lui a donné l'Editeur).

Mais un autre Arrêt rendu sur les Conclusions de M. le Procureur Général, au rapport de M. Severt, le 4 Septembre 1751, a jugé que l'acquéreur d'un bien d'Eglise donné à Emphytéose, peut opposer à l'Eglise la prescription résultante d'une possession suffisante, écoulée depuis l'expiration du temps porté au bail : cet Arrêt est intervenu entre le Curé de Champlemy, Diocèse d'Auxerre, & la veuve Daligny.

Le 10 Octobre 1613, l'Abbé de S. Mesmin de Mixi, après toutes les formalités observées, fit un bail emphytéotique pour 99 ans, d'une maison en ruine située à Orléans, à un sieur Lesourd, qui promit y bâtir une maison.

La maison bâtie, Lesourd la rétrocéda à l'Abbé, successeur de celui qui avoit fait le bail ; & ce nouvel Abbé en fit une cession aux Moines de son Abbaye, le 4 Avril 1622, conçue en ces termes :

» Céde, transporte . . . . . . la maison de
» l'alleu S. Mesmin . . . . ci-devant donnée
» à rente & Emphytéose pour 99 ans, ...
» & retirée par contrat, &c . . . . à la charge
» (par les Religieux) d'acquitter (l'Abbé)
» de la somme de 7000 liv. qu'il s'est obligé
» de payer à Lesourd pour la construction
» de la maison.

Le 5 Décembre 1712, l'Abbé de S. Mesmin demanda que les Religieux lui abandonnassent cette maison, & qu'ils la missent en bon état, conformément au bail Emphytéotique. Les Moines répondirent qu'ils ne la possédoient pas à titre d'Emphytéote ; que l'Abbé, prédécesseur de celui qui les actionnoit, leur en avoit remis & cédé la propriété, par l'acte de 1622.

L'Abbé actuel répliquoit que son prédécesseur n'avoit pas pu donner les biens de sa manse à ses Religieux, au préjudice de ses successeurs ; qu'il n'avoit pu leur transmettre qu'une jouissance précaire que lui avoit cédé Lesourd, qu'ils n'avoient pas pu changer la cause de leur possession, &c. & par Arrêt rendu en la quatrième Chambre des Enquêtes, le 20 Juin 1716, les Moines furent condamnés à se désister de la maison, &c. Cet Arrêt est imprimé.

Sur la matiere des baux emphytéotiques, V. Loyseau, Traité du Déguerpissement ; M. Louet, Brodeau, Instit. de Coquille, & M. Bouguier.

E N C E N S.

V. *Droits Honorifiques, Eau-Bénite, Marguilliers, Pain-Béni, & Préséance.*

Il y a des Seigneurs en possession de recevoir l'Encens à l'Eglise, comme un droit honorifique ; leur droit à cet égard se régle sur les mêmes principes que les autres droits honorifiques.

Dans la plaidoirie sur laquelle est intervenu l'Arrêt rendu le 12 Janvier 1728, dont je parle au mot *Eau-Bénite*, il fut aussi question de l'Encens : la Dame de Vandeuil le demandoit, & l'Arrêt ordonna qu'on seroit tenu de lui en donner lors des Offices où l'on a coutume d'en donner au Clergé.

M. l'Avocat Général d'Aguesseau, en parlant de l'Encens, dit qu'on n'en donnoit au Seigneur par distinction, que comme chef du peuple, & lorsqu'on encense le peuple, & qu'on ne devoit le lui donner qu'après le Clergé, ou ceux qui sont revêtus de surplis. Voyez l'Edit du mois d'Avril 1695.

L'Arrêt rendu au Grand-Conseil le 27 Novembre 1704, entre le Seigneur & le Chapitre de Vastan, a ordonné que les Encensemens se feroient audit Seigneur & à sa femme chacun trois fois ; & à leurs enfans, chacun une fois.

Duperray cite une Sentence des Requêtes du Palais, du 10 Juin 1717, qui a ordonné la même chose en faveur du Seigneur de Regnac.

La Jurisprudence du Parlement de Provence est d'accorder l'Encens au Seigneur, de la même maniere qu'il est donné au Clergé : il y a sur cela deux Arrêts modernes ; l'un du 5 Février 1711, a été rendu entre le Seigneur & le Curé de S. Laurent ; l'autre du 20 Mai 1727, a été rendu entre M. Leblanc, Conseiller au Parlement d'Aix, Seigneur de Ventabren, & le Curé dudit lieu de Ventabren.

La femme du Seigneur Haut-Justicier doit aussi recevoir l'Encens séparément après son mari, & de la même maniere que lui ; mais on ne peut pas exiger qu'il soit donné à chacun des enfans séparément ; ils doivent le recevoir tous enfemble. V. l'Arrêt du 20 Juin 1696, rapporté au Journal des Aud.

ENCHERE.

V. *Adjudication, Décrets, Folle-Enchere, & Procureur.*

Le mot Enchere fignifie mife à prix ; il fignifie encore offre judiciaire d'une certaine fomme pour prix d'un objet, dont la vente ou la location fe pourfuit en Juftice.

On donne auffi le nom d'Enchere à un acte que met au Greffe celui qui pourfuit la vente ou la licitation du loyer d'un bien, & qui contient, tant le détail des objets qui font à vendre ou à louer, que les conditions fous lefquelles l'adjudication fera faite. Voyez fur cela le Réglement du mois de Novembre 1598, art. 4.

Les Encheres des biens qui fe vendent ou fe louent judiciairement, ne peuvent fe faire que par le miniftere des Procureurs des Siéges où la pourfuite eft pendante. Les Réglemens font également nombreux & précis fur ce point ; & le Procureur qui enchérit, ne peut être contraint de nommer fa Partie, que trois jours après l'adjudication. Voyez l'Ordonnance d'Henri II de 1551, connue fous le nom de l'Edit des Criées, art. 9, 10 & 11.

Les Procureurs ne doivent enchérir que pour des perfonnes domiciliées, & qui paroiffent folvables : autrement ils font perfonnellement garans, & doivent, ou prendre pour eux les biens qu'ils ont enchéris, ou fouffrir qu'il foit procédé à nouvelle adjudication à leurs rifques ; c'eft ce qu'on nomme Folle-Enchere.

Le Procureur, au profit duquel l'adjudication eft faite, qui a enchéri pour autrui, & qui a déclaré au Greffe le nom des perfonnes qui lui avoient donné pouvoir de fe rendre adjudicataire, n'eft point cenfé avoir acquis ; la propriété paffe directement à la perfonne indiquée par la déclaration, de maniere que non-feulement il n'y a aucune

action contre le Procureur adjudicataire pour le payement du prix, quand il a fait une déclaration en régle, au profit d'une perfonne domiciliée; mais que fes créanciers n'ont acquis aucune hypothéque fur les biens qui lui ont été adjugés, & qu'il n'eft dû au Seigneur fuzerain de droits Seigneuriaux, que pour une feule mutation. Voyez *Commandement*, & *Folle-Enchere*.

Lorfque la folvabilité de la perfonne pour laquelle le Procureur a enchéri, eft apparente; fi cette perfonne ne paye pas le prix de l'adjudication, c'eft fur elle que doivent tomber les fuites de la Folle-Enchere Il y a à ce fujet un Arrêt du 9 Mai 1730, rendu au rapport de M. l'Abbé Lorenchet, par lequel la Cour a déchargé Me Thourette, Procureur au Parlement, de la demande formée contre lui, à ce qu'il fût tenu de fupporter la Folle-Enchere des Terres d'Us & de Courcelles, dont il s'étoit rendu adjudicataire pour l'Abbé d'Elevemont, frere de la Partie faifie : il a fuffi que cet Abbé fût domicilié, & eût les apparences de folvabilité, pour faire prononcer la décharge de Me Thourette.

Les Encheres fe recevoient autrefois jufqu'à la délivrance du décret. C'étoit la Loi générale du Royaume, ainfi que l'affurent plufieurs Jurifconfultes ; mais cet ufage ne fubfifte plus que dans quelques Cantons de l'Auvergne, du Bourbonnois, de la Marche, & dans le reffort de quelques Parlemens de Droit-Ecrit (a). V. Baffet, tom. 1, liv. 3, tit. 8, chap. 19 ; Bretonnier fur Henrys, tom. 1er, liv. 3, chap. 30, & l'Arrêt de Réglement des Grands-Jours de Clermont du 30 Janvier 1666.

L'ufage le plus général eft donc actuellement de ne recevoir les Encheres dans la plûpart des Tribunaux, que jufqu'au moment de l'adjudication, à moins qu'on ne procéde à une Folle-Enchere ; mais fi on pourfuit dans une Jurifdiction où cet ufage eft fuivi, le décret de biens fitués dans une Coutume, fuivant laquelle les fur-Enche-

---

(a) Bretonnier dit que dans le reffort du Parlement de Dijon on reçoit les fur-Encheres après l'adjudication, jufqu'à la confignation.

En Normandie & en Bretagne, les Encheres font reçues après l'adjudication, pourvû qu'elles foient faites avant l'Audience levée. Voyez l'article 146 des Placités, Hevin & Sauvageau, Recueil d'Arrêts du Parlement de Bretagne, chapitre 179.

L'art. 476 permet auffi d'enchérir après l'adjudication le Siége tenant, & après le Siége levé, cet article ne permet d'enchérir que pendant huitaine feulement, pourvû que l'Enchere foit au moins du tiers en fus.

Le Parlement de Touloufe a, fur cette matiere, un ufage particulier. Voyez Fromental, verb. *Décret*

res

res s'admettent après l'adjudication, jusqu'à la délivrance du décret, pourra-t-on y admettre la sur-Enchere après l'adjudication faite?

Cette question s'est présentée entre le Marquis de Salier & les sieur & dame de Massebeau, à l'occasion de la Terre de Sedage, située en Auvergne. L'adjudication de ces biens avoit été faite aux Requêtes du Palais, moyennant 24000 liv. aux sieur & dame de Massebeau; peu après, le Chevalier le Camus, créancier des Parties saisies, s'opposa à la délivrance du décret non encore expédié, & enchérit de 43000 liv. en portant les biens à 67000 liv.; mais, par Sentence des Requêtes du Palais du 7 Septemb. 1752, la main-levée de l'opposition fut prononcée, & la sur-Enchere rejettée.

Cette Sentence a depuis été confirmée par Arrêt rendu en la Grand'Chambre, au rapport de M. de Sahuguet d'Espagnac, le 21 Avril 1760. J'ai sçu de l'un des Juges que l'affaire avoit fait beaucoup de difficulté. On a distingué deux espéces de formalités à remplir dans les décrets; & on a pensé que pour la saisie-réelle, les criées, la certification, &c. c'étoit l'usage du lieu de la situation qu'il falloit suivre, parce que ces formalités sont réelles; mais que pour celles qui doivent se faire dans le Tribunal où l'adjudication se poursuit, il faut se conformer à l'usage du Tribunal où le décret est porté, parce qu'il n'y a là rien de réel; (c'est ce que les Auteurs appellent. *Litis ordinatio.*)

Cet Arrêt confirme encore ce que disent presque tous les Auteurs, & singuliérement Loysel, »qu'en vente faite par décret, n'é- »cheoit rescision pour déception d'outre » moitié du juste prix. V. *Lésion.*

Mais il ne faut pas confondre la lésion avec le dol; les sur-Encheres s'admettent & se reçoivent, quand il est prouvé que l'adjudicataire s'est ménagé l'adjudication par des précautions artificieuses.

Dans une espéce où il étoit prouvé que le poursuivant, qui s'étoit fait adjuger une maison louée 440 liv. moyennant 4000 liv. avoit, par des pratiques sourdes, éloigné les Enchérisseurs; la Cour, par Arrêt rendu le 5 Mars 1689, a admis la sur-Enchere à la somme de 6000 liv. signifiée dans les vingt-

quatre heures de l'adjudication.

On ne peut adjuger des biens judiciairement qu'après trois publications, & après avoir reçu les Encheres pendant ces différentes publications, s'il s'est présenté des Enchérisseurs: l'usage du Châtelet est même de n'adjuger qu'à la quatriéme publication de l'Enchere.

Il n'y a cependant point de Réglement qui exige cette pluralité de publications; mais l'usage les rend nécessaires, & il est du devoir & de la prudence du Juge de remettre l'adjudication à un autre jour, lors même qu'il y en a plusieurs de faites, si les Enchérisseurs, qui se sont présentés, n'ont pas porté la chose à sa valeur.

La derniere Enchere couvre toutes les autres, de façon que, dans l'instant même de la derniere Enchere, on ne peut plus adjuger au pénultiéme Enchérisseur (si ce n'est de son consentement) quand même celui qui a le dernier enchéri, seroit déchargé par des raisons particulieres, & du consentement des Parties intéressées.

Cela est fondé sur ce que l'adjudication se faisant au dernier enchérisseur, la sur-Enchere ôte à celui qui a déja enchéri, l'espérance d'être adjudicataire; & puisqu'il perd cette espérance, il est juste qu'il soit délié de son engagement. Cette régle n'auroit ni force ni application dans le cas où la sur-Enchere seroit simulée.

M. de la Boissiere, Conseiller de la Cour des Aides, ayant enchéri deux maisons sises à Paris, rue des Postes, qui se vendoient dans la direction Adam, son Enchere fut couverte par Me Prevost, Procureur au Parlement; Me Prevost ayant depuis fait sa déclaration au profit d'un homme notoirement insolvable, les Directeurs crierent à la fraude & à la collusion.

Ils disoient que l'Enchere de Me Prevost n'étoit pas sérieuse; qu'elle étoit faite à la sollicitation de M. de la Boissiere; & que par conséquent elle n'avoit pu le dégager. M. de la Boissiere répondoit que la fraude ne se présumoit pas, qu'on n'en rapportoit aucune preuve, & que l'Enchere de Me Prevost ayant été faite par un Officier public qui avoit caractere, & acceptée par la Justice, on ne pouvoit jamais faire revivre l'Enchere précédente.

Par Arrêt rendu en la Grand'Chambre le 12 Décembre 1746, la Cour jugea *in terminis*, que l'Enchere de Mᵉ Prevoft avoit éteint celle de M. de la Boiſſiere. V. l'article 274 de la Coutume de Blois, l'art. 476 de celle d'Orléans, & les art. 64, 65 & 66 de celle de Berry, titre des Subhaſtations & Criées.

Ceux qui enchériſſent des biens, doivent ſuivre les conditions portées par l'Enchere primitive (qui, comme je l'ai dit, doit contenir celles de la vente) ſans pouvoir y en ajouter de nouvelles.

L'Enchere, dit l'Encyclopédie, eſt un contrat que l'enchériſſeur paſſe avec la Juſtice, & par lequel il s'oblige de prendre la choſe pour le prix qu'il offre, au cas qu'il ne ſe trouve point d'Enchere plus forte.

Ce contrat oblige dès le moment même de l'Enchere, & l'enchériſſeur ne peut le rétraƈter, quand même il prouveroit une léſion d'outre-moitié; mais dès que l'Enchere eſt couverte par une autre plus forte, le précédent enchériſſeur eſt déchargé de ſon engagement, qui contient toujours tacitement cette condition.

Cependant, comme l'Enchere contient en ſoi une promeſſe reſpeƈtive & conditionnelle; ſçavoir, de la part de l'enchériſſeur d'acheter, ſi après les remiſes ordinaires on lui adjuge; & de la part de la Juſtice, d'adjuger dans le même délai, s'il ne ſe préſente plus haut enchériſſeur: ſi la Juſtice n'adjuge pas, l'enchériſſeur peut demander la décharge de ſon Enchere. Les créanciers & les pourſuivans peuvent avoir de bonnes raiſons pour retarder l'adjudication; mais l'enchériſſeur ne doit pas en ſouffrir, autrement ce ſeroit tendre des pièges aux enchériſ-ſeurs, que l'on tiendroit engagés tant qu'on voudroit, ſans que de leur part ils puiſſent parvenir à leur libération.

Auſſi a-t-on déchargé les enchériſſeurs de leurs Encheres, toutes les fois qu'ils l'ont demandé, quand, après avoir perſévéré dans leur Enchere pendant un temps, la Juſtice a refuſé de leur adjuger. Il y a ſur cela un premier Arrêt rendu en faveur de la dame Cohade, contre les Religieuſes de Panthemont, le 8 Août 1721.

Il en a été rendu un ſecond le 9 Mars 1723, en faveur de Mᵉ Barbier, Procureur,

qui avoit enchéri la Terre de Bouillancour; & il y en a un troiſiéme du 3 Juillet de la même année (1723) dans lequel M. le Comte de Toulouſe étoit Partie comme pourſuivant.

Il faut convenir que dans les eſpéces jugées par ces Arrêts, outre la circonſtance du laps de temps qui s'étoit paſſé depuis l'Enchere reçue, juſqu'à la demande en décharge, la chûte du papier, & la fameuſe révolution du mois de Mai 1720, étoit arrivée.

L'uſage eſt au Châtelet de charger l'adjudicataire, par l'Enchere, de payer les frais ordinaires & extraordinaires dans les pourſuites de licitation; mais, dans les pourſuites de décrets, on ne charge ordinairement l'adjudicataire, que du payement des frais ordinaires.

Dans le reſſort du Parlement de Beſançon, » les frais communs des décrets & ſub- » haſtations ſe payent, moitié par les créan- » ciers qui touchent leurs collocations à » proportion de ce que chacun en reçoit, & » l'autre moitié ſur le prix de la vente des » biens ſubhaſtés, à moins qu'il ne reſte » quelque choſe du prix au débiteur, ou » qu'il n'y ait des biens ſur leſquels les » créanciers puiſſent exercer leur dédom- » magement «. Cela eſt ainſi ordonné par un Arrêt rendu en forme de Réglement, le 13 Décembre 1695.

ENDOSSEURS, ENDOSSEMENS.
Voyez *Lettre de Change*, *Ordre*, *Solidité*, *Tireur*.

On appelle Endoſſeurs, ceux qui paſſent leurs ordres au dos des Lettres de Change, ou Billets de commerce.

Le débiteur d'une Lettre de change ou de Billets de commerce ne peut pas exiger de celui qui vient en demander le payement, qu'il faſſe vérifier, ou même certifier la vérité des Endoſſemens: il peut ſeulement demander que celui qui ſe préſente pour en toucher le montant, ſe faſſe connoître pour être la perſonne au profit de laquelle le dernier ordre eſt paſſé. V. *Lettre de Change*.

Il eſt ſans exemple qu'on ait ordonné la vérification des Endoſſemens, à moins qu'il n'y ait eu des préſomptions violentes de fauſſeté, ou une oppoſition formée au payement par un tiers qui prétendoit que la

Lettre lui avoit été, ou surprise, ou volée: il ne seroit pas même possible, d'introduire l'usage de ces vérifications, sans causer dans le commerce les plus grands désordres.

Un débiteur de mauvaise foi ne manqueroit jamais, pour se procurer du temps, de demander la vérification des signatures des Ordres; & comme cette vérification traîne nécessairement en longueur, au moyen de ce qu'elle exige des formalités multipliées, ce seroit le moyen de ne pas finir, & par conséquent de ne pas payer. D'ailleurs, où trouver des pièces de comparaison (qui doivent être authentiques) pour vérifier un Endossement souvent fait en pays étranger?

L'abus de cette vérification peut encore aller plus loin; car celui qui met sur la place des Billets de commerce, peut aisément y faire inscrire un faux ordre sous un nom imaginaire; & comme dans ce cas-là il seroit impossible de faire une vérification, le débiteur se procureroit aisément le moyen de ne pas payer.

Le refus de vérification a néantmoins ses inconvéniens; car par-là il peut arriver qu'une Lettre de change soit payée au voleur; mais c'est un malheur pour ceux qui ne prennent pas assez de soin de leur portefeuille: malheur qui tombe sur un particulier, dont le sacrifice est dû au bien public, mais qui peut se réparer en avertissant le débiteur, & en formant opposition au payement avant l'échéance.

Ceux qui ont endossé des Lettres de change, doivent être poursuivis en garantie dans la quinzaine, à compter du lendemain du protêt, s'ils sont demeurans dans la distance de dix lieues, & au-delà, à raison d'un jour de plus pour cinq lieues; & après ces délais expirés, les porteurs sont non-recevables à actionner les Endosseurs.

Il y a des délais plus longs pour les pays étrangers. Voyez les art. 13, 14, 15 & 16 du titre 5 de l'Ordonnance de 1673.

L'usage des Endossemens en blanc est autorisé comme les Billets au porteur; & les abus qui peuvent en résulter, ne peuvent » être mis en balance avec les avantages » qu'en retire le commerce. Ces abus sont » au nombre de ceux que les Loix humai- » nes ne sçauroient prévenir entièrement, » & qui ne pouvant causer que quelques » inconvéniens particuliers, sont plus que » compensés par l'utilité publique. « C'est ce que manda feu M. le Chancelier d'Aguesseau à M. le Procureur Général au Parlement de Toulouse, par sa lettre du 8 Septembre 1747.

Le dernier porteur d'une Lettre de change ou Billets de commerce a, pour débiteurs solidaires, tous les Endosseurs, Tireurs & Accepteurs; mais il doit diriger son action dans des temps réglés; après ce temps passé sans poursuite, ils sont déchargés de plein droit.

Le nommé David, qui étoit porteur d'un Billet à ordre fait par Planier, au profit de Frison, passa, sans avoir (lui David) aucun ordre à son profit, un ordre de ce même billet pour Frison, en faveur du sieur Châtelain.

Châtelain n'étant pas payé par Planier, assigna David, lequel répondoit qu'il n'étoit pas débiteur personnel, qu'il avoit passé l'ordre pour Frison; qu'ainsi il falloit discuter celui-ci comme vrai débiteur.

On lui répondoit qu'il ne justifioit pas du pouvoir de Frison pour passer l'ordre; que tous les Endosseurs étoient solidaires; & que, puisqu'il avoit endossé le billet, il étoit présumé en avoir reçu la valeur, qu'au moins il devoit être considéré comme caution.

Par Sentence des Consuls, confirmée par Arrêt rendu le Mardi 29 Avril 1760, à l'Audience de sept heures, David fut condamné à payer. V. *Lettres de Change, Ordre & Protêt.*

Sur cette matiere V. *Nom & Ordre.*

ENFANCE, ENFANS.

V. *Aînesse, Avortons, Bâtards, Dot, Education, Hermaphrodites, Impuberes, Légitimation, Légitime, Mariage, Monstres, Naissance, Plage, Puissance paternelle, Tiers-Coutumier, Viduité & Vœux.*

C'est une maxime adoptée chez toutes les Nations, que les Enfans légitimes suivent la condition de leur pere, & en ont tous les avantages.

Les Enfans, qui sont encore dans le sein de leur mere, n'ont pas leur état réglé. Il ne doit l'être que par la naissance: jusqu'à ce qu'ils soient nés, ils ne peuvent être mis au nombre des Enfans; mais l'espérance qu'ils naîtront, fait que, lorsqu'il s'agit de leurs intérêts, on les considére comme s'ils étoient déja nés; ainsi on leur conserve les successions échues avant leur naissance : on peut aussi intenter des retraits pour eux, & on leur nomme à cet effet des curateurs. *V. Curateurs, Naissance, Posthumes, & Retrait lignager.*

L'Enfant qui vient mort au monde, est réputé n'avoir jamais vécu.

Ainsi les successions échues à un Enfant, pendant qu'il vivoit dans le sein de sa mere, & qui n'est pas né vivant, passent aux personnes à qui elles auroient appartenu, si cet Enfant n'eût pas été conçu; il ne les transmet point à ses héritiers, parce que le droit qu'il avoit à ces successions, n'étoit qu'une espérance, laquelle renfermoit la condition qu'il naîtroit pour en être capable.

Il suffit donc que l'Enfant soit conçu, pour être capable de succéder. La seule conception équipolle à naissance, parce que c'est une maxime certaine que l'Enfant conçu est réputé né, lorsqu'il y va de son intérêt, & cette capacité ne s'efface que quand l'Enfant ne naît pas vivant; sur quoi il faut observer que l'Enfant est reconnu vivant, non par la seule palpitation de ses membres, mais par son souffle, par ses cris, ou par quelqu'autre signe semblable. *V. Bouvot, Despeisses, Henrys & Bretonnier. V.* aussi ce que je dis à l'art. *Naissance.*

Quelques Arrêts ont jugé que les Enfans nés avant le septiéme mois, n'avoient point eu vie. *V. Deuil.*

Le Brun & Ricard, qui sont de ce sentiment, en rapportent un entr'autres, rendu le 17 Avril 1635 ; mais M. Louet en rapporte de contraires. *V.* aussi *Domat.*

Plusieurs Arrêts ont jugé que des Enfans nés dans le onziéme mois, étoient légitimes. Le Brun en cite un rendu le 2 Août 1649; & il y en a un autre très-célèbre au Journal des Audiences, rendu le 6 Septembre 1653, dans des circonstances singulieres. Voyez la Novelle 39, chap. 2. Aulugelle cite à ce sujet un Edit de l'Empereur Adrien, qui ne se trouve pas dans le Droit.

Mais, par Arrêt rendu le 29 Juillet 1758, la Cour a confirmé une Sentence rendue au Bailliage de Montfort-l'Amaury, le 3 Mars 1755, qui jugeoit illégitime un Enfant né

de Genevieve Laurent, veuve de Charles Marcille, Laboureur à Presle, douze mois moins six jours après la mort dudit Marcille, & qui faisoit défenses à ladite Laurent de donner à cet enfant la qualité de fils & d'héritier de Charles Marcillé. *V.* Domat, & l'Arrêt du 28 Juillet 1705, rapporté par Augeard. *V.* aussi les Arrêts de Bouguier, lettre E, n. 6.

L'Enfant conçu pendant que le mariage de la mere subsiste, est regardé comme véritable Enfant du pere. *V. Etat (question d') Légitimation & Légitimité.*

Un Edit du mois de Novembre 1666, enregistré en la Cour des Aides, accordoit beaucoup de priviléges & d'exemptions aux peres de famille qui avoient dix Enfans; mais ses dispositions ont été révoquées par une Déclaration rendue le 13 Janvier 1683, enregistrée le 23 des mêmes mois & an.

Anciennement les Seigneurs Hauts-Justiciers de Paris contribuoient à la nourriture des Enfans exposés en cette Ville, à proportion de l'étendue de leur Seigneurie; cela avoit été ainsi réglé par des Arrêts de la Cour, rendus les 13 Août 1552, 3 Septembre 1667, & par un Arrêt du Conseil rendu en 1668. La Déclaration du mois de Juin 1670, portant établissement de l'Hôpital des Enfans-Trouvés, régle même la contribution de chaque Seigneur; mais les Hautes-Justices de Paris ayant été réunies au Châtelet par un Edit du mois de Février 1674, les Seigneurs ne sont plus tenus de cette contribution.

Dans tous les autres endroits du Royaume, les Seigneurs Hauts-Justiciers sont tenus de fournir la subsistance, l'entretien & l'éducation aux Enfans exposés dans l'étendue de leur Haute-Justice; c'est une charge de la Seigneurie dont ils sont dédommagés par les droits d'épave, de deshérence, de bâtardise & de confiscation; par les amendes, & par les autres droits utiles attachés à la Haute-Justice. *V.* sur cela un Arrêt de Réglement rendu le 3 Septembre 1667, qui se trouve dans le Recueil des Hôpitaux, & un autre Arrêt du 27 Juin 1664. On trouve ce dernier dans Soefve & dans le Journal des Audiences.

C'est un crime capital d'exposer les Enfans, parce qu'il renferme une espéce d'homicide, à caufe du danger que court l'En-fant expofé ; & une Sage-femme, qui fut convaincue de femblable expofition, fut par Arrêt rendu le 26 Mai 1682 ; confirmatif d'une Sentence du Châtelet, condamnée d'ê-tre fouettée, ayant écriteaux devant & der-riere, portant ces mots, *Sage-femme convain-cue d'expofition d'Enfant*, & bannie pour cinq ans (*a*). V. un Arrêt plus récent, au mot *Groffeffe*.

L'Auteur du Code Pénal dit qu'on ne pourfuit plus aujourd'hui cette efpéce de crime. Je ne vois pas quelle pourroit être la raifon d'une pareille indulgence ; ceux qui le commettent (à Paris) font d'autant plus repréhenfibles, que perfonne ne de-mande, ni d'où viennent, ni à qui appartien-nent les Enfans qu'on porte aux Commif-faires de Police & à l'Hôpital des Enfans-Trouvés, où ils font reçus & traités avec une humanité & une charité qui font hon-neur à la Police & au Gouvernement.

Les Enfans-Trouvés font réputés légiti-mes, & jouiffent de tous les avantages atta-chés à la légitimité. D'Héricourt annonce ce principe comme conftant, en parlant des Enfans expofés. Duperray l'a critiqué ; mais c'eft mal-à-propos. V. le Recueil de Jurif-prudence Canonique, verb. *Bâtard*, n°. 6.

En Provence, le foin & l'entretien des En-fans expofés, dont les peres & meres font in-connus, font à la charge des Communautés, dans les territoires defquels ils font trou-vés ; mais fi le pere & la mere étoient tous deux infolvables, la Communauté, dans la-quelle eft le domicile de la mere feroit char-gée de l'Enfant expofé. V. Boniface, tome 2, liv. 3, tit. 6, chap. 1 & 2.

Deux Arrêts de la Cour, rendus les 14 Mars 1678, & 27 Octobre 1696, font dé-fenfes à toutes perfonnes de mettre les en-fans de famille, par correction, dans aucune autre prifon que dans celles de l'Officialité de Paris, & à tous Concierges & Geoliers des autres prifons, de les recevoir & retenir dans les leurs, à peine de 300 liv. d'amende.

La naiffance d'enfans (légitimes) fait cef-fer l'effet du don mutuel antérieur à cette naiffance, & donne lieu à la demande en ré-vocation des donations entre-vifs. V. *Don mutuel* & *Révocation de Donation*.

Les petits-Enfans font-ils compris fous la dénomination d'Enfans ? Voyez l'efpéce de l'Arrêt du 14 Février 1760, dont je parle à l'article *Subftitution*. Voyez auffi les Ar-rêts de Bouguier, lettre S, n. 10.

L'art. 656 de la Coutume de Bretagne porte que, » fi l'Enfant fait tort à autrui, » tant qu'il fera au pouvoir de fon pere, le » pere doit payer l'amende civile, pour ce » qu'il doit châtier fes Enfans «.

Cette difpofition paroît devoir être plu-tôt reftrainte qu'étendue ; & elle ne peut, ce me femble, avoir lieu que lorfque le pere a concouru au délit de fon fils, foit par fa préfence ou autrement, ou lorfqu'il a été commis dans des chofes auxquelles le pere l'avoit employé.

La Cour a néantmoins, par Arrêt rendu en la Tournelle le 5 Février 1762, confir-mé les Sentences rendues par le Lieutenant Criminel de Châteauneuf, qui ordonnoit que Mathurin Jauneau, Serrurier, comme pere & tuteur naturel de fon fils, âgé d'en-viron vingt-trois ans, qui avoit même en-core fa mere, feroit contraint au payement de 150 liv. de provifion, adjugée à Jeanne Metraffe, fille mineure, qui fe difoit groffe des faits dudit Jauneau fils ; mais il faut croire que la Cour ne s'eft déterminée à confirmer cette provifion, que parce que Jauneau pere fçavoit & fouffroit que fon fils fréquentât la Metraffe, quoiqu'il eût, de l'aveu de fes adverfaires, déclaré ne vouloir pas confentir au mariage que le fils vouloit bien contracter avec cette fille.

ENGAGEMENT, ENGAGISTE.
V. *Domaine*, *Juge* & *Prifon*.

Le nom d'Engagifte fe donne à ceux qui obtiennent, moyennant une finance qu'ils payent, la poffeffion de Fiefs, terres ou hé-ritages faifant partie du Domaine du Roi.

On nomme encore Engagifte le créancier qui jouit d'un fonds dont il a été mis en pof-feffion par fon débiteur pour en compenfer les revenus avec l'intérêt de la fomme qui lui eft dûe ; fur cela voyez *Antichrèfe*.

(*a*) La Combe rapporte auffi au mot *Expofé*, un Arrêt rendu fur les Conclufions de M. l'Avocat Général d'Aguef-feau, le 6 Juin 1739, par lequel il dit qu'un Particu-lier convaincu d'expofition d'Enfant dans une allée, a été condamné à payer 100 liv. d'aumône au profit de l'Hôpi-tal des Enfans-Trouvés.

L'Engagiste des Domaines du Roi n'est considéré que comme un usufruitier, dont le droit se transmet à ses héritiers ou ayans cause ; jamais il ne peut devenir propriétaire du Domaine engagé ; le Roi a une faculté perpétuelle d'y rentrer, en remboursant le prix de l'Engagement.

Ainsi la propriété des Domaines engagés demeure toujours au Roi ; c'est pour cela que l'Engagiste ne doit point de droits Seigneuriaux, ni de foi & hommage pour les mutations qui surviennent, soit de la part du Roi, soit de la part de l'Engagiste.

Comme l'Engagiste d'un Domaine n'en est qu'usufruitier, il ne peut pas l'accenser ni le sous-inféoder, ni constituer un arriere-Fief ou une roture d'aucune portion de son Engagement, parce que l'accensement ou la sous-inféodation ne peut se faire que par le propriétaire.

Ce principe a été consacré par l'Arrêt rendu sur les Conclusions de M. l'Avocat Général Gilbert, contre les Carmélites de la rue S. Jacques à Paris, le 15 Décembre 1742. Ces Religieuses soutenoient qu'un Engagiste de différens Domaines situés en Bourbonnois, avoit pû détacher la Haute-Justice Trésel, dont elles jouissoient, pour être tenue de lui en foi ; mais l'Arrêt déclara l'aliénation nulle, & adjugea la foi au Roi.

L'Engagiste ne jouit point des droits honorifiques dépendans du Domaine qui lui est engagé ; il n'a point droit de litre ou de ceinture funèbre, à moins qu'ils ne lui ayent été nommément & expressément concédés par le titre d'Engagement, & en conformité d'une Loi qui en a ordonné l'aliénation. Voyez à ce sujet la Déclaration du 13 Mars 1696, enregistrée le 24, & l'Edit du mois d'Août 1717, enregistré le 6 Septembre de la même année.

L'Engagiste ne peut pas non plus recevoir les foi & hommage, ni donner l'ensaisinement, mais il peut percevoir les droits utiles.

Comme le patronage des Bénéfices ne peut se transporter & s'aliéner qu'avec l'universalité de la glebe, à laquelle il est attaché, il ne peut point appartenir aux Engagistes des Domaines du Roi ; parce que les contrats d'Engagemens ne peuvent transf-

mettre la propriété des Domaines engagés.

C'est sur ce fondement que l'Edit du mois de Mai 1715, enregistré au Parlement le 15 du même mois, a révoqué *toutes les aliénations faites en exécution de l'Edit du mois d'Avril* 1702, *& des Déclarations données en conséquence des droits de patronage & de présentation aux Bénéfices, Cures ou autres, de quelque nature & qualité qu'ils soient.*

Par ce même Edit, Sa Majesté a *déclaré nulles les clauses inférées dans les contrats d'aliénation au sujet des droits de patronage ; & a fait défenses aux acquéreurs desdits Domaines, d'entreprendre de nommer & présenter auxdits Bénéfices, de quelque nature & qualité qu'ils soient, à peine de nullité des nominations & présentations, &c.*

Le Grand-Conseil a jugé en conformité de cette Loi, par quatre Arrêts modernes.

Le premier a été rendu le 14 Août 1717, pour la Cure de S. Jacques de Bellemare : il est rapporté par Brillon, tome 5, n°. 60, au mot *Patronage.*

Le second a été rendu en l'année 1735, à l'occasion de la Cure de Hardouville, Diocèse de Rouen, au profit du sieur Blondel, présenté par le Roi, contre le sieur de Bignopuits, Engagiste de la Justice d'Hardouville, & nommément de la Cure ; Me. Taboné plaidoit pour l'Engagiste.

Le troisième a été rendu le 26 Avril 1742, en faveur du sieur Scellier, pourvu par l'Evêque de Coutances, sur la présentation du Roi, de la Chapelle de Saint Pierre de Nehou, contre les Adjudicataires de la Baronie de Nehou, plaidans Mes Taboné & Simon.

Le quatriéme a été rendu vers l'année 1745, en faveur du Sr Robiales, pourvu, sur la présentation du Roi, de la Cure de S. Fraguaire, Diocèse de Coutances ; contre deux autres prétendans droit à la même Cure, dont l'un étoit présenté par M. le Duc de Penthievre, qui étoit (Partie dans l'Arrêt, comme) Engagiste du Domaine de Coutances.

Il paroît néantmoins que le Grand-Conseil s'est une fois écarté de cette Jurisprudence ; car on trouve dans le Code des Curés, tome 3, page 234, édition de 1753, le texte d'un Arrêt du Conseil du 15 Avril 1737, qui casse celui rendu au Grand-Conféi le 9 Août 1728 , par lequel le Marquis d'Avernes , Engagifte du Domaine d'Orbec, avoit été maintenu dans le droit de préfenter aux Bénéfices dépendans de ce Domaine.

L'Engagifte du Domaine, qui n'a pas dans fon contrat une ceffion expreffe du droit d'exercer le retrait cenfuel, peut-il exercer cette faculté dans les Coutumes qui admettent cette efpéce de retrait ? Cette queftion s'eft préfentée au Parlement, entre le fieur Defroys, Engagifte de la Seigneurie d'Auzat, dépendante du Domaine de Nonette en Auvergne, & le fieur de Seveyrac; & par l'Arrêt rendu en la Grand'Chambre, au rapport de M. l'Abbé le Noir, le 25 Avril 1761, la Cour a jugé qu'un pareil Engagifte ne pouvoit pas exercer un femblable retrait; la Sentence du Bureau des Finances de Riom avoit jugé le contraire; elle a été infirmée.

Quoique les Engagiftes ne foient pas propriétaires, les Domaines engagés font néantmoins fufceptibles de la qualité de propre, & le retrait lignager peut en être exercé; ils font fujets aux droits d'aîneffe, & fufceptibles d'hypothéque en faveur des créanciers de l'Engagifte; ils peuvent être faifis & vendus fur lui par décret.

Tant que l'Engagement dure, l'Engagifte eft tenu d'acquitter les charges du Domaine, telles que font les gages des Officiers & les preftations annuelles pour fondations ou autrement; l'Engagifte doit auffi entretenir les bâtimens, les prifons, les moulins, l'auditoire, &c. fournir le pain des prifonniers, payer les frais de leur tranfport, & généralement tous les frais des Procès criminels où il n'y a point de Partie civile.

Les frais que doivent fupporter les Engagiftes des Domaines du Roi dans le reffort du Parlement de Bordeaux, font réglés par une Déclaration du 26 Juin 1745, regiftrée le 10 Mars 1746, dont les difpofitions font conformes à ce qui eft de Droit

commun dans les autres Parlemens: le Tarif, fuivant lequel les frais doivent être taxés dans ce reffort, eft annexé à cette Déclaration; on trouve l'un & l'autre dans le Recueil Chronologique de M. Jouffe, tom. 3.

Sur le dernier état des Domaines engagés, voyez les Edits de 1667, 1669, 1695, 1701, 1702, 1710, 1715, 1719, 1727 & 1743, & les Déclarations données en interprétation.

Les Engagiftes, ufufruitiers & autres poffeffeurs de bois dépendans des Domaines du Roi, ne peuvent difpofer d'aucune futaie, arbres anciens, modernes ou baliveaux fur taillis, même de l'âge du bois, réfervés dans les dernieres ventes, ni des chablis & arbres de délit; ils ne peuvent même en faire abattre pour l'entretien & réparations des maifons, moulins & bâtimens dépendans defdits Domaines, à peine de privation defdits Domaines, à moins qu'ils n'ayent obtenu à cet effet des Lettres-Patentes, regiftrées au Parlement & en la Chambre des Comptes : cela eft ainfi réglé par l'Ordonnance des Eaux & Forêts, titre 22, art. 5 & 6, & par un Arrêt du Confeil du 24 Mars 1685.

Les Lettres-Patentes qui s'expédient pour permettre d'abattre les futaies & baliveaux dépendans des Domaines engagés, ne s'accordent que fur les avis & procès-verbaux des Grands-Maîtres des Eaux & Forêts.

ENQUÊTE.

Voyez *Habitans, Information, Preuve, Reproche & Témoins.*

L'Enquête eft, en matiere civile, ce qu'eft l'information en matiere criminelle, c'eft-à-dire, la recherche de la vérité d'un fait dans la dépofition des témoins.

Au Châtelet ce font les Commiffaires qui font les Enquêtes (a); dans les Juftices Seigneuriales, & même dans les Juftices Royales où il n'y a point de Commiffaires-En-

(a) La Cour, en admettant la demoifelle Ferrand, par Arrêt rendu le 27 Août 1736, à faire preuve de fa poffeffion d'état & des faits par elle articulés, avoit renvoyé les Parties au Châtelet pour faire les Enquêtes; mais avant d'y procéder il s'éleva un incident, fur la queftion de fçavoir, fi elles feroient faites par M. le Lieutenant Civil, ou par un de Meffieurs, comme le demandoient les Adverfaires de la demoifelle Ferrand, ou fi elles feroient faites par un des Commiffaires-Enquêteurs, qu'on nomme communément Commiffaires de Police, comme le prétendoit la demoifelle Ferrand.

Sur cela, par deux Sentences des 12 & 29 Novembre 1736, confirmées par Arrêt du 7 Décembre fuivant, il a été jugé que les Enquêtes feroient faites par des Commiffaires; & il eft bon d'obferver qu'ils n'étoient point Parties dans cette affaire.

quêteurs, elles fe font par les Juges mêmes ; & la maniere d'y procéder, eft réglée par le titre 27 de l'Ordonnance de 1667.

Les Jugemens qui ordonnent des Enquêtes, doivent contenir *les faits* dont les témoins doivent dépofer, & nommer le Juge devant lequel elles doivent fe faire. Ordonnance *ibid.* art. 1.

L'art. 37 de l'Ordonnance de Louis XII, de l'an 1512, & l'art. 2 du chap. 1 de celle de François I en 1535, veulent auffi que le Jugement qui ordonne une Enquête, nomme le Commiffaire qui doit recevoir la dépofition des témoins.

Cet article de l'Ordonnance veut, d'une maniere implicite, que quand une Partie eft admife à faire preuve d'un fait par la voie de l'Enquête, l'autre Partie foit admife, par le même Jugement, à faire preuve contraire ; c'eft ainfi qu'on interprête le mot *refpectivement* dont fe fert l'article. C'eft la Jurifprudence de tous les Tribunaux.

Les héritiers du fieur David Crauter, qui avoient d'abord en quelque forte confenti l'exécution de fon teftament *nuncupatif*, par lequel il avoit inftitué Georges Webert pour fon héritier, attaquerent enfuite ce teftament, qu'ils foutinrent fuggéré ; ils demanderent à faire preuve de la fuggeftion & de la captation, mais ils furent déboutés de cette demande par Sentence du Grand-Sénat de Strasbourg, des 29 Janvier & 24 Décembre 1755.

Sur l'appel de ces Sentences au Confeil de Colmar, elles furent infirmées par Arrêt du 30 Août 1756, lequel, en admettant la preuve offerte par les héritiers du Sr Crauter, n'admit point Webert à faire preuve contraire.

Ce premier Arrêt fut fuivi d'un fecond, du 2 Mai 1757, par lequel le teftament de Crauter fut déclaré nul.

Webert fe pourvut en caffation contre ces deux Arrêts ; & fon moyen étoit que le Confeil de Colmar, en admettant fes adverfaires à faire une Enquête, devoit auffi

admettre, lui Webert, à faire preuve contraire, aux termes de l'Ordonnance ; on lui répondoit entr'autres chofes, que l'Ordonnance n'affujettiffoit pas d'une maniere abfolument expreffe à ordonner la preuve contraire ; que d'ailleurs, admettre Webert à prouver qu'il n'avoit pas fuggéré le teftament de Crauter, c'étoit admettre la preuve d'un fait négatif qui ne peut pas fe faire : mais cette réponfe ne fit point d'impreffion ; & , par Arrêt rendu au Bureau des Caffations *unâ voce*, au rapport de M. le Pileur d'Apligny, le Mardi 26 Juillet 1757, les deux Arrêts du Confeil de Colmar ont été caffés.

La Cour a depuis rendu un Arrêt, en la troifiéme Chambre des Enquêtes, au rapport de M. Rouffel, entre le Prieur & les Habitans de Villemoutier, le Jeudi 30 Août 1759, par lequel une Sentence a été déclarée nulle, par la feule raifon qu'en admettant une Partie à faire preuve par Enquête de faits articulés, elle n'avoit pas admis l'autre Partie à faire preuve contraire. Voyez l'article 14 du titre 20 de l'Ordonnance de 1667.

Si l'Enquête fe fait dans le lieu où le Jugement qui l'ordonne, eft rendu, ou dans la diftance de dix lieues, elle doit être commencée dans la huitaine de la fignification du Jugement faite à la Partie ou à fon Procureur, & parachevée dans la huitaine fuivante ; & lorfque la diftance eft plus grande, le délai eft augmenté d'un jour par dix lieues.

Si l'Enquête n'eft pas commencée dans la premiere huitaine, la Partie négligente eft déchue du droit de la faire ; & à cet égard il n'eft pas néceffaire qu'il y ait des témoins entendus pour que l'Enquête foit réputée commencée ; il fuffit que les témoins foient affignés dans la premiere huitaine ; on regarde même encore comme commencement d'Enquête, l'Ordonnance délivrée dans la premiere huitaine (a) par le Juge ou le Commiffaire qui doit la faire.

(a) Tous ces délais de huitaine ne font que pour les Cours...... *Bailliages, Sénéchauffées & Préfidiaux* : à l'egard des autres Jurifdictions des Juftices des Seigneurs, même des *Duchés & Pairies, & des Juges Eccléfiaftiques*, les délais font *feulement de trois jours*, fuivant l'art. 32 du même titre de l'Ordonnance de 1667. Et le Parlement de Rouen a, par Arrêt rendu entre les fieurs de Belleval & Caquerai, le 15 Mars 1748, jugé que les difpofitions de cet article doivent s'obferver dans les Jurifdictions fubalternes ; qu'en conféquence l'Enquête doit y être commencée dans les trois jours de la fignification de la Sentence.

Le Parlement de Rennes a, par Arrêt rendu en forme de Réglement pour fon reffort, le 12 Avril 1731, ordonné, en conformité de l'art. 8 du titre 17 de l'Ordonnance

L'Ordonnance

L'Ordonnance veut que le délai pour faire Enquête, court *du jour de la signification du Jugement faite à la Partie ou à son Procureur.* Sur cette disposition est intervenu l'Arrêt dont voici l'espéce.

Il avoit été ordonné, par un Arrêt rendu le 3 Août 1748, que la dame d'Eybés feroit preuve dans trois mois devant le Lieutenant Général de Saint-Flour, d'une possession que lui contestoient quelques Vassaux : cet Arrêt fut signifié le 18 Décembre suivant, au Procureur des Habitans, & la dame d'Eybés ne le fit signifier à leur domicile que le 26 Avril 1749. Ce même jour-là elle présenta sa Requête au Juge de Saint-Flour, pour l'acceptation de la commission; l'Enquête fut en conséquence commencée le 3 Mai, & finie quelques jours après.

On demanda la nullité de cette Enquête, parce qu'elle n'avoit pas été commencée dans les trois mois de la signification de l'Arrêt à Procureur; » ces trois mois expiroient » (disoit-on) au 18 Mars 1749, & l'En- » quête n'avoit été commencée que le 26 » Avril suivant «.

La dame d'Eybés répondoit que l'Ordonnance indiquant la signification faite au Procureur ou à la Partie, comme le principe du délai, donnoit, à celui qui poursuit, la faculté de se régler sur celle qui lui convenoit le mieux, qu'il falloit distinguer entre l'Enquête faite sur le lieu par le Juge même qui l'ordonne, & celle que fait un Juge commis.

» Dans le premier cas (disoit la dame » d'Eybés) il n'est pas nécessaire que le » Jugement soit signifié à la Partie ; la si- » gnification au Procureur est la seule qu'on » exige : l'Ordonnance veut même que , » pour la confection de l'Enquête, la Par- » tie soit assignée au domicile de son Pro- » cureur.

» Mais dans le second cas, la significa- » tion au domicile de la Partie est indispen-

» sable ; il faut l'assigner en vertu du Juge- » ment , & après l'acceptation de la com- » mission, pour constituer Procureur, voir » jurer les témoins, &c. C'est donc néces- » sairement de cette seule signification que » le délai peut être compté. . . . . . . «.

Par Arrêt rendu en la troisiéme Chambre des Enquêtes, au rapport de M. Langlois de Resy, le Lundi 9 Août 1751, la Cour n'eut aucun égard au moyen de nullité, & en conséquence de la preuve résultante, &c.

Le Parlement de Rouen a jugé, par Arrêt rendu le 17 Décembre 1734, qu'une Enquête faite au même Parlement en vertu d'Arrêt, doit être commencée dans la huitaine du jour de la signification de l'Arrêt qui ordonne la preuve, & non dans la huitaine du jour de l'Ordonnance accordée par le Commissaire de la Cour pour faire assigner les témoins.

L'Ordonnance du Juge est indispensablement nécessaire pour procéder à l'Enquête, & elle doit se prendre préalablement ; l'art. 5 du tit. 22 de l'Ordonnance de 1667 l'exige impérieusement ; & différens Arrêts ont déclaré nulles des Enquêtes qui n'avoient pas été précédées de cette Ordonnance.

Il y en a un du 19 Février 1728, qui a été rendu au rapport de M. de la Guillaumie, & qui a proscrit une Enquête faite à la Requête d'un nommé Hangion, sans Ordonnance du Juge. Il y en a un second, du 6 Septembre 1734, rendu au rapport de M. Robert.

S'il n'étoit pas possible de commencer l'Enquête dans les délais dont je viens de parler, & qui sont fixés par l'article 2 du titre 22 de l'Ordonnance de 1667, ce même art. permet au Juge, *si l'affaire le requiert,* de donner une autre huitaine pour la confection de l'Enquête.

Quoique l'Ordonnance ne permette de proroger le délai que pendant huitaine, sa disposition ne s'observe point en rigueur sur

de 1667, & de l'art. 5 du titre 22 de la même Ordonnance, que » dans les matieres sommaires les témoins seront as- » signés à l'Audience pour y prêter le serment, & la Par- » tie pour les voir jurer, & être aussi entendue à l'Au- » dience.

» Que dans les matieres qui ne sont pas sommaires, les » témoins seront. . . . . . assignés devant le Juge ou Com- » missaire sur son Ordonnance, pour déposer & prêter le » serment à la Chambre du Conseil, & la Partie pour les

» voir jurer aux jours & heures indiqués par ledit Juge ou » Commissaire, sans assignation ni prestation de serment » préalable à l'Audience, ni autre Procès - verbal que ce- » lui de la Jurée faite à la Chambre du Conseil.

» Ordonne que la même regle sera observée à l'égard » des Experts ; fait défenses de rapporter pareillement » deux Procès - verbaux de prestation de serment, lorsque » leur rapport sera nécessaire ou ordonné, sous peine de » nullité desdits Procès - verbaux & Procédures «.

ce point ; & j'ai vû plusieurs fois accorder une prorogation d'un mois, & même plus, selon les circonstances.

Le délai pour faire Enquête, ne peut être prorogé s'il n'est demandé, & cette demande doit être formée dans un temps utile ; si le délai fixé par l'Ordonnance pour faire l'Enquête, étoit écoulé, on ne pourroit plus demander de prorogation. Mais il n'est pas essentiellement nécessaire que la prorogation soit jugée dans le temps accordé par l'Ordonnance pour faire Enquête ; il suffit que la demande en soit formée dans le délai pour mettre le Juge en état d'accorder la prorogation, même après l'expiration du délai.

Une Enquête ordonnée n'ayant été commencée qu'après le délai prescrit par l'Ordonnance, fut ensuite signifiée sans que la Partie contre laquelle elle étoit faite, en demandât la nullité ; au contraire, cette Partie reprocha les témoins, & l'affaire fut jugée en cause principale sur le mérite des preuves.

Sur l'appel, les Parties furent appointées, & on instruisit l'affaire au fond ; mais à la veille du Jugement on s'apperçut de la nullité, & on la demanda. Celui qui avoit fait faire l'Enquête, disoit que la nullité étoit ouverte par la défense au fond. Sur cela il y eut successivement partage d'opinions en la seconde & en la premiere Chambre des Enquêtes au Parlement de Rouen ; mais Arrêt est intervenu en la Grand'Chambre le 10 Août 1752, au rapport de M. le Couteulx, par lequel l'Enquête fut déclarée nulle.

La Cour, par un Arrêt rendu le 26 Avril 1746, sur les Conclusions de M. l'Avocat Général Joly de Fleury, a déclaré nulle l'Ordonnance rendue par défaut par M. le Lieutenant Civil du Châtelet, en son Hôtel, le premier Septembre 1744, à l'occasion d'une demande en séparation, par laquelle Ordonnance, en renvoyant les Parties à l'Audience au principal, il avoit été permis à la dame Florat, demanderesse en séparation, de faire preuve devant le Commissaire de la Fosse, des faits contenus en sa Plainte, sauf au sieur Florat à faire preuve des faits contraires, &c.

Le même Arrêt a aussi déclaré nulle l'Enquête faite en conséquence de cette Ordon-nance ; & en renvoyant l'instruction de cette affaire au Bailliage du Palais, la Cour a ordonné que dans le cas où la dame Florat seroit admise à la preuve des faits contenus en sa Plainte, elle pourroit faire entendre de nouveau les témoins déja entendus dans l'Enquête faite par le Commissaire de la Fosse.

Cet Arrêt est fondé sur ce qu'un Juge ne peut pas, en son Hôtel, ordonner une Enquête ; parce qu'il faut examiner si celui qui demande à la faire, y doit être admis.

Un Particulier, nommé Pence, dont la grange avoit été brûlée, ayant formé sa demande au Civil contre son voisin, nommé Ravier, prétendant que les enfans de celui-ci étoient les auteurs de l'incendie, Sentence est intervenue à Clamecy, qui a admis la preuve respective.

Ravier ayant fait faire une Enquête concluante, & Pence ayant négligé d'en faire, Sentence définitive intervint à Clamecy le 21 Juin 1724, par laquelle Pence fut condamné en 50 liv. de dommages & intérêts.

Postérieurement à ces Sentences, Pence s'avisa d'obtenir permission de faire publier un Monitoire. Ravier forma opposition à la publication, & en fut débouté par une Sentence rendue à Clamecy le 15 Décembre 1724, & en conséquence le Monitoire fut publié.

Y ayant eu appel des premieres Sentences, le Procès fut conclu & distribué à M. Cordier de Montrevel, Conseiller, & Pence demanda la jonction des révélations.

Ravier s'y étant opposé, a prétendu que cette procédure étoit nulle, qu'elle étoit contraire à la disposition de l'Ordonnance, qui ne permet pas d'admettre à faire des Enquêtes quand le délai est passé, & que la procédure de Pence tendoit à lui procurer indirectement une preuve équipollente à une Enquête.

Sur cela Arrêt est intervenu le 26 Janvier 1743, plaidans Mes Badin & Viel, qui a débouté Pence de sa demande en jonction.

Les témoins qu'une Partie veut faire entendre, doivent être assignés (en vertu de l'Ordonnance du Juge sans Commission du Greffe) en leur domicile, avec intervalle compétent pour prêter serment & déposer vérité sur les faits contentieux ; & la Partie adverfe doit être affignée au domicile de fon Procureur, pour voir jurer les témoins : c'eft la difpofition des articles 5 & 7 de l'Ordonnance de 1667.

Cette difpofition de l'Ordonnance a lieu, lorfque les Avocats font ce qu'on appelle poftulation, & réuniffent les deux fonctions ; les Avocats du Mans, qui font auffi la fonction de Procureur, ont attefté, par une efpéce d'Acte de Notoriété du 10 Avril 1720, que les affignations aux Parties pour affifter au ferment des témoins, fe donne en leur Sénéchauffée au domicile des Avocats.

Le Bailliage de Montdidier a, par un Acte de Notoriété du 3 Juin 1701, attefté que l'ufage de fon Siége étoit jufqu'alors d'affigner les Parties en leur domicile, pour être préfentes au ferment des témoins, fans qu'on eût argué les Enquêtes de nullité.

Un Arrêt rendu fur appointement avifé au Parquet de la Cour des Aides, le 23 Mars 1729, a déclaré une Enquête nulle, parce que la Partie n'avoit pas été affignée au domicile de fon Procureur, pour voir jurer les témoins, quoiqu'elle eût été affignée à fon domicile ; mais, par un autre Arrêt du 2 Septembre 1743, rendu en la premiere Chambre des Enquêtes, au rapport de M. le Boindre, la Cour n'a pas eu d'égard à une femblable nullité.

On a agité la queftion de fçavoir, fi une Enquête étoit nulle, parce que l'affignation aux témoins pour dépofer, & à la Partie pour les voir jurer, ne contenoit point de conftitution de Procureur ; & par Sentence du Châtelet du premier Décembre 1745, l'Enquête fut déclarée nulle, parce, difoit-on, que le miniftere du Procureur eft néceffaire pour réquérir le défaut contre les témoins & les Parties non comparantes, & que l'Ordonnance exige la conftitution d'un Procureur dans toutes les matieres où fon miniftere eft néceffaire ; mais, par Arrêt du 12 Mai 1747, rendu fur les Conclufions de M. d'Ormeffon, Avocat Général, la Sentence du Châtelet fut infirmée, & l'Enquête déclarée valable.

Il a été rendu un femblable Arrêt, en pareille efpéce, le 5 Août 1763, en la Tournelle, fur délibéré, au rapport de M. Dionis du Séjour, la Sentence du Lieutenant Criminel du Châtelet, du premier Février 1763, avoit auffi déclaré l'Enquête nulle : mais cette Sentence fut infirmée par l'Arrêt en ce chef.

Le Mercredi 23 Février 1763, on a plaidé la queftion de fçavoir, fi la Partie affignée pour voir jurer des témoins qui devoient dépofer dans une Enquête, pouvoit empêcher la réception du ferment de quelques-uns de ces témoins, fous prétexte qu'ils étoient reprochables ; & par Arrêt rendu ledit jour en la Grand'Chambre, entre les fieur & dame Liegeard de Ligny, la Cour, conformément aux Conclufions de M. Séguier, Avocat Général, a ordonné que, fans avoir égard à l'oppofition, les témoins feroient entendus en dépofition, fauf à l'oppofant à propofer fes moyens de reproches, conformément à l'Ordonnance. Voyez *Reproches*.

Si le Juge fait l'Enquête dans le lieu de fa réfidence, & qu'il foit recufé ou pris à partie, il fera tenu de furfeoir, jufqu'à ce que les récufations & prifes à partie ayent été jugées. Ordonnance, ibid. art. 10.

● *Les parens & alliés des Parties, jufqu'aux enfans des coufins iffus de germains inclufivement, ne pourront être témoins en matiere civile, pour dépofer en leur faveur ou contr'eux, & feront leurs dépofitions rejettées. Ordonnance, ibid. art. 11.*

La dépofition du témoin doit au commencement faire mention de fes nom, furnom, âge, qualité & demeure, du ferment qu'il a prêté, s'il eft ferviteur, parent, ou allié des Parties, & en quel dégré. Ordonnance, *ibid.* art. 14.

Quand l'Enquête ne fe fait pas à l'Audience, comme il eft d'ufage de l'y faire en certaines Jurifdictions pour les matieres fommaires, par exemple, aux Auditeurs du Châtelet, les témoins ne peuvent pas dépofer en préfence des Parties ni d'autres témoins ; mais ils doivent être ouis féparément & en fecret, *ibid.* art. 15.

Les dépofitions des témoins entendus dans des Enquêtes fe rédigent de la même maniere & dans la même forme que celles des témoins qui dépofent dans les informations, (voyez *Informations*), & il n'eft pas plus permis dans une Enquête que dans une information, *d'avoir égard aux Déclarations faites par les témoins*, après leurs dépofitions reçues ; ces Déclarations font abfolument nulles, aux termes de l'Ordonnance de 1670, tit. 15, art. 21.

Louis-Auguste-Achilles l'Ecuier, Avocat, & même Docteur en Droit, imagina, après avoir dépofé & figné fa dépofition dans une Enquête faite en vertu de Sentences du Châtelet, devant Me Camufet, Commiffaire audit Châtelet, de donner une déclaration contenante que Me Camufet n'avoit pas voulu inférer plufieurs faits & circonftances, dont lui M^e l'Ecuier difoit avoir rendu compte.

On dépofa enfuite cette déclaration à Me Perret, Notaire, le 27 Août 1739, qui en délivra une expédition, dont copie fut fignifiée à Me Camufet, fous le nom de M^e l'Ecuier.

Munis de cette piéce, & dans le cours de l'inftruction de l'appel pendant au Palais, des Sentences rendues au Châtelet, les fieur & dame Lhomme, que la déclaration favorifoit, prirent Me Camufet à Partie, & furprirent un Arrêt par défaut, qui les autorifoit à le faire interroger fur faits & articles.

Me Camufet forma oppofition à cet Arrêt, & foutint, 1°. que Me Perret n'avoit pas dû recevoir le dépôt d'une pareille déclaration, pour la mettre au rang de fes minutes ; qu'elle devoit être lacérée & fupprimée, &c.

2°. Que les fieur & dame Lhomme n'avoient pû le prendre à Partie, fans y être fpécialement autorifés par un Arrêt de la Cour, aux termes de l'Arrêt de Réglement du 4 Juin 1699. Voyez *Prife à Partie.*

3°. Que la déclaration contraire à la dépofition du fieur l'Ecuier, rédigée dans l'Enquête, portant *que c'eft tout ce qu'il a dit fçavoir, &c.* étoit non-feulement nulle, mais que le témoin & la Partie devoient être condamnés chacun à une amende de 400 liv. aux termes de l'art. 21 du titre 15. de l'Ordonnance Criminelle, &c.

La Communauté des Commiffaires intervint dans cette affaire, pour adhérer aux Conclufions de Me Camufet, & demander que les Commiffaires ne puffent être pris à Partie, fans permiffion, &c.

Sur tout cela Arrêt eft intervenu le 3 Septembre 1740, fur les Conclufions de M.

l'Avocat Général d'Agueffeau, par lequel la Cour a déclaré nulle toute la procédure faite contre Me Camufet, *enfemble la déclaration* de M^e *l'Ecuier* ; a ordonné *que les faits & articles,* & ladite *déclaration, demeureront fupprimés . . . . . . avec dommages, intérêts* ; & pour faire droit fur la demande des *Commiffaires,* il a été ordonné qu'ils remettroient *leurs titres & mémoires* à M. le *Procureur Général, pour y être par la Cour* pourvu de tels *Réglemens qu'il appartiendra,* &c.

Quelque nombre de témoins qu'on faffe entendre fur un même fait, dans une Enquête en matiere civile, on ne paffe en taxe que les frais de l'audition de dix feulement ; le furplus eft à la charge de la Partie qui les a fait ouïr. *Ibid.* art. 21. *Secùs* en matiere criminelle.

La queftion de fçavoir, fi les frais d'une Enquête, dans laquelle une Partie avoit fait entendre foixante & quelques témoins, devoient en totalité paffer en taxe, s'eft préfentée en 1744, en la feconde Chambre des Enquêtes, entre les nommés Louis & Berthel. La Partie qui étoit condamnée aux dépens, foutenoit ne devoir payer que pour l'audition de dix témoins, conformément à l'Ordonnance que je viens de citer. Celui qui avoit gagné fa Caufe, répondoit que le Jugement qui avoit ordonné l'Enquête, l'avoit admis à prouver quatre circonftances dans l'incendie, dont il s'agiffoit au fond, & fa Partie adverfe, à la preuve de trois autres circonftances ; d'où il concluoit qu'il y avoit fept faits fur lefquels il avoit pû faire entendre tous les témoins de fon Enquête. Par Arrêt rendu le 16 Mai 1744, plaidans Mes Brunet & Jouannin, la Cour a ordonné que les frais de l'Enquête paffroient en taxe fans aucune réduction.

Quand une *Enquête eft déclarée nulle par la faute du Juge ou du Commiffaire,* il en doit être fait une nouvelle *à fes frais* ; & la Partie peut alors *faire ouïr de nouveau les mêmes témoins,* ibid. art. 36 ; mais fi la nullité procédoit du fait de la Partie, de l'Huiffier ou du Procureur, l'Enquête ne pourroit pas être recommencée.

Le Parlement de Metz a enjoint aux Greffiers, par Arrêt du 24 Janvier 1728, de ne percevoir pour les Procès-verbaux & Enquêtes faites dans la Ville, que l'expédition de la grosse, suivant le nombre des rôles, sans pouvoir prendre les deux tiers de la taxe du Commissaire.

Quand l'Enquête est faite, la Partie qui a fourni des reproches, ou qui a renoncé à en proposer, peut, à son choix, ou en demander copie, & en cas de refus, en lever une expédition pour en prendre droit, ou demander *qu'elle soit rejettée, & qu'on n'y ait point égard en procédant au Jugement du Procès* : c'est la disposition de l'Ordonnance de 1667, tit. 22, art. 29 & 30.

La dame de Sainte-Maure, au lieu de demander qu'une Enquête faite à la requête de son mari contr'elle, lors de sa demande en séparation, fût rejettée, au moyen de ce qu'il ne vouloit donner copie que de la déposition de quelques témoins seulement, demande la nullité de cette Enquête.

M. l'Avocat Général Gilbert, qui parla dans cette affaire, dit que la dame de Sainte-Maure s'étoit mal exprimée; que les Parties étoient dans le cas de l'Ordonnance, & que c'étoit la même chose de refuser de donner copie de toute l'Enquête, ou seulement une partie : l'Arrêt l'a ainsi jugé, & a ordonné que toute l'Enquête du Comte de Sainte-Maure seroit rejettée du Procès. Cet Arrêt est du 17 Mars 1731.

ENSAISINEMENT.

Voyez *Adhéritance, Domaine, Investiture, Retrait lignager & Saisine.*

Le mot Ensaisinement signifie mise en possession.

Les acquéreurs d'héritages se font ordinairement ensaisiner par les Seigneurs, en leur payant les droits Seigneuriaux; & c'est du jour de l'Ensaisinement que court l'an & jour du retrait lignager dans la Coutume de Paris. V. *Retrait.*

L'Ensaisinement ne demande aucune formalité judiciaire dans la plûpart des Coutumes; il est régulier, lors même qu'il se fait sous seing-privé par le Seigneur ou par ses fondés de procuration : il est presque toujours conçu en ces termes : *Ensaisiné le présent Contrat, & mis en possession l'acquéreur y nommé, après avoir reçu les droits, &c.*

Il y a des Coutumes où l'on fait ensaisiner les rentes constituées, pour acquérir

privilège sur les héritages qui sont affectés & hypothéqués à ces rentes. Dans ces Coutumes, l'Ensaisinement des rentes produit à peu près le même effet que le nantissement dans les Coutumes de Picardie. Nous ne connoissons pas cette espèce d'Ensaisinement dans la Coutume de Paris.

Enfin, il y a un Ensaisinement particulier, auquel tous les biens relevans du Roi, sont sujets à toutes mutations; ce sont les Receveurs des domaines & bois qui font ces sortes d'Ensaisinemens. Voyez à ce sujet l'Edit du mois de Décembre 1701, & la Déclaration du 23 Juin 1705. J'en rapporte quelques dispositions à l'article *Domaine.*

ENTERREMENT.

V. *Cadavre, Curé, Honoraires des Ecclésiastiques pour leur présence aux Enterremens, Mort & Sépulture.*

Il n'y a point de Réglement en France pour fixer le délai dans lequel les morts doivent être enterrés; on n'en trouve dans le Traité de la Police du Commissaire de la Marre, que pour les Enterremens en temps de peste.

Mais les Rituels de presque tous les Diocèses ne permettent d'enterrer les cadavres que vingt-quatre heures après la mort apparente; & cela, disent-ils, » pour prévenir » les inconvéniens qui s'ensuivent quelque- » fois des Enterremens précipités «.

Il seroit à souhaiter que l'ouvrage de M. Bruhier, Médecin, dont l'objet étoit de faire différer les Enterremens jusqu'à la putréfaction, eût été, ou plus connu, ou eût fait plus d'impression sur les Magistrats. Le grand nombre d'exemples que cet Auteur rapporte de personnes qu'on a cru mortes, & qui ne l'étoient pas, mérite assurément l'attention des Législateurs.

A Londres, il est défendu d'enterrer les morts avant trois jours révolus, & sans une visite préalable des personnes commises à l'inspection des corps, constatée par la délivrance d'un certificat.

A Geneve, il y a aussi des personnes préposées pour visiter les corps avant de les enterrer : leur mission est d'examiner, 1°. si la mort est certaine; 2°. si elle est naturelle ou violente.

A Rome, il y avoit des perſonnes qui étoient chargées, non-ſeulement de la viſite des morts, mais de faire des épreuves, qui ſe continuoient pluſieurs jours, & de tenir un regiſtre exact de ceux qui mouroient.

Dans le Nord & à Genès, l'uſage eſt de n'enterrer qu'au bout de trois jours; & on enterre encore plûtard en Hollande.

Il y a des Loix qui défendent d'inhumer une femme morte en couche, ſans que l'enfant ait été auparavant tiré par inciſion. V. la Combe, verb. *Sépulture*, n°. 9.

Il eſt d'uſage à Paris d'appeler à certains Enterremens des enfans de l'un des Hôpitaux du Saint-Eſprit, de la Trinité, des Enfans-Trouvés, de la Pitié, &c. pour porter des flambeaux: mais ces flambeaux reſtent à l'Egliſe après la cérémonie faite; & quelque nombre que les enfans en ayent porté, ils n'en emportent que deux pour l'Hôpital.

A Verſailles, les flambeaux qui ſont portés aux Enterremens par les Pauvres de l'Hôpital, lui appartiennent, & non aux Curés, ni aux Fabriques: cela eſt ainſi réglé par l'art. 36 du Réglement fait pour cet Hôpital, le 20 Juillet 1747.

Le Chapitre de la Collégiale de S. Genès de Clermont en Auvergne, qui fait les fonctions curiales dans ſon Egliſe, laquelle eſt auſſi Paroiſſiale, a prétendu que les cierges portés aux Enterremens dans ſa Paroiſſe par les Pauvres de l'Hôpital de la même Ville, devoient lui appartenir, & non à l'Hôpital. Le Chapitre avoit la poſſeſſion, & il invoquoit l'uſage de Paris. Il diſoit que le Réglement pour Verſailles étoit fait pour une Egliſe, & ne devoit pas être regardé comme général. Mais, par Sentence de la Sénéchauſſée de Clermont, confirmée par Arrêt rendu le 10 Juillet 1762, au rapport de M. Roualle, il a été jugé que, lorſque les Pauvres de l'Hôpital de la même Ville aſſiſteroient aux obſèques & convois, les cierges qu'ils porteroient, demeureroient à l'Hôpital.

ENTHÉRINEMENT.
Voyez *Homologation & Remiſſion*.

Ce mot eſt le ſubſtantif du verbe enthériner; il ſignifie vérifier, rendre une choſe parfaite, la confirmer, l'approuver, en ordonner l'exécution, &c.

Preſque toutes les Lettres qui s'expédient dans les Chancelleries, ſont ſujettes à Enthérinement; & ſans cette formalité elles deviennent abſolument ſans force; telles ſont les Lettres de Grace, les Lettres d'Emancipation, de Bénéfice d'Inventaire, de Reſciſion, de Requête civile, &c.

Les Procès-verbaux que font des Experts, ſont auſſi ſujets à Enthérinement, & les Juges, en les enthérinant, peuvent les modifier, en rejetter une partie, ou en admettre tout le contenu.

ENTRAVESTISSEMENT.

Les Coutumes des Pays-Bas ſont les ſeules qui parlent de l'Entraveſtiſſement; les unes ſous ce nom, & d'autres ſous le nom de Raveſtiſſement ou Radveſtiſſement, & d'autres ſous le nom de Dévolution. Elles en admettent de deux eſpéces; ſçavoir, l'Entraveſtiſſement, que quelques Coutumes nomment *par Lettres*, & d'autres *par Loi*, & l'Entraveſtiſſement de *ſang*.

L'Entraveſtiſſement par Lettres ou par Loi n'eſt autre choſe que ce que nous nommons en France, don mutuel entre mari & femme.

Les Coutumes qui admettent l'Entraveſtiſſement par Lettres ou par Loi, exigent preſque toutes qu'il ſe faſſe devant la Loi; c'eſt-à-dire, devant les Officiers de la Juſtice du lieu de leur domicile, leſquels en dreſſent un Acte en forme, afin que l'avantage que les conjoints ſe ſont fait, ſoit public; ce qui répond à l'inſinuation preſcrite par l'art. 58 de l'Ordonnance de Moulins, & à l'art. 284 de la Coutume de Paris. V. l'article 10 de la nouvelle Coutume locale d'Arras, rédigée en 1741; l'art. 7 de celle de la Cité de la même Ville; l'art. 12 de celle de Lens, rédigée dans le même temps; l'art. 23 de celle de Lalleu; l'art. premier du tit. 9 de celle de Cambrai; l'art. 3 du chapitre premier de celle de l'échevinage de Douai, &c.

L'Entraveſtiſſement par Lettres diffère du don mutuel, 1°. en ce qu'il peut comprendre la propriété des rentes, des meubles, &c. comme à Lens, ſuivant l'art. 13 de la ſuſdite Coutume; Douai, article

3, & même quelquefois les biens patrimoniaux, comme à Bethune, à Lille, à Armentieres, &c. au lieu qu'à Paris & dans la plûpart des Coutumes de France, le don mutuel ne peut se faire que de l'usufruit des conquêts.

2°. En ce qu'il suffit que l'Entravestissement soit réciproque, sans qu'il soit nécessaire qu'il y ait égalité de biens de part & d'autre, comme elle l'est par le don mutuel dans la Coutume de Paris, qui sur cela forme le Droit commun.

Les Coutumes locales d'Artois ne permettent l'Entravestissement par Lettres qu'aux conjoints communs en biens.

En Cambresis, l'Entravestissement par Lettres peut comprendre tous les biens meubles & héritages immeubles de mainferme appartenans à chacun des conjoints; mais pour cela il faut que chacun d'eux soit propriétaire d'immeubles de son chef & côté, sans néantmoins qu'il soit nécessaire qu'ils en ayent autant l'un que l'autre; autrement, & si l'un des deux seulement possédoit des immeubles, l'Entravestissement n'auroit lieu que pour les meubles. Voyez les art. 1, 2, 3 & 4 du tit. 9 de cette Coutume.

Quoique les Offices & Charges soient réputés meubles à Arras, ils n'entrent point dans l'Entravestissement par Lettres: l'art. 11 de la nouvelle Coutume locale de l'Echevinage, & l'art. 9 de celle de la Cité, en contiennent une exception expresse. Voyez les Procès-verbaux de ces Coutumes.

L'Entravestissement de sang est un droit que les Coutumes d'Artois, Lille, Douai, Cambresis, &c. accordent au survivant des conjoints qui ont eu un ou plusieurs *enfans vivans*, nés de leur mariage, de jouir d'une partie des biens du prédécédé.

Ce droit, (qui ressemble en quelque maniere à celui de viduité, déféré par la Coutume de Normandie, mais qui en differe, en ce qu'il est réciproque en faveur des deux conjoints), quoiqu'admis par la plus grande partie des Coutumes d'Artois, de Flandres, & autres des Pays-Bas, n'y est pas uniforme.

La Coutume de l'Echevinage de Douai, chapitre premier, art. 3, porte qu'*au survivant appartiennent tous & chacun les meubles, catheux & héritages situés audit Echevinage, dont chacun des conjoints étoit jouissant au jour du trépas du premier mourant, pour par ledit survivant en jouir héréditablement, comme de sa chose propre, sans que les enfans procédans dudit mariage, & en faute d'enfans, les parens du premier mourant y puissent avoir aucun droit.*

Les Coutumes locales d'Arras & de Lens n'admettent l'Entravestissement de sang, qu'entre conjoints communs en biens.

Dans la Coutume de Lens, l'Entravestissement de sang défere au survivant en toute propriété, *les meubles réels, les rentes héritieres & réputées meubles, & l'usufruit seulement des héritages patrimoniaux, acquêts ou conquêts du prédécédé, à l'exception des Offices.*

Dans la Coutume de Lille, l'effet de l'Entravestissement de sang est de donner au survivant tous les biens-meubles, catheux & héritages réputés pour meubles; mais l'Entravestissement n'a pas lieu dans cette Coutume, quand les conjoints, ou l'un d'eux a des enfans d'autre mariage. Voyez les art. 14, 15 & 17 du titre des Donations.

En Cambresis, l'Entravestissement de sang n'a lieu que pour les premiers mariages, & ne comprend que l'usufruit de tous les héritages, lequel usufruit ne dure que pendant la vie des enfans, s'ils prédécédent leur pere ou mere survivant. Voyez le tit. 10 de la Coutume de Cambrai.

On voit par ces dispositions diverses qu'il n'est guères possible de donner des régles générales sur l'effet de cet Entravestissement, & qu'il faut absolument les chercher dans les Coutumes mêmes où les contestations s'élevent; & ces Coutumes sont en très-grand nombre, sur-tout dans les Pays-Bas. Voyez le Recueil des nouvelles Coutumes d'Artois, imprimé en 1746.

ENTRECOURS.

C'est le nom d'un droit, en conséquence duquel des habitans peuvent respectivement envoyer leurs bestiaux paître les vaines pâtures des territoires voisins; c'est par conséquent un droit de parcours réciproque. V. *Parcours.*

ENTRÉE.

Entrée est le nom d'un droit que doivent

les Ecclésiastiques pourvus de certains Bénéfices.

La Novelle 123, & une Bulle de Pie V, défendent d'exiger aucun droit d'Entrée des Evêques à leur avénement à l'Episcopat, & des Chanoines & autres Ecclésiastiques qui prennent possession, &c. Le Concile de Basle le défend aussi ; & le Décret qu'il a fait sur cela, est inséré dans la Pragmatique-Sanction. Cependant on tolere actuellement les droits d'Entrée, lorsqu'ils sont appliqués au profit des Fabriques des Eglises, ou destinés à d'autres usages pieux ; mais on déclare abusifs ceux qui tournent au profit des Ecclésiastiques.

Pour pouvoir exiger le droit d'Entrée, il faut rapporter le titre de son introduction, ou justifier d'un usage légitimement établi.

Nos Rois jouissent aussi d'un droit qu'on nomme droit d'Entrée ou de joyeuse Entrée dans plusieurs Eglises Cathédrales & Collégiales.

En conséquence de ce droit, le Roi peut nommer au premier Canonicat qui viendra à vaquer dans l'Eglise où il est entré pour la premiere fois ; & il consomme même ordinairement son droit sur le champ, en remettant l'aumusse que les Chanoines doivent lui présenter, à l'Ecclésiastique qu'il veut gratifier du premier Canonicat qui vaquera.

Le droit d'Entrée est différent de celui de Joyeux Avénement. Voy. les Mémoires du Clergé. V. aussi *Joyeux Avénement.*

E N V O I.

En termes de Chancellerie Romaine, on nomme Envoi, le mémorial que les Banquiers-Expéditionnaires envoyent à leurs Correspondans à Rome ou à Avignon, pour impétrer des Bénéfices par dévolut, dévolution, prévention, résignation, &c.

Ces Envois doivent être exactement inscrits & couchés sur les Registres des Banquiers-Expéditionnaires ; & les Provisions qui s'expédient à Rome, ne sont valables que quand elles sont conformes dans tout ce qui est de la substance de la grace, à l'Envoi chargé sur les Registres du Banquier. V. *Banquiers-Expéditionnaires, Concours de Date, Course-ambitieuse, Date, Prévention, Résignation, &c.*

ENVOI EN POSSESSION.

On nomme Envoi en Possession, un Jugement qui permet aux héritiers présomptifs d'un absent dont on n'a point de nouvelle, de se mettre en possession de ses biens, à la charge de les lui rendre en cas de retour. Voyez ce que je dis à l'article *Absens*, sur la forme & les effets des Envois en Possession.

L'Envoi en Possession est aussi nécessaire à l'héritier grevé qui veut se mettre en Possession de biens substitués. Voyez *Substitution.*

É P A V E S.

Voyez *Deshérence, Gayves, Haute-Justice, Mer, Messageries & Rivieres.*

On nomme Epaves, le droit des Seigneurs Hauts-Justiciers, par le moyen duquel ils peuvent s'approprier les animaux.

Je dis que les Epaves appartiennent aux Seigneurs Hauts-Justiciers, parce qu'il a été jugé que ce droit leur appartient, à l'exclusion des Seigneurs Moyens & Bas-Justiciers, par un Arrêt rendu le 2 Janvier 1580, rapporté par Bacquet, des Droits de Justice ; & par Despeysses, tome 3, titre 5, art. 2, sect. 6.

Ce dernier Auteur dit » que les Epaves » n'appartiennent pas au Haut-Justicier au » moment qu'elles ont été trouvées, mais » seulement lorsqu'après les publications » faites . . . . . par trois Dimanches, aucun » n'apparoît dans les 40 jours, à compter » de la premiere publication, pour les reconnoître & prouver être siennes « : il cite la Roche & Bacquet.

Celui qui a trouvé des Epaves, doit en faire sa déclaration dans 24 heures, autrement ledit temps expiré, il sera condamnable en l'arbitrage du Juge. Despeysses, *ibid.* V. l'Exode, ch. 23, v. 4, & le Deutéronome, ch. 22, v. 1, 2, 3.

Le Seigneur d'un Fief sans Haute-Justice, ni le Propriétaire de l'héritage sur lequel l'Epave est trouvée, n'y ont aucun droit. V. Bacquet, *des Droits de Justice.*

La Coutume de Paris ne parle point des Epaves : Bacquet dit que, lorsqu'on la rédigea, on proposa des articles dans lesquels on donnoit les Epaves aux Seigneurs, & que

que ces articles furent rejettés, pour ne pas compromettre les droits du Roi ; il ajoute cependant qu'ils avoient été *advisés* & délibérés comme bons par les Commissaires & les Députés des trois Etats, & qu'on doit les observer dans la Pratique. Voyez Bacquet, des Droits de Justice, chapitre 2.

Le droit d'Epaves étoit inconnu chez les Romains, & Domat dit qu'il n'a lieu que pour les bêtes perdues ; Traité du Droit public, liv. 1, tit. 6, sect. 3, art. 6.

A l'égard des autres choses perdues, le même Auteur dit qu'elles appartiennent à celui qui les a trouvées, quand il a fait ce qu'il pouvoit faire pour découvrir le maître & les lui rendre.

On peut sur la même matiere consulter Beraut & Godefroi sur l'art. 603 de la Coutume de Normandie. Ils disent l'un & l'autre que les bijoux, l'argent trouvé, &c. ne sont estimés gayves, c'est-à-dire Epaves, & qu'ils appartiennent à l'Inventeur.

Nos Rois ont accordé à la Communauté des Orphévres de Paris, le tiers des bijoux qui sont trouvés à Paris & portés à leur Bureau. Voyez l'Arrêt que je rapporte sur cela au mot *Rivieres*.

ÉPICES.
V. *Réception & Requêtes.*

Les Epices sont des droits qui appartiennent aux Juges qui ont vu, examiné & jugé certains Procès (a).

Les Epices ne sont pas de l'invention des François ; comme quelques Auteurs l'ont prétendu, puisqu'on voit par les Novelles 15 & 82, qu'on en accordoit aux Juges pour chaque Sentence qu'ils rendoient ; la Novelle 82 attribue aux Juges le droit de per-

cevoir quatre écus d'or de chaque Partie ; mais dans les Causes qui excédent la valeur de cent écus d'or seulement.

Ce qui fait qu'on nomme Epices cette récompense du soin & des peines des Juges, c'est parce qu'anciennement les présens qu'on leur faisoit, étoient volontaires, & que les Parties leur donnoient ordinairement quelques confitures, qu'elles achetoient chez les Epiciers. La vénalité des Charges a fait convertir ces présens en deniers.

L'article 5 du titre 11 de l'Ordonnance de 1667, défend aux Juges de prendre des Epices pour le Jugement des défauts.

Il n'est pas permis aux Juges de se taxer des Epices pour les affaires qui se jugent à l'Audience sur Plaidoirie verbale (b); il y a un Arrêt rendu le 3 Septembre 1714, qui le défend expressément aux Juges de la Mothe-Diversai ; mais ils le peuvent dans les Procès par écrit, c'est-à-dire, lorsque l'instruction s'est faite après appointement en droit ou à mettre.

L'Arrêt portant Réglement entre le Lieutenant Général & les Présidens au Présidial de Melun, le 10 Juillet 1688, fait défenses au Lieutenant Général *de prendre aucuns droits pour les insinuations qui se font au Greffe, publications d'enchere, réponse de toutes Requêtes & de toutes certifications de criées & adjudication par Décret, ou sur trois publications, licitations, baux à fermes, & tous autres Actes qui seront expédiés à l'Audience* (c).

Ces dispositions sont conformes à l'art. 8 de l'Edit du mois de Mars 1673, connu sous le nom de l'Edit des Epices, qui porte: *défendons à tous Juges de prendre aucune taxe*

(a) On paye en Flandres au Roi, des redevances foncieres en grains, qu'on appelle Epices ; & dans ces Etats sont partie du Domaine. Voyez Piganiol de la Force, tome 12, édition de 1754, page 280.
(b) Par exception à cette régle, qui est générale & constante, MM. du Parlement reçoivent des Vacations quand ils vont siéger à l'Audience de la Table de Marbre aux Eaux & Forêts.
Le Juge-Auditeur du Châtelet de Paris a aussi le droit d'exiger cinq sols pour chacune Sentence définitive qui se rend en son Tribunal ; & ces cinq sols lui doivent être payés par le Greffier, sans que ni le Juge ni le Greffier puissent obliger les Parties ou les Procureurs à lever les Sentences. V. l'art. 3 du Régl. fait au Chât. le 20 Mars 1684.
L'article 14 de la Déclaration du 17 Février 1688 autorise aussi les Juges des Fermes du Roi à se taxer quinze

sols par chaque Sentence contradictoire & définitive qu'ils rendent à l'Audience, ou sur Délibéré.
(c) Il y a des Tribunaux où les adjudications par Décret ne se font pas à l'Audience ; & dans ces Tribunaux, il est permis aux Juges qui président aux adjudications, de se taxer des Vacations. M. l'Avocat Général Pelletier de Saint-Fargeau, portant la parole dans une affaire plaidée & jugée, le Samedi 13 Juin 1761, en la Grand'Chambre, a dit que cette distinction étoit admise par le Réglement de l'année 1665, & qu'elle étoit tolerée ; l'usage est en effet au Palais de faire les adjudications par Décret à la Barre de la Cour, & le Conseiller-Commissaire qui y préside, se taxe des Vacations.
Au Châtelet, les adjudications par Décret, les baux judiciaires & les licitations, se font à l'Audience des Criées ; & il n'est rien dû aux Magistrats qui y président.

ni falaire pour les permiffions de faifir (a) ou affigner, ni pour les publications de teftamens & fubftitutions (b), baux judiciaires, vente des fruits & de chofes mobiliaires, remifes & adjudication par Décret & par licitation, & pour avoir reçu les affirmations.

L'art. 2 de l'Arrêt de Réglement pour la Jurifdiction de Pontchartrain, du 15 Mai 1714, contient encore des difpofitions plus étendues; car il porte que *les Juges »* ne *»* pourront prendre aucune chofe pour les *»* Ordonnances fur Requêtes, de quelque *»* qualité qu'elles foient, tant en matiere *»* civile que criminelle *»*. Cet Arrêt eft dans le Recueil Chronologique de M. Jouffe. V. Requête.

L'art. 10 de l'Edit des Epices, dont j'ai déja parlé, défend d'exiger des Epices *pour Arrêts, Jugemens ou Sentences, rendus fur Requête d'une Partie, fans ouïr l'autre, tant en matiere civile que criminelle.......fi ce n'eft qu'en matiere criminelle il y ait Procès-verbaux ou informations concernant le crime, jointes à la Requête.* V. Requête.

L'art. 30 de ce même Edit défend *aux Lieutenans Généraux, Baillifs, Sénéchaux, & autres Juges commis par les Ordonnances, pour parapher les feuillets des regiftres des baptêmes, mariages & mortuaires, de prendre ni recevoir aucuns droits ou falaires pour leur paraphe........à peine de concuffion.* V. cet Edit en entier.

L'art. 11 du titre 16 de l'Ordonnance de 1667, défend aux Juges & Confuls de prendre *aucunes Epices, falaires, droits de rapport & de confeil, même pour les interrogatoires ou audition de témoins, en quelque cas & pour quelque caufe que ce foit, à peine de concuffion & de reftitution du quadruple.*

Suivant un Arrêt de Réglement, rendu le 10 Avril 1691, il fuffit qu'une partie fuccombe en une portion la plus légere des dépens, pour fupporter les Epices entieres & le coût de l'Arrêt, s'il n'y a un arrêté contraire.

Et par un autre Arrêt de Réglement, rendu le 8 Août 1714, *la Cour a arrêté &*

ordonné que, lorfqu'en jugeant les Procès ou Inftances, ladite Cour aura condamné une des Parties en une portion des dépens, ou même aux feuls frais & coût de l'Arrêt, les Epices des conclufions du Parquet y feront cenfées comprifes. Sur quoi il faut obferver que les Epices ont le même privilége que les dépens, relativement à la contrainte par corps: il y a fur cela un Arrêt de Réglement du Parlement de Touloufe du 15 Fév. 1717.

Un Arrêt du 17 Décembre 1727, rendu en la Tournelle, fur les Conclufions de M. l'Avocat Général Gilbert, fait défenfes aux Juges de Nemours de taxer aucune Epice au Subftitut de M. le Procureur Général, dans les Procès criminels qui ne font pas inftruits par récollement & confrontation, & ce, fuivant les Arrêts & Réglemens de la Cour, dont l'exécution a été ordonnée fur le réquifitoire de M. l'Avocat Général. Mais V. le Tarif pour les honoraires des Juges de la Lorraine Allemande; on le trouve dans le fixiéme volume du Recueil de Leonard: il accorda des Epices en plufieurs occafions où il n'en eft pas dû en France.

Pareilles défenfes font faites aux Juges de taxer des Epices pour eux-mêmes en pareil cas, par Arrêts rendus les 17 Septembre 1729, 19 Janvier 1731, & 14 Juillet 1756. Ce dernier, qui a été rendu en la Tournelle Criminelle, condamne l'Affeffeur Criminel de Ribemont de rendre les Epices qu'il s'étoit taxées, en accordant, le jour de Pâques, la liberté provifoire, en fon Hôtel, à des Particuliers décrétés de prife de corps par le Juge de Hanape. V. un autre Arrêt que je rapporte au mot *Official.*

Enfin, un Arrêt du 9 Juin 1723 fait défenfes aux Officiers de Nefle de fe taxer des Epices fur des plaintes à eux préfentées.

L'art. 34 de l'Ordonnance de Rouffillon veut que la taxe des Epices foit écrite par le Greffier au bas de la minute de la Sentence ou Arrêt, *afin que celui qui gagnera fa Caufe, les puiffe répéter contre fa Partie.* Et un Arrêt du Parlement de Paris, rendu

(a) L'Arrêt de Réglement pour la Sénéchauffée de Gueret du 30 Août 1631, » défend au Lieutenant Général & » autres tenans le Siége, de prendre aucune..... chofe pour » ce qu'il ordonnera fur Requête à lui préfentée, & autres » affaires préparatoires qui ne fervent qu'à l'inftruction «...

(b) L'Arrêt contradictoire, rendu au Confeil le 3 Août 1698, entre les Officiers du Bailliage & Chancellerie d'Avalon & ceux de la Prévôté de la même Ville, *défend auffi de percevoir aucuns droits pour les publications qui fe feront à l'Audience à la requête des Parties intéreffées.*

en Vacations le 23 Octobre 1698, enjoint au Lieutenant Criminel de Riom de faire mention à l'avenir, au bas des Sentences qui seront par lui rendues, des Epices qu'il se sera taxées.

C'est aux Magistrats à se taxer eux-mêmes leurs Epices dans les affaires où ils peuvent en exiger; & leur taxe ne peut se réformer que par les Tribunaux Supérieurs, quand elle est excessive.

Les Capitouls de Toulouse ayant, par une Sentence du 4 Août 1731, modéré les Epices que le Procureur du Roi de la Ville & Viguerie s'étoit taxées, Arrêt est intervenu au Parlement de la même Ville, le 17 du même mois d'Août 1731, par lequel, en réformant cette Sentence, la Cour a fait défenses, tant auxdits Capitouls, qu'aux autres Juges du ressort, de faire à l'avenir de pareilles entreprises, sauf à la Cour à y pourvoir, le cas y échéant.

L'article 14 du Réglement du 10 Juillet 1665, » fait défenses à tous Juges de rece- » voir les Epices par leurs mains; de les » faire consigner avant le Jugement des Pro- » cès, & de décerner aucun exécutoire pour » le payement desdites Epices «.

Il faut, aux termes de cet article, que » les deniers desdites Epices soient mis ès » mains du Greffier, pour être distribués en » la maniere accoutumée «. V. aussi les articles 5 & 7 de l'Edit des Epices; l'Edit du mois de Février 1691; l'Arrêt du Conseil du 27 Juillet 1700; & l'art. 11 du Réglement pour la Justice de Pontchartrain, du 15 Mai 1714. Voyez encore les articles 127, 128 & suivans de l'Ordon. de Blois.

Les sacs, piéces & production des Parties, ne peuvent se demander au Greffier, que lorsque les Epices sont payées, & la Sentence ou Arrêt levé. Mais les Juges ne peuvent, ni décerner exécutoire, ni former aucune action pour raison de leurs Epices & Vacations. Voyez l'Ordonnance Criminelle, titre 25, article 16, & l'Arrêt du 5 Janvier 1715, au Journal des Audiences, tom. 6.

Tel est l'usage du Palais; & la Cour a jugé qu'il devoit aussi avoir lieu dans les Jurisdictions subalternes. En effet, un Greffier ayant été assigné pour être condamné à remettre à une Partie sa production, sinon à payer 35 liv. pour le montant d'un billet qui étoit produit, avoit succombé devant les premiers Juges; mais ayant appellé de leur Sentence, elle fut infirmée par Arrêt rendu en la Tournelle Civile, le 3 Août 1735, & il fut déchargé de la demande formée contre lui.

Le motif de l'Arrêt est que les Epices de la Sentence des premiers Juges n'étoient pas payées, ni la Sentence levée.

On ne peut pas exiger que les Parties consignent les Epices avant le rapport: il y a sur cela un Arrêt du 20 Août 1717, rendu au Parlement de Toulouse: tel est aussi l'usage observé au Parlement de Paris, & dans son ressort; mais il en est autrement des vacations dans les affaires vûes de Commissaires (qu'on nomme ailleurs Sabbatins); ces vacations se consignent avant l'examen.

Chaque écu d'Epices qui revient au Juge, est fixé par l'art. 15 de l'Arrêt de Réglement du 10 Juillet 1665, à 3 liv. 4 sols, outre le droit du Receveur des Epices dans les Siéges où il y en a.

Il a été arrêté en la cinquiéme Chambre des Enquêtes, le 11 Mars 1628, » qu'en la » condamnation des Epices, les frais & ex- » péditions d'Arrêt y sont compris «.

Un Arrêt du Conseil du 20 Mai 1755, a réglé les Epices dûes aux Bureaux des Finances par ceux qui s'y font recevoir, installer & prêter serment, ainsi que pour les vérifications & attache de provisions d'Office, l'enregistrement des contrats d'aliénation du Domaine du Roi, &c.

EQUIVALENT.

On nomme Equivalent une imposition qui se leve en Languedoc sur le vin, sur la viande fraîche & salée, & sur le poisson.

Cette imposition est nommée Equivalent, parce qu'elle tient lieu de droits d'Aides, qui ont cours dans les autres Provinces.

Il y avoit autrefois des Jurisdictions particulieres en Languedoc, auxquelles la connoissance des contestations relatives aux droits de l'Equivalent étoit attribuée; mais elles ont été supprimées par l'Ordonnance de Louis XI, du 9 Septembre 1467; & cette connoissance appartient actuellement aux Juges ordinaires, à la charge de l'appel en la Cour des Aides de Montpellier.

ERREUR.

Etre dans l'Erreur, c'est croire ce qui n'est pas vrai.

Nous connoissons trois sortes d'Erreurs au Barreau; sçavoir, l'Erreur de fait, l'Erreur de droit, & l'Erreur de calcul.

L'Erreur de fait consiste à ne pas sçavoir une chose qui est. L'Erreur de droit consiste à ne pas sçavoir ce qu'une Loi ordonne.

L'Erreur de calcul est aussi une Erreur de fait, qui arrive lorsqu'en comptant, on met un nombre pour un autre qui étoit le vrai, qu'on auroit mis sans cette méprise.

L'Erreur de droit n'est d'aucune considération; la Loi étant publique, elle doit être connue. —

L'Erreur de fait peut être ou ne pas être alléguée avec succès, selon les circonstances.

Si l'Erreur de fait est telle, qu'il soit évident que celui qui a erré, n'a consenti à la convention que pour avoir ignoré la vérité d'un fait, cette Erreur suffira pour annuller la convention, soit que celui qui l'a souscrite, se soit engagé dans quelque perte, ou qu'il ait manqué d'user d'un droit qui lui étoit acquis. V. Domat.

Mais si l'Erreur de fait n'a pas été la seule cause de la convention, ni même la principale, & qu'elle en ait eu quelqu'autre indépendante du fait qu'on a ignoré, cette Erreur n'empêchera pas que la convention n'ait tout son effet.

L'ignorance des faits est présumée, lorsqu'il n'y a pas de preuves contraires: mais cette présomption, toujours naturelle dans les faits qui ne nous touchent point, n'a pas lieu de même pour ceux qui nous regardent, & chacun est présumé sçavoir ce qui est de son fait.

Les Loix Romaines, dont les dispositions sont sur cela adoptées par la Jurisprudence des Arrêts, décident, conformément à ces principes, que l'héritier qui a été trompé, sous prétexte d'un testament qu'il avoit regardé comme valable, & qui se trouve faux, est bien fondé à se faire restituer contre les Actes par lesquels il l'a approuvé.

Dans le cas où le testament seroit simplement nul, il faudroit examiner si la nullité procéde d'un défaut de forme dans le testament, ou si elle dérive d'un fait inconnu à l'héritier: au premier cas, l'ignorance de la nullité étant une ignorance purement de droit, elle seroit couverte sans espérance de restitution; mais au second cas, l'ignorance étant de fait, elle donneroit ouverture à la restitution.

C'est sur ce fondement que, par Arrêt rendu en la quatriéme Chambre des Enquêtes le premier Juillet 1723, la Cour a confirmé une Sentence du Bailliage de Saint-Pierre-le-Moutier, par laquelle les premiers Juges avoient enthériné les Lettres de Rescision prises par Charles Bollard, frere uterin & héritier de Claude Rigaut, contre un Acte du 9 Mai 1719, par lequel il avoit reconnu Lazarre Rigaut pour héritier universel dudit Claude Rigaut.

Une succession noble ayant été partagée comme roturiere, l'aîné n'eut que la moitié des Fiefs situés dans la Coutume de Noyon, au lieu des quatre quints que cette Coutume lui déféroit. Il reclama contre le partage, mais sans succès. M. le Nain, qui porta la parole dans cette affaire, dit qu'entre majeurs, l'ignorance de droit ne donnoit point ouverture à la reclamation contre les Actes, lors même qu'il s'agissoit d'éviter la perte; & c'est ce qui fut jugé par un Arrêt solemnel du 10 Décembre 1708.

Il en a été rendu un pareil en la deuxiéme Chambre des Enquêtes, le 5 Décembre 1724, au rapport de M. de Vrevins, au profit d'un sieur de la Boissiere, Seigneur de Chambort. Augeard rapporte aussi quelques Arrêts semblables.

A l'égard de l'Erreur de calcul, elle ne se couvre pas, lors même qu'on a compté plusieurs fois, à moins qu'il n'y ait eu Jugement ou transaction sur cette Erreur, sans quoi elle peut toujours être réparée, parce qu'il est certain que les Parties n'ont voulu mettre que le juste nombre, & n'ont pu faire qu'aucun autre pût en tenir la place.

Il y a une régle de Droit, suivant laquelle *error communis facit jus* ; elle a été appliquée par le Parlement de Toulouse, à l'espéce dans laquelle un Ecclésiastique, que tout le monde croyoit Grand-Vicaire, mais qui ne l'étoit pas, avoit, en cette fausse qualité, conféré divers Bénéfices. Ce Parlement y a maintenu les Pourvus, par Arrêt du 4

Février 1671, rapporté par Catelan. Voyez l'Arrêt rendu en 1755, pour le teftament du Comte de Raftignac, dont je parle à l'article *Teftament*.

Sur l'empêchement d'Erreur voyez *Mariage*.

ESCART.

C'eft le nom d'un droit fingulier qui fe perçoit dans plufieurs Villes de Flandres fur les fucceffions des Bourgeois, échues à des perfonnes qui ne font pas domiciliées.

Ce droit, que l'on nomme aufli droit d'Iffue, confifte dans la dixiéme partie de la fucceffion ; & il appartient ordinairement à la Juftice Municipale.

Le droit d'Efcart a été contefté aux Avoué & Echevins de la Ville de Bailleul, dans un Procès pendant au Parlement de Flandres, parce qu'ils ne repréfentoient pas le titre primordial de la conceffion de ce droit ; mais par Arrêt rendu au Confeil d'Etat, le 27 Août 1701, *ils ont été maintenus dans le droit d'Efcart ou Iffue fur les fucceffiors des Bourgeois de ladite Ville, recueillies par des Etrangers.*

Le motif qui a déterminé à les maintenir dans ce droit, a été, qu'ils ont repréfenté des Lettres de confirmation données par Charles-Quint & par Philippe II, & un Arrêt du Confeil de Malines, de l'année 1604, qui les maintenoit aufli dans ce droit, qui leur étoit d'ailleurs accordé par la Coutume de Bailleul, rédigée en 1632.

Voyez un Acte de Notoriété du Châtelet, donné fur cette matiere le 31 Mai 1758.

ESTER.

Ce mot fignifie agir, paroître dans une Caufe, dans un Procès, y être Partie, &c.

Les mineurs non émancipés, les femmes en puiffance de mari, & ceux qui font morts civilement, ne peuvent Efter en Jugement ; cependant V. *Femme* & *Groffeffe*.

Le mineur émancipé ne peut Efter en Jugement qu'affifté d'un curateur aux Caufes. V. *Curateur* & *Emancipation*.

Femme ne peut Efter en Jugement, dit l'art. 224 de la Coutume de Paris, *fans le confentement de fon mari, fi elle n'eft autorifée ou féparée par Juftice ; & ladite féparation exécutée.*

Cette difpofition eft générale, & ne fouffre point d'exception. La *femme féparée* peut Efter en Jugement fans autre autorifation, non-feulement dans des conteftations legeres, & où il ne s'agit que de fon revenu, mais même dans celle où il s'agit de faifie-réelle : s'il en étoit autrement, elle ne pourroit fouvent pas fe faire payer de ce que lui doit fon mari, puifqu'elle ne pourroit pas faire faifir réellement fes biens. Une faifie-réelle faite des biens du fieur Gabaret à la requête de fa femme, féparée de biens avec lui, a été confirmée par Arrêt contradictoire du 11 Août 1712 : j'ai encore vu citer un Arrêt du 15 Juin 1690, pour autorifer ces maximes ; mais je n'en connois pas l'efpéce.

Il ne faut pas juger de la capacité d'Efter en Jugement, comme de celle de contracter : l'autorifation pour contracter, eft un acte des plus importans pour la fociété ; au lieu que l'autorifation pour Efter en Jugement, n'eft qu'une fimple formalité. S'agit-il de contracter ? Une autorifation générale ne fuffit pas ; la préfence du mari à l'acte ni fa fignature ne fuffiroient même pas pour le rendre valable, s'il n'y avoit une autorifation formelle ; & au refus du mari, le Juge n'accorderoit cette autorifation qu'en connoiffance de Caufe. V. *Autorifation* & *Contrat de mariage*.

Mais la capacité d'Efter en Jugement n'eft pas foumife aux mêmes rigueurs : une femme peut Efter en Jugement en vertu d'une autorifation générale ; la mention de l'autorifation n'eft même, ni néceffaire, ni d'ufage, quand le mari eft préfent ou Partie au Procès : & fi le mari refufe d'autorifer fa femme non féparée de biens, à l'effet d'Efter en Jugement, le Juge, fur le vû de la fommation qui conftate le refus fait par le mari, d'autorifer fa femme, l'autorife, s'il y a lieu, par un Jugement fur Requête, fans que le mari foit appellé.

Au refte, l'ufage du Châtelet eft de faire affigner le mari avec la femme féparée de biens, lors même que les actions qu'on dirige, n'intéreffent que la femme ; & on donne en ce cas une copie de l'exploit à chacun.

Le Préfident Henaut dit que c'eft par l'Ordonnance faite fur la réquifition des

Etats tenus à Tours en 1484, que la permiffion fut donnée à toutes fortes de perfonnes d'Efter en Jugement par Procureur.

ESTER à Droit.

C'eft de la part d'un Accufé Contumax,
fe repréfenter plus de cinq ans après que fon
Procès a été jugé. V. *Contumace.*

ÉTABLISSEMENT.

Quelques Ordonnances de nos Rois font
connues fous le nom d'Etabliffement.

Ce nom fe donne finguliérement à l'Ordonnance que S. Louis fit en 1270, lorfqu'il étoit fur le point de partir pour la feconde Croifade ; elle eft intitulée » les Eta-
» bliffemens felon l'ufage de Paris & d'Or-
» léans, & de Cour de Baronie.

Ces Etabliffemens forment une efpéce de
Code, dans lequel font comprifes quelques
Loix des prédéceffeurs de S. Louis, & plufieurs de celles que ce Prince avoit déja publiées.

On prétend que les difpofitions de ces
Loix réunies ont eté rédigées d'après le
Droit Romain, les Ufages des Châtelets de
Paris & d'Orléans, & fur ce qui s'obfervoit
dans les Provinces de Tourraine & d'Anjou ; Ducange en a donné une édition en
1658.

Quelques Sçavans, au nombre defquels
eft le même Ducange, ont prétendu que les
Etabliffemens de S. Louis n'avoient pas force de Loi ; mais M. Delauriere les met au
nombre des Ordonnances de la troifiéme Race de nos Rois, & on les regarde au Palais,
comme revêtus de tous les caractères qui
conviennent aux Loix. Il paroît même, par
un ancien regiftre confervé dans l'Hôtel-de-
Ville d'Amiens, qu'ils ont été *confirmés en*
plein Parlement par les Barons du Royaume.

ÉTALON.

C'eft le nom qu'on donne aux mefures
qui fervent à vérifier la juftefse de celles
dont fe fervent les Marchands & Cabaretiers, & à faire la police de ce qu'on nomme Etalonnage. V. *Mefures.*

Le nom d'Étalon fe donne auffi aux chevaux entiers qui fervent à couvrir des jumens poulinieres. V. *Haras.*

Enfin on nomme encore Etalons, les arbres que ceux qui exploitent des taillis, font
obligés de réferver, & qu'on connoît mieux
fous le nom de Baliveaux. V. *Baliveaux.*

ÉTAT.

Ce mot, en matiere Bénéficiale, a deux
fignifications différentes.

1°. Il eft fynonime à récréance ; & à cet
égard, V. *Récréance.*

2°. Il fignifie la qualité, la nature & la
dépendance d'un Bénéfice. Sur cela voyez
Bénéfice & *Dernier Etat.*

ÉTAT (Queftion d').

V. *Baptême, Bâtard, Légitimation, Ma-*
riage & *Poffeffion d'Etat.*

On nomme Queftions d'Etat, celles qui
ont pour objet de régler la naiffance, la
légitimité ou les qualités perfonnelles de
quelqu'un : par exemple, c'eft une Queftion
d'Etat que celle de fçavoir fi un enfant eft
fils de telle & telle perfonne, & s'il eft légitime ou né d'un mauvais commerce.

Dans ces fortes de Queftions, ou l'on eft
attaqué dans un Etat dont on eft en poffeffion, ou l'on reclame un Etat dont on n'a
jamais joui.

Dans le premier cas, la poffeffion fuffit à
celui qui eft attaqué : il n'a pas befoin de recourir aux monumens publics, ni à aucun
autre genre de preuve ; il poffède, & à ce
feul titre on ne peut pas héfiter à le maintenir.

Dans le fecond cas, celui qui reclame un
Etat dont il n'a jamais joui, trouvant le même obftacle de la poffeffion, ne peut réuffir
dans fon entreprife, s'il n'a en fa faveur des
titres folemnels, qui prouvent que l'injuftice l'a dépouillé de fon Etat.

Ainfi il ne peut fe former une Queftion
férieufe fur l'Etat d'un citoyen, quand les
titres & la poffeffion font d'accord à fon
égard : foit que ces preuves fe réuniffent pour
confirmer l'Etat qu'on lui contefte, ou pour
lui affurer l'Etat auquel il afpire.

Les Loix Romaines rejettoient la preuve
teftimoniale dans les Queftions d'Etat.

Les Ordonnances du Royaume animées
du même efprit, ont voulu que la preuve
de la naiffance fût faite par les regiftres publics ; & en cas de perte des regiftres publics, elles ont voulu que l'on eût recours

aux regiſtres & papiers domeſtiques des pere & mere décédés. Tel a été l'objet de l'art. 51 de l'Ordonnance de 1539, de l'article 181 de l'Ordonnance de Blois, de l'Ordonnance de 1667, & de la Déclaration de 1736.

Dans une Cauſe jugée par Arrêt du 7 Mars 1641, Marie d'Amitié ayant demandé permiſſion de faire preuve par témoins, qu'elle étoit fœur d'Eliſabeth & Anne Rouſſel; M. l'Avocat Général Talon ſoutint, comme une maxime indubitable, qu'il étoit de périlleuſe conſéquence d'admettre cette preuve, » parce qu'il ſeroit facile à toutes » perſonnes de ſe dire de quelle famille il- » leur plairoit, d'où pourroient naître de » grands inconvéniens; & ſur ce fondement, » Marie d'Amitié fut déboutée de ſa de- » mande «.

Les Livres ſont pleins d'Arrêts qui confirment ces maximes: Soefve en rapporte un rendu le 27 Mars 1659; on en trouve un autre du 12 Janvier 1686, au Journal des Audiences; il y en a un 3e du 19 Mars (ou Mai) 1691, rendu ſur les Concluſions de M. d'Agueſſeau, depuis Chancelier.

En voici de plus récens: un Particulier avoit entrepris de perſuader qu'il étoit fils des ſieur & dame de Saſilly; il avoit articulé les faits les plus importans & les plus précis: il avoit obtenu des Juges de Chinon, la permiſſion d'en faire preuve par témoins. Son Enquête étoit compoſée d'un grand nombre de témoins, qui dépoſoient d'une maniere ſi claire & ſi préciſe de ſon ſort, qu'on ne pouvoit ſe refuſer à l'évidence de l'Etat qu'il reclamoit, ſi un pareil genre de preuve avoit pu être admis; il joignit même depuis une lettre de la dame de Saſilly, qui marquoit non-ſeulement le vif intérêt qu'elle prenoit à lui, mais encore qui recommandoit le ſecret & le myſtere: tout cela ne put l'emporter ſur l'auſtérité des régles; & par un Arrêt ſolemnel rendu le 11 Mars 1735, ſur les Concluſions de M. l'Avocat-Général Chauvelin, la Sentence qui avoit ordonné la preuve, fut infirmée, & le prétendu Saſilly débouté de ſa demande.

On ne jugea pas que la preuve fût inſuffiſante; car ſi on l'avoit penſé, il auroit fallu confirmer la Sentence qui l'avoit ordonnée, & renvoyer devant les premiers Juges, pour décider du ſort de l'enfant ſur la preuve faite; mais on jugea que la preuve n'avoit pas dû être admiſe, & en conſéquence, en infirmant la Sentence, la Cour le débouta de ſa demande. L'eſpéce de cet Arrêt eſt très-longuement rapportée dans les Cauſes Célébres, tome 15, édition de 1752.

Dans l'affaire de la demoiſelle Ferrand, la preuve teſtimoniale fut admiſe; mais c'eſt qu'elle avoit, dans les regiſtres de la Paroiſſe S. Sulpice, & dans le procès-verbal fait le même jour à la requête de M. le Préſident Ferrand, ſon pere, une preuve de ſa naiſſance & de l'accouchement de madame la Préſidente Ferrand; preuve ſoutenue par la reconnoiſſance préciſe de madame la Préſidente Ferrand, qu'elle étoit accouchée d'une fille le même jour, ſans pouvoir juſtifier de ſa mort; enſorte qu'on pourroit dire que la preuve ne fut demandée que pour achever de diſſiper les doutes que l'on affectoit de répandre ſur l'identité de la perſonne qui ſe préſentoit, comme fille dont madame la Préſidente Ferrand étoit accouchée. L'Arrêt qui a définitivement maintenu la demoiſelle Ferrand dans ſon Etat, a été rendu le 24 Mars 1738.

La demoiſelle de Choiſeul reconnue pour fille de M. le Duc & Madame la Ducheſſe de Choiſeul, par Arrêt rendu le 18 Juillet 1726, avoit auſſi été admiſe, par Arrêt rendu le 13 Avril précédent, à la preuve teſtimoniale des faits qu'elle avoit articulés; mais on ne lui permit la preuve teſtimoniale, que parce que l'on regarda, comme un commencement de preuve par écrit, le Livre Journal d'un Accoucheur, mort quelques années auparavant, qui faiſoit mention de l'accouchement de Madame de Choiſeul, le 8 Octobre 1697, & des ſuites de cet accouchement; d'ailleurs l'extrait-baptiſtaire de l'enfant ne lui donnoit ni pere ni mere. L'interrogatoire du Chevalier de la Valliere, & une lettre de la Marquiſe de Tournon, ſœur de Madame de Choiſeul, établiſſoient que la demoiſelle de Choiſeul étoit fille de M. & de Madame de Choiſeul; cette demoiſelle avoit d'ailleurs pris la voie extraordinaire, par le moyen de laquelle elle avoit acquis de nouvelles preuves; & M. le Duc de la Valliere, frere de Madame de Choiſeul, interrogé dans le cours de cette procédure, avoit fait des réponses ambigues. Tels furent les motifs qui déterminerent la Cour dans cette affaire singuliere, à admettre la preuve testimoniale proposée par la demoiselle de Choiseul.

Le 9 Mars 1730, on plaida l'appel comme d'abus interjetté par les héritiers collatéraux du sieur du Poix, d'une Sentence de l'Officialité, par laquelle il avoit été ordonné qu'un registre de Baptême seroit réformé.

Dans cette espéce, un enfant avoit été baptisé à S. Nicolas-des-Champs, comme fils de François Turpin & de Marie Basset, ses pere & mere. Quelque temps après, le sieur du Poix & Marie Basset ayant demandé à l'Officialité que le registre fût réformé, en exposant que cet enfant étoit procréé de leurs œuvres, & que le nom du sieur du Poix fût mis à la place de celui de François Turpin, Sentence intervint qui l'ordonna ainsi, & elle fut exécutée.

Deux ans après, le sieur du Poix épousa Marie Basset; l'enfant fut reconnu, & le mariage fut tellement public, que la femme fut depuis nommée pour curatrice à son mari interdit.

Le sieur du Poix étant mort, l'Etat de sa femme & de l'enfant fut contesté; on interjetta appel comme d'abus de la Sentence de l'Official; & l'on disoit pour moyens, que le Juge d'Eglise ne peut ordonner la réformation d'un registre destiné à constater l'Etat des hommes: on soutenoit d'ailleurs que Marie Basset devoit rapporter l'extrait-mortuaire de François Turpin, déclaré son mari par l'extrait-baptistaire.

La veuve & le fils se défendoient, en opposant une possession publique. Par l'Arrêt qui intervint sur les Conclusions de M. l'Avocat Général Chauvelin, le 9 Mars 1730, il fut dit qu'il y avoit abus; & avant faire droit sur l'appel simple, il a été ordonné que dans un mois, à la requête de M. le Procureur Général, il seroit informé de l'existence du mariage, & du décès de François Turpin. V. *Registres des Baptêmes.*

Une Particuliere ayant fait assigner le sieur de la Francardiere, Gentilhomme du Pays de Caux, pour la reconnoître pour sa fille, alléguoit qu'elle n'avoit point été baptisée, mais simplement ondoyée; elle articu-loit une naissance & des soins du pere & de la mere très-circonstanciés jusqu'à un certain âge, & disoit qu'alors elle avoit quitté la maison paternelle, parce qu'elle y étoit maltraitée, &c. Cette demande fut solemnellement plaidée au Parlement de Rouen: l'anonyme offroit la preuve; mais, par Arrêt rendu le 26 Janvier 1734, elle fut déboutée de sa demande, parce qu'elle n'avoit aucun commencement de preuve par écrit.

Peut-on continuer l'instruction d'une contestation sur l'Etat d'une personne, après sa mort, quand elle est entamée de son vivant? V. le Plaidoyer de M. l'Avocat Général Talon, inféré dans l'Arrêt de la Cour rendu le 3 Septembre 1681, dans l'affaire de la dame de Montebonne. Il est imprimé.

E T A U X à Bouchers.
V. *Bouchers.*

On donne à Paris le nom d'Etaux aux endroits où les Bouchers vendent & débitent la viande de Boucherie.

La situation & le nombre d'Etaux à Paris sont fixés par des Réglemens de Police; on ne peut rien innover sur cela, sans un ordre exprès du Magistrat, qui ne l'accorde qu'en très-grande connoissance de Cause.

En général, tout homme peut affermer ou louer son bien à qui bon lui semble; & après l'expiration du bail, il a la liberté, ou d'y rentrer, ou de changer de locataire, ou de passer un nouveau bail à l'ancien. Mais quoique cette regle soit puisée dans l'équité naturelle, elle n'a pas lieu pour les Etaux des Bouchers de Paris. Quand une fois un Boucher en a joui à titre de locataire, il ne peut plus en être expulsé par le propriétaire, même après l'expiration du bail, pourvû qu'il paye exactement ses loyers.

Il y a même cela de singulier, que les Bouchers ont la liberté de donner congé après que le bail est expiré, & que le propriétaire n'a pas la même faculté; le propriétaire ne peut même demander aucune innovation ni augmentation dans la location: c'est à son égard une tacite réconduction forcée, qui a lieu tant qu'elle est agréable au Boucher locataire, & le droit de celui-ci passe à sa veuve commune en biens, & à ses héritiers.

Ce privilége des Bouchers de Paris est fondé sur une Ordonnance de Charles IX,
du

du 25 Mars 1567, confirmée par celle de Henri III, du mois de Novembre 1577, & par une Déclaration du Roi régnant, du 13 Mars 1719, regiftrée au Parlement le 30 Janvier 1720 (elle eft au Journal des Audiences, tome 7.) Il eft d'ailleurs écrit dans l'article 10 du titre 2 des Statuts de la Communauté des Bouchers.

Le droit des Bouchers, relativement à la jouiſſance des Etaux dont ils font locataires, fe tranfmet à leurs héritiers, mais il n'eft pas ceffible ; ainfi un Boucher ne peut pas céder cette jouiffance à un autre Boucher : cela eft expreffément défendu par une Sentence de Police, contenant Réglement, du 2 Avril 1726.

M. le Lieutenant Général de Police tient au Châtelet, tous les ans, dans la Salle du Parc Civil, en préfence des Gens du Roi, le Mardi qui fuit la mi-Carême, une Audience qu'on nomme la Police des Etaux ; c'eft une efpèce d'Affife dans laquelle il décide, fans procédure préalable, s'il y a lieu de continuer la location, ou d'autorifer le propriétaire à paffer un nouveau bail ; ce qui, comme je l'ai dit, ne peut avoir lieu, tant que l'ancien locataire & fes repréfentans payent exactement les loyers de l'Etal.

Les Etaux à Bouchers font fufceptibles d'hypothéque ; la Cour l'a ainfi jugé par Arrêt rendu le 7 Mai 1741, entre l'Hôtel-Dieu de Paris & le nommé Defcelles, pour un Etal fitué au Cimetiere S. Jean.

Il y a des priviléges de Boucheries qui fe réglent par les mêmes principes que les Etaux ; & quoique ces priviléges foient vacans, on les juge fufceptibles d'hypothéques, ils fe vendent par licitation, &c.

On ne peut aucunement innover dans l'exploitation d'un Etal ou d'un privilége de Boucherie, fans une Ordonnance de M. le Lieutenant Général de Police, rendue fur les Conclufions de M. le Procureur du Roi.

ÉTOLE.

L'Etole eft aux Curés, ce qu'eft l'Aumuffe aux Chanoines & aux Dignitaires : l'Etole, *Stola*, ou *Orarium*, eft le fymbole du Pafteur qui prie à la tête de fon troupeau, & que les brebis diftinguent à ce fignal : elle n'eft point la marque d'aucune Jurifdic-

tion ni de fupériorité, mais un fimple ornement d'ufage.

Cependant il y a des Diocèfes où l'Archidiacre, dans le cours de fes vifites, a feul le droit de porter l'Etole, & où il peut la faire ôter aux Curés. C'eft la poffeffion & l'ufage qui, à cet égard, régle le droit des uns & des autres.

Il y a fur cela un premier Arrêt du 31 Juillet 1674, rendu en faveur de l'Archidiacre de Pinferais, contre les Curés d'Orgeval & de Chambourcy, Diocèfe de Chartres ; on le trouve au Journal du Palais.

Il en a été rendu un fecond le 14 Janvier 1698, en faveur de l'Archidiacre du Ponthieu ; un troifiéme le 26 Juin 1726, en faveur de l'Archidiacre de Senlis ; enfin, il en a été rendu un quatriéme le 28 Juin 1734, en faveur de l'Archidiacre de Puifaye, Diocèfe d'Auxerre, contre plufieurs Curés de fon Archidiaconé, fur les Conclufions de M. Joly de Fleury.

Dans tous ces Arrêts, c'eft la poffeffion qui a déterminé.

ÉTORANCES.
V. *Chambre étoffée & Préciput.*

C'eft ainfi qu'on nomme en quelques Cantons de la Picardie, les meubles & les habits qui compofent le trouffeau d'une fille qui fe marie. V. *Trouffeau.*

Il eft encore d'ufage dans la même Province de ftipuler dans les contrats de mariage, que fi la femme furvit, elle prendra, par préciput, une *chambre étorée* ; cela veut dire une chambre garnie des meubles néceffaires, les plus propres de la maifon, d'une portion de batterie de cuifine, de linges de corps, de table & de lit.

ÉTRANGERS.
Voyez *Anglois, Aubains,* Cautio judicatum folvi, *François, Genevois, Haynault, Hypothéque, Naturalifation, Nice,* Pareatis, *Suédois, Suiff: & Voyageurs.*

Les Etrangers font ceux qui font nés Sujets d'un autre Prince que le Roi de France.

Dans le nombre des Nations Etrangeres, il y en a qui peuvent fuccéder à leurs parens morts en France, & d'autres qui font incapables d'y recueillir des fucceffions. Sur cela voyez *Aubains.*

H

Tous les Etrangers font fujets aux Loix du Royaume pendant qu'ils font en France; & s'ils y commettent des crimes, ils font punis de la même maniere & des mêmes peines que les Sujets du Roi, à l'exception des militaires Suiffes qui ont des Juges de leur Nation, par lefquels ils font jugés fuivant les Loix de leur pays.

Les Juges ordinaires peuvent néantmoins décréter ces foldats : mais ils doivent être remis à leurs Compatriotes, s'ils font revendiqués, ou s'ils reclament les priviléges de la Nation. V. *Suiffe*.

On ne punit point les Etrangers en France, pour les crimes qu'ils ont commis en d'autres pays, avant d'en fortir. Les Juges ordinaires ne permettent pas même d'arrêter les Etrangers prévenus de crimes commis hors du Royaume pour les conduire dans leur pays, quand même on leur feroit apparoir de décrets ou autres Jugemens ; parce que les actes paffés, & les Jugemens rendus en pays Etranger, ne font pas exécutoires en France. Il faut pour cela une permiffion expreffe du Roi, qui ne l'accorde ordinairement que quand l'Etranger eft reclamé par fon Souverain ; mais voyez *Hypothéque* & *Pareatis*.

Les Etrangers qui ne font pas naturalifés par Lettres du Prince bien & dûement enregiftrées, ne peuvent poffeder ni Offices (*a*) ni Bénéfices en France. Les lettres de naturalité ne fuffifent même pas feules pour donner à l'Etranger la capacité (*b*) de poffeder des Offices & des Bénéfices ; il faut une habilitation fpéciale. Voyez fur cela l'Ordonnance de Blois, article 4 ; l'Edit de Charles VII du 10 Mars 1431 ; de Louis XII du 13 Juin 1499, renouvellés par Louis XIV en 1681 & 1683 ; l'Edit de 1431 eft dans les anciens Mémoires du Clergé, tome 2, feconde partie, titre premier, nombre premier.

Par exception à ces régles, les Savoyards peuvent, fans être naturalifés, poffeder des Bénéfices en Dauphiné ; & par réciprocité, les Eccléfiaftiques nés en Dauphiné peuvent

en poffeder en Savoye : l'Edit du mois de Septembre 1669, regiftré au Parlement de Grenoble le 14 Juin 1674, le porte expreffément ; mais voyez l'Edit du mois de Janvier 1681, regiftré au Confeil de Tournai le 13 Février fuivant, qui défend de nommer des Etrangers aux Bénéfices fitués en France, & dans les pays cédés au Roi par les Traités de Munfter, des Pirénées, d'Aixla - Chapelle & de Nimegue. Voyez auffi la Déclaration du 15 Janvier de la même année 1681, regiftrée au fufdit Confeil le 24 Février fuivant, & ce que je dis aux articles *Aubains* & *Religieux*.

Les Etrangers ne peuvent être pourvus d'Archevêchés, d'Evêchés & d'Abbayes, Chefs d'Ordre, même avec difpenfe & Lettres de naturalité, fuivant l'Ordonnance de Blois, art. 4, (voyez *Evêque*) ; mais ils peuvent être nommés Grands-Vicaires des Evêques, & en cette qualité, conférer, comme Mandataires, les Bénéfices dont les Evêques de qui ils ont les pouvoirs, font Collateurs.

M. Waterford, Evêque Irlandois, ayant, comme Grand-Vicaire & Mandataire de M. l'Archevêque de Sens, conféré différens Bénéfices : ceux qu'il en avoit pourvus, furent troublés à caufe de la naiffance de M. Waterford. On prétendoit que l'incapacité prononcée par l'Ordonnance de Blois contre les Etrangers, devoit s'appliquer au Mandataire d'un Evêque ; mais, nonobftant cette objection, la Cour a confirmé toutes les nominations faites par M. Waterford, quand il ne s'eft point trouvé de vice dans les provifions.

Entr'autres Arrêts intervenus à ce fujet, il y en a un du 24 Juillet 1721, rendu au rapport de M. Pallu, pour la Cure d'Aube-Pierre, accordée par M. Waterford au fieur Saviard, un fieur de Chanteloup avoit impétré cette Cure, & prétendoit faire tomber les provifions du fieur Saviard : outre la difpofition de l'article 4 de l'Ordonnance de Blois, il tiroit des inductions de l'Ordonnance de Charles VII, & de l'Edit d'Hen-

(*a*) L'Arrêt rendu au Confeil le 24 Juillet 1615, entre les Nobles de Breffe, Bugey, Valromey & Gex, & les Officiers du Préfidial de Bourg, porte que *les Juftices defdits Seigneurs feront exercées par perfonnes de la qualité requife, fujets du Roi, &c.*

(*b*) L'art. 7 des Lettres-Patentes du 28 Novemb. 1638, registrées au Parlement le 9 Décembre fuivant, données pour fervir de Statuts aux Marchands Epiciers & Apoticaires à Paris, porte que les feuls François pourront être reçus Marchands Apoticaires - Epiciers, & que les Etrangers ne le pourront qu'après avoir obtenu des Lettres de Naturalité dûement vérifiées.

ri II de l'an 1554. Il étoit même parvenu à se faire adjuger la récréance par Sentence du Bailliage de Melun ; mais par l'Arrêt, cette Sentence fut infirmée ; & la Cour, en maintenant le sieur Saviard, a jugé que l'Ordonnance de Blois n'exclud pas les Etrangers du mandat des Evêques François.

Les Etrangers ne peuvent intenter aucun procès contre un François ; ou du moins s'ils en intentent, le François a droit d'exiger d'eux qu'ils donnent caution de payer les sommes auxquelles ils pourront être condamnés par l'événement. V. *Cautio judicatum solvi.*

Les Etrangers sont capables de toutes sortes de contrats entre-vifs ; ils peuvent acquérir des immeubles en France, les posséder, les vendre, les aliéner, les hypothéquer, comme bon leur semble (mais sans fraude) : ils peuvent faire & accepter des donations entre-vifs, & même des dons mutuels en propriété, ou seulement en usufruit ; en un mot, ils peuvent emprunter, & contracter toutes sortes d'engagemens entre-vifs.

Mais ils ne peuvent faire aucune disposition à cause de mort, & leurs testamens ne seroient pas valables, quand même ils ne contiendroient que des legs pieux ; à moins qu'ils ne soient, ou du nombre de ceux auxquels les parens succédent (comme je l'ai dit au mot *Aubains*) ou naturalisés, parce qu'en France l'Etranger *liber vivit, sed servus moritur* ; cependant voyez *Anglois, Hollandois, Suisse*, &c.

Il a été convenu par l'article 18 du Traité fait entre les Commissaires du Roi & ceux du Roi de Sardaigne, Duc de Savoye, le 24 Mars 1760, revêtu de Lettres-Patentes du 24 Août suivant, registrées au Parlement le 6 Septembre de la même année, » que les Sujets des deux Cours continue- » roient à jouir réciproquement & sans au- » cune difficulté des biens & droits quel- » conques qui leur appartiennent dans les » Etats de l'autre, avec liberté d'en extrai- » re les fruits en provenans, sans être assu- » jettis au payement d'aucun droit pour ce » regard ; mais seulement aux précautions » nécessaires pour prévenir les abus, toute- » fois sans frais ni angaries. «

Les Etrangers, (à l'exception des Juifs,) qui ont des enfans légitimes nés en France,

ne sont pas sujets au droit d'Aubaine, & leurs enfans (nés en France) leur succédent ; c'est la Jurisprudence actuelle.

Il y a même cela de particulier, que si l'Etranger a des enfans en légitime mariage, qui soient nés les uns en France, & les autres hors le Royaume, ceux qui sont nés en France, habilitent leurs freres Etrangers pour succéder au pere commun, & ne sont pas recevables à leur opposer le vice de pérégrinité.

Mais si tous les enfans de l'Etranger sont Etrangers, la succession appartient au Roi. Voyez Bacquet du Droit d'Aubaine, chap. 30 & 31.

Il y a à Paris une Compagnie de Charité qui fait des quêtes pour procurer la liberté aux prisonniers pour dettes : (& ces deniers ont des privilèges, dont je parlerai au mot *Prison* ;) les Etrangers ne peuvent profiter de ces privilèges, & la bonne volonté de cette Compagnie est stérile pour eux. La Cour l'a ainsi jugé par Arrêt rendu à la séance le 16 Avril 1737, contre Théodore-Gustave Dambar, Hanovrien, prisonnier au Petit Châtelet, qui avoit obtenu des Lettres de naturalité, mais qui ne les avoit pas fait enregistrer en la Cour. L'Arrêt est imprimé.

L'Etranger qui n'a obtenu des Lettres de naturalité qu'après les provisions d'un Bénéfice qu'il s'est fait conférer, ne réhabilite point son incapacité originelle ; l'effet des Lettres n'est point rétroactif pour faire valider une provision au préjudice du droit acquis à un tiers ; elles ne s'accordent d'ailleurs que sauf le droit d'autrui.

Ce principe qui est certain, a fait débouter le sieur Girard, Prêtre du Diocèse de Geneve, de sa demande en complainte pour la Cure de la Breteche-Saint-Nom, & maintenir le sieur Jean le Mesle par Sentence du Châtelet, (à laquelle on a acquiescé) rendue le 18 Mars 1730, contre les Conclusions de M. de Fremont d'Auneuil, Avocat du Roi.

Les Etrangers sont contraignables par corps pour le payement des dettes civiles qu'ils contractent en France, même pour les dépens auxquels ils sont condamnés ; sans que le créancier soit obligé d'attendre les quatre mois ; il n'y a que les Sujets du Roi qui soient affranchis de cette contrainte, & en faveur de qui le titre 34 de l'Ordonnance de 1667, a été fait. Voyez fur cela des Arrêts des 2 Septembre & 23 Novembre 1684, rapportés au Journal des Audiences, tom. 4, liv. 7, chap. 25.

Quand il eſt queſtion d'aſſigner les Etrangers qui n'ont pas de domicile en France, pour répondre devant nos Juges, les aſſignations ſe donnent au domicile des Procureurs Généraux des Parlemens où reſſortiſſent les appels des Sentences des Juges, devant leſquels ils ſont aſſignés. Ordonnance de 1667, tit. 2, art. 7.

Les Jugemens rendus en pays Etrangers, & les actes qui y ſont paſſés, n'emportent ni exécution parée, ni hypothéque en France. Voyez ce que je dis fur cela aux articles *Hypothéque* & *Pareatis*. Mais voyez auſſi *Lorraine*.

Lorſque des Etrangers qui n'entendent pas la Langue Françoiſe, ſont accuſés de crimes, l'Interprête ordinaire, s'il y en a dans le lieu, ou, s'il n'y en a point, celui qui eſt nommé d'Office par le Juge, après avoir prêté ſerment, doit expliquer à l'accuſé les interrogations qui lui ſont faites par le Juge, & au Juge les réponſes de l'accuſé ; le tout doit être écrit en Langue Françoiſe. Ordonnance de 1670, tit. 14, art. 11.

Le François qui prend un établiſſement en pays Etranger, ſoit par mariage, ſoit en obtenant Lettres de naturalité, en y acquérant une Charge ou autrement, perd le droit de ſuccéder en France ; il ne peut rentrer dans les droits dont jouiſſent les Régnicoles, qu'en revenant fixer ſon domicile en France. V. *François*.

L'Etranger n'eſt point recevable au Bénéfice de ceſſion ; cela a été jugé par une infinité d'Arrêts. Il ſembleroit néanmoins, à ne conſulter que l'humanité, qu'on ne doit pas envier à un Etranger un ſecours, qui ne conſiſte qu'à épargner l'horreur de la priſon à un débiteur qui eſt dans l'impuiſſance de payer : mais une raiſon ſupérieure a prévalu ; &, comme dit Bacquet, ſi l'Etranger étoit reçu au Bénéfice de ceſſion, *il pourroit à ſon avantage ſucer le ſang & la moëlle des François, pour les payer en faillites.*

C'eſt par les mêmes principes, que l'Ordonnance de 1667, qui a aboli la contrainte par corps pour les Sujets du Roi, laiſſe

ſubſiſter dans toute ſa force cette même contrainte contre l'Etranger, débiteur d'un François, ainſi que je l'ai dit plus haut.

Par Arrêt du Parlement du 12 Août 1718, rendu toutes les Chambres aſſemblées, il eſt dit : *fait en outre ladite Cour défenſes à tous Etrangers, même naturaliſés, de s'immiſcer directement ni indirectement, & de participer en leurs noms, ou ſous des noms interpoſés, au maniement & adminiſtration des deniers Royaux, ſous les peines portées par les Ordonnances, Déclarations & Arrêts.*

Suivant les anciennes Ordonnances, les Etrangers qui viennent s'habituer en France, doivent au Roi un tribut ou redevance annuel, appellé droit de chevage, & ils ne peuvent s'y marier qu'à des perſonnes Etrangeres comme eux, ſans la permiſſion expreſſe du Roi, à peine d'amende ; & lorſqu'ils ſe marient à des Régnicoles, ils ſont tenus de payer au Roi le tiers ou la moitié de leurs biens ; c'eſt ce qu'on appelle droit de Formariage.

Il y a à ce ſujet des Réglemens précis, qui y ont été renouvellés en 1423, 1436, 1449, 1535, 1554, 1565, 1579, 1616, 1627 & 1629 ; mais leurs diſpoſitions ne s'exécutent pas, & les Rois ont ſouvent fait don & remiſe de la finance qui leur étoit dûe pour ces droits. Quelquefois auſſi les Etrangers ont été aſſujettis à des taxes, à cauſe de leur naiſſance ; & en les payant ils ont joui des mêmes droits que ceux qui ont obtenu des Lettres de naturalité. V. les Déclarations des mois de Janvier 1639, Janvier 1646, Mai 1656 & 22 Juillet 1697.

L'Etranger naturaliſé qui ſort du Royaume ſans permiſſion du Roi, ne peut plus recueillir une ſucceſſion en France : la Cour l'a ainſi jugé entre les deux fils de M. le Maréchal de Schomberg, par Arrêt rendu le 21 Juin 1700.

L'un des deux fils de cet illuſtre Militaire avoit obtenu du Roi la permiſſion de ſortir de France, & la ſucceſſion du pere lui fut adjugée ; l'autre fils qui étoit ſorti ſans permiſſion, en fut exclu quoiqu'il fût l'aîné ; cette ſucceſſion conſiſtoit principalement dans la Terre de Coubert.

Un Arrêt du 18 Juin 1735, rendu ſur les Concluſions de M. le Procureur Général, au rapport de M. de la Guillaumie, a jugé que le Sr Picq, Marchand à Lyon, originaire de Turin, mais naturalisé, n'avoit pû instituer pour son héritier le sieur Mauro, originaire de Milan, parce que celui-ci étoit Etranger. Et comme l'Institution d'héritier étoit caduque, le testament fut annullé par l'Arrêt ; parce qu'en pays de Droit-Ecrit il n'y a point de testament valable sans une Institution d'héritier réguliere. En conséquence, la succession du sieur Picq a été adjugée à la demoiselle Melliand sa cousine, originaire Françoise, qui étoit capable de lui succéder, au moyen de ce qu'il avoit été naturalisé.

Par une Déclaration du 30 Novembre 1715, enregistrée le 12 Décembre suivant, le Roi a accordé l'exemption du droit d'Aubaine, aux soldats & Gens de guerre Etrangers qui avoient servi pendant dix ans dans les armées.

Cette Déclaration veut aussi que ces Etrangers soient réputés naturels François, & jouissent de tous les Priviléges dont jouissent les Régnicoles, sans prendre de Lettres de naturalité, en déclarant au Greffe du Présidial dans le ressort duquel ils sont domiciliés, qu'ils entendent s'établir, vivre & mourir dans le Royaume.

Cette Déclaration a donné lieu à la question de sçavoir, si Nicolas Principe, né en Grece, dans l'Isle de Chio, qui avoit servi pendant le temps qu'elle prescrit ; & après avoir passé par tous les grades subalternes, étoit parvenu à celui de Lieutenant des Grenadiers, pouvoit demander la délivrance d'un legs universel. La principale difficulté naissoit de ce qu'il n'avoit pas fait la déclaration que la Loi exigeoit lors du testament, il en avoit fait une postérieure au Châtelet ; mais on lui disoit qu'elle avoit dû précéder le testament, on ajoutoit qu'il n'étoit pas résident dans le ressort du Châtelet. Il répondoit qu'il n'avoit aucun domicile, qu'il demeuroit ordinairement à la suite de son Régiment ; on lui disoit encore que la Déclaration de 1715 n'exprimoit pas le droit de succéder ; on citoit un Arrêt du Conseil du 18 Septembre 1747, rendu pour la succession du sieur Dillon, Officier Irlandois, par lequel nonobstant une pareille Déclaration, & la capitulation de Limerik, le testament contenant une Institution d'héri-

tier, au profit du Sr Dillon, a été déclaré nul.

La faveur du service prévalut sur toutes ces raisons, & le sieur Principe obtint la délivrance du legs universel par Sentence du Châtelet du 3 Mars 1751, confirmée par Arrêt rendu le 16 Juin suivant, en la Grand-Chambre sur les Conclusions de M. Joly de Fleury, Avocat Général, plaidans Mes Simon & Silvestre.

Le Parlement de Metz a, par Arrêt rendu le 22 Février 1729, fait défenses aux Seigneurs Hauts, Moyens & Bas-Justiciers, de se servir d'Etrangers pour exercer leurs Justices, & aux Maires & Gens de Justice, d'admettre aucuns Etrangers à postuler.

EVÊQUE.

Voyez *Archevêque, Archidiacre, Biens d'Eglise, Coadjuteur, Collateur, Commensaux des Evêques, Concile, Curé, Dispense, Ecclésiastique, Grand-Vicaire, Immunités Ecclésiastiques, Joyeux-Avénement, Juridiction Ecclésiastique, Mandemens, Official, Ordres sacrés, Pape, Patronage Royal, Prieres publiques, Religieux, Séminaire, Union de Bénéfice, Visite, Vœux,* &c.

On nomme Evêque un Prélat du premier Ordre, qui est chargé en particulier de la conduite d'un Diocèse pour le spirituel, & qui, conjointement avec les autres Prélats, participe au gouvernement de l'Eglise universelle.

Sous le terme d'Evêque sont aussi compris les Archevêques, les Primats, les Patriarches & le Pape même, lesquels sont tous des Evêques, & ne sont distingués par un titre particulier des simples Evêques, qu'à cause qu'ils sont les premiers dans l'ordre de l'Episcopat.

La Tradition, les Conciles, les Peres & les Ecrivains Ecclésiastiques, nous apprennent que les Evêques ont en effet reçu immédiatement de Jesus-Christ leur pouvoir & leur jurisdiction, & qu'ils possédent tous, par indivis avec le Pape, sans préjudice de sa primauté, le même Episcopat & la même autorité Episcopale.

Nous lisons aussi dans l'Evangile que l'autorité sacrée n'a pas moins été confiée à tous les Apôtres qu'à Saint Pierre ; tous ont reçu le Saint-Esprit par le souffle immédiat de la bouche de Jesus-Christ, & tous

ÉVÉ

ont été immédiatement envoyés par lui, comme lui-même a été envoyé immédiatement par son Pere; (Saint Jean, chap. 20, v. 21).

Les Evêques sont les successeurs des Apôtres, comme le Pape est successeur de Saint Pierre: c'est Jesus-Christ qui leur a donné l'autorité de gouverner les Fidéles, de juger les causes de la foi, de faire les Loix & d'en dispenser, de punir & de réconcilier, & enfin d'exercer tous les actes de jurisdiction nécessaires pour la conduite du troupeau sur lequel le Saint-Esprit les a établis: on peut sur cette similitude de puissance & d'autorité des Evêques avec le Pape, consulter S. Cyprien, les Epîtres du Pape Symmaque & S. Augustin.

Dès que les Evêques ont reçu de Jesus-Christ leur autorité (a), il faut en conclure; 1°. qu'ils ne la tiennent pas du Pape, qui n'est que le premier d'entr'eux, & qu'ils la reçoivent uniquement par leur Sacre.

2°. Que les Evêques, dans le gouvernement de leurs Eglises, ne reconnoissent rien qui soit réservé au Pape, sinon ce que les Canons & les usages reçus lui ont réservé du consentement des Evêques, & pour des raisons particulieres; ensorte que ces réserves sont des priviléges accordés au Saint Siége.

Nous voyons en effet que Saint Pierre ne s'est point attribué à lui seul le droit de décider les questions de foi ou de discipline; tous les Apôtres s'assembloient, donnoient leurs avis, & le Jugement se rendoit au nom de tous; (chapitre 15 des Actes des Apôtres).

Chaque Apôtre en particulier a condamné les erreurs qui se sont élevées dans les Eglises dont il prenoit soin. L'Ecriture-Sainte nous en fournit différentes preuves dans les Epîtres de S. Paul, de S. Pierre & de S. Jean.

Les Evêques qui ont été Religieux, laissent leurs successions à leurs parens (b), & leur Couvent n'a pas droit de leur succéder, parce que leurs biens ne procédent point des revenus du Couvent, & que la dignité de l'Episcopat sécularisant l'Evêque, l'a rendu à sa famille. Voyez Montholon, Arrêt 33, & M. Louet, lettre E, n. 4.

Il y a sur cela un Arrêt célébre prononcé en robes rouges le 16 Avril 1585, qu'on trouve dans Carondas & dans plusieurs autres Auteurs; & depuis peu, la famille de MM. le Blanc, freres, l'un Evêque d'Avranches, l'autre Evêque de Sarlat, leur a succédé sans la moindre contestation: tous deux avoient cependant été tirés du Cloître pour être élevés à l'Episcopat.

Je dis que l'Episcopat sécularise les Religieux élevés à cette Dignité, parce qu'elle est purement séculiere: la régularité s'éteint & s'opere, ipso facto, par la consécration Episcopale.

Les Canons obligent cependant les Religieux devenus Evêques, à continuer de porter l'habit de leur Ordre, afin qu'ils ne perdent pas le souvenir de leur premier état; & on prétend que telle est encore la discipline actuelle de l'Eglise de Rome.

Quoique la succession du Religieux fait Evêque appartienne à ses parens, sa sécularisation ne le rend pas capable de leur succéder; parce qu'ayant une fois été retranché de sa famille par sa Profession, l'exclusion que ses proches ont acquises des successions à écheoir, ne leur peut être ôtée sans leur consentement.

D'ailleurs, l'élévation d'un Religieux à l'Episcopat peut bien le relever du Vœu d'Obéissance, puisque cette Dignité le destine à commander, mais elle ne peut pas l'affranchir du Vœu de Pauvreté, incompatible avec le droit de succéder.

Les Cours Souveraines ont toujours main-

(a) Il me semble qu'on pourroit dire que les Evêques ont deux Missions différentes; une de droit Divin, & une autre de droit Humain.

Euntes, Docete omnes gentes baptisantes eos. Voilà la Mission Divine émanée de Jesus-Christ. Le pouvoir d'enseigner & de faire toutes les fonctions du ministere Episcopal dans toutes les Nations, vient de Dieu même; il est attaché au caractere de l'Ordination.

Mais, par une suite nécessaire de l'Ordre Hiératchique, il a fallu partager la Terre, & en assigner une portion à chaque Evêque, pour éviter la confusion des Ministres: ce partage & cette assignation sont de droit humain; c'est un droit variable qui peut changer par sa nature, & que nous voyons changer dans tous les siécles. Voyez le Mémoire du Cardinal d'Auvergne, Abbé de Cluni, contre l'Evêque de Mâcon.

(b) Le Roi succédoit autrefois au mobilier des Evêques; on trouve au Trésor des Chartres un privilége, par lequel Louis-le-Jeune accorda à l'Evêque de Châlons & ses successeurs, qu'à l'avenir les Officiers du Roi ne pourroient plus s'emparer de leurs meubles, à l'exception de l'or & de l'argent que le Roi se réserva, selon l'ancien usage.

tenu ce point de difcipline dans toute fa vigueur, & les Auteurs rapportent fur cela plufieurs Arrêts : le plus récent a été rendu le 11 Mai 1638, contre M. d'Attichy, Evêque de Riez, qui avoit été Religieux Minime, & qui reclamoit une fucceffion ouverte depuis fa promotion ; la Cour confidéra qu'admettre ces fortes de reclamations, ce feroit porter le trouble dans les familles, & qu'un Religieux, au moment qu'il prononce fes Vœux, renonce implicitement à toutes fucceffions préfentes & futures.

On peut voir cet Arrêt dans le Brun & dans le Journal des Audiences, tome 1, liv. 3, chap. 22.

Mais le Religieux fait Evêque, recouvre pleinement par-là tous les autres effets civils qui font de droit public.

Ainfi, excepté la capacité de fuccéder à fes parens, le Religieux devenu Evêque, eft capable de recevoir des donations & des legs, même de fa famille ; elle n'y perd rien, puifqu'elle lui fuccède ; il eft également capable de contracter, d'acquérir & de tefter.

Lorfqu'un Religieux, poffédant des Bénéfices Réguliers, eft fait Evêque, il ne peut les conferver qu'en conféquence d'une Difpenfe du Pape, par le moyen de laquelle il eft réputé poffédant ces Bénéfices en commende après fa promotion : c'eft ce que le Grand-Confeil a jugé par Arrêt rendu au mois de Février 1749, contre un Frere Toudoux, en faveur du fieur Primier de Lemps, pourvu (comme tenant l'Indult de M. Doublet de Bauche, Confeiller au Parlement) du Prieuré fimple de Sainte Genevieve, dépendant de l'Abbaye de Pibrac, vacant par la mort de M. le Blanc, Evêque de Sarlat, qui en avoit été pourvu étant fimple Religieux de Saint Victor, & qui l'avoit confervé en vertu d'une Difpenfe du Pape.

On prétendoit que ce Prieuré, conféré en régle dans l'origine, avoit toujours été poffédé de même par M. le Blanc jufqu'à fa mort ; le fieur de Lemps foutenoit au contraire que M. le Blanc n'avoit pû retenir ce Bénéfice qu'en commende ; que la Difpenfe du Pape n'étoit autre chofe qu'une commende, au moyen de laquelle le Béné-

fice étoit foumis à l'expectative de fon Indult. L'Arrêt l'a ainfi jugé.

L'Evêque de Saint-Omer & fes Grands-Vicaires ont le droit de vifiter les Abbayes de l'Ordre de Cîteaux, fituées dans fon Diocèfe, & d'examiner les Novices, foit par eux-mêmes, foit par des Prêtres par eux députés : la Cour l'a ainfi jugé entre l'Evêque de Saint-Omer, l'Abbé de Clairvaux, & les Abbeffes de Blandeques & de Ravenfberg, Ordre de Cîteaux, filiation de Clairvaux, par Arrêt rendu le 3 Février 1733, en la Grand'Chambre, fur les Conclufions de M. Chauvelin, Avocat Général.

Cet Arrêt décide qu'il n'y a abus dans deux Ordonnances du Grand-Vicaire de Saint-Omer, qui avoit fufpendu l'Abbeffe de Blandeques de fon Office de Supérieure, pendant trois mois, & celle de Ravensberg pendant fix mois, pour avoir refufé la vifite du Grand-Vicaire dans leurs Maifons, & l'examen des Novices.

Mais l'Arrêt dit qu'il y a abus dans l'Ordonnance de l'Evêque de Saint-Omer, en ce qu'elle déclare nuls les Vœux des nouvelles Profeffes, & leur permet de retourner au fiécle ; en conféquence l'Arrêt ordonne que les Abbeffes feroient tenues, un mois avant la Profeffion des Novices, de faire avertir l'Evêque de Saint-Omer, pour être examinées par lui ou par quelqu'un de fa part. V. fur cela l'Ordonnance de Blois, art. 28.

Depuis cet Arrêt il eft intervenu une Déclaration le 10 Février 1742, enregiftrée au Grand-Confeil le 2 Mars fuivant, par laquelle Sa Majefté défend très-expreffément à tous Supérieurs & Supérieures, de quelques Monafteres que ce foit, même à ceux & celles de l'Ordre de Fontevrault, d'admettre aucunes filles ou veuves à la Profeffion Religieufe, fans qu'il ait été préalablement procédé à l'examen des Novices & de leur vocation, par l'Archevêque ou Evêque, ou perfonnes commifes de leur part. Je rapporte cette Déclaration au mot Religieux.

Les Evêques ont le droit d'examiner & d'interroger, foit par eux, foit par leurs Grands-Vicaires, ceux qui fe préfentent pour obtenir l'Inftitution Canonique ; & ce droit, attaché à l'Epifcopat, eft fondé sur les Canons & sur les Ordonnances du Royaume.

Comme les Curés sont associés aux Evêques dans les fonctions du Sacerdoce, & appellés au gouvernement d'une portion du troupeau, les Evêques ne sauroient apporter trop d'attention dans l'examen de ceux qui se présentent pour remplir des places aussi importantes que le sont les Cures ; & puisqu'on ne peut dépouiller le Curé de ses pouvoirs qu'en lui faisant son procès, il est évident qu'on ne sauroit prendre trop de soin pour ne mettre en place que ceux qui en sont véritablement dignes. Voyez Theveneau sur l'article 75 de l'Ordonnance de Moulins, & ce que je dis aux articles *Examen*, *Institution Canonique*, *Patronage* & *Visa*.

Nos Rois ont successivement cru essentiel de confirmer le droit qu'ont les Evêques de juger ceux qui se présentent pour remplir des Cures, soit du côté des mœurs, soit du côté de la doctrine : c'est pourquoi les Ordonnances veulent que les provisions de Bénéfices deviennent caduques, & qu'elles soient inutiles si le *Visa* leur est refusé après une information de vie & mœurs, & un examen de leur doctrine. Voyez les articles 2, 3, 4, 5, 6, 7, 8 & 9 de l'Edit de 1695. V. aussi *Visa*.

L'article 15 du titre 20 de l'Ordonnance de 1667, & l'art. 32 de la Déclaration du 9 Avril 1736, assujettissent les Archevêques & Evêques à tenir des registres des Tonsures, Ordres mineurs & Ordres sacrés qu'ils confèrent, comme étant les seuls que l'Etat puisse charger de ce soin.

Les Archevêques & Evêques ne peuvent exiger, directement ou indirectement, aucunes nouvelles Formules de souscription à l'occasion des Bulles des Papes reçues dans le Royaume, sans délibérations des Evêques, revêtues de Lettres-Patentes enregistrées au Parlement ; mais ils peuvent, ou leurs Officiaux, procéder par les voies Canoniques contre les Ecclésiastiques accusés d'avoir parlé, écrit ou agi contre les Décisions & Mandemens de leurs Supérieurs Ecclésiastiques, suivant l'Arrêt en forme de Réglement, rendu sur les Conclusions de M. le Procureur Général dans l'affaire des Curés & Chanoines de Rheims, contre leur

Archevêque, le 28 Mai 1716. Sur cette matiere voyez la Déclaration du 4 Août 1720, article 3, & celle du 24 Mars 1730, enregistrées au Lit de Justice, du 3 Avril suivant.

Par Arrêt rendu le 28 Septembre 1731, il est fait défenses à tous Archevêques & Evêques, & à tous autres, de recevoir, faire, lire, publier ou exécuter aucune Bulle, Brefs ou autres Expéditions de Cour de Rome, sans Lettres-Patentes enregistrées en la Cour, pour en ordonner la publication, à l'exception néantmoins des Brefs de Pénitencerie, Provisions de Bénéfices, ou autres Expéditions ordinaires concernant les affaires des Particuliers.

Sous Charles IX, le Parlement défendit aux Evêques de prendre la qualité de Conseiller du Roi, parce que cette qualité étoit incompatible avec l'obligation indispensable où ils sont de résider dans leur Evêché. Voyez Dupuys, & ce que je dis à l'article *Conseils*.

On trouve dans le Rapport des Agens du Clergé en 1705, page 346, un Arrêt rendu au Conseil sur la Requête de l'Evêque de Noyon, le 19 Novembre 1703, par lequel il est ordonné que, conformément à un autre Arrêt du Conseil du 19 Janvier 1651, *lorsque l'Evêque de Noyon fera son entrée à Saint-Quentin, les Maire & Echevins le recevront, ainsi qu'il est porté par le Pontifical & Cérémonial (de l'Eglise) avec leurs habits de Magistrature, & lui porteront, en cet état, le Poële par-tout où il conviendra.*

Suivant l'exposé de la Requête de l'Evêque de Noyon, par l'Arrêt du Conseil du 19 Janvier 1651, il est ordonné que tous les Evêques du Royaume seront reçus aux entrées & visites qu'ils feront dans les Villes de leurs Diocèses (suivant le Pontifical & le Cérémonial de l'Eglise) & enjoint à cet effet aux Jurats & Consuls, Maires, Echevins, Capitouls & autres Magistrats (municipaux, sans doute) de les recevoir avec leurs robes, chaperons & livrées consulaires, & de leur porter, en cet habit, le Poële par-tout où il convient, même dans les Villes & aux lieux où l'usage de cette cérémonie a été interrompu ou négligé.

On peut sur les entrées des Evêques, & les honneurs qui leur sont dûs en certains endroits,

endroits , voir les anciens Mémoires du Clergé , tome 1, chap. 8, nom. 24, 25 & fuivans.

ÉVICTION.

V. *Déguerpiffement , Fruits , & Garantie.*

L'Eviction eſt la privation qu'un poſſeſſeur ſouffre de la choſe dont il étoit en poſſeſſion.

Il n'y a d'Eviction proprement dite , que celle qui ſe fait par autorité de Juſtice ; toute autre de poſſeſſion n'eſt qu'un trouble de fait , & non une véritable Eviction.

L'acheteur évincé a ſon recours contre le vendeur , qui doit le garantir , c'eſt-à-dire , faire ceſſer les Evictions ; & s'il y a pluſieurs vendeurs , ils ſont tenus de cette garantie , chacun pour leur part & portion ſeulement , à moins qu'ils n'ayent vendu ſolidairement.

Les vendeurs ne doivent point garantir les Evictions qui arrivent par le fait du Prince , par les voies de fait , ou par des cas fortuits ; mais ils doivent indemniſer l'acquéreur de toutes autres Evictions , non-ſeulement en lui rendant le prix de la vente , mais encore en lui payant les dommages & intérêts proportionnés aux pertes qu'il ſouffre par l'Eviction.

Si la choſe vendue étoit détériorée ou diminuée , ſoit par ſa nature , comme une vieille maiſon , ſoit par un cas fortuit ; ou ſi la choſe étant au même état , la valeur en eſt diminuée par l'effet du temps , dans tous ces cas & autres ſemblables , l'acheteur évincé ne peut répéter contre le vendeur que la valeur préſente.

Tout de même , ſi la choſe vendue ſe trouve valoir plus au temps de l'Eviction qu'au temps de la vente , le vendeur eſt tenu envers l'acheteur de ce que vaut la choſe au temps de l'Eviction.

Si l'augmentation de valeur étoit occaſionnée par des améliorations , dans ce cas-là l'acquéreur pourroit répéter les dépenſes faites pour améliorer , tant contre le vendeur que contre celui qui l'évince : l'acquéreur ne pourroit même être dépoſſédé en ce dernier cas , qu'après avoir été rembourſé de ſes améliorations , en ce qu'elles ont rendu l'immeuble d'un plus grand prix ; cependant voyez *Poſſeſſion.*

Il y a néantmoins un cas où le vendeur n'eſt pas tenu des dommages & intérêts , ni des améliorations : c'eſt lorſqu'il a été expreſſément convenu que le vendeur ne ſeroit pas tenu de garantir l'Eviction ; ſur quoi il faut obſerver que quelques Auteurs prétendent que cette ſtipulation ne diſpenſe pas le vendeur de reſtituer le prix ; ce qui néantmoins n'a aucun fondement , puiſqu'en ce cas le traité eſt une eſpéce de forfait.

Lorſque l'acheteur a payé le prix de ſon acquiſition aux créanciers de ſon vendeur , peut-il , en cas d'Eviction , les obliger de lui rendre ce qu'ils ont touché ?

Il y a des Arrêts du Parlement de Touloufe , rapportés par Mainard & par Cambolas , qui ont diverſement jugé cette queſtion ; mais je crois qu'il eſt naturel de conſidérer d'où procéde l'Eviction , & d'examiner ſi ce ſont des créanciers plus anciens que ceux qu'on a payés , qui obligent l'acquéreur à déguerpir , ou ſi ce ſont des étrangers qui ont revendiqué l'héritage.

Dans le premier cas , je penſe que l'acheteur ne doit point avoir de recours contre les créanciers qui ont touché ſon prix ; parce que la vente ayant été tranſlative de propriété , le prix que l'acquéreur en a payé , a ceſſé de lui appartenir , & qu'il eſt vrai de dire que c'eſt le vendeur qui a payé ſes créanciers.

Dans l'autre cas , lorſque l'héritage n'a point appartenu au vendeur , & que la propriété en eſt enlevée à l'acquéreur , je crois que celui-ci a recours contre les créanciers qui l'ont forcé par des demandes en déclaration d'hypothéque , de payer ; parce que l'héritage n'ayant point appartenu à leur débiteur , ils ſe trouvent avoir reçu pour cauſe fauſſe , & ſur le fondement d'une hypothéque qu'ils n'avoient pas.

Mais ſi les créanciers avoient été délégués par le contrat de vente , ou s'ils n'avoient touché le prix qu'après l'avoir ſaiſi entre les mains de l'acquéreur , j'eſtime que pour lors ils ne ſeroient pas obligés de rendre en cas d'Eviction ; la raiſon eſt , que c'eſt le débiteur qui eſt préſumé payer , lorſqu'on paye pour lui , & qu'il eſt certain que ſi le vendeur eût reçu le prix de la vente , & qu'il en eût payé ſes créanciers , ils ne ſeroient ſujets à aucune recherché ; il

I

y a des Loix expreſſes pour la déciſion de cette queſtion.

La preſcription de l'action en garantie de l'Eviction contre le vendeur, ne commence à courir que du jour du trouble fait à l'acquéreur. V. Deſpeiſſes, Cujas & Bacquet. V. auſſi *Garant*.

L'héritier qui a tranſporté ſes droits dans la ſucceſſion en général, n'eſt pas garant de l'Eviction d'un objet particulier dépendant de la ſucceſſion. V. Deſpeiſſes, *ibid.* p. 50.

Les créanciers qui font vendre en Juſtice les biens de leur débiteur, ne peuvent évincer l'adjudicataire, quelques autres droits qu'ils ayent en la choſe. Voyez Deſpeiſſes, *ibid.* page 48.

Le vendeur & ſes ſucceſſeurs qui, depuis la vente, acquiérent de nouveaux droits ſur la choſe vendue, ne peuvent évincer l'acquéreur, même en lui offrant le prix avec ſes dommages & intérêts, parce qu'ils ſont eux-mêmes garans de cette Eviction.

Cependant d'Argentré, ſur l'art. 419 de la Coutume de Bretagne, eſt d'avis que celui qui n'eſt héritier qu'en partie du vendeur, & qui a d'ailleurs des droits ſur la choſe vendue, peut évincer l'acquéreur pour les portions dont il n'eſt pas héritier, ſauf l'action hypothécaire de l'acquéreur contre la ſucceſſion, pour la reſtitution du prix de ce dont il eſt expulſé.

L'action en garantie qui réſulte de l'Eviction, a lieu non-ſeulement relativement aux contrats de vente, mais en général dans tous les contrats à titre onéreux tranſlatifs de propriété ; elle n'a pas lieu dans le contrat de donation gratuite, lorſque la choſe donnée n'appartenoit pas au donateur, & que le donataire ſe trouve évincé par le propriétaire ; car alors il n'eſt pas juſte que le donateur ſouffre du dommage pour avoir voulu exercer une libéralité.

Il en ſeroit autrement des donations à titres onéreux ou rénumératoires, parce que, dans la vérité, ce ne ſont pas des donations.

La garantie des Evictions ſtipulée dans un contrat, ne comprend pas les Evictions légales, telles que les retraits lignagers & féodaux ; parce que, loin de détruire le contrat, ils en ſuppoſent, au contraire, l'exécution.

Quels ſont les fruits qu'on peut répéter contre les poſſeſſeurs évincés ? Voy. *Fruits.*

ÉVOCATION.
Voyez *Commiſſion* & *Décrets*.

» L'Evocation eſt un reméde accordé par » les Ordonnances à ceux qui ont pour ſuſ- » pects…. les Officiers d'une Juriſdiction, » pour en tirer le Procès qui y eſt pendant, » & le faire renvoyer en une autre Juriſdic- » tion ; tellement que c'eſt une eſpéce de ré- » cuſation qui ſe propoſe, non contre un » Juge en particulier, mais en général con- » tre tous les Juges d'une Compagnie….. » ou d'une autre Juriſdiction «.

L'Encyclopédie définit l'Evocation, un changement de Juges, qui ſe fait en ôtant la connoiſſance d'une conteſtation à ceux qui doivent la juger ſelon l'ordre commun, & en donnant à d'autres le pouvoir d'en décider.

En général, l'Evocation a lieu, 1°. lorſque l'une ou l'autre des Parties eſt Officier dans le Tribunal où l'affaire eſt pendante ; 2°. lorſqu'il y a beaucoup de parens & alliés.

La matiere des Evocations avoit été exactement réglée par l'Ordonnance du mois d'Août 1669 ; & il ne ſembloit pas qu'on dût ſur cela déſirer une nouvelle Loi ; mais la mauvaiſe foi des Plaideurs ayant inventé de nouveaux détours pour éluder l'exécution de cette Ordonnance, le Roi régnant y a oppoſé de nouvelles précautions par une autre Ordonnance du mois d'Août 1737 ; & par cette Loi (enregiſtrée le 11 Décembre ſuivant) Sa Majeſté a non-ſeulement réglé les cas où les affaires pourroient être évoquées, mais auſſi les Tribunaux où les affaires ſeroient jugées après l'Evocation, & la forme dans laquelle on procéderoit pour l'obtenir.

Par l'article premier du titre premier de cette Ordonnance, Sa Majeſté déclare *qu'aucune Evocation générale ne ſera accordée à l'avenir, ſi ce n'eſt pour de très-grandes & importantes conſidérations qui auroient été jugées telles par nous en notre Conſeil.*

Les Evocations au Conſeil n'ont pas lieu dans les affaires qui concernent le Domaine du Roi, & dans celles où M. le Procureur Général eſt Partie, même en cas de parenté

& alliances, fuivant une Déclaration du 31 Mars 1710. Voyez aufli fur cela les art. 22 & 23 du titre premier de l'Ordonnance de 1737, & une Déclaration du 3 Fév. 1739, enregiftrée au Parlement de Pau le 4 Mars fuivant.

Quelquefois Sa Majefté évoque les affaires des Particuliers pour en renvoyer la connoiffance à des Commiffaires qu'elle nomme, & auxquels le caractere d'autorité publique eft attribué par l'Evocation même & la Commiffion qui leur eft adreffée.

Mais, comme ces Evocations renverfent l'ordre & l'économie des Jurifdictions établies dans l'Etat pour l'adminiftration de la Juftice, le Souverain s'eft prefcrit pour régle de ne jamais accorder d'Evocation dans les affaires particulieres, que du confentement réciproque des Parties. Voyez *Commiffion.*

La régle eft donc, en matiere d'affaires particulieres, de ne les évoquer que lorfque toutes les Parties fe préfentent au pied du Trône, pour demander l'Evocation au Prince comme une grace : la crainte des longueurs & des dépenfes réunit alors les Parties dans l'objet de procéder fommairement devant les Juges qu'elles fe choififfent, & auxquels le Prince veut bien accorder le caractere & l'autorité pour terminer des conteftations qui autrement feroient la ruine des maifons.

Toute Evocation eft un titre particulier & une exception au Droit commun ; c'eft de là qu'eft né le principe fi connu fur cette matiere, qui eft, qu'elles ne peuvent avoir effet que pour les perfonnes entre lefquelles elles ont été accordées, & relativement à l'objet évoqué, fans que le Juge d'attribution puiffe devenir Juge entre d'autres perfonnes & fur d'autres objets ; parce que ces perfonnes différentes & ces différens objets n'étant point compris dans l'Evocation, le Droit commun n'eft point dérangé à leur égard par l'Evocation, qui leur eft étrangere.

Dans tous les Arrêts d'Evocation on trouve ordinairement ces mots, *circonftances & dépendances* ; mais cela eft feulement relatif aux perfonnes entre lefquelles l'Evocation a été accordée, & à l'objet qui a été évoqué ; jamais ces termes ne s'étendent à d'autres perfonnes, ni à des objets étrangers à l'Evocation ; on ne les employe que pour embraffer tout l'objet évoqué, & pour en attribuer la connoiffance au Juge d'attribution dans toute fon étendue.

Ces maximes font de Droit public ; elles ne peuvent recevoir d'atteinte par le confentement des Particuliers, parce qu'il n'appartient qu'au Souverain de donner le caractere de Juge.

Il y a des Evocations d'un autre genre, qui font accordées à certains Ordres Religieux & à des Communautés, qui peuvent en conféquence porter leurs affaires dans quelques Tribunaux indiqués par le privilége qui leur eft accordé ; par exemple, les Bénédictins, l'Ordre de Malte, les Bernardins, &c. ont le privilége de faire évoquer leurs affaires au Grand-Confeil. (V. *Grand-Confeil*).

Mais ces Evocations générales & ce privilége n'ont pas lieu quand il s'agit d'appels comme d'abus des Ordonnances d'Evêques & Archevêques qui refufent la fortie du Monaftere à une Religieufe, ou l'entrée de ces mêmes Monafteres non exempts à des Séculiers, ni pour les appels comme d'abus des Ordonnances des Prélats faifant vifite des Monafteres des deux fexes, ou qui remédient aux fcandales & aux abus de ces Monafteres : ces fortes d'appels comme d'abus doivent être portés aux Parlemens, fuivant l'art 20 de l'Edit d'Avril 1695.

Ces Evocations & ces attributions générales d'affaires au Grand-Confeil ou à d'autres Tribunaux ne peuvent encore avoir lieu, lorfque les Procureurs du Roi ou les Procureurs Fifcaux des Bailliages inférieurs font Parties, à raifon des fonctions du Miniftere Public ; on ne peut pas alors intervertir l'ordre naturel des Jurifdictions : & des Lettres-Patentes du 6 Août 1743, enregiftrées au Parlement le 20 du même mois, ont décidé que les Officiers de la Châtellenie Royale d'Yevres-le-Châtel *ne pouvoient être obligés de rendre compte de leur conduite, que dans le Tribunal Supérieur où fe porte naturellement l'appel de leur Sentence,* relativement à une affaire portée par appel au Grand-Confeil par l'Ordre de Cluni, en conféquence de l'Evocation générale accordée à cet Ordre, & dans laquelle affaire les

Officiers de la Châtellenie d'Yevres *avoient déféré à la réquifition que le Procureur du Roi de cette Jurifdiction leur avoit faite comme Partie publique.*

Les Cours fupérieures ont auffi le droit d'évoquer certaines affaires; mais leur pouvoir eft fur cela limité par la difpofition des Ordonnances: voici comme elles s'expliquent.

» Défendons à tous Juges…. d'évoquer » les Caufes, Inftances & Procès pendans » aux Siéges inférieurs ou autres Jurifdic- » tions, fous prétexte d'appel ou connexi- » té, fi ce n'eft pour juger définitivement » en l'Audience, & fur le champ, par un » feul & même Jugement «. Ordonnance de 1667, tit. 6, art. 2.

Cette difpofition n'a pas lieu en matiere d'appel comme d'abus; l'Evocation du principal ne peut jamais être ordonnée dans ces fortes d'affaires.

» Les Procès criminels pendans devant » les Juges des lieux, ne pourront être évo- » qués par nos Cours, fi ce n'eft qu'elles » connoiffent après avoir vû les charges, » que la matiere eft légere, & qu'elle ne » mérite une plus ample inftruction; auquel » cas pourront les évoquer, à la charge de » les juger fur le champ à l'Audience, & de » faire mention par l'Arrêt des charges & » informations; le tout à peine de nullité «. Ordonnance criminelle de 1670, titre 26, art. 5.

Un Arrêt du Confeil du 13 Septembre 1728 ordonne qu'on ne pourra évoquer d'une Table de Marbre dans une autre.

EXAMEN.
V. *Inftitution Canonique, Prife de poffeffion, Réception & Vifa.*

On nomme Examen l'épreuve de la capacité de quelqu'un qui fe préfente pour remplir un état qui demande certaine capacité, comme pour obtenir des dégrés dans une Univerfité, fe faire recevoir dans un Office, obtenir le *Vifa*, pour un Bénéfice, &c.

Les Evêques ont droit d'examiner ceux qui demandent l'Inftitution Canonique d'un Bénéfice. Voyez *Evêque* & *Vifa*. Voyez auffi les art. 2 & 3 de l'Edit de 1695, dont je parle à l'art. *Provifions de Bénéfices.*

Les Gradués ne font pas exempts de cet Examen. V. *Gradués.*

Les Chapitres n'ont pas le droit d'impofer la condition de fubir un Examen à ceux qui font préfentés pour remplir les Canonicats vacans. V. *Patronage.*

Les Juges Royaux, & même les Avocats du Roi, ne font ordinairement reçus qu'après avoir fubi un Examen, lors' duquel chacun des Préfidens & Confeillers peut l'interroger. On en ufe de même au Parlement; cependant, quand un Avocat a exercé fa profeffion pendant un certain temps, il eft affez ordinaire de le voir difpenfer de l'Examen.

Les Juges des Seigneurs, même Hauts-Jufticiers, reffortiffans au Châtelet, fe reçoivent en l'Hôtel de M. le Lieutenant Civil, fans Examen.

Les Procureurs du Châtelet & les Notaires fubiffent un Examen devant toutes les Colonnes affemblées en la Chambre du Confeil, avant d'y être reçus. Voyez *Réception.*

EXAMEN à Futur.

On nommoit anciennement Examen à Futur; une enquête qui fe faifoit en vertu de Lettres de Chancellerie, avant que le procès fût intenté, ou même après, mais avant la conteftation en caufe.

On appelloit cette enquête Examen à Futur, parce qu'elle fe faifoit d'avance, fous prétexte de ne pas laiffer dépérir les preuves par le décès ou par l'éloignement des témoins; c'étoit toujours fur l'un de ces deux motifs que les Lettres de Chancellerie étoient accordées.

Cette maniere de procéder, qui étoit très-abufive, a été abrogée avec les enquêtes par Turbes, par l'article unique du titre 13 de l'Ordonnance de 1667.

EXCEPTION.

On nomme Exception des régles qui bornent l'étendue des autres, & qui difpofent autrement par des vûes particulieres, qui rendent ou jufte ou injufte ce que la régle générale, entendue fans Exception, rendroit, au contraire, ou injufte ou jufte.

Ainfi, par exemple, la régle générale qu'on peut faire toutes fortes de conventions, eſt bornée par la régle, qui défend celles qui bleſſent l'équité & les bonnes mœurs.

Ainſi la défenſe d'aliéner les biens d'Egliſe, eſt bornée par la régle, qui permet de les vendre pour des cauſes néceſſaires en gardant les formes. V. Domat, *des Régles du Droit.*

Les Loix ne parlent le plus ſouvent que des cas les plus ordinaires; ainſi quand il s'agit d'une exception à une Loi contraire au Droit commun, le cas particulier n'eſt cenſé propoſé que par forme d'exemple; & la diſpoſition doit avoir lieu dans toutes les eſpéces où l'on ne peut appliquer le motif de l'exception portée par la Loi.

Exception, ſignifie encore la défenſe que celui qui eſt appellé en Juſtice, peut oppoſer à l'action dirigée contre lui, ſoit pour en empêcher, ſoit ſeulement pour en retarder l'effet.

En prenant ce mot dans cette ſignification, les Exceptions ſe diviſent en déclinatoires, dilatoires & péremptoires.

Les Exceptions déclinatoires ſont celles par leſquelles le défendeur ſoutient avoir été traduit devant un Juge incompétent, & demande d'être renvoyé devant le Juge naturel de la demande: ſur cela voyez *Déclinatoire.*

Les exceptions dilatoires, ſont celles qui n'ont pas pour objet d'éteindre l'action, mais ſeulement de retarder le Jugement pendant un temps; telles ſont celles par leſquelles on demande des communications ou des copies de piéces, des diſcuſſions ou des inſtructions préalables.

L'Ordonnance de 1667 parle de deux eſpéces d'Exceptions dilatoires; l'une, qui a pour objet d'accorder à quelqu'un un temps pour délibérer ſur la qualité qu'il prendra dans une ſucceſſion; l'autre, d'accorder le temps néceſſaire à ceux qui ont des garans pour former les demandes en garantie. V. les titres 7 & 8 de cette Ordonnance, & ce que je dis à l'article *Garant.*

Les Exceptions péremptoires ſont de deux eſpéces; les unes, qui empêchent l'effet de la demande ſans anéantir l'action; telles, par exemple, que les nullités & les fins de non-recevoir: ſur quoi voyez *Fins de non-recevoir* & *Nullités.* Les autres, qui anéan-

tiſſent l'action dirigée par la demande contre laquelle elles ſont propoſées; telles que les reſtitutions en entier, la preſcription, la compenſation, &c.

EXCEPTION d'argent non compté.

C'étoit une Exception admiſe par le Droit, & par le moyen de laquelle on pouvoit être admis à prouver qu'on n'avoit pas reçu la dot portée par contrat, qui ne contenoit pas la mention de la délivrance réelle des deniers; mais cette Exception n'a pas lieu en France. Voyez les Actes de Notoriété du Châtelet des 15 Mai 1685, 21 Avril 1691, & 19 Août 1701; mais voyez auſſi *Dot.*

EXCLUSION de Communauté.

On nomme Excluſion de Communauté, la clauſe d'un contrat de mariage, par laquelle il eſt ſtipulé qu'il n'y aura entre les conjoints aucune Communauté de biens.

Ces Excluſions n'ont effet contre des créanciers, que quand elles ont été inſinuées au Bureau dans l'arrondiſſement duquel le mari étoit domicilié lors du contrat de mariage. V. les art. 4 & 12 de l'Edit du mois de Décembre 1703; l'art. 1 de la Déclaration du 19 Juillet 1704, & ce que je dis aux articles *Autoriſation, Communauté, Contrat de Mariage, Femme* & *Séparation.*

EXCLUSION des Filles dotées des ſucceſſions de leurs Pere & Mere.

Voyez *Aîneſſe, Exhérédation, Fief, Légitime des Filles en Normandie, Mariage avenant, Renonciation à ſucceſſion future, Repréſentation, Succeſſion.*

Originairement la Loi générale de la plûpart des Peuples du Nord, étoit d'exclure les filles de toutes ſucceſſions, quand il y avoit des mâles pour les recueillir: cette Excluſion étoit prononcée par les Loix Saxonnes & Ripuaires.

La Loi des Francs étoit la même; & Marculphe atteſte dans ſes Formules, que l'uſage général de ſon temps étoit que la fille ne ſuccédoit point à ſon pere concurremment avec ſes freres; l'uſage étoit ſeulement de laiſſer aux filles une petite portion du mobilier.

Les Anglo-Saxons, les Allemands & les

anciens Normands obfervoient le même ufage; & les filles étoient chez eux obligées de fe contenter d'une dot, appellée *Maritagium*; la Coutume de Normandie conferve encore quelque chofe de cet ufage par les art. 249 & 258.

On obfervoit auffi la même chofe en Angleterre, en Dannemarck, en Suéde, en Pologne, en Hongrie & en Allemagne; & il y a lieu de croire qu'on avoit emprunté cet ufage des Juifs, auxquels il étoit ordonné par le chap. 27 des Nombres.

Les filles n'étoient guères mieux traitées par l'ancien droit en Italie qu'en Allemagne. La Loi *Voconia*, dont on prétend que Caton le Cenfeur étoit Auteur, obligeoit la fille de fe contenter d'une dot que fes peré & mere lui fourniffoient; & quand une fois elle avoit été dotée, quelque modique que fût cette dot, elle ne pouvoit plus rien recueillir des biens de la famille, foit par teftament, foit par fucceffion.

L'Empereur Juftinien, plus attaché en ce point aux loix de la nature, qu'aux régles de la politique, abrogea la Loi *Voconia* par fa Novelle 21; & dès-lors les filles & les mâles furent appellés concurremment au partage de toutes fortes de fucceffions.

Les difpofitions de cette Novelle font fuivies dans prefque toute la France; mais les Coutumes de Bretagne, art. 557; de Bourbonnois, article 305; d'Auvergne, chapitre 12, article 25 & fuivans, excluent les filles dotées des fucceffions des pere & mere.

Il faut obferver en général fur ces Coutumes,

1°. Que dans celles qui demandent une dotation actuelle, il faut que la fille foit actuellement dotée au temps du décès, fi la Coutume n'en difpofe autrement.

2°. Qu'une fille mariée n'eft pas exclue par une autre fille qui n'eft pas mariée, par ce que cette difpofition eft en faveur des mâles.

3°. Que les enfans, même les filles du frere prédécédé, excluent la tante dotée, parce qu'ils repréfentent leur pere; de même que le fils de la fille dotée eft exclu, parce qu'il repréfente fa mere & fon incapacité.

4°. Que l'Exclufion n'a pas lieu quand il y a réferve ou rappel par le contrat de mariage.

5°. Que le légitimé par mariage, exclud la fille dotée.

6°. Qu'une fille mariée dans ces Coutumes, n'eft exclue que pour les biens fitués dans leur reffort; qu'ainfi fi elle veut fuccéder aux biens fitués dans des Coutumes qui l'appellent à la fucceffion, elle n'eft pas obligée de rapporter fa dot entiere lors du partage, parce qu'elle eft privée d'une partie des biens de la fucceffion. Voyez le Brun.

Dans la Coutume d'Auvergne, la fille mariée après le décès de fa mere n'eft pas exclue de fa fucceffion, parce que la fille a été faifie de cette fucceffion au moment de l'ouverture, & que fa feule renonciation peut l'en exclure. Cette circonftance du prédécès de la mere avant le mariage & la dotation de la fille, conferve même à celle-ci la capacité de fuccéder à fes parens maternels: la même chofe n'a pas lieu pour la fucceffion du pere. Voyez les articles 33 & 34 du chap. 12 de la Coutume d'Auvergne.

La Combe dit que, par Arrêt du 21 Juin 1745, la Cour a jugé, pour la Coutume d'Auvergne, que la renonciation faite par une fille par fon contrat de mariage, à toutes fucceffions directes & collatérales en faveur de fon frere aîné feulement, profitoit à tous les autres mâles indiftinctement: fur cela voyez les art. 31 & 35 du chap. 12 de la Coutume d'Auvergne, & la Note de Dumoulin fur l'art. 31.

En Provence, il y a un Statut qui » exclud les filles de la fucceffion de leurs pere & mere morts *ab inteftat* par l'exiften» ce des mâles: il ne leur eft dû en ce cas » qu'une légitime; & ce Statut eft régulié» rement fuivi «, fuivant un Acte de Notoriété du Parquet du Parlement d'Aix, du 11 Mars 1695.

EXCOMMUNICATION.
V. *Interdit, Notoriété, Sacrement & Sépulture.*

L'Excommunication eft une cenfure Eccléfiaftique, par le moyen de laquelle l'Eglife retranche de la fociété des Fidéles ceux contre qui elle eft prononcée, & les prive du droit qu'ils avoient au bien commun de tous ses enfans.

Il y a deux sortes d'Excommunications ; la majeure, qui prive l'excommunié de tout droit aux biens de l'Eglise, sans restriction ; & la mineure, qui ne prive que du droit de recevoir les Sacremens, & de pouvoir être élu ou présenté à des Bénéfices ou Dignités Ecclésiastiques.

Nous ne connoissons d'excommuniés en France, que » ceux dont l'Excommunica- » tion personnelle a été publiquement dé- » clarée & publiée « ; c'est ce qu'on nomme Excommunication dénoncée.

Cette maxime n'est ni nouvelle ni par- ticuliere à notre Nation. M. Fleury, tome 16 de son Histoire Ecclésiastique, après avoir rapporté le différend qui subsistoit en- tre Jean, Roi d'Angleterre, & les Barons de son Royaume, dont le Pape avoit pris connoissance, dit que le Pontife envoya des Commissaires avec une Sentence d'Excom- munication ; » qu'alors l'Evêque de Win- » chester & Pandolfe dénoncerent excom- » muniés tous les Barons qui vouloient » chasser le Roi du Royaume ; mais, comme » la Bulle du Pape n'en nommoit aucun » en particulier, les Seigneurs compterent » pour rien l'Excommunication, & ne l'ob- » serverent point «. V. ce que je dis sur la même matiere au mot *Sépulture*.

Il y a eu un temps où l'on croyoit que les corps des excommuniés ne pouvoient pourrir, s'ils n'étoient absous : on pensoit que ces corps demeuroient entiers pendant des siécles, pour servir d'un horrible specta- cle à la postérité.

Selon M. Ducange, les Grecs sont en- core dans cette opinion ; ils disent qu'ils en ont une infinité d'expériences.

On regardoit autrefois l'Excommunica- tion comme une plus grande peine que celle de mort. En effet, nous lisons dans Pierre de Blois, qu'en Angleterre on punissoit de la peine d'Excommunication majeure, celui qui tuoit un Ecclésiastique ; mais si c'étoit un Laïc qui fût tué, l'homicide n'étoit pu- ni que de mort.

Dans ces temps d'ignorance, on pensoit si singuliérement sur le compte des excommu- niés, qu'on se croyoit dispensé envers eux des devoirs qu'exige l'humanité ; le Roi Ro-

bert en fit l'expérience. Ce Prince, qui, pour avoir épousé sa parente au quatriéme dégré, fut excommunié par le Pape en 1003, fut incontinent abandonné par ses domestiques ; deux ou trois seulement continuerent à le servir ; mais aucun d'eux n'osoit toucher à la desserte de sa table ; les restes de ce qu'il mangeoit, ou de ce qu'il avoit touché, étoient jettés aux chiens.

En un mot, les choses furent portées à un tel excès dans ces siécles ténébreux, que l'on croyoit aussi épouvanter des animaux malfaisans, & les obliger de s'en aller, en les excommuniant. Fevret rapporte divers exemples d'Excommunications prononcées par des Evêques contre des rats, des chenil- les & d'autres insectes, après une procédu- re juridique, dans laquelle on donnoit à ces animaux un Avocat & un Procureur pour les défendre. Voyez aussi le Dictionnaire de Trevoux.

Brussel dit dans l'usage des Fiefs, liv. 3, chap. 18, qu'on trouve à la Chambre des Comptes, dans le Cartulaire de Norman- die, une question proposée comme impor- tante & difficile, en matiere de duel : la voici telle qu'il la rapporte. » On demande » comment il en sera usé, si l'un des cham- » pions se trouve excommunié le jour qu'il » doit combattre ? Le Conseil répond qu'il » faut différer le combat, & que cet excom- » munié ne perd point pour cela sa querelle. » Mais, dit-on, si c'est un des maîtres (c'est- » à-dire, un des Juges) du duel qui se trou- » ve excommunié le jour du duel ? Le Con- » seil répond encore qu'il en est de même «.

Tout Fidéle, soit qu'il conduise, soit qu'il soit conduit, peut mériter la peine de l'Ex- communication, & les privations qui en sont les suites ; & dès qu'il les mérite, l'Eglise a droit de les prononcer.

Cependant, comme tous les membres d'un même corps ne méritent pas la même consi- dération, la prudence & le bon sens deman- dent qu'on ait plus d'attention pour les uns que pour les autres. Il est des coupables que leur dignité rend respectables ; & ce n'est que dans une extrême nécessité, & après tou- tes les autres voies épuisées, qu'on doit pu- nir ceux-ci.

Une faute légere, une faute secrette, une faute douteuse, une faute non scandaleuse, n'eſt point une matiere ſuffiſante d'Excommunication ; car, puiſque c'eſt une punition, il faut que la faute ſoit certaine, avérée & inconteſtable ; & puiſque c'eſt une très-grande punition, il faut que la faute ſoit très-griéve ; enfin, puiſque c'eſt une punition éclatante, il faut que la faute ſoit publique.

L'Egliſe, par les Excommunications qu'elle prononce, ne peut priver que des biens qu'elle donne, ou qui ſont en ſa diſpoſition : ceux à qui on a droit, en qualité d'homme & de membre de la ſociété civile, ne ſont point de ſon diſtrict ; elle ſeroit injuſte & déraiſonnable, ſi elle entreprenoit d'en dépouiller, ou d'en interdire la jouiſſance, parce qu'on peut ceſſer d'appartenir à la ſociété chrétienne, ſans ceſſer d'appartenir à la ſociété civile ; comme on peut ceſſer d'être membre de la ſociété civile, ſans ceſſer d'être membre de la ſociété Chrétienne.

Dans une Bulle portant homologation de penſion de 200 liv. ſtipulée dans une permutation de Bénéfice en Patronage Royal, le Pape, au lieu de cette penſion, en avoit créé une de 236 liv. qu'il chargeoit l'un des permutans de payer à l'autre, dans les trente jours de l'échéance, ſous peine d'Excommunication encourue par le ſeul fait, dont il ne pourroit être abſous qu'à l'article de la mort, & même de privation du Bénéfice, faute de payer dans le mois.

L'augmentation de la penſion ayant donné lieu à des conteſtations entre les copermutans, ſur leſquelles il intervint des Sentences ès Officialités d'Arras & de Cambrai, dont il y eut appel comme d'abus, M. l'Avocat Général Chauvelin, qui porta la parole, remarqua que les clauſes de la Bulle homologative de la penſion, renfermoient des abus multipliés ; que, ſuivant nos libertés, l'Excommunication ne peut avoir lieu que pour les cauſes portées par les ſaints Décrets.

Que par l'Ordonnance de Charles IX de l'année 1571, il eſt défendu d'excommunier un Eccléſiaſtique pour de l'argent qu'il doit ; que les arrérages d'une penſion n'étoient pas d'une autre nature que toute autre dette civile, & que rien n'étoit plus capable de faire mépriſer les cenſures, que

de les multiplier pour des cauſes ſemblables.

En conſéquence de ces obſervations, Arrêt eſt intervenu en la Grand'Chambre le 15 Janvier 1731, par lequel *M. le Procureur Général a été reçu appellant comme d'abus de l'exécution de ladite Bulle, en ce qu'elle changeoit la fixation de la penſion, & en ce que, faute de la payer, elle déclaroit la peine de l'Excommunication encourue par le ſeul fait, dont on ne pourroit être abſous qu'à l'article de la mort ; faiſant droit ſur l'appel, l'Arrêt déclare qu'il y a abus ; fait défenſes de mettre ladite Bulle à exécution.*

EXCOMPTE.
V. *Intérêt & Rente.*

L'Auteur du Dictionnaire de Trévoux définit l'Excompte, » la remiſe ou la diminution que fait le porteur ſur le montant » d'un billet (ou lettre) de change, quand » il en demande le payement avant l'é- » chéance.

» L'Excompte eſt encore en uſage, & ſe » dit, lorſqu'un Marchand prend de la mar- » chandiſe à crédit pour 3, 6, 9, 12 & 15 » mois «, à la charge, ſi le payement ſe fait avant le terme, de rabattre une partie du prix.

L'Excompte de la premiere eſpéce eſt toléré ; cependant il n'eſt dans la réalité qu'une uſure déguiſée. Mais l'Excompte de la ſeconde eſpéce eſt autoriſé entre Commerçans ; & on peut valablement ſtipuler dans les billets cauſés pour vente de marchandiſes entre Négocians, qu'ils pourront être acquittés avant le terme, à la déduction de l'Excompte. Voyez ſur cela les diſpoſitions de la Déclaration du 28 Novembre 1713, dont je parle à l'art. *Lettre de Change.*

E X E A T.

On nomme ainſi une permiſſion que l'Evêque donne à un Prêtre de ſortir de ſon Dioceſe, pour aller ſervir l'Egliſe ailleurs.

Dans les beaux jours de l'Egliſe, les Clercs, ſoit qu'ils fuſſent conſtitués dans les Ordres ſacrés, ou ſeulement dans les Ordres mineurs, ne pouvoient plus quitter les Egliſes où leur Evêque les avoit placés ; ils ne pouvoient pas même ſortir du Dioceſe, ſans une permiſſion de l'Evêque, qui ne l'accordoit

doit que pour l'utilité de l'Eglife. L'Evêque lui-même étoit affujetti à demeurer dans
fon Diocèfe; & nos Rois ont regardé cette
difcipline comme tellement falutaire, que,
par une difpofition textuelle de l'Ordonnance de Blois, ils ont ordonné aux Evêques de réfider, &c. V. *Evêque.*

On s'eft beaucoup relâché de cette ancienne difcipline; cependant les Evêques
peuvent défendre aux Prêtres étrangers la
célébration des Saints Myfteres dans leurs
Diocèfes, lorfque ces Prêtres n'ont pas
l'*Exeat* de leur propre Evêque. Voyez l'Arrêt du 19 Mars 1670, dans les nouveaux
Mémoires du Clergé, tome 5, page 352
& fuiv.

EXÉCUTEUR de la Haute-Juftice,
V. *Chirurgien & Exécution.*

On donne ce nom à celui qui exécute les
Jugemens qui condamnent les criminels à
mort ou à quelqu'autre peine afflictive. Ce
nom lui eft donné, parce que les Hautes-
Juftices (dans lefquelles il faut comprendre
les Juftices Royales) font les feules Jurifdictions qui ayent ce qu'on appelle *jus gladii.* V. *Haute-Juftice.*

Le Roi feul peut établir des Exécuteurs
de la Haute-Juftice en France; & Loyfeau
remarque que ces Offices font les feuls en
France auxquels il n'y ait aucun honneur
attaché; on penfe univerfellement au contraire que la profeffion d'Exécuteur de la
Haute-Juftice eft infâme.

L'Exécuteur de la Haute-Juftice ne doit
fe faifir des criminels, qu'après avoir entendu prononcer le Jugement qui contient
leur condamnation. Celui qui pendit le célébre Préfident Briffon, par ordre des Li-
gueurs, fans forme de procès, fut lui-même
condamné à mort, après les fureurs de la
Ligue éteintes, pour avoir exécuté un pareil Jugement.

Le Bourreau ne peut pas demeurer dans
l'enceinte de la Ville, à moins que ce ne
foit au Pilory, où fon logement lui eft donné par fes provifions; la Cour l'a ainfi jugé
par Arrêt du 31 Août 1709.

Dans plufieurs endroits du Royaume, les
Exécuteurs de la Haute-Juftice jouiffent du
droit de ce qu'on nomme Havage, c'eft-à-
dire, du droit de percevoir fur les grains

qui fe vendent dans les marchés, autant
qu'on en peut prendre avec la main. Sauval
parle avec étendue du droit de Havage,
dont jouiffoit autrefois le Bourreau de Paris. V. *les Antiquités de Paris*, tome 2.

Du temps de Saint Louis, il y avoit un
Bourreau mâle pour les hommes, & une
Bourrelle pour les femmes. On peut fur cela voir l'Ordonnance de ce Prince de l'année 1264, contre les blafphémateurs, rapportée dans le Traité de la Police, tome 1.

Le Mercredi 15 Décembre 1761, la Cour
a déclaré nul un Réglement fait par le Lieutenant Criminel de Troyes, feul, pour la
perception du droit de l'Exécuteur des Jugemens criminels fur les grains apportés au
marché de Troyes. M. l'Avocat Général
Seguier a plaidé; & la Cour a penfé qu'un
pareil Réglement ne pouvoit fe faire qu'a-
vec le concours des Officiers du Bailliage
& des Maire & Echevins. L'Arrêt a en effet
ordonné que chacun remettroit fes Mémoires à M. le Procureur Général, pour être
pourvu d'un Réglement.

EXÉCUTEUR, Exécution Teftamentaire.
V. *Délivrance & Legs.*

On nomme Exécuteur Teftamentaire,
une perfonne choifie & nommée par le teftateur pour veiller à l'exécution de fon teftament.

C'eft naturellement à l'héritier à avoir
foin d'exécuter le teftament du défunt, parce qu'il eft faifi de plein droit de tous les
effets de la fucceffion, fur-tout en Pays de
Droit-Ecrit, où il tire fon droit du teftament du défunt qui l'a inftitué héritier, &
qui pouvoit en nommer un autre: auffi voit-
on rarement les teftateurs nommer des Exécuteurs Teftamentaires en Pays de Droit-
Ecrit.

Mais en Pays Coutumier, où le teftateur
n'a pas la faculté de fe choifir un héritier,
les héritiers du fang regardent fouvent les
teftamens avec chagrin, & font ce qu'ils
peuvent pour en éluder l'exécution; ce qui
oblige les teftateurs de nommer un Exécuteur Teftamentaire.

Cette nomination n'eft cependant pas néceffaire pour la validité d'un teftament. Il
feroit valable, quand même le teftateur
n'auroit nommé perfonne pour prendre foin

de l'accompliffement de fes volontês.

Il n'y a que le teftateur qui puiffe nommer un Exécuteur Teftamentaire ; s'il l'avoit obmis, ou s'il n'avoit pas jugé à propos de faire cette nomination, elle ne pourroit pas être fuppléée.

L'Exécution Teftamentaire n'eft point une charge publique ; ainfi on ne peut contraindre perfonne de fe charger d'une femblable exécution.

Un conjoint peut charger l'autre d'exécuter fon teftament, même dans les Coutumes où il leur eft défendu de fe faire des avantages directs & indirects ; mais dans ces Coutumes, le teftateur ne peut rien léguer à fon conjoint, pour le dédommager des peines & des foins que l'exécution d'un teftament emporte néceffairement ; & ce conjoint a, comme tous les autres Exécuteurs, la liberté d'accepter ou de refufer l'exécution.

Si au contraire le teftateur nomme une autre perfonne que fon conjoint pour exécuter fon teftament, il peut attacher à l'exécution une certaine récompenfe, telle qu'il juge à propos de la fixer ; il eft même rare de voir de femblables nominations abfolument ftériles : cependant, fi le teftateur n'a point ordonné de récompenfe, l'Exécuteur Teftamentaire n'en peut pas demander ; fes fonctions doivent alors être purement gratuites.

On a agité au Châtelet la queftion de fçavoir fi l'un des enfans, nommé Exécuteur Teftamentaire, & auquel la teftatrice fa mere avoit légué 500 liv. pour les peines & foins de cette exécution, pouvoit, ayant fait acte d'héritier, profiter du legs ; & par Sentence du 8 Février 1755, rendue fur les Conclufions de M. de Monthion, plaidans Mes Huchedé & de la Broffe, il a été jugé que l'Exécution Teftamentaire, étant par elle-même gratuite, le legs étoit une pure libéralité, incompatible avec la qualité d'héritier.

Dans cette efpéce, la teftatrice prévoyant la difficulté, avoit légué fa portion héréditaire à celui de fes enfans qu'elle avoit nommé fon Exécuteur Teftamentaire ; mais l'enfant, au lieu de demander la délivrance de l'un & de l'autre legs, avoit pris la qualité d'héritier ; & il prétendoit que le legs qui

lui avoit été fait, étant une récompenfe, ce n'étoit point, à proprement parler, un legs incompatible avec la qualité d'héritier ; mais on s'eft attaché ftrictement à la régle ; parce qu'il n'y avoit de la part de la mere aucune forte d'obligation de faire un legs à fon fils pour les charges de fon Exécution Teftamentaire, & qu'ainfi le legs qu'elle lui avoit fait, ne provenoit que de fa pure volonté.

Non-feulement un teftateur peut nommer fon conjoint pour exécuter fon teftament ; mais il peut même nommer toute autre perfonne que la Coutume rend incapable de recevoir des libéralités par fon teftament.

Ainfi il peut nommer, ou fon Confeffeur, ou fon Médecin, même toute perfonne actuellement chargée de fes affaires ; & fi la récompenfe donnée à ces fortes de perfonnes, pour les peines & foins que donne l'Exécution Teftamentaire, n'eft point exorbitante, elle doit leur être payée, nonobftant l'incapacité prononcée par quelques Coutumes, & par les Ordonnances rapportées au mot *Incapacité*.

Un teftateur peut encore nommer, pour exécuter fon teftament, la perfonne qui poffédera une certaine dignité au temps de fa mort ; par exemple, il peut nommer celui qui fera Juge d'une telle Jurifdiction, &c. Et quoique la perfonne ainfi nommée ne fût pas revêtue de la dignité au moment du teftament, le foin de l'exécution du teftament lui appartiendra avec la récompenfe, fi le teftateur y en a attaché une.

Me Dubois, Avocat, nommé Exécuteur Teftamentaire du Comte de Bonneval (qui, pour les peines que cette exécution devoit lui caufer, lui avoit legué un diamant de 3000 liv.) étant décédé, après avoir affifté feulement à la premiere vacation de l'inventaire ; il s'eft agi de fçavoir fi la veuve & les héritiers de Me Dubois pouvoient demander le payement des 3000 liv.

Le moyen des héritiers étoit que le legs étant attaché à l'exécution du teftament ; & Me Dubois n'ayant pas rempli la condition, le legs devenoit caduc : on répondoit que l'Exécution Teftamentaire étant gratuite, ces fortes de legs formoient des libéralités indépendantes de l'accompliffement de la condition ; par Sentence du Châtelet, confirmée par Arrêt rendu le 4 Juin 1755, on a accordé la délivrance du legs de 3000 liv. aux héritiers de Me Dubois.

Il n'y a que les personnes capables d'effets civils qui puissent être chargées de l'exécution des Testamens. Ainsi un Religieux, une Religieuse, un Interdit, & généralement ceux qui sont morts civilement, ne peuvent être nommés Exécuteurs Testamentaires; ou, s'ils le sont, les héritiers du testateur peuvent les empêcher d'en faire les fonctions, & sur-tout de se saisir ou se mettre en possession des effets de la succession, comme la plûpart des Coutumes le permettent; parce que cette exécution oblige l'Exécuteur à rendre un compte, & à payer un reliquat : à quoi on ne pourroit pas contraindre ces personnes, si elles étoient nommées, ou si, après leur nomination, elles étoient entrées en fonction.

Une femme en puissance de mari peut être nommée Exécutrice Testamentaire ; mais si les héritiers du testateur l'exigent, elle ne doit être saisie & faire ses fonctions, qu'autant qu'elle est autorisée par son mari ; sans cette autorisation elle ne peut s'ingérer dans l'exécution du testament.

Presque toutes les Coutumes veulent que l'Exécuteur Testamentaire soit saisi de quelques effets pour accomplir le testament ; mais elles different beaucoup sur la qualité & la quantité de ces effets.

L'article 297 de celle de Paris veut que l'Exécuteur soit saisi du mobilier, à moins que le testateur n'ait ordonné qu'il sera seulement saisi de certaines sommes. Quelques autres Coutumes restraignent ou étendent cette saisine ; il faut nécessairement suivre leurs dispositions dans le ressort de chacune en particulier.

Mais la Coutume de Paris & la Jurisprudence des Arrêts autorisent l'héritier à empêcher la saisine du mobilier d'une succession, en remettant à l'Exécuteur Testamentaire deniers suffisans pour l'accomplissement du testament & le payement des legs. Cependant, comme l'article 297 de la Coutume de Paris assujettit l'Exécuteur Testamentaire à faire faire inventaire, on pense que par la remise des deniers à l'Exécuteur Testamentaire pour l'accomplissement du

testament, il n'est pas privé du droit d'assister à l'inventaire, & même de nommer des Officiers pour le faire. Voyez *Inventaire.*

Après le décès du sieur Raffi de Bazoncourt, qui avoit, entr'autres dispositions testamentaires, fait un legs de 800 liv. de rente viagere, & nommé Me Giraut, Notaire, Exécuteur de son testament, un héritier offrit, pour empêcher la présence de Me Giraut à l'inventaire, & la saisine que la Coutume accorde à l'Exécuteur, d'abord de déposer, & depuis de remettre à Me Giraut deniers suffisans pour acquitter les legs exigibles, & une année d'arrérage seulement de la rente viagere.

Me Giraut refusa l'offre, & dit qu'une seule année d'arrérage de la rente viagere de 800 liv. ne suffisoit pas ; qu'il falloit 16000 livres pour faire un fonds, à l'effet d'assurer cette rente; que d'ailleurs on ne pouvoit, en remettant à l'Exécuteur des deniers pour acquitter les legs & empêcher sa saisine, le priver du droit de faire faire & assister à un inventaire que la Coutume l'assujettissoit de faire par le mot *tenu.*

M. le Lieutenant Civil avoit adopté les offres des héritiers du sieur de Bazoncourt ; par une Ordonnance sur référé ; mais, par Arrêt rendu sur les Conclusions de M. l'Avocat Général Seguier, le Samedi 23 Août 1760, la Cour, sans s'arrêter aux offres, ordonna qu'il seroit procédé à l'inventaire, à la requête de l'Exécuteur Testamentaire, & par les Officiers qu'il avoit nommés.

Les circonstances singulieres de certains testamens déterminent quelquefois à ne pas laisser la saisine à l'Exécuteur Testamentaire. Par exemple, après le décès du Prince Charles de Lorraine, grand Ecuyer, qui avoit nommé son Intendant pour exécuter son testament, & institué le sieur Pichaut de la Martiniere, premier Chirurgien du Roi, son légataire universel, M. le Lieutenant Civil, sur les représentations & demandes des héritiers du Prince, ordonna le séquestre du mobilier & des papiers entre les mains d'un Notaire ; & nonobstant l'intervention du légataire universel, qui disoit que c'étoit à lui de régler à qui la saisine du mobilier devoit appartenir, l'Ordonnance

K ij

de M. le Lieutenant Civil a été confirmée par Arrêt (a).

L'Exécuteur Teſtamentaire peut, s'il le croit néceſſaire, faire appoſer ſcellé ſur les biens & effets du défunt ; ſa qualité lui en donne le droit, & il doit en uſer avec prudence; mais il doit faire faire inventaire auſſi-tôt que le Teſtament eſt venu à ſa connoiſſance, en obſervant néantmoins le délai fixé par les Réglemens, les héritiers préſens ou appellés. C'eſt ce que porte l'article 297 de la Coutume de Paris. Voyez *Inventaire*.

L'Exécuteur Teſtamentaire a droit de nommer les Officiers qu'il juge à propos de choiſir pour faire l'inventaire & la priſée des meubles & effets qui y ſont ſujets; ainſi le Notaire qu'il choiſit, ne peut être exclu par ceux que les héritiers jugent à propos de nommer, & quand il s'éleve des conteſtations ſur cette nomination du Notaire & de l'Huiſſier-Priſeur, chacun de ces Officiers choiſis par l'Exécuteur, reſte toujours, & les héritiers ne peuvent, entre tous tant qu'ils ſont, choiſir qu'un ſeul Notaire pour faire l'Inventaire, avec celui de l'Exécuteur, & un Huiſſier-Priſeur pour faire la priſée, parce qu'il ne peut pas y avoir plus de deux Notaires & de deux Huiſſiers-Priſeurs. V. *Inventaire & Scellé*.

S'il y a un ſcellé appoſé, l'Exécuteur Teſtamentaire a droit de ſe faire aſſiſter d'un Procureur pendant la levée & l'inventaire, même pendant l'appoſition, aux frais de la ſucceſſion.

Lorſqu'il ne ſe trouve point de deniers comptans dans la ſucceſſion pour acquitter les legs, l'Exécuteur Teſtamentaire a droit de faire procéder à la vente des meubles non légués, juſqu'à concurrence néantmoins de ce qui eſt néceſſaire pour accomplir le Teſtament, l'héritier préſent ou dûement appellé, & nommer un officier à cet effet; pour cette nomination la régle eſt la même que pour l'inventaire.

Le temps de l'Exécution Teſtamentaire eſt limité à un an & un jour, à compter du jour du décès du Teſtateur. C'eſt pendant cette année ſeulement que dure la ſaiſine accordée à l'Exécuteur par les Coutumes; après quoi il doit rendre compte.

Si même le Teſtament étoit entiérement exécuté avant l'année révolue, les héritiers ou autres parties intéreſſées pourroient contraindre l'Exécuteur de rendre compte après l'exécution, ſans attendre le délai d'an & jour. Voyez Ricard, *des Donations*, part. 1, chap. 2.

Les dettes paſſives de la ſucceſſion, excepté les frais funéraires, ceux de ſcellé, d'inventaire & vente, ne regardent point l'Exécuteur Teſtamentaire ; ce n'eſt pas à lui de ſe mêler de les payer, ni des conteſtations qui peuvent s'élever à cette occaſion, ſi ce n'eſt pour empêcher l'héritier de paſſer des condamnations colluſoires, dans la vûe de mettre la ſucceſſion hors d'état d'exécuter le Teſtament, ou que le Teſtateur ne l'ait expreſſément chargé par le Teſtament de veiller à ce payement.

A l'égard des dettes actives, l'Exécuteur Teſtamentaire, comme étant ſaiſi du mobilier peut, dans l'année de ſon exécution, pourſuivre le recouvrement de celles qui ſont mobiliaires.

L'uſage eſt même de regarder comme valables les payemens faits à l'Exécuteur Teſtamentaire des revenus de la ſucceſſion échus depuis le décès pendant l'année de ſon exécution, & les Payeurs des rentes ſur l'Hôtel-de-Ville ſont même autoriſés, par un Arrêt de la Chambre des Comptes, du 17 Juin 1758, à faire de ſemblables payemens ; mais cela ne me paroît pas raiſonnable, parce que l'Exécuteur Teſtamentaire n'étant pas ſaiſi des immeubles, il ne doit avoir aucun droit ſur leur produit. Dupleſſis eſt de mon avis, je crois qu'il eſt le ſeul.

Les Exécuteurs Teſtamentaires ne peuvent acquitter aucun legs, que le teſtament ne ſoit inſinué, & les droits payés. Voyez l'Edit du mois de Décembre 1703.

Tous les frais légitimes que fait l'Exécuteur Teſtamentaire, ſoit activement, ſoit paſſivement, doivent lui être alloués dans ſon compte d'exécution teſtamentaire; mais

(a) Le Teſtament de M. le Prince Charles, par lequel le ſieur de la Martiniere étoit inſtitué Légataire univerſel, a depuis été déclaré nul, tant à cauſe de l'incapacité réſultante de la qualité de Valet de Chambre-Chirurgien qu'avoit eu le ſieur de la Martiniere chez le Prince, avant d'être premier Chirurgien du Roi, que parce qu'il avoit encore traité ce Prince dans ſa derniere maladie. Voyez ce que je dis à l'art, *Incapables*.

il n'a pour cela aucun privilége sur les créanciers : ceux-ci doivent toujours être payés par préférence à toutes les dépenses que peuvent engendrer le testament & ses suites, parce que le Testateur ne peut pas leur préjudicier, & qu'il n'y a rien de libre dans une succession, qu'après les dettes passives acquittées.

Il faut néantmoins excepter les frais de recouvrement : l'Exécuteur doit obtenir le remboursement de ceux-ci, même par préférence aux créanciers de la succession, quels qu'ils soient, sur-tout si le recouvrement a été fructueux, parce que la succession ou les créanciers eux-mêmes eussent été obligés de faire ces sortes de frais, s'il n'y avoit pas eu de testament.

Les comptes d'Exécution Testamentaire sont sujets aux mêmes formalités que ceux des autres comptables ; c'est-à-dire, que, pour opérer la valable décharge à l'Exécuteur, ils doivent être composés de chapitres détaillés de recette, dépense & reprise.

Comme dans la Coutume de Paris, l'Exécuteur Testamentaire est saisi du mobilier de la succession du Testateur, il peut toucher le montant du prix de la vente des meubles, & la décharge de l'Officier qui a procédé à la vente des meubles, est valable, si elle lui est donnée par l'Exécuteur Testamentaire, en sa qualité, dont il est essentiel de faire mention dans la quittance.

Néantmoins l'Officier qui a fait la vente des meubles, n'en pourroit pas valablement payer le prix à l'Exécuteur Testamentaire, s'il y avoit des oppositions, ou au scellé, ou à la vente, sur la succession du Testateur, parce que les dettes de la succession sont toujours préférables & préférées à tout ce qui peut être relatif à l'exécution du testament.

Le sieur Grignard, Huissier, ayant fait une vente à la requête d'un sieur Dubuisson, Exécuteur Testamentaire, lui avoit adjugé pour 1700 & quelques livres de meubles, & lui avoit de plus remis une partie du prix de la vente, les quittances que Grignard avoit tirées, lui étoient données en qualité d'Exécuteur Testamentaire ; mais l'adjudication des meubles ne parloit point de cette qualité. Dubuisson étant devenu insolvable, il s'est agi de sçavoir, si les payemens & les adjudications de meubles que lui avoit faits Grignard, devoient être déduits à celui-ci : les héritiers soutenoient le contraire ; mais par Sentence du Châtelet du 21 Juillet 1752, il fut dit que les payemens faits à Dubuisson, en sa qualité d'Exécuteur, seroient déduits à Grignard par les héritiers, & non le montant des adjudications, pour lequel la Sentence accorde à Grignard son recours contre Dubuisson. On a regardé les adjudications faites à l'Exécuteur, comme si elles eussent été faites à un étranger.

EXÉCUTION.
V. *Appel*, *Condamné*, *Contumace*, *Exécution*, *Huissier*, *Saisie*, *Saisie-réelle*, &c.

En matiere criminelle, les Jugemens doivent s'exécuter le même jour qu'ils sont prononcés (aux accusés). Ordonnance de 1670, tit. 25, art. 21.

Cette disposition de l'Ordonnance souffre une exception, lorsque l'Exécution de la Sentence est suspendue par l'appel de droit.

La prononciation du Jugement à l'accusé doit nécessairement précéder l'Exécution : c'est ordinairement le Greffier qui la fait en présence du Rapporteur ; & l'usage est de faire mettre l'accusé à genoux, pour entendre la lecture de son Jugement, quand il contient des peines afflictives.

L'appel interjetté par l'accusé d'un Jugement rendu par contumace, n'en suspend pas l'Exécution ; il en est autrement, quand il y a un appel *à minima*, interjetté par la Partie publique.

Quand, dans la même accusation, il y a des complices jugés contradictoirement, & d'autres par contumace, si le Jugement essuie un appel de la part des accusés jugés contradictoirement, ou s'il est susceptible d'un appel de droit à leur égard, il ne doit être exécuté contre les contumax, qu'après qu'il est ainsi ordonné par le Juge d'appel ; & la Cour, par Arrêt rendu le 24 Juillet 1758, a déclaré nul le Procès-verbal du premier Octobre 1757, de l'exécution faite à Ville-neuve-l'Archevêque, contre un accusé contumax, condamné par Sentence rendue par le Lieutenant Criminel de Troyes, le 24 Septembre 1757, de laquelle un coaccusé prisonnier étoit appellant.

Le Procès-verbal d'Exécution se dresse en

présence du Juge ; cependant il n'eſt point d'uſage de le lui faire ſigner, le Greffier le ſigne ſeul. V. *Effigie.*

Quand, dans le lieu du ſupplice ou ſur le chemin, le patient fait des déclarations pour charger ou décharger des complices, le Greffier doit les inſérer dans le Procès-verbal d'Exécution; mais ſans les faire ſigner, ni par le Juge, ni par le patient, il ſeroit dangereux de lui rendre alors la liberté des mains.

Si une femme, devant ou après la con-damnation à mort ou à la queſtion, paroît ou déclare être enceinte, les Juges doivent la faire viſiter par des Matrones ; & ſi le rap-port conſtate une groſſeſſe réelle, ou même incertaine, ils doivent ordonner qu'il ſera ſurſis à l'Exécution, juſqu'après l'accouche-ment, ou juſqu'au temps où les ſignes de la groſſeſſe pourront ſe manifeſter. V. l'Or-donnance, *ibid.* tit. 25, art. 23.

La Confeſſion doit être offerte aux con-damnés à mort, & ils doivent être accom-pagnés d'un Eccléſiaſtique au lieu du ſup-plice ; Ordonnance, *ibid.* art. 24 : mais on ne leur donne jamais la Communion. Voyez *Confeſſion.*

Les cadavres des hommes exécutés à mort, doivent être expoſés ſur les grands chemins pour l'exemple. Les Réglemens défendent d'expoſer ceux des femmes, (V. *Fourches patibulaires ;*) le Juge peut cependant, pour de juſtes conſidérations, leur accorder la ſé-pulture Eccléſiaſtique.

EXÉCUTION Proviſoire.
Voyez *Accuſé, Appel, Défenſe (Arrêt de) Dépens, Priſon, Proviſoire & Titre.*

Il y a des Jugemens dont l'Exécution eſt ſuſpendue par un ſimple appel, & d'autres qui s'exécutent par proviſion, nonobſtant l'appel. Sur cela voyez l'Arrêt de Régle-ment du 29 Janvier 1658, rapporté au Jour-nal des Audiences, tom. 2, liv. 1, chap. 34. V. auſſi les art. 12 & 13 de la Déclaration du 15 Janvier 1731, dont je rapporte les diſ-poſitions au mot *Curé.*

Quand l'Exécution d'un Jugement eſt ir-réparable en définitif, l'appel doit la ſuſ-pendre, ſans que l'appellant ait beſoin d'en obtenir d'Arrêt de défenſe.

Ainſi, par exemple, on ne peut pas, au

préjudice de l'appel, exécuter une Sentence qui ordonne une affirmation, ou qui pro-nonce la main-levée d'une oppoſition à un mariage ; parce que l'Exécution, dans ce cas-là, ſeroit irréparable en définitif.

En général, toutes les condamnations qui ne ſont pas appuyées ſur un titre, ou ſur une reconnoiſſance émanée du débiteur, doivent être ſuſpendues par l'appel du Jugement qui les prononce.

Un Arrêt de Réglement rendu le 7 Dé-cembre 1689, fait défenſes à tous Juges du reſſort de la Cour du Parlement de Paris, d'ordonner l'Exécution Proviſoire de leurs Sentences pendant l'appel, ſinon dans les cas portés par les Ordonnances ; & à cet ef-fet, le même Arrêt veut que, lorſque les premiers Juges ordonneront l'Exécution Proviſoire de leurs Sentences, ils ſeront te-nus d'en exprimer le motif dans la Sentence même.

Dans le reſſort du Parlement de Toulou-ſe, les appels des Ordonnances, appointe-mens, & Sentences rendues par les Juges inférieurs, en matiere civile, ont un effet ſuſpenſif, excepté en matiere de police, de complainte bénéficiale & de proviſion ali-mentaire, ſuivant un certificat en forme d'Acte de Notoriété, donné par M. le Pro-cureur Général au Parlement de Touloufe, le 6 Septembre 1721.

Ce Parlement a même, par Arrêt rendu le 28 Avril 1740, fait défenſes aux Juges du reſſort, d'inſérer dans leurs Jugemens, qu'ils ſeront exécutés nonobſtant l'appel, à peine de nullité.....

Les Sentences des Juriſdictions Conſu-laires, & celles de la Conſervation de Lyon, ne ſont pas ſujettes aux régles preſcrites par cet Arrêt ; parce que les Edits qui ont éta-bli ces Juriſdictions, portent que les Sen-tences qui y ſeront rendues pour des ſom-mes excédentes 500 liv. ſeront exécutées par proviſion, nonobſtant oppoſition ou appel-lation, & ſans préjudice d'icelles.

Les Sentences de Police, même celles qui prononcent des condamnations d'amende au profit du Roi, s'exécutent auſſi par pro-viſion, à quelque ſomme que les condamna-tions puiſſent monter. Voyez l'Ordonnance de 1667, tit. 17, art. 12 ; & les Déclarations des 28 Décemb. 1700 & 23 Décemb. 1738.

Les appels interjettés comme de Juge in-compétent, font de droit fufpenfif; parce que, pour procéder au fond, il faut que la Jurifdiction dans laquelle on doit procéder, foit certaine & réglée.

C'eft fur ce fondement que, par Arrêt rendu le 6 Août 1743, entre la dame de la Chapelle & le fieur Fontourton, toute la procédure, notamment une enquête, un rap-port, &c. faite en la Sénéchauffée de Gué-ret, par le fieur Fontourton, au préjudice de l'appel d'incompétence de la dame de la Chapelle, ont été déclarés nuls, & les Par-ties renvoyées au Bailliage d'Iffoudun.

Il y a auffi plufieurs cas où les Sentences rendues fur des matieres fommaires, s'exécu-tent provifoirement, quoiqu'elles ne foient pas fondées en titre. Voyez fur cela l'Or-donnance de 1667, tit. 17.

Les condamnations d'amende prononcées au profit du Roi, s'exécutent auffi par pro-vifion, en donnant pour caution les Direc-teurs ou Receveurs des Fermes. V. le titre commun de l'Ordonnance des Fermes, du mois de Juillet 1681, articles 26, 27 & 43, & les Déclarations données en interpréta-tion de ces articles, les 9 Juin 1705 & 16 Mars 1720.

En matiere criminelle, lorfque les Sen-tences contiennent d'autres peines que des peines pécuniaires, les premiers Juges ne peuvent pas ordonner que leurs Sentences feront exécutées nonobftant & fans préju-dice de l'appel. V. *Appel* (a) & *Provifoire*.

Dans une efpéce où, par l'événement d'un Procès inftruit par récollement & confron-tation, & jugé à Guife, il avoit été fait dé-fenfes à un nommé Morier de porter des piftolets & autres armes défendues; la Cour, en jugeant l'appel, a, par Arrêt rendu le 24 Mars 1760, faifant droit fur les Conclufions de M. le Procureur Général, fait défenfes au Bailli de Guife, *lorfqu'il rendra des Sen-tences, contenant d'autres peines que des pei-nes pécuniaires, d'ordonner qu'elles feront*

exécutées nonobftant oppofition ou appellation.

Il a auffi été *fait défenfes au Juge de Graf-fey en Berry*, par Arrêt du 25 Janvier 1715; qu'on trouve au Journal des Audiences, tom. 6, *de faire exécuter les Sentences crimi-nelles qu'il rendra au préjudice de l'appel qui en fera interjetté.*

Mais cela ne doit s'entendre que des Sen-tences qui prononcent des peines corporel-les; celles qui prononcent des peines pécu-niaires, ne s'exécutent pas même par provi-fion en matiere criminelle. L'art. 6 du titre 25 de l'Ordonnance du mois d'Août 1670, s'explique en ces termes:

» Les Sentences des premiers Juges, qui
» ne contiendront que des condamnations
» pécuniaires, feront exécutées par maniere
» de provifion, & nonobftant l'appel en don-
» nant caution, fi, outre les dépens dans les
» Juftices des Seigneurs, elles n'excédent la
» fomme de 40 liv. envers la Partie, & de
» 20 liv. envers le Seigneur; dans les Jurif-
» dictions Royales qui ne reffortiffent nue-
» ment au Parlement, fi elles n'excédent
» 50 liv. envers la Partie, & 25 liv. envers
» nous; & dans les Bailliages & Sénéchauf-
» fées où il y a Préfidial, Siéges des Duchés
» & Pairies, & autres reffortiffans nuement
» en nos Cours de Parlement, 100 liv. en-
» vers la Partie, & 50 liv. envers nous......

L'Ordonnance de 1539, article 5, porte que *les appellations comme d'abus, interjet-tées par les Prêtres & autres perfonnes Ecclé-fiaftiques, ès matieres de difcipline & de cor-rection, ou autres pures perfonnelles, & non dépendantes de réalité, n'auront aucun effet fufpenfif, ains nonobftant lefdites appellations & fans préjudice d'icelles, pourront les Juges d'Eglife, paffer outre contre lefdites perfonnes Eccléfiaftiques.*

L'art. 30 de l'Ordonnance de Blois por-te que *ce qui fera ordonné par les Evêques dans leurs vifites des Maifons Religieufes, fe-ra exécuté, nonobftant oppofition ou appella-tion quelconque, & fans préjudice d'icelles,*

(a) En Flandres & en Hainault, l'ufage fondé fur les Ordonnances & Placards des Princes qui poffédoient ces Provinces, étoit de faire exécuter, par provifion, les Sen-tences rendues en matieres criminelles, même par les Ju-ges des Hauts-Jufticiers, quoiqu'elles portaffent peine de mort, fans attendre qu'elles euffent été confirmées par les Tribunaux Supérieurs; mais après les conquêtes de Louis XV dans ces Provinces, il changea, comme avoit

fait Louis XIV, un ufage fi contraire à l'humanité; & or-donna, par une Déclaration du 18 Mars 1747, regiftrée au Parlement de Flandres, le 23 du même mois, qu'aucuns Jugemens portant condamnation à la mort, aux Galeres perpétuelles ou à temps, au Banniffement perpétuel, ou autre peine ou flétriffure corporelle, ne pourroient être exécutés qu'après avoir été confirmés............. Voyez *Appel.*

pour lesquelles ne sera différé, ains passé outre.

L'art. 59 de la même Ordonnance fait défenses aux *Cours de Parlement, de recevoir aucune appellation comme d'abus, sinon ès cas des Ordonnances ; & à nos amés & féaux les Maîtres des Requêtes Ordinaires de notre Hôtel, & Gardes des Sceaux de notre Chancellerie, de bailler Lettres de relief desdites appellations comme d'abus, ni icelles Lettres sceller, qu'elles n'ayent été rapportées, & qui seront à cette fin paraphées du Rapporteur ou Référendaire ; & néanmoins lesdites appellations comme d'abus n'auront aucun effet suspensif en cas de correction & discipline Ecclésiastique, mais dévolutif seulement. Sur lesquelles appellations, nosdites Cours ne pourront modérer les amendes pour quelqu'occasion que ce soit ; ce que nous leur défendons très-expressément.*

L'art. 60 porte que *les appellans comme d'abus ne pourront être élargis pendant l'appel, jusqu'à ce que, les informations vûes, en ait été par nos Cours ordonné.*

Aucune appellation ne pourra empêcher ni retarder l'Exécution des Décrets, l'instruction & le Jugement. Ordonnance de 1670, tit. 26, art. 30.

L'art. 36 de l'Edit de 1695 porte que *les appellations comme d'abus, qui seront interjettées des Ordonnances & Jugemens rendus par les Archevêques, Evêques & Juges d'Eglise, pour la célébration du Service Divin, réparation des Eglises, achats d'ornemens, subsistance des Curés & autres Ecclésiastiques qui desservent les Cures, rétablissement ou conservation de la clôture des Religieuses, correction des mœurs des personnes Ecclésiastiques, & toutes autres choses concernant la discipline Ecclésiastique, & celles qui seront interjettées des Réglemens faits, & Ordonnances rendues par lesdits Prélats dans le cours de leurs visites, n'auront effet suspensif, mais seulement dévolutif ; & seront les Ordonnances & Jugemens exécutés, nonobstant lesdites appellations, & sans y préjudicier.* Cependant voyez *Abus.*

Des Lettres-Patentes sur Arrêt, données le 8 Décembre 1723, registrées dans toutes les Cours des Aides, ordonnent que les Jugemens interlocutoires & d'instruction, rendus par les Juges des Fermes & des Gabel-les seront exécutés, nonobstant les appels qui en pourroient être interjettés.

Il a néantmoins été jugé, par Arrêt contradictoire, rendu au Conseil le 16 Janvier 1731, entre le Fermier des Aides, & Pierre Joly, Cabaretier à Aumasle, qu'en matiere d'Aides, l'appel interjetté par le Fermier d'une réception de plainte, & d'une permission d'informer, a un effet suspensif. V. des Lettres-Patentes du 4 Avril 1724.

L'usage n'est point d'ordonner l'Exécution provisoire des Sentences de séparation entre mari & femme ; au contraire, la Jurisprudence est de rejetter cette Exécution, quand elle est demandée par la femme ; mais on lui accorde des Provisions proportionnées aux circonstances : il y a sur cela grand nombre d'Arrêts rendus sur appointement à mettre ; & entr'autres, un du 29 Décembre 1757, au rapport de M. Bochart.

Le Réglement pour les procédures du Conseil du 28 Juin 1738, veut que les Ordonnances des Intendans ou Commissaires départis dans les Provinces, soient exécutées par Provision, nonobstant l'appel, & qu'il soit fait mention de cette Exécution provisoire dans les Lettres ou dans l'Arrêt qui reçoit l'appel. Voyez l'article 2 du titre 8.

EXÉCUTOIRE.

Le mot Exécutoire est le nom d'une qualité accidentelle qu'on donne aux titres qui peuvent s'exécuter sans être sujets à aucune autre forme, que celle dont ils sont revêtus. V. *Grosse* & *Titre.*

Les titres qui étoient Exécutoires contre un défunt, ne le sont contre ses héritiers, que quand ils ont été déclarés tels par un Jugement, ou quand les héritiers y ont eux-mêmes consenti en passant titre nouvel. V. *Titre Nouvel.*

L'Ordonnance de 1539 avoit néantmoins permis d'exécuter contre les veuves & leurs héritiers, les titres qui l'étoient contre leurs auteurs, sans faire contr'eux aucune poursuite préalable ; mais cette disposition fut abrogée sur les remontrances de divers Parlemens ; & par une Déclaration du 4 Mars 1549, Henri II défendit de mettre les titres à exécution contre les héritiers du débiteur,

sans

sans les avoir préalablement fait déclarer Exécutoires contr'eux.

Cette derniere Loi n'est point observée dans le ressort des Parlemens de Normandie (a), de Dijon, d'Aix & de Bordeaux (b), où l'on suit encore l'Ordonnance de 1539; mais elle l'est dans tout le ressort du Parlement de Paris, & dans presque tous les autres. V. ma Note sur l'art. *Titre Nouvel*, & l'art. 168 de la Coutume de Paris.

Quoiqu'une veuve ait accepté la communauté qui a été entr'elle & son mari, & qu'à raison de ce, elle soit tenue des dettes de la communauté, on ne peut cependant pas exécuter contr'elle (veuve) les titres qui étoient Exécutoires contre le mari, chef de la communauté, sans les faire déclarer tels, à moins que la veuve n'ait elle-même été Partie, & ne soit obligée ou condamnée par ces mêmes titres.

Mais sur tout cela voyez *Titre*.

EXÉCUTOIRE de Dépens.

C'est le nom qu'on donne à une Commission donnée en forme de Jugement, qui contient la taxe & la liquidation de frais ou de dépens adjugés; & en conséquence de laquelle, celui qui les doit, peut être contraint de les payer, comme en vertu d'un titre Exécutoire. V. *Déclaration de Dépens*, *Dépens* & *Iterato*.

EXEMPTION de la Jurisdiction des Evêques.

Les Evêques sont, de Droit commun, les premiers Supérieurs de tous les Monasteres établis dans leurs Diocèses; & cette supériorité est une des causes pour lesquelles les Conciles imposent à l'Evêque la nécessité de résider & de veiller à ce que la régle & la discipline y soient inviolablement observées.

La discipline qui soumet le gouvernement spirituel des Monasteres à l'Evêque du lieu, est très-ancienne; l'Eglise l'a solemnellement confirmée dans le Concile de Calcédoine, le quatrième Ecuménique, qui porte, Canon 4: » Il nous a semblé bon que

» nul Monastere, nulle Maison de prière, ne » puisse être construite sans le consentement » de l'Evêque du lieu, & que tous les Moines de chaque Canton & de chaque Ville » soient soumis à l'Evêque «.

L'Evêque a donc toujours été le Supérieur Ecclésiastique des Moines & des Communautés de son Diocèse; & dans les siécles où la discipline réguliere fleurissoit, les Religieux se faisoient gloire de vivre sous son obéissance; ils regardoient leur dépendance envers lui, comme le fondement de la régularité monastique. L'Exemption de cette dépendance, accordée à plusieurs Monasteres, a depuis été regardée par S. Bernard même, par Pierre de Blois & par plusieurs autres, comme la cause de la dissipation du Temporel des Couvens, & du peu de discipline qui y est observée.

Ce que je viens de dire, annonce assez que les Exemptions sont regardées défavorablement en France; cependant elles s'y sont introduites vers le onziéme siécle: » les Papes commençant alors (dit d'Hericourt) » à se regarder comme Evêques universels, » crurent pouvoir ôter aux premiers Pasteurs une portion de leurs troupeaux, pour » s'en attribuer à eux-mêmes le gouvernement, ou pour accorder la Jurisdiction » aux Religieux sur leurs Monasteres & sur » leurs propres personnes.

» Ce n'est que depuis ce temps qu'on » trouve des priviléges non suspects de faus» seté, par lesquels le Pape enleve aux Evê» ques le pouvoir spirituel que leur carac» tere Episcopal leur donne sur les Monas» teres de leurs Diocèses «. Voyez ce que je dis à l'art. *Faussaires*.

Les Exemptions ont été reçues dans toute l'Eglise; mais on ne les regarde comme légitimes, que quand elles ont été accordées du consentement des Evêques Diocésains; parce que leur autorité est un droit qui leur est acquis, & que personne ne peut être dépouillé de son droit arbitrairement & malgré soi: ainsi, comme le Pape ne peut les contraindre, quand il lui plaît, de se démettre de leur pouvoir, il ne peut leur im-

(a) Voyez l'article 546 de la Coutume de Normandie, & l'article 129 du Réglement des Placités.
(b) MM. les Gens du Roi de ce dernier Parlement ont certifié, par Acte de Notoriété du 18 Déc. 1719, » que les

» Jugemens rendus contre des personnes qui viennent à » décéder postérieurement, sont *Exécutoires* contre leurs » héritiers, sans qu'il soit besoin de le faire ordonner; « ils ont depuis donné un pareil Acte le 29 Avril 1726.

poſer l'obligation de le céder à quelqu'un. Voyez les Mémoires du Clergé, tome 6, page 941.

Si le conſentement de l'Evêque Diocéſain eſt néceſſaire pour la validité de l'Exemption, celui de la Communauté ne l'eſt pas moins ; parce que, ni dans l'Ordre Civil, ni dans l'Ordre Eccléſiaſtique, on ne contraint perſonne de renoncer au Droit commun, pour accepter un privilége. Il faut de plus que les Exemptions ſoient fondées ſur des cauſes juſtes.

L'approbation du Roi eſt encore néceſſaire pour rendre légitimes les Exemptions que le Pape accorde ; parce que le Roi eſt le protecteur des Egliſes de ſon Royaume, & qu'il n'eſt pas permis, ſans ſon aveu, de renverſer l'ordre & la diſcipline Eccléſiaſtique. Voyez l'article 71 de nos Libertés, & leurs preuves.

Si l'une de ces formalités manque dans l'Exemption, elle eſt abuſive ; & ſur cette matiere, la Juriſprudence des Arrêts n'admet, ni la poſſeſſion, ni la preſcription contre les Ordinaires ; parce que la Juriſdiction Eccléſiaſtique a ſon fondement dans le caractere de l'Evêque, Chef & premier Paſteur du Dioceſe.

Il eſt certain, (dit M. Bignon, Avocat Général, dans un Plaidoyer du 6 Mars 1653) » que l'autorité & la Juriſdiction ſpirituelle » des Evêques ſont toujours fondées en Droit » commun, & qu'ils n'ont beſoin de rapporter autres titres que leur ſacré caractere ; » nul n'eſt exempt de cette autorité ſpirituelle.....Les Exemptions au contraire ne » ſont fondées qu'en priviléges particuliers.. » mais il faut faire apparoir des titres exprès pour cela, ſuivis d'une poſſeſſion légitimement continuée & preſcrite; parce » qu'autrement tout privilége ſe perd par un » ſeul acte contraire, & s'efface aiſément » par non uſage; il s'interprête étroitement, » & ne s'explique qu'avec beaucoup de réferve & de reſtriction, comme toutes les » matieres odieuſes; & même il eſt cenſé révoqué de ſoi-même & de plein droit, ſi » l'on en abuſe, ou s'il vient à paroître nuiſible & préjudiciable au Public ».

M. Talon, Avocat Général, a adopté les mêmes principes dans la Cauſe de l'Evêque de Chartres, contre ſon Chapitre, jugée au Parlement de Paris le 24 Mars 1664; il les a appuyées ſur toutes les diſpoſitions Canoniques, & ſur l'opinion des Auteurs les plus accrédités. V. M. *Cujas.*

Ainſi, ſi le titre n'eſt ni juſte ni légitime, s'il n'a point été paiſiblement exécuté, ou bien ſi les cauſes & les circonſtances qui avoient pû donner lieu à l'Exemption, ne ſubſiſtent plus; dans tous ces cas & dans une infinité d'autres, l'Evêque peut rentrer dans ſon droit originaire; le retour au Droit commun devient favorable, & il eſt même néceſſaire pour le bon ordre & la police Eccléſiaſtique des Dioceſes.

Le Parlement de Provence a confirmé ces grandes régles par un Arrêt du 28 Janvier 1737, rendu en faveur de l'Evêque de Siſteron, contre un ſieur Burle, Abbé de Notre-Dame de Lure ; on trouve cet Arrêt dans le rapport des Agens du Clergé en 1740, *Piéces juſtificatives*, page 65; l'eſpéce en eſt rapportée, pag. 43 & ſuivantes du rapport.

C'eſt par ces mêmes motifs que les Exemptions du Chapitre de Peronne, de celui de Sens, de l'Abbaye de Jouarre, du Chapitre de Saint Martin de Tours, fondées ſur des Bulles des Papes, ſur des Tranſactions faites avec des Evêques, & ſur une poſſeſſion de pluſieurs ſiécles, ont été déclarées abuſives par des Arrêts du Parlement de Paris, rendus les 20 Décembre 1666, 21 Septembre 1670, 26 Janvier 1690 & 13 Avril 1709. V. le Journal des Audiences.

La même Juriſprudence a été ſuivie au Conſeil du Roi, par un Arrêt du 10 Août 1700, rendu entre le Chapitre & l'Evêque de Chartres. Voyez auſſi l'Arrêt rendu au Parlement de Metz le 5 Septembre 1709, rapporté par Augeard, édition *in-folio*, tome 2, n°. 74.

Nous avons cependant en France pluſieurs Maiſons Religieuſes qui ſont ſoumiſes à des Supérieurs Réguliers, dont l'Exemption de la Juriſdiction de l'Ordinaire ne ſouffre point de contradiction, parce qu'elles ſont apparemment fondées ſur un titre régulier ; telles ſont les Bénédictines, celles qui profeſſent la Régle de S. Bernard, les Auguſtines, les Dominicaines, & celles qui ſe ſont vouées à la Régle de S. François.

La diſcipline qui eſt ſuivie par rapport aux Monaſteres de ces Ordres, forme des exceptions dans l'exercice de la Jurifdiction des Evêques : mais lorfqu'à l'égard de ces Moniales, il fe préfente des caufes qui exigent de faire ceffer le gouvernement des Réguliers, ou bien lorfque les Religieufes, dans certaines circonftances, demandent elles-mêmes d'être rétablies dans l'ordre du Droit commun ; c'eft le cas où un Evêque ne peut fe difpenfer d'étendre fa follicitude Paftorale fur une portion du Troupeau qui reclame fon légitime Pafteur, & qui fe propofe de vivre fous fon obéiffance.

Nous en avons un premier exemple dans l'affaire des Religieufes Dominicaines de Sainte Catherine de Dijon, que l'Evêque Diocéfain voulut bien recevoir pour demeurer à l'avenir fous fa dépendance & fupériorité ; ce qui fut confirmé par Arrêt du Confeil d'Etat, rendu le 16 Avril 1725, contre le Provincial des Jacobins. V. le Rapport des Agens du Clergé à l'Affemblée de l'année 1725.

Nous en avons un autre dans l'affaire des Recolettes de Sainte Claire de Marfeille, auxquelles, par Ordonnance rendue par un Vifiteur Apoftolique, le 9 Juin 1736, confirmée par Arrêt du Confeil, rendu le 23 du même mois, il a été ordonné que *lefdites Religieufes, leurs perfonnes, Communautés & Monafteres, feront & demeureront à l'avenir pour toujours fous la Jurifdiction, l'autorité & totale dépendance de l'Evêque de Marfeille & de fes fucceffeurs*, à caufe de l'abus que le Provincial des Récollets & fon Commiffaire avoient fait de leur autorité fur ces Religieufes. Voyez le *Récit & les Piéces juftificatives de cette affaire dans le Rapport des Agens du Clergé en 1740.*

Les Chapitres des Eglifes Cathédrales ne peuvent de leur feule autorité, lors même qu'ils fe prétendent exempts de l'Ordinaire, faire des Réglemens perpétuels fur ce qui regarde la célébration du Service Divin ; ces Réglemens doivent être autorifés & approuvés par l'Evêque, avant qu'on puiffe les mettre à exécution ; parce qu'il eft le Chef & le premier Pafteur du Diocèfe, & que l'Eglife Cathédrale eft plus particuliérement l'Eglife du Prélat que celle du Chapitre ; elle reçoit même fa principale Dignité, *ex Cathedra Epifcopi.*

Un Arrêt du Confeil, revêtu de Lettres-Patentes du 29 Janvier 1750, a homologué la Tranfaction paffée entre le Chapitre de la Collégiale de Dole & l'Archevêque de Befançon, le 2 Septembre précédent ; & faifant droit fur l'appel comme d'abus interjetté des Bulles de Benoît XI & Jean XXIII, par l'Archevêque ; l'Arrêt déclare *qu'il y a abus en ce que, par lefdites Bulles, ladite Eglife de Dole & lefdits Chanoines & Chapitre ont été exemptés de l'autorité & Jurifdiction ordinaire dudit Archevêque, & foumis immédiatement au S. Siége.* Le Chapitre fondoit fon exemption prétendue, tant fur ces Bulles & fur des poffeffions pendant plufieurs fiécles, que fur ce que fes Membres étoient Clercs fpéciaux & Chapelains des Souverains du Comté de Bourgogne, ce qui le mettoit au nombre des Saintes Chapelles.

L'exemplaire que j'ai de cet Arrêt & des Lettres-Patentes, ne fait pas mention de l'enregiftrement au Parlement de Befançon, auquel elles font adreffées.

Il n'y a point de matiere fur laquelle les Bulles des Papes foient plus fufpectes que fur les exemptions. V. *Fauffaires.*

EXHÉRÉDATION.

V. Ab irato, *Inofficiofité, Légitime, Mariage, Rapt & Sommations refpectueufes.*

Le mot Exhérédation fignifie quelquefois une difpofition qui prive quelqu'un de fon droit dans une fucceffion ; quelquefois auffi il fignifie l'effet de cette difpofition, c'eft-à-dire, la privation des biens que fouffre l'héritier.

La puiffance des peres étoit fi grande autrefois, qu'ils pouvoient tuer leurs enfans, les vendre, les priver de leur fucceffion, & même les abdiquer, fans être obligés de rendre compte d'une conduite qui paroît aujourd'hui bien barbare. Dans la fuite des temps, on a permis aux enfans *prétérits*, c'eft-à-dire, dont les peres n'avoient point parlé dans leur teftament, de fe pourvoir contre ce même teftament, par la voie de la querelle d'inofficiofité.

Mais dans le Droit nouveau, on a cru devoir limiter le pouvoir des peres. L'Exhérédation dès-lors ceffa d'être arbitraire ; elle ceffa auffi d'être une fimple difpofition dépendante de la volonté ; elle devint une peine qu'il n'étoit plus permis de prononcer que pour des caufes prefcrites par la Novelle 115.

Juftinien a donc défendu aux peres & meres par cette Novelle (chap. 3.) d'exhéréder leurs enfans, fans de juftes caufes exprimées par le teftament, & dont l'héritier (inftitué) doit fairè preuve après la mort du teftateur.

Ces caufes, au nombre de quatorze, font détaillées dans la même Novelle, & nos Ordonnances y ont apporté quelque changement. Les voici dans l'ordre que les a données M. Domat.

» Les peres & meres & autres afcendans
» peuvent exhéréder leurs enfans, s'ils ont
» attenté à leur vie, ou par le poifon, ou par
» d'autres voies «. (De fimples menaces ne fuffiroient pas.)

» S'ils les ont frappés, ou leur ont fait
» quelqu'outrage ou quelque griéve offen-
» fe.

» S'ils ne les ont tirés de prifon, s'obli-
» geant de payer pour eux, felon que leurs
» biens pouvoient le permettre.

» S'ils les ont laiffés en captivité, pou-
» vant les racheter.

» Si le pere, ayant été en démence, ils
» avoient manqué de lui rendre les offices
» que cet état pouvoit demander.

» Si, par quelque violence ou autre mau-
» vaife voie, ils l'avoient empêché de dif-
» pofer de fes biens par un teftament : & fi
» le pere étoit mort, fans pouvoir tefter &
» exhéréder le fils qui auroit ufé d'une telle
» voie, ce fils ne laifferoit pas d'être privé
» de l'hérédité.

» S'ils fe font rendus leurs accufateurs
» d'autres crimes, que d'une entreprife con-
» tre le Prince ou contre l'Etat.

» Si un fils a commis un incefte avec fa
» belle-mere (a).

» S'il s'étoit engagé dans quelqu'habi-
» tude avec des fcélérats, & faifoit la mê-
» me vie.

» S'il a embraffé une profeffion infâme,
» qui ne fût pas celle de fon pere.

» Si une fille préfère au mariage une vie
» infâme «.

L'Edit du mois de Février 1556, l'Ordonnance de Blois, art. 41, 42, 43, 44, la Déclaration de 1639, & l'Edit du mois de Mars 1697, ont apporté des changemens à cette derniere caufe d'Exhérédation. Suivant ces Loix, le fils âgé de moins de trente ans, & la fille de moins de vingt-cinq, ne peuvent fe marier fans le confentement de leurs pere & mere ; & s'ils le font, ils peuvent être exhérédés, quand même leur mariage auroit été déclaré nul. Voyez l'Arrêt du 16 Mai 1741, dont je parle à l'article *Rapt*.

Dans l'affaire de la Demoifelle de Brun, dont je parle au même article (*Rapt*), on a prétendu que l'Exhérédation ne devoit pas avoir lieu, parce que fon mariage avec le Marquis de Tavanes, qui l'avoit enlevée, n'étoit pas prouvé ; l'Exhérédation ne pouvoit, difoit-on, avoir lieu que quand il y avoit mariage. Mais l'Arrêt du 23 Janvier 1755 a jugé qu'il fuffifoit que la demoifelle de Brun eût été *ravie de fon confentement* (*à l'âge de dix-fept ans*) *& conduite hors du Royaume, auffi de fon confentement*, comme le portoit l'Arrêt du Parlement de Dijon, du 10 Février 1738, rendu contre le ravisfeur.

L'Exhérédation jugée valable par l'Arrêt de 1755, étoit conçue en ces termes : » la
» demoifelle de Brun s'étant attirée la peine
» de l'Exhérédation qu'elle mérite, pour
» avoir confenti à fon enlevement, & à une
» célébration de mariage en Lorraine, nulle
» par toutes les Loix Civiles & Canoni-
» ques, je lui laiffe par pure commifération
» le principal de 39597 liv. «

Ce teftament, difoit la demoifelle de Brun, ne contenoit pas une Exhérédation, mais feulement une menace d'exhéréder : on a jugé le contraire.

Au refte, il n'y avoit pas eu de bénédiction nuptiale donnée au Marquis de Tavanes & à la demoifelle de Brun ; mais ils s'étoient eux-mêmes *mariés par parole de préfent*, c'eft-à-dire, qu'ils s'étoient approchés de l'Autel vers la fin de la Meffe, à laquelle ils avoient affifté un jour de Fête, & avoient déclaré fe prendre mutuellement pour époux,

_____

(a) La Novelle permet même l'Exhérédation du fils qui a eu des habitudes charnelles avec la Concubine de fon pere ; parce que, chez les Romains, les Concubines étoient, à certains égards, au niveau des femmes légitimes. (Voyez Concubinage) ; mais cette difpofition n'eft point de notre ufage.

après avoir demandé au Curé qu'il les mariât, ce qu'il avoit refusé. V. *Rapt*.

D'ailleurs on invoquoit les dispositions de la Novelle 115, chap. 3, qui met l'injure grave faite aux peres & meres, au nombre des causes d'Exhérédation; & on disoit qu'il n'étoit pas raisonnable qu'une fille de qualité pût se prêter à son enlevement, pour se livrer à des désordres, sans que ses pere & mere pussent la punir du deshonneur qu'elle leur causoit d'une maniere aussi publique. V. la Coutume du Maine, art. 269; celles d'Anjou, art. 251; de Touraine, art. 286; de Bourbonnois, art. 312; de la Marche, art. 247, & l'art. 495 de celle de Bretagne.

La demoiselle de Brun s'est pourvûe en cassation contre l'Arrêt du 23 Janvier 1755; mais elle a essuyé un *néant*: elle s'est depuis pourvûe par Requête Civile contre ce même Arrêt; mais elle a été déboutée de sa demande en enthérinement, par Arrêt rendu sur les Conclusions de M. l'Avocat Général Seguier, Jeudi 19 Mai 1763.

Le fils âgé de trente ans, & la fille de vingt-cinq, sont encore sujets à l'Exhérédation, s'ils se marient, comme ils le peuvent, contre le gré de leurs parens, sans leur avoir demandé leur consentement par la voie ordinaire des sommations respectueuses. Voyez *Sommations respectueuses*, & l'Edit de 1697, que je rapporte au mot *Mariage*.

Pierre Macquerel, mineur & soldat, ayant épousé la fille de son camarade, soldat comme lui, sans avoir demandé le consentement de son pere, mais après avoir observé les autres formalités prescrites pour la validité des mariages, vint trouver son pere au Havre, qui apprit ce mariage, sans se plaindre juridiquement.

Macquerel fils étant mort à l'armée, sa femme & ses enfans vinrent aussi au Havre, & l'ayeul refusa de les secourir. Ils lui demanderent judiciairement des alimens; & alors il déclara devant Notaire, qu'il entendoit exhéréder son fils, & les enfans issus de son mariage.

Macquerel pere étant mort, ses petits-enfans se présenterent pour recueillir sa succession; les autres enfans les soutinrent exhérédés valablement: ils fortifierent cette fin de non-recevoir par un appel comme d'abus du mariage de Macquerel fils.

Ils y furent déclarés non recevables par Arrêt du Parlement de Rouen rendu le 10 Décembre 1735, & les petits-enfans furent admis à la succession de leur ayeul. Cet Arrêt est principalement fondé sur ce que Pierre Macquerel, pere, n'avoit pas lui-même appellé comme d'abus du mariage de son fils, du vivant de ce même fils, & qu'en prenant la voie de l'Exhérédation, il avoit voulu laisser subsister le mariage. Voyez un Arrêt relatif à ceci au mot *Mariage*.

M. Boucher, qui portoit la parole lors de cet Arrêt, termina son Plaidoyer, en disant: » L'état du fils étoit entier, lorsꞏ » qu'il est décédé; il est mort ami de son » pere; il est mort présomptif héritier: *Fi-* » *lius, ergo hæres*.

Les ascendans orthodoxes peuvent aussi exhéréder leurs descendans hérétiques; mais comme, depuis la révocation de l'Edit de Nantes, on ne connoît plus d'hérétiques en France, où tout le monde est présumé Catholique, cette cause d'Exhérédation n'est plus d'usage. D'ailleurs l'Edit de Nantes porte, par l'article 26, que les Exhérédations pour cause de Religion n'auront lieu, tant pour le passé que pour l'avenir.

Un fils exhérédé par sa mere fut admis par les autres enfans à partager la succession avec eux, sous promesse de ne jamais épouser une certaine personne avec laquelle il avoit des habitudes, & de suivre la volonté du pere commun, auquel il promit aussi de ne pas épouser cette même personne; mais devenu majeur de trente ans, le fils prétendit n'être pas lié par sa promesse, & fit faire des sommations respectueuses: le pere appella de l'Ordonnance qui permettoit de faire ces sommations, & demanda l'exécution de l'écrit de son fils, qui de son côté obtint des Lettres de Rescision contre.

M. l'Avocat Général Gilbert, qui porta la parole dans cette affaire, observa que l'écrit étoit contre les bonnes mœurs; en conséquence, & par Arrêt rendu sur ses Conclusions, le Samedi 27 Avril 1743, la Cour, sans s'arrêter aux Lettres de Rescision, qui furent jugées inutiles, ordonna qu'il seroit passé outre à la célébration du mariage.

Quelque force qu'on donne à l'Exhérédation prononcée par les peres & meres, elle ne peut avoir un effet rétroactif, ni priver les Exhérédés des droits qui leur étoient déja acquis ; elle n'a d'effet que pour les priver des biens qui leur seroient échus, cessant l'Exhérédation.

L'article 29 du titre premier de l'Ordonnance du mois d'Août 1747, sur les substitutions, porte : » l'Exhérédation prononcée » par les peres & meres, ne pourra priver » les enfans deshérités des biens qu'ils doi- » vent recueillir en vertu des substitutions » faites par leurs ascendans ou autres, si ce » n'est que l'auteur de la substitution eût » expressément ordonné que les enfans qui » auroient encouru l'Exhérédation, seroient » privés des biens par lui substitués, ou » qu'ils ne soient dans un des cas où, par la » disposition des Ordonnances, ils sont dé- » clarés déchus & incapables de toutes suc- » cessions «.

Quelques Ordonnances, & singuliérement l'article 2 de la Déclaration de 1639, veulent que les enfans qui se marient sans le consentement de leurs pere & mere, soient exhérédés de plein droit ; mais leurs dispositions sur cela n'ont jamais été exactement suivies.

La Jurisprudence a tempéré la sévérité de ces Loix, en exigeant que l'Exhérédation fût prononcée par les peres & meres ; la faute des enfans consistant dans le mépris de l'autorité paternelle, que les peres & meres peuvent seuls connoître & constater, il a paru juste qu'ils pussent aussi la punir seuls.

Dans la cause plaidée le Mardi 9 Juin 1761, en laquelle il s'agissoit de sçavoir s'il y avoit une vocation en faveur de la demoiselle de Brun, dans la substitution faite par le testament du Comte de Montal, on a subsidiairement traité la question de sçavoir si l'Exhérédation prononcée contre cette demoiselle par sa mere, & confirmée par l'Arrêt dont je viens de parler, ne la privoit pas du droit de recueillir cette substitution, supposé qu'elle y fût appelée. M. Seguier, qui portoit la parole, l'a regardée comme in-

capable, & l'Arrêt a en effet prononcé contr'elle ; mais j'ai sçu des Juges que l'on s'étoit déterminé par le défaut de vocation, & que si on avoit jugé l'autre question, la demoiselle de Brun auroit gagné son procès tout d'une voix.

Les enfans peuvent aussi exhéréder leurs ascendans, s'ils en ont justes causes ; & ces causes sont pareillement détaillées dans la Novelle 115, ch. 4. Mais je ne parle pas de cette espéce d'Exhérédation ; parce que les peres & meres n'étant appelés parmi nous qu'à la succession des meubles & acquêts de leurs enfans, qui sont des biens disponibles, les enfans n'ont pas besoin d'exprimer les causes pour lesquelles ils font des dispositions universelles, au profit d'autres personnes que leurs ascendans.

D'ailleurs, les causes qui peuvent autoriser l'Exhérédation des ascendans, sont si graves, qu'il n'est point naturel de présumer que des peres & meres se rendent coupables de semblables crimes envers leurs enfans.

Il n'est pas nécessaire que l'acte par lequel l'Exhérédation des enfans est prononcée, contienne la disposition des biens en faveur d'un autre héritier ; parce que, si l'Exhérédation ne contient point de disposition, la succession dont l'enfant est privé, passe à l'héritier le plus prochain ; & dans ce cas-là, pourvû que la volonté des peres & meres soit constante & consignée dans un écrit, les Loix n'exigent point une forme particuliere dans l'acte qui contient l'Exhérédation ; il suffit qu'elle soit précise, formelle & faite par un acte authentique, avec l'expression de la cause qui y a donné lieu. Voyez Ricard, Furgole & l'Analyse du Droit François.

Mais si cet acte contient des dispositions, soit entre-vifs, soit à cause de mort, il est alors assujetti aux formalités prescrites pour l'une & l'autre maniere de donner (a).

Si l'enfant exhérédé demande à assister à l'inventaire des biens de la succession dont on veut l'exclure, à cause de l'Exhéré-

---

(a) On prétend que l'Exhérédation ne peut être faite que par testament en Pays de Droit-Ecrit, & non par un acte entre-vifs ; parce qu'on n'y peut donner l'hérédité que par un testament, par lequel le fils doit être institué ou exhérédé, sans quoi il y auroit prétérition. Les Avocats au Parlement de Dijon ont donné une Consultation le 27

Avril 1753, dans l'affaire de la demoiselle de Brun, dont je parle à l'art. *Rapt*, par laquelle ils ont dit qu'en Bourgogne où l'institution d'héritier est nécessaire, l'Exhérédation ne peut se faire par acte entre-vifs.

Bretonnier pense de même ; mais voyez Fromental, article *Exhérédation*.

dation, on ne peut pas l'en empêcher; parce qu'ayant la voie de proposer la querelle d'inofficiofité, & qu'étant d'ailleurs faifi de la fucceffion, en conféquence de la régle, *le mort faifit le vif*, il n'eft pas naturel de l'exclure par provifion.

Un pere ne peut, en exhérédant fon fils, le priver des fidéi-commis laiffés, tant par fes prédéceffeurs, que par des étrangers, ni de la fucceffion des collatéraux (du fils), quoique les biens de ces collatéraux procédent originairement du pere.

La mere ne peut, en exhérédant fes enfans, les priver de la faculté de recueillir le fonds de fon douaire.

Quand l'Exhérédation eft jugée injufte, tout le teftament eft confidéré comme fait *ab irato*, & demeure par conféquent nul & fans effet.

Ceux qui veulent tirer avantage d'une Exhérédation, doivent prouver la réalité des caufes qui en font le fondement.

Si depuis les faits qui ont donné lieu à l'Exhérédation, il y a eu une réconciliation fuffifante entre l'Exhérédé & l'Exhérédant, l'offenfe étant remife, la peine ne doit plus fubfifter: mais en ce cas, la preuve de la réconciliation eft à la charge de l'Exhérédé; & il ne faut pas confondre la réconciliation avec un fimple pardon accordé feulement pour fatisfaire aux devoirs du Chriftianifme. V. Pocquet de Livonniere, Régles du Droit François, liv. 3, chap. 4, art. 9.

Il y a une autre efpéce d'Exhérédation, qu'on nomme Officieufe, & que les Loix confeillent pour l'avantage même de l'Exhérédé; c'eft lorfqu'un fils diffipateur a des enfans, de leur faire paffer l'hérédité, & de ne conferver que des alimens au fils prodigue. Il y a d'anciens Arrêts qui autorifent en ce cas les créanciers du fils à demander la diftraction de fa légitime, & qui jugent par conféquent que les créanciers qui font aux droits de leur débiteur, ont plus de droit que lui; mais l'opinion contraire me femble la meilleure, & elle eft auffi appuyée fur des Arrêts. Voyez ce que je dis à ce fujet à l'art. *Légitime*.

Subftituer toute la part d'un enfant, & s'il contefte, le réduire à fa légitime, c'eft une forte d'Exhérédation qui doit être fondée en caufe finguliere; finon la fubftitution peut être déclarée nulle. Il y a plufieurs Arrêts qui ont déclaré caduques des fubftitutions des portions héréditaires de quelques enfans, dont la conduite étoit dérangée. Il y en a du 31 Mai 1680, au Journal des Audiences; il en a été rendu un autre au mois de Juillet 1729, en faveur du fieur Durand, Tonnelier, contre le tuteur de fes enfans, & Laideguive, exécuteur teftamentaire. V. Bardet, tom. 2, liv. 8, ch. 16.

Les actes d'Exhérédation doivent être infinués au Bureau, dans l'arrondiffement duquel l'Exhérédant eft domicilié lors de la publication, s'il la veut rendre publique de fon vivant, finon au Bureau, dans l'arrondiffement duquel il eft décédé. V. les art. 2 & 11 de l'Edit du mois de Décembre 1703, les art. 8 & 9 de la Déclaration du 19 Juillet 1704; & l'art. 6 du Tarif des Infinuations de 1722.

E X I L.

Ce mot fignifie Relégation de quelqu'un dans un lieu dont il ne peut fortir fans congé.

Ceux qui quittent le lieu de leur Exil, pour fe retirer en Pays Etrangers, font dès ce moment réputés Etrangers, & privés de leurs états & dignités. V. la Déclaration du 24 Juillet 1705, au mot *François*, & ce que je dis au mot *Etranger*.

Une autre Déclaration du 26 Décembre de la même année 1705, veut que ceux qui font relégués dans un endroit du Royaume, par ordre du Roi, en fortiront fans fa permiffion, foient punis par confifcation de corps & de biens; & en cas que les biens foient fitués dans un Pays où la confifcation n'a pas lieu, ou dans la Juftice des Seigneurs particuliers, la Déclaration porte que les coupables feront condamnés, envers le Roi, en une amende qui ne pourra être moindre que de la moitié de la valeur des biens.

Acquiert-on un domicile par la réfidence, dans un lieu d'Exil? V. *Domicile*.

E X O I N E S ou Excufes.

On appelle Exoine, l'Excufe propofée pour une perfonne abfente qui ne peut comparoir en Juftice. Il y a un titre entier dans l'Ordonnance criminelle de l'année 1670, qui traite des Exoines: c'eft le onziéme.

L'article premier de ce titre porte, que l'accufé qui ne pourra comparoir en Juftice pour caufe de maladie ou bleffures, fera préfenter fes Excufes par un fondé de procuration fpéciale, paffée devant Notaire, qui contiendra le nom de la Ville, Bourg, Village, Paroiffe, rue & maifon où il fera détenu.

Cet article ne paroît admettre les Exoines que dans le feul cas de bleffures ou maladie; cependant il en eft d'autres où il eft naturel de les recevoir; par exemple, lorfque celui qui préfente l'Exoine, eft, ou prifonnier ou abfent de bonne foi depuis longtemps, ou lorfqu'il régne des maladies contagieufes, ou enfin lorfqu'il y a un autre empêchement légitime.

L'art. 2 du même tit. 11 veut qu'on n'admette les Excufes ou Exoines que quand elles font données par un Médecin de Faculté approuvé. Le même article exige que le Médecin déclare la qualité & les accidens de la maladie ou de la bleffure, & que l'accufé ne fe peut mettre en chemin fans péril de la vie. Il veut enfin que le Médecin attefte la vérité de l'Exoine qu'il donne; & cela par ferment prêté devant le Juge du lieu, qui doit en dreffer Procès - verbal, pour être joint, ainfi que l'Exoine, à la procuration.

On ne peut que louer la févérité de l'Ordonnance fur cette matiere; cependant il eft des circonftances où l'humanité exige que les Magiftrats faffent fléchir la rigueur de la régle. Il eft de pauvres gens, éloignés des Villes où réfident ordinairement les Médecins, qui ne pourroient fournir aux dépenfes du tranfport des Médecins & des autres formalités que l'Ordonnance prefcrit : il fembleroit que dans ce cas les Juges devroient fe contenter du certificat d'un Chirurgien ou d'une perfonne digne de foi. La vie d'un malheureux ne doit pas être expofée, par la raifon qu'il n'a pas dequoi payer.

L'art. 3 veut que l'Exoine foit communiquée au Miniftere public & à la Partie civile, s'il y en a, & qu'elle foit admife ou rejettée à l'Audience. L'art. 4 veut que l'on informe des caufes de l'Exoine, fi elles paroiffent légitimes, & qu'elles foient débattues.

Il femble, par les difpofitions de cette Ordonnance que les Exoines n'ont lieu qu'en matiere criminelle; cependant il eft beaucoup d'occafions où elles font néceffaires en matiere civile.

Une perfonne affignée pour fubir un interrogatoire fur faits & articles en matiere civile, peut en être difpenfée par la repréfentation d'une Exoine.

Un Huiffier du Châtelet, obligé de paroître annuellement à la Montre le lendemain de la Trinité, peut auffi en être difpenfé par la même voie; & c'eft même la précaution que ces Officiers prennent fouvent pour n'être pas fujets au voyage & à l'amende.

EXPECTANT.

En matiere Bénéficiale, on nomme Expectans ceux qui ont l'expectative, c'eft-à-dire, l'efpérance de poffèder l'un des Bénéfices qui viendra à vaquer à la collation ou nomination du Collateur ou Patron fur lequel leur expectative eft placée; par exemple, un Gradué eft un Expectant, ainfi qu'un Indultaire & un Brevetaire de ferment de fidélité ou de Joyeux - Avénement. Voyez *Expectative*, *Grades*, *Indult* & *Joyeux-Avénement.*

EXPECTATIVE.

Ce mot fignifie attente de quelque chofe; il fe prend auffi quelquefois pour une efpéce de droit de furvivance.

En matiere Bénéficiale, on nomme Expectative le droit & l'efpérance qu'un Eccléfiaftique, tel par exemple, qu'un Gradué ou un Indultaire, &c. a d'être pourvu de l'un des Bénéfices qui vaquera à la nomination du Collateur ou du Patron, auquel il a notifié fes Grades ou fon Indult.

V. *Graces Expectatives*, *Gradués*, *Indult*, *Joyeux-Avénement*, *Réferves*, &c.

EXPÉDIENT.

L'ufage eft au Palais de renvoyer des Caufes légeres devant un ancien Avocat, par l'avis duquel les Parties font réglées, & fur lequel avis l'Arrêt s'expédie; cela s'appelle vuider les Caufes par Expédient.

Cette procédure eft autorifée par le tit. 6 de l'Ordonnance de 1667, qui, par l'art. 5, porte que, *dans les Caufes qui fe vuideront par Expédient, la préfence du Procureur ne* fera

fera pas néceffaire, lorfque les Avocats feront chargés de piéces. Voy. auffi les art. 6 & 7.

Au Châtelet, on nomme Expédiens les difpofitifs des Sentences, arrêtés à l'amiable par les Avocats & Procureurs des Parties ; ils font d'un ufage très-fréquent (a), & je crois même qu'il fe rend autant de Sentences au Châtelet par Expédient, qu'à l'Audience : mais l'ufage eft de ne les enregiftrer au Greffe, & de ne délivrer les Sentences en conféquence, que quand ils font fignés des Procureurs ; la fignature des Avocats n'eft pas feule fuffifante.

Les Sentences paffées par Expédient au Châtelet, ne différent en rien de celles rendues à l'Audience ; elles ont la même forme & la même autorité : mais il eft une infinité de matieres fur lefquelles les Expédiens ne doivent être enregiftrés au Greffe que quand ils ont été reçus à l'Audience. Par exemple, les Procureurs au Châtelet ne peuvent convenir ni figner d'Expédiens ou Sentences, fans les faire recevoir à l'Audience dans les affaires où il s'agit :

1°. D'appofition ou levée de fcellé.

2°. De la pleine maintenue dans le poffeffoire d'un Bénéfice.

3°. D'abfolution des accufations de faux, recélé, ufure & autres cas femblables.

4°. De contraintes par corps.

5°. De permiffion d'informer.

6°. De toucher des deniers aux confignations, aux faifies-réelles & des mains des Huiffiers-Prifeurs ou autres dépofitaires judiciaires.

7°. De recevoir des débiteurs au bénéfice de ceffion.

8°. De juger définitivement ou par provifion les ordres, les partages & les comptes.

9°. De la liberté des perfonnes.

10°. De donner Lettres de Réalifation d'offres.

11°. De mention de réception de ferment.

12°. De fixer le deuil des veuves après la mort de leur mari.

13°. De provifions, &c.

Cela eft ainfi réglé par des Sentences des 13 Février 1696, & 10 Juin 1705 ; & cela a lieu quand même les Sentences feroient accordées, tant par les Procureurs que par les Parties.

En Provence, chaque Partie peut offrir un Expédient à fon adverfaire ; fi on l'accepte, il eft mis au Greffe pour être exécuté ; s'il eft refufé, & qu'il foit trouvé jufte en définitif, la Partie qui ne l'a pas accepté, eft condamnée aux dépens faits depuis le refus.

Cela s'obferve, tant en matiere civile que criminelle ; avec cette différence, qu'en matiere criminelle, l'Expédient ne peut être mis au Greffe, que quand il y a eu un Jugement qui l'a ordonné.

Les Expédiens qui s'offrent en Provence, doivent être fignés par les Parties ou par Procureur muni d'un pouvoir fpécial : on peut fur cela voir les Actes de Notoriété du Parquet du Parlement d'Aix, des 9 Février 1685, & 22 Juin 1729.

Les Arrêts d'Expédiens qui fe rendent en Provence, ne peuvent être attaqués par ceux qui y ont été Parties, que par la voie de la Requête civile. Acte de Notoriété, ibid. 15 Mai 1737.

L'ufage d'offrir des Expédiens, a lieu au Parlement de Grenoble.

EXPERTS.

Voy. *Arpenteurs, Bâtimens, Defcente fur les lieux & Rapport d'Experts.*

On appelle Experts, des gens qui ont une connoiffance particuliere de certaines chofes, & que l'on nomme pour en faire l'examen & en dreffer des procès-verbaux.

Il y a des Experts en titre d'office, créés par un Edit du mois de Mai 1690, pour faire, à l'exclufion de tous autres, tant dans la Ville de Paris, que dans plufieurs autres Villes du Royaume, *toutes les vifites, rapports des ouvrages, tant à l'amiable, que par Juftice, en vertu des Sentences, Jugemens & Arrêts . . . . en toute matiere, pour raifon de partage, licitation, fervitude, allignement, périls imminens, vifite de carrieres, moulins, tant à vent, qu'à eau, cours d'eau & chauffée defdits moulins, terraffe, jardinage, toifés, prifées & eftimations de tous ouvrages de maçonnerie, charpenterie, couverture, me-*

(a) Cet ufage eft très-ancien au Châtelet ; il y eft en quelque forte autorifé par l'article premier de l'Edit du   mois de Février 1679, regiftré le 17 Mars fuivant. V. auffi les Sentences indiquées à la fin du préfent article.

Tome II. Part. I.   M

nuiferie, sculpture, peinture, dorure, mar-
bre, serrurerie, vitrerie, plomb, pavé & au-
tres ouvrages, réception d'iceux, & générale-
ment de tout ce qui dépend de l'expérience des
choses ci-dessus exprimées.

Ce même Edit fait *défenses aux Parties*
de convenir en Justice pour Experts, d'au-
tres que des pourvus desdits Offices ; & aux
Juges d'en nommer d'office, & d'avoir égard
aux rapports qui pourroient être faits par
d'autres, ... à peine de nullité, &c. (a)

La rétribution des Experts de Paris créés
par cet Edit, est fixée à 6 liv. pour chaque
vacation de trois heures, employée dans la
Ville & Fauxbourgs de Paris, & à 7 liv. 10
sols quand ils sont obligés de se transporter
dans la Banlieue.

Quand les Experts de Paris vont au-delà
de la Banlieue, ils ne sont plus payés par
vacation, mais par journée de campagne, à
raison de 24 liv. par jour; c'est à quoi M. le
Lieutenant Civil les taxe. Il y a à ce sujet
deux Sentences des 29 Janvier & 16 Février
1729, dans le Recueil des Experts de Paris,
imprimé en 1735.

Les vacations des Experts créés dans les
autres Villes, sont fixées, par un Edit du
mois de Juillet 1690, à 3 liv. pour celles
employées dans les lieux de leur établissement, & à 5 liv., quand ils sont obligés
de se transporter hors lesdites Villes & Banlieues.

Quand il s'agit de visites qui n'ont pas
pour objet des servitudes, des constructions
ou des appréciations de bâtimens; des ar-
pentages, toisés, ou autres opérations géométriques, le ministere des Experts créés en
titre d'office n'est pas tellement nécessaire,
qu'on ne puisse en nommer d'autres : s'il s'a-
git, par exemple, d'apprécier la valeur de
marchandises, d'ustenciles de labourage, de

marchandises, d'outils, &c. il est très-libre
aux Parties de choisir tels autres Experts
qu'elles jugent à propos.

Quand de plusieurs Parties qui ont ou
un même, ou un semblable intérêt, chacune d'elles nomme un Expert, les Experts
qu'elles ont nommés chacune en particulier,
n'ont ensemble qu'une seule & même voix.

Quand un rapport d'Experts est ordonné, les Parties qui y ont intérêt, peuvent
nommer chacune un Expert, sinon, & à
leur refus, le Juge peut en nommer d'office
à la place de ceux qui ont refusé d'en nommer.

Mais le Juge ne peut en nommer d'office
pour une partie, que quand elle a été constituée en demeure par une sommation d'en
nommer; & cela doit s'observer, tant dans
les Jurisdictions ordinaires, que dans les
Officialités, ainsi que la Cour l'a jugé par
Arrêt rendu sur les Conclusions de M. l'A-
vocat Général Gilbert, le 4 Juin 1731, en
déclarant abusive une procédure faite pour
parvenir à l'érection d'une Cure à Herne-
cour, Diocèse de Toul, en ce que les Experts avoient été nommés d'office, sans sommation préalable aux Parties d'en nommer.

Si les Experts nommés par les Parties, ou
d'office par le Juge, au lieu & place de
l'une, ou de plusieurs d'entr'elles, qui n'a
pas voulu en nommer, se trouvent d'avis
contraires, le Juge doit en nommer un tiers
d'office pour les départager; & quand ce
tiers-Expert fait sa visite ou son rapport, il
doit être assisté de ceux qui ont déja fait la
premiere visite, suivant l'article 13 du titre
21 de l'Ordonnance de 1667.

Si les premiers Experts se sont accordés
sur quelque point, & n'ont été divisés d'o-
pinions que sur une partie de leur mission,

(a) Les Consuls sont dans l'usage de renvoyer en certains cas les demandes des Artisans devant des Ouvriers de
la même Profession ; quelquefois pour régler des Mémoires d'ouvrages & en fixer le prix, & quelquefois aussi pour
en constater les défectuosités, &c. Les personnes auxquelles
ces renvois sont faits, envoyent au Greffe de la Jurisdiction leurs avis cachetés, & d'après ces avis le Jugement se
rend.

Les Experts en titre ont prétendu que ces renvois ne
pouvoient pas se faire, & qu'il falloit nécessairement avoir
recours à leur ministere ; ils ont à cet effet interjetté
appel d'une Sentence des Consuls du 29 Octobre 1738,
qui renvoyoit la demande formée par un Menuisier contre
une Lingere devant un ancien Menuisier, pour entendre

les Parties, & les accorder, si faire se pouvoit ; sinon, faire
son rapport aux Consuls par écrit sur papier timbré, clos
& cacheté, &c.

Il y avoit cela de particulier dans l'espéce, que la Lingere avoit nommé aux Consuls un Expert en titre ; & les
Experts prétendoient qu'eux seuls devoient faire de semblables rapports; ils demandoient qu'il fût fait défenses
aux Consuls de nommer autres personnes que des Experts en titre d'office pour faire les rapports, à peine de
nullité ; mais, par Arrêt rendu sur productions respectives,
le 29 Juillet 1741, la Sentence des Consuls a été confirmée; & sur la demande des Experts en titre, les Parties ont
été mises hors de Cour. On trouve cet Arrêt dans un Ouvrage intitulé, *Praticien des Consuls.*

le tiers-Expert ne doit donner son avis que sur les points, sur lesquels seulement les premiers Experts se sont trouvés en contrariété d'opinions.

Les Jugemens & Sentences, qui ordonnent des visites & rapports d'Experts, doivent indiquer dans quelles vûes ils sont ordonnés, & prescrire aux Experts ce que leur rapport doit constater; en un mot, la mission des Experts doit être écrite dans le Jugement qui ordonne un rapport; l'Ordonnance de 1667 le décide textuellement. *Ibid.* art. 8.

Quand les Experts sont de même avis, ils peuvent le donner d'une maniere unanime; mais s'ils sont d'avis contraire, chacun d'eux doit donner son avis séparément, *ibid.* art. 13. C'est aussi ce qui a été prescrit par Arrêt rendu au Grand-Conseil le 6 Août 1745, aux Experts nommés pour visiter le bâtiment fait à Saint Martin-des-Champs par le Tellier, Maître Maçon: en effet, cet Arrêt, en enjoignant aux Experts de continuer leur rapport, leur a de plus ordonné de rédiger leurs avis séparément dans le procès-verbal, s'ils se trouvoient contraires dans leurs avis, en tout ou en partie.

Les visites & rapports d'Experts ne doivent se faire que Parties présentes, ou dûement appellées; ainsi, quand les Experts doivent procéder à leur rapport, la Partie provoquante doit non-seulement appeller les Experts, mais encore toutes les Parties intéressées, pour être présentes, si bon leur semble, aux opérations & rapports des Experts.

Il est bon de remarquer ici que les Experts créés en titre d'office, ayant serment en Justice, ne doivent pas, à chaque rapport en particulier, prêter serment d'y procéder fidélement. Leur serment de réception suffit pour tous les rapports qu'ils doivent faire en leur qualité. L'Edit du mois de Mai 1690 y est précis; mais quand ce sont d'autres Experts sans titre, ils ne peuvent faire leur rapport, qu'après avoir prêté serment devant le Juge, de bien & fidélement y procéder, & le serment doit aussi être prêté de leur part, Parties présentes, ou dûement appellées; c'est un usage invariablement observé au Châtelet, & il est de Droit commun dans tout le Royaume.

M. l'Avocat Général Gilbert, en portant la parole, lors de l'Arrêt du 4 Juin 1731, dont j'ai déja parlé, a remarqué que c'étoit encore un vice dans la procédure des habitans, pour l'érection d'une Cure dans leur Village, de n'avoir point appellé leurs Parties adverses, pour voir prêter serment aux Experts.

Les Experts ne doivent donner leurs avis que sur les objets pour lesquels leur rapport est ordonné; ils doivent se borner à leur mandat.

Le rapport des Experts n'est fait que pour éclaircir la religion du Juge, & non pas pour gêner sa décision; c'est au Juge à examiner le mérite du rapport dont il peut s'écarter, quand il croit le devoir faire, à moins que le fait dont il s'agit, ne soit absolument étranger à ses lumieres, parce que l'avis des Experts n'est pas considéré comme autorité, mais comme avis & mémoires sujets à examen.

Si même le Juge ne trouvoit pas sa religion suffisamment instruite par un rapport d'Experts, il pourroit de son chef, & sans aucune réquisition des Parties, en ordonner un nouveau, quand même l'avis des premiers Experts se seroit trouvé unanime; c'est l'opinion de Duplessis. Voyez *Rapport d'Experts.*

Les Experts, créés en titre d'office pour Paris, ont cette prérogative, qu'ils peuvent exercer leurs fonctions dans tout le Royaume; & il y a cela de singulier que, quand il s'agit de visites ou d'opérations à faire hors l'étendue du ressort du Châtelet de Paris, si l'une des Parties, qui a intérêt au rapport d'Experts, en nomme un de ceux qui sont en titre d'office à Paris, l'autre Partie ne peut pas nommer un Expert Bourgeois qui n'a point d'office, quand même cet autre Expert Bourgeois seroit domicilié sur le lieu même où il s'agit de faire le rapport. La Cour l'a solemnellement décidé par deux Arrêts rendus les 17 Mars & 4 Août 1723, qu'on trouve dans le Recueil des Edits concernans les Jurés-Experts de Paris, imprimé en 1735. Voyez aussi dans le même Recueil d'autres Arrêts des 22 Novembre 1692 & 19 Juin 1697.

Il paroît que le Grand-Conseil a sur cela une Jurisprudence contraire; car pour l'exécution d'un Arrêt rendu entre l'Archevêque de Rheims, & les Moines d'une Abbaye située en la même Ville, par lequel ce Tribunal avoit ordonné une visite, l'Archevêque de Rheims avoit nommé un Expert de Paris, & soutenoit que les Moines en devoient aussi nommer un; les Moines au contraire prétendoient que les Parties devoient convenir d'Experts sur les lieux, & qu'on ne devoit ordonner le transport de ceux de Paris, que dans le cas où l'Archevêque offriroit d'en supporter les frais.

Par l'Arrêt rendu le Mercredi 7 Février 1759, le Grand-Conseil ordonna que les Parties conviendroient d'Experts devant le Juge des lieux, si mieux n'aimoit l'Archevêque de Rheims supporter, sans répétition, l'excédent de ce que coûteroit le transport des Experts de Paris.

Desgodets dit, dans les Loix des bâtimens, qu'une Partie qui a nommé un Expert, peut le révoquer pour en nommer un autre, sans être tenue d'en dire le sujet, pourvû que les choses soient encore entieres, c'est-à-dire, que le rapport ne soit pas encore commencé, & on le juge de même au Châtelet. Mais voyez l'Arrêt du 13 Avril 1758, dont je parle à l'art. *Arpenteur*.

Les Experts nommés par une Partie adverse, & même ceux qui sont nommés d'office par le Juge, peuvent être recusés & reprochés, s'il y a lieu. L'Ordonnance de 1667 contient sur cela une disposition textuelle & précise dans l'art. 9 du titre 21.

Le sieur le Brun, qui avoit été nommé tiers-Expert pour départager ses Confreres dans un rapport, ayant jugé à propos d'abandonner son opération, après l'avoir commencée, il a été question de sçavoir si, en nommant un autre tiers-Expert, celui-ci devoit recommencer, ou seulement continuer ce qu'avoit fait le sieur le Brun avant son déport. Sur cela Arrêt est intervenu le 12 Mai 1745, par lequel la Cour a ordonné que le Procès-verbal, encommencé par le sieur le Brun, seroit continué & parachevé par un autre tiers-Expert commis en son lieu. Cet Arrêt a été rendu entre le Séminaire des Trente-trois à Paris, & le sieur Janiot, Maître Maçon.

Le Mercredi 11 Août 1762, on a plaidé en la Grand'Chambre la question de sça-voir si le sieur Aliot, Abbé de Vendeuvre en Barrois, avoit pu nommer cinq Experts pour constater ce dont les Moines, assujettis aux réparations par un bail, étoient tenus, sçavoir un Ecclésiastique pour les vases sacrés & ornemens, un Architecte pour les bâtimens, un Laboureur pour les terres, un Vigneron pour les Vignes, & un Jardinier pour les jardins. Les Moines soutenoient qu'il ne falloit que deux Experts à chacune des Parties, sçavoir, un Expert Ecclésiastique & un Architecte.

Par l'Arrêt rendu ledit jour 11 Août 1762, il a été ordonné, sur les Conclusions de M. Seguier, que la visite seroit faite, sçavoir, des vases sacrés & ornemens, par Experts Ecclésiastiques, dont chacune des Parties nommeroit un; & des terres, vignes, &c. par Experts Laïcs, au nombre de deux, & que chaque Partie nommeroit le sien en la maniere ordinaire.

EXPLOIT.
V. *Ajournement.*

Le nom d'Exploit se donne à tous les actes judiciaires & extrajudiciaires que signifient les Huissiers & Sergens; ainsi les sommations, les saisies, les ajournemens, &c. sont des Exploits. V. *Huissier*.

L'article 271 du bail des Fermes, fait à Fauconnet en 1681, avoit accordé aux Commis des Fermes la faculté de faire tous Exploits de saisies-Arrêts, de marchandises trouvées en contravention aux Ordonnances, même tous autres Exploits nécessaires pour l'instruction des Instances, l'exécution des contraintes & des Sentences des Juges des Fermes.

Mais cette faculté a depuis été restrainte, par une Déclaration du 29 Mai 1685, aux saisies lors des captures, & aux assignations pour procéder sur icelles, pourvû qu'elles soient données à l'instant, & par un seul & même acte.

Depuis, & par Arrêt du Conseil du 14 Mars 1747, revêtu de Lettres-Patentes du même jour, registrées en la Cour des Aides le 5 Mai suivant, les Commis & Gardes des Fermes sont autorisés, dans le cours des fonctions de leurs commissions, à arrêter les Contrebandiers, en vertu des Décrets ou Sentences de condamnation rendus con-

tr'eux pour fait de contrebande, & même
ceux qui, après avoir été emprifonnés, fe
font évadés des prifons.

Mais les mêmes Lettres-Patentes défendent aux Commis de mettre à exécution aucune Sentence & Décrets dans d'autres cas.

EXPONSE.

L'Exponfe eft à peu près la même chofe
que le déguerpiffement, c'eft-à-dire, une
voie accordée par la Coutume de Poitou,
& par quelques autres Coutumes voifines,
pour faciliter aux débiteurs de cens ou redevances foncieres impofées fur des héritá-
ges, les moyens de s'en libérer, en remettant au Seigneur ou au Créancier, l'héritage fujet à la redevance.

L'Exponfe n'eft point favorable, & elle
paroît même contraire à la Loi qui régle
les conventions: en effet, un preneur à cens
ou à rente s'oblige au payement du cens
ou de la rente. Il contracte par-là une obligation perfonnelle; cependant, fans que le
bail contienne fur cela aucune ftipulation,
la Loi permet au preneur de remettre l'héritage entre les mains du bailleur, pour acquérir fa libération, & s'affranchir de fes
engagemens.

Le preneur à cens ou à rente peut ufer
de cette faculté, quand bon lui femble, au
lieu que le bailleur, affujetti à l'exécution
du contrat, ne peut pas reclamer fon héritage, quelqu'avantage qu'il puiffe trouver
à le reprendre; ainfi le preneur a tout le
bénéfice de la conceffion, puifqu'il peut
garder l'héritage, tant qu'il y trouve fon
profit, & qu'il peut l'exponfer, c'eft-à-dire, le rendre, quand la conceffion lui devient onéreufe, fans que le bailleur puiffe
refufer de le reprendre.

Cette faculté renferme donc une efpéce
d'injuftice; auffi Loyfeau en parle-t-il en
plufieurs endroits, comme d'une chofe dure
& odieufe; c'eft pour cela qu'on exige dans
les Tribunaux, que les formalités prefcrites
pour la validité des Exponfes, foient obfervées à la lettre. Il me paroîtroit même raifonnable d'ufer fur cela de la même rigueur
qu'on a en matiere de Retraits, & de prononcer la nullité de l'Exponfe, lorfqu'elle
manque de quelques-unes des formalités
prefcrites par les Coutumes.

Celle de Poitou admet l'Exponfe par une
difpofition textuelle; mais elle exige, par
l'article 57, que celui qui exponfe un héritage, le rende en *bon état*; & ces mots doivent s'entendre du même état où ils étoient
lors de la conceffion, s'il peut en apparoir;
finon, il faut que l'héritage foit rendu en
tel état que les héritages puiffent fupporter la rente: on peut fur cela confulter les
articles 20 & 41 de l'Ordonnance de 1441,
& Brodeau fur l'article 109 de la Coutume
de Paris.

Le débiteur qui veut exponfer des héritages, doit auffi, au moment même où il les
abandonne, payer tous les arrérages échus
par le paffé, & le prochain terme à écheoir;
c'eft encore une des conditions que lui impofe l'art. 57 de la Coutume de Poitou, fans
laquelle l'Exponfe ne peut être admife.

L'article 109 de la Coutume de Paris, &
grand nombre d'autres Coutumes, exigent
que le déguerpiffement foit fait en *Jugement, Partie préfente ou appellée*. Je penfe
que leurs difpofitions fur cela doivent former le Droit commun, & qu'elles doivent
auffi s'étendre à l'Exponfe, même dans les
Coutumes qui n'exigent point qu'elle foit
judiciaire.

Mon avis fe trouve fortifié par l'Arrêt
rendu le 19 Août 1758, en la premiere
Chambre des Enquêtes, au rapport de M.
Charlet, en faveur de Me Brault, Curé de
Sevret, contre le fieur Dupleffis, Lieutenant Particulier au Siége de Lufignan, dont
voici l'efpéce.

Le pere de Me Brault avoit, le 12 Novembre 1700, fait bail à rente à Pierre Bâ-
chard & fa femme, d'une métairie fituée
au Bourg de Comble. Le fieur Dupleffis,
devenu propriétaire de cette métairie, déclara à Me Brault, par exploit du 19 Septembre 1752, qu'il ne vouloit plus la faire
valoir, qu'il l'avoit laiffée en bon état, &c.
pourquoi il en faifoit l'exponfion & l'abandonnement; lui en délaiffant la propriété,
&c. Le même exploit contenoit affignation
à Me Brault, pour voir donner acte au
fieur Dupleffis en Jugement, de l'exponfion & abandonnement.

Me Brault foutint que cette Exponfe
étoit nulle, parce qu'elle étoit faite par
l'exploit, & non pas en Jugement; qu'elle

devoit être faite publiquement à l'Audience, les plaids tenans : par Sentence rendue en la Justice de Lusignan le 27 Août 1754, confirmée par le susdit Arrêt du 19 Août 1758. L'exponsion a été déclarée nulle & insuffisante.

Cependant voyez la Thaumassiere, sur l'art. 33 du titre 9 de la Coutume de Berry ; Boucheul, sur l'art. 57 de Poitou ; Filleau, sur l'art. 58 ; Pallu & Jacquet, sur l'art. 201 de la Coutume de Touraine, & les art. 467, 468 & suiv. de la Cout. du Maine.

EXTRAIT.
Voyez *Copie Collationnée.*

On nomme Extrait l'abrégé d'une piéce, lequel en contient quelques clauses essentielles.

Les Extraits se font, ou en transcrivant une clause entiere, qu'on veut faire servir à prouver quelque chose qui en résulte, ou en prenant seulement la substance de la piéce entiere.

Les actes passés devant Notaires, & ceux sous signature privée, ne peuvent être extraits ou collationnés par des Officiers publics, qu'ils n'ayent été préalablement contrôlés, suivant l'art. 29 du tarif du 29 Septembre 1722.

EXTRAVAGANTES.

On donne ce nom aux Constitutions des Papes, qui sont postérieures aux Clémentines.

Les Extravagantes sont insérées dans le Corps de Droit Canonique ; mais elles n'ont par elles-mêmes aucune autorité en France. On ne les suit que quand elles sont conformes aux Ordonnances du Royaume ; & on les rejette toutes les fois qu'elles sont contraires à nos Libertés, ou au Droit François.

F

FAB FAB

FABRIQUE.
V. *Bancs des Eglises, Marguilliers, Pauvres, Préséance & Réparations Bénéficiales.*

LE mot Fabrique signifie quelquefois le Temporel des Eglises, consistant en revenus ordinaires & casuels affectés à l'entretien du bâtiment & à la célébration de l'Office Divin. Quelquefois aussi on entend par ce mot, ceux qui ont l'administration du Temporel d'une Eglise.

Dans les premiers siécles de l'Eglise, les Offrandes qui lui étoient faites, & les biens qu'elle possédoit, n'appartenoient pas au Clergé seul, mais aux Fidéles en commun ; & comme il survint des difficultés dans les distributions, il fallut, sur la fin du cinquiéme siécle, partager ces biens en quatre portions dans la plûpart des Eglises ; sçavoir, en celle de l'Evêque, en celle des Clercs ou Ecclésiastiques, en celle de la Fabrique, & en celle des Pauvres.

La portion des Pauvres & celle de la Fabrique étoient abandonnées aux soins de l'Evêque, qui n'étoit obligé d'en rendre compte qu'à Dieu seul.

Le soin des biens des Fabriques passa ensuite aux Archidiacres, & après eux, les Curés en eurent l'administration ; » mais » l'avarice de ces derniers fit que, pour le » bien de l'Eglise & pour ôter le scandale, » on en chargea des personnes notables, » qu'on appella Marguilliers «. Voy. *Marguilliers.*

C'est ainsi que l'administration des biens des Fabriques est passée dans les mains des Laïcs : mais dans tous les temps ces Administrateurs ont été, comme ils sont encore, comptables de leur gestion à l'Evêque & à ses Archidiacres, qui ont droit de l'examiner dans le cours de leurs visites, en présence des principaux Habitans & des Officiers de Justice, lesquels doivent être appellés à ces comptes. V. sur cela les Edits & Déclarations des 3 Octobre 1571.... Février 1580, Mars 1609, Septembre 1619, & l'art. 17 de l'Edit du mois d'Avril 1695 ; Voy. auſſi un Arrêt de Réglement rendu le 28 Avril 1673, qui eſt au Journal des Audiences , & d'autres Arrêts en aſſez grand nombre , rapportés dans le Rapport des Agens du Clergé en l'année 1705.

Le Parlement de Bretagne a , par Arrêt rendu à l'Audience le premier Juillet 1732 , déclaré abuſive une Ordonnance de l'Evêque de Rennes, portant inſtitution d'un Receveur des deniers & droits caſuels de la Fabrique de S. Germain de Rennes , & ordonné que la recette continueroit d'être faite par le ſieur Corbieres , Prêtre - Sacriſtain , Receveur, nommé par le Général de la Paroiſſe.

Le même Parlement a depuis , par Arrêt du premier Février 1734 , qu'on trouve au Journal du Parlement de Rennes , tome 1 , chap. 12 , déclaré abuſif un Mandement de l'Evêque de Nantes, portant Réglement ſur le Temporel & le droit des Fabriques ; & par un autre Arrêt du 24 Mai 1735 , il a fait défenſes à tous Curés, Recteurs & Vicaires de ſon reſſort , de recevoir ni gérer , ſous quelque prétexte que ce ſoit , les revenus & les deniers appartenans aux Fabriques & aux Généraux des Paroiſſes, ni pareillement de rédiger par écrit de leur main , les délibérations capitulaires.

Le Parlement de Paris a , par Arrêt rendu le 28 Avril 1727 , ordonné que les Officiers d'une Terre appartenante à Madame la Princeſſe de Conti , ſeront appellés à l'examen & arrêté des comptes des Fabriques & Confréries.

Un autre Arrêt rendu au même Parlement , le 27 Mars 1748 , entre l'Evêque de Beauvais, le Marquis de Clermont-Tonnerre & le Commandeur de Villedieu , a auſſi ordonné (*faiſant droit ſur le réquiſitoire de M. le Procureur Général*) , *que les comptes des anciens Marguilliers de la Fabrique de Saint Samſon-de-Campeaux ſeroient rendus en préſence des Officiers du* Bailliage du Vidamé de Gerberoi, *leſquels pourroient y aſſiſter en leurdite qualité* , mais ſans frais.

Suivant l'article 53 de l'Ordonnance de Blois , *les Marguilliers & Fabriqueurs des Egliſes ne peuvent accepter des Fondations ſans appeller les Curés, & ſans avoir ſur ce pris leurs avis.*

Quoique l'adminiſtration des biens des Fabriques ſoit paſſée dans les mains des Laïcs, ils n'en ſont pas moins réputés biens Eccléſiaſtiques : ainſi , ils participent aux privileges dont jouiſſent les biens du Clergé ; & il y a un Arrêt de la Cour des Aides , rendu le 26 Novembre 1636 , rapporté dans le Journal des Audiences , tom. 1 , liv. 3 , chap. 36 , qui a jugé que les Fabriques qui font valoir des vignes , ſont exemptes d'un certain droit d'Aides , dont les biens Eccléſiaſtiques étoient alors affranchis.

L'art. 9 de l'Edit de Melun veut que le *revenu des Fabriques après les Fondations accomplies* , ſoit *appliqué aux réparations & achats des ornemens d'Egliſe, & autres œuvres pitoyables,* .... ſous peine aux Marguilliers & Procureurs des Egliſes , d'en répondre en leur propre & privé nom.

Une Déclaration du 31 Janvier 1690 , défend aux Fabriques d'emprunter à fonds perdu ou autrement , pour bâtir ou réparer les Egliſes , même du conſentement des Paroiſſiens ; à moins que l'emprunt ne ſoit autoriſé par Lettres-Patentes enregiſtrées , à peine par les Marguilliers & Fabriqueurs , d'en répondre en leur nom. Cette Déclaration ne parle pas des emprunts qui pourroient être faits pour des bâtimens autres que des Egliſes.

Mais l'art. 26 de l'Arrêt rendu en forme de Réglement pour la Fabrique de S. Jean en Grève à Paris, le 2 Avril 1737 , fait connoître l'eſprit de cette Loi , en défendant à cette Fabrique » d'entreprendre aucuns bâ- » timens conſidérables , ſoit pour conſtruire » ou augmenter l'Egliſe , ſoit pour y faire » quelque conſtruction nouvelle , ſans...... » Lettres-Patentes. .... ∞

On regarde les Fabriques & les Communautés Eccléſiaſtiques , comme incapables de recevoir des diſpoſitions univerſelles ; & lorſqu'il en eſt fait à leur profit , il eſt d'uſage de les réduire, lors même que les teſtateurs n'ont laiſſé que des héritiers collatéraux. Une Sentence du Châtelet, rendue le Jeudi 12 Janvier 1741 , a réduit à moitié le legs univerſel , fait au profit de la Fabrique de Paſſy, par le ſieur de Viante.

Sur ces réductions, voyez divers Arrêts que je rapporte aux articles *Communautés Eccléſiaſtiques , Gens de Main-morte & Pau-*

vres ; voyez auſſi le Plaidoyer de M. Joly de Fleury, Avocat Général, du 28 Août 1708, au Journal des Audiences, tome 5, liv. 8, chap. 42.

Par un Arrêt rendu le 3 Juillet 1730, la Cour a jugé qu'une rente léguée à la Fabrique de Ville d'Avrai, à prendre ſur tous les biens d'un défunt, n'eſt pas foncière, mais rachetable à toujours ; & que l'héritier n'eſt pas obligé de veiller, ni de garantir l'emploi du capital de la rente.rembourſée.

Des Arrêts du Parlement de Bretagne, rendus les 29 Octobre & 9 Décembre 1718, ordonnent que les Ornemens & Luminaires des Egliſes & Fabriques ne pourront être employés que pour le ſervice général de la Paroiſſe.

Le Bailli d'Anguien ayant, par une Sentence du 7 Novembre 1703, déchargé les Marguilliers de la Paroiſſe de S. Brice, des aſſignations à eux données devant l'Official de Paris, & ordonné que leſdits Marguilliers préſenteroient leurs comptes & piéces juſtificatives pardevant lui, pour être examinés en préſence du Procureur Fiſcal, du Curé & des Habitans du lieu, avec défenſes à tous les Marguilliers des Paroiſſes de la Pairie d'Anguien, de préſenter aucun compte à l'Archidiacre, qu'il n'ait été au préalable communiqué au Procureur Fiſcal : M. de Noailles, Archevêque de Paris, ſe pourvut au Parlement ; & par Arrêt rendu le 8 Mars 1704, il a été ordonné que les comptes des Marguilliers de la Paroiſſe de Saint Brice ſeroient *rendus au banc de l'Œuvre, en préſence du Curé de la Paroiſſe, ou de tel autre Eccléſiaſtique qu'il plairoit à M. l'Archevêque ou à ſon Official, de nommer...... ſans que les Marguilliers ſoient obligés de communiquer auparavant leurs comptes, ni les piéces juſtificatives d'iceux auxdits Bailli & Procureur Fiſcal, ſauf à eux d'y aſſiſter, ſi bon leur ſembloit, comme principaux Habitans ſeulement, & ſans frais.*

Le Procureur Fiſcal de M. de Renouard, Seigneur de Fleury, Dioceſe de Sens, qui avoit demandé que le Marguillier de cette Paroiſſe communiquât ſes comptes, tant au Seigneur, qu'à lui Procureur Fiſcal, & aux principaux Habitans, avant la viſite de l'Archidiacre, avoit obtenu de la Juſtice du lieu une Sentence adjudicative de ſes concluſions ; elle fut infirmée par Sentence rendue au Bailliage d'Auxerre, laquelle permit ſeulement au Seigneur & à ſon Procureur Fiſcal d'aſſiſter, ſi bon leur ſembloit, à la reddition des comptes au banc de l'Œuvre, conformément à l'art. 17 de l'Edit du mois d'Avril 1695.

M. de Renouard appella de cette Sentence ; mais après pluſieurs conteſtations, il ſe déſiſta ; & par Arrêt rendu le premier Avril 1729, la Sentence du Bailliage d'Auxerre fut confirmée.

M. de Renouard s'étoit déterminé à ſe déſiſter ; parce que, par un Arrêt rendu le 31 Juillet 1725, il avoit été ordonné que, nonobſtant la poſſeſſion contraire du Lieutenant Général du Bailliage de Nemours, *les Aſſemblées pour les élections des Marguilliers de la Paroiſſe de Saint Jean-Baptiſte de Nemours, qui juſques-là s'étoient tenues à l'Hôtel-de-Ville, ſe feroient au banc de l'Œuvre..... ſans que le Lieutenant Général & autres Officiers du Bailliage de Nemours puiſſent y faire aucune fonction de Juge, ni recevoir le ſerment des nouveaux Marguilliers, &c.* ſauf à eux à y aſſiſter *en qualité de principaux Paroiſſiens, & ſans préjudice de leur droit (en cas de conteſtation) de connoître de l'exécution des délibérations priſes eſdites Aſſemblées.*

Un ſecond Arrêt qui avoit déterminé M. de Renouard, venoit d'être rendu le 15 Décembre 1728, entre l'Evêque de Langres & les Officiers de Chaumont-en-Baſſigny. Ces Officiers étoient en poſſeſſion d'arrêter, à l'Hôtel-de-Ville, les comptes de la Fabrique de la Paroiſſe de Chaumont ; & leur prétention paroiſſoit plus favorable que celle des Juges ordinaires, repréſentant en quelque maniere le Corps des Habitans. Néantmoins, par l'Arrêt que je viens de citer, la Cour a ordonné que les comptes de la Fabrique ſeront rendus devant l'Evêque de Langres & les Archidiacres du Dioceſe, dans le cours de leurs viſites.

L'Arrêt rendu contre les Officiers du Bailliage de Nemours, ordonne auſſi que les comptes de la Fabrique *ſeront rendus ſans frais pardevant l'Archevêque ou l'Archidiacre de Sens, faiſant leur viſite, en préſence du Curé & principaux Officiers du Bailliage, des anciens Marguilliers & Paroiſſiens, & du* Procureur

Procureur du Roi, *auquel il eſt enjoint de tenir la main à l'exécution des Ordonnances qui ſeront rendues par l'Archevêque, l'Archidiacre ou l'Official de Sens, pour l'achat d'Ornemens, &c.*

Cet Arrêt ordonne encore que le Curé aura la préſéance dans les aſſemblées qui ſe tiendront au banc de l'Œuvre, qu'il opinera le premier, & que les délibérations ſeront reçûes par un Notaire ou autre perſonne nommée par l'Aſſemblée.

Il y a d'autres Arrêts des 31 Juillet 1673, 11 Avril 1690, 21 Août 1702, 5 Mai 1704 & 4 Août 1745, qui contiennent des diſpoſitions ſemblables à celles que je viens de rapporter. On trouve la plûpart de ces autres Arrêts dans le Code des Curés, édition de 1753.

Enfin la Cour, par Arrêt rendu de relevée, le Vendredi 15 Juin 1759, a débouté M. Midorge, Maître des Requêtes, Seigneur des Troux, Diocèſe de Chartres, de la demande qu'il avoit formée, *à ce que les comptes de la Fabrique lui fuſſent communiqués comme Seigneur, ou, en ſon abſence, à ſon Procureur Fiſcal*, pour débattre ou allouer leſdits comptes.

Dans cette eſpèce, on a cité l'Arrêt rendu en forme de Réglement, pour la Paroiſſe de Montfermeil, le 25 Mai 1745, que l'on dit avoir été rendu pour être obſervé dans les Paroiſſes qui n'avoient point de Réglement contraire, & d'après lequel la Cour paroît s'être déterminée. Je rapporte pluſieurs diſpoſitions de cet Arrêt à l'art. *Marguillier.*

L'Edit de 1695 & la Juriſprudence des Arrêts, en accordant aux Supérieurs Eccléſiaſtiques le droit de revoir & d'examiner les comptes des Fabriques, ne leur a pas attribué la connoiſſance des conteſtations qui peuvent s'élever ſur les comptes. S'il ſe trouve du contentieux dans ces ſortes d'affaires, c'eſt devant le Juge ordinaire qu'il faut le porter, & non devant les Officiaux auxquels l'Ordonnance de 1539 a ôté la connoiſſance de toutes conteſtations entre Laïcs, à l'exception des matieres ſpirituelles.

C'eſt d'après ces maximes, plaidées comme certaines par M. l'Avocat Général Gilbert de Voiſins, que, par Arrêt rendu le 9 Février 1731, la Cour a jugé qu'il y avoit

Tome II. Part. I.

abus dans une Sentence de l'Official de Chartres, par laquelle il avoit prononcé ſur des conteſtations nées au ſujet d'un compte de Fabrique.

On peut encore, ſur la même matiere, voir deux autres Arrêts des 10 Décembre 1735 & 11 Décembre 1736, rapportés par la Combe, par leſquels il dit que la Cour a déclaré abuſives des Sentences des Officiaux de Soiſſons & de Rheims, qui avoient connu de demandes en reddition de compte du revenu de Fabrique. Voyez auſſi celui du 20 Juin 1724, dont il parle dans ſon Recueil Canonique.

Voyez enfin l'Arrêt rendu le 7 Septembre 1761, entre le Corps de Ville, la Fabrique & le ſieur Boucot, Seigneur Haut-Juſticier du Marquiſat de Dormans, par lequel il a été ordonné » que le Bailli, ſon Lieutenant » & le Procureur Fiſcal, lorſqu'ils ſeront » ſur le lieu, pourront aſſiſter, ſi bon leur » ſemble, aux Aſſemblées de Fabrique, » comme principaux Habitans; qu'ils au- » ront les premieres places après le Curé & » les Marguilliers en exercice, ſans qu'ils » puiſſent y faire les fonctions de Juge; ſauf » à pouvoir connoître des conteſtations qui » pourront naître au ſujet deſdites Aſſem- » blées & des délibérations, lorſqu'elles ſe- » roient portées pardevant eux «.

Dans le reſſort du Parlement de Rennes, les Juges des lieux, & en leur abſence, le plus ancien des Marguilliers-Délibérans, préſident aux Aſſemblées Capitulaires des Paroiſſes; & ſi les Recteurs, c'eſt-à-dire les Curés, veulent y aſſiſter, ils occupent la premiere place, ſignent les premiers les délibérations, & donnent leurs voix immédiatement avant celui qui préſide, lequel opine le dernier & recueille les voix; cela eſt ainſi réglé par un Arrêt rendu ſur les concluſions du Miniſtere public, le 20 Décembre 1735, qu'on trouve au Journal du Parlement de Rennes, tome 2, chap. 2; il faut lire l'Arrêt en entier.

FACULTÉ de Rachat ou de Réméré. V. *Aîné,* & *Bail à Domaine Congéable.*

La Faculté de Rachat eſt une convention qui donne au vendeur d'un héritage la liberté de rentrer dans la propriété de la choſe

N

vendue, en remboursant le prix à l'acheteur, ou ce qui en a été payé.

Lorsque le vendeur use de la Faculté qu'il s'est réservée de rentrer dans sa chose, il peut la reprendre exempte des charges que l'acquéreur avoit pu y mettre, & elle reprend elle-même sa premiere nature, c'est-à-dire, que l'héritage est propre au vendeur, s'il le possédoit comme tel avant la vente.

La Faculté de Rachat dans la succession de celui qui avoit le droit d'en user, & qui ne l'a pas fait, a la même nature qu'avoit l'immeuble, dans le temps qu'il étoit possédé par le vendeur. Cette Faculté passe à l'héritier des propres, si l'héritage étoit propre au vendeur; c'est une suite & une conséquence du principe qui fait que l'on répute l'action de la nature de son objet.

Mais ce qui se paye pour l'exercice de cette Faculté, n'étant pas une dette de la succession, c'est à celui qui l'exerce à payer le prix du Réméré.

Il en est de même, si l'immeuble est un Fief: c'est l'héritier qui auroit droit de succéder au Fief, à qui la Faculté d'exercer le Réméré appartient; mais il ne peut pas forcer les autres héritiers de contribuer à en payer le prix.

Cependant si l'héritier, à qui la Faculté de Réméré appartient par préférence aux autres, ne vouloit pas user de son droit, rien n'empêcheroit les autres de l'exercer; parce que c'est un droit qui se trouve dans la succession, qui par conséquent passe à tous les héritiers, sauf les droits particuliers qu'ils peuvent exercer entr'eux. Sur tout cela voyez *Aînesse.*

Si néantmoins l'héritier, auquel la Faculté de Réméré appartient par préférence aux autres, ratifioit ou confirmoit la vente; ou, ce qui revient au même, s'il cédoit son droit de Réméré à l'acquéreur, & renonçoit à ce droit en sa faveur, les autres héritiers ne pourroient pas l'exercer.

Mais si la renonciation étoit pure & simple, comme elle ne seroit pas faite en faveur de l'acquéreur, elle n'opéreroit point l'effet d'une cession; & bien loin de nuire aux droits des autres héritiers en ce cas, elle y donneroit ouverture. En un mot, je pense que l'acquéreur, assigné en Réméré par des héritiers

d'une autre ligne, ou par l'héritier des acquêts, si l'immeuble est propre, ne peut se défendre du Réméré, sous prétexte que l'action appartient à un autre, parce que ce seroit exciper du droit d'autrui.

Lorsqu'une personne décéde en possession d'un immeuble sujet à la Faculté de Réméré, si cette Faculté s'exerce après son décès, les deniers que produit le Réméré, appartiennent à celui de ses héritiers, à qui l'immeuble a passé après son décès. Ainsi, si l'héritage est un Fief, l'aîné en ligne directe a droit de demander, sur le prix provenu de la Faculté exercée, la valeur de son préciput & de sa portion avantageuse; & si c'est en ligne collatérale, le mâle qui se trouve dans le cas d'exclure la femelle en pareil dégré, aura la totalité du prix.

La raison, c'est que c'étoit cet héritier qui étoit propriétaire de l'immeuble; c'est l'immeuble qui s'est trouvé dans la succession du défunt, & non le prix: c'est sur l'héritier saisi de l'immeuble par la Loi des Successions, que le Réméré s'exerce; & par conséquent c'est lui qui doit profiter du prix.

Mais si la demande en Réméré a été formée du vivant du défunt, & n'a pas été exécutée, je pense en ce cas que, quoique le défunt soit décédé en possession de l'immeuble, il n'en transmet point la propriété à son héritier; parce que le Jugement qui intervient ensuite, a un effet rétroactif à la demande.

Je n'estime pas même que l'héritier qui auroit profité de l'immeuble ou du prix, si la demande en Réméré n'eût point été formée avant le décès, puisse, par des conventions particulieres faites avec ceux qui ont intenté l'action, préjudicier aux droits de ses cohéritiers. Ainsi je regarderois comme nul & frauduleux un désistement de la demande en Réméré, ou du moins je ne donnerois d'effet à ce désistement, qu'en obligeant celui qui en profite, à indemniser pleinement ses cohéritiers, comme si le Réméré avoit été effectué.

L'acquêt vendu avant le mariage sous Faculté de Rachat, & racheté, depuis le mariage, des deniers de la communauté, n'est pas commun. L'opinion contraire, quoique suivie par un Commentateur de la Coutume de Bordeaux, & par Berrault fur celle de Normandie, eft une erreur ; mais il faut, dans ce cas, que celui des conjoints auquel l'héritage appartient par l'exercice de la Faculté du Rachat, ou fes héritiers, indemnifent l'autre conjoint de la même maniere que fi c'étoit une acquifition faite devant le mariage, dont le prix eût été payé des deniers de la communauté. Il y en a une difpófition précife dans la Coutume de Nivernois, titre des droits appartenans à gens mariés, art. 29.

Celui qui exerce le Réméré, doit-il profiter des améliorations & des augmentations faites à l'immeuble ?

Sur cela je penfe que les augmentations naturelles, telles que celles produites par l'Alluvion, profitent à celui qui exerce le Réméré.

A l'égard des améliorations, il n'eft pas jufte que l'ancien propriétaire profite de celles qui ont pu être faites par l'acquéreur ; mais auffi s'il a plû à celui-ci de faire des bâtimens confidérables fur un héritage dont il n'avoit qu'une propriété, qu'il fçavoit être fujette à fe réfoudre dans un certain temps, il ne paroît pas naturel d'affujettir celui qui exerce la Faculté de Réméré, à lui rembourfer le prix. Dans tout cela je crois qu'il faut fe conduire par l'équité, & que l'on doit tenir compte à l'acquéreur ;

1°. Des réparations néceffaires : ainfi, fi l'immeuble acquis étoit une maifon délabrée & qui menaçoit ruine, il faut tenir compte, à ce qu'il me paroît, non du montant des réparations, mais de la nouvelle valeur qu'elles donnent à l'immeuble, lors de l'exercice de la Faculté de Réméré.

2°. Des améliorations qu'un bon pere de famille n'auroit pas manqué de faire, (je ne voudrois cependant pas donner ceci pour une régle générale ; car fi celui qui a fait les améliorations, a retiré par-là de l'immeuble au-delà, ou ce que les améliorations lui ont coûté, il me femble qu'il s'eft payé par fes propres mains. Ainfi il n'eft guères poffible de donner des régles fixes à cet égard ; & les queftions qui peuvent naître fur cela, doivent fe décider par les circonftances & par l'équité, qui me paroît le feul droit qu'on puiffe fuivre en cette matiere).

3°. S'il avoit plû à l'acquéreur de faire,

d'une maifon de campagne, une efpéce de Château, je crois que ce feroit à lui à fe l'imputer, & que l'indemnité devoit être trèspeu confidérable : je crois même qu'il n'y auroit pas d'injuftice à refufer de lui en accorder aucune, parce qu'il pouvoit fe difpenfer de bâtir, & qu'il a dû connoître le rifque qu'il couroit. Je ne vois pas qu'il y ait de différence à cet égard entre le Retrait lignager & la Faculté de Réméré, qui eft un Retrait conventionnel.

La vente avec la Faculté de Réméré pendant neuf ans & au-deffous, n'engendre point de lods & ventes, fi la Faculté eft exercée dans les neuf ans ; parce qu'elle eft plutôt confidérée comme un engagement pour un temps bref, que comme une aliénation ; cela eft de Droit commun. Voyez Brodeau, fur la Coutume de Paris ; Auzanet, d'Argentré, fur celle de Bretagne ; l'art. 83 de celle de Blois, &c.

Mais fi la Faculté de retirer l'héritage, n'eft pas limitée à un certain temps, ou fi le temps ftipulé eft plus long que neuf ans, les lods & ventes font dûs & exigibles au temps de la vente.

Quand le vendeur exerce la Faculté de Réméré, & rentre en conféquence dans l'héritage, il ne doit point non plus de centiéme denier. Il en eft déchargé par la Déclaration du 20 Mars 1708 ; parce que la réfolution de la vente arrive par l'effet d'une condition impofée dans l'aliénation, & que ce n'eft point une nouvelle mutation.

Lorfque la Faculté de Rachat s'exerce, les fruits de l'héritage appartiennent au retrayant, non pas du jour des offres, comme lorfqu'il s'agit d'un Retrait lignager, mais du jour de la conteftation en caufe, qui met le poffeffeur en mauvaife foi, ou du jour de la confignation des deniers, fi, avant la conteftation en caufe, il y a eu confignation actuelle. C'eft le fentiment de Tiraqueau, en fon Traité du Retrait ; & Papon rapporte fur cela un Arrêt ; Chopin, des Priviléges ruftiques ; Bacquet, des Droits de Juftice, & Montholon, rapportent auffi un Arrêt de l'année 1566, qui a jugé que celui qui exerce un retrait conventionnel, emporte tous les fruits pendans par les racines, comme le retrayant lignager ; & Faber tient de même, que les fruits appartiennent à celui qui eſt propriétaire au temps de leur maturité.

Pour moi, il me paroît qu'il ſeroit plus juſte que ces fruits fuſſent partagés, à proportion du temps, entre l'ancien détenteur & le retrayant. Je ne ſçaurois ſouffrir qu'un vendeur qui prend le temps qui lui eſt le plus avantageux pour intenter ſon action, vienne *ad paratam menſam*, enleve les eſpérances d'un malheureux qui aura pris bien de la peine à cultiver & à enſemencer ſa terre, & profite ainſi de l'induſtrie & du travail d'autrui. Voyez ce que je dis ſur les fruits que prend le retrayant à l'article *Retrait lignager*.

Non-ſeulement la Faculté de Réméré ſe tranſmet aux héritiers de celui qui l'a ſtipulée, mais elle eſt ceſſible; c'eſt-à-dire, que celui qui peut l'exercer, eſt maître de diſpoſer de ſon droit, ſoit à titre onéreux, ſoit à titre gratuit. C'eſt un point de Droit établi par tous les Auteurs, & ſinguliérement par Tiraqueau.

Un ſieur Pourajaud, qui, en achetant des biens de Daniel Epinoux, avoit, par le contrat, *accordé audit Epinoux, vendeur, le droit de rachat & de Réméré conventionnel, pour pouvoir retirer pour lui, à ſon profit & ſans fraude, leſdits biens*, a néantmoins prétendu qu'Epinoux n'avoit pas pû, comme il l'avoit fait, céder ſon droit de Réméré à ſon frere, & que c'étoit une fraude. Mais cette prétention fut rejettée par Sentence de la Sénéchauſſée d'Angoulême, confirmée par Arrêt rendu le Samedi 28 Juin 1760, en la ſeconde Chambre des Enquêtes, au rapport de M. le Pileur de Brevanes.

Le moulin vendu à Faculté de Réméré, doit être rendu avec les uſtenciles qui en dépendent, en auſſi bon état qu'ils étoient au temps de la vente.

Le temps de la Faculté de Réméré ayant commencé à courir contre le majeur, continue contre le mineur, ſans qu'il puiſſe en être relevé, ſauf ſon recours contre ſon tuteur.

Si pluſieurs perſonnes ont vendu ſolidairement un héritage indivis entr'eux, avec Faculté de Réméré, chacun d'eux peut retirer la totalité, (ſauf à faire raiſon aux autres de leurs portions indiviſes s'ils les reclament), quand même pluſieurs d'entr'eux

auroient remis cette faculté à l'acquéreur.

Quoique la Faculté de Réméré ait été ſtipulée par un acte ſéparé du contrat de vente, qui ne contenoit pas la liberté de retirer la choſe vendue, elle eſt néantmoins préſumée dans l'intention des contractans, être une dépendance du contrat, & doit durer trente années. M. de Catelan, titre premier, livre 3, chap. 32, cite un Arrêt du mois de Mars 1694, qui l'a ainſi jugé en faveur du ceſſionnaire de la Faculté de Réméré. Voy. le même Auteur, tit. 2, liv. 7, chap. 3.

Quand le temps du Réméré eſt expiré, il faut que l'acquéreur obtienne un Jugement, portant qu'au moyen de ce que la Faculté n'a pas été exercée dans le temps convenu, il demeurera propriétaire incommutable; autrement la Faculté dure trente ans: le principe général eſt certain à cet égard. V. Henrys, tome 2, liv. 3, queſt. 11; la Lande ſur l'art. 269 de la Coutume d'Orléans, & un Arrêt rendu le 25 Janvier 1656, dans Soefve, tome 2, chap. 1: mais des circonſtances particulieres font quelquefois regarder défavorablement cette prorogation au-delà du terme limité; & la Cour, par un Arrêt rendu le 30 Juillet 1726, au rapport de M. de la Mouche de Beauregard, en la cinquiéme Chambre des Enquêtes, a rejetté cette prorogation en faveur du ſieur Huon, contre Barbe Jacques, & la veuve Mullot.

Cet Arrêt me paroît fort équitable; il eſt conforme à l'ancienne Juriſprudence; & il ſeroit à ſouhaiter qu'il formât un droit général, & qu'on déclarât le vendeur qui n'a pas exercé la Faculté de Réméré dans le temps fixé par le contrat, non-recevable à pouvoir l'exercer enſuite. A quoi ſervent en ce cas les demandes formées en Juſtice, pour faire déclarer le vendeur déchu de ſon droit? A rien autre choſe que faire des Cauſes & à orner les Tribunaux. L'acquéreur qui eſt en poſſeſſion n'a rien à demander; & dans les bons principes, une Faculté limitée & appoſée dans un contrat, ne peut ſe proroger & s'étendre, parce que tout eſt de rigueur dans les conventions; & telle eſt, je crois, la Juriſprudence du Parlement de Bordeaux. V. la Peyrere, lett. R.

Mais celle du Parlement de Paris eſt abſolument contraire; elle exige que l'acquéreur obtienne un Jugement, que quelques Auteurs ont nommé Jugement de purification, pour être déclaré propriétaire incommutable; & il est d'usage, en rendant ce Jugement, d'ordonner que dans un temps que le Juge accorde, le vendeur sera tenu d'exercer la Faculté, sinon qu'il en sera déchu, & que l'acquéreur demeurera propriétaire incommutable.

Quelques Plaideurs ont prétendu, d'après le sentiment d'Argou, que lorsque le Jugement qui déclare le vendeur déchu du retrait, n'est pas rendu en dernier ressort, le vendeur qui en interjette appel, proroge par-là l'exercice de l'action de Réméré; de sorte que, selon ce système, un Plaideur assez habile pour faire durer son appel trente ans, pourroit toujours faire durer la Faculté de Réméré, & l'éterniser pour, ainsi dire. Mais deux Arrêts récens ont proscrit cette opinion.

Le premier a été rendu le 17 Mars 1758; le second, le Vendredi 25 Avril 1760, à l'Audience de relevée, en la Grand'Chambre.

Dans cette derniere espéce, la Sentence dont étoit appel, avoit accordé quinzaine au vendeur pour exercer la Faculté de Réméré, & l'avoit condamné aux dépens. Il disoit que la Sentence avoit mal jugé en le condamnant aux dépens. Il en avoit appellé avant l'expiration de la quinzaine; & quatre mois après, il avoit fait des offres à l'acquéreur, au moyen de quoi, & sur le témoignage d'Argou, il se croyoit en régle.

Mais sans s'arrêter à ses offres, qui furent jugées tardives, la Cour confirma la Sentence, & refusa d'accorder à l'acquéreur un nouveau délai, pour exercer la Faculté de Réméré, qu'il demanda par grace après l'Arrêt prononcé. Me Jouanin plaidoit pour l'acquéreur.

Un Arrêt rendu au Parlement de Rouen le 25 Février 1751, a jugé que l'acquéreur étoit recevable, vis-à-vis du donataire d'un droit de Réméré, à débattre la donation, & à lui opposer la nullité résultante du défaut d'acceptation.

En Normandie, la Faculté de Réméré ou le Retrait conventionnel ne peut s'exercer que dans le temps fixé par le contrat. Cette action ne se proroge point, comme dans le ressort du Parlement de Paris, jusqu'à trente ans, quand il n'y a point de Sentence. Il y a même cela de singulier, que la Coutume de Normandie, qui est très-favorable au Retrait lignager, épuise ses rigueurs contre le Retrait conventionnel. Voy. sur cela les articles 193 & 503. Voyez aussi l'art. 109 des Placités.

FAITS DE CHARGE.
V. Comptables.

On nomme Fait de Charge les malversations & les omissions frauduleuses, commises par un Officier public dans l'exercice des fonctions de son Office.

On dit aussi qu'une dette est causée pour Fait de Charge, quand elle est occasionnée par un dépôt fait entre les mains d'un Officier, à cause de son Office.

Les Charges de Commissaires aux Saisies-Réelles, celles des Receveurs des Consignations, des Huissiers-Priseurs, & généralement tous les Offices qui, par leur nature, obligent le public de consigner, de déposer ou payer entre les mains d'un Officier, sans qu'on puisse choisir un autre dépositaire, sont affectés à la restitution de ces deniers par privilége à tous créanciers, même à ceux à qui le prix de l'Office est dû, soit comme vendeurs, soit comme ayant prêté des deniers pour l'acquérir.

La raison de ce privilége est, qu'il est juste que le public, dont les deniers doivent être remis entre les mains de ces Officiers, & qui n'a point la liberté de choisir un autre dépositaire, trouve du moins une sûreté & un gage dans l'Office même qui lui a été affecté & hypothéqué pour cet effet, dès le moment de la création.

Celui qui a vendu la Charge, ou qui a prêté des deniers pour l'acquérir, ne peut se plaindre en ce cas de la préférence qu'on accorde sur lui aux créanciers de l'Office pour le Fait de l'Office, parce qu'il a dû prévoir, en le vendant ou en prêtant son argent pour l'acquérir, que cet Office seroit nécessairement chargé de cette administration de deniers, & seroit affecté d'une maniere particuliere à la restitution de ces mêmes deniers.

La Charge de Procureur est affectée à la restitution des piéces dont cet Officier est chargé , comme celle de Receveur des Confignations l'eſt au payement des deniers publics. Ainſi , ſi un Procureur négligeoit ou refuſoit de remettre la procédure ou les titres de ſes Cliens, & qu'à l'occaſion de ce refus il furvînt des condamnations pécuniaires contre lui , le créancier qui obtiendroit de ſemblables condamnations , auroit inconteſtablement un privilége ſur l'Office du Procureur , comme pour un Fait de Charge.

Mais ſi un Procureur (ad lites) reçoit de l'argent pour ſes Cliens , ſoit des principaux , ſoit des dépens pour leſquels des Parties adverſes ont été condamnées , ou ſeulement pourſuivies par ſon miniſtere ; comme il n'eſt point de ſon miniſtere de toucher de l'argent pour ſes Parties , on doit le regarder comme tout autre particulier qui recevroit des deniers en vertu de procuration, ou qui auroit reçu de ſa propre autorité des deniers appartenans à un tiers.

La Cour a même jugé que Me Choquet, Procureur au Parlement, qui avoit touché, comme Procureur pourſuivant une ſaiſieréelle , des mains du ſubrogé à la pourſuite, une ſomme de 2000 liv. dont la meilleure partie étoit dûe à ſon Client, n'avoit point commis un Fait de Charge; parce que la recette qu'il avoit faite de cette ſomme, n'étoit pas une fonction néceſſairement attachée à ſon Office, & que le vendeur n'avoit pas dû prévoir que la Cour permettroit au ſubrogé à une pourſuite, d'en rembourſer les frais ſur la quittance du Procureur pourſuivant. Le créancier diſoit cependant que la procédure étoit à lui ; que Me Choquet, ſon Procureur, n'avoit pas pû s'en déſaiſir ſans commettre un Fait de Charge. L'Arrêt n'eut point égard à ſes raiſons : il a été rendu au profit des premiers vendeurs de l'Office, dont le prix reſtoit dû , contre l'Abbé Clipet, Chanoine de Saint-Omer, au rapport de M. Coſte de Champeron, le premier Septembre 1735 , & il a confirmé les Sentences des Requêtes du Palais, qui avoient jugé de même.

Il n'en eſt pas d'un Huiſſier comme d'un Procureur : ſi un Huiſſier, porteur d'un titre en forme, chargé de contraindre une Partie, reçoit d'elle comme porteur de piéces, en ce cas, comme il a droit de toucher par ſa Charge, & qu'on ne peut pas même payer à d'autre à l'inſtant de la contrainte, il commet par-là un Fait de Charge; mais, excepté le cas où il exerce des contraintes, comme porteur de piéces, il n'en commet point en recevant des Parties auxquelles il a donné des aſſignations, ou ſignifié des actes de ſon miniſtere, parce qu'alors les débiteurs pouvoient s'adreſſer directement à leur créancier pour le payer.

Si un Huiſſier chargé de pourſuivre un débiteur, perdoit les titres qui lui ont été confiés pour faire ces pourſuites, les condamnations qui ſe prononceroient contre lui relativement à cette perte, opéreroient-elles un Fait de Charge? Cette queſtion s'eſt préſentée entre le ſieur Gillet, la ſucceſſion vacante, & les créanciers de Laurent Delâtre, Huiſſier au Grand-Conſeil, qui s'étant amuſé à boire, & par défaut d'attention, ainſi qu'il en étoit convenu par une lettre, avoit perdu les titres de créance du ſieur Gillet, en conſéquence de quoi il n'avoit fait aucune pourſuite.

Par Arrêt rendu le 5 Septembre 1747, il fut ordonné que l'Office d'Huiſſier au Grand-Conſeil, dont Laurent Delâtre étoit décédé pourvu, demeureroit ſpécialement & par privilége affecté & hypothéqué aux condamnations prononcées contre ſa ſucceſſion par ce même Arrêt, relativement aux papiers perdus, s'agiſſant de Fait de Charge.

En conſéquence des diſpoſitions de cet Arrêt, il a été ordonné par Sentence rendue ſur productions reſpectives, au rapport de M. Hazon, Conſeiller au Châtelet, le 30 Mai 1750, que le ſieur Gillet ſeroit colloqué & payé comme créancier privilégié ſur le prix de la Charge de Delâtre. Mais la même Sentence a ordonné qu'un créancier, qui avoit obtenu une condamnation de dommages & intérêts contre Delâtre, pour défaut d'infidélité & d'exactitude dans ſes fonctions avant la perte des papiers du ſieur Gillet, ſeroit payé avant lui deſdits dommages & intérêts.

Des Sentences des Requêtes du Palais ayant ordonné une conſignation, qui fut faite entre les mains de Baugé, Greffier, & qui mourut inſolvable, il s'éleva une conteſtation entre les créanciers vendeurs de l'Office & ceux qui avoient conſigné, ſur

la préférence du prix de la Charge de Baugé. Ceux-ci difoient qu'ils avoient été né-
ceffités de configner entre les mains de Baugé, parce que la Cour l'avoit ordonné. Les
créanciers vendeurs répondoient que ce n'é-
toit point une fonction néceffairement attachée à la Charge de Greffier, que d'être
dépofitaire par autorité de Juftice ; & par
l'Arrêt qui a été rendu le 7 Août 1671, la
préférence fut accordée aux créanciers vendeurs de l'Office.

Par autre Arrêt rendu le Vendredi 12
Janvier 1731, de relevée, la Cour a confirmé une Sentence du Châtelet, par laquelle
il avoit été jugé qu'une remife de 9990 liv.
de billets de banque, faite par le fieur Ri-
queur en 1721 à Mᵉ Baudouin, Notaire,
pour la porter au *Vifa*, en exécution de
l'Arrêt du Confeil du 26 Janvier 1721,
qui portoit que cette opération fe feroit par
l'entremife des Notaires, n'étoit point un
Fait de Charge.

La raifon qui détermina l'Arrêt, c'eft que
ces fortes d'entremifes n'étoient pas de la
fonction effentielle des Notaires, mais une
commiffion extraordinaire qui pouvoit être
donnée à toute autre perfonne qu'à un
Notaire. L'Arrêt ordonne en conféquence
l'exécution du contrat de vente de la Charge de Mᵉ Baudouin (qui avoit diffipé ces
effets) & des délégations qu'il contenoit au
profit de fes créanciers bailleurs de fonds.

Le Mercredi 31 Mars 1745, il a été jugé
en la Grand'Chambre, au rapport de M.
Bofchart de Sarron, *confultis claffibus*, que
le dépôt d'une fomme de 40000 liv. fait à
Gervais, Notaire, en exécution d'Arrêt
rendu fur la Requête de M. le Procureur
Général, & que Gervais avoit diffipée, n'engendroit point un Fait de Charge.

La raifon de décider a été, que les Notaires ne font point créés pour recevoir des
dépôts ; il y a des Receveurs des Confignations créés *ad hoc* & en titre d'Office.

Sur le privilége réfultant de Faits de Charge, voyez l'Edit du mois d'Août 1594, portant création des Offices de Receveurs des
Confignations, un Arrêt rendu au mois de
Juin 1581, rapporté par Carondas fur l'article 95 de la Coutume de Paris ; un autre
Arrêt du 28 Mai 1683, rapporté par Bardet, tome 2, liv. 7, chap. 24 ; d'autres Ar-

rêts des 7 Septembre 1654, 16 Mars 1671,
& 2 Mars 1680, rapportés dans le Journal
des Audiences.

FAITS DU PRINCE.

On nomme ainfi les événemens & les
changemens qui émanent de l'autorité du
Souverain.

Perfonne n'eft garant des Faits du Prince, c'eft un principe certain, à moins qu'il
n'y en ait convention expreffe. Mais lorfque quelqu'un s'eft foumis de les garantir,
il doit tenir fa promeffe. La Cour l'a ainfi
jugé par Arrêt rendu fur les Conclufions de
M. Joly de Fleury, Avocat Général, le 21
Mai 1715, entre M. de Breteuil & M. de
Thoiras.

Dans l'efpéce de cet Arrêt, M. de Thoiras avoit cédé à M. de Breteuil 8000 liv.
de rente fur la Ville, moyennant 160000
livres pour demeurer quitte de femblables
8000 liv. de rente qu'il lui devoit, & la
ceffion étoit faite avec garantie même des
Faits du Prince. La Déclaration du mois de
Décemb. 1713, qui avoit apporté un changement aux rentes fur la Ville, a donné lieu
à la demande en garantie, jugée & accordée
par l'Arrêt.

On a agité la queftion de fçavoir fi le
Greffier de l'Amirauté de la Rochelle, dépofitaire, par Ordonnance de Juftice, de
deniers appartenans à différens Particuliers,
étoit obligé de rendre en deniers comptans
& en mêmes efpéces, les dépôts qui lui
avoient été faits, lorfqu'en conféquence
d'une Loi du Prince, il avoit, comme tous
les dépofitaires publics, été obligé de convertir d'abord les efpéces en papier, & enfuite les papiers en contrats fur les Tailles.
La Cour a jugé que non, par Arrêt rendu au rapport de M. Delpech, le 4 Août
1727.

Ce qui faifoit difficulté dans cette affaire, c'eft qu'il étoit conftant dans le fait,
que le Greffier de l'Amirauté de la Rochelle
avoit reçu des billets de ceux qui s'étoient
rendus adjudicataires des effets vendus en
vertu de Sentence de cette Jurifdiction ;
mais il prouvoit que la vente avoit été ordonnée & confentie de cette maniere, qu'il
avoit reçu le montant des billets à leurs
échéances, & qu'il n'auroit pû refufer de

recevoir, fans s'expofer à des pertes & à des dommages & intérêts.

FAITS ET ARTICLES.
V. *Interrogatoire & Serment de Calomnie.*

On nomme Faits & Articles un certain détail de Faits fur lefquels une Partie fait interroger fon adverfaire.

L'article premier du titre 10 de l'Ordonnance de 1667, permet *aux Parties de fe faire interroger en tout état de caufe* (a) *fur Faits & Articles pertinens, concernant feulement la matiere dont eft queftion, pardevant le Juge où le différend eft pendant ; & en cas d'abfence de la Partie, pardevant le Juge qui fera par lui commis ; le tout fans retardation de l'inftruction & Jugement.*

Une Partie affignée, pour être interrogée fur Faits & Articles, doit donc comparoir aux jours & lieux qui font indiqués par l'affignation ; & fi elle refufe de le faire fans caufe légitime, *les Faits feront* (dit l'Ordonnance, *ibid.* art. 4,) *tenus pour conffeffés & avérés* fur le Procès-verbal qui fera dreffé de la comparution ou du refus de répondre.

Ceci n'a cependant pas lieu, quand l'interrogatoire eft fubi devant un Commiffaire au Châtelet ; parce que, par un Arrêt rendu fur le Réquifitoire de M. le Procureur Général, le 6 Septembre 1681, qu'on trouve au Journal des Audiences, tom. 4, liv. 4, chap. 21, il a été *fait défenfes aux Commiffaires du Châtelet, de déclarer des Faits conffeffés & avérés, faute de fubir interrogatoire devant eux.* Cet Arrêt leur a *enjoint* au contraire de *renvoyer les Parties à l'Audience, pour y être pourvu par les Juges.*

Les difpofitions de l'Ordonnance, qui veulent que les Faits foient tenus pour conffeffés, faute par la Partie de répondre, n'ont pas lieu en matiere bénéficiale. Dans ces matieres on n'eft point tenu de répondre fur Faits & Articles, parce que le Fait fe juge par le mérite des titres. Voyez Bornier fur l'art. 2 de l'Ordonnance, *ibid.*

Les affignations pour répondre fur Faits & Articles, doivent être *données en vertu d'Ordonnance du Juge* (au bas d'une Requête qui

fe préfente à cet effet) *fans commiffion du Greffe, encore que la Partie fût demeurante hors du lieu où le différend eft pendant* : Ordonnance, *ibid.* art. 2.

La commiffion que l'Ordonnance dit ici n'être pas néceffaire, doit s'entendre de celle qu'on eft obligé de prendre pour affigner en certaines Jurifdictions, comme elle l'exige impérieufement par les articles 11, 12 & 13 du tit. 2 ; car s'il s'agiffoit de faire interroger une Partie devant un Juge qui ne fût pas, ou Officier du Tribunal dans lequel l'interrogatoire eft ordonné, ou inférieur & fubordonné à ce Tribunal, il faudroit une commiffion rogatoire.

Les affignations pour fubir interrogatoire fur Faits & Articles, doivent fe donner *au domicile de la Partie, & non à aucun domicile élu, ni à celui du Procureur ;* & il doit être en même-temps donné copie, *tant de l'Ordonnance du Juge, que des Faits & Articles,* ibid. article 3 ; cependant l'article 7 permet au Juge *d'interroger d'Office fur aucuns Faits, quoiqu'il n'en ait été donné copie.*

L'Ordonnance ne dit pas que l'affignation pour fubir interrogatoire fur Faits & Articles, doive fe donner avec des délais, auffi fe donne-t-elle ordinairement du jour au lendemain.

L'interrogatoire fur Faits & Articles doit être *fubi en perfonne,* en préfence du Juge & du Greffier feulement, & non par Procureur ; & fi la Partie affignée avoit une raifon légitime, juftifiée par un Exoine, pour ne pas comparoir, il faudroit que le Juge fe tranfportât chez elle pour l'interroger, fi l'autre Partie perfévéroit à demander l'interrogatoire.

Les réponfes de la Partie interrogée doivent être écrites féparément les unes des autres à la fuite de chaque Fait ; & le Juge, avant de procéder à l'interrogatoire, doit faire prêter ferment à la Partie, que fes réponfes feront véritables.

Les interrogatoires fur Faits & Articles fe feront aux dépens de ceux qui les auront requis, fans qu'ils puiffent en demander aucune répétition, ni les faire entrer en taxe, même

(a) C'eft-à-dire, tant en caufe principale que d'appel, dans les affaires d'Audience & dans celles qui font appointées, pourvû qu'il y ait Inftance liée, & que le Juge

foit requis d'ordonner cet interrogatoire : il ne pourroit pas l'ordonner d'office. Voyez l'Ordonnance de 1667, titre 10.

en

en cas de condamnation de dépens : Ordonnance, *ibid.* art. 10.

J'ai dit que, lorsque la Partie, ou ne compare point, ou refuse de répondre, les Faits sont tenus pour confessés & avérés : mais l'art. 5 de l'Ordonnance, *ibid.* veut que si la Partie qui a d'abord refusé, » se présente » avant le Jugement du Procès pour subir » interrogatoire, elle soit reçue à répondre, » à la charge de payer les frais de l'interro-» gatoire, & d'en bailler copie à la Partie, » même de rembourser les dépens du pre-» mier Procès - verbal, sans le pouvoir ré-» péter, & sans rétardation du Jugement.

» Seront tenus les Chapitres, Corps & » Communautés, de nommer un Syndic, » Procureur ou Officier, pour répondre sur » les Faits & Articles qui lui auront été » communiqués ; & à cette fin, passeront un » pouvoir spécial, dans lequel les réponses » seront expliquées & affirmées véritables ; » autrement, seront les Faits tenus pour » confessés & avérés, sans préjudice de faire » interroger les Syndics, Procureurs & au-» tres, qui ont agi, par les ordres de la » Communauté, sur les Faits qui les con-» cerneront en particulier, pour y avoir, » par le Juge, tel égard que de raison « : Ordonnance, *ibid.* art. 9.

M. Jousse dit qu'on peut faire interroger la femme sur Faits & Articles, lors même que le mari est seul en cause pour raison de quelqu'action mobiliaire qui la concerne : il ajoute même, que le mari ne peut empê-cher sa femme de subir interrogatoire sur Faits & Articles, sous prétexte de défaut d'autorisation, parce qu'il est juste que la vérité soit connue, quand elle est nécessaire pour la décision de la cause. Il cite sur cela des Arrêts des 7 Février 1550, & 19 Décembre 1713.

Le 25 Mai 1731, il a été rendu un Arrêt sur-délibéré en la Grand'Chambre, à l'Au-dience de 7 heures, par lequel la Cour a jugé (sans communication aux Gens du Roi) qu'une défenderesse à un faux inci-dent, décrétée d'ajournement personnel, ne pouvoit faire interroger sur Faits & Arti-cles la demanderesse en faux.

Dans cette espéce, il s'agissoit de l'ins-cription en faux formée contre le Registre d'une Marchande de Laon, qui de son côté demandoit des condamnations sur le fonde-ment des reconnoissances & arrêtés portés sur son livre.

FAITS JUSTIFICATIFS.

Les Faits Justificatifs sont ceux qui peu-vent servir à prouver l'innocence d'un ac-cusé.

L'ordre public & l'intérêt de la société ont consacré deux principes également im-portans en matiere criminelle. S'il est juste d'un côté de conserver à un accusé la liberté de manifester son innocence, il n'est pas moins essentiel que le crime soit poursuivi, & que les coupables soient punis. Deux vûes si sages & si intéressantes sont rem-plies par la rigueur de l'instruction, & par l'introduction des Faits Justificatifs.

Mais la procédure, qui a pour objet la justification de l'accusé, ne doit pas mar-cher d'un pas égal avec celle qui tend à la découverte du crime. Si on ouvroit la car-riere à l'accusé, en lui permettant d'abord de faire une procédure contraire au titre de l'accusation, l'instruction, qui tend à la dé-couverte du crime, seroit arrêtée à chaque pas ; les preuves pourroient s'affoiblir par la subornation, & dépérir par les longueurs.

La seconde raison est fondée sur l'intérêt de l'accusé lui-même ; comme son inculpa-tion dépend de l'événement de l'instruction, il est inutile de l'engager jusques-là dans la preuve de sa justification, puisqu'il peut arriver qu'il n'en ait pas besoin.

C'est pour cela que la preuve des Faits Justificatifs ne doit être admise qu'après avoir épuisé toutes les recherches destinées à la découverte du crime ; c'est la disposition expresse de l'Ordonnance de François I, & de celle de 1670, titre 28, art. 1, dont voici les termes :

Défendons à tous Juges, même à nos Cours, d'ordonner la preuve d'aucuns Faits Justifi-catifs, ni d'entendre aucuns témoins, pour y parvenir, qu'après la visite du Procès (a).

Ces dispositions sont encore fondées sur

(a) D'après cette Loi, la Cour, par Arrêt rendu le 27 Août 1717, qu'on trouve au Journal des Audiences, tome 6, liv. 7, ch. 61, » a enjoint aux Juges-Conservateurs de » Lyon, de n'admettre les accusés à aucuns Faits Justifica-» tifs, ni qui tendent à détruire les dépositions des té-» moins, qu'après l'instruction du procès parachevée «.

ce que la Justice n'a pas intérêt de trouver un coupable, & qu'on ne préfume pas qu'elle fuive des voies illicites pour faire charger un innocent ; au contraire, le coupable fe croit tout permis, pour perfuader qu'il eft injuftement accufé ; & fi on l'admettoit d'abord à propofer fes Faits Juftificatifs, il ne manqueroit jamais de traverfer l'inftruction, fous prétexte de travailler à fa juftification.

Deux Arrêts ont néantmoins jugé le contraire, en matiere de Finance. Le premier a été rendu en la Cour des Aides de Rouen, le 9 Décembre 1739, entre le Fermier des Aides de Normandie, & Charles Vivier, Marchand Forain, & a confirmé la Sentence rendue par les Elus d'Avranches, le 10 Juin précédent, par laquelle Vivier étoit admis à vérifier les moyens de Faux qu'il avoit articulés, nonobftant qu'il fût pourfuivi extraordinairement fur le procès-verbal des Commis ; mais il y avoit cette circonftance dans l'affaire, que Vivier ignoroit la pourfuite faite contre lui.

Le fecond a été rendu entre le Marquis des Reaux & les Fermiers Généraux, au Grand-Confeil, le 27 Mars 1743, où l'affaire avoit été renvoyée par un Arrêt du Confeil d'Etat, qui avoit caffé & annullé toute l'inftruction faite & jugée contre le Marquis des Reaux par des Commiffaires du Confeil.

Dans l'efpéce de ce fecond Arrêt, le Marquis des Reaux étoit accufé de rébellion envers des Commis des Fermes, & de leur avoir arraché leur Commiffion. Il s'infcrivit en faux contre le Procès-verbal, & demanda à prouver l'exiftence de la Commiffion prétendue déchirée.

Les Fermiers répondirent que c'étoit-là un Fait Juftificatif, qui ne pouvoit s'admettre qu'après la vifite du Procès ; cependant, par Arrêt du Grand-Confeil, rendu le 27 Mars 1743, la prétention des Fermiers fut rejettée, & le Marquis des Reaux fut admis à la preuve de fes Faits Juftificatifs. Mais V. *Faux*.

Depuis ces Arrêts, la Cour des Aides de Paris a, par Arrêt du 12 Janvier 1759, jugé qu'une infcription de faux formée contre un procès-verbal de fraude & de rébellion, dreffé par des Commis des Fermes, fuivi

d'une plainte, eft un Fait Juftificatif, dont la preuve ne peut être admife qu'après la vifite du procès, fuivant l'article 1 du titre 28 de l'Ordonnance criminelle. Cet Arrêt eft imprimé.

Quoique l'Ordonnance permette aux accufés de demander à faire preuve de leurs Faits Juftificatifs, après la vifite du procès, il ne faut pas conclure de-là qu'ils ne doivent fe prouver que par les accufés ; les Juges peuvent eux-mêmes ordonner cette preuve, foit en caufe principale, foit en caufe d'appel, parce qu'en matiere criminelle, il eft de leur devoir de s'attacher avec foin à découvrir l'innocence de l'accufé.

Le Parlement a confacré ce principe, en ordonnant, par Arrêt rendu le 24 Juillet 1696, dans l'affaire de la dame du Bois, qu'avant faire droit fur les appels refpectifs, il feroit informé, à la requête du Procureur Général, de plufieurs Faits articulés, tendans à démontrer la fuppofition qui régnoit dans l'accufation.

Au nombre des Faits Juftificatifs, on peut comprendre ;

1°. La fubornation de témoins. V. *Subornation.*

2°. L'alibi. V. *Alibi.*

3°. La preuve que c'eft un autre que l'accufé qui a commis le crime, eft encore un Fait Juftificatif.

4°. La preuve de la folie & de la fureur de l'accufé, au temps du crime qu'on lui impute, peut encore être admife comme un Fait Juftificatif ; parce que l'action du furieux n'étant pas libre, elle eft fans crime. V. *Furieux.*

5°. La preuve de la débauche d'une fille qui accufe quelqu'un de rapt, eft encore admiffible, parce que c'eft un Fait Juftificatif.

L'accufé ne peut prouver d'autres Faits Juftificatifs, que ceux qui ont été choifis par les Juges dans le nombre de ceux qu'il a articulés, lors des interrogatoires & confrontations.

Les Faits Juftificatifs doivent être inférés dans le même Jugement qui en ordonne la preuve ; & lorfque ce Jugement fe prononce à l'accufé, le Juge le doit interpeller de nommer fur le champ les témoins, par lefquels il entend prouver les Faits. S'il ne les nommoit pas à l'inſtant, il n'y ſeroit plus reçu dans la ſuite.

Lorſque l'accuſé a une fois nommé les témoins, il ne peut en nommer d'autres; & ceux qu'il a indiqués, doivent être aſſignés à la requête du Miniſtere public.

L'inſtruction des Faits Juſtificatifs ſe fait aux frais de l'accuſé, s'il peut les faire.

FALCIDIE.
Voyez *Quarte Falcidie.*

FAUSSAIRES, FAUX.
V. *Faits Juſtificatifs, Inſcription en Faux, Obreption, Piéces de comparaiſon, & Procès-verbal.*

On nomme Fauſſaire, celui qui a commis une fauſſeté, ſoit en altérant un acte authentique ou ſous ſignature privée, ſoit en fabriquant une piéce, dans la vûe d'altérer la vérité au préjudice d'autrui; & on donne le nom de Faux au crime que commet le Fauſſaire.

On le diſtingue en Faux principal & en Faux incident; & ces deux eſpéces de Faux ſont ſoumiſes à des régles particulieres à chacune.

Le Faux principal eſt la pourſuite qui s'intente directement contre quelqu'un, pour faire déclarer fauſſe une piéce, dont on craint qu'il puiſſe tirer avantage.

Le Faux incident eſt celui qui s'oppoſe, par forme d'exception, contre une piéce, de laquelle la Partie qui la produit, prétend tirer avantage.

L'Ordonnance de 1670 avoit réglé la procédure qui devoit s'obſerver dans les inſcriptions de Faux; mais comme cette Ordonnance n'avoit pas tout prévu, & que les différentes manieres d'en expliquer les diſpoſitions, avoient produit une grande variété dans les uſages de différens Tribunaux, Louis XV nous a donné là-deſſus une Loi très-détaillée; c'eſt l'Ordonnance du mois de Juillet 1737. Ses diſpoſitions ſont trop étendues pour avoir place ici; on

les trouve dans le Recueil des Ordonnances de Louis XV.

Le Faux eſt un crime dont la punition eſt ordonnée par les anciennes & les nouvelles Ordonnances. Il ſe commet également, ſoit en célant une partie d'un acte, ſoit en rapportant faux, ſoit en omettant le vrai, ſoit en faiſant des ſuppreſſions dans les extraits que l'on en tire, pour empêcher que la vérité ne paroiſſe. C'eſt le langage de toutes les Loix.

» Il n'y a point de matiere (dit d'Héricourt, Loix Eccléſiaſtiques, liv. 1, ch. 2, » n. 11,) ſur leſquelles les Fauſſaires ayent » plus exercé leur malheureuſe adreſſe, que » ſur les Bulles des Papes, & en particulier » ſur celles que regardent les priviléges & » les exemptions (dont jouiſſent les Moines).

» Les uns ont fabriqué des Bulles entieres; les autres ont effacé l'écriture d'une » Bulle véritable, pour y ſubſtituer un privilége qu'ils ont imaginé; les autres ont » tranſporté le ſceau d'une Bulle à un écrit » particulier, qu'ils ont qualifié de Bulle » Apoſtolique.

» Les autres ont collé ſur des Bulles un » parchemin fort fin, qu'ils ont rempli, » comme ils l'ont ſouhaité; d'autres, par » une ſubtilité, qui n'eſt pas moins criminelle, ont eu l'adreſſe de faire ſceller des » Bulles que les Papes n'ont ni approuvées » ni reçues (a) «.

L'Ordonnance de François I du mois de Mars 1531, prononce la peine de mort contre ceux qui ſeront convaincus d'avoir fait ou paſſé de faux contrats, ou porté faux témoignage.

Il n'y a point d'acte contre lequel on ne puiſſe s'inſcrire en Faux. » Plus un acte eſt » auguſte, plus il eſt intéreſſant qu'il ne ſoit » point altéré «. C'eſt ce que plaida Me de la Monnoye, dans la cauſe du Marquis de Beringhen, contre le Comte de Vauldray, en laquelle il s'agiſſoit de ſçavoir, ſi on pouvoit s'inſcrire en Faux contre la minute d'un

____

(a) L'Auteur d'une Critique du Livre publié par les Bénédictins, ſous le titre de *Bibliothéque Divine de Saint Jérôme*, accuſe auſſi les Moines en général d'avoir falſifié les anciens manuſcrits, ſoit en grattant le parchemin, ſoit en ſubſtituant de fauſſes piéces à la place des véritables; il leur reproche même d'avoir porté leur attentat juſques ſur l'Ecriture Sainte, dont ils ont, dit-il, altéré les endroits qui ne s'accommodoient pas avec leurs préjugés. Il prétend qu'ils ont fait entrer la verſion vulgate dans les citations des Peres, au lieu de l'Ancienne Italique; & il cite pour preuve, le Miroir de Saint Auguſtin, » où l'on » ne trouve pas un ſeul paſſage de ceux que ce Pere avoit » allégués, & dont il avoit compoſé ſon Ouvrage «. Voyez auſſi l'art. *Diplomatique* dans l'Encyclopédie.

Arrêt de la Cour, rendu le 7 Septembre 1667, dans laquelle le Marquis de Beringhen soutenoit que les mots, *& maternels*, qui se trouvoient en interligne, avoient été ajoutés après coup.

Me Cochin répondoit que le respect dû au dépôt sacré de la Cour, l'intérêt des familles, le danger d'exposer les Loix les plus augustes à la science conjecturale des Experts, étoient autant de moyens qui s'opposoient à la demande en inscription de Faux. Cependant, par Arrêt rendu sur délibéré, le 7 Septembre 1740, au rapport de M. l'Abbé Langlois, en la Grand'Chambre, il a été permis au Marquis de Beringhen de passer à l'inscription de Faux.

Louis XIV a ordonné par un Edit du mois de Mars 1680, que l'Ordonnance de 1531 seroit observée ponctuellement; cependant, comme cette Ordonnance n'avoit pour objet que les Notaires, & les témoins instrumentaires des actes, & que les Notaires ne sont pas les seuls dépositaires de la foi publique, puisqu'on ne contracte pas moins en Justice que devant eux, le Roi a ordonné par cet Edit, » que toutes personnes faisant fonction publique, par office, » commission ou subdélégation, leurs Clercs » ou Commis, qui seront atteints & convaincus d'avoir commis fausseté dans la » fonction de leurs offices, commissions & » emplois, seront punis de mort, telle que » les Juges l'arbitreront, selon l'exigence » des cas. Et à l'égard de ceux qui n'étant » Officiers, & qui n'ayant aucune fonction » ou ministere public, commission ou emploi de la qualité ci-dessus, auront commis quelque fausseté, ou qui étant Officiers, les auront commis hors la fonction » de leurs offices, commissions ou emplois, » les Juges pourront les condamner à telles » peines qu'ils jugeront, même de mort, » selon l'exigence des cas & la qualité des » crimes. Voulons en outre que tous ceux » qui auront falsifié les Lettres de notre » grande Chancellerie, & de celles qui sont » établies près de nos Cours de Parlement,

» imité, contrefait, appliqué ou supposé » nos grands & petits Sceaux, soit qu'ils » soient Officiers, Ministres ou Commis de » nosdites Chancelleries, ou non, soient » punis de mort (a) «.

L'Ordonnance des Testamens, donnée en 1735, art. 48, porte aussi que *les Notaires qui signeront les testamens ou les actes de souscription des testamens mystiques, sans avoir vû le testateur, & sans l'avoir entendu prononcer ses dispositions, ou les lui avoir vû présenter lors de la souscription, seront punis de mort.* V. *Notaires.*

Nous avons plusieurs exemples où la Cour a cru pouvoir ne pas user de cette sévérité. Un Arrêt rendu le 4 Décembre 1703, n'a condamné un Notaire de Mantes, convaincu de Faux, qu'à l'amende honorable: un autre (Arrêt) rendu le 14 Juillet 1724, contre un Notaire & un Huissier convaincus du même crime, les a condamnés en la même peine & au bannissement pour neuf ans; & par un Arrêt de la Cour des Aides de Montpellier, du 30 Mai 1750, un témoin instrumentaire dans un acte, convaincu de faux témoignage, a été condamné à faire amende honorable dans la ville de Beziers, & banni pour trois ans.

Lorsqu'une Partie produit un titre faux qu'elle croyoit véritable, elle doit indiquer d'où elle le tient, afin de se mettre à couvert de la peine prononcée par les Loix, & que l'on soit persuadé qu'elle n'a point eu de part à la falsification.

La Cour a jugé, par un Arrêt rendu le 31 Décembre 1680, qu'on peut ordonner l'instruction d'un crime de Faux, nonobstant la déclaration de l'accusé, qu'il ne veut & n'entend point se servir de la piéce arguée de Faux (b).

Un Prêtre nommé le Loup, qui avoit fait envoyer à Coutances trois faux extraits de célébration de mariage & de baptême pour être légalisés, & réclamer une succession en conséquence, a, nonobstant sa déclaration qu'il n'entendoit point se servir de ces piéces, été condamné, par Sentence du Bail-

---

(a) L'Ordonnance de 1531, & l'Edit du mois de Mars 1680, ont lieu dans le ressort du Parlement de Besançon. Il a été à cet effet adressé un Edit au susdit Parlement au mois de Nov. 1709, qui a été registré le 28 du même mois. V. le Recueil du Parlement de Besançon, tom. 3, p. 732.

(b) Cet Arrêt a eu son exécution; & l'Arrêt définitif intervenu dans cette affaire, est du 12 Août 1681. Il a condamné Rollet, Procureur au Parlement, à faire amende honorable & au bannissement pendant neuf ans. C'est de ce Rollet dont parle Boileau dans ses Vers.

liage de Coutances, du 16 Décembre 1750, à faire amende honorable, & au banniſſement pour neuf ans.

Sur l'appel de cette Sentence, Arrêt eſt intervenu au Parlement de Rouen le 15 Février 1751, qui l'a infirmée, & condamné le Loup à l'amende honorable, avec écriteaux, &c. aux galeres à perpétuité, préalablement flétri, &c.

Mais parce que cet Arrêt déclaroit le Loup *atteint & convaincu d'avoir fabriqué ou fait fabriquer trois faux extraits*; (ce que ne portoit pas la Sentence, qui le déclaroit ſeulement convaincu d'avoir ſciemment envoyé trois extraits faux, pour être légaliſés, & s'en ſervir, &c.) & encore parce que la fauſſeté des extraits n'avoit pas été vérifiée par Experts, & qu'il paroiſſoit d'ailleurs de l'incertitude dans le genre de crime de le Loup, que l'Arrêt déclaroit convaincu d'avoir *fabriqué ou fait fabriquer* de faux extraits, l'Arrêt du Parlement de Rouen, quoiqu'exécuté, a été caſſé par Arrêt rendu au Conſeil le premier Juillet 1755, lequel a renvoyé l'inſtruction de l'affaire au Grand-Conſeil. (*a*)

Le 2 Juin 1731, la Cour, par Arrêt rendu en la Grand'Chambre, a jugé que, pour empêcher une inſcription de Faux incidente, il ne ſuffiſoit pas qu'une Partie convînt que la piéce étoit fauſſe, & conſentît qu'on tirât de ſon aveu telle induction qu'on voudroit, mais qu'il falloit qu'elle déclarât ne s'en pas vouloir ſervir.

Le faux eſt comme l'uſure; il infecte toutes les parties d'un contrat; & un Arrêt du Parlement de Bordeaux, rendu le 6 Septembre 1663, recueilli par la Peyrere, a entiérement rejetté un contrat ſigné par toutes les Parties, mais dont la ſignature du Notaire étoit fauſſe.

Une Déclaration du 4 Mai 1720, enregiſtrée le 10 Juin ſuivant, prononce la peine de *mort* contre *ceux qui ſeront convaincus d'avoir imité, contrefait, falſifié ou altéré..... les Ordonnances ſur le Tréſor Royal, les Etats ou extraits de diſtribution, ainſi que les Reſcriptions, Récépiſſés, ou autres expéditions qui* *émanent du Tréſor Royal.... ſans avoir égard à la valeur ou à la modicité du préjudice que les falſifications auroient pu cauſer,* art. 1.

L'art. 2 prononce la même peine *contre ceux qui ſeront convaincus d'avoir falſifié ou altéré les regiſtres, quittances ou expéditions du Tréſorier de l'Extraordinaire des Guerres, des revenus caſuels, Receveurs des Conſignations, Commiſſaires aux Saiſies-Réelles, des Prépoſés à la recette des Fermes, Finances, &c. des Receveurs ou Tréſoriers des Pays d'Etats, & de tous ceux qui, par Commiſſion ou autrement, ſont chargés du maniement ou du payement des fonds qui entrent dans les Caiſſes Royales ou publiques.*

Et l'art. 3 veut que *tous ceux qui ſeront convaincus d'avoir altéré, changé ou falſifié tous Papiers Royaux ou Publics, ſoient condamnés au dernier ſupplice.*

Cependant un particulier qui avoit altéré & falſifié trois quittances de Finance, & des groſſes de contrats ſur les Aides & Gabelles, n'a été condamné qu'à l'amende honorable, & aux galeres à perpétuité, par Arrêt rendu en la Chambre de l'Arſenal le 5 Septembre 1737. Mais un autre Arrêt de la même Chambre, du 20 Avril 1736, avoit condamné trois Particuliers, convaincus du même crime, à être pendus. L'Abbé Fleur, Prêtre, & un jeune Clerc de Notaire, qui avoient falſifié des billets de la Loterie Royale, ont auſſi été condamnés, par de ſemblables Arrêts, à être pendus.

Une autre Déclaration du 20 Août 1699, regiſtrée le 2 Septembre ſuivant, a ordonné que *tous ceux qui contreferont les ſignatures des Secrétaires d'Etat, en choſes qui concernent les fonctions deſdits Secrétaires d'Etat, ſeront punis de mort* (*b*).

Conformément à cette Loi, un Particulier qui avoit fabriqué une fauſſe Lettre de Cachet, & contrefait la ſignature *Phelippeaux*, a été condamné, par Arrêt rendu en la Chambre de l'Arſenal, le 21 Juin 1736, à être pendu en place de Grève, ayant écriteaux devant & derriere, &c.

Les moyens de faux, en matiere de Finance, ſont quelquefois regardés comme

_____

(*a*) La condamnation de le Loup ne péchoit que par la forme; car, après l'inſtruction de ſon affaire, très-ſcrupuleuſement faite de nouveau au Grand-Conſeil, il a été renvoyé aux Galeres.

(*b*) La même Déclaration a été envoyée au Parlement de Touloufe, où elle a été enregiſtrée le 23 Septembre 1699, & au Parlement de Grenoble le 28 dudit mois de Septembre.

des faits juftificatifs, dont l'inftruction doit être fufpendue jufqu'aux récollemens & confrontations.

Un Arrêt de la Cour des Aides de Paris, du 4 Mai 1712, l'a ainfi jugé; il renvoye les moyens de Faux après le récollement & la confrontation.

Deux autres Arrêts de la même Cour, des années 1739 & 1741, ont ordonné que *les moyens de Faux demeureroient joints au Procès, pour y avoir, après la vifite du Procès, tel égard que de raifon,* fuivant l'Ordonnance de 1670. Il a été rendu de pareils Arrêts au Confeil les 30 Janvier & 27 Mars 1731; mais voyez *Faits Juftificatifs.*

Cependant, aux termes d'une Déclaration du 25 Mars 1732, enregiftrée en la Cour des Aides le 30 Avril fuivant, lorfqu'il s'agit d'infcription en Faux contre les Procèsverbaux des Commis des Fermes, elle doit être formée dans le jour de l'échéance des affignations. On peut voir cette Déclaration en entier; elle contient 12 articles. Voyez auffi une autre Déclaration donnée en interprétation de celle-ci, le 8 Septembre 1736.

La veuve de Louis le Blanc & autres ont été déclarés non-recevables par Sentence des Elus de Bourges, du 21 Mai 1746, dans l'infcription de Faux par eux formée contre un Procès-verbal des Commis aux Aides, pour n'avoir pas fignifié au Fermier la Procuration par eux donnée à leur Procureur, aux fins de former ladite infcription; & cette Sentence a été confirmée par Arrêt rendu en la Cour des Aides le 22 Février 1747.

Cet Arrêt eft imprimé; & l'Editeur dit, par une Note, qu'il juge que » dans les cas » qui n'ont pas été prévus par la Déclaration du 25 Mars 1732, concernant les infcriptions de Faux en matiere de Fermes, » l'Ordonnance du Faux pour les autres matieres, du mois de Juillet 1737, titre *du* » *Faux Incident*, doit être fuivie «.

On peut encore fur le Faux, en matiere de Ferme, confulter une autre Déclaration du 14 Janvier 1693, regiftrée en la Cour des Aides le 28; & une autre du 6 Janvier 1699, regiftrée en ladite Cour le 22.

Ceux qui s'infcrivent en Faux, doivent configner une amende fixée par différentes Loix, & finguliérement par l'Ordonnance de 1737; & cette amende eft plus ou moins forte, felon la Jurifdiction où fe forme l'infcription. Mais comme cette amende n'eft pas affez confidérable pour empêcher certains Plaideurs de s'infcrire en Faux contre une piéce, dans la vûe de retarder le Jugement d'une affaire, une Déclaration du 31 Janvier 1683, regiftrée le 19 Février fuivant, a ordonné que le Parlement de Paris pourroit, felon qu'il l'eftimeroit, augmenter cette amende pour les infcriptions en Faux qui feroient formées depuis le 15 Juillet jufqu'à la fin du Parlement.

L'infcription en Faux contre un Acte n'en empêche pas l'exécution provifoire. V. Carondas, Expilly, Defpeiffes & Pallu fur l'art. 28 de la Coutume de Tours.

Les Notaires de Paris ne peuvent être traduits qu'au Châtelet, en premiere Inftance, pour l'inftruction & Jugement de Faux contre les Actes par eux reçus, fuivant une Déclaration du mois de Juil. 1676, regiftrée le 28.

Voyez un Edit donné contre les Fauffaires au mois d'Août 1725, regiftré au Parlement de Grenoble, le 7 Septemb. fuivant, & une Déclaration du 12 Mai 1727, regiftrée le 24 Juillet fuivant, portant Réglement pour les infcriptions en Faux contre les Procès-verbaux des Employés des Fermes dans le reffort du Parlement de Grenoble.

Le Faux incident s'inftruit dans la Jurifdiction où la conteftation principale eft pendante; mais les plaintes, dénonciations & accufations doivent fe faire dans la même forme que celle des autres crimes. V. l'art. 15 de la Déclaration du 25 Janvier 1694, regiftrée au Parlement de Befançon le 25 Février 1695. V. auffi l'art. 1. du tit. 1. de l'Ordonnance de 1737.

FAUX-SAUNIERS.
V. *Contrebande & Peine.*

On nomme Faux-Sauniers, ceux qui tranfportent ou qui vendent du fel venant d'ailleurs que des greniers du Roi ou des regrats, contre la difpofition des Ordonnances.

Ce commerce, qu'on nomme Faux-Saunage, eft bien expreffément défendu par les

Ordonnances. Il expose les Faux-Sauniers aux mêmes peines que celles prononcées contre les Contrebandiers. V. des Déclarations des 25 Juillet 1704, & 26 Décembre 1705, qui réglent les peines établies contre les Faux-Sauniers, & ce que je dis aux articles *Contrebande* & *Sel.*

L'article 13 du titre 17 de l'Ordonnance des Gabelles, du mois de Mai 1680, porte que les Nobles convaincus de Faux-Saunage, seront déchus, eux & leur postérité, des avantages de la noblesse.

Il est ordonné, par une Déclaration du 13 Octobre 1725, regiſtrée au Parlement de Dijon le 10 Décembre suivant, que les condamnations pécuniaires prononcées pour crime de Faux-Saunage contre les femmes, seront exécutées contre les maris. V. aussi la Déclaration du 15 Février 1744, à l'article *Contrebande*, & celle du 22 Février 1667, regiſtrée en la Cour des Aides le 20 Avril suivant; l'Ordonnance du mois de Mai 1680 sur le fait des Gabelles, titre 17; & deux autres Déclarations; l'une du 12 Juin 1722, & l'autre du premier Mars 1723.

La Déclaration du 12 Juin 1722 porte que les peres & meres demeureront civilement responsables des amendes prononcées pour Faux-Saunage contre leurs enfans âgés de moins de 14 ans.

Voyez un Arrêt de la Cour des Aides du 4 Août 1762, qui confirme l'emprisonnement de Claude Royer, arrêté dans sa maison, comme garant des condamnations d'amende prononcées contre Jean Royer son fils mineur, pour Faux-Saunage. Cet Arrêt est imprimé.

F É A G E.

Ce mot est quelquefois synonime à inféodation; quelquefois aussi il signifie la tenure d'un bien en Fief. On dit un tel bien est aféagé, pour dire qu'il a été inféodé. Voyez d'Argentré, & le Glossaire du Droit François. Verb. *Féage.*

En Bretagne, le mot Féage signifie ce que nous nommons ici Jeu de fief. On y connoît deux espéces de Féage, l'un noble, & l'autre roturier.

Le Féage noble est ce qu'on appelle ailleurs sous-inféodation. Le Féage roturier est l'accensement.

Sur cela voyez les articles 59, 66, 300, 358 & 359 de la Coutume de Bretagne, l'art. 31 de celle d'Anjou, & l'art. 36 de celle du Maine.

F É L O N I E.

Ce mot signifie injure grave, déloyauté, & révolte du Vassal contre son Seigneur féodal.

Le Vassal coupable de Félonie envers son Seigneur, tombe en commise; c'est-à-dire, que son Fief est confisqué au profit du Seigneur dominant. V. *Commise.*

Despeisses détaille plusieurs actions du Vassal, qui sont, selon lui, autant de Félonies; & il dit en général, que les mêmes actions, qui peuvent autoriser une exhérédation ou la révocation d'une donation entre-vifs, peuvent être considérées comme Félonie, si elles sont commises du Vassal au Seigneur. V. *Commise.*

Mais, quoique l'opinion de Despeisses soit appuyée sur un grand nombre d'autorités qu'il cite, Traité des Droits Seigneuriaux, titre 3 des Fiefs, art. 5, n. 5 & suivans, je pense cependant qu'il n'y a point de comparaison à faire entre les devoirs du Vassal au Seigneur, & les devoirs du fils envers ses pere & mere. Un Vassal n'est pas obligé de tirer son Seigneur de prison, de s'engager pour lui procurer la liberté, &c. en un mot, ce ne sont pas les mêmes devoirs.

Un Auteur moderne, mais recommandable, dit que le Vassal se rend coupable du crime de Félonie envers son Seigneur, lorsqu'il lui fait des outrages par voie de fait ou par paroles injurieuses (*a*), lorsqu'il met la main sur son Seigneur, sa femme ou ses enfans, pour les frapper; lorsqu'il deshonore la femme ou la fille de son Seigneur, &c.

Boniface rapporte un Arrêt rendu au Parlement d'Aix en l'année 1675, par lequel non-seulement les biens d'un Vassal ont été

(*a*) Le Parlement de Rouen a, par Arrêt du 12 Octobre 1754, confirmé une Sentence rendue en la Vicomté d'Exme, le premier Mai précédent; par laquelle plusieurs Censitaires de la Marquise d'Hautefeuille, Dame d'Habloville, qu'ils avoient injuriée verbalement, mais griéve- ment, étoient condamnés à lui demander pardon à genoux à l'issue de la Messe Paroissiale d'Habloville, le jour de Dimanche ou Fête qu'elle choisiroit, avec défenses à eux de se trouver à l'avenir devant ladite Dame, si elle ne les mandoit ou ne le leur permettoit.

confifqués, pour avoir dépouillé le cadavre de fon Seigneur dans fon cercueil & volé fes habits.

L'Auteur moderne que j'ai déja cité, dit que » fi le Seigneur ne s'eft pas plaint de » fon vivant de la Félonie commife envers » lui par fon Vaffal, il eft cenfé lui avoir » remis l'offenfe, &c. « Il cite fur cette matiere le Mémoire fait en 1703 pour le Duc de Mantoue, cité au ban de l'Empire, » qui » forme (dit-on) un Traité complet du » Droit Féodal par rapport à la Félonie «.

On nomme auffi Félonie, la déloyauté du Seigneur envers fon Vaffal. Il n'eft pas plus permis au Seigneur Suzerain de manquer à fon Vaffal, qu'à celui-ci de manquer à fon Seigneur Suzerain.

Lorfque le Seigneur commet Félonie envers fon Vaffal, il ne tombe pas en commife au profit du Vaffal; mais celui-ci eft affranchi de la mouvance envers lui, & releve directement du Suzerain du Felon: c'eft ainfi que, par Arrêt du Parlement de Bordeaux, la Terre de Gemonzac, appartenante à la Maifon d'Aubeterre, fut affranchie de la mouvance de la Sirie de Pons, pour relever du Roi, parce qu'un Seigneur d'Aubeterre portant la foi & hommage au Sire de Pons, avoit été affaffiné par l'ordre de ce dernier Seigneur.

Par le Traité conclu à Arras l'an 1435, entre Charles VII & Philippe-le-Bon, Duc de Bourgogne, Philippe fut perfonnellement déchargé de l'hommage pour les Terres qu'il tenoit de la Couronne, en réparation de l'affaffinat du Duc Jean, fon pere, fur le Pont de Montreau.

En Alface, la Félonie des Vaffaux de certains Seigneurs eft jugée par les Vaffaux de la Cour Féodale du Seigneur choifis par les deux Parties. V. l'art. des Lettres-Patentes du mois d'Avril 1701.

FEMME.

V. *Adultere, Augment, Autorifation, Bagues & Joyaux, Communauté, Deuil, Divorce, Dot, Douaire, Exclufion, Hypothéque, Groffeffe, Mari, Partage, Préciput, Renonciation à la Communauté, Reprifes, Sage-Femme, Séparation, Velleïen, & Veuve.*

Les Femmes ont les mêmes honneurs, les

mêmes qualités & les mêmes rangs que leurs maris pendant le mariage, & tant qu'elles reftent en viduité; mais fi une veuve fe remarie à un homme de moindre condition que le premier mari, elle perd les droits qui lui étoient attribués à caufe de fon premier mariage; c'eft ce que les Empereurs Valentinien & Valens ont décidé par une Loi précife. Leurs difpofitions font fuivies en France. V. *Veuve.*

La Femme commune en biens avec fon mari ne peut rien acquérir pour elle feule pendant que la communauté fubfifte; quelque précaution qu'elle prenne, il faut que le mari en profite, nonobftant les claufes inférées dans les acquifitions qu'elle fait; cependant voyez ce que je dis au mot *Rente.*

Les Femmes n'ont pas befoin d'être autorifées par leur mari, pour tefter & faire codicile, parce que le mari ne fauroit y être intéreffé, au moyen de ce que ces difpofitions ne peuvent avoir d'effet qu'après la diffolution du mariage; cela eft de Droit-commun; & les Coutumes de la Rochelle, art. 23, & d'Angoumois, art. 118, contiennent à ce fujet des difpofitions précifes; mais il y a auffi quelques Coutumes contraires.

Les obligations contractées par les Femmes dans le Lyonnois, le Foreft & le Mâconnois, de l'autorité de leurs maris, font valables, nonobftant la difpofition de la Loi *Julia*, à laquelle il eft dérogé par une Déclaration du mois d'Avril 1664, regiftrée le 20 Août, malgré l'oppofition formée à l'enregiftrement par plufieurs Femmes féparées; & il y a un Arrêt conforme du 6 Septembre 1664. Voyez l'Edit d'Henri IV, de 1606, dans Fontanon. Voyez auffi *Velleïen.*

Une Femme, en puiffance de mari, ne peut pas, quoiqu'autorifée par fon contrat de mariage, vendre ni aliéner fes immeubles, fans une autorifation fpéciale. V. *Autorifation, & Remploi.*

L'Ordonnance de la Marine contient une Exception à cette régle dans l'article 12 du titre *des Affurances.* Cette Loi porte, en effet, que *les Femmes pourront valablement s'obliger* (fans autorifation) *& aliéner leurs biens dotaux, pour tirer leur mari d'efclavage.*

L'article

L'article 13 ajoute que *celui qui, au refus de la Femme, & par autorité de Justice, aura prêté ses deniers pour le rachat de l'esclave, sera préféré à la Femme sur les biens du mari, sauf pour la répétition de sa dot.*

Il a été jugé dans la Coutume de Mantes, dont l'article 125 porte : *Femme séparée de biens, se peut obliger sans l'autorité de son mari ;* que cela devoit s'entendre d'une simple obligation, qui n'emporte point une expresse aliénation de son immeuble ; ensorte qu'un contrat d'échange fait par une Femme sans l'autorité de son mari, fut cassé : la raison est, qu'on ne peut comprendre la vente & l'échange sous ce mot *obligation.* Voy. M. Bouguier, lettre O, chap. 11.

Les Femmes, même séparées, ne peuvent accepter de donation entre-vifs sans autorisation. Voyez *Acceptation de Donation.*

Les billets de la Femme, d'une date antérieure au mariage, ne peuvent s'exiger du mari, quoique faits en majorité, s'ils ne sont reconnus avant le mariage. V. *Communauté.*

Comment les Femmes succèdent à leurs enfans en Pays de Droit-Ecrit ? V. *Mere.*

Les Femmes & filles ne peuvent s'obliger ni être contraintes par corps, si elles ne sont Marchandes publiques. Voyez sur cela l'Edit du mois de Juillet 1680, que je rapporte au mot *Stellionat.*

Anciennement les Femmes ne pouvoient être entendues comme témoins, quoiqu'elles pussent être Juges & Arbitres : ce n'est que depuis l'Ordonnance de Charles VI, de l'an 1394, que leur témoignage a été reçu dans toutes les Causes civiles & criminelles. (V. les Notes sur l'art. 35 des Institutions Coutumieres de Loysel) ; & elles n'ont cessé de pouvoir être Arbitres & Juges, que depuis que les Seigneurs n'ont plus été admis à administrer eux-mêmes la Justice à leurs Vassaux. V. *Pairie.*

C'est une erreur de prétendre & de dire, comme fait le vulgaire, que les dépositions de deux Femmes ne se comptent que pour moitié de celle d'un seul témoin mâle. Il n'y a aucune Loi qui donne moins de poids à une déposition qu'à l'autre. Cependant, comme le témoignage des Femmes peut être plus léger & plus sujet à variation, on y a

Tome II. Part. I.

ordinairement moins d'égard qu'à celui des hommes ; mais cela est à l'arbitrage du Juge.

Tronçon, sur la Coutume de Paris, est d'avis que la Femme impudique qui a quitté son mari, & qui ne se trouve pas avec lui au temps de sa mort, doit être privée de son douaire & de son droit dans la communauté : son opinion paroît conforme aux Loix Romaines.

Il y a en effet deux cas, dans lesquels le Droit Romain prive de sa dot, la Femme qui fait divorce avec son mari :

1°. Lorsqu'elle se sépare d'avec lui sans en avoir une juste cause.

2°. Lorsque la Femme fournit à son mari, par sa mauvaise conduite, une juste cause de faire divorce avec elle : ces causes sont expliquées dans les Novelles 22 & 117.

La Coutume de Normandie, art. 376, & celle de Bretagne, art. 451, décident que si le mari vient à mourir pendant que sa Femme l'a quitté sans cause légitime & sans qu'elle se soit réconciliée avec lui, elle doit être privée de son douaire & de ses autres conventions matrimoniales, sur la seule plainte des héritiers du mari, sans qu'il ait intenté aucune action de son vivant.

La Coutume d'Anjou contient de semblables dispositions : mais ni l'une ni l'autre de ces Coutumes ne privent la Femme de sa dot. V. *Douaire.*

Mais s'il étoit prouvé que l'absence de la Femme eût eu une cause légitime, elle ne seroit point privée de son douaire, quoiqu'elle eût été absente de la maison de son mari pendant un long temps ; c'est ce qui a été jugé par deux Arrêts. Le premier a été rendu le 7 Juillet 1738, en la Grand'Chambre, sur la Coutume d'Anjou, qui porte, art. 214, que Femme qui a abandonné son mari, & s'en est séparée par sa faute, perd son douaire ; & le second, du 16 Janvier 1742.

Dans l'espèce du premier Arrêt, la Marquise de Liniere prouvoit que son séjour à Paris y avoit été nécessaire pour poursuivre, & des affaires de famille, & le Procès qu'elle avoit contre son mari ; que par conséquent elle n'avoit pû demeurer avec son mari, qui avoit son domicile dans ses terres en Anjou.

P

Dans l'espéce du second, la Femme, à cause des mauvais traitemens de son mari, s'étoit retirée chez son pere, chez lequel elle étoit restée dix-huit ans jusqu'à la mort de son mari.

Une Femme ne peut, sous prétexte d'une demande en séparation de biens, s'absenter de la maison de son mari. Dans le dernier siécle, le Comte de *** ayant conclu contre sa Femme (qui demandoit d'être séparée de biens, & qui demeuroit ailleurs que chez lui dans le cours de la procédure qu'elle tiroit en longueur), à ce qu'elle fût tenue de revenir demeurer dans sa maison pendant le Procès, sinon qu'elle demeureroit déchue de ses conventions matrimoniales : cela fut ainsi ordonné.

Il y a un pareil Arrêt au profit d'un Notaire, nommé Tourmont, contre sa Femme, qui étoit séparée de biens avec lui ; la Cour ordonna à cette Femme de retourner avec son mari, nonobstant la séparation qui étoit exécutée. V. deux autres Arrêts sur la même matiere, à l'article *Séparation*.

Au mot *Indignité*, je rapporte un Jugement Souverain, qui prive une Femme des réparations civiles, adjugées à la mémoire de son mari, parce qu'elle l'avoit quitté de son vivant.

Les Loix décident que, toutes les fois qu'il s'agit de sçavoir de quels deniers une Femme mariée a fait une acquisition, on présume toujours que c'est avec ceux du mari, à moins que le contraire ne soit prouvé (*a*) ; & cela, disent les Loix, pour éviter le soupçon d'un gain honteux, ou pour prévenir la tentation d'en faire ; & encore parce que la plus grande vraisemblance & la plus grande honnêteté s'y rencontrent ; enfin pour empêcher les avantages indirects. Sur cela voyez Despeisses, qui cite plusieurs Loix. Voyez aussi l'Arrêt du 26 Juillet 1689, au Journal des Audiences.

D'après ces maximes, la Cour, par Arrêt rendu au rapport de M. Lorenchet, le 10 Juillet 1739, a jugé que la Marquise de Rouvroi, quoique non commune en biens avec son mari, mais autorisée par leur con-trat de mariage à régir & à administrer ses biens & revenus, & honorée d'une pension de 3000 liv. pour services personnels qu'elle avoit rendus dans la Maison d'Orléans, n'avoit pû faire sur ses revenus, ni même sur sa pension, aucune épargne qu'elle eût droit de s'appliquer, & que tout ce qu'elle avoit acquis & épargné, appartenoit à son mari.

Le 7 Août 1742, la Cour a rendu un autre Arrêt, au rapport de M. l'Abbé de Salaberi, par lequel il a été jugé que le payement de dettes considérables du sieur de la Musanchere, acquittées par sa Femme, avec subrogation des droits des créanciers, n'avoit pas rendu sa Femme propriétaire de ces créances, & qu'elle ne pouvoit pas les répéter contre la succession de son mari, quoique non commune en biens avec lui, & autorisée par son contrat de mariage à régir ses biens personnels, sur lesquels elle lui payoit pension. Elle n'avoit pourtant pour adversaires, que des collatéraux du Sr de la Musanchere, qui soutenoient que tous ces payemens devoient être présumés faits des deniers du mari, au moyen de ce qu'elle n'indiquoit pas l'origine de ces deniers, & de ce que ces revenus étoient destinés à l'acquit des charges communes du mariage.

On a pensé, lors de ces Arrêts, qu'une Femme ne peut pas même reclamer, ni prétendre avoir employé ses propres revenus à faire des acquisitions ; qu'au contraire ils avoient dû être consommés pendant le mariage, & qu'il seroit dangereux de juger autrement ; parce qu'une Femme qui auroit droit de consommer des revenus dont elle a une jouissance séparée, employeroit ceux de son mari à faire des acquisitions qu'elle supposeroit avoir payées, & que par ce moyen les avantages indirects se multiplieroient. Voyez l'Arrêt du 29 Mai 1716, dont je parle à l'article *Comptable*. Voyez aussi ce que je dis à l'article *Acceptation de Donation*.

Comment les Femmes ont-elles hypothéque sur les biens de leur mari, pour les engagemens qu'elles contractent avec eux ? V. *Hypothéque*.

(*a*) Une femme non commune ou séparée de biens, peut valablement acquérir pour elle, lorsqu'elle est Marchande publique, qu'elle profite dans son commerce, & que l'acquisition n'est pas de nature à être soupçonnée de fraude. Elle peut de même acquérir pour elle avec les deniers provenans du remboursement d'une rente qui lui est propre, ou du prix de la vente d'un de ses fonds, &c. Mais voyez l'Acte de Notoriété de Provence, du 5 Janv. 1689.

FERMAGES.
V. *Bail, Cens, Laboureurs, Loyers,* &c.

On donne le nom de Fermages aux redevances que le fermier ou locataire d'un bien de campagne paye annuellement au propriétaire.

Les Fermages & les loyers se confondent quelquefois; mais le nom de loyers ne convient qu'au revenu produit par des maisons & autres bâtimens, tant des villes, que des campagnes; & le nom de Fermages ne doit se donner qu'aux redevances qui se payent pour raison de terres, prés, vignes, bois & autres héritages affermés.

Les Fermages different des loyers, en ce qu'on peut stipuler la contrainte par corps pour raison de Fermages contre un fermier, & que cette stipulation n'est point autorisée quand il ne s'agit que de loyers.

L'article 171 de la Coutume de Paris accorde au propriétaire des fermes, pour raison des Fermages qui sont dûs, un privilége, tant sur les récoltes & fruits que les héritages ont produits, que sur les meubles & effets qui les garnissent; mais c'est une disposition particuliere à cette Coutume. Le Droit Romain ne donne ce privilége au propriétaire que sur les fruits & récoltes, & non sur les meubles & effets du fermier. V. *Laboureur.*

Des Déclarations des 8 Octobre 1709 & 16 Octobre 1740, bien & dûement registrées, ont ordonné que les redevances foncieres & seigneuriales, & les Fermages stipulés payables en grains, seroient pour ces années seulement payés partie en grains & partie en argent, ainsi qu'il seroit ordonné par la Cour, laquelle a sur cela rendu des Arrêts les 18 Janvier 1710 & 14 Décembre 1740, qui fixent la maniere & les quotités de grains & d'argent qui ont dû se payer dans les différens Bailliages de son ressort, au lieu du payement qui se devoit faire totalement en grains.

Lorsque des Fermages sont payables en grains ou en autre espéce de fruits en nature, s'ils ne sont pas acquittés dans l'année de l'échéance, ils ne peuvent être exigés en nature, & le fermier ne peut pas non plus forcer le propriétaire de les recevoir; mais ils doivent se payer suivant l'évaluation résultante des registres des gros fruits pendant les quatre saisons de l'année. V. *Gros-Fruits.*

Les Officiers du Bailliage de Montdidier ont donné un Acte de Notoriété le 23 Novembre 1718, par lequel ils ont attesté que l'année des Fermages payables en grains est révolue au dernier Juillet qui suit la récolte, & qu'après ce terme les fermiers ne sont plus recevables à payer leurs Fermages en grains, mais qu'ils doivent les payer en argent, suivant les appréciations.

FERME & FERMIER.
V. *Bail, Bail-Judiciaire, Cheptel, Fermages, Laboureur, Locataire, Loyer, Tacite-Réconduction, Taille,* &c.

Le nom de Ferme se donne à un assemblage de terres, prés & autres héritages unis à une maison composée des différens bâtimens nécessaires au labourage.

On entend aussi quelquefois par le mot Ferme, l'assemblage des bâtimens occupés par un laboureur, indépendamment des terres qu'il cultive.

En Flandres & dans quelques endroits de la Picardie, on nomme Cense ce que nous nommons Ferme à Paris; & dans plusieurs autres Provinces on leur donne le nom de Métairie.

On donne le nom de Fermier à celui qui cultive des terres dont un autre est propriétaire. Dans les pays où les Fermes sont nommées Censes, Métairies, &c. les Fermiers sont nommés Censiers, Métayers, &c.

Le Fermier d'une terre, comme le locataire d'une maison, doit jouir en bon pere de famille; il doit par conséquent cultiver les terres, suivant l'usage des lieux & leur situation, sans en changer la nature.

Il ne peut pas, par exemple, labourer un pré qui lui est affermé comme pré; il ne peut pas non plus faire un pré d'une terre labourable : en un mot, il ne peut pas changer les soles des terres, ni les ensemencer dans les années où il est d'usage de les laisser reposer : & s'il le fait, il est tenu des dommages-intérêts qui en résultent; si même le Fermier dégradoit notablement les terres, le propriétaire pourroit demander la résolution du bail.

P ij

· L'expérience a appris que la Marne, qui pendant les premieres années fertilise la terre sur laquelle elle éſt répandue, la dégrade & l'appauvrit par la ſuite; & cette expéce a introduit une nouvelle Juriſprudence, ſuivant laquelle il n'eſt pas permis au Fermier de marner les terres, ſi la faculté ne lui en eſt expreſſément accordée par ſon bail.

Le Fermier d'une terre, auquel tous les revenus ſont abandonnés ſans reſtriction, moyennant une certaine redevance, ne peut jouir que des fruits utiles, & non des droits honorifiques perſonnels au Seigneur: ainſi un tel Fermier ne pourra pas nommer aux Bénéfices, dont le Patronage dépend de la terre qui lui eſt affermée; il ne pourra pas non plus nommer les Officiers de la Juſtice, ni recevoir les foi & hommage, ſans un pouvoir ſpécial & circonſtancié.

La chaſſe peut-elle s'affermer? Voyez *Chaſſe.*

Lorſqu'un Fermier abandonne la culture des héritages, il peut être pourſuivi avant le terme, tant pour les Fermages que le bail auroit procuré au propriétaire, que pour les dommages-intérêts.

Les meubles, chevaux, harnois & uſtenciles d'un Fermier ſont, ainſi que la récolte, tellement affectés au payement des Fermages, que le propriétaire a un privilége ſpécial ſur ces effets pour ce qui lui eſt dû. ·Voyez *Privilége* & *Ferme.*

Lorſque le Fermier eſt expulſé par une ſuite de l'éviction du bailleur, celui-ci eſt tenu des dommages-intérêts du Fermier, parce qu'il eſt obligé de le faire jouir, & de faire ceſſer tout droit d'un autre ſur la choſe qu'il loue.

Mais le bailleur ne ſeroit tenu d'aucuns dommages-intérêts, ſi le Fermier étoit expulſé, ou par le fait du Prince, ou par quelqu'autre cas fortuit, parce que perſonne n'en eſt garant. V. *Cas fortuits.*

Comme le Fermier ne poſſéde pas pour lui, mais pour autrui, il ne peut pas intenter complainte, s'il eſt troublé. V. *Complainte* & *Poſſeſſion.*

Le Fermier n'eſt pas reçu au bénéfice de ceſſion pour les Fermages qu'il doit au propriétaire. Voyez M. *Louet,* lettre C, n. 57.

FERMIERS GÉNÉRAUX.

V. *Chambre de Juſtice, Commis, Comptables, Contrebande, Péremption, Récuſation* & *Saiſie-Arrêt.*

Une Déclaration du 20 Janvier 1699, enregiſtrée au Parlement le 13 Avril ſuivant, ordonne que deux ans après le bail général des Fermes expiré, on ne pourra plus former aucune action relative à la Ferme contre les Fermiers, leurs veuves, enfans & héritiers, & qu'ils demeureront déchargés de la repréſentation de tous Regiſtres, dix ans après l'expiration du bail.

Conformément aux diſpoſitions de cette Déclaration, le ſieur Prevot, Prêtre du Diocèſe d'Amiens, qui avoit été contraint de payer des droits de francs-Fiefs qu'il ne devoit pas, a, par une Déciſion du Conſeil du 12 Décembre 1740, été déclaré non-recevable dans la demande en répétition qu'il avoit formée, plus de deux ans après le bail expiré, contre les ſous-Fermiers qui avoient exigé de lui ces droits. Il étoit cependant appuyé de l'intervention des Agens du Clergé.

La même Déclaration porte que la péremption a lieu dans les inſtances intentées contre les Fermiers Généraux. V. ſur la même matiere l'Ordonnance des Fermes du 22 Juillet 1681, titre du Commun des Fermes, art. 4 & 5.

Il eſt ordonné par un Arrêt du Conſeil du 28 Octobre 1710, qu'après l'expiration du bail, les Fermiers & leurs cautions ne pourront être aſſignés qu'en leur domicile à Paris, ni traduits ailleurs qu'en la Cour des Aides, pour raiſon des affaires concernant leurs baux.

Des Arrêts du Conſeil des 31 Août 1688, 13 Mai 1698, 22 Mai 1707, 7 Octobre 1710 & 9 Janvier 1717, font défenſes à tous Huiſſiers de faire aucune contrainte contre les Fermiers Généraux & leurs cautions, pour raiſon des Fermes, qu'après avoir remis les Arrêts, Sentences, Jugemens & autres Piéces dont ils ſont porteurs, ès mains du Receveur Général des Fermes. Quelques Huiſſiers qui ne ſe ſont pas conformés à l'uſage preſcrit par ces Arrêts, ont été condamnés en des amendes. V. l'Arrêt du Conſeil du 31 Janv. 1731. Il eſt imprimé.

Les Fermiers Généraux font autorifés par Arrêt du Confeil & Lettres-Patentes regiftrées en la Cour des Aides le 27 Septembre 1747, à prendre les marchandifes qui acquittent les droits de fortie à l'eftimation fur le pied de la Déclaration, en les payant un fixiéme en fus de l'eftimation.

Les Fermiers Généraux & les fous-Fermiers font civilement refponfables des faits de leurs Commis. Les Fermiers Généraux font même refponfables des faits & des délits des fous-Fermiers. L'Ordonnance des Fermes du mois de Juillet 1681, le décide en termes exprès par l'article 10 du titre Commun.

Ce même article enjoint aux Fermiers & fous-Fermiers *qui procédent dans les Jurifdictions inférieures*, même dans les *Cours & Confeils*, *foit en demandant ou en défendant, ou lorfqu'ils décernent & font exécuter des contraintes fous le nom du Fermier Général, d'ajouter les noms & domiciles du fous-Fermier & de fes cautions, & de déclarer que les actions & procédures font faites à leurs pourfuite & diligence, à peine de nullité & de tous dépens, dommages & intérêts.*

Il y a une Déclaration de l'année 1648, qui porte que la dot des filles des Financiers feront fujettes à recherches. La Chambre des Comptes a regiftré cette Déclaration; la Cour des Aides l'a refufée, & le Parlement l'a enregiftrée avec des modifications; mais elle ne s'exécute pas. Voyez ce que dit le judicieux Coquille fur ces dots.

Un Arrêt du Confeil du 3 Mars 1739, a ordonné que Nicolas Desboves, prêtenom, & les Fermiers Généraux fes cautions, ne pourroient être affignés qu'en leur domicile à Paris, ni traduits ailleurs qu'en la Cour des Aides de Paris, pour raifon des affaires des Fermes-unies concernant ledit bail.

FÊTES.

Les Fêtes, prifes en général & dans leur inftitution, font proprement des jours de réjouiffance établis dans les premiers temps pour honorer les Princes & les Héros, ou pour remercier les Dieux de quelqu'événement favorable.

Telle étoit l'origine des Fêtes chez les Peuples policés du Paganifme, & telle eft auffi à peu près l'origine des Fêtes parmi les Chrétiens; il y a néantmoins cette différence que, dans l'inftitution de nos Fêtes, les premiers Pafteurs ont eu principalement en vûe le bien de la Religion & le maintien de la piété.

Dans tous les temps, l'Eglife a laiffé à la prudence des Evêques l'inftitution & la fuppreffion des Fêtes, & l'article 28 de l'Edit de 1695 l'ordonne de même; mais, aux termes de cet Edit, les Ordonnances que les Evêques rendent fur cette matiere, ne font exécutoires, que quand elles font revêtues de Lettres-Patentes enregiftrées, ainfi que la Cour l'a jugé par un Arrêt rendu en la Grand'Chambre, entre l'Evêque de Noyon & les Habitans de S. Quentin, fur les Conclufions de M. Portail, le 16 Décembre 1704. V. le Rapport des Agens du Clergé en 1705, pag. 19.

Dans l'efpéce de cet Arrêt, l'Evêque de Noyon avoit, dans le cours d'une vifite, réglé les Fêtes locales qui devoient être fériées à S. Quentin, fans y comprendre celle de l'Elévation de S. Quentin; les Maire & Echevins ayant interjetté appel comme d'abus de cette Ordonnance, l'Evêque déclara n'avoir point prétendu fupprimer cette Fête, jufqu'à ce qu'il ait obtenu des Lettres-Patentes adreffées à la Cour pour cette fuppreffion. L'Arrêt lui donna acte de fa déclaration, & en conféquence ordonna qu'il fe pourvoiroit *pardevers le Roi, pour obtenir ces Lettres, &c.*

Ces Lettres ont depuis été accordées le 24 Janvier 1705, & enregiftrées le 31, au moyen de quoi on ne célébre plus à Saint-Quentin la Fête de l'Elévation de Saint-Quentin, ni les autres Fêtes dont l'Ordonnance rendue par l'Evêque de Noyon, ne paroît pas.

Louis XIV, (par une Ordonnance du 18 Mai 1701, non enregiftrée, mais publiée à Paris par ordre de M. le Lieutenant de Police) a défendu à toutes perfonnes de travailler les jours de Dimanches & Fêtes dans la Ville & Fauxbourgs de Paris, fans permiffion de l'Archevêque, à peine d'être procédé contre les contrevenans, &c.

Ce Prince, en laiffant à la prudence des Evêques de donner la permiffion de travailler les jours de Dimanches & Fêtes, s'eſt conformé à l'ancienne Diſcipline de l'Egliſe, & à ce qu'a fait Conſtantin par une Loi que l'on croit être du mois de Mars 321, & qu'on trouve dans le Code, de l'Empereur Juſtinien, ſous le titre *de Feriis*. Le Roi Gontran a auſſi fait ſur cela une Ordonnance qu'on trouve dans les Capitulaires de l'Edition de Baluze, & dans un Décret du Concile de Mâcon, recueilli par le Pere Labbe, tom. 5, pag. 991.

On peut ſur cette matiere voir un Arrêt du 4 Février 1659, rapporté au Journal des Audiences, tom. 2, livre 2, chap. 6, avec le Plaidoyer de M. l'Avocat Général Talon, ſur l'érection de la Fête de S. Gaultier à Pontoiſe.

Voyez auſſi dans le Code des Curés l'Arrêt de Réglement du Parlement, rendu le 4 Août 1745, pour l'adminiſtration des Egliſes & des Paroiſſes du Diocèſe de Bologne, par lequel il eſt dit que *les Ordonnances qui ſeront rendues ſur la* Tranſlation des Fêtes, *par l'Evêque de Boulogne, ſeront préſentées au Roi, pour être autoriſées par Lettres-Patentes, & leſdites Lettres-Patentes préſentées à la Cour, pour enfin y être enregiſtrées, ſi faire ſe doit.* Voyez l'article 28 de l'Edit du mois d'Avril 1695.

Les Evêques peuvent bien, dans des cas de néceſſité, diſpenſer, comme je l'ai dit, de l'obſervation des Fêtes, & permettre de travailler; mais quand les Fêtes ſont transgreſſées ſans diſpenſe, c'eſt au Juge Laïc de connoître de l'inobſervation, ſuivant Fevret, Traité de l'Abus. V. l'Ordonnance d'Orléans, art. 23; celle de Blois, art. 28, & l'art. 11 de la Déclaration (non regiſtrée) du mois de Mars 1666.

L'article 23 de l'Edit donné ſur le fait des mines & minieres, au mois de Juin 1601, permet aux Maîtres, Entrepreneurs & Ouvriers, de travailler & faire travailler auxdites mines & minieres ſans aucune diſcontinuation, à cauſe des Fêtes ſolemnelles, en gardant les Dimanches, Fêtes de Pâques, Pentecôte, Aſcenſion, Fête-Dieu, des quatre Notre-Dame, des douze Apôtres, des quatre Evangéliſtes, la Fête de tous les Saints, celle de Noël & celles des Paroiſſes où leſdites mines ſont aſſiſes....

Un Arrêt rendu en forme de Réglement,

le 18 Décembre 1734, défend à toutes perſonnes d'expoſer en vente, ni vendre aucune marchandiſe les Fêtes & Dimanches, même dans les lieux privilégiés.

L'Arrêt rendu entre la Communauté des Maîtres Chaudronniers de Paris & les Chaudronniers Forains, le 30 Août 1763, » fait auſſi défenſes, tant aux Chaudronniers » de Paris, qu'aux Chaudronniers Forains, » d'acheter, colporter ni vendre aucune » marchandiſe de Chaudronnerie, les jours » de Dimanches & de Fêtes, à peine de con» fiſcation, & de toute autre peine qu'il » appartiendra «.

C'eſt aux Officiers de Police que l'exécution de ces Réglemens eſt confiée : les Jurés des Communautés ne peuvent, ſous ce prétexte, faire des ſaiſies, ainſi que l'a obſervé M. l'Avocat Général Seguier, lors de l'Arrêt rendu ſur ſes Concluſions, le Samedi 12 Juin 1762, par lequel la Cour a fait mainlevée d'une ſaiſie faite par les Marchands Merciers de pluſieurs éventails étalés ſur les Boulevards par un Marchand, le jour de l'Aſcenſion; comme la tranſgreſſion de la Fête étoit conſtatée, le Marchand d'éventails a été condamné en une amende.

Il eſt auſſi défendu de faire aucun Acte de Juſtice les Fêtes & Dimanches, de tenir des foires & des marchés, des danſes publiques, &c. V. l'Ordonnance d'Orléans, art. 23, 24, 25; celle de Blois, art. 38; la Déclaration du 16 Décembre 1698, & ce que je dis, art. *Dimanche*.

Un Arrêt rendu au Conſeil, ſur les repréſentations des Evêques de France, le 10 Février 1661, fait défenſes de mettre à exécution, les jours de Fêtes & Dimanches, aucune contrainte décernée pour les propres deniers & affaires du Roi.

Un autre Arrêt du Conſeil rendu ſur la Requête des Agens du Clergé, le 30 Mai 1722, a déclaré nul un Exploit de ſignification d'Arrêt du Conſeil d'Etat, & d'une Commiſſion du Parlement de Rouen, contenant aſſignation, fait par un Huiſſier nommé Guéron, à la requête des Bénédictins de Bernay, au Curé de la Paroiſſe de la même Ville, le jour de Pâques, comme il ſortoit de célébrer la Meſſe Paroiſſiale, & a de plus interdit l'Huiſſier Guéron pour ſix mois.

Il y a néantmoins des cas où des aſſignations peuvent fe donner les jours de Fêtes, comme, par exemple, en matiere criminelle, pour éviter le dépériffement des preuves, & dans les retraits. Sur cela voyez *Dimanche*.

M. de Sainte-Beuve, confulté fur la queftion de fçavoir fi l'on peut refufer l'abfolution aux Notaires qui paffent des Actes publics les jours de Fêtes & Dimanches, répond que, par le Droit Eccléfiaftique, il eft défendu aux Notaires de faire des Actes ce jour-là, mais que cela ne leur eft pas défendu par la Loi de Dieu, tom. 2, 66 & 67ᵉ Cas.

Les Fêtes qui doivent être chommées dans le Dioceſe de Paris, font ſpécifiées par une Ordonnance de M. l'Archevêque, du 20 Octobre 1666, laquelle a été homologuée par un Arrêt du Parlement rendu le premier Décembre ſuivant; l'Ordonnance & l'Arrêt ſont dans le Code des Curés.

Le Parlement de Rouen a, par Arrêt rendu avec M. le Procureur Général, le 19 Mars 1751, jugé que les Fabriquans de draps & de couvertures pourroient envoyer au moulin les marchandifes de leur fabrique, les Fêtes & Dimanches, excepté le temps de l'Office Divin.

FIANÇAILLES.
Voyez *Dons de Nôces*, *Mariage*.

On entend par Fiançailles, la promeſſe que deux Parties, capables de contracter mariage enſemble, ſe font l'une à l'autre de s'épouſer un jour.

Il y a deux ſortes de Fiançailles; ſçavoir, les Eccléfiaftiques, & celles qui ne le ſont pas.

Les Fiançailles Eccléfiaftiques ſont celles qui ſe contractent entre deux perſonnes qui ſe font ſolemnellement une promeſſe de mariage en face d'Egliſe, & en préſence d'un Prêtre qui leur donne ſa bénédiction.

Les Fiançailles non Eccléfiaftiques ſont de ſimples promeſſes que deux perſonnes ſe font entr'elles pour le mariage, ſans aller devant le Curé.

Ces dernieres Fiançailles ſont nulles, ſi elles ne ſont rédigées par écrit; parce que l'art. 7 de l'Ordonnance de 1639 défend à *tous Juges*, *même à ceux d'Egliſe*, *de recevoir la preuve par témoins des promeſſes de*

mariages (faites) *autrement que par écrit.....* *en préſence de quatre proches parens de l'une & de l'autre des Parties, encore qu'elles ſoient de baſſe condition.*

Quelqu'obligatoire pour la conſcience que ſoit la promeſſe faite par des Fiançailles, les Juges ne condamnent point à l'exécution. Un mariage contracté contre le gré de l'une des Parties, pourroit avoir des ſuites bien fâcheuſes; mais celui qui viole ſa promeſſe, eft ſujet à des peines canoniques qui ne peuvent être prononcées que par le Juge d'Egliſe, & ſelon les circonftances, à des dommages & intérêts, pour leſquels on ne peut ſe pourvoir que devant les Juges Laïcs. V. *Mariage*.

C'eft le Curé, dit le Rituel de Paris, ou un Prêtre commis de ſa part, qui a droit de faire la cérémonie des Fiançailles; ſi cependant un autre Prêtre s'étoit ingéré de la faire ſans la permiſſion du Curé, les Fiançailles ſeroient valides à la vérité; mais ce Prêtre pourroit être puni par des peines canoniques.

Les Fiançailles ne ſont pas eſſentiellement néceſſaires pour la validité du mariage; mais un Curé qui les omettroit, ſeroit répréhenſible, parce qu'elles ſont inftituées pour de très-bons motifs. V. les Conférences de Paris ſur le Mariage & ſur les Fiançailles.

Un Arrêt du 12 Décembre 1623, rapporté au Journal des Audiences, tom. 1, liv. 1, chap. 10, a jugé que celui qui donne lieu à la diſſolution des Fiançailles, perd les préſens de nôces: cette Juriſprudence eft encore ſuivie. V. *Bagues* & *Joyaux*.

La Fiancée n'eft point en la puiſſance de ſon Fiancé: elle peut contracter, ou avec lui, ou avec tout autre (quand elle a d'ailleurs cette capacité), ſans qu'il l'autoriſe; elle peut eſter en Jugement, &c.

Les Loix qui interdiſent aux conjoints de ſe faire des avantages, n'ont pas lieu relativement aux Fiancés.

FIDÉICOMMIS.
V. *Avantage Indirect*, *Fiſc*, *Incapables*, *Indignes* & *Subſtitution*.

On nomme Fidéicommis, une diſpoſition par laquelle le teftateur prie ſon héritier de remettre à quelque perſonne, ou l'hérédité entiere, ou une partie, ou quelque chose en particulier. Sur cette espéce de Fidéicommis, voyez *Substitution*.

Il y a une autre espéce de Fidéicommis, (qu'on nomme tacite) par le moyen duquel un testateur, pour éluder la disposition de la Loi, qui lui défend de rien donner ou léguer à une personne incapable de profiter de ses libéralités, fait des legs au profit d'une personne capable, dans l'espérance qu'elle remettra le legs à l'incapable.

Cette derniere espéce de Fidéicommis est réprouvée par les dispositions du Droit; & non-seulement les Casuistes la condamnent, mais ils décident même que le légataire (qui prête son ministere pour frustrer l'héritier légitime) & l'incapable qui profite du legs, sont obligés de restituer à l'héritier ce dont il est privé par le moyen d'un tel Fidéicommis.

Toutes les fois que les héritiers soupçonnent un Fidéicommis dans un legs universel ou particulier, ils peuvent exiger que le légataire, qui demande la délivrance de son legs, affirme que le legs est sérieux, qu'il ne prête point son nom, qu'il entend en profiter, & qu'il ne le remettra point à personnes, ou incapables, ou indignes de recevoir des libéralités du testateur; & si le légataire refuse de faire cette affirmation, il doit être privé du legs. On peut sur cela consulter un Arrêt rendu en la Grand'Chambre, sur les Conclusions de M. Joly de Fleury, Avocat Général, le 11 Février 1716, entre la veuve Suret & le sieur Soucanie, Chanoine à Nesle; cet Arrêt est imprimé avec un précis de la contestation.

Le 30 Juillet 1759, on a plaidé en la seconde Chambre des Requêtes du Palais la question de sçavoir si on devoit regarder, comme preuve de Fidéicommis, le mariage du sieur Morel avec la veuve du sieur François Leclerc, dont ledit sieur Morel étoit légataire universel.

Les héritiers du sieur Leclerc disoient que le mariage contracté par le légataire universel avec la veuve du testateur, étoit une preuve du Fidéicommis; & ils ajoutoient qu'il n'avoit pu tester, parce que l'interdiction prononcée par Sentence du Châtelet contre le sieur Leclerc, n'avoit été levée par Arrêt contradictoire, *qu'à la charge*

qu'il ne pourroit disposer de ses fonds, les vendre, aliéner, engager, hypothéquer ou détériorer, sans l'avis de Me Sarrasin, Avocat.

Le sieur Morel répondoit que les termes de cet Arrêt ne s'appliquoient qu'aux dispositions entre-vifs, & n'avoient pas interdit au sieur Leclerc la faculté de tester, & que son mariage ne pouvoit pas faire regarder son legs comme Fidéicommissaire, au moyen de ce qu'aucune Loi n'empêchoit un légataire universel d'épouser la veuve de son bienfaiteur, & que d'ailleurs sa demande en délivrance étoit formée avant le mariage.

Me Viel plaidoit pour le légataire, & Me Babille pour l'héritier; & par Sentence dudit jour 30 Juillet 1759, la délivrance du legs fut ordonnée.

La Jurisprudence a varié sur la question de sçavoir si dans les Coutumes qui défendent aux conjoints de se faire des avantages directs & indirects, l'un d'eux peut faire des legs aux pere & mere de son conjoint. On trouve dans le Journal des Audiences, tome 1, liv. 5, ch. 9, un Arrêt rendu le 17 Février 1647, qui a déclaré valable un legs de 30000 liv. & d'une tapisserie, fait par M. Bourgouin, Conseiller de la Cour des Aides, à la mere de sa femme; mais un autre Arrêt du 23 Avril 1698, rapporté par Augeard, a jugé le contraire: ainsi la question est encore problématique. Elle est traitée avec beaucoup d'étendue par Augeard; & je crois qu'il faut s'en tenir à la décision de l'Arrêt qu'il rapporte.

Mais il n'y a point de difficulté de regarder comme valable le legs fait par l'un des époux aux collatéraux, & même aux freres & sœurs de son conjoint. Outre plusieurs Arrêts qui l'ont ainsi jugé, & qu'on trouve dans le Journal des Audiences, dans Soefve & autres Auteurs, il y en a un rendu le 27 Février 1731, entre M. Guyné & Madame de la Houssaye.

Dans l'espéce de cet Arrêt, Madame Guyné avoit légué 80000 l. à M. Guyné, Maître des Comptes, frere de son mari: ce frere n'avoit pas d'enfans, & Madame de la Houssaye, héritiere de la testatrice, prétendoit qu'il falloit regarder ce legs comme un Fidéicommis, dont le mari, frere du légataire, devoit profiter, soit par une remise volontaire,

volontaire , foit en fuccédant à fon frere légataire , dont il étoit le préfomptif héritier.
L'Arrêt a accordé la délivrance du legs, en
affirmant par M. Guyné (légataire) en perfonne & à l'Audience, qu'il n'avoit fait aucune convention avec feue Madame Guyné,
teftatrice.

Il y a même des Arrêts qui , en affujétif-
fant à l'affirmation les légataires foupçonnés d'être Fidéicommiffaires, leur ont prefcrit la formule du ferment qui devoit être
prêté.

Par exemple , la Sentence rendue aux Requêtes du Palais le 28 Septembre 1715 ,
au fujet du legs univerfel fait à l'Abbé de
Thou par la Princeffe d'Ifenghien, a ordonné que cet Abbé affirmeroit » qu'au moment même de fon ferment , il n'avoit pas
» intention de remettre le legs à perfonne
» prohibée, en tout ou en partie « ; & cette
Sentence a été confirmée par Arrêt du 24
Janvier 1716.

F I D É J U S S E U R.

C'eft le nom qu'on donne à celui qui eft
obligé pour la dette d'un autre, avec promeffe de la payer au cas que cet autre ne
la paye pas. On voit , par cette définition,
que ce que l'on nomme en Droit Fidéjuffeur, n'eft autre chofe que ce qu'on nomme
communément caution. Voyez *Caution* &
Garantie.

Le Fidéjuffeur n'a point d'action parée
contre le débiteur, parce que fon indemnité
n'emporte qu'une action *ad faciendum* ; c'eft
pourquoi , pour éviter la néceffité de faire
condamner le débiteur, le Fidéjuffeur doit
ftipuler qu'en vertu de la quittance du créancier, il pourra faire exécuter le débiteur pour
la même fomme , &c. V. Loyfeau, de la Garantie des rentes, ch. 12, n. 10.

Montholon & Gouget, des Hypothéques, difent que le 15 Avril 1619, la Cour
a jugé qu'un créancier n'a point d'action
contre le Fidéjuffeur pour raifon de la remife qu'il a faite au débiteur en faillite,
quoiqu'il ait été condamné à la faire comme
les autres créanciers, & nonobftant qu'il
prétendit n'être pas obligé de la faire, au
moyen de ce qu'il avoit fa fûreté dans le
Fidéjuffeur. Mais voyez un autre Arrêt du
22 Mai 1680, dans le Journal du Palais.

Quand le débiteur donne un Fidéjuffeur,
celui-ci eft tenu de la totalité de la dette ,
fans pouvoir demander la divifion entre lui
& le débiteur, parce que l'intention du créancier , qui vouloit affurer fa dette en demandant un Fidéjuffeur, n'étoit pas de la divifer.

La même maxime a lieu quand le débiteur donne un nouveau Fidéjuffeur. Celui-
ci eft auffi tenu folidairement de la dette
envers le créancier , par la même raifon.
D'ailleurs le fecond Fidéjuffeur pouvoit
ignorer qu'il y en eût un premier ; au moins
celui-ci ne prévoyoit pas le fecond : ainfi il
eft naturel de confidérer l'un & l'autre comme ayant eu intention de s'obliger pour le
tout.

F I E F S.

V. *Abrégé , Aîné , Aîneffe , Alface , Aveu
& Dénombrement , Chaffe , Commife , Démembrement de Fief , Dépié de Fief , Dépri , Droits Seigneuriaux , Droits Honorifiques , Félonie , Foi & Hommage , Jeu de
Fief , Lige , Lods & Ventes , Mouvance ,
Mutation , Parage , Préféance , Quint &
Requint , Rachat , Relief , Réunion , Seigneur , Sépulture , Terrier , Vaffal , &c.*

On nomme Fief un héritage concédé par
un Seigneur, à la charge de certains fervices , devoirs de foi , &c. de maniere que la
propriété directe de la chofe concédée, refte
toujours entre les mains du Seigneur, & que
la propriété utile paffe à ceux auxquels la
conceffion eft faite, & à leurs héritiers ou
ayans caufe.

Il n'eft pas de l'effence des Fiefs de con-
fifter en héritages ou en redevances foncières. Il y en a qui ne confiftent qu'en droits
particuliers, fans aucun domaine utile ; tels,
par exemple, que font les péages, les droits
de foires & marchés, &c.

Il y a même des Offices qui font poffédés
en Fief fans être attachés à aucun héritage
ou domaine. Par exemple, Louis XIV a ,
par des Lettres-Patentes du mois de Février
1712 , érigé en Fief l'Office d'Underlandvogt, ou Lieutenant pour le Roi au grand
Bailliage de la Préfecture de Haguenau , &
en a inféodé un au fieur de Haften, pour en
jouir lui & fa poftérité mafculine.

Au mois d'Avril 1713, le même Prince a

encore érigé en Fief relevant de la Couronne, l'Office de Grand - Bailli ou Oberland-
vogt, de la Préfecture Provinciale de Haguenau, en faveur de M. de Châtillon, de ses
enfans & descendans mâles, pour en jouir
après le décès de M. le Duc de Mazarin,
qui possédoit alors cet Office par commission. V. aussi ce que je dis à l'art. *Sergenterie*.

L'origine des Fiefs n'est pas bien connue;
& les recherches d'un Auteur du dernier
siécle, qui a sur cela composé un volume *in-
folio*, ne l'ont pas beaucoup éclaircie : il y
a à ce sujet trois opinions diverses, dont
chacune a des partisans ; les uns l'ont entiérement rapportée au Droit Romain, &
Dumoulin a réfuté ce sentiment dans sa Préface.

D'autres, sur le fondement du titre *de
Feudis*, ont prétendu que les Fiefs devoient
leur origine aux Lombards ; mais l'opinion
la plus commune & la plus suivie, est que
l'institution des Fiefs est purement Françoise.

Dumoulin, Legrand, Lalande & plusieurs
autres Auteurs, ont suivi cette opinion, que
je crois la meilleure : ils disent que les François s'étant rendus maîtres des Gaules, nos
premiers Rois, qui avoient amené avec eux
de grands Seigneurs & beaucoup de milice,
leur distribuerent toutes les Terres conqui-
ses ; les concessions qu'ils en firent, furent
appellées bénéfices, & ceux qui les possédoient, *Beneficiarii*, termes que les Lombards emprunterent ; car, dit Dumoulin,
loin que nous ayons reçu des Lombards
l'usage des Fiefs, c'est de nous qu'ils l'ont
appris.

Ces concessions ne se faisoient d'abord que
pour en jouir pendant la vie de celui qui en
étoit gratifié ; mais sur la fin de la seconde
race de nos Rois, & au commencement de
la troisième, ces biens commencerent à devenir héréditaires (a) ; ils passerent d'abord
aux enfans mâles, puis aux collatéraux, ensuite aux filles, & insensiblement les Seigneurs permirent à leurs Vassaux de les

vendre, moyennant un certain droit qu'on
leur payoit pour avoir leur consentement.

Ces permissions devinrent enfin si ordinaires, qu'elles passerent en Droit commun ;
& dans la plûpart des Coutumes, les Vassaux vendirent leurs Fiefs sans la permission
du Seigneur, en payant le droit qu'on avoit
coutume de payer pour obtenir la permission : c'est de cette manière que se sont introduits les droits de quint & autres droits
féodaux.

Les Seigneurs auxquels les Rois avoient
fait des concessions, en firent de semblables
à des Gentilshommes inférieurs (b) ; ceux-
ci en firent à d'autres, & c'est de-là que
viennent les arriere-Fiefs.

Ces concessions se faisoient toujours à la
charge du service militaire ; c'est pour cela
que nous voyons que, quand dans les siécles
reculés les Seigneurs se faisoient la guerre
les uns aux autres, leurs Vassaux étoient
obligés de les suivre, & d'amener avec eux
leurs arriere-Vassaux.

Depuis que nos Rois ont défendu ces guerres de Seigneurs contre Seigneurs, le service
militaire n'a plus lieu pour les Sujets ; mais
il a subsisté pour les Rois, jusqu'à ce qu'ils
ayent mis sur pied des troupes réglées ; &
nous n'avons plus de vestige de ce service
que dans la convocation du ban & de l'arriere-ban, par laquelle le Roi oblige tous
les Nobles à servir durant un certain temps
à la guerre, soit qu'ils possédent des Fiefs
ou non. Voilà en abrégé tout ce que l'on
peut dire sur l'origine & sur l'histoire des
Fiefs.

Dans leur état actuel, on les divise en
Fiefs de Dignité & en Fiefs Simples.

Les *Fiefs de Dignité* sont les Principau-
tés, les Duchés, Marquisats, Comtés, Vicomtés, Baronies. Voyez *Baron*, *Marquis*,
Comte, *Mouvance* & *Pairie*.

Les *Fiefs Simples* sont ceux qui ne donnent aucun de ces titres & Dignités à ceux
qui les possédent.

Le Fief Simple est aussi quelquefois op-

(a) On ne sçait pas trop dans quel temps les Fiefs sont
devenus héréditaires. Bacquet & Pasquier disent que c'est
sous Hugues-Capet ; mais les recherches qu'on peut faire
sur cela, ne sont nullement nécessaires pour la décision des
questions qui s'élevent en matiere féodale, parce que la
qualité & la nature des Fiefs sont certaines : ainsi il faut
regarder ce qui a trait à l'origine & à l'hérédité des Fiefs,
comme des questions de pure curiosité ; sur lesquelles on

peut consulter le Factum du Seigneur de Montbard, qu'on
trouve à la fin du tome premier des Ouvrages de Duplessis,
édition de 1709. Cependant voyez *Alsace*.

(b) Les concessions en Fiefs ou Bénéfices ne se firent,
dans l'origine, qu'aux Seigneurs & aux Soldats faisant la
profession des Armes, que l'on appelloit Gentils ou Ecuyers ;
il n'étoit pas alors permis aux Roturiers de posséder des
Fiefs. Voyez *Francs - Fiefs*.

poſé au Fief-Lige : en ce ſens, le *Fief Simple* eſt celui pour lequel il n'eſt dû aucun devoir perſonnel & militaire au Seigneur dont il releve ; au lieu qu'on nomme *Fief-Lige*, celui pour lequel le Vaſſal doit à ſon Seigneur non-ſeulement la foi & hommage, mais le ſervice & l'aſſiſtance envers & contre tous. V. *Lige*.

Les Fiefs ſont *Suzerains, Dominans* ou *Servans*. Le Fief qui releve d'un autre, eſt appellé *Fief-Servant ;* & celui dont il releve, eſt nommé *Fief-Dominant ;* & lorſque celui-ci eſt lui-même mouvant d'un autre Fief, le plus élevé s'appelle *Fief-Suzerain*. Le Fief qui tient le milieu entre les deux autres, eſt Fief-Servant à l'égard du Suzerain, & Fief-Dominant à l'égard du troiſiéme, qu'on nomme *Arriere-Fief*, relativement au *Fief-Suzerain* ſeulement.

Les Fiefs ſe diſtinguent encore en *Fief-d'Honneur* & en *Fief de Profit*.

Le Fief d'Honneur eſt celui auquel le Vaſſal ne doit aucun profit, tels que le rachat, le quint, les lods, &c. mais une ſimple foi & hommage : il y a de ces Fiefs qu'on nomme auſſi quelquefois *Fiefs-Lombards*, en Bourgogne & dans les Provinces de Lyonnois, Foreſt, Beaujolois, Mâconnois, Auvergne & Armagnac.

Les *Fiefs de Profit* ſont ceux qui ſont aſſujettis à dés droits utiles envers le Seigneur, ou par la Coutume qui les régit, ou par le titre de l'inveſtiture.

Il y a des Fiefs auxquels on a donné différens noms à cauſe de leurs qualités accidentelles.

Ainſi, par exemple, on nomme *Fief-Abrégé* celui pour lequel les ſervices & les droits ſont limités & reſtraints. Sur cette eſpéce de Fief on peut voir les art. 25, 71, 84 & 132 de la Coutume d'Amiens, l'art. 4 de celle de Ponthieu, l'art. 258 de celle d'Anjou, & Beaumanoir ſur les Coutumes de Beauvoiſis.

On nomme *Fief Abonné*, celui dont le relief, le rachat, le droit de quint & autres droits dont les Fiefs ſont naturellement tenus, ſelon les diverſes mutations qui ſurviennent, ſont convertis en une redevance annuelle. Le Fief Abonné eſt la même choſe que le *Fief-Ameté*, dont parle l'art. 23 de la Coutume de Mantes. On peut ſur cette

eſpéce de Fief, conſulter Loyſel, Inſtitutes Coutumieres, & les Notes de M. de Lauriere.

On nomme *Fief-en-l'air*, celui qui n'a ni principal manoir ni domaine, & qui ne conſiſte qu'en mouvances & en cenſives. Ce nom lui eſt donné par oppoſition aux Fiefs Corporels, qui conſiſtent en domaines réels dont les mouvances dépendent.

Le Fief-en-l'air eſt ou *Continu* ou *Volant*. Il eſt Continu lorſqu'il a un territoire circonſcrit & limité ; & il eſt Volant lorſque ſes mouvances féodales ou cenſuelles ſont éparſes. V. *Jeu de Fief*.

On nomme *Fiefs Aumônés*, ceux qui ont été donnés à des Égliſes ou à des Hôpitaux par forme d'aumône, ou pour quelque fondation.

On nommoit autrefois *Fief d'Avouerie*, ceux dont les poſſeſſeurs étoient avoués du Seigneur Dominant, c'eſt-à-dire, chargés de le défendre en Jugement. Je connois encore quelques Fiefs qui portent ce nom ; mais ils ſont déchargés de cette défenſe, comme les autres Fiefs ſont affranchis du ſervice militaire.

On nommoit *Fiefs-Bannerets*, ceux dont les poſſeſſeurs étoient aſſujettis au ſervice militaire envers le Seigneur Dominant, ſuffiſamment accompagnés de Vaſſaux qui marchoient ſous la même banniere, V.oy. *Bannerets*.

On nomme *Fiefs-Bourſiers* ou *Bourſaux*, des Fiefs qui ne conſiſtent qu'en droits & revenus démembrés d'un Fief plus conſidérable, & pour leſquels les cadets (ſuivant les Notes de M. de Lauriere ſur le Gloſſaire) contribuent aux droits de rachat avec les aînés.

Quelques Auteurs ont cependant prétendu que ce qu'on nomme Fief-Bourſier, n'eſt autre choſe qu'une rente créée par un fils aîné au profit de ſes cadets, pour les remplir de leurs droits dans le Fief provenant de la ſucceſſion du pere commun. On peut ſur cette eſpéce de Fief, conſulter les articles 77 & 78 de la Coutume du Grand-Perche, l'art. 17 de celle de Chartres, l'article 282 de celle du Maine, les Commentateurs de cette Coutume, & Loyſeau, des Offices, liv. 2, ch. 2, n. 56. V. auſſi ce que je dis au mot *Mairie*.

On donne le nom de *Fief Capital* à celui qui releve immédiatement du Roi.

En Bretagne, on connoît une espéce de Fief, qu'on nomme *Chevant* & *Levant*. On peut sur cette espéce de Fief consulter d'Argentré sur l'art. 418 de l'ancienne Coutume de Bretagne.

On nomme *Fiefs de Haubert*, ceux qui ne pouvoient anciennement être possédés que par un Chevalier, qui devoit le service en cette qualité (de Chevalier) à son Seigneur Dominant; c'est-à-dire, que, quand il avoit atteint l'âge auquel il étoit d'usage de se faire armer Chevalier, il devoit se faire armer & servir avec le Haubert ou Haubergeon, qui n'étoit autre chose qu'une cotte de maille, dont les seuls Chevaliers pouvoient se servir.

En Normandie, le Fief de Haubert est le plus noble après les Fiefs de Dignité. On lui donne le premier rang après les Baronies, sans cependant le mettre au nombre des Fiefs de Dignité. V. les art. 155 & 156 de la Coutume de Normandie.

On donne le nom de *Fief-Commis* à celui qui est tombé en commise. V. *Commise*.

On nomme *Fief de Danger*, ceux dont le propriétaire ne peut disposer ni prendre possession sans congé spécial du Seigneur Dominant, sans s'exposer à la Commise. Les art. 37 de la Coutume de Troyes, 56 de celle de Chaumont, & premier de celle de Bar-le-Duc, &c. parlent de ces sortes de Fiefs (a). Je crois qu'il y a aussi de ces Fiefs en Bourgogne & en Dauphiné.

On donne le nom de *Fiefs de Dévotion*, à ceux que les possesseurs ont anciennement reconnus tenir de Dieu ou de quelque Saint, à la charge de quelque redevance d'honneur. Voyez à ce sujet le Commentaire de Brodeau, sur l'article 63 de la Coutume de Paris.

L'article 108 de la Coutume de Poitou parle des Fiefs qu'elle nomme *de Dévotion*, qui sont, dit-elle, ceux qui ont été donnés à l'Eglise en franche-aumône, & dont l'hommage n'emporte Fief, Jurisdiction, ni autre devoir.

On nommoit anciennement *Fief d'Ecuyer*, celui qui pouvoit être possédé par un simple Ecuyer, qui ne devoit le service que d'un homme de son état. (» L'Ecuyer n'avoit » point de cotte d'arme ni de casque, mais » seulement un écu, une épée & un chapeau » de fer «.) V. l'Histoire de la Pairie, par Boulainvilliers.

Dans les Coutumes de Parage, on nomme *Fief de Miroir*, les portions appartenantes aux puînés, dans un Fief garanti par l'hommage de l'aîné. V. *Parage*.

On donne le nom de *Fief-Pléjure*, à celui dont le possesseur est obligé de cautionner son Seigneur dominant dans certains cas. Il ne reste plus guères de vestige de ces Fiefs en France; cependant voyez l'art. 205 de la Coutume de Normandie, & 87 de celle de Bretagne, &c.

On nomme *Fiefs Masculins*, ceux qui, par l'inféodation ou titre de concession, sont affectés aux mâles, pour les recueillir dans les successions, à l'exclusion des femelles, sans avoir égard au dégré de proximité.

Dans l'origine, tous les Fiefs étoient masculins; & non-seulement les femmes n'y succédoient pas, mais elles ne pouvoient pas même en acquérir. Cet usage primitif, sur la maniere de succéder aux Fiefs, s'est conservé en Allemagne; tous les Fiefs y sont réputés masculins, à moins que la premiere investiture n'en ordonne autrement; & lorsqu'il n'y a plus de mâles descendus du premier investi, le Fief retourne au Seigneur, qui peut le conférer de nouveau à qui bon lui semble. V. *Alsace*.

Les Pairies ont conservé en France quelque ressemblance avec les Fiefs masculins. V. *Pairie*.

La Coutume de Ponthieu n'admet que deux espéces de Fiefs; sçavoir, les *Fiefs nobles* & les *Fiefs restraints*.

Suivant l'art. 4 de cette Coutume, tout Fief qui doit 60 sols de rélief, & 20 sols de chambellage, est *Fief noble*.

Le Fief *restraint* est celui qui doit au Seigneur dominant une reconnoissance an-

---

(a) Goussier dit sur l'article 56 de la Coutume de Chaumont, que tous les Fiefs situés en la Prévôté de Vaucouleurs, sont Fiefs de Danger.

Dumoulin est d'avis contraire; & la Cour, par Arrêt rendu le 16 Décemb. 1739, entre le Marquis des Salles, En-gagiste du Domaine de Vaucouleurs, la Marquise d'Alégre & le sieur de l'Ecluse, a jugé, en conformité de l'avis de Dumoulin, que dans cette Prévôté, il n'y a de Fiefs de Danger que ceux qui sont prouvés être tels, par des titres particuliers.

nuelle. Voyez l'Acte de Notoriété de Ponthieu, du 6 Juin 1701.

On nomme *Fiefs rendables*, ceux dont le Seigneur, par l'inveſtiture, s'eſt réſervé de pouvoir ſe ſervir en cas de guerre ou d'autre néceſſité.

Il y a eu des Fiefs rendables, qu'on a auſſi quelquefois nommés *Fiefs de retrait*; parce que le Seigneur dominant avoit la faculté de ſe retirer dans les Fortereſſes qui y étoient conſtruites, & d'y mettre garniſon en temps de guerre.

On nomme *Fiefs de paiſſe*, ceux qui ſont chargés de quelque repas envers le Seigneur dominant.

Enfin, les Fiefs ſe diſtinguent encore en *Fiefs nobles* & en *Fiefs ruraux*.

Les *Fiefs nobles* ſont ceux qui ont Juſtice, maiſon-forte, ou autres marques de Dignité; & les *Fiefs ruraux* ſont ceux qui n'ont pas ces droits & ces prérogatives.

Ce que j'ai dit de l'origine des Fiefs, & du mêlange que les différens Peuples qui ſe ſont établis dans les Gaules, ont fait de leurs uſages avec ceux qui y étoient établis quand ils y vinrent, annonce que les Coutumes contiennent ſur cette eſpéce de biens, des diſpoſitions bien différentes, & même quelquefois oppoſées les unes aux autres; cette diverſité fait que les principes que je vais ici développer, & qui ſont ſuivis dans la Coutume de Paris, peuvent n'avoir pas lieu dans d'autres Coutumes qui en décident autrement.

Le contrat d'inveſtiture d'un Fief eſt la Loi qui le régit & qui régle les droits, tant du Vaſſal que du Seigneur; à défaut de l'inveſtiture, il faut conſulter les foi & hommage, les aveux & dénombremens, parce qu'on doit préſumer qu'ils ont été rendus en conformité du titre primordial.

La Coutume du lieu de la ſituation eſt la loi à laquelle on doit recourir, à défaut d'inveſtiture & de dénombrement; parce qu'en ce cas on préſume que dans l'inveſtiture l'uſage du lieu a été ſuivi; & ſi la Coutume du lieu eſt muette, les Coutumes voiſines doivent ſuppléer; leur proximité fait préſumer que les Peuples ont agi par le même eſprit, & qu'ils avoient les mêmes mœurs. Mais voyez *Foi & Hommage*.

Cependant ſi l'eſprit des Coutumes voi-ſines étoit abſolument différent de celle du lieu, comme la Coutume de Paris l'eſt de celle de Normandie, alors il faudroit avoir recours au Droit commun, qui, ſur cette matiere, n'eſt autre choſe que certaines maximes générales, dont pluſieurs ne ſont pas même écrites; & non pas au Droit Romain; parce que les principes qui ſervent de régle aux Fiefs, ſont particuliers au Droit coutumier: & que, ſuivant les meilleurs Auteurs, au nombre deſquels eſt Dumoulin, les livres des Fiefs inſérés dans le corps de Droit, ſous le titre *de Feudis*, n'ont aucune autorité en France, excepté en Dauphiné, où, ſuivant Gui-Pape, déciſion 297, on reconnoiſſoit autrefois la Souveraineté de l'Empereur. Voyez auſſi l'art. premier de la Coutume de Bar.

Les Fiefs donnent à ceux qui les poſſé-dent comme Seigneurs, des droits honorables & des droits utiles.

Les droits honorables ſont, la foi & hommage à chaque mutation de Seigneur & de Vaſſal, l'aveu & dénombrement à chaque mutation de Vaſſal ſeulement, les droits de Juſtice & de patronage, les droits honorifiques, la préféance ſur leurs Vaſſaux, &c.

Les droits utiles ſont ceux de relief, de retrait féodal, de quint, de commiſe, d'in-demnité ſur les gens de main-morte, la chaſ-ſe, la pêche, &c. Ce ſont-là les droits ordinaires des Fiefs: mais il arrive quelque-fois qu'ils donnent d'autres droits aux Seigneurs; & on les appelle droits extraordinaires, parce qu'ils ne ſont pas auſſi généralement attachés aux Fiefs que les premiers.

Tels ſont, par exemple, les droits de Juſ-tice, de Colombier à pieds, de Corvées, de Bannalité, de Bâtardiſe, de Desbérence, de Confiſcation, &c. Voyez chacun de ces mots en particulier. Je les indique en tête de cet article. Voyez *Droits Seigneuriaux*.

Les Fiefs ne ſe partagent point comme les autres biens dans les ſucceſſions; ils ne ſe partagent pas même dans les ſucceſſions directes, comme dans les collatérales.

J'ai parlé au mot *Aîneſſe*, de la maniere dont les Fiefs ſe partagent dans les ſucceſ-ſions directes, & je n'ajouterai rien ici à ce que j'ai dit ſur cela, je me bornerai en cet endroit à indiquer comment les Fiefs se partagent en ligne collatérale dans la Coutume de Paris.

Dans ces sortes de successions, il n'y a point de droit d'aînesse sur les Fiefs : c'est la disposition de l'article 331 de la Coutume de Paris, suivie dans toutes celles qui n'ont point de dispositions contraires.

Mais c'est une autre maxime que les mâles excluent les femelles en pareil dégré (dans les successions collatérales) ; telle est même la disposition de l'article 25 de notre Coutume : il y a cependant quelques autres Coutumes qui y sont contraires, comme Auxerre, article 59, qui porte qu'en ligne collatérale, les mâles & les femelles étant en pareil dégré, succédent aux Fiefs par égale portion.

Lorsque le défunt a laissé un frere & une niéce, fille d'un autre frere, le frere exclud la niéce dans la succession des Fiefs : c'est une maxime certaine & suivie, depuis que la Cour (en s'écartant de l'ancienne Jurisprudence) l'a ainsi jugé par l'Arrêt surnommé de Saintot, rendu le 23 Février 1663. On le trouve au Journal du Palais.

La même chose a été jugée par un Arrêt rendu en forme de Réglement à l'Audience de la Grand'Chambre, pour la Coutume de Chartres, le 29 Décembre 1735, dont voici l'espéce.

L'Abbé de Rosset, qui posfédoit des Fiefs régis par la Coutume de Chartres, avoit pour héritiers présomptifs un frere, un neveu, fils d'un frere prédécédé, & une niéce, fille d'un autre frere.

La Coutume de Chartres admet la représentation, tant en ligne directe que collatérale, par l'article 93, *suivant la disposition du droit*, & par un autre article, elle exclud les filles par les mâles en pareil dégré, dans les successions aux Fiefs en ligne collatérale.

La niéce prétendoit succéder aux Fiefs de son oncle par représentation de son pere. Elle invoquoit la Novelle 118, qui, disoit-elle, donne au représentant les prérogatives du représenté. Cette prétention donna lieu à une ample discussion de la Novelle.

Il en résulta qu'en général la représentation ne communique que le dégré du re-

présenté, & jamais des prérogatives, surtout celles qui sont attachées à des qualités inhérentes à la personne, telles que le sexe & la masculinité ; & par l'Arrêt dudit jour 29 Décembre 1735, dont la publication au Bailliage de Chartres fut ordonnée, tous les Fiefs du sieur de Rosset furent adjugés à son frere & à son neveu, à l'exclusion de la niéce, fille d'un autre frere.

Ces Arrêts sont fondés sur la faveur de la masculinité, beaucoup plus que sur la proximité du dégré. Inutilement les niéces diroient-elles que leur incapacité pour recueillir des Fiefs, a été levée par l'art. 324 de la nouvelle Coutume de Paris, parce que cet article ne parle que de la succession directe ; & que l'article 25 exclud les femelles, quand il y a des mâles en pareil dégré.

Guyné prétend néantmoins que les anciens Arrêts sont plus conformes aux principes du droit, à cause de la représentation qui a lieu dans la Coutume de Paris, en faveur des enfans des freres ; selon lui, l'effet de la présentation est non-seulement de rapprocher la personne qui représente, au dégré de la personne représentée, mais de lui faire représenter le sexe ; ce qui ne me paroît pas exact, le sexe étant une qualité personnelle, que ne peut pas communiquer la représentation.

Il est vrai que dans la ligne directe on a donné cet effet à la représentation, & que sur ce fondement on a admis au droit d'aînesse la descendance de l'aînée, quoique composée uniquement de filles ; mais, en cela, n'a-t-on point trop donné à la représentation ? Ce que l'on a introduit en faveur de la ligne directe, en faisant participer des femelles issues de mâles aux droits de la masculinité, & en leur supposant pour cela contre la vérité une qualité opposée à leur sexe, doit-il être étendu à la ligne collatérale ?

Je suis si fort éloigné de le croire, que je suis persuadé au contraire qu'on a trop donné à la représentation dans la ligne directe, en s'attachant trop scrupuleusement au Droit Romain, & en s'écartant manifestement du Droit primitif des Fiefs.

La disposition de l'article 323 de la Coutume de Paris, suivant laquelle la sœur du défunt succéde aux Fiefs, concurremment avec un neveu, fils d'un frere, venant par représentation de son pere, n'a pas lieu dans plusieurs autres Coutumes. Au contraire, dans celles où les mâles excluent les femelles dans les Fiefs, le neveu venant par représentation de son pere, exclud sa tante ; comme son pere l'auroit exclue ; c'est le sentiment de Dumoulin, sur l'article 96 de la Coutume de Chartres, où il rapporte différens Arrêts qui ont jugé en conformité de son opinion.

Il faut cependant convenir que la disposition de la Coutume de Paris, sur ce point, paroît bien équitable. En effet, la représentation ne devroit pas avoir la force d'empêcher celui qui est réellement plus proche parent de succéder, mais seulement de parer l'exclusion.

On peut demander si, quand ce sont toutes femelles qui viennent à la succession de leur oncle, par représentation de leur pere, elles peuvent exclure leur tante, sœur du défunt.

A cet égard, il paroît que la tante ayant la proximité du sang pour elle, elle a un droit plus fort & plus ancien que celui de la représentation, qui n'est qu'un simple privilége introduit par Justinien. Mais d'un autre côté, les niéces issues d'un frere, prétendent qu'il faut donner à la représentation tout son effet, qui est de représenter entiérement la personne dont on est issu ; je pense qu'il faut décider en faveur de la tante, sœur du défunt, parce qu'il ne me paroît pas juste que la niéce remise au dégré de sa tante, par l'effet de la représentation, puisse lui donner l'exclusion sur le fondement d'une masculinité qui lui est étrangere.

La mort d'Edouard Leclerc, décédé près Montdidier, laissant des Fiefs, situés dans les Coutumes de Peronne, Montdidier & Roye, & pour héritiers une sœur, un neveu, fils d'une autre sœur, & une niéce, fille d'un frere, a donné lieu à la question de sçavoir, qui du neveu ou de la niéce succéderoit.

La question n'a été agitée qu'entre le neveu & la niéce, la sœur n'a pas paru dans le procès ; elle s'est regardée comme exclue : & par Arrêt rendu vers l'année 1747, les Fiefs ont été adjugés à la niéce, fille du frere, ex-

clusivement au neveu, fils de la sœur. Voy. les articles 187 & 195 de la Coutume de Peronne, Montdidier & Roye.

Lorsque la succession est à partager entre un frere & des neveux issus d'une sœur, les neveux sont exclus des Fiefs, parce que leur mere qui eût été exclue elle-même, n'a pû leur transmettre aucune espérance. C'est la disposition précise de l'article 322 de la Coutume de Paris.

Dans la concurrence d'une sœur, d'un neveu, fils d'un frere, & d'un neveu, fils d'une sœur, je viens de dire que dans quelques Coutumes, autres que celle de Paris, le neveu issu d'un frere excluroit sa tante, à plus forte raison doit-il exclure le neveu issu de la sœur. Ainsi, suivant le Droit commun, il succéderoit seul aux Fiefs dans ce cas. Cependant (comme je le dirai ci-après) les deux neveux auroient, sans la tante, concouru ensemble, sans considérer si l'un étoit issu d'un mâle, & l'autre d'une femelle ; de sorte que la tante, quoiqu'exclue, est la cause de l'exclusion du neveu issu d'une sœur ; parce qu'en donnant lieu à la représentation, elle fait que le neveu issu d'un frere, l'exclud elle-même, & exclud en même-temps le neveu issu d'une autre sœur.

Dans cette même espéce, suivant la Coutume de Paris, la tante & les neveux issus d'un frere, partageront les Fiefs par souches, & le neveu issu d'une sœur, sera exclu. La raison est que si la tante ne souffre pas d'exclusion, elle en est redevable à la proximité réelle de son dégré ; & cette raison ne militant pas en faveur du neveu issu d'une sœur, il n'a aucun moyen de se garantir de l'exclusion. Il y a un Arrêt du 16 Juillet 1669, qui l'a ainsi décidé. Le contraire avoit cependant été jugé par un autre Arrêt du 28 Mars 1648 ; l'un & l'autre sont rapportés par Ricard, sur l'art. 322 de la Coutume de Paris.

Mais voyez l'Arrêt du 4 Août 1739, rapporté par M. l'Epine de Grainville, page 463, par lequel dans cette espéce, c'est-à-dire, dans la concurrence d'une sœur, d'un neveu, fils d'un frere, & d'un autre neveu, fils d'une sœur, ils devoient tous succéder aux Fiefs dépendans de la succession, situés dans la Coutume de Sens.

Lorſque le défunt a laiſſé pour héritiers un frere, & des neveux & niéces, repréſentant un autre frere, le partage doit ſe faire par ſouches ; mais dans la ſubdiviſion qui ſe fait entre les neveux & les niéces d'une même branche, les niéces ſont exclues des Fiefs. Telle eſt la Juriſprudence des Arrêts ; il y en a deux entr'autres rendus les 5 Janvier 1617 & 14 Août 1694, qu'on trouve dans preſque tous les Auteurs. Mais ſi la ſucceſſion étoit compoſée de Fiefs & de biens roturiers, & que le lot de la branche des neveux & niéces ne fût compoſé que de Fiefs, il ſeroit dû aux niéces une récompenſe ou indemnité proportionnée à la valeur de ce qu'elles auroient eu dans le total des biens roturiers.

Lorſque des neveux & niéces viennent à la ſucceſſion d'un oncle, de leur chef, & non par repréſentation, les mâles excluent les femelles dans les Fiefs, ſans conſidérer ſi les mâles viennent eux-mêmes de mâles ou de femelles ; par exemple, des neveux, fils d'une ſœur, excluent les niéces, filles d'un frere.

Voyez les Arrêts cités par Pithou, ſur l'article 15 de la Coutume de Troyes, & l'Arrêt du 27 Mars 1635, qu'on trouve au Journal des Audiences,

Dans la Coutume d'Amiens, qui, par l'article 84, préfére dans la ſucceſſion des Fiefs les mâles aux filles, & les aînés aux puînés en ligne collatérale, il a été jugé par Arrêt du 7 Mai 1575, après une Enquête par Turbe, que les Fiefs de la ſucceſſion d'une tante appartiendroient à l'aînée fille de la ſœur, à l'excluſion de la puînée fille du frere.

Il a même été jugé par un autre Arrêt du 3 Avril 1635, rapporté au Journal des Audiences, tome 1, livre 3, Chapitre 19, que dans la Coutume d'Amiens, le neveu plus âgé fils de la ſœur exclud le neveu moins âgé, quoique fils du frere, dans le droit de ſuccéder aux Fiefs d'un oncle commun.

FIEF ET JUSTICE n'ont rien de commun.

Cette maxime, qui eſt très-ancienne, ſe trouve écrite dans pluſieurs de nos Coutumes, & différens Auteurs en ont parlé avec étendue. Voyez Loyſeau, des Seigneuries, chap. 4, n°. 26 & 27, & chap. 12, n°. 27 ; Bacquet, des Droits de Juſtice, chap. 4, n. 4. ; & Dumoulin, ſur la Coutume de Paris.

Elle ſignifie, 1°. que le Fief, c'eſt-à-dire, l'héritage tenu en Fief, où le Fief pris paſſivement peut appartenir à un Seigneur, & que la Juſtice ſur le même Fief peut appartenir à un autre Seigneur, quoique le Fief ou la Terre féodale ſoit de la mouvance du même Seigneur ſupérieur.

2°. Que le Fief ou Terre féodale peut être de la mouvance d'un Seigneur, & la Juſtice relever d'un Seigneur différent. Dans ce même cas, le Fief & la Juſtice peuvent être dans la main, ou d'une même perſonne, ou de pluſieurs.

3°. Que celui qui poſſéde en même-temps le Fief & la Juſtice, peut n'avoir pas le droit de reſſort.

4°. Que le Fief pris activement, c'eſt-à-dire, la mouvance féodale ſur une Terre ayant Juſtice, peut appartenir à un Seigneur, & le reſſort à un autre ; de maniere qu'une perſonne peut poſſéder une Terre ayant Juſtice, faire hommage de l'un & de l'autre à un Seigneur ſupérieur, quoique cette même Juſtice reſſortiſſe à celle d'un autre Seigneur ; enſorte que celui-ci ait le reſſort ſur cette Juſtice, qui eſt de la mouvance féodale d'un autre. Voyez la Coutume de Berry, titre des Fiefs, article 57 ; celle d'Auvergne, titre des Juriſdictions, art. 4, &c.

Au reſte la maxime, *Fief & Juſtice n'ont rien de commun*, n'empêche pas que le droit du Seigneur-Juſticier ne ſoit fort conſidérable, & qu'on ne le préſume facilement Seigneur direct & foncier ; parce qu'encore que le Fief n'attire pas la Juſtice, néanmoins la Juſtice attire ordinairement le Fief ; & de-là vient que cette préſomption, même dans les Pays de Droit-Ecrit, attribue au Seigneur Haut-Juſticier les biens vacans de ſon territoire. V. Loyſeau, des Seigneuries, chap. 12, n°. 47.

FILS & FILLE de Famille.

Voyez *Emancipation*, *Macédonien*, *Pécule* & *Puiſſance Paternelle*.

Les Fils & Filles de Famille ſont des enfans

fans nés en Pays de Droit-Ecrit, qui font fous la puiſſance paternelle.

Les Fils & Filles de Famille non émancipés, n'ont rien en propriété, excepté leur pécule; (voyez *Pécule*) & quoiqu'âgés de plus de vingt-cinq ans, ils ne peuvent emprunter ni contracter. Ils ne peuvent pas même gérer les biens dépendans des ſucceſſions qui leur arrivent du chef de leur mere: l'adminiſtration en appartient au pere ou à l'ayeul, en la puiſſance duquel ils font. Cependant voyez *Macédonien*.

Quand une fois le Fils de Famille eſt émancipé, ſon incapacité ceſſe, & ſon obligation ſubſiſte, ſans qu'on entre en connoiſſance des motifs du prêt, pourvû qu'il ſoit poſtérieur à l'émancipation.

Le Fils de Famille peut être nommé curateur à ſon pere ou à ſa mere en démence.

Le Fils de Famille ne peut teſter ni faire donation à cauſe de mort, au profit de qui que ce ſoit, ſans le conſentement de ſon pere. Deux Arrêts des 19 Juillet 1726 & 21 Avril 1732, le premier rendu au Parlement de Beſançon, & le ſecond au Parlement de Dijon, l'ont ainſi jugé; le dernier de ces Arrêts eſt rendu toutes les Chambres aſſemblées. Mais il y a un Arrêt contraire, rendu au Parlement de Beſançon en 1703. Voyez la nouvelle édition *in-fol.* des Arrêts notables d'Augeard, tome 2, n°. 200.

F I N S.

En langage du Palais, ce mot ſignifie le but & l'objet des prétentions & des demandes des Parties. On dit, par exemple, qu'une Partie a obtenu ſes Fins, quand elle a gagné ſon procès. On pourroit par conſéquent dire qu'au Barreau, le mot Fins eſt ſynonime à concluſions.

On nomme *Fins de non-recevoir*, les exceptions péremptoires, par le moyen deſquelles le défendeur peut faire rejetter la demande, ſans entrer dans la diſcuſſion du fond. V. *Exception*.

On nomme *Fins de non-procéder*, les moyens à la faveur deſquels une Partie ſoutient qu'il ne peut être procédé à l'inſtruction & Jugement du fond d'une affaire, juſqu'à ce qu'il ait été ſtatué ſur ces Fins. Telles ſont, par exemple, les exceptions dilatoires, les exceptions déclinatoires, les

moyens de nullité & autres exceptions qui ſe tirent de la forme, & non du fond de la conteſtation.

On appelle *Fins de non-payer*, les moyens dont ſe ſert un débiteur pour éluder le payement de ce qu'il doit.

On appelle *Fins civiles*, les demandes qui n'ont pour objet qu'une condamnation pécuniaire. On dit d'une procédure crimielle qui a été civiliſée, qu'elle a été renvoyée à Fins civiles. Quelquefois le Jugement qui civiliſe, ordonne que les Parties ſe pourvoiront à Fins civiles.

F I S C.

V. *Procureur Fiſcal.*

On nomme Fiſc, tout ce qui eſt dû au Roi à cauſe de ſa Souveraineté: ainſi on peut dire que le mot Fiſc ſignifie à peu près la même choſe que tréſor public.

En France, les Seigneurs Hauts-Juſticiers jouiſſent des droits du Fiſc; c'eſt en conſéquence de ces droits que les confiſcations, les épaves, le droit de bâtardiſe, les amendes, &c. leur appartiennent. Ils recueillent auſſi les ſucceſſions vacantes en conſéquence de ce droit de Fiſc. V. *Deshérence*.

Cette maniere de ſuccéder par deshérence, n'a lieu que quand il n'y a, ni parens, ni mari, ni femme ſurvivans, ſi ce n'eſt dans les Coûtumes de Bourbonnois & d'Anjou, qui ont ſur cette matiere des diſpoſitions contraires au Droit commun.

La Coutume de Bourbonnois, art. 328, préfére le Seigneur au mari & à la femme, mais non pas aux parens, en quelque dégré & de quelques lignes qu'ils ſoient.

Celle d'Anjou, art. 268, au défaut des parens d'une ligne, préfére le Seigneur aux parens des autres lignes, & à plus forte raiſon au mari & à la femme. Voyez *Succeſſion entre Conjoints.*

On prétend, 1°. que le Fiſc ne peut pas être aſſujetti à donner caution, quand il uſe de ſes droits.

2°. Qu'il eſt préféré dans l'achat des mines & métaux.

3°. Que la péremption n'a pas lieu contre lui.

4°. Que dans ſes procès il jouit du même privilége que les mineurs; qu'en conſéquence il peut préſenter pieces nouvelles, alléguer n'avoir pas été bien défendu, &c.

5°. Qu'il a un privilége personnel sur les meubles, même avant le premier saisissant.

6°. Que toutes les sûretés qu'on a coutume de prendre dans les contrats, sont censées prises par le Fisc quand il contracte.

7°. Qu'il n'y a point de partage d'opinions dans les affaires où le Fisc a intérêt. (On prétend qu'il y a sur cela une Déclaration de Louis XIII).

Tout cela & bien d'autres priviléges peuvent avoir lieu au profit du Roi. Mais je ne pense pas que le Fisc des Seigneurs jouisse des mêmes prérogatives. Au reste, voyez le Dictionnaire des Arrêts, & M. Louet.

En droit, c'étoit le Fisc qui profitoit des fidéicommis défendus parmi nous; ils appartiennent à l'héritier.

Les droits conditionnels, comme préciput, substitution, &c. passent-ils au Fisc, en cas de mort civile? Voyez *Confiscation* & *Mort Civile.*

FLANDRES.

La Flandres est une des Provinces des Pays-Bas; ses Habitans, qu'on appelle Flamans, ont autrefois été sujets à l'aubaine, mais ils en ont été affranchis par le Traité fait entre François I & l'Empereur, & par l'article 24 du Traité de Paix, conclu à Bade, le 7 Septembre 1714, confirmé en cette partie par celui d'Aix-la-Chapelle, du 18 Octobre 1748. Voyez *Hainault* & Bacquet, du Droit d'Aubaine, chap. 8.

Les régles prescrites par l'Ordonnance du mois de Février 1731., sur l'insinuation des Donations, n'ont pas lieu dans le ressort du Parlement de Flandres. Voyez l'art. 33 de cette Ordonnance.

Le contrôle des actes a été établi en Flandres par l'Edit du mois de Mars 1693, mais la Province s'est toujours abonnée à ce sujet; de maniere que la formalité du contrôle ne s'y observe point.

FLÉGARTS.

C'est le nom que donne la Coutume de Boulonnois aux places communes, qui le plus souvent tiennent aux chemins. Voyez

les articles 29, 42, 132 & 168 de cette Coutume; l'art. 5 de celle d'Artois; l'art. 31 de celle d'Amiens, &c.

FOI & HOMMAGE.

V. *Aveu & Dénombrement, Barrois, Lige, Main-Souveraine, Relief, Saisie Féodale & Souffrance.*

On nomme Foi & Hommage, une reconnoissance solemnelle faite par le vassal à son Seigneur de sa Seigneurie directe, à cause du fief (a) que le vassal posséde dans la Seigneurie de ce même Seigneur.

Le vassal seul fait le serment de fidélité envers son Seigneur; cependant la fidélité doit être réciproque entr'eux; & si le Seigneur faisoit une injure considérable à son vassal, il pourroit en être puni. V. ce que je dis sur cela, à l'article *Félonie.*

L'âge pour faire & recevoir la Foi & Hommage, est fixé par l'art. 32 de la Coutume de Paris, à vingt ans accomplis pour les mâles, & à quinze ans pour les filles. V. *Majeur.*

Les Coutumes prescrivent presque toutes la forme & les termes dans lesquels la Foi & Hommage doit être faite aux Seigneurs suzerains de Fiefs dans leurs ressorts; mais leurs dispositions qui sur cela sont souveraines, chacune dans son détroit, sont très-dissemblables. Voici comme s'explique celle de Paris, art. 63.

Le vassal, pour faire la Foi & Hommage & ses offres à son Seigneur féodal, est tenu aller vers ledit Seigneur au lieu dont est tenu & mouvant ledit Fief; & y étant, demander si le Seigneur est au lieu, ou s'il y a autre pour lui, ayant charge de recevoir les Foi & Hommage & offres; & ce fait, doit mettre un genouil en terre, nue tête, sans épée & éperons, & dire qu'il lui porte & fait la Foi & Hommage qu'il est tenu faire à cause dudit Fief mouvant de lui, & déclarer à quel titre ledit Fief lui est advenu: le réquérant qu'il lui plaise le recevoir.

Et où le Seigneur ne seroit trouvé ou autre ayant pouvoir pour lui, suffit faire hommage & offres devant la principale porte du manoir, après avoir appellé à haute voix le Seigneur

(a) Il y a des Rotures en Bretagne pour lesquelles les Propriétaires doivent la Foi & Hommage au Seigneur, & lui fournir des Aveux. V. la Jurisp. du Conseil, to, 2, p. 304.

En Normandie, les possesseurs d'héritages roturiers déclarent, par les aveux, les tenir à Foi & Hommage, sans néantmoins le faire.

par trois fois ; & s'il n'y a manoir au lieu Seigneurial dont dépend ledit Fief , & en cas d'absence dudit Seigneur ou ses Officiers , faut notifier lesdites offres au prochain voisin dudit lieu Seigneurial, & laisser copie.

La Coutume exige , comme on voit , quelque chose de plus qu'une démarche respectueuse de la part du vassal , puisqu'elle l'assujettit à faire des offres. Mais en quoi ces offres doivent-elles consister ? Doivent-elles être réelles ? .

Il semble que , lorsque le Seigneur est absent , & qu'il n'y a personne chargé de ses pouvoirs pour recevoir la Foi & les droits , il seroit inutile de faire des offres réelles que personne ne pourroit accepter ; mais je pense au contraire qu'il faudroit que les offres fussent réelles , si le Seigneur étoit présent , ou si quelqu'un le représentoit , autrement elles dégénéreroient en simples offres de payer , ce qui ne suffiroit pas pour désintéresser le Seigneur.

Si le vassal qui se présente pour faire la Foi & Hommage , avoit enfreint la saisie féodale , & perçu des fruits au préjudice de la saisie , il faudroit qu'il les offrît aussi , autrement le Seigneur pourroit le refuser. Brodeau rapporte un Arrêt sur l'article 29 de notre Coutume, qui l'a ainsi jugé : & cela est conforme à la règle *Spoliatus ante omnia restituendus*. V. *Complainte*.

On peut agiter ici la question de sçavoir , quelles offres doit faire un vassal qui ne doit qu'un droit de relief (a) , qui , suivant la Coutume de Paris , art. 47, consiste *dans le revenu d'un an , ou le dire de Prudhommes , ou une somme une fois offerte de la part du vassal , au choix & élection du Seigneur féodal* : faut-il faire alors trois différentes espéces d'offres ?

Dumoulin a prévu ce cas, & a décidé que l'expression spécifique & scrupuleuse n'est pas nécessaire ; il suffit, dit-il, que le Seigneur soit suffisamment instruit qu'il ne lui est dû qu'un droit de relief , & qu'on lui fasse des offres de bonne foi, pour qu'il ait les mains liées : mais , ajoute ce sçavant Jurisconsulte ; comme il faut mettre le Seigneur en état de faire son option , le vassal

doit offrir une somme certaine pour le rélief, ou les autres droits portés par la Coutume au choix du Seigneur ; & il ne suffiroit pas d'offrir en général le relief tel que la Coutume l'accorde , parce que l'une des trois espéces dont le Seigneur a le choix , étant une somme de deniers, il faut que cette somme soit offerte , pour que le Seigneur soit en état de choisir.

S'il s'agissoit d'un droit de quint, il suffiroit d'exhiber le titre d'acquisition , & d'offrir les droits dûs en général pour ce genre de mutation ; parce que, par la lecture de ce titre , le Seigneur peut s'instruire de son droit , & choisir entre le quint & le retrait féodal.

La raison pour laquelle le vassal doit se transporter au Fief dominant pour faire la Foi & Hommage , comme l'exige l'article 63 de la Coutume, dont j'ai ci-devant rapporté les termes, est que c'est de ce Fief principal que le Fief servant a été démembré ; & que le démembrement n'ayant été fait qu'à la charge de la Foi & Hommage , il faut regarder cette charge comme réelle , & par conséquent l'acquitter au même lieu dont le Fief faisoit autrefois partie : d'ailleurs il est tout naturel que ce soit le vassal qui aille trouver son Seigneur.

La Coutume exige que la Foi & Hommage soit portée au principal manoir ; mais les Auteurs disent que cela ne s'entend que lorsque le manoir est d'un accès facile, & que cela ne peut avoir lieu lorsque le vassal ou son fondé de procuration ne peut, sans grand danger , aborder le manoir dominant, *si tutus non pateat accessus*, dit Dumoulin ; parce que la Coutume n'exige pas l'impossible.

Remarquons ici que , par les mots *principal manoir*, dont se sert la Coutume, il faut entendre l'endroit où le Seigneur fait sa résidence ; ainsi , si un ancien bâtiment est abandonné , & que le Seigneur réside dans un nouveau, c'est à celui-ci que la Foi doit être portée , & il seroit inutile au vassal de dire que son Fief releve de l'ancien Château, parce que dans la vérité, ce n'est pas du Château seul qu'il releve, mais de tout le Fief ;

_____

(a) Remarquons ici que le Vassal doit offrir non-seulement ce qu'il doit personnellement pour la mutation à l'occasion de laquelle il porte la Foi, mais encore ce qui est dû pour les mutations précédentes ; à moins que les droits ne soient prescrits, ou que le Vassal, du chef duquel les anciens droits sont dûs, n'ait été reçu en Foi. V. Dumoulin.

que l'expression du Château n'est qu'une désignation faite pour la plus grande commodité du Seigneur & du vassal, & que le Château est la plus noble partie du Fief.

Lorsque le Fief dominant est un Fief en l'air, l'Hommage peut être offert à l'Auditoire, s'il y a Justice ; & s'il n'y en a pas, il peut être offert au Seigneur par-tout où il est trouvé ; mais s'il y a un domaine quelconque dont le Seigneur ait la propriété utile à cause du Fief dominant, l'Hommage peut lui être offert sur cet héritage, fût-il même en pleine campagne. Dumoulin est d'avis contraire sur l'ancienne Coutume ; mais son avis n'est pas suivi. Voyez Brodeau, sur l'article 64 de la Coutume de Paris.

Quand un Fief en l'air appartient à une Communauté ou Chapitre, l'usage est de faire la Foi & Hommage en plein Chapitre assemblé.

Dumoulin pense que le vassal doit, en portant la Foi & Hommage, déclarer à quel titre il possède le Fief ; s'il lui est advenu par succession, par vente ou autre voie, à peine de nullité. La Coutume ne prononce cependant pas cette peine ; mais sa disposition seroit illusoire, si on pouvoit s'y soustraire impunément.

L'usage est de se servir du ministere de Notaire pour dresser procès-verbal des offres & de la Foi & Hommage énoncées en cet article ; mais si, au lieu de Notaire, on avoit recours au ministere d'Huissier, les offres du vassal seroient-elles valables ? Elles seroient bonnes, selon moi, si la Coutume ne contenoit point de disposition opposée.

Mon avis est fondé, 1°. sur l'Arrêt du 9 Mai 1741, qui a jugé qu'on pouvoit demander souffrance par le ministere d'un Huissier. V. Souffrance.

2°. Sur la disposition de l'article 187 de la Coutume de Vermandois, qui porte qu'en pareil cas on peut indifféremment se servir du ministere des Notaires Royaux ou d'autres témoins demeurans sur le lieu.

3°. Sur le sentiment de Pocquet de Livonniere, Traité des Fiefs, qui dit, en plusieurs endroits de son Ouvrage, que les offres de la Foi & Hommage doivent être faites pardevant deux Notaires ou un Notaire & deux témoins, ou par un Sergent assisté de deux témoins (a).

Ledit Seigneur féodal n'est tenu recevoir la Foi de son Vassal en autre lieu que celui du Fief, si bon ne lui semble. L'article 64 de la Coutume de Paris le décide textuellement ; mais aussi le Vassal ne peut être contraint de la porter ailleurs.

Le Vassal qui n'a excuse suffisante, est obligé de faire la Foi & Hommage en personne (b), quand le Seigneur est prêt de la recevoir en personne ; & si le Vassal avoit excuse suffisante, il dépendroit du Seigneur de lui donner souffrance, & d'attendre que l'excuse cesse, ibid. art. 67. Mais si le Seigneur a donné procuration à un tiers pour la recevoir, le Vassal peut aussi la faire par Procureur.

Les dispositions de la Coutume de Paris, qui exigent la Foi & Hommage du Vassal en personne, forment le Droit commun. La seule Coutume de Chauny permet de la faire par Procureur par l'art. 105 : dans toutes celles qui sont muettes, il faut se conformer à celle de Paris.

La régle, suivant laquelle la Foi & Hommage doit être faite en personne par le Vassal, souffre plusieurs exceptions ; elle n'a pas lieu, 1°. lorsqu'il y a curateur au délaissement, au déguerpissement à la succession vacante, &c.

2°. Lorsque le Fief est saisi réellement, & qu'il y a Commissaire établi.

3°. Dans le cas de l'article 35 de la Coutume de Paris, dont je parle au présent article.

4°. Dans le cas du douaire ou de la jouissance par usufruit du Fief, parce qu'en ce cas, la douairiere ou les usufruitiers peuvent, au refus du propriétaire, porter la

(a) J'ai vû un Procès-verbal de la Foi & Hommage portée au Château du Marquisat de Nesle par le Marquis de la Chesnelaie en personne, à cause de six Fiefs dépendans du Marquisat d'Ami, situé près Roye en Picardie ; & ce Procès-verbal avoit été dressé par Louis Bourdon, Huissier au Châtelet de Paris, en présence de deux témoins.

(b) Quand une Communauté Ecclésiastique ou un Collége est propriétaire d'un Fief, on n'assujettit pas tout le Corps à porter la Foi, mais seulement à députer à cet effet le Supérieur ou l'un des premiers Officiers de la Maison. Si le Fief appartient à une Communauté de Filles, elle doit députer son Juge, si elle en a un, sinon son Econome, ou autre personne d'un état honnête. Il seroit indécent d'envoyer un Domestique.

Foi pour avoir main-levée de la saisie.

5°. Lorsqu'il s'agit d'un conquêt de communauté échu à la femme après la dissolution, & que le mari a porté la Foi & Hommage pendant le mariage, suivant l'article 5 de la Coutume de Paris.

6°. Lorsque les Fiefs appartiennent à des Chapitres, à des Communautés de filles, &c. V. *Souffrance.*

Voyez aussi dans le Recueil d'Arrêts de M. le Prestre, un Arrêt rendu le dernier Juillet 1587, sur la Requête de M. Brisard, Conseiller en la Cour, qui demandoit à aller faire l'Hommage d'un Fief, & par lequel la Cour » a ordonné que ledit sieur » Brisard ne désempareroit le service qu'il » devoit au Roi, & seroit reçu à faire la » Foi par Procureur, si mieux n'aimoit le » Seigneur (qui avoit fait saisir) bailler sur- » féance, jusqu'à la première commodité «.

Dans tous les cas où la Foi & Hommage ou la souffrance peuvent être portées ou demandées par un fondé de procuration, le Vassal ne doit donner son mandat qu'à une personne d'un état honnête; il ne conviendroit pas qu'un domestique en fût chargé: le Seigneur pourroit prendre un pareil message pour une insulte. Voyez Brodeau sur l'article 67 de la Coutume.

Si le Fief du Vassal est situé dans une Coutume, & le Fief du Seigneur suzerain dans une autre, c'est la Coutume de la situation de la Seigneurie suzeraine ou dominante qui doit régler la forme & les termes de la Foi & Hommage; la raison, c'est que, comme je l'ai déja dit, l'Hommage est un droit réel, relativement au Seigneur dominant. M. Louet a traité cette question *ex professo*, lettre C, n. 49. Mais à l'égard des droits utiles de quints, rachat & autres, comme ils n'ont pas la même réalité à l'égard du Seigneur, ils se réglent par la Coutume de la situation du Fief appartenant au Vassal. V. M. Louet, lettre F, n. 19; Ricard & Brodeau sur l'article 63 de la Coutume de Paris. Tous les Auteurs citent sur cela un Arrêt rendu, *consultis Classibus*, le 27 Août 1604. Il est dans les Arrêtés de la 5ᵉ des Enquêtes, rapportés par M. le Prestre.

L'article 78 de la Coutume de S. Quentin porte que *le Seigneur n'est tenu recevoir son Vassal à lui faire Foi & Hommage par Procureur, si bon ne lui semble*.......Celle de Peronne dit au contraire (article 54) que *le Seigneur est tenu de recevoir son Vassal au relief & au serment de fidélité par Procureur suffisamment fondé; mais après qu'il y a été reçu, il est tenu faire ledit Hommage en personne à son Seigneur, quand il en est requis;* & l'article 81 de la même Coutume porte que, *quand il y a ouverture de Fief, se faut régler selon le lieu où est le Fief servant, & non selon le lieu du Fief dominant.*

D'après ces dispositions, il s'est agi de sçavoir si la Foi & Hommage faite par la Procureur *suffisamment fondé* par la Marquise de Soyecourt, Dame de la Terre d'Ami, sise dans la Coutume de Nesle, située dans le chef-lieu du Marquisat de Nesle, située dans la Coutume de S. Quentin, étoit valable ou non? Le Marquis de Nesle la soutenoit insuffisante, sur le fondement de l'art. 78 de la Cout. de S. Quentin. Il avoit en conséquence fait saisir féodalement la Terre d'Ami.

La Marquise de Soyecourt répondoit qu'elle s'étoit conformée à la disposition de la Coutume de la situation de son Fief; elle représentoit d'ailleurs plusieurs autres Foi & Hommages portées également par des fondés de procuration des précédens Seigneurs; & par Arrêt contradictoire, rendu au Conseil le 16 Janvier 1692, la Foi & Hommage portée pour la Marquise de Soyecourt, fut jugée valable, & main-levée faite de la saisie féodale, à la charge par la Dame de Soyecourt de faire la Foi & Hommage en personne, quand elle en seroit requise, en conformité de l'article 54 de la Coutume de Peronne.

Il est depuis intervenu une Sentence aux Requêtes du Palais, le 23 Juillet 1694, entre le Marquis de Nesle & la Marquise de Belleforiere, qui a jugé de même dans une espéce toute semblable.

La Foi & Hommage est dûe à toute mutation de Seigneur (*a*) & de Vassal, abstraction faite de la naissance de l'un & de l'autre (*b*); ainsi le Vassal noble doit la Foi &

(*a*) En Normandie, la Foi & Hommage n'est point dûe pour mutation de Seigneur, suivant l'article 106 de cette Coutume.

(*b*) Il est plus exact de dire que la Foi & Hommage est dûe toutes les fois qu'il y a changement de possesseur par un titre capable de transferer la propriété; car si celui qui

Hommage au roturier, si celui-ci est son Seigneur dominant.

Tout de même l'Ecclésiastique n'est pas dispensé par sa dignité, quelle qu'elle soit, de porter la Foi & Hommage pour les Fiefs qu'il posséde, soit comme propriétaire, soit comme titulaire de Bénéfices, pourvû que les devoirs conviennent au caractere dont il est revêtu.

Il est un cas où la Foi & Hommage est dûe au Seigneur dans la Coutume de Paris, sans qu'il y ait changement de propriétaire, c'est lorsqu'une femme, à laquelle un Fief appartient, se marie; & cela doit paroître bien extraordinaire, puisque l'on pense qu'il n'y a point de mutation par la constitution de l'usufruit d'un Fief, & que la femme reste non-seulement propriétaire après son mariage, mais qu'elle est même considérée comme usufruitiere, à cause du droit habituel qu'elle a dans la communauté, dont les fruits du Fief font partie.

La Foi est dûe par le mari qui épouse la propriétaire d'un Fief, lors même que leur contrat de mariage porte qu'il n'y aura entr'eux aucune communauté de biens, parce qu'une pareille exclusion n'empêche pas le mari de jouir du revenu des biens de sa femme, & de les faire siens; V. Mari: mais, suivant la Jurisprudence actuelle, lorsqu'outre l'exclusion de la communauté, il est stipulé que la femme aura l'administration de ses biens & la jouissance de ses revenus, le mariage ne donne pas au Seigneur dominant le droit d'exiger la Foi & Hommage. Il y a sur cela un Arrêt célèbre rendu, consultis Classibus, le 24 Juillet 1665, rapporté au Journal des Audiences, tom. 2. Les précédens Arrêts avoient diversement jugé la question. Voyez ce que je dis à l'art. Relief.

Comme il y a ouverture à la Foi & Hommage, si le mari décéde, elle est encore dûe; parce que la femme rentre dans ses droits, & redevient sui juris. Mais, suivant l'article 39 de la Coutume de Paris, si la femme, avant le mariage ou pendant sa durée, avoit porté la Foi & Hommage conjoin-

tement avec son mari, elle n'est point obligée de la renouveller en ce cas; au contraire, si elle ne l'a pas portée, elle doit le faire, parce que l'Hommage est un devoir personnel.

La veuve qui, par un partage de communauté, devient propriétaire d'un Fief acquis, pendant que la communauté subsistoit entr'elle & son mari, ne doit cependant pas la Foi & Hommage, si son mari l'avoit portée. L'article 5 de la Coutume de Paris l'en dispense, & ne distingue point, comme ont fait quelques Auteurs, si le mari avoit porté la Foi en son nom seul ou au nom de la communauté; mais plusieurs autres Coutumes exigent la Foi en ce cas, parce que c'est, comme je l'ai déja dit, un devoir personnel.

Le gardien noble ou bourgeois, ni la douairiere, ne doivent pas la Foi & Hommage pour les Fiefs dont ils jouissent en cette qualité. V. ibid. article 40; mais plusieurs autres Coutumes assujettissent la douairiere qui se remarie, au droit de relief. Voyez celles de Rheims, article 81; de Vitry, art. 97; de Sens, art. 208; de Troyes, art. 191; de Chaumont, art. 27. V. aussi Relief.

Si la mutation arrive dans le Fief du Vassal, la Foi & Hommage est dûe dans les quarante jours de la mutation, sans aucune réquisition du Seigneur dominant; parce que le Vassal voit son devoir écrit dans la Coutume, & qu'il ne peut ignorer la mutation qui lui transmet le Fief. Les quarante jours courent du jour de la succession ouverte, de la donation, de la vente, du mariage, &c. Mais si elle arrive dans le Fief dominant, la Foi & Hommage n'est dûe que quarante jours francs, après que le nouveau Seigneur, suffisamment âgé ou assisté de tuteur, curateur, a notifié son droit à ses Vassaux par la voie des proclamations & significations (a) ordonnées par l'art. 65 de la Coutume, pourvû que le Vassal ne doive rien de son chef, & qu'il n'y ait pas ouverture dans son Fief. V. Saisie féodale.

---

a acquis d non Domino, décéde, & laisse un héritier, il y aura une mutation, quoiqu'il n'y ait pas véritablement changement de propriétaire. Ainsi il faut dire que la mutation arrive, ou par le changement du véritable propriétaire, ou par le changement de celui qui posséde animo Domini, lorsque le véritable propriétaire ne paroît pas.

(a) Les proclamations dont parle la Coutume de Paris, article 65, sont de pure faculté, & pour la plus grande commodité du Seigneur. Elles ne sont pas essentiellement nécessaires; il peut, si bon lui semble, avertir ses Vassaux par des significations & sommations particulieres qui produisent le même effet.

Autrefois le nouveau Seigneur ne pouvoit faire des proclamations & exiger l'Hommage de ses Vassaux, qu'après l'avoir lui-même porté au Seigneur suzerain. Cela a même encore lieu dans la Coutume de Clermont en Beauvoisis, qui en contient une disposition dans l'article 79, & on en voit un Arrêt dans Carondas, du 12 Août 1561, sur l'art. 65 de la Coutume de Paris; mais on pense actuellement le contraire, & cette opinion est fondée sur la maxime, *tant que le Seigneur dort, le Vassal veille*, qui me paroît recevoir ici une juste application. Voy. Duplessis & ses Annotateurs.

Le Curateur ou Commissaire établi, à la requête des créanciers, à un Fief saisi réellement ou abandonné, peut & même doit faire la Foi & Hommage au Seigneur féodal, *au refus du Vassal*, propriétaire dudit Fief, pour obtenir main-levée de la saisie féodale, *ibid.* article 34. Mais il n'y a point de Loi qui autorise ces Commissaires à recevoir la Foi & Hommage d'un Vassal qui releve du Fief saisi; on pense au contraire que ces sortes de Commissaires ne peuvent exercer aucuns des droits honorifiques qui dépendent du Fief saisi ou abandonné. V. *Usufruit.*

Ce n'est cependant qu'au refus du Vassal que le Commissaire aux Saisies-Réelles peut porter la Foi & Hommage; si le Seigneur veut bien la porter lui-même, il doit être préféré. La Chambre des Comptes l'a ainsi jugé par deux Arrêts des 10 & 19 Février 1742, en faveur du Marquis de Nesle, contre ses créanciers.

Quand un Fief appartient à plusieurs enfans, il y a des Coutumes où il suffit que l'aîné porte la Foi pour acquitter les puînés de ce devoir: ces Coutumes sont nommées de parage, & de ce nombre sont celles du Maine, d'Anjou & de Touraine; V. *Parage.* Il n'en est pas de même dans celle de Paris; la Foi & Hommage y est regardée comme un devoir personnel; & tous les propriétaires sont obligés de la porter, sinon le Seigneur dominant peut faire saisir féodalement les portions de ceux qui ne l'ont pas faite.

Cette obligation des divers propriétaires peut s'acquitter en différens temps successifs; & le Seigneur est obligé de recevoir l'Hommage de chacun en particulier pour la part & portion appartenante à chacun dans le Fief, sans qu'on puisse regarder comme un démembrement, la multiplicité des propriétaires; parce que chacun d'eux faisant la Foi pour une certaine part dans le Fief, les termes d'un pareil Hommage prouvent que toutes ces parts ne font qu'un tout, & conservent par conséquent l'unité du Fief.

La régle, suivant laquelle chaque propriétaire est tenu de faire la Foi pour sa part dans le Fief, semble souffrir une exception, lorsque quelques-uns des enfans du Vassal décédé font mineurs; il paroît en effet, par l'article 41 de notre Coutume de Paris, que le Seigneur n'est obligé de donner souffrance que lorsque tous les enfans font mineurs; & que, quand l'aîné est majeur, il peut & doit même faire la Foi, tant pour lui que pour ses freres & sœurs: il paroît même par cet article que, lorsque tous les enfans font mineurs au temps de l'ouverture du Fief, la souffrance finit pour le tout, si-tôt que l'aîné a atteint l'âge de majorité féodale; mais quoique cette interprétation paroisse naturelle, elle est rejettée par les Auteurs. Leur opinion sur cela est, au contraire, que le Seigneur peut bien recevoir la Foi de l'aîné pour lui & pour ses freres & sœurs, mais qu'il peut aussi ne l'admettre à la Foi que pour sa part, en donnant souffrance aux mineurs. V. Dumoulin & Duplessis.

Mais cette régle souffre une véritable exception dans les articles 34 & 35 de la Coutume de Paris, aux termes desquels le fils aîné peut porter la Foi & Hommage, tant pour lui que pour ses sœurs, dont il doit déclarer le nom & l'âge; & en ce faisant, il les acquitte tant de la Foi que du relief, s'il en est dû pour la mutation de leur premier mariage.

Je crois que c'est de cette maniere qu'il faut entendre l'article 35, qui paroîtroit contenir une disposition bizarre, en le prenant trop à la lettre; puisque, dans le sens qu'il présente, le fils aîné, en faisant la Foi, exempteroit les premiers maris de ses sœurs de la porter, à cause de leur mariage, & ne dispenseroit pas ses sœurs elles-mêmes de la faire pour la mutation arrivée par les fucceffions de leurs pere, mere, ayeul, &c. avec laquelle ce mariage n'a rien de commun.

On a fur ce même article 35 agité la queftion de fçavoir fi le fils aîné, étant décédé laiffant un fils, celui-ci portant la Foi, peut en acquitter fes tantes & fes coufines; & on a trouvé beaucoup de difficulté, à caufe de ces mots, *acquitte fes fœurs*. Mais Dupleffis décide que cela fe peut; & Dumoulin va même jufqu'à dire que la fille, repréfentant l'aîné, acquitte fes tantes.

Lorfque le Vaffal, à caufe de fon Fief, a des droits de cens, de dixmes ou autres redevances à prendre fur fon Seigneur, il peut le pourfuivre pour le payement, même par voie de faifie, avant que de lui avoir porté la Foi & Hommage. Il y a fur cela un Arrêt du 9 Juin 1632, en faveur du Chapitre de Montbrifon, contre le Commandeur de Verriere. V. Henrys, tom. 1, liv. 3, chap. 1, queft. 2 & 3.

La raifon de cela eft que le Vaffal veille & prend les fruits, jufqu'à ce que le Seigneur l'ait mis en demeure par une faifie-féodale.

Si des mineurs poffédent des Fiefs avant cet âge, leur tuteur ne peut porter la Foi & Hommage pour eux; mais il doit demander fouffrance au Seigneur féodal, & lui déclarer les noms & âge de fes mineurs, laquelle fouffrance le Seigneur ne peut lui refufer. *Ibid.* art. 41. V. *Souffrance*.

Comme maître de la communauté & des actions poffeffoires de la femme, le mari peut recevoir la Foi & Hommage des Vaffaux de fa femme; & Loyfel dit même que les Bailliftres qui entrent en Foi en leur nom, peuvent auffi la recevoir des Vaffaux de leurs mineurs. Loyfel, Inftit. Cout. liv. 1, tit. 2, art. 16, & tit. 4, art. 16.

Il en eft autrement des Aveux. V. ce que je rapporte du même Loyfel à l'art. *Aveu & Dénombrement*.

Le tuteur des mineurs qui ont fouffrance, peut recevoir l'Hommage de leurs Vaffaux; parce que les mineurs en fouffrance font réputés être entrés en Foi. Loyfel, *ibid.* liv. 1, tit. 4, n. 19.

Si le Vaffal ne fait pas la foi & Hommage, quand il la doit, fon Seigneur peut faire faifir féodalement le Fief mouvant de lui:

la Coutume de Paris le décide ainfi. Voyez *Saifie-Féodale*.

Mais, en Pays de Droit-Ecrit, où le temps pour faire la Foi & Hommage n'eft pas limité, on peut dire que le Vaffal, Seigneur de Fief à titre de fucceffion, ne peut être contraint de la faire qu'après l'expiration des délais, pour faire inventaire & pour délibérer; & que celui qui a acquis un Fief, doit la faire quarante jours après fon acquifition, fuivant le Droit commun. Ferriere, dont Jacquet a adopté l'opinion fur l'article 115 de la Coutume de Tours, dit même que le délai pour faire la Foi & Hommage, eft d'un an; & que le Seigneur ne peut faifir après ce terme, qu'en conftituant le Vaffal en demeure.

La Foi & Hommage fe fait en Pays de Droit-Ecrit comme en Pays Coutumier, au principal manoir du Fief dominant; & le vaffal doit la faire tête nue & fans épée.

En Dauphiné, les Nobles prêtent la Foi & Hommage debout, & baifent le Seigneur à la bouche; mais les Roturiers la portent un genouil en terre, & baifent le Seigneur au pouce. V. Chorier fur Guy-Pape.

En Provence, quand la forme de la Foi & Hommage n'eft pas réglée par les titres ou par une poffeffion, elle fe prête *dans la maifon Seigneuriale, debout & tête nue, fans gans & fans manteau*. Telle eft la forme dans laquelle le Parlement d'Aix a, par Arrêt du 15 Avril 1711, ordonné que les Confuls de Rongier prêteroient le ferment de Fidélité & Hommage au Seigneur de Valbelle, tant en leur qualité de Confuls *qu'en leur nom propre*, & des manans & habitans du même lieu.

Les propriétaires des Fiefs mouvans du Comté du Sault prêtent la Foi & Hommage » à genoux devant le Lieutenant au Siége » de ce Comté, tête découverte, ayant les » mains jointes entre celles du Lieutenant, » fans ceinture ni épée, donnent & reçoi- » vent le baifer «.

Loyfel nous a confervé la formule en laquelle fe faifoit anciennement la Foi. » Le » Vaffal (dit cet Auteur, Inftitut. Coutum. » liv. 4, tit. 3, n. 6) mettoit fes mains join- » tes entre celles de fon Seigneur, difant: » Sire ou Monfieur, je deviens votre hom- » me, vous promets Foi & Loyauté dès ce » jour;

» jour ; en avant viens en faifige vers vous,
» & comme à Seigneur vous offre ce «. Le
Seigneur répondoit : » Je vous reçois &
» prends à homme, & en nom de Foi vous
» baife en la bouche, fauf mon droit & l'au-
» trui «.

Une demoifelle en offrant la Foi, refufa
de fe laiffer baifer à la bouche & prendre les
mains ; fur cela on agita la queftion de fçavoir fi elle avoit fatisfait au devoir du Vaffal. Chopin, qui rapporte cette efpéce fur la
Coutume de Paris, liv. 1, tit. 2, n. 4, dit
que l'on a jugé valables les offres de la demoifelle, & qu'on lui a fait main-levée de
la faifie. V. Dumoulin fur l'article 54 de la
Coutume de Blois.

La maniere de faire au Roi la Foi &
Hommage, & de préfenter aveux & dénombremens, eft réglée par une Déclaration du
18 Juillet 1702, regiftrée en la Chambre
des Comptes le 10 Octobre fuivant ; elle
contient dix-huit articles, & on la trouve
dans Augeard, Edition in-folio, tome 1,
n. 208. V. auffi dans le Recueil du Domaine, imprimé en 1690, un Arrêt du Confeil
rendu le 19 Janvier 1668, entre la Chambre
des Comptes de Paris, & les Tréforiers de
France, de Châlons & de Bourges ; & celui du 26 Juin 1688, entre la même Chambre & les Tréforiers de France de Bordeaux.

Des Lettres-Patentes du 25 Avril 1736,
regiftrées en la Chambre des Comptes le 14
Mai fuivant, permettent aux Vaffaux, poffeffeurs de fimples Fiefs non titrés relevans
du Roi, de rendre, par Procureur fondé de
procuration paffée devant Notaire, dont il
en refte minute, les Hommages dont ils font
tenus, lorfqu'ils font domiciliés au-delà
de cinq lieues des Villes où font établies les
Chambres des Comptes & Bureaux des Finances.

Ces mêmes Lettres, en autorifant les Procureurs Généraux des Chambres des Comptes, & Procureurs du Roi aux Bureaux des
Finances, à faire faifir féodalement les Fiefs
des Vaffaux qui n'auront pas porté la Foi &
Hommage au Roi, défendent *très-expreffé-*
ment d'ufer d'aucune autre voie, foit de con-
damnation d'amende, courfe d'Huiffiers chez
les Vaffaux pour les contraindre.... à rendre
lefdits Foi & Hommage, aveux & dénombre-

mens, ni à payer les droits de garde..... &
aux Huiffiers de recevoir d'eux aucune fom-
me pour frais de faifie féodale ou autres frais
de tranfport, courfes, vacations..... qu'en
vertu des taxes qui leur feront faites en la
maniere accoutumée.

Les Vaffaux tenans des Fiefs du Roi dans
l'étendue des Ville & Châtellenie de Lille,
font tenus de rendre la Foi & Hommage,
& prêter le ferment de fidélité en perfonne
au Bureau des Finances & Domaines de
Lille, à moins qu'il n'y ait des empêchemens légitimes & jugés tels par le Bureau
même, fuivant un Arrêt du Confeil du 18
Décembre 1714.

Quand le Fief dominant appartient à plufieurs Seigneurs, il fuffit de porter la Foi &
Hommage à l'un d'eux pour tous ; parce que
la divifion du Fief fupérieur ne doit & ne
peut changer la condition du Vaffal qui ne
doit qu'une feule Foi & Hommage, laquelle étant faite à l'un des copropriétaires, à
raifon de tout le Fief dominant, conferve
les droits de tous ceux qui y ont part.
Voyez Dumoulin fur la Coutume de Paris, & Lalande fur l'art. 48 de celle d'Orléans.

Ainfi, comme l'obligation du Vaffal n'eft
pas multipliée ni augmentée par le nombre
des propriétaires du Fief dominant, il fuffit
que les offres que la Coutume exige de lui,
& la notification, foient faites à un feul
d'entr'eux.

Dans quelques Pays de Droit-Ecrit, &
finguliérement en Provence, l'Hommage ne
peut être prêté ni reçu par Procureur ; mais
cet ufage, fur lequel on peut confulter Duperrier & de Cormis, eft fujet à quelques
exceptions.

Par exemple, des Religieufes cloîtrées ne
pouvant fortir, doivent être admifes à prêter l'Hommage par Procureur.

Les furieux & les imbéciles doivent auffi
être admis à prêter l'Hommage par leur curateur.

Le mari peut auffi prêter la Foi & Hommage pour les Fiefs dépendans des biens dotaux de fa femme, fans procuration.

Il y a néantmoins des Auteurs qui pen-
fent que le Seigneur peut recevoir la Foi &
Hommage par Procureur en Pays de Droit-
Ecrit, pourvû que le Procureur foit d'une

qualité proportionnée à celle du Vassal. V. la Peyrere, lettre H, n. 33.

La Foi & Hommage doit-elle être portée au propriétaire ou à l'usufruitier ? Voy. *Usufruit.*

FOIRES & MARCHÉS.

C'est ainsi qu'on nomme certains lieux publics où les peuples s'assemblent pour vendre & acheter des marchandises, des denrées, des bestiaux, &c.

Le Roi seul peut accorder la permission d'établir des Foires & Marchés ; & ces permissions s'accordent par Lettres-Patentes, qui doivent être enregistrées ; c'est ce qu'établissent d'Argentré sur l'art. 65 de la Coutume de Bretagne, & Bacquet, des Droits de Justice, chap. 7 & 31. Voy. aussi l'Edit du mois de Février 1696, dans le Préambule.

Cependant quelques Coutumes, comme celles d'Anjou & de Nivernois, donnent aux Seigneurs Châtelains & à d'autres Seigneurs supérieurs, le droit de Foires & Marchés ; mais, comme les Coutumes qui leur donnent ce droit, n'ont force de Loi que parce qu'elles ont été rédigées sous l'autorité du Roi, & confirmées par des Lettres-Patentes enregistrées, on peut dire que c'est toujours de l'autorité Royale qu'émane le droit de ces Seigneurs.

Les Lettres-Patentes qui s'accordent pour l'érection des Foires & Marchés, doivent être enregistrées au Parlement, en la Chambre des Comptes & en celle du Domaine : cet enregistrement ne se prononce au Parlement qu'après une information *de commodo & incommoda*, ordonnée & faite à la requête de M. le Procureur Général. Il est même aussi d'usage d'ordonner que les Lettres-Patentes seront communiquées aux habitans du lieu où se fait l'établissement.

Lorsqu'il se fait quelqu'établissement de cette nature, on consulte moins l'intérêt du lieu où il se fait, que celui des habitans voisins & l'avantage public ; c'est pour cela que, malgré l'opposition des habitans de Thiars & de la Ville de Beauvais, malgré l'intervention de l'Evêque de Beauvais, Seigneur Suzerain de Thiars, la Cour, par Arrêt rendu le Mercredi 14 Janvier 1761, a ordonné l'enregistrement des Lettres-Paten-

tes portant translation au Hameau de Boncourt, où passe le nouveau grand-chemin de Paris à Beauvais, du Marché & des Foires anciennement établies au Bourg de Thiars, quoiqu'il n'y eût à Boncourt (que les peuples du canton nomment Blanville) que deux seules maisons & point d'abreuvoir pour les bestiaux. On a pensé que le nouveau grand-chemin rendant les accès de Boncourt plus faciles aux habitans voisins, & facilitant d'ailleurs le transport des denrées à Paris, l'intérêt de ces voisins & de la Capitale devoit être préféré à celui des habitans de Thiars.

La Cour avoit auparavant jugé, par Arrêt rendu en la Grand'Chambre, au rapport de M. Titon, le Vendredi 29 Août 1760, que, nonobstant l'opposition des Corps des Marchands & Artisans de Calais, le Franc-Marché établi en la basse-Ville de Calais, par Lettres-Patentes, pour être tenu le 4e Mercredi de chaque mois, auroit lieu pour la vente des bestiaux seulement.

Les Lettres-Patentes portoient cependant permission à tous Marchands d'y *vendre, débiter & échanger toutes sortes de marchandises licites* ; mais il étoit constaté par l'information de la commodité ou incommodité de cet établissement, qu'il étoit utile pour le commerce des bestiaux ; & les témoins déposoient que le commerce des autres marchandises seroit préjudiciable aux habitans : la Cour n'a pas cru devoir autoriser indéfiniment un Marché ruineux pour le grand nombre des citoyens de la Ville où il se seroit tenu.

J'ai dit que l'information sur la commodité ou incommodité de l'établissement des Foires & Marchés doit être faite à la requête de M. le Procureur Général ; en effet, c'est le Ministere public qui doit veiller à ce que l'intérêt public ne soit pas blessé par de nouveaux établissemens : & la Cour, par Arrêt rendu le premier Juillet 1716, a déclaré nulles la procédure & l'information faites en pareil cas à la requête du Marquis d'Arbouville, pour l'érection d'une Foire à Arbouville devant le Lieutenant Général d'Yenville.

Les Comtes de Brie & de Champagne avoient établi dans leurs Etats des Foires considérables, qui furent rétablies par des

Lettres-Patentes de Philippe de Valois, du 6 Août 1349, » pour le bien & le profit » commun de toutes les Provinces, tant du » Royaume qu'Etrangeres «.

En confidération des privilèges & franchifes que le Roi accordoit, tant aux François qu'aux Etrangers qui fréquentoient ces Foires, » tous les Princes chrétiens & » mécréans « (ce font les termes des Lettres) donnerent leur confentement à leur création, & à ce que leurs Sujets fuffent foumis aux Ordonnances, Statuts & Jurifdictions d'icelles.

Ces Princes, en inftituant des Foires, avoient auffi établi des Juges pour la manutention des privilèges qu'ils leur avoient accordés. Ces Juges furent d'abord nommés Gardes des Foires ; on les nomma enfuite Gardes-Confervateurs ; & vers la fin du 15e fiécle, ils prirent le titre de Juges-Confervateurs des Privilèges des Foires, qu'ils portent encore à préfent.

Quoique les Gardes-Confervateurs des Foires ne fuffent pas d'abord nommés Juges, ils avoient néantmoins la Jurifdiction contentieufe, & décidoient toutes les conteftations relatives au commerce qui fe faifoit dans les Foires.

Dans chaque Foire il y avoit deux Gardes, un Chancelier dépofitaire du Sceau, & deux Lieutenans, un pour les Gardes, l'autre pour le Chancelier ; l'un des Gardes ne pouvoit pas juger feul (a), mais en l'abfence de l'un, le Chancelier avoit voix délibérative avec l'autre ; & l'on appelloit même fouvent des Marchands notables pour donner leur avis fur les caufes difficiles.

Tous les privilèges accordés aux Marchands fréquentans les Foires de Champagne & de Brie, au nombre defquels eft l'exemption du droit d'Aubaine en faveur des Etrangers non domiciliés ni réfidens en France (b), ont été tranfmis aux Foires qui fe tiennent à Lyon par Lettres-Patentes de Charles VII, du 4 Février 1419 ; & loin que les fucceffeurs de ce Prince ayent voulu les reftraindre, on voit au contraire que, par des Lettres-Patentes du mois de Février 1443, les marchandifes deftinées pour les Foires de Lyon, furent déclarées exemptes de tous droits & impôts, de quelque nature qu'ils fuffent.

Les Foires de Lyon durent chacune quinze jours ouvrables. La premiere commence le Lundi après les Rois ; la feconde, le Lundi d'après Quafimodo ; la troifiéme, le 4 Août ; & la quatriéme, le 3 Novembre (c).

Outre le temps de la tenue des Foires de Lyon, les Allemands des Villes Impériales peuvent encore y négocier après la tenue des Foires pendant quinze jours, tant ouvrables que fériés.

Les dettes contractées pour le négoce fait dans les Foires de Lyon, engendrent une contrainte par corps qui peut s'exercer même dans les maifons des débiteurs. V. l'Edit du mois d'Avril 1714, que je rapporte à l'article *Confervation de Lyon*.

Les payemens ftipulés en Foire de Lyon, operent les mêmes effets. Ces payemens commencent ; fçavoir, celui des Rois, le premier Mars ; celui de Pâques, le premier Juin ; celui d'Août, le premier Septembre ; & celui de la Touffaint, le premier Décembre.

Chaque payement dure depuis le premier jour du mois qu'il a été ouvert, jufqu'à la fin, & encore trois jours ouvrables du mois fuivant. Cet intervalle de trois jours eft appellé le comptant du payement.

Les lettres de change & billets ftipulés payables en payement des Foires de Lyon, ne peuvent être proteftés faute d'acceptation avant le 7 du mois, dans lequel le payement ftipulé eft ouvert, & avant le feiziéme jour

---

(a) Des Lettres-Patentes du mois de Février 1689, accordent aux Juges ordinaires des Foires de Strafbourg, le droit de terminer fans appel, les conteftations qui naîtront à l'occafion des marchés conclus dans ces Foires.

(b) Louis XI & Henri II ont, par des Lettres-Patentes du mois de Mars 1462, 14 Novembre 1467, & Novembre 1550, permis aux Marchands étrangers fréquentans les Foires, ou qui s'établiroient à Lyon, de tefter & difpofer de leurs biens, comme s'ils étoient Régnicoles.

Ces mêmes Lettres ont déclaré lefdits Etrangers (fréquentans les Foires), exempts des droits de Préfailles &

Repréfailles ; & ont autorifé toutes fortes de perfonnes, de quelque nation qu'elles fuffent, à exercer le change pendant le temps des Foires, &c.

(c) L'Almanach de Lyon dit qu'il fe tient une autre Foire à la porte de la Guillotiere à la Pentecôte, qui dure huit jours ; une autre à la Trinité, place de la Trinité, qui dure auffi huit jours ; une autre en Juin à la S. Claude, rue du Griffon, qui dure trois jours ; d'autres à la S. Jean, à la S. Pierre, à la S. Bonaventure, &c. ; mais j'ignore fi ces autres Foires jouiffent des mêmes privilèges que les quatre dont je viens de parler.

pour ce qu'on appelle écritures & virement de Parties à la loge du change (a). Voyez *Acceptation de lettres de change & Protêt.*

Dans le Reſſort du Parlement de Toulouſe, on ne peut arrêter les perſonnes qui vont aux Foires ou qui en reviennent, ni même dans les Foires. On a cru qu'il étoit avantageux d'admettre cette exception, & qu'elle procureroit l'abondance dans les Marchés. V. *Aſyle.*

Un Arrêt rendu le 8 Février 1708, défend aux Colporteurs, Artiſans, Marchands, &c. de donner à jouer dans les Foires & Marchés, & autres lieux des Villes, Bourgs ou Villages du reſſort, ſoit aux cartes, ſoit aux dés, ſoit à la bague, tourniquet, cheville, ou à tirer dans un livre, ou à tous autres jeux de haſard, à peine de 100 liv. d'amende & de confiſcation de l'argent du jeu, enſemble des jeux, marchandiſes, chevaux & équipages à eux appartenans, qui ſeront ſaiſis & vendus au profit des Hôtels-Dieu & Hôpitaux.

Le même Arrêt fait défenſes aux Juges d'accorder aucune permiſſion de donner à jouer auxdits jeux, à peine d'interdiction; & il enjoint aux Maréchauſſées d'arrêter ceux qui ſeront trouvés en contravention, de les conduire dans les priſons du lieu, & de remettre entre les mains des Officiers les chevaux, marchandiſes, équipages, l'argent du jeu, &c. Procès-verbal préalablement dreſſé du tout.

Les diſpoſitions de cet Arrêt ſont renouvellées par un autre rendu dans le même Tribunal le 30 Avril 1717, lequel ordonne l'exécution de ſemblables Réglemens, des 8 Juillet 1661, 26 Septemb. 1663, 24 Novembre 1664, 16 Septemb. 23 Nov. 1680, 18 Janvier 1687, & 22 Février 1710.

L'art. 23 de l'Ordonnance d'Orléans défend de tenir les Marchés & Foires les jours de Dimanches & Fêtes; & un Arrêt de Réglement rendu le 28 Avril 1673, ordonne que lorſque *les Foires & Marchés ſe rencon-*

trent dans le Diocèſe de Paris les Dimanches & Fêtes ſolemnelles, & des Patrons des Egliſes, elles ſeront remiſes au lendemain.

FOL-APPEL.

C'eſt la qualification qu'on donne aux Appels de Jugemens qui, par l'événement, ſont confirmés par les Juges Supérieurs.

Ceux qui pourſuivent le Jugement de conteſtations pendantes ſur des Appels, ſont tenus de conſigner ce qu'on nomme Amende de Fol-Appel. V. *Amende & Appel.*

FOLLE-ENCHERE.
Voyez *Enchere.*

Quand un Enchériſſeur ne ſatisfait pas aux conditions ſous leſquelles une adjudication judiciaire (b) lui a été faite; ſi, par exemple, il ne paye pas ou ne conſigne pas le prix de l'adjudication, comme il le doit, on procéde à une nouvelle vente, qu'on nomme *Folle-Enchere*, parce que cette vente nouvelle ſe fait aux riſques de l'adjudicataire.

Tous les frais que cette revente occaſionne, ſont à la charge de celui qui y donne lieu; & ſi elle ſe fait à un prix inférieur à celui de la première adjudication, il doit payer ce qui s'en manque (c).

En un mot, comme c'eſt par ſon fait que le propriétaire de la choſe adjugée & les créanciers ſont privés du bénéfice de l'adjudication, il doit ſupporter toutes les pertes que le propriétaire & les créanciers ſouffrent par la revente, même leurs dommages & intérêts; & les condamnations qui interviennent à ce ſujet, engendrent la contrainte par corps.

La revente à la Folle-Enchere de ceux qui n'ont pas ſatisfait aux conditions de l'adjudication, ne doit pas ſe faire *de plano*; on ne peut y procéder qu'après avoir conſtitué l'adjudicataire en demeure, & l'avoir fait ainſi ordonner; on ne recommence point pour cette nouvelle adjudication, la procé-

(a) Il a été donné un Acte de Notoriété par les Officiers de la Conſervation de Lyon, le 17 Octobre 1721, par lequel il a été atteſté que les Négocians ſur leſquels on avoit tiré des Lettres de Change payables au payement des Saints 1720, avoient pû ſe libérer le 16 Décembre 1720.

(b) La Cour a jugé, par Arrêt rendu ſur Délibéré, prononcé le Mardi 19 Janvier 1762 de relevée, qu'il pouvoit

être procédé à la vente par Folle-Enchere d'immeubles adjugés chez Notaires, à la réquiſition des Directeurs de créanciers unis.

(c) Au Parlement de Touloſe, la Folle-Enchere n'eſt que de la ſomme dont le dernier Enchériſſeur a couvert l'Enchere du précédent. Ainſi, ſi le dernier Enchériſſeur n'a augmenté le prix que de 100 livres, il en eſt quitte pour cette ſomme. Voyez Fromental, verb. *Décrets.*

dure qui avoit précédé la premiere ; on fait au contraire adjuger fur la même procédure, après une nouvelle affiche, aux mêmes conditions & fur la même Enchere qui a-fervi à la premiere vente : tel eſt l'uſage du Châtelet. Au Palais, on fait procéder aux ventes par Folle-Enchere après une nouvelle affiche, que les Procureurs au Parlement nomment Enchere de quarantaine. V. l'Arrêt du Parlement de Rennes, du 22 Août 1667, rapporté par Sauvageau, dans fon Recueil, ch. 157.

Lorſqu'une adjudication fur Folle-Enchere eſt faite moyennant une ſomme plus conſidérable que le prix de la premiere, l'augmentation n'appartient point à ceux ſur leſquels la Folle-Enchere a été pourſuivie ; parce que n'ayant point ſatisfait aux conditions ſous leſquelles ils étoient acquéreurs, ils ſont réputés n'avoir pas été propriétaires : ces conditions ſont regardées comme réſolutives. V. le Traité de la vente des immeubles par d'Héricourt.

La Cour l'a ainſi jugé par Arrêt rendu le Samedi 13 Fév. 1762, ſur les Concluſions de M. l'Avocat Général le Pelletier de Saint-Fargeau, conțre Mᵉ Biet, Procureur au Parlement, adjudicataire à la Barre de la Cour, des terres de la Direction de Tourrouvre, moyennant 330500 liv. qui avoient été revendues à ſa Folle-Enchere, moyennant 332500 liv. l'Arrêt a ordonné que les 2000 liv. d'excédent ſeroient diſtribuées entre les créanciers de la Direction.

Eſt-il dû des droits Seigneuriaux, tant à cauſe de la premiere que de la ſeconde vente par Folle-Enchere ? Voyez Lods & Ventes.

FONDATION.
V. Biens d'Egliſe, Gens de main-morte, & Religieux.

On nomme Fondation, les donations ou legs qui ont pour objet l'établiſſement d'une Egliſe, d'un Bénéfice, d'un Collége, d'un Hôpital, d'une Communauté Religieuſe, ou qui ſont faits à des Communautés ou Egliſes déja établies, à la charge de Meſſes ou Prieres annuelles, ou de quelqu'Œuvre pie.

Les Fondations trop facilement acceptées par les Corps, & trop chargées par les Particuliers, ont excédé la meſure des prieres publiques, & l'attention dont un homme de bien eſt capable. L'avarice des deux côtés s'eſt couverte du manteau de la Religion : elle a voulu vendre ſes aumônes, & mettre à prix ſes prieres ; la charité a été ſouvent contrainte de céder la place à ſon ennemie, qui en avoit emprunté les apparences, & qui a inſpiré aux Fondateurs le deſſein de ne rien donner gratuitement, & aux Communautés celui de ne rien refuſer. Voyez la Priere publique de M. Duguet.

Nos Rois, en protégeant les établiſſemens utiles à l'Etat, ont ſouvent renouvellé les défenſes d'en former de nouveaux ; & les inconvéniens de la multiplication des établiſſemens des Gens de main-morte ont donné lieu à un Edit du mois d'Août 1749, enregiſtré le 2 Septembre ſuivant, qui par les quatres premiers articles détermine les Fondations qui pourront être faites à l'avenir, & défend d'en faire d'autres. Cet Edit eſt à la ſuite du Recueil Canonique de la Combe.

L'ART. I eſt conçu en ces termes : » Renouvellant...... les défenſes portées par » les Ordonnances des Rois nos Prédéceſ-» ſeurs, voulons qu'il ne puiſſe être fait au-» cun nouvel Etabliſſement de Chapitres, » Colléges, Séminaires, Maiſons ou Com-» munautés Religieuſes, même ſous prétexte » d'hoſpices, Congrégations, Confréries, » Hôpitaux, ou autres Corps & Commu-» nautés, ſoit Eccléſiaſtiques Séculieres ou » Régulieres, ſoit Laïques, de quelque » qualité qu'elles ſoient, ni pareillement » aucune nouvelle érection de Chapelles, » ou autres titres de Bénéfice, dans toute l'é-» tendue de notre Royaume,........... ſi » ce n'eſt en vertu de notre permiſſion ex-» preſſe portée par nos Lettres-Patentes, » enregiſtrées en nos Parlemens ou Con-» ſeils Supérieurs, chacun dans ſon reſſort.

II. » Défendons de faire à l'avenir au-» cune diſpoſition par acte de derniere vo-» lonté, pour fonder un nouvel Etabliſſe-» ment de la qualité de ceux qui ſont men-» tionnés dans l'article précédent, ou au » profit de perſonnes qui ſeroient chargées » de former ledit Etabliſſement ; le tout à » peine de nullité,........... quand » même la diſpoſition ſeroit faite à la

» charge d'obtenir nos Lettres-Patentes.

III. » N'entendons comprendre dans les
» deux articles précédens, les Fondations
» particulieres qui ne tendroient à l'Eta-
» bliſſement d'aucun nouveau Corps, Col-
» lége ou Communauté, ou à l'érection
» d'un nouveau titre de Bénéfice; & qui
» n'auroient pour objet que la célébration
» de Meſſes ou Obits, la ſubſiſtance d'Etu-
» dians ou de pauvres Eccléſiaſtiques ou
» Séculiers, de Mariages de pauvres filles,
» Ecoles de Charité, ſoulagement de Pri-
» ſonniers ou Incendiés, ou autres œuvres
» pieuſes de même nature, & également
» utiles au public, à l'égard deſquelles Fon-
» dations il ne ſera point néceſſaire d'obte-
» nir nos Lettres-Patentes; & il ſuffira de
» faire homologuer les actes ou diſpoſi-
» tions qui les contiendront, en nos Parle-
» mens & Conſeils Supérieurs, chacun dans
» ſon reſſort, ſur les Concluſions ou Réqui-
» ſitions de nos Procureurs Généraux. Vou-
» lons qu'il ſoit en même-temps pourvu
» par noſdits Parlemens ou Conſeils Supé-
» rieurs à l'adminiſtration des biens deſti-
» nés à l'exécution deſdites Fondations, &
» aux comptes qui en ſeront rendus.

IV. » Ceux qui voudront faire, par des
» actes entre-vifs, un nouvel Etabliſſement
» de la qualité mentionnée dans l'article
» premier, ſeront tenus, avant toute dona-
» tion ou convention, de nous faire préſen-
» ter le projet de l'acte par lequel ils auront
» intention de faire ledit Etabliſſement, pour
» en obtenir la permiſſion par nos Lettres-
» Patentes; leſquelles ne pourront être ex-
» pédiées (s'il nous plaît de les accorder)
» qu'avec la clauſe expreſſe, que dans l'acte
» qui ſera paſſé pour conſommer ledit Eta-
» bliſſement, il ne pourra être fait aucune
» addition ni changement audit projet, qui
» ſera attaché ſous le contre-ſcel de noſdites
» Lettres-Patentes; & après l'enregiſtre-
» ment, ... ledit acte ſera paſſé dans
» les formes requiſes pour la validité des
» contrats ou des donations entre-vifs (a) «.

Avant cet Edit, la Cour, par Arrêt rendu à l'Audience de la Grand'Chambre le 6
Février 1733, avoit confirmé le legs fait
par la Comteſſe de Bethune, d'une maiſon
ſituée ſur le Boulevard, par ſon teſtament

du 3 Août 1725, au profit des Filles Pénitentes, établies rue de Vendôme au Marais,
qui n'avoient obtenu des Lettres-Patentes
qu'au mois de Juillet 1727, trois mois environ avant le décès de la teſtatrice, lors
duquel ces Lettres n'étoient pas même encore regiſtrées: (elles ne l'ont été que le 4
Mai 1731.)

Il y a une Déclaration du 25 Novembre
1743, contenant vingt-trois articles, qui
défend auſſi les Etabliſſemens & Fondations
dans les Colonies Françoiſes: ſon étendue
ne me permet pas d'en rapporter les diſpoſitions.

Le Concile de Trente & la Juriſprudence des Arrêts permettent à l'Evêque de
réduire les Fondations, lorſqu'elles ſont
trop multipliées & onéreuſes à l'Egliſe, ou
lorſque les revenus ſont trop modiques pour
ſatisfaire aux clauſes de la Fondation; &
ces ſortes de réductions ſont du reſſort de
la Juriſdiction gratieuſe de l'Evêque, quand
il n'y a point d'oppoſitions; parce que l'E-
dit du mois d'Avril 1695, leur donne le
droit de veiller à l'exécution des Fondations, & de fixer l'honoraire des Prêtres:
mais s'il y a des oppoſans, il faut faire juger la réduction avec eux à l'Officialité.
Cependant voyez l'article 25 des Libertés
de l'Egliſe Gallicane.

Le Bailliage de Rouen, ſans avoir égard
à ce qui avoit été fait en l'Officialité de la
même Ville, ſur la réduction des Fondations
faites en la Paroiſſe de Saint Vivien, avoit,
par une Sentence du 20 Décembre 1726,
fixé les réductions & l'honoraire des Prêtres; mais ſur l'appel qui en fut interjetté,
le Parlement de Rouen rendit deux Arrêts, les 8 & 26 Août 1727, par leſquels
la Sentence fut caſſée & annullée comme
incompétente, avec défenſe au Juge du
Bailliage de Rouen d'en rendre à l'avenir
de ſemblables.

Les Evêques ne peuvent cependant pas
changer la diſpoſition des Fondations qui
dépendent de Laïcs, & qui ne ſont pas titres de Bénéfices, ainſi que M. l'Avocat
Général le Nain l'a établi, en portant la
parole, lors de l'Arrêt du 10 Juillet 1702,
par lequel la Cour a déclaré abuſive l'Ordonnance de l'Archevêque de Sens, portant

_____

(a) Les autres diſpoſitions du préſent Edit ſont à l'article *Gens de Main-morte.*

qu'il feroit informé de la commodité ou incommodité de l'union projettée par ce Prélat de la Fondation d'un Chapelain dans l'Eglife de Melun, pour y dire deux Meffes, apprendre à lire & à écrire aux enfans, au Collége qu'il vouloit ériger à Melun. On trouve cet Arrêt au Journal des Audiences.

En Pays de Droit-Ecrit, les redevances annuelles, deftinées à acquitter des Fondations, font imprefcriptibles (a); & il n'y a que les arrérages, échus vingt-neuf années avant la demande, qui foient fujets à la prefcription. Cela eft décidé par le texte de plufieurs Loix : plufieurs Auteurs penfent de même ; quelques-uns rapportent même des Arrêts & des autorités pour appuyer leurs fentimens. On peut fur cela voir les Queftions notables de Dolive, les Définitions du Droit Canonique, Defpeiffes, M. de Catelan, Brillon, d'Hericourt, & les autres autorités indiquées dans le Recueil Canonique de la Combe, art. *Prefcription*, n°. 7.

Cette maxime a d'ailleurs été affermie par un Arrêt rendu au rapport de M. Maynaud, le 2 Septembre 1730, entre l'Abbé & le Chapitre de Billom en Auvergne, par lequel la Cour a confirmé une Sentence de la Sénéchauffée de Clermont, qui, entr'autres difpofitions, condamnoit le Chapitre à payer à l'Abbé différentes redevances pour Fondations faites en 1312, contre lefquelles le Chapitre oppofoit la prefcription, au moyen de ce qu'il ne payoit qu'une petite portion de ces redevances depuis 1658.

Lorfque les Fondations ne font pas réduites ou changées par l'Evêque Diocéfain, le Miniftere public & les defcendans & parens des Fondateurs, peuvent contraindre les Fabriques, les Communautés & les Bénéficiers, de célébrer le Service, & faire tout ce qui eft prefcrit par le Fondateur, nonobftant le laps de temps, pendant lequel on en a ufé autrement, parce que la prefcription n'a pas lieu dans ces fortes d'actions; c'eft ce qui a été jugé par Arrêt rendu le 15 Juillet 1606, rapporté dans la fuite

du Droit de Patronage de Corbin, & par un autre rendu le 24 Mars 1637, recueilli par Bardet.

Voyez auffi Dumoulin, *dans fa Confultation fur la réception du Concile de Trente*, nomb. 83.

Les Fondations doivent être libres & volontaires de la part de ceux qui les font ; & quoiqu'elles foient regardées comme œuvres pieufes, néantmoins, s'il y a preuve qu'elles ayent été fuggérées aux Fondateurs, elles doivent être déclarées nulles. Il y a un Arrêt rendu le 15 Décembre 1730, qui l'a ainfi jugé en faveur de M. Pefelle, Confeiller au Grand-Confeil, héritier du fieur Daffier, auquel fon Confeffeur avoit fuggéré de fonder une Meffe, chaque jour de Fête & Dimanche de l'année, à la Tombe Ifoire, Paroiffe de Saint Hippolyte, & pour laquelle Fondation le Sr Daffier avoit affigné 400 liv. de rente au Prêtre qui la defferviroit. La fuggeftion paroiffoit par l'acte de Fondation même; la conduite du Confeffeur du Sr Daffier, nommé le Gaigneux, étoit d'ailleurs fufpecte ; & d'un autre côté, la rétribution étoit exorbitante pour une Fondation affez inutile.

Les Fondations faites, même par teftament, dans des Eglifes de Communautés Religieufes ou Séculieres, font nulles, lorfque ces Communautés n'ont point de Lettres-Patentes, fuivant l'Edit de 1666, que je rapporte au mot *Communautés*. Cela a été ainfi jugé en faveur des héritiers de Me Charles le Begue, contre le Séminaire du Saint-Efprit, établi à Paris, rue des Poftes, (vulgairement connu fous le nom de Séminaire des Bouics) par Arrêt rendu en la Grand'Chambre, au rapport de M. l'Abbé Pucelle, le 29 Janvier 1731.

Dans l'efpéce de cet Arrêt, il s'agiffoit d'un fonds de 44000 liv. légué aux Prêtres furnommés Bouics, à la charge de faire dire un annuel de Meffes à perpétuité pour le teftateur; & d'office, la Cour par le même Arrêt a ordonné que les héritiers feroient tenus d'abandonner à l'Eglife de S. Médard, & non aux Bouics, un fonds de 16000

(a) Cette imprefcriptibilité des Donations doit-elle être étendue aux Pays Coutumiers ? Je penfe que non ; parce que, bien loin que nos Coutumes l'autorifent, elles décident au contraire, que le fonds de toute efpéce de rente eft fujet à prefcription, & que l'Eglife ne peut inquiéter le poffeffeur d'un fonds après quarante ans de poffeffion franche, & fans pourfuites. Mais voyez ce que je dis à l'article Alte.

liv. fur l'Hôtel-de-Ville, produifant 400 liv. de rente, pour être employé à faire célébrer un annuel de Meffes à perpétuité, pour le repos de l'ame dudit fieur le Begue, les autres biens de la fucceffion demeurans libres au profit des héritiers.

Je parle encore d'un autre Arrêt qui décharge auffi des héritiers de la garantie d'une Fondation. V. *Garant.*

Voyez enfin un autre Arrêt pareil, au mot *Fabrique.*

Un autre Arrêt rendu au rapport de M. de la Mouche de Beauregard, en la cinquiéme Chambre des Enquêtes, le 12 Août 1738, entre le Curé & le Seigneur de Mondetour en Vexin, Diocèfe de Rouen, a jugé que les Fondations pieufes font de droit public; qu'elles ne peuvent être, ni changées, ni modifiées par des conventions; & qu'un Curé qui, par une tranfaction paffée avec fon Seigneur fur l'exécution d'une Fondation, confent que des Meffes foient dites au Château, fans que le Fondateur l'eût ordonné, peut fe faire reftituer, tant contre la tranfaction, que contre les demandes formées pour en faire ordonner l'exécution.

FONDS-PERDU.

On nomme ainfi les fommes principales, aliénées moyennant des rentes viageres; c'eft-à-dire, qui s'éteignent par la mort des perfonnes au profit defquelles elles font conftituées. V. *Rentes Conftituées*, & l'Acte de Notoriété du Châtelet, du 21 Juillet 1719.

FONTAINES.
V. *Rivieres.*

FORAINS.
Voy. *Châtelet*, *Contrainte par corps*, & *Ville d'Arrêt.*

Il y a au Châtelet un Tribunal nommé Forain; il fe tient avant la Chambre Civile, dans le même lieu, fans intervalle entre ces Audiences, & par le même Juge.

La Chambre Foraine connoît de toutes les affaires relatives au commerce des habitans de Paris, du payement des lettres & billets de change, des billets payables au porteur, & généralement de toutes les affaires de négoce dans lefquelles un ou plufieurs habitans de Paris font intéreffés.

Cette Chambre tire fon origine d'une Charte accordée aux Bourgeois de Paris en 1134, par laquelle ils furent autorifés à arrêter les effets de leurs débiteurs Forains trouvés à Paris; elle eft rapportée par de Laûriere fur l'art. 173 de la Coutume de Paris, Edition de 1699; & on voit qu'elle n'eft pas feulement émanée de Louis-le-Gros, mais que l'autorité de Louis-le-Jeune fon fils, y a concouru, parce qu'en 1134 Louis-le Jeune étoit facré, & avoit été affocié à l'Empire François.

Les Bourgeois de Paris n'ont rien négligé pour l'exercice d'un privilége fi précieux. Dans les premiers temps ils arrêtoient, de leur propre autorité, les effets du Marchand Forain dont ils prétendoient être créanciers. Mais la maxime, qu'il n'eft permis à perfonne de fe faire juftice foi-même, ayant acquis le refpect qui lui eft dû, il ne s'eft plus rien fait contre les débiteurs Forains, qui ne fût dans l'ordre judiciaire.

Ce privilége des Bourgeois de Paris a été confacré par l'art. 192 de l'ancienne Coutume, & il fait la matiere des articles 173 & 174 de la nouvelle.

L'art. 173 porte, *par privilége ufité, quiconque eft Bourgeois demeurant & habitant à Paris, & par an & par jour y a demeuré, il peut procéder par voie d'Arrêt, fur les biens de fes débiteurs Forains trouvés en icelle Ville, pofé qu'il n'y eût obligation ni cédule, & non fur débiteurs autres que Forains.*

L'art. 174 porte, *de tel Arrêt fait en la Ville & Fauxbourgs, connoît le Prévôt de Paris, & non autres.*

Les Prévôt des Marchands & Echevins de Paris formerent oppofition à la rédaction de ces deux articles en 1580, fur le Procès-verbal qui fut dreffé lors de la réformation de la Coutume; ils fe fondoient fur la Juftice qu'ils ont fur la riviere. Différens Seigneurs ayant Juftice dans Paris, s'y oppoferent auffi; mais les deux articles ont paffé malgré leur oppofition, parce que la conceffion des Juftices particulieres ne peut pas préjudicier à celle du Roi; & que s'agiffant d'ailleurs *d'un privilége octroyé par le Roi, la connoiffance en appartient à fes Officiers.* V. le Procès-verbal de la Coutume.

Le

Le Bailli du Palais a auſſi voulu conteſter la compétence accordée à la Chambre
Foraine par la Coutume de Paris; mais l'article 3 de l'Edit du mois de Décemb. 1712,
a conſervé le droit du Prévôt de Paris, & a
exclu le Bailli du Palais de la connoiſſance
des affaires Foraines, » quand même le Fo-
» rain & ſes effets ſeroient arrêtés dans le-
» dit Bailliage «.

L'art. 13 de l'Edit du mois de Janvier
1685 qui régle la forme de l'adminiſtration
de la Juſtice au Châtelet, & la compétence
des diverſes Chambres dont la Juriſdiction
eſt compoſée, porte que *les cauſes pour vente
de marchandiſes, faite par les Marchands
Forains,* ſeront vuidées par M. le Lieutenant
Civil; & celui du mois de Janvier 1716,
qui a rétabli les Offices de Greffier au Châtelet, porte » que, pour accélérer les expé-
» ditions des cauſes des Marchands Forains,
» elles ſeront portées & jugées ſommaire-
» ment à l'Audience de la Chambre Civile
» du Châtelet ſur une ſimple aſſignation,
» même lorſqu'il s'agira de billets & pro-
» meſſes . . . . . . « (a).

La Juriſdiction Conſulaire voit avec chagrin, que d'après cette attribution, la Chambre Civile connoît du payement de lettres
de change, billets de commerce & affaires
de négoce aux Forains. Les Conſuls voulurent faire limiter & reſtraindre cette compétence lors du grand Procès qu'ils firent à
la Juriſdiction du Châtelet, & qui a été jugé par l'Arrêt rendu pour ſervir de Réglement entre ces deux Tribunaux, au rapport
de M. Bochart de Saron, le 17 Septembre
1755: (le Parlement étant alors prorogé)
mais les autorités que je viens d'indiquer,
ont fait proſcrire la prétention des Conſuls,
& l'Arrêt a mis hors de Cour ſur cette demande.

La compétence & l'autorité de la Chambre Foraine ſe trouvent donc actuellement
jugées ſolemnellement contre les Conſuls,
qui, quoique déja créés, avoient gardé le
ſilence lors de la rédaction de la Coutume;
auſſi les affaires de commerce y ſont-elles
portées en grand nombre depuis que les fon-

dés de procuration & autres gens dont la
Juriſdiction Conſulaire eſt environnée, ont
trouvé moyen de faire perdre à la procédure Conſulaire, ſa ſimplicité primitive, &
rendre les Sentences qu'on y obtient, beaucoup plus coûteuſes & d'une expédition
moins breve que celles de la Chambre Foraine. Voy. les Actes de Notoriété du Châtelet.

On penſoit autrefois que les ſeuls Bourgeois de Paris pouvoient traduire leurs débiteurs Forains en la Chambre Foraine;
mais il n'a pas paru juſte que le Forain obligé de répondre devant le Juge du Bourgeois,
n'eût pas auſſi le droit de citer le Bourgeois
devant le même Juge. On a donc cru devoir
admettre la réciprocité; & en effet, ſuivant
la Juriſprudence actuelle, la Juriſdiction
Foraine eſt devenue commune au Forain &
au Bourgeois: un Arrêt rendu le 12 Juin
1762, au rapport de M. le Mée, en la Grand-
Chambre, avoit cependant déclaré nulle
une procédure faite en la Chambre Foraine
contre un Bourgeois de Paris à la Requête
d'un Forain; mais la Cour, inſtruit du
droit & de la compétence de la Chambre
Foraine, a réformé ſon Arrêt, & a mis hors
de Cour ſur la demande, par le mérite du
fond.

FORCLUSION.
V. *Contumace.*

On nomme Forcluſion un Jugement rendu ſur la production d'une ſeule partie dans
une affaire apppintée en droit ou à mettre,
& par lequel l'autre partie eſt exclue de
produire, pour ne l'avoir pas fait dans un
temps utile, avant le Jugement.

La Forcluſion eſt donc une eſpéce de Jugement par défaut; mais il differe des autres défauts, en ce qu'il n'eſt pas, comme
ceux-ci, ſuſceptible d'oppoſition dans la
huitaine. On ne peut l'attaquer que par les
voies de droit, c'eſt-à-dire, par la voie de
l'appel, ſi c'eſt une Sentence qui en ſoit
ſuſceptible, & par la voie de Requête civile, ou par la caſſation, ſi c'eſt un Jugement Souverain.

(a) Les Conſuls de Paris ſe ſont pourvus contre l'Edit du mois de Janvier 1716; ils ont demandé l'exécution de celui du mois de Janvier 1711; & qu'en conſéquence il plût au Roi les maintenir dans le droit de connoître des Cauſes des Marchands Forains, même lorſqu'il s'agit de billets & promeſſes, nonobſtant l'Edit du mois de Janvier 1716; mais leur Requête a été rejettée par Arrêt rendu en la même année 1716.

Voyez fur cela l'Ordonnance de 1667, tit. 11, art. 17 & 19, & tit. 14, art. 8.

Un Jugement rendu par *Forclufion* au Confeil d'Artois, a donné lieu à une conteftation finguliere. On prétend que l'ufage de ce Siége eft de ne communiquer à chaque partie qui a produit, que fa feule production, & non celle de fon adverfaire ; & cela, parce que toutes les piéces & les écritures s'y fignifient dans une forme très-correcte.

D'après cet ufage, un Procureur qui avoit pris fa production en communication, l'avoit remis à fa Partie, qui lui en avoit donné décharge ; & on avoit fait contre lui des procédures & des contraintes ftériles, pour l'obliger à remettre fa production au Greffe ; en cet état, comme il ne reftoit au Greffe que la production d'une feule Partie, les Juges d'Arras crurent devoir rendre leur Sentence par Forclufion.

Sur l'appel eft intervenu Arrêt le Lundi 10 Décembre 1731, conformément aux Conclufions de M. l'Avocat Général Gilbert, par lequel il a été enjoint aux Officiers du Confeil d'Artois de fe conformer à l'Ordonnance de 1667 ; en conféquence leur a fait défenfes de juger par Forclufion, lorfque les Parties ont refpectivement produit, & de recevoir oppofans à ces fortes de Sentences.

FORAGE.
V. *Afforage.*

FORCE de Chofe-jugée.
V. *Chofe-jugée.*

FORFAIRE-FORFAITURE.

Au Barreau, le mot Forfaire fignifie perdre quelque chofe par crime : on dit Forfaire fon Fief, quand le Fief tombe en commife. C'eft de-là que vient le mot Forfait, fynonime à crime.

Forfaiture fignifie faute confidérable, malverfation, &c. C'eft le fubftantif du Verbe Forfaire. V. *le Manuel Lexique.*

Le Forfait du mari ne préjudicie point aux droits de la femme, ni celui de la femme aux droits du mari. Voyez Buridan, fur les art. 12 & 13 de la Coutume de Laon.

On appelle auffi Forfaiture, les délits qui fe commettent dans les Forêts.

FORLIGNAGE.

Ce mot fignifie quelquefois mariage entre perfonnes d'une condition inégale.

Buridan, fur l'art. 339 de la Coutume de Rheims, dit » qu'anciennement en France, » & fpécialement au Bailliage & Reffort de » Vermandois, les Bâtards, Epaves, Aubains & Manumis, ou Affranchis, ne fe » pouvoient marier, finon avec une perfon- » ne de leur condition, fans le congé du » Roi ou de fes Officiers ; s'ils y contre- » venoient, ils encouroient une amende de » 60 liv. (fomme très-confidérable dans » l'Antiquité) payable au Roi, parce qu'ils » avoient forligné «. Cette amende étoit furnommée de Forlignage, &c.

FORMARIAGE.

Le Formariage a quelque chofe d'analogue avec le Forlignage. En effet, lorfqu'un Bâtard, un Aubain, &c. fe marioit fans congé, ainfi que je viens de le dire à l'article Forlignage, il encouroit une amende ; mais s'il fe marioit après en avoir obtenu la permiffion, il étoit tenu de payer un droit de Formariage, qui étoit plus ou moins confidérable, felon l'ufage des différens lieux. Voyez Buridan, fur l'art. 339 de la Coutume de Rheims ; le même Auteur, fur l'art. 7 de la Coutume de Vermandois, & l'art. 16 de la Coutume de Châlons.

Godet, fur ce dernier article, dit que les perfonnes de condition ferve ne pouvoient pas non plus fe marier en autre Juftice, fans encourir l'amende de Formariage, qui étoit de 60 fols un denier.

FORGAGE.

Ferriere dit que le Forgage eft le droit qu'un débiteur a, en Normandie, de retirer de l'adjudicataire le Gage qu'il avoit donné à fon créancier, & que celui-ci a fait vendre par autorité de Juftice.

Ce retrait doit être exercé dans la huitaine du jour de la vente ; & la faculté de l'exercer, eft ceffible.

FORME.
V. *Nullité.*

Au Barreau, ce mot s'entend des régles établies par les Ordonnances pour la régularité & la validité des actes.

Il arrive souvent que, par des raisons ti-rées du défaut d'observation des Formes prescrites pour la régularité de certains ac-tes ou de quelque procédure, les Juges se déterminent à rejetter la demande qui au contraire auroit été adoptée sans les vices de Forme qui se sont rencontrés; & en ce sens ont dit proverbialement, que *la Forme em-porte le Fond*.

Quand il s'agit d'un acte qui n'est auto-risé & admis qu'avec des Formes qui consti-tuent sa substance même, alors ce qui a été omis dans sa Forme, ne peut point se sup-pléer. Ainsi, par exemple, si un testament ou une donation n'a pas été revêtu des For-mes prescrites pour sa validité; si un re-trayant ne s'est pas conformé aux disposi-tions prescrites par les Coutumes pour l'exercice des retraits, on ne peut, dans au-cun de ces cas, substituer une autre Forme, sous prétexte d'équivalence: ce seroit s'éri-ger en législateur.

Mais lorsque la Forme n'est pas essen-tielle, qu'elle ne constitue pas la substance des actes, & qu'elle est seulement un moyen pour parvenir au but que la Loi s'est propo-sée, alors la Forme indiquée par la Loi, peut se suppléer par une autre équivalente, qui fait que l'on parvient au même but. V. *Nullité*.

FORME appellée *Dignum* ou Commis-soire, & Forme *Gracieuse*.

Voyez *Examen*, *Institution Canonique*, & *Visa*.

Le Pape pourvoit, en diverses manieres, aux Bénéfices, pour lesquels les Provisions qu'il accorde, sont reçûes en France; sça-voir, en Forme Gracieuse, & en Forme Commissoire.

Les provisions en Forme Gracieuse sont celles par lesquelles le Pape, instruit des qualités de l'impétrant, par les attestations qui lui sont envoyées de France, lui con-fere, *propriâ autoritate*, le Bénéfice deman-dé; ensorte que l'impétrant peut se mettre en possession *de plano*, sans être assujetti à aucun examen par l'Ordinaire.

Les provisions en Forme Commissoire sont celles par lesquelles le Pape (il faut dire la même chose des provisions de la Lé-gation) commet les Ordinaires, c'est-à-di-re, les Evêques pour conférer les Bénéfi-ces *autoritate Apostolicâ*, après qu'ils au-ront examiné, & trouvé les impétrans ca-pables.

Ces dernieres provisions se nomment *in Formâ dignum*, parce que, lorsque la gra-ce est accordée en Forme Commissoire, les Bulles qui, selon le vœu de la Chancellerie Romaine, doivent s'expédier sur toutes sor-tes de provisions, commencent par ces mots, *Dignum arbitramur;* mais comme nous ne prenons point de Bulles en France pour les Bénéfices d'une certaine nature, pour les-quels il suffit de ce que nous appellons si-gnature, il suffit en ce cas que la signature porte, *& committatur Episcopo in Formâ dignum*, ou *in Formâ si post diligentem*, qui est la même chose, & qui étant étendue, porte, *si post diligentem examinationem di-lectum N. ad obtinendum Beneficium idoneum esse repereris, super quo tuam conscientiam oneramus, eidem N. autoritate Apostolicâ conferas & provideas*.

Il y a deux Formes appellées *Dignum;* sçavoir l'ancienne & la nouvelle.

Ces deux Formes ont des effets différens en Italie, où les Ordinaires prennent plus ou moins de connoissance de l'état du Béné-fice & des Impétrans, suivant la Forme d'a-dresse; mais en France, où leur examen est borné à l'information des vie, mœurs & doctrine de l'Impétrant, il est indifférent que l'on se serve de la Forme *antiquâ*, ou de la Forme *novissimâ*.

Ainsi la différence qu'il y a entre ceux qui sont pourvus *de Bénéfices in Formâ di-gnum*, ou en forme Gracieuse, c'est que les premiers ne peuvent en prendre possession, qu'après s'être » présentés en personne aux » Archevêques ou Evêques, dans le Dio-» cèse desquels les Bénéfices sont situés, & » en leur absence, à leurs Vicaires Géné-» raux, pour être examinés «........ & en avoir obtenu Lettres de *Visa* (a); au lieu

<hr/>

(a) Tous les Bénéfices impétrés *in formâ Di-num*, sont sujets au *Visa* de l'Evêque, soit que les Bénéfices soient à charge d'ames ou non, soit qu'ils soient à la collation de l'Evêque ou de tout autre; soit qu'ils soient donnés à des gens dont la capacité est déja présumée, comme à des Gra-dués, soit enfin que les Pourvus soient exempts de la Ju-risdiction de l'Ordinaire. V. l'art. 75 de l'Ordonnance de Blois, & l'art. 11 de l'Ordonnance de 1629.

que les pourvus en Forme Gracieuse n'ont rien autre chose à faire, qu'à prendre possession *de Plano*. Voyez les art. 2 & 3 de l'Edit du mois d'Avril 1695, & la Déclaration du 9 Juillet 1646, dans les Mémoires du Clergé.

Cette dispense accordée par les provisions expédiées en Forme Gracieuse, de se présenter aux Archevêques ou Evêques, n'a cependant pas lieu, quand il s'agit de Bénéfices à charge d'ames; parce que tous pourvus de ces sortes de Bénéfices doivent demander l'Institution Canonique, (Voyez *Institution Canonique*), que le Pape ne peut point donner dans un Diocèse étranger. Voyez l'article 3 de l'Edit du mois d'Avril 1695, & ce que je dis à l'article *Visa*.

FORMULE.

Ce mot signifie quelquefois modéle ou projet d'acte. Quelquefois aussi il signifie le timbre du papier & du parchemin, dont on se sert pour les Actes & Procédures.

FOSSÉS, FOSSES.

Voyez *Aisance*, *Arbres* & *Hayes*.

Les Fossés, Remparts & Contrescarpes de la Ville de Paris, appartiennent au Roi.

Les maisons bâties dans les endroits où étoient les anciens Fossés de la Ville de Paris, sont censés être dans la Censive du Roi; & les Propriétaires de ces maisons doivent le droit de Confirmation, à cause du Joyeux Avénement.

L'art. 217 de la Coutume de Paris décide que *nul ne peut faire Fossé à eau ou Cloaque, s'il n'y a six pieds de distance en tous sens des murs appartenans aux voisins, ou qui sont mitoyens.*

Les Fossés qui séparent les héritages, sont de droit présumés mitoyens, s'il n'y a titre au contraire, ou si le jet de la terre provenante du Fossé n'est entièrement d'un seul côté; auquel cas on présume que le Fossé appartient au Propriétaire de l'héritage sur lequel elle a été jettée. Voyez la Pratique des Terriers, tome 1, page 231.

FOUAGE.

C'est le nom qu'on donne en quelques Provinces aux redevances Seigneuriales qui se payent aux Seigneurs, non à cause des héritages, mais à cause de la demeure dans la Seigneurie, & par chaque ménage ou famille. Il y a quelques Coutumes où il est nommé droit de Fournage.

Ce droit, qui est fort commun en Champagne, a été imposé en plusieurs endroits aux vassaux serfs, lors de leur affranchissement, ainsi qu'on peut le voir dans Ducange, au mot *Manumissio*. Il n'est pas uniforme; & comme c'est un droit extraordinaire, les Seigneurs ne peuvent l'exiger que conformément à leurs titres : s'ils n'en ont pas, ils ne peuvent pas l'exiger.

Les Seigneurs ne sont cependant pas indispensablement obligés de représenter les titres constitutifs de ces droits. On juge que la reconnoissance ancienne des vassaux, jointe à la preuve d'une possession constante, suffisent. La Cour l'a ainsi décidé en faveur du sieur Hocart, Seigneur de Remeville, Bailli d'épée de Châlons, contre Jacques Gallois, Laboureur audit Remeville, par Arrêt rendu, au rapport de M. de Blair, en la Grand'Chambre, le Vendredi 27 Juillet 1759. Voyez *Droits Seigneuriaux*.

En Bretagne, dit un Auteur anonyme, le Fouage tient lieu de la taille; & de la même maniere que les rôles des tailles des autres Provinces sont composés de parties différentes, de même aussi les rôles des Fouages comprennent plusieurs natures d'impositions; sçavoir, les Fouages ordinaires qui appartiennent au Roi, les Fouages extraordinaires qui se perçoivent au profit de la Province, & une derniere imposition qui se leve au profit de Sa Majesté pour l'entretien des Garnisons.

Chaque Paroisse fait trois rôles pour l'imposition des Fouages, parce qu'ils se payent en trois termes, qui sont Janvier & Septembre pour les impositions ordinaires & extraordinaires, & Mars pour la taille de la Garnison.

Les Ecclésiastiques Bretons, qui font valoir par leurs mains les biens dépendans de leurs Bénéfices, ne payent point de Fouage. Un Arrêt du Conseil, du 12 Août 1710, les en a affranchis; mais les Fermiers des biens Ecclésiastiques en sont-ils exempts? Voyez l'article 5 des Cahiers présentés au Roi en 1730 par le Clergé, & la

Réponſe du Roi , du 19 Septembre de la même année.

En Normandie , le Fouage eſt un droit Régalien, qui ſe leve par les Collecteurs des Tailles, à raiſon d'un ſol par feu de trois en trois ans. Voyez ſur cela un Arrêt du Conſeil du 15 Avril 1687. Il eſt dans le Recueil du Domaine, imprimé en 1690 , page 767.

En Bretagne, le Fouage eſt une eſpéce de taille réelle, qui ſe leve ſur tous les biens roturiers de la Province, & par feu ſur chaque Paroiſſe. Il y a dans cette Province des feux, qu'on nomme d'ancienne, & d'autres qu'on appélle de nouvelle proviſion. L'affranchiſſement de ces divers Fouages a été accordé par des Edits des années 1577 , 1638 & 1640, moyennant une finance que pluſieurs Paroiſſes & Propriétaires de terres & héritages ont payée ; & cet affranchiſſement a été confirmé, moyennant une nouvelle finance, par un Edit du mois de Janvier 1693. V. ſur cette matiere un Arrêt du Conſeil du 2 Juin de la même année 1693.

F O U E T.

Le Fouet eſt une peine infamante, à laquelle on condamne ordinairement les filoux.

Les ſeuls Juges Royaux & Hauts-Juſticiers peuvent condamner à la peine du Fouet ; les Officiaux ni les Moyens-Juſticiers ne peuvent pas prononcer de ſemblables peines. V. Fevret.

Un Conſeiller-Clerc peut, ſans encourir l'irrégularité, aſſiſter au Jugement qui condamne au Fouet. V. Bardet.

Il y a des Canons qui permettent aux Abbés de faire fouetter leurs Moines par voie de correction ; mais cette punition monaſtique n'a rien de reſſemblant, pour les effets, à la peine du Fouet prononcée par les Tribunaux ordinaires ; parce que celle-ci eſt une eſpéce de ſupplice qui s'exécute publiquement par le miniſtere de l'Exécuteur de la Haute-Juſtice ; au lieu que, quand un Moine eſt condamné au Fouet par ſon Supérieur, cela s'exécute inter privatos Parietes.

Au reſte, les Canons qui permettent aux Abbés de faire fouetter les Moines, défendent d'y condamner les Prêtres, les Diacres, & ceux qui ſont dans les dignités Eccléſiaſtiques.

FOUR BANNAL.
V. Bannalité.

FOURCHAGE.

Il y a des Coutumes que l'on nomme Coutumes de Fourchage ; parce que, pour ſuccéder aux propres, ou en exercer le retrait dans leur reſſort, il n'eſt pas néceſſaire d'être deſcendu du défunt, ou de l'acquéreur qui a mis l'héritage dans la famille, & où il ſuffit d'être deſcendu d'un auteur commun. C'eſt la même choſe que ce que l'on nomme Coutume de Tronc commun. Voy. l'explication que j'ai donnée de la régle Paterna Paternis, &c. à l'article Propres réels. Voyez auſſi Tronc commun.

FOURCHES PATIBULAIRES.

Les Fourches Patibulaires ſont des colonnes de pierre qui ſoutiennent des piéces de bois, auxquelles on attache les condamnés à mort.

Il n'y a que les Seigneurs Hauts-Juſticiers qui puiſſent avoir des Fourches Patibulaires ſur leurs terres ; elles ſont même la marque de la Haute-Juſtice.

» Combien (dit Bacquet) que les Hauts-» Juſticiers ayent ordinairement Fourches » Patibulaires à deux, trois ou quatre pi-» liers, tant pour ſigne & marque de leur » Haute-Juſtice, que pour l'exécution d'i-» celle ; toutefois leſdits Hauts-Juſticiers » ne peuvent, ſans le congé du Roi, enthé-» riné par le Juge Royal, faire ériger & » bâtir de nouvelles Fourches Patibulaires » au-dedans des fins & limites de leur Hau-» te-Juſtice.

» Pareillement ne peuvent, de leur au-» torité privée, faire relever, redreſſer & » réédifier les Fourches Patibulaires an-» ciennement bâties par eux ou leurs pré-» déceſſeurs, ſinon dedans l'an & jour qu'el-» les ſont tombées ou ont été abattues, & » après l'an & jour eſt beſoin, ſelon l'u-» ſance de France, obtenir Lettres Royaux » adreſſantes au Juge Royal, &c.

» Il convient entendre que les Fourches » Patibulaires ſe doivent élever & ériger

» felon la Coutume des lieux & qualités
» des Hauts-Jufticiers : car par aucunes Cou-
» tumes, comme de Touraine, Anjou & le
» Maine, les Comtes peuvent ériger Four-
» ches Patibulaires à fix piliers, les Barons
» peuvent avoir Juftice Patibulaire à qua-
» tre piliers, les Seigneurs Châtelains, qui
» n'ont droit de Comté, Vicomté ou Ba-
» ronie, peuvent avoir Juftice Patibulaire
» à deux piliers «.

Voyez Bacquet, *des Droits de Juftice*,
ch. 9 ; & la Pratique des Terriers, tome 2,
des Droits Seigneuriaux.

Les difpofitions des Coutumes qui réglent le nombre des piliers des Fourches
Patibulaires, fuivant la qualité de Comte,
de Baron &c. ne font pas admifes en Provence. Tous les Seigneurs Hauts-Jufticiers
peuvent avoir Fourches Patibulaires fans
conceffion ni Lettres particulieres du Prince.
Il n'eft pas non plus néceffaire en Provence
d'obtenir des Lettres de Chancellerie pour
relever après l'an & jour les Fourches Patibulaires tombées.

On ne doit attacher que les hommes aux
Fourches Patibulaires ; & un Arrêt de la
Tournelle, du 30 Mars 1733, rendu en forme de Réglement, fait défenfes aux Juges
d'ordonner (comme avoient fait ceux de
Montbazon, dont étoit appel) que le corps
mort d'une femme fera attaché aux Fourches Patibulaires.

FOURNAGE.
V. *Fouage.*

FOURNIR & faire valoir.
V. *Garantie.*

FRAIS.

V. *Contumace*, *Dépens*, *Direflions*, *Dommages-Intérêts*, *Gardiens*, *Iterato*, *Loyaux-
Coûts*, *Miniftere public*, *Procureur*, *Privilége.*

On nomme Frais ce qui eft dû pour les
procédures faites dans l'inftruction des Procès : les Frais font donc la même chofe que
ce qu'on nomme auffi dépens ; ils n'en different qu'en ce que l'on ne donne communément le nom de dépens qu'aux Frais dont
la condamnation eft prononcée en faveur
d'une Partie contre une autre. Voyez *Dépens.*

Les Frais des affaires qui s'inftruifent à la
requête du Miniftere public feul, fe payent
par les Receveurs des Domaines du Roi,
fur les exécutoires qui fe délivrent à cet effet dans les Juftices Royales.

Lorfque le Domaine eft engagé, l'Engagifte ou fes Fermiers peuvent être contraints de payer ces exécutoires ; & s'il s'a-
git de procès pourfuivis dans une Haute-
Juftice Seigneuriale, le Seigneur ou fes
Fermiers doivent en acquitter les Frais ;
parce que, comme je le dis à l'article *Dépens*, le Miniftere public n'obtient point de
condamnation de dépens, & n'y eft point
condamné.

Mais lorfqu'il y a Parties civiles, il eft
jufte que ces Parties prenant la pourfuite fur
leur compte, elles foient auffi chargées d'en
payer les Frais, & alors les exécutoires fe
délivrent contr'elles.

Lorfque les Parties civiles font hors d'é-
tat de payer les exécutoires de Frais décernés contr'elles, il eft d'ufage d'en décerner
d'autres, ou fur le Domaine, ou fur l'Engagifte, ou fur le Seigneur Haut-Jufticier ;
mais un Arrêt rendu en forme de Réglement le 23 Août 1745, porte » qu'il ne doit
» être délivré aucun exécutoire ni fur le Do-
» maine, ni fur les Hauts-Jufticiers, pour
» caufe d'infolvabilité des Parties civiles,
» que fur un Procès-verbal de carence fait
» par l'Huiffier qui aura été chargé des pour-
» fuites des premiers exécutoires contre les
» Parties civiles, duquel Procès-verbal la
» vérité doit être atteftée par le premier Of-
» ficier Civil, ou autre plus ancien Officier,
» fuivant l'ordre du Tableau du Siége où
» les pourfuites ont été faites, & du domi-
» cile de la Partie civile, & par le Procureur
» du Roi ou Procureur Fifcal...... « Voy.
l'Arrêt en entier, il eft imprimé.

Un arrêté fait au Parlement le 28 Mars
1692, toutes les Chambres affemblées, porte :

Art. I. » Que les Procureurs ne pourront
» demander le payement de leurs Frais, fa-
» laires & vacations, deux ans après qu'ils
» auront été révoqués, ou que les Parties
» feront décédées, encore qu'ils ayent con-
» tinué d'occuper pour les mêmes Parties
» ou pour leurs héritiers en d'autres affai-
» res.

II. » Que les Procureurs ne pourront, » dans les affaires non jugées, demander » leurs Frais, falaires & vacations pour les » procédures faites au-delà de fix années » précédentes immédiatement, encore qu'ils » ayent toujours continué d'occuper, à » moins qu'ils ne les ayent fait arrêter ou » reconnoître par leurs Parties ; & ce avec » calcul de la fomme à laquelle ils montent, » lorfqu'ils excéderont celle de 2000 liv.

III. » Que les Procureurs feront tenus » d'avoir des Regiftres en bonne forme, d'y » écrire toutes les fommes qu'ils reçoivent » de leurs Parties, ou par leur ordre, de les » repréfenter & affirmer véritables toutes » les fois qu'ils en feront requis, à peine, » contre ceux qui n'auront point de Regif- » tre, ou qui refuferont de les repréfenter » & affirmer véritables, d'être déclarés non- » recevables (a) en leurs demandes & pré- » tentions de leurs Frais, falaires & vaca- » tions «.

Un Procureur, auquel on oppofoit la fin de non-recevoir prononcée par ce Régle- ment, repréfenta une lettre de fon Client conçue en ces termes : » Je vous rembour- » ferai de tout avec honneur ; faites aufli » juger mes autres affaires «, & prétendit que la fin de non-recevoir étoit couverte par cette lettre ; mais il a été jugé qu'elle n'étoit pas fuffifante, parce que les Frais de- mandés excédant 2000 liv. devoient conte- nir un calcul, conformément à l'article 2 du Réglement. L'Arrêt fur délibéré a été pro- noncé au rapport de M. Goeflard le 11 Mars 1732.

L'article 3 du Réglement du 28 Mars 1692, que j'ai rapporté, & qui affujettit les Procureurs à tenir un Regiftre de la recette qu'ils font fur leurs Frais & avances, pour le communiquer quand ils en font requis, a lieu lorfqu'ils veulent s'en faire payer par les Parties adverfes de leurs Cliens, en con- féquence de diftractions obtenues ; parce que fans cela, un Procureur pourroit fe faire payer par la Partie adverfe, de dépens qu'il auroit déja touchés de fon Client.

La Cour des Aides vient de rendre un Arrêt conforme à cette maxime. En voici

l'efpéce. M. Canaye, Confeiller au Parle- ment, avoit été condamné en des dépens en- vers un fieur de Montbrun, par des Arrêts des 31 Janvier 1701, & 27 Avril 1709 ; & la diftraction de ces dépens avoit été pro- noncée, tant en faveur de Me de Crecy, Procureur du fieur de Montbrun, qu'en fa- veur de Me Pelletier, fucceffeur de Me de Crecy, par des Arrêts des 19 Décembre 1725, & 13 Décembre 1730.

En 1757 Me Bernard, fucceffeur de Me Pelletier, pourfuivit l'Abbé Canaye, com- me héritier de fon pere, pour le payement de ces Frais : on demanda communication des Regiftres de Mes de Crecy & Pelletier ; & les Regiftres s'étant trouvés informes, fans ordre & fans aucun reçu infcrit depuis 1726 jufqu'en 1749, M. l'Abbé Canaye foutint Me Bernard non-recevable. Me Ber- nard répondoit que le Réglement du 28 Mars 1692, fait par le Parlement, n'avoit pas lieu à la Cour des Aides. Il ajoutoit qu'un Procureur ne doit tenir de Regiftre que relativement à fes Cliens, envers lef- quels feuls il étoit comptable.

Mais, par Arrêt rendu en la Cour des Aides fur délibéré, prononcé le Samedi 13 Juin 1761, Me Bernard fut déclaré non-receva- ble.

Un Procureur peut-il contraindre un tu- teur à payer perfonnellement les Frais des affaires dans lefquelles le tuteur n'a agi qu'en fa qualité ? V. *Tuteur.*

On a agité la queftion de fçavoir fi le Réglement du 28 Mars 1692, dont j'ai rap- porté les difpofitions plus haut, avoit lieu pour les Jurifdictions de Poitiers. Me Gi- raut, Procureur en ces Jurifdictions, auquel on oppofoit ce Réglement, difoit qu'il n'a- voit jamais été fuivi à Poitiers, & citoit deux Arrêts, l'un du 6 Avril 1728, l'autre de l'année 1747, qui paroiffoient avoir jugé en faveur de l'exception. Il avoit en confé- quence obtenu à Poitiers une Sentence qui condamnoit la veuve Bélard à lui payer des Frais dûs à fon prédéceffeur. Mais, par Ar- rêt rendu le Samedi 8 Avril 1758, la Cour a jugé que le Réglement de 1692 devoit fai- re loi ; en conféquence la Sentence de Poi-

---

(a) Au Parlement de Rennes, on juge qu'un Procu- reur eft recevable à demander fes Frais, Vacations, &c. quoiqu'il n'ait pas écrit fur fon Livre, les fommes dont il a donné des quittances à fon Client. Voyez l'Arrêt du 17 Juillet 1733, rapporté dans le Journal du Parlement de Rennes, tome premier, chap. 41.

tiers a été infirmée, & Mc Giraut déclaré non-recevable en sa demande en payement de Frais & salaires, plaidans Mes Viel & Jouhannin.

Au reste, ce Réglement du 28 Mars 1692, n'est point introductif d'un droit nouveau. Il est conforme à ce que contenoient déja d'anciennes Ordonnances. Voyez celles de Charles VII, de l'an 1453, article 44; de François I, de 1535, chap. 5, article 32; & un Arrêt du 6 Mars 1674, au Journal du Palais.

Le Mercredi 28 Juillet 1759, on a plaidé la question de sçavoir si un sieur de Vilette, homme de Finance, qui avoit payé à M^e le Tellier, son Procureur au Parlement, un mémoire de Frais montant à 26000 & quelques livres, pouvoit, douze à treize ans après le payement, demander à M^e le Tellier la représentation des piéces justificatives de ce mémoire, & qu'il fût procédé à la taxe des Frais ainsi acquittés.

Par Arrêt rendu ledit jour 28 Juillet 1759, en la Grand'Chambre, il a été ordonné, conformément à un Arrêt d'appointement à mettre précédemment rendu dans la même affaire, que M^e le Tellier rendroit celles des procédures qu'il avoit encore, & dont les Frais étoient compris dans le mémoire de 26000 & quelques livres, dont le montant étoit payé, mais qu'il seroit procédé à la taxe des autres Frais non payés à M^e le Tellier, ainsi qu'il y avoit conclu.

Un Procureur peut-il obtenir la condamnation de Frais qui lui sont dûs pour raison de procédures restées au Greffe, faute par les Parties d'avoir levé les Jugemens, ou dont les sacs sont engagés dans des contestations? Cette question s'est présentée au Parlement de Bretagne: la dame de Carcado, à laquelle son Procureur demandoit des Frais, disoit qu'il devoit communiquer les piéces justificatives de son mémoire, que sa qualité de demandeur l'obligeoit de justifier sa demande, &c.

Le Procureur, & après lui ses héritiers, répondoient qu'il n'étoit pas naturel de les forcer de lever des Arrêts & Jugemens coûteux pour des affaires qui ne les regardoient pas; que d'ailleurs un Procureur étant décédé, le Greffier ne pouvoit remettre des sacs à des héritiers dont la décharge n'étoit

pas suffisante, quoiqu'ils eussent action pour le payement des Frais.

Par Sentence des Requêtes du Palais de Rennes, du 25 Juin 1721, confirmée par Arrêt du 17 Août 1726, il fut ordonné que dans quinzaine les héritiers indiqueroient où étoient les sacs, à l'effet de mettre la dame de Carcado en état de les remettre pour faire le mémoire des Frais, sinon qu'il seroit procédé à l'examen & taxe du mémoire fourni suivant la demande.

La dame de Carcado s'est pourvûe contre cet Arrêt par voie de Requête civile; mais elle en a été déboutée par Arrêt du 13 Avril 1734.

Sur les Frais de garde, voyez *Gardiens*.

On pense à Paris qu'un Procureur qui a occupé pour diverses Parties, & les a défendues par les mêmes écritures, n'a cependant qu'une action personnelle contre chacune pour sa portion, comme quand il s'agit de dépens adjugés à une Partie. Voy. *Dépens*. Mais on juge au contraire au Parlement de Bretagne, que le Procureur a en ce cas une action solidaire contre toutes ses Parties: cette Jurisprudence est fondée sur ce que le Procureur ne fait en ce cas pour toutes ses Parties, que ce qu'il feroit pour un seul. Voyez l'Arrêt du 19 Janvier 1736, rapporté au Journal du Parlement de Bretagne, tom. 2, ch. 4.

FRAIS FUNÉRAIRES.

Voyez *Jurés-Crieurs*, *Honoraires des Ecclésiastiques* & *Neumes*.

Les Loix décident que l'on est réputé contracter avec le défunt pour les dépenses qu'on fait à ses funérailles, & elles ajoutent que le conjoint prédécédé doit être inhumé aux dépens de sa succession, & non aux Frais du survivant.

Il n'y a qu'un seul cas où le mari & la femme se doivent la sépulture, c'est lorsqu'il n'y a rien dans la succession du défunt, pour en faire les Frais.

Divers Arrêts ont jugé que les Frais Funéraires peuvent être demandés aux enfans qui renoncent à la succession de leurs pere & mere, sauf leur recours contre la succession. V. l'Arrêt du 7 Juin 1612, rapporté par Brodeau, sur l'art. 161 de la Coutume de Paris, n. 23.

Le

Le gardien noble doit auſſi les Frais Funéraires du prédécédé, qui, ſans la garde, ſeroient à la charge du mineur ; ainſi jugé, par un Arrêt rendu le 27 Août 1682, qu'on trouve au Journal des Audiences, tom. 4, liv. 8, chap 14 ; mais la queſtion s'étant depuis préſentée de nouveau, elle a donné lieu à deux Actes de Notoriété, l'un de l'ancien, l'autre du nouveau Châtelet, entiérement oppoſés l'un à l'autre ; ils ſont tous deux rapportés au Journal des Audiences, après l'Arrêt dont je viens de parler, & dont on ſuit les diſpoſitions dans les opérations qui ſe font au Châtelet.

Quand les conjoints ont fait un don mutuel, le ſurvivant eſt tenu d'avancer les Frais Funéraires du prédécédé, ſauf à les répéter après la ceſſation du don. Voyez la Coutume de Paris, art. 286.

Augeard rapporte un Arrêt rendu le 9 Juin 1704, par lequel la veuve & les enfans de M. le Duc d'Eſtrées ont été condamnés ſolidairement à payer les Frais Funéraires dûs par ſa ſucceſſion, nonobſtant les renonciations qu'ils y avoient faites, & à la communauté. Voyez dans le ſeptiéme volume du Journal des Audiences, liv. 2, chap. 22, l'Arrêt du 20 Mars 1719, pour les Frais Funéraires du Marquis de Sourches.

Les Frais Funéraires ſont privilégiés ſur les biens du défunt ; ce privilége eſt ſupérieur à celui du propriétaire ſur le mobilier pour ce qui eſt ſeulement de néceſſité, c'eſt-à-dire, ſuivant l'Acte de Notoriété du Châtelet du 24 Mai 1694, pour le port du corps, & l'ouverture de la foſſe. Ce privilége prime tous les autres ſur le prix des meubles du défunt ; & à l'égard des autres Frais Funéraires, le privilége qui en réſulte, ne donne aux Fabriques & aux Jurés-Crieurs qu'une concurrence pour être payés avec les Frais de maladie, Médecins, Apoticaires, &c. V. Crieurs.

Dupleſſis penſe néantmoins que les Frais Funéraires doivent être payés par préférence aux Médecins & Frais de maladie.

Le privilége réſultant des Frais Funéraires, a lieu, tant ſur le prix des immeubles, que ſur le prix des meubles. Les Jurés-Crieurs citent ſur cela un Arrêt du 7 Août 1685, par lequel ils ont été reçus oppo-

ſans à l'ordre du prix des biens de la Maiſon de Vendôme, en ce qu'ils n'avoient été colloqués que comme ſimples créanciers, qui a ordonné qu'ils ſeroient payés par privilége.

Ils citent encore un Arrêt du Conſeil du 21 Juin 1707, qui juge qu'ils ſeront payés par privilége ſur le prix des meubles, pour les Frais Funéraires de M. le Duc de Geſvres ; & en cas d'inſuffiſance, ſur le prix des immeubles.

L'Arrêt d'ordre du prix des biens de la Maiſon de Choiſeul, du 31 Mai 1711, rendu au rapport de M. Lorenchet, a jugé la même queſtion, & a admis le privilége, tant ſur les meubles, que ſur les immeubles.

Quand il s'agit de taxer les droits & Frais Funéraires demandés par les Jurés-Crieurs, c'eſt devant les Prévôt des Marchands & Echevins, au Bureau de la Ville, qu'il faut ſe pourvoir. Mais le ſurplus ſe taxe au Châtelet, en conformité du Réglement fait par l'Archevêque de Paris, le 30 Mai 1693, homologué par Arrêt de la Cour, & des Réglemens particuliers des droits des Fabriques. Voyez Honoraires des Eccléſiaſtiques.

J'ai même vû quelquefois fixer au Châtelet les Frais Funéraires dûs aux Jurés-Crieurs, quand la taxe ſe trouve être incidente aux conteſtations qui y étoient pendantes.

Au reſte, dans les conteſtations qui s'élevent ſur le privilége réſultant de Frais Funéraires, l'uſage eſt de les réduire à ce qui eſt de convenance, quand la pompe funébre a excédé la dépenſe que l'état & la ſituation de la fortune du défunt pouvoit exiger.

FRANC.

Ce mot eſt aſſez ſynonime à Libre. Ainſi être Franc, c'eſt être Libre, & n'être point Eſclave.

Toutes perſonnes ſont franches en ce Royaume ; & ſitôt qu'un Eſclave a atteint les marches d'icelui, ſe faiſant baptiſer, eſt affranchi ; Inſtitutes Coutumieres de Loyſel, liv. 1, tit. 1, régle 6. Mais voyez Main-morte & Négres.

Le mot Franc ſignifie auſſi Exempt.

V

FRANC-ALEU.

Le Franc-Aleu eſt un héritage qui ne releve d'aucun Seigneur, ni en Fief, ni en
Cenſive; qui ne doit, ni foi, ni hommage,
ni autres devoirs Seigneuriaux.

. Nous connoiſſons deux eſpéces de Franc-
Aleu: ſçavoir, le Franc-Aleu Noble, & le
Franc-Aleu Roturier.

Le Franc - Aleu Noble eſt celui qui a
droit de Juſtice (a), & qui a des mouvances
féodales ou cenſuelles.

Le Franc-Aleu Roturier eſt celui qui n'a,
ni Juſtice, ni Cenſive, ni aucune mouvance.

Nous avons quatre eſpéces de Coutumes
ſur le Franc-Aleu.

La premiere rejette le Franc-Aleu ſans
titre par diſpoſition expreſſe: telles ſont les
Coutumes de Bretagne, de Blois, de Meaux,
Senlis & Peronne.

La ſeconde admet le Franc-Aleu, à moins
que les Seigneurs ne juſtifient le contraire:
telles ſont les Coutumes d'Auxerre, Chaumont & Nivernois. Le Droit-Ecrit établit
auſſi la liberté naturelle des héritages: il eſt
ſur cela conforme à cette ſeconde claſſe de
Coutumes.

La troiſiéme parle du Franc-Aleu, ſans
décider ſi le titre eſt néceſſaire ou non pour
l'établir: telles ſont les Coutumes de Paris,
de Normandie, de Vermandois, de Rheims,
de Châlons, &c.

Et la quatriéme qui ne fait aucune mention du Franc-Aleu: telles ſont les Coutumes d'Auvergne, de Montfort & de Chartres.

Malgré cette diverſité, dans preſque tous
les Pays Coutumiers on ſuit la maxime, nulle
Terre ſans Seigneur (b), c'eſt-à-dire, que tous
les héritages ſont préſumés être ſujets à des
reconnoiſſances & à des droits Seigneuriaux.
La liberté des héritages ne ſe préſume dans

ces Pays que relativement aux ſervices &
charges réelles, & nullement à l'égard de
la reconnoiſſance & de l'hommage; ce n'eſt
que dans les Coutumes qui ont des diſpoſitions expreſſes en faveur du Franc-Aleu,
comme Troyes, Chaumont, Nivernois, &
quelques autres qu'on nomme Coutumes
Allodiales, & dans les Pays de Droit-Ecrit,
qu'on préſume que les héritages ſont naturellement francs & libres.

Lorſque la Coutume du Berry fut rédigée par écrit, les Gens du tiers-Etat « re-
» montrerent aux Réformateurs que tous
» héritages étoient francs & allodiaux dans
» cette Province, s'il n'apparoiſſoit du con-
» traire, & que de ce ils avoient joui im-
» mémorialement, « ils demanderent qu'il
en fût rédigé article ſous la rubriche (des
cens & rentes) & les Réformateurs ordonnerent qu'il ſeroit informé ſur cela, par
Turbe, de l'uſage de ſa Province.

L'Arrêt d'homologation de cette Coutume, du 8 Juin 1540, ordonne une inſtruction
plus ample: & d'après ſa diſpoſition, il s'eſt
agi de ſçavoir, ſi une Métairie ſituée au
Village de Lanoue, Paroiſſe de Touché en
Berry, étoit un Franc-Aleu, ou un Domaine tenu en cenſive du Seigneur.

Le ſieur Dubois & autres le ſoutenoient
Franc-Aleu; parce que, diſoient-ils, le
Franc-Aleu eſt naturel & de Droit commun
en Berry.

Mais, par Arrêt rendu en la Grand'Chambre, au rapport de M. de Vougny, en faveur du ſieur Gougenot, Seigneur de l'Iſle,
le Vendredi 17 Juillet 1744, la Cour a
jugé les héritages être tenus en cenſive, &
que la maxime, nulle Terre ſans Seigneur,
avoit lieu dans le reſſort de la Coutume du
Berry.

Les motifs de l'avis qui a prévalu dans
les opinions, ont été que les Gens de tiers-

(a) Il faut pourtant remarquer que la Juſtice annexée
à un Franc-Aleu, ne ſçauroit être allodiale. Elle doit néceſſairement relever du Roi, ou médiatement, ou immédiatement. D'ailleurs, comme la Juſtice doit être rendue
en tous lieux, une Terre allodiale eſt toujours ſujette ou
à la Juſtice du Roi, ou à celle d'un Seigneur. Auſſi voit-
on que, par les Lettres-Patentes du mois de Sept. 1638,
regiſtrées le 15 Avril 1639, pour le canal de Briare, il a été
ordonné que la Haute - Juſtice concédé aux Propriétaires de ce canal, ſur toute l'étendue d'icelui, ſuivroit en
tout & par-tout la nature du Franc-Aleu pure & ſimple,
régi par la Coutume de Paris, & néanmoins que les ap-

pellations de ladite Juſtice ſeroient relevées en l'Hôtel-
de-Ville de Paris; l'Arrêt d'enregiſtrement porte que ces
appels reſſortiront en la Grand'Chambre.

(b) La maxime, nulle Terre ſans Seigneur, n'eſt pas admiſe dans la Coutume de Bourgogne. Au contraire, les
Seigneurs qui y prétendent des droits ſur des héritages,
doivent juſtifier de leurs titres, ſans quoi la continuité
& l'univerſalité de Seigneurie ne ſont d'aucuns ſecours.
Voyez Chaſſanée, ſur la Coutume de Bourgogne, Titre
des Fiefs, article 4, & Titre de Main-morte, article 4.
Voyez auſſi l'Arrêt du 4 Juillet 1693, dont je parle ci-
après.

Etat font reftés dans l'inaction, & n'ont point procédé à l'information ordonnée lors de la réformation de la Coutume.

De la maxime, *nulle Terre fans Seigneur*, naiffent deux conféquences.

La premiere, que tout Seigneur qui a un Fief circonfcrit, un Terroir limité, & une efpéce d'enclave, peut, dans les Pays où cette maxime a lieu, prétendre que tous les héritages qui y font renfermés, relevent de lui, à moins que les poffeffeurs ne juftifient qu'ils les poffédent en Franc-Aleu. V. l'efpéce de l'Arrêt du mois de Juillet 1763, dont je parle à l'article *Main-morte*.

La feconde, que tous les héritages font cenfés relever du Roi, quand on ne prouve point qu'ils relevent d'autres Seigneurs, fuivant l'art. 383 de l'Ordonnance de 1629, qui porte ...... *& font tous héritages ne relevans d'autres Seigneurs, cenfés relever de Nous, finon, pour tout ce que deffus, que les poffeffeurs des héritages faffent apurer de bons titres qui les en déchargent.*

Quand cette Ordonnance fut préfentée au Parlement de Bordeaux, les Jurats de cette Ville s'oppoferent à l'enregiftrement, & les habitans de l'Agenois fe joignirent à eux, pour affujettir le Roi à rapporter des titres. Mais, par l'Arrêt d'enregiftrement du 16 Mars 1630, il fut ordonné qu'on *fuivra le Droit commun de la Guienne & l'ufage ancien.*

Les Habitans de Bordeaux & de la Guienne prétendoient avant cet enregiftrement, & ont foutenu depuis, que le Franc-Aleu avoit lieu fans titre dans la Province de Guienne, mais les héritages qui y font fitués, & dont l'allodialité n'étoit pas prouvée, ont été déclarés être fujets aux droits de lods & ventes, & autres profits féodaux, par Arrêts du Confeil des 24 Mars 1618, 18 Décembre 1670, premier Août 1682, 4 Juin 1737, & Lettres-Patentes du 15 Août 1752.

Un autre Arrêt rendu au Confeil le 12 Septembre 1746, au rapport de M. Joly de Fleury, M^e des Requêtes, entre les Confuls & Communautés des Villes d'Agen, Condom, Marmande, Mezin, Montréal & Vaufillon, d'une part, qui prétendoient poffé- féder leurs héritages en Franc-Aleu naturel & fans titres; le Duc d'Aiguillon & l'Inf-

pecteur du Domaine, d'autre part; a déclaré que la directe univerfelle emportant cenfive, lods & ventes, & autres droits Seigneuriaux appartient à Sa Majefté dans toute l'étendue defdites Villes, Jurifdictions & Territoire d'Agen, Condom, Marmande, Mezin & Montréal, fans préjudice néantmoins des directes particulieres & des priviléges, dont ceux qui les prétendront, feront tenus de juftifier par titres bons & valables.

Ce même Arrêt a encore ordonné que, dans les lieux où la perception du cens avoit été interrompue, il en feroit impofé de nouveau, à raifon de ce qui fe paye dans les Seigneuries circonvoifines.

Les trois Etats de la Provence ont prétendu que le Franc-Aleu naturel avoit lieu dans leur Province; mais, par un Jugement rendu contradictoirement entr'eux, & le Procureur du Roi de la Commiffion, le 5 Août 1687, les Commiffaires du Confeil ont déclaré que la directe univerfelle appartient au Roi dans toutes les Villes & lieux des Communautés de Provence & de Forcalquier. En conféquence les poffeffeurs des fonds, maifons & héritages fitués dans lefdites Villes & lieux de leur territoire, ont été condamnés à paffer déclaration au Terrier de Sa Majefté, à payer les cens & redevances depuis vingt-neuf années, & les lods & ventes, &c. On peut, fur la même matiere, confulter l'Edit du mois d'Août 1692, & l'Arrêt du Confeil du 4 Décembre 1731.

Un Arrêt rendu en la Grande-Direction, entre les Fermiers des Domaines & les Confuls & Habitans de la Ville d'Arles, le 24 Octobre 1687, a auffi jugé que la directe univerfelle emportant cenfive, lods & ventes, & prélations aux mutations, appartient au Roi dans toute l'étendue de la Ville & territoire d'Arles, fans préjudice néantmoins des directes particulieres & priviléges, dont ceux qui les prétendent, feroient tenus de juftifier par titres.

Mais, par un Arrêt du Confeil du 4 Juillet 1693, le Franc-Aleu roturier eft déclaré naturel dans le Duché de Bourgogne, dans le Comté & Pays adjacens, enfemble dans les Pays de Breffe, Bugey, Valromei & Gex. Cet Arrêt eft dans le fecond volume du Recueil de Dijon, page 453.

Les biens du Languedoc (a) sont présumés être tenus en Franc-Aleu, suivant l'Arrêt d'enregistrement du Parlement de Toulouse, de l'Ordonnance de 1629, du 6 Juillet de la même année. V. Cambolas à la fin des Décisions du Droit.

On peut encore voir sur cela des Arrêts du Conseil des 22 Mai 1667 & 17 Août 1694; mais cette franchise se restraint aux Vassaux des Fiefs, Terres & Seigneuries situés dans la partie de l'ancienne Sénéchaussée de Toulouse: & il a été décidé par un autre Arrêt du Conseil du 12 Novembre 1697, que les Habitans de la Généralité de Montauban, qui vouloient se prévaloir de ces Arrêts, ne pourroient jouir des susdites franchise & exemption. En conséquence, les Habitans (de la Généralité de Montauban) ont été condamnés à payer les droits Seigneuriaux aux Fermiers du Domaine.

Les biens du Dauphiné sont aussi présumés être possédés en Franc-Aleu; & des Arrêts rendus au Parlement de Grenoble, les 16 Décembre 1649 & 27 Novembre 1653, qu'on trouve dans le premier volume du Recueil de Dauphiné, page 344 & suiv. portent » que les fonds & héritages assis en » Dauphiné, cens & autres droits, de quel- » que nature qu'ils soient, sont francs & al- » lodiaux de leur nature . . . . » exempts d'hommages, lods & ventes, & » autres servitudes, s'il n'y a titre au con- » traire, ou possession équivalente à titre; » sans toutefois que les Ecclésiastiques & » Hauts-Justiciers soient tenus de produire » plus d'une reconnoissance . . . . . « Voyez aussi l'Edit du mois d'Octobre 1658, regis- tré le 2 Décembre suivant, même Recueil, page 346 & suiv.

Dans les Pays allodiaux, le Seigneur doit prouver sa directe; mais dans les Coutumes où la maxime, *nulle Terre sans Seigneur*, est admise, & même dans les Coutumes muet- tes, c'est au Vassal à prouver sa franchise. Voyez Ricard, Tronçon & Brodeau, sur l'article 68 de la Coutume de Paris; & Bas- nage, sur l'art. 102 de la Coutume de Nor- mandie.

La raison qui fait présumer contre l'allo- dialité dans les Coutumes muettes, c'est que les héritages du Royaume ont été origi- nairement concédés, ou par le Roi, ou par des Seigneurs particuliers, soit à titre de Fief, soit à titre de bail-à-cens; voilà la source de la maxime, *nulle Terre sans Seigneur* : & comme il n'y a point de régle qui n'ait son exception, on a marqué cette exception dans quelques Coutumes particulieres qui auto- risent le Franc-Aleu sans titre.

Le Franc-Aleu auquel il y a Justice, Censi- ve, ou Fief mouvant de lui, se partit comme Fief noble; & s'il n'y a l'une de ces trois choses, il se partage comme bien roturier. Coutume de Paris, art. 68.

Cette maxime forme le Droit commun; mais elle n'a pas lieu dans la Coutume de Châlons, qui contient une disposition con- traire dans l'art. 165. Voyez aussi les Com- mentateurs de l'art. 53 de celle de Troyes.

Le Franc-Aleu noble ne peut être possé- dé par un roturier, qu'aux mêmes condi- tions que s'il possédoit un Fief.

Il n'y a que le Roi ou autre Seigneur in- dépendant pour sa Seigneurie, c'est-à-dire, qui ne releve d'aucun autre Seigneur, qui puisse affranchir un héritage, & le rendre Franc-Aleu. Cependant voyez Brodeau, sur l'art. 68 de la Coutume de Paris.

Pour prouver le Franc-Aleu même con- tre le Roi, il n'est pas essentiellement né- cessaire de rapporter la preuve de la conces- sion primitive; il suffit de rapporter des énonciations, & de justifier une possession immémoriale. Voyez un Arrêt rendu le 7 Septembre 1640, rapporté par Brodeau sur l'article 68 de la Coutume de Paris.

Dumoulin dit que les Seigneurs ont droit d'obliger ceux qui prétendent posséder des héritages en Franc-Aleu dans l'étendue de leur territoire, de leur en faire leur décla- ration; & cela est avantageux, tant au Sei- gneur qu'au propriétaire; car de pareilles déclarations reçues sans contradiction, for- ment une preuve de la franchise.

D'ailleurs, si c'est un Seigneur Haut-Jus- ticier, il a intérêt de faire constater son droit de Justice sur le Franc-Aleu, à cause des

---

(a) L'Arrêt du 22 Mai 1667, admet seulement à Franc- Aleu - Roturier sans titre en Languedoc; à l'égard du Franc - Aleu - Noble, il doit être prouvé par titres. Voyez le Recueil des anciens Edits & Ordonnances concernant les Domaines, imprimé en 1690, page 67. Voyez aussi le Dictionnaire du Domaine.

droits de déshérence, bâtardife & confiscation, par le moyen defquels il peut fuccéder au Franc-Aleu fitué dans l'enclave de fa Juftice.

D'après ces raifons, la Cour, par Arrêt rendu en la Grand'Chambre le Samedi 23 Juin 1759, fur les Conclufions de M. l'Avocat Général Séguier, a condamné un propriétaire de Franc-Aleu fitué dans la Coutume de Bourbonnois, qui eft allodiale, à paffer au Terrier du fieur de Longueil, une déclaration féche des héritages allodiaux, étant dans la Juftice dudit Sr de Longueil. Il doit en effet en être des héritages allodiaux, comme des biens poffédés en franche-aumône ; & c'eft ce qu'obferva M. Séguier. V. Déclaration & Eglife.

Depuis cet Arrêt, & en attendant le Réglement à faire fur l'allodialité ou la non-allodialité de la Coutume de Vitry (a), fans juger fi les héritages poffédés par les habitans de Méry-fur-Marne, font Franc-Aleu, comme ils le prétendent, ou tenus en cenfive ; la Cour, par Arrêt rendu au rapport de M. Titon, le 2 Mars 1760, a condamné les habitans de Méry à exhiber leurs titres, & paffer déclaration au Seigneur qui pourroit les contefter, & juftifier des cenfives à lui dûes, &c.

On fait une grande différence du Franc-Aleu naturel, admis dans les Coutumes allodiales, & dans les Pays de Droit-Ecrit, d'avec le Franc-Aleu de conceffion, tels qu'il s'en trouve dans les Pays où il n'eft admis que quand il eft fondé en titre ; parce que pour la premiere efpéce de Franc-Aleu, le Seigneur doit prouver fa directité par titres ; il doit même juftifier de fa poffeffion, ainfi que la Cour l'a jugé par Arrêt rendu le 3 Août 1748, entre la dame de la Seigneurie d'Eybès en Auvergne, & quelques Vaffaux de cette Terre.

Au contraire, dans les Coutumes qui rejettent le Franc-Aleu fans titre, & même dans celles qui font muettes, c'eft au Vaffal à prouver fa franchife.

Le propriétaire d'un Franc-Aleu noble peut bien en accenfer une partie. Mais ce-lui qui n'a qu'un Franc-Aleu roturier, ne peut en faire aucune inféodation ni accenfement, parce que ce feroit ériger un Fief fur une roture ; ce qui ne fe peut faire fans le confentement du Roi. Voyez l'art. 5 des Arrêtés de M. de Lamoignon.

FRANCE & FRANÇOIS.

V. Aubains, Etrangers, Exil, Libertés de l'Eglife Gallicane, Pareatis, Régnicoles, Religieux, &c.

Le François qui fort du Royaume avec la permiffion du Roi, ne perd pas le privilége que fa naiffance lui donne ; quelque longue que foit fa réfidence fous une domination étrangere, il refte toujours capable de fuccéder, & conferve les droits de citoyen.

Mais fi les enfans d'un François qui ont fuivi leur pere forti du Royaume avec permiffion du Roi, n'y rentrent pas après fa mort, ou s'ils n'obtiennent pas une permiffion perfonnelle, ils n'y peuvent pas fuccéder aux biens de leur pere fitués en France ; c'eft ce qui a été jugé par Arrêt du 24 Mars 1736, rendu en la cinquiéme Chambre des Enquêtes, au rapport de M. Titon.

Dans l'efpéce de cet Arrêt, le Marquis de Ruvigny, qui étoit forti du Royaume avec permiffion du Roi en 1686, pour fe retirer en Angleterre avec un fils, qui fut depuis connu fous le nom de Mylord Galloway, mourut à Londres en 1689.

Mylord Galloway ayant abdiqué la fucceffion de fon pere, qu'il croyoit lui être échue, la Marquife de Ruvigny, & après elle fes héritiers, firent beaucoup de procédures pour fe faire adjuger les biens du Marquis de Ruvigny, fitués en France, pour le payement de fes reprifes & conventions matrimoniales. Ils avoient fait créer un curateur à cette fucceffion, qu'ils prétendoient vacante, & en avoient même vendu les biens ; mais les collatéraux du Marquis de Ruvigny s'étant préfentés, foutinrent que jamais fa fucceffion n'avoit été dévolue à Mylord Galloway, qui étoit refté en Angleterre : l'Arrêt l'a ainfi jugé ; & tout ce qui avoit été

(a) Il y a un grand nombre d'Arrêts qui ont jugé cette Coutume allodiale, & un nombre à peu près égal qui l'ont jugé cenfuelle. Cette diverfité de Jugemens a déterminé la Cour à ordonner qu'il feroit fait un Réglement. Pour la mettre à portée de le faire, Mrs Tirrion & de Vaujour, Avocats, ont fait des Differtations fur la matiere. Il y a eu auffi une Affemblée des Trois Etats, tenue à Château-Thierry.

fait par le curateur à la fucceſſion vacante , ou avec lui , a été profcrit.

Le François qui voyage avec l'eſprit de retour, fans fixer fon féjour & fa réſidence fous une autre domination, conſerve tous ſes droits ; il peut en conſéquence, quoiqu'en Pays Etranger , teſter & diſpoſer des biens qu'il a en France, en ſe conformant aux régles preſcrites par nos Loix pour les teſtamens.

Mais un François qui quitte le Royaume pour s'établir en Pays Etranger ſans permiſſion du Roi, devient non-ſeulement incapable de ſuccéder en France, mais il eſt même ſujet à la confiſcation de corps & de biens ; & alors il n'a pas même le privilége que les Etrangers y ont, puiſque ceux-ci peuvent conſerver & diſpoſer entre-vifs des biens qu'ils y ont acquis; au lieu que le François fugitif confiſque le corps & les biens, ſuivant les Edits des mois d'Août 1669, Juillet 1682, & la Décl. du 14 Août 1685.

Un Edit du mois de Juillet 1705, enregiſtré le 20 Janvier 1706, ordonne que les ſuſdits Edits & Déclarations feront exécutés, en conſéquence fait défenſes aux Sujets du Roi, relégués ou exilés en quelque lieu du Royaume que ce puiſſe être, d'en ſortir ſans permiſſion, ſous la même peine de confiſcation de corps & de biens. Voici ſes diſpoſitions.

Ordonne Sa Majeſté, *que ceux qui quitteront le lieu de leur relégation, pour ſe retirer dans les Pays Etrangers ſans permiſſion, feront dès ce moment cenſés & réputés Etrangers, & comme tels, privés de tous Etats, Offices , Bénéfices & Dignités, même de tous effets civils dans le Royaume ; & qu'en ce cas, les aliénations par eux faites un an avant leur retraite, ſoit par donation, vente ou autrement, ſoient déclarées nulles , & que nonobſtant leſdites diſpoſitions, les biens ſoient ſujets à confiſcation.*

La rigueur des diſpoſitions de l'Edit de 1669, & autres Loix dont j'ai parlé, paroît néantmoins ſe tempérer ; & on ne regarde aujourd'hui les François comme incapables de ſuccéder , que quand ils paroiſſent avoir abdiqué pour jamais leur patrie ; comme, s'ils ſe ſont fait naturaliſer ſujets d'un autre Etat, s'ils s'y ſont fait pourvoir de charges, &c.

Ceſſant cette renonciation, on préſume qu'ils ſont demeurés François, qu'ils n'ont point perdu l'eſprit de retour; & en faiſant une déclaration qu'ils entendent demeurer en France avec leur famille, on les maintient dans la poſſeſſion des biens qui leur écheoient, comme en étant ſaiſis par la Loi générale du Royaume. Voyez les Arrêts de Bouguier, lettre S, n. 15.

D'après ces principes, on a agité la queſtion de ſçavoir, ſi un François, nommé Chopin, qui s'étoit retiré à Lisbonne en Portugal , pour trouver dequoi ſubſiſter , qui s'y étoit marié, & y avoit demeuré pendant plus de cinquante ans, pouvoit être admis à ſuccéder en France à ſes parens; &, par Arrêt rendu le 18 Janvier 1743, ſur les Concluſions de M. Gilbert, Avocat Général, on a jugé qu'il le pouvoit, en transférant réellement ſon domicile en France, y faiſant venir ſa femme & ſes enfans, &ſe ſoumettant de n'emporter aucun argent hors le Royaume , vendre ni aliéner aucun immeuble, qu'à la charge d'un remploi. L'Arrêt n'a accordé à Chopin qu'un délai d'un an pour faire venir ſa famille en France, ſinon il a adjugé la ſucceſſion aux parens plus éloignés.

Il eſt bon d'obſerver que Chopin vivoit à Lisbonne parmi les François gouvernés par le Conſul de notre Nation, que le Roi y envoye. Il prétendoit , à cauſe de cette circonſtance, n'avoir jamais ceſſé d'être Sujet de la France; mais M. l'Avocat Général Gilbert réfuta cette prétention, il donna néantmoins des Concluſions favorables à Chopin; mais il ne ſe détermina que parce que ce Particulier s'étoit judiciairement ſoumis de revenir lui & ſa famille fixer ſon domicile en France.

Sur cette queſtion, voyez deux Arrêts au Journal des Audiences, tome 1, liv. 5, ch. 8 & 11. Voyez auſſi Péleus en ſes Queſtions illuſtres, queſt. 138; Montholon, art. 109; Bacquet, cinquiéme partie du droit d'Aubaine ; Brodeau ſur M. Louet, Lettre S, n. 15.

Depuis ces déciſions , le Parlement de Rouen a jugé, par un Arrêt rendu le 3 Février 1752, entre le nommé Duparc & ſes ſœurs, qu'un François qui s'eſt retiré en Angleterre, où il s'eſt marié, eſt habile à recueillir des ſucceſſions en France, ſans être obligé de prêter ferment, pourvû qu'il vienne réfider en France avec fa famille.

Le même Arrêt a fait défenfe à Duparc de vendre les immeubles & la totalité des meubles, à moins qu'il ne fît un emploi du prix.

A l'égard des enfans nés en Pays Etrangers d'un pere François & d'une mere Etrangere, ils font réputés François d'origine, quel qu'ait été leur féjour & celui de leur pere en Pays Etranger, pourvû que les uns ou les autres n'y ayent point pris de Lettres de Naturalité; ainfi ils ont toujours leur fort entre leurs mains; & ils font habiles à fuccéder en France, en y venant réfider, & faifant leur déclaration qu'ils veulent vivre & mourir François. V. l'Arrêt du 14 Août 1554, qui eft le 212e de Leveft; l'Arrêt du 7 Septembre 1576, qui, ainfi que le précédent, eft rapporté par Bacquet, de l'Aubaine, chap. 39; Chopin, du Domaine; l'Arrêt du 12 Mai 1707, rapporté au Journal des Audiences, tome 5, liv. 7, ch. 13; Boerius, Décifion 13.

Les François fuccédent au mobilier de leurs parens décédés en Angleterre. Voyez le Traité d'Utrecht, du 11 Avril 1713, & la Déclaration du 19 Juillet 1739, enregiftrée le 4 Août, par laquelle Sa Majefté, en accordant aux Anglois la faculté de fuccéder au mobilier de leurs parens morts en France, leur accorde en outre les mêmes avantages que ceux dont fes Sujets jouiffent dans la Grande-Bretagne. Voyez *Anglois*.

Les feuls François peuvent pofféder en France les charges fujettes au maniement des Finances. V. *Etranger*.

Quand un François eft capable de fuccéder à fes parens en France, fes enfans ont la même capacité, quoique nés en Pays-Etranger. Voyez l'Arrêt rapporté au Journal des Audiences, tome 1, livre 8, chapitre 15.

Un François établi en Pàys Etranger, ne peut exercer le retrait lignager. Voyez l'Arrêt rendu le 6 Août 1703, rapporté au Journal des Audiences, livre 3, chapitre 35, tome 6.

Sur les François qui s'abfentent pour caufe de Religion, voyez *Proteftans*.

Ceux qui entrent au fervice des Nations Etrangeres fans permiffion du Roi, encourent la peine prononcée par l'Edit de 1669. Il y en a un exemple dans Mylord Galloway, dont les biens furent confifqués & donnés au Cardinal de Polignac, par Lettres Patentes du mois de Mars 1715. (Elles n'ont pas eu d'effet.)

Il eft défendu aux François, par une Ordonnance du 20 Juillet 1726, de fe marier dans les Echelles du Levant. Il eft également défendu aux femmes & filles des François établis dans lefdites Echelles, d'y paffer; & il eft enjoint aux filles des François qui y font, de revenir en France.

Depuis, & par une autre Ordonnance du 25 Août 1728, le Roi a exclu de la faculté de négocier en France, & du privilége du corps de la Nation, les François qui fe marieront dans les Echelles du Levant, & les fils de François nés dans lefdites Echelles, dont les meres font Etrangeres.

Les Jugemens rendus en Pays Etrangers, ne font pas exécutoires, & n'emportent pas hypothéque en France. Voyez *Hypothéque* & *Pareatis*.

FRANC & quitte.

C'eft ainfi qu'on nomme une claufe, par laquelle ceux qui vendent ou hypothéquent des héritages ou d'autres immeubles, les déclarent libres de toutes dettes hypothécaires.

Quand ces déclarations ne font pas finceres, ceux qui les ont faites, encourent les peines qui fe prononcent contre les ftellionataires. V. *Stellionat*.

Ces déclarations de Franc & quitte ne s'entendent que des dettes & hypothéques, dont celui qui a fait la déclaration, eft perfonnellement tenu, & non des charges & redevances foncieres impofées fur l'héritage, comme le cens, les rentes Seigneuriales & foncieres, ni des dettes pour lefquelles il peut être pourfuivi comme tiers-détenteur.

Des pere & mere qui, par le contrat de mariage de leur fils, déclarent que les biens qu'ils lui ont donnés, font Francs & quittes, font obligés non-feulement d'acquitter les dettes qui leur font perfonnelles, & qui peuvent avoir imprimé une hypothéque fur les biens donnés, mais même celles qui ont été contractées par le fils avant son mariage : on trouve sur cela un Arrêt du premier Avril 1667, au Journal des Audiences, tome 3, liv. 1, ch. 25, dont l'exécution a été ordonnée par un autre Arrêt rendu le 29 Janvier 1669 au rapport de M. Roujeaut; (l'Arrêtiste a omis quelques dispositions de cet Arrêt en le rapportant).

La même question a été jugée de la même manière, par Arrêt rendu au rapport de M. Bouvart de Fourqueux, en la 3ᵉ Chambre des Enquêtes, le 24 Mars 1694; & par un autre Arrêt rendu en la Grand'Chambre le 3 Juin 1745, sur les Conclusions de M. le Procureur Général, en l'absence de MM. les Avocats Généraux, qui étoient allés vers le Roi, après la célébre journée de Fontenoy.

FRANCHE AUMÔNE.
Voyez *Eglise.*

FRANCHISE.
Voyez *Asyle.*

FRANC-SALÉ.

On nomme ainsi le droit qu'ont les Titulaires de plusieurs Offices, de demander aux Officiers des Greniers à Sel des Pays de Gabelle, chacun une certaine quantité de sel déterminée par leurs titres.

Ce droit se nomme Franc-Salé, parce que, lors de son Institution, ce sel se délivroit *gratis* à ceux qui en jouissoient. Mais actuellement on ne le leur délivre qu'en payant une certaine somme inférieure à celle que payent les autres particuliers.

Le droit de Franc-Salé avoit été supprimé par un Edit du mois d'Août 1717; mais il fut rétabli en faveur des Officiers des Cours Supérieures, par un Edit du mois d'Avril 1719; & depuis il a été rétabli en faveur de tous ceux qui en avoient droit avant la suppression, par un autre Edit du mois de Juillet 1720, regiftré le 13 du même mois.

FRANCS-DENIERS.

Il y a des Coutumes dans lesquelles les droits Seigneuriaux occasionnés par la vente d'un héritage, sont à la charge du vendeur pour l'en décharger, & les faire acquitter par l'acquéreur. On stipule ordinairement que le prix sera payé *Francs-Deniers* au vendeur; par le moyen de cette clause, c'est l'acquéreur qui doit les droits.

Il y a même cela de singulier, que dans quelques Coutumes, les droits Seigneuriaux sont plus forts, quand la clause, *Francs-Deniers*, se trouve dans le contrat, que quand elle n'y est pas. V. les Coutumes de Peronne, de Montdidier, &c. celle de Roye est de ce nombre.

FRANCS-FIEFS.
Voyez *Amortissement, Artois, Bourgeois, & Ecclésiastiques.*

Par les mots Francs-Fiefs, on entend communément la taxe que les Roturiers possesseurs de Fiefs payent au Roi tous les vingt ans, & à chaque mutation de vassal, pour la permission de conserver leurs Fiefs.

Il n'étoit autrefois permis qu'aux nobles de posséder des Fiefs; actuellement les roturiers peuvent en acquérir & en posséder, en payant au Roi ou à ses Fermiers ce qu'on nomme Franc-Fief (a). (On prétend que la Province de Bretagne a sur cela des usages particuliers).

Ce droit est très-ancien. Philippe III & Philippe-le-Bel l'ont perçu : nous avons leurs Ordonnances sur cette matiere; celle de Philippe III, surnommé le-Hardi, fut vérifiée au Parlement de la Toussaint l'an 1275, & celle de Philippe (IV) le-Bel, fut regiftrée au Parlement de Noël l'an 1291. Nous avons aussi des Edits & Déclarations de Charles V, de Charles VI, de Louis X, de François I, de Henri II, de Charles IX & de Louis XIII, qui prouvent que ces Princes ont exigé de leurs Sujets roturiers possédans des Fiefs, des sommes proportionnées à la jouissance passée, pour assurer celles qu'ils avoient intérêt de continuer. V. la Roque, du *Ban & Arriere-Ban.*

Louis XIV demanda le droit de Francs-Fiefs à ses Sujets non nobles possédans Fiefs, par une Déclaration du 29 Décembre 1652; & par un Edit du mois de Novembre 1656,

---

(a) La Province de Dauphiné n'est sujette à aucune recherche pour le droit de Franc-Fief, ni pour terres & héritages tenus en Franc-Alçu. Il y a sur cela plusieurs Déclarations; & entr'autres une du 16 Mai 1693, qui a été regiftrée au Parlement de Grenoble le 10 Juin suivant. Elle est dans le Recueil du Dauphiné.

il les en affranchit pour l'avenir, en payant deux années de revenu des Fiefs; mais les besoins de l'Etat l'obligerent de le rétablir; & nous avons de ce Prince des Edits & Déclarations des 23 Mars 1672, 5 Juillet 1689, Août 1692, 22 Novembre 1695, 9 Mars 1700, 16 Juillet 1702, mois de Mai 1708 & Sept. 1710, qui, en fixant ce droit, réglent la maniere dont il doit être levé.

Le droit de Francs-Fiefs & de nouvel acquêt est dû au Roi à cause des Fiefs & biens situés dans les Pays conquis. On peut sur cela consulter des Arrêts du Conseil des premier Juin 1680, premier Février 1681, la Déclaration du 22 Novembre 1695, regiftrée au Parlement de Flandres le 19 Décembre suivant.

Mais le Comté de Bourgogne a sur cela un usage particulier, confirmé par une Déclaration du 28 Mars 1693, regiftrée au Parlement de Besançon le 25 Mai suivant, qui porte *que les Roturiers qui possédent des Fiefs & autres biens nobles dans le Comté de Bourgogne, en vertu de donation à cause de mort, de testament ou donation pour cause de mariage, le tout en faveur de parens, succession ab intestat, partage de Fiefs entre cohéritiers, & assignat de deniers dotaux ou de douaire, sont exempts de droits de Francs-Fiefs; mais lorsque les Fiefs & biens nobles changent de main par vente ou actes translatifs de propriété autres que ceux ci-dessus, pour entrer dans une autre famille, ce droit est dû par le nouveau possesseur, sur le pied d'une année de revenu; & s'il l'a payé, il en est affranchi pour toujours, lui & sa famille.*

Depuis la Déclaration du 28 Mars 1693, Louis XIV en a donné une seconde le 18 Août 1705, qu'on trouve dans le même Recueil, tom. 3, p. 352, par laquelle il est ordonné *qu'aucun Roturier ne pourra à l'avenir posséder des Fiefs ou biens nobles en Franche-Comté, hors les cas portés par la Coutume & par la susdite Déclaration, sans en avoir obtenu la permission par Lettres-Patentes ou Arrêt du Conseil, fait enregistrer, &c. & payé la somme à laquelle l'année du revenu*

aura été liquidée par l'*Arrêt d'enregistrement*......

Les Francs-Fiefs font actuellement partie de la Ferme des Domaines; & ils se payent par les Roturiers (non exempts) propriétaires de Fiefs ou biens allodiaux nobles, aux Fermiers du Roi, qui tous les vingt ans peuvent exiger, même par avance, une année du revenu du Fief: c'est la fixation actuelle du droit de Francs-Fiefs.

Le droit de Franc-Fief est, comme le droit d'amortissement, inaliénable & imprescriptible; parce qu'il est un des *droits ordinaires & domaniaux de la Couronne*, & jugé tel par des Déclarations de Henri II, des 2 Septembre 1547 & 19 Mai 1549, par une Déclaration de Louis XIV du 29 Décembre 1652, & par Edit du mois de Novembre 1656. V. aussi l'article 4 de l'Edit du mois de Mai 1708, & ce que dit Bacquet du droit de Franc-Fief, ch. 3 & 5.

Le droit de Franc-Fief est mixte: il est dû à cause de la personne & à cause de la chose; mais quant à son effet, il est purement personnel (a); & celui qui le paye, ne s'affranchit que pour lui-même: de maniere que si un pere de famille décéde le lendemain du jour qu'il a payé le droit, son fils, qui lui succéde, le doit payer de nouveau.

Le droit de Franc-Fief est dû à toute mutation de propriétaire de Fiefs, soit qu'elle arrive par vente, par succession directe ou collatérale (b), par legs, &c. & celui qui paye ce droit, est obligé d'en payer un nouveau, après vingt années de jouissance.

Ce ne sont pas seulement les Fiefs possédés par des Roturiers, qui sont sujets au droit de Franc-Fief; les dixmes inféodées, les rentes & les redevances Seigneuriales, en grains ou en argent, les droits de foires & marchés, de fouage, de champart, de fours & pressoirs bannaux, les Sergenteries fieffées, les droits de parc, pacage, pâturage & chauffage sur les Domaines & Forêts du Roi, & généralement tous les droits & biens nobles, & les rentes féodales ou inféodées, y sont également sujets.

(a) C'est parce que le droit de Franc-Fief est personnel, que l'acquéreur de bonne foi ne peut être inquiété pour ce qui en étoit dû par ses auteurs. C'est au Fermier à se pourvoir contre ceux-ci & leurs héritiers, ainsi qu'il a été décidé par un Arrêt du Conseil du 18 Mars 1738, qui énonce une décision du Conseil toute semblable, du 27 Oct. 1733.

(b) En Artois & dans la Flandre Wallonne, le droit de Franc-Fief n'est pas dû pour les mutations arrivées par succession directe ou collatérale, mais seulement pour celles qui arrivent par vente ou équipollente à vente; aussi est-il d'une année & demie de revenu, Voyez les Déclarations du 9 Mars 1700.

En Normandie, le droit de Franc-Fief est dû par les propriétaires roturiers des moulins (à quelqu'usage qu'ils soient établis), des colombiers, fuyes & volieres; parce que les articles 137, 160 & 161, réputent ces sortes de biens, droits féodaux. Il y a d'ailleurs des Arrêts du Conseil des 22 Juillet 1673, 24 Juin 1721, 18 Août 1722, 24 Janvier 1736 & 2 Juillet 1737, qui l'ont ainsi jugé.

Quand un Roturier prétend que les biens pour lesquels on lui demande le droit de Franc-Fief, sont roturiers & non pas Fief, c'est à lui de prouver qu'il les possède en roture, & de représenter les déclarations passées à son Seigneur; autrement les biens sont réputés hommagés, &, comme tels, sujets au droit de Franc-Fief. Le Conseil l'a ainsi décidé le 26 Novembre 1738. V. Bacquet, des Droits de Franc-Fief, chap. 1, n. 23.

Le droit de Franc-Fief consiste, comme je l'ai dit, en une année de revenu; & cette année se paye à raison du prix fixé par les baux subsistans, lorsqu'il y a ouverture au droit; & s'il n'y a point de baux, il se fixe à raison du denier vingt de la valeur de l'héritage déterminé par les contrats, sans qu'en aucun cas l'évaluation des revenus ou de la valeur des biens, puisse être faite par des Experts; l'article 3 du Réglement du mois d'Août 1692, défendant d'ordonner cette évaluation. Voyez aussi la Déclaration du 9 Mars 1760, l'Edit du mois de Mai 1708, & des Arrêts du Conseil des 15 Février, 27 Juin 1724, & 29 Janvier 1737.

Mais il est bon de remarquer que le droit de Franc-Fief, dû pour raison de forges & moulins à eau, ne se paye qu'à raison des trois quarts du revenu. On diminue l'autre quart, à cause des réparations; telle est sur ces deux points la Jurisprudence constante des Intendans & du Conseil.

Ceux qui possèdent à titre d'aliénation ou d'engagement des Fiefs qui font partie des Domaines du Roi, ne doivent point le droit de Franc-Fief, lors même que les possesseurs sont roturiers; ils en sont déchargés par l'article 7 d'un Arrêt du Conseil, rendu en forme de Réglement sur cette matière, le 13 Mai 1724, dont la disposition est sur cela conforme aux Edits & Déclarations concernant l'aliénation des Domaines.

Le même Arrêt contient plusieurs autres dispositions trop étendues pour trouver place ici. Il en a depuis été rendu d'autres les 21 Janvier 1738, & 13 Avril 1751, qui contiennent plusieurs dispositions sur la même matière.

ART. XVII. » Les acquéreurs roturiers » de biens nobles, à faculté de réméré, ne » seront tenus de payer les droits de Francs- » Fiefs, qu'à proportion des années de jouis- » sance portées par le contrat de vente; & » si la faculté de réméré n'est pas exercée » dans le temps porté par le contrat, l'ac- » quéreur aura une année, soit pour faire » déchoir son vendeur de ladite faculté, » soit pour s'arranger avec lui, ou revendre » les biens acquis; après laquelle année » l'acquéreur, s'il reste en possession, sera » contraint au payement du droit de Franc- » Fief pour vingt années, à compter du jour » de l'expiration du délai porté par le con- » trat de vente, sans que, sous quelque pré- » texte que ce soit, il puisse se dispenser de » payer pour lesdites vingt années, ni pré- » tendre la restitution du tout ou partie de » ce qu'il pourroit avoir payé.

XVIII. » Tout Roturier, possesseur de » Fief ou terres nobles, qui acquerra des » fonds dans sa censive, sera tenu d'en payer » le droit de Franc-Fief; & si le Roturier » acquiert le Fief dont il est censitaire, le » droit de Franc-Fief sera pareillement payé » pour la totalité, tant du Fief acquis, que » des terres possédées en roture; en présup- » posant néantmoins toujours dans l'un & » l'autre de ces deux cas, que la réunion » de la roture au Fief aura lieu.

XIX. » Tout Roturier, acquéreur de Fief, » sera contraint au payement du droit de » Franc-Fief après l'an & jour de sa posses- » sion, sans pouvoir, sous aucun prétexte, » en être dispensé. S'il a été formé contre » lui une action en retrait, soit féodal, soit » lignager, & qu'il s'élève quelque contes- » tation à ce sujet, l'acquéreur sera tenu de » faire juger l'Instance dans les 18 mois qui » suivront son année de possession, sans que » ladite Instance puisse empêcher ni retar- » der le payement du droit de Franc-Fief. » Dans le cas où le retrait seroit adjugé dans » les 18 mois, les droits seront restitués, si » le retrayant est exempt du Franc-Fief;

» & dans le cas où il ne feroit adjugé qu'a-
» près ledit délai de 18 mois, l'acquéreur
» ne pourra en demander la reftitution, ni
» contre le retrayant, ni contre le fermier:
» Veut Sa Majefté, que ledit délai d'un an
» court du jour & date du contrat d'acqui-
» fition, ou du titre de poffeffion, fans au-
» cun égard aux difpofitions des Coutumes
» qui prorogent l'action en retrait, faute
» d'avoir exhibé le contrat ou autrement;
» & que le délai de 18 mois pour faire ju-
» ger l'Inftance en retrait, court du jour
» de l'expiration de l'année; dérogeant à
» cet effet, & pour ce regard feulement, à
» toutes Coutumes & Réglemens.
XX. » Dans le cas où la propriété & l'u-
» fufruit des biens nobles appartiendront à
» deux différens particuliers, le feul ufu-
» fruitier, s'il eft roturier, payera le droit
» de Franc-Fief (a).
XXI. » Ordonne Sa Majefté, que, confor-
» mément aux articles 5 & 13 de la Décla-
» ration du 9 Mars 1700, & à l'article 5 de
» l'Edit du mois de Mars 1708, les rotu-
» riers, propriétaires ou poffeffeurs de Fiefs,
» feront tenus de faire des déclarations exac-
» tes de leurs Fiefs, même de remettre aux
» fermiers des extraits des actes de leur en-
» trée en poffeffion & de leurs dernieres
» quittances, fous les peines portées par lef-
» dits Edits & Déclarations; & les fermiers
» de joindre lefdits extraits aux états qu'ils
» font tenus de remettre au Greffe des In-
» tendances, par l'article 20 de l'Arrêt du
» 21 Janvier 1738. Veut Sa Majefté, que
» les Roturiers qui n'ont pas fatisfait aux-
» dits Edits & Déclarations, & qui n'ont pas
» remis les états détaillés de leurs Fiefs, n'en
» puiffent prétendre aucune reftitution con-
» tre les fermiers qui ont reçu, ni demander
» qu'il leur foit tenu compte par les fermiers
» fucceffeurs, de ce qu'ils pourroient avoir
» payé de trop.
XXII. » Sa Majefté, interprétant, en tant
» que de befoin, la Déclaration du 20 Jan-
» vier 1699, a ordonné & ordonne que la
» reftitution des droits d'amortiffement &
» Franc-Fief indûement perçus pendant le
» cours des baux, ne pourra être demandée

» que dans le cours de deux années qui fui-
» vront la fin defdits baux; & à l'égard de
» ceux qui feront payés après les baux finis,
» foit que la demande en ait été faite pen-
» dant le cours des baux, foit dans les trois
» années accordées aux fermiers pour faire
» leur demande, la prefcription des deux
» années commencera à courir du jour du
» payement.
XXIII. » Veut Sa Majefté, que le pré-
» fent Arrêt foit exécuté, à commencer du
» premier Janvier 1751, dans toutes les
» Provinces & Généralités du Royaume,
» même dans les Provinces de Flandres,
» Hainault, Artois, & dans le Comté de
» Bourgogne «.
Le bail à cens d'un Fief n'engendre point
de droits de Francs-Fiefs, quand il n'excéde point ce que les Coutumes permettent au
Seigneur d'aliéner en fe jouant de fon Fief.
Différens Arrêts du Confeil des 26 Septembre 1730, 16 Octobre 1731, 10 Mars 1733,
& 5 Mars 1737, l'ont ainfi jugé. Voyez
auffi l'art. 19 du Réglement du 21 Janvier
1738.
Le droit de Franc-Fief n'eft dû que pour
raifon du champart Seigneurial, & non pour
le champart foncier. Voyez les deux Arrêts
du Confeil des 30 Mai 1724, & premier
Janvier 1754, rapportés dans la Jurifprudence du Confeil, tome 2, page 404.
Le Franc-Fief eft dû pour le Franc-aleu
noble poffédé par un Roturier; mais il n'eft
pas dû pour les Francs-aleux roturiers. Le
Confeil l'a ainfi plufieurs fois décidé, & notamment en faveur de Laurent Fontaine,
pour le moulin bannal de Maflay-le-Roi,
par Arrêt rendu le premier Juin 1756.
Le Fermier du Domaine peut décerner
des contraintes contre les redevables du droit
de Franc-Fief, pour s'en faire payer; mais
ces contraintes doivent être vifées par les
Intendans des Provinces auxquels la connoiffance des conteftations concernant le recouvrement de ces fortes de droits, eft attribuée, fauf l'appel au Confeil, fuivant des
Arrêts du Confeil des 4 Novembre 1710,
& 5 Janvier 1712.
Ceux qui doivent des droits de Francs-

_____

(a) Un autre Arrêt du Confeil du 5 Avril 1723, avoit
ordonné que les Roturiers, poffédans Fiefs & biens nobles
à titre de propriété, feroient tenus de payer les droits de
Francs-Fiefs, nonobftant la claufe portant réferve d'ufufruits en faveur de perfonnes nobles . . . .
. . . .

Fiefs, ne peuvent se pourvoir contre les contraintes décernées contr'eux par les Fermiers, qu'en consignant le quart des sommes portées auxdites contraintes, à moins qu'ils ne se trouvent devoir être déchargés du total du droit sur le fondement de leur qualité, ou d'une exemption particuliere. Voyez la Déclaration du 9 Mars 1700, & l'art. 10 de l'Edit du mois de Mai 1708.

Des Arrêts du Conseil des 23 Janvier 1714, & 6 Octobre 1722, ont ordonné que les redevables des droits de Francs-Fiefs qui prétendoient être trop taxés, seroient tenus de se pourvoir dans le mois de la signification de la contrainte par Requête, devant les Intendans, & de faire statuer sur leurs oppositions dans deux mois, sinon qu'ils pourroient être contraints purement & simplement pour le tout : mais ces dispositions générales ne sont que comminatoires.

Il y a beaucoup de Charges qui exemptent ceux qui en sont pourvus, du payement des droits de Francs-Fiefs; telles sont, par exemple, celles qui annoblissent les titulaires. Il y a un Arrêt rendu le 30 Avril 1697, qui décharge M. Brodard, Maître des Comptes, des taxes & contraintes faites contre lui pour le payement de 30 liv. à quoi il avoit été taxé pour le droit de Franc-Fief, qu'on prétendoit exiger de lui, nonobstant sa qualité, à cause de la Terre d'Esely.

Quant aux Offices qui ne donnent pas la noblesse, il faut que l'Edit de création de ces Offices en contienne l'exemption expresse; autrement l'Officier qui en est revêtu, est sujet aux Francs-Fiefs. Des priviléges généraux n'en affranchissent point sans une exemption spéciale.

On peut sur cela consulter les Edits des mois d'Août 1692, & Mai 1708; la Déclaration du 9 Mars 1700; l'Arrêt du Conseil du 11 Juillet 1721; un autre Arrêt rendu au Conseil le 17 Mars 1739, contre l'Université de Nantes. Il y a d'ailleurs une Décision du Conseil du 22 Avril 1750, contre le sieur Dubois, Professeur en l'Université d'Angers, & contre les Doyen & Professeurs de ladite Université.

Les Gentilshommes Etrangers non reconnus en France, & qui n'ont pas fait regitrer leurs Lettres de Noblesse, sont sujets au droit de Franc-Fief; au moins cela a été ainsi jugé contre un Gentilhomme Lorrain, par un Arrêt du Conseil du 18 Octobre 1735.

Il y a plusieurs des Officiers Commensaux de la Maison du Roi, de la Reine & des Princes, qui ont ce qu'on nomme Maison, (voyez Commensaux); & même des Militaires qui sont affranchis, & qui ont été jugés exempts du droit de Franc-Fief. De ce nombre sont :

1°. Les Fourriers de la Maison du Roi, suivant un Arrêt du Conseil du 17 Février 1694.

2°. Les Maréchaux-des-Logis de la Maison du Roi, suivant un Arrêt du Conseil du 15 Septembre 1693.

3°. Les Gentilshommes de la Grande-Venerie, suivant les Arrêts du Conseil des 13 Décembre 1695, & 15 Décembre 1723; un Sous-Lieutenant de la Grande-Venerie a aussi été jugé exempt de ce droit, par Arrêt du Conseil du 9 Août 1723.

4°. Les Porte-manteaux ordinaires du Roi, suivant un Arrêt du Conseil du 19 Mars 1694.

5°. Les Gardes de la Porte du Roi, suivant des Arrêts des 22 Juin 1694, & 21 Avril 1719.

6°. Les Gentilshommes-Servans ordinaires du Roi, suivant des Arrêts des 10 Août 1694, 21 Avril 1719, & 30 Sept. 1721.

7°. Les Valets-de-Chambre du Roi & leurs veuves, suivant l'Arrêt du Conseil du 13 Novembre 1696, & une Décision du Conseil du 6 Juin 1731.

8°. Les Valets de Garde-Robe du Roi, suivant l'Arrêt du Conseil du 18 Février 1697.

9°. Les Huissiers de la Chambre, ceux du Cabinet, & les Valets-de-Chambre de feue Madame la Duchesse de Bourgogne, suivant un Arrêt du Conseil du 14 Janvier 1702.

Le Capitaine-Lieutenant des Gardes de la Prévôté de l'Hôtel, suivant un Arrêt du 19 Septembre 1702.

10°. Les Huissiers de la Chambre du Roi, suivant un Arrêt du 21 Février 1702.

11°. Les Fourriers de la Maison de Madame la Duchesse de Bourgogne, suivant l'Arrêt du Conseil du 30 Octobre 1702.

12°. Les Maîtres-d'Hôtel de M. le Duc

d'Orléans, suivant un Arrêt du Conseil du 29 Avril 1704.

13°. Les Valets-de-Chambre du même Prince, suivant un Arrêt du Conseil du 17 Avril 1717.

Les Exempts des Gardes de la Prévôté de l'Hôtel, suivant des Arrêts des 9 Novemb. 1717, & 5 Février 1718 (a).

14°. Les Chevaux-Légers de la Garde du Roi, suivant un Arrêt du Conseil du 29 Octob. 1720, des Lettres-Patentes du mois d'Avril 1721, & plusieurs Décisions du Conseil.

15°. Les Gendarmes de la Garde du Roi, suivant un Arrêt du Conseil du 20 Octobre 1730.

16°. Les Garçons de la Chambre du Roi, suivant un Arrêt du Conseil du 18 Mai 1699.

Grand nombre de Décisions du Conseil avoit ordonné qu'il seroit sursis au recouvrement du droit de Francs-Fiefs demandé aux Gardes du Corps & aux Mousquetaires; mais, par Arrêt du Conseil du 27 Janvier 1758, revêtu de Lettres-Patentes du mois de Février suivant, registrées en la Cour des Aides, le 16 Mars de la même année 1758, les Gardes du Corps employés dans les Etats registrés en la Cour des Aides, & ceux qui sont pourvus de Lettres de vétérance, ont été maintenus dans tous leurs droits & privilèges, & notamment dans l'exemption du droit de Francs-Fiefs.

Les Officiers Commensaux de la Maison du Roi & de celles des Princes & Princesses, qui sont en même-temps pourvus d'autres Offices, soit de Judicature, de Police ou de Finance, perdent leurs privilèges & l'exemption du droit de Francs-Fiefs; au moins le Conseil l'a ainsi décidé par Arrêt du 2 Mai 1752, contre un Fourrier des logis du Roi & Receveur des Tailles de Montdidier. On peut encore sur ce point particulier consulter la Décl. du 23 Oct. 1680, les Edits des mois d'Août 1705, art. 8, & Sept. 1706, &c.

D'autres Officiers Commensaux de la Maison du Roi & de celles des Princes ont été condamnés à payer le droit de Francs-Fiefs, nonobstant l'exemption qu'ils reclamoient : de ce nombre sont,

1°. Les Contrôleurs de la Maison de M.

le Duc d'Orléans, par une Décision du Conseil du 18 Janvier 1718.

2°. L'Ecuyer Cavalcadour de Madame la Duchesse d'Orléans, par une Décision du Conseil du 16 Janvier 1717.

3°. Les Conseillers de feu M. le Duc d'Orléans, par des Décisions du Conseil des 4 Février 1722 & 7 Mai 1724.

4°. Les Ecuyers de la Grande Ecurie du Roi, par Arrêt du Conseil du 15 Mars 1729.

5°. Les veuves des Huissiers de la Maison de feue Madame, par une Décision du 28 Octobre 1725.

6°. Les Contrôleurs de la Bouche du Roi, par une Décision du 8 Février 1728.

7°. Les Hérauts d'Armes par une Décision du 24 Janvier 1717.

8°. Les Piqueurs au vol de la pie, par un Arrêt du Conseil du 15 Février 1724; & les Piqueurs au vol pour corneille, par Arrêt du Conseil du 27 Mars 1725.

9°. Les veuves des Gendarmes de la Garde du Roi, par des Décisions des 26 Août 1728 & 22 Janvier 1730.

10°. Les veuves des Chevaux-Légers de la Garde du Roi, par une Décision du 19 Août 1731.

11°. Les Gentilshommes des toiles de chasse & pavillon du Roi, par une Décision du 4 Mars 1744.

L'Ecuyer Cavalcadour de S. A. R. Madame la Duchesse d'Orléans a été condamné à payer le droit par une Décision du Conseil du 23 Janvier 1744.

Le sieur Bouloir, Exempt de la Connétablie, a été condamné à payer le droit, par une Décision du 28 Juillet 1745.

Le sieur François, Chef de fruiterie, a été condamné à payer par une Décision du 19 Septembre 1745.

Les Gardes à Cheval de la Grande Venerie ont été condamnés, par Décision du 28 Janvier 1741.

Le sieur Dubreuil de Gauliac, Lieutenant de Robe-Courte de la Capitainerie Royale des Chasses de la Varenne du Louvre, a été condamné à payer le droit de Francs-Fiefs, par Arrêt du Conseil du 4 Septembre 1759.

(a) Le 15 Février 1719, il est intervenu un autre Arrêt du Conseil, qui a condamné le sieur Bernard, Capitaine, Exempt des Gardes de la Prévôté de l'Hôtel, à payer le droit.

Les Conſeillers, Avocats & Procureurs du Roi en la Chambre du Domaine & du Tréſor à Paris, ont été confirmés dans l'exemption du droit de Francs-Fiefs, par un Edit du mois d'Avril 1519.

Les Officiers de la Table de Marbre de Dijon jouiſſent d'une pareille exemption, ſuivant un Arrêt du Conſeil du 8 Juillet 1749; & le ſieur Marchais, Conſeiller honoraire de la Table de Marbre de Paris, en a été auſſi jugé exempt, par Arrêt du Conſeil du 19 Mai 1750.

Un ſieur Bouchet, roturier, qui vouloit acquérir la Terre de Salzin, compoſa des droits de Francs-Fiefs avec les Fermiers, avant de paſſer le Contrat; & après l'acquiſition, il leur paya la ſomme convenue. Après ce payement, un Gendarme qui avoit obtenu la ceſſion du droit de Prélation, exerça le retrait féodal, & rembourſa à l'acquéreur ce que celui-ci avoit payé pour les Francs-Fiefs; mais comme ce Gendarme étoit perſonnellement exempt du payement de ces droits, il en demanda la reſtitution; & l'Intendant de Riom y avoit condamné les Fermiers: mais, par Arrêt du Conſeil, rendu le premier Décembre 1739, l'Ordonnance de l'Intendant de Riom fut infirmée, & les Fermiers déchargés de la demande en reſtitution des Francs-Fiefs qu'ils avoient reçus.

Les Roturiers qui poſſédent des Fiefs en Artois, ne doivent les droits de Francs-Fiefs, ſur le pied du revenu d'une année, qu'une ſeule fois; & quand une fois ce droit a été payé, les héritiers directs ou collatéraux de celui qui l'a acquitté, ne le doivent point. Cette exception à la régle générale en leur faveur, a pour fondement les diſpoſitions de l'article 194 & ſuivans de leur Coutume. On peut encore ſur cela conſulter les Déclarations des 22 Novembre 1695 & premier Janvier 1700, & les Arrêts du Conſeil des premiers Juin 1680, 15 Janvier 1681, & 15 Mars 1723.

L'exemption du droit de Francs-Fiefs a été accordée en différens temps aux habitans de quelques Villes du Royaume, par nos Rois; mais la Juriſprudence actuelle du

Conſeil étant de regarder ce droit comme inaliénable, on aſſujettit à le payer, les Bourgeois des Villes qui n'ont pas obtenu du Roi régnant la confirmation de leur exemption. On penſe que le Souverain ne peut en affranchir que pendant ſon régne; & comme les Bourgeois de Paris n'ont pas obtenu la confirmation de leur exemption à cet égard, ils ont été condamnés à payer ce droit, par différens Arrêts du Conſeil.

Les Bourgeois de Toulouſe ont été plus heureux. L'exemption du droit de Francs-Fiefs leur a été confirmée par Lettres-Patentes du mois de Septembre 1717, regiſtrées au Parlement de Toulouſe le 4 Décembre ſuivant. Quelques autres Bourgeois ont obtenu la même grace.

D'autres Villes, dont les Habitans n'avoient aucune exemption du droit de Francs-Fiefs, ont été admiſes par une Déclaration de l'année 1672, à payer en corps & par forme d'abonnement, une redevance annuelle pour le droit de Francs-Fiefs des biens nobles appartenans à leurs Habitans roturiers.

Les Bourgeois & Habitans des Villes d'Angers & du Mans ſont abonnés à perpétuité pour tous les biens nobles par eux poſſédés, & pour ceux qu'ils acquerront ou poſſéderont à l'avenir, en quelque lieu du Royaume qu'ils ſoient ſitués, moyennant 1000 liv. pour chacune de ces deux Villes. L'abonnement de la premiere a été admis par Arrêt du Conſeil du 19 Septembre 1730 (a); & celui de la ſeconde, par Arrêt du Conſeil rendu le 18 Septembre 1731.

Ceux de Peronne ſont auſſi abonnés à perpétuité, mais pour les Fiefs de la Généralité d'Amiens ſeulement, moyennant 300 liv. par an, ſuivant un Arrêt du Conſeil du 26 Septembre 1730; ſur quoi il faut remarquer que, par un autre Arrêt du Conſeil du 18 Septembre 1731, il a été ordonné que les Habitans des Fauxbourgs & Banlieue de Peronne, & notamment ceux des Villages de Biache, de Meſmin, de Sainte-Radegonde & de Hallé, jouiroient & ſeroient compris dans la même exemption.

Les Bourgeois & Habitans de la Ville, Fauxbourgs & Franchiſe d'Orléans ſont

_____

(a) Voyez l'Arrêt du Conſeil du 26 Février 1737, qui juge que, pour profiter de l'abonnement des Francs-Fiefs & de l'exemption accordée à la Ville d'Angers, il faut en

être originaire & y demeurer, ou au moins y faire une réſidence actuelle, & y payer les charges depuis dix années conſécutives.

auſſi abonnés à perpétuité, moyennant 2000 liv. par an pour les Fiefs de la Généralité d'Orléans ſeulement, ſuivant un Arrêt du Conſeil du 7 Décembre 1728.

Ceux de Chartres ſont auſſi abonnés pour les Fiefs de la Généralité d'Orléans, moyennant 1500 liv. par an.

Ceux de la Province du Perche ſont abonnés pour les Fiefs Bourſaux ſeulement, moyennant 40000 liv. pour vingt ans, ſuivant l'Arrêt du Conſeil du premier Décembre 1745; (les autres biens nobles ſitués dans cette Province payent le Franc-Fief, quand ils appartiennent à des Roturiers).

Les Bourgeois & Habitans d'Abbeville ont été abonnés par Arrêt du 26 Septembre 1730, pour les Fiefs de la Généralité d'Amiens, moyennant 1500 liv. par chacun an avec les deux ſols pour livre. Leur Arrêt eſt conçu dans les mêmes termes que celui pour Peronne.

Tous ces abonnemens ſont perſonnels aux Habitans; & pour être réputés Habitant, il faut être originaire du lieu, & y faire une réſidence actuelle. On répute auſſi Habitans ceux qui, ſans être originaires des Villes, y font une réſidence réelle depuis dix ans. V. l'Arrêt du Conſeil du 26 Septembre 1737, pour Angers; & celui du 14 Août 1744, pour le Mans.

Le droit de Francs-Fiefs étoit autrefois inconnu en Beaujolois. Les Habitans de cette Province en étoient affranchis par des Lettres-Patentes de Louis XI, des mois de Novembre 1465, & Juillet 1466, regiſtrées au Parlement. Différens Arrêts de la Cour avoient jugé en conformité de cette exemption dans le ſeizième & dans le dix-ſeptième ſiécles, & même par des Déciſions du Conſeil des 29 Décembre 1723, & de l'année 1724, ils avoient été déclarés exempts de ce droit; mais, par Arrêt contradictoire du Conſeil du 10 Octobre 1758, le ſieur de Brun & le ſieur Pezant, Bourgeois de Villefranche, ont été condamnés de le payer, nonobſtant les Lettres-Patentes d'exemption accordée aux Habitans du Beaujolois.

La connoiſſance des conteſtations qui s'élevent ſur la perception des droits de Francs-Fiefs, eſt attribuée aux Intendans des Provinces, par la Déclaration du 9 Mars 1700. Voyez l'article 23.

L'Auteur du Dictionnaire du Domaine eſt entré dans un très-grand détail, & rapporte pluſieurs déciſions nouvelles ſur cette matiere à l'article Francs-Fiefs.

FRAUDE.
V. Dol.

C'eſt ainſi qu'on nomme une tromperie cachée & ſubtile.

L'intention des Légiſlateurs excepte toujours le Dol & la Fraude; autrement l'injuſtice trouveroit ſon appui dans la Loi même; & les remédes introduits contre le mal, produiroient de ſeconds maux. V. Dolive, liv. 1, chap. 31.

Coquille, ſur l'art. 40 du chap. 4 de la Coutume de Nivernois, dit que, ſelon les régles de droit, la Fraude ne peut être prouvée que par conjectures; parce que ceux qui veulent frauder, travaillent de tout leur pouvoir pour la couvrir; & elle ne ſeroit pas Fraude, dit Dumoulin, ſi elle n'étoit occulte. Dumoulin, ſur Paris, titre des Fiefs, art. 9.

Il y a une eſpéce de Fraude qu'on a nommée Normande, parce qu'elle étoit d'un uſage fréquent en Normandie, & qu'elle avoit pour objet de priver les parens lignagers de l'exercice du retrait, & les Seigneurs, des droits qui leur ſont dûs pour certaines aliénations de leurs mouvances & de l'exercice du retrait féodal. Sur cette eſpéce de Fraude, voyez des Déclarations des 14 Janvier 1698, 10 Janvier & 26 Mai 1725, & ſur tout celle du 27 Juillet 1731.

Cette derniere Déclaration contient ſept articles; elle eſt dans le Recueil des Ordonnances de Louis XV.

FRET.

Le Fret n'eſt autre choſe que le loyer des vaiſſeaux & bâtimens de Mer.

Il doit être réglé par la Charte-partie, qui n'eſt autre choſe que le bail du vaiſſeau, ou par le Connoiſſement. V. Connoiſſement.

L'Ordonnance de la Marine nomme auſſi le Fret, Nolis: elle contient des diſpoſitions très-étendues ſur cette matiere. V. le Tit. 3 du Livre 3.

FRUITS.

V. *Imputation , Intérêts , Meubles , Saisie-Féodale & Vente.*

On les diftingue en Fruits naturels & en Fruits civils.

Les Fruits naturels font ceux que la nature produit fans culture & fans l'induftrie des hommes, comme le bois , le foin , le Fruit des arbres , &c.

Il y a d'autres Fruits naturels qu'on nomme auffi Fruits induftriaux ; parce qu'ils ont befoin de l'induftrie & des foins de l'homme , fans lefquels la terre ne les produiroit pas. Tels font les grains , les raifins , &c.

Les Fruits civils font ceux qui ne font Fruits que par la difpofition de la Loi , & qui font produits non pas par la chofe. Tels font les loyers de maifons , les fermages , les arrérages de rentes , les intérêts , &c.

Tous ces Fruits font réputés meubles, à l'exception des Fruits naturels pendans par racines ou aux arbres. Sur cela voyez *Meubles.*

Les poffeffeurs de mauvaife foi , & leurs héritiers , doivent , lorfqu'ils font évincés d'un héritage , reftituer non-feulement tous les Fruits qu'ils ont perçus depuis leur poffeffion , mais encore tous ceux qu'ils auroient dû percevoir , parce que leur négligence ne doit pas nuire au vrai propriétaire.

Les Fruits de la derniere année doivent fe reftituer en efpéce , foit que la poffeffion ait été de bonne ou de mauvaife foi ; & à l'égard des précédentes , il fuffit d'en rendre la valeur , eu égard aux quatre faifons & prix commun de chacune année , fuivant l'extrait des regiftres qui fe tiennent pour fixer la valeur des gros Fruits dans les endroits où il y a marché , à moins qu'il n'ait été autrement ordonné ou convenu entre les Parties. Ordonnance de 1667, titre 30, article 1.

Les Fruits naturels peuvent produire des intérêts , quand la valeur en eft déterminée par une appréciation , fi on les demande.

Mais on diftingue dans les Fruits civils : par exemple , les arrérages des rentes conftituées & les intérêts ne fçauroient produire d'intérêts , quelque demande qu'il en foit formée , à moins que ce ne foit en faveur des pupilles contre le tuteur ; mais les loyers de maifons & autres héritages peuvent en produire , quand il y a demande.

Le poffeffeur même de mauvaife foi qui rend les Fruits , peut répéter les labours & femences , les frais de moiffon , les dépenfes utiles qui ont amélioré les fonds, fuivant les circonftances ; par conféquent les néceffaires , les rentes fonciéres , feigneuriales & autres charges dont les héritages étoient tenus , & généralement tout ce que le vrai propriétaire auroit lui-même été obligé de payer , s'il avoit été en poffeffion.

A l'égard du poffeffeur de bonne foi , on ne l'affujettit de rendre les Fruits de l'héritage dont il eft évincé , que depuis la demande , parce que l'on penfe univerfellement que le poffeffeur de bonne foi fait les Fruits fiens : cette opinion générale fait même qu'on adjuge au poffeffeur de bonne foi les Fruits civils échus au temps de la demande , quoiqu'ils ne lui ayent pas été payés.

Les Auteurs , (Baffet , Ricard , & autres) font d'avis que l'appellé à une fubftitution , pour jouir après le décès d'un grevé , ne gagne les Fruits que du jour de la demande en ouverture de fubftitution ; c'eft l'opinion commune , & la nouvelle Ordonnance fur les fubftitutions l'a ainfi décidé. V. *Subftitution.*

Le donataire mutuel , dans la Coutume de Paris , ne gagne les Fruits que du jour de la préfentation d'une caution fuffifante. V. *Don mutuel.*

L'acquéreur d'un héritage qui le délaiffe , après être troublé par une demande en déclaration d'hypothéque , fait les Fruits fiens , jufqu'au jour du délaiffement , s'il ne contefte pas la demande ; mais s'il la contefte , alors il ne les fait que jufqu'au jour de la demande , parce que fa conteftation le fait regarder comme conftitué en mauvaife foi , du jour qu'il a connoiffance de la demande.

A Paris , le tiers-détenteur , affigné en déclaration d'hypothéque , qui contefte , doit les arrérages de la rente pour laquelle il eft actionné , échus pendant tout le temps de fa poffeffion , fi mieux il n'aime rendre les Fruits.

Fruits. Voyez l'article 103 de la Coutume.

On accorde les gages des Officiers, à compter du jour de leurs provisions ; mais les émolumens casuels ne leur font dûs que du jour de la réception, parce qu'ils font une suite de l'exercice.

Les Fruits des legs, soit naturels, soit civils, n'appartiennent, & ne font dûs aux légataires que du jour de la demande en délivrance, à moins qu'il ne soit autrement ordonné par le testament, ou qu'il ne s'agisse d'un legs de rentes viageres. Voyez *Legs.*

Les Fruits pendans par les racines sur les héritages dont jouit une veuve à titre de douairiere, n'appartiennent pas à ses héritiers, si elle décéde avant la récolte, quand même ils seroient en maturité : ils appartiennent aux héritiers du mari, en remboursant les labours & semences.

Dans les successions des Ecclésiastiques, les Fruits de leurs Bénéfices se partagent entre les héritiers du Bénéficier & le successeur au Bénéfice, à proportion du temps de la desserte, sans examiner le temps de la prise de possession ; & on compte l'année, à commencer du premier Janvier. C'est le Droit commun ; mais il y a des Provinces où l'usage est différent pour ce partage de Fruits ; il faut s'y conformer dans ces Pays. La Combe est entré sur cela dans quelque détail, Recueil canonique, verb. *Fruits.* Voyez aussi les anciens Mémoires du Clergé, tome 2, seconde partie, page 555 & suivantes.

La coupe des bois qui reviennent, est comptée au nombre des Fruits, & appartient à l'usufruitier, mais non la futaye.

De quels jours se rendent les Fruits d'un héritage, lorsqu'il y a lésion d'outre moitié ? V. *Lésion.*

Le mari peut disposer des Fruits & revenus du bien de sa femme, comme bon lui semble, s'ils font communs en biens ; parce que ces Fruits tombent dans la communauté dont il est maître. V. *Mari.*

Au nombre des Fruits, dont le mari est maître, n'est pas comprise la Futaye des bois qui font partie des fonds.

Quels Fruits appartiennent au Seigneur suzérain qui a fait saisir féodalement ? V. *Saisie Féodale.*

Le Samedi 26 Juin 1756, on a plaidé au Châtelet la question de sçavoir si les profits & intérêts des fonds d'avance, qu'on accorde à la succession d'un Fermier Général pendant le reste de l'année dans laquelle il décéde, font des Fruits qui appartiennent en totalité à la veuve donataire mutuelle, ou si c'est un capital appartenant à la succession, dont la donataire mutuelle n'a que l'usufruit. On a jugé (conformément aux Conclusions de M. le Pelletier de S. Fargeau, Avocat du Roi), que ces profits forment un capital. La Sentence a ordonné qu'il en seroit fait une masse, dont la veuve jouiroit sa vie durant, en donnant caution, si mieux elle n'aimoit qu'il en fût fait emploi, les héritiers du mari présens ou appellés, pour par elle jouir du revenu sa vie durant, & la nue propriété en appartenir aux héritiers.

La raison qui a déterminé, c'est qu'il n'y a que ce qui se paye au propriétaire, en conséquence du bail qu'on regarde comme Fruits. Ce bail, relativement au Fermier, est considéré comme un marché dont les profits ou les pertes peuvent faire, ou augmenter, ou diminuer les fonds du Fermier ; mais cette augmentation n'étant pas produite par des deniers aliénés, ou par un immeuble réel ou fictif, on ne doit pas la regarder comme un Fruit.

Il y avoit plus de difficulté sur le produit des fonds d'avance, pour lesquels l'usage est de donner aux Fermiers Généraux dix pour cent par an ; & la difficulté naissoit de ce qu'on donne communément le nom d'intérêts à ce produit. Des intérêts font des Fruits, disoit-on ; mais M. l'Avocat du Roi a fait voir que ce nom d'intérêt étoit impropre, puisque personne n'en étoit débiteur ; que c'étoit au contraire un prélevement provisoire sur les profits de la Ferme, sauf à les rapporter, s'il y avoit de la perte, à la fin du bail ; qu'enfin on ne pouvoit pas faire produire des intérêts au payement fait d'avance par un Fermier ; ce qui n'est qu'une sorte de cautionnement, & dont le montant doit être déduit sur les dernieres jouissances du bail.

FULMINATION.

C'est le nom qu'on donne à la Sentence, par laquelle un Juge d'Eglise ordonne que

Y

des Bulles, *Refcrits* ou Difpenfes de Cour de Rome, feront exécutés; ainfi ce mot eft affez fynonime à enthérinement. Sur cette matiere, voyez le Recueil Canonique de la Combe, article *Official*, verb. *Fulmination*.

On nomme encore Fulmination, la publication & l'Aggrave d'une Excommunication.

FUNÉRAILLES.

Voyez *Deuil, Enterrement, Frais-Funéraires, Litres & Sépultures.*

FURIEUX.

Voyez *Démence, Infenfé & Interdit.*

On nomme Furieux ceux qui font fujets à des emportemens violens caufés par un déréglement d'efprit & de raifon.

Il y a des Furieux qui font totalement privés de la raifon, & qui ne fçavent ce qu'ils font. Il faut renfermer ceux-ci, pour qu'ils ne nuifent à perfonne; & s'ils font du mal, plufieurs Loix autorifent les Magiftrats à leur remettre la peine de leur crime par un effet de la jufte pitié qu'infpire leur deftinée malheureufe. On trouve un exemple de cette indulgence dans l'Arrêt du 23 Février 1690, rapporté par Augeard, édition *in-folio*, tom. 1, n. 31.

Il y a d'autres Furieux qui ne font tels, que parce qu'ils font méchans. Leur fureur n'a qu'un feul objet, que leur fuggerent leur impiété & leur malice. Une pareille fureur n'eft qu'un tranfport de rage, qui n'empêche pas qu'au fond l'homme Furieux ne jouiffe de fa raifon. La fureur de ceux-ci doit être punie, parce qu'elle fait leur crime. Auffi voyons-nous que, par un Arrêt rendu en 1503, & rapporté dans les dernieres éditions de Bouchel, la Cour a condamné Edmont la Foffe à être brûlé vif, pour avoir furieufement ôté l'hoftie des mains d'un Prêtre qui célébroit la Meffe. Les Médecins, qui avoient vifité la Foffe, l'avoient cependant jugé maniaque & infenfé. Voyez M. de Catelan, liv. 9, chap. 10.

En 1545, la Cour rendit un autre Arrêt, par lequel elle condamna aux Galeres un fou qui fe difoit le Meffie; & en 1548 elle condamna un autre infenfé à être brûlé vif,

pour avoir renverfé une image de Notre-Dame, dans la grande Eglife de Paris.

Les Furieux condamnés par ces Arrêts, en vouloient à la Religion; c'étoit-là leur folie. Ils n'étoient pas plus excufables que celui qui eft Furieux contre un autre homme, & qui l'affaffine dans fa fureur.

Quoique le Furieux de la premiere efpéce ne foit pas puni corporellement pour fes actions, qui feroient criminelles dans un homme fenfé, il n'eft cependant point affranchi des dommages & intérêts qui en réfultent. Boniface, tom. 2, part. 3, pag. 15, rapporte un Arrêt rendu le 24 Janv. 1654, par lequel un infenfé (qui, dans un moment de fureur, avoit donné un coup d'épée à un Particulier), fut condamné en des dommages & intérêts.

Il n'eft pas permis aux premiers Juges de décharger les accufés de crimes, fous prétexte de démence ou de fureur; au contraire, les Arrêts leur ordonnent de juger à la rigueur, fauf à la Cour d'ordonner fur l'appel l'inftruction de ce fait juftificatif. Il y a à ce fujet trois Arrêts rendus les 11 Février 1732, 12 Septembre 1733, & 8 Juillet 1738. V. *Démence.*

FUTAYE.

V. *Eaux & Forêts, Bois, Tiers & Danger, Ufages,* &c.

Le nom de Futaye fe donne communément aux bois qu'on a laiffé croître, & qui eft plus âgé que les taillis ordinaires (a).

La Coutume de Paris ne fixe pas l'âge que le bois doit avoir pour être réputé Futaye. Celle de Nivernois, chap. des Bois, art. 8, n'exige que 20 ans depuis la derniere coupe; celles de Troyes, art. 88; de Sens, art. 152; & d'Auxerre, art. 267, difent que les bois font réputés Futayes, quand ils font bons à *maifonner*, (bâtir) *quand ils portent glandée*, & quand il n'y a mémoire de coupe & de culture.

La Coutume du Grand-Perche, après avoir décidé qu'on peut couper les taillis *de fept ans en fept ans*, dit qu'après trois coupes le bois *n'eft plus réputé bois taillis, ains bois de Futaye*. Voyez les articles 74 & 75.

(a) La Coutume de Nevers nomme Bois de garde, ce qu'on nomme ailleurs Futaye. V. le Titre des Bois, art. 3, 4, 5, 6, 19 & fuivans; & les Bois taillis, elle les appelle Bois de coupe. V. les art. 7 & 8 du même chapitre.

Celle de Blois, art. 78, répute Futaye les bois âgés de plus de trente ans. Loyfel a fait de cette difpofition une maxime de notre Droit, Inftitutions Coutumieres, liv. 2, tit. 2, n. 31. Voyez les Notes de Carondas fur le chap. 6 du premier livre du grand Coutumier.

Lorfqu'un bois de haute Futaye, appartenant à l'un des Conjoints, eft coupé, le prix n'entre point en communauté; & le remploi en eft dû, parce que ces fortes de bois font réputés immeubles, & font partie des fonds.

Cependant, quand ils font coupés, ils font meubles. Le prix ne s'en diftribue point par ordre d'hypothéque, fi ce n'eft dans les pays où les meubles font fufceptibles d'hypothéque; & il n'eft dû au Seigneur fuzerain aucuns droits Seigneuriaux à l'occafion de ces ventes.

Il a été jugé par un Arrêt rendu le 8 Mai 1725, plaidans Mcs le Roi & Normant, que les bois de haute Futaye, vendus & coupés pendant une faifie féodale, ne faifoient point partie du revenu ordinaire, & par conféquent n'appartenoient point au Seigneur faififfant féodalement, le Seigneur ne devant prendre que les fruits ordinaires, c'eft-à-dire, les revenus annuels.

Cet Arrêt eft rendu pour le reffort de la Coutume de Dunois.

L'Emphitéote ne peut pas couper la Futaye.

Par Arrêt du 17 Juillet 1727, rendu au rapport de M. Pucelle, entre M. le Maître de Perfac & les fieur & dame d'Eftaing, il a été ordonné que les fieur & dame d'Eftaing feront tenus, dans un an, de faire emploi du prix d'une Futaye coupée dans la terre de Bretigny, qu'ils avoient hypothéqué à une rente au denier 50, conftituée en 1720, finon l'Arrêt les condamne au rembourfement. Les biens qui reftoient, étoient néantmoins beaucoup plus que fuffifans pour affurer la rente de M. de Perfac; mais on a jugé que le débiteur ne peut diminuer la fûreté de fon créancier.

Il a été rendu un femblable Arrêt, le 2 Janvier 1756, en faveur de M. le Préfident de Novion, contre le fieur Merand des Fontaines.

M. de Freminville rapporte un Arrêt rendu au Parlement de Dijon, le 19 Décembre 1749, par lequel il dit que ce Tribunal a enthériné des Lettres de Refcifion obtenues par le fieur de Chaftenay, Seigneur de Saint-Vincent, fur le fondement d'une léfion d'outre moitié dans la vente qu'il avoit faite d'une Futaye. Voy. la Pratique des Terriers, tome 3, pag. 223, édition de 1753.

En général, il n'eft point dû de droits Seigneuriaux pour la vente des Futayes; mais il en eft dû en Dauphiné, en Normandie, à Bordeaux, & en quelques autres endroits.

Voyez Automne fur l'art. 87 de la Coutume de Bordeaux; Morgues, fur les Statuts de Provence; Livonniere, &c.

F U Y E.
Voyez *Pigeons.*

C'eft une efpéce de petite voliere, dans laquelle on nourrit des Pigeons. Voyez *Colombier.*

G

G A B

GABELLES.
V. *Grenier à Sel.*

ON nomme Gabelles, le Droit que le Roi impofe & fait lever fur le fel.

L'Auteur du Dictionnaire Civil & Canonique dit » que ce Droit n'a pas été in-

G A B

» connu chez les autres Nations. Si nous » en croyons Pline, liv. 3, chap. 7, ç'a été » *Ancus Martius* qui l'a établi le premier; » & au rapport de Tite-Live, *Marcus Livius* ne fut appellé *Salinator*, que parce » qu'il impofa un tribut fur le fel, pendant » qu'il fut Cenfeur «.

Suivant Piganiol , cet impôt commença en France fous Philippe IV , en l'année 1286 (*a*).

Sous Philippe V , il fut de deux deniers par minot , & de quatre , fous Philippe VI , qui en 1331 établit des Greniers à fel.

Sous le Roi Jean , ce Droit fut de fix deniers , de huit deniers fous Charles V , de douze fous Charles VII , de beaucoup plus fous Louis XI , & de vingt deniers par muid fous François Premier , fuivant l'Ordonnance de 1542.

Henri II tira en 1553 une finance confidérable des Pays de Poitou , d'Aunis , Saintonge , Angoumois , Perigord , Haut & Bas Limofin , Haute & Baffe Marche , pour les exempter de toutes fortes d'impofitions fur le fel ; & ces Provinces , auffi-bien que celles d'Auvergne , de Guyenne , de Gafcogne & de Bretagne , font , à caufe de cela , nommées Pays rédimé.

Le Droit fur le fel a confidérablement augmenté , à proportion de l'augmentation des monnoies , fous les Rois fucceffeurs de Henri II.

Louis XIV , par fon Ordonnance du mois de Mai 1680 , a divifé la France en Pays de grandes Gabelles , de petites Gabelles , & exempts de Gabelles.

Le Pays de grandes Gabelles eft celui où le fel fe vend à plus haut prix. Il comprend les Généralités de Paris , Soiffons , d'Amiens , Châlons , Orléans , Tours , Moulins , Bourges , Dijon , Rouen & de Caën , (pour les Elections de Caën & de Bayeux feulement ; car , dans tout le refte de cette derniere Généralité , on ne paye que le Droit appellé de quart bouillon , pour le fel blanc fabriqué).

Le Pays de petites Gabelles eft celui où le prix du fel eft beaucoup plus bas que dans celui dont je viens de parler. Les Provinces qui compofent ce Pays , font le Lyonnois , la Provence , le Dauphiné , le Languedoc & le Rouffillon.

Enfin , le Pays exempt de Gabelles eft celui que j'ai dit être connu fous le nom de Pays rédimé.

Le fel ne fe diftribue pas d'une maniere uniforme dans les Pays fujets à la Gabelle. Dans certaines Provinces & Cantons , il y a des Greniers volontaires , où les particuliers font libres de prendre la quantité de fel que bon leur femble. Dans d'autres endroits , il y a des Greniers , qu'on nomme Greniers d'impôt , & dans ceux-ci , le fel s'impofe comme la taille ; chaque Paroiffe eft obligée d'en faire enlever la quantité fixée par fon impofition , pour être enfuite diftribuée & répartie , à peu près comme la taille , par des Collecteurs particuliers , qui font chargés d'en recouvrer le prix , & d'en compter aux Receveurs du Grenier à fel.

La connoiffance des procès qui naiffent fur le fait des Gabelles , eft attribuée à la Jurifdiction du Grenier à fel.

G A G E.

V. Gages & Appointemens , Dépôt , Domeftiques , Hypothéque , Privilége.

Le mot Gage , pris dans fa généralité , fignifie à peu près la même chofe qu'hypothéque , c'eft-à-dire , l'affectation de la chofe donnée pour fûreté d'un prêt , ou d'une autre dette ; & en Droit on donne fouvent le même fens à ces deux mots ; mais dans notre ufage , le mot Gage n'eft ordinairement employé que pour fignifier les chofes mobiliaires mifes entre les mains du créancier , pour fûreté de ce qui lui eft dû.

L'Ordonnance de 1673 , tit. 6 , art. 8 & 9 , ne permet de prêter fur Gage , que quand le prêt & le Gage font conftatés par acte paffé devant Notaires , avec minute ; mais ces difpofitions ne font fuivies , que lorfque le prêt fur Gage a été fait à un débiteur en faillite , peu de jours avant qu'elle fût ouverte.

Le créancier , muni d'un Gage , eft préféré à tous autres fur le prix qui provient de la vente de l'effet mis en Gage ; mais pour que ce privilége ait lieu en faveur du créancier , il faut :

1°. Que le Gage lui ait été donné fans fraude ; car fi l'effet avoit été volé , & mis en Gage furtivement , le propriétaire pourroit le revendiquer. V. fur cela un Arrêt rapporté par Bardet , tom. 1 , liv. 3 , ch. 130.

(*a*) Boulainvilliers dit que le droit de Gabelles ou Impôt fur le fel a été accordé par les Etats tenus fous Philippe de Valois en 1344 , pour durer pendant la guerre feulement , & que cette impofition fut imaginée par les Juifs. Hiftoire de France , par Boulainvilliers , tome 2 , page 406.

2°. Il faut que l'effet ait été remis au créancier pour sûreté de son dû; car s'il s'en trouvoit muni fortuitement, ou pour autre raison quelconque, son privilége cesseroit; ce ne seroit même plus alors un Gage. Voy. *Billet.*

Le privilége du créancier muni du Gage, cesse encore, si le Gage servoit à garnir la maison occupée par un locataire qui l'a mis en nantissement; dans ce cas, quoique l'effet mis en Gage appartînt à celui qui l'a remis à son créancier, le propriétaire, ou le principal locataire de la maison, dont le Gage a été tiré, peut le revendiquer dans un temps voisin de l'enlevement, pour exercer son privilége avant celui du créancier qui a prêté.

Lorsqu'il y a contestation sur la question de sçavoir si l'effet a été mis en Gage, on admet l'affirmation de celui qui s'en trouve muni, & cette affirmation décide, à moins qu'il n'y ait d'autres preuves écrites. Cessant la preuve par écrit, l'affirmation du créancier muni de Gage, est crue, même pour fixer ce qui lui est dû, pourvû que la créance qu'il dit avoir, n'excéde point la valeur du Gage; telle est la Jurisprudence du Châtelet.

Si le créancier muni d'un Gage, disoit qu'il lui est dû plus que ne vaut l'effet, il seroit regardé (pour cet excédent) comme un créancier sans titre, & le débiteur en seroit déchargé, en affirmant ne pas le devoir.

Le créancier muni d'un Gage, ne peut pas en disposer, ni le vendre sans le consentement du débiteur, propriétaire de l'effet; & si celui-ci refuse son consentement, le créancier ne peut faire vendre le Gage, qu'après l'avoir ainsi fait ordonner par le Juge.

Si le Gage n'étoit pas d'une valeur suffisante pour supporter les frais d'une vente judiciaire, le créancier pourroit faire ordonner qu'il lui resteroit pour le montant de l'estimation faite par une personne nommée par le Juge; tel est encore l'usage du Châtelet, & M. le Lieutenant Civil nomme ordinairement dans ces cas-là un Huissier-Priseur, pour apprécier la valeur du Gage.

Suivant les principes du Droit, le Gage est imprescriptible, & le débiteur est toujours bien venu à se dégager & à se libérer;

la faveur, dans ce cas, est pour le débiteur qui reclame sa chose, & qui demande à se libérer.

Le Gage empêche-t-il la prescription de la créance pour laquelle il est donné? Voyez *Prescription.*

Sur les Gages intermédiaires des Offices vacans, voyez la Déclaration des 12 Mars 1715, & 28 Août 1717.

GAGE-PLEGE.

En Normandie, on nomme Clameur de Gage-Plege, une demande en complainte. V. *Complainte.*

Le mot Gage-Plege est employé dans l'art. 28 de la Coutume de Normandie; & il signifie en cet endroit une convocation extraordinaire (assez semblable à ce qu'on nomme ailleurs Assises) que fait le Bas-Justicier dans le territoire d'un Fief, & non ailleurs, une fois par an, à l'effet d'élire un Prévôt, pour faire payer les rentes & redevances Seigneuriales dûes au Seigneur par ses censitaires, rentiers & redevables, & recevoir les nouveaux aveux & déclarations des censitaires.

Tous les vassaux sont obligés de comparoir à l'assemblée du Gage-Plege, ou en personne, ou par Procureur spécial. Voyez sur cela les articles 185 & 186 de la Coutume de Normandie, & l'art. 29 des Placités.

Les reconnoissances données aux Gages-Pleges n'empêchent pas les Seigneurs de faire faire les terriers, & d'exiger les aveux, dénombremens & déclarations de leurs vassaux, quand il y a des mutations qui y donnent lieu.

Les déclarations & reconnoissances qui se font aux Gages-Pleges, sont considérées comme Actes de Jurisdictions, & sont, en cette qualité, exempts du contrôle. Les Fermiers ont voulu les assujettir à cette formalité; mais il leur a été fait défenses de rien exiger pour raison de ces actes. Il y a à ce sujet un Arrêt du Conseil du 3 Juillet 1731.

GAGERIE (Saisie).

On nomme Gagerie, une Saisie de meubles & effets mobiliers qui differe de la Saisie-exécution, en ce qu'elle ne dépouille pas le propriétaire des meubles saisis & gagés, & en ce que le saisissant ne peut, ni les faire enlever, ni les mettre en la garde d'un étranger, ni les faire vendre, sans l'avoir ainsi fait ordonner avec le propriétaire, comme on le peut dans les saisies - exécutions. Voyez l'article 86 de la Coutume de Paris, & le titre 33 de l'Ordonnance de 1667.

Les effets saisis & gagés doivent donc être laissés en la possession de ceux qui en sont munis ; mais comme la Saisie met les choses sous la main de la Justice, le propriétaire ne les posséde plus qu'à titre de dépositaire & de gardien judiciaire ; c'est à ce titre seul que l'Huissier saisissant doit lui laisser les choses comprises dans son Procès-verbal.

Notre Coutume accorde à quelques créanciers, la faculté de faire saisir - gager les meubles & marchandises de leur débiteur, lors même qu'ils n'ont point de titre authentique : elle accorde ce privilége ;

1°. Au Seigneur Censier en la Ville & Banlieue de Paris ; & ce Seigneur peut, aux termes de l'art. 86, *procéder par voie de simple Gagerie, sur les meubles étant* dans les maisons de sa censive, *pour trois années d'arrérages du cens & au-dessous.*

2°. Au *propriétaire d'une maison par lui donnée à loyer* verbalement ou par écrit, & elle veut qu'il puisse faire saisir, *par voie de Gagerie,* les meubles étant *en ladite maison* appartenans à son locataire, pour les loyers à lui dûs. Coutume, *ibid.* art. 161.

Et même *s'il y a des sous-locataires*, il peut arrêter leurs meubles par la même voie : mais ils en auront main-levée, *en payant* ce qu'ils se trouveront devoir *pour leur occupation. Ibid.* art. 162.

Ceux qui louent des appartemens ou chambres garnies, peuvent aussi faire saisir-gager les effets qui y sont trouvés appartenans à leurs hôtes, & même leurs habits, linges & hardes, à l'exception de ceux dont ils sont couverts.

3°. Au créancier d'une rente foncière dûe sur une maison (située à Paris, ou dans les Fauxbourgs,) & qui est possédée par un tiers-détenteur, non obligé personnellement à la rente. Un tel créancier peut, suivant l'article 163 de la Coutume, *pour trois termes* d'arrérages de sa rente, *& non plus*, faire procéder par voie de Saisie-Gagerie,

sur les meubles étant en ladite maison appartenans au propriétaire.

Mais si la maison étoit occupée par un locataire, le créancier de la rente n'auroit pas droit de faire saisir-gager : il pourroit seulement *faire saisir &* arrêter les loyers.

La Coutume n'accorde pas au principal locataire par une disposition textuelle, la faculté de faire saisir & gager les meubles de ses sous-locataires : mais l'usage l'autorise à en user comme le propriétaire ; & jamais je n'ai vû reclamer au Châtelet contre cet usage.

Sur la matiere des Saisies Gageries, voyez les Coutumes de Calais, article 234 ; d'Estampes, articles 148 & 149 ; de Senlis, article 288 ; de Clermont, article 150 ; de Bourbonnois, article 117 ; Sens, art. 120 ; Orléans, art. 434, &c.

La Saisie-Gagerie ne doit être faite qu'à la requête de ceux qui en ont le droit, & elle doit être précédée d'un commandement de payer, parce qu'il est juste de constituer le débiteur en demeure avant de le contraindre.

Quoique la Saisie-Gagerie soit différente de la Saisie-exécution, en ce que, comme je l'ai dit, elle ne dépossede point le propriétaire des meubles, & en ce qu'elle ne permet pas au saisissant de demander un gardien, ni de laisser garnison chez la Partie saisie, néantmoins elle est sujette aux autres formalités prescrites pour la Saisie-exécution. Ainsi, il faut que, comme cette autre Saisie, elle soit faite en présence de témoins, quelle fasse mention du refus de payer, des voisins qui y ont été présens, (ou qui ont refusé d'y venir après en avoir été sommés,) du détail des choses saisies, &c. Voyez sur cela l'Ordonnance de 1667, tit. *des Saisies-exécutions.*

La vente des effets saisis - gagés ne doit pas se signifier par le Procès-verbal de Saisie même, comme dans les Saisies & exécutions : on ne peut au contraire procéder à la vente des choses saisies-gagées, que quand la Saisie est déclarée valable, & la vente ordonnée. La validité de cette Saisie, ainsi que la vente des choses qu'elle comprend, peuvent se demander judiciairement, soit par la Saisie même, soit par un exploit séparé.

L'Huissier qui procéde à une Saisie-Gagerie, doit laiffer tout ce qu'il a faifi en la poffeffion de la Partie faifie, & l'en charger comme dépofitaire de biens de Juftice.

Le propriétaire, gardien & dépofitaire des chofes faifies, doit les repréfenter quand il eft ainfi ordonné; & s'il ne le fait pas, il peut y être contraint par corps, en qualité de gardien judiciaire.

Le Comte de Vaux, conftitué gardien des habits & linges faifis-gagés fur lui pour loyers, dans un appartement garni qu'il occupoit, prétendit que mal-à-propos il avoit été condamné par corps à les repréfenter. Il appella de la Sentence en ce chef: il difoit que des loyers n'engendroient qu'une créance ordinaire, & alléguoit fa minorité qui fembloit devoir l'affranchir de la contrainte par corps. Il prétendoit même n'avoir pû, comme mineur, fe charger, ni être chargé en qualité de gardien judiciaire, & il avoit pris des Lettres de Refcifion contre l'acte, par lequel il étoit conftitué gardien; mais, par Arrêt rendu à l'Audience de fept heures, en la Grand'Chambre, le Mardi 12 Janvier 1762, la Sentence du Châtelet fut confirmée.

GAGES & APPOINTEMENS.

Ces mots fignifient le prix convenu pour le payement des fervices d'un commis, d'un domeftique, ou d'un ouvrier.

Quelquefois auffi le mot Gage fignifie ce que le Roi paye aux Officiers pourvus de Charges.

Suivant l'Ordonnance de Louis XII en 1510, article 67, les ferviteurs & domeftiques doivent *dans un an*, *à compter du jour qu'ils* fortent *du fervice*, demander, *fi bon leur femble, leurs loyers, falaires ou Gages, & ledit an paffé ne* font *plus reçus, ains en* doivent être *déboutés par fin de non-recevoir.*

Les domeftiques font privilégiés fur le mobilier de leurs maîtres & maîtreffes, pour une année de leurs Gages feulement; & s'il leur en eft dû davantage, ils viennent à contribution avec les autres créanciers, s'il y a lieu. V. *Privilége.*

Lorfqu'il y a conteftation entre le maître & le domeftique pour payement de Gages, l'ufage du Châtelet eft (s'il n'y a point de preuves contraires par écrit) d'admettre l'affirmation du maître; c'eft cette affirmation qui doit en ce cas fervir de bafe à la décifion.

C'eft encore l'affirmation du maître qu'on admet, pour la décifion de la queftion de fçavoir, fur quel pied les Gages ont été promis.

Lorfqu'après le décès des maîtres ou maîtreffes, les domeftiques demandent plus d'une année de Gages, les héritiers en font déchargés, en affirmant qu'ils n'ont point connoiffance que cet excédent foit dû. V. *Domeftiques.*

Les Gages des Officiers des Maifons Royales ne peuvent être faifis par les créanciers des Officiers: il en eft de même des Appointemens des Officiers Militaires, & de la paye des foldats. Les Appointemens des Commis des Fermes ne font pas non plus faififfables.

Mais les Gages des Officiers de Judicature, des Greffiers, &c. peuvent être faifis par les créanciers des Titulaires.

Les Gages des domeftiques font auffi faififfables. Sur tout cela, voyez *Saifie-Arrêt.*

L'article 55 de l'Ordonnance d'Orléans enjoint aux Seigneurs *Hauts-Jufticiers, de falarier leurs Officiers de Gages honnêtes, & de faire adminiftrer la Juftice, &c.* Mais, malgré cette difpofition bien précife, plufieurs Seigneurs n'en donnent pas, & quand il n'en eft pas promis par les provifions, l'Officier ne peut rien demander; au moins cela a été ainfi jugé par Arrêt rendu le 24 Mars 1735, en faveur des fieurs Heudelot de Préfigny, contre Mc Jacob, Avocat à Langres, Bailli de la Juftice de la Terre des fieurs Heudelot (a).

Je l'ai vû juger de même au Châtelet en 1752, en faveur de M. de Puifegur, ci-devant Seigneur de Bernoville, contre Mc Ducros, Bailli de Bernoville.

Voyez un Arrêt du 17 Juillet 1708, rapporté par Augeard, édition *in-fol.* tome 2,

---

(a) Il faut remarquer que dans l'efpéce de cet Arrêt, les fieurs Heudelot mettoient en fait qu'ils avoient abandonné fon chauffage à Mc Jacob, montant à dix-neuf cordes de bois, & qu'ils avoient chargé leur Fermier de ne point lever la Dixme fur fes héritages.

D'ailleurs Mc Jacob avoit renvoyé fes provifions de Juge aux fieurs de Préfigny, pour fe charger d'une affaire contr'eux, en qualité d'Avocat des habitans de leur Terre.

n°. 43 , par lequel il a été jugé que l'Enga-
giſte du Domaine de Neuville ne devoit
point de Gages au Lieutenant Particulier ,
Civil & Criminel au Siége Royal de Neuville , au moyen de ce que ces Offices avoient
été créés ſans attribution de Gages.

Les Officiers auxquels on a promis des
Gages, en jouiſſent-ils du jour de leurs proviſions ? V. *Fruits*.

Les Gages intermédiaires des Offices vacans n'appartiennent point aux héritiers du
dernier Titulaire , ni aux ſucceſſeurs , mais
au Roi ou aux Fermiers Généraux , quand
ils ſont compris dans leur bail , ſuivant des
Déclarations des 28 Août 1717, & 25 Juil.
1733, enreg. en la Chambre des Comptes.

GAGEURES.

Les Caſuiſtes diſent que la Gageure en
ſoi n'eſt point illicite, mais qu'elle le devient par les circonſtances.

Les Juriſconſultes tiennent de même, que
les Gageures ne ſont permiſes ou défendues, qu'en tant que leur objet eſt bon ou
mauvais , & que leur cauſe eſt honnête ou
deshonnête.

Mais en général , ces ſortes de conventions ne ſont pas favorables ; on ne les autoriſe en France que quand elles ſont honnêtes & ſuivies de conſignation ; ſans ces
conditions elles n'engendrent aucune action.

Bouvot rapporte un Arrêt du Parlement
de Bourgogne qui met hors de Cour ſur la
Gageure de deux Procureurs, rédigée pardevant Notaires. Il s'agiſſoit de ſçavoir , ſi
l'Ordonnance de 1539 parloit de la preſcription. Les Parties avoient donné caution
de payer; le motif de l'Arrêt eſt qu'il n'y
avoit point de conſignation.

Quelques Auteurs condamnent les Gageures en général , & quoiqu'ils ne ſoient
pas en grand nombre , encore exceptent-ils
celles qui ont pour objet la victoire dans
certains exercices honnêtes , où l'on veut
faire preuve de force ou d'adreſſe; ces exercices étoient même la ſeule eſpéce de jeux,
où il fut permis par le Droit Romain de
jouer de l'argent.

Quoique les Gageures ſoient nulles, ſi le
dépôt a été délivré au vainqueur, il ne peut
être répété.

Il n'y a point d'autres régles pour les
Gageures, que les conventions des perſonnes qui les font.

Un Arrêt du Parlement rendu le 29 Mars
1563 , fait défenſes de gager qu'une telle
femme eſt groſſe , ou qu'elle accouchera d'un
fils ou d'une fille.

Sur les Gageures, voyez Loyſeau, du
Déguerpiſſement ; Expilly & Deſpeiſſes.

GAGNAGES.

L'article 59 de la Coutume de Paris ſe
ſert de ce terme. Il ſignifie les fruits tenans
par la racine aux héritages ; quelquefois
auſſi il ſignifie récolte.

L'Auteur du Dictionnaire des Fiefs dit
que , par le mot Gagnage, on entend » les
» fruits pendans par les racines, que le Sei-
» gneur fait ſiens par faute d'homme, droits
» & devoirs non faits & non payés «. Voyez
la Coutume de Montfort-Lamauri, art. 36
& ſuivans.

GAIN DE SURVIE.
V. *Augment* & *Nôces*.

Le Gain de Survie eſt l'avantage que les
Loix municipales ou le contrat de mariage donnent au ſurvivant des conjoints; ainſi
il comprend toutes libéralités faites entre
mari & femme par contrat de mariage au
profit du ſurvivant , lors même qu'il n'y a
point de réciprocité. Voyez M. Colombet.

Ce terme eſt particuliérement en uſage
dans les Pays de Droit-Ecrit, où l'on ne
connoît point le préciput, par la raiſon qu'il
n'y a point de communauté légale ; & il
comprend l'augment, les bagues & joyaux,
& autres avantages, dont la femme ſurvivante profite ; il comprend auſſi le contr'augment qui appartient au mari ſurvivant.

La Coutume de Paris contient deux diſpoſitions ſur le Gain de Survie. Suivant les
articles 230 & 314, lorſque le prédécédé
des conjoints a laiſſé des enfans; ſi tous les
enfans décédent ſans qu'il en reſte aucun
deſcendant, le ſurvivant a droit de jouir de
l'uſufruit de la moitié des conquêts qui leur
étoient échus par le partage de la communauté.

Par l'article 238, la Coutume accorde au
ſurvivant de deux conjoints nobles, la faculté

culté de prendre & accepter, les meubles étant hors de la Ville & Fauxbourgs de Paris, à la charge de payer les dettes, les obféques & les funérailles du trépaffé.

Sur cette derniere difpofition de la Coutume de Paris, on a demandé fi des Etrangers non naturalifés, ayant contracté mariage dans le reffort de cette Coutume, le furvivant devoit avoir le Gain de Survie? Les Jurifconfultes ont été d'avis que les Etrangers étant capables de contracter en France, par une conféquence néceffaire, le furvivant pouvoit profiter du Gain de Survie, lorfqu'il étoit ftipulé par le contrat de mariage.

En feroit-il de même s'il n'y avoit point de contrat de mariage, ou fi y ayant un contrat, il ne contenoit point de ftipulation relative au Gain de Survie? Je crois qu'en ce cas le Gain de Survie n'auroit pas lieu, parce que, felon moi, la Coutume n'a pas été faite pour des Etrangers, & que fes difpofitions ne les regardent pas.

Par une limitation de l'avis des Jurifconfultes, dont je viens de parler, on a ajouté que fi le Gain de furvie dérivoit d'une inftitution d'héritier, ftipulée au profit du furvivant, ou d'une difpofition à caufe de mort, en ce cas, l'Etranger étant incapable de recueillir des fucceffions & des difpofitions à caufe de mort, il ne pouvoit prétendre un pareil Gain de Survie.

La féparation, foit de corps, foit de biens, ne donne pas ouverture au Gain de Survie, mais bien la mort civile.

Lorfque le Gain de Survie dérive de la convention & non de la Loi, il eft fujet au retranchement prononcé par l'Edit des fecondes Nôces.

Sur l'infinuation des contrats de mariage qui contiennent des ftipulations de Gain de Survie, voyez la Déclaration du 20 Mars 1708, article 3; celle du 25 Juin 1729; & l'art. 6 de celle du 17 Février 1731.

Sur le Gain de Survie, voyez le Traité de Mᵉ Boucher d'Argis.

GALERES.

V. Ban, Contrebande & Peine.

On nomme Galere, un bâtiment plat, long & étroit, qui va à voiles & à rames. Mais au Barreau, ce terme fignifie ordi-

nairement la peine que doivent fubir ceux qui font condamnés à fervir comme forçats fur les Galeres du Roi.

Les accufés de crimes capitaux, qui cependant ne méritent pas la mort, font ordinairement condamnés à fervir le Roi comme forçats fur fes Galeres, pendant un tems, ou perpétuellement, felon la nature ou l'atrocité des crimes dont ils font convaincus.

Bornier, fur l'article 13 du titre 25 de l'Ordonnance criminelle, dit » qu'on compare la peine des Galeres perpétuelles à » celle de laquelle ufoient les Romains, » lorfqu'ils condamnoient les criminels *in metallum* «.

La peine des Galeres n'eft pas ancienne en France. On prétend qu'elle n'a commencée d'être en ufage que vers le milieu du feizième fiécle; la plus ancienne des Ordonnances qui en parle, eft celle de Charles IX, donnée à Marfeille au mois de Novembre 1564. Cette peine eft du nombre de celles qu'on nomme affliftives, & par conféquent elle eft infamante.

L'Ordonnance de 1564, dont je viens de parler, défend de prononcer la peine des Galeres, pour un temps moindre que dix ans. Mais fes difpofitions ne font pas fuivies; & on borne fouvent cette peine à trois ans, quelquefois à cinq, à fix ou à neuf ans.

La condamnation aux Galeres pendant un temps n'emporte, ni confifcation, ni mort civile; & ceux qui ont effuyé de pareilles condamnations, reftent capables d'acquérir, de vendre, de contracter, de tefter & de recueillir des fucceffions.

Mais la condamnation aux Galeres à perpétuité emporte l'un & l'autre; de maniere que ceux contre lefquels elle eft prononcée, font incapables de tous effets civils. Voyez *Mort Civile*.

Tous les Juges Royaux & ceux des Seigneurs Hauts-Jufticiers peuvent condamner aux Galeres; mais le Juge d'Eglife n'a pas ce pouvoir. Voyez un Arrêt rapporté par Chenu, qui déclare abufive une Sentence rendue par l'Official de Bourges, par laquelle ce Juge, en préfence des Juges Royaux, avoit prononcé de pareilles condamnations.

L'article 5 de la Déclaration du 4 Mars 1724, enregiſtrée le 13 du même mois, porte que *ceux qui ſeront condamnés aux Galeres à temps ou à perpétuité, pour quelque crime que ce puiſſe être, ſeront flétris, avant d'y être conduits, des trois lettres G. A. L. pour, en cas de récidive en crime qui mérite peine afflictive, être punis de mort.* Cependant V. *Contrebande & Vol.*

L'exécution de cet article a été ordonnée par un Arrêt de la Cour du 22 Décembre 1731, lequel a *enjoint au Juge de Limours, lorſqu'il condamnera des accuſés aux Galeres, pour quelque crime que ce puiſſe être, d'ordonner qu'ils ſeront flétris des Lettres G. A. L. & lui a fait défenſe, audit cas, d'ordonner que les accuſés ſeront marqués de la lettre V.*

Une autre Déclaration du 5 Mai 1750, regiſtrée au Parlement de Rouen le 14 des mêmes mois & an, a ordonné que *ceux qui ſeront condamnés aux Galeres par le Parlement de Rouen, ſubiroient la peine de la flétriſſure avant que d'y être conduits, ſans néantmoins qu'elle puiſſe leur être appliquée que quinze jours au plutôt avant leur départ ....., nonobſtant toutes Loix .... contraires auxquelles .... a été dérogé ....*

Une Déclaration du 4 Septembre 1677, enregiſtrée le 4 Février ſuivant, porte que *les criminels condamnés à ſervir ſur les Galeres comme forçats, leſquels après leurs Jugemens auront mutilé ou fait mutiler leurs membres, ſeront punis de mort pour réparation de leurs crimes.*

Lorſque ceux qui ſont condamnés en une amende envers le Roi ou envers ſes Fermiers, pour cauſe de contrebande ou fraude des droits du Roi, ne les payent pas, les Fermiers peuvent en certains cas, & après un certain temps de priſon, demander que l'amende ſoit convertie en la peine des Galeres. Cette peine, lorſqu'elle eſt prononcée pour pareille cauſe, ne ſçauroit jamais être perpétuelle, elle n'eſt même alors que comminatoire; le condamné peut toujours s'en affranchir, en payant l'amende; & en ce cas les condamnés ne peuvent être marqués, ſuivant la Déclaration du 15 Février 1744, & l'Arrêt d'enregiſtrement en la Cour des Aides rendu le 2 Juin 1756, de celle du 30 Mars précédent. V. *Contrebande.*

La condamnation aux Galeres par converſion & faute de payer l'amende, ne peut pas ſe demander par le priſonnier même. J'ai vû mettre *néant* ſur la requête d'un malheureux, qui préférant les Galeres à la priſon dans laquelle il étoit renfermé, demandoit lui-même d'y être envoyé.

L'article 2 de la Déclaration du 30 Janvier 1717, regiſtrée en la Cour des Aides le 20 Février ſuivant, porte qu'à défaut de payement ou de conſignation de l'amende par ceux qui y ſeront condamnés pour fraude des droits d'Aides dans le mois de la condamnation, la peine de l'amende (de 200 liv.) *pourra être convertie en celle des Galeres pour cinq ans, ſur une ſimple Requête (du Fermier, non de la Partie,) par les Juges qui auront rendu la Sentence, & ſans nouvelle inſtruction.*

Ceux qui ont des demandes à diriger contre les condamnés aux Galeres à temps, doivent les faire aſſigner en *leur dernier domicile connu, ſans qu'il ſoit beſoin de Procès-verbal de perquiſition, ni de leur créer un curateur.* Ordonnance de 1667, titre 2, article 8.

C'eſt une erreur populaire de croire qu'on peut ſe racheter des Galeres, quand on y eſt condamné: ce rachat n'a lieu que lorſque la peine a été convertie contre un malheureux qui n'avoit pas de quoi payer une amende; en tout autre cas, on ne peut ſortir des Galeres que par une grace ſpéciale du Prince, en obtenant en la grande Chancellerie des Lettres qu'on nomme de rappel des Galeres; il en eſt parlé dans l'article 5 du tit. 16 de l'Ordonnance criminelle.

La Déclaration du 5 Juillet 1722, défend à tous ceux qui ont été condamnés aux Galeres, par quelques Juges & de quelque lieu que ce puiſſe être, de ſe retirer en aucun cas, ni en aucun temps, dans la Ville, Fauxbourgs & Banlieue de Paris, ni à la ſuite de la Cour, ſous les peines portées par les Déclarations des 31 Mai 1682 & 29 Avril 1687, données contre ceux qui ne gardent pas leur ban.

Un Juriſconſulte moderne prétend que la condamnation aux Galeres à temps d'un Eccléſiaſtique pourvu de Bénéfices ſimples, n'eſt pas privé de ces Bénéfices, qu'ils ne deviennent pas vacans de plein droit, & qu'on ne peut pas même dévoluter les Bénéfices sujets à résidence; qu'on peut seulement en ce dernier cas, représenter au Titulaire qu'il doit se démettre des Bénéfices qu'il ne doit plus exercer après un pareil scandale.

Mais il est certain qu'un Ecclésiastique condamné aux Galeres à temps, étant par-là devenu infâme, ne peut plus acquérir de nouveaux Bénéfices. V. *Infamie.*

G A M B A G E.

C'est ainsi qu'on nomme un droit que quelques Coutumes accordent aux Seigneurs, & en conséquence duquel ils peuvent exiger des Brasseurs établis dans leurs Terres, une certaine quantité de bierre, chaque brassin.

La Coutume de Boulonnois fixe ce droit à quatre (lods ou) pots de bierre, chaque brassin; voyez l'article 44: le droit est pareil dans celle de Mons.

GARANT, GARANTIE.

V. *Bâtiment, Bouchers, Cas-fortuits, Caution, Devis & Marché, Droits-successifs, Eviction, Faits du Prince, Fidéjusseur, Hôtellier, Maître, Nullité, Partage, Redhibition & Transport.*

On nomme Garant, celui qui est tenu & responsable de l'effet & des suites de quelqu'action ou de l'éviction de quelque chose, soit mobiliaire, soit immobiliaire; parce que, suivant Loyseau, le mot Garantir, signifie assurer; & par conséquent, dit le même Auteur, un Garant est celui qui assure un autre, & qui est obligé de l'acquitter & indemniser de quelqu'action ou procès.

Il y a deux sortes de Garantie; l'une de Droit, qu'on appelle aussi Garantie naturelle; l'autre de Fait, qu'on nomme quelquefois Garantie conventionnelle.

Voici comme Domat s'exprime en parlant de la Garantie de Droit. » La Garantie » est la sûreté que doit tout vendeur pour » maintenir l'acheteur dans la libre possession » & jouissance de la chose vendue, & pour » faire cesser les évictions & les autres trou- » bles de la part de quiconque prétendroit » en la chose vendue, ou un droit de pro- » priété, ou autre quelconque, par où le » droit, qui doit être naturellement acquis

» par la vente, fût diminué. Et le vendeur » est obligé à cette Garantie, quoiqu'il n'y » en ait point de convention. « V. *aussi le Dictionnaire Civil & Canonique, Verb.* Garantie.

La Garantie de fait ou conventionnelle est celle qui résulte de la convention, soit qu'elle restraigne la Garantie naturelle, ou qu'elle lui donne plus d'étendue.

Cette espéce de Garantie qui tire sa force de la convention, ne peut pas se suppléer, autrement elle seroit une Garantie naturelle & de Droit.

Rien n'empêche cependant que, pour affermir davantage une Garantie de droit, on ne la stipule. Mais alors la stipulation ne change rien à la nature de la Garantie. C'est ainsi que, quoique dans un contrat de vente, le vendeur garantisse l'éviction de la chose par lui vendue, en promettant d'en faire jouir l'acquéreur, & de le garantir de tout trouble; cette stipulation n'empêche pas que cette Garantie ne soit naturelle & de droit

En un mot, la Garantie de Droit est celle qui résulte de la nature du contrat, indépendamment des stipulations; & la Garantie de fait est celle qui résulte de la stipulation.

Il y a aussi deux espéces de Garants; les uns qu'on nomme Garants formels; les autres Garants simples.

Les Garants formels (dit Mᵉ Lange, Praticien François, » sont ceux........ qui » sont responsables envers un autre de l'é- » viction de quelque chose....... comme » sont ceux qui ont vendu une chose mobi- » liaire ou immobiliaire, qui l'ont donnée » en échange ou en payement, parce qu'ils » sont tous obligés de faire jouir de cette » chose celui auquel ils l'ont vendue, don- » née en échange ou en payement; s'il est » troublé en sa possession, faire cesser le » trouble; & s'il en est évincé, lui rendre » & restituer le prix qu'ils en ont touché, » ou la chose qu'ils en ont reçue en échan- » ge, avec tous ses dommages, intérêts & » dépens. «

Les Garants simples » sont ceux qui ne » sont appellés Garants qu'improprement, » mais qui sont seulement tenus d'acquitter » un autre de quelque dette ou de quelque

» action perfonnelle... Par exemple, un co-
» obligé étant pourſuivi par le créancier,
» a pour Garants ſimples ſes co-obligés,
» parce qu'ils ſont tenus de l'acquitter
» chacun pour leur part & portion ; & s'il a
» indemnité de tous ceux pour leſquels il
» s'eſt obligé, ils ſont tenus de l'acquitter
» du total de la dette : mais le recours qu'il
» a contr'eux, n'eſt qu'une Garantie ſim-
» ple «.

La Garantie formelle ne peut avoir lieu
que dans les matieres réelles & hypothécaires ; au lieu que la Garantie ſimple peut
avoir lieu en toutes autres matieres, ſuivant
l'art. premier du tit. 8 de l'Ordonnance de
1667.

Il y a encore cette différence entre ces
deux eſpéces de Garantie, que les Garants
formels peuvent prendre le fait & cauſe pour
le Garanti, & le faire mettre hors de cauſe,
s'il le requiert avant la conteſtation ; au lieu
qu'en Garantie ſimple, les Garants ne peuvent prendre le fait & cauſe du Garanti ; ils
peuvent ſeulement intervenir dans la cauſe.
Ibid. art. 9 & 12.

Enfin, il y a cette différence entre la Garantie formelle & la Garantie ſimple ; que
quand le Garant formel a pris le fait & cauſe du Garanti, le Jugement qui intervient,
n'eſt exécutoire contre le Garanti, que pour
le principal ſeulement, & non pour les dépens, dommages & intérêts ; au lieu qu'en
Garantie ſimple, la condamnation ſe prononce contre le Garant & le Garanti : & la
raiſon de cette différence, c'eſt qu'en Garantie formelle, le Garanti n'eſt pas obligé perſonnellement envers le demandeur originaire. *Ibid.* art. 11.

Les exploits de demande en Garantie doivent être libellés & contenir copie des piéces juſtificatives de la Garantie, de l'exploit
du demandeur originaire, & des piéces dont
il a donné copie. *Ibid.* art. 4.

*Ceux qui ſeront aſſignés en Garantie for-
melle ou ſimple, ſeront tenus de procéder en la
Juriſdiction où la demande originaire ſera
pendante, encore qu'ils dénient être Garants,
ſi ce n'eſt que le Garant ſoit privilégié, &
qu'il demande ſon renvoi devant le Juge de
ſon privilége. Mais s'il paroît...... que
la demande n'ait été formée que pour traduire le Garant hors de ſa Juriſdiction, enjoi-*

*gnons aux Juges de renvoyer la Cauſe devant
ceux qui en doivent connoître.......* Ibid.
art. 8.

*Les Garants qui ſuccomberont, ſeront con-
damnés aux dépens de la Cauſe principale du
jour de la ſommation (c'eſt-à-dire, de la demande en Garantie) ſeulement, & non de ceux
faits auparavant, ſinon de la demande originaire.* Ibid. art. 14.

Le vendeur doit, comme je l'ai expliqué,
garantir la choſe vendue, & en aſſurer la
propriété à l'acquéreur : cependant cette
régle eſt ſujette à des exceptions.

1°. Il n'eſt point Garant de ce qui arrive
par force majeure & par cas fortuit.

2°. Il n'eſt point Garant des évictions qui
procédent de l'autorité de la Loi, comme du
retrait lignager ou féodal.

3°. Il n'eſt point Garant des faits du Prince ; & c'eſt pour cela que dans les ventes
d'Offices, la Garantie n'oblige qu'à trois
choſes ; ſçavoir, 1°. que l'Office ſubſiſte ;
2°. qu'il appartient au vendeur ; & 3°. qu'il
n'eſt chargé d'aucune hypothéque. V. Loyſeau, le Brun, Bardet & Pocquet de Livonniere : c'eſt la Garantie de Droit.

Il n'y a point encore de Garantie pour les
choſes données ; mais cela doit s'entendre
d'une choſe particuliere & déſignée dans une
donation entre-vifs, de laquelle le donataire
ſe trouve évincé, par le défaut de propriété
dans la perſonne du donateur, ou d'un legs
de corps certain, qui ne ſe trouve pas exiſ-
ter dans la ſucceſſion : on préſume alors que
le teſtateur n'a voulu donner ou léguer que
le droit qu'il avoit à la choſe ; mais la Garantie auroit lieu, ſi, pour acquitter les legs du
défunt, l'héritier avoit donné des biens en
payement aux légataires. Voyez Dumoulin,
Loyſeau & Ricard.

L'héritier ou le légataire univerſel eſt encore tenu de garantir & acquitter les donataires ou légataires particuliers, des troubles
& hypothéques du fait du teſtateur, parce
que les donataires & légataires particuliers
ſont affranchis de toutes contributions aux
dettes.

Cependant pour les cas où je viens de dire
que la Garantie n'a pas lieu, ſi elle » avoit
» été ſtipulée par la donation, elle auroit
» lieu par la force de la convention «, Voy.
Pocquet de Livonniere.

Le vendeur d'un héritage, ni celui qui a transporté une rente ou une créance sur quelqu'un, ne peuvent jamais être déchargés de la Garantie de leurs faits & promesses, quand même la décharge de cette Garantie auroit été stipulée par une convention expresse, parce qu'il seroit contre les bonnes mœurs, qu'ils pussent manquer de foi. V. Domat & le Prestre, (Centurie 2, ch. 28).

Sur cette question, voyez un Arrêt célèbre rendu le 29 Janvier 1667, rapporté au Journal des Audiences, tome 3, livre 1, chapitre 9; elle y est parfaitement traitée. Il y avoit eu partage d'opinions en la Grand'Chambre: l'Arrêt en la première Chambre des Enquêtes a jugé en faveur de la maxime que je viens de poser.

La Garantie naturelle qui résulte d'une rente ou d'une dette, est seulement que la rente ou la dette existe; & cette Garantie auroit lieu, quand même le transport seroit fait sans Garantie. Une pareille stipulation n'excluroit point la Garantie de Droit, à moins qu'il ne parût, par les circonstances, que le cessionnaire a voulu acquérir un droit douteux, & que le cédant n'a point voulu lui garantir son droit. V. Transport.

Les nommés Martin & Feaud, Négocians, auxquels leurs créanciers avoient fait diverses remises successives, leur donnerent, en payement du surplus, des billets commerçables, au dos desquels ils mirent leur signature en blanc.

Quelques-uns de ces billets n'ayant pas été acquittés, les porteurs en demanderent le payement à Martin & Feaud; & ceux-ci prétendirent ne pas le devoir, sous prétexte que, par l'arrangement fait avec leurs créanciers, il étoit dit qu'ils avoient payé en six billets; le mot payé, selon eux, excluoit toute garantie, & leur avoit procuré une libération parfaite: mais cette prétention fut rejettée; & par Arrêt rendu au rapport de M. Titon, en la Grand'Chambre, le 5 Juillet 1760, la Cour a jugé que Martin & Feaud étoient garants de la solvabilité des débiteurs des billets avec lesquels ils avoient payé leurs créanciers.

Lorsque le transport est fait avec Garantie, sans autre stipulation, le cédant n'est Garant que de la solvabilité du débiteur au temps du transport. V. Rentes foncieres.

Mais si, outre la promesse de garantir, le cédant promet encore de fournir & faire valoir la chose cédée, alors il est Garant de l'insolvabilité du débiteur qu'il a donné à son cessionnaire, quand même cette insolvabilité surviendroit après le transport: le Garant pourroit seulement, dans ce cas-là, demander que le cessionnaire soit tenu de discuter le débiteur, en fournissant des fonds pour la discussion. V. Discussion. V. aussi Loyseau, les Arrêtés de M. de Lamoignon, des Transports (a), & ce que je dis, art. Transport.

Cependant la promesse de fournir & faire valoir, ne dispense pas le cessionnaire de veiller à la conservation des biens du débiteur. S'il les laissoit vendre sans former opposition au décret; ou si, après avoir formé opposition, il négligeoit de produire à l'ordre; ou enfin s'il n'avoit pas poursuivi les acquéreurs des biens du débiteur, dans le temps que l'action hypothécaire pouvoit utilement se diriger contr'eux; dans tous ces cas, il ne pourroit pas exercer de Garantie contre le cédant.

Ces maximes sont conformes à la Jurisprudence des Arrêts. Il y en a un du 26 Janvier, prononcé le premier Février 1602, rapporté par M. Louet, lettre F, nombre 25; par lequel, après que la question a été demandée aux Chambres, la Cour, en condamnant le Garant à payer la rente qu'il avoit cédée, a ordonné, 1°. la déduction sur les arrérages & sur le capital de cette rente, des sommes pour lesquelles le cessionnaire seroit venu en ordre, s'il se fût opposé au décret des biens du débiteur; ce qu'il avoit négligé de faire: 2°. la discussion préalable des biens du débiteur.

Telle est aussi la Jurisprudence du Châtelet; & j'ai vu juger la même question par les mêmes principes & de la même manie-

_____

(a) La Combe dit que, par Arrêt rendu en la seconde Chambre des Enquêtes, au rapport de M. Blondeau, le 6 Septembre 1741, entre Charles Chapotin, Appellant d'une Sentence du Bailliage-Pairie de Saint-Florentin, & Louis Outard, Intimé, la Cour a confirmé une Sentence, par laquelle Chapotin avoit été débouté de sa demande en

» Garantie de fournir & faire valoir une rente foncière de » cinq livres, due sur une maison située à Chablis: la ces- » sion étoit du 9 Juin 1690; le débiteur étoit devenu in- » solvable le 11 Septembre 1738, & la demande en Ga- » rantie étoit du 11 Mai 1739 «. Voyez Loyseau, du Déguerpissement.

re, au rapport de M. le Marié, en 1750, dans une affaire en laquelle j'occupois pour André Monginet, contre les sieurs Carteron, Marchands à Ricey-Haut.

Sur cela voyez aussi Loyseau, *de la Garantie*, le Prestre, & les Arrêtés de M. de. Lamoignon.

En Normandie, l'on tient indistinctement que celui qui transporte une rente, est tenu, par la nature du contrat, de la fournir & faire valoir, discussion préalablement faite des biens du débiteur. V. Basnage sur l'art. 40 de la Coutume de Normandie.

Lorsqu'une rente cédée avec Garantie, est dûe par plusieurs personnes, si le cessionnaire décharge un des débiteurs, il ne peut plus exercer de Garantie contre le cédant.

Dans le partage, les lots de chacun des copartageans sont Garants, les uns envers les autres, des évictions & des hypothéques qui sont du fait de la succession dont les biens sont partagés. V. *Partage*.

Ainsi, si le créancier d'une succession dont les héritiers ont partagé les biens, exerce son hypothéque contre l'un d'eux, les autres doivent le garantir pour leurs portions, quand même il n'en auroit été rien dit dans le partage, parce que cette Garantie a lieu, sans qu'elle soit stipulée; & chacun des copartageans a, à ce sujet, une hypothéque légale sur les autres lots. La Garantie, par rapport aux rentes, embrasse non-seulement l'insolvabilité actuelle des débiteurs, mais même l'insolvabilité future. Mais les héritiers peuvent déroger à ces régles sur la Garantie des lots; leurs conventions sont autorisées à cet égard. V. Domat, *des Partages*, sect. 3, num. 4; & le Brun, *des Successions*, liv. 4, chap. 1.

Il y a aussi entre les enfans légitimaires & donataires, qui prennent des biens à ce titre dans les successions de leurs ascendans, une Garantie de Droit & réciproque, qui dure 30 ans, lesquels se comptent du jour de l'ouverture de la succession, & par le moyen de laquelle un légitimaire évincé du tout ou de partie de ce qui lui avoit été fourni pour sa légitime, peut demander qu'elle lui soit de nouveau fournie, & la liquidation faite sur une nouvelle masse, dans laquelle ne peut entrer le bien dont il a été évincé.

Le donataire évincé qui a fourni la légitime à ses cohéritiers, a la même action contr'eux; cette action est réciproque, ainsi que je l'ai dit.

En général, le Garanti ne peut diriger l'action contre le Garant, que quand il a été troublé. Cependant si un acquéreur découvroit qu'on lui a vendu de mauvaise foi la chose d'autrui, il pourroit agir contre le vendeur, quoiqu'il ne fût pas encore troublé, pour l'obliger à faire cesser le péril de l'éviction.

Lorsqu'une somme mobiliaire est cédée avec Garantie & obligation de payer, si le débiteur ne paye pas le cessionnaire dans un certain temps, le cédant est Garant de la solvabilité du débiteur: cette action en Garantie dure 30 ans, qui courent du jour de l'échéance de la dette cédée. La Cour l'a ainsi jugé par Arrêt rendu le 6 Septembre 1741, en la seconde Chambre des Enquêtes, au rapport de M. Blondeau, entre Charles Chapotin de Vaulorand, & Louis Outard & consors. C'est l'espéce dont je parle, page 181, dans une Note sur le présent article.

Mais il en est autrement dans la cession d'une rente avec Garantie & obligation de payer: comme la rente est naturellement destinée à être perpétuelle, l'obligation de la garantir doit en ce cas l'être aussi; c'est pourquoi l'action en Garantie se conserve, dans ce cas-là, jusqu'au temps où il est nécessaire de l'exercer; & la prescription contre l'action en Garantie, (laquelle, comme je l'ai dit, dure 30 ans,) ne commence à courir que du moment où il a été nécessaire de l'exercer.

Ainsi, si pendant un siécle la rente cédée est exactement payée, & qu'ensuite le débiteur devienne insolvable, l'action en Garantie peut être dirigée contre le cédant; s'il s'est obligé de la faire valoir, il est alors tenu de remplir son engagement, à prendre le fait & cause du cessionnaire, & l'indemniser entièrement; parce qu'il n'a pu y avoir de prescription contre l'action en Garantie, tant que la rente étoit exactement servie. Il en seroit de même de la Garantie naturelle, si la rente venoit par la suite à être contestée, parce que l'obligation du Garant ne naissoit & ne pouvoit avoir lieu qu'au moment de la contestation. Jusques-là le cessionnaire n'avoit aucun droit : son action n'étoit pas ouverte ; il ne pouvoit par conséquent perdre par la prescription un droit qu'il ne pouvoit exercer.

Par la même raison, le cédant prescrit contre le cessionnaire par 30 ans, du jour de la contestation, c'est-à-dire, du jour auquel l'action du cessionnaire a été ouverte ; parce que, dès ce moment, il a eu la liberté d'agir ; s'il ne le fait pas pendant 30 années, il est censé avoir remis son action.

Ainsi, en matiere de Garantie, la prescription ne court, en faveur du Garant, que du jour du trouble, & non pas du jour qu'il s'est engagé à la Garantie ; par conséquent, si l'acquéreur d'un héritage ou ses représentans en étoient évincés, même 50 ans ou plus avant la vente, le vendeur ou ses héritiers seroient tenus de garantir l'acquéreur, & de faire cesser le trouble, ou les indemniser.

Le Curé de Bethon, près la Fléche en Anjou, ayant légué au Curé & à la Fabrique de sa Paroisse, 60 liv. de rente à prendre sur tous ses biens, son héritier abandonna aux Curé & Habitans de Bethon, des héritages de la succession produisant 67 liv. de rente, & obtint Sentence, qui lui donnoit acte de ses offres ; en conséquence envoyoit les Curé & Habitans en possession des héritages offerts & estimés par Experts 67 liv. de revenu annuel, à la charge par les Curé & Habitans de payer les censives ; au moyen de quoi l'héritier fut déchargé des legs, en payant néantmoins les droits de vente, d'indemnité, d'amortissement, &c. Quelque temps après, le Curé prit des Lettres de Rescision contre ses consentemens, & il en fut débouté par Sentence du Bailliage de la Fléche. En ayant appellé, il demanda en la Cour que les testament & codicile fussent exécutés purement & simplement ; & en cas de difficulté, qu'il fût ordonné que tous les biens du défunt demeureroient affectés & en tout temps Garants de la rente de 60 liv. léguée. Il ajoutoit que les biens énoncés ès Acte & Sentence ci-dessus, ne valoient pas 60 liv. de rente annuelle, & qu'il n'avoit point été présent à la visite. Sur cela intervint un premier Arrêt interlocutoire, qui ordonna une visite, prisée & estimation du revenu sur le vû des titres, à la diligence &

aux frais du Curé ; la visite ayant été faite & produite, Arrêt définitif est intervenu le 7 Août 1728, au rapport de M. l'Abbé Pucelle, qui, sans s'arrêter aux requêtes & demandes du Curé, dont il est débouté ; met les appellations au néant, & ordonne que les Sentences sortiront leur effet, avec dépens.

J'ai rapporté l'espéce d'un autre Arrêt, rendu le 29 Janvier 1731, au mot Fondation.

Il y en a encore un au mot Fabrique.

Le 18 ou le 19 Avril 1758, la Cour, par Arrêt rendu en la premiere Chambre des Enquêtes, au rapport de M. de Bretigneres, a jugé une question singuliere en matiere de Garantie, dont je crois devoir ici donner l'espéce.

Le sieur de la Selle, qui avoit acquis du sieur Mayand, en 1730, une Métairie nommée les Chevinaux, & qui l'avoit revendue en 1737, fut assigné en déclaration d'hypothéque le 11 Avril 1743, à la requête des enfans du vendeur, qui en étoient créanciers du chef de leur mere.

Le sieur de la Selle, sans préjudicier à ses fins de non-recevoir, demanda communication des titres de créance des demandeurs en déclaration d'hypothéque ; & depuis, sans expliquer quels étoient ses moyens, il déclara que la demande étoit mal dirigée contre lui, quand même les créances seroient justes & bien vérifiées.

Les décès des Procureurs & des Parties qui survinrent, suspendirent l'instruction de cette affaire. Ce ne fut que le 5 Juin 1750, que le sieur de la Selle, en expliquant sa fin de non-recevoir, déclara qu'il ne possédoit plus, au temps de la demande, aucun domaine procédant de leur pere.

Alors les enfans Mayand objecterent au sieur de la Selle, qu'en demandant communication de leurs titres, sans indiquer les possesseurs actuels de la Ferme des Chevinaux, il avoit préféré de défendre directement, pour éviter un circuit d'action dont il s'étoit par-là reconnu Garant ; que sa conduite le rendoit d'ailleurs responsable de la prescription acquise pendant le temps de son silence, par le véritable détenteur.

L'Arrêt susdit a néantmoins confirmé la Sentence des Requêtes du Palais du 13

Août 1755, par laquelle les sieurs Mayand avoient été déclarés non-recevables en leur demande en déclaration d'hypothéque. V. *Déguerpissement*, à la fin.

La Jurisprudence de la Chambre de Police du Châtelet a toujours été de regarder les propriétaires des maisons, comme Garants des locataires qui jettent des ordures par les fenêtres ; & on a même toujours admis l'action directe contre les propriétaires, soit des particuliers dont les habits se sont trouvés gâtés par des ordures jettées, soit relativement aux rapports de Police que font les Commissaires, sauf le recours du propriétaire contre le locataire. Cependant, par Arrêt rendu le Samedi premier Septembre 1759, en la Grand'Chambre, sur les Conclusions de M. l'Avocat Général Seguier, la Cour a déclaré un Particulier, dont les habits avoient été gâtés par les ordures jettées par la fenêtre d'une maison sise rue Saint Antoine, non-recevable dans la demande qu'il avoit formée à ce sujet contre le propriétaire de la maison, dans laquelle il n'y avoit point de principal locataire.

Les Procureurs, les Huissiers & les Notaires, sont-ils Garants des nullités qui se trouvent dans les Actes de leur ministere ? V. *Nullités*.

Les Maîtres sont-ils Garants du fait de leurs Domestiques ? Voyez *Maîtres* & *Negres*.

Les peres sont-ils Garants du fait de leurs enfans ? V. *Enfans*.

G A R D E.
Voyez *Nôces* & *Jurés*.

La Garde est une faculté que plusieurs de nos Coutumes accordent aux peres, meres, ayeuls ou ayeules, de jouir des biens de leurs mineurs, pendant un temps qu'elles réglent, avec la faculté de profiter des fruits, sans en rendre aucun compte.

Quelques Coutumes, & singuliérement celle du Maine, nomment Bail ce que nous nommons Garde à Paris. D'autres, par exemple, celles de Peronne & de Blois, se servent indistinctement de l'une & de l'autre dénomination.

En Bretagne, la Garde est changée en un droit de rachat. V. l'art. 67 de la Coutume de cette Province.

Ainsi donc, la Garde est différente, suivant les différentes Coutumes qui la déférent ; mais plusieurs de celles qui l'accordent aux ascendans, sont conformes à celles de Paris ; celles d'Amiens, de Clermont, de Tours, de Mantes & de Rheims, en different en quelque chose. V. *Puissance Paternelle*.

Dans la Coutume de Paris, nous connoissons deux espéces de Gardes ; sçavoir, la Garde Noble & la Garde Bourgeoise : elles se ressemblent dans leur effet ; mais elles n'ont pas la même durée ; & le Gardien Bourgeois est d'ailleurs assujetti à donner une Caution, que la Coutume n'exige pas des Nobles:

La Garde Noble est extrêmement ancienne à Paris. Son origine vient de ce que les Fiefs ne pouvant être anciennement qu'à la charge du Service Militaire, dont les mineurs étoient incapables, on donnoit la Garde & l'usufruit de leurs Fiefs, à leurs plus proches parens, à la charge de faire le service à la place des mineurs, & de les nourrir jusqu'à ce qu'ils fussent en âge ; ce qui attiroit aussi l'usufruit des autres immeubles.

On trouve dans le premier volume du Registre des Bannieres du Châtelet, fol, 142, une Déclaration du Roi Louis XI, du 12 Août 1470, qui a confirmé le Privilége des Reines, comme ayant la Garde des Enfans de France, de créer des Maîtres-Jurés de chaque Métier dans les Villes du Royaume.

La Garde Bourgeoise est plus moderne que la Garde Noble ; elle a été confirmée aux Bourgeois de Paris par des Lettres-Patentes, données par Charles V, le 9 Août 1371, & par Charles VI, le 5 Août 1390. Les Bourgeois des autres Villes régies par la Coutume de Paris, n'ont pas la Garde Bourgeoise.

A Paris, le Gardien Noble ou Bourgeois fait les fruits siens, tant que la Garde dure ; c'est-à-dire, qu'il jouit du revenu de ses enfans mineurs, sans en être comptable, & qu'il peut se les approprier (a), soit que les

---

(a) On prétend que la présentation aux Bénéfices vacans appartient tellement au Gardien Noble ou Bour- geois, qu'il peut présenter aux Bénéfices vacans, le mineur même dont il est Gardien, & en qui le Patronage réside,

biens

biens & rentes des mineurs foient affis en la Ville de Paris ou dehors ; mais il eft chargé *de payer & acquitter les dettes & arrérages des rentes que doivent lefdits mineurs, les nourrir & entretenir felon leur état, payer les charges annuelles que doivent les héritages, & entretenir iceux héritages de toutes réparations viageres, & enfuite de la Garde, rendre lefdits héritages en bon état.* Coutume de Paris. art. 267.

La Marquife de Lagrange, qui avoit accepté la Gardé Noble de fes enfans, ayant, en conféquence d'un rapport d'Experts & d'avis de parens, vendu une Futaye confidérable qui dépériffoit, il s'eft agi (après la Garde finie, & lorfqu'elle rendit un compte de tutelle à fes enfans), de fçavoir fi elle feroit obligée de leur compter des intérêts de cette Futaye, dont le capital montoit à 150000 liv. ou fi elle confondroit ces intérêts en fa perfonne, en fa qualité de Gardienne Noble. Elle difoit que tous les fruits & revenus des biens échus aux mineurs pendant la Garde, appartiennent au Gardien, fuivant la Coutume, & que ces intérêts devoient être regardés comme faifant partie des revenus de fes enfans.

Les mineurs, dont Me Colin, Procureur au Châtelet, étoit nommé tuteur *ad hoc,* répondoient que les bois de Futaye ne rapportoient de leur nature aucuns fruits, & que par conféquent les deniers provenans de la vente qui en avoit été faite, n'en devoit non plus produire aucun au Gardien. Par Arrêt rendu en la Grand'Chambre, le Lundi 30 Août 1745, la Cour a ordonné que *la Marquife de Lagrange fe chargeroit en recette dans le compte de tutelle des intérêts de la fomme provenante de la vente des bois en queftion,* dépens compenfés.

La Cour a depuis jugé, par un Arrêt rendu le 21 Mars 1763, au rapport de M. l'Abbé Terrai, en la Grand'Chambre, entre le Marquis de Puyfégur & le tuteur *ad hoc* de fon fils mineur, que les revenus des biens fubftitués ne tombent point en Garde, parce que les biens fubftitués ne font point partie de la fucceffion du grevé, & que quoique la propriété réfide fur fa tête tant qu'il exifte, néantmoins à l'inftant de fa mort, tous fes droits s'évanouiffent, & la propriété des biens paffe au fubftitué, à l'inftant de fa mort,

en vertu de la difpofition faite à fon profit.

Au nombre des charges dont le Gardien eft tenu d'acquitter le mineur, font encore ;

1°. Les frais funéraires de ceux dont le mineur a hérité.

2°. Le relief & autres droits Seigneuriaux dûs à caufe des Fiefs échus au mineur par fucceffion, fuivant l'art. 46 de la Coutume de Paris.

3°. La taxe pour le ban & arriere-ban.

4°. Les droits de Francs-Fiefs.

5°. Les frais des Procès qui ont pour objet l'adminiftration des revenus dont le Gardien profite.

Le Comte de Mailly, en achetant par licitation un bien dont moitié étoit grevée de fubftitution, fut chargé de payer l'intérêt du prix de cette moitié, ou d'en faire un emploi, dont il confentoit de demeurer Garant jufqu'à l'ouverture du *Fideicommis.*

Le Comte de Mailly mourut & laiffa plufieurs enfans. La Comteffe de S. Chamant leur ayeule, demanda la Garde, & mourut peu de temps après l'avoir acceptée.

Les mineurs de Mailly, qui étoient appellés pour recueillir fa fucceffion, y renoncerent, & prétendirent que ce que redevoit leur pere fur l'acquifition qu'il avoit faite, étant une dette mobiliaire, elle devoit être acquittée par la fucceffion de la Gardienne.

Les héritiers de la dame de S. Chamant répondoient que, quoique cette dette fût mobiliaire, ils n'en étoient pas tenus, parce qu'elle n'étoit point exigible avant l'ouverture de la fubftitution. La Sentence du Châtelet avoit décidé en faveur des mineurs ; mais elle fut infirmée par Arrêt rendu le 5 Mars 1755, plaidans Mes Doucet & du Vaudier, & les héritiers de la Gardienne déchargés de la demande.

La Garde Noble dure aux enfans mâles jufqu'à 20 ans, & aux femelles jufqu'à 15 accomplis.

La Garde Bourgeoife dure aux enfans mâles jufqu'à 14 ans, & aux femelles jufqu'à 12 *finis & accomplis,* pourvû que celui qui a la Garde *ne fe remarie ;* car dans ce cas-là, la Garde finit. *Ibid.* art. 268.

Dans la Coutume de Paris, la Garde Noble & la Garde Bourgeoife doivent fe demander en perfonne & en Jugement, par le ministere d'un Procureur ; on ne pourroit pas valablement l'accepter au Greffe, ni par un Acte passé pardevant Notaire ; on ne pourroit pas non plus la demander & l'accepter devant un autre Juge que celui du domicile ; & un Juge de privilége n'a point de caractere pour la déférer ; elle n'auroit point d'effet si elle étoit demandée ailleurs qu'*en Jugement* devant le Juge naturel du domicile : cela est tellement vrai , que M. Gaston, Duc d'Orléans, frere de Louis XIII, fut obligé d'accepter *en personne* la Garde Noble de Mademoiselle de Montpensier sa fille , à l'Audience du Châtelet, & non au Parlement, ni aux Requêtes ; mais, pour lui épargner la peine de se transporter à cet effet au Châtelet, le Roi, par des Lettres-Patentes, transféra le Tribunal du Châtelet au Palais du Luxembourg, où Monsieur demeuroit , pour y tenir l'Audience, à l'effet de lui donner acte de sa demande & de son acceptation. Voyez les Actes de Notoriété du Châtelet.

On pense universellement qu'un mineur peut demander la Garde , soit Noble, soit Bourgeoise.

Le Gardien Noble & le Gardien Bourgeois sont tenus de faire bon & fidéle inventaire pour jouir de la Garde ; & le seul Gardien Bourgeois doit donner caution. *Ibid.* art. 269.

Si le Gardien ne faisoit pas faire d'inventaire, la Garde n'auroit pas lieu ; parce que, quand une Loi accorde un privilége & un bénéfice sous certaines conditions , il faut commencer par remplir ces conditions pour jouir du bénéfice : de même que , quand un legs a été fait sous certaines charges, on perd le legs faute de satisfaire aux charges & aux conditions qui l'accompagnent ; autrement la Loi seroit illusoire, si en proposant des conditions elle souffroit qu'on ne les accomplît pas.

Le défaut d'inventaire ne seroit pas suppléé par la renonciation des enfans à la communauté ; & l'on diroit envain que ces enfans n'avoient pas intérêt à l'inventaire, puisqu'ils pourroient répondre que c'est ce même défaut d'inventaire qui les oblige de renoncer à la communauté. Ce seroit d'ailleurs autoriser le survivant à se faire un titre de sa propre faute.

Un Gardien Noble ayant accepté la Garde trois mois quatorze jours après la mort de sa femme, ne fit clorre l'inventaire qu'une année six mois neuf jours après le décès de cette même femme ; & cela a donné lieu à la question de sçavoir, si la Garde devoit avoir son effet du jour du décès, ou si la continuation de communauté auroit lieu en faveur des enfans jusqu'à la clôture de l'inventaire : l'on a décidé que le retard de l'inventaire donnoit lieu à la continuation de communauté jusqu'à la clôture, suivant les articles 240 & 241 de la Coutume de Paris, & que du jour de cette clôture, le Gardien noble ne confondroit plus dans la continuation de communauté les fruits de la Garde Noble qu'il avoit acceptée dans la forme prescrite ; cette décision est fondée sur ce que la continuation de communauté exclud la Garde.

Si le Gardien Noble ou Bourgeois mésuse de la Garde, il peut en être privé ; & s'il se remarie, il la perd de droit, excepté en quelques Coutumes qui la conservent en ce cas au Gardien : comme celles d'Artois, de Melun, de Peronne, de Touraine, de Blois, & autres qui ont une disposition expresse au contraire. C'est une des maximes qu'on trouve dans les Institutions Coutumieres de Loysel, liv. premier, tit. 4. n. 22.

Le Gardien Noble ou Bourgeois n'est pas en état en cette seule qualité d'intenter, défendre ou déduire les actions réelles ou personnelles, que les mineurs qui sont en sa Garde, peuvent avoir à exercer : il ne peut diriger que celles qui ont pour objet les fruits & revenus échus pendant la Garde ; & pour les autres actions, il faut leur nommer des tuteurs & curateurs. Coutume de Paris, art. 270.

Les qualités de tuteur & de curateur sont compatibles avec celle de Gardien (article 271). Voyez au sujet de cette compatibilité, la Déclaration donnée le 17 Juillet 1627, par laquelle la tutelle de Mademoiselle de Montpensier est déférée à M. le Duc d'Orléans son pere. Cette Déclaration est au treizième tome du Mercure François, pag. 519 & 520.

Si le mineur a pour tuteur une autre personne que le Gardien, c'est le tuteur qui

doit repréfenter le mineur dans les conteftations qui n'ont point de rapport à la Garde : ainfi, c'eft contre le tuteur qu'il faut diriger ces fortes d'actions. C'eft lui qui doit
paroître en Juftice, & non le Gardien ; & fi
l'action intéreffe le mineur & le Gardien, il
faut affigner le tuteur & le Gardien par des
actes diftincts & féparés.

La Garde Noble appartient à celui des
pere ou mere qui furvit.

S'il n'y a ni pere ni mere furvivant, la
Garde Noble eft déférée aux ayeuls, ou
ayeules,(& non aux bifayeuls, dont la Coutume ne parle pas); de maniere cependant
que l'ayeul paternel eft préféré à l'ayeul maternel. Il en eft de même de l'ayeule paternelle ; c'eft le fentiment du Maître & de
plufieurs autres célébres Auteurs. Dupleffis
eft d'avis contraire.

Quoique le pere ou la mere furvivante
ne demandent pas la Garde Noble, cela ne
met point les ayeuls en état de la demander.

Il en eft de même de la Garde qui finit
par le mariage du pere ou de la mere Gardien ; un ayeul ne peut pas en ce cas demander la Garde : mais fi le pere ou la mere décédoit fans l'avoir acceptée ni répudiée,
alors les ayeuls pourroient la demander,
pourvû que lors de l'inventaire ils n'euffent
point parlé en qualité de fubrogé tuteur du
mineur ou en autre qualité, fans réferver le
droit de demander la Garde. Car, quoique
la queftion foit controverfée, on tient au
Châtelet, que le pere ou la mere qui ne
fait pas ces réferves, lors de l'acceptation
de la tutelle ou de la curatelle, ou lors de
l'inventaire, ne peut plus demander la Garde, & à plus forte raifon, les ayeuls fe-
roient-ils exclus, eux qui font moins proches des mineurs. Voyez, fur cette exclufion, l'Acte de Notoriété du Châtelet du 21
Mars 1699,

Ceci ne régarde que les Nobles ; car la
Garde Bourgeoife n'appartient qu'au pere
furvivant ou à la mere feulement, & non
aux autres afcendans : & nous tenons pour
maxime, que le mineur roturier ne peut
tomber deux fois en Garde. Voyez les articles 265 & 266 de la Coutume de Paris.

L'ufage du Châtelet eft de donner au
Gardien la jouiffance des arrérages des ren-

tes conftituées & de tous les droits & actions
du mineur, qui font purement perfonnels
& mobiliers, en quelques lieux que les meubles foient : mais à l'égard des immeubles,
on en reftraint la jouiffance fuivant les difpofitions de chaque Coutume qui les régit.
Voyez l'Acte de Notoriété du Châtelet, donné par M. le Lieutenant Civil le Camus, le
18 Janvier 1701.

Le Gardien Noble ou Bourgeois ne doit
aucun droit de relief, ni autres droits Seigneuriaux pour la jouiffance des Fiefs, que
fa qualité de Gardien lui procure : mais fi
les mineurs en doivent de leur chef, il doit
les acquitter, comme je l'ai dit ci-devant.

Il en eft de la Garde comme du droit d'aîneffe ; c'eft la Loi qui la donne : ainfi les difpofitions teftamentaires du prédécédé ne
fçauroient en priver ceux à qui la Coutume
la défére.

Quand la Garde eft acquife, le changement de domicile du Gardien n'opère aucune innovation à fon droit, quand même
il iroit demeurer dans une Coutume qui
n'accorde point la Garde, le moment & le
domicile du décès déterminent ce droit.

Le Gardien Noble ou Bourgeois peut,
en faveur du mineur, renoncer à la Garde
quand bon lui femble, même après l'acceptation ; & l'on a jugé en la deuxième Chambre des Enquêtes, par Arrêt rendu au mois
de Mai 1691, au rapport de M. de Pont-
carré, rapporté par Augeard, que cette renonciation pouvoit fe faire au préjudice des
créanciers du Gardien : mais il ne pourroit
y renoncer au préjudice du mineur tombé
en Garde.

En Normandie, les peres & meres, & autres afcendans des mineurs n'ont point la
Garde de leurs biens, & n'en jouiffent point
à titre de Gardiens. L'article 217 de la Coutume de cette Province veut que les biens
des *fous-âgés .... lorfqu'ils ne tombent point
en Garde, foient régis & gouvernés par des
tuteurs, à la charge d'en rendre compte......*

Cette Coutume admet néantmoins deux
efpéces de Gardes Nobles par l'article 214;
l'une qu'elle appelle *Garde-Noble Royale*;
l'autre *Garde-Noble Seigneuriale*; & il faut
remarquer que ce n'eft pas la condition des
mineurs qui donne lieu à la Garde, foit
Royale, foit Seigneuriale, mais que c'eft

la qualité de Fief noble : de forte qu'un Roturier poffédant un Fief noble, tombe en Garde comme le Gentilhomme ; & que quand celui-ci ne poffède point un Fief noble, il n'eft point fujet à la Garde.

La Garde Royale a plufieurs priviléges & des droits qui n'appartiennent point à la Garde Seigneuriale, comme on le voit dans les articles 215, 223 & 224 de la Coutume de Normandie.

L'art. 215 parle en ces termes. *La Garde Royale eft quand elle écheoit pour raifon de Fief noble, tenu dûement & immédiatement de lui ; & a le Roi par privilége fpécial, que non-feulement il fait les fruits fiens des Fiefs nobles immédiatement tenus de lui, & pour raifon defquels on tombe en fa Garde, mais auffi il a la Garde & fait les fruits fiens, de tous les autres Fiefs nobles, rotures, rentes & revenus tenus d'autres Seigneurs que lui médiatement ou immédiatement, à la charge toutefois de tenir en état les édifices, manoirs, bois, prés, jardins, étangs & pêcheries, payer les arrérages des rentes Seigneuriales, foncieres & hypothéques, qui écheoient pendant la Garde, & de nourrir & entretenir bien & dûement les enfans felon leur qualité, âge, faculté & famille, & font ceux auxquels le Roi fait don defdites Gardes, fujets auxdites charges, & d'en rendre compte au profit des mineurs.*

La Garde Seigneuriale eft bien différente : le Seigneur particulier n'a que la Garde des Fiefs nobles qui font tenus de lui immédiatement, & non des autres Fiefs & biens appartenans aux mineurs, qui font tenus d'autres Seigneurs, comme il eft dit dans l'art. 216. *Ibid.*

Un autre privilége de la Garde Royale confifte en ce qu'elle ne finit qu'à 21 ans, au lieu que la Garde Seigneuriale finit à 20 ans.

La Garde Royale donne au Roi le droit de nommer aux Bénéfices, dont le Patronage appartient aux mineurs tombés en Garde, & qui vaquent pendant la durée de la Garde Royale ; fur quoi il faut remarquer que, quoique Sa Majefté faffe ordinairement don & remife de fon droit de Garde, le don, fi étendu qu'il foit, n'eft cenfé comprendre le droit de préfentation aux Bénéfices, que quand il y eft nommément exprimé.

Jamais le droit de Garde Royale n'eft compris dans les baux qui fe font aux Fermiers Généraux.

La Garde Royale eft mife au rang des droits de Souveraineté ; elle ne peut en aucun cas appartenir aux Seigneurs particuliers, de quelque qualité qu'ils foient, ni leur être tranfmife dans le cas de l'aliénation du domaine du Roi par échange.

Ainfi les Seigneurs qui ont acquis du Roi à ce titre, ne peuvent jouir de la Garde Royale fur leurs vaffaux : ils n'ont que la fimple Garde Seigneuriale. Nous voyons en effet que les Lettres - Patentes adreffées au Parlement de Rouen au mois de Mars 1731 (pour la confirmation & la confommation entiere de l'échange des terres d'Andely, de Vernon, &c. contre Belle - Ifle, entre le Roi & M. Fouquet de Belle - Ifle) n'ont été enregiftrées par Arrêt rendu le 20 du même mois de Mars 1731, qu'à la charge que M. Fouquet de Belle-Ifle ne jouiroit (*fur les Domaines, Terres & Seigneuries à lui cédées par le Roi*) *des droits d'aubaine, bâtardife, déshérence, confifcation, monéage, Garde-Noble & autres droits Royaux appartenans au Roi à caufe de fa Couronne & comme fouverain Seigneur, finon ès cas où le Roi en jouiffoit & avoit droit d'en jouir comme Seigneur particulier defdits Domaines, Terres & Seigneuries.*

Dans l'Arrêt rendu le 7 Août 1528, portant enregiftrement des Lettres - Patentes contenant conceffion du Comté de Gifors à la Duchef fe de Ferrare, il eft dit *que la Duchef fe ne pourra jouir du droit de Garde Royale, qui n'appartient qu'à la Souveraineté, & qu'elle ne jouira que de la Seigneuriale, &c.* Jamais on n'obmet d'inférer dans les titres de don de Garde Royale qui s'expédient, *qu'elle appartient à Sa Majefté par le droit de fa Couronne & Duché de Normandie.*

Ainfi, en Normandie, lorfqu'un mineur poffède des Fiefs relevans de plufieurs Seigneurs particuliers, il a autant de Gardiens qu'il a de Seigneurs fuzerains ; chacun de ces Seigneurs a la Garde du Fief fitué dans fa mouvance ; & la Garde Seigneuriale impofe aux Gardiens les mêmes charges que la Royale, c'eft-à-dire, qu'ils font tenus, *pro modo emolumenti*, de nourrir, entretenir le mineur, au cas que le mineur n'ait pas d'autres biens non fujets à la Garde, &c. comme il eſt dit dans les art. 215 & 218.

La jouiſſance de la Garde Royale & Seigneuriale n'a lieu que du jour que celui qui la prétend, en a fait demande en Juſtice …. art. 32 du Réglement de 1666.

Les meubles & effets mobiliers, les héritages roturiers, ne tombent point en Garde; les Fiefs poſſédés par les mineurs qui relevent de ceux pour leſquels ils tombent en Garde, ne ſont pas non-plus ſujets à la Garde Seigneuriale; mais ils ſont ſujets à la Garde Royale, quand le mineur eſt tombé dans cette eſpéce de Garde.

L'art. 222 de la Coutume de Normandie porte que *pendant que mineur …… eſt en Garde, ſi ceux qui tiennent Fief noble de lui tombent en Garde, la Garde en appartient audit mineur, & non au Seigneur en la Garde duquel il eſt lui-même tombé.*

Il n'en eſt pas de même de la Garde Royale; elle s'étend juſques ſur les arrieres-Fiefs relevans du Fief du mineur tombé en Garde; mais cette Garde n'a lieu au profit du Roi qu'autant que dure la Garde du mineur, Seigneur dominant du Fief, pour lequel l'arriere-Vaſſal eſt tombé en Garde; & lorſque la Garde Royale ceſſe relativement au Vaſſal relevant du Roi, alors ſi l'arriere-Vaſſal eſt encore ſujet à la Garde, elle continue au profit de ſon Seigneur immédiat. On peut ſur tout cela conſulter le titre 10 en entier de la Coutume de Normandie.

La Cour, par un Arrêt rendu le 9 Août 1737 en la Grand'Chambre, ſur les Concluſions de M. l'Avocat Général Gilbert, a jugé que, dans la Coutume de Normandie, un Sénéchal, Juge de Seigneur, étoit compétent pour connoître d'une demande en Garde Seigneuriale (non conteſtée): la Sentence rendue à Eu, qui avoit jugé le contraire, a été infirmée par cet Arrêt.

GARDE-GARDIENNE.
Voyez Committimus, *Hôtel-de-Ville* & *Terrier.*

On nomme Garde-Gardienne des Lettres, qui, par leur effet, ſont aſſez ſemblables au *Committimus;* puiſque par leur moyen les Particuliers auſſi-bien que les Corps &

Communautés auxquelles elles ſont accordées, peuvent (tant en demandant qu'en défendant en matiere civile, perſonnelle ou mixte) traduire ceux avec leſquels ils ont des conteſtations devant le Juge nommé dans les Lettres.

Ces ſortes de Lettres ne ſont point ſujettes à être vérifiées au Parlement: elles ſe délivrent au Greffe de la Juriſdiction dans laquelle ceux qui ont droit de Garde-Gardienne, peuvent traduire leurs adverſaires. Au Châtelet, ce ſont les Greffiers à la Peau qui les expédient, & elles ſont ſujettes à ſurannation, c'eſt-à-dire, qu'elles ne peuvent ſervir que dans l'année de leur date.

L'Ordonnance de 1669, n'accorde le droit de Garde-Gardienne par le titre 4, qu'à quelques-uns des Membres & Suppôts de l'Univerſité, dont les noms ſe trouvent dans les articles 28, 29 & ſuivans; mais, par un Edit du mois de Février 1722, enregiſtré le 15 Avril ſuivant, le Roi a *octroyé aux Docteurs, Bacheliers, Maîtres, Suppôts, Ecoliers & Officiers de l'Univerſité (de Paris) de faire appeller & convenir toutes perſonnes, tant en demandant, qu'en défendant pour toutes cauſes & affaires; ſçavoir, l'Univerſité en Corps, en la Cour du Parlement de Paris; & les Particuliers, Docteurs, Maîtres, Bacheliers, Suppôts, Ecoliers & Officiers, pardevant le Prévôt de Paris ou ſon Lieutenant …. ſans qu'ils puiſſent être convenus ou appellés ailleurs par aucunes perſonnes, de quelque qualité qu'ils ſoient. …..*

Au nombre des Membres de l'Univerſité auxquels le Privilége de Garde-Gardienne eſt accordé par cet Edit, ſont:

1°. *Les principaux des Colléges, les Docteurs, les Régens & autres du Corps des Univerſités qui tiennent des Penſionnaires.* L'art. 28 du tit. 4 de l'Ordonnance de 1669 leur accordoit le même privilége.

2°. *Les Recteurs, les Régens & les Lecteurs exerçans actuellement.* Ibid. art. 29.

3°. Les Ecoliers étudians depuis 6 mois, dans les Colléges de l'Univerſité.

On a prétendu que le ſieur Cleriat de Choiſeul Beaupré, Maître-ès-Arts de l'Univerſité de Paris, ne pouvoit pas uſer des Lettres de Garde-Gardienne, & attirer au Châtelet une demande en complainte pour un Canonicat de la Cathédrale de Mende ; cela a donné lieu à un Réglement de Juges entre le Parlement de Toulouse & le Châtelet. Mais, par Arrêt du Conseil rendu le 12 Septembre 1732, la contestation fut renvoyée au Châtelet ; & le renvoi est fondé sur ce que le sieur Cleriat de Choiseul étoit encore Ecolier de l'Université.

4°. Ceux qui ont régenté pendant vingt ans dans l'université, tant qu'ils font leur résidence dans le lieu de son établissement.

5°. Les Imprimeurs & les Libraires de Paris, lesquels, aux termes de l'art. premier du titre premier de l'Edit du mois d'Août 1686, enregistré le 21 des mêmes mois & an, sont *censés & réputés du Corps & des Suppôts de l'Université* ; il est naturel qu'ils jouissent de ce Privilége, puisque l'Edit de Février 1722 l'accorde à tous les *Suppôts* de l'Université.

6°. Les Messagers Jurés de l'Université. Le droit de ceux-ci a néantmoins souffert de la contradiction ; on a prétendu qu'ils ne l'avoient pas, parce qu'ils ne font pas nommément compris dans l'Ordonnance de 1669, ni dans l'Edit de 1722, au nombre de ceux qui ont le droit de Garde-Gardienne ; mais par Arrêt du Conseil du 8 Août 1735, rendu sur un Réglement de Juges entre le Châtelet & le Parlement d'Aix, dans lequel l'Université de Paris étoit intervenue, la contestation a été renvoyée au Châtelet. Il s'agissoit dans cette affaire d'une succession ouverte à Marseille, au profit du sieur Bourassé, Messager de l'Université, demeurant à Paris. Il y a un pareil Arrêt du Conseil en faveur des Messagers de l'Université, rendu le 23 Novembre 1731.

Les Procureurs au Châtelet de Paris ont droit de Garde-Gardienne au Châtelet, il leur est accordé par un Edit du mois de Mai 1690, enregistré le 5 Juin suivant.

Les Huissiers du Châtelet, compris les Huissiers-Priseurs (a), les Greffiers (du Châtelet) ont aussi droit de Garde-Gardienne. Il y a même cela de particulier, que les Huissiers à Cheval & à Verge peuvent user de leur droit de Garde-Gardienne, même en matiere criminelle ; c'est un privilége qui leur a été accordé, & que la Juris-

prudence des Arrêts a consacré. V. *Huissiers.*

Le Commandant du Guet, le Capitaine, les Lieutenans, Guidons, Greffier, Contrôleur, Exempts & Archers, tant à cheval qu'à pied, en titre d'office, faisant leur domicile à Paris & en service actuel, ont droit de Garde-Gardienne, il leur a été accordé par l'Edit du mois de Mai 1559 ; & le Roi régnant le leur a confirmé par Arrêt du Conseil du 17 Octobre 1719, revêtu de Lettres-Patentes enregistrées.

Les Notaires demeurant à Paris ont aussi le droit de Garde-Gardienne, même *en matiere criminelle*, relativement à leurs fonctions.

Les Greffiers, les Officiers & Domestiques au service de l'Hôpital Général de Paris & maisons en dépendantes, ont aussi droit de Garde-Gardienne au Châtelet ; il leur est accordé par l'art. 81 de l'Edit du mois d'Avril 1656, registré le premier Septembre suivant.

Les Officiers & les Archers de la Ville de Paris jouissent aussi du droit de Garde-Gardienne. Voyez *Hôtel-de-Ville.*

Le Chapitre de Clermont en Auvergne a obtenu des Lettres-Patentes en forme de Garde-Gardienne, qui attribuent la connoissance de toutes ses causes personnelles & réelles au Bailliage de Clermont.

Les Officiers de la Sénéchaussée de Riom, auxquels l'Arrêt d'enregistrement de ces Lettres fut signifié (à cause des terres & biens situés dans son ressort, appartenans audit Chapitre), y a formé opposition sous prétexte :

1°. Que ces Lettres diminuoient l'étendue de son ressort.

2°. Que de semblables Lettres ne s'accordoient pas au préjudice des Justices Royales.

3°. Qu'elles ne pouvoient avoir lieu qu'en matiere personnelle & mixte, & non en matiere réelle.

Mais, par Arrêt rendu en la Grand'Chambre, le Mercredi 5 Septembre 1742, sur les Conclusions de M. l'Avocat Général Joly de Fleury, les Officiers de la Sénéchaussée de Clermont ont été déboutés de leurs opposition & demande.

_____

(a) Le droit de Garde-Gardienne est accordé aux Huissiers-Priseurs du Châtelet, tant en matiere Civile que Criminelle, par Edits des mois de Sept. 1671, & Oct. 1711 : il leur a été confirmé par la Déclaration du 18 Juin 1758.

Ceux qui font ufage de Lettres de Garde-Gardienne, doivent en donner copie avec l'exploit, à peine de nullité; il en eft de ces Lettres comme des *Committimus*. M. l'Avocat Général Joly de Fleury l'a ainfi jugé au Parquet, le Mercredi 10 Février 1762, dans une efpéce où un Médecin, Suppôt de l'Univerfité de Poitiers, n'avoit donné copie que de fes facultés, & qui n'avoit point levé de Lettres de Garde-Gardienne; l'appointement avifé au Parquet dans cette affaire, a été reçu par Arrêt.

Les Lettres de Garde-Gardienne font fujettes aux autres régles prefcrites pour les *Committimus*.

La Déclaration du 11 Juillet 1754, regiftrée au Parlement de Rennes le 19 Décembre fuivant, par laquelle le Sénéchal de Nantes a été établi Juge-Confervateur des Priviléges de cette Ville, porte *à la charge de fe conformer à ce qui eft* porté par les art. 29, 30 & 31 du titre des *Committimus* de l'Ordonnance du mois d'Août 1669.

GARDE MARTEAU

C'eft le nom d'un Officier des Eaux & Forêts, prépofé pour être dépofitaire du Marteau avec lequel on marque le bois qui doit être coupé pour les ventes dans les Forêts du Roi.

Les fonctions & les prérogatives des Gardes Marteaux font détaillées dans un titre particulier de l'Ordonnance des Eaux & Forêts, contenant cinq articles.

GARDE NOTE.
Voyez *Notaires* & *Tabellions*.

Les Notaires ne gardoient pas autrefois les minutes des Actes qu'ils recevoient; ils étoient obligés de les porter, dans un certain délai de leur date, à des Officiers prépofés pour la confervation des minutes; & parce qu'elles étoient écrites par Notes d'une maniere abrégée; ces Officiers ont été nommés Gardes Notes en plufieurs endroits; on les nomme Tabellions dans d'autres. V. ce que je dis fur cela aux articles *Minute* & *Notaire*.

GARDES DES RÔLES.

On nomme Gardes des Rôles, des Officiers de la Grande Chancellerie, dont la fonction eft de tenir des Rôles des Offices de France, & d'enregiftrer les oppofitions qui font formées au fceau des provifions qu'on en expédie. V. *Office* & *Sceau*.

GARDIENS.
V. *Bail-Judiciaire*, *Commiffaires aux Saifies-Réelles*, *Confignation*, *Dépôt*, *Saifie-Féodale* & *Séqueftre*.

On nomme Gardiens, ceux auxquels la Garde Noble ou Bourgeoife eft déférée. Sur cette efpéce de Gardien, voyez *Garde*.

On nomme encore Gardiens, ceux en la Garde defquels des meubles ou autres effets font laiffés, ou par un Huiffier qui les a faifis & exécutés, ou par un Officier qui a appofé des fcellés.

Ces efpéces de Gardiens font contraignables par corps à la repréfentation des chofes dont ils ont été chargés. Dans quelques cantons, ces Gardiens font nommés *Commiffaires*, & *Gardiateurs* dans d'autres.

L'Huiffier qui a faifi & exécuté des meubles, doit, par le Procès-verbal de faifie, fommer la Partie faifie de donner bon & folvable Gardien des chofes faifies; & fi on ne lui en préfente point, il doit établir garnifon pour veiller à la confervation de ce qui eft faifi, & affigner la Partie faifie, par le Procès verbal même, pour comparoir ou dans le jour ou le lendemain, mais à heure certaine, en l'hôtel du Juge, pour voir dire qu'elle fera tenue de donner bon & folvable Gardien des chofes comprifes au Procès-verbal, & fe charger du tout, finon que la garnifon établie reftera & fera payée de fes frais de Garde.

Tel eft l'ufage du Châtelet; & on n'adjuge des frais de Garde à la garnifon établie par Huiffier lors de la faifie, que quand il eft intervenu une Ordonnance de M. le Lieutenant Civil, qui décide que la garnifon reftera, faute par le faifi de donner un Gardien: la Cour a, le Samedi 21 Août 1742, rendu à l'Audience de fept heures un Arrêt conforme à cet ufage. En effet, cet Arrêt a rejetté la demande en payement de frais de Garde, formée par un Gardien établi par le Procès-verbal de faifie-exécution, mais dont l'affignation en l'hôtel de M. le Lieutenant Civil, pour voir confirmer l'éta-

bliſſement de garniſon, n'avoit pas été ſuivie.

L'article 13 du titre 19 de l'Ordonnance
de 1667 défend *aux Huiſſiers & Sergens de
prendre pour Gardiens & Commiſſaires des
choſes par eux ſaiſies, aucun de leurs parens,
alliés, ni pareillement le ſaiſi, ſa femme, ſes
enfans ou petits-enfans, à peine de tous dépens, dommages & intérêts envers le créancier ſaiſiſſant.*

*Les freres, oncles & neveux du ſaiſi ne
peuvent auſſi être établis Gardiens ou Commiſſaires aux meubles & fruits ſaiſis, ſous pareille peine, ſi ce n'eſt qu'ils ayent expreſſément conſenti par le Procès-verbal de ſaiſie
& exécution, & qu'ils l'ayent ſigné, ou déclaré ne pouvoir ſigner.* Ibid. art. 14.

Par un Arrêt rendu le Samedi 17 Septembre 1729, en vacations, entre les nommés Mouillefert & Vincent, ſur l'appel
d'une Sentence du Juge de Dornecy en Nivernois, il a été fait défenſes aux Procureurs de ſe rendre Gardiens des choſes ſaiſies ſur les Parties adverſes de leurs Cliens,
lorſqu'ils auront occupé dans la cauſe.
Voyez à ce ſujet l'art. 132 de l'Ordonnance de Blois.

Le premier Août de la même année 1729,
le Parlement de Touloufe a, par un Arrêt
rendu en forme de Réglement, fait défen-
ſés à toutes Parties & à tous Huiſſiers &
Sergens d'établir Séqueſtre aucun Officier
de Judicature, à peine de 1000 liv. d'a-
mende, de caſſation, & de répondre de tous
dépens, dommages & intérêts.

Le même Parlement a auparavant, par
un Arrêt rendu le 9 Août 1700, fait défen-
ſés aux » Huiſſiers, Sergens & Bailes qui
» feront des ſaiſies particulieres de fruits &
» revenus annuels de Débiteurs, d'établir
» d'autres Séqueſtres que des Habitans &
» Domiciliés des lieux où leſdits biens ſe-
» ront ſitués, s'il y en a qui puiſſent être
» établis ; & en cas qu'il n'y en ait point,
» ou qu'il s'agit de la ſaiſie des fruits des
» biens du Seigneur . . . . . . enjoint auxdits
» Huiſſiers . . . . . . d'établir des Séqueſtres
» Habitans ou Domiciliés des lieux con-
» tigus «.

Depuis ces Arrêts, il en a été rendu un
autre au Conſeil d'Etat le 20 Décembre
1740, qui a été revêtu de Lettres-Paten-

tes le 30, leſquelles ont été regiſtrées au
Parlement de Touloufe le premier Février
1741, contenant défenſes aux Huiſſiers d'é-
tablir les Conſuls, pendant l'année de leur
Conſulat, Commiſſaires & Séqueſtres à aucunes ſaiſies, à l'exception de celles qui ſeront faites pour ſommes dûes au Roi. On
peut ſur les priviléges des Conſuls de Languedoc à cet égard, conſulter des Lettres-
Patentes du 29 Mars 1626, & des Arrêts
du Conſeil des 22 Septembre 1635, & 21
Juillet 1636.

*Celui qui par violence empêchera l'établiſ-
ſement des Gardiens ou Commiſſaires aux
meubles ou fruits ſaiſis, ou qui les enlevera,
ſera condamné envers l'autre Partie au double de la valeur des meubles & fruits ſaiſis,
& en 100 liv. d'amende envers Nous, ſans
préjudice des pourſuites extraordinaires.* Ordonnance de 1667, tit. 19, art. 17.

*Le nom & le domicile de celui en la Garde
duquel auront été miſes les choſes ſaiſies, ſeront ſignifiés au Saiſi par le même Procès-verbal,* ibid. tit. 33, art. 8.

*Défendons aux Gardiens de ſe ſervir des
choſes ſaiſies pour leur uſage particulier, ni
de les bailler à louage . . . . à peine, &c.* Ibid.
art. 9.

*Si les beſtiaux ſaiſis produiſent d'eux-mê-
mes quelque profit ou revenu, le Gardien en
tiendra compte au Saiſi ou aux Créanciers
ſaiſiſſans.* Ibid. art. 10.

S'il ſurvient des oppoſitions qui retardent
la vente des choſes ſaiſies, les Gardiens *ſont
déchargés de plein droit deux mois après
qu'elles ont été jugées, ſans obtenir aucun
Jugement de décharge, en rendant néantmoins compte de leur commiſſion ;* ibid. tit.
19, art. 20 : & par la même raiſon ils doivent auſſi être déchargés de plein droit deux
mois après la ſaiſie, s'il n'y a pas eu d'oppoſition.

Et ſi la ſaiſie ſubſiſte, ſans que les oppoſitions ſoient levées ou jugées, les Gardiens
ne ſont déchargés de plein droit, comme je
viens de le dire, qu'au bout d'un an du jour
de leur établiſſement. *Ibid.* art. 22.

Le Parlement de Rouen a jugé, par
Arrêt rendu le 22 Mai 1731, » qu'il n'eſt
» point beſoin de Jugement pour obliger un
» Gardien volontaire à continuer la Gar-
» de pendant la conteſtation, pour empê-
» cher

» cher la prescription annuelle, & que des
» sommations réitérées tous les ans suffi-
» sent «.

En établissant un Gardien ou une garnison pour prendre soin des choses saisies, elles ne doivent pas être déplacées; cependant
si le Gardien volontaire le requéroit, il faudroit le mettre en possession de ce qui est
confié à sa Garde.

L'ancienne Jurisprudence du Châtelet
étoit de condamner le Gardien à payer le
montant des créances pour lesquelles on
avoit saisi, quand il ne représentoit pas les
effets à la Garde desquels il étoit établi:
mais actuellement on ne condamne le Gardien qu'à payer la valeur de ce qui se trouve en *deficit*, lors du récollement sur la saisie; & cette valeur s'évalue par gens qui
ont vû les effets.

Il n'est point dû de frais de Garde à ceux
qui se rendent volontairement Gardiens de
choses saisies - exécutées: aux autres, on ne
leur en adjuge, comme je l'ai dit, que quand
il y a une Ordonnance du Juge signifiée,
par laquelle il est dit que, faute par le Saisi
de donner Gardien, la garnison restera à ses
frais.

Mais on accorde des frais de Garde aux
Gardiens des scellés, quoique Gardiens vo-
lontaires, & ils doivent être taxés par le
Magistrat.

On a plusieurs fois adjugé des frais de
Garde à des Commissaires du Châtelet qui
s'étoient chargés d'effets. Un Arrêt rendu le
6 Avril 1677, adjuge 500 liv. par an au
Commissaire Huet pour la Garde de pierreries. Un autre Arrêt rendu le 27 Février
1681, liquide à 300 liv. pour chacun an les
frais de Garde de cinq coffres, en faveur du
Commissaire Mesnier (a).

Mais, par Sentence des Requêtes du
Palais, du premier Octobre 1737, on a
mis hors de Cour sur la demande du Commissaire Levié, à fin de payement des
frais de Garde d'une cassette de papiers
dont il n'étoit pas chargé par autorité de
Justice.

GARENNES.
V. *Chasse.*

On nomme Garenne un terrein destiné
à élever & nourrir des lapins. Quelquefois
aussi le mot Garenne signifie une riviere
dans laquelle le Seigneur seul peut pêcher.

Il y a deux espéces de Garennes; les unes
qu'on nomme ouvertes; les autres forcées.

Les Garennes ouvertes sont celles dont
l'entrée & la sortie sont libres aux lapins,
& qui ne sont entourées d'aucune clôture;
les Garennes forcées sont celles qui sont
closes, ou de murs, ou de fossés remplis
d'eau.

Il n'étoit anciennement permis qu'à ceux
qui en avoient obtenu une permission spéciale du Roi, regîtrée en la Chambre des
Comptes, d'établir des Garennes ouvertes;
c'est ce qui résulte d'un ancien Arrêt du 14
Avril 1339, rapporté par Chopin & par
Guenois, & de l'Ordonnance du Roi Jean,
de l'an 1355, article 4, renouvellée par
Henri II en 1552. Mais l'Ordonnance des
Eaux & Forêts n'exige plus cette permission: voici comme s'explique sur cela l'article 19 du titre 30.

*Nul ne pourra établir Garenne à l'avenir
s'il n'en a le droit par ses aveux & dénombremens, possession ou autres titres suffisans,
à peine de 500 liv. d'amende, & en outre,
d'être la Garenne détruite & ruinée à ses dépens.* Voyez aussi l'article 211 de la Coutume de Meaux; l'art. 37 de celle de Tours;
& Coquille sur la Coutume de Nivernois,
chapitre des Bois & Forêts, art. 2.

Il y a néantmoins lieu de croire que l'ancien usage se suit encore en Artois; car une
Sentence rendue au Conseil Provincial d'Artois le 3 Novembre 1719, a ordonné que
le sieur Loste, Seigneur de Willemand, qui
avoit des titres énonciatifs & une possession du droit de Garenne dans sa Terre, seroit tenu de la faire détruire, faute par lui
de représenter des Lettres - Patentes ou
Concession des Souverains dûement enre-

(a) Les Commissaires m'ont montré des copies d'Arrêts
semblables, & entr'autres;
1°. D'un Arrêt du 20 Janvier 1680, qui ordonne que
le Commissaire Bannelier retiendra 500 liv. pour ses frais
de Garde, d'une somme de 110000 livres.
2°. D'un autre Arrêt du 10 Mars 1685, qui adjuge une

somme de 100 livres au Commissaire Gorilion, pour frais
de Garde.
3°. Un troisiéme du 20 Juillet 1699, qui adjuge au
Commissaire Regnault une somme de 300 livres par an,
pour frais de Garde de plusieurs coffres; & plusieurs autres.

giftrées, & l'a condamné aux dommages & intérêts des laboureurs voisins.

L'Arrêt intervenu sur l'appel de cette Sentence, au rapport de M. de la Mouche de Beauregard, le 3 Juillet 1722, a seulement ordonné que le sieur de Willemand détruiroît sa Garenne, de maniere que les voisins ou tenanciers n'en souffrent point, & l'a condamné en 100 liv. de dommages & intérêts.

Le droit de Garenne n'est point susceptible d'extension ; tout au contraire, c'est un droit exorbitant, qui doit être restraint en conformité des titres. Il est sur cela intervenu en la Chambre des Eaux & Forêts au Souverain, un Arrêt sur délibéré, que j'ai entendu prononcer le Mercr. 27 Juin 1759, par lequel un Seigneur qui avoit une Garenne plus considérable que celle portée par ses titres, a été condamné à l'y rendre conforme & en détruire les terriers, &c, dans un an, & condamné en 100 livres de dommages & intérêts envers les habitans.

Par une suite du même principe, si les titres du Seigneur qui a droit de Garenne, n'expriment pas quelle est l'espéce de Garenne qu'il peut avoir ; on juge que s'il a une Garenne ouverte, il doit indemniser les propriétaires des héritages qui en sont voisins, du dommage que les lapins y ont causé : c'est ce que la Cour vient de décider par l'Arrêt rendu en la Grand'Chambre le 4 Septembre 1759, au rapport de M. l'Abbé Boucher.

Dans cette espéce, le Marquis d'Asfeld fut assigné à la requête des nommés Gorgu & consors, ses censitaires, propriétaires d'héritages voisins de sa Garenne, en condamnation de dommages & intérêts, à dire d'Experts, résultans du dégât causé par les lapins de sa Garenne. Il disoit pour sa défense que ses prédécesseurs & lui avoient, de temps immémorial, joui du droit de Garenne, sans que les propriétaires eussent demandé aucune indemnité pour le dégât causé par les lapins ; il ajoutoit qu'ayant droit de Garenne, ses Vassaux étoient non - recevables à lui demander aucun dédommagement. Mais, comme ses titres ne lui donnoient pas un droit de Garenne ouverte, l'Arrêt susdit du Mardi 4 Septembre 1759, confirma la Sentence par laquelle il avoit été condamné aux

dommages & intérêts à dire d'Experts.

A l'égard des Garennes forcées, il est permis aux Seigneurs d'en établir sur leurs terres sans titres particuliers, pourvû qu'elles soient tellement bien closes, que les lapins & la clôture ne nuisent point au public : c'est ce qui paroît résulter de l'art. 25 du tit. 30 de l'Ordonnance des Eaux & Forêts ; mais je ne crois pas que cela fût permis à tout autre qu'un Seigneur.

On pense que le Seigneur dominant du Fief dans lequel se trouve une Garenne, n'a pas droit d'y chasser en personne, comme il le peut sur le surplus du Fief.

L'Ordonnance de Henri IV, faite au mois de Septembre 1607, porte même que ceux qui chassent & dérobent le gibier dans les Garennes, doivent être punis comme larrons.

Le chapitre 6 de la Coutume de Montargis, & l'article 67 de celle d'Orléans, contiennent les mêmes dispositions que cette Ordonnance. La Lande dit qu'elles sont fondées sur ce que » les lapins qui se tien- » nent dans ces repaires & trous réparés, & » dressés par la main & industrie de l'hom- » me, sont comme en la puissance du pro- » priétaire auquel appartient le buisson, à » cause de l'habitude & accoutumance qu'ils » ont prises de retourner à leur gîte «.

Le droit de Garenne est un droit utile qui s'afferme & qui fait partie des revenus d'une Terre, comme les bois, les prés, & les autres biens qui la composent ; & quand une Garenne est établie de temps immémorial, si on forme une Capitainerie dans l'enceinte de laquelle elle se trouve renfermée, elle n'est pas pour cela anéantie, ni le Seigneur privé du revenu qu'elle lui produisoit ; parce que le droit de Garenne est bien différent de celui de chasse, qui n'est qu'un droit honorifique, dont il est naturel que les Seigneurs fassent un sacrifice au Roi pour ses plaisirs. Quand il est question d'un droit de Garenne, il est juste, ou d'indemniser le Seigneur, ou de la lui conserver.

Nous voyons en effet différentes Garennes dans les Capitaineries, même de Maisons Royales, qui n'ont souffert aucune atteinte de l'établissement des Capitaineries ; telles sont les Garennes de la Versine ou d'Herouval, dans la Capitainerie d'Hallate, de Beyné, de Grignon, de S. Germain, de la Grange, de Wideville, &c. dans la Capitainerie de S. Germain-en-Laye.

C'est d'après ces maximes que le Cardinal de Bissi, Evêque de Meaux, a été maintenu dans les droits de sa Garenne, située à Germigni, dans l'étendue de la Capitainerie de Monceaux, par Arrêt rendu au Conseil des Dépêches contre le Comte d'Evreux, Capitaine de Monceaux, le 13 Juin 1726.

Il avoit été rendu un pareil Arrêt en 1705, en faveur du propriétaire de la Garenne de Poíncy, située dans l'étendue de la même Capitainerie.

La dame de Pomponne, qui avoit droit de Garenne dans sa Terre de Paloiseau, en fit un bail à vie au sieur Belou en 1748, avec permission de porter le fusil dans la Garenne, tirer des lapins, & défenses de tirer des perdrix ou lièvres, même de porter le fusil hors de la Garenne.

En conséquence de ce bail, le sieur Belou fit recevoir un Garennier à la Table de Marbre, & donna des fusils & des bandoulieres à trois autres Particuliers, lesquels sortirent quelquefois de la Garenne avec des chiens, & armés de fusils.

Cette conduite donna lieu à des Procès-verbaux, & fit naître la question de sçavoir si le sieur Belou pouvoit, en conséquence du bail à vie de la Garenne, avoir des Gardes, leur faire porter des bandoulieres, &c. » Il disoit : je représente la Marquise de Pomponne ; elle m'a cédé son droit de Garenne, pour en jouir comme elle en jouissoit : donc, &c. «

La dame de Pomponne répondoit qu'elle n'avoit point cédé des droits honorifiques, mais des droits utiles. Il étoit en effet dit dans le bail, » qu'il n'emportoit aucune aliénation de la Seigneurie en faveur du sieur Belou, & que tous les droits Seigneuriaux & féodaux demeuroient réservés, &c. «

Sur cela Sentence est intervenue au Bailliage de Paloiseau, le 2 Décembre 1749, qui ordonne au sieur Belou *de faire ôter dans la huitaine la bandoulière à ses garçons Garenniers, & lui a fait défenses de leur laisser porter bandoulière ou fusil, ni mener chiens hors la Garenne..... & pour l'avoir permis,* l'a condamné en 1000 liv. d'amende & aux dépens.

Cette Sentence avoit été infirmée en la Table de Marbre, le 14 Mars suivant. Mais par Arrêt rendu le 5 Septembre 1750, sur les Conclusions de M. l'Avocat Général Joly de Fleury, la Cour a infirmé cette derniere Sentence, & confirmé celle de Paloiseau, en modérant néantmoins l'amende de 1000 liv. à 100 liv.

Les demandes en destruction de Garennes, & en dommages & intérêts pour dégât fait par les lapins, doivent être portées devant les Officiers des Maîtrises des Eaux & Forêts ; & le *Committimus* n'a pas lieu dans ces matieres. Le Conseil l'a ainsi ordonné par Arrêt du 23 Février 1745, sans s'arrêter à un Arrêt du Parlement du 12 Janvier précédent.

Le Marquis d'Arcy a prétendu le contraire, & a formé opposition à l'Arrêt du 23 Février 1745 ; mais il en a été débouté par autre Arrêt du Conseil du 21 Février 1747. Ces deux Arrêts sont imprimés à la suite de l'Ordonnance des Eaux & Forêts, édition de 1753.

GAUDENCE.

L'art. 101 de la Coutume de Bordeaux se sert de ce mot ; il signifie les héritages baillés *à louage de neuf en neuf années, & à perpétuité.*

GAVENE.

C'est le nom d'un droit que les Eglises Cathédrales, Collégiales & Communautés du Cambresis & des environs payoient anciennement aux Comtes de Flandres, & après eux aux Ducs de Bourgogne & Rois d'Espagne, pour prix de la protection que ces Princes leur accordoient.

Ce droit, qu'on a aussi quelquefois nommé Gave, se percevoit sur toutes les terres labourables, cours & manoirs d'Eglise dans les Villages qui y étoient sujets, à raison d'un mancaud de bled & d'un mancaud d'avoine sur deux muids de terres, &c.

Les Fermiers des Domaines du Roi, en 1683, 1684 & 1686, ont fait diverses poursuites contre le Chapitre de Cambray & autres Communautés, pour exiger le payement de ce droit ; mais par Arrêt rendu au

Conseil d'Etat le 10 Février 1687, le droit de Gave ou Gavene a été jugé ne plus subsister ; & en conséquence il a été fait défenses aux Fermiers du Domaine de l'exiger.

GAYVES.

Ce mot a la même signification qu'Epaves. Voyez les art. 603, 604 & 605 de la Coutume de Normandie. Voy. aussi ce que je dis au mot *Epaves*.

GÉNÉRALITÉ.

C'est ainsi qu'on nomme chacune des Portions de la France soumise au ressort des divers Bureaux des Finances établis dans le Royaume, suivant la division qui en a été faite pour la régie des Finances.

Il y a dans chaque Généralité un Commissaire départi par le Roi, qu'on connoît mieux sous le nom d'Intendant. Voy. *Commissaires*, *Commission* & *Subdélégué*.

Il y a aussi des Receveurs Généraux des Finances pour chaque Généralité.

GÉNÉRAUX d'Ordre Religieux.

V. *Abbé*, *Cîteaux*, *Prémontré* & *Religieux*.

On nomme Général celui d'un Ordre Religieux ou d'une Congrégation d'Ecclésiastiques Séculiers, qui est le Supérieur Général & Chef de toutes les Maisons, Abbayes & Communautés de son Ordre ou de sa Congrégation.

GÉNÉVOIS.

Les Génévois que le commerce attire en France, peuvent y former divers établissemens : pour y être reçus, ils n'ont besoin ni d'abdiquer leur Patrie, ni de faire abjuration du Calvinisme qu'on professe dans leur République.

Au milieu de la France ils conservent la qualité de Citoyens de Genève & celle de Protestans : c'est un privilége que Henri IV leur a accordé par Lettres-Patentes du mois de Juin 1608, enregistrées le 22 Août suivant. Le même Prince le leur avoit déja accordé en 1596, mais les Lettres n'avoient pas été enregistrées.

Les Lettres-Patentes de 1608 portent, que le droit d'aubaine *cessera dorénavant dans le Royaume contre les Citoyens, Bour-*

geois domiciliés & Sujets de ladite République (de Genève) comme aussi il ne pourra être pratiqué en ladite République contre nos Sujets qui y décéderont......

Ainsi les Génévois succèdent en France à leurs parens Génévois qui y décèdent, ou qui y laissent des biens ; mais ils n'y succèdent pas aux biens de leurs parens régnicoles. Voyez l'Arrêt de Thelusson, rendu le premier Avril 1729, que je cite à l'article *Aubaine*.

Les Génévois sont-ils tenus de donner la caution *judicatum solvi*, quand ils intentent des procès aux François ? Voyez *Cautio judicatum solvi*.

On suit le Droit-Ecrit dans l'étendue de la République de Genève.

GÉNOIS.

Louis XIV & le Roi régnant ont successivement accordé des Lettres de Naturalité à divers Génois qui en avoient demandé ; & quoique ces Lettres portassent que les Naturalisés seroient tenus de résider en France, plusieurs conservoient néantmoins leur domicile à Genes. Le Tribunal de la Mer, établi dans cette Capitale de la République, prétendoit même, à cause de cette résidence, prendre connoissance des différends que les Génois naturalisés commandant des Navires sous la Bannière de France, avoient avec leurs Equipages, & même avec les Négocians François, au préjudice de la Juridiction du Consul de la Nation Françoise. Mais le Roi a, par une Déclaration du 21 Août 1718, registrée le 22 Septembre suivant, révoqué & annullé les Lettres de Naturalité accordées aux Génois qui ont conservé leur domicile à Genes, & qui ne font point leur résidence actuelle en France, même celle où la clause de non résidence dans le Royaume est insérée.

La même Déclaration a ordonné aux Génois naturalisés François demeurans en France, lorsqu'ils iront à Genes pour les affaires de leur commerce, sans y avoir aucun domicile, de reconnoître le Consul de la Nation Françoise qui y réside, à peine de désobéissance & de révocation de leurs Lettres. Voyez *Aubaine*.

Voyez aussi un Arrêt du Conseil, en interprétation de cette Déclaration, le 21 Novembre suivant, & ce que je dis aux articles *Aubains, Etrangers, Génévois, Hainault, Hollandois, Naturalité,* &c.

GENS DE MAIN-MORTE.

Voyez *Amortissement, Communauté, Contrôle, Fabrique, Fondation, Hôpitaux, Incapables, Indemnité, Religieux, Vœux,* &c.

L'article 8 de l'Edit de Décembre 1691, enregistré le 2 Janvier 1692, comprend au nombre de Gens de Main-morte » les Ar-
» chevêques, Evêques, Abbés, Prieurs,
» Doyens, Prévôts, Archidiacrés, Chapi-
» tres, Curés, Chapelains, Monasteres, Fa-
» briques, Commandeurs Séculiers & Ré-
» guliers, Universités, Facultés, Colléges,
» Administrateurs d'Hôpitaux, Maires &
» Echevins, Consuls, Syndics, Capitouls,
» Jurats, Manans & Habitans des Villes,
» Bourgs, Bourgades, Villages & Ha-
» meaux α.

Tous ceux de la qualité ci-dessus qui possédent des biens à ce titre, sont réputés Gens de Main-morte relativement à ces biens. Quelques-uns ne peuvent en acquérir qu'avec la permission du Roi, (comme je le dirai dans un moment) ; & ceux qui obtiennent cette permission, sont obligés de payer des droits d'amortissement. Voyez *Amortissement.*

Les Gens de Main-morte ne peuvent non plus aliéner leurs biens, ni les vendre, si ce n'est en certains cas de nécessité ou d'utilité publique, en observant les formalités prescrites. Voyez *Aliénations, Biens d'Eglise, Union,* &c.

L'Edit du mois de Décembre 1691, dont je viens de parler, a pour objet d'établir dans le Royaume des dépôts publics, où les titres de propriété des biens des Gens de Main-morte, les aliénations, les acquisitions & les principaux actes d'administration de ces biens, doivent s'enregistrer, afin qu'il y ait un lieu, où ceux qui en auront besoin, puissent les trouver. Voici quelques dispositions de cet Edit.

Art. VIII. » Les ..... Gens de Main-
» morte de notre Royaume qui aliéneront
» ou engageront ci-après aucuns immeubles
» dépendans de leurs Eglises ou communau-
» tés à prix d'argent, par échange, par baux

» à titre d'inféodation, cens, ou rentes par
» emphitéose, & baux à gaudence, seront
» tenus d'en faire enregistrer les contrats
» d'aliénation, & les adjudications par Sen-
» tences ou Arrêts, au Greffe des Domaines
» des Gens de Main-morte du lieu où les
» biens aliénés seront assis, dans les quatre
» mois après l'aliénation ; autrement nous
» déclarons lesdites aliénations nulles. Fai-
» sons défenses à nos Juges d'y avoir égard,
» & aux Parties de s'en servir.

IX. » Les baux emphitéotiques, ou à
» vie, ci-devant faits par les Gens de Main-
» morte, ensemble ceux à gaudence, seront
» pareillement enregistrés à la diligence des
» Preneurs auxdits Greffes, deux mois après
» la publication de notre présent Edit, à
» peine de cinquante livres d'amende, ap-
» plicable un tiers à l'Hôpital du lieu, un
» tiers à l'Officier, & l'autre tiers au dé-
» nonciateur, qui ne pourra être réputée
» comminatoire, ni modérée par nos Juges.

X. » Déclarons pareillement nulles les
» acquisitions qui seront ci-après faites par
» les Gens de Main-morte, à titre d'achat,
» fondations, donations testamentaires ou
» autres titres quelconques, si elles n'ont
» été enregistrées au Greffe du lieu où les
» biens seront situés, quatre mois après,
» à l'égard des contrats entre-vifs ; &
» six mois après la mort du testateur, à l'é-
» gard des donations pour cause de mort,
» ou testamentaires.

XI. » Seront semblablement sujettes à
» l'enregistrement audit Greffe, les ventes
» & adjudications des bois de haute-futaye
» appartenans aux Gens de Main-morte, les
» transactions & Jugemens sur procès mûs
» & à mouvoir, concernant le fonds & pro-
» priété des biens dépendans des Eglises ou
» des Communautés ; autrement, & faute
» dudit enregistrement dans le délai de qua-
» tre mois, Nous les réputons nulles, & de
» nul effet & valeur.

XII. » Les baux généraux des Archevê-
» chés, Evêchés, Abbayes, Prieurés & au-
» tres grands Bénéfices, & tous les baux
» des autres biens appartenans aux Gens
» de Main-morte, sans aucuns excepter,
» seront portés par les Preneurs aux Bu-
» reaux desdits Greffiers, pour les baux cou-
» rans y être enregistrés dans le mois après

» la publication de notre préfent Edit , à
» peine de cinquante livres d'amende appli-
» cable comme deffus , qui ne pourra être
» réputée comminatoire, ni modérée par nos
» Juges (a). Et à l'égard des baux qui fe-
» ront faits à l'avenir, voulons pareillement
» qu'ils foient portés auxdits Greffes, pour
» y être enregiftrés dans le terme de deux
» mois; & jufqu'à ce qu'ils ayent été enre-
» giftrés, faifons défenfes aux Gardes-Scels
» des contrats de les fceller, à peine de pri-
» vation de leurs Charges; à tous Huiffiers
» & Sergens de les mettre à exécution, à
» peine de nullité des contraintes, & d'in-
» terdiction; & à nos Juges d'y avoir égard
» (b).

XIII. » N'entendons toutefois que les
» fous-baux des biens compris en un bail
» général regiftrés, foient fujets à aucun en-
» regiftrement.

XIV. » Les Gens de Main-morte qui fe-
» ront valoir par leurs mains leurs Domai-
» nes en tout ou partie, feront une décla-
» ration de dix en dix ans pardevant No-
» taires, contenant les biens qu'ils exploi-
» teront, & la valeur; affirmeront ladite dé-
» claration véritable, & la feront enregif-
» trer auxdits Greffes; & à faute d'y fatif-
» faire, ils y feront contraints à la diligence
» des Greffiers, par faifie de leur temporel.

XV. » Voulons que tous les Notaires
» qui pafferont des contrats portant acqui-
» fition ou aliénation d'immeubles pour
» Gens de Main-morte, déclarent aux Par-
» ties à la fin du contrat, qu'il leur eft en-
» joint par notre Edit de les faire enregif-
» trer au Greffe des Domaines des Gens de
» Main-morte; & en attendant que nous
» ayons pourvu auxdits Greffes, Voulons
» que ceux qui feront par Nous commis,
» en faffent la Charge & fonction aux droits
» qui leur font attribués «.

Les Greffes créés par cet Edit, ont été
acquis par le Clergé, auquel ils appartiennent encore actuellement : en conféquence

de cette acquifition, les Chambres Eccléfiaftiques de chaque Diocèfe nomment le
Greffier qui doit faire ces enregiftremens ;
mais, par Arrêt du Confeil rendu le 13 Décembre 1695, Sa Majefté en a exempté (de
l'enregiftrement) les baux des biens &
droits appartenans aux Communautés Laïques, lorfque les adjudications font faites
devant les Intendans des Provinces.

Cette exemption a donné lieu à une conteftation entre les Syndics du Clergé d'Angers, & le fieur Faurye, adjudicataire d'un
droit Patrimonial de la Ville d'Angers, appellé communément le droit du fimple de
la Cloifon, qui eft un droit d'entrée, produifant dix-fept à dix-huit mille livres par
an. Le fieur Faurye difoit que l'adjudication
de ce droit lui ayant été faite par le Lieutenant Général d'Angers en l'Hôtel-de-Ville; en préfence des Officiers Municipaux,
après des affiches & des publications, une
femblable adjudication devoit jouir des mêmes exemptions, que fi elle avoit été faite
par l'Intendant : mais, par Arrêt du Parlement de Paris rendu le 28 Juillet 1731, le
fieur Faurye a été condamné à faire enregiftrer & contrôler fon bail au Greffe du Domaine des Gens de Main-morte.

Dans l'ancien Droit, toutes les Communautés étoient abfolument incapables de recevoir des libéralités : elles n'avoient pas la
liberté d'accepter de fimples legs particuliers, à plus forte raifon des difpofitions
univerfelles, defquelles les legs particuliers
ne font qu'une délibation.

Le fondement de cette incapacité générale étoit le penchant qu'ont toujours eu les
Communautés, & qu'elles auront probablement toujours d'augmenter leurs biens, & la
jufte crainte qu'elles ne parvinffent à un excès funefte, fi la liberté leur en étoit laiffée.

On pouvoit cependant prévenir ce danger, fans mettre les Communautés dans une
interdiction fi abfolue : auffi l'attention que
l'Empire Romain crut devoir donner à l'é-

(a) Ces Baux, excepté ceux à chetel; (V. Chet.l) doivent être paffés devant Notaires, à peine de nullité. Il y a
fur cela différens Réglemens du Confeil, des 20 Mars
1708, 4 Avril 1719, 16 Déc. 1727; & un Arrêt du 21 Nov.
1741. V. ce que je dis fur cela au mot Notaire. Voyez auffi
l'Arrêt du Confeil du 2 Sept. 1760, dans le Dictionn. du
Domaine, art. Baux des revenus des Gens de Main-morte.
(b) La Cour, par un Arrêt rendu le 4 Juillet 1735, au

rapport de M. Guillier, a jugé que ce font les Fermiers
des Gens de Main-morte qui font chargés de faire enregiftrer leurs Baux, & d'en payer les droits, & non les Eccléfiaftiques.
Cet Arrêt juge encore que le défaut d'enregiftrement au
Greffe des Gens de Main-morte n'empêche point l'exécution des Baux, & l'hypothèque qui en réfulte contre les
Preneurs.

ducation des enfans, fit-elle excepter les Colléges de la févérité de la régle, mais quant aux legs particuliers feulement, & non quant aux difpofitions univerfelles, dont les Colléges, comme toutes les autres Communautés foumifes à cet Empire, font toujours demeurés incapables.

Conftantin voulut cependant, contre la régle obfervée de tout temps, habiliter les Communautés Eccléfiaftiques à recevoir toutes fortes de difpofitions : mais l'abus qu'on fit de la Loi donnée par cet Empereur, parut bientôt à découvert, & elle fut abandonnée. V. *Biens d'Eglife.*

Comme dans nos mœurs le Chriftianifme & l'intérêt public font également refpectés, notre Jurifprudence n'a pas toujours mis les Communautés approuvées dans une interdiction abfolue de recevoir des libéralités : mais elle n'a pas non plus permis de faire à leur profit des difpofitions trop étendues.

Henrys qui a traité cette matiere, queftion 26, liv. 1, tome 2, & dans fon dix-feptiéme Plaidoyer, diftingue, par rapport aux Communautés, les difpofitions univerfelles d'avec les difpofitions particulieres. Il dit que celles-ci font valables, pourvû qu'elles foient faites fans fraude & fans excès ; mais que les difpofitions univerfelles, fi elles ne font pas totalement réprouvées par la Loi, doivent l'être par l'intérêt public & par le danger des conféquences ; & que fi on ne les annulle pas abfolument, on doit au moins les reftraindre, de maniere que les héritiers du fang n'en fouffrent, pour ainfi dire, aucun dommage.

Ces maximes font adoptées par la Jurifprudence des Arrêts. La Peyrere, lettre R, n°. 35 & fuivant ; Henrys & quelques autres en rapportent plufieurs. Il y en a trois autres des 21 Mars 1658, 19 Fév, 1691, & 6 Fév. 1692, qui font rapportés au Journ. des Aud. J'en cite auffi quelques-uns aux art. *Communautés Eccléfiaftiques, Fabrique, Pauvres & Teftament* ; elles font d'ailleurs confacrées par cinq autres Arrêts récemment rendus par le Parlement de Bordeaux.

Le premier qui eft du 13 Décembre 1700,

réduit au tiers feulement, le legs univerfel fait par un Curé au profit de l'Hôpital de la Manufacture de Bordeaux, & adjuge le furplus aux parens collatéraux. La raifon pour laquelle on accorda le tiers à l'Hôpital, au lieu du quart que les Tribunaux font feulement dans l'ufage de donner, eft que le Curé avoit de fon vivant difpofé de tout fon patrimoine en faveur de fes proches.

Le fecond Arrêt qui eft du 7 Juillet 1712, adjuge aux héritiers de la veuve Gregoireau, les biens qu'elle avoit laiffés à l'Hôpital de S. André de Bordeaux, à la charge d'en rendre feulement le quart à cet Hôpital ; la teftatrice avoit cependant fait des legs particuliers affez confidérables à fes héritiers.

Le troifiéme du 18 Août 1716, adjuge aux héritiers de Jean Dubecq, les trois quarts des biens de fa fucceffion, dont il avoit difpofé de l'univerfalité, au profit des Hôpitaux de S. Eutrope & du S. Efprit de la Ville d'Acqs, & n'en réferve qu'un quart à ces Hôpitaux.

Un héritier du fieur Dubecq, contefta d'abord feul l'Inftitution univerfelle, & tranfigea avec les Hôpitaux, qui lui firent une remife modique ; les autres héritiers contefterent après lui, & on leur oppofa la tranfaction : mais des vûes fupérieures firent rejetter la tranfaction, même à l'égard de celui qui l'avoit foufcrite. Les Adminiftrateurs fe pourvurent en caffation, ils eurent pour réponfe un néant au bas de leur Requête.

Le quatriéme eft du 4 Septembre 1720 : il réduit des legs particuliers, mais confidérables, faits à la Maifon du Refuge de Limoge & de l'Hôpital de la même Ville, au quart feulement de la valeur des chofes léguées.

Le cinquiéme eft du 27 Août 1731 : il réduit auffi au quart une difpofition univerfelle faite par un teftament au profit de l'Hôpital des Pauvres de Bayonne.

Le Grand-Confeil, en confirmant le legs de 140000 liv., fait par le fieur Panellier à l'Hôpital Général (a), a néanmoins réduit

____

(a) Il eft bon néanmoins de remarquer ici que, par l'article 45 de l'Edit du mois d'Avril 1656, portant Etabliffement de l'Hôpital Général de Paris, il eft permis aux *Directeurs de r.cevoir tous dons, legs & gratifications univerfels ou particuliers, foit par teftament, donations entrevifs ou d caufe de mort.* Voyez l'Arrêt de Farainvilliers, du 31 Août 1707, au Journal des Audiences, tome 7, & ce que je dis à l'art. *Hôpitaux.*

ce legs à 40000 liv. par Arrêt rendu le 2 Mars 1756. Le sieur Panellier qui jouissoit d'une grande fortune , s'expliquoit ainsi dans son testament.

» Réfléchissant sur les Bénéfices considé-
» rables que la Providence m'a envoyés sans
» que j'en aye fait aux Pauvres une part pro-
» portionnée , & voulant maintenant y sup-
» pléer, je donne, &c. J'espére que mes en-
» fans ne seront point blessés de cette dis-
» position, quelque considérable qu'elle pa-
» roisse, leur laissant d'ailleurs une succes-
» sion bien supérieure à ce que j'aurois ja-
» mais osé espérer ; au surplus, je confirme
» tout le contenu en mon testament , &c «.

Un autre Arrêt rendu au Parlement le 14 Août 1739, en faveur des héritiers d'un sieur de Villiers, a confirmé la Sentence des Re-quêtes du Palais, du 17 Mars 1738, qui ré-duisoit à 80000 liv. le legs universel fait en faveur des Freres de la Charité, qui mon-toit à près de 300000 liv. pour établir un Hôpital.

Le Testament du sieur de Chilly, Cha-noine de Noyon, a donné lieu à un autre Arrêt, dont voici l'espéce. Par ce Testa-ment, le sieur de Chilly avoit laissé ses pro-pres, qui étoient fort peu de chose, à ses héritiers, & il avoit laissé ses autres biens, montant à 34000 liv. à l'Hôpital des Pau-vres Enfermés de Noyon. Une sœur & une niéce réclamerent : elles étoient pauvres ; mais l'Hôpital disoit que c'étoit par mau-vaise conduite.

Cependant, quoique les 34000 liv. pro-vinssent des épargnes sur le produit des Be-néfices du Testateur, la Cour, par Arrêt rendu le 5 Décembre 1741, ordonna qu'il seroit distrait une somme de 6000 liv. au profit de la sœur & de la niéce.

Ces deux Arrêts se trouvent dans les Ar-rêts notables de la Combe. Il en a été rendu un autre dans des termes plus forts en 1748, contre l'Hôpital de Lagny-sur-Marne.

Enfin, par un Arrêt rendu sur délibéré, au rapport de M. l'Abbé Tudert, le 29 Août 1761, la Cour a, en faveur de pauvres pa-rens collatéraux, réduit à 1124 liv. de rente sur la Ville un legs universel, montant en totalité à 104500 liv. fait en faveur de l'Hôtel-Dieu de Paris, par un sieur Louis Dupré.

Voyez d'autres exemples de semblables réductions aux articles *Communautés Ecclé-siastiques*, *Incapables*, *Fabrique*, *Pauvres* & *Testament*.

Les Arrêts qui ont ainsi restraint les dis-positions universelles faites au profit de Gens de main-morte, donnoient, comme on voit, une portion dans la totalité des biens, meubles & immeubles sans distinc-tion : mais nos Rois, *attentifs à empêcher* que les Gens de main-morte *ne multipliassent des acquisitions qui mettent hors du commerce une partie considérable des fonds & des Domai-nes du Royaume*, ont en 1731, en 1738 & en 1739, défendu aux Ecclésiastiques & Gens de Main-morte du Comté de Bourgogne, de la Flandre & du Pays Messin, d'accep-ter des dons ou legs d'héritage, & même d'en acquérir sans une permission expresse du Souverain. V. *Colonies*.

Les mêmes motifs ont donné lieu à un Edit du mois d'Août 1749, enregistré le 2 Septembre suivant, qui contient des dispo-sitions très-ressemblantes, mais beaucoup plus étendues que celles des Déclarations de 1731, 1738 & 1739. J'ai déja parlé de cet Edit au mot *Fondation*. Comme il forme une Loi également générale, nouvelle & salutaire, je ne crois pas pouvoir me dis-penser d'en rapporter ici les autres disposi-tions.

Art. V. » Déclarons que nous n'accorde-
» rons aucunes Lettres - Patentes pour per-
» mettre un nouvel établissement (*de Gens*
» *de Main-morte*) qu'après nous être fait in-
» former exactement de l'objet & de l'uti-
» lité dudit établissement, nature, valeur &
» qualité des biens destinés à le doter, par
» ceux qui peuvent en avoir connoissance,
» notamment par les Archevêques ou Evê-
» ques Diocésains, par les Juges Royaux,
» par les Officiers Municipaux, ou Syndics
» des Communautés, par les Administra-
» teurs des Hôpitaux, par les Supérieurs
» des Communautés déja établies dans les
» lieux où l'on proposera d'en fonder une
» nouvelle, pour sur le compte qui nous en
» sera par eux rendu, chacun en ce qui peut
» le concerner, suivant la différente nature
» des établissemens ; y être par nous pour-
» vû, ainsi qu'il appartiendra.

VI. » Lorsqu'il y aura lieu de faire ex-
» pédier

» pédier nos Lettres-Patentes pour autori-
» ser l'établiffement propofé, il fera fait
» mention expreffe dans lefdites Lettres, ou
» dans un état qui fera annexé fous le con-
» trefcel d'icelles, des biens deftinés à la
» dotation dudit établiffement, fans que
» dans la fuite il puiffe y en être ajouté
» aucuns autres de la qualité marquée par
» l'article 14, qu'en fe conformant à ce qui
» fera réglé ci-après, fur les acquifitions
» qui feroient faites par des Gens de Main-
» morte. Ce que nous voulons être pareil-
» lement obfervé, même à l'égard des éta-
» bliffemens déja faits en vertu de Lettres-
» Patentes dûement enregiftrées ; & ce,
» nonobftant toutes claufes ou permiffions
» générales, par lefquelles ceux qui au-
» roient obtenu lefdites Lettres, auroient
» été autorifés à acquérir des biens-fonds
» indiftinctement ou jufqu'à concurrence
» d'une certaine fomme.

VII. » Lefdites Lettres-Patentes feront
» communiquées à notre Procureur Géné-
» ral en notre Parlement ou Confeil Supé-
» rieur, dans le reffort duquel ledit établif-
» fement devra être fait, pour être par lui
» fait telles réquifitions ou pris telles con-
» clufions qu'il jugera à propos ; & lefdites
» Lettres ne pourront être enregiftrées qu'a-
» près qu'il aura été informé à fa requête
» de la commodité ou incommodité dudit
» établiffement, & qu'il aura été donné com-
» munication defdites Lettres aux perfon-
» nes dénommées dans l'article 5 ci-deffus,
» fuivant la nature dudit établiffement ;
» comme auffi aux Seigneurs dont les biens
» feront mouvans immédiatement, en fief
» ou en roture, ou qui ont la Haute-Jufti-
» ce fur lefdits biens : même aux autres per-
» fonnes dont nos Parlemens ou Confeils
» Supérieurs jugeront à propos d'avoir l'a-
» vis ou le confentement ; & feront lefdites

» formalités obfervées, à peine de nullité.

VIII. » Les oppofitions qui pourront
» être formées avant l'enregiftrement defdi-
» tes Lettres, comme auffi celles qui le fe-
» roient après ledit enregiftrement, feront
» communiquées à notre Procureur Géné-
» ral, pour y être, fur fes Conclufions, fta-
» tué par nofdits Parlemens ou Confeils Su-
» périeurs, ainfi qu'il appartiendra.

IX. » Défirant affurer pleinement l'exé-
» cution des difpofitions du préfent Edit,
» concernant les établiffemens mentionnés
» dans l'article premier, déclarons nuls tous
» ceux qui feroient faits à l'avenir, fans
» avoir obtenu nos Lettres-Patentes, & les
» avoir fait enregiftrer dans les formes ci-
» deffus prefcrites ; voulons que tous les ac-
» tes & difpofitions qui pourroient avoir
» été faits en leur faveur directement ou in-
» directement, ou par lefquels ils auroient
» acquis des biens, de quelque nature que
» ce foit, à titre gratuit ou onéreux (a), foient
» déclarés nuls, fans qu'il foit befoin d'ob-
» tenir des Lettres de Refcifion contre lefd.
» actes ; & que ceux qui fe feroient ainfi éta-
» blis, ou qui auroient été chargés de for-
» mer ou adminiftrer lefdits établiffemens,
» foient déchus de tous les droits réfultans
» defd. actes & difpofitions, même de la ré-
» pétition des fommes qu'ils auroient payées
» pour lefdites acquifitions, ou employées
» en conftitutions de rentes ; ce qui fera ob-
» fervé, nonobftant toute prefcription & tous
» confentemens exprès ou tacites qui pour-
» roient avoir été donnés à l'exécution def-
» dits actes ou difpofitions (b).

X. » Les enfans ou préfomptifs héritiers
» feront admis, même du vivant de ceux qui
» auront fait lefdits actes ou difpofitions,
» à reclamer les biens par eux donnés ou
» aliénés : voulons qu'ils en foient envoyés
» en poffeffion, pour en jouir en toute pro-

(a) Le Roi a dérogé à cette difpofition par l'article 3e
des Lettres-Patentes du 14 Juin 1763, pour la vente des
biens des Jéfuites. Cet article porte que » les Communau-
» tés Régulieres ou Séculieres, ou autres Gens de Main-
» morte, pourront enchérir les maifons d'habitations &
» établiffemens, lieux Réguliers & terreins en dépendans,
» ci-devant occupés par les Jéfuites, & s'en rendre Adju-
» dicataire, ... à la
» charge d'obtenir des Lettres d'amortiffement fur l'Ad-
» judication «. . . . .
(b) L'acquifition d'un terrein vuide, fitué à Boulogne-
fur-Mer, que les Jéfuites Anglois avoient fait faire par

Bernard de Cleri, Echevin, fous le nom de Marie Jekins,
veuve de Thomas Patin (Angloife) a été déclarée nulle
fur le fondement du préfent Edit & de celui du mois de
Décembre 1666, par Arrêt du Confeil d'Etat du 4 Février
1752, rendu fur la Requête des Mayeur & Echevins de
Boulogne.
Ce même Arrêt a ordonné aux Jéfuites Anglois de fortir de Boulogne ; leur a fait défenfes d'établir aucune Penfion en cette Ville, ni aux environs ; & a permis aux Echevins de Boulogne de s'emparer du terrein, moyennant le
prix convenu entre les Parties, pour être (le terrein) employé à l'ufage des habitans.

» priété, avec restitution des fruits ou arré-
» rages, à compter du jour de la demande
» qu'ils en auront formée: laissons à la pru-
» dence des Juges d'ordonner ce qu'il ap-
» partiendra, par rapport aux jouissances
» échues avant ladite demande. Et le con-
» tenu au présent article aura lieu pareille-
» ment après la mort de ceux qui auront fait
» lesdits actes ou dispositions en faveur de
» leurs héritiers, successeurs ou ayans cau-
» se ; le tout à la charge qu'encore que la
» faculté à eux accordée par le présent arti-
» cle, n'ait été exercée ; que par l'un d'eux
» elle profitera également à tous ses co-hé-
» ritiers ou ayans le même droit que lui,
» lesquels seront admis à partager avec lui,
» suivant les Loix & Coutumes des lieux,
» les biens reclamés, soit pendant la vie ou
» après la mort de celui qui aura fait lesdits
» actes ou dispositions.

XI. » Les Seigneurs dont aucuns desdits
» biens seront tenus immédiatement, soit
» en fief ou en roture, & qui ne seront pas
» eux-mêmes du nombre des Gens de Main-
» morte, pourront aussi demander à en être
» mis en possession avec restitution des
» jouissances, à compter du jour de la de-
» mande qu'ils en formeront ; à la charge
» néantmoins qu'en cas que les personnes
» mentionnées en l'article précédent, for-
» ment leur demande, même postérieure-
» ment à celle desdits Seigneurs, ils leur se-
» ront préférés : comme aussi que lesdits Sei-
» gneurs seront tenus de leur remettre les-
» dits fonds, si lesd. personnes en forment
» la demande dans l'an & jour, après le Ju-
» gement qui en aura mis lesdits Seigneurs
» en possession ; auquel cas les fruits échus
» depuis ledit Jugement jusqu'au jour de la-
» dite demande, demeureront auxdits Sei-
» gneurs. Voulons que la propriété desdits
» fonds leur soit acquise irrévocablement,
» s'il n'a point été formé de demande dans
» ledit délai ; & lorsque lesd. Seigneurs se-
» ront du nombre des Gens de Main-mor-
» te, il y sera pourvu, ainsi qu'il sera mar-
» qué par l'article suivant.

XII. » Enjoignons à nos Procureurs Gé-
» néraux, dans chacun de nosdits Parlemens
» & Conseils Supérieurs, de tenir la main à
» l'exécution du présent Edit, concernant
» lesdits établissemens ; & en cas de négli-

» gence de la part des Parties ci-dessus men-
» tionnées, il sera ordonné, sur le réquisi-
» toire de notre Procureur Général, que,
» faute par les personnes dénommées en
» l'article 10, & par les Seigneurs qui ne
» seroient Gens de Main-morte, de former
» leur demande dans le délai qui sera fixé à
» cet effet, & qui courra du jour de la pu-
» blication & affiches faites aux lieux accou-
» tumés, de l'Arrêt qui aura été rendu, les-
» dits biens seront vendus au plus offrant
» & dernier enchérisseur ; & que le prix en
» sera confisqué à notre profit, pour être par
» Nous appliqué à tels Hôpitaux, ou em-
» ployé au soulagement des Pauvres, ou
» à tels ouvrages publics que nous jugerons
» à propos.

XIII. » A l'égard des établissemens de la
» qualité marquée par l'article premier, qui
» seroient antérieurs à la publication du
» présent Edit : Voulons que tous ceux qui
» auront été faits depuis les Lettres-Paten-
» tes en forme d'Edit, du mois de Décem-
» bre 1666, ou dans les trente années pré-
» cédentes, sans avoir été autorisées par des
» Lettres-Patentes bien & dûement enregis-
» trées, soient déclarés nuls, comme aussi
» tous actes ou dispositions faits en leur fa-
» veur ; ce qui aura lieu nonobstant toutes
» clauses ou dispositions générales, par les-
» quelles il auroit été permis à des Ordres
» ou Communautés Régulieres, d'établir de
» nouvelles Maisons dans des lieux qu'ils
» jugeroient à propos ; Nous réservant néant-
» moins, à l'égard de ceux desdits établis-
» semens qui subsistent paisiblement, & sans
» aucune demande en nullité formée avant
» la publication du présent Edit, de nous
» faire rendre compte, tant de leur objet
» que de la nature & quantité des biens dont
» ils sont en possession, pour pourvoir ainsi
» qu'il appartiendra, soit en leur accordant
» nos Lettres-Patentes, s'il y écheoit, soit
» en réunissant lesdits biens à des Hôpitaux,
» ou autres établissemens déja autorisés,
» soit en ordonnant qu'ils seront vendus,
» & que le prix en sera appliqué ainsi qu'il
» est porté par l'article précédent.

XIV. » Faisons défenses à tous Gens de
» Main-morte d'acquérir, recevoir, ni pos-
» séder à l'avenir aucuns fonds de terre, mai-
» sons, droits réels, rentes foncieres ou non-

» rachetables, même des rentes conſtituées
» ſur des particuliers , ſi ce n'eſt après avoir
» obtenu nos Lettres-Patentes pour parve-
» nir à ladite acquiſition & pour l'amortiſ-
» ſement deſdits biens , & après que leſdi-
» tes Lettres, s'il nous plaît de les accor-
» der, auront été enregiſtrées en noſdites
» Cours de Parlement ou Conſeils Supé-
» rieurs, en la forme qui ſera ci-après preſ-
» crite ; ce qui ſera obſervé nonobſtant tou-
» tes clauſes ou diſpoſitions générales qui
» auroient pû être inſérées dans les Lettres-
» Patentes ci-devant obtenues par les Gens
» de Main-morte , par leſquelles ils auroient
» été autoriſés à recevoir ou acquérir des
» biens-fonds indiſtinctement , ou juſqu'à
» concurrence d'une certaine ſomme.

XV. » La diſpoſition de l'article précé-
» dent ſera obſervée, même à l'égard des
» fonds, maiſons, droits réels & rentes qui
» ſeroient réputés meubles, ſuivant les Cou-
» tumes , Statuts & uſages des lieux.

XVI. » Voulons auſſi que la diſpoſition
» de l'article 14 ſoit exécutée, à quelque ti-
» tre que leſdits Gens de Main-morte puiſ-
» ſent acquérir les biens y mentionnés , ſoit
» par vente, adjudication, échange, ceſſion
» ou tranſport, même en payement de ce
» qui leur ſeroit dû, ſoit par donation en-
» tre-vifs pure & ſimple, ou faite à la

» charge de ſervice ou fondations , & en
» général pour quelque cauſe gratuite ou
» onéreuſe que ce puiſſe être.

XVII. » Défendons de faire à l'avenir
» aucunes diſpoſitions de derniere volonté
» pour donner aux Gens de Main-morte des
» biens de la qualité marquée par l'article
» 14 (a). Voulons que leſdites diſpoſitions
» ſoient déclarées nulles, quand même elles
» ſeroient faites à la charge d'obtenir nos
» Lettres-Patentes ; ou qu'au lieu de don-
» ner directement leſdits biens auxd. Gens
» de Main-morte, celui qui en auroit diſ-
» poſé , auroit ordonné qu'ils ſeroient ven-
» dus ou régis par d'autres perſonnes, pour
» leur en remettre le prix ou les revenus.

XVIII. » Déclarons n'avoir entendu com-
» prendre dans la diſpoſition des art. 14, 15,
» 16 & 17 ci-deſſus, les rentes conſtituées
» ſur nous (b) ou ſur le Clergé, Diocéſes,
» Pays d'Etat , Villes ou Communautés (c) ,
» que leſdits Gens de Main-morte pourront
» acquérir & recevoir, ſans être obligés d'ob-
» tenir nos Lettres-Patentes ; voulons qu'ils
» en ſoient diſpenſés , même pour celles
» qu'ils ont acquiſes par le paſſé.

XIX. » Voulons qu'à l'avenir il ne puiſ-
» ſe être donné ni acquis pour l'exécution
» des fondations mentionnées en l'article 3,
» que de rentes de la qualité marquée par

(a) On a demandé la nullité d'une diſpoſition faite par le teſtament du ſieur Taboureau d'Orvalle, par laquelle, après un legs de 6000 livres pour l'établiſſement de deux lits à l'Hôpital de Tours, il avoit dit » afin que les mala- » des ſoient bien ſoignés, je donne 200 livres de rente , » c'eſt-à-dire, 100 livres par chaque lit .... à prendre ſur » tous mes biens à perpétuité «.

Sur la demande en délivrance du legs, la Sentence du Châtelet ordonna qu'il ſeroit fait un fonds pour ſûreté de la rente léguée, & les héritiers en appellerent, ſous pté- texte qu'elle contenoit une double contravention au pré- ſent Edit ; 1°. en ce qu'elle rendoit l'Hôpital de Tours propriétaire de rentes ſur Particuliers ; 2°. en ce qu'elle obligeoit à faire un fonds pour ſûreté de ces rentes, elle expoſoit ce fonds à paſſer aux Gens de Main-morte.

L'Hôpital répondoit que ce n'étoit, ni une rente fonci- re, ni une rente ſur Particuliers qui lui étoit léguée , mais une rente perpétuelle de la nature de celles que les Gens de Main-morte peuvent poſſéder ; & que l'affectation des biens du reſtateur à cette rente avoit moins pour objet d'en déterminer la nature, que d'en aſſurer le payement ; qu'on n'avoit qu'à lui donner des rentes ſur le Roi, ou 4000 liv. d'argent, il ſeroit fait emploi ſur le Roi ou ſur le Clergé, &c.

Par Arrêt rendu le 27 Juin 1760, au rapport de M. Ti- ton, le teſtament fut déclaré valable, & les héritiers con- damnés à fournir pour 200 livres de rente en contrats ſur la Ville ou ſur le Clergé, ou autres de pareille nature.

(b) Le Mercredi 29 Décembre 1762, on a plaidé à la

grande Audience de la Grand'Chambre, la queſtion de ſçavoir, ſi les héritiers du Fondateur d'une Meſſe quoti- dienne, chargés de payer 300 livres de rente à une Egliſe Paroiſſiale de Doulens, voulant ſe libérer, & offrant 300 livres de rente ſur les Aides & Gabelles, devoient être dé- chargés de la Fondation.

Les Marguilliers conteſtoient les offres, & ſoutenoient que les rentes ſur les Aides & Gabelles, étant payables à Paris, il falloit leur offrir plus de 300 livres, au moyen des frais de quittance de réception & port d'argent ; mais, par Arrêt rendu ledit jour 29 Décembre 1762, les offres des héritiers du Fondateur furent déclarées valables.

(c) L'art. 8 de la Déclaration du 9 Juillet 1758, regiſt. le 14, a autoriſé les Gens de Main-morte à acquérir des rentes ſur la Ville de Paris, & par l'art. 9 de l'Edit du mois de Dé- cembre 1743.

La même permiſſion ſe trouve accordée par l'art. 9 de la Déclaration du 10 Décembre 1758, pour d'autres rentes conſtituées par la Ville de Paris, & par l'art. 7 de l'Edit du mois de Mai 1761 , regiſtré le 19 Juin ſuivant, qui a permis à l'Ordre du Saint-Eſprit d'emprunter deux mil- lions.

On trouve encore une diſpenſe aux Gens de Main-mor- te, de prendre des Lettres-Patentes pour prêts aux Syn- dics des Tontines, dans l'art. 9 de l'Edit du mois de Sep- tembre 1760, regiſtré le 5, & dans les Lettres-Patentes du 4 Octobre ſuivant.

» l'article précédent, lorsque lesdites fon-
» dations seront faites par dispositions de
» derniere volonté; & si elles sont faites par
» des actes entre-vifs, il ne pourra être don-
» né ou acquis, pour l'exécution desd. fon-
» dations, aucuns des biens énoncés dans
» l'article 14, qu'après avoir obtenu nos
» Lettres-Patentes & les avoir fait enre-
» gistrer, ainsi qu'il est porté par ledit arti-
» cle : le tout à peine de nullité.

XX. » Dans tous les cas où il sera néces-
» saire d'obtenir nos Lettres-Patentes, sui-
» vant ce qui est porté par les art. 14 &
» 19, elles ne seront par nous accordées,
» qu'après nous être fait rendre compte de
» la nature & valeur des biens qui en se-
» ront l'objet, comme aussi de l'utilité & des
» inconvéniens de l'acquisition que lesdits
» Gens de Main-morte voudroient en faire,
» ou de la fondation à laquelle ils seroient
» destinés.

XXI. » Lesdites Lettres-Patentes, en cas
» que nous jugions à propos de les accor-
» der, ne pourront être enregistrées que sur
» les Conclusions de nos Procureurs Géné-
» raux, après qu'il aura été informé de la
» commodité ou incommodité de l'acquisi-
» tion ou de la fondation, & qu'il aura été
» donné communication desdites Lettres aux
» Seigneurs dont lesdits biens seroient tenus
» immédiatement, soit en fief ou en rotu-
» re, ou qui y auroient la Justice, même
» aux autres personnes dont nosdites Cours
» de Parlement ou Conseils Supérieurs juge-
» roient à propos de prendre les avis ou le
» consentement; & s'il survient des opposi-
» tions, soit avant ou après l'enregistrement
» desdites Lettres, il y sera statué sur les
» Conclusions de nosdits Procureurs Géné-
» raux, ainsi qu'il appartiendra.

XXII. » Défendons à tous Notaires, Ta-
» bellions ou autres Officiers, de passer au-
» cun contrat de vente, échange, donation,
» cession ou transports des biens mentionnés
» dans l'art. 14, ni aucun bail à rente ou
» constitution de rente sur des Particuliers
» au profit desdits Gens de Main-morte, ou
» pour l'exécution desd. fondations, qu'a-
» près qu'il leur sera apparu de nos Lettres-
» Patentes & de l'Arrêt d'enregistrement

» d'icelles; desquelles Lettres & Arrêt il
» sera fait mention expresse dans lesd. con-
» trats ou autres actes, à peine de nullité,
» d'interdiction contre lesdits Notaires, Ta-
» bellions ou autres Officiers, des domma-
» ges-intérêts des Parties, s'il y écheoit, &
» d'une amende, qui sera arbitrée suivant
» l'exigence des cas; laquelle sera appli-
» quée sçavoir un tiers au Dénonciateur, un
» tiers à Nous & un tiers au Seigneur, dont
» les biens seront tenus immédiatement; &
» en cas qu'ils soient tenus directement de
» notre Domaine, ladite amende sera ap-
» pliquée à notre profit pour les deux
» tiers.

XXIII. » Il ne sera expédié à l'avenir au-
» cune quittance du droit d'amortissement
» qui seroit dû pour les biens de la qualité
» marquée par l'article 14, s'il n'a été justi-
» fié de nosdites Lettres-Patentes & Arrêt
» d'enregistrement d'icelles; desquelles Let-
» tres & Arrêt il sera fait mention expresse
» dans lesdites quittances, ce qui sera exé-
» cuté, à peine de nullité, & en outre, de
» confiscation au profit de l'Hôpital Gé-
» néral le plus prochain, des sommes qui
» auroient été payées pour l'amortissement
» desdits biens avant lesdites Lettres & Ar-
» rêt. Voulons que ceux qui les auroient
» payées, ne puissent être admis à obtenir
» dans la suite des Lettres-Patentes, pour
» raison des mêmes biens. Nous réservant
» au surplus d'expliquer plus amplement
» nos intentions sur les cas où le droit d'a-
» mortissement sera dû, & sur la quotité
» dudit droit.

» XXIV. Défendons à toutes personnes
» de prêter leurs noms à des Gens de Main-
» morte, pour l'acquisition ou la jouissance
» des biens de ladite qualité, à peine de
» 3000 livres d'amende applicable ainsi
» qu'il est porté par l'article 22, même sous
» plus grande peine, suivant l'exigence des
» cas.

XXV. » Les Gens de Main-morte ne
» pourront exercer à l'avenir aucune action
» en retrait féodal ou Seigneurial, à peine
» de nullité (a), à l'effet de quoi nous avons
» dérogé & dérogeons à toutes Loix, Cou-
» tumes ou Usages qui pourroient être à ce

_____

(a) Mais ils peuvent céder leur droit, à cet égard, à qui bon leur semble. Voyez à ce sujet l'Arrêt du treize Août mil sept cent soixante-deux, dont je parle à l'article _Retrait Féodal_.

» contraires , fauf auxdits Gens de Main-
» morte à fe faire payer les droits qui leur
» feront dûs, fuivant les Loix, Coutumes
» ou Ufages des lieux (a).

XXVI. » Dans tous les cas dans lefquels
» les biens de la qualité marquée par l'arti-
» cle 14, pourroient écheoir auxdits Gens
» de Main-morte, en vertu des droits atta-
» chés aux Seigneuries à eux appartenantes,
» ils feront tenus de les mettre hors de
» leurs mains dans un an, à compter du jour
» que lefdits biens leur auront été dévolus,
» fans qu'ils puiffent les faire paffer à d'au-
» tres Gens de Main-morte, ou employer
» le prix defdits biens à en acquérir d'au-
» tres de la même qualité; & faute de fa-
» tisfaire à la préfente difpofition dans le-
» dit temps, lefdits biens feront réunis à
» notre Domaine, fi la Seigneurie-appartie-
» nante auxdits Gens de Main-morte, eft
» dans notre mouvance immédiate; & fi
» elle releve des Seigneurs particuliers, il
» leur fera permis, dans le délai d'un an,
» après l'expiration dudit temps, d'en de-
» mander la réunion à leurs Seigneuries;
» faute de quoi, ils demeureront réunis à
» plein droit à notre Domaine, & les Fer-
» miers ou Receveurs de nos Domaines fe-
» ront les diligences & pourfuites néceffai-
» res pour s'en mettre en poffeffion.

XXVII. » Pour affurer l'entiere exécu-
» tion des difpofitions portées par les arti-
» cles 14, 15, 16, 17, 19, 20, 21 & 25 ci-
» deffus, concernant les biens de la qualité
» marquée auxdits articles : Voulons que
» tout ce qui eft contenu dans l'article 9, au
» fujet des nouveaux établiffemens non au-

» torifés, foit obfervé par rapport aux dif-
» pofitions ou actes par lefquels aucuns
» defdits biens auroient été donnés ou alié-
» nés contre ce qui eft réglé par le préfent
» Edit, à des Gens de Main-morte, Corps
» ou Communautés valablement établis, ou
» pour l'exécution des fondations ci-deffus
» mentionnées. Voulons pareillement que
» les perfonnes dénommées aux articles 10
» & 11, puiffent répéter lefdits biens, ainfi
» qu'il eft porté auxdits articles; & qu'en
» cas de négligence de leur part, ils foient
» vendus fur la réquifition de notre Procu-
» reur Général, fuivant ce qui eft prefcrit
» par l'article 12.

XXVIII. » N'entendons rien innover en
» ce qui concerne les difpofitions ou actes
» ci-devant faits en faveur des Gens de
» Main-morte légitimement établis, ou pour
» l'exécution defdites fondations, lorfque
» lefdites difpofitions ou actes auront une
» date authentique avant la publication des
» préfentes, ou auront été faites par des
» perfonnes décédées avant ladite publica-
» tion; & les conteftations qui pourroient
» naître au fujet defdites difpofitions ou
» actes, feront jugées par les Juges qui en
» doivent connoître, fuivant les Loix & la
» Jurifprudence qui avoient lieu, avant le
» préfent Edit, dans chacun des Pays du
» reffort de nofdits Parlemens ou Confeils
» Supérieurs (b).

XXIX. » Toutes les demandes qui fe-
» ront formées en exécution des difpofitions
» du préfent Edit, feront portées directe-
» ment en la Grand'Chambre, ou premiere
» Chambre de nofdites Cours de Parlement

(a) Les Gens de Main-morte ne peuvent pas non plus demander le partage ou le triage des biens communaux. L'Evêque d'Arras n'ayant pû demander celui des marais de Vitry en Artois, dont il étoit Seigneur, a obtenu des Lettres-Patentes, regiftrées au Parlement le . . . . par lefquelles il a été autorifé dans la Juftice Vicom-tiere fur ces marais ; & l'acquéreur a obtenu le triage par Arrêt rendu en la Grand'Chambre, le Mercredi 20 Janv. 1761, dont je parle à l'article Communauté d'Habitans.
(b) Sur l'exécution de cet article, il s'eft agi de fçavoir, fi les héritiers du fieur Laurenceau, (qui par acte du pre-mier Juin 1716, avoit, pour fondation de Meffes en l'E-glife Paroiffiale de S. Laurent à Nogent-fur-Seine, confti-tué 100 l. de rente affectée & affignée fur une maifon & 20 arpens de terres défignés au contrat, à condition que le rachat de cette rente ne pourroit fe faire en argent, mais feulement en donnant des héritages & fonds equipollens à la va-leur de la rente, &c.) pouvoient fe libérer de cette rente, en offrant à la Fabrique 100 l. de rente fur les Aides & Gabelles.

La Fabrique refufoit la rente de 100 liv. fur les Aides & Gabelles, parce que le Fondateur avoit voulu que la rente de 100 liv. ne pût s'éteindre qu'en donnant des héritages equipollens ; elle foutenoit que c'étoit aux héritiers qui vouloient fe libérer à fe retirer devers le Roi pour obtenir des Lettres-Patentes, pour faire ceffer l'incapacité prononcée par le préfent Edit.
Les héritiers répondoient que l'incapacité d'acquérir des héritages, étant perfonnelle à la Fabrique, c'étoit à elle de la faire ceffer ; & qu'elle ne pouvoit refufer une rente fur l'Etat, qui tenoit lieu de celle conftituée par l'acte de Fon-dation.
Le Jugement de cette affaire a fouffert beaucoup de diffi-cultés; mais, par Arrêt rendu le Mercredi 9 Juin 1761, en la Grand'Chambre, fur les Conclufions de M. Joly de Fleury, la Cour a déclaré valables les offres des héritiers Laurenceau, de fournir à la Fabrique de S. Laurent, 100 liv. de rente de la nature de celles portées en l'art. 18 du préfent Edit.

» ou Conseils Supérieurs, & ce privativement
» à tous autres Juges (a), pour y être statué
» sur les Conclusions de notre Procureur
» Général, dérogeant à cet effet à toutes
» évocations, *Committimus*, ou autres privi-
» léges accordés par le passé, ou qui pour-
» roient l'être dans la suite à tous Ordres,
» & même à l'Ordre de Malte & à celui
» de Fontevrault, ou à toutes Congréga-
» tions, Corps, Communautés ou Particu-
» liers, lesquels n'auront aucun effet en
» cette matiere «.

L'Arrêt d'enregistrement de cet Edit en
la Chambre des Comptes, du 5 Décembre
1749, porte *que les nouveaux établissemens
des Gens de Main-morte, & les nouvelles acquisitions par eux faites, ne pourront avoir
lieu qu'en vertu de Lettres-Patentes enregistrées en ladite Chambre, lesquelles Lettres,
avant d'être enregistrées, seront communiquées.....aux Receveurs & Contrôleurs Généraux des Domaines & Bois de la Généralité
où lesdits biens seront situés, pour connoître si
lesdits biens ne sont pas en tout ou partie de la
mouvance directe Censive du Roi, à l'effet de
faire jouir ledit Seigneur Roi, s'il y écheoit,
de la faculté octroyée aux Seigneurs particuliers par l'article 11 dudit Édit, de réunir
lesdits biens à leur Domaine, &c.*

Des Déclarations des 29 Décembre 1674,
18 Juillet 1702 & 20 Novembre 1725 :
autorisent M. le Procureur Général en la
Chambre des Comptes, à faire des diligences pour contraindre les Gens de Main-
morte à fournir des déclarations de leur
temporel en la Chambre des Comptes. V.
Aveu.

GENS DU ROI.

V. *Avocat du Roi, Ministere public, Parquet,
Procureur du Roi, Procureur Fiscal, Substitut & Table de Marbre.*

Sous la dénomination de Gens du Roi,
on comprend Messieurs les Avocats & Procureurs Généraux des Cours Souveraines,
les Avocats & Procureurs du Roi des Justi-

ces Royales, & leurs Substituts.

Les fonctions de ces Magistrats sont de
porter la parole, & de donner des conclusions dans les causes où le Roi, l'Eglise,
les Communautés Religieuses & Laïques,
les Hôpitaux, les Mineurs & le Public,
sont intéressés.

Les Présidens, Lieutenans Généraux &
autres Juges, soit Royaux, soit de Seigneurs,
ne peuvent refuser la parole aux Gens du
Roi ou au Procureur Fiscal, dans les affaires esquelles ils veulent prendre intérêt
pour le Roi ou pour le Public, ni empêcher les Greffiers d'écrire les réquisitions
que les Gens du Roi jugent à propos de
faire, soit dans les causes d'Audience, soit
dans les procès-verbaux, ou autres actes.

Les Juges ne doivent pas non plus, ni interrompre les Gens du Roi qui ont la parole, ni souffrir qu'ils soient interrompus
par les Avocats & Procureurs du Siége.

M. l'Avocat Général qui portoit la parole, le 21 Février 1721, dans l'affaire du
Duc de la Force, fut interrompu par celui-
ci, qui étoit présent. M. l'Avocat Général
observa qu'il ne devoit être interrompu par
qui que ce fût, que par M. le Premier Président.

Il n'est pas d'usage que les Gens du Roi,
portant la parole, soient interrompus, quand
l'heure, à laquelle l'Audience finit ordinairement, vient à sonner. Les Juges doivent
les entendre, jusqu'à ce qu'ils cessent ; cela
s'observe exactement dans toutes les Cours
supérieures, & même dans les Tribunaux
inférieurs de Paris ; mais j'ai souvent vû
MM. les Gens du Roi partager eux-mêmes
leur plaidoirie en plusieurs Audiences, dans
les affaires qui demandoient un grand détail, ou d'être traitées avec beaucoup d'é-
tendue.

Les Avocats du Roi parlent debout, mais
gantés & couverts, lors même qu'ils prennent des conclusions ; & si c'est le plus ancien qui porte la parole, ceux de MM. ses
Confreres, qui ont séance après lui, se tien-

_____

(a) Tout ceci n'a pas lieu relativement à l'Artois : une
Déclaration du 30 Janvier 1761, registrée le 10 Juin suivant, porte que les Lettres-Patentes accordées en conformité de l'Edit du mois d'Août 1749, concernant les Gens de
Main-morte, dans le ressort du Conseil Provincial d'Artois,
seront adressées au Parlement de Paris, pour y être enregistrées ; & qu'en conséquence dudit enregistrement, elles seront
lûes, publiées & enregistrées audit Conseil Provincial. Voulons au surplus, ajoute cette Déclaration, que toutes les
demandes & contestations qui pourront naître dans ledit ressort au sujet de l'exécution des dispositions de notredit Édit,
soient portées en premiere Instance en notredit Conseil Provincial d'Artois, à l'exclusion de tous autres Juges, à la charge
de l'appel en notre Cour de Parlement de Paris.

nent auſſi debout, couverts & gantés, pendant tout le temps qu'il parle ; ſi c'eſt le
ſecond Avocat Général qui a la parole, le
premier peut s'aſſeoir, mais les autres reſtent debout.

· La même choſe doit s'obſerver par le
Procureur du Roi, c'eſt-à-dire, que quand
il eſt à l'Audience, il doit ſe tenir debout,
lorſque l'Avocat du Roi parle, & ôter ſon
bonnet, quand l'Avocat du Roi ôte le ſien.
L'article 3 de l'Arrêt de Réglement du 7
Septembre 1712, pour le Siége du Château-
du-Loir, en contient une diſpoſition préciſe ; & la Cour a jugé la même choſe par
Arrêt rendu ſur-délibéré, le 22 Décembre
1762, entre l'Avocat & le Procureur du
Roi de Loudun, dont voici les termes :

·» La Cour donne acte (au Procureur du
Roi de Loudun, qui étoit dans l'uſage de ſe
tenir aſſis, quand l'Avocat du Roi parloit)
» de ce qu'il s'en rapporte à la prudence de
» la Cour d'ordonner qu'il ſe tiendra de-
» bout, lorſque (l'Avocat du Roi) portera
» la parole ; lui donne pareillement acte
» de ce qu'il articule avoir toujours ôté ſon
» bonnet, lorſque (l'Avocat du Roi) a ôté
» le ſien, en portant la parole ; en conſéquen-
» ce ordonne que (le Procureur du Roi) ſe
» tiendra debout, lorſque (l'Avocat du Roi)
» portera la parole ; & que lorſque (l'Avo-
» cat du Roi) portant la parole, ôtera ſon
» bonnet, il (le Procureur du Roi) ôtera le
» ſien..... «

Il a été rendu un Arrêt à peu près ſemblable, le 7 Septembre 1680, pour le Procureur du Roi du Siége des Eaux & Forêts,
à la Table de Marbre à Paris.

La Déclaration du 25 Janvier 1694, regiſtrée au Parlement de Beſançon, le 25 Février 1695, qui contient Réglement entre
les Lieutenans Généraux, les Lieutenans
Criminels, &c. du reſſort, ne fait point
cette diſtinction. Elle porte, art. 25. » Nos
» Avocats & Procureurs ſeront placés en
» lieu convenable, & ſeront debout, lorſ-
» qu'ils plaideront & parleront pour nos in-
» térêts «. Recueil de Beſançon, tome premier, page 374.

Le miniſtere des Gens du Roi eſt gratuit
dans les affaires d'Audience ; mais dans celles appointées, où ils donnent des concluſions par écrit, & dans les affaires criminel-

les où il y a des Parties civiles, il leur eſt
dû des épices en certains cas ; & ils ne doivent recevoir ces épices que des mains du
Greffier, non de celles des Parties. Différens Réglemens l'ont ainſi ordonné.

Les cauſes ou procès où il s'agit de l'intérêt du Roi ou du Public, des Hôpitaux,
des Communautés, des Confrairies des Egliſes, & de l'aliénation des biens des mineurs,
ne peuvent être jugées, ſans être préalablement communiquées aux Gens du Roi ou
des Seigneurs.

Les Requêtes à fin d'avoir permiſſion d'informer, celles qui ſont données pour obtenir monitoires, pour informer par addition,
pour obtenir des proviſions alimentaires,
pour l'élargiſſement des priſonniers & décharge d'amende ; pour les réceptions de
caution en matiere criminelle, pour obtenir
main-levée de ſaiſies & annotations de biens,
& toutes autres Requêtes en matieres criminelles, même les procès-verbaux de rébellion, doivent être communiquées aux Gens
du Roi.

Les Juges ne peuvent ordonner la confrontation des témoins, qu'après la communication des interrogatoires des accuſés aux
Gens du Roi.

Les Lettres de grace, de pardon, de ré-
miſſion, de rappel de ban, de commutation
de peines, d'annobliſſement, de légitimation, de naturalité, les inſtances de ſéparation entre mari & femme, ſoit de corps,
ſoit ſeulement de biens, les Requêtes des
Vaſſaux pour être reçus en foi & hommage
dans les lieux où la Coutume l'exige, celles
par leſquelles ils demandent, ou ſouffrance,
ou main-levée de ſaiſie féodale, les aveux
& dénombremens des terres, tout cela doit
être communiqué aux Gens du Roi ou des
Seigneurs.

Les Sentences définitives qui interviennent dans les procès criminels où le Procureur du Roi ou Fiſcal étoit Partie, doivent leur être communiquées par le Greffier,
avant d'être prononcées aux accuſés.

Les Juges ne peuvent encore enregiſtrer
les Commiſſions du Conſeil, ou des Arrêts
de la Cour, ſans Concluſions des Gens du
Roi.

· Ils ne peuvent rendre aucune Ordonnance
concernant le ban ou arriere-ban, recevoir

aucun Officier, ni Maîtres de métier, par lettres ou par chef-d'œuvre, ni prendre le ſerment des Jurés des Communautés où il y en a d'établis, ſans conclusions du Miniſtere public.

Le Procureur du Roi ou ſon Subſtitut, ou le Procureur Fiſcal, ſi c'eſt une Juſtice Seigneuriale, doivent aſſiſter à la nomination des tuteurs ou curateurs des mineurs; à celle des curateurs aux ſucceſſions vacantes, aux ſcellés, inventaires & comptes, où des Parties intéreſſées ſont abſentes.

Ces principes ſont écrits dans trois Arrêts de Réglement rendus; le premier, le 18 Juillet 1648, pour la Juriſdiction du Bailliage du Palais; le ſecond, le 7 Septembre 1660, pour le Bailliage de Dreux; & le troiſiéme, le 21 Avril 1679, pour la Duché-Pairie de Richelieu. Voyez encore ſur cela le Réglement du Parlement de Toulouſe, compris dans le Recueil imprimé à Toulouſe en 1749, pag. 6 & ſuivantes, & celui du Parlement de Rennes du 2 Décembre 1717, rapporté au Journal du Parlement de Bretagne, tom. 1, ch. 44.

On ne ſe conforme pas tout-à-fait à ces Réglemens au Châtelet; par exemple, on ne communique point aux Gens du Roi les procédures ſur les ſéparations de biens; on ne leur communique pas non plus les Requêtes à fin de permiſſion d'informer, les avis de parens, les tutelles & curatelles; les émancipations ne ſont pas non plus faites avec eux.

Des Lettres-Patentes du mois de Juin 1661, enregiſtrées le premier Août ſuivant, ordonnent auſſi la communication des procédures de ſéparations de corps, ou ſeulement de biens aux Gens du Roi.

Ces Lettres ont donné lieu à une conteſtation très-ſérieuſe dans l'affaire de la ſéparation de la Comteſſe de Sainte-Maure. Cette Dame avoit été admiſe, au Châtelet, à prouver les faits de ſa Requête; & les Gens du Roi n'avoient pas été entendus lors de la Sentence, quoiqu'ils euſſent requis la communication.

Le Comte de Sainte-Maure s'étant pourvu par appel de la Sentence qui admettoit la preuve, & ayant demandé au Parlement qu'il fût fait défenſes d'exécuter cette Sentence, les Gens du Roi du Châtelet ,inter-

vinrent; ils demanderent la nullité du Jugement, & l'exécution des Lettres-Patentes de 1661. M. de Fremont d'Auneuil, Avocat du Roi au Châtelet, plaida la cauſe pour les Gens du Roi de ſon Tribunal, & ſe fondoit ſur l'art. 34 du titre 35 de l'Ordonnance de 1667.

Me Cochin plaida pour la Comteſſe de Sainte-Maure, Me Normant pour le Comte; & ſur les Concluſions de M. Talon, Avocat Général, eſt intervenu Arrêt rendu le 9 Février 1729, par lequel, ſur l'intervention des Gens du Roi du Châtelet, la Cour a mis les Parties hors de Cour, ſauf à eux à donner leurs Mémoires à M. *le Procureur Général ſur leurs prétentions, pour y être par la Cour pourvu*; & *ſur le ſurplus il* a été dit que les Parties en viendroient au mois ſur l'appel, toutes choſes demeurantes en état.

Depuis, la procédure du Châtelet a été confirmée; & la Dame de Sainte-Maure a été ſéparée du Comte ſon mari, par un Arrêt dont je parle à l'art. *Séparation*.

Apparemment que Meſſieurs les Gens du Roi n'ont pas remis leurs Mémoires à M. le Procureur Général, ou que ceux qu'ils ont remis, n'ont produit aucun changement dans l'uſage du Châtelet; car les cauſes dans leſquelles il s'agit de ſçavoir ſi on admettra ou ſi on rejettera les faits articulés par une femme qui demande ſa ſéparation, ſoit de corps, ſoit ſeulement de biens, ne ſe communiquent point encore actuellement, au Châtelet, à Meſſieurs les Gens du Roi. On ne leur communique ces ſortes d'affaires, que quand il y a une enquête faite; c'eſt même un uſage journalier dans ce Tribunal de communiquer à Meſſieurs les Gens du Roi toutes les cauſes dans leſquelles il y a eu enquête ou information, lors même que l'affaire n'intéreſſe, ni le Roi, ni le Public, &c.

Au Châtelet, ce n'eſt pas M. le Procureur du Roi, mais ſes Subſtituts, qui ont droit de repréſenter les abſens dans les levées des ſcellés, inventaires, ventes de meubles & autres biens des défunts, dans les partages, dans les comptes de tutelle, &c. M. le Procureur du Roi n'aſſiſte à la levée des ſcellés, que lorſqu'ils ſont appoſés de l'Ordonnance de M. le Lieutenant Criminel, ou lorſqu'il
s'agit

s'agit de faire perquifition de piéces de conviction, ou enfin lorfqu'il s'agit de banqueroute frauduleufe.

Les Gens du Roi ne donnent pas non plus des Conclufions au Châtelet dans les affaires où il s'agit de recevoir des Maîtres ou des Jurés, parce que c'eft M. le Procureur du Roi lui-même qui a le droit de les recevoir.

Les Réglemens de 1648, 1660 & 1679, dont j'ai parlé, déterminent bien les fonctions des Gens du Roi en général : ils décident & préviennent même leurs conteftations avec les Juges; mais ils ne parlent point de la diftribution de ces fonctions, & ne fixent pas celles qui appartiennent à chacun des Avocats & Procureurs du Roi des Siéges inférieurs.

Il s'eft élevé à ce fujet des conteftations entre plufieurs de ces Magiftrats; elles ont été fuivies d'Arrêts de Réglemens faits par le Parlement, qui font affez uniformes. J'en connois trois affez modernes; l'un a été rendu le 6 Juillet 1706, pour les Gens du Roi du Bailliage de Gien; un autre, le 29 Avril 1711, fixe provifoirement les fonctions de ceux du Bailliage & Préfidial de Château-Gontier; & le troifiéme, le 7 Septembre 1712, pour ceux de la Sénéchauffée du Château-du-Loir. L'étendue de ces Réglemens ne me permet pas de les rapporter ici. Ils font imprimés.

Dans les Tribunaux où il y a des Confeillers, fi les Gens du Roi font abfens, c'eft le Confeiller dernier reçu qui les remplace, qui donne des conclufions, & fait toutes leurs autres fonctions. Cela s'eft ainfi pratiqué au Châtelet en 1752, dans le temps des Vacances; mais s'il n'y a point de Confeillers dans le Siége, c'eft au plus ancien Gradué; & à défaut de Gradué, au plus ancien Praticien à faire les fonctions des Gens du Roi.

Le Miniftere public eft tellement dévolu au plus ancien Gradué du Siége, ou, à défaut de Gradué, au plus ancien Praticien, en l'abfence des Gens du Roi, ou du Procureur Fifcal, qu'il n'eft pas même alors permis au Juge de commettre quelqu'un pour remplir ce Miniftere. C'eft ce qui réfulte des difpofitions d'un Arrêt de Réglement rendu le 31 Mars 1711, qui porte que le

Juge des lieux ne pourra, *en cas d'abfence, ou légitime empêchement du Procureur Fifcal, commettre la fonction de Procureur Fifcal, qui fera remplie en ce cas par l'ancien Gradué, s'il y en a, finon par le plus ancien Praticien, felon l'ordre du Tableau.*

Un autre Arrêt, rendu le 8 Août 1712, fait défenfes au Juge de Lanty *de commettre un Procureur Fifcal, en cas de vacance, de déport, de maladie, abfence, ou autre légitime empêchement du pourvu en titre; laquelle fonction, dans tous lefdits cas, fera exercée par l'ancien Gradué du Siége, fi aucun y a; &, à fon défaut, par l'ancien Praticien.*

Les Gens du Roi ne peuvent entrer dans la Chambre du Confeil, lorfque les Juges délibèrent. V. les Ordonnances de Henri II des mois de Mai 1551, article 147; Juillet & Août 1552. Voyez auffi l'art. 40 de l'Edit du mois de Février 1705, pour le Préfidial d'Ypres; l'art. 38 de celui de 1706, pour le Confeil de Valenciennes; l'art. 13 de celui de 1684, pour le Parlem. de Befançon, &c.

Le Parlement de Toulouse a, par Arrêt du 22 Novembre 1696, fait défenfes aux Officiers de la Table de Marbre, & à tous autres Officiers de fon reffort, d'ordonner l'Audience à bailler par écrit (c'eft ce que nous nommons à Paris, Appointement à écrire & produire) avec les Gens du Roi, fans qu'ils foient préalablement entendus en leurs Conclufions.

Le même Parlement a rendu un autre Arrêt le 24 Avril 1732, par lequel *il a fait défenfes aux Subftituts du Procureur Général dans les Sénéchauffées, Bailliages & autres Jurifdictions Royales de fon reffort, de s'immifcer dans les fonctions des Juges & Lieutenans defdites Jurifdictions en cas de maladie, abfence ou autre empêchement, &c., d'écrire & confulter, ni être arbitres pour les Parties dans les affaires & procès qui regardent le Roi, les mineurs ou le public, à peine, &c.*

GENTILHOMME.
Voyez *Noble.*

GEOLE, GEOLIERS.
Voyez *Bris de Prifon, Gîte* & *Prifon.*

Le mot Geole fignifie Prifon.

On nomme Geoliers, les perfonnes auxquelles la garde des Prisons & le soin des prisonniers est confié.

L'Ordonnance d'Abbeville, pour le Dauphiné, exige que les Geoliers soient Laïcs, & sans Tonsure. Voyez l'art. 437.

Les Geoliers doivent eux-mêmes prendre soin des Prisons & des Prisonniers. Ils ne peuvent commettre d'autres personnes à leurs places, suivant l'art. 2 du titre 13 de l'Ordonnance Criminelle ; mais ils peuvent se faire aider par des Guichetiers, & autres gens dont ils sont responsables.

Le même article de l'Ordonnance que je viens de citer, veut que les Geoliers sçachent *lire & écrire, à peine, contre les Seigneurs qui en nommeront d'autres, d'être privés de leur droit.*

Aucun Huissier, Sergent, Archer ou autre Officier de Justice, ne peut être Greffier des Geoles, Concierge, Geolier, ni Guichetier, à peine de 500 liv. d'amende. . . . . Ibid. art. 3.

Les Greffiers des Geoles, (où les Geoliers-Concierges, quand il n'y a point de Greffier), sont tenus d'avoir un Registre relié, cotté & paraphé par le Juge, dont tous les feuillets soient en deux colonnes, pour dans l'une écrire les écroues & recommandations, & dans l'autre, les élargissemens & décharges. Ordonnance, ibid. art. 6.

Ils doivent *encore avoir un autre Registre, cotté & paraphé aussi par le Juge, pour mettre par forme d'inventaire, les papiers, hardes & meubles desquels le prisonnier aura été saisi, & dont sera dressé Procès-verbal par l'Officier qui a fait la capture.* Ibid. art. 7.

L'art. 16 défend *aux Geoliers & Guichetiers de permettre la communication de quelque personne que ce soit avec les Prisonniers détenus pour crime, avant leur interrogatoire, ni même après, s'il est ainsi ordonné par le Juge.*

Ils ne peuvent permettre *aucune communication aux Prisonniers enfermés dans les cachots, ni souffrir qu'il leur soit donné aucunes lettres ou billets.* Ibid. art. 17.

Défendons aux Geoliers de laisser vaguer les Prisonniers pour dettes ou pour crimes, sous peine des galeres, ni de les mettre dans les cachots, ou leur attacher les fers aux pieds, s'il n'est ainsi ordonné par le Mandement

signé du Juge, à peine de punition exemplaire. *Ibid.* art. 19.

Les Geoliers, Greffiers des Geoles, Guichetiers, Cabaretiers ou autres personnes, ne peuvent empêcher l'élargissement des Prisonniers pour frais, nourriture, gîte & Geolage, ou aucune autre dépense. Ibid. art. 30.

Outre ces dispositions de l'Ordonnance criminelle, il y a deux Arrêts de Réglement du Parlement de Paris, rendus les 18 Juin & premier Septembre 1717, qui fixent les droits des Geoliers, & prescrivent la conduite qu'ils doivent garder envers les prisonniers. Le premier de ces Arrêts est rendu pour les Prisons de Paris ; le second, pour celles des Provinces. J'en parlerai au mot *Prison.*

GÉSINE.

Ce mot est très-ancien ; il signifie accouchement : on l'emploie encore dans les Jugemens de provision qu'on décerne contre ceux qui sont accusés d'être pere de l'enfant dont une femme est enceinte ou accouchée. On les condamne ordinairement à payer une certaine somme pour frais de Gésine, c'est-à-dire pour les frais de l'accouchement.

GIRON.

C'est l'espace qui est depuis la ceinture d'une femme jusqu'aux genoux.

Le mot Giron est en usage en matiere de retrait : on dit, par exemple, qu'un acquéreur a tendu le Giron, quand il a offert de recevoir du retrayant le prix de son acquisition, &c. On suppose par conséquent qu'il a pris l'attitude où est une femme qui présente son tablier ouvert pour y recevoir quelque chose. V. *Retrait Lignager.*

GIROUETTES.

On nomme Girouette une petite machine, qui tournant sur un pivot, sert à faire connoître d'où vient le vent.

Les Seigneurs ne peuvent empêcher leurs Vassaux de mettre des Girouettes sur leurs bâtimens. Voy. M. de Salving & Cambolas.

Quelques Auteurs exceptent cependant les Girouettes quarrées, que l'on prétend être des marques de Seigneuries, apparemment parce qu'elles sont en forme de baniere. Voyez la Peyrere, édition de 1706, lettre I, n°. 22, & le Code Rural.

GÎTE & GEOLAGE.

On nomme Gîte ou Geolage, les droits qui se payent aux Geoliers pour la garde des Prisonniers.

Sur ce droit, voyez les Arrêts de Réglement, rendus les 18 Juin 1717 pour les Prisons de Paris, & premier Septembre suivant, pour les Prisons des Provinces, cités à l'article Geolier. L'étendue de ces Arrêts ne me permet point de les rapporter ici. On les trouve dans le Recueil des Réglemens de Justice, tome 2.

Le 30 Juillet 1734, on a plaidé la question de sçavoir, si les Gîtes & Geolages faisoient partie des dommages & intérêts adjugés à une personne emprisonnée mal-à-propos, ou s'ils devoient être compris dans la déclaration de dépens.

Cette question s'est présentée en la Tournelle, entre les nommés Reconseil & un sieur de Peras. Celui-ci avoit été emprisonné à la requête des Reconseil ; il étoit resté en prison pendant quarante mois, & il avoit été élargi en vertu d'un Arrêt de la Cour, portant condamnation de 900 liv. de dommages & intérêts contre les Reconseil, avec dépens.

Peras ayant compris dans sa déclaration de dépens les frais de Gîte & Geolage, le Procureur des Reconseil mit néant sur cet article, & prétendit qu'ils faisoient partie des dommages & intérêts adjugés : mais les Procureurs de Communauté aviserent que ces frais de Gîte & de Geolage devoient entrer en taxe ; sur quoi l'exécutoire fut délivré contradictoirement.

Les Reconseil en ayant interjetté appel, ils obtinrent, sur les Conclusions de M. le Procureur Général, un Arrêt qui fit défenses d'exécuter l'exécutoire, en ce qu'il comprenoit les droits de Gîte & Geolage. Peras forma opposition à cet Arrêt, & demanda que l'exécutoire fût exécuté ; mais, par Arrêt rendu le 30 Juillet 1734, il fut débouté de son opposition & demande.

Ainsi la Cour a jugé que les frais de Gîte & Geolage faisoient partie des dommages & intérêts.

La même chose avoit été jugée par un Arrêt, rendu le 18 Août 1733, en faveur d'un sieur Bellot, ancien Notaire, auquel la Cour avoit adjugé 3000 liv. de dommages & intérêts. Bellot fut aussi débouté de sa demande à fin de remboursement des droits de Gîte & Geolage.

Les Geoliers sont déchargés de payer les loyers des Prisons, par une Déclaration du mois de Juin 1724, registrée dans toutes les Cours.

Les Fermiers Généraux & les Sous-Fermiers ont obtenu du Conseil un Arrêt du 11 Janvier 1729, qui les exempte des droits de Gîte & Geolage pour les Prisonniers qu'ils auront fait arrêter.

GLANAGE & GLANEURS.

Glaner, c'est ramasser les épis qui restent sur le champ, après que le Laboureur en a enlevé la récolte.

Cette portion des fruits de la terre appartient aux Pauvres, & leur est affectée d'une maniere spéciale. Voyez le *Lévitique*, chap. 19, ⁑. 9 & 16. Voyez aussi ce que dit le Roi de Lozembrune, sur l'article 59 de la Coutume de Boulonnois.

Saint Louis a fait une Ordonnance, portant que *nul ne souffre mettre bêtes ou esteulles en autrui bled, jusqu'au tiers jours que la warison sera amenée, & est le tiers entendu si comme le bled étoit porté hors le Lundi, les bêtes y peuvent aller le Mercredi après.* Voy. Boutillier, Somme Rurale, *des Bans d'Août*, & l'art. 106 de la Coutume de Peronne.

Guénois rapporte une Ordonnance de Henri II, donnée à Paris au mois de Novembre 1554, enregistrée au Parlement le 15 Février suivant, par laquelle Sa Majesté défend, par l'art. 10, aux personnes qui ont assez de force pour travailler à la moisson, de Glaner ; mais le même article le permet *aux gens vieils ou débilités de membres, aux petits enfans, ou autres personnes qui n'ont pouvoir ni force de soyer, après toutefois que le Seigneur ou Laboureur aura prins & enlevé ses gerbes, & que ceux à qui appartiennent les dixmes & champarts, les auront enlevés, & non plûtôt, ni autrement.*

Et où (dit le même article) *nos Lieutenans trouveront aucuns contrevenans ou désobéissans, voulons qu'ils soient par eux punis comme larrons ; & de cette Ordonnance, voulons que les Hauts-Justiciers en puissent jouir & user ès fins & limites de leurs Terres & Sei-*

gneuries, & à leurs Officiers d'en connoître & procéder à la punition des délinquans.

Peu de Coutumes parlent du Glanage : voici comme celle d'Estampes s'explique par l'art. 190.

Tous Laboureurs ou Fermiers peuvent, de leur autorité privée, par eux ou leurs gens & serviteurs, ôter les Glaines des Glaineurs trouvées sur leur champ avant l'enlevement des gerbes, & amener lesdits Glaineurs en prison pour être justiciés. Mais lesdits Laboureurs ou Fermiers & autres, ne peuvent mettre ou faire mettre par eux, leurs gens & serviteurs, le bétail dedans lesdits champs, n'empêcher aucunement le Glainage, en quelque maniere que ce soit, sinon vingt-quatre heures après la vuidange d'iceux champs, sur peine de confiscation desdites bêtes & d'amende arbitraire. Le pareil est observé contre les grapeurs de vignes.

Cette disposition de la Coutume d'Estampes a donné lieu à un Arrêt, qui a été rendu en la Tournelle le 23 Janvier 1731, entre le Procureur du Roi d'Estampes, appellant à *minimâ* d'une Sentence de la Prévôté d'Estampes, & Louise Delars, Catherine Pichard, Marie Soret & autres accusés. Cet Arrêt déclare ces Particuliers dûement atteints & convaincus d'avoir, pendant la moisson de 1730, contre la prohibition des Ordonnances & de l'art. 190 de la Coutume d'Estampes, non-feulement glané dans les champs avant l'enlevement des grains, mais encore pris & volé desdits grains aux javelles, aux gerbes & sur les andains ; pour raison de quoi ils les condamnent à être marqués d'un fer chaud en forme de la lettre V, & fouettés aux lieux accoutumés & au marché d'Estampes, les bannit des Prévôtés d'Estampes & de Paris, pour neuf ans ; à l'égard de la Pichard & toutes les autres, pour trois ans.

Un nommé Jacques Trouvé, mineur, & Jeanne Caully, aussi mineure, convaincus des mêmes délits, ont été admonestés & condamnés par le même Arrêt en 3 liv. d'aumône, applicable au pain des Prisonniers, & tous les autres accusés solidairement en 400 livres d'amende envers l'Engagiste du Domaine d'Estampes.

L'Arrêt ordonne qu'il sera lû, publié, imprimé & affiché par-tout où besoin sera.

Voyez dans le Code de Louis XV, tome 4, un Arrêt du 24 Octobre 1731, qui condamne au carcan & au bannissement, des Glaneurs qui avoient volé aux javelles & aux andains.

GLANDS & GLANDÉE.

On nomme Glands les fruits que portent les chênes ; & on nomme Glandée le droit de mettre des cochons dans les bois pour manger les Glands & s'engraisser de cette nourriture.

Il n'est point permis de ramasser les Glands dans les bois, lors même qu'il n'y a point été mis d'animaux pour les manger, parce que le Gland étant la semence du chêne, il sert à recruter les bois en germant.

Cependant lorsque la récolte des Glands & des autres fruits des bois est abondante, l'Ordonnance des Eaux & Forêts permet aux Officiers auxquels la police des bois appartient, *de faire vente de Glandée* ; c'est-à-dire, de procéder à l'adjudication du droit de mettre un certain nombre de porcs dans les bois & forêts.

L'article 2 du titre des Glandées, qu'on trouve dans cette Ordonnance, veut *que l'adjudication des Glandées soit faite à l'Audience avant le 15 Septembre, à l'extinction des feux, au plus offrant . . . . . .* & l'article 3 porte que *la Glandée ne sera ouverte que depuis le premier Octobre, jusqu'au premier Février.*

Ce même article défend aux adjudicataires, sous peine de 100 liv. d'amende & de confiscation, de mettre plus grande quantité de porcs qu'il ne leur est permis par l'adjudication ; il leur est enjoint, sous la même peine, de faire marquer les porcs au feu, & de déposer la marque au Greffe.

L'art. 15 du titre des Droits de Pâturage & Panage, porte : que le Maître Particulier ne pourra mettre plus de huit porcs à la Glandée ; le Lieutenant, le Procureur du Roi & le Garde-Marteau, chacun six ; le Greffier quatre, & le Sergent à Garde trois, au cas qu'ils soient résidens sur les lieux ; & s'ils n'y demeurent pas, ils ne peuvent point user de ce droit. Ils ne peuvent pas même affermer ce droit qui leur est personnel ; & les Officiers de la Maîtrise de Lille ont été condamnés par Arrêt du Conseil,

rendu le 17 Juin 1736, à remettre au Receveur des Domaines de Flandres 450 livres
qu'ils avoient touché pour le prix de la
vente qu'ils avoient faite de leur droit de
Glandée en 1731.

GOBELLERIE.

C'est le nom d'un droit concédé à la Ville de Lille par les Souverains de Flandres,
qui se perçoit sur le prix des ventes publiques des meubles & ustenciles, à raison d'un
soixantième.

L'Arrêt contradictoire rendu au Conseil,
entre le Magistrat, les Juges & Consuls de
Lille, le 23 Oct. 1717, a confirmé ce droit à
la Ville de Lille. V. l'art. 3 de cet Arrrêt
dans le Recueil du Parlement de Flandres.

GOUVERNANCE.
V. *Conseil d'Artois.*

On nomme Gouvernance, une espéce de
Jurisdiction établie à Douai, à Lille, &
dans plusieurs autres Villes de Flandres &
d'Artois; le Gouverneur de la Place est
le Chef de ce Tribunal; à Lille, il a sous
lui, un Lieutenant Général, Civil & Criminel, un Lieutenant Particulier, six Conseillers, un Avocat & un Procureur du Roi.

Une Déclaration du 21 Février 1695,
regiftrée au Parlement de Flandres le 3 Mai
suivant, a ordonné que *les Officiers de la
Gouvernance de Douai connoîtroient, en premiere Instance, de toutes les causes & différends qui naîtroient dans les divers endroits
qui y sont détaillés.*

La Gouvernance de Lille connoît des cas
Royaux; & sa Jurisdiction s'étend non-seulement sur le Bailliage de Lille, mais encore sur tous les Villages de la Châtellenie.

GOUVERNEURS.

Les Gouverneurs sont des Officiers militaires, établis pour conserver sous l'obéissance du Roi, les Provinces & les Places
qui leur sont données en garde, les maintenir en paix & en repos, avoir puissance sur
leurs armes, les défendre contre les ennemis
& les séditieux, & pour prêter main-forte
à la Justice, chacun dans l'étendue de son
Gouvernement (a).

Les Gouvernemens & les Lieutenances
Générales des Provinces ne sont point des
Offices venaux & héréditaires. Ces Charges
sont aujourd'hui à peu près au même état
qu'étoient anciennement les Offices.

Avant la célèbre Ordonnance de Louis
XI, dont je parle à l'article *Destitution d'Officiers*, tous les Offices étoient conférés avec
la clause, *tant qu'il nous plaira;* aujourd'hui
les Charges de Gouverneurs sont conférées
avec la clause *pour trois années.* Mais comme, malgré la clause, *tant qu'il nous plaira,*
les Officiers n'étoient jamais dépossédés sans
des raisons très-graves, les pourvus des
Charges de Gouverneur ne le sont pas non
plus pendant leur vie, sans de très-impor-
tantes considérations.

Ainsi, comme les Officiers, avant l'Ordonnance de Louis XI, ne laissoient pas,
malgré la clause, *tant qu'il nous plaira,* de
résigner leurs Offices avec l'agrément du
Roi, & de retirer un prix de leur résignation; de même aujourd'hui, les Gouverneurs, Lieutenans Généraux, &c. malgré la
clause *pour trois années,* peuvent vendre
non le droit de propriété, mais la démission
volontaire qu'ils font de leur Charge, avec
l'agrément du Roi, dont le démettant ou le
démissionnaire s'assure.

Les Gouverneurs des Provinces prêtent
serment entre les mains du Roi, & les Gouverneurs des Places entre les mains de M.
le Chancelier; leurs commissions se véri-
fient au Parlement dans le ressort duquel le
Gouvernement est situé.

Les Gouverneurs des Provinces ont séance au Parlement dont la Province ressortit:
il y a même quelques Parlemens où ils précédent le Premier Président, comme à Grenoble & à Besançon: mais pour l'ordinaire, ils siégent après le Premier Président.

Les Gouverneurs des Provinces accompagnent le Roi au Parlement, quand il
vient tenir son lit de Justice.

Voyez ce que je dis sur les droits des

(a) On trouve dans le Recueil des Edits, Déclarations,
& autres Réglemens du Parlement de Flandres, imprimé
à Douai en 1730, les Lettres-Patentes accordées au Maréchal d'Humieres pour le Gouvernement de Flandres, le
4 Juillet 1676. Ces Lettres qui ont été regiftrées au Conseil Souverain de Tournai, le 27 Octobre 1676, & dont

l'étendue ne permet pas de leur donner place en cet article, contiennent tout le détail des prérogatives, des pouvoirs & des fonctions qui s'accordent ordinairement aux
Gouverneurs.
Voyez aussi l'Ordonnance Militaire du 25 Juin 1750,
art. 1, 2 & 6.

Gouverneurs, relativement à la chasse, au mot *Capitainerie*, & la Loi citée par M. Talon, dans un Plaidoyer du 31 Mars 1729, dont je parle au mot *Official*.

GRACES EXPECTATIVES.

On nomme Grace Expectative, l'espérance donnée à quelques Ecclésiastiques de posséder certains Bénéfices, lorsqu'ils seront vacans.

Nous connoissons encore en France deux sortes de Graces Expectatives; sçavoir celle des Gradués & celle des Indultaires. V. *Gradués & Indultaires*.

Anciennement les Papes s'étoient mis dans l'usage d'accorder à des Ecclésiastiques qu'ils vouloient favoriser, l'assurance d'obtenir le Bénéfice dépendant d'une Cathédrale qu'ils désignoient, quand il viendroit à vaquer. Pour faire jouir ceux auxquels ces Graces Expectatives étoient accordées, les Papes n'employoient originairement que la voie des recommandations; & les Prélats par le respect qu'ils avoient pour le S. Siége, y déféroient ordinairement.

Cependant, comme elles devinrent trop fréquentes, on les négligea aussi quelquefois. Alors les Papes changerent leurs recommandations en menaces, ils oserent même entreprendre sur nos Libertés, jusqu'à nommer des Commissaires pour contraindre l'Ordinaire à exécuter leurs promesses, & à conférer le Bénéfice à son refus; il y en a eu qui ont poussé cette contrainte jusqu'à l'excommunication.

Cet abus a été réformé par le second article du Concordat passé entre François I & Leon X, & par le Concile de Trente, session 24, chap. 19 *de Reformatione*. Voyez *Concordat*. Voyez aussi *Réserves Expectatives*, l'Edit du 10 Septembre 1464, & l'art. 22 de l'Ordonnance d'Orléans, qui défend à *tous Juges d'avoir égard aux Provisions* obtenues en Cour de Rome, *par forme de Graces Expectatives*, &c.

GRADES & GRADUÉS en matiere Bénéficiale.

V. *Avignon, Bénéfice, Capacité, Dégrés, Indultaires, Insinuations Ecclésiastiques, Réquisition, Réplétion, Théologal*, &c.

On nomme Gradués, des Gens de Lettres qui, après avoir étudié dans une Université, y ont obtenu des dégrés de Maîtres-ès-Arts, de Bachelier, de Licentié, ou de Docteur en Théologie, en Droit ou en Médecine.

Les Loix du Royaume exigent que tous les Magistrats qui se font pourvoir d'Offices de judicature, soient Gradués en Droit; mais ce n'est pas de ces sortes de Gradués dont je traite en cet endroit. (Voyez sur cela les articles *Avocats, Conseillers, Juges, Officiaux*, &c.) Mon objet est de parler ici uniquement de l'Expectative accordée aux Gradués Ecclésiastiques, par le moyen de laquelle ils ont droit de se faire pourvoir par les Collateurs ordinaires, des Bénéfices vacans pendant les quatre mois de l'année qui leur sont affectés par le Concordat passé entre François I & Leon X. Voyez *Concordat*.

Pour remonter à la source de l'Expectative des Gradués, il faut aller jusqu'à l'origine des Universités. Tout le monde sçait quels désordres l'ignorance de ce qu'on appelle les bas siécles, avoit fait naître dans l'Eglise; l'Abbé Fleury qui en fait le détail dans son cinquiéme discours sur l'Histoire Ecclésiastique, en montre le remède dans l'établissement des Ecoles publiques, que l'on a depuis nommées Universités. Celle de Paris contribua plus que toutes les autres à l'heureux renouvellement, qui rendit à la discipline de l'Eglise une partie de sa premiere beauté. Célèbre dès la fin du dixiéme siécle, elle fut long-temps la seule dans toute l'Europe; & quelque soin qu'on ait pris dans la suite de les multiplier sur son modéle, elle conserva toujours par l'exactitude de sa discipline, par la réputation de ses Professeurs, par la multitude & les progrès de ses éleves, la supériorité qui lui étoit dûe par la priorité de son origine.

Les Nations Etrangeres en conçurent une si haute idée, que, malgré la distance des lieux & la grandeur des dépenses, elles s'empresserent d'y envoyer des Sujets qui pussent, après s'y être instruits, porter chez elles quelque portion de la lumiere que lui attiroit une si grande réputation; elles attacherent des Priviléges considérables au zéle de ceux qui y feroient des cours d'étude assez longs pour prendre des dégrés. On en trouve encore des vestiges dans les plus grandes Eglises d'Allemagne. Voyez M. Fleury. Ibid.

Mais à peine sentit-on l'importance de ces établissemens, qu'on s'apperçut aussi qu'ils ne pourroient se soutenir, si on n'y attachoit des récompenses proportionnées aux services que l'Eglise & l'Etat en retiroient : il falloit entretenir l'ardeur du Maître & des Disciples, fournir à leur zéle un aiguillon qui l'empêchât de se rallentir, exciter entr'eux une émulation assez forte pour étouffer les principes du relâchement qui s'insinue si aisément, & qu'il est si difficile de détruire.

Ces motifs, qui n'ont trait en apparence qu'à l'intérêt particulier de ces Corps, étoient subordonnés à des vûes supérieures, & intimement liés au bien général de l'Eglise. Les temps malheureux, dont on sortoit, avoient vû naître, avec l'ignorance, le dépérissement de la discipline, la dissolution des mœurs & des abus sans nombre. Par le renouvellement des études, les désordres se dissipoient avec les ténèbres qui les avoient introduits : les régles reprenoient vigueur ; & ces heureux commencemens annonçoient une espéce de résurrection dans tous les Ordres du Clergé & du Peuple.

C'est ce qui porta les Papes, les Evêques & les Princes, à protéger les Universités, à leur donner un état fixe & stable, à les combler de priviléges : mais sur-tout à y chercher des Sujets, pour remplir les plus importans ministeres, persuadés que c'étoit porter la vie dans tous les Corps où on les faisoit entrer. Alexandre III, Honoré III, Innocent III, ces Papes, dont les noms sont si célèbres dans l'Histoire des douze & treiziéme siécles, ne se contenterent pas de leur réserver une partie des Bénéfices dont ils disposoient ; ils se firent un devoir de les recommander aux Evêques, & d'exhorter les Collateurs à ne pas les oublier dans la distribution des Bénéfices.

On trouve les mêmes vûes dans les avis que plusieurs Evêques dresserent au commencement du quatorziéme siécle, pour satisfaire aux invitations de Clement V, qui avoit mandé à tous les Evêques d'apporter au Concile (de Vienne) des Mémoires de tout ce qu'il convenoit d'y régler pour le bien de l'E-

glise. Il nous reste, dit l'Abbé Fleury, deux de ces Instructions ; l'une de Guillaume Durandy, Evêque de Mende ; & l'autre, d'un Evêque dont on ne sçait pas le nom. Histoire Ecclésiastique, liv. 91.

Le dernier de ces deux Evêques se plaignoit dans son avis, de ce qu'on ne donnoit ni grands ni petits Bénéfices aux Ecclésiastiques qui avoient étudié en diverses Facultés, & y avoient consumé leur patrimoine. Cet abus étoit, au jugement de cet Evêque, un de ceux qui devoit fixer l'attention du Concile.

L'Evêque de Mende n'en fut pas moins touché. L'ignorance des Ministres de l'Eglise avoit été une des principales sources des maux qui l'affligeoit ; & il pensoit qu'un des premiers soins du Concile devoit être de faire pourvoir de Bénéfices, les Docteurs & les Ecclésiastiques sçavans.

Mais il ne suffisoit pas de le prescrire aux Collateurs par quelques Réglemens généraux. L'Evêque de Mende eut recours à des remédes plus efficaces. Il proposa au Pape de ne conférer les Bénéfices qu'à des Docteurs, tant qu'il y en auroit dans les Diocèses qui ne seroient pas placés ; & il ajouta le projet d'une Expectative, qui affecteroit la dixiéme partie des Bénéfices aux pauvres étudians de chaque Faculté des Universités.

La proposition de cet Evêque eut un tel succès, qu'on la regarde comme la premiere semence de l'Expectative des Universités. C'est, dit M. Fleury (Histoire Ecclésiastique, liv. 91, n°. 52) l'origine du droit des Gradués, établi six vingt ans après au Concile de Basle.

Il est ordinaire d'attribuer à ce Concile l'établissement du droit des Gradués, parce que c'est dans cette Assemblée qu'il a reçu pour la premiere fois l'approbation de l'Eglise Universelle : mais son origine a une époque beaucoup plus reculée. Nous venons de voir que dès le milieu du douziéme siécle, plusieurs grands Papes en avoient fait sentir la convenance & l'utilité. La faveur qu'ils accorderent par eux-mêmes aux Membres de l'Université de Paris, & celle qu'ils tâcherent de leur procurer de la part des Collateurs ordinaires, furent les préludes de l'Expectative des Gradués, & la préparerent.

De ſçavans Evêques en tracerent depuis un plan diſtinct, mais ſans pouvoir aller plus loin.

Enfin, Jean XXII lui donna une forme certaine, & la mit en vigueur ; c'eſt-là proprement que commence ſa premiere époque. Ce Pape qui monta ſur le S. Siége en 1317, ayant formé le deſſein de conférer une certaine quantité de Bénéfices aux Gradués de l'Univerſité de Paris, voulut que ce fût l'Univerſité elle-même qui décidât de leur ſort. Il exigea à cet effet qu'elle lui envoyât des rôles où fuſſent compris les noms & qualités de ceux qu'elle jugeoit dignes d'avoir part à ces récompenſes. Ce plan formé par Jean XXII fut exactement ſuivi par ſes ſucceſſeurs, & inſenſiblement il parvint à être un de ces uſages, dont la force eſt peu différente de celle des Loix écrites.

Nous liſons dans l'Hiſtoire de l'Univerſité, qui nous a conſervé l'ordre de ces rôles, qu'ils furent réglés par la qualité des dégrés & par l'ancienneté des Grades. Les anciens Gradués y furent employés ſelon leur rang, en obſervant neantmoins de placer les Maîtres avant les Diſciples, & les Régens avant ceux qui ne l'étoient pas.

Il eſt aiſé de ſentir les motifs d'une Loi ſi ſage. Vouloir régler la préférence ſur le mérite perſonnel, c'eût été s'expoſer aux inconvéniens les plus conſidérables. La difficulté de ſe réunir ſur le choix, la crainte qu'on ne ſe fût pas toujours décidé par des vûes aſſez pures, le danger des diviſions que le partage eût occaſionné, ou des brigues que l'ambition auroit fait naître, préſentoient autant de raiſons d'écarter cette voie.

Il étoit d'ailleurs naturel de récompenſer les premiers, ceux qui avoient en leur faveur le témoignage des plus longues études : l'antiquité des dégrés promettoit, & plus de maturité & plus de lumiere. C'eſt ce qui détermina l'Univerſité à ſe fixer à l'ordre que je viens de rapporter, & à ſupplier les Papes d'y avoir égard dans la diſtribution des Bénéfices.

- Les Papes touchés de l'importance de ces motifs, crurent devoir ſe conformer aux vœux de l'Univerſité ; & par-là l'Expectative fut toute de rigueur dès ſa premiere origine.

Au commencement du quinziéme ſiécle, cette Expectative prit une nouvelle forme dans la célébre Aſſemblée qui fut tenue à Paris en l'année 1408. Les grands avantages que l'Egliſe tiroit du zéle & de la ſcience des Gradués, y firent naître le deſſein d'aſſurer & d'étendre leur droit. L'Expectative n'avoit été juſqu'alors qu'un ſimple uſage. Les Papes avoient bien voulu s'y aſſujettir : mais les Collateurs ordinaires ne s'étoient pas crus dans l'étroite obligation d'y avoir égard. Il parut néceſſaire de changer l'uſage en un droit ordinaire, & de forcer les Collateurs par une Loi préciſe à donner aux Membres de l'Univerſité une partie des Bénéfices dont ils diſpoſoient.

En conſéquence, l'Aſſemblée diſtingua tous les Bénéfices en cinq claſſes. Elle affecta le tiers de chaque claſſe aux Gradués, en réglant la diſtribution de chaque eſpéce de Bénéfices relativement à la qualité des Grades ; & elle ordonna aux Patrons & Collateurs de ſe conformer à l'ordre des rôles qui ſeroient dreſſés de trois en trois ans ; enſorte qu'ils ne puſſent paſſer d'un rôle à un autre, que le premier ne fût épuiſé. Ce Réglement fut confirmé la même année par des Lettres-Patentes de Charles VI ; & c'eſt la premiere Loi qui ait été publiée ſur cette matiere.

L'Aſſemblée de 1408, en même-temps qu'elle avoit affecté le tiers des Bénéfices aux Gradués, avoit remis les Collateurs ordinaires en poſſeſſion de tous leurs droits. Ils ne furent pas long-temps ſans en reperdre la plus grande partie. Martin V, élû dans le Concile de Conſtance, réuſſit à ſe réſerver la moitié des Bénéfices. Eugene IV, ſon ſucceſſeur, augmenta la réſerve, & la porta juſqu'aux deux tiers.

Mais l'Expectative des Gradués n'en ſouffrit aucune atteinte. Ces Papes, en ſe mettant à la place des Collateurs, ſe ſoumirent auſſi à la charge qui leur avoit été impoſée. L'Univerſité fit deux rôles, dont l'un fut adreſſé aux Collateurs du Royaume, & l'autre fut envoyé à Rome. Cet uſage ſubſiſta juſqu'au temps du Concile de Baſle.

Ce fut dans ce Concile, ſi cher à la France, que les Ordinaires furent irrévocablement rétablis dans leur droit primitif. Mais quelqu'important qu'il parût aux Peres de

ce

te Concile de faire revivre les anciennes régles, ils ne penserent pas que l'Expectative des Gradués leur fût contraire. Ils voyoient fensiblement dans le progrès des Univerfités une reffource, que la Providence avoit ménagée à l'Eglife, pour y conferver la lumiere, & par elle les précieux avantages qui en font le fruit, l'ordre, la vertu, le maintien de la difcipline, dont la décadence s'eft toujours fait fentir à proportion que les études fe font affoiblies.

Ce Concile ne fe contenta pas d'autorifer l'Expectative des Gradués, il crut fervir l'Eglife en donnant à cette Expectative une force nouvelle. Il voulut que les Cures des Villes murées ne puffent être conférées qu'à des Gradués; & il confirma l'affectation qui leur avoit été faite du tiers des Bénéfices.

Les Décrets de ce Concile furent portés par fon ordre même à l'Affemblée de Bourges, convoquée en 1438, par Charles VII, & préfidée par ce Prince. On dreffa dans cette Affemblée (une des plus folemnelles qui eût été depuis l'établiffement de la Monarchie) la célèbre Ordonnance, connue fous le nom de *Pragmatique-Sanction*, qui en adoptant les Réglemens du Concile, appofa à plufieurs articles des modifications, qu'on jugea néceffaires à caufe des conjonctures préfentes; & les autres, pour rendre les Décrets du Concile plus conformes aux ufages & aux maximes du Royaume.

Les Décrets, qui concernoient l'Expectative des Gradués, furent du nombre de ceux qui éprouverent quelques changemens. Le Concile n'avoit diftingué les Gradués que par la différence de leurs dégrés. La Pragmatique établit entr'eux une nouvelle différence, en les féparant en deux claffes; l'une des Gradués fimples, c'eft-à-dire, de ceux qui n'ont que les Lettres de leur dégré avec le certificat de leur temps d'études; l'autre, de Gradués nommés, c'eft-à-dire, de ceux qui ont de plus l'avantage d'être infcrits dans le rôle d'une Univerfité, & d'en avoir obtenu des Lettres de nomination adreffées à quelque Collateur.

La Pragmatique affecta le tiers de l'Expectative aux Gradués indiftinctement, fimples ou nommés, laiffant aux Collateurs la liberté de choifir entr'eux, fans avoir égard,

ni à la fupériorité, ni à l'ancienneté des dégrés; & elle affecta les deux autres tiers aux feuls Gradués nommés: mais elle n'abandonna pas le fort de ceux-ci à la difcrétion des Collateurs. C'étoit bien affez de leur laiffer le choix parmi les Gradués compris dans le rôle actuellement ouvert. L'Affemblée de 1408 n'avoit pas voulu leur en accorder davantage; & fon Réglement étoit trop fage & trop important, pour n'être pas adopté par les Evêques & les Magiftrats qui compofoient l'augufte Affemblée de Bourges, où fe fit la *Pragmatique-Sanction*.

Les chofes refterent dans cet état jufqu'à l'année 1516, époque du Concordat, qui, après avoir été conclu entre Leon X & François I, fut lû & approuvé dans le Concile de Latran.

Cette nouvelle Loi ne toucha, ni au nombre, ni à la qualité des Bénéfices qui avoient été affectés aux Gradués; elle en régla feulement la diftribution d'une maniere un peu différente. Par les Loix précédentes, de trois Bénéfices vacans, il en étoit dû un aux Gradués. Le Concordat, pour éviter les conteftations que ce partage faifoit naître, affecta quatre mois de l'année à leur Expectative; & au lieu de fixer leur tiers par celui des vacances, il leur affura tous les Bénéfices qui vaqueroient pendant les mois de Janvier, Avril, Juillet & Octobre.

Cette difpofition, comme on le voit, ne changeoit pas le fonds de l'Expectative; parce qu'il étoit affez indifférent que le tour des Gradués fût déterminé par le tiers de l'année, ou par le tiers des vacances. Dans l'un ou dans l'autre arrangement les Gradués n'avoient pas plus de Bénéfices à attendre, & la liberté des Collateurs demeuroit la même.

Le Concordat laiffa fubfifter encore la diftinction des Gradués fimples & des Gradués nommés, fans toucher au partage qui leur avoit été fait du tiers des Bénéfices affecté à l'Expectative. Ce tiers avoit appartenu, jufqu'au temps de la Pragmatique, aux feuls Gradués que l'Univerfité mettoit fur fes rôles, c'eft-à-dire, aux Gradués nommés. La Pragmatique leur avoit affocié les Gradués fimples pour la troifième partie de ce tiers: le Concordat les rétablit dans

leurs droits, & obligea les Collateurs de
nommer aux Bénéfices vacans, pendant les
mois de Janvier & Juillet, le plus ancien
des Gradués nommés, & permit aux Collateurs de difposer des Bénéfices qui vaqueroient dans les mois d'Avril & Octobre, en
faveur de tels Gradués nommés qu'ils voudroient choifir. C'eft ce qui fit appeler les
premiers, *mois de rigueur*, & les deux autres, *mois de faveur*.

En refferrant le droit des Gradués nommés, le Concordat rendit leur Expectative
plus rigoureufe par la Loi qu'il fit aux Collateurs de préférer toujours les plus anciens.
L'objet de cet arrangement fut de réparer
en quelque forte le tort que l'Univerfité
fouffroit du pouvoir qu'on laiffoit aux Ordinaires, de diftribuer à leur gré la moitié
de la récompenfe affectée aux études.

Telle eft en abregé l'hiftoire de l'Expectative des Gradués, fon origine, fes progrès, les motifs qui l'ont fait établir, &
les Réglemens qui en ont affuré l'exécution.

On diftingue donc deux fortes de Gradués; les uns qu'on appelle Gradués fimples,
& les autres Gradués nommés; (il faut me
pardonner ici quelques répétitions que je
crois néceffaires).

Les Gradués fimples font ceux qui ont
feulement obtenu des dégrés & une atteta-
tion du temps pendant lequel ils ont étudié
pour les obtenir.

Les Gradués nommés font ceux qui, outre leurs dégrés & les atteftations de leur
temps d'étude, ont de plus des Lettres par
lefquelles l'Univerfité où ils ont étudié, les
préfente aux Collateurs ou Patrons (Eccléfiaftiques) défignés dans les Lettres de nomination. Ils font les feuls qui peuvent requérir les Bénéfices vacans pendant les quatre mois accordés aux Gradués.

Toutes les Univerfités du Royaume peuvent bien accorder les dégrés qui rendent
capable de pofféder des Bénéfices; mais elles ne peuvent pas toutes donner des Lettres de nomination qui mettent les Gradués
en état d'en requérir. Celles des Provinces
réunies à la Couronne depuis la Pragmatique-Sanction & le Concordat, ne peuvent
donner que les dégrés; & telles font celles
de Strasbourg, Pont-à-Mouffon, Douay,

Nantes, Perpignan, Aix, Orange & Dole,
transférée à Befançon.

Les Univerfités qui peuvent donner des
Lettres de nomination, font celles de Paris, Rheims, Orléans, Angers, Poitiers,
Bourges, Montpellier, Caën, Dijon, Bordeaux, Valence & Touloufe, à laquelle celle
de Cahors eft réunie par un Edit du mois de
Mai 1751, regiftré au Parlement de Touloufe le 23 Juin fuivant.

Un Gradué ne peut profiter de fes dégrés
pour fe faire pourvoir d'un Bénéfice, s'il
n'eft régnicole ou naturalifé par Lettres en
bonne forme, & dûement enregiftrées. Mais
voyez *Avignon*.

Il doit être au moins tonfuré.

Il faut de plus qu'il foit né de légitime
mariage, ou légitimé par mariage fubfé-
quent, ou qu'il ait obtenu difpenfe, autrement il ne pourroit profiter de fes dégrés.

En affectant aux Gradués nommés les Bénéfices qui vaquent (par mort) dans les mois
de Janvier, Avril, Juillet & Octobre, on en
a néantmoins excepté les Bénéfices confiftoriaux, les Bénéfices électifs, ceux qui font
à la nomination du Roi, ceux qui font en
patronage laïc, & ceux que le Roi confere
alternativement avec les Ordinaires, lorfqu'ils viennent à vaquer dans des mois qui
appartiennent à Sa Majefté, comme je le dis
à l'article *Patronage Royal*. Enfin les Gradués n'ont aucun droit fur les dignités des
Eglifes Cathédrales: ces fortes de Bénéfices
font affranchis de l'effet de leurs Grades par
l'Edit de 1606, qui, en cette partie, déroge
au Concordat.

La Cour a jugé, par Arrêt rendu fur les
Conclufions de M. l'Avocat Général Jóly
de Fleury, le 22 Août 1755, que le Patron
Eccléfiaftique, qui n'a que deux Bénéfices à
fa nomination, n'eft point fujet à l'Expectative des Gradués: cet Arrêt eft intervenu
entre un fieur Vaffeur, Gradué, & l'Abbé
de Notre-Dame de Champagne, Diocèfe
du Mans: on avoit jugé le contraire aux
Requêtes du Palais, & M. l'Avocat Général avoit conclu à la confirmation de la
Sentence.

Il faut donc qu'un Collateur ou Patron
Eccléfiaftique ait au moins trois Bénéfices
à fa nomination, pour être fujet à l'Expectative des Gradués. Cela paroît fondé fur ce

que, dans le nombre de trois, les Gradués peuvent prendre le tiers qui leur eſt réſervé par la Pragmatique-Sanction, comme je l'ai dit ci-devant.

Les Dignités des Egliſes Cathédrales ne ſont pas ſujettes à l'Expectative des Gradués, ainſi que je viens de le dire. Mais comme les Prébendes Théologales & celles de Pénitencerie ne ſont pas des Bénéfices de dignité, elles ſont par conſéquent ſujettes à l'Expectative des Gradués. Voyez *Dignités & Théologales.*

Je viens de dire que des quatre mois pendant leſquels les Bénéfices vacans par mort doivent être conférés aux Gradués, il y en a deux qu'on nomme *mois de faveur,* ce ſont les mois d'Avril & d'Octobre; on les nomme ainſi, parce que, comme je l'ai dit, les Collateurs & Patrons Eccléſiaſtiques ont la liberté de conférer les Bénéfices vacans pendant ces mois, à ceux des Gradués nommés qu'ils jugent à propos de choiſir (a).

Les mois de Janvier & de Juillet ſont ceux qu'on nomme *mois de rigueur,* parce qu'il n'eſt pas libre aux Collateurs & aux Patrons de conférer les Bénéfices vacans pendant ces mois, à celui des Gradués qu'ils jugent à propos de choiſir, comme dans les mois de faveur, & qu'au contraire ils ſont obligés de conférer le Bénéfice au plus ancien Gradué nommé, à moins que ce ne ſoit une Cure ou autre Bénéfice à charge d'ames, qui ſont ſeuls exceptés de cette rigueur par une Déclaration du 27 Avril 1745, enregiſtrée au Parlement le 6 Mai ſuivant, dont voici les diſpoſitions.

» Voulons que, lorſqu'il s'agira de pour-
» voir aux Cures & autres Bénéfices à char-
» ge d'ames, les Patrons qui ont la préſen-
» tation à ces Bénéfices, & les Collateurs à
» qui la diſpoſition en appartient, ayent mê-
» me dans les mois de Janvier & de Juillet,
» qui ſont appellés mois de rigueur, la li-
» berté du choix entre les Gradués dûment
» qualifiés qui auront obtenu des Lettres de

» nomination ſur leſdits Collateurs, & qui » les auront fait inſinuer dans le temps & » dans les formes ordinaires, & de préférer » celui d'entre les Gradués qu'ils jugeront » le plus digne, par ſes qualités perſonnel- » les, par ſes talens & par ſa bonne con- » duite, de remplir leſdits Bénéfices à char- » ge d'ames, encore qu'il ſe trouve en con- » currence avec des Gradués plus anciens » ou plus privilégiés; le tout ſuivant ce qui » a lieu pour les mois d'Avril & d'Octo- » bre : enſorte que dorénavant les mois de » Janvier & de Juillet ſoient réputés mois » de faveur entre leſdits Gradués nommés à » l'égard des Cures ou des autres Bénéfices » auxquels le ſoin des ames eſt attaché, & » ſans que leſdits Patrons ou Collateurs » ſoient obligés, dans leſdits mois, d'avoir » aucun égard aux réquiſitions des Gradués » ſimples, quoiqu'ils leur euſſent fait noti- » fier leurs Lettres de dégrés & leur certifi- » cat de temps d'études «.

Cette Déclaration déroge pour l'avenir à toutes Loix, Ordonnances & Priviléges contraires.

Le Parlement de Rouen a, par Arrêt rendu le 3 Février 1756, jugé que, quand les Patrons & Collateurs n'uſent point du droit de choiſir entre les Gradués pour conférer les Bénéfices, chargés du ſoin des ames, va-cans dans les mois de Janvier & de Juillet, comme la Déclaration du 27 Avril 1745, leur en accorde la faculté, le Bénéfice doit appartenir au plus ancien des Gradués qui a fait la réquiſition comme auparavant cette Déclaration, & non plus au diligent.

Les Gradués nommés ne peuvent requé-rir les Chapelles & autres Bénéfices affectés aux Habitués, Choriſtes & Muſiciens, ſoit des Egliſes Cathédrales, ſoit des Collégia-les, lorſque le Statut qui affecte ces Bénéfi-ces aux Habitués, Choriſtes & Muſiciens, eſt enregiſtré en la Cour. V. *Union de Béné-fices.*

Lorſque les Gradués nommés ſe trouvent

(a) Quand le Collateur a conféré un Bénéfice vacant dans un mois de faveur à un non Gradué ou à un Gradué rempli, alors, comme la faveur n'eſt que pour le Colla-teur qui a conſommé ſon droit, ſans que ſon Pourvu puiſ-ſe en profiter, l'Expectative des Gradués reprend ſa force primitive & naturelle; de maniere que, relativement aux Gradués requérans, la vacance eſt conſidérée comme ſi elle étoit arrivée dans un mois de rigueur.

Dumoulin & M. Louet ont néantmoins penſé qu'en ce cas, il falloit accorder le Bénéfice au Gradué plus diligent à requérir; mais des Juriſconſultes plus modernes, tels que Vaillant, Perard Caſtel, Duperray, Gilbert, &c. ſont de même avis, en faveur duquel j'ai entendu citer des Ar-rêts du Parlement de Touloulẽ, des 2 Septembre 1719, & 27 Juil. 1756. V. ci-après l'Arrêt du Parlement de Rouen, du 3 Fév. 1756, que je cite en ce même préſent article.

en concours pour demander des Bénéfices en conséquence de leurs Grades dans un mois de rigueur, les plus anciens font préférés ; & fi leur nomination eft de même date, le Docteur en Théologie eft préféré au Docteur en Droit, qui eft lui-même préféré au Docteur en Médecine (a).

Les Bacheliers en Droit paffent devant les Maîtres-ès-Arts ; & ceux-ci prétendent devoir leur être préférés, & aux Bacheliers en Médecine, lorfqu'ils ont régenté dans l'Univerfité pendant fept ans.

Et fi deux Gradués nommés étoient de même dégré, de même Faculté, & nommés de même jour, en ce cas le Collateur pourroit, fuivant le Concordat, choifir celui que bon lui fembleroit.

Les Gradués qui veulent ufer du droit qui réfulte de leurs Grades, pour requérir des Bénéfices, font obligés de notifier préalablement leurs Lettres au Patron ou au Collateur fur lefquels ils font nommés.

La premiere notification peut fe faire en tout temps ; & fi elle étoit faite hors le Carême, les Gradués pourroient, jufqu'au dernier jour du Carême fuivant, requérir les Bénéfices vacans, parce qu'ils ont tout le Carême pour réitérer la notification de leurs dégrés.

Cette réitération eft néceffaire, & doit fe faire chaque année dans le cours du Carême, pour mettre le Gradué en droit de requérir les Bénéfices qui vaquent par mort poftérieurement au Carême qui fuit, parce que les Gradués n'ont droit qu'aux Bénéfices vacans dans l'année qu'ils ont notifié ou réitéré la notification de leurs dégrés ; & au lieu que, comme je l'ai dit, la premiere notification peut fe faire dans toutes les faifons & dans tous les mois de l'année : la réitération au contraire ne peut fe faire que dans le cours du Carême ; elle ne produiroit aucun effet, fi elle étoit faite avant & après.

Tout cela eft établi par le Concordat, qui porte que, quand les Gradués ont manqué

de faire pendant le Carême la réitération de leur nom & furnom, &c. le droit réfultant de leurs dégrés & de leur nomination, demeure fufpendu jufqu'à ce qu'ils faffent cette réitération dans un autre Carême, & que la fignification ou réitération réguliérement faite dans un Carême, vaut & produit fon effet depuis fa date jufqu'au dernier jour du Carême fuivant, quelque reculé qu'il foit.

Autrefois les notifications fe faifoient ou par des Huiffiers du Confeil-Privé, de la Chancellerie, du Parlement ou du Grand-Confeil, accompagnés de Records, conformément au Réglement du Grand-Confeil du 30 Décembre 1665 ; mais l'Edit du mois de Décembre 1691, portant création des Notaires Apoftoliques, fubftitue ces Notaires aux Huiffiers, & leur attribue cette fonction exclufivement à tous autres Officiers par l'art. 5, à peine de nullité.

Pour que ces notifications foient valables, il faut qu'elles foient faites par deux Notaires, ou par un Notaire affifté de deux témoins ; & leur original, ainfi que la copie, doivent être fignés, ou des deux Notaires Apoftoliques qui l'ont faite, ou d'un Notaire & de deux témoins (b).

Suivant le Concordat, les Gradués n'ont droit qu'aux Bénéfices dont la vacance n'eft arrivée que poftérieurement à la notification de leurs dégrés : mais la Jurifprudence des Arrêts leur a quelquefois donné droit aux Bénéfices vacans lors de leur notification. On trouve fur cela un Arrêt rendu le 26 Février 1681, au Journal des Audiences, tom. 4, liv. 4, ch. 8. Il y en a un autre du 3 Août 1693, rendu à l'occafion d'une Cure du Diocèfe du Mans, & qui eft rapporté par l'Editeur des Mémoires du Clergé, & par Duperray dans fes Queftions fur le Concordat. Le Grand-Confeil en a rendu un troifiéme le 29 Mars 1724, pour le Prieuré de Troujet.

Je penfe néantmoins que fi le Bénéfice qui fait l'objet de la réquifition, étoit con-

---

(a) Avant la réformation des Statuts de l'Univerfité, les Lettres de nomination accordées dans la même année, avoient la même date ; parce qu'il y avoit un jour marqué pour la Supplique des Gradués, à l'effet d'être nommés aux Patrons & Collateurs ; il réfultoit de-là un concours fréquent entre les Gradués nommés ; ce qui faifoit fouvent naître des difficultés fur la préférence. Pour les faire ceffer, la Pragmatique & le Concordat avoient ordonné que dans le concours de deux ou plufieurs Gradués de même

année, celui qui fe trouveroit revêtu d'un dégré fupérieur, feroit préféré ; mais ces difficultés naiffent aujourd'hui rarement, parce que les Lettres de nomination s'accordent dans tous les temps de l'année ; & que c'eft la date des Lettres qui détermine l'ancienneté.

(b) Les notifications de Grades, faites par des Notaires Apoftoliques, font fujettes à un double Contrôle ; fçavoir, au Contrôle des Exploits & au Contrôle des Actes, fuivant un Arrêt du Confeil du 12 Janvier 1723.

féré par le Collateur lors de la notification, elle feroit fans effet fur ce Bénéfice, quand même elle feroit faite dans le cours des mois affectés aux Gradués : le Gradué doit alors s'imputer d'avoir tant tardé.

C'eft fur ce fondement que le Frere Bazin de Champigny, Prémontré, pourvu le 4 Juillet 1741 du Prieuré de Segrès, Diocèfe de Sens, y a été maintenu nonobftant la réquifition du Frere Duriés, Religieux du même Ordre, Gradué nommé, mais dont les dégrés n'avoient été notifiés que le 5 Juillet 1741, lendemain de la provifion accordée à fon compétiteur. L'Arrêt qui maintient le Frere Bazin de Champigny, a été rendu au Grand-Confeil le 30 Mai 1742, fur les Conclufions de M. le Bret, Avocat Général.

Le Parlement a rendu un femblable Arrêt le 4 Septembre 1743, en faveur du fieur Houdet, contre le fieur Feret, pour la Cure de Moron, Diocèfe de Meaux.

Dans cette efpéce, la Cure de Moron étant à la nomination de l'Abbeffe de Farmoutier, avoit vaqué le 10 Avril 1741. L'Abbeffe y avoit nommé le 11 le fieur Houdet, qui avoit en conféquence obtenu le *Vifa* & pris poffeffion.

Le fieur Feret, qui étoit Gradué nommé fur cette Abbaye dès 1739, notifia fes dégrés le 12 Avril 1741, fit fa réquifition le 14; & trouvant le fieur Houdet en poffeffion, il intenta Complainte; mais il fut débouté de fa demande par Sentence du Bailliage de Meaux, du 10 Juillet fuivant, confirmée par le fufdit Arrêt du 4 Septembre 1743, parce que la notification de fes Grades étoit poftérieure à la nomination du fieur Houdet.

Quand les Complaintes fe font élevées entre Gradués, on a fouvent préféré ceux dont les dégrés étoient notifiés au temps de la vacance, & rarement a-t-on donné droit aux Gradués dont les notifications fe trouvoient poftérieures à la vacance, au préjudice de ceux qui s'étoient mis en régle avant la vacance.

Au nombre des Arrêts qui ont préféré les Gradués qui avoient notifié avant la vacance, à ceux qui n'avoient notifié que depuis, eft celui que la Cour a rendu le 31 Décembre 1743, fur les Conclufions de M. l'Avocat Général Gilbert, pour la Cure de Saint Martin de la Ville d'Amiens.

Dans l'efpéce de cet Arrêt, le fieur du Caftel avoit notifié fes dégrés au Chapitre de S. Nicolas, Patron de la Cure de Saint Martin, le 24 Avril 1742, lendemain de la vacance : il avoit en conféquence obtenu des provifions le 26, & pris poffeffion.

Le même jour 26 Avril, un fieur Colart, qui étoit feul infinué avant la vacance, avoit requis le même Bénéfice, & avoit effuyé un refus; il s'étoit en conféquence adreffé à l'Evêque, qui lui avoit accordé les provifions de pure rigueur, en conféquence defquelles il avoit pris poffeffion.

La Complainte s'étant enfuite engagée, le fieur du Caftel foutint qu'il fuffifoit que fes Grades euffent été notifiés avant la fin de la vacance, pour que le Patron ait pû le préférer. Il ajoutoit que la notification des Grades du fieur Colart étoit nulle, parce qu'elle ne faifoit pas mention de l'exhibition des originaux des titres & capacité.

Le fieur Colart foutenoit que la notification des dégrés devoit précéder la vacance, & que ceux qui fe trouvoient avoir rempli cette forme au décès, avoient feuls droit au Bénéfice; & fur le moyen de forme, il difoit que le fieur du Caftel n'ayant pas notifié, & n'étant pas en concours avec lui, il ne pouvoit pas critiquer la notification.

La Sentence du Bailliage d'Amiens, où l'affaire fut d'abord portée, avoit maintenu le fieur du Caftel; mais fur l'appel, & margré l'intervention des Paroiffiens qui le demandoient pour Curé, la Sentence fut infirmée, par Arrêt rendu le 31 Décembre 1743, & le fieur Colart maintenu. V. *Capacité.*

Le Concordat exige deux formalités effentielles dans la notification des Grades; fi elles étoient omifes, le Collateur n'auroit pas les mains liées, & la notification feroit nulle.

Il faut premiérement que celui qui notifie au Collateur les titres & capacité d'un Gradué, foit porteur des titres originaux de fes dégrés, qu'il les exhibe au Collateur, ou offre d'en faire l'exhibition; enforte que le Collateur puiffe examiner les originaux des titres & capacité notifiés, pour connoître s'ils font en régle. Il faut, en fecond lieu, qu'il laiſſe des copies de ces mêmes titres , de l'exactitude deſquelles le Collateur puiſſe s'aſſurer en les vérifiant ſur les originaux qui, comme je viens de le dire, lui doivent être exhibés.

Si le Gradué avoit omis l'une des deux formalités , il n'auroit point ſatisfait au Concordat ; & dès-lors il ſeroit déchu de ſon droit vis-à-vis des autres Gradués & du Collateur même : c'eſt le ſentiment de Re-buffe.

Ces formalités ſont ſi eſſentielles, que toutes les fois que les Gradués ont manqué de les remplir , on a jugé que le Collateur pouvoit conférer librement, s'il n'y avoit point d'autre Gradué dont la notification des dégrés fût réguliere. On a plaidé ces maximes comme certaines , lors de l'Arrêt rendu ſur les Concluſions de M. l'Avocat Général Gilbert de Voiſins , le 20 Juin 1738. Cela eſt d'ailleurs preſcrit par le Concordat.

Mais ſi, au lieu d'une premiere notifica-tion, il ne s'agit que de réitérer la ſignifica-tion des noms & ſurnoms, &c. des Gradués , alors il n'eſt pas néceſſaire de laiſſer copie des titres & capacité , déja exhibés & con-nus par la premiere notification.

Si la nobleſſe du Gradué lui a ſervi pour abréger ſon temps d'étude, ſuivant le privi-lége accordé aux Nobles, (Voyez *Noble*) il faut que les titres de nobleſſe ſoient noti-fiés au Collateur ou Patron lors de la réité-ration. Le Concordat l'exige : il ne l'ordon-ne pas lors de la premiere notification; mais il eſt bien plus ſûr d'en donner copie com-me des autres titres , dès l'origine.

Le Concordat exige que les notifications de Lettres de dégrés de nomination , &c. ſe faſſent aux Collateurs & Patrons, ou à leurs Grands-Vicaires : mais ſi les Collateurs ou Patrons ne ſont point préſens au (chef) lieu du Bénéfice, & n'ont point de Vicai-res nommés pour les repréſenter , les noti-fications & réitérations peuvent ſe faire au Greffe des Inſinuations Eccléſiaſtiques. Il en eſt de même des réquiſitions. V. l'art. 13 de l'Edit de 1553, ſur les Inſinuations.

Un Arrêt rendu le 29 Juillet 1726, au Rôle de Lyon , ſur les Concluſions de M. l'Avocat Général Gilbert, a jugé que la no-tification des titres & capacité d'un Gradué

nommé ſur un Prieuré uni au Collége de Tournon , Diocèſe de Valence , faite au Chef-lieu du Prieuré , & non au Collége, étoit valable.

La même choſe avoit été jugée, par Arrêt rendu le 18 Juillet 1731 , en la cinquiéme Chambre des Enquêtes , au rapport de M. de Salabery , entre deux pourvus de la Cure de S. Sauveur-en-Rue , Diocèſe de Vienne.

Dans l'eſpéce de l'Arrêt du 20 Juin 1738, dont j'ai parlé plus haut, trois Gradués ſe diſputoient un Canonicat de Notre-Dame ; la notification des dégrés du plus ancien n'étoit pas en régle, parce que l'Officier qui l'avoit faite, n'avoit pas dit qu'il fût porteur des originaux des titres, & qu'il les eût mon-trés : ce vice fit déchoir l'ancien Gradué de ſon droit, & le Canonicat fut adjugé à ce-lui qui le ſuivoit, parce qu'il avoit fait une notification réguliere de ſes dégrés. L'Au-teur des Mémoires du Clergé , tome 10, p. 260 & ſuivantes, rapporte des autorités qui conſacrent ces principes.

Dans le Diocèſe d'Angoulême, les Gra-des ne ſe notifient point par le miniſtere de Notaire Apoſtolique, & il ne ſe fait point de Procès-verbal. Le Gradué, ou ſon fondé de procuration, va au Secrétariat de l'Evê-ché, repréſente les originaux de ſes titres, & en laiſſe copie, dont le Secrétaire lui don-ne acte. Cette forme a été autoriſée par quel-ques exemples. V. l'Arrêt du 4 Août 1707, au Journal des Audiences.

Quand la notification des dégrés eſt faite, ſi un Bénéfice vaque dans le mois affecté aux Gradués, le Gradué peut le requérir ; & pour faire cette réquiſition, il a ſix mois, à comp-ter du jour de la vacance.

Si le Gradué néglige pendant une année de notifier ſes Grades, il eſt privé de l'exer-cice de ſon droit pour cette année-là ſeule-ment : mais il y rentre l'année ſuivante, en prenant la précaution qu'il avoit négligée précédemment.

Un Gradué qui, par ſes Grades, a obtenu un Bénéfice de 400 liv. ou bien qui en a eu un de 600 liv. par une autre voie, n'en peut pas requérir d'autres, parce qu'il eſt rempli : c'eſt la diſpoſition de l'Edit de 1606, arti-cle 30 ; la Juriſprudence des Arrêts y eſt conforme. V. *Réplétion*.

Quand il s'agit de ſçavoir ſi un Gradué

eſt ou n'eſt pas rempli ; c'eſt-à-dire , ſi le Bénéfice que ſes Grades lui ont procuré, rapporte 400 liv. charges déduites , & les autres Bénéfices 600 livres , on ne peut pas comprendre les revenus caſuels dans le produit ; comme , par exemple , ce que peuvent rapporter certaines Confrairies , dont l'établiſſement peut ſe tranſporter dans une autre Egliſe ; & il faut comprendre les décimes dans les charges : c'eſt ce qui a été jugé en faveur du ſieur Collot , contre le ſieur Daumet , aujourd'hui Curé de S. Severin , par Arrêt rendu le 28 Juillet 1735 , ſur les Concluſions de M. Joly de Fleury , Avocat Général.

Dans l'eſpéce de cet Arrêt , le ſieur Collot , plus ancien Gradué , avoit requis un Canonicat de S. Germain-l'Auxerrois : il étoit déja Chanoine de Saint Etienne-des-Grès , & Chapelain de Sainte Catherine à Notre-Dame. Le ſieur Daumet , qui avoit requis le Canonicat de S. Germain-l'Auxerrois , ſoutenoit qu'il falloit joindre au produit de la Prébende de S. Etienne , une ſomme de 87 liv. 2 ſols 3 deniers de diſtribution , que fait à chaque Chanoine la Confrairie de Notre-Dame de Bonne Délivrance , établie dans cette Egliſe ; au moyen de quoi les Bénéfices du ſieur Collot auroient rapporté enſemble 619 liv. , ce qui le rempliſſoit.

Le ſieur Collot ſoutenoit au contraire , qu'on ne pouvoit comprendre ces 87 livres 2 ſols 3 deniers dans le revenu de ſa Prébende : cela fut ainſi jugé par l'Arrêt confirmatif de la Sentence.

Quand on fait de ſemblables calculs , il faut toujours comprendre dans les produits du Bénéfice , les revenus & diſtributions attachés aux aſſiſtances aux Offices : le Concordat veut qu'on les compte aux Gradués.

En effet , il ſeroit abſurde de dire , comme ont fait quelques Gradués modernes , pour ſe mettre à l'abri de la réplétion , qu'on ne doit imputer aux Bénéficiers , que les revenus qu'ils ont droit de toucher ſans rien faire , parce que le Bénéfice ne fut inſtitué que pour l'Office : c'eſt ce que la Cour a jugé ſolemnellement par deux Arrêts ; dont l'un a été rendu le 31 Octobre 1691 ; & l'autre le 5 Mai 1723.

Les novales entrent auſſi dans l'eſtimation de la valeur des Cures pour la réplétion , ainſi que les fondations qui tournent au profit du Curé ; mais on ne compte point le caſuel des Cures de Campagne , ni les fondations faites en faveur des Fabriques , lors même qu'elles ſont acquittées par le Curé. Voyez *Réplétion*.

Quand un Gradué a requis un Bénéfice en ſa qualité de Gradué , & en a pris poſſeſſion , il eſt cenſé rempli , s'il n'eſt évincé par un Jugement contradictoire. Voy. l'Edit de 1606 , art. 30.

Le même article de cet Edit porte , que nul ne peut être pourvu de dignités des Egliſes Cathédrales & des premieres dignités des Egliſes Collégiales , s'il n'eſt Gradué en Théologie ou en Droit Canon , à peine de nullité des proviſions.

» Comme le Concile de Baſle , en éta- » bliſſant l'Expectative des Gradués , a con- » ſervé au Pape le droit de prévention , on » a toujours jugé qu'elle avoit lieu au pré- » judice des Gradués : mais le Pape n'eſt » point cenſé avoir prévenu le Collateur » ordinaire , quand la date des proviſions » qu'il accorde , eſt poſtérieure à la réquiſi- » tion faite au Collateur par le Gradué , de » lui conférer le Bénéfice.

» C'eſt une maxime conſtante parmi nous , » que la collation de l'Ordinaire faite au » préjudice des Gradués , empêche la pré- » vention , quoique les proviſions de l'Or- » dinaire puiſſent être en ce cas annullées » par la réquiſition d'un Gradué «. Loix Eccléſiaſtiques , ſeconde partie , ch. 8 , n°. 35.

On juge même que la ſimple réquiſition d'un Gradué , quoique non inſinuée , lie les mains au Pape , & conſerve au Collateur le temps pour nommer.

Un Gradué a été maintenu dans une Cure , faute par ſon compétiteur de repréſenter le Regiſtre mortuaire de la Paroiſſe dans laquelle celui-ci avoit obtenu la récréance , comme pourvu *Jure libero* dans un mois libre aux Collateurs. Dans cette eſpéce , on menaçoit de s'inſcrire en faux contre le Regiſtre.

Le Vendredi 12 Avril 1726 , en la Grand-Chambre , ſur les Concluſions de M. d'Agueſſeau , Avocat Général , eſt intervenu un Arrêt qui a maintenu le ſieur Jaligné , pourvu de la Cure de S. Saturnin de la Ville de

Blois, quoiqu'il n'eut notifié ſes dégrés que depuis la vacance du Bénéfice, & après la réquiſition du ſieur Bernard, dont les dégrés étoient poſtérieurs en date.

Un Gradué qui a retenu une penſion ſur un Bénéfice qu'il a poſſédé, eſt cenſé rempli, & ne peut plus faire uſage de ſes Grades : autre choſe eſt des penſions accordées par le Roi ſur des Evêchés, &c. V. *Penſion*.

Le 22 Janvier 1728, la Cour a jugé, ſur les Concluſions de M. Gilbert, Avocat Général, en conformité de l'article 7 de l'Edit de 1691, que la réquiſition d'un Gradué étoit nulle, pour avoir été inſinuée par le Commis du Greffier, qui avoit fait la réquiſition en qualité de Notaire Apoſtolique. V. *Incompatibilité d'Office*.

Peu après cet Arrêt, que le Barreau a trouvé très-dur, il en a été rendu un autre abſolument contraire en la 5ᵉ Chambre des Enquêtes, au rapport de M. Soulet, le 12 Mai 1729, contre M. l'Abbé Macé, Conſeiller en la 4ᵉ Chambre, pour le Prieuré de S. Martin de Jouſſac.

Le Gradué, pour juſtifier de ſon droit, doit rapporter ſes Lettres de Tonſure, celles de Maître-ès-Arts, celles de *Quinquennium* ou d'atteſtation de cinq ans d'étude, celles de nomination ; & il faut que le tout ait été inſinué au Regiſtre des Inſinuations Eccléſiaſtiques, & contrôlé ſuivant les derniers Edits.

Un Gradué perd ſon droit de nomination par le mariage ; & ſi après la mort de ſa femme il veut uſer de ſes Grades, il doit prendre de nouvelles Lettres.

Les Indultaires ſont préférés aux Gradués. V. *Indult* ; mais les Gradués ont la préférence ſur les Régaliſtes.

L'Univerſité (de Paris) a été maintenue dans le droit de nommer ſes Gradués ſur le Dioceſe d'Arras, pour leur être les Bénéfices vacans conférés ſuivant le Concordat. V. les Arrêts des 16 & 20 Février 1714, rapportés au Journal des Audiences, tom. 6, liv. 4, ch. 5 & 6, & celui du 12 Août 1715, au même vol. dudit Journal, liv. 5, ch. 28.

La Combe cite un autre Arrêt du mois de Mars 1707, qui a jugé la même choſe. Recueil de Juriſprudence Canonique, verb. *Artois*.

Il y a encore ſur cela un Arrêt du Parlement rendu le 26 Janvier 1717, cité par d'Héricourt, imprimé avec un précis de la conteſtation ſur laquelle il eſt intervenu, & un Arrêt du Conſeil rendu le 13 Juillet 1723.

La même choſe a lieu pour les Bénéfices des Pays de Breſſe, Bugey, Valromey & Gex, ainſi qu'on peut le voir dans le Traité de l'Expectative des Gradués.

Les Bénéfices ſitués en Pays Etrangers ne ſont point ſujets à cette Expectative, ni imputés à réplétion, lors même que le Collateur eſt François ; mais le Collateur Etranger eſt aſſujetti à l'Expectative des Gradués pour les Bénéfices de ſa collation qui ſont ſitués en France.

Les Bénéfices ſitués en Bretagne ne ſont pas ſujets à l'Expectative des Gradués, lors même que le chef-lieu eſt ſitué en Pays de Concordat ; mais les Bénéfices ſitués en Pays de Concordat, dont le chef-lieu eſt en Bretagne, y ſont ſujets. V. M. Louet, ſur la regle *de infirmis* ; Hevin, ſur *Frain* ; mais voyez auſſi la Note de M. d'Héricourt ſur le chapitre 8, n. 30 des Gradués, dans laquelle il parle d'un Arrêt ſolitaire qui a jugé que les Gradués pouvoient requérir en Bretagne les Bénéfices vacans dans le mois de l'Evêque.

L'Expectative des Gradués n'a pas lieu ſur les Bénéfices de Provence : cette Province n'étoit pas encore réunie à la Couronne lors de la Pragmatique-Sanction, à laquelle le Concordat ſe rapporte.

Cette Expectative a-t-elle lieu ſur les Bénéfices de Flandres ? Je crois la queſtion indéciſe. Voyez le Traité des Gradués par Mᵉ Piales.

Un Gradué contre lequel il y a décret de priſe de corps, ne peut requérir de Bénéfices : ainſi jugé par Arrêt du Grand-Conſeil de l'année 1672.

Par une Déclaration du 2 Octobre 1743, le Roi a confirmé l'art. 54 des Statuts de l'Univerſité, réformés en 1598, l'art. 17 de l'addition faite aux mêmes Statuts en 1600, les Lettres-Patentes du mois de Janv. 1676, la Déclaration du 26 Janvier 1680 (qui accordent des préférences aux Régens ſeptenaires de l'Univerſité ſur les autres Gradués) : mais comme il s'étoit élevé beaucoup de difficultés ſur l'exécution de ces Statuts,

Statuts, le Roi, pour les faire cesser, ordonne, par cette Déclaration, enregistrée le
28 Novembre 1743 ;

Art. I. » Que lorsqu'un Bénéfice à char-
» ge d'ames aura été requis par plusieurs
» Gradués, ceux qui auront, depuis sept
» années accomplies, la qualité de Docteur
» ou Professeur en Théologie, seront pré-
» férés à tous autres Gradués, quoique plus
» anciens qu'eux, même à ceux qui seroient
» Professeurs-aux-Arts ou Principaux de
» Colléges, ou Professeurs en Droit Civil
» & Canonique depuis sept années.

II. » A l'égard des Bénéfices qui ne font
» point à charge d'ames (a), les Professeurs
» ou Principaux de Colléges célèbres & de
» plein exercice, comme aussi les Profes-
» seurs en Droit Civil & Canonique, qui
» auront exercé ces fonctions pendant sept
» années consécutives, sans interruption &
» sans fraude, auront la préférence sur tous
» autres Gradués, quoique plus anciens
» qu'eux, même sur ceux qui sont depuis
» sept ans Docteurs ou Professeurs en Théo-
» logie (h).

III. » En cas qu'un Bénéfice à charge
» d'ames n'ait été requis par aucun Doc-
» teur ou Professeur en Théologie de la
» qualité marquée par l'article premier, &
» que le concours n'ait lieu qu'entre d'au-
» tres Gradués, les Professeurs-aux-Arts
» ou en Droit Civil & Canonique, & les
» Principaux des Colléges, lorsque les uns
» ou les autres auront sept années d'exerci-
» ce, continueront d'être préférés aux Gra-
» dués, même plus anciens qu'eux.

IV. » Voulons réciproquement que, lors-
» qu'il s'agira d'un Bénéfice qui ne sera
» point à charge d'ames, & qui n'aura été
» requis par aucun des Gradués, ayant le
» privilége porté par l'article 2, la préfé-
» rence continue d'être donnée aux Profes-
« seurs septénaires en Théologie sur les au-

» tres Gradués, à l'exception néantmoins
» du cas où il se trouveroit un Docteur en
» Théologie qui seroit le plus ancien en
» nomination de tous les Contendans, au-
» quel cas il sera préféré auxdits Professeurs
» en Théologie.

V. » Dans tous les cas où les priviléges
» portés par les articles précédens, doivent
» avoir lieu en faveur des Gradués, ayant
» les qualités marquées par lesdits articles,
» le plus ancien en nomination entre ceux
» qui auront le même privilége relative-
» ment à la nature du Bénéfice contentieux,
» sera toujours préféré aux autres, & la mê-
» me régle sera observée entre les Gradués
» qui n'auront point de privilége.

VI. » Ordonnons que la présente Décla-
» ration sera exécutée à compter du jour de
» sa publication, même par rapport aux Bé-
» néfices qui auroient vaqué avant led. jour,
» lorsqu'il n'y aura point eu de demande
» formée en Justice à ce sujet ; & à l'égard
» des demandes qui auroient été formées
» avant ladite publication, voulons qu'elles
» soient jugées selon les Loix & la Juris-
» prudence qui étoit observée avant ces pré-
» sentes.

VII. » Voulons au surplus que les dispo-
» sitions des Ordonnances, Edits, Déclara-
» tions & Réglemens concernant le temps
» d'étude & les autres formalités nécessaires
» pour obtenir des Dégrés, & notamment
» notre Déclaration du 6 Décembre 1736,
» soient exécutés selon leur forme & te-
» neur, sous les peines y contenues «.

Une Déclaration rendue le 24 Mars 1734,
enregistrée le 5 Avril suivant, ordonne que
*les Maîtres-ès-Arts en l'Université de Rheims
qui auront enseigné publiquement, & les Principaux qui auront gouverné avec réputation
le Collége de ladite Université pendant sept
années consécutives sans interruption & sans
fraude, seront préférés dans le droit de no-*

. (a) Voyez la Déclaration de 1745, dont je rapporte
les dispositions en ce même article, & suivant laquelle il
n'y a plus de mois de rigueur pour les Bénéfices à charge
d'ames.

(b) Un Canonicat de Saint Honoré à Paris, vacant par
la mort de l'Abbé de Majainville au mois de Janv. 1737,
par conséquent avant cette Déclaration, ayant été requis
par un Gradué nommé, par un Docteur en Théologie, &
par un Régent septénaire, il s'est agi de sçavoir auquel
de ces Contendans le Bénéfice seroit accordé. Le Régent
n'excluoit pas le Docteur plus ancien que lui, parce que

la Déclaration du mois de Janvier 1676, décide que, dans
le concours de la préférence entre les Régens septénaires
& des Docteurs en Théologie, c'est l'ancienneté des Dégrés qui doit décider : mais le Docteur étoit exclu par un
plus ancien Gradué qui n'étoit pas Docteur, & qui étoit
exclu par le Régent septénaire ; celui-ci disoit au Docteur, *Si vinco vincentem te, à fortiori vinco te*, par Sentence des Requêtes du Palais du 10 Mars 1738, confirmée
par Arrêt rendu le 19 Mars 1739, sur les Conclusions de
M. l'Avocat Général d'Aguesseau, le Bénéfice fut adjugé
au Régent septénaire.

mination à tout autre Gradué, quoique plus ancien en dégré, excepté aux *Docteurs en Théologie seulement*, contre lesquels ladite préférence n'aura lieu.

Voulons en outre . . . . . que les *Professeurs en Théologie des Chaires de S. Patrice & de S. Denis de notredite Université* . . . . . pendant sept années sans interruption & sans fraude, jouissent des mêmes priviléges que les *Professeurs-ès-Arts de ladite Université*, ainsi qu'en jouissent les *Professeurs en Théologie de l'Université de Paris* par préférence à tous autres Gradués, quoique plus anciens, excepté aussi les *Docteurs en Théologie seulement*, sans néantmoins que lesdits Docteurs puissent empêcher l'effet de la préférence des Professeurs en Théologie & aux Arts, à moins qu'ils ne soient les plus anciens Gradués de ceux des Contendans qui auront droit au Bénéfice. Et en cas de concurrence entre les *Professeurs-ès-Arts* & les *Professeurs en Théologie*, voulons que le plus ancien Gradué d'entr'eux soit préféré suivant la priorité de sa nomination.

Les Gradués ont quelquefois prétendu n'être point assujettis à subir l'examen que les Evêques ont droit de faire des mœurs & de la doctrine des Ecclésiastiques qui demandent l'Institution Canonique & le *Visa*. Ils alléguoient que leurs dégrés étoient de sûrs garans de leur capacité, mais ils n'ont pû se soustraire à une loi si raisonnable; & on ne doute plus aujourd'hui qu'ils n'y soient sujets comme les autres Ecclésiastiques.

Il arrive en effet très-souvent que les dégrés ne sont que de foibles garans de la science de ceux qui les ont obtenus: quels que soient ces dégrés, il est du devoir des Evêques de s'assurer de la suffisance ou de l'insuffisance de ceux qui demandent à partager le soin de leur troupeau: c'est même un des principaux devoirs de l'Episcopat.

Il y avoit autrefois diversité d'opinions sur la question de sçavoir si la prescription pouvoit être opposée à un Gradué qui avoit laissé passer plus de trente ans sans notifier ses Grades ou sans réitérer la notification: mais la difficulté qu'on élevoit sur cela, a été dissipée par un Arrêt rendu en la Grand-Chambre, le 7 Février 1730, sur les Conclu-

sions de M. l'Avocat Général Chauvelin, lequel a jugé qu'un Gradué qui avoit laissé passer trente ans sans réitérer la notification de ses noms, &c. avoit pû la faire après ces temps de silence, & requérir en conséquence un Bénéfice qui avoit vaqué dans un mois affecté aux Gradués; cette décision est fondée sur ce que le droit des Gradués est un droit de pure faculté, & que ces sortes de droits sont imprescriptibles de leur nature. V. *Droits de pure faculté.*

Le Grand-Conseil, par Arrêt rendu le 31 Décembre 1683, entre l'Evêque de Soissons, les Religieux de l'Abbaye de S. Jean-des-Vignes & un Chanoine Régulier de cette Abbaye, d'une part; un Religieux Prémontré, Gradué nommé, & l'Université de Paris, d'autre part; a ordonné que vacation arrivant des Bénéfices dépendans de lad. Abbaye, ils seroient conférés aux seuls Religieux profès d'icelle Abbaye; & *cependant ayant aucunement égard à la Requête de l'Université . . . . a déclaré lesdits Bénéfices sujets à l'Expectative des Religieux Gradués d'icelle seulement, sans que l'Université puisse nommer auxdits Bénéfices autres Gradués que les Religieux de ladite Abbaye, & non autres, même transférés d'ailleurs.*

Cet Arrêt est imprimé. V. ce que je dis à l'article *Bénéfices*, sur un droit à peu près pareil de l'Abbaye de S. Victor à Paris.

GRADUÉ EN DROIT.
V. *Assesseur, Avocat, Bachelier & Juge.*

Les art. 10 & 11 du titre 25 de l'Ordonnance Criminelle exigent un certain nombre de Juges pour décider des affaires instruites par récollement & confrontation; & lorsque ce nombre ne se trouve pas dans le Siége, l'Ordonnance permet de le compléter en appellant des Gradués.

Sur cela & sur les autres cas où les Juges sont remplacés par les Gradués, voyez *Conseillers & Juges.*

Dans le ressort du Parlement de Paris, il n'est pas nécessaire d'être Gradué en Droit pour être Juge des Hautes-Justices Seigneuriales, & à fortiori des Moyennes & Basses-Justices (a); il y a même des Offices de Ju-

---

(a) Il y a une exception pour le Juge du Canal de Briare, qui est Juge de Seigneur ayant Haute-Justice. L'Arrêt du 15 Avril 1639, portant enregistrement des Lettres-Patentes du mois de Sept. 1638, portant établissement dudit Canal & concession de Haute, Moyenne & Basse-Justice, porte que le Juge accordé aux Entrepreneurs, sera Gradué.

ges Royaux extraordinaires, tels que ceux des Bureaux des Finances, des Jurisdictions des Maîtrises des Eaux & Forêts, des Elections, Greniers à Sel, &c. qui peuvent être possédés par des non Gradués.

Dans le ressort du Parlement de Toulouse, il est au contraire défendu aux Seigneurs, par un Arrêt rendu sur la réquisition du Procureur Général, le 27 Mai 1720, *de donner des Provisions de Juges, de Lieutenans ni d'autres Officiers caractérisés du nom de Baillis & de Viguiers, qu'à des Gradués, & à toutes sortes de personnes non Graduées d'en faire aucune fonction, à peine de nullité, 1000 liv. d'amende, &c.*

Le même Arrêt a enjoint *aux Juges Royaux & des Seigneurs, de prendre pour Opinans dans leurs Jugemens, dans les cas qui le requerront, les Avocats & Gradués de leurs Sièges ; & au défaut de ceux-là, les Praticiens, &c.*

Depuis cet Arrêt, le même Parlement a, par un Arrêt rendu le 10 Juin 1722, défendu à François Pons, non Gradué, de continuer les fonctions de Juge de S. Ganiez.

Le préambule de l'Edit du mois d'Avril 1635, par lequel Louis XIII a créé des Conseillers Honoraires (voyez *Conseillers*) porte : » Nos prédécesseurs Rois voulant » pourvoir à l'administration de la Justice..... » ont ordonné que ceux qui seroient pour- » vus d'Offices de Judicature, tant en nos » Cours Souveraines qu'en nos Présidiaux » & autres Justices inférieures, seront Gra- » dués & examinés sur la Loi «. Voyez *Réception.*

G R A I N S.
Voyez *Bled, Boulanger, Gros-Fruits, Péage,* &c.

GRAND-CONSEIL.
V. *Committimus.*

Le Grand-Conseil est un Tribunal extraordinaire & d'attribution, mais supérieur, qui étoit autrefois ambulant, & qui tient présentement ses séances à Paris.

Il a été établi par un Edit du 2 Août 1497, & confirmé par un autre Edit de Louis XII, du 3 Juillet 1498, qui porte, que ce Tribunal aura dans tout le Royaume telle autorité qu'ont les Cours établies en divers lieux, dans leurs limites & ressort.

Le Grand-Conseil n'a point de territoire particulier ; mais sa Jurisdiction s'étend dans toute la Monarchie (à l'exception des Pays-Bas) (a) ; c'est pour cela que sa devise est *Unico Universus.*

L'autorité du Grand-Conseil n'a pas été reconnue sans contradiction ; les Cours traversoient l'exécution de ses Arrêts, en assujettissant ceux qui étoient chargés de les exécuter, à la nécessité de leur en demander la permission, ou aux Juges de leur Ressort.

Pour faire cesser ces obstacles, Henri II ordonna, par un Edit du mois de Septembre 1555, que les Huissiers, Sergens ou autres Exécuteurs des Arrêts, Décrets, &c. émanés du Grand-Conseil, les exécuteroient comme il leur seroit mandé ; défendit auxdites Cours & Juges d'empêcher ladite exécution, & leur ordonna au contraire de leur donner ou faire donner secours & aide. Cet Edit a même autorisé le Grand-Conseil à prononcer des peines contre ceux qui apporteroient des empêchemens à l'exécution de ses Arrêts. V. une Déclaration du 10 Octobre 1755 sur la même matiere ; mais voyez aussi l'Arrêt du Parlement du 6 Avril 1756, dont je rapporte les dispositions vers la fin du présent article.

Le Grand-Conseil est présentement composé de M. le Chancelier, qui en est le Chef & le Président-né, d'un Conseiller d'Etat commis par Lettres-Patentes pour y présider pendant un an, de huit Maîtres des Requêtes, qui sont aussi Présidens par Commission pendant quatre années (& dont quatre servent dans chaque Semestre), de cinquante-quatre Conseillers distribués également dans les deux Semestres (& dont deux sont en même-temps Grands Rapporteurs

(a) L'Archevêque de Cambrai avoit obtenu des Lettres d'Attribution générale au Grand-Conseil, le 7 Juil. 1710, tant pour ses Procès personnels, que pour ceux de ses Receveurs, Fermiers & Officiers ; mais ces Lettres ont été révoquées par un Arrêt du Conseil du 12 Septembre 1735. Un autre Arrêt rendu au Conseil d'Etat le 14 Fév. 1689, avoit auparavant renvoyé devant les Juges des lieux, une assignation donnée au Grand-Conseil au Président du Collége d'Anchin à Douai, à la requête du Cardinal d'Estrées, en vertu de l'évocation générale, avec attribution de la connoissance de ses affaires au Grand-Conseil. V. ce que je dis à l'art. *Committimus* sur les priviléges des Pays-Bas, relativement à la Jurisdiction du Grand-Conseil.

& Correcteurs des Lettres du Sceau), deux Avocats Généraux, un Procureur Général, douze Subſtituts, un Greffier en Chef, &c.

Le Grand-Conſeil n'eſt point dans l'uſage d'aſſiſter en Corps, ni par Députés, aux Cérémonies publiques; mais il va en Députation nombreuſe complimenter le Roi, la Reine, les Princes & Princeſſes de la Famille Royale, ſur les événemens remarquables, & jetter de l'eau-bénite à ceux qui ſont décédés.

Les Conſeillers au Grand-Conſeil prétendent avoir entrée, ſéance & voix délibérative dans toutes les Cours Souveraines, & pouvoir préſider dans tous les Préſidiaux où ils ſe trouvent; mais j'ignore s'ils ſont bien fondés: ce qu'il y a de certain, c'eſt qu'ils ne jouiſſent pas de cette prérogative au Parlement de Paris.

La Nobleſſe eſt accordée aux Officiers du Grand-Conſeil par un Edit du mois d'Août 1717, enregiſtré le 26; & par une Déclaration du 22 Mai 1719, enregiſtrée au Parlement le 6 Juillet ſuivant, le Roi a attaché la Nobleſſe à l'Office de Doyen des Subſtituts du Grand-Conſeil & à ſes enfans, pourvû que le Doyen ait ſervi pendant vingt ans entiers & conſécutifs dans ledit Office, ou qu'il en décéde revêtu.

Tous les Officiers du Grand-Conſeil jouiſſent des priviléges accordés aux Commenſaux de la Maiſon du Roi, & la plûpart ont le franc-ſalé.

Ce Tribunal connoît & juge en dernier reſſort des contrariétés d'Arrêts rendus en différentes Cours entre mêmes Parties, des cauſes concernant la nomination, préſentation & autres diſpoſitions des Bénéfices en Patronage Royal, excepté du droit de Régale, dont la connoiſſance eſt réſervée à la ſeule Grand'Chambre du Parlement de Paris (a).

L'Edit donné à Offemont au mois d'Août 1557, porte que le Grand-Conſeil connoîtra des cauſes & affaires qu'il plaira au Roi lui renvoyer, » ſans qu'elles puiſſent être » évoquées, ſi ce n'eſt en gardant la forme » preſcrite par l'Edit......de la Bourdeſiere, du 18 Mai 1529. ».......Voyez l'Edit en entier.

Le Grand-Conſeil connoît encore des droits qui appartiennent au Roi ſur les Egliſes Cathédrales & Collégiales, à cauſe de ſon Joyeux avénement à la Couronne, de l'exercice du droit de Litige en Normandie, du ſerment de fidélité des Archevêques & Evêques, des Indults des Cardinaux & autres Prélats du Royaume, de l'Indult des Officiers du Parlement de Paris, & de la contravention aux priviléges des Secrétaires du Roi & des Tréſoriers de France; cependant voyez *Committimus*.

Le Grand-Conſeil connoît auſſi des Réglemens de Juges entre les Préſidiaux, les Prévôts des Maréchaux & les Parlemens. Voyez ce que je dis à l'art. *Préſidiaux.*

On trouve même un Arrêt du 16 Janvier 1713, dans le ſecond Volume du Recueil Chronologique de M. Jouſſe, qui paroît avoir jugé que le Grand-Conſeil a la connoiſſance des conflits qui peuvent ſurvenir entre les Parlemens & les Juges-Conſuls, dans les cas où ces derniers prétendent pouvoir juger en dernier reſſort.

Le Grand-Conſeil connoît encore des appellations, tant des Sentences de la Prévôté de l'Hôtel & de celle de Libourne près Bordeaux, que du retrait des biens Eccléſiaſtiques. Voyez *Retrait des Biens d'Egliſe.*

Les Ordres de Malte, de Cluni, de Cîteaux, de Prémontré, de Grammont, de S. Ruf (b), de la Trinité, de Fontevrault, les Bénédictins de la Congrégation de Saint

---

(a) Il faut encore excepter les Bénéfices de Flandres, Haynault, Alſace, Comté de Bourgogne & Rouſſillon, parce que le Grand-Conſeil n'a pas de Juriſdiction dans ces Provinces. La connoiſſance de la nomination aux Bénéfices en Patronage Royal de ces Pays appartient aux Cours & Juges Supérieurs-locaux. Voyez ſur cela la Décl. du 5 Juin 1715, la Lettre de M. le Garde des Sceaux, du 13 Août 1724, les Lettres-Patentes du mois de Septembre ſuivant, avec l'Indult d'Innocent XIII, &c. qu'on trouve dans le Recueil du Parlement de Flandres.

(b) L'Ordre de Saint Ruf n'a d'attribution au Grand-Conſeil, que pour les conteſtations qui naiſſent ſur l'exécution de ſes Statuts, ſur des matieres qui concernent le

Gouvernement & la Diſcipline dudit Ordre, pour les appels comme d'abus d'Ordonnances, Sentences & Procédures, faites par les Supérieurs de cet Ordre en matiere de correction, deſtitution, privation de Bénéfices, & autres cas de Diſcipline de l'Ordre, pour les complaintes formées ſur le poſſeſſoire des Bénéfices qui en dépendent, & les appellations comme d'abus, incidentes auxdites complaintes.

Les Lettres d'Attribution du 14 Avril 1730, regiſtrées le 24 des mêmes mois & an au Grand-Conſeil, portent, ſans néanmoins que, ſous prétexte de ladite attribution, on puiſſe porter au Grand-Conſeil aucune affaire dudit Ordre, autre que celles de la qualité ci-deſſus mentionnée.

Maur, les Génovéfins, les Prêtres de l'O-
ratoire & de la Congrégation de la Miſſion,
& l'Ordre Hoſpitalier du Saint-Eſprit de
Montpellier, ont, chacun en particulier,
des Lettres-Patentes d'attribution, en conſéquence deſquelles ils peuvent, ſi bon leur
ſemble, faire porter leurs cauſes & procès
au Grand-Conſeil. Sur cela voyez *Evocation*, *Malte* & *Prémontrés*.

L'Abbaye du Val-de-Grace de Paris,
l'Ordre des Chanoines Réguliers de Saint
Antoine de Viennois, l'Abbaye de Mar-
moutiers, tant en chef qu'en membres,
l'Abbaye de Saint Pierre de Bourgueil,
celle de Saint Hubert des Ardennes, &c.
ont auſſi des Lettres-Patentes d'évocation
au Grand-Conſeil des affaires de leur Ordre.

Mais le privilége, en conſéquence duquel ces Ordres peuvent traduire leurs Adverſaires au Grand-Conſeil, n'a pas lieu
dans les conteſtations qui concernent la
qualité de Curé primitif, & les droits qui
en peuvent dépendre, les diſtinctions &
prérogatives prétendues par certaines Egliſes, les portions congrues, & en général
dans toutes les demandes qui ſont formées
entre les Curés primitifs & les Curés-Vi-
caires perpétuels, ſur les droits par eux reſ-
pectivement prétendus, ſuivant l'article 12
de la Déclaration du 15 Janvier 1731, par
lequel la connoiſſance de ces matieres eſt
attribuée aux Juges Royaux, à la charge de
l'appel au Parlement. Je rapporte cette Déclaration au mot *Curé*.

Il a été auſſi ordonné par Arrêt du Conſeil du 19 Mars 1709, revêtu de Lettres-
Patentes du même jour, qui ont été regiſtrées au Parlement de Dijon le 9 Août
ſuivant, que l'évocation générale au Grand-
Conſeil, accordée aux Bénéficiers & Religieux de l'Ordre de Cluni, n'aura lieu contre les Habitans des Pays de Breſſe & Bugey, que pour les ſommes de 1000 liv. &
au-deſſus, & en cas d'appel ſeulement.

Les Lettres-Patentes accordées à l'Abbaye de Saint Hubert, pour l'évocation de
ſes affaires au Grand-Conſeil, le 25 Mai
1740, regiſtrées au Grand-Conſeil le 18
Juin ſuivant, portent, *ſans préju e aux
Expoſans de ſe pourvoir en premiere inſtance
pardevant les Juges des lieux, ſi bon leur*

*ſemble, à la charge, en ce cas, d'y procéder
juſqu'à Jugement définitif incluſivement, ſauf
l'appel en notredit Grand-Conſeil.*

*N'entendons néantmoins qu'aucune de-
mande, à quelque ſomme qu'elle puiſſe monter
pour arrérages de cens, redevances ou rentes
foncieres, quand le fond du droit ne ſera
point conteſté, puiſſe être évoquée à notredit
Grand-Conſeil en premiere Inſtance; ce qui
aura pareillement lieu à l'égard de toutes demandes perſonnelles qui n'excéderont pas la
ſomme de 3000 liv. une fois payée, ou 120 liv.
de rente annuelle.*

*Voulons que les demandes, ſoit pour arré-
rages de cens, redevances ou rentes foncieres,
ſoit pour des ſommes de 3000 livres & au-
deſſous, ou rentes de 120 liv. & au-deſſous,
ſoient portées pardevant les Juges des lieux
qui en doivent connoître, pour y être jugées à
la charge de l'appel, lequel ſera relevé pardevant les Juges Préſidiaux, pour y être jugé
en dernier reſſort, lorſque leſdites demandes
n'excéderont point la ſomme de 250 liv. une
fois payée, ou 10 liv. de rente annuelle, & en
notre Grand-Conſeil, lorſque les demandes
excéderont ladite ſomme de 250 liv. ou 10 liv.
de rente annuelle.*

Preſque toutes les Lettres d'attribution
au Grand-Conſeil, accordées aux Ordres
dont j'ai parlé, contiennent de ſemblables
exceptions. Voyez celles accordées aux Jéſuites, le 30 Juin 1738; aux Bénédictins de
la Congrégation de S. Maur, le 19 Avril
1739, &c. l'article 12 de la Déclaration de
1731, au mot *Curé*, & ce que je dis au mot
Malte.

Un Arrêt de Réglement rendu au Parlement, toutes les Chambres aſſemblées, le 6
Avril 1756, enjoint.......à tous.......*Juges du
Reſſort d'obſerver inviolablement les Loix
d'ordre public, & le ſerment qu'ils ont prêté
en la Cour, à laquelle ſeule ils reſſortiſſent ſous
l'autorité du Roi; leur défend de reconnoître
l'autorité des Gens du Grand-Conſeil, en ce
qui peut concerner l'ordre public du Royaume,
la police intérieure des Tribunaux, & généralement dans tous les actes qui renferme-
roient l'exercice d'un droit de reſſort de ſupériorité immédiate, & d'inſpection ſur la conduite deſdits Officiers dans l'exercice de leurs
fonctions, ſauf auxdits Juges à ſe conduire
comme par le paſſé, relativement aux Com-*

miſſions qui leur ſeroient données en choſes raiſonnables, & à l'exécution des Jugemens rendus par les Gens du Grand-Conſeil intéreſſant les Particuliers.

Enjoint aux Subſtituts du Procureur Général.....& autres Officiers chargés de la Police dans leur Reſſort, de tenir la main à ce que ladite Police ne puiſſe être troublée par les entrepriſes des Gens du Grand-Conſeil; ce faiſant, d'empêcher, dans l'étendue de leur territoire, toute publication des actes émanés du Grand-Conſeil, même l'affiche d'autres actes intervenus audit Grand-Conſeil, que de ceux concernant les intérêts des Particuliers dans les cas, & en la maniere accoutumée.

Enjoint à tous les Juges du Reſſort, & aux Subſtituts du Procureur Général du Roi, de continuer à ne publier, enregiſtrer & exécuter aucunes Loix qui ne ſoient vérifiées en la Cour, & à eux adreſſées par le Procureur Général du Roi.....le tout à peine de nullité de ce qui ſeroit fait par aucun deſdits Officiers, au préjudice des Loix fondamentales du Royaume, même d'être procédé, ainſi qu'il appartiendra, contre les Contrevenans.

Un Arrêt du Conſeil-Privé, du 5 Août 1726, déclare nulles les aſſignations données au Grand-Conſeil ſans Lettres du Grand Sceau, & condamne pluſieurs Contrevenans à l'amende. Il eſt imprimé.

GRANDS-JOURS.

Le nom de Grands-Jours ſe donne à des Tribunaux extraordinaires, mais ſouverains, que nos Rois ont quelquefois établis dans les Provinces éloignées des Parlemens dont elles reſſortiſſent, pour réformer les abus qui s'y introduiſent dans l'adminiſtration de la Juſtice, pour juger les affaires qui y naiſſent, & affranchir les peuples des droits que les Seigneurs uſurpent ſur eux par autorité.

Les Lettres-Patentes, portant établiſſement de Grands-Jours, nomment ordinairement les Juges, & les autres Officiers dont le Tribunal eſt compoſé, & détaillent les matieres dont il doit connoître.

Celles données pour l'établiſſement des Grands-Jours établis à Clermont en Août 1665, attribuoient aux Commiſſaires pour la Province d'Auvergne, à peu près la mê-me autorité qu'ont les Parlemens dans leur reſſort, tant en matiere Civile, qu'en matiere Criminelle & de Police.

Ces ſortes de Lettres-Patentes doivent être enregiſtrées au Parlement : celles données pour l'Auvergne, l'ont été le 5 Septembre 1665; mais il n'y a aucune mention d'enregiſtrement ſur celles du 4 Août 1688, portant pareil établiſſement à Limoges pour la réformation des abus dans les Provinces de Limoſin, Périgord, Angoumois, Poitou, la Rochelle, &c.

Bruſſel rapporte pluſieurs Arrêts ou Jugemens rendus par la Cour des Grands-Jours de Champagne, vers la fin du treizieme ſiécle. Suivant cet Auteur, les Grands-Jours, dont l'autorité étoit ſans bornes, étoient inſtitués » pour réprimer les abus, » & ſubvenir aux opprimés, en contenant » les Seigneurs dans leur devoir «. Tout ce que dit Bruſſel ſur les Grands-Jours, eſt très-curieux. Voyez l'Uſage des Fiefs, liv. 2, chap. 12.

Louis XII, pour arrêter les entrepriſes qui ſe faiſoient ſur ſon autorité, enjoignit au Parlement de Paris, par l'article 72 de l'Ordonnance de 1497, de tenir annuellement les Grands-Jours dans ſon reſſort, où il étoit d'uſage de les tenir; & par l'article 73 de celle de 1498, le même Prince ordonna aux Parlemens de Toulouſe & de Bordeaux de tenir les Grands-Jours de deux en deux ans, chacun dans leur reſſort & lieux qu'ils verroient être à faire pour le mieux.

Il paroît que cette Ordonnance n'eut point d'exécution; car la Délibération des Etats de Languedoc, aſſemblés dans la ville du Puy, au mois de Septembre 1501, porte que le Roi ſera ſupplié » contraindre les » Conſeillers à réſider & vuider les cauſes; » pareillement des Grands-Jours que les Seigneurs du Parlement doivent tenir en chacune Sénéchauſſée, vuider les Cauſes; ce » qu'ils ne font point......

Il y a eu des Grands-Jours tenus à Niſmes en Languedoc, en 1541 & en 1664, à l'inſtar de ceux qui ſe tenoient anciennement en Champagne.

Il y avoit autrefois à Vendôme un Tribunal ordinaire, qu'on nommoit Grands-Jours, & qui ſervoit de Bailliage. Il avoit été érigé en 1515, en faveur de Charles Premier, Duc de Vendôme ; mais il fut supprimé par un Edit du mois de Novembre 1713, qui y a érigé un Bailliage Royal.

GRANDS Officiers de la Couronne.

Des Lettres-Patentes données par Henri III, le 3 Avril 1582, regiftrées au Parlement, portent que les Officiers de la Couronne font, le *Connétable*, le *Chancelier*, le *Grand-Maître*, le *Grand-Chambellan*, l'*Amiral*, les *Maréchaux de France*, & non autres.

En 1601, Henri IV créa deux autres Offices de la Couronne ; fçavoir l'Office de Grand-Ecuyer & celui de Grand-Maître de l'Artillerie. Ce dernier Office a été supprimé en 1755, à la mort du Prince de Dombes, & les fonctions en ont été données au Secrétaire d'Etat ayant le Département de la Guerre.

GRANDS-VICAIRES.
V. *Etrangers*, *Evêques*, *Official* & *Vifa*.

L'origine des Grands-Vicaires n'eft pas fort ancienne, on n'en trouve aucun veftige dans les compilations des anciens Canons ; & il eft probable que l'ufage n'en a commencé que vers le douziéme fiécle.

Avant ce temps-là, les Archidiacres étoient comme des Vicaires Généraux-nés des Evêques ; mais l'autorité qu'ils (les Archidiacres) s'étoient acquife dans l'Eglife, les rendit fi entreprenans, que les Evêques furent obligés d'établir de nouveaux Officiers ; & pour tenir ceux-ci plus dépendans, ils ne les établirent que par commiffion, afin d'avoir toujours la liberté de les deftituer, quand ils voudroient.

Les Vicaires Généraux ou Grands-Vicaires ne font donc que de fimples Officiers Eccléfiaftiques, établis par les Evêques pour les foulager dans le gouvernement du Diocèfe, & qui peuvent être révoqués, quand bon femble à l'Evêque. Le Tribunal des Grands-Vicaires n'eft cependant pas différent de celui de l'Evêque ; c'eft la même Jurifdiction qu'ils exercent : de-là vient qu'on ne peut appeler de leur Sentence à l'Evêque, quoiqu'il foit leur Supérieur en dignité.

La feule puiffance d'exercer la Jurifdic-

tion peut fe communiquer par l'Evêque à fes Grands-Vicaires ; mais les fonctions qui dépendent de la puiffance de l'Ordre, tiennent tellement au caractere Epifcopal, qu'elles ne peuvent être exercées que par les Evêques mêmes. V. *Coadjuteur*.

Quoique le Vicaire Général ne puiffe conférer les Bénéfices qui font à la collation de l'Evêque, s'il n'en a un pouvoir exprès ; il peut néanmoins donner l'inftitution Canonique aux Eccléfiaftiques qui lui font préfentés par les Patrons, tant Eccléfiaftiques que Laïcs : la raifon de cet ufage eft, que cette maniere de conférer les Bénéfices eft forcée ; qu'il n'eft pas libre à l'Evêque de conférer à qui bon lui femble les Bénéfices qui dépendent de la préfentation des Patrons. L'on juge que le Grand-Vicaire peut faire, fans la participation de l'Evêque, ce que l'Evêque ne pourroit pas refufer, s'il en étoit requis.

Un Vicaire Général ne peut pas admettre des réfignations ; parce qu'il n'y a que celui qui peut conférer *pleno jure*, qui puiffe deftituer.

Mais un Grand-Vicaire peut recevoir un Indultaire, un Gradué & tout autre fondé en femblables priviléges, leur conférer les Bénéfices vacans qu'ils requiérent en vertu de leurs priviléges, accorder des difpenfes, faire des Ordonnances pour le bien de la difcipline ; en un mot, il peut faire tout ce qui dépend de la Jurifdiction volontaire, tant en abfence, qu'en préfence de l'Evêque. Il n'y a que les dimiffoires pour lefquels l'Evêque doit être confulté, s'il eft préfent ; & s'il eft abfent, le Grand-Vicaire peut les donner ; c'eft le fentiment de Rebuffe & de plufieurs autres Canoniftes. V. auffi le petit *Traité de la Baftide* fur cette matiere.

Des Religieux peuvent-ils être nommés Grands-Vicaires ? V. les anciens Mémoires du Clergé, tom. 1, chap. 3, n. 3.

Il n'en eft pas des Grands-Vicaires comme des Officiaux : les Evêques ne font pas tenus d'en nommer de Forains pour exercer la Jurifdiction gracieufe dans les différens refforts des Parlemens où les Diocèfes peuvent s'étendre ; le Parlement d'Aix avoit néanmoins, par un Arrêt rendu le 18 Juin 1722, enjoint à l'Archevêque d'Avignon, à l'Evêque de Cavaillon, & autres Evêques du reſſort dont le Siége eſt ſitué dans le Comtat, d'établir des Grands-Vicaires réſidans dans la partie du Royaume ſoumiſe à la domination du Roi ; mais cet Arrêt a été caſſé & annullé par Arrêt du Conſeil du 6 Avril 1726, en ce qui concernoit l'injonction.

Par une exception à cette régle, l'Archevêque de Rouen eſt obligé d'avoir un Grand-Vicaire Forain réſident à Pontoiſe ; ce Grand-Vicaire exerce en même temps la Juriſdiction gracieuſe & la contentieuſe ; il eſt, comme les autres, révocable à la volonté de l'Archevêque. On peut, ſur l'origine de ce Grand-Vicariat, conſulter une Charte de l'Archevêque Odon, rapportée dans le *Gallia Chriſtiana.*

GREFFE & GREFFIER.
V. *Arbitrage, Incompatibilité, Information, Inſinuation & Minutes.*

On nomme Greffiers, des Officiers dont les fonctions ſont d'écrire les Arrêts, Sentences, Jugemens & autres Actes qui ſont prononcés ou dictés par les Juges, de garder les minutes qui doivent être conſervées, & en délivrer des expéditions à qui il appartient.

Ces Officiers doivent veiller avec un très-grand ſoin à la conſervation du dépôt des minutes & des effets qui ſont en leurs mains ou dans leur Greffe. Jamais ils ne peuvent, ni ſe les *approprier*, ni les déplacer. Un Greffier Criminel du Châtelet fut condamné aux Galeres pour neuf ans, & faire amende honorable au Parc Civil, pour avoir diſpoſé de quatre taſſes, douze cuillieres, douze fourchettes argentées, d'une paire de boucles, d'un collier de grenat & de quelques autres effets, & pour avoir déplacé les minutes du Greffe, qui ſe ſont trouvées chez lui lors de la levée des ſcellés qui y avoient été appoſés. L'Arrêt qui prononce ces peines, eſt du 24 Octobre 1748 ; il infirme la Sentence du Châtelet qui ne condamnoit le Greffier qu'au blâme.

Les Greffiers doivent auſſi garder un grand ſecret ſur ce qui ſe paſſe dans l'intérieur des Chambres, & qui ne doit pas être connu des Parties : enfin, ils doivent écrire avec beaucoup d'exactitude ce qui eſt prononcé par le Juge, & ſe contenter des droits qui

ſont réglés. S'ils s'écartoient de ces devoirs, ils pourroient être punis comme prévaricateurs.

Les Juges ne peuvent, dans leurs fonctions ordinaires, ſe ſervir d'autres Greffiers que ceux qui ſont établis en titre d'Office, leurs Fermiers, Clercs ou Commis ayant ſerment en Juſtice. V. à ce ſujet l'Arrêt du Parlement de Toulouſe du 30 Juillet 1700, dans le Recueil de 1749.

Mais lorſque le Greffier ordinaire de la Juriſdiction ne ſe trouve pas à l'Audience, ou dans les lieux où il doit remplir ſes fonctions, le Juge peut d'office en commettre un autre ; & cette commiſſion ne peut ſe donner qu'à un homme majeur : cela a été ainſi preſcrit par pluſieurs Arrêts & Réglemens.

Il y en a un premier rendu le 13 Juin 1709, ſur les Concluſions de M. le Procureur Général d'Agueſſeau, entre Jacques Claireau, Pierre le Comte & Jean Chevallon, qui, en déclarant une procédure nulle, fait défenſes aux Juges d'Availles, de ſe ſervir de Greffier mineur de vingt-cinq ans, à peine de nullité, & de répondre en leur nom des dommages & intérêts des Parties.

Il y en a un ſecond rendu le 25 Avril 1716, qui *fait défenſes à Jean François, de faire fonction de Greffier en la Prévôté de Boiſſi-le-Châtel, ni en d'autres Juriſdictions, juſqu'à ce qu'il ait atteint l'âge de vingt-cinq ans, & à Hubert Savery de ſe ſervir, faiſant fonction de Juge, d'aucun Greffier qu'il n'ait ledit âge de vingt-cinq ans.*

Il y en a un troiſiéme du 9 Juin 1723, qui *fait défenſes au Greffier de Nelle de préſenter & faire recevoir aucun Greffier-Commis, qu'il n'ait l'âge de vingt-cinq ans accomplis.*

Ces trois Arrêts ſont rendus ſur le réquiſitoire de Mrs les Gens du Roi.

Quand le Juge commet un Greffier pour l'abſence ou autre légitime empêchement du Greffier ordinaire, il doit lui faire prêter ſerment & en faire mention en tête de la procédure, autrement ſa procédure eſt nulle, & on ordonne qu'elle ſera recommencée à ſes frais ; cela a été ainſi jugé, par un Arrêt rendu le 28 Mai 1696, contre Claude Lievin, Lieutenant de la Maréchauſſée de Lyon, qui avoit négligé ou oublié cette formalité ;

formalité ; & par un autre Arrêt du 28 Septembre 1711, contre le Juge de Dampierre.

Lorsque le Greffier est parent des Parties, il doit se recuser, autrement la procédure seroit nulle, & pourroit se recommencer à ses frais : cela a été ainsi jugé, par Arrêt rendu le 3 Août 1729, en la Tournelle.

M. l'Avocat Général d'Aguesseau, qui porta la parole lors de cet Arrêt, en a cité plusieurs autres qui ont jugé de même ; & singuliérement un du 22 Juin 1697, rendu entre l'Evêque de Troyes & le Curé de S. Denis de Sezanne, par lequel la Cour a décidé qu'il n'y avoit abus dans une Sentence de l'Official de Sens, laquelle, en admettant la récusation du Greffier, avoit ordonné qu'il s'abstiendroit de faire ses fonctions en justifiant qu'il étoit parent, auquel cas l'Official prendroit un autre Greffier.

On admet les récusations des Greffiers, parce qu'on les regarde comme des témoins solemnels & caractérisés de ce qui se passe en Jugement, & que les parens ne peuvent être témoins dans les affaires de leurs proches. On peut voir sur cette matiere Boerius, décision 258, & les Auteurs qu'il cite, la note de Dumoulin sur la rédaction des Arrêts, au titre 17 de l'ancien style du Parlement ; on trouve aussi dans des tables manuscrites des registres du Parlement, que le 27 Juillet 1534, il fut proposé des récusations contre les Greffiers de la Cour.

Un Greffier qui ne s'étoit pas abstenu, & qui avoit écrit les informations & autres procédures criminelles d'une affaire dans laquelle un de ses parens au dégré de l'Ordonnance étoit partie, ayant depuis été recusé, la procédure faite jusqu'à la récusation n'a pas été déclarée nulle ; mais, par l'Arrêt rendu le 23 Juin 1741, sur les Conclusions de M. l'Avocat Général Gilbert, la Cour a ordonné qu'il seroit nommé un autre Greffier pour la continuation de la procédure.

Mais un Greffier de l'Ecritoire doit-il se recuser, quand il est parent de l'une des Parties pour ou contre laquelle se fait le rapport par des Experts ? Cette question s'est présentée au Châtelet le 30 Octobre 1753. On demandoit la nullité du rapport ; parce que le Greffier de l'Ecritoire, qui l'avoit écrit sous la dictée des Experts, étoit neveu de l'une des Parties ; mais, sans s'arrêter à cette demande ; le rapport fut enthériné.

Un Conseiller-Commissaire, nommé pour faire une descente sur les lieux, recevoir des interrogatoires sur faits & articles, ou faire une enquête, peut commettre pour Greffier son Secrétaire : c'est l'usage au Parlement de Paris (a) ; mais comme ce Greffier commis n'est pas un Officier en titre, & n'a point de caractere pour conserver les dépôts publics, *il doit remettre les minutes des Enquêtes & Procès-verbaux au Greffe de la Jurisdiction, & ce dans trois mois après la commission achevée ...... à peine de 200 livres d'amende.* Ordonnance de 1667, tit. 22. article 25.

Lorsqu'une Commission est adressée à un Tribunal pour l'instruction & Jugement de certaines affaires ; comme, par exemple, d'une banqueroute, ou des droits des créanciers d'une succession, les Juges ne peuvent se servir d'autres Greffiers, dans ces sortes de Commissions, que de ceux des Siéges dont ils font corps.

Un Arrêt du Conseil du 24 Novembre 1703, prononce, même dans ce cas-là, la nullité des procédures, & condame les Juges à la restitution du quadruple des droits & émolumens que le Greffier commis avoit perçus.

Un Arrêt du Conseil, du 27 Février 1725, a aussi fait défenses au Juge Criminel du Sénéchal à Toulouse, & à tous autres, de se servir à l'avenir, dans les Commissions dont ils seront chargés, d'autres Greffiers que de ceux des Jurisdictions dont ils seront Officiers, à peine de répondre en leur nom des droits de la Ferme des Greffes. V. aussi un autre Arrêt du même jour à l'article *Commission.*

Suivant l'Arrêt de Réglement du 10 Juillet 1665, (auquel, par Arrêt du 13 Mai 1709, il fut enjoint à Jean Neveu, Greffier de la Justice du Duché de Roanne, de se conformer), les Greffiers qui envoyent les Procès criminels en la Cour, ne doivent grossoyer que les piéces secretes ; sçavoir, les plaintes, informations, interrogatoires,

(a) Voyez néantmoins sur cette matiere la Déclaration du 5 Novembre 1661, portant Réglement concernant les Greffes ; & l'Arrêt du Conseil du 25 Avril 1723, pour le ressort du Parlement de Toulouse.

Tome II. Part. I.　　　　　　　　　　　　　**G g**

récollemens, confrontations, conclusions du Procureur du Roi ou Fiscal, & les rapports en Chirurgie ; mais ils ne peuvent grossoyer les Requêtes, Ordonnances & Exploits servans seulement à l'instruction. Voyez *Information*.

La Cour, par Arrêt rendu le 7 Mai 1709, a jugé que les actes & la procédure dans laquelle un Greffier laisse des blancs, sont radicalement nuls.

Peut-on stipuler la contrainte par corps dans le bail à ferme d'un Greffe? V. *Contrainte par corps*.

Le Parlement de Rouen a, par un Arrêt rendu en forme de Réglement, le 10 Octobre 1716, fait itératives défenses aux Greffiers de son ressort, de délivrer aucune Sentence interlocutoire en parchemin, à peine de concussion. Il y a pareil Réglement du même Parlement, du mois d'Août 1678.

Des Edits des mois d'Avril 1672, Mai 1716 & Octobre 1727, veulent que les Greffiers en chef des Cours supérieures, soient en même-temps pourvus d'un Office de Secrétaire du Roi.

L'Arrêt rendu en forme de Réglement aux Grands-Jours de Clermont, le 10 Décembre 1665, a prescrit, par les articles 8, 9, 10, 11, 13, 15, 16 & 17, les différentes précautions qui doivent être prises pour la conservation des minutes des Greffes, & a de plus ordonné, par l'art. 12, que *les Seigneurs qui nommeront ou commettront des Greffiers, demeureront garans & civilement responsables de leurs faits.* V. *Minutes.*

L'article 18 fait défenses *à tous Greffiers ou Commis au Greffe, d'exercer la fonction de Procureur, & à tous Procureurs d'exercer la fonction de Greffier & de Notaire, à peine de 2000 livres d'amende, & de demeurer pour jamais incapables de l'une & de l'autre.*

L'art. 19 défend *à tous Seigneurs Hauts-Justiciers de nommer pour Juges, Officiers, Procureurs Fiscaux ou Greffiers, leurs Fermiers ou Receveurs, leurs Cautions ou Intéressés, ou de donner leurs Fermes en recette auxdits Officiers, à peine de privation de leurs Justices, & de 2000 liv. d'amende.*

Sur les vacations, salaires & droits des Greffiers des Justices Seigneuriales, voyez dans le Recueil Chronologique de M. Jousse, l'Arrêt de Réglement du 15 Mai 1714, pour la Justice de Pontchartrain.

Par un Arrêt rendu le 24 Mars 1760, la Cour, en jugeant l'appel d'un procès criminel, instruit à Guise par récollement & confrontation, a enjoint au Sr Chevalier, qui avoit été commis pour faire les fonctions de Greffier dans cette affaire, lorsqu'il seroit Greffier commis, de faire lecture au Procureur Fiscal des Sentences qui auroient ordonné la liberté des Accusés, & d'inscrire lesdites Sentences sur le Registre de la Geole ; & lui a fait défenses de mettre les Accusés en liberté, avant que ladite lecture ait été faite, & au préjudice de l'appel du Procureur Fiscal à lui connu.

GREFFIERS Conservateurs des Hypothéques.

Ce sont des Officiers créés pour la conservation des Hypothéques sur les Offices Royaux, & sur les rentes dûes par le Roi.

Pour entendre quelles sont les fonctions de ces Greffiers, il faut sçavoir qu'il y a des Offices qui ne peuvent être possédés qu'en conséquence de provisions accordées par le Roi, & scellées du Grand-Sceau ; & qu'il y en a d'autres qui ne sont possédés qu'en vertu de simples quittances de Finance, sans provisions scellées. Cependant voyez *Offices*.

Ceux qui prétendent un droit de propriété, ou seulement des hypothéques sur des Offices qui ne peuvent être possédés qu'en vertu de provisions, doivent, pour l'exercice de ces droits, former annuellement opposition, ou au titre des Offices, ou seulement au sceau des provisions, par le ministere d'un Huissier de la Chaîne, entre les mains du Garde des Rôles des Offices de France. V. *Huissier, Office, Opposition au Titre, Opposition au Sceau, & Sceau (Grand).*

Mais quand les droits de propriété ou de simple hypothéque ne doivent s'exercer que sur des Offices qui, par les Edits de création, ou par des Arrêts donnés en conséquence, peuvent être exercés sans provisions, c'est entre les mains du Greffier Conservateur des Hypothéques sur ces Offices, que l'opposition doit être formée.

Ces Greffiers Conservateurs d'Hypothéques sur les Offices, (qu'il ne faut pas confondre avec les Greffiers Conservateurs d'Hypothéques fur les rentes dûes par le Roi, dont je parlerai dans un moment,) ont été créés dans chaque Province & Généralité du Royaume, par un Edit du mois de Mai 1706, qui a ordonné que dans un mois les propriétaires des Offices non fujets à provifions, feront tenus de faire regiftrer au Greffe du Confervateur, par extrait feulement, leurs quittances de Finance & autres titres de propriété d'iceux Offices, à peine d'interdiction de leurs fonctions, de privation de leurs gages, &c.

Aux termes de cet Edit, les Greffiers Confervateurs doivent avoir deux Regiftres paraphés par l'Intendant de la Province; l'un pour regiftrer les titres de propriété des Offices à chaque mutation; l'autre pour regiftrer les faifies-réelles de ces mêmes Offices, & les oppofitions qui feroient formées à la vente d'iceux.

Les Greffiers Confervateurs ne peuvent pas regiftrer les titres de propriété des Offices, quand il y a des oppofitions au titre, jufqu'à ce que l'oppofition foit jugée; & quand il n'y a que des oppofitions pour deniers, l'enregiftrement ne doit fe faire qu'à la charge de ces mêmes oppofitions, à peine par les Greffiers de demeurer garans des caufes des oppofitions, jufqu'à concurrence néantmoins de la valeur des Offices feulement.

Les oppofitions au titre & pour deniers, formées entre les mains des Greffiers Confervateurs, produifent les mêmes effets, & font fujets aux mêmes régles que celles établies pour les oppofitions au fceau, & à la même préférence établie par l'Edit du mois de Février 1683. Voyez Offices, Oppofition au Sceau, &c.

Louis XIV avoit auffi, par un Edit du mois de Mars 1673, créé dans les Bailliages & Sénéchauffées des Greffiers Confervateurs d'Hypothéques fur les maifons, terres héritages, rentes foncieres ou conftituées, &c. L'objet de cet Edit étoit de rendre, par le moyen d'un enregiftrement chez ces Greffiers, toutes les hypothéques publiques, à peu près comme elles le deviennent par le nantiffement, la vêture, la faifine, &c. Mais les inconvéniens de cette publicité firent révoquer l'Edit qui l'établiffoit, au mois d'Avril 1674.

Enfin le même Prince a, par un autre Edit du mois de Mars 1674, créé d'autres Confervateurs des Hypothéques, dont les rentes dûes par le Roi font chargées envers les Rentiers: à cet égard voyez ce que je dis à l'article Ratification (Lettres de).

Il y a auffi des Greffiers Confervateurs des faifies & oppofitions faites ès mains des Gardes du Tréfor Royal. Voyez fur cela l'Edit du mois de Mai 1706, & celui du mois de Juillet 1734, portant création de ces Offices.

GRENIER A SEL.
V. *Election, Gabelle, & Sel.*

On nomme Grenier à Sel, le lieu où le fel eft en magafin, & où s'en fait la diftribution.

Nos Rois ont établi des Jurifdictions dans les différentes Villes du Royaume où il y a de ces Greniers, pour connoître & juger en premiere Inftance les conteftations qui s'élevent au fujet des Gabelles, de la diftribution du fel, du faux-faunage, de la bonté ou mauvaife qualité du fel, de la quantité qu'il en faut pour l'étendue de leur Jurifdiction, des poids & mefures du fel, & de fon prix; & à caufe de la relation avec le Grenier à Sel, ces Tribunaux font nommés Jurifdiction de Grenier à Sel.

Les Jurifdictions des Greniers à Sel font compofées d'un Préfident, d'un Grénetier, d'un Contrôleur, d'un Procureur du Roi & d'un Greffier: c'eft à quoi le nombre des Officiers de ces Tribunaux eft réduit par une Déclaration du 31 Octobre 1717, regiftrée le 11 Décembre fuivant, qui éteint & fupprime les autres Offices. L'Edit du mois d'Août 1715 a auffi fupprimé plufieurs Offices créés dans les Greniers à Sel.

Quoique ces Jurifdictions foient Royales, il n'eft cependant point néceffaire d'être Gradué pour être revêtu des Offices dont elles font compofées; & c'eft à la Cour des Aides où les Magiftrats des Greniers à Sel doivent être reçus. L'appel de leurs Jugemens reffortit en la même Cour.

La procédure qui fe fait dans les Greniers à Sel fur les matieres de fon reffort, n'eft pas abfolument la même que celle qui fe fait dans les Tribunaux ordinaires. Une Déclaration du 17 Février 1688, enregif-

G g ij

trée en la Cour des Aides le 11 Mars fuivant, prefcrit ce qui doit s'obferver, tant
dans les procédures des Greniers à Sel,
que dans les Elections & autres Jurifdictions qui connoiffent des droits des Fermes
du Roi. Voici quelques difpofitions de ce
Réglement.

Art. II. » Les Demandeurs feront tenus,
» fous peine de nullité, de faire donner dans
» la même feuille ou cahier de l'Exploit,
» copie des piéces fur lefquelles la demande
» eft fondée, ou des extraits, fi elles font
» trop longues.

III. » Pour les demandes qui feront faites
» aux Communautés des Paroiffes, Bourgs
» ou Villages, les Exploits feront donnés
» un jour de Dimanche ou Fête, à l'iffue de
» la Meffe Paroiffiale ou de Vêpres, en par-
» lant au Syndic, ou, en fon abfence, au
» Marguillier, en préfence de deux Habitans
» au moins, que le Sergent fera tenu de nom-
» mer dans l'Exploit, à peine de nullité, &
» 20 liv. d'amende contre le Sergent. Et à
» l'égard des Villes où il y a Maire & Eche-
» vins, les affignations feront données à
» leurs perfonnes ou domiciles.

VIII. » Ceux qui auront été condamnés
» par Sentence de défaut ou congé, pour-
» ront y former leur oppofition dans les
» trois jours après la fignification qui leur
» a été faite, ou au domicile par eux élû,
» ou à leur Procureur; après lequel temps
» de trois jours, ils y feront non-recevables.

X. » Nul ne fera reçu à former oppofition contre le Jugement qui l'aura débouté
d'une premiere oppofition.

XVII. » Dans les Caufes qui feront por-
» tées devant les Juges des Elections fur le
» fait des Aides ou des droits de nos cinq
» groffes Fermes, fi la demande n'eft que de
» 30 liv. & au-deffous, ou fi étant plus for-
» te, le Défendeur ne contefte que jufqu'à
» la concurrence de 30 liv. & offre de payer
» le furplus, les Juges en connoîtront en
» dernier reffort; & les Jugemens, tant pour
» le principal, que pour les dépens, feront
» exécutés, fans que les Parties puiffent fe
» pourvoir par appel en nos Cours des Ai-
» des, auxquelles nous défendons d'en re-
» cevoir les appellations, à peine de nulli-
» té, pourvû qu'il n'y ait point de privilége
» à juger.

XVIII. » Dans les Procès que les Fer-
» miers ou Sousfermiers des Aides intente-
» ront contre les redevables, qu'ils préten-
» dront coupables de fraude, fi la demande
» en confifcation n'excéde pas un quart de
» muid d'eau-de-vie, ou un muid de vin,
» ou deux muids de bierre, cidre ou poirée,
» de quelque valeur que foit chaque efpéce
» de boiffon, & qu'il s'agiffe d'un des cas
» auxquels nos Juges pourront modérer les
» amendes portées par nos Ordonnances,
» les Sentences qui feront rendues, feront
» exécutées en dernier reffort, fans qu'au-
» cune des Parties puiffe fe pourvoir par
» appel; pourvû néantmoins que la con-
» damnation d'amende n'excéde pas la fom-
» me de 50 liv.

XIX. » L'article II du titre xviij de no-
» tre Ordonnance de 1680 fera exécuté;
» & les Officiers des Greniers connoîtront
» en dernier reffort, tant en principal que
» dépens, de la reftitution de nos droits de
» Gabelles, jufqu'à un minot, & dix livres
» d'amende, fans que les contribuables ni
» le Fermier fe puiffent pourvoir par ap-
» pel, quand même le Fermier auroit con-
» clu fur les lieux à une plus grande amen-
» de ou reftitution, nonobftant l'art. III du
» même titre, auquel nous avons dérogé &
» dérogeons par ces préfentes.

XX. » Les Officiers des Elections & des
» Greniers à Sel ne pourront juger en der-
» nier reffort, qu'ils ne foient au nombre de
» cinq au moins; & s'ils font en moindre
» nombre de Juges, ils pourront appeler
» des Gradués ou Praticiens; & feront te-
» nus, dans les Sentences qu'ils rendront en
» cette qualité, de mettre ces termes: *Par*
» *Jugement en dernier reffort.*

XXI. » Les Juges de nos Fermes feront
» tenus de liquider les dépens par le même
» Jugement qui les adjugera à l'Audience.

XXII. » Voulons qu'à l'avenir, pour la
» preftation de ferment de chacun Commis,
» il foit payé aux Juges de nos Fermes qua-
» tre livres, au lieu de trois portées par no-
» tre Ordonnance du mois de Juin 1680.

XXIII. » Les affaires criminelles feront
» inftruites & jugées en la maniere ordinai-
» re; & pourront les Juges fe taxer des épi-
» ces fur les Sentences qu'ils rendront, lorf-
» qu'il y aura Partie civile, fuivant le Ré-

» glement attaché fous le contrefcel des pré-
» fentes.

XXIV. » Permettons aux Juges de modé-
» rer les amendes portées par notre Ordon-
» nance du mois de Juin 1680, aux articles
» premier & ix du titre des Entrepôts &
» Barillages ; ij du titre du Tranfport du Vin
» en la Ville & Fauxbourgs de Paris ; pre-
» mier & ij du titre des Entrées dans la
» Ville & Fauxbourgs de Paris ; premier &
» iv du titre des Déclarations & du paye-
» ment des droits ; ij du titre des droits de
» Gros & augmentation fur les vendanges ;
» xj du titre de la Vente en gros dans Pa-
» ris ; premier & iv du titre des Déclara-
» tions & Congés ; ij, xxj, xxiij, xxv &
» xxvij du titre des Droits fur le Beftial à
» pied fourché ; premier, iv, ix & xiv du
» tit. ij de la vente du vin en détail ; iij, du
» titre des Hôtelliers, Taverniers & Caba-
» retiers ; iv, du titre de l'Exercice des Com-
» mis ; vj & ix du tire ij de la Subvention ;
» vij, du titre des Droits fur l'Eau-de-vie ;
» vij, du Titre des 3 liv. & 45 fols ; iij, du
» titre des 9 liv. 18 fols & fol pour pot,
» fans néantmoins qu'ils puiffent être moin-
» dres de vingt-cinq livres chacune (a).

XXV. » Leur permettons pareillement de
» modérer les amendes portées par l'art. xix
» du titre des Droits fur le Papier & Par-
» chemin timbrés, jufqu'à pareille fomme
» de 25 liv. pour la premiere fois ; 50 l. pour
» la feconde, & 100 liv. pour la troifiéme,
» fans qu'ils foient obligés de prononcer
» l'interdiction portée par le même article.

XXVI. » Pourront auffi les Juges de nos
» Fermes modérer les amendes portées par
» l'article vij du titre du Commerce de Vin
» dans les trois lieues près des Villes où il y
» a Etappes ; v, du titre des Déclarations de
» Pris & Congés ; xxvj, du titre des Droits
» fur le Beftial à pied fourché ; enforte néant-
» moins qu'elles ne puiffent être moindres
» du quart des fommes contenues auxdits
» articles «.

La Cour des Aides a, par Arrêt du 9 Mars
1763, enjoint aux Officiers du Grenier à Sel
de Vervins de fe conformer aux Ordonnances, Arrêts & Réglemens ; en conféquence
leur a fait défenfes d'appointer fur la contravention aux Ordonnances concernant les
Gabelles.

Les conteftations qui fe font élevées dans
les Elections & Greniers à Sel, entre les
Officiers dont ces Tribunaux font compo-
fés, ont donné lieu à une Déclaration du 16
Octobre 1743, enregiftrée en la Cour des
Aides le 4 Décembre fuivant, dont voici les
principales difpofitions.

Art. I. » Le Préfident de chaque Election
» ou Grenier à Sel pourra, préférablement
» au Lieutenant ou autres Officiers defdits
» Siéges, donner feul & fans délibération
» de confeil, les permiffions d'informer dans
» les cas où il écheoira d'en accorder, pro-
» céder aux informations, décerner tels dé-
» crets qu'il appartiendra, faire les interro-
» gatoires, rendre les Jugemens à l'extraor-
» dinaire & les Jugemens préparatoires, pro-
» céder aux récollemens & confrontations,
» & généralement faire toute l'inftruction
» & rapport du Procès, & rendre toutes les
» Ordonnances qui peuvent être données
» par un feul Juge dans les Siéges ordinai-
» res qui connoiffent des matieres crimi-
» nelles.

II. » En cas d'abfence, récufation ou au-
» tre empêchement légitime du Préfident,
» les fonctions qui lui font attribuées par
» l'article précédent, feront exercées par le
» Lieutenant ; & en cas d'abfence, récufa-
» tion ou autre légitime empêchement du-
» dit Lieutenant, elles feront remplies par
» l'Officier qui le fuit immédiatement, &
» ainfi fucceffivement, fuivant l'ordre du Ta-
» bleau.

III. » Les deux tiers des émolumens de
» toute la procédure appartiendront au pré-
» fident ou au Lieutenant, ou autre Officier
» qui l'aura faite en fa place, & le furplus
» fera mis en bourfe commune ; & à l'égard
» des épices des Jugemens, il en fera ufé
» dans chaque Siége comme par le paffé.

IV. » Tout ce que deffus fera pareille-
» ment obfervé dans les Siéges des Bureaux
» des Traites & Dépôts de Sel «.

Deux Arrêts rendus en forme de Réglement en la Cour des Aides, les 13 & 26 Septembre 1702, entre les Officiers de l'Election de Troyes & le Procureur du Roi du

(a) Une Déclaration du 4 Septembre 1708, défend aux Elections & Cours des Aides, de modérer ces fortes d'amendes de plus d'un quart. Mais elle n'eft pas exactement obfervée.

même Siége, ordonnent » que le Subſtitut » du Procureur Général en ladite Election, » aſſiſtera au département des Tailles, & y » aura voix délibérative; qu'il ſignera leſ- » dits départemens & les mandemens qui ſe- » ront envoyés dans les Paroiſſes pour l'im- » poſitions des Tailles; que les nominations » d'Offices de Collecteurs ne ſe pourront » faire, que led. Subſtitut n'ait pris ſes con- » cluſions, ou verbalement ou par écrit, & » qu'il aſſiſtera aux deſcentes & viſites à fai- » re dans les Paroiſſes où les Communautés » auront intérêt, & autres, ſuivant l'exigen- » ce des cas; fait défenſes aux Officiers de » l'y troubler, à peine de tous dépens, dom- » mages-intérêts.

» Ordonne que le Subſtitut aura commu- » nication des demandes en ſolidité contre » les Paroiſſes, par l'inſolvabilité & abſen- » ce des Collecteurs, & pour les autres cas » portés par les Ordonnances; & les Sen- » tences ne pourront être rendues ſans ſes » concluſions: comme auſſi que toutes les » Requêtes à fin de modération de cotte, » décharge des Collecteurs, abus & malver- » ſations deſd. Collecteurs, leurs élargiſſe- » mens, tranſlation de domicile, & toutes » autres affaires où le Roi, le Public, l'E- » gliſe & toutes les Communautés auront » intérêt, ne ſe pourront juger ſans être » communiquées audit Subſtitut, & que le » Greffier ſera tenu de lui délivrer les groſ- » ſes de toutes les Sentences & autres actes » étant au Greffe, pour ſervir à l'inſtruction » & Jugement des affaires où le Roi, le Pu- » blic, l'Egliſe & toutes les Communautés » auront intérêt.

» Que les priſonniers pour crimes, ſo- » lidité, la collecte des deniers du Roi, & » pour raiſon des droits d'octroi & autres, » ne pourront être élargis ſans les conclu- » ſions dudit Subſtitut.

» Fait défenſes auxdits Officiers de rece- » voir & inſtaller aucun Procureur ou au- » tres, & Officiers & Commis qui pourront » être reçus en ladite Election, ſans les con- » cluſions dudit Subſtitut; & en cas d'ab- » ſence, ſur celles du Subſtitut dudit Sub- » ſtitut; & auſſi en cas d'abſence, maladie » ou autre empêchement légitime (de celui- » ci), par un Gradué ou Praticien par eux » commis pour faire la fonction dudit Sub-

» ſtitut, ou de ſon Subſtitut, à peine de nul- » lité de la réception, dépens, dommages & » intérêts.

» Ordonne ..... que leſd. Officiers ſeront » tenus de faire leur chevauchée, ſuivant & » aux termes portés par les Edits, Décla- » rations du Roi .... Arrêts & Réglemens; » leur enjoint de mettre les Procès-verbaux » inceſſamment & ſans délai au Greffe de » ladite Election, pour en prendre commu- » nication par ledit Subſtitut du Procureur » Général.

» Ordonne que ledit Subſtitut du Procu- » reur Général recevra par les mains du » Greffier les épices & émolumens; lui fait » défenſes de les recevoir par les mains des » Parties, ſous les peines portées par les » Arrêts & Réglemens, ſans qu'il puiſſe ſe » taxer pour ſes épices plus grande ſomme » que celle de la moitié des ſommes que leſ- » dits Elûs ſe feront taxées pour les épices » des Procès civils, & les deux tiers des va- » cations, réception d'Officiers, & droits » d'enregiſtrement & des épices, miſes ſur » les Procès criminels que leſdits Officiers » ſe feront taxées «.

GRÉNETIER.

C'eſt l'un des Officiers des Greniers à Sel. Voyez *Grenier à Sel.*

GROS.

Voyez *Décimateur, Dixmes, Fruits, Meſure* & *Portion congrue.*

On nomme Gros, une certaine quantité de grains & de fruits qui ſe paye aux Curés pour leur deſſerte, par les Chapitres ou au- tres Bénéficiers auxquels appartiennent les dixmes Eccléſiaſtiques de la Paroiſſe.

Un Arrêt rendu en la premiere Chambre des Enquêtes, au rapport de M. Gon d'Ar- genlieu, entre le Curé de Damart près La- gny, & le Chapitre de N. D. de Paris, le 14 Août 1715, a jugé cinq queſtions relatives au Gros des Curés & autres Eccléſiaſtiques.

La premiere, que le Gros en vin du Curé n'eſt pas réductible au produit de la dixme dans les années de ſtérilité; parce que les Décimateurs profitant des années abondan- tes, doivent auſſi ſupporter les charges des années ſtériles.

La ſeconde, que le Curé n'eſt pas obligé

de fournir les futailles dans lesquelles doit être livré le vin de son Gros.

La troisiéme, que la qualité du Gros en grains se régle par la qualité de ceux que produit le territoire de la Paroisse, & non par la qualité fixée par le bail des dixmes affermées par le Décimateur.

La quatriéme, que le Curé n'est pas obligé d'aller chercher son Gros, mais qu'on doit au contraire le lui porter dans son Presbytere; parce que tout débiteur est obligé de porter le payement chez son créancier.

La cinquiéme, qu'un Gros Décimateur n'est pas obligé d'avoir une grange particuliere pour renfermer les grains de son Domaine, quand ils peuvent tenir dans la grange dixmeresse, pourvû que la dixme soit engrangée préférablement, sans confusion & séparément des grains domaniaux.

Un autre Arrêt du 4 Mars 1725, rendu entre le Curé & le Prieur de Thorcé, a condamné ce Prieur, comme Gros Décimateur, à fournir au Curé le Gros de seigle, froment & avoine, sur le monceau commun des grains de chacune desdites espéces, qui se recueillent indistinctement dans la Paroisse, & à cet effet de les engranger dans la grange dixmeresse, en tant qu'elle pourra les contenir; sinon permet au Curé de se faire fournir son Gros sur telles granges particulieres du Prieuré qu'il voudra lui désigner.

Cet Arrêt est fondé sur ce que le Gros des Curés est regardé comme un préciput qu'ils ont sur la dixme; & c'est par cette raison que, par deux Arrêts tout-à-fait récens, les Bénédictins de S. Germain-dès-Prés & le Chapitre de Notre-Dame ont été condamnés de payer le Gros en bled-froment; les premiers au Curé de Thiais, le dernier au Curé de Longjumeau; au moyen de ce que les territoires de Thiais & de Longjumeau produisent, & sont pour la plus grande partie ensemencés en bled-froment.

L'Arrêt rendu en faveur du Curé de Longjumeau, contre le Chapitre de Notre-Dame, est du 15 Juillet 1738; il n'a point eu égard à la possession dans laquelle le Chapitre étoit de payer le Gros en bled-méteil. Voyez l'Arrêt du 31 Décembre 1686, rapporté au Journal des Audiences;

celui du mois de Mars 1716, cité par Brillon, verb. Gros; & Fuet, des matieres Bénéficiales.

L'Arrêt rendu le 14 Août 1715, qui juge les cinq questions dont j'ai parlé entre le Chapitre de Notre-Dame & le Curé de Damart, condamnoit le Chapitre à payer au Curé les arrérages de son Gros en vin & en grain pour les années 1704, 1708, 1709 & 1710; mais il n'indiquoit pas comment la liquidation devoit s'en faire.

Le Chapitre prétendit que le grain & le vin de dixme étoit d'un prix inférieur aux grains & aux vins qui se vendent par les particuliers; & disoit que, pour fixer les arrérages en grains, il falloit prendre le prix du milieu dans les quatre saisons, suivant les registres des Gros fruits; & à l'égard du vin, suivant les extraits du Bureau des Aides. Le Curé soutenoit au contraire qu'il falloit lui payer les grains, eu égard à ce qu'ils avoient été vendus dans le marché le plus proche de la Saint Martin, & les vins suivant l'estimation.

Cette nouvelle contestation a été décidée par un autre Arrêt de la même premiere Chambre des Enquêtes, rendu le 4 Avril 1716. La Cour a jugé, par ce second Arrêt (au rapport du même M. Gon d'Argenlieu), qu'il falloit fixer les arrérages en grains sur le pied de ce que les meilleurs de même espéce avoient été vendus au marché le plus voisin de la Saint Martin, en déduisant néantmoins 5 sols sur le froment, 3 sols sur le seigle, & 2 sols 6 den. sur l'orge & l'avoine.

Il avoit été jugé de même entre le Curé d'Assy & les Prêtres de l'Oratoire de Raroy, par Arrêt rendu le 31 Décemb. 1686, qu'on trouve au Journal des Audiences.

A l'égard du Gros en vin, comme il est notoire que l'on n'en déclare jamais le juste prix, l'Arrêt rendu le 4 Avril 1716, a ordonné que par Experts l'estimation en seroit faite sur le pied du plus haut prix de chacune des années qui étoient dûes au Curé, à l'exception de l'année 1709, qu'il seroit payé sur le pied de la valeur du vin au temps des vendanges de 1710.

Il y a cependant un Arrêt rendu sur les Conclusions de M. l'Avocat Général Joly de Fleury, le 5 Janvier 1733, entre le Chapitre de Rheims & le Curé d'Aubigny, par lequel la Cour a jugé que le Gros du Curé lui seroit payé sur le pied que valoient les grains à l'échéance du payement, & non pas au temps de la demande, comme le prétendoit le Curé. Des circonstances particulieres ont déterminé la Cour à décider ainsi.

Dans l'usage, s'il y a contestation entre ceux qui doivent le Gros & le Curé, pour sçavoir sur quel pied il doit être payé, si ce sera sur le pied de la valeur au temps de l'échéance ou au temps de la demande, on donne le choix au Curé, pourvû qu'il forme sa demande avant la récolte qui suit l'échéance, parce qu'il ne doit pas souffrir de la négligence de ses débiteurs ; & s'il ne forme pas sa demande avant la récolte, il est payé conformément aux Arrêts rendus les 31 Décembre 1686, & 14 Août 1715.

Brodeau, sur M. Louet, lett. G, n. 7, dit que le Gros des Curés ne peut être exigé sur les dixmes inféodées que subsidiairement ; & lorsque les dixmes Ecclésiastiques ne suffisent pas pour l'acquitter, il prétend même que les dixmes Ecclésiastiques doivent être préalablement discutées.

La connoissance des affaires qui concernent le Gros & les portions congrues des Curés, appartient au Juge Royal, & non au Juge Ecclésiastique. La Déclaration du 29 Janvier 1686, dont je rapporte les dispositions à l'article *Portion congrue*, le décide ainsi ; & la maxime est d'ailleurs consacrée par un Arrêt rendu le 5 Août 1710, rapporté dans la nouvelle édition *in-fol.* des Arrêts d'Augeard, tom. 2, n. 87.

GROS (en matiere d'Aides).

C'est le nom d'une imposition qui se perçoit à cause de la vente en Gros des vins, bierre, cidre, poiré, eau-de-vie, liqueurs, & même de quelques marchandises, telles que le bétail à pied fourché dans l'intérieur de Paris, du poisson de mer frais, sec & salé, tant à Paris qu'à Rouen, &c.

Le droit de Gros a été originairement établi à raison d'un sol pour livre de la vente des denrées qui y furent assujetties. Cet établissement a depuis essuyé bien des variations (a), sur lesquelles on peut, ainsi que sur les endroits où il a lieu, & sur ce qu'on appelle Gros à l'entrée, Gros à la vente, Gros manquant & d'inventaire, Gros sur les boissons en refuge, Gros à l'arrivée, à la sortie & au passage, consulter le Traité des Aides de M. le Fevre de la Bellande, liv. 2, sect. 1, ch. 2.

Les Gentilshommes, les Ecclésiastiques pour les biens de l'Eglise & leur titre Clérical, les Officiers des Cours Souveraines de Paris & de Rouen, les Officiers Commensaux de la Maison du Roi & des Maisons Royales, & les Marchands de vin privilégiés suivant la Cour, sont exempts du droit de Gros sur les vins provenans de leur crû. Voyez les Ordonnances des Aides de Paris & Rouen.

Mais si les Curés tiennent à ferme les dixmes des Gros Décimateurs, ils doivent les droits de Gros & d'augmentation pour les vins provenans des dixmes affermées. La Cour des Aides de Paris l'a ainsi ordonné par un Arrêt rendu en forme de Réglement le 2 Septembre 1739.

GROS FRUITS.

On entend par Gros Fruits, les bleds & autres grains, les vins, les foins & autres semblables.

Nos Rois ont voulu que dans toutes les Villes & Bourgs du Royaume où il y a marché, on tînt registre exact du prix de la vente & de la valeur de chaque espéce de Gros Fruits : c'est sur l'extrait de ces registres que se fixe la valeur des grains & autres Gros Fruits qui n'ont pas été payés dans l'année où ils devoient l'être ; & cette fixation se fait eu égard au prix de la vente de ces mêmes Gros Fruits, dans les quatre différentes saisons de l'année.

Sur cela voyez les articles 6, 7, 8 & 9 du tit. 30 de l'Ordonnance de 1667.

Le Parlement de Rouen a jugé, par Arrêt rendu le 2 Juillet 1743, qu'il devoit y

---

(a) Tous les priviléges, exemptions de droits d'Aides, accordés à quelque titre & à quelque personne que ce soit, ont été annullés & révoqués par un Edit du mois d'Oct. 1641, vérifié en la Cour des Aides le 24 Oct. 1641.

L'Edit ne contient d'exception qu'en faveur des Ecclésiastiques, des Nobles, des Officiers des Cours Souverai-nes, des Secrétaires du Roi, & des Officiers Commensaux actuellement servans.

L'Arrêt d'enregistrement ajoute à cette exception, les Archers & Membres des Compagnies de la Ville de Paris, les Recteurs, Doyens, Procureurs & Suppôts de l'Université de Paris, pour le vin de leur crû.

avoir

avoir aux Greffes des Bailliages de ſon reſſort, des regiſtres contenant la valeur des
volailles, oiſeaux & œufs, comme pour les
grains.

Cet Arrêt eſt intervenu entre M. Chauf-
fer, Maître des Comptes à Rouen, & M. le
Petit, Conſeiller en la Cour des Aides à
Paris, plaidans Mes Flaut & Bréhain.

GROSSE.

Voyez *Aĉtes*, *Exécutoire*, *Greffe*, *Hypothé-*
que, *Minute*, *Notaire* & *Titre*.

On nomme Groſſe l'expédition en forme exécutoire d'un Arrêt, Sentence ou Jugement, & d'un Aĉte paſſé devant Notaire
ou autre perſonne publique.

A Paris, les Groſſes des Aĉtes paſſés devant Notaires, doivent être intitulées comme les Sentences du Châtelet, au nom de
M. le Prévôt de Paris ; & quand l'Office
de Prévôt de Paris eſt vacant, on les inti-
tule au nom de M. le Procureur Général,
auquel la Garde de la Prévôté appartient en
ce cas.

Dans les environs de Paris, il y a des
Juſtices où les Groſſes des Sentences ſont
intitulées du nom du Seigneur, & dans d'autres au nom du Juge, Bailli ou Prévôt.

A Lyon, les Groſſes des Aĉtes des Notaires ſont intitulées, *comme ainſi ſoit que*
pardevant, &c. Mais l'uſage eſt de ne les
mettre en exécution qu'en vertu d'une Ordonnance que le Juge accorde ſur Requête ;
en un mot, la forme d'expédier & d'intituler les Groſſes, varie à l'infini.

Quand le Notaire a délivré une première
Groſſe en forme exécutoire de l'Aĉte paſſé
devant lui, il n'en peut pas délivrer une
ſeconde, ſans y être ſpécialement autoriſé
par une Ordonnance du Juge, à peine de
privation de ſon Office. Voyez à ce ſujet
les articles 178 & 179 de l'Ordonnance de
1539, & l'article 37 de la Coutume de la
Marche.

Le Magiſtrat ne doit permettre aux Notaires de délivrer des ſecondes Groſſes qu'en
préſence des Parties intéreſſées, ou après
qu'elles auront été appelées, & à la charge
de faire mention de ſon Ordonnance. Cela

s'exécute ainſi très-exaĉtement au Châtelet.

Ces précautions ſont eſſentielles ; parce
que dans les Pays Coutumiers du reſſort du
Parlement de Paris, la Juriſprudence des
Arrêts veut qu'un créancier qui a perdu ſa
première Groſſe (*a*), n'ait hypothéque ſur
les biens de ſon débiteur que du jour que
la ſeconde eſt délivrée. Cela eſt même ainſi
ordonné par l'Arrêt rendu en forme de Réglement, aux Grands-Jours de Clermont,
le 30 Janvier 1666. Mais voyez l'Aĉte de
Notoriété de la Sénéchauſſée de Poitiers,
du 7 Juillet 1712, ſur l'uſage de la Province de Poitou.

La raiſon de cette Juriſprudence eſt, que
l'inſpeĉtion de la première Groſſe pourroit
annoncer un rembourſement ou des mentions qui en éteindroient la force, ſi elle
étoit repréſentée.

Cette Juriſprudence a ſes inconvéniens ;
en effet, » la crainte d'une fraude (dit Bre-
» tonnier) ne doit pas l'emporter ſur la vé-
» rité & ſur la juſtice «. Auſſi s'en écarte-
t-on quand les circonſtances ſemblent l'exiger ; & dans des Arrêts d'Ordre, elle n'a
jamais lieu pour les Groſſes des Arrêts, Sentences ou autres Aĉtes judiciaires ; chacune
des Parties peut, ſi bon lui ſemble, ſe faire
délivrer une ou pluſieurs Groſſes de ces ſortes d'Aĉtes, & l'hypothéque qui réſulte de
la première, ſeconde ou autre Groſſe, remonte toujours à la date originaire de l'Aĉte. Il y a ſur cela un Aĉte de Notoriété du
Châtelet, du 13 Juin 1721.

Tout de même, la perte de la première ou
ſeconde Groſſe d'un contrat de mariage,
d'un partage ou d'une donation, n'influe
point ſur l'hypothéque qui en réſulte, & qui
remonte toujours à la date de l'Aĉte, en
conſéquence de la première ou autre ſubſé-
quente Groſſe.

Il en eſt encore de même d'une créance
privilégiée. La préférence qui en réſulte, ne
ſe régle pas ſur le temps de ſa création, mais
ſur la cauſe qui l'a produite ; ainſi la perte
de la première Groſſe d'un contrat eſt encore indifférente dans ce cas-là.

Enfin, le créancier d'un défunt n'eſt pas
obligé de rapporter la première Groſſe de

(*a*) Un Aĉte de Notoriété donné au Bailliage de Montdidier, le 8 Mars 1675, atteſte que cet uſage n'a pas lieu
dans ce Bailliage ; & qu'au contraire » l'hypothéque ſe

» régle dans les ordres, ſur la repréſentation des Groſſes,
» premières ou ſecondes indiſtinĉtement, & qui ſont éga-
» lement conſidérées «.........

fon contrat pour être préféré en hypothéque au créancier de l'héritier, ainſi qu'il a
été jugé par un Arrêt rendu le 20 Juillet
1677, qu'on trouve au Journal des Audiences, tome 4, liv. 1, ch. 3. Cette queſtion
avoit auparavant occaſionné un partage d'o-
pinions.

Sur cette matiere voyez les Queſtions
mixtes de Me Boullenois, & les Queſtions
Alphabétiques de Bretonnier, art. *Groſſe.*

Dans les Pays de Droit-Ecrit, le mot
Groſſe n'eſt pas en uſage ; quand on parle
d'un Acte authentique & paré, on le nomme premiere ou ſeconde expédition ; la
deuxiéme, troiſiéme, ou autre expédition,
a la même hypothéque que la premiere,
pourvû qu'elle ſoit exempte de tout ſoupçon de fraude.

L'article 119 de l'Arrêt de Réglement du
Parlement de Rouen, rendu le 6 Avril
1666, décide que *celui qui a perdu la Groſſe
de ſon contrat ou Sentence, peut ſe faire autoriſer par Juſtice à en lever un extrait ſur la
minute étant ès mains des Greffiers, Notaires
ou Tabellions, l'obligé préſent ou dûement appellé, lequel extrait a même effet & hypothéque que la Groſſe.*

GROSSE AVENTURE.
V. *Aléatoire & Aſſurance.*

C'eſt ainſi qu'on nomme une eſpéce de
ſociété formée entre deux particuliers, par
laquelle l'un s'oblige d'envoyer par mer des
effets ou marchandiſes dans certains endroits ; & l'autre, de fournir une certaine
ſomme d'argent pour faciliter l'envoi, à
condition de le retirer avec un certain profit
au cas de bon voyage, & de la perdre ſi les
effets périſſent par cas fortuit.

Il eſt permis de ſtipuler, par ces contrats,
un intérêt plus fort que celui fixé par les
Ordonnances, quand même il n'y auroit pas
aliénation du principal : le riſque que court
le préteur, rend cet intérêt légitime, & dif-
férencie le contrat à la Groſſe des prêts ordinaires.

L'argent à la Groſſe peut être donné ſur
le corps, la quille du vaiſſeau, ſes agrès &
aparaux, armement, victuailles, conjointement ou ſéparément, & ſur le tout ou partie
de ſon chargement, pour un voyage entier
ou pour un temps limité. Mais il eſt défen-

du de prendre des deniers plus conſidérables
que la valeur du corps, quille & marchandiſes du chargement du navire, à peine de
reſtitution des ſommes entieres par ceux qui
les ont reçûes, nonobſtant la perte ou la
priſe du vaiſſeau.

Il eſt encore défendu, ſous les mêmes peines, d'emprunter à la Groſſe ſur le fret à
faire par le vaiſſeau & ſur le profit eſpéré
des marchandiſes, même ſur le loyer des
matelots, ſi ce n'eſt en préſence & du conſentement du Maître, & au-deſſous de la
moitié du loyer.

La perte d'un navire & de ſon chargement, libere ceux qui ont emprunté à la
Groſſe, tant du capital que des intérêts,
qu'on nomme auſſi profit maritime ; mais
pour cela il faut ;

1°. Que la perte ſoit arrivée par cas fortuit ; c'eſt-à-dire, qu'elle ne ſoit pas arrivée par le vice propre de la choſe, par le
fait des Propriétaires, Maîtres ou Marchands chargeurs, à moins qu'il n'y ait une
convention contraire.

2°. Que la perte ſoit arrivée dans le
temps & dans les lieux des riſques ſpécifiés
au contrat ; ſur quoi il faut remarquer que
ſi ce temps n'eſt pas réglé par la convention, il court, à l'égard du vaiſſeau, ſes
agrès, aparaux & victuailles, du jour qu'il
a fait voile, juſqu'à ce qu'il ſoit arrivé au
port de ſa deſtination, & amaré à quai ; &
quant aux marchandiſes, ſitôt qu'elles ſont
chargées dans le vaiſſeau ou dans les gabar-
res, pour les y porter, juſqu'à ce qu'elles
ſoient délivrées à terre.

3°. Que celui qui a emprunté à la Groſſe,
prouve qu'il avoit pour ſon compte dans le
navire, des effets d'une valeur au moins
égale à la ſomme prêtée.

4°. Que les effets naufragés n'ayent point
été ſauvés du naufrage ; parce qu'en ce cas
la perte ſe réduit à proportion de la valeur
des choſes perdues & des effets ſauvés.

5°. Que la perte ait été entiere du vaiſſeau & des marchandiſes. Car s'il ne s'agiſſoit que de dommages particuliers, qu'on
appelle ſimples avaries, en termes de mer,
les preneurs à Groſſe Aventure ne ſeroient
point déchargés.

Les donneurs à Groſſe Aventure ſont
néantmoins obligés aux Groſſes avaries,

c'eſt-à-dire, au rachat, compoſitions, jets mâts & cordages coupés pour le ſalut commun du navire & des marchandiſes.

Tout cela eſt textuellement décidé par l'Ordonnance de la Marine, liv. 3, tit. 5.

GROSSESSE.

Voyez *Avortement, Bâtard, Concubinage, Enfant, Naiſſance & Part.*

L'Edit donné par Henri II en Février 1556, porte que *toute femme qui ſe trouvera convaincue d'avoir célé, couvert & occulté, tant ſa Groſſeſſe que ſon enfantement, ſans avoir déclaré l'un ou l'autre* (a), *& pris de l'un ou l'autre témoignage ſuffiſant, même de la vie ou mort de ſon enfant lors de l'iſſue de ſon ventre, & qu'après l'enfant ſe trouve avoir été privé du baptême & ſépulture, telle femme ſera réputée avoir homicidé ſon enfant; &, pour réparation, punie de mort, & de telle rigueur que la qualité particuliere du cas méritera.*

Cet Edit porte en outre, que les Juges Royaux & autres ſeront tenus de le faire publier tous les trois mois, & qu'il ſera lû & publié au Prône des Paroiſſes.

Cette publication eſt encore ordonnée par une Déclaration du 25 Février 1708, qui enjoint à tous Curés & Vicaires de la faire de trois en trois mois au Prône des Meſſes Paroiſſiales, *& d'envoyer un certificat de ladite publication aux Procureurs du Roi des Bailliages & Sénéchauſſées, dans leſquelles les Paroiſſes ſont ſituées;* & en cas de refus, la Déclaration ordonne *qu'ils pourront y être contraints par ſaiſie de leur temporel, à la requête des Procureurs Généraux ou diligence de leurs Subſtituts, chacun dans leur reſſort.*

Pluſieurs Arrêts rendus depuis cette Déclaration, ont auſſi ordonné la publication de l'Edit de Henri II tous les trois mois. Celui qui a été rendu le 16 Mars 1731, en forme de Réglement, ſur l'appel d'une Sentence de la Sénéchauſſée de Chabannois, a même enjoint aux Juges du reſſort, *lorſqu'ils auront jugé les femmes & filles accuſées d'a-*

voir célé leur *Groſſeſſe & l'enfantement, d'y joindre un certificat ſigné d'eux, contenant la derniere publication qui en aura été faite; comme auſſi enjoint à tous Chirurgiens qui ſeront appellés pour viſiter les cadavres des enfans dont leſdites femmes & filles ſeront accouchées, de déclarer dans leur rapport ſi leſdits enfans ſont venus à terme & vivans....*

Marie Chevalier, s'étant abandonnée à Maximilien Bouchet, ſous prétexte de promeſſe de mariage, devint groſſe, & cacha ſa Groſſeſſe à ſes pere & mere; ceux-ci la voyant fort incommodée, envoyerent chercher un Chirurgien, qui leur apprit le genre d'incommodité dont leur fille étoit attaquée; elle accoucha quelques jours après, le 14 Février 1714; l'enfant fut ondoyé le jour même, & le lendemain 15, les cérémonies du Baptême furent ſuppléées par le Curé de la Paroiſſe, après quoi il fut mis en nourrice dans un endroit voiſin.

Marie Chevalier n'avoit pas ſatisfait à l'Edit d'Henri II; & le Juge du lieu ayant appris ſon accouchement, ſe tranſporta, ſur la réquiſition du Procureur Fiſcal, chez les pere & mere de cette fille, qui lui firent un récit fidéle de ce qui s'étoit paſſé; enſuite il ſe tranſporta dans le lieu où étoit l'enfant, qu'il trouva entre les bras de ſa nourrice.

Toutes ces circonſtances étant connues par le Juge, Marie Chevalier ne pouvoit plus être ſoupçonnée d'avoir caché ſes couches, & homicidé ſon enfant; néantmoins le 25 Fév. le jour même qu'on avoit publié un ban pour procéder au mariage de Marie Chevalier avec Maximilien Bouchet, le Bailli du lieu (de S. Arnoult) ſur les Concluſions du Procureur Fiſcal, décréta de priſe de corps Marie Chevalier & ſes pere & mere.

Malgré ces décrets contre leſquels les accuſés ſe pourvurent, Marie Chevalier épouſa Maximilien Bouchet, le 28 Février 1714, & décéda peu après.

Sur l'appel interjetté en la Cour par Chevalier & ſa femme, pere & mere, il intervint

---

(a) La Loi n'explique point ici le genre de déclaration qu'elle exige; mais il eſt d'uſage de la faire en Juſtice. A Paris, ce ſont les Commiſſaires qui reçoivent ces déclarations; dans beaucoup d'autres endroits, elles ſe font au Greffe; mais par-tout elles doivent être reçues ſans frais. M. le Chancelier a ſur cela donné des ordres

très-précis en 1747.

Les Officiers de Police qui reçoivent de ſemblables déclarations, ne peuvent pas exiger que la déclarante indique le pere de l'enfant dont elle eſt enceinte. Dufail rapporte ſur cela un Arrêt du 28 Mars 1737, liv. 3, chap. 401. Mais ils en doivent faire mention, ſi elle le déclare.

un premier Arrêt, qui, en prononçant des défenses d'exécuter les décrets décernés contr'eux, & la main-levée de la saisie & annotation de leurs biens, leur permit de plus de prendre à partie le Juge & le Procureur Fiscal de S. Arnoult ; leurs moyens étoient qu'on ne peut poursuivre les femmes & filles que quand l'enfant né de cette Grossesse cachée se trouve privé *du Baptême* & de la *Sépulture ;* qu'on pouvoit d'autant moins soupçonner Marie Chevalier d'avoir homicidé son enfant, qu'il avoit été porté à l'Eglise, & que les Juges l'avoient vû depuis entre les mains de sa nourrice.

Ils ajoutoient que la procédure faite contr'eux, étoit encore plus injuste que celle faite contre leur fille, puisqu'ils n'avoient eu connoissance de sa Grossesse qu'à la derniere extrêmité, & qu'on sçait que les parens sont ordinairement les derniers instruits des déréglemens de leurs filles. Ils soutenoient la prise à partie, en disant que toute vexation criante est un dol, pour lequel les Juges peuvent être pris à partie ; & qu'une procédure criminelle, telle que celle qu'ils avoient essuyée, étoit une vexation, puisque le Juge & le Procureur Fiscal sçavoient qu'il n'y avoit pas de corps de délit.

Par l'Arrêt rendu le 2 Juillet 1716, au rapport de M. de Verthamont, les Parties ont été mises hors de Cour sur l'accusation ; le Procureur Fiscal & le Bailli ont été *déclarés bien intimés & pris à Partie ;* en conséquence ils ont *été condamnés en 200 liv. de dommages & intérêts, & en tous les dépens.*

Le 22 Octobre 1737, il est intervenu un Arrêt au Parlement de Dijon, qui a déclaré une fille, servante d'un Curé, *convaincue* d'être devenue grosse des œuvres dudit Curé, d'avoir celé sa Grossesse, d'être la mere de l'enfant exposé à *** , d'avoir imputé calomnieusement l'exposition de cet enfant à la demoiselle *** , pour raison de quoi elle a été bannie à perpétuité du ressort du Parlement de Dijon.

Le même Arrêt déclare le Curé *convaincu de complicité de l'exposition de l'enfant, d'avoir induit un Curé voisin à altérer les Registres des Baptêmes de sa Paroisse, & d'avoir calomnieusement par un faux témoi-* gnage imputé à la demoiselle *** , *l'exposition de l'enfant à *** , pour réparation de quoi l'Arrêt le bannit du Royaume à perpétuité, déclare ses biens confisqués, &c.* d'autres accusés de complicité dans cette affaire qui paroissoient plus ou moins coupables, ont essuyé des condamnations plus ou moins graves.

Lorsque les filles soupçonnées de Grossesse, ne font point de déclaration, le ministere public peut-il les faire visiter ? Cette question s'est présentée en la Grand'Chambre le Mercredi 16 Décembre 1761 ; & en voici l'espéce.

Le Procureur Fiscal de Courcelles, ayant oui dire que la fille d'un Meûnier nommé Morand étoit grosse, demanda permission de la faire assigner pour lui faire déclarer son état ; & en cas de dénégation être visitée. Le Juge le lui permit, & la fille ayant été assignée, elle déclara n'être pas grosse.

Sur sa dénégation, le Juge ordonna la visite par un Chirurgien & une Matrone ; il en résulta qu'elle n'étoit point enceinte.

Morand & sa femme interjetterent appel de toute cette procédure ; prirent le Juge & le Procureur Fiscal à partie ; se plaignirent de l'injure faite à leur fille, & soutinrent que l'inquisition dont on avoit usé contr'elle, loin d'être autorisée par les Ordonnances, y étoit contraire, ainsi qu'aux bonnes mœurs.

M. l'Avocat Général Seguier, qui porta la parole dans cette affaire, observa qu'une inquisition semblable à celle dont on avoit usé contre la fille Morand, sur un simple bruit populaire, étoit repréhensible ; qu'on pouvoit bien punir celles qui céloient leur Grossesse, mais qu'une visite requise & ordonnée sur un simple soupçon, ne pouvoit se tolérer ; parce que cela donnoit atteinte à la réputation des filles, & mettoit obstacle à leur mariage. En conséquence, par l'Arrêt rendu ledit jour Mercredi 16 Décembre 1761, toute la procédure faite à Courcelles, a été délarée nulle ; le Juge & le Procureur Fiscal condamnés à rendre les vacations par eux perçues ; à mettre un Acte au Greffe, &c. & solidairement en 100 l. de dommages & intérêts ; & faisant droit sur les Conclusions de MM. les Gens du Roi, » a fait défenses aux Officiers de la

» Juftice de Courcelles de faire à l'avenir
» de pareils réquifitoires, & de rendre de
» pareilles Ordonnances ; fauf auxdits Offi-
» ciers dans le cas, ou par des informations
» juridiquement faites des femmes, veuves
» ou filles chargées d'avoir célé leur Grof-
» feffe, & d'être accouchées fans l'avoir dé-
» clarée, à les décréter & les interroger,
» même les faire vifiter, s'il y échéoit, & à
» inftruire leur Procès..... L'Arrêt impri-
» mé & envoyé à tous les Bailliages, &c. «

Sauvageau, liv. 3, ch. 202, rapporte un
Arrêt rendu au Parlement de Bretagne le 28
Mars 1637, par lequel le Parlement de
Rennes a déclaré bien intimés & pris à par-
tie des Officiers qui avoient décrété une fil-
le enceinte, parce qu'en leur déclarant fa
Groffeffe, elle avoit refufé d'en nommer
l'auteur.

Un Arrêt du Confeil d'Artois, (ce Confeil eft Souverain pour les matieres criminelles), rendu le 22 Janvier 1705, a condamné Jean-Baptifte Delemothe, Curé de
Meurchin, à être rompu vif, pour avoir, le
4 Juin 1704, *affafliné Anne Carlier, fa Pa-
roiffienne, enceinte de fes œuvres d'un enfant
de 6 à 7 mois* qu'elle portoit dans fon fein.

*Si quelque femme (ou fille), devant ou
après avoir été condamnée à mort, paroît ou
déclare être enceinte, les Juges ordonneront
qu'elle fera vifitée par Matrones, qui feront
nommées d'office, & qui feront leur rapport
dans la forme prefcrite au titre des Experts,
par notre Ordonnance du mois d'Avril 1667 ;
& fi elle fe trouve enceinte, l'exécution fera
différée jufqu'après fon accouchement.* Ordon.
Criminelle de 1670, tit. 25, art. 23.

Bornier fur cet article, & fur l'art. 5 du
titre 19 de la même Ordonnance, cite des
Loix & plufieurs Auteurs qui, comme lui,
difent que la Groffeffe doit fufpendre non-
feulement l'exécution de la Sentence qui
prononce la peine de mort, mais même toutes celles qui prononcent d'autres peines
corporelles.

Il ajoute qu'une fille ou femme groffe
condamnée à la queftion, » ne doit y être
» appliquée que 40 jours après fon accou-
» chement, à caufe de fa foibleffe & du dan-
» ger qu'il y a qu'elle ne vînt à mourir dans
» les tourmens, pour n'en pouvoir fuppor-
» ter la rigueur «. Il dit » même qu'après

» les 40 jours elle ne peut être appliquée à
» la queftion, fi on ne trouve une autre
» nourrice pour nourrir l'enfant...... ce qui
» a lieu encore que l'enfant ait été conçu
» en adultere, où que la femme ne foit en-
» ceinte que de 10 ou 20 jours feulement ;
» parce qu'encore que le fœtus n'ait point
» reçu fouffle & refpiration de vie, il y a ap-
» parence qu'il le recevra «.

La Groffeffe de Marie-Catherine Tape-
ret, veuve de Louis Lefcombat, condamnée par Arrêt rendu le 17 Janvier 1755, à
être pendue, & préalablement appliquée à
la queftion ordinaire & extraordinaire,
(comme *convaincue de complicité de l'affaffinat prémédité* de fon mari), ayant obligé
de différer l'exécution, elle fe déclara de
nouveau Groffe, lorfqu'après fes couches
on l'alloit appliquer à la queftion.

Les Juges du Châtelet, chargés de faire
faire cette exécution, ne jugerent point à
propos de paffer outre ; ils en référerent à
la Cour, qui ordonna une vifite ; mais les
Médecins & Chirurgiens ayant déclaré ne
pouvoir affirmer fi la nouvelle Groffeffe de
cette femme étoit réelle, que lorfque, fuivant fa déclaration, elle feroit à un terme,
il fut ordonné qu'il feroit furcis jufqu'aux
quatre mois expirés : la Groffeffe s'étant
alors trouvée fauffe, cette femme fut exécutée le 3 Juillet 1755.

Elifabeth Toillier, condamnée par Arrêt
rendu le 19 Janv. 1740, à être pendue pour
vol domeftique, & livrée à l'Exécuteur le
21, elle fe déclara enceinte de trois mois ;
en conféquence de cette déclaration, elle
fut vifitée par plufieurs Sages-Femmes,
qui déclarerent qu'elle n'étoit pas groffe ; une
feule rapporta qu'elle eftimoit cette fille
enceinte, & il fut ordonné un furcis à l'exécution : la peine de cette fille fut depuis
commuée.

En général, les mineurs ne peuvent efter
en Jugement fans l'affiftance d'un curateur.
Mais par Arrêt rendu le 10 Mai 1709, qu'on
trouve au Journal des Audiences, tome 5,
liv. 9, ch. 20, la Cour a ftatué fur une procédure faite à la requête d'une mineure âgée
de 18 ans, fans l'affiftance du curateur, dans
une accufation de rapt de féduction.

La fimple Déclaration d'une fille ou femme libre, que l'enfant dont elle eft groffe

eſt des œuvres d'une homme qu'elle nomme, ſuffit, ſuivant les Docteurs (Faber & Boerius), pour obliger l'accuſé à ſe charger proviſoirement (ſeulement) de la nourriture de l'enfant : mais elle ne ſuffit pas pour le contraindre à s'en charger définitivement, parce que perſonne n'eſt admis à dépoſer, encore moins à être Juge de ſa propre Cauſe.

Cependant, comme il ne ſeroit pas naturel d'abſoudre en pareil cas un accuſé qui a eu la prudence & le ſoin d'écarter les témoins ; & que d'ailleurs un fait de la nature de celui qui donne lieu à la Groſſeſſe d'une fille, n'eſt pas du nombre de ceux dont l'auteur puiſſe être aiſément connu ; qu'au contraire il ſe commet dans l'ombre du myſtere & loin des regards curieux, la Juriſprudence a voulu qu'on regardât la déclaration de la fille comme une préſomption, & que les preuves de liaiſon & de familiarité marquées, en formaſſent une autre. Ainſi la réunion de ces deux préſomptions, c'eſt-à-dire, de la déclaration de la fille & de la preuve de familiarités ſuffiſantes pour faire préſumer un commerce charnel, eſt regardée comme une preuve ſur laquelle il eſt permis de ſe décider en pareil cas ; mais l'une de ces préſomptions ſeroit ſeule inſuffiſante. V. à ce ſujet deux Arrêts rendus au Parlement de Normandie, les 15 Avril 1723, & 22 Décembre 1733, qui ont déchargé définitivement des hommes contre leſquels il n'y avoit que les déclarations faites par des filles, l'une deſquelles avoit réitéré la ſienne dans les douleurs de l'enfantement. Ces Arrêts ſont rapportés à la ſuite du Texte de la Coutume de Normandie, imprimée à Rouen en 1757.

La déclaration d'une fille qui a eu un commerce charnel avec pluſieurs hommes, n'eſt pas regardée comme une préſomption de la paternité de l'enfant dont elle eſt Groſſe : elle n'opéreroit même aucune action en faveur d'une pareille fille contre celui qu'elle accuſeroit, quand même la cohabitation ſeroit conſtante & prouvée ; parce que la vie licencieuſe d'une pareille fille laiſſe la paternité comme flotante entre ceux qui ont partagé ſes débauches, ainſi qu'on peut le voir dans Faber.

La Juriſprudence du Châtelet eſt confor-

me à cette maxime. Et j'ai fait juger contre la fille mineure d'un Marchand de Paris, qu'il ſuffiſoit qu'elle ſe fût abandonnée à pluſieurs hommes, (quoiqu'elle ne fût pas du nombre de ces filles qu'on trouve communément dans des lieux de débauche), pour ne pouvoir contraindre celui qu'elle accuſoit d'être l'auteur de ſa Groſſeſſe, à ſe charger de l'enfant dont elle étoit accouchée. La Sentence intervenue dans cette affaire, a été prononcée à l'Audience criminelle ſur délibéré, le 10 Octobre 1760. V. l'Arrêt du 10 Juillet 1706, au Journal des Audiences, tome 5, liv. 6, chap. 21.

Suivant l'ancienne Juriſprudence, on condamnoit au dernier ſupplice l'homme non marié qui avoit engroſſé une fille, s'il n'aimoit mieux l'épouſer. Mais on s'eſt relâché de cette ſévérité ; on en eſt quitte actuellement pour des dommages-intérêts, qui s'arbitrent ſuivant les circonſtanes. Cependant voyez *Rapt*.

Il eſt rare, par exemple, d'en voir accorder à une veuve ; & on en devine aiſément les raiſons : de même une fille majeure ne mérite pas beaucoup de faveur quand elle en demande à un mineur ; mais ſoit qu'on accorde des dommages-intérêts ou non, le pere, quand la paternité eſt conſtante, eſt ordinairement aſſujetti à ſe charger de l'enfant, à le nourrir & élever dans la Religion Catholique, Apoſtolique & Romaine, & à rapporter au Miniſtere public des certificats de l'exiſtence & de l'état de l'enfant tous les trois mois.

C'eſt ce que portent ordinairement les Jugemens qui interviennent dans ces ſortes d'affaires. On eſt auſſi dans l'uſage de condamner, tant le pere que la mere, en une peine pécuniaire, applicable au pain des priſonniers, ou autres œuvres pies.

Quelques Arrêts ont néantmoins condamné les pere & mere des bâtards, à contribuer chacun pour moitié à leur nourriture, entretien & éducation. M. de Freminville en rapporte un rendu au mois de Février 1726, à l'occaſion d'un bâtard né d'un Procureur & de ſa Cliente. V. le Dictionnaire de Police, verb. *Groſſeſſe*.

Sauvageau, liv. 3, chap. 104 & 119, dit que le Parlement de Rennes n'accorde aucune réparation *aux femmes & filles majeu-*

res engroffées. Il cite fur cela des Arrêts.

Le Samedi 26 Juin 1762, on a plaidé en la Grand'Chambre la queftion de fçavoir, fi une fille accouchée à l'âge de 21 ans, avoit pû, neuf ans après fes couches, pourfuivre le Procureur du Roi de Mondoubleau, qu'elle accufoit d'être l'auteur de fa Grof- feffe. L'accufé la foutenoit non-recevable, à caufe de fon long filence. M. l'Avocat Général Seguier, qui parla dans cette affai- re, obferva qu'il falloit diftinguer l'intérêt de la mere de celui de l'enfant; que la mere paroiffoit avoir renoncé à l'exercice de fon action, en différant pendant neuf ans de la diriger, mais qu'elle n'avoit pû préjudicier à l'intérêt de l'enfant par fon filence.

Il étoit prouvé dans le fait, que la Grof- feffe étoit du fait du Procureur du Roi. En conféquence, par Arrêt rendu ledit jour 26 Juin 1762, il a été condamné à nourrir l'en- fant, l'élever, &c. Sur la demande en dom- mages & intérêts de la fille, les Parties ont été mifes hors de Cour; mais faifant droit fur les Conclufions des Gens du Roi, l'Ar- rêt a enjoint au Procureur du Roi, de fe con- duire avec la décence convenable à la Char- ge dont il avoit l'honneur d'être revêtu.

GRUIER, GRUERIE.
V. *Eaux & Forêts.*

On nomme Gruiers, des Officiers des Eaux & Forêts, dont les fonctions font *de vifiter de quinzaine en quinzaine les Eaux & Fo- rêts de leurs Grueries,* (c'eft-à-dire, d'un cer- tain canton de la Maîtrife), *en la même for- te & maniere que les Officiers des Maîtrifes doivent procéder à leur vifite.* Voyez l'Or- donn. des Eaux & Forêts, tit. des Gruiers, art. 4.

On donne le nom de Gruerie à la Jurif- diction du Gruier; & cet Officier ne peut *juger que des délits dont l'amende eft fixée par les Ordonnances à la fomme de douze liv. & au-deffous: fi l'amende étoit arbitraire, ou excédente cette fomme (de 12 livres), le Gruier feroit tenu de renvoyer la Caufe & les Parties pardevant le Maître Particulier de la Gruerie, à peine de 500 liv. d'amende pour la premiere fois, & d'interdiction pour la récidive,* ibid. art. 3.

Par un Edit du mois de Mars 1707 (a), regiftré le 7 Mai, Louis XIV a créé un Ju- ge Gruier, un Procureur du Roi & un Gref- fier de Gruerie, pour être établis dans les Juftices des Seigneurs Eccléfiaftiques & Laïcs du Royaume, pour faire les mêmes fonctions dans ces Seigneuries, que les Gruiers des Grueries des Eaux & Forêts du Roi; & par une Déclaration du premier Mai 1708, regiftrée le 16, ces Offices ont été unis aux Juftices *des Seigneurs, foit hau- tes, moyennes ou baffes, ou fous tels titres qu'elles foient établies ou érigées;* de forte qu'aux termes de cette Déclaration, il n'eft point néceffaire d'avoir la Haute - Juftice pour avoir droit de Gruerie; il fuffit d'avoir payé la finance.

Aux termes de l'Edit du mois de Mars 1707, les Juges Gruiers connoiffent entr'au- tres chofes, en premiere Inftance, & à l'ex- clufion des Maîtres Particuliers des Eaux & Forêts, Table de Marbre, & tous Juges Royaux ordinaires, de toutes affaires & ma- tieres concernant les Eaux & Forêts, ufa- ges, délits, abus, dégradations & malver- fations fur iceux, de tous différends fur la chaffe & la pêche, du fait des marais, pâtis, communes, landes, éclufes, moulins, lar- cins de poiffons & de bois, querelles, excès & affaffinats commis à l'occafion de ce, &c.

Les Sentences des Gruiers s'exécutent par provifion, nonobftant l'appel & fans préju- dice d'icelui, pour les condamnations pécu- niaires qui n'excedent pas la fomme de dou- ze livres.

Les Gruiers peuvent vifiter les bois de leur reffort, faire prêter le ferment, & rece- voir les Sergens & Gardes d'iceux, fe taxer leurs épices & vacations; & lorfqu'ils affif- tent aux affiettes, martellages & récolle- mens des bois, comme ils le peuvent, aux termes de l'Edit de 1707, il eft dû au Juge Gruier 6 liv. par vacation, & les deux tiers, tant au Procureur du Roi qu'au Procureur Fifcal.

Une autre Déclaration du 8 Janv. 1715, enregiftrée le 23, ordonne que *toutes les ap- pellations des Jugemens rendus par les Juges Gruiers, & les autres Officiers des Seigneurs particuliers fur le fait des Eaux & Forêts,*

(a) Un pareil Edit, daté du mois de Juillet 1707, fut adreffé au Parlement de Tournai. Mais, par Arrêt du Con- feil du 18 Octobre fuivant, les Provinces de Flandres font difpenfées de l'exécution de cet Edit.

soient relevées directement aux Siéges de Table de Marbre.

GUET ET GARDE.

Le Guet & Garde est un droit Seigneurial que chaque habitant (non Noble ni Ecclésiastique) des Châtellenies (a) paye au Seigneur Châtelain, au lieu de la Garde & du Guet que le Seigneur Châtelain pouvoit autrefois exiger qu'ils fissent en son Château. V. le Let sur l'art. 5 de la Coutume de Poitou.

Les Capitulaires de Louis-le-Débonnaire, de l'année 815, & de Charles-le-Chauve, des années 844 & 864, rapportés par Baluze, tome premier, pag. 549, & tom. 2, page 844, font connoître que l'exercice de ce droit étoit déféré aux Comtes qui administroient alors la Justice dans les Provinces. V. aussi le Dictionnaire de Ducange sur le mot *Uvacta*.

L'Ordonnance de Louis XI de 1479 parle du droit de Guet & Garde comme d'un droit de Châtellenie ordinaire & annuel, qu'elle autorise à l'égard des Seigneurs qui en ont la possession.

Cette même Ordonnance modere ce droit à 3 sols par an pour chaque habitant.

Le droit de Guet & Garde est, par sa nature, un droit personnel dû au Seigneur Châtelain à cause de sa Jurisdiction. Il n'est dû, à cause du Fief, que par accident. Voy. les Coutumes de Bourbonnois, Auvergne & Châlons.

En effet, ce droit n'est dû que par ceux qui habitent dans le territoire de la Châtellenie : il n'est point dû par ceux qui y possédent des fonds, lorsqu'ils demeurent ailleurs. Il n'est dû, ni par les veuves, ni par les Nobles ; celui qui posséde un grand nombre d'héritages, ne paye pas plus que celui qui en posséde peu, ou qui n'en posséde point. V. d'Argentré sur les art. 97 & 277 de l'ancienne Coutume de Bretagne.

Si quelques Auteurs ont dit que le droit de Guet & Garde est réel & patrimonial, ils n'ont prétendu lui donner cette qualité que relativement au Seigneur qui le perçoit & à sa Terre, de la même maniere qu'on dit que les Justices sont patrimoniales, c'est-à-dire, qu'elles se transmettent avec la Terre.

Une infinité d'Auteurs (tels que Chassanée sur Bourgogne, Samson sur Tours, le Feron sur Bordeaux, Boyer, Papon, Despeysses, &c.) décident que les Seigneurs qui ont droit ou possession pour jouir du droit de Guet & Garde, doivent être maintenus aux termes de la Déclaration de Louis XI & de celle de Louis XII (de 1504, par laquelle il est dit qu'*il doit être payé aux Seigneurs ayant droit de Guet par les Sujets & populaires étant ès limites & places esquelles on prétend ledit Guet être dû*).

Pour que le droit de Guet & Garde puisse s'exiger par les Seigneurs Châtelains, il n'est pas nécessaire que ce droit soit approuvé par un article formel de la Coutume ; il suffit que le droit soit certain en soi, & qu'il n'y ait point d'article exclusif & prohibitif de ce droit.

(a) Lorsque la Ville de Dijon étoit menacée d'une maladie contagieuse, les Ecclésiastiques furent, comme les autres habitans, assujettis à l'inspection sur la Garde des Portes ; & Sa Majesté déclara, par Lettres-Patentes du 23 Août 1721, que ce seroit sans tirer à conséquence. Voyez sur la même matiere, la Déclaration du 5 Février 1722, régistrée au Parlement de Dijon, le 11 des mêmes mois & an.

H

H A B   H A B

HABILE A SUCCÉDER.
V. *Acte d'Héritier, Héritier, Inventaire, Succession.*

ON nomme Habile à Succéder ceux que la Loi appelle pour recueillir la succession de quelqu'un.

Ce que fait un héritier saisi par la Loi en qualité d'Habile à Succéder, n'induit point l'addition d'hérédité ; mais ce qu'il peut faire en cette qualité, se réduit aux Actes conservatoires.

Une personne Habile à Succéder peut, par exemple, en cette qualité, faire apposer

le

le scellé sur les biens du défunt, faire faire inventaire, & même faire vendre les meubles & effets par un Officier public. Tous ces Actes seront bons, & on ne pourra pas reprocher à celui qui les aura fait faire, qu'il a fait acte d'héritier, si dans ce même acte il n'a pris que la qualité d'*Habile* à se dire & porter héritier.

Mais il prendroit inutilement la qualité d'Habile à Succéder dans les actes qui ont un autre objet que la conservation des effets de la succession. Il feroit acte d'héritier si, par exemple, il vendoit lui-même des meubles ou autres effets de la succession, au lieu de les faire vendre par un Officier public dans la forme ordinaire, s'il touchoit des revenus, s'il dirigeoit des actions, s'il faisoit un recouvrement ou autre chose semblable.

Si l'héritier ne peut pas vendre les meubles lui-même en qualité d'Habile, il peut encore moins vendre des immeubles: cependant il arrive souvent que la vente prompte & subite d'un Office doit être regardée comme un acte conservatoire; par exemple, la vente des Offices de Notaire, de Procureur, &c. doit être faite promptement pour la conservation des pratiques qui y sont attachées, & qui en augmentent le prix; & pour que d'une pareille vente on ne puisse pas induire l'addition d'hérédité, on est au Châtelet dans l'usage de se retirer devant M. le Lieutenant Civil, qui, après avoir entendu les Parties, rend une Ordonnance en son Hôtel, par laquelle il autorise la veuve & ceux qui sont Habiles à Succéder; à faire la vente de ces Offices, pratiques, &c. sans que la vente puisse leur attribuer aucune qualité.

On en use de même pour les autres actes que l'intérêt des successions exige devoir être promptement passés, comme pour la cession des baux des boutiques achalandées, pour les congés, &c. Ce qui se fait en vertu de semblables Jugemens, n'induit point l'addition d'hérédité: telle est la Jurisprudence du Châtelet; & je crois qu'on s'en plaindroit inutilement en la Cour.

Il a été jugé, au rapport de M. de la Guillaumie, par Arrêt rendu en la Grand'Chambre, en l'année 1722, en faveur des Foubert d'Orléans, que le bail d'une maison dépendante d'une succession, fait par un héri-

tier de droit, ne le faisoit pas présumer héritier, & que c'étoit un acte conservatoire. On pense autrement au Châtelet.

HABILITATION.

Ce mot signifie rendre capable; on l'emploie dans les Lettres d'Emancipation qui s'accordent dans les Chancelleries: ces Lettres habilitent les mineurs à l'effet d'administrer leurs immeubles & de disposer de leurs meubles. V. *Emancipation.*

En Provence, où la puissance paternelle a lieu, on admet une Habilitation qui diffère de l'émancipation, en ce qu'elle n'affranchit pas totalement les enfans de la puissance paternelle, puisqu'elle ne les met pas en état de tester, même avec le pouvoir du pere.

Cette Habilitation inconnue dans les autres Provinces régies par le Droit-Ecrit, & que Duperrier appelle un acte tout-à-fait Provençal, autorise seulement les enfans à acquérir, régir & administrer leurs biens, négocier, &c.

La puissance paternelle ne cesse donc d'avoir lieu en Provence comme ailleurs, que par l'émancipation faite par un acte public en présence du Juge & d'un Consul. Il faut même qu'elle soit insinuée; & on ne l'induit pas de l'Habilitation, à moins que le fils habilité n'ait demeuré séparé de la maison de son pere pendant dix ans complets.

L'Habilitation Provençale peut se faire, soit par contrat de mariage, soit par acte particulier. Il n'est pas nécessaire qu'elle soit judiciaire, comme l'émancipation; il suffit qu'elle soit faite devant Notaire.

Tout cela est attesté par des Actes de Notoriété de Provence, des 7 Janvier 1697, & 26 Juin 1722.

HABITANS.

V. *Chœur & Cancel*, *Communauté d'Habitans*, *Décimateurs*, *Parcours*, *Pâturages*, *Presbytere*, *Réparations*, *Succursales*, & *Usages.*

Ce mot signifie ceux qui demeurent dans un lieu, soit Ville, Village ou Paroisse.

Lorsque les Habitans d'une Paroisse ou Communauté sont en cause pour des droits réels, ils comprennent les propriétaires des biens situés sur la Paroisse; de maniere que, quoique ces propriétaires demeurent ailleurs, ils font en cette occasion cenfés faire partie du nombre des Habitans, & ils doivent fupporter leur part des frais que ces fortes de conteftations occafionnent.

Les Habitans d'une Paroiffe & les propriétaires des biens qui font fitués dans fon étendue, font tenus de réparer & réédifier les nefs des Eglifes Paroiffiales, la clôture des cimetieres, & de fournir aux Curés un logement convenable, fuivant l'art. 22 de l'Édit du mois d'Avril 1695, & une Déclaration de l'année 1683; mais ni l'entretien, ni les reconftructions du chœur & du cancel *des Eglifes Paroiffiales*, ainfi que *les livres, les ornemens & les vafes facrés*, ne font pas à la charge des Habitans; c'eft à la Fabrique à fupporter ces charges, dont les Gros Décimateurs font néantmoins tenus fubfidiairement. Mais voyez l'Arrêt du 29 Mars 1758, que je rapporte à l'article *Décimateur.* Voyez auffi *Presbytere.*

Un Auteur moderne dit que quelques-uns ont cru que les bas côtés ou chapelles collatérales du Chœur étoient ce qu'on appelle cancel, chancel ou chanceau, mais que c'eft une erreur; felon lui, le cancel eft la partie du chœur d'une Eglife qui eft entre le maitre-autel & la baluftrade qui le ferme; c'eft le lieu où fe mettent les Miniftres de l'Eglife qui fervent à l'autel.

Le mot cancel dérive du mot latin *cancellum*, dont il eft parlé en plufieurs endroits des Capitulaires de Charlemagne, & qui fignifioit la barriere qui fervoit dans les Tribunaux pour garantir les Juges de la foule du peuple. Ce mot de cancel, chancel ou chanceau, qui n'étoit ufité que pour les Tribunaux, a paffé aux Eglifes; & actuellement on nomme le plus communément *cancel* la partie du chœur qui eft entre le maitre-autel & la baluftrade qui la ferme. Furetiere donne cette définition à l'article *Cancel*; le Dictionnaire de Trévoux, celui de l'Académie, le Gloffaire de Ducange, & le Dictionnaire Univerfel de Hofman, le définiffent de même. On a auffi appellé ce lieu *Presbytere*, parce que c'eft dans le cancel que fe mettent les Miniftres fervans à l'Office Divin.

On s'accorde communément à étendre le chœur & le cancel de l'Eglife, jufqu'à l'endroit où fe trouve le Crucifix, & à affujettir les Décimateurs aux réparations jufqu'à cet endroit inclufivement.

Plufieurs Arrêts récemment rendus au Grand-Confeil, ont jugé que les chapelles collatérales du chœur n'étoient pas à la charge du Gros Décimateur, quand elles étoient fous une voûte différente de celle du chœur.

Il y en a d'abord un rendu le 9 Janvier 1739, qui a déchargé les Jéfuites de Charleville & le Chapitre de la Sainte Chapelle de Paris, Gros Décimateurs de la Paroiffe de Maizieres, des réparations qui étoient à faire aux chapelles de cette Eglife.

Il y en a un autre rendu le 15 Mai 1739, par lequel il a été jugé que les Chanoines Réguliers de Château-Landon, Gros Décimateurs de cette Paroiffe, n'étoient tenus de contribuer que pour moitié aux réparations du clocher, qui étoit pofé, partie fur le chœur & partie fur une chapelle collatérale.

Un Arrêt rendu le 22 Août 1748, a débouté les Habitans de la Paroiffe de Coulonges de la demande qu'ils avoient formée contre le Gros Décimateur de cette Paroiffe, pour le faire condamner aux réparations des bas côtés du chœur.

Un dernier Arrêt, rendu le 4 Septembre 1749, en condamnant le Gros Décimateur de la Paroiffe de Fontenay, à faire les réparations du chœur & du cancel, ordonne que les Habitans feront tenus de faire faire les réparations aux Chapelles collatérales du chœur; mais il condamne les Gros Décimateurs à faire rétablir les piliers buttans qui paffoient par-deffus les chapelles collatérales, & alloient foutenir le chœur.

Lorfque le clocher eft bâti fur le chœur, on juge que les réparations qui y furviennent, & même les reconftructions, font à la charge des Gros Décimateurs. Il y a à ce fujet un Arrêt de la Cour du 26 Juin 1703, en faveur des Curé & des Habitans de Pontvallin, contre les Moines de S. Pierre de la Couture.

Si le clocher eft conftruit fur la nef, c'eft aux Habitans à l'entretenir, le réparer ou le reconftruire; & s'il eft partie fur l'un, partie fur l'autre, les uns & les autres doivent contribuer à cette réparation; c'eft l'espéce de l'Arrêt rendu le 15 Mai 1739, pour Château-Landon, dans lequel il étoit constaté, par le rapport des Experts, que la tour dont il s'agissoit, étoit portée sur deux gros piliers montés, qui formoient l'un des arcs doubleaux du chœur, & la tour formoit une même bâtisse que le chœur.

Il y a un autre Arrêt du 2 Avril 1723, confirmatif d'une Sentence du 17 Octobre 1721, homologative d'une Transaction du premier Octobre de la même année, par laquelle le Chapitre de Notre-Dame de Paris s'est obligé de payer la moitié de la dépense pour l'entretien du Beffroi de Bagneux, qui, par sa situation, est à la charge commune des Décimateurs & des Habitans. Au reste, il paroît certain que, quand les bas côtés ou collatéraux du chœur sont sous le même comble, c'est aux Décimateurs à réparer le tout. Voyez Duperray sur l'Edit de 1695, édition de 1723. Mais voy. aussi ce que je dis au mot *Eglise*.

Les Habitans d'une Paroisse ne peuvent intenter aucune action en nom collectif, sans une autorisation spéciale de l'Intendant de la Province. Voyez *Communauté d'Habitans*.

Les Habitans d'une Paroisse ne peuvent être entendus comme témoins, quand il s'agit de régler la quotité de la dixme de cette même Paroisse. Voyez les Cahiers du Clergé présentés au Roi en 1725, & la réponse de Sa Majesté, à l'art. 2 de ces Cahiers.

Lorsqu'une personne a établi son domicile dans une Paroisse, elle doit participer à tous les priviléges dont jouissent les anciens Habitans; par exemple, s'ils ont droit de pâturage dans une prairie, de chauffage dans une forêt, ou autre droit pareil, le nouvel Habitant devra en profiter, s'il n'y a Coutume contraire.

Par la même raison, ce nouvel Habitant est tenu de contribuer au payement des dettes contractées par la communauté avant qu'il soit venu demeurer dans le lieu. Cela a été ainsi jugé par deux Arrêts; l'un de 1596, cité par M. le Bret, action 44; l'autre du 11 Janvier 1673, qu'on trouve dans le Journal du Palais.

Les biens d'un habitant ne peuvent être saisis pour les dettes de la Communauté en général : on ne peut (pour le payement de ces sortes de dettes) s'adresser qu'aux biens de la Communauté même; & si elle n'en a pas, c'est à l'Intendant de la Province qu'il faut demander la permission de faire imposer sur les Habitans une somme suffisante pour payer ce qui est dû. Voy. *Communauté d'Habitans*.

HABITATION.
V. *Douaire & Usufruit*.

On entend ordinairement par ce mot, le droit d'habiter une Maison, un Château ou autre demeure.

L'article 24 de la Coutume de Vermandois accorde à la veuve d'un Noble le droit de *choisir pour sa demeure une des maisons Seigneuriales ou autres, telle que bon lui semble...... appartenant à la succession du mari, sans diminution de ses autres droits, pour y demeurer tant qu'elle reste en viduité. Mais où elle se remarieroit, du jour qu'elle sera remariée (elle) perd la demeure qu'elle avoit en ladite maison; & s'il n'y avoit qu'une demeure, ladite femme en auroit moitié......*

Ce que la Coutume de Vermandois accorde à la veuve d'un Noble, il est d'usage à Paris de le stipuler dans les contrats de mariage des personnes de qualité; on stipule même souvent que, si le mari prédécéde, sa succession sera chargée de payer annuellement à la veuve une certaine somme pour le droit d'Habitation; & si une veuve, qui jouit de ce droit, se remarie, elle le perd à Paris comme en Vermandois (à moins qu'il ne soit autrement convenu); parce que son nouveau mari doit la loger, & qu'il n'est pas raisonnable que la succession du premier mari loge le second, qui doit naturellement demeurer avec la veuve qu'il épouse. Voyez à ce sujet un Arrêt rendu le 24 Mai 1675, rapporté au Journal du Palais, & par Soefve, liv. 7, tit. 8.

Il y a cependant des Auteurs qui prétendent que la veuve ne perd pas, par le convol, l'Habitation stipulée à Paris, ni la somme convenue pour ce droit. Bourjon est de ce sentiment; il n'en dit pas la raison.

Ceux qui sont de son avis, disent que l'Habitation est réputée faire partie du douaire, que la femme conserve en se remariant, & que le convol ne peut pas anéantir la convention. Mais cette opinion ne vaut rien ; en effet, la femme qui se remarie, quitte le nom & l'état qu'elle avoit : elle ne représente plus la dignité de la maison & de la famille de son défunt mari ; & encore une fois, on ne sçauroit présumer qu'un premier mari ait donné à sa future un droit d'Habitation, qui dût servir à un autre époux. D'ailleurs, l'Habitation & le douaire sont des choses absolument distinctes ; & de plusieurs Coutumes qui parlent du droit d'Habitation, celle de Sedan est la seule qui en conserve quelque chose à la veuve qui se remarie. Les Coutumes de Laon, Châlons, Rheims, Peronne, Perche, &c. veulent que la femme qui se remarie, la perde.

D'après ces Coutumes qui forment le Droit commun, on a jugé, par Sentence rendue au Châtelet le Mercredi 21 Février 1759, que la veuve de Me Andrieux, Avocat, ne pouvoit plus, au moyen de ce qu'elle avoit convolé à des secondes nôces, conserver, ni jouir du droit d'Habitation que son contrat de mariage lui accordoit, en cas de survie, du Château de Manereux, jardins & accins appartenans à son défunt mari, & situés dans la Coutume de Sens, qui, comme celle de Paris, est muette sur ce point.

La Sentence du Châtelet a été confirmée en la Cour, après bien des difficultés. Elle fut rapportée en la Grand'Chambre le 14 Juillet 1760, & les opinions des Juges se trouverent partagées. Il y eut aussi partage en la première Chambre des Enquêtes, où l'affaire fut portée le 22 du même mois ; mais le 24, il y eut vingt-six voix en la seconde Chambre, pour la confirmation de la Sentence, & deux seulement pour accorder l'Habitation à la dame de Mouron, avant veuve de Me Andrieux, *sa vie durant*.

On a prétendu qu'une veuve à laquelle son contrat de mariage accordoit, *sa vie durant*, l'Habitation dans un Château situé dans la Coutume de S. Quentin, locale de celle de Vermandois, qui prive la femme de son droit d'Habitation, quand elle se remarie, devoit en être privée, parce qu'elle s'étoit remariée ; mais, par Arrêt rendu le 20 Août 1726, au rapport de M. de Rollinde, en faveur des sieur & dame d'Artois, contre le sieur Lespinay de Marteville, il

a été jugé que la veuve ne perdoit point l'Habitation par le convol, & que les mots, *sa vie durant*, ne devoient pas s'entendre de la vie viduelle, mais de la vie naturelle.

Dans cette espéce, l'héritier avoit demandé une partie du Château, pour faire valoir les fonds ; mais sur ce chef, les opinions des Juges ont été partagées, & les Parties se sont depuis accommodées.

La Coutume de Ribemont n'assujettit point les héritiers du mari à mettre en bon état la maison qu'elle accorde à la femme pour son Habitation. Elle doit prendre cette maison en l'état où elle se trouve au moment de la mort du mari.

Tout au contraire, quand le droit d'Habitation est conventionnel, la Coutume de Ribemont oblige les héritiers à mettre la maison en bon état. Voyez l'art. 98.

Comme la Coutume de Paris n'accorde point le droit d'Habitation, si les conjoints se sont soumis à sa disposition par leur contrat de mariage, la veuve ne peut pas prétendre l'Habitation dans un Château appartenant au mari, & situé dans une Coutume qui la lui accorde ; parce qu'on regarde cette soumission comme une dérogation à cet égard à la Coutume de la situation. Il en seroit autrement, si la soumission à la Coutume de Paris, par le contrat de mariage, ne concernoit que la communauté, comme il arrive ordinairement ; parce que le droit d'Habitation est indépendant de la communauté.

La Veuve qui a droit d'Habitation dans un Château, doit jouir des fruits du jardin, des pigeons du colombier, & des poissons qui sont dans les fossés ; mais elle ne doit pas jouir du produit des pressoirs, ni des futayes qui peuvent être enclos dans un parc.

Doit-elle jouir des Taillis qui sont dans le jardin & dans le parc ? Cette question s'est présentée entre les héritiers & la veuve du Maréchal de Montesquiou.

Le contrat accordoit à Madame *de Montesquiou, son Habitation dans tel Château qu'elle voudroit choisir, avec les jardins, pourpris & préclôture, tant qu'elle demeureroit en viduité* ; & elle avoit choisi le Château du Plessis-Picquet, dont le parterre, parc &

bois contenoient quatre-vingt-cinq arpens, dont cinquante ou cinquante-cinq arpens étoient en taillis dans l'intérieur des allées.

L'héritier prétendit que Madame de Montesquiou ne devoit jouir que du Château & de la basse-cour ; la Sentence des Requêtes du Palais, du 8 Mai 1726, lui accorda la jouissance du Château & de tout ce qui étoit compris dans le parc, à l'exception des bois taillis, étant en coupe réglée.

Madame de Montesquiou se pourvut contre cette Sentence, dont elle demanda la réformation, sur l'exception de la jouissance des taillis ; &, par Arrêt rendu le Vendredi 28 Mars 1727, la Sentence fut infirmée, & la jouissance des taillis accordée à Madame de Montesquiou. Voyez un Arrêt presque semblable du 9 Décembre 1670, rapporté par Soefve.

Lorsqu'il n'y a qu'un seul Château dans la succession du mari, si la veuve a droit d'Habitation, elle doit en partager la jouissance avec l'héritier, ainsi que les fruits du colombier. Bourjon dit que cela a été ainsi jugé au Châtelet.

Le contrat de mariage de la Duchesse de la Force lui avoit accordé son Habitation dans le Château de la Force, situé en Périgord, ou dans celui de la Boulaye en Normandie, à son choix ; & ayant déclaré qu'elle choisissoit celui de la Boulaye, il s'est agi de sçavoir s'il lui seroit accordé en totalité. Le Duc de la Force, héritier, soutint la négative. Il disoit que la douairiere, qui n'avoit qu'un droit d'Habitation, ne devoit pas déloger le propriétaire, & que la Duchesse son épouse devoit y être logée convenablement comme la douairiere ; on lui répondoit qu'y ayant plusieurs Châteaux dans la succession, la veuve devoit avoir la totalité de celui qu'elle avoit choisi. Cependant, par Arrêt rendu au Grand-Conseil le 6 Août 1737, il a seulement été accordé à la Duchesse de la Force, veuve, *une Habitation convenable à son état, dans le Château de la Boulaye, laquelle seroit réglée par le Conseil.* A l'effet de quoi il fut ordonné que le Château, les cours, potagers, jardins, &c. seroient visités par Experts, qui dresseroient *du tout un plan figuratif, & donneroient leur avis sur ce qui pouvoit être laissé à la Du-*

chesse douairiere, pour former convenablement son Habitation......

D'après le procès-verbal & le plan des Experts, le Grand-Conseil a, par Arrêt de l'année 1739, adjugé à la Duchesse, douairiere, environ les deux tiers du Château, le potager en entier, &c.

Le droit de choisir dans plusieurs Châteaux de la succession du mari, que la Coutume de Vermandois accorde à la veuve, n'a pas lieu dans d'autres Coutumes où l'Habitation lui est accordée. Si la Loi où la convention ne s'explique pas sur cela, l'héritier, comme plus favorable, a droit d'en affranchir un dans le nombre de ceux qui se trouvent dans la succession ; & la veuve peut choisir dans les autres. Voyez Duplessis & le Brun.

Quand le droit d'Habitation est donné par la Coutume, il saisit de plein droit, comme le douaire dans les Coutumes où le douaire saisit. Mais quand ce droit est conventionnel, il faut le demander pour jouir des fruits. Voyez Dumoulin, sur l'article 86 de la Coutume de Vitry ; Chopin, sur Paris ; Guesnois, dans ses Conférences, sur l'article 164 de la Coutume de Clermont, &c.

Quand l'Habitation est donnée ou léguée en général, emporte-t-elle toute la maison, ou seulement ce qui est précisément nécessaire ? Je crois, sur cette question, qu'il faut peser les termes dans lesquels la libéralité est conçue, & qu'il faut distinguer entre l'Habitation d'une maison, & l'Habitation dans une maison.

Despeysses, tome 1, partie 2, tit. 3, art. 3, n. 4, dit que le legs d'une maison fait à quelqu'un pour l'habiter, comprend la propriété de la maison. Il fortifie son opinion par la citation de Barry & de Mantica.

» Le droit d'Habitation (dit Domat) s'é-
» tend à toute la famille de celui qui a ce
» droit ; car il ne peut habiter séparément
» de sa femme, de ses enfans & de ses do-
» mestiques. Il en est de même, si ce droit est
» acquis à la femme..... même avant son
» mariage « : (pourvû qu'il ne fasse pas partie de ses droits viduels dans la succession d'un premier mari, ainsi que je l'ai dit).

» L'Habitation s'étend à toute la maison,
» ou seulement à une partie, selon qu'il pa-

» roît réglé par le titre; que fi l'Habitation
» eft donnée indéfiniment fans marquer, ni
» la maifon entiere, ni quelques lieux, mais
» feulement pour en ufer, ou felon la con-
» dition, ou felon les befoins de celui à qui
» ce droit eft acquis, elle comprendra les
» commodités néceffaires, quand il ne ref-
» teroit rien au propriétaire.

» Celui qui a l'Habitation d'une maifon
» ou d'une partie, peut céder & louer fon
» droit, fans y habiter lui-même; fi ce n'eft
» que fa condition fût autrement réglée par
» fon titre «.

Le droit d'Habitation dure pendant la
vie de celui qui a ce droit, excepté la veuve qui fe remarie, comme ci-deffus.

Le droit d'Habitation prend fin par la
ruine de la maifon, quand même elle viendroit à être rebâtie par le donateur.

HABITS DE DEUIL.
V. *Deuil & Veuve.*

HAINAUT.
V. *Aubaine, Bulle & Vingtiéme.*

On nomme Hainaut, l'une des dix-fept
Provinces des Pays-Bas.

Les Habitans d'une partie du Hainaut
foumis à la Reine de Hongrie, ne font pas
fujets au droit d'Aubaine; ils fuccédent à
leurs parens décédés en France, & les François fuccédent à leurs parens décédés en
Hainaut. Cela eft ainfi réglé par le Traité
fait à Crefpy, entre François I & Charles
V, le 18 Septembre 1544; & par le Traité
de Paix, conclu entre la France, l'Empereur & l'Empire, à Baden, le 7 Septembre
1714.

En conféquence de ces Traités, la Cour
a, par Arrêt rendu en la Grand'Chambre le
11 Juillet 1741, au rapport de M. Tubeuf,
contre le Receveur des Domaines d'Amiens,
adjugé la fucceffion de François Brifard, né
à Mons, & décédé à Wailly près Amiens, à
Marie-Elizabeth Mear, & autres héritiers
de Brifard, qui tous étoient nés à Mons.
Cet Arrêt eft imprimé.

Il y a cette remarque à faire fur cet Arrêt, que François Brifard eft décédé au
mois de Mars 1736, & par conféquent avant
la Paix qui fut fignée depuis entre le Roi
& l'Empereur. Le Receveur des Domaines

argumentoit de cette circonftance; on lui
répondoit, 1°. que, quand les Puiffances font
en guerre, les Traités ne font pas pour cela
anéantis, mais feulement fufpendus à certains égards.

2°. Que les Traités de Paix ont toujours
un effet rétroactif.

3°. Que dès le 3 Octobre 1735, il y avoit
eu des articles préliminaires de Paix, fignés
entre le Roi & l'Empereur, Souverain de
Mons; & 4°. qu'il n'y avoit pas eu de guerre en Hainaut.

La formalité du contrôle des Actes eft
établie pour le Hainaut François, comme
pour les autres Provinces, mais elle ne s'y
remplit pas; les Habitans payent à ce fujet
une indemnité au Roi, à titre d'abonnement.

Il y a une Déclaration du 9 Juillet 1738,
concernant les acquifitions des Gens de
Main-morte en Hainaut. Voyez *Gens de
Main-morte.*

HAINE.
Voyez *Ab irato.*

HALLES.
V. *Foire, Havée, Marché & Minage.*

HARAS.

On donne le nom de Haras aux endroits
où l'on met des jumens poulinieres avec
des étalons, pour faire race.

Le nom de Haras fe donne auffi en quelques endroits aux étalons que le Roi fait
confier dans divers endroits du Royaume,
pour couvrir les jumens des particuliers.

Les propriétaires des jumens au-deffous
de l'âge inconnu, qui ont la taille requife,
font affujettis, par divers Réglemens, à les
faire conduire chez le Garde de l'étalon que
le Roi fournit, & de payer 3 liv. & un boiffeau d'avoine pour le faut de chaque ju-
ment, lefquelles peuvent être conduites jufqu'à trois fois, fi elles n'ont pas retenu les
deux premieres, fans qu'on puiffe exiger
rien au-delà.

Les Gardes des étalons, & ceux qui ont
à ce fujet quelqu'infpection, jouiffent de
plufieurs priviléges, & finguliérement de
celui d'être taxés d'office dans les pays taillables, d'une gratification dans les Provinces de Franche-Comté, Languedoc & Dau-

phiné, où la taille eſt réelle ; de l'exemption de collecte, de tutelle, curatelle, guet & garde, convoi & ſervice de troupes dans leur marche, &c.

Le Domeſtique qui prend ſoin de l'étalon, eſt exempt de tirer au billet de la Milice.

Tous ces priviléges, ainſi que les régles preſcrites pour les Haras, Etalons, &c. ſont détaillés dans des Arrêts du Conſeil des 17 Octobre 1665, 29 Septembre 1668, 28 Octobre 1683 ; dans un Edit de l'année 1706 ; dans une Déclaration du 22 Septemb. 1709, & dans un Réglement revêtu de Lettres-Patentes du 22 Février 1717. V. le Traité du Gouvernement des biens des Communautés.

La Surintendance des Haras des Provinces de Normandie, Limoges & Auvergne, eſt réunie à la charge de Grand-Ecuyer, par Arrêt du Conſeil du 28 Janvier 1764.

HARO. (Clameur de)

Le Haro eſt une voie de droit particuliere à la Province de Normandie ; en conſéquence de quoi » les perſonnes privées empê-
» chent qu'il ne ſoit paſſé outre à l'exécu-
» tion de quelqu'entrepriſe faite pour les
» troubler en la poſſeſſion de ce qu'elles
» prétendent leur appartenir ; ce qui ſe fait
» en invoquant la protection de la Juſtice,
» & en contraignant (celui qui eſt chargé
» de faire l'exécution) de venir à l'inſtant
» devant les Juges, pour que (s'il y a lieu)
» défenſes ſoient faites de paſſer outre à
» l'exécution de ce qui a été entrepris con-
» tre l'intérêt du Demandeur en Haro «.
C'eſt ainſi que le Haro eſt défini par Penel, l'un des Commentateurs de la Coutume de Normandie.

Un autre Commentateur plus moderne de la Coutume de Normandie, dit que le Haro eſt une voie de droit ou Clameur » pu-
» blique, pour faire comparoir, à l'inſtant
» de la Clameur de Haro, la perſonne ſur
» lequel le Haro eſt interjetté devant le
» Juge, ſans aucune Ordonnance ni permiſ-
» ſion, ni Mandement de Juge, ni Senten-
» ce, ni Arrêt, même ſans le miniſtere de
» Sergent ou Huiſſier «.

La Clameur de Haro peut être formée par toutes ſortes de perſonnes & ſur toutes ſor-
tes de perſonnes de l'un & de l'autre ſexe, Laïque ou Eccléſiaſtique ; & elle a lieu, tant en matiere civile que criminelle ; on l'admet même dans les matieres où il s'agit de la poſſeſſion des Bénéfices & des biens d'Egliſe.

Il faut néantmoins en excepter les Commis, Huiſſiers, Sergens & autres Employés ou Prépoſés au recouvrement des deniers Royaux. L'art. 24 du tit. 10 de l'Ordonnance des Aides de Rouen & des Lettres-Patentes du 15 Mai 1725, expédiées ſur l'Arrêt du Conſeil du 28 Juin 1710, regiſtrées à Rouen le 18 Juin 1725, défend de faire aucune Clameur de Haro ſur les perſonnes qui exercent ces fonctions, à peine de tous dépens, dommages & intérêts, de 100 liv. d'amende ; elles défendent auſſi à tous Huiſſiers de recevoir le Haro, & à tous Juges d'y avoir égard, à peine d'en répondre en leur nom, d'interdiction, &c.

Lorſqu'une perſonne demande le Haro, ſa Partie, ou l'Officier chargé de l'exécution, doit y déférer ſous les plus grandes peines ; ſa nature eſt ſi efficace, dit Gode-
» froy (autre Commentateur de la même
» Coutume,) que celui ſur lequel il eſt ex-
» tendu, ſe doit arrêter & comparoir en Juſ-
» tice ; & s'il s'enfuit, il peut être pourſuivi
» & repréſenté devant le premier Juge, ou
» conſtitué priſonnier, juſqu'à ce qu'il ait
» rendu raiſon de ſon fait.

Terrien dit auſſi que » celui ſur lequel
» il (le Haro) eſt fait, eſt priſonnier du
» Roi «.

Nous regardons le Haro & ſes effets comme extraordinaires & odieux, ſans trop ſça-
voir pourquoi ; en effet, en y faiſant bien attention, on voit que la Clameur de Haro ne différe qu'en bien peu de choſes du *Référé*, qu'une Partie contre laquelle s'exer-
cent des contraintes, peut demander à Paris devant M. le Lieutenant Civil. Dans le Haro, comme dans le Référé, chacune des Par-
ties, & même l'Officier chargé de contrain-
dre, plaide ſa cauſe, explique ſes raiſons : c'eſt au Juge à décider ſi le Haro ou le Référé ſont bien ou mal à propos demandés, & à prononcer ce que ſa prudence lui ſug-
gere.

Baſnage, le plus profond des Commentateurs de la Coutume de Normandie, prétend

que le mot Haro eſt la même choſe que le nom de Raoul, Duc de Normandie, auquel les Normands avoient coutume de ſe plaindre hautement, quand on vouloit les opprimer; & comme la ſeule prononciation du mot Haro ſuffit pour contraindre l'Exécutant de ſe tranſporter chez le Juge, cet Auteur en prend occaſion d'exalter Raoul, » comme un illuſtre Conquérant de la Neuſ- » trie, qui a rendu ſon nom immortel par » ſes victoires; & ſa mémoire vénérable à » ſon peuple, par ſa juſtice «.

Quoi qu'il en ſoit de la relation du nom de Raoul au Haro, l'hiſtoire nous apprend qu'un pauvre homme, nommé Aſcelin, arrêta la pompe funèbre de Guillaume-le-Bâtard (Roi d'Angleterre & Duc de Normandie) par la voie du Haro. On alloit placer le cadavre de ce Prince dans le lieu deſtiné à ſa ſépulture, lorſqu'Aſcelin éleva la voix au milieu de la foule, & interjetta le Haro ſur l'inhumation: » Cette terre eſt à » moi, dit-il, c'étoit la Cour de la maiſon » de mon pere que l'Uſurpateur (les Hiſ- » toriens l'ont nommé Conquérant) pour » qui vous priez, lui enleva violemment & » injuſtement pour y fonder cette Egliſe, » je la reclame, & vous défends d'y enterrer » ce corps «. La reclamation d'Aſcelin eut ſon effet, l'inhumation fut ſuſpendue, juſqu'à ce qu'il lui eût été fait raiſon de cette uſurpation.. Voyez les Révolutions d'Angleterre, par le Pere d'Orléans.

Suivant Godefroy, le Haro eſt un remède commun à toutes perſonnes, & s'intente contre tous. Un Commentateur anonyme de la Coutume de Normandie dit même, ſur l'art. 54, qu'il a lieu, tant en matiere civile & criminelle, que Bénéficiale, ou concernant la poſſeſſion du bien de l'Egliſe: il a lieu, dit cet Auteur, contre les Magiſtrats & Sergens, exécutant leurs Charges, en cas d'entrepriſe ſur la Juriſdiction d'autrui, ou s'ils abuſent manifeſtement de leur pouvoir.

Le Juge du Haro ne peut rendre qu'un Jugement proviſoire; & il ne peut pas retenir le fond du procès, s'il ne lui appartient pas d'en connoître; il doit au contraire, après le Haro vuidé & fini, renvoyer la connoiſſance du procès au Juge naturel.

La Clameur de Haro eſt annale; de ſorte qu'elle ne peut être formée après l'an & jour que le fait eſt arrivé.

La connoiſſance du Haro, en matiere civile entre Nobles ou Eccléſiaſtiques, appartient au Bailli Royal; & entre Roturiers, elle appartient au Vicomte: mais en matiere criminelle, il n'y a que le Lieutenant Criminel Royal qui puiſſe en connoître entre toutes ſortes de perſonnes Nobles, Eccléſiaſtiques ou Roturieres.

Les Juges Hauts-Juſticiers ſont auſſi compétens en matiere de Haro, ſoit qu'il s'agiſſe d'un fait criminel ou civil arrivé dans la Haute-Juſtice même, entre perſonnes qui n'en ſeroient pas juſticiables; mais les Juges, Moyens & Bas-Juſticiers, ni les Juges d'Egliſe, n'en peuvent connoître en aucun cas.

Deux Arrêts du Conſeil, qui tous deux ont été rendus le 6 Févr. 1725, défendent d'interjetter Clameur de Haro, & de former des demandes à être oui, ſuivant l'uſage de Normandie, dans les affaires concernant les Fermes du Roi, à peine d'amende dommages & intérêts, &c.

HAVAGE ou HAVÉE.

C'eſt le nom qu'on donne au droit que perçoit l'Exécuteur de la Haute-Juſtice, dans quelques endroits du Royaume, ſur les grains & denrées qui ſe vendent au Marché. Voyez *Exécuteur de la Haute-Juſtice* & *Minage*.

Le droit de Havée appartenant à l'Exécuteur des Sentences criminelles de Compiégne, qui ſe percevoit en nature, a été commué en deniers par Lettres-Patentes du 20 Septembre 1757; & ſe perçoit actuellement à raiſon d'un ſol par ſac, contenant 3 mines, meſure de Compiegne.

HAUTE-JUSTICE.

V. *Deſtitution, Gages, Gradués en Droit, Juges, Juriſdiction, Juſtice, Official, Pain du Roi, Priſon & Réception.*

Le mot Haute-Juſtice ſignifie en général une Juriſdiction qui a droit de connoître des crimes qui troublent l'ordre public, & de les réprimer. Nous avons encore en France quelques Coutumes qui nomment ces Juſtices *Plaid de l'Epée*; parce que les crimes capitaux ſont punis par l'épée.

Toutes les Juriſdictions Royales ont l'autorité

torité de la Haute-Justice ; cependant, quand
on parle d'un Juge de Haute-Justice, on
n'entend point parler d'un Juge Royal, mais
d'un Juge de Seigneur auquel la Haute-Justice appartient dans sa Terre (*a*).

L'Acte de Notoriété donné au Châtelet
le 29 Avril 1702, pour fixer les droits & le
pouvoir des Hauts-Justiciers, porte que
» le Haut-Justicier *habet jus gladii* ; il con-
» noît de toutes matieres civiles & crimi-
» nelles, & peut, suivant l'exigence des cas,
» prononcer des condamnations de mort ou
» de bannissement qu'il juge raisonnables,
» observant dans ses Jugemens les formes
» prescrites par les Ordonnances (*b*) ; il est
» néantmoins exclu de connoître des cas
» Royaux, qu'il doit renvoyer au Juge
» Royal. (*c*) V. dans cet Acte même le détail des autres droits des Seigneurs Hauts-
Justiciers & de leurs Juges ; il est dans le
Recueil que j'en ai fait imprimer en 1759.

Les Seigneurs Hauts-Justiciers sont obligés de faire poursuivre & punir à leurs frais,
par leurs Officiers, les crimes commis dans
l'étendue de leur Haute-Justice ; s'ils ne le
font pas, & si au contraire l'instruction s'en
fait dans une Justice Royale, les Fermiers
du Domaine du Roi peuvent répéter contre les Seigneurs Hauts-Justiciers & leurs
Fermiers le montant des exécutoires décernés pour les frais de ces sortes d'instructions, à moins qu'il ne s'agisse d'un cas
Royal.

Mais cette répétition ne peut se faire que
quand il y a un délit réel, ou lorsqu'il y a
un dénonciateur ; sans quoi les exécutoires
pourroient se répéter contre le Procureur du
Roi même. Nous en avons l'exemple dans
l'Arrêt rendu au Conseil le 1 Oct. 1743, par
lequel, en déchargeant le Seigneur Haut-
Justicier de Dixmont, du remboursement de
la somme de 258 l. pour laquelle il se trouvoit compris dans le Rôle des répétitions,
que pouvoit faire le Fermier du Domaine
pour frais de Justice avancés, &c. Sa Majesté a ordonné *que ladite somme seroit répétée...*

(*a*) Le plus grand nombre des Seigneuries de Picardie
ont la Haute-Justice ; au contraire, en Normandie les
Hautes-Justices sont rares.
Dans tout le Béarn, les Seigneurs n'ont que la Moyenne-Justice ; la Haute appartient au Roi.
(*b*) Le Juge du Seigneur Haut-Justicier ne peut ordonner que les Sentences portant condamnation à des
peines de mort, afflictives, &c. seront exécutées hors son
territoire ; & le Parlement de Grenoble a, par Arrêt rendu le 12 Mai 1721, a fait défenses aux Juges des Seigneurs de son ressort, de prononcer dans leurs Jugemens, portant condamnation au dernier supplice, à peines afflictives, & à des amendes honorables, que l'exécution en sera faite dans les Villes de la Province & autres lieux qui ne sont pas de leur détroit ; mais bien dans
le territoire de leur Jurisdiction, à peine, &c. « V. l'Ord.
Criminelle, titre des Appellations, article dernier.
(*c*) Le fameux Arrêt de Réglement rendu le 27 Mai 1611,
entre la Duchesse de Mercœur & l'Abbé de Montmajour,
rapporté dans la Jurisprudence de Provence, titre premier,
partie premiere, n. 6 & 7, porte que le Haut-Justicier peut
connoître des Meurtres, Assassinats, Aggressions, Voleries,
Blessures avec effusion de sang, Adultere, Rapt, Incestes,
Faussetés, Violences publiques & privées, Assemblées faites avec Port d'armes, Séditions, Monopoles, Sacriléges,
Péculat, Vénéfice, Sorcelleries, Magie, Larcin domestique & nocturne, ou fait avec fraction, & autres crimes,
pour la punition desquels les Ordonnances prononcent
peine de Mort naturelle ou civile, Mutilation ou Abscision
de membres, Amende Honorable, Fouet, Galeres, Bannissement, & toutes autres peines corporelles ; mais il faut
retrancher de cette compétence, tous les crimes qui ont
été déclarés *Cas Royaux*. Voyez *Cas Royaux*.
L'Arrêt rendu au Parlement de Paris, le 8 Fév. 1653,
par lequel les Doyen, Chanoines, Chapitre & Comtes de
l'Eglise de Lyon, ont été maintenus contradictoirement avec
M. le Procureur Général & la Sénéchaussée de Lyon, en
la possession & jouissance d'avoir & faire exercer la Haute,
Moyenne & Basse-Justice dans l'étendue de leur Cloître & de

leurs Terres, » ordonne qu'à leurs Officiers appartiendra
» la connoissance des crimes & délits ordinaires qui se
» commettront, tant par Nobles que Roturiers, ès Places
» publiques, rues, chemins, & en toute l'étendue d'icel-
» les ; même des différends qui pourroient arriver pour
» raison de la Chasse & à l'Arquebuse, sauf pour ce qui
» concerne le Cerf & la Biche.
» Connoîtront aussi de Procès criminels, pour raison
» des malversations & concussions par les Châtelains, Pro-
» cureurs Fiscaux, Greffiers, Notaires, Sergens & autres
» Officiers de leursdites Terres, d'Incendie arrivé par ac-
» cident, Rapt & enlevement sans assemblée & sans for-
» ce, Empoisonnement & Sortilége, pour raison desquels
» ils pourront informer, décréter, faire & parfaire le Pro-
» cès jusqu'à Sentence définitive inclusivement, sauf l'ap-
» pel & sans préjudice d'icelui.
» Ordonne que la connoissance de la Police appartien-
» dra aux Juges desdits Chapitre & Comtes, dans l'éten-
» due de leurs Terres & Seigneuries de laquelle ils pour-
» ront faire publier les Ordonnances, pourvû qu'elles ne
» soient contraires aux Réglemens généraux de Police de
» lad. Sénéchaussée, de toutes actions qui naîtront des con-
» trats, quoique reçus par Notaires Royaux entre leurs Hô-
» tes & Justiciables ; & pourront délivrer Commission pour
» l'exécution d'iceux, dans l'étendue de leur Jurisdiction.
» Feront, les Officiers dud. Chapitre, les Scellés, Inven-
» taires des meubles & effets qui se trouveront ès maisons
» des Nobles & Roturiers demeurans dans leurs Terres.
» Connoîtront des Tutelles, Curatelles, Inventaires,
» Reddition de compte de Tutelle, & Administration des
» biens des mineurs, Nobles ou Roturiers, & des partages
» des biens situés dans l'étendue des Terres dudit Chapitre,
» si lesdits Tuteurs ou Mineurs sont leurs Justiciables, &
» si lesdites Tutelles y ont été déférées ; comme aussi de
» l'administration des biens desdits mineurs, s'ils sont
» saisis & en décret ; & que, pour la validité d'icelui, il
» soit nécessaire que les Tuteurs rendent un bref-état de
» compte ; & si la saisie & décret sont poursuivis parde-
» vant leurs Officiers «.

Kk

sur le Procureur *du Roi au Bailliage de Sens*, *ses héritiers ou ayans cause*, parce que ce Procureur du Roi avoit *entrepris* la procédure sans aucune plainte ni dénonciation, & sans qu'il y eut aucune apparence du meurtre dont le nommé Pouleau étoit accusé, & qui avoit été déchargé de l'accusation sur son appel au Parlement.

Dans les différentes concessions des Hautes-Justices que le Roi a faites à ses Sujets, Seigneurs de Fiefs, en partageant, pour ainsi dire, avec eux cette auguste partie de sa puissance, il leur a communiqué la plénitude de son pouvoir dans l'étendue de leur Justice; ainsi ils sont en droit d'y connoître de toutes les matieres réelles ou personnelles que le Roi ne s'est point réservées à lui seul, ou n'a point attribué aux Juges Royaux par ses Edits & ses Ordonnances. Voyez *Cas Royaux.*

Tel est le Droit commun de toute la France; & puisque le Roi n'a point attribué à ses Juges la connoissance des causes des Nobles & des Ecclésiastiques privativement aux Hauts-Justiciers, il faut en conclure que généralement dans le Royaume les Hauts-Justiciers ont le droit d'en connoître, & par conséquent d'apposer le scellé sur leurs effets, & d'en faire l'Inventaire, lorsqu'ils décédent dans l'étendue de leur territoire.

Ces principes sont écrits dans une Déclaration du 24 Février 1537, donnée en interprétation de l'Edit de Cremieu du 19 Juin précédent; & plusieurs Arrêts modernes les ont consacrés.

Le premier a été rendu au Conseil d'Etat, en faveur du Comte de Charollois, contre les Officiers du Roi au Bailliage & Chancellerie du Charollois, le 10 Février 1699. Par cet Arrêt, le Roi a maintenu les Officiers au Bailliage du Comté de Charollois, en la possession de connoître des causes civiles & criminelles des Nobles, & des causes civiles des Ecclésiastiques, attribuées par l'Ordonnance aux Juges ordinaires.

Le second a été rendu au Parlement le 28 Avril 1713, entre le sieur de la Goupillière & la dame de la Boucherie, & a renvoyé en la Sénéchaussée des Essarts, une demande formée contre le sieur de la Goupilliere, qui avoit été portée en la Séné-

chaussée de Poitiers. Cet Arrêt est au Journal des Audiences, tom. 6, liv. 3, ch. 16.

Le troisiéme est du 6 Avril 1716, il a été rendu au rapport de M. Mengui, contre les Officiers du Bailliage de Soissons, en faveur des Officiers de la Justice Seigneuriale de Salsogne; il est imprimé.

Le quatriéme est de l'année 1724; il a été rendu au profit des Dames de S. Cyr, contre les Officiers du Bailliage d'Estampes.

Le cinquiéme a été rendu au Grand-Conseil, entre la Duchesse de Richelieu, Dame de Poix, & les Officiers du Bailliage d'Amiens, le 13 Mai 1726; il a maintenu la Duchesse de Richelieu *dans le droit & possession de faire apposer par les Officiers de la Haute-Justice de Poix, les scellés & faire les Inventaires dans les maisons nobles de ses Vassaux qui sont dans ladite mouvance.*

Le sixiéme a été rendu le 26 Janvier 1744, en faveur de M. le Président Ogier, prenant le fait & cause des Officiers de sa Terre d'Enonville, contre les Officiers Royaux de la Prévôté de Pontoise.

C'est sans doute sur le fondement de la même Déclaration (de 1537,) que l'Arrêt contradictoire avec les Officiers de la Sénéchaussée de Lyon, du 13 Février 1653, dont j'ai parlé plus haut dans une Note, a été rendu. Voyez d'autres Arrêts des 28 Juillet 1727, 7 Mai 1732, & 21 Janvier 1736, rapportés par la Combe. Jurisprud. Canon. verb. *Jurisdiction.*

Ce Droit commun est attesté par tous les Auteurs qui ont traité la matiere. Voyez Bacquet, des Droits de Justice, chap. 26; n. 10; Neron, sur les articles 5 & 6 de l'Edit de Cremieu; le Procès-verbal de l'Ordonnance de 1667, titre 20, article 22; Expilli, en ses Arrêts, chap. 46; le Let, sur Poitou, article 4; Papon dans ses Arrêts, liv. 7, titre 7, n. 37; de Heu, sur Amiens, article 236; Boniface, en ses Arrêts, tome 1, liv. 1, titre 4, n. 20, &c.

Il y a des Coutumes qui, par exception au Droit commun (par exemple, celle de Senlis) attribuent la connoissance des causes des Nobles aux Juges Royaux. Dans celles-là il faut suivre leurs dispositions, & les Juges de Seigneurs Hauts-Justiciers ne peuvent apposer scellé, ni sur les effets des Ecclésiastiques, ni sur ceux des Nobles: la Cour l'a ainfi jugé en faveur des Officiers de Senlis, contre M. le Préfident de Mafcrani, Seigneur de Villers, par Arrêt rendu en la Grand'Chambre, au rapport de M. Delpech, le 9 Août 1729 (*a*).

Hors cette exception, le droit des Officiers des Hauts-Jufticiers eft inconteftable ; la Cour l'a folemnellement décidé par un Arrêt rendu fur les Conclufions de M. l'Avocat Général le Pelletier de S. Fargeau, le 28 Février 1761, entre les Officiers des Bailliages de Chauni & de Compiegne, en faveur du Cardinal de Gefvre, Abbé d'Ourcamp, prenant le fait & caufe des Officiers de la Haute-Juftice de *Bailli* (*b*) ; & par lequel la Cour a maintenu les Officiers de ladite » *Haute*-Juftice dans le droit d'ap- » pofer les fcellés fur les effets des fuccef- » fions des perfonnes Eccléfiaftiques, décé- » dées dans le térritoire de leur Jurifdic- » tion, & dans le droit de connoître de tou- » tes caufes & matieres entre les Nobles, » Eccléfiaftiques & Communautés, « con- formément à la déclaration interprétative de Cremieu.

· M. l'Evêque de Beauvais a auparavant obtenu un Arrêt, rendu contre les Officiers du Bailliage de Senlis, le 26 Août 1760, par lequel il a été maintenu *dans le droit de connoître par les Officiers de fon Comté-Pairie de Beauvais, des caufes des Nobles, Eccléfiaftiques & Communautés , obligation & autres actes paffés devant Notaires Royaux, entre les Jufticiables de fon Evêché, Comté-Pairie.*.....

En eft-il de même des Jurifdictions des Bas & Moyens-Jufticiers ? La queftion s'étant préfentée au Grand-Confeil, il a été jugé, par Arrêt rendu le 5 Août 1734, que les Hauts-Jufticiers ont droit, à l'exclufion des Bas & Moyens-Jufticiers, de faire appofer les fcellés par leurs Officiers, fur les effets des Curés des Paroiffes des Bas-Jufticiers.

Les Juges des Hauts-Jufticiers peuvent connoître de ce qui concerne les Domaines, droits & revenus cafuels de la Seigneurie. V. *Juges.*

Mais ils ne peuvent connoître des conteftations où le Roi a intérêt, ni de caufes concernant le temporel des Evêques, ni de celles où les Officiers Royaux, les Eglifes Cathédrales (*c*), & les Eglifes de Fondation Royale, font intéreffés.

Avant l'Ordonnance de 1667, les Juges des Seigneurs Hauts-Jufticiers connoiffoient des complaintes bénéficiales, relatives aux Bénéfices auxquels les Seigneurs nommoient. Cet ancien ufage, attefté par Dumoulin & par Brodeau, m'avoit induit en erreur dans la premiere édition de cet Ouvrage, & j'avois dit après eux qu'il fubfiftoit encore ; mais il eft très-certain actuellement que les Juges des Seigneurs ne peuvent plus connoître des matieres bénéficiales. L'Ordonnance de 1667 leur a interdit cette connoiffance par l'article 4 du titre 15, & l'a attribuée aux Juges Royaux, exclufivement à tous autres Juges. Voyez cet article de l'Ordonnance, & celui *Complainte Bénéficiale.*

Les Offices dont la Haute-Juftice eft compofée, peuvent fe vendre ; la Jurifprudence actuelle autorife ces fortes d'aliénations : & puifque cette vente eft foufferte, on peut à plus forte raifon fouffrir que les Seigneurs en faffent des conceffions gratuites, fans promettre ni payer des gages à ceux auxquels ils donnent des provifions ; auffi la nouvelle Jurifprudence ne permet-elle pas aux Officiers de demander des gages, quand il ne leur en a pas été promis par leurs provifions. Voyez *Gages.*

HAUT-PASSAGE.

C'eft le nom d'un droit de traite, qui fe perçoit au profit du Roi fur certaines mar-

---

(*a*) En Provence, la Jurifdiction du Sénéchal connoît en premiere Inftance de toutes les caufes & de tous les différends qui naiffent refpectivement dans leur reffort parmi les Nobles, les Eccléfiaftiques & les Corps de Communauté. Voyez Piganiol de la Force, Defcription de la France, tome 5, art. *Provence.*

(*b*) Il faut pourtant remarquer que les Officiers de Compiegne prétendoient, lors de cet Arrêt, que la Village de Bailli étoit dans le reffort de leur Bailliage, régi par la Coutume de Senlis, dont ils invoquoient les difpofi-

tions des articles 11 & 24. Les Officiers de Chauni foutenoient au contraire avoir l'exercice de la Jurifdiction Royale fur Bailli, en conféquence d'un Arrêt de la Cour du 5 Août 1600.

La Cour, en maintenant le Cardinal de Gefvres, comme je le dis ici, a appointé en droit les autres Parties. L'Arrêt de 1761, a été imprimé.

(*c*) La Jurifdiction immédiate qui appartient au Roi, fur les Eglifes Cathédrales du Royaume & fur leur temporel, eft un droit Régalien inaliénable.

chandifes fortant du Languedoc pour être tranfportées hors du Royaume.

Ce droit eft très-ancien ; fa quotité eft de 7 deniers pour livre.

Il fe perçoit auffi un droit de Haut-Paffage au profit du Roi, à Phalzbourg & dans toute la Prévôté, fur les chevaux, chariots & marchandifes ; il eft affermé à François Hacguin pour quinze années, commencées en 1757.

HAYE.

Voyez *Arbres*, *Bois*, *Chemin*, *Mur* & *Voyerie*.

Les Hayes font réputées mitoyennes, quand il n'y a ni titre ni poffeffion contraires.

Quand, entre deux héritages, il y a Haye affife fur foffés, celui du côté duquel eft le jet dudit foffé, étant le creux d'icelui devers le voifin, il eft réputé Seigneur, c'eft-à-dire, maître de la Haye & du foffé, s'il n'y a titre, borne ou poffeffion au contraire; Coutume du Perche, art. 218. V. auffi l'art. 242 de la Coutume d'Orléans, & Loyfel.

Celle de Berry porte (art. 14, tit. 9,) *que le foffé étant entre deux héritages, appartient au Seigneur du côté duquel eft le jet dudit foffé ; & s'il eft des deux côtés, il eft commun : le femblable a lieu s'il n'y a apparence de jet.*

Il n'eft loifible planter ormes, noyers ou chênes au vignoble du Bailliage d'Orléans, plus près des vignes de fon voifin que de quatre toifes, ni de planter Hayes vives plus près de l'héritage de fon voifin, que de pied & demi, & fera ladite Haye d'épine blanche, & non d'épine noire. Coutume d'Orléans, art. 259.

En Normandie, *il eft loifible à chacun d'accommoder fa Terre de foffés & Hayes, en gardant les chemins Royaux de la largeur contenue en l'Ordonnance, & les chemins & fentes pour le voifiné.* Coutume de Normandie, art. 83.

L'art. 10 du Réglement fait par le Parlement de Normandie, fur les plantations d'arbres & de Hayes, le 17 Août 1751, or-

donne *que les Hayes à pied pourront être plantées à pied & demi* (a) *du voifin ; qu'elles feront tondues au moins tous les fix ans du côté du voifin, & feront réduites alors à la hauteur de cinq à fix pieds au plus, fans qu'il foit permis, dans lefdites Hayes, plantées à pied, de laiffer échapper aucuns baliveaux ou grands arbres..... Néantmoins à l'égard des arbres dans les Hayes, lefquelles font la féparation des herbages & mafures, fans être le long des terres labourables du voifin, il en fera ufé comme par le paffé.*

L'art. 11 porte *que les propriétaires d'héritages qui font actuellement clos de Hayes vives ou de foffés, feront tenus d'entretenir lefdites clôtures, fi mieux ils n'aiment détruire entièrement la clôture le long de l'héritage voifin ; ce qu'ils auront la liberté de faire, s'il n'y a titre au contraire : & néantmoins ceux qui voudront détruire leur clôture, ne pourront le faire que depuis la Touffaint jufqu'à Noël, après avoir averti le voifin trois mois auparavant ; & jufqu'au temps de la deftruction de la clôture, ils feront obligés de l'entretenir.*

Voyez encore fur cette matière les articles 166 & 168 de la Cout. de Boulogne.

Il arrive quelquefois que les arbres & les Hayes font tellement chargés de toiles ou bourfes, dans lefquelles les œufs des chenilles font renfermés, que, fi on ne prenoit des précautions pour les faire ôter, la multiplication de fes infectes pourroit ôter l'abondance, & même la falubrité des fruits & des légumes. C'eft pourquoi différens Réglemens ont ordonné aux propriétaires, fermiers, &c. d'écheniller les arbres & les Hayes, & de brûler les bourfes & toiles qui en font tirées, à peine de 30 liv. d'amende. Il y a fur cela un Arrêt de Réglement rendu fur la réquifition de M. le Procureur Général, le 4 Février 1732, & différentes Ordonnances des Intendans des Provinces.

Le Parlement de Metz avoit auparavant & à mêmes fins, rendu un Arrêt le 24 Janvier de la même année.

_____

(a) Le 15 Juillet 1762, il a été rendu, au rapport de M. Titon, en la Grand'Chambre, un Arrêt par lequel la Cour a confirmé une Sentence du Comté d'Eu en Normandie, qui ordonnoit que les excroiffances d'une Haye plantée à un pied & demi de l'héritage voifin, feroient coupées, & que le bois qui fe trouvoit au-delà d'un pied & demi, appartiendroit au voifin, comme crû fur fon terrein ; ainfi le Parlement de Paris femble avoir adopté, pour le Comté d'Eu, le Réglement fait par le Parlement de Normandie, pour ce qui eft de fon reffort.

HÉBERGEMENT.

C'est ainsi qu'on nomme le droit qu'ont quelques Seigneurs, en conséquence duquel leurs Vassaux sont obligés de les loger avec les amis qui viennent les visiter. Voyez les Questions notables de M. Dolive, liv. 2, chap. 5.

HERBAGES.

C'est le nom qu'on donne en Normandie à des héritages dans lesquels on met les bestiaux pâturer.

Dans d'autres cantons, c'est le nom d'un droit Seigneurial, qui se paye, à cause du pâturage dans la Seigneurie, pour les bestiaux appartenans aux Vassaux.

L'article 92 de la Coutume de Ponthieu accorde le droit de mort & vif Herbages aux Seigneurs de son territoire; & un acte de Notoriété de la Sénéchaussée d'Abbeville, du 13 Avril 1666 (ou 1668); porte que ce droit appartient à tout Seigneur féodal, quoiqu'il n'ait qu'une Justice fonciere, mais qu'il ne peut exiger que l'un ou l'autre de deux droits, & non les deux ensemble.

HÉRÉDITÉ, HÉRITIERS.

V. *Acte d'Héritiers, Déshérence, Habile, Institution contractuelle, Succession*, &c.

On nomme Hérédité la masse des biens, des droits, des dettes & des charges dont une succession est composée. V. *Succession*.

Et on nomme Héritiers, ceux qui sont appellés par la Loi ou par un testament, dans les lieux où l'institution d'Héritier est permise, pour recueillir les biens d'un défunt à titre universel, & qui sont tenus d'acquitter les charges de ces mêmes biens.

Ainsi nous connoissons en France deux sortes d'Héritiers; sçavoir, ceux qui sont institués, c'est-à-dire, nommés par un testament, & ceux à qui la Loi défére la succession par la proximité du dégré de parenté.

On nomme les premiers Héritiers testamentaires, à cause qu'ils ne tirent leur droit que d'un testament : cette espèce d'Héritier n'est admise que dans les Pays de Droit-Ecrit, & dans les Coutumes qui le permettent. Celle de Paris rejette l'institution d'Héritier par l'article 299; cependant, lorsqu'un testament contient cette institution,

elle a lieu comme legs universel pour tous les biens dont le testateur avoit droit de disposer. Voyez *Institution d'Héritiers*.

Les autres Héritiers sont nommés Héritiers légitimes, parce que leur droit se tire de la Loi : on les appelle aussi Héritiers *ab intestat*, parce qu'ils succédent par la proximité du sang, & non en vertu d'un testament.

L'Héritier institué est comme l'Héritier légitime, saisi de la succession au moment même qu'elle est ouverte, suivant cette maxime adoptée par l'article 318 de la Coutume de Paris, *le mort saisit le vif, son hoir plus proche & habile à lui succéder.* V. *Succession*.

Si l'Héritier présomptif abdique la succession ou y renonce, comme il le peut, en conséquence de la maxime adoptée par notre Jurisprudence, *n'est Héritier qui ne veut*, un autre parent plus éloigné peut devenir Héritier en sa place. Mais cet autre parent, quoique saisi par la Loi, au moyen de la renonciation de celui qui est plus proche, a besoin de se faire connoître aux créanciers ou autres ayans droit à la succession, pour empêcher qu'ils ne fassent créer un curateur à la succession à laquelle l'Héritier présomptif a renoncé; autrement la succession est censée vacante : & si les créanciers du défunt ou ses légataires avoient fait créer un curateur à cette même succession vacante, la procédure de ce curateur, & celles faites contre lui, seroient valables : cela a été ainsi jugé par un Arrêt rendu le 21 Janvier 1705, rapporté par Augeard, tom. 3. Voyez aussi l'Arrêt du 28 Mars 1702, au Journal des Audiences, tom. 5, liv. 2, chap. 21.

Un autre Arrêt du 29 Août 1748, rendu au rapport de M. Boschard, a de même jugé que, lorsque l'Héritier au second dégré ne se présente qu'après coup, il doit prendre les choses en l'état qu'il les trouve, suivre & exécuter les actes passés par le curateur à la succession vacante : c'est à lui de s'imputer sa négligence & son retard.

Le Parlement de Rouen a même jugé, par Arrêt rendu au rapport de M. Grente de Sahurs, le 19 Juin 1739, entre le nommé Malendin, acquéreur, & le nommé le Loutre, que, lorsqu'un Héritier présomptif s'est abstenu d'une succession, & qu'un parent plus éloigné s'en est mis en possession, l'Héritier présomptif, qui se fait depuis envoyer en possession de la succession, ne peut pas déposséder les acquéreurs qui ont acquis des biens de la succession, sur la foi de la possession du parent plus éloigné.

La maxime a d'ailleurs été affermie par un autre Arrêt rendu au Parlement de Paris, le 5 Avril 1751, en faveur de Me Belami, propriétaire de la source des nouvelles Eaux minérales de Passy, contre un sieur André, Héritier au second dégré du sieur Abbé le Ragois, lequel avoit légué cette source avec les bâtimens à Me Belami.

Dans cette derniere espéce, Me Belami avoit fait prononcer la délivrance de son legs, contre le curateur à la succession vacante de l'Abbé le Ragois; & ce curateur avoit été créé après la renonciation des Héritiers apparens: mais tous les Héritiers au premier dégré ne s'étoient pas présentés; & non-seulement un Héritier au second dégré attaquoit la procédure, mais il y avoit cela de particulier dans cette affaire, qu'un sieur Jacques Gontier, représentant des Héritiers du testateur au premier dégré, étoit intervenu. Il attaquoit aussi tout ce qui avoit été fait par Me Belami, contre le curateur à la succession vacante, pour obtenir la délivrance de son legs. Me Belami leur répondit qu'il suffisoit que tous les Héritiers *apparens* eussent renoncé pour l'autoriser à faire créer un curateur, & que la procédure faite contre ce curateur, militoit contre ceux qui dans la suite pouvoient se porter Héritiers. La Cour l'a ainsi jugé sur les Conclusions de M. l'Avocat Général d'Ormesson: l'Arrêt déclare le sieur André & Conforts non-recevables dans leur tierce-opposition & demande. Je parle encore de cet Arrêt au mot *Procureur.* Voyez un autre Arrêt au mot *Décret.*

Enfin, la question a été jugée d'une maniere encore plus précise par un Arrêt rendu en la seconde Chambre des Enquêtes, le 26 Avril 1763, au rapport de M. Ferrand.

Dans cette espéce, les trois enfans du sieur Contant, Secrétaire du Roi, mort en 1722, avoient renoncé à sa succession, & sa veuve avoit fait créer un curateur à la succession vacante, qui, pour la remplir de ses

reprises, lui avoit abandonné, entr'autres objets, le Fief de Molliere, pour le prix qui seroit fixé par des Experts, lesquels l'estimerent 14600 liv.

La dame Contant avoit en conséquence de l'abandon joui de ce Fief jusqu'à sa mort, arrivée en 1726, & le Sr Guillaume-François Contant son fils en avoit joui après elle; mais les affaires de celui-ci s'étant dérangées, le Fief de Molliere fut saisi réellement sur lui en 1739; alors les petits-enfans du sieur Contant, Secrétaire du Roi, parurent & soutinrent que sa succession n'avoit pas été vacante; parce qu'au moment de la renonciation de leurs pere & mere, ils étoient devenus Héritiers & saisis de cette succession; ils attaquerent même la Sentence qui liquidoit avec le curateur les reprises de leur ayeule.

Les créanciers soutinrent au contraire que toutes les fois qu'une succession est abandonnée par les Héritiers présomptifs, qui sont au dégré le plus prochain, les créanciers sont bien fondés à la regarder comme vacante, & ne sont pas obligés de demander aux parens plus éloignés, s'ils veulent être Héritiers ou non, & que c'est au parent plus éloigné de se présenter en ce cas pour appréhender la succession; l'Arrêt susdit du 26 Avril 1763 l'a ainsi jugé.

Nous ne connoissons point d'Héritiers nécessaires en France; nous tenons au contraire pour maxime certaine, que ne se porte Héritier qui ne veut, comme je l'ai déja dit. Ainsi, tant que les choses sont entieres, l'Héritier, soit légitime, soit testamentaire, peut renoncer; mais il ne le peut plus quand il a accepté la succession & fait acte d'Héritier: il ne peut pas même dans la thèse générale se faire restituer par Lettres de Rescision ou autrement contre l'adition d'Hérédité; & si par Arrêt du 23 Août 1729, rendu au rapport de M. Bochard, en la premiere Chambre des Enquêtes, entre le sieur Muchebled & la dame de Beaufort, la Cour a enthériné des Lettres de Rescision prises contre des actes, par lesquels un majeur avoit pris la qualité d'Héritier pur & simple, ce sont des circonstances particulieres qui ont déterminé la Cour à faire fléchir la régle, qui sur cela est très-certaine.

Pour pouvoir être Héritier d'un défunt,

il faut être né ou au moins conçu dans le temps de l'ouverture de la succession.

L'Héritier pur & simple est tenu indéfiniment des dettes du défunt. Voyez *Action* & *Dettes*.

Mais l'Héritier Bénéficiaire n'est tenu que jusqu'à concurrence de la valeur des biens dont elle est composée. Voy. *Bénéfice d'Inventaire*.

Peut-on être Héritier & légataire d'une même personne ? Voyez *Incompatibilité*.

Peut-on être Héritier & douairier ? V. *Douaire*.

HÉRÉSIE, HÉRÉTIQUE.

On ne convient pas trop de la définition de l'Hérésie ; & la chaleur des Disputans fait quelquefois un monstre d'une erreur très-légere ; parce que l'Ecriture ne détermine point expressément ce qui constitue l'Hérésie , & que souvent les Théologiens ne s'accordent pas sur les articles essentiels & nécessaires au salut.

Anciennement, le mot Hérésie ne se prenoit point en mauvaise part ; & il signifie en Grec la même chose que Secte (ou opinion) en François. Cette dénomination s'appliquoit aux différentes Sectes des Philosophes, & l'on disoit l'Hérésie des Péripatéticiens, &c.

En style Ecclésiastique, le mot Hérésie n'a qu'une signification odieuse. C'est une erreur : mais la difficulté consiste à sçavoir quelle espéce d'erreur mérite le titre infamant d'Hérésie ? Sur cela on pense que, pour que l'erreur soit qualifiée Hérésie, il faut qu'elle soit capitale, pernicieuse & fatale au salut ; il faut qu'elle puisse choquer le fondement & bouleverser le systême du Christianisme , telle , par exemple, que celle qui nie la Divinité & la satisfaction de Jesus-Christ.

L'art. 30 de l'Edit du mois d'Avril 1695, porte que la connoissance & le Jugement de la doctrine concernant la Religion, appartiendra aux Archêques & Evêques : mais, lorsque l'Hérésie est constante, les Souverains, comme premiers Magistrats politiques, peuvent punir, par des peines afflictives, les Hérétiques qui, sous prétexte de Religion, causent du trouble & de la confusion dans l'Etat.

Je ne peux mieux développer ces maximes, qu'en copiant ici ce que dit M. Domat, tit. 19 de l'usage de la puissance temporelle en ce qui regarde l'Eglise.

» .... Ce qui se passe dans l'extérieur » des actions de l'homme, & qui peut avoir » quelque rapport à l'ordre public de la so- » ciété, tout ce qui viole ou blesse quelque » devoir de la Religion, & va aussi à trou- » bler cet ordre, est réprimé par l'autorité » de la puissance temporelle, qui impose » les peines que peut mériter la qualité du » fait, selon les circonstances.

» Ainsi, pour ce qui regarde les premiers » devoirs de la Religion, comme les régles » de la croyance ...... des mysteres & des » vérités de la foi, renferment le devoir de » faire une profession publique de cette foi, » & de ne rien enseigner qui y soit contrai- » re, il est du pouvoir & du devoir des Prin- » ces de réprimer & de punir ceux qui bles- » sent ces régles, & qui enseignent de faux » dogmes ou des propositions erronées » contre la foi de l'Eglise.

» Les Princes s'acquittent de ce devoir, » non en jugeant de la doctrine, ce qui n'ap- » partient qu'à l'Eglise même & à ses Mi- » nistres, mais en faisant examiner par eux » les faux dogmes & les erreurs, & imposant » à ceux qui après les avoir soutenus, refu- » sent de se rétracter, les peines que peu- » vent mériter leur rébellion à l'Eglise, & » les troubles qu'ils causent dans l'ordre pu- » blic, où les divisions sur la foi peuvent » être suivies de séditions ou d'autres incon- » véniens considérables.

» C'est pour satisfaire à ce devoir des » Princes, que nos Rois, à l'exemple des » premiers Empereurs Chrétiens, ont fait » transcrire dans leurs Ordonnances les dog- » mes de la foi tirés des Conciles, & en ont » ordonné l'observation, défendant de rien » prêcher qui y soit directement ou indirec- » tement contraire...... punissant les Héréti- » ques, & ceux qui prêchent ou enseignent » de faux dogmes & des erreurs contre la » foi, des peines même corporelles.

» C'est par cette même police qui doit » maintenir la Religion, que les Princes » Catholiques défendent dans leurs Etats les » divisions sur le fait de la Religion, les » schismes & tout exercice d'autre Religion

» que de la feule Catholique, & excluent
» tous Hérétiques, même par des peines,
» felon le befoin «.

HERMAPHRODITE.

On nomme Hermaphrodites les perfonnes qui ont les marques des deux fexes.

Ceux qui font ainfi conformés, font réputés être du fexe qui prévaut en eux, & il
ne leur eft pas permis de préférer l'autre.

Un jeune Hermaphrodite, ayant choifi le
fexe viril qui dominoit en lui, fut convaincu d'avoir ufé de l'autre; & par Arrêt du
Parlement de Paris de 1603, il fut condamné à être pendu, & enfuite brûlé.

Le Médecin de l'Hôpital de Touloufe
ayant trouvé une perfonne Hermaphrodite,
connue fous le nom de Marguerite Malaure,
en laquelle le fexe mafculin paroiffoit do-
miner; quoiqu'elle eût jufques-là porté l'habit de fille, on lui enjoignit de porter un
habit d'homme, après avoir confulté les Vicaires Généraux : mais, comme on la trouva encore, cinq ans après, vêtue d'un habit
de fille, elle fut punie de prifon. Enfin, par
une Ordonnance des Capitouls de Touloufe
du 21 Juillet 1691, il lui fut enjoint de fe
nommer Arnaud Malaure, & de s'habiller
en homme, avec défenfe de prendre le
nom & l'habit de femme, à peine du fouet.

HERMITES.

Lorfque les Hermites n'ont point fait des
vœux dans un Ordre Religieux approuvé,
ils confervent tous les effets civils, & peuvent même contracter mariage; parce que
n'étant pas Religieux, ils font Séculiers &
laïcs, ils font capables de recueillir des fucceffions; & la leur ne s'ouvre, en faveur de
leurs parens, que du jour de leur mort naturelle.

Il y a cependant un Arrêt célèbre rendu
le 17 Février 1633, qui, à caufe des circonftances particulieres, a privé Seraphin
de la Noue, Hermite du Mont-Sanois depuis quinze ans, des fucceffions de fes pere
& mere, fur lefquelles la Cour lui adjugea
feulement une penfion; & quoiqu'il eût pris
depuis l'habit (Eccléfiaftique) féculier, il
a encore été débouté d'une demande en partage d'une nouvelle fucceffion, par Arrêt

rendu le 30 Juillet 1639. Voyez le Journal
des Audiences, tom. 1, liv. 2, ch. 132; &
Ricard, des Donations, part. 1, ch. 3, fect.
5, n. 331, 332.

Un Hermite n'eft pas capable de poff* éder
un Bénéfice régulier, parce qu'il n'eft pas
Religieux: fon habit n'eft qu'un vêtement
de Pénitent; & c'eft le cas de dire que l'habit ne fait pas le Moine.

HIÉRARCHIE.

Ce mot fignifie autorité dans les chofes
facrées (a). Comme Jefus-Chrift & l'Eglife
n'ont pas donné à tous les Clercs une autorité égale, il y a dans le Clergé différens
dégrés qu'on nomme Ordres; ce font ces
dégrés différens qui compofent la Hiérarchie Eccléfiaftique, qui comprend les Evêques, les Prêtres, les Diacres, les Soudiacres, les Portiers, les Lecteurs, les Exor-
ciftes & les Acolites.

Il y a auffi un Ordre Hiérarchique dans
la Jurifdiction Eccléfiaftique, par le moyen
duquel les appels fimples des Jugemens des
Evêques & de leurs Officiaux fe relevent
devant le Métropolitain de celui-ci, devant
le Primat, du Primat au Pape, & en certains
cas, du Pape au Concile général. V. ce que
je dis fur cela aux articles *Abus, Jurifdiction Eccléfiaftique & Libertés de l'Eglife Gallicane.*

Voyez auffi fur cette matiere le neuviéme
& le vingt-uniéme Plaidoyer de M. le Mai-
tre, au commencement.

HOIRIE.

Ce mot fignifie la même chofe qu'hérédité & fucceffion. Voyez *Hérédité* & *Succeffion.*

HOIRS.
Voyez *Héritiers.*

Le terme d'Hoirs s'applique communément aux enfans & defcendans des perfonnes. Voyez les articles 325 & 382 de la
Coutume de Normandie; & Dumoulin,
conf. 1, n. 17.

On trouve au Journal du Palais un Arrêt rendu au Parlement d'Aix, le 30 Juin
1679, qui a jugé que fous le mot Hoirs les
filles y font comprifes.

(a) Quelques Auteurs difent qu'il fignifie la Principauté Sacrée.

HOLLANDOIS.

HOLLANDOIS.
V. *Protestans.*

Le Traité de Madrid du 14 Janv. 1526, enregiftré au Parlement le 19 Octobre 1529, & celui de Crepi en 1544, enregiftré le 9 Janvier 1545, rapporté par Bacquet, dans fon Traité du Droit d'Aubaine, premiere part. chap. 8, portent *que les Habitans des Provinces de Hollande & autres qui appartenoient à l'Empereur* (a), *pourront fuccéder aux Fiefs, Terres, Seigneuries & biens meubles de leurs prochains parens étant au Royaume de France, nonobftant & fans avoir égard au droit & Coutume d'Aubaine & d'Aubanité.......*

Ces Traités ont été confirmés par celui du Cateau-Cambrefis, du 3 Avril 1559.

L'art. 23 du Traité paffé à Paris entre la France & les Etats-Généraux, le 27 Avril 1662, contient les mêmes conventions : il porte que *les Sujets des Etats-Généraux ne feront pas réputés Aubains en France .... & pourront difpofer de leurs biens par teftament, donation ou autrement, & leurs Héritiers Sujets defdits Etats, demeurans tant en France qu'ailleurs, recueilleront leur fucceffion* (b). Ces conventions ont été depuis renouvellées dans tous les Traités poftérieurs, & en particulier dans l'article 10 du Traité de Nimegue, confirmé par une. Déclaration rendue le 9 Janvier 1685, enregiftrée en la Cour.

L'article 14 du Traité de Commerce avec la Hollande, conclu à Utrecht le 11 Août 1713 (c), porte que » les Sujets defdits Seigneurs Etats-Généraux ne feront point » réputés Aubains en France, & ainfi feront » exempts de la loi de l'Aubaine, & pour-

» ront difpofer de leurs biens par teftament, » donation ou autrement, & leurs héritiers » fujets defdits Etats demeurans en France » ou ailleurs, recueillir leurs fucceffions, » même *ab inteftat*, encore qu'ils n'ayent » obtenu aucunes Lettres de naturalité, fans » que l'effet de cette conceffion puiffe leur » être contefté ou empêché, fous prétexte » de quelque droit ou prérogatives des » Provinces, Villes ou perfonnes privées «.

Cet article, & plufieurs autres du même Traité, ont été adreffés & regiftrés dans les divers Parlemens & Confeils Supérieurs du Royaume (d).

Il réfulte auffi du Traité de Commerce fait avec les Hollandois le 21 Septembre 1697, de l'art. 10 du Traité de Nimegue, & de l'art. 15 de celui de Rifwick, que les Hollandois ne font point réputés Aubains en France (e).

Le privilége accordé aux Hollandois par ces différens Traités, n'eft pas une grace qui n'influe que fur les biens, pour les exempter du droit Fifcal de l'Aubaine, mais une grace qui influe fur la perfonne, qui l'habilite, & qui fait que le Hollandois n'eft plus réputé Aubain, c'eft-à-dire, Etranger.

En conféquence de ces Traités, la Cour a jugé, par Arrêt rendu le 31 Décembre 1669, entre Adrien de Bie & Guillaume Vaniffandoren, que les Hollandois devoient être traités avec la même faveur que les Sujets du Roi; qu'ainfi ils n'avoient pas befoin de Lettres de naturalité pour fuccéder en France ; & en conféquence un neveu Hollandois, par repréfentation de fa mere, a été admis à partager les biens de la fucceffion de fon oncle, François de nation, avec les frere

---

(a) Les Pays compris dans ce Traité pour être affranchis de l'Aubaine, font les Duchés, Comtés & Seigneuries de Brabant, Limbourg, Luxembourg, Flandres, Artois, Bourgogne, Haynaut, Eftrevan, Namur, Hollande, Zelande, Tournai, Tournaifis, Salains & Malines.

(b) On prétend qu'il n'y a point de réciprocité de fucceffion entre les François & les Hollandois ; & que des Placards des années 1709 & 1726, excluent les François des fucceffions des Hollandois. Mais cela n'eft point exact ; j'ai fous les yeux une efpéce d'Acte de Notoriété abfolument contraire, donné par les Etats Généraux en l'année 1758.

(c) Louis XIV a donné une Ordonnance le 18 Septembre 1713, (non enregiftrée à ce que je crois) par laquelle il a déclaré n'avoir point entendu, par le Traité de Commerce, conclu à Utrecht, *déroger aux Edits & Ordonnances concernant les Religionnaires*, ni y donner at-

teinte, & que l'obfervation des Loix de chaque Etat étoit nommément réfervée.

Il y a des Lettres-Patentes du 7 Avril 1714, pour l'enregiftrement de quelques articles des Traités de Paix & de Commerce conclus à Utrecht ; & cet enregiftrement s'eft fait le 9 Mai fuivant.

(d) L'article 15 du Traité de Paix & de Commerce, conclu entre le Roi d'Efpagne & les Etats Généraux, le 26 Juin 1714, porte que les Sujets & Habitans defdits Seigneurs Roi & Etats Généraux, » de quelque qualité & » condition qu'ils foient, font déclarés capables de fuccé- » der refpectivement les uns aux autres, tant par tefta- » ment que fans teftament, felon les Coutumes des » lieux «.

(e) Les art. 15 & 28 du Traité de Rifwick fait avec les Hollandois, ont été revêtus de Lettres-Patentes du 23 Juin 1698, & adreffées à tous les Parlemens.

& sœur de cet oncle, qui étoient auſſi François.

La Cour a de même jugé, par Arrêt rendu le 16 Décembre 1715, ſur les Concluſions de M. Joly de Fleury, Avocat Général, que la ſucceſſion d'Antoinette de Lacherois, décédée à Ham en Picardie, appartenoit à Marie & Jeanne Vekems, ſes nièces Hollandoiſes, & non à Marguerite de Lacherois, qui la reclamoit comme couſinegermaine.

Marguerite de Lacherois ſoutenoit les demoiſelles Vekems incapables de recueillir une ſucceſſion en France, parce qu'elles étoient Hollandoiſes, & que les Traités de Nimegue, de Riſwick & d'Utrecht étoient intitulés Traités de Commerce, Navigation & Marine; qu'il falloit diſtinguer entre ces Traités qui ne doivent ſubſiſter qu'un temps, & un Traité de Paix perpétuelle. Elle ajoutoit que la mere des demoiſelles Vekems, en ſortant du Royaume ſans permiſſion du Roi, avoit perdu le droit de ſuccéder ; & qu'y étant décédée, ſes filles, nées en Hollande, étoient autant incapables de ſuccéder en France, que leur mere en étoit devenue indigne.

Les demoiſelles Vekems répondoient que le Traité de Commerce conclu à Utrecht produiſoit le même effet, & devoit être réputé faire partie du Traité de Paix; ces deux Traités étant du même jour, & devant être regardés comme ſupplément l'un de l'autre: que ce n'étoit pas pour cauſe de Religion que leur mere étoit ſortie du Royaume; mais à cauſe de l'indiſſolubilité de ſon mariage avec le ſieur Vekems, Hollandois, qui, peu de temps après l'avoir épouſée, avoit voulu retourner dans ſon pays; qu'elle avoit quitté la France avant l'Édit du mois d'Août 1669, auquel on ne donnoit pas d'effet rétroactif. Ces raiſons leur firent adjuger la ſucceſſion de leur tante. L'Arrêt eſt au Journal des Audiences, tom. 6.

On a pareillement jugé les Hollandois capables de recevoir des libéralités & des legs de leurs parens François. Il y a un Arrêt rendu le 26 Février 1731, en la quatrième Chambre des Enquêtes, au rapport de M. Dupré, qui, ſur une demande formée par le Baron de Sommelsdik, Vice-Amiral de Hollande, en délivrance du legs qui lui

étoit fait par le teſtament du Marquis de Mailloc, n'a pas eu d'égard à l'incapacité qu'on vouloit faire réſulter de la qualité d'Hollandois : il eſt vrai que l'Arrêt ne fit pas délivrance du legs, mais ce ne fut pas à cauſe de l'incapacité du légataire. La Cour jugea le legs caduc; & c'eſt pour cela que l'Arrêt débouta ſeulement le Baron de Sommelsdik de ſa demande ; au lieu qu'il eût été déclaré non-recevable, ſi on l'en eût jugé incapable.

Une Sentence rendue au Châtelet entre les ſieurs Crabe, le Vendredi 23 Mars 1759, a auſſi jugé le ſieur Crabe, Hollandois, capable de ſuccéder à ſon parent François; & elle a été confirmée par Arrêt rendu en la Grand'Chambre, ſur les Concluſions de M. l'Avocat Général le Pelletier de S. Fargeau, le Samedi 26 Janvier 1760.

Cette déciſion eſt conforme à l'art. 37 du Traité conclu entre le Roi & les Provinces-Unies, le 21 Décembre 1739, revêtu de Lettres-Patentes du 11 Août 1741, regiſtrées le 18 dudit mois d'Août, par lequel article il eſt convenu que » les Sujets des » Etats-Généraux ne ſeront point réputés » Aubains en France, & conſéquemment » ſeront exempts du droit d'Aubaine ; en » ſorte qu'ils pourront diſpoſer de leurs » biens par teſtament, donation ou autre » ment, & que leurs héritiers Sujets deſdits » Etats, demeurans tant en France qu'ail » leurs, pourront recueillir leurs ſucceſſions, » même *ab inteſtat*, ſoit par eux-mêmes, » ſoit par leurs Procureurs ou Mandataires, » quoiqu'ils n'ayent obtenu aucunes Lettres » de naturalité.......V. l'article entier & les » ſuivans «. V. auſſi une Délibération des Etats-Généraux, donnée en forme d'Acte de Notoriété, le 28 Août 1758, à l'occaſion de l'affaire du ſieur Crabe.

H O M M E au Roi.
V. *Office* & *Paulette*.

Quand le Titulaire d'un Office Royal, ſujet aux droits de prêt & d'annuel, décéde après avoir payé ces droits, ceux qui le repréſentent, doivent, dans les ſix mois de ſon décès, préſenter à Sa Majeſté une perſonne ſur la tête de qui le titre de l'Office réſide fictivement, & ſous le nom de laquelle on acquitte les droits de prêt & de Paulette dûs à cause de l'Office. C'est ce Titulaire fictif qu'on nomme *Homme au Roi*.

La Déclaration du 9 Août 1722, par laquelle le droit annuel a été rétabli, & qui a été registrée le 5 Septembre suivant, après des remontrances de la Cour, sur lesquelles il a été envoyé des Lettres de Jussion, a entr'autres choses ordonné que, faute par les veuves, enfans, héritiers ou créanciers des Officiers décédés, après avoir payé le prêt & l'annuel pour leurs Offices, de payer le huitiéme denier, & de donner un Homme au Roi dans les six mois du décès desdits Officiers, ils seront tenus de payer le double droit dans les deux ans; après quoi ils ne pourront plus être admis qu'en payant le triple droit.

Depuis cette Déclaration, le rachat du prêt & de l'annuel a été ordonné & fait pour plusieurs Offices en 1743 & en 1744; mais comme il en reste encore plusieurs sujets aux mêmes droits, & par conséquent sujets à tomber aux Parties casuelles, c'est-à-dire, à être confisqués au profit du Roi, faute du payement de ces droits, (V. *Paulette*,) & que la Déclaration de 1712 ne prononce pas de peine plus forte que le triple droit contre ceux qui diffèrent plus de trois ans, un Arrêt du Conseil, du 12 Septembre 1748, a déclaré *vacans*, au profit du Roi, *tous les Offices des Officiers décédés après avoir payé l'annuel, ou dont ils jouissoient à titre de survivance ou d'hérédité,...... faute par les veuves, enfans, créanciers, adjudicataires ou propriétaires, d'en avoir fait sceller les provisions dans l'espace de trente années, à compter du jour du décès desdits Officiers.*

HOMME Vivant & Mourant.

Les Chapitres, les Hôpitaux, les Fabriques, les Universités, les Maisons Religieuses, les Colléges & autres Gens de Mainmorte, formant des Communautés, qui possédent des Fiefs, n'en reconnoissent pas eux-mêmes le Seigneur Suzerain, & ne lui portent pas non plus eux-mêmes la foi & hommage, mais ils sont obligés de s'acquitter par autrui des devoirs de Vassal. Ils lui présentent à cet effet une personne qu'ils choisissent, & sur la tête duquel la propriété du Fief réside par fiction, relativement au Seigneur dominant; & celui qui satisfait ainsi au devoir du Vassal pour des Gens de Mainmorte, est nommé Homme Vivant & Mourant par quelques Coutumes; d'autres le nomment *Vicaire*.

Quand cet Homme est mort, les Communautés doivent en donner un autre, & à chaque mutation d'Homme Vivant & Mourant, la foi & hommage & le dénombrement sont dûs au Seigneur; il y a même des Coutumes où il est dû en outre une année du revenu pour le droit de relief.

Les Coutumes d'Anjou (art. 111) & du Maine (article 122) portent que, quand les Chapitres ont un Doyen ou Chefcier en titre, & les Abbayes des Abbesses ou Abbés Réguliers perpétuels, ils doivent le rachat à chaque mutation de ces Chefs qui, dit la Coutume du Maine, *entrent ès hommages dûs pour raison des appartenances de leurs Bénéfices......* Ces Chefs portant eux-mêmes la foi & hommage pour leurs Corps, ceux-ci ne doivent point d'Homme Vivant & Mourant.

Quand il y a un partage entre l'Abbé & les Religieux, ceux-ci doivent donner Homme Vivant & Mourant pour leur lot, & ils ne doivent point le rachat par la mutation de l'Abbé, mais seulement par la mort naturelle de celui qu'ils ont donné pour Homme Vivant & Mourant. Voyez Livonniere, Traité des Fiefs, & Dupineau, sur l'article 110 de la Coutume d'Anjou.

Quelques Coutumes, par exemple, celles de Bretagne & de Normandie, exigent que les Communautés donnent Homme Vivant, Mourant & Confiscant : dans ces Coutumes, l'Homme Confiscant peut faire tomber le Fief en commise; mais il n'y a que le Seigneur Suzerain, ayant Justice, qui puisse exiger l'Homme Confiscant. V. M. Dolive.

D'Argentré, sur l'art. 433 de la Coutume de Bretagne, traite la question de sçavoir, si par la mort civile de l'Homme Vivant & Mourant, il y a ouverture de Fief: cette question s'étant présentée au Parlement de Paris, entre le sieur de Nossé & l'Hôtel-Dieu de Nogent-le-Rotrou, la Cour a jugé » que par la mort civile de » l'Homme Vivant & Mourant, baillé par » l'Hôtel-Dieu, arrivée par la Profession » & Vœu monastique qu'il avoit fait de-

» puis .... n'y avoit point d'ouverture au » Fief, & qu'il falloit attendre la mort na- » turelle «. L'Arrêt du 6 Février 1642, qui contient cette décision, est au Journal des Audiences, tom. 1, liv. 3, chap. 85. Voyez Malicote, sur la Coutume du Maine; Dupineau, sur celle d'Anjou; Palu, sur celle de Tours; & Bacquet.

Il y a des Coutumes dans lesquelles les Gens de main-morte sont obligés de donner Homme Vivant & Mourant pour les rotures comme pour les Fiefs. On peut sur cela voir l'art. 54 de la Coutume du Boulonnois; l'art. 44 de celle de Blois; l'art. 76 de la Coutume de Péronne; l'art. 21 du Réglement de 1666 pour la Normandie. Voy. aussi M. Dolive, Questions notables, liv. 2, chap. 12.

La Thaumassiere dit même, sur l'art. 87 de la Coutume de Lorris, que quand l'Homme Vivant & Mourant donné pour raison de biens roturiers, vient à décéder, il est dû une année du revenu de ces biens au Seigneur de qui ils relevent.

Le Grand-Conseil a condamné la Fabrique de Ravenel à payer au Collége des Jésuites de la rue S. Jacques à Paris, le revenu d'une année de six mines de terre en roture, située dans la Coutume de Péronne, à cause du décès d'Antoine le Roi, Homme Vivant & Mourant, donné pour raison de ces Terres à l'Abbaye de S. Martin-au-Bois, unie à ce Collége. L'Arrêt a été rendu, au rapport de M. de Freval, le 30 Septemb. 1745. Bacquet du droit d'Amortissement, chap. 44, est d'avis contraire.

Les Carmes de Lyon ont été condamnés, par Arrêt du 8 Février 1697, de donner un autre Homme Vivant & Mourant après dix ans d'absence de celui qu'ils avoient d'abord donné, & qu'ils ne pouvoient représenter. Voyez un semblable Arrêt du 4 Juillet 1719, dans le Journal des Audiences.

On ne peut pas forcer le Seigneur d'accepter un Moine pour Homme Vivant & Mourant; il faut lui présenter un Homme libre, & qui ait atteint l'âge de la majorité féodale.

Galand rapporte des Arrêts de 1578 & 1634 dans son Traité du Franc-Aleu, par lesquels il dit avoir été jugé que l'Hôtel-Dieu de Paris ne doit pas donner Homme Vivant & Mourant, & il voudroit que ce privilége eût lieu pour les autres Hôpitaux; mais cela ne paroît pas raisonnable. Voyez Livonniere, Traité des Fiefs, & les Coutumes d'Anjou & du Maine.

Dans le Forez & dans le Lyonnois, les Gens de Main-morte ont la liberté, ou de payer le droit d'indemnité au Seigneur, ou de donner Homme Vivant & Mourant pour les héritages roturiers qu'ils possédent, & par le décès duquel il est dû un droit de mi-lods au Seigneur, ou de lui payer ce droit de mi-lods tous les trente ans. La Cour l'a ainsi jugé par Arrêt rendu le 18 Août 1735, entre la dame de Moras & le tuteur de ses enfans, en faveur de six Communautés de la Ville de S. Etienne en Forez. Voyez *Indemnité*.

HOMICIDE.

V. *Fureur*, *Indignité*, *Réparation Civile* & *Suicide*.

La Loi de Moyse (Nombres, chap. 35, ℣. 19), porte que le parent de celui qui aura été tué, tuera l'Homicide aussi-tôt qu'il l'aura en son pouvoir.

La dureté de ce précepte ne s'accorde pas avec la Loi plus douce de l'Evangile : il n'est permis à personne dans le Christianisme de venger sa propre offense ni celle de ses parens, c'est aux Juges seuls à qui la punition des crimes est réservée.

C'est un principe général appuyé sur le texte précis des Loix, que l'Héritier ou le Donataire meurtrier ne peut profiter, ni recueillir les biens de ceux à qui il a donné la mort; & les Loix, en prononçant cette incapacité, ne distinguent point la nature de l'Homicide, c'est-à-dire s'il a été volontaire ou involontaire, prémédité ou casuel. Voy. le Brun, *des Successions*.

Le sieur Menealoty, ayant trouvé sa femme en adultére avec un sieur Bruneau, tua l'un & l'autre, & obtint des Lettres de Remission, qui furent enthérinées sans aucune réparation, amende & dépens. Il s'est ensuite agi de sçavoir si la donation mutuelle de moitié des biens meubles & immeubles qui se trouvoit faite par le contrat de mariage des sieur & dame Menealoty au profit du survivant devoit avoir lieu, ou si le mari qui avoit tué fa femme, étoit indigne de profiter de la donation. Bacquet (du Droit de Bâtardife, feconde partie, chap. 12, n°. 27), traite cette queftion à fond, & dit que, par Arrêt rendu le 10 Avril 1603, il a été jugé que le fieur Menealoty ne pourroit profiter en rien des biens de fa femme.

M. Albert, au mot *Indignité*, rapporte un Arrêt du Parlement de Paris, qui a adjugé à un pere la fucceffion de fon fils qu'il avoit tué dans un mouvement de colere, en lui jettant un chandelier à la tête, pour le punir d'un manque de refpeCt.

Celui qui a répandu le fang humain, mérite que le fien foit répandu. Voyez Genefe, chap. 9, ỳ. 6, & S. Matthieu, chap. 26, ỳ. 52. Cependant l'Homicide involontaire, ni même celui qui tue en défendant fa vie, ne font pas punis de mort. » Les Loix condamnent les violences (dit M. le Maître, Plaidoyer 25); mais lorfqu'elles défendent d'en faire, elles permettent de les repouffer : elles veulent que les hommes écoutent & refpeCtent cette défenfe dans le commerce paifible & tranquille qu'ils ont enfemble; mais elles les en difpenfent, lorfque l'on commet contr'eux des aCtes d'hoftilité : elles fe taifent dans le bruit des armes, & elles ne leur commandent pas alors d'attendre leur proteCtion & leur fecours, & de remettre à être vengé par elles ; parce que les innocens fouffriroient une mort injufte, avant qu'elles fuffent venues pour en faire fouffrir une jufte à ceux qui feroient coupables «.

Cependant l'Homicide involontaire doit obtenir des Lettres qui peuvent moins être regardées comme une grace, que comme une preuve de l'innocence de celui qui eft obligé de les obtenir.

Sur l'Homicide de foi-même, voyez *Suicide*.

HOMMAGE.
V. *Foi & Hommage*.

HOMOLOGATION.
V. *Abandonnement, Attermoyement, Avis de Parens, Banqueroute, Ceffion de Biens, Faillite & Tranfport.*

Ce mot, pris dans fon étroite fignification, veut dire confentement & approbation.

Il eft en ufage dans les Tribunaux pour indiquer un Jugement qui ordonne l'exécution d'un aCte foufcrit par des Parties, comme des contrats d'union & de direction.

Ces aCtes ne font effeCtivement parfaits, que quand ils font homologués par le Juge qui en a le droit ; & on ne peut les oppofer à des créanciers, qu'après cette formalité remplie.

On fait encore homologuer des Concordats pour des Bénéfices, des avis de parens, des délibérations de Communautés, & une infinité d'autres aCtes, qui fans cela n'auroient aucune force.

Cette formalité fe remplit en préfentant une Requête aux Juges, à qui il appartient de ftatuer fur ces fortes de demandes : il eft d'ufage d'ordonner dans ces cas-là (fi la demande paroît jufte) que l'aCte fera homologué avec les Parties qui l'ont foufcrit, & que les refufans feront affignés pour déduire les caufes de leur refus.

Quel eft le Juge qui connoît de l'Homologation des contrats d'attermoyement, &c? V. *Attermoyement & Banqueroute.*

HONNEUR. (Confeillers d')

On nomme Confeiller-d'Honneur au Parlement, les perfonnes qui, fans être Titulaires d'Offices, y ont entrée, féance & voix délibérative : nous en connoiffons de deux efpéces ; fçavoir, les Confeillers-d'Honneur-nés, & les Confeillers-d'Honneur par Lettres.

Les premiers font ceux à qui ce titre appartient de droit, comme étant attaché à leur dignité ; tels font l'Abbé de Cluny & l'Archevêque de Paris.

Les Confeillers-d'Honneur par Lettres font ceux à qui le Roi accorde ce titre ; le nombre n'en eft point fixé. Des Eccléfiaftiques, des Gens de Robe & d'Epée ont été honorés de cette Dignité : on ne l'a jamais accordée qu'aux plus diftingués dans chaque Ordre.

L'origine de cette feconde efpéce de Confeillers-d'Honneur remonte au temps, où le Parlement fut rendu fédentaire & continuel. Pendant long-temps il n'y eut rien de fixe fur cela, les Archevêques, les Evêques & même des Abbés entroient fouvent au Parlement; des Maréchaux de France, des Chevaliers, d'autres Gens d'épée y entroient auſſi, quand ils étoient du Conſeil Etroit ou du Conſeil Privé du Roi. Tout ceci eſt rapporté par du Tillet.

Lorſque le Parlement de Paris fut rendu ſédentaire, il étoit compoſé de ceux qui formoient le Conſeil du Roi. Toutes les Lettres portoient & ont porté long-temps après: *donné à..... vous tels & tels préſens*, ou bien *à la relation de.....* Et l'on remarque que ces perſonnes nommées comme préſentes, ſont ceux qui tenoient le Parlement. Enfin, l'on trouve ſouvent dans les plus anciens regiſtres: *Ce jour la Cour a vaqué, parce que Meſſeigneurs étoient au Conſeil du Roi à Saint Paul* (ou autre part); & une infinité d'autres choſes trop longues à rapporter, mais qui toutes prouvent que les Officiers qui formoient le Parlement, compoſoient également le Conſeil du Roi.

Depuis que les choſes eurent changé, & que les affaires du Conſeil & celles du Parlement eurent été ſéparées, on voit que des Préſidens, & même des Conſeillers au Parlement, ne laiſſoient pas d'être quelquefois appellés au Conſeil du Roi; que les Conſeillers ordinaires du Conſeil Privé, qui n'étoient pas du Corps du Parlement, prétendoient, en cette qualité, y avoir entrée, ſéance & voix délibérative. Pour lever toutes conteſtations, ils obtinrent des Lettres-Patentes par leſquelles ce Privilège leur étoit accordé; mais en 1556, le Roi Henri II les révoqua ſur les remontrances du Parlement, & voulut ſeulement que ceux de ſon Conſeil qui ſeroient de robe longue, puſſent obtenir des Lettres qui ſeroient enregiſtrées. La plûpart des Conſeillers d'Etat de robe longue obtenoient en conſéquence des Lettres particulieres pour avoir ſéance & voix délibérative au Parlement.

Le Connétable, les Maréchaux de France, & ceux qui de droit n'ont point de ſéance au Parlement, lorſqu'ils étoient du Conſeil du Roi, ne laiſſerent pas auſſi d'obtenir de pareilles Lettres. Elles étoient ſouvent enregiſtrées, quelquefois refuſées: mais lorſqu'elles étoient enregiſtrées, ce n'étoit

qu'à condition de n'en jouir que tant que ceux qui les avoient obtenues, ſeroient du Conſeil Privé, ou avec de très-humbles remontrances au Roi ſur la conſéquence: & de temps-en-temps il ſe trouve dans les regiſtres au Parlement, des Arrêts, pour en fixer & réduire le nombre. Les Arrêts les plus ordinaires & les derniers vont à fixer le nombre des Conſeillers-d'Honneur à ſix d'épée & ſix de robe.

Quant aux Archevêques & Evêques, ils prétendoient autrefois avoir droit d'entrée & ſéance (a) juſqu'au nombre de quarante: mais le Parlement, les Chambres aſſemblées le 4 Janvier 1461, ordonna que les Archevêques n'entreroient plus au Parlement ſans congé. De là l'uſage des Lettres aux Archevêques & Evêques non Pairs, pour entrer au Parlement, en qualité de Conſeillers-d'Honneur.

Les premieres de ces Lettres ſont du 22 Décembre 1490, elles furent accordées à Triſtan de Salezard, Archevêque de Sens, qui étoit du Conſeil du Roi Louis XI, & qui avoit été fort employé aux Ambaſſades.

Le 14 Juin 1495, Guillaume de Cambrai, Archevêque de Bourges, qui avoit été trente-deux ans Conſeiller au Parlement, en obtint auſſi. On peut dire qu'elles lui étoient dûes par vétérance. Pluſieurs autres ont été depuis accordées à des Evêques qui avoient été Conſeillers au Parlement: mais il falloit qu'ils euſſent été dix ans Conſeillers; il en a cependant été obtenu par des Evêques qui l'avoient été moins de temps.

Les Conſeillers-d'Honneur ont entrée, ſéance & voix dans toutes les Aſſemblées; mais ils ne rapportent point; ils ne peuvent pas inſtruire aucune affaire, & n'ont point de part aux épices & autres émolumens.

Il y a eu des Charges de Conſeillers-d'Honneur créées en titre d'Offices, moyennant finance dans les Juriſdictions Royales, reſſortiſſantes nuement aux Cours de Parlement: mais, par Edit du mois de Février 1755, enregiſtré le 12 Mars, celles qui ſont vacantes ou vaqueront dans la ſuite aux Parties caſuelles de Sa Majeſté, ont été ſup-

___
(a) Philippe-le-Long ordonna, en 1319, que les Prélats n'aſſiſteroient plus au Parlement, ſe faiſant *conſcience de* les empêcher de vaquer au Gouvernement de leur ſpiritualité. Voyez le Préſident Haynaut.

primées ; & il eſt permis aux Officiers des Siéges où leſdits Offices ont été établis, de rembourſer ceux qui ſe trouvent actuellement vacans par mort, démiſſion ou réſignation. Le rembourſement doit s'en faire ſur le pied du dernier contrat.

Il y a auſſi des Conſeillers-d'Honneur dans les autres Parlemens. L'Abbé de Cîteaux, par exemple, eſt Conſeiller-d'Honneur-né au Parlement de Dijon. Il y a auſſi des Conſeillers-d'Honneur au Grand-Conſeil & à la Cour des Aides ; mais il n'y en a point à la Chambre des Comptes.

HONORAIRES. (Conſeillers & Officiers)

Les Conſeillers ou autres Officiers Honoraires qu'on nomme auſſi Vétérans, ſont ceux qui, quoiqu'ils ayent ceſſé d'être Titulaires de leurs Offices, en ont néantmoins encore, pendant leur vie, ou ſeulement pendant un temps limité, l'exercice, les honneurs & les droits en tout ou en partie.

Parmi les Romains, chez qui les Offices n'étoient que pour un temps, un rang honorable dans le Sénat, reſtoit de droit au Conſul, au Cenſeur, au Préteur, après qu'ils avoient rempli le temps de leur Magiſtrature. On leur donnoit le titre d'*Exconſul*, *Exprætor*, *&c.*

En France, où les Charges de Judicature ſont héréditaires, le temps de la Magiſtrature n'eſt rempli qu'à la mort du Titulaire ; ceux qui s'en déchargent de leur vivant, ne peuvent en retenir aucuns droits ni prérogatives ; mais quelquefois le Roi leur en conſerve par grace une continuation de jouiſſance, & alors ils ſont Conſeillers ou Officiers Honoraires : avantage qui n'a lieu que pour les Offices Royaux ; car quant aux Charges Municipales des Villes, comme Maire, Echevins, Juges-Conſuls, Marguilliers, &c. (excepté celles en petit nombre, qui, par un privilége particulier à certaines Villes, attribuent la Nobleſſe,) celui qui ſort des Charges publiques, n'en retient aucun droit, & retourne dans ſa première condition.

Il y a de deux eſpéces d'Officiers Honoraires ou Vétérans dans la robe.

La premiere eſt de ceux qui, en quittant leurs Charges, obtiennent, comme le juſte prix d'un nombre d'années de ſervice, des Lettres de Vétérance, qui leur conſervent les droits Honoraires & pluſieurs autres de ceux dont ils jouiſſoient en l'exerçant ; ceux-ci ſont proprement les Conſeillers Vétérans ou Honoraires.

Depuis l'Edit du mois d'Août 1669, on ne peut jouir de la vétérance qu'en obtenant des Lettres en la Grande Chancellerie & en les faiſant enregiſtrer.

L'origine de cette conceſſion de droits de vétérance a vraiſemblablement pour titre un uſage dont l'exemple des Romains a pû donner l'idée, & que l'équité naturelle a fait adopter : car on ne trouve aucune Ordonnance qui l'établiſſe : il n'eſt pas poſſible de fixer la première époque de cet uſage ; il étoit introduit avant le régne de Louis XI, & l'état des Offices avant ce régne a été fort incertain : voici les premiers exemples trouvés de cet uſage dans les regiſtres du Parlement ; ils ſont en faveur des Greffiers.

En 1447, Gilbert Brunat ayant réſigné ſon Office de Greffier du Parlement à ſon fils, la Cour, pour ſes longs ſervices, lui permit d'*aller & venir en la Cour, aux Conſeils & aux Plaidoyers*. On ne voit point qu'il y eut de Lettres du Roi.

En Novembre 1481, Hugues Alligret, Greffier Criminel, fut obligé de ſe démettre de ſa Charge en faveur d'un parent d'Olivier le Dain (a), après plus de quarante années de ſervice ; & la Cour lui réſerva l'*entrée aux jours de Conſeil & de Plaidoyers*. Deux mois après, Alligret prit des Lettres du Roi pour jouir ſa vie durant des honneurs & des prérogatives de Greffier Criminel.

..... Peu de temps après, il ſe trouve en chaque année des exemples de Préſidens, Maîtres des Requêtes & Conſeillers de la Cour, qui ont eu auſſi des Lettres de Vétérance, & ſans doute ces Lettres étoient fa-

---

(a) Olivier le Dain étoit fils d'un Payſan Flamand : ſon nom de famille étoit *le Diable* ; il le changea pour celui de le Dain. Louis XI, dont il étoit Barbier & Favori, le combla de biens. Mais ſa conduite, ſon inſolence & ſa vanité, le firent haïr de tout le monde. Son Procès lui fut fait par le Parlement, à la requête de M. le Procureur Général, après la mort de Louis XI, au commencement du régne de Charles VIII ; il fut condamné d'être pendu par Arrêt rendu en 1484 ; & l'Arrêt fut exécuté. Voyez Philippe de Commines & Mezerai.

ciles à obtenir. On peut le préfumer par la multitude de celles que qui ont été accordées. Il eft rare qu'un fils ait obtenu la Charge de fon pere, fur fa réfignation, ou à titre de furvivance, ou autrement, fans que le Roi ait réfervé au pere l'entrée, féance & voix délibérative en la Cour; M. le Preftre rapporte quelques Arrêts de vérification de ces Lettres, dans fon Recueil d'Arrêts de toutes les Chambres, n°. 26 & 27; mais le Parlement s'eft fouvent plaint du trop grand nombre. En 1570, les Gens du Roi ne confentirent qu'avec beaucoup de peine à l'enregiftrement des Lettres de Vétérance qu'avoit obtenues M. Jean-Vaillant Quelis, Confeiller, qui cependant l'avoit été trente-deux ans.

A l'égard du temps qu'il faut avoir exercé l'Office pour obtenir la Vétérance, il y a un Arrêté du Parlement, les Chambres affemblées, qui l'a réglé à vingt ans fous le bon plaifir du Roi. L'ufage y eft conforme; & l'Edit d'Août 1669 le prouve en quelque façon par les défenfes qui y font faites, de recevoir comme Honoraires les Officiers qui auront fervi vingt ans, à moins qu'ils n'en ayent obtenu des Lettres en la Grande Chancellerie.

Le Roi peut cependant accorder ces Lettres à des Officiers qui n'ont pas encore vingt ans de fervice. Des caufes juftes & raifonnables ont déterminé plufieurs fois à abréger le terme: & le feu Roi donna même un Edit au mois d'Octobre 1704, portant que les Officiers de Judicature & de Finance pourroient, dans le temps qu'il fixe, obtenir des Lettres de Vétérance, pourvû qu'ils euffent acquis quinze années de fervice, en payant les fommes réglées. Le préambule de cet Edit eft remarquable; en voici les termes: » Nous avons bien voulu, » à l'exemple des Rois nos prédéceffeurs, ac-» corder aux Officiers de notre Royaume, » après vingt ans de fervice actuel, des Let-» tres de Vétérance, pour les mettre en état » de conferver, en vendant leurs Charges, » leur vie durant, tous les privilèges qui y » font attachés; & nous avons même, en » plufieurs occafions, & par des confidéra-» tions particulieres, accordé cette grace » avant l'expiration defdites vingt années, » &c. « D'où il réfulte clairement, comme

je l'ai déja dit, que l'ufage ordinaire eft de n'accorder des Lettres de Vétérance qu'après vingt ans de fervice: que néantmoins, par des confidérations particulieres, le Roi en accorde quelquefois avant ce temps; & que ceux qui en ont obtenu, jouiffent des mêmes droits que s'ils avoient rempli le temps ordinaire.

Les droits dont les Officiers Vétérans jouiffent, ne font point tous contenus dans leurs Lettres de Vétérance. Ces Lettres n'accordent aucune jouiffance nouvelle, mais perpétuent feulement la poffeffion: c'eft la conceffion faite au Corps dont ils continuent de faire partie, qui eft la régle de ces privilèges; & il fuffit de fçavoir que le premier droit de l'Officier Honoraire eft celui d'entrée, féance & voix délibérative. Cette voix délibérative eft toute la fonction qui lui refte: & au furplus il n'a ni gages, ni épices, ni émolumens; il ne peut, ni inftruire, ni rapporter aucune affaire; mais il jouit de tous les autres droits, honneurs, prérogatives & privilèges attachés à fon Office, comme il pouvoit en jouir auparavant.

Le Parlement de Dijon avoit arrêté, par une Délibération du dernier Février 1583, qu'après vingt années de fervice les Officiers auroient féance & voix délibérative en l'Audience & Chambre du Confeil, fans néantmoins que leurs voix puffent faire ou empêcher partage; & la Déclaration du 5 Juillet 1601, concernant la Vétérance, n'avoit été regiftrée le 18 Janvier 1602, qu'avec cette claufe: fans préjudice de l'Arrêt de la Cour, par lequel il eft dit que les Officiers du Parlement qui ont exercé leurs Offices vingt ans, jouiront des privilèges de Vétérans, fans qu'il foit befoin de Lettres du Prince.

Ce Parlement, auquel l'Edit du mois d'Août 1669, portant défenfes de déférer les honneurs de la Vétérance fans Lettres du grand Sceau, avoit été adreffé & regiftré, avoit même depuis entièrement ôté la voix délibérative aux Vétérans; mais, par un Arrêt du Confeil du 4 Juillet 1722, revêtu de Lettres-Patentes du 20 dudit mois, regiftrées au Parlement de Dijon le 8 Août fuivant, il a été ordonné que les Officiers Vétérans de cette Compagnie auroient

roient entrée, féance & voix délibérative, tant aux Audiences & Chambre du Confeil, qu'autres Affemblées publiques & particulieres d'icelles ; & qu'ils jouiroient de tous les honneurs & privilèges portés par lefdites Lettres (de Vétérance) fans aucune réferve.

Entre les droits & privilèges que les Lettres de Vétérance confervent à l'Officier, on remarque fur-tout celui de *Committimus* ; & à cet égard, un Arrêt du 23 Mai 1735, a même jugé que ce droit pouvoit acquérir une nouvelle étendue en faveur d'un Officier Vétérant. Voici l'efpéce de l'Arrêt.

M. Cochet de Saint-Vallier, qui avoit été Préfident en la feconde Chambre des Requêtes du Palais, & qui en 1735, avoit féance en la Grand'Chambre en qualité de Préfident Honoraire, prit un *Committimus* pour faire renvoyer aux Requêtes du Palais une demande qui avoit été formée contre lui, & y obtint Sentence par défaut. Sa Partie adverfe interjetta appel comme de Juge incompétent, & invoquoit l'article 19 du titre 4 de l'Ordonnance d'Août 1669, qui veut que les Préfidens & Confeillers des Requêtes du Palais ne puiffent faire renvoyer leurs caufes perfonnelles en vertu de leur *Committimus*, qu'aux Requêtes de l'Hôtel ; & *vice verfa*, ceux des Requêtes de l'Hôtel aux Requêtes du Palais : mais ce Magiftrat prétendit que n'ayant plus entrée ni féance aux Requêtes du Palais, & étant Vétérant & de fervice en la Grand'Chambre, il étoit rentré dans la claffe de tous les autres Officiers du Parlement, & devoit jouir fans reftriction, en qualité d'Honoraire de tous les droits qu'ils ont, & notamment de l'option de procéder aux Requêtes de l'Hôtel ou du Palais.

Cette difficulté avoit été agitée au Bureau du Confeil de la Chancellerie, lorfque le *Committimus* fut demandé ; & M. le Garde des Sceaux (Chauvelin) avoit arrêté que le *Committimus* devoit être accordé avec l'option demandée : elle le fut de même au Parlement ; M. l'Avocat Général Gilbert, après en avoir conféré avec Meffieurs de la Grand'Chambre & du Parquet, fit rendre le fufdit Arrêt du 23 Mai 1735, qui ordonna que les Parties procéderoient

aux Requêtes du Palais. Arrêt par lequel, conféquemment le droit de *Committimus* fut plus étendu fous la Vétérance de M. de Saint-Vallier, qu'il n'auroit pû l'être dans l'exercice de fa Charge. Au refte, le nombre des Confeillers Honoraires ou Vétérans n'eft point limité au Parlement ; il n'y a point auffi d'Edits ni de Déclarations pour le borner aux Siéges Préfidiaux ; mais la plûpart des Lettres accordées pour les Préfidiaux portent, à la charge qu'il n'y en aura que deux dans le Siége.

Il y a une autre efpéce d'Officiers ou Confeillers, qu'on appelle improprement Honoraires. Ce font ceux qui ont réfigné leurs Charges, & qui cependant ont droit d'en faire encore toutes les fonctions, d'en percevoir les gages, épices & autres émolumens, & de jouir de tous les mêmes droits & honneurs que s'ils étoient reftés Titulaires : mais les Lettres qui confervent toutes ces prérogatives, ne s'accordent que dans le cas d'une réfignation faite par le pere en faveur du fils, & feulement pour un temps limité, après lequel il faut abandonner l'exercice, s'il ne plaît au Roi de donner de nouvelles Lettres. On trouve plufieurs exemples de ces fortes de Lettres dans les Regiftres du Parlement, tant pour des Charges de Préfidens, que pour des Charges de Confeillers.

HONORAIRES des Eccléfiaftiques.
Voyez *Sépulture*.

C'eft aux Evêques à régler l'Honoraire dû aux Eccléfiaftiques pour leurs fonctions. L'Edit du mois d'Avril 1695 le décide textuellement par l'article 27, dont voici les termes :

» Le Réglement de l'Honoraire des Ec-
» cléfiaftiques appartiendra aux Archevê-
» ques & Evêques, & les Juges d'Eglife
» connoîtront des Procès qui pourront naî-
» tre fur ce fujet entre des perfonnes Ecclé-
» fiaftiques. Exhortons les Prélats, & néant-
» moins leur enjoignons d'y apporter toute
» la modération convenable, & pareillement
» aux rétributions de leurs Officiaux, Se-
» crétaires & Greffiers des Officialités «. V.
auffi l'art. 27 de l'Edit du mois de Décembre 1606.

L'Edit du mois d'Avril 1695 ne donne

au Juge d'Eglife la connoiffance des affaires qui concernent le payement des Honoraires des Eccléfiaftiques, que quand les conteftations s'élevent entre Eccléfiaftiques; mais fi un Laïc y eft intéreffé, c'eft à la Jurifdiction Séculiere qu'il faut s'adreffer.

Il avoit été ordonné, par Arrêt du Parlement, rendu le 28 Avril 1673, que M. l'Archevêque de Paris régleroit l'Honoraire des Eccléfiaftiques qui affiftoient aux enterremens. Ne l'ayant pas fait, il s'eft élevé grand nombre de conteftations pour la fixation de leur rétribution; & par différentes Sentences du Châtelet, des 20 Août, 24 Novembre, 10 Décembre 1689, 2 Septembre & 30 Décembre 1690, M. le Lieutenant Civil le Camus, a ordonné qu'on fe retireroit vers M. l'Archevêque, en exécution de l'Arrêt : cependant en attendant, le Magiftrat a lui-même arbitré ces Honoraires.

Les Curés de Paris s'étant plaint de ces Sentences au Parlement, Arrêt eft intervenu le 6 Janvier 1693, qui a ordonné qu'ils fourniroient à M. l'Archevêque un état des droits qu'ils étoient dans l'ufage d'exiger, pour être les droits par lui réglés, & le Réglement homologué, après avoir été communiqué à M. le Procureur Général.

M. l'Archevêque de Paris fit ce Réglement le 30 Mai 1693. Il a été homologué par Arrêt rendu le 10 Juin fuivant; & voici ce que les Curés & Eccléfiaftiques de la Ville & Fauxbourgs de Paris peuvent exiger en conféquence.

POUR LES MARIAGES.

Pour la publication des Bans, trente fols, ... 1 l. 10 f.
  Les Fiançailles, deux livres, 2   0
  La célébration du Mariage, fix livres, ... 6   0

Le Certificat de la publication des Bans, & la permiffion que l'on donne au futur Epoux, d'aller fe marier dans la Paroiffe de la future Epoufe, cinq livres, (a). 5   0
  L'Honoraire de la Meffe de Mariage, trente fols, . . 1   10
    Pour le Vicaire, trente fols, 1   10
    Pour le Clerc des Sacremens, vingt fols, ... 1
  La Bénédiction du lit, tant pour celui qui la fait, que pour le Clerc qui l'affifte, trente fols, 1   10

POUR LES CONVOIS. (b)
Les Convois des petits corps au-deffous de fept ans, lorfqu'on ne va point en corps de Clergé.

Pour le Curé, trente fols, . 1 l. 10 f.
Pour chaque Prêtre, dix fols,   10

Lorfqu'on ira en Clergé.

Pour le droit Curial, quatre livres, ... 4   0
  Pour la préfence du Curé, quarante fols, ... 2   0
  Pour chaque Prêtre, dix fols,   10
  Pour le Vicaire, vingt fols, 1   0
  A chaque Enfant de Chœur, lorfqu'ils portent le corps, huit fols, ... 8
  Et lorfqu'ils ne portent point le corps, cinq fols, . . . 5
  Pour les corps au-deffus de fept ans jufqu'à douze, fera payé pareille rétribution que pour les Enfans de l'âge ci-deffus marqué, lorfque l'inhumation s'en fait en Clergé.

Pour le Convoi d'un grand corps au-deffus de l'âge ci-deffus marqué.

Pour le droit Curial, fix livres, ... 6 l. 0 f.

(a) Les 5 liv. dont il eft queftion en cet article, ne peuvent s'exiger que dans la Paroiffe où le futur époux eft actuellement demeurant de fait; & on ne peut rien exiger au-delà, ni pour le Vicaire, ni pour le Clerc, ni pour la publication des Bans; parce que tout eft compris dans le Certificat.

A l'égard des Paroiffes où les futurs époux ne demeurent pas de-fait, & dans lefquelles on eft obligé de faire

publier des Bans, on ne peut exiger que 30 fols pour toutes chofes, fuivant l'article 9 du Réglement fait par M. le Cardinal de Noailles, le 10 Octobre 1700. L'art. 11 porte que les pauvres feront mariés par charité, fans que l'on puiffe remettre ni différer leur mariage à un autre jour, ni fixer à ce fujet aucun jour particulier dans la femaine.

(b) A qui appartiennent les cierges portés par les pauvres des Hôpitaux aux Enterremens? V. *Enterremens.*

Pour l'affiſtance du Curé, quatre livres, (a). . . . 4 0

Pour le Vicaire, deux livres, 2 0

Pour chaque Prêtre, vingt ſols, (b). 1 0

Pour chaque enfant de chœur, dix ſols, ... 10

Pour les Prêtres qui veillent le corps pendant la nuit, à chacun trois livres, . . . 3 0

Pour ceux qui veillent le jour, à chacun quarante ſols, . 2 0

Pour la célébration de la Meſ-ſe, vingt ſols, . . . 1 0

Pour le Service extraordi-naire, appellé Service complet, c'eſt-à-dire, les Vigiles, & les deux Meſſes du Saint-Eſprit & de la Sainte Vierge, quatre li-vres dix ſols, (c). . . 4 10

Pour les Prêtres qui portent le corps, à chacun vingt ſols, 1 0

Pour le port de la Haute-Croix, dix ſols, . 10

Pour le Porte-Bénitier, cinq ſols, ... 5

Pour le port de la petite-Croix, cinq ſols, . 5

Pour le Clerc des Convois, vingt ſols, ... 1 0

Pour les tranſports des Corps d'une Egliſe à une autre, en Chœur & Clergé, ſera payé moitié plus des droits ci-deſſus marqués.

Pour la réception des corps tranſportés.

Au Curé, ſix livres, . . 6 l. 0 ſ.

Au Vicaire, trente ſols, . 1 10

A chaque Prêtre, quinze ſols, 15

Pour l'ouverture de terre dans les Egliſes où les Curés ont part, on ſuivra la Coutume locale, ou les Réglemens faits ſur ce ſujet, approuvés & autoriſés par Nous (Archevê-que).

Les Parens des défunts enterrés par cha-rité, peuvent, s'ils le jugent à propos, faire mettre les cadavres dans des bières couver-tes, ſuivant le Réglement de 1700, art. 8.

On trouve dans le Code des Curés un Arrêt du Grand-Conſeil, rendu le 12 Mai 1745, par lequel ce Tribunal a jugé que les reſtes des cires qui ſe renouvellent autour d'un cercueil dans une chambre ardente pen-dant le dépôt d'un défunt, appartiennent à ſes Valets-de-Chambre, à l'excluſion du Prêtre veilleur de mort.

Le Parlement de Bretagne a auſſi, par un Arrêt du 9 Décembre 1726, homologué un Réglement fait par l'Evêque de Rennes le 22 Novembre précédent, portant fixation des Honoraires du Clergé, & des droits des Fabriques de ce Diocèſe.

Voyez dans le Traité du Gouvernement des Biens des Communautés, un Réglement fait par l'Evêque de Clermont le 30 Août 1725, pour l'Honoraire des Eccléſiaſtiques de ſon Diocèſe.

HÔPITAUX.

V. *Arts & Métiers, Communautés, Fabri-que, Fondations, Gens de Main-morte, Mendians & Pauvres.*

En général, les Confrairies & les Hôpi-taux, ſont des Corps purement Laïcs, qui peuvent ſe former par la ſeule autorité du Souverain, & qu'il peut de même ſuppri-mer, unir, transférer, &c. ſuivant ce qu'il juge le plus convenable pour la police de ſon Royaume.

C'eſt ſur ce fondement que nos Rois, par leurs Ordonnances ou par des titres ſingu-liers, ont diſposé en tout temps des Hôpi-taux, Maladreries, Leproſeries, & autres Maiſons de cette nature, dont ils ont ſuc-ceſſivement donné l'adminiſtration à diffé-rentes ſortes de perſonnes, ſelon que les cir-conſtances des temps les ont déterminés V. l'Arrêt rendu entre le Chapitre & l'Evêque de Saint-Claude, le 23 Octobre 1750.

» Anciennement (dit Filleau, partie pre-
» miere, tit. 1, n. 18,) les Hôpitaux étoient
» régis & gouvernés par des Eccléſiaſtiques
» . . . . toutefois, comme nos Rois ont

(a) Le Réglement du 10 Octobre 1700, porte auſſi que, quand les Curés n'aſſiſteront pas aux Convois, ils ne pour-ront exiger que 6 liv. V. l'art. 1 de cette Ordonnance.

(b) Il ne doit aſſiſter aux Enterremens, que le nombre d'Eccléſiaſtiques demandé par les parens des défunts, ſui-vant l'article 6 de la même Ordonnance ; & ceux des Ec-cléſiaſtiques qui ſont occupés à l'adminiſtration des Sa-cremens aux malades, ſont néantmoins réputés préſens aux Convois : à l'égard des Eccléſiaſtiques abſens, leur rétribution doit être remiſe aux parens, s'ils l'ont payée d'avance. Ibid. article 3.

(c) On ne peut exiger les 4 liv. 10 ſols dont il eſt queſtion en cet article, que quand le Service & les Meſſes ſont réellement célébrés. Ibid. art. 1.

M m ij

» remarqué une trop grande avarice se glis-
» ser entre les Ecclésiastiques, & qu'ils ap-
» pliquoient le bien des pauvres plutôt à
» leur profit particulier qu'à la nourriture
» des pauvres, pourquoi ils avoient été ins-
» titués & dotés ; ils (nos Rois) leur en
» ont ôté l'administration & gouvernement,
» & ont ordonné qu'ils seroient à l'avenir
» régis & gouvernés, & les revenus d'iceux
» administrés par gens Laïcs, bien rescéans
» & solvables, deux au moins ; lesquels se-
» roient élûs par des Maires, Echevins &
» Consuls des Villes, & commis de trois en
» trois ans, à la charge d'en rendre compte
» d'an en an, délaissant seulement une pen-
» sion aux Titulaires pour leur vivre & ves-
» tiaire «.

Ce que dit Filleau est conforme aux Ordonnances de 1543 & de 1561, à l'art. 65
de l'Ordonnance de Blois, & à l'Edit de
1612. Quelques-unes de ces Loix obligent
les Administrateurs élûs par les Villes, de
prendre des provisions du Grand Aumônier ;
d'autres leur permettent d'administrer en
vertu de la seule nomination des Bourgeois ;
les autres enfin veulent qu'on présente les
Procès-verbaux au Grand Aumônier, pour
en choisir un entre plusieurs.

Outre ces Réglemens généraux, nos Rois
ont souvent disposé de l'administration par
des Lettres-Patentes. Filleau cite celles accordées à la Ville de Lyon en 1560, par lesquelles Sa Majesté ordonne » que la charge
» totale & administration de l'aumône gé-
» nérale de la Ville de Lyon, demeurera à
» jamais aux Citoyens de ladite Ville, qui
» seront élûs tuteurs, sans que les Officiers
» de Justice s'en puissent entremettre «. Il
cite aussi celles accordées pour les Hôpitaux
d'Orléans & d'Amiens, & pour Abbeville,
par Lettres du 3 Mars 1581, à l'instar de
l'Hôtel-Dieu d'Orléans.

Louis XIV. a disposé, avec la même autorité que ses Prédécesseurs, des Hôpitaux de
son Royaume. Sous son régne, les Hôpitaux
du Saint-Esprit & des Enfans-Rouges établis à Paris, ont été unis à l'Hôpital Général par deux Déclarations du 23 Mars 1680,
enregistrées au Parlement.

Le même Prince avoit auparavant ordonné, par un Edit du mois de Juin 1662, registré au Parlement le 21 Août suivant,

qu'en toutes les Villes & gros Bourgs du
Royaume où il n'y avoit point encore d'Hôpital Général établi, on en établiroit incessamment, » pour y loger, enfermer & nour-
» rir les Pauvres Mendians invalides, natifs
» des lieux, ou qui y auront demeuré pen-
» dant un an ; comme aussi les Enfans or-
» phelins ou nés de Parens mendians.

» Tous lesquels Pauvres, dit cet Edit,
» y seront instruits à la piété Chrétienne &
» aux Métiers dont ils pourront se rendre
» capables «.

Sur le même principe du pouvoir absolu
de nos Rois dans la direction des Hôpitaux
du Royaume, Louis XIV, par une Déclaration du 24 Août 1693 ; a ordonné que les
biens désunis de l'Ordre de Notre-Dame
du Mont-Carmel & de Saint Lazare, par
Edit du mois de Mars précédent, seroient
employés au soulagement des pauvres, &
particuliérement des malades, sur les avis
des Archevêques, Evêques & Intendans des
Provinces, en conséquence desquels l'emploi & l'application de ces biens a été faite
par différens Arrêts & Lettres-Patentes, par
des établissemens ou rétablissemens d'hos-
pitalité dans plusieurs endroits du Royaume.

C'est par la même autorité que *les Archevêques, Evêques, leurs Grands-Vicaires &
autres Ecclésiastiques,* qui étoient *en possession*
(avant l'Edit du mois d'Avril 1695,) *de présider & d'avoir soin de l'administration des
Hôpitaux, & lieux pieux établis pour le soulagement, retraite & instruction des pauvres,*
ont été *maintenus* par l'art. 26 de cet Edit,
dans tous les droits, séances & honneurs
dont ils avoient *joui jusqu'alors*, & que la
Présidence a été accordée aux Archevêques
& Evêques par ce même article, *dans tous*
les Bureaux établis pour l'administration
desdits Hôpitaux & lieux pieux, où eux &
leurs prédécesseurs n'avoient point encore
présidé.

Enfin le même Prince, par une Déclaration du 12 Décembre 1698, enregistrée
le 19, a réglé la forme de l'administration
des Hôpitaux, & déterminé les personnes
qui pourroient avoir entrée & donner leurs
voix dans les Bureaux qui seroient établis
pour cette administration.

Comme les dispositions de cette derniere

Déclaration, doivent fervir de régle pour l'adminiftration des Hôpitaux & autres lieux pieux qui n'ont pas de Réglemens particuliers autorifés par Lettres-Patentes enregiftrées, ainfi qu'on peut le voir au Journal des Audiences, tome 7, livre 1, ch. 34, je crois devoir ici copier les difpofitions de cette Déclaration.

ART. I. » Il y aura en chacun defdits Hô- » pitaux un Bureau ordinaire de Direction, » compofé du premier Officier de Juftice du » lieu (a), & en fon abfence, de celui qui » le repréfente, du Procureur pour Nous » aux Siéges, ou du Seigneur, du Maire, » de l'un des Echevins, Confuls ou autres » ayant pareille fonction, & du Curé; & » s'il y a plufieurs Paroiffes dans le lieu, » les Curés y entreront chacun pendant une » année, & tour à tour, à commencer par » le plus ancien (b).

II. » Outre ces Directeurs-nés, il en fe- » ra choifi de trois ans en trois ans dans les » Affemblées générales qui feront tenues » ainfi qu'il fera dit ci-après, tel nombre » qui fera jugé à propos dans chaque lieu » d'entre les principaux Bourgeois & Ha- » bitans pour avoir entrée, féance après » les Directeurs-nés, & voix délibérative » dans le Bureau de Direction pendant led. » temps de trois ans, fauf à l'Affemblée gé- » nérale à les continuer tous, ou feulement » quelques-uns, fi bon lui femble.

III. » Le Bureau ordinaire de Direction » s'affemblera une fois la femaine, ou tous » les quinze jours au moins dans l'Hôpital, » au jour & heure qui fera marquée, & plus » fouvent fi les affaires le requierent.

IV. » Il fera tenu des Affemblées géné- » rales dans chacun Hôpital, une ou deux » fois par chacune année aux temps qui fe- » ront marqués.

V. » Les Affemblées générales feront » compofées, outre le Bureau ordinaire, de » ceux qui auront été Directeurs de l'Hô- » pital, & des autres Habitans qui ont droit » de fe trouver aux Affemblées de la Com- » munauté du lieu.

VI. » Les Délibérations qui auront été » prifes dans les Affemblées générales & » dans le Bureau de Direction, feront écri- » tes fur un regiftre paraphé par le premier » Officier de Juftice, & fignées; fçavoir, » celles du Bureau de Direction par tous » ceux qui y auront affifté, & celles des Af- » femblées générales par les Principaux & » plus Notables du lieu.

VII. » Il fera nommé tous les trois ans, » par le Bureau de Direction, un Tréforier » ou Receveur, pour faire les recettes des » revenus de l'Hôpital, & les employer à » l'acquit des Charges, à la fubfiftance & » entretien des pauvres, & autres dépenfes » utiles & néceffaires.

VIII. » Il fera nommé dans le Bureau de » Direction au commencement de chacune » année, & plus fouvent, s'il eft jugé à pro- » pos, deux des Directeurs nés ou élus, » pour expédier les mandemens des fom- » mes qui devront être payées par le Tré- » forier ou Receveur; & il ne lui en pourra » être alloué aucune en dépenfe, qu'en rap- » portant les mandemens fignés defdits deux » Directeurs.

IX. » Le Tréforier ou Receveur aura en- » trée dans toutes les Affemblées ordinai- » res & extraordinaires, fans voix délibéra- » tive.

X. » Les Archevêques & Evêques auront,

(a) Ce premier Officier eft-il le Prefident, Lieutenant Général ou le Bailli d'Epée? Voyez l'Arrêt du 21 Juillet 1759, article *Baillis & Sénéchaux.*

(b) Le Curé de la Paroiffe de Pau, Capitale de Béarn, a été maintenu dans le droit d'avoir féance & voix délibérative au Bureau de la Direction & Adminiftration de l'Hôpital Général & Hôtel-Dieu de la même Ville, en exécution de cet article, par Arrêt du Confeil rendu le 11 Juin 1726. Voyez auffi la Déclaration du 18 Juillet 1724.

Il faut bien diftinguer l'affiftance du Curé aux Affemblées qui ont pour objet l'adminiftration des Hôpitaux, d'avec celles relatives à l'adminiftration des biens des Fabriques. Dans celles-ci, le Curé a la préféance; au lieu que dans celles qui concernent les Hôpitaux, elle appartient aux Magiftrats. L'article premier de la Déclaration de 1698 le décide tacitement, en appellant fucceffivement chacun des Adminiftrateurs dans le rang qu'il doit occu-

per. Le même ordre fe trouve dans l'Arrêt de Réglement pour l'Hôpital de Goneffe du 7 Septembre 1701, & dans les Lettres-Patentes du mois de Juin 1720, concernant l'Hôpital de Verfailles.

L'article premier de L'Arrêt de Réglement rendu le 17 Juin 1747, pour l'adminiftration de l'Hôpital de Pontoife, n'appelle l'un des Curés de cette Ville que le dernier de tous ceux qu'il défigne pour Adminiftrateurs-nés. Mais l'article 9 accorde la préféance à l'Archevêque de Rouen, quand il voudra préfider.

Le Parlement de Provence a jugé, par Arrêt rendu le 20 Août 1735, que le Marquis d'Oraifon pouvoit affifter aux Affemblées qui fe tiendroient pour l'adminiftration de l'Hôpital établi dans fa Terre; & cela, dit M. le Préfident Bouhier, par la confidération que l'Hôpital étant dans fa Terre, il eft cenfé être fous fa protection. V. la Note fur l'art. 23.

» conformément à l'article 29 de l'Edit du
» mois d'Avril 1695, la premiere féance,
» & préfideront, tant dans le Bureau ordi-
» naire, que dans les Affemblées générales
» qui fe tiendront pour l'adminiftration des
» Hôpitaux de leurs Diocèfes, lorfqu'ils y
» viendront affifter ; & les Ordonnances &
» Réglemens qu'ils y feront pour la con-
» duite fpirituelle & célébration du Ser-
» vice Divin, feront exécutés nonobftant
» toutes oppofitions & appellations fim-
» ples & comme d'abus, & fans y préjudicier (a).

XI. » En l'abfence des Archevêques &
» Evêques, leurs Vicaires-Généraux pour-
» ront affifter auxdits Bureaux ordinaires
» & Affemblées générales, y auront voix
» délibérative, & prendront place après ce-
» lui qui préfidera (b).

XII. » Les baux à ferme des biens & re-
» venus defdits Hôpitaux ne pourront être
» faits que dans le Bureau de Direction,
» après les publications néceffaires, & après
» avoir reçu les encheres.

XIII. » Il ne fera fait aucuns voyages ni
» réparations, ni accordé aucune diminution
» aux Fermiers, que par délibération du
» Bureau de Direction.

XIV. » Il ne pourra être entrepris aucun
» bâtiment ni ouvrage nouveau, intenté ni
» foutenu aucun procès, fait aucun em-
» prunt ni acquifition, fans une délibération
» préalable, prife dans l'Affemblée géné-
» rale.

XV. » Le Tréforier ou Receveur fera te-
» nu de préfenter au premier Bureau de
» Direction qui fera tenu en chacun mois,
» l'état de fa recette & dépenfe du mois
» précédent, qui fera arrêté & figné par
» ceux qui y auront affifté.

XVI. » Le Tréforier ou Receveur fera
» tenu de préfenter au Bureau de la Direc-
» tion, dans les trois premiers mois de cha-

» cune année, le compte de la recette &
» dépenfe par lui faite dans l'année précé-
» dente, & d'y joindre les états arrêtés par
» chacun mois, avec les autres piéces jufti-
» ficatives, pour être ledit compte arrêté
» dans le Bureau, figné par tous ceux qui
» y auront affifté.

XVII. » A faute par ledit Tréforier de
» préfenter fon compte dans le temps porté
» par l'article précédent, il pourra être def-
» titué, & il en fera en ce cas nommé un
» autre en fa place, fans préjudice des pour-
» fuites qui feront faites contre celui qui
» n'aura rendu compte, pour l'obliger à le
» rendre.

XVIII. » Le Comptable fe chargera en
» recette du reliquat du compte, fi aucun y
» a, & des reprifes.

XIX. » Les piéces juftificatives feront
» paraphées par celui qui rendra le comp-
» te, & par celui qui préfidera à l'examen
» & clôture.

XX. » Le compte clos & arrêté dans le
» Bureau de Direction, fera repréfenté &
» lû dans la premiere Affemblée générale
» qui fera tenue enfuite ; & en cas qu'il y
» foit reconnu quelqu'abus, il y fera pour-
» vû par l'Affemblée, ainfi qu'elle le ju-
» gera à propos.

XXI. » Il fera fait choix d'un lieu com-
» mode dans l'Hôpital, où feront mis par
» ordre les Titres & papiers concernans les
» biens de l'Hôpital en une ou plufieurs ar-
» moires fermantes à deux ou trois clefs,
» dont chacune fera gardée par ceux qui
» feront nommés à cet effet.

XXII. » Il fera fait auffi un inventaire
» defdits Titres & Papiers, qui y fera joint,
» & fur lequel feront ajoutés les comptes
» qui feront rendus à l'avenir, & les actes
» nouveaux concernans les affaires de l'Hô-
» pital, à mefure qu'il s'en paffera ; & fe-
» ront lefdits actes & comptes, avec les pié-

(a) L'Arrêt du Confeil d'Etat, rendu entre l'Evêque &
le Chapitre de S. Claude, le 23 Octobre 1750, revêtu de
Lettres-Patentes, ordonne qu'à l'Evêque, à raifon de fon
autorité Epifcopale, demeurera & appartiendra l'entiere
Jurifdiction, quant au fpirituel, fur l'Hôpital de Saint
Claude.
(b) Il a été ordonné, par un Arrêt du Confeil du premier
Mars 1701, qu'en l'abfence de l'Evêque de Coutance, le
Lieutenant Général & fes fucceffeurs auront la préféance
& la préfidence aux Affemblées qui fe tiendront pour
l'adminiftration de l'Hôpital Général de ladite Ville, à

l'exclufion des Vicaires Généraux, qui ne pourroient y
prendre place qu'après ledit fieur Lieutenant Général.
Il eft intervenu un Arrêt au Parlement, le 17 Janvier
1729, entre l'Evêque de Laon, le Lieutenant Particulier,
& le Chapitre de la même Ville ; par lequel la Cour a
maintenu ledit Lieutenant Particulier dans le droit de
préfider aux Affemblées qui fe tiendront pour l'adminiftration de l'Hôpital Général, en l'abfence du Lieutenant
Général, lorfque l'Evêque n'y fera pas préfent, & d'y occuper la premiere place après lui, lorfqu'il y affiftera, à
l'exclufion de tous autres Eccléfiaftiques.

» ces juftificatives, remis aux Archives de
» l'Hôpital.

XXIII. » Il fera pourvu par le Bureau
» ordinaire de Direction, au furplus de tout
» ce qui pourra regarder l'économie & l'ad-
» miniftration du temporel de chacun Hô-
» pital, felon qu'il fera jugé à propos pour
» le bien & le foulagement des Pauvres.

» Et quant aux Hôpitaux, Maladreries,
» Léproferies, & autres lieux pieux & biens
» en dépendans, défunis de l'Ordre de No-
» tre-Dame du Mont-Carmel & de S. La-
» zare, & unis en exécution defdits Edit &
» Déclaration des mois de Mars & Août
» 1693, Arrêts & Lettres-Patentes expé-
» diées en conféquence à d'autres Hôpitaux
» établis avant le mois de Mars 1693 ; Nous
» ordonnons que lefdits biens feront régis
» dans la même forme & maniere, & fui-
» vant les mêmes Réglemens que les anciens
» biens & revenus des Hôpitaux auxquels
» l'union en a été faite (a). Et en cas que
» les Hôpitaux n'ayent point de Réglemens,
» Voulons que le préfent Réglement y foit
» gardé & obfervé, tant pour les biens dont
» ils jouiffoient avant lefdites unions, que
» pour ceux qui ont été nouvellement unis
» par lefdits Arrêts & Lettres-Patentes «.

L'Arrêt portant Réglement pour l'adminiftration de l'Hôtel-Dieu de la Ferté-Ber-
nard, rendu au rapport de M. l'Abbé Lorenchet le premier Septembre 1734, & qui
eft imprimé, a ordonné l'exécution de cette
Déclaration, à laquelle il eft prefqu'entiérement conforme. V. fur la même matiere
l'Arrêt de Réglement pour l'adminiftration
de l'Hôpital de Pontoife, rendu le 17 Juin
1747; il eft imprimé, & contient 37 articles.

Une Déclaration du 6 Août 1713, porte
en fubftance; *que ceux qui font débiteurs, à
quelque titre que ce foit envers les Hôtels-
Dieu, Hôpitaux & Bureaux des Pauvres du
Royaume, ne pourront être élus Adminiftrateurs, Economes, Syndics ni Tréforiers......
defdits Hôpitaux, &c. que dans les Villes &*
*autres lieux où la qualité & fonction d'Admi-
niftrateur eft attachée à des places, charges &
dignités, foit dans l'Eglife, foit dans la Magiftrature, foit ailleurs ; ceux qui rempliffent
ces places, offices & dignités, feront tenus de
s'abftenir de toutes fonctions d'Adminiftrateurs, tant qu'ils feront débiteurs defdits Hôpitaux à quelque titre que ce foit, & qu'ils
feront remplacés par ceux qui font en droit &
en poffeffion de fuppléer à leur défaut dans
lefdites fonctions d'Adminiftrateurs.*

Défendons, ajoute la même Déclaration,
*à tous Adminiftrateurs, Economes, Syndics,
Receveurs & Tréforiers defdits Hôpitaux,
d'en emprunter aucune fomme, foit par contrat de conftitution, foit par obligation ou autrement, quand même elles leur feroient volontairement offertes par les autres Adminiftrateurs, fous prétexte de l'avantage des Pauvres, ou fous quelqu'autre prétexte que ce
puiffe être, encore bien qu'ils renonçaffent à
exercer lefd. fonctions d'Adminiftrateurs....
à peine de payer auxdits Hôpitaux le double defdites fommes.*

*Défendons pareillement auxdits Adminif-
trateurs de prendre à l'avenir à titre de loyer
aucunes maifons appartenantes auxdits Hôpitaux, à peine de nullité.....*

Voulons que ceux qui font locataires des
maifons defdits Hôpitaux ne puiffent en
être élus Adminiftrateurs, Economes, Syndics, Receveurs ni Tréforiers, qu'après que
le terme porté par leur bail fera expiré.

Les legs univerfels faits au profit des
Hôpitaux ont fouvent effuyé des réductions. Voyez ce que je dis fur cela aux articles *Communautés Eccléfiaftiques*, *Gens de
Main-morte*, *Incapables*, *Pauvres* & *Teftament.*

L'Hôtel-Dieu de Paris, le Grand-Bureau
des Pauvres, & l'Hôpital-Général de la
même Ville, ont droit de plaider en premiere Inftance en la Grand'Chambre du
Parlement de Paris, & leurs Adverfaires
peuvent y être traduits par affignation fans
Arrêts ni Commiffion. Voyez l'article 12

(a) Il y a à Corbeil un Hôtel-Dieu qui a toujours été
gouverné par un Directeur nommé par M. l'Archevêque
de Paris, qui en eft feul Adminiftrateur.

Sur le fondement de l'article premier de la préfente
Déclaration, le Prévôt de Corbeil demanda à affifter aux
Séances qui fe tiendroient pour l'adminiftration de cet
Hôpital, & à y préfider, ou au moins d'avoir voix délibé-
rative dans les Affemblées.

Mais, par Arrêt rendu le 31 Janvier 1741, en la Grand-
Chambre, le Prévôt Royal a été débouté de fa demande ;
par la raifon que l'adminiftration ayant toujours été faite
par l'Archevêque de Paris ou par fon Prépofé, il falloit
appliquer le préfent article de la Déclaration du 11 Décembre 1698, à cette efpèce.

du titre 11 de l'Ordonnance de 1667.

La connoiſſance des Cauſes de l'Hôpital de Verſailles eſt auſſi attribuée en premiere Inſtance au Parlement de Paris, par des Lettres-Patentes du mois de Juin 1700, art. 4.

Sur l'attribution au Parlement de la connoiſſance des affaires qui concernent les Hôpitaux, voyez les Lettres-Patentes de 1546, 1553 & 1560.

Un Edit du mois d'Août 1661, défend aux Hôpitaux du Royaume (à l'exception de l'Hôtel-Dieu, de l'Hôpital-Général & de celui des Incurables à Paris) d'emprunter pour conſtituer des rentes viageres. Voyez *Rentes*.

L'art. premier de l'Edit du mois d'Août 1749, dont je rapporte les diſpoſitions au mot *Fondation*, ne permet d'établir des Hôpitaux qu'en vertu d'une *permiſſion expreſſe portée par Lettres-Patentes* bien & dûement *enregiſtrées*. Mais les Hôpitaux qui ſubſiſtoient avant cette Loi, ont été jugés capables de recevoir des libéralités, quoiqu'ils ne fuſſent pas autoriſés, & qu'ils n'euſſent pas même obtenu des Lettres-Patentes.

On trouve ſur cela des Arrêts des 8 Avril 1645 & 18 Mai 1687, au Journal des Audiences; j'en rapporte deux autres des 28 Mars 1718 & 27 Août 1733, à l'article *Communautés Eccléſiaſtiques*.

Outre ces Arrêts, il y en a un premier rendu le 31 Août 1726, par lequel la Cour a confirmé la Sentence rendue à Château-Gontier, le 2 Août 1725, portant délivrance d'un legs fait au profit de l'Hôpital de S. Joſeph de la même Ville, auquel on oppoſoit le défaut de Letres-Patentes.

Il y en a un ſecond qui a été rendu le 11 Mars 1733, en la cinquiéme Chambre des Enquêtes, au rapport de M. le Clerc de Leſſeville, par lequel la Cour a confirmé le Teſtament fait à Lyon par Joſeph-Simon Roire, contenant un legs de plus de 300000 liv. au profit de l'aumône générale d'Avignon, nonobſtant qu'on oppoſât l'incapacité de cet établiſſement, réſultant de ce qu'il

ſubſiſte ſans l'autorité du Souverain.

Enfin il y en a un troiſiéme rendu le 17 Août 1735, au rapport de M. Titon, en la cinquiéme Chambre des Enquêtes, par lequel la Cour a confirmé le legs univerſel fait par François de Saint-Jean au profit de l'Hôpital du petit S. Jacques, établi en la Ville de Douay, quoique cet Hôpital n'eût pas de Lettres-Patentes.

Les biens confiſqués pour cauſe de duel, appartiennent aux Hôpitaux (*a*), ſuivant la Déclaration du 28 Octobre 1711.

Des Lettres-Patentes du mois de Septembre 1759, regiſtrées le 18 Août 1760, ont établi à Paris un Hôpital Militaire à l'uſage des Soldats au Régiment des Gardes Françoiſes.

HOSPITALITÉ.
V. *Tiers-Lot.*

Les Abbayes Régulieres ſont obligées d'exercer l'Hoſpitalité envers les paſſans; & il y a différens Arrêts qui ont condamné les Abbés Commendataires à contribuer à la dépenſe occaſionnée par cette bonne œuvre.

Il y en a ſinguliérement un du 20 Septembre 1740, rendu au Grand-Conſeil entre les Moines de S. Gildas de Rhuis en Bretagne, par lequel il a été ordonné que ſur le Tiers-Lot, il ſeroit pris une ſomme de 60 l. par chacun an pour l'Hoſpitalité: on a cru cette ſomme ſuffiſante, au moyen de ce que l'Abbaye n'eſt pas ſituée dans un lieu paſſager.

Un autre Arrêt du Grand-Conſeil, rendu contre l'Abbé & les Religieux du Mont S. Eloy, Diocèſe d'Arras, le 26 Septembre 1690, a ordonné qu'il ſeroit pris 600 liv. par chacun an ſur le Tiers-Lot, pour ſubvenir aux nourritures, blanchiſſage des Hôtes, &c.

HÔTEL DE JUGE.
V. *Interrogatoire* & *Référé.*

Les Juges ne peuvent rendre aucun Juge-

(*a*) Le legs de 6000 liv. fait par le ſieur Taboureau d'Orval en ces termes : » Je donne à l'Hôpital de Tours, » &c. « a donné lieu à la queſtion de ſçavoir, ſi c'étoit l'Hôpital Général ou l'Hôtel-Dieu qui devoit profiter de la diſpoſition ; mais parce que l'Hôtel-Dieu de Tours y eſt connu ſous le nom d'Hôpital, qu'il eſt ainſi nommé dans pluſieurs Réglemens qui le concernent ; que d'ailleurs il étoit évident que la libéralité avoit pour objet le ſoulagement des *malades* ; qu'il n'y a point de malades à l'Hôpital, proprement dit ; & qu'enfin cet Hôpital eſt vulgairement nommé à Tours, *Hôpital Général* ou *Hôpital de la Charité*, le legs a été adjugé à l'Hôtel-Dieu, par Arrêt rendu en la Grand'Chambre, le 17 Juin 1760, au rapport de M. Titon.

ment en leurs Hôtels ou Maisons, si ce n'est sur les Référés en matiere provisoire, dans les affaires qui demandent une grande diligence.

La Cour a jugé par Arrêt rendu en Vacations le Mercredi 7 Octobre 1761, que le Lieutenant de Police d'Abbeville n'avoit pas pu, en son Hôtel, décerner un décret d'assigner pour être oui, & à ce sujet a fait injonction audit Juge de ne décerner les décrets qu'en l'Auditoire.

Il arrive néantmoins très-fréquemment à Paris, que sur le Référé fait la nuit à M. le Lieutenant Criminel par les Commissaires, ce Magistrat décréte de prise de corps en son Hôtel les personnes amenées par le Guet ; & cela paroît non-seulement régulier, mais raisonnable.

Les Juges peuvent, en leurs Hôtels, dresser tous procès-verbaux d'audition de compte, de comparaison d'écritures & signatures, faire des enquêtes (a), homologuer des avis de parens, faire des interrogatoires sur faits & articles, des réceptions de sermens d'Experts, & recevoir des cautions en matiere civile, suivant des Arrêts de Réglement rendus les 18 Juillet 1648 (pour le Bailliage du Palais), 7 Septembre 1660 (pour Dreux), & 21 Avril 1679 (pour le Bailliage de Richelieu).

L'article 17 de l'Arrêt de Réglement du 10 Juillet 1665, permet aussi aux Juges de faire *dans leurs maisons..... les partages, enquêtes, informations,........compulsoires, reddition de compte, rapport de visitation, appréciation, extraits, collation, comparaison de seing & écriture, vérification d'icelle, réception de caution, taxe de dépens, & liquidation de dommages & intérêts.* V. l'article 2 de l'Arrêt des Grands-Jours de Lyon, du 29 Novembre 1596, rapporté par Chenu, tit. 2, chap. 2.

L'article 6 de l'Edit du mois de Janvier 1685 porte que, *quand il s'agira de la liberté de personnes qualifiées, ou constituées en charge ; de celle des Marchands & Négocians emprisonnés à la veille de plusieurs Fêtes consécutives, ou des jours auxquels on n'entre point au Châtelet ; lorsque l'on deman-* der a la main-levée des marchandises prêtes à être envoyées, ou dont les Voituriers seront chargés, ou qui peuvent dépérir, du payement que des Hôteliers, ou des Ouvriers demandent à des étrangers pour des nourritures & fournitures d'habits, ou autres choses nécessaires ; lorsque l'on reclamera des dépôts, gages, papiers, ou autres effets divertis ; si le Lieutenant Civil le juge ainsi à propos pour le bien de la Justice, il pourra ordonner que les Parties comparoîtront le jour même en son Hôtel, pour y être entendues, & être par lui ordonné par provision ce qu'il estimera juste, sans aucune vacation, ni frais à son égard.*

Les Juges peuvent encore donner en leurs Hôtels des Ordonnances sur Requête, soit pour permettre de saisir ou d'assigner, soit pour donner des défenses provisoires, ou pour renvoyer à l'Audience, faire des informations, &c. V. l'article premier du Réglement du 15 Mai 1714, pour la Justice de Pontchartrain.

Outre tous ces actes, l'usage est de plus à Paris, d'ouvrir en l'Hôtel de M. le Lieutenant Civil, les testamens cachetés, (voyez *Testament*,) d'y recevoir le serment des créanciers de ceux qui sont en faillite, d'y recevoir même plusieurs Officiers, tels que les Juges des Justices Seigneuriales, les Messagers de l'Université, les Huissiers, &c.

Le Réglement fait pour l'administration de la Justice, en la Sénéchaussée & Présidial de Poitiers, le premier Juillet 1688, par M. Foucaut, Maître des Requêtes, à l'avis duquel les Officiers du Siége s'étoient soumis, & qui a été homologué par Arrêt du Conseil du 2 Août suivant, porte *que le Lieutenant Général, pourra vaquer dans sa maison, aux informations de vie & mœurs de tous ceux qui se présenteront pour être reçus Officiers, tant du Siege Présidial, que des Sieges qui ressortissent. Mais il ne pourra recevoir le serment que des Notaires, Greffiers, Procureurs, Huissiers, Sergens & autres Ministres des Justices subalternes ; & à l'égard des Conseillers du Siege Présidial, des Baillis, Sénéchaux, leurs Lieutenans, Assesseurs, & autres qui font fonction de Juge dans les Juridictions Royales ; comme aussi des Gref-*

(a) Quand il s'agit de matieres sommaires, les Enquêtes ne peuvent pas être faites en l'Hôtel du Juge, mais à l'Audience ; à moins que ces Enquêtes ne soient ordonnées dans les Cours Supérieures aux Requêtes de l'Hôtel & du Palais, ou dans les Sieges Présidiaux. Voyez l'article 8 du titre 17 de l'Ordonnance de 1667.

fiers, *Procureurs*, *Huiffiers & Concierges des prifons dudit Siége de Poitiers* ; ils feront examinés, prêteront le ferment, & feront reçus audit Siége, en préfence de tous les Officiers. V. l'art. 14 dudit Réglement.

Tout ceci ne s'applique point aux Officiaux. Ces fortes de Juges ne peuvent inftruire & juger, que dans l'Auditoire ou Prétoire ; parce qu'en France leur territoire eft borné à ce lieu.

HÔTEL-DE-VILLE de Paris.
V. *Buiffonniers*, *Echevins*, *Mefures*, &c.

L'Hôtel-de-Ville de Paris eft la Maifon commune où s'affemblent les Officiers qui compofent le Corps-de-Ville, tant pour travailler aux affaires municipales, que pour l'expédition des contentieufes. C'eft auffi dans une des Salles de cette Maifon, que fe payent les rentes conftituées fur les Aides & Gabelles, & que l'on nomme communément, à caufe du lieu où elles fe payent, rentes fur l'Hôtel-de-Ville. On y paye auffi celles dûes par l'ancien Clergé.

On nomme encore Hôtel-de-Ville, la Jurifdiction du Bureau de la Ville de Paris, *établie pour le régime & adminiftration des affaires communes & Police de la Ville de Paris*. V. l'Edit du mois de Juillet 1681, regiftré le 15 du même mois.

Cette Jurifdiction eft compofée du Prévôt des Marchands, de quatre Echevins, d'un Procureur-Avocat du Roi, d'un Greffier, de quatre Procureurs, & de dix Huiffiers-Audienciers-Commiffaires de Police.

Le Bureau de la Ville n'eft pas une Jurifdiction de territoire, mais d'attribution. Ce Tribunal eft fort ancien, le titre de fon établiffement eft inconnu ; & l'Ordonnance du mois de Février 1415, formée de différens Edits & Déclarations, donnés pour l'adminiftration de la Juftice dans cette Jurifdiction, porte » qu'elle eft établie pour » maintenir & conferver la Capitale, & les » Habitans, Marchands & marchandifes, en » bon régime & vraie Police, & non autre- » ment « ; tous les articles de cette Ordonnance font en effet relatifs à l'approvifionnement de Paris.

Une feconde Ordonnance du 19 Septembre 1439, a accordé aux Prévôt des Mar-

chands & Echevins de Paris, le droit de Police & infpection fur les Rivieres & Ports où fe fait le commerce de la Ville de Paris ; & par un Edit du mois d'Avril 1515, le Roi, *pour l'avancement de Juftice, de la Police & Gouvernement de la Ville*, lui a accordé la *permiffion d'avoir prifon*.

A ces premieres Ordonnances a fuccédé celle donnée par Louis XIV en 1672, portant » que ce Prince a de nouveau fait ré- » diger les Ordonnances, Statuts & Régle- » mens de la Prévôté des Marchands & » Echevinage de ladite Ville, concernant » le régime & adminiftration d'icelle, la » Police & ventes des marchandifes qui y » arrivent par les Rivieres, & qui fe diftri- » buent fur les Places, Ports & Etapes « ; tous les articles de cette Ordonnance, contenus en trente-trois chapitres, n'attribuent à la Jurifdiction de l'Hôtel-de-Ville, que la connoiffance de ce qui peut concerner la Police de l'approvifionnement de Paris, par eau ; mais ayant voulu étendre fes droits audelà des bornes prefcrites par ces Ordonnances, cela a donné lieu à plufieurs conflits avec le Châtelet ; & ils ont été terminés par un Edit du mois de Juin 1700, qui caractérife d'une maniere particuliere, le véritable objet de la Jurifdiction attribuée au Bureau de la Ville.

L'interprétation de cet Edit & des Loix antérieures, a fait naître la queftion de fçavoir, fi le Bureau de la Ville avoit droit de connoître de l'exécution des ventes faites pour l'approvifionnement de Paris, quand il ne s'agit plus que de l'intérêt du vendeur & de l'acheteur, du payement de lettres de change & billets faits relativement à ces approvifionnemens.

La Jurifdiction Confulaire de Paris, qui foutenoit le Bureau de la Ville incompétent en pareil cas, difoit que le Bureau de la Ville n'a qu'un droit d'infpection publique, & une Jurifdiction de Police pour l'arrivée des marchandifes, leur arrangement fur les Ports & leur qualité ; que ce Bureau n'a fur la vente & le commerce des marchandifes arrivant à Paris par eau, que la même Jurifdiction appartenante au Lieutenant de Police, fur ce qui concerne la vente des marchandifes amenées à Paris par terre ; les Confuls citoient en leur faveur des

Arrêts des 2 Avril 1658, 5 Septembre 1664, 31 Mars 1716, 28 Juillet & 13 Décembre 1736.

Cependant, par un premier Arrêt du 7 Mars 1738, il fut ordonné que le Bureau de la Ville connoîtroit » des ventes des mar- » chandises vendues & livrées sur les Ports, » quoique faites à des Marchands, Artisans » & Gens de métiers, pour revendre & tra- » vailler de leur profession, même des bil- » lets & engagemens entre Marchands, » causés pour vente de marchandises ven- » dues & livrées sur les Ports; » & par un second Arrêt du 10 Mars 1751, la Cour, en ordonnant l'exécution du premier, a ajouté que » le Bureau de la Ville connoî- » troit, même des lettres de change causées » pour vente desdites marchandises «. Ces Arrêts sont attaqués par une demande en cassation, & la Requête admise.

Il peut arriver que dans les trois cas pour lesquels les deux Arrêts que je viens de citer, ont accordé la compétence au Bureau de la Ville, c'est-à-dire, 1°. pour la vente des marchandises vendues & livrées sur les Ports; 2°. pour les reventes faites sur les Ports à des Artisans & Gens de métiers pour revendre; 3°. pour les billets, engagemens & lettres de change, il y ait quelquefois lieu d'appliquer les Réglemens de Police, à l'exécution desquels le Bureau de la Ville a droit de veiller; mais il me semble que c'est aller trop loin, que de donner à ce Bureau la connoissance de toutes les contestations quelconques qui peuvent s'élever entre Marchands, ou à la suite de traités & négociations relatives à l'approvisionnement de Paris, lorsqu'il n'y a plus de commerce subsistant. S'il s'élève des contestations pour des livraisons faites, elles sont étrangeres à la police confiée au Bureau de la Ville; & elles ne peuvent plus concerner que les droits civils des particuliers.

Cependant le Bureau de la Ville a prétendu, sur le fondement des Arrêts de 1738 & 1751, dépouiller les autres Tribunaux des contestations concernant les comptes de Société entre Marchands pour la provision de Paris, des partages des successions des Marchands de Bois, &c. mais ses prétentions ont été réprimées par divers Arrêts, & j'en connois singuliérement trois.

Dans l'espéce du premier, il s'agissoit du partage de la Société qui avoit été entre les nommés Beugon & Robequin, Marchands de Bois pour la provision de Paris. Beugon étoit mort en 1755, & avoit grévé son fils de substitution: ce fils avoit assigné Robequin au Châtelet en reddition de compte & partage de la Société; le Bureau de la Ville avoit revendiqué la demande en reddition de compte; mais, par Arrêt du 18 Juillet 1758, la Cause fut renvoyée au Châtelet.

Dans l'espéce du second, qui est du 30 Mai 1761, il s'agissoit de fournitures d'avoine, faites sur le Port à un Loueur de Carosses, qui s'étoit obligé solidairement avec sa femme, à les payer. Le Marchand de grains ayant obtenu Sentence au Bureau de la Ville contre le mari & la femme, ceux-ci passerent en conséquence un acte pour le payement; le mari étant mort, la femme prit, contre ses engagemens, des Lettres de Rescision adressées au Châtelet: le Bureau de la Ville revendiqua la Cause, mais elle fut renvoyée au Châtelet par l'Arrêt.

Dans l'espéce du troisiéme, les sieurs Jean & Etienne-François Millin avoient originairement été associés au commerce de Bois pour la provision de Paris que faisoit leur pere; après le décès duquel, Jean Millin qui géroit presque seul toutes les affaires de la Société, avoit associé un sieur Etignard de la Faulotte, qui tenoit les Chantiers à Paris.

Etienne-François Millin étant mort en 1750, Jean Millin abandonna à sa veuve & à ses enfans, deux des Chantiers garnis de Bois à Paris, en déduction de leurs droits dans la Société; & peu après cet abandon, François-Etienne Millin, fils d'Etienne-François, fit un billet conçu en ces termes au profit du sieur de la Faulotte.

» Je reconnois devoir à M. de la Fau- » lotte 3100 liv.; sçavoir, 2100 liv. pour les » trains qu'il a fait venir pour mon frere » aux Chantiers du Cocq & du Poulet, 50 » l. 10 s. pour faux-frais, 918 liv. pour un » billet à ordre, & 31 liv. 10 s. pour deux » voies de Bois; de laquelle somme je pro- » mets lui faire tenir compte par mon oncle

» (Jean Millin.) A Paris, ce, &c. «

Lorſqu'il s'eſt agi au Châtelet de faire rendre compte à Jean Millin de la Société dont il avoit les fonds, François-Etienne Millin y fit aſſigner la Faulotte, pour voir dire que les 3100 liv. montant du billet ſeroient imputés & déduits ſur le *deficit* des Bois manquans dans les Chantiers du Cocq & du Poulet, ſur la quantité portée dans le récépiſſé de François-Etienne Millin.

. Le Procureur du Roi de la Ville revendiqua, & fit révoquer cette aſſignation au Bureau de la Ville, par une Sentence dont la veuve & les enfans d'Etienne-François Millin appellerent; & ſur l'appel, le Procureur du Roi demanda incidemment que la demande en reddition de compte de la Société, portée au Châtelet contre Jean Millin, fût renvoyée au Bureau de la Ville; il ne reclamoit pas la demande en partage, mais il ſoutenoit que le compte de Société du commerce des Bois venus à Paris par eau, étoit de la compétence du Bureau de la Ville; cependant, par Arrêt du 4 Août 1762, rendu avec M. le Procureur du Roi du Châtelet, il a été ordonné que ſur toutes les demandes, les Parties procéderoient au Châtelet, & la Faulotte condamné aux dépens.

La connoiſſance des conteſtations qui peuvent s'élever, relativement à la perception des droits attribués aux Courtiers & Commiſſionnaires d'eau-de-vie & de liqueurs, par l'Edit du mois de Juin 1691, appartient auſſi au Bureau de la Ville, à la charge de l'appel en la Cour des Aides, ſuivant une Déclaration du 24 Mai 1695.

En matiere de Police, le Bureau de la Ville connoît de toutes les contraventions aux chargemens de marchandiſes (deſtinées pour Paris) dans les Ports, & ſur les rivieres affluentes en cette Ville; pour cela il y a des Subdélégués établis ſur différens Ports qui inſtruiſent les affaires juſqu'à Jugement définitif excluſivement, à moins que l'objet de la conteſtation ne ſoit d'une valeur au-deſſous de 30 liv., auquel cas les Subdélégués peuvent juger définitivement, & alors les appels de leurs Sentences ſe relevent à la Ville. Cependant voyez l'Edit du mois de Juin 1700, qui régle la Juriſdiction

du Lieutenant de Police, & celle du Prévôt des Marchands.

Le Bureau de la Ville connoît encore, en matiere de Police, des entrepriſes qui ſe font ſur les Rivieres, de l'entretien des Berges, à quoi, ſous les ordres du Bureau, une partie des Huiſſiers-Commiſſaires de Police, qu'on nomme *Buiſſonniers*, & leurs Commis ſont obligés de veiller.

Il connoît auſſi de la conduite & voiture de toutes les marchandiſes par eau, de celles des Coches, de leur départ & conduite, de la taxe des Voitures ſur les Ports, de la Police ſur le travail des Gagne-deniers qui les fréquentent, ſur les Bachoteurs, Paſſeurs d'eau, &c. des contraventions ſur la qualité, vente, prix & taxe de toutes les marchandiſes qui ſe vendent ſur les Ports; à l'exception cependant des poiſſons, du foin & des huitres, dont la connoiſſance eſt réſervée à M. le Lieutenant de Police du Châtelet.

Le Bureau de la Ville connoît encore de la Police du payement des rentes qui ſe fait à l'Hôtel-de-Ville, & même des contraventions qui s'élevent ſur la forme & la validité des acquits fournis par les Rentiers; de la Police des meſures à vin, bierre & liqueurs, des meſures à grains, dont les Etalons ou meſures matrices ſont à la Ville; de la conduite & entretien des Fontaines, Quais & Ramparts de la Ville.

En matiere criminelle, le Bureau de la Ville ne connoît que de ce qui eſt relatif aux matieres de Police de ſa compétence, comme des délits, voies de fait ſur les Ports, entre gens qui les fréquentent, & à l'occaſion de leur commerce ou de leur profeſſion; car n'ayant point de territoire, le Bureau de la Ville ne peut connoître d'aucun crime qui ſe commet ſur les Ports ou ſur les rivieres, s'il n'eſt relatif à la Police qui lui eſt attribuée.

Le Samedi 22 Juillet 1758, on a plaidé au Parquet une queſtion de compétence, dont voici l'eſpéce.

La veuve Lieffe avoit, en vertu d'un titre émané du Châtelet, fait ſaiſir un bateau au Port de la Grenouilliere, & en pourſuivoit la vente au Châtelet. Un autre créancier du propriétaire du bateau s'étoit adreſſé au Bureau de la Ville, & y avoit obtenu, fur les Conclufions du Procureur du Roi, un Ordonnance portant permiffion de revendiquer les cordages du même bateau.

La veuve Lieffe, après avoir obtenu au Châtelet une Sentence qui, pour raifon du bateau & de fes agrès, faifoit défenfe de procéder ailleurs qu'au Châtelet, interjetta appel, comme de Juge incompétent, de l'Ordonnance du Bureau de la Ville, & dit que ce Bureau ne pouvoit connoître des conteftations entre Marchands, que relativement aux marchandifes voiturées par la riviere pour la provifion de Paris ; que dans l'efpéce, le bateau faifi étoit vuide, & avoit été confidéré comme un effet particulier, fur lequel le Bureau de la Ville n'avoit point d'infpection.

On répondoit que le bateau étant fur la riviere, étoit fujet à la Police du Bureau de la Ville ; que d'ailleurs, la créance du nommé Varnier, qui revendiquoit, étoit caufée pour cordages qui fe trouvoient encore en nature fur le bateau, que cela regardoit la navigation fur laquelle la Police de la Ville a infpection : par Arrêt rendu le 22 Juillet 1758, l'affaire fut renvoyée au Bureau de la Ville.

Les Prévôt des Marchands & Echevins acquiérent la Nobleffe en entrant en place ; ils ont droit de *Committimus*, tant qu'ils y font ; ils ont la conduite des Fêtes publiques, dont les dépenfes fe font fur les revenus de la Ville ; & pour raifon de leur manutention & emploi d'ouvriers, ils ne peuvent être traduits qu'au Parlement, fuivant une Charte de Charles IV, du mois de Mai 1324, confirmée par plufieurs autres.

Voyez ce que j'ai dit fur la Nobleffe des Prévôt des Marchands & Echevins, à l'article *Echevins*. Voyez auffi l'Edit du mois de Juin 1700, enregiftré le 12 (Juin) portant Réglement pour la Jurifdiction du Lieutenant Général de Police, & celle des Prévôt des Marchands & Echevins de Paris ; il eft dans le Style du Châtelet.

Tous les Officiers de la Ville de Paris jouiffent du droit de Garde-Gardienne & de plufieurs exemptions, au nombre defquelles eft celle des Tailles ; leurs priviléges s'étendent même jufqu'aux fimples Archers : en effet, un Arrêt de la Cour des

Aides rendu le 10 Mars 1664, a déchargé Philippe Faucheur, à caufe de fa qualité d'Archer de Ville, de la Taille à laquelle il avoit été impofé. Voyez d'autres Arrêts plus modernes au mot *Taille*.

Il y a un Confervateur particulier des hypothéques dont les Offices de la Ville de Paris font chargés, c'eft entre les mains de ce Confervateur qu'il faut former oppofition au Sceau des provifions de ces Offices, & non entre les mains des Gardes des Rôles & de M. le Garde des Sceaux, comme pour les autres Offices. Voyez *Oppofition* & *Sceau*.

Un Arrêt rendu le 7 Septembre 1748, juge que les ouvriers qui ont travaillé pour le Bureau de la Ville, doivent fe retirer au Bureau de la Ville même, pour y faire arrêter, avec le Procureur du Roi, leurs mémoires, à l'effet d'être payés de ce qui leur eft dû.

HÔTES.

On nomme ainfi dans quelques Coutumes, les Vaffaux Roturiers & Jufticiables d'un Seigneur. La Coutume de Senlis, fe fert du mot *Hôtes*, par l'article 20. Voyez la Somme Rurale de Boutillier ; le Gloffaire de Ducange, & le Dictionnaire de Trevoux.

HÔTELLERIES, HÔTELLIERS.
V. *Cabarets.*

Les Hôtelliers font civilement garans des vols faits aux perfonnes qui logent chez eux. Les Loix y font précifes ; leur févérité fur ce point eft néceffaire pour procurer la fûreté aux voyageurs, & obliger les Hôtelliers de veiller avec plus d'attention.

La garantie des Hôtelliers ne fe borne pas aux vols faits avec violence, ils font auffi refponfables des vols faits dans leurs maifons fans force majeure, foit que le vol ait été fait par leurs domeftiques ou par des perfonnes étrangeres.

On trouve cependant des Arrêts qui ont débouté plufieurs Hôtes des demandes qu'ils avoient formées contre les Hôtelliers, comme garans des vols faits dans leurs auberges ; mais ils ne font intervenus, que parce qu'il n'étoit pas bien certain qu'il y eût vol. Des circonftances particulieres ont déterminé ces Arrêts : ils font rapportés dans M. le Preftre, centurie premiere, chap. 19; dans le Journal des Audiences, tome 3 ; dans Soefve, tome 2, centurie 3, chap. 26 ; & dans Bardet, tome 2, liv. 8, chap. 21.

Mais on en trouve beaucoup d'autres contraires dans le premier tome du Journal des Audiences; dans Soefve, tome 2, centurie premiere, chap. 59; & il faut convenir que les circonftances font d'un grand poids dans ces fortes d'affaires.

Par un Arrêt du 7 Juillet 1724, rendu au rapport de M. de la Guillaumie en la Grand'Chambre, Jean Chartier & fa femme, Hôtelliers de l'Ecu à Thouri, route d'Orléans, ont été folidairement condamnés de payer différentes fommes au fieur Barbier de la Serre, Chanoine d'Agen, & au fieur de Mazac, Curé d'Aiguillon en Agenois, fur la fimple déclaration que ceux-ci firent des fommes qui leur avoient été prifes, & auxquels la Cour déféra le ferment in litem. Il s'agiffoit d'environ 2000 liv. en louis de 45 liv. L'un demandoit quarante-fept louis avec 45 liv. d'argent; & l'autre difoit avoir foixante-huit louis, fur quoi il avoit dépenfé 800 liv. en route.

Les raifons qui ont déterminé cet Arrêt, font, que lorfque le Procureur Fifcal fe tranfporta à l'Auberge pour recevoir la plainte des Hôtes, il dreffa Procès-verbal d'une ouverture qui fe trouvoit à une cloifon, par laquelle il étoit poffible de faire paffer un enfant de douze à quatorze ans, elle avoit près de fept pouces de large.

Lors de cet Arrêt, il s'éleva une conteftation incidente fur la queftion de fçavoir, fi la femme de l'Hôtellier étoit folidairement garante : la Sentence dont étoit appel, déchargeoit la femme, & ne condamnoit que le mari. Les fieurs Barbier & de Mazac en étoient appellans en ce chef; & la Cour en l'infirmant, condamna le mari & la femme folidairement, parce que les femmes des Hôtelliers font obligées aux mêmes foins que leurs maris.

Par un autre Arrêt du 21 Juin 1718, rendu contre René Chabot, Aubergifte à Langeais, au profit de Xainte Marion & Vincent Jahan; Chabot fut condamné de reftituer à fes Hôtes les marchandifes qu'ils difoient leur avoir été volées dans des balles,

fur le ferment in litem que la Cour déféra aux Marchands. L'Hôtellier difoit que n'ayant jamais fçu ce qui étoit renfermé dans ces balles, il ne pouvoit en être chargé; que d'ailleurs il n'y avoit d'autre preuve du vol que la déclaration des Plaignans. La Cour n'eut pas égard à fes raifons.

Mais, par Arrêt rendu le 4 Avril 1727, au rapport de M. Aubri de Caftellenaut, entre le fieur Defpaty, Contrôleur du Grenier à Sel de Clamecy, le fieur Née de Durville, Lieutenant de l'Election de la même Ville, & Charles Guitté & fa femme, Hôtelliers du Cheval Blanc de S. Pierre-le-Moutier; la Cour confirma la Sentence qui mettoit hors de Cour & de Procès fur les demandes formées par les fieurs Née & Defpaty contre l'Hôtellier, en condamnation des effets qu'ils prétendoient leur avoir été volés. Ils difoient qu'on avoit dû leur donner des chambres qui fermaffent en-dedans par des verroux qu'on ne pût ouvrir de dehors: l'Hôtellier répondoit qu'ils étoient reftés plufieurs jours fans fe plaindre du logement; ils avoient la clef, & il n'y avoit aucune fracture à la porte ni aux murailles, ainfi qu'il fut conftaté par le Juge du lieu, qui vint au moment de la plainte & du vol articulé.

De cette difpofition de la Loi & de la Jurifprudence fuivie, il réfulte qu'il ne faut pas qu'une fauffe compaffion s'éleve contre leur févérité apparente : elle eft néceffaire pour l'ordre public; il dépend des Hôtelliers de s'en affranchir, & de ne point s'engager dans une profeffion fi périlleufe. S'il en étoit autrement, dit la Loi, ce feroit leur donner occafion de s'entendre avec des voleurs étrangers, ou peut-être de voler eux-mêmes, dans l'efpérance que l'impoffibilité des preuves de ce qui fe pafferoit dans l'obfcurité d'une Auberge, leur procureroit l'impunité. Voyez Buridan, fur l'article 395 de la Coutume de Rheims.

On ne doit pas cependant ajouter foi à toutes fortes de perfonnes fur les vols réels ou prétendus dont ils fe plaignent : il faut qu'une probité publiquement connue garantiffe la vérité de la plainte; & que ceux qui la forment, rapportent quelques préfomprions qui ne puiffent être détruites par des circonftances capables de fonder une fufpicion légitime qui leur ſoit oppoſée.

Il eſt défendu aux Marchands de Vin de Paris de tenir ou loger en chambre garnie, recevoir des compagnies de nôces & lendemain de nôces. Les Traiteurs l'ont ainſi fait juger par divers Arrêts de la Cour des 18 Décembre 1745 & 17 Mai 1746.

La dépenſe qui ſe fait dans les Hôtelleries par des Voyageurs, engendre une créance privilégiée en faveur de l'Hôtellier ſur les effets, chevaux & meubles *Hôtellés*, c'eſt-à-dire qui ſe trouvent dans l'Auberge: l'article 175 de la Coutume de Paris permet même à l'Hôtellier de retenir ces effets, chevaux & meubles des Voyageurs, juſqu'au payement de ce qui lui eſt dû: l'article ajoute, *& ſi aucun autre créancier les vouloit enlever, l'Hôtellier a juſte cauſe de ſoi oppoſer.*

La Cour a même jugé en faveur d'un Hôtellier, porteur d'un billet de 1800 liv. cauſé pour nourriture & logement fournis à celui qui avoit ſouſcrit le billet, & qui étoit mort dans la maiſon: la Cour a, dis je, jugé par Arrêt rendu le 27 Mars 1736, que cet Hôtellier avoit privilége ſur l'argent comptant trouvé après le décès de ſon débiteur en l'Hôtellerie. Voyez *Privilége.*

Les chevaux d'un Laboureur qui avoit amené du bled au Marché de Pontoiſe, ayant été détachés de ſa voiture par le Garçon d'Ecurie du nommé Commandeur, Aubergiſte, furent conduits dans l'écurie de celui-ci, où il y avoit déja deux autres chevaux appartenans à un ſieur Chéron. Peu après on trouva l'un des chevaux du Laboureur qui avoit l'os de l'épaule fêlé; le Laboureur prétendit que l'Aubergiſte devoit faire guérir le cheval, &c. il le fit aſſigner à cet effet devant le Juge de Police à Pontoiſe.

L'Aubergiſte ſoutint le Laboureur non-recevable; & ſon principal moyen étoit qu'il ne prenoit rien pour l'attache des chevaux qu'on mettoit dans ſon écurie; néanmoins il dénonça la demande à Chéron, propriétaire des chevaux qui avoient probablement bleſſé celui du Laboureur, & demanda par cette raiſon que Chéron fût condamné à l'acquitter.

Sur cela Sentence eſt intervenue à Pontoiſe, par laquelle l'Aubergiſte fut condamné à payer les frais de maladie, médicamens du cheval, & en 3 liv. de dommages & intérêts par jour pendant la maladie, &c. mais cette Sentence a été infirmée par Arrêt rendu le Lundi 5 Mars 1742, lequel a condamné le Laboureur à rembourſer à l'Hôtellier les frais de maladie & nourriture du cheval à raiſon de 20 ſols par jour; & ſur la demande contre Chéron, les Parties ont été miſes hors de Cour: le Laboureur condamné en tous les dépens.

Différens Réglemens concernant les droits d'Aides font défenſes aux Particuliers de tenir chevaux à l'attache, ni de leur fournir foin & avoine, s'ils n'ont des boiſſons en perce déclarées au Fermier des Aides, pour en payer les droits de détail.

HUIS-CLOS.

Ces mots ſignifient portes fermées.

Il arrive quelquefois que, pour éviter le ſcandale que pourroit occaſionner la plaidoirie publique de certaines cauſes, on ne laiſſe entrer à l'Audience que les Avocats, les Procureurs & les Parties de la cauſe, & cela s'appelle plaider à Huis-Clos; parce que pendant ces plaidoiries, les portes de l'Audience reſtent fermées.

Quand on plaide à Huis-Clos en la Grand-Chambre du Parlement de Paris, les Juges ſont aſſis ſur les bas-ſiéges.

L'Audience de ſept heures eſt réputée ſe tenir à Huis-Clos, parce qu'on n'y entre que par la porte du Parquet des Huiſſiers, & non par la porte de la Grande-Salle.

HUISSIER.

V. *Ajournement, Appariteurs, Audiencier, Compétence, Conſuls, Contrôle, Exploit, Faits-de-Charge, Gardiens, Grades, Haro, Indult, Montre, Notaire, Notification, Nullité, Offres, Procès-verbal, Protêt, Retrait, Saiſie-Arrêt, Saiſie-Exécution, Saiſie-Féodale, Saiſie-Réelle, Sergenterie, Témoins.*

On nomme Huiſſiers, des Officiers dont les Fonctions ſont de faire les ſignifications néceſſaires à l'inſtruction des procédures & l'exécution des Jugemens.

Nous connoiſſons deux eſpéces d'Huiſſiers; les uns qu'on nomme Huiſſiers-Audienciers, dont les fonctions ſont d'être aſſidus aux Audiences, pour y recevoir les ordres des Juges, y faire obferver le filence, ouvrir & fermer les portes de l'Auditoire, & faire les fignifications de Procureur à Procureur.

Les autres, qu'on connoît mieux fous le nom de Sergens que fous la dénomination d'Huiffiers, & dont les fonctions font moins étendues que celles des Huiffiers-Audienciers, puifque les Sergens ne peuvent que fignifier des actes extrajudiciaires, comme exploits d'ajournement, commandemens, fommations, faifies - exécutions, exercer des contraintes, &c. au lieu que les Huiffiers-Audienciers peuvent faire les fonctions qui leur font propres, & dont j'ai parlé, & qu'ils ont en outre le pouvoir de fignifier les actes extrajudiciaires, qui font les feuls que peuvent faire les Sergens. Voyez *Exploit.*

Outre ces deux efpéces d'Huiffiers, il y a dans les Cours Supérieures, dans les Préfidiaux, Jurifdictions Royales, Elections, Greniers à Sel, Eaux & Forêts, &c. un premier Huiffier, dont les principales fonctions font d'appeller les caufes qui doivent fe plaider dans l'ordre où le premier Magiftrat du Tribunal les a mifes, de faire la lecture, publication, expofition d'enchere, des baux judiciaires, vente par décret & licitation d'héritages, foit à l'Audience ou à la levée d'icelle.

Les Huiffiers doivent être Laïcs; les Ecléfiaftiques, même ceux qui font fimplement tonfurés, ne peuvent pas poffédér ces fortes d'Offices, fuivant l'Ordonnance de Charles VIII du 23 Octobre 1425, qu'on trouve dans Joly, des Offices, tom. 2, pag. 942, tit. des Sergens, art. 1; & l'art. 418 de l'Ordonnance d'Abbeville, pour le Dauphiné.

Les premiers Huiffiers ont auffi le droit de faire des fignifications judiciaires & extrajudiciaires; il y a même des Réglemens qui permettent aux premiers Huiffiers d'exploiter par tout le Royaume fans *Vifa*, ni *Pareatis*, ce que ne peuvent pas les fimples Huiffiers-Audienciers & Sergens fans un privilége particulier. On peut fur ces fonctions des premiers Huiffiers, confulter l'E-

dit du mois de Décembre 1693, regiftré le 15 du même mois, & un Arrêt du Confeil rendu en faveur du premier Huiffier du Châtelet, le 25 Mai 1694.

Quoique les premiers Huiffiers des Cours Supérieures ayent ce qu'on nomme vulgairement le droit d'exploiter, c'eft-à-dire, de fignifier des exploits, il eft bien rare qu'ils ufent de ce droit, & je ne crois pas même que le premier Huiffier du Parlement ait jamais fignifié d'autres exploits, que ceux pour lefquels il avoit reçu une miffion expreffe de la Cour; elle n'eft même dans l'ufage de donner cette miffion au premier Huiffier que dans des occafions extraordinaires : elle le chargea, par exemple, de fignifier le décret d'ajournement perfonnel qu'elle avoit décerné contre M. le Chancelier Poyet.

Ce fut encore le premier Huiffier du Parlement qui fut chargé d'ajourner l'Empereur Charles-Quint, Comte de Flandres, à comparoir en la Cour des Pairs, & qui en effet fignifia l'ajournement à ce Prince dans la ville de Gand (*a*).

Le premier Huiffier fut encore chargé par Arrêt de la Cour du 14 Mars 1529 *de porter au Confeil de Malines en bonne & honnête Compagnie*, le Traité de paix avec les piéces du procès d'entre l'Elu Empereur d'une part, & les héritiers de Jean de Bourgogne, Comte de Nevers, d'autre part; & il lui fut alloué pour fes honoraires trois écus d'or foleil par jour.

Le premier Huiffier jouit du droit d'Indult, fuivant des Lettres-Patentes du 15 Mars 1576, enregiftrées le 21 Juillet fuivant, & fa charge lui procure la nobleffe au premier dégré, comme celle des Secrétaires de la Cour; il jouit auffi du droit de *Committimus*, fuivant des Lettres-Patentes du 28 Décembre 1724, enregiftrées le 29, & l'exemption du droit de confirmation lui eft accordée par une Déclaration du 27 Septembre 1723.

Quand le Roi vient tenir fon Lit de Juftice, le premier Huiffier va devancer Sa Majefté avec Meffieurs les Députés de la Cour; & en conduifant le Roi au Parlement, le

---

(*a*) Louis XI fit auffi ajourner dans la Ville de Gand, le Duc de Bourgogne, Comte de Flandres, en 1471, par un Huiffier du Parlement, pour qu'il eût à rendre au Comte d'Eu quelques terres qu'il lui retenoit, mouvantes du Comté de Ponthieu. Voyez l'Hiftoire de France, par Boulainvilliers, tome 3, page 260.

premier

premier Huissier marche immédiatement devant sa personne, entre les deux Huissiers Massiers ; il a été maintenu dans ce droit par nos Rois, toutes les fois qu'il y a été troublé, ainsi qu'il paroît par des Arrêts des 30 Juin 1627, 21 Février 1641 & 20 Avril 1667, & même par le Roi régnant, après avoir entendu les très-humbles représentations que lui fit le premier Huissier au Lit de Justice du 21 Août 1756, sur la difficulté qu'il essuyoit à ce sujet de la part du grand Chambellan.

L'Edit du mois de Janvier 1691, registré le 10 du même mois, a confirmé les Huissiers au Parlement *dans le droit de se dire & qualifier Maîtres*. Les Huissiers au Parlement de Grenoble sont autorisés à prendre la même qualité (de Maîtres) par une Déclaration du 22 Mai 1691.

Des Arrêts de la Cour des Aides rendus les 19 Octobre 1663, & 23 Janvier 1756, ont maintenu les Huissiers du Parlement, *conformément à leurs titres, dans la possession & jouissance du privilége & exemption de gros, dont jouissent les Officiers des quatre Cours Souveraines de Paris ; en conséquence a fait défenses aux Fermiers d'exiger d'eux à l'avenir les droits de gros . . . . . pour les vins de leur crû qu'ils vendront en gros . . . . .*

Il y a encore des Huissiers des Conseils du Roi (a) & en la Grande Chancellerie (b), qu'on nomme communément Huissiers de la Chaîne, parce qu'ils portent au col une Chaîne d'or ou en forme de collier.

Les Huissiers du Conseil ont de plus une Médaille d'or pendante à leur Chaîne, que ceux de la Grande Chancellerie ne peuvent porter, suivant un Arrêt du Conseil de l'année 1676.

Les Huissiers du Conseil font dans le Conseil toutes les publications qui doivent y être faites pour des ventes d'Offices, adjudications, &c.

Ceux de la Grande Chancellerie gardent en-dedans la porte où se tient le Sceau, & y font toutes les publications qui doivent y être faites.

Ils dressent les Procès-verbaux d'affiches, de publications des remises, & même des adjudications qui s'y font, au moyen de ce qu'il n'y a point de Greffier pour le Sceau.

Les uns & les autres, c'est-à-dire, les Huissiers du Conseil & ceux de la Grande Chancellerie peuvent signifier & exécuter dans tout le Royaume les Arrêts du Conseil ; & les Jugemens qui en sont émanés, sans commission du Grand-Sceau, *Visa* ni *Pareatis*.

Ils ont seuls le droit de faire les significations de Lettres, Commissions, Requêtes & autres actes de procédures dans les affaires du Conseil, & même dans les Commissions extraordinaires du Conseil, lors même que ces Commissions sont expédiées au Grand Sceau.

Ils ont pareillement le droit, à l'exclusion de tous les autres Huissiers, de signifier les oppositions au Sceau des provisions d'Offices & des Lettres de ratification des transports de rentes dûes par le Roi, les oppositions au titre des Offices, celles entre les mains des Gardes du Trésor Royal, & les mains-levées judiciaires ou conventionnelles de ces oppositions aux Gardes des Rôles, du Trésor Royal, & Conservateur des Hypothéques.

Ces droits des Huissiers de la Chaîne sont fondés sur des Edits des mois de Juin 1704, (publiés au Sceau) de Juin 1715, (art. 5, enregistrés au Parlement le 10 Juillet) sur des Déclarations des 29 Avril 1738 (art. 27) & 15 Mars 1741, art. 9, & sur des Arrêts du Conseil rendus les 23 Mai, 18 Octobre 1740, 23 Janvier, 6 & 20 Mars 1741, 4 Avril 1742, & 20 Mai 1749, par lesquels (Arrêts) d'autres Huissiers, qui avoient signifié ces sortes d'oppositions ou mains-levées, ont été condamnés à des peines pécuniaires.

Les Huissiers du Conseil gardent au-dedans les portes du Conseil & des grande & petite direction des Finances. Cette fonction leur a été contestée par les Gardes du Corps ; mais ils y ont été maintenu par Arrêt du 15 Mai 1657. Les Gardes du

---

(a) Ces Huissiers n'étoient qu'au nombre de quatre sous François I. Louis XIV en a créé six autres en 1655, de manière qu'ils sont actuellement au nombre de dix.

(b) Ces Huissiers sont au nombre de quatre ; l'un desquels a été créé en 1473, un autre en 1597, & les deux autres en 1655.

Le premier est en même-temps premier Huissier du Grand-Conseil. Il jouit du privilége de la Noblesse.

Quand M. le Chancelier assiste à quelque cérémonie, il est précédé de deux Huissiers du Conseil, & de deux de la grande Chancellerie. Les deux derniers portent les Masses.

Corps ont été reſtraints par cet Arrêt à garder ſeulement le dehors des portes, quand Sa Majeſté aſſiſteroit à ſes Conſeils.

Quand, en l'abſence du Roi, M. le Chancelier tient le Conſeil des Dépêches & le Conſeil Royal des Finances, les Huiſſiers du Conſeil en gardent les portes, mais au-dehors ſeulement.

Il y avoit anciennement au Châtelet cinq ſortes d'Huiſſiers, ſçavoir les Huiſſiers-Audienciers, les Huiſſiers Fieffés, les Huiſſiers des Douze, les Huiſſiers à Cheval & les Huiſſiers à Verge. Il n'y en a plus actuellement que quatre, parce qu'un Edit du mois de Février 1691, enregiſtré le 15 du même mois, a ôté aux Huiſſiers à Verge le droit de faire les priſées, expoſitions & vente de meubles dans la Ville, Fauxbourgs & Banlieue de Paris, pour le conſerver à cent vingt d'entr'eux ſeulement qui ont été créés par ce même Edit, ſous le titre d'Huiſſiers-Priſeurs, avec leſquels les Huiſſiers Fieffés & les Huiſſiers des Douze ſont actuellement réunis pour faire *ſeuls dans lad. Ville, Fauxbourgs & Banlieue de Paris les priſées, expoſitions & ventes, tant volontaires que forcées, des biens meubles, après les inventaires ou appoſitions des Scellés, ou en exécutant des Sentences, Arrêts ou Ordonnances de Juſtice.* V. *Montre.*

L'Edit du mois de Février 1691 a attribué aux Huiſſiers-Priſeurs les fonctions des Maîtres Priſeurs-Vendeurs créés en 1556, réunis aux Sergens à Verge en 1575.

Les trente Commiſſaires aux Ventes, créés par Edit du mois d'Août 1712, ont auſſi été unis aux Huiſſiers-Priſeurs par un autre Edit du mois de Mars 1713; cet Edit, qui forme le dernier état des Huiſſiers-Priſeurs, porte qu'ils » feront ſeuls, à l'excluſion de » tous autres Huiſſiers (à la ſeule exception de ceux du Bureau de la Ville & de la Juriſdiction de l'Arſenal, qui demeurent conſervés dans leurs droits, en qualité d'Huiſſiers-Priſeurs) toutes les priſées, expoſitions & » vente de meubles & effets mobiliers dans » la V i l l e, Fauxbourgs & Banlieue de Pa-» ris » *par ſa concurrence dans la Prévôté & » Vicomté de Paris*, & par ſuite d'inven-» taire dans toute l'étendue du Royaume..... Voyez auſſi l'art. 1er de la Décl. du 18 Juin. 1758 » regiſtrée le 20 du même mois.

L'article 2 de cette Déclaration ne permet aux Huiſſiers-Priſeurs de vendre des fonds de Librairie & Imprimerie, qu'en appellant les Syndics & Adjoints des Libraires. Voyez mes Notes ſur les Actes de Notoriété du Châtelet, relatives aux Inventaires & vente de Livres.

L'exception que porte l'Edit de 1713 en faveur des Huiſſiers de la Ville & de ceux de l'Arſenal, eſt fondée ſur ce qu'ils ont été créés avec le titre d'Huiſſiers-Priſeurs; & à cet égard, les Huiſſiers du Bureau de la Ville ne peuvent vendre que les meubles qu'ils ont ſaiſis-exécutés en vertu de Sentences du Bureau de la Ville, ſuivant un Arrêt du Conſeil du 3 Juillet 1686. Les Huiſſiers de l'Arſenal ont pour diſtrict l'Enclos de l'Arſenal, qui compoſe le territoire de ce Bailliage.

Il a été fait défenſes aux Huiſſiers Royaux, par une Ordonnance de l'année 1302, rapportée par Guénois & par Fontanon, d'exploiter dans les Terres des Prélats, Barons & autres Seigneurs qui ont Juſtice, ſi ce n'eſt en cas appartenans au Roi; mais cette Ordonnance ne s'exécute plus, & les Huiſſiers Royaux peuvent valablement faire des ſommations, donner des aſſignations, & exécuter les Sentences des Juſtices Seigneuriales ſur leſquelles la Juriſdiction, où les Huiſſiers Royaux ſont immatriculés, à la connoiſſance des Cas Royaux.

Une Déclaration du premier Mars 1730, regiſtrée le 28, *fait défenſes à tous les Huiſſiers & Sergens Royaux, de faire ou donner aucun Exploit d'ajournemens, commandemens ou ſaiſies, ni autres actes de leur miniſtere, hors de l'étendue de la Juriſdiction Royale, dont ils ſont Huiſſiers ou Sergens par le titre de leurs proviſions, à peine de nullité deſdits exploits ou autres actes, & 500 liv. d'amende, même dans les lieux où (juſqu'à cette Déclaration) ils étoient en poſſeſſion publique d'inſtrumenter hors du territoire de leur Siége.*

N'entendons comprendre dans ces préſentes, ajoute la Déclaration, *les Huiſſiers de notre Châtelet de Paris, ayant pouvoir d'exploiter par tout le Royaume, ni les autres Huiſſiers qui pourroient avoir le même droit par le titre de leurs Offices.*

Conformément aux diſpoſitions de cette

Déclaration, par Arrêt rendu en Vacations, au rapport de M. de Champeron, au mois de Septembre 1733, sur délibéré, ordonné le 12 du même mois, la Cour a déclaré nulle une procédure extraordinaire, instruite à Niort contre un Notaire nommé Robert, à la requête d'un sieur de la Chauffée. Et le moyen de nullité étoit que les témoins entendus dans les informations avoient été assignés par un Huissier immatriculé & domicilié à Niort, & que cet Huissier n'avoit pas caractere pour instrumenter dans le lieu où il avoit assigné les témoins entendus dans l'information.

Le 14 Mars 1731, il étoit intervenu un autre Arrêt en la Grand'Chambre, sur les Conclusions de M. l'Avocat Général Gilbert, par lequel, en déclarant nul un emprisonnement fait par un Huissier de la Varenne du Louvre, en vertu d'une Sentence des Consuls; la Cour, *faisant droit sur la réquisition du Procureur Général du Roi, a fait défenses* à l'Huissier de la Varenne du Louvre, qui avoit été mis en cause, *de faire aucun autre acte que ceux concernant la Jurisdiction* de la Varenne du Louvre.

Les Huissiers à Cheval du Châtelet, ceux à Verge & les Huissiers-Priseurs, ont droit d'exploiter par tout le Royaume, suivant une Charte du Roi Jean, de l'année 1353. Ce privilége leur a été confirmé sous différens Régnes; ils en jouissent encore aujourd'hui, & ils ont la liberté de choisir telle résidence que bon leur semble dans le Royaume: ils ont même obtenu sur requête un Arrêt le 21 Avril 1761, qui est imprimé, par lequel la Cour a fait défenses à tous Huissiers, Sergens Royaux & autres, d'exploiter ni résider hors des lieux où ils font immatriculés, & où ils doivent le service. Mais voyez *Sergenterie.*

Le droit qu'ont les Huissiers à Cheval, les Huissiers à Verge & les Huissiers-Priseurs du Châtelet, de fixer leur domicile dans l'endroit qu'ils jugent à propos de choisir, leur est particulier: & la Cour a jugé, par Arrêt rendu le Samedi 5 Septembre 1761, qu'un Huissier du Siége de Gannat en Bourbonnois, ne pouvoit pas fixer sa résidence dans un autre endroit du ressort de Gannat, où il y avoit un autre Huissier de la Jurisdiction locale.

Dans les Villes où il y a des Huissiers-Jurés-Vendeurs de meubles, créés par Edit du mois d'Octobre 1696, les Huissiers à Cheval & à Verge peuvent y faire les ventes de meubles en exécution d'Actes & Jugemens revêtus du scel du Châtelet, concurremment & sans prévention avec lesdits Huissiers-Priseurs, suivant un Arrêt contradictoire du Conseil du 15 Mai 1713; & dans les autres Villes, les Huissiers à Verge & à Cheval ont droit d'exercer leurs fonctions, de faire les prisées & vente de meubles, concurremment avec les autres Huissiers ou Sergens Royaux.

Dans la Ville & Fauxbourgs de Paris, les Huissiers à Cheval & à Verge ont seuls le droit d'assister les Maîtres & Gardes des Corps des Marchands, & les Jurés des Communautés d'Arts & Métiers, dans leurs visites & saisies de Jurande, à l'exclusion de tous autres Huissiers, même des Huissiers-Priseurs. Ce droit leur est accordé par Lettres-Patentes du 21 Février 1693, registrées le 6 Juin suivant, & par Arrêt de la Cour du 23 Janvier 1744, en considération du service qu'ils font près des Magistrats, & avec les Commissaires de Police du Châtelet.

Les Huissiers à Cheval, ceux à Verge & les Huissiers-Priseurs, ont leurs causes commises au Châtelet, tant en matiere civile que criminelle; c'est un privilége particulier & contre le Droit commun que nos Rois ont cru nécessaire d'accorder & de confirmer à ces Officiers, pour les mettre à couvert des poursuites que le ressentiment pourroit faire naître contr'eux dans les Tribunaux des Provinces. Les Membres de l'une & de l'autre Communauté jouissent de tous leurs droits à cet égard; & l'on a même récemment jugé, en la Chambre Criminelle du Châtelet, que les Huissiers de ce Tribunal, exploitans en Normandie, n'étoient pas obligés de se soumettre à la Clameur de Haro, ni de comparoir devant le Juge du Haro.

Mais lorsque les Huissiers du Châtelet font employés au recouvrement des Tailles, ils font justiciables des Elections pour ce fait, nonobstant leur privilége: cela est ainsi décidé par une Décl. du 17 Août 1661, enregist. en la Cour des Aides le 30, & par un Arrêt du Conseil rendu le 5 Déc. 1712.

Un Huissier à Cheval résident à Tours, qui avoit été interdit par le Lieutenant Général de Tours, pour avoir refusé de conduire avec les Huissiers du Bailliage, en vertu de l'Ordonnance du Siége, des Particuliers condamnés au Pilori, ayant appellé de la Sentence d'interdiction, prétendit que les Juges de Tours n'avoient pû lui enjoindre, comme ils avoient fait, de prêter main-forte, au moyen de ce qu'il ne leur étoit pas subordonné, & qu'ils n'avoient pas pû interdire au moyen de son privilége, &c.

Cependant un Arrêt rendu le Vendredi 5 Septembre 1760, sur les Conclusions de M. l'Avocat Général Joly de Fleury, il fut renvoyé à se pourvoir devant le Lieutenant Général de Tours, pour faire prononcer la levée de l'interdiction, s'il y avoit lieu.

Depuis cet Arrêt, il a été ordonné par une Déclaration du 15 Novembre 1762, regiſtrée le 25 Janvier 1763, » que les Huiſ » ſiers des Élections, Greniers à Sel, les » Huiſſiers au Châtelet, & tous autres Huiſ » ſiers & Sergens Royaux, réſidens dans les » Villes du reſſort du Parlement de Paris, » ſeront tenus de ſe trouver aux mande- » mens du Subſtitut du Procureur Général » dans les Bailliages & Sénéchauſſées deſ- » dites Villes, pour y faire le ſervice néceſ- » ſaire, auſſi-tôt qu'ils y ſeront appellés, par » rapport à l'inſtruction & Jugement des » procès criminels qui y ſeront pendans, &c. » à peine de telle amende qu'il appartien- » dra pour la premiere fois; & en cas de ré- » cidive, d'être interdits des fonctions de » leurs Offices, pendant le temps qu'il ſera » jugé à propos par leſdits Lieutenans Cri- » minels & Subſtituts «.

Suivant l'article 5 de l'Edit du mois d'Octobre 1712, les Huiſſiers du Châtelet ne pourront être contraints de plaider en matiere civile & criminelle devant le Bailli du Palais, quoique domiciliés dans l'enclos du Palais.

Dans le nombre des Huiſſiers qui, par le titre de leur Office, ont droit d'exploiter par tout le Royaume, & auxquels la Déclaration du premier Mars 1730, en a conſervé le pouvoir, ſont les premiers Huiſſiers-Audienciers des Siéges Royaux, Elections, Greniers à Sel, les Huiſſiers des Cours

Supérieures, les Audienciers des Préſidiaux, les Huiſſiers de la Connétablie, de la Table de Marbre, des Bureaux des Finances, des Requêtes de l'Hôtel & du Palais, de la Prévôté de l'Hôtel & du Bailliage du Palais. V. ce que je dis ci-devant dans ce préſent article.

Le droit d'exploiter par tout le Royaume fut conteſté à Charles-Guillaume Guillard, premier Huiſſier au Bailliage Royal de Moulignon, par Antoine Langlois, Tourneur à Argenteuil. Guillard n'avoit point de proviſions du Roi; il avoit été reçu ſur la ſimple commiſſion qui lui avoit été donnée par les Chanoines de Vincennes, Seigneurs, ſous le nom du Roi, de la Terre de Moulignon; & Langlois argumentoit de cette circonſtance, pour conteſter le droit de Guillard : néantmoins, par Arrêt rendu le 17 Juin 1737, ſur appointement viſé par M. Joly de Fleury, Avocat Général, en conſéquence d'Arrêt de renvoi du 3 du même mois, Guillard a été maintenu dans la faculté d'exploiter par tout le Royaume, & Langlois condamné aux dépens.

Un Arrêt rendu le 13 Décembre 1755, ordonne l'exécution de la Déclaration du premier Mars 1730; & en conſéquence fait défenſes à tous Huiſſiers, Sergens Royaux, Archers & autres, prétendans avoir pouvoir d'exploiter par tout le Royaume, réſidens actuellement à Paris, autres que ceux réſervés par les Edits, Déclarations, Arrêts & Réglemens, de faire ou donner aucuns exploits d'ajournemens, commandemens, ſaiſies, ni autres actes de leur miniſtere, hors l'étendue de la Juriſdiction Royale dont ils ſont Huiſſiers ou Sergens, & dans laquelle ils ſeront immatriculés, à peine de faux, nullité deſdits actes, & 500 livres d'amende; leur enjoint de ſe retirer dans huitaine.... dans les lieux où ils ſont immatriculés, & où ils doivent leur ſervice.

Des Lettres-Patentes du 4 Décembre 1731, enregiſtrées en la Cour des Aides le 19 du même mois, expédiées ſur un Arrêt du Conſeil rendu le 30 Octobre précédent, permettent aux Fermiers, à leurs Procureurs & Commis, de ſe ſervir de tels Huiſſiers ou Sergens que bon leur ſemble, même de ceux des Juriſdictions Seigneuriales, pour les ſommations, aſſignations, commandemens, faisies-exécutions, &c. contre les redevables des droits des Fermes, Fraudeurs, &c. même hors l'étendue des Jurisdictions où les Huissiers sont immatriculés, excepté ceux des Justices Seigneuriales, qui ne peuvent faire de poursuites ailleurs que dans l'étendue des Justices où ils ont pouvoir d'exploiter........nonobstant la Déclaration du premier Mars 1730. Voyez *Exploit*.

On peut sur la même matiere voir l'Ordonnance des Aides de Paris, titre 8, art. 26; celle de Rouen, tit. 10, art. 23; celle du mois de Juillet 1681, titre Commun, art. 18; la Déclaration du 29 Mai 1685; l'Arrêt du Conseil du 7 Novembre 1724, & des Arrêts de la Cour des Aides des 30 Juin 1703, & 12 Avril 1715.

Sur le fondement de toutes ces autorités, la Cour des Aides a, par Arrêt du 5 Septembre 1739, infirmé la Sentence des Elus d'Issoudun, par laquelle un Procès-verbal des Commis aux Aides avoit été déclaré nul, sous prétexte que l'assignation étoit donnée par un Huissier de Jurisdiction Seigneuriale.....

Il y a sur la même matiere un autre Arrêt de la même Cour, du 22 Février 1744, cité dans le Traité des Aides, par M. le Fevre de la Bellande. Mais voyez *Taille*.

Le Réglement du 13 Avril 1761, regiſtré en la Cour des Aides de Paris, le 8 Mai suivant, porte que les Receveurs des Tailles ne pourront employer d'Huissiers pour l'exécution des contraintes judiciaires, qu'autant que les états desdits Huissiers auront été dépofés au Greffe des Elections. Il faut sur cela voir le Réglement en entier. Il contient trente-quatre articles.

Les ventes de meubles forcées, & même celles qui se font après décès sur des inventaires, se font communément par le ministere d'Huissiers.

Le Chapitre de Tours, qui avoit fait appofer le scellé après le décès de M. de Raftignac, Archevêque de cette Ville, avoit obtenu, le 29 Décembre 1750, une Sentence du Bailliage de Tours, par laquelle il étoit, entr'autres chofes, ordonné que les meubles du Prélat seroient vendus par un Notaire; mais cette Sentence a été caffée & annullée par un Arrêt du Conseil du 27

Février 1751, lequel a ordonné que cette vente feroit faite par un Huissier, à la requête des Economes Séquestres.

Il paroît néantmoins que dans les Pays où les Notaires sont en possession de faire les ventes & adjudications volontaires de meubles au plus offrant, la Jurisprudence des Arrêts est de les y maintenir, pourvû qu'il n'y ait point d'Huissiers-Priseurs, auxquels ces fonctions sont attribuées exclusivement à tous autres Officiers. Il y a sur cela deux Arrêts récens, rendus au rapport de M. l'Abbé de Salabery.

Le premier, du 4 Février 1756, est intervenu entre les Notaires de Saumur, & les Huissiers & Sergens des différentes Jurisdictions de la même Ville, qui prétendoient avoir seuls droit de faire les ventes de meubles forcées & volontaires. Il a maintenu les Notaires dans le droit & possession de faire les ventes volontaires de meubles, lorsqu'ils en sont requis par les Parties.

Le second, du 4 Juin 1756, a pareillement maintenu les Notaires de Chinon en Touraine, dans le droit & possession de faire les ventes volontaires, lorsqu'ils en font requis par les Parties. Dans cette derniere espéce, il s'agissoit de la vente de quarante-huit arbres abattus par le vent. V. une Déclaration du 21 Février 1713, qui réunit les charges de Commissaires aux prisées & ventes de meubles, aux Corps & Communautés de Notaires Royaux.

On trouve dans le second volume du Recueil Chronologique de M. Jousse, un Arrêt du 10 Juin 1689, par lequel la Cour a fait défenses aux Sergens & Records d'entrer, sous quelque prétexte que ce soit, sans permission de Justice, pour mettre à exécution les Sentences ou Arrêts, dans les maisons des Particuliers qui n'y sont pas dénommés.

Les Huissiers sont-ils garans des nullités qui se trouvent dans leurs Exploits? Voyez *Nullité*.

Les Huissiers-Priseurs du Châtelet doivent garder les minutes de leurs procès-verbaux de prisée & de vente de meubles; & ils ne peuvent être contraints de les communiquer par la voie du Greffe, mais seulement d'en délivrer des expéditions & extraits, auxquels foi doit être ajoutée comme à tous actes publics, suivant l'Edit du mois de Mars 1713, enregistré le 3 Mai suivant.

Deux Arrêts du Parlement de Paris, rendus les 21 Août 1728 & 7 Septembre 1735, ont jugé de même.

Un autre Arrêt de la même Cour, rendu le 6 Septembre 1721, a déclaré nul un Exploit en retrait fait à la Requête de Claude le Fevre, Marchand à Abbeville, tuteur de son fils, par un Huissier son parent au troisiéme dégré.

Il y a un Arrêt rendu le 27 Janvier 1683, qui fait défenses aux Huissiers de signifier des copies de Piéces Latines.

Les Huissiers qui procédent à des ventes de meubles, ne peuvent sans crime adjuger à eux-mêmes à vil prix les choses qu'ils vendent, soit sous leurs noms, soit sous des noms interposés.

Delannoy, Huissier à Cheval, qui s'étoit adjugé des meubles qu'il vendoit, a été condamné à l'amende honorable, & à neuf ans de galeres ; ce qui a été exécuté le 23 Juin 1756. L'Arrêt étoit du 31 Juillet 1755.

La Cour, par un Arrêt rendu le 10 Décembre 1738, sur le réquisitoire de M. le Procureur Général, a fait *défenses aux Huissiers & Sergens de faire aucuns exploits & significations concernant les affaires des Pauvres du grand Bureau, & des Pauvres de l'Hôpital de la Trinité à Paris, ailleurs qu'au grand Bureau, & au Bureau de la Trinité, les jours de Lundi & de Jeudi, pour ce qui concerne le grand Bureau : & les jours de Mardi & Vendredi, pour ce qui concerne les affaires de l'Hôpital de la Trinité, à peine de nullité & de 50 liv. d'amende.*

L'article 84 de l'Ordonnance de Charles VIII de l'an 1490, porte que, lorsqu'il s'agira de faire une exécution, *si le créancier veut envoyer un Sergent du lieu où le créancier fait sa demeure, il (l'Huissier) ne sera payé que comme s'il eût été pris au plus prochain lieu du débiteur* .... Voyez sur la même matiere l'article 5 de l'Ordonnance de Charles IX, du mois de Mai 1568.

Le Parlement de Dijon a, par un Arrêt rendu en forme de Réglement, le 15 Juin 1711, *enjoint à tous Huissiers ou Sergens de son ressort, de faire incontinent & sans retard, moyennant salaire conforme aux Ré-*

glemens, tous les exploits nécessaires dont ils seront requis, contre qui que ce puisse être, sans acception de personne, à peine de 100 l. d'amende, d'interdiction, de tous dépens, dommages & intérêts, &c.

Le 10 Avril 1731, un Huissier du Châtelet a été décrété d'ajournement personnel par Arrêt de la Cour, par la raison qu'il n'avoit pas pû indiquer la personne, à la requête de laquelle il avoit formé opposition à un mariage.

HUITIÉME.

C'est un droit d'Aides, dont on prétend que l'établissement remonte à Chilpéric, parce que ce Prince avoit ordonné qu'on lui payât la Huitiéme partie d'un muid de vin par demi arpent.

Le Huitiéme qui se paye aujourd'hui, est tout autre que celui imposé par Chilpéric. Les Ordonnances des Aides & les Réglemens postérieurs ont fixé ce droit à 6 liv. 15 sols par muid de vin vendu à pot, compris les 27 sols de subvention, & à 8 liv. 2 sols pour le muid vendu à assiette, compris lesdits 27 sols.

Le Huitiéme n'a pas lieu dans toute l'étendue du Royaume, mais seulement dans des endroits particuliers. Voyez le Traité des Aides, de M. de la Bellande.

A Laon, le droit de Huitiéme n'appartient pas au Roi, mais à la Ville. Philippe de Valois le lui a donné en échange des droits de Justice, de confiscation, & d'autres droits patrimoniaux que ce Prince & les Rois ses successeurs ont réunis à leur Domaine.

Les Ecclésiastiques ont été jugés exempts du droit de Huitiéme à Laon, tant pour les vins provenans de leur Bénéfice, que pour ceux de leur patrimoine, par Arrêt rendu le 8 Août 1727, au rapport de M. de Chabenat de Bonœll.

HUY.

Ce mot qui est fort ancien, n'est guères en usage qu'au Palais. Il signifie le jour présent : c'est par conséquent une abréviation d'aujourd'hui.

Ce mot est singuliérement en usage dans les exploits d'ajournement, où on s'exprime ordinairement par ces mots à comparoir d'Huy en trois jours, d'Huy en huitaine, &c.

Les Juges s'en servent auſſi quelquefois dans les Sentences, en ordonnant que quelque choſe ſera faite *dans Huy*. C'eſt comme s'ils diſoient dans le jour même où l'on eſt.

HYPOTHÉQUE.

Voyez *Artois*, *Auditeurs*, *Comptables*, *Conſervateurs d'Hypothéques*, *Dot*, *Greffiers*, *Lettres de Chancellerie*, *Meubles*, *Miſe de faits*, *Nantiſſement*, *Notaires*, *Office*, *Oppoſition au Sceau*, *Preſcription*, *Privilége*, *Procureur*, *Ratification*, *Sceau*, *Veſt* & *Deveſt*.

Les Auteurs définiſſent l'Hypothéque, l'affectation d'une choſe à la ſûreté d'un droit ou d'une créance.

» Le mot Hypothéque (dit Domat, Loix
» Civiles, liv. 3, tit. premier), ſignifie d'or-
» dinaire la même choſe que le mot Gage,
» c'eſt-à-dire, l'affectation de la choſe don-
» née pour ſûreté d'un engagement; & on
» uſe indiſtinctement de ces deux mots dans
» le même ſens.

» Mais le mot Gage ſe dit plus propre-
» ment des choſes mobiliaires, qui ſe met-
» tent entre les mains & en la puiſſance du
» créancier : & le mot Hypothéque ſignifie
» proprement le droit acquis au créancier
» ſur les immeubles qui lui ſont affectés par
» ſon débiteur, encore qu'il n'en ſoit pas
» mis en poſſeſſion «.

L'Hypothéque n'eſt point de droit naturel; c'eſt une invention du Droit Civil (*a*).

Dans le droit de la nature, on ne pouvoit acquérir un droit réel que par tradition, & la ſimple convention de l'Hypothéque n'eſt accompagnée d'aucune délivrance.

Il y avoit chez les Romains, comme il y a encore parmi nous, trois eſpéces d'Hypothéques.

La premiere, eſt la conventionnelle : elle n'eſt fondée parmi nous que ſur les conventions des Parties écrites dans des actes authentiques.

La ſeconde, eſt l'Hypothéque tacite, que la Loi civile accorde dans certains cas, ſans ſtipulation. Telle eſt, par exemple, l'Hypothéque des femmes ſur les biens de leurs maris ; celle des pupilles & des mineurs ſur les biens de leurs tuteurs, curateurs, & pluſieurs autres; au nombre deſquels ſont ;

1°. Les Geoliers qui laiſſent évader les priſonniers, & pour raiſon de quoi, les créanciers du priſonnier ont Hypothéque du jour de la réception du Geolier.

2°. Les Receveurs des Conſignations. Cependant voyez Montholon.

3°. Les Huiſſiers & autres Officiers qui ont été chargés d'exercer des contraintes. V. *Faits de Charge*.

4°. Les biens des Eccléſiaſtiques, du jour de la priſe de poſſeſſion des Bénéfices, ſont affectés aux réparations.

On nomme encore cette ſeconde eſpéce d'Hypothéque, Hypothéque légale, parce qu'elle naît de la ſeule opération de la Loi, ſans le concours de la volonté de l'homme.

La troiſiéme eſpéce, eſt l'Hypothéque judiciaire, qui n'eſt fondée que ſur les Sentences & Jugemens qui ont condamné un débiteur à payer.

Ces trois eſpéces d'Hypothéques ſont preſque ſemblables dans leurs effets: cependant l'Hypothéque conventionnelle a cet avantage ſur les autres, qu'elle proroge de dix ans l'action perſonnelle à laquelle elle eſt jointe, enſorte que ſa durée eſt de quarante ans; au lieu que les autres ſe preſcrivent par trente ans, avec l'action perſonnelle dont elles ſont l'acceſſoire. Voyez *Preſcription*.

L'effet de l'Hypothéque eſt de mettre le plus ancien créancier (Hypothécaire) en état de demander ſon payement avant le créancier poſtérieur en Hypothéque ſur le prix des biens qui en ſont ſuſceptibles. Mais voyez *Dot*.

L'Hypothéque eſt une action réelle, & ſon effet ſe régle, non par la Loi du domicile des Parties, ni par celle du pays où le contrat a été paſſé, mais par les Loix, uſages & Coutumes des lieux où les biens Hypothéqués ſont ſitués.

Il n'y a point d'Hypothéque ſans obligation; parce qu'il n'y a point d'accident ſans ſubſtance.

Il faut diſtinguer trois choſes dans l'Hypothéque;

_____

(*a*) L'Hypothéque a cependant ſa ſource dans le Droit naturel, lorſqu'elle dérive d'une convention; puiſqu'il eſt du Droit naturel d'exécuter les conventions que l'on a faites.

1°. La convention.

2°. La preuve de la convention.

3°. Le pouvoir de la faire exécuter par celui qui refuse d'accomplir ce qu'il a promis.

Il y a eu sur cela dans tous les pays deux maximes également certaines.

La premiere est, que la convention ne dépend que de la volonté & du consentement des Parties.

Et la seconde, que le pouvoir de faire exécuter, n'appartient qu'à la puissance publique.

Mais à l'égard de la preuve de l'Hypothéque, il y a eu des changemens en divers temps ; ainsi une preuve qu'on a regardé comme suffisante pendant un temps, a été dans la suite jugée insuffisante.

Par exemple, les Loix Romaines disent que le Gage où l'Hypothéque se contracte par le seul consentement des Parties, quoique le bien engagé ou hypothéqué ne soit pas délivré au créancier, on faisoit une différence qui n'étoit que de nom entre le Gage & l'Hypothéque : car on appelloit proprement Gage, *Pignus*, le bien qui étoit affecté au payement, & qui en même-temps étoit délivré au créancier ; & la convention étoit appellée *Hypothéque*, lorsqu'il n'y avoit point de tradition : mais quant à l'effet, c'étoit la même chose, & le créancier avoit la même action.

L'écriture n'étoit pas nécessaire pour la preuve de cette convention : elle pouvoit être prouvée par témoins, de même que tous les autres contrats : c'étoit la preuve qui avoit toujours été en usage, & il y a plusieurs Loix qui en parlent à l'égard de l'Hypothéque.

Cette Jurisprudence fut observée par les Romains pendant plusieurs siécles, sans qu'il y eût aucun changement ; enforte que la priorité ou la postériorité d'une Hypothéque pouvoit être prouvée par témoins. Mais l'Empereur Leon, qui commença de régner l'an 456 de l'Ere Chrétienne, fit un changement considérable à l'égard de cette preuve ; il donna une Constitution qui a été observée, tant en Orient, qu'en Occident, jusqu'à l'entiere extinction de l'Empire Romain, & même long-temps après.

Cette Constitution qui est fort célébré,

porte qu'une stipulation d'Hypothéque prouvée par écriture privée, signée de trois témoins, doit faire preuve pour la date ; enforte que l'Hypothéque fondée sur cette preuve, est préférée à l'Hypothéque contractée par un acte postérieur passé devant une personne publique.

Quant à l'exécution de la convention concernant l'Hypothéque, les Romains observerent toujours pour maxime, qu'elle dépendoit de l'autorité Souveraine ou des Officiers & Magistrats ; & cela est conforme à l'usage observé par toutes les Nations. Il ne seroit pas naturel qu'un particulier pût contraindre par force un autre particulier à exécuter une convention : il doit s'adresser à celui qui a la puissance publique.

Aussi les Loix Romaines décident-elles que personne ne peut de son autorité privée, s'emparer d'un bien qui lui a été hypothéqué ; & l'on observoit si exactement cette régle, qu'il est décidé par une Loi précise, que, quand même les Parties seroient convenues qu'au défaut de payement, le créancier pourroit se mettre en possession d'un fonds qui lui seroit hypothéqué, cette convention n'auroit aucun effet ; & qu'il faudroit s'adresser au Magistrat pour être autorisé à se mettre en possession.

Ce que j'ai dit sur la preuve de l'Hypothéque chez les Romains, n'empêchoit cependant pas que ceux qui vouloient avoir une preuve plus assurée, n'employassent le ministere des Notaires ou autres personnes publiques : ainsi les contractans qui vouloient agir avec plus de précaution, & empêcher que la preuve ne dépérît, employoient des Notaires ; on le voit dans la Loi *Scripturas*, où il est parlé de l'Hypothéque qui étoit prouvée par acte public, & de celle qui étoit prouvée par un acte d'écriture privée, signé de trois témoins ; cette écriture avoit, suivant la Loi, la même force qu'un acte public ; mais elle pouvoit être perdue plus facilement.

Tous ces usages & cette Jurisprudence subsistoient encore, lorsque l'Empereur Leon, surnommé le Philosophe, refondit presque toutes les Loix Romaines, & en fit une nouvelle compilation en soixante Livres : elles furent écrites en Grec, & il nous en reste la plus grande partie.

L'on

L'on y trouve, quant à l'Hypothéque, les mêmes décisions qui ont été rapportées ci-deffus, & qui font tirées du corps de Droit de Juftinien : l'on y diftingue auffi la convention ou ftipulation d'Hypothéque, la preuve & l'exécution.

Les François ont beaucoup moins écrit fur le Droit que les Italiens, & ont écrit beaucoup plus tard. Cependant on trouve des preuves de la maniere dont l'Hypothéque étoit anciennement contractée parmi nous; & on voit dans plufieurs Ouvrages, que la priorité ou poftériorité d'Hypothéque pouvoit être prouvée par témoins, & fans qu'il y eût aucun écrit : ainfi, pour affurer la date, l'on n'avoit befoin, ni de l'autorité du Souverain, ni du miniftere de fes Officiers; la preuve par témoins étoit fuffifante : & quand cette preuve étoit faite, elle prévaloit fur celle qui réfultoit d'un acte public poftérieur en date au temps dont les témoins dépofoient.

Mais depuis l'Ordonnance de François I de l'an 1539, les écritures privées eurent moins de force qu'elles n'avoient eu jufqu'alors : la preuve de l'Hypothéque acquife par écriture privée, fignée de trois témoins, fut alors abrogée. On n'a plus reconnu d'Hypothéque conventionnelle, que quand elle réfultoit d'un acte authentique ou reconnu en Juftice ; & l'on a été obligé d'avoir recours aux Notaires, pour affurer entiérement les dates des actes, & l'Hypothéque qui pouvoit en réfulter.

A l'égard de l'exécution, les anciens Auteurs Italiens avoient penfé que, pour rendre exécutoires les contrats paffés devant Notaires, il falloit que le Notaire fût créé, par fes provifions, Juge en matiere de Jurifdiction volontaire.

Sur cela, Rebuffe obferve qu'en France, l'ufage n'eft pas que les Notaires foient créés Juges par leurs provifions, & qu'on a employé d'autres moyens pour rendre les contrats exécutoires fans l'intervention de

l'autorité du Magiftrat. Il dit que, dans le reffort du Parlement de Touloufe, les Notaires ont accoutumé de mettre dans les actes, qu'ils condamnent celui qui promet de payer, & qu'un tel acte eft exécuté comme une Ordonnance du Juge; les contrats font auffi faits de cette maniere dans plufieurs autres Provinces du Royaume.

Rebuffe convient cependant que cette pratique de donner l'exécution parée aux actes paffés devant Notaires, eft contraire au Droit; il dit qu'elle a été introduite par l'ufage, mais qu'elle n'eft pas uniforme dans tous les pays. En effet, il fait mention de divers ufages concernant cette exécution : à Paris, dit-il, & dans tout le reffort du Parlement, pour mettre les contrats en forme exécutoire, il faut les intituler au nom du Magiftrat (a).

Ainfi les contrats paffés à Paris pour être exécutoires, doivent être intitulés au nom de M. le Prévôt de Paris ; & dans les Provinces du reffort du Parlement, ils doivent l'être au nom, ou du Bailli, ou du Sénéchal, ou autre Magiftrat; c'eft le Notaire lui-même qui les expédie en cette forme, & qui y met le fceau de la Jurifdiction (b).

Mais dans le reffort des Parlemens de Droit-Ecrit, en Franche-Comté, &c. l'on n'en ufe pas ainfi ; le Notaire ne met point le nom du Magiftrat à la tête du contrat, il en donne feulement une expédition, fur laquelle la Partie qui veut la faire exécuter, prend des Lettres du Juge qui ordonne l'exécution ; ces Lettres s'accordent fans connoiffance de caufe, il fuffit d'exhiber le contrat figné du Notaire qui l'a reçu. Ces Lettres s'appellent *Exécutoriales*, c'eft le nom que leur donne Rebuffe ; mais on leur donne auffi des noms particuliers, tels que celui de Lettres *de Debitis*, de Lettres de *Contraintes* & de Lettres de *Clameur*.

L'Hypothéque tacite ou fous-entendue ne s'eft introduite que par l'ufage (c), parce que la convention d'Hypothéque étant

(a) Il faut auffi qu'ils foient fcellés ; c'eft le fceau qui donne l'authenticité. Un acte qui n'eft pas fcellé, n'eft pas exécutoire.
(b) En Pays de Nantiffement, l'Hypothéque s'acquiert autrement. Voyez *Mif. de Fair*, *Nantiffement* & *Notaire*.
A Montdidier, on obtient au Greffe une Commiffion pour l'exécution des contrats & actes qui portent une exécution parée. Voyez l'Acte de Notoriété de ce Tribunal, du 6 Février 1697, & celui du 13 du même mois.

(c) Ceci n'a pas lieu dans le reffort du Parlement de Douai ; les Sentences & Jugemens n'y emportent pas Hypothéque comme ailleurs. Elle ne s'acquiert dans ce reffort, que par les œuvres de Loi, réglées par les Placards ou Coutumes des lieux. On peut à ce fujet voir dans le Recueil pour le Parlement de Flandres, imprimé à Douai en 1730, la Déclaration du 14 Mai 1685, regiftrée le 14 au Confeil Souverain de Tournai, qui pour ce reffort, révoque l'Edit du mois de Décembre 1684.

ordinaire, & se trouvant dans presque tous les contrats, on a cru qu'il falloit la sous-entendre lorsqu'elle n'étoit pas exprimée.

Cette Jurisprudence avoit été introduite par les Jurisconsultes Italiens, comme l'a témoigné M. Boyer, Premier Président du Parlement de Bordeaux, sous François Premier. Ce Magistrat en cite plusieurs qui se fondoient sur une régle du Droit Romain, suivant laquelle les clauses qui sont ordinaires dans les contrats, doivent être sous-entendues, lorsqu'elles ne sont pas exprimées.

Loyseau, en parlant de l'usage qui a introduit l'Hypothéque tacite, s'exprime ainsi : » Pour ce qu'en tous les contrats, par » un style ordinaire des Notaires, on s'est » accoutumé d'inférer la clause d'obligation » de tous ses biens ; l'on a enfin tenu pour » régle, que tous contrats portoient Hypo- » théque sur tous les biens, comme cette » clause étant sous-entendue, si elle avoit » été omise «. *Du Déguerpissement*, Liv. 3, chap. 1, n. 15.

L'Hypothéque judiciaire n'avoit lieu chez les Romains que du jour de l'exécution de la Sentence, c'est-à-dire, du jour de la saisie des biens du Débiteur, mais en France elle a lieu du jour que la Sentence a été pro-noncée.

On a introduit, depuis le régne de Fran-çois Premier, deux sortes d'Hypothéques judiciaires, qui étoient auparavant incon-nues.

La premiere tire son origine de l'art. 2 de l'Ordonnance de 1539, qui porte que *ceux qui sont ajournés pour reconnoître leurs cédules ou promesses sous signature privée, se-ront tenus de les reconnoître ou de les nier : & qu'autrement lesd. cédules seront tenues pour confessées, & emporteront Hypothéque du jour de la Sentence.* V. à l'art. *Lettres de Chan-ge*, une Déclaration du 2 Janvier 1717, qui porte que les protêts n'engendrent aucune Hypothéque.

L'article 107 de la Coutume de Paris porte aussi que cédule privée, qui porte pro-messe de payer, emporte Hypothéque du jour de la confession ou reconnoissance d'icelle, faite en Jugement ou pardevant No-taires, ou que par Jugement elle soit tenue pour confessée, ou du jour de la dénéga-

tion, en cas que par après elle soit vérifiée. Ainsi la Sentence portant reconnoissance d'une cédule ou d'un billet privé, supplée l'Hypothéque, quoique les Parties n'en soient pas convenues ; & il est bon d'obser-ver que c'est d'une Sentence rendue par un Juge Laïc, dont j'entends parler ; car c'est un principe constant, que les écrits reconnus devant un Juge d'Eglise, n'emportent point d'Hypothéque, attendu que le Juge d'E-glise n'a point d'autorité territoriale.

Les choses spirituelles & les personnes des Ecclésiastiques sont l'objet de la Juris-diction de l'Eglise ; elle n'a aucun droit sur le temporel ; (jamais il n'est permis à ses Ju-ges de passer les bornes posées par Dieu même entre le Sacerdoce & l'Empire).

La seconde espéce d'Hypothéque judi-ciaire est fondée sur l'art. 53 de l'Ordon-nance de Moulins de l'année 1566, qui porte que, du jour de la condamnation en dernier ressort, l'Hypothéque est acquise sur les biens de celui qui est condamné ; & par une Déclaration du mois de Juillet de la même année, il fut ordonné que l'Hypothéque ju-diciaire auroit lieu du jour de la condamna-tion prononcée par une Sentence, au cas qu'il n'y en eût point d'appel, ou que sur l'appel la Sentence fût confirmée.

D'après ces régles, on a agité la question de sçavoir, si l'appointement prononcé sur une demande en condamnation du contenu en un billet visé dans la Sentence qui ap-pointoit, équivaloit à une reconnoissance ou à une dénégation ; & les avis se sont trou-vés partagés en la premiere Chambre des Enquêtes : mais depuis, & par Arrêt rendu le 27 Août 1758, la Cour a jugé que l'Hy-pothéque n'auroit lieu que du jour de la condamnation, & non du jour de la Sen-tence d'appointement, parce que les Par-ties avoient été appointées sur la dénéga-tion de la dette, & non sur la dénéga-tion de l'écriture & de la signature du billet.

Les mêmes motifs ont encore déterminé la Cour à n'accorder l'Hypothéque que du jour de la condamnation, par un Arrêt ren-du en la seconde Chambre des Enquêtes, le 31 Août 1759, au rapport de M. Brisson, dont voici l'espéce.

Wiry-Henri le Cocq, assigné au Châte-

let le 17 Décembre 1753, en condamnation d'une somme de 10000 livres, à la requête de Lome Bournel & sa femme, se défendit, en disant qu'il ne devoit rien.

Bournel & sa femme n'avoient point
parlé dans leur assignation du billet qu'ils
avoient de le Cocq, pour en éviter le contrôle; mais après la défense susdite, ils donnerent une requête verbale, par laquelle ils
demanderent la condamnation des 10000
livres, comme contenues au billet, dont
ils demanderent la reconnoissance.

Alors, sans dénier sa signature, le Cocq
demanda, & obtint, le 15 Janvier 1754,
permission de faire interroger la femme Bournel sur faits & articles devant un Commissaire, & il fit signifier des faits, desquels il
ne résultoit qu'une dénégation de la dette,
non une dénégation ni une reconnoissance
du billet; enfin le Cocq fut condamné à
payer les 10000 liv. contenues en son billet
tenu pour reconnu, par Sentence du 4 Septembre 1755.

Munis de cette condamnation, Bournel
& sa femme, qui avoient formé opposition
au décret volontaire des biens vendus par le
Cocq, soutinrent contre d'autres créanciers
hypothécaires de le Cocq, & contre le Cocq
même, que leur Hypothéque devoit remonter au jour de l'Ordonnance, portant permission d'interroger sur faits & articles. La Sentence du Châtelet avoit accordé l'Hypothéque du jour de la permission d'interroger sur
faits & articles; & la Cour ordonna par l'Arrêt susdit du 31 Août 1759, que Bournel
& sa femme n'auroient Hypothéque que du
jour de la condamnation, c'est-à-dire, du 4
Septembre 1755, parce que le débiteur n'a-
voit nié que la dette dans toute la procédure antérieure, sans reconnoître ni dénier
sa signature.

Quand la reconnoissance d'un écrit privé
ne se fait que contre l'héritier de celui qui
l'a souscrit, elle peut bien constater le droit
du créancier sur la succession du débiteur,
pour lui faciliter son payement sur les biens
de la succession par préférence aux créanciers
de l'héritier. Cette reconnoissance peut même donner Hypothéque au créancier du défunt sur les biens personnels de l'héritier,
mais relativement aux autres créanciers chirographaires de la succession; celui qui a

fait reconnoître son titre, n'a aucune préférence; le droit des uns & des autres s'étant
trouvé égal au moment de la mort du débiteur commun, l'antériorité ou la postériorité des reconnoissances ou des condamnations ne change point leurs qualités de
créanciers chirographaires.

Il en est de même de la reconnoissance
ou vérification faite avec un curateur à la
succession vacante; ces reconnoissances ou
vérifications n'emportent point Hypothéque sur les immeubles de la succession; &
celui qui a la plus ancienne condamnation
contre le curateur, n'a point d'avantage
contre les autres: c'est l'avis de Chopin sur
la Coutume d'Anjou.

En matiere d'amende, le Roi n'a d'Hypothéque que du jour de la condamnation:
cela est décidé par une Déclaration du 13
Juillet 1700, qui déroge à cet égard à une
autre Déclaration du 21 Mars 1671, & à
l'Edit du mois de Fév. 1691, aux termes
desquels le Roi devoit être payé par privilége à tous créanciers. V. l'art. 53 de l'Ordonnance de Moulins, de l'an 1566, & ce
que je dis à l'article *Amende*.

C'est une grande question que celle de
sçavoir si les contrats passés en Pays étranger devant des Notaires ou autres personnes
publiques, emportent Hypothéque sur les
biens situés en France.

Cette question s'est présentée deux fois au
Parlement, à ma connoissance; & par un premier Arrêt du 23 Août 1737, rendu en la
premiere Chambre des Enquêtes, au rapport de M. Chole de Torpane, la Cour
a jugé qu'un contrat de mariage passé en
Pays étranger (à Liége), ne donnoit aucune Hypothéque en France.

La même question s'étant élevée entre la
Princesse de Carignan & les créanciers de
son mari, cette Princesse prétendit que son
contrat de mariage, passé à Turin avec le
défunt Prince, lui donnoit Hypothéque sur
les biens situés en France du jour du contrat; & cela fut ainsi jugé au Parlement de
Paris, en la troisiéme Chambre des Enquêtes, par Arrêt rendu le 3 Août 1744, conformément à un Acte de Notoriété donné
par M. le Lieutenant Civil le Camus, du
17 Août 1702: mais les créanciers du Prince
de Carignan s'étant pourvus en cassation,

l'Arrêt du Parlement a été caſſé par un Arrêt du Conſeil rendu le 18 Mars 1748 (*a*).

(M. Gilbert de Voiſins étoit du nombre
des Commiſſaires qui ont rendu ce dernier
Arrêt, après une inſtruction également étendue & lumineuſe ſur cette matiere).

Il doit donc être actuellement certain que
les contrats paſſés en Pays étrangers, même
les contrats de mariage, qui ſont les plus
privilégiés, n'emportent point Hypothéque
ſur les biens ſitués en France; mais voyez
Dombes & *Lorraine*.

Les raiſons qui ont déterminé le Conſeil
à caſſer l'Arrêt rendu le 3 Août 1744, ſont:
1°. Que l'Hypothéque conventionnelle,
conſidérée à l'égard des tiers qui n'ont point
été parties dans la convention, ne peut appartenir au Droit des Gens, comme le prétendoit la Princeſſe de Carignan, & que la
priorité d'Hypothéque, telle qu'elle avoit
lieu chez les Romains, étoit un effet du Droit
civil de la Nation, dont le nôtre differe depuis l'Ordonnance de 1539.

2°. Que nous ne connoiſſons pas dans notre Droit François d'Hypothéque purement
conventionnelle; c'eſt-à-dire, que la convention ſeule ne donne point d'Hypothéque parmi nous, mais qu'il faut encore le
concours de l'autorité publique & territoriale. Voyez *Pareatis*.

De ces principes, les créanciers du Prince
de Carignan concluoient, qu'il y avoit lieu à
la caſſation; parce que l'Arrêt du Parlement
n'avoit pû accorder à la Princeſſe une Hypothéque réſultante de ſon contrat de mariage, ſans communiquer aux Officiers d'une
Puiſſance étrangere une autorité que le Roi
ſeul peut donner dans le Royaume, & ſans
donner atteinte aux droits de la Souveraineté & à l'indépendance de la Couronne.

D'ailleurs, l'article 121 de l'Ordonnance
de 1629 étoit abſolument contraire aux diſpoſitions de l'Arrêt rendu le 3 Août 1744
(*b*); & c'étoit un ſecond moyen de caſſation.

La Cour, par un autre Arrêt rendu le 10
Juin 1717, en la Grand'Chambre, a déclaré nul & injurieux, avec dommages & intérêts, un empriſonnement fait à Paris en
vertu d'un Jugement rendu à Liége, quoiqu'accompagné & revêtu d'un *Pareatis* du
grand Sceau; parce que ce qui eſt contracté
& jugé dans une Souveraineté étrangere,
n'eſt pas exécutoire, & ne gît qu'en action
en France. Voyez un Arrêt rendu le 11
Juillet 1598, cité par Bouchel au mot
Compétence, & ce que je dis à l'article *Pareatis*.

L'article 121 de l'Ordonnance de 1629,
dont je viens de parler, porte *que les Jugemens rendus , contrats ou obligations reçus ès
Royaumes & Souverainetés étrangers , pour
quelque cauſe que ce ſoit , n'auront aucune
Hypothéque ni exécution en notre Royaume ,
ains tiendront les contrats lieu de ſimples promeſſes; & nonobſtant les Jugemens, nos Sujets
contre leſquels ils auront été rendus , pourront
de nouveau débattre leurs droits comme entiers , & pardevant nos Officiers.*

Les mots de *nos Sujets* qui ſe trouvent dans
cet article, ont fait naître la queſtion de ſçavoir, ſi des Etrangers pouvoient en invoquer les diſpoſitions. Celui qui avoit fait
exécuter contre des Suiſſes une Sentence rendue à Genève en vertu d'un *Pareatis* d'un
Juge François, diſoit que cette loi n'étoit
pas faite pour les Etrangers. Il gagna ſon
Procès par Arrêt rendu au rapport de M. le
Boindre, vers la fin du mois de Juin 1722;
mais comme il y avoit des circonſtances par-

─────────

(*a*) Depuis cet Arrêt, il a été convenu par l'art. 22 du
Traité conclu avec le Roi de Sardaigne, le 24 Mars 1760,
revêtu de Lettres-Patentes du 24 Août ſuivant, regiſtrées
le 6 Septembre de la même année, que de la maniere
que les Hypothéques » établies en France par actes publics
» ou judiciaires, ſont admiſes dans les Tribunaux de Sa
» Majeſté le Roi de Sardaigne, l'on aura auſſi pareille-
» ment égard dans les Tribunaux de France, pour les Hy-
» pothéques qui ſeront conſtituées à l'avenir par contrats
» publics, ſoit par Ordonnances ou Jugemens dans les
» Etats de Sa Majeſté le Roi de Sardaigne.
» Que pour favoriſer l'exécution réciproque des Décrets
» & Jugemens, les Cours Supérieures déféreront de part
» & d'autre à la forme de droit, aux réquiſitions qui leur
» ſeront adreſſées à ces fins, même ſous le nom deſdites

» Cours.
» Enfin, que pour être admis en Jugement, les ſujets
» reſpectifs ne ſeront tenus de part & d'autre, qu'aux
» mêmes cautions & formalités qui s'exigent du propre
» reſſort, ſuivant l'uſage de chaque Tribunal «.
(*b*) La Juriſprudence du Parlement de Provence eſt,
qu'au contraire les contrats de mariage, paſſés en Pays
étrangers, portent Hypothéque en France. Il l'a ainſi
jugé par des Arrêts des 22 Juin 1729, & Juin 1730. Les
Gens du Roi ont atteſté cette Juriſprudence par un Acte
de Notoriété qu'ils ont donné à la Princeſſe de Carignan
même, le 15 Novembre 1745; & ſans doute qu'elle a produit cet Acte. Cependant l'événement a prouvé qu'on n'y
a eu aucun égard au Conſeil. Voyez les Notes faites ſur cet
Acte de Notoriété de Provence.

ticulieres dans cette affaire, il n'est pas possible de dire ici, si c'est le point de Droit, ou les circonstances qui ont déterminé les Juges. Cet Arrêt est intervenu entre Antoine Pescher, Marchand à Genève, & les nommés Ripond & Signorin, Suisses.

La même question a été encore traitée au Parlement de Paris, entre les Rhingraves de Salms & les autres héritiers de Côme-Hyacinthe Spinola, relativement à la liquidation de leurs droits dans cette succession ; & on est convenu de part & d'autre que la maxime, suivant laquelle les Jugemens rendus & les contrats passés en Pays étrangers, ne sont pas exécutoires en France, n'a lieu qu'en faveur des Regnicoles ; mais qu'elle cesse entre Etrangers, lesquels sont obligés par-tout en vertu de ces Actes.

Avant l'Edit du mois de Décemb. 1691, les actes passés devant les Notaires Apostoliques, n'emportoient point d'Hypothéque, parce que les Notaires n'avoient point alors la puissance publique, sans le concours de laquelle l'Hypothéque, qui est un droit réel, ne peut s'imprimer sur des héritages ; mais cet Edit leur ayant donné le caractere de Notaires Royaux, l'Hypothéque qu'emportent leurs actes, est la conséquence nécessaire du changement de leur état.

L'Hypothéque est indivisible ; c'est la raison pour laquelle l'héritier d'un défunt dont il a recueilli des immeubles, est tenu de payer la totalité de la dette créée par celui dont il est héritier, sauf son recours contre son cohéritier, parce qu'il est tenu personnellement & hypothécairement à raison de la détention des biens de la succession. V. l'art. 333 de la Coutume de Paris.

La Cour a jugé, par Arrêt du 6 Mars 1731, rendu en la troisiéme Chambre des Enquêtes, au rapport de M. l'Abbé du Mans, que la révocation d'une donation causée par l'ingratitude du donataire, & singuliérement faute de payer une pension dont il étoit chargé envers le donateur, n'empêchoit point l'effet de l'Hypothéque créée par le donataire, sauf le privilége du donateur.

En seroit-il autrement d'une donation révoquée pour survenance d'enfans ? Sur cela voyez l'article 42 de l'Ordonnance du mois de Février 1731, registrée trois jours après

l'Arrêt dont je viens de parler. J'ai transcrit cet article de l'Ordonnance au mot *Révocation*.

Dans les Pays de Droit-Ecrit du ressort du Parlement de Paris, la femme n'a d'Hypothéque sur les biens de son mari pour l'indemnité des dettes auxquelles elle s'oblige avec lui, qu'à compter du jour des obligations dans lesquelles elle est entrée, à moins que le contrat de mariage ne contienne une stipulation contraire.

C'est en conséquence de ce principe, que par une Sentence du Châtelet, (confirmée par Arrêt rendu le 23 Juillet 1742, au rapport de M. Coste de Champeron, en la Grand'Chambre), Demoiselle Marie Verrot, veuve du Sr Leonard Borne, a été déboutée de sa demande en Déclaration d'Hypothéque formée par l'acquéreur d'une terre vendue par son mari, avant qu'elle eût contracté avec lui les obligations pour lesquelles elle avoit des indemnités à demander contre sa succession. Jacquet, qui parle aussi de cet Arrêt sur l'article 270 de la Coutume de Tours, le date du 24 Juillet.

L'Auteur des principes de la Jurisprudence Françoise cite deux autres Arrêts qui paroissent avoir jugé de même. L'un a, dit-il, été rendu le 26 Juillet 1740, entre la veuve Boire & les héritiers Viense pour le Lyonnois. L'autre du 9 Avril 1702, est rapporté dans les dernieres Editions du Praticien François, tome 2.

En Bretagne & en Normandie, les Coutumes & les Arrêts n'accordent d'Hypothéque qu'à la femme sur les biens de son mari, pour la récompenser des aliénations & obligations où elle a parlé, que du jour des Actes qui les contiennent. V. l'art. 542 de la Coutume de Normandie.

La Coutume de Bar n'accorde le remploi que lorsqu'il est stipulé en faveur de la femme.

Celle de Tours ne donne l'indemnité que pour moitié ; & Pallu dit que l'Hypothéque contre le mari n'est que du jour des obligations.

Dans les Coutumes qui n'ont point de dispositions à ce sujet, on a admis le remploi & l'indemnité : mais on en a restraint l'Hypothéque au jour des aliénations ou des obligations ; c'est ce qui a été jugé par des Arrêts rendus les 8 Juillet 1671, 8 Juin 1674, qui font au Journal du Palais, des 17 Février 1654, 21 Août 1660, & 5 Fév. 1661, qu'on trouve au Journal des Audiences, tome 2 ; mais je ne crois pas qu'on fuivît actuellement cette Jurifprudence. Je penfe que dans les Coutumes muettes on accorderoit l'Hypothéque à la femme, du jour du contrat de mariage.

Dans la Coutume de Paris, on donne à la femme une Hypothéque légale fur les biens de fon mari, à compter du jour de fon contrat de mariage, pour les actions en indemnité & en remploi qu'elle a à exercer à caufe des dettes auxquelles elle s'eft obligée avec lui.

Cette Jurifprudence eft fondée fur ce que la Coutume, en établiffant le mari chef de la femme, & en lui donnant pouvoir fur elle, il a été naturel de donner à la femme un recours fur les biens du mari, dans le cas où, par un effet de fon pouvoir, ou par fa mauvaife adminiftration, il lui cauferoit quelque perte : & comme l'effet remonte naturellement à la caufe, l'Hypothéque de l'action de la femme doit, en ce cas, remonter au principe du pouvoir de fon mari, qui eft l'époque du mariage.

L'Hypothéque de la femme pour fes indemnités, eft donc affimilée dans la Coutume de Paris à l'action que le pupille a fur les biens de fon tuteur pour la diffipation des deniers pupillaires.

La Jurifprudence eft certaine à cet égard, (a) pour l'indemnité réfultante des contrats qui tendent à procurer le bien & l'avantage du mari aux dépens des biens de la femme : mais la queftion eft plus difficile lorfqu'il s'agit de l'indemnité réfultante d'un contrat gratuit.

Cette queftion s'eft préfentée depuis peu au Châtelet. Le Marquis de Breteuil, Secrétaire d'Etat, avoit marié & doté la Comteffe de Clermont - Tonnerre folidairement avec la Marquife de Breteuil : les créanciers du mari conteftoient à la femme l'Hypothéque qu'elle demandoit du jour de fon con-

trat de mariage, pour l'indemnité réfultante de la promeffe folidaire de payer la dot de la dame de Clermont-Tonnerre : ils difoient qu'il falloit diftinguer les contrats onéreux des gratuits ; que fi dans cette derniere efpéce de contrats, on accordoit à la femme une indemnité avec Hypothéque du jour du contrat de mariage, on donneroit aux perfonnes mariées un moyen fûr de faire paffer leurs biens à leurs enfans en fraude des créanciers antérieurs en Hypothéque au contrat de dotation.

La dame de Breteuil réfiftoit à cette diftinction, & citoit le Brun, Traité de la Communauté, liv. 3, chap. 2, fect. 1 & 2 ; on lui oppofoit Ferriere fur l'art. 304 de la Coutume de Paris ; & ces Auteurs font (dit-on) les feuls qui ayent traité cette queftion, mais avec des fentimens oppofés. La dame de Breteuil oppofoit auffi aux créanciers de fon mari, que les Directeurs de ces créanciers avoient reconnu l'ordre de l'Hypothéque qu'elle reclamoit ; & par Jugement Souverain du Préfidial du Châtelet, (Commiffaire du Confeil en cette partie), du 18 Août 1752, rendu au rapport de M. de Montaut, l'Hypothéque fut accordée du jour du contrat de mariage de la Marquife de Breteuil.

Ce Jugement ne doit cependant pas fervir de régle ; & il faut encore regarder la queftion comme indécife, jufqu'à ce que ce point de Droit foit fixé par la Jurifprudence des Arrêts, parce que la reconnoiffance des Directeurs, & leur approbation de l'ordre, a beaucoup influé, fi même elle n'a pas entiérement déterminé les Juges. V. les Arrêts des 9 Avril 1702, & 26 Juillet 1742, rapportés par la Combe, verb. Hypothéque, fect. 2, n°. 8 (b).

A l'égard des biens paraphernaux, les Loix décident que fi le contrat de mariage accorde à la femme une Hypothéque fur les biens du mari, du jour qu'il eft paff épour la répétition de ces fortes de biens, la convention doit fervir de régle ; mais s'il n'en eft point parlé dans le contrat de mariage, la

(a) M. Bouguier, qui a traité cette queftion, rapporte fur cela des Arrêts pour & contre, lettre H, nombre 10 ; mais la Jurifprudence actuelle ne fait aucune difficulté d'accorder à la femme & à fes créanciers une Hypothéque du jour de fon contrat de mariage.

(b) Mon avis fur ce point eft, qu'il n'eft point dû d'indemnité à la femme qui a donné ; mais lorfque l'indemnité eft dûe par les circonftances, je penfe qu'elle doit remonter au contrat de mariage ; ou à l'acte de célébration, s'il n'y a pas eu de contrat.

femme n'a d'Hypothéque pour la reftitution de fon paraphernal, que du jour que fon mari en a eu la libre difpofition.

Il y a des Auteurs qui penfent que fi la femme fait des aliénations, ou contracte avec fon mari des engagemens poftérieurs à la faillite du mari, l'Hypothéque qu'elle peut exercer relativement aux indemnités qui en réfultent, ne doit pas remonter au jour du mariage, parce que cela fruftreroit les créanciers d'un droit qui leur eft acquis au moment de la faillite, & qu'il n'eft pas jufte de leur ôter. Je fuis de cet avis, & je voudrois qu'on en ufât de même pour les actions réfultantes d'aliénations faites poftérieurement à la faifie-réelle des biens du mari; on éviteroit les fraudes qui fe pratiquent au préjudice d'un créancier légitime.

La nouvelle Ordonnance des Subftitutions de 1747, tit. 1, art. 44, accorde à la femme une Hypothéque fur les biens fubftitués de fon mari, lorfque les biens libres ne fuffifent pas pour la répétition de plufieurs de fes droits viduels. Voici comme cette Loi s'explique: *L'Hypothéque ou recours fubfidiaire accordé aux femmes fur les biens fubftitués en cas d'infuffifance des biens libres* (du mari), *aura lieu, tant pour le fonds ou capital de la dot, que pour les fruits ou intérêts qui en font dûs* (a).

Ladite Hypothéque aura lieu pareillement en faveur de la femme & de fes enfans, tant pour le fonds, que pour les arrérages du douaire, foit Coutumier ou préfix, à la charge néantmoins que fi le douaire préfix excédoit le douaire Coutumier, il fera réduit fur le pied dudit douaire coutumier, eu égard à la quantité des biens du mari, tant libres que fubftitués, fur lefquels le douaire doit avoir lieu, fuivant les difpofitions des Coutumes. Ibid. art. 45. Voyez les articles fuivans, jufques & compris le 54e.

L'Hypothéque fubfidiaire a pareillement lieu en faveur de la femme fur les biens fubftitués de fon mari pour l'Augment. V. *Augment.*

L'Ordonnance de 1747 a laiffé fubfifter la queftion de fçavoir, fi la femme eft obligée de difcuter feulement les biens libres exiftans, ou fi elle ne doit pas auffi difcuter ceux qui ont été aliénés à des tiers. Sur cela voyez les Obfervations faites fur les Actes de Notoriété de Provence des 10 & 20 Mars 1687.

Quoique les droits de la femme dérivent prefque tous de fon mariage, & qu'elle ait à ce fujet, comme je l'ai dit, une Hypothéque pour la plûpart de ces droits, à compter du jour du contrat, néantmoins il y a des actions plus privilégiées les unes que les autres; & c'eft pour cela qu'on garde un ordre particulier dans les collocations des femmes fur les biens de leurs maris; la femme eft donc mife en ordre, (fuivant l'Acte de Notoriété du Châtelet du 24 Avril 1676,)

1°. Pour fa dot & les acceffoires. V. la treiziéme Confultation de Dupleffis, page 672.

2°. Pour fon douaire. Voyez Bourjon, tom. 1, pag. 574, & le Maiftre.

3°. Pour le remploi de fes propres aliénés volontairement.

4°. Pour fon préciput. V. *ibidem.*

5°. Pour les indemnités qu'elle peut demander, lorfqu'elle s'eft engagée avec fon mari pendant le mariage; fur quoi il faut obferver que les biens de la communauté, s'il y en a, doivent acquitter cette derniere efpéce de dette, avant que la femme puiffe fe venger fur les biens perfonnels du mari.

Lorfqu'un héritage que des cohéritiers poffédent par indivis, paffe à l'un d'eux par la voie du partage, il ne refte point frappé ni fujet aux Hypothéques particulieres créées & conftituées par le cohéritier auquel il n'eft pas échu; parce qu'en vertu de l'effet rétroactif des partages, l'immeuble eft cenfé avoir appartenu en entier dès le moment de l'ouverture de la fucceffion, à l'héritier auquel il eft échu, & les autres héritiers font cenfés n'y avoir jamais eu aucun droit; s'il en étoit autrement, il fuffiroit

___

(a) Avant l'Ordonnance des Subftitutions, l'Hypothéque fubfidiaire n'avoit lieu pour les dots & douaires des femmes, que fur les biens fubftitués en ligne directe, & non fur ceux fubftitués par des Collatéraux ou par des Etrangers.

Il a fur cela été rendu un Arrêt célébre en faveur du Comte de Medavi & la Marquife de Putange, en la troifiéme Chambre des Enquêtes, fur partage en la feconde, dans la fucceffion du Comte de Boulignex. Mais la nouvelle Ordonnance ne fait aucune diftinction.

d'avoir pour cohéritier un diffipateur, pour que fes dettes infectaffent la fuccefsion. V. Domat, Coquille, Henrys, Bacquet & le Brun.

Il en eft de même lorfque l'héritage paffe à l'un des cohéritiers par la voie de la licitation faite immédiatement après le partage : cependant il a été jugé par Arrêt rendu le 21 Août 1730, au rapport de M. Daverdoing en la Grand'Chambre, qu'un héritier adjudicataire par licitation, pouvoit être pourfuivi hypothécairement pour les dettes créées par fon cohéritier.

Cet Arrêt confirme deux Sentences du Châtelet rendues entre Jean-Baptifte Raguenet & Anne le Roy ; le moyen qui a déterminé la Cour à cette décifion, eft que l'impoffibilité de partager l'immeuble licité n'avoit pas été conftatée par une vifite & rapport d'Experts, comme il eft d'ufage dans ces fortes d'opérations, quand il y a des mineurs.

En effet, lorfqu'il eft conftant que l'héritage étoit indivifible, la licitation fait que les portions des cohéritiers qui ne font pas adjudicataires, font cenfées ne leur avoir jamais appartenu. Voici comme s'explique fur cela M. Talon, dans un Plaidoyer rapporté par Brodeau fur l'art. 54 de la Coutume de Paris.

» Tous les héritiers ont part au tout & » dans toutes les parties du tout ; & cela ne » fe pouvant faire réellement fans faire vio- » lence à la réalité & à l'indivifiblité des » fubftances, la Loi le fait par une fiction » civile, afin que les cohéritiers confervent » chacun le droit qui leur appartient. Que » fi par le partage ou par une licitation, » l'un des cohéritiers fe rend adjudicataire » de la totalité de la chofe indivifible, la » fiction de la Loi ceffe, & les chofes re- » tournent à leur nature & à leur vérité ; & » celui qui s'eft rendu propriétaire par le » partage ou par la licitation, eft réputé l'a- » voir toujours été ; ou plutôt la fiction de » la Loi opere que celui duquel la portion » eft vendue, n'a jamais été propriétaire ».

C'eft en conféquence de cette maxime qu'on juge que la licitation ne forme point un acquêt en la perfonne du cohéritier adjudicataire, mais un propre, parce qu'il ne poffède rien à titre d'acquifition, & qu'il

poffède tout à titre fucceffif : il y a là-deffus deux Arrêts célébres & très-connus ; l'un du 9 Mars 1722, rendu entre les héritiers d'une même ligne ; l'autre, du 24 Mai 1729, rendu entre les héritiers de différentes lignes, au profit de M. Orry. Voyez *Licitation.*

Voici l'efpéce d'un Arrêt plus moderne qui confacre le même principe ; il a été rendu en la troifiéme Chambre des Enquêtes, au rapport de M. Hurfon, le 3 Mai 1743, entre les Demoifelles Dufour & la veuve Bunot.

Le fieur Jaqueffon & la veuve Bunot fa fœur avoient long-temps joui par indivis, comme cohéritiers de leur mere, d'une maifon fife au Fauxbourg S. Antoine ; las de l'indivifion, ils liciterent cette maifon devant Notaire, la veuve Bunot s'en rendit adjudicataire, & paya à fon frere le prix de fa portion.

Poftérieurement à la vente & au payement, les Demoifelles Dufour, créancieres du fieur Jaqueffon, formerent leur demande en déclaration d'Hypothéque contre la veuve Bunot : celle - ci répondit qu'au moyen de la licitation, elle tenoit la totalité de la maifon à titre fucceffif, & non pas à titre de vente.

La Sentence du Châtelet avoit déclaré la maifon affectée aux Hypothéques réfultantes des engagemens du fieur Jaqueffon ; mais elle fut infirmée par l'Arrêt, & les Demoifelles Dufour déboutées de leur demande.

Il a été rendu un femblable Arrêt en 1747, en la Grand'Chambre, entre la Dame de Valançay & le fieur Ruau.

Cette Jurifprudence eft conforme aux avis de Dumoulin, fur l'art. 36 de la Coutume de Lille ; de M. le Camus, fur l'article 80 de la Coutume de Paris ; de le Brun, Traité des Succefsions ; de Brodeau, fur M. Louet, lettre H, n. 2. : mais il faut convenir que notre ufage eft en cela différent du Droit Romain, & que quelques Auteurs François paroiffent d'un fentiment oppofé. V. Mornac, Tronçon, fur l'art. 80 de la Coutume de Paris ; Brodeau, fur l'art. 154 de la même Coutume ; & d'Argentré, fur l'art. 73 de celle de Bretagne.

Les procurations *ad negotia*, données pardevant

les Notaires de Seigneurs, emportent Hypothéque fur les biens des contractans, quelque part qu'ils foient fitués, excepté en Pays de Nantiffement, & lors même que les Parties ne font pas domiciliées dans la Seigneurie, pourvû que ces actes foient paffés fur le territoire dans lequel les Notaires de Seigneurs ont droit d'inftrumenter.

Le premier de ces Arrêts eft du 3 Février 1711. Il a été rendu fur les Conclufions de M. l'Avocat Général Chauvelin, entre le fieur de Salle, Chanoine de Strasbourg, & le fieur Creci, dans l'ordre des biens d'Antoine Buginon & fa femme.

Le fecond, eft intervenu le 16 Avril 1734, en la troifiéme Chambre des Enquêtes, au rapport de M. Titon, entre les nommés Lacorne & Me Manet.

Dans cette efpéce, Etienne Lacorne, demeurant à Pomponne, avoit fait bail à rente devant le Tabellion d'Afnieres, à Claude Gilbert & fa femme, demeurans à Colombe, d'une maifon & de dix arpens de terre fitués au terroir de Colombe.

Gilbert & fa femme, qui étoient débiteurs de Me Manet, lui vendirent plufieurs héritages; & Lacorne ayant formé oppofition au décret volontaire que pourfuivit d'abord Me Manet, & qui devint enfuite forcé, Lacorne fut mis dans l'ordre des créanciers chirographaires, fous prétexte que le bail à rente, qui formoit fon titre, étoit paffé devant un Notaire de Seigneur, dans le territoire duquel les Parties contractantes n'étoient pas domiciliées, & que d'ailleurs les biens n'y étoient pas fitués.

Lacorne appella de la Sentence d'ordre; & par l'Arrêt, la Cour lui accorda l'Hypothéque du jour de fon bail à rente.

Le troifiéme Arrêt a été rendu le 13 Juin 1739, au rapport de M. l'Abbé Lorenchet, entre Jean Couturier & Marie Simonnet, fur l'appel d'une Sentence du Bailliage de Parthenay.

Dans cette efpéce, Marie Simonnet, veuve Bouchet, avoit affigné Jean Couturier en déclaration d'Hypothéque, pour raifon d'une rente de 25 livres, conftituée par contrat paffé pardevant un Notaire de Seigneur. Couturier foutenoit qu'un tel contrat n'emportoit point d'Hypothéque fur des biens fitués hors de la Seigneurie: fa prétention fut profcrite par la Sentence & par l'Arrêt.

Le quatriéme a été rendu après la plus ample inftruction, au rapport de M. Cofte de Champeron, le premier Août 1739, en faveur des Notaires de la Châtellenie de Saint-Vallery, & du Notaire de Cayeux, contre les Notaires Royaux de Saint-Vallery.

Le Marquis de Gamaches, intervenant dans la conteftation en qualité de Seigneur Châtelain de Saint-Vallery, & de Baron de Cayeux, a été *maintenu dans le droit & poffeffion du Tabellionage*, &c. Les Notaires par lui nommés ont auffi été maintenus *dans le droit & poffeffion de paffer tous actes dans leur reffort entre toutes perfonnes, même non domiciliées dans ladite Seigneurie & Juftice, & pour biens non fitués en ladite Juftice.*

Le cinquiéme Arrêt a été rendu le 17 Août 1739, au rapport de M. l'Abbé d'Hericourt, en faveur du fieur de Fontaine, contre le Comte de Barbançon.

Dans cette efpéce, il s'agiffoit d'une créance réfultante d'un acte paffé devant le Notaire de Grosbois, le premier Juin 1626. Le Comte de Barbançon difoit » que les » Notaires fubalternes font incapables de » recevoir des Actes entr'autres perfonnes » que celles domiciliées de leur territoire, » ni d'imprimer d'Hypothéque fur d'autres » biens que fur ceux fitués dans ce même » territoire. » Mais les Juges n'eurent aucun égard à fes raifons, & l'Hypothéque fut accordée du jour même de l'acte, c'eft-à-dire du premier Juin 1626, quoiqu'il fût conftant dans le fait que, ni les perfonnes, ni les biens, ne fuffent fujets de la Jurifdiction de Grosbois.

Le fixiéme a été rendu à l'Audience de relevée en la Grand'Chambre, le 17 Février 1756, en faveur de M. de Senozan, & de fon Notaire du Marquifat de Rofny, contre les Notaires de Mantes.

Le feptiéme a été rendu le 19 Février 1762, au rapport de M. Terray, en faveur des Notaires de la Juftice Seigneuriale des Broffes, contre les Notaires Royaux de S. Benoît de Sautx.

Le huitiéme a été rendu le 30 Août 1762, au rapport de M. de Bretignieres, en la

Grand'Chambre, en faveur du Notaire & du Seigneur d'Uffé, contre le Notaire Royal au Bailliage de Chinon, & au Siége Royal de Langeais.

Les Arrêts & les Autorités contraires à cette Jurisprudence n'ont probablement d'autre fondement que la confusion de l'Hypothéque avec l'exécution. L'exécution d'un acte doit être renfermée dans les limites de la Jurisdiction, du sceau de laquelle il est muni; c'est ce sceau qui détermine le territoire où l'acte peut être exécuté; mais l'Hypothéque a son effet par-tout, quand l'acte dont elle résulte, est authentique; cependant voyez *Nantissement*. V. aussi l'art. 66 de l'Ordonnance de 1539, l'art. 165 de la Coutume de Paris; & Loyseau, Traité des Offices, ch. 11.

Il faut cependant convenir que la Déclaration de 1697, & l'Edit de 1705, paroissent contraires à la Jurisprudence moderne, dont je viens de rendre compte. Mais M. l'Avocat Général Chauvelin, qui porta la parole lors de l'Arrêt du 3 Février 1711, dont j'ai parlé, observa que son ministere ne l'obligeoit pas de se conformer à ces Edits & Déclarations; que c'étoient des Edits Bursaux, regiftrés en temps de Vacations, & qui ne devoient pas faire loi. Au reste, voyez l'Arrêt du 16 Juin 1749, dont je parle dans une note au mot *Notaire*. V. aussi un Arrêt du 7 Juin 1659, imprimé à la suite du Traité de la Représentation par Dubois, in-4°. 1660. V. enfin les Arrêts de M. Louet, lettre N, n. 10, & la Combe, verb. *Notaire*.

On a quelquefois prétendu que les clôtures des comptes, arrêtées devant les Commissaires au Châtelet, ne produisoient point d'Hypothéque; parce que, disoit-on, les fonctions des Commissaires sont bornées à entendre les Parties, sans pouvoir rien prononcer. Mais cette opinion n'a jamais été adoptée; elle a au contraire été proscrite par l'Arrêt d'ordre du prix des biens du nommé Mouret, rendu en très-grande connoissance de cause, le 4 Septembre 1743, qui a accordé l'Hypothéque au créancier, du jour de la clôture d'un compte intitulé compte de communauté, &c. rendu devant un Commissaire du Châtelet. Cet Arrêt est imprimé avec un Précis du fait & des moyens.

Un Edit du mois de Juillet 1693, enregistré le 29, prescrit les formalités qui doivent s'observer pour purger les Hypothéques créées sur les biens acquis par le Roi. J'en rapporte quelques dispositions aux articles *Consignation*, *Douaire*, *Opposition* & *Substitution*. Voyez des Lettres-Patentes données sur cet Edit le 11 Mars 1732, pour les faire regiftrer dans toutes les Cours.

Il est décidé par une Déclaration du 13 Juillet 1700, regiftrée le 4 Août suivant, que le Roi n'a Hypothéque sur les biens de ses Sujets, pour le payement des amendes auxquelles ils sont condamnés envers lui, *qu'à compter du jour du Jugement de la condamnation*. Cette Déclaration déroge à cet effet à celle du 21 Mars 1671, & à l'Edit du mois de Février 1691.

On n'acquiert point d'Hypothéque pour raison de lettres de change ou billets de commerce, en les faisant reconnoître, ou en Justice, ou devant Notaire, avant l'échéance. Voyez la Déclaration du 2 Janvier 1717, à l'art. *Lettres de Change*.

En Provence, les actes passés devant Notaires doivent être insérés & regiftrés dans un regiftre public, sinon ils sont regardés comme écritures privées, incapables de nuire aux droits d'un tiers; cependant ils produisent leur effet à l'égard de ceux qui y sont intervenus. V. *Contre-Lettre*.

Au reste, voyez ce que je dis relativement à l'Hypothéque, aux articles *Comptables*, *Contrats*, *Décret*, *Offices*, *Opposition*, *Ordre*, *Privilége*, *Ratification* & *Sceau*.

I

JAL

JALLAGE.

C'EST le nom d'un droit Seigneurial qui se perçoit sur chaque poinçon de vin vendu en détail; c'est la même chose que ce qu'on nomme en plusieurs endroits *Afforage*. Voyez l'usage des Fiefs, par Brussel, liv. 3, ch. 6, pag. 774, & ce que je dis à l'art. *Afforage*.

JAUGE & COURTAGE.

C'est le nom qu'on donne à des droits d'Aides qui se perçoivent dans tous les Pays où les Aides ont lieu. V. *Aides*.

Les noms de Jauge & Courtage ont été donnés à ces droits, parce qu'ils avoient été attribués aux Officiers Jaugeurs & Courtiers successivement créés, supprimés & rétablis plusieurs fois. L'Ordonnance des Aides du mois de Juin 1680 n'en parle pas; parce que ces Offices, qui avoient été rétablis, à ce que je crois, pour la troisième fois, par un Edit du mois de Février 1674, venoient d'être supprimés par Arrêt du Conseil du 19 Septembre 1679, ainsi que les droits qui y étoient attribués.

Ces droits de Jauge & Courtage (& non les Offices) ont enfin été rétablis par une Déclaration du 10 Octobre 1689, pour être perçus au profit du Roi, en conformité de l'Edit du mois de Février 1674; ils font actuellement partie de la Ferme générale des Aides.

Il faut dire que ces deux dernieres Loix ont fixé ce droit de chaque muid de vin à 5 sols, d'un muid d'eau-de-vie à 15 sols, d'un muid de bierre, cidre & poiré, à 3 sols, & ce droit de Courtage de ces liqueurs au double du droit de Jauge; ce qui fait 10 sols par chaque muid de vin, 30 sols par chaque muid d'eau-de-vie, & 6 sols par chaque muid de bierre, cidre & poiré.

Il est aussi dit, en parlant des droits des Courtiers-Jaugeurs, qu'ils se perçoivent actuellement avec les droits d'Inspecteurs aux Boucheries & aux Boissons, sous la dé-

JAU

nomination de droits rétablis. Si l'on a voulu dire que ces droits se perçoivent ensemble & concurremment, c'est une erreur. Chacun de ces droits se perçoit séparément. Le droit d'Inspecteurs aux Boucheries se perçoit, à l'entrée des bestiaux dans les lieux y sujets: celui d'Inspecteurs aux Boissons, à l'entrée des boissons dans les lieux y sujets, & celui de Courtiers-Jaugeurs, lors de la vente en gros des boissons, ou de leur transport d'un lieu en un autre.

Ces deux dernieres Loix ont fixé le droit de Jauge de chaque muid de vin à 10 sols, d'un muid d'eau-de-vie à 30 sols, & le droit de Courtage de ces liqueurs au double du droit de Jauge.

Il y a encore cette différence entre ces deux droits, que le droit de Jauge ne se paye qu'une seule fois à la premiere vente; au lieu que celui de Courtage peut être exigé autant de fois que les boissons sont vendues & revendues.

Les droits de Jauge & Courtage sont dûs par toutes sortes de personnes, sans exception, & même sur le vin du crû destiné pour la provision du propriétaire. Les seuls Ecclésiastiques en sont exempts pour les boissons provenantes de leurs Bénéfices, & non pour celles qui proviennent de leurs titres Sacerdotaux.

Indépendamment des droits de Jauge & Courtage dont je viens de parler, il y a encore d'autres droits attribués à des Courtiers-Jaugeurs établis en titre par des Edits des mois de Juin 1691, & Avril 1696, dans les Villes, Bourgs & lieux du Royaume, avec attribution de pareils droits que ceux qui étoient payés par les vendeurs & acheteurs aux Courtiers-Commissionnaires qui, avant cet Edit, se mêloient de la vente des boissons.

Ces droits & ces offices ont aussi été supprimés; mais ils ont été successivement rétablis de six en six ans depuis 1722, & ils se perçoivent actuellement avec les droits des Inspecteurs aux Boucheries & aux Boissons, fous la dénomination de *Droits rétablis*.

Une Déclaration du 29 Octobre 1761, regiftrée le 4 Décembre fuivant, a ordonné qu'ils feroient perçus jufqu'au dernier Décembre 1768, avec les 4 fols pour livre.

JAUGEURS.
Voyez *Moulin*.

On nomme Jaugeurs ceux qui ont droit & fçavent étalonner les mefures & les poids. Voyez *Etalon*, *Jauge & Courtage*, *Mefures*, *Moulins* & *Poids*.

Terrien, Commentateur de l'ancienne Coutume de Normandie, dit » que les Jau- » geurs de Normandie font *héréditaux*, & » que le droit de Jauge de certains Fiefs no- » bles affis en chacun Bailliage, dont les » tenans préfentent à Juftice un Commis, » pour l'exercice dudit Jauge, qui eft reçu » aux périls, dangers & fortune des proprié- » taires de ces Fiefs, que ce Jaugeur fait la » vifite des aulnes, mefures, poids, &c.

Ainfi, en Normandie, la police des poids & mefures n'eft point un apanage de la Seigneurie & de la police inhérent à la Juftice, comme dans les autres Provinces. V. *Mefures* & *Vifiteurs de Moulins*, &c. les Jaugeurs y font déclarés Jaugeurs Royaux par un Edit donné par François Premier, au mois d'Avril 1526, donné fur leurs plaintes contre les Hauts-Jufticiers.

Ces Jaugeurs ont droit de vifiter, marquer & contre-marquer aux armes du Roi, les poids & mefures des Marchands, Meûniers, Cabaretiers & gens qui par état font autorifés de vendre chez eux, qui payent pour cela des droits réglés; mais ils ne peuvent aller en vifite chez les Laboureurs : le Parlement de Rouen l'a ainfi jugé par Arrêt rendu le 30 Avril 1745, imprimé à la fuite du texte de la Coutume de Normandie, en 1757.

Ces fortes d'Officiers peuvent dreffer des Procès-verbaux de rébellions & contraventions qu'ils trouvent; mais ces Procès-verbaux doivent être recordés, c'eft-à-dire, fignés de deux témoins. V. l'Arrêt du 11 Août 1750 imprimé, *ibid*.

IDOINE.
V. *Capacité* & *Interdit*.

Ce mot eft fort ancien, & n'eft en ufage qu'au Barreau. Il fignifie capable de faire quelque chofe; par exemple, un Prêtre gradué dans une Univerfité, eft Idoine pour poffséder une Cure dans une Ville murée. Un Clerc de Procureur qui a ce qu'on nomme temps de Palais, eft Idoine pour acquérir & poffséder un Office de Procureur, &c. V. *Capacité*.

JÉSUITES.

Les Jéfuites font des Religieux qui, dans les Pays où ils font admis, ne deviennent irrévocablement Profès, qu'après l'émiffion de plufieurs vœux fucceffifs.

Ils font d'abord des vœux fimples, & font enfuite des vœux folemnels; ils font néanmoins véritablement Religieux, après la prononciation de leurs premiers vœux, fi le Corps les conferve; mais, jufqu'à l'émiffion des derniers vœux, les Supérieurs peuvent les congédier, en leur donnant une difpenfe des vœux fimples.

L'établiffement des Jéfuites en France a fouffert la plus vive contradiction; mais, après bien des refus, la Cour, avant faire droit fur la demande en enregiftrement de Lettres-Patentes accordées à cet Ordre le 23 Déc. 1560, ordonna par Arrêt du 22 Fév. fuivant, que » les Jéfuites fe pourvoye- » roient au Concile Général ou Affemblée » prochaine qui fe feroit en l'Eglife Galli- » cane, fur l'approbation de leur Ordre «.

En conféquence de cet Arrêt, les Jéfuites s'adrefferent à l'Affemblée du Clergé qui fe tenoit alors à Poiffy, & à laquelle on a donné le nom de Colloque de Poiffy, parce qu'on y tint une conférence avec les Proteftans fur la controverfe; & par une Délibération du 15 Septembre 1561, le Clergé les approuva pour s'établir dans le Royaume (à titre d'épreuve, fuivant l'Arrêt du 6 Août 1762, dont je parle ci-après) » par forme de Société & de Collége, & » non de Religion nouvelle inftituée, à la » charge, dit la Délibération, qu'ils feront » tenus prendre autre titre que celui de *So-* » *ciété de Jefus* ou *Jéfuites*; & que fur icelle » Société........ l'Evêque Diocéfain aura » toute fuperintendance, jurifdiction & cor- » rection, de chaffer & ôter de ladite Com- » pagnie les forfaiteurs & mal-vivans.

» N'entreprendront les Freres d'icelle

» Compagnie, & ne feront en fpirituel & en
» temporel aucune chofe au préjudice des
» Evêques, Chapitres, Curés, Paroiffes &
» Univerfités, ni des autres Religions ; ains
» feront tenus de fe conformer entiérement
» à la difpofition du Droit commun , fans
» qu'ils ayent droit ni jurifdiction aucune,
» renonçant au préalable & par exprès à tous
» priviléges portés par leurs Bulles aux
» chofes fufdites contraires, autrement.......
» les préfentes demeureront nulles & de
» nul effet , &c. «....

Cet acte d'approbation conditionnelle,
donné aux Jéfuites par le Colloque de Poiffy, a depuis été enregiftré & homologué au
Parlement, le 13 Février 1562.

L'Ordre entier des Jéfuites fut enfuite
banni du Royaume, tant par un Arrêt du
Parlement de Paris (a), prononcé le 29 Décembre 1594, qu'on trouve dans les recherches d'Etienne Pafquier & ailleurs, que par
un Edit du 7 Janvier 1595, regiftré au Parlement de Rouen. Mais il leur fut depuis
permis de rentrer en France par des Lettres-
Patentes en forme d'Edit, du mois de Septembre 1603, fous les conditions portées
par le Colloque de Poiffy, dont l'Edit de
1603 ne contient aucune révocation ; cet
Edit , qui n'a pas été exécuté bien exactement , & que l'ufage a modifié, porte en
fubftance que les Jéfuites pourront demeurer à Touloufe, à Auch, à Agen, à Rhodès, à Bordeaux, à Perigueux, à Limoges ,
à Tournon, au Pui-en-Velay, à Aubenas &
à Beziers, où ils étoient reftés après le banniffement dont j'ai parlé.

Qu'ils pourront s'établir à Lyon & à Dijon, d'où ils avoient été chaffés, & fpécialement à la Fleche, à condition qu'ils ne
pourroient établir ailleurs aucun Collége,
fans permiffion du Roi, à peine de déchéance de la grace portée par l'Edit.

Qu'ils feront tous François, même les
Recteurs & Procureurs de leurs Maifons, &
qu'ils ne pourront admettre dans leur Société aucun Etranger, qu'avec la permiffion
du Roi; fur quoi il faut remarquer que les
Avignonois font réputés François par cet
Edit.

Qu'ils auront toujours à la Cour des

plus confidérables d'entr'eux, pour prêcher
devant le Roi, & pour lui rendre compte de
la Conduite de fes Confreres, quand il en
fera requis.

Que tous les Jéfuites du Royaume ,
& ceux qui entreront à l'avenir dans la Société, s'engageront par ferment devant les
Officiers Royaux, fans exception ni reftriction mentale, à ne rien faire ni entreprendre contre le Roi & la tranquillité publique.

Que ceux qui refuferont de prêter ce
ferment, feront tenus de fortir du Royaume.

Que ceux qui auront fait les vœux fimples ou folemnels, ne pourront, fans permiffion du Roi, acquérir aucuns biens-
fonds par vente, donation ou de quelqu'autre maniere que ce foit, ni profiter d'aucune fucceffion directe ou collatérale, non
plus que les autres Religieux, à moins
qu'ils n'obtiennent leur congé de la Société; auquel cas ils rentreront dans tous leurs
droits.

Que ceux qui entreront chez eux, ne pourront leur porter aucuns biens-fonds, & que
ces biens pafferont aux héritiers ou à ceux
en faveur de qui ils en auront difpofé.

Que les Membres de ladite Société feront
tenus en tout & par-tout de fe foumettre aux
Loix du Royaume & aux Magiftrats, ainfi
que tous les autres Eccléfiaftiques & Religieux.

Qu'ils ne feront rien qui puiffe préjudicier aux droits des Evêques, des Compagnies , des Univerfités ni des autres Ordres
Religieux, mais qu'ils fe conformeront en
tout au Droit commun.

Qu'ils ne pourront prêcher, adminiftrer
les Sacremens, ni même entendre les con-
feffions d'autres que de leurs Confreres, fi
ce n'eft avec la permiffion de l'Evêque dans
l'étendue des Parlemens où les établiffemens
leur font accordés ; permiffion qui n'aura
pas lieu dans le reffort du Parlement de
Paris, excepté à Lyon & à la Fleche , où
ils auront libre exercice de leurs fonctions,
comme dans les autres Villes dans lefquelles on les reçoit......

L'Arrêt d'enregiftrement de cet Edit

(a) La plûpart des autres Parlemens rendirent de femblables Arrêts ; mais Mezerai dit que ceux de Bordeaux & de
Touloufe refuferent de s'y conformer ; de forte, dit cet Auteur, que les Jéfuites refterent en Guyenne & en Languedoc.

porte que le Roi fera fupplié d'ordonner, par une Déclaration expreffe, qu'après un certain temps de féjour, les Sujets de la Société ne feront plus reçus à fe porter pour héritiers.

Aux termes de cet Edit, lorfqu'un Jéfuite fort de fon Ordre avec un congé légitime, & avant la prononciation des derniers vœux, il devient abfolument libre ; il eft dégagé de toutes les obligations qu'il avoit contractées en entrant dans l'Ordre ; il n'a befoin d'autre difpenfe que de celle de fes Supérieurs. Il rentre dans le fiécle, comme s'il n'en étoit jamais forti : en un mot, il eft véritablement Religieux, tant que la Société le conferve dans fon Corps ; & il eft véritablement Séculier quand elle juge à propos de l'en faire fortir.

Ce double état des Jéfuites, & le trouble que la fortie de plufieurs Membres de ce Corps peut caufer aux familles, fut regardé par les Etats affemblés à Paris en 1614, comme un objet affez important pour mériter de trouver place dans le Cahier des demandes du Tiers-Etat. *Le Roi fut alors fupplié d'ordonner que trois ans après qu'aucuns auroient pris l'habit de Jéfuite, ils ne feroient plus capables de recueillir des fucceffions directes ou collatérales, ni même de difpofer des biens qu'ils poffédoient auparavant.*

Il ne fut rien ftatué fur cette propofition du Tiers-Etat ; mais en conformité de l'Arrêt d'enregiftrement de l'Edit du mois de Septembre 1603, les Arrêts ont fouvent exclu les Jéfuites congédiés de toutes fucceffions directes & collatérales.

Il y a pourtant eu fur cela diverfité de Jurifprudence dans les différens Parlemens. Celui de Paris excluoit des fucceffions les Jéfuites congédiés, mais il leur accordoit des alimens. Le Parlement de Bordeaux ne les excluoit des fucceffions que quand ils avoient demeuré cinq ans dans la Société ; celui de Touloufe diftinguoit les fucceffions échûes pendant que les Jéfuites congédiés étoient encore dans le fein de la Société, d'avec celles qui étoient échûes depuis leur fortie : il les déclaroit incapables des premieres, & les admettoit à recueillir les dernieres.

Cette diverfité de Jurifprudence a été

fixée par une Déclaration rendue le 16 Juillet 1715, enregiftrée le 2 Août fuivant, donnée par le feu Roi, après avoir demandé l'avis de M. le Premier Préfident & de Meffieurs les Gens du Roi au Parlement de Paris. Voici quelles en font les difpofitions.

ARTICLE I. » Que du jour de l'enre» giftrement de notre préfente Déclaration, » tous ceux qui, après être entrés dans la » Compagnie par l'émiffion des Vœux fim» ples, en feront licenciés & congédiés » avant l'âge de trente-trois ans accom» plis, rentreront dans tous leurs droits » échus & à écheoir avant ou depuis lef» dits Vœux fimples, pour exercer lefdits » droits fuivant l'art. 5 de l'Edit de 1603, » fans néantmoins aucune reftitution de » fruits, jufqu'au jour qu'ils en feront la » demande, après qu'ils feront fortis de la» dite Compagnie.

II. » Et pour d'autant mieux affurer l'état » & le repos des familles, voulons que ceux » qui feront licenciés & congédiés de ladite » Compagnie après ledit âge de trente-trois » ans accomplis, ne puiffent avoir ni pré» tendre aucune part dans les fucceffions di» rectes & collatérales échûes ou à écheoir. » Voyez ci-après.

III. » A l'égard de ceux qui avant ces » préfentes ayant été licenciés & congédiés » par la Compagnie, après y avoir fait leurs » Vœux fimples, n'auront intenté leurs ac» tions aux termes & en conféquence de » l'Edit de 1603, voulons qu'ils ne puiffent » exercer aucun droit à cet égard en vertu » de la préfente Déclaration.

IV. » Voulons auffi que lefdits Jéfuites » congédiés avant ces préfentes, ne puiffent » fe pourvoir contre les difpofitions faites » par contrats de mariage, donations, tefta» mens, partages paffés devant Notaires, » renonciations ou autres actes femblables, » ni autres actes & tranfactions par eux con» fenties, ni même contre les Jugemens ou » Arrêts, contre lefquels ils ne feroient plus » dans le temps de fe pourvoir.

V. » Pourront néantmoins lefdits Jéfui» tes congédiés avant ces Préfentes qui n'au» ront jufqu'ici intenté leurs actions, ou qui » fe trouveront dans quelques-uns des cas » énoncés dans le précédent article, fe pour-

» voir pour demander une penfion alimen-
» taire, qui fera arbitrée par les Juges à qui
» la connoiffance en appartiendra, & feront
» tenus lefdits Jéfuites congédiés, d'en for-
» mer la demande dans trois ans, du jour
» de l'enregiftrement de la préfente Décla-
» ration; finon déchus.

VI. » N'entendons les exclure des fuc-
» ceffions qui pourroient échoir ci-après,
» nonobftant tous Jugemens & Arrêts qui
» les auroient déclarés inhabiles à fuccéder.

VII. » Voulons en outre que les regif-
» tres qui fe tiennent dans ladite Compa-
» gnie, tant pour l'entrée au Noviciat, que
» pour les premiers & les derniers Vœux,
» foient en bonne forme, reliés, & les feuil-
» lets paraphés par premier & dernier,
» par le *Supérieur*, & par lui approuvés par
» un acte au commencement du Regiftre ;
» & pareillement que tous actes, tant de l'en-
» trée au Noviciat, que des premiers & der-
» niers Vœux, foient écrits de fuite fans au-
» cun blanc, & fignés par deux témoins,
» fans néantmoins que la préfence & figna-
» ture des témoins à l'émiffion defdits pre-
» miers Vœux puiffe les rendre folemnels
» ou publics, ni donner aucune atteinte à
» l'Inftitut des Jéfuites.

VIII. » Voulons au furplus que l'Edit
» de 1603 foit exécuté felon fa forme &
» teneur : n'entendons néantmoins rien in-
» nover à ce qui a été dit ci-devant, ou a
» dû être pratiqué dans les Provinces &
» Pays cédés par différens Traités de Paix
» depuis l'Edit de 1603 «.

Quoique les Jéfuites congédiés après l'â-
ge de trente-trois ans, foient exclus de toutes fucceffions, comme on le voit par cette
Déclaration, on juge néantmoins que les
parens du Jéfuite congédié lui fuccédent, à
l'exclufion du fifc. Il y a à ce fujet un Arrêt
rendu le 24 Mars 1674, confirmatif d'une
Sentence des Requêtes du Palais, en faveur
des parens de Bernard Luyte, Jéfuite licen-
cié, contre M. de Tonnerre qui la reclamoit
à titre de deshérence, comme Seigneur Haut-
Jufticier. On jugeoit dans ce temps au Parlement de Paris, en conféquence d'un arrêté qui avoit été fait en 1603, lors de l'Edit
de rétabliffement des Jéfuites, que les Jéfuites après deux ans, ne pouvoient plus fuccéder; & les parens convenoient que celui-

ci qui avoit porté l'habit, n'auroit pas pu
fuccéder.

En général, quiconque a été une fois Religieux, eft obligé de l'être toujours: mais
il n'en eft pas ainfi des Jéfuites. Un Jéfuite
congédié, eft tellement affranchi, même
dans nos mœurs, de l'obligation de fes
Vœux, que perfonne ne doute qu'il ne puiffe
poff12éder des Bénéfices Séculiers, fe marier
légitimement, être pourvu des Charges publiques; & qu'en un mot, il ne recouvre
pleinement fa liberté naturelle, & fa capacité civile, lorfqu'il ne s'agit que de fa perfonne, & qu'il ne prétend point fe prévaloir du changement de fon état contre les
intérêts de fa famille.

Ainfi un Jéfuite congédié, peut acquérir
& poffiéder des biens, efter en Jugement,
accepter des donations, &c. Néantmoins
on juge que ceux dont un Jéfuite congédié
(après qu'il eft âgé de trente-trois ans accomplis) feroit héritier fans l'incapacité
prononcée contre lui, ne peuvent point lui
faire de donation entre-vifs.

La Cour a rendu un Arrêt célèbre fur
cette queftion, au rapport de M. Goiflard,
en la première Chambre des Enquêtes, le
Lundi 4 Mai 1761, en faveur des héritiers
de la veuve Marmion.

Dans cette efpéce, la veuve de Mᵉ Marmion, Procureur à Villeneuve-le-Roi, avoit
donné entre-vifs à fon fils, Prêtre-Jéfuite
congédié après l'âge de trente-trois ans, la
plus grande partie des biens qu'elle poffié-
doit, & dont elle s'étoit réfervé l'ufufruit.
Marmion, ex-Jéfuite, n'avoit furvécu à fa
mere que peu de temps, & avoit donné entre-vifs les mêmes biens à Edme Bonneville. Mais les héritiers de la veuve Marmion
ayant, fur le fondement de l'incapacité du
fils ex-Jéfuite, contefté la donation qu'elle
lui avoit faite, cette donation, ainfi que
celle du fils, au fieur Bonneville, ont été
déclarées nulles, par Sentence du Bailliage
de Villeneuve-le-Roi du 14 Juillet 1752,
confirmée par le fufdit Arrêt du 4 Mai
1761. Voyez l'Arrêt du 19 Février 1731,
dont je parle à l'article *Bâtard*. Voyez auffi
ce que je dis à l'article *Legs Caducs*.

Les Jéfuites qui, comme je l'ai ci-devant
remarqué, n'avoient été reçus & rétablis
en France qu'à titre d'épreuve, n'ont plus
d'exiftence

d'exiftence légale que dans le reffort de quelques Parlemens.

Celui de Rouen a, par Arrêt du 12 Février 1762, déclaré abufives toutes les Bulles, Brefs Apoftoliques concernant les Prêtres & Ecoliers de la Société, fe difant de la Société de Jefus, ainfi que les Conftitutions, Vœux & Régimes de ladite Société; en conféquence, a fait défenfes à tous Sujets du Roi de vivre en commun fous l'empire defdites Régles, Conftitutions & Inftituts, d'obéir, communiquer ou entretenir correfpondance avec le Général ou autres Supérieurs par lui prépofés; leur a enjoint d'en vuider les Maifons, pour fe retirer en tel lieu que bon leur femblera, & y vivre Cléricalement fous l'autorité de l'Ordinaire.

Le Parlement de Paris a auffi, par Arrêt rendu le 6 Août 1762, déclaré abufifs les Inftituts & Conftitutions de ladite Société: l'Arrêt déclare même cet Inftitut » inadmif- » fible par fa nature dans tout Etat policé, » comme contraire au Droit naturel, atten- » tatoire à toute autorité fpirituelle & tem- » porelle, & tendante à introduire dans » l'Eglife & dans les Etats .... un » Corps politique, dont l'effence confifte » dans une activité continuelle pour par- » venir par toutes fortes de voies ....; » d'abord à une indépendance abfolue, & » fucceffivement à l'ufurpation de toute au- » torité «.

Et faifant droit fur l'appel comme d'abus, interjetté par M. le Procureur Général, des Vœux & Sermens émis par les Prêtres, Ecoliers & autres de ladite Société, l'Arrêt fufdit déclare » qu'il y a abus dans » lefdits Vœux & Sermens; ce faifant, les » déclare non-valablement émis, ordonne » que ceux des Mèmbres de ladite Société, » qui auront atteint l'âge de trente-trois ans » accomplis au jour du préfent Arrêt, ne » pourront .... prétendre à aucu- » nes fucceffions échûes & à écheoir, con- » formément à la Déclaration du 16 Juil- » let 1715. .... qui fera exécu- » tée .... comme loi de précaution, » néceffaire pour affurer le repos des fa- » milles, fans que de ladite Déclaration il » ait pû être induit aucune approbation de » ladite Société, fi ce n'eft à titre provi-

» foire, & fous les conditions toujours in- » hérentes à l'admiffion & rétabliffement » de ladite Société.

» Enjoint ..... aux Membres de ladite » Société de vuider toutes les Maifons, Col- » léges, Séminaires, Noviciats ou autres » établiffemens ..... qu'ils occupent, & de » fe retirer dans tel endroit du Royaume » que bon leur femblera, autres que les » Colléges, Séminaires & Maifons defti- » nées pour l'éducation de la jeuneffe; fi ce » n'eft qu'ils y entraffent à titre d'Etudians, » ou pour prendre les Ordres ....; leur en- » joint de vivre dans l'obéiffance au Roi & » fous l'autorité des Ordinaires, fans pou- » voir fe réunir en fociété entr'eux .... » leur fait défenfes d'obferver à l'avenir » lefdits Inftituts & Conftitutions, de vi- » vre en commun ou féparément fous leur » empire .....

» Ordonne que tous ceux ...:. de ladite » Société qui fe trouvoient dans fes Maifons » & établiffemens au 6 Août 1761, ne pour- » ront remplir des grades dans aucune des » Univerfités du reffort, pofféder Canoni- » cats, ni des Bénéfices à charge d'ames, » Vicariats, Emplois ou Fonctions ayant » même charge, Chaires ou enfeignemens » publics, Offices de judicature ou munici- » paux, ni généralement remplir aucune » fonction publique, qu'ils n'ayent prêté » ferment *d'être bons & fidéles Sujets & fer-* » *viteurs du Roi, de tenir & profeffer les Li-* » *bertés de l'Eglife Gallicane, & les quatre* » *articles du Clergé de France contenus en la* » *Déclaration de 1682, d'obferver les Ca-* » *nons reçus & les maximes du Royaume, de* » *n'entretenir aucune correfpondance directe* » *ni indirecte, par lettres, par perfonnes inter-* » *pofées ou autrement, en quelque forme &* » *maniere que ce puiffe être, avec le Général,* » *le Régime & les Supérieurs de ladite Socié-* » *té, ou autres perfonnes par eux prépofées,* » *ni avec aucuns Membres de ladite Société* » *réfidens en Pays Etrangers, de combattre* » *en toute occafion la morale pernicieufe con-* » *tenue dans les Extraits des Affertions dé-* » *pofées au Greffe de la Cour, notamment en* » *ce qui concerne la fûreté de la perfonne des* » *Rois & l'indépendance de leur Couronne, &* » *en tout, fe conformer aux difpofitions du pré-* » *fent Arrêt ...... «*

R r

JEU.
Voyez *Gageure*.

Un Arrêt du Conseil, rendu le 15 Janvier 1691, défend aux Officiers des Troupes, & à toutes autres personnes, de quelque sexe & qualité qu'elles soient, de jouer aux Jeux de Hocca, Pharaon, Barbacolle, & de la Bassette, ou pour & contre, sous quelques noms ou formes qu'ils puissent être déguisés, à peine de 1000 liv. d'amende pour les joueurs, & 6000 liv. pour ceux qui auront donné à jouer ou souffert qu'on jouât chez eux.

Les mêmes défenses avoient été faites pour la Bassette & le Hocca, par Arrêt du Parlement, rendu le 16 Septembre 1680, à peine de 3000 liv. d'amende.

Par un autre Arrêt de Réglement, rendu le 8 Février 1708, la Cour a fait *très-expresses inhibitions & défenses à tous Marchands, Colporteurs, Artisans & autres, de quelqu'état, qualité & condition qu'ils soient, de donner à jouer dans les Foires ou Marchés & autres lieux des Villes, Bourgs ou Villages du ressort, soit aux Cartes, ou aux Dés, soit à la Blanque, Tourniquet, Chevilles, ou à tirer dans un livre, & à tous autres Jeux de hasard généralement quelconque, à peine de 100 liv. d'amende, & de confiscation de l'argent du Jeu, ensemble desdits Jeux, marchandises, chevaux & équipages à eux appartenans, lesquels seront saisis pour être vendus, & en être le prix appliqué aux Hôtels-Dieu ou Hôpitaux les plus proches du lieu où ils auront donné à jouer, même à peine de punition corporelle en cas de récidive. Comme aussi fait défenses à tous Juges Royaux & autres du ressort de ladite Cour, d'accorder aucune permission, sous quelque prétexte que ce soit, de donner à jouer auxdits Jeux, à peine d'interdiction. Et en outre, enjoint aux Prévôts des Maréchaux & leurs Lieutenans, chacun dans leur département, de tenir la main à l'exécution du présent Arrêt, de saisir & arrêter ceux qu'ils trouveront en contravention, & de les conduire dans les prisons du lieu où ils auront donné à jouer, & de faire remettre pareillement entre les mains des Officiers dudit lieu, les chevaux, marchandises & équipages des contrevenans, ensemble l'argent du Jeu; Procès-verbal préalablement dressé des choses par eux saisies, pour y être ensuite pourvu par les Officiers du lieu, ainsi qu'il appartiendra.*

Le Parlement a renouvellé ces défenses par deux autres Arrêts de Réglement des 1 Juillet 1717, & 21 Mars 1722. Ce dernier Arrêt détaille les sortes de preuves sur lesquelles les contrevenans pourront être condamnés; & entr'autres dispositions, il ordonne *que les propriétaires des maisons dont les locataires donneront à jouer, pourront, après en avoir été avertis par les Commissaires du Châtelet, être condamnés sur les Procès-verbaux desdits Commissaires, solidairement avec les locataires, au payement des amendes, jusqu'à la somme de 1000 liv......* Voyez sur la même matiere un autre Arrêt rendu le 30 Avril 1717; une Ordonnance du 23 Novembre 1723; & une autre du 18 Avril 1741: cette derniere défend les Jeux de trois Dés, le Tope & Tingue, le Passe-dix, les Deux, le Quinquenove, le Mormonique, la Dupe, le Biribi, La Roullette, le Pair ou non, le Quinze, les Petits-Paquets, &c.

Il y a une Ordonnance du 4 Novembre 1744, qui défend les Jeux de hasard aux Colonies. Voyez dans le Recueil du Parlement de Besançon, tome 6, page 163, un Arrêt de ce Parlement, pour réprimer la licence des Jeux dans le Comté de Bourgogne.

Le Bureau des Finances de Grenoble a, par l'art. 39 d'une Ordonnance du 14 Avril 1683, & en conformité d'une Loi Romaine, citée en marge de cet article, défendu » à toutes personnes de jouer dans les rues » des Villes, Fauxbourgs, Bourgs & Vil- » lages, & dans les chemins fréquentés, aux » Longues, Mail & autres Jeux qui peuvent » incommoder ou arrêter les passans, à pei- » ne de 10 liv. d'amende «.

Un Réglement des Maréchaux de France, rendu le 19 Avril 1742, fait défenses aux Prisonniers détenus par leurs ordres, de jouer sur leur parole, à peine d'être mis au cachot, & de punir le débiteur & le créancier également.

Quand ceux qui donnent à jouer à des Jeux prohibés, sont pris en flagrant-délit, les Officiers qui constatent ces contraventions, peuvent saisir l'argent qui se trouve sur les tables de Jeux, & tout ce qui peut avoir rapport à la contravention, comme cartes, dés, cornets, &c. Et il y a une Déclaration du 30 Mai 1611, enregistrée le 23 Juin suivant, qui ordonne la confiscation des deniers saisis en pareil cas, au profit des Hôtels-Dieu.

Par un Arrêt du 14 Juillet 1745, rendu au rapport de M. de Salabery, en la Grand-Chambre, un billet de 1200 liv. fait au profit d'un Particulier dont la veuve est convenue, par un interrogatoire sur faits & articles, avoir connoissance que la cause étoit pour argent perdu au Jeu, a été déclaré nul, avec dépens. Voyez l'Arrêt du Parlement de Bretagne, du 12 Mai 1671, rapporté au Journal du Palais.

Le Parlement de Rouen a aussi déclaré nuls des billets faits pour Jeu, quoique déguisés pour valeur reçue, par Arrêt rendu le 25 Février 1726, entre les nommés Morin & Duval.

On voit, par ces décisions, que les billets qui ont pour cause la perte faite au Jeu, sont nuls; telle est en effet la Jurisprudence des Arrêts. Voyez à ce sujet l'Arrêt rendu le 30 Juillet 1693, qu'on trouve au Journal des Audiences.

Quelques Auteurs prétendent cependant que les billets pour Jeu faits entre personnes de grande qualité, sont valables; mais c'est une erreur condamnée par l'art. 138 de l'Ordonnance de 1629, qui non-seulement déclare nuls les billets, obligations & promesses causées pour Jeu, mais veut même que celui qui demande le montant du contenu en ces actes, soit condamné en une pareille somme envers les Pauvres.

L'article 139 porte que *ceux qui joueront sur gages, perdront les gages qu'ils auront exposés, lesquels seront confisqués au profit des Pauvres . . . . & ceux qui les auront gagés, seront condamnés en pareille somme que celle pour laquelle ils auront gagné lesdits gages, applicables comme dessus.*

L'art. 59 de l'Ordonnance de Moulins accorde une action aux peres, meres, tuteurs & curateurs, pour la répétition de ce qu'ont perdu les mineurs à des Jeux de hasard.

L'Ordonnance de 1629 contient la même disposition; elle veut même, par l'art. 140,

que dans ces matieres la preuve par témoins soit reçue, nonobstant que les sommes excédent 100 liv. On peut encore sur cela consulter la Déclaration du 30 Mai 1611, dont j'ai déja parlé: elle est dans le Code Pénal.

Le Mardi 25 Septembre 1759, en la Chambre des Vacations, la Cour a rendu un Arrêt, par lequel, en infirmant une Sentence rendue à la Rochelle, un sieur Denis a été condamné à payer une somme de 575 liv. contenue en son billet à ordre, fait au profit d'un sieur Chesneau, lequel en avoit passé son ordre au sieur Sallé, qui en avoit passé le sien au sieur Mala, demandeur, en affirmant, par Mala, qu'il n'avoit point connoissance que le billet provenoit du Jeu, & qu'au contraire il en avoit fourni la valeur en argent ou en marchandise.

Denis, qui avoit signé ce billet, alléguoit qu'il n'avoit d'autre cause que l'argent qu'il avoit perdu au Jeu de Billard: il disoit avoir joué contre Denis, & avoir perdu 2000 liv. dont il avoit fait des billets de commerce, tant à Denis qu'à Chesneau, qui avoit parié pour Denis; il invoquoit les Ordonnances dont je viens de parler, & offroit de payer, en affirmant par Mala que le billet ne provenoit pas du Jeu, qu'il en avoit fourni la valeur, &c.

Mala répondoit que les Ordonnances de Moulins & de 1629 n'avoient pour objet que les Jeux prohibés, & non le Jeu de Billard, qui étoit permis. Il prétendoit même que l'Ordonnance de 1629 ne pouvoit pas être citée; mais la Cour, en adoptant les offres de Denis, jugea que toutes les obligations ou billets causés pour Jeu sont nuls; soit que le gain soit fait à des Jeux licites ou prohibés.

Le Vendredi 19 Février 1762, de relevée, la Cour a déchargé la dame de Montrevel de la demande formée contr'elle par le Marquis de Barzy, en condamnation d'une somme de 7752 liv. qu'il disoit avoir prêtée à cette dame, du vivant de son mari, mais qu'elle disoit avoir perdue en jouant au Pharaon avec le sieur de Barzy, de qui elle offroit affirmer n'avoir jamais rien emprunté. L'Arrêt n'a pas même assujetti la dame de Montrevel à l'affirmation.

R r ij

JEU DE FIEF.
Voyez *Démembrement de Fief.*

Le Jeu de Fief eft l'exercice de la faculté que les Coutumes ont accordée aux vaſſaux de diſpoſer de la totalité ou d'une partie de leurs Fiefs.

Ainſi toutes les fois qu'un vaſſal aliéne ſon domaine féodal, ou une portion de ce domaine, il ſe joue de ſon Fief.

La plûpart des Auteurs ont cependant reſtraint le nom de Jeu de Fief à l'aliénation du domaine utile, faite ſous la réſerve de la foi; c'eſt-à-dire, ſous la condition que le vaſſal aliénateur portera toujours la foi & hommage au Seigneur dominant, comme ſi les héritages dont il a diſpoſé, étoient encore dans ſa main. Il y a des régles particulieres à cette eſpéce d'aliénation; & ces régles vont faire la matiere de cet article. Mais il me paroît néceſſaire de propoſer d'abord quelques réflexions préliminaires.

La vente ou la donation pure & ſimple du Fief eſt permiſe par le Droit commun. Ces ſortes de diſpoſitions ſont une ſuite de la liberté dont tous les propriétaires doivent jouir, & de la nature actuelle des Fiefs, qui ſont abſolument dans la claſſe des biens ordinaires. Le Seigneur ne ſouffre d'ailleurs aucun préjudice de l'aliénation pure & ſimple faite par le vaſſal, puiſqu'il retrouve dans la perſonne du nouveau poſſeſſeur, les mêmes qualités & la même dépendance que dans celle du vendeur ou du donateur. (Cette forme de diſpoſer n'étant ſuſceptible d'aucune difficulté, & ne méritant d'être approfondie que par rapport aux droits auxquels elle donne ouverture au profit du Seigneur dominant, je prie le lecteur de recourir ſur cet objet aux articles qui traitent des *Droits Seigneuriaux*, du *Quint*, du *Relief*, &c. . . . . .).

Le Jeu de Fief & le démembrement different totalement l'un de l'autre; car le démembrement diviſe la foi, & d'un ſeul Fief en forme pluſieurs, qui ſont indépendant les uns des autres; de ſorte que le Seigneur qui ne recevoit qu'une ſeule foi & hommage pour tout le Fief, peut exiger, après le démembrement, autant de droits & de devoirs diſtincts & ſéparés, qu'il y a de portions différentes du Fief démembré. Le Jeu de Fief, au contraire, laiſſe ſubſiſter l'intégrité de la foi; & lors même que le domaine utile eſt partagé en pluſieurs portions, qui ſont dans des mains différentes, & pour leſquelles pluſieurs perſonnes portent la foi au Seigneur, il n'exiſte qu'un ſeul Fief; & la foi portée pour tels héritages, comme faiſant partie du Fief, emporte reconnoiſſance que les parties ne forment qu'un ſeul tout, & que le titre du Fief ſubſiſte dans ſon entier. En deux mots, le démembrement multiplie, pour ainſi dire, le Fief; & il en réſulte autant de Fiefs qu'il y a de portions diviſées; au lieu que le Jeu de Fief ne tombe que ſur les héritages; & en les partageant, il laiſſe ſubſiſter l'individualité du titre: de ſorte que les domaines aliénés ſont autant de portions du même Fief.

Cette expoſition ſuffit pour faire ſentir que le démembrement eſt contraire aux principes généraux du droit féodal; mais que le Jeu de Fief ne répugnant pas à la nature des biens féodaux, & étant conforme à la liberté originaire des propriétaires, doit être adopté par le Droit commun: auſſi preſque toutes les Coutumes l'ont-elles autoriſé.

Les remarques précédentes ont pour objet le Jeu de Fief en général, & dans ſa ſignification la plus étendue; c'eſt-à-dire, toutes les aliénations que le vaſſal peut faire des domaines de ſon Fief, ſoit qu'il ſe réſerve le droit de porter la foi comme avant le Jeu, ſoit qu'il transfere à l'acquéreur tout-à-la-fois la Seigneurie & les héritages. Mais j'ai remarqué que le plus grand nombre des Auteurs n'appelle Jeu de Fief que l'aliénation, qui laiſſe ſubſiſter la qualité de vaſſal dans la perſonne de l'ancien propriétaire, & qui met l'acquéreur dans ſa dépendance.

Suivant l'art. 51 de la nouvelle Coutume de Paris, trois conditions ſont requiſes pour la validité du Jeu de Fief ſans profit. 1°. Que le vaſſal ſe ſoit réſervé le droit de porter la foi comme il faiſoit auparavant. 2°. Qu'il ait retenu un droit Seigneurial & Domanial ſur les héritages aliénés. 3°. Que l'aliénation ne tombe que ſur les deux tiers des domaines du Fief, de ſorte qu'il en reſte toujours un tiers entre les mains du vaſſal.

Je vais parcourir ſommairement ces trois objets.

Quant au premier, il eſt ſenſible que le Seigneur doit être payé de ſes droits toutes les fois qu'il y a mutation de vaſſal. Les droits ſont un prix légal de la liberté qu'ont les vaſſaux de donner un nouvel homme au Seigneur dominant ; & toutes les fois que cette liberté eſt exercée, le prix doit être payé. Ainſi, pour que l'aliénation ne donne aucune ouverture aux droits Seigneuriaux, il faut néceſſairement que le Seigneur ſoit reconnu par la même perſonne qui lui portoit la foi & hommage avant le Jeu de Fief ; ce qui ne peut arriver que lorſque le vaſſal qui aliéne, ſe réſerve le droit de faire la foi pour le Fief, dont il met les domaines hors de ſa main. Ainſi cette réſerve eſt indiſpenſable.

La ſeconde condition n'eſt pas d'une néceſſité moins abſolue : en effet, il ſeroit ridicule que le vaſſal ſe chargeât de porter la foi pour un Fief ſur lequel il n'auroit plus aucune eſpéce de droit. A quel titre pourroit-il conſerver ſa qualité de vaſſal, s'il étoit entiérement dépoſſédé des héritages & de la Seigneurie du Fief ; & la rétention de foi ne ſeroit-elle pas chimérique & illuſoire ſi elle ne portoit ſur rien de ſolide, & ſi elle étoit totalement détachée de la propriété ? C'eſt ce que ſoutient Dumoulin, & ce qu'il prouve admirablement dans ſon Commentaire ſur l'art. 41 de l'ancienne Coutume de Paris, qui eſt le 51 de la nouvelle, aux nomb. 2, 3, 4. Il faut donc que le vaſſal retienne, en ſe réſervant la foi, quelque droit Seigneurial & Domanial ſur les portions dont il diſpoſe.

Mais que doit-on entendre ſous le nom de droits Seigneuriaux & Domaniaux ? Ces mots expriment tous les droits qui repréſentent le Fief aliéné, & qui conſervent à l'ancien vaſſal quelque ſupériorité ſur le Fief ; & comme la ſupériorité ne peut être reconnue que par le payement du cens, ou par la foi & hommage, il ſemble que le vaſſal qui veut exercer le Jeu de Fief ſans donner ouverture à aucuns droits au profit du dominant, doit retenir un cens ſur les domaines dont il diſpoſe, ou charger l'acquéreur de lui en porter la foi & hommage ; de ſorte que tous les Jeux de Fief ſans profit paroiſſent ſe réduire à deux eſpéces ; ſçavoir, l'accenſement & la ſous-inféodation.

De ces deux formes de diſpoſer, la premiere imprime à l'héritage aliéné le caractare de roture, & rend l'acquéreur cenſitaire de l'ancien propriétaire, qui demeure toujours vaſſal du Seigneur dominant ; la ſeconde conſerve à cet héritage la qualité de Fief, qu'il avoit entre les mains de celui qui a exercé le Jeu. Il acquiert par-là un vaſſal, ſans ceſſer de l'être lui-même vis-à-vis de ſon Seigneur.

Quoique la rigueur des régles parût devoir reſtraindre les Jeux de Fiefs ſans profit aux baux à cens & aux conceſſions en Fief, cependant l'uſage a étendu la ſignification des termes, *Droits Seigneuriaux & Domaniaux*, employés par la Coutume aux baux à rente fonciere : c'eſt une faveur accordée au vaſſal ; mais cette faveur n'eſt pas accompagnée des mêmes priviléges que les accenſemens & ſous-inféodations ; & voici en quoi conſiſte la différence. La néceſſité où eſt le vaſſal qui veut ſe jouer, ſans donner ouverture aux droits Seigneuriaux, de ſe réſerver le droit de porter la foi, ne l'oblige pas toujours à en faire une clauſe expreſſe dans l'acte d'aliénation ; & la forme de la diſpoſition qu'il adopte, emporte ſouvent par elle-même la rétention de la foi, ſans qu'il ſoit beſoin de l'énoncer. Ainſi le bail à cens & la ſous-inféodation ſuppoſent néceſſairement dans la perſonne du vaſſal aliénateur, la conſervation de ſa qualité, & le droit de porter la foi au Seigneur dominant. Cette propoſition eſt facile à ſaiſir.

L'acquéreur ne poſſédant qu'à la charge du cens ou de la foi & hommage envers l'ancien propriétaire, eſt dans ſa dépendance : or il ne peut dépendre immédiatement, & de celui qui lui a transféré la propriété du Fief & du Seigneur Supérieur : il n'eſt donc pas poſſible qu'il porte la foi à ce dernier, & par conſéquent il faut que les devoirs ſoient rendus au Seigneur dominant par le vaſſal originaire ; d'où il réſulte que l'accenſement & la conceſſion en Fief contiennent une réſerve tacite de la foi. Il en eſt autrement des baux à rente ; ces baux ne rendent pas l'acquéreur eſſentiellement dépendant de celui qui eſt l'auteur de l'aliénation ; ils mettent au contraire de plein droit le preneur à la place du bailleur : enſorte que, ſuivant la régle générale, cette eſpéce d'aliénation opere un changement de vassal, & donne ouverture aux droits de mutation.

La réserve de la foi de la part du vassal, ne peut donc être présumée en ce cas ; & si on a dérogé à la rigueur du principe, en mettant les baux à rente dans la classe des Jeux de Fief sans profit, il faut au moins que le bailleur stipule, par une clause expresse, la rétention de la foi.

Ici se présente une question assez difficile & fort agitée par les Auteurs ; c'est de sçavoir si le bail à cens, avec réserve de la foi, ne donne point ouverture aux droits Seigneuriaux, lorsque le vassal qui a concédé à cens, a reçu une somme considérable du preneur lors de la concession. Ce qui donne lieu à la difficulté, c'est qu'il semble que les vassaux pourroient faire impunément des fraudes à leurs Seigneurs, en déguisant de véritables ventes sous l'apparence de baux à cens, & les priver des droits Seigneuriaux que les ventes doivent produire par la rétention d'un cens dont la modicité, eu égard aux deniers d'entrée, feroit présumer la collusion entre le bailleur & le preneur.

D'ailleurs, peut-on appeller bail à cens une aliénation dans laquelle les caracteres de la vente dominent ? Et la réserve d'un cens, quelque foible qu'il soit, suffira-t-elle pour lui appliquer les régles de l'accensement ? Cela ne paroît pas raisonnable ; la nature des actes doit être déterminée par les caractères les plus marqués & les plus considérables qui s'y rencontrent, & non par une stipulation dérisoire, qui n'aura été insérée que pour faire tort à ceux qui y sont intéressés.

Mais d'un autre côté, il n'est pas possible que l'acquéreur paye un cens à son auteur, & reconnoisse en même-temps le dominant, en lui portant la foi. Quelque modique que soit le cens, la terre est possédée en roture ; & cette qualité est incompatible avec la foi & hommage ; par conséquent il faut que l'ancien vassal continue toujours de l'être ; & la fraude prétendue, qu'on ne doit pas présumer, ne peut suffire pour anéantir les stipulations contenues dans l'acte d'aliénation.

Ce dernier avis, qui paroît très-conforme aux principes, a été consacré par une foule d'Arrêts ; ils ont tous jugé que les deniers d'entrée payés au vassal aliénateur, ne chan-

gent en aucune maniere la nature de l'accensement, & que la rétention d'un cens modique, quoiqu'accompagnée d'un prix considérable, emporte, par une conséquence nécessaire, la réserve de la foi, & empêche la mutation du vassal, comme si l'aliénation étoit faite sans deniers d'entrée.

Dans le temps de l'ancienne Coutume de Paris, on trouve deux Arrêts précis ; l'un rendu le 25 Juin 1516, connu sous le nom de l'Arrêt des Bochards, & rapporté par Papon, liv 13, tit. 1, n° 4 ; l'autre, rendu le 16 Février 1537, ou 17 Février 1538, que Dumoulin expose avec étendue sur l'art. 41 de l'ancienne Coutume, & qui se trouve aussi dans M. Louet, lett. R, somm. 16 & 26. Il est vulgairement appellé l'Arrêt des Chartreux.

Le 5 Février 1543, on a rendu un pareil Arrêt pour l'ancienne Coutume d'Orléans ; Dumoulin en fait mention sur l'art. 4, qui avoit la même disposition que le 7ᵉ de la nouvelle.

M. Louet, lett. R, som. 26, en rapporte un semblable, du 18 Mars 1568, pour la Coutume de Mante ; & Vrevin sur Chauny, article 95, en cite deux rendus dans sa Coutume, qui est muette sur le Jeu de Fief ; l'un le 22 Juin 1619, au rapport de M. Viole ; & l'autre le 31 Août 1624, au rapport de M. Seguier.

Enfin, on peut consulter Mᵉ Guyot dans son Traité des Fiefs, tom. 3, au commencement ; il rapporte une infinité d'Arrêts conformes à ceux dont je viens de faire mention. La seule Coutume de Peronne en présente cinq des 2 Août 1697, 3 Mars 1698, 4 Août 1699, 23 Juin 1735, & 17 Août 1736, qui ont jugé précisément que le bail à cens, avec deniers d'entrée, ne donne pas ouverture aux droits Seigneuriaux : il est vrai que dans cette même Coutume, il y a eu neuf autres Arrêts, dont les deux derniers sont des 3 Av. 1726, & 16 Août 1729, qui semblent avoir jugé le contraire : mais Mᵉ Guyot fait voir que les Juges se sont déterminés par des circonstances particulieres, & que par conséquent il n'en faut rien conclure contre la règle générale. On en doit dire autant d'un Arrêt rendu le 15 Avril 1580, qui est dans Papon, liv. 13, tit. 1, art. 4, & qui a adjugé au Seigneur les droits Seigneuriaux contre l'acquéreur d'un vaſſal, qui, après avoir baillé à cens ſes héritages avec deniers d'entrée, avoit enſuite vendu le cens retenu à un Etranger. Cette vente poſtérieure manifeſtoit le deſſein formé par le vaſſal, de faire fraude au Seigneur, & de le priver de ſes droits: les Juges ont compris que la rétention du cens n'étoit pas ſérieuſe, & qu'elle n'avoit été faite que pour couvrir la vente réelle du Fief, des apparences d'un accenſement chimérique & illuſoire.

Un nouvel Arrêt rendu à l'Audience de la Grand'Chambre le 12 Août 1752, au profit de M. le Duc d'Orléans, paroît également fondé ſur des circonſtances particulieres; en voici l'eſpéce.

La Demoiſelle de Longueil, propriétaire de la Châtellenie de la Ronciere & de la Juſtice de Soligny, dont M. le Duc d'Orléans eſt Seigneur ſuzerain, les avoit donnés à cens à la Marquiſe de Vieux-Pont. Le ſieur de Belinghen, héritier de cette Marquiſe, fut aſſigné par M. le Duc d'Orléans, pour ſe voir condamner à lui payer les droits Seigneuriaux de l'aliénation faite au profit de celle qu'il repréſentoit. Le ſieur de Belinghen ſoutint que le bail à cens ne donnoit ouverture à aucuns droits, & que la Coutume d'Orléans, dans laquelle les biens ſont ſitués, permettant au vaſſal de ſe jouer de tout ſon Fief, la Demoiſelle de Longueil avoit uſé d'une faculté qui lui étoit accordée par la Loi, de ſorte qu'il n'y avoit point eu de mutation de vaſſal.

On répondit, pour M. le Duc d'Orléans, que l'accenſement avoit été fait moyennant 56000 liv. de deniers d'entrée; que cette ſomme égaloit la valeur des biens aliénés; & que par conſéquent la rétention du cens étoit illuſoire & frauduleuſe. On ajouta que la Demoiſelle de Longueil avoit donné le droit de cens retenu à M. Dugué de Bagnols, & qu'auſſi-tôt après la mort du Donataire, la Dame de Tilliere, ſa ſœur & ſon héritiere, avoit fait donation du même droit de cens à la Marquiſe de Vieux-Pont; ce qui donnoit lieu de préſumer une colluſion entr'elle & la Demoiſelle de Longueil. Toutes ces circonſtances ont déterminé les Magiſtrats à condamner le ſieur de Belinghen au payement des droits; mais il paroît qu'on auroit tort de conclure en général

d'un Arrêt rendu dans une affaire chargée de tant de faits particuliers, que les baux à cens donnent ouverture aux droits Seigneuriaux, lorſque le bailleur a reçu des deniers d'entrée.

Voici donc les principales régles que je crois devoir propoſer ſur cette matiere;

1°. On entend par droits Seigneuriaux & Domaniaux, le cens & la foi & hommage; ainſi l'accenſement & la ſous-inféodation ſont des Jeux de Fief ſans profit, & ils emportent rétention de foi, ſans qu'il ſoit même beſoin d'en faire une réſerve expreſſe.

2°. L'uſage a étendu la ſignification de ces termes aux baux à rente fonciere; mais il faut dans ce cas, ſe réſerver par une clauſe préciſe, le droit de porter la foi au Seigneur dominant.

3°. Enfin les deniers d'entrée n'empêchent pas que le bail à cens n'emporte par lui-même la rétention de foi, s'il n'y a des circonſtances particulieres qui indiquent la fraude.

Au reſte, le Jeu de Fief ne peut faire par lui-même aucun tort au Seigneur; & quoique le vaſſal, qui a diſpoſé des héritages, ne jouiſſe plus que du cens, de la rente, ou de la foi & hommage dont il a chargé l'acquéreur, il eſt toujours cenſé, vis-à-vis de ſon Seigneur, poſſéder le domaine utile qu'il a aliéné. Il réſulte de ce principe que, lorſque le Seigneur n'eſt pas ſervi de ſes droits & devoirs par le vaſſal qui a exercé le Jeu de Fief, il peut ſaiſir les héritages mêmes du Fief, comme s'ils étoient encore entre les mains du vaſſal. Si l'on n'accordoit pas cette faculté au Seigneur, il ſouffriroit un préjudice ſenſible de l'exercice du Jeu de Fief, & ſes droits ſe trouveroient conſidérablement diminués ſans ſon conſentement; ce qui répugne à tous les principes.

Le Seigneur dominant peut cependant approuver le Jeu de Fief exercé par ſon vaſſal; & dans ce cas, il reſtraint volontairement ſon droit à la redevance retenue, lors de l'aliénation: c'eſt ce que les Auteurs appellent *inféoder le Jeu de Fief*. Ce ſeroit à tort que le Seigneur ſe plaindroit, après l'inféodation, de ce que ſon Fief eſt réduit à une ſimple redevance; puiſque la perte qu'il auroit faite, ſeroit un effet de ſon conſentement libre.

Ainſi, ou le Seigneur a inféodé l'aliénation faite par le vaſſal, ou il ne l'a pas inféodée : au premier cas, il ne peut ſaiſir que la rente ou le cens dont le vaſſal a chargé l'acquéreur, parce qu'il a reconnu que ſon Fief ne conſiſte plus que dans ces redevances ; mais dans le ſecond cas, le Jeu de Fief eſt, par rapport à lui, comme s'il n'avoit point été fait : il ne connoît que ſon vaſſal, & il a toujours droit de regarder les héritages comme étant dans ſa main ; il peut les ſaiſir, faute par le vaſſal de payer les droits, & de ſatisfaire aux devoirs ; & l'acquéreur n'a d'autre reſſource qu'un recours contre celui qui lui a cédé la propriété des héritages, pour l'obliger à l'en faire jouir.

La même diſtinction s'applique à l'aliénation du cens ou de la rente retenue par le vaſſal. S'il y a eu inféodation, le Seigneur ne peut exiger les droits que relativement au prix de la redevance vendue ; mais ſi le Jeu de Fief n'eſt pas inféodé, l'aliénation eſt cenſée tomber ſur les héritages mêmes, & les droits ſont réglés ſur le pied de la valeur de ces héritages ; ainſi le relief, par exemple, conſiſte dans la jouiſſance des redevances, ou dans celle des héritages mêmes, ſelon que le Jeu eſt, ou n'eſt pas inféodé.

Il faut cependant convenir que le Seigneur peut ſouffrir quelque préjudice du Jeu de Fief, quoiqu'il n'ait pas accordé l'inféodation. En effet, il eſt ſenſible qu'un cens modique, qui eſt beaucoup moins précieux que les héritages, ne ſera pas vendu auſſi ſouvent par les vaſſaux, que le ſeroit le domaine utile du Fief, s'il étoit encore entre leurs mains, parce qu'on trouve plus difficilement des acquéreurs pour un objet de ſi petite conſéquence : or les aliénations étant moins fréquentes, les droits des Seigneurs ſeront auſſi moins conſidérables ; mais ce préjudice, auquel ils ſont expoſés, n'a pas paru ſuffiſant pour enlever aux vaſſaux la liberté que le droit naturel leur accorde, & pour défendre les Jeux de Fief ſans profit : cependant quelques Coutumes ont cherché des tempérammens pour concilier les intérêts du vaſſal & du Seigneur, en limitant les Jeux de Fief à une certaine quotité des héritages. C'eſt le troi-

ſiéme objet que nous avons à conſidérer ſur cet article.

C'eſt une condition néceſſaire du Jeu de Fief ſans profit, dans la Coutume de Paris, que le vaſſal retienne dans ſa main le tiers des Domaines de ſon Fief, & le Jeu de Fief y eſt limité aux deux tiers des héritages : ce que nous venons de remarquer, fait ſentir la raiſon de cette diſpoſition. On a cru que la vente des Fiefs ſeroit moins rare, lorſqu'ils conſiſteroient en héritages, au moins en partie, que lorſqu'ils ſeroient réduits à une ſimple redevance ſouvent très-modique, relativement à la valeur des terres : tel eſt le fondement de la limitation portée par l'article 51 de la nouvelle Coutume de Paris ; mais toutes les autres Coutumes ne l'ont pas adopté. Tous les Rédacteurs & Réformateurs n'ont pas été animés des mêmes vûes ; les uns ont eu plus d'égard à l'avantage du Seigneur, qu'à l'intérêt du vaſſal ; les autres ont cru devoir favoriſer pleinement la liberté des Jeux de Fief, ſans chercher dans les intérêts des Seigneurs des raiſons pour la reſtraindre.

Ainſi l'ancienne Coutume de Paris avoit conſervé au vaſſal la faculté de diſpoſer de la totalité de ſon Fief, ſans payer aucuns droits au Seigneur dominant ; ce droit réſulte de l'article 41, qui permet indéfiniment le Jeu de Fief. Il eſt vrai que quelques Auteurs ont penſé que Dumoulin étoit d'un autre avis dans ſon Commentaire ſur cet article ; mais ils ſe ſont égarés. Nous avons vû que ce Juriſconſulte obſerve avec raiſon, que la rétention de foi eſt vaine & illuſoire, lorſqu'elle n'eſt pas ſoutenue de la réſerve d'un droit Seigneurial & domanial : ils ont cru que ſon intention avoit été de rejetter les Jeux de Fief ſans profit, toutes les fois que le vaſſal diſpoſoit de tous les héritages dont ſon Fief étoit compoſé, ſans en retenir la moindre partie. L'interprétation que ces Auteurs ont adoptée, eſt démentie par le texte même de Dumoulin, & elle a été condamnée par un Arrêt célèbre rendu *unâ voce*, à la Grand'Chambre, au rapport de M. Bochard de Saron, le 6 Mai 1751, au profit de Me Target, ancien Avocat au Parlement, Intimé, contre le ſieur Duderé de Graville, Subſtitut de M. le Procureur Général, appellant ; quoique

M.

M. le Procureur Général, (qui a été entendu dans cette affaire, parce que le Domaine du Roi y étoit intéressé,) ait soutenu
que la prétention de Me Target étoit contraire aux intérêts du Roi. L'Arrêt a jugé
pour la liberté indéfinie des Jeux de Fief
dans l'ancienne Coutume.

Cette liberté, dont les vassaux jouissoient
sous son empire, leur a été conservée par
les dispositions de plusieurs Coutumes réformées, & entr'autres par celles d'Orléans,
art. 7; Etampes, art. 35; Ponthieu, art. 63;
Mantes, art. 24; Montfort, art. 33; Clermont en Beauvoisis, art. 96; Senlis, art.
251; Sens, art. 209 & 224; Peronne, art.
72; & Rheims, art. 117: d'où l'on voit que
les Réformateurs de ces Coutumes ont cru
devoir sacrifier les intérêts des Seigneurs à
l'avantage des vassaux, & à la liberté originaire des propriétaires. Il paroît qu'il n'y a
sur ce point aucun Droit commun en France,
& qu'il faut restraindre la disposition de
chaque Coutume au territoire sur lequel
elle exerce son empire.

Il résulte de tous les principes que je
viens d'exposer, que le Jeu de Fief, pris
en général, consiste dans l'aliénation que
les vassaux font de leurs Fiefs, soit qu'elle
produise des droits, comme la vente, la
donation, &c.... soit qu'elle n'y donne pas
ouverture, comme l'accensement, la sous-
inféodation & le bail à rente, avec rétention expresse de foi, que les Auteurs limi-
tent ordinairement le nom de Jeu de Fief
aux aliénations de la seconde espéce; &
que, dans la Coutume de Paris, ces aliénations ou Jeux de Fief sans profit ne peuvent être pratiqués qu'avec rétention expresse ou tacite de la foi, en se réservant sur
les héritages aliénés un droit Domanial qui
consiste dans la foi & hommage, ou la rente
fonciere, ou enfin le cens, soit qu'il y ait
eu des deniers d'entrée, soit qu'il n'en ait
été payé aucun; enfin en conservant dans
ses mains un tiers des héritages du Fief, ce
qui n'étoit pas observé dans l'ancienne Coutume de Paris, & ce qui est également contraire aux dispositions de plusieurs Coutumes réformées.

IGNORANCE.

Sur l'Ignorance du fait & du droit, &

quand elle donne ouverture à la résiliation
des Contrats. V. *Erreur.*

IMBÉCILLES.

V. *Démence, Insensés & Interdits.*

IMMATRICULE.

V. *Matricule & Payeurs des Rentes.*

IMMEUBLES.

Voyez *Accessoires, Cateux, Meubles, Propres, Rentes & Transport.*

Ce mot signifie des biens en fonds, ou
qui sont présumés avoir la nature de fonds.

On distingue deux sortes d'Immeubles;
sçavoir, les biens qui sont tels de leur nature, & qu'on appelle par cette raison Immeubles réels: tels sont, par exemple, les Seigneuries, les Justices, les Bois, les Terres,
les Vignes, les Prés, les Etangs, les Marais,
les Isles, les Islots, les Moulins à eau, les
Fours, les Pressoirs, les Halles, les Marchés, les Places vagues, les Terres vaines
& communes, les Landes, les Bruyeres, les
Garigues, les Pâtis, les Droits de Bacqs,
de Port, de Péage, de Travers, de Passage,
de Minages, de Mesurage, de Champart,
les Dixmes, les Rentes Foncieres, les Offices (Domaniaux seulement) &c.

On comprend aussi sous le nom d'Immeubles réels, tout ce qui est adhérent à la surface de la terre, ou par sa nature, comme les
arbres, ou par la main des hommes, comme les maisons & autres bâtimens; quoique ces choses puissent en être séparées &
devenir meubles. Cependant voyez *Cateux.*

On appelle l'autre espéce d'Immeubles,
Immeubles fictifs, parce qu'ils ne sont tels
que par fiction; tels sont les Offices venaux
casuels, les rentes constituées, &c.

Les actions immobiliaires sont aussi des
Immeubles fictifs qui, prenant la nature
même de leur objet, sont réputés avoir une
assiette dans le lieu où est situé l'Immeuble réel, qui fait l'objet de l'action. Voyez
Faculté de Rachat & Retrait Lignager.

Les Immeubles fictifs, tels que les Offices, sont aussi réputés avoir leur assiette dans
le lieu où se font les fonctions de l'Office.
Ainsi les Charges de Conseiller au Parlement de Paris ont leur assiette dans la Ville de Paris, &c.

Les rentes constituées n'ont réguliérement point d'affiette, parce qu'elles ne confiftent que dans le droit qu'a le créancier d'agir contre le débiteur, pour le contraindre à payer une certaine fomme par an. Ainfi ces fortes de rentes changent de nature, quand le créancier change de domicile ; elles font Immeubles fictivement fi le créancier eft domicilié à Paris, ou dans une Coutume qui les répute Immeubles, & elles font meubles s'il eft domicilié dans un pays où elles font réputées meubles.

Cette maxime, qui eft vraie, ne s'applique point aux rentes dûes par le Roi, & qui fe payent à Paris à Bureau ouvert. Un Arrêt de la Chambre des Comptes, rendu fur la Requête de M. le Procureur Général, le 22 Février 1755, a ordonné *que les rentes, intérêts, & autres charges affignées fur les Fermes des Aides & Gabelles, fur celles des Poftes, fur les Recettes Générales des Domaines des Finances, recettes particulieres des Tailles ou autres revenus du Roi, dont le payement doit être fait à Bureau ouvert en cette Ville de Paris, ou en d'autres Villes & lieux régis par les Coutumes qui réputent les rentes Immeubles, conferveront leur nature d'Immeuble, encore bien que les propriétaires defdites rentes, intérêts & autres charges fuffent domiciliés dans des Pays de Droit-Ecrit, ou Pays Coutumiers qui réputent les rentes meubles.* V. Rentes conftituées.

Tous ces Immeubles peuvent accidentellement recevoir les qualités d'acquêts & de propres. V. Acquêts & Propres.

Les deniers dotaux des femmes font réputés Immeubles, quand le contrat de mariage porte qu'ils feront employés en acquifitions d'héritages, quand même l'emploi ne feroit pas fait. Coutume de Paris, art. 93. V. Propres fictifs.

Les rentes conftituées font réputées Immeubles dans la plûpart des Coutumes du Royaume, & finguliérement dans celle de Paris : mais au moment du remboursement leur nature change, & le prix devient meuble. V. Rentes.

Cependant, fi de pareilles rentes appartenoient à des mineurs, & qu'elles fuffent rachetées pendant leur minorité, les deniers provenans du rachat ou le remploi d'iceux, en autres rentes ou héritages, feroient réputés être de la même nature & qualité d'Im-

meubles, qu'étoient les rentes rachetées, pour retourner aux parens du côté & ligne dont lefdites rentes étoient procédées. V. l'art. 94 de la même Coutume.

La Cour a jugé, par Arrêt rendu le Lundi 16 Juillet 1668, au Rôle de Lyon, en confirmant la Sentence de la Sénéchauffée de Lyon, que les rentes conftituées font Immeubles ; & qu'en cette qualité, celles d'un défunt qui avoit légué fes Immeubles, devoient être comprifes dans fa difpofition.

Cette queftion faifoit beaucoup de difficultés, parce qu'il étoit conftaté par deux Actes des Notoriété, donnés par les Avocats & Procureurs de Lyon, que les rentes conftituées y avoient toujours été tenues pour meubles ; que celles qui appartenoient à des mineurs, fe vendoient fans folemnité ; qu'on n'avoit point encore vû de décret de rentes conftituées ; qu'elles n'étoient point fufceptibles d'hypothéque ; que leur prix tomboit en contribution : on citoit d'ailleurs un Arrêt du 17 Juillet 1633, par lequel il a été jugé qu'en Mâconnois, il eft dû des droits Seigneuriaux pour l'échange d'un héritage contre une rente conftituée.

M. l'Avocat Général Bignon, qui porta la parole dans cette affaire, avoit conclu pour que les rentes fuffent jugées meubles ; mais l'Arrêt les a jugé Immeubles, parce qu'elles font une efpéce de biens ftables & permanens, qui produit fes fruits par fucceffion de temps ; qu'elles font mifes au rang des biens, dont la poffeffion eft défendue aux Religieux Mendians. Voyez un Arrêt du 24 Février 1572, rapporté par Bacquet, du Droit d'Aubaine, chap. 14, n. 5 & 6 ; Dumoulin, fur l'art. 57 de l'ancienne Coutume ; & le Journal des Audiences, tom. 3, liv. 2, chap. 20.

Le droit qu'ont les veuves & héritiers de lever un office aux Parties cafuelles, eft-il meuble ou immeuble ? V. Mineurs.

Quelques Coutumes, en petit nombre, réputent les moulins à vent meubles : ils font Immeubles dans celle de Paris, ainfi que les moulins à eau, excepté ceux qui font conftruits dans des bateaux.

Il y a une décifion du Confeil du 8 Mars 1732, qui porte que les moulins à eau qui font à Paris, au-deffous du Pont-au-Change, ne font pas des Immeubles fujets au centiéme denier.

Tout ce qui tient aux maifons & autres bâtimens, comme ce qui eft attaché avec du fer, du plomb, du plâtre ou autre matiere, & qui a été mis pour perpétuelle demeure, eft réputé Immeuble. Voyez ce que je dis fur cette matiere au mot *Meuble*.

La Cour, par un Arrêt rendu le 11 Juillet 1716, a jugé que dans la Coutume de Nevers, en conféquence des articles 1, 2 & 3 du ch. 26, les bleds, les herbes de prés & les fruits de vignes, quoique pendans par les racines, ne font point partie du fonds, & font réputés meubles dans les fucceffions, après les temps marqués par les mêmes articles. Je parle encore de cet Arrêt au mot *Teftament*. Il eft imprimé.

Les ufufruits à vie ou à longues années, la jouiffance que procurent les baux emphitéotiques & les douaires, font Immeubles fufceptibles d'hypothéque, & d'être faifis réellement. Voyez l'Acte de Notoriété du Châtelet, du 19 Juillet 1687.

L'article 26 des Arrêtés de M. de Lamoignon, titre, *Quels biens font Meubles ou Immeubles*, porte » l'ufufruit des chofes Immeubles, eft réputé Immeuble pour ce qui » n'eft encore échu «. Sur cette diftinction voyez l'Arrêt du 13 Août 1762, dont je parle à l'art. *Bail à vie*.

IMMIXTION.

Ce mot fignifie entrée dans l'adminiftration de quelqu'affaire. Ceux qui s'immifcent dans une fucceffion, font acte d'héritier, s'ils font dans le cas de fuccéder. V. *Acte d'Héritier*.

IMMUNITÉS Eccléfiaftiques. V. *Azile & Exemption*.

On nomme Immunités Eccléfiaftiques, les priviléges & les exemptions accordés au Clergé par les Souverains.

Je dis que le Clergé tient fes Immunités des Souverains, parce que nous ne voyons

point dans l'Evangile que Jefus-Chrift ait exempté les Apôtres, & fes Difciples, des Loix impofées à toute fa Nation; nous y lifons au contraire qu'il fit un miracle pour payer la Capitation qu'on lui demandoit.

Les Apôtres eux-mêmes n'ont rien dit d'où l'on puiffe conclure que les Immunités Eccléfiaftiques faffent partie de la Religion qu'ils ont prêchée.

Ainfi on peut dire que tous les Membres dont le Clergé eft compofé, foit Séculiers, foit Réguliers, font, comme tous les autres Sujets du Roi, foumis à fes Loix & à fes Ordonnances; & que, s'ils les tranfgreffent, ils font fujets aux peines décernées contre les tranfgreffeurs.

Ce n'eft encore que du Souverain que les Eccléfiaftiques tiennent l'Immunité ou l'exemption du Service Militaire: nul état, le Sacerdoce, ni même la Profeffion Religieufe, ne peuvent par eux-mêmes exempter de ce que tous les Membres d'un Etat doivent à fa jufte défenfe.

Nous lifons dans l'Hiftoire, que les Evêques menoient autrefois eux-mêmes leurs Vaffaux au combat, & payoient fouvent très-bien de leur perfonne. Nous voyons même que, fous Philippe-Augufte, les Evêques d'Orléans & d'Auxerre furent condamnés en une amende, pour s'être retirés de l'armée avec leurs troupes: ils fe plaignirent de cette condamnation au Pape Innocent III; mais le Pontife leur répondit qu'il ne falloit pas contrevenir aux Loix du Royaume, & en conféquence ils furent obligés de payer l'amende (a). Voyez ma note à la fin de l'art. *Guet & Garde*.

L'Empereur Valens publia une Loi qui ordonnoit à tous les Moines d'aller à la guerre; mais les motifs qu'ont pû avoir les Souverains de conferver les Eccléfiaftiques & les Religieux dans l'édification & le recueillement convenables à la profeffion qu'ils ont embraffée, en les difpenfant du fervice perfonnel, ne font point une raifon de les exempter des fubfides & contributions pour l'entretien de ceux qui combattent à leur

(a) Le Roi de Lozembrune obferve fur les articles 17 & 18 de la Coutume de Boullenois, que du » temps de » Charlemagne, Turpin, Archevêque de Rheims, & d'au- » tres Prélats, porterent les armes à fa fuite; ce qui fut » caufe que le Pape Adrien I pria Charlemagne de dif- » penfer les Evêques & les Prêtres de porter les armes, & » d'aller à la guerre........ » Sous la troifiéme race de nos Rois, l'Archevêque de » Sens & l'Evêque de Châlons furent pris Prifonniers à » la Bataille de Poitiers, perdue par le Roi Jean «.

place, pour la conservation de leurs personnes & de leurs biens.

C'est sur ces motifs que, par Arrêt rendu au Parlement de Dijon, sur les représentations de M. le Procureur Général, le 30 Décembre 1721, l'Ordonnance de l'Evêque de Langres, du 3 du même mois, portant défenses aux Ecclésiastiques, sous peine de suspense, *ipso facto*, de faire la garde aux portes, comme les autres Habitans de Dijon, (où il n'y avoit point encore d'Evêque alors) à cause de la contagion, a été déclarée abusive, cassée, annullée & révoquée.

La puissance du Prince ne s'étend pas moins sur les biens, que sur les personnes des Ecclésiastiques. Il n'y a rien dans la Religion qui exige que les biens dont jouissent ses Ministres, soient exempts des charges publiques; si l'Eglise a des priviléges à cet égard, c'est de la seule bonté des Souverains qu'elle les tient, à quoi il leur est sans doute très-permis de déroger.

IMPENSE.

Ce mot signifie une dépense faite pour l'amélioration d'un bien dont quelqu'un jouit de bonne foi. V. *Amélioration*, *Eviction*, *Fruits* & *Possession*.

IMPÉRITIE.

Ce mot signifie ignorance de l'Art dont on fait profession.

Ceux qui, par Impéritie, causent du dommage à quelqu'un, sont tenus de l'indemniser : ainsi, par exemple, un Chirurgien mal-adroit ou ignorant, qui blesse le malade ou l'estropie par Impéritie, est tenu non-seulement de le faire guérir, mais même des dommages-intérêts envers le blessé, & quelquefois d'une pension, selon les circonstances.

Dans un Mémoire intitulé, Réflexions Sommaires pour les Religieux de la Charité, contre le premier Chirurgien du Roi, sur la question de sçavoir si les Religieux de la Charité peuvent exercer la Chirurgie dans leurs Hôpitaux, ils sont convenus, en parlant des fautes que peuvent commettre leurs Religieux Chirurgiens dans la pratique de leur Art, que » le Commettant est » responsable de son Commis ou Préposé;

» & que l'Ordre ayant permis l'exercice de » la Chirurgie à un de ses Membres, seroit » responsable de la confiance qu'il lui au- » roit donnée «.

Par la même raison, un charretier, un cocher, &c. qui, pour ne sçavoir pas bien conduire une voiture ou autrement, par sa faute, blesse quelqu'un, lui doit des dommages-intérêts; & même les maîtres des voitures sont, en ce cas, garans du fait de leurs domestiques : cela a été ainsi jugé contre un Brasseur, nommé Longchamp, dont le garçon avoit estropié un jeune homme avec sa voiture. Longchamp a été condamné à faire une pension de 120 liv. par an à ce jeune homme, nommé Livré. L'Arrêt qui prononce cette condamnation, est du 16 Mars 1726; il confirme une Sentence de Police du Châtelet, du premier Juin 1725. Voyez *Maître*.

Par la même raison, il sembleroit qu'un Procureur & un Huissier devroient aussi indemniser les Parties des pertes qu'ils leur font essuyer par la nullité de leurs procédures; cependant ils n'en sont garans qu'en certains cas, & c'est la Partie, pour l'ordinaire, qui supporte l'Impéritie de l'Officier: telle est la Jurisprudence des Arrêts. Voyez *Nullité*.

IMPÉTRANT.

C'est ainsi qu'on nomme les personnes au profit desquelles on expédie des Lettres de Chancellerie, ou qui ont obtenu quelque grace ou Bénéfice, soit en France, soit à Rome.

IMPOSITION.

Voyez *Aides*, *Bourgeois*, *Capitation*, *Communauté d'Habitans*, *Impôts* & *Billots*, *Octrois*, *Rôle*, *Tailles*, &c.

On nomme Impositions, les tributs qui se levent sur les peuples & sur les marchandises.

C'est aussi le nom d'un droit particulier qui se paye, à l'entrée de la Ville d'Orléans, sur les marchandises qui y sont amenées par les Forains, non Bourgeois de cette Ville, telles que les bestiaux, bois, vins, grains, laines, toiles, cotons, huiles, savons, &c.

Ce droit se perçoit à raison d'un sol pour livre : il a la même origine que ce qu'on nomme gros en matiere d'Aides ; & c'eſt pour cela que ceux qui ſont exempts de gros, le ſont auſſi du droit d'Impoſition. V. *Gros.*

IMPÔT & BILLOT.

Le mot Impôt ſignifie en général une taxe ou charge qui ſe leve, au profit du Roi, ſur les peuples & ſur les denrées, pour ſubvenir aux néceſſités de l'Etat.

Le nom d'Impôt eſt ſinguliérement donné à certains droits que levoient les anciens Ducs de Bretagne ſur leurs Sujets , & qui ſont encore connus dans cette Province, ſous la dénomination d'*Impôts & Billots.*

Rien n'indique l'origine de ces impoſitions, ni l'époque de leur établiſſement. On voit ſeulement, par un Edit du 14 Juillet 1492, que leur produit étoit deſtiné à l'entretien des Villes, Places & chemins de la Province.

Ces droits, qui ont été tantôt engagés aux Etats de Bretagne, & tantôt réunis à la Ferme générale, ont, pour la troiſiéme fois, été engagés aux Etats de Bretagne, par contrat du 18 Février 1759, ratifié par Lettres-Patentes du mois de Mars ſuivant.

Ils conſiſtent & ſe perçoivent ; ſçavoir, l'Impôt à raiſon de 42 ſols 10 den. par barique, contenant 120 pots d'eau-de-vie ou de-vin, crû hors la Bretagne, & à raiſon de 11 ſols 5 den. par barique de vin Breton, bierre, cidre & poiré.

Le droit de billot eſt le prix de ſix pots des liqueurs ſuſdites, par barique de 120 pots, ſans déduction pour la lie & le coulage.

Les Eccléſiaſtiques & les Nobles ſont ſujets aux droits d'*Impôt & Billot.* Le vin du crû des Bénéfices & du Patrimoine des Eccléſiaſtiques y eſt même aſſujetti ; il n'y a d'exempts que quelques Seigneurs, Communautés, Officiers & Maiſons franches ou Auberges, dont les exemptions ont été jugées, ſur la repréſentation de leurs titres, devoir avoir lieu, par Arrêt du Conſeil des 27 Juillet 1671, 22 Août 1672 & 21 Août 1677.

Il y a auſſi une exemption particuliere de ces droits, en faveur des Arquebuſiers qui, en quelques endroits, ont abattu le *Papegaut.* V. *Papegaut.*

C'eſt au Parlement de Rennes que ſe relevent les appels des Jugemens concernant les Impôts & Billots. V. *Appel.*

IMPRIMERIES, IMPRIMEURS.
Voyez *Breviaire.*

Le nombre des Imprimeurs qu'il doit y avoir dans chaque Ville du Royaume, eſt fixé par Arrêt du Conſeil, rendu le 31 Mars 1739; & par un autre Arrêt du Conſeil du 12 Mai 1759, il a été ordonné qu'à » l'avenir aucun de ceux auxquels Sa Majeſté » aura accordé par Lettres, Arrêt, Brevet » ou Proviſions, ou de quelqu'autre maniere » que ce ſoit, le privilége d'Imprimeur de » Sa Majeſté, ne pourra y faire uſage dudit » Privilége, ni y tenir Imprimerie ou y imprimer, ſous quelque prétexte que ce ſoit, » s'il ne s'y trouve des Imprimeries établies » par des Arrêts du Conſeil, & s'il n'a été » préalablement admis, de l'avis de M. le » Chancelier, & dans la forme preſcrite par » les Arrêts du Conſeil des 28 Février » 1723, & 24 Mars 1744, à y exercer une » deſdites Imprimeries, à peine, &c. Permet » néantmoins Sa Majeſté, ſans tirer à conſéquence, à ceux qui ſont actuellement en » poſſeſſion de l'exercice dudit Privilége.... » de continuer d'en jouir aux charges preſcrites par les Arrêts de ce jour «.

Les autres Arrêts du Conſeil, du même jour 12 Mai 1759, fixent le nombre des Imprimeurs qui peuvent s'établir dans les différentes Généralités, & dans les Villes qui en dépendent.

Lorſqu'il eſt queſtion de procéder à l'Inventaire d'un fonds d'Imprimerie & Librairie, les Imprimeurs & Libraires ſeuls doivent en faire le catalogue & la priſée dans le cours de l'Inventaire ; & ce catalogue doit être annexé par les Notaires à la minute de l'Inventaire, dans lequel, auſſi bien dans la groſſe, il doit être fait mention de l'annexe par un ſeul & même article. Cela eſt ainſi réglé, tant par l'article 68 de l'Edit du mois d'Août 1686, le 21 du même mois, & par une Déclaration du 25 Février 1716, regiſtrée le premier Avril ſuivant.

Cependant ſi les Parties requéroient qu'on en uſât autrement, les Notaires qui ſe conformeroient à ce qu'on exigeroit d'eux, devroient en faire mention, ſuivant un Arrêt du Conseil, rendu le 14 Juillet 1727, (non revêtu de Lettres-Patentes).

Suivant un autre Arrêt du Parlement, rendu le 30 Juin 1729, il est défendu d'imprimer aucun Arrêt, sans permission de la Cour, à peine de 200 liv. d'amende pour la premiere fois, & de suspension des Imprimeurs pour trois mois.

Cet Arrêt excepte néantmoins les Arrêts de Réglement, & tous ceux qui concernent l'ordre & la discipline publique, qui doivent être imprimés par les soins de M. le Procureur Général, pour être envoyés dans les Bailliages & Sénéchaussées; les Arrêts d'ordre, les Sentences & Arrêts d'homologation de Contrats, pour être signifiés aux Parties.

Le même Arrêt défend d'inférer dans les Arrêts, dont la Cour permet l'impression, aucun autre titre que le nom des Parties & la date, ni d'y ajouter aucun autre Imprimé, soit Mémoire, Factum, Abrégé, Précis de Faits, ou autrement, en quelque sorte & maniere que ce soit. Il y a de semblables Arrêts des 14 Janvier 1690, & 4 Mai 1717.

Un Arrêt du Grand-Conseil, rendu le 13 Septembre 1727, *fait défenses à tous Imprimeurs d'imprimer aucuns Arrêts du Grand-Conseil, & à toutes personnes de les faire imprimer, sans avoir préalablement obtenu une permission expresse de ce Tribunal, à peine de 200 liv. d'amende pour la premiere fois ; & pour les Imprimeurs, en cas de récidive, d'être suspendus de leurs fonctions pendant trois mois.* Un Arrêt du Conseil, du 8 Février 1727, contient à peu près les mêmes dispositions.

La Cour, par un autre Arrêt rendu le 7 Septembre 1708, a fait défenses *aux Libraires & Imprimeurs de Paris, d'imprimer & faire imprimer aucuns Factums, Requêtes ou Mémoires, si les copies qu'on leur met entre les mains pour cet effet, ne sont signées d'un Avocat ou d'un Procureur ; enjoint auxdits Libraires & Imprimeurs de marquer leurs noms & leurs demeures au commencement ou à la fin des Exemplaires desdits Factums & Mémoires.*

Par un autre Arrêt du 28 Août 1720, la Cour a fait défenses à tous autres qu'aux Huissiers de ladite Cour, de faire imprimer

& distribuer les Listes, tant générales que particulieres, des Juges & Conseillers du Parlement.

Enfin, il est défendu aux Imprimeurs d'imprimer les Bulles des Papes, sans imprimer en même-temps les Lettres-Patentes & Arrêts d'enregistrement : l'Arrêt qui prononce ces défenses, a été rendu le 6 Mai 1665. Muguet, Imprimeur, fut décrété de prise-de-corps pour y avoir contrevenu, en imprimant seulement une Bulle, publiée dans le Lit de Justice du 29 Avril 1665. L'Arrêt qui le décréte, défend de publier des Bulles, si elles ne sont revêtues de Lettres-Patentes enregistrées en la Cour : les mêmes défenses sont faites à tous Archevêques & Evêques, par un Arrêt rendu le 24 Juin 1665.

La Cour a, le Mardi 14 Décembre 1734, rendu un Arrêt, par lequel elle a jugé qu'il y avoit abus dans l'Ordonnance de M. l'Evêque de Saint-Omer, portant défenses de soutenir, dans l'Abbaye de Saint-Bertin, une thèse imprimée, & qui défendoit à tous Imprimeurs d'imprimer des thèses de Théologie & autres, sans sa permission.

L'Evêque de Saint-Omer avoit dit dans son Ordonnance, que le droit d'imprimer des thèses & autres ouvrages de Religion, étoit attaché au caractere Episcopal, contre lequel les raisons de politique ou de bienséance ne pouvoient prescrire. Mais M. l'Avocat Général Gilbert de Voisins, en convenant que la connoissance de la Doctrine appartenoit aux Evêques, & qu'ils pouvoient censurer les thèses & les autres ouvrages sur cette matiere, fit voir que l'Impression étoit un Art libéral, & qu'il dépendoit de la Police publique du Royaume, dont la manutention appartient au Roi.

Les Imprimeurs de Paris peuvent imprimer les Billets d'Enterremens, Services, Bouts-de-l'an & autres cérémonies funèbres, à la seule réquisition des Particuliers, sans être obligés de prendre le consentement des Jurés-Crieurs; & les Particuliers ont la liberté de faire porter ces Billets par qui bon leur semble.

Les Jurés-Crieurs ont contesté ce droit aux Imprimeurs : mais ceux-ci y ont été maintenus par une Ordonnance de M. le

Lieutenant de Police, Commiſſaire du Conſeil en cette partie, confirmée par Arrêt contradictoire du Conſeil d'Etat, rendu le 17 Janvier 1752.

Il y a un Edit du mois d'Août 1686, enregiſtré au Parlement le 21 du même mois, qui contient un Réglement concernant l'Imprimerie & la Librairie.

Les peines qu'on doit prononcer contre ceux qui impriment ou vendent clandeſtinement des Livres prohibés, ſont fixées par des Déclarations des 10 Mai 1728, enregiſtrées le 29 & 16 Avril 1757. Ces Réglemens ſont trop étendus pour trouver place ici.

Par un Arrêt rendu le 27 Août 1757, un particulier, convaincu d'avoir compoſé & remis à d'autres Particuliers pour imprimer, des Vers faits contre des perſonnes conſtituées en dignité, a été condamné (par contumace) aux galeres pour neuf ans.

Le même Arrêt a condamné celui qui avoit fait imprimer ces Vers, à être appliqué au carcan, avec écriteaux, &c. & banni pour trois ans.

D'autres Particuliers, qui avoient, les uns, fait l'acquiſition d'une Imprimerie clandeſtine, les autres travaillé dans cette Imprimerie, ont auſſi été condamnés par le même Arrêt, à être appliqués au carcan, avec écriteaux portant ces mots : *Imprimeurs de Livres ſcandaleux & impies*, & bannis pour trois ans.

Ce même Arrêt faiſant droit ſur le Réquiſitoire de M. le Procureur Général, *fait défenſes à toutes perſonnes non-reçûes Imprimeurs, d'imprimer ; & à toutes perſonnes non-reçûes Relieurs, de relier aucun Ouvrage, de quelque nature que ce ſoit ; à tous Imprimeurs & à tous Relieurs, de relier des Ecrits tendans à troubler la tranquillité de l'Etat, à injurier qui que ce ſoit, & notamment les perſonnes conſtituées en dignité, ou à corrompre les mœurs, ſous les peines portées par la Déclaration* (du 10 Mai 1728).

Enfin, cet Arrêt a ordonné que les exemplaires du Poëme de la Pucelle, imprimé dans l'Imprimerie en laquelle tous les Particuliers dont j'ai parlé, travailloient, ſeroient brûlés en place de Grève, pendant que leſdits Particuliers ſeroient au carcan ; les caracteres & uſtenciles d'Imprimerie ſeroient portés

en la Chambre Syndicale des Libraires de Paris, pour y être vendus, & le prix confiſqué au profit de la Communauté des Imprimeurs. Voyez, ſur les mêmes défenſes d'imprimer & diſtribuer des Ecrits contraires au bon ordre, une Déclaration du 16 Avril 1757 ; elle contient ſix articles.

Les Imprimeurs & les Libraires ont encore un autre Réglement fait au Conſeil le 28 Février 1723, ſur lequel ils ont fait faire un très-long Commentaire ; mais ce Réglement n'eſt pas enregiſtré au Parlement.

V. ce que je dis ſur les prérogatives des Imprimeurs-Libraires, à l'art. *Garde-Gardienne.*

IMPUBERES.
Voyez *Age, Enfans & Naiſſance.*

Les Impuberes ſont les enfans qui n'ont point encore acquis l'âge de puberté, qui eſt de quatorze ans pour les mâles, & douze ans pour les filles ; & lorſque les enfans ſont parvenus à cet âge, on les nomme adultes.

Les Impuberes ne peuvent, ni teſter, ni contracter mariage, mais ils peuvent recevoir des legs & autres libéralités.

La Juriſprudence des Arrêts ne permet pas de faire le Procès pour crime, ni de procéder extraordinairement contre les Impuberes : Mornac cite à ce ſujet deux Arrêts, l'un rendu le 27 Novembre 1604, l'autre le 5 Juillet 1606.

L'Arrêt de 1604 caſſe une procédure criminelle faite contre un enfant de neuf ans, qui avoit crévé un œil à un jeune garçon, & fait défenſes aux Juges de faire le Procès aux enfans qui ont délinqué, s'ils ne ſont proches de la puberté.

On trouve un autre Arrêt rendu le 16 Mars 1630, au Journal des Audiences, tome I, liv. 2, chap. 70, qui, en infirmant le décret de priſe-de-corps décerné contre un enfant de onze ans & demi, lequel avoit tué un autre enfant d'un coup de pierre, a mis hors de Cour ſur l'accuſation.

Dans le même volume, liv. 6, chap. 16, il y a un autre Arrêt rendu le 24 Janvier 1651, par lequel les Parties ont été miſes hors de Cour ſans dépens, ſur la demande en dommages-intérêts formée contre le pere d'un enfant de dix ans & demi, qui avoit crévé l'œil d'un autre enfant.

Bardet rapporte auſſi des Arrêts rendus les 9 Juin 1625, 19 Mars 1629, & 4 Juillet 1633, qui ont jugé de même : mais il en cite un autre rendu le 15 Avril 1627, par lequel un adulte de 14 à 15 ans a été condamné en 80 l. de dommages-intérêts, pour avoir, en abattant des noix, jetté une pierre qui avoit tué une fille.

Voyez auſſi deux autres Arrêts en forme de Réglement, rendus les 24 Mars 1639, & 16 Novembre 1669, rapportés par Boniface, qui défendent de faire des procédures criminelles contre les enfans ou Impuberes.

Tous ces Arrêts ſont fondés ſur ce que, ce n'eſt qu'à l'âge de puberté que l'eſprit eſt préſumé avoir acquis un certain dégré de conſiſtance & de fermeté qui expoſe le coupable aux peines de la Loi : ce n'eſt pas cependant qu'après cet âge on ne puiſſe encore quelquefois trouver une excuſe dans les circonſtances ; mais quand on ne l'a pas atteint, on ne peut pas être accuſé ; parce que la Loi compare l'enfant au furieux, & juge que ni l'un ni l'autre ne peut être puni pour avoir commis un crime ; l'un trouve ſon excuſe dans l'innocence de ſes deſſeins ; & l'autre dans la fatalité de ſon ſort. Cependant voyez *Furieux.*

Voyez auſſi un Arrêt rendu le 12 Septembre 1730, qui a mis hors de Cour ſur une accuſation de poiſon *donné par une malice proportionnée à l'âge* d'un Impubere. Cet Arrêt eſt imprimé ; il contient même un Réglement ſur la vente de l'arſenic & autres drogues dangereuſes, par les Apoticaires & Epiciers dans la Ville d'Etampes.

I M P U I S S A N C E.

On nomme Impuiſſance l'incapacité de conſommer le mariage, ſoit du côté du mari, ſoit du côté de la femme.

L'Impuiſſance opère un empêchement dirimant au mariage, quand elle exiſtoit au temps où il a été célébré.

Il y a deux ſortes d'Impuiſſances ; ſçavoir, la naturelle & l'accidentelle.

La naturelle eſt celle qui provient de quelque vice dans le tempéramment, ou d'un défaut de conformation dans les parties génitales.

L'accidentelle eſt celle qui provient d'un accident, comme d'une bleſſure, d'une chûte, d'un mal particulier, &c.

Comme l'Impuiſſance eſt un obſtacle à la principale fin du mariage, elle le rend nul, ſi elle eſt perpétuelle, ou ſi elle exiſtoit au temps de la célébration : mais quoiqu'elle ſoit perpétuelle, le mariage eſt bon ſi elle n'eſt ſurvenue que depuis le mariage.

C'eſt parce que l'Impuiſſance de Marguerite Pochet, femme de Jean-Baptiſte la Hure, Maître Tailleur à Paris, étoit ſurvenue par une bleſſure poſtérieure à leur mariage, que l'accuſation de la Hure a été rejettée, par Sentence rendue en l'Officialité le 28 Juillet 1749, de l'avis du Vice-Gérent & des trois Avocats du Clergé, que l'Official avoit appellés pour Aſſeſſeurs dans le Jugement de cette affaire.

Dans les premiers ſiécles de l'Egliſe, on n'admettoit pas l'accuſation d'Impuiſſance ; on répondoit au Plaignant, qu'il n'étoit pas poſſible de ſéparer ce que Dieu avoit uni : on trouvoit moins d'inconvéniens à laiſſer ſubſiſter le mariage d'un Impuiſſant, que d'expoſer pluſieurs perſonnes au haſard d'une fauſſe accuſation & à l'incertitude des preuves ; l'Egliſe craignant d'être trompée, ſoit par l'impoſture de la femme ou du mari, ſoit par la colluſion des deux, fermoit l'oreille à leurs plaintes, & leur donnoit pour régle, que s'ils ne pouvoient vivre enſemble comme mari & femme, ils devoient y demeurer comme frere & ſœur.

Mais cette diſcipline a changé, & peu à peu on a reçu les accuſations d'Impuiſſance, tant de la femme contre le mari, que du mari contre la femme : on trouve même ſur cela différentes régles dans les Décrétales.

Lorſqu'on commença à admettre en France les accuſations d'Impuiſſance, on étoit bien éloigné de vérifier (comme on a fait depuis) le fait de l'Impuiſſance par ces épreuves impures, & par ces dénudations obſcènes ſi indignes de la pureté des mœurs chrétiennes & de la ſainteté du Sacrement : on n'admettoit, ni la viſite de la femme, ni celle du mari ; on s'en rapportoit au ſerment du mari : cela avoit ainſi été réglé par le Canon 17 du Concile de Compiegne.

Dans la ſuite, outre l'affirmation du mari accuſé d'Impuiſſance, on a exigé celle de la femme avec l'enquête *per ſeptimam manum,*

qui

qui n'étoit autre chofe que le témoignage de fept perfonnes de la famille ou du voifinage, qui atteftoient que les Parties avoient expofé la vérité.

On a encore exigé l'habitation triennale des époux & la vifite de la perfonne.

Ces diverfes preuves font propofées par les Décrétales, non comme un ordre fuccef-fif d'interlocutoire qu'il falloit effuyer, mais comme autant de preuves différentes qui s'appliquoient à différens cas.

Quand donc la femme accufant fon mari d'Impuiffance, venoit dire avec une impudente ingénuité, *je veux devenir mere*, &c. *(a)* fi le mari difoit avoir confommé le mariage, on s'en rapportoit à fon affirmation, conformément au Concile de Compiegne. Si au contraire le mari convenoit de fon Impuiffance, on ajoutoit la preuve que les Canons appellent *per rectum judicium* ou *per feptimam manum*, dont j'ai parlé. Voyez le Chapitre *Laudabilem* aux Décrétales, & d'Héricourt, Loix Eccléfiaftiques, liv. 3, tit. 15.

Ainfi on croyoit le ferment du mari, quand il s'agiffoit de faire fubfifter le mariage, & on ne croyoit ni le mari ni la femme, quand il s'agiffoit de le détruire, parce que la caufe du mariage eft toujours la plus favorable.

On fuivoit la même régle, quand le mari & la femme s'accufoient mutuellement d'Impuiffance, c'eft-à-dire, qu'on exigeoit le ferment des deux & l'enquête *feptimâ manu*.

Quand la femme fe prétendant vierge, venoit dire à l'Eglife, » je veux me retirer » dans un Cloître, & quoique mariée, je » fuis en état de me délier de mon mari » pour me confacrer à Dieu; foit frigidité » de corps, foit froideur de cœur, mon mari » ne s'eft point montré mari envers moi «...

Dans ce cas, fi le mari reconnoiffoit la virginité de fa femme, on n'exigeoit point d'autre preuve, mais s'il foutenoit le mariage confommé, on n'exigeoit pas d'elle comme de celle qui demandoit un autre époux, qu'elle s'en tînt à cette déclaration. Comme l'action de la femme dans ce cas tendoit à la diffolution du mariage, on défiroit, outre le ferment de la femme, le témoignage de Matrones qui affuraffent l'avoir vifitée & trouvée vierge.

L'habitation triennale des époux fut auffi ordonnée par les Décrétales, comme un moyen pour découvrir s'il y avoit réellement Impuiffance, & les trois ans couroient du jour du mariage; après quoi, fi la femme continuoit à fe plaindre de l'Impuiffance du mari, on ordonnoit la vifite.

Toutes ces preuves étant reconnues fautives, on a cru en France en trouver une plus réelle, plus pofitive & plus affurée dans le congrès: toute infâme qu'étoit cette opération dans toutes fes circonftances, on l'avoit embraffée comme une preuve qui devoit fuppléer à l'incertitude de toutes les autres.

Mais on a bientôt reconnu que cette preuve de nouvelle invention n'avoit au-deffus des autres que plus d'impudence & d'obfcénité. Le même fiécle qui l'a vû admettre dans nos Tribunaux, l'en a vû auffi bannir.

Trois motifs ont fait abolir le congrès; fçavoir, fon indécence, fon inutilité & fes inconvéniens *(b)*.

On ne peut en effet rien concevoir de plus infâme, de plus contraire à l'honnêteté publique & à la révérence du Sacrement, que

(a) On blâme quelquefois légérement la démarche d'une femme qui accufe fon mari d'Impuiffance; l'expérience apprend que l'impoffibilité où fe trouve un Impuiffant de fatisfaire fes défirs, ne fert qu'à les enflammer, au lieu de les amortir. S. Bafile, S. Auguftin & Terence, dans l'Eunuque, Acte 4, Scene 3, v. 23, difent que cette efpéce d'hommes aime les femmes à la fureur.

On a des exemples récens des pétulences laffives des maris impuiffans; il y en a un très-remarquable dans Antoine Gomez, célébre Jurifconfulte, qui fut Juge d'un pareil fait: on en trouve un autre (rapporté par Péleus, Actions Forenfes,) qui fit beaucoup de bruit fous Henri IV, dans l'Hiftoire de la Dame Dargenton, qui demandoit pour toute grace, à un pareil mari, de la laiffer vivre retirée chez fa mere, moyennant quoi elle promettoit de taire fes plaintes fecretes. Il y en a un autre très-célébre dans la diffolution du mariage du Roi & de la Reine de

Portugal, dont Bayle rapporte l'Hiftoire au mot *Portugal*, &c.

L'état d'une femme à laquelle on a donné un pareil mari, eft vraiment à plaindre; » faut-il qu'elle paffe fes » jours entre deux précipices, dont le moindre eft capa-» ble d'effrayer l'ame la plus ferme & la plus conftante? » Exigera-t-on qu'elle demeure expofée à être éternel-» lement malheureufe en ce monde & en l'autre? Doit-» elle rifquer fon falut pour éviter les vains difcours du » monde. ...... « Voyez la Préface du Traité de la Diffolution du Mariage pour caufe d'Impuiffance.

(b) Le Congrès a fes Partifans; & l'Auteur du Traité de la Diffolution du Mariage, imprimé en 1735, penfe qu'il doit être admis comme le dernier moyen de la juftification du mari; ce qu'il dit fur la maniere dont cette épreuve fe fait, peut diminuer l'horreur qu'on en a naturellement. » On fe figure (dit-il) que les mariés font expo-

l'impureté de cette épreuve, & dans son appareil, & dans son exécution. Comment vouloir d'ailleurs qu'une conjonction ordonnée
par les Juges entre deux personnes aigries
par le procès, agitées de haine & de fureur,
opérât en eux ce que l'union dans les personnes
bien concordantes, l'union des cœurs & des
volontés, seules capables d'animer celle des
corps.

De dix hommes les plus vigoureux &
les plus puissans, à peine en a-t-on trouvé
deux qui soient sortis avec succès de ce honteux combat. Le Marquis de Langeais (René de Courdouan) est du nombre de ceux
qui ont succombé dans l'épreuve du congrès.
Il y fut condamné avec Dame Marie de S.
Simon de Courtomer son épouse, qui l'ac-
cusoit d'Impuissance : comme il ne put en ce
moment donner des preuves qu'il étoit puissant, son mariage fut déclaré nul, par Arrêt
rendu le 8 Février 1659. Le même Arrêt,
en le condamnant à rendre la dot & tous ses
fruits, lui fit en outre défense de contracter
aucun autre mariage.

Nonobstant ces défenses, contre lesquelles le Marquis de Langeais avoit protesté, il
épousa depuis Demoiselle Diane de Montaut de Navailles, & devint le pere de sept
enfans,

De son côté, la Demoiselle de S. Simon
épousa le Marquis de la Force-Boisse ; &
s'étant élevé des procès considérables entre
les premiers époux sur l'exécution de l'Arrêt rendu le 8 Février 1659, connoissant,
par l'exemple du Marquis de Langeais,

combien la preuve du congrès étoit fautive,
la Cour, en jugeant ces contestations, par un
Arrêt rendu le 18 Février 1677, sur les
Conclusions de M. l'Avocat Général de
Lamoignon, *a fait défenses à tous Juges,
même à ceux des Officialités, d'ordonner à
l'avenir, dans les causes de mariage, la
preuve du congrès* (a).

On ne peut donc actuellement acquérir
la preuve de l'Impuissance que par la voie
de l'interrogatoire & des visites par Experts ;
car nos Tribunaux ne se contentent pas du
serment des Parties, ni de l'enquête *per sep-
timam manum*, & le congrès est aboli : ainsi
c'est par la visite des Parties & sur le rapport des Experts, qui font cette visite, que
les Juges doivent porter leur Jugement,

Si du rapport des Experts, il n'en résultoit pas que l'Impuissance est certaine &
constante, on ne pourroit pas prononcer la
nullité du mariage ; de simples indices, fussent-ils même violens, ne pourroient pas
autoriser la séparation de ceux que Dieu a
unis : & il faut bien prendre garde que la
visite de la femme ne fait point de preuve
contre le mari, ni la visite du mari contre
la femme, la femme pouvant être vierge &
le mari puissant ; ainsi il paroît assez inutile de visiter les deux, quand un seul est
accusé d'Impuissance.

Lorsqu'un seul rapport ne suffit pas pour
instruire la religion des Juges sur l'Impuissance de celui qui en est accusé ; ils peuvent,
selon les circonstances, & principalement si
le premier rapport n'est pas clair & intelli-

» sés au Congrès en présence de témoins, à la maniere des
» anciens Ciniques ; & sur cela on ferme les oreilles à tout
» ce qui peut servir à la justification de cette procédure.

» Cependant le Congrès ne se fait pas tout-à-fait de la
» sorte. Le mari & la femme sont dans un lit bien fermé.
» A la vérité il reste dans la chambre des Matrones, pour
» servir de témoins en cas qu'il arrive quelque'altercation
» entr'eux ; mais tout se passe d'ailleurs entre quatre ri-
» deaux. Quand il s'est écoulé un temps suffisant, & que
» le mari juge à propos d'appeller les Experts choisis, la
» femme est visitée par les Matrones pour reconnoître les
» vestiges de la consommation, si elle est faite. Les Méde-
» cins & les Chirurgiens, qui pendant le Congrès, étoient
» dans une chambre voisine, assistent aussi à cette recon-
» noissance, s'il en est besoin. . . . . « Voyez la
Description du Congrès, par Tagereau, ch. 6.

(a) Depuis que le Réglement de 1677 a aboli le Congrès, quelques défenseurs d'accusés d'Impuissance ont soutenu que la conformation & la configuration des parties
naturelles du mari devoit faire décider en sa faveur, &
faire présumer en lui l'existence des sensations & des impressions viriles. Je connois deux Arrêts qui ont proscrit
cette prétention.

Le premier a été rendu le 2 Décembre 1687, sur les
Conclusions de M. l'Avocat Général de Lamoignon, & a
confirmé une Sentence de l'Official de Rheims, qui ordonnoit une seconde visite de Pierre le Gros ; parce que le
rapport des Médecins & Chirurgiens portoit qu'ils n'a-
voient pas reconnu dans ce mari, les dispositions nécessaires pour le rendre habile au mariage ; (*nulla erectio, ap-
paruit Chirurgis.*)

Le second a été rendu le 23 Juillet 1703, & a confirmé
la Sentence rendue par l'Official de Paris, le 11 Avril
1702, par laquelle cet Official avoit ordonné un second
rapport ; parce que le premier constatoit que Florent Ca-
hu, accusé d'Impuissance, n'avoit pû manifester aux
Médecins & Chirurgiens, la puissance de ses organes par
des impressions actuelles, quoique leur conformation ne
parût pas vicieuse.

Dans ces deux espèces, on cria beaucoup à l'indécence
contre les épreuves auxquelles de secondes visites expo-
soient les accusés. On prétendit qu'il suffisoit d'examiner
l'état des organes extérieurs, pour décider la virilité de
l'homme ; mais cette prétention fut rejettée. Il faut convenir que cette question paroîtroit plus difficile, si c'étoit un
vieillard bien conformé qui fût accusé d'Impuissance.

gible, ordonner de nouvelles vifites. La Jurifprudence des Arrêts autorife en ce cas cette multiplicité de rapports d'Experts : l'affaire de Gèvres en fournit la preuve ; en voici une plus récente.

L'Official Métropolitain de Cambray ayant ordonné qu'avant faire droit fur l'appel d'une Sentence de l'Officialité de Saint-Omer, le fieur de Varennes feroit de nouveau vifité ; il y en eut appel comme d'abus : mais, par Arrêt rendu en la Grand-Chambre du Parlement de Paris, du 5 Décemb. 1730, il fut dit qu'il n'y avoit abus.

Il y a un autre Arrêt rendu en la Grand-Chambre en 1721, qui a jugé de même dans l'affaire des Sieur & Dame Lallier, plaidant Me Huart, fur les Conclufions de M. l'Avocat Général Gilbert.

Lorfque l'Eglife reconnoît que le motif fur lequel la nullité du mariage a été prononcée pour fait d'Impuiffance, n'eft point véritable, on oblige le prétendu Impuiffant à retourner avec fa femme.

» Mais fi une femme ayant été féparée de » fon mari à caufe de l'arctitude qui la ren- » droit inhabile à confommer le mariage, en » époufe un autre qui le confomme avec elle, » doit-elle retourner avec fon premier mari ?

» Innocent III, qui examine cette quef- » tion, reconnoît qu'elle eft très-difficile à » décider ; & il croit qu'elle eft obligée de » retourner, parce qu'une femme qui a pu » confommer le mariage avec un homme, a » pu naturellement le confommer avec un » autre.

» Cependant il y a des arctitudes refpec- » tives ; & telle fille peut perdre fa virgi- » nité avec un homme, qui ne la perdroit » point avec un autre fans employer des » moyens trop dangereux. Dans un cas pa- » reil, qui eft très-rare, fuivant les Anato- » miftes, le premier mariage feroit nul, & » il faudroit déclarer le fecond valable «. V. l'Analyfe des Décrétales, par d'Héricourt, titre 15.

Le Marquis des Broffes, dont le premier mariage avec la Demoifelle de Chaffeux avoit été déclaré nul pour caufe d'Impuif- fance, époufa enfuite la Demoifelle de la Breuille de Chantrezat, qui avoit eu un enfant de fes œuvres.

Bientôt après ce nouveau mariage, la Dame des Broffes en demanda la nullité. Elle difoit à fon mari, ou vous êtes Impuif- fant, ou vous ne l'êtes pas ? Si vous êtes Impuiffant, comme vous l'avez été jugé par Sentence & Arrêts rendus fur la pourfuite de la Demoifelle de Chaffeux, notre ma- riage ne vaut rien ; fi au contraire vous n'ê- tes pas Impuiffant, votre premier mariage eft bon ; le nôtre eft nul, & vous devez re- tourner avec votre premiere femme.

Le Marquis des Broffes répondoit que l'Impuiffance fubfiftante lors de fon pre- mier mariage, étoit accidentelle ; qu'elle ne fubfiftoit plus lors du fecond, puifqu'il étoit né un enfant de leur commerce avant ce mariage.

Par Arrêt rendu le Lundi 3 Septembre 1759, en la Grand'Chambre, au rapport de M. Bochard de Saron, la Dame des Broffes fut déclarée non-recevable dans fa deman- de, & le fecond mariage confirmé.

Le temps pendant lequel l'un des époux peut accufer l'autre d'Impuiffance, n'eft fixé par aucune Loi. Il y a un Arrêt rendu le 23 Mars 1639, cité dans les Conférences Eccléfiaftiques du Diocèfe de Paris, qui a admis la plainte d'une femme mariée depuis huit ans, & qui l'a renvoyée devant l'Offi- cial de Paris, pour juger de la validité ou de la nullité de fon mariage, pour caufe de l'Impuiffance de fon mari.

Un Curé du Pays du Maine, ayant re- fufé de marier un Eunuque, nommé Binot, qui ne difconvenoit pas de fon Impuiffance, fon refus fut autorifé par une Sentence du Lieutenant Général du Mans, & par un Arrêt confirmatif rendu le 8 Janvier 1665, qu'on trouve au Journal des Audiences, tome 2, liv. 7, ch. 2.

M. Talon, qui porta la parole lors de cet Arrêt, dit » que l'Impuiffance de Binot » n'étant point jugée par Sentence ni par » Arrêt, il y avoit quelque chofe à redire » de la part du Curé, d'avoir lui-même » rendu la chofe publique, ce qui ne s'étoit » pas fait fans beaucoup de fcandale ; que » la raifon pour laquelle on déclaroit nul le » mariage d'un Impuiffant, n'étoit pas parce » qu'il étoit fait avec un Impuiffant, mais » parce qu'il s'étoit fuppofé puiffant, & au- » tre qu'il n'étoit........ que, fuivant les Ca- » nons, le mariage pouvoit être entre un

» Impuiffant ; qu'il y avoit trois fins du ma-
» riage ; *Confenfus, Proles & Sacramentum* ;
» qu'une des trois fuffit pour le mariage ;
» que quand l'on caffe celui d'un Impuif-
» fant, c'eft que la femme fe plaint ; l'on
» fuppofe qu'elle n'a pas confenti ; ou que
» fi elle eût connu dans fon prétendu époux
» le vice corporel quelle lui reproche, elle
» n'eût pas donné fon confentement, fans
» lequel il ne peut y avoir de mariage ; mais
» qu'ici la femme étoit en caufe, &c. «.
La future de Binot étoit effectivement intervenue ; elle fçavoit qu'il étoit Eunuque, &
le demandoit tel qu'il étoit. Sur ce fondement, M. Talon avoit conclu à ce que le
Curé fût tenu de célébrer le mariage ; mais,
fans avoir égard à l'intervention de la fille,
la Sentence fut confirmée : la Cour jugea
qu'un tel mariage ne pouvoit fe faire dans
le Chriftianifme.

Cependant, par un Arrêt du Parlement
de Rouen, rendu le 26 Novembre 1657, le
mariage d'une femme avec un homme, dont
elle connoiffoit l'Impuiffance avant que de
fe marier, a été déclaré valable : on a jugé
qu'elle méritoit de vivre dans la continen-
ce, pour avoir abufé du Sacrement ; cela eft
auffi conforme aux Décrétales. V. le Dictionnaire des Arrêts, verb. *Impuiffance.*

Deux autres Arrêts, l'un rendu le 23 Août
1601, l'autre rendu le 12 Avril 1611, ont
condamné un homme Impuiffant qui avoit
caché fon état, à reftituer à fa femme fes
héritages avec les revenus qu'il avoit perçus ou dû percevoir depuis la demande en
diffolution du mariage ; ces mêmes Arrêts
l'ont en outre condamné en des dommages-
intérêts ; beaucoup d'autres plus récens ont
prononcé la même chofe, c'eft la Jurifprudence actuelle.

Jovet rapporte un Arrêt (au mot *Femme,*
n. 39) du Parlement de Touloufe rendu le
7 Mai 1622 par lequel (les héritiers du
» mari accufé d'Impuiffance, & dont la fem-
» me avoit vêcu féparée de lui pendant dix-
» neuf ans, après avoir feulement couché
» fix jours avec lui ; furent condamnés de
» leur payer l'augment de fa dot (robes &
» bagues) que fon mari avoit eu d'elle «.

Il n'y a que l'un des deux époux qui puiffe demander la diffoluion du mariage pour
caufe d'Impuiffance, parce qu'il n'eft pas
permis à d'autres perfonnes, pas même à
leurs proches, de les troubler ni d'entrer
dans le fecret de leur état.

Tout de même un parent ne peut pas
s'oppofer au mariage de fon parent fous
prétexte d'Impuiffance.

Si l'accufation d'Impuiffance a pour objet de faire déclarer un mariage nul, c'eft
pardevant l'Official qu'il faut fe pourvoir,
parce que le Juge d'Eglife connoît feul de
la validité des Sacremens ; mais fi l'accufation d'Impuiffance avoit un autre objet, fi,
par exemple, une fille accufoit un Impuiffant d'être le pere de l'enfant dont elle eft
enceinte, l'Official n'auroit pas droit d'en
connoître, quand l'accufé exciperoit de fon
Impuiffance.

IMPUTATION DE PAYEMENT.

Lorfqu'un créancier de différentes fommes déclare par fa quittance que le payement qu'il reçoit, fera imputé fur la créance
qu'il défigne, la quittance fert de loi, & il
faut la fuivre ; parce que le créancier, qui a
droit d'exiger tout fon payement fans morceler fa dette, voulant bien en recevoir une
partie, a droit de l'imputer de la maniere la
plus avantageufe pour lui.

Mais fi la quittance n'indique pas fur
quelle créance doit s'imputer le payement,
dans les Parlemens de Droit-Ecrit » l'Im-
» putation fe fait d'abord fur les intérêts
» *priùs in ufuras* «. V. Domat, Loix Civiles, liv. 4, tit. 1, fect. 4, n. 5.

La même chofe s'obferve en Alface, où
l'on fuit le Droit-Ecrit ; & c'eft d'après ce
Droit que, par Arrêt rendu en la Grand-
Chambre au rapport de M. Titon, le 31 Juillet 1760, la Cour a ordonné que les payemens faits par les fieurs Schevilgné & Neef
fur le montant de billets faits en Alface au
profit du fieur Munck, qui ne fuffifoit pas
pour acquitter le capital & les intérêts, feroient d'abord imputés fur les intérêts échus
lors des payemens, & fubfidiairement fur le
principal.

» Dans le reffort du Parlement de Paris,
» on diftingue fi les intérêts font dûs *ex*
» *natura rei* ; pour lors les payemens qui
» ont été faits, s'imputent d'abord fur les
» intérêts avant que de toucher au princi-

» pal (a) ; mais quand les intérêts ne font
» dûs qu'*ex Officio Judicis*, l'Imputation fe
» fait d'abord fur le principal, ensuite fur
» les intérêts «. *Vid.* Bretonn. Question de
Droit, *verb.* Intérêts. V. aussi les Œuvres
de Mᶜ Cochin, tom. 6 ; l'Acte de Notoriété
du Châtelet du 10 Juillet 1722, & l'Arrêt
du 15 Juillet 1706, au Journal des Audiences, tome 5.

Si le débiteur de plusieurs fommes envers
un même Particulier, & qui a donné caution pour l'une, fait un payement fans déclarer fur quoi il le fait, il eft cenfé acquitter d'abord la dette pour laquelle il a donné
caution, & c'eft fur celle-là que fe fait l'Imputation. Voyez l'Arrêt du 3 Août 1705,
rapporté par Augeard.

Mais s'il n'y a point de caution, & qu'il
doive le montant de plusieurs obligations,
il lui eft libre de dire quelle obligation il a
entendu payer, enforte que dans ce cas-là le
débiteur eft maître de l'Imputation.

On fuit les mêmes régles dans les directions.

Le prix d'un immeuble adjugé par décret,
fert premiérement à éteindre la créance la
plus ancienne en hypothéque (fuppofé que
celui qui touche en ait plusieurs), tant pour
les arrérages, principal, frais & acceffoires,
avant qu'on puiffe en employer la moindre
chofe pour acquitter une autre créance qui
lui eft poftérieure en hypothéque. Les Loix
Romaines & les Jurifconfultes, au nombre
defquels eft Bartole, le décident expreffément ; & la Cour l'a ainfi jugé par Arrêt
rendu en la Grand'Chambre au rapport de
M. Pallu, le 21 Juin 1730, dans l'affaire de
la Dame d'Artois, veuve d'un Confeiller au
Bailliage de Noyon & autres, contre les
fieurs de Collemon, de l'Epinay & Conforts.

Tout ce qui eft rapportable à la fucces-
fion, même le titre facerdotal, s'impute fur
la légitime des enfans. V *Rapport.*

La dot fournie par un pere à fa fille qui

fe fait Religieufe, s'impute-t-elle fur ce que
lui doit fon pere ? V. *Dot de Religieufe.*

INCAPABLES, INCAPACITÉ.

Voyez *Admonition, Apoticaires, Avantage
indirect, Avocat ; Bâtard, Capacité ; Communautés Ecclésiastiques, Domestique,
Donation, Fabrique ; Hôpitaux, Jéfuite,
Indigne, Médecin, Mort-Civile, Notaires Pauvres, Procureurs, Religieux, Repréfentation, Succeffion.*

Les Loix ont établi relativement à certaines perfonnes, des Incapacités de donner
& de recevoir ; elles ont eu pour objet de
garantir les Citoyens des entreprifes, du ma-
nége & de l'artifice que l'intérêt & la cupidité fçavent mettre en œuvre fous tant de
formes différentes.

Comme il eût été fouvent difficile d'acquérir les preuves de la contrainte dans laquelle avoit été la volonté du teftateur, les
Loix fe font déterminées, & par les préfomptions & par l'état des perfonnes : elles
ont prohibé, comme l'effet de la crainte ou
d'une complaifance mal entendue, toutes
difpofitions en faveur de ceux qui font cenfés avoir fur les autres quelqu'autorité &
une forte d'empire.

L'Ordonnance de 1539, art. 131, déclare
nulles toutes difpofitions entre-vifs ou teftamentaires qui feront faites par le donateur ou teftateur au profit & utilité de leurs
tuteurs, curateurs, gardiens, bailliftres &
autres leurs adminiftrateurs ; & on juge que
fes difpofitions doivent s'appliquer même
aux tuteurs & curateurs honoraires.

La cupidité, toujours ingénieufe, avoit
rendu cette Loi inutile, en l'éludant par le
moyen de perfonnes interpofées ; mais le
Roi remédia à cet abus par une Déclaration
du mois de Février 1549, enregiftrée le 4
Mars, en défendant les difpofitions indirectes comme les directes.

L'art. 276 de la Coutume de Paris, renouvella ces prohibitions en ces termes :

(a) L'Abbé de Poilevé, créancier du reftant du prix de
la vente d'un hériage, pour la fixation duquel (reftant)
il étoit en conteftation au Châtelet avec fon débiteur,
avoir par erreur, dans une Requête, imputé fur le principal qui lui reftoit dû, les payemens qui lui avoient été
faits, au lieu de les imputer fur les intérêts ; & la Sentence
avoit jugé d'après fon opération.

Sur l'appel il voulut fe réformer, & allégua qu'il n'a-

voir ainfi opéré que par erreur ; il invoqua le principe que
je viens de pofer : on lui oppofa la maxime *quæque funt
meræ facultatis, ex poft facto fiunt neceffitatis* ; & par Arrêt
rendu au rapport de M. Goeflard, en la quatriéme Chambre des Enquêtes, le 23 Août 1748, l'Abbé de Poilevé a
été déclaré non-recevable dans fa demande en réformation
d'imputation, & ordonné que les payemens alloués par fa
Requête, feroient imputés conformément à icelle.

Les mineurs ou autres personnes étant en puissance d'autrui, ne peuvent donner ou tester directement ou indirectement en faveur de leurs tuteurs, curateurs, pédagogues ou autres administrateurs, ou des enfans desdits administrateurs pendant le temps de leur administration, & jusqu'à ce qu'ils ayent rendu compte.

La Coutume a excepté de cette prohibition, les peres, meres & autres ascendans, dont les enfans, quoique mineurs & en leur puissance, peuvent tester en leur faveur, pourvû que, lors du testament & du décès du testateur, lesdits peres, meres ou autres ascendans ne soient remariés.

Ce n'est pas cependant que tous ceux qui sont en la puissance d'autrui, soient toujours privés de la liberté nécessaire pour la validité des dispositions, & éprouvent la contrainte, qui est le principe de la nullité prononcée par la Loi; mais il suffit qu'on ait un sujet légitime de craindre cette contrainte, la présomption seule rend la disposition caduque.

Au reste, l'incapacité qui peut résulter d'une administration, ne s'étend point au-delà de l'administration même. Quand elle est finie, les administrateurs peuvent recevoir toutes sortes de dispositions, & surtout ceux qui n'ont géré que les biens.

La Coutume de Paris décide, par l'article que j'en ai rapporté, que non-seulement les pupilles ne peuvent rien léguer à leurs tuteurs & curateurs, mais elle comprend nommément dans cette Incapacité les enfans des tuteurs & curateurs; & l'article 296 de celle d'Orléans dit la même chose. Mais la Coutume de Normandie va plus loin; car par l'article 439, elle étend cette prohibition jusqu'aux *présomptifs héritiers des tuteurs.*

D'après ces régles, on a agité la question de sçavoir, si les défenses faites aux mineurs de faire des dispositions entre-vifs & testamentaires, en faveur de leurs tuteurs & curateurs, avoient lieu contre les femmes de

ceux-ci; & par Arrêt rendu le Mercredi 13 Août 1760, en la Grand'Chambre, au rapport de M. Poitevin de Villiers, entre Jeanne-Marie le Gay & Simon Bruyn, Notaire à Cluni, la Cour a jugé qu'une pareille disposition étoit nulle.

Il est néantmoins à remarquer que dans cette espéce, la femme du sieur Bruyn, tuteur, instituée héritiere universelle, étoit du nombre des plus proches parens de la mineure Testatrice, c'est-à-dire, sa tante, & appellée par la Loi pour recueillir partie de la succession *ab intestat.* V. Carondas, Duplessis & Ferriere sur l'art. 276 de la Coutume de Paris; Despeysses & Henrys. Mais V. aussi Montholon, Chenu, & l'Arrêt du 7 Septembre 1676, rapporté au Journal du Palais.

L'Incapacité de recevoir des libéralités des pupilles, prononcée par l'Ordonnance de 1539, & par l'art. 276 de la Coutume, contre les curateurs & tuteurs, ne doit s'entendre que des tuteurs & curateurs, qui ont administration, & non pas des curateurs aux causes, des subrogés tuteurs, ni même des tuteurs à l'effet d'un seul acte, qu'on nomme tuteur *ad hoc;* parce que le motif de la prohibition est seulement d'empêcher que ceux qui ont autorité sur la personne & sur les biens du mineur, n'en abusent pour extorquer quelque libéralité: ce qui n'est point à craindre de la part des subrogés tuteurs ou curateurs, qui n'ont, ni administration, ni autorité sur la personne.

Sous le terme d'administrateurs, dont parle l'art. 276 de la Coutume de Paris, l'Ordonnance de 1539, la Déclaration de 1549, & les Arrrêts, ont compris,

1°. Les Maîtres à l'égard de leurs Apprentis, non des compagnons. V. Cambolas, liv. 5, ch. 47.

2°. Les Couvens à l'égard des personnes qui y font profession (a), & même les Communautés Séculieres ou Régulieres qui n'ont point de Lettres-Patentes (b) Voyez *Gens de Main-morte,* & *Novice.* Voyez aussi la

____

(a) En Franche-Comté, les Moines sont capables de succéder à l'usufruit des héritages roturiers, & à la propriété des meubles de leurs parens. On juge dans cette Province, que les Novices peuvent donner au Couvent dans lequel ils font profession. V. l'Arrêt du 5 Juil. 1659, cité lors de l'affaire jugée au Parlement de Metz, le 21 Janvier 1718, dont l'Arrêt est rapporté dans l'Edition

in-folio des Arrêts d'Augeard, tome 2, n. 154. Voyez aussi l'Edit du mois d'Août 1749, à l'article *Gens de Main-morte.*

Voyez enfin un autre Arrêt du Parlement de Dijon, du 26 Janvier 1714, rapporté *ibid.* n. 141.

(b) Les Arrêts ont toujours proscrit les dispositions universelles faites au profit des Communautés Religieuses,

Déclaration du 28 Avril 1693, que je rapporte en entier, verb. *Dot des Religieux*, &c.

3°. Les Confesseurs & Directeurs à l'égard de ceux qui sont sous leur direction, dont ils ne peuvent tout au plus recevoir que des legs de sommes modiques (a).

4°. Les Médecins, Chirurgiens & Apoticaires à l'égard de leurs malades : cependant voyez *Apoticaires & Médecins*. Voyez aussi à l'article *Exécuteur-Testamentaire*, l'Arrêt pour le testament du Prince Charles de Lorraine. Voyez enfin Péleus, *Actions-Forenses*, liv. 8, ch. 9 ; Despeysses & Augeard.

5°. Les Concubinaires & les Adulteres ; cependant voyez *Concubinage*.

6°. Les Geoliers & Greffiers des Geoles à l'égard des Prisonniers.

7°. Les Etrangers non naturalisés, & qui n'ont pas, comme quelques Nations, le privilége de succéder en France. Voyez *Aubaine & Naturalité*.

8°. Les Officiers & les Aumôniers des Hôpitaux Militaires dans lesquels décédent les Soldats, & même les Couvens dont ces Aumôniers sont Membres. Voyez l'Ordonnance (non registrée) pour les Hôpitaux Militaires, du premier Janvier 1747, titre 16.

Enfin, toutes autres personnes qui ont ou sont présumées avoir un empire absolu & despotique sur des donateurs, sont regardées comme Incapables d'en recevoir des libéralités ; mais il ne faut pas confondre ceux qui ont une administration qui emporte avec soi une sorte d'autorité avec ceux dont l'administration est soumise à la personne même dont ils administrent les affaires ; tels que des Avocats, des Procureurs, des Manda-

taires, & qui sont tellement soumis aux personnes qui les employent, qu'ils peuvent être changés ou révoqués *ad nutum*. Voyez le Commentaire de Me Pothier sur l'article 269 de la Coutume d'Orléans, & ce que je dis aux articles *Avocats*, *Intendans*, *Notaires & Procureurs*.

Les Corps & Communautés qui ne sont pas fondés en Lettres-Patentes, sont aussi mis au rang des Incapables ; mais dans ces Corps & Communautés, il ne faut pas y comprendre les Corps des Villes & des Villages, les Pauvres des Paroisses, &c. la seule existence de ces Corps décide de leur capacité, & elle est aussi étendue que celle des Particuliers : nous en avons la preuve dans le legs universel fait à la Ville de Rheims par l'Abbé Godinot, qui fut confirmé par Arrêt rendu au mois de Janvier 1750. Voyez *Pauvres*.

Les pere & mere ne peuvent faire, en faveur de leurs enfans bâtards, des dispositions universelles, mais simplement des legs particuliers ou en usufruit. De telles dispositions ne seroient cependant pas nulles, mais modérées ; & pour en fixer l'étendue, l'on a égard à la quantité, à la qualité des biens du donateur ou testateur, au nombre & à la qualité de ses héritiers.

Ceux qui sont morts civilement, comme les Moines & les Religieux, sont Incapables de recevoir aucune donation ni legs, si ce n'est un usufruit extrêmement modique pour leurs besoins particuliers.

On met encore les Domestiques au nombre des personnes Incapables de recevoir des dispositions universelles de la part de leurs Maîtres ; mais on tolere des pensions viageres, proportionnées à leurs services & à l'é-

---

par les personnes qui demeurent dans leurs maisons. Il y a sur cela trois Arrêts des 22 Mars 1658, 19 Février 1691, & 6 Février 1692, qu'on trouve au Journal des Audiences. Mais, par Arrêt rendu au mois de Juillet 1734, au rapport de M. Bochart, la Cour a jugé valables les dispositions particulieres, quoiqu'assez considérables, faites au profit de l'Abbaye d'Estival en Charnie, par une Demoiselle Nau, décédée dans cette Abbaye.

(a) Voyez l'Arrêt rendu le 15 Décembre 1730, dont je parle au mot *Fondation*. Ricard rapporte quelques Arrêts qui ont proscrit des libéralités faites par des Pénitentes à des Communautés de Religieux, dont leurs Confesseurs étoient Membres ; & il en rapporte aussi quelques autres qui ont jugé le contraire. Voyez celui du 30 Mai 1718, dans le Journal des Audiences, tome 7, liv. 1, ch. 64.

Outre ces Arrêts, il y en a un autre qui a été rendu contre les Carmes de la Ville d'Angers, le Vendredi 14

Mars 1698, en la Grand'Chambre, par lequel la Cour a condamné ces RR. PP. à rendre aux héritiers de la Demoiselle de Sara, différentes sommes qu'elle leur avoit données de son vivant, dans le temps que plusieurs d'entr'eux étoient ses Directeurs spirituels ; mais dans cette espéce, il étoit évident que les Carmes s'étoient rendus maîtres de l'esprit & de la personne de la Demoiselle de Sara, dont les connoissances étoient très-bornées. Ils l'avoient attirée dans une maison située proche leur Couvent, qui leur appartenoit ; ils s'étoient emparés de tous ses papiers. Depuis leur Direction, tous les biens de cette pauvre fille se trouvoient dissipés.

La Cour a aussi, par Arrêt rendu en la seconde Chambre des Enquêtes, le 16 Février 1760, déclaré nul le legs fait aux Récolets de Nevers par le testament de la Dame de Nion ; parce qu'elle avoit pour Confesseur, un Religieux de cet Ordre.

tat qu'ils avoient dans les maisons, & même des legs particuliers en propriété, à moins qu'ils ne soient trop considérables; auquel cas ils sont sujets à réduction, ainsi qu'il a été jugé par Sentence du Parc Civil du Châtelet, du mois de Mars 1755, plaidans Mes Simon & Desmoulins, par laquelle un legs montant à 126000 liv. fait par le sieur Forcade à la demoiselle Piéters, fille de son Portier, a été réduit à 20000 liv. (a).

La Cour a fait un retranchement bien plus considérable, par un Arrêt (imprimé) rendu le 11 Août 1713; puisqu'en refusant un legs universel d'environ 50000 liv. fait au profit d'un Valet-de-Chambre du testateur, elle ne lui a accordé que 300 liv. par forme de récompense de services. Cet Arrêt est au 6e vol. du Journal des Audiences.

L'Ordonnance de Philippe IV, de 1302, qu'on trouve dans Joly, des Offices, aux additions, p. 1815, défend aux Cliens, non-seulement de donner à leurs Juges, mais elle comprend dans la même prohibition les enfans & les freres des Juges.

Dans la Coutume de Paris, après la bénédiction nuptiale, le mari ni la femme ne peuvent s'avantager l'un & l'autre par donation entre-vifs, par testament ou ordonnance de derniere volonté, ni autrement, en quelque maniere que ce soit, directement ni indirectement, si ce n'est par don mutuel, lorsque les conjoints sont dans le cas de le faire; Coutume de Paris, article 282, voyez Don mutuel.

Cette Incapacité a son fondement dans des principes d'utilité publique; en effet, s'il étoit permis aux personnes mariées de s'avantager, il arriveroit souvent que le plus artificieux des conjoints ne manqueroit pas de profiter de la foiblesse de l'autre, pour en extorquer des libéralités, & s'enrichir de ses dépouilles.

Lorsque les deux conjoints ont tous deux des enfans, soit de leur mariage, soit de mariages précédens, il ne leur est pas permis de donner aux enfans l'un de l'autre nés des précédens mariages. Ibid. art. 283.

Mais il en est autrement, si le conjoint donateur n'avoit point d'enfans. Voyez cependant les Arrêts pour les Coutumes de Vitry, Châlons & Senlis, dont j'ai parlé au mot Donation. V. aussi ce que j'ai dit sur cela au mot Avantage indirect.

L'Edit des Secondes Nôces, qui défend les avantages excessifs en faveur des seconds maris, comprend dans sa prohibition les pere, mere & enfans desdits maris, ou autres personnes qu'on peut présumer interposées par dol ou fraude.

Un Arrêt célèbre du 23 Avril 1698, rendu au rapport de M. Joly de Fleury, en faveur de M. le Duc de Noirmoutiers, & des autres héritiers de la Maison de Torcy, a déclaré nul le legs universel fait par la Marquise de Torcy au profit de la Marquise de la Tour, mere de son mari, & a débouté la Dame de la Tour de sa demande en délivrance de legs. Quelques Arrêts précédens avoient confirmé les legs faits à des ascendans du conjoint du testateur.

Mais on ne regarde point le frere du mari ou de la femme testatrice, comme compris dans la prohibition. Une Sentence des Requêtes du Palais, du 7 Septembre 1730, a fait délivrance à M. Guynet, Maître des Comptes, du legs de 80000 liv. fait à son profit par Madame Guynet, sa belle-sœur, femme de M. Guynet, Conseiller d'Etat, nonobstant l'Incapacité opposée par Madame de la Houssaye, héritiere de Madame Guynet: cette Sentence a été confirmée par Arrêt du 27 Février 1731. Il avoit été rendu un Pareil Arrêt, le 18 Mars 1652.

Dans l'affaire de M. Guynet, la Cour ordonna qu'il affirmeroit ne pas prêter son nom; & cela fait connoître que les circonstances, dans le fait, pourroient être telles, qu'un legs fait à un collatéral, ou même à un Etranger, fût déclaré nul, s'il étoit suffisamment prouvé que le légataire n'a fait que prêter son nom à la personne prohibée (b).

(a) Par Arrêt rendu le 7 Octobre 1755, la Cour a infirmé la Sentence du Châtelet dont je viens de parler, & a fait délivrance du legs à la Demoiselle Piéters, montant à 126000 liv. Me Doucet, qui plaidoit pour la Légataire, a observé que le Testateur lui avoit donné la plus belle éducation, la même que celle de sa niéce, dont il prenoit beaucoup de soin; & que lui refuser le legs, c'étoit l'avoir réduite à un état malheureux, &c.; d'ailleurs le Testateur laissoit encore beaucoup de biens situés en Amérique, à ses héritiers collatéraux. Il étoit l'instrument de sa fortune: ces raisons ont paru suffisantes pour déterminer la Cour à infirmer la Sentence & confirmer ce legs.
(b) On opposoit encore à M. Guynet, que le legs étoit écrit en chiffres & non en lettres. Sur cela, voyez Testament.

Au

Au reste, ces prohibitions que la Coutume de Paris prononce entre mari & femme, n'ont pas lieu dans plusieurs autres Coutumes, comme Amiens, Chartres, Valenciennes, &c. Elles n'ont même lieu dans la Coutume de Paris, qu'à compter du moment du mariage; car précédemment, & par leur contrat de mariage, il est permis aux futurs époux de se faire tels avantages que bon leur semble, si ce n'est lorsque le donateur a des enfans, ou qu'il y a eu mauvais commerce. V. *Concubinage & Nôces.*

Toute déclaration de devoir faite dans un testament, au profit d'une personne Incapable de recevoir des legs du testateur, est toujours présumée une fraude faite à la Loi, pour donner à un Incapable, sous le nom de dette, ce qu'on ne peut lui laisser comme une libéralité.

De-là il résulte que les personnes Incapables de profiter des dispositions testamentaires, n'ont point d'action pour exiger les sommes que le testateur a déclaré leur devoir, à moins qu'elles ne justifient d'ailleurs que ces sommes leur sont effectivement & légitimement dûes.

L'Incapacité d'un Etranger à succéder en France, qui cesse par les Lettres de Naturalité, n'a point un effet rétroactif au-delà de la date des Lettres; ainsi une succession échûe avant qu'il les ait obtenues, & qui auroit pû le regarder, demeure acquise à ceux qui, à son défaut, étoient appellés pour la recueillir.

Il en est de même du Religionnaire qui fait abjuration. V. *Abjuration.*

Mais il en est tout autrement de l'Incapacité du Religieux Profès, qui cesse par la nullité de ses vœux: le Jugement qui les déclare nuls, anéantit la cause de son Incapacité, & le rend au même état où il étoit avant qu'il les fît; ainsi il rentre dans son premier droit: son Incapacité cesse avec sa cause, & pour le passé & pour l'avenir; cependant voyez *Jésuite & Religieux.*

Il en est de même du condamné à une peine qui emporte mort civile. Son Incapacité n'ayant pour cause que sa condamnation, si cette cause cesse par une décharge prononcée après une instruction réguliere & contradictoire, le condamné est remis dans son premier état, comme le Religieux qui a

fait annuller ses vœux; mais si la condamnation & ses effets ne cessent que par une grace accordée par le Prince, cette grace n'a point d'effet rétroactif.

On regarde aussi les Communautés Ecclésiastiques, fondées en Lettres-Patentes, comme Incapables de recevoir des legs universels, lorsque les Lettres ne les y autorisent pas d'une maniere spéciale.

Mais plusieurs Arrêts ont adjugé de semblables legs aux Hôpitaux: d'autres les ont réduits, quand ils ont paru trop considérables, eu égard aux facultés du testateur, & à la situation de sa famille. J'en cite quelques exemples à l'article *Testament.* V. aussi ce que je dis sur cela aux articles, *Communautés Ecclésiastiques, Gens de Main-morte & Pauvres.*

Le premier Février 1731, on a plaidé en la Grand'Chambre la question de sçavoir si le testament olographe de la veuve D'alion, par lequel elle avoit fait un legs universel aux Religieux Augustins de la Place des Victoires à Paris (connus sous le nom de *Petits-Peres*), à la charge d'en faire emploi, & d'en donner le revenu à sa fille unique Religieuse, pendant sa vie, étoit valable.

Il y avoit cette circonstance, que le Confesseur de la testatrice étoit Religieux de cette Maison, & y demeuroit actuellement; & comme elle avoit prévu que cette Maison pourroit répudier le legs, elle avoit en ce cas autorisé son exécuteur testamentaire à choisir telle Communauté ou Hôpital qu'il jugeroit à propos pour remplir ses intentions.

Les Petits-Peres ayant abdiqué le legs montant à environ 5000 livres, l'exécuteur testamentaire nomma l'Hôpital-Général pour le recueillir; mais les héritiers soutinrent que la disposition étoit devenue caduque.

M. l'Avocat Général Gilbert de Voisins, qui porta la parole dans cette affaire, dit que l'Incapacité des Confesseurs avoit été étendue par les Arrêts aux Communautés ou Congrégations dont ils étoient membres; mais qu'ayant abdiqué le legs, l'exécuteur testamentaire avoit pû valablement nommer l'Hôpital-Général pour en profiter, parce que l'Incapacité d'un légataire

n'entraînoit pas la caducité de la fubftitution faite au profit d'un légataire capable ;
que les deux difpofitions étoient indépendantes l'une de l'autre ; que toutes les fubftitutions devoient avoir leur effet, foit que
le premier inftitué ne voulût ou ne pût pas
les recueillir.

Qu'à la vérité les Loix déclaroient nulles
les difpofitions laiffées à la volonté d'autrui, mais qu'elles permettoient aux teftateurs de laiffer à un tiers le choix entre
certaines perfonnes défignées, pour lefquelles ils avoient marqué avoir une affection
égale.

Qu'un legs univerfel d'ufufruit pouvoit
être contefté à une Religieufe, à laquelle
on ne peut laiffer que très-peu de chofe ;
mais que celui dont il s'agiffoit, n'avoit rien
d'exceffif pour une Religieufe qui avoit été
obligée de changer de maifon, à caufe de
l'indigence de la premiere.

Sur ces raifons, la Cour fe détermina,
ledit jour premier Février 1731, à prononcer la délivrance du legs univerfel, au profit
de l'Hôpital-Général.

Sur les Incapacités de fuccéder, voyez
Succeffion.

INCENDIE.

Les Incendies peuvent arriver de trois
manieres, fçavoir, par malice, par négligence, ou par force majeure.

L'action qui réfulte de l'Incendie de la
premiere efpéce, fe pourfuit criminellement par la voie extraordinaire ; & non-
feulement, dans ce cas-là, les Incendiaires
font tenus des pertes qu'ils occafionnent,
tant dans les lieux où ils ont mis le feu,
que dans les maifons voifines qui ont fouffert de l'Incendie ; mais ils font en outre
punis de mort. Cette peine eft prononcée
par plufieurs textes de Loix contre ces fortes de criminels.

Il faut néantmoins, pour appliquer ces
peines, qu'il foit clairement prouvé que
l'Incendie eft arrivé par la malice ou par la
méchanceté des Incendiaires, parce que le
dol ne fe préfume point en ce cas.

Lorfque l'Incendie arrive par une force
majeure, comme par une guerre, par le feu
du Ciel, ou par un autre cas fortuit, perfonne n'en eft garant.

Mais quand l'Incendie arrive par la faute
groffiere, ou même légere, de ceux qui habitent une maifon, ils en font refponfables ;
ils doivent même indemnifer les voifins du
dommage & des pertes que ceux-ci fouffrent. On l'a ainfi jugé par différens Arrêts
rendus contre la dame Henry, propriétaire
d'une maifon en laquelle elle demeuroit fur
le Pont-au-Change, qui fut incendiée par
fa faute, il y a quelques années, & qui caufa
des pertes notables aux voifins.

Bardet cite néantmoins des Arrêts rendus
les 7 Décembre 1628, & 22 Juin 1663, qui
ont déchargé des perfonnes incendiées par
leur faute, des demandes en dommages-intérêts des voifins ; mais la nouvelle Jurifprudence eft fur cela abfolument contraire
à l'ancienne. La Cour a en effet confirmé
les Sentences des Bailliages de l'Archevêché & de Créteil, par lefquelles un fieur de
Varas, Bourgeois de Paris, étoit condamné
aux dommages & intérêts de fes voifins incendiés par la communication du feu, qui
avoit commencé dans l'endroit habité par
fon Jardinier. L'Arrêt intervenu dans cette
affaire a été rendu en la cinquiéme Chambre des Enquêtes, au rapport de M. Titon,
le 18 Août 1735. Je rapporterai ci-après
quelques autres Arrêts modernes, qui ont
jugé de même. On peut voir à ce fujet différens Arrêts rapportés au Journal des Audiences, tom. 1, liv. 1, chap. 20, & tom. 2,
liv. 5, chap. 9. Henrys en rapporte auffi
plufieurs fur la même matiere. V. Saligny
dans fes Obfervations, à la fin de fon Commentaire fur la Coutume de Vitry, & la
Differtation imprimée de Me Guy du Rouffeau de la Combe.

Un Arrêt rendu en la feconde Chambre
des Enquêtes, le 22 Août 1743, au rapport de M. de la Villoniere, a même confirmé une Sentence rendue au Bailliage de
S. Dizier, le 9 Décembre 1740, par laquelle Me Louis, Notaire & Procureur audit Bailliage, étoit condamné aux dommages & intérêts de fes voifins incendiés comme lui, par la feule raifon qu'il étoit prouvé que l'Incendie avoit eu fon origine dans
fa maifon. Cet Arrêt eft fondé fur ce que le
cas fortuit ne fe préfume pas en fait d'Incendie, s'il n'eft pas prouvé. La préfomption de droit eft que le feu qui a pris dans

une maison, a été causé par la faute ou par la négligence de celui qui l'habite, ou de ses domestiques, dont il est responsable dans ce cas.

Au reste, dans ces sortes de contestations, les Juges ont ordinairement quelque indulgence pour un malheureux déja très à plaindre par les pertes qu'il a lui-même souffertes ; les circonstances servent aussi beaucoup à son soulagement.

L'Arrêt du 22 Août 1743, que je viens de citer, en contient une preuve, puisqu'il a modéré à 1500 liv. les 3000 liv. de dommages & intérêts que Me Louis étoit condamné de payer à ses voisins, par la Sentence du Bailliage de Saint-Dizier, laquelle avoit elle-même considérablement réduit les dommages & intérêts fixés par le rapport des experts qui avoient apprécié les pertes souffertes par ses voisins. Voyez l'Arrêt du 2 Août 1654, rapporté par Henrys, tome 2, liv. 4, quest. 49.

La Cour a même jugé, il y a quelques années, que, lorsque les personnes incendiées par la faute d'un voisin, qu'il l'a été lui-même, sont indemnisées de leurs pertes, ou par la décharge des tailles & de la capitation, qui s'accorde ordinairement dans ces cas-là, ou par les secours que les personnes charitables donnent aux incendiés, ceux-ci ne peuvent exercer de recours contre les propriétaires des bâtimens où l'Incendie a commencé : voici l'espéce de l'Arrêt qui a décidé ce point de droit.

Edme Guyot, & autres voisins de la maison appartenante au nommé Quentin, Maréchal à Buteaux, incendiée par la communication du feu qui avoit pris chez Quentin, sans qu'on pût sçavoir comment, demanderent que ce particulier fût condamné à faire rétablir leurs maisons, & à les indemniser de leurs pertes. Ayant prouvé que l'Incendie avoit commencé par la grange de Quentin, il intervint Sentence au Bailliage de S. Florentin, le 14 Août 1741, qui condamnoit Quentin à faire réparer les maisons, & à payer le dommage de ses voisins, à dire d'experts.

Quentin ayant appellé de cette Sentence, il allégua en la Cour que ceux qui le poursuivoient, avoient été plus qu'indemnisés, tant par l'exemption de la taille, & autres

impositions, que par les quêtes en grains & en argent, & par les secours des autres habitans qui avoient travaillé gratis pour les Incendiés. La Cour, touchée de ces raisons, a, par Arrêt rendu le premier Août 1744, au rapport de M. Beze de Lys, Conseiller en la deuxième Chambre des Enquêtes, admis la preuve des faits articulés par Quentin, sauf à ses Parties adverses à faire preuve contraire ; ainsi elle a jugé que si Quentin prouvoit que Guyot & autres étoient indemnisés de leurs pertes par tout autre que par lui-même, à titre de quête & de remise de taille, &c. Quentin devoit être déchargé de leur demande.

L'Auteur du Dictionnaire de Droit Civil & Canonique, article Incendie, dit » qu'un » particulier, dont la maison est ruinée pour » empêcher le cours dangereux du feu, ne » peut intenter action contre ceux, dont les » maisons ont été préservées par la ruine de » la sienne «. Cette opinion est absolument contraire au texte de l'art. 645 de la Coutume de Bretagne.

Sauvageau rapporte néantmoins dans les Réglemens de Bretagne, ch. 56, un Arrêt du mois d'Octobre 1660, par lequel une particuliere, dont la maison avoit été abattue pour en conserver d'autres, a été déboutée de sa demande à ce que les voisins fussent tenus de contribuer à sa reconstruction ; mais dans cette espèce il étoit prouvé que la maison étoit déja brûlée en partie, lorsqu'elle fut abattue : la propriétaire étoit d'ailleurs restée long-temps dans le silence.

L'opinon commune est que le maître doit réparer la maison brûlée par la faute de ses serviteurs ; mais cela doit s'entendre de la maison occupée par le maître même. Il ne seroit pas naturel d'assujettir le maître à répondre de ce que fait son domestique hors de chez lui & de son service. Voyez Domestique & Impéritie.

Les moulins bannaux de Charleville, appartenans à M. le Prince de Condé, ayant été incendiés & consumés par le feu dans le mois de Juillet 1754, à 11 heures du soir, sans qu'on pût sçavoir à qui ce malheur pouvoit être imputé, M. le Prince de Condé demanda que ses Fermiers Généraux du Domaine de Charleville fussent condamnés à les faire rétablir ; & bientôt après il demanda contre les Sous-Fermiers, qu'ils fuffent condamnés folidairement avec les Fermiers Généraux, qui de leur côté dirigerent leur action en garantie contre les Sous-Fermiers.

Sur ces différentes demandes, Sentence des Requêtes du Palais intervint le 2 Juin 1755, par laquelle les Fermiers Généraux, & même l'un des Sous Fermiers, furent déchargés; mais en conféquence de la déclaration des fieur & dame Perard, (autres Sous-Fermiers) » qu'ils n'entendoient faire aucune conteftation, & qu'ils s'en rapportoient à la juftice & à la générofité de M. » le Prince de Condé «, ils furent condamnés feuls à faire reconftruire les moulins incendiés, même à en payer les fermages accumulés depuis leur deftruction.

Sur l'appel qui fut interjetté de cette Sentence, les fieur & dame Perard révoquerent leur déclaration, contre laquelle ils prirent des Lettres de Refcifion. Ils difoient qu'elle étoit nulle, au moyen de ce qu'elle n'avoit pas été acceptée; » qu'elle n'étoit » d'ailleurs qu'un acte de confiance & de » refpect, qu'ils avoient efpéré de la géné-» rofité du Prince, que toute fa faveur fe-» roit pour eux contre lui-même, & qu'il » abfoudroit entiérement des perfonnes à » qui on n'avoit nul reproche à faire «.

De fon côté, M. le Prince de Condé étoit appellant, en ce que les Fermiers Généraux & l'un des Sous - Fermiers n'étoient pas condamnés folidairement avec les fieur & dame Perard: ceux-ci difoient avec les Fermiers & Sous-Fermiers, qu'on ne pouvoit leur imputer aucune faute, foit légere, foit très-légere, puifqu'on ne connoiffoit pas la caufe du défaftre; ils citoient la Loi 23 au Digefte de Reg. Jur. & plufieurs autres; des Arrêts rapportés par Chopin, par Bardet, par Bouvot, par Albert, & dans le Journal des Audiences; ils invoquoient auffi l'axiome, res perit Domino; & ils difoient qu'on ne devoit pas confondre des locataires de maifons avec des fermiers de moulins bannaux, parce que perfonne ne peut entrer dans une maifon particuliere, malgré celui qui l'habite; au lieu que les moulins bannaux font deftinés à être remplis fans ceffe, & le jour & la nuit, par des gens de toute efpéce.

M. le Prince de Condé répondoit que, par une préfomption légale, on rejette fur le locataire la caufe de l'Incendie de la maifon qu'il occupe, jufqu'à ce que le locataire établiffe lui-même que l'embrâfement a eu une origine extérieure, telle que le feu du Ciel, la malice des hommes, la communication du feu par une maifon voifine, &c. qu'on ne pouvoit tirer aucune conféquence de ce que les moulins étoient bannaux, parce qu'ils étoient fermés, qu'il n'y avoit aucun étranger, que le meûnier & fa famille étoient couchés, quand le feu prit, & que les moulins ne tournoient pas au moment de l'Incendie. Tous ces faits étoient conftatés par un procès-verbal en bonne forme.

Par Arrêt rendu en la Grand'Chambre, au rapport de M. Bochard de Saron, le 29 Mars 1756, tous les Fermiers ont été condamnés à reconftruire les moulins; & faifant droits fur les demandes en garantie des Fermiers Généraux, les Sous-Fermiers ont été condamnés de les acquitter.

Des Ordonnances de Police des 21 Juin 1726, & 20 Janvier 1727, veulent qu'il y ait un puits dans chaque maifon de la Ville & Fauxbourgs de Paris, & qu'il foit garni de poulies, cordes, &c. Les Bourgeois font auffi affujettis par ces Ordonnances à avoir chez eux un ou plufieurs feaux, à peine de 100 liv. d'amende.

L'Ordonnance du 21 Juin 1726, dont je viens de parler, défend, en cas d'Incendie, de tirer dans les cheminées aucun coup de fufil chargé à balle ou de gros plomb; elle permet feulement de tirer avec du fel, de la cendrée, ou menu plomb.

Il y a fur la même matiere une autre Ordonnance du 30 Février 1735, contenant 21 articles.

Le Parlement de Normandie a, par un Arrêt rendu en forme de Réglement le 27 Novembre 1717, *fait défenfes à tous Ouvriers de faire ou conftruire des cheminées de bois . . . . à peine de 100 liv. d'amende . . . . . .*

Le même Arrêt ordonne que le Procès de ceux qui iront fumer dans les écuries, étables & autres pareils endroits, fera fait comme à des Incendiaires volontaires, & fait défenfes à toute perfonne d'envoyer chercher du feu (chez les voifins) par des enfans de l'âge

de douze ans, & à qui que ce foit d'en donner, à peine de 50 liv. d'amende.....

INCESTE.
V. *Adultère & Concubinage.*

» L'Incefte (dit Lange, tome 2, ch. 13,)
» eft la conjonction illicite avec une per-
» fonne que les Loix ne permettent pas d'é-
» poufer, & de ces perfonnes il y en a de
» deux fortes; les unes font celles qui font
» parentes en dégré prohibé; les autres font
» celles qui font confacrées à Dieu par des
» vœux publics & folemnels de chafteté «.

L'Incefte commis entre perfonnes con-
jointes de parenté en ligne directe, en quelque dégré que ce foit, comme font les pere, mere, enfans ou petits-enfans, & même
celui du gendre avec la belle-mere, ou de
la Belle-fille avec fon beau-pere, eft tou-
jour puni de mort. L'Auteur du Code Pénal cite fur cela des Arrêts rapportés par
Papon & Laroche Flavin : mais il ajoute
qu'il n'y a point d'Arrêt qui ait prononcé
la peine de mort pour l'Incefte commis entre le frere & la fœur ; au contraire Lange
affure que la peine de mort eft prononcée
toujours dans ce dernier cas, apparemment
qu'il en connoiffoit des exemples ; à mon
égard j'avoue que je n'en connois aucun.

Lorfque l'Incefte eft commis entre la tante & le neveu, ou entre l'oncle & la niéce,
on prononce auffi des peines capitales contr'eux : néantmoins, fi l'un & l'autre font
libres, les Cours ont quelqu'indulgence,
& il y a plufieurs Arrêts qui dans ce cas-
là ont ordonné, même tout récemment,
que les accufés fe pourvoiroient pour obtenir difpenfe à l'effet de fe marier.

Lorfque l'Incefte eft commis entre cou-
fins-germains ou autres collatéraux plus
éloignés, on ne prononce ordinairement
point de peines capitales, fur-tout fi ce font
des perfonnes libres. Il eft même rare de
voir le miniftere public s'élever contre cette efpéce d'Incefte, leur filence eft fondé
fur ce que dans ces fortes de cas les Parties
auroient pû contracter mariage en obtenant
difpenfe.

A l'égard de l'Incefte fpirituel, les perfonnes qui en font coupables, ne font guères punies que par des peines Canoniques,
comme de prifon, de jeûnes, &c. Néant-

moins l'Auteur du Code Pénal rapporte un Arrêt du Parlement de Paris, rendu
le 28 Juin 1673, qui a condamné un Directeur qui avoit abufé de fa Pénitente, à
faire amende honorable, & à être pendu &
brûlé avec fon procès dans la Place Maubert ; & un autre Arrêt du Parlement de
Touloufe rendu le 11 Janvier 1735, qui a
condamné un coupable d'Incefte avec une
Religieufe, à être décapité. Voyez le Dictionnaire des Arrêts verb. *Confeffeur*, & Laroche Flavin, let. I, tit. 3, art. 2.

Cette efpéce d'Incefte eft en effet très-
criminelle ; les Curés & les Confeffeurs font
les peres fpirituels de leurs Paroiffiens &
de leurs Pénitens, parce qu'ils les engendrent en Jefus-Chrift par les Sacremens :
*Filioli mei eftis : nam in Chrifto ego vos ge-
nui.* Perard Caftel, dans fon Traité de la
Jurifdiction Eccléfiaftique, dit qu'on punif-
foit autrefois ce crime de mort, & qu'il y
en a quantité d'exemples dans les Regiftres
de la Tournelle : fans doute qu'on ne s'eft
relâché de cette féverité, que pour ne pas
expofer la Religion à des fcandales, qui en
éloignent les ennemis du nom Chrétien.

Les peines Canoniques qui fe prononcent
contre les Eccléfaftiques convaincus d'Incefte fpirituel, peuvent varier felon l'atrocité. J'ai fous les yeux une Sentence rendue
par un Confeiller-Clerc au Parlement de
Dijon ; (ayant Lettres de Vicariat de l'Archevêché de Befançon,) le 11 Août 1698,
contre un nommé Robert, Prêtre-Curé de
la Ville de Seurre, accufé de Quiétifme, de
Molinofifme & d'Incefte fpirituel, par laquelle ce Prêtre-Curé eft déclaré *atteint &
convaincu .... d'avoir commis Incefte fpirituel avec aucunes de fes Pénitentes & Pa-
roiffiennes, & d'en avoir fréquenté plufieurs
avec une familiarité criminelle & un atta-
chement fcandaleux, pour réparation de quoi,*
la Sentence le condamne *à faire dans l'Auditoire, en préfence de ceux qui voudront y
affifter, amende honorable à genoux, à Dieu
& à l'Eglife, fuivant le Formulaire qui lui
fera prefcrit......*

Difons (ajoute la Sentence) *qu'il a encouru l'anathême, & qu'il demeurera pour
toujours dépofé des Saints Ordres, & incapable de poffeder aucun Bénéfice .... qu'il fera conduit dans une maifon Régulière ......*

pour y être renfermé dans les lieux de force le reste de ses jours, &c.

Les Loix Eccléfiaftiques veulent qu'un Prêtre inceftueux foit dégradé de fes Ordres & déclaré incapable de poffeder des Bénéfices : mais la Loi Civile & la Jurifprudence des Arrêts leur infligent d'autres peines. Voyez à ce fujet les trois Arrêts que je rapporte au mot *Confeffeur*.

» Si un homme eft affez déréglé pour » avoir un mauvais commerce avec la fœur » de fa femme, ou avec quelqu'autre de la » parenté de fa femme dans le fecond dé- » gré, fon mariage n'eft point réfolu, par- » ce que le lien en eft indiffoluble..., mais » l'ufage du mariage lui eft interdit jufqu'à » ce qu'il ait obtenu une difpenfe de fon » Evêque ; enforte qu'avant d'avoir obtenu » cette difpenfe, il ne peut en confcience » demander à fa femme le devoir conjugal, » quoiqu'il foit obligé de le lui rendre. La » femme ne doit pas être privée de fon droit » par un crime auquel elle n'a point de » part «. Loix Eccléfiaftiques, par d'Héricourt, liv. 2, ch. 2, n. 26. Voyez auffi les Cas de Confcience de Sainte-Bœuve, tome 2, trente-huitiéme Cas.

INCIDENT.

C'eft ainfi qu'on nomme au Palais une conteftation qui arrive à l'occafion d'une autre. Souvent les Incidens fe décident avant la caufe ou le procès principal.

Quelquefois on nomme Incident, une portion de la conteftation principale qui s'inftruit & fe juge diftinctement.

INCOMMUTABLE.

Ce mot fignifie ce qui ne peut recevoir de changement ; on nomme propriétaire Incommutable celui qui ne peut être dépoffedé légitimement de la chofe qui lui appartient.

INCOMPATIBILITÉ des qualités d'Héritier & de Légataire.

Voyez *Donation*, *Infinuation*, *Inftitution contractuelle*, *Rapport* & *Réferves Coutumieres*.

Le mot Incompatibilité fignifie contrariété entre des chofes qui ne peuvent demeurer enfemble.

Prefque toutes nos Coutumes contiennent des difpofitions entiérement différentes les unes des autres fur cette matiere. Les unes, comme Rheims, art. 233, 287 & 288, fouffrent qu'un fils foit en même-temps donataire, légataire & héritier, fauf la légitime des autres enfans ; d'autres (Coutumes) diftinguent la ligne directe d'avec la collatérale, la qualité de donataire entre-vifs, d'avec celle de légataire ; telle eft la Coutume de Paris, & le plus grand nombre des autres. Suivant les difpofitions de celles-ci, on ne peut être, ni donataire, ni légataire & héritier en ligne directe ; mais on peut être donataire & héritier en collatérale, & non pas légataire & héritier. Coutume de Paris, art. 300 & 301.

Dans d'autres Coutumes, on ne peut être donataire & héritier, foit en ligne directe, foit en ligne collatérale ; (Blois, article 167).

D'autres défendent d'avantager fon héritier préfomptif. Voyez la Coutume de la Rochelle, art. 42.

Celles du Maine, d'Anjou & de Touraine, ordonnent le rapport, tant en collatérale, qu'en directe, même en renonçant ; d'autres enfin permettent un prélegs, mais il doit être déclaré précifément ; (Peronne, art. 205 ; Noyon, art. 16). Dans quelques-unes il fuffit qu'on connoiffe l'intention du teftateur, pour le prélegs, comme Poitou, art. 216.

Il feroit infini de rapporter toutes les difpofitions des Coutumes fur ce fujet ; il faut fuivre dans le territoire de chacune ce qu'elle a ordonné ; je ne parlerai ici que de ce qui regarde la Coutume de Paris.

Suivant l'article 300 de cette Coutume, les qualités d'héritier & de légataire font incompatibles, tant en directe, qu'en collatérale : la Loi n'a pas voulu qu'on pût en même-temps prendre en vertu de fa difpofition dans une fucceffion, & en vertu de la difpofition de l'homme, parce que cela eût bleffé l'égalité.

Il fembleroit que cette difpofition de la Coutume de Paris dût être étendue à toutes celles qui n'en difpofent point autrement ; cependant le Brun & Ricard prétendent qu'un Arrêt rendu le 7 Décembre 1648, rapporté au Journal des Audiences, qui juge que, dans les Coutumes qui n'en parlent point, on peut être héritier & légataire en collatérale, doit former le Droit commun.

Je ne crois pas que la Jurisprudence établie par cet Arrêt fût suivie à présent, parce que, quand une Coutume ne dispose point, il faut revenir au Droit commun du Royaume : or en cette espéce la disposition de la Coutume de Paris paroît être notre Droit commun ; l'Incompatibilité qu'elle établit étant presque générale dans toutes les Coutumes, même avant leur réformation.

La disposition de l'art. 300 a lieu entre toutes sortes d'héritiers comme entre les ascendans héritiers des meubles & acquêts, & les collatéraux héritiers des propres. Ainsi un pere ne peut être héritier des meubles & acquêts de son fils, & légataire du quint des propres ; c'est ce qui a été jugé, par Arrêt rendu le 11 Mars 1581, rapporté par tous nos Auteurs. (Louet, let. H, n. 17 ; le Brun, &c).

L'Incompatibilité n'étant qu'entre les qualités d'héritier & de légataire, rien n'empêche qu'un légataire universel ne soit aussi légataire particulier ; cela a été ainsi jugé, par un Arrêt rendu le 26 Avril 1649, rapporté dans le Journal des Audiences.

L'article 300, qui déclare incompatibles les qualités d'héritier & de légataire, reçoit une exception : pour la bien entendre, il faut distinguer avec Ricard quatre différentes espéces qui forment quatre questions.

1°. Si celui qui est héritier d'une certaine nature de biens, comme de propres paternels, peut être légataire d'une autre nature de biens comme de propres maternels.

2°. Si la différence des Coutumes peut faire compatir les deux qualités d'héritier & de légataire.

3°. Si une personne habile à succéder dans une Coutume, & exclue de la succession dans une autre, peut être héritier dans la premiere de ces Coutumes, & légataire dans l'autre.

4°. Enfin, si celui qui est habile à succéder dans toutes les Coutumes, peut renoncer dans quelqu'une pour y prendre son legs, & conserver sa qualité d'héritier dans les autres.

De ces quatre cas, Ricard soutient sur des raisons très-solides, qu'il n'y a que le troisiéme dans lequel on puisse être héritier

& légataire d'une même personne ; c'est-à-dire, qu'il est nécessaire pour cet effet, que celui qui prétend conserver ces deux qualités, ne soit point habile à succéder dans la Coutume dans laquelle il veut prendre le legs.

Par exemple, des neveux sont appellés en ligne collatérale avec leurs oncles dans la Coutume de Paris, à la succession d'un oncle décédé. Dans la Coutume de Senlis ils ne sont point admis à succéder, parce que cette Coutume rejette la représentation en ligne collatérale ; dans ce cas les mêmes neveux peuvent être héritiers dans la Coutume de Paris, & légataires dans celle de Senlis.

Ainsi, lorsque celui qui veut être héritier dans une Coutume, & légataire dans l'autre, n'est point appellé pour succéder dans la Coutume où sont situés les biens légués, l'Incompatibilité des qualités d'héritier & de légataire ne sçauroit lui être opposée dans ce cas-là : c'est ce qui a été jugé en la cinquiéme Chambre des Enquêtes, en faveur de M. Coignet, Conseiller au Parlement, par Arrêt rendu le 23 Mars 1739.

Dans cette espéce, M. Coignet étoit appellé par la Coutume du Grand-Perche, pour recueillir la Terre de Mondoucet, dans la succession de M. le Président Seguin : il succédoit aux biens nobles de cette Coutume, parce qu'elle admet la représentation à l'infini, & attribue en collatérale les biens nobles aux représentans mâles, à l'exclusion de ceux qui représentent les femelles ; mais il n'étoit pas héritier dans la Coutume de Paris, où il étoit exclu par des parens plus proches. L'Arrêt juge qu'il a pû recueillir la Terre de Mondoucet comme héritier dans la Coutume du Perche, & qu'il a pû être légataire de biens situés dans la Coutume de Paris, en laquelle il n'étoit pas héritier.

Il a aussi été jugé, par Arrêt rendu en la Grand'Chambre, le 22 Juillet 1698, au rapport de M. le Doux de Melleville, que dame Marie-Charlotte Maunay, veuve du sieur Maucarel, pouvoit être légataire dans la Coutume de Ponthieu, qui rejette la représentation, & renoncer au legs de biens situés à Paris, pour y être héritiere.

Mais, hors ce troisiéme cas, la diversité

des biens ni la différence des Coutumes ne peuvent faire compatir ensemble les qualités d'héritier & de légataire ; cette décision est fondée sur deux propositions qui paroissent incontestables.

1°. La qualité d'héritier est indivisible ; on ne peut donc pas la réduire à une certaine espéce de biens, ou à une Coutume particuliere, elle est universelle : & si un héritier appellé pour recueillir partie d'une succession, accepte l'hérédité, & que les autres renoncent, la succession entiere lui accroît de plein droit.

2°. Ce qui nous fait héritier, c'est l'habileté que nous donnent les Loix ou les Coutumes, avec la déclaration de notre volonté par l'acceptation de l'hérédité ; ce ne sont pas les biens qui font les héritiers ; celui qui est héritier a cette qualité, quand même il n'y auroit pas de biens, & cette qualité le rend sujet aux dettes.

La qualité d'héritier n'étant donc point attachée aux biens de la succession, elle ne dépend que de l'habileté que la Coutume donne, & de l'acceptation qui procéde de la volonté. Lorsque ces deux choses ont une fois concouru ensemble, & que l'héritier présomptif a joint son consentement à la capacité que la Coutume lui donne, il a la qualité d'héritier, qui le rend par conséquent inhabile à conserver celle de légataire.

Cette Jurisprudence a été un peu obscurcie par l'Arrêt des Bureaux, qui a trompé Dumoulin lui-même, & qui lui a fait croire qu'on pouvoit être héritier & légataire dans deux Coutumes différentes : mais Ricard a fait voir que lors de cet Arrêt, l'ancienne Coutume de Paris n'admettant point la représentation en faveur des neveux, ils avoient pû y être légataires, n'étant point appellés par la Loi à la succession. Ainsi cet Arrêt est dans le cas de l'exception qui a été établie ci-dessus, & ne donne point atteinte aux principes. Voyez sur cela le Brun, *des Successions* ; Ricard, Auzannet & le Maître.

On peut voir aussi dans les mêmes Auteurs, la réponse aux autres Arrêts qu'on allégue contre mon sentiment, & qui ne sont point du tout dans l'espéce dont il s'agit ici.

A l'égard de la diversité des biens, Re-

nusson & le Maître croyent que l'héritier des propres paternels peut être légataire du quint des propres maternels. Renusson rapporte même un Arrêt qui (selon lui) l'a ainsi jugé : mais ce sentiment est inconciliable avec les principes, & ne paroît pas aujourd'hui avoir de Partisans.

Le Maître & Renusson se fondent sur ce que, selon eux, les qualités d'héritier & de légataire ne sont incompatibles que sur le même patrimoine, sur les biens d'une même ligne, & entre cohéritiers des mêmes biens, & non pas quand il y a diversité de biens, de ligne & d'héritiers. Selon ces Auteurs, le mot *ensemble*, dont se sert la Coutume de Paris, article 300, veut dire sur un même patrimoine & entre cohéritiers ; la Coutume ne peut, disent-ils, avoir eu en vûe que le cas où l'on voudroit cumuler les deux qualités sur les biens d'une même ligne : mais ces raisonnemens ne paroissent pas fort solides. Ricard, dont l'avis a été presque généralement adopté, & dont j'ai ci-dessus rapporté le sentiment, parle de deux Arrêts contraires à celui cité par Renusson, & la Cour vient d'en rendre un troisiéme, au rapport de M. l'Abbé le Noir, le 30 Avril 1760, pour la succession du sieur Boissellier de Courchamps, Conseiller à Langres, qui consacre absolument l'avis de Ricard.

Les Arrêts qui ont jugé qu'un pere ne pouvoit pas être héritier des acquêts, & légataire des propres de son fils, affermissent aussi ce point de Jurisprudence.

La raison pour laquelle les qualités d'héritier & de légataire sont compatibles dans le troisiéme cas proposé par Ricard, c'est que, quand une des deux Coutumes exclud de la succession, il est vrai de dire que celui qui est ainsi exclu, n'a point la qualité d'héritier dans cette Coutume, ni de droit ni de fait ; rien n'empêche par conséquent qu'il ne puisse être légataire dans cette Coutume, quoiqu'il soit héritier dans une autre, parce que les Coutumes se renferment dans leur territoire ; leurs dispositions y sont observées, sans que l'une puisse donner la loi à l'autre.

A l'égard du quatriéme cas, il ne fait point de difficulté après ce que j'ai dit, une renonciation expresse étant peu considérable,

ble, puifque la qualité d'héritier eft indivifible ; cela a été ainfi jugé par un Arrêt du
13 Juillet 1705, rendu en la deuxiéme
Chambre des Enquêtes, entre Madame la
Duchefle d'Aumont & Madame de Chatil-
lon. On a jugé par cet Arrêt que Madame
d'Aumont ne pouvoit être légataire de fon
pere pour les biens de Paris, & héritiere
pour les biens de Normandie & de Picardie,
parce qu'elle étoit appellée par la Loi pour
fuccéder dans toutes ces Coutumes. Cet Arrêt confacre encore, comme on voit, le fentiment de Ricard. L'efpéce en eft rapportée
avec beaucoup de détail par Augeard. Edit.
in-folio.

Quoique les qualités d'héritier & de légataire foient incompatibles, il n'y a cependant que l'héritier en pareil dégré qui puiffe oppofer cette incompatibilité; ni le collatéral plus éloigné qui n'eft point faifi par la
Loi, ni l'étranger, même collégataire, ni le
parent plus éloigné, ni le fifc, ne peuvent
l'oppofer, parce qu'ils n'ont point de qualité pour cela; c'eft ce qui a été jugé, par
Arrêt rendu le 17 Mai 1677, qu'on trouve
au Journal du Palais.

En un mot, pour oppofer l'Incompatibilité des qualités d'héritier & de légataire, il
faut avoir un droit égal à celui qui les prétend; c'eft ce qui a encore été jugé, par l'Arrêt du 23 Mars 1739, rendu en faveur de
M. Coignet, en la cinquiéme Chambre des
Enquêtes, dont j'ai ci-devant rapporté l'efpéce.

L'article 301 de notre Coutume permet d'être donataire entre-vifs & héritier
en collatérale. Cet article a pour bafe, que
ce qui a été donné entre-vifs, ne fait point
partie de la fucceffion, excepté en ligne directe, où toutes donations faites aux defcendans font cenfées faites en avancement
d'hoirie & fujettes à rapport, lorfque les
enfans donataires fe portent héritiers; auffi
l'égalité n'eft-elle point requife à Paris, dans
la ligne collatérale, comme dans la directe.

La feule queftion qui fe préfente fur cet
article, eft de fçavoir, s'il a lieu en directe
afcendante, & fi un pere peut être héritier
des meubles & acquêts, & donataire entre-
vifs des propres.

Il y a deux Arrêts; l'un rendu le 24 Novembre 1644; & l'autre le 9 Août 1687,

Tome II. Part. I.

qui jugent ces deux qualités incompatibles
en la perfonne du pere, fondés fur ce que la
Coutume défendant d'être donataire & héritier en ligne directe, fans diftinguer la
ligne afcendante, de la ligne defcendante,
il faut les comprendre toutes deux dans fa
prohibition, afin que les propres ne puiffent
remonter contre l'intention de la Coutume.

L'Arrêt cité rendu le 9 Août 1687 eft au
Journal du Palais; l'autre eft au Journal des
Audiences.

Le Brun & Ricard penfent au contraire
que l'Incompatibilité n'a pas lieu en ce cas,
où les afcendans donataires ont pour cohéritiers des collatéraux ou d'autres afcendans. Au premier cas, il paroît évident que
des collatéraux ne pouvant empêcher que
d'autres collatéraux ne foient héritiers &
donataires, ils n'ont pas plus de droit contre les afcendans encore plus favorables.

Dans le fecond cas, il ne paroît pas non
plus que les donations foient fujettes au
rapport, parce qu'il n'a été établi qu'en ligne directe defcendante, & qu'il ne peut y
avoir que les donations faites aux defcendans qui puiffent être cenfées faites en
avancement d'hoirie, & comme telles devoir entrer dans la maffe de la fucceffion.

A l'égard des motifs des Arrêts, il eft aifé
de répondre que, quand la Coutume décide
qu'on ne peut être héritier & donataire en
directe, cela ne peut s'entendre que de la
ligne directe defcendante, puifque cela eft
néceffairement relatif au rapport ordonné en
certains cas par la Coutume, qui ne concerne que cette ligne.

D'ailleurs, comme il n'eft pas dans l'ordre naturel que les peres fuccédent à leurs
enfans, une donation faite aux afcendans ne
peut jamais être préfumée faite en avancement d'hoirie; préfomption cependant qui
paroît avoir été le principe du rapport. Cela
me paroît fans réplique.

Voici l'efpéce d'un Arrêt rendu en la
Grand'Chambre fur une autre queftion
d'Incompatibilité.

Madame Paviot, veuve de M. le Procureur Général au Parlement de Normandie,
ayant, par un codicile, légué 60000 liv. à
la demoifelle Paviot du Bouillon, qui n'é-
toit pas fon héritiere, appofa à cette libéralité la condition, que fi la légataire décédoit

avant fon établiffement ou avant fa majorité, les 60000 livres appartiendroient à M. le Pileur, Confeiller au Parlement, neveu & héritier en partie de la Teftatrice.

La demoifelle Paviot du Bouillon étant morte peu après la Teftatrice, les cohéritiers de M. le Pileur foutinrent (par le miniftere de Me Aubry) qu'il ne pouvoit prendre les 60000 liv. qu'en qualité de légataire, qualité qui étoit incompatible avec celle d'héritier, & que par conféquent la vocation pour les 60000 livres devenoit caduque. Me Cochin répondoit pour M. le Pileur, qu'il ne prenoit rien fur la part de fes cohéritiers, en partageant la fucceffion de Madame Paviot; qu'il n'étoit pas mieux traité qu'eux; que la fubftitution à laquelle il étoit appellé, étoit un droit nouveau qui s'exerçoit, non dans la fucceffion de la Teftatrice, mais de la Légataire contre les héritiers de celle-ci : &, par Arrêt rendu le 14 Mars 1730, en infirmant les Sentences des Requêtes du Palais, conformément aux Conclufions de M. l'Avocat Général Gilbert, il fut ordonné que M. le Pileur feroit payé des 60000 liv. & intérêts.

Cet Arrêt eft, comme on vient de le voir, fondé fur ce que M. le Pileur ne prenoit pas le legs dans la fucceffion dont il étoit héritier, mais dans celle d'un Légataire étranger, auquel il étoit fubftitué; ainfi l'Incompatibilité n'avoit pas lieu. Il auroit fallu juger le contraire, fi la demoifelle Paviot étoit morte avant la Teftatrice, & fi le legs n'eût point repofé fur fa tête.

Il a encore été jugé dans l'efpéce fuivante que les qualités d'Héritier & de Légataire particulier ne font point incompatibles à l'égard d'un Légataire univerfel, qui avoit renoncé à la fucceffion pour s'en tenir à fon legs.

La Dame de la Rochepot ayant, par fon Teftament, légué 20000 liv. à chacun des deux mineurs de Broglie fes héritiers pour un tiers, 50000 liv. & un diamant de 10000 liv. à la demoifelle de Châtillon, auffi fon héritiere pour un pareil tiers, & le furplus de fes biens à la Dame de Leuville fon héritiere pour l'autre tiers, mais qui renonça à la fucceffion pour fe tenir à fon legs : on a jugé, par Sentence des Requêtes du Palais,

confirmée par Arrêt rendu le 19 Février 1734, que les qualités de Légataires & d'Héritiers des mineurs de Broglie & de la demoifelle de Châtillon étoient compatibles dans ce cas-là, & qu'ils pouvoient être héritiers & Légataires relativement à la Dame de Leuville, laquelle étoit Légataire univerfelle, après les legs particuliers & les réferves coutumieres prélevées, parce que fon droit étoit borné par le Teftament au *furplus* des biens difponibles. V. *Réferves Coutumieres*.

Mais les legs particuliers faits aux héritiers qui confervent cette qualité avec laquelle ils font compatibles contre le Légataire univerfel, ne font cependant pas moins caducs relativement aux héritiers entr'eux; & comme ils n'accroiffent point au Légataire univerfel, qui n'a que le *furplus*, chaque héritier doit remettre dans la maffe de la fucceffion le legs particulier qui lui eft fait, parce qu'entr'eux ils ne font point Légataires, mais héritiers; & que cette qualité les foumet à une égalité parfaite : c'eft ce qui a encore été jugé par l'Arrêt rendu le 19 Février 1734.

La Cour, par autre Arrêt rendu en la Grand'Chambre, le 5 Mars 1711, fur les Conclufions de M. l'Avocat Général Joly de Fleury, a *déclaré la qualité de fils aîné & principal héritier* portée dans le contrat de mariage de Louis de Bourbon Condé, du 23 Juillet 1685, *incompatible avec la qualité de Légataire univerfel & de Donataire dans la fucceffion dont il s'agiffoit.*

Le Parlement de Rouen a jugé, par Arrêt rendu le 7 Août 1755, qu'en Normandie la qualité d'héritier, quant aux propres paternels, eft compatible avec celle de Donataire des propres maternels.

La Lande dit fur l'article 288 de la Coutume d'Orléans, qu'on peut donner & léguer aux enfans de fes héritiers en ligne collatérale, fans qu'il y ait Incompatibilité; mais que cela ne fe peut en ligne directe.

On trouve au Journal des Audiences, tome premier, liv. 5, chap. 36, un Arrêt qui a jugé que l'on peut être héritier & Légataire en ligne collatérale dans la Coutume de Vermandois, mais qui ne dit rien fur cette Incompatibilité.

INCOMPATIBILITÉ de Bénéfices.
Voyez *Bénéfices* & *Capacité*.

Deux Bénéfices, qui tous deux obligent le Titulaire de résider dans le lieu où le Bénéfice exige la présence & les fonctions du Titulaire, sont absolument incompatibles ; & un Ecclésiastique pourvu de plusieurs Bénéfices de cette espèce, doit se démettre, pour n'en conserver qu'un seul.

Suivant le Droit Canonique Romain, l'acceptation d'un second Bénéfice fait vaquer le premier ; mais ces principes ne sont pas reçus en France. Nous tenons pour maxime que le possesseur de deux Bénéfices incompatibles, a une année, qui court du jour de sa possession paisible, pour faire son option & fixer son choix sur celui des deux qu'il juge à propos de conserver.

Si cette option n'est pas faite dans l'année de la paisible possession du dernier Bénéfice, le premier est réputé vacant, & le collateur peut en disposer. Voyez sur cela un Arrêt de Réglement rendu le 15 Mars 1661, qu'on trouve au Journal des Audiences, tom. 2, liv. 4, chap. 14. V. aussi l'article 11 de l'Ordonnance de Blois, M. Louet, lettre G, n. 5, & la Déclaration du 13 Janvier 1742.

Il y a sur la même matière une Déclaration du 7 Janvier 1681, donnée pour prévenir les abus par lesquels quelques Ecclésiastiques trouvoient moyen de perpétuer la possession de Bénéfices incompatibles : voici comme elle s'explique.

» Ayant été informés que plusieurs Ecclésiastiques de notre Royaume, après s'être fait pourvoir de deux Bénéfices incompatibles, comme de deux Cures, ou d'un Canonicat ou dignité dans une Eglise Cathédrale ou Collégiale, & d'une Cure ou d'autres Bénéfices incompatibles de droit, jouissent du revenu desdits Bénéfices, sous prétexte qu'ils ont un an pour opter celui qu'ils voudront conserver, & que le temps pour en faire l'option étant passé, ils se faisoient susciter des procès, &c.

» Voulons que, lorsqu'une même personne sera pourvûe de deux Cures, d'un Canonicat ou dignité & d'une Cure, ou de deux autres Bénéfices incompatibles, soit qu'il y ait procès ou qu'il les possède paisiblement, le Pourvu ne jouira que du Bénéfice auquel il résidera actuellement, & fera le service en personne ; & que les fruits (a) de l'autre Bénéfice ou des deux, s'il n'a résidé & fait le service en aucun, seront employés au payement des Vicaires ou besoins de l'Eglise du Bénéfice, par Ordonnance de l'Evêque Diocésain ; laquelle sera exécutée par provision, &c.

Un Arrêt de Réglement rendu le 15 Décembre 1716, rapporté par Duperray, dans ses Questions sur le Concordat, ordonne que le sieur Bonne-Dame *sera tenu dans trois mois.... d'opter du Canonicat de Noyon ou de la place de Procureur du Collège de Dainville, sinon en vertu de l'Arrêt, sans qu'il en soit besoin d'autre, la Cour déclare sa place de Procureur vacante & impétrable ; enjoint aux Collateurs d'y nommer.*

Le même Arrêt faisant droit sur les Conclusions de M. le Procureur Général, ordonne *que les Statuts de l'Université de Paris seront exécutés ; en conséquence, que tous ceux qui possèdent des places dans les Collèges & des Bénéfices sujets à résidence & incompatibles avec leur place, seront tenus d'opter incessamment ; sinon permet aux Collateurs d'y nommer.* Voyez les art. 61, 63 & 64 des Statuts de l'Université.

On trouve au Journal des Audiences, un Arrêt du 17 Décembre 1703, qui a jugé que la Principauté du Collège de la Ville de Montdidier étoit incompatible avec la Cure de la même Ville.

Mais, par Arrêt rendu en la Grand-Chambre le 28 Mai 1732, la Cour a jugé que la Principauté du Collège de Cambrai ou des trois Evêques, à Paris, étoit compatible avec la Chapelle de Notre-Dame des Vertus, desservie dans l'Eglise de S. Honoré à Paris, & dont le titre de fondation oblige le Chapelain à résider & assister à

(a) Quoique le possesseur de deux Bénéfices incompatibles ne puisse jouir que des revenus d'un seul, il peut cependant jouir des droits honorifiques attachés aux deux ; la Cour l'a ainsi jugé, par Arrêt rendu en la Grand-Chambre, sur les Conclusions de M. l'Avocat Général d'Agues-seau, qui depuis a été Chancelier, le 20 Juillet 1693, au sujet d'une Election dans laquelle avoit concouru un Chanoine de Montmorillon, qui étoit en même-tems pourvu d'une Cure, mais qui étoit encore dans l'année de l'option.

tous les Offices pour lesquels il y a distribution, *si ce n'est pour service du Prince & autrement dûement* (le Collége de Cambray n'est pas de plein exercice).

La Cour, par un autre Arrêt rendu le 19 Juin 1736, a jugé qu'il y avoit abus dans l'impétration de l'Archidiaconé de Bersuire dans l'Eglise de la Rochelle, par le Chanoine Théologal de cette Eglise. Cet abus étoit fondé sur l'Incompatibilité des Prébendes & Canonicats avec les Dignités de la même Eglise, prononcée par les Lettres-Patentes de translation de l'Evêché de Maillezais à la Rochelle.

Une Déclaration du 18 Décembre 1740, a déclaré les Dignités, Canonicats & autres Bénéfices *de la Sainte Chapelle* établie à Paris, *incompatibles avec d'autres Bénéfices sujets à résidence ou chargés du soin des ames;* parce que les Chantres & autres Officiers de la Sainte Chapelle, sans être pourvus en titre, y doivent un service continuel. Ils ne peuvent pas non plus, aux termes de cette Déclaration, posséder des Bénéfices à charge d'ames ou sujets à résidence. Cette Déclaration a introduit un Droit nouveau relativement aux Bénéfices de la Sainte Chapelle.

Une autre Déclaration du 25 Janvier 1717, registrée le 2 Mars suivant, a ordonné *qu'aucun Religieux mendiant transféré dans l'Ordre de Saint Benoît ou autre, ne pourra dorénavant posséder deux Bénéfices, ni un Bénéfice avec une pension, sur un autre Bénéfice, ni deux pensions; & que les Lettres-Patentes qui seront accordées sur les Brefs obtenus en Cour de Rome par lesdits Mendians transférés pour pouvoir posséder des Bénéfices ou pensions, ne pourront être expédiées qu'à la charge de se conformer à ladite Déclaration.*

Conformément aux dispositions de cette Loi, la Cour, par Arrêt rendu le 13 Mars 1721, sur les Conclusions de M. l'Avocat Général Gilbert de Voisins, sans s'arrêter au Brevet en régale obtenu le 24 Décembre 1711, par Frere Nicolas Maurel, Religieux Capucin, transféré dans l'Ordre de Saint Benoît, du Prieuré simple de Remigny, dont il a été débouté, a maintenu Dom J. B. Tiaboli, Bénédictin, dans le même Bénéfice dont il avoit été pourvu en

1716; parce que Maurel étoit déja pourvu du Prieuré de Semur en Auxois, lorsqu'il obtint le Brevet en régale pour celui de Remigny en 1711.

La question de sçavoir, si l'année de l'option de deux Bénéfices incompatibles court du jour de la prise de possession dans les Provinces où le droit de déport est établi, ou seulement du jour que le droit de déport cesse, a été réglée par une Décl. du 13 Janv. 1742, enregistrée le 26, qui porte que l'année de l'option court du jour de la prise de possession du dernier Bénéfice, & non du jour de l'expiration du déport.

Deux Bénéfices incompatibles peuvent néantmoins être possédés par un même Titulaire, avec dispense, lorsqu'ils peuvent être desservis par un même Ecclésiastique, pourvû que l'un ou l'autre ne soit pas suffisant pour la subsistance du Bénéficier.

Voici même un exemple de la confirmation d'une dispense accordée pour la possession de deux Bénéfices incompatibles, & dont un des deux suffisoit pour la subsistance du Titulaire.

Lorsque M. Berthier, Evêque de Rieux, fut nommé à cet Evêché, il étoit pourvu de la Prévôté de la Métropole de Toulouse. Le Pape lui accorda la permission de conserver cette Prévôté, & les Bulles de dispenses furent confirmées par Lettres-Patentes enregistrées. M. Berthier fut troublé par un Pourvu, dont le titre étoit fondé sur l'Incompatibilité des deux Bénéfices, & sur l'abus de la dispense, qui étoit, disoit-il, contraire aux Canons, aux Loix & aux Usages du Royaume; mais, par Arrêt solemnel de la Grand'Chambre du Parlement de Paris, rendu le 22 Juil. 1688, la dispense fut confirmée, & M. Berthier a joui paisiblement des deux Bénéfices jusqu'à sa mort.

La Déclaration donnée le 2 Avril 1727, en faveur des Officiers de la Chapelle & Oratoire du Roi, enregistrée au Grand-Conseil le 5 Mai suivant, porte que *tous Offices & Bénéfices dans les Eglises Cathédrales ou Collégiales (autres que les Dignités & Prébendes) chargés par les fondations, ou par l'usage des Chapitres d'un Service personnel & continuel, seront censés Incompatibles avec les charges de la Chapelle & Oratoire du Roi.*

Cette même Déclaration veut encore *que les Titulaires de pareils Offices & Bénéfices ne puissent être pourvus des charges de la Chapelle & Oratoire, qu'en se soumettant de résigner lesdits Offices ou Bénéfices, dans le temps de droit.*

Une pension sur un Bénéfice sujet à résidence, n'est pas incompatible avec un Bénéfice sujet à résidence, auquel le Pensionnaire est nommé depuis la création de la pension : cela a été ainsi jugé par Arrêt du Parlement de Paris, rendu le 20 Août 1739, sur les Conclusions de M. l'Avocat Général Gilbert, entre M. l'Abbé Boucher, Conseiller au Parlement, & le sieur Castaing, pour une pension réservée par M. Boucher sur le Doyenné de S. Emilion, avant qu'il fût Chantre en Dignité du Chapitre de S. Honoré. V. à ce sujet ce que je dis au mot *Pension.*

Un Ecclésiastique ne peut pas posséder deux Bénéfices dans la même Eglise, suivant l'article 73 des Libertés de l'Eglise Gallicane; néantmoins il y a quelques Cathédrales où l'on peut posséder en mêmetemps une Dignité & une Prébende.

Les Lettres-Patentes du 20 Mai 1664, portant érection de la Cathédrale de la Rochelle, déclarent les Dignités & les Canonicats de cette Eglise incompatibles.

» Lorsqu'un Clerc devient Titulaire d'un » Bénéfice, qui le rend Collateur d'un au- » tre Bénéfice dont il étoit pourvu, le der- » nier vaque de plein droit «.....(dit d'Héricourt, *Loix Ecclésiastiques*) » parce que » cette réunion est regardée comme une es- » pèce d'incéste spirituel. Il n'est pas plus » permis à un Ecclésiastique de conserver » ces deux Bénéfices, qu'il n'est permis à » un Laïc d'épouser la mere & la fille «.

INCOMPATIBILITÉ d'Offices.
Voyez *Juges, Offices,* & *Procureur Fiscal.*

Un Officier ne peut pas en même-temps être pourvu de différens Offices Royaux, sans une dispense particuliere qui s'obtient au Grand-Sceau, & qu'on nomme Lettres de Compatibilité, à moins que les Edits de création de ces Offices ne les déclarent compatibles avec d'autres; comme, par exemple, ceux qui ont été donnés pour les charges municipales, pour les charges sur les ports, quais & halles de Paris, &c.

Cette Incompatibilité est établie sur l'Ordonnance de Philippe IV de l'année 1302, sur celle de Charles VII de 1446, sur celle de Blois, article 113, & de Moulins, art. 18, & sur celle de François Premier, en 1535, qui porte que *nul ne peut tenir deux Offices incompatibles; que si aucun en impétre deux, sans faire mention du premier, le premier sera vacant; que s'il les détient tous les deux par trois mois, sans déclarer auquel il veut s'arrêter, ils seront tous deux vacans.* Voyez aussi l'article 31 de l'Ordonnance d'Orléans.

Les Charges de Bailli de Vincennes & de Prévôt de Pontoise, qui sont des Offices Royaux, se trouvant possédées par le même Titulaire, sans Lettres de Compatibilité, le Parlement interposa son autorité pour le faire opter : il fut à cette occasion rendu différens Arrêts les 11, 22 Décembre 1671, 22 Février & 2 Avril 1672.

Par Arrêt rendu sur les Conclusions de M. l'Avocat Général Gilbert, le 5 Juillet 1734, il a été jugé que le Lieutenant Général d'un Siége Royal, qui avoit en outre une commission des Fermes du Roi dans le même lieu, seroit tenu d'opter; &, jusqu'à son option, qu'il ne feroit point de fonction de Lieutenant Général.

Il a aussi été jugé que le Receveur des Consignations de Moulins, qui étoit en même-temps Avocat du Roi, seroit tenu d'opter. Cela est conforme à l'article 92 de l'Ordonnance de 1629, qui défend aux Juges de tenir les Greffes & les recettes des Consignations de leurs Jurisdictions, en leur nom, ou par personnes interposées, à peine de confiscation.

Un Arrêt rendu le 14 Février 1751, a ordonné que le Lieutenant Particulier de Sens, qui étoit en même-temps Receveur des Décimes, opteroit l'un des deux états, comme étant incompatibles.

Dans quelques endroits du Royaume, où les Praticiens sont rares, on souffre que les Notaires soient aussi revêtus de charges de Procureur; mais cela ne se tolere point dans les Villes principales, sur-tout dans celles où il y a Présidial.

Des Arrêts du Parlement de Paris, rendus les 17 Février 1725, & 9 Décemb. 1730, ont ordonné que deux Notaires & Procureurs à Crespy en Valois seroient tenus d'opter l'un des deux Offices.

Il avoit auparavant été ordonné à deux Procureurs de Province, qui s'étoient aussi fait pourvoir d'Offices de Notaires, d'opter dans trois mois. L'Arrêt, qui est du 23 Avril 1721, est dans le septiéme Volume du Journal des Audiences, liv. 4, ch. 6.

L'Edit du mois de Février 1740 (a) déclare incompatibles les Offices de Notaire & Procureur au Bailliage de Meaux (b) en Brie; & il y en a un autre du mois de Novembre 1741, qui prononce la même Incompatibilité pour les charges de Procureur & Notaire à Semur en Auxois.

Un Arrêt du Parlement, rendu le 2 Juin 1744, ordonne que ceux qui se trouvent pourvus des Offices de Procureur & Notaire dans la Ville de Bar-sur-Aube, feront tenus d'opter dans six mois; sinon le dernier Office par eux acquis, est déclaré vacant, conformément à l'article 18 de l'Arrêt de Réglement, rendu aux Grands-Jours de Clermont, le 10 Décembre 1665.

Mais un autre Arrêt, rendu le 19 Mars 1753, a jugé qu'à Roye en Picardie, où les Procureurs sont dans la possession d'être en même-temps Notaires sans Incompatibilité, le Substitut du Procureur du Roi au Bailliage de cette petite Ville, qui a la faculté de postuler, pouvoit aussi posséder un Office de Notaire, sans Incompatibilité. V. *Substituts*.

L'Edit du mois de Septembre 1760, registré le 27 Janvier 1761, contenant réduction des Notaires de Moulins, porte : » Faisons défenses à toutes personnes d'e- » xercer en même-temps, en ladite Ville » (de Moulins) lesdites fonctions de No- » taire & de Procureur en notredite Séné- » chaussée. Voulons que ceux qui se trou- » vent pourvus en même-temps desdits Of- » fices, soient tenus de faire leur option » dans un mois pour tout délai......faute de » quoi ils demeureront de plein droit inter- » dits de toutes les fonctions desdits deux

» Offices, sans qu'ils puissent en être relevés » qu'après ladite option; enfin la Cour, par » Arrêt rendu sur les Conclusions de M. de » S. Fargeau, le Lundi 13 Décembre 1762, » a jugé que les Offices de Notaire & Pro- » cureur à Saint-Quentin, étoient incompa- » tibles «.

L'article 78 de la Coutume de Tours porte que *nul ne peut être Notaire & Sergent en même Cour & Justice.*

Le Lieutenant Général de Bayeux avoit ordonné, par une Sentence du 30 Janvier 1733, que Me Philippes, Procureur au Bailliage, chargé de la perception des droits réservés, seroit tenu d'opter de sa charge ou de son emploi; mais cette Sentence a été cassée par Arrêt du Conseil du 14 Février suivant, lequel a maintenu Me Philippes dans les fonctions de son emploi, & dans celles de son Office de Procureur, avec défenses à tous Juges de rendre de pareilles Sentences. Il est en effet permis par les Edits des mois d'Octobre 1694, & Mars 1696, aux Contrôleurs des Actes, d'exercer leurs emplois avec des Offices sans Incompatibilité.

Malgré ces Loix sur la compatibilité de la qualité de Contrôleur avec celle de Titulaire d'Offices, & quoique plusieurs Arrêts du Conseil, rapportés dans le Dictionnaire des Domaines, art. *Compatibilité*, ayent jugé que divers Officiers pouvoient en même-temps faire la fonction de Commis des Fermes du Roi, le Parlement de Rouen a, par Arrêt rendu le 22 Août 1730, entre les Avocats de Beaumont-le-Roger & Me Dulong, Avocat & Contrôleur audit Beaumont-le-Roger, ordonné que Me Dulong seroit tenu d'opter l'un des deux états.

Le Samedi premier Août 1761, il est intervenu un Arrêt au Parlement de Paris, entre M. le Procureur Général & Me Sezure, Notaire & Procureur à Boiscommun, qui étoit aussi Contrôleur des Actes des Notaires, & Juge de différens endroits, par lequel, sur les Conclusions de M. Seguier, la Cour a ordonné que dans six mois, à

(a) Cet Edit avoit été précédé d'un autre du mois d'Avril 1664, par lequel, en réduisant les Notaires de Meaux au nombre de six, leurs Offices étoient également déclarés incompatibles avec ceux de Procureur au même Siége.

(b) Chenu, titre 27, n. 142, dit qu'il a été jugé aux Grands-Jours de Poitiers, tenus en l'année 1541, que les

Offices de Procureurs & ceux de Notaires à Meaux sont incompatibles.

Le même Auteur, *loc. cit.* dit que pareille Incompatibilité entre les Offices de Procureurs & Notaires à Chartres a été jugée par Arrêt du 25 Octob. 1557; & à Rheims, par Arrêt du 29 Novembre 1568.

compter de la fignification de l'Arrêt, ledit
Me Sezure feroit tenu d'opter entre fes Of-
fices, & la commiffion de Contrôleur des
Actes.

Les Notaires au Châtelet d'Orléans
avoient refufé *l'admittatur* au fieur Jouhanneton, qui vouloit fe faire recevoir leur
confrere à la place de fon pere; & leur raifon étoit, que le Sr Jouhanneton étoit Ré-
giffeur de l'Office de Receveur des Confignations d'Orléans, comme fondé de procuration du Titulaire. Ils difoient que les
deux fonctions étoient incompatibles; qu'au
moins, fi la Cour jugeoit qu'il n'y avoit
point d'Incompatibilité, elle devoit défendre au fieur Jouhanneton de faire les actes
relatifs à la recette des Confignations.

Mais, par Arrêt rendu le Samedi 22 Août
1761, la Cour a jugé qu'il n'y avoit point
d'Incompatibilité, & que le fieur Jouhanneton feroit reçu purement & fimplement.

Un autre Arrêt rendu au Confeil le 11
Août 1733, faifant droit fur les Conclufions
de l'Infpecteur du Domaine, a ordonné que
le Procureur du Roi en la Maîtrife de Bourges feroit tenu d'opter dans fix mois entre
ledit Office de Procureur du Roi & celui de
Juge de l'Abbaye de Plain-Pied, finon ledit
temps paffé, a déclaré l'Office de Procureur
du Roi vacant & impétrable.

Conformément aux articles 5 & 8 du tit.
2 de l'Ordonnance des Eaux & Forêts, &
à l'Arrêt du Confeil du 11 Août 1733, un
autre Arrêt du Confeil du 14 Août 1742,
a ordonné que, dans fix mois, le Sr Garde-
Muret fera tenu d'opter entre fon Office de
Maître Particulier des Eaux & Forêts de
Chauni, & celui de Bailli du Marquifat de
Genlis, & autres Seigneuries des environs;
finon le même Arrêt déclare l'Office de Maître Particulier vacant & impétrable.

La Cour des Aides avoit auparavant ordonné, par l'art. 20 de l'Arrêt de Réglement rendu entre le Procureur du Roi &
les Officiers de l'Election de Meaux, le 20
Septembre 1737, que les *Officiers* de ladite
*Election qui poffédéroient des Offices de Juge
dans les Juftices Seigneuriales, feroient tenus
d'opter, dans trois mois, laquelle des deux
charges ils entendoient exercer, ou de Juges
dans lefdites Juftices Seigneuriales, ou d'Elus
en ladite Election de Meaux; finon & à faute*

*de ce faire dans ledit temps, & icelui paffé,
que la Charge d'Elu en ladite Election eft déclarée vacante & impétrable au profit du Roi.*

Le Parlement de Touloufe ne permet pas
non plus aux Juges Royaux d'être en même-temps Juges des Jurifdictions Seigneuriales. Il a d'abord rendu un Arrêt le 13 Février 1685, qui défend aux Juges Royaux
d'exercer des Judicatures Banneretes, c'eft-
à-dire, de Seigneurs, fans Lettres de Compatibilité.

Il en a rendu un fecond le 8 Mai 1717,
par lequel il eft *défendu à tous Juges & Officiers* Royaux de fon reffort, de continuer
les fonctions de Juges des Seigneurs particuliers, fans en avoir préalablement obtenu
permiffion du Roi & des Lettres de Compatibilité, à peine d'interdiction & de nullité des procédures. La même chofe a encore été jugée par un Arrêt du 28 Mai
1720.

Depuis ces Arrêts, deux procédures extraordinaires ont été déclarées nulles au même Parlement, par Arrêts des 6 Juill. 1726
& de l'année 1736, parce qu'elles étoient
faites par des Juges Bannerets, qui étoient
en même-temps Juges de Seigneurs. *Voyez
Juges.*

Tous ces Arrêts font apparemment fondés fur l'art. 21 de l'Arrêt rendu en forme
de Réglement, aux Grands-Jours de Clermont, le 10 Décembre 1665, dont j'ai déja
parlé, qui fait défenfes *à tous Juges Royaux,
tant des Siéges où reffortiffent les appellations
des Juftices fubalternes, que des Juftices Royales & contigues lefdites Juftices fubalternes,
de prendre provifion, & de fe faire recevoir
en aucune charge defdites Juftices fubalternes.*

Cet article ordonne encore *que ceux qui
font dès-à-préfent pourvus, feront tenus d'opter dans trois mois, lequel des deux Offices
ils voudront retenir, comme étant lefdits Offices incompatibles. . . . . . .*

Lors de l'Arrêt rendu le 22 Janvier 1728,
par lequel la Cour a déclaré nulle la réquifition d'un Bénéfice pour un Gradué, faite
par un Notaire Apoftolique, qui étoit en
même-temps Greffier des Infinuations Eccléfiaftiques, M. l'Avocat Général Gilbert
de Voifins avoit conclu à ce qu'il fût fait
défenfes à tous Greffiers des Infinuations

Ecclésiastiques, & Notaires Apostoliques, d'exercer conjointement ces deux Charges ; mais la Cour n'a rien prononcé sur ce Réquisitoire. Voyez l'art. 7 de l'Edit du mois de Décembre 1691, par lequel il est dit que les Greffiers des Insinuations Ecclésiastiques ne pourront instrumenter, comme Notaires Royaux Apostoliques, en aucun acte sujet à insinuation dans leurs registres.

L'Incompatibilité des Offices de Judicature avec ceux de la Maison du Roi & des Princes, est prononcée par la Déclaration donnée sur le fait des tailles, le 23 Octobre 1680, qui porte que » tous les Pourvus
» d'Offices de Judicature, ou autre ayant
» fonction publique & serment à Justice,
» soit de nous ou des Seigneurs particu-
» liers, & des charges de notre Maison, au-
» tres Maisons Royales & des Princes de
» notre Sang, & autres Officiers jouissans
» de l'exemption des tailles employées dans
» les états registrés ès Cours des Aides.....
» soient imposés aux rôles des tailles & de
» l'impôt du sel, selon leurs biens & facul-
» tés, tant qu'ils demeureront pourvus con-
» jointement des deux Offices, nonobstant
» les privilèges des Commensaux, dont nous
» les avons déclarés déchus jusqu'à ce qu'ils
» ayent fait option...... nonobstant toutes
» Lettres de Compatibilité....... auxquel-
» les nous défendons d'avoir égard, encore
» qu'elles fussent registrées en nos Cours «.

Les Edits des mois d'Août 1705, & Septembre 1706, contiennent à peu près les mêmes dispositions.

L'article 3 de la Déclaration du 19 Avril 1727, publiée au Sceau le 24, porte qu'à l'avenir les seules personnes d'un état convenable aux Offices de Commensaux des Maisons du Roi, de la Reine, &c. en seront pourvus, & qu'il ne sera accordé aucunes provisions à ceux qui sont d'ailleurs pourvus d'autres Charges ou Emplois, qui exigent d'eux d'autres services que celui desdits Offices, à moins qu'il ne leur ait été accordé Lettres de Compatibilité à cet effet.

Le 6 Mars 1731, la Cour, par Arrêt rendu en la Grand'Chambre, sur les Conclusions de M. l'Avocat Général Gilbert de Voisins, entre la Princesse de Conti & le sieur Faure, Maître des Comptes, & Lieutenant Général de Mercœur, par lequel,

faisant droit sur le Réquisitoire du Procureur Général, a ordonné que dans trois mois le sieur Faure seroit tenu d'opter entre l'Office de Maître des Comptes & celui de Lieutenant Général du Duché de Mercœur (Justice Seigneuriale) sinon, & faute de ce faire, déclare l'Office de Lieutenant Général de Mercœur vacant & impétrable.

Le Parlement de Toulouse a, par Arrêt du 10 Juillet 1714, fait défenses aux Procureurs des Bailliages, Sénéchaussées & autres Justices Royales, de faire les fonctions de Greffier dans aucune Justice Seigneuriale......

Le Parlement de Paris a jugé, par Arrêt rendu le 22 Février 1760, que le Substitut du Procureur du Roi, au Bailliage de Roye en Picardie, pouvoit en même temps être Officier d'une Justice de Seigneur.

Voyez une Déclaration du 18 Avril 1709, qui a confirmé, moyennant finance, la compatibilité des Offices, dont les Titulaires se trouvoient pourvus.

INCOMPATIBLE.

Ce mot se dit des choses, des personnes ou des qualités qui ne peuvent s'accorder ensemble, ou qui ne peuvent se souffrir & subsister en même-temps. V. Incompatibilité de Bénéfices, Incompatibilité de Qualités, Incompatibilité d'Offices, &c.

INCOMPÉTENT.
Voyez Compétence & Déclinatoire.

Ce mot, qui est opposé à compétent, signifie celui qui n'a pas le droit ni le pouvoir de connoître ou de décider quelque chose. On dit qu'un Juge est Incompétent, quand on porte devant lui des contestations ou des demandes qu'il n'a pas droit de juger, ou dont la connoissance ne lui est pas attribuée.

Les appels qui s'interjettent des Sentences rendues par des Juges, que l'appellant soutient Incompétens, se décident au Parquet du Parlement ; mais si l'appel étoit interjetté, tant comme de Juge Incompétent qu'autrement, il seroit dans le cas des autres appels pour cause de mal jugé, & ne devroit plus se porter au Parquet, suivant un Arrêt du 4 Avril 1737.

L'exploit donné devant un Juge Incompétent, n'est pas nul. Le défendeur n'a que

la

la voie de décliner la Jurifdiction, & de demander fon renvoi devant le Juge qui doit connoître du différend; & fi ce renvoi n'eft pas accordé, le défendeur peut interjetter appel comme de Juge Incompétent.

Les appels d'Incompétence tombent en péremption, ainfi que la Cour l'a décidé par Arrêt rendu le 27 Avril 1742, plaidans Mes Auvray & Chénuot.

Les appels comme de Juge Incompétent, ont-ils un effet fufpenfif? V. *Exécution provifoire.*

INCORPOREL.

Ce mot s'entend au Barreau de tout ce qui n'a point de corps, & qui ne confifte qu'en droits & actions; ainfi, par exemple, les Offices font *des Biens Incorporels;* les rentes conftituées font *des Droits Incorporels*, &c.

INDEMNITÉ de Droits Seigneuriaux.

Les héritages dont les Gens de Main-morte font l'acquifition, ceffent d'être dans le commerce, au moyen de ce que les biens qu'ils poffédent font inaliénables; ainfi, comme ces acquifitions privent les Seigneurs, dont ces biens relevent, des droits de quint, de lods & ventes, & autres droits Seigneuriaux auxquels les mutations par vente donneroient ouverture, il eft jufte qu'ils dédommagent les Seigneurs qui fouffrent ce retranchement & cette privation de leurs droits: ce dédommagement fe nomme Indemnité, & il eft dû indépendamment de l'amortiffement qui appartient au Roi. Voyez *Amortiffement.*

L'Hôpital des Quinze-Vingts de Paris a prétendu qu'au moyen de ce que par diverfes Lettres-Patentes, nos Rois l'avoient exempté du droit d'amortiffement, fans reftriction, il devoit auffi être exempt du droit d'Indemnité pour deux maifons qu'il venoit

d'acquérir rue Saint Thomas-du-Louvre, mais les Fermiers du Domaine firent voir que ces deux droits étoient abfolument diftincts, & avoient des origines différentes; & en conféquence, par Arrêt rendu contradictoirement au Confeil d'Etat, le 19 Février 1760, les Adminiftrateurs de l'Hôpital des Quinze-Vingts ont été condamnés de payer au Roi la rente d'Indemnité dûe au Domaine à caufe de leur acquifition.

Quand il s'agit de l'acquifition d'un Fief, l'Indemnité dûe au Seigneur dominant, eft ordinairement fixée au tiers de la valeur du Fief (a), indépendamment du droit auquel l'acquifition ou la libéralité qui tranfmet la propriété, donne ouverture.

Si l'héritage dont les Gens de Main-morte deviennent propriétaires, eft tenu à cens, il eft dû le cinquiéme de la valeur pour l'indemnité (b). Au refte, plufieurs Coutumes fixent diverfement ces droits; & chacune d'elles eft fouveraine dans fon reffort.

En Provence, le droit d'Indemnité eft fixé à un droit de lods, qui fe paye au Seigneur tous les vingt ans, ou à un droit de mi-lods tous les dix ans. Le choix pour le payement du lods tous les vingt ans, ou du mi-lods tous les dix ans eft laiffé à la Main-morte; & en payant ainfi les lods ou mi-lods, la Main-morte eft difpenfée de donner homme vivant, mourant & confifquant.

Les acquifitions à prix d'argent ne font pas les feules qui donnent ouverture au droit d'Indemnité; toutes celles qui fe font par la voie d'échange, baux à rente, retraits féodaux ou cenfuels, déshérence, aubaine, bâtardife, accenfement, arentement, licitations, conceffions, dons, legs & généralement tous actes tranflatifs de propriété d'immeubles au profit de Gens de Main-morte, y font auffi foumis.

L'Indemnité appartient en totalité au Seigneur Haut-Jufticier, quand les Fiefs ou

___

(a) En Normandie, les Gens de Main-morte doivent, pour Indemnité, le tiers du prix des Fiefs, & le quart des Rotures; outre *l'homme vivant & mourant.* V. l'art. 21 des Placités.

Suivant un Acte de Notoriété donné en la Sénéchauffée de Ponthieu, le 16 Octobre 1690, il n'eft point dû d'Indemnité pour les acquifitions faites par les Gens de Main-morte dans les Villes & Banlieues d'Abbeville, Rue, Crotoy, & autres Villes du Ponthieu.

(b) Il fembleroit que les Francs-aleux, ne reconnoiffant aucuns Seigneurs directs, & ne donnant ouverture à aucun

droit de quint, de relief, lods & ventes, &c. lorfqu'ils font vendus, ne devroient pas être affujettis au droit d'Indemnité; mais, comme cette efpéce de biens eft néceffairement fituée dans le reffort d'une Haute-Juftice, & que le Seigneur eft privé du droit d'y fuccéder à titre de déshérence, confifcation, bâtardife, &c. lorfqu'ils paffent à des Mains-mortes, on juge qu'à raifon de la privation de l'exercice de ces droits, il eft dû une Indemnité au Seigneur dans la Haute-Juftice duquel ils font fitués; & on la fixe au dixiéme, en conformité de l'Arrêt de Réglement du 28 Mars 1692.

héritages roturiers acquis par des Gens de Main-morte, sont dans sa mouvance : » mais » lorsqu'ils sont situés dans la mouvance » d'un Seigneur censier, auquel la Haute-» Justice n'appartient pas ; alors si le Sei-» gneur Haut-Justicier demande Indemni-» té, l'on pourra lui adjuger la dixième par-» tie de la somme à laquelle le droit d'In-» demnité sera fixé, & cette portion pourra » encore être diminuée, s'il y a des disposi-» tions dans les Coutumes des lieux, ou des » circonstances particulieres dans les affai-» res qui donnent lieu de le faire «. Ce sont les termes de l'Arrêté de la Cour du 28 Mars 1692.

Le Seigneur ne peut user de main-mise, c'est-à-dire, de saisie féodale ou censuelle, pour se faire payer de l'Indemnité : il n'a à ce sujet qu'une simple action ; & lorsqu'il la dirige, les Gens de Main-morte doivent être condamnés à payer le droit, sinon à vuider leurs mains des héritages dans l'an-née de l'acquisition.

On pense néantmoins assez universelle-ment que le Seigneur ne peut plus contrain-dre les Gens de Main-morte de vuider leurs mains des héritages qu'ils ont acquis, quand une fois ils sont amortis, & qu'alors le Sei-gneur ne peut plus les poursuivre que pour le payement de ses droits d'Indemnité.

L'Indemnité payée au Seigneur, n'éteint, ni la mouvance, ni aucune des redevances Seigneuriales dont les héritages sont char-gés ; elle n'a d'effet que pour le dédomma-gement des droits que la Loi donne au Sei-gneur, quand il y a mutation dans la pro-priété ; & les Propriétaires restent chargés de faire la foi, fournir aveu, déclaration, &c. V. *Homme Vivant & Mourant.*

Les Gens de Main-morte peuvent eux-mêmes exiger le droit d'Indemnité, si d'au-tres Gens de Main-morte font des acquisi-tions dans leurs mouvances.

Comme l'Indemnité est un profit-de-Fief, l'action s'en prescrit par trente ans contre un Seigneur Laïc, & par quarante ans contre un Seigneur Ecclésiastique. V. la Coutume de Paris, article 12 ; & Bacquet, du Droit d'Amortissement, chap. 60.

Le Grand-Conseil ne pense pas de même. En effet, ce Tribunal a jugé en faveur du Procureur Général de l'Ordre de Malte, au

Grand-Prieuré de France, par Arrêt rendu le 24 Septembre 1757, que l'Indemnité dûe par les Capucins à cause de l'acquisition par eux faite lors de leur établissement au Ma-rais en 1624, n'étoit pas prescrite, & que dans trois ans ils seroient tenus de représen-ter la confirmation, si aucune avoit été ac-cordée par le Grand-Maître de Malte, du don de cette Indemnité que leur avoit fait M. le Prince de Vendôme, Grand-Prieur de France, par une Chartre du 8 Juin 1624, pour ensuite être ordonné ce que de raison.

Il faut donc que le Grand-Conseil ait re-gardé cette Indemnité comme opérant un re-tranchement dans le fonds du domaine du Grand-Prieuré, puisqu'il a jugé qu'elle n'é-toit pas prescrite ; car s'il l'eût regardée com-me un fruit, la prescription auroit eu lieu, au moyen de ce qu'il juge d'ailleurs que l'af-franchissement de la prescription dont l'Or-dre de Malte argumente dans ses affaires, n'a pas lieu quand il ne s'agit que de fruits. V. ce que je dis à l'article *Malte*, & l'Arrêt rendu contre les mêmes Capucins, dont je parle à l'article *Cens.*

En Forest & en Lyonnois, il est libre aux Gens de Main-morte qui acquierent des hé-ritages, de payer le droit d'Indemnité au Sei-gneur, ou de rester chargés de lui payer un droit de mi-lods tous les 30 ans, depuis & indépendamment des droits de lods qui lui sont dûs à cause de l'acquisition, ou de don-ner homme vivant & mourant, au décès du-quel il est dû un droit de mi-lods. V. *Lods & Ventes.*

La dame de Moras & le tuteur de ses en-fans ont été déboutés de la demande en paye-ment d'Indemnité formée par le feu sieur de Moras, Seigneur du Marquisat de S. Priest & de la Ville de S. Etienne-en-Forest, contre plusieurs Couvens & Gens de Main-morte de ladite Ville de S. Etienne, par Arrêt ren-du au rapport de M. de Montholon, le 18 Février 1735. Cet Arrêt a infirmé la Sen-tence rendue aux Requêtes du Palais le 29 Janvier 1731, qui condamnoit à payer ces droits.

Le Grand-Conseil a jugé de même par Arrêt rendu au rapport de M. de la Michau-diere, le 26 Septembre 1744, en déboutant l'Ordre de Malte des demandes formées con-tre l'Abbé de Bonneaigues, pour prétendus droits d'Indemnité dûs à la Commanderie de Mont-Ferrand, à caufe des domaines de Navés & Bonneval.

Quand une Main-morte vend à une autre Main-morte, l'Indemnité eft dûe par l'acquéreur, quoiqu'elle ait été payée par les Gens de Main morte vendeurs. Voyez *Bourjon.*

L'Indemnité payée par les Gens de Mainmorte, n'affranchit pas les acquéreurs du bien pour lequel elle a été payée, des droits de quint, & lods & ventes, s'il eft revendu & remis dans le commerce. V. à ce fujet un Mémoire inféré à la fin du premier volume du Recueil des Coutumes de Picardie, page 96.

L'Indemnité payée par une Main-morte au Seigneur dans la mouvance duquel elle a fait des acquifitions, ne peut pas fe répéter, lorfque l'héritage pour lequel elle a été payée, eft revendu & remis dans le commerce, encore bien que, comme je viens de le dire, l'héritage redevienne, par la revente, fujet aux mêmes droits de lods & ventes, &c. que ceux auxquels il étoit affujetti avant qu'on eût indemnifé le Seigneur.

Il y a même cela de fingulier, que, fi, au lieu de payer l'Indemnité en deniers comptans, la Main-morte avoit conftitué une rente, ou s'étoit chargée d'une redevance annuelle envers le Seigneur, auquel l'Indemnité étoit dûe, la rente ou la redevance ne s'éteindroit pas par la revente que la Mainmorte feroit de l'héritage. La Cour l'a ainfi jugé, par un Arrêt rendu fur les Conclufions de M. l'Avocat Général d'Ormeffon, le Samedi 27 Janvier 1743, dont voici l'efpéce.

Un Hôpital qui avoit acquis un Fief relevant de M. le Duc d'Aumont, avoit, pour tenir lieu d'Indemnité, promis de fe charger à perpétuité d'élever un enfant qui lui feroit envoyé par ce Seigneur. L'Hôpital ayant depuis revendu le même Fief, refufa de recevoir un nouvel enfant, préfenté par M. le Duc d'Aumont à la place de celui qui n'avoit plus befoin de fecours. Le prétexte de ce refus étoit, que le Fief rentroit dans le commerce, & que par conféquent M. le Duc d'Aumont rentroit dans fes droits.

M. le Duc d'Aumont répondoit que, fi on lui eût payé fon Indemnité en argent, on ne pourroit pas la répéter; que cet argent

non répétable formoit le capital de la charge perpétuelle à laquelle l'Hôpital s'étoit foumis; que par conféquent elle devoit être continuée.

En conféquence, par l'Arrêt dudit jour 27 Janvier 1743, la Cour condamna l'Hôpital à fe charger de l'enfant préfenté par M. le Duc d'Aumont, & de ceux qui lui feroient préfentés dans la fuite.

Les Menfes Abbatiales & Conventuelles de l'Abbaye de Saint-Cyran ayant été unies à l'Evêché de Nevers par une Bulle du Pape, confirmée par des Lettres-Patentes, M. le Duc de Rochechouart, dans la cenfive duquel fe trouvoient différens héritages dépendans de cette Abbaye, demanda le payement d'une nouvelle Indemnité, prétendant que l'union & le changement de poffeffeur qu'elle opéroit, donnoit ouverture à fon droit.

On lui répondit que l'union n'opéroit point un changement dans la propriété, qui reftoit toujours à l'Eglife, & que les Bénéficiers qui en jouiffoient, n'en avoient que l'ufufruit, ou même le fimple ufage; que l'union de l'Abbaye de S. Cyran à l'Evêché de Nevers donnoit d'autres Miniftres pour l'Office Divin, & non d'autres Propriétaires; &, par Arrêt rendu en la Grand'Chambre, le 13 Août 1742, M. le Duc de Rochechouart fut débouté de fa demande.

Quoiqu'il ne foit point dû de lods & ventes pour raifon d'acquifitions d'héritages faites pour l'utilité publique, les Auteurs penfent néantmoins que l'Indemnité eft dûe en ce cas; & le Grand-Confeil a condamné les Maire & Jurats de Bordeaux à la payer à l'Archevêque de cette Ville, par Arrêt rendu le 10 Mars 1763, à caufe des acquifitions faites par la Ville de Bordeaux, d'héritages roturiers pour former la Place Dauphine.

La Ville de Bordeaux convenoit qu'en général l'Indemnité eft dûe, même dans le cas d'acquifition pour l'ufage public, à caufe de l'eftimation des lods & ventes pour l'avenir; mais elle foutenoit n'en point devoir, parce que, dans le cas particulier, loin que l'Archevêque fouffrît du préjudice, fa Seigneurie étoit au contraire de beaucoup améliorée, au moyen de ce que les héritages reftans dans fa cenfive, augmentoient confidérablement de valeur, à raifon de la décoration de la Place & de fa proximité, & des bâtimens édifiés fur le terrein reftant.

L'Archevêque répondoit que ce fyftême n'étoit point admiffible ; que l'Indemnité étoit une dette perfonnelle à la Main-morte, qui ne pouvoit s'acquitter que par elle, & non par les bâtimens que faifoient conftruire le reftant des cenfitaires ; qu'il y avoit décroiffement & perte réelle dans l'étendue de la Seigneurie par le fait de la Ville, & par conféquent qu'elle devoit l'indemnifer : l'Arrêt l'a ainfi jugé, & a condamné la Ville à payer l'Indemnité à raifon du cinquiéme denier, conformément au Droit commun & aux Arrêts du Parlement de Bordeaux, pour en être fait emploi au profit du Bénéfice.

Quand des immeubles font donnés à Gens de Main-morte par des donations entre-vifs, on juge que c'eft à la Main-morte de payer le droit d'Indemnité; mais fi les immeubles font donnés par teftament, on juge que c'eft aux héritiers du teftateur à la payer, pourvû qu'elle n'entame pas la légitime ni les réferves Coutumieres. V. M. Louet & Brodeau, lettre A, n. 12; les Arrêts de Montholon, le Journal des Audiences, Bacquet & Ricard.

L'Indemnité dûe au Roi, comme Seigneur particulier, eft fujette à des régles particulieres : il y a à ce fujet une Déclaration du 21 Novembre 1724, enregiftrée le 27 Janvier 1725, qu'on trouve dans le Code des Curés, & un Arrêt du Confeil rendu le 4 ou le 14 Décembre 1731, revêtu de Lettres-Patentes du 18 du même mois, enregiftrées le 19, & d'autres Lettres-Patentes du 20 Novembre 1742, enregiftrées le 11 Décembre fuivant.

Ces dernieres Lettres, qui font abfolument oppofées à celles du 18 Décembre 1731, ordonnent entr'autres chofes, que *quand les Gens de Main-morte font des acquifitions d'immeubles fitués dans la Seigneurie directe & Juftice du Roi, ils en payeront l'Indemnité en rentes, de la maniere prefcrite par la Déclaration du 21 Novembre 1724, lors même que ledit droit d'Indemnité ne montera pas à 60 livres ; & cela pour conferver la trace du droit de Mouvance & de Juftice qui appartient au Roi.*

La Déclaration du 21 Novembre 1724, décide que le droit d'Indemnité dû au Roi

pour les acquifitions faites dans fa mouvance, *fera payé fur le pied fixé par les Coutumes ou Ufages des lieux :* c'eft ce que porte l'article 2.

Si, dit l'article 3, *les biens acquis font feulement dans l'étendue de nos Hautes-Juftices, l'Indemnité nous fera payée au dixiéme de la fomme qui nous feroit dûe, fi lefdits biens étoient auffi dans notre Mouvance.*

L'article 5 porte que, *pour tenir lieu du droit d'Indemnité dû au Roi, il fera payé annuellement & à perpétuité à fon Domaine, des rentes foncieres & non rachetables, fur le pied du denier trente, de la fomme à laquelle fe trouvera monter ledit droit d'Indemnité, fuivant les Coutumes & Ufages des lieux.*

Ce même article défend *aux Eccléfiaftiques & Gens de Main-morte,* de payer le capital dudit droit *en argent, à peine de nullité ; & ordonne qu'ils ne pourront en acquérir aucune prefcription,* par quelque temps que ce foit. Il défend *pareillement aux Fermiers & Régiffeurs des Domaines, de recevoir ledit droit en argent, à peine de* 1000 ₶ *d'amende,* &c.

L'article 9 porte que, *fi les Indemnités font dûes au Roi, à caufe de quelques-uns des Domaines tenus à titre d'apanage ou d'engagement, les Apanagiftes ou Engagiftes jouiront des rentes qui feront créées & conftituées au profit du Domaine par les acquéreurs Gens de Main-morte, pendant la durée de leur apanage ou engagement.*

Cette Déclaration n'a point été regiftrée au Parlement de Befançon ; parce que l'ufage de Franche-Comté n'étoit pas de payer le droit d'Indemnité, ni de donner homme vivant & mourant dans cette Province ; & qu'à la place de ces droits, les Gens de Main-morte y payent un droit de lods tous les 29 ans. Ainfi les régles générales fur l'Indemnité n'ont pas lieu dans cette Province. Le Roi, fur la repréfentation du Parlement de Befançon, a donné une Déclaration le 18 Mars 1731, qui forme une Loi particuliere qu'on peut confulter : l'étendue de fes difpofitions ne permet pas de lui donner place ici.

A l'égard de l'Indemnité dûe par le Roi, à caufe des acquifitions que Sa Majefté fait des biens fitués dans la mouvance des Seigneurs particuliers, elle eft fixée par un Edit du mois d'Avril 1667, regiſtré le Roi ſéant en ſon Lit de Juſtice, & par une Déclaration du 22 Septembre 1722, dont l'exécution a été ordonnée par un Arrêt rendu au Conſeil le 9 Décembre 1727, après avoir entendu les repréſentations de l'Archevêque de Paris, & de pluſieurs Communautés & Gens de Main-morte, & les réponſes de l'Inſpecteur du Domaine.

L'Edit du mois d'Avril 1667 ordonne qu'outre les droits de lods & ventes qui ſeront payés aux Seigneurs, dans la cenſive deſquels Sa Majeſté fera des acquiſitions d'héritages, il leur ſera en outre conſtitué une rente annuelle ſur le Domaine, telle que les arrérages d'icelle puiſſent en 60 années, égaler la ſomme à laquelle les lods & ventes deſdits héritages ſe trouveront monter, à raiſon du prix porté par les contrats d'acquiſition ; enſorte que les Seigneurs puiſſent, dans le cours de 60 années, recevoir le profit d'une mutation ; & que pour les héritages en Fief, cette rente ſera réglée à raiſon & ſur le pied du cinquiéme denier, ou autre, tel qu'il ſera dû par la Coutume des lieux.

Voyez l'Edit en entier ; il contient pluſieurs autres diſpoſitions, & ſinguliérement ſur la fixation d'une Indemnité, différente pour l'acquiſition de maiſons qui doivent être démolies.

Quand en Languedoc & dans le réſſort du Parlement de Toulouſe, des terres ſont priſes pour la conſtruction de Canaux publics, conſtruction de Forts, Caſernes, Murailles, Foſſés, Remparts, & autres édifices pour le ſervice du Roi, pour la conſtruction d'Egliſes Paroiſſiales, Cimetieres, Maiſons Presbytérales, Places publiques, Hôtels-de-Ville, Fours, Preſſoirs, Moulins, Séminaires pour l'uſage du Public, l'embelliſſement des Villes, &c. il n'eſt dû pour Indemnité au Seigneur, que le ſort principal de la cenſive, à raiſon du denier 25, ſi la directe eſt ſéparée de la Juſtice ; & du denier 30, ſi elle y eſt jointe.

Mais ſi les Gens de Main-morte acquiérent des héritages pour leur uſage particulier ; par exemple, pour conſtruire des maiſons Religieuſes, Parcs, Enclos, &c. le droit d'Indemnité eſt dû en conformité des Réglemens. Voyez l'Edit du mois de Février

1713, régiſtré au Parlement de Toulouſe le 21 Juin ſuivant.

INDICES.

On nomme Indices les conjectures qui réſultent des circonſtances, non pas certaines & néceſſaires, mais ſeulement probables, qui peuvent n'être pas véritables, mais qui du moins ſont néceſſairement accompagnées de vraiſemblance.

Les Indices ſuffiſent pour condamner un accuſé à la queſtion ; mais pour cela il faut, dit Bornier ſur l'art. 1 du tit. 19 de l'Ordonnance criminelle, *qu'ils ſoient indubitables & plus clairs que le jour*, c'eſt-à-dire, *qu'on ne puiſſe préſumer, ni croire le contraire.*

Sans cette clarté, & ſans un concours d'Indices, qui ne permettent pas de douter du crime de l'accuſé, on ne pourroit pas le condamner, ſans expoſer un innocent. Le ſieur Langlade condamné, & mort aux galeres pour un crime qu'il n'avoit pas commis ; le Brun, qui expira au milieu des tourmens de la queſtion, quoiqu'innocent du meurtre de la Demoiſelle Mazelle, dont il étoit accuſé, ſont des exemples bien funeſtes de la fauſſeté des indices, qui paroiſſent même les plus certains.

Entre pluſieurs événemens qui dépoſent contre les Indices, Carondas en rapporte un très-mémorable. Il dit qu'un homme, condamné à mort pour le meurtre de ſa femme, ſur des Indices qui paroiſſoient indubitables, & fortifiés par ſa propre confeſſion, n'échappa au dernier ſupplice, que parce que cette femme ſe repréſenta au moment de l'exécution. V. Carondas, liv. 9, ch. 1.

INDIGNES, INDIGNITÉ.
V. *Deuil, Incapable & Legs caduc.*

Il y a des perſonnes appellées à des ſucceſſions par la proximité de leur parenté, qui ne peuvent cependant les recueillir en certains cas ; parce que les Loix les en déclarent Indignes.

Ainſi l'homicide ne peut ſuccéder à ſon parent qu'il a tué, lors même qu'il a preſcrit contre le crime ; ſes enfans même ſeroient auſſi regardés comme Indignes de recueillir la ſucceſſion, ſi l'homicide étoit un aſcendant, à cauſe de l'horreur que nous avons du parricide. Il y a à ce ſujet un Arrêt célébre du 15 Mai 1665 , contre la Morineau, qui avoit fait affassiner fon pere. Elle avoit prefcrit la peine, & demandoit la fucceffion ; fa fille la demandoit auffi , & prétendoit que l'Indignité de fa mere ne pouvoit lui nuire ; mais elles furent déboutées l'une & l'autre.

On n'a pas la même rigueur en collatérale : fur cela voyez le Brun, Soefve , le Journal des Audiences , M. Louet & le Maître. V. auffi *Homicide*.

Plufieurs Arrêts ont auffi jugé Indignes de fuccéder, des parens qui n'avoient pas vengé la mort du défunt : cela dépend des circonftances. Voyez M. Louet, Brodeau, lettre H, & Bardet.

Tout récemment le Parlement de Touloufe a , par Arrêt rendu en la Grand'Chambre le 31 Mai 1748 , jugé qu'un frere, prévenu d'avoir tué fon frere , & qui avoit été mis hors de Cour fur l'accufation intentée contre lui à ce fujet, ayant depuis négligé la pourfuite du crime, étoit Indigne de la fucceffion. La queftion qui s'étoit d'abord préfentée à la Tournelle, y avoit été partagée le 21 Août 1747.

Le mari qui tue fa femme furprife en adultere, ne profite pas du don mutuel, ni des avantages qui lui étoient faits par fon contrat de mariage; il ne peut pas non plus avoir fa fucceffion, ni comme héritier du fang, ni par le titre, *unde vir & uxor*. Péléus rapporte fur cela un Arrêt dans fes Actions Forenfes , liv. 1 , chap. 1.

La raifon de cette décifion eft que, quelqu'excufable qu'ait été le meurtre, le meurtrier eft toujours Indigne. L'homicide, qui eft en horreur à la nature, ne peut être une voie naturelle ni légitime pour acquérir ; & fi la Loi n'eft point armée pour punir un crime, au moins elle demeure fans action, & elle n'a garde de prêter fon fecours & fa main pour récompenfer une cruauté qui l'offenfe. Voyez M. le Prêtre, cent. 3 , ch. 153 , & Carondas en fes Réponfes.

La veuve, qui mene une conduite diffolue, eft indigne de profiter des avantages de fon douaire, &c. V. *Deuil*.

La veuve du fieur Goubert de Ferrieres, Gentilhomme, lequel avoit été injuftement condamné au dernier fupplice par les Officiers de la Maréchauffée de Mantes, ayant appris qu'une fille du premier lit de fon mari pourfuivoit la révifion du procès aux Requêtes de l'Hôtel, intervint dans l'Inftance , & demanda des réparations civiles. La Demoifelle Goubert de Ferrieres, fille de l'Exécuté , foutint que la veuve, fa belle-mere, ne devoit point participer à ces réparations, parce que, du vivant même du fieur de Ferrieres , & depuis fon décès, elle avoit vécu impudiquement : on rapportoit un bail dans lequel cette veuve avoit , du vivant même de fon mari, pris la qualité de femme d'un nommé Paquin. Ses dérégleмens étoient notoires & prouvés. Par ces raifons, elle fut déclarée *Indigne* de participer aux 20000 livres de réparations civiles, & aux autres réparations honorables, en quoi les Juges & le Procureur du Roi de la Maréchauffée de Mantes furent folidairement condamnés envers la Demoifelle Goubert de Ferrieres, & la mémoire de fon pere, par Arrêt des Requêtes de l'Hôtel, rendu fur la révifion du procès, le premier Septembre 1699. Le même Arrêt condamne auffi les Juges à des peines afflictives & infamantes.

Me le Moine , Procureur au Châtelet , a auffi été jugé Indigne de recueillir la fucceffion d'un Huiffier-Prifeur fon frere, par Sentence du Parc Civil du Châtelet du 31 Août 1741, plaidans Mes Delorme, Paillet des Brunnieres & Simon, parce qu'il foutenoit que fa niéce, légataire univerfelle du défunt, dont elle étoit pareillement niéce , avoit vécu en mauvais commerce avec lui (défunt), & que, comme fa concubine, elle ne pouvoit recevoir un legs univerfel. On a regardé l'injure que Me le Moine faifoit à la mémoire de fon frere, en l'accufant d'incefte avec fa niéce, comme un motif fuffifant pour le déclarer Indigne de recueillir les réferves coutumieres.

Quoique l'héritier n'ait pas attenté à la vie du défunt , à la fucceffion duquel la Loi l'appelle, il eft néantmoins Indigne de lui fuccéder, fi on peut imputer fa mort à la négligence ou à la faute de cet héritier. Il eft privé de l'hérédité, fi, par exemple , il n'a pas révélé un affaffinat ou un empoifonnement exécuté, ou feulement tramé contre le défunt, (le Brun rapporte à ce fujet un Arrêt rendu le 11 Janvier 1602); ou fi, le voyant en péril de la vie, il a négligé de lui donner le fecours qu'il pouvoit lui procurer. Voyez Berault fur l'article 244 de la Coutume de Normandie.

Les Loix ont établi une autre efpéce d'Indignité contre ceux qui traitent de la fucceffion d'un homme vivant fans fa participation ; elles le privent auffi de la fucceffion. Voyez le Brun, liv. 3, chap. 9.

Elles prononcent la même peine contre ceux qui empêchent leurs parens de tefter, ou qui fuppriment les teftamens, ou enfin, qui ont voulu les forcer de tefter. Jean & Louis Boullay, qui avoient fupprimé le teftament de la veuve Caron leur fœur, ont été condamnés à l'amende honorable, & déclarés Indignes & déchus de recueillir & partager la fucceffion de ladite veuve Caron, par Sentence du Châtelet du 6 Mars 1733, confirmée par Arrêt du 19 Mai fuivant.

Il y a auffi des Indignités qui rendent les Eccléfiaftiques incapables d'acquérir, & même de poffeder des Bénéfices. Les Canoniftes mettent au nombre de ces incapables ceux qui ont été juridiquement accufés, convaincus & jugés coupables d'un crime, qui, fuivant les Canons, emportent l'irrégularité ou la privation d'un Bénéfice, comme le crime de lèze-Majefté divine & humaine, l'affaffinat, le crime de faux, la fimonie, l'homicide, l'adultere, le blafphême, &c. V. Rebuffe, Paftor, Van-Efpen, Fuet, d'Héricourt, &c. Voyez auffi ce que je dis aux articles *Capacité, Infâme, Simonie & Vacance.*

INDIVISION.
Voyez *Hypothéque & Licitation.*

Les cohéritiers, poffédans par indivis le même immeuble, ont un droit qui s'étend fur la totalité, & en même-temps fur chaque partie de la chofe : c'eft ce que les Jurifconfultes appellent, *totum in toto, & totum in qualibet parte.*

De ce principe il réfulte que, lorfqu'un d'eux acquiert en totalité la chofe dont il n'avoit que partie, cette acquifition ne lui en transfere pas la propriété, mais confirme feulement celle qu'il avoit déja, en faifant ceffer l'Indivis ; ce n'eft pas une mutation de propriété, mais feulement une confoli-

dation. Voyez Dumoulin fur l'art. 22 de la Coutume de Paris, n. 70.

Ce principe a fixé la Jurifprudence fur la queftion, autrefois très-controverfée, de fçavoir fi l'héritage adjugé par licitation à l'un des cohéritiers, lui eft propre pour la totalité ; l'affirmative ne fouffre plus aujourd'hui de difficulté. Voyez *Licitation.*

Cependant, fi deux acquéreurs d'une même chofe par un feul & même contrat, la font enfuite liciter, parce qu'elle eft indivifible, la licitation, fuppofé que l'un des deux fe rende adjudicataire, opère réellement un changement du propriétaire de la part qui eft acquife de nouveau par le moyen de la licitation ; c'eft pourquoi les créanciers de l'ancien propriétaire de cette part ne perdent point leur hypothéque, qu'ils ont acquis dès le moment que la propriété en a réfidé fur la tête de leur débiteur.

Il ne faut pas néantmoins conclure de-là, qu'il foit dû des lods & ventes. La Coutume en affranchit dans ce cas, parce que la licitation eft une fuite néceffaire du premier contrat. V. *Lods & Ventes.*

INDULGENCE.

On nomme Indulgence, la remife de quelque partie de la peine dûe au péché, que le Pape accorde en vertu des mérites de Jefus-Chrift.

L'ufage d'accorder des Indulgences, a pris naiffance pendant les perfécutions des Empereurs Payens, où un Martyr admettoit quelquefois les pécheurs à la participation du mérite de fes fouffrances.

On voit néantmoins dans le Nouveau Teftament, que S. Paul ufa d'Indulgence envers l'Inceftueux de Corinthe, en mandant à cette Eglife de le remettre dans la Communion des Fidéles, avant qu'il eût accompli fa pénitence, de peur qu'il ne fût accablé par un excès de trifteffe, & qu'il ne tombât dans le défefpoir. V. la 1re Epître aux Corinthiens, ch. 5, & la 2e, ch. 2.

INDULT.

On nomme Indult, des Refcrits que le Pape accorde relativement aux Bénéficiers.

Il y a deux efpéces d'Indults.

On nomme les uns actifs, & les autres paffifs.

Les Indults actifs font des graces accordées par les Papes aux Cardinaux, & à quelques autres Collateurs de Bénéfices; en conséquence de quoi ces Collateurs peuvent conférer librement les Bénéfices dépendans de leur collation, fans pouvoir être prévenus, durant les fix mois qui leur font accordés par le Concile de Latran. Le Pape, en accordant ces Indults, s'exclud lui-même du droit de prévention que lui donne le Concordat. V. *Prévention.*

L'Indult paffif eft véritablement une grace expectative; tel eft celui accordé à M. le Chancelier & à tous les Membres du Parlement. Cette efpéce d'Indult fera traitée dans un article particulier.

Les Indults actifs fe divifent en ordinaires & en extraordinaires.

Les ordinaires font ceux qui s'accordent aux Cardinaux & Collateurs, pour conférer les Bénéfices, comme je l'ai dit.

Les Indults extraordinaires font ceux que le Pape accorde aux Eccléfiaftiques & aux Souverains qui ne font pas Collateurs, comme aux Empereurs, Rois de France, de Sardaigne, & en conféquence defquels ces Princes nomment à certains Bénéfices, qui ne font pas de leur patronage : je parle de quelques-uns de ces Indults à l'art. *Patronage Royal.*

Il y a des Indults qui donnent aux Indultaires le pouvoir de conférer les Bénéfices Réguliers en Commende, & même de continuer les Commendes décrétées; mais ils ne le peuvent que quand l'Indult les y autorife fpécialement. V. *Commende.*

Comme le Pape eft maître d'accorder ou de refufer ces Indults, il les accorde avec plus ou moins d'étendue, felon qu'il veut gratifier les Collateurs. Aux uns, il les donne avec l'affranchiffement de la prévention; il refufe cet affranchiffement à d'autres: quelquefois il ne les accorde que pour un temps limité; & le Grand-Confeil a jugé par Arrêt rendu le 10 Juillet 1736, entre l'Abbé de Roquepine, & un fieur Prunier, que, quoique l'affranchiffement de la

prévention eût été accordé dans un premier Indult, la claufe ne fe fuppléoit pas dans un fecond, où elle n'étoit pas nommément exprimée.

Les Indults que les Papes accordent aux Collateurs, doivent être revêtus de Lettres-Patentes enregiftrées. Voyez Pithou fur les Libertés de l'Eglife Gallicane, édit. de 1715, in-4°. pag. 56.

Cependant, quand les Indults n'ont pour objet que d'exclure la prévention accordée au Pape par le Concordat; alors, comme leur effet n'eft que de remettre les chofes dans le Droit commun, auquel il a été dérogé par le Concordat, ils font favorables. C'eft à caufe de cette faveur que, par Arrêt rendu le 12 Avril 1728, au rapport de M. l'Abbé le Moine, la Cour, en confirmant la Sentence dont étoit appel, a maintenu le fieur Moigno dans la Cure de la Cropte, à laquelle il avoit été préfenté par M. le Pelletier, Abbé de S. Aubin d'Angers, en conféquence d'un Indult, qui n'étoit pas revêtu de Lettres-Patentes regiftrées.

Le fieur Moigno avoit pour adverfaire un fieur Raifon, pourvu en Cour de Rome avant la préfentation de l'Abbé de Saint Aubin, & ce fieur Raifon oppofoit le défaut d'enregiftrement; mais il ne fut point écouté.

Au contraire, le Grand-Confeil a, par Arrêt rendu le 11 Mars 1758, maintenu le fieur Pourteyron dans le Prieuré de Saint Pierre d'Herly, qu'il avoit impétré en Cour de Rome, au préjudice du fieur Louvel de Villarceau, pourvu du même Bénéfice en Commende, avant le fieur Pourteyron, par l'Abbé de Luxeuil, en vertu d'un Indult revêtu de Lettres-Patentes qui n'étoient pas encore regiftrées au temps de la provifion du fieur de Villarceau.

Le fieur Pourteyron foutenoit que cet enregiftrement étoit néceffaire, & il avoit raifon (*a*), parce qu'il s'agiffoit d'une Commende; ainfi l'efpéce étoit différente de celle jugée par l'Arrêt du 12 Avril 1728, dont j'ai parlé, puifque dans celle-là il ne

(*a*) Le fieur Pourteyron ajoutoit que les provifions du fieur Louvel étoient fous feing-privé & fans témoins, & qu'elles étoient par conféquent nulles, aux termes de l'article 23 de l'Edit du Contrôle de l'an 1637; mais ce moyen ne pouvoit pas être objecté, parce qu'en Franche-Comté,

où le Bénéfice avoit été conféré, on a toujours jugé valables les provifions données fous feing-privé & fans témoins, fuivant l'Acte de Notoriété donné par MM. les Avocats & Procureurs Généraux du Parlement de Befançon, dont je parle dans une note fur l'article *Minute.*

s'agiffoit

s'agiſſoit que d'exclure la prévention. La faculté de conférer en Commende, eſt en effet une grace d'une nature bien différente de l'affranchiſſement de la prévention.

Depuis cet Arrêt, le Grand-Conſeil en a rendu un autre ſur délibéré prononcé le 30 Septembre 1762, par lequel il a maintenu le ſieur de Severac dans le Prieuré de Saint Robert de la Pinche, que le Prince Louis, Abbé de la Chaiſe-Dieu, lui avoit conféré en Commende le 30 Mai 1757, en vertu d'un Indult du 12 Avril précédent, & qui n'avoit été revêtu de Lettres-Patentes que le 19 Juin ſuivant, regiſtré au Grand-Conſeil le 28 du même mois; mais dans cette eſpéce, l'adverſaire du ſieur Severac n'avoit aucun droit au Bénéfice qu'il lui conteſtoit : d'ailleurs, le ſieur Severac avoit, le 21 Avril 1760, obtenu à Rome une nouvelle Commende du même Bénéfice, & le Prince Louis lui avoit accordé de nouvelles proviſions le 10 Juillet ſuivant, pour corroborer & confirmer les premiers. Au reſte, voyez les Œuvres de Me Cochin, tome 2, page 606.

Le Prince de Modene, Abbé Commendataire de l'Abbaye d'Anchin en Artois, ayant obtenu du Pape un Indult le 18 Août 1747, pour être affranchi de la prévention, & pour conférer en Commende, &c. demanda des Lettres-Patentes ſur le Bref qui lui accordoit cet Indult. Les Etats d'Artois s'y oppoſerent, & prétendirent que la Province étoit dans l'uſage, & avoit le privilége de ne reconnoître aucun Indult; mais, par Arrêt rendu au Conſeil d'Etat le 29 Mai 1750, le Roi ordonna *que toutes Lettres-Patentes ſeroient expédiées ſur le Bref.* Cependant voyez *Commende.*

INDULT DU PARLEMENT.
Voyez *Gradué* & *Régale.*

L'Indult eſt un droit ou privilége accordé par nos Rois à tous ceux qui ſont Membres du Parlement de Paris, par le moyen duquel (droit) chacun d'eux peut obtenir un Bénéfice ſur le Collateur ou Patron Eccléſiaſtique, auquel la nomination du Roi eſt adreſſée.

Ainſi l'Indult eſt une eſpéce d'expectative Royale, réſidant radicalement en la perſonne du Roi, mais dont les Membres

du Parlement ſont l'objet, & dont ils ont l'uſage & l'utilité.

Les perſonnes qui jouiſſent du droit d'Indult, ſont Meſſieurs le Chancelier, le Garde des Sceaux, le Premier Préſident, les Préſidens à Mortier, les Préſidens des Enquêtes & Requêtes, les Conſeillers, les Maîtres des Requêtes, les Gens du Roi du Parlement, les Greffiers en Chef, Civil, Criminel, des Préſentations, & des Affirmations de voyages, les quatre Notaires-Secrétaires, le premier Huiſſier, & les Receveurs-Payeurs des gages de la Cour.

Les Ducs & Pairs, les Conſeillers d'honneur, les Conſeillers-honoraires, ni même les Conſeillers-nés du Parlement, n'ont pas droit d'Indult.

Le Greffier du Domaine, & les Gens du Roi des Requêtes de l'Hôtel, qui jouiſſoient autrefois du droit d'Indult, n'en jouiſſent plus.

Pour l'exercice du droit d'Indult, le Roi nomme à tel Collateur ou Patron Eccléſiaſtique de ſon Royaume qu'il lui plaît, un Officier de ſon Parlement, à qui ce Collateur ou Patron eſt obligé de conférer un des Bénéfices qui ſont à ſa collation, tel que cet Officier le requiert.

Cette nomination ſe fait par Lettres du grand Sceau. Elles étoient autrefois ſujettes à enregiſtrement au Parlement; mais cette formalité n'eſt plus d'uſage: il ſuffit que ces Lettres ſoient adreſſées au Collateur ou Patron Eccléſiaſtique, pour que celui-ci ſoit en conſéquence tenu de conférer le premier Bénéfice qui vient à vaquer après la notification.

Un porteur d'Indult ne peut, ni en même-temps, ni ſucceſſivement, obtenir la nomination ſur deux Collateurs. Il ne peut être nommé que ſur un ſeul, ainſi que le Grand-Conſeil l'a ſolemnellement jugé par Arrêt rendu le 7 Juillet 1729, pour le Prieuré de Saint Avit, dépendant de l'Abbaye de Saint Calès, en faveur de Dom Moreau, Religieux Cluniſte, contre le ſieur l'Herminier, qui avoit d'abord placé ſon Indult ſur l'Abbaye de la Pliſſe, & qui avoit depuis pris une nouvelle nomination ſur celle de Saint Calès, ſans renoncer à l'ancienne.

Si donc un porteur d'Indult veut le placer ſur un autre Collateur que celui qu'il en avoit d'abord grévé, il faut qu'il renonce à sa premiere nomination, & qu'il obtienne des Lettres de subrogation sur le nouveau Collateur qu'il veut en charger.

Les Lettres de nomination d'Indults ne peuvent être adressées que sur des Bénéfices remplis; elles seroient nulles & sans effet, si elles étoient données sur un Bénéfice sans Titulaire. C'est sur ce fondement que le Grand-Conseil a, par Arrêt du 21 Février 1735, maintenu un Pourvu en Cour de Rome du Prieuré de Juslets, dépendant de l'Abbaye de Bournet, Diocèse d'Angoulême, au préjudice du sieur Clopin, tenant l'Indult de M. Ferrand, & dont l'Indult avoit été assis sur ladite Abbaye, dix jours avant la nomination de l'Abbé.

Chaque Officier ne peut jouir de l'Indult qu'une fois en sa vie (a), & chaque Collateur ne peut aussi en être chargé qu'une seule fois en sa vie, ou pendant la vie du Roi, si c'est un Corps de Chapitre ou une Communauté: la Déclaration donnée par Henri II, le 5 Décembre 1558, y est précise.

Néantmoins, par exception à cette régle, lorsque les dignités de Chancelier & de Garde des Sceaux sont réunies dans une même personne, l'usage est de donner deux nominations au Chancelier-Garde des Sceaux.

Par une autre exception, si le Patron ou le Collateur qui étoit chargé d'un Indult, ne l'a pas acquitté, son successeur est tenu de l'acquitter, sans être lui-même affranchi de celui dont il devient débiteur personnel, si quelqu'un obtient sur lui des Lettres de nomination; ainsi un Collateur peut devoir deux Indults; l'un de son chef; l'autre du chef de son prédécesseur: le Grand-Conseil l'a ainsi jugé par Arrêt rendu le 31 Janvier 1732.

Si l'Officier qui a droit d'Indult, est Ecclésiastique, & a les capacités requises, il peut être nommé lui-même. S'il est Laïc, il peut présenter une autre personne (capable) pour être nommé en sa place par le Roi.

Ce droit s'étend sur tous les Bénéfices, tant Séculiers que Réguliers, même sur ceux de l'Ordre de Cluni. Il y a même cela de particulier, que, suivant un ancien usage, l'Officier peut présenter deux Clercs pour être nommés, au Collateur ou Patron Ecclésiastique; l'un Régulier, pour être pourvu d'un Bénéfice Régulier; l'autre Séculier, pour être pourvu d'un Bénéfice Séculier, ou même d'un Bénéfice Régulier, vacant par la mort d'un Commendataire, comme je le dirai ci-après; mais quand l'un des deux est rempli, l'autre ne peut plus faire usage de sa nomination; parce que chaque Officier n'a droit de nommer que pour un seul Bénéfice, & que chaque Collateur ou Patron Ecclésiastique n'en doit qu'un.

L'opinion générale est, que l'Indult appartient à nos Rois, jure coronæ. Il est fondé sur leur qualité de fondateurs des prélatures du Royaume, sur celle de Seigneurs universels & de souverains Fieffeurs, & par conséquent de ceux de l'Eglise; enfin sur le tribut de reconnoissance dû à cause de la permission d'acquérir &de posséder dans l'Etat des biens-fonds, qu'ils ont bien voulu accorder à l'Eglise, qui, dans l'origine, n'avoit point d'autres revenus que les aumônes & les oblations des Fidéles. Voyez *Bénéfices* & *Biens d'Eglise*.

Néantmoins, parce que quelques Papes ont donné des Bulles (b) approbatives, & même ampliatives de ce droit, les Partisans de la Cour de Rome disent que l'Indult n'est qu'une Expectative émanée de l'autorité du Pape: mais c'est attaquer les principes consacrés par la Jurisprudence la plus uniforme & la plus constante.

On n'avoit pas besoin en France de recourir à l'autorité du Pape pour confirmer le droit d'Indult. Si M. le Premier Président de la Vacquerie le recommanda en 1494, au Cardinal-Archevêque de Lyon,

(a) Cela doit s'entendre pour chaque Office; car si une même personne passe successivement d'une Charge à une autre, & que l'un & l'autre Office ait droit d'Indult; si, par exemple, un Conseiller devient Maître des Requêtes ou Président, il aura successivement un droit d'Indult en qualité de Conseiller, & un autre en qualité de Maître des Requêtes ou de Président.

(b) Les Bulles dont il est ici question, sont d'Eugene IV; (celle-là est de 1431,) & de Paul III; (celle-ci est de 1539.) Mais les monumens rassemblés par nos Jurisconsultes prouvent que l'exercice de ce droit a au moins commencé dans le douzième siécle; & si on ne peut pas prouver qu'il soit plus ancien, c'est sans doute parce qu'il n'étoit pas facile de conserver des monumens antérieurs. Voyez les anciens Mémoires du Clergé, tome 2, seconde partie, tirre 9.

qui partoit pour Rome, c'eſt parce que les Collateurs François avoient alors dégénéré des ſentimens qui, dans les temps de lumiere & de clarté, avoient animé leurs prédéceſſeurs; ils faiſoient ſouvent difficulté de déférer aux Mandemens & Lettres-Patentes que nos Rois leur adreſſoient en faveur des Officiers du Parlement; & cela fit déſirer le concours de l'autorité du Pape avec celle du Roi, pour ôter tout prétexte & accélérer l'exécution des graces expectatives que le Roi avoit la bonté de leur accorder.

La Pragmatique Sanction marque, par un Décret particulier, le reſpect qu'avoit l'Aſſemblée de Bourges aux recommandations que faiſoit le Souverain en faveur des Sujets qui avoient bien ſervi le Roi & le Public; & long-temps avant cette Aſſemblée, le Roi avoit ſouvent accordé des nominations, non-ſeulement pour des Canonicats des Cathédrales & autres Bénéfices dépendans des Evêchés, mais encore pour des places dans des Abbayes & Monaſteres.

Quoi qu'il en ſoit de l'origine de ce droit, contre lequel le Clergé a fait les repréſentations les plus preſſantes pour en arrêter l'exécution, voici quels ſont les principes auxquels il eſt ſoumis.

L'Officier du Parlement qui a droit d'Indult, doit en faire uſage pendant qu'il eſt titulaire de ſon Office, parce que ce droit n'appartient qu'aux Officiers actuels, & non pas aux Officiers honoraires. Ainſi, ſi l'Officier qui a droit d'Indult, vend ſa Charge ſans avoir préſenté un Eccléſiaſtique au Roi, il ne le peut plus après qu'il eſt dépouillé de ſon Office, quand même il obtiendroit des Lettres d'Honoraire.

Mais quand une fois l'Officier a préſenté un Eccléſiaſtique au Roi, pour être nommé à un Collateur ou Patron en conſéquence de ſon droit d'Indult, ſa mort ne change rien au droit du Préſenté; ſi celui-ci a obtenu des Lettres de Nomination, il jouira de l'effet de ces Lettres, quand même elles n'auroient pas encore été notifiées au temps de la mort de l'Officier.

Un Arrêt du premier Août 1678, a conſacré cette maxime: mais la queſtion ſeroit difficile, ſi l'Officier, après avoir préſenté, décédoit ou vendoit ſon Office avant que

l'Indult fût placé. Cette queſtion s'eſt préſentée au Grand-Conſeil en 1735; elle a même été plaidée par Me Fuet, pour un Eccléſiaſtique, porteur de l'Indult d'un Maître des Requêtes, qui avoit vendu ſa Charge, & obtenu des Lettres de Vétérance avant que l'Indult fût placé; mais comme la nomination étoit faite ſur une Abbaye qui ne devoit pas alors l'Indult, M. l'Avocat Général Bignon, qui porta la parole dans cette affaire, ſe détermina par cette derniere raiſon, & éluda l'autre queſtion; ainſi on ne peut pas dire que l'Arrêt qui intervint dans cette affaire, le 21 Février 1735, & dont j'ai ci-devant parlé, par lequel l'Indultaire fut débouté de ſes demandes, ait décidé cette queſtion.

La mort du Pape ou du Roi arrivée avant la notification des Lettres, n'apporte aucun changement au mandat accordé à l'Indultaire.

Ceux qui ont obtenu du Roi des Lettres de nomination, comme préſentés par des Magiſtrats ou autres Officiers ayant droit d'Indult, doivent eux-mêmes exercer leur droit. Ils ne peuvent, ni le permuter, ni le réſigner, ni le tranſmettre en façon quelconque, ſans l'agrément de l'Officier qui leur a donné ſon Indult. C'eſt l'opinion commune.

Quelques Auteurs ont penſé que les Officiers ayant droit d'Indult, pouvoient préſenter des Laïcs, parce que ce n'eſt pas la préſentation qui donne droit au Bénéfice; mais tous ſe font accordés à dire qu'il falloit être Clerc lors des Lettres de nomination du Roi, parce que ces Lettres donnent droit aux Bénéfices dépendans du Collateur auquel elles ſont adreſſées.

Il faut auſſi qu'au temps qu'un Indultaire requiert un Bénéfice, il ait les qualités requiſes pour le poſſéder; & par conſéquent un ſimple Clerc Indultaire ne pourroit pas requérir un Bénéfice qui requiert l'Ordre de Prêtriſe, quand il offriroit de ſe faire ordonner.

Anciennement les Lettres de nomination des Indultaires ſe notifioient par des Huiſſiers de Cour Souveraine, ou par Notaires Royaux: mais cette fonction eſt attribuée aux Notaires Apoſtoliques, à l'excluſion de tous autres Officiers, par l'Edit de création de ces Notaires, à peine de nullité: c'eſt la même régle que pour la notification des Grades (a): il faut auſſi exhiber les Actes originaux des titres de l'Indultaire, les notifier, en donner copie, &c. V. *Gradués.*

Les dignités des Egliſes Cathédrales & Collégiales, qui ne ſont pas ſujettes à l'expectative des Gradués, le ſont à celle des Indultaires, à moins que ces dignités ne ſoient vraiment électives; mais les dignités électives-collatives ſont aſſujetties à l'Indult.

Quand un Indultaire & un Gradué ont requis le même Bénéfice, l'Indultaire eſt préféré au Gradué: cela eſt ainſi réglé par le Concordat & par des Déclarations des 18 Janvier 1541, & 13 Mars 1543. Voyez le Traité de l'Indult.

Les Indultaires ſont même préférés à ceux qui ont des Brevets de Nomination du Roi, à cauſe du Joyeux-Avénement, ou ſerment de fidélité prêté au Roi par un nouvel Evêque; & cela, quand même ces Brevets ſeroient d'une date antérieure à celle des Lettres données en vertu de l'Indult.

Mais le Pape peut prévenir ces » Indultaires ſuivant le Concordat......... & » pour empêcher l'effet de la prévention, il » ſuffit que l'Indultaire ait requis le Bénéfice avant la date de la ſignature de la Cour » de Rome, ou que le Collateur ait diſpoſé » du Bénéfice en faveur d'une autre perſonne; parce que la réquiſition faite enſuite » par l'Indultaire, qui rend nulle la Collation de l'Ordinaire, ne donne point de » nouvelles forces à la ſignature du Pape, » qui n'avoit point prévenu l'Ordinaire «. Loix Eccléſiaſtiques, liv. 1, part. 2, ch. 9. Cependant voyez *Prévention.*

Les Indultaires n'ont que ſix mois, à compter du jour de la vacance, pour requérir des Bénéfices à cauſe de leur Indult; & ſi le Collateur y a pourvu un autre qu'un Indultaire dans les ſix mois, ſans qu'il y ait eu de réquiſition, la collation eſt bonne, & l'Indultaire ne peut plus troubler le Pourvu.

Lorſqu'un Indultaire veut requérir un Bé-

néfice en conſéquence de ſon Expectative, il a la faculté de le faire en perſonne, ou par un fondé de procuration ſpéciale: mais dans l'un ou dans l'autre cas, ſa réquiſition ne peut être faite que par le miniſtere de Notaires Apoſtoliques; il faut même qu'elle ſoit de plus inſinuée dans le mois de ſa date, à peine de nullité: les Edits de 1691 le décident textuellement.

Les Indultaires ne peuvent être contraints d'accepter des Cures ou autres Bénéfices à charge d'ames; on ne peut pas non plus les forcer d'accepter des Bénéfices d'un revenu au-deſſous de ſix cent livres: mais ils ont la liberté d'en requérir; & s'ils le font, le Collateur eſt obligé de les leur conférer, parce qu'il eſt libre à chacun de renoncer à un privilége introduit en ſa faveur. V. les Lettres-Patentes du mois de Juillet 1668, ampliatives de la Bulle de Clément IX, regiſtrées au Grand-Conſeil le 16 Novembre de la même année. Elles ſe trouvent à la fin du Recueil Canonique de la Combe.

J'ai dit plus haut qu'un Collateur ne peut être chargé qu'une ſeule fois en ſa vie du droit d'Indult: mais cela doit s'entendre pour le même Bénéfice; car un Collateur, pourvu en même-temps ou ſucceſſivement de pluſieurs Bénéfices, doit un Indult pour chacun.

Quoiqu'il y ait une vacance & une mutation dans les Bénéfices poſſédés par les Eccléſiaſtiques promus à l'Epiſcopat, & qu'ils ne puiſſent les conſerver que par le moyen des Bulles qu'ils obtiennent de Rome, cette eſpéce de vacance ne permet cependant pas de les charger d'un nouvel Indult ſur les mêmes Bénéfices.

Le Collateur qui, par la voie de regrets ou faute d'exécution des conditions inſérées dans une permutation ou réſignation, rentre dans le Bénéfice qu'il avoit réſigné ou permuté, ne peut pas être chargé d'un nouvel Indult à cauſe de ſa réintégrande.

Les Collateurs ou Patrons Eccléſiaſtiques ne peuvent être aſſujettis à l'Expectative des Indultaires, que quand ils ont dix Bé-

(a) On prétend néantmoins que pluſieurs Arrêts du Grand-Conſeil ont jugé valables des notifications d'Indult, faites par des Huiſſiers Royaux; & on en cite trois. Le premier, du mois de Septembre 1717, en faveur du ſieur le Gros, pour un Canonicat de S. Sauveur de Metz; le ſecond, du dernier Mai 1728, en faveur du ſieur des

Antons, pour un Canonicat de S. Malo; & le troiſiéme, du 8 Juin 1734, en faveur du ſieur Morin contre l'Abbé la Tour-Montaubert, pour le Prieuré de S. Caprais, dépendant de l'Abbaye de S. Guillain-le-Déſert. Mais il me paroît beaucoup plus prudent & plus ſûr, de faire notifier les Indults par un Notaire-Apoſtolique.

néfices à leur difpofition. C'eft l'opinion commune ; & la Combe attefte, dans fon Recueil de Jurifprudence Canonique, *verb.* Indult , art. 3 , n. 5, que telle eft la Jurifprudence du Grand-Confeil : cependant le même Grand-Confeil a rendu un Arrêt contraire, le 11 Mars 1757.

Il eft décidé par un autre Arrêt du même Tribunal, du 17 Août 1736, que lorfque les Evêques ne conferent point les Prébendes & Dignités de leurs Cathédrales, les Chapitres font tenus folidairement (avec eux Evêques) d'acquitter l'Indult & autres Expectatives Royales placées fur ces Eglifes, quoique du chef de l'Evêque, quelqu'ancien que foit le partage des Menfes & des droits de collation entre les Evêques & les Chapitres des Cathédrales.

Cet Arrêt eft intervenu entre un Indultaire, un Gradué & le Chapitre de Langres ; il eft imprimé avec le Plaidoyer de M. Navarre de Maifon-Neuve, qui eft très-beau & très-favant : on trouve encore ce Plaidoyer & l'Arrêt dans le Rapport fait par les Agens du Clergé en 1740, aux Piéces juftificatives.

Deux autres Arrêts du même Tribunal avoient auparavant jugé que l'Indult affectant tout le Corps de la Prélature, il y avoit lieu à la folidité, quelque divifion qu'on eût faite par tout autre acte que par le titre primitif de la fondation, quand même le partage de la collation donneroit aux Chapitres celles de certains Corps de Bénéfices.

Le premier, du 27 Juillet 1727, a été rendu contre le Chapitre d'Aix.

Le fecond, du 31 Mars 1735, dont on trouve l'efpéce dans la derniere édition du Traité de l'Indult de M. Cochet de Saint-Vallier, eft intervenu entre un Brévetaire de ferment de fidélité fur l'Evêque & le Chapitre d'Agen, & un Gradué pourvu par un Chanoine Tournaire.

Ces deux Arrêts ont été cités dans l'af-

faire de l'Abbé Dorfanne, contre le Chapitre de Saint-Victor de Marfeille, que le Grand-Confeil a auffi récemment jugé être tenu folidairement d'acquitter l'Indult placé du chef du Prélat, tant fur lui que fur fon Chapitre.

Il y a encore un autre Arrêt du mois de Mai 1738, contre le Chapitre de Blois.

Les Cardinaux font, comme les autres Collateurs, fujets à l'Expectative des Indultaires, à moins qu'ils n'en foient affranchis par des Lettres-Patentes enregiftrées, comme l'ont été les Cardinaux Urfini, d'Eft, Grimaldy, de Retz & de Bouillon, par Lettres du 29 Janvier 1672, qu'on trouve dans les anciens Mémoires du Clergé, tome 2, page 1661. Mais voyez le Recueil Canonique de la Combe, verb. *Indult*, article 3, n. 17.

Les Collateurs & Patrons Eccléfiaftiques des Pays d'Obédience, font auffi fujets à l'Expectative des Indultaires ; mais les Bénéfices qui font en Patronage Laïc, ou qui vaquent en Régale, n'y font pas fujets (*a*).

Il faut pourtant remarquer que l'exercice du Droit d'Indult, dont jouit le Parlement, eft fufpendu dans la Province de Bretagne, & dans les trois Evêchés de Metz, Toul & Verdun, par un Arrêt du Confeil du 20 Octobre 1726, par lequel il eft ordonné que, par *provifion*, *il ne fera expédié en la Grande Chancellerie, aucunes Lettres de nomination, en vertu dudit Indult, fur les Collateurs ordinaires* de Bretagne & des trois Evêchés. Mais voyez ce que dit M. de Saint-Vallier à ce fujet, dans fon Traité de l'Indult.

Les Collateurs du Pays d'Artois font affranchis de l'Indult de Meffieurs du Parlement. On peut voir fur cela l'Arrêt du Confeil du 19 Février 1677, dans la Combe (*b*) Mais ces exemptions n'ont lieu que pour les Bénéfices fitués dans les Provinces exemptes ; ceux qui font fitués ailleurs, & qui font à la nomination ou collation du

---

(*a*) D'Hericourt pofe ce principe comme certain ; mais il ajoute que quelques Auteurs penfent autrement. Voyez les Loix Eccléfiaftiques, liv. premier, part. 2, ch. 9, n. 35.

Le Grand-Confeil a rendu un Arrêt le 11 Mai 1711, par lequel il a maintenu un Indultaire dans la poffeffion d'un Bénéfice fitué en Franche-Comté.

(*b*) D'Hericourt prouve par de bonnes raifons qu'il donne fur cette maxime, & dans l'endroit que je viens de

citer, que l'Indult doit avoir lieu fur les Bénéfices du Comté d'Artois, nonobftant l'Arrêt du Confeil obtenu fur Requête par les Collateurs Artéfiens, le 19 Février 1677, fans avoir entendu le Parlement ; Piales penfe le contraire, parce que l'Artois n'appartenoit pas à la France lors de la Bulle de Paul III ; mais il faut fur-tout voir les réponfes du Roi 27 Mars 1674, & 25 Juin 1677, aux Cahiers des Etats d'Artois.

Bénéficier, dont le chef-lieu est situé dans un Pays d'exemption, sont sujets à l'Indult.

Il y a peu d'exemples que les Abbayes de Filles ayent été chargées de l'Indult du Parlement, parce qu'elles n'ont, pour la plûpart, que des Cures à leur présentation, & qu'on ne peut forcer des Indultaires à prendre des Cures. Cependant il est certain que les Abbesses & Prieures peuvent en être chargées, quand elles ont à leur Collation des Bénéfices capables de les remplir ; parce que tous les Collateurs, sans exception, étant assujettis à cette Expectative, on ne doit point en excepter : l'expression du sexe masculin comprend toujours le féminin ; & puisque les Gradués peuvent placer leurs dégrés sur des Moniales, il en doit être de même des Indultaires. Il y a sur cela une Consultation imprimée, faite par le célébre M. Nouet. On peut d'ailleurs consulter le Traité de l'Indult de M. de Saint-Vallier, ch. 5, ss. 3, n. 4.

» Quelques considérables que soient les » Bénéfices que possède d'ailleurs un Indul- » taire, il peut requérir le Bénéfice vacant, » en vertu de sa nomination, à la charge de » se démettre de ceux qu'il possédoit aupa- » ravant, s'ils sont incompatibles avec celui » qu'il requiert ; mais dès que l'Indultaire a » accepté un Bénéfice, dont le Collateur » l'a pourvu en conséquence de l'Indult, » quelque modique que soit le revenu de ce » Bénéfice, le Collateur qui n'est chargé » qu'une fois de cette Expectative, a rempli » son obligation ; & l'Indultaire ne peut » plus requérir aucun Bénéfice, en vertu de » son Indult.

» L'Indultaire est aussi censé rempli, si » (en conséquence de son Indult) ayant été » pourvu d'un Bénéfice contentieux, il a » composé avec son Collitigant, & aban- » donné ses droits pour quelqu'autre Bé- » néfice, ou pour une pension.

» Pour éviter toute contestation, il faut » que l'Indultaire, pourvu d'un Bénéfice » qui donne lieu au litige, se fasse évincer » contradictoirement ; alors il est en état de » requérir un autre Bénéfice, en représen- » tant le Jugement contradictoire par lequel » il a été évincé ; il est même libre à un In- » dultaire de refuser des Bénéfices litigieux,

» parce que personne n'est obligé de se char- » ger d'un Procès «. Loix Ecclésiastiques, liv. 1, part. 2, chap. 9, n. 23.

Si le Collateur dispose d'un Bénéfice dont il auroit dû pourvoir l'Indultaire, sans que celui ci fasse sa réquisition dans les six mois de la vacance, les Provisions, qui étoient valables dans leur principe, ne peuvent plus être contestées ; mais si l'Indultaire requiert le Bénéfice dans les six mois, la Provision devient nulle, & le Collateur ou Patron est obligé de conférer de nouveau le Bénéfice à l'Indultaire.

Si le Collateur d'un Bénéfice refusoit de le conférer à l'Indultaire qui l'a requis dans un temps utile, il faudroit qu'il se pourvût devant un des Exécuteurs de l'Indult, pour en obtenir les Provisions.

Ces Exécuteurs sont les Abbés de Saint Magloire, de Saint Victor, de Saint Denis & de Saint Germain-des-Prés, le Grand-Archidiacre, & le Chancelier de l'Eglise de Paris : chacun d'eux peut les accorder & donner l'Institution Canonique. Les Abbés de Saint Germain des-Prés, de Saint De-nis, & le Grand-Archidiacre de Paris, peu-vent même, en leur qualité d'Exécuteurs de l'Indult de Messieurs du Parlement, confé-rer des Bénéfices Réguliers aux Indultaires de Commende en Commende ; ce que ne peuvent pas les autres Exécuteurs, dont le pouvoir est borné à la simple Collation des Bénéfices Séculiers aux Séculiers, & des Bénéfices Réguliers aux Réguliers.

Pour entendre ceci, il faut sçavoir que les Collateurs, sur lesquels l'Indult est pla-cé, peuvent, suivant la Bulle ampliative de Clément IX, conférer aux Indultaires Sécu-liers des Bénéfices Réguliers, vacans par la mort de Commendataire, à la charge par l'Indultaire d'obtenir du Pape, dans huit mois de la date des Provisions, une confir-mation de la Commende : mais, en ce cas, il faut, à peine de nullité, que le Collateur déclare, dans les Provisions qu'il accorde, que le Bénéfice ne sera conféré en Com-mende, que pour cette fois seulement, & que, pour la vacance suivante, il sera con-féré en titre.

Un sieur Clavel perdit son Bénéfice en 1717, parce que ses Provisions ne conte-noient point cette expression.

Ainfi, fi le Collateur refufe de conférer un Bénéfice en Commende à l'Indultaire, & d'y inférer la claufe dont je viens de parler, l'Indultaire ne doit s'adreffer qu'à l'un des trois Exécuteurs qui ont miffion pour conférer les Bénéfices de cette maniere : les Provifions que lui accorderoit en ce cas l'un des trois autres, feroient abfolument nulles, au moyen de ce qu'ils n'en ont pas le pouvoir.

Quand un Indultaire décede après fa nomination, & même après la notification de fes Lettres, fans avoir été pourvu d'un Bénéfice en conféquence de fon Indult, l'Officier du Parlement peut en préfenter un autre : on juge même au Grand-Confeil que la nomination faite fans la claufe d'Irrévocabilité, peut être révoquée *ad nutum*, jufqu'à la notification des Lettres au Collateur, quand même elles auroient été infinuées, à moins qu'elles ne contiennent une claufe d'Irrévocabilité.

Mais fi la préfentation au Roi contient la claufe d'Irrévocabilité, ou fi après une préfentation qui ne contenoit pas cette claufe, le Préfenté a obtenu, fait infinuer & notifier des Lettres de nomination, l'Officier ne peut plus varier pour faire une autre préfentation, fi ce n'eft ;

1°. Pour caufe d'ingratitude de la part de l'Eccléfiaftique nommé.

2°. Dans le cas où cet Eccléfiaftique deviendroit indigne ou incapable d'être pourvu par le Collateur.

3°. Dans le cas où l'Officier qui auroit préfenté un Etranger, prendroit la Tonfure, & voudroit fe préfenter même avant que celui qui avoit été nommé, fur fadite préfentation fût rempli ; mais en ce dernier cas il faudroit rendre les frais de préfentation & de nomination au Prieuré préfenté.

Le Légat d'Avignon ne peut ufer du droit de prévention au préjudice de l'Indult de Meffieurs du Parlement. Le Grand-Confeil l'a ainfi jugé par Arrêt rendu au rapport de M. Dreux, le 26 Septembre 1711, dont l'efpéce & les moyens des Parties font rapportés avec quelque détail dans la nouvelle édition *in-folio* des Arrêts d'Augeard, tome 2, n. 123. Voy. les notes fur l'article *Prévention*.

Des Lettres-Patentes du mois de Juillet 1668, attribuent au Grand-Confeil, à l'exclufion de tout autre Tribunal, la connoiffance des affaires qui regardent l'Indult de Meffieurs du Parlement.

Sur cette matiere voyez un excellent Traité fait par M. le Préfident Cochet de S. Vallier.

INFAME, INFAMIE.
Voyez *Offices* & *Peines*.

L'Infamie, felon la force du mot, eft la perte de la réputation & de l'honneur.

L'Infamie naît de deux fources ; fçavoir, du crime & de la profeffion ; & on la diftingue en Infamie de fait & en Infamie de droit. (Sur cette diftinction voyez ce que dit M. le Maître vers le milieu de fon trentiéme Plaidoyer).

L'Infamie de fait eft la même que celle qui naît de la profeffion, comme de celle de Bateleurs, de Farceurs, de Comédiens, &c. Cette premiere efpéce d'Infamie ne fubfiftant qu'autant que fa caufe, elle eft ôtée par le changement de profeffion, fuivi d'une vie réguliere & édifiante.

L'Infamie de droit eft celle que la Loi prononce, ou qui fuit de la condamnation du coupable, lorfque la peine imprime cette note flétriffante.

Les décrets d'ajournement perfonnel & de prife-de-corps, produifent le même effet que l'Infamie, jufqu'à ce qu'ils ayent été purgés & fuivis d'un Jugement ou d'abfolution, ou du moins d'une condamnation qui n'emporte point d'Infamie, comme d'être mandé & admonefté, d'aumôner une certaine fomme, &c.

On doit mettre au nombre des peines infamantes :

1°. Toutes les peines corporelles. Voyez *Peine*.

2°. Toutes les peines afflictives. Voyez *idem*.

3°. La peine d'être conduit par les rues à cheval ou fur une âne, avec un chapeau de paille, qui fe pro... contre les Maqueraux & Maquerel...

4°. Le blâme emporte auffi Infamie, fuivant l'Arrêt rendu le 18 Janvier 1701, & rapporté au Journal des Audiences. Le blâme differe en cela de l'exil ; car ceux qui font simplement exilés par ordre du Roi, sans condamnation juridique, ne perdent aucun des droits qui appartiennent aux citoyens.

5°. L'amende prononcée en matiere Criminelle, a le même effet d'Infamie, quand elle est confirmée par Arrêt (a), (Ordonnance Criminelle, tit. 25, art. 7); il en est autrement de l'amende en matiere Civile & de Police; ce n'est alors qu'une peine pécuniaire qui n'influe en rien sur la réputation. Voyez Loyseau, des Seigneuries, chap. 16, n. 22. Mais voyez aussi le même Auteur, Traité des Offices, liv. 1, chap. 13, n. 60 & suivans.

La réclusion des filles publiques à l'Hôpital ou dans une Maison de Force, qui se prononce en conséquence de la Déclaration du 26 Juillet 1713, ne paroît pas être regardée comme infamante par cette Loi; cependant voyez *Peine*.

L'admonition n'est ni afflictive ni infamante; elle ne rend point un Officier incapable de ses fonctions.

Il en est de même de l'abstention de certains lieux, qu'on prononce quelquefois lorsqu'il s'agit d'injure entre Gens de Robe.

La peine de la question préparatoire n'est pas infamante, lorsqu'elle n'est pas suivie d'un Jugement qui prononce d'autres peines emportant Infamie.

Les Infames ne peuvent posséder aucune Charge; ils sont exclus des Dignités municipales, & leur témoignage n'est point reçu en Justice.

L'Infamie ne finit point avec la peine: ainsi un condamné au bannissement à temps est Infame pour toujours; c'est ce qui a été jugé par Arrêt de la quatriéme Chambre des Enquêtes, rendu le 9 Mai 1731.

Les opinions s'étoient trouvées partagées sur cette question en la cinquiéme: il s'agissoit de sçavoir si un sieur Normand, condamné par contumace à un bannissement pendant neuf ans, mais qui avoit prescrit le crime par vingt ans, au moyen de ce que la condamnation n'avoit été ni signifiée ni

exécutée, avoit aussi prescrit l'Infamie, & pouvoit posséder une Chapelle de Nesle, que lui disputoit un sieur Duhamel: l'Arrêt jugea le sieur Normand indigne du Bénéfice par la perpétuité de son Infamie.

Un Jurisconsulte de nos jours, qui a écrit sur les matieres Bénéficiales avec beaucoup de précision & d'exactitude, dit qu'on n'admet point aux saints Ordres ceux qui se rendent Infames en transgressant les Loix Civiles qui sont en usage dans chaque Pays. V. *Loix Ecclésiastiques*, liv. 2, ch. 4, art. 2, n. 34.

L'Infamie de droit ne peut cesser que par une grace spéciale du Prince bien & dûement enthérinée; & si un Ecclésiastique obtenoit une pareille grace pour posséder des Bénéfices en conséquence, il faudroit le concours des deux Puissances.

Un Officier condamné au blâme, & qui a été réhabilité, peut-il être reçu dans un autre Office? Voyez *Office*.

INFÉODATION.

Voyez *Démembrement de Fiefs*, *Dixmes inféodées*, *Fiefs*, *Jeu de Fief*, *Réunion*.

On nomme Inféodation, le changement ou l'érection en Fief d'un héritage qui étoit auparavant Roturier.

Quelquefois ce mot s'entend aussi du démembrement que fait un Seigneur d'une partie de son Fief qu'il aliéne au profit de quelqu'un, qui par-là devient son Vassal.

Quelquefois aussi ce mot signifie l'approbation que donne le Seigneur Suzerain au démembrement du Fief de son Vassal.

Enfin, le mot Inféodation signifie aussi très-souvent la réception de la foi & hommage du Vassal par le Seigneur dominant.

INFORMATION.

V. *Confrontation*, *Dénonciateur*, *Enquête*, *Plainte*, *Preuves* & *Témoins*.

Une Information est un Procès-verbal dressé par un Juge ou Commissaire, qui contient ce que les témoins ont dit sçavoir sur les événemens & sur les faits pour lesquels ils ont été appellés en témoignage.

(a) Le Parlement de Bretagne a sur cela une Jurisprudence particuliere; & les Avocats de ce Parlement ont attesté, par un Acte de Notoriété du 28 Juin 1723, qu'on trouve à la fin du second Volume du Journal du Parlement de Rennes, non-seulement que l'amende n'est point infamante en Bretagne; mais que l'on peut y condamner, quoiqu'il n'y ait eu ni décret de prise-de-corps, ni Réglement à l'extraordinaire.

On n'informe ordinairement qu'en matiere Criminelle ; & quoiqu'en matiere Civile on entende aussi quelquefois des témoins pour l'éclaircissement d'un fait, on ne nomme point en ce cas Information le Procès-verbal qui contient ce qu'ils ont déclaré sçavoir ; on le nomme Enquête. V. *Enquête.*

Il y a pourtant deux cas pour lesquels on informe aussi en matiere Civile ; le premier, lorsqu'il s'agit de recevoir un Officier dans une Charge, les Loix du Royaume veulent qu'il soit fait Information de ses vie & mœurs, & s'il est de la Religion Catholique Romaine, parce qu'on ne doit admettre aux fonctions publiques, que des hommes Religieux, de bonnes mœurs, affectionnés au service de l'Etat & du Public. V. *Réception.*

Le second cas où l'on informe en matiere Civile, est lorsqu'il s'agit d'union de Bénéfice, ou de quelque changement dans un établissement public, comme Collége, Paroisse, Hôtel-de-Ville, Hôpital, &c. on informe alors de la commodité ou incommodité que peut apporter le changement projeté, & cette Information se nomme *de commodo vel incommodo.*

Les Juges ne peuvent informer qu'à la requête d'une Partie civile ou de la Partie publique, si ce n'est dans le cas du flagrant-délit. Cependant voyez le Commentaire de M. Jousse, sur le titre 3 de l'Ordonnance Criminelle. Mais voyez aussi ce que je rapporte d'un Arrêt du 22 Décembre 1731, à l'article *Maréchauffée.*

Ce même Arrêt fait défense au Sr Gouel, Lieutenant de la Maréchauffée de Mantes, » de rendre des Ordonnances portant permission d'informer sur les seuls Procès-verbaux des Exempts, & avant que lesd. » Procès-verbaux ayent été communiqués » au Substitut du Procureur du Roi ; & » qu'il ait été rendu plainte des faits contenus en iceux, sans préjudice néantmoins » à lui d'informer sans plainte & Ordonnance préalables dans le cas du flagrant-délit «.

Enfin, cet Arrêt *a fait défense au Lieutenant Général de Limours, de faire aux témoins lecture des interrogatoires des accusés, lors de leurs dépositions.*

Dans les Enquêtes, le nombre des témoins qu'une Partie peut faire entendre, sur un même fait, est limité à dix ; ou si elle en appelle un plus grand nombre, les frais que l'augmentation occasionne, ne peuvent pas se répéter contre l'autre Partie au cas où elle succombe en définitif.

Mais en matiere Criminelle, le nombre des témoins n'est pas limité.

La Partie Publique, & la Partie Civile, (& non l'accusé) peuvent l'une & l'autre administrer les témoins qui sont ouis dans les Informations en matiere Criminelle : Ordonnance de 1670, titre 6, art. 1. Mais voyez aussi *Réception.*

L'article 2 du même titre de cette Ordonnance, permet de faire entendre dans les Informations, les enfans de l'un & de l'autre sexe, quoique d'un âge au-dessous de la puberté, sauf à apprécier la solidité de leur témoignage.

L'article 3 veut que les Laïcs qui seront assignés, soit pour déposer dans une Information, soit pour être récollés ou confrontés, soient tenus de comparoir ; faute de quoi l'Ordonnance permet de les y contraindre par amende sur le premier défaut, & par emprisonnement en cas de contumace. Mais cela doit s'entendre du Juge Laïc seulement ; car le Juge d'Eglise ne peut contraindre par amende les témoins à déposer, suivant l'Arrêt rendu le 19 Mars 1712, contre l'Official d'Amiens.

A l'égard des Ecclésiastiques, l'Ordonnance permet de les y contraindre par amende & par saisie de leur temporel : elle enjoint même aux Supérieurs Réguliers de faire comparoir leurs Religieux sous les mêmes peines.

En assujettissant à comparoir, tous ceux qui sont assignés, l'Ordonnance ne les assujettit pas à déposer, cela ne seroit pas raisonnable ; car il y a des personnes qu'on ne peut pas naturellement contraindre à déposer dans certains cas, comme les enfans contre leur pere ou mere, les femmes contre leur mari, *aut vice versa,* les personnes qui ont été conseils, &c.

Au reste, lorsqu'un témoin prétend ne pas devoir déposer, le Juge ou l'Officier qui procéde à l'instruction, doit en dresser Procès-verbal, & cela forme un incident qui

doit fe juger au Siége où le Procès s'inftruit.

A l'égard des témoins qui ne peuvent
comparoir, ils doivent préfenter une Exoine. Voyez *Exoine*.

Si le témoin affigné pour dépofer, crai-
gnoit d'être arrêté pour dettes civiles en allant porter le témoignage qu'on exige de
lui, il pourroit demander un fauf-conduit,
qu'il feroit raifonnable de lui accorder. V.
dans le 7ᵉ volume du Journal des Audiences, l'Arrêt du 14 Février 1718, qui ordonne qu'un témoin fera conduit au Palais
par un Huiffier, & qui fait défenfes de l'arrêter pendant fa conduite.

Quand il y a des Exoines préfentées de la
part des témoins, le Juge doit fe tranfporter lui-même en leur domicile pour les entendre, ou donner une commiffion rogatoire au plus prochain Juge Royal, fi la demeure du témoin eft trop éloignée.

Tout témoin doit être affigné : autrement,
& s'il fe préfentoit lui-même de fon propre
mouvement pour dépofer, fon témoignage
feroit fufpect. C'eft pour cela que l'article
4 du titre 6 de l'Ordonnance Criminelle
exige que les témoins faffent apparoir de
l'exploit qui leur a été donné pour dépofer,
& qu'il en foit fait mention dans leurs dépofitions.

Cependant, quand il s'agit d'un flagrant-
délit, le même article permet aux Juges d'en
entendre d'office fans affignation.

On excepte encore de la néceffité de l'affignation, les témoins entendus dans les Informations de vie & mœurs, parce que ces
témoins font choifis par le miniftere public.
Voyez *Réception*.

Les Fermiers ont néantmoins prétendu
qu'il falloit faire donner des affignations en
pareil cas, parce qu'il leur étoit dû un droit
de contrôle ; mais leur prétention a été rejettée par deux décifions du Confeil des 6
Juin 1733, & 17 Décembre 1746.

Si le témoin affigné pour dépofer, n'eft
pas entendu au jour & à l'heure qui étoient
indiqués par l'exploit, eft il néceffaire de le
réaffigner avant de l'entendre dans un autre
temps ? Cette queftion s'eft préfentée entre un fieur Joiron, le Curé de Magnac, &
autres.

Mᵉ de Laverdy, défenfeur des appellans, qui demandoient la nullité d'Information, dans laquelle plufieurs témoins avoient
été entendus à autres jour & heure que ceux
portés par l'exploit fans affignation nouvelle, foutenoit qu'il réfultoit de-là une
nullité.

M. l'Avocat Général Gilbert de Voifins,
qui porta la parole dans cette affaire, obferva qu'aucun Réglement n'affujettiffoit à la
réaffignation, que l'Ordonnance exigeoit
qu'il y eût un exploit, & qu'il fût préfenté
au Juge, que cette formalité étoit néceffaire pour affurer que les témoins n'étoient pas
venus dépofer d'eux-mêmes ; mais que dès
que les témoins avoient été affignés, il importoit peu qu'ils euffent été entendus à
l'heure & au jour indiqués, ou depuis ; que
la dépofition de l'un ou de plufieurs témoins
pouvoit durer long-temps, & que le Juge
ne pouvoit pas fçavoir précifément en quel
temps il pourroit les entendre tous.

Que d'affujettir à des réaffignations toutes les fois que les témoins ne pourroient
être entendus à l'heure indiquée par l'exploit, ce feroit multiplier les procédures
fans néceffité, puifqu'il pouvoit arriver qu'il
ne fût pas encore poffible au Juge de les entendre à l'heure portée par l'exploit de réaffignation, &c. & qu'au lieu d'embarraffer les
procédures criminelles, on devoit au contraire chercher à les fimplifier.

Ces motifs ont déterminé la Cour à rejetter le moyen de nullité propofé par Mᵉ
de Laverdy. L'Arrêt qui eft intervenu à ce
fujet, a été rendu à la Tournelle, le 12 Janvier 1731 : il a confirmé purement & fimplement.

Ce même Arrêt a encore jugé que les
Juges ordinaires pouvoient informer par
addition après le décret décerné, fans une
nouvelle Ordonnance. M. l'Avocat Général Gilbert de Voifins, a obfervé fur ce point
particulier, que cela avoit autrefois fait difficulté ; mais qu'on avoit cru devoir diftinguer les Lieutenans Criminels qui font de
droit Juges d'inftruction, d'avec les Juges
qui n'agiffoient que par commiffion ; &
qu'on avoit toujours jugé qu'à l'égard des
premiers, l'Ordonnance portant permiffion
d'informer par addition, n'étoit pas néceffaire.

» La permiffion d'informer fur la plainte,

» dit le même Magiſtrat, doit avoir ſon ef-
» fet, tant qu'il ſe trouve des perſonnes à
» entendre ; & le décret ne doit point em-
» pêcher la Juſtice de continuer à prendre
» les éclairciſſemens qu'elle croit néceſſaires
» pour connoître la vérité. » Cependant
voyez le Recueil de la Combe, verb. *Official*, article *Information*.

Le témoin aſſigné pour dépoſer vérité dans
une Information, doit être enquis de ſon
nom, âge, qualité & demeure, & s'il eſt parent, allié, ſerviteur ou domeſtique des
Parties ; & du tout il doit en être fait mention ſuivant l'Ordonnance, à peine de nullité de la dépoſition & des dépens, dommâ-
ges & intérêts des Parties, contre les Juges.
Ibid. art. 5 & 6.

L'Ordonnance Criminelle ne preſcrit pas
dans quel ordre chacune de ces mentions
doit être faite ; & dans l'uſage, on a regardé
cet ordre comme indifférent dans l'intitulé
des dépoſitions. Un Arrêt rendu en forme
de Réglement, par la Cour des Aides de
Rouen, le 7 Février 1737, avoit néantmoins porté la rigueur juſqu'à prononcer la
nullité des dépoſitions, dans leſquelles la
mention de la preſtation de ſerment ne
précéderoit pas celle des Déclarations exigées par l'Ordonnance Criminelle. Mais,
par des Lettres - Patentes du 27 Octobre
1753, regiſtrées à la Cour des Comptes,
Aides & Finances de Normandie, le 16
Novembre ſuivant, il a été ordonné *que
dans l'intitulé de chacune des dépoſitions des
témoins ouis ès Informations, il ſeroit fait
mention, tant du ſerment prêté par le témoin, que de la déclaration de ſon nom, ſur-
nom, qualité & demeure, & s'il eſt ſerviteur ou domeſtique, parent ou allié des Parties, ou en quel dégré, le tout à peine de
nullité, ſans néantmoins que la validité ou
nullité puiſſe dépendre de l'ordre dans lequel
leſdites mentions ſeront faites dans ledit intitulé.*

Il paroît extraordinaire que celui qui
procéde à l'Information, ſoit obligé de demander à certains témoins s'ils ſont domeſtiques des Parties. Cependant l'Ordonnance l'exige impérieuſement : cela a d'ailleurs
été ainſi jugé par des Arrêts rendus les 6
Sept. 1711, 8 Février 1718, (celui-ci eſt
dans le ſeptiéme volume du Journal des

Audiences), & par celui du 22 Décembre
1731, à l'article *Maréchauſſée*. Ainſi il faut
s'y conformer. Voyez dans le ſixiéme volume du Journal des Audiences, l'Arrêt du
31 Mars 1711, pour le Bailliage de Sceaux.

Par un Arrêt rendu le 17 Octobre 1729,
en la Chambre des Vacations, il a été enjoint au Prévôt de Saint-Cloud, près Paris,
de mettre les qualités des témoins au commencement de leurs dépoſitions, & de faire
mention à la fin s'ils y ont perſiſté.

Le Juge qui procéde à une Information,
doit ſe ſervir du Greffier ordinaire de la Juriſdiction pour écrire la dépoſition des témoins, ſans qu'il puiſſe commettre ſon Secrétaire ou autre perſonne, ſi ce n'eſt dans
le cas d'un empêchement légitime : Ordonnance, *ibid.* art. 6.

Il ſembleroit, aux termes de cet article,
que les Commiſſaires au Châtelet duſſent
eux-mêmes écrire les dépoſitions ; car il ne
leur eſt pas permis de ſe ſervir de Greffier,
ils ſont les ſeuls Officiers, ayant caractere
pour recevoir les dépoſitions des témoins :
mais on tolere qu'ils les faſſent écrire par
leur Clerc en leur préſence.

Il ne doit être fait aucune interligne dans
la dépoſition des témoins, & le Greffier
doit faire approuver toutes les ratures, &
faire ſigner les renvois par les témoins &
par les Juges.

Il faut que le témoin ſigne ſa dépoſition :
& ſi elle eſt aſſez longue pour contenir une
ou pluſieurs pages, il faut que chacune des
pages ſoit ſignée par le témoin, par le Juge & par le Greffier, à peine de nullité, ou
au moins qu'il ſoit fait mention du refus de
ſigner ; & que ce témoin en a été interpellé : Ordonnance Criminelle, art. 9 du titre
10.

Lorſqu'on aſſigne un témoin pour dépoſer dans une information, il n'eſt pas néceſſaire de lui déclarer par l'aſſignation, ni
contre qui l'Information ſe fait, ni dans
quelle vûe ; il ſuffit de lui dire en général,
que c'eſt pour dépoſer vérité en l'Information que fait faire telle perſonne, &c. C'eſt
au Juge ou au Commiſſaire qui fait l'Information, à dire au témoin ce dont il s'agit,
après qu'il a prêté ſerment, & de lui lire les
plaintes, Sentences ou autres actes qui contiennent les faits ſur leſquels les témoins

doivent être enquis de dire ce qu'ils fçavent.

Le témoin doit dépofer de tout ce qui eft à fa connoiffance, fans haine ni faveur; & l'Ordonnance (*ibid.* art. 10,) veut que la dépofition foit rédigée à la charge & à la décharge de l'accufé.

Lorfqu'un témoin indique, en dépofant, d'autres faits que ceux portés par la plainte, le Juge doit rendre une Ordonnance, portant qu'il fera informé de ces nouveaux faits, fur la plainte qui en fera rendue par la Partie publique. Voyez à ce fujet l'Arrêt rendu le 8 Juillet 1738, fur l'appel d'une Sentence du Lieutenant Criminel d'Orléans; cet Arrêt eft dans le Code de Louis XV, tome 10.

Les affignations ne peuvent fe donner aux témoins pour dépofer, foit dans les Informations, foit dans les Enquêtes, qu'en vertu d'Ordonnances du Juge ou Commiffaire qui doit recevoir les dépofitions; & ces Ordonnances, ainfi que les exploits, doivent indiquer le jour & l'heure que le témoin doit comparoître. Voyez à ce fujet quelques Arrêts dont je rapporte les efpéces à l'article *Enquête.*

L'Ordonnance ne dit pas fi, lorfqu'il y a appel d'une procédure extraordinaire, ou lorfque le Juge Supérieur ordonne l'apport des Charges & Informations, ce font les minutes ou des expéditions qu'il faut envoyer : mais l'ufage eft de n'envoyer que des expéditions, & l'on ne fait apporter les minutes que lorfqu'il y a infcription de faux, ou lorfque le Juge qui a fait l'inftruction, eft accufé ou foupçonné de prévarication.

Il fubfiftoit un ufage contraire aux Parlemens de Touloufe & de Dijon : mais, par Arrêt du Confeil de l'année 1679, & par la Déclaration du 15 Juillet 1681, rapportée dans le Code le Tellier, cet ufage a été abrogé. Elle eft auffi dans le Recueil du Parlement de Touloufe. V. *Greffier.*

Le motif de cette Déclaration & Arrêt, eft l'abus & les inconvéniens qui arrivoient fouvent par la perte du procès en entier, ou en partie.

Ainfi, l'envoi des expéditions étant abfolu, l'accufé a la faculté de prendre droit par l'expédition, des nullités des procédu-

res, quoique la minute foit en bonne forme, parce que le Juge & le Greffier peuvent les rétablir.

Quand le témoin eft Etranger, & n'entend pas la Langue Françoife, le Juge doit nommer un Interprète, & obferver à l'égard du témoin ce qui eft prefcrit par rapport aux accufés. V. l'Ordonnance Criminelle, tit. 14, art. 11.

Un Arrêt rendu le 20 Février 1696, enjoint au Lieutenant Général de l'Amirauté de Dunkerque, de nommer d'Office un Interprète aux témoins qui n'entendent pas le François, auquel (Interprète) il fera prêter ferment de bien & fidélement faire cette Charge par un acte féparé; & avant d'entendre les témoins en dépofition, de faire prêter ferment au témoin & à l'Interprète, de faire lecture de la plainte à l'Interprète, pour qu'il en explique les faits au témoin, & enfuite faire rédiger la dépofition fuivant qu'elle fera récitée par l'Interprète, laquelle fera fignée par le témoin & par l'Interprète.

Voyez divers Arrêts rendus au Parlement de Bretagne les 20 Octobre 1663; & 7 Septembre 1682, fur les divers cas où il eft néceffaire de nommer ou de ne pas nommer des Interprètes aux témoins ou accufés bas-Bretons, qui n'entendent pas la Langue Françoife. Cès Arrêts font rapportés par Sauvageau dans fon Recueil d'Arrêts de Bretagne, liv. 1, chap. 105, 106 & 191.

Le Juge ou Commiffaire doit taxer le falaire du témoin, s'il le requiert; & au cas que le témoin veuille être payé, il peut exiger ce qui lui eft taxé de la Partie Civile, s'il y en a une, finon des Fermiers du Seigneur ou du Domaine du Roi. Il eft défendu aux Parties Publiques & aux Parties Civiles de rien donner au témoin au-delà de la taxe. Ordon. Criminelle, titre 6, art. 13.

Les Informations ne doivent fe communiquer qu'à la Partie publique & non à l'accufé, ni aux Parties Civiles. *Ibid.* art. 15.

On ne peut pas entendre les mêmes témoins deux fois fur le même fait, parce que c'eft les expofer à des contradictions; & toutes les fois que pareille procédure s'eft préfentée, la Cour l'a profcrite.

Je connois à ce fujet deux Arrêts : le premier du 26 Février 1701, a été rendu entre le sieur Etienne Valla, Curé de S. Martin-la-Sauveté en Forêt, appellant comme d'abus de la procédure extraordinaire & d'une Sentence de l'Officialité de Lyon. Entr'autres moyens de nullité, l'appellant opposoit que des témoins entendus deux fois sur le même titre d'accusation, déposoient le contraire de leur premiere déposition, l'Arrêt a déclaré la procédure nulle, & condamné l'Archevêque de Lyon aux dépens.

Le deuxiéme Arrêt est du 21 Mars 1736; il a été rendu les Grand'Chambre & de Tournelle assemblées, entre le sieur Rechou & l'Evêque de Périgueux. Dans cette espéce, le Procureur du Roi d'Angoulême avoit rendu plainte des mêmes faits que la Dame de Vassogne; il avoit fait informer de nouveau & entendre les mêmes témoins que ceux entendus à la requête de ladite Dame de Vassogne; l'Arrêt déclare la procédure nulle.

Le Juge qui procéde à une Information ou à une Enquête, ne doit pas interroger les témoins, & encore moins faire mention de cet interrogatoire; mais après leur avoir fait faire lecture des plaintes ou des Jugemens qui contiennent le détail des faits sur lesquels ces témoins doivent déposer, il doit faire écrire par le Greffier très-scrupuleusement ce que le témoin a déposé, lui en faire faire lecture, & l'interpeller de déclarer si sa déposition contient vérité, & s'il y persévere, &c.

Un Arrêt du 16 Janvier 1716 rendu sur les Conclusions de M. Joly de Fleury, Avocat Général, déclare nulle une procédure faite par le Garde-Marteau de la Maîtrise des Eaux & Forêts de Chatellerault, renvoyée pardevant le Lieutenant Criminel de la même Ville, & fait défense d'entendre les témoins par forme d'interrogatoire; il y en a un autre rendu le 20 Avril 1717, qui contient de pareilles défenses.

L'Arrêt rendu le 21 Mars 1736, dont j'ai déja parlé, enjoint aussi au Juge d'Angoulême d'observer l'Ordonnance de 1670; ce Juge avoit interrogé les témoins dans l'affaire du sieur Rechou: il y a de semblables Arrêts rendus les 23 Juillet 1698, 20 Novembre 1707, 28 Avril 1711, 8 Juin 1721, & premier Mars 1728. L'Arrêt rendu le 20 Novembre 1707, enjoint au Bailli de Ve-

nisi d'entendre les témoins sur les faits contenus en la plainte, & lui fait défense de les interroger; celui de 1711 fait de semblables défenses, & même injonction au Juge de la Châtellenie de Blansac.

Sur la forme des Informations voyez ce que je dis aux articles *Confrontation*, *Enquête*, *Interrogatoire*, *Réglement*, *Répétition* & *Témoin*.

INGRATITUDE.

On nomme Ingratitude, la méconnoissance des bienfaits reçus. Ce vice est un des plus contraires à la Société, & il peut opérer la révocation des bienfaits. V. *Révocation de Donation*.

INHABILES.

V. *Capacité*, *Incapables*, *Indignes*, *Infames*, *Irréguliers* & *Succession*.

INJURES.

Voyez *Avocat*, *Calomnie*, *Domestique*, *Duel*, *Félonie*, *Libelle*, *Magistrat*, &c.

On nomme Injure tout ce qui se fait au mépris de quelqu'un pour l'offenser.

L'Injure peut se commettre de trois manieres.

1°. Par paroles, en tenant des discours outrageans sur l'honneur & réputation de quelqu'un, soit en sa présence, soit en son absence.

2°. Par écrit, en composant des libelles diffamatoires, des chansons injurieuses, &c.

3°. Par actions, en frappant quelqu'un, ou même par des gestes.

La réparation des deux dernieres espéces d'Injures peut se poursuivre par la voie extraordinaire quand elles sont atroces ou seulement graves; mais quand il ne s'agit que d'Injures verbales, les Réglemens défendent d'en informer: ils ordonnent au contraire de porter à l'Audience les demandes en réparations de ces sortes d'Injures, & de les instruire par aveu ou dénégation, & par la voie de l'Enquête en cas de contrariété dans les faits.

La Cour a néanmoins confirmé une Sentence du Châtelet du 11 Février 1735, par laquelle un nommé Veyrardi étoit déclaré dûement atteint & convaincu d'avoir tenu des discours injurieux & calomnieux contre

I N J

la réputation du fieur Henrielly, Prêtre, fon oncle, & comme tel condamné à être admonefté en préfence des Juges, & en 3 liv. d'aumône, 20 liv. de réparation civile & aux dépens : mais c'étoit un oncle qui fe plaignoit d'Injures infiniment graves. L'Arrêt qui confirme la Sentence du Châtelet, eft du 6 Septembre 1736, & il a été exécuté.

Un Arrêt précédemment rendu en la Tournelle le 8 Août 1731, en jugeant l'appel interjetté par un fils d'un décret d'ajournement perfonnel décerné contre lui pour Injures groffieres dites à fa mere, a ordonné qu'il feroit appréhendé au corps, pour fon procès lui être fait & parfait. Mais ces décifions particulieres ne doivent point tirer à conféquence; on en devine les raifons.

La réparation des Injures ne peut fe pourfuivre après une réconciliation; on préfume alors qu'elle a été remife, & l'action qui pouvoit en naître, eft éteinte : il y a néanmoins des Auteurs qui prétendent que la perfonne injuriée n'eft cenfée avoir remis que la vengeance par la réconciliation, & qu'elle peut encore demander des dommages-intérêts. V. Defpeiffes.

Le Mercredi 4 Septembre 1737, en la Tournelle Criminelle, il eft intervenu un Arrêt contre les Conclufions de M. d'Agueffeau, Avocat Général, dans une efpéce bien finguliere.

L'appel étoit d'une Sentence de Lyon, les Parties s'appelloient Conftantin & Chazel; ils avoient eu du bruit dans un Caffé. Conftantin avoit excédé Chazel de coups de canne; ils avoient rendu plainte refpectivement, & Chazel avoit été jugé devoir demeurer Accufateur.

Conftantin fe voyant jugé accufé, fit fommer Chazel de fe trouver dans le Caffé où il avoit été maltraité, pour s'y voir faire excufe en préfence de fix perfonnes, dont feroit dreffé acte pardevant Notaires. Il déclara qu'il confentoit que la provifion qui avoit été décernée pendant le cours de l'inftance, demeurât définitive : il ajouta qu'il avoit remis deux louis à des Religieufes par forme d'aumône.

Chazel ne comparut pas; il fut dreffé acte de la comparution de l'Accufé & de l'excufe.

La procédure criminelle inftruite fur la pourfuite de Chazel, Sentence eft intervenue en la Chambre Criminelle, qui a fait défenfes à Conftantin de récidiver, l'a condamné à faire une réparation, &c.

Conftantin ayant appellé de cette Sentence, Arrêt eft intervenu qui a infirmé la Sentence de la Sénéchauffée de Lyon, & a condamné Chazel aux dépens, du jour de la fommation & acte.

On peut tranfiger fur les demandes formées à l'occafion d'Injures, comme fur toute autre action; mais fi elles étoient tellement graves, qu'elles méritaffent des peines, la tranfaction ne pourroit pas empêcher le miniftere public d'en pourfuivre la réparation publique.

Il y a des Injures affez graves pour faire naître en la perfonne de celui qui les a faites, une indignité fuffifante pour le rendre incapable de fuccéder à la perfonne injuriée, & même pour faire révoquer les donations ou autres libéralités qu'on en auroit reçues: fur cela voyez Indignité & Révocation de Donation.

Il y a auffi des Injures qui peuvent fuffire à une femme pour l'autorifer à demander une féparation de corps & de biens: en voici un exemple.

Un fieur Aujay de la Buxerolle, ami du fieur de la Broffe, Gentilhomme, ayant été trouvé caché dans une écurie du Château de la Broffe, il en fut repris par la dame de la Broffe, qui, le foupçonnant de rendre à fon mari le même fervice que Mercure rendoit aux Dieux, lui ordonna de fortir fur le champ du Château.

La Buxerolle ayant réfifté & répondu des groffiéretés, il alla avec le mari dans le potager, & la dame de la Broffe les voyant venir à elle avec des difpofitions fufpectes, jetta l'épée de la Buxerolle dans les foffés du Château. La Buxerolle s'en fâcha, & ayant voulu, après des menaces outrageantes, fouetter la dame de la Broffe, quoiqu'enceinte, en préfence du mari, qui n'en fit que rire, elle fut débarraffée par fes Domeftiques.

Cette action donna lieu à deux demandes de la part de la dame de la Broffe, l'une en féparation de corps & de biens contre le fieur de la Broffe, comme indigne d'être fon époux : (& cela fut ainfi ordonné par une Sentence du Bailliage de Moulins).

L'autre, contre la Buxerolle, & voici les difpofitions de l'Arrêt intervenu en la Tournelle fur cette demande le 31 Mai 1729. La Cour..... » condamne ledit Aujay de la Bu-» xerolle à comparoir en la Chambre du » Confeil du Préfidial de Moulins, en la » préfence de ladite de la Broffe & de douze » perfonnes, telles qu'elle voudra choifir, & » là, tête nue, à genoux, dire & déclarer » que témérairement & comme mal avifé, il » a proféré les Injures & commis les voies » de fait mentionnées au procès, dont il fe » repent & en demande pardon.... lui fait » défenfes de fe trouver à jamais ès lieux où » fera ladite de la Broffe..... lui enjoint de » fe retirer des lieux où il pourra la trouver, » & de fortir de ceux où elle pourra aller, » auffi-tôt qu'il la verra, fous peine de pu-» nition corporelle, le condamne en 2000 » liv. de réparations civiles & en tous les » dépens ; ordonne que le Mémoire dud. de » la Buxerolle fera fupprimé, & permet de » faire imprimer, publier & afficher l'Arrêt, » &c. « V. d'autres Arrêts au mot Sépara-tion.

L'opinion des Criminaliftes confirmée par la Jurifprudence des Arrêts, eft que l'action pour Injures verbales fe prefcrit & s'éteint par le laps d'un an : il y a une Loi précife qui le décide ainfi.

Charondas, en fes obfervations au mot Injure, rapporte un Arrêt rendu le 12 Février 1558, qui a jugé que l'action en Injure périt & fe prefcrit par le laps d'une année. Voyez auffi Loyfel.

Ceux contre lefquels la réparation d'une Injure eft demandée, ne font pas reçus à prouver la vérité des paroles injurieufes. Les admettre à cette preuve, ce feroit autorifer la diffamation. L'ordre public veut qu'on profcrive ces fortes de preuves, qui loin de juftifier, aggraveroient l'injure. On peut fur cela confulter Boërius, Covarruvias, Def-peiffes, Chenu & Charondas.

Cette maxime fouffre une exception, lorf-qu'il s'agit de reprocher des témoins, & ce qui eft dit alors, n'eft pas même regardé comme Injure, fi le reproche eft vérifié ; il en feroit autrement, fi les reproches étoient calomnieux. V. à ce fujet l'Ordonnance de 1539, art. 41 ; celle de 1667, titre 23, art. 2 ; & l'Ordonnance Criminelle, titre 15, art. 20.

L'Ordonnance de Charles VII donnée en 1453, art. 54, défend les paroles injurieufes ou contumélieufes à l'encontre des Parties ad-verfes, & d'alléguer ni propofer aucune chofe qui chée en opprobre d'autrui, & qui ne ferve & foit néceffaire aux faits de la caufe.

Voyez l'Edit du mois de Décembre 1704, regiftré le 31 du même mois. Il contient le détail des peines qu'on doit prononcer contre les Officiers de Robe & autres, qui commettent des voies de fait, ou qui proferent des paroles injurieufes.

Comme le Confeil du Roi ne connoît pas de Matieres Criminelles, il eft rare de le voir prononcer fur des demandes en réparation d'injures. Je ne connois qu'un feul Arrêt qui y foit intervenu fur une pareille demande. Il a été rendu le 7 Juillet 1710, en faveur du Comte de *** ; & comme il contient des condamnations fingulieres contre différentes perfonnes d'un nom refpectable, qui avoient, au moins, trop légérement porté des plaintes au Roi contre ce Comte, je crois devoir en taire les difpofitions, encore bien qu'il foit imprimé.

Un Laïc ne peut pas être traduit devant le Juge d'Eglife, pour Injures faites ou dites à des Eccléfiaftiques. Mais fi l'injure eft faite ou dite par un Eccléfiaftique à un Laïc, ce-lui-ci peut à fon choix, traduire l'Eccléfiaf-tique, ou devant le Juge d'Eglife, ou devant le Juge Laïc.

Voici l'efpéce d'un Arrêt de la Cour, dans lequel il s'eft agi de fçavoir, fi les Par-ties devoient procéder devant le Juge d'E-glife, ou devant le Juge Laïc, à l'occafion d'Injures faites & dites au Seigneur du lieu & à fa femme, dans une Eglife & par le Cu-ré même de la Paroiffe, revêtu de fes habits facerdotaux.

Le jour de la Touffaint 1715, les fieur & dame de Simphal, Seigneur & Dame de Vil-lefranche, près de Villeneuve-le-Roi, étant à Vêpres dans leur banc, avec quelques amis, entendirent le Magnificat debout, & s'affirent pendant qu'on chantoit la Collecte. Le Curé s'en étant apperçu, leur cria de fe mettre à genoux ; & comme ils ne le fai-foient pas, il quitta fa place, & vint, revêtu de fa chape, leur dire qu'il les feroit bien mettre à genoux ; & mettant lui-même un genoux en terre, il tourna en dérifion la maniere dont on fe mettoit à genoux dans le banc du Seigneur, qui fortit fur le champ de l'Eglife fans rien dire.

Après cette fortie, le Curé redoublant fes clameurs, & toujours revêtu de fes habits facerdotaux, vint menacer la dame de Simphal, lui mettre le poing fous le nez, en la traitant de *petite créature*, prit au collet un des amis du Seigneur, qui, fur cette conduite du Curé, lui faifoit quelques repréfentations, le menaça de le faire chaffer de l'Eglife, après quoi il jetta fa chape & fon étole au milieu de l'Eglife, & s'en alla.

Les fieur & dame de Simphal rendirent plainte, & firent informer au Bailliage de Villeneuve-le-Roi. Le Curé appella de la plainte, de l'information, décret, &c ; il demanda la nullité de la procédure, comme incompétemment faite au préjudice de l'art. 4 de l'Ordonnance de 1539, de l'article 39 de l'Ordonnance de Moulins, & de l'art. 34 de l'Edit du mois d'Avril 1695, qui attribuent aux Juges d'Eglife la connoiffance des caufes concernant le Service Divin. Mais, par Arrêt rendu le 20 Février 1717, fur les Conclufions de M. l'Avocat Général de Lamoignon, la Cour évoquant le principal, & y faifant droit, *a fait défenfe au Curé de récidiver fous telle peine qu'il appartiendra* ; lui enjoint de fe comporter à l'avenir *avec plus de fageffe & de modération*, l'a condamné en *une aumône de 20 liv. au pain des Prifonniers*, &c. On a jugé que ce n'étoit pas le cas de renvoyer au Juge d'Eglife.

INNOVATION.

Ce mot fignifie l'introduction de quelque chofe de nouveau. Voyez *Novation*.

INOFFICIOSITÉ.

V. Ab Irato, *Exhérédation & Légitime*.

L'Inofficiofité eft une action que la Loi donne aux enfans qui fe trouvent privés des biens des fucceffions de leurs peres & meres par des libéralités exceffives, pour demander leur légitime. Voyez *Exhérédation & Légitime*.

Par le plus ancien Droit Romain, cha-

cun pouvoit, comme il le vouloit, difpofer de l'univerfalité de fes biens. Un pere n'étoit pas obligé de faire fes enfans fes héritiers, ni même de leur rien laiffer. La Loi des douze Tables l'autorifoit à les deshériter fans caufe, s'il le jugeoit à propos.

Mais les Légiflateurs s'étant apperçu que les peres & meres concevoient quelquefois une haine injufte contre leurs enfans, ils accorderent à ceux-ci la faculté de fe plaindre du teftament, par lequel leur pere ou leur mere les avoient exhérédé fans caufe ; & cette faculté fut appellée querelle d'Inofficiofité. Les Loix ne voulurent pas en ce cas donner une action ordinaire aux enfans ; & c'eft pour cela que cette action fut nommée *plainte* ou *querelle*.

Mais parce que la préfomption étoit toujours en faveur des peres & des meres, les enfans furent affujettis à prouver que la haine ou la colere étoit injufte. Néantmoins, comme cette nouvelle voie de procéder, avoit quelque chofe d'odieux, en ce qu'elle donnoit aux enfans l'occafion de *flétrir la mémoire* de leur pere ou de leur mere, les Loix Romaines ont depuis travaillé à y porter plufieurs limitations.

L'avis des Jurifconfultes, qui fur ce point paffa enfuite en force de Loi, fut que, lorfqu'un pere ou une mere laifferoit à fes enfans, foit par donation, par teftament ou autrement, la quatriéme partie de ce qu'ils auroient eu *ab inteftat*, la querelle d'Inofficiofité ne pourroit avoir lieu.

Cette quatriéme partie que les enfans devoient avoir pour être exclus de la querelle d'Inofficiofité, fut dans la fuite nommée légitime ; ainfi c'eft la querelle d'Inofficiofité qui a donné occafion d'introduire la légitime en faveur des enfans ; cette portion fut augmentée dans la fuite. Voyez *Légitime*.

Ces Loix laiffoient fubfifter un inconvénient ; car les peres & meres, en laiffant à leurs enfans une certaine portion de biens pour leur légitime, fe trompoient quelquefois dans l'eftimation de la totalité de leurs biens ; & s'il manquoit quelque chofe à la légitime, les enfans, qui pouvoient en ce cas fe plaindre de l'Inofficiofité du teftament, pouvoient encore demander à prouver des faits de haine ou de colere, &c.

Pour

Pour remédier à ces inconvéniens, les Jurisconsultes s'accorderent à regarder comme valables les testamens par lesquels les peres disoient que si la portion qu'ils laissoient à un ou à plusieurs de leurs enfans, étoit au-dessous de la légitime, ils vouloient que ce qui s'en manqueroit, fût rempli par décision d'arbitres.

L'Empereur Justinien donna depuis une constitution, par laquelle il ordonna que cette clause seroit sous-entendue dans tous les testamens des peres & meres; & en parlant de cette constitution dans les Instituts qui portent son nom, il dit l'avoir fait, parce que ces sortes de plaintes des enfans qui accusent leurs pere & mere de haine, de colere & de fureur, font honte à la nature.

Justinien fit encore un autre changement sur la Cotte de la Légitime : en effet, il augmenta cette portion jusqu'à concurrence du tiers ou de la moitié des biens de la succession, suivant le nombre des enfans. Voyez la Novelle 18.

Enfin le même Empereur ôta aux enfans toutes sortes d'occasions de reprocher à leurs pere & mere, qu'ils avoient disposé par haine ou par colere; mais il pourvut à leurs intérêts d'une autre maniere, en abolissant l'usage, suivant lequel les enfans qui se plaignoient, étoient chargés de prouver que leurs pere & mere avoient conçu une haine injuste (à moins que l'héritier ne voulût se charger de prouver l'ingratitude des enfans), & en ordonnant que les pere & mere ne pourroient à l'avenir exhéréder leurs enfans, sans en marquer la cause.

Jusqu'à la Novelle 115, qui contient ces dispositions, les causes d'exhérédation étoient arbitraires; mais cette Novelle les a fixées à un certain nombre : (Voyez Exhérédation). Elle a aussi voulu que l'héritier prouvât que la cause de l'exhérédation est véritable, & que, s'il ne le prouvoit pas, les enfans succédassent ab intestat. Voyez le chap. 9.

Ainsi, suivant ces Loix, qui forment notre Droit commun sur cette matiere, si le testateur ou la testatrice a exhérédé ses enfans, sans en exprimer la cause, ou si la cause étant exprimée, n'est pas prouvée

par l'héritier, la disposition est nulle.

Mais si, par le testament d'un ascendant, les enfans sont légataires de quelque portion de biens ou d'une certaine somme, ils ne peuvent point attaquer le testament, quand même ce qui leur est laissé, seroit au-dessous de leur légitime. Ils peuvent seulement demander le supplément; & à cet égard, les droits des ascendans sont les mêmes contre les testamens de leurs descendans, dans les Pays où les ascendans ont une légitime. V. *Légitime.*

INQUANT.

C'est ainsi qu'on nomme, en Provence, un droit dû au Prince pour la permission qu'il accorde à un créancier de saisir & mettre les biens de son débiteur en criées, par autorité de Justice. Boniface rapporte quelques Arrêts sur cette matiere. Voyez aussi Morgues, sur les Statuts de Provence.

En Languedoc, *Inquant* est la même chose que *Criées.* Voyez l'article premier de la Déclaration du 16 Janvier 1736, registrée au Parlement de Toulouse le 28 du même mois.

INQUISITION.

On nomme Inquisition une Jurisdiction Ecclésiastique établie dans plusieurs Pays Catholiques, pour connoître des crimes qui blessent la Religion.

A Rome, l'Inquisition se nomme la Congrégation du Saint Office, & dans cette Congrégation l'on traite de tout ce qui a rapport à la recherche & à la punition des Hérétiques.

Les Albigeois qui causoient de grands désordres en Languedoc, donnerent lieu au Concile de Toulouse tenu en 1229, sous le Comte Raymond, de faire des Réglemens pour la recherche & la punition des Hérétiques; ce fut-là qu'on commença d'établir une Inquisition réglée, qui dépendoit alors entiérement des Evêques, Juges naturels de la doctrine.

Trois ans après ce Concile, le Pape Grégoire IX ne trouvant pas que les Evêques du Languedoc poursuivissent assez fortement les Albigeois, attribua ce Tribunal aux Dominicains, qui exercerent leur charge avec tant de rigueur, que le Comte de

Toulouse & le peuple les chasserent de leur Ville, avec tous les autres Dominicains : ils furent rétablis quelque temps après.

L'hérésie des Albigeois s'étant dissipée, & ce Tribunal s'étant discrédité par sa conduite, il est demeuré sans considération & sans fonctions. On prétend cependant que les Dominicains font encore aujourd'hui pourvoir un Religieux de leur Ordre de l'Office d'Inquisiteur à Toulouse; mais si cela est, il n'a que le titre, sans faire aucun exercice de cette terrible autorité (a).

En 1251, le Pape Innocent IV établit l'Inquisition en Italie, & en confia le soin, tant aux Dominicains qu'aux Cordeliers, conjointement avec les Evêques & les Assesseurs nommés par les Magistrats Séculiers : cette Jurisdiction fut appellée le Saint Office.

L'an 1588, la Congrégation du Saint Office fut confirmée par Sixte V, & elle envoya des Inquisiteurs Provinciaux dans les Provinces, où nous voyons encore aujourd'hui l'Inquisition établie; cette Congrégation prétend que sa Jurisdiction s'étend dans toute la Chrétienté; c'est pourquoi les Cardinaux qui la composent, prennent le titre d'Inquisiteurs Généraux : nous sommes cependant bien éloignés de reconnoître son autorité.

On lit dans le Réquisitoire de Messieurs les Gens du Roi, sur lequel la Cour ordonna la suppression d'un Décret de l'Inquisition, daté du 3 Août 1719, par Arrêt du 6 Septembre suivant, » que, sans examiner ce » que contient le Décret, il leur suffit (à » MM. les Gens du Roi) qu'il soit émané » d'un Tribunal, dont on n'a jamais reconnu l'autorité dans le Royaume, & que ce » soit d'ailleurs une condamnation prononcée à Rome contre un Evêque de France, » pour exciter leur ministere, & pour en requérir la suppression : « (le Décret en question condamnoit l'Instruction Pastorale de M. le Cardinal de Noailles, sur la Constitution *Unigenitus*).

INSCRIPTION DE FAUX.

Voyez *Commis*, *Faux* & *Procès-verbal*.

L'Inscription de Faux est une Déclaration judiciaire, par laquelle on a soutenu qu'une piece ou un titre est faux, contrefait ou altéré.

Sur cette matiere voyez l'Ordonnance du mois de Juil. 1731, & ce que je dis aux art. *Faux*, *Notaires*, *Piéces de Comparaison*, &c.

INSENSÉS.

Voyez *Démence*, *Furieux* & *Interdits*.

Les Insensés sont ceux qui sont privés de l'usage de la raison, après l'âge où ils devroient l'avoir, soit par un défaut de naissance ou par accident; & comme cet état les rend incapables de tout engagement & de l'administration de leurs biens, on les met sous la conduite d'un curateur. Voyez *Curateur*, *Démence*, *Furieux*, *Interdits* & *Tuteurs*.

Les Insensés sont incapables du mariage; cependant » la foiblesse d'esprit, qui ne va » pas jusqu'à rendre incapable de consentir, » n'est pas un empêchement au mariage «. V. Pocquet de Livonniere, qui cite. M. Servin & M. le Bret.

Jacques le Roi, Marchand à Paris, ayant été convaincu d'avoir, de dessein prémédité, coupé le nez à Madeleine Soyer, femme de Pierre Joron, contre laquelle il avoit eu des procès avant qu'il fût en démence, fut, par Sentence du Châtelet, condamné au fouet, à un bannissement de neuf ans, en une amende de 200 liv. & en 6000 liv. de dommages & intérêts.

Sur l'appel, sa famille, qui étoit intervenue, supplia la Cour de faire attention à l'imbécillité de le Roi, qui étoit attestée par un grand nombre de témoins : il y avoit cela de singulier dans l'affaire, que le Roi avoit menacé la femme Joron de lui couper le nez, dans le temps qu'il étoit en procès contr'elle & son mari; & il étoit prouvé que, lors de ces menaces, Joron & sa femme avoient répondu qu'il étoit fou, qu'il falloit changer son Enseigne du Palais Royal en celle des Petites-Maisons; on se plaignoit d'ailleurs de la quotité des dommages & intérêts, & sur cela les parens de le Roi observoient que le nez de la femme Joron étoit recousu, & qu'elle étoit âgée de 45 ans.

(a) L'Evêque de Perpignan prend aussi la qualité d'Inquisiteur; Piganiol dit même qu'il en porte la croix. Mais, malgré ces prérogatives, il n'en fait d'autres fonctions que celles que les autres Evêques peuvent faire en France.

Sur cela un premier Arrêt est intervenu, au rapport de M. Hervé, par lequel la Cour a ordonné que le Roi seroit visité par Médecins & Chirurgiens, qui seroient rapport de l'état de sa personne, & qu'à la Requête de M. le Procureur Général, il seroit informé des vie, mœurs & conduite de l'Accusé.

Ce premier Arrêt ayant été exécuté, un second Arrêt est intervenu le 10 Septembre 1683, par lequel il fut ordonné que le Roi seroit enfermé à l'Hôpital de Bicêtre, à la charge de payer 150 liv. de pension; la Sentence fut infirmée, quant à la condamnation au fouet & au bannissement; mais la Cour confirma les autres dispositions pour les condamnations de dommages, intérêts, amende, &c.

La Cour, en confirmant les condamnations pécuniaires, a voulu punir la famille de le Roi de ce qu'elle ne l'avoit pas fait enfermer, comme elle l'auroit dû.

INSINUATION.

Voy. *Centième Denier*, *Contrôle*, *Donation*, *Don mutuel*, *Inventaire*.

On nomme Insinuation, l'enregistrement qui se fait des testamens, des donations, & de plusieurs actes, au Greffe d'une Jurisdiction, pour les rendre publics & les faire parvenir à la connoissance de ceux qui peuvent y avoir intérêt.

La formalité de l'Insinuation est très-ancienne (a); mais dans l'origine, il n'y avoit que les donations entre-vifs, les substitutions & les exhérédations qui y fussent sujettes; & on ne remplissoit cette formalité qu'en faisant certaines procédures prescrites par les Ordonnances que je cite au mot *Donation*. Un Edit du mois de Décemb. 1703, registré le 8 Février 1704, a assujetti un grand nombre d'autres actes à la même formalité, pour laquelle il doit être payé dans les Bureaux établis à cet effet, certains droits

qui ont été fixés par un Tarif arrêté au Conseil le 29 Septembre 1722; & la mention de l'Insinuation, avec le reçu du Greffier, tient lieu de tout; on n'a plus besoin, pour la remplir, du ministere des Procureurs, des Greffiers ni des Juges, suivant les Déclarations des 19 Juillet 1704, 30 Novembre 1717, & 17 Février 1731.

L'Insinuation est indispensablement nécessaire pour la validité des donations & des substitutions (b); la peine de nullité est même prononcée par l'article 20 de la nouvelle Ordonnance des donations, contre les donations qui ne seront pas insinuées; elle n'a affranchi que les donations en ligne directe faites par contrat de mariage. Voyez l'article 19 (c).

L'Insinuation qui est ordonnée des autres actes, n'est que bursale, & la peine de nullité n'a pas lieu à leur égard, lorsque cette formalité n'est pas remplie; il n'en résulte qu'une peine pécuniaire contre ceux qui l'ont négligée, sans que les actes en soient aucunement altérés.

On distingue donc entre l'Insinuation bursale & l'Insinuation légale.

L'Insinuation bursale est celle qui est ordonnée par les Edits bursaux; elle concerne les exclusions de communauté entre maris & femmes, les Sentences de séparation, les Lettres de Bénéfice d'âge, les legs portés par testamens, &c.

Cette sorte d'Insinuation est toute entiere au profit du Fermier; il est en état de forcer les Parties à la faire, si elles font usage de ces sortes d'actes; & pour qu'il y puisse parvenir, les Notaires, tant de Paris que des Provinces, sont obligés de lui délivrer, de trois en trois mois, des extraits des actes qu'ils passent, & qui sont sujets à l'Insinuation ou au centième denier. Il y a sur cela plusieurs Réglemens bursaux, & entre autres un Arrêt du Conseil rendu le 18 Juillet 1724, qui fixe ce qui doit être payé aux

(a) Diverses Loix Romaines avoient exigé l'Insinuation des donations. On trouve la preuve de cet usage des Romains dans la Loi 3, au titre *de Donationibus* du Code Théodosien, dans les Loix 25, 30 & 31 du Code de Justinien, titre *de Donationibus*, & dans la Novelle 127.

La Coutume de Béarn exige une notification des contrats d'acquisition & des donations entre pere & fils *aux Bailes & Jurats tenans leur Cour.*

(b) Il est ordonné par Arrêt du Conseil du 5 Août 1732, qu'il ne pourra être perçu plus de quatre droits d'Insinuation pour les substitutions contenues dans les testamens ou dispositions de derniere volonté, en quelque nombre que soient les héritiers institués ou légataires grevés de substitution; & que ces droits seront payés au domicile du Testateur, sans préjudice du Centième denier dans les cas où il est dû.

(c) Il faut encore excepter les donations faites dans le ressort du Parlement de Flandres. Elles sont nommément exceptées de cette formalité, par l'art. 33 de l'Ordonnance du mois de Février 1731.

Notaires & Greffiers, pour ces extraits, par les Fermiers & Prépofés au recouvrement des droits d'Infinuation & de centiéme denier. V. *Centiéme denier.*

Il n'en eft pas de même de l'Infinuation légale, qui embraffe les donations entre-vifs & les fubftitutions, & faute de laquelle l'Ordonnance prononce la nullité ; cette forte d'Infinuation ne regarde que la Partie ; le Fermier n'a aucun droit d'obliger de la faire : on a penfé que l'intérêt de la Partie étoit plus grand que le fien, & que lorfqu'elle vouloit courir les rifques de la nullité, elle devoit en être la maîtreffe, n'ayant omis l'Infinuation, fans doute, que par la raifon qu'elle n'efpéroit aucun fruit de fa donation, & qu'il n'étoit pas jufte qu'elle fouffrît de la libéralité qui lui avoit été faite, en la forçant de payer des droits pour un acte qui ne lui produiroit rien.

Lorfque les Fermiers ont voulu en ce cas forcer les Parties à faire infinuer, & qu'ils ont perçu le droit par la voie de la contrainte, ils ont toujours été condamnés à la reftitution.

Je crois qu'il doit en être de même des teftamens, & que les Fermiers ne peuvent contraindre, ni les héritiers, ni les exécuteurs teftamentaires, de faire infinuer ceux dont perfonne ne demande l'exécution ; mais quand il s'agit de faire un inventaire après le décès d'une perfonne dont le teftament eft connu, on ne peut, ni parler, ni énoncer ce teftament dans les Procès-verbaux de fcellé & d'inventaire, qu'il n'ait été préalablement porté au Greffier des Infinuations, au Bureau d'arrondiffement, lequel (Greffier) doit le rendre avec une mention qu'il a été vû en fon Greffe, & tant le *vifa* que la mention donnée, fe délivrent *gratis*.

L'Edit du mois de Décembre 1703, dont j'ai déja parlé, avoit créé des Greffiers des Infinuations en titre ; mais ces Offices ont été fupprimés depuis, & actuellement ces Greffiers ne font que des Commis des Fermiers Généraux ou Sous-Fermiers, qui peuvent les révoquer.

Les articles 2, 3 & fuivans, jufques & compris l'art. 23 de cet Edit, contiennent le détail des actes qui doivent être infinués : leurs difpofitions font trop étendues pour trouver place dans cet Ouvrage. Je rapporterai feulement l'article 26, qui me paroît avoir le plus de rapport à mon objet.

Voulons (dit cet article) *que le temps fixé par les Coutumes pour le retrait féodal ou lignager, ne puiffe courir, même après l'exhibition des contrats & autres titres de propriété à l'égard du retrait féodal, ou après l'enfaifinement à l'égard du retrait lignager, que du jour de l'Infinuation ou enregiftrement, & que ceux defdits nouveaux Poffeffeurs qui n'auront fait enregiftrer leurs titres dans ledit temps de fix mois, foient tenus de payer auxdits Greffiers des Infinuations, le triple dudit droit d'enregiftrement. . . . .*

On s'eft quelquefois écarté en Normandie de la régle prefcrite par cet article ; mais quand on s'eft pourvu au Confeil contre les Jugemens qui n'y étoient pas conformes, ils ont été caffés : il y a finguliérement un Arrêt du Confeil rendu le 12 Mars 1718, qui caffe un Arrêt du Parlement de Rouen, lequel, en confirmant une Sentence des Juges d'Avranches, avoit rejetté un retrait intenté avant l'année de l'Infinuation, par la feule raifon que l'année prefcrite par la Coutume étoit écoulée.

Une Déclaration du 19 Juillet 1704, a encore affujetti à la formalité de l'Infinuation plufieurs actes qui n'étoient pas dénommés dans l'Edit de 1703, qu'elle a interprété ; elle contient vingt-cinq articles, qui ne peuvent encore être ici rapportés à caufe de leur étendue.

Les donations à caufe de mort, & les legs faits par teftament, ou autres difpofitions teftamentaires des peres, meres, ayeuls ou autres afcendans, en faveur de leurs enfans, font exempts des droits d'Infinuation ; ils en font affranchis par une Déclaration du 2 Août 1707.

Les legs de fommes mobiliaires faits en faveur de Gens de main-morte pour œuvres pies, & qui n'excédent pas 300 liv. ne doivent point d'Infinuation ; ils en font affranchis, ainfi que les difpofitions entre-vifs ou teftamentaires en ligne directe, par l'article premier du Tarif des Infinuations, du 29 Septembre 1722.

Une autre Déclaration du 17 Février 1731, enregiftrée le 9 Mars, en indiquant comment & en quels Bureaux l'Infinuation des donations doit se faire, prescrit en même-temps la maniere dont les Regiftres de ces Bureaux doivent être tenus & communiqués au Public, & ce qui doit s'obferver dans les extraits ou expéditions des actes insinués. Voici ses difpositions : ●

ART. I. » Qu'à compter du jour de l'enregistrement des Préfentes, toutes donations entre - vifs de meubles ou immeubles (a), mutuelles, réciproques (b), ré-munératoires, onéreufes (c), même à la charge de fervices & fondations, en faveur de mariage & autres, faites en quelque forme & maniere que ce foit (à l'exception de celles qui feroient faites par contrat de mariage en ligne directe) (d), foient infinuées ; fçavoir , celle d'immeubles réels, ou d'immeubles fictifs, qui ont néantmoins une affiette (e), aux Bureaux établis pour la perception des droits d'In-

· (a) Les conftitutions de rentes fur la Ville de Paris renferment fouvent des claufes de jouiffance à venir en faveur de perfonnes qui n'en ont pas fourni le capital ; il fembleroit par conféquent que ces contrats duffent être fujets à l'Infinuation, puifqu'ils peuvent être confidérés comme des donations entre-vifs, mais ils n'ont point jufqu'à préfent été revêtus de cette formalité ; & la Chambre des Comptes a, par Arrêt rendu en forme de Réglement, le 17 Juin 1758, ordonné que les conftitutions de rentes viageres & de tontines feront exécutées comme; ci-devant, nonobftant le défaut d'Infinuation ; & qu'après le décès ou le défiftement de celui qui aura fourni les deniers pour fervir à conftituer la rente, ceux à qui la jouiffance en appartiendra, en toucheront les arrérages fans faire infinuer le contrat.

(b) Les donations mutuelles & réciproques de tous biens préfens & à venir, faites entre conjoints par leur contrat de mariage, font-elles fujettes à la même Infinuation que les donations entre-vifs, ou doit-on les regarder comme des inftitutions contractuelles fujettes à l'Infinuation prefcrite pour les donations à caufe de mort ?

Cette queftion s'eft élevée entre Jean-Baptifte Billion & les héritiers de fa femme. Billion & fa femme avoient fait une donation mutuelle de tous biens préfens & à venir par contrat de mariage en faveur du furvivant ; la femme poffédoit deux maifons à Lyon, & le contrat de mariage n'avoit été infinué qu'à Paris du vivant de la femme ; l'Infinuation à Lyon étoit poftérieure de quatre jours au décès. Le mari furvivant foutenoit qu'il falloit regarder cette donation comme une inftitution contractuelle, & par conféquent comme donation à caufe de mort, à la vérité fujette à l'Infinuation, mais comme teftament feulement.

· Les héritiers de la femme foutenoient que le contrat de mariage contenoit une donation mutuelle, & non une inftitution contractuelle ; ils citoient le Brun, des Succeffions, liv. 3, ch. 2, n. 9 ; l'Arrêt du 23 Janvier 1744, noté ci-après fur la préfente Déclaration, art. 1 ; l'art. 58 de l'Ordonnance de Moulins, & l'art. 19 de celle des Donations de 1731, qui affujettiffent les donations mutuelles à l'Infinuation, comme donation entre-vifs. Par Sentence du Châtelet du 28 Juin 1760, confirmée par Arrêt du 11 Août 1762, la donation a été déclarée nulle, quant aux biens fitués à Lyon.

(c) Avant cette Déclaration, on jugeoit que le défaut d'Infinuation ne pouvoit pas être oppofé, quand il s'agiffoit de donation à titre onéreux, & dont les charges égaloient la valeur des chofes données ; il y a fur cela un Arrêt (imprimé) rendu en faveur des Religieufes de Charonne, fur les conclufions de M. l'Avocat Général Chauvelin, le 3 Avril 1716.

Les donations rémunératoires n'étoient pas non plus fujettes à Infinuation avant la Déclaration de 1731; la Cour l'a ainfi jugé par Arrêt rendu le 10 Mai 1758, au rapport de M. Cochin, en faveur de Jacques de Ruelle & fa femme, contre Charles Saineville, Appellant. V. Ricard, des Donations, partie premiere, ch. 4, fect. 3, glof.

premiere, n. 1097, & fuivans.

Il faut remarquer ici que la donation confirmée par l'Arrêt du 10 Mai 1758, étoit faite par un contrat de mariage reçu par un Procureur de Juftice Seigneuriale, faifant fonction de Juge, en qualité de plus ancien Praticien du Siège, & non par des Notaires.

(d) C'eft une grande queftion que celle de fçavoir, fi l'exception dont il s'agit ici a lieu, tant en faveur des enfans, que des afcendans mariés, & qu'en faveur des enfans à naître du mariage auxquels les parents font des donations ? On prétend qu'elle n'a lieu que pour les donations faites par les afcendans aux enfans qu'ils marient, & que les donations que les futurs conjoints font par leur contrat de mariage aux enfans qui naîtront d'eux, font fujettes à Infinuation.

La Cour l'a ainfi jugé par Arrêt rendu le Samedi 5 Juin 1734, en la premiere Chambre des Enquêtes en faveur des enfans mineurs du Comte de Jumilhac, contre M. Bertin de Saint-Geran, Maître des Requêtes. La queftion avoit été partagée en la Grand'Chambre le 27 Juin 1733, au rapport de M. Lotenchet : M. Pucelle étoit Compartiteur. Me Ligier fit alors un Mémoire où l'affaire eft très-bien traitée. On a inféré dans ce Mémoire un Acte de Notoriété donné par les Avocats au Parlement de Bordeaux, conforme à la maxime adoptée par l'Arrêt de 1734.

· Mais depuis cet Arrêt, la Cour en a rendu un autre en la Grand'Chambre fur les conclufions de M. l'Avocat Général Joly de Fleury, le Vendredi 9 Mars 1742, par lequel une donation par contrat de mariage non infinuée, faite par l'un des conjoints au fils aîné qui proviendroit du mariage, de la moitié de fes biens préfens & à venir, a été jugée valable, quoique non acceptée. Je parle encore de cet Arrêt dans une note à l'article Acceptation de Donation.

Les donations faites par les pere & mere à leurs enfans, autrement que par contrat de mariage, font fujettes à Infinuation ; parce que, quoiqu'elles foient faites en avancement de fucceffions, elles ne font pas moins des dons, que ceux qui contractent avec les peres, font préfumés ignorer.

(e) Voyez au mot Immeubles, ce que je dis fur les immeubles réels & fictifs, & fur leur affiette.

L'article 19 de l'Ordonnance des Donations du mois de Février 1731, porte auffi que les donations faites dans les contrats de mariage en ligne directe, ne feront pas fujettes à la formalité de l'Infinuation.

L'art. 448 de la Coutume de Normandie exige au contraire l'Infinuation de toutes donations entre-vifs du pere au fils, &c. Mais depuis la nouvelle Ordonnance de 1731, qui porte non une dérogation expreffe, mais une dérogation à tous Edits, Déclarations & autres chofes à ce contraires ; la Cour, par Arrêt rendu le Jeudi 3 Décembre 1744, fur les conclufions de M. l'Avocat Général Gilbert de Voifins, a jugé que l'Infinuation des donations en ligne directe, n'étoit pas néceffaire en Normandie depuis cette Ordonnance. Cet Arrêt eft rapporté par la Combe, verb. Infinuation, fect. 4, n. 19.

» sinuation, près les Baillages ou Séné-
» chaussées Royales, ou autre Siége Royal,
» (a) ressortissant nuement en nos Cours,
» tant du lieu du domicile du donateur (b),
» que de la situation des choses données (c),
» & celles des meubles ou des choses immo-
» biliaires qui n'ont point d'assiette, aux Bu-

» reaux établis près lesdits Baillages, Séné-
» chaussées, ou autre Siége Royal ressortis-
» sant nuement en nos Cours, du lieu du
» domicile du donateur seulement (d); & au
» cas que le donateur eût son domicile, ou
» que les biens donnés fussent situés dans
» l'étendue des Justices Seigneuriales, l'In-

(a) Par Arrêt rendu le 11 Juin 1752, au rapport de M. Tubeuf, entre François Bourdillat & Mathurin Béranger, une donation mutuelle entre Me Guais, Notaire à Ingrande, & sa femme, a été déclarée nulle; parce qu'elle avoit été insinuée à Ingrande, qui est une Justice Seigneuriale, & non dans une Justice Royale.

Il a été rendu un autre Arrêt en la première Chambre des Enquêtes, au rapport de M. Julien, le 30 Août 1759, par lequel la Cour a de même jugé qu'un don mutuel entre mari & femme, insinué à Fere en Tardenois dans un Bureau d'Arrondissement, autorisé avant cette Déclaration, & où il n'y avoit point de Justice Royale, étoit nul.

Voyez l'Arrêt du 16 Avril 1615, dont parle M. le Prestre dans les arrêtés de la cinquième Chambre des Enquêtes.

(b) Un Arrêt rendu le 10 Mai 1731, entre la dame de Chataignere & Elisabeth Tricot, veuve du sieur de Vaudrets, a déclaré *nulle* la donation de 60000 liv. faite à Elisabeth Tricot, par la dame de Mongomery, *le 9 Mai 1728, faute d'Insinuation dans les quatre mois, au domicile de la donatrice.*

Elisabeth Tricot avoit néanmoins pris des précautions pour faire insinuer cette donation au Bureau du domicile de la donatrice; elle s'étoit pour cela adressée à Paris aux Fermiers de la Généralité d'Alençon, & leur avoit remis sa donation le 11 Novembre 1728, c'est-à-dire, dix-sept jours avant l'expiration des quatre mois, avec deniers suffisans pour payer les droits; & il étoit arrivé que l'Insinuation n'avoit été faite que le 11 Décembre, trois jours après le terme fatal des quatre mois expirés; & cette circonstance la détermina à demander que les Fermiers fussent condamnés à lui payer les 60000 liv. contenues en la donation annullée, comme garans du retard de l'Insinuation qu'ils devoient faire faire dans le temps utile.

Les Fermiers répondirent qu'elle ne s'étoit adressée à Paris, qu'au Bureau de la Correspondance; que c'étoit à elle de s'imputer & à se reprocher l'événement des mesures manquées pour faire insinuer dans un temps utile, parce que c'étoit à elle seule de les suivre; que le Directeur de Paris, en se chargeant de l'envoi de la rescription & de la donation, n'avoit formé aucune convention qui obligeât les Fermiers: par un Arrêt rendu en la Grand-Chambre le 15 Mai 1756, la Cour évoquant le principal, & y faisant droit, a débouté Elisabeth Tricot de ses demandes, avec dépens.

(c) Les donations d'immeubles sont, comme on voit, assujetties à une double Insinuation. L'une doit être faite au Bureau établi près le Siége Royal, dans l'étendue duquel le donateur se trouve domicilié; l'autre au Bureau du Siége Royal, dans le ressort duquel les choses données sont situées; & si la donation contenoit des immeubles situés en différens Baillages, il faudroit la faire insinuer en autant de Bureaux qu'il y auroit de Baillages, dans lesquels ces immeubles seroient situés.

La double Insinuation est également nécessaire, pour les donations d'immeubles fictifs qui ont une assiette.

Si une Seigneurie consistante en plusieurs corps de terres situées en différens Baillages, étoit donnée, seroit-il nécessaire que l'Insinuation s'en fît dans tous les Baillages, ou seulement dans celui, dans le ressort duquel est situé le principal manoir?

Sur cela il faut distinguer: s'il s'agit de différens corps de Métairies situées en différentes Jurisdictions, l'Insinuation en doit être faite dans chacune; mais s'il n'y avoit qu'une seule Métairie ou Ferme, formée de différentes pièces de terres situées en diverses Jurisdictions, il suffiroit de faire insinuer la donation au Bureau du Siége, dans le ressort duquel se trouveroit le principal manoir.

On demande encore en quel Bureau doivent être insinuées les institutions contractuelles & les donations de tous biens présens & à venir; lesquelles, quoiqu'ayant trait à la mort, sont néanmoins sujettes à Insinuation, ainsi qu'on le voit dans les Arrêts de Bouguier, lettre S, n. 11.

La réponse est, que l'institution contractuelle, telle qu'elle, par exemple, la donation d'une part d'enfant (ne renfermant proprement point la donation d'un corps certain, ni des biens que possède le donateur lors de l'institution, mais seulement des biens qui se trouveront dans sa succession au jour de son décès) n'est susceptible d'Insinuation, que dans la Jurisdiction du domicile du donateur. Voyez l'Arrêt du 28 Avril 1758, dont je parle à l'art. Institution Contractuelle.

Il y a même un Auteur anonyme (dont j'emprunte tout ceci) qui dit que l'Insinuation d'une pareille institution n'est pas nécessaire à peine de nullité; parce que l'Instituant ne fait que disposer de sa succession future, & que l'institution renfermant la charge de payer les dettes, & ayant le principal caractère de testament & de donation à cause de mort, il ne peut pas y avoir plus de raison de la rendre sujette à la peine de nullité faute d'Insinuation, que les testamens. Cette opinion me paroît souffrir bien des difficultés.

Le même Auteur dit encore que les donations de meubles & effets mobiliers, celles d'immeubles fictifs qui n'ont point d'assiette, les institutions contractuelles, les donations de biens à venir, les pactes par lesquels on s'oblige à conserver à un héritier sa portion héréditaire, les rappels à une succession, & les autres dispositions qui ne doivent avoir leur effet qu'après la mort du donateur, ne doivent être insinuées qu'au Bureau du Baillage Royal du domicile du donateur. Mais voyez ci-devant l'Arrêt du 11 Août 1761.

Remarquons ici que, quand les Parties requièrent l'enregistrement d'une donation dans différens Bureaux, il est dû autant de droits d'Insinuation, qu'il est fait d'enregistremens, suivant les décisions du Conseil des 18 Mars, 18 Juin 1755, 5 Juillet 1738, & un Arrêt du Conseil rendu sur la Requête du Fermier de Bretagne, le 11 Février 1749.

Enfin il faut remarquer que, lorsque l'Insinuation d'une donation se fait dans les quatre mois, c'est au Greffe du Baillage du donateur indiqué par la donation, qu'il faut la faire; mais après les quatre mois, il faut que l'Insinuation se fasse au Greffe du Baillage du domicile actuel du donateur, ainsi que l'a établi M. l'Avocat Général Gilbert de Voisins, lors de l'Arrêt rendu le 12 Fév. 1737, sur une donation faite par le Marquis de Bassompierre.

(d) Ainsi, comme les rentes constituées sont des immeubles fictifs qui n'ont point d'assiette, il suffit d'en faire insinuer les donations au Bureau du domicile des donateurs. Voyez *Immeubles* & *Rentes*.

» finuation fera faite aux Bureaux établis » près le Siège qui a la connoiffance des cas » Royaux dans l'étendue defdites Juftices ; » le tout dans les temps & fous les peines » portées par l'Ordonnance de Moulins, & » la Déclaration du 17 Novembre 1690 (a). » Déclarons nulles & de nul effet toutes les » Infinuations qui feroient faites à l'avenir » en d'autres Jurifdictions, dérogeant à tous » Edits & Déclarations à ce contraires (b).

II. » Voulons qu'à commencer au pre- » mier Juillet prochain, les Commis établis » dans chacun defdits Bureaux, lefquels fe- » ront tenus de prêter ferment pardevant » le Lieutenant Général des Sièges ci-def- » fus nommés, tiennent un Regiftre féparé, » cotté & paraphé par ledit Lieutenant Gé- » néral, ou par le premier ou plus ancien » Officier du Siège en fon abfence, dans le- » quel les actes de donations, fi elles font » faites par un acte féparé, finon la partie » de l'acte qui contiendra la donation avec » toutes fes charges ou conditions, feront » inférés & enregiftrés tout au long (c), pour » le paraphe defquels Regiftres il fera pris » dix fols pour ceux de cinquante feuillets » & au-deffous ; vingt fols pour ceux de » cent feuillets, & trois livres pour ceux » qui contiendront plus de cent feuillets.

III. » Lefdits Commis feront tenus de » communiquer lefdits Regiftres, fans dé- » placer, à tous ceux qui les demanderont, » & de fournir des extraits ou expéditions » en papier, fuivant qu'ils en feront requis, » des actes y inférés ; & ne fera pris que dix » fols pour le droit de recherche dans cha- » que Regiftre, & pareille fomme pour cha- » que extrait délivré ; & en cas qu'ils fuf-

» fent mais de délivrer des expéditions » entières des actes enregiftrés, il leur fera » payé par rôle de groffe, le même droit qui » fe paye pour les expéditions en papier, » au Greffe du Siège près lequel ils font » établis.

IV. » Lefdits Regiftres feront clos & ar- » rêtés à la fin de chaque année, par le » Lieutenant Général, ou le premier ou plus » ancien Officier du Siège en fon abfence, » & quatre mois après feront mis au Greffe » de la Jurifdiction ; à quoi faire lefdits » Commis feront contraints par corps, à la » diligence des Subftituts de nos Procureurs » Généraux ; & fera dreffé Procès - verbal » de l'état defdits Regiftres, au bas duquel » le Greffier de la Jurifdiction s'en chargera » pour en donner communication toutefois » & quantes, même en fournir des extraits » gratis à nos Fermiers ou à leurs Com- » mis, en lui rembourfant les frais du pa- » pier timbré feulement, à peine de 100 liv. » d'amende, qui fera encourue fur le fimple » Procès-verbal defdits Commis.

V. » Lefdits Greffiers feront pareillement » tenus de communiquer lefdits Regiftres, » fans déplacer, à tous ceux qui les deman- » deront, & de fournir des extraits ou ex- » péditions auffi en papier, fuivant qu'ils » en feront requis, des actes y inférés ; leur » défendons de prendre, pour raifon de ce, » d'autres droits que ceux qui font attribués » aux Commis par l'art. 3 des Préfentes.

VI. » N'entendons déroger à l'article 3 » de notre Déclaration du 20 Mars 1708, » en ce qu'il ordonne l'Infinuation des do- » nations par forme d'augment ou contre- » augment, dons mobiles (d), engagemens,

(a) Cette Déclaration porte, que la donation fera infi- nuée dans les quatre mois de fa date ; & que cependant elle pourra l'être pendant tout le temps de la vie du do- nateur ; avec cette différence que, lorfque l'Infinuation aura été faite dans les quatre mois de la date de la dona- tion, cette donation aura fon effet du jour qu'elle fera paffée ; & que, lorfque l'Infinuation n'aura été faite qu'a- près les quatre mois, la donation n'aura fon effet que du jour qu'elle aura été infinuée. Voyez auffi l'article 58 de l'Ordonnance de Moulins, & l'article 26 de l'Ordonnance de 1731, que je rapporte ci-après.

(b) La nullité prononcée par cet article, n'a lieu que pour les donations entre - vifs ; tous les Commis peuvent, comme par le paffé, infinuer toute autre nature d'actes fujets à l'Infinuation. V. l'art. 6 de la préfente Déclaration.

(c) Par Sentence contradictoire, rendue au Châtelet le 30 Mars 1743, dans laquelle les Fermiers étoient Par- ties, confirmée par Arrêt rendu le 23 Janvier 1744, une

donation faite par contrat de mariage, a été annullée ; parce que le Commis-Greffier qui avoit fait mention de l'Infinuation fur l'expédition du contrat, n'avoit tranfcrit fur le Regiftre qu'un extrait du contrat qui ne contenoit que la conftitution de la dot & l'arrangement concerté pour la dépenfe de la maifon, mais n'avoit pas parlé de la donation mutuelle.

Les Fermiers furent condamnés d'acquitter le donatai- re, & de l'indemnifer de l'effet de la donation annullée. Le Commis-Greffier, qui étoit en Caufe, fut condamné d'acquitter les Fermiers, & l'Arrêt fait même une injonc- tion à ce Commis d'être plus attentif, &c. ; mais il s'eft pourvu au Confeil, où il a obtenu la décharge de la de- mande des Fermiers.

(d) L'intention du Roi n'a jamais été de comprendre les dons mobiles dans le nombre des actes affujettis à la formalité de l'Infinuation, à peine de nullité par l'article premier de la préfente Déclaration ; en effet, fur les re-

» droits de rétention, agencemens, gains
» de nôces & de survie dans les Pays où ils
» sont en usage. Voulons que lesdits actes
» soient insinués conformément à ladite Dé-
» claration, & les droits payés suivant le
» Tarif, en même-temps que ceux du con-
» trôle, dans les lieux où le contrôle est
» établi ; & dans tous ceux où le contrôle
» n'a pas lieu, dans les quatre mois du jour
» & date desdits actes, sans néantmoins que
» le défaut d'Insinuation desdits actes puisse
» emporter la peine de nullité ; & ce con-
» formément à notre Déclaration du 25 Juin
» 1729 (a) : lesquels droits, lorsqu'ils au-
» ront été payés en même-temps que ceux
» du contrôle, appartiendront aux Fermiers
» qui auront insinué lesdits actes, sans repé-
» tition.

VII. » Voulons pareillement que ladite
» peine de nullité ne puisse avoir lieu à l'é-
» gard des donations de choses mobiliaires,
» quand il y aura tradition réelle, ou quand
» elles n'excéderont la somme de 1000 liv.
» au cas qu'elles n'eussent pas été insinuées,
» conformément à l'article premier des Pré-
» sentes. Voulons que les Parties qui au-
» roient négligé de les faire insinuer, soient
» seulement sujettes à la peine du double
» droit, & que les droits desdites donations
» soient payés conformément à ce qui est
» prescrit par l'article précédent. Voulons
» au surplus que les Ordonnances, Edits &
» Déclarations, enregistrés en nos Cours,
» concernant les Insinuations, soient exé-
» cutés suivant leur forme & teneur, dans
» toutes les dispositions auxquelles il n'est
» pas dérogé par ces Présentes «.

L'Ordonnance du mois de Février 1731,
contient aussi des dispositions tellement importantes sur les Insinuations des donations,
que je crois devoir en rapporter les principales.

L'article 26 porte que, » lorsque l'Insi-
» nuation aura été faite dans les délais por-
» tés par les Ordonnances, même après le
» décès du donateur ou du donataire, la do-
» nation aura son effet du jour de sa date
» à l'égard de toutes sortes de personnes.
» Pourra néantmoins être insinuée après les-
» dits délais, même après le décès du do-
» nataire, pourvû que le donateur soit en-
» core vivant ; mais elle n'aura effet en ce
» cas que du jour de l'Insinuation.

XXVII. » Le défaut d'Insinuation des do-
» nations qui y sont sujettes, à peine de
» nullité, pourra être opposé, tant par les
» tiers-acquéreurs & créanciers du donateur,
» que par ses héritiers, donataires posté-
» rieurs ou légataires, & généralement par
» tous ceux qui y auront intérêt, autres
» néantmoins que le donateur ; & la dispo-
» sition du présent article aura lieu, encore
» que le donateur se fût chargé expressément
» de faire insinuer la donation, à peine de
» tous dépens, dommages & intérêts, la-
» quelle clause sera regardée comme nulle
» & de nul effet.

XXVIII. » Le défaut d'Insinuation pour-
» ra pareillement être opposé à la femme
» commune en biens ou séparée d'avec son
» mari & à ses héritiers, pour toutes les do-
» nations faites à son profit, même à titre
» de dot, & ce dans tous les cas où l'Insi-
» nuation est nécessaire, à peine de nullité ;
» sauf à elle ou à ses héritiers d'exercer leur
» recours, s'il y échet, contre le mari ou
» ses héritiers, sans que sous prétexte de
» leur insolvabilité, la donation puisse être

présentations faites par le Parlement de Normandie, sur
l'usage où l'on est dans cette Province, de passer les
contrats de mariage sous seings-privés, & d'y stipuler le
don mobile, M. le Chancelier d'Aguesseau répondit que
« la nouvelle Ordonnance ne décide rien sur cet usage....;
» elle ne fait, dit-il, mention que des donations, & non
» pas de stipulations ou conventions matrimoniales qui
» sont conformes à la Coutume, & auxquelles le Roi a
» eu un si grand égard ; que par la Déclaration du 25
» Juin 1729, & par l'art. 21 qui la confirme, le don mo-
» bile a été mis au nombre des conventions, que le défaut
» d'Insinuation ne peut rendre nulles «. Voyez l'art. 74
du Réglement de 1666.

D'après ces régles, on a agité au Parlement de Paris, la
question de sçavoir, si le don mobile stipulé en Normandie par un contrat de mariage sous seing-privé, est sujet à
l'Insinuation pour les immeubles situés hors l'étendue de

cette Province ; & par Arrêt rendu le 26 Février 1763, au
rapport de M. de Bonnaire en la premiere Chambre des
Enquêtes, la Cour a déclaré valable le don mobile non
insinué pour les biens situés dans la Province de Normandie ; mais l'a déclaré nul pour les biens situés dans la
Coutume de Paris.

(a) La Déclaration du 25 Juin 1729, ordonne que les
dons mobiles, augment, contre-augment, droits
de rétention, agencemens, gains de nôces & de survie dans
le, Pays où ils sont en usage, ne sont pas censés compris
dans la disposition de l'Edit du mois de Décembre 1703,
& de la Déclaration donnée en conséquence, notamment
celle du 10 Mai 1708, qui porte la peine de nullité ; mais
qu'ils sont sujets aux autres peines, comme de double, triple droits, &c. V. l'espéce de l'Arrêt du Parlement de Toulouse du 23 Août 1734, rapporté dans le Recueil des Réglemens de ce Parlement ; imprimé en l'année 1749, p. 333.

» confirmée

» confirmée en aucun cas, nonobftant le dé-
» faut d'Infinuation.

XXIX. » N'entendons néantmoins qu'en
» aucun cas ledit recours puiffe avoir lieu,
» quand il s'agira de donations faites à la
» femme pour lui tenir lieu de bien para-
» phernal, fi ce n'eft feulement, lorfque le
» mari aura eu la jouiffance de cette nature
» de bien, du confentement exprès ou tacite
» de la femme.

XXX. » Le mari, ni fes héritiers ou ayans
» caufe, ne pourront en aucun cas, & quand
» même il s'agiroit de donations faites par
» d'autres que par le mari, oppofer le dé-
» faut d'Infinuation à la femme commune
» ou féparée, ou à fes héritiers ou ayans
» caufe, fi ce n'eft que ladite donation eût
» été faite pour tenir lieu à la femme de
» bien paraphernal, & qu'elle en eût la li-
» bre jouiffance & adminiftration (a).

XXXI. » Les tuteurs, curateurs, admi-
» niftrateurs ou autres, qui par leurs qua-
» lités font tenus de faire infinuer les dona-
» tions faites par eux, ou par d'autres per-
» fonnes, aux mineurs ou autres étant fous
» leur autorité, ne pourront pareillement,
» ni leurs héritiers ou ayans caufe, oppofer
» le défaut d'Infinuation auxdits mineurs ou
» autres donataires, dont ils ont eu l'admi-
» niftration, ni à leurs héritiers ou ayans
» caufe.

XXXII. » Les mineurs, l'Eglife, les Hô-
» pitaux, Communautés ou autres qui jouif-
» fent du privilége des mineurs, ne pour-
» ront être reftitués contre le défaut d'In-
» finuation, fauf leur recours, tel que de
» droit, contre leurs tuteurs ou adminiftra-
» teurs, & fans que la reftitution puiffe
» avoir lieu, quand même lefdits tuteurs ou
» adminiftrateurs fe trouveroient infolva-
» bles «.

Suivant une Déclaration du 13 Janvier
1736, enregiftrée le 28 Février, l'Artois
n'eft point compris dans les articles 19, 20
& fuivans, jufqu'à l'article 30 de l'Ordonnance du mois de Février 1731, concernant les formalités de l'Infinuation des donations.

Les Pays du reffort du Parlement de
Flandres ne font pas non plus affujettis aux
régles prefcrites pour l'Infinuation des donations, par l'Ordonnance du mois de Février 1731. Voyez l'article 33 de cette Ordonnance.

Mais il a été ordonné par une Déclaration
du 6 Janvier 1734, enregiftrée le 20, que
la Déclaration du 17 Février 1731 *feroit
exécutée dans l'étendue du Comté de Clermont
en Argonne* (où l'on continuoit de faire infinuer les donations dans les Juftices Seigneuriales) *fous les peines y contenuès, fans
néantmoins que le défaut d'Infinuation dans
la Juftice des Cas Royaux puiffe être oppofé
par rapport aux Infinuations, dont le feul défaut feroit de n'avoir pas été fait audit Siége
des Cas Royaux, avant la publication de la
Déclaration de 1731.*

Ni l'Edit du mois de Décembre 1703,
ni les Loix précédentes, n'indiquoient à la
diligence de quelles Parties l'Infinuation
devoit être faite. Pour faire à cet égard un
Réglement, le Roi donna un Edit, au mois
d'Octobre 1705, par lequel il affujettit tous
les Notaires à faire infinuer les actes fujets
à cette formalité, en même-temps qu'ils les
feront contrôler, à la réferve néantmoins
des fubftitutions & donations entre-vifs,
que nous voulons (porte l'Edit) *être infinuées
à la diligence des Parties, conformément à
l'art. 3 de l'Edit du mois de Décembre 1703,
& à l'art. 11 de la Déclaration du 19 Juillet
1704.*

Les Notaires de Paris ayant voulu fe
fouftraire à cette régle générale, le Roi rendit un Arrêt, le 27 Avril 1706, par lequel
il déclara qu'ils feroient tenus de faire infinuer dans la quinzaine tous les actes qu'ils
pafferoient à l'avenir fujets à l'Infinuation,
à l'exception (porte l'Arrêt) *des fubftitutions
& donations entre-vifs qui feront infinuées à
la diligence des Parties.* Mais les Notaires
ayant formé oppofition à cet Arrêt, ils y
ont été reçus oppofans par un autre rendu
le 5 Juin de la même année 1706; & le Roi
a déclaré n'avoir entendu les affujettir à faire infinuer les contrats & actes fujets à l'In-

---

(a) Les donations faites entre conjoints par leur contrat de mariage au profit du furvivant d'eux, peuvent encore être infinuées valablement dans les quatre mois du
décès du mari, fi c'eft la femme qui furvit.
Au contraire, le mari donataire ne tireroit aucun fruit

de l'Infinuation du contrat de mariage, fait après la mort
de fa femme, à moins que le délai des quatre mois, accordé
à tous les donataires en général, ne fût pas encore écoulé
au temps de la mort de la femme. V. ce que je dis à l'art.
Don Mutuel, fur l'Infinuation de cette efpèce de donation.

finuation, qu'à condition par eux de faire mention, dans ces contrats & actes, de la nécessité qu'il y aura de les faire insinuer, & de délivrer, de trois mois en trois mois, au Fermier des extraits des contrats sujets à l'Insinuation qu'ils auront reçus, à l'exception des testamens, dont les extraits ne seront délivrés qu'après la mort des testateurs. Ces dispositions ont été confirmées par l'article 13 de la Déclaration du 23 Mars 1708.

Ni les Greffiers des Insinuations Ecclésiastiques, ni ceux des Insinuations Laïques, ne sont obligés d'énoncer les noms des personnes qui leur apportent les actes pour les insinuer; parce que cette circonstance n'est, ni de l'essence, ni de la forme de l'Insinuation. Quiconque est porteur d'un acte, est Partie capable pour le faire insinuer. Les Greffiers des Insinuations ne sont pas d'ailleurs préposés pour examiner quel motif ou quel intérêt conduit ceux qui leur présentent des actes à insinuer.

L'article 15 de la Déclaration du 19 Juillet 1704, fait *défenses à tous Huissiers de faire pour l'exécution des contrats, actes, Arrêts & Jugemens sujets à Insinuation, aucuns exploits ni actes, qu'il ne leur soit apparu de l'Insinuation, à peine de nullité, & de 300 liv. d'amende.* Ainsi on ne peut former une demande en délivrance de legs avant l'Insinuation du testament; on ne peut pas non plus demander l'enthérinement de Lettres de Bénéfice d'inventaire, d'émancipation, &c. qu'elles ne soient insinuées. Quatre Arrêts du Conseil, rendus les 18 Août 1716, 30 Septembre 1721, 22 Juillet 1727, & 7. Mai 1746, ont cassé des Jugemens rendus dans différens Tribunaux, qui avoient ordonné l'enthérinement de Lettres de Bénéfice d'âge & de Bénéfice d'inventaire, avant qu'elles eussent été insinuées.

Les contrats de vente, les échanges & autres actes translatifs de propriété d'immeubles, doivent être insinués dans les Bureaux des lieux où les biens sont situés; & par Arrêt du Conseil rendu le 6 Mai 1719, en déclarant nulle l'Insinuation faite dans un autre Bureau, le Roi a ordonné qu'elle seroit reportée dans le Bureau le plus prochain de l'immeuble dont il s'agissoit.

Suivant l'article 10 de l'Edit de 1703, &

l'article 19 de la Déclaration de 1704, les testamens doivent être insinués au Bureau de l'Arrondissement ou domicile du testateur, pour le mobilier dont il dispose; & à l'égard des immeubles légués, il faut que l'Insinuation soit faite où les biens sont situés; & les droits d'insinuation doivent être avancés par la succession, sauf à les déduire ou à les répéter contre les légataires.

M. l'Abbé Lemoine, Conseiller en la Grand'Chambre, se trouvant malade à S. Dizier en Champagne, y fit son testament olographe le 27 Mars 1746, contenant des dispositions universelles & particulieres, & il y mourut peu de temps après.

Le testament fut ouvert, contrôlé & insinué à S. Dizier; & les légataires, ayant remarqué que, dans les expéditions qui leur en furent délivrées, la formalité de l'Insinuation étoit remplie, demanderent & obtinrent en conséquence la délivrance de leurs legs, par Sentence du Châtelet rendue par défaut.

Y en ayant eu appel, l'héritier prétendit que la demande en délivrance ne valoit rien; qu'il falloit auparavant faire insinuer le testament à Paris, pour le mobilier de M. Lemoine, parce qu'il y avoit son domicile, & sur les lieux pour les immeubles légués, comme le prescrivent l'Edit du mois de Décembre 1703, & la Déclaration de 1704.

Les légataires répondoient que l'Insinuation n'étoit pas de leur fait, qu'ils en avoient trouvé la mention sur les expéditions du testament qui leur avoient été délivrées; qu'au surplus l'héritier étoit sans intérêt, puisque les Edits & Déclarations dont il argumentoit, le privoient des fruits & revenus des biens légués, faute par lui d'avoir fait faire une Insinuation réguliere; qu'enfin l'Insinuation des testamens étoit bursale, qu'il suffisoit que le droit eût été payé: par Arrêt rendu, de relevée, le premier Août 1755, conformément aux Conclusions de M. l'Avocat Général Seguier, les Sentences du Châtelet, portant délivrance des legs, furent confirmées, & l'héritier, qui demandoit la nullité de la procédure, condamné en l'amende & aux dépens.

On s'est pourvu en cassation contre cet

Arrêt ; mais la Requête a été rejettée par Arrêt rendu le 12 Avril 1756.

Me Le Comte, Avocat, Exécutéur du teſtament du ſieur le Vaſſeur du Bois-le-Comte, ayant préſenté l'extrait du teſtament, contenant ſa nomination, pour être inſinué, les Fermiers ſoutinrent qu'il devoit faire inſinuer le teſtament en entier, ſauf à répéter le droit ſur chaque légataire. Me Le Comte répondit qu'on ne pouvoit l'aſtraindre à l'Inſinuation totale d'un teſtament qui contenoit des legs caducs & nuls : ſur cette conteſtation, Arrêt du Conſeil eſt intervenu le 17 Octobre 1721, qui a condamné Me Le Comte à faire inſinuer en entier *les différentes diſpoſitions du teſtament, & à en payer les droits, ſauf à les répéter ſur les légataires. & cependant qu'il ſeroit fait déduction des legs caducs, en le juſtifiant par ledit Me le Comte.*

Et au cas, ajoute l'Arrêt, *que quelques-uns des légataires ayent fait inſinuer & payé le droit d'Inſinuation de leurs legs, veut Sa Majeſté qu'il en ſoit tenu compte audit le Comte, en rapportant la preuve de l'Inſinuation & du payement des droits.*

Cette derniere diſpoſition annonce qu'il faut diſtinguer le légataire particulier d'avec l'héritier ou légataire univerſel ; quand ceux-ci demandent l'Inſinuation, il faut inſinuer le teſtament en entier, à l'exception des legs caducs ; mais ſi c'eſt un légataire particulier, on ne peut exiger de lui qu'il faſſe inſinuer autre choſe que ſon legs : il ne pourroit pas même demander la totalité du teſtament au Notaire ; & par conſéquent il ſeroit injuſte d'exiger de lui qu'il fît inſinuer la totalité d'une piéce, dont il ne peut avoir qu'un extrait.

Les donations faites par le Roi ou au Roi, ſont exemptes de l'Inſinuation.

Il a été ordonné par un Arrêt du Conſeil du 29 Juillet 1732, » qu'il ne ſera perçu » qu'un ſeul droit d'Inſinuation, ſuivant la » qualité du teſtateur pour tous les héritiers » rappellés, & pour tous les légataires uni- » verſels, en quelque nombre que ſoient leſ- » dits héritiers ou légataires, & ſans qu'en » aucun cas il puiſſe être perçu plus qu'un » droit, ſous prétexte des différentes diſpo- » ſitions de pareille nature, contenuës dans

» les teſtamens, ſans préjudice des legs par- » ticuliers & des ſubſtitutions «.

INSINUATION Eccléſiaſtique.

Les fraudes qui ſe pratiquoient anciennement dans les nominations aux Bénéfices, ou dans les réſignations qui ſe tenoient ſecretes, la facilité qu'il y avoit d'antidater pluſieurs expéditions Bénéficiales ; le peu de ſoin que prenoient les Patrons & Collateurs de Bénéfices de tenir des regiſtres des préſentations & collations quils expédioient : tous ces motifs ont déterminé nos Rois à ordonner que les actes concernant les Bénéfices & l'état des Eccléſiaſtiques, ſeroient rendus publics par l'Inſinuation.

Henri II, par un Edit de 1553, donné ſur les remontrances du Clergé, créa, à cet effet, des Greffiers des Inſinuations Eccléſiaſtiques dans tous les Diocéſes du Royaume, & permit aux Prélats de nommer ces Officiers par proviſion ; mais l'exécution de cet Edit ayant été négligée, les plaintes du Clergé ſe renouvellerent, & Henri IV érigea ces Greffes en Offices Royaux & Domaniaux, par un Edit de l'année 1595.

Le Clergé ayant, en 1615, rembourſé les acquéreurs de ces Offices, & obtenu la permiſſion de commettre des perſonnes Laïques pour les exercer, quelques Ordinaires donnerent ces Commiſſions à leurs domeſtiques ; & Louis XIII leur enjoignit, par l'Ordonnance de 1629, de s'en démettre.

Le même Prince créa en 1637, dans les principales Villes du Royaume, des Contrôleurs de Procuration pour réſigner, & des autres actes concernans les Bénéfices ; mais cet Edit ayant rencontré pluſieurs inconvéniens dans l'exécution, Louis XIV permit au Clergé, par une Déclaration de 1646, de rembourſer les Contrôleurs, & de faire exercer leursCharges par des Greffiers.

Cette Déclaration áyant depuis été diverſement interprêtée par le Grand-Conſeil & par les Parlemens, Louis XIV donna, au mois de Décembre 1691, un Edit qui fut enregiſtré au Parlement le 2 Janvier 1692, par lequel ce Prince a non-ſeulement rétabli les Offices de Greffiers des Insinuations Ecclésiastiques (a), mais déterminé les actes qui seroient assujettis à la formalité de cette Insinuation, la forme dans laquelle elle seroit faite, & les peines qui résulteroient du défaut de l'Insinuation (b). Voici les principales dispositions de cet Edit.

Art. V. » Nul ne pourra être pourvu » des Offices de *Greffier des Insinuations Ec-* » *clésiastiques*, ni commis à l'exercice (c) » d'iceux *Offices*, s'il n'est Laïc, âgé de 25 » ans, non parent de Banquier au degré de » pere, fils, oncle, neveu, ou frere, non » Officier & domestique d'aucun Ecclésiasti- » que. Seront lesdits Greffiers assidus ès Vil- » les & lieux de leur résidence, pour ex- » pédier promptement les Parties, & sans » retardement; auquel effet pourront les- » dits Greffiers avoir près d'eux un ou plu- » sieurs Commis, pour exercer leurs Char- » ges en leur absence, maladie, ou empê- » chement légitime; lesquels Commis prê- » teront serment pardevant le Juge Royal » de leur résidence (d), & feront toutes ex- » péditions & enregistremens nécessaires; » & en cas de refus ou dilaiement d'insi- » nuer, permettons aux Parties de sommer » lesdits Greffiers ou leurs Commis, en » présence d'un Notaire Royal & Aposto- » lique & de deux témoins, d'enregistrer » les actes qui leur seront présentés; & s'ils » n'y satisfont, ladite sommation & acte » qu'on voudra faire insinuer, seront mon- » trés au Lieutenant Général, ou, en son » absence, au Substitut de notre Procureur » Général en ladite Sénéchaussée ou Bail- » liage de la Ville de la résidence dudit » Greffier; & où il n'y auroit point de Sé- » néchaussée ou Baillage, au Juge Royal » en chef du lieu, & en son absence, au

» Substitut de notre Procureur Général, » par l'un desquels l'acte de sommation & » refus sera signé, & lui en sera laissé copie; » moyennant quoi, Voulons que lesdits ac- » tes soient de pareille force que s'ils avoient » été insinués, sans néantmoins que les Par- » ties en puissent abuser, supposant des re- » fus ou des retardemens.

VI. » Ne pourront lesdits Greffiers & » Commis avoir qu'un seul Registre en mê- » me-temps, ni enregistrer aucune expédi- » tion en un nouveau Registre, que le pré- » cédent ne soit entiérement rempli, à peine » de punition corporelle contre lesdits Gref- » fiers & Commis, & de privation de leurs » charges; & seront obligés de représenter » leurs Registres aux Archevêques & Evê- » ques de leur résidence, à nos Procureurs » Généraux & à leurs Substituts, lorsqu'ils » en seront par eux requis, pour voir s'ils » y ont gardé la forme prescrite par notre » présent Edit, sans néantmoins que sous ce » prétexte ils puissent être dessaisis de leurs- » dits Registres.

VII. » Ne pourront aussi lesdits Gref- » fiers ni leurs Commis instrumenter, com- » me Notaires Royaux & Apostoliques, » en aucun acte sujet à l'Insinuation, dans » leurs Registres, à peine de nullité de » l'acte : leur défendons de laisser aucun » blanc entre les enregistremens, à peine » d'être procédé contre le Greffier, comme » faussaire, & de quinze cens liv. d'amende, » dommages & intérêts des Parties (e).

VIII. » Voulons que les Registres des » Greffiers des Insinuations contiennent au » moins 300 feuillets, & que chaque page » soit réglée de lignes droites, tant en haut » qu'en bas, & aux côtés; & auparavant que » d'écrire & enregistrer aucune expédition » en icelui, ils soient tenus de le présenter

(a) L'intention du Roi, en créant ces Offices, paroît avoir été que les Diocèses en devinssent propriétaires; & divers Arrêts du Conseil ont accordé, aux Diocèses qui l'ont demandé, la permission d'en faire l'acquisition. Il y a même des cas où le Roi leur a permis d'acquérir ces Offices des héritiers des Titulaires, par préférence à tous au-tres. Voyez sur cela un Arrêt du Conseil du 24 Mai 1729, pour le Greffe de Périgueux.

(b) Cette formalité n'a lieu en Artois, que pour la portion de cette Province, qui dépend des Evêchés de Bou-logne, d'Amiens & de Noyon; mais l'Edit du mois d'A-vril 1695, ne s'y observe nulle part. Voyez *Artois.*

(c) Je crois que l'Edit dont il est ici question, n'a pas lieu, & ne s'observe pas dans le ressort du Parlement de Besançon.

Les droits qui se perçoivent à Metz, en exécution de l'Edit de 1691, pour l'Insinuation Ecclésiastique, ont été aliénés à divers Particuliers.

(d) Un Arrêt du Grand-Conseil, rendu le 4 Oct. 1731, ordonne, conformément à cette disposition, que le Gref-fier des Insinuations Ecclésiastiques du Diocèse du Mans, sera tenu de faire prêter serment à ses Commis devant le Lieutenant Général, avant qu'ils puissent faire aucunes fonctions ni enregistrement : cet Arrêt, qui est imprimé, contient un Réglement étendu sur les Insinuations Ecclé-siastiques; mais assez conforme à l'Edit de 1691.

(e) Voyez les Arrêts des 22 Janvier 1727, & 12 Mai 1729, que je rapporte à l'article *Gradué.*

» à l'Archevêque ou Evêque Diocéfain, &
» au Lieutenant Général de la Sénéchauffée
» ou Bailliage du lieu, lefquels feront cot-
» ter de nombres continus tous les feuillets
» dudit Regiftre, parapheront & feront pa-
» rapher chacun d'iceux par leurs Greffiers,
» & figneront avec eux l'acte qui en fera
» écrit à la fin du dernier feuillet, conte-
» nant le nombre des feuillets d'icelui, le
» jour qu'il aura par eux été paraphé, &
» le quantiéme eft ledit Regiftre; le tout à
» peine contre lefdits Greffiers de faux, de
» trois mille livres d'amende, dépens, dom-
» mages & intérêts des Parties.

  IX. » Les Edits faits par les Rois nos
» prédéceffeurs fur l'Infinuation des actes
» concernant l'état des perfonnes Eccléfiaf-
» tiques & les titres des Bénéfices, feront
» à l'avenir inviolablement obfervés en ce
» qui n'y eft point dérogé par notre préfent
» Edit, & en les renouvellant en tant que
» befoin feroit, & y ajoutant; ordonnons
» que les Lettres de Tonfure, celles des
» quatre Mineurs, de Soudiaconat, de Dia-
» conat & de Prêtrife, enfemble les Di-
» miffoires feront infinués dans le mois au
» Greffe du Diocèfe de l'Evêque qui aura
» conféré les Ordres; les Indults pour être
» promûs aux Ordres avant l'âge, ou hors
» les Quatre-Temps; les difpenfes fur le
» défaut de naiffance, pour prendre les Or-
» dres; les fignatures d'abfolution *à malâ*
» *promotione;* celle d'abfolution d'apoftafie,
» avec difpenfe pour les Ordres; les difpen-
» fes fur irrégularités, avec réhabilitation
» aux Ordres (*a*); les proteftations pour re-
» clamer contre les Ordres de Soudiacre &
» de Diacre; les Brefs déclaratoires de nul-
» lité de la promotion de l'Ordre de Sou-
» diacre ou de Diacre; les Sentences de ful-
» mination defdites difpenfes & Brefs fe-
» ront infinuées dans le mois de la fulmina-

» tion pour celles qui font en forme com-
» miffoire, & dans le mois de la promotion
» aux Ordres, pour celles qui font en for-
» me gracieufe; finon & en cas de défaut
» d'Infinuation ne pourront les Parties s'en
» fervir devant nos Juges dans les complain-
» tes Bénéficiales, ni autres inftances con-
» cernant leur état; faifons défenfes à nos
» Juges d'y avoir égard (*b*).

  X. » Toutes procurations pour réfigner
» purement & fimplement, en faveur, pour
» caufe de permutation de Coadjutorerie,
» avec future fucceffion, ou en quelqu'au-
» tre façon que ce foit, même pour union
» entre les mains de notre Saint Pere le Pa-
» pe, de fon Légat, ou de l'Ordinaire,
» confentir création ou extinction de pen-
» fion, les révocations defdites procura-
» tions, les fignifications d'icelles, les Pro-
» vifions de Cour de Rome, de la Légation
» ou de l'Ordinaire, expédiées fur lefdites
» réfignations, les réquifitions & refus de
» *Vifa,* les actes de fulmination, les *Vifa,*
» les procurations pour prendre poffeffion,
» les prifes de poffeffion, les publications
» d'icelles, les actes de répudiation, ou re-
» fus d'accepter une réfignation feront infi-
» nués dans le temps ci-après déclaré.

  XI. » Toutes Procurations pour réfigner
» en faveur, ou permuter, feront infinuées
» auparavant d'être envoyées en Cour de
» Rome, ès Greffes des Diocèfes, dans lef-
» quels les Notaires les auront reçues; & fi
» elles avoient été paffées hors les Diocèfes
» où les Bénéfices réfignés font fitués, les
» Pourvus defdits Bénéfices fur icelles fe-
» ront en outre tenus de le faire enregif-
» trer dans le Greffe des Infinuations du
» Diocèfe, au-dedans duquel les Bénéfices
» feront affis, dans trois mois après l'expé-
» dition de leurs Provifions; le tout à peine
» de nullité (*c*).

  (*a*) Un Arrêt du Confeil, rendu en forme de Réglement, le 12 Juillet 1746, exempte de l'Infinuation Eccléfiaftique, les difpenfes de parenté obtenues pour caufes
infamantes par rapport aux mariages; les difpenfes obtenues *fuper defectu natalium;* les abfolutions *à mala promotione,* & les abfolutions de toutes autres irrégularités........
& ordonne que le défaut d'Infinuation ne pourra donner
lieu à aucune des peines portées par l'Edit de 1691, ni
rendre cês actes nuls.

  (*b*) Il y a un Arrêt du 19 Août 1729, rendu au rapport
de M. le Moine, qui n'a pas eu d'égard à la nullité demandée par le fieur Broffeau, des Lettres de Tonfure & de Prê-
trife du fieur Belleval, parce qu'elles n'étoient pas infi-

nuées; & qui a maintenu le fieur de Belleval dans la Pré-
vôté de l'Eglife de Montpellier. La Combe rapporte cet
Arrêt dans fon Recueil de Jurifprudence Canonique, verb.
Infinuation, n. 4.

  (*c*) Par Arrêt rendu fur les Conclufions de M. l'Avocat
Général de Lamoignon, le 26 Juin 1721, M. l'Abbé Lorenchet, Confeiller au Parlement, a été maintenu en la
poffeffion du Sous-Doyenné d'Orléans, quoique la procuration qui avoit été paffée pour réfigner ce Bénéfice,
n'eût point été infinuée à Orléans dans les trois mois des
Provifions, mais feulement deux ans après, & poftérieurement aux Provifions du même Bénéfice, donné par l'Evêque d'Orléans.

XII. » Si les Résignataires ou Permu-
» tans, pourvus par le Pape, ont différé
» leur prise de possession plus de six mois,
» & les Pourvus par démission ou permu-
» tation en la Légation, ou par l'Ordinaire,
» plus d'un mois, ils seront tenus de pren-
» dre ladite possession, & icelle faire publier
» & insinuer conjointement avec la Provi-
» sion, au plûtard deux jours auparavant le
» décès du Résignant ou Co - permutant,
» sans que le jour de la prise de possession,
» publication & Insinuation d'icelles, & ce-
» lui de la mort du Résignant, soient com-
» pris dans ledit temps de deux jours, & à
» faute d'avoir pris ladite possession, &
» icelle fait publier & insinuer deux jours
» avant ledit décès: Voulons lesdits Béné-
» fices être déclarés, comme par ce présent
» Edit nous les déclarons vacans par la
» mort du Résignant.

XIII. » Déclarons les Provisions des Col-
» lateurs ordinaires, par démission ou per-
» mutation, nulles, & de nul effet & va-
» leur, au cas que par icelles les Indultaires
» gradués, Brévetaires de Joyeux Avéne-
» ment & de serment de fidélité, soient
» privés de leurs graces expectatives, ou les
» Patrons de leur droit de présentation, si
» les Procurations pour faire les démissions
» & permutations, ensemble les provisions
» expédiées sur icelles par les Ordinaires,
» n'ont été insinuées deux jours francs avant
» le décès du Résignant ou Permutant,
» le jour de l'Insinuation, & celui du décès
» non compris; ce que nous voulons être
» exactement gardé par nos Juges, sans y
» contrevenir, à peine de nullité de leurs
» Jugemens (a).

XIV. » Les présentations des Patrons
» Ecclésiastiques & Laïcs, les représenta-
» tions, les provisions des Bénéfices sécu-
» liers & réguliers, en titre ou en com-

mende, par les Collateurs ordinaires; les
» nouvelles Commendes obtenues à Rome,
» les Mandemens des Archidiacres pour
» mettre en possession, les Collations Laï-
» ques, les Provisions de Cour de Rome,
» par mort ou par dévolut; les Réquisitions
» de Visa, les Visa, les Actes de refus, les
» Certificats de Banquiers, que la grace est
» accordée par le Pape, les Ordonnances
» des Juges, les Sentences & Arrêts, por-
» tant permission de prendre possession ci-
» vile, les prises de possession, les attesta-
» tions des Ordinaires, pour obtenir Béné-
» fices en forme gracieuse, les Procurations
» pour prendre possession, les prises de pos-
» session, & autres expéditions, seront insi-
» nuées, dans le mois de leur date, au Greffe
» du Diocèse où les Bénéfices sont situés;
» & si lesdites expéditions ont été datées
» d'un lieu hors le Diocèse, & ne peuvent
» pas commodément y être insinuées dans
» ce délai, les Parties seront tenues, pour
» en assurer la date, de les faire insinuer
» dans le mois au Greffe du Diocèse où el-
» les auront été faites; & seront en outre
» obligées de les faire insinuer deux mois
» après au Greffe du Diocèse où les Bénéfi-
» ces sont situés; comme aussi voulons que
» les Provisions des Ordinaires, qui con-
» tiennent la Collation de deux ou plusieurs
» Bénéfices, assis en divers Diocèses, soient
» enregistrées en l'un & l'autre desdits Dio-
» cèses; sçavoir; celles de l'Ordinaire, dans
» le mois de leur date, au Greffe de l'un
» desdits Diocèses, & le mois suivant, dans
» le Greffe de l'autre; & celles de Cour de
» Rome ou de la Légation, au Greffe pa-
» reillement de chacun desdits Diocèses,
» un mois après la prise de possession de
» chacun desdits Bénéfices; le tout à peine
» de nullité.

XV. » Seront pareillement sujettes à In-

(a) Il y a différens Arrêts rendus au Grand - Conseil,
rapportés dans la Jurisprudence Canonique de la Combe,
verb. Brevets, section 3, n. 2, desquels il paroît résulter
qu'on ne doit pas comprendre le Vice - Légat d'Avignon
dans le nombre des Collateurs ordinaires dont il est question en cet article.

Outre ces Arrêts, il y en a deux autres qui paroissent
avoir diféremment jugé que cet article n'entend point parler des Provisions accordées à Rome ou par le Vice-Légat,
mais seulement de celles données par les Collateurs ordinaires. Le premier de ces Arrêts a maintenu le sieur Arnaud dans un Canonicat de l'Eglise Cathédrale de Saint
Paul - Trois - Châteaux, dont il avoit été pourvu en la

Vice-Légation d'Avignon, sur une démission faite & admise le jour de la mort du Démertant, au préjudice du
sieur Repert, Brévetaire de Serment de Fidélité, à qui le
Chapitre avoit conféré le même Canonicat.

Cet Arrêt a été rendu au Grand - Conseil, le 7 Février
1736.

Le second Arrêt a été rendu au même Tribunal, le 14
Mai 1740; il a maintenu le sieur de Tressemanes, pourvu
en la Vice-Légation d'Avignon, d'un Canonicat de l'Eglise Cathédrale d'Aix, sur la démission du sieur Lenfant, le
lendemain du décès de celui - ci, au préjudice du sieur Bataille, Brévetaire de Joyeux Avénement, lequel avoit requis le même Canonicat, en conséquence de son Brevet.

» finuation dans le mois , à peine de nulli-
» té, les Provifions de Bénéfices accordées
» par les Ordinaires , fur notre nomination ;
» les prifes de poffeffion defdits Bénéfices,
» & de ceux étant à notre Collation à titre
» de Régale, ou à caufe de la fondation des
» Eglifes , nonobftant l'article XVI de no-
» tre Déclaration du mois d'Octobre 1646,
» que nous avons révoquée pour ce regard
» feulement.

XVI. » Les Bulles de Cour de Rome ,
» contenant provifions d'Archevêchés, Evê-
» chés , d'Abbayes, de Prieurés Conven-
» tuels , des premieres Dignités des Eglifes
» Cathédrales & Collégiales, ou d'autres
» Bénéfices fitués ès pays prétendus d'Obé-
» dience, en forme commiffoire ou gracieu-
» fe, celles de Coadjutorerie, toutes les dif-
» penfes pour obtenir Bénéfices, celles pour
» en retenir d'incompatibles & autres, les
» fulminations defdites Bulles & difpenfes ;
» les actes de prife de poffeffion, les figna-
» tures de Cour de Rome, & Bulles expé-
» diées en la Légation d'Avignon, par mort
» ou dévolut, & généralement tous autres
» actes faits en exécution defd. Bulles & Si-
» gnatures,feront infinués dans le mois après
» la prife de poffeffion, à peine de nullité.

XVII. » Les Homologations de Concor-
» dats en Cour de Rome ou à la Légation,
» les Bulles & Signatures contenant la créa-
» tion ou l'extinction d'une penfion, & les
» Procurations pour y prêter confentement,
» feront infinuées au Greffe des Diocèfes
» où les Bénéfices , chargés de penfion, fe-
» ront fitués ; & ce dans trois mois, à comp-
» ter du jour que les Banquiers-Expédition-
» naires auront reçu lefdites expéditions ;
» & à cette fin feront tenus lefdits Ban-
» quiers d'écrire au dos defdites expéditions,
» le jour qu'ils les auront reçues.

XVIII. » Les Lettres de dégrés, les Cer-
» tificats de temps d'étude , les nominations
» par les Univerfités, les fignifications def-
» dites Lettres , les Procurations pour no-

» tifier les noms & furnoms des Gradués en
» temps de Carême , les notifications , les
» fignifications des Lettres d'Indult accor-
» dées aux Officiers de notre Parlement de
» Paris, celles des Lettres de Joyeux Avéne-
» ment & de ferment de fidélité ; les Pro-
» curations pour requérir Bénéfices, feront
» infinuées au Greffe du Diocèfe dans le-
» quel feront fituées les Prélatures, Chapi-
» tres, Dignités, & autres Bénéfices des Pa-
» trons & Collateurs, auxquels lefd. Let-
» tres feront adreffées ; & en fera ladite In-
» finuation faite dans le mois de la date de
» chacune defdites fignifications. Seront pa-
» reillement infinuées dans le mois de leur
» date, les réquifitions de Bénéfices faites
» par lefdits Expectans, les préfentations &
» collations qui leur feront données, les
» actes de refus, les Provifions concédées
» par les Exécuteurs defdites graces expec-
» tatives, les actes de prife de poffeffion, &
» les Décrets d'érection, de fuppreffion &
» union de Bénéfices ; le tout à peine de
» nullité (a).

XIX. » Et d'autant qu'il paroît fouvent
» devant nos Juges des réclamations contre
» les Profeffions Religieufes, fufpectes d'an-
» tidates, voulons que les actes de réclama-
» tion, dans les cinq années, contre la Pro-
» feffion Religieufe, enfemble les difpenfes
» de la publication d'un ou de deux bans
» de mariage, foient infinués dans le mois
» de leur date, à peine de nullité ; & fe-
» ront pareillement infinués les Actes de
» Vêture, Noviciat & Profeffion, les In-
» dults de tranflation d'un Ordre à un au-
» tre, les Brefs déclaratoires de nullité d'u-
» ne Profeffion Religieufe, les Sentences
» fur lefdits Brefs, les difpenfes de maria-
» ge, & les Sentences de fulmination ; au-
» trement les Parties ne pourront s'en fer-
» vir devant nos Juges, & feront tenus les
» Greffiers d'infinuer fans frais les actes
» concernant la Profeffion des Religieux &
» Religieufes des Ordres Mendians (b).

(a) Sur l'exécution de cet article, & des articles 14 &
22 du préfent Edit, voyez l'Arrêt pour le Curé du Pont-
de - l'Arche, au mot Réquifition.
Il y a encore un Arrêt du 14 Mars 1725, rendu au rapport de M. de la Porte ; par lequel un Moine nommé Bi-
beron, fut maintenu en poffeffion du Prieuré de Mire-
veaux en Brie, Diocèfe de Meaux, quoique fa réquifition,
comme Gradué, n'eût pas été infinuée dans le mois.

Duperrai rapporte plufieurs autres Arrêts femblables.
Mais voyez la Jurifprudence Canonique de la Combe,
verb. Infinuation, n. 2.
(b) Une Déclaration du 16 Février 1691, exige qu'il
foit fait mention de la difpenfe des bans de mariage, &
que l'Infinuation defdites difpenfes foit énoncée dans
l'Acte de Célébration, à peine de 50 liv. d'amende. Voyez
cette Déclaration dans la Combe.

XX. » Enjoignons à tous Pourvûs de » Bénéfices, qui n'ont pas acquis la poffef- » fion annale paifible, de faire infinuer dans » le mois, à compter du jour de la publica- » tion de notre préfent Edit, les Titres & » Actes, en vertu defquels ils font entrés » en poffeffion de leurs Bénéfices, finon, & » en cas qu'ils y foient troublés, faifons dé- » fenfes à nos Juges d'avoir égard auxdits » Titres & Actes.

XXI. » Les Vicariats pour préfenter & » conférer Bénéfices, même les Procurations » baillées par les Chanoines abfens, pour » nommer aux Bénéfices qui vaqueront en » leur tour, ou les conférer, ne pourront » fortir aucun effet, ni aucunes nomina- » tions, préfentations, ou collations être » faites en vertu d'iceux, jufqu'à ce qu'ils » ayent été enregiftrés au Greffe du Dioce- » fe où eft affis le chef-lieu des Prélatures, » Chapitres & Dignités, defquelles dépen- » dent les Bénéfices ; & feront fujettes à » femblable Infinuation les révocations » defdits Vicariats, les Provifions d'Offi- » cial, celles de Vice-gérent, de Promoteur, » de Subftitut de Promoteur, de Greffiers » des Officialités ou Chapitres, & les Actes » de remerciement faits par les Prélats ou » Chapitres, auxdits Officiers, pour en pour- » voir d'autres en leur place.

L'article 13 de l'Edit, dont je viens de rapporter les difpofitions, a été interprété par une Déclaration du 10 Novembre 1748, enregiftrée au Parlement le 31 Juin 1749, qui porte:

Art. I..... » Déclarons nulles & de nul » effet & valeur, toutes Provifions fur dé- » miffions ou permutations émanées, foit » des Collateurs ordinaires ou de la Vice- » Légation d'Avignon, en cas que ces dé- » miffions ou permutations, enfemble les » Provifions expédiées fur icelles, n'ayent » pas été infinuées deux jours francs avant » le décès du Réfignant ou du Permutant, » le jour de l'Infinuation, & celui du décès » non compris.

II. » La difpofition de l'article précédent » aura lieu, foit que les Indultaires Gradués » ou autres Expectans, ou les Patrons y » foient intéreffés ou autrement, en quelque » cas que ce foit ; & faute d'avoir rempli la » formalité de l'Infinuation, deux jours

» francs avant le décès du Titulaire, con- » formément audit article, les Collateurs » ordinaires pourront nonobftant les Provi- » vifions par eux accordées, difpofer des » Bénéfices réfignés ou permutés, comme » vacans par mort, & lefdits Bénéfices » pourront être conférés comme tels par » toutes autres voies légitimes & Canoni- » ques «.

J'ai rapporté l'art. 3 de cette Déclaration au mot *Date*; l'article 4 ordonne que toutes les difpofitions qu'elle contient, *feront exé- cutées à peine de nullité des Jugemens qui y feroient contraires*, & ce à compter du jour de fa publication.

On voit par les notes, que j'ai ci-devant faites, fur l'Edit du mois de Décembre 1691, qu'il ne s'obferve point à la rigueur, quant aux difpofitions qui prefcrivent la néceffité d'infinuer les Lettres de Dégrés, les Certi- ficats de temps d'étude, les nominations par les Univerfités, & les fignifications des Let- tres dans le mois de la date des fignifications; parce que ce n'eft pas-là une matiere que l'on puiffe envifager comme fujette aux fraudes, que l'Edit a pour objet de répri- mer. La Jurifprudence du Parlement, & celle du Grand-Confeil, eft de ne point re- garder l'Infinuation faite après le mois, comme nulle, ainfi qu'on l'a pû voir par les Arrêts que j'ai notés, & par ceux que je vais indiquer.

Dans le premier tome des Arrêts Nota- bles, on en trouve un de la Grand'Chambre du 23 Mars 1700, qui maintient un Gradué dans la poffeffion de la Cure d'Etrechy, quoique fon acte de notification du mois de Septembre 1697, & celui de réitération du 23 Mars 1698, n'euffent été infinués qu'au mois de Novembre 1698.

Par un Arrêt du Grand-Confeil rendu le 9 Avril 1710, le fieur le Vayer a été main- tenu dans le Prieuré du Lion, Dioceſe d'Angers, quoique la Provifion donnée par l'Abbé de Saint-Aubin, Collateur, n'eût été infinuée dans le Dioceſe que quatre mois après fa date.

Par un autre Arrêt du 15 Mai 1722, ren- du au rapport de M. Huguet de Semonville, le Parlement de Paris a maintenu Dom Hu- chet dans la poffeffion du Prieuré de Ver- non, Dioceſe de Sens; quoique les Provi- fions

fions de Cour de Rome, n'euffent été infinuées que plus d'un an après le *Tradita*, par
le Banquier.

Il y a enfin un autre Arrêt du premier
Août 1740, rendu fur les Conclufions de
M. l'Avocat Général Joly de Fleury, pour
l'Abbé de Thiranges, Doyen de l'Eglife
de Montbrifon.

INSOLITE.

Ce mot qui eft purement Latin, fignifie
ce qui n'eft point d'ufage, ce qui eft inufité,
&c. On dit qu'une dixme eft Infolite, quand
le Décimateur n'a pas coutume de la percevoir. V. *Dixme*.

INSOLVABLE.

Ce mot qui eft formé du Latin, fignifie
ce qui ne peut être payé; on donne auffi
la qualité d'Infolvable, aux perfonnes qui
ne peuvent payer ce qu'ils doivent.

INSPECTEURS aux Boiffons & Boucheries.

Ce font des Officiers qui ont été créés par
Edit du mois d'Octobre 1705, avec attribution de droits fur les marchandifes fujettes
à leur infpection.

Ces droits qui avoient été mis en parti &
affermés, ont été fupprimés par Arrêt du
Confeil du 24 Février 1720; mais ils ont
été rétablis depuis, & fucceffivement pro-
rogés.

Ils fe perçoivent actuellement, en conféquence d'une Déclaration du 8 Septembre
1755, conformément à ce qui eft fixé par
l'Edit du mois d'Octobre 1705.

Ces droits n'ont pas lieu dans quelques
Provinces. Sur ces exemptions, ainfi que fur
tout ce qui a rapport à ces droits, voyez le
Traité des Aides, de M. le Févre de la Bellande.

INSPECTEURS de Police.

Les Infpecteurs de Police font des Officiers diftribués dans les différens quartiers
de Paris, par M. le Lieutenant Général de
Police, pour avoir, fous les Commiffaires
de Police du Châtelet, infpection fur le nettoyement des rues, les lantérnes & lumieres
publiques, & fur tout ce qui peut concerner
l'obfervation des Réglemens de Police.

Tome II. Part. I.

Ils avoient été créés au nombre de quarante, par un Edit du mois de Février 1708;
mais ils ont été fupprimés par un autre Edit
du mois de Mars 1740, qui en a créé feulement vingt.

Les principales fonctions de ces Officiers,
font, aux termes de ce dernier Edit, de
veiller au nettoyement des rues, & à tout ce
qui concerne l'obfervation des Réglemens
de Police; de fe tranfporter tous les jours
chez les Aubergiftes & Logeurs en chambres
garnies, pour vifiter leurs livres; de fe tranfporter chez les Jouailliers, Fripiers, Tapif-
fiers, & Gens achetans de vieilles marchandifes, à l'effet d'examiner les livres où font
infcrits les achats; de dreffer des Procès-verbaux des contraventions aux Ordonnances,
&c. Voyez l'Edit en entier, il contient dix-
fept articles.

INSTANCE.

Dans le langage ordinaire, on nomme
Inftance, tout ce qui eft demande judiciaire
& procès; mais au Barreau, on ne nomme
Inftance que les caufes d'appel, qui n'ayant
pû être jugées à l'Audience, fur des plaidoiries verbales, ont été appointées pour
être jugées fur les écrits & la production
des Parties. Voyez *Caufe* & *Procès*.

INSTITUT.

Ce mot a diverfes fignifications. On dit
l'Inftitut d'un Ordre Religieux; & en ce
fens le mot Inftitut eft fynonime à établiffement.

On appelle auffi Inftituts du Droit Civil,
les premiers élémens de cette Science, ou
l'Abrégé de la Jurifprudence Romaine, contenus dans un Livre qui a pour titre: Inftituts de Juftinien, parce qu'il a été compofé
par l'ordre de cet Empereur.

INSTITUTION CANONIQUE.

Voyez *Capacité*, Forma dignum, *Forme
gracieufe*, Poffeffion, Préfentation, Provifion de Bénéfices, & Vifa.

L'Inftitution Canonique, eft la miffion
que les Supérieurs Eccléfiaftiques donnent
à ceux qui font pourvus de Bénéfices, en
leur accordant ce qu'on nomme *Vifa* ou
Provifions.

La feule puiffance Eccléfiaftique peut

Ddd

donner le droit fpirituel attaché à cette Inftitution : l'Eglife ufe en cela d'un pouvoir
qui lui eft propre.

Mais il n'en eft pas de même des fruits &
des revenus des Bénéfices : c'eft un temporel qui dépend abfolument de l'autorité politique, & fur lequel l'Eglife ne peut exercer, dans quelques Diocéfes, qu'une Jurifdiction empruntée, qu'elle tient de la conceffion ou de la tolérance des Souverains ;
de-là le pouvoir du Juge Laïc fur le poffeffoire des Bénéfices : de-là l'autorité des
Loix du Prince fur cette matiere.

Il eft des conditions marquées, & des régles prefcrites, fuivant lefquelles la puiffance Eccléfiaftique peut accorder ou refufer
l'Inftitution Canonique à ceux qui la demandent ; les nommés aux Bénéfices qui effuyent des refus en pareil cas, ont la voie
de fe pourvoir par appel fimple devant les
Supérieurs Eccléfiaftiques de ceux qui ont
refufé le *Vifa*.

Ce refus, & même le Jugement du Supérieur Eccléfiaftique, eft encore fufceptible
de l'appel comme d'abus. S'il en étoit autrement, les Evêques feroient moins les dif-
penfateurs, que les maîtres des Bénéfices, &
les arbitres fouverains du fort des Eccléfiaftiques.

Les Archevêques, Evêques ou leurs Vicaires Généraux, qui refufent l'Inftitution
Canonique, font tenus d'en exprimer les
caufes dans les actes qu'ils font délivrer à
ceux qui effuyent les refus ; autrement le refus eft abufif. Voyez fur cela les articles 5 &
6 de l'Edit du mois d'Avril 1695. Voyez
auffi ce que je dis au mot *Vifa*.

Jufqu'à ce que l'Inftitution Canonique
foit donnée à la perfonne, que le Patron
Laïc a nommée à un Bénéfice, le Patron
peut varier & en préfenter une autre pour
le même Bénéfice, ce que ne peut pas faire
le Patron Eccléfiaftique ; mais l'Inftitution
Canonique une fois donnée, le Pourvu ne
peut plus être deftitué qu'en lui faifant fon
procès.

Lorfque l'Inftitution Canonique eft refufée, le Magiftrat politique peut, fi le Préfenté au Bénéfice le requiert, lui permettre
d'en prendre poffeffion civile, en attendant
qu'il puiffe avoir un titre Canonique.

L'obftacle que rencontre par rapport au

titre Canonique, le Prétendant droit à un
Bénéfice, ne donne pas au Roi, ni à fes Juges, un nouveau pouvoir qu'il n'auroit pas
fans cet obftacle ; mais la difficulté qu'effuye
le Sujet du Roi, autorife le nommé à fe
pourvoir par appel comme d'abus dans les
Cours du reffort.

Lorfque les Cours jugent que les appels
comme d'abus, des refus de l'Inftitution Canonique, font bien fondés, elles ordonnent
que l'Eccléfiaftique qui a effuyé le refus,
fe pourvoira pardevant le Métropolitain ou
autre Prélat, pour demander l'Inftitution ;
& fi le Métropolitain ou autre Supérieur
refufe auffi de la donner, les Cours peuvent commettre un autre Prélat. Voyez l'Ordonnance de Blois, l'Edit de Melun, celui
de 1695 ; voici quelques Arrêts qui en offrent
des exemples.

L'Evêque d'Arras ayant refufé l'Inftitution Canonique d'une Prébende de fa Cathédrale à un Gradué, celui-ci fe pourvut
devant l'Archevêque de Cambray, qui fit le
même refus. Sur l'appel comme d'abus, intervint Arrêt, le 16 Janvier 1714, qui ordonna que le Gradué fe retireroit pardevers
le Chancelier de l'Univerfité de Paris, pour
lui être par ledit Chancelier, conféré le
droit, & accordé des Provifions dudit Canonicat.

L'Archevêque de Rheims ayant refufé au
fieur Parchape de Vinay, des Provifions de
la Prévôté de l'Eglife de Rheims, fur la réfignation de l'Abbé de Louvois, fous prétexte
de doctrine fufpecte, un Arrêt rendu par défaut contre M. l'Archevêque de Rheims, le
21 Août 1719, renvoya le fieur de Vinay
devant l'Evêque de Laon, comme plus ancien Evêque en réception des Suffragans de
Rheims, pour en recevoir l'Inftitution Canonique.

Me Nicolas Cabriffeau obtint un femblable Arrêt, le 30 du même mois d'Août 1719,
pour un autre Bénéfice, après avoir effuyé
un pareil refus pour les mêmes caufes, & ces
Arrêts ayant été attaqués par la voie de l'oppofition, l'exécution en a été ordonnée par
un autre Arrêt rendu le 2 Janvier 1729, fur
les Conclufions de M. l'Avocat Général
Gilbert.

Il en avoit été rendu un pareil au Parlement de Dijon, le 5 Juillet 1719, pour

la Prébende Théologale d'Autun.

Un fieur Huffon, Réfignataire d'une Prébende de la Cathédrale de Metz, n'ayant pas
joint à fa fupplique, le certificat de fes capacités, pour obtenir à Rome des provifions
de ce Bénéfice, effuya un retard dans l'expédition ; & ayant pris ce retard pour un refus , il fe pourvut au Parlement de Metz ,
qui, par Arrêt rendu le 12 Juin 1736, lui
permit de prendre poffeffion civile de la
Prébende qui lui avoit été réfignée , & le
renvoya devant l'Evêque de Metz ou fon
Grand-Vicaire, pour recevoir l'Inftitution
Canonique.

Le Grand - Vicaire demanda communication de la réfignation , & le Réfignataire
prit cette demande pour un refus : en conféquence il obtint Arrêt du même Parlement,
le 19 Juillet de la même année, portant qu'il
fe préfenteroit à M. l'Evêque de Toul ou à
fon Vicaire Général, pour obtenir des Provifions du Canonicat.

En exécution de ce fecond Arrêt, le fieur
Huffon fe préfenta à Toul ; mais le Grand-
Vicaire le refufa, fous prétexte qu'il n'étoit
point fupérieur, ni en état de réformer le
Jugement du Grand-Vicaire de Metz.

Sur ce nouveau refus, le fieur Huffon obtint un troifiéme Arrêt au Parlement de
Metz, le 26 Juillet 1736, par lequel il fut
renvoyé devant le Primicier de l'Eglife Cathédrale de Metz, pour en recevoir l'Inftitution Canonique & les Provifions, & le Primicier lui donna l'un & l'autre ; mais l'Evêque de Metz s'étant pourvu contre ces Arrêts, ils furent caffés par Arrêt du Confeil
rendu le 19 Octobre 1737, par la raifon que
le fieur Huffon s'étoit adreffé au Parlement
de Metz, fans prendre la voie de l'appel
comme d'abus , qui eft la feule au moyen
de laquelle les Cours peuvent prendre connoiffance des refus de *Vifa* ; fuivant l'art. 6.
de l'Edit du mois d'Avril 1695.

L'Arrêt du Confeil réferva au fieur Huffon, de fe pourvoir par les voies Canoniques ; en conféquence il fit expédier des
Bulles à Rome , & obtint à Metz l'Inftitution Canonique, fans aucune difficulté.

Sur l'Inftitution Canonique, voyez *Vifa*.

INSTITUTION Contractuelle.
V. *Aîneffe*, *Donation*, *Infinuation*, *Succeffion* & *Rapport*.

L'Inftitution Contractuelle eft une difpofition qui fait un Héritier indépendamment de la Loi, & qui, dans nos mœurs, ne
peut fe faire que par un contrat de mariage,
en faveur de l'un ou des deux futurs Conjoints, ou de leurs defcendans.

La plûpart de nos Coutumes ont banni des
Teftamens, l'Inftitution d'Héritier ; elles ne
permettent de faire que des Légataires univerfels, mais auffi favorables aux contrats de
mariage, que les Romains l'étoient aux Teftamens ; nous avons donné à la faveur des
contrats de mariage, ce que les Romains n'a-
voient accordé qu'à celle des Teftamens, &
nous avons introduit par un droit univerfel,
contre la difpofition des Loix Romaines,
qu'on pourroit inftituer un Héritier par contrat de mariage. Voyez l'Ordonnance d'Orléans, art. 59, & celle de Moulins, art. 57.

Les Coutumes d'Auvergne , de Nivernois, de Bourbonnois & de la Marche, autorifent les Inftitutions Contractuelles par
des difpofitions précifes (a) ; la feule Coutume de Berry fembloit rejetter cette Inftitution dans l'art. 6 du Titre des Mariages :
mais les Commentateurs & les Arrêts l'ont
interprété, de maniere que les Inftitutions
Contractuelles ont lieu dans cette Coutume, de la même maniere que dans tout le
refte de la France.

A l'exemple des Pays Coutumiers, les
Provinces qui fuivent le Droit Romain, ont
auffi reçu les Inftitutions Contractuelles,
elles y font devenues très-fréquentes, & tous
les Auteurs de ces Provinces atteftent unanimement que les Parlemens de Touloufe,
de Bordeaux, d'Aix & de Grenoble, les
ont confirmées par leurs Arrêts, de maniere
qu'elles font aujourd'hui de Droit commun
dans le Royaume. Voyez les Queftions Alphabétiques de Bretonnier.

Il y a des Inftitutions Contractuelles de
deux efpéces différentes ; dans les unes , on
change le droit ordinaire des fucceffions légitimes, foit en inftituant un étranger, foit

---

(a) L'article 219 de la Coutume de Bourbonnois permet même les Inftitutions Contractuelles en faveur des
bâtards ; & un Arrêt du Parlement de Dijon, rendu le 25
   Février 1717, a jugé valable l'Inftitution Contractuelle
faite par un Prêtre, en faveur de fes enfans naturels. Cependant voyez l'article *Bâtard*.

en inſtituant un Héritier préſomptif pour une portion plus forte que celle fixée par la Loi.

Dans les autres, en inſtituant un préſomptif Héritier pour ſa portion héréditaire, on ne fait que ſuivre & confirmer en ſa perſonne, le droit qu'il tient déja de la nature & de la Loi.

Dans ces deux eſpéces d'Inſtitutions Contractuelles, même dans celles qui changent le cours ordinaire des ſucceſſions, l'inſtitué eſt un Héritier très-parfait & très-véritable : il repréſente auſſi parfaitement la perſonne du défunt, que l'Héritier légitime. Voyez *Héritier.*

Le Brun dit, en parlant des Inſtitutions Contractuelles, 1°. qu'elles ne peuvent être faites que par des contrats de mariage (*a*) ;

2°. Qu'elles ne peuvent être faites qu'en faveur de ceux qui contractent mariage, ou de leurs deſcendans (*b*) ;

3°. Qu'elles ne doivent point bleſſer la légitime des enfans.

L'Héritier Contractuel eſt, comme l'Héritier légitime, ſaiſi de la ſucceſſion ; la régle, *le mort ſaiſit le vif,* a lieu en faveur de l'une & de l'autre eſpéce d'Héritier : les quatre Coutumes que je viens d'indiquer, portent que les Héritiers Contractuels ſont ſaiſis, les cas avenans ; & Ricard dit qu'elles contiennent, à cet égard, le Droit commun du Royaume.

L'Héritier Contractuel eſt, comme l'Héritier légitime, tenu indéfiniment des dettes de la ſucceſſion, quand même elles ſurpaſſeroient la valeur des biens ; les Coutumes l'aſſimilent à l'Héritier *ab inteſtat.* V. Auvergne, ch 14, art. 34; Bourbonnois, art. 223.

L'Héritier Contractuel peut néantmoins ſe décharger des dettes en renonçant à l'hérédité, parce qu'il n'eſt pas Héritier néceſſaire ; mais il faut que cette renonciation ſoit faite, lorſque les choſes ſont encore entie-

res : s'il s'immiſce une fois dans les biens, il n'eſt plus reçu à renoncer, pour ſe dégager des dettes.

Néantmoins, s'il craint le danger de l'obligation perſonnelle qui réſulte de la qualité d'Héritier Contractuel, il peut, comme l'Héritier légitime, avoir recours au bénéfice d'inventaire ; & s'il le négligeoit, il ſeroit réputé héritier pur & ſimple, & tenu des dettes indéfiniment. Les Coutumes d'Auvergne, de Bourbonnois, de la Marche & de Nivernois, contiennent ſur cela des diſpoſitions préciſes qui paſſent pour Droit commun. V. auſſi le Brun.

L'Héritier Contractuel qui a une fois accepté la ſucceſſion, ne peut plus y renoncer : ſa qualité eſt par conſéquent très-différente de celle du donataire ou du légataire univerſel, qui peuvent ceſſer d'être donataire & légataire. Mais voyez *Bénéfice d'Inventaire.*

L'Héritier Contractuel ne peut diſpoſer des biens qui compoſent l'hérédité, avant l'ouverture de la ſucceſſion ; il ne peut, ni les tranſmettre à ſes Héritiers, ni les hypothéquer à ſes créanciers, s'il ne les a lui-même recueillis ; & ſon droit devient caduc, s'il prédécéde ceux qui l'avoient inſtitué, parce que l'Inſtitution ne donne aucun droit à l'inſtitué ſur les biens préſens.

Cependant, par un droit favorable fondé ſur l'équité & ſur la faveur du contrat de mariage, ſeul capable de faire valider une Inſtitution Contractuelle, ſi l'Héritier inſtitué laiſſoit des enfans, ils ſeroient admis à reclamer l'Inſtitution faite en faveur de leur pere ; c'eſt ce que la Cour a jugé par un Arrêt rendu le 16 Juillet 1613, rapporté par Brodeau ſur M. Louet, lettre S, n. 9 ; &, par un autre Arrêt rendu en la troiſiéme Chambre des Enquêtes, le 5 Avril 1756, tous deux pour des Inſtitutions d'Héritiers faites en Auvergne. Le dernier de ces deux Arrêts jugeant encore d'autres queſtions re-

---

(*a*) Tous les Auteurs ont penſé de même ; parce qu'inſtituer un héritier, c'eſt donner les biens tels qu'ils ſe trouveront au moment de l'ouverture de la ſucceſſion, dont il ne peut y avoir de tradition du vivant du donateur ; & que les donations de biens préſens & à venir ne peuvent ſe faire que par contrat de mariage, ſuivant l'Ordonnance du mois de Février 1731. Voyez les articles 13, 15 & 16 de cette Ordonnance.

(*b*) Me Camus & ſa femme, qui avoient cinq filles & un garçon, promirent, par le contrat de mariage de l'une de leurs filles avec Me Ronhette, de garder *à la future*

épouſe, leur fille, ainſi qu'*à leurs autres enfans,* tant *mariés qu'à marier, à chacun leur part & portion héréditaire entiere dans leurs ſucceſſions ; enſorte qu'après leurs décès, ils auroient tous également* « ; & par Sentence des Requêtes du Palais, du 3 Juin 1760, confirmée par Arrêt du 14 Juin 1762, il a été ordonné que la ſucceſſion de Me Camus, pere commun, ſeroit partagée entre tous ſes enfans par égale portion, nonobſtant que par un teſtament de Me Camus, antérieur au ſuſdit contrat de mariage, il eût fait des avantages conſidérables à ſon fils, V, ci-après un Arrêt du 21 Mai 1762.

latives à l'Inſtitution, je crois devoir en parler ici avec un peu de détail.

Un ayeul qui avoit quatre enfans vivans, inſtitua par contrat de mariage un petit-fils, » ſon héritier univerſel pour partager ſa ſuc- » ceſſion par égale portion avec ſes héritiers » ab inteſtat «.

Trois de ſes enfans, & même le pere de l'Inſtitué, moururent avant l'Inſtituant, & après leur mort, l'Inſtituant fit une dona- tion entre-vifs des quatre cinquiémes de ſon bien, au ſeul fils qui lui reſtoit. Mais, comme l'Inſtitué avoit laiſſé un enfant, le donateur lui conſerva l'Inſtitution qu'il avoit faite en faveur de ſon pere, qu'il évalua à la cinquié- me partie de ſes biens.

Après la mort de l'Inſtituant, le fils de l'Inſtitué ſoutint que le donataire étant le ſeul héritier ab inteſtat, qu'on pût compter lors de l'ouverture de la ſucceſſion, elle de- voit ſe partager par moitié.

Le Donataire répondoit que l'Inſtitué ne pouvoit demander que le cinquiéme, parce que lors de l'inſtitution, l'Inſtituant avoit quatre enfans avec leſquels il avoit appellé l'Inſtitué pour lui ſuccéder en qualité d'hé- ritier; que par conſéquent il ne l'avoit gra- tifié que du cinquiéme de ſon bien, & que ſon intention ne pouvoit pas être douteuſe, puiſqu'elle étoit expliquée par la donation poſtérieure.

Le fils de l'Inſtitué répliquoit que la do- nation étoit une fraude faite à l'inſtitution qui n'avoit pû ſouffrir d'altération au moyen de ce qu'elle étoit irrévocable, qu'ainſi il falloit regarder cette donation comme une piéce indifférente; que pour fixer les idées ſur ſes droits (de lui fils inſtitué) on ne pouvoit conſulter que l'Inſtitution qui le rendoit héritier univerſel, lui donnoit le droit de partager la ſucceſſion par portions égales avec les héritiers ab inteſtat qui exiſ- toient, non pas au temps de l'Inſtitution, mais au temps de l'ouverture de la ſucceſ- ſion: l'Arrêt l'a jugé de même, & a déclaré la donation nulle. Me Giffart, Avocat, écri- voit au procès pour l'Inſtitué.

Ainſi cet Arrêt décide, 1°. que l'Inſtitu- tion Contractuelle eſt irrévocable.

2°. Qu'il n'eſt pas permis de diſpoſer à titre gratuit au préjudice de l'Inſtitu- tion.

3°. Que l'Inſtitution ſe tranſmet aux en- fans de l'Inſtitué.

4°. Que le moment de l'ouverture de la ſucceſſion détermine ſeul le droit de l'Inſti- tué, & fixe ſa portion héréditaire.

La Cour a de même jugé par Arrêt ren- du le Mercredi 5 Décembre 1759, ſur les Concluſions de M. l'Avocat Général Se- guier, que M. l'Evêque de Gravelle n'a- voit pas pû poſtérieurement au contrat de mariage de ſon fils, par lequel il l'avoit inſtitué ſon héritier, le gréver d'une ſubſti- tution qui avoit pour cauſe une diſſipation exprimée par le teſtament, & aſſez bien prouvée d'ailleurs.

Les enfans de l'héritier contractuel ſe- roient-ils admis à reclamer l'Inſtitution faite en faveur de leur pere (décédé avant l'au- teur de l'Inſtitution) dans une Coutume qui n'admet point la repréſentation en ligne di- recte? Je penſe qu'ils y ſeroient non-rece- vables, & je crois l'avoir ainſi vû juger par Arrêt du mois de Janvier 1751, à l'occaſion de la ſucceſſion d'un nommé Hequet, ou- verte en Ponthieu.

Le Brun penſe autrement; & il va même juſqu'à dire que dans les Coutumes où la repréſentation n'a pas lieu, & où le droit d'aîneſſe paſſe de l'aîné prédécédé au ſecond fils, les enfans de l'aîné inſtitué, doivent ſuccéder au droit d'aîneſſe. Sa raiſon eſt, que ce n'eſt point la repréſentation qui fait leur droit, mais la faveur du contrat de ma- riage & la préſomption de la volonté de celui qui a fait l'Inſtitution. Voyez le Brun, des Succeſſions, liv. 3, chap. 2, n. 36.

L'Inſtitution Contractuelle n'empêche pas l'Inſtituant de vendre, d'aliéner & de ſe ſervir de ſon bien dans les occurrences & ſans fraude; mais elle le met hors d'état de rappeller ſes autres héritiers à ſa ſucceſſion, non pas même pour les parts & portions qui leur ſont déférées par la Coutume: elle l'empêche encore de faire des diſpoſitions teſtamentaires plus étendues que ce dont il s'eſt réſervé la faculté de diſpoſer.

La plûpart de ces points de droit ont été jugés par l'Arrêt rendu le 10 Février 1738, entre la Dame Boſſon & les Sieur & Dame de Bourzeis.

Dans cette eſpéce, les Sieur & Dame

Boſſon avoient aſſuré leur ſucceſſion future à la Dame Bourzeis leur fille par ſon contrat de mariage, de laquelle ils lui avoient même fait don entre-vifs, & ne s'en étoient réſervé que l'uſufruit ; cependant après le décès du ſieur Boſſon, pere de la dame Bourzeis, l'Arrêt ſuſdit *a ordonné que la veuve Boſſon jouiroit en pleine propriété de la moitié des biens de la communauté, pour pouvoir par elle les vendre, aliéner ou hypothéquer, enſemble tout ce qui pourroit lui échoir par la ſuite par ſucceſſion, donation, legs ou autrement, pourvû que ce ne ſoit point à titre gratuit.*

Quoique l'Inſtitution Contractuelle ſoit actuellement miſe au nombre des donations entre-vifs, elle n'eſt cependant point ſujette aux réſerves coutumieres : ainſi, lorſque l'Inſtitution eſt univerſelle, elle comprend tous les propres, & l'héritier légitime n'eſt pas reçu à demander la diſtraction des quatre quints ou autre portion : c'eſt ce qui a été jugé par un Arrêt célèbre du 30 Août 1700, qu'on trouve au Journal du Palais, tom. 2, & qui a été rendu en faveur du Duc de Chevreuſe, héritier contractuel du Duc de Chaunes, contre les Marquis de Mailly & de Vervins; mais elle eſt ſujette à la légitime des enfans, toutes eſpéces de donations, ſoit entre vifs ou teſtamentaires, y étant aſſujetties.

Les Inſtitutions Contractuelles ne peuvent être attaquées par le défaut d'acceptation. Voyez l'art. 13 de l'Ordonnance de Février 1731, rapporté au mot *Acceptation.*

Les Inſtitutions Contractuelles & les Subſtitutions qui y ſont appoſées, *ſont irrévocables, ſoit entre Nobles ou entre Roturiers dans tous les pays où elles ſont en uſage.* Art. 12 du tit. premier de l'Ordonnance du mois d'Août 1747, ſur les Subſtitutions.

L'héritier inſtitué par contrat de mariage étant véritablement héritier, eſt ſujet à l'Incompatibilité des qualités d'héritier & de légataire ; il faut qu'il opte : la maxime eſt certaine à cet égard. On prétend même qu'il y a un Arrêt conforme du 5 Mars 1712. Je ne connois point cet Arrêt. Voyez *Incompatibilité de qualités, &c.* Mais voyez auſſi *Rapport.*

Le 3 Juillet 1756 la Cour a jugé, par un Arrêt rendu au rapport de M. l'Abbé Boucher, qu'une fille inſtituée héritiere contractuelle pour moitié des biens de ſa mere domiciliée en pays de Droit-Ecrit, devoit ſupporter la diſtraction des légitimes & des avantages faits & promis aux enfans antérieurement à l'Inſtitution.

L'Inſtitution contractuelle ne peut pas entamer, ni préjudicier à la légitime des enfans.

Les Aubains ne peuvent faire d'Inſtitution Contractuelle, parce qu'ils ne peuvent avoir pour héritiers que le fiſc, & que l'héritier contractuel n'eſt pas ſeulement donataire entre-vifs, mais un véritable héritier.

Tous les Auteurs diſent que l'Inſtitution Contractuelle eſt ſuſceptible de ſubſtitution, mais non pas après coup. Voy. l'Arrêt de Villars, au mot *Subſtitution.*

Le Vendredi 28 Avril 1758, de relevée, on a plaidé la queſtion de ſçavoir ſi une libéralité faite par contrat de mariage du mois de Mars 1741 (en ces termes : » en faveur du préſent mariage, la dame Dubreuil, ſous l'autorité dudit Jacques Jacquet ſon mari, & ladite Jeanne Dubreuil, » ont donné à ladite future, ce acceptant, » la pleine propriété de tous les biens, tant » meubles qu'immeubles qu'elles pourront » laiſſer après leur décès «,) étoit une donation entre-vifs, ou une Inſtitution Contractuelle.

La difficulté naiſſoit de ce que le contrat de mariage avoit été contrôlé & inſinué par extrait ſur le regiſtre, où s'inſinuent les actes tranſlatifs de propriété, & non tranſcrit ſur les regiſtres des Inſinuations des donations entre-vifs. On prétendoit que, faute d'inſinuation ſur ce dernier regiſtre, la donation étoit nulle.

On répondoit que la libéralité n'étoit pas une donation, mais une véritable Inſtitution Contractuelle non ſujette à la même Inſinuation que les donations. On ſe fondoit ſur la faveur des contrats de mariage, & ſur l'article 13 de l'Ordonnance de 1731, qui affranchit les Inſtitutions Contractuelles de la néceſſité de l'acceptation que la même Ordonnance exige dans les donations ; & on en concluoit que l'Inſtitution n'étoit pas ſujette aux mêmes formes que les donations.

Par Arrêt rendu ledit jour fur les Conclufions de M. l'Avocat Général Joly de Fleury, la Cour a confirmé la Sentence qui avoit ordonné l'exécution du contrat de mariage & des donations qu'il contenoit.

L'Inftitution Contractuelle faite en faveur de Mᵉ Laverrier, Avocat à Arras, par demoifelles Jeanne-Françoife & Marguerite Raiffe, en ces termes : » plus, lefdites demoifelles Raiffe ont inftitué le futur pour » leur héritier à concurrence d'un tiers dans » leurs fucceffions mobiliaires & immobi- » liaires, pour y venir feulement après le » *décès de la furvivante d'elles deux* «, a fait naître la queftion de fçavoir, fi l'une des donatrices ayant recueilli la fucceffion de l'autre, avoit pû vendre & difpofer des biens dont elle étoit compofée.

Mᵉ Laverrier foutenoit que la furvivante des deux donatrices n'avoit que l'ufufruit des biens de la prédécédée ; parce qu'étant inftitué héritier des deux portions, il l'étoit dans celle de la prédécédée, comme dans celle de la furvivante ; que les termes pour en jouir *après le décès*, ne contenoient autre chofe qu'une réciprocité d'ufufruit, & que l'efprit de l'Inftitution étoit de lui affurer un droit certain.

Mais par Sentences du Confeil d'Artois, des 29 Mars & 11 Juillet 1754, confirmées par Arrêt rendu au rapport de M. Severt le . . . . Janvier 1759, on a jugé que l'Inftitution Contractuelle n'avoit pas lié les mains à la demoifelle Raiffe furvivante, & qu'elle avoit pû vendre non-feulement fes biens perfonnels, mais ceux de fa fœur prédécédée.

Louis Joly & Marie Lucas, domiciliés à Amiens, en mariant leur fille à Remi le Cointe, la *reconnurent pour leur héritiere, à l'effet de partager avec leurs autres enfans, les biens qu'ils délaifferoient.* Mais Louis Joly ayant depuis fait un teftament, contenant différens legs & prélegs en faveur des autres enfans, il s'eft agi de fçavoir, fi la claufe du contrat de mariage contenoit une Inftitution Contractuelle emportant la prohibition d'avantager les autres enfans au préjudice de la dame le Cointe.

Par Arrêt rendu le 21 Mai 1762, en la première Chambre des Enquêtes, au rapport de M. Jullien, il a été jugé que la fuc-

ceffion feroit partagée également, & fans aucun prélevement de la part des enfans avantagés de prélegs par le teftament. Mᵉ Teffier Dubreuil écrivoit pour le Cointe. Voyez ci-devant l'Arrêt de Camus.

INSTITUTION d'Héritier.
Voyez *Héritier*, *Inftitution Contractuelle*, *Legs* & *Prétérition*.

L'Inftitution d'Héritier eft la nomination faite par un teftateur en termes directs, d'un fucceffeur que le teftateur appelle pour fuccéder à fes biens en qualité d'héritier.

Cette Inftitution eft néceffaire dans les Pays de Droit-Ecrit pour la validité des teftamens ; mais elle n'eft point requife en Pays-Coutumier, parce que les fucceffions y font déférées par la Loi municipale, felon l'ordre du fang & de la parenté : il n'y eft pas permis de fe choifir un héritier au préjudice de ceux qui font appellés par la Coutume.

L'article 299 de la Coutume de Paris rejette même cette Inftitution, & décide qu'elle *n'a lieu*. Cependant lorfqu'un teftament contient pareille Inftitution, elle a le même effet qu'un legs univerfel, & tranfmet à celui qui en eft l'objet, tous les biens dont le teftateur pouvoit difpofer.

Cette difpofition de la Coutume de Paris forme même le Droit commun, & doit avoir lieu dans les Coutumes qui n'ont point de difpofitions contraires.

Mais il y a beaucoup d'autres Coutumes qui rejettent tellement les Inftitutions d'Héritier, qu'elles ne leur donnent aucun effet, pas même la force de legs. Voyez celle d'Auvergne, chap. 12, art. 53 ; de Vitry, art. 101 ; de Bourbonnois, art. 324 ; de Nivernois, chap. 33, art. 10 ; & de la Marche, art. 255.

Celle de Lorris, chap. 13, art. 1, réprouve auffi les Inftitutions d'Héritier, & ne les convertit point en legs des chofes difponibles ; puifque, par Arrêt rendu le 31 Août 1722, en la feconde Chambre des Enquêtes, au rapport de M. Carré de Mongeron, l'Inftitution d'Héritier faite par le teftament du fieur de Boifpinard, au profit du fieur de Pavillon, a été déclarée nulle : (le domicile & les biens du teftateur étoient régis par la Coutume de Lorris).

Les Coutumes ne rejettent l'Inftitution

d'Héritier qu'en faveur de l'héritier du sang: si la succession étoit dévolue au fisc, il ne pourroit pas arguer de nullité l'Institution d'Héritier. Voyez l'art. 272 de la Coutume de Poitou.

L'Ordonnance du mois d'Août 1735, en conservant les usages suivis en pays de Droit-Ecrit pour les Institutions d'Héritier, décide par l'article 49, que *l'Institution d'Héritier faite par testament, ne pourra valoir en aucun cas, si celui ou ceux au profit de qui elle aura été faite, n'étoient ni nés ni conçus lors du décès du testateur.*

L'article 50 de la même Ordonnance porte, que *dans les Pays où l'Institution d'Héritier est nécessaire pour la validité du testament, ceux qui ont droit de légitime, seront institués héritiers au moins en ce que le testateur leur donnera, & l'Institution sera faite en les appellant par leur nom, ou en les désignant de telle maniere, que chacun d'eux y soit compris; ce qui aura lieu, même à l'égard des enfans qui ne seroient pas nés au temps du testament, & qui seroient nés ou conçus au temps de la mort du testateur.*

LI. *Quelque modique que soit l'effet ou la somme pour lesquels ceux qui ont droit de légitime, auront été institués héritiers, le vice de la prétérition ne pourra être opposé contre le testament, encore que le testateur eût disposé de ses biens en faveur d'un étranger.*

LII. *Ceux à qui il aura été laissé moins que leur légitime à titre d'Institution, pourront former leur demande en supplément de légitime......*

L'art. 53 & les suivans, jusques & compris l'article 79 de la même Ordonnance, contiennent encore des dispositions sur les Institutions d'Héritier, que leur étendue ne me permet pas de rapporter ici: on trouve cette Ordonnance dans le Code de Louis XV, & dans plusieurs autres Livres nouveaux.

Dans les Pays où l'Institution d'Héritier est nécessaire pour la validité des testamens, elle doit être exprimée en termes formels; la charge du payement des legs ne la feroit pas présumer, & elle ne pourroit pas être suppléée par des Codiciles.

L'Institution d'Héritier saisit (l'Institué) de la succession en Pays de Droit-Ecrit, comme s'il y étoit appellé par la Loi, en quoi elle differe du legs universel qui est sujet à délivrance.

Sur l'Institution d'Héritier voyez Despeysses, tome 1, partie premiere, sect. 4.

INTENDANS.

Les Intendans des Seigneurs sont quelquefois mis au nombre des Incapables dont parlent l'article 276 de la Coutume de Paris, l'Ordonnance de 1539, & la Déclaration de 1549, (voyez *Incapables*,) sur-tout lorsqu'il y a des dispositions universelles faites en leur faveur par les personnes dont ils administrent les biens. Voyez Ricard, des Donations, partie premiere, chap. 3, sect. 9, n. 478 & suiv.

Une donation entre-vifs & en bonne forme de la Terre d'Allemon, située en Brie, faite au sieur de la Marre, le 30 Juillet 1698, par le Seigneur dont il étoit Intendant au temps de la donation, a été déclarée nulle par Arrêt rendu en la troisieme Chambre des Enquêtes, le 13 Avril 1726, au rapport de M. de Tourmont, par la seule raison que le donataire étoit alors chargé de la conduite des affaires du donateur.

Le sieur de la Marre a même été condamné par cet Arrêt à déguerpir & à restituer les fruits perçus depuis la donation, à rendre le prix des bois, &c. mais, comme il étoit créancier de la succession du donateur, l'Arrêt a prononcé en sa faveur la condamnation du montant de ses créances contre les héritiers qui lui avoient contesté la donation.

Lorsqu'il ne s'agit pas de dispositions universelles ou de libéralités excessives, les Intendans sont jugés capables de les recevoir: on les regarde alors comme des récompenses; & la Jurisprudence des Arrêts les a toujours autorisées. Voyez ce que je dis au mot *Incapables*, en parlant des Domestiques.

INTENDIT.

Ce mot n'est gueres usité dans les Tribunaux de Paris. Dans ceux où il est en usage, il signifie des faits détaillés par écrit, & dont on offre faire preuve.

INTERDICTION,

INTERDICTION, Interdits.

Voyez *Avis de Parens, Curateurs, Démence, Emancipation.*

On nomme Interdiction un Jugement qui prive quelqu'un de l'administration de ses biens, & même quelquefois de sa personne.

Rien n'est plus précieux à l'homme que la liberté, que le droit de disposer de sa personne, de ses biens, de tout ce qui lui appartient; c'est une espéce d'inhumanité que d'enlever à un Citoyen une faculté qui lui doit être si chere.

Mais il est des circonstances où la Loi est obligée de prendre des précautions qui gênent cette liberté naturelle; c'est l'intérêt même des Citoyens qui lui inspire les mesures qu'elle paroît prendre contr'eux.

Ainsi, dans le premier âge de l'homme, la Loi l'asservit à ses parens, à ses tuteurs & curateurs; elle lui interdit toute disposition, dans la crainte que sa foiblesse & son défaut d'expérience ne le précipitent dans des malheurs, dont il ne pourroit jamais se relever.

Dans un âge plus avancé, la Loi ne le perd point encore de vûe; & en même-tems qu'elle semble ne point mettre de bornes à sa liberté, elle observe cependant l'usage qu'il en sçait faire; & lorsque par foiblesse d'esprit, ou par la violence de ses passions, elle le voit s'écarter des routes que la sagesse la plus commune semble tracer à tous les hommes, alors elle reprend son premier empire: elle le retient par de nouveaux nœuds; & si elle ne le dépouille pas entiérement de sa liberté, au moins elle empêche qu'il n'en abuse jusqu'à un excès qui lui deviendroit funeste.

La raison est, que la Loi qui nous défere les biens que nous possédons, qui nous en donne la propriété, & qui nous en confie le gouvernement, se réserve toujours l'empire absolu qui lui appartient, pour étendre ou resserrer notre pouvoir, suivant les vûes que sa sagesse lui inspire, & qui n'ont jamais pour objet que notre véritable intérêt.

De-là sont nées ces différentes précautions que la Loi prend contre des majeurs, pour empêcher qu'ils ne dissipent leurs biens, lorsqu'ils paroissent incapables de les conserver: les uns sont absolument interdits de toute disposition; ceux-là sont sous la puissance de leurs curateurs, comme les mineurs sous celle de leurs tuteurs; les autres ne le sont que par rapport à l'aliénation des fonds; aux autres on donne un simple conseil, sans l'avis duquel ils ne peuvent contracter. Il y en a qui ne sont gênés que dans un seul genre d'action, par exemple, à qui on défend d'entreprendre aucun procès sans l'avis par écrit d'un Avocat ou autre Conseil qui leur est nommé (a).

Le remède change suivant les circonstances, & c'est la nature de chaque affaire qui régle la maniere dont on doit pourvoir aux besoins de ceux à qui ces secours sont nécessaires.

Les motifs les plus ordinaires de l'Interdiction des majeurs, sont la démence, l'imbécillité, la dissipation, la prodigalité, l'incapacité à gouverner ses affaires, la foiblesse, qui fait succomber aux premiers efforts de la séduction; en un mot, une disposition prochaine à une ruine entiere, à laquelle des commencemens, déja trop funestes, doivent nécessairement préparer (b). Sans ces commencemens, il ne peut y avoir lieu à l'Interdiction, parce que la crainte qu'un homme n'abuse de sa liberté, n'est pas suffisante pour le mettre sous la puissance d'autrui. V. à ce sujet deux Arrêts, l'un dans Soefve, rendu le 12 Février 1648, l'autre dans Bardet, rendu le 3 Juin 1631.

Lors donc qu'un majeur n'a pas assez d'intelligence pour régir ses biens, ou qu'il les

<hr/>

(a) Par un Arrêt du Grand-Conseil du 20 Septembre 1740, il est ordonné que les Supérieurs de chacune des Maisons de la Congrégation de France, mieux connue sous le nom de Génovéfins, ne pourront intenter aucun Procès qu'ils n'ayent auparavant envoyé un Mémoire au Procureur Général de ladite Congrégation, & qu'ils n'en ayent eu une permission par écrit du Supérieur Général, ou de sa part.......

(b) Il faut plusieurs actes de profusion pour faire prononcer une Interdiction pour cause de prodigalité. Ce

qui la caractérise singuliérement, c'est la vente à vil prix, c'est la vente sans nécessité, dans la vûe de dissiper.

L'Interdiction pour prodigalité ne prive pas l'Interdit de la faculté de toucher par lui-même ses rentes viageres sur l'Hôtel-de-Ville de Paris. L'Arrêt rendu en la Chambre des Comptes le 17 Juin 1758, le décide textuellement; mais il porte que celles dûes aux Interdits pour démence ou incapacité absolue, ne seront valablement payées qu'aux Curateurs.

adminiftre en homme prodigue, les Loix autorifent fes proches (a) à requérir fon Interdiction ; & la premiere démarche du Juge, après avoir entendu les parens & amis de la perfonne dont l'Interdiction eft provoquée, doit être d'interroger cette même perfonne, fur-tout s'il s'agit d'Interdiction pour démence, parce que le Juge doit s'affurer par lui-même de la fituation d'efprit de celui qu'on accufe d'imbécillité, & que l'on ne peut acquérir cette connoiffance que par les réponfes fenfées ou dépourvûes de fens, qu'il peut faire aux queftions qu'on lui propofe.

La même néceffité ne fe trouve pas dans l'Interdiction d'un prodigue, parce que les preuves de prodigalité ne doivent point fe chercher dans la perfonne même, mais dans les aliénations qu'il a pu faire, dans les dettes qu'il a pu contracter, & qui doivent être conftantes, indépendamment de l'aveu ou de la dénégation du prétendu prodigue.

Je connois deux Arrêts qui ont jugé des Interdictions valables, quoique les Interdits pour prodigalité n'euffent pas été entendus.

Le premier a été rendu le premier Avril 1721, fur les Conclufions de M. l'Avocat Général de Lamoignon. Dans cette efpéce, il s'agiffoit de l'Interdiction du fieur Bigot de Villandry, qui, dans fes différens voyages, avoit contracté beaucoup de dettes, & qui en avoit auffi beaucoup en France. (Le fieur de Villandry étoit depuis plufieurs années en Hollande, quand fon Interdiction fut provoquée par fa mere, & elle ne l'avoit pas appellé.)

Par le fecond, l'Interdiction prononcée contre un prodigue qui n'avoit pas été entendu, & à qui la Sentence n'avoit pas même été fignifiée, a été confirmée par Arrêt rendu au mois de Mai 1731, en la cinquiéme Chambre des Enquêtes, au rapport de M. de Favieres, entre Antoine Mathieu, appellant, & Madeleine Rotrou, de la Ville de Dreux, intimée.

Le motif de l'Arrêt eft, que l'appellant étoit un Cabaretier, chez lequel l'Interdit demeuroit, & continuoit une vie crapuleufe. La Sentence d'Interdiction avoit d'ailleurs été publiée, & le Cabaretier s'étoit fait abandonner les propres de l'Interdit poftérieurement à la publication.

Bardet en rapporte un autre, tome 2, liv. 3, chap. 2. Mais M. d'Argentré, fur l'art. 492 de l'ancienne Coutume de Bretagne, décide qu'on doit néceffairement appeller le prétendu prodigue, & réfute l'opinion de ceux qui penfent autrement. Je penfe de même qu'on doit appeller le prodigue, parce qu'on ne doit condamner perfonne fans l'entendre.

Il y a un Arrêt rendu en forme de Réglement au Parlement de Rouen, le 30 Juillet 1751, qui a confirmé la Sentence rendue par le Lieutenant Général de Rouen, qui avoit prononcé l'Interdiction de la dame Deu (détenue dans un Couvent en vertu d'une lettre de cachet) pour caufe de prétendue diffipation, fans un interrogatoire préalable.

Le Mercredi 22 Décembre 1762, en la Grand'Chambre, à l'Audience de 7 heures, on a plaidé la queftion de fçavoir fi, parce que M*** avoit eu, dans le cours de cinq ou fix années, plufieurs accès de fiévre chaude, qui duroient quelquefois fix femaines, pendant lefquelles fa raifon s'égaroit, fans cependant l'empêcher de fortir & de fe promener, devoit être interdit ; & par Arrêt rendu ledit jour, fur les Conclufions de M. Joly de Fleury, la Cour a confirmé la Sentence du Châtelet qui prononçoit l'Interdiction ; mais cela a fait beaucoup de difficulté.

Il n'eft pas raifonnable, ni d'ufage, qu'un feul homme décide de l'état d'un autre ; ainfi, après l'affemblée des Parens, & les interrogatoires de la Partie intéreffée, le Magiftrat, auquel la connoiffance de ces affaires appartient, doit en faire rapport en la Chambre du Confeil ; c'eft ainfi qu'en ont

(a) Dans une Caufe plaidée, le Samedi 3 Septembre 1763, en la Grand'Chambre, M. l'Avocat Général Seguier a dit que les feuls parens pouvoient provoquer l'Interdiction de quelqu'un ; & que des amis pouvoient feulement avertir le Miniftere public, de l'état de ceux qui font dans le cas d'être interdits ; cependant, par Arrêt dudit jour 3 Septembre 1763, dans des circonf-

tances particulieres, la Cour a confirmé une Sentence du Châtelet, qui interdifoit une femme féparée de biens, fur la pourfuite d'un Etranger ; mais cet Etranger étoit un homme connu & non fufpect, qui avoit été nommé pour Curateur à l'Interdite dans un temps où le mari étoit détenu de l'ordre du Roi, chez les Freres de Saint Yon à Rouen.

toujours ufé Meffieurs les Lieutenans Civils du Châtelet.

L'Interdiction pour caufe de prodigalité n'a point d'effet rétroactif; elle n'a lieu que du jour qu'elle eft prononcée, parce que l'Interdiction, prononcée juridiquement, eft la feule voie pour empêcher le prodigue de contracter.

Quelques Auteurs difent néantmoins qu'elle eft cenfée avoir commencé dès l'inftant de la première procédure faite pour parvenir à l'Interdiction. V. l'Annotateur de Ricard, la Combe & Bourjon : celui-ci affure que c'eft l'ufage du Châtelet. J'avoue que je n'ai jamais vu la queftion s'y préfenter, & qu'il me paroît naturel d'annuller tous les engagemens que peut contracter un prodigue au profit de perfonnes affidées, quand il fçait qu'on attaque fon état. Mais voyez l'Arrêt du 24 Mars 1564, cité par Papon, & celui du 11 Février 1633, rapporté par Bardet, tome 2, page 130.

L'Interdiction du furieux & de l'imbécille a lieu, à compter du jour que la caufe a paru, s'il eft prouvé que les caufes de l'Interdiction fubfiftoient déja au temps où les actes ont été paffés. V. l'Arrêt rendu au Parlement de Bretagne le 8 Juin 1733, rapporté au Journal de ce Parlement, tome premier, chap. 40 : mais doit-on admettre cette preuve toutes les fois qu'elle eft demandée ? Non. Il y a des régles pour l'admettre ou pour la rejetter.

La Jurifprudence des Arrêts nous apprend que, quand un homme eft mort en poffeffion de fon état, cette preuve ne s'admet qu'avec beaucoup de difficulté, on préfume toujours en faveur de l'état. Il eft d'un fi grand intérêt pour une famille d'ôter la faculté de difpofer à celui qui, par l'égarement de fon efprit, ne peut qu'en abufer, qu'on regarde comme un témoignage non fufpect celui de tous les parens qui l'ont laiffé en poffeffion de fon état.

Mais quand il y a eu une Interdiction prononcée pour caufe de démence, comme il eft fort rare que cette infirmité furvienne tout-à-coup, & que d'ordinaire elle a des progrès qui fe manifeftent fucceffivement; on fuppofe alors que la démence eft anterieure à l'Interdiction; & s'il s'agit d'actes paffés dans un temps voifin de celui où elle

a été prononcée, pour peu qu'il y ait quelque circonftance preffante, la preuve s'admet facilement alors : mais s'il eft queftion d'actes paffés dans un temps éloigné de l'Interdiction, la démence n'étant plus en ce cas foutenue par la vraifemblance que la proximité des actes fait naître, il faut qu'il y ait quelque commencement de preuve par écrit de l'époque à laquelle on prétend faire remonter l'imbécillité.

On peut fur ces maximes confulter les Arrêtés de M. de Lamoignon, Auzannet, Ricard, d'Argentré & Danty. Voyez auffi un Arrêt rendu le 15 Mars 1663, rapporté par Soefve; un autre Arrêt rendu le 12 Décembre 1675, qu'on trouve au Journal du Palais; d'autres Arrêts rendus les 18 Décembre 1702, 11 Mai 1703, qui font au Journal des Audiences; un autre Arrêt rendu le 2 Avril 1708, rapporté par Augeard, & l'Arrêt du 10 Janvier 1696, rendu à l'occafion d'une donation de M. l'Abbé de Longueville, faite fix mois avant fon Interdiction. Journal des Audiences, tom. 5, liv. 12, ch. 1. En voici de plus récens.

Le fieur le Hay ayant paffé un contrat de mariage avec la demoifelle Mahou, fille majeure, le 10 Octobre 1720, reconnut avoir reçu d'elle une dot de 40000 liv. Le mariage ne fuivit pas le contrat, & le fieur le Hay fut interdit pour égarement d'efprit, le 27 Mai 1721.

Étant mort peu de temps après, la Demoifelle Mahou redemanda fa dot aux héritiers collatéraux du fieur le Hay, avec dommages & intérêts. Ceux-ci, auxquels fe joignirent des créanciers, foutinrent que la quittance de dot de la demoifelle Mahou n'étoit pas obligatoire, au moyen de l'état de démence du fieur le Hay, au temps du contrat de mariage, & ils demandoient à faire preuve de ce fait par témoins.

La demoifelle Mahou foutenoit que ce n'étoit pas le cas d'admettre la preuve; elle repréfentoit même des procédures faites contre le fieur le Hay à la requête de fa famille, poftérieurement au contrat de mariage; d'où elle concluoit qu'ils l'avoient reconnu fain d'efprit, puifqu'ils avoient procédé contre lui.

Néantmoins, par Sentence du Châtelet, du 13 Mars 1723, confirmée par Arrêt de la Grand'Chambre du 7 Août suivant, la preuve testimoniale de la foiblesse d'esprit du sieur le Hay a été admise, *sans préjudice du droit des Parties au principal.*

Un Notaire de Langeais, nommé Brulon, ayant passé une transaction le 31 Juillet 1736, avec un sieur de la Boulasserie, fut interdit, pour cause d'imbécillité, par Sentence rendue le 8 Janvier 1737, sur l'appel de laquelle il intervint au Bailliage de Luynes, le 22 Juillet suivant, une Sentence qui défendit à Brulon l'exercice de ses charges, & ordonna qu'il ne pourroit aliéner ses biens sans l'assistance d'un Conseil. Depuis cette Sentence, Brulon prit des lettres de rescision contre la transaction qu'il avoit passée au sieur de la Boulasserie, & en demanda l'enthérinement. Par Sentence rendue au Bailliage de Luynes le premier Février 1740, confirmée par Arrêt rendu en la seconde Chambre des Enquêtes le 5 Septembre 1741, les héritiers Brulon furent admis à prouver qu'il étoit imbécile au temps de la transaction. Il faut remarquer qu'ils rapportoient un acte reçu par Brulon, en qualité de Notaire, le jour même de la transaction, dans lequel on ne trouvoit pas beaucoup de sens.

Mais par Arrêt rendu en la Grand'Chambre, le Mardi premier Juillet 1756, sur les Conclusions de M. l'Avocat Général Seguier, une donation considérable & un legs universel, fait par Madame la Duchesse de la Force au Comte & à la Comtesse du Roure, environ cinq ans avant son Interdiction, ont été confirmés, nonobstant la preuve offerte par les héritiers, qu'au temps de la donation & du testament faits par la Duchesse de la Force, elle étoit déja en démence. Ils prétendoient faire résulter un commencement de preuve par écrit, tant de l'avis donné par les parens de la Duchesse de la Force, lors de son Interdiction, que des papiers trouvés chez son Intendant, & d'une information faite de prétendus recélés, peu après cette Interdiction; mais leur prétention fut proscrite par l'Arrêt, à cause du laps de temps qui s'étoit écoulé entre les actes attaqués & l'Interdiction.

La Jurisprudence n'est pas tout-à-fait la même, quand il s'agit du testament olographe; car par Arrêt du 2 Juin 1734, rendu sur les Conclusions de M. Chauvelin, Avocat Général, l'exécution du testament du sieur Cointrel, fait deux mois avant son Interdiction, a été ordonnée, nonobstant le fait de la démence du testateur (au temps du testament) allégué par les héritiers, qui en offroient la preuve. V. l'Acte de Notoriété du Châtelet du 9 Juin 1742.

La raison qui a fait rejetter la preuve offerte par les héritiers du sieur Cointrel, est que le testament étoit sage. On regarde alors la sagesse du testament olographe, comme faisant preuve de la sagesse du testateur. Plusieurs autres Arrêts récens ont jugé de même, & sur le même fondement.

C'est ainsi, par exemple, que le testament du sieur Crevon, Echevin de Paris, a été confirmé par Arrêt rendu le 8 Juin 1731, au rapport de M. Gœslard, & que la Cour n'a pas admis la preuve de la suggestion & de l'imbécillité articulée par les héritiers Crevon, qui rapportoient de lui des brouillons qui n'avoient aucun sens.

Tout de même les faits de démence du sieur de Santilleu, proposés par ses héritiers pour faire annuller son testament, ont été rejettés par Arrêt rendu au mois d'Avril 1730, parce qu'il n'y avoit rien dans le testament qui ne fût raisonnable.

La même chose a encore été jugée par Arrêt rendu le 9 Avril 1731, en la Grand'Chambre, pour le testament du Chevalier du Faur.

Dans cette espèce, on alléguoit des faits précis de démence, entr'autres, que le testateur avoit couru tout nud dans les rues de S. Germain, & qu'il avoit causé un grand scandale dans l'Eglise le jour même de son testament: malgré la gravité & la précision de ces faits, la preuve fut rejettée, & le testament confirmé, parce qu'il paroissoit sage & bien réfléchi, & que d'ailleurs le testateur étoit mort *integri statûs.*

Il y a enfin l'Arrêt de la Cour des Aides pour le testament du sieur Millieu.

Il n'en seroit pas tout-à-fait de même d'un testament passé devant Notaires. Les Auteurs pensent qu'en ce cas, la preuve de la démence est recevable. Voyez Ricard, part. 3, chap. 1, n. 29 & suivant, & MM. d'Olive, de Cambolas & Boyer, Legrand, sur la Coutume de Troyes, tit. 6, art. 97; le Maître, sur l'art. 292 de la Coutume de Paris; Furgole, Dexpilly, &c. Voyez enfin la Combe au mot *Preuve*, Section premiere, n. 4.

Ceux qui ne sont pas interdits, mais auxquels on a nommé des Conseils pour la disposition & l'aliénation de leurs biens, peuvent-ils tester ? Voyez *Fidei-commis*.

L'article 182 de l'Ordonnance de Blois veut que les *veuves* ayant enfans d'autre mariage, & qui se marient follement à personnes indignes de leur qualité, les aucunes à leurs Valets, soient interdites.

La veuve de Me *** Procureur au Parlement, fut interdite sur le fondement de cette disposition, parce qu'il y avoit preuve qu'elle vouloit épouser son Domestique. Elle prétendit néantmoins qu'on ne pouvoit pas invoquer cette Loi contr'elle, parce qu'elle ne s'étoit pas remariée, & que l'Ordonnance ne prononçoit pas des peines pour raison des mariages qui n'étoient que *projettés*; elle offroit même de ne contracter aucun mariage que par l'avis de Me d'Héricourt, Avocat. Cependant, par Arrêt rendu le 19 Août 1748, au rapport de M. Bochard de Saron, la Sentence du 16 Mars précédent, qui prononçoit l'Interdiction, a été confirmée.

La Sentence du Châtelet ordonnoit que pour être pourvu à la destination de la demeure & réglement de l'éducation des deux filles mineures de ladite Dame *** & à la fixation des sommes qu'il conviendroit employer pour la subsistance de la mere & des filles, les parens & amis seroient assemblés en l'Hôtel de M. le Lieutenant Civil; & cette disposition a été aussi confirmée par l'Arrêt rendu le 19 Août 1748.

On a donc jugé qu'une mere qui veut contracter un mariage indigne d'elle, peut non-seulement être interdite, mais qu'elle doit même être privée de l'éducation de ses filles.

Dans l'espéce de cet Arrêt, la Dame *** avoit marqué une volonté passionnée d'épouser son Domestique: on rapportoit de ses lettres, où cette volonté étoit rendue par des expressions vives & même outrées, & elle lui avoit fait une donation de 400 liv. de rente viagere.

Les Interdits pour cause de démence jouis-

sent des priviléges que les Loix accordent aux mineurs; elles leur prêtent les mêmes secours.

Cependant la Cour a jugé par Arrêt du 18 Décembre 1702, rendu pour la succession de M. l'Abbé de Longueville, que les dispositions de l'article 94 de la Coutume de Paris (suivant lequel le capital des rentes appartenantes à des mineurs, rachetées pendant leur minorité, sont censées être de même nature & qualité d'immeubles qu'étoient les rentes), ne devoient pas s'étendre aux Interdits pour démence; & c'est l'opinion commune du Palais. Voyez Duplessis, qui cite aussi un Arrêt du premier Septembre 1690.

Le Maître (sur la Coutume de Paris, tit. 3, ch. 2,) traite cette question à fond, & après avoir cité les Arrêts qui l'ont jugée diversement, il dit » qu'il y a plus de raison » de conserver aux héritiers des propres des » Interdits, les deniers qui proviennent de » leur aliénation, qu'aux héritiers des pro- » pres des mineurs; parce que, comme les » Interdits sont moins en état de veiller à » leurs droits, que le mineur, le curateur » des Interdits a plus de liberté d'apporter » du changement dans leurs biens, que le » tuteur dans le patrimoine des mineurs «. Mais l'opinion de cet Auteur n'est pas suivie. Outre l'Arrêt du 18 Décembre 1702, dont j'ai déja parlé, il y en a trois autres qui ont également jugé contre son avis.

Le premier a été rendu le premier Juillet 1686, au rapport de M. Pucelle : on le trouve au Journal des Audiences, tom. 5, liv. 2, ch. 4.

Le second est du 14 Mars 1696. On le nomme au Palais, l'Arrêt de Desjardins, & il a été rendu en la premiere Chambre des Enquêtes, en très-grande connoissance de cause.

Le dernier a été rendu en la quatriéme Chambre des Enquêtes au rapport de M. Seguier, le 30 Juin 1738, entre la dame de Couturelle & les sieurs Hourdequin, à l'occasion de rentes remboursées aux curateurs des sieurs Desmarets, freres jumeaux, tous deux nés imbécilles, & décédés à peu de jours l'un de l'autre, agés de 42 ans.

Ainsi, & d'après ces Arrêts, il doit passer pour constant que les deniers provenans du remboursement d'une rente faite à un majeur Interdit pour démence, appartient à l'héritier de son mobilier. (*Secus* en Normandie.)

Quand le curateur d'un Interdit pour cause de prodigalité décéde, si la Famille ne lui en fait pas créer un autre, l'Interdit rentre-t-il dans l'administration, & même dans la libre disposition de ses biens? Cette question est traitée par Dupineau, sur l'art. 272 de la Coutume d'Anjou; & Pocquet de Livonniere rapporte sur cela un Arrêt récent, d'après quoi il n'est plus permis de douter que l'Interdit peut en ce cas administrer, & même vendre ses biens. La famille doit, dit-on, alors s'imputer de ne lui avoir pas fait créer un autre curateur.

Il est d'usage au Châtelet, d'ordonner que la Sentence d'Interdiction sera signifiée aux Notaires de Paris. L'objet de cette signification est d'avertir les Notaires de ne point recevoir d'actes dans lesquels les Interdits sont Parties, & c'est une précaution sage; mais elle n'est pas essentiellement nécessaire pour la validité de l'Interdiction: l'insinuation à laquelle la Sentence est assujettie par les articles 5 & 14 de l'Edit du mois de Décembre 1703, & par l'art. 9 du tarif des Insinuations, du 29 Septembre 1722, suffit pour la rendre publique.

Il y a d'ailleurs des Arrêts de Réglement rendus les 13 Novembre 1621 & 11 Février 1633, qui, pour rendre les Interdictions publiques & notoires, ordonnent qu'à la diligence du Syndic des Notaires du Châtelet, il sera fait un tableau contenant les noms & surnoms de toutes les personnes interdites, qui sera apposé en la Chapelle du Châtelet, & que chacun des Notaires sera tenu d'en prendre copie, & de la tenir publiquement dans son Etude; le tout à peine de répondre, tant par le Syndic qu'autres Notaires, de tous dépens, dommages & intérêts que les Parties contractantes pourroient souffrir, faute de l'exécution de l'Arrêt: le dernier de ces deux Arrêts est rapporté par Bardet, tome 2, livre 2, chapitre 8, Voyez *Notaires.*

Voyez aussi un Arrêt rendu le 17 Janvier 1662, dans Soefve, & au Journal des Audiences, qui juge qu'un Notaire ayant sciemment reçu un contrat de vente fait par un Interdit, est subsidiairement tenu de la restitution des deniers payés par l'Acquéreur.

L'ancien usage du Châtelet étoit de faire crier & publier dans Paris les Sentences d'Interdiction. J'en ai trouvé quelques exemples dans les Registres des Bannieres, & singuliérement au fol. 4 du troisiéme vol. à l'occasion de l'Interdiction de Jean de la Chapelle, prononcée par Sentences des 14 Juin & 27 Juillet 1527.

Cette publication à l'Audience, & à cri public dans les Carrefours & Marchés, a été prescrite par un Arrêt de réglement du 18 Mars 1614, dont l'exécution a été ordonnée par l'Arrêt rendu le 4 Août 1718, en faveur de Me Masson, Notaire, contre Laurent Moreau; mais les dispositions de ces Arrêts ne s'exécutent point.

Je ne conçois pas comment Bourjon a pû dire que l'usage du Châtelet ne permettoit pas de nommer la femme curatrice à l'Interdiction de son mari. Cet usage est précisément contraire, sur-tout quand l'Interdiction a pour cause la démence du mari; & il est conforme aux dispositions de la Coutume de Bretagne.

L'Arrêt rendu le 17 Avril 1734, qui a interdit le Marquis de Menars, pour cause de prodigalité, lui a nommé la Marquise de Menars sa femme, pour curatrice à ses personne & biens.

Je ne dois pas omettre ici que ce même Arrêt, faisant droit sur le réquisitoire de MM. les Gens du Roi, *ordonne qu'à l'avenir aucune femme ne pourra intenter demande en Justice, pour parvenir à l'Interdiction de son mari, que préalablement elle ne soit autorisée en Justice à cet effet, conformément à l'article 224 de la Coutume, & que l'Arrêt sera lû & publié au Châtelet.*

Une personne dont la simplicité approche de l'imbécillité, mais qui n'est pourtant pas simple au point de pouvoir être mise au rang des Insensés ou des Furieux, & qui ne souffre qu'une diminution qui ne lui ôte pas absolument cette lumiere requise, pour le discernement du mal avec le bien, n'est pas dans le cas d'être interdite. On l'a ainsi jugé au Châtelet, au rapport de M. le Lieutenant Civil, le 9 Mas 1731, en faveur de la demoiselle Picquet de Lisieres, contre son frere.

On pense au Palais qu'une Sentence d'Interdiction ne peut pas être détruite par provision ; & il eft d'ufage de joindre au fond de l'appel, les demandes qui ont pour objet de renvoyer provifoirement l'Interdit dans l'adminiftration de fes biens. C'eft ce que la Cour a jugé en vacations, par Arrêt rendu le 25 Octobre 1748, dans l'affaire du fieur le Bret ; cependant les circonftances déterminent dans ces fortes d'affaires.

La même chofe a été jugée par Arrêt rendu le Samedi 22 Mai 1762, fur l'appel interjetté par la dame Maillet, de la Sentence de fon Interdiction, qu'elle avoit ellemême provoquée, en avouant au Juge de Montreau, la foibleffe de fon efprit ; la Cour n'a pas jugé à propos de la renvoyer en poffeffion de fon état provifoirement, & a ordonné qu'avant faire droit, elle feroit interrogée par le Lieutenant Général de Montreau ; fes neveux la foutenoient imbécille.

Comment en ufe-t-on, quand il s'agit d'interdire un Religieux en démence qui poffède des Bénéfices, dont l'adminiftration lui appartient ? Voici ce qui a été fait en pareil cas dans l'Ordre de Cluni.

Dom de Péen, Religieux de cet Ordre, pourvu du Prieuré de Saint Marcel du Sauzet, fe trouva en 1718, au retour d'un voyage de Rome, fujet à des égaremens d'efprit, qui peu de tems après dégénérerent en démence. Les Vifiteurs de fon Obfervance ayant reconnu fon état, rendirent le 4 Juin 1720, dans le cours de leur vifite, une Ordonnance par laquelle ils le fufpendirent de toutes fonctions Eccléfiaftiques, avec défenfe d'adminiftrer davantage le temporel de fon Prieuré, dont la régie fut confiée à un autre Moine de l'Ordre, jufqu'à ce qu'il en fût autrement ordonné.

Sur le rapport & le vû de cette Ordonnance, les Supérieurs Majeurs donnerent un Décret conforme, le 9 Sept. 1720 ; & le 17 du même mois ils ont obtenu au Grand-Confeil un Arrêt fur Requête, par lequel l'exécution du Décret des Supérieurs & de l'Ordonnance de vifite a été ordonnée, &c.

INTERDICTION D'OFFICIERS.
Voyez *Admonition, Deftitution, Huiffiers, Montre,* & *Office.*

On nomme Interdiction, la fufpenfion des fonctions d'un Office.

La feule accufation d'un Officier emportoit autrefois Interdiction ; on n'examinoit pas fi l'accufation étoit calomnieufe ou jufte ; mais il faut préfentement que l'Interdiction foit prononcée par une Sentence de condamnation.

Il y a cependant une Interdiction tacite qui réfulte des décrets d'ajournement perfonnel & de prife-de-corps décernés contre des Officiers. La fignification de ces décrets emporte Interdiction de plein droit, quand même elle ne feroit pas exprimée. Voyez l'Ordonnance de 1670, tit. 10, art. 11, & ce que je dis à l'article *Décrets* en matiere Criminelle.

Un fimple Arrêt portant défenfe d'exécuter ces décrets, obtenu par l'Officier décrété, ne fuffit pas pour le mettre en état de reprendre fes fonctions ; il faut qu'il y foit renvoyé par l'Arrêt même en termes exprès : cela a été ainfi jugé par Arrêt rendu le 5 Mai 1732, par lequel toute une procédure faite fur les Conclufions du Procureur du Roi de Sezanne fut déclarée nulle. Cet Arrêt eft fondé fur ce que ce Procureur du Roi avoit été décrété d'ajournement perfonnel, & qu'il avoit bien obtenu Arrêt de défenfes ; mais que n'ayant pas été renvoyé dans fes fonctions, il n'avoit pû les exercer, pourfuivre & donner des conclufions dans la procédure annullée par l'Arrêt.

L'Interdiction à l'égard des Officiers, emporte note d'infamie ; c'eft pourquoi je voudrois qu'elle ne pût être prononcée que fur procès, inftruit par récollement & confrontation, & non *de plano.*

Ainfi, lorfqu'un Officier inférieur prévarique, il faudroit, felon moi, lui inftruire fon procès par plainte & information ; à moins que la prévarication ne fût conftatée d'une autre maniere ; par exemple, par des procès-verbaux & piéces dont la repréfentation pût fe faire en caufe d'appel, & qui ne puffent pas fe fupprimer. Autrement il me paroît difficile de juger l'appel d'une pareille Interdiction, puifqu'il n'y auroit point de délit conftaté.

D'ailleurs, ce qui paroît répréhenfible au Juge de la caufe principale, peut être envifagé fous un point de vûe oppofé en caufe d'appel ; & d'un autre côté, s'il plaît au premier Juge d'imputer des fautes à un Of-

ficier intact, n'eſt - il pas naturel que celui - ci puiſſe s'en plaindre au Tribunal Supérieur ?

Ces maximes furent invoquées dans la
cauſe du Subſtitut du Procureur du Roi,
poſtulant à Noyon, plaidée en la Grand-
Chambre le Samedi 13 Mars 1762. Dans
cette eſpéce, le ſieur Poignet, Lieutenant
Général de Noyon, qui avoit pris de l'hu-
meur contre le Subſtitut, avoit, en prononçant une Sentence d'ailleurs injuſte, *fait
défenſes audit ſieur Subſtitut de plus occuper
pour & contre, de plus géminer ſes frais en
cas de ſcellé, ſous le nom de ſes confreres, d'ê-
tre plus régulier*, &c. *& pour la contravention, l'avoit interdit pour un mois*, &c.

Comme ces prévarications n'avoient rien
de réel, le Subſtitut étoit appellant de la
Sentence, & avoit intimé M. le Procureur
Général, avec réſerve de prendre le Lieutenant Général à Partie; toute la procédure
de la cauſe principale étoit repréſentée, &
il ne ſe trouvoit pas la plus légere indice des
imputations détaillées dans la Sentence. Par
l'Arrêt rendu ledit jour 13 Mars 1762, ſur
les Concluſions de M. l'Avocat Général
Joly de Fleury, la Cour a infirmé la Sentence, renvoyé le Subſtitut dans ſes fonctions, ſauf à lui de ſe pourvoir contre qui
il aviſeroit; & a, par conſéquent, préjugé
que la priſe à Partie pouvoit avoir lieu.

Au reſte, ce que je dis ſur la défenſe d'interdire un Officier *de plano*, ne doit s'entendre que des Interdictions prononcées
dans les Juriſdictions ſubalternes; car les
Cours Souveraines peuvent interdire *de plano*. L'Interdiction que la Cour a prononcée
contre Mᵉ Laſnier, Procureur au Parlement, par Arrêt rendu le 19 Mars 1755,
en la premiere Chambre des Enquêtes, nous
en fournit l'exemple.

C'eſt auſſi ce que M. Bellanger, Avocat
Général de la Cour des Aides, a bien diſtingué lors de l'Arrêt rendu le 8 Juin 1731,
dans la cauſe des Officiers du Grenier à Sel
de Baugé, contre Claude Jolly leur Greffier, qu'ils avoient interdit par Sentence du
24 Mars précédent: l'Arrêt fait défenſes
d'exécuter la Sentence par proviſion. Cet
Arrêt a encore jugé que Jolly n'avoit pas
pû intimer les Officiers de ſon Siége, ſur
l'appel de la Sentence qu'ils avoient ren-

due, ſans en avoir obtenu une permiſſion
expreſſe par Arrêt de la Cour. V. *Priſe à
Partie*.

Le Lieutenant Général de Chauny, ayant
dreſſé un procès-verbal, contenant qu'un
Procureur du Siége avoit ſurpris ſa religion, & refuſé deux fois de venir à ſes ordres, lui rendre compte de ſa conduite, rendit ſeul en la Chambre du Conſeil une Sentence le 5 Janvier 1763, par laquelle, ſans
aucune communication aux autres Officiers
du Siége, ni concluſions du Miniſtere public, le Procureur étoit interdit pour un
mois.

Le Procureur ſe pourvut, & demanda permiſſion de prendre le Lieutenant Général
à Partie, & par Arrêt contradictoire avec
M. le Procureur Général, & rendu ſur les
Concluſions de M. Seguier, le Mercredi 2
Mars 1763, la Cour a déclaré nulle la Sentence dont étoit appel, a fait main-levée
de l'Interdiction; & faiſant droit ſur les
Concluſions de M. le Procureur Général,
a fait défenſes au Lieutenant Général de
Chauny, de plus à l'avenir prononcer ſeul
de pareilles Interdictions, ſans en avoir référé aux autres Officiers de ſon Siége, &
ſans Concluſions du Subſtitut du Procureur
Général.

Ordonne qu'il ſera rapport en la Chambre du Conſeil, des faits de déſobéiſſance
& autres qu'il impute à la Partie de Jou-
hanin, pour enſuite être, par ladite Chambre & ſur les Concluſions du Subſtitut du
Procureur Général, ordonné ce qu'il appartiendra.

INTERDITS en matiere Eccléſiaſtique.
Voyez *Deſſervans*.

En matiere Eccléſiaſtique, l'Interdit » eſt
» une cenſure qui défend l'uſage des Sacre-
» mens, de l'Office Divin, & de la ſépul-
» ture Eccléſiaſtique, à toute une Ville ou
» Communauté «. Voyez le Dictionnaire
Civil & Canonique.

Cette eſpéce de cenſure étoit inconnue
dans les premiers ſiécles de l'Egliſe; on n'en
voit aucun veſtige dans les anciennes Col-
lections des Canons, pas même dans celle
de Gratien, qui a paru au milieu du douziéme ſiécle; Alexandre III eſt le premier
qui en ait parlé, dans une Lettre qu'il écrivit

vit aux Evêques d'Angleterre, vers l'an 1170 (a).

Lorsque l'on commença à mettre les lieux en Interdit, l'exercice de toutes les choses divines fut défendu, excepté le Baptême des enfans & la pénitence des moribonds : on voit dans les Décrétales, que dans la fuite les Papes ont permis de célébrer une Meffe baffe toutes les femaines pour confacrer le Viatique aux moribonds; ils ont enfuite accordé le Sacrement de Pénitence à tout le monde, & la permiffion de célébrer l'Office divin à voix baffe, portes fermées & fans fonner les cloches.

On a toujours regardé en France les Interdits, comme une entreprife contraire aux Libertés du Royaume, où l'on ne reconnoît point la puiffance abfolue du Pape, ni fa Jurifdiction immédiate.

Les Républiques d'Italie font les Etats qui ont le plus fouvent effuyé des Interdits; celle de Venife a été interdite cinq fois; le Pape Paul V, qui prononça le dernier par une Bulle de 1605, trouva dans le Sénat de cette République, une réfiftance à laquelle il fut enfin obligé de céder; Rome fit voir en cette occafion, qu'elle n'a de force que par la foibleffe de ceux qui ignorent leurs propres droits.

INTÉRÊTS.

Voyez *Anathocifme*, *Arrérages*, *Confignation*, *Ex-Compte*, *Fruits*, *Mont de Piété*, *Rente*, *Soulte* & *Ufure*.

» On appelle Intérêt, (dit Domat) le dé-
» dommagement que la Loi ordonne pour
» les créanciers de fommes d'argent contre
» les débiteurs qui font en demeure de payer
» ce qu'ils doivent «.

Quatre caufes peuvent donner lieu à des Intérêts. Ils peuvent être dûs;

1°. Par l'effet d'une convention licite,

comme dans le cas d'un contrat de conftitution.

2°. Par la nature de l'obligation, comme par exemple, s'il s'agit de deniers dotaux du montant d'une légitime d'un héritage, &c. (b).

3°. Par la difpofition de la Loi, comme ceux que les tuteurs doivent à leurs pupilles des deniers qu'ils touchent fans en faire emploi.

4°. Ou enfin, par le retard ou le refus que fait le débiteur de payer quand le créancier en a formé une demande en Juftice.

C'eft la demande judiciaire qui eft la fource du cours des Intérêts de cette derniere efpèce; fans cette demande les Juges ne peuvent les adjuger (c); & la Cour, par un Arrêt rendu en forme de Réglement au profit du fieur Rohaut, Doyen de la Nation de Picardie, contre le Sr Ducroquet, Confeiller au Préfidial d'Amiens, le 7 Juillet 1707, a déclaré ufuraires les Intérêts d'une obligation paffée en forme de Sentence, du confentement des Parties, parce qu'il n'y avoit point d'exploit précédent; cependant cette obligation étoit du 29 Octobre 1647; elle avoit été approuvée & reconnue par différens actes fubféquens.

Il eft intervenu un Arrêt, au rapport de M. Simonet, Confeiller, le 22 Juillet 1713, par lequel la Cour a jugé que des Intérêts ufuraires payés volontairement pendant 40 années, devoient être reftitués & imputés fur le principal, parce que l'ufure ne fe preferit pas. Cet Arrêt eft au fixiéme volume du Journal des Audiences, liv. 3, chap. 26. Voyez ci-après.

On penfe au Châtelet que les Intérêts ne peuvent être demandés & adjugés légitimement, que lorfqu'il y a auffi une demande en condamnation du principal; ainfi, fuivant cet ufage, un créancier qui a un

---

(a) Les Hiftoriens affurent cependant que le Royaume de France fut mis en Interdit par le Pape en 1005, parce que le Roi Robert avoit époufé Berthe, fa parente au quatriéme dégré. C'eft le premier exemple que l'Hiftoire nous fournit des entreprifes des Papes à cet égard. V. la note que j'ai faite à l'art. *Parlement*, fur les Etats tenus en 1301.

(b) Le prix d'un héritage, d'une maifon, &c. produit de droit des Intérêts, fans demande ni ftipulation, quand il eft dû au Vendeur, ancien propriétaire, ou à fes repréfentans; mais cela n'a pas lieu en faveur de ceux qui prêtent pour acquérir. Il faut que le capital de ceux-ci foit aliéné, pour qu'il puiffe produire des Intérêts. V. fur cela un Arrêt imprimé, rendu au rapport de M. Simonet, le 22

Juillet 1713; mais voyez auffi ce que je dis aux articles *Antichrèfe* & *Pignoratif*.

(c) Il y a quelques Parlemens qui autorifent les créanciers à exiger les Intérêts, à compter du jour de la condamnation judiciaire, qu'ils ont obtenu du principal, quoique les Intérêts n'ayent pas été demandés par l'Exploit. Voyez *Fromental*, article *Intérêts*, page 406, colonne première.

Au Parlement de Bordeaux on peut faire courir les Intérêts en vertu d'un fimple commandement ou fommation, qui conftitue le débiteur en demeure, fans qu'il y ait de demande judiciaire, excepté quand il s'agit de Dommages - Intérêts.

titre exécutoire, & qui n'a pas besoin de condamnation pour contraindre son débiteur à payer le capital, doit néantmoins demander la condamnation du capital pour obtenir celle des Intérêts. Voyez mes notes sur l'Acte de Notoriété du Châtelet du 28 Avril 1677.

Je pensois que la Jurisprudence du Parlement étoit contraire, parce que la Cour, en statuant sur l'appel d'une Sentence rendue au Dorat, a, par Arrêt rendu le 26 Février 1760, jugé qu'un créancier muni d'un titre exécutoire, peut légitimement, après avoir mis son débiteur en demeure, sans conclure à la condamnation du principal, demander celle des Intérêts. Mais, par un autre Arrêt rendu, au rapport de M. Farjonel, entre les représentans la veuve Berthelin & le sieur Dubail, sur délibéré prononcé le 10 Mai 1763, de relevée, la Cour a ordonné que ce qui avoit été payé pour Intérêts d'une somme de 20000 liv., adjugés par une Sentence du Châtelet du 14 Décembre 1745, qui accordoit des termes à la veuve Berthelin pour payer le principal, seroient néantmoins imputés sur le capital de ces 20000 liv., par la raison qu'il n'y avoit point de demande en condamnation du capital, & que la demande du principal pouvoit seule produire les Intérêts qui en sont accessoires. L'Arrêt a seulement condamné à payer l'Intérêt de ces 20000 liv. à compter du 17 Décembre 1761, jour du commandement fait à la veuve Berthelin.

Cette veuve avoit néantmoins acquiescé à la Sentence du Châtelet, qui prononçoit une condamnation d'Intérêts; elle avoit requis terme pour payer le principal, & la Sentence ordonnoit la surcéance aux poursuites pendant six ans, en payant en quatre payemens.

Quand il s'agit d'une demande en condamnation de choses sujettes à appréciation, l'usage du Châtelet est de n'adjuger les Intérêts qu'à compter du jour de la demande en enthérinement du rapport, qui a fixé la valeur des choses qui formoient l'objet des demandes, encore bien qu'on y ait conclu par la demande originaire.

Le Grand-Conseil n'admet pas cet usage, & je rapporte sur l'Acte de Notoriété du 28 Avril 1677, un Arrêt de ce Tribu-

nal, du 23 Septembre 1758, qui y est contraire.

La Cour a aussi, par Arrêt du Samedi 28 Juin 1760, rendu sur les Conclusions de M. l'Avocat Général Seguier, infirmé une Sentence du Châtelet, qui ne condamnoit la Fabrique de la Magdelaine, en la Cité à Paris, qu'aux Intérêts échus depuis la demande en enthérinement du rapport: l'Arrêt les a adjugés du jour de la demande originaire.

Quand des dépens sont liquidés par les Jugemens ou par des exécutoires, l'Intérêt peut en être demandé; le Parlement de Paris, & presque toutes les autres Cours l'adjugent. Mais quand il s'agit de dépens adjugés dans les Jurisdictions de la Provence, le Parlement d'Aix juge qu'ils ne peuvent en produire, quoique taxés, quand même *il y auroit eu des demandes & exécutions faites pour iceux.*

Au contraire, quand ils sont adjugés au Parlement de Paris, à celui de Grenoble, &c. où l'Intérêt des dépens est admis, le Parlement d'Aix juge qu'ils produisent le même effet en Provence. Voyez trois Actes de Notoriété du Parquet de ce Parlement, des 26 Mai 1684, 12 Mai 1692 & 21 Juillet 1694.

Un autre Acte de Notoriété donné par les mêmes Magistrats le 14 Octobre 1690, porte aussi que les fruits adjugés par Sentence ou Arrêt, même après la liquidation, ne peuvent produire aucun Intérêt, tant qu'ils restent entre les mains des débiteurs. Mais il faut excepter les cens, les rentes foncieres, le produit des fermes, des biens ruraux, & les loyers de maisons.

On peut stipuler l'Intérêt du prix d'une vente de meubles, marchandises, pratique de Procureur & de Notaire.

Mais on ne peut pas le stipuler dans le cas d'un prêt de deniers, si ce n'est lorsque le fonds est aliéné pour en être constitué une rente; sans cette aliénation du fonds, les Intérêts sont réputés usuraires, & ce qui en est payé, s'impute sur le capital de la dette.

On peut encore stipuler l'Intérêt des sommes que les débiteurs s'engagent de payer par des transactions sur procès, pourvû que la dette soit relative à la contestation terminée par la transaction (*a*); dans tous ces cas où l'Intérêt se stipule sans aliéner le fonds, on le regarde comme faisant partie, ou de l'acquisition, ou du désistement; les deniers prêtés ne méritent point cette faveur.

Dans quelques Provinces régies par le Droit-Ecrit, on est dans l'usage de stipuler des Intérêts par les obligations: mais cette stipulation est contraire au Droit commun; & le Parlement de Paris en décharge les débiteurs, toutes les fois qu'ils reclament contre. Il y a à ce sujet un Arrêt rendu le 21 Juin 1735, au rapport de M. Simonet, qui, en infirmant une Sentence de la Sénéchauffée de Lyon, ne les a adjugés que du jour de la demande (*b*).

Il faut excepter l'argent prêté par obligation & pour être payé en payement des Foires de Lyon: les stipulations d'Intérêts sont autorisées, pour ces sortes de prêts, par diverses Ordonnances citées dans la derniere édition des Questions Alphabétiques de Bretonnier, article *Intérêts*. Voyez cet article en entier, on y trouve les Usages de divers Pays sur cette matiere.

Il y a un Arrêt du Conseil rendu le 29 Mars 1642, qui permet aux Habitans de la Bresse & du Bugey, de stipuler les Intérêts des obligations entre majeurs, sans qu'on puisse présumer l'aliénation du fonds. Cet Arrêt a été enregistré au Parlement de Dijon (*c*), le 30 Janvier 1643. Voyez l'Usage de Bresse, par Revel, édition de 1729, premiere partie, page 198.

L'Edit du mois de Septembre 1679, registré au Parlement de Toulouse, le 15 Novembre suivant, porte » déclarons de nul » effet & valeur les promesses qui pourront » être ci-après passées portant Intérêts, » mêmes celles de change & rechange, si ce » n'est à l'égard des Marchands fréquentans » les Fôres de notre Ville de Lyon pour » cause de marchandifes, sans fraude ni dé- » guisement «.

En Provence, les stipulations d'Intérêts en matiere de simple prêt à jour & à temps de sommes & de deniers, sont regardés comme illicites. Il faut une demande judiciaire pour les faire courir suivant l'Acte de Notoriété du Parquet du Parlement d'Aix, du 24 Avril 1684.

Le Parlement de Bordeaux rejette aussi la stipulation d'Intérêts pour prêt; mais l'Auteur du Traité des Conventions dit que les Intérêts qui ont été payés, ne peuvent être redemandés, & qu'on en use de même à Toulouse. Voyez Fromental, verb. *Intérêts*.

En Alsace, où l'on observe le Droit Romain, les stipulations d'Intérêts sont permises pour prêt d'argent, quoique le principal ne soit pas aliéné; & le Parlement les a adjugés en conformité de billets souscrits dans cette Province par des Militaires qui y étoient en garnison, qui portoient promesse de les payer. L'Arrêt qui les a adjugés, a été rendu en la Grand'Chambre, au rapport de M. Titon, le 31 Juil. 1760. On prétend que, dans le ressort du Parlement de Grenoble, la stipulation d'Intérêts est aussi permise pour argent prêté, & même par simple billet.

Un Arrêt rendu le 6 Septembre 1704, a jugé que dans la Coutume du Maine, celui qui prête ses deniers au retrayant d'un héritage, pour rembourser l'acquéreur, peut valablement stipuler qu'il jouira de l'héritage, jusqu'au remboursement des deniers prêtés, sans que les fruits s'imputent sur le principal, & qu'ils se compensent avec les Intérêts.

Mais cet Arrêt est contraire à notre Jurisprudence, qui n'admet point le contrat pignoratif, par lequel le débiteur abandonne les fruits d'un fonds à son créancier, jusqu'à ce qu'il l'ait payé. Ce contrat (qu'il ne faut pas confondre avec la vente, a faculté de réméré, qui contient une vraie vente), n'a pas lieu en France; on le regarde comme usuraire. Voyez Duplessis, *des Droits Incorporels*; & ce que je dis à l'article *Pignoratif*.

Le prix d'un immeuble produit naturel-

(*a*) Voyez l'Acte de Notoriété du Châtelet, du 18 Avril 1705.

(*b*) Nous n'observons point en France la disposition du Droit Romain sur les stipulations d'Intérêts dans les prêts de deniers: Saint Louis est un des premiers des Rois qui ont défendu ces stipulations; il a fait publier une Ordonnance en 1254, par laquelle il les défend non-seulement aux Chrétiens, mais aux Juifs, afin d'extirper de son Royaume, un crime qui est appelé dans l'Exode, *Fœnus execrabile & inter peccata in cælum clamantia*.

(*c*) Dans tout le surplus du ressort du Parlement de Dijon, la stipulation d'Intérêt pour prêt est illicite.

lement, & de droit, des Intérêts au profit du vendeur, quand même ils ne feroient pas ftipulés par le contrat, & fans qu'il foit néceffaire d'en faire aucune demande.

Ces Intérêts font dûs au vendeur fur le pied fixé par l'Ordonnance, pour le dédommager des fruits qu'il perd, à compter du jour que le prix eft exigible, lors même qu'ils font plus confidérables que la valeur des fruits ou revenus de l'immeuble que l'acquéreur en tire, à moins que le contrat de vente n'ait autrement réglé ce qui regarde l'Intérêt du prix.

Il ne faut cependant pas conclure de cette reftriction, qu'on peut régler ou fixer les Intérêts du prix de la vente, foit d'un héritage, foit d'un Office, à un denier plus fort que celui fixé par la Loi, fous prétexte que cette ftipulation fait partie du contrat. Les Arrêts ont jugé qu'une pareille convention eft illicite & nulle. Il y en a un rendu le 29 Déc, 1648, qu'on trouve dans le Journ. des Aud. tom. 1, liv. 5, n. 38; & il en a été rendu un autre fur les Conclufions de M. l'Avocat Général Joly de Fleury, le 4 Février 1716.

L'Intérêt du montant des lettres de change proteftées, court, & a lieu de droit, à compter du jour du protêt, quoiqu'il n'ait pas été demandé en Juftice.

Avant Charles IX, l'Intérêt pouvoit s'adjuger, & les rentes fe ftipuler fur le pied du denier 10; mais par des Edits de ce Prince, des années 1569 & 1576, ils furent réduits au denier 12.

Au mois de Juillet 1601, Henri IV donna un Edit, par lequel il ordonna que les Intérêts & les rentes ne pourroient plus dorénavant s'adjuger & fe conftituer que fur le pied du denier 16 (a).

En 1634, au mois de Juin, Louis XIII fixa le taux des rentes & des Intérêts au denier 18; & par un Edit poftérieur donné par Louis XIV au mois de Décembre 1665, enregiftré le 22 du même mois, le denier 18 fut réduit au denier 20, fans aucun changement pour le paffé (b).

Le denier 20 fut réduit au denier 50 par un Edit du mois de Mars 1720. Je crois qu'il n'a pas été envoyé au Parlement; ce qu'il y a de certain, c'eft qu'il n'y a pas été regiftré.

Au mois de Juin 1724, Louis XV a donné un autre Edit qui, fans parler d'aucun des précédens en particulier, a fixé les Intérêts qui pourroient s'adjuger, & les rentes qui feroient conftituées, à raifon du denier 30. Cet Edit a été regiftré le 28 du même mois de Juin 1724; & depuis, par un Edit du mois de Juin 1725, regiftré au Lit de Juftice tenu le 8 du même mois, le denier 30 a été fixé au denier 20.

Un Edit du mois de Septembre 1679, regiftré au Parlement de Touloufe le 15 Novembre fuivant, a ordonné que les conftitutions de rentes, & les Intérêts adjugés par Sentence ou par Arrêt, ne pourront être plus fortes que le denier 18, auquel Sa Majefté a réduit & modéré lefdites conftitutions dans le reffort dudit Parlement, fans préjudice des conftitutions faites auparavant la publication dudit Edit.

Le denier 18 a depuis été réduit au denier 20, en Languedoc comme ailleurs, par l'Edit du mois de Juin 1725, envoyé au Parlement de Touloufe, où il a été regiftré le 9 Juillet de la même année. Cet Edit porte qu'il ne fera rien innové pour les Intérêts & rentes réfultans d'actes antérieurs à fa publication.

Un Edit du mois de Septembre 1679, regiftré au Parlement de Grenoble le 22 Novembre fuivant, a ordonné que les deniers qui feroient donnés à conftitution de rente, & ceux dont le payement feroit ordonné par Sentence ou Arrêt de Juftice, ne pourroient produire par an plus haut Intérêt que celui du denier 18, dans l'étendue du reffort du Parlement de Grenoble; a déclaré néceffaires les conftitutions plus fortes, & a déclaré nulles les promeffes portant Intérêts, même celles de change & rechange, fi ce n'eft à l'égard des Marchands fréquentans les foires de Lyon, pour caufe de marchandifes fans fraude.

(a) Tout ce que je dis ici fur le taux des Rentes & des Intérêts, n'eft relatif qu'à ce qui étoit dû par les Particuliers; ce taux étoit autrement réglé pour les rentes dûes par le Roi, & payables à l'Hôtel-de-Ville: on peut fur cela confulter des Edits des mois de Sept. 1634, Déc. 1674, Mai 1680, Avril 1758, Mai 1760, & Juillet 1761.

(b) Suivant un Acte de Notoriété du Confeil d'Artois, du 15 Nov. 1673, cet Edit n'avoit pas encore été envoyé à ce Confeil; l'on y adjugeoit encore alors le Intérêts, & les rentes s'y conftituoient toujours fur le pied du denier dix-huit. J'ignore l'époque du changemet de taux des Intérêts en cette Province.

Le taux de l'Intérêt en Bretagne a été fixé au denier 16 par un Edit de Henri IV, vérifié en 1602 Il a été depuis réduit au denier 18 par un autre Edit du mois de Septembre 1679.

Une Sentence arbitrale rendue le 4 Août 1749, entre le sieur de la Mirée de Caumont, & les sieur & dame de Verton, avoit, en conséquence de l'Edit du mois de Mars 1720, fixé l'Intérêt des deniers pupillaires dûs par le sieur de la Mirée de Caumont à la dame de Verton sa fille, héritiere de la dame de Caumont sa mere, décédée en 1719, dans un temps au denier 50, dans un autre au denier 30, & dans un autre au denier 20; parce que, lorsque la tutelle de la dame de Verton avoit été déférée au sieur de Caumont, le denier 20 étoit le denier ordinaire & subsistant; & encore parce qu'il n'avoit point placé en rentes sur les Aides & Gabelles les deniers pupillaires qu'il avoit à sa fille, comme il y étoit autorisé par l'Edit du mois de Juin 1720, & par l'Arrêt du Conseil du 19 Juillet suivant. Mais cette Sentence a été infirmée; & par Arrêt rendu le 11 Août 1758, au rapport de M. de Lattaignant, la Cour a ordonné que les Intérêts des sommes dûes par le sieur de la Mirée, seroient *tirés pendant tout le cours de la tutelle, à raison du denier* 20.

Un Arrêt du 6 Septembre 1723, rendu au rapport de M. Talon, Conseiller en la premiere Chambre des Enquêtes, entre Jean Bourdu & les nommés Poujon, a jugé (en infirmant une Sentence du Bailliage de Moulins, du 20 Avril 1721) que les intérêts de la somme payée par le tiers-détempteur, pour se maintenir dans son acquisition, sont dûs par le vendeur du jour de la quittance. Le même Arrêt a encore jugé que les intérêts sont dûs à la caution qui paye en l'acquit du principal obligé, à compter du jour de la quittance, & non de la demande qu'il en forme.

Mais, par un autre Arrêt rendu au rapport de M. Simonet le 22 Juillet 1713, la Cour a jugé que ceux qui ont prêté leurs deniers pour l'acquisition d'un héritage, ne peuvent jouir du privilége accordé aux bailleurs de fonds, ni stipuler dans une obligation les Intérêts de la somme prêtée; il faut que le fonds du prêt soit aliéné.

Ce même Arrêt juge encore que les Intérêts payés en conséquence d'une pareille stipulation pendant quarante années, doivent être imputés sur le principal, au moyen de ce que l'usure ne se prescrit pas.

» Lorsqu'il est dû des arrérages des rentes foncieres ou Seigneuriales, des loyers de fermes ou de maisons, des arrérages de douaire ou de rentes créées pour des alimens, ces arrérages se peuvent constituer, ou produire des Intérêts, après une demande, suivie d'une condamnation ..... Il ne faut point confondre les Intérêts d'un prêt de deniers avec les revenus d'une autre nature, comme sont le prix d'un bail à ferme de terre, les arrérages de rentes de bail d'héritage, les rentes Seigneuriales & autres.

» La différence qui est entre les revenus & les Intérêts, vient de ce que les Intérêts des deniers prêtés ne sont pas un revenu naturel; ils ne sont dûs que comme une peine que la Loi impose au débiteur pour son retardement, pour dédommager le créancier de la perte qu'il souffre pour n'être pas payé; au lieu que le prix des fruits & des loyers est un revenu naturel & civil qui, à l'égard du débiteur, est la valeur d'une jouissance dont il profite; & à l'égard du créancier, un bien réel & effectif, qui en ses mains fait un capital comme ses autres biens.....« Acte de Notoriété du Châtelet, du 18 Août 1705.

Toutes les fois qu'il est possible de faire produire à une somme de deniers, telle qu'elle soit, des Intérêts *ex officio Judicis*, il est permis aux particuliers de leur en faire produire, sans le ministere du Juge, par la voie de la constitution de rente (V. *Rente*), parce que la constitution opere le même effet que la demande judiciaire, suivie d'un Jugement de condamnation.

La Cour l'a ainsi solemnellement jugé par un Arrêt rendu, au rapport de M. de Bretignieres, le Mercredi 26 Août 1761, en faveur d'Antoine Ferard, Directeur des Postes à Foultourte, contre François Janvier & sa femme. Dans cette espéce il s'agissoit de sçavoir si les Intérêts d'une soulte de partage, qui, comme on en convenoit réciproquement, peuvent produire licitement des Intérêts, *ex officio Judicis*, pouvoient en produire licitement par la voie de l'aliénation, par un contrat de conftitution. L'Arrêt fufdit a jugé l'affirmative: la Sentence de la Sénéchauffée du Mans dont étoit appel, avoit jugé de même.

Il faudroit juger la même chofe dans tous les cas où il s'agiroit de rentes conftituées, dont le capital feroit formé d'Intérêts légaux, tels que d'une dot, du prix d'un fonds, & d'arrérages de douaire, dont le fonds n'appartient pas à la douairiere, & de rentes viageres; parce qu'à l'égard des Intérêts légaux, ils repréfentent des fruits, dont ils font le prix; & qu'à l'égard des arrérages d'un douaire & de rentes viageres, on ne trouve point dans un pareil contrat ce que Dumoulin appelle *Acceffio Acceffionis*.

Les deniers dotaux produifent de droit des Intérêts en plufieurs cas. Voyez fur cela *Dot*, *Femme*, *Indemnité*.

Quand le tuteur d'un mineur, ou le curateur d'un interdit, a touché des deniers qui montent à une fomme affez confidérable pour être employée, foit en acquifition d'héritage, foit en conftitution de rente, il doit à fon pupille les Intérêts des capitaux qu'il n'a pas employés utilement, comme il y eft obligé, à moins que, par avis des parens homologué par le Juge, il n'ait été difpenfé d'en faire emploi. V. *Tuteur*.

Les Intérêts des Intérêts font dûs au mineur par fon tuteur, lorfque les Intérêts de fes revenus ou de fes capitaux ont produit (les dépenfes prélevées) une fomme affez confidérable pour faire un fonds qui pouvoit être placé, & c'eft au Juge de la tutelle à déterminer le montant de ce fonds, eu égard à l'état des perfonnes & des biens. Voyez *Tuteurs*.

" Ces Intérêts d'Intérêts doivent être " comptés par accumulation, jufqu'au jour " de la majorité, & non par colonne morte, " comme on l'a voulu faire dans quelques " arbitrages; mais après la majorité, le dé- " bet compofé des fommes principales, des " Intérêts, & des Intérêts d'Intérêts comp- " tés par accumulation, forme une fomme " fixe qui produit des Intérêts, lefquels " n'en produifent plus après la majorité, ou

" après le compte rendu & clos, quand le " mineur a été émancipé ". Ce font les termes d'un Acte de Notoriété du 18 Janvier 1701.

La maxime établie par cet Acte, vient d'être affermie par l'Arrêt rendu le 11 Août 1758, au rapport de M. de Lattaignant, entre le fieur de la Mirée, Seigneur de Caumont, & les fieur & dame de Verton, dont j'ai déja parlé. En effet, cet Arrêt, après avoir condamné le fieur de la Mirée de Caumont à payer des Intérêts d'Intérêts de deniers oififs à la dame de Verton fa fille, pendant fa minorité, *a ordonné qu'à l'époque de la majorité de ladite dame de Verton, il feroit fait un total de toutes les fommes qu'il lui devoit*, comme fon tuteur, tant pour capitaux, qu'Intérêts defdits capitaux, & Intérêts d'Intérêts, lequel total produiroit des Intérêts au denier 20, jufqu'au payement définitif.

Ces maximes doivent s'appliquer aux curateurs des Interdits pour démence. Ces curateurs doivent auffi les Intérêts des Intérêts des deniers oififs, de même que les tuteurs des mineurs. Deux Arrêts l'ont ainfi jugé.

Le premier a été rendu au Grand-Confeil, le 21 Septembre 1689, entre Madame la Premiere Préfidente de Lamoignon, & M. de Marillac, Confeiller d'Etat, au fujet de la curatelle de M. Doquaire.

Le fecond a été rendu en la Grand'Chambre, au rapport de M. le Nain, le 27 Janvier 1694. Par ces Arrêts la Cour a enthériné la Requête civile, prife contre un appointement rendu fur l'avis de Me l'Evefque, lequel (appointement) avoit donné atteinte à la condamnation d'Intérêts d'Intérêts prononcée par une Sentence arbitrale rendue par Me Martinet, le 7 Septembre 1666, contre le curateur d'une dame Noleau.

Les Intérêts ftipulés dans une obligation paffée au profit du tuteur d'un mineur pour deniers pupillaires, ont été jugés ufuraires par un Arrêt rendu en forme de Réglement, le 7 Mai 1714. On trouve dans le cinquiéme Volume du Journal des Audiences, un Arrêt rendu le 28 Août 1696, qui a jugé de même; & la Cour en a rendu un femblable, le 20 Janvier 1711, fur les Conclufions de M. l'Avocat Général de Lamoi-

gnon. Le dernier eſt rendu public par l'impreſſion. Ainſi, pour faire produire des Intérêts aux deniers pupillaires que le tuteur
prête, il faut néceſſairement que le fonds
en ſoit aliéné. *Secũs* en Normandie. Voyez
Rente.

Mais, par Arrêt rendu le 6 Septembre
1721, au rapport de M. Simonet, entre
Pierre Leon & Joſeph Merſenne, ſur l'appel d'une Sentence du Bailliage de la Fleche, du 23 Avril 1720, la Cour a jugé licite une ſtipulation d'Intérêts du reliquat
d'un compte de tutelle portée par une tranſaction du 11 Février 1689, faite entre le
tuteur, & ſon pupille devenu majeur. Le
pupille avoit accordé des remiſes & des termes à ſon tuteur, & le reliquat du compte étoit compoſé de fonds demeurés oiſifs
entre les mains du tuteur pendant neuf années.

Il eſt d'ailleurs de principe que les Intérêts du reliquat d'un compte de tutelle ſont
dûs, à compter du jour de la clôture du
compte, ſans qu'ils ſoient judiciairement
demandés.

Mais le reliquat d'un compte des revenus
d'un Hôpital, produit-il auſſi de droit des
Intérêts ? Cette queſtion s'eſt préſentée en
la Tournelle civile. Le défenſeur de l'Hôpital diſoit que ces ſortes d'établiſſemens
méritoient la même faveur que les mineurs;
que les Adminiſtrateurs étoient de véritables tuteurs. Cependant, par Arrêt rendu le
6 Juin 1735, on a jugé en la Tournelle
civile, que les Intérêts ne couroient pas du
jour de la clôture, mais du jour de la demande.

Le tuteur doit, comme je l'ai dit, l'Intérêt des ſommes qu'il a touchées pour ſon
mineur; mais cette faveur n'a pas lieu contre le mineur en faveur du tuteur: quand il
ſe trouve en avance, il ne peut en exiger
l'Intérêt, que du jour de la demande qu'il
forme après le reliquat fixé, & quand la tutelle eſt finie.

» Si (dit Domat) ce qui eſt dû, vient
» d'une cauſe, qui de ſa nature ne produiſe
» aucun revenu, les Intérêts n'en ſeront dûs
» qu'après une demande en Juſtice; & ce
» n'eſt, dans ce cas, que cette demande qui
» fait imputer le retardement; ainſi le débi-
» teur d'une ſomme, à cauſe du prêt, ne

» payant pas au terme, n'en doit pas d'In-
» térêt, & il ne commencera de le devoir,
» qu'après qu'il lui aura été demandé en
» Juſtice.

» Auſſi celui qui aura été condamné, ou
» à des dépens, ou à des dommages-Inté-
» rêts, n'en devra l'Intérêt qu'après que les
» dépens, ou les dommages-Intérêts, étant
» liquidés, le créancier aura demandé en
» Juſtice les Intérêts de la ſomme à laquel-
» le ils ont été réglés; car, dans tous ces
» cas, la dette ne produiſant pas d'Intérêts
» de ſa nature, le débiteur ne commence de
» les devoir, que lorſque le créancier mar-
» que par ſa demande le dommage qu'il
» ſouffre, & le débiteur de ſa part doit alors
» cet Intérêt pour la peine de ſon retarde-
» ment «.

Un Arrêt rendu le 24 Février 1728, a
jugé qu'une oppoſition formée à un décret,
pour être l'oppoſant *conſervé en tous ſes
droits, actions, priviléges & hypothéques, &
payé des ſommes adjugées en principaux, Intérêts & dépens, & autres cauſes*, fait produire des Intérêts de droit, à compter du
jour de l'oppoſition.

La conteſtation jugée par cet Arrêt, naiſſoit de ce que l'oppoſant n'avoit pas dit,
par ſon oppoſition, qu'il *requéroit* les Intérêts. On convenoit, & il eſt certain que les
Intérêts peuvent être valablement demandés par une ſemblable oppoſition; la Cour
a jugé que les termes ſus-rapportés équiva-
loient à la réquiſition d'Intérêts.

Il eſt intervenu un ſemblable Arrêt le 28
Février 1761, au rapport de M. de Bretignieres, en faveur de M. le Préſident Dubois, contre la Direction d'Armaillé.

On juge auſſi que les Intérêts ſont dûs
du jour d'une oppoſition au ſcellé, quand
l'oppoſant les a requis. Il y a là-deſſus un
Arrêt rendu le 9 Mai 1702, dans le Dictionnaire des Arrêts, verb. *Intérêt.*

La même choſe a encore été jugée par
un Arrêt rendu en la Grand'Chambre, le
Lundi 11 Août 1738, en faveur de François de Liſne, Boulanger à Paris, qui avoit
requis les Intérêts par ſon oppoſition.

L'Intérêt d'une ſomme léguée ne court
que du jour de la demande en délivrance du
legs, à moins que le teſtament n'en ordonne autrement.

L'Abbé de Poilevé, en vendant la Terre de Bujaleuf au fieur Benoît de Ventaux, par contrat du 18 Août 1724, ftipula que le prix lui en feroit payé deux ans après le contrat, avec l'Intérêt, au denier 30.

Le fieur de Ventaux ne paya pas au terme, & laiffa même paffer plufieurs années; & ce retard donna lieu à la queftion de fçavoir fi l'Intérêt, après les deux ans écoulés, devoit courir fur le pied du denier 30, ou feulement fur le pied du denier 20 : le fieur de Ventaux difoit que l'Intérêt étant fixé par le contrat, on ne pouvoit l'augmenter; que le contrat faifoit la loi des Parties, & que le défaut de payement prorogeoit l'action fans innovation.

L'Abbé de Poilevé répondoit que, quand il avoit ftipulé que l'Intérêt de fon prix lui feroit payé fur le pied du denier 30, c'étoit alors le prix courant, & que les Edits fubfiftans ne permettoient pas alors de ftipuler un Intérêt plus confidérable; mais que dans l'intervalle de l'échéance, l'Intérêt légal ayant été remis fur le pied du denier 20, qui étoit l'ancien taux, le capital avoit dû produire des Intérêts fur le pied fixé par la Loi, à l'expiration du temps pour lequel feulement il y avoit convention.

Par Sentence rendue au Châtelet le 4 Avril 1755, au rapport de M. Dupont, en très-grande connoiffance de caufe, il a été jugé qu'à l'expiration des deux ans, les Intérêts avoient couru fur le pied du denier 20.

Mais cette Sentence a été infirmée par Arrêt rendu en la troifiéme Chambre des Enquêtes, au rapport de M. Robert de Saint-Vincent, le Vendredi 28 Juillet 1758. Le défaut de fommation & d'interpellation, faites après les deux ans de payer le prix, a déterminé la Cour à n'adjuger les Intérêts que fur le pied du denier 30.

En Languedoc, les Collecteurs, & autres Adminiftrateurs des deniers des Communautés, doivent les Intérêts du reliquat de leur compte, à compter depuis le quatriéme mois après la fin de l'année de leur adminiftration, fuivant un Arrêt du Confeil du 6 Octobre 1733 (a), en conformité duquel le Parlement de Touloufe a, par Arrêt ren-

du le 10 Septembre 1736, jugé que les Intérêts d'un femblable reliquat couroient de droit depuis le quatriéme mois & non du jour de la clôture du compte, comme les offroit le Comptable.

La confignation fait-elle ceffer le cours des Intérêts. V. *Confignation & Offres.*

A Paris, les Intérêts ont la même hypothéque & le même privilége que le capital, dont ils font acceffoires, & cela eft même de Droit commun. Mais au Parlement de Touloufe, l'hypothéque qu'on leur accorde n'a d'effets qu'après tous les capitaux acquittés, à moins qu'il ne s'agiffe d'Intérêts dûs de plein droit.

Le même Parlement juge auffi que les Intérêts peuvent feulement doubler le capital qui les a produits, & qu'ils ceffent de courir, dès qu'ils les ont atteint. Voy. Fromental.

Le Parlement de Provence juge la même chofe pour toutes fortes de dettes, de quelque nature & qualité qu'elles foient, & même pour les deniers pupillaires, fuivant des Actes de Notoriété des 21 Juin, 15 Novembre 1686, & 15 Janvier 1693.

Il faut néantmoins excepter dans ces deux Parlemens;

1°. Les cas où il y a eu *tergiverfation* par le débiteur, » laquelle fe peut induire des » diligences du créancier à fe faire payer, » & des feintes, empêchemens & artifice » qui éloigne le payement, & élude les pour- » fuites de fon créancier «. *Ibid.*

2°. Ceux où il s'agit d'Intérêts de droits fucceffifs, fuivant l'Arrêt du 10 Août 1700, rapporté par Fromental.

3°. Le cas où il s'agit des Intérêts du prix d'un fonds qui refte dû.

4°. Les rentes conftituées, quand il y a eu des diligences tous les cinq ans.

5°. Les Intérêts des dots, & ceux des légitimes.

INTÉRÊTS CIVILS.
V. *Réparation Civile.*
INTERLIGNE.

C'eft ainfi qu'on nomme ce qui eft écrit entre deux lignes.

(a) Cet Arrêt a été revêtu de Lettres-Patentes en date du 30 Septembre 1736, lefquelles ont été enregiftrées à la Cour des Comptes, Aides & Finances de Mont- pellier, le 30 Novembre fuivant, avec quelques modifications qui ne font point relatives à la difpofition dont il eft ici queftion.

Il est défendu aux Notaires & autres Officiers, de rien ajouter par interligne, soit dans les minutes, soit dans les expéditions des actes. V. *Actes & Notaires.*

Ce qui est écrit en interligne dans les actes sous signature-privée, est considéré comme non écrit, quand il n'y a pas à ce sujet une approbation expresse & signée des Parties.

INTERLOCUTOIRE.

Interloquer, ou rendre une Sentence Interlocutoire, c'est ordonner qu'une chose sera prouvée ou vérifiée avant qu'on prononce sur le fond de l'affaire.

Ces sortes de Jugemens n'étant que préparatoires, leur exécution ne doit pas être éludée par des appels qui peuvent en être interjettés : on trouve dans le Code Théodosien une infinité de Loix qui réprouvent les appels des Sentences Interlocutoires, sous peine d'une amende ; cependant quand de pareilles Sentences causent un préjudice évident à l'une des Parties, on en reçoit l'appel.

Imbert, Pratique Civile, chap. 65, num. 9, dit que si l'Interlocutoire dont est appel est réparable en définitif, le Juge doit passer outre.

Sur cela voyez l'article 53 de l'Ordonnance de Charles VIII, du mois de Juillet 1493, premier tome de la Conférence, livre 7, titre 2 ; les articles 4 & 5 de celle de François I, donnée à S. Germain-en-Laye, le 12 Juillet 1519 ; l'art. 13 de celle d'Ayzsur-Thille, en Octobre 1535, chap. 16 ; & l'art. 3 de celle du mois de Décembre, donnée à Fontainebleau en 1540.

Cette derniere Ordonnance décide qu'il faut des défenses précises pour surseoir à l'Interlocutoire, & que des défenses générales, telles que celles qui s'inféroient autrefois dans les reliefs d'appel, tant aux Juges qu'aux Parties, de rien innover ni attenter au préjudice de l'appel, ne suffisent point : cette clause se qualifioit *ne lite pendente.*

Voulons, dit l'Ordonnance de 1493, article 53, qu'en tous Interlocutoires, & qui se peuvent réparer en définitif, les Juges Royaux puissent passer outre jusqu'à la définitive, nonobstant, &c.

L'usage est de délivrer & expédier en pa-

pier les Sentences Interlocutoires dans plusieurs Jurisdictions ; & deux Arrêts rendus en forme de Réglement au Parlement de Normandie ; le premier, au mois d'Août 1678 ; & le second, le 10 Octobre 1716, contiennent des défenses expresses *de les expédier sur parchemin,* à peine de concussion.

INTERPELLATION.

Ce mot signifie faire une question à quelqu'un, avec sommation de répondre.

INTERPOSITION de Décret.

L'Interposition de Décret est le Jugement qui intervient contre la Partie saisie en matiere de Décret, & qui ordonne la vente ; & c'est la même chose que le congé d'adjuger. V. *Congé d'adjuger.*

INTERROGATOIRE.

On nomme Interrogatoire, les questions faites par un Juge à une Partie sur la vérité de certains faits qui doivent déterminer le Jugement d'une affaire, & les réponses qui sont faites à ces questions par la Partie.

Nous connoissons deux espèces d'Interrogatoires ; l'un en matiere civile, qu'on nomme Interrogatoire sur faits & articles ; l'autre en matiere criminelle, qu'on nomme purement & simplement Interrogatoire.

Sur les Interrogatoires sur faits & articles, voyez *Faits & Articles.*

A l'égard de l'Interrogatoire en matiere criminelle, le Juge doit y procéder de maniere qu'il soit commencé au plûtard dans les vingt-quatre heures de l'emprisonnement de l'accusé ; & en cas d'absence ou autres empêchemens légitimes de la part du Juge, il doit y être procédé par un autre Officier du Siége, suivant l'ordre du tableau. Ordonnance criminelle, tit. 14, art. 1.

Cette diligence recommandée par l'Ordonnance, a deux objets ; le premier, de sçavoir si l'accusé est vraiment criminel : il ne seroit pas juste qu'un innocent se vît exposé à rester long-temps en prison ; il peut d'ailleurs avoir une défense légitime à proposer qui diminue le crime qu'on lui impute, & lui procure une liberté provisoire, qui s'accorde souvent après l'Interrogatoire subi.

Le second objet de l'Ordonnance est d'empêcher que les criminels n'ayent le temps d'imaginer des moyens pour obfcurcir la vérité ou la déguifer ; elle fe découvre plus aifément quand l'Interrogatoire fuit de près la capture.

Le Juge ne doit cependant pas interroger toutes fortes de prifonniers indiftinctement ; un Arrêt de la Grand'Chambre, rendu le 22 Août 1709, fait défenfes au Juge Royal de Calais, de procéder à l'avenir à aucun Interrogatoire d'accufé, finon en conféquence de décret auparavant décerné, ou que le criminel fût pris en flagrant-délit ; & un autre Arrêt du 17 Décembre 1727, rendu entre René Ceriziat & Baltazard Berger, faifant droit fur les Conclufions de Meffieurs les Gens du Roi, (M. l'Avocat Général Gilbert portant la parole,) fait défenfes au Lieutenant Criminel de Lyon d'interroger *de plano* les accufés, fi ce n'eft dans les cas portés par l'Ordonnance.

Il a été rendu un Arrêt le Mercredi 23 Mai 1731, en la Tournelle, qui a jugé qu'un accufé pris en flagrant-délit, étant interrogé fur le champ, & y ayant enfuite information & décret, le défaut d'Interrogatoire fur le décret n'opéroit pas une nullité. Mais voyez l'Arrêt du 22 Décembre 1731, dont je rapporte les difpofitions à l'article *Maréchauffée.*

Il n'y a que le Juge ou autre Officier ayant droit de le fubftituer en fon abfence, qui puiffe procéder à l'Interrogatoire ; le Greffier ne le peut pas feul. Voyez l'Ordonnance Criminelle, titre 14, art. 1.

Les Procureurs du Roi & des Seigneurs, même les Parties civiles, peuvent donner au Juge des Mémoires pour interroger l'accufé, tant fur les faits portés par l'information, que fur d'autres faits qui ne font pas étrangers à l'accufation. V. l'Ordonnance, *ibid.* article 3.

En procédant au récollement des accufés fur les Interrogatoires, les Juges doivent fe renfermer dans ce qui eft prefcrit pour le récollement des témoins en leurs dépofitions ; ainfi ils doivent faire lecture aux accufés de leur Interrogatoire, & les interpeller de déclarer s'ils veulent ajouter ou diminuer ; mais ils ne peuvent pas les interroger d'office lors des récollemens, fur les faits réfultans des Interrogatoires & récollemens, fauf à faire fubir aux accufés de nouveaux

Interrogatoires fur lefdits faits ; & enfuite les récoller & confronter, s'il y échet..........
C'eft ce que la Cour a prefcrit par un Arrêt rendu le 26 Novembre 1733, fur l'appel d'une Sentence du Juge de Jarnac, par lequel une femme accufée de poifon, a été condamnée à faire amende honorable, & enfuite à être brûlée.

Les Interrogatoires doivent fe faire dans le lieu où fe rend la Juftice dans la Chambre du Confeil, & non dans la maifon des Juges : (le Juge d'Effonne ayant interrogé dans fa maifon un Hôtellier qu'il avoit décrété, la procédure fut déclarée nulle, & l'affaire fut renvoyée au Châtelet en 1721;) mais les accufés pris en flagrant-délit, peuvent être interrogés dans le premier lieu qui eft trouvé commode, *ibid.* art. 4 & 5.

Encore qu'il y ait plufieurs accufés, ils doivent être interrogés féparément, fans affiftance d'autre perfonne que du Juge & du Greffier, *ibid.* art. 6. Le Procureur du Roi ou le Procureur Fifcal, encore moins la Partie civile, ne peuvent être préfens.

L'accufé doit prêter ferment avant d'être interrogé ; & il doit en être fait mention dans l'Interrogatoire, à peine de nullité, fuivant l'art. 7.

Les accufés doivent répondre eux-mêmes & par leur bouche, fans miniftere de confeil, *ibid.* art. 8.

Les chofes fervant à la preuve, doivent être repréfentées à l'accufé lors de fon Interrogatoire, (art. 10;) mais l'Ordonnance n'exige pas cette repréfentation, à peine de nullité ; elle peut fe fuppléer par un nouvel Interrogatoire, en cas d'omiffion dans le premier.

Quand l'accufé n'entend pas la langue Françoife, l'Interrogatoire doit fe faire par Interprête, lequel, après ferment prêté, doit expliquer l'Interrogatoire à l'accufé, & au Juge les réponfes : dans ce cas l'Interrogatoire doit être écrit en François, & figné par le Juge, par l'Interprête & par l'accufé.

L'Interrogatoire peut être réitéré toutes les fois que le cas le requiert, (*ibid.* art. 15.) Ainfi, toutes les fois qu'il furvient de nouvelles charges, il faut interroger l'accufé; car l'Interrogatoire eft ordonné, tant pour tirer la vérité de la bouche de l'accufé, que pour sa défense ; & par conséquent ce seroit une grande faute de manquer à cette formalité.

On doit aussi toujours interroger les accusés après que le Procès a été examiné, s'il a été réglé à l'extraordinaire. Il y a sur cela un Arrêt rendu en forme de Réglement, le 20 Septembre 1731, par lequel il a été ordonné que les Officiers du Châtelet seront tenus d'interroger avant le Jugement, les accusés contre lesquels il y aura eu réglement à l'extraordinaire, encore qu'il n'y ait point de conclusions à peine afflictive, & qui les oblige à instruire une contumace contre les accusés refusans de paroître.

Quand un Officier de Robe est décrété d'un simple assigné pour être oui, il doit subir Interrogatoire en robe, parce qu'elle est un ornement pacifique.

Mais un homme d'épée doit la quitter ; c'est le seul moyen de prévenir les inconvéniens. Les affaires qui occasionnent des décrets, intéressent ordinairement la réputation ; & les questions qui sont faites en interrogeant, sont souvent de nature à échauffer l'esprit.

Si on en use ainsi dans les Interrogatoires, on doit, à plus forte raison, en user de même dans les confrontations, parce qu'elles forment entre le témoin & l'accusé une espéce de conversation où il se mêle presque toujours de l'aigreur & de l'amertume. Les dépositions du témoin contre l'accusé, les reproches de l'accusé contre le témoin, les irritent pour l'ordinaire ; & il y auroit beaucoup à craindre, s'ils étoient tous deux armés.

C'est par ces raisons que le Duc de la Force fut obligé de subir Interrogatoire sans épée, lors du décret d'assigné pour être oui, qui fut décerné contre lui par la Cour des Pairs en 1721. Il s'en plaignit, mais inutilement ; parce que la Cour s'étoit conformée à la régle.

L'article 21 du titre 14 de l'Ordonnance Criminelle, porte que, lorsque les Conclusions du Ministere public tendent à faire prononcer des peines afflictives, les accusés, après la visitation du Procès, doivent être *interrogés* (assis) *sur la sellette* ; par une Déclaration rendue le 13 Avril 1703, donnée en interprétation de cet article, Sa Majesté a ordonné........ qu'*en tous Procès qui se poursuivront*............ *par-devant les Juges des Seigneurs, ou les Juges Royaux subalternes, ou dans nos Cours, qui auront été réglés à l'extraordinaire, & instruits par récollement & confrontation, les accusés seront entendus par leur bouche dans la Chambre du Conseil, derriere le Barreau (a), lorsqu'il n'y aura pas de conclusions ou de condamnations à peine afflictive ; ce faisant, avons abrogé & abrogeons tous usages à ce contraires, ledit article 21 du titre 14 de notre Ordonnance de 1670, sortissant au surplus son plein & entier effet.* V. la Déclaration du 12 Janvier 1681, & ce que je dis à la fin de l'article *Adultere.*

Ces dispositions doivent aussi s'observer dans les Officialités. En effet, la Cour, par Arrêt du 14 Juillet 1708, qu'on trouve au Journ. des Audiences, a déclaré des Sentences des Officialités d'Amiens & de Rheims nulles, en ce que les Officiaux n'avoient pas interrogé les accusés derriere le Barreau avant de rendre leur Jugement. Le même Arrêt leur a enjoint de se conformer à l'Ordonnance criminelle, aux Déclarations des années 1681 & 1703, &c.

Lorsque par l'Interrogatoire d'un accusé, on découvre de nouveaux crimes, le Ministere public doit rendre une nouvelle plainte, sur laquelle le Juge doit permettre d'informer. Voyez à ce sujet l'Arrêt du 22 Décembre 1731, dans le Recueil Chronologique de M. Jousse, tom. 3.

INTERRUPTION.
V. *Péremption, & Prescription.*

Le mot Interruption est principalement en usage au Barreau, pour signifier la cessation du cours de la prescription, lorsqu'elle a été arrêtée par des poursuites ou par des minorités qui ont prorogé l'action.

(a) Dès le 10 Septembre 1681, il avoit été adressé une pareille Déclaration au Parlement de Toulouse, où elle a été enregistrée le 14 Novembre suivant ; & le 11 Juillet 1746, le même Parlement a déclaré nulle une Sentence qui se trouvoit avoir été rendue après récollement, confrontation, &c. par la seule raison qu'elle n'avoit pas été précédée de l'Interrogatoire de l'accusé derriere le Barreau.

Toute pourfuite fubfiftante interrompt la prefcription ; une demande judiciaire opere cet effet, lors même qu'elle n'a pas été fuivie de Jugement, pourvû qu'elle ne foit pas tombée en péremption. V. l'art. 15 de l'Ordonnance de Rouffillon.

Faut-il indifpenfablement que les pourfuites foient régulieres pour interrompre la prefcription ? Et un Exploit nul l'interromperoit-il ?

Cette queftion s'eft préfentée entre la dame Panier d'Orgeville, & les créanciers de fon mari, en la Grand'Chambre, le Samedi 30 Avril 1763 : la dame d'Orgeville avoit été affignée pour une fomme très-confidérable dans un temps voifin de la prefcription de l'action exercée contr'elle, l'original de l'Exploit étoit en regle, mais la copie n'étoit pas datée ; la dame Panier avoit éludé de défendre ; & quand la prefcription fut acquife, elle demanda la nullité de l'Exploit.

Cette nullité emportoit la déchéance de l'action ; mais M. l'Avocat Général le Pelletier de S. Fargeau, qui porta la parole dans cette affaire, obferva que les Cours pouvoient en pareille circonftance, tendre une main fecourable aux Parties qui, par le fait d'un Huiffier, fe trouveroient déchûes d'une action légitime, dont l'objet étoit, je crois, de plus de 600000 livres ; en conféquence, par Arrêt rendu ledit jour 30 Avril 1763, la Cour a confirmé la Sentence des Requêtes du Palais, par laquelle il étoit ordonné que la dame d'Orgeville défendroit au fond.

Un commandement interrompt auffi la prefcription ; mais quelques Auteurs prétendent que la fimple faifie-arrêt ne produit pas cet effet, quand elle n'a pas été dénoncée : fur cela voyez d'Argentré ; il traite la queftion en deux endroits différens.

La publication des Lettres de Terrier proroge l'action pour le payement des cens & droits Seigneuriaux. Voyez Terrier.

La Cour a jugé, par un Arrêt rendu en la Grand'Chambre, le 26 Février 1731, au rapport de M. Soulé, qu'un Procès appointé fe prefcrit par trente ans fans pourfuites & procédures, nonobftant le décès d'un Procureur arrivé, mais non fignifié ; & par conféquent un pareil Procès n'interrompt point

la prefcription de l'action qui en faifoit l'objet.

Les pourfuites qui interrompent la prefcription, renouvellent la durée du titre ; de maniere que l'efpace de temps qui s'étoit écoulé jufqu'au jour des pourfuites utiles, ne peut plus fe compter, & que la prefcription ne peut plus commencer à courir que du jour de l'Interruption.

Quand deux perfonnes font obligées folidairement, l'Interruption faite contre l'une pour la dette entiere, arrête la prefcription qui couroit en faveur de l'autre. Cela eft décidé par plufieurs Textes de Loix ; & la Cour l'a ainfi jugé par Arrêt du 5 Mai 1625, qu'on trouve au Journal des Audiences ; & par un autre Arrêt rendu le 21 Juin 1730, au rapport de M. Pallu, entre Anne de Fourcroy, veuve de M. d'Artois, Confeiller à Noyon, les fieurs de Fontaine, de Collemont, de Lefpinay & autres. Voyez Brodeau fur M. Louet, let. P, n. 2. On trouve cette queftion très-bien développée dans cet Auteur, dans Henrys & dans Bretonnier.

Mais fi l'Interruption faite contre l'un des obligés folidairement, n'eft que pour fa part & portion de la dette, en ce cas l'Interruption ne vaut point contre l'autre obligé : Dumoulin l'a ainfi décidé par fon apoftille fur l'art. 35 de la Coutume de Bourbonnois.

L'Interruption faite contre l'un des cohéritiers, n'empêche point que les autres ne prefcrivent, parce qu'ils ne font point obligés folidairement. Dumoulin eft de cet avis en fon Traité des Ufures, queft. 89, n. 671 ; & la Cour l'a ainfi jugé par Arrêt rendu au mois de Mars 1650, en la premiere Chambre des Enquêtes, après les autres Chambres confultées. Voyez Brodeau fur M. Louet, lett. P, n. 2.

Mais fi celui des héritiers qui a fouffert Interruption, a été depuis contraint hypothécairement de payer le tout, il doit avoir fon recours contre fes cohéritiers qui ont prefcrit de leur chef, parce qu'il n'a pu fe pourvoir en garantie contr'eux que du jour de l'action hypothécaire dirigée contre lui, avant quoi il n'a pas pu courir de prefcription contre lui. Dumoulin examine auffi cette queftion dans fon Traité des Ufures,

quest. 89, n. 671, & la décide autrement.
Voyez ce que je dis à l'article *Garantie*, &
l'Arrêt du 5 Février 1738, dont je parle à
l'article *Prescription*.

Le simple fidéjusseur prescrit pendant que
le principal obligé souffre Interruption. Les
Loix y sont expresses; c'est aussi le sentiment de d'Argentré sur l'article 266 de la
Coutume de Bretagne; & de Coquille sur
celle du Nivernois, titre des Prescriptions,
art. 5. La raison de leur avis est, que l'obligation du débiteur & celle de la caution sont
de nature différente.

L'action personnelle intentée contre l'o-
bligé, ne fait point d'Interruption contre un
tiers-acquéreur: celui-ci peut donc, nonobstant cette action dirigée, prescrire l'action
hypothécaire.

L'action hypothécaire intentée contre l'acquéreur, n'interrompt pas non plus la prescription de l'action personnelle contre l'o-
bligé; & s'il arrivoit que l'action personnelle fût prescrite, toutes les Interruptions
faites contre les détempteurs, deviendroient
inutiles; parce que l'obligation accessoire
ne survit point à la principale, & que d'ailleurs le débiteur n'a point d'exceptions particulieres dont les acquéreurs ne se puissent
servir. Dumoulin, des Usures, quest. 89,
n. 678 & 679.

INTERVENTION.

Les Praticiens nomment Partie interve-
nante, celle qui survient dans une cause civile pour y prendre part, soit pour soutenir
le demandeur, soit pour conserver les intérêts du défendeur ou les siens particuliers.

Il n'en est pas des Procès criminels comme des civils. On reçoit les Interventions
dans les Procès civils, mais elles sont inconnues en matiere criminelle. L'Ordonnance
de 1670 n'admet que deux sortes de Parties;
sçavoir, les plaignantes & les Parties accusées.

Les Requêtes d'Intervention, tant en cause principale que d'appel, doivent en contenir les moyens, & il doit en être donné copie avec les piéces justificatives. Voyez l'Ordonnance de 1667, tit. 11, art. 28.

Voyez la même Ordonnance, titre 15,
article 12.

INTESTAT.

C'est le nom qu'on donne à ceux qui laissent leurs successions à leurs héritiers naturels, sans avoir fait de testament.

INTIMÉ.
V. *Anticipation & Appellant.*

En général, on nomme Intimés tous ceux
qui sont assignés, parce qu'une assignation
n'est autre chose qu'une intimation pour
faire quelque chose. Mais ce nom se donne
plus communément à celui qui ayant gagné
son Procès, est appellé devant un Tribunal
supérieur par sa Partie adverse pour plaider
de nouveau; ainsi l'Intimé est proprement
le Défendeur en cas d'appel.

Un Arrêt rendu en forme de Réglement,
le 8 Août 1714, sur le réquisitoire de MM.
les Gens du Roi, a ordonné que, *lorsqu'il y
aura des appellations respectivement interjettées d'une Sentence qui fera la matiere d'un
Procès par écrit, celui qui aura été le premier Intimé sur l'appel..... de ladite Sentence, sera tenu, dans le délai marqué par
l'article 18 du titre 11 de l'Ordonnance de
1667, de mettre au Greffe ladite Sentence en
forme, ou par extrait à son choix, sinon, a
permis au premier Appellant de la lever par
extrait, & de la mettre au Greffe sans commandement ni signification préalable, aux
frais & dépens du premier Intimé, dont sera
délivré exécutoire au premier Appellant.......*

Lorsque le ministere est seul Partie dans une Sentence dont on veut appeller, c'est M. le Procureur Général, qu'il faut
intimer, si elle est rendue dans une Justice
Royale.

Si la Sentence est rendue dans une Justice Seigneuriale, c'est le Seigneur & non le
Procureur Fiscal qu'il faut intimer; & si
c'est dans une Officialité, c'est l'Evêque, à
moins qu'il ne s'agisse de prise à Partie: en
ce cas voyez *Prise à Partie.*

INTRUS, INTRUSION.

On nomme Intrus ceux qui se mettent en
possession de Bénéfices sans en être pourvus
canoniquement, ou sans avoir un titre au
moins coloré. V. *Titre coloré.*

La peine qu'encourent les Intrus, est la
privation des fruits du Bénéfice dont ils se

font emparés, & felon les circonftances, l'Intrufion peut les rendre indignes de la poffeffion du Bénéfice.

Un Intrus ne peut pas argumenter de la poffeffion triennale pour fe faire maintenir dans le Bénéfice ; parce que, pour fe prévaloir de la régle *de pacificis Poffefforibus*, il faut avoir un titre au moins coloré, & on n'eft pas Intrus avec un pareil titre.

INVENTAIRE.

Voyez *Bénéfice, Bénéfice d'Inventaire, Clôture d'Inventaire, Continuation de Communauté, Evêque, Imprimeur, Notaire, Prévention, Scellé, Suite & Vaiffelle.*

On nomme Inventaire (*a*), un acte fait après le décès de quelqu'un, pour conftater d'une maniere détaillée, le nombre, la quantité & l'efpéce des biens qui compofent fa fucceffion. C'eft auffi l'Inventaire que l'on confulte pour connoître les noms & le nombre des héritiers d'un défunt.

En général, on eft libre de faire faire un Inventaire après le décès de quelqu'un, ou de n'en pas faire. Mais il eft des cas particuliers où l'on ne peut s'en difpenfer.

Par exemple, la veuve ne peut, dans la Coutume de Paris, renoncer à la communauté de biens qui a été entre fon mari & elle, qu'en faifant faire bon & fidéle Inventaire. Voyez *Renonciation à la Communauté.*

On ne peut fe porter héritier Bénéficiaire, que fous la même condition de faire Inventaire. V. *Bénéfice d'Inventaire.*

La communauté entre conjoints ne s'interrompt entre le furvivant & les enfans mineurs, qu'en faifant Inventaire & le faifant clorre. Voyez *Continuation de Communauté.*

Ordinairement ce font les Notaires qui font les Inventaires. Cependant il y a plufieurs endroits où les Juges, affiftés de leurs Greffiers, font dans l'ufage de faire ces fortes d'actes. Il n'y a même que les feuls Greffiers des Juftices Royales qui peuvent les faire en Bretagne. Voyez à ce fujet

plufieurs Réglemens, qu'on trouve dans le Recueil *in*-4°. fur les Scellés & Inventaires.

L'Edit du mois de Décembre 1639, portant création de Greffiers dans les diverfes Juftices du Royaume, leur donne textuellement la capacité de faire, fous l'autorité du Juge, les Inventaires & les comptes ; & quoique l'attribution de ces fonctions ne fût pas exclufive, le Parlement a cru devoir conferver le droit des Notaires. L'Arrêt d'enregiftrement du 9 Janvier 1640, porte, en effet, que l'Edit fera exécuté, *fans préjudice du droit des Notaires pour le fait des Inventaires, dont ils jouiront ainfi qu'ils ont accoutumé.*

Louis XIV avoit, par un Edit du mois de Mars 1702, créé des Offices de Commiffaires aux Inventaires dans toutes les Juftices Royales, excepté à Paris, pour procéder feuls aux Inventaires des biens des défunts. Le même Edit avoit auffi créé des Greffiers pour écrire des Inventaires, fous lefdits Commiffaires ; mais, par un autre Edit du mois de Septembre 1714, regiftré en la Chambre des Vacations le 15 Octobre fuivant, ces Edits ont été éteints & fupprimés.

Avant & depuis ces créations & fuppreffions, il s'eft élevé des conteftations entre les Officiers de différens Siéges, & les Notaires des mêmes Jurifdictions, fur la queftion de fçavoir à qui des Officiers de ces Siéges ou des Notaires appartenoit la confection des Inventaires. Sur cela, il eft intervenu grand nombre d'Arrêts au Parlement, qui ont diverfement jugé la queftion. Les Notaires de Provins ont obtenu cette confection, par Arrêt du 20 Janvier 1699.

Ceux de Touloufe ont été maintenus dans le droit de faire les Inventaires volontaires dans la Ville & gardiage d'icelle Ville, par Arrêt du Parlement de Touloufe du 3 Avril 1699.

Ceux de Rochefort, par Arrêt du Parlement de Paris du 26 Juillet 1718.

Ceux de Gien, par Arrêt du 7 ou 13 Août 1722.

(*a*) Il ne s'agit pas ici des Inventaires qui fe font en matiere d'Aides, pour prévenir les fraudes fur les droits d'Entrées & de Gros. M. le Fevre de la Bellande a parfai-

tement détaillé la forme, les effets & les lieux où ces Inventaires doivent être faits. V. à ce fujet la Table des Matieres de fon Traité des Aides, verb. *Inventaires.*

Ceux de Poitiers, par Arrêt du 27 Juillet 1729 (a).

Ceux d'Angers, par Arrêt du 10 Décembre 1731.

Ceux de Chaumont en Baffigni, par Arrêt du 30 Juin 1733.

Ceux de la Rochelle, par Arrêt du même jour (30 Juin 1733).

Ceux d'Iffoudun, par Arrêt du 21 Mai 1740. Il eft imprimé.

Ceux d'Amboife, par Arrêt du 5 Juillet 1742.

Ceux de Vitry-le-François, par Arrêt du 22 Août de la même année.

Ceux de Blois, par Arrêt du 29 Mai 1743.

Ceux de Bourges, par Arrêt du 9 Août fuivant.

Ceux de Bar-fur-Aube, par Arrêt du 2 Juin 1744.

Ceux de Chaalons, en Champagne, par Arrêt du 27 Juillet 1746.

Ceux de S. Quentin, par Arrêt du 2 Septembre 1748.

Ceux de Mantes, par Arrêt du 7 Juillet 1749.

Ceux de Compiégne, par Arrêt du 6 Septembre fuivant.

Ceux de la Fere, par Arrêt du 15 Décembre 1751.

Ceux de Chartres, par Arrêt du 21 Mars 1752.

Ceux de Roye, par Arrêt du 19 Mars 1753.

Ceux de Chauny, par Arrêt du 26 Août 1758.

Ceux d'Orléans, par Arrêt du 7 Juillet 1761.

Tous ces Arrêts ont maintenu les Notaires dans le droit de faire les *Inventaires*,

tant volontaires, que ceux qui font ordonnés par *Juftice, entre majeurs ou mineurs, foit qu'il y ait appofition de fcellé, ou non*, & ont fait défenfes aux Juges, *en qualité de Commiffaires-Examinateurs, ou autrement, de s'immifcer dans la confection des Inventaires.*

D'autres Arrêts ont accordé cette confection d'Inventaire aux Officiers des Siéges, & aux Commiffaires - Enquêteurs & Examinateurs.

Il y en a un du 12 Avril 1685, au profit du Lieutenant Général, & autres Officiers du Bailliage d'Amiens, contre les Notaires de la même Ville.

Un autre pour le Juge Royal de Ham.

Un du 5 Septembre 1738, en faveur des Juges de Rheims.

Un autre du 18 Juillet 1744, en faveur des Commiffaires - Examinateurs de Lyon, contre les Notaires.

Trois autres des 19 Juin 1660, 15 Décembre 1692 & 12 Mars 1746, en faveur des Juges & Greffiers de Sens, contre les Notaires de la même Ville.

Enfin, il en a été rendu un dernier le 4 Février 1758, entre les Officiers du Bailliage de l'Arfenal, qui font Juges Royaux, & les Notaires de Paris, par lequel la Cour a laiffé aux Parties la liberté de faire faire les Inventaires par les Notaires, ou par les Officiers du Bailliage. Je parle encore de cet Arrêt à l'art. *Notaire.*

Il faut convenir que le plus grand nombre des Arrêts eft en faveur des Notaires. Ils ont fouvent eu des fuccès heureux, quand ils ont eu des Juges Royaux pour adverfaires ; mais rarement ont-ils réuffi, quand ils ont contefté aux Juges des Seigneurs (b), le droit de faire des Inventaires (c), fur-

---

(a) Cet Arrêt, en accordant la confection des Inventaires aux Notaires de Poitiers, *excepte ceux qui feront faits en cas d'Aubaine, Bâtardife, Déshérence, Confifcation & autres cas Royaux.*

L'Arrêt du 7 Juillet 1761, pour les Notaires d'Orléans, contient la même exception.

Les Notaires de Touloufe ont auffi *été maintenus dans le droit de faire les Inventaires volontaires,* par Arrêt contradictoire entr'eux & les Officiers de la Sénéchauffée, rendu au Parlement de Touloufe le 3 Avril 1696. V. un Arrêt du Confeil du 11 Janvier 1695, pour le Contrôle des Inventaires faits à Tours.

(b) Le Réglement intervenu le 3 Décembre 1569, entre les Commiffaires, les Notaires du Châtelet, & les Officiers des Juftices Seigneuriales de Paris, porte » qu'où

» les Officiers du Roi auront prévenu par Scellé dans la » Ville & Fauxbourgs de Paris (V. Prévention), la con- » fection des Inventaires & des partages appartiendra aux » Notaires du Châtelet, à l'exclufion . . . . . . des Hauts- » Jufticiers & de leurs Officiers, *quand ils en feront requis* » par les Parties; & quand les Hauts - Jufticiers ou leurs » Officiers dans les Limites de leurs Hautes - Juftices, & » fur leurs Hôtes & Jufticiables auront prévenu . . . . . . à » eux refpectivement appartiendra la confection des In- » ventaires & partages, privativement auxdits Notaires & » Examinateurs « . . . .

(c) Je ne connois que trois Arrêts qui ayent accordé la confection des Inventaires aux Notaires Royaux, à l'exclufion des Juges & Officiers des Seigneurs ; le premier a été rendu le 10 Juil. 1619, en faveur des Notaires Royaux

tout lorfqu'il y avoit des fcellés fubfiftans, parce qu'en créant des Notaires Royaux, & en leur attribuant des fonctions, le Roi n'a pas préjudicié aux droits des Officiers des Juftices Seigneuriales qui font Patrimoniales. V. l'Arrêt du 16 Janvier 1706, dans le cinquiéme volume du Journal des Audiences, liv. 6, chap. 1.

Mᵉ de Gennes, Avocat, chargé de la défenfe de l'Archevêque de Rheims, qui foutenoit, contre les Notaires Royaux de cette Ville, que c'étoit aux Officiers de la Juftice de lui, Archevêque, & non aux Notaires Royaux, à faire les Inventaires dans l'étendue de fa Jurifdiction, a cité fur cela neuf Arrêts célébres.

Le premier, du 25 Fév. 1334, rendu en faveur de l'Evêque de Langres, contre Jean de Salmes, Notaire Royal à Langres (a).

Le fecond, du dernier Juillet 1543, rendu en faveur de M. de Vendôme, Vidame de Chartres, Prince de Chabanois, Baron de Confolent, contre les Notaires Royaux de Confolent & M. le Duc d'Orléans, à caufe du Duché d'Angoumois.

Le troifiéme, du 20 Décemb. 1575, rendu en faveur des Seigneurs de S. Vallery, contre les Notaires Royaux & le Sergent Royal dudit lieu.

Le quatriéme, du 27 Juillet 1574, rapporté par Bacquet, des Droits de Juftice, ch. 25, n. 27.

Le cinquiéme, de l'an 1578, auffi rapporté par Bacquet.

Le fixiéme, du 11 Février 1580, en faveur des Duc & Ducheffe de Nivernois, contre les Notaires & Sergens Royaux du Réthelois.

Le feptiéme, du 13 Mai 1603, rendu en faveur de la Dame d'Arcy-fur-Aube, contre les Notaires Royaux de Langres.

Le huitiéme, du 26 Juin 1668, en faveur de l'Evêque de Châlons, contre les Notaires Royaux de la même Ville.

Le neuviéme, du 7 Septembre 1737, en faveur de l'Evêque & du Chapitre de Beauvais, contre les Notaires Royaux de la même Ville. (Ce dernier Arrêt n'eft que provifoire.) Depuis cet Arrêt, il en a été rendu un entre les Notaires Royaux & des Seigneurs de Rheims, le 21 Mai 1764, par lequel la concurrence a été donnée aux uns & aux autres Officiers pour les fcellés & Inventaires.

Langlois, dans fon Traité fur les Fonctions des Notaires de Paris, rapporte un autre Arrêt du 9 Juillet 1661, qui a décidé, contre les Notaires de Paris, que l'Inventaire dont il s'agiffoit, feroit fait à Paris, par le Bailli de la Barre du Chapitre; & à Vamvres, par le Juge du lieu.

Je rapporte deux Arrêts femblables à l'article *Notaires*. L'un du 23 Avril 1704; l'autre du 20 Janvier 1738, par lequel il a été jugé contre les Notaires de Paris, que les Officiers du Bailliage de S. Germain-des-Prés & ceux de la Barre du Chapitre peuvent faire des Inventaires dans le reffort de

---

contre le Seigneur & les Officiers de la Juftice de Bray-fur-Seine.

Le fecond eft celui du 10 Décembre 1731, rendu en faveur des Notaires d'Angers, dont j'ai déja parlé, contre les Officiers de l'Abbaye de Ronceray,

Le troifiéme a été rendu le 21 Avril 1751, en faveur des Notaires Royaux de Chaumont, réfidens à Montierender, contre les Officiers d'un grand nombre de Jurifdictions Seigneuriales; mais il faut fçavoir que dans cette efpéce, les Officiers des Seigneurs avoient déclaré qu'ils s'en rapportoient à la prudence de la Cour.

(a) Les Notaires Royaux de Langres ont renouvellé leurs prétentions en 1743; ils firent alors fignifier au Greffe de la Jurifdiction Ducale, aux Officiers de la Mairie & du Chapitre de la Cathédrale, des extraits d'Ordonnances & Déclarations, aux termes defquels la confection des Inventaires leur étoit, felon eux, attribuée, à l'exclufion de tous Officiers de Juftice, foit Royale, foit Seigneuriale.

Les Notaires Royaux de Langres alloient même d'abord jufqu'à foutenir que le Roi n'avoit concédé aux Seigneurs que la Juftice contentieufe, & qu'il s'étoit réfervé la volontaire; ils convinrent après que les Seigneurs avoient

la Jurifdiction volontaire, mais ils foutinrent que, ni les Juges, ni les Notaires de Seigneurs, ne pouvoient s'immifcer dans la confection des Inventaires, tant volontaires qu'ordonnés en Juftice.

Les Notaires Royaux convinrent enfuite que les Tabellions des Seigneurs étoient en droit de faire, concurremment avec eux, Notaires Royaux, les Inventaires, partages & autres actes de la Jurifdiction volontaire; mais ils perféverérent à foutenir que les Juges & Officiers du contentieux ne pouvoient faire ces fortes d'actes.

Mais, fans s'arrêter aux prétentions des Notaires, Arrêt eft intervenu en la Grand'Chambre, le Mardi 16 Juillet 1763, au rapport de M. Lambelin; par lequel il a été ordonné que les Inventaires & partages feroient faits dans les Juftices de l'Evêque & du Chapitre de Langres par leurs Juges, Tabellions & Notaires, concurremment avec les Notaires Royaux.

L'Evêque de Langres avoit, en fa faveur, d'autres Arrêts des 26 Mars 1558, & 12 Juil. 1614. V. l'Arrêt du 25 Déc. 1695, dans le Recueil des Réglemens fur les Inventaires & Scellés, qui a maintenu les Officiers du Chapitre de Langres dans le droit d'appofer les fcellés, & faire les Inventaires après le décès de l'Evêque, Duc de Langres.

leurs Justices. Voyez deux autres Arrêts cités par Guesnois, en marge de l'article 164 de l'Ordonnance de Blois.

Il a été rendu un autre Arrêt sur production, le 26 Juin 1756, qui a maintenu les Officiers de la Justice de Courcelles dans le droit de faire les Inventaires, que leur contestoient les Notaires de Paris.

En conformité de ces divers Arrêts, il en a été rendu un autre le 11 Août 1760, qui, par provision, mais en grande connoissance de cause, a aussi ordonné que le Greffier de la Jurisdiction de l'Archevêché de Rheims feroit les Inventaires dans cette Jurisdiction, à l'exclusion des Notaires Royaux de cette Ville.

Il en a été rendu un autre le 9 Mars 1762, en faveur des Officiers du Bailliage de Nangis, contre les Notaires Royaux de la même Ville, au rapport de M. Sahuguet d'Espagnac, qui a définitivement maintenu les Officiers de la Justice Seigneuriale de Nangis, dans le droit de faire, en cas de réquisition, les Inventaires, comptes & partages, même volontaires.

On a prétendu que la Cour s'étoit déterminée en faveur des Officiers de Nangis contre les Notaires, par la raison que Nangis est une Terre titrée, érigée en Marquisat, & que dans les Justices attachées aux simples Fiefs, les Notaires Royaux devoient avoir la confection des Inventaires, à l'exclusion des Officiers des Seigneuries ; mais cette prétention a été proscrite par Arrêt rendu en faveur des Officiers du Chapitre de Notre-Dame de Paris, prenant le fait & cause de leurs Officiers en la Haute-Justice de Rozay, le 19 Mai 1763, au rapport de M. Lambelin, par lequel il a été ordonné que les Officiers de la Justice de Rozay pourroient faire, quand ils en seront requis, les Inventaires, comptes & partages, même volontaires.

L'Arrêt rendu le 19 Juil. 1762, au rapport de M. Pasquier, par lequel la Cour a jugé que les Officiers du Bailliage de Tours ne pouvoient prévenir ceux de la Justice de S. Gatien, & dont je parle à l'article

Prévention, a aussi maintenu ce Chapitre dans le droit de faire procéder à la confection des Inventaires des biens de ses Justiciables, par ses Officiers.

D'après ces divers Arrêts, il paroît certain que dans le ressort des Justices Royales, la confection des Inventaires appartient aux Notaires Royaux, à l'exclusion des Juges Royaux, si ce n'est qu'il s'agisse de Cas Royaux ; mais que les Notaires n'ont que la concurrence avec les Officiers des Justices Seigneuriales, dans le territoire de celles-ci.

Qui est-ce qui doit faire les Inventaires après la mort des Prélats en Languedoc ? V. *Evêque.*

Les Hauts-Justiciers peuvent les faire après le décès des Nobles & des Ecclésiastiques. V. *Haute-Justice.*

Quand au lieu d'un Inventaire, il n'est question que d'une description sommaire de meubles, & même de papiers ; cette description (sommaire) a toujours été considérée, comme appartenant à la fonction des Commissaires (*a*), toutes les fois qu'il y a eu scellé. Les Commissaires du Châtelet ont sur cela des Arrêts des 7 Septembre 1607, 14 Août 1636, 24 Novembre 1671, 2 Mars 1679, 17 Mars 1683 & 18 Mars 1706. Ils ont invoqué tous ces Arrêts dans une contestation très-considérable qu'ils eurent en 1755 contre les Notaires ; & leurs dispositions ont servi de base à celui qui est intervenu dans cette affaire, dont je rapporte l'espèce au mot *Scellé.* Voyez aussi les Réglemens de Chenu, chap. 127, tit. 27, & ce que je dis au mot *Commissaire.*

L'Arrêt du 7 Juillet 1761, qui accorde la confection des Inventaires aux Notaires d'Orléans, porte » sans préjudice de la description sommaire qui, dans les cas de » faillite & banqueroute, pourra être faite » par le Lieutenant Général du Bailliage... » des meubles, titres & enseignemens qui » pourront servir à la conviction des ac-» cusés «.

Un Inventaire doit être revêtu des formes qui sont communes à tous les actes que

---

(*a*) L'Arrêt du 21 Avril 1751, rendu au rapport de M. Thomé, entre les Juges de Montcrender, de Sommevoir, &c., & les Notaires de Chaumont résidens à Montcrender, &c. ; en maintenant les Notaires dans le droit de faire les Inventaires en cas de faillite & banqueroute, porte ; *sans préjudice en ce dernier cas des Descriptions sommaires que les Juge, pourront faire des meubles, titres, papiers & enseignemens qui pourront servir à la conviction des accusés.*

les Notaires paſſent ; & ſi ce ſont les Juges ou les Greffiers qui y procédent, ils doivent auſſi remplir ces formes ; mais il y en a d'autres qui ſont particulieres aux Inventaires : je vais entrer ſur cela dans quelque détail.

Il faut, 1°. que l'Inventaire contienne les noms, demeures & qualités des Parties comparantes, à la requête deſquelles il ſe fait : c'eſt l'eſprit de l'article 67 de l'Ordonnance de 1539. Voyez auſſi l'article 167 de l'Ordonnance de Blois.

2°. Qu'il ſoit fait par des Officiers publics, & qu'il y en ait une minute, laquelle doit reſter dans un dépôt public. C'eſt ce qui paroît établi par l'Arrêt du 14 Mars 1731, dont les diſpoſitions ſont rapportées ci-après ; & la Cour, par Arrêt rendu le Vendredi 21 Mai 1762, a déclaré nul l'Inventaire fait ſous ſeing-privé, après le décès de Louis Joli, entre ſes enfans majeurs, & le tuteur de ſes petits-enfans, quoiqu'il eût ordonné par ſon teſtament de faire l'Inventaire dans cette forme. Me Teſſier Dubrueil écrivoit dans cette affaire.

3°. Que la minute de l'Inventaire ſoit ſignée, tant en l'intitulé & à chaque vacation, qu'à la fin, par les Parties & témoins inſtrumentaires (s'il y en a) & par les Officiers qui y procédent, ſuivant l'article 84 de l'Ordonnance d'Orléans ; ſinon, les en requérir & faire mention de leur réponſe (a).

4°. Que le lieu ou maiſon où l'on travaille, ſoit déſigné, ſuivant l'Ordonnance de Blois, art. 267.

5°. Qu'il ſoit fait mention non-ſeulement de la date du jour ; mais ſi c'eſt le matin ou l'après-midi qu'on a inſtrumenté.

6°. Que la priſée des meubles ſoit faite par l'Inventaire même.

7°. Que l'Inventaire ſoit fait avec légitime contradicteur, c'eſt-à-dire, avec les héritiers ou leurs repréſentans, ſuivant l'article 297 de la Coutume de Paris.

8°. L'Inventaire doit être fidéle & comprendre tous les biens ; autrement, il ſeroit nul. Voyez les Arrêts que je rapporte ſur cela à l'article *Continuation de Communauté*, & ce que dit Dupleſſis.

On a demandé la nullité d'un Inventaire fait après le décès de la Dame Clairet, le 17 Mai 1696, & la continuation de communauté, ſur le fondement d'une déclaration faite par le mari lors dudit Inventaire, conçûe en ces termes.

» Déclare ledit ſieur Clairet, que ſa fille » aînée eſt en penſion chez la nommée Sauſ- » ſart, ſévreuſe, à raiſon de 120 livres par » an, qu'elle a un lit de repos garni de pail- » laſſe, &c. qu'elle a quatre draps, un pe- » tit ſervice compoſé d'une cuillere, four- » chette & couteau à manche d'argent pour » ſon uſage : le tout valant environ 30 li- » vres «.

On prétendoit que l'Huiſſier-Priſeur, ni aucun des Officiers n'ayant vû ces effets, on n'avoit pû les inventorier ; & que n'ayant pas été priſés, l'Inventaire étoit nul. Les enfans du ſecond lit du ſieur Clairet répondoient que la déclaration étoit ſuffiſante ; & qu'il n'étoit pas d'uſage de faire tranſporter des Notaires & autres Officiers chez des nourrices, chez des ſévreuſes, ni même dans les Couvens & Penſions, pour conſtater les effets des enfans, & les inventorier ; & par Sentence des Requêtes du Palais du 3 Février 1758, confirmée par Arrêt rendu en la Grand'Chambre, au rapport de M. Titon, le Samedi 26 Avril 1760, les enfans du premier lit ont été déboutés de leur demande en nullité d'Inventaire, & en continuation de communauté.

L'Inventaire doit être fait, ou avec ceux qui ont des intérêts oppoſés, ou avec quelqu'un qui les repréſente. C'eſt pour cela que le ſurvivant des conjoints eſt obligé de faire pourvoir ſes enfans mineurs d'un ſu-

---

(a) Les Annotateurs de Dupleſſis, Traité de la Communauté, liv. 3, chap. 5, diſent que, par un Arrêt de Réglement du 6 Avril 1632, publié au Châtelet le 4 Septembre ſuivant, il a été ordonné que les Inventaires ſeroient écrits par l'un des Notaires ou de la main du principal Clerc, de celui qui devra avoir la minute, & non de l'une des Parties, quoique Notaire ; que toutes les cottes, tant ſur les piéces que ſur les minutes des Inventaires, ſeront de la main de l'un des Notaires, & les minutes deſdits Inventaires ſignées, en l'Intitulation, en la Préface & à la fin

d'iceux, par leſdits Notaires & par les Parties, ſi elles ſçavent ſigner. V. la note en entier.

Cet Arrêt ne s'exécute pas exactement à Paris. La minute des Inventaires n'eſt écrite, ni par le Notaire, ni par le principal Clerc, mais par un Clerc quelconque ; & à l'égard des piéces, elles ſont ſouvent cottées par les Procureurs qui aſſiſtent aux ſcellés & Inventaires, quoique repréſentant les Parties. Le Notaire y met ſeulement ſon paraphe ; on en uſe ainſi pour accélérer.

brogé-tuteur, à l'effet d'affister en leur nom à l'Inventaire, à peine de nullité, & de continuation de communauté. On peut fur cela confulter les Commentateurs de l'art. 262 de la Coutume de Paris, & les Arrêts rapportés par Brodeau, fur M. Louet, lettre C, n°. 30. Voyez aufli l'Arrêt du 27 Avril 1728, qui juge que dans les Coutumes de Peronne, Montdidier & Roye, il eft néceffaire que l'Inventaire foit fait avec légitime contradicteur, pour opérer la diffolution de la communauté. Cet Arrêt eft dans M. de Grainville.

L'art. 503 de la Coutume de Bretagne, exige même que les Inventaires dans lefquels des mineurs ont intérêt, foient faits en préfence de deux parens des mineurs; & au défaut de parens, en préfence de deux voifins & amis, pour être témoins de l'exactitude & de la fidélité de l'Inventaire.

La même Coutume exige de plus, que quand l'héritier ne veut accepter la fucceffion que par bénéfice d'Inventaire, il ne puiffe faire faire Inventaire qu'en faifant préalablement appofer le fcellé fur les effets du défunt, & en appellant les créanciers du défunt (à l'Inventaire). V. l'art. 573 & fuiv.

Quand on fait l'Inventaire des biens d'une perfonne mariée, il doit être fait nonfeulement à la requête des héritiers; mais s'il y avoit communauté de biens, il doit aufli être fait à la requête du furvivant.

Si les conjoints ne font pas communs en biens, l'Inventaire ne fe fait pas à la requête du furvivant, mais feulement en fa préfence, pour le mettre à portée de reclamer ce qui lui appartient, & empêcher qu'on ne comprenne fes biens ou fes effets dans l'Inventaire du défunt.

Lorfque le défunt a nommé un exécuteur teftamentaire, l'Inventaire doit être fait à fa requête, parce que la Coutume lui donne la faifine du mobilier de la fucceffion du Teftateur. Voyez Exécuteur Teftamentaire.

Quand il eft néceffaire de faire mention d'un teftament dans l'intitulé d'un Inventaire; par exemple, lorfque l'Inventaire fe fait à la requête d'un exécuteur teftamentaire, ou d'un tuteur à une fubftitution, il faut, ou que le teftament foit préalablement infinué, ou au moins qu'il ait été préfenté au Greffe des Infinuations. V. Infinuation.

Dans ce dernier cas, le Greffier des Infinuations eft autorifé par les articles 11 & 15 de la Déclaration du 19 Juillet 1704, à tirer telle copie que bon lui femble du teftament; mais il doit mettre fon vû gratis fur la copie ou expédition du teftament qui lui a été préfentée, & les Greffiers ou Notaires qui procédent à l'Inventaire, doivent en faire mention (du vû) dans l'intitulé, à peine de nullité. Voyez aufli l'Arrêt du Confeil du 14 Mai 1718.

Les légataires particuliers n'ont pas le droit d'être préfens à l'Inventaire du teftateur: cela eft certain, l'ufage du Châtelet n'eft pas même de faire l'Inventaire en préfence du légataire univerfel du défunt, à moins que ce légataire ne foit d'ailleurs habile à fuccéder, ou qu'il n'ait obtenu délivrance de fon legs.

Il a cependant été jugé par Arrêt rendu le 10 Janvier 1753, que l'Inventaire des biens de la Ducheffe de la Force, feroit fait en préfence de fon légataire univerfel, & que ce légataire feroit Partie dans cet Inventaire, qu'il avoit provoqué.

Quelques autres Arrêts antérieurs avoient jugé de même, par la raifon que le légataire univerfel n'a pas d'action contre l'héritier, pour le forcer à faire Inventaire; mais, comme le légataire univerfel eft reçu à le provoquer, quand l'héritier n'a pas le foin de le faire faire, on penfe au Palais, qu'en ce cas fa préfence eft une conféquence néceffaire de l'action en provocation. Cependant, je le répéte, l'ufage du Châtelet eft de ne point fouffrir que le légataire univerfel foit préfent à l'Inventaire, s'il n'eft point héritier, ou s'il n'a pas obtenu la délivrance de fon legs.

Il faut néantmoins excepter de cette Généralité, les Hôpitaux de Paris, le grand Bureau des Pauvres ou les Prifonniers. Quand ces Corps font légataires univerfels, ils doivent être appellés, & ils ont droit d'affifter à la levée des fcellés & Inventaires par l'un des Directeurs ou par Procureur, aux frais de la fucceffion. Le Parlement l'a ainfi ordonné par un Arrêt de Réglement du 3 Février 1691.

L'ufage du Châtelet eft de faire les Inventaires à la requête de tous ceux qui fe préfentent comme parens, & qui prennent la qualité d'héritiers : & si de diverses personnes qui se présentent en cette qualité, les uns prétendent exclure les autres, ou si tous prétendent s'exclure respectivement, l'Inventaire ne se fait pas moins à la requête de tous, dans les qualités qu'ils prennent, sans préjudicier à leurs droits respectifs & sauf à eux à se faire régler sur ces mêmes qualités par les Juges qui en doivent connoître après l'Inventaire fini.

C'est ainsi qu'en général, les choses se réglent par provision, en l'Hôtel de M. le Lieutenant Civil. Mais dans une cause plaidée en la Grand'Chambre, le Mercredi 4 Juillet 1759, où il s'agissoit de sçavoir, si un Particulier, nommé Duglos, qui se disoit frere d'un sieur Duclos d'Orgeval, devoit assister à l'Inventaire de ce dernier, M. l'Avocat Général Seguier observa que, quand des personnes se présentoient comme parens connus & en possession de la parenté, on ne devoit admettre que ceux qui, sans une possession de parenté, représentoient au moins des titres colorés. Il paroît que la Cour a adopté ce principe ; & en effet, Duglos qui ne prouvoit pas la moindre liaison avec le défunt dont il se disoit frere, tandis que d'autres particuliers prouvoient être ses cousins-germains, & avoir été reconnus tels ; & sur-tout, parce que l'extrait-baptistaire du défunt le nommoit Nicolas Duclos, & non pas Nicolas Duglos, comme son soi-disant frere vouloit qu'il fût nommé ; la Cour, par Arrêt dudit jour 4 Juillet 1759, le débouta de sa demande, qui tendoit à ce qu'à sa requête & en sa présence, il fût procédé à l'Inventaire.

En Beaujolois, il est d'usage de ne procéder aux Inventaires dans lesquels des mineurs sont intéressés, qu'en présence de deux de leurs parens les plus proches. Cet usage est attesté par un Acte de Notoriété du Bailliage de Villefranche, du 22 Mai 1685.

Les créanciers d'un défunt, quelque privilégiés qu'ils soient, ne peuvent être Parties, ni parler dans l'Inventaire qui se fait de ses biens ; mais s'il a été apposé des scellés après son décès, ils peuvent charger des Procureurs d'assister pour eux à la levée des scellés, & de requérir que tout ce qui doit

être inventorié, soit compris dans l'Inventaire ; & de tous les Procureurs chargés de veiller à la conservation des droits de la succession, il ne peut en rester qu'un seul.

Au Châtelet, la préférence se donne au Procureur (des créanciers qui ont des titres) le plus ancien en réception, & ce Procureur ne peut pas être Partie, ni parler dans l'Inventaire, mais seulement sur le Procès-verbal de levée de scellé, sur lequel il fait ses dires & réquisitions relatifs à l'Inventaire. Voyez *Scellé.*

Tel est aussi l'usage des Pays Coutumiers ; mais en Pays de Droit-Ecrit, on suit les dispositions de la Loi *Scimus,* qui veut que tous ceux qui ont intérêt à l'Inventaire, y soient appellés, comme les créanciers, les légataires, &c. On n'observe pourtant point cette Loi dans le Pays de Droit-Ecrit du ressort du Parlement de Paris. Voyez sur cela Bretonnier dans ses questions alphabétiques, verb. *Bénéfice d'Inventaire.*

Lorsque les héritiers ou leurs tuteurs, & autres Parties qui ont droit d'être présens à l'Inventaire, sont domiciliés dans le lieu où il se fait, ils doivent être sommés de s'y trouver, & on ne pourroit régulièrement y procéder, sans les avoir appellés ; on ne pourroit pas même, sans une sommation préalable, les faire représenter par le Procureur du Roi, par le Procureur Fiscal ou par un Substitut ; tel est sur cela l'usage du Châtelet.

Mais ces sommations ne sont, ni recommandées, ni d'usage, quand les héritiers sont demeurans hors le lieu où se fait l'Inventaire : dans ce dernier cas, ceux qui sont présens, ou même le conjoint survivant seul peut faire procéder à l'Inventaire, en appellant, ou le Procureur du Roi, ou le Procureur Fiscal, ou un Substitut, en présence duquel se fait l'Inventaire, & qui représente les Parties intéressées qui sont absentes.

Le Parlement de Metz a ordonné, par Arrêt rendu le 25 Mai 1728, que, dans tous les cas où le Roi, l'Eglise ou les absens, auront intérêt, & que lesdits absens ne seront représentés par aucune personne fondée de leur pouvoir en forme, le Procureur du Roi au Bailliage de Toul assistera aux Inventaires qui se feront des biens & effets

des perfonnes décédées, & aura pour fa préfence les deux tiers des vacations des Notaires qui y procéderont ; que dans les cas
où il s'agira de l'intérêt des mineurs pourvus de tuteurs ou curateurs, il ne pourra
affifter aux Inventaires des fucceffions, que
gratuitement, à moins qu'il n'ait été appellé ou requis par quelqu'une des Parties.

L'Inventaire étant un acte confervatoire,
il n'attribue aucune qualité à ceux qui le
font faire, & qui y font préfens, pourvû
qu'ils n'ayent pris que la qualité d'*habiles*
à fe dire & porter héritiers, &c.

La veuve commune en biens, qui fait
faire Inventaire après le décès de fon mari,
doit auffi, dans l'intitulé de cet acte, faire
réferve d'accepter ou renoncer à la communauté.

Le conjoint, commun en biens, a le droit
de choifir un Notaire pour faire l'Inventaire, & un Huiffier-Prifeur pour prifer les
meubles fujets à prifée ; mais s'il n'y a point
de communauté, le choix des Officiers appartient aux héritiers du défunt.

L'exécuteur teftamentaire a auffi le droit
de nommer les Officiers.

Le droit de nommer un Notaire & un
Huiffier-Prifeur, qui appartient au conjoint
furvivant commun en biens, n'exclud cependant pas les héritiers du droit de nommer auffi des Officiers pour faire l'Inventaire & la prifée ; mais comme il ne peut
être procédé à un Inventaire & à la prifée,
que par deux Notaires & par deux Huiffiers-Prifeurs au plus, quand le conjoint a
ufé de fon droit, les héritiers ne peuvent
entr'eux, quelque nombre qu'ils foient,
nommer qu'un feul Notaire & un feul
Huiffier-Prifeur ; & s'ils ne s'accordoient
pas dans le choix, l'ancien en réception des
Officiers qu'ils auroient nommés, feroit celui qui devroit opérer : c'est l'ufage du Châtelet *(a)*.

Mais comme l'exécuteur teftamentaire a
auffi le droit de nommer un Notaire & un
Huiffier-Prifeur, s'il ufe de ce droit, &
qu'il y ait un conjoint qui en ait pareille-

ment ufé, les héritiers ne peuvent plus ufer
du leur.

S'il n'y a ni conjoint ni exécuteur teftamentaire, les héritiers peuvent également
nommer deux Notaires & deux Huiffiers-
Prifeurs ; & fi plufieurs en nommoient, les
deux plus anciens en réception devroient
être préférés. C'est encore l'ufage du Châtelet, qui a été examiné & pefé lors du
Jugement de la conteftation qui s'eft élevée entre les Officiers du Châtelet d'Orléans & les Notaires de la même Ville : &
par l'Arrêt rendu le 7 Juillet 1761, en la
Grand'Chambre, au rapport de M. l'Abbé
de Sahuguet d'Efpagnac, » la Cour a or-
» donné . . . . que le furvivant de deux con-
» joints, & l'exécuteur teftamentaire, pour-
» ront, chacun à leur égard, nommer un No-
» taire, auquel cas le Notaire, ou les No-
» taires nommés par les héritiers, feront te-
» nus de fe retirer.

» Mais dans le cas où le furvivant, ou
» l'exécuteur teftamentaire, s'accorderoient
» à nommer le même Notaire, ou qu'un
» feul d'eux en nommeroit, les héritiers
» pourront en nommer un qui procédera à
» l'Inventaire avec celui nommé par le fur-
» vivant, ou par l'exécuteur teftamentaire,
» ou par l'un d'eux.

» Dans le cas où il y auroit des héritiers
» de différentes efpéces, qui voudroient
» avoir chacun leur Notaire, il n'en pourra
» affifter que deux à l'Inventaire ; fçavoir,
» les deux plus anciens des Notaires choifis
» par les héritiers «.

Lorfqu'il s'eft agi de faire l'Inventaire
des biens de la Demoifelle veuve du fieur
Raphron, Préfident de l'Election, décédée
à Montfort, le fieur Delaftre, héritier préfomptif, s'y oppofa, & prétendit que l'Inventaire devoit être fait par Me Brelu de
la Grange, Notaire à Paris, & la prifée par
le fieur de Percy, Huiffier-Prifeur, qu'il
avoit fait venir exprès. Il difoit qu'en qualité d'héritier, il avoit droit de nommer des
Officiers pour faire l'Inventaire ; & comme
il nommoit un Notaire qui avoit le droit

(a) Cet ufage n'eft point univerfel ; & la Cour, en
jugeant les conteftations élevées entre les Juges de Montierender, Sommevoir, &c., & les Notaires Royaux à
Chaumont, réfidens à Montierender, Sommevoir, &c.,
a ordonné, par Arrêt rendu au rapport de M. Thomé, le

21 Avril 1751, que les Juges feroient *tenus de commettre
lefdits Notaires pour faire les Inventaires, fans en défigner
aucun nommément, laiffant le choix aux Parties, fauf au
cas que les Parties ne puiffent convenir, à nommer celui qui
fera jugé devoir être non fufpeét aux Parties*

primitif d'inftrumenter par tout le Royaume, il prétendoit que celui-ci devoit exclure ceux de Montfort.

L'exécuteur teftamentaire ne conteftoit pas le droit du Notaire ; mais il répondoit que la Coutume de Montfort lui donnant une faifine, & le chargant de faire faire Inventaire, il étoit naturel que les Officiers qu'il avoit choifis, euffent la préférence ; & par Arrêt rendu (fur appointement à mettre) au rapport de M. Macé, le 20 Juillet 1747, il fut ordonné que l'Inventaire feroit fait par les Officiers de Montfort, & la prifée par l'un des Huiffiers du Bailliage.

Quelques-uns prétendent qu'un Inventaire ne peut être réguliérement fait à la requête d'un mineur émancipé par mariage, & qu'il lui faut un tuteur *ad hoc*. J'ai toujours vû pratiquer le contraire ; néantmoins on prétend qu'un Arrêt récent, dont je n'ai pu avoir ni la date, ni l'efpéce, a déclaré nul un Inventaire, par la feule raifon qu'il étoit fait à la requête d'un mineur émancipé par mariage, fans affiftance d'un tuteur *ad hoc*.

Le mari commun en biens peut feul, fans la préfence de fa femme, procéder à l'Inventaire des biens d'une fucceffion échûe à fa femme, fans procuration d'elle ; c'eft l'ufage à Paris.

Quand le conjoint furvivant a des enfans mineurs, dont il eft tuteur, il ne peut les repréfenter dans l'Iventaire des biens communs entre lui & le prédécédé, dont les mineurs font héritiers, parce que les intérêts du tuteur font alors oppofés à celui des mineurs. Il leur faut un tuteur particulier, qu'on nomme à Paris fubrogé-tuteur, & curateur en d'autres Pays.

De Renuffon, Traité de la Communauté, cite un Arrêt rendu le 12 Décembre 1686, confirmatif d'une Sentence du Châtelet, par laquelle un Inventaire a été déclaré nul, parce que le fubrogé-tuteur n'avoit pas prêté ferment, avant d'affifter à l'Inventaire, & qu'il n'étoit point par conféquent légitime contradicteur. Voy. fur cette queftion un Acte de Notoriété de M. le Camus, Lieutenant Civil, du 18 Janvier 1701. Il y a encore fur cela un Arrêt rendu le 10 Juin 1698, cité par Dupleffis, liv. 3, pag. 152.

L'Inventaire des biens d'une fucceffion, à laquelle un mineur eft intéreffé comme héritier, ne feroit pas régulier, quand même ce mineur feroit repréfenté par le Procureur du Roi, le Procureur Fifcal, ou un Subftitut. Le Miniftere public peut bien repréfenter un tuteur ; mais non pas les mineurs feuls, quand ils n'ont pas de tuteur.

C'eft l'ufage du Châtelet, & l'Arrêt rendu en forme de Réglement, entre les Juges (Seigneuriaux) de Montierender, Sommevoir, &c. & les Notaires Royaux au Bailliage de Chaumont, réfidens à Montierender, le 21 Avril 1751, femble même avoir étendu cet ufage aux Provinces ; puifqu'en maintenant les Notaires dans le droit de faire les Inventaires, ce qui leur étoit contefté par les Officiers des fufdites Juftices, la Cour a ordonné que quand il s'agiroit d'Inventaire des biens de fucceffions dévolues à des mineurs ou à des abfens, les Notaires ne pourroient y procéder jufqu'à ce que, relativement aux mineurs, il leur ait été créé des tuteurs ; & à l'égard des abfens, jufqu'à ce qu'ils ayent chargé quelqu'un de leur procuration.

La Cour ne paroît s'être relâchée de ces régles par le même Arrêt, que *lorfqu'après un délai fuffifant, il y a péril en la demeure* ; & en ce cas l'Arrêt a voulu qu'il fût procédé à l'Inventaire, en préfence du Miniftere public, pour l'intérêt des mineurs qui n'ont point de tuteur, ou des abfens qui n'ont chargé perfonne de leur procuration.

La tutelle du mineur doit être déférée par le Juge naturel, à qui il convient d'en connoître, & non par le Juge du lieu où la fucceffion eft ouverte, fans quoi un Inventaire fait avec le tuteur nommé par un Juge incompétent, feroit nul, & n'opéreroit pas la diffolution de la communauté : on l'a ainfi jugé au Châtelet par Sentence du 30 Janvier 1731, en faveur des mineurs du Livier.

Le Notaire, après avoir établi les qualités des Parties intéreffées à l'Inventaire, doit recevoir le ferment du furvivant & des domeftiques, qu'ils n'ont rien détourné, vû ni fait détourner aucun des effets de la fucceffion.

A Paris, c'eft le Notaire qui reçoit le ferment, lors même qu'il y a un fcellé appoſé par un Commiſſaire (a) ; mais quand, dans d'autres Juriſdictions, le ſcellé a été appoſé par un Juge, c'eſt à lui de recevoir ce ſerment, à l'excluſion du Notaire.

Quand une ſucceſſion écheoit au Roi par droit d'Aubaine, ou à un Seigneur particulier, par droit de déshérence, l'on ne peut procéder à l'Inventaire, que le Roi, ou le Seigneur, ne ſoit envoyé en poſſeſſion, parce qu'ils n'ont pas la ſaiſine comme l'héritier du ſang : c'eſt ainſi qu'on en uſe au Bureau du Domaine à Paris ; néantmoins, pour la conſervation des biens de la ſucceſſion, le Procureur du Roi ou des Seigneurs, peut en ce cas faire appoſer les ſcellés. Mais voyez l'article *Procureur du Roi*.

Un Arrêt rendu le 16 Janvier 1725, entre M. le Procureur du Roi au Châtelet, & celui de la Chambre du Domaine, déclare nul l'Inventaire fait après le décès du Baron de Roſworm, Allemand, à la Requête du Procureur du Roi au Châtelet, lui fait défenſes de connoître par lui ou par ſes Subſtituts, des ſucceſſions qui écheoient au Roi à titre d'aubaine, bâtardiſe, déshérence ou autrement, & d'aſſiſter.... à la levée des Scellés & Inventaires des effets deſdites ſucceſſions..... Enjoint aux Commiſſaires du Châtelet de donner avis au Procureur du Roi de la Chambre du Domaine, dans les vingt-quatre heures, des ſcellés par eux appoſés eſdits cas ; fait défenſes aux Notaires de faire les Inventaires, à la Requête du Procureur du Roi au Châtelet, à peine de nullité. Voyez le Recueil des Notaires du Châtelet, édition de 1738, chap. 51, ſect. 8 (b).

Mais quand, par des Lettres de naturalité, de légitimation & de don, le Roi a renoncé à ſes droits, avec défenſes aux Fer-

miers du Domaine de prendre connoiſſance de la bâtardiſe, aubaine ou déshérence, c'eſt aux Officiers du Châtelet à connoître des affaires de ces ſortes de ſucceſſions, & à aſſiſter à l'Inventaire. La Cour l'a ainſi jugé par Arrêt rendu ſur les Concluſions de M. l'Avocat Général Joly de Fleury, le 2 Septembre 1744, à l'occaſion de la ſucceſſion de Me Migné, Procureur en la Chambre des Comptes, bâtard légitimé par Lettres, entre le Procureur du Roi du Châtelet, celui de la Chambre du Domaine, le couſin-germain de Me Migné, donataire du Roi, exécuteur de ſon teſtament, & les légataires.

Ce ſont auſſi les Officiers du Châtelet qui ont fait l'Inventaire du Maréchal de Saxe, décédé à Chambord, où ils ſe ſont transportés, & ailleurs, par droit de ſuite.

Le Procureur du Roi ou ſes Subſtituts ne peuvent faire procéder à un Inventaire, lorſque toutes les Parties intéreſſées ſont abſentes ; s'ils le font, c'eſt un abus répréhenſible ; ils doivent attendre que les Parties paroiſſent ou envoyent leur pouvoir ; & il faut au moins, en ce cas, qu'il y ait un héritier, ou un conjoint, ou un exécuteur teſtamentaire préſent. V. ce que j'ai dit ci-devant en ce même article.

Comme le Notaire eſt un Miniſtre de paix, il ne peut rien décider des conteſtations qui s'élevent entre les Parties, relativement à l'Inventaire qu'il fait. Il doit les laiſſer débattre leurs différends ſur cela devant le Juge contentieux, & opérer en conſéquence du Jugement. C'eſt encore un point décidé par l'Arrêt du 21 Avril 1751, dont j'ai déja parlé.

L'Arrêt rendu en faveur des Notaires d'Orléans contre les Officiers de leurs Sié-

(a) Il faut diſtinguer, dit M. Servin, » entre les actes » de la Juriſdiction contentieuſe & la volontaire ; quant à » la premiere, il appartient aux Commiſſaires de prendre » le ſerment des domeſtiques des maiſons où les Parties » prétendoient l'effraction du ſcellé..... pour tirer la preu- » ve du crime d'hérédité expilée, de faire tous actes prépa- » ratifs ou juſtificatifs des charges, &c. Au regard des Actes » de Juriſdiction volontaire, entre leſquels eſt l'Inventai- » re des biens, la Cour a..... jugé qu'ils ſeroient faits par » les Notaires, & ſeroient par eux pris, tant des domeſti- » ques, que de tous autres chargés de la repréſentation » des meubles & titres, enſemble des Priſeurs ordonnés » pour l'eſtimation «....... L'Arrêt intervenu ſur cette plaidoirie, le 20 Janvier 1612, a, ſans avoir égard à la de- mande des Commiſſaires, ordonné que l'Arrêt du 11 Dé-

cembre 1610, ſeroit exécuté ; ce faiſant, que leſdits Commiſſaires prendront le ſerment en cas de fraction du ſcellé, & qu'ils en ſoient requis par les Parties........ Cet Arrêt eſt rapporté par Cothereau, page 5.
(b) L'Arrêt rendu le 21 Avril 1751, en faveur des No- taires Royaux du Bailliage de Chaumont, contre les Ju- ges de Montierender & autres dont j'ai parlé, en accor- dant à ces Notaires le droit de faire les Inventaires, tant volontaires que ceux ordonnés en Juſtice, a excepté les cas d'Aubaine, Déshérence, Bâtardiſe, Confiſcation, & au- tres cas Royaux auſquels cas, dit le ſuſdit Arrêt, les In- ventaires ſeront faits par les Officiers de Juſtice qu'il appar- tiendra, aſſiſtés de leurs Greffiers. V. ce que je dis à l'article Notaires, ſur le droit qu'ont ceux du Châtelet de Paris, & faire les Inventaires des biens des Comptables.

ges, le 7 Juillet 1761, porté auſſi, « que
» quand il ſurviendra des conteſtations lors
» des Inventaires ..... qui ſeront faits devant
» Notaires, leſdits Notaires ſeront tenus de
» délaiſſer les Parties à ſe pourvoir en Juſ-
» tice, pour être ſtatué ſur leurs conteſta-
» tions, pour, après leſdites conteſtations ré-
» glées, revenir pardevant Notaires pour la
» continuation des Inventaires, &c «.

Le travail qui ſe fait à chaque vacation
ſimple ou double, doit être diſtingué, &
chaque vacation ſignée; autrement l'Inventaire ſeroit nul.

Dans la Ville, Fauxbourgs & Banlieue
de Paris, la priſée des meubles détaillés
dans les Inventaires, ſe fait par les Huiſſiers-Priſeurs, à l'excluſion de tous autres
Huiſſiers. Le Notaire fait mention de cette
priſée à chaque article de l'Inventaire des
meubles, & en fait ſigner la minute à l'Huiſſier-Priſeur, qui de ſa part ne dreſſe aucun
autre procès-verbal de priſée; & lorſqu'il
eſt queſtion de priſer des marchandiſes ou
autres effets, qui ſont cenſés excéder la connoiſſance d'un Huiſſier-Priſeur, les Parties
nomment des commerçans ou autres gens
connoiſſeurs, pour aſſiſter l'Huiſſier-Priſeur
dans cette priſée; & en ce cas les Experts
ſignent auſſi la minute de l'Inventaire, avec
l'Huiſſier préſent. V. l'Acte de Notoriété
du Châtelet du 25 Mai 1703.

Le même Tribunal a encore atteſté par
un Acte de Notoriété du 18 Janvier 1701,
qu'il eſt eſſentiel de déclarer, à la fin de
l'Inventaire, entre les mains de qui on a
laiſſé les effets de la ſucceſſion.

Il y a des Provinces dans leſquelles l'u-
ſage eſt de ne pas priſer les meubles qui
s'inventorient. On n'en fait qu'une ſimple
deſcription, ſans en déterminer la valeur;
& cet uſage eſt en quelque ſorte autoriſé par
l'article 7 du titre 2 de l'Ordonnance des
Subſtitutions, dont je rapporte ci-après les
diſpoſitions dans le préſent article. Cette
Ordonnance n'exige la priſée dans ces Pays,
que lorſque les meubles ſont ſubſtitués.

Une Sentence du Châtelet du 12 Février 1683, a jugé qu'un Inventaire, dont
la minute étoit ſeulement ſignée du Juge,
& non du Greffier, étoit nul, & ne pouvoit empêcher la continuation de communauté.

Un Arrêt rendu le 12 Février 1682, rapporté par le Brun, & qu'on trouve aux nouvelles éditions du Journal du Palais & du
Journal des Audiences, a déclaré nul un Inventaire ſigné d'un ſeul Notaire. (Il avoit
été fait en préſence de deux, mais le ſecond
n'avoit pas ſigné).

Les Annotateurs de Dupleſſis citent auſſi
cet Arrêt, & en rapportent un autre rendu
le 15 Janvier 1684, qui a jugé de même.

Un Arrêt de Réglement rendu ſur les
Concluſions de M. le Procureur Général,
le 4 Mars 1727, ordonne, « qu'arrivant le
» décès de l'un des conjoints par mariage,
» laiſſant des enfans mineurs dudit mariage,
» le conjoint ſurvivant ſera tenu de faire
» bon & loyal Inventaire, avec perſonne
» capable, & légitime contradicteur, & ice-
» lui faire clorre en Juſtice dans les trois
» mois, même au cas où la femme ſurvi-
» vante auroit renoncé à la communauté;
» autrement, & à faute de ce faire par le
» ſurvivant (dit l'Arrêt) ſera la commu-
» nauté continuée, ſi bon ſemble aux en-
» fans «.

Par autre Arrêt de Réglement rendu le
14 Mars 1731, il eſt ordonné que » lorſ-
» qu'une veuve, tutrice de ſes enfans mi-
» neurs, convolera à de ſecondes ou ſubſé-
» quentes nôces, ſoit qu'il y ait entre les
» nouveaux conjoints ſtipulation de com-
» munauté, ou non, par leur contrat de
» mariage, l'Inventaire qui ſera fait, ne ſe-
» ra réputé valable, s'il n'eſt fait avant la
» célébration du ſecond ou ſubſéquent ma-
» riage, en préſence d'un tuteur ad hoc,
» auxdits enfans mineurs, qui leur ſera nom-
» mé par avis de parens, tant paternels que
» maternels, en la maniere accoutumée, par-
» devant Notaires dont il y aura minute, de
» tous les meubles & effets qui ſe trouve-
» ront lors appartenir à la veuve tutrice, &
» dont elle ſera actuellement propriétaire
» & en poſſeſſion, tant de ceux compris en
» l'Inventaire de la premiere communauté,
» que de ceux qu'elle pourra avoir acquis
» depuis, ou qui lui ſeront avenus par ſuc-
» ceſſion, donation, ou autrement «.

Quand il y a des ſubſtitutions faites par
le défunt, de la ſucceſſion duquel il faut faire un Inventaire, la nouvelle Ordonnance
de 1747 preſcrit des formalités particulieres,

res , & donne aux légataires fubftitués des droits qu'ils n'auroient pas fans cette cir-conftance. Voyez fur cela les difpofitions des art. 1, 2, 3, 4, 5, 6, 7 & 8, du titre 2 de cette Ordonnance.

L'article 6 porte que, quand il y aura lieu de faire un Inventaire en Juftice, fuivant les régles obfervées en matiere de fubftitu-tion , il ne pourra y être procédé que de l'autorité du Bailliage, ou autre Siége Royal reffortiffant nuement ès Cours de Parlement ou Confeils fupérieurs , dans le reffort du-quel l'auteur de la fubftitution étoit domi-cilié , au jour de fon décès. Mais cela ne s'obferve point dans le reffort du Parlement de Flandres : les Juges ordinaires , même les Juges des Evêques , & les Officiers muni-cipaux , connoiffent des conteftations qui naiffent au fujet des fubftitutions, & peu-vent faire l'Inventaire des biens de ceux qui ont fait des fubftitutions. On peut voir fur cela la Déclaration du 12 Juillet 1749, re-giftrée au Parlement de Douay le 13 Août fuivant.

Lors de la conteftation jugée par l'Arrêt rendu le 29 Août 1761 , entre l'Abbeffe de Montmartre & les Commiffaires au Châte-let , au fujet du fcellé appofé fur les effets du fieur Pruchon par les Officiers de Mont-martre, croifés par un Commiffaire, on op-pofoit aux Officiers de Montmartre, qu'au moyen de la fubftitution portée au teftament du fieur Pruchon , les Officiers de Juftice Seigneuriale ne pouvoient pas lever des fcellés , &c. On invoquoit la difpofition du fufdit article 6 ; cependant l'Arrêt a or-donné que les fcellés feroient levés par les Officiers de Montmartre.

Il a depuis été jugé en faveur des Offi-ciers du Chapitre de S. Pierre de Troyes, contre ceux du Bailliage , par Arrêt rendu au rapport de M. Severt , le 30 Juillet 1762, que les Officiers de la Haute-Juftice du Chapitre pourroient appofer, lever les fcel-lés , & faire les Inventaires après le décès de ceux qui auroient fait des fubftitutions.

On a penfé qu'il falloit diftinguer ce qui eft de Jurifdiction ordinaire & volontaire, d'avec ce qui eft de la Jurifdiction étroite & contentieufe , & que l'Ordonnance n'o-pére aucun changement pour les actes de la premiere claffe ; mais que relativement au

contentieux des fubftitutions , elle en fait des cas Royaux, dont les Baillis & Séné-chaux, relevant nuement en la Cour, peu-vent feuls connoître.

Un Arrêt de Réglement , rendu le 18 Juillet 1733 , ordonne...... qu'à l'avenir les *fcellés ne pourront être levés , & les Inventai-res commencés , foit dans ... Paris , foit dans les Bailliages & Sénéchauffées du reffort , que trois jours francs après les enterremens faits publiquement des corps des défunts , à peine de nullité des procès-verbaux de levée de fcellé & de confection d'Inventaire , d'in-terdiction , & de 100 liv. d'amende contre les Commiffaires , Notaires & Procureurs qui y affifteront , à moins que pour des caufes ur-gentes & néceffaires , juftifiées au Juge , & dont il fera fait mention dans fon Ordonnan-ce , il en foit autrement ordonné.*

Un Réglement du 23 Août 1739, publié le 6 Septembre fuivant , par ordre de M. l'Amiral, régle la maniere de procéder à l'Inventaire des hardes, marchandifes & ef-fets des perfonnes qui meurent en voyage fur mer , & prefcrit ce qui doit s'obferver pour la confervation de ce qui fe trouve fur le vaiffeau. V. auffi un Arrêt du Confeil du 6 Août 1763.

Eft-ce la fucceffion du Bénéficier , ou le fucceffeur au Bénéfice, qui doit fupporter les frais de l'Inventaire des papiers concer-nans le Bénéfice ? V. *Bénéfice.*

Les Imprimeries & fonds de Librairie doivent être inventoriés dans une forme par-ticuliere. V. *Imprimeur.*

INVENTAIRE de Production.

On nomme ainfi une piéce d'écriture que le Procureur dreffe dans les affaires appoin-tées, tant pour faire le détail des piéces mi-fes fous les yeux des Juges , que pour en in-diquer la fubftance abrégée, & en tirer les inductions favorables à la Partie qui les produit.

INVESTITURE.

Voyez *Adhéritance, Enfaifinement, Foi & Hommage , & Saifine.*

En matiere féodale , l'Invefture eft la réception à la foi & hommage par laquelle le Vaffal eft faifi & invefti du Fief par fon Seigneur dominant : quelquefois auffi

le mot Inveſtiture eſt ſynonime à Conceſſion.

En matiere Eccléſiaſtique, l'Inveſtiture
ſignifie la miſe en poſſeſſion d'un Bénéfice
par celui qui a droit de le conférer. Ducange
fait voir dans ſon Gloſſaire que l'Inveſtiture
ſe donnoit autrefois de plus de quatre-vingt
manieres.

La Chambre des Comptes de Provence
étoit autrefois dans l'uſage de contraindre
les acquéreurs de Fiefs & biens Roturiers
ſitués dans la directe du Roi, de prendre
d'elle des Inveſtitures & enſaiſinemens. Mais
par Arrêt du Conſeil du 19 Avril 1689,
qu'on trouve dans la Juriſprudence Provençale & dans le Recueil du Domaine, imprimé en 1690, il a été fait défenſes de contraindre les Particuliers à prendre des Inveſtitures & faire des enſaiſinemens, ſauf à
eux à les demander quand bon leur ſembleroit, à condition que les héritages reſte-
roient ſujets au droit de prélation juſqu'à
ce que les acquéreurs ayent été inveſtis ou
enſaiſinés.

» Ne pourront, ajoute cet Arrêt, être
» leſdites Inveſtitures ou enſaiſinemens dé-
» livrés par leſdits Officiers, que du conſen-
» tement par écrit du Fermier des Domai-
» nes, ou quarante jours après que les con-
» trats d'acquiſition lui auront été notifiés
» par les acquéreurs, à peine de nullité «.

JOURNÉES DE CAUSE.

On nomme Journée de Cauſe, les Journées d'Audience, les Expéditions, Appointemens, les Actes préparatoires & inſtruc-
tifs qui ſe prononcent par Sentence, & non
ce qui ſe fait hors Jugement & par une ſignification. C'eſt ainſi que les Journées de
Cauſe ſont définies par Brodeau, par Joly,
par Tronçon & par Ricard, ſur l'art. 130
de la Coutume de Paris. V. *Retrait Ligna-*
ger.

La Cour l'a ainſi jugé par Arrêt rendu le
13 Février 1607, ſur les Concluſions de M.
Servin, Avocat Général, pour la Coutume
de Melun, qui, par l'article 159, veut que
les offres ſoient faites à chaque Audience
de la Cauſe en matiere de Retrait.

Dans cette eſpéce, M. le Comte de Soiſſons, Retrayant, n'avoit point fait d'offres
dans une Requête donnée pour venir plaider ; & la Cour a jugé que cette omiſſion
n'opéroit pas une nullité, parce qu'une Requête pour venir plaider, eſt *Libellus extrà*
Tribunal.

La Combe dit (après Brodeau & Dupleſſis) que par Journée de la Cauſe on entend
la procédure en laquelle le Juge interpoſe
ſon Office, ou le Greffier ſon miniſtere.
V. *Retrait Lignager.*

JOYAUX.
Voyez *Bagues & Joyaux.*

JOYEUX AVÉNEMENT.

Quand nos Rois montent ſur le Thrône,
ils ſont dans l'uſage de confirmer les Priviléges accordés à des Particuliers & à des
Communautés, les Officiers dans leurs Offices, les Marchands & Artiſans dans leurs
Maîtriſes (a), &c. & à cauſe de cette confirmation, ils perçoivent un droit ſur les Sujets dont l'état eſt confirmé. Ce droit ſe
nomme *Confirmation ;* mais on le connoît
mieux ſous l'autre nom qu'on lui a donné
de Joyeux Avénement. Voyez *Arts & Mé-*
tiers.

François Premier, par différentes Déclarations & Lettres-Patentes de l'année 1514;
Henri II, par Lettres de 1546 & 1547 ;
François II, par celles de 1559 & 1560 ;
Charles IX, par Edit du mois de Décembre
1560, ont confirmé tous les Officiers du
Royaume dans l'exercice de leurs fonctions.
Henri III ordonna, par des Lettres-Patentes du 31 Juillet 1574, à toutes perſonnes
de demander la confirmation de leurs Charges, Offices, Etats & Priviléges ; & par
Déclaration du 25 Déc. 1589, Henri IV
enjoint à tous les Officiers du Royaume de
prendre des Lettres pour être confirmés dans
leurs Offices.

Louis XIII, par des Lettres-Patentes des
années 1610 & 1611, confirma les Officiers
dans leurs fonctions, & accorda la confirmation des Priviléges des Villes & Communautés, & de différens Arts & Métiers du

footnote
(a) Les Ennoblis par Lettres, ceux qui étoient devenus
Nobles par Mairies, Prévôté, Echevinages, Capitoulat,
&c. depuis 1643, ont été aſſujettis au droit de Confirmation, par la Décl. du 27 Septemb. 1723, & par les Arrêts du
Conſeil des 30 Sept. 1723, & 1er Juil. 1725; ce droit a été
fixé à 2000 liv. par autre Arrêt du Conſeil du 2 Mai 1730.

Royaume ; Louis XIV, par un Edit du mois de Juillet 1643, & une Déclaration du 28 Octobre fuivant, confirma pareillement dans leurs fonctions & priviléges tous les Officiers de Judicature, Police & Finances, les Communautés des Villes, Bourgs & Bourgades, les Arts, Métiers & Privilégiés, même les Hôteliers & Cabaretiers, à condition de lui payer le droit qui lui étoit dû à caufe de fon Avénement à la Couronne.

Louis XV a accordé la même grace, & exigé les mêmes droits par Déclaration du 27 Septembre 1723 : la levée en avoit néanmoins été fufpendue par Arrêt rendu le 7 Décembre de la même année : mais cette furféance fut levée par un autre Arrêt du Confeil rendu le 5 Juin 1725.

Les objets pour lefquels le droit de confirmation eft dû au Roi à fon Avénement à la Couronne, font, fuivant les états dreffés au mois d'Octob. 1723, & le 30 Juin 1727, en exécution des Edits & Déclarations dont je viens de parler, & des Arrêts rendus en interprétation :

Les Offices Royaux de Juftice, de Police & de Finances, foit qu'ils donnent la Nobleffe ou non, en quoi font compris ceux de Procureurs, Greffiers, Notaires, Sergens, &c. Il n'y a eu d'exceptés que ceux des Cours Supérieures. Dans cette exception ont été auffi compris les Procureurs & Avocats Généraux defdites Cours, leurs Subftituts, les Greffiers en chef & les premiers Huiffiers. Voyez l'Arrêt du 12 Février 1726.

Les Ennobliffemens acquis par les Charges municipales depuis l'année 1643, autres que les Capitoulats de Touloufe.

Les Ennobliffemens par Lettres ou par réhabilitation depuis la même époque, excepté les enfans des Ennoblis ou réhabilités pendant la vie de leur pere feulement.

Les octrois, deniers patrimoniaux & fubventions des Villes, les ufages & biens communaux de Paroiffes.

Les droits de Foires & Marchés.

Les Priviléges, Statuts & Jurandes des Communautés de Négocians & Artifans en Corps, les Marchands & Maîtres defdites Communautés en particulier, ainfi que les Cabaretiers, Hôteliers, Aubergiftes, les

Gens tenant chambres garnies, les Débitans de liqueurs, &c.

Les domaines aliénés par engagement, les droits & offices domaniaux.

Les ifles, iflots, bayes, paffages, maifons & édifices fitués fur les rivieres navigables, bras & replis d'icelles, à commencer des endroits où commence la navigation.

Les péages, travers & pontonages, tant par terre que par eau.

Les dons, conceffions, priviléges, aubaines & confifcations.

Les légitimés & naturalifés par Lettres du Prince.

Le franc-falé par toutes perfonnes, même par les Eccléfiaftiques, excepté les Hôpitaux.

Les Forges & Fourneaux.

Outre le droit de Confirmation dont je viens de parler, le Roi, en montant fur le Thrône, a encore le droit, même au préjudice des Gradués, de nommer à la premiere Prébende qui vaque par mort dans chaque Eglife Cathédrale ou Collégiale du Royaume. Ce droit appartient au Roi *jure Regni*, parce que toutes les Eglifes de France font fous fa protection, & non pas en vertu de conceffions particulieres des Souverains Pontifes.

L'Avénement des Archevêques ou Evêques à l'Epifcopat donne encore le droit à Sa Majefté de nommer à la premiere Prébende qui vaque dans l'Eglife Cathédrale, autrement que par réfignation ou démiffion, après que l'Evêque a prêté le ferment de fidélité.

Pour confommer l'un & l'autre droit, le Roi fait expédier un Brevet à qui il lui plaît : ce Brévetaire fait enfuite notifier fon droit ; & lors de la vacance, il requiert la premiere Prébende qui ne peut lui être refufée.

On donne le nom de Brevet de Joyeux Avénement à ceux qui s'accordent & s'expédient en conféquence de l'Avénement du Roi à la Couronne ; & on nomme Brevet de ferment de fidélité, ceux qui font accordés en conféquence de l'Avénement des Evêques à l'Epifcopat.

La notification de ces Brevets, & les réquifitions des Bénéfices qui fe font en conféquence, doivent fe faire par le miniftere de Notaires Apostoliques, à peine de nullité, suivant les art. 5 & 7 de l'Edit du mois de Décembre 1691, enregistré le 2 Janvier 1692 ; & le sieur Gassendy a, par Arrêt rendu au Grand-Conseil le 14 Décembre 1719, été maintenu dans la possession d'un Canonicat de l'Eglise de Riez dont il étoit pourvû *per obitum*, par préférence au sieur Andry, Brévetaire de Joyeux Avénement, qui avoit fait notifier son Brevet par un Sergent Royal ; cependant voyez *Grades, Indult & Permutation*.

Les Eglises Collégiales sont sujettes au droit du Roi, à cause de son Avénement à la Couronne, comme les Cathédrales : le droit du Roi s'étend sur les unes comme sur les autres, parce qu'il est fondé dans les mêmes raisons ; mais il faut que les Collégiales soient composées de dix Prébendes sans les Dignités, & que les Collations & Prébenses ne soient pas à la collation des Ordinaires.

Le Clergé a fait plusieurs tentatives pour soustraire les Eglises Collégiales à ce droit du Roi ; il est même parvenu à obtenir du Souverain une Déclaration du 15 Mars 1646, qui l'en affranchissoit ; mais le Grand-Conseil, à qui l'exécution de cette Déclaration fut confiée, y a apporté des modifications qui ont conservé le droit du Roi en son entier ; & le Souverain, qui a reconnu la justice de ses modifications, les a confirmées par la Déclaration du 28 Février 1726, enregistrée au Grand-Conseil seulement.

Cette derniere Déclaration porte que *le droit de Joyeux Avénement aura lieu, tant sur les Prébendes des Eglises Cathédrales, que sur les Dignités & Prébendes des Eglises Collégiales où il y avoit ci-devant plus de dix Prébendes, outre la Dignité, sans que les réductions du nombre des Prébendes desdites Eglises Collégiales, faites sans l'exprès consentement du Roi porté par......Lettres-Patentes, puissent empêcher l'exercice dudit droit de Joyeux Avénement, & l'exécution des Brevets qui ont été & seront .... accordés ; & seront les porteurs desdits Brevets......maintenus & gardés, nonobstant lesdites réductions & autres choses à ce contraires, auxquels la Déclaration déroge, en ordonnant au surplus l'exécution de l'Arrêt d'enregistrement* de la

Déclaration du 15 Mars 1646.

Le Chapitre de Notre-Dame de Paris, Collateur des Canonicats des Eglises de S. Etienne-des-Grès, de S. Benoît, de S. Mederic & du Sepulcre, doit un Canonicat de chacune de ces Eglises pour le Joyeux Avénement. Le Grand-Conseil l'a ainsi jugé par Arrêt rendu le 10 Janvier 1730, en faveur du sieur Dorval. Cet Arrêt est fondé sur ce que chaque Collégiale doit un Bénéfice ; les Chapitres de S. Etienne, &c. disoient qu'ils ne faisoient qu'un Corps avec l'Eglise de Paris, & par conséquent qu'il n'étoit dû qu'un seul Bénéfice pour tout ; mais leur prétention fut proscrite.

On trouve dans le rapport fait par les Agens du Clergé, en 1725, un Arrêt du Grand-Conseil, rendu le 16 Novemb. 1722, par lequel il a été jugé,

1°. Que les Brevets du Roi pour Joyeux Avénement & serment de fidélité ont lieu en Bretagne dans les mois réservés au Pape, parce que le Pape confere *loco Ordinarii*, & qu'en cette qualité il doit acquitter les mêmes charges dont l'Evêque est tenu.

2°. Que les réquisitions du Brévetaire pour Joyeux Avénement lient les mains au Pape, quoique ce Brévetaire soit dans la suite déclaré rempli, en vertu de la réquisition qu'il avoit faite d'un autre Canonicat, & que par-là le droit d'un Brévetaire pour serment de fidélité, a été conservé & mis à couvert de la prévention.

On trouve encore dans ce même rapport un autre Arrêt du Grand-Conseil, rendu le 20 Juillet 1724, qui juge que les Eglises des Pays-Bas sont assujetties à l'Expectative du Brevet, à cause du Joyeux Avénement.

Ce dernier Arrêt est intervenu dans une contestation dont voici l'espece.

Un sieur Langlois, porteur d'un Brevet de Joyeux Avénement, avoit requis un Canonicat de l'Eglise de Cambrai, & les Grands-Vicaires le lui avoient d'abord refusé ; mais peu après ils lui en avoient donné des provisions, sans faire mention du Brevet du Roi. Le sieur Langlois n'en avoit pas pris possession, & peu après l'Archevêque de Cambrai lui en avoit conféré un autre, dont il étoit paisible possesseur ; il n'étoit pas non plus fait mention du Brevet du Roi dans les provisions de ce second Canonicat.

Dans ces circonstances, un autre Brévetaire de Joyeux Avénement s'étant présenté, & ayant requis un autre Canonicat, il s'est agi de sçavoir si le silence gardé dans les provisions du sieur Langlois sur son Brevet, empêchoit ou n'empêchoit pas que l'Expectative du Brevet fût rempli ; par l'Arrêt, le second Brévetaire fut maintenu : ainsi le Grand-Conseil a jugé que, quand un Collateur confére un Bénéfice à un Brévetaire, il faut qu'en rendant un hommage respectueux au droit de la Couronne, il le lui donne en qualité de Brévetaire, & se soumette au titre qui lui est présenté de la part du Roi ; s'il en étoit autrement, ce seroit contenter le Brévetaire, & anéantir le Brevet.

Voyez dans le Recueil du Parlement de Flandres, la décision du Conseil de Conscience du 10 Octobre 1716, celle du Conseil de Régence du 8 Mars 1710, & l'Arrêt du Conseil du 22 Novembre 1724.

Quoique le droit de nomination du Roi, à cause de l'Avénement des Evêques à leurs Siéges, soit constant & ancien, il n'a été déterminé dans son application, & dans la maniere de l'exercer, que par une Déclaration du 25 Octobre 1752, regîtrée au Grand-Conseil le 16 Décembre suivant, dont voici les dispositions.

ARTICLE PREMIER. » Le droit de nomina-
» tion qui nous appartient, à cause du fer-
» ment de fidélité que les Archevêques &
» Evêques de notre Royaume sont tenus de
» nous prêter, n'aura lieu que sur les Cano-
» nicats & Prébendes de leurs Eglises Ca-
» thédrales, qui sont ou seront à l'avenir à
» leur libre disposition, sans que les Con-
» cordats, transactions, ou autres titres qui
» pourroient intervenir à ce sujet, par la
» suite, puissent apporter aucune diminu-
» tion à l'exercice de notre droit de nomi-
» nation.

II. » Ne seront sujets audit droit les Ca-
» nonicats & Prébendes dont la présenta-
» tion appartient, suivant lesdits titres &
» usages, à tous autres que l'Archevêque ou
» Evêque, quoiqu'il en ait la collation,
» confirmation ou institution, ni ceux dont

» il dispose en commun avec le Chapitre ou
» autre quelconque, soit par voie de suffra-
» ge ou autrement.

III. » Ne pourra pareillement ledit droit
» s'étendre en autre cas sur les Canonicats
» & Prébendes étant à la disposition du Cha-
» pitre, encore que l'Archevêque ou l'Evê-
» que n'en ait aucun à sa disposition, sur le-
» quel ledit droit pût être exercé.

IV. » L'Archevêque ou Evêque succes-
» seur sera tenu d'acquitter la nomination
» faite pour raison du serment de fidélité de
» son prédécesseur, pourvû que ladite nomi-
» nation ait été bien & dûement notifiée
» avec les formalités requises à sondit pré-
» décesseur, & non autrement. Voulons au-
» dit cas que l'Impétrant de ladite nomina-
» tion, ainsi notifiée, ait la préférence pour
» être rempli avant celui qui sera nommé
» avant, pour raison du serment de fidélité
» dudit successeur.

V. » N'entendons au surplus que les dis-
» positions de la présente Déclaration puis-
» sent préjudicier aux Arrêts intervenus.....
» avant sa publication.........

L'Arrêt d'enregistrement de cette Décla-ration au Grand-Conseil, du 16 Décembre 1752, porte qu'elle sera *exécutée..........sous la réserve de l'exécution des Brevets de ser-ment de fidélité sur les Canonicats & Pré-bendes dont la libre disposition auroit appar-tenue aux Archevêques & Evêques, exclusi-vement aux Chapitres de leurs Eglises Cathé-drales, par des titres ou usages particuliers, antérieurs à l'enregistrement de ladite Décla-ration, & sans approbation d'aucun partage entre les Archevêques ou Evêques, & les Cha-pitres de leurs Eglises Cathédrales, non revê-tues de Lettres-Patentes dûment enregistrées, en ce qu'on pourroit induire qu'ils auroient apporté quelque changement à l'exercice des droits de la Couronne, lesquels seront conser-vés en leur entier, & notamment les droits d'Indult & de Joyeux Avénement, pour les-quels il en sera usé comme par le passé, sauf l'exécution de ladite Déclaration pour le droit de serment de fidélité........*

Les Brevets que le Roi accorde à cause de son avénement à la Couronne, ont leur effet dans les Pays conquis & réunis à la France, sans que les priviléges & usages de ces Pays y puissent apporter aucun obstacle ;

parce que le droit de nos Rois a fuccédé, &
eſt repréſentatif de celui des premieres prieres qu'avoient les Empereurs. C'eſt ſur ce
motif qu'on a jugé, par les Arrêts que j'ai
cités, qu'il devoit avoir lieu en Bretagne.

La Provence, la Breſſe, les trois Evêchés de Metz, Toul & Verdun ont reconnu ce droit : les Chapitres de Lille, de S.
Omer, & une partie de ceux de l'Alſace,
s'y ſont auſſi ſoumis.

Le Grand-Conſeil a jugé le 19 Mai 1719,
ſur les Concluſions de M. Benoîſt de Saint-
Port, que ce droit avoit lieu en Rouſſillon,
& a maintenu le ſieur Xaupy, nommé par le
Roi à l'un des Canonicats de l'Egliſe d'El-
ne, transférée à Perpignan, quoique ce Bénéfice eut vaqué dans un des mois réſervés
au Pape. Sur quoi il faut remarquer (dit la
Combe, Juriſprudence Canonique, verb.
Brevet) que le Brevet de Joyeux-Avénement à la Couronne différe de celui de Serment de Fidélité; puiſque celui-ci n'a pas
lieu ſur les Bénéfices qui vaquent en Bretagne dans les mois réſervés au Pape dans
cette Province, ou qu'au moins, ſuivant cet
Auteur, la queſtion y fait beaucoup de difficulté.

Le Grand-Conſeil a encore jugé, par Arrêt rendu le 12 Février 1732, que le Brevet
de Joyeux Avénement à la Couronne donné par le Roi ſur le Chapitre de Saint-Géry
de Cambrai, qui eſt ſoumis au Concordat
Germanique, & dont les Canonicats ſont à
la collation du Pape & de l'Archevêque de
Cambrai, ſelon les mois, (le Canonicat
dans lequel le Brévetaire a été maintenu,
avoit vaqué dans le mois de l'Archevêque,)
étoit valable.

Lorſqu'un Brévetaire de Joyeux Avénement ſe trouve en concurrence avec un Brévetaire de Serment de Fidélité, la Juriſprudence du Grand-Conſeil eſt de préférer le
Brévetaire de Joyeux Avénement, lors même que l'autre eſt le plus diligent. La Combe cite ſur cela un Arrêt du 17 Janvier
1730, qu'on peut voir dans ſa Juriſprudence
Canonique, verb. *Brevet*.

Le Grand-Conſeil juge que, nonobſtant
la notification des Brevets de Joyeux Avénement & de Serment de Fidélité, les Proviſions d'un Canonicat vacant ſont valides,
quand elles ſont données avant la réquiſi-

tion du Brévetaire ; mais en ce cas le Brévetaire peut ſe pourvoir (au Grand-Conſeil), pour faire ordonner que le Collateur
ſera tenu de lui conférer la premiere Prébende qui viendra à vaquer, ou à lui payer
une penſion égale au revenu du Bénéfice.
La Combe, *ibid*.

Les Brévetaires de Serment de Fidélité
ne doivent pas, après que le Prélat a prêté
le Serment, négliger d'obtenir des Lettres-
Patentes, parce que ces Lettres rendent la
grace parfaite. Les Lettres-Patentes donnent
un titre authentique au Brévetaire ; elles affectent la Prélature quand elles ſont notifiées, parce qu'elles ſont adreſſées au Collateur, & qu'elles contiennent injonction &
mandement de pourvoir l'Expectant.

Si de pluſieurs Brévetaires ſucceſſivement
nommés ſur le même Chapitre à diverſes
mutations de Prélat, les premiers n'avoient
pas obtenu des Lettres-Patentes ſur leur
Brevet, & que le dernier en eût obtenu, &
les eût notifiées, il ſeroit préféré au plus ancien. Le Grand-Conſeil l'a ſolemnellement
jugé en faveur du ſieur Maſcars, Brévetaire
ſur la Cathédrale de Tarbes, contre le ſieur
Burlotte & l'Evêque de Tarbes, par Arrêt
rendu ſur les Concluſions de M. de Séno-
zan, Avocat-Général, le Mercredi 14 Février 1759, plaidans Mes Taboué & Brunet.

Cet Arrêt a même jugé que le ſieur Burlotte n'ayant pas obtenu des Lettres-Patentes ſur ſon Brevet après le Serment & pendant la vie du Prélat, pour l'Avénement duquel ce Brevet lui avoit été accordé, ſon
Brevet devenoit caduc, de maniere qu'il n'en
pouvoit plus faire uſage après Maſcars rempli. Me Brunet fit dans cette affaire un Mémoire plein d'érudition & de recherches,
telles qu'on peut l'annoncer comme un excellent Traité ſur la matiere.

IRRÉGULARITÉS.
V. *Cenſures & Incapacité*.

On nomme Irrégularités les défauts qui
rendent inhabile à recevoir la tonſure ou
les Saints Ordres, & à en exercer les
fonctions quand on les a reçus.

Dans les premiers ſiécles de l'Egliſe, l'Ordination & le Bénéfice ſe donnoient en même-temps; ils étoient même regardés comme inſéparables : ainſi la privation de l'exer-

cice des Ordres privoit aussi du droit de percevoir les fruits du Bénéfice qui y étoient
joints.

Mais aujourd'hui l'Irrégularité ne prive
pas les Ecclésiastiques des fruits civils de
leur Bénéfice, à moins que cette privation
ne soit établie par le droit.

Il y a deux espéces d'Irrégularités.

1°. Celles qui viennent de quelque défaut.

2°. Celles qui viennent du péché.

On compte huit défauts qui rendent ir-
régulier ; sçavoir, les défauts d'esprit, de
corps, de naissance, d'âge, de liberté, de
sacremens, de douceur & de réputation.

Par le défaut d'esprit, on entend les Insensés, les Imbécilles, les Furieux, ceux
qui tombent du mal caduc, & ceux qui sont
dans une ignorance crasse.

Par les défauts du corps, on entend ceux
qui mettent hors d'état d'exercer les fonctions Ecclésiastiques, ou de les exercer avec
décence, comme la difformité de ceux à qui
on a coupé le pouce ou le second doigt,
ou qui ne peuvent se servir de l'un de ces
doigts ; de ceux qui ont perdu l'œil gauche ;
de ceux qui sont boiteux ou contrefaits, de
maniere que leur vûe excite l'horreur ou le
mépris du peuple.

Par le défaut de naissance, on entend celui des Bâtards : » le crime qui les a fait naî-
» tre (dit d'Héricourt) est une espéce de
» tache qui ne s'efface point ; d'ailleurs on
» appréhende que ceux qui ne sont pas nés
» en legitime mariage, n'imitent l'inconti-
» nence de leur pere & de leur mere « ;
néantmoins (selon le même Auteur), » l'Ir-
» régularité des Bâtards ne les empêche pas
» de se faire Religieux : ils peuvent alors
» recevoir tous les Ordres sans dispense « ;
(sans doute parce que le Cloître est un pré-
servatif certain contre l'Incontinence).

Par le défaut d'âge, on entend celui des
Néophites, c'est-à-dire, de ceux qui sont
nouvellement convertis, de ceux qui n'ont
pas l'âge requis par les Canons. V. *Age.*

Par le défaut de liberté, on entend celui
des Esclaves ; de ceux qui sont chargés de
dettes, ou qui ont des comptes publics à
rendre.

Par le défaut de Sacrement, on entend
ceux qui ne sont pas baptisés ; ceux qui ont
été mariés plusieurs fois (ou qui ont épousé

une veuve ou une personne publiquement
connue pour n'être pas vierge) ; de ceux
qui se sont mariés après avoir fait des vœux
solemnels de virginité.

Par la douceur, on entend ceux qui ont
exercé des professions dans lesquelles ils ont
contribué à l'effusion du sang humain, à la
mutilation ou à la mort de quelqu'un, comme des Militaires qui se sont trouvés à des
combats ou à des sièges ; des Magistrats qui
ont condamné des criminels à la mort, des
Chirurgiens, &c.

Par le défaut de réputation, on entend la
diffamation de ceux qui sont décriés pour
des scandales publics & des excès notoires.

Les Irrégularités qui viennent du péché,
sont l'hérésie, l'homicide & la mutilation
volontaire & illicite ; la réception ou l'exercice non Canonique des Saints Ordres, le
violement des Censures Ecclésiastiques, &c.

» On n'encourt l'Irrégularité que dans les
» cas qui sont marqués par une Loi Ecclé-
» siastique ; & dans cette matiere il n'est pas
» permis de tirer un argument d'une espéce
» à une autre ; c'est pourquoi les Simonia-
» ques, quelques odieux qu'ils soient aux
» yeux de l'Eglise, ne sont pas Irréguliers,
» n'y ayant point de Canons qui prononcent
» contr'eux la peine de l'Irrégularité «. Loix
Ecclésiastiques, liv. 2, chap. 3, n°. 66.

Toutes les Irrégularités peuvent être levées par la dispense du Pape. Le Baptême
efface celles qui viennent du crime. Celles
qui viennent de quelque défaut passager,
sont levées par la cessation du défaut ; & les
Evêques peuvent dispenser de toutes celles
qui viennent de crimes cachés, & qui n'ont
point été portées au for contentieux, excepté celle qui vient de l'homicide volontaire.

L'Evêque dispense aussi les bâtards pour
les Ordres Mineurs, & la plûpart des Canonistes lui donnent le même pouvoir par
rapport aux Bigames.

Sur cette matiere voyez le *Catéchisme de
Montpellier*, & les Loix *Ecclésiastiques* par
d'Héricourt, elle y est approfondie.

ITERATO (Arrêt ou Sentence d').
V. *Epices* & *Septuagénaires.*

Les Arrêts ou Sentences d'*Iterato* sont
des Jugemens qui s'obtiennent contre des

perfonnes précédemment condamnées en des dommages-intérêts, ou en des dépens ; & par le moyen defquels (Jugemens) on peut faire exécuter la condamnation par la voie de la contrainte par corps contre le condamné.

Ce mot *Iterato* vient apparemment de ce que l'Arrêt ou Sentence ne fe délivre qu'en conféquence d'un premier Arrêt ou d'une premiere Sentence, ou bien de ce que par l'Arrêt ou Sentence d'*Iterato*, il eft ordonné qu'il fera fait (à la Partie condamnée) itératif commandement de payer.

Pour pouvoir obtenir ces fortes d'Arrêts ou Sentences, il faut ;

1°. Que les dépens dont la condamnation eft prononcée, montent au moins à 200 liv.

L'article 2 du titre 34 de l'Ordonnance de 1667, le décide textuellement ; & fa difpofition a également lieu pour les condamnations des dommages-intérêts, lorfqu'elles montent à 200 liv. & au-deffus.

2°. La Partie qui a obtenu de femblables condamnations, doit préalablement faire fignifier à la Partie condamnée, & l'Arrêt ou Sentence qui contient la condamnation, & l'Exécutoire par lequel les dommages-intérêts ou les dépens font liquidés ; il faut même, en faifant ces fignifications, ou par des actes féparés, faire commandement au débiteur de payer, & lui déclarer qu'à défaut de payement, le créancier fe pourvoira après l'expiration des quatre mois accordés par l'Ordonnance pour obtenir Sentence ou Arrêt d'*Iterato*, qui le condamnera & par corps au payement.

Quatre mois après le commandement, le créancier peut, fur une fimple Requête non communiquée, & fans aucune affignation préalable, obtenir la Sentence ou l'Arrêt d'*Iterato*, qui ordonne qu'il fera fait itératif commandement au débiteur de payer dans la quinzaine, finon qu'il y fera contraint par emprifonnement de fa perfonne. Après la fignification de ce Jugement, & la quinzaine expirée, le créancier peut le faire mettre à exécution.

On penfe au Palais qu'on peut cumuler plufieurs Exécutoires pour former la fomme de 200 liv. pour laquelle feulement l'Ordonnance permet de délivrer des Sentences ou Arrêts d'*Iterato*, pourvû que ces Exécutoires foient intervenus à l'occafion de la même affaire, & qu'ils ayent été obtenus par la même Partie. On penfe même que les dépens & les dommages & intérêts adjugés dans la même affaire, peuvent auffi être joints pour compofer les 200 liv. néceffaires pour obtenir les Arrêts ou Sentences d'*Iterato*.

Les épices & coûts d'Arrêts ont le même privilége que les dépens, dommages & intérêts. Ainfi le Jugement d'*Iterato* peut auffi fe délivrer pour ces fortes de condamnations, fi elles font liquidées. M. Jouffe cite deux Arrêts des 13 Juillet 1707, & 8 Février 1708, qui l'ont ainfi jugé.

Comme la contrainte par corps n'a pas lieu contre les Eccléfiaftiques pour dettes civiles, on ne peut pas non plus obtenir contr'eux des Sentences ou Arrêts d'*Iterato*. Voyez fur cela une Déclaration du 30 Juillet 1710, art. 3 ; elle eft dans Néron, tome 2.

Les Sentences ou Arrêts d'*Iterato* font, comme tous les autres Jugemens par défaut, fufceptibles d'oppofition ; & quand le débiteur prend cette voie, on ne peut exécuter la Sentence ou l'Arrêt d'*Iterato* qu'après l'avoir fait confirmer par un autre Jugement.

Voici l'efpéce d'un Arrêt intervenu le 25 Janvier 1738, fur l'oppofition formée à un Arrêt d'*Iterato*.

Une femme féparée de biens avec fon mari dès l'année 1712, ayant, depuis la féparation, fait travailler une Couturiere qu'elle n'avoit pas payée, fut, ainfi que le mari, affignée au Châtelet à la Requête de celle-ci en 1726, pour le payement de fes ouvrages.

Sur cette demande intervint Sentence au Châtelet, qui condamna le mari & la femme à payer la Couturiere, & aux dépens, qui furent taxés à 122 livres, par un Exécutoire décerné contre le mari & la femme ; (ils n'exciperent point de la féparation).

Cette Sentence fut exécutée par le mari, quant au principal : mais il interjetta feul appel, quant au chef de la condamnation de dépens, il échoua ; & la Sentence du Châtelet fut confirmée par Arrêt, avec dépens, lefquels furent taxés à 171 liv. par
un

un Exécutoire du mois de Février 1736.

Ces Arrêts & Exécutoire ayant été signifiés avec les déclarations nécessaires pour obtenir l'Arrêt d'*Iterato*, la femme fit des offres réelles du montant de l'Exécutoire du Châtelet, dont elle se disoit seule tenue, comme la concernant & devant indemniser son mari. Ces offres réelles furent refusées; & les quatre mois étant expirés, la Couturiere obtint l'Arrêt d'*Iterato* pour les deux Exécutoires contre le mari, auquel elle le fit signifier.

Le mari y forma opposition, & prétendit n'être tenu que de l'Exécutoire du Parlement, pour lequel il ne pouvoit pas y avoir lieu à un Arrêt d'*Iterato*, au moyen de ce qu'il ne montoit qu'à 171 livres. Il ajoutoit qu'on n'avoit pû cumuler les deux Exécutoires. La Couturiere soutenoit au contraire que les deux Exécutoires ayant le même principe, l'Arrêt d'*Iterato* étoit juridique; qu'au surplus, dès qu'on n'avoit point excipé de la séparation, on ne pouvoit pas l'obliger à diviser sa créance. Par ces raisons le mari fut débouté de son opposition à l'Arrêt d'*Iterato*, dont l'exécution fut ordonnée le 25 Janvier 1738.

Augeard (nouvelle édition *in-fol.* tom. 2, num. 108), rapporte un Arrêt du 10 Juin 1711, par lequel la Cour a jugé qu'une femme ne peut pas obtenir la contrainte par corps, ni d'Arrêt d'*Iterato* contre son mari, pour raison de dépens esquels il a été condamné envers elle par un Arrêt qui prononçoit leur séparation d'habitation ; & cela *à cause de l'honneur & de la dignité du mariage*. Cet Arrêt est aussi dans le sixième volume du Journal des Audiences, liv. premier, chap. 21 : mais le Journaliste dit qu'il ne s'agissoit que des dépens d'une séparation de biens.

JUGES ET JURISDICTION.

V. *Assesseurs, Baillis & Sénéchaux, Châtelet, Compétence, Consuls, Confrontation, Décret en matiere criminelle, Destitution, Engagement, Epices, Gages, Gradué en* Droit, *Haute-Justice, Hôtel de Juge, Incompatibilité d'Offices, Interrogatoire, Justice, Lieutenans, Lieutenant Criminel, Magistrats, Official, Officiers, Opinions, Praticien, Préséance, Présidiaux, Prise à partie, Réception, Récusation, Référé, Scellé, Transport.*

Les Juges considérés par rapport à leur autorité, peuvent être distingués en Juges Laïcs, & en Juges Ecclésiastiques.

Sur les Juges Ecclésiastiques voyez *Jurisdiction Ecclésiastique* & *Official.*

Les Juges Laïcs se distinguent en Juges Royaux, & en Juges de Seigneurs.

Les Juges Royaux sont ceux qui sont préposés par le Roi dans ses Cours & Jurisdictions.

Les Juges des Seigneurs sont ceux qui sont établis par les Seigneurs dans leurs terres où ils ont Justice. Voyez *Haute-Justice* & *Justice (a).*

Les Juges Laïcs se distinguent encore en Juges ordinaires, & en Juges extraordinaires.

On nomme Juges ordinaires, ceux qui connoissent de toutes sortes de matieres, à l'exception de celles pour lesquelles il y a une attribution à d'autres Juges : tels sont les Juges des Seigneurs, les Prévôts & Châtelains, les Baillis & Sénéchaux, les Présidiaux, les Lieutenans Criminels, les Conseils supérieurs & les Parlemens.

Les Juges extraordinaires sont ceux qui ne peuvent juger que certaines matieres, & connoître de certains crimes, pour lesquels ils ont une attribution spéciale ; tels sont les Prévôts des Maréchaux, les Lieutenans Criminels de Robe-courte, les Juges des Elections, des Greniers à Sel, des Monnoies, les Intendans des Provinces, les Bureaux des Finances, les Eaux & Forêts, les Amirautés, les Tables de Marbre, les Conseils, les Chambres des Comptes, les Cours des Aides & des Monnoies.

Tout Tribunal, établi comme Tribunal ordinaire, a dans ce seul titre la plénitude

---

(a) Anciennement les Seigneurs rendoient eux-mêmes la Justice à leurs Vassaux ; mais depuis plusieurs siécles, ils ne peuvent plus, par eux-mêmes, exercer les fonctions de la Magistrature dans leurs Terres. Ils doivent y établir des Officiers pour administrer la Justice en leur nom ; & le Parlement de Provence a, par Arrêt rendu le 22 Mai 1643, cassé un Décret, par lequel le Comte de Grignan avoit ordonné que, sans s'arrêter à une récusation proposée contre le Juge de Grignan, il seroit procédé devant lui, Comte de Grignan. Ce même Arrêt a en outre fait défenses à tous les Seigneurs d'exercer la fonction de Juge dans leurs Terres.

de toute Juftice fur toute matiere & fur toutes perfonnes ; fon autorité s'étend fur tout ce qui n'y eft pas fouftrait par une exception particuliere.

Au contraire, le Tribunal extraordinaire & d'attribution a befoin de trouver, dans fon titre d'érection, le détail & l'expreffion de l'autorité qui lui eft confiée, parce qu'il ne peut connoître que des matieres qui lui ont été nommément attribuées. Mais voyez les Actes de Notoriété du Châtelet, pages 552, 553 & fuivans.

On ne peut être Juge qu'à l'âge de 25 ans ; & il y a même des Offices qu'on ne peut poffeder que dans un âge plus avancé ; (V. *Age*) mais le Roi accorde fouvent des difpenfes, par le moyen defquelles les Juges peuvent être reçus avant l'âge requis, & alors ils peuvent bien affifter au rapport & au Jugement des affaires, mais ils n'ont pas voix délibérative. Il n'y a d'exception qu'en faveur des Rapporteurs, lefquels, quoique n'ayant point encore l'âge requis, peuvent néanmoins rapporter, & opiner dans les affaires dont ils font Rapporteurs. Tel eft l'ufage obfervé au Parlement de Paris. Voyez l'art. 13 de la Déclaration du 16 Décemb. 1756, regiftrée au Lit de Juftice du 13 du même mois.

Il n'y a que les Cours Souveraines qui puiffent, ou commettre, ou déléguer un Juge, pour faire l'inftruction d'une affaire, entendre des témoins, recevoir des affirmations, nommer des Experts, &c. Ni les Préfidiaux, ni toute autre efpéce de Magiftrats, ne le peuvent ; ils adreffent feulement des commiffions rogatoires ; & jamais des Juges Royaux n'en adreffent à ceux des Seigneurs, mais feulement au plus prochain Juge Royal de l'endroit où il s'agit d'inftruire.

Les Cours Supérieures ne font pas non plus dans l'ufage de commettre des Juges des Seigneurs, pas même des Duchés-Pairies ; c'eft toujours un Juge Royal qu'elles commettent.

Il y a même des Lettres-Patentes du 6 Juillet 1684, qui permettent aux Cours de commettre d'autres Officiers que ceux des lieux, lorfqu'elles le jugent à propos par

des raifons que ces mêmes Lettres laiffent à leur arbitrage.

Par Arrêt rendu le 7 Mai 1709, il a été fait défenfes au Lieutenant Criminel de Rheims de commettre un Avocat ou autre Praticien, pour aller informer fur les lieux : la Cour lui a enjoint de faire délivrer des commiffions rogatoires au plus prochain Juge des lieux, pour entendre les témoins ; a déclaré la procédure nulle, & ordonné qu'elle feroit recommencée à fes frais par le Lieutenant Criminel de Châlons.

Un autre Arrêt rendu le 14 Février 1756, fur les Conclufions de M. Joly de Fleury, Avocat Général, entre les fieur & dame Dupuis, & le fieur Perigaud de Grand-Champ, a *fait défenfes au Juge de Montpenfier d'inftrumenter, ni de commettre aucun Juge hors l'étendue de fon reffort.* (Il faut en ce cas, comme je l'ai déja dit, adreffer une commiffion rogatoire).

Les intérêts du Roi, & la diftinction des deux Puiffances, ne permettent pas que la Jurifdiction Eccléfiaftique & Laïque foient confondues dans une même perfonne. C'eft le motif des Ordonnances (& en particulier de celle de Blois, art. 112), qui défendent à *tous Officiers, tant des Cours Souveraines, que fubalternes, de prendre charge directement ou indirectement, en quelque forte & maniere que ce foit, des affaires des Seigneurs* (a), *Chapitres, Communautés, & autres perfonnes quelconques, ni pareillement aucuns Vicariats d'Evêques ou Prélats, pour le fait du temporel & fpirituel, & de s'entremettre ou empêcher aucunement des affaires d'autres perfonnes que de celles du Roi.* Voy. *Incompatibilité d'Office.*

Tous les Juges, même ceux des Seigneurs, doivent être Catholiques Romains : il y a à ce fujet un Arrêt du Confeil, rendu le 6 Novembre 1679. Voyez *Réception.*

Les Ordonnances de Philippe IV en 1302, article 13 ; de Charles VII en 1446, article 6 ; & en 1453, article 130 & 131, & plufieurs autres, défendent aux Juges, fous des peines très-féveres, de recevoir aucun préfent, ni don des perfonnes qui font en conteftation devant eux. Voyez la

(a) Le Parlement de Touloufe a, par Arrêt du 17 Mai 1720, a fait défenfes à tous Juges & Officiers Royaux de fon reffort, de continuer les fonctions de Juges des Seigneurs particuliers, fans en avoir préalablement obtenu permiffion du Roi & Lettres de Compatibilité. Voyez *Incompatibilité d'Office.*

Conférence des Ordonnances, par Guesnois.

Dans les affaires mixtes où l'Eglise & l'Etat prennent intérêt, & dans lesquelles il ne s'agit point de la Foi, le Magistrat politique est le souverain arbitre. Voyez *Jurisdiction Ecclésiastique*.

Tous les Juges des Jurisdictions dépendantes des Domaines engagés, sont réputés Juges Royaux. Ils jouissent des mêmes privilèges, & connoissent, comme eux, des cas Royaux, à cause de l'espérance du retour; mais c'est l'Engagiste qui doit payer leurs gages, & supporter les autres frais que l'administration de la Justice occasionne. V. *Engagiste*.

L'Engagiste présente au Roi les Officiers qu'il juge à propos de nommer; & Sa Majesté leur accorde des provisions sur cette nomination.

Ces Officiers ne peuvent être destitués ni révoqués, parce qu'il n'est pas au pouvoir de l'Engagiste d'empêcher, encore moins d'anéantir l'effet des provisions que le Roi accorde.

C'est la réception, le serment & l'installation qui donne au Juge le caractere de l'autorité publique : les provisions ne font que le préparer à recevoir ce caractere; elles ne l'autoriseroient point à faire aucune fonction, sans la réception. Voyez *Réception*.

Le droit de nommer des Officiers pour exercer la Justice dans les Justices Seigneuriales, est regardé comme faisant partie des revenus du Fief; c'est pour cela que la nomination de ces Officiers (dans lesquels on ne comprend pas ordinairement les Procureurs, parce qu'on ne les regarde pas comme Officiers dans les Justices Seigneuriales V. *Procureur*), appartient à l'usufruitier, exclusivement au propriétaire, au nom duquel & par lequel les provisions doivent néantmoins être données sur la présentation que lui fait l'usufruitier, sans pouvoir les refuser. Cependant voyez *Usufruit*.

Le mari, commun en biens avec sa femme, peut nommer les Juges & Officiers des terres de sa femme. Il peut de même nommer ceux des terres appartenant à sa femme, & qui composent le fonds de la dot dans les Pays où la communauté de biens n'a pas lieu; mais il ne peut pas nommer ceux des terres appartenant à sa femme séparée, ou non commune en biens, ni ceux des terres ou Fiefs, dont la femme jouit, comme de biens paraphernaux.

La nomination aux Offices dépendant des terres d'un pupille, appartient à son tuteur.

Le curateur d'un interdit pour démence, peut aussi nommer aux Offices attachés aux terres de son pupille.

La nomination à ceux dépendant d'une terre appartenant à une succession acceptée par bénéfice d'inventaire, appartient à l'héritier bénéficiaire.

L'acquéreur d'une terre sous faculté de rachat, jouit du droit d'en nommer les Officiers, tant que la faculté n'est pas exercée; mais ce droit n'appartient point au Fermier judiciaire. V. *Usufruit*.

Il n'appartient pas non plus au Fermier conventionnel, à moins qu'il ne lui soit expressément accordé par son bail; & si la faculté lui en est accordée, il ne peut l'exercer que comme mandataire, parce qu'on regarde le droit d'instituer des Officiers, comme personnel & non cessible. Voyez la Remarque de Labbé sur l'art. 34 de la Coutume de Paris; Bouvot, tom. 2, pag. 750; les Observations de M. le Président Bouhier, sur la Coutume de Bourgogne. Voyez aussi Loyseau, Traité des Offices, liv. 5, chap. 2, n. 78.

Différens Réglemens défendent aux Fermiers de faire les fonctions de Juge, Procureur Fiscal, & de Greffier des Terres & Seigneuries qui leur sont affermées en tout, ou en partie. M. de Freminville rapporte sur cela une prodigieuse quantité d'autorités dans la Pratique des Terriers, tom. 5, pag. 39, 40 & suivantes. Voy. l'Arrêt du 9 Juillet 1706, au Journal des Audiences, tome 5. Voyez aussi l'Arrêt de Réglement du Parlement de Rouen, dont je parle à la fin de l'article *Procureur Fiscal*.

Le Corps-de-Ville & les habitans de Dormans-sur-Marne avoient demandé la destitution d'un sieur Perrier, qui étoit en même-temps Juge de la Haute-Justice de cette Terre, Homme d'affaire & Agent du Seigneur, & demeurant dans le Château; mais, par Arrêt rendu le 7 Septembre 1761, sur appointement avisé au Parquet contradictoirement, les Parties ont été mises hors de Cour. Le Parlement de Provence juge que le Seigneur ne peut pas nommer ses parens pour Officiers de sa Justice, sans en excepter le Greffier; enfin il juge que non-seulement les Officiers des Justices Seigneuriales ne doivent pas être parens entr'eux, mais qu'ils ne doivent pas même être parens du Fermier. Ces maximes sont attestées par l'Auteur de la Jurisprudence du Parlement d'Aix, qui sur cela cite six Arrêts.

L'article 55 de l'Ordonnance d'Orléans porte que *tous Officiers de Justices & Jurisdictions subalternes, ou des Hauts-Justiciers ressortissans pardevant les Baillis & Sénéchaux, seront examinés avant que d'être reçus par un des Lieutenans, ou plus ancien Conseiller du Siége, après sommaire information de leurs bonne vie & mœurs, sans toutefois que pour ce nosdits Lieutenans ou Conseillers du Siége puissent prendre aucune chose pour leur vacation.....* Mais comme par un Edit registré au Lit de Justice tenu le 7 Septembre 1645, les Officiers des Justices Seigneuriales étoient dispensés de se faire recevoir dans les Bailliages & Sénéchaussées, il a été ordonné, par deux autres Edits des mois de Mars 1693, & Juillet 1704, bien & dûement registrés, que tous ceux qui seront pourvus d'Offices de Judicatures dans les Terres des Seigneurs, soit Laïcs ou Ecclésiastiques, » seront obligés de se faire » cevoir par les Officiers des Cours & Ju-» risdictions Royales, dans l'étendue des-» quelles les Justices Seigneuriales sont si-» tuées, avant que d'en pouvoir faire au-» cune fonction «.

On a prétendu que les Juges des Duchés & Pairies devoient être reçus au Parlement : mais il paroît que la Jurisprudence n'est pas sur cela certaine ni uniforme; car, par Arrêt du 24 Juillet 1732, rendu sur les Conclusions de M. l'Avocat Général Gilbert, il a été jugé que Me Corsamblen, Bailli du Duché-Pairie de Sully, avoit été valablement reçu ailleurs qu'en la Cour ; & j'ai sçu des Juges, lors de l'Arrêt du 29 Août 1761, dont je parlerai ci-après, qu'on ne reçoit au Parlement que les Officiers qui ont des provisions du Roi, & non ceux qui n'ont de provisions que des Seigneurs: ceux-

ci doivent être reçus dans le Tribunal même dont ils sont nommés Juges.

Il y a des Jurisconsultes qui pensent que, nonobstant les dispositions de l'Edit de 1693, les Baillis & Prévôts des Justices Seigneuriales peuvent se faire recevoir dans leurs Siéges mêmes par le Lieutenant, s'il y en a un, ou par le plus ancien Gradué, ou Praticien, suivant l'ordre du Tableau; mais cette opinion est contraire à la Jurisprudence du Parlement de Paris, & n'a lieu que pour les Justices Seigneuriales relevant nuement au Parlement. Les Arrêts de ce Parlement ont jugé que les premiers Officiers des Justices de Seigneurs devoient se faire recevoir dans la Justice Royale dont les appels de leurs Jugemens ressortissent.

Il y en a un rendu en l'année 1758, en faveur des Officiers de la Sénéchaussée d'Abbeville. Il y a un Acte de Notoriété donné sur cela par ce même Siége, le 12 Décembre 1687.

Il a été rendu un autre Arrêt en la Grand-Chambre, le Mercredi 23 Avril 1760, sur les Conclusions de M. l'Avocat Général Joly de Fleury, entre le Lieutenant Général de Mortagne, par lequel il a été enjoint au Bailli de Rémallar, au Perche, qui avoit été reçu dans son Siége même, de se faire recevoir par les Officiers du Bailliage de Mortagne, conformément à l'Edit du mois de Mars 1693. Voyez deux Ordonnances du Bailliage de Montdidier sur la même matiere ; elles sont avec les Actes de Notoriété.

Le Parlement de Provence a jugé, par Arrêt du 4 Octobre 1621, que l'Archevêque d'Arles, Seigneur de Salon, n'avoit pas pû établir deux Juges, l'un pour le Civil, l'autre pour le Criminel.

Le Samedi 29 Août 1761, la Cour, par Arrêt rendu sur les Conclusions de M. Seguier, a confirmé la Sentence rendue au Bailliage de Beauvais, le 29 Janvier 1760, par laquelle il étoit enjoint à Me Driot, Bailli du Chapitre de Beauvais, qui n'avoit été reçu que dans son Siége, de se faire recevoir au Bailliage.

Lors de cet Arrêt, M. l'Avocat Général Seguier avoit requis qu'il fût fait un Réglement, portant qu'à l'avenir tous les Juges & Officiers des Justices Seigneuriales seroient tenus de se faire recevoir dans les Justices Royales dont leur Siége ressortit ; mais la Cour n'a point statué sur son Réquisitoire, parce qu'elle a cru inutile de faire un Réglement dans une matiere réglée par des Edits.

Me Theveneau Dessaules, qui plaidoit pour le Chapitre, a cité plusieurs Arrêts contraires, & plusieurs exemples, même dans Paris, où les Officiers des Justices Seigneuriales ne sont pas reçus au Châtelet ; & à l'égard des Edits de 1693, il a voulu les faire regarder comme des Loix bursales. Mais on a considéré ces Edits comme des Réglemens sages ; & à l'égard des Arrêts, ils n'ont point fait impression, au moyen de ce qu'ils étoient pour la plûpart antérieurs à l'année 1693.

On peut sur cette matiere voir des Arrêts du Conseil des 30 Juin & premier Septembre 1693 ; un Arrêt de la Cour, rendu le 10 Juillet 1618, rapporté par Bardet ; les articles 10 & 11 de l'Ordonnance de Moulins ; les articles 105, 106, 107, 108 & 109 de celle de Blois, & le Journal des Audiences, tome 3, liv. 2, ch. 21. Voyez aussi l'Arrêt du Parlement de Rennes, du 25 Septembre 1666, rapporté par Sauvageau, ch. 148, par lequel il est fait défenses au Sénéchal & Procureur Fiscal de Grosbuisson, de faire aucune fonction de Judicature, qu'ils ne fussent reçus par les Juges supérieurs immédiats.

Dans le ressort du Parlement de Besançon, les Juges, Procureurs d'Offices, & Greffiers des Justices Seigneuriales, sont assujettis par des Arrêts de Réglement rendus par ce Parlement, les 18 Février 1735, & 4 Septembre 1738, à se faire, dans les six semaines de leur réception, immatriculer aux Greffes des Justices Royales où les appellations desdites Justices se relevent, & d'envoyer à cet effet auxdits Greffes leurs noms, surnoms, avec celui de leur domicile, à peine d'amende. V. l'Edit du mois de Mars 1693.

Tous les Juges des Siéges ressortissans au Parlement, doivent être licentiés & reçus au serment d'Avocat, & les Officiaux doivent être licentiés en Droit-Canon, suivant la Déclaration du 26 Janvier 1680, registrée le 12 Avril suivant. On trouve cette Déclaration au Journal des Audiences, tome 4, liv. 3, ch. 11, & dans le Recueil Canonique de la Combe. Mais, par une autre Déclaration donnée le 22 Mai suivant, en interprétation de la précédente, il a été ordonné que les Ecclésiastiques pourroient à l'avenir faire les fonctions d'Officiaux, pourvû qu'ils fussent Licentiés, ou Docteurs en Théologie dans la Faculté de Paris, ou dans les autres Facultés de Théologie ou de Droit-Canon du Royaume. On peut sur la même matiere consulter l'Edit du mois d'Avril 1625, regiftré au Parlement le 13 Mai suivant. Il est rapporté par Sauvageau, liv. 2, ch. 2.

Les Juges des Seigneurs » peuvent con» noître de tout ce qui concerne les Do» maines, droits & revenus ordinaires ou » casuels, tant en Fief que de roture de la » terre, même des baux, sous-baux & jouis» sances, circonstances & dépendances, soit » que l'affaire fût poursuivie sous le nom » du Seigneur ou du Procureur Fiscal ; & » à l'égard des autres actions où le Seigneur » sera Partie intéressée, le Juge n'en pourra » connoître «. Ordonnance de 1667, titre des Récusations, art. 11.

L'Arrêt rendu en forme de Réglement, le 8 Août 1712, pour la Justice de Lenty en Champagne, porte : » Fait défenses au sieur » de Lenty de former en son nom aucune ac» cusation en sa Justice, ni d'intenter aucu» ne action qui lui soit personnelle, & de les » y poursuivre comme Partie, ou Intéressé, » sous son nom & celui de son Procureur » Fiscal, & à ses Officiers d'en connoître » en qualité de Juges, à peine de nullité » de tous dépens, dommages & intérêts, & » de plus grande peine, s'il y échéoit, sans » préjudice auxdits Officiers de prendre con» noissance de ce qui concerne le domaine, » droits & revenus casuels de la terre de » Lenty, tant en Fief que Roture, pourvû » que le fond du droit ne soit point contes» té, même des baux, sous-baux & jouissan» ces, circonstances & dépendances, soit que » l'affaire fût poursuivie sous le nom du Sr » de Lenty ou du Procureur Fiscal «. Cet Arrêt est dans le sixiéme Volume du Journal des Audiences, liv. 2, ch. 46.

C'est d'après ces Réglemens que, par Arrêt rendu sur les Conclusions de M. Joly de

JUG

Fleury, Avocat Général, le 22 Août 1733, la Cour a déclaré nulle toute la procédure faite à la requête de M. Billard de Lauriere, Conseiller au Grand-Conseil, Seigneur Haut-Justicier de Vaux, sur l'accusation en banqueroute & en complicité, qu'il avoit intentée devant son Juge contre son Fermier & sa caution, & l'a condamné en leurs dommages & intérêts.

Enfin, par un autre Arrêt rendu en la Tournelle, sur les Conclusions de M. Joly de Fleury, le Samedi 26 Février 1763, la Cour a déclaré nulle la procédure extraordinaire faite à la requête de l'Evêque de Noyon, dans sa Justice, contre le Marquis de Barbançon, pour obtenir réparation de prétendues injures.

Dans cette espéce, l'Evêque de Noyon & le Marquis de Barbançon prétendoient avoir droit de chasse sur un certain canton de terre, exclusivement l'un à l'autre. Le Marquis, qui avoit trouvé le Garde de l'Evêque chassant sur ce terrein, lui avoit défendu d'y revenir, & s'étoit servi de termes dont le Garde avoit dressé procès-verbal. L'Evêque, qui se trouvoit offensé de ces termes, en avoit rendu plainte, & fait informer en sa Justice ; & quoique les paroles regardassent directement, il croyoit sa procédure réguliere, parce que l'injure lui étoit, disoit-il, faite incidemment aux fonctions de son Garde, qui étoit Officier de Police, &c. mais la Cour n'eut aucun égard à cette distinction par l'Arrêt, & déclara toute la procédure nulle, comme faite dans une Justice incompétente.

On trouve néantmoins à la suite du texte de la Coutume de Normandie, imprimée en 1753, un Arrêt rendu en forme de Réglement au Parlement de Rouen, le 15 Juil. 1723, *qui fait défenses au Vicomte d'Aumale, & à tous ceux du ressort du Parlem. de Normandie, de connoître à l'avenir des procès entre les Seigneurs & leurs Vassaux pour raison de leurs rentes & droits Seigneuriaux.*

Le même Parlement a ordonné, par un autre Arrêt, rendu *pour servir de Réglement*, toutes les Chambres assemblées, le 2 Avril 1729, *que tous Juges peuvent connoître des procès des Seigneurs dont ils relevent noblement, quand ils n'ont point d'autres raisons de s'abstenir.*

Quand le Juge d'une Jurisdiction est absent, ni les Officiers, ni les Gradués ou Praticiens des Justices voisines, ne peuvent le remplacer ou le substituer : ses fonctions sont dévolues aux seuls Gradués, ou Praticiens même du Siége vacant ; ces principes sont consacrés par un Arrêt rendu le 25 Octobre 1697, dont voici l'espéce :

Le Prévôt de la Ferté-sur-Marne ayant rempli la fonction de Juge dans la Justice de Soyer, pour l'absence du Juge ordinaire de ce lieu, il y eut appel de la procédure faite par ce Prévôt. On la soutenoit vicieuse, comme faite par un homme sans caractere, dans le lieu où il avoit instrumenté. Par l'Arrêt la procédure fut déclarée nulle, l'affaire renvoyée devant le Lieutenant Criminel de Langres ; *& la Cour a fait défenses à tous Gradués & Praticiens, autres que ceux de la Justice de Soyer, d'y exercer aucun acte de Jurisdiction, si ce n'est en cas de récusation ou autre empêchement des Officiers ou Praticiens de ladite Justice, à peine de répondre en leurs noms des dépens, dommages & intérêts des Parties, & de plus grande peine, s'il y écheoit.* Voyez *Praticien.*

Il y a un pareil Arrêt du 12 Septembre 1711, rendu en Vacations, sur les Conclusions de M. de la Galissonniere, pour les Justices de Civray & d'Usson, en Poitou. Un Praticien de l'une de ces Jurisdictions alloit substituer le Juge de l'autre Tribunal absent, la Cour a proscrit cet abus, & ordonné que l'Arrêt seroit publié ès Justices de Civray & d'Usson.

Les fonctions du Juge, ou absent, ou qui a des empêchemens légitimes, ne sont dévolues aux Gradués & aux Praticiens du Siége, que pour les affaires dans lesquelles la Religion, le Roi, la Police, les Communautés, les Mineurs, sont intéressés, & où il est nécessaire que le Ministere public donne des Conclusions ; car dans les autres matieres, les fonctions des Juges sont dévolues au Procureur du Roi, si c'est un Siége Royal ; ou au Procureur Fiscal, si c'est une Justice de Seigneur : la Cour l'a ainsi ordonné par l'Arrêt rendu en forme de Réglement, le 10 Janvier 1724, pour l'administration de la Justice dans le Bailliage Royal de Meudon. V. quelques autres Arrêts que je rapporte à l'art. *Procureur Fiscal.*

L'Arrêt de Meudon ajoute aux difpofitions que je viens de rapporter, que *le Juge ne fera réputé abfent qu'après trois jours, fi ce n'eft dans les caufes qui requierent célérité, & où il y aura un péril évident dans le retardement.*

Lorfque, dans les affaires criminelles, le Miniftere public a pris des Conclufions qui tendent à faire prononcer des peines afflictives ou infamantes, ou quand les Procès ont été inftruits par récollement & confrontation, le Juge, foit Royal, foit de Seigneurs, ne peut plus juger feul ; il doit fe faire affifter de deux autres Officiers de Judicature, fi tant y en a dans le Siége, ou par un pareil nombre de Gradués ; c'eft ce qui fut enjoint à un Juge par Arrêt de la Tournelle, rendu le 2 Août 1695 : l'Ordonnance de 1670, titre 25, art. 10, y eft expreffe.

La Cour a, par Arrêt rendu le 22 Décembre 1731, fur l'appel d'un Procès criminel, jugé en premiere Inftance au Bailliage de Limours, *fait défenfes au Lieutenant Général de rendre feul des Sentences fur des Procès inftruits par récollement & confrontation, & lui a enjoint, audit cas, de fe faire affifter du nombre des Gradués prefcrit par l'Ordonnance, & d'interroger tous les accufés en préfence defdits Gradués, avant le Jugement du Procès.*

A l'égard des Jugemens en dernier reffort, ils ne peuvent être rendus que par fept Juges au moins ; & fi ce nombre ne fe trouve point dans le Siége, ou fi les Officiers font abfens, recufés, ou s'abftiennent pour des caufes jugées légitimes par le Siége, ils doivent être remplacés par des Gradués. Ordonnance, *ibid.* art. 11. Voyez auffi l'Ordonnance de 1539, art. 62, & la note de M. Bourdin fur ledit article.

Quels Juges doivent juger des Récufations ? V. *Récufation.*

Quand un Juge de Seigneur s'abfente, on ne peut faire fes fonctions, il ne doit pas commettre un Gradué ni un Praticien pour le fubftituer ; s'il n'y a point de Lieutenant, il eft de droit remplacé par le Procureur Fifcal, pour les affaires civiles qui ne font pas fujettes à communication au Miniftere public, & dans lefquels le Seigneur n'a point intérêt ; & à l'égard des affaires fujettes à communication, ainfi que des affaires criminelles, & de celles dans lefquelles le Seigneur eft intéreffé, la connoiffance en appartient de droit au plus ancien Avocat du Siége, s'il y en a, finon au plus ancien Praticien, ainfi que la Cour l'a jugé par Arrêt rendu le 31 Mars 1711, portant Réglement pour la Juftice de Sceaux, & qu'on trouve au fixiéme volume du Journal des Audiences, liv. 1, ch. 9.

Cet Arrêt porte encore : *Ne pourra pareillement le Juge de Sceaux, en cas d'abfence ou légitime empêchement du Procureur Fifcal, commettre à la fonction de Procureur Fifcal, qui fera faite & remplie en ce cas par l'ancien Gradué, fi aucun y a audit Siége, finon par le plus ancien Praticien non fufpect, felon l'ordre du Tableau.*

Il en a été rendu un autre le 24 Septembre 1724, par lequel la Cour a fait défenfes au Procureur Fifcal de Charenton-Saint-Maurice, de faire fonction de Juge dans les affaires criminelles ou autres fujettes à communication. V. auffi l'Arrêt rendu au Parlement de Touloufe, en forme de Réglement, le 6 Avril 1742.

Si cependant le Procureur Fifcal n'étoit pas Gradué, & s'il y avoit des Avocats dans le Siége, ce feroit à l'Avocat de remplacer le Juge ; parce qu'indépendamment de ce que l'Avocat eft compris au nombre des Praticiens, il eft cenfé avoir la connoiffance des Loix, que le fimple Praticien n'eft pas fuppofé connoître comme le Gradué, qui doit les avoir étudiées. V. *Chenu.*

L'Ordonnance de 1670, tit. 25, art. 10 & 11, n'indique que des Gradués pour completter le nombre des Juges qu'elle exige avec empire pour juger les accufés contre lefquels il y a des conclufions à peine afflictive ; & l'on ne peut entendre fa difpofition que des Gradués qui font habitués dans le Siége, fuivant l'ordre du Tableau. Cependant voyez *Affeffeurs.*

S'il n'y avoit point de Gradués dans le Siége, le nombre des Juges ne pourroit pas fe remplir en appellant des Praticiens, comme cela fe peut dans les affaires civiles : il faudroit alors appeller des Gradués d'un autre Siége ; & dans ces cas-là l'ordre du Tableau du Siége dont ces Gradués font tirés, ne doit pas fe garder ; mais leurs noms doivent être défignés aux Parties, afin qu'elles puiffent propofer leurs moyens de récufation, fi elles en ont.

Le choix des Gradués étrangers n'appartient à aucune des Parties, mais au Juge feul; il feroit en effet dangereux que ceux qui doivent juger, fuffent choifis par les perfonnes intéreffées au Jugement. L'Ordonnance de 1667, tit. 24, art. 26, veut que le nombre des Juges qu'elle exige, foit rempli par des Avocats ou Praticiens du Siége non fufpects aux Parties; & il y auroit une fufpicion légitime, fi le choix étoit fait par autre perfonne que par le Juge même, qu'on doit toujours fuppofer avoir intention de le faire bon, & plus capable de difcerner ceux qui méritent le mieux de lui être adjoints.

Il y a un Arrêt du 13 Février 1702, rendu en la Tournelle, qui régle l'honoraire des Gradués appellés pour Juges en matiere criminelle.

Les Ordonnances de 1667 & de 1670, n'ont pas introduit des ufages nouveaux, en voulant que les plus anciens Gradués du Siége fuffent préférés aux modernes, lorfque le Juge fe trouve dans le cas de fe faire affifter d'un plus grand nombre de Juges qu'il n'y en a dans fon Siége. Long-temps auparavant, il avoit été jugé que Me François Brodeau, plus ancien des Avocats au Parlement de Paris, feroit appellé pour Juge au Bailliage du Palais, par préférence à ceux qui lui étoient poftérieurs fur le Tableau: l'Arrêt a été rendu le 15 Mai 1564, c'eft Me Julien Brodeau, fon fils, qui le rapporte. Il y en a un femblable pour le Siége de la Connétablie du 30 Mars 1602, indiqué au Recueil de la Connétablie.

Comme la Juftice en bien des occafions doit être adminiftrée dans le moment même, la réfidence des Juges dans l'étendue de leur Jurifdiction eft par conféquent néceffaire; auffi les Ordonnances les y ont-elles affujettis. Guefnois en cite plufieurs, livre premier, titre 21; il rapporte entr'autres celle de Philippe IV en 1302, article 12; de Charles VIII en 1490, art. 5; de Louis XII en 1498, article 60; de François I en 1535, chap. 12, article premier; une Déclaration du 23 Novembre 1539, enregiftrée le 5 Janvier, &c.

On peut fur la même matiere, confulter l'Arrêt rendu au Confeil le 24 Juillet 1615, fur les repréfentations de la Nobleffe des Provinces de Breffe, Bugey, Valromey & Gex, qui porte que les Juges des Juftices Seigneuriales réfideront *au-dedans defdites Juftices, ou en autres lieux proches d'icelles*; & l'Arrêt de Réglement du Parlement de Touloufe du 2 Avril 1740. V. Auffi un Arrêt de la Cour des Aides du 20 Juillet 1763, qui enjoint aux Officiers de fon reffort de réfider dans les Villes & lieux de l'établiffement de leur Siége, fous peine d'être déchus des exemptions attribuées à leurs Offices.

Un Avocat, exerçant fa profeffion dans le Siége Préfidial d'une Ville où il demeuroit, s'étant fait recevoir Châtelain d'un autre lieu reffortiffant à ce Préfidial, il lui fut enjoint par Arrêt rendu le 10 Décembre 1676, de réfider dans le lieu dont il étoit Châtelain. Sur cela voyez Papon, liv. 4, tit. 12, n°. 5; Brillon & Loyfeau.

En Provence, les Lieutenans, les Procureurs Fifcaux & les Greffiers, font feuls tenus de réfider dans le diftrict de la Jurifdiction Seigneuriale. Le premier Magiftrat du Siége peut demeurer ailleurs, mais il doit s'y rendre, toutes les fois qu'il y eft néceffaire, fans pouvoir exiger à ce fujet, aucun frais de voyage, ainfi qu'il a été jugé par un Arrêt rendu entre le Seigneur & la Communauté de Rongiers, le 11 Avr. 1711. Voyez la Jurifprudence du Parlement de Provence, tit. de la Juftice, n°. 6.

Les Juges ne peuvent donner aucune confultation fur les affaires pendantes en leur Siége. Voyez *Avocat, Avocat du Roi,* & *Confeiller.*

Mais, peuvent-ils donner leur avis fur les affaires pendantes dans un Siége inférieur reffortiffant devant eux? Cette queftion s'eft préfentée en la Grand'Chambre, le 10 Février 1742.

Dans cette efpéce, on avoit trouvé chez un Juge inférieur, plufieurs difpofitifs de Sentences écrits de la main de l'un des Préfidens du Bailliage où reffortiffoient les appels de ces mêmes Sentences; & un autre Préfident avoit demandé que, pour raifon de ce, fon confrere fût interdit de fes fonctions pendant un temps.

Il difoit qu'un Juge fupérieur avilit fa Dignité, en faifant les fonctions d'un Juge inférieur; que d'ailleurs, il eft défendu aux Juges de donner leur avis dans les caufes dont ils font ou peuvent devenir Juges; & que, quand celui qui avoit dreffé les Sentences prononcées par le Juge fubalterne, auroit eu la prudence de ne pas fe trouver au Siége, lors du Jugement de l'appel des Sentences qui étoient fon ouvrage, il en réfultoit un inconvénient qui pouvoit faire tort au public, puifqu'il ne pouvoit y avoir trop d'avis à un Jugement.

Le Préfident attaqué, répondoit qu'il avoit fait une chofe avantageufe au public, en inftruifant un Juge inférieur, qui avoit eu recours à fes lumieres; qu'il n'avoit jamais connu de l'appel d'aucune des Sentences qu'il avoit dreffées, &c.

M. l'Avocat Général d'Ormeffon obferva que la conteftation n'étoit fondée que fur une méfintelligence des deux Préfidens, d'après quoi il eftima qu'il y avoit lieu de les mettre hors de Cour. Mais, par l'Arrêt dudit jour 10 Février 1742, le Préfident affigné fut déchargé de la demande en interdiction, &c. avec 50 liv. de dommages & intérêts, & aux dépens.

On ne peut pas nommer pour Juge le frere du Procureur Fifcal, fuivant un Arrêt rendu le 11 Juillet 1673, ni même fon coufin-germain.

Il eft défendu à ceux qui ont le pouvoir d'inftituer & de deftituer les Juges, d'ufer de ce pouvoir pour donner un certain Juge à une certaine caufe; cette régle a lieu, même contre les Evêques, à qui il n'eft pas plus permis de donner un Official particulier pour une caufe, qu'à un Seigneur de donner un Juge particulier pour une affaire. Mornac & Peleus rapportent des Arrêts qui l'ont ainfi jugé.

Les Seigneurs peuvent-ils nommer des Lieutenans dans leurs Juftices? Voyez *Lieutenans*.

Le pouvoir des Juges des Seigneurs Eccléfiaftiques ne finit, ni par la mort, ni par la réfignation des Bénéficiers qui les ont nommés, ils confervent leur caractere & leur autorité jufqu'à ce qu'ils foient deftitués par le nouveau Bénéficier, (voyez *Deftitution*) & ils peuvent appofer Scellé & faire

Inventaire des effets du Seigneur Eccléfiaftique, s'ils en font requis. Voyez *Haute-Juftice* & *Economat*.

Les Juges peuvent bien folliciter leurs confreres chez eux pour les affaires & procès de leurs proches; mais ils ne doivent point être préfens à l'Audience, ni dans les lieux de la Séance, pendant le rapport ou le Jugement de l'Inftance dans laquelle ils ont follicité. Voyez l'Ordonnance de 1667, titre *des Recufations*, art. 13 & 14.

Les Parties ne peuvent prendre de tranfport fur les Juges devant lefquels elles plaident. Voyez *Transport*.

Le Parlement de Bordeaux a enjoint aux Juges de fon reffort de tenir leurs Audiences tous les huit jours, par un Arrêt du premier Avril 1735.

Les Juges & autres Officiers des Terres dépendant d'Evêchés & Bénéfices, ne font pas deftitués par la vacance des Bénéfices en Régale. V. *Deftitution*.

J U I F S.

Un Juif marié qui fe fait baptifer, ne peut pas fonger à prendre un autre femme que la fienne, parce que, dit Saint Ambroife, le Baptême détruit les crimes, mais non pas les mariages.

Le Code de Juftinien contient une Loi de l'Empereur Théodofe-le-Grand, du 30 Décembre 393, par laquelle il eft défendu aux Juifs de contracter de nouveaux mariages dans le cours d'un premier qui fubfifte; & de retenir une Coutume dont ils s'étoient fait une Loi par abus.

La Cour a même jugé par Arrêt rendu le 2 Janvier 1758, fur les Conclufions de M. l'Avocat Général Séguier, qu'un Juif, nommé Borach-Lévi, lequel depuis fon mariage avec Mandel-Cerf, Juive, s'étoit fait Chrétien, ne pouvoit pas époufer une autre femme, quoique Mandel-Cerf eut perfévéremment refufé de venir habiter avec lui depuis fon Baptême; & qu'elle eut nonfeulement confenti la diffolution de leur mariage, mais qu'elle eut même fait une fommation à fon mari, de lui accorder des Lettres de Divorce, conformément à l'ufage pratiqué parmi les Juifs.

Lévi n'avoit pour adverfaire que M. l'Evêque de Soiffons, intimé fur l'appel comme d'abus des Sentences rendues par son Official, par lesquelles Lévi étoit déclaré non-recevable dans sa demande, à ce que le Curé de Villeneuve sur-Bellot fût tenu de publier ses bans de mariage avec Anne Thevart.

L'Official de Strasbourg avoit au contraire permis à Lévi de se pourvoir par mariage en face d'Eglise avec une autre femme que Mandel Cerf, en laissant à celle-ci la liberté de faire ce qu'elle jugeroit à propos, & d'épouser, si elle le vouloit, un Juif. Mais Messieurs les Gens du Roi s'étant rendus appellans comme d'abus de cette Sentence, la Cour a jugé qu'il y avoit abus, & a décidé qu'il n'y avoit dans celle de l'Official de Soissons.

Le motif de l'Arrêt a été l'indissolubilité du mariage contracté, même par les Infidéles. On peut sur cette question, voir la consultation de M. le Ridant, où la question est traitée avec beaucoup de lumiere & de profondeur. Voyez aussi le chap. 7 de la premiere Epître de S. Paul, aux Corinthiens.

Un Juif n'a proprement point de domicile, il n'a point d'état dans le Royaume, il y est, ainsi que tous les Membres de sa Nation, errant, il n'est Citoyen nulle part, & quoique né François, il est étranger dans chaque Ville.

Les Juifs sont tolérés dans la Ville de Metz & dans la Province d'Alsace, parce qu'ils y étoient établis quand la France s'en rendit maîtresse; & le Conseil supérieur de Colmar leur a, par Arrêt du 19 Janv. 1717, fait défense de tenir cabaret, & d'avoir des domestiques Chrétiens.

Quand le serment est déféré à un Juif, il le prête d'une maniere particuliere, & qui est propre à cette Nation, en mettant la main sur une Bible Hébraïque, la tête couverte avec la permission du Juge: en cette posture, il promet à Dieu de dire vérité.

Le Code noir ordonne par l'article premier, que les Juifs seront chassés de la Louisiane, & qu'ils seront tenus d'en sortir trois mois après la publication de cette Ordonnance, à peine de confiscation de corps & de biens.

Sur la résidence des Juifs dans les Etats du Roi, voyez l'Edit de Louis XIII du 23 Avril 1615. Voyez aussi des Lettres-Patentes données à Meudon au mois de Juin 1723, registrées au Parlement de Bordeaux le 11 du même mois, concernant l'établissement des Juifs domiciliés dans les Généralités de Bordeaux & d'Auch, connus sous le titre de *Portugais;* & l'Arrêt du Conseil du 20 Janvier 1734. Voyez aussi l'Ordonnance du 4 Février 1727, portant Réglement sur ce qui doit être observé dans les Echelles du Levant & de Barbarie, par les Juifs qui y jouissent de la protection de la France.

La Cour, par un Arrêt rendu le 22 Août 1729, sur les Conclusions de M. l'Avocat Général d'Aguesseau, a fait défenses aux Marchands Juifs, & à tous autres Juifs, de s'établir dans la Rochelle à perpétuité ou pour un temps; & aux Officiers de Police d'accorder auxdits Marchands Juifs & à toutes autres personnes prohibées par les Ordonnances de s'établir dans ladite Ville, à moins qu'ils n'ayent des Lettres-Patentes dûement enregistrées en la Cour.

Deux Arrêts rendus au Parlement de Dijon, les 22 Juin 1724, & 29 Juill. 1730, qui avoient permis à quelques Marchands Juifs établis à Bordeaux, de trafiquer, vendre & négocier pendant un mois de chaque saison de l'année, dans toutes les Villes, Bourgs & lieux du ressort de ce Parlement, ont été cassés par Arrêt du Conseil du 20 Février 1731, lequel a fait défenses aux Juifs de trafiquer, vendre & débiter des marchandises dans aucunes Villes & lieux du Royaume, autres que celles où ils sont domiciliés.

Un Arrêt rendu en forme de Réglement au Conseil supérieur de Colmar, le 21 Juin 1714, *a fait défenses à toute personne, de quelque qualité & condition qu'elle soit, de se rendre à l'avenir cessionnaire des droits & actions d'aucun Juif, à peine de perte de leur dû, & sous telles autres peines que de droit; fait pareillement défenses à tout Notaire, Greffier, & autres personnes publiques, de passer aucun acte de cette nature, aussi sous telles peines que de droit.* . . . . Cet Arrêt est rapporté dans la nouvelle édition *in-folio* des Arrêts d'Augeard, tom. 2, n°. 147.

Le même Auteur, tom. 1, n°. 46, rapporte un autre Arrêt rendu au Parlement de Metz le 10 Février 1691, par lequel il a été ordonné que deux Juifs ne pourroient pas être entendus comme témoins contre un Chrétien, en faveur d'un autre Juif qui les appelloit en témoignage.

J'avois jufqu'à préfent regardé, comme erreur populaire, l'opinion où l'on eft en France, que les Juifs font affujettis à des droits de péage, comme les animaux; mais je viens de trouver la Pancarte ou Tableau des droits de péage, qui fe payent à Château-neuf-fur Loire, pour les détroits de Laiz & Bic, imprimé en 1570, en vertu d'Arrêt de la Cour du 15 Mars 1558, qui porte;

» *Item.* Un Juif doit 12 deniers.
» La Juive, groffe, 9 den.
» Une fimple Juive, 6 den.
» *Item.* Un Juif mort, 5 fols.
» Une Juive morte, 30 den. «

JUMEAUX.

Quel eft celui de deux Jumeaux qui jouit du droit d'aîneffe? V. *Aîneffe.*

JURAT.

On nomme ainfi les Officiers Municipaux de la Ville de Bordeaux. Ce font les mêmes Officiers qu'on nomme ailleurs Echevins & Confuls. V. *Echevin.*

Les Juges des Seigneurs du Béarn font auffi nommés Jurats.

Les Jurats de Béarn connoiffent des décrets, mais ils ne peuvent juger quand il s'agit de crimes qui méritent peine afflictive; ils ont feulement en ce cas la liberté de donner leur avis, qui eft porté au Parlement.

L'appel des Jugemens des Jurats de Béarn peut être porté aux Siéges des Sénéchauffées, ou au Parlement, au choix des Parties.

Les Jurats de Bordeaux ont la Juftice Criminelle concurremment & par prévention avec le Lieutenant Criminel de cette Ville.

Dans l'Agénois & le Condomois, les Jurats ont auffi la connoiffance d'une partie des crimes qui s'y commettent.

JURÉS.
V. *Arts & Métiers. Bourgeois.*

On nomme Jurés ceux qui, dans la plûpart des Communautés de Marchands & Artifans, font chargés d'en adminiftrer les affaires. Dans quelques Corps on les nomme Gardes, dans d'autres Syndics, &c.

Les Statuts de chaque Corps réglent ordinairement les Fonctions de fes Jurés; & il n'y a fur cela d'uniformité qu'en ce que les Jurés repréfentent toujours leur Communauté, & en adminiftrent les biens de la même maniere que les tuteurs gérent ceux de leurs pupilles.

Les Jurés des Communautés peuvent, comme les tuteurs, être contraints par Corps à rendre compte de leur geftion, & à en payer le reliquat. On penfe même univerfellement qu'ils peuvent y être contraints folidairement, lorfque leurs Statuts ne contiennent point de difpofitions contraires.

Les Membres d'une Communauté qui font élus Jurés, Syndics ou Gardes de leur Corps, ne peuvent fe difpenfer de l'accepter, parce que c'eft une charge publique. Il y a même des Corps où l'acceptation de cette charge doit fe faire, fous peine de déchéance de la Maîtrife & Réception. La Communauté des Orphévres de Paris a obtenu des Arrêts qui l'ont ainfi jugé contre quelques-uns de fes Membres, qui refufoient d'être Gardes; & l'art. 10 des Statuts des Fabriquans & Marchands d'Etoffes à Lyon, revêtus de Lettres-Patentes du premier Octobre 1737, regiftrées au Parlement le 31 Mars 1738, prononce, outre la déchéance de la Maîtrife, une amende de 500 liv. contre ceux qui refuferont d'être Gardes après avoir été élus.

JURÉS-CRIEURS.
Voyez *Crieurs.*

JURISDICTION.

Ce mot fignifie autorité pour juger les affaires litigieufes.

On donne auffi ce nom au Tribunal qui eft revêtu de cette autorité.

JURISDICTION Ecclésiastique.
V. *Abbé*, *Abus*, *Bras-Séculier*, *Evêque*,
Grand-Vicaire, *Official*, *Religieux* & *Sa-
cremens*.

» Jésus-Chrit, en quittant la terre, a
» laissé à son Eglise le droit de faire exécu-
» ter les Loix qu'il lui avoit prescrites; d'en
» établir de nouvelles, quand elle le jugeroit
» nécessaire; & de punir ceux qui n'obéi-
» roient pas à ses Ordonnances..... Mais,
» comme il ne s'est fait homme que pour
» sauver les hommes...... il s'est proposé
» de les instruire sans exercer aucune puis-
» sance temporelle; il a déclaré que son
» Royaume n'étoit pas de ce monde; il n'a
» pas même voulu se mêler d'un partage
» entre deux freres «. Loix Ecclésiastiques,
liv. 1, chap. 1.

Le pouvoir des Clefs que Jésus-Chrit
a confié à ses Apôtres en leur donnant leur
mission, n'est point d'une nature différente,
& il ne consiste que dans le pouvoir d'enseigner sa doctrine, de remettre les péchés,
d'administrer les Sacremens aux Fidéles, &
d'imposer des peines purement spirituelles à
ceux qui violent les Loix Evangéliques &
les régles Ecclésiastiques.

Les Princes Séculiers, par respect pour
l'Eglise & pour honorer les Pasteurs, ont
beaucoup augmenté les droits de l'espéce de
Jurisdiction qui leur étoit attribuée: ils lui
ont donné par privilége un tribunal contentieux pour donner plus d'autorité à ses décisions sur les affaires spirituelles, & ils lui
ont accordé, par une grace spéciale, la connoissance des affaires personnelles intentées
contre les Clercs, tant pour le Civil, que
pour le Criminel. Voyez ce que je dis aux
articles *Cas privilégiés*, *Delit commun* & *Ecclésiastique*.

La Jurisdiction Ecclésiastique se divise en
gracieuse & en contentieuse (*a*).

La Jurisdiction gracieuse est la même
chose que ce qu'on nomme aussi Jurisdiction
volontaire, dont dépendent l'administration
des Ordres, la Collation des Bénéfices,

l'Institution Canonique, la Jurisdiction Sa-
cramentelle, le pouvoir de faire des Réglemens pour la police des Eglises, d'accorder
des dispenses & autre chose de cette nature,
que l'Evêque tient de son propre caractere.
V. *Dispense* & *Irrégularité*.

La Jurisdiction contentieuse est celle que
les Princes ont accordée aux Archevêques
& Evêques, & qui consiste dans le pouvoir
de vuider par la voie judiciaire les différends des Ecclésiastiques, & même ceux des
Laïcs en certains cas. Voyez *Official*.

L'Archevêque ou l'Evêque peut exercer
par lui-même la Jurisdiction gracieuse; il est
de Droit-commun, le seul Juge ordinaire de
son Diocèse, pour décider sans instruction
judiciaire les matieres sujettes à cette espéce de Jurisdiction: mais il est obligé de nommer un Official pour exercer la Jurisdiction contentieuse (*b*), & dans celle-ci il
faut suivre les formalités & les procédures prescrites, tant par les Canons, que
par les Ordonnances du Royaume. Voyez
Official.

Quand il s'agit d'accorder des permissions
de prêcher, d'ériger des Cures, de nommer
aux Bénéfices non chargés d'Expectatives,
l'Evêque peut suivre les lumieres de sa conscience, sans être assujetti à donner les motifs de son refus; parce que ceux qu'il a
refusés, ne sont pas reçus à se plaindre.

Mais lorsqu'il s'agit d'actes que l'E-
vêque exerçant la Jurisdiction gracieuse,
est forcé de faire; par exemple, s'il est
question d'accorder le *Visa* à des pourvus
de Bénéfices en Cour de Rome, à des présentés par des Patrons, à des Gradués, &c.
comme ses Jugemens peuvent en ce cas être
réformés par ses Supérieurs, il doit expliquer les causes de son refus, afin que le Supérieur, qui en est le Juge, puisse connoître
s'il est bien ou mal fondé.

La Jurisdiction Ecclésiastique contentieuse, telle qu'elle s'exerce aujourd'hui, est
de Droit humain & positif. L'Eglise a long-
temps subsisté sans cette espéce de Jurisdiction; elle avoit seulement autrefois l'arbi-

---

(*a*) Je ne parle pas ici de la Jurisdiction pénitentielle
qui s'exerce dans le for intérieur, & qui n'a rapport
qu'au Sacrement de Pénitence. Cette matiere n'est pas
de mon ressort.

(*b*) Les Evêques qui se sont conservés dans la possession

de tenir eux-mêmes leurs Officialités, & singuliérement
ceux des Pays-Bas, y ont néanmoins été maintenus. V. le
Recueil Canoniq. de la Combe à l'art. *Official*, verb. *Eta-
blissement*, n. 4, & l'Arrêt du 22 Février 1692, concernant
l'Archevêq. de Cambrai, dont parle Brillon, verb. *Official*.

trage des caufes des Chrétiens qui ne vou-loient pas plaider devant des Juges payens, la cenfure & la correction des mœurs par des exhortations, &c. Voyez Loyfeau, des Seigneuries ; il traite cette matiere avec beaucoup de lumiere & d'étendue.

» Dans les moyens temps, dirent Mrs les » Gens du Roi au Parlement d'Aix le 21 » Avril 1716, l'Eglife avoit accru fa Jurif- » diction, attirant à elle, fous divers pré- » textes, tantôt une matiere, & tantôt une » autre, les caufes de mariage & de la dif- » folution des promeffes à caufe du Sacre- » ment ; celles des teftamens, parce qu'ils » étoient reçus *in extremis* fouvent par des » Notaires Apoftoliques, ou parce que l'e- » xécution fe trouvoit commife à des Pré- » lats, comme Exécuteurs Teftamentaires ; » celles des Clercs à caufe du privilége clé- » rical ; les legs pieux par la faveur de la » caufe pieufe & de l'Eglife ; enfin prefque » tout étoit devenu de fon reffort, & la » Juftice Royale, miférablement lacérée, » fe trouvoit refferrée dans des bornes peu » convenables à l'étendue de l'autorité fou- » veraine de nos Rois.

» Qu'il en a coûté de foins pour rendre à » la Juftice Royale fon premier luftre ! Que » d'Edits, d'Ordonnances & d'Arrêts il a » fallu, pour contenir la Jurifdiction Ecclé- » fiaftique dans fes limites ! Plufieurs fiécles » ont à peine fuffi pour cela «.

Saint Louis, Philippe III & Charles VI ont fucceffivement fait des Ordonnances qui maintiennent la Jurifdiction des Evêques. Philippe VI, en confirmant la Jurifdiction Eccléfiaftique, en fixa les bornes : mais, comme les Réglemens faits par ces Princes & par leurs Succeffeurs *n'étoient pas égale-ment obfervés dans tous les Parlemens*, & qu'il étoit d'ailleurs *furvenu des difficultés auxquelles ils n'avoient point pourvu*, le Clergé fupplia Louis XIV de *régler ces nouveaux fujets de conteftation*, & obtint l'Edit du mois d'Avril 1695 (enregiftré au Parlement le 14 Mai fuivant) par lequel les droits de la Jurifdiction Eccléfiaftique ont été déterminés.

Cet Edit, (qui, comme on voit, n'a pas

été donné du propre mouvement du Roi) a depuis été interprêté par des Déclara-tions des 29 Mars 1696 & 30 Juillet 1710 (a).

Suivant l'article 34 de l'Edit de 1695, *la connoiffance des caufes concernant les Sacre-mens, les vœux de Religion, l'Office Divin, la difcipline Eccléfiaftique & autres purement fpirituelles appartient au Juge d'Eglife.*

Mais, comme la puiffance Séculiere a droit de veiller à l'adminiftration extérieure des Sacremens, fi le propre Pafteur refufe pu-bliquement de les adminiftrer, fans être au-torifé à faire ce refus par quelque caufe lé-gitime, fondée fur des Canons reçus dans le Royaume, & fur une notoriété de Droit, alors la Jurifdiction Séculiere peut & doit, non-feulement y contraindre le Refufant par faifie de fon temporel ou autres peines, (comme il eft arrivé en 1632 à l'égard des Curés d'Amiens, qui refufoient pendant la contagion d'adminiftrer les Peftiférés;) mais même commettre un autre Curé, & à cet effet lui donner territoire.

Comme le refus public des Sacremens eft un trouble fait à la Société civile, & une injure grave à celui qui l'effuie, il n'eft pas néceffaire de prendre la voie de l'appel com-me d'abus pour fe les procurer : mais on peut fe pourvoir devant tout Juge Royal par la voie de la plainte, ou par la voie de dénonciation.

Henri II regardoit le foin de procurer les Sacremens à fes Sujets, comme un des prin-cipaux devoirs des Rois Très-Chrétiens : voici comme ce Prince s'explique dans le préambule d'un Edit du mois de Février 1556, enregiftré au Parlement le 4 Mars 1557.

Comme nos prédéceffeurs.....Très-Chrétiens Rois de France ayent par acte vertueux & Catholique, chacun en fon endroit, montré par leurs très-louables effets, qu'à droit & bonne raifon, ledit nom Très-Chrétien, comme à eux propre & particulier, leur avoit été at-tribué ; en quoi les voulant imiter & fuivre, avons, par plufieurs bons & falutaires exem-ples, témoigné la dévotion qu'avons à confer-ver & garder ce tant célèbre & excellent ti-

tre , duquel les principaux effets font de faire inviter les créatures que Dieu envoye fur terre en notre Royaume...... aux Sacremens par lui ordonnés, & quand il lui plaît les rappeller à foi, leur procurer curieufement les autres Sacremens pour ce inftitués , avec les derniers honneurs de la fépulture : Et étant dûement avertis , &c.

Les Livres & fur-tout ceux dans lefquels les preuves de nos Libertés ont été recueillies, font pleins d'Ordonnances & d'Arrêts fur l'adminiftration des Sacremens : on y trouve des injonctions faites à des Evêques de révoquer des cenfures injuftes, des réglemens fur la maniere, le temps & le lieu de célébrer les Saints Myfteres ; des Arrêts qui puniffent le refus illégitime d'adminiftrer les Sacremens, ou d'accorder la fépulture Eccléfiaftique ; qui défendent aux Evêques de conférer les Ordres facrés aux accufés de crimes qui intéreffent l'Etat ; qui déclarent non-valables des célébrations de mariages, & des émiffions de vœux ; qui maintiennent le droit de réprimer & profcrire les Mandemens des Evêques, qui transforment en péchés les actions les plus innocentes ; & des Loix qui défendent aux Evêques & aux Prêtres d'excommunier qui que ce foit, avant qu'on connoiffe la caufe pour laquelle les faintes régles ordonnent d'ufer de cette cenfure : les exemples en font fans nombre, & ce font les plus religieux de nos Rois qui fe font déclarés le plus hautement les défenfeurs de ces droits & de ces maximes. Voyez les preuves des Libertés de l'Eglife Gallicane, Fevret, le Journal des Audiences, & celui du Palais ; la Novelle 123, le Plaidoyer de M. l'Avocat Général de Lamoignon contre l'Evêque de Soiffons, en 1719, la vie de Saint Louis, &c.

Nous avons enfin fur cette matiere un Arrêt de Réglement rendu le 18 Avril 1752, la célèbre Déclaration du 2 Septembre 1754, & l'Arrêt d'enregiftrement rendu le 5, qui contiennent des défenfes de faire aucune innovation dans l'adminiftration extérieure & publique des Sacremens. Voyez Sacremens.

En un mot, nous avons reçu en France le Concile de Trente, pour ce qui regarde la doctrine & les mœurs, avec le refpect qui eft dû aux décifions de l'Eglife univerfelle ; mais nous n'avons pas eu la même déférence pour ce que ce Corcile a décidé fur la Difcipline & fur la Police extérieure, parce qu'elles appartiennent au Prince, qui eft un véritable Evêque au-dehors de l'Eglife, comme les Evêques en font les Princes, en ce qui regarde l'intérieur.

Les Juges d'Eglife, quels qu'ils foient, ne peuvent donner mandement aux Officiers de la Jurifdiction Séculiere ; c'eft une entreprife qui n'a jamais été toléré, & dont l'abus a été jugé par Arrêt rendu en la Grand'Chambre, le 25 Mai 1515, contre l'Evêque de Troyes.

Il y a deux voies ouvertes pour fe pourvoir contre les Jugemens & les procédures de la Jurifdiction Eccléfiaftique ; fçavoir, 1°. celle de l'appel fimple, qui fe releve devant le Métropolitain, de celui-ci au Primat, & du Primat au Pape, ou au Juge qu'il délégue, conformément à nos Libertés ; (Voyez Libertés de l'Eglife Gallicane), & dans certains cas, du Pape même au Concile général, qui repréfente l'Eglife univerfelle. 2°. La voie de l'appel comme d'abus, lorfqu'il y a attentat, entreprife ou violence contre les Saints Décrets ou Canons reçus dans l'Etat, droits, franchifes, libertés, ufages & priviléges des Eglifes, &c. V. Abus, & l'art. 79 de nos Libertés.

JURISPRUDENCE.

» La Jurifprudence eft la fcience ou l'art » du Droit «.

C'eft la définition qu'en donne le Dictionnaire Civil & Canonique ; mais nous appellons plus particuliérement Jurifprudence, les Jugemens conftamment rendus, les maximes & les ufages reçus dans un Tribunal fur l'interprétation de la Loi, & fur fes différentes applications. V. Arrêts.

IVROGNE.

Un homme ne peut pas excufer une mauvaife action, fous prétexte qu'il l'a commife, étant ivre. Son état feul eft un crime ; il a confenti, ou du moins il s'eft expofé à perdre la raifon ; c'en eft affez pour le condamner.

L'article premier de l'Ordonnance de François Premier pour la Bretagne, du mois d'Août 1536, porte en effet que, *s'il advient que, par ébriété ou chaleur de vin, les Ivrognes commettent aucun mauvais cas, ne leur fera pour cette occasion pardonné, mais feront punis de la peine dûe audit délit, & davantage pour ladite ébriété*, à l'arbitrage du Juge.

Ce même article *ordonne de plus, que quiconque fera trouvé ivre, foit incontinent conftitué prisonnier au pain & à l'eau pour la premiere fois ; & si fecondement il eft repris, fera, outre ce que devant, battu de verges ou fouets par la prifon ; & la troifiéme fois, fuftigé publiquement. . . . . ; & s'il eft incorrigible, fera puni d'amputation d'oreille & d'infamie, & banniffement de fa perfonne. . . . . .*

L'attention des Juges à faire exécuter les Réglemens qui fixent les heures auxquelles les Cabaretiers peuvent donner à boire, peut contribuer à empêcher ces défordres. *V.* quelques-uns de ces Réglemens à l'art. *Cabarets.*

JUSTICE.

V. Deftitution d'Officiers, Fief, Fief & Juftice n'ont rien de commun, Haute-Juftice, Juges, Jurifdiction Eccléfiaftique, Official, Pair & Parlement.

Le mot *Juftice*, pris en un fens, fignifie conforme à la Loi ; mais en un autre fens, il fignifie *Jurifdiction* : on dit, par exemple, la Juftice d'un tel endroit, pour marquer les Officiers dont le Tribunal eft compofé ; & c'eft de la Juftice, comme *Jurifdiction*, dont je vais parler.

Sous la premiere Race de nos Rois, la Juftice s'adminiftroit au nom du Roi, dans tout le Royaume. Les Ducs & les Comtes, auxquels le Gouvernement des Provinces étoit confié, étoient auffi Juges dans leurs Gouvernemens : ils affembloient les plaids généraux de leurs Provinces, trois ou quatre fois par an ; ils entretenoient dans les Villes leur Cour ordinaire de Juftice, & prononçoient au nom du Roi.

Outre les Ducs & les Comtes, il y eut d'autres Officiers Royaux, dont le reffort fe terminoit aux Bourgs, & à leur territoire : quoique leurs perfonnes fuffent fubordon-

nées aux Ducs & aux Comtes, leur Jurifdiction en étoit indépendante. Ils jugeoient en dernier reffort les affaires communes ; on portoit les caufes majeures au Duc ou au Comte, aux Commiffaires vifiteurs des Provinces, ou au Pfalfgrave, c'eft-à-dire, au Comte du Palais. Ce Juge, après le Maire, avoit la plus grande autorité ; il rendoit la Juftice dans la Cour du Roi, fouvent à la porte du Palais ; on nommoit fes audiences, les plaids ou les affifes de la Porte.

La fuppreffion des Maires ne fit aucun tort à la Jurifdiction des Comtes du Palais ; leur Tribunal femble avoir fubfifté jufqu'au dixiéme fiécle.

Parurent enfuite les Maîtres des Requêtes de l'Hôtel, dont l'origine n'eft pas encore bien éclaircie. Leurs fonctions font mieux connues : ils recevoient les plaintes des Parties, terminoient les différends ordinaires, & rapportoient au Roi & à fon Confeil, les procès de conféquence.

Les Magiftratures des Ducs & des Comtes, amovibles fous les Rois Mérovingiens qui ont gouverné par eux-mêmes, viageres fous les Maires, devinrent infenfiblement héréditaires ; les unes par la conceffion des Souverains, les autres par l'ufurpation des poffeffeurs. Les Grands Officiers, propriétaires de leurs Gouvernemens & de leur Jurifdiction, profiterent de la foibleffe des Princes Carlovingiens, pour s'attribuer les droits de la Souveraineté. Ils rendirent la Juftice en leurs noms, & firent, de leur propre autorité, d'autres fonctions, dont ils ne s'acquittoient auparavant qu'au nom du Roi. Cette Souveraineté qu'ils s'arrogerent, eft devenue une efpéce de Franc-aleu, tant pour la Juftice, que pour le Domaine.

Dans les différens états de l'ancienne Judicature, le Magiftrat avoit pour Affeffeurs des Juges, dont la condition étoit égale aux Parties qui plaidoient ; on les nommoit *Pairs.* On admettoit trois fortes de Pairies, celle du Clergé, celle de la Nobleffe, & celle de la Bourgeoifie. La Pairie, avant le treiziéme fiécle, étoit un fimple Office de Judicature électif, dont l'exercice ne duroit qu'un certain temps. Les Ducs, les Comtes ne comptoient pas autrefois la Pairie parmi les titres qui les décoroient.

Les Actes publics paffés en leur nom, détaillent toutes leurs qualités ; celle de *Pair* ne s'y trouve point ; elle n'a commencé à briller, comme un titre d'honneur, que dans le treizième siécle, lorsque la Pairie attachée aux Fiefs distingués, devint une dignité féodale : il semble néantmoins que les Etats Généraux du quatorzième siécle ne l'ont pas reconnue comme un titre de prééminence ; les Pairs, les Chevaliers y concouroient également aux délibérations, & tous y étoient compris encore sous la domination des Barons de France.

Le douzième siécle paroît avoir été l'époque de notre plaidoirie : les affaires prirent alors le cours de la procédure Ecclésiastique ; les Praticiens s'accrurent ; Paris, en un demi-siécle, vit augmenter d'un vingtiéme le nombre de ses habitans.

Les Seigneurs, ennemis des formalités, se déchargerent d'une partie de la Justice sur les Prévôts & les Châtelains : ils donnerent leurs Justices, les unes en Fiefs, les autres à vie, se réservant le dernier ressort des Jugemens féodaux & de quelques cas privilégiés. Ils composerent leur Cour sur celle du Roi ; un Seigneur puissant eut son Chancelier, son Sénéchal, ses Prévôts & ses Vassaux Pairs.

La France méridionale ne connoissoit point la Pairie ; la Justice s'y rendoit par les Sénéchaux ou les Viguiers, *selon leurs lumieres & leur conscience.* Les Pairs l'administroient dans la Champagne, le Vermandois & le Ponthieu ; cet usage s'observe encore dans la Flandre, le Hainaut & l'Artois ; le Bailli n'y a pas voix délibérative ; il recueille celle des Pairs, & prononce le Jugement.

Le Duc de Normandie n'avoit point de Vassaux nommés *Pairs* ; sa Justice étoit originairement entre ses mains, & ne s'exerçoit qu'en vertu de sa commission.

Les *Sénéchaux* sont plus anciens que les Baillis : ceux-ci ne parurent que vers le douzième siécle. Les uns & les autres ne pouvoient être du Conseil du Roi, ou de

celui de leur Seigneur : cependant ils réformoient les Sentences des Juges subalternes, & jugeoient en dernier ressort les affaires ordinaires. Les Parties qui vouloient se pourvoir au Conseil du Roi, à celui du Duc ou du Comte, formoient une plainte contre le Juge, & celui-ci répondoit de sa Sentence.

C'est ainsi, selon le Pere Barre, que la Justice fut administrée en France dans les premiers temps de la Monarchie ; & il doit sur cela donner des éclaircissemens très-étendus dans l'Histoire des Loix qu'il vient d'annoncer au Public.

Quoi qu'il en soit de ces anciens usages, sur lesquels il faut convenir qu'il y a bien de l'incertitude ; nous connoissons actuellement deux sortes de Justices ; sçavoir, les Justices Royales & les Justices Seigneuriales.

Sur les Justices Royales, voyez *Juges.*

A l'égard des Justices de Seigneurs, l'Acte de Notoriété du Châtelet, du 29 Avril 1702, reconnoît trois sortes de Justices Seigneuriales ; sçavoir, la Haute, la Moyenne & la Basse (a), » & n'admet point, comme » font plusieurs Coutumes, une Jurisdiction » attachée au Fief pour appeler les censitai- » res devant le Juge du Fief pour payer les » droits & le cens «. Voyez l'Acte de Notoriété en entier.

Le droit de Justice est mis au nombre des droits réels pour lesquels la Complainte est reçue ; c'est l'avis de Brodeau, de Tronçon, de Chopin & d'Auzannet, sur les art. 96 & 97 de la Coutume de Paris.

Mais la Complainte pour droit de Justice & Jurisdiction n'auroit pas lieu contre le Roi, parce que toutes Justices émanent de lui ; ainsi contre Sa Majesté il faut traiter la matiere au Pétitoire ; & le plus grand nombre des Auteurs est même d'avis qu'il faut des titres dans ce cas-là ; Bacquet se contente d'une possession immémoriale.

Mais entre les Particuliers, le droit de Justice est un droit ordinaire & patrimo-

---

(a) La Coutume de Ponthieu & quelques Coutumes de l'Artois admettent une Justice-Vicomtiere qui participe en quelque sorte de la Haute-Justice ; puisqu'outre la connoissance de tous les cas qui sont au-dessous de la Haute-Justice, elles attribuent au Juge-Vicomte la connoissance *du Sang & du Larron.* V. l'article 81 de la Cou- tume de Ponthieu, l'article 4 de celle d'Artois, l'article 9 de celle de S. Omer, & la Coutume de la Salle de Lille, qui est beaucoup étendue sur la Justice-Vicomtiere.

La connoissance *du Sang* est celle du Meurtre sans Guet-à-pens. La connoissance du *Larron* est celle du Vol.

nial,

nial, comme tous les autres droits d'une terre ; il reçoit de même l'impreſſion générale de la poſſeſſion. Quelqu'éminent que ſoit ce droit , il eſt réglé par les Loix générales auxquelles les autres droits réels ſont ſubordonnés : il n'eſt pas plus permis d'agir par voie de fait pour en dépoſſéder quelqu'un , que pour raiſon de tout autre droit ; on ne peut pas non plus prétendre qu'il faille *de plano* paſſer au Pétitoire, & mépriſer le poſſeſſoire ; cela a été jugé *in terminis* , par Arrêt rendu au Grand-Conſeil le 2 Mars 1741, au rapport de M. de Sorhouet, pour l'Abbaye de Saint Jean-de-Laon, que l'on ſoutenoit non-recevable dans ſa demande en maintenue.

C'eſt une erreur de prétendre que le droit de Juſtice n'eſt point dans le commerce : il ſe peut aliéner ; ainſi il ſe peut preſcrire ; & dès qu'il ſe peut preſcrire, il peut ſe vendre comme tout autre bien. Dès que la Juſtice n'appartient plus au Roi, il importe peu au Public, & même aux Juſticiables, que le droit de Juſtice ſoit dans la main d'un particulier ou dans celle d'un autre, puiſque les Officiers ne peuvent jamais être inſtallés qu'après l'examen ordinaire, l'information de vie & mœurs, & le ſerment prêté devant les Juges Supérieurs dont ils reſſortiſſent. Voyez l'Ordonnance d'Orléans, article 55 , dont je parle à l'article *Haute-Juſtice.* V. auſſi *Réception.*

Le Roi ſeul peut concéder & ériger des Juſtices ; » & quand il en a gratifié les Ducs, » Comtes, Barons & autres Seigneurs dans » l'étendue de leurs Terres, c'a été à la char- » ge qu'ils en auroient l'exercice comme » d'un droit purement Royal , qu'ils ne » pourroient . . . . démem- » brer «.

C'eſt ſur le fondement de ce principe, que, par Arrêt rendu le 3 Juillet 1625 , qu'on trouve au Journal des Audiences, tome 1, liv. 1, chap. 61, la Cour a jugé que le Seigneur de Montmorency n'avoit pû donner à ſon Vaſſal, Seigneur de Soiſſy de la Chauyette, le droit de Juſtice, Moyenne & Baſſe dans le Village de Soiſſy.

On trouve dans le même Journal des Audiences, tom. 1, liv. 7, chap. 7, un autre Arrêt rendu le 19 Juin 1652, par lequel la Cour a jugé que les Seigneurs, » qui d'an-

» cienneté ont un Bailli dans leur Juſtice , » ne peuvent y établir un Lieutenant ou » autres Officiers nouveaux «. Voyez *Lieutenant.*

La conceſſion de la Juſtice doit être expreſſe : ſi elle n'eſt pas accordée par le titre d'inféodation, le Seigneur n'en peut prétendre aucune ; & ſi le titre d'inféodation fait ſeulement mention de la Juſtice, ſans exprimer ſi c'eſt la Haute, la Moyenne ou la Baſſe, le conceſſionnaire ne peut réclamer que la Moyenne & la Baſſe. Bacquet fait mention, dans ſon Traité des Droits de Juſtice, de deux Arrêts qui conſacrent cette maxime. Voyez auſſi le titre premier, article premier de la première Partie de la Jurisprudence du Parlement d'Aix , édition de 1756.

La poſſeſſion immémoriale du droit de Juſtice ſuffit néantmoins au Seigneur qui ne repréſente point la conceſſion originaire.

Bacquet , Chopin & Deſpeiſſes , décident que les Juſtices Seigneuriales ne peuvent être poſſédées en franc - aleu. Voyez Deſpeiſſes, tome 3 , titre 5, *des Juſtices,* art. 1, n°. 4. Voyez auſſi Dupleſſis & Loyſeau.

Bacquet (des droits de Juſtice, ch. 6 , n. 5 ,) prétend que le don fait par le Roi, d'un Fief auquel la Juſtice eſt attachée , ne comprend pas la conceſſion de la Juſtice, ſi elle n'y eſt exprimée, ſoit expreſſément, ſoit tacitement , par ces mots, *circonſtances & dépendances.*

Le même Auteur (ch. 10, n. 3,) dit que quand la Juſtice eſt commune entre le Roi & un Seigneur de Fief, elle doit s'adminiſtrer au nom du Roi ſeul , & par ſes Officiers, parce que ſa Souveraineté exclud ſur cela tout concours : néantmoins il eſt certain qu'en ce cas les profits de Fiefs, les confiſcations, les deshérences, &c. ſe partagent entre le Roi & le co-Seigneur.

Les Seigneurs Hauts-Juſticiers ſont obligés de faire faire le Procès aux coupables de crimes commis dans l'étendue de leur Juſtice, & de nourrir l'accuſé pendant le cours de l'inſtruction du Procès : la Juriſprudence des Arrêts les aſſujettit même au payement, tant des dépenſes occaſionnées par les tranſlations des Priſonniers de leurs Priſons dans

celles des Parlemens, qu'aux frais d'inftruc- tion, Jugemens & Arrêts qui interviennent fur l'appel de ces Jugemens, & à ceux de l'exécution.

Le Parlement de Rouen a jugé, par Arrêt rendu le 23 Juillet 1750, entre le Duc d'Harcourt & le Marquis de Renty, que la Haute-Juftice attachée au Duché & Pairie, n'a pas de droit la Jurifdiction fur les Fiefs & arriere-Vaffaux qui font de fa mouvan- ce, & qu'il faut qu'il juftifie d'un titre ou d'une poffeffion.

Fin de la premiere Partie.

COLLECTION

DÈ

DÉCISIONS NOUVELLES

ET

DE NOTIONS RELATIVES

A LA JURISPRUDENCE

ACTUELLE.

SECONDE PARTIE.

L

LAB

LAB

LABOUREURS.
V. *Bail*, *Congé*, *Fermiers*, *Glaneurs*, *Loyers*, *Pâturages* & *Troupeaux*.

LA Coutume de Nevers, tit. des Champarts, art. premier, permet, à qui le veut, de labourer & de cultiver les terres & vignes que les Particuliers laiffent en friche, *fans autre réquifition*, *en payant les droits de champart ou partie*, *felon la coutume & ufan-*
Tome II. Part. II.

ce du lieu où eft l'héritage affis, jufqu'à ce que par le Propriétaire lui foit défendu.

Coquille dit que cette difpofition de la Coutume de Nevers a été introduite pour procurer l'abondance des bleds & des vins, & pour fuppléer à l'impuiffance & à la négligence des Propriétaires.

Ce n'eft pas au Seigneur de Fief que le champart, dont il eft queftion en cet article, eft dû, mais au propriétaire de l'héritage

A

qui l'avoit laiſſé en friche (*a*). Ainſi, dans la Coutume de Nevers, le champart eſt différent de celui qui ſe perçoit ailleurs. C'eſt, dit Coquille, une liquidation coutumiere du partage des fruits entre celui qui laboure le champ d'un autre, & le propriétaire du champ cultivé par autrui.

Cette liquidation n'eſt pas uniforme dans le Nivernois. En quelques endroits, le propriétaire peut demander la troiſiéme gerbe ; dans d'autres, il ne peut exiger que la quatriéme, cinquiéme, ſixiéme, & quelquefois la ſeptiéme.

Cependant, comme le propriétaire d'un champ peut avoir de bonnes raiſons pour le laiſſer en friche, la Coutume lui permet de défendre de le labourer; mais l'uſage veut que cette défenſe ſoit faite avant le temps de la culture; elle viendroit trop tard, ſi la premiere façon étoit faite. Il y a même cela de ſingulier, dit Coquille, que » ſi l'uſance » eſt au lieu que celui qui a fait les gros » bleds & fumé la terre, doive, l'année ſui- » vante, faire les petits bleds, ... ce Labou- » reur ne pourra être empêché de faire l'an- » née ſuivante les petits bleds; car c'eſt com- » me une ſeule culture de deux années «.

Le champart que le laboureur, qui cultive le champ d'autrui dans la Coutume de Nevers, eſt chargé de payer au propriétaire, doit être porté en la grange, ſi elle n'eſt pas éloignée de plus d'une demi - lieue *de la ſituation du labourage : ibid.* art. 2.

Celui qui cultive ainſi le champ d'autrui, ne peut en acquérir la propriété par la voie de la preſcription, quelque longue que ſoit la poſſeſſion : *ibid.* art. 3.

Les Edits des mois de Janvier & d'Octobre 1713, enregiſtrés les 15 Février & premier Décembre de la même année, permettent aux Syndics & Habitans des Paroiſſes d'affermer les terres & héritages laiſſés en friche par les propriétaires, à la charge par les Fermiers de les cultiver; mais ils ne leur donnent cette faculté, qu'en dénonçant par eux aux propriétaires les publications ordonnées par les art. 14 & 15 de celui du mois d'Octobre 1713.

Cet Edit n'accorde pas au premier occu-

pant, comme la Coutume de Nevers, la liberté de labourer les terres incultes : il veut ſeulement que les Habitans des Paroiſſes ayent la liberté d'affermer les héritages, après avoir rempli les formalités qu'il preſcrit.

Par rapport aux ſervitudes que le labour & la culture des champs rendent indiſpenſables, la régle eſt qu'un Laboureur puiſſe paſſer ſur les héritages voiſins pour arriver au ſien, quand aucun chemin n'y conduit ; & non-ſeulement alors il doit paſſer par l'endroit le moins incommode (en dédommageant le voiſin), mais il doit encore paſſer de la maniere qui peut le moins l'incommoder : ainſi, par exemple, s'il y a un champ enſemencé, & un autre qui ne le ſoit pas, le Laboureur ne pourra pas paſſer par le champ emblavé, ſous prétexte qu'il en a le droit en indemniſant le propriétaire; il ſera repréhenſible dans ce cas-là, & condamnable en une amende, pour avoir gâté les fruits d'un héritage par lequel il pouvoit ſe diſpenſer de paſſer, outre le dommage qu'il devra encore payer ; au lieu qu'il n'y aura point d'amende, ſi tous les héritages voiſins ſont emblavés, mais ſeulement une indemnité, à dire d'Experts.

Par la même raiſon, le Laboureur qui paſſe à travers un champ pour arriver au ſien, doit prendre ſoin de retourner ſa herſe, ranger ſa charrue & autre harnois, de maniere qu'il ne faſſe, ni labour, ni foſſés dans l'héritage ſur lequel il paſſera. S'il ne le fait pas, non-ſeulement il devra indemniſer le propriétaire, mais il devra ſupporter une amende proportionnée aux circonſtances, ſurtout ſi le terrein ſur lequel il paſſe, eſt enſemencé; parce qu'ayant pû paſſer d'une maniere moins incommode, il a dû le faire, & prendre toutes les précautions que la prudence humaine pouvoit lui indiquer, pour éviter de cauſer du dommage à celui que la nature du terrein force de lui donner paſſage. V. *Servitude*.

Une veuve Cornier prétendit néantmoins empêcher le nommé Dureau de paſſer ſur ſa terre, pour arriver à celle de lui Dureau, qui ne pouvoit y parvenir par ailleurs. Les con-

---

(*a* Voyez une Declaration du 16 Janvier 1714, ſur l'adjudication des biens abandonnés en Languedoc, & ſur les exemptions accordées aux Adjudicataires qui les met-

tront en culture.

Voyez une pareille Déclaration du 6 Novembre 1717, pour les biens abandonnés en Provence.

teſtations qui s'éleverent à ce ſujet, donnerent lieu à une Sentence du Préſidial de Mâcon, par laquelle il fut ordonné que la veuve Cornier fourniroit un paſſage (*à char &* *à charrette*) *de ſix pieds de large ſur cinquante-cinq de long, pour l'alignement & indemnité duquel paſſage, les Parties conviendroient d'Experts, &c.* Mais, par Arrêt rendu le Samedi 3 Avril 1756, en la premiere Chambre des Enquêtes, au rapport de M. Charlet, cette Sentence fut *infirmée*, & la Cour ordonna que Dureau pourroit paſſer ſur la terre de la veuve Cornier, toutefois & quantes il lui ſeroit néceſſaire pour aller de ſon pré à ſes deux piéces de terre, dans la largeur du terrein convenable pour paſſer une voiture, autant que la ſituation des lieux & la nature des héritages voiſins le pourroient permettre, en dédommageant la veuve Cornier, lorſque ſa terre ſeroit enſemencée, &c.

Par un Arrêt rendu au rapport de M. Severt, le 26 Juin 1751, la Cour, en confirmant la Sentence arbitrale rendue par le Prévôt de Clermont, en faveur de Nicolas Laurent, contre Joſeph Warin, Laboureur à Blercourt, a jugé que, lorſque dans une piéce de terre il ſe trouve un ravin, rigole ou ruiſſeau qui ſert à l'écoulement des eaux pluviales, il n'eſt point permis au propriétaire, ni au poſſeſſeur de cette piéce de terre, de détourner le ravin ou ruiſſeau, pour le tranſporter ailleurs ſur la même piéce de terre, à moins que le changement ne puiſſe ſe faire, ſans que les héritages voiſins ſouffrent de l'innovation.

L'art. 16 du titre 33 de l'Ordonnance de 1667, veut que *les chevaux, bœufs & autres bêtes de labourage, charrues, charrettes & uſtenciles ſervans à labourer & cultiver les terres, vignes & prés, ne puiſſent être ſaiſis.... à peine de nullité, de tous dépens, dommages & intérêts, & de 50 liv. d'amende contre le Créancier & le Sergent ſolidairement.*

N'entendons toutefois (ajoute le même article) *comprendre les ſommes dües au vendeur ou à celui qui a prêté l'argent pour l'achat des mêmes beſtiaux & uſtenciles, ni ce qui ſera dû pour les fermages & moiſſons des terres où ſeront les beſtiaux & uſtenciles.* V. auſſi l'art. 14 du même titre, & l'Edit du mois d'Oct. 1713, dont j'ai parlé plus haut.

Ceux qui ont prêté des grains à un Laboureur pour enſemencer ſes terres, & qui ont été par lui employés à labourer ces mêmes terres, ont-ils un privilége ſur la récolte, qui ſoit plus favorable que celui du propriétaire de la ferme?

Cette queſtion s'eſt préſentée au Parlement de Dijon, entre le ſieur Belin, Pierre & Jean Trenay, ſes Fermiers, Etienne Pernot & autres qui avoient labouré & fourni les ſemences du Domaine de Barnay, appartenant au ſieur Belin.

Ces Laboureurs ſoutenoient qu'après la redevance de l'année, payée au ſieur Belin, ils devoient avoir un privilége ſur le reſtant de la récolte pour les labours & la ſemence qu'ils avoient fournis. Le ſieur Belin, à qui il étoit dû d'anciens fermages, répondoit qu'il avoit privilége pour le tout ſur la totalité de la récolte; qu'il lui étoit indifférent que ſa ferme eût été cultivée par ſes Fermiers ou par tout autre; que Pernot & les autres n'avoient fait que ce que les Fermiers étoient obligés de faire; que tout ce qui ſe trouvoit ſur ſes héritages, lui donnoit un droit excluſif, & par la force de la Loi, & par celle de la ſtipulation.

Ces raiſons prévalurent; &, par Arrêt rendu le 21 Avril 1741, la Sentence de la Chancellerie d'Autun, du 12 Juil. 1740, qui déboutoit Pernot & autres, a été confirmée.

Je ne crois pas cet Arrêt équitable; & je penſe qu'il faudroit donner à celui qui fournit la ſemence, ou qui fait le labour, un privilége égal à celui du propriétaire de l'héritage; car l'un fournit la terre, l'autre la ſemence, &c. La Coutume de Douay va même plus loin; car elle veut, par les art. 5 & 6 du ch. 5, que les créanciers, pour labourer & enſemencer, ſoient préférés à l'année courante de ce que nous nommons fermage, & qu'elle nomme *Rendage*.

D'ailleurs, puiſque, ſuivant M. Louet, lettre F, n. 4, la Peyrere, lettre F, n. 24, & Mornac, les moiſſonneurs ont un privilége ſupérieur à celui du propriétaire ſur la récolte; pourquoi celui qui a labouré & fourni la ſemence, n'aura-t-il pas le même droit que les moiſſonneurs? Les peines & les avances de l'un ne ſont-elles pas auſſi utiles & auſſi précieuſes que le travail des autres?

Le Parlement de Rouen a jugé, par Arrêt rendu entre les Jaugeurs d'Arques & le nommé Poulard, Laboureur, le 30 Avril 1745, que les Jaugeurs n'ont pas le droit d'aller en visite chez les Laboureurs.

Un Arrêt du Conseil du 9 Mai 1699, avoit fait défenses aux Laboureurs, & à ceux qui nourrissent des troupeaux, de vendre la laine de leurs moutons, brebis, &c. avant qu'ils fussent tondus; mais d'autres Arrêts du Conseil des 2 Juin 1699 & 7 Mai 1737, en modifiant ces défenses, ont seulement ordonné que les laines étant sur les moutons, brebis, &c. ne pourroient être énarrhées ni vendues avant le mois de Mai de chaque année, à peine de confiscation, 1000 liv. d'amende, &c.

Le dernier de ces Arrêts fait aussi défenses, sous les mêmes peines, à toutes personnes autres que les Marchands de laine ou Fabriquans d'étoffes, d'acheter des laines pour les revendre, & en faire trafic & commerce.....

Enfin cet Arrêt défend à tous Marchands de laine & Fabriquans de vendre aucune partie des laines des Diocéses de Narbonne, Beziers, Carcassonne & de la Province du Roussillon, qui soient lavées; voulant Sa Majesté qu'elles soient vendues en Suyn, & telles qu'elles sont achetées des Fermiers, &c. le tout sous les mêmes peines, de confiscation, d'amende, &c.

Le Parlement de Dauphiné a, par l'article 4 de l'Arrêt de Réglement rendu le 6 Mars 1723, défendu à toutes personnes de lier les gerbes avec des liens pris dans les bois taillis.

L A T T E.

C'est le nom qu'on donne en Provence à un droit régalien qui est dû par un débiteur en demeure de payer aux termes convenus par son contrat ou obligation.

Il y a des Lattes simples, doubles & triples; il y a aussi des Lattes pour injures. Voyez Morgues, sur les Statuts & les Coutumes de Provence; & Ragueau, verb. Latte. Voyez aussi les Arrêts que Boniface rapporte sur cette matiere.

L A Y D E.

C'est ainsi qu'on nomme dans quelques Cantons un droit qui se perçoit à cause des marchandises & denrées qui se vendent dans les Foires & Marchés. V. Minage.

L E C T U R E.
V. Retrait.

Dans la Coutume de Normandie, l'action en retrait lignager est annale, comme dans la plûpart des autres Coutumes du Royaume; mais l'an ne court que du jour de la Lecture & publication du contrat d'acquisition.

L'objet de cette Lecture est de rendre public le titre de l'acquéreur; si elle n'étoit pas faite, l'action en retrait ou clameur dureroit trente ans. C'est la disposition de l'article 453 de la Coutume de Normandie.

L'article 455 prescrit en ces termes ce qu'il faut faire pour remplir cette formalité.

La Lecture (du contrat ou autre titre d'acquisition) se doit faire publiquement & à haute voix, à jour de Dimanche, issue de la Messe Paroissiale du lieu où les héritages sont assis, en la présence de quatre témoins, pour le moins, qui seront à ce appellés, & signeront l'acte de publication sur le dos du contrat, dont le Curé ou Vicaire, Sergent ou Tabellion du lieu qui aura fait ladite Lecture, est tenu de faire registrer, & n'est reçu aucun à faire preuve de ladite Lecture par témoins.

Pourront néantmoins (ajoute l'article) les Contracteurs, pour leur sûreté, faire enregistrer ladite Lecture au Greffe de la Jurisdiction ordinaire.

Cet article paroît indiquer quatre Ministres pour faire les Lectures qu'il prescrit; sçavoir le Curé ou le Vicaire de la Paroisse, le Sergent ou le Tabellion du lieu; mais un Edit du mois d'Avril 1694, registré au Parlement de Rouen le 2 Mai suivant, en dérogeant à cette disposition de la Coutume de Normandie, a attribué aux seuls Notaires Royaux le droit de faire la Lecture des contrats (à l'exclusion des Curés, Vicaires, Sergens & Tabellions des Seigneurs Hauts-Justiciers, & de tous autres) chacun dans l'étendue de son Notariat; de laquelle Lecture, ajoute l'Edit, lesdits Notaires tiendront registre, & feront signer le nombre des témoins prescrit par ladite Coutume.

Quelqu'expresses que fussent les dispofitions de cet Edit, elles furent regardées comme burſales dans pluſieurs Juriſdictions, & on ne s'y conforma pas bien exactement. Mais, par une Déclaration du 14 Septemb. 1720, regiſtrée le 11 Octobre ſuivant, en ordonnant que ceux qui avoient juſqu'alors acquis des biens ſujets à retrait, ne pourroient pas être inquiétés, faute par eux, ou par leurs auteurs, d'avoir fait faire Lecture & publication de leurs contrats par des Notaires : Sa Majeſté a en même-temps ordonné que l'Edit du mois d'Avril 1694 feroit exécuté à l'avenir ; & qu'en conſéquence les Lectures ou publications des contrats & actes tranſlatifs de propriété de biens ſujets à retrait, ſitués en Normandie, ne pourroient être faites que par les Notaires, en la maniere preſcrite par ledit Edit.

Voyez ſur cette matiere tout le titre 18 en entier de la Coutume de Normandie.

LÉGALISATION.
V. Certificat.

On nomme Légaliſation, un certificat donné à la ſuite d'un Acte, que les ſignatures des Officiers, dont il eſt ſouſcrit, ſont véritables, & que foi doit y être ajoutée.

Les Légaliſations ne ſont en uſage que depuis peu de temps ; elles étoient autrefois inconnues, parce qu'anciennement on ne ſignoit pas les actes ; & je ne connois aucune Loi ſur cette matiere.

Les ſeuls actes de la Juriſdiction volontaire ſont ſujets à Légaliſation, quand on en veut faire uſage dans le Royaume ; & le droit de légaliſer appartient au Juge ordinaire. Ainſi on ne légaliſe point les actes émanés de la Juriſdiction contentieuſe, mais ſeulement ceux qui ſont paſſés devant les Notaires, les Tabellions, & autres Officiers qui ont droit de recevoir les conventions des Parties.

Cependant, quand il s'agit de faire uſage en Pays Etranger, des actes émanés, ſoit de la Juriſdiction contentieuſe, ſoit de la Juriſdiction volontaire, on fait légaliſer les uns & les autres : alors ce n'eſt pas au Juge ordinaire qu'on a recours pour la Légaliſation, mais à l'Ambaſſadeur du Souverain, dans les Etats duquel il s'agit de faire quelqu'uſage de ces actes.

On en uſe de même pour les actes paſſés en Pays Etranger, dont on veut tirer des inductions en France ; & nous n'ajoutons aucune foi aux actes paſſés hors du Royaume, lorſqu'ils ne ſont pas légaliſés par l'Ambaſſadeur, Envoyé ou Réſident de France, ou par le Conſul de la Nation Françoiſe. Voyez *Ambaſſadeur* & *Conſul.*

Si cependant il n'y a point d'Ambaſſadeur, Envoyé, Réſident ou Conſul de France, dans la Ville étrangere, où l'acte dont on veut faire uſage en France, eſt paſſé, on peut en ce cas faire faire la Légaliſation par les Juges des lieux qui certifient qu'il n'y a point d'Ambaſſadeur, Réſident, &c. Voyez *Certificat.*

Les Légaliſations ont été introduites, pour donner plus de certitude ſur la vérité des ſignatures des Officiers, dont les actes ſont ſouſcrits ; mais elles ne rempliſſent pas tout-à-fait l'objet qu'on s'eſt propoſé ; puiſque ceux auxquels des actes légaliſés ſont préſentés, ne connoiſſent ordinairement pas plus la ſignature qui ſouſcrit la Légaliſation, que celles qui ſouſcrivent l'acte légaliſé.

Les Traitans ont obtenu divers Arrêts & des Déciſions du Conſeil, ſuivant leſquels les Légaliſations données par des Juges Royaux, ſont aſſujetties à être ſcellées dans le lieu même, lorſque le petit ſceau y eſt établi.

Dans quelques Juſtices Seigneuriales l'uſage eſt de faire appoſer le ſceau de la Juriſdiction, par le Greffier, qui contre-ſigne la Légaliſation ; mais dans la plûpart des Sièges, les Magiſtrats qui légaliſent, font appoſer le cachet de leurs armes, qui ſouvent n'eſt pas plus connu que leur ſignature : il n'eſt encore réſulté aucun inconvénient de cette diverſité d'uſages, qui ait frappé l'oreille du Miniſtere public, au dire de M. Seguier, lorſqu'il porta la parole dans l'affaire dont je parlerai ci-après.

Les actes paſſés devant les Notaires du Châtelet de Paris, ſont regardés comme authentiques dans tout le Royaume, ſans qu'ils ſoient légaliſés. On ne les fait légaliſer que lorſqu'ils doivent être envoyés en Pays Etranger.

A Paris, c'eſt M. le Lieutenant Civil qui légaliſe les actes paſſés devant les Notaires au Châtelet, les extraits de baptême, mariage, fépulture, &c. & c'eft une erreur de croire que ces actes doivent être légalifés par le Prévôt des Marchands. Mais cette erreur eft très-commune dans les Pays Etrangers, fur-tout en Hollande & autres Pays où les Juftices municipales font, ce que nous appellons en France, les Jurifdictions ordinaires. Et dans ces Pays, on n'ajoute foi qu'aux Légalifations du Prévôt des Marchands.

Les Tribunaux Séculiers ne regardent point comme valables, les Légalifations faites par les Evêques & leurs Grands-Vicaires, des actes de baptême, mariage, fépulture, émiffion de vœux, &c. Elles ne font admifes que dans les Jurifdictions Eccléfiaftiques, & par les Curés, lors des mariages, &c.

Comme les Légalifations ne font prefcrites par aucun Réglement, il n'y a point d'uniformité dans la maniere de les faire. L'ufage eft néantmoins par-tout, qu'elles foient faites par les premiers Officiers du Siége. Mais il y en a où le miniftere du Greffier eft auffi employé : dans d'autres, le Juge figne feul, & fait contre-figner fon Secrétaire. Ce dernier ufage fe pratique au Châtelet.

Les Notaires de Chaalons-fur-Marne, ont fait un Procès au Lieutenant Général de cette Ville, pour l'affujettir à faire lui-même les Légalifations de leurs actes, qui depuis un temps immémorial, avoient toujours été fignées, & du Juge, & du Greffier. Ils avoient à cette occafion dreffé des Procès-verbaux, dans lefquels ils s'étoient écartés du refpect qu'ils devoient à leur Juge; cette prétention a donné lieu à un Arrêt rendu le Mercredi 21 Janvier 1761, fur les Conclufions de M. l'Avocat Général Seguier, par lequel, en fupprimant les Procès-verbaux des Notaires, la Cour a ordonné que le Lieutenant Général, & en cas d'abfence ou légitime empêchement, le Lieutenant Particulier, ou autre Officier du Siége, fuivant l'ordre du Tableau, donneroit les Certificats de vie, & feroit feul les Légalifations des actes, fans miniftere de Greffier.

M. Seguier avoit conclu à ce que ces Certificats & Légalifations fuffent expédiés *fans frais*, comme il a dit avoir été jugé pour le Siége de Compiègne, par Arrêt du 28 Août 1758; mais l'Arrêt du 21 Janvier 1761 ne porte conftamment pas les mots *fans frais.*

Il ne feroit pas naturel, en effet, d'exiger des Légalifations *gratis*; puifque l'Edit du mois de Novembre 1689, portant création de la premiere Tontine, accorde 3 fols par l'art. 5, pour la Légalifation de chaque extrait baptiftaire ou acte équipollent, & pareils 3 fols, par l'art. 18, pour l'atteftation de vie du Rentier : aucune Loi poftérieure n'a fixé ce qui doit être payé pour les Légalifations des actes en général.

La Déclaration du 26 Juin 1763, regiftrée le 5 Septembre fuivant, porte feulement art. 6.…» N'entendons que nos Juges, & » autres autorifés par les articles 1 & 2 de » la préfente Déclaration, à délivrer des » Certificats de vie, puiffent prendre & exi- » ger aucun droit..... pour la Légalifation » defdits Certificats...... «

LÉGAT.
Voyez *Avignon*, *Concile*, *Nonce* & *Pape*.

Dans le Droit Romain, on nommoit Légats, les perfonnes que l'Empereur ou les premiers Magiftrats envoyoient dans les Provinces, pour exercer la Juftice : on ne donne actuellement ce nom qu'aux Eccléfiaftiques, que le Pape envoye en différens Pays Catholiques, pour le repréfenter & y exercer fa Jurifdiction.

On diftingue dans le Droit Canon trois fortes de Légats ou Envoyés du Pape :

Savoir, les Légats *à latere*, les fimples Légats ou Nonces, & enfin les Légats-nés du S. Siége.

Les Légats *à latere*, c'eft-à-dire, envoyés d'auprès de la perfonne du Pape, font ordinairement pris du nombre des Cardinaux, & envoyés dans les Provinces, avec un ample pouvoir.

Depuis le Concile de Mayence tenu fous Pepin-le-Bref, l'autorité des Papes s'eft accrue de maniere que, fous Grégoire VII & fous fes fucceffeurs, l'ufage s'introduifit de faire prêter ferment de fidélité au Pape par les Evêques.

Les entreprifes des Papes allerent jufqu'à fufpendre, même jufqu'à caffer les Conciles Provinciaux, & jufqu'à foumettre toute l'Eglife à leur Jurifdiction immédiate. Comme ils ne pouvoient pas être par-tout, ils s'attribuoient le pouvoir de déléguer leur autorité. Ils n'envoyerent cependant d'abord des Légats, que lorfqu'ils en étoient requis; mais ils ne tarderent point à déléguer d'office; & bientôt ils remplirent toute l'Europe de leurs Légats, qui s'attacherent principalement à détruire la Jurifdiction ordinaire, en introduifant la maxime, que *le Pape eft Evêque univerfel.*

Ces Légats précédoient les Evêques, & même les Métropolitains. Ils dépofoient arbitrairement les uns & les autres; ils affembloient des Conciles: & fi les avis étoient oppofés, ils prétendoient que leur voix formât la décifion. Mais le plus communément ils en renvoyoient le Jugement au Pape.

Alexandre II ordonna aux Evêques de fournir la fubfiftance aux Légats que la Cour de Rome envoyeroit; & Grégoire VII fit ajouter au ferment d'obéiffance qu'il exigeoit des Prélats, qu'ils s'obligeroient de traiter honorablement les Légats à leur paffage & à leur retour.

Comme ces emplois étoient fort lucratifs, ils étoient recherchés avec beaucoup d'empreffement. Les Papes les donnoient à leurs créatures; ce ne fut plus qu'allées & venues, dit Boulainvilliers, » dès que l'un avoit rem- » pli fa bourfe, il en venoit un autre: en- » forte que le Clergé furchargé, obtint en- » fin que l'on n'en envoyeroit plus que » dans les occafions néceffaires «. Hiftoire de France, tom. 1, pag. 421 & fuiv.

Nos Libertés s'élevent contre ces abus, que les Papes ont fait de leur autorité. Elles portent qu'ils ne peuvent envoyer de Légat en France, que quand le Roi en demande, ou lorfque Sa Majefté y donne un confentement exprès. Ceux qui y viennent, doivent promettre par écrit de ne fe fervir de leurs facultés, que fous le bon plaifir du Roi, tant qu'il plaira à S. M. & conformément aux ufages de l'Eglife Gallicane.

Les Bulles des Légats qui viennent en France, avec le confentement du Roi, doivent être examinées au Parlement, qui, par l'Arrêt d'enregiftrement, y appofe les mo-

difications dont elles font fufceptibles.

Celles appofées par l'Arrêt d'enregiftrement des Bulles du Cardinal de Florence, en 1596, portent, *fans approbation du Concile de Trente, mentionné efdites Bulles.*

Celles du Cardinal Barberin ne furent régiftrées en 1623, que *fans approbation du Concile de Trente,* & à la charge que le Nonce du Pape feroit tenu fournir à S. M. dans fix femaines, un Bref de fa Sainteté, portant, que l'omiffion faite *auxdites Bulles, de la qualité de Roi de Navarre, a été par inadvertance; & jufqu'à ce que ledit Bref ait été apporté, lefdites Bulles & Facultés feront retenues, & ne fera l'Arrêt de Vérification d'icelles délivré.*

Un Légat ne peut fubdéléguer perfonne pour l'exercice de fa Légation, fans l'exprès confentement du Roi.

Quand il fort de France, il doit y laiffer fes Regiftres, afin que les Sujets du Roi y ayent facilement recours: il doit y laiffer auffi les Sceaux de fa Légation.

Les deniers provenus de fes expéditions, doivent être employés en œuvres pies.

Les facultés du Vice-Légat d'Avignon font fujettes aux mêmes reftrictions, quand elles s'étendent fur les terres de l'obéiffance du Roi. V. les art. 7, 8, 11, 12, 57, 58, 59 & 60, des Libertés de l'Eglife Gallicane.

Les Légats, qu'on appelle communément Nonces, ne font point Cardinaux: ce font de fimples Prélats de l'Eglife de Rome, qui réfident auprès du Roi en qualité d'Ambaffadeurs du Pape. Nous ne fouffrons pas qu'ils faffent aucun acte de Jurifdiction en France, quoique le Pape leur en donne pouvoir, & que quelques-uns l'ayent entrepris. Voyez *Nonces.*

Les Légats-nés font des Evêques du Royaume, qui, par un privilége attaché à leur Siége, prennent le titre de Légats-nés du S. Siége, comme font les Archevêques de Rheims & d'Arles: mais ce titre eft ftérile & fans autorité (a).

Soit Légat *à latere*, foit Légat-Nonce,

(a) Boulainvilliers dit que, dans le fixiéme fiécle, les Evêques de Rome avoient plufieurs Domaines dans les Gaules; & que, pour les faire valoir, ils établiffoient un Vicaire. » L'Evêque d'Arles s'honora de cette Commif- » fion, lui qui auroit pû s'ériger en Métropolitain impor- » tant, depuis que l'Empereur Honorius avoit fait la Ville » d'Arles Capitale de fept Provinces. Mais les Papes ap- » préhendant que cet Evêque ne prît l'autorité..... qui » devoit lui appartenir, comme ayant été fondée dans le » temps des Apôtres, s'emprefferent de le rendre leur » Vicaire.... Ainfi il reçut à titre précaire, une autorité » qu'il pouvoit prendre de lui-même, & qui a éteint dans » la fuite toutes celles qui lui avoient été naturelles «. *Boulainvilliers,* Hift. de France; tome 1, pages 49 & 50.

il ne peut, ainsi que je l'ai déja dit, entrer en France sans permission du Roi; & il fut donné des Lettres-Patentes à Nantes, le 4 Juillet 1591, portant injonction au Parlement, de procéder contre un Nonce de Gregoire XIV, qui étoit entré dans le Royaume contre le gré du Roi.

Le 5 Août 1591, le Parlement séant à Tours, décréta le Nonce de prise de corps: l'Arrêt fait défenses à tous Banquiers de porter or ni argent à Rome.

Louis XI ayant appris que Pie II avoit, sans sa permission, envoyé en Bretagne un Légat, nommé Césarini, pour décider un différend entre l'Evêque de Nantes & le Duc de Bretagne, fit arrêter ce Légat, & saisir ses papiers; & parce que cette entreprise du Pape s'étoit faite par le conseil du Cardinal d'Avignon, le Roi fit procéder contre celui-ci par saisie de son temporel.

Le Cardinal Cajetan, Légat du Pape, qui venoit aussi en France sans permission du Roi, fut décrété de prise de corps par Arrêt du Parlement en 1590 & en 1591; le 29 Juillet, le Parlement de Dijon décréta un Nonce, nommé Landriano, pour même cause.

Il y a un autre Arrêt du Parlement (transféré à Châlons) du 18 Novembre 1592, contre le Cardinal Sega, Légat de Clément VIII.

Quand le Cardinal d'Amboise, Légat à latere, fit son entrée à Paris en 1501, Louis XII en avoit prévenu les Officiers de Ville, & leur avoit mandé de le recevoir honorablement. En conséquence, » les Prévôt des » Marchands & Echevins, accompagnés des » principaux Bourgeois, fort lestement vê- » tus, & des Archers de la Ville, allerent » tous à cheval au-devant du Légat, jusqu'à » la Chapelle S. Denis, lui faire la révé- » rence.

» La Cour de Parlement députa seule- » ment deux Présidens & quelques Conseil- » lers en robes noires, avec quatre Huissiers » qui marchoient devant eux qui assisterent » à cette entrée.

» Les Echevins, les Gardes du Corps des » Drapiers, Epiciers, Merciers, Bonne- » tiers, Pelletiers, Orfévres & Marchands » de vin, porterent le dais sous lequel le » Légat marchoit; & les rues par lesquelles

» il passa, étoient tapissées. La Ville lui fit » présent d'hypocras, d'épices, de flam- » beaux & de six muids de vin de Baune....« Ainsi que le tout est écrit dans les Registres de l'Hôtel-de-Ville, à la date du 13 Février 1501.

LÉGITIMATION, LÉGITIMITÉ.

Voyez *Bâtards, Concubinage, Enfans, Mariage, Mort civile & Succession.*

Les bâtards peuvent être légitimés de trois manieres:

1°. Par le mariage subséquent de leurs pere & mere naturels. Cette espéce de Légitimation met les enfans naturels au niveau des légitimes; cependant V. *Aînesse.*

2°. Par la bonne foi de l'un des conjoints, qui croit son mariage valable. A proprement parler, ces sortes d'enfans ne sont point bâtards, & n'ont pas besoin d'être légitimés. Voyez ce que je dis ci-après sur cette matiere en ce même article, & *Mariage.*

3°. Par Lettres du Prince, qui s'expédient au grand Sceau, s'enregistrent au Parlement ou autres Cours Supérieures, à la Chambre des Comptes & autres Jurisdictions. Elles sont aussi sujettes à insinuation.

La Légitimation par le mariage subséquent, a été d'abord introduite par Constantin; Zenon permit ensuite en 476, à tous ceux qui avoient des enfans des Concubines avec qui ils n'étoient point mariés, de les rendre légitimes en épousant leur mere; & depuis, Justinien en a fait un droit général par ses Constitutions des années 529 & 530, que nous suivons.

L'usage étoit autrefois de mettre les enfans sous le poîle, lorsque les peres & meres se marioient, pour les légitimer. Sur cela voyez les Coutumes de Beauvoisis, par Beaumanoir, la Réponse du Pape Nicolas, à la Consultation des Bulgares. Voyez aussi les notes sur les Institut. de Loysel. Mais cet ancien usage ne se pratique plus en bien des endroits; & le mariage produit la Légitimation des enfans, sans cette cérémonie, lors même que les peres & meres n'ont pas parlé d'eux, parce que la Loi opere indépendamment de leur volonté.

Pour que le bâtard puisse être légitimé par le mariage subséquent de ses pere & mere, il faut qu'il soit né de personnes libres:

le

le mariage ne produiroit point la Légitimation du bâtard si, au temps de sa naissance & de sa conception, ses pere & mere n'eussent pu se marier ensemble.

Quelques Auteurs prétendent cependant qu'il n'est pas nécessaire que la liberté ait subsisté dans les deux temps, & qu'on considere celui qui est le plus avantageux aux bâtards : mais cette opinion paroît avoir été proscrite par un Arrêt du 3 Février 1661, qu'on trouve au Journal des Audiences, tome 2, liv. 4, chap. 4. Au reste, sur cela voyez un autre Arrêt du 18 Mars 1656, ibid. liv. 8, ch. 6 ; un troisiéme du 4 Juin 1697, rapporté par Augeard. Voyez aussi le Maître & le Brun.

Lorsque le mariage pouvoit se faire avec dispense, & qu'il ne subsistoit, par exemple, qu'un empêchement de parenté, le mariage entre parens légitime leurs bâtards. Cependant voyez Dispense.

Les Papes, en accordant des dispenses aux parens pour se marier, y ont quelquefois inséré la clause de Légitimation ; mais ces clauses ne peuvent avoir aucun effet en France ; elles sont même abusives. Et cet abus n'empêche point l'effet du mariage, par le moyen duquel les enfans nés auparavant, sont légitimés ; ainsi la clause est superflue.

C'est sur ce principe que, par Arrêt rendu en la Grand'Chambre sur les Conclusions de M. l'Avocat Général Gilbert, le 11 Août 1738, la Cour a jugé qu'il y avoit abus dans la dispense du Pape accordée au sieur d'Aubusson pour épouser sa cousine germaine, (dont il avoit des enfans,) en ce qu'elle contenoit la clause de Légitimation (a) ; & au surplus, a jugé qu'il n'y avoit abus dans le mariage dudit sieur d'Aubusson.

Le même Arrêt, faisant droit sur l'appel simple, (qui présentoit à juger la question de sçavoir si un mariage valable peut légitimer un bâtard incestueux né de deux parens,) a mis l'appellation au néant, & a confirmé la Sentence de la Sénéchaussée d'Auvergne, du 9 Août 1736, par laquelle les sieur & demoiselle Fosse avoient été déboutés de leurs demandes, à ce qu'il fût fait

défenses à Morien d'Aubusson, (né avant le susdit mariage,) & à sa postérité, de prendre le nom & les armes de la Maison d'Aubusson.

Il y a un précédent Arrêt, du 4 Juin 1725, qui déclare abusive la Légitimation obtenue du Pape par le sieur Beau pour son fils, né avant son mariage avec la cousine-germaine de la premiere femme dudit sieur Beau ; mais sur l'appel simple, le sieur Beau fils, (Médecin à Sens,) a été maintenu dans la possession de se dire fils légitime, avec dépens, dommages - intérêts. V. Dispense.

Dumoulin & M. Louet, sur la régle de Infirmis, pensent que la dispense ne peut avoir d'effet rétroactif. Voy. l'Arrêt du 16 Février 1667 dans Soefve, & un autre Arrêt du 11 Décembre 1664 au Journal des Audiences.

Ni le mariage clandestin, ni celui qui est fait à l'extrémité de la vie, ne légitiment les enfans de ceux qui se sont ainsi mariés, d'une maniere à les rendre capables de succéder & de jouir des effets civils : ces sortes de mariages effacent seulement la honte & la tache de la naissance. Voyez la Déclaration de 1639, art. 5 & 6, & l'Arrêt du 11 Avril 1740, rapporté au 19e volume des Causes Célebres, page 296.

Les bâtards légitimés par le mariage de leurs pere & mere, ont la même faveur que les enfans qui sont nés légitimes : ils sont compris dans le nombre des enfans appellés pour recueillir des substitutions ; ils partagent avec les autres, jouissent du droit d'aînesse & de la légitime, & peuvent exercer le retrait lignager.

Si le bâtard meurt avant le mariage de ses pere & mere, & laisse des enfans légitimes, ces enfans, par le mariage subséquent de leur grand-pere & de leur grand'mere, sont rendus capables de leur succéder.

Quelques Auteurs prétendent cependant le contraire ; mais leur avis n'est pas suivi. V. le Brun, des Successions.

Lorsqu'un bâtard est légitimé par le mariage de ses pere & mere, sa Légitimation ne le rend capable de succéder que pour l'a-

---

(a) Le Pape ne peut constamment pas légitimer les bâtards François ; mais il peut leur accorder des dispenses, par le moyen desquelles ils peuvent être promus aux

Ordres sacrés, & posséder des Bénéfices, comme les enfans légitimes. Voyez l'article 21 des Libertés de l'Eglise Gallicane.

venir; elle n'a pas l'effet de lui acquérir les successions qui étoient échûes pendant que son incapacité subsistoit encore. Par exemple, un bâtard légitimé par mariage, ne pourroit pas inquiéter l'héritier auquel une succession a été dévolue par la renonciation de son pere, quoique cette succession lui eût appartenu, s'il eût été légitimé au temps de la renonciation de son pere.

A l'égard de la Légitimation par l'effet de la bonne foi des époux, on pense que des enfans conçus sur la foi du mariage dont un des conjoints ignoroit la nullité, ne peuvent, sans injustice, être mis au rang de ceux qui sont nés de personnes unies par la débauche: les Loix ne punissent que le crime, mais non pas l'erreur de celui qui est trompé.

Si, par exemple, un homme qui avoit déja une femme, en épousoit une seconde qui ignorât le premier mariage, les enfans du second lit seroient légitimes; parce que l'opinion d'un mariage solemnel & public faisant croire à celui des conjoints qui est dans la bonne foi, qu'il lui est permis d'avoir des enfans, il seroit souverainement injuste de punir l'usage légitime du mariage, des mêmes peines que mérite une conjonction illicite & délibérée.

Ainsi, on admet les enfans qui naissent d'un pareil mariage, à partager la succession non-seulement du pere ou de la mere, qui étoit dans la bonne foi, mais de tous les deux. Il y a sur cela un Arrêt du 28 Juillet 1598, qui, en appointant la question principale, admet les enfans au partage provisoire. V. le Brun, des Successions. L'Arrêt de Maillard paroît contraire. V. *Bigame*.

La Cour a rendu un autre Arrêt le 5 Septembre 1744, (au rapport de M. l'Abbé Langlois, entre Elisabeth de Chery, que Jérôme-Dominique de Cyranno, mort en 1741, avoit épousée en 1697, & Marie Cherbois, que le même Cyranno avoit épousée en 1714, sans que la premiere femme se fût présentée, soit pour empêcher ce second mariage, soit pour le troubler, & pour annoncer son état à la seconde femme,) par lequel la succession de Cyranno a été adjugée aux trois enfans nés du second mariage, desquels Marie Cherbois leur mere étoit tutrice, à la charge néantmoins de

payer à Elisabeth de Chery, premiere femme, les arrérages du douaire à elle constitué par son contrat de mariage. (Cet Arrêt a cependant déclaré abusif le mariage de Cyranno avec Marie Cherbois).

C'est encore ce que la Cour a définitivement jugé depuis par un Arrêt célèbre, rendu en la Grand'Chambre sur les Conclusions de M. l'Avocat Général d'Ormesson.

Dans l'espéce de cet Arrêt, Guillaume Jolivet avoit épousé Anne Dupuis à Paris, le 7 Juin 1666, & il étoit né un enfant de leur mariage en 1668. Après la naissance de cet enfant, Guillaume Jolivet s'absenta; & quoiqu'Anne Dupuis, sa femme, fut encore vivante, il épousa en 1678 Marie Rogery, dont il eut deux enfans.

Anne Dupuis ayant appris que son mari s'étoit retiré en la Ville de Caën, elle forma contre lui sa demande en séparation de corps, le premier Juillet 1707; elle demanda aussi qu'il fût procédé au partage des effets de la communauté. Pour se soustraire à cette demande, le sieur Jolivet prit le parti d'interjetter appel comme d'abus de son mariage avec Anne Dupuis.

Cette premiere procédure fut terminée par une Transaction passée entre Guillaume Jolivet & Anne Dupuis, devant Aumont, Notaire à Paris, le premier Février 1708. Par cet Acte, Jolivet se désista de son appel comme d'abus; il reconnut Anne Dupuis pour sa femme légitime; il reconnut aussi pour enfant légitime Philippe-François Jolivet, né de leur mariage en 1668.

Par ce même Acte, Anne Dupuis & Philippe-François Jolivet (fils) reconnurent aussi la bonne foi de Marie Rogery dans le mariage qu'elle avoit contracté avec Guillaume Jolivet; ils reconnurent enfin pour légitimes les deux enfans procréés de ce mariage, & capables de succéder à Guillaume Jolivet & à Marie Rogery: il fut en conséquence payé 6530 liv. à Anne Dupuis & à son fils.

Depuis cette Transaction, Nicolas-Anne Jolivet, fils du second mariage, imagina de reprendre l'Instance d'appel comme d'abus interjetté par son pere, du premier mariage avec Anne Dupuis, & fit assigner Anne-Marguerite Jolivet, veuve Dugé, fille de

Philippe-François Jolivet, né du premier mariage. De son côté la veuve Dugé avoit interjetté appel comme d'abus du second mariage de Guillaume Jolivet avec Marie Rogery.

Par l'Arrêt qui est intervenu le 13 Juillet 1752, *la Cour, en tant que touche l'appel comme d'abus interjetté par Guillaume Jolivet, & repris par Nicolas-Anne Jolivet...... dit qu'il n'y a abus ; en tant que touche l'appel interjetté par la Partie d'Aubry (la veuve Dugé) du mariage contracté........ avec Marie Rogery, dit qu'il y a abus, & néanmoins déclare les enfans nés dudit mariage, légitimes ; ayant égard aux Lettres de Rescision prises par la Partie d'Aubry contre la Transaction de 1708, & icelles enthérinant, remet les Parties en tel & semblable état qu'elles étoient avant ladite Transaction ; en conséquence ordonne qu'il sera procédé au partage de la succession de Guillaume Jolivet entre les Parties d'Aubry & de Michel (Nicolas-Anne Jolivet) ; à cet effet la Partie de Michel tenue de remettre à la Partie d'Aubry l'inventaire, titres & papiers de la succession........ pour procéder à la liquidation des droits respectifs des Parties, en rapportant respectivement les sommes par elles reçues ou par leurs auteurs.*

La Combe parle d'un Arrêt, qu'il date du premier Février 1745, par lequel il dit avoir été jugé que la bonne foi, qui procure la légitimité aux enfans, se considere eu égard au mariage. Cet Arrêt a, en effet, » déclaré légitime un nommé Girard, à cau- » se de la bonne foi de son pere, lequel n'a- » voit sçu que cinq ans après son mariage, » qu'il y en avoit un premier subsistant en- » tre sa femme & le nommé Foubert, Ca- » valier dans un Régiment «.

A l'égard de la Légitimation par Lettres du Prince, la Jurisprudence a varié sur son effet le plus essentiel. Elle opéroit anciennement le même effet que la Légitimation par mariage. L'histoire en fournit plusieurs exemples ; & l'article 297 de la Coutume de Melun en contient même une disposition. V. aussi celle d'Auxerre, art. 34, 35, & de Sens, art. 31.

La Jurisprudence mitoyenne a exigé que, pour rendre le Légitimé par Lettres capable de succéder, il fût habilité à cet effet par une clause précise des Lettres, & qu'elles fussent obtenues du consentement du pere ou de la mere, ainsi qu'on peut le voir par les Arrêts rapportés par Brodeau sur M. Louet, lettre L, n. 7 ; & le consentement du pere rendoit le Légitimé capable de succéder à tous ses parens, sans que ceux-ci eussent consenti à l'obtention des Lettres.

Actuellement on pense, 1°. que pour rendre le bâtard légitimé capable de succéder à ses pere & même, les Lettres obtenues de leur consentement suffisent ; mais que l'effet de cette Légitimation se borne à la succession des pere & mere consentans, & ne donne pas aux Légitimés le droit de succéder aux parens qui n'y ont pas consenti.

2°. Que lorsque les parens ont consenti à la Légitimation, elle produit une véritable agnation, qui donne droit aux uns & aux autres de se succéder entr'eux. Cette Jurisprudence a pris son fondement dans le Droit Romain, suivant lequel le consentement de la famille étoit requis pour l'adoption d'un étranger, qui par-là acquéroit tous les droits de la famille elle-même. V. les Institutions Coutumieres de Loysel, livre 1, régle 45 ; Henrys & Ricard ; le Plaidoyer de M. Talon lors de l'Arrêt du 15 Juin 1651, Journal des Audiences, tome 1, liv. 6, ch. 36 ; d'Argentré sur l'art. 356 de la Coutume de Bretagne ; & le Maître sur l'art. 318 de la Coutume de Paris. Ces principes ont été invoqués dans l'Arrêt de le Maire, dont voici l'espéce :

François le Maire, né à Bohain en Picardie, obtint au mois de Février 1733, du consentement de sa mere, de son ayeul & de tous ses oncles & tantes naturels maternels, des Lettres de Légitimation qui le rendoient *capable de recueillir toutes successions*, &c. Elles furent enregistrées en la Cour & dans les autres Tribunaux nécessaires.

Vingt-cinq ans après ces enregistremens, une des tantes de le Maire, qui avoit consenti à sa Légitimation, décéda. Il se présenta pour recueillir sa succession avec ses cousines-germaines, filles de l'un des consentans. Mais ses cousines le soutinrent incapable, sous prétexte que, quoiqu'elles existassent au temps des Lettres, il n'avoit pas demandé leur confentement pour les obtenir.

Leur pere étoit mort avant fa fœur, dont elles demandoient la fucceffion à l'exclufion de le Maire ; & comme elles fuccédoient de leur chef, elles difoient que le confentement de leur pere étoit devenu caduc & fans effet contr'elles.

Le Maire leur répondoit que le confentement de leur pere avoit effet dans toute fa defcendance ; que d'ailleurs étant encore fort jeunes, & n'ayant aucun droit acquis au moment de la Légitimation, & tenant de leur pere l'expectative de tous ceux qu'elles pouvoient avoir un jour, elles n'euffent pas été Parties capables de concourir ou de fe refufer perfonnellement au vœu de la famille & aux effets de la Légitimation ; que le droit du Légitimé ayant été une fois acquis, il n'avoit pû le perdre, &c.

Par Arrêt rendu le Mercredi 6 Août 1760, le Maire fut jugé capable de fuccéder à fa tante.

Lorfqu'un premier mariage fe trouve anéanti par un Jugement fouverain du Magiftrat ou du Juge Eccléfiaftique, l'autorité de la chofe jugée eft un titre fuffifant pour que l'une & l'autre des Parties puiffent paffer à un nouvel engagement ; & c'eft une maxime reçue chez les Proteftans, comme parmi nous, que les enfans nés de ce fecond mariage font légitimes, dans le cas même où le premier mariage feroit rétabli : nous en avons un exemple dans le mariage de Philippe Augufte & d'Agnès d'Iftrie. Voy. Mezeray & Sainte-Marthe.

César de Sabran (domicilié en Pays de Droit-Ecrit,) qui avoit un fils naturel, nommé Jofeph de Sabran, légitimé par Lettres du Prince, fe maria en 1714, & eut de ce mariage un autre fils légitime.

Après avoir fait une donation, à caufe de mort, d'une fomme de 10000 liv. au profit de Jofeph de Sabran, (légitimé), il fit un teftament, par lequel il ordonna que fes deux fils partageroient également l'ufufruit de tout fon bien, mais que la propriété en demeureroit à fon fils légitime.

Depuis il changea fes premieres difpofitions, & fit un fecond teftament, par lequel il inftituoit héritiers teftamentaires fes deux fœurs confanguines, confirmoit la donation faite à Jofeph de Sabran, & réduifoit fon autre fils à fa légitime.

César de Sabran étant mort, le fils légitime prétendit que fon teftament devoit être annullé. Me Gueau de Reverfeaux, fon Avocat, fondoit fa demande fur deux moyens ; 1°. on voyoit, dit-il, par les difpofitions de fon teftament, que le teftateur avoit eu intention d'éluder la Loi qui défend d'avantager les bâtards, & de leur donner la propriété de fommes trop confidérables, mais qui permet de leur laiffer des alimens & des rentes viageres, ou une modique propriété.

En deshéritant un fils légitime, (difoit-on) le pere lui ôte les moyens de combattre les legs prohibés par les Loix, & ne lui laiffe plus aucun droit à la fucceffion.

D'ailleurs (& c'étoit le fecond moyen) il eft, difoit-on, ordonné par l'article 5 de l'Ordonnance de 1735, que tout teftament noncupatif foit lû au teftateur par le Notaire qui l'a reçu, & que mention en foit faite. Or il étoit fait mention dans le teftament, qu'il avoit été lû & publié en la maifon de Georges de Sabran, en préfence de témoins, & le tout accompagné des fignatures exigées par la Loi : mais il ne fuffit pas qu'un teftament noncupatif foit lû en la maifon du teftateur ; il faut, aux termes de l'Ordonnance, qu'il foit lû au teftateur même.

Me Duvaudier, défenfeur de Jofeph de Sabran (fils légitimé) répondoit, 1°. qu'un pere de famille a le pouvoir, en Pays de Droit-Ecrit, de fe donner tel héritier qu'il juge à propos ; qu'il peut fe fervir de tous les droits que la Loi lui accorde ; que d'ailleurs le teftateur avoit déclaré dans fon teftament ; qu'on trouveroit un papier particulier, dans lequel il expliquoit les motifs de fa conduite.

Qu'en effet ce papier difoit que fes fœurs avoient des créances confidérables à exercer fur fa fucceffion ; & que pour les empêcher d'y mettre le feu, & de priver fes deux fils de tout fon bien, il avoit cru qu'il étoit plus prudent de les inftituer fes deux héritieres.

2°. Que le Notaire, dans la mention de la lecture, avoit, à la vérité, péché dans l'expreffion ; mais qu'il étoit contre la vraisemblance que ce teſtament eût été lû dans la maiſon du teſtateur ſans qu'il y fût préſent.

M. l'Avocat Général Joly de Fleury, qui porta la parole dans cette affaire, écarta, comme inutile, l'explication donnée par le teſtateur des motifs de ſes diſpoſitions ; il prouva qu'en Pays de Droit-Ecrit, un teſtateur eſt maître d'établir pour ſon héritier qui bon lui ſemble ; & par Arrêt rendu en la Grand'Chambre, le 17 Mai 1745, la Partie de Mᶜ Gueau a été déboutée de ſa demande, & condamnée aux dépens.

Claude le Court épouſa Marie le Clerc à Provins, le 30 Janvier 1704 ; trois mois après ils ſe quitterent. Marie le Clerc vint s'établir à Paris, où elle ne ſe fit connoître que ſous ſon nom de fille ; elle ſe fit recevoir Maîtreſſe Couturiere, gagna beaucoup, & devint Couturiere de la Reine. Claude le Court, ſon mari, ſe retira chez un parent qu'il avoit aux environs de Provins. Marie le Clerc fit connoiſſance avec un nommé Remi Raillard, Maître d'Hôtel du ſieur de Villers : il paroît qu'il y avoit entr'eux une liaiſon intime. Marie le Clerc, pendant ce temps-là, devint enceinte ; & le temps de ſes couches étant proche, elle ſe retira chez une Sage-Femme, où elle accoucha le 2 Septembre 1715, d'un enfant mâle, qui fut baptiſé à S. Sulpice. Mais, comme la Sage-Femme ne connoiſſoit point Marie le Clerc pour être femme de Claude le Court, elle s'imagina que Remi Raillard, qui lui rendoit de fréquentes viſites pendant ſes couches, étoit ſon mari, & fit baptiſer l'enfant ſous le nom de *François, fils en légitime mariage de Remi Raillard & de Marie le Clerc, ſes pere & mere.*

Marie le Clerc étant décédée le 23 Novembre 1739, le ſcellé fut appoſé ſur tous ſes effets, François ſon fils fit oppoſition au ſcellé. Il préſenta ſa Requête pour que ſon Extrait-baptiſtaire fût réformé, & demanda qu'à ces mots, *fils en légitime mariage de Remi Raillard*, on ſubſtituât ceux-ci, *fils en légitime mariage de Claude le Court* ; qu'en conſéquence il fût déclaré héritier légitime de ſa mere ; & comme le ſcellé avoit été appoſé à la requête des parens collatéraux de ſa mere, il fit aſſigner Claude le Court,

pour voir déclarer commun avec lui l'Arrêt qui interviendroit.

Mᶜ Boudet, ſon Avocat, fondoit ſa défenſe, 1°. ſur ce que ſa Partie étoit vraiment fils de la même Marie le Clerc, qui étoit femme de Claude le Court, & ſur ce qu'on n'avoit pû trouver de Marie le Clerc, femme de Remi Raillard ; 2°. il produiſoit cinq lettres adreſſées de Provins à Marie le Clerc ; l'une ſouſcrite de Guerin ſon oncle ; & l'autre, de Guerin ſon couſin ; & dans toutes ces cinq lettres, on faiſoit des *complimens à M. Raillard* : ce qui prouvoit que Raillard étoit l'*ami*, & non l'*époux* de Marie le Clerc ; 3°. il produiſoit encore ſix quittances de penſion, qui portoient : »J'ai reçu de mademoiſelle le Clerc, » par les mains de . . . . la » ſomme de . . . . pour la » penſion de François ſon fils « ; ce qui prouvoit la maternité de Marie le Clerc ; & cette maternité une fois prouvée, la paternité s'enſuivoit néceſſairement en vertu de la maxime, *Pater is eſt quem juſta nuptiæ demonſtrant.*

Mᶜ le Meignan, Avocat des héritiers collatéraux, prétendoit que la partie de Mᶜ Boudet n'étoit point fils de celle qu'il reclamoit pour ſa mere, puiſqu'elle étoit femme de Claude le Court ; au lieu que l'extrait-baptiſtaire lui donnoit pour mere, une Marie le Clerc, à la vérité ; mais femme de Remi Raillard. Nous ne ſçavons, diſoit-il, quels ſont nos pere & mere, que par nos extraits-baptiſtaires, auxquels la foi eſt dûe ; & quand il ſeroit vrai que Marie le Clerc ſeroit effectivement la mere de notre Adverſaire, ce ne ſeroit pas encore le cas d'appliquer la maxime, *Pater is eſt quem juſta nuptiæ demonſtrant*, puiſque Claude le Court a refuſé lui-même de le connoître, & a demandé à prouver que ce n'étoit point ſon fils.

Meſſieurs les Avocats Généraux n'étoient point à Paris quand cette Cauſe fut plaidée ; ils étoient allés avec le Parlement complimenter le Roi au camp de Tournai, ſur la journée de Fontenoy, ſi glorieuſe à la Nation, & ce fut M. le Procureur Général Joly de Fleury, qui porta la parole dans cette affaire : tout s'empreſſa d'entendre encore les accens d'une voix ſi chere au Barreau , traiter une matiere de cette importance.

Ce Magiftrat dit que l'extrait-baptiftaire étoit , à la vérité , la preuve la plus authentique de notre naiffance ; mais qu'il étoit auffi quelquefois fufceptible d'erreurs qu'on pouvoit réformer; que le Prêtre qui le dreffoit, n'atteftoit pas que l'enfant qu'on lui préfentoit, fût l'enfant d'un tel & d'une telle, mais qu'il atteftoit feulement qu'on lui avoit dit qu'il étoit forti d'un tel & d'une telle; que dans l'efpéce particuliere, ceux qui avoient préfenté l'enfant, avoient pû fe tromper aifément. C'étoit une Sage-Femme qui ne connoiffoit la mere , que fous le nom de la demoifelle le Clerc, & qui n'avoit jamais entendu parler de le Court fon mari; le parrain & la maraine étoient un Porteur de Chaife, & la fille d'un autre Porteur, qu'on avoit pris à la porte de l'Eglife, fans doute pour des raifons particulieres, & qui, par conféquent, ne connoiffoient point les parens de l'enfant : la mere, par les preuves fournies de la part de la Partie de Mᵉ Boudet, étoit certaine, & d'ailleurs il offroit de faire preuve de plufieurs autres faits qui l'établiroient avec encore plus de certitude; & ainfi il fembloit que c'étoit le cas d'appliquer la maxime, *Pater is eft quem jufta nuptiæ demonftrant.*

D'un autre côté, ajouta M. le Procureur Général , cette régle fouffre diverfes exceptions : elle n'a pas lieu , 1°. quand le mari eft, ou impuiffant, ou tellement éloigné , qu'il foit impoffible qu'il ait pû habiter avec fa femme au temps de la conception de l'enfant : mais ce n'étoit pas-là le cas d'appliquer cette exception, parce que Claude le Court avoit donné des preuves qu'il étoit puiffant, puifqu'il avoit eu de fon mariage avec Marie le Clerc, une fille qui s'étoit faite Religieufe. D'ailleurs , il n'y avoit qu'environ 18 lieues de Paris à Provins.

2°. Que cette régle n'avoit pas encore lieu, quand une impoffibilité morale réfultoit de titres ou de préfomptions contre la paternité.

En appliquant cette feconde exception à l'efpéce, on trouvoit ; 1°. que l'enfant n'avoit jamais demeuré, ni avec fa mere, ni avec le mari de fa mere, qu'il n'avoit même jamais connu ce dernier ; 2°. que Claude le Court n'en avoit jamais entendu parler; il avoit même offert de prouver que cet enfant n'étoit point de lui, ce qu'on lui auroit peut-être permis de faire , & ce qu'il auroit peut-être fait, fi la mort ne l'avoit enlevé.

3°. Que toutes les quittances étoient données à mademoifelle le Clerc, pour François fon fils, fans qu'il ait été mention du nom de le Court : jamais l'enfant n'avoit porté ce nom, on l'avoit toujours connu fous celui de François le Clerc. Enfin, fur fes Conclufions eft intervenu Arrêt le Lundi 31 Mai 1745, par lequel la Partie de Mᶜ Boudet a été déboutée de fa demande, condamnée en l'amende & aux dépens.

La Cour a jugé par un autre Arrêt célébre, rendu en la Grand'Chambre, le 12 Mars 1742 , plaidans Mᵉˢ Boudet & Buirette, que, lorfque la femme accouche d'un enfant, dont la conception fe référe néceffairement à un temps antérieur au mariage, le mari peut le méconnoître; qu'il eft recevable à prouver que l'enfant n'eft point de lui, & que la femme vivoit alors en mauvais commerce avec d'autres.

Dans cette efpéce, un fieur Bonnaffé, demeurant à Clermont-Ferrand, arriva à Aurillac le premier Décembre 1736 , pour époufer la demoifelle Lorut, qu'il ne connoiffoit pas encore ; & le 23 du même mois leur mariage fut célébré.

Le 28 Mai 1737, c'eft-à-dire, cinq mois quatre jours après le mariage, la dame Bonnaffé accoucha d'un enfant, qui ne paroiffoit point d'une naiffance prématurée. Cet enfant fut méconnu par le mari ; & cette méconnoiffance donna lieu à la queftion de fçavoir, fi le mari pouvoit être admis à prouver le mauvais commerce de fa femme, antérieurement à fon mariage, & au temps de la conception de l'enfant qui venoit de naître.

Le mari mourut après avoir intenté fon action ; fon héritiere reprit l'Inftance, & fut admife à la preuve par Sentence des Juges d'Aurillac, confirmée par Arrêt du 12 Mars 1742.

On peut fur cette matiere confulter M. Bouguier, en fon Recueil d'Arrêts, lett. C, chap. 4; Domat, des Héritiers en général; le Brun, Traité des Successions, liv. 1, ch. 4; un Arrêt de 1605, rapporté par d'Expilly; & deux autres Arrêts des 12 Juillet 1666 & 18 Avril 1707, qu'on trouve au Journal des Audiences.

Les trois enfans de Gabrielle Pereau, connue sous le nom de la belle Epiciere, nés depuis l'accusation d'adultere, intentée contr'elle par son mari, ont été jugés adultérins par Arrêt de l'année 1702, faute, par elle, d'avoir pu prouver une réconciliation avec son mari, depuis l'accusation intentée; & le sieur le Noble, complice de l'adultere, fut condamné à se charger de ces trois enfans. Voyez cette affaire qui est longuement détaillée dans les *Causes Célébres*.

Voyez à l'article *Enfans*, ce que je dis sur la *Légitimité*.

LÉGITIME.

Voyez Ab Irato, *Exhérédation, Exclusion, Inofficiosité, Partage, Rapport, Substitution, Succession, Tiers-Coutumier*.

La Légitime, dit Domat, est une portion de l'hérédité que les Loix affectent aux héritiers du sang, auxquels elles donnent droit de se plaindre des dispositions inofficieuses, par lesquelles un testateur ou un donateur les a réduits à une moindre quotité dans sa succession, que celle que les Loix leur adjugent.

Dans le Droit Romain, il y a deux ordres de personnes à qui les Loix donnent une Légitime; sçavoir, aux enfans légitimes sur les biens de leurs parens, & aux parens sur les biens de leurs enfans légitimes.

Si dans une succession il y a tout-à-la-fois des enfans du défunt & des ascendans, il n'y a de Légitime que pour les enfans, qui dans ce cas là, excluent même les ascendans de la succession.

La Légitime des enfans sur les biens de leurs ascendans, a lieu dans tout le Royaume: mais elle n'est point la même par-tout, les Loix & les Coutumes la fixent diversement chacune dans son ressort.

La Légitime des ascendans n'a lieu que dans les Pays de Droit-Ecrit, & dans quelques Provinces régies par les Loix qui la leur accordent; d'anciens Arrêts l'ont aussi

accordé à des ascendans en Pays Coutumiers, mais la Jurisprudence moderne la leur a refusée; parce que les Coutumes, en parlant de la Légitime, ne font mention que des descendans.

D'ailleurs, s'il étoit dû une Légitime aux ascendans en Pays Coutumier, ce ne pourroit être que sur les meubles & acquêts, puisqu'ils ne succédent qu'à cette espéce de biens; il seroit par conséquent rare que les enfans puissent disposer de quelque chose par testament, puisqu'ils seroient obligés de conserver leurs propres à leurs collatéraux, & que leurs meubles & acquêts seroient affectés à la Légitime de leurs ascendans. Voyez les Arrêts rendus sur cette matiere; ils sont rapportés par Brodeau, sur M. Louet, lett. L, n°. 1.

La Légitime accordée aux ascendans en Pays de Droit-Ecrit, est le tiers des biens de la succession à partager entre tous les ascendans, s'il y en a plusieurs. Voy. les Novelles 18, 22 & 89.

La Légitime des ascendans n'est dûe qu'aux plus proches: ainsi elle n'appartient point aux ayeuls, quand les pere & mere ou l'un d'eux survit; de même que les bisayeuls ne peuvent point en prétendre, quand il y a des ayeuls, parce que dans l'ordre des ascendans, il n'y a point de représentation comme dans la ligne descendante.

Les ascendans paternels & maternels, qui se trouvent au même dégré, partagent la Légitime, non par têtes selon leur nombre, mais en deux portions égales; l'une pour les paternels, l'autre pour les maternels; lors même que le nombre est plus grand d'un côté que de l'autre: & s'il n'y en a que d'un seul côté en pareil dégré, leur Légitime se divise par têtes.

La maniere d'opérer pour régler la Légitime des ascendans, étoit anciennement sujette à beaucoup de difficultés, & donnoit lieu à des questions, sur lesquelles la Jurisprudence & les avis étoient partagés: mais l'art. 61 de l'Ordonnance des Testamens, du mois d'Août 1735, a fait cesser l'embarras. Voici ce que porte cet article.

La quotité de la Légitime des ascendans dans les lieux où elle leur est dûe sur les biens de leurs enfans ou descendans qui n'ont pas laissé d'enfans, & qui ont fait un testament, fera réglée en égard au total defdits biens, & non fur le pied de la portion qui auroit appartenue auxdits afcendans, s'ils euffent recueilli lefdits biens ab inteftat concurremment avec les freres-germains du défunt; ce qui aura lieu, foit que ledit défunt ait inftitué héritiers fes freres ou fœurs, ou qu'il ait inftitué des étrangers.

En Pays de Droit-Ecrit, la Légitime des enfans eft différente felon leur nombre: s'il y a quatre enfans, ils ont tous enfemble le tiers des biens; & s'il y en a cinq, ou un plus grand nombre, ils ont tous enfemble la moitié (*a*).

Cette difpofition de Droit-Ecrit renferme un inconvénient; en effet, lorfque les enfans font au nombre de cinq, ils fe trouvent avoir chacun un dixiéme des biens de la fucceffion, dont la Loi leur défere la moitié dans ce cas, pour être partagée entr'eux; au lieu que n'étant qu'au nombre de quatre, ils ne fe trouvent avoir que chacun un douziéme; de forte qu'ils ont plus chacun dans un nombre plus grand, que dans un nombre moindre; ce qui ne paroît pas raifonnable.

C'eft ce qui a donné lieu à la difpofition de la Coutume de Paris, art. 298, qui porte que *la Légitime eft la moitié de telle part & portion que chaque enfant auroit eue en la fucceffion de fes pere & mere, ayeul & ayeule ou autres afcendans, fi lefdits pere & mere ou autres afcendans n'euffent difpofé de leurs biens par donation entre-vifs ou de derniere volonté; fur le tout déduit les dettes & les frais funéraires* (*b*).

En général, dans les Coutumes qui ne parlent point de la Légitime, elle doit, excepté en Normandie, fe régler fuivant la

difpofition de la Coutume de Paris, & non par le Droit-Ecrit. Cela a été ainfi jugé par divers Arrêts; le premier a été rendu le 30 Juillet 1661, pour la Coutume de Troyes; le fecond a été rendu au mois de Mars 1672, dans la caufe de la maifon de Guimenée; le troifiéme eft intervenu le 6 Septembre 1674, pour les Coutumes de Touraine, Anjou & la Rochelle, qui ne portent aucune difpofition fur la Légitime.

Ce principe a encore été affermi par l'Arrêt rendu en la quatriéme Chambre des Enquêtes, au rapport de M. Anjorrant, le 6 Septembre 1752, par lequel il a été ordonné que la Légitime de Me Jean-Antoine Coffin, Avocat, dans les fucceffions de fes pere & mere mariés & domiciliés à Hefdin en Artois, lui feroit *donnée quant à la quotité aux termes de l'article 298 de la Coutume de Paris.* V. Auzannet & l'Arrêt qu'il cite fur cet article de la Coutume de Paris; Ricard cite des Arrêts contraires.

En Ponthieu, où la Coutume n'admet qu'un feul héritier en ligne directe, lors même qu'il y a plufieurs enfans, la Légitime de droit de l'héritier eft du tiers dans tous les biens, ainfi que la Cour l'a jugé par le célèbre Arrêt du 7 Septembre 1688, & par un autre Arrêt rendu au rapport de M. Cofte de Champeron, le 21 Août 1742, pour la fucceffion de la dame de Caules, contre Charles de Caules, fon fils aîné.

La maxime eft d'ailleurs atteftée par un Acte de Notoriété, donné par la Sénéchauffée de Ponthieu, le 14 Juillet 1724. Voyez auffi l'Acte de Notoriété donné par les Avocats au même Siége, le 26 Juin précédent.

Les enfans qui font héritiers (*c*), ont à

_____

(*a*) L'ancien droit fixoit la Légitime au quart de l'hérédité; mais Juftinien l'a réglé telle que je le dis ici, par la Novelle 118. Les Coutumes de Rheims, art. 234; & de Melun, art. 252, adoptent la difpofition du Droit Romain.

(*b*) Remarquons que ce que la Coutume donne à l'aîné dans les Fiefs des fucceffions de fes pere & mere, foit à titre de préciput, foit à titre de portion avantageufe, n'eft fujet à aucun retranchement. Ainfi, la Légitime de l'aîné dans cette efpéce de biens, eft la même chofe que ce que la Coutume leur défere à titre de bienfait. Voyez l'Arrêt du 14 Avril 1654, rapporté par Ricard; des Donations, part. 3, ch. 8, fect. 6, n. 1057.

Mais dans *les Coutumes* où les portions avantageufes font déférées à titre de fucceffion, & non à titre de bienfait & don de la loi, les portions avantageufes ne font pas, comme dans les autres Coutumes, la quotité de la

Légitime, & elles font fujettes à ce retranchement. Voyez Auzannet, fur l'art. 298 de la Coutume de Paris, & ce que je dis à l'art. *Aineffe.*

(*c*) Tous les Docteurs ont eftimé qu'il falloit être héritier pour demander la Légitime. Cependant cela n'eft pas généralement vrai; & il peut arriver que des enfans qui ne font pas héritiers, foient en droit de demander une Légitime. On en trouve un exemple dans l'Arrêt de S. Waft, du 3 Décembre 1642, rapporté au Journal des Audiences, tome 1, liv. 4, ch. 5.

Il peut arriver (& ceci fournit un fecond exemple,) qu'un pere, après avoir fait avantage à l'un de fes enfans, foit condamné à des peines emportant confifcation. En ce cas, fes autres enfans qui ne feroient pas fes héritiers, pourroient cependant fe pourvoir contre celui ou ceux qui auroient été avantagés, pour demander leur Légitime. V. Berault, fur l'article 134 de la Coutume de Normandie.

choifir

choisir entre la Légitime, telle que la Coutume la leur accorde, & les réserves coutumieres (a); ils peuvent exercer l'un ou l'autre choix à leur gré; mais ils ne peuvent, ni les cumuler, ni les faire concourir.

S'ils optent les réserves coutumieres, qui consistent à Paris dans les quatre quints des propres, & qu'elles ne soient pas suffisantes pour les remplir de leur Légitime, ils peuvent en demander le supplément; mais ils doivent imputer sur la Légitime, & ce qu'ils ont reçu d'ailleurs, & les réserves coutumieres qu'ils retiennent; ils ne peuvent réunir les deux droits à la fois.

S'ils demandent la Légitime de droit en entier, il faut qu'ils abandonnent les réserves coutumieres, qui en ce cas demeurent au légataire universel, & lui tiennent lieu de récompense des biens qui lui sont enlevés à titre de Légitime.

Non-seulement on ne peut pas réunir en sa personne le droit de prendre les quatre quints des propres réservés par la Coutume de Paris, & le droit de Légitime sur les biens disponibles: mais cela ne se peut pas, même quand il y auroit plusieurs héritiers. C'est ce qui a été jugé par Sentence des Requêtes du Palais du 16 Janvier 1733, rendue entre les quatre enfans de M. de Pommereu, dont l'un étoit légataire universel; les trois autres demandoient, l'un la totalité des quatre quints des propres, & les deux autres leur Légitime entiere. La Sentence a jugé que M. de Pommereu l'aîné optant les réserves coutumieres, auroit, en qualité d'héritier, le tiers des quatre quints des propres, que les deux autres préférant la Légitime de droit aux réserves coutumieres, chacun d'eux auroit sa Légitime de droit en entier; & que le surplus des biens appartien-

droit au légataire universel qui étoit un quatriéme enfant.

Cette Sentence a été confirmée par Arrêt rendu en la Grand'Chambre, le 20 Août de la même année 1733.

Par une suite du même principe, les enfans ne peuvent pas demander les réserves coutumieres & la Légitime de droit, quand même les biens seroient situés dans le ressort de différentes Coutumes; en ce cas, il faut qu'ils optent sans pouvoir demander la Légitime de droit dans une Coutume, & les réserves coutumieres dans un autre: ces maximes sont encore consacrées par différens Arrêts.

On en trouve un rendu au Parlement de Paris le 13 Mars 1666, rapporté par le Brun, *des Successions*, liv. 2, chap. 3, sect. 3, n°. 19; en voici l'espéce tirée sur l'Arrêt même.

Magdeleine de Saint-Genest, ayant laissé dans sa succession, des biens situés dans la Coutume de Bordeaux, (qui par l'article 57 donne aux ascendans une Légitime sur les bien échus au fils par succession), & dans la Coutume de S. Sever (qui par l'article 43 du titre des Successions, appelle les pere & mere à la succession de leur fils pour tous les acquêts & pour les propres de leur ligne), M. de Saint-Genest, son pere, avoit une Légitime dans sa succession, suivant la Coutume de Bordeaux, & devoit recueillir les acquêts & les propres de sa ligne, suivant la Coutume de S. Sever. Il prétendit réunir les deux droits; mais les autres héritiers s'y opposerent, & soutinrent les deux droits incompatibles.

M. de Saint-Genest gagna cependant sa cause au Parlement de Bordeaux: mais l'Arrêt ayant été attaqué par la Requête civile, l'affaire renvoyée au Parlement de Paris, &

(a) Les réserves coutumieres forment une espéce de Légitime réservée à l'héritier. (Voyez *Réserves Coutumieres*;) mais elles different de la Légitime de droit;

1°. En ce que la Légitime ne peut être demandée que par l'héritier en ligne directe; au lieu que les réserves coutumieres appartiennent à toutes sortes d'héritiers, soit directs, soit collatéraux.

2°. En ce que la Légitime est préférée à toutes espéces de dispositions, soit entre-vifs, soit testamentaires, par lesquelles elle est blessée; au lieu que les réserves coutumieres peuvent être entamées par des dispositions entre-vifs, & qu'elles n'ont lieu que contre les dispositions à cause de mort.

3°. En ce que la Légitime affecte tous les biens; au lieu

que les réserves coutumieres n'affectent que les propres seulement.

4°. En ce que l'héritier légitimaire doit imputer sur sa Légitime, ce qu'il a reçu du vivant de celui à qui il succéde; au lieu que les réserves coutumieres s'exercent sans aucun rapport, ni imputation.

La raison de cette derniere différence, c'est que la Légitime étant une certaine quotité à prendre dans une universalité de biens, celui qui a déja reçu une libéralité, est censé rempli jusqu'à concurrence; au lieu que les réserves coutumieres n'étant affectées que sur une espéce de bien, ce qui a été donné d'ailleurs, ne détruit pas cette affectation, & n'empêche pas le donataire de reclamer la portion qui lui en revient.

la matiere approfondie, la Requête civile fut enthérinée, par Arrêt du 16 Mars 1666, qui ordonna que le pere ne pourroit prendre sur les biens situés dans la Coutume de S. Sever, que les droits de Légitime seulement ; *& qu'à cet effet, il seroit fait une masse de tous les biens immeubles, tant acquêts, que propres, même anciens, situés dans la Coutume de S. Sever, dans laquelle masse il seroit distrait le quart pour le droit de la Légitime du pere, les trois autres quarts demeurans aux autres héritiers.*

Voici l'espéce d'un second Arrêt qui est du 12 Mars 1715.

Le Prince de Carignan, qui avoit demandé sa Légitime dans tous les biens de son ayeule, prétendit singuliérement avoir les deux tiers de la Finance des Greffes de Poitiers, à titre de Légitime coutumiere : il se fondoit sur l'art. 203 de la Coutume de Poitou, suivant lequel on ne peut donner plus du tiers de ses propres ; d'où il concluoit que la Princesse son ayeule n'avoit pas pu disposer des deux tiers de la Finance de ces Greffes à son préjudice, au moyen de ce qu'ils étoient propres ; qu'ainsi les deux tiers lui appartenoient comme une portion Légitimaire réservée par la Coutume.

On opposa au Prince de Carignan, que les enfans avoient à la vérité le choix de la Légitime de droit ou des réserves coutumieres ; mais qu'ils ne pouvoient pas cumuler ces deux droits, & en profiter conjointement, quoique relativement à différentes Coutumes. Par Arrêt du 12 Mars 1715, la Légitime du Prince de Carignan fut fixée sur le pied d'un sixieme, par la raison que la Princesse avoit laissé trois enfans : sçavoir lui Prince, le Comte de Soissons, & la Princesse de Baden.

Il y a un troisieme Arrêt qui a été rendu au Parlement de Grenoble, sur une évocation du Parlement de Paris, le 16 Août 1719, entre Madame la Présidente Amelot, héritiere en partie de M. de Brion, & le Marquis de Brion.

Ce dernier prétendoit que la Légitime, par rapport aux biens situés en Auvergne, consistoit dans les trois quarts des biens réservés par cette Coutume. Madame Amelot soutenoit au contraire, que les trois quarts des biens réservés à l'héritier du sang

par la Coutume d'Auvergne, dans le cas de disposition testamentaire, n'avoit rien de commun avec la Légitime de droit ; que les réserves s'imputoient sur toute la Légitime, & qu'elles acquittoient les biens de Paris & tous les autres, quand elles suffisoient. Voici le dispositif de l'Arrêt, sur ce chef de contestation.

Quant à la Légitime de droit demandée par ledit de Brion de son chef, & de celui de ses freres & sœurs décédés, la Cour ordonne qu'elle sera prise & liquidée sur le total des biens délaissés par ledit de Brion pere dans la Coutume de Paris & dans celle d'Auvergne, & icelle Légitime réglée sur le pied du dixieme pour chacun desdits enfans, suivant l'article 298 de la Coutume de Paris : & à l'égard des biens d'Auvergne, selon la qualité de la Légitime dans la Coutume d'Auvergne ; sur la demande dudit de Brion, de la réserve coutumiere d'Auvergne, a mis hors de Cour & de procès.

Il y a enfin l'Arrêt de Senneterre rendu au Parlement de Paris, le 7 Sept. 1724.

Dans cette espéce, il s'agissoit de la Légitime de Charles de Senneterre, Marquis de Châteauneuf, dans la succession de Henri de Senneterre, son pere. M. de Senneterre pere, avoit fait un testament, par lequel il avoit institué ses héritiers le Maréchal de la Ferté & le Marquis de Châteauneuf ses deux fils, & il les avoit chargés de substitutions graduelles, perpétuelles, linéales & masculines.

Ces deux freres passerent des Arrêts de concert, par lesquels, sous prétexte de leur Légitime, ils porterent atteinte aux substitutions. Les trois quarts des biens, dont la Coutume d'Auvergne prohibe la disposition, furent donnés au Marquis de Châteauneuf pour sa Légitime dans cette Coutume. Ces biens étoient suffisans pour acquitter sa Légitime dans la succession ; néantmoins il n'avoit pas laissé de prendre encore sa Légitime sur les biens situés dans les Coutume de Paris, d'Orléans & d'Etampes.

De-là la question de sçavoir, si les trois quarts des biens dont la Coutume d'Auvergne interdit la disposition, devoient être regardés comme la quotité de la Légitime dans cette Coutume ; ou si au contraire la Légitime devoit être réglée par la Novelle de *Triente & Semisse* ; & si ce qui excédoit la Légitime, suivant cette Novelle, devoit s'imputer sur les biens situés dans les autres Coutumes, & acquitter les biens des autres Coutumes en général. La Cour préféra le dernier parti par l'Arrêt du 7 Sept. 1724, sans s'arrêter aux Arrêts passés de concert, auxquels elle reçut un tiers opposant.

Cet Arrêt juge donc, 1°. que la Légitime de droit est universelle, & que les biens d'une Coutume libèrent ceux d'une autre.

2°. Que les réserves coutumieres s'imputent d'abord sur la quotité de la Légitime prescrite dans la Coutume des réserves, & ensuite sur la Légitime en général.

3°. Que dans la Coutume d'Auvergne, les trois quarts des biens dont la disposition est interdite, sont une réserve coutumiere, & non la quotité de la Légitime de droit, qui se régle dans cette Coutume par la Novelle *de Triente & de Semisse.*

Un fils, dans la Coutume de Vermandois, avoit été nommé légataire de sa portion Légitimaire, les propres réservés par la Coutume à l'héritier du sang, formant un objet plus considérable. Ce fils renonça au legs pour prendre en qualité d'héritier le réserves coutumieres. On prétendit qu'il ne le pouvoit pas ; cela occasionna une contestation, qui fut jugée en faveur du fils par Arrêt rendu le 4 Mars 1728, en la premiere des Enquêtes, sur partage d'opinions en la Grand'Chambre.

Cet Arrêt est intervenu entre les sieurs Charpentier & Commelet. Il y avoit aussi quelques biens situés dans la Coutume de Vitry. Voyez encore un Arrêt du 6 Septembre 1674, qu'on trouve au Journal des Audiences, tom. 3, liv. 8, chap 17.

Il y a néantmoins des Coutumes, où ces maximes ne pourroient pas servir de régle, parce qu'elles décident que les réserves coutumieres y tiennent lieu de Légitime. Voy. *les Questions mixtes*, par Boulonois.

La Légitime des enfans au premier dégré, se partage par égale portion ; & s'il y a tout à la fois des enfans vivans & des petits-enfans, qui viennent par représentation de leur pere ou mere, la Légitime se partage selon le nombre des enfans au premier dégré qui restent vivans, & de ceux qui, étant morts, ont laissé des enfans qui les représentent ; & ceux-ci n'ont entr'eux que la Légitime qu'auroit eue la personne qu'ils représentent.

S'il n'y a que des petits-enfans, ou autres descendans plus éloignés, leur Légitime se régle par souche ; de maniere que les descendans de chaque fils ont entr'eux la même Légitime qu'auroit eue leur pere.

Mais, comment doit-on en user, lorsqu'il y a plusieurs enfans d'une seule souche ? Par exemple, un pere a un fils unique, qui décédé avant lui, laissant plusieurs enfans. Si le grand-pere vient à décéder, quelle sera la Légitime des petits-enfans, s'ils sont au nombre de quatre ou de cinq ? Il faut répondre qu'à Paris chacun aura un huitiéme, s'ils sont quatre, & un dixiéme, s'ils sont cinq. Mais en Pays de Droit-Ecrit, ils auront chacun un douziéme, s'ils sont quatre, & chacun un dixiéme, s'ils sont cinq ; parce qu'en ce cas, ils ne viennent point par représentation à la succession de leur ayeul ; mais, *jure suo*, c'est-à-dire, par le droit qui leur est propre & personnel.

Celui qui doit une Légitime à ses héritiers, ne peut, ni les en priver, ni la diminuer, ni l'assujettir à des charges ; il ne peut pas même l'entamer par des donations entre-vifs ou testamentaires.

Ainsi la Légitime se régle, non-seulement sur la valeur du montant des biens qui composent la succession au temps du décès de celui qui la doit, mais encore de ceux dont il peut avoir disposé à titre gratuit : autrement ces sortes de dispositions pourroient anéantir la Légitime.

Par la même raison, si le pere avoit renoncé à une succession pour avantager son fils & le faire porter héritier, on devroit comprendre les biens de cette succession dans la masse sur laquelle la Légitime doit être formée.

On ne comprend cependant pas dans cette masse les biens confisqués sur le défunt, ou tombés en commise par son fait.

Les enfans qui ont été dotés, peuvent renoncer à la succession de leur pere, mere ou autre ascendant qui doit la Légitime : mais cette renonciation ne les affranchit point de la contribution au payement de la Légitime des autres enfans, pour laquelle contribution les donations qui leur ont été

C ij

faites, doivent être réduites chacune dans son rang (a).

Il en est de même des libéralités faites au profit d'étrangers : elles sont aussi sujettes à de semblables retranchemens pour fournir la Légitime de ceux à qui elle est dûe ; voici comme s'expliquent sur cela les articles 34, 35, 36, 37 & 38 de l'Ordonnance du mois de Février 1731.

ART. XXXIV. *Si les biens que le donateur aura laissés en mourant, sans en avoir disposé, ou sans l'avoir fait autrement que par des dispositions de derniere volonté, ne suffisent pas pour fournir la Légitime des enfans, eu égard à la totalité des biens compris dans la donation entre-vifs par lui faite, & de ceux qui n'y sont pas renfermés, ladite Légitime sera prise, 1°. sur la derniere donation, & subsidiairement sur les autres, en remontant des dernieres aux premieres ; & en cas qu'un, ou plusieurs des donataires, soient du nombre des enfans du donateur qui auroient eu droit de demander leur Légitime, sans la donation qui leur a été faite, ils retiendront les biens à eux donnés, jusqu'à la concurrence de la valeur de leur Légitime, & ils ne seront tenus de la Légitime des autres, que pour l'excédent.*

XXXV. *La dot, même celle qui aura été fournie en dernier, sera pareillement sujette au retranchement, pour la Légitime, dans l'ordre prescrit par l'article précédent ; ce qui aura lieu, soit que la Légitime soit demandée pendant la vie du mari, ou qu'elle ne le soit qu'après sa mort, & quand il auroit joui de la dot pendant plus de trente ans, ou quand même la fille dotée auroit renoncé à la succession par son contrat de mariage ou autrement, ou qu'elle en seroit exclue de droit, suivant la disposition des Loix, Coutumes ou Usages.*

XXXVI. *Dans le cas où la donation des biens présens & à venir, pour le tout ou pour partie, a été autorisée par l'article 17, si elle comprend la totalité des biens présens & à venir, le donataire sera tenu indéfiniment de payer les Légitimes des enfans du donateur,* soit qu'il en ait été chargé nommément par la donation, soit que cette charge n'y ait pas été exprimée ; & lorsque la donation ne contiendra qu'une partie des biens présens & à venir, le donataire ne sera obligé de payer lesdites Légitimes au-delà de ce dont il en peut être tenu de droit, suivant l'article 34, qu'en cas qu'il en ait été expressément chargé par la donation & non autrement ; auquel cas d'expression de ladite charge le donataire sera tenu directement, & avant tous les autres donataires, quoique postérieurs, d'acquitter lesdites Légitimes, pour la part & portion dont il aura été chargé dans la donation ; & si ladite portion n'y a pas été expressément déterminée, elle demeurera fixée à telle & semblable portion que celle pour laquelle les biens présens & à venir se trouveront compris dans la donation, sauf au donataire, dans tous les cas portés par le présent article, de renoncer, si bon lui semble, à la donation.*

XXXVII. *Si néantmoins le donataire, par contrat de mariage, de la totalité, ou de partie des biens présens & à venir, déclare qu'il opte de s'en tenir aux biens qui appartenoient au donateur au temps de la donation, & qu'il renonce aux biens postérieurement acquis par ledit donateur, suivant la faculté qui lui est accordée par l'article 17, les Légitimes des enfans se prendront sur lesdits biens postérieurement acquis, s'ils suffisent ; sinon ce qui s'en manquera, sera pris sur tous les biens qui appartenoient au donateur dans le temps de la donation, si elle comprend la totalité desdits biens ; & encore que la donation ne soit que d'une partie des biens, & qu'il y ait plusieurs donataires, la disposition de l'article 34 sera observée entr'eux, selon sa forme & teneur.*

XXXVIII. *La prescription ne pourra commencer à courir, en faveur des donataires contre les Légitimaires, que du jour de la mort de ceux, sur les biens desquels la Légitime sera demandée.*

Ainsi, en formant la masse des biens, sur lesquels la Légitime doit se régler, il faut

---

(a) Les enfans qui demandent leur Légitime, doivent rapporter tout ce qu'ils ont reçu en avancement d'hoirie. Mais si quelques biens leur ont été conservés par la Loi, & qu'ils ne les tiennent pas de ses soins, tels, par exemple, que la propriété des gains nuptiaux que les pere & mere perdent en Pays de Droit-Ecrit, quand ils se remarient, ce bien n'est point sujet à rapport, parce que les enfans peuvent le prendre sans être héritiers. V. Guy-Pape, Décision 228. Feron, sur la Coutume de Bordeaux, titre des Testamens, paragraphe 16. Dumoulin, *de Inoff.* n. 78, & en son Conseil 35, n. 14 ; Cujas, sur la Novelle 22, & ce que je dis dans une note à l'art. *Nôces* (secondes.)

y faire entrer fictivement les biens compris dans les donations (faites par celui qui doit la Légitime), tant aux Etrangers, qu'à ceux à qui la Légitime est dûe. Cette masse doit aussi comprendre tous les biens existans au temps du décès, les charges & les frais funéraires déduits.

On en excepte pourtant la dépense & les donations faites pour mettre les enfans en Religion ; aussi les Religieux Profès ne font-ils pas nombre dans le calcul, pour fixer la Légitime, s'ils ont fait profession avant la mort de celui qui la doit.

Quand la masse est composée, s'il s'agit d'une Légitime dûe aux descendans, on doit la diviser (la masse) en autant de portions qu'il y a d'enfans au premier dégré qui tirent quelque bénéfice de la succession, soit comme douairiers ou donataires; car ceux-là font nombre pour le partage de la Légitime (a). Il n'y a que ceux qui renoncent purement & simplement, & qui n'ont rien reçu du défunt, ou qui ne prennent rien dans sa succession, qui ne sont pas comptés, & qui n'entrent point dans le calcul de la Légitime ; ceux qui renoncent pour se tenir à quelqu'avantage, y entrent. Voyez Dumoulin en son Conseil, 35, n°. 12.

Après la division faite en autant de portions qu'il y a d'enfans, la Légitime est (pour la Coutume de Paris), comme je l'ai ci-devant dit, de la moitié de la portion que chacun auroit eue, s'il n'y avoit pas eu de dispositions de la part du défunt : (cependant voyez ce que je dis ci-après sur l'aînesse).

Celui qui, en demandant sa Légitime, est tenu de quelque rapport, doit imputer ce rapport sur ce qui lui revient de sa Légitime (b) ; & ce qui peut lui manquer, se retranche aux autres, ou se prend sur la masse.

Mais si celui à qui la Légitime est dûe, n'a rien reçu, elle doit lui être fournie par les autres enfans ou donataires, sur les biens qui y sont sujets.

La Légitime produit de plein droit des intérêts, à compter du jour du décès de celui qui la doit, parce qu'elle tient lieu de portion héréditaire.

Il y a des enfans, & autres descendans, qui ne peuvent pas demander de Légitime, lors même qu'ils n'ont pas été dotés, parce que quelqu'obstacle les écarte de la succession. De ce nombre sont :

1°. Les enfans justement exhérédés.

2°. Ceux qui sont morts civilement.

3°. Les filles qui, par contrat de mariage, ont renoncé à la succession d'un ascendant en faveur de leur frere. (Sur cela voyez *Exclusion* & *Renonciation de Filles*).

Le Légitimaire a droit dans toutes les choses dont la succession est composée, & la Légitime doit être formée en corps héréditaire ; néantmoins, comme dans les partages on ne doit pas morceler les immeubles, le pere peut, en laissant à ses enfans assez de biens libres pour les remplir de leurs parts & portions Légitimaires, substituer, ou autrement disposer de l'effet qu'il lui plaît dans sa succession.

S'il y a une substitution, on peut, en procédant au partage & à la liquidation de ce qui revient à chacun, former le lot du légataire ou de la substitution, avec un effet situé dans une Coutume qui répugne le plus à la disposition, si sa valeur répond plus exactement au montant de toutes les portions disponibles; tout de même la Légitime peut se remplir avec un effet disponible de sa nature.

La raison pour laquelle on opère de cette maniere, est que les biens d'un défunt (ascendant); quoique répandus en différentes Coutumes, ne forment néantmoins qu'un seul & même patrimoine. Il ne seroit pas d'ailleurs naturel de faire autant de partages, qu'il y a de Coutumes différentes ; il est même fort égal, pour l'intérêt des Par-

---

(a) Bretonnier dit même que les enfans absens depuis dix ans, & dont on n'a point de nouvelles, sont réputés vivans pour régler la Légitime ; & que leur portion légitimaire accroît en ce cas à leurs freres & sœurs au préjudice de l'héritier institué. Questions Alphabétiques, verb. *Absens.* Voyez l'Arrêt du 23 Août 1749, dont je parle à l'art. *Absens.*

(b) Le Droit Romain n'est pas tout-à-fait conforme à cette maxime ; mais on ne suit point ses dispositions relativement à l'imputation dont il est ici question. Il est très-certain dans l'usage, même en Pays de Droit-Ecrit, que ce qui est sujet à rapport dans une succession, s'impute sur la Légitime. Ricard dispute ce point de Droit avec beaucoup de solidité, & réfute l'opinion contraire. V. aussi le Maître, la Combe, & le nouveau Commentateur de la Coutume d'Orléans.

ties, que la Légitime foit remplie avec un bien fitué, ou dans une Coutume, ou dans une autre.

Cet ufage eft fondé fur la nature même de la Légitime de droit. La Loi qui l'a établie, ne réferve à l'enfant qu'une quotité des biens dès peres & meres; l'action qu'elle donne, n'eft qu'une action en fupplément: ainfi, lorfqu'il a, dans les biens que fon pere lui a laiffés librement, la portion déterminée par la Loi, eu égard à la totalité de la fucceffion, il ne peut pas reclamer encore fa part légitimaire dans l'effet particulier dont le pere a difpofé.

On doit dire la même chofe de la Légitime, plus forte que celle de Droit, qui a été établie dans certaines Coutumes; elle ne différe de la Légitime de Droit, que dans fa quotité, & non dans fa nature. Il en eft de même des droits d'aîneffe fur les Fiefs, & des réferves fur les propres, ou fur une autre efpéce de biens.

La Légitime étant une portion de l'hérédité réfervée par la Loi, elle ne peut être altérée par aucune forte de difpofitions. Néantmoins, fi le fils, ayant connu le teftament de fes pere & mere, contenant fubftitution de fa Légitime, ne reclame point, & fi au contraire il l'exécute, alors, ni lui, ni fes héritiers, ne peuvent demander la diftraction de fa Légitime, attendu l'exécution; parce qu'il lui eft très-permis de renoncer à fon droit, & d'exécuter pleinement le teftament qui l'en privoit.

Mais fi le fils, grévé de fubftitution, n'a pas eu connoiffance du teftament qui fubftituoit fa Légitime, fes héritiers en peuvent demander la diftraction: cela a été ainfi jugé par Sentence du Châtelet du 27 Août 1740, confirmée par Arrêt du 23 Février 174*, rendu fur les Conclufions de M. l'Avocat Général Joly de Fleury, par laquelle Sentence il étoit ordonné que la Légitime appartenante à Imbert Drevet, dans les fucceffions de fes pere & mere, en feroit diftraite en faveur de fes héritiers; en conféquence, qu'il feroit procédé à la liquidation de cette Légitime, & que le furplus des teftamens des pere & mere, qui contenoient des fubftitutions, feroient exécuté;

à l'effet de quoi la Sentence faifoit délivrance aux légataires appellés pour recueillir la fubftitution.

Dans l'efpéce de cet Arrêt, le fieur Drevet, fils unique, n'avoit point fait faire inventaire après le décès de fes pere & mere; leur teftament étoit refté entre les mains du légataire univerfel, appellé à la fubftitution, qui ne forma de demande en délivrance, qu'après la mort du grévé, arrivée peu après celle des teftateurs.

La fubftitution portée au teftament des fieur & dame Drevet, avoit pour caufe l'égarement d'efprit, dont leur fils avoit été attaqué pendant quelque temps; ainfi on peut encore dire que l'Arrêt rendu dans cette affaire, juge que la Légitime d'un infenfé ne peut pas être fubftituée.

Deux Arrêts précédens avoient pareillement ordonné la diftraction de la Légitime du fils imbécille: l'un, du 18 Janvier 1656, a été rendu fur les Conclufions de M. l'Avocat Général Talon.

L'autre, du 11 Juillet 1739, a été rendu, au rapport de M. l'Abbé Langlois, en la Grand'Chambre, en faveur des héritiers de Marie-Françoife Fournier, imbécille, intimée, fur l'appel d'une Sentence rendue au Bailliage d'Orléans.

Depuis le premier Arrêt de Drevet, il en eft intervenu un fecond (entre les mêmes Parties qui plaidoient lors du premier) fur les Conclufions de M. l'Avocat Général Gilbert, le 23 Décembre 1742, qui, au moyen de la diftraction de la Légitime accordée par le premier Arrêt, a déclaré caducs les legs particuliers faits par les teftamens des fieur & dame Drevet, en faveur des héritiers de leur fils, non appellés à la fubftitution (a).

Je l'ai déja dit, la Légitime eft un don de la Loi, dont les peres & meres & les autres afcendans ne peuvent priver leurs enfans, en tout ou en partie, qu'en les exhérédant; & pour cela il faut des raifons très-puiffantes. V. Exhérédation.

Cette maxime fouffre néantmoins une exception; en effet, il y a des difpofitions qui entament les Légitimes, auxquelles les Loix donnent elles-mêmes le nom d'officieufes,

---

(a) La Combe rapporte auffi les Arrêts de Drevet, dans la derniere édition de fon Recueil de Jurifprudence, à l'art. Exhérédation. Mais il leur donne des dates différentes. Je crois que les miennes font les véritables.

& qui méritent toute la faveur de la Justice, parce qu'elles ne partent point de la colere paternelle, & qu'elles n'ont pour but que le bien & l'avantage de l'enfant.

Par exemple, lorsqu'un° fils est dissipateur, les Loix & la Jurisprudence autorisent dans ce cas-là les pere & mere à substituer sa portion héréditaire, & même sa Légitime, pourvû qu'en exprimant la cause qui les détermine à cette espéce d'exhérédation, la substitution soit faite au profit des enfans de celui qu'ils privent de sa Légitime, ou de ses plus proches collatéraux, au cas qu'il décéde sans enfans.

Bien loin qu'on puisse accuser d'inofficiosité les dispositions d'un pere qui substitue en faveur de ses petits-enfans la portion héréditaire de son fils, on doit au contraire regarder une semblable substitution, comme un effet de l'affection paternelle; puisqu'elle n'a d'autre objet que d'assurer au fils & autres enfans une subsistance à l'abri de la prodigalité. Bardet rapporte un Arrêt qui avoit réduit un fils prodigue à l'usufruit de sa portion héréditaire, & substitué la propriété aux enfans du prodigue : on trouve deux autres Arrêts semblables, des 2 Février 1634 & 9 Avril 1647, au Journal des Audiences.

La débauche & la mauvaise conduite des enfans, poussées à un certain excès, ont encore paru des causes suffisantes pour autoriser la substitution de la Légitime. Il y a sur cela un célebre Arrêt du 21 Janvier 1672, qu'on trouve au Journal du Palais.

Nous en avons un plus récent qui a été rendu le 10 Juillet 1741, au Rôle de Poitou, sur les Conclusions de M. l'Avocat Général d'Ormesson, par lequel la Cour a confirmé la substitution même de la Légitime du Marquis de Gencien, faite par le testament de son pere.

Cette substitution, faite par le Marquis de Gencien pere, avoit pour cause l'état & la mauvaise conduite de son fils (il étoit épileptique); mais on ne regarde pas cette maladie comme une cause suffisante pour autoriser une substitution : la mauvaise conduite, démontrée par piéces authentiques, fut la seule cause qui détermina la Cour à confirmer la substitution. On n'opposoit cependant point encore de fait de dissipation;

mais comme il est bien difficile qu'un débauché ne devienne pas dissipateur, la Cour a jugé que la dissipation qui étoit à craindre, avoit pû justement être prévenue par le pere, auteur de la substitution.

C'est, ce me semble, ici le lieu d'agiter la question de sçavoir si les créanciers d'un prodigue, qui a encouru l'exhérédation officieuse dont je viens de parler, peuvent demander la distraction de sa Légitime. A cet égard, de bons Auteurs pensent, & des Arrêts ont jugé qu'ils le peuvent, & que parconséquent ils ont plus de droit que leur débiteur. Mornac & Ricard sont de cet avis. Le Brun ajoute que, pour que des créanciers puissent demander cette distraction, il faut que leurs titres soient authentiques, & que la dette ait été contractée avant l'ouverture de la succession. Voyez l'Arrêt du 31 Août 1618, rapporté par Bardet; ceux des 9 Mars 1609 & 19 Juillet 1625, rapportés par Brodeau sur M. Louet, & celui du 30 Juin 1678, rapporté au Journal du Palais.

Mais comment concevoir que des créanciers ayent plus de droit que leur débiteur? Cela répugne; la faveur de la Légitime n'a pour objet que l'intérêt des enfans; & si la Loi a défendu aux peres & meres de la diminuer, c'est parce qu'elle a voulu que les enfans trouvassent une subsistance dans leur Légitime : ce seroit donc abuser des termes de la Loi, que de vouloir rétorquer contre eux des priviléges, qui n'ont été accordés à la Légitime, qu'en leur faveur.

Si l'on dit que la Légitime est un droit dont les peres & meres n'ont pû priver leurs enfans, & que les créanciers, en prêtant, ont envisagé la Légitime que leur débiteur pourroit un jour prétendre, comme une sûreté pour leur créance : il faut répondre, comme fit M. Talon, lors de l'Arrêt du 17 Août 1666, rapporté au Journal des Audiences, qu'il est de l'intérêt public de maintenir les peres dans l'autorité qui peut assurer le bien des familles contre le déréglement des enfans dissipateurs; qu'un créancier n'a de sûreté que sur les biens présens de son débiteur; qu'il ne doit pas s'imaginer qu'il est au pouvoir d'un fils de présenter (pour la sûreté de ceux qui ont la facilité de lui prêter) les biens d'un pere encore vivant, & par-là procurer au fils l'occasion de les diffiper, avant qu'ils foient à lui.

On peut encore dire aux créanciers qui ont prêté, fur l'efpérance d'une Légitime que leur débiteur avoit droit d'attendre, que ce n'eft point un mal de tromper leur efpérance, parce que cela ne tendra qu'à diminuer la facilité avec laquelle on prête aux fils de famille, facilité qui ne peut être fuivie que d'inconvéniens, & qui a toujours été réprouvée par les Loix.

D'ailleurs, comment les créanciers ont-ils pû regarder comme leur fûreté une Légitime qui n'appartenoit pas à leur débiteur, au moment qu'ils font devenus fes créanciers? Ce qui dépend d'un avenir incertain, peut toujours échapper; leur débiteur ne pouvoit-il pas mourir avant fes pere & mere? Ne pouvoit-il pas arriver qu'en leur furvivant, il fût juftement exhérédé? Dans ce dernier cas, le créancier n'auroit certainement pas plus de droit que fon débiteur. Pourquoi pourra-t-il plutôt attaquer la fubftitution faite de la Légitime de fon débiteur, pour caufe de prodigalité? Si le créancier a compté fur cette Légitime, il a dû envifager tous les cas dans lefquels cette Légitime pouvoit ne point paffer à fon débiteur, ou ne lui paffer qu'avec des charges qui diminueroient la fûreté de fa créance. Il y a des Arrêts conformes à cette derniere opinion.

C'eft d'après ces confidérations que la Cour a, par Arrêt rendu au rapport de M. l'Abbé Terray, le 23 Mars 1760, débouté les créanciers des enfans du fieur Brunot, Secrétaire du Roi, de leur demande en diftraction de la Légitime de leurs débiteurs, quoique leurs créances fuffent antérieures à la fubftitution.

Il eft depuis intervenu un femblable Arrêt en la deuxiéme Chambre des Enquêtes, fur les Conclufions de M. l'Avocat Général le Pelletier de Saint-Fargeau, le 4 Septembre 1760, en faveur des demoifelles Simonnet, contre les créanciers de leur mere, laquelle avoit été inftituée légataire univerfelle par la dame de S. Bonnet fa mere, ayeule des demoifelles Simonnet, avec charge de fubftitution en faveur de fes petits-enfans, fondée fur la diffipation du fieur Simonnet.

Les créanciers de celui-ci & de la dame Simonnet fa femme avoient cependant demandé & obtenu, par Arrêt du 6 Septembre 1751, que la Légitime de la dame Simonnet fût diftraite de la fubftitution; mais, après fon décès, les demoifelles Simonnet, dont l'état étoit inconnu, & même contefté, tant par leur pere, que par les créanciers de leur mere, fe pourvurent par Requête civile contre l'Arrêt de 1751, & la firent enthériner par Arrêt du 16 Mai 1759, qui, en leur affurant leur état, les remit dans celui où elles étoient avant l'Arrêt de 1751.

Les créanciers des fieur & dame Simonnet ayant depuis renouvellé la demande en diftraction de Légitime, Arrêt eft intervenu ledit jour 4 Septembre 1760, en la feconde Chambre, qui a rejetté cette diftraction, & a jugé, comme l'Arrêt du 23 Mars précédent, que le fils diffipateur ne pouvant être écouté, quand il demande la diftraction de fa Légitime, fes créanciers, qui n'ont pas plus de droit que lui, ne peuvent pas non plus la demander.

La Légitime des enfans étant une part & portion dans les biens de leurs pere & mere, fi la Loi veut que le partage foit égal entre les enfans, leur Légitime fera la même; mais fi, entre les enfans, il s'en trouve un plus favorifé, comme les aînés en Pays Coutumier, alors fa Légitime eft plus forte, par la raifon que fa part dans la fucceffion l'eft davantage; en effet, la Légitime d'un aîné ne confiftant, dans la Coutume de Paris, & dans prefque toutes les autres, que dans *la moitié de la part & portion* que tout enfant auroit, ceffant les difpofitions de fon pere; & le droit d'aîneffe faifant partie de cette *portion héréditaire*, il eft évident que l'aîné doit avoir la moitié de fon droit d'aîneffe pour fa Légitime à Paris; autrement le principe général que la Légitime eft la moitié de la part & portion de l'enfant, fe trouveroit faux.

Le Brun, qui a approfondi cette queftion dans fon Traité des Succeffions, liv. 2, ch. 2, eft de cet avis. Chopin & Dupleffis penfent de même; & ces Auteurs rapportent des Arrêts qui l'ont ainfi jugé.

Cette opération, par le moyen de laquelle l'aîné des enfans, réduit à fa Légitime, fouffre un retranchement de moitié

dans

dans son droit d'aînesse, n'a cependant lieu que lorsque les Fiefs sont donnés à des Étrangers. Si les pere & mere avoient voulu, par prédilection, avantager des puînés, au préjudice du droit d'aînesse, alors l'aîné n'auroit pas seulement le droit de demander sa Légitime ; mais il auroit une action révocatoire, en vertu de laquelle il pourroit revendiquer ses portions avantageuses, & demander son droit d'aînesse en entier, parce qu'il ne doit pas dépendre des pere & mere de transporter les droits d'aînesse à un puîné : c'est une distinction qu'on trouve dans les Auteurs que je viens d'indiquer. Voyez aussi Dumoulin, & ce que je dis ci-devant dans une note.

Les sieur & dame de Nerac s'étant fait, par leur contrat de mariage, une donation mutuelle en propriété, en cas qu'ils n'eussent point d'enfans, & en usufruit seulement, au cas qu'ils en eussent, stipulerent qu'en ce dernier cas, la Légitime des enfans seroit prélevée, & réglée par le Droit-Ecrit, quoique les biens fussent situés dans la Coutume de Paris.

La dame de Nerac mourut la premiere, & laissa un fils qui décéda quatre ans & demi après elle. Après la mort de ce fils, le sieur de Nerac pere prétendit qu'il devoit avoir la propriété de tous les biens de sa femme ; qu'en tout cas il devoit en avoir l'usufruit, ou au moins les deux tiers, déduction faite seulement de l'autre tiers pour la Légitime de l'enfant, suivant le Droit-Ecrit.

M. Tauxier & les autres héritiers du sieur de Nerac fils, répondoient que le sieur de Nerac pere ne pouvoit pas prétendre l'usufruit de tous les biens de sa femme ; parce qu'il étoit limité, par le contrat de mariage, à ce qui resteroit, déduction faite de la Légitime.

Et à l'égard de la question de sçavoir, si la Légitime devoit se régler sur le Droit-Ecrit, suivant le contrat de mariage, ou si elle auroit lieu, suivant la Coutume de Paris, où les biens étoient situés, les héritiers du sieur de Nerac fils disoient, » que, comme il n'est point permis de priver un enfant de sa Légitime, on ne pouvoit pas non plus retrancher celle que lui donne la » Loi de la situation des biens qui y sont

» sujets «. Que l'on pouvoit » à la vérité, » par contrat de mariage, déroger aux Loix » & Coutumes, quant aux dispositions purement positives, mais qu'il n'étoit pas » permis de déroger aux dispositions prohibitives ; que cela sur-tout avoit lieu par » rapport à la Légitime, qui est un droit » sacré « : & quand on dit, ajoutoient-ils, » que les contrats de mariage sont susceptibles de toutes sortes de clauses, il en faut » néantmoins excepter, avec les Auteurs, » celles qui sont contraires aux bonnes » mœurs, au Droit public, & aux Loix prohibitives «.

Sur cela Arrêt est intervenu le 3 Juin 1755, sur les Conclusions de M. l'Avocat Général Joly de Fleury, qui a jugé que le sieur de Nerac n'auroit l'usufruit que de ce qui restoit de biens à son fils, après la Légitime déduite, & que cette Légitime devoit se fixer par la disposition de la Coutume de Paris ; les Sentences dont le sieur de Nerac étoit appellant, avoient jugé de même.

Celui qui demande la Légitime en Pays de Droit-Ecrit, peut-il aussi demander la quarte Falcidie & la quarte Trébellianique ? V. *Quarte Falcidie.*

Le 3 Septembre 1744, la Cour rendit un Arrêt important sur une question de Légitime, dont voici l'espèce.

Madame la Duchesse de Châtillon, dont les biens étoient situés dans les Coutumes de Paris, Chartres & Rouen, avoit pour héritiers présomptifs trois petits-enfans, (deux garçons & une fille,) nés du mariage de sa défunte fille avec le Comte de Tessé ; & par son testament elle avoit institué le Chevalier de Tessé, son petit-fils puîné, pour légataire universel, & par conséquent réduit le Marquis de Tessé aîné aux portions que la Loi lui avoit réservées.

Lors du partage, le Marquis de Tessé & sa sœur ne demanderent point les réserves coutumieres sur les biens de Paris & de Chartres, ils préférerent leur Légitime sur ces biens.

Les biens de Normandie consistoient en Offices de Jurés-prud'hommes vendeurs de cuirs. Le Marquis de Tessé aîné les demanda seul, & soutint que son frere & sa sœur n'y pouvoient rien prétendre ; parce qu'à

D

l'égard de la dame de Chavagnac, elle avoit été mariée & dotée, sans être réservée à partage ; que par conséquent elle étoit exclue de la succession pour les biens situés en Normandie ; suivant les articles 249 & 250 de cette Coutume.

Qu'à l'égard du Chevalier de Teffé, il ne pouvoit rien prétendre dans ces Offices, au moyen de ce qu'il avoit renoncé à la succession de la Duchesse de Châtillon, qui n'avoit pas pu en disposer par son testament, suivant la Coutume de Normandie.

Le Marquis de Teffé ajoutoit, qu'en prenant la Légitime de droit dans les Coutumes de Paris & de Chartres, il n'étoit pas pour cela obligé de se contenter d'une pareille Légitime de droit sur les biens de Normandie, ni d'imputer sur la Légitime dans les biens de Paris & de Chartres, ce qu'il prendroit dans les biens de Normandie ; parce qu'il ne prenoit le tout qu'en qualité d'héritier dans ces trois Coutumes, & que la Légitime n'étoit pas incompatible avec le titre d'héritier ; qu'au contraire il falloit que l'enfant qui vouloit demander la Légitime, se portât héritier.

Le Chevalier de Teffé soutenoit au contraire qu'on ne devoit admettre qu'une seule Légitime dans une même succession ; & que quand les biens étoient situés dans différentes Coutumes, entre lesquelles il s'en trouvoit où l'enfant légitimaire avoit droit de prendre plus que la Légitime de droit ; ce qu'il prenoit devoir s'imputer sur cette même Légitime dans les biens des Coutumes où elle est admise.

En cet état, la cause portée à l'Audience du Châtelet, Sentence est intervenue le 22 Février 1744, qui a ordonné que la Légitime, pour les biens situés en Normandie, seroit réglée suivant l'article 298 de la Coutume de Paris. Mais, par l'Arrêt du 3 Septembre suivant, elle fut infirmée ; en conséquence, le Marquis de Teffé, comme seul saisi des Offices de Jurés-prud'hommes par la Coutume de Normandie, & comme seul héritier en cette Coutume, au moyen de l'exclusion de sa sœur, & de la renonciation faite par son frere, a été maintenu dans la propriété entiere desdits Offices.

La Province de Normandie a des usages particuliers sur la Légitime dûe aux filles en différens cas. Je n'entrerai sur cela dans aucun détail. On peut à ce sujet consulter la Coutume même. Je dirai seulement que, par Arrêt rendu au Parlement de Rouen, le 7 Juillet 1724, entre la demoiselle de Faronville & Consors, & le nommé Prévost, il a été jugé que la demande en payement de Légitime d'une fille ne se prescrit point par quarante ans, & qu'elle est de même nature que la demande en partage entre cohéritiers.

Sur la Légitime des filles en Normandie, voyez les articles 249, 251 & 257 de la Coutume de Normandie, & l'article 122 des Placités.

LEGS.

V. *Accessoire, Accroissement, Assignat, Délivrance, Dettes, Dispositions conditionnelles, Donation, Exécuteur testamentaire, Institution contractuelle, Institution d'héritier, Partage, Pauvres, Prélegs, Réserves coutumieres & Testament.*

On nomme Legs, des libéralités particulieres qui se font, ou par des testamens, ou par des codiciles.

On distingue deux sortes de Legs ; sçavoir les Legs universels, & les Legs particuliers.

On nomme Legs universel celui qui est fait de la totalité ou d'une portion par quotité des biens du défunt, comme de moitié, du tiers, du quart, du sixiéme, &c.

Comme en Pays Coutumier, il y a autant de successions de la même personne, que d'espéces de biens, c'est-à-dire, de meubles, acquêts, propres naissans, propres anciens, &c. On regarde comme légataires universels, ceux qui le sont d'une espéce de biens, ou entiere, ou par quotité ; tels que sont les légataires des meubles & acquêts, ou du quint des propres, ou du mobilier, &c.

Les Legs particuliers sont ceux qui sont d'une chose particuliere ; soit en espéce, comme une maison ; soit en quotité, comme une chose fixe.

La condition des légataires particuliers differe de celle des légataires universels, en ce que ceux-ci sont comparés aux héritiers bénéficiaires, & tenus de contribuer aux dettes, &c. (Voyez *Dettes* ;) au lieu que le lé-

gataire particulier n'est qu'un singulier successeur, contre lequel les créanciers de la
succession ne peuvent diriger aucune action
personnelle, &c.

Les Legs particuliers se divisent encore en
Legs limitatifs & en Legs démonstratifs. Les
Legs limitatifs sont ceux dont le testateur n'a
pas voulu que le payement pût être demandé sur l'universalité de ses biens, mais seulement & uniquement sur un bien particulier qu'il a indiqué.

Si un pareil Legs est fait avec assignat limitatif sur un Fief sujet au droit d'aînesse,
la régle, suivant laquelle l'aîné ne doit relativement à son préciput & à ses parts avantageuses, que sa portion virile des dettes &
charges de la succession, cesse en ce cas d'a-
voir son effet; chacun des enfans doit y contribuer à proportion de la portion qu'il a dans
le Fief. V. *Assignat*.

Les Legs démonstratifs sont ceux dont le
payement peut être demandé sur tous les
biens du défunt en général, & qui ne sont
assignés sur un objet particulier, que pour faciliter le payement du légataire; ces Legs
sont mis au rang des autres dettes; & quoique le payement en soit assigné sur un Fief,
l'aîné n'en doit que sa portion virile. V.
Dettes.

Ceux qui peuvent tester, peuvent faire
des Legs, mais non pas au profit de toutes
sortes de personnes; parce qu'il y en a d'incapables, & même d'indignes de profiter
des Legs. Sur cela voyez *Avantage indirect*, *Incapables* & *Indignes*.

Quand il s'agit d'interpréter les Legs &
les dispositions d'un testament ou d'un codicile conçus dans des termes obscurs, la
régle veut que l'on considére avant toute
chose, la volonté & l'intention du testateur.
La faveur de l'héritier tient le second rang,
& le légataire est celui qui est le moins favorable.

Une disposition testamentaire conçue en
ces termes : » je donne & légue aux pauvres
» de S. Paul tout l'argent comptant qui se
» trouvera chez moi au jour de mon décès;
» plus, l'argent qui proviendra du prix des
» meubles & effets étant dans ma maison;
» plus, les arrérages échus de la rente de...«
& enfin, *tous les effets mobiliers qui se trouveront dans ma succession, après l'exécution*

du présent testament, a donné lieu à la question de sçavoir, si une somme de 6000 liv.
déposée chez un Notaire, qui en avoit fait
son billet au testateur, faisoit partie du Legs.

Les héritiers soutenoient que les 6000
liv. n'étoient pas compris dans le Legs fait
aux pauvres, parce que le billet n'opéroit
qu'une action en faveur de la succession, &
qu'on ne devoit pas le considérer comme
effet mobilier. On répondoit pour les pauvres, que le Testateur ayant légué tous les
effets mobiliers qui se trouveroient dans sa
succession après l'exécution de son testament, les 6000 liv. devoient faire partie du
Legs, parce que l'exécuteur avoit dû en
faire le recouvrement.

Par Arrêt rendu le Samedi 15 Décembre
1742, en la Grand'Chambre, sur les Conclusions de M. l'Avocat Général d'Ormesson, la Sentence qui avoit adjugé les 6000
liv. aux pauvres, fut confirmée. V. l'Arrêt
du 23 Mai, dont je parle à l'art. *Testament*.

Au mois de Juillet 1761, on a plaidé à
l'Audience de relevée, la question de sçavoir,
si le Legs fait par le Cardinal de Ta-
vannes, à ses Valets de Chambre, *de sa
garde-robe, aubes, rochets, habits de Chœur
& d'Eglise*, comprenoit les habits Pontificaux, c'est-à-dire, les chapes, mîtres, éto-
les, &c. La Cour a jugé qu'il ne les comprenoit pas, & a adjugé ces derniers habits
au Séminaire de Rouen, légataire universel.

Jamais les légataires, quels qu'ils soient,
ne peuvent avoir de préférence sur les créanciers du testateur; les dettes passives les
moins favorables, doivent être acquittées
avant que le légataire le plus favorable puisse
exiger son Legs.

Les Legs même universels ne saisissent pas
& ne rendent point le légataire propriétaire
de la chose léguée : elles lui donnent seulement une action pour en demander la délivrance à l'héritier, ou à celui qui représente
la succession; & ce légataire ne jouit des
fruits des immeubles ou de l'intérêt des sommes mobiliaires léguées, qu'à compter du
jour de la demande, à moins que le testateur
ne l'eût autrement réglé par son testament;
de sorte que tous les revenus de la succession
appartiennent à l'héritier jusqu'au jour de
la demande en délivrance formée par le légataire universel.

Mais le Legs d'une rente viagere court du moment du décès du teftateur ; & il en eft de même d'un Legs d'ufufruit. La Cour l'a ainfi jugé par un Arrêt du 6 Septembre 1742 ; le Vendredi 16 Juillet 1762 de relevée, la Cour a pareillement jugé que le Legs d'une rente viagere de 200 liv. non faififfable, fait par une Maîtreffe à fa Femme de Chambre, auroit lieu du jour du décès, & non du jour de la demande en délivrance.

Dans le cas d'un Legs de libération, il ne faut pas de délivrance (a) ; parce que la feule volonté du teftateur produit la libération de la créance qu'il légue à fon débiteur ; & cette volonté, en éteignant la dette, donne au Legs toute fa perfection : & fi le légataire eft pourfuivi pour la dette, il lui fuffit de demander l'exécution du teftament, par forme d'exception.

Ce que je viens de dire fur la néceffité de la délivrance du Legs univerfel, pour que le légataire profite des fruits, n'a pas lieu quand il eft fait à un héritier en ligne directe ; mais la Cour a jugé, par un Arrêt rendu le 15 Février 1729, en la Grand'Chambre, fur les Conclufions de M. l'Avocat Général d'Agueffeau, qu'un héritier collatéral, qui renonçoit à la fucceffion, pour fe tenir au Legs univerfel, ne pouvoit prétendre les fruits que du jour de la demande en délivrance.

La néceffité de demander la délivrance des Legs à l'héritier, a également lieu en Pays de Droit-Ecrit, & finguliérement en Provence, fuivant un Acte de Notoriété donné au Parquet du Parlement d'Aix, le 19 Août 1743.

Mais quand le teftament contient une inftitution d'héritier, l'héritier teftamentaire n'eft pas obligé, foit en Provence, foit en Bourgogne, dans la Coutume de Bordeaux & autres Pays de Droit-Ecrit, de demander la délivrance, parce qu'il eft faifi de plein droit comme l'héritier *ab inteftat*. Acte de Notoriété, *ibid*. Voyez l'article 4 du titre 7 de la Coutume de Bourgogne ; l'art. 74 de celle de Bordeaux ; Ricard, part. 2, chap. 1, fect. 3, n°. 15, & ce que je dis aux articles *Délivrance* & *Succeffion*.

Les légataires univerfels des bâtards peuvent fe mettre en poffeffion du Legs, fans mife de fait ou confentement préalable des Seigneurs, à moins que ceux-ci ne fe foient fait envoyer en poffeffion de la fucceffion par Sentence & Jugement ; parce qu'ils ne font pas faifis, comme héritiers naturels, par la régle, *le mort faifit le vif* ; laquelle n'a lieu qu'en faveur des parens, & non des héritiers irréguliers. V. l'Acte de Notoriété de la Sénéchauffée de Ponthieu, du 14 Juillet 1657.

Le légataire univerfel jouit du même privilége que les héritiers bénéficiaires, c'eft-à-dire, qu'il n'eft tenu des dettes du défunt, que jufqu'à concurrence des biens dont la fucceffion eft compofée, pourvû qu'il en ait été fait bon & fidéle inventaire.

Ainfi, il ne confond point fes créances ; il peut, comme l'héritier bénéficiaire, les employer dans fon compte, ou les exercer comme tout autre créancier féparément & fans confufion. Ses pourfuites, s'il en fait comme créancier, n'empêchent pas qu'il ne conferve fa qualité de légataire, & qu'il ne profite, comme héritier bénéficiaire, de l'émolument qui peut fe trouver dans la fucceffion, après la difcuffion des biens, le payement des dettes & des Legs particuliers.

Si les créanciers peuvent diriger leur action contre lui, ce n'eft pas à caufe de fa qualité de légataire, mais à caufe de la détention des biens ; s'il les abandonne & rend compte, les créanciers n'ont plus d'action contre lui. Ces principes établis par Loyfeau, le Brun, Ricard & la Combe, viennent d'être affermis par des Arrêts rendus

---

(a) Ceux qui ont lû cet Ouvrage avec des yeux critiques, ont dit fur cette maxime, que fi la dette léguée produifoit des intérêts ou des arrérages, le légataire feroit en ce cas affujetti à former une demande en délivrance, & qu'il devroit les intérêts ou les arrérages à la fucceffion, jufqu'au jour de cette demande ; parce que la dette étant dans la fucceffion, elle appartient à l'héritier auquel elle doit profiter jufqu'à cette demande, qui donne feule au Legs fon complément & fa perfection.

Je répons que la demande en délivrance n'eft pas plus néceffaire en ce cas, que dans les autres ; parce qu'un Legs de libération n'aboutit point à quelque chofe de réel qui puiffe être délivré, & qu'il opére feulement l'extinction d'un droit.

Il eft d'ailleurs évident que dans ces fortes de Legs, la volonté du teftateur eft, que le légataire foit libéré de la dette, & qu'il n'en fupporte plus le poids, à compter du jour du décès. Cette volonté, qui eft la Loi fouveraine dans les Teftamens, n'auroit cependant pas fon effet, fi l'on faifoit encore payer au légataire les intérêts ou les arrérages de la dette léguée, échus dans le temps intermédiaire du décès à la demande en délivrance.

les 17 Décembre 1760, & 17 Février 1761 ; entre les sieurs de Baudry & Prenelle , à l'occasion de la succession de la Dame Dieuxivoye.

Néantmoins la Cour a depuis jugé, par Arrêt rendu sur délibéré, ordonné le 9 Février 1762 de relevée , & prononcé le 16, qu'il seroit décerné exécutoire contre le sieur Ville-Dieu de Saint-Fargeau , en son nom personnel , des dépens auxquels il avoit été condamné , en qualité de légataire universel envers le sieur Boulanger , Chirurgien. Par Arrêt du 19 Août 1761 , le sieur de Saint-Fargeau prétendoit que la Jurisprudence établie en faveur des héritiers bénéficiaires , devoit être commune aux légataires universels , qui tiennent lieu d'héritiers , & qui sont en tout comparés héritiers par bénéfice d'inventaire, sans qu'ils ayent besoin de Lettres du Prince. (L'affaire a fait beaucoup de difficulté ; mais à la pluralité de deux voix seulement, il a été ordonné que l'exécutoire seroit délivré contre le légataire, en son nom personnel.)

Un Arrêt du 10 Avril 1607, rendu en la troisiéme Chambre des Enquêtes , après partage d'opinions à la seconde , a jugé que la part de la femme qui renonce à la communauté après le décès de son mari, appartient au légataire universel des meubles & acquêts du mari, & non à ses héritiers; cette part & portion appartenant au mari *jure non decrescendi*, & devant, par cette raison, être comprise dans le Legs universel.

Par un autre Arrêt du 17 Février 1724, rendu au rapport de M. Mengui , en la Grand'Chambre , la Cour , en infirmant la Sentence du Bailliage de Vendôme , du 27 Août 1720 , intervenue entre les Marguilliers & Habitans de Fontaine , & Jacques Royau , a jugé qu'un legs fait sous une certaine condition , doit être acquitté , lors même que la condition n'est point exécutée , si le défaut d'accomplissement n'est pas du fait du légataire , qui offre de l'accomplir. Voy. *Dispositions conditionnelles.*

Le Legs d'une somme mobiliaire doit être réglé par la Coutume du domicile du testateur; c'est ce qui résulte d'un Arrêt du 7 Avril 1740 , dont voici l'espéce.

M. Amelot de Chaillou , Conseiller au Parlement , ayant des biens situés dans la Coutume de Dreux , qui permet aux conjoints de disposer en faveur l'un de l'autre , disposa , au profit de sa femme , d'une somme de 30000 liv. & de quelqu'autre objet ; il fit aussi des Legs en faveur de ses Domestiques , pour n'avoir d'exécution que sur les biens de la Coutume de Dreux ; mais cette Coutume ne permettant de disposer que de ses conquêts , de ses meubles & du quint de ses propres, les héritiers de M. Amelot de Chaillou prétendirent qu'il n'avoit pas disposé conformément à la Coutume de Dreux; que le Legs étant d'une somme mobiliaire , il ne pouvoit avoir lieu que sur le mobilier , étant au lieu du domicile de feu M. Amelot de Chaillou , lequel étoit à Paris, où la Coutume prohibe les avantages entre conjoints ; qu'ainsi le Legs fait à Madame de Chaillou, étoit nul, & ne pouvoit avoir lieu dans celle de Dreux , le mobilier d'une succession étant d'ailleurs réglé par la Coutume du domicile du défunt.

Par l'Arrêt rendu le 7 Avril 1740 , plaidans Me Cochin pour Madame de Chaillou, appellante , & Me Gueau de Reverseaux , pour les héritiers intimés , conformément aux Conclusions de M. Joly de Fleury, Avocat Général , la Cour a confirmé la Sentence des Requêtes du Palais , qui annulloit le Legs fait à Madame de Chaillou.

Cependant le Legs d'une somme mobiliaire, fait dans une Coutume telle que celle de Chartres & autres, qui permettent aux conjoints de s'avantager par testament , ne pourroit pas s'exécuter sur les biens situés dans une Coutume prohibitive , telle que celle de Paris , si les biens de Chartres , ou situés dans d'autres Coutumes semblables , manquoient ; & cela auroit lieu, quand le domicile des conjoints seroit à Chartres; parce qu'autrement ce seroit donner atteinte aux Coutumes prohibitives , qui sont souveraines dans leur ressort, & dont les dispositions sont réelles sur cette matiere. Voyez *Avantage indirect.*

Si la même chose est léguée à deux personnes, par deux clauses différentes , chacun des légataires a droit au tout ; de maniere que si l'un des deux renonce au Legs, la totalité appartient à l'autre ; mais leur concours la divise.

Lorsqu'un testateur, après avoir légué à

son débiteur ce que celui-ci lui devoit, s'en fait payer, le Legs est censé révoqué.

En ligne directe, le Legs fait aux enfans, est censé fait aux peres & meres. V. *Rapport.*

Les Legs de corps certains doivent être acquittés par l'héritier, à qui auroit appartenu le corps certain, si le testateur n'en avoit pas disposé, sauf les réserves coutumieres. V. *Ricard* & *Duplessis.*

Il n'en est pas des Legs comme des dettes; l'héritier qui a fait faire inventaire, ne doit les acquitter que jusqu'à concurrence des biens de la succession seulement, parce que le défunt n'a pas pû léguer plus qu'il n'avoit; au lieu qu'il est tenu des dettes indéfiniment, quand il n'a pas eu la précaution d'accepter la succession par bénéfice d'inventaire. Voyez les Principes de la Jurisprudence Françoise, tom. 1, liv. 1, tit. 3, n°. 67, & les *Loix* citées par l'Auteur de cet Ouvrage.

Isaac Cabanes, né en Languedoc, & demeurant à Paris depuis long-temps, y fit un testament contenant un Legs en ces termes: » Je lègue à.....Biou, aîné, natif d'Aspirant » en Languedoc, mon cousin, 300 liv. de » pension annuelle & viagere.

Le testateur avoit plusieurs cousins nommés Biou, en Languedoc; l'un très-âgé, qu'il avoit toujours aidé & secouru: ce Biou étoit son cousin-germain; mais il ne prouvoit pas qu'il fût né à Aspirant.

Les autres Biou étoient de jeunes-gens, cousins très-éloignés; mais le testateur ne les avoit jamais connus. Leur pere, nommé Biou de Montvert, n'étoit connu que sous ce nom de Montvert, & n'avoit signé que ce nom, en écrivant au testateur des lettres, par lesquelles il demandoit des secours, & qui étoient restées sans réponse.

Dans cette position, le Legs fut demandé par Antoine Biou, & par le fils aîné du Sr Biou de Montvert. La Sentence du Châtelet, du 11 Juin 1755, avoit ordonné qu'Antoine Biou seroit tenu de justifier, dans six mois, qu'il étoit natif d'Aspirant, sinon que délivrance du Legs seroit faite à Biou de Montvert; mais, par Arrêt rendu en la premiere Chambre des Enquêtes, au rapport de M. Charlet, le 8 Juin 1758, cette Sentence fut infirmée, & le Legs adjugé à Antoine Biou.

M. Fugeres, Conseiller en la Cour des Aides, qui par son testament, fait environ dix ans avant sa mort, avoit légué sa Bibliothéque à son Exécuteur-Testamentaire, se trouvant, au moment de sa mort, Légataire de la Bibliothéque de M. Goguet, Conseiller au Parlement, son ami, décédé le Mardi 2 Mai 1758, c'est-à-dire, trois jours avant M. Fugeres, il s'est agi de sçavoir si Me Lorry, nommé Exécuteur du testament de M. Fugeres, pouvoit demander les deux Bibliothéques, ou seulement celle du testateur.

Par Arrêt rendu le Lundi-Saint 9 Avril 1759, à l'Audience de la Grand'Chambre, la Cour a jugé qu'il ne pouvoit demander que celle du testateur; parce qu'elle n'étoit pas présumée appartenir à la succession, laquelle n'avoit qu'une action pour demander la délivrance du Legs de l'autre Bibliothéque. Il étoit d'ailleurs évidemment certain que le testateur étoit mort, sans sçavoir qu'il étoit institué Légataire de la Bibliothéque de M. Goguet.

Le Vendredi 16 Juillet 1762 de relevée, en la Grand'Chambre, il a été jugé que le Legs fait par une Maîtresse à sa Femme de Chambre, en ces termes: » Je laisse à ma » Femme de Chambre ma garde-robe, c'est » à-dire, mes robes, garnitures, hardes & » linges «, ne comprenoient pas les draps & linges de table, ni un manchon de queue de Martre, valant 400 liv.

Le Legs des propres comprend-il les propres fictifs? V. *Propres Fictifs.*

LEGS CADUCS.

On nomme Legs Caducs ceux qui n'ont point d'effet; tels sont, par exemple, ceux faits au profit de personnes qui prédécedent le testateur. Ces sortes de Legs n'ont point d'effet; parce que ce sont les personnes des légataires que le testateur a considéré, & non leurs héritiers.

On a prétendu que le Legs fait par le sieur de Chambli, au profit du fils à naître du sieur de Monthenaut, étoit Caduc; & une Sentence du Bailliage de Laon, du 29 Mai 1723, l'avoit ainsi jugé. Mais, par Arrêt rendu en la Grand'Chambre, sur les Conclusions de M. l'Avocat Général Gilbert de Voisins, le

11 Août 1724, la Cour a jugé ce Legs valable.

Comme je n'ai point lû les Mémoires des Parties, ni affifté à la plaidoirie, j'ignore fur quel fondement cet Arrêt a été rendu ; mais il me paroît très-extraordinaire, parce que la premiere condition, pour être légataire, eft, fans doute, d'exifter, puifqu'il faut avoir non-feulement l'exiftence naturelle, mais même l'exiftence civile ; & qu'il eft impoffible de concevoir une propriété actuelle réfidente fur la tête d'un individu qui n'exifte point encore, & qui peut-être n'exiftera jamais. Voyez l'Arrêt du 3 Août 1759, dont je parle à la fin de l'art. *Partage*.

Quand on ignore lequel du teftateur ou du légataire eft mort le premier, le Legs eft réputé Caduc, & demeure à celui qui étoit chargé de l'acquitter. V. Defpeiffes.

On a prétendu qu'un Legs fait dans la Coutume de Poitou, en ces termes, *à lui & aux fiens, & ayans caufe à perpétuité*, étoit devenu Caduc par le prédécès du légataire avant le teftateur, & le Préfidial de Poitiers l'avoit ainfi jugé ; mais, par Arrêt rendu le 23 Juin 1671, la Sentence a été infirmée, & la Cour a fait délivrance du Legs aux enfans du légataire. Cet Arrêt eft rapporté au Journal des Audiences. Le Journalifte du Palais en a auffi parlé avec beaucoup d'étendue, & il entre fur cette matière dans un détail très-lumineux.

Theodore Ricouard étant au Noviciat des Jéfuites, fit fon teftament devant Notaire, à Hefdin en Artois, le 23 Septembre 1719, par lequel il fit un Legs de différens effets à Pierre Ricouard, Prêtre, fon oncle, » pour » en profiter par lui, fes héritiers ou ayans » caufe, en toute propriété, du jour que le » teftateur aura fait fes derniers vœux, ou » atteint l'âge de 33 ans, & en ufufruit juf- » qu'audit temps «......

Pierre Ricouard étant décédé environ deux ans après les derniers vœux du teftateur ; mais avant que le Pere Ricouard eût atteint l'âge de trente-trois ans, une veuve Chatelain, tante maternelle du teftateur, prétendit que le Legs fait à Pierre Ricouard devenoit Caduc, au moyen de ce que, felon elle, ce Legs ne devoit avoir d'effet que dans le cas où le légataire auroit vécu jufqu'aux

derniers vœux, ou jufqu'à l'accompliffement des trente-trois ans du teftateur.

Les héritiers du légataire répondoient que la condition fous laquelle la propriété des chofes léguées appartiendroit à Pierre Ricouard, avoit eu fon effet, puifque le cas de la claufe du teftament étoit arrivé ; que ce n'étoit pas l'âge de trente-trois ans qui conftituoit un Jéfuite dans un état de mort civile, mais l'émiffion de fes premiers vœux, aux termes de l'Edit de l'année 1715. (V. *Jéfuite*).

La Sentence rendue au Confeil d'Artois, le 11 Juillet 1743, avoit réduit le Legs fait à Pierre Ricouard à fa part & portion héréditaire dans la fucceffion du teftateur ; mais, par Arrêt rendu en la premiere Chambre des Enquêtes, au rapport de M. Charlet, le 29 Août 1746, cette Sentence a été infirmée fur ce point & fur plufieurs autres ; & la veuve Chatelain a été déboutée de toutes fes demandes.

Par un autre Arrêt rendu au rapport de M. de Vifé, en l'année 1716, la Cour a jugé que les Legs Caducs accroiffent au profit du légataire univerfel, & non de l'héritier ; mais voyez *Accroiffement* & *Incompatibilité des qualités*, &c.

Les perfonnes qui font des Legs au profit de leurs domeftiques, y ajoutent ordinairement la claufe, *pourvû qu'ils foient encore à mon fervice, quand je mourrai* ; & cette claufe rend inconteftablement le Legs Caduc, fi le domeftique légataire ne fe trouve plus être au fervice du teftateur, au jour de fon décès.

Madame de Fremont d'Auneuil, en faifant des Legs à fes gens, n'y avoit point ajouté cette claufe, & poftérieurement à fon teftament, par lequel elle avoit légué 1200 liv. une fois payées à Peliffier fon Cuifinier. Elle avoit renvoyé ce même Peliffier, fans révoquer le Legs ; elle avoit au contraire, depuis la fortie de Peliffier, fait un codicile où, fans parler de lui en façon quelconque, elle avoit confirmé fon teftament.

Peliffier ayant demandé la délivrance du Legs, Meffieurs d'Auneuil l'y ont foutenu non-recevable ; parce que le Legs étoit, difoient-ils, devenu Caduc par la fortie du légataire, avant le décès de la teftatrice ; & qu'en tous cas Peliffier s'étoit rendu indigne du Legs par les infidélités qui l'avoient fait renvoyer de chez elle.

Ni la caducité, ni l'indignité ne firent impression; & par Sentence rendue aux Requêtes du Palais, le 2 Décembre 1757, la délivrance du Legs a été prononcée, plaidans Me Martin pour Peliſſier, & Me de la Borde pour les héritiers qui ont depuis acquieſcé à la Sentence.

Si poſtérieurement au teſtament, le teſtateur aliéne la choſe léguée, le Legs devient Caduc, quand même le teſtateur racheteroit cette même choſe, à moins que le légataire ne prouve une nouvelle volonté & une nouvelle diſpoſition.

Le Marquis de Mailloc, donataire de ſa femme d'une ſomme de 80000 liv. par leur contrat de mariage en cas de ſurvie, fit un teſtament contenant un Legs en ces termes:

Je déclare que ſi ma femme meurt avant moi, audit cas je donne, après mon décès, leſdites 80000 liv. ou autres effets qui m'auront été délivrés en payement, à Meſſire.....Baron de Sommelsdick....Vice-Amiral de Hollande......Voulant qu'auſſi-tôt mon décès il reçoive tout ce que j'aurai reçu en conſéquence de ladite donation........& s'il y avoit quelque choſe qui ne fût plus pour lors en nature, je veux & entends que ce qui s'en défaudra, ſoit pris ſur le ſurplus clair & le plus apparent de tous mes biens & effets.

La Marquiſe de Mailloc prédécéda ſon mari; & il s'éleva des conteſtations entre lui & les héritiers de ſa femme, pour raiſon de cette donation, & pour d'autres objets qui furent terminés par une tranſaction, par laquelle le Marquis de Mailloc reconnut qu'il ne lui reſtoit plus dû que 62000 livres ſur les 80000 livres; il céda cette ſomme de 62000 l. aux héritiers de ſa femme, moyennant 3000 liv. de rente viagere, qu'il toucha exactement d'eux.

Après la mort du Marquis de Mailloc, le Baron de Sommelsdick demanda la délivrance de ſon Legs. Les héritiers ſoutinrent qu'il étoit Caduc au moyen de ce qu'il ne ſe trouvoit point dans la ſucceſſion: il répondoit qu'au moins devoit-il avoir les 19500 livres à quoi ſe montoient les arrérages de la rente viagere depuis la ceſſion, dont cette rente formoit le prix; cependant, par Arrêt rendu le 26 Février 1731, au rapport de M.

Dupré, le Legs a été déclaré Caduc, ſans néantmoins s'arrêter à l'incapacité réſultante d'une prétendue pérégrinité. Voyez *Hollandois.*

Les Legs dont le payement eſt limitativement aſſigné ſur certains biens particuliers, deviennent Caducs, lorſque le bien ſur lequel l'aſſignat limitatif étoit fait, ne ſe trouve plus exiſtant dans la ſucceſſion, au moment du décès du teſtateur; tout de même l'héritier eſt libéré du Legs limitatif aſſigné ſur un bien qui exiſtoit au temps de la mort du teſtateur, ſi le bien chargé de l'aſſignat vient à périr; parce qu'en l'un & l'autre cas, l'héritier n'étoit débiteur que d'un corps certain.

LETTRES DE CHANGE.

V. *Acceptation, Billets, Conſuls, Contrainte par corps, Délai, Endoſſeurs, Mineurs, Preſcription, Protêt, Solidité & Uſances.*

On nomme Lettre de Change, un Ecrit par lequel un des contractans s'oblige de faire payer une certaine ſomme à une autre par une tierce perſonne, ou à celle qui ſe trouvera avoir ſon ordre dans une Ville, Bourg ou autre endroit différent du lieu où elle a été faite.

Une Lettre de Change doit contenir ſommairement le nom de ceux auxquels le contenu devra être payé, le temps du payement, le nom de celui qui en a donné la valeur, & ſi elle a été reçue en deniers, marchandiſes ou effets. Ordonnance de 1673, tit. 5, art. 1.

Deux autres conditions ſont encore néceſſaires aux Lettres de Change.

1°. Il faut qu'elles ſoient tirées de place en place, c'eſt-à-dire, d'une Ville, Bourg ou Village, ſur une perſonne demeurant dans un autre.

2°. Qu'il y ait trois perſonnes nommées; ſçavoir celui qui tire la Lettre, celui au profit de qui elle eſt tirée, & celui qui eſt chargé de payer l'argent dans le lieu marqué.

Sans le concours de ces trois noms, elles ne ſont pas regardées comme Lettres de Change, mais comme de ſimples mandats ou billets. Pluſieurs Arrêts modernes l'ont ainſi jugé.

Dans l'eſpéce du premier, un ſieur de la Font avoit accepté une prétendue Lettre de Change

Change de 1200 livres, tirée par un Particulier, payable à lui ou à son ordre sur ledit sieur de la Font; l'ordre en avoit été passé au sieur de Turgis, qui, faute de payement, avoit fait protester & obtenu Sentence de condamnation par corps aux Consuls.

Sur l'appel qui fut interjetté de la Sentence des Consuls, tant comme de Juges incompétens qu'autrement, on opposa que, pour former une Lettre de Change, il falloit le concours de trois personnes, sçavoir le tireur, celui sur qui elle est tirée, & celui au profit de qui elle est tirée, qui est la troisiéme personne. Il ne s'en trouvoit que deux dans celle dont il s'agissoit en cette espéce; & par Arrêt rendu en la Grand'Chambre, sur les Conclusions de M. Joly de Fleury, Avocat Général, le 19 Août 1752, plaidans Mes Lambert & d'Eve, la Cour, en infirmant la Sentence des Consuls, a déclaré nulle la procédure faite en leur Jurisdiction, & a renvoyé les Parties à se pourvoir devant les Juges qui en devoient connoître.

Dans l'espéce du second Arrêt, le sieur de Villers avoit tiré de Rouen une prétendue Lettre de Change de 10000 liv. payable à lui ou à son ordre, sur le sieur Duclos, Pourvoyeur de la Maison du Roi. Le sieur de Villers avoit ensuite passé son ordre au Sr Briet, qui fit faire un protêt à l'échéance, & condamner le Sr Duclos par corps, par Sentence des Consuls.

Le sieur Duclos appella de cette Sentence comme de Juge incompétent : son moyen étoit qu'on ne pouvoit regarder comme Lettre de Change l'écrit en conséquence duquel il étoit poursuivi, au moyen de ce qu'il n'y avoit que deux personnes nommées; & par Arrêt rendu au mois de Décemb. 1755, plaidans Mes la Borde & Petigny, la Cour, en infirmant la Sentence des Consuls, renvoya les Parties devant les Juges qui en devoient connoître.

Il a été rendu de semblables Arrêts les 23 Août 1751, 20 Fév. 1753, 21 Juin 1754, 7 Septembre 1756, 20 Janvier & 8 Octobre 1758, 18 Mai, 13 Juin, 7 Août & 5 Octobre 1759.

Tous ces Arrêts ont déclaré simples billets, des Lettres de Change tirées par des particuliers non commerçans en ces termes : *payez où il vous plaira, payer à moi ou à mon ordre;* elles ne contenoient que deux noms : il n'en a pas fallu davantage pour leur refuser les effets qu'on donne aux Lettres de Change.

Enfin la question a été jugée *in terminis* par Arrêt rendu le Mercredi 3 Septembre 1760, au rapport de M. l'Abbé d'Espagnac, entre un sieur le Jay & le sieur Morin de Ramainvilliers, pour des Lettres de Change payables à l'ordre du tireur. Le sieur le Jay a fait les plus grands efforts pour combattre la Jurisprudence établie par les Arrêts que je viens de citer. C'étoit, disoit-il, des Arrêts du Parquet; & il en citoit un absolument contraire, rendu en la Grande-Chambre le 11 Août 1742, contre le Marquis de Fimarcon. Les six Corps des Marchands de Paris étoient intervenus pour demander que cette Jurisprudence fût réformée; mais, malgré toutes leurs clameurs, la Cour a jugé que n'y ayant pas trois personnes nommées dans les titres dont le Jay étoit porteur, on ne pouvoit leur donner l'effet de Lettres de Change; en conséquence les Sentences des Consuls ont été infirmées, le sieur de Ramainvilliers déchargé de la contrainte par corps, son emprisonnement déclaré nul, avec dommages & intérêts (a). On a regardé l'Arrêt de Fimarcon comme un Arrêt de circonstances.

Le montant d'une Lettre de Change peut être valablement payé à un autre qu'à celui à qui elle a originairement été fournie, quand cet autre en a l'ordre écrit du premier ou autre subséquent porteur; cet ordre subroge de droit successivement celui au profit duquel il est fait en dernier lieu aux droits du premier & autres porteurs successifs de la Lettre, sans qu'il soit besoin d'en faire aucune signification à celui qui doit payer. C'est une exception que la faveur du commerce a donné lieu de faire à la régle générale de notre Droit & à l'article 108 de la Coutume de Paris, qui porte *qu'un simple transport ne saisit point, & qu'il faut le signifier à la Partie.* Voyez *Ordres de Lettres de Change.*

(a) L'Arrêt du 3 Septembre 1760, a été cassé par Arrêt rendu au Conseil, le 2 Juin 1761, sur la Requête des Six Corps des Marchands de Paris, & par le sieur le Jay. Il est imprimé.

Des engagemens contractés par une Lettre de Change, naît l'action solidaire du porteur contre ceux qui l'ont acceptée, & contre les tireurs & endosseurs qui manquent de faire acquitter la somme dans l'endroit & au jour indiqués par la Lettre. Cette solidité a lieu, tant pour le capital, que pour les intérêts réglés par l'Ordonnance du Commerce.

Cette Loi autorise le porteur d'une Lettre de Change qui n'a pas été payée, & qui a été protestée dans un temps utile, de répéter non-seulement la somme principale, & ce qu'il a payé pour le change, mais encore les intérêts du principal & du change, qui courent de plein droit du jour du protêt. Il peut aussi se faire rendre les frais du protêt & du voyage, s'il en a fait; mais l'intérêt de ces frais ne court pas de droit; il n'est dû que quand il y a une demande, & seulement du jour qu'elle a été formée.

Il peut aussi prendre de l'argent à change, & fournir une Lettre de Change payable en la même Ville dont la Lettre protestée a été tirée, & dans ce cas faire payer au tireur le prix du nouveau Change, qui s'appelle Rechange.

Les Lettres de Change doivent être acceptées purement & simplement. Les acceptations conditionnelles passent pour refus de payement, & n'empêchent pas le protêt. V. *Acceptation.*

Lorsqu'une Lettre de Change est protestée, elle peut être acquittée par tout autre que par celui sur qui elle est tirée; & celui qui paye en ce cas-là, est subrogé en tous les droits du porteur, quand même il n'en auroit, ni transport, ni subrogation, ni ordre Ordonn. *ibid.* art. 3.

Quand une Lettre de Change n'est pas payée à son échéance par celui qui doit l'acquitter, le porteur est tenu de la faire protester dans dix jours de l'échéance.

L'article 4 du tit. 5 du Commerce porte, que ces dix jours courront après celui de l'échéance; & l'article 6 du même titre, dit que dans les dix jours seront compris ceux de l'échéance & du protêt, des Dimanches & des Fêtes, même solemnelles.

Pour faire cesser les difficultés qui s'élevoient journellement sur l'interprétation de ces articles, le Roi, par une Déclaration du 10 Mai 1686, qu'on trouve dans le Praticien des Consuls, *a ordonné que les dix jours accordés pour le protêt des Lettres & Billets de Change, ne seront comptés que du lendemain de l'échéance des Lettres & Billets, sans que le jour de l'échéance y puisse être compris, mais seulement celui du protêt, ceux des Dimanches & des Fêtes, même des solemnelles, qui y demeureront compris; & ce nonobstant toutes autres dispositions & usages, & même nonobstant ledit article 6, en ce qui seroit contraire, &c.*

Ceux qui auront tiré ou endossé les Lettres (de Change) *seront poursuivis en garantie dans la quinzaine, s'ils sont domiciliés dans la distance de dix lieues & au-delà, à raison d'un jour pour cinq lieues, sans distinction du ressort des Parlemens pour les personnes domiciliées dans notre Royaume; & hors icelui, les délais seront de deux mois pour les personnes domiciliées en Angleterre, Flandres ou Hollande, de trois mois pour l'Italie, l'Allemagne & les Cantons Suisses, de quatre pour l'Espagne, de six pour le Portugal, la Suede & le Dannemarck.* Ibid. art. 13.

Ce délai court du lendemain du protêt, y compris le jour de l'action en garantie, sans distinction de Fêtes. *Ibid.* art. 14. Mais voyez aussi les articles 31 & 32 du même titre de l'Ordonnance.

Après les délais ci-dessus, les porteurs des Lettres sont non-recevables dans leur action en garantie, & toute autre demande contre les tireurs & endosseurs. Ibid. art. 15. Voyez l'art. *Délai,* & les dispositions de la Déclaration du 16 Mars 1700.

Le Praticien des Consuls rapporte l'espéce d'un autre Arrêt du 22 Juin 1707, par lequel il a, dit-il, été jugé que le porteur d'un Billet ou Lettre de Change, qui n'a point fait faire de protêt à l'échéance, ne laisse pas d'avoir à garantir encore le tireur & les endosseurs, lorsque la provision ne se trouve pas entre les mains de celui sur qui la Lettre de Change est tirée.

Mais la Cour a jugé, par un Arrêt rendu le 28 Juillet 1711, au rapport de M. l'Abbé Robert, entre le Comte de Sainte-Maure & le sieur de Lussé, Receveur Général des Finances, que la fin de non-recevoir, établie par cet article de l'Ordonnance du Commerce à l'égard des porteurs de Lettres de

Change, qui n'ont pas fait leurs diligences pour la garantie contre les endosseurs, dans les délais fixés par l'article 13, a également lieu pour les endossemens des billets payables au porteur. Cet Arrêt est imprimé. Il est d'ailleurs compris dans la nouvelle édition in-fol. des Arrêts d'Augeard.

Il a été jugé, par un Arrêt du Parlement de Bordeaux du 3 Mai 1721, confirmatif d'un appointement rendu par les Consuls de Bayonne, que la dénonciation du protêt ne suffit pas pour exercer une garantie ; mais qu'il faut assigner les tireurs & endosseurs dans les délais portés par l'Ordonnance, sans quoi les porteurs perdent leur garantie, & les endosseurs peuvent leur opposer la fin de non-recevoir établie par l'article 15.

Les tireurs & endosseurs sont néantmoins tenus de prouver, en cas de dénégation, que ceux, sur qui les Lettres étoient tirées, leur étoient redevables, ou avoient provisions au temps où elles ont dû être protestées, sinon ils sont tenus de les garantir. Ibid. art. 16.

Si depuis le temps réglé pour le protêt, les tireurs ou endosseurs ont reçu la valeur en argent ou en marchandises, par compte, compensation, ou autrement, ils seront tenus de la garantie. Ibid. article 17. Voyez ce que je dis au mot *Délai*, sur les jours de grace, & le temps auquel les Lettres de Change & Billets, valeur reçue en marchandises, sont payables.

Les Lettres de Change, tirées sur Lyon à jour certain & préfix, ne sont pas susceptibles des dix jours de grace accordés par l'article 4 du titre 5 de l'Ordonnance du Commerce ; & suivant un usage inviolablement observé à Lyon (usage qui a même été autorisé par un Arrêt rendu en forme de Réglement, le 26 Janvier 1726, après des Actes de Notoriété rapportés en conséquence d'un autre Arrêt du 7 Juillet précédent), on n'accorde aucun jour de grace pour le payement de ces Lettres (à jour préfix) ; elles doivent être payées ou protestées, en cas de refus de payement, le lendemain de l'échéance, par le porteur, sous peine d'être déclaré non-recevable dans son recours en garantie contre les tireurs & endosseurs ; en prouvant néantmoins par le tireur, qu'au jour auquel la Lettre de Change devoit être

payée, & le lendemain, celui sur lequel elle étoit tirée, avoit ou devoit avoir provision, c'est-à-dire, des fonds au tireur pour l'acquitter.

Les Lettres de Change & Billets à ordre, stipulés payables en foires de Reims, doivent être payés & acquittés par les Marchands domiciliés dans ladite Ville, & par les Marchands Forains qui s'y rendent dans le cours de la franchise de ces Foires, sans que les porteurs desdites Lettres de Change & Billets à ordre puissent être obligés d'accorder dix jours d'échéance après le dernier jour de la franchise desdites Foires. Ce sont les dispositions d'une Déclaration du 15 Janvier 1737, régistrée le 13 Mars suivant.

Un Arrêt du Parlement, du 18 Mai 1706, a jugé que le porteur d'une Lettre de Change peut exercer ses droits contre le tireur, l'accepteur & les endosseurs, sans être obligé d'en opter un, en cas de faillite de tous les coobligés : cet Arrêt est imprimé.

Au reste, les Loix qui exigent d'un porteur de Lettres de Change ou de Billets à ordre, qu'il dénonce dans un certain temps à ceux de qui il les tient, les diligences qu'il a faites pour s'en faire payer, n'ont point d'application contre celui qui n'a point fourni de valeur, & qui ne s'étoit chargé de l'effet, que pour procurer le payement, & faire plaisir à ceux qui lui avoient passé l'ordre. Ceux-ci ne peuvent, sous prétexte d'un aval ou d'une reconnoissance, lui en demander le montant, sous prétexte de négligence, ou qu'ils n'ont pas fait de diligence. La Cour l'a ainsi jugé par Arrêt rendu le 14 Août 1760, au rapport de M. le Prêtre de Lezonnet, en faveur des sieurs le Roux & Châtelain, contre Jacques Ferret & Alexandre.

L'Ordonnance n'a point déterminé le temps dans lequel les Lettres de Change, payables à vûe, doivent être présentées & protestées.

Lorsque le porteur d'une Lettre de Change ne se présente pas à l'échéance, pour en recevoir le montant, celui qui doit la payer, peut le contraindre à recevoir ou à souffrir la consignation.

Mais comme la Lettre peut être en des mains inconnues, la Déclaration du 28 Novembre 1718, porte que, « faute par les

» porteurs de s'être présentés à l'échéance,
» les débiteurs des Lettres pourront les obli-
» ger, lorsqu'ils se présenteront dans la sui-
» te, d'en recevoir le payement, suivant le
» cours & la valeur que les espéces avoient
» avant l'échéance.

» Mais les débiteurs ne peuvent obliger
» les porteurs d'en recevoir le payement
» avant l'échéance, parce que le temps fait
» partie du contrat de Change, & qu'il est
» apposé en faveur de tous les contractans«.
V. les Principes de la Jurisprudence, tom.
2, n°. 557. V. aussi l'Arrêt du Conseil du 26
Juillet 1720, portant défenses d'anticiper
les payemens dans la ville de Lyon. Il est
dans le Praticien des Consuls.

Un autre Arrêt de Réglement du 30 Août
1714, rendu à l'occasion des Lettres de
Change perdues, contient ces dispositions:
*Faisant droit sur les Conclusions du Procu-
reur Général du Roi, ordonne que les articles
18, 19 & 33 du titre 5 de l'Ordonnance du
mois de Mars de l'année 1673, seront exécutés selon leur forme & teneur; ce faisant, que
dans le cas de la perte d'une Lettre de Change, tirée de place en place, payable à ordre,
& sur laquelle il y a eu plusieurs endosseurs,
celui qui étoit porteur de la Lettre de Change, sera tenu de s'adresser au dernier endosseur de ladite Lettre, pour avoir une seconde Lettre de Change de la même valeur &
qualité de la premiere; lequel dernier endosseur sera pareillement tenu, sur la réquisition
qui lui en sera faite par écrit, de prêter ses
offices audit porteur de la Lettre de Change
auprès du précédent endosseur; & ainsi, en
remontant d'endosseur en endosseur, jusqu'au
tireur de ladite Lettre, même de prêter son
nom audit porteur, en cas qu'il faille donner
des assignations & faire des poursuites judiciaires contre les endosseurs précédens.*

*Tous les frais qui seront faits pour raison
de ce, même les ports de Lettres & autres
frais, seront payés & acquittés par ledit porteur de la premiere Lettre de Change qui aura été perdue; & faute par le premier endosseur de ladite Lettre, & en remontant par les
endosseurs précédens, d'avoir prêté leurs offices & leur nom audit porteur, après en avoir
été requis par écrit, celui desdits endosseurs
qui aura refusé de le faire, sera tenu de tous
les frais & dépens, même des faux frais qui*

*auront été faits par toutes les Parties depuis
son refus; & sera le présent Arrêt lû & publié à l'Audience de tous les Bailliages & Sénéchaussées, & registré aux Greffes desdits
Siéges, & aux Greffes de toutes les Jurisdictions Consulaires (du ressort).*

*Les Cautions baillées pour l'événement des
Lettres de Change, seront déchargées de plein
droit, sans qu'il soit besoin d'aucun Jugement, procédure ou sommation, s'il n'en est
fait aucune demande pendant trois ans, à
compter du jour des dernieres poursuites.* Ord.
de 1673, tit. 5, art. 20.

*Les Lettres ou Billets de Change seront
réputés acquittés après cinq ans de cessation
de demandes & de poursuites, à compter du
lendemain de l'échéance, ou du protêt, ou de
la derniere poursuite. Néantmoins les prétendus débiteurs seront tenus d'affirmer, s'ils en
sont requis, qu'ils ne sont plus redevables, &
leurs veuves, héritiers, ou ayans cause, qu'ils
estiment de bonne foi qu'il n'est plus rien de
dû.* Ibid. art. 21.

*Les dispositions de ces deux articles ont
lieu à l'égard des mineurs, & même des absens. Ibid.* art. 22.

Mais elles n'ont point lieu relativement
aux Billets & Lettres de Change stipulés
payables en l'un des quatre payemens des
Foires de Lyon; & la Conservation de cette Ville a donné un Acte de Notoriété le 7
Avril 1724, suivant lequel les actions qui
résultent de ces sortes de Billets, durent
trente années contre ceux qui les ont souscrits.

Par un Arrêt du 6 Juin 1725, rendu en
interprétation de l'article 21 du titre 5 de
l'Ordonnance de 1673, plaidans Mes Normant & Gillet, sur les Conclusions de M.
l'Avocat Général d'Aguesseau, la Cour a
jugé que le défaut de poursuites pendant
cinq années n'opéroit pas la prescription de
la Lettre de Change, lorsque l'accepteur ne
pouvoit affirmer qu'il avoit payé. Cet Arrêt condamne l'accepteur d'une Lettre de
Change à en payer le montant, quoiqu'il
n'eût été poursuivi que huit ans & demi
après l'échéance de la Lettre.

La raison est que, si le débiteur de la
Lettre de Change ne paye pas au véritable
propriétaire, ou s'il payoit, sur un faux ordre, à une personne qui prendroit un faux

nom, il payeroit deux fois. Voyez le Parfait Négociant de Savary, tome premier, des Lettres de Change, ch. 13, & l'Instruction sur les Lettres de Change, chap. 9. L'Auteur de ce dernier Ouvrage dit que la Cour l'a ainsi jugé par plusieurs Arrêts. V. aussi Bornier.

Cette maxime fut invoquée dans une contestation qui s'éleva entre les sieurs de la Rue, & le sieur Bues de Ripa, Espagnol. Les sieurs de la Rue demandoient que cet Etranger fît certifier sa signature. Il le refusoit : ce n'étoit, disoit-il, point l'usage ; cependant les Consuls ordonnerent, par Sentence du 14 Mai 1738, qu'il seroit tenu de donner cette certification, sinon que les deniers seroient déposés au Greffe du Consulat. Il y eut un appel & un Arrêt de défense ; mais l'exécution de la Sentence des Consuls fut provisoirement ordonnée par l'Arrêt sur l'appointement à mettre. Lors du Jugement de l'appel au fond, les sieurs de la Rue déclarerent qu'ils connoissoient actuellement le sieur de Ripa ; en conséquence la Cour ordonna que les deniers déposés aux Consuls, lui seroient remis sans dommages-intérêts. L'Espagnol en demandoit.

Il faut néantmoins convenir que cette régle a ses inconvéniens. Il est des cas, (& ils ne sont pas rares), où il est impossible d'astraindre le porteur d'une Lettre de Change à se faire certifier & à se faire connoître. Par exemple, comment un voyageur, qui a pris des Lettres sur des places où il ne peut s'arrêter, & où il ne connoît personne, pourra-t-il se faire payer, si on exige de lui qu'il se fasse certifier ? Il est d'ailleurs quelquefois nécessaire qu'il ne soit pas connu.

Un sieur Dubreil - Moi, Négociant à Rennes, porteur de six Lettres de Change tirées de Cadix, par première & seconde, sur la veuve Desbrieres & fils, Banquiers à Paris, montantes ensemble à 19250 livres, ayant voulu les faire accepter aux nommés la Haye, la Croix & Compagnie, sans endossement ni signature de lui ; la Croix fit accepter les Lettres ; mais au lieu de les envoyer à Rennes, il fabriqua à son profit un faux-ordre, par le moyen duquel il paroissoit en être propriétaire ; après quoi il les négocia comme siennes, par l'entremise d'un

Agent de Change qui certifia les signatures, la Haye, la Croix & Compagnie, (& non celle du faux-ordre, qu'ils avoient fabriqué à leur profit).

Dubreil-Moi ne recevant, ni réponse, ni ses Lettres acceptées, les envoya demander chez la Croix, le premier Juin 1755. Son commissionnaire y apprit que la veille la Croix avoit été conduit à la Bastille, & que le scellé étoit sur ses effets.

Sur cette nouvelle, Dubreil-Moi envoya sa procuration à Paris pour reclamer ses premieres Lettres : la reclamation fut faite le 12 Juin, en vertu d'Ordonnance des Consuls ; & le 8 Août, jour de l'échéance, il fit protester les secondes.

Dans le même temps que l'Huissier faisoit le protêt, un autre Huissier & des porteurs d'argent parurent chez la veuve Desbrieres & fils, pour demander, de la part des sieurs Moulin, Peschevin, &c. le payement des mêmes Lettres sur les premieres qui leur avoient été négociées. La veuve Desbrieres & fils répondirent qu'ils offroient payer, en rapportant main-levée de l'opposition & reclamation du sieur Dubreil-Moi ; & jusqu'à ce, ils se sont opposés à la délivrance des premieres Lettres, ès mains du sieur Gosse, second Huissier.

Ces premieres Lettres découvertes, le sieur Dubreil-Moi fit assigner ceux qui s'en trouvoient porteurs, pour voir déclarer valable sa révendication, & ordonner qu'il toucheroit le montant des Lettres revendiquées ; & par Sentence des Consuls de Paris du 17 Septembre 1755, » attendu l'aveu » des Parties, que la signature de Dubreil- » Moi, étant au dos des Lettres de Change, » n'étoit pas de lui ; que de la Haye & de » la Croix n'avoient eu aucune propriété » pour négocier ces Lettres..... Elles furent » adjugées audit Dubreil-Moi, & la veuve » Desbrieres & fils condamnés de lui en » payer le montant «.

Sur l'appel, les porteurs des premieres Lettres négociées disoient qu'il n'y avoit point de faux dans les endossemens faits à leur profit, & que cela leur suffisoit ; qu'ils avoient acquis de gens connus par l'entremise d'un Agent de Change ; qu'il ne leur étoit pas possible de sçavoir si l'ordre du sieur Dubreil-Moi étoit faux, ne le connoissoit pas , ni sa signature ; qu'une **Lettre** de Change étoit comme un écu dans la poche , & que celui qui la recevoit d'un homme connu , avec un ordre , en devenoit propriétaire ; que d'ailleurs la Haye & la Croix étoient réellement les préposés du sieur Dubreil - Moi ; qu'ainsi leur fait & leur dol étoit le sien , & qu'il devoit s'imputer d'avoir confié ses Lettres à un Corréspondant infidéle.

Le sieur Dubreil-Moi répondoit que la Croix & la Haye n'avoient pas pu , en passant leur ordre des Lettres , transporter un droit & une propriété qu'ils n'avoient pas ; que dans le commerce des Lettres de Change , ceux qui en sont porteurs , ne tiennent leur droit que de leur endosseur , & que celui qui n'a , à son profit , qu'un ordre faux , est sans droit ; que dès que les Lettres n'étoient , ni signées , ni endossées , la Croix & la Haye n'avoient pas pu en faire un usage légitime ; qu'ils n'avoient eu de pouvoir que pour faire accepter les Lettres ; qu'en l'excédant , ils avoient commis un délit , dont il n'étoit pas garant ; qu'enfin les porteurs devoient s'imputer d'avoir traité avec des faussaires , qui n'avoient aucun droit sur les Lettres négociées ; qu'ils n'avoient qu'à lui écrire avant de fournir la valeur , & d'escompter les Lettres ; qu'ils auroient appris en cinq jours que la Croix & la Haye n'en étoient pas propriétaires. Ces raisons prévalurent ; & par Arrêt rendu le Samedi 27 Mars 1756 , en très-grande connoissance de cause , la Sentence des Consuls fut confirmée (a).

Les Lettres & Billets de Change , ni même les Billets au porteur faits par Négocians & Gens de Finance , ne sont pas sujets à contrôle. V. *Contrôle*.

Les Lettres de Change acceptées ou endossées par des mineurs *non commerçans* (b) , peuvent être attaquées par Lettres de Rescision , quand il y a lésion ; & par Arrêt rendu le 3 Août 1746 , sur délibéré en la Grand-Chambre ; entre le sieur Roblastre de Beaulieu , Contrôleur des guerres , mineur éman-

cipé , Charles Damay , André le Gras , & autres , des Lettres de Rescision obtenues par le sieur Roblastre , contre les Lettres de Change qu'il avoit soufcrites en minorité , ont été enthérinées ; en conséquence il a été déchargé des condamnations prononcées par les Sentences des Consuls , sur le fondement de ces Lettres de Change.

Par une disposition subsidiaire , l'Arrêt ordonne que le sieur Roblastre payera seulement les sommes qu'il déclarera & affirmera avoir véritablement reçues ou retirées des marchandises à lui livrées , & pour lesquelles il avoit soufcrit les Lettres de Change. Voyez un autre Arrêt au mot *Mineur*.

Cette derniere disposition de l'Arrêt du 3 Août 1746 , est conforme à celle d'un autre Arrêt rendu en forme de Réglement , le 29 Juillet 1745 , sur l'appel d'une Sentence rendue par le Lieutenant Criminel du Châtelet , par lequel , en déclarant nulles des Lettres de Change soufcrites par un sieur Monnerot , mineur , la Cour a ordonné que le créancier , porteur desdites Lettres , ne pourroit exiger du sieur Monnerot que ce que celui - ci affirmeroit avoir réellement reçu ou retiré des marchandises , pour raison de quoi les Lettres de Change avoient été soufcrites.

On a jugé au Châtelet , par Sentence du 20 Décembre 1753 , qu'un sieur Saineville , Huissier en la Chambre des Comptes , mineur émancipé , étoit restituable contre les acceptations & endossemens de Lettres de Change qu'il avoit soufcrites , en conséquence desquelles il étoit emprisonné : la Sentence a enthériné ses Lettres de Rescision , & ordonné qu'il seroit mis en liberté.

Une Déclaration du 28 Novembre 1713 , registrée le 9 Décemb. suivant , *ordonne que tous porteurs de Lettres , Billets de Change & Billets payables au porteur ou à ordre , seront tenus d'en faire la demande aux débiteurs le dixiéme jour préfix après l'échéance , par une sommation ; sinon , & à faute de ce faire , les porteurs desdites Lettres & Billets*

_____

(a) La Croix & son Commis ont depuis été condamnés à faire amende honorable , & aux Galeres à perpétuité , par Arrêt rendu en la Chambre de l'Arsenal , le . . . .

(b) Ces mots sont essentiels. En effet , si le mineur

étoit Commerçant , il ne pourroit se faire restituer contre des Lettres de Change qu'il auroit tirées , endossées ou acceptées ; il y a à ce sujet un Arrêt de la Cour , du 30 Août 1702 , dans le Praticien des Consuls , & un autre du Conseil d'Etat du 12 Mai 1704.

seront obligés d'en recevoir le payement, suivant le cours & la valeur que les espéces avoient ce même dixiéme jour ; & réciproquement les débiteurs de Lettres & Billets ne pourront obliger des porteurs d'en recevoir avant le même dixiéme jour.

A l'égard des Billets & Promesses, valeur en marchandises, qui, suivant l'usage ordinaire, ne se payent qu'un mois après l'échéance, les porteurs seront tenus d'en faire la demande, par une sommation, le dernier jour dudit mois après l'échéance ; sinon, & à faute de ce, ils seront obligés d'en recevoir le payement suivant le cours & la valeur que les espéces avoient le même jour dernier du mois après l'échéance ; & réciproquement les débiteurs des Billets & Promesses, ne pourront obliger les porteurs d'en recevoir le payement avant le même jour dernier du mois.

Voulons néantmoins, ajoute la Déclaration, que ceux qui auront fait des Promesses pour marchandises, dont l'escompte aura été stipulé, puissent se libérer & acquitter les sommes contenues en leurs Promesses, pourvû qu'ils en fassent le payement trente jours francs avant le jour marqué pour la diminution des espéces ; faute de quoi ils ne pourront faire lesdits payemens que dans les termes portés par lesdites Promesses.

Une autre Déclaration du 20 Février 1714, ordonne que celle du 28 Novembre 1713, sera exécutée seulement dans les Provinces où les délais de dix jours ou d'un mois sont en usage ; & qu'à l'égard des Provinces & Villes où les Lettres & Billets de Change, & les Promesses sont exigibles à leur échéance, les porteurs seront tenus de les présenter aux débiteurs dans les termes de l'échéance ; sinon qu'ils supporteront la diminution des espéces, c'est-à-dire, comme le porte la Déclaration de 1713, qu'ils seront tenus de recevoir le montant des Lettres de Change & Billets suivant le cours que les espéces avoient à l'échéance. On peut sur la même matiere consulter la Déclaration du 16 Mars 1700 : elle est dans le Recueil des Arrêts & Réglemens du Parlement de Toulouse, imprimé en 1749.

La régle prescrite pour les diminutions, sembloit devoir être observée dans le cas d'augmentation d'espéces ; néantmoins les Juges & Consuls de plusieurs Villes du Royaume s'en écartoient, & ordonnoient le payement en espéces au cours du jour de leur Sentence.

Cette mauvaise Jurisprudence de quelques Jurisdictions Consulaires a donné lieu à la Déclaration du 7 Juillet 1726, registrée le 10, conçue en ces termes : Dans toutes les contestations nées & à naître à l'occasion de la derniere augmentation d'espéces, au sujet du payement des Lettres ou Billets de Change, ou Billets payables au porteur ou à ordre, ou Billets & Promesses, valeur en marchandises, les Déclarations de 1700, 1713 & 1714, seront exécutées ainsi qu'elles l'ont été lors des diminutions ; en conséquence ordonnons que, faute par les débiteurs d'avoir satisfait aux sommations à eux faites par leurs créanciers, porteurs desdites Lettres ou Billets, ils seront tenus de l'augmentation arrivée sur les espéces.

Les créances résultantes de Lettres de Change, ne sont pas sujettes aux Lettres de Répi. Ordonnance de 1669, titre 6, article 2.

L'usage s'étoit autrefois introduit dans quelques Parlemens & Cours, d'accorder aux porteurs de Lettres & Billets de Change protestés, une hypothéque qui avoit lieu à compter du jour du protêt sur les biens des particuliers qui les avoient tirés & endossés. Mais comme cet usage étoit contraire à l'ancienne Jurisprudence & aux dispositions de l'Ordonnance de 1539, qui ne donne hypothéque aux écrits sous seing-privé, que du jour de la reconnoissance & de la dénégation en Justice, il est intervenu une Déclaration le 2 Janvier 1717, registrée le 10 Mars suivant, qui porte . . . . . .

Voulons qu'aucuns porteurs de Billets ou Lettres de Change ne puissent à l'avenir, & en aucun cas, prétendre avoir, par le protêt signifié ou dénoncé, tant par les Huissiers & Sergens, que par des Notaires, une hypotheque sur les biens des tireurs & endosseurs, ni des particuliers sur qui lesdits Billets ou Lettres de Change ont été tirées.

Voulons aussi que toutes personnes qui ont précédemment obtenu des Sentences, Jugemens ou Arrêts, ou qui pourront en obtenir dans la suite sur exploits d'assignation donnés avant l'échéance desdits Billets, Lettres de Change, & de toutes sortes de Billets &

Promeſſes paſſés par Marchands, Négocians, Banquiers & autres Particuliers faiſant trafic & commerce de denrées & marchandiſes, ne puiſſent prétendre avoir acquis ni acquérir, en vertu deſdites Sentences, Jugemens & Arrêts, aucune hypothéque ſur les biens & effets, tant des débiteurs, que des endoſſeurs.

Déclarons pareillement qu'aucune hypothéque n'a pû être, ni ne pourra être à l'avenir valablement acquiſe par aucun acte de reconnoiſſance fait pardevant Notaires, aux Greffes, ni autrement, en quelque forme que ce ſoit, deſdits Billets, Lettres & Promeſſes, avant l'expiration du terme auquel le payement doit être fait.

Voulons que ceux qui auront obtenu leſdites Sentences, Jugemens, Arrêts, ou Actes de reconnoiſſance, ne puiſſent être employés que comme créanciers chirographaires dans les ordres, inſtance de préférence & diſtribution de deniers, ſauf à eux, après l'échéance deſdits Billets & Lettres de Change, ou autres Billets & Promeſſes paſſés pour fait de commerce & marchandiſes, d'uſer des voies que les Ordonnances ont preſcrites pour acquérir hypothéque ſur les biens & effets des débiteurs ou endoſſeurs.

LETTRES MISSIVES.
Voyez *Poſte.*

En général, les Lettres Miſſives ne ſont pas obligatoires: ainſi, ſi quelqu'un écrit à ſon ami pour le prier de lui faire un prêt, la Lettre n'oblige point celui qui l'a écrite, parce qu'elle ne prouve point que le prêt lui ait été fait; elle prouve ſeulement qu'il a demandé à emprunter, & ce n'eſt pas aſſez pour appuyer une condamnation. Voy. l'Arrêt du 6 Juin 1735, dont je rapporte l'eſpéce au mot *Vente, in fine.*

Mais ſi la Lettre ajoute qu'elle ſervira de reconnoiſſance, alors elle forme un titre en faveur de celui qui en eſt porteur; la raiſon eſt, que telle a été la volonté de celui qui l'a écrite, & qu'il doit s'imputer la confiance qu'il a euë en donnant ſa reconnoiſſance d'un prêt incertain; on peut ſeulement dans ce cas demander l'affirmation du porteur des Lettres: je l'ai vû ainſi juger en faveur du Sr. Chertemps, contre la ſucceſſion du Comte du Fargis,

Il n'eſt pas toujours permis de ſe ſervir des Lettres Miſſives dans les affaires; il eſt des cas où celui à qui elles ſont écrites, ne peut les mettre au jour ſans crime, ſur tout lorſqu'elles ont été écrites avec myſtere, & qu'elles renferment des confidences. Le crime eſt encore plus grand, lorſqu'on dévoile le ſecret d'une Lettre, dans l'unique but de faire injure à l'Auteur, & qui a cru pouvoir ouvrir ſon cœur ſans craindre de voir révéler ce qu'il n'écrivoit que pour un ami, & ce qu'il vouloit n'être ſçû de perſonne.

La Juſtice, dans ces ſortes d'occaſions, a toujours ordonné que les Lettres Miſſives ſeroient rendues, quelque relation qu'elles puſſent avoir à l'affaire. Son motif a été, que le dépôt du ſecret ayant été violé, on ne devoit y avoir aucun égard. Voy. à ce ſujet un Arrêt de la Cour des Aides du 9 Mai 1645, dans le premier volume du Journal des Audiences, tome 1, livre 4, chap. 21. Voyez auſſi ce que dit Ciceron contre Marc-Antoine, dans ſa ſeconde Philippique, où cet Orateur reproche à un Avocat d'avoir divulgué ſes Lettres.

Ces principes ſont encore conſacrés par un Arrêt célébre du 24 Juillet 1717, par lequel la Cour a renvoyé de l'accuſation un Curé d'Orléans, auquel ſon Evêque avoit fait faire le Procès, ſur le fondement d'une Lettre qu'il lui avoit écrite, contenant des difficultés ſur la Bulle *Unigenitus.* Le Curé diſoit qu'une Lettre n'étant qu'une eſpéce de converſation écrite, dans laquelle, ſelon les maximes de la Loi naturelle, il doit être permis de s'expliquer avec une certaine liberté, on n'avoit pû, ſans injuſtice, abuſer de la confiance & de la ſincérité avec laquelle il s'étoit expliqué. Voyez les Arrêts de Catelan, liv. 9, chap. 5.

La Cour vient encore de juger, par Arrêt rendu au rapport de M. Paſquier, le 15 Août 1760, que, quoique les preuves réſultantes des Lettres écrites par un ſieur Everat à ſon fils, fuſſent très-concluantes contr'eux, on ne pouvoit cependant les leur oppoſer; parce qu'il étoit évident que ces Lettres avoient été interceptées par les Srs Boiſleve, qui les produiſoient, & qu'il n'eſt pas permis d'employer de pareilles voies pour ſe procurer des titres & les oppoſer.

Le Miniſtere public ne peut pas rendre plainte

plainte de faits écrits dans des Lettres privées, adreſſées à un ami, envoyées par la
Poſte, & non divulgués : on ne peut faire
paſſer des faits conſignés dans ces Lettres,
pour une déclamation & pour libelles diffamatoires. Il a été jugé en pareil cas, que le
Procureur du Roi étoit ſans intérêt, & qu'il
n'y avoit que la diſtribution dans le Public
qui pouvoit les faire paſſer pour libelles, &
nullement les choſes ſecrettes confiées à la
Poſte, que tous les peuples ſont convenus
de ne pas violer, & par le moyen deſquelles
l'union & la correſpondance s'entretiennent
entre toutes les Nations ; c'eſt ce qui réſulte d'un Arrêt rendu le 3 Août 1735, en la
Tournelle criminelle.

Dans l'eſpéce de cet Arrêt, un Intendant
du Marquis de Neſle avoit écrit à un de ſes
amis dans des termes peu honorables pour
ce Marquis. Celui-ci en avoit fait rendre
plainte par le Procureur Fiſcal de ſa Terre.
Les Officiers des lieux s'étoient tranſportés
de nuit chez l'ami auquel les Lettres avoient
été adreſſées ; les avoient enlevées, & décrété l'écrivain. Sur l'appel, le Marquis de
Neſle intervint ; & par l'Arrêt, on a mis
hors de Cour ſur l'intervention ; à l'égard
des Officiers, leur procédure a été infirmée,
avec défenſes de récidiver ; & ils ont été
condamnés aux dépens.

Mais quoique le Miniſtere public ne puiſſe
pas diriger ſes pourſuites contre les auteurs
de Lettres injurieuſes, les perſonnes qui en
reçoivent de ſemblables, peuvent elles-mêmes ſe plaindre & demander ſatisfaction de
l'injure : alors la Partie publique peut s'y
joindre.

LETTRES D'ÉTAT.
Voyez *Répi*.

On nomme Lettres d'Etat celles qui s'expédient au Grand Sceau en faveur des perſonnes employées au ſervice de l'Etat, comme ſont les Ambaſſadeurs, les Envoyés, les
Officiers Généraux employés dans les Armées, & autres Officiers Militaires.

L'effet de ces Lettres eſt de ſuſpendre
pendant ſix mois les pourſuites, Procédures & Jugemens des affaires civiles, dans
leſquelles les perſonnes qui les obtiennent,
ſont intéreſſées ou veulent intervenir.

Quelquefois, & principalement en temps

de paix, ces ſurſéances s'accordent par des
Arrêts du Conſeil. De quelque maniere
qu'elles ſoient obtenues, elles ne peuvent
ſuſpendre les procédures qui ont certaines
affaires pour objet ; les cas pour leſquels
ces Lettres n'ont point d'effet, ſont réglés
par une Déclaration du 23 Décembre 1702,
enregiſtrée le 5 Janvier 1703 ; cette même
Déclaration a également lieu pour les ſurſéances accordées par Arrêts du Conſeil :
on la trouve dans les dernieres éditions de
Bornier, & dans le Recueil des Réglemens
de Juſtice, tome 2.

Au nombre des cas pour leſquels ces Lettres n'ont point d'effet, ſont les matieres
criminelles, les affaires où il s'agit de reſtitution de dot, payement de douaire &
conventions matrimoniales, penſions viageres, alimens, loyers de maiſons, gages de
domeſtiques, journées d'artiſans, reliquat
de compte de tutelle, &c.

Les Marchands Epiciers ont fait imprimer avec leurs Statuts trois Sentences du
Châtelet, & un Arrêt du Parlement du 6
Juillet 1745, confirmatif de ces Sentences,
qui ont jugé que les Lettres d'Etat ne peuvent pas empêcher les pourſuites qui ont
pour objet le payement des fournitures d'E-
picerie.

Le Lundi 20 Avril 1761, Mes Doillot &
Doucet ont plaidé à l'Audience de 7 heures, la queſtion de ſçavoir ſi la ſignification
de Lettres d'Etat, faite après qu'une inftance étoit vûe de Commiſſaires, mais avant
le rapport & les opinions commencées, pouvoit empêcher le rapport & le Jugement.
Par Arrêt rendu ledit jour 20 Avril 1761,
la Partie de Me Doillot a été déboutée de
ſa demande, à ce qu'il fût ſurſis au Jugement. V. l'article 11 de la Déclaration de
1702.

Les Arrêts de ſurſéance ſont aſſujettis à
la forme de l'inſinuation par l'Edit de Décembre 1703, & par les Déclarations des
19 Juillet 1704, & 3 Avril 1708. Ce droit
eſt fixé à 20 liv. par l'article 17 du tarif de
1722, & deux Huiſſiers ont été condamnés
en une amende de 300 liv. chacun, par Arrêt du Conſeil du 17 Novembre 1733, pour
avoir ſignifié de ſemblables Arrêts, ſans
qu'ils fuſſent inſinués.

Mais il y a pluſieurs déciſions du Con-

F

feil qui portent que les Lettres d'Etat ne font point fujettes à cette formalité, à laquelle les Fermiers ont pendant quelque temps voulu perfévéramment les affujettir.

Une Déclaration du 23 Mars 1680, confirmée par l'art. 24 de la Déclaration de 1702, porte que les Lettres d'Etat, de Répi, & les Arrêts de furféance, n'auront pas lieu à l'égard de l'Hôpital Général de Paris, de l'Hôtel-Dieu, & de l'Hôpital des Enfans-Trouvés.

LETTRES DE RESCISION.
V. *Dol*, *Femme*, *Reftitution*, *Mineur*.

Les Loix accordent aux mineurs qui ont foufcrit des engagemens indifcrets, & aux majeurs qui ont été léfés ou trompés, la voie de reclamer contre les actes qui leur font préjudice; & cette reclamation ne peut fe faire en plufieurs cas, que par la voie des Lettres de Refcifion.

Ces Lettres s'obtiennent dans les Chancelleries établies près les Parlemens. On les accorde ordinairement fans connoiffance de caufe, fur le fimple expofé d'une Partie, & fur le rapport d'un Officier, qu'on nomme Référendaire : c'eft aux Juges à qui elles font adreffées, d'examiner fi la caufe, pour laquelle ces Lettres font obtenues, eft jufte; & en ce cas, de les enthériner, & remettre les Parties au même état où elles étoient avant la paffation des actes qui font l'objet des Lettres de Refcifion.

En rigueur, les Lettres de Refcifion ne font pas néceffaires pour anéantir les actes nuls de nullité abfolue. Par exemple, elles font inutiles pour faire profcrire les billets ou autres engagemens foufcrits par des mineurs non émancipés, & par des femmes en puiffance de mari; néantmoins, à caufe de la maxime familiere au Barreau, que les voies de nullité n'ont pas lieu en France, on eft dans l'ufage d'obtenir des Lettres de Refcifion, même contre les actes dont la nullité eft prononcée par les Coutumes & par les Ordonnances, afin de faire ceffer les incidens que la maxime dont je viens de parler, a quelquefois fait naître.

L'action que les Loix accordent pour faire anéantir des actes par la voie des Lettres de Refcifion, ne dure que dix ans, qui courent contre les majeurs, à compter du

jour que les actes ont été paffés; à l'égard des mineurs, ces dix années ne commencent à courir que du jour de leur majorité. Voyez l'Ordonnance de 1510, article 44, & celle de 1533, art. 134.

Ainfi, à Paris, un mineur qui ne s'eft pas pourvu avant l'âge de trente-cinq ans contre les actes qu'il a foufcrits en minorité, eft non-recevable après cet âge, fuivant ces Loix, à prendre des Lettres de Refcifion; mais quelquefois on en obtient contre le laps de temps, & j'ai vû enthériner de pareilles Lettres, par Arrêt rendu le 31 Janvier 1742, en la Grand'Chambre, dans une efpéce où il s'agiffoit de la validité de la vente de cent trente-cinq verges de terres, faite par une mere & l'ayeule d'un mineur, par laquelle vente elles avoient promis la faire ratifier à fa majorité.

L'acquéreur demandoit la ratification à celui pour lequel la vente avoit été faite, & qui avoit plus de trente-cinq ans au temps de la demande; le défendeur excipoit de renonciations aux fucceffions de celles qui s'étoient portées fortes pour lui, & il avoit obtenu des Lettres de Refcifion contre le laps de temps : elles furent enthérinées par l'Arrêt.

LETTRES DE VOITURE.

Une Lettre de Voiture eft un état des chofes qu'un Voiturier dénommé eft chargé de conduire à la perfonne à laquelle elles font envoyées.

Les Lettres de Voiture doivent être fignées par ceux qui font les envois & remifes entre les mains du Voiturier. Elles contiennent auffi ordinairement la fomme qui doit être payée au Voiturier, en livrant la marchandife.

L'Ordonnance des Aides, titre 5, art. 2 & 3, & divers Réglemens poftérieurs, défendent à tous Voiturier par terre & par eau, de conduire aucune boiffon fans Lettres de Voiture en bonne forme, à peine de confifcation, & de 100 liv. d'amende.

A l'égard de ceux qui conduifent en perfonne leurs vins & autres liqueurs, ils doivent être porteurs de déclarations faites au lieu du crû ou de l'achat, pour tenir lieu de Lettres de Voiture.

Ces Lettres & Déclarations doivent être

paſſées devant Notaires, ou autres Officiers publics, remplies d'une même main, & contenir le lieu où le vin a été chargé, le nom du propriétaire, ſa demeure, ſa qualité, la quantité du vin, ſa deſtination, l'adreſſe de ceux auxquels il eſt deſtiné, &c. ſous les peines ci-deſſus. Voyez le Traité des Aides de M. le Fevre de la Bellande.

La Cour des Aides a, par Arrêt rendu le 21 Mars 1732, en interprétation d'un autre Arrêt du 10 Mai 1731, enjoint au ſieur Lebeuf, Notaire à Joigny, & à tous autres Notaires, Tabellions, Greffiers, & autres perſonnes publiques qui paſſeront des Déclarations & Lettres de Voiture, de les faire ſigner aux Parties, ſi elles ſçavent ſigner, dont ſera par.eux fait mention; & au cas qu'elles ne ſçachent ſigner, de faire mention de la réquiſition qu'ils leur auront faite de ſigner, & de leur réponſe qu'elles ne ſçavent pas ſigner; le tout à peine de nullité deſdites Déclarations & Lettres de Voiture, de confiſcation, &c.

L'article 9 du chap. 2 de l'Ordonnance pour la Ville de Paris, du mois de Décembre 1672, porte que » les Lettres de Voi- » ture contiendront la quantité & qualité » des marchandiſes, & le prix fixé de la » Voiture d'icelles, & feront mention, tant » du lieu où les marchandiſes auront été » chargées, que du lieu de la deſtination, » & du temps du départ. «

L E V A G E.

C'eſt le nom d'un droit que quelques Coutumes accordent aux Seigneurs Bas-Juſticiers ſur toutes les denrées qui ont ſéjourné huit jours en leur Juſtice, & qui ſont vendues ou autrement tranſportées hors de leur Fief.

Ce droit conſiſte en une légere redevance, comme d'un denier, d'une obole plus ou moins ſur chaque animal, ou chaque nature de denrée.

L E Z E - M A J E S T É.

Il y a deux eſpéces de crime de Lèze-Majeſté.

L'un, qu'on nomme crime de Lèze-Majeſté Divine, parce qu'il ſe commet contre la Divinité & la Religion.

Tels ſont les blaſphêmes, les ſortiléges, les impiétés, les ſacriléges, &c. V. l'Ordonnance de 1347 dans Gueſnois, & *Blaſphêmes.*

L'autre, qu'on nomme crime de Lèze-Majeſté humaine, parce qu'il ſe commet contre la Perſonne ou la Majeſté du Roi & contre l'Etat.

Ainſi tous ceux qui attentent à la Perſonne du Prince, à celle de ſes enfans & de ſa poſtérité, & au repos de l'Etat, ſoit ouvertement avec armes & violence ou par le poiſon, ſoit en compoſant des libelles ſéditieux, ſoit en excitant les Sujets à la révolte ou à la déſobéiſſance, ſont coupables de crime de Lèze-Majeſté humaine Voyez l'Ordonnance de Charles IX (donnée à Amboiſe,) le 16 Mars 1562, article 15, & de l'an 1563, art. 7.

Tous les Juges, même ceux des Seigneurs Hauts-Juſticiers, peuvent connoître du crime de Lèze-Majeſté Divine, parce que ce n'eſt pas un cas Royal.

Mais les ſeuls Juges Royaux peuvent connoître du crime de Lèze-Majeſté humaine, parce que c'eſt un cas Royal.

On n'en uſe pas dans les crimes de Lèze-Majeſté humaine, comme dans la punition des autres crimes: voici pluſieurs différences qu'un Auteur accrédité y a remarquées.

» La premiere eſt, qu'aux autres crimes, » on ne punit que les effets: mais en ce » crime, on punit la ſimple volonté & le » deſſein.

» La ſeconde eſt, qu'aux autres crimes, » on ne punit que les auteurs & les compli- » ces; & en celui-ci, on punit tous ceux qui » en ont eu connoiſſance & qui ne l'ont pas » déclaré, même du ſeul deſſein qui en a été » pris «. (Pour prouver cette maxime, on peut citer l'exemple de M. de Thou.) V. l'Ordonnance de Louis XI, du mois de Décembre 1477, & les articles 170 & 175 de l'Ordonnance de Louis XIII, en 1629.

» La troiſiéme eſt, qu'aux autres crimes, » la punition ſe termine en la perſonne des » coupables; ici elle paſſe aux (peres, fre- » res, femmes &) enfans, bien qu'ils ſoient » innocens, non pas pour être punis de » mort, mais de banniſſement hors du » Royaume.

» La quatriéme, que ce crime ne s'éteint » point comme les autres, par la mort des » coupables, parce qu'ils peuvent être ac-

» cufés & condamnés après leur mort , & la
» punition exécutée fur leur cadavre & con-
» tre leur mémoire , par la fuppreffion &
» anéantiffement de leur nom & de leurs
» armes , confifcation de leurs biens , démo-
» lition de leurs maifons & châteaux , & cou-
» pe de leurs bois de haute-futaye , jufqu'à
» une certaine hauteur. «

L'ufage eft de condamner ceux qui ont attenté à la vie du Souverain , à être écarte-
lés : mais quand ils ont feulement machiné
contre l'Etat , & entretenu des correfpon-
dances féditieufes , la peine qu'on prononce contre les Gentilshommes , eft d'avoir la
tête tranchée.

Le crime de Lèze-Majefté ne permet pas
aux parens en ligne directe ou collatérale ,
de recueillir dans la fucceffion de ces fortes
de criminels , les biens fubftitués dont ceux-
ci jouiffoient comme grévés ; de maniere
que foit que ces *biens fuffent fujets à fubftitution , à retour par teftament ou difpofition
d'eux* (criminels) *ou de leurs prédéceffeurs ,
en quelque maniere que ce foit ,* ils font *déférés
& appliqués au fifc & Domaine du Roi , fans
aucune defdites charges.* V. l'Ordonnance
donnée à Villers-Cotterets en 1531 , art. 2.

LÉZION.
V. *Refcifion.*

En termes de Jurifprudence , le mot Lézion s'entend du préjudice réfultant d'une
convention qui peut donner lieu à la reftitution , contre l'engagement qu'on y a contracté. On dit , par exemple , qu'une perfonne eft lézée , quand elle a vendu fon bien
au-deffous de fa valeur ; quand elle s'eft reconnue débitrice de fommes plus confidérables que celles qui lui ont été prêtées , &c.

La Lézion donne lieu en certains cas à la
réfolution des contrats. Par exemple , fi dans
les ventes d'immeubles , le prix eft moindre
que la moitié de la jufte valeur , le vendeur
peut , en obtenant des Lettres de Refcifion ,
demander qu'il foit remis au même état où
il étoit avant le contrat de vente qui , par
ce moyen , fe trouve anéanti.

Le vendeur a cette action , lors même que
la Lézion d'outre moitié n'eft que d'un écu.
Ainfi il y auroit lieu à la reftitution du contrat de vente d'un immeuble , moyennant
1000 livres , fi par l'événement de l'eftima-

tion , fa valeur étoit fixée à 2003 liv. V. *Defpeiffes* & *Rebuffe.*

Mais , jamais l'acquéreur majeur ne peut
faire réfoudre la vente , fous prétexte qu'il
a acquis , même au-delà du double de la valeur de la chofe. On préfume qu'il n'a acheté que par une fuite de fon affection , & pour
payer celle que le vendeur avoit lui-même
pour la chofe vendue , ce qui eft inappré-
ciable.

C'eft fur ce fondement que , par Sentence
rendue au Châtelet , le Vendredi 29 Août
1760 , les Lettres de Refcifion obtenues par
l'acquéreur d'une Terre fituée en Beauce ,
fous prétexte de Lézion énorme , ont été
rejettées.

Le jufte prix fur lequel la Lézion doit
être reconnue , eft la valeur de l'immeuble
au temps de la vente , & non au temps de
l'action en reftitution.

Lorfque l'acquéreur , affigné en enthérinement de Lettres de Refcifion pour Lézion
d'outre moitié , offre de payer la jufte valeur , il peut conferver l'héritage en fup-
pléant la jufte valeur , pourvû qu'il n'y ait
point d'autre vice dans la vente que la vili-
té du prix. Si , par exemple , il y avoit du
dol dans la vente , l'acquéreur ne feroit pas
admis à offrir le furplus de la valeur pour
garder l'héritage.

S'il n'y a point d'autre vice dans la vente , que la Lézion de plus de moitié du jufte
prix , l'acheteur ne doit rendre les fruits que
depuis la demande formée par le vendeur ,
pour rentrer dans l'héritage , ou l'intérêt du
fupplément du prix depuis le même temps ,
s'il garde l'héritage.

Mais s'il y avoit d'autres vices , comme
de l'ufure , du dol , &c. il faudroit que l'acquéreur rendît les fruits , à compter du jour
de fa jouiffance , en déduifant néantmoins
l'intérêt du prix précédemment payé.

Cette action que les Loix donnent au
majeur , pour fe faire reftituer contre des
contrats de vente d'immeubles dans lefquels
il eft lézé d'outre moitié , n'a pas lieu dans
les ventes de meubles & effets mobiliers , &
elle doit d'ailleurs être dirigée dans les dix
années qui courent du jour de la vente , comme je l'ai dit ailleurs. V. *Lettres de Refcifi-
fion.*

Cette Lézion *d'outre moitié* ne peut être

oppofée contre les ventes d'immeubles qui fe font par décret forcé ; le prix de l'adjudication eft toujours cenfé être la véritable valeur de l'héritage.

C'eft l'avis de Dumoulin, dans fes notes fur l'article 487 de la Coutume de Bourbonnois.

Cette Coutume & celle d'Auvergne, (chap. 16, art. 22,) & de la Marche, (art. 122,) font les feuls qui ayent prévu cette queftion ; & toutes trois ont décidé en faveur de l'adjudicataire, parce qu'il ne peut pas-être foupçonné d'avoir trompé le propriétaire avec lequel il n'a pas traité, mais avec la Juftice, qui admet tous ceux qui fe préfentent à enchérir (par le miniftere d'un Procureur) & qui préfume que le bien n'a point d'autre prix que celui auquel la chaleur des encheres l'a porté. Voyez auffi M. Louet, lettre D, n. 32 ; le Grand, fur la Coutume de Troyes, & l'Arrêt du 21 Avril 1760, dont j'ai parlé à l'article *Enchere.*

Quand le prix d'une chofe vendue eft une rente viagere, il eft difficile qu'il y ait lieu à la reftitution pour Lézion d'outre moitié ; parce que la Lézion ne peut guères fe trouver que dans l'événement, & non dans la vente. Le contrat à rente viagere eft *jactus retis ;* le vendeur, moyennant une telle rente, peut tout perdre, s'il meurt auffi-tôt le contrat. Mais il peut gagner beaucoup, s'il furvit long-temps. Il faudroit, pour qu'il y eût Lézion en ce cas, qu'il y en eût une très-grande entre le produit de l'immeuble vendu, & les rentes viageres qui en feroient le prix.

Les héritiers du Sr Gauffin, qui avoient vendu à la Demoifelle Borcard, une rente perpétuelle de 150 liv. fur les Aides & Gabelles, moyennant une rente viagere de 205 liv. fe pourvurent contre la vente, fous prétexte de la Lézion foufferte par le vendeur, qui n'avoit joui de la rente que pendant neuf ans. Mais ils furent déboutés de leur demande en enthérinement de Lettres de Refcifion, par Sentence du Châtelet du Jeudi 8 Mars 1759. Ils y ont acquiefcé.

A l'égard des mineurs, il n'eft pas néceffaire qu'ils foient lézés d'outre moitié pour être admis à fe faire reftituer contre les aliénations de leurs immeubles. Quand ces aliénations n'ont pas été faites avec les formalités prefcrites par les Loix, les mineurs font de droit préfumés être lézés ; & non-feulement on les admet dans ce cas-là très-facilement au Bénéfice de reftitution, mais on juge indépendamment de la Lézion, que la vente eft nulle de plein droit. V. *Mineurs.*

Les mineurs font encore préfumés lézés en cas d'acceptation ou de renonciation aux fucceffions ; & on a la même facilité dans ce cas-là pour les reftituer contre ce qu'ils ont fait ou contre ce qui a été fait pour eux en minorité.

En un mot, le mineur eft toujours préfumé lézé ; c'eft à ceux qui ont contracté avec lui ou avec fes tuteurs, de prouver que ce qu'ils ont prêté, a profité au mineur : cependant voyez *Emancipation,*

Mais fi le mineur n'eft pas lézé, il ne peut pas fe faire reftituer, parce que ce n'eft qu'à caufe de la Lézion, qu'on l'admet au bénéfice de reftitution : dès que la Lézion ceffe, il n'y a pas lieu à la reftitution ; parce qu'en ce cas, il n'a pas plus de privilége que les majeurs.

Il y a néantmoins des engagemens contre lefquels les mineurs ne peuvent fe faire reftituer, quoique lézés. Des Officiers ne peuvent point, par exemple, fe faire reftituer contre les actes relatifs à leurs charges, leur réception les rend capables à cet égard. Tout de même les Marchands mineurs ne peuvent fe faire reftituer contre les billets & Lettres de Change qu'ils font pour leur négoce. V. *Mineur.*

Il a même été jugé par un Arrêt rendu en Robes rouges, le 23 Décembre 1574, qu'un mineur, Notaire, ne peut être reftitué, *fous couleur de minorité,* contre des actes concernant fa profeffion. Il y a plufieurs Arrêts qui ont jugé de même, contre des Greffiers qui avoient commis des impéritiés & des imprudences dans leurs fonctions. Mais, hors ce cas, on admet les Officiers mineurs au bénéfice de reftitution, auffi-bien que les Avocats & les Docteurs en Droit ; parce que c'eft moins le défaut de lumiere qui fait admettre les mineurs à la reftitution, que la pente & la facilité à fuivre leurs paffions ; & que d'ailleurs ils font une régle générale. Il y a un Arrêt du 22 Juin 1673, au Journal du Palais, qui a auffi admis un Commiſſaire du Châtelet à ce Bé-néfice.

» S'il ſe trouve (dit Domat) quelque Lé-
» zion conſidérable dans un partage, même
» entre majeurs, ſoit par quelque dol de
» l'un des co-partageans, ou même ſans
» que l'un puiſſe rien imputer à l'autre ; cet-
» te Lézion ſera réparée par un nouveau
» partage. «

La Lézion dont parle ici Domat, & qui
ſuffit pour donner lieu à nouveau partage,
n'eſt pas déterminée : mais dans notre uſage, il faut que la Lézion ſoit du tiers au
quart (c'eſt-à-dire de plus du quart, ſelon
Deſpeiſſes qui cite l'Hommeaux, le Preſtre
& Imbert,) pour donner lieu de procéder à
un nouveau partage ; & cela a lieu, ſoit
que le partage ait été fait en Juſtice, ou
non.

LIBELLES DIFFAMATOIRES.
Voyez *Injures, Lettres.*

On nomme Libelles Diffamatoires, les
écrits qui contiennent des injures, des reproches, où des accuſations contre l'honneur & la réputation de quelqu'un.

Sur les peines prononcées contre les auteurs des Libelles Diffamatoires, voyez
l'Ordonnance de Moulins, article 77 ; celle
de Charles IX en 1571, article 10 ; & celle
de 1629, article 179. Voyez auſſi les ſix articles de la Déclaration du 16 Avril 1757,
contenant le détail des peines qui ſeront
prononcées contre les Auteurs, Imprimeurs
& Diſtributeurs d'écrits contraires à l'ordre
public.

Bouchel rapporte un Arrêt du 27 Janvier 1606, par lequel un Serrurier qui avoit
fait peindre un tableau où pluſieurs de ſes
confreres étoient inſultés, fut condamné en
75 liv. de dommages-intérêts, avec défenſe
de récidiver, ſous des peines très-ſévères.

Par un Arrêt du 21 Octobre 1712, la
Cour a condamné Jean du Four, Vigneron, *à comparoir en la Chambre du Conſeil
de la Sénéchauſſé d'Angers ; & là, nue tête,
à genoux, en préſence de la Partie de Mahou
(nommée Rénée Richardeau) & de ſix perſonnes, telles qu'elle les voudra choiſir, dire
& déclarer que témérairement, indiſcréte-
ment, & comme mal aviſé, il a proféré les
injures, & fait les Libelles Diffamatoires*

*mentionnés ès plaintes & informations, dont
il ſe repent & demande pardon...... &*
(ajoute l'Arrêt) *ſera la lettre datée du 23
Septembre 1709, en forme de Libelle Diffa-
matoire, déchirée en ſa préſence par le Greffier de ladite Sénéchauſſée ; condamne en outre ledit du Four, à aumôner la ſomme de 10
liv. au pain des priſonniers de la conciergerie
du Palais, & en 150 liv. de réparations civiles & en tous les dépens.*

Les injures pour leſquelles du Four a ſubi ces condamnations, étoient atroces : mais
il prétendoit qu'on ne pouvoit plus s'en
plaindre, au moyen de ce qu'il avoit tran-
ſigé ſur l'accuſation avec Me Richardeau,
Avocat, frere de la Plaignante. Du Four
avoit même dénoncé les pourſuites, & concluoit en des dommages-intérêts contre Me
Richardeau, » faute par lui d'avoir fait ra-
» tifier la tranſaction par ſa ſœur « ; ſur cette demande, l'Arrêt a mis *les Parties hors
de Cour, dépens compenſés.*

Philippe-Nicolas Duval, (Prêtre & Religieux,) Prieur de Cinqmar en Touraine,
déclaré convaincu, par Arrêt du 22 Février
1716, d'avoir *méchamment...... compoſé,
fait imprimer, & diſtribuer lui-même un Libelle, en forme de Requête, par lui préſentée
à la Cour, contenant pluſieurs faits injurieux
& calomnieux contre une nommée Renouf,
contre le ſieur Aubert, & contraire au reſpect dû, tant à l'Archevêque de Tours, qu'à
ſes Officiers,* fut condamné par le même Arrêt, *à comparoir en la Chambre de la Tournelle, les deux Chambres aſſemblées, en préſence de ladite Renouf, dudit Aubert, & de
douze perſonnes à leur choix, déclarer ſon
crime, qu'il s'en repent, en demande pardon
à Dieu, au Roi & à Juſtice, auxdits Renouf & Aubert ;* ce fait, a banni ledit Duval
pour 5 ans.

Le 16 Mars ſuivant, les deux Chambres
étant aſſemblées, Duval fut *extrait des Priſons,* & conduit en la Tournelle, où Me
Amyot, premier & principal Commis du
Greffe Criminel, lui lut l'Arrêt, & n'ayant
voulu l'exécuter, il fut interpellé par trois
différentes fois d'y ſatisfaire, & averti du
contenu en l'article 22 du titre 25 de l'Ordonnance de 1670. Comme Meſſieurs les
Gens du Roi n'étoient pas préſens pour
requérir une peine plus grande, il fut, *de*

l'ordre de la Cour, reconduit dans les prisons; mais le premier Avril suivant, il exécuta l'Arrêt à la premiere interpellation.

LIBERTÉS DE L'EGLISE GALLICANE.

Les Ultramontains regardent les Libertés de l'Eglise Gallicane comme une dispense licentieuse que nous nous donnons à nous-mêmes, pour nous affranchir de l'observation des Loix qui nous gênent : il est au contraire certain que les Libertés de l'Eglise Gallicane ne consistent qu'en ce que cette Eglise a maintenu plus exactement les anciennes régles, en rejettant dans les occasions les nouvelles prétentions des Papes; & comme elles n'ont pour objet que l'observation des anciens Canons, on peut dire qu'elles appartiennent à toutes les Eglises.

Les Libertés de l'Eglise Gallicane ont été rédigées en 83 articles sous Henri IV, par maximes, par Me Pierre Pithou, Avocat célèbre. Elles ont été imprimées avec privilége en 1593; & les maximes qu'elles contiennent, ont en quelque sorte force de Loi. Quoiqu'elles n'en ayent pas l'authenticité, le Clergé de France les a reconnues en plusieurs occasions, & singuliérement par sa Déclaration de 1682.

Louis XV en a aussi reconnu l'importance, par un Edit du mois de Novembre 1719, où l'article 50 est rapporté; & les Banquiers-Expéditionnaires en Cour de Rome les citent dans leurs certificats.

Ces Libertés consistent principalement en ce que l'Eglise de France n'est point obligée de se soumettre aux nouveaux Réglemens qu'il plaît à la Cour de Rome de faire en matiere de discipline.

En ce que les Evêques de France, ni même aucun François, ne peuvent être, ni cités, ni jugés à Rome (a).

En ce qu'on ne peut appeller au Pape, *omisso medio.*

En ce que les Rescrits de Rome, émanés du propre mouvement du Pape, n'ont aucune force dans le Royaume.

En ce que les Bulles ne sont point censées y être reçues, qu'elles n'ayent été revêtues de Lettres-Patentes bien & dûement enregistrées au Parlement à l'exception cependant des Brefs de Pénitencerie, des Provisions de Bénéfice, & autres expéditions ordinaires concernant les affaires des particuliers, suivant l'Arrêt de Réglement du 28 Septembre 1731. V. aussi d'autres Réglemens rapportés au mot *Evêque;* mais V. aussi *Bulle.*

En ce que les Brefs concernant les affaires des particuliers, sont susceptibles de l'appel comme d'abus.

En ce que le Pape ne peut rien ordonner, ni en général, ni en particulier, sur ce qui regarde les choses temporelles dans les terres de l'obéissance du Roi, & que les Ecclésiastiques mêmes ne doivent pas lui obéir à cet égard.

Il y a (dit d'Hericourt, Loix Ecclésiastiques, liv. 1, chap. 17, n°. 11) quatre » moyens principaux dont on se sert en » France pour maintenir les Libertés de » l'Eglise : le premier, les conférences avec » le Pape; le second, un examen des Bulles, afin qu'on ne laisse rien publier contre les droits du Roi, & contre ceux de » l'Eglise Gallicane; le troisiéme, l'appel » au futur Concile; le quatriéme, l'appel » comme d'abus aux Parlemens, en cas » d'entreprise sur la Jurisdiction séculiere, » & de contravention aux Coutumes Ecclésiastiques du Royaume «. Ces quatre moyens, qui ont pour objet de conserver nos Libertés, en font eux-mêmes partie. V. sur cela les articles 75, 76, 77, 78 & 79 *des Libertés de l'Eglise Gallicane.*

LICITATION.

Voyez *Adjudication, Enchere, Hypothéque, Indivision, Lods & Ventes, Partage, Propre & Succession.*

Lorsqu'un héritage ou autre immeuble, comme un Office, appartient à plusieurs personnes, si cet immeuble ne peut commodément & utilement se partager en autant

---

(a) Le droit qu'ont les François de ne pouvoir être contraints de plaider hors du Royaume, n'a pas seulement lieu pour les affaires Ecclésiastiques & contre le Pape. C'est un droit général de la Nation, qui a lieu contre toutes les Puissances de l'Europe, tant en matiere civile que criminelle, si ce n'est par permission du Roi. C'est pour cela que Henri II défendit au Duc de Longueville & à la Marquise de Rothelin, de plaider ailleurs que dans le Royaume, pour la Comté de Neufchâtel en Suisse. Voyez Brodeau, sur M. Louet, lettre D, n. 49.

de portions qu'il y a de propriétaires, ou de manière que chacun puisse en avoir sa part, pour en jouir séparément, l'un d'entr'eux peut provoquer la vente de la totalité; & cette manière de vendre se nomme Licitation.

Comme personne ne peut, malgré soi, rester dans l'indivision (voyez *Indivision* & *Partage,*) chacun des propriétaires, qui a la libre disposition de ses biens, peut provoquer la vente par Licitation d'un immeuble possédé par indivis entre ses co-propriétaires & lui, s'il n'est pas possible de le partager.

La Cour a même jugé, par Arrêt rendu le 31 Janvier 1742, à l'Audience de 7 heures, que nonobstant une Sentence qui avoit ordonné la jouissance indivise d'un immeuble impartageable, & qui avoit acquis la force de la chose jugée, au moyen de ce qu'elle avoit été exécutée sans appel ni réclamation pendant quarante-cinq ans, l'un des co-propriétaires avoit pu valablement en provoquer la vente par Licitation.

L'indivisibilité de la Justice, & des droits incorporels, honorifiques ou utiles, attachés à une Terre ou Fief, est-elle un motif suffisant pour en faire ordonner la Licitation entre les divers co-seigneurs, lorsque le domaine principal du Fief, dont les droits sont accessoires, peut commodément se partager?

Cette question s'est présentée entre M. l'Evêque de Vandieres, Conseiller au Parlement de Metz, Seigneur de $\frac{118}{320}$ de la terre de Vouzieres en Champagne, la dame des Termes, dame d'$\frac{1}{320}$ de cette même terre, & autres; & par Arrêt rendu en la Grand'Chambre, le Jeudi 25 Juin 1761, au rapport de M. de la Guillaumie, la Cour, en infirmant la Sentence du Juge de Mazarin, a débouté M. de Vandieres de sa demande en Licitation. On a dans cette affaire cité Dumoulin sur l'ancienne Coutume de Paris; d'Argentré, sur l'article 329 de la Coutume de Bretagne; Loyseau, des Seigneuries; le Brun, des Successions; l'article 25 de l'Ordonnance de Roussillon, & l'article 56 de la Coutume de Vitry.

Le tuteur d'un mineur, ni même un mineur émancipé, ne peut pas demander la Licitation d'un immeuble, parce qu'une pareille demande tend à une aliénation qui leur est interdite; mais le majeur peut la diriger contre le mineur, & forcer celui-ci de vendre par cette voie, sans être obligé d'attendre la majorité du mineur.

Lorsque la Licitation se fait volontairement entre majeurs non grevés de substitution, il n'est pas nécessaire qu'elle soit judiciaire; elle peut en ce cas se faire par-devant Notaires au plus offrant: on peut même admettre des Etrangers à enchérir; mais pour cela il faut que les propriétaires soient parfaitement d'accord, & maîtres de leurs droits; un seul d'entr'eux n'y consentant pas, il faudroit que la vente fût judiciaire.

Si la vente par Licitation est provoquée contre un mineur émancipé, ou contre son tuteur, on ne peut y procéder régulièrement, qu'en nommant préalablement un tuteur *ad hoc* à ce mineur; & si le tuteur ordinaire ou le mineur émancipé, négligeoient ou refusoient de faire nommer ce tuteur, celui qui demande la Licitation, pourroit lui-même se faire autoriser à convoquer les parens & amis du mineur, pour lui nommer le tuteur, sans lequel la Licitation ne seroit pas valable; c'est ce qui s'observe au Châtelet très-exactement: il est même d'usage d'employer les frais de cette tutelle en frais de Licitation.

Quand un ou plusieurs mineurs sont propriétaires en partie de l'immeuble dont la Licitation se poursuit, on ne peut encore l'adjuger valablement qu'après une visite & une estimation préalable de ce même immeuble, faite par des Experts; on ne peut pas même adjuger en ce cas-là au-dessous du prix fixé par les Experts, à moins qu'en connoissance de cause, le poursuivant n'ait été spécialement autorisé à faire adjuger au-dessous de la prisée.

On ne peut faire liciter des biens dépendans d'une succession, avant le partage fini; parce que, par l'événement du partage, il peut se faire que l'immeuble indivisible entre plusieurs héritiers appartienne à un seul.

Des Experts nommés pour rapporter si une maison pouvoit se partager, ayant dit que le partage étoit possible, en faisant quelques ouvrages qu'ils indiquoient, & singulièrement un mur pour séparer des chambres, il s'est agi de sçavoir si la Licitation

tation devoit avoir lieu, ou si l'un des propriétaires pouvoit obliger l'autre à construire le mur indiqué par les Experts, pour faciliter le partage.

Celui qui résistoit à la Licitation, citoit Domat, qui dit qu'il faut s'incommoder pour s'accommoder; mais par Sentence du Châtelet du 7 Mars 1754, la Licitation a été ordonnée.

Lorsque la Licitation d'un immeuble (recueilli dans la succession d'un défunt, auquel il étoit moitié propre paternel & moitié propre maternel) est poursuivie entre les héritiers de différentes lignes de ce défunt, si l'un d'eux se rend adjudicataire, l'héritage lui devient propre pour le tout; cette maxime a été consacrée par un Arrêt célèbre du 24 Mai 1729, rendu en la Grand-Chambre entre M. Orry, Conseiller, pour lequel plaidoit Me Normant, & les sieur & dame Bertier, qui avoient Me Aubry pour défenseur.

Cette question, qui avoit été agitée au Châtelet en premiere Instance, y avoit été appointée; & sur l'appel de la Sentence d'appointement, toutes les Parties avoient respectivement demandé l'évocation du principal. L'Arrêt prononça ainsi:

La Cour.......évoquant le principal, & y faisant droit, a déclaré la maison dont il s'agit, propre maternel pour le tout, dépens compensés.

Me Normant, qui gagna sa cause, établissoit, 1°. que tout immeuble venant à titre successif, formoit un propre.

2°. Que tout ce qui échoit par un partage, échoit à titre successif.

3°. Que la Licitation n'étoit qu'un partage; parce que, tant qu'il y avoit quelque chose d'indivis, le partage étoit incomplet.

4°. Qu'il n'étoit pas possible de dire qu'un héritage fût moitié paternel & moitié maternel, dès le moment que la Licitation étoit faite; parce que la Licitation avoit fait cesser la fiction de la Loi, & qu'on n'avoit réellement que ce qui échoit par le partage; qu'ainsi la Licitation rendoit propre à l'adjudicataire, héritier maternel, la totalité de l'héritage, & que le prix étoit la portion des héritiers paternels, qui n'étoient plus censés avoir eu la moindre part

dans l'héritage. Voyez *Indivision.*

5°. Qu'il n'y avoit nulle distinction à faire de la Licitation entre des héritiers d'une même ligne, & des héritiers de deux lignes différentes; que ces derniers étoient cohéritiers de la même personne, de la même succession, & dans le même héritage, liés encore par la contribution aux dettes.

6°. Qu'on ne pouvoit en ce cas diviser le commencement & la fin de la Licitation provoquée d'abord en qualité d'héritier maternel; que l'adjudication étoit aussi faite à un héritier maternel; & que cette Licitation étant un partage, & la consommation des opérations du partage, le partage un titre successif, & le titre successif le germe des propres, l'héritage par conséquent étoit propre maternel pour le tout.

7°. Que ce qui ne pouvoit produire ni droits Seigneuriaux, ni retrait féodal ou lignager, faisoit des propres. Il citoit Dumoulin, l'Arrêt du 20 Janvier 1607, rendu pour la Coutume de Chartres, à l'occasion des droits Seigneuriaux, & l'Arrêt des Joubert, rapporté dans le Journal des Audiences, tom. 1, liv. 5, chap. 57, intervenu le 3 Mars 1650, sur les Conclusions de M. Talon, qui avoit jugé, dans une espèce pareille, qu'il n'y avoit pas lieu au retrait lignager.

8°. Que le premier acte entre cohéritiers étoit un partage, quelque dénomination qu'on affectât de lui donner.

9°. Qu'il n'étoit pas nouveau qu'un héritage paternel devînt maternel, *aut vice versâ*, témoin le cas de la Licitation, entre les héritiers d'un mari & ceux d'une femme (morts sans enfans), d'un conquêt de leur communauté, & celui d'une ligne qui succéde aux propres d'une autre ligne, à défaut d'héritiers de cette autre ligne; qu'ainsi la qualité de l'héritier, à qui l'adjudication étoit faite, déterminoit celle de l'héritage, & le rendoit paternel ou maternel, sans qu'on se ressouvînt de sa division fictive.

Le 9 Mars 1722, la Cour rendit un autre Arrêt entre Messieurs de Pommereu & Marivat, par lequel il a été jugé qu'un immeuble indivis entre plusieurs cohéritiers, étant adjugé par Licitation à l'un des cohéritiers, étoit propre pour le tout en la personne du cohéritier adjudicataire; parce que la Licitation, en ce cas, n'est point regardée comme un acte de commerce, mais comme un partage entre cohéritiers.

Ce dernier Arrêt est intervenu à l'occasion de l'adjudication par Licitation d'un immeuble, poursuivie entre cohéritiers d'une même ligne; au lieu que, dans l'espéce de l'Arrêt du 24 Mai 1729, la Licitation avoit été faite entre des héritiers de différentes lignes, que l'on soutenoit ne devoir point être regardés comme cohéritiers; parce que, disoit-on, ils succédoient à différentes espéces de patrimoine.

Par un autre Arrêt rendu en la Grand-Chambre, le 19 Août 1730, au rapport de M. Daverdoing, Conseiller, la Cour a jugé qu'un adjudicataire par Licitation, propriétaire en partie de l'héritage licité, comme l'ayant (pour sa portion) recueilli dans une succession, pouvoit être poursuivi hypothécairement pour les dettes personnelles de ses collicitans.

Cet Arrêt confirme deux Sentences du Châtelet, rendues entre Jean-Baptiste Raguenet, & Anne le Roi; mais il faut noter que, dans cette affaire, l'impossibilité de partager l'immeuble licité, n'avoit pas été constatée, avant qu'on le fît vendre par Licitation. Sur ce point de droit, voyez ce que je dis, & les Arrêts que je cite au mot *Hypothéque*.

L'action qui a pour objet une Licitation, me paroît devoir être mise au nombre des actions purement réelles, au moyen de ce qu'elle a pour objet unique l'héritage, ou l'immeuble indivis & indivisible. Cependant, dans la Pratique, on la considere souvent comme mixte. V. M. le Prestre, Centurie 2, chap. 37.

C'est pourquoi la demande en Licitation doit être portée devant le Juge du domicile du défendeur, s'il n'y a que deux co-propriétaires. Mais si l'immeuble, dont la Licitation est demandée, appartient à plusieurs personnes domiciliées dans le ressort de différentes Jurisdictions, alors la poursuite doit s'en faire devant le Juge de la situation de l'héritage, sauf aux propriétaires privilégiés à user de leur droit de Bourgeoisie, Garde-Gardienne, *Committimus*, s'ils en ont, ce que la Cour juge avoir lieu dans ces matieres, &c. Tel est sur cela l'usage du Châtelet, & celui des Requêtes du Palais, où les Licitations sont très-fréquentes.

Il est encore d'usage au Châtelet d'accorder la poursuite de la Licitation à celui des co-propriétaires qui l'a demandée le premier, comme plus diligent, quand il y a concurrence entr'eux.

Quoique l'adjudication par Licitation se fasse judiciairement, elle ne purge pas les hypothéques dont les biens licités sont affectés; parce que ces sortes de poursuites n'ont pas la même publicité que les décrets. Elles sont d'ailleurs sujettes à des formes particulieres, qu'on trouve parfaitement détaillées dans le Style du Châtelet.

La Combe dit que, par Arrêt rendu le 18 Juin 1736, au rapport de M. de Vienne, entre les enfans d'Etienne Champion, la Cour a jugé que la restitution en entier n'a pas lieu contre la Licitation d'une Terre laissée indivise lors des partages dont l'un des enfans a été adjudicataire, comme plus offrant & dernier enchérisseur; parce que la Licitation entre majeurs écarte tout soupçon de lésion.

Tout ce que je dis ici n'a pas lieu en Beaujolois. Un Acte de Notoriété donné par le Bailliage de Villefranche, le 30 Juin 1687, atteste que les Licitations n'ont pas lieu dans cette Province, mais seulement les décrets; & que, quand les héritages sont indivisibles, » l'on procéde par saisie-réelle, » criées, certification, congé d'adjuger, pla- » card de quarantaine, &c.

L I E U E.

Les Coutumes de Tours, de Poitou & de Loudun, fixent la Lieue à 10000 pieds; celles d'Anjou & du Maine lui donnent 15000 pieds; mais voyez *Mesure*.

L I E V E.

C'est le nom qu'on donne en plusieurs endroits à l'extrait du terrier d'une Seigneurie, qui sert de mémoire au Receveur pour lui faciliter la perception des cens & redevances Seigneuriales. C'est la même chose que ce qu'on nomme ailleurs cueilloir ou cueilleret.

LIEUTENANT.

V. *Affesseurs, Baïllis & Sénéchaux, Châtelet, Juge, Lieutenans Criminels*, &c.

On appelle Lieutenant un Officier de Justice qui a séance après le Bailli ou après le Prévôt, & qui les remplace, même en cas d'absence, maladie ou autre empêchement légitime (a).

Dans les Siéges Royaux il y a différentes espéces de Lieutenans. Il y a des Lieutenans Généraux & Particuliers; il y a encore des Lieutenans Assesseurs, des Lieutenans Criminels de Robe-longue & de Robe-courte; il y a enfin des Lieutenans dans les Elections, dans les Greniers à Sel & autres Tribunaux dont les Officiers sont pourvus par le Roi : tous ces Officiers ont des fonctions réglées par les Edits de création de leurs Charges, & par les usages de leurs Siéges. Voyez la Déclaration du 25 Janvier 1694, regiftrée au Parlement de Besançon le 25 Février 1695, contenant Réglement, en quarante-sept articles, sur les fonctions, droits & prérogatives de chacun des Lieutenans Généraux, Civils, Criminels & Particuliers de Franche-Comté. On trouve cette Déclaration dans le Recueil du Parlement de Besançon, tome premier, page 371 & suivantes.

Les Baillis & Sénéchaux nommoient autrefois leurs Lieutenans; mais comme ces Baillis étoient obligés de rendre eux-mêmes la Justice en personne, ils ne faisoient cette nomination que dans le cas où ils avoient un empêchement légitime; ainsi la qualité de Lieutenant n'étoit que passagere; elle cessoit dès que le Bailli ou le Sénéchal reprenoit ses fonctions; & il y a même cela de singulier, qu'il n'étoit pas permis d'avoir un Lieutenant fixe & certain. Voyez l'Ordonnance de Philippe-le-Bel pour le Châtelet de l'an 1302. On la trouve dans le Recueil des Ordonnances du Louvre, tome premier, page 352.

Cet usage changea dans le commencement du quinziéme siécle. Non-seulement il fut alors défendu aux Baillis & Sénéchaux de changer leurs Lieutenans, mais il fut même

ordonné que les Lieutenans seroient choisis par les Officiers, Gens du Conseil & autres Prudhommes du Siége. On trouve cet usage établi par l'Ordonnance de Charles VI du mois de Mai 1413; par celle de Charles VII, d'Avril avant Pâques 1453; par celle de Charles VIII, du mois de Juillet 1493; & par celle de Louis XII, regiftrée au Parlement le 13 Juin 1499, qui sont dans Fontanon, Joly & Guenois.

Sous Louis XII les Lieutenans des Bailliages & Sénéchaussées, qui jusques-là n'avoient été que les Officiers des Baillis & Sénéchaux, devinrent Officiers Royaux, au moyen de ce que ce Prince se réserva lui-même le droit de les nommer; & bientôt après le titre de Lieutenant devint sans réalité quant à sa signification propre & naturelle, au moyen de ce que l'Ordonnance de Blois leur donna toute la Magistrature des Baillis & Sénéchaux, en privant ceux-ci de la voix & opinion délibératives. V. *Baillis & Sénéchaux.*

Quelques Chefs des Justices Seigneuriales imiterent dans les premiers temps les Baillis & Sénéchaux, & se nommerent aussi des Lieutenans. Les Seigneurs se réserverent ensuite cette nomination, à l'exemple de Louis XII & de ses Successeurs; mais comme ces nominations ne furent pas générales dans toutes les Justices Seigneuriales, la faculté de nommer des Lieutenans, n'est pas de Droit commun. La Jurisprudence ne permet aux Seigneurs d'en établir dans leurs Justices, que lorsqu'ils sont en possession d'en instituer de temps immémorial, ou lorsque les aveux & dénombremens géminés de leurs terres ou autres titres, l'établissent clairement. Voyez sur cela un Arrêt du mois d'Août 1702, qu'on trouve au Journal des Audiences, tome 5, livre 2, chap. 53, & l'article 122 de l'Ordonnance de 1629.

Autrement, & nonobstant la nomination des Seigneurs qui ne peuvent nullement déranger l'ordre établi pour toutes les Justices du Royaume, c'est l'ancien Avocat habitué en la Justice, ou l'ancien Praticien du Siége, qui doit exercer les fonctions de Juge, dans

---

(a) Cette définition ne paroît pas convenir à ce qu'on appelle, dans les Pays-Bas, Lieutenant du Bailli; l'article 16 de l'Edit de réunion de la Cité à la Ville d'Arras, du mois d'Octobre 1749, reg. au Parlement le 11 Décembre suivant, donne à ce Lieutenant, des fonctions qui ne paroissent pas appartenir au Juge.

les cas où le Procureur Fiscal ne peut lui-même, suivant d'autres régles, remplacer le Juge absent. V. *Juge & Jurisdiction.*

La Coutume de Poitou, art. 7, donne sur cela un droit particulier aux Seigneurs qui ont Justice dans son ressort : elle les oblige d'avoir Juges résidens sur les lieux, ou un Commis pour eux. Les Arrêts ont interprété ce mot Commis, par celui de Lieutenant ; & s'il n'y a, ni Juge, ni Commis, il faut, suivant les Commentateurs de cet article, recourir à la Justice supérieure.

Dans le ressort du Parlement de Toulouse, les Seigneurs peuvent nommer un Lieutenant outre le Juge, pour l'administration de la Justice dans leurs Terres. V. l'Arrêt du 25 Janvier 1730, dans le Recueil imprimé à Toulouse en 1749.

En Provence, les Seigneurs ont droit d'avoir un Juge & un Lieutenant de Juge, lequel Lieutenant doit résider dans le district de la Justice, suivant un Arrêt rendu en forme de Réglement au Parlement d'Aix, le 21 Octobre 1680, & un autre Arrêt du 11 Avril 1711, rapportés par l'Auteur de la Jurisprudence du Parlement de Provence, tit. de la Justice, nombres 5 & 6.

Le Lieutenant n'a pas en Provence, comme dans les Justices des autres Provinces, le pouvoir de remplacer & faire toutes les fonctions du premier Magistrat en son absence. Il en est plusieurs dans lesquelles il ne peut pas substituer le Juge.

Par exemple, il ne peut pas, quoique gradué, remplir la place du Juge recusé, à moins que le Seigneur ne l'ait subrogé au Juge pour en faire les fonctions.

Il peut bien informer, décréter, interroger dans les matieres criminelles, mais il ne peut pas (en ces matieres) procéder aux récollemens & confrontations des témoins. Ces fonctions appartiennent au Juge en chef à son exclusion.

Enfin, le Lieutenant ne peut pas (en Provence) juger les causes appointées, même avec l'assistance de Gradués. Le Juge a seul le droit de les décider. Ces maximes sont consacrées par des Arrêts du Parlement d'Aix des 13 Mars 1604, 16 Février 1619, 21 Août 1694 & 26 Juin 1710, cités dans la Jurisprudence de ce Parlement , *ibid.* n. 22 & 23.

Un Arrêt rendu au Parlement de Rouen, le 23 Juillet 1748, entre l'Evêque de S. Paul-trois-Châteaux, le Procureur Fiscal de S. Pierre-sur-Dives & autres, a jugé que le Lieutenant d'un Bailli Haut-Justicier ne peut prendre la qualité de Lieutenant Général.

Loyseau dit que des Arrêts de la Cour font défenses aux Lieutenans des Justices Seigneuriales, de se qualifier Lieutenans Généraux. Voy. Loyseau , des Seigneuries, chap. 10, n. 70 & suiv.

LIEUTENANT CRIMINEL.
Voyez *Assesseur.*

Les Lieutenans Criminels font des Magistrats institués pour connoître des crimes commis dans le ressort de leur Jurisdiction, en instruire les Procès, & juger les coupables (a).

Les Baillis & Sénéchaux connoissoient & jugeoient anciennement toutes les affaires, tant civiles que criminelles, & leurs Lieutenans avoient les mêmes fonctions. (Voy. *Baillis & Sénéchaux, Châtelet & Lieutenáns*). Mais, comme il étoit souvent difficile à un seul Magistrat de s'acquitter diligemment de toutes ces fonctions, François Premier sépara le civil du criminel, & en forma deux Magistratures, par un Edit du 14 Janvier 1522. Il créa dans tous les Bailliages, Sénéchaussées & Jurisdictions Royales du Royaume ressortissantes aux Parlemens, un Lieutenant Criminel, auquel il attribua la connoissance . . . . . *de tous cas, crimes, délits & offenses qui seroient faits, commis & perpétrés au Bailliage, Sénéchaussée ou autre Siége où il seroit établi, & ressort d'iceux, tout ainsi que faisoient alors les Lieutenans des Baillis, &c.* & laissa les affaires civiles à ces derniers Lieutenans.

Quelques - uns de ces Offices nouvelle-

_____

(a) Il y a eu autrefois des *Lieutenans Criminels de Robe-Courte*, dont la compétence étoit réglée par le titre premier de l'Ordonnance Criminelle du mois d'Août 1670; mais ces Officiers ont été supprimés par un Edit du mois de Mars 1720, registré au Grand-Conseil le 9 des mêmes mois & an ; & il n'y a eu d'excepté que les Lieutenans Criminels de Robe-Courte de Paris & de Lyon. Sur la compétence du Lieutenant Criminel de Robe-Courte de Paris, voyez l'Edit du mois de Janvier 1691, & la Déclaration du 30 Mai 1731.

LIE   LIE   53

ment créés furent levés par des Particuliers; mais beaucoup de Lieutenans Civils se firent aussi pourvoir de ceux de leur Siége, en obtenant dispense de l'incompatibilité, au moyen de quoi les inconvéniens qui résultoient de la confusion de l'administration de la Justice Civile avec la Criminelle ne cessoient pas, comme on se l'étoit proposé. Pour y remédier, Henri II ordonna, par un édit du mois de Mai 1552, que celui de François Premier, de l'an 1522, seroit exécuté; il créa même de semblables Lieutenans dans tous les Présidiaux, & déclara les Titulaires de ces Offices incapables d'accepter, tenir, n'exercer aucun autre Office de Lieutenant Général, Civil ni Particulier; leur défendit de soi divertir à autres matieres, ne assister au Jugement d'aucun Procés en quelque maniere que ce soit.

Ce dernier Edit conserva aux Baillis & Sénéchaux le droit d'assister, présider & opiner à la décision des Procés Criminels, dont il attribuoit la connoissance aux Lieutenans Criminels. Mais l'Ordonnance de Blois, qui est postérieure, ayant ôté la voix délibérative aux Baillis & Sénéchaux, ils n'ont plus que la présidence. Voyez Baillis & Sénéchaux.

LIEUTENANS Généraux d'Epée.

Ce sont des Officiers dont les Charges ont été créées dans les Bailliages, Sénéchaussées ou autres Justices Royales ressortissantes nuement aux Parlemens, par un Edit du mois d'Octobre 1703, registré le 23 Novembre suivant.

La fonction principale de ces Lieutenans est de commander en l'absence & sous l'autorité des Baillis & Sénéchaux le ban & l'arriere-ban.

Il n'y a eu qu'une bien petite partie de ces Charges de Lieutenans Généraux d'Epée qui ayent été levées; celles qui restoient vacantes, ont été unies & incorporées par une Déclaration du 30 Décembre 1704, aux Corps des Officiers des Siéges près desquels elles étoient établies, & ce moyennant une finance.

Quand les Offices des Baillis & Sénéchaux n'ont pas été levés ou sont vacans, les Lieutenans Généraux en remplissent les fonctions, & jouissent de tous les honneurs qui leur sont attribués; & les Sentences & Jugemens sont intitulés en leur nom, de même qu'ils l'étoient en celui des Baillis & Sénéchaux.

Ce droit de faire intituler les Sentences & autres actes au nom du Lieutenant Général d'Epée, pendant la vacance de l'Office du Sénéchal d'Anjou, a été contesté par le Lieutenant Général Civil de Saumur au sieur de Boisairaut, Lieutenant Général d'Epée au même Siége; mais ce dernier y a été maintenu par un Arrêt de la Cour, du 8 Avril 1758.

Les Lieutenans Généraux d'Epée ont entrée & séance l'Epée au côté, tant à l'Audience, qu'en la Chambre du Conseil du Bailliage ou de la Sénéchaussée de leur établissement, immédiatement après les Lieutenans Généraux desdits Bailliages & Sénéchaussées, avec voix délibérative dans toutes les causes civiles, même dans les matieres criminelles, quand ils sont gradués.

Ils ont le même rang dans toutes les cérémonies publiques, où les Présidiaux, Bailliages, Sénéchaussées ou autres Justices sont assemblées en Corps de Compagnie. Par-tout ailleurs, singuliérement dans les Assemblées générales & particulieres, ils précédent tous les Officiers desdites Justices, & même tous les Gentilshommes. L'Edit de leur création leur accorde rang en ce cas immédiatement après les Baillis & Sénéchaux.

Mais, pour que les Lieutenans Généraux d'Epée jouissent de ces prérogatives, ils doivent être en habit ordinaire, c'est-à-dire en manteau, cravate ou rabat plissé, cheveux ou perruque longue, sans bourse ni queue, &c. Voyez l'Arrêt du 19 Décembre 1761, dont je parle à l'article Préséance.

Les Offices des Lieutenans Généraux d'Epée vacans aux Parties-casuelles, & qui y vaqueront par la suite, ont été éteints & supprimés par un Edit du mois de Février 1753, registré le 12 Mars 1755, qui permet en outre aux Officiers des Siéges où ces Offices sont encore subsistans, de les réunir au Corps de la Jurisdiction, quand ils vaqueront par mort, démission ou résignation, en remboursant aux Propriétaires le prix porté par les derniers contrats d'acquisition.

LIGE.

Ce terme vient, à ce qu'on croit, du mot *lier*; on ne s'en fert point fans l'addition de quelqu'autre mot, tel qu'homme-Lige, Fief-Lige, &c.

Il y a des Fiefs qu'on nomme Fiefs-Liges; ils différoient des autres Fiefs, en ce que le vaffal, Seigneur d'un Fief-Lige, étoit obligé de faire ferment en prêtant la foi & hommage, d'être fidéle à fon Seigneur, & de le fervir envers & contre tous, fans aucune exception. Ce ferment engageoit autrefois la perfonne du vaffal & tous fes biens généralement envers le Seigneur, de maniere qu'il ne demeuroit pas quitte de fes engagemens, même en renonçant au fief, parce qu'il demeuroit obligé fous l'hypothéque de fes autres biens.

Les Fiefs - Liges ont été introduits en France vers le commencement du douziéme fiécle, par la Chartre d'inveftiture donnée par Louis-le-Gros à Foulque, Comte d'Anjou; & on comprend aifément que l'hommage dû à caufe de ces Fiefs, ne pouvoit être porté qu'au Souverain. Voyez *Barrois*.

Il ne fubfifte plus de Fiefs-Liges en France; & quoiqu'il y ait en Anjou, dans le maine & Poitou, & en Dauphiné, des Fiefs auxquels on donne le nom de Fiefs-Liges, qui relevent de Seigneurs particuliers, on ne peut leur donner cette dénomination que très-improprement, parce qu'ils n'ont pas les caracteres de ces fortes de Fiefs; ils ne different des Fiefs fimples, qu'en ce que le vaffal, poffeffeur des Fiefs de cette nature, eft lié d'une maniere plus étroite, & foumis à des conditions plus dures que les autres envers le Seigneur.

Ceux qui voudront fur cela acquérir quelques lumieres, peuvent confulter l'article premier de l'ancienne Coutume de Paris, & le Factum du Seigneur de Montbard, imprimé à la fuite des dernieres Editions du Traité de Dupleffis, fur la Coutume de Paris.

LIQUIDATION.

Ce mot eft à peu près fynonime à éclairciffement; il fignifie réglement d'un compte, fixation de dépens, de dommages & intérêts, &c. On dit auffi liquider les reprifes & conventions matrimoniales d'une veuve, les droits d'un héritier, &c.

LIT DE JUSTICE.

On nomme Lit de Juftice, la Séance de nos Rois au Parlement, pour y délibérer fur les affaires importantes de l'Etat. C'eft la continuation des Affemblées générales qui fe tenoient autrefois, & qu'on connoiffoit fous le nom de Champ de Mars ou de Mai; dans la fuite on les a nommées Placités Généraux, Plein Parlement, Grand-Confeil, & enfin Lit de Juftice.

Nos Rois y fiégeoient autrefois fur un Trône d'or. On le voit dans Sigebert, Aimoin, &c. Elles fe tenoient alors en pleine campagne: mais, comme l'ufage s'eft introduit depuis, de les tenir dans un Palais, on a fubftitué un dais & des couffins à ce trône; & c'eft de-là que vient le nom de Lit de Juftice: parce que dans l'ancien langage, un fiége couvert d'un dais, fe nommoit un Lit.

Cinq couffins forment le fiége de ce Lit, le Roi eft affis fur l'un, un autre tient lieu de doffier, deux fervent comme de bras, & foutiennent les coudes du Monarque, & le cinquiéme eft fous fes pieds. Charles V renouvella cet ornement. Louis XII le refit à neuf; & c'eft, je crois, celui qui fubfifte encore aujourd'hui.

La deftination effentielle & primitive des Lits de Juftice étoit de confulter le Parlement, & d'y délibérer avec lui fur les affaires majeures. Nos Rois y réuniffoient tous ceux qui avoient droit de fuffrage; c'eft-à-dire, les Princes, les Pairs, les Barons & les Sénateurs. Quelquefois le Roi propofoit lui-même, & quelquefois il faifoit propofer l'objet de la Délibération. Henri III fuivoit l'ancien ufage, & expofoit lui-même les motifs & l'objet de la Convocation. Actuellement c'eft M. le Chancelier qui, après avoir demandé, à genoux, au Roi la permiffion de parler, propofe ce dont il s'agit, en y ajoutant les motifs qui peuvent déterminer le Prince.

On opinoit autrefois à voix haute, fur ce qui étoit propofé dans les Lits de Juftice, foit par le Roi, foit par M. le Chancelier. Le Roi parloit le premier à voix baffe, & M. le Chancelier recueilloit les voix, & demandoit les avis, de sa place, sans aller de rang en rang ; de maniere que le Roi & toute l'Assemblée pouvoient entendre l'avis de chaque Opinant. Cet usage subsistoit encore, à ce que je crois, sous François I ; mais sur la fin du régne de ce Prince, & depuis, jusqu'à présent, l'usage s'est introduit par des dégrés insensibles, d'opiner à voix basse dans les Lits de Justice.

LITIGE.
V. *Régale.*

Litige est un mot qui signifie Procès.

Le Litige n'empêche la prescription, que lorsqu'il a subsisté entre celui qui oppose la prescription & celui qui y défend ; parce que c'est un moyen personnel qu'on ne peut opposer à un tiers.

Il est pourtant des cas où le Litige peut accidentellement empêcher la prescription vis-à-vis d'un tiers ; comme, par exemple, lorsqu'il met ce tiers dans l'impossibilité d'agir, ou que le droit du tiers dépend de l'événement du Litige.

Voyez sur cela un Arrêt du 20 Juin 1689, au Journal des Audiences, rendu contre les Jésuites, Légataires d'un Fief. Ils opposoient la prescription au Seigneur Suzerain, qui leur demandoit les droits Seigneuriaux. Le Seigneur leur répondoit qu'ils avoient été long-temps en Litige avec les héritiers du testateur ; & que, tant que le Litige avoit duré, il n'avoit pu agir, ne sçachant à qui s'adresser, ni même si le droit seroit dû. Cette réponse péremptoire fut adoptée par l'Arrêt, qui condamna les Jésuites à payer.

En Normandie, quand deux ou plusieurs personnes prétendent avoir le droit de Patronage, le Roi nomme au Bénéfice vacant pendant le Litige, c'est un droit particulier qu'a le Roi dans cette Province, & qu'à cause de cela on nomme Litige.

L'article 73 de la Coutume de Normandie, porte que *le Roi, par privilége spécial, a la présentation du Bénéfice qui écheoit vacant pendant le Litige, par la mort de l'un des Présentés & des Collitigeans, à raison desquels le Brief de Patronage a été intenté, & y présentera à chacune échéance, jusqu'à ce que le Brief soit vuidé.*

Le Litige n'a lieu, suivant l'art. 70, que quand *il y a Brief de Patronage, obtenu, si-*gnifié, *assignation donnée, & contestation entre divers Patrons,* tant (suivant l'art. 74) *sur la possession, que sur la propriété du Patronage.*

Il n'y auroit pas lieu au droit du Roi dans cette Province, à cause du Litige, si la contestation s'élevoit seulement entre les divers Ecclésiastiques présentés par un même Patron. Voyez *Brief de Patronage.*

Le droit du Roi, relativement au Litige en Normandie, est mis au nombre des droits Régaliens, attachés à la Couronne. Ainsi il ne peut, ni s'aliéner, ni se prescrire. C'est sur ce fondement que, par Arrêt rendu au Parlement de Rouen le 8 Octobre 1550, le Roi Henri II y séant en son Lit de Justice, il a été jugé que, quoique le contrat d'échange, contenant aliénation par le Roi, des Domaines de Mortaing, & de la Vicomté d'Auge, contint une subrogation dans les termes les plus forts & les plus étendus à tous les droits du Roi, il n'avoit pû attribuer aux Détempteurs de ce Domaine, le droit qui appartenoit au Roi, de nommer aux Bénéfices, dont le Patronage est Litigieux dans les Domaines aliénés. Voyez un autre Arrêt du 24 Août 1539, dans Bouchel. Verb. *Patronage.*

Le droit du Roi, à cause du Litige en Normandie, dure autant que le Litige même ; & à cet égard, le Litige n'est présumé fini *qu'après qu'il y a Jugement définitif,* suivant l'article 72 de la Coutume de cette Province : ainsi le Litige ne seroit pas fini,

1°. Par un Jugement interlocutoire.

2°. Par un Jugement quelconque, dont il y auroit un appel indécis.

3°. Par le désistement de l'un des Patrons, ainsi que le Grand-Conseil l'a jugé par Arrêt rendu le premier Septembre 1723, au rapport de M. Lambert, pour la Cure d'Hattenville, dans laquelle Antoine Bernard, qui en avoit été pourvu sur un Brevet du Roi, obtenu postérieurement à la signification du désistement donné par le Seigneur dudit Hattenville, y a été maintenu au préjudice du sieur Breton, présenté par l'Abbé de Fecamp, auquel le droit de Patronage de cette Cure appartenoit, suivant la reconnoissance portée par le désistement.

Mais le Litige peut finir valablement par une transaction passée entre les Patrons, en-

tre lesquels le Litige subsistoit, & le Ministere public, ou homologuée avec lui, ainsi
que le Grand-Conseil l'a jugé par Arrêt
rendu le 21 Mai 1746, pour la Cure de
Clarbecq, en faveur du sieur Scélot, contre
le sieur Varin de Beauchamp, pourvu de la
même Cure, sur la présentation du Roi, à
titre de Litige. Voyez Bouchel, Bibliothéque Canonique.

Dans cette espéce, la transaction qui fixoit
le droit de Clarbecq, avoit été passée devant Notaire à Paris, & homologuée par
Arrêt du Grand-Conseil, rendu sur les Conclusions de M. le Procureur Général, le 10
Juin 1733. On prétendoit que ce n'étoit pas
assez, & qu'il eût fallu que le Procureur
Général eût été mandé, au rapport de la
Requête en homologation, suivant l'article
36 du titre 35 de l'Ordonnance de 1667, &
on ajoutoit que les transactions ne portoient
que sur les contestations à naître, & non
sur le Litige ancien; mais le Grand-Conseil n'eut aucun égard à ces raisons.

L'article 72 de la Coutume de Normandie, porte aussi que le Litige n'est fini qu'a-
près l'amende payée; mais cela doit s'entendre, si aucune a été prononcée par le Jugement définitif; car il peut se faire qu'il n'en
ait point été adjugé.

Il paroît par l'article 71 de la même Coutume, & par l'opinion des Commentateurs,
que les contestations sur le Litige doivent
se porter devant le Bailli, Juge Royal, en
Normandie, exclusivement à tous autres Juges; & il paroît même que l'attribution au
Grand-Conseil, des Procès qui naissent à
l'occasion des Bénéfices, dont la nomination appartient au Roi, n'a pas lieu, suivant une Déclaration de l'année 1554, pour
les Bénéfices auxquels le Roi a droit de
nommer en Normandie, à cause du Litige.

Il y a même un Recueil de différentes
Piéces imprimées à Rouen, dont l'objet est
de prouver que le Grand-Conseil est incompétent pour connoître de l'exécution des
Brevets du Roi, pour cause de Litige; &
dans lequel on trouve entr'autres, un Arrêt du Conseil d'Etat du 14 Septembre 1715,
par lequel faisant droit sur un Réglement
de Juges, entre le Grand-Conseil & le Parlement de Rouen, a renvoyé une contestation de Litige au Bailliage de Bernay, sauf

l'appel au Parlement de Rouen. Cependant
il paroît que l'usage actuel est de porter ces
matieres au Grand-Conseil.

A l'égard des Bénéfices des autres Provinces, le Litige ne donne aucun droit au
Roi d'y nommer; & on le juge suivant le
dernier état. V. *Dernier état.*

Le Roi peut conférer en Régale les Bénéfices, pour lesquels il y a contestation,
six mois avant l'ouverture de la Régale. V.
ce que je dis sur cette espéce de Litige au
mot *Régale.*

Trois conditions sont nécessaires pour
établir le Litige qui donne lieu à la Régale.

1°. Il faut que le Litige soit sérieux &
engagé par une demande, par des défenses;
en un mot, qu'il y ait ce que les Ordonnances appellent contestations en cause. V.
Contestation en cause.

2°. Qu'il soit fondé sur des moyens apparens.

3°. Qu'il ait été engagé six mois avant
l'ouverture de la Régale.

Il y a des Dioceses où le Litige donne
ouverture au droit de déport. V. *Déport.*

L I T R E S.

On nomme Litre, une Ceinture funébre qui se peint autour des Eglises, avec
les armes des défunts dont on veut honorer la mémoire.

Comme on est dans l'usage de trouver
ces sortes de mondanités dans les Eglises,
on ne fait pas attention au scandale qu'elles
occasionnent : il est pourtant très-indécent
de faire porter, à la Maison de Dieu, des
marques profanes & séculieres de la Noblesse des morts, comme s'ils avoient quelque droit de domination & de Seigneurie
sur les Lieux Saints.

Quoi qu'il en soit, l'usage de cet abus est
dégénéré en droit : plusieurs Auteurs en ont
traité. V. M. Dolive, Questions notables;
& Mareschal, des Droits honorifiques: il y a
aussi des Coutumes qui en parlent. V. celles
de Tours & de Loudun.

La Jurisprudence actuelle accorde le droit
de Litre aux Patrons & aux Fondateurs,
tant en dedans qu'en dehors de l'Eglise.
Guyot prétend néantmoins dans son Traité
des Fiefs, que le Patron n'a pas droit de Litre au-dehors de l'Eglise.

Elle

Elle l'accorde aussi au *Seigneur Haut-Justicier*, de la même maniere ; & s'il y a déja celle du Patron, le Haut-Justicier n'en peut faire peindre qu'au-dessous.

Mais les Usufruitiers, les Douairiers & les Engagistes des Domaines du Roi, quoique Hauts-Justiciers, n'ont pas ce droit. V. les Arrêts du Parlement de Paris du 5 Juillet 1554 & 29 Août 1620, rapportés au premier Volume des anciens Mémoires du Clergé, tom. premier, tit. 2, chap. 7, n°. 9 & 10.

Dans quelques Pays, les Bas-Justiciers, & même les simples Seigneurs du Fief où l'Eglise est située, font aussi peindre des Litres à leurs armes : mais c'est moins un droit qui leur appartient, qu'une tolérance mal entendue. Le droit de Litre n'appartient constamment qu'au Patron & au Seigneur Haut-Justicier ; & il ne peut être cédé ni donné par inféodation, à la charge de le reporter par aveu & dénombrement. Voyez l'Arrêt du 11 Janvier 1734, dont je parle à l'article *Droit Honorifique*.

Ce n'est pas seulement dans les Eglises Paroissiales que les Fondateurs ont droit de Litre, ils peuvent la faire peindre dans toutes les Eglises de leur fondation, soit Collégiales, soit Conventuelles ou Monasteres. La maxime est certaine à cet égard, & elle est avouée par tous les Canonistes ; elle a même été consacrée par un Arrêt célébre, rendu en la Grand'Chambre du Parlement de Paris, le 20 Mai 1737, en faveur de la Maison de Villeroi, contre les Bénédictins de Mortagne, par lequel Messieurs de Villeroi ont été maintenus *au droit de faire mettre au-dehors & au-dedans de l'Eglise* (de Mortagne, seule Paroisse de la Ville, dont les Religieux sont Curés primitifs, & en laquelle leur Prieuré est fondé,) *une Litre & Ceinture funébre armoiriée de leur Maison,* avec *défenses auxdits Religieux, Prieur & Couvent, de les y troubler.*

Guyot rapporte dans son Traité des Fiefs, un Arrêt du 13 Mars 1743, par lequel il dit que la Cour a jugé que la Litre peinte au-dehors de l'Eglise, peut être conduite tout au tour, sans que la ligne soit interrompue à la partie du mur qui sert de clôture à un jardin ou cour.

L'acquéreur d'une terre peut faire ôter la

Tome II. Part. II.

Litre peinte aux armes des anciens Seigneurs, à moins qu'il n'y ait convention contraire dans le contrat.

LIVRÉE.
Voyez *Domestiques.*

Les Déclarations des premier Juil. 1713, & 8 Janvier 1719, enregistrées au Parlement, enjoignent aux maîtres & maîtresses de faire porter à leurs domestiques, un galon de Livrée d'une couleur apparente, telle qu'ils (les maîtres) voudront choisir, sans néantmoins qu'ils puissent prendre les galons que d'autres personnes sont en possession de faire porter à leurs gens, sous peine d'amende contre les maîtres, & de prison contre les domestiques.

Ces mêmes Déclarations défendent aux domestiques de paroître, tant aux lieux où le Roi fait son séjour, qu'en la Ville de Paris, avec d'autres habits sans galon qui les fasse connoître, & avec des épées ou autres armes & des cannes ou bâtons, à peine de prison pour la premiere fois ; du carcan pour la premiere récidive, & des galeres pour la seconde.

Un Edit du mois de Mars 1720, enregistré au Parlement de Rouen, le 21 du même mois, défend, *sous peine de mort, à tous gens de Livrée de faire aucune violence, ni de s'attrouper pour cet effet, de s'appeller à haute voix, ou d'insulter aucunes personnes.*

Des Ordonnances des 10 Février 1704, 6 Février 1753 & 16 Avril 1762, défendent à toutes personnes de faire porter la Livrée du Roi par leurs domestiques, à moins qu'ils n'en ayent une concession particuliere ou une permission de M. le Grand Ecuyer.

LIVRES & REGISTRES.
V. *Marchands, Portatif & Vol.*

Les *Négocians & Marchands, tant en gros, qu'en détail,* sont assujettis par l'article premier du titre 3 de l'Ordonnance du Commerce, d'avoir *un Livre contenant tout leur négoce, leurs Lettres de Change, leurs dettes actives & passives, & les deniers employés à la dépense de leur maison.*

Les feuillets de ces Livres, ainsi que ceux des *Agens de Change & de Banque,* doivent être cottés & paraphés par premier & dernier, en la forme prescrite par les articles 3

H

& 4 du même titre de cette Ordonnance
(a). V. le Prestre, Cent. 2, ch. 78.

Une Déclaration du 16 Avril 1737, regiftrée en la Cour des Comptes, Aides &
Finances de Rouen, le 16 Mai fuivant, ordonne que *tous Marchands, tant en gros,
qu'en détail, Banquiers, Courtiers de change & de banque, & autres Négocians des
Villes & lieux du Royaume, ne pourront fe
fervir en Juftice d'autres Regiftres que de
ceux qui feront en papier timbré, qu'ils prendront au Bureau des Fermiers de la formule.
Défendons à nos Juges, ajoute la Déclaration,
de parapher aucun Regiftre en papier non
timbré, & d'avoir égard aux extraits qui
feront tirés. . . . . .*

La même Déclaration a été adreffée aux
Cours des Comptes, Aides & Finances de
Montpellier, & y a été regiftrée le 6 Juin
fuivant.

Les Livres des Marchands & Banquiers
tenus dans la forme prefcrite par les Loix,
forment des titres entre Commerçans:
mais ils n'en opérent aucun contre des Bourgeois non Négocians; ceux-ci font crus à
leur affirmation contre les Livres des Marchands, lors même que la demande eft formée dans le temps pendant lequel la Coutume de Paris accorde l'action aux Fournif-
feurs par les articles 126, 127 & 128.

Quand les Livres & Regiftres des Marchands, Négocians, &c. ne font point cottés & paraphés, comme le prefcrit l'article
3 du titre 3 de l'Ordonnance du Commerce, ils ne devroient mériter aucune foi;
néanmoins fa difpofition fur ce point eft
tombée en défuétude, à Paris, où aucun
Négociant ne fait parapher fes Livres. C'eft
un très-grand abus; puifque par ce moyen,
un Négociant, à la veille de fa faillite, peut
fe fabriquer des Livres à fon gré, & frauder
fes créanciers par cette voie.

Les Confuls de Paris ferment les yeux
fur le danger de l'inexécution de cette difpofition de l'Ordonnance, & l'ufage de cette Jurifdiction eft d'ajouter foi aux Regiftres des Négocians non paraphés, ni cottés, pourvû qu'ils foient reliés. Cependant
l'article 11 du titre 3 de cette même Or-

donnance veut que les Marchands en faillite
qui ne repréfentent point des Livres cottés
& paraphés, foient *réputés banqueroutiers
frauduleux.*

J'ai vû refufer au Châtelet l'enthérinement de Lettres de Ceffion, obtenues par
un Marchand de bois de Verfailles, par la
feule raifon qu'il ne repréfentoit pas les Livres de fon commerce.

Les Comptables envers le Roi font auffi
affujettis de tenir des Regiftres journaux
de leurs recettes & dépenfes dans la forme
prefcrite par les Edits & Déclarations des
mois de Juin 1716, & 4 Octobre 1723.

L'article 7 de l'Edit de 1726 veut que
les Comptables qui ne fe conformeront pas
à fes difpofitions, *foient dépoffédés de leurs
charges, emplois ou commiffions; & en cas
d'omiffion de recette ou de fauffe dépenfe employée dans les Regiftres,* ce même article
veut *qu'ils foient condamnés à la reftitution
du quadruple de la fomme omife en recette ou
fauffement employée en dépenfe. . . . . .fans
préjudice de la procédure extraordinaire qui
pourra être inftruite contr'eux, s'il y écheoit,
pour raifon de concuffion ou divertiffement
de deniers, conformément aux Ordonnances.*

L'Auteur du Praticien des Confuls rapporte un Arrêt du 22 Juillet 1689, par lequel il paroît que la Cour a jugé qu'un
Marchand eft obligé de repréfenter fes Livres, quand on les exige pour juftifier la
vérité de fa créance, quoiqu'il ait pour titre
une reconnoiffance paffée devant Notaire.

LOCATAIRE.
V. *Bail, Fermier & Loyers.*

Le Locataire doit, comme le fermier,
jouir en bon pere de famille.

Ainfi, il ne peut furcharger les voûtes,
ni les planchers.

Il ne peut, ni percer, ni affoiblir les gros
murs: néantmoins, on ne peut l'empêcher
de changer l'intérieur des lieux, pourvû
que ce changement ne dégrade & n'af-
foibliffe pas le bâtiment, & qu'ils foient
remis en l'état où ils étoient lors de la
location.

Le Locataire ne peut pas faire fervir

<hr/>

(a) La Confervation de Lyon a attefté, par Acte de Notoriété du 2 Déc. 1729, que ces difpofitions de l'Ordonnance du Commerce n'ont eu aucune exécution à Lyon;
& qu'en cas de faillite, on ne feroit pas écouté à contefter
la foi dûe aux Livres tenus en bonne forme, en oppofant
qu'ils n'ont point été tenus en papier timbré ni paraphés.

d'écurie, les appartemens du rez-de-chauf-
fée.

Il ne peut pas non plus fous-louer à des
gens prohibés, & dont la profeffion puiffe
occafionner des dégradations dans la maifon, ainfi que je l'ai dit au mot *Bail*.

Il a même été jugé, par un Arrêt rendu le
27 Août 1727, en la Grand'Chambre, que
non-feulement le Locataire ne pouvoit pas
fous-louer à des gens à marteaux; mais que
lorfqu'il s'agiffoit d'un hôtel décoré d'ornemens, le bail ne pouvoit pas en être cédé
à un Hôtellier.

Dans l'efpéce de cet Arrêt, le fieur Paris
du Vernay, Locataire de l'Hôtel d'Alegre
à Verfailles, l'avoit fous-loué au nommé
Olivier, Hôtellier, qui le relouoit garni.
Le Maréchal d'Alegre, propriétaire, s'é-
tant plaint de cette fous-location, fut débouté de fa demande au Châtelet : mais fur
l'appel, la Sentence fut infirmée, & l'Arrêt
ordonna qu'Olivier feroit tenu de fortir au
terme d'Octobre lors prochain, fans dommages-intérêts contre le fieur du Vernay,
auquel le même Arrêt permet de relouer à
perfonne capable. Me Langlois qui plaida
pour le fieur du Vernay, difoit qu'il n'y
avoit que des gens à marteaux & à fourneaux, auxquels on ne pouvoit pas fous-
louer. Me Pothouin, pour le Maréchal
d'Alegre, faifoit valoir la circonftance des
allans & venans dans un Hôtel garni bien
décoré, & le nombre des domeftiques qui
dégradent. Ces confidérations prévalurent.

Le Locataire d'une maifon ou feulement
d'une portion, doit y entrer dans le temps
convenu; il doit de plus garnir les lieux de
meubles & d'effets fuffifans pour répondre
du loyer, & donner les fûretés au propriétaire; finon & dans ces deux cas, le propriétaire peut demander la réfolution du
bail, avec dommages & intérêts.

Pour que les lieux foient réputés fuffifamment garnis, il n'eft pas néceffaire que les
meubles, ou autres effets que le Locataire y
a mis, égalent en valeur le montant des
loyers qui écheoiront pendant le cours du
bail : il fuffit qu'ils égalent la valeur d'une
année de loyer.

Lorfque le Locataire ne paye pas fon
loyer, le propriétaire peut l'expulfer par
autorité de Juftice : il eft feulement d'ufage,
en ce cas-là, d'accorder un certain temps au
Locataire pour payer ou fortir.

Le Locataire eft garant de ceux qu'il a
introduits dans les lieux; ainfi, fi la maifon
eft incendiée ou dégradée par les Sous-Locataires, c'eft à celui qui les a introduits de
la faire réparer; le propriétaire ne connoît
que lui, fauf fon recours, s'il y a lieu.

Lorfque le Locataire d'une maifon dif-
paroît, le propriétaire n'a pas le droit de
faire ouvrir les lieux, de fon autorité privée, même en préfence de témoins; il doit
fe retirer devant le Magiftrat, & lui préfenter une requête expofitive de l'abfence.
L'ufage du Châtelet, où ces événemens
font très-fréquens, eft d'ordonner l'ouverture des lieux par un Serrurier, en préfence
d'un Commiffaire, qui dreffe Procès-verbal,
en forme d'inventaire de ce qui fe trouve.

Le propriétaire eft-il garant des demandes formées pour raifon d'ordures jettées
par les fenêtres de fes Locataires ? Voyez
Garantie.

Le Locataire eft perfonnellement tenu
des réparations locatives. Voyez *Réparations locatives*.

Comment doit-il fouffrir les groffes réparations ? V. *Bail*.

LODS & VENTES.

Voyez *Abandonnement*, *Antichrèfe*, *Dépri*,
Droits Seigneuriaux, *Echange*, *Emphi-
téofe*, *Fiefs*, *Franc-Aleu*, *Indemnité*, *Mi-
Lods*, *Partage*, *Quints*, *Relief* & *Soulte*.

On appelle Lods & Ventes, en Pays Coutumiers, le droit que le Seigneur peut exiger de ceux qui acquiérent des héritages roturiers fitués dans fa Seigneurie, & mouvans
de lui.

Ce droit s'ouvre ordinairement en faveur
du Seigneur, quand un héritage tenu de lui
en cenfive (a) eft vendu ou donné en paye-

(a) Il n'eft point dû de Lods & Ventes pour raifon
d'acquifition d'héritages poffédés en Franc-Aleu.
On trouve dans le Recueil des Réglemens du Parle-
ment de Touloufe, un Arrêt rendu en ce Parlement, le 19
Juillet 1700, entre l'Evêque de Montpellier & le fieur de
Saint-Julien, par lequel il a été jugé que les héritages du
Languedoc, poffédés en Franc-Aleu roturier, font exempts
du payement du droit de Lods & de Franc-Fief.
La Requête civile, prife contre cet Arrêt, a été rejettée
par Arrêt du 23 Juin 1701. V. *Franc-Aleu*.

ment; parce qu'en général le droit de cens emporte aussi celui de Lods & Ventes. V. *Cens.*

Les droits de Lods & Ventes ne sont pas considérés comme une marque de servitude envers le Seigneur, mais comme une marque d'honneur & de reconnoissance de la permission que donnoient anciennement les Seigneurs aux Emphitéotes de vendre leurs héritages; mais permission qui n'est plus d'usage. V. *Cens.*

C'est pour cela qu'ils sont exigibles aussitôt la perfection de la vente, ou que la mutation qui y donne lieu est arrivée; & cela, soit que le vendeur ait accordé des termes à l'acquéreur ou non; tel est l'usage des Pays Coutumiers, & cet usage a pris sa source dans l'article 78 de la Coutume de Paris, qui assujettit le preneur à rente rachetable, à payer les droits Seigneuriaux, sans attendre le rachat de la rente. On prétend qu'il en subsiste un contraire en Pays de Droit-Ecrit; (V. Fromental). On prétend même qu'en Pays Coutumier l'action, pour demander les droits, ne s'ouvre point contre un acquéreur, au moment de la Vente, quand il a terme pour payer le prix. Si le vendeur a stipulé un terme pour la délivrance de l'héritage, & que cette action ne s'ouvre en faveur du Seigneur, qu'à l'échéance du terme dans lequel la délivrance doit se faire : Dùmoulin a sur ces maximes des opinions que je ne crois pas suivies.

Les Lods & Ventes sont dûs en Pays de Droit-Ecrit & en Pays Coutumiers, à chaque mutation par vente, ou équipollente à vente d'héritages non allodiaux, mais sous

diverses dénominations. En Pays de Droit-Ecrit, on les nomme seulement Lods. Dans la plûpart des Coutumes, ils sont nommés Lods & Ventes, Vin & Ventes ; en Normandie, on les nomme treiziéme, &c.

Les Lods & Ventes ne se perçoivent pas non plus d'une maniere uniforme. En Pays de Droit-Ecrit, ils se payent à raison du sixiéme du prix (a). En Pays Coutumiers, quelques Coutumes les fixent au quint ; quelques autres y ajoutent le requint : d'autres les fixent, les uns au sixiéme, les autres au huitiéme, au douziéme, au treiziéme, &c. chacune est Souveraine, & doit être suivie pour les héritages situés dans son ressort.

Il y a néantmoins des Villes, & même des contrées où les Lods & Ventes ne peuvent s'exiger pour héritages tenus en censive; mais en ce cas, dit l'Auteur d'un Ouvrage contre le Franc-Aleu, imprimé en 1629, » la Coutume fait mention de cette » décharge, comme d'une exorbitance contraire au Droit commun.

» C'est pourquoi la Coutume d'Auvergne, titre 22, article 21; celle de Berry, » titre des Fiefs, article 3 ; de Mantes, articles 11 & 16, qui ne donnent au Seigneur qu'un droit de rachat pour l'aliénation du Fief, en ont une disposition particuliere.

» La Marche, article 197, ne donne que » la bouche & les mains. Châteauneuf en » Thimerais admet des héritages qui ne » payent point de rachat, ains seulement la » foi & hommage.

» La chose tenue à franc-devoir, ne doit

(a) Trois Actes de Notoriété donnés au Bailliage de Villefranche, les 12 Juillet 1683, 17 Janvier 1684, & 17 Mai 1745, attestent qu'il est dû des Lods à raison du sixiéme du prix des Ventes volontaires d'héritages situés en Beaujolois; mais que pour les maisons situées dans l'enceinte de la Ville de Villefranche, les Lods ne se payent qu'à raison du treiziéme.

D'autres Actes de Notoriété du même Siége attestent qu'il n'est point dû de Lods pour les Ventes par décret forcé dans la Province de Beaujolois, mais qu'il en est dû pour les Ventes sur trois publications.

En Provence, les Lods se nomment aussi Trezin ; & les mots Lods & Trezin ne signifient pas qu'il est dû double Lods, à moins que le titre du Seigneur ne porte, *que Lods & Trezin sont dûs à raison de deux sols par florin, valant 12 sols.* Sans ces expressions dans le titre, les Lods ne se payent qu'à raison du treiziéme du prix en Provence ; & dans le prix, on ne comprend pas les frais des Proxenetes, les salaires du Notaire, les épingles, pot-de-vin, &c. V.

la Jurisprudence Provençale, seconde partie, titre 2, & l'Acte de Notoriété du Parlement d'Aix, du 18 Mai 1684.

En Languedoc, les Lods varient selon les Cantons. Quand ils ne sont pas réglés par les titres, la possession en tient lieu.

Dans les Sénéchaussées d'Agenois, de Condomois & de Guyenne, les Lods & Ventes se perçoivent à raison du huitiéme. V. l'Acte de Notoriété des Trésoriers de France de Guyenne, du 4 Juin 1683, cité dans le Dictionnaire des Domaines, art. *Agen & Bordeaux.*

Le même Acte porte que, dans les Sénéchaussées de Sarlat & de Perigueux, les Lods & Ventes se payent sur le pied du sixiéme pour les biens nobles, & du douziéme pour les biens roturiers.

Dans la Généralité de Limoges, les Lods & Ventes sont dûs à raison du douziéme denier, excepté des biens mouvans du Roi, à cause du Vicomté de Limoges, pour lesquels ils sont dûs, à raison du sixiéme. Il y a sur cela un Arrêt du Parlement de Bordeaux du 19 Avril 1749.

» rachat en la Coutume de Loudun , titre
» des Rachats & Ventes, article 21 : la Par-
» ticuliere de Langres ne donne au Seigneur
» aucun profit de quint, requint, relief,
» rachat ou autres ; & par Arrêt du 7 Sep-
» tembre 1608, l'Evêque de Langres a été
» chargé de prouver que Lods & Ventes lui
» fussent dûs, &c. «

La Coutume de Paris accorde aussi aux Seigneurs *les Lods & Ventes* des héritages vendus dans leur censive ; & elle décide par l'art. *76, qu'ils sont de 12 deniers, un denier qui est pour chacun franc 16 deniers parisis.*

Les Seigneurs ne peuvent user de saisie & main-mise pour se faire payer des Lods & Ventes qui leur sont dûs, ils doivent se pourvoir par action : c'est le Droit commun; & la Cour a jugé, par Arrêt du 20 Octobre 1746, que l'assignation en payement de Lods & Ventes, donnée à Me Ponsignon, Avocat au domicile du Locataire de la maison pour laquelle les droits étoient demandés, étoit réguliere.

Les Lods & Ventes sont dûs non-seulement à cause de la Vente des héritages, soit judiciaire, soit volontaire, mais encore pour toutes les mutations équipollentes à Ventes, c'est-à-dire, pour tout acte qui transfere la pleine propriété d'un héritage, moyennant un prix. La raison, c'est que, par le changement de propriété, le nouvel acquéreur devient, à l'égard du Seigneur de qui le fonds releve, un étranger & un inconnu, qui doit se faire reconnoître & se faire adopter ; & cette adoption ne se forme pour les héritages censiers & roturiers, que par la saisine & le payement des droits de Lods & Ventes réglés par la Coutume des lieux où ils sont situés.

Ainsi ils sont dûs, lorsque des héritages sont donnés en payement par le débiteur à son créancier (a), & lorsqu'ils sont aliénés, moyennant une rente rachetable. V. *Abandonnement.*

Dans la Coutume de Paris, il n'est dû aucun droit de Lods & Ventes, à cause des donations entre-vifs de biens roturiers, soit qu'elles soient faites à l'héritier présomptif ou à des étrangers, pourvû qu'elles soient

à titre gratuit ; & sa disposition forme sur cela le Droit commun. Mais voyez ce que je dis sur les donations des Fiefs, article *Relief.*

Il y a quelques autres Coutumes, telles que celles d'Amiens, d'Artois, de Boulonnois & de Ponthieu, dans le ressort desquelles les donations, même à titre gratuit, faites à tout autre qu'à l'héritier apparent, engendrent des droits de Lods & Ventes. C'est même un droit assez général dans la portion de la Picardie, voisine des Pays-Bas, que toutes les fois que l'immeuble donné forme un acquêt en la personne du donataire, il est dû des droits de Lods & Ventes au Seigneur. Voyez la Coutume d'Amiens, articles 47 & 51 ; celle de Boulogne, art. 49, 91, 92 & 124 ; celle d'Artois, art. 27, 28, 76 & 81 ; celle de Peronne, art. 42 ; & celle de Ponthieu, art. 24, 41 & 42.

Le sieur de Mespas, qui avoit deux sœurs non mariées, dont l'aînée étoit son héritiere apparente quant aux propres, fit, conjointement avec elles, une donation de ses propres en avancement d'hoirie à leur neveu commun, qu'ils qualifierent leur héritier présomptif.

Ce neveu n'étoit cependant pas véritablement l'héritier présomptif du sieur de Mespas, parce qu'en Boulonnois, la représentation n'a pas lieu en collatéral ; pas même aux termes de droit, il ne pouvoit succéder qu'au dernier de ses oncles ou tantes décédans sans enfans : le Seigneur de Bournonville lui demanda les Lods & Ventes.

Le neveu donataire prétendit s'en affranchir, en disant qu'il falloit regarder la donation, comme un rappel qui lui donnoit la qualité d'héritier. Le Seigneur répondoit que la représentation n'ayant pas lieu en Boulonnois, en quelque succession que ce soit, le donataire ne pouvoit jamais représenter sa mere, & que par conséquent la donation donnoit ouverture aux droits Seigneuriaux.

Le Seigneur, ou du moins le Fermier de Bournonville, avoit été débouté de sa demande par Sentence de la Sénéchaussée du Boulonnois, du 18 Mars 1728 ; mais elle fut infirmée, & le neveu condamné à payer

(a) Il faut excepter le cas où le pere & la mere donnent aux enfans des héritages en payement de la dot promise; il n'est rien dû en ce cas. Voyez les Coutumes de Rheims, art. 72 ; & de Bourbonnois, art. 403.

les droits, par Arrêt rendu en la quatriéme Chambre des Enquêtes, le 13 Juillet 1730, au rapport de M. Berthier.

Il a été rendu un pareil Arrêt, au rapport de M. l'Abbé de Salabery, en la Grande-Chambre, pour la Coutume de Ponthieu, le 10 Mai 1749, confirmatif d'une Sentence de la Sénéchauffée d'Abbeville, en faveur du fieur Barbier, Seigneur de Mareuil, contre les fieur & dame Heraut.

Dans cette efpéce, la demoifelle Tillette avoit donné des héritages, à titre de partage & d'avancement d'hoirie, à la dame Heraut fa niéce, en préfence & du confentement du fieur Rochette, neveu de la donatrice & frere de la donataire. Le Fermier demanda les droits. La donataire fe prévaloit de ce qu'elle étoit *in proximâ cellulâ fuccedendi*, de ce que la donation étoit conçue en forme de partage anticipé de la fucceffion d'une tante, entre un frere & une fœur; & qu'au moins ces circonftances valoient un rappel admis en Ponthieu, par un Arrêt du 27 Janvier 1648.

Le Fermier répliquoit que la Coutume de Ponthieu n'admet qu'un feul héritier, tant en ligne directe, qu'en collatérale, c'eft-à-dire, l'aîné mâle; que la dame Heraut ayant un frere, elle n'étoit point héritiere de la donatrice; qu'ainfi le don ne lui appartenoit pas à titre fucceffif; & que, fous quelque couleur qu'il fût déguifé, il étoit fujet au droit Seigneurial, exprimé par l'article 42 de la Coutume.

Par Sentence de la Sénéchauffée de Ponthieu, confirmée par Arrêt dudit jour 10 Mai 1749, les droits furent adjugés au Fermier.

De Droit commun, les Lods & Ventes font dûs, même dans la Coutume de Paris, & autres femblables, lorfqu'un héritage roturier eft donné à tout autre qu'à l'héritier préfomptif, à la charge d'une rente viagere, parce que les donations ne doivent avoir d'autre motif que le bienfait; celles qui font faites à des étrangers, à titre onéreux, forment une efpéce de contrat tout différent, c'eft *do ut des*. La Cour l'a ainfi jugé par Arrêt rendu fur les Conclufions de M. le Procureur Général, le 8 Février 1744, au rapport de M. Severt, entre le fieur Langlois, donataire de la demoifelle Falconis, & le Receveur du Domaine à Paris.

Dans cette efpéce, il s'agiffoit de la donation d'une maifon fituée à Paris, rue S. Denis, au coin de la rue aux Fers, à la charge d'une rente viagere de 2000 liv. : le donataire avoit demandé, par une Requête vifée dans l'Arrêt, que la maifon donnée fût évaluée, pour fçavoir la proportion que l'ufufruit de ladite maifon pouvoit avoir avec la rente viagere de 2000 liv., à la charge de laquelle la donation étoit faite. Mais fans avoir égard à cette Requête, & fans ordonner l'eftimation, l'Arrêt a condamné le donataire à payer les Lods & Ventes, fuivant l'eftimation qui feroit faite du prix, relativement à la rente viagere, eu égard à l'âge de la demoifelle de Falconis, donatrice.

Le fieur Negre & fa femme ont auffi été condamnés, par Sentence des Requêtes du Palais du 5 Septembre 1748, à payer les droits Seigneuriaux dûs au Seigneur de la Bretefche, à la charge de payer 1600 livres de rente viagere aux donatrices. Les fieur & dame Negre avoient appellé de cette Sentence; mais ils fe font depuis défifté de leur appel, & ont payé les droits. Voyez Dupleffis, des Cenfives; d'Argentré; Pontanus, fur l'article 179 de la Coutume de Blois; Ricard, des Donations, partie premiere, n°. 770; Dumoulin, & la Coutume de Nevers.

Mais toutes les fois qu'il s'agit de délaiffement de biens en payement de dot promife par des afcendans, ou à la charge de payer les dettes des pere & mere (a) donateurs, les donations font affranchies du payement de Lods & Ventes, parce que ce font

___

(a) Les donations faites à titre gratuit en collatéral, n'engendrent pas non plus des droits Seigneuriaux; mais, par Arrêt rendu de relevée, le Vendredi 11 Février 1763, la Cour a jugé que les droits Seigneuriaux étoient dûs à caufe de la donation faite par un oncle à fon neveu & fon héritier apparent, de l'univerfalité de fes biens, au nombre defquels étoit une Terre fituée en Angoumois, acquife par le donateur, relevante de M. le Duc de la Rochefou-

cault, & dont la totalité du prix étoit encore dûe par l'oncle au temps de la donation : on a regardé cette donation comme une vente fimulée; & tous les biens ont été affujettis à ces droits, au *prorata* de leur valeur, & relativement aux charges impofées au donataire : dans cette affaire, on a cité un Arrêt femblable, rendu au rapport de M. Bochart, le 19 Août 1758.

des actes d'accommodement de famille, qui tirent leur principe d'une cause nécessaire. Les Seigneurs, dit Pocquet de Livonniere, ne doivent point entrer dans l'examen des secrets des familles, ni, par les vûes d'un intérêt particulier, traverser les desseins des héritiers, &c.

Les Lods & Ventes sont dûs de toute la valeur de l'héritage, suivant la fixation qui en est faite par le contrat : on en excepte seulement le pot-de-vin & les (a) épingles, les frais de poursuite & d'adjudication judiciaire, le coût des contrats & autres accessoires de la vente, qui ne sont pas regardés comme prix : tout le reste doit (b) ; & si la valeur n'est pas fixée en deniers, l'appréciation s'en fait par Experts, aux frais de l'acquéreur. Voyez Dumoulin sur l'article 76 de la Coutume de Paris ; Auzannet, sur l'article 23 ; Pallu, sur l'article 147 de la Coutume de Tours ; Mornac, le Prestre, Lalande (sur Orléans, article premier, n°. 11, &c.)

M. l'Archevêque de Cambrai ayant vendu son Hôtel, situé à Paris, Place des Victoires, moyennant 300000 liv. sçavoir, 220000 liv. pour le prix de l'Hôtel, & 80000 liv. pour les glaces, tableaux & autres ornemens : l'acquéreur se présenta à la recette de l'Archevêché de Paris, pour payer les Lods & Ventes sur le pied de la ventilation faite par le contrat ; mais le Receveur le refusa, & prétendit, 1°. que la ventilation avoit été forcée au préjudice du Seigneur, pour diminuer les Lods & Ventes, en diminuant le prix de l'Hôtel.

2°. Qu'on avoit estimé comme meubles, dans cette ventilation, des effets servans à la décoration, encadrés dans les boisures & dans les murs, & scellés ; ce qui devoit les faire considérer comme immeubles.

Sur cela, Sentence est intervenue au Bailliage de l'Archevêché de Paris, le 15 Septembre 1749, par laquelle, sans avoir égard à la fixation faite par le contrat, du prix de l'Hôtel, il a été ordonné que, par Experts, les effets mobiliers de l'Hôtel seroient cons-

tatés & estimés, & que les Lods & Ventes seroient payés sur le pied de 300000 liv. à la déduction de la somme à laquelle les effets qui seroient reconnus tenir nature de meubles, seroient estimés.

Cette Sentence a été confirmée, par Arrêt rendu le 4 Mars 1750. Voyez Ranchin, Mornac, Despeisses, d'Argentré & Boërius.

Boërius, d'Argentré & Despeisses, disent que les Lods & Ventes sont dûs des fruits pendans par racine, quand ils sont vendus en même-tems, moyennant un seul prix, & par le même contrat que le fonds ; mais ils ne sont pas dûs quand les fruits sont vendus seuls, quoique le fonds ait été vendu avant ou après. V. aussi Dumoulin.

La composition sur les droits de Lods & Ventes, & tous autres droits Seigneuriaux, entre le Seigneur & l'Acquéreur, pour la diminution de ces droits, est très-licite, elle est même très-ordinaire ; on la connoît sous le nom de Dépri, & elle s'interprète presque toujours en faveur de l'Acquéreur. V. Dépri.

Les Lods & Ventes sont dûs pour les baux d'héritages à rentes rachetables, & le Seigneur a droit d'exiger le douziéme du capital de la rente, (lors même qu'elle n'est point rachetée,) & du surplus du prix, s'il y en a ; cela est de Droit commun ; & l'art. 78 de la Coutume de Paris le décide textuellement.

La Coutume de Melun n'est pas tout-à-fait conforme à cet usage ; elle n'accorde des Lods & Ventes au Seigneur, que lorsque la rente moyennant laquelle l'héritage est aliéné, a été rachetée.

A l'occasion de cette disposition singuliere de la Coutume de Melun, on a agité la question de sçavoir, si le Seigneur peut en tout temps demander que le détenteur de l'héritage acquis moyennant une rente rachetable, soit tenu de communiquer son contrat, & de prouver que la rente subsiste. Par Arrêt du 24 Avril 1708, la Cour a jugé que le Seigneur avoit cette action : les Parties étoient le sieur de Flexelle de Fregy,

---

(a) Il ne seroit dû de Lods & Ventes pour épingles & pot-de-vin, que dans le cas où il paroîtroit de la fraude ; par exemple, si la somme étoit considérable. Voyez Dumoulin, sur les articles 76 & 78 de la Coutume de Paris ; d'Argentré, sur l'article 59 de la Coutume de Bretagne ; & Carondas.

(b) En Bretagne, on distingue les frais de poursuite du contrat judiciaire ; les Lods & Ventes sont dûs des frais de poursuite, mais ils ne le sont pas du Jugement portant adjudication. Voyez Duparc-Poulain, sur l'article 52 de la Coutume de Bretagne.

Seigneur de Loiſelet, & Pierre Petit, Marchand de vin à Paris.

Il n'eſt point dû de Lods & Ventes pour le bail d'un héritage à rente non rachetable: mais quand la rente eſt, ou rembourſée ou vendue, les Lods & Ventes du prix de la vente ou du rachat, ſont dûs; ils le ſont encore lorſque le Preneur à rente vend l'héritage : cela eſt décidé par l'article 87 de la Coutume de Paris.

Ceci n'a lieu que pour les baux à rentes non rachetables des biens de campagne; car, comme les Ordonnances de 1441, de 1539, de 1551, & la Coutume de Paris permettent de racheter les rentes conſtituées ſur les maiſons des Villes murées, (quand même les rentes ſeroient ſtipulées non rachetables) les droits de Lods & Ventes en ſont dûs au moment de la vente ou du bail à rente non rachetable. La Cour l'a ainſi jugé par ſix Arrêts.

Le premier, du 10 Déc. 1621: il eſt rapporté par Brodeau, ſur M. Louet, lett. L. n°. 18.

Le ſecond, du 19 Février 1628, eſt rapporté par M. le Preſtre.

Le troiſiéme, de l'année 1658, eſt cité par Pocquet de Livonniere, ſur l'article 154 de la Coutume d'Anjou.

Le quatriéme a été rendu au Grand-Conſeil, le 9 Juin 1739.

Le cinquiéme a été rendu le 15 Juin 1744, au rapport de M. Tubeuf, en faveur du Seigneur de la Gouberie, pour deux maiſons de la Ville de Baugé en Anjou.

Le ſixiéme, du 22 Juin 1745, a été rendu en la Grand'Chambre, en faveur du Chapitre de Sens, pour une maiſon ſituée en la même Ville.

Cette Juriſprudence n'a pas lieu pour les rentes foncieres aſſiſes ſur les maiſons & autres héritages ſitués dans la Ville du Mans, & autres Villes régies par la Coutume du Maine; parce que cette Coutume n'accorde les Lods & Ventes au Seigneur, que lors du rachat de la rente, ſoit qu'elle ſoit ſtipulée rachetable ou non. La Cour l'a ainſi jugé, par Arrêt rendu au rapport de M. l'Abbé Macé, le 29 Août 1747, contre le Receveur Général & le Fermier du Domaine. V. les articles 137 & 172 de la Coutume du Maine.

Comme l'article 121 de la Coutume de Paris ne permet le rachat des *rentes de bail d'héritages ſur maiſons aſſiſes en la Ville & Fauxbourgs de Paris*, ſtipulées *non rachetables*, que lorſqu'elles ne ſont pas *les premieres après le cens & fonds de terre*; la Cour a jugé par un Arrêt du 18 Janvier 1737, qu'il n'étoit point dû de Lods & Ventes, pour le bail à rente non rachetable, d'une maiſon ſituée à Paris, rue du Fauxbourg Saint Antoine; parce que la maiſon aliénée, moyennant une rente ſtipulée non rachetable, n'étoit chargée que du cens ordinaire : cet Arrêt eſt intervenu entre le Receveur du Domaine de Paris, & la veuve du nommé Raiſin.

Mais dans les Coutumes qui n'ont point de diſpoſitions ſemblables à celle de Paris, la rente fonciere ſtipulée non rachetable, & premiere priſe après le cens pour bail d'héritages ſitués dans les Villes murées, donne ouverture au rachat, conformément aux Ordonnances de 1441, 1539 & 1563, & par conſéquent aux droits de Lods & Ventes, au moment même du bail à rente.

La Cour l'a ainſi jugé en la deuxiéme Chambre des Enquêtes, *conſultis Claſſibus*, au rapport de M. Charpentier, en faveur du ſieur Civadier, contre Jean Dorbe, Vitrier à Angoulême, le 23 Janv. 1759, pour le bail à rente d'une maiſon ſituée à Angoulême.

La vente de la nue propriété d'un héritage donne ouverture aux droits de Lods & Ventes; & la conſolidation de l'uſufruit qui ſe fait poſtérieurement ſans fraude, ne les augmente point, parce que cette réunion n'opére pas une nouvelle emphitéoſe. V. *Quint.*

Mais le ſimple bail à vie, ou la vente de l'uſufruit d'un héritage, n'engendre point de droits de Lods & Ventes, lors même qu'il y a argent débourſé & un prix payé; parce qu'un bail à vie & une vente d'uſufruit, ſont comparés à la vente d'un coup de filet; c'eſt le Droit commun (a), & l'avis des Auteurs.

____

(a) Cela n'a pas lieu en Bretagne; la vente d'un uſufruit engendre des Lods & Ventes dans cette Province; & ſur cette exception, voyez 1°. l'art. 57 de la Coutume de Bretagne; 2°. l'eſpéce de l'Arrêt rendu en la Grand'Chambre du Parlement de Rennes, le 13 Août 1750, rapporté dans le Dictionnaire des Domaines, tome 3, art. *Prix.*

L'Arrêt rendu le 14 Juin 1751, dont je parle ci-après, eſt auſſi rapporté dans le même Ouvrage, *loco cit.*

Voyez

Voyez Bacquet, des Droits de Justice, chap. 12, n°. 21 ; Henrys, tom. 1, liv. 3, quest. 21 ; Dumoulin, sur la Coutume de Berry, tit. 6, art. 11, &c.

La maxime est d'ailleurs affermie par la Jurisprudence des Arrêts. Il y en a un du Grand-Conseil du 28 Février 1688, qu'on trouve au Journal du Palais. On en trouve un second du 11 Février 1707, au Journal des Audiences, tome 5. J'en connois un autre du 5 Septembre 1710; & il y en a un troisiéme rendu en la cinquiéme Chambre des Enquêtes, le 31 Janvier 1711, sur partage d'opinions en la quatriéme, dans une affaire dont M. de la Guillaumie étoit Rapporteur, & M. de Fortia Compartiteur.

Ce dernier Arrêt est intervenu contre les Marguilliers Laïcs de l'Eglise de Paris, en faveur de la véuve Chicoineau, qui avoit acquis avec son mari une maison située dans l'étendue du Fief des Tumbes, pour en jouir pendant leur vie, moyennant le transport de 300 liv. de rente, au principal de 6000 liv. sur les Aides & Gabelles, qu'ils avoient fait au Vendeur, par contrat du 2 Décembre 1683.

Mais, lorsque la vente d'un usufruit est faite dans un temps voisin de la vente de la nue propriété faite à la même personne, en ce cas il est dû des droits de Lods & Ventes au Seigneur, ainsi qu'il a été jugé, par Arrêt rendu en la cinquiéme Chambre des Enquêtes, le 5 Septembre 1738, au rapport de M. le Clerc de Lesseville, entre le Marquis de Breuil, & le Seigneur de Mareuil ; cependant, comme les Lods & Ventes ne sont dûs en ce cas-là qu'à cause de la fraude, on a égard, pour se déterminer, aux circonstances qui peuvent l'annoncer. Voyez Bail à vie, & ma note sur l'article Emphitéose.

En Normandie, le droit de treiziéme qui est la même chose que notre droit de Lods & Ventes à Paris, est dû à cause des contrats de vente faits avec rétention d'usufruit, tant du prix porté au contrat, que de l'usufruit retenu par icelui. Le Parlement de Rouen l'a ainsi jugé, par Arrêt rendu en forme de Réglement, le 14 Juin 1751, entre les sieurs Auvray & Prevôt de Rousseville.

Les Auteurs disent qu'il n'est point dû de Lods & Ventes à cause du bail d'un terrein,

à la charge d'y bâtir, pour le rendre après un certain temps, même après soixante ans ; c'est le Droit commun du Royaume. V. Dumoulin, Mornac, M. d'Olive, Despeisses & Livonniere, Traité des Fiefs ; mais voyez aussi les articles 55 & 313 de la Coutume de Bretagne, qui assujettissent aux droits Seigneuriaux & au retrait, tout engagement d'héritages, ferme ou louage excédant neuf années. Voyez ma note sur l'article Emphitéose, & ce que je dis au mot Quint.

Il n'est point encore dû de Lods & Ventes en Pays Coutumiers, à cause de la remise que le Roi ou un Seigneur fait des biens confisqués en faveur des héritiers naturels d'un condamné, ainsi qu'on peut le voir dans Chopin, sur la Coutume de Paris; mais en Pays de Droit-Ecrit, il seroit dû un droit de Mi-Lods, si la remise étoit faite à tout autre qu'aux enfans, ou aux autres descendans du condamné.

De Droit commun, il n'est point dû de droits Seigneuriaux pour la vente de bois de haute futaye; mais en Normandie, on exige le treiziéme de ces sortes de Ventes. V. Basnage, sur l'art. 173 de la Coutume de cette Province. V. aussi ce que je dis à l'art. Futaye.

Les Lods & Ventes sont dûs pour les aliénations faites à l'effet de demeurer quitte d'une dette, ou de quelque charge qui puisse être évaluée ou réduite en deniers ; cela est de Droit commun : mais cette maxime n'a pourtant pas lieu quand on abandonne à un héritier, des héritages d'une succession commune, en payement des créances qu'il avoit contre cette même succession.

La Cour a même jugé, par un Arrêt rendu en la cinquiéme Chambre des Enquêtes, le 13 Août 1733, sur partage d'opinions en la quatriéme Chambre, le 9 Juin précédent, que lorsqu'un pere, pour s'acquitter envers son fils des droits de celui-ci dans la communauté, pour les arrérages & autres accessoires, lui abandonne des biens propres (à lui pere) il n'est point dû de droits Seigneuriaux. Il s'agissoit dans cette affaire de l'appel d'une Sentence rendue au Bailliage de Peronne, le 31 Janvier 1730; elle a été confirmée : l'Arrêt a été rendu au rapport de M. du Trousset d'Héricourt, M. Lambelin étoit Compartiteur. Voici comme s'expli-

I

quoit l'acte en forme de transaction, passé entre le pere & le fils.

» Desquels immeubles ledit sieur San-
» terre fils s'est contenté, tant pour tous
» immeubles, rentes, revenus & jouissance
» de la succession de.... sa mere, que pour
» ce qu'il pourroit prétendre en la succes-
» sion à écheoir de son pere «.

Le motif de cet Arrêt est la faveur des accommodemens dans les familles. D'ailleurs, quoiqu'il fût constant dans cette affaire, que les héritages donnés en payement, étoient propres au pere, la question étoit mêlée de partage de communauté.

Mais quand le pere débiteur de ses enfans, soit pour emprunt qu'il leur a fait, soit pour les reprises de leur mere, soit pour reliquat de compte de tutelle, leur céde & abandonne, par forme de vente, des héritages qui lui sont propres pour demeurer quitte envers eux, les droits Seigneuriaux sont dûs; & on ne pourroit les refuser que dans le cas où l'abandon seroit fait par forme de démission ou de donation, ou lorsque la cession seroit faite pour s'acquitter d'une libéralité promise par le pere, comme d'une dot, &c. V. *Relief.*

Cette maxime qui est certaine, est établie par Duplessis, Traité des Censives, liv. 2, qui cite plusieurs Arrêts; par Brodeau & Auzannet, sur l'article 26 de la Coutume de Paris; par les Auteurs des Notes sur la Coutume d'Orléans & autres; & c'est aussi ce que la Cour a jugé de nos jours, par deux Arrêts modernes.

Le premier a été rendu le 18 Mars 1735, en la troisiéme Chambre des Enquêtes, au rapport de M. Doublet, & a jugé que la cession & le délaissement faits par une mere à sa fille & à son gendre, d'une maison située dans la Coutume d'Orléans, pour demeurer quitte envers eux d'une somme qu'ils lui avoient prêtée, étoit une vente dont le droit étoit dû au Seigneur.

Le second a été rendu en la Grand'Chambre, le 5 Mai 1744; en voici l'espéce. Plusieurs maisons ayant été acquises par les sieur & dame Durville, pendant leur communauté, elles furent partagées après la mort de la dame Durville, entre le pere & leurs enfans. Après le partage, les enfans se firent adjuger pour 62000 liv. par Sen-

tence des Requêtes de l'Hôtel, les maisons qui étoient échues dans le Lot du pere, en déduction du reliquat du compte de tutelle & de communauté qu'il leur avoit rendu; & il s'est agi ensuite de sçavoir si cette adjudication donnoit ouverture aux droits de Lods & Ventes que demandoit le sieur Charon, Receveur des Domaines de Paris,

Les enfans du sieur Durville soutenoient n'en point devoir; parce, disoient-ils, que tous les actes qui se passent entre les ascendans & leurs enfans, sont regardés comme des avancemens de succession, & qu'il falloit regarder l'abandonnement que leur avoit fait leur pere, comme une confusion anticipée qui s'opéroit en leur personne, & qu'ils avoient d'ailleurs un droit de propriété originaire dans les biens de la communauté que leur pere leur avoit abandonnés.

Le sieur Charon répondoit que la fiction de la Loi qui met l'enfant à la place du pere, n'a lieu que dans les libéralités & dans les donations, & non, lorsque le pere n'a pas voulu donner; que l'enfant n'a pas entendu recevoir une libéralité, & que les Parties n'ont voulu traiter que comme étrangers; ces raisons ont prévalu, & en conséquence l'Arrêt a condamné de payer les Lods & Ventes.

Voici l'espéce d'un autre Arrêt. Le sieur Edouard Gascoing, en mariant sa fille avec le sieur Save Dougny, lui constitua en dot, » une somme de 15000 liv. à prendre sur les » biens fonds & bestiaux à lui appartenans, » situés à Premery en Nivernois «....

Le contrat de mariage portoit: » & atten-
» du que les biens ci-dessus sont de valeur
» de 30000 liv., & que par conséquent, outre
» la dot, il reste desdits biens pour 15000
» liv. ledit sieur Gascoing a délaissé aux fu-
» turs le surplus desdits biens, comme ils
» sont énoncés, en pleine propriété, à la
» charge de lui payer la somme de 15000
» liv. qu'ils s'obligent de lui rendre, quand
» ils seront en état...... & jusqu'au rem-
» boursement, l'intérêt «.....

Peu de mois après ce contrat, le sieur Gascoing céda différentes sommes montantes à 13500 liv. qu'il devoit pour retour de partage & autres dettes, à prendre sur les 15000 liv.

Les Fermiers du Comté de Premery ont prétendu que la clause du contrat de mariage donnoit ouverture à des droits de Lods & Ventes ; mais, par Sentence rendue au Bailliage de S. Pierre-le-Moutier, le 12 Mars 1749, le sieur Save Dougny & sa femme ont été renvoyés de la demande en payement de Lods & Ventes; attendu, dit la Sentence, *que la dame Save a été propriétaire des biens portés en son contrat de mariage.... du jour de sa passation même ; que la somme de 15000 liv. portée en icelui, a été donnée en payement par Edouard Gascoing, à Jean-Henri Gascoing son frere, pour retour de partage, & employée à payer des dettes dudit Gascoing, qui a libéré sa succession future, par un arrangement de famille....*

Cette Sentence a été confirmée, par Arrêt rendu au rapport de M. Cochin, en la premiere Chambre des Enquêtes, le 31 Août 1758 (a).

Lorsqu'une veuve renonce à la communauté, & que les héritiers collatéraux du mari lui donnent en payement de ses reprises, des héritages propres à ce même mari, il est dû des droits de Lods & Ventes : cela a été ainsi jugé par deux Arrêts, au rapport de M. Pallu. Mais si les héritiers du mari n'abandonnent que des conquêts à la veuve, pour s'acquitter envers elle, alors il n'est point dû de Lods & Ventes pour cet abandonnement, à cause du droit de propriété que la veuve a eu sur ces biens qui étoient communs. La Jurisprudence est certaine sur ce point.

Il a même été jugé par un Arrêt du 23 Juin 1700, qu'un fils qui avoit renoncé à la succession de son pere, & qui avoit pris des propres de cette succession en payement des conventions matrimoniales de sa mere, ne devoit pas de droits de Lods & Ventes, à cause de la saisine qu'il avoit eue de la succession de son pere.

Depuis cet Arrêt, il en a été rendu un autre en la Grand'Chambre, le Vendredi 3 Juin 1701, à l'Audience de relevée, sur les Conclusions de M. Portail, par lequel la Cour a jugé qu'il n'étoit pas dû de Lods & Ventes par une veuve qui avoit renoncé à la communauté, & qui avoit pris en payement de sa dot & de ses reprises, des propres que son mari avoit ameublis jusqu'à concurrence d'une certaine somme.

La Cour avoit auparavant jugé par Arrêt du 29 Août 1697, que M. de Crequi ne devoit point de droits Seigneuriaux, pour l'adjudication qu'il s'étoit fait faire pour le payement de ses créances, contre la succession de son ayeul, de trois Fiefs situés dans la Coutume de Noyon, laquelle ne donne aux cadets, dont il étoit du nombre, qu'un simple viager dans les Fiefs.

Un Arrêt rendu au rapport de M. l'Abbé Pucelle, le 17 Août 1714, a jugé que dans la Coutume de Poitou, il est dû des Lods & Ventes pour l'acquisition d'un héritage par contrat d'engagement.

Dans cette espéce, Sébastien Jousilin qui devoit une somme de 1000 liv. au sieur Cumont de Fiefbrun, lui avoit fait » transport » par engagement, & non autrement, un » moulin à eau, à condition qu'il ne pour- » roit retirer lesdits lieux, sans au préala- » ble avoir payé au sieur de Fiefbrun, la » somme de 1000 liv. les augmentations, » améliorations & les Loyaux-Coûts, &c. « c'étoit, comme on voit, une faculté de réméré perpétuelle.

Il est dû des Lods & Ventes pour l'abandon d'un héritage paternel, fait par des freres consanguins d'un premier lit, aux enfans du second lit, simples légataires du pere commun, pour la restitution de la dot & des créances de la seconde femme, appartenantes aux enfans du second lit: au moins cela a été ainsi jugé entre François Jourde, Notaire, & Jean Jaillot, Marchand à Issoire, par Arrêt rendu en la troisiéme Chambre des Enquêtes, au rapport de M. Vallier, le 19 Juillet 1730.

Le Grand-Conseil a jugé, par Arrêt rendu, au rapport de M. de Villeneuve, le 15 Juin 1741, entre la Dame de Rouilly & M. le Duc de Richelieu, qu'il étoit dû des Lods & Ventes à cause du délaissement fait à une femme, d'un propre du mari, pour la remplir de ses reprises & remplois de propres.

En licitation d'héritage entre conjoints

(a) Me Bert de la Bussiere, qui a écrit dans cette affaire pour les sieur & dame Save Dougny, m'a dit que la Cour ne s'étoit pas déterminée à confirmer la Sentence par les motifs qui y sont exprimés ; mais bien parce que le délaissement étoit une donation en ligne directe. V. ci-devant l'Arrêt du 8 Février 1744.

ou entre leurs héritiers, il n'eſt point dû de Lods & ventes, ſi l'un d'eux ſe rend adjudicataire; ſoit que la licitation ſe faſſe devant Notaire ou en Juſtice, parce que la licitation eſt réputée partage. V. *Hypothéque & Licitation.*

Dans ces ſortes de Ventes, ſi c'eſt un des conjoints qui ſe rend adjudicataire, il eſt cenſé avoir originairement acquis ſeul la totalité de l'héritage; & ſi c'eſt un héritier, il eſt cenſé avoir recueilli le total dans la ſucceſſion. Voyez l'article 80 de la Coutume de Paris.

Cet article ne parle que de la licitation entre cohéritiers: mais comme tous les colégataires, codonataires, coaſſociés, en un mot, tous les coacquéreurs, ſe trouvent en une entiere conformité avec les cohéritiers, & que les principes qui militent pour les uns, s'appliquent à tous les autres, la diſpoſition de l'article 80 de la Coutume de Paris a été étendue par la Juriſprudence des Arrêts à tous les coproprіétaires, qui dans l'origine ont été coacquéreurs, coaſſociés, colégataires & codonataires.

Une Sentence rendue au Châtelet, en très grande connoiſſançe de cauſe, le 28 Avril 1725, contre le Chapitre de Saint Honoré, l'a ainſi jugé; & la Communauté des Procureurs au Châtelet (par une eſpéce d'Acte de Notoriété qu'elle a donné au ſieur du Cornet, le 4 Février 1733, dans une affaire dont je vais parler), a certifié que tel étoit l'uſage.

C'eſt d'ailleurs ce qu'a établi M. l'Avocat Général Joly de Fleury, en portant la parole, lors d'un Arrêt intervenu ſur ſes Concluſions, le 6 Mars 1734, & qu'on trouve dans le cinquiéme volume du Code de Louis XV.

Dans cette eſpéce, une mere ceſſionnaire des droits de ſon fils étoit en cette qualité propriétaire d'une partie de la maiſon qu'elle avoit acquiſe par licitation dans la mouvance du Roi; elle prétendoit ne pas devoir de Lods & Ventes, parce qu'elle étoit copropriétaire: M. l'Avocat Général prouva que ce n'étoit pas aſſez d'être copropriétaire; qu'il falloit être coacquéreur dans l'origine; & comme cette mere ne l'étoit pas, elle fut condamnée par l'Arrêt à payer les Lods & Ventes au Receveur des Domaines.

C'eſt encore ce qui a été jugé par Arrêt rendu au rapport de M. l'Abbé Lorenchet, le 6 Février 1740, dont voici l'eſpéce.

M. de Gouſſainville avoit laiſſé dans ſa ſucceſſion deux maiſons contigues ſituées à Paris, rue de la Verrerie; l'une grande, & l'autre petite: ſes héritiers en vendirent le cinquiéme indivis au ſieur Lai de Serizy, le 2 Juillet 1732, qui paya les droits pour ce cinquiéme.

Environ un an après, M. Tauxier, Conſeiller en la Cour des Aides, acheta les quatre autres cinquiémes moins un ſeizième des mêmes maiſons, dont il paya auſſi les droits.

Ces ventes furent ſuivies d'une convention entre les deux acquéreurs, portant promeſſe de ne ſe point croiſer dans l'acquiſition qui reſtoit à faire, & de partager le tout après cette acquiſition, de maniere que M. Tauxier devoit avoir la grande maiſon, & le ſieur de Serizy, la petite.

Après cette convention, la licitation des deux maiſons fut pourſuivie contre le propriétaire du ſeizième, & par l'adjudication, la convention faite entre M. Tauxier & le ſieur de Serizy ſe trouva exécutée. Alors le Receveur des Domaines demanda les Lods & Ventes, tant à M. Tauxier, qu'au ſieur de Serizy, pour ſes portions indiviſes qu'ils avoient réunies, par la licitation, aux acquiſitions qu'ils avoient précédemment faites. Il diſoit au ſieur de Serizy; Vous n'avez acquis originairement & payé les droits que des deux cinquiémes de votre maiſon; vous n'avez été adopté pour cenſitaire que de ces deux cinquiémes: ce qui reſtoit de plus à acquérir, & qui a été acquis volontairement, & par licitation, tant par M. Tauxier, que par vous, vous étoit étranger: il oppoſoit la même choſe à M. Tauxier, & ajoutoit qu'ils n'avoient pas un titre commun *ab initio,* ni aucun droit primitif originaire individuel dans les maiſons qu'ils avoient ſéparément acquiſes.

Le ſieur Tauxier & le ſieur de Serizy répondoient que la convention faite entr'eux ne pouvoit pas paſſer pour une ceſſion ou pour un échange; mais que c'étoit un partage d'autant moins ſujet aux droits, qu'étant tous deux copropriétaires de deux maiſons indiviſibles, la convention avoit ſimplement fixé à chacun d'eux les parties indivifes qu'ils avoient dans le tout, & qu'il n'y avoit point de mutation de propriété.

Ces raifons ne firent aucune impreffion : la Cour regarda la convention faite entre le fieur Tauxier & le fieur de Serizy, comme une ceffion de droits qu'ils s'étoient faite ; & par l'Arrêt ils furent condamnés à payer les Lods & Ventes, à caufe de ces mêmes ceffions.

Il faut donc, pour opérer l'exemption des droits Seigneuriaux dans la licitation, que l'adjudicataire foit copropriétaire *ab initio*. Ainfi, lorfque de plufieurs cohéritiers il y en a un qui a vendu à un étranger fa part indivife, dans l'héritage licité, fi c'eft un des cohéritiers qui prend l'adjudication, il eft exempt de droits, mais fi c'eft celui qui avoit déja acquis la portion indivife du cohéritier, il doit les droits des autres portions qui lui proviennent de l'adjudication.

L'Auteur anonyme des Maximes Généra-les fur les Droits Domaniaux prétend même que fi l'héritier demeure adjudicataire par licitation de la totalité d'un immeuble dont un étranger avoit acquis une portion indivife, cet héritier doit les Lods & Ventes jufqu'à concurrence de la portion de cet étranger.

Cette opinion eft appuyée fur un Arrêt rendu le 22 Août 1749, imprimé avec un précis du fait & des moyens, & donné au public fous ce titre :

» Arrêt ...... qui, en expliquant l'ar-
» ticle 80 de la Coutume de Paris, juge que
» les licitations faites entre un héritier &
» un étranger, ayant acquis des droits d'un
» autre héritier, font fujettes aux droits
» Seigneuriaux dans le cas où l'héritier de-
» meure, par l'événement de la licitation,
» propriétaire de la portion qui avoit été
» acquife par l'étranger «.

J'ai dit que, fuivant l'art. 80 de la Coutume de Paris, il n'eft point dû de droits Seigneuriaux pour licitation faite entre cohéritiers & adjugée à l'un d'eux ; & fa difpofition forme fur cela le Droit commun : mais il eft quelques autres Coutumes qui autorifent le Seigneur à exiger les droits Seigneuriaux pour les foultes de partage, quelle que foit la proportion de la foulte avec l'immeuble dont elle eft le prix, & la nature

des effets mobiliers avec lefquels elle doit être payée. Telles font les Coutumes de Vermandois, article 160, & de Dunois, ar-ticle 44.

D'autres Coutumes prenant en confidé-ration la nature des effets mobiliers dans lefquels la foulte fe trouve payée, décident qu'il n'eft point dû de droits au Seigneur lorfqu'elle fe paye en effets de la fucceffion, & lui font au contraire produire des droits dans le cas oppofé. Voyez la Coutume de Tours, article 151, & ce que je dis à l'arti-cle *Soulte*.

Enfin, d'autres Coutumes, fans recher-cher comment la foulte fe paye, veulent qu'on examine, fi l'opération d'où elle ré-fulte, *eft vendition plus que partage, ou par-tage plus que vendition;* & pour vuider cette queftion, elles renvoyent à la proportion qui fe trouve entre la foulte, & la moitié de la valeur de l'immeuble dont elle eft le prix.

Dans ces Coutumes, fi la foulte excéde la moitié de la valeur de l'héritage, le traité eft regardé comme Vente. Si au contraire la foulte eft plus foible, il eft regardé com-me partage, & ne produit aucun droit. V. la Coutume de Blois, art. 88, & de Troyes, art. 57.

L'article 160 de la Coutume de Verman-dois porte que, *pour partage fait entre fre-res ou fœurs .... n'eft dû au Seigneur féodal aucun relief ni profit ...... pourvû qu'audit partage, ne fe faffe aucune foulte, pour raifon de laquelle feulement feroit dû profit.*

D'après cette difpofition, il s'eft agi de fçavoir, fi la licitation entre freres & fœurs, cohéritiers de la Terre d'Etreaupont, fi-tuée dans le Vermandois, adjugée à l'un des freres, donnoit lieu à des droits Seigneu-riaux en faveur du Seigneur dominant : & par Arrêt rendu en la Grand'Chambre, au rapport de M. l'Abbé Tudert, en faveur du Duc & de la Ducheffe de Mazarin, contre le fieur Jean-Baptifte Lamiraut, Seigneur d'Etreaupont, le Mercredi 8 Juillet 1761, la Cour a jugé tout d'une voix, qu'il étoit dû des droits Seigneuriaux en licitation, comme pour foulte de partage. Le fieur La-miraut rapportoit néantmoins des Actes de Notoriété des Bailliages de Laon, S. Quentin & Guife , qui favorifoient fa prétention de franchife.

Dans l'affaire du fieur du Cornet, que je viens d'annoncer, il s'agiffoit de fçavoir, fi la licitation faite entre les coacquéreurs de deux maifons de différente valeur, fans eftimation préalable & fans rapport d'experts qui euffent conftaté l'indivifibilité des maifons, il étoit dû des Lods & Ventes : la Cour a jugé, au rapport de M. de Vienne, qu'il n'en étoit point dû ; l'Arrêt eft du 24 Mars 1733.

Sur cette queftion de Lods & Ventes pour licitation, voyez plufieurs Arrêts cités dans les notes fur la Peyrere, édition de 1717 , lettre V. Il y en a un entr'autres qui juge qu'il n'eft point dû de Lods & Ventes , à caufe de la licitation entre un mari & les héritiers de fa femme, d'héritages qui paroiffoient pouvoir fe divifer ; c'étoient des terres & des vignes.

Il n'eft point dû de Lods & Ventes pour la promeffe de vendre. On ne peut les exiger que quand la Vente eft parfaite & confommée. Voyez Dupleffis , fur la Coutume de Paris , titre des Cenfives , & le Grand , fur celle de Troyes ; Brodeau , fur l'article 78 de la Coutume de Paris , n°. 11. Voyez auffi les autorités indiquées par de la Combe, & ce que je dis à l'article *Quint*.

Les Prieur & Religieux de Charlieu ont néantmoins prétendu que non-feulement il leur étoit dû des droits de Lods, pour la promeffe de vendre le Fief des Egrivais relevant d'eux ; mais qu'il leur en étoit même dû de doubles , parce que cette promeffe avoit été réfiliée. Il y avoit cette circonftance, que depuis la promeffe de vendre, qui étoit du 26 Avril 1720, l'acquéreur avoit payé 15000 liv. à compte le 23 Juin fuivant, & que le 26 Octobre de la même année , il étoit intervenu une Sentence qui condamnoit les vendeurs de leur confentement à paffer contrat de Vente devant Notaire, en conféquence de leur promeffe ; finon permis à l'acquéreur de configner le reftant du prix, &c.

Il y avoit eu appel de cette Sentence, & la promeffe avoit depuis été réfiliée par un acte fous feing-privé du 8 Juillet 1721 , contenant rembourfement à l'acquéreur de fes 15000 liv. ; les vendeurs prétendoient ne

devoir aucun droit, parce que le contrat n'avoit jamais été parfait ; mais, par Arrêt rendu au Grand-Confeil, le 28 Mars 1731 , il fut adjugé un feul droit ; & fur l'autre, les Parties ont été mifes hors de Cour. V. fur cette queftion, un Arrêt du 18 Avril 1698 , rapporté par M. de Catelan, tome premier, liv. 3, chap. 18, *in fine*.

Lorfque la promeffe de vendre contient les conditions & les claufes néceffaires pour former le contrat, c'eft-à-dire, la chofe vendue , le prix & le confentement actuel, les Lods & Ventes font dûs, parce qu'une femblable promeffe oblige à paffer le contrat. Voyez Dumoulin ; Henrys, tome 2, liv. 4, queftion 53 , & Bontarie.

De Droit commun, il n'eft pas dû de Lods & Ventes , lorfque la Vente eft faite avec faculté de réméré ou de rachat, pourvû que le délai fixé n'excéde pas neuf ans, & que la faculté ftipulée foit exercée. V. les articles 161 & 362 de la Coutume d'Anjou ; les articles 178 & 372 de celle du Maine , & ce que je dis art. *Quint*.

Mais pour que la Vente à faculté de rachat ne donne pas lieu à des droits de Lods & Ventes , il faut que la faculté en foit accordée par le contrat même ; fi elle étoit convenue par un acte féparé du contrat, il faudroit que cet acte fût de même date : car fi, après une Vente pure & fimple, l'acquéreur accordoit cette faculté au vendeur, les droits feroient dûs, non-feulement à caufe de la première Vente, mais il en feroit dû de nouveaux, fi la faculté étoit exercée en vertu du confentement poftérieur de l'acquéreur, parce qu'alors il y auroit double Vente.

Il n'eft dû qu'un feul droit de Lods & Ventes , quoique l'acquifition foit fuivie d'un décret volontaire ; mais s'il arrivoit que ce décret devînt forcé, & que, par ce moyen, le prix de l'immeuble augmentât , le Seigneur auroit le droit de demander les Lods & Ventes fur le pied du contrat ou du décret à fon choix. Voyez l'article 84 de la Coutume de Paris.

Si même il arrivoit par l'événement du décret volontaire, que l'adjudication fût faite à un autre que l'acquéreur, moyennant un prix plus confidérable que celui du contrat ; alors il feroit dû doubles droits de Lods & Ventes , parce qu'il y auroit double mu-

tation. C'eft l'avis de Dumoulin & de Bro-
deau , fur l'article 184 de la Coutume de
Paris. Mais Livonniere eft d'avis contraire ;
V. fon Traité des Fiefs, liv. 3, ch. 4, feĉt. 1.

La plûpart des Auteurs difent que , lorfqu'un premier adjudicataire judiciaire n'a
pas configné le prix de l'adjudication , &
qu'il a été procédé à une nouvelle Vente à
fa folle enchere , il eft dû des droits Seigneuriaux de la premiere & de la feconde
adjudication , comme de deux Ventes différentes ; quelques Arrêts ont même condamné les nouveaux adjudicataires à payer, tant
pour eux , que pour ceux qui avoient follement enchéri , fauf leur recours. Voyez Brodeau fur M. Louet , lettre R , n°. 2 ; il cite
fur cela plufieurs Arrêts. V. auffi Ricard ,
fur l'article 84 de la Coutume de Paris ; &
Dupleffis , Traité des Cenfives.

La raifon qu'on donne pour juftifier cette opinion , eft que les droits Seigneuriaux
étant dûs à caufe de la feconde adjudication,
ils doivent l'être auffi à caufe de la premiere , s'il eft vrai qu'elle ait fubfifté , & que
la réfolution , faute de payement , ne l'ait
point anéantie jufques dans fa fource &
dans fon principe.

Or, dit - on , il eft bien certain que la réfolution d'une premiere adjudication opé-
rée par celle qui fe fait à la folle enchere ,
n'opère point un anéantiffement du contrat,
ne remonte point en arriere & n'a effet que
pour l'avenir ; car , dès le moment de la premiere adjudication , l'acquéreur a été en
droit de percevoir les fruits & d'en faire
fon profit ; par la feconde , il eft devenu
chargé des dommages & intérêts de toutes
les Parties , & fi le prix de la revente n'é-
gale pas celui de la premiere adjudication,
il doit le furplus : ce qui ne feroit pas , fi
l'adjudication étoit réfolue par voie d'a-
néantiffement.

La Cour vient de rendre un Arrêt en la
Grand'Chambre conforme à ces maximes ,
au rapport de M. Bochard , le 4 Septembre
1758 , en faveur de l'Archevêque de Paris
& de fes Fermiers , contre la Direĉtion Ry-
voy & autres.

Cet Arrêt , & les autorités qu'il paroît
avoir adoptées , font affurément bien puif-
fantes , & doivent faire beaucoup d'impreffion ; cependant je penfe d'après Henrys &

Dumoulin , que la premiere adjudication
n'engendre point de Lods ; quand elle eft
fuivie d'une feconde à la folle-enchere du
premier adjudicataire , qui ne s'eft pas im-
mifcé , & auquel la chofe n'a pas été délivrée ; parce qu'un fecond adjudicataire eft
toujours cenfé tenir fon droit de la Partie
faifie , & non du premier adjudicataire , fur
la tête duquel la propriété de l'héritage n'a
pas réfidé , au moyen de ce qu'il n'a pas payé
fon prix. Les Ventes judiciaires fe font fous
la condition de payer le prix comptant ; &
n'y ayant point de payement , il n'y a point
de Vente , parce que la condition de payer
comptant , eft regardée comme réfolutive.
Voyez ce que je dis , au fujet de ces conditions , aux articles *Folle-Enchere* & *Quint*.
Voyez auffi le Diĉtionnaire des Domaines,
art. *Adjudications*.

Dans les Ventes conditionnelles , c'eft-à-
dire , dans celles dont l'événement dépend
de l'accompliffement ou du manquement de
la condition , enforte que par le défaut de la
condition , le contrat devient nul , les Lods
& Ventes ne peuvent être demandés qu'a-
près l'échéance de la condition , & non pendant que le contrat eft en fufpens ; parce
que la Vente peut être révoquée , fi la condition vient à manquer. Voyez Dumoulin ,
fur l'article 78 de la Coutume de Paris , &
d'Argentré , Traité des Lods & Ventes ,
chap. 3.

Les légataires & les donataires qui ne
font pas enfans des donateurs , & qui par
la donation font chargés de payer ou de
donner quelque chofe , doivent les Lods &
Ventes , jufqu'à concurrence de la valeur
des charges qui leur font impofées. Voyez
Chopin , Defpeiffes , & l'article 117 de la
Coutume d'Orléans.

Pour juger s'il eft dû des droits Seigneuriaux , à caufe des Ventes qui par la fuite
font réfolues , on diftingue entre la réfolution qui fe fait par voie d'anéantiffement , & qui remonte en arriere jufqu'au
jour du contrat , & celle qui n'a effet que
pour l'avenir.

La premiere (réfolution) éteint tellement la Vente , & remet fi pleinement les
chofes dans leur premier état , qu'on peut
dire qu'il n'y a point de mutation. Si , par
exemple , le vendeur d'un héritage , ou fon

héritier, y entre par voie de minorité, fondée fur minorité, violence ou léfion énorme; fi le contrat eft déclaré nul, dans tous ces cas la Vente, qui demeure anéantie, ne produit point de droits Seigneuriaux; & fi le Seigneur en avoit reçus, il feroit obligé de les rendre.

Mais quand la réfolution n'annulle pas le contrat, quand fon effet ne remonte point, & qu'elle n'a lieu que pour l'avenir, en ce cas les droits Seigneuriaux font dûs, & ne peuvent être ôtés au Seigneur à qui ils ont été une fois acquis. On peut fur cela confulter un Arrêt du 7 Septembre 1668, rapporté par Henrys, tom. 2, liv. 4, quest. 53; Dumoulin, fur l'art. 22 de l'ancienne Coutume de Paris, & d'Argentré, fur l'art. 59 de celle de Bretagne. V. *Quint.*

C'eft d'après ces principes que, par Arrêt rendu fur délibéré en la quatriéme Chambre des Enquêtes, au rapport de M. Goeflard, le Samedi 6 Avril 1726, entre les fieurs de Saintot & Boucherat, la Cour a jugé qu'il étoit dû des Lods & Ventes pour la rentrée dans un héritage par le vendeur, faute de payement par l'acquéreur, qui avoit volontairement confenti cette rentrée.

C'eft encore fur le même fondement que, par autre Arrêt rendu le 31 Août 1729, en la premiere Chambre des Enquêtes, au rapport de M. de Pomereu, la Cour a jugé en faveur du Chapitre de Lyon, contre Touffaint Mordant, qu'il eft dû des droits Seigneuriaux pour la rentrée dans les biens compris dans une donation qui avoit été répudiée trois ans après fa perfection.

De trois perfonnes qui avoient acquis en différens temps dix-huit cent trente-trois toifes de terrein à Paris, dans la cenfive du Chapitre de Sainte Opportune, un des acquéreurs s'étant défifté, par acte paffé devant Notaire, de fa portion dans l'acquifition, au profit des autres, les Chanoines prétendirent que ce défiftement produifoit des Lods & Ventes; mais par Sentence des Requêtes du Palais du 7 Juillet 1728, confirmée par Arrêt rendu le 29 Mars 1730, en la premiere Chambre des Enquêtes, le Chapitre fut débouté de fa demande.

L'héritier bénéficiaire qui fe rend adjudicataire des biens de la fucceffion, même en déduction de fa créance, ne doit point de Lods & Ventes; plufieurs Arrêts l'ont ainfi jugé, & finguliérement les Arrêts de la Boulaye & de Boutier. M. de Lamoignon a pofé ce principe comme certain, en portant la parole lors de l'Arrêt du 29 Août 1697, rendu entre la Maréchale de Crequi & le Marquis de Mailly: cet Arrêt a décidé en conformité; & il y en a un autre du 4 Septembre 1708, qui a jugé de même. On peut fur cette matiere voir le Journal du Palais, Henrys, Bretonnier, Salvaing & Bafnage; mais il faut voir auffi la Coutume de Bretagne, parce que dans cette Province on penfe que les Lods & Ventes font dûs par l'héritier bénéficiaire, qui fe rend adjudicataire des héritages de la fucceffion. V. Duparc-Poulain, fur l'art. 52 de cette Coutume.

Un Arrêt (imprimé) rendu le 8 Mars 1717, à l'occafion d'héritages fitués dans la Coutume du Maine, a jugé qu'il n'eft point dû de Lods & Ventes, lorfque les héritages font vendus par décret à un parent lignager qui en a pourfuivi la Vente, fur le fondement d'une créance réfultante de l'abandon d'une partie de ce même héritage fait par un cohéritier à fon cohéritier.

Dans toutes les mutations d'héritages roturiers qui arrivent en Pays de Droit-Ecrit (autres que celles qui donnent lieu aux droits de Lods), lors même qu'elles arrivent par des fucceffions collatérales & par des donations faites à des étrangers, ou même à des collatéraux; en un mot, pour toute tranfmiffion, telle qu'elle puiffe être; même pour le fimple changement de nom dans la propriété, il eft dû des droits Seigneuriaux, qu'on nomme Mi-Lods, & qui fe payent à raifon du douziéme de la valeur de l'héritage. V. la Combe & *Mi-Lods.*

Les mutations qui arrivent par les fucceffions directes, font exemptes des Lods & Mi-Lods.

En Provence, on juge que pour les donations univerfelles il n'eft dû aucun droit de Lods ou Mi-Lods au Seigneur. Meffieurs les Gens du Roi du Parlement d'Aix l'ont attefté par un Acte de Notoriété du 22 Mars 1686.

Mais quand ce font des donations particulieres faites à autres perfonnes qu'aux defcendans descendans du donateur, le Lods est dû. Boniface en rapporte des Arrêts. Cela a d'ailleurs été jugé par Arrêt rendu au Parlement d'Aix, le 14 Mars 1742, en faveur de la Cathédrale, des Dominicains & de l'Abbaye de Saint Victor de Marseille.

On juge encore en Provence qu'il n'est pas dû de droits de Lods, à cause des institutions ou des substitutions, soit qu'elles ayent été faites en faveur des enfans ou des collatéraux & des étrangers, suivant l'Acte de Notoriété donné par Messieurs du Parquet du Parlement d'Aix, du 5 Mars 1693.

Chaque mutation de Bénéfice en Lyonnois & en Foretz donne ouverture à des droits de Mi-Lods qui doivent être acquittés par le Titulaire. Le Mi-Lods est même dû pour raison des Maisons Curiales, de leurs enclos & des Domaines des Cures; mais les droits dûs à l'occasion des mutations de cette espèce de Bénéfices, sont à la charge des Habitans, & non de la Cure; & le Seigneur lui-même y contribue, suivant un Arrêt du 8 Août 1691. Voyez Bretonnier sur Henrys: tome 1, liv. 3, quest. 13 & 27.

Le Grand-Conseil a jugé, par Arrêt rendu au mois de Mars 1745, entre l'Abbesse de Fontevrault & les Religieuses de Joursay, d'une part, & le Fermier du Prieuré de S. Rambert, d'autre part, que les Religieuses de Joursay devoient tous les trente ans un droit de Mi-Lods, montant au treiziéme de la valeur des héritages qu'elles possédoient dans la censive de ce Prieuré, suivant l'usage du Pays de Foretz, nonobstant les Lettres de Rescision prises contre une seule Déclaration passée en 1704, & qui paroissoit nulle au moyen de ce qu'elle n'étoit signée que de trois Religieuses, sans avoir appellé la Communauté.

Les Religieuses ajoutoient que les Mi-Lods étoient accordés au Seigneur pour l'indemnité des Lods; & comme l'indemnité est, disoient-elles, sujette à prescription, il s'ensuit que nous avons prescrit le droit de Mi-Lods, au moyen de ce que nous avons acquis les héritages en question, depuis plus de cent cinquante ans. L'Arrêt n'a eu aucun égard à ces raisons.

Un autre Arrêt interlocutoire rendu dans la même affaire, le 18 Août 1740, avoit précédemment ordonné qu'avant faire droit, il

seroit rapporté Acte de Notoriété de la Sénéchaussée de Montbrison, sur l'usage observé en Foretz, &c. & en conséquence de cet Arrêt, les Officiers de Montbrison avoient attesté, par Acte de Notoriété du 6 Août 1742, que l'usage de la Province....... est.....» que les Gens de Main-morte ont le » choix de payer aux Seigneurs censiers & » directs ou les Mi-Lods tous les trente » ans, ou de donner homme vivant & mou- » rant, à la mort duquel ils payent les droits » casuels de la directe, le tout au choix des » Gens de Main-morte, à moins que par » convention particuliere faite entre les » Gens de Main-morte & les Seigneurs, » ils ne conviennent d'une indemnité en » argent «.

Les Prêtres de l'Oratoire de Notre-Dame de Grace ont aussi été condamnés par Arrêt rendu au Grand-Conseil, le 30 Septembre 1740, à payer les Mi-Lods au Seigneur de Saint-Victor, nonobstant qu'ils prétendissent en être affranchis par l'amortissement payé au Roi.

Les Lods & Ventes étant des fruits casuels, ils appartiennent incontestablement au Seigneur qui étoit Propriétaire dans le temps du contrat qui les a produits; & pour que ces droits lui soient acquis irrévocablement, il n'est pas nécessaire que la vente soit consommée, il suffit que la convention soit formée ou arrêtée entre le vendeur & l'acquéreur: on ne doit, dit Dumoulin, consulter que l'instant du contrat, & non celui de son exécution.

Quand les Lods & Ventes ou droits Seigneuriaux sont affermés, on juge que ceux qui écheoient pendant la jouissance du Fermier lui appartiennent incommutablement; de sorte que, si après l'expiration du bail, ils étoient payés à un nouveau Fermier, l'ancien seroit en droit de les répéter, comme ayant fait partie de sa jouissance. Voyez M. Louet & Brodeau.

Il en est de même des contrats de vente à faculté de réméré; on adjuge les Lods & Ventes au Fermier du temps du contrat, & non pas au Fermier du temps de l'expiration de la faculté de réméré. V. Montholon, Arrêt 30, & Chopin sur la Coutume d'Anjou.

Si le Seigneur qui a affermé les droits de

Lods & Ventes, & autres droits Seigneuriaux ou Féodaux, fait lui-même des acquifitions d'héritages, ou s'il en vend qui foient mouvans de la Terre affermée, les droits font dûs au Fermier, à moins qu'il n'y ait dans le bail une ftipulation contraire. La Cour l'a ainfi jugé, par Arrêt rendu au rapport de M. de Leffeville, le 5 Septembre 1704.

Il en a été rendu un autre au rapport de M. de Monthulé, le 7 Août 1745, entre le Comte de Valençay, engagifte du Domaine de Winffant & les héritiers du Fermier de ce Domaine.

Dans cette efpéce, le Comte de Valençay avoit vendu la Terre de Fiennes fituée en Boulonnois, mouvante du Domaine de Winffant, qu'il avoit affermée fans réferve. Il prétendit que le Fermier ne pouvoit exiger de lui les droits Seigneuriaux, & en être affranchi; mais il fut condamné de les payer. Voyez Brodeau & Dumoulin, fur l'article 78 de la Coutume de Paris.

Les Secrétaires du Roi & plufieurs Officiers de la Chancellerie font exempts de payer des droits Seigneuriaux & des Lods & Ventes, quand ils achetent des héritages, fiefs ou rotures fitués dans la mouvance du Roi : ils communiquent cette exemption à ceux qui achetent d'eux, même dans les Coutumes où les droits Seigneuriaux font à la charge de l'acquéreur, ainfi qu'il a été jugé en faveur de M. le Préfident Pelletier, par Arrêt du 20 Avril 1736. Voyez Droits Seigneuriaux.

Eft-il dû des Lods & Ventes à caufe de l'acquifition d'héritages faite pour décorer une Ville ? Cette queftion s'eft préfentée en 1763 au Grand-Confeil, entre l'Archevêque & les Jurats de la Ville de Bordeaux.

L'Archevêque prétendoit que les droits lui étoient dûs à caufe des acquifitions faites par la Ville de Bordeaux pour former la Place Dauphine. Les Jurats foutenoient n'en point devoir pour des acquifitions faites pour l'utilité publique.

Les Lods & Ventes font, difoient-ils, le prix de l'agrément du Seigneur & de l'approbation qu'il fait du contrat de vente : la vente dans un cas d'utilité publique eft forcée, ainfi le confentement du Seigneur n'eft pas néceffaire; d'ailleurs, ajoutoient les Jurats, dans le cas d'une vente pour l'utilité

publique, le vendeur n'eft point entiérement dépouillé, puifque, comme Membre du Public, il profite de la chofe commune.

L'Archevêque répondoit que fi les acquifitions faites pour l'utilité publique produifoient une exception à la régle, ce ne pouvoit être que dans le cas d'une néceffité indifpenfable, comme pour fortifier une Ville, faire un rampart, &c. mais que cette exception ne pouvoit s'appliquer au cas particulier, où il s'agiffoit de décorations & d'embelliffemens, pour lefquels même la Ville n'avoit point obtenu de Lettres-Patentes.

Malgré ces raifons, le Grand-Confeil a, par Arrêt rendu le 10 Mars 1763, débouté l'Archevêque de fa demande en payement de Lods & Ventes, conformément à quelques préjugés tirés d'Arrêts cités par la Ville, & qu'il combattoit.

L'ancienne Coutume de Laon décide, par l'art. 12, que les *acheteurs d'héritages font tenus du droit de Vente envers les Seigneurs, lequel droit eft le douziéme denier du prix principal*; mais, ajoute l'article, *en aucuns lieux n'y a droit de Vente, & en d'autres lieux il y a plus ou moins.*

L'article 137 de la nouvelle Coutume affujettit auffi *l'acheteur d'un héritage roturier*, à payer le douziéme denier du prix principal; réfervé toutefois aux Seigneurs & à leurs fujets refpectivement, leurs conventions particulieres, fi aucunes en ont pour le plus ou pour le moins.

Ces difpofitions ont donné lieu à la queftion de fçavoir, fi la poffeffion également ancienne & certaine, dans laquelle étoient les Habitans d'Anify, de ne pas payer de Lods & Ventes à l'Evêque de Laon leur Seigneur, pouvoit équipoller à un titre d'exemption.

Cette queftion parut être tellement importante, que par un premier Arrêt rendu le 2 Septembre 1738, au rapport de M. Brayer, la Cour ordonna que toutes les Chambres feroient confultées; & depuis, par un Arrêt rendu *confultis Claffibus*, au rapport de M. de la Valette, le 13 Février 1743, en la premiere Chambre des Enquêtes, la Cour a condamné les Habitans du Comté d'Anify à payer les Lods & Ventes; ainfi il eft jugé que la poffeffion de ne pas les payer, ne fuffit pas feule dans la Coutu-

me de Vermandois, mais qu'il faut néceſſairement un titre d'exemption.

LOGEMENT de Gens de Guerre.

Divers Edits & Déclarations ont exempté les Pourvus de divers Offices du Logement des Gens de Guerre. Mais la multiplicité de ces exemptions les a, pour ainſi
dire, rendus inutiles. L'article premier de
l'Edit du mois d'Août 1705 a révoqué toutes les exemptions de cette nature, accordées depuis le premier Janvier 1689 ; &
l'article 6 de celui du mois d'Août 1715, a
éteint toutes celles attachées à des Offices
Militaires, de Judicature, de Finance & de
Police, créés depuis la même époque, dont
la premiere finance ne montoit pas à 1000 l.

Ainſi toutes les exemptions du Logement
de Gens de Guerre ne ſont pas ſupprimées;
il en ſubſiſte encore pluſieurs détaillées dans
l'Ordonnance Militaire du 25 Juin 1750,
qui eſt la derniere régle ſur cette matiere.
Voici quelles en ſont les principales diſpoſitions.

Art. LX. » N'entend Sa Majeſté qu'en
» aucun cas les Hôtes puiſſent être délogés
» de leur chambre où ils auront coutume de
» coucher.

LXVI. » Les Officiers qui ſe logeront
» ſans billet des Officiers Municipaux ou de
» Commiſſaires des Guerres, ſeront mis en
» priſon, & il en ſera rendu compte au Se-
» crétaire d'Etat ayant le Département de
» la Guerre.

» Les Soldats, Cavaliers ou Dragons qu'on
» trouvera établis en d'autres Logemens que
» ceux qui leur ſeront échus, ſeront arrêtés
» & mis en priſon, pour être punis ſuivant
» l'exigence du cas.

LXVII. » Les Officiers qui inſulteront
» les Officiers de Ville où ils ſeront en gar-
» niſon, ſeront mis en priſon, & il en ſera
» rendu compte au Secrétaire d'Etat ayant
» le Département de la Guerre.

» A l'égard des Soldats, Cavaliers & Dra-
» gons qui tomberont dans le même cas, ils
» ſeront arrêtés & remis aux Juges deſdits
» lieux, pour être par euxjugés, ſuivant que
» le cas le requerra.

LXIX. » Les Logemens ſeront répartis
» alternativement & avec égalité ſur tous
» les Habitans qui y ſont ſujets, enſorte

» qu'aucun ne puiſſe loger deux fois avant
» que tous les autres ayent logé une fois.

LXX. » Lorſque les Logemens ſeront une
» fois aſſis, ils ne pourront être changés que
» par l'ordre de l'Intendant de la Province,
» ou par celui des Commiſſaires des Guer-
» res, avec l'avis des Officiers de Ville....

LXXI. » S'il arrivoit que les Officiers de
» Ville ſurchargeaſſent de Logement quel-
» ques Habitans, pour en exempter d'autres
» qui devroient y être ſujets, le Commiſſai-
» re des Guerres pourra obliger les Officiers
» Municipaux à lui repréſenter les rôles
» deſdits Habitans, & expédier ſeul ſes bil-
» lets pour faire déloger & loger ceux qu'il
» conviendra, ſans que perſonne puiſſe ſe
» diſpenſer de ſe conformer auxdits billets,
» à peine de déſobéiſſance.

LXXII. » Sa Majeſté autoriſe pareille-
» ment les Commiſſaires des Guerres à faire
» loger les Gens de Guerre chez les Officiers
» de Ville, de Juſtice & autres exempts, qui
» par connivence ou autrement ſouffriroient
» qu'il fût commis quelqu'abus au fait des
» Logemens pour en avoir reçu plaintes.

LXXIII. » Seront exempts du Logement
» de Gens de Guerre & de toute contribu-
» tion à icelui, les Eccléſiaſtiques étant dans
» les Ordres ou Pourvus de Bénéfices qui
» exigent réſidence dans le lieu.

LXXIV. » Les Officiers étant actuelle-
» ment dans le Service Militaire, ou qui
» s'en ſont retirés après avoir obtenu la
» Croix de l'Ordre Militaire de Saint Louis
» ou une penſion de Sa Majeſté.

LXXV. » Les Officiers Commenſaux des
» Maiſons Royales chargés d'un ſervice an-
» nuel dans leſdites Maiſons, ſans que ceux
» qui n'auront qu'un titre de charge, & ne
» rempliront aucun ſervice, puiſſent préten-
» dre ladite exemption.

LXXVI. » Les Conſeillers-Secrétaires
» de Sa Majeſté, Maiſon, Couronne de
» France & de ſes Finances, enſemble les
» Audienciers, Contrôleurs & autres Offi-
» ciers de la Grande Chancellerie.

LXXVII. » Les Préſidens, Conſeillers,
» Gens de Sa Majeſté & autres Officiers des
» Parlemens, Chambres des Comptes,
» Cours des Aides & autres Cours ou Con-
» ſeils Supérieurs.

LXXVIII. » Les Préſidens & Tréſoriers

» Généraux de France aux Bureaux des Fi-
» nances des Généralités du Royaume.

LXXIX. » Les Présidens, Lieutenans
» Généraux, Particuliers, Civils & Crimi-
» nels du principal Siége de chaque lieu,
» ensemble les Gens de Sa Majesté auxdits
» Siéges, sans que les Chefs & Officiers des
» autres Justices établies dans le même lieu
» puissent participer à la même exemption.

LXXX. » Les Grands Maîtres & Maîtres
» Particuliers des Eaux & Forêts (a).

LXXXI. » Tous les Officiers & Cava-
» liers des Compagnies de Maréchaussée.

LXXXII. » Les Maires, Mayeurs, Bour-
» guemestres, Echevins, Consuls, Jurats
» ou Syndics des Villes & Communautés,
» pour le temps de leur administration seu-
» lement ; ces exemptions ne pouvant être
» prétendües au-delà, sous tel prétexte que
» ce soit.

LXXXIII. » Les Trésoriers & Rece-
» veurs Généraux ou Particuliers ayant le
» maniement actuel des deniers de Sa Ma-
» jesté.

LXXXIV. » Les Commis des Fermiers
» des Domaines, Gabelles, Aides, Traites
» Foraines, Douanes domaniales & autres
» Fermes de Sa Majesté (b).

LXXXV. » Les Changeurs.

LXXXVI. » Les Etapiers, non-seule-
» ment pour les maisons où ils demeureront,
» mais encore pour celles où seront leurs
» magasins, servant à la fourniture desdites
» Etapes.

LXXXVII. » Les Commis chargés de la
» fourniture des lits dans les Garnisons.

LXXXVIII. » Les Directeurs des Bu-
» reaux des Lettres, les Maîtres de Postes
» établis par Brevets de Sa Majesté, ainsi
» que les Couriers ordinaires employés
» pour les Fermiers des Postes.

LXXXIX. » Les Directeurs des Bureaux
» des Lettres, les veuves des Gentilshom-
» mes, Officiers des Troupes, ou autres
» ayant des Charges qui leur procureroient
» ladite exemption pendant leur vie, conti-
» nueront d'en jouir durant leur viduité.

XC. » Les privilégiés ne jouiront de
» leurs exemptions que pour les maisons
» ou parties d'icelles qu'ils occuperont per-
» sonnellement, sans que les Particuliers
» non exempts qui pourroient les louer en
» tout ou en partie, puissent participer, sous
» tel prétexte que ce soit, à ladite exemp-
» tion.

XCI. » Entend Sa Majesté que ceux qui
» étant exempts par leur état, leurs charges
» ou emplois, feront commerce à boutique
» ouverte, ou tiendront Cabarets, soient dé-
» chus de leur exemption, & qu'ils soient
» assujettis au Logement, comme Marchands
» ou Cabaretiers, pendant tout le temps
» qu'ils feront ledit commerce.

XCII. » En cas de foule, le Logement
» doit être fait indifféremment chez les
» exempts & non exempts, en suivant
» néantmoins l'ordre des priviléges ; de ma-
» niere que les Ecclésiastiques logent tous
» les derniers.

XCIII. » Si quelques autres personnes
» que celles ci-dessus nommées, prétendent
» jouir de l'exemption du Logement des
» Gens de Guerre, soit pour concession par-
» ticuliere ou autrement, elles se pourvoi-
» ront pardevant l'Intendant de la Provin-
» ce, qui décidera de la validité de leurs ti-
» tres, & connoîtra supérieurement, & pri-
» vativement à tous autres, des détails des
» Logemens ; & ce qui sera par lui ordonné,
» sera exécuté par provision, sauf à ceux
» qui se croiront lésés par leurs Ordonnan-
» ces, à adresser leurs représentations au
» Secrétaire d'Etat ayant le département de
» la Guerre, pour en rendre compte à Sa
» Majesté, & y être par Elle pourvu «.

LOI APPARENTE.

En Normandie, on nomme Loi Apparente ou paroissante, une action réelle que
le propriétaire d'un héritage peut diriger,
pour en recouvrer la possession que lui ou
ses auteurs ont perdue.

L'action de Loi Apparente n'a lieu qu'en
faveur du propriétaire qui a perdu la posses-

(a) Les Officiers & Gardes des Maîtrises des Eaux &
Forêts, pourvus en titre ou par commission, ont été maintenus par Arrêt du Conseil du 4 Avril 1723, dans l'exemption du Logement de Gens de Guerre, ustenciles, fournitures, contributions, &c., tant qu'ils exerceront leurs
Charges & Commissions.

(b) Il a été ordonné, par Arrêt du Conseil du 6 Août
1763, que les Receveurs des droits d'Amirauté, tant principaux que particuliers, chargés de la distribution des congés de M. l'Amiral, continueront de jouir de l'exemption
de toutes corvées, charges publiques, & même de Logement
de Gens de Guerre, à l'instar des Receveurs des Fermes.

sion d'un héritage ou d'un immeuble, depuis quarante ans; & quand on l'exerce, le demandeur doit désigner le bien contentieux par tenans & aboutissans.

Le Parlement de Rouen a jugé, par Arrêt rendu contre les sieurs d'Etampes & Panthou, le 8 Mars 1743, que le demandeur en Lettres de Loi Apparente n'est pas obligé de rapporter les titres de propriété des biens contentieux, & qu'il suffit de demander à prouver qu'il a possédé par & depuis quarante ans.

Un Commentateur moderne de la Coutume de Normandie, & qui a gardé l'anonyme, assure, sur l'article 60 de cette Coutume, qu'il est d'usage de n'intenter cette action, qu'après avoir obtenu à cet effet des Lettres en la Chancellerie établie pour le Parlement de Rouen ; cependant il ajoute qu'il ne les croit point nécessaires. Son avis paroît diamétralement opposé à la Déclaration du mois de Juillet 1724.

Un Arrêt rendu au Parlement de Rouen, le 17 Août 1751, a jugé qu'une femme qui a signé au contrat de Fieffe, (c'est-à-dire, du bail à rente) de ses biens dotaux situés en Normandie, ne peut intenter l'action de Loi Apparente ; mais qu'après la discussion des biens de son mari, elle peut diriger son action contre le Fieffetaire, pour être maintenue dans la propriété & possession du fonds fieffé, si mieux n'aime le Fieffetaire suppléer le juste prix, eu égard à la valeur du fonds fieffé, lors du contrat de Fieffe.

Depuis cet Arrêt, il s'éleva une nouvelle contestation sur la question de sçavoir, si le juste prix seroit payé en argent, ou si le débiteur augmenteroit la rente ; &, par Arrêt rendu au mois d'Août 1752, il a été condamné de payer en argent.

Dans cette espéce, le contrat fieffé paroissoit être une vente déguisée. La rente originaire n'étoit que de 15 livres, & le fonds étoit estimé 3000 livres.

L O I X.

V. Barrois, Coutume, Déclaration, Droit, Edit, Hypothéque, Ordonnances.

On nomme Loix, des régles établies par le Souverain pour le Gouvernement & la Police des Peuples soumis à son autorité.

Les Loix auxquelles les anciens Gaulois étoient soumis, ne nous sont presque pas connues. Nous n'en sçavons que ce que nous en dit César dans ses Commentaires, Strabon & Ammien-Marcellin.

A mesure que les Romains subjuguoient les Gaules, ils donnoient leurs Loix aux vaincus. Elles étoient contenues dans les Codes Grégorien, Hermogenien & Théodosien, dans lesquels les Constitutions des Empereurs étoient recueillies.

Le Code Théodosien fut publié par l'autorité de l'Empereur Théodose le jeune, l'an 438. Il confirmoit les deux autres, & étoit la plus considérable partie du Droit Romain : on l'appelloit par excellence, la Loi Romaine.

Quand les Goths, les Bourguignons & les Francs, envahirent les Gaules, & en formerent plusieurs Royaumes, ils éprouverent que les Loix Romaines étoient plus puissantes que leurs armes ; car ils furent contraints de laisser aux vaincus la liberté de suivre ces Loix, comme ils faisoient auparavant.

Les Goths mêmes éurent tant de respect pour elles, que ce qui nous reste du Code Théodosien, & tout ce que nous avons de fragmens des plus célèbres Jurisconsultes de l'ancienne Rome, est dû aux soins d'Alaric, l'un de leurs Rois, ou d'Anian, son Chancelier. Les Goths se gouvernerent néantmoins par leurs Loix appellées les Loix Gothiques, les Bourguignons par la Loi Gombette, de laquelle Gondebaud, un de leurs Rois, étoit auteur, & les Francs par les Loix Saliques.

Mais les Rois de ces trois Peuples laisserent, comme je l'ai dit, aux vaincus, & même aux vainqueurs, la liberté de vivre, & d'être jugés par les Loix des uns ou des autres ; & c'est peut-être à ce mêlange, & à cette confusion de Loix, qu'on doit rapporter l'origine & la diversité des Coutumes qui régissent la plûpart de nos Provinces.

Charlemagne ayant réuni à son Empire les conquêtes des Francs, des Bourguignons, des Goths & des Lombards, laissa vivre ces Peuples, selon les Loix qu'il avoit trouvé établies parmi eux, & les fit même toutes renouveller ; ainsi l'on suivit, sous la seconde Race, les mêmes Loix qu'on avoit suivies sous la première. On y ajoutoit seulement les Capitulaires de Charlemagne, de Louis-le-Débonnaire, & de Charles-le-Chauve. Le Droit Romain commença dès-lors à être moins en usage, & la foiblesse des derniers Rois Carlovingiens fit qu'on le réduisit en Coutume.

Vers ce temps-là, les grands Seigneurs usurperent la souveraineté. Chacun d'eux s'attribua le pouvoir de faire des Loix dans son territoire; c'est principalement de cette usurpation, & du mélange des Loix dont j'ai parlé, qu'est venue la diversité des Coutumes du Royaume.

Le Droit Romain acquit une nouvelle réputation vers l'an 1130; car, quoique Justinien en eût fait faire une compilation par Tribonien, & par quelques autres habiles Jurisconsultes, en 533 & 534, elle avoit été presqu'inconnue pendant près de 600 ans. Ce fut vers ce temps qu'on trouva un ancien Exemplaire des Pandectes à Melphe. Lothaire en fit présent à ceux de Pise, qui le garderent jusqu'à ce que leur Ville fut prise par les Florentins. Ceux-ci l'emporterent à Florence, & c'est ce qu'on a appellé depuis les Pandectes de Florence.

Ce droit de Justinien fut bientôt après enseigné publiquement, dans la ville de Bologne, par un Allemand, nommé Warnher, que les Italiens appellent Irnier. De cette École sortirent un grand nombre de Jurisconsultes, qui se répandirent en France. On enseigna d'abord ce nouveau Droit à Montpellier, à Toulouse, & enfin à Paris. Un Historien assure que, du temps de Philippe-Auguste, on l'enseignoit, dans cette Capitale, à un nombre prodigieux d'Etudians.

Cette Jurisprudence apporta un grand changement dans le Droit François. Elle adoucit la dureté des Coutumes, & introduisit de nouveaux usages dans les Coutumes, dans les Jugemens, &c. Depuis ce temps-là nos Rois lui ont donné beaucoup d'autorité dans leurs Etats, non pas parce que ce sont des Constitutions des Empereurs Romains, mais uniquement parce qu'elles sont remplies d'équité. V. *Droit-Ecrit.*

Dans l'état actuel des Loix, nous en avons en France de quatre différentes espéces; 1°. les Ordonnances; 2°. les Coutumes, qui sont nos Loix propres; 3°. ce que nous observons du Droit Romain; 4°. le Droit Canonique.

Ces quatre diverses sortes de Loix réglent les contestations de toute nature qui s'élevent entre les Citoyens; mais leur autorité est bien différente.

Les Ordonnances ont une autorité universelle dans tout le Royaume, quand elles ont été regiftrées & promulguées suivant l'usage; & elles s'obfervent par-tout, à la réserve de quelques-unes, dont les dispositions ne regardent que quelques Provinces.

Les Coutumes ont leur autorité particuliere, & chacune est bornée dans l'étendue de la Province, ou du lieu où elle s'obferve. Cependant voyez *Statuts.*

Le Droit Romain a dans le Royaume deux différens usages, & il a pour chacun son autorité.

L'un de ces usages est qu'il est observé comme Coutume en plusieurs Provinces, & qu'il y tient lieu de Loi sur plusieurs matieres. Ce sont ces Provinces dont on dit qu'elles se régissent par le Droit-Ecrit; & pour cet usage, le Droit Romain y a la même autorité qu'ont dans les autres Pays leurs Coutumes propres.

L'autre usage du Droit Romain en France s'étend à toutes les Provinces, & comprend toutes les matieres. Il consiste en ce qu'on obferve par-tout les décisions qu'il contient, non pas précisément parce qu'elles sont écrites dans le Droit Romain, qui ne fait Loi pour nous, qu'autant qu'il plaît au Prince, mais parce qu'elles sont fondées sur la justice & la raison, qui sont les bases de la Loi universelle. V. *Droit-Ecrit.*

Le Droit Canonique contient un très-grand nombre de régles que nous obfervons; mais il s'en trouve aussi quelques-unes que nous rejettons. Nous obfervons, par exemple, tous les Canons qui regardent la foi & les mœurs, & qui sont tirés de l'Ecriture, des Conciles & des Peres. Nous recevons aussi un très-grand nombre de Constitutions qui regardent la discipline Ecclésiastique, & nous en avons même adopté quelques-unes, qui ne regardent que la police temporelle; mais nous en rejettons d'autres, ou parce qu'elles ne font pas conformes à nos usages, ou parce qu'elles font contraires au Droit & aux Libertés de l'Eglife de France.

Toutes les Loix tiennent au Droit public, foit par l'autorité dont elles font émanées, ou qui les a confirmées, foit par les motifs qui les ont déterminées.

Quant à l'autorité, tout le monde fent que le pouvoir légiflatif eft ce qui tient le plus à l'ordre public dans un Etat.

A l'égard des motifs, il n'y a point de Loi, fi peu importante qu'elle puiffe paroître, dont les motifs ne foient publics : le moindre acte de procédure, la moindre formalité eft réglée pour des confidérations publiques, qui ont pour objet le plus grand bien des peuples.

Les Loix générales font fondées fur la nature du Gouvernement, fur les mœurs, fur le génie du peuple entier, & fur la plus grande utilité de tous les Citoyens.

Les Coutumes particulieres font tirées des anciens ufages de la Province, & ces ufages étoient eux-mêmes fondés fur les mœurs, & fur le génie des Habitans du Pays. C'eft pourquoi le moindre changement à faire dans les Coutumes, eft un objet digne d'une fi grande réflexion ; c'eft auffi ce qui fait que, quelqu'avantage qu'on pût tirer de l'uniformité des Loix dans ce Royaume, il a toujours paru fi difficile de l'établir.

On trouve un excellent Difcours fur l'origine, la fucceffion & le progrès des Loix en France, à la tête de l'Analyse hiftorique des Principes du Droit François, par M. Duchefne.

L O I X   S A L I Q U E S.

C'eft ainfi qu'on nomme des Loix fondamentales du Royaume, l'une defquelles régle la fucceffion à la Couronne, la défére aux feuls mâles qui ont la confanguinité la plus immédiate, & en exclud les filles, ainfi que les mâles qui ne tiennent à la Couronne que par les meres.

Cette Loi a toujours été écrite dans le cœur des François. Duhaillan prétend qu'elle a été imaginée par Philippe-le-Long, dans le quatorziéme fiécle. Mais c'eft une erreur ; & le Pere Daniel a prouvé, dans une Differtation qu'il a faite fur ce fujet, qu'elle exiftoit dans le commencement de la Monarchie. L'opinion commune eft qu'elle a été inftituée par Clovis.

Les autres Loix Saliques étoient celles fuivant lefquelles on rendoit la Juftice aux Francs. Quelques Auteurs ont écrit qu'on les nomma Saliques, parce que c'étoit félon ces Loix qu'on jugeoit dans la falle du Roi. D'autres ont prétendu que ces Loix ont été furnommées Saliques, parce qu'elles gouvernoient les François Saliens, c'eft-à-dire, qui demeuroient au bord d'une riviere, nommée Sale, dans la Franconie, & qui fe perd dans le Mein.

Quoi qu'il en foit de l'origine, de l'étymologie & de l'épithéte donnée à ces Loix, elles confiftoient en trois livres fubdivifés en plufieurs titres ; & ces titres étoient eux-mêmes divifés en plufieurs paragraphes. Les Francs les firent traduire en Latin vers l'an 422 ; & M. Pithou en a donné une édition, où l'on trouve auffi quelques Ordonnances de nos premiers Rois, qui ont trait à ces Loix. Il y en a finguliérement une (Ordonnance) de Childebert, Roi d'Auftrafie, qui nous apprend que les Loix Saliques furent inftituées par Clovis, qui les revit enfuite avec les Francs.

L O M B A R D S.
V. *Apoticaires.*

La Lombardie eft une partie de l'Italie qui comprend plufieurs Provinces.

Les Peuples nés dans quelques-uns des Villages de ce Pays, ont le privilége fingulier de pouvoir vendre & colporter dans toutes les Villes du Royaume, même dans Paris, & dans toutes celles où il y a Jurande, » du cryftal taillé, de la quincaillerie, » & autres menues marchandifes mêlées «.

Ce privilége leur a été accordé par Louis XIII, en confidération de ce qu'ils ont été les premiers qui foient venus ramoner les cheminées en France.

Ce Prince ne leur avoit d'abord accordé qu'un Arrêt du Confeil, le 10 Octobre 1613 ; mais cet Arrêt fut depuis revêtu de Lettres-Patentes du 18 Janvier 1635, portant » qu'ils pourroient porter cryftal taillé, » quincaillerie, & autres menues marchan- » difes mêlées, les vendre, changer, tro-

» quer, & en faire leur profit, ainfi qu'ils
» verroient bon être, tant en la ville de
» Paris, que tous autres endroits du Royau-
» me......fans toutefois pouvoir étaler ladite
» marchandife en boutique «. Et ces Lettres
ont été regiftrées au Parlement le premier
Mars fuivant.

Louis XIV accorda de femblables Lettres
aux Lombards, le 11 Janvier 1645, qui ont
été regiftrées le 6 Février fuivant; & Louis
XV leur en a aufli accordé, le 18 Juin 1716,
qui ont été enregiftrées le 5 Décembre de la
même année.

Ces dernieres pourroient en quelque forte paffer pour ampliatives du privilége des
Lombards; car elles portent qu'ils *continue-*
ront d'acheter & vendre toutes fortes de me-
nus ouvrages d'Orfévrerie, permiffion que
ne contenoient pas les précédentes. Le Confeil paroît même avoir encore étendu ce
privilége par un Arrêt du 17 Février 1756,
lequel, en caffant un Arrêt de la Cour des
Monnoies de Paris, du 17 Décembre 1755,
a fait main-levée au nommé Mellario, Colporteur Lombard, des ouvrages faifis fur
lui, à la requête des Orfévres du Havre-de-
Grace, & ordonné que, fans avoir égard à
un autre Arrêt de la Cour des Monnoies,
du 28 Juin 1699, les Lombards pourroient
colporter, vendre & acheter tous les ouvrages d'Orfévrerie & Bijouterie, autres que
ce qui peut être regardé comme vaiffelle,
en fe conformant aux Ordonnances.

Nonobftant tous ces priviléges géminés,
les Marchands Merciers de Paris ont en
différens temps prétendu empêcher les Lombards de colporter & vendre des marchandifes dans Paris. Ils avoient, pour premiere
tentative, fait faifir les marchandifes col-
portées par ces Etrangers; & comme ceux-
ci oppofoient leurs Lettres-Patentes du 18
Janvier 1635, les Marchands Merciers s'é-
toient rendus tiers-oppofans à l'Arrêt d'enregiftrement de ces mêmes Lettres: mais,
par Arrêt rendu le 6 Mars 1646, les Parties
ont été mifes hors de Cour fur cette tierce-
oppofition.

Ce même Arrêt a néantmoins déclaré valables des faifies de *marchandifes d'or &*
d'argent fin & faux, faites fur des Lombards; mais il paroît que le motif a été que
ces marchandifes étoient à un titre étran-

ger; & c'eft fans doute par cette raifon qu'en
ordonnant, par le même Arrêt, que les marchandifes *feroient mifes ès mains des Gardes*
de l'Orfévrerie, pour être, en préfence des
Parties faifies, *fondues & réduites au titre de*
Paris, la Cour ordonna en même-temps *que*
le prix, enfemble les perles & pierres fines,
& le furplus defdites marchandifes, feroient
rendues aux Lombards, avec défenfes à eux,
& à tous autres Ramoneurs de cheminées,
de porter par les rues & maifons, vendre,
débiter, changer & troquer autres marchan-
difes que cryftal taillé, quincaillerie, & au-
tres menues marchandifes mêlées, pour leur
aider à vivre, conformément aux Lettres-Pa-
tentes & Arrêts, &c.

Les Merciers de Paris ont aufli *attaqué*
les Arrêts d'enregiftrement des Lettres-Patentes accordées aux Lombards en 1645 &
en 1716. Ils prétendoient que le privilége,
anciennement accordé aux Lombards, devoit être reftraint aux feuls Lombards, Ramoneurs de cheminées; mais, par Arrêt du 8
Mai 1739, les Parties ont été mifes hors de
Cour fur ce chef de demande des Marchands
Merciers.

Dans les conteftations fufcitées aux Lombards par les Merciers, ceux-ci ont prefque
toujours demandé que les marchandifes,
dont la vente feroit permife, fuffent détaillées; mais jamais ces demandes n'ont été
adoptées.

Des Ramoneurs, dont les marchandifes
avoient été faifies en la ville de Bayeux, ont
obtenu un Arrêt du Confeil, le 27 Septembre 1696, qu'on trouve dans le Recueil des
Édits, Déclarations & Arrêts fur les Arts
& Métiers, par lequel il a été fait main-levée de la faifie, fur le fondement des Lettres-Patentes de Louis XIII & de Louis
XIV, dont l'exécution a été ordonnée par
le même Arrêt.

Les Merciers de Pontoife ont aufli tra-
caffé les Lombards. Ils prétendoient que ces
Etrangers ne pouvoient, en conféquence de
leurs priviléges, vendre des étamines, & le
Juge de Pontoife avoit déclaré valable la
faifie de ces étoffes; mais fa Sentence fut
infirmée par Arrêt rendu fur les Conclufions
de M. le Procureur Général, le 24 Mai
1702, & il fut fait main-levée de la faifie
avec dépens.

LORRAINE.

LORRAINE.
V. Barrois.

La Lorraine eft un Duché qui, après avoir dans les premiers temps de la Monarchie, & même pendant plufieurs fiécles, fait partie du Royaume, a long-temps appartenu à des Souverains particuliers. Elle a enfin été réunie à la France en 1736, par le Traité de Vienne.

L'article 14 de ce Traité porte que les Lorrains jouiront des priviléges à eux accordés, & que les Jugemens, rendus jufqu'alors dans les Tribunaux compétens, fubfifteront en faveur de l'Eglife, de la Nobleffe & du Tiers-Etat; & les Lettres-Patentes en forme d'Edit, du 18 Janv. 1737, ordonnent » que les différens Ordres du » Duché de Bar continueront de jouir des » prérogatives, immunités & autres dif- » tinctions dans lefquelles ils ont été juf- » qu'à préfent maintenus & gardés. «

Tous les Sujets du Roi de Pologne, nés dans les Etats ci-devant foumis à la domination des Ducs de Lorraine, font réputés à tous égards naturels François, & en conféquence exempts de toutes charges & droits impofés & à impofer fur les Etrangers, même de donner caution de payer le Jugé, & de toutes autres Loix, Réglemens & Ufages qui pourroient avoir lieu à l'égard des Etrangers. Ce font les termes mêmes de l'Edit du mois de Juillet 1738, & regiftré le 12 Août fuivant (a).

Ce même Edit déclare *lefdits Sujets capables de poffeder tous Offices & Bénéfices, d'exercer toutes profeffions, & d'être reçus à la maîtrife de tous métiers en France.*

Enfin, la *réciprocité d'hypothéque établie par le Traité de Paris du 21 Janvier 1718, pour plufieurs parties de la Généralité de Metz, eft étendue à tout le Royaume par cet Edit;* & tous les Jugemens rendus dans les Etats du Roi de Pologne, ainfi que les contrats & actes publics qui y font paffés, emportent hypothéque fur les biens fitués en France, comme s'ils y avoient été rendus ou paffés fuivant les ufages refpectifs du Royaume & defdits Etats.

Le Roi, par une Ordonnance du 20 Oc-

tobre 1739, a permis aux Maréchauffées de Lorraine & du Barrois, de pourfuivre & arrêter, fur les Terres de France, les accufés de crimes ou délits commis dans les Etats de Lorraine.

Sa Majefté avoit auparavant, par un Arrêt du Confeil du 4 Février 1738, revêtu de Lettres-Patentes du même jour, regiftrées en la Cour des Aides le 25 du même mois, permis aux Commis & Employés des Fermes de Lorraine & de Bar, de pourfuivre les Contrebandiers, Fauxfauniers & autres Fraudeurs fur les Terres de France, lefquels s'y refugieroient.

Avant cet Arrêt & Lettres-Patentes, le Roi de Pologne, Duc de Lorraine, avoit, par un Arrêt de fon Confeil des Finances du 22 Novembre 1737, permis aux Commis, Gardes & Employés des Fermes du Roi, de pourfuivre en Lorraine les Fauxfauniers, Contrebandiers, & autres Fraudeurs. Cependant un Arrêt de la Cour des Monnoies, du 16 Octobre 1737, a confifqué les fols de Lorraine trouvés fur Louis Curille, entrant dans Paris par la barriere de Montreuil, & a fait défenfes d'expofer & faire entrer dans le Royaume des Monnoies de Lorraine.

Depuis l'Edit du mois de Janvier 1738, dont je viens de parler, le Roi a donné une Déclaration le 9 Avril 1747, regiftrée le 20 du même mois, dont voici les difpofitions.

ART. I. *Voulons que notre Edit du mois de Juillet 1738 foit exécuté felon fa forme & teneur; ce faifant que, lorfque la difcuffion des effets d'un débiteur domicilié dans le Duché de Lorraine, Terres & Pays poffédés en pleine fouveraineté par notre Frere & Beaupere le Roi de Pologne, Duc de Lorraine, aura été portée dans un Tribunal defdits Pays, la partie des biens, meubles ou immeubles, qui fe trouvera appartenir au débiteur dans l'étendue de notre domination, foit difcutée dans le même Tribunal, fans que nos Juges puiffent alors en prendre aucune connoiffance.*

II. *Ordonnons, conformément audit Edit, que tous les Jugemens rendus par les Juges des Pays-ci-deffus marqués, en vertu defquels les biens ou effets du débiteur auront été, ou*

(a) Le 30 Juin de la même année 1738, le Roi de Pologne, Duc de Lorraine, a auffi donné un Edit, fuivant lequel les
Tome II. Part. II.

François doivent jouir en Lorraine, des mêmes priviléges dont jouiffent les Lorrains, y tenir Offices, Bénéfices, &c.
L

pourront être saisis, comme aussi tous les Jugemens qui interviendront dans le cours de la discussion desdits biens & effets, soient mis à exécution dans l'étendue desdits Etats, après avoir préalablement obtenu de Nous les Pareatis sur ce nécessaires.

III. Les saisies, tant mobiliaires que réelles, instance de préférence, distribution de deniers, baux judiciaires & adjudications par décret, ou autrement, & généralement toutes les poursuites qui se feront, & toutes les contestations qui naîtront pour raison desdits biens, meubles ou immeubles, étant dans notre Royaume, qui appartiendront à un débiteur domicilié dans les Pays possédés en pleine souveraineté par le Roi de Pologne, Duc de Lorraine, seront portées devant les Juges desdits Pays qui doivent en connoître, ainsi & de la même manière que si lesdits biens, meubles & immeubles se trouvoient dans l'étendue desdits Pays, le tout aux conditions marquées par les articles suivans.

IV. Les saisies, tant mobiliaires que réelles, & les criées des biens situés dans les Pays de notre obéissance, seront faites par un Huissier ou Sergent ayant pouvoir d'exploiter dans le lieu où se fera la saisie, & en observant les formalités prescrites par les Ordonnances, Loix & Coutumes qui y sont observées, soit pour les exploits de saisie-réelle, soit pour les criées, lesquelles seront certifiées par les Juges du lieu où les biens saisis seront situés.

V. Lesdites Ordonnances, Loix & Coutumes, seront pareillement observées dans les Jugemens qui seront rendus sur le fond des droits des créanciers & autres, pour ce qui concerne lesdits biens.

VI. Ordonnons en outre que les Sujets du Roi de Pologne, Duc de Lorraine, qui ont leur domicile dans l'étendue des Pays possédés par lui en pleine souveraineté, ne pourront être valablement assignés pardevant les Juges de notre Royaume, qu'en leurdit domicile, en prenant Pareatis, sans que les règles établies pour les assignations données à des Etrangers, puissent avoir lieu à leur égard (a).

Un Arrêt du Conseil du 13 Décembre 1740, revêtu de Lettres-Patentes adressées & regiſtrées au Parlement de Metz, a défendu aux personnes domiciliées dans l'étendue des Généralités de Metz & de Champagne, d'aller, ou envoyer leur procuration en Lorraine, pour passer des actes entr'eux pour cause de choses mobiliaires, ou de biens réels situés en France, à peine de nullité des actes, & de 300 liv. d'amende, à l'exception du seul cas où l'une des Parties contractantes se trouveroit domiciliée en Lorraine. Voyez une Déclarat. du 15 Mars 1702, dans le Recueil in-fol. du Parlement de Besançon, tom. 3., pag. 58, & dans celui de Dauphiné.

La Lorraine est soumise au Concordat Germanique. Voyez *Concordat*. Mais quant aux trois Evêchés de Metz, Toul & Verdun, voyez *Indult & Patronage Royal*.

Léopold, Duc de Lorraine, avoit ès mois de Janvier, Juillet & Août 1701, & Février 1704, fait diverses Ordonnances pour l'administration de la Justice en Lorraine; mais ces Ordonnances ont été révoquées par celle du mois de Novembre 1707, qui est trèsétendue, & qui embrasse tant les affaires civiles que les criminelles.

LOTERIE.

La Loterie est une espèce de contrat aléatoire, dans lequel ceux qui s'y intéressent, esperent, pour un objet modique, avoir, par l'avantage du sort, une somme ou un effet d'une valeur fort supérieure à ce qu'ils ont risqué. Ainsi nécessairement les vœux de peu de personnes sont satisfaits aux dépens du plus grand nombre, c'est la définition que donne de la Loterie l'Auteur du Code de la Police. Voyez ce que je dis à l'article *Aléatoire*.

On ne peut établir des Loteries que par permission du Prince. Il est défendu aux particuliers, par un Arrêt du 11 Mai 1661, & par une Ordonnance du 14 Mars 1687, d'en établir aucune. Ces Réglemens sont rapportés dans le Dictionnaire de Police; mais voici une autorité plus récente. C'est un Arrêt du Parlement du 30 Juin 1750.

La Cour... fait défenses à toutes personnes... de tenir aucuns jeux de hazard, même sous le nom de Loteries, à peine de 100 liv. d'amende, & de confiscation, tant de l'argent

---

(a) Le Roi de Pologne, Duc de Lorraine, a donné un pareil Edit en faveur des François, pour l'hypothéque sur les biens situés en Lorraine, &c. le vingt-sept Juin 1746.

defdites Loteries, que les marchandifes qui feront le fonds defdites Loteries, lefquelles marchandifes feront faifies pour être vendues, & le prix en être appliqué aux Hôtels-Dieu & Hôpitaux les plus proches des lieux où lefdites Loteries ont été établies, même à peine de punition corporelle, s'il y écheoit.

Comme auffi fait défenfes à tous Juges Royaux du Reffort........ d'accorder aucune permiffion, fous quèlque prétexte que ce foit, d'établir lefdites Loteries, à peine d'interdiction.

Enjoint aux Prévôts des Maréchauffées, & à leurs Lieutenans, chacun dans leur département, de tenir la main à l'exécution du préfent Arrêt, de faifir & arrêter ceux qu'ils trouveront en contravention, & de les conduire dans les prifons du lieu où ils tiendront lefdites Loteries, procès-verbal préalablement dreffé des chofes par eux faifies, pour y être enfuite pourvu par les Officiers des lieux, ainfi qu'il appartiendra.

Il a depuis été rendu un autre Arrêt au Confeil d'Etat, le 9 Avril 1759, qui ordonne qu'il ne pourra être publié & affiché aucune Loterie dans le Royaume, qu'elle ne foit autorifée par Sa Majefté, & fait défenfes à toutes perfonnes de fe charger de la diftribution d'aucuns billets de Loterie, fans au préalable avoir obtenu la permiffion du Lieutenant Général de Police de la ville de Paris, & des Intendans dans les Provinces, *à peine de reftitution des fommes reçues pour les billets diftribués, de 3000 livres d'amende, & de plus grande peine, s'il y écheoit.* Le même Arrêt *a ordonné au fieur Quimper, Négociant à l'Orient, de reftituer ce qu'il avoit reçu des porteurs des billets de la Loterie de Caldembronl*, &c.

L'exécution de l'Arrêt du 30 Juin 1750, dont j'ai parlé plus haut, a été ordonnée par un autre Arrêt rendu le Mercredi 19 Mai 1762, fur les Conclufions de M. l'Avocat Général Joly de Fleury, par lequel, en déclarant nulle l'Ordonnance du Prévôt des Marchands de Lyon, qui permettoit à un Confifeur de bâtir une barraque fur la place, & d'y débiter fes marchandifes par forme de Loterie, a fait défenfes audit Prévôt des Marchands de donner de femblables permiffions ; lui a enjoint de fe conformer à l'Arrêt de Réglement du 30 Juin 1750, &c.

Un Jugement rendu par M. le Lieutenant de Police du Châtelet, Confeiller, Commiffaire du Confeil, le 16 Octobre 1759, a condamné un fieur le Blanc à payer le montant des billets de la Loterie de Cologne, qu'il avoit vendus au Chevalier d'Arcq, quoiqu'il ne fût pas l'entrepreneur, mais feulement l'agent de cette Loterie, & en 500 liv. d'amende, pour avoir débité les billets de cette Loterie, & qui n'étoit pas autorifée. Le Chevalier d'Arcq demandoit les lots échus à fes numéros.

Le 10 du même mois d'Octobre, M. le Lieutenant de Police avoit, en la même qualité, condamné plufieurs autres particuliers en 500 liv. d'amende chacun, pour avoir vendu des billets de Loteries établies à Gemund, Gemeft, Dortmund, &c. non autorifées en France.

Suivant un Arrêt du Confeil du 19 Octobre 1728, les porteurs des billets des Loteries des Enfans-Trouvés, des Communautés Religieufes & de Saint Sulpice, qui ne fe font pas préfentés dans les fix mois du tirage de chaque Loterie, pour reclamer les lots échus à leurs numéros, demeurent déchus de leurs droits, fans qu'il foit befoin de publier des liftes des lots non reclamés, & ces lots fe diftribuent à différentes Communautés Religieufes. Aux termes d'un autre Arrêt du Confeil du 23 Août 1753, il doit être payé annuellement, fur les lots non reclamés dans les fix mois du tirage, 6000 liv. au Syndic des Capucins, 2000 liv. aux Filles du Bon Pafteur, & l'excédent aux Hermites du Mont-Valerien.

Les lots des Loteries des Communautés Religieufes, des Enfans-Trouvés & de Saint Sulpice, établies à Paris, ne font pas faififfables par les créanciers de ceux qui les ont gagnés ; & M. le Lieutenant de Police a fait main levée d'une oppofition fondée en titre, formée à la requête du créancier fur le débiteur qui avoit gagné le gros lot, par une Ordonnance du 25 Juin 1754.

Mais un lot feroit faififfable à la requête de celui qui auroit une portion ou un intérêt dans le billet gagnant, s'il y avoit preuve de cet intérêt, foit par une reconnoiffance particuliere, foit par l'infcription du nom de l'intéreffé fur le dos du billet, avec la quotité de l'intérêt.

Si la reconnoiſſance de l'intéreſſé dans un billet étoit donnée par tout autre que par le porteur du billet qui a gagné, la ſaiſie n'auroit aucun effet, puiſqu'elle ſeroit étrangere au porteur: elle ne pourroit lui préjudicier que dans le cas où il y auroit ſur le billet gagnant, une mention du nom & de l'intérêt de celui qui a une reconnoiſſance de ſon intérêt dans le billet.

Un billet de Loterie eſt un effet commerçable, & dont le produit doit ſe payer au porteur, ſans autre examen ni forme, que le *Viſa* du Buraliſte qui l'a vendu. Le billet une fois viſé, il doit être payé, ſi le numéro a porté; on ne peut oppoſer aucune incapacité au porteur. Ainſi ceux qui ſont morts civilement, comme les Moines, les femmes en puiſſance de mari, peuvent toucher le montant des billets gagnans; il ſuffit que ces billets ſoient repréſentés & remis, on ne donne point de quittance.

Un Notaire de Paris, nommé Lievin, Receveur général de Loterie, ayant été convaincu d'avoir employé les deniers de ſa recette à *acquérir par un commerce uſuraire des papiers Royaux*, a été condamné, par Arrêt de la Chambre de Juſtice du 12 Février 1717, a être *mis & attaché au Pilory par trois jours de marché conſécutifs, & banni pour cinq ans.*

Cet Arrêt condamne auſſi Lievin, & par corps, à la reſtitution du bénéfice des Loteries envers les Corps & Communautés pour leſquelles elles avoient été établies, & à payer à différens particuliers les lots à eux échus, *par préférence* auxdits Corps & Communautés.

La Cour, par un autre Arrêt rendu le 9 Janvier 1761, a confirmé la Sentence du Châtelet du 30 Décembre précédent, qui condamnoit Conſtantin Varoka au carcan & au banniſſement, comme *Eſcroc dans le tirage d'une Loterie* qu'il avoit faite, & qui n'étoit pas autoriſée.

Claude Perrot, Colporteur de billets de Loterie, a été condamné au carcan & aux galeres pour neuf ans, par Jugement ſouverain rendu par les Commiſſaires du Conſeil à l'Hôtel-de-Ville, le 20 Août 1763, pour avoir fabriqué de fauſſes reconnoiſſances de billets de la Loterie de l'Hôtel-de-Ville.

LOY
LOYAUX-COÛTS.
V. *Retrait.*

Ceux qui exercent des retraits, ſont obligés de rembourſer à l'acquéreur qu'ils évincent, toutes les dépenſes néceſſaires qu'il a faites à l'occaſion de ſon acquiſition; & ce ſont ces dépenſes que l'article 129 de la Coutume de Paris nomme Loyaux-Coûts.

Les Loyaux-Coûts comprennent:

Les frais du contrat de vente, ſi elle a été volontaire; & de décret ou de licitation, &c. avec les acceſſoires, ſi elle a été judiciaire.

Le pot-de-vin ou épingles données au Vendeur ou à ſa femme, & même à ſes enfans.

Les frais du port de l'argent, s'il y en a.

L'inſinuation & le centiéme denier.

Les droits Seigneuriaux: ſur quoi il faut obſerver que ſi le Seigneur a fait une remiſe, elle eſt perſonnelle à l'Acquéreur, & que le Retrayant n'en doit pas profiter; qu'au contraire il doit rembourſer intégralement la totalité des droits Seigneuriaux, qui étoient exigibles & dûs au Seigneur. Voy. *Dépri.*

En ſeroit-il de même, ſi le dépri avec le Seigneur, étant fait par le Vendeur, le contrat de vente en contenoit mention avec promeſſe de faire jouir l'Acquéreur de la remiſe?

Cette queſtion s'eſt préſentée entre M. le Préſident Hocquart, acquéreur de biens vendus en direction, & le Chevalier de Chambon, Retrayant; & par Sentence du Châtelet du 20 Mars 1759, on a jugé que le Retrayant devoit en ce cas profiter de la remiſe; parce que ſuccédant à toutes les clauſes du contrat, pour l'exécution du retrait, il devoit ſuccéder à la remiſe qui faiſoit une des conditions de la vente.

Si l'acquéreur, par l'effet d'un privilége perſonnel, n'avoit pas payé de droits Seigneuriaux, le Retrayant, quoique non exempt, ne devroit pas les lui rembourſer, mais dans ce cas il devroit les payer au Seigneur directement. V. *Droits Seigneuriaux.*

Et ſi c'eſt un Privilégié qui exerce le retrait, il doit rembourſer les droits Seigneuriaux à l'Acquéreur non exempt; parce que celui-ci doit toujours être indemniſé.

Au contraire, si le Retrayant & l'acquéreur sont tous deux privilégiés, il n'y a aucun remboursement à faire.

Dans les Loyaux-Coûts sont encore compris les frais de labour & de semences, dont le Retrayant profite.

Les réparations nécessaires que l'acquéreur a faites sur l'héritage, après en avoir fait constater la nécessité par autorité de Justice (a).

Les frais d'inféodation, réception de foi & hommage, aveu & dénombrement, & déclaration au terrier, s'il en a été donné.

Les frais du décret volontaire commencé ou fini, soit que la faculté de décréter ait été accordée à l'Acquéreur, ou ne l'ait pas été, parce que ces sortes de frais ont pour objet la conservation de la chose acquise, & que le Retrayant en profite.

Les deux deniers pour livre dûs à l'occasion du décret volontaire (s'ils sont payés).

Les droits de Francs-Fiefs.

Les arrérages de rentes ou intérêt du prix qu'a payé l'acquéreur, pour le temps qui s'est écoulé avant la demande en retrait, & même ceux échus depuis, jusqu'au remboursement, si l'Acquéreur n'a pas contesté la demande, & éludé l'adjudication du retrait, Secus, s'il a chicané & contesté le retrait.

Les frais faits par l'acquéreur dans l'instance de retrait, » quand il n'y a point » eu de contestation de sa part, & qu'il a » tendu le Giron après la généalogie justi-» fiée «. V. Duplessis.

Le temps du remboursement des Loyaux-Coûts dans les retraits n'est pas fatal, comme il l'est pour le prix, à moins qu'ils ne soient fixés par le contrat même, ou par des mentions & quittances authentiques écrites sur le contrat. Sans cette circonstance, il suffit que le Retrayant rembourse les Loyaux-Coûts, après qu'ils sont liquidés. Ils ne donnent à l'Acquéreur évincé qu'une action ordinaire, mais privilégiée sur l'héritage.

Un Arrêt rendu au Parlement de Rennes, le 10 Juillet 1730, entre le Sieur Trouin de la Barbinaye, le sieur de Pontbriant & consors, a jugé qu'un acquéreur judiciaire peut employer en Loyaux-Coûts, » frais » & mises, l'augmentation survenue peu de » temps après la consignation sur les espè-» ces dans lesquelles il en avoit consigné » le prix, & que le Retrayant devoit lui en » rembourser le montant, avec intérêt du » jour de sa demande (b) «.

Le même Arrêt a encore jugé que » l'in-» térêt de toutes les sommes qui entrent » dans les Loyaux-Coûts, frais & mises ad-» jugés à un Acquéreur, lui soit dûs du » jour qu'il les a demandés en Justice «. Cet Arrêt a été imprimé & vendu avec les Mémoires, chez Joseph Vatard, à Rennes.

LOYERS.

Voyez *Bail*, *Congé*, *Fermages*, *Fermier* & *Locataire*.

L'Ordonnance du mois de Janvier 1629, art. 142, décide que *les Loyers des maisons & prix des Baux à ferme ne pourront être demandés cinq ans après les Baux expirés* (c). La Combe, verb. *Prescription*. sect. 2, n°. 9, cite un Arrêt rendu en la Grand'Chambre, le 18 Janv. 1728, qui a jugé en conformité de cette Loi, qui s'est enfin fait respecter.

Me Bretonnier, dans ses Décisions alphabétiques, cite aussi cette Ordonnance, & dit qu'elle est observée au Châtelet: Bourjon lui donne un démenti, & dit que les Loyers ne sont présumés payés que dix ans après que le Locataire a quitté les Lieux; mais le dernier se trompe, l'Ordonnance de 1629 est suivie quand il y a un bail; & s'il n'y en a point, les Loyers sont présumés payés après que le Locataire est sorti publiquement des

---

(a) Je dis qu'on ne met au rang des Loyaux-Coûts, que les réparations nécessaires pour la conservation des héritages; en effet, on n'y met pas les impenses, même utiles, telles que sont les bâtimens & les ouvrages d'augmentation & d'amélioration, de quelque nature qu'ils soient, & quelqu'augmentation qu'ils puissent apporter, soit à la valeur, soit au revenu de l'héritage. On peut sur cela consulter Brodeau sur l'article 146 de la Coutume de Paris; & Coquille sur la Coutume de Nivernois, titre du Retrait, article 11. Cependant voyez *Re rait*.

(b) Me. Berroyer & le Breton, Avocats au Parlement de Paris, qui avoient été consultés sur cette affaire, le 21

Juin 1729, étoient d'avis que l'Adjudicataire étoit mal fondé. On peut, sur cette question, voir l'Arrêt du 3 Janvier 1410, rapporté par Papon, liv. 2, titre 7, Arrêt 18; l'Arrêt du 2 Janvier 1603, rapporté par Brodeau, sur M. Louet, lettre R, n. 25; le Grand, sur Troyes, titre 4, art. 8. Coquille, sur Nivernois, ch. 31, art. 14; & Dumoulin, Traité des Usures, chap. 94.

(c) La même Jurisprudence est suivie en Bretagne; Sauvageau rapporte un Arrêt du 5 Novembre 1666, dans son Recueil, liv. 2, ch. 82, par lequel il a été jugé que les Propriétaires sont non-recevables à demander les Loyers cinq ans après l'expiration des Baux.

lieux , fans réclamation du Propriétaire.

Si , fans s'être oppofé , ou fans avoir re-vendiqué les meubles de fon Locataire dans un temps voifin de la fortie, le Propriétaire actionne le Locataire ; on admet l'affirma-tion de celui-ci qu'il a payé : telle eft fur cela la Jurifprudence de la Chambre Civile du Châtelet de Paris.

Les meubles du Locataire font affectés à la fûreté des lieux qu'ils garniffent , & le Propriétaire de la maifon a pour fes Loyers, un privilége fupérieur à celui qui a vendu les meubles, & à qui le prix en eft dû.

Ainfi, lorfque les meubles du Locataire font vendus, foit après décès, ou en toute autre circonftance, foit volontairement, foit forcément, le Propriétaire de la maifon peut invoquer la faveur de fon privilége, pour fe faire payer fur le prix de la vente, pour trois termes & le courant, lorfqu'il n'y a point de Bail.

Il en eft de même lorfque le Bail eft fous fignature privée.

Mais lorfqu'il y a un Bail authentique, le Propriétaire eft préféré fur le prix des meubles du Locataire, pour tous les Loyers qui peuvent écheoir pendant le cours en-tier du Bail, fauf aux Parties intéreffées à faire leur profit, & à relouer les lieux dont les Loyers font ainfi acquittés. V. l'Acte de Notoriété du Châtelet du 24 Mars 1702.

Le Parlement juge auffi que tous les Loyers dûs en conféquence d'un Bail paffé devant Notaire, échus & à écheoir, font privilégiés fur les meubles qui ont une fois garni la maifon.

Il a même été jugé, par Arrêt rendu le Vendredi 6 Juin 1760 de relevée, que le Propriétaire qui n'avoit point formé oppo-fition, pouvoit néantmoins exercer fon pri-vilége fur le prix provenu de la vente des meubles encore exiftant entre les mains de l'Huiffier-Prifeur, non-feulement pour les Loyers échus depuis la vente, mais encore pour quelques réparations dont le Locataire étoit tenu.

Dans cette efpéce, il s'agiffoit du prix de la vente des meubles faite après le dé-cès de Vincent Boiffet. Il n'étoit dû aucun Loyer au temps du décès & de la vente ; la veuve Rouffeau, Propriétaire de la maifon, n'avoit formé aucune oppofition, ni au fcel-

lé, ni à la vente. Mais ayant formé fon oppo-fition deux ans après, à la délivrance du prix de la vente, qui fubfiftoit encore entre les mains de l'Huiffier-Prifeur, il fut ordonné qu'elle feroit payée des Loyers échus & à écheoir fur le prix de la vente. L'Arrêt a été rendu, plaidans Mes de Romecourt & Douet-d'Arc.

Le privilége du Propriétaire eft fi favo-rable , qu'il peut empêcher la vente des meubles de fon Locataire, s'ils font faifis par d'autres Créanciers ; & ceux-ci ne peu-vent vaincre cet obftacle, qu'en fe chargeant & donnant même caution de faire vendre les meubles à fi haut prix, que le Proprié-taire foit payé de la totalité des Loyers échus & à écheoir pendant le temps du Bail, s'il y en a un, & feulement de trois termes & du courant, s'il n'y a point de Bail : telle eft la Jurifprudence du Châtelet.

Quelque favorable que foit le privilége du Propriétaire, il n'a cependant lieu qu'a-près les frais funéraires acquittés : ces frais funéraires font préférés à tout, mais pour ce qui eft de néceffité feulement. V. *Frais funéraires.*

On trouve dans le Code de Louis XV, tome 5, un Arrêt rendu au Parlement le 17 Février 1734, par lequel il a été jugé que les frais de fcellés feroient payés par préfé-rence aux Loyers du défunt, fur le prix de la vente des meubles.

Il y a plufieurs Arrêts femblables, & ils font conformes à l'avis de Dupleffis ; mais j'ai peine à croire que cette Jurifprudence s'accrédite, parce que le fcellé ne procure aucun avantage au Propriétaire ; il peut lui-même empêcher de fortir les meubles de fa maifon, & les revendiquer, fi quelqu'un les emporte.

Lorfque le Locataire enleve fes meubles fans avoir payé fes Loyers, l'art. 171 de la Coutume de Paris accorde au Propriétaire la faculté de les fuivre, c'eft-à-dire, de les revendiquer où ils font trouvés. Ces reven-dications doivent être faites en vertu de l'Ordonnance du Magiftrat, & dans un temps voifin de l'enlevement. Autrement, & fi le Propriétaire laiffoit paffer un certain temps fans fe plaindre, fon action ne pour-roit pas nuire à l'autre Propriétaire, dans la maifon duquel les meubles auroient été portés, & qui auroit aussi acquis un privilége sur les mêmes meubles, à cause de leur occupation.

Le principal Locataire a sur les meubles de ses sous-Locataires, le même privilége qu'a le Propriétaire.

On voit des contestations très-fréquentes au Châtelet sur le prix & les conventions relatives aux locations verbales. Lorsque les dernieres quittances de Loyer ne contiennent rien qui puisse éclairer les Magistrats, ils admettent sur cela l'affirmation du Propriétaire, pourvû que le Locataire soit encore dans les lieux. S'il n'y étoit pas; & si, par exemple, un principal Locataire ou un Propriétaire vouloit le forcer de venir occuper des lieux qu'on diroit lui avoir été loués un certain prix, pour un certain terme, & à certaines conditions, ce seroit l'affirmation du Locataire qui seroit admise, en cas que les Parties se trouvassent contraires en fait : il n'est point d'usage d'admettre la preuve de ces sortes de conventions, lors même qu'elles n'ont pas pour objet une valeur au-dessus de 100 liv.

Le Locataire ne peut pas valablement payer ses Loyers d'avance, au préjudice des Créanciers du Propriétaire, & des saisies qui peuvent survenir en ses mains, à moins qu'il n'y ait convention expresse par le bail devant Notaires, que les Loyers seront ainsi payés; encore ne permet-on en ce cas que le payement d'une demi-année d'avance; sans cette convention, le Locataire pourroit être contraint de payer une seconde fois au Saisissant, sauf son recours contre le Propriétaire.

Le sieur de Bauville, débiteur d'arrérages d'une rente de 500 liv. envers la dame de Monchovo, lui délégua une somme de 1000 liv. par an à recevoir des Fermiers de la Terre de Bauville, jusqu'à l'entier payement de ces arrérages; & les Fermiers accepterent la délégation, avec promesse de payer.

Etant depuis survenu des saisies-Arrêts

entre les mains des Fermiers, à la requête d'autres Créanciers du sieur de Bauville, la dame de Monchovo prétendit devoir être payée nonobstant les saisies, & soutint que les Fermiers étoient devenus ses débiteurs personnels, par l'acceptation de sa délégation. Elle les fit même condamner personnellement par deux Sentences du Bailliage de Caën.

Mais l'affaire ayant été évoquée en la Cour, les Fermiers prirent surabondamment des Lettres de Rescision, & offrirent de payer leurs fermages, à qui par Justice seroit ordonné, soit à la dame de Monchovo, soit aux Saisissans; &, par Arrêt rendu le 9 Mars 1750, au rapport de M. Titon, en la cinquiéme Chambre des Enquêtes, leurs offres furent jugées valables.

Mais le 14 Juin 1751, la Cour rendit un autre Arrêt en la Grand'Chambre, au rapport de M. Severt, par lequel des Fermiers qui avoient accepté les Mandemens du Marquis de Pleumartin, payables aux Créanciers qui étoient dénommés, *ou ordre*, ont été condamnés de payer le montant des Mandemens, nonobstant qu'ils alléguassent des saisies & des empêchemens survenus en leurs mains depuis leur acceptation.

Lors de ce dernier Arrêt, on opposa celui du 9 Mars 1750, aux Porteurs de Mandemens; mais ceux-ci soutinrent qu'il y avoit une différence essentielle entre une délégation acceptée pardevant Notaire, en présence du Propriétaire & du Créancier délégué, & des Mandemens commerçables par la voie de l'ordre. Ils citerent de leur part, un premier Arrêt du 28 Mars 1680, rapporté par Chorier, sur la Jurisprudence de Guy-Pape, & un second du 19 Juillet 1706, rapporté par la Peyrere, lett. L, n°. 92. D'ailleurs, de trois Mandemens tirés par le Marquis de Pleumartin, sur ses Fermiers, il y en avoit deux qui ne parloient pas de fermages. V. *Acceptation.*

Des Loyers peuvent-ils produire des intérêts ? V. *Intérêts.*

M

MAC

MACÉDONIEN. (Senatus-Consulte). Voyez *Emancipation*, *Mineur* & *Puissance paternelle*.

ON appelle Senatus-Consulte Macédonien, une Loi Romaine faite à l'occasion d'un usurier, nommé Macédo, qui prêtoit de l'argent aux fils de famille, & écrivoit simplement le nom du débiteur sur son regître, sans faire aucune mention de la cause du prêt, ni de l'emploi qui devoit en être fait.

Cette Loi, dont les dispositions sont suivies dans les Pays de Droit-Ecrit, ne permet pas de prêter de l'argent aux fils de famille, & elle déclare nuls tous les engagemens qu'ils peuvent contracter pour les prêts qui leur sont faits; parce que l'argent entre les mains des fils de famille, ne sert, pour l'ordinaire, qu'à nourrir le luxe & la débauche de la jeunesse.

Il ne faut pas cependant croire que cette Loi interdise au fils de famille la faculté de contracter toutes sortes d'engagemens sans exception; car il peut emprunter pour une cause utile; & s'il a employé le prêt d'une maniere avantageuse, la prohibition du Senatus-Consulte cesse. Son but est d'empêcher les fils de famille de faire des dépenses superflues, ruineuses & sans objet, & non pas de traiter à leur avantage.

Ainsi l'obligation du fils de famille pour loyers, pour alimens & vêtemens, est valable, pourvû qu'elle n'ait pas été faite en fraude de la Loi, & que la cause en soit véritable.

Ce que je dis du Senatus-Consulte Macédonien pour les fils de famille, a également lieu pour les filles, & il ne sert de rien que l'un & l'autre renoncent au bénéfice du Senatus-Consulte: une semblable renonciation ne rendroit pas leur obligation valable, si elle n'avoit pour cause qu'un prêt d'argent non suivi d'emploi utile.

Quoique cette Loi anéantisse les obliga-

MAC

tions des fils & filles de famille, causées pour prêt ou pour cautionnement, ils n'ont cependant pas d'action pour la répétition de ce qu'ils ont payé en conséquence de leurs engagemens.

Au reste, le Senatus-Consulte Macédonien n'a pas lieu en faveur des fils & filles de famille:

1°. Lorsqu'au temps de l'obligation ils avoient un pécule castrense, pourvû qu'elle n'excéde pas le pécule.

2°. Lorsque le prêt a été fait du consentement du pere.

3°. Lorsque l'argent prêté au fils de famille a été employé au profit du pere.

4°. Lorsque le prêt a été employé au payement d'une dette que le fils de famille auroit été condamné de payer.

5°. Lorsque le prêt a été fait par un mineur.

6°. Lorsque le fils de famille étoit publiquement estimé pere de famille.

MACHINATION.
V. *Crimes*.

Ce mot est employé dans l'Ordonnance de Blois, art. 195, pour marquer les conventions, les mesures prises pour assassiner ou outrager quelqu'un, *ou recourre prisonniers pour crimes, des mains de la Justice*.

Par cet article, le Roi veut *la seule Machination & attentat être punis de peine de mort, encore que l'effet ne s'en soit ensuivi*.

En conséquence de cette Loi, François du Liz qui avoit *engagé & loué à prix d'argent* François Aline, *pour excéder* François Francœur, & François Aline (dit Joinville ou la France, Soldat aux Gardes), qui s'étoit *loué & engagé à prix d'argent*, & qui avoit *voulu louer & engager aussi à prix d'argent des Soldats au Régiment des Gardes pour excéder ledit* François Francœur, ont l'un & l'autre été condamnés d'être rompus vifs par Arrêt du 8 Mai 1731. (Du Liz

Liz étoit contumax, & l'Arrêt à son égard n'a été exécuté que par effigie).

MAGISTRAT.

En Artois, en Flandres, & dans les Pays-Bas, on entend communément par Magistrat, le Tribunal entier d'une Justice municipale, composée du Mayeur & des Echevins. V. *Conseiller-Pensionnaire.*

Ces Tribunaux sont, dans la plûpart des Villes, les Jurisdictions ordinaires où se rend la Justice, tant au Civil & au Criminel, qu'à la Police.

Ils sont ordinairement Administrateurs des deniers patrimoniaux des Villes, des Communautés & des Hôpitaux, & Cheftuteurs des mineurs.

Le Magistrat de Cambrai connoît des cas Royaux, mais peut-être parce que quelques Membres de ce Corps sont Officiers Royaux. En général, les autres Tribunaux de même genre n'en connoissent pas; & en cela, comme en bien d'autres choses, ils different des Gouvernances.

L'appel des Jugemens rendus par le Magistrat de Douai, se releve à la Gouvernance de la même Ville.

La Jurisdiction municipale de Metz est aussi nommée Magistrat; & les appels des Jugemens qui y sont rendus se relevent devant l'Intendant, à la charge de l'appel au Conseil.

MAGISTRATS.

Voyez *Juges, Jurisdiction, Mercuriales, Nobles, Préséance, & Préteur.*

Les Magistrats sont des personnes établies par le Roi pour rendre la justice à ses Sujets.

Il semble que de cette définition on devroit conclure que la qualité de Magistrat n'appartient qu'aux Juges Royaux: quelques Auteurs prétendent néantmoins que, lorsqu'un Seigneur a Haute, Moyenne & Basse-Justice, son Juge doit être regardé comme Magistrat dans le détroit de sa Jurisdiction. V. Loyseau, *des Offices,* & Bacquet, *des Droits de Justice.*

Un Magistrat » doit être prudent, docte, » expérimenté, & de bonne conscience « : il doit également craindre ses passions, & celles de tous ceux qui l'environnent. Il faut donc qu'il commande aux unes, & qu'il soit l'écueil des autres (a).

L'injure faite à un Magistrat qui remplit ses fonctions, est punie comme crime de Lèze-Majesté. On punit aussi très-sévérement celles qui lui sont faites, lorsqu'il est revêtu des habits de la Magistrature. Il y a des Ordonnances de 1507 & 1535, qui enjoignent aux Parlemens *de ne pas souffrir les Magistrats être vitupérés par outrageuses paroles.*

De ce que je viens de dire, il ne faut pas conclure que le Magistrat ne mérite pas plus de respect que de simples Particuliers, dans les lieux où il ne porte pas les marques de sa dignité. Son caractere est toujours respectable, dès qu'il est connu: lorsque quelqu'un s'écarte de ce devoir, il est d'usage de décerner des décrets de prise-de-corps contre ceux qui ont manqué de respect, & cela sur le simple procès-verbal du Magistrat injurié.

Entr'autres Arrêts, qui consacrent cet usage, j'en citerai deux du Parlement de Metz.

Le premier a été rendu le 4 Octobre 1727, sur le procès-verbal de *M. du Buat, Conseiller. . . . . contenant les injures, menaces & voies de fait contre lui faites & proférées par le nommé Jean Curé* (Habitant de Jandelaincourt), il ordonne *que led. Jean Curé sera pris & appréhendé au corps,* &c.

Le second est du 19 Août 1745. Il est intervenu sur le procès-verbal dressé par M. d'Aulnay, Président-à-Mortier au Parlement de Metz, le 18 Août, *des injures outrageantes* qui lui avoient été dites par Jacques Barbillon, Marchand, & sa femme, à l'occasion de la construction d'un mur. Barbillon & sa femme furent aussi décrétés de prise de corps par cet Arrêt.

Dans ces deux espéces, les Magistrats n'étoient point revêtus des marques de leur dignité, lorsqu'ils furent injuriés; mais ils étoient connus, & cela a suffi

---

(a) Dans la Harangue faite au Parlement de Paris, par M. (Jacques) Faye, Avocat Général, en la Mercuriale tenue en 1587, il blâma fort les Magistrats qui alloient souvent au Louvre, & dans les Maisons des Princes & des Grands. Il les exhorta à se souvenir que François

Premier disoit, qu'un bon Courtisan & un bon Jug. étoient choses incompatibles ; & que Platon dit que les Juges doivent ressembler aux mâtins de garde, aboyer à tout, & ne se laisser apprivoiser à personne. V. les Loix Ecclésiastiques, par Domat.

Le Lieutenant Général de Chambly ayant appris qu'on repréſentoit dans l'Hôpital, ſans ſa permiſſion, une Piéce intitulée la Créche, & qu'on exigeoit 5 ſols de ceux qui y vouloient entrer, s'y tranſporta le 27 Décembre 1716, pour prendre connoiſſance de ce qui s'y paſſoit. Il y trouva une aſſemblée nombreuſe, un théâtre dreſſé dans la chambre des malades, dont on avoit dérangé les lits, des violons jouant des menuets, &c. Surpris de ce déſordre, il en fit des réprimandes aux Sœurs, à quoi un nommé Framery, Syndic du lieu, qui étoit préſent, répondit *que la Juriſdiction du Lieutenant Général ne s'étendoit que dans les rues & dans les places publiques, & que lui, Framery, étoit maître de l'Hôpital*, inſultant au caractere de Juge dans des termes injurieux, & par des menaces.

Le Lieutenant Général avoit un double droit de réprimer ces abus : 1°. comme Juge de Police : 2°. comme premier Adminiſtrateur, ſuivant la Déclaration du 12 Décemb. 1698 ; (V. *Hôpitaux*). Il dreſſa un procès-verbal de ce qui s'étoit paſſé ; & ſur la réquiſition du Procureur du Roi, il fut informé ; après quoi Framery fut décrété de priſe de corps, & conſtitué priſonnier.

Framery ayant appellé, il obtint Arrêt portant converſion du décret de priſe de corps en décret d'ajournement perſonnel. L'inſtruction du procès fut renvoyée devant le Lieutenant Général de Chambly ; & cette inſtruction faite, la priſon fut infligée pour peine à Framery, qui fut en outre condamné en 3 liv. d'amende. Il appella encore de ce Jugement : il prit même le Lieutenant Général à partie ; mais, par Arrêt rendu ſur les Concluſions de M. de Lamoignon, le 12 Février 1718, la priſe à partie fut rejettée, l'Appellant condamné aux dommages-intérêts, en l'amende & aux dépens. La Cour a même ordonné que ſon Arrêt ſeroit imprimé & publié à l'Audience de Chambly, & regiſtré au Greffe.

En la Mercuriale tenue au Parlement de Paris, le 15 Avril 1684, il a été arrêté *que les Préſidens, Conſeillers, & autres Officiers qui ſont du corps de la Cour, porteront leurs robes fermées au Palais, aux aſſemblées de cérémonie, & dans toutes les fonctions de leurs Charges ; que par-tout ailleurs ils ſeront revêtus d'habits noirs, avec des manteaux & des collets ; qu'ils ſeront invités de ne point ſe trouver aux lieux où ils ne peuvent être vûs ſans diminution de leur dignité, & que ce Réglement ſera lû tous les ans dans les Mercuriales ordinaires.*

L'article 82 de l'Ordonnance de 1629 veut auſſi que les Magiſtrats ſoient *vêtus modeſtement, & d'habillemens longs ; que nul n'interrompe l'opinion, & ne parle qu'à ſon tour, lorſque l'opinion eſt entamée, ſuivant les Ordonnances, & que le Rapporteur, ou celui qui préſide, ayent à relever quelqu'un qui erre au fait.*

Cet Arrêté a donné lieu à un Edit du même mois d'Avril 1684, regiſtré le 24, qui a non-ſeulement confirmé & réitéré les diſpoſitions de ce Réglement, mais a ordonné *que les Officiers des Préſidiaux & principaux Siéges Royaux obſerveroient, à leur égard, ce qui eſt preſcrit pour les Officiers de la Cour de Parlement.*

Le Magiſtrat précéde les Gentilshommes dans l'étendue de ſon territoire, à cauſe du commandement qu'il a ſur eux, en conſéquence duquel tous ceux qui ſont réſidens dans ſa Juriſdiction, peuvent être dits ſes Juſticiables ; car le Magiſtrat a pouvoir de juger de leurs biens, de leur honneur, & de leur vie, quand le cas y échoit. Voyez Loyſeau, *Traité des Ordres*. Voyez auſſi *Préſéance.*

Le Grand-Conſeil a ordonné, par Arrêt du 10 Février 1740, que les Officiers du Préſidial d'Evreux en Corps, & de particulier à particulier, précéderoient les ſimples Gentilshommes, dans les Ville & Fauxbourgs d'Evreux, en toutes aſſemblées publiques & particulieres, lorſque (leſdits Magiſtrats) ſeront en habits décens.

Lorſque quelques-uns des Préſidens, Conſeillers & Gens du Roi du Parlement de Dauphiné, *ſont en commiſſion, & marchent par ordre de ladite Cour, les Officiers, tant des Préſidiaux, que des Bailliages, Sénéchauſſées, Elections, Judicatures Royales, les Juges des Seigneurs Eccléſiaſtiques & Laïcs, Maires, où il y en a, Conſuls & autres Officiers municipaux des Villes, Bourgs, & des autres lieux du Reſſort, doivent, dès qu'ils ſont avertis de l'arrivée des Magiſtrats Commiſſaires, dans les lieux de leur Juriſ-*

diction & réfidence ordinaire, aller en Corps, en robes, & avec les marques des Charges, &c. leur rendre vifite.

Et quand les Officiers de ladite Cour, fans commiffion d'elle-même, fes Officiers honoraires, & les Archevêques & Evêques du Reffort, ayant pris féance en icelle Cour, arrivent dans lefdits lieux, & y féjournent un jour ou davantage, les Officiers des Tribunaux inférieurs doivent venir leur rendre vifite par députés....& ce une fois feulement, & à leur premier voyage de chaque année...........

Tout cela eft prefcrit par un Arrêt du Parlement de Grenoble du 2 Septembre 1718, qu'on trouve dans le Recueil du Dauphiné, tome 14.

L'Edit du mois de Décembre 1701, qui permet aux Nobles de faire le commerce en gros, le défend très-expreffément aux Magiftrats. V. *Noble.*

Sur le pouvoir des Magiftrats, en matiere de Religion, voyez un Ouvrage Anglois, imprimé à Londres en 1705, & traduit en François, fous le titre de *Droits de l'Eglife Chrétienne.* On en trouve un extrait dans l'Hiftoire des Ouvrages des Sçavans, au mois de Décembre 1705, par Bafnage, art. 7.

MAJEUR, MAJORITÉ.
V. *Emancipation, Mineur.*

On nomme Majeurs, ceux qui ont atteint l'âge auquel il eft permis de difpofer de fes biens.

L'âge pour acquérir la Majorité, eft fixé par le droit, & par prefque toutes les Coutumes du Royaume, à 25 ans; mais il en eft quelques-unes, par exemple, celle de Normandie, qui la fixent à 20 ans.

La Coutume d'Artois détermine la Majorité des mâles à 20 ans, & celle des filles à 16 ans. V. l'article 154.

Celle de la Ville & Echevinage de Lille porte que *tous exiftans mâles font réputés âgés à 18 ans, & les femelles à 15;* Titre des Tuteurs, art. 1.

L'art. premier de la Coutume de l'Echevinage de Douay, répute les filles Majeures à 18 ans, & les garçons à 20.

L'article 58 de la Coutume de Ponthieu accorde auffi une Majorité coutumiere aux mâles âgés de 15 ans, & aux filles qui en ont 11. Elle porte même que les Majeurs coutumiers peuvent » mener leurs caufes & » befognes, tant en demandant qu'en dé- » fendant. « Mais fa difpofition fur cela eft tombée en *non-ufage,* fuivant un Acte de Notoriété de la Sénéchauffée de Ponthieu du 12 Juin 1671, qui porte que » les Ma- » jeurs coutumiers ne font pas reçus à efter » en Jugement & à droit, s'ils ne font af- » fiftés d'un curateur aux caufes, qu'ils ont » droit de fe choifir «...........Voyez d'autres Actes de Notoriété du même Siége des 17 & 28 Avril 1686, 16 Mars 1702, 10 Mai 1707.

L'article 483 de la Coutume de Bretagne accorde aux Nobles, âgés de vingt ans, la jouiffance & adminiftration de leurs biens, & leur permet d'agir & défendre *pour jouiffance.*

Au refte, ces Majorités précoces n'ont pour objet que les biens; & dans aucune Coutume, il n'eft point permis aux perfonnes âgées de moins de vingt-cinq ans, de contracter mariage, fans l'affiftance de tuteur.

Ces Majorités ne donnent pas non plus l'habileté pour poffèder des Offices, ni pour être promus aux Ordres facrés. Voyez *Age.*

C'eft la Loi du domicile du pere qui régle la Majorité des enfans; ainfi, quoique le fils d'un homme domicilié à Paris, foit élevé & demeurant en Normandie, il ne fera Majeur en Normandie qu'à vingt-cinq ans.

De même, fi le pere eft domicilié en Normandie, ou fi la fucceffion y eft ouverte, les enfans nés en Normandie, foit mâles ou femelles, feront Majeurs, à Paris à 20 ans, & pourront régir, gouverner & adminiftrer leurs biens, fitués fous l'empire de la Coutume de Paris, fans être obligés de fe faire émanciper.

On prétend qu'un Majeur de 20, & mineur de 25, né en Normandie, ne peut pas vendre fes biens immeubles régis par la Coutume de Paris, & que la Majorité Normande vaut feulement comme émancipation dans une autre Coutume qui exige 25 ans pour la Majorité. Un Arrêt rendu fur délibéré, le 4 Juin 1749, l'a ainfi jugé en la Grand'Chambre, en faveur du fieur de

Turbilly, contre la Direction des créanciers Laideguive; mais les Jurisconsultes Normands pensent que la Majorité établie par la Coutume de Normandie, est un Statut personnel (V. *Statut*); & que celui qui est Majeur par la Loi de son origine, est Majeur par-tout. Voyez Basnage & Pesnel sur l'article 431 de la Coutume de Normandie, & les Mémoires de Frosland sur le Senatus-Consulte Velleïen, ch. 11 & 12. V. encore l'Arrêt du 11 Mai 1714, rapporté au Journal des Audiences; mais voyez aussi l'Arrêt du 27 Février 1658, dans Sauvageau, ch. 19.

La Coutume d'Amiens admet deux espéces de Majorités. Elle dit (art. 135) que les mâles & femelles, » étant en l'âge de vingt » ans accomplis, sont censés & réputés Ma- » jeurs, pour ester en Jugement, adminis- » trer leurs biens, contracter de leurs meu- » bles & acquêts immeubles; mais (qu'ils) » ne peuvent aliéner ni hypothéquer leurs » biens propres & patrimoniaux, & meu- » bles précieux de grand prix, venans de » leurs ayeux, qu'ils n'ayent atteint l'âge » de 25 ans accomplis. «

Sur cette disposition de la Coutume d'A- miens, il s'est agi de sçavoir si Jeanne Ar- noult, femme de Jean Réthoré, Marchand à Amiens, âgée de plus de 20 ans, & par con- séquent Majeure de Majorité coutumiere, mais mineure de 25 ans, qui avoit signé deux billets, solidairement avec son mari, montans à 6000 liv. au profit d'un sieur Jean-Baptiste le Fort, aussi demeurant à Amiens, pouvoit être admise au bénéfice de restitution; & par Arrêt rendu en la Grand'Chambre, au rapport de M. de Vien- ne, le 14 Août 1725, les Lettres de Resci- sion, prises par la dame Rhétoré, ont été enthérinées.

La demande de la dame Rhétoré souffroit d'autant plus de difficultés, qu'elle avoit suf- fisamment de mobilier, dont l'article 135 l'autorisoit à disposer pour payer le sieur le Fort; mais la Cour s'est déterminée par les principes établis par une Jurisprudence qui paroît constante, & sur laquelle on peut consulter les Notes de Dumoulin sur toutes les Coutumes de Majorités coutumieres. Brodeau sur M. Louet, lettre C, n. 30; de Lhommeau & Dupineau, sur l'article 444

de la Coutume d'Anjou; un Arrêt du 29 Décembre 1609, rapporté par Corbin; Ma- licottes, sur l'article 455 de la Coutume du Maine, & un Arrêt du 8 Août 1684, rap- porté au Journal des Audiences.

Du Fresne, l'un des Commentateurs de la Coutume d'Amiens, Chopin & M. d'Ar- gentré, sont d'avis contraire à ce qu'a jugé l'Arrêt du 14 Août 1725. Voyez aussi l'Acte de Notoriété des Avocats du Mans, du 2 Août 1719.

La Cour a aussi jugé par un Arrêt rendu le 13 Juillet 1716, au rapport de M. de Fieubet (imprimé avec un précis des faits & des moyens), » que le mineur de 25 ans, » mais Majeur de Majorité coutumiere, est » restituable, lorsqu'il est lézé, & ce dans » la Coutume d'Artois, qui, par l'art. 154, » décide que le mâle à 20 ans, & la fe- » melle à 16 ans, peuvent vendre & alié- » ner, de même que les Majeurs des autres » Pays, à 25 ans «.

La Sentence du Conseil d'Artois, qui avoit rejetté la demande en restitution, por- toit cependant que » l'usage, inviolable- » ment observé dans cette Province, étoit » de débouter de la restitution « après la Majorité Coutumiere.

Tout l'Artois s'est intéressé à ce Juge- ment. Les Etats de la Province ont chargé leurs Députés d'en faire leurs représenta- tions dans leurs Cahiers au Roi, & de sou- tenir la Sentence. Mais ils l'ont fait sans succès; & depuis, la Jurisprudence de la Cour sur ce point a été affermie par un au- tre Arrêt rendu le 2 Août 1724, sur les Conclusions de M. l'Avocat Général d'A- guesseau, en la seconde Chambre des En- quêtes, par lequel il a été jugé, en confor- mité d'un autre Arrêt (rendu le 16 Juin 1702, à l'Audience de la cinquiéme), que la Majorité coutumiere ne rend point le mineur Majeur coutumiérement en Artois, capable d'ester en Jugement, sans l'assistan- ce d'un tuteur *ad hoc*, dans une instance où il s'agissoit d'un partage. Voyez les Arrêts que Baudouin & Maillart, Commentateurs de cette Coutume, rapportent sur ce point de droit, & l'Acte de Notoriété du Conseil d'Artois, du 14 Août 1741.

Les Banquiers & Marchands sont répu- tés Majeurs pour le fait de leur commerce

& banque, même avant qu'ils ayent 25 ans, sans qu'ils puissent être restitués, sous prétexte de minorité. Ord. de 1673, tit. 1, art. 6.

Il y a une autre espéce de Majorité, qu'on nomme Majorité féodale, parce qu'elle donne la capacité de porter & recevoir la foi & hommage; & cette Majorité est diversement réglée par les Coutumes. Celle de Paris la fixe à 20 ans pour les mâles, & à 15 ans pour les filles.

Loyseau dit que la Majorité féodale habilite les Seigneurs à conférer les Offices dépendans de la Seigneurie. Il y a des Jurisconsultes qui pensent que les mots, *Charges de Fiefs*, qu'on trouve dans l'article 32 de la Coutume de Paris, sont considérés comme une émancipation légale, relative aux droits utiles dépendans du Fief.

Pour moi, je crois, comme l'a écrit Dumoulin, que la Majorité féodale n'a d'effet que pour ce qui regarde *actus feudales*; & que le Majeur féodal, mineur de 25 ans, ne peut, ni vendre son Fief, ni en percevoir les fruits, que quand il est émancipé : en un mot, *quantum ad feudum*, il est Majeur; & mineur, *quantum ad fundum*.

Je crois néantmoins qu'un mineur peut, au-dessous de l'âge requis par la Coutume, faire la foi ou demander souffrance, & se mettre à l'abri d'une saisie ou du retrait féodal, sans assistance de curateur ou de tuteur; parce que la minorité n'a point d'effet contre ses propres intérêts, & que le Majeur peut faire sa condition meilleure.

MAINETÉ.

C'est le nom qu'on donne dans les Pays-Bas à une sorte de préciput, que les Coutumes y accordent, en certains cas, à l'enfant le moins âgé, dans les successions de ses pere & mere.

MAIN-FERME.

C'est ainsi que, dans quelques Cantons des Pays-Bas, & singuliérement en Cambresis, on nomme *les héritages immeubles qui ne sont pas Fiefs.* Voyez l'article premier du

titre 2 de la Coutume de Cambrai.

Le mot Main-Ferme signifie aussi, dans les Pays-Bas, ce que nous nommons en France Franc-aleu roturier.

Les biens qui ne sont, ni Fiefs, ni Franc-aleu dans ces Pays, y sont nommés héritages cottiers.

MAIN-LEVÉE.

On nomme Main-levée, un acte qui détruit & fait cesser l'effet des saisies & oppositions.

Ainsi, faire ou donner Main-levée, en fait de saisie, c'est lever & ôter l'autorité de la Justice apposée sur la chose saisie, & rendre à la Partie saisie la jouissance & tous les droits qu'elle avoit auparavant la saisie faite.

Donner Main-levée en fait d'opposition, c'est lever l'empêchement qu'on avoit formé à quelque chose, & consentir que les Parties sur lesquelles les oppositions avoient été formées, passent outre.

Les Main-levées données volontairement par les opposans à des scellés, inventaires ou ventes de meubles, sont sujettes au contrôle, comme Actes de Notaires, quoique reçus en Justice; parce que ces actes étant volontaires, devroient naturellement être passés devant Notaires. V. *Contrôle.*

MAIN-MORTE.
Voyez *Gens de Main-morte.*

Les mots Main-morte ont deux sens différens. Dans l'un, ils signifient les Gens d'Eglise, les Corps de Ville, les Hôpitaux, les Habitans d'un Village, & généralement toutes les Communautés qui sont perpétuelles, & qui par subrogation de personnes, sont censées être toujours les mêmes Corps : sur cela voyez *Gens de Main-morte.*

Dans l'autre sens, ces mots signifient un droit Seigneurial, en vertu duquel les Vassaux sont de condition servile, & à cause de cette servitude (a) ils sont nommés Serfs par quelques Coutumes : c'est de cette derniere espéce de Main-morte dont il est

---

(a) Ceci prouve qu'il y a encore des servitudes corporelles en France; & cela est surprenant. En effet, l'Abbé Suger, Régent du Royaume, affranchit, en 1141, tous les Gens de Main-morte du Royaume; & deux Chartres, l'une de Humbert, Dauphin de Viennois; l'autre de Thibault, Comte de Blois, portent le même affranchissement.

Deux Edits, l'un de Louis X, surnommé Hutin, publié en 1315, l'autre de Henri II, de l'an 1553, ont confirmé l'affranchissement de tous les Mains-mortables, & proscrit à jamais la servitude corporelle. V. les Ordonnances du Louvre, tome 1, pag. 583.

queftion en cet article. *Voyez* Argou.

Celle de Vitry admet la prefcription contre la fervitude, lorfque le Serf a joui de la franchife & de la liberté pendant vingt ans, fans être reclamé par fon Seigneur, & qu'il n'eft pas allé fixer fon domicile hors de la Province : autrement, & s'il en eft forti, il eft réputé fugitif, & n'acquiert point franchife.

Dans les Duché & Comté de Bourgogne, la Main-morte eft réelle ; ainfi on ne devient Main-mortable dans ces deux Coutumes, qu'en prenant ce qu'elles nomment *Meix*, c'eft-à-dire, des poffeffions, & en fixant fon domicile dans une Terre Main-mortable ; & celui qui conferve ces poffeffions avec un domicile de droit ou de fait, au lieu Main-mortable, ne peut acquérir la franchife, tant qu'il poffède Meix, *par quelque laps de temps qu'il faffe réfidence hors du lieu de la Main-morte, en quelque part que ce foit*, article 2 de la Coutume du Duché de Bourgogne ; celle de la Comté eft à peu près pareille.

Ces Coutumes déférent les fucceffions des Main-mortables en certains cas aux Seigneurs, à l'exclufion des parens du défunt : mais elle n'exclud jamais le Main-mortable de la fucceffion d'un homme franc fon parent.

Lorfque le Seigneur eft appellé à la fucceffion de fon homme Main-mortable, il ne peut recueillir que les biens fitués dans l'étendue de la Coutume qui les lui défère, fur-tout en Bourgogne & en Franche-Comté, où la Main-morte eft réelle ; & les parens du Main-mortable fuccédent aux biens fitués hors l'empire de ces Coutumes, à l'exception du mobilier qui appartient au Seigneur, lorfque le défunt étoit domicilié dans la Coutume qui admet la Main-morte. Sans cette circonftance du domicile dans le reffort de la Coutume, qui défére le mobilier aux Seigneurs, il appartiendroit aux parens.

Cette maxime eft une conféquence naturelle, & même néceffaire de la réalité des Coutumes de Bourgogne pour la Main-morte ; auffi a-t-elle été confacrée par un Arrêt rendu au Parlement de Befançon, le 2c Août 1716, dont voici l'efpèce.

Pierre Clément, Sujet Main-mortable de Cleron en Franche-Comté, mourut à Rome où il étoit domicilié, & laiffa pour héritiers un oncle & une niéce demeurans dans cette Province, qui tirerent 200 piftoles des biens qu'il avoit à Rome. Le Seigneur de Cleron demanda cette fomme par droit d'échute Main-mortable, & les héritiers furent condamnés de la lui rendre, par Sentence du Bailliage de Befançon ; mais y en ayant eu appel, elle fut infirmée par l'Arrêt, & les héritiers déchargés.

Le même Parlement de Befançon avoit rendu en 1728, un Arrêt qui paroiffoit oppofé à celui que je viens de citer : en effet, il avoit adjugé à un Seigneur Savoyard la fucceffion du nommé Luifet, originairement fon Main-mortable, & mort en Franche-Comté où il étoit domicilié : mais cet Arrêt fut caffé au Confeil en 1729 ; & l'on invoqua inutilement le droit de fuite des Seigneurs fur leurs Sujets, qui paroiffoit appuyé fur quelques décifions particulieres ; l'Infpecteur du Domaine, qui étoit Partie au Confeil, fit voir que ce droit de fuite » tiroit à des conféquences pernicieufes pour » le repos des Peuples, & l'Arrêt fut caffé «.

On trouve encore un Arrêt du Parlement de Paris, du 28 Novembre 1592, rapporté par Grivel, qui exclud le Seigneur de la fucceffion d'un Franc-Comtois, Main-mortable décédé en France, & l'adjuge à fes parens.

Je dois cependant dire ici que ces maximes fouffrent de la contradiction de la part des Seigneurs Bourguignons. Ils prétendent que la Main-morte eft perfonnelle dans leur Province, & que les fucceffions de leurs hommes, morts domiciliés dans les Villes qui n'affranchiffent point de la Main-morte, même à Paris, leur appartiennent à l'exclufion des héritiers du fang ; & il faut convenir qu'un Arrêt récent, rendu au Parlement de Paris, le 29 Août 1738, l'a ainfi jugé, au rapport de M. Severt, après des opinions très-longues & très-débattues.

Les parens du prétendu Main-mortable fe font pourvus en caffation contre cet Arrêt ; leur Requête fut admife, mais l'affaire n'a pas été jugée ; un Mémoire fort folide fur la réalité de la Coutume de Bourgogne relativement à la Main-morte, & une action en recélé dirigée contre la fucceffion dudit Main-mortable, occafionnerent une tranfaction, par laquelle on donna aux héritiers du fang la meilleure partie des biens de la fucceffion ouverte à Paris.

En Nivernois, les Serfs font taillables de Corps deux ou trois fois l'an, même lorfqu'ils n'ont point de *Meix*, fi le Seigneur en a titre & poffeffion.

Ils font de pourfuite quelque part qu'ils aillent demeurer; & s'ils décédent fans hoirs connus, le Seigneur eft faifi de leurs biens.

S'ils vont demeurer hors le lieu de la fervitude, le Seigneur peut d'abord mettre les fruits en fa main, & même s'emparer des fonds après trente ans, *& néantmoins eux & leur poftérité font à toujours pourfuivables pour les Tailles & autres droits, même pour la Main-morte, quelque part qu'ils s'abfentent, foit en Terre Main-mortable, ou autre*, art. 7.

Ainfi, cette Coutume réunit deux difpofitions qui caractérifent la fervitude perfonnelle; 1°. on eft Serf par naiffance; la fervitude adhère à la perfonne; 2°. les Seigneurs ont droit fur leurs Serfs, quelque part qu'ils aillent, & leur fuccédent en toutes efpéces de biens, faute d'hoirs communs.

D'après ces difpofitions, il s'eft agi de fçavoir, fi la fucceffion de Pierre Truchot, né à Paris le 15 Avril 1706, & qui y étoit décédé en 1756, fans avoir jamais demeuré ailleurs, appartenoit à fes parens collatéraux, non Main-mortables, ou au Marquis de la Tournelle, par la raifon que ce Pierre Truchot étoit fils de Lazare Truchot, né en 1672, au Village d'Arleuf en Nivernois, de parens taillables & Main-mortables, & qui étoit venu s'établir à Paris en 1687.

Cette affaire fut plaidée pendant huit Andiences. Le Corps de Ville de Paris y intervint, pour foutenir que les Bourgeois de Paris devoient être exceptés des difpofitions des Coutumes, contenant des reftes de fervitude perfonnelle; &, par Sentence du Châtelet du 18 Novembre 1758, confirmée par Arrêt rendu tout d'une voix, fur les Conclufions de M. l'Avocat Général Seguier, en la Grand'Chambre, le 17 Juin 1760, la fucceffion fut adjugée aux parens collatéraux, & le Marquis de la Tournelle

condamné en 50 liv. de dommages & intérêts.

La femme Main-mortable devient franche, en époufant un homme franc : de même, la femme franche devient Main-mortable en époufant un homme de cette condition ; mais dans ce dernier cas, fi elle devient veuve, elle peut s'affranchir en changeant de domicile, & délaiffant dans l'an & jour de la mort de fon mari, le *Meix* & tous les héritages de fon mari étant au lieu de Main-morte. Coutume de Bourgogne, tit. 9, art. 8.

Plufieurs Villes jouiffent du privilége fingulier d'affranchir de la fervitude & de la Main-morte ceux qui y viennent demeurer.

Par exemple, la Coutume de Bourbonnois, qui, par l'art. 25, exclud toute prefcription en matiere de fervitude perfonnelle, excepte les lieux où il y a privilége contraire; & fuivant le Procès-verbal de cette Coutume, il y a en Bourbonnois quatre Châtellenies qui ont ce privilége; fçavoir, Gannat, Montaigu en Combraille, Chantelle & Montluçon.

Bourges eft auffi du nombre des Villes qui affranchiffent leurs Habitans de la Main-morte. Voyez l'article premier de la Coutume de Berry.

L'article 2 de la même Coutume porte que les Ville & Châtellenie d'Yffoudun, Ville & Septaine de Dun-le-Roi, Mehun-fur-Yévre, Vierzon & Concreffant, ont le même privilége que Bourges,

Chaffanée, le Grand, Chopin, la Thaumaffiere, &c. affurent, contre l'avis de Coquille, que le privilége de Bourges a lieu contre les Main-mortes de Bourgogne, de Nivernois, &c. & difent auffi que Touloufe a les mêmes prérogatives. Voyez ce que dit fur cela Benedicti.

La Ville d'Autun a le même privilége.

Chopin, du Domaine, dit auffi que Valenciennes en Hainaut, & Saint Malo en Bretagne, font du nombre des Villes qui affranchiffent de la Main-morte.

Befançon a le même privilége, fuivant le témoignage de Dunod, dans le Traité *de la Main-morte.*

Dans l'étendue de la Coutume de Lorris, (chap. 7, article premier), les Serfs qui y viennent demeurer, & qui ne font point reclamés pendant vingt ans, font libres (a).

Dans la Franche-Comté, l'Ordre de Prê-trife n'affranchit pas le Main-mortable : au contraire, l'article 89 de cette Coutume dé-fère *au Seigneur la fucceffion des Prêtres & Clercs fes hommes de condition Main-morta-ble , s'ils n'ont parens communs* (en biens) *& demeurans avec eux.*

Loyfel décide même que le Serf *ne peut fe faire Prêtre fans le congé de fon Seigneur.* Voyez liv. 1, régle 89.

L'article 79 de la Coutume de Meaux ne lui permet pas même de prendre la Ton-fure Cléricale ; celle de Chaumont, article 3, contient une pareille difpofition ; » & ce » qui eft digne de remarque , & d'une re-» marque très - particuliere , *Joannes Galli* » rapporte dans fes Arrêts, celui d'un nom-» mé Pierre Courtois, qui étant de cette » condition , fut condamné à la pourfuite » du Chapitre de Soiffons, fon Seigneur , » *de rendre fa Tonfure Cléricale,* c'eft-à-» dire, fuivant la note de Dumoulin, d'ê-» tre dégradé «. Voyez le Traité de l'auto-rité du Roi, touchant l'âge néceffaire à la profeffion Religieûfe.

Loyfel, livre premier, régle 22, donne encore pour maxime, que, *par la plûpart des Coutumes, la verge ennoblit & le ventre affranchit*; c'eft-à-dire, que la femme No-ble affranchit le Main - mortable qu'elle époufe, mais ne le rend pas Noble; au lieu que le Noble mâle , non-feulement affran-chit fa femme de condition ferve , mais lui communique même la Nobleffe.

L'ennobliffement & les Charges de la Magiftrature effacent la tache de Main-mortable ; mais les Ordres facrés ne l'effa-cent point , pas même l'Epifcopat.

En Alface, quelques Seigneurs ont un droit affez femblable à la Main-morte : on le nomme droit d'Emigration ou Abzoucq ; il s'exige des Vaffaux , lorfqu'ils vont s'é-tablir hors des Pays de l'obéiffance du Roi. Sur cela voyez des Lettres - Patentes du mois d'Avril 1701.

MAIN-SOUVERAINE.
V. *Combat de Fief.*

Comme les Fiefs relevent tous du Roi, foit directement, foit indirectement, fi deux ou plus grand nombre de Seigneurs pré-tendent la mouvance d'un même Fief, le Vaffal propriétaire de ce Fief ne pouvant reconnoître en même-temps plufieurs Sei-gneurs, & ne pouvant pas non plus en re-connoître un au préjudice de l'autre, doit , pour éviter la perte des fruits que pourroit occafionner la faifie féodale, & ne pas tom-ber en *commife*, fe faire recevoir par Main-fouveraine, c'eft-à-dire, par les Officiers du Roi, auquel l'hommage fe rapporte tou-jours, comme à fa fource; par ce moyen, il n'eft pas obligé d'avouer, ni défavouer l'un des deux Seigneurs. Voyez les art. 43, 45 & 60 de la Coutume de Paris.

La réception par Main - fouveraine n'a lieu que quand le combat de Fief s'eft éle-vé judiciairement contre un ou plus grand nombre de Seigneurs particuliers; car , fi le Roi conteftoit la mouvance à un ou à plu-fieurs particuliers, il faudroit porter la foi & hommage au Roi par provifion, attendu que le Roi a la grande Main, & que Sa Ma-jefté plaide toujours *la Main fuffifamment garnie.*

L'ufage de fe faire recevoir par Main-fouveraine eft fort ancien ; & il a lieu mê-me dans les Coutumes qui n'en parlent pas : mais la forme en laquelle fe fait cette ré-ception, n'a pas toujours été la même qu'el-le eft aujourd'hui. Anciennement , lorf-qu'une conteftation s'élevoit entre deux Seigneurs pour la mouvance d'un Fief, le Vaffal les appelloit tous deux devant le Su-zerain commun, & fe faifoit recevoir par lui en leur préfence, fans avoir recours au Roi, ni à fes Officiers. Mais , comme il arrivoit fouvent que les deux contendans n'avoient pas le même Suzerain , & qu'au contraire, il étoit certain que le Roi étoit toujours, ou médiatement , ou immédiatemeut le Suze-

(a) Voyez l'Affranchiffement de la Ville de Bourges dans la Thaumaffiere, Décifions fur Berry, liv. 1, chap. 1 ; celui d'Orléans & de cinq lieues à la ronde, de 1180, Bi-bliothéque des Coutumes; celui des habitans d'Auxerre, dans l'Hiftoire d'Auxerre, tom. 2, pag. 147, 131, 167; ce-lui du Dauphiné dans Guy-Pape; du Languedoc, dans les Annales de Touloufe, par la Faille ; de Blois, dans Bo-din ; de Bourbonnois, dans Auroux ; du Fauxbourg Saint Germain à Paris, & plufieurs Villages voifins, dans la Bi-bliothèque de Bouchel, verb. *Manumiffion;* & de plufieurs autres Contrées, dans Chopin du Domaine, liv. 1, tit. 13, n. 21.

rain

rain commun ; on a cru qu'il valoit mieux obtenir en Chancellerie des Lettres adreſſées au Juge Royal, devant lequel le débat eſt pendant, ou s'il s'eſt élevé dans une Juſtice Seigneuriale, devant le Juge Royal, dans le reſſort duquel le Fief eſt ſitué, & par leſquelles ce Juge eſt autoriſé à recevoir la foi & hommage du Vaſſal par Main-ſouveraine, en attendant l'événement du combat de Fief.

- Sur ces Lettres, & d'après une Requête que le Vaſſal doit préſenter, le Juge, Parties préſentes ou dûement appellées, rend une Sentence par laquelle il les enthérine, » ordonne que l'Impétrant ſera reçu par » Main-ſouveraine en la foi & hommage, » à cauſe du Fief de..... ſaiſi à la requête » de......& qu'il jouira dudit Fief pen- » dant la conteſtation, ſur la mouvance reſ- » pectivement prétendue d'icelui par leſ- » dits;....à cette fin, lui fait main-levée » des ſaiſies féodales, décharge les Com- » miſſaires y établis de leur Commiſſion » pour l'avenir, à la charge par eux de ren- » dre compte du paſſé, quand & à qui il ap- » partiendra ; comme auſſi, à la charge, par » l'Impétrant, de porter la foi & hommage » en définitif à qui par Juſtice ſera ordon- » né, & de conſigner les droits, ſi aucuns » ſont dûs, pour être remis & délivrés à qui » il appartiendra «. Il réſulte de ce que je viens d'expoſer, que la réception par Main-ſouveraine n'eſt pas une réception en foi, mais une eſpéce de ſouffrance, par le moyen de laquelle le Vaſſal obtient la permiſſion de jouir de ſon Fief.

Les Auteurs ont agité la queſtion de ſçavoir, ſi les Lettres de Chancellerie ſont abſolument néceſſaires pour la réception par Main-ſouveraine ; & ſi le Vaſſal ne peut pas ſans elles obtenir ſa réception ſur une ſimple Requête expoſitive du fait ? A cet égard, je crois que les Lettres de Chancellerie ſont néceſſaires dans les Coutumes de Melun, de Dourdan & autres, qui l'exigent par des diſpoſitions préciſes ; mais je les crois inutiles dans les autres Coutumes. Cependant, comme il y a diverſités d'opinions ſur ce point, & qu'il y a même un Arrêt contraire à mon avis, cité par Brodeau, ſur l'article 12 de la Coutume de Paris, je conſeillerai toujours, comme fait

cet Auteur, d'obtenir des Lettres.

Les Auteurs ſont encore diviſés ſur la queſtion de ſçavoir, s'il faut que le combat de Fief ſoit judiciaire, ou s'il ſuffit que le Vaſſal ſoit inſtruit verbalement des prétentions reſpectives des divers Seigneurs. Mais je crois fermement qu'il faut que la conteſtation ſe ſoit élevée en Juſtice, ou qu'au moins les prétentions des Seigneurs ayent été notifiées au Vaſſal par quelqu'acte ; autrement, la réception par Main-ſouveraine pourroit être regardée comme un déni de la foi : car, ſi la conteſtation n'étoit que verbale, il n'en reſteroit aucune preuve ; & le Seigneur qui eſt en poſſeſſion, ſeroit en état de ſoutenir qu'il n'y a jamais été troublé.

La réception par Main-ſouveraine peut encore être pratiquée, lorſque diverſes perſonnes ſe prétendent, excluſivement les unes aux autres, Seigneurs du Fief dominant, dont le Vaſſal convient relever ; parce que chacun des concurrens prétend être ſeul propriétaire du Fief dominant ; & par conſéquent, que la foi doit être faite & les droits payés à lui ſeul, à l'excluſion des autres. Au contraire, la Main-ſouveraine n'auroit pas lieu, ſi l'un des contendans avoit la poſſeſſion du Fief dominant, & que les autres plaidaſſent au Pétitoire ; il faudroit en ce cas porter la foi & hommage au poſſeſſeur.

La réception par Main-ſouveraine, peut encore avoir lieu dans un petit nombre de Coutumes ; telles que celles de Mantes, de Melun, de Dourdan, &c. lorſque le Seigneur refuſe d'inveſtir le Vaſſal, qui lui offre la foi & hommage avec les droits & devoirs ; ſur quoi on peut conſulter Bacquet, du Droit d'Amortiſſement. Mais cette procédure ſeroit abſolument inutile dans nôtre Coutume, parce que la foi faite au Seigneur qui refuſe de la recevoir, & même la foi faite à la porte du Seigneur, à la porte du Manoir, en l'abſence du Seigneur, opére le même effet qu'une réception ſolemnelle, pourvû qu'elle ſoit accompagnée d'offres ſuffiſantes. Sur cela, voyez *Foi & Hommage*.

Remarquons ſur cet article ; 1°. que le Vaſſal, qui a enfreint la ſaiſie féodale, ſoit des divers Seigneurs, ſoit ſeulement de l'un d'eux, ne peut être reçu par main-ſouveraine, qu'après avoir reſtitué les fruits qu'il a enlevés; ainſi que la Cour l'a jugé par un ancien Arrêt cité par Dumoulin.

2°. Que le Vaſſal, qui veut être reçu par Main-ſouveraine, ne doit prendre aucune part à la conteſtation ſur le combat de Fief, & qu'il ne pourroit y être reçu, s'il avoit déſavoué formellement l'un des Seigneurs qui demande la mouvance.

3°. Que la Main-ſouveraine n'a pas lieu, lorſque les prétendus Fiefs dominans ſont tous ouverts, & relevans d'un même Suzerain qui les a tous ſaiſis; parce qu'alors, c'eſt le cas de porter la foi au Suzerain, en conformité de l'article 54 de la Coutume de Paris, en appellant néantmoins les Seigneurs contendans pour être préſens à l'hommage, & laiſſant incertaine la mouvance intermédiaire; ainſi, ce n'eſt point en ce cas, une réception par Main-ſouveraine, mais par Main-ſuzeraine.

L'effet principal de la réception par Main-ſouveraine ſuivie de conſignation, eſt qu'elle vaut foi, tant à l'égard du Seigneur & du Vaſſal, qu'à l'égard de tierces-perſonnes; ainſi elle fait ceſſer la perte des fruits, à compter du jour que le Vaſſal s'eſt pourvu pour ſe faire recevoir, & qu'il a offert de conſigner; les autres fruits échus antérieurement depuis la ſaiſie féodale, appartiennent au Seigneur qui a ſaiſi, ſi par l'événement la mouvance lui eſt adjugée, & que ce ſoit le cas de la perte des fruits (a); & quand, après le Jugement définitif, le Vaſſal laiſſeroit paſſer plus de quarante jours ſans porter la foi, le Seigneur auquel la mouvance eſt adjugée, ne pourroit pas prétendre les fruits, *faute d'homme*, en faiſant revivre l'ancienne ſaiſie: il faudroit qu'il ſaiſît de nouveau.

La réception par Main-ſouveraine équipolle tellement à la foi & hommage, que le temps du retrait lignager court du jour de cette réception.

Si la mutation qui donne lieu à la Main-ſouveraine, donne ouverture au retrait féodal, le délai pour l'exercer court du jour que le Vaſſal a exhibé ſon contrat aux divers Seigneurs prétendans à la mouvance, & qu'il

en a dépoſé copie authentique au Greffe, il ne ſeroit pas juſte que les conteſtations des Seigneurs obligeaſſent le Vaſſal de reſter dans l'incertitude pendant un plus long délai que celui fixé par la Coutume.

Celui qui ſuccéde à un Fief dont le précédent Seigneur a été reçu en foi, par Main-ſouveraine, doit remplir les mêmes formalités que le précédent Seigneur. Dumoulin prétend qu'il ſuffit que ce nouveau Vaſſal faſſe déclarer exécutoire à ſon profit la réception par Main-ſouveraine de ſon prédéceſſeur, & de conſigner les droits. Mais comme Dumoulin parle ainſi ſur l'ancienne Coutume, je crois qu'il faut regarder la Main-ſouveraine comme la ſouffrance qui eſt perſonnelle, & ne profite point aux ſucceſſeurs; qu'ainſi il faut que le nouveau vaſſal ſe faſſe recevoir. Il faudroit dire le contraire ſi la mutation arrivoit du côté des Seigneurs, à cauſe de l'incertitude de leur droit; & que la directe eſt ſéqueſtrée entre les mains du Roi, qui ne meurt pas.

La Main-ſouveraine n'a d'effet que quand elle eſt ſuivie de conſignation effective & judiciaire notifiée aux Seigneurs contendans: toute autre ſeroit nulle, à moins qu'elle ne fût conſentie par toutes les parties intéreſſées; parce que la réception par Main-ſouveraine équipollant à la foi, elle ne doit être admiſe qu'aux mêmes conditions que celles qui doivent être remplies par le Vaſſal qui veut ſe faire recevoir en foi.

Sur cela il faut remarquer, 1°. que cette conſignation doit ſe faire lors même que le Vaſſal a payé les droits à l'un des concurrens. La condition eſt dure, mais elle eſt juſte, parce qu'il peut ſe faire que les droits ſoient dûs à l'autre par l'événement, & que celui-ci ne doit pas courir de riſques pendant la conteſtation. Mais en ce cas on accorde le recours au Vaſſal contre celui qui a reçu, pour le contraindre de conſigner, à la décharge du Vaſſal, la ſomme qui a été payée. Il arrive même quelquefois qu'on ordonne contre l'autre Seigneur, que celui qui a touché, demeurera dépoſitaire comme de biens de Juſtice: mais c'eſt faveur. La régle eſt de le condamner à conſigner, & de reſter ga-

(a) Comme les fruits échus pendant la ſaiſie féodale de l'an ou de tous les Seigneurs, juſqu'à la réception par Main-ſouveraine, ſont en litige pendant le combat de Fief; Dumoulin décide qu'il faut les ſéqueſtrer pour être remis en définitif, ſoit au Seigneur qui a fait ſaiſir, ſoit au Vaſſal, ſi celui qui a ſaiſi, n'en avoit pas le droit.

rant de toutes pertes envers le Vassal, même à payer l'intérêt, si le Vassal consigne de ses propres deniers.

2°. Que la consignation doit être des droits dûs, tant à cause de la derniere que des précédentes mutations. Mais que si les Seigneurs avoient souffert la réception par Main-souveraine, sans exiger la consignation des droits anciens, ils seroient couverts de la même maniere qu'ils l'eussent été par une véritable réception en foi ; les mêmes régles s'appliquent à l'autre cas. Mais voyez *Retrait Féodal*.

Je viens de dire qu'il faut que la consignation soit réelle & effective, pour que la réception par Main-souveraine ait son effet ; & il est facile de fixer le montant de la consignation, quand il s'agit d'un droit de quint, de chambellage ou autre droit liquidé : mais que consigner, quand il n'est dû qu'un droit de relief ?

Dumoulin avoit pensé qu'il suffisoit au Vassal d'offrir & de consigner une somme à peu près égale au revenu du Fief ; mais comme le Vassal qui se fait recevoir par Main-souveraine, doit, ainsi que je l'ai déja dit, faire tout ce que la Coutume exige de celui qui porte la foi ; je crois, avec Bacquet & Brodeau, qu'il doit offrir les trois choses qui sont dûes pour le relief (voyez *Relief*), & demander contre les Seigneurs combattans qu'ils soient tenus de s'accorder dans le temps prescrit par la Coutume, sinon qu'il sera reçu à consigner une somme proportionnée au revenu du Fief, ou telle autre qu'il plaira à Justice fixer, & qu'en ce faisant, il sera reçu.

Si après une demande semblable, les Seigneurs ne s'accordent pas ; si l'un choisissoit la somme offerte, & l'autre le revenu à dire d'experts, je conseille au Vassal de faire estimer le revenu d'année, & de consigner la somme la plus forte des deux, sauf à retirer l'excédent en définitif, si la mouvance est accordée à celui des Seigneurs qui a choisi la moindre somme.

M A J O R A T S.
Voyez *Substitution*.

Les Majorats sont des espéces de substi-

tutions usitées en Espagne, & dont la durée est, pour ainsi dire, perpétuelle. Louis Molina a traité cette matiere avec beaucoup de lumieres & d'étendue.

Suivant cet Auteur, le testateur qui fait un Majorat, est censé faire toutes les substitutions, sans lesquelles ses biens ne pourroient être conservés dans sa famille.

De ce que les biens d'un Majorat doivent être conservés perpétuellement dans une famille, Molina tire la conséquence qu'il (le Majorat) ne finit point par la défaillance de ceux qui sont expressément appellés ; mais qu'il doit passer aux plus proches parens du dernier possesseur, quoiqu'ils n'ayent pas été nommés.

Les Majorats ne sont plus d'usage en France (a) ; ils ont cependant encore lieu dans quelques-uns des Pays qui étoient autrefois soumis à l'espagne ; mais ils sont sujets aux régles prescrites pour les substitutions. V. l'article 6 de l'Edit de 1711, sur la Pairie, à l'article *Pair*.

Le Majorat perpétuel fait en 1636 par Ferdinand de Rie, Archevêque de Besançon, & Gouverneur de Franche-Comté, a été restreint au quatriéme dégré, conformément aux usages de France, par Arrêt rendu le 15 Janvier 1723. Voyez Molina de *Hispan.* liv. 1, C. 4, n°. 13.

M A I S O N S R O Y A L E S.

Lorsque le Roi, la Reine, Monsieur le Dauphin, Madame la Dauphine ou les enfans de France, ne sont point au Louvre & dans les autres Châteaux & Maisons Royales, les Juges ordinaires des lieux peuvent y exercer leur Jurisdiction, tant en matiere civile que criminelle, de la même maniere qu'ils l'exercent dans les autres lieux de l'étendue de leur ressort. Ce sont les termes d'un Arrêt du Conseil d'Etat donné en commandement le 29 Octobre 1688 ; & c'est en conséquence de cet Arrêt que les Juges Royaux de Compiégne, de Fontainebleau, &c. exercent la Jurisdiction dans les Maisons Royales de ces Villes, lorsque le Roi n'y est pas.

Mais lorsque la Cour, ou seulement une personne de la Famille Royale est dans une Maison Royale, le Prévôt de l'Hôtel & ses

---

(a) Avant l'Ordonnance de Moulins, on obtenoit des Lettres-Patentes qui produisoient le même effet que les Majorats, quand elles étoient enregistrées. Il n'y avoit point de Loi qui les défendit.

Officiers connoiſſent *de tous procès civils en-*
tre les Officiers de Sa Majeſté & de ſes Mai-
ſons. Ils connoiſſent auſſi *de tous crimes com-*
mis par leſdits Officiers & autres gens de la
Cour & ſuite. C'eſt ce que porte le Réglement de 1684 , fait entre le Prévôt de l'Hôtel & l'ancien Bailli de Verſailles. Voyez
Vol.

Par le mot *Officiers*, dont ſe ſert cet Arrêt, on n'entend pas les Notaires de la Prévôté de l'Hôtel ; ceux-ci n'ont pas le droit
excluſif de recevoir des actes dans les Maiſons Royales. Par exemple , ils ont le droit
de faire des inventaires des biens qui ſe trouvent dans les Maiſons Royales, appartenans
aux perſonnes qui y décédent : mais les Notaires au Châtelet de Paris peuvent également faire ces inventaires.

Entr'autres Arrêts qui l'ont ainſi jugé, il
en eſt un du 15 Septembre 1752, rendu au
Grand-Conſeil entre la veuve Mignotte &
ſon fils. Cet Arrêt fut attaqué par le ſieur
Mignotte ; mais les Notaires du Châtelet
ont été maintenus dans leurs droits : & il a
été ordonné que l'inventaire ſeroit fait par
Mes Aleaume & Perret, Notaires.

Les Notaires de Paris, & même les Notaires de Verſailles, ſont encore dans l'uſage & ont le droit de faire les contrats de mariage des perſonnes de la Cour & ſuite, même ceux où le Roi & la Famille Royale ſignent. Il en eſt de même des autres actes :
les Notaires de la Prévôté de l'Hôtel n'ont
que la concurrence ; au lieu que, quand il s'a-
git d'actes contentieux, les autres Officiers
de la Prévôté de l'Hôtel ont un droit excluſif pendant le ſéjour.

Les Notaires de la Prévôté de l'Hôtel
(qualifiés Notaires de la Cour & ſuite) ont
néantmoins prétendu que les Notaires de
Verſailles ne pouvoient faire ni recevoir aucun acte dans les Maiſons Royales & lieux
cenſés l'être, la Cour y étant. Mais par Arrêt rendu au Grand-Conſeil le 6 Décembre 1754, les Notaires de Verſailles ont été
maintenus dans le droit de faire tous actes
afférans à Notaires Royaux dans les Maiſons Royales & réputées telles, ſituées dans
l'étendue du Bailliage de Verſailles & chez
toutes les perſonnes de la Cour & ſuite,
concurremment avec les Notaires de la ſuite
de la Cour.

MAÎTRE.
V. *Domeſtique.*

Le Maître eſt tenu du dommage cauſé
par ſon Domeſtique dans le ſervice où il
l'employe. V. *Délit & Impéritie.*

L'article 6 de l'Arrêt rendu pour ſervir
de Réglement, par le Parlement de Dauphiné, le 6 Mars 1723, » déclare même les chefs
» de famille & Maîtres reſponſables civile-
» ment des dégâts & contraventions qui ſe
» feront par leurs femmes, enfans & Do-
» meſtiques dans les bois, conformément à
» un autre Réglement de la même Cour, de
» l'an 1682 «.

Sur le fondement de cette garantie du fait
des Domeſtiques par les Maîtres, un Hôtellier du Pont-à-Buſſy près Laſère, par Arrêt rendu de relevée en la Grand'Chambre
le Mardi 28 Avril 1761, a été condamné
de payer à un Voiturier le prix de quatre
chevaux, qu'un garçon d'écurie avoit conduits dans une riviere pour les y abreuver,
& où ils s'étoient noyés.

Les Maîtres ne ſont pas obligés de payer
les crédits faits à leurs Domeſtiques ſans
leur ordre ; & ſi des Marchands ou Four-
niſſeurs de proviſions de bouche demandent
aux Maîtres le payement des crédits faits
aux Domeſtiques, les Maîtres ſont ordinairement déchargés de ces demandes, en affirmant avoir donné aux Domeſtiques l'argent
néceſſaire pour payer la dépenſe de la maiſon. Il y a à ce ſujet un Arrêt du 26 Mai
1691, qu'on trouve au Journal des Audiences.

Des Sentences des Conſuls ayant condamné les nommés Daugimont & Mouton,
Maîtres d'Hôtel des Ambaſſadeurs d'Eſpa-
gne, de payer à la veuve Aveline le montant des fournitures arrêtées par Mouton &
Daugimont au bas des mémoires ; il s'eſt
agi, ſur l'appel, de ſçavoir ſi ces arrêtés
étoient obligatoires.

Daugimont & Mouton ſoutinrent que
n'ayant pas promis payer, leurs arrêtés ne
devoient être regardés que comme certificats de la fourniture , & que la veuve Ave-
line devoit s'imputer à elle-même d'avoir
laiſſé partir les Ambaſſadeurs ſans leur demander ſon payement. En conſéquence, par
Arrêt du 7 Juillet 1738, les Sentences des

Confuls furent infirmées, & la veuve Ave-line condamnée aux dépens.

Mais, par autre Arrêt rendu le Lundi 19 Janvier 1761, la Cour, en infirmant une Sentence du Bailliage de Tours, a déchargé le Comte de Castellane, Seigneur des Villandry, des demandes formées contre lui par la veuve le Blanc, pour raifon de fournitures de fer, clous, &c. employés au Château de Villandry, détaillées au mémoire arrêté par un nommé Jacquiau, Receveur de cette Terre; & cela, parce que le Comte de Castellane difoit avoir payé à Jacquiau toutes les fournitures faites à celui-ci par la veuve le Blanc. On a penfé que le Maître ne pouvoit pas être obligé fans fon fçu, par un Domeftique infidéle.

MAIRIES.

Les Mairies font des Jurifdictions municipales, qui, dans les Pays-Bas, & finguliérement dans le Cambrefis, connoiffent des conteftations du reffort de la Moyenne & de la Baffe-Juftice. Elles font compofées d'un Mayeur & de plufieurs Echevins.

Il y a auffi des Mairies, dans quelques Cantons de la Picardie; mais celles-ci n'ont, pour la plûpart, que la connoiffance des cas appartenans au Bas-Jufticier.

Dans la plûpart des Villes du Royaume, les Mayeurs ou Maires, font les Chefs des Officiers de Ville, à peu près comme M. le Prévôt des Marchands l'eft à Paris. Il y a même des Villes où la qualité de Mayeur ou Maire procure la Nobleffe.

Ce font ordinairement les Officiers des Mairies qui diftribuent les logemens aux Gens de guerre.

Voyez ce que Pinault des Jaunaux dit des Mairies, dans fon Commentaire fur la Coutume de Cambrai, tit. 22.

MAIRIES.

Les Mairies ou Maireries font des Fiefs fans affiette ni Domaine, confiftans en fimples droits & revenus démembrés d'une Seigneurie plus confidérable. C'eft pour cette raifon qu'on les appelle Fiefs-Bourfiers, parce qu'elles ne confiftent qu'en droits pécuniaires.

L'identité de ces deux nominations eft établie par l'article 17 de la Coutume de Chartres, dans l'étendue de laquelle il y a beaucoup de ces Fiefs. V. l'article 78 de la Coutume du Perche; le Gloffaire de Ducange, à l'article *Feudum Burfa*, & ce que je dis des Fiefs-Bourfiers, au mot *Fief*.

MALTE.

Voyez *Curés, Décimes, Dixmes, Novales, Prieres publiques & Réfignation.*

Malte eft une petite Ifle de la Méditerranée, dont l'Empereur Charles V fit préfent à l'Ordre de S. Jean de Jérufalem en 1530, huit ans environ après que cet Ordre fut chaffé de Rhodes, par Soliman II.

L'Ordre de S. Jean de Jérufalem eft Souverain de Malte; & à caufe de cette Souveraineté, on le nomme communément Ordre de Malte.

L'Ordre de Saint Jean de Jérufalem fut inftitué en 1103, pour fecourir & protéger les pauvres Pélerins, qui dans ce temps-là alloient en grand nombre en Paleftine, y vifiter les Lieux Saints à Jérufalem. On donnoit alors le nom d'Hofpitaliers aux Membres de cet Ordre. Ce nom fut changé en celui de Chevaliers en 1110, qu'ils réunirent la profeffion des armes aux devoirs de l'hofpitalité.

En 1290 ils furent chaffés tant de la Paleftine, que de leurs autres Poffeffions dans la Terre-Sainte, & obligés de chercher un afyle dans l'Ifle de Chypre, où ils fixerent leur réfidence jufqu'en 1310, qu'ils chafferent les Turcs de l'Ifle de Rhodes, & s'en emparerent; mais en ayant été chaffés à leur tour, après le fiége le plus long & le plus meurtrier, le 25 Décembre 1522, ils démeurerent pendant près de huit ans, fans aucune réfidence fixe, le Grand-Maître & le Couvent de l'Ordre, fe trouvant tantôt à Viterbe, tantôt à Civita-Vecchia, tantôt à Nice, & les Commandeurs difperfés dans leurs Commanderies. Mais après ce terme, Charles V leur abandonna l'Ifle de Malte en toute fouveraineté, à la charge d'en faire hommage à lui & à fes Succeffeurs Rois de Sicile, dont cette Ifle relevoit, à chaque mutation de Souverain.

On diftingue dans l'Ordre de S. Jean de Jérufalem, que je nommerai, comme le Public, Ordre de Malte, des Religieux de trois claffes différentes; fçavoir, les Chevaliers, les Prêtres & les Servans-d'Armes.

Les feuls Gentilshommes de huit races, fçavoir, quatre de pere & quatre de mere, peuvent être reçus Chevaliers de Malte. Les Allemands doublent cette preuve, tant du côté du pere que de la mere ; & les Efpagnols ajoutent celle qu'ils nomment de *Puridad*, pour faire voir qu'ils ne defcendent, ni de Maures, ni de Juifs.

Leur état eft de faire une guerre continuelle aux Ennemis de la Foi Catholique, & ils peuvent feuls parvenir à pofféder les grandes Dignités de l'Ordre. La plus grande partie des Commanderies eft affectée à cette premiere Claffe.

Les Religieux-Prêtres font tous également deftinés au fervice des Eglifes de la Religion. Ce qui les diftingue entr'eux, c'eft que les uns reçus au Noviciat & à la Profeffion, dans le Couvent qui eft à Malte, font deftinés principalement à fervir, foit dans l'Eglife appellée de S. Jean, foit dans les Infirmeries, foit fur les Galeres ; & ceux-là font appellés Chapelains Conventuels.

Les autres font reçus au Noviciat, dans les Chapitres Provinciaux, fans faire aucune preuve de Nobleffe, & font principalement deftinés à pofféder les Cures & autres Bénéfices répandus dans les Grands-Prieurés. Ceux-ci font appellés Chapelains d'Obédience, parce qu'ils doivent l'obéiffance au Grand-Prieur ou au Commandeur, qui les reçoit pour defervir dans les Prieurés ou dans les Cures de l'Ordre.

A l'égard des Servans-d'Armes, on n'exige point d'eux qu'ils foient nobles d'extraction ; mais l'ufage de l'Ordre eft de ne recevoir dans cette Claffe que des perfonnes d'une naiffance honnête, qui tenant le milieu entre la Nobleffe & le Peuple, n'ait point été avilie par l'exercice d'aucune Profeffion méchanique. On a vu dans ce rang le Chevalier Paul, Vice-Amiral de France, qui, par fes grandes qualités, mérita d'être reçu Chevalier, comme s'il eût eu les huit dégrés de Nobleffe.

Cette différente diftinction ne change rien dans l'effence de leur état. Ils font tous la même Profeffion, font foumis aux mêmes Régles, & reconnoiffent tous également le même Supérieur.

Il y a dans l'Ordre de Malte deux Prélats qui y tiennent un rang diftingué ; fçavoir, l'Evêque de Malte & le Prieur de l'Eglife de Saint Jean. L'Evêque eft l'Ordinaire de la Ville, & de toute l'Ifle. Sa Jurifdiction s'étend fur tous les Habitans qui ne font point de l'Ordre. Il n'eft point à la nomination du Grand-Maître, ni à celle du Chapitre, mais à celle du Roi de Sicile, qui fe l'eft réfervée par l'acte d'inféodation de cette Ifle. Dans le cas de vacance, le Grand-Maître choifit trois Sujets, dont il faut qu'il y en ait au moins un Sicilien de naiffance, & le Monarque fe décide en faveur de qui il lui plaît.

Le Prieur de S. Jean eft au contraire l'Ordinaire de tous les Religieux de l'Ordre, en quelques lieux qu'ils demeurent ; il a le droit d'officier avec les ornemens Pontificaux, & il exerce par lui-même fa Jurifdiction fur les Chapelains Conventuels qui font à Malte. Le choix & la nomination de ce Prélat, en cas de vacance, font dévolus au Corps affemblé des Chapelains, préfidés par un Commandeur Grand-Croix.

A l'égard des Chapelains d'Obédience, répandus dans les Grands-Prieurés, l'art. 9 du titre 11 des Statuts de l'Ordre, porte que » le Prieur peut choifir, nommer & dé- » puter des Eccléfiaftiques Vifiteurs, & fes » Vicaires, pour exercer fa Jurifdiction Spi- » rituelle & Eccléfiaftique, dans les Prieu- » rés, Bailliages & Commanderies de la Re- » ligion, fur les Chapelains & Clercs Sécu- » liers, dans les lieux où les Prieurs, Bail- » lis & Commandeurs, n'ont point de Jurif- » diction Spirituelle «.

Ainfi l'autorité du Prieur s'étend partout où l'Ordre a des établiffemens ; & il peut, ou par lui-même, ou par fes Vicaires, l'exercer, même fur les Chapelains d'Obédience, qui ne lui font pas moins fubordonnés que les Conventuels.

Si quelque Religieux refufe de fe foumettre, il faut recourir aux Tribunaux de l'Ordre.

Il n'y a dans l'Ordre de Malte qu'un feul Couvent, dont les Religieux, de quelque Claffe qu'ils foient, font tous Profés, & auquel ils fe rapportent, en quelque lieu qu'ils faffent leur réfidence. A la tête de ce Couvent, & même de tout l'Ordre, préfide le Grand-Maître & son Conseil, en qui réside toute l'autorité, & qui est comme le centre de la Jurisdiction, telle que l'Ordre l'a sur ses Membres.

Cette Jurisdiction & cette autorité s'exercent par trois Tribunaux ; sçavoir, le Conseil ordinaire, le Conseil complet, & le Chapitre général.

Le Conseil ordinaire est composé du Grand-Maître, des Baillis-Conventuels, des Grands-Croix, & d'un Procureur ou Député de chaque Langue.

Le Conseil complet est composé des mêmes personnes, & de deux autres Députés de chaque Langue.

Enfin le Chapitre général, suspendu depuis un siécle ou environ, est composé d'un bien plus grand nombre de personnes. En lui seul réside le pouvoir législatif dans l'Ordre ; toute autre espéce d'autorité, même celle du Grand-Maître, lui est subordonnée, & ne peut que se conformer aux Statuts, qui sont des Loix suprêmes pour l'Ordre : ils ont été imprimés à Paris, *in-folio*, en 1659.

On appelle du Conseil ordinaire au Conseil complet, & du Conseil complet au Chapitre général ; mais comme il n'est plus d'usage d'en tenir, cette négligence a donné lieu à un abus qui a passé comme en coutume : c'est de porter à Rome l'appel du Conseil complet, sous prétexte que les Statuts donnent au Pape la qualité de premier Supérieur de l'Ordre.

Ainsi les maximes, dont je parle à l'article *Religieux*, suivant lesquelles les Supérieurs d'Ordres, résidens en Pays Etrangers, ne peuvent exercer de Jurisdiction sur les Religieux François, ni ceux-ci être cités hors du Royaume, n'ont pas lieu contre l'Ordre de Malte. Les Statuts de l'Ordre le portent ; & ces Statuts sont confirmés par des Lettres-Patentes, regîtrées au Grand-Conseil, où l'Ordre de Malte a ses causes commises.

C'est sur le fondement de ces Lettres-Patentes approbatives, que le Grand-Conseil a jugé, par Arrêt du Mardi 20 Février

1731, qu'il n'y avoit point d'abus dans le Jugement prononcé à Malte contre le Frere Charton, Chapelain d'Obédience, Prieur-Curé de Saint George, portant qu'il seroit privé de l'habit, & mis en prison pour toujours. Mais voyez ce que je dis ci-après, en parlant de l'Arrêt du Parlement du 6 Septembre 1694.

L'Ordre de Malte posséde des biens considérables en France, sur-tout depuis la destruction des Templiers : ceux-ci étoient très-riches en Terres & en Domaines ; leurs dépouilles ont été données à l'Ordre de Malte, par un Décret du Concile de Vienne ; & il en a été mis en possession, par Arrêt du Parlement, en l'année 1312.

Le Pape Innocent VIII imagina aussi, en 1489, d'unir à l'Ordre de Malte les biens appartenans à l'Ordre de S. Lazare ; mais, comme les formalités prescrites pour les unions, n'avoient pas été observées par ce Pape, son Décret fut déclaré abusif par Arrêt du 16 Février 1547, qu'on trouve dans les preuves des Libertés de l'Eglise Gallicane, ch. 36, n°. 20.

Quand les Membres de l'Ordre de Malte ont prononcé les Vœux ordinaires, ils sont vraiment Religieux, & morts civilement comme les Moines (*a*) ; ils sont incapables de succéder à leurs parens, & ne peuvent tester de leur pécule, qu'avec la permission de leur Général, qu'on nomme Grand-Maître.

L'incapacité de succéder, qui résulte de la Profession dans l'Ordre de Malte, ne rend pas cependant le Profès absolument étranger à sa famille. La Jurisprudence des Arrêts l'autorise à demander une pension, que ses parens sont ordinairement condamnés de lui payer, jusqu'à ce qu'il ait une Commanderie (*b*).

Quelques Auteurs prétendent même que s'il étoit fait Captif, il lui seroit dû une légitime dans la succession de ses pere & mere, mais jusqu'à la concurrence de la rançon pour se racheter seulement, parce qu'ils ne sont jamais rachetés aux dépens de l'Ordre. Voyez Brodeau sur M. Louet, lettre C,

---

(*a*) L'Ordre de Malte vit sous la Régle de Saint Augustin.

(*b*) Augeard rapporte un Arrêt rendu au Grand-Conseil, le 15 Septembre 1687, par lequel il a, dit-il, été jugé que les Chevaliers de Malte peuvent, avant leur Profession, & pour subvenir à leur subsistance & entretien, se réserver l'usufruit & la jouissance pendant leur vie, des biens qu'ils délaissent.

n°. 8, 10, 18 & 19; voyez auffi le Brun, *des Succeſſions*.

L'Ordre de Malte poſſéde en France des Bénéfices & des Commanderies d'un revenu conſidérable; & la diſpoſition de ces Commanderies & Bénéfices appartient de droit à nos Rois. Henri II ſe la réſerva en 1556, & enjoignit à M. le Procureur Général du Grand-Conſeil, » d'appeller comme » d'abus des Proviſions qui en ſeroient don » nées hors du Royaume «.

Mais par des Déclarations de François II, d'Henri III & de Louis XIII, citées au Journal des Audiences, tom. 1, liv. 8, ch. 31, ces Princes ſe ſont déportés de ces nominations; & l'Ordre en diſpoſe aujourd'hui par grace, & par le privilége que nos Rois lui en ont accordé.

Les Commanderies de l'Ordre de Malte ne ſont pas des Bénéfices, ni des Titres qui impriment un caractere perpétuel ſur ceux qui en jouiſſent. Ce ſont de ſimples adminiſtrations données aux Chevaliers par l'Ordre qui y impoſe les charges & les conditions qu'il juge à propos, qui ſe réſerve toujours une partie des fruits que le Commandeur doit fournir, & qui peuvent être ou augmentés ou diminués arbitrairement, ſuivant ſes beſoins; c'eſt ce qu'on nomme *Reſponſions*.

Cependant les Commanderies ſont comme des Bénéfices ſuſceptibles de permutation, de réſignation & de retention de penſion; elles ne peuvent être poſſédées que par des Religieux Profès, qui peuvent en être dépoſſédés pour contravention grave aux Statuts de l'Ordre, & ſinguliérement en cas de malverſation dans la régie; parce que, comme je viens de le dire, ce ne ſont que de ſimples adminiſtrations. V. le pénultiéme article du titre 15 de ces Statuts.

Ce même article porte que, pour juger de la bonne adminiſtration d'un Commandeur dans ſa Commanderie, » on s'enquê » tera s'il a ſoigneuſement & fidélement » ſoutenu, défendu & pourſuivi les procès » intentés ſur les biens & poſſeſſions de ſa » Commanderie «. De-là naît la conſéquence que chaque Commandeur peut ſeul, & ſans l'aſſiſtance de l'ordre, eſter en Jugement.

Quand un Commandeur meurt, l'Ordre

s'applique tous les fruits de la Commanderie qui reſtent à percevoir, juſqu'au premier Mai ſuivant, & jouit encore en ſus d'une année entiere des revenus; de maniere que le nouveau Commandeur eſt quelquefois près de deux ans ſans rien recevoir.

Ces jouiſſances ſont nommées *vacant & mortuaire*; & il eſt décidé par un Arrêt du Conſeil du 14 Juillet 1727, qui a caſſé des Arrêts du Parlement de Dijon des 21 Mars 1720 & 17 Juillet 1721, qu'elles ne doivent point être employées aux améliorations des Commanderies, mais qu'elles appartiennent au commun tréſor de l'Ordre. Voyez ſur cela les articles 4, 30 & 39 du titre 5 des Statûts de l'Ordre de Malte.

Augeard rapporte un Arrêt rendu au Grand-Conſeil, le 21 Octobre 1681, par lequel il a, dit-il, été jugé (en conformité de pluſieurs autres Arrêts) que les condamnations prononcées contre l'Ordre de Malte, en qualité de ſucceſſeur au pécule des Chevaliers & Commandeurs, ne peuvent être exécutées que ſur leurs dépouilles, tant pour le principal, que pour les dépens; & que cet Ordre y renonçant, doit être déchargé de ces condamnations, & rembourſé, par privilége ſur les mêmes dépouilles, de tous les frais & dépens, tant actifs que paſſifs, par lui faits ou ſoufferts, concernant ces dépouilles.

L'Ordre de Malte, en ſuccédant au pécule des Chevaliers, n'eſt tenu de payer que les dettes contractées depuis la Profeſſion dans l'Ordre, & non celles contractées auparavant. Il y a à ce ſujet un Arrêt rendu en forme de Réglement, au Grand-Conſeil, le 30 Mars 1688.

L'Ordre de Malte a ſes cauſes commiſes au Grand-Conſeil; c'eſt un privilége ſingulier que nos Rois lui ont accordé dans le ſiécle dernier. Les Lettres-Patentes qui contiennent ce privilége, portent expreſſément que l'attribution ou évocation au Grand-Conſeil, n'aura lieu que dans les affaires qui concernent uniquement leurs exemptions, immunités & priviléges de l'Ordre, les affaires générales, & les droits & biens qui lui appartiennent.

Mais cette évocation ne comprend point, & n'a pas lieu pour les cauſes ou procès que les Particuliers-Commandeurs peuvent *avoir,*

avoir, tant pour la perception des droits attachés à leurs Commanderies, que pour ce qui regarde la poffeffion & la propriété des terres, cens & revenus qui en dépendent.

Ces matieres font fpécialement exceptées, & l'attribution par Lettres-Patentes accordée à l'Ordre, le 7 Mai 1644, confirmée par celles du 23 Juin 1718. Ces Lettres confervent à cet égard les droits des Juges qui doivent connoître de ces conteftations.

Cette reftriction du privilége de l'Ordre de Malte a donné lieu à une conteftation très-confidérable entre le Commandeur d'Avignon, foutenu par l'intervention de fon Ordre, & un fieur Eymard, en faveur duquel les Procureurs de trois Etats de Provence intervinrent auffi. En voici le fujet.

Le Commandeur d'Avignon, comme Seigneur de Lardiers, jugea à propos de retirer féodalement des héritages acquis par le fieur Eymard, dans fa Seigneurie. Celui-ci ne réfifta pas au retrait; mais il s'éleva entr'eux une conteftation fur la fixation & le remboursement, tant des loyaux-coûts, que des améliorations. Le fieur Eymard prétendit que cette conteftation devoit fe porter devant le Juge de Forcalquier: le Commandeur la fit au contraire évoquer au Grand-Confeil.

Dans cette pofition, le fieur Eymard prit des Lettres en Réglement de Juges, en vertu defquelles il fit affigner le Commandeur au Confeil privé: l'Ordre de Malte intervint, ainfi que les Syndics des Etats de Provence, chacun pour foutenir fes prérogatives; & après une inftruction véritablement inftructive, dans laquelle on fit voir qu'un retrait féodal devoit être confidéré comme faifant partie de la perception des fruits, puifque le droit de retrait appartient à l'ufufruitier, Arrêt eft intervenu au Confeil privé, le 16 Avril 1736, par lequel, fans avoir égard à la demande du Commandeur d'Avignon, ni à l'intervention de l'Ordre de Malte, le Roi a renvoyé les Parties pour procéder devant les Juges des lieux en premiere inftance, & par appel au Parlement d'Aix. Voyez fur la même matiere l'efpece

d'un Arrêt du 22 Décembre 1733, qui renvoie au Parlement de Grenoble la demande du Commandeur de la Renarde. On trouve cet Arrêt dans le Rapport des Agens du Clergé, fait en 1735.

L'Ordre de Malte prétend, fur le fondement de quelques Bulles, & parce que fes Membres font toujours réputés abfens pour caufe de Religion, & par conféquent hors d'état d'agir, être affranchi des prefcriptions ordinaires, & même de la prefcription centénaire.

Ce privilége fingulier a trouvé des contradicteurs dans tous les temps; & quoique quelques Arrêts ayent jugé en conformité, il y a néantmoins des Jurifconfultes qui le regardent (ce privilége) comme pouvant encore faire la matiere d'un problême. Voy. *Auzannet.*

C'eft beaucoup, dit l'Auteur de l'Analyfe du Droit François, » de faire jouir les » Chevaliers de Malte du privilége qui a » été accordé à l'Eglife de Rome, à caufe » de l'Eminence de fon Siége; fçavoir, » qu'un poffeffeur foit obligé de juftifier » contr'eux d'une poffeffion centénaire: on » juge même qu'un tiers-acquéreur, qui a » titre & bonne foi, peut leur oppofer la » prefcription de quarante ans, qui eft le » terme ordinaire du privilége des biens Ec- » cléfiaftiques. La raifon de cette Jurifpru- » dence eft que les Commandeurs font, en » effet, très en état par eux-mêmes, ou par » leurs Officiers & Economes, de veiller à » leurs droits «. Voyez Bretonnier fur Hen- » ris, tom. 1, liv. 4. V. l'Arrêt du 17 Juin » 1732, cité par Jacquet, fur l'article 296 » de la Coutume de Touraine.

Jamais au refte, ce prétendu privilége d'imprefcriptibilité (a) ne s'eft étendu jufqu'aux droits cafuels, & jufqu'aux revenus des Commanderies. Quand des circonftances particulieres ont déterminé les Magiftrats à l'admettre, ils l'ont toujours reftraint aux droits de propriété, & aux fonds des biens de l'Ordre. Nous en avons un exemple dans l'Arrêt du Grand-Confeil du 29 Janvier 1725, qui forme le plus folemnel des préjugés que l'Ordre de Malte puiffe recla-

(a) Puifque l'on ne peut point prefcrire contre l'Ordre de Malte, la propriété des chofes qui lui ont appartenues, il fembleroit raifonnable que cet Ordre ne pût pas

non plus oppofer la prefcription; la loi devoit être égale: mais je ne crois pas qu'il admette jamais ce principe.

mer en faveur de ce privilége exorbitant.

Dans l'efpéce de cet Arrêt, le Commandeur de Trepigny demandoit au Seigneur de Sailly une rente de vingt-quatre feptiers de bled, aumônée en 1170 à la Commanderie de Trepigny; depuis près de deux fiécles, cette rente n'avoit point été fervie. Par l'Arrêt qui intervint, il fut dit que le Seigneur de Sailly feroit tenu de payer la rente, & d'en paffer titre nouvel; mais pour les arrérages, il ne fut condamné à en payer que vingt-neuf années, parce qu'on jugea que tous les arrérages antérieurs étoient prefcrits. Voyez un autre Arrêt du Grand-Conseil du 29 Mars 1755, dont je parle à l'art. *Eglife*, & celui du 21 Juillet 1759, dont Jacquet parle fur l'art. 296 de la Coutume de Touraine.

Ceux qui veulent donner des couleurs favorables au privilége d'imprefcriptibilité, prétendu par l'Ordre de Malte, invoquent la maxime, fuivant laquelle la prefcription ne court point contre les abfens du Royaume pour la caufe publique. Ils difent que les Commandeurs ne font que des ufufruitiers, que l'Ordre eft le vrai propriétaire, & que le Chef-lieu n'eft pas en France.

Les Commandeurs qui font cultiver des Terres de l'ancien Domaine de l'Ordre, font exempts de payer la dixme. Il y a plufieurs Arrêts rapportés par Meffieurs Louet & le Preftre, qui ont jugé en faveur de cette exemption. Le Grand-Conseil l'a jugé de même, par un Arrêt rendu le 20 Décembre 1724, qui eft imprimé.

Des Lettres-Patentes données par Henri II au mois de Juillet 1549, en interprétation de celles du mois de Mai 1547, exemptent l'Ordre, les Commandeurs & les Chevaliers de Malte, de *toutes Aydes, Droits, Tributs, Coutumes*, Exaction, *Cueillettes & Levées, foit Etapes pour le paffage des Gens de Guerre, Emprunts, Solde, Contribution, Ponts & Chauffées, Foraines, Leydes, Palettes, Minage, Voirie, Paffage, Péages, Panages, Traverfes & autres.*

Ces priviléges ont été confirmés à l'Ordre de Malte par les Rois fucceffeurs de Henri II, & finguliérement par Lettres-Patentes du Roi régnant, du mois de Décembre 1716, regiftrées au Parlement le 7 Mai 1717.

Les Curés & Vicaires perpétuels de l'Ordre de Malte font fujets à la Jurifdiction Eccléfiaftique ordinaire, pour les délits qu'ils peuvent commettre dans l'adminiftration des Sacremens & dans les autres fonctions Curiales, comme le font tous les autres exempts ayant charge d'ames; c'eft un point qui paroît certain, depuis l'Arrêt contradictoire rendu au Conseil, entre les Agens du Clergé & l'Ordre de Malte, le premier Mars 1726, dont on trouve l'efpéce & les moyens développés dans le rapport des Agens du Clergé en 1730. V. l'art. 5 de l'Ordonnance de 1629.

La Régle, *Regularia Regularibus*, n'a pas lieu pour les Cures de l'Ordre de Malte. Ces Cures peuvent être conférées à des Prêtres féculiers; mais quand elles font conférées à des Eccléfiaftiques non Profès de l'Ordre, la collation renferme toujours la condition expreffe ou tacite, que ceux qui en font pourvus, feront profeffion dans l'Ordre.

C'eft pour cela que, quand l'Ordre ou le Commandeur dont la Cure dépend, l'exige, les Curés font obligés de fe préfenter au Noviciat, prendre l'habit, faire profeffion, &c. ainfi que je le dis à l'article *Cure*; & cela a lieu, nonobftant la longue poffeffion féculiere des Cures, ainfi que le Grand-Conseil l'a jugé par Arrêt du 18 Décembre 1724, qu'on trouve dans le Catalogue de Prault. V. *Pro cupiente profiteri.*

La peine des Curés qui ne veulent pas fe croifer, c'eft-à-dire, fe préfenter au Noviciat, faire profeffion, &c. eft la privation du Bénéfice; mais il faut que le refus foit conftant, & qu'il ait été fait à ce fujet au moins trois monitions.

L'Ordre de Malte prétend qu'après les monitions faites, & le refus de comparoir, &c. la vacance des Cures peut être prononcée par l'Affemblée Provinciale du Grand-Prieuré; mais je crois l'ufage qu'on allégue fur cela très-abufif, parce que les Cures de cet Ordre forment de vrais titres de Bénéfice; & que c'eft une maxime inconteftable en France, que la connoiffance du poffeffoire des Bénéfices appartient à la Juftice Royale feule, à l'exclufion de toute autre. V. *Complainte Bénéficiale.*

Le Grand-Conseil a cependant jugé par

Arrêt du 13 Septembre 1753, qu'il n'y avoit point d'abus dans le Décret du Chapitre du Grand-Prieuré de France, par lequel, faute par le sieur Masson, pourvu de la Cure de la Croix en Brie, dépendante de l'Ordre de Malte, de s'être présenté au Chapitre pour être admis à la profession des Freres d'Obédience de l'Ordre, la Cure a été déclarée vacante. Un autre pourvu par le Collateur, en vertu du même Décret, a été maintenu dans la même Cure, avec restitution de fruits. Cet Arrêt est imprimé; & on prétend qu'il y en a plusieurs autres qui ont jugé de même.

Le Pape Martin V a donné une Bulle, par laquelle il a attribué au Grand-Maître de Malte la connoissance de tous procès & causes d'entre les Religieux de Malte. Léon X a défendu à tous autres Juges de s'en mêler; mais ces Statuts ne concernent que les Membres de l'Ordre, & non les Particuliers avec lesquels les Membres de l'Ordre peuvent avoir des contestations. Clément VII qui avoit été Chevalier de Malte, avoit néantmoins sur cela, donné une Bulle outrée, qui enchérissoit sur celle de ses prédécesseurs, mais elle n'a point eu d'exécution, & on l'a toujours regardée comme une entreprise sur les droits des Souverains.

L'Ordre de Malte qui intervint dans l'affaire d'un Commandeur, nommé Gorillon, pour revendiquer ce Commandeur, qui avoit tué d'un coup de fusil le Cocher d'un carosse de voiture, fit plaider que, par l'institution de son Ordre, tous les Membres qui le composent, sont exempts de toute Jurisdiction séculiere & laïque; qu'ils ne peuvent reconnoître d'autres Juges en premiere Instance, que leur Grand-Prieur, & le Grand-Maître par appel. » L'Ordre » de Malte, disoit-on, est un Ordre Régu- » lier, Militaire & Souverain.

» Comme Ordre Régulier, la correction » de ses Religieux appartient au Supérieur.

» Comme Ordre Militaire, il a le pou- » voir du glaive, & l'empire de la vie & de » la mort.

» Comme Etat Souverain, il a droit de » juger seul ses Sujets répandus dans toute » la Chrétienté; parce que les Comman- » deurs étant dans leurs Commanderies, » sont réputés être dans l'Etat de Malte,

» obligés par conséquent d'obéir au Grand- » Maître seul, & d'exécuter ses ordres, » sans en recevoir ni en prendre la per- » mission des Princes, dans la domination » desquels les Commanderies sont situées «.

M. l'Avocat Général de Harlay qui porta la parole dans cette affaire, réfuta ces prétentions comme elles le méritoient. Il fit voir que la Souveraineté du Grand-Maître de Malte ne s'étend pas au-delà des bornes de son Etat; & que s'il conserve quelque pouvoir sur les Chevaliers dispersés dans la Chrétienté, ce n'est pas comme Souverain, mais comme Supérieur d'un Ordre Religieux. Il observa que l'Arrêt d'enregistrement de l'Ordonnance de 1629, ordonne, sur l'article 5, que les Religieux de l'Ordre de Saint Jean de Jérusalem seroient soumis à la Jurisdiction Royale, quant aux crimes, &c. &, par Arrêt rendu le 6 Septembre 1694, le Commandeur de Gorillon a été renvoyé devant le Lieutenant Criminel de Beauvais, *pour lui être son procès fait & parfait, &c.*

Le Plaidoyer de M. l'Avocat Général de Harlay qui est imprimé avec cet Arrêt, en 52 pages, est très-curieux & très-lumineux sur les priviléges prétendus par l'Ordre de Malte.

L'Ordre de Malte étoit, comme les autres Gens de Main-morte, assujetti par l'Ordonnance des Eaux & Forêts, tit. 24, article premier, à la police prescrite par cette Loi, & singuliérement à faire dans ses Bois les réserves dont je parle à l'art. *Bois;* mais, par Arrêt du Conseil du 6 Juillet 1671, l'Ordre de Malte a été dispensé de l'exécution de cette Loi, & cette dispense a été successivement prorogée jusqu'en 1728. C'est en cette année qu'a été fait au Conseil d'Etat le fameux Réglement sur la Police des Bois de l'Ordre, contenant 27 articles; il est du 12 Octobre 1728. Des Lettres-Patentes adressées au Grand-Conseil, où elles ont été registrées, en ont ordonné l'exécution; & il s'exécute aussi en Lorraine, en vertu d'un Arrêt du Conseil Royal des Finances, donné à Luneville le 13 Octobre 1744, revêtu de Lettres-Patentes registrées en la Cour Souveraine & Chambre des Comptes de Nancy, les 4 & 16 Décembre de la même année. Cet Arrêt (de 1728) se trouve à la suite de l'Ordonnance des Eaux & Forêts, édition de 1753. Il contient un mélange des régles prescrites par l'Ordonnance des Eaux & Forêts, & par les Statuts de l'Ordre.

Les Commandeurs de Malte étant Religieux, & leurs Commanderies de simples administrations, ils n'ont aucune possession civile. On pourroit même dire qu'ils n'ont pas même de possession naturelle, puisqu'ils n'ont qu'une simple jouissance au nom de l'Ordre. C'est pour cela qu'ils ne peuvent, ni aliéner, ni même transférer aucun droit sur ses biens. Le Grand-Conseil a même jugé, par Arrêt rendu le 25 Janvier 1721, entre le Commandeur d'Argentin & le Receveur du commun Trésor au Grand-Prieuré de Toulouse, d'une part, & le Marquis de Santrailles, d'autre part, que les Commandeurs de Malte ne peuvent aliéner, ni par contrat, ni par transaction; & que les aliénations sont nulles, lors même que les transactions sont approuvées par le Chapitre Provincial. (L'Arrêt est imprimé).

Le même Tribunal a encore, par Arrêt rendu au mois de Février 1740, déclaré nulle l'aliénation de 150 journaux de terre dépendans de la Commanderie de Fouilloux, avec la permission accordée par la Langue de France, assemblée par la permission du Grand-Maître.

Pour qu'une aliénation des biens de l'Ordre de Malte soit réguliere & valable, il faut qu'elle soit faite avec l'autorité du Grand-Maître & du Chapitre général conjointement, parce que le Grand-Maître seul ne peut pas déroger aux Statuts qui interdisent impérieusement l'aliénation des biens de l'Ordre; & si la permission d'aliéner ne se demande pas dans le temps de la tenue d'un Chapitre général, il faut non-seulement l'agrément & la permission du Grand-Maître, de son Conseil & du Trésor, mais du Pape auquel, en ce cas, le droit de déroger aux Statuts, est accordé par les Statuts mêmes, qui lui donnent la qualité de premier Supérieur, un Chapitre Provincial n'étant pas capable, & n'ayant pas l'autorité de déroger à une défense aussi expresse que celle qui concerne les aliénations.

Quoique l'indemnité dûe aux Commanderies ou autres Bénéfices de Malte, à cause des fonds acquis dans leur mouvance par des Gens de Main-morte, appartienne au Commandeur ou autre Bénéficier dont le fonds aliéné releve, il ne peut cependant pas s'approprier cette indemnité. Il est obligé d'en faire emploi au profit de sa Commanderie ou Bénéfice. J'ai sous les yeux un Arrêt du Parlement du 12 Mars 1686, qui a ordonné qu'une somme de 4000 liv. dûe au Grand-Prieuré de France pour le droit d'indemnité de l'acquisition d'une maison située à Paris, rue de Paradis, sera employée à payer une partie des réparations faites au Pont-au-Change à Paris, réédifié après sa chûte arrivée par le débordement des eaux; lesquelles réparations n'étoient point de nature à être payées sur les revenus du Grand-Prieur, qui possédoit trois maisons sur le Pont, à cause du Grand-Prieuré.

La maxime a encore été affermie par l'Arrêt rendu au Grand-Conseil, le 24 Septembre 1757, entre l'Ordre de Malte & les Capucins du Marais à Paris; lequel Arrêt a jugé que le Prince de Vendôme, Grand-Prieur, n'avoit pu seul, & sans le consentement du Grand-Maître, faire don & remise aux Capucins de l'indemnité dûe au Grand-Prieuré, à cause de leur établissement au Marais, comme il avoit fait par un Brevet du 8 Juin 1624. Je parle encore de cet Arrêt à l'article *Indemnité*.

Les effets des successions des Chevaliers & Commandeurs de Malte pourvus de Bénéfices Consistoriaux, & ce qui leur est dû, doivent être remis aux Economes Séquestres, nonobstant les priviléges de l'Ordre. Voyez les Arrêts du Conseil des 25 Mars & 8 Juillet 1727, dont je parle à l'article *Economes*.

MANDAT.
V. *Etranger* & *Maître*.

Le mot *Mandat* signifie pouvoir de faire quelque chose (a); & on nomme Mandataire celui à qui le Mandat ou pouvoir est donné. Voyez *Délégation*, *Procuration*, &c.

Les Mandemens ont été considérés chez

(a) Le mot *Mandat* est aussi le nom d'un Rescrit du Pape. Je parle ailleurs de ces sortes de Mandats. Voyez *Expectative*, *Rescrits* & *Réserves*; il ne sera point question de cette espéce de Mandat dans cet article.

les Romains, comme obligeant ſi eſſentiellement le Mandataire à remplir les devoirs
que lui impoſoit le Mandat qu'on a marqué de la même note d'infamie, & ceux
qui avoient manqué à les remplir, & ceux
qui avoient formé une accuſation calom-
nieuſe contre un Citoyen.

Avant que les différentes Loix, les différens genres de biens, la multiplicité des actes, & ſur-tout la chicane & l'infidélité des
hommes euſſent rendu la déciſion des procès auſſi difficile qu'elle l'eſt devenue depuis pluſieurs ſiécles, chaque Partie défendoit ordinairement ſa cauſe elle-même. On
pouvoit cependant choiſir un ami habile &
expérimenté pour défenſeur; & cet ami étoit
nommé Patron, Avocat, Mandataire, &c.
Nous avons une image de cet ancien uſage
dans ce qui ſe pratique aux Juriſdictions
Conſulaires.

La maniere d'inſtruire les procès ayant
eſſuyé des changemens très-conſidérables,
on a confié cette inſtruction à des Mandataires d'une eſpéce particuliere, qu'on a
nommés Procureurs aux cauſes (ad lites).
Des Loix préciſes ont même rendu le miniſtere de ces ſortes de Mandataires tellement néceſſaire, qu'elles ont interdit l'inſtruction des affaires aux Parties mêmes, &
qu'elles ont autoriſé les Procureurs à faire
tout ce qu'on nomme procédure, ſoit pour
défendre leurs Parties, ſoit pour ſuivre &
mettre les affaires en état d'être décidées.
V. Déſaveu & Procureurs.

Ainſi tous les actes qui regardent l'inſtruction des procès, & qui ſe font judiciairement de Procureur à Procureur, ſont du
miniſtere des Mandataires, connus ſous le
nom de Procureurs ad lites. Mais il y a une
infinité d'autres actes, que de ſimples Mandataires peuvent faire au nom de ceux
qui les en prient.

Ainſi, par exemple, un ſimple Mandataire peut ſigner extrajudiciairement un exploit d'offres, fait au nom de ſon Mandant,
à un ou pluſieurs créanciers, parce qu'un
exploit d'offres n'eſt point de la fonction
du Procureur ad lites; ſon miniſtere ne ſera
néceſſaire que lorſqu'il y aura une demande
judiciaire en validité, ou en nullité, ou en
inſuffiſance des offres.

Il en eſt de même des autres actes extra-

judiciaires, tels que des appels, des ſommations, des réquiſitions, des ſaiſies, &c. Tout
cela peut être fait au nom du Mandant, à la
pourſuite & ſur les pouvoirs d'un ſimple
Mandataire. Ses fonctions ſont les mêmes
que lorſque la vente ou l'acquiſition d'une
charge ou d'une terre ſe fait en vertu d'un
Mandat ; & elles ſont bien différentes de
celles des Procureurs, puiſque ceux-ci n'a-
giſſent que ſous la condition qu'ils recevront les droits réglés pour leurs ſalaires ;
au lieu que les fonctions du Mandataire
ſont gratuites, qu'il n'agit & ne donne ſes
ſoins que dans la vûe de rendre ſervice.
V. Procuration.

Il y a d'autres Mandataires qu'on connoît mieux ſous le nom de Proxénetes ou
Entremetteurs. Les fonctions de ces ſortes
de perſonnes ſont de ménager des intérêts
oppoſés, comme de faire prêter de l'argent, de procurer la vente de quelque bien,
&c. V. Courtiers-Notaires.

Cette fonction étant licite, doit avoir un
ſalaire proportionné à la qualité du commerce (ou autre affaire), à celle des perſonnes, au temps que dure l'entremiſe, &
au travail de l'Entremetteur : c'eſt le langage des Loix.

J'ai néantmoins toujours vû proſcrire les
demandes formées au Châtelet par des Entremetteurs de vente, de prêt, &c. La Juriſprudence de ce Tribunal eſt de déclarer
non-recevables ceux qui dirigent ces ſortes
d'actions.

MANDEMENS.
V. Evêques.

Une Déclaration du 30 Juillet 1710,
enregiſtrée le 21 Août ſuivant, porte que
» les Mandemens des Archevêques, Evê-
» ques, ou leurs Vicaires-Généraux, qui ſe-
» ront purement de Police extérieure Ecclé-
» ſiaſtique, comme les ſonneries générales,
» ſtations de Jubilé, proceſſions & prieres
» pour les néceſſités publiques, actions de
» graces, & autres ſemblables ſujets, tant
» pour les jours & heures, que pour la ma-
» niere de les faire, ſeront exécutés par tou-
» tes les Egliſes & Communautés Eccléſiaſ-
» tiques, Séculieres & Régulieres, exemp-
» tes & non exemptes, ſans préjudice de

» l'exemption de celles qui fe prétendent
» exemptes en autres chofes «.

MANOIR.

Ce mot fignifie demeure, habitation. On
donne le nom de principal Manoir au Château & aux principaux bâtimens d'un Fief,
dans lefquels le Seigneur fait fa réfidence.

C'est-là que fe doivent porter les foi &
hommage; & cette portion de la Seigneurie appartient à l'aîné des enfans, par préciput, dans plufieurs Coutumes. V. *Aîneffe*,
Aveu & Dénombrement, *Foi & Hommage*.

M A R C H A N D S.

V. *Apprentif*, *Arts & Métiers*, *Commerce*,
Livre & Lombards.

L'Ordonnance du Commerce ne permet
de recevoir Marchands, que ceux qui ont
fait l'apprentiffage requis par les Statuts,
& qui font âgés de vingt ans *accomplis* :
mais fes difpofitions ne s'exécutent point
fur cela en rigueur. Voyez l'Ordonnance
de 1673, tit. 1, art. 3.

L'article 6 du même titre veut que les
Marchands foient réputés majeurs pour le
fait de leur commerce, & qu'ils ne puiffent
être reftitués fous prétexte de minorité.

Plufieurs Arrêts du Parlement ont jugé
que les Marchands & Artifans des Communautés de la Ville & Fauxbourgs de Paris,
peuvent s'établir dans toutes les Villes &
Bourgs du Royaume, en faifant enregiftrer
leurs Lettres de Maîtrife au Greffe de la
Jurifdiction du lieu où ils veulent s'établir.
Sa Majefté l'a décidé de même par un Arrêt
du Confeil du 28 Août 1719. Voyez *Arts
& Métiers*.

Une Ordonnance de Police, du premier
Juillet 1734, défend aux Marchands de faire diftribuer des billets dans Paris pour annoncer la vente de leurs marchandifes, à
peine de 300 liv. d'amende.

La Coutume de Paris & l'Ordonnance
du Commerce établiffent une prefcription
d'un an contre l'action de certains Marchands, & de fix mois contre d'autres : mais
leurs difpofitions ne font pas exactement
fuivies. V. *Apoticaires*.

*Tous les Marchands & Négocians, tant
en gros qu'en détail, doivent avoir des aulnes ferrées par les deux bouts, & marquées,*

& des poids & mefures étalonnés. L'art. 2
du titre premier de l'Ordonnance du Commerce l'ordonne ainfi, & leur défend *de fe
fervir d'autres, à peine de faux, & de 50 liv.
d'amende.*

L'Arrêt rendu, en forme de Réglement,
le 16 Avril 1737, en la Tournelle, & qu'on
trouve dans le huitiéme volume du Code
de Louis XV, a ordonné que les » Orfe-
» vres de Paris & des autres Villes, feroient
» exacts à tenir, chacun à leur égard, bon
» & fidéle regiftre des matieres & ouvrages
» d'or & d'argent, qu'ils acheteront & ven-
» dront, fur lequel ils écriront fidélement la
» qualité & quantité defdites marchandifes,
» avec les noms & demeures de ceux aux-
» quels ils les auront vendues, ou de qui
» ils les auront achetées, pour être fedit
» regiftre repréfenté toutefois & quantes ils
» en feront requis.

» Leur fait défenfes d'acheter aucune
» piéce d'argent armoiriée ou non armoi-
» riée, même où il n'y auroit pas eu de
» recommandation, fi ce n'eft de perfonnes
» qui leur foient connues, ou qui leur don-
» neront répondans à eux connus & domici-
» liés, à peine d'être procédé extraordinai-
» rement contr'eux, fi le cas y écheoit, de
» répondre des dommages & intérêts des
» Parties, & de reftitution des chofes vo-
» lées.

» Comme auffi leur enjoint de retenir les
» vaiffelles ou autres piéces d'orfévrerie
» qui leur feront expofées en vente, fuf-
» pectes d'avoir été volées; & lorfqu'elles
» auront été recommandées, d'en faire la
» déclaration «.

Un autre Arrêt rendu le 28 Août 1662,
en condamnant un Clerc de Procureur au
fouet & au banniffement, pour avoir diverti
& vendu des regiftres & papiers de l'Etude
du Procureur dont il étoit Clerc, » a fait
» défenfes à tous Marchands Epiciers,
» Chaircuitiers, Beurriers & autres Mar-
» chands...... d'acheter à l'avenir aucuns
» vieux papiers & regiftres, fous quelque
» prétexte que ce puiffe être, de Clercs,
» ferviteurs & fervantes, s'ils ne fçavent
» auparavant d'où ils viennent, & qu'ils ne
» foient certifiés être de nulle valeur & de
» conféquence, à peine de 400 liv. d'amen-
» de, & d'en répondre en leur propre &

» privé nom, & de tous dépens, dommages
» & intérêts «.

Ces défenses, qui n'étoient faites qu'aux
Marchands, ont été étendues à tous particuliers, par Arrêt du 29 Novembre 1707,
confirmatif d'une Sentence du Prévôt de S.
Germain-en-Laye; l'Arrêt porte, » fait dé-
» fenses à tous particuliers d'acheter aucune
» chose que de personnes connues, ou qui
» donnent caution & répondant de connoif-
» sance & qualité non suspecte, à peine,
» contre les contrevenans, de répondre des
» choses volées, & d'être poursuivis comme
» recéleurs.....«.

Voy. dans le Code de Louis XV, tome 8,
où sont tous ces Réglemens, un autre Arrêt du 11 Août 1721, page 303.

MARCHANDE PUBLIQUE.

La Coutume de Paris nous apprend que
la Marchande Publique est la femme qui
fait un commerce distinct, séparé & différent de celui de son mari, & *la femme n'est
réputée Marchande Publique* (dit l'art. 235)
*pour débiter la marchandise dont son mari se
mêle.*

Les Marchandes Lingeres, les Couturie-
res, les Marchandes de Poisson à la Halle,
les Revendeufes à la Toilette, &c. sont réputées Marchandes Publiques à Paris.

Une Marchande Publique peut valablement s'obliger pour les choses qui ont trait
à son commerce, quoiqu'étant mineure &
en puissance de son mari; & en s'obligeant,
elle oblige aussi son mari, qui n'est pas présent : telle est la Jurisprudence des Arrêts.
V. *Renonciation à la communauté.*

En effet, dès que le mari souffre que sa
femme fasse un commerce particulier, il
semble par-là donner une autorisation à sa
femme pour agir pour lui : c'est pourquoi
elle l'oblige solidairement avec elle dans
tous les engagemens qu'elle contracte relativement à ce commerce particulier; & cette
obligation engendre même la contrainte par
corps contr'elle & contre son mari. Voyez
sur cela deux Actes de Notoriété de M. le
Lieutenant Civil le Camus, des 19 Juin
1699, & 26 Août 1702, & l'article 212 de
la Coutume de Melun.

La Cour, par Arrêt rendu en forme de
Réglement, le 3 Mai 1718, qu'on trouve

dans le Praticien des Consuls, en infirmant
une Sentence des Consuls, qui accordoit
deux *ans à une Détailleufe* de Marée & à son
mari, pour payer une somme de 1454 liv.
par douzième, de deux mois en deux mois,
a condamné le mari & la femme Marchande Publique, & par corps, à payer ladite
somme dans vingt-quatre heures aux Jurés-
Vendeurs; & faisant droit sur les Conclusions de M. le Procureur Général, a fait
défenses aux Consuls d'accorder terme &
délai dans les affaires où il s'agira de Marée.

Le mari peut révoquer publiquement la
liberté qu'il donne à sa femme d'être Marchande Publique. Voyez la Coutume de
Rheims, art. 13; celle de Châlons, art. 25;
& de Laon, art. 19.

Le Samedi 19 Juin 1756, on a plaidé au
Châtelet la question de sçavoir si le mari
d'une Actrice de l'Opéra (laquelle avoit
acheté des étoffes, pour le prix desquelles
elle avoit fait un billet au bas du mémoire)
pouvoit demander la nullité de ce billet.
Le mari & la femme, qui ne demeuroient
pas ensemble, avoient été assignés : mais
l'assignation n'étoit donnée au mari que
pour assister sa femme; & on n'avoit pas
conclu à la condamnation contre lui; on ne
la demandoit que contre la femme, qui n'a-
voit pas constitué Procureur.

On disoit, pour le mari, qu'une femme
mariée, & qui n'est pas séparée, ne peut pas
valablement s'engager : le porteur du billet
répondoit qu'une femme qui monte sur le
théâtre, pouvoit s'obliger pour ce qui concernoit son état; que ces sortes de femmes
devoient être considérées comme faisant un
commerce séparé de celui de leurs maris.

La femme eût été condamnée, sans difficulté, si elle avoit eu Procureur en cause;
mais comme le mari seul en avoit constitué
un, la Sentence qui est intervenue a, sans
avoir égard au moyen de nullité du mari,
renvoyé le demandeur à se pourvoir, pour
obtenir son défaut, faute de comparoir,
contre la femme.

MARCHÉ.
V. *Foires.*

Les Marchés sont des conventions par
lesquelles quelqu'un s'engage à quelqu'en-

treprife ou fourniture , moyennant un certain payement qu'un autre s'oblige de faire.
V. *Devis & Marché.*

Sur la preuve des Marchés , voy. *Actes ,
Contrats & Preuves.*

MARÉCHAUSSÉES.

Voyez *Cas Préfidiaux & Prévôtaux , Compétence* , *Connétablie , Eccléfiaftiques , Nobles , Préfidiaux , Table de Marbre* , &c.

On nomme Maréchauffées , des Corps
établis pour aller & venir à la campagne ,
empêcher les défordres qui peuvent s'y commettre , arrêter les brigands , les vagabonds,
les mendians valides , &c.

Il y a dans plufieurs Villes du Royaume
des Jurifdictions , dont les Juges font com-
pofés d'Officiers de la Maréchauffée ; le
Chef de ces Tribunaux eft nommé Prévôt;
les autres font des Lieutenans Affeffeurs,
&c. Ils connoiffent en dernier reffort de tous
crimes commis par vagabonds & gens fans
aveu , des excès , oppreffions & autres crimes commis par gens de guerre , de vols
faits fur les grands chemins , & autres cas détaillés dans l'Ordonnance Criminelle de
l'année 1670 , & dans une Déclaration du 5
Février 1731 , regiftrée au Parlement le 16
du même mois.

Les Maréchauffées font mifes au rang des
Corps militaires , fous le commandement
des Maréchaux de France , & elles font partie du Corps de la Gendarmerie. Les Prévôts Généraux des Maréchauffées & leurs
Lieutenans ont la qualité d'Ecuyers , tant
qu'ils font en place; ils jouiffent , ainfi *que
les Affeffeurs , Procureurs du Roi , Greffiers,
Exempts , Brigadiers , Sous - Brigadiers &
Archers , de l'exemption de la collecte , du logement des gens de guerre , tutelles , curatelles , & autres charges publiques , & nomination à icelles.* Ces prérogatives & exemptions
font attribuées aux Officiers des Maréchauffées , par un Edit du mois de Mars 1720,
qui n'a été regiftré qu'au Grand-Confeil.
Néantmoins elles ont été confirmées par
Arrêt du Confeil du 30 Août 1727.

Une Déclaration du 6 Mai 1692 , regiftrée au Parlement , leur avoit accordé
l'exemption de taille ; mais elle a été révoquée , avec une infinité d'autres , par l'E-

dit du mois d'Août 1715 , dont je rapporte
quelques difpofitions au mot *Nobles.* Cependant voyez *Taille.*

Les Prévôts Généraux & les Lieutenans
des Maréchauffées doivent avoir fervi au
moins quatre ans dans les Troupes du Roi ;
ils ne peuvent obtenir de provifions fans
le certificat de ce fervice ; & quand ces provifions leur font accordées , ils doivent prendre l'attache des Maréchaux de France , pour
enfuite fe faire recevoir à la Connétablie &
Maréchauffée de France , au Siége de la Table de Marbre à Paris. Les Affeffeurs , Procureurs du Roi , & Greffiers des Maréchauffées , doivent auffi être reçus au même Tribunal , fuivant une Déclaration du 22 Février 1739 , regiftrée le 8 Avril fuivant.

Les Archers de Maréchauffées , dont les
commiffions font fcellées du grand fceau,
peuvent , quand ils ont prêté le ferment ,
donner des affignations aux témoins , & fignifier les actes néceffaires à l'inftruction
des Procès Prévôtaux ; ils peuvent auffi
écrouer , arrêter & recommander les perfonnes décrétées par les Prévôts des Maréchaux
& leurs Lieutenans; mais ils ne peuvent exploiter en toutes autres affaires , à peine de
faux & des galeres : les fonctions d'Huiffiers font même déclarées incompatibles avec
celles d'Archers de Maréchauffée. Voyez
l'art. 5 de la Déclaration du 28 Mars 1720,
enregiftrée au Grand-Confeil le 4 Mai fuivant.

Les gages & la folde attribués au Officiers , Archers & Trompettes des Maréchauffées , ne font fujets à aucune faifie , fi ce
n'eft pour dettes contractées à l'occafion de
leurs montures , nourritures & équipages ,
pour raifon de quoi feulement on peut retenir moitié de leur folde. Et à l'égard des
Prévôts & Lieutenans , leurs gages peuvent
être faifis pour dettes , dont les deniers ont
été employés à l'acquifition de leurs Offices.
Ibid. art. 9.

Tous ceux qui font choifis pour remplir
les fonctions d'Affeffeurs , de Procureurs du
Roi & de Greffiers des Maréchauffées , doivent être reçus & prêter ferment à la Connétablie & Maréchauffée de France , au Siége de la Table de Marbre à Paris , fuivant
une Déclaration du 22 Février 1739 , regiftrée au Parlement le 8 Avril fuivant. Voy.
auffi

auffi une Déclaration du 9 Avril 1720, regiftrée le 29.

Lorfque les Officiers ou Cavaliers de Maréchauffées faififfent des armes prohibées
chez des Particuliers, auxquels il eft défendu d'en garder, ils doivent dreffer un Procès-verbal de faifie, le faire figner par deux
voifins, en laiffer copie & dépofer l'original au Greffe de la Maréchauffée dans vingt-
quatre heures, s'il y en a un dans le lieu de
leur réfidence, finon l'envoyer dans trois
jours au Greffe du Prévôt ou Lieutenant
dans le diftrict de leur réfidence. Ils doivent
auffi porter les armes faifies chez le Maire
ou Syndic du lieu de leur réfidence, & en
tirer un reçu. On peut fur tout cela, & fur
quelques autres difpofitions que je fupprime à caufe de leur étendue, confulter l'Ordonnance du 14 Juillet 1716, concernant le
Port d'armes, & le Réglement fait en la
Connétablie le 21 Juillet 1740.

L'Edit de création de la Prévôté générale des Monnoies de Paris, du mois de Juin
1635, donne aux Officiers de cette Prévôté
les mêmes honneurs, exemptions, pouvoir
& jurifdiction, qu'aux Officiers des Maréchauffées.

La Déclaration du 6 Mai 1692, dont j'ai
déja parlé, ordonne que, lorfque les Officiers des Jurifdictions Royales & de celles
des Maréchauffées fe trouveront en Corps,
les Officiers de Maréchauffée auront rang &
féance à la gauche des Préfidiaux & Siéges
Royaux, dans les lieux où il n'y aura point
d'autres Corps ou Compagnies en poffeffion
de marcher à côté des Préfidiaux & Siéges
Royaux, leurs Archers marchant devant eux
& à côté des Huiffiers defdits Préfidiaux &
Siéges Royaux.

Le Prévôt de l'Ifle de France a des droits
particuliers, dont les autres Prévôts ne
jouiffent pas. Voyez fur cela les Lettres-
Patentes du premier Février 1740, regiftrées le 9 Avril fuivant.

Le Sous-Brigadier & deux Cavaliers de
la Maréchauffée d'Alençon, à la réfidence
de Gaffé, accufés & convaincus d'avoir,
lors de la capture du nommé Cardier, fouftrait & enlevé de fa bourfe vingt-quatre
louis d'or, dont ils n'avoient pas fait mention dans leur Procès-verbal, ont été condamnés, le Sous-Brigadier à cinq ans, & les

deux Cavaliers à trois ans de galeres, par
Arrêt du Parlement du 15 Juillet 1729.

La publication de cet Arrêt dans toutes
les Maréchauffées du Royaume, a été depuis ordonnée par un autre Arrêt de la Cour
du 12 Janvier 1730.

Des Arrêts du Confeil des 9 Juin 1733,
10 Mai 1741, & 28 Février 1742, ont caffé
des Ordonnances du Lieutenant de Police
d'Orléans, du Bailli de Beauvais, & du
Lieutenant Criminel de Poitiers, avec défenfes de fe fervir des termes, *mandons &*
enjoignons aux Officiers & Archers de la Ma-
réchauffée, &c. lorfqu'ils les requierent, de
prêter main-forte à Juftice, fauf à eux de
fe fervir du terme requérons, &c.

Les difficultés qui fe font élevées entre
les Juges ordinaires & les Officiers des Maréchauffées, fur l'exécution de l'article 2 de
la Déclaration du 28 Mars 1720, (portant
que les derniers connoîtroient des crimes
dont la connoiffance leur eft attribuée, &
que lorfque les captures auroient été faites
par eux par prévention, les Procès feroient
inftruits & jugés prévôtalement, nonobftant
que les Officiers des Siéges Préfidiaux euffent décrété avant, où le même jour), ont
donné lieu à une autre Déclaration du 26
Février 1724, regiftrée au Grand-Confeil
le 30 Mars fuivant, qui porte que :

Les Officiers & Archers des Maréchauf-
fées feront tenus de mettre à exécution fur le
champ & fans délai, à la premiere réquifi-
tion ou fommation qui leur fera faite par les
Procureurs du Roi, ou par les Parties, les
décrets qui feront émanés des Juges pour cri-
mes commis foit au-dedans ou au-dehors des
Villes de leur réfidence, fi ce n'eft qu'ils euf-
fent décrété en même jour, & avant que les
décrets defdits Siéges Préfidiaux leur euffent
été délivrés. . . . .

La même Déclaration fait *défenfes aux* Maréchauffées, *d'arrêter aucune perfonne domi-*
ciliée, hors le cas de flagrant-délit ou de cla-
meur publique, fans informations & décrets
préalables, à peine de demeurer refponfables
des dommages & intérêts des Parties.

En jugeant une affaire criminelle affez
confidérable, dont l'inftruction avoit été
commencée par l'Exempt de la Maréchauffée à Chevreufe, & finie au Bailliage de Limours; la Cour, par Arrêt du 22 Décem-

P

bre 1731, a enjoint *audit Jean le Marquant,
Exempt de la Maréchauſſée de Mantes.... :..
d'obſerver les Ordonnances...... en conſéquence fait défenſes audit le Marquant, d'informer (ſans en être requis) ſi ce n'eſt en flagrant-délit, & lors de la capture ſeulement,
ſuivant les Edits & Déclarations des mois de
Mars & 9 Avril 1702, ſauf, hors ledit cas,
à remettre les Procès-verbaux au Greffe de la
Maréchauſſée, pour y être, ſur la communication qui en ſera faite au Subſtitut du Procureur Général du Roi, & ſur la plainte dudit Subſtitut, pourvu par le Prévôt & par le
Lieutenant de ſa Brigade, ainſi qu'il appartiendra.*

*Et en cas d'information en flagrant-délit,
lui enjoint de faire prêter ſerment aux témoins avant de les entendre en dépoſition, les
interpeller de déclarer s'ils ſont parens, alliés,
ſerviteurs ou domeſtiques des Parties, & de
faire rédiger leurs réponſes...... enjoint
audit Gouel de décréter, s'il y échéoit, les accuſés, contre leſquels il aura informé, s'ils
ont été conſtitués priſonniers avant l'information, d'ordonner qu'ils ſeront arrêtés & recommandés, ſuivant l'article 9 du titre de
l'Ordonnance de 1670, avant de procéder à
leur interrogatoire, de les interroger dans les
vingt-quatre heures de leur empriſonnement,
& de faire juger ſa compétence; ou de laiſſer
la connoiſſance des crimes à ceux qui en doivent connoître, dans les délais preſcrits par
les articles 14 & 15 du titre 2 de ladite Ordonnance; & lorſqu'il aura été déclaré incompétent, ou qu'il aura délaiſſé la connoiſſance du crime au Juge du lieu du délit, de
faire transférer les accuſés dans les priſons
dudit Juge du lieu du délit....... dans le
délai porté par l'article 21 du même titre.*
Voyez *Information.*

La Cour, par un Arrêt rendu en la Tournelle Criminelle, le 18 Juillet 1747, ſur la
réquiſition de M. le Procureur Général, a
jugé que le Siége de la Connétablie a droit
de connoître de la rébellion faite à l'exécution d'un décret décerné par un Juge ordinaire, quand la Maréchauſſée prête main-
forte à l'Huiſſier porteur du décret, quoique le Juge ordinaire ait commencé d'en
connoître, & nonobſtant l'appel d'incom-

pétence interjetté par l'accuſé, de la procédure faite au Siége de la Connétablie.

MARGUILLIERS.
Voyez *Bancs des Egliſes, Curé, Fabrique,
Pain-béni, Pauvres, Presbytere.*

On nomme Marguilliers, ceux qui prennent ſoin de l'adminiſtration des affaires &
des biens des Fabriques des Paroiſſes & des
Confréries.

Dans l'origine, l'adminiſtration des biens
temporels de l'Egliſe étoit confiée aux Diacres, qui prenoient ſoin de tout ce qui regardoit le culte extérieur.

Dans la ſuite, ils ſe déchargerent ſur de
ſimples Clercs d'une partie de leur emploi,
qui conſiſtoit à tenir une eſpéce de liſte &
de catalogue des Pauvres à qui l'on diſtri-
buoit l'aumône en chaque Egliſe: ce catalogue étoit appellé *Matricula*; & ceux qui
en étoient chargés, étoient nommés *Matri-
cularii*; d'où eſt venu le nom de Marguilliers.

Les Eccléſiaſtiques ayant abuſé de l'adminiſtration, on leur a ſubſtitué les Laïcs,
qui ſont auſſi nommés Marguilliers, & qui
repréſentent l'univerſalité des Paroiſſiens:
leurs fonctions ſont d'adminiſtrer les fonds
& revenus de la Fabrique, de faire acquitter les Fondations, de choiſir des Miniſtres
capables de les acquitter, de régler avec eux
la rétribution convenable, &c.

Dans preſque toutes les Paroiſſes de campagne, les Marguilliers quêtent eux-mêmes
dans l'Egliſe; ils ont ſoin de parer l'Autel,
de ſonner les cloches, &c. en un mot, leurs
fonctions ne ſont guères différentes de celles des Bedeaux des Egliſes de Paris, ſi ce
n'eſt que ceux-là adminiſtrent auſſi le temporel de l'Egliſe, dont ils ſont comptables.

Il n'en eſt pas ainſi des Marguilliers des
Paroiſſes des grandes Villes. A Paris, il y
a deux claſſes de Marguilliers; les uns ſont
appellés Marguilliers d'honneur, ou premiers Marguilliers; ils ſont d'ordinaire au
nombre de deux. On eſt dans l'uſage de déférer ces places aux Magiſtrats ou aux perſonnes conſtituées en dignité, dont la protection peut être utile à la Fabrique (*a*).

_____

(*a*) Le 26 Janv. 1717, on a plaidé en la Grand'Chambre la queſtion de ſçavoir, ſi l'Election faite d'un riche

Marchand de Bois pour premier Marguillier à Auxerre,
devoit ſubſiſter? Et par Arrêt rendu ledit jour, l'Election

ірования1Fab段

IDай

Les autres font appellés Comptables, parce qu'ils régiffent les biens de la Fabrique, dont ils rendent compte à la fin de l'année de leur exercice.

Les Procureurs, les Notaires & les Marchands font ordinairement choifis pour être Marguilliers comptables. La préféance fe régle entr'eux, felon le temps qu'ils ont été Marguilliers; & pour éviter les difputes, quand ils font fortis de Charge, ils marchent felon leur antiquité de Marguilliers.

Dans les Proceffions & dans les Cérémonies publiques, les anciens Marguilliers d'honneur ne font plus corps avec les Marguilliers en charge; dès qu'ils ne font plus en place, ils reprennent le rang qu'ils avoient auparavant, fans tirer aucun avantage de leur qualité d'anciens Marguilliers.

Il en eft de même des anciens Marguilliers comptables. Ceux qui avoient paffé les Charges à S. Severin, prétendirent néantmoins le contraire; ils difoient que le fervice qu'ils avoient rendu à l'Eglife durant leur adminiftration, leur attribuoit l'avantage de ne compofer qu'un même Corps avec les Marguilliers en charge; & parce que les Marguilliers en charge ne pouvoient faire des délibérations fans les anciens, qui tous enfemble compofent une efpéce de Collége & de Sénat, ils en concluoient qu'ils ne pouvoient être précédés par les Avocats; mais ils difoient que, par déférence & par refpect, ils fouffroient que les Magiftrats des Cours Souveraines les précédaffent.

M. l'Avocat Général Talon, qui porta la parole dans cette affaire, fronda les raifons des Marguilliers de S. Severin. Il prouva que les Marguilliers une fois fortis de Charge, retournoient dans leur premiere condition, & ne confervoient rien de le préféance dont ils avoient joui pendant leur adminiftration; il diftingua les droits utiles de cette ancienneté, comme de féance dans l'Œuvre, de pain béni, de cierge de la Chandeleur, & de voix délibérative aux Affemblées d'adminiftration, d'avec la préféance aux Proceffions & Cérémonies publiques fur les Avocats, dont il releva beaucoup le mérite. En

conféquence, & par Arrêt du 15 Juin 1688, qu'on trouve au Journal des Audiences, & dont tout ceci eft tiré, la Cour a ordonné que les Avocats exerçant actuellement la profeffion, précéderont aux Proceffions & autres Cérémonies publiques, les Procureurs, Notaires & autres anciens Marguilliers comptables, dépens compenfés. Cet Arrêt eft d'ailleurs imprimé.

Un autre Arrêt du 2 Déc. 1683, qu'on trouve auffi au Journal des Aud. tom. 4, liv. 6, chap. 19, a confirmé une Sentence rendue au Châtelet le 18 Février précédent, par laquelle il eft ordonné qu'à l'avenir les Officiers de la Juftice de Gentilly auront la préféance & droits honorifiques en l'Eglife avant les Marguilliers du lieu, & a enjoint aux Marguilliers d'envoyer le pain béni auxdits Officiers après le Seigneur ou Dame du lieu. V. *Pain béni*.

Il a encore été jugé par des Arrêts des 14 Janv. 1726 & 9 Janvier 1727, que les Commenfaux & leurs femmes ont les droits honorifiques dans l'Église avant les Marguilliers. Le dernier de ces deux Arrêts eft rendu contre les Marguilliers de Corbeil. V. *Préféance*.

À Montdidier » les Officiers du Bailliage » jouiffent des honneurs de l'Eglife dans » toutes les Paroiffes de la Ville privative- » ment & à l'exclufion des Marguilliers, qui » ne vont aux Proceffions & aux Offrandes » qu'après lefdits Officiers, « fuivant un Acte de Notoriété dudit Bailliage, du 13 Février 1697.

On a plufieurs fois agité la queftion de fçavoir, fi on pouvoit forcer ceux qui font élus Marguilliers à en remplir les fonctions; & à cet égard on a diftingué les Marguilliers des Paroiffes de ceux des Confréries, dont les revenus font adminiftrés par des perfonnes qu'on nomme auffi quelquefois Marguilliers.

Comme des établiffemens tels que les Confréries n'appartiennent point au Public & ne lui font utiles en rien, on ne contraint perfonne à fe charger de l'adminiftration de leurs biens; c'eft une charge abfolument li-

---

a été déclarée nulle; parce que l'ufage étant de ne déférer cette qualité qu'aux perfonnes notables, on ne devoit point y nommer un Marchand, quoique riche; c'eft l'état des hommes & non leur fortune, qui les conftitue en di-

gnité. Le même Arrêt a ordonné qu'on ne pourroit élire à l'avenir, pour premier Marguillier, qu'un Officier du Préfidial, de la Prévôté, Avocat, Médecin, ou Officier de la Maifon du Roi.

bre & volontaire (*a*), dont on doit néantmoins faire les fonctions quand on l'a acceptée. V. *Confrérie.*

Il n'en est pas de même des Fabriques &
des autres établissemens qui intéressent nécessairement le Corps de la Paroisse & l'a-
vantage des pauvres. L'administration des
biens de ces établissemens est regardée comme un office de charité, de religion & de
piété, qui n'est point compris dans l'exemption des charges publiques. C'est sur ce fondement que différens Arrêts ont condamné
des particuliers à accepter ces Charges, &
ordonné que l'administration se feroit à leurs
risques & à leurs frais. Cela a été ainsi jugé,
1°. contre Me Ponyer, Notaire à Paris, en
faveur de la Fabrique de S. Sauveur, par Arrêt du 26 Avril 1697.

2°. Par Arrêt rendu le 27 Mars 1706,
contre un sieur le Fevre, Lieutenant de l'A-
mirauté à Abbeville, nommé Marguillier en
la Paroisse S. Gilles d'Abbeville.

3°. Par un Arrêt rendu le 30 Juillet 1710,
sur les Conclusions de M. l'Avocat Général Joly de Fleury, contre un autre Notaire
de Paris, nommé Berche, qui étoit aussi
Payeur des rentes, auquel la Cour a ordonné *d'accepter la Charge de Marguillier comptable de la Paroisse de Sainte Geneviève des
Ardens* (qui n'existe plus depuis quelques
années), *sans réserve d'aucunes des fonctions
qui ont accoutumé d'être faites, conformément
à l'Arrêt du 13 Mars 1682.*

4°. Par un autre Arrêt rendu au Parlement de Rouen le 16 Juillet 1744, qui a
condamné un Receveur des Consignations à
accepter la qualité, & à faire les fonctions
de Marguillier, nonobstant les exemptions
qu'il prétendoit être attachées à son Office.

5°. Par une Sentence de la première Chambre des Requêtes du Palais, du 22 Décembre 1760, laquelle a homologué la Délibération de la Fabrique de S. Landry, por-

tant nomination de Me Ropiquet pour Marguillier de cette Paroisse, & lui a ordonné
d'en remplir les fonctions, tant qu'il resteroit sur la Paroisse, qu'il devoit incessamment quitter.

Il a même été rendu un Arrêt, au rapport de M. Pucelle, le 6 Février 1726, par
lequel la Cour a ordonné que Jacques Fa-
gnou, Marchand Epicier, demeurant sur la
Paroisse Saint Eustache à Paris, *seroit tenu
d'accepter la Charge d'Administrateur de la
Compagnie de Charité érigée en lad. Paroisse,
se, sous l'invocation de Notre-Dame de
Bon-Secours, & d'en faire les fonctions suivant l'usage, sinon que la Charge courroit
à ses risques* (*b*).

Mais il faut convenir que la Jurisprudence sur cela n'est pas absolument uniforme.
Il est arrivé quelquefois qu'on a mis hors
de Cour sur de semblables demandes par
des Sentences du Châtelet; & j'en ai entendu prononcer une semblable contre les Marguilliers de Saint Josse, il y a quelques
années.

La même question s'est présentée aux causes d'appel du Présidial, le Jeudi 25 Janvier
1759, entre les Curé & Habitans de Choisy & un Fermier, dont la Ferme, située de
l'autre côté de la rivière de Seine, se trouve
sur la Paroisse de Choisy-le-Roi. Ce Fermier, qui avoit été élu Marguillier par une
Délibération, disoit qu'on ne pouvoit pas
le contraindre d'accepter cette Charge, parce que la situation de sa Ferme, séparée de
la Paroisse par la rivière, ne lui permettoit
pas de prendre tous les soins qu'exigeoit
cette Charge, & que d'ailleurs ce n'étoit
pas une Charge publique qu'il pût être forcé d'accepter.

Il étoit prouvé dans le fait que d'autres
Fermiers, habitans la même Ferme, avoient
en même-temps été Marguilliers de Choisy.
Le défenseur du Curé & des Habitans fit

(*a*) La Cour a néanmoins, par Arrêt rendu le Mercredi
11 Août 1762, en la Grand'Chambre, condamné un Particulier, Mégissier, demeurant sur la Paroisse Saint Martin, Fauxbourg S. Marcel à Paris, à accepter & remplir les
fonctions de Gouverneur & Administrateur de la Confrérie de Saint Nicolas, établie dans cette Paroisse; mais M.
l'Avocat Général Seguier a dit que cette Confrérie appartenoit à la Fabrique, dont elle étoit un démembrement; qu'il étoit d'ailleurs d'usage de prendre soin de
cette Confrérie avant de devenir Marguillier; que tous les
Paroissiens étoient Confreres de cette Confrérie, & de-

voient prendre la même part à l'administration de ses
biens, qu'à ceux de la Fabrique, dont elle faisoit partie.
La même chose avoit été jugée au mois de Décemb. 1758,
pour la même Confrérie.

(*b*) La Confrérie de Notre-Dame de Bon-Secours ne
doit pas être confondue avec celles qui n'ont pour objet,
que la récitation de prieres ou de cérémonies pieuses,
dont la Religion Catholique n'a pas besoin d'être sur-
chargée; celle-ci ayant au contraire été établie pour secourir les pauvres enfans, leur procurer une éducation
chrétienne, &c.

d'ailleurs voir, d'après Mornac, Domat & d'Héricourt, que l'administration des biens d'une Fabrique, en qualité de Marguillier, étoit une charge publique; & par Sentence rendue ledit jour sur les Conclusions de M. Caze de la Bove, la Sentence du Bailli de S. Germain-des-Prés, qui confirmoit celle du Juge de Choisy, portant que le Fermier seroit tenu d'accepter, &c. a été confirmée avec dépens.

L'Arrêt d'enregistrement des Lettres-Patentes obtenues par les Notaires de Paris au mois d'Août 1736, (par lesquelles ils ont été confirmés dans les priviléges accordés à leur Communauté, & au nombre desquels est, suivant leur exposé, l'exemption des Charges publiques) porte, *sans qu'on puisse, sous les termes de Charges publiques, y comprendre les fonctions de Marguillier, commissaire des Pauvres & autres fonctions de religion, de piété & de Charité.* Cet Arrêt est du 13 Août 1736. Mais voyez ci-après ma Note concernant les Commissaires.

Il ne faut cependant pas conclure de tous ces exemples, qu'on peut contraindre toutes sortes de personnes d'accepter la qualité de Marguillier, & d'en remplir les fonctions.

Dans une cause plaidée le 28 Juillet 1759, où il s'agissoit de sçavoir si les Curé & Marguilliers de la Paroisse de Ste Marguerite de Chaalons en Champagne avoient pu valablement nommer le Sr Hoccart de Renneville, ancien Capitaine au Régiment de Picardie, & Bailli d'Epée au Siége Présidial & Bailliage Royal de Châlons sur Marne, pour Marguillier comptable de ladite Paroisse: M. l'Avocat Général Seguier, qui porta la parole, observa qu'aucun réglement ne contenoit la distinction des personnes, mais que l'usage n'étoit pas de déférer les fonctions de Marguillier (comptable) à des personnes qui par leur état & condition en paroissoient exemptes.

Les Magistrats (a), les Militaires & les personnes nobles vivans noblement, furent mis par M. Seguier, au nombre des exempts des fonctions de Marguillier comptable:

en conséquence, & conformément à ses Conclusions, par Arrêt rendu ledit jour 28 Juillet 1759, la Délibération portant nomination du sieur Hoccart de Renneville, fut déclarée nulle, & les Curé & Marguilliers condamnés aux dépens.

On trouve encore au Journal des Audiences, tom. 1, liv. 3, chap. 37, un Arrêt du 26 Févr. 1637, qui a déclaré les Docteurs-Régens en Droit de l'Université d'Orléans, exempts des Charges de Marguilliers. Voy. aussi dans le Journal du Parlement de Bretagne, tom. 1, ch. 89, un Arrêt du 3 Janvier 1730, par lequel un Avocat qui s'étoit retiré à la Campagne pour infirmités, après avoir suivi le Barreau pendant treize ans, a été jugé ne pouvoir être forcé d'accepter la qualité de Marguillier, & d'en faire les fonctions.

D'après ces autorités, il semble qu'on peut dire que les personnes constituées en dignité, & celles qui ont des fonctions publiques, ne peuvent être forcées d'exercer les fonctions de Marguilliers comptables; c'est ce qui paroît établi par l'article 8 de l'Arrêt de la Cour, du 2 Avril 1737, portant Réglement pour la Fabrique de S. Jean en Greve, & par un Arrêt de Réglement du Parlement de Bretagne du 31 Oct. 1560, rapporté dans les nouveaux Mémoires du Clergé, tome 3, édition de 1716, page 1185, qui porte que les Marguilliers seront du Tiers-Etat.

Le sieur Rose du Rosel, Fourrier de la grande Ecurie, élu Marguillier en son absence par les Paroissiens de l'Eglise de Saint Pierre de Dreux, a été déchargé de cette fonction par Arrêt du Conseil du 11 Juillet 1718, & de la demande formée contre lui, pour qu'il fût tenu d'accepter.

Un Arrêt contradictoire du Grand-Conseil, du 26 Octobre 1706, a aussi déchargé Claude Boguet, Maître Palfrenier de la grande Ecurie du Roi, qui avoit été nommé Marguillier de Saint Pierre de Montdidier.

Un simple Archer de la Monnoie à Paris a aussi été déchargé de l'exercice de la Char-

---

(a) Lors de la Plaidoirie de l'affaire du sieur Hoccart, contre la Paroisse de Sainte Marguerite de Chaalons, on cita un Arrêt du Conseil du 14 Février 1747, par lequel, sans s'arrêter à la Déclaration des Curé, Marguilliers & Habitans de la Paroisse de Saint Aubert d'Arras, le sieur Bultel, Conseiller au Conseil Provincial d'Artois a été déchargé des fonctions attachées à la qualité de Marguillier, à laquelle il avoit été élu.

ge de Marguillier de la Paroiſſe de Luſarche, par un Arrêt du Conſeil du 22 Octobre 1740.

Les exemptions admiſes par ces Arrêts, naiſſent de ce que ceux au profit deſquels ils ſont intervenus, devant remplir auprès de la perſonne du Roi leurs fonctions, il ne paroît pas naturel de les aſſujettir à remplir celles des Marguilliers comptables, qui ſont regardés comme Syndics ou Procureurs des Fabriques. Voyez d'Héricourt, Loix Eccléſiaſtiques, liv. 4, ch. 4, n. 35.

Le Parlement de Rouen a rendu un Arrêt de Réglement, le 8 Mars 1736, pour l'adminiſtration des biens des Fabriques, & la reddition des comptes de ceux qui en ſont chargés. Ses diſpoſitions ſont trop étendues pour que je puiſſe leur donner place ici ; je dirai ſeulement qu'il *fait défenſes aux Habitans des Paroiſſes* de ſon reſſort *de nommer à l'avenir pour Tréſoriers les Curés, en quelqu'endroit que ce ſoit, ni les Seigneurs, ni les Gentilshommes dans les Paroiſſes de Campagne, enſemble les Juges en chef, Avocats & Procureurs du Roi des Bailliages & Vicomtés dans les Paroiſſes dépendantes de leur Juriſdiction.....*

Un Arrêt rendu le 4 Décembre 1743, *fait défenſes aux Marguilliers de la Paroiſſe de Saint Louis de Verſailles, de plus employer dans leurs comptes aucune dépenſe ſous la dénomination de faux frais, mais leur permet d'employer .... les dépenſes légitimes qu'ils auront faites pour raiſon de leur adminiſtration. Leur fait pareillement défenſes d'employer dans les mêmes comptes aucune dépenſe pour les cierges & bougies qui ſe donneront aux femmes des Marguilliers, ſi ces ſortes de diſtributions ne ſont établies par quelques fondations, comme auſſi pour repas, jettons, &c.*

Les diſpoſitions de cet Arrêt ſont conformes à l'article 74 de l'Ordonnance de Moulins ; & preſque tous les Réglemens faits pour les Fabriques, ont, en conſéquence de cette Loi, défendu d'exiger des repas & jettons des Marguilliers, lors de leur élection & de la reddition de leurs comptes, même de faire aucune diſtribution de bougies, lors & à l'occaſion des Aſſemblées, Proceſſions, &c. à moins qu'il n'y ait pour cela des fondations particulieres.

Les Marguilliers ſont regardés comme étant les tuteurs des Fabriques, & les anciens Marguilliers comme les Conſeils de cette tutelle : c'eſt ſur ce fondement qu'un Marguillier ne peut pas acquérir de droits litigieux, à ſon profit perſonnel, contre l'Egliſe ; ou s'il en achete, l'acquiſition profite à l'Egliſe de la même maniere que les droits acquis par les tuteurs, profitent aux mineurs, ſuivant les Loix *Per diverſas* & *ab Anaſtaſio* : la Cour a même jugé par un Arrêt rendu en faveur de l'Egliſe de Chaulmes en Brie, au rapport de M. Poittevin de Villiers, au mois d'Avril 1743, que l'acquiſition faite par un ancien Marguillier, devoit profiter à la Fabrique.

Dans les Aſſemblées de Marguilliers, le Curé de la Paroiſſe a la premiere place ; mais c'eſt le premier Marguillier qui préſide, & qui recueille les ſuffrages. Le Curé donne néantmoins ſa voix le premier ; celui qui préſide, opine le ſecond, & conclud à la pluralité. Ceux des Curé & Marguilliers qui ont des propoſitions à faire, peuvent les propoſer ſuccinctement ; mais c'eſt au premier Marguillier de les mettre en délibération, s'il y écheoit ; & s'il y a quelque partage d'opinions, la voix du premier Marguillier prévaut. Voyez l'article 6 de l'Arrêt de Réglement du 2 Avril 1737, pour Saint Jean en Grève ; l'Arrêt du 11 Juin 1739, pour la Fabrique de Saint Germain-en-Laye, & l'article 6 du Réglement du 20 Juillet 1747, pour la Paroiſſe de S. Louis de Verſailles. Ces deux derniers Arrêts ſont dans la derniere édition du Code des Curés.

Le droit d'aſſiſter aux Aſſemblées des Marguilliers, eſt perſonnel au Curé ; le Vicaire ne peut pas y être admis, lorſque le Curé eſt abſent. Voyez l'article 7 du Réglement du 6 Juillet 1747, que je viens de citer.

Des Marguilliers ne peuvent intenter aucun procès, ni y défendre, faire aucun emploi ni remploi des deniers appartenans à la Fabrique, ni accepter aucune Fondation, ſans y être autoriſés par une délibération de l'Aſſemblée générale ; mais ils peuvent, ſans aucune autoriſation particuliere, faire les pourſuites néceſſaires pour le recouvrement des revenus ordinaires de la Fabrique, pour l'exécution des Baux, & pour faire paſſer des titres nouvels. Voyez l'article 24 du fufdit Réglement du 2 Avril 1737, & l'article 21 de celui du 20 Juillet 1747.

L'article 28 du fufdit Arrêt du 2 Avril 1737, fait défenfes aux Marguilliers de faire aucun emprunt de deniers à conftitution ou autrement, fans y être autorifés par une Déclaration de l'Affemblée générale, homologuée en la Cour; & l'article 30 leur défend d'accepter aucuns deniers comptans, maifons, héritages ou rentes par donations entre-vifs, ou autre contrat, fous la condition de payer une rente viagere plus forte que ce qui eft permis par les Ordonnances, ou ce qui excéde le légitime revenu que pourroient produire les biens donnés, à peine, &c.

L'arrêt du 11 Juin 1739, pour la Fabrique de Saint Germain-en-Laye, dit la même chofe. Ainfi il paroît que la défenfe faite aux Gens de Main-morte, par l'Edit dont je parle, article Rente, d'emprunter moyennant des rentes viageres, ne s'entend que de celles qui font plus fortes que le denier vingt. V. Rente.

Le choix des Prêtres chargés d'acquitter les Annuels & les Meffes de Fondation, appartient de Droit commun aux Marguilliers, quand les Fondateurs n'y ont pas pourvu; mais le choix des Vicaires, Prêtres habitués, Diacres & Sous-Diacres d'Office, de Porte-Dieu, & autres Eccléfiaftiques qui font les coopérateurs des Curés, leur appartient, & non aux Marguilliers: c'eft ce que la Cour a jugé en faveur du Curé de la Madeleine en la Cité à Paris, contre les Marguilliers, par Arrêt rendu le 7 Septembre 1761. (Il eft imprimé.)

Il y a néanmoins d'autres Arrêts qui ont donné aux Marguilliers la nomination du Diacre, Sous-Diacre, &c. mais c'eft parce que ces Eccléfiaftiques étoient aux gages de la Fabrique, & qu'il paroît naturel que ceux qui payent, ayent la nomination. La Cour l'a ainfi jugé par Arrêt du 3 Août 1748, contre le Curé de Sainte Hyppolite à Paris, en faveur des Marguilliers. Cet Arrêt eft dans le Code des Curés. Il y a un pareil Arrêt du 27 Juillet 1640, pour les Marguilliers de S. Sauveur.

Le Sacriftain, les Enfans de Chœur & leur Maître, les Chantres, Serpens, Organiftes, Bedeaux, Suiffes & Serviteurs de l'Eglife, peuvent être choifis & renvoyés par les Marguilliers. Sur tout cela voyez l'art. 52 du fufdit Arrêt de Réglement du 2 Avril 1737; l'art. 30 de celui du 20 Juillet 1747, & l'Arrêt du 7 Sept. 1761, pour la Fabrique de la Madeleine en la Cité.

A l'égard des Prédicateurs du Carême, de l'Avent, &c. la nomination en appartient de Droit commun au Bureau de la Fabrique, quand ce font les Marguilliers qui payent, & le Curé y peut donner fa voix; mais le choix & la nomination ne peut tomber que fur quelqu'un qui a miffion de l'Evêque, & fans préjudice du droit du Curé, de prêcher lui-même, à l'exclufion du Prédicateur, quand bon lui femble. Voyez Prédicateur.

J'ai déja dit que les fonctions des Marguilliers des Villes ne font pas tout-à-fait les mêmes que celles des Marguilliers des Paroiffes de Campagne. Les Fabriques des Villes ont, pour la plûpart, des régles particulieres à chacune d'elles, qui leur ont été prefcrites par différens Arrêts de la Cour, dont il eft impoffible de donner ici le détail.

A l'égard des Marguilliers des Paroiffes de Campagne, du reffort du Parlement de Paris, de leur élection, de leurs fonctions, de la reddition de leurs comptes, &c. s'il n'y a point de Réglement fpécial pour la Fabrique, on y doit fuivre les difpofitions d'un Arrêt de la Cour, rendu en forme de Réglement, fur le réquifitoire de M. le Procureur Général, le 25 Mai 1745, pour la Fabrique de Montfermeil, contenant un grand nombre d'articles tirés, pour la plus grande partie, de divers autres Arrêts rendus pour différentes Paroiffes agitées de divifions fur ces matieres, ainfi que M. le Procureur Général l'a expofé par fa Requête. Voici les difpofitions de cet Arrêt.

Art. I. » Les Affemblées pour l'élection » des Marguilliers, & autres affaires con- » cernant l'Œuvre & Fabrique, feront te- » nues au Banc de l'Œuvre, ou autre lieu » accoutumé (a), en préfence du Curé, des

---

(a) Le Samedi 4 Septembre 1762, on a plaidé à la Grand'Chambre la queftion de fçavoir, fi l'Election des Marguilliers de la Paroiffe d'Eclairon en Champagne, devoit fe faire au banc de l'Œuvre, comme le prétendoit le

» Marguilliers en charge, des anciens Mar-
» guilliers, & des Habitans du lieu qui vou-
» dront y assister; dans lesquelles Assem-
» blées le Curé aura la préséance, & seront
» les suffrages recueillis par l'ancien Mar-
» guillier, en commençant par le Curé.

II. » Seront toutes les Assemblées préa-
» lablement indiquées au Prône de la Messe
» Paroissiale, le Dimanche précédent, & se-
» ront faites au son de la cloche, & les dé-
» libérations rédigées, suivant la pluralité
» des suffrages, par celui qui sera préposé
» par l'Assemblée, sur un Registre tenu à
» cet effet. Chaque délibération contiendra
» le nom de ceux qui y auront assisté, & sera
» signé de tous ceux qui seront présens à
» l'Assemblée, & qui sçavent signer, aux-
» quelles Assemblées les Officiers de Justi-
» ce, lorsqu'ils demeureront dans le lieu,
» pourront assister, si leur bon semble, com-
» me notables Habitans seulement, & y au-
» ront les premieres places après les Curé &
» Marguilliers en charge, sans qu'ils puis-
» sent y faire les fonctions de Juges, sauf
» à pouvoir connoître des contestations qui
» pourroient naître au sujet desdites Assem-
» blées & délibérations, lorsqu'elles seront
» portées devant eux.

III. » Il y aura toujours deux Marguil-
» liers en place, dont il en sera élu un tous
» les ans, au lieu & place de celui qui aura
» été deux ans en fonction, & pour servir
» avec le Marguillier qui aura déja fait une
» année d'exercice.

IV. » Ne seront élus pour Marguilliers
» que des Habitans de bonnes mœurs &
» d'une probité reconnue, & qui, par leur
» état & profession, puissent en remplir les
» devoirs avec assiduité (a).

V. » Les Marguilliers en charge auront
» soin des Reliques, Croix, Chandeliers,
» Calices, Ornemens, & de la propreté de
» l'Eglise; tendront les tapisseries la veille
» des grandes Fêtes, & les détendront le
» lendemain; fourniront au Curé, & autres
» Ecclésiastiques, s'il y en a, tout ce qui sera
» nécessaire pour le Service Divin, même en
» l'absence du Bedeau, présenteront la cha-
» pe au Célébrant, & la retireront; auront
» provision de feu suffisante pour faire les
» encensemens, allumeront les cierges de
» l'Autel, & les flambeaux pour l'éléva-
» tion; ouvriront & fermeront les portes de
» l'Eglise aux heures convenables; sonne-
» ront chaque jour les différens Offices,
» une demi-heure au moins avant l'heure
» que chaque Office doit commencer, en
» distinguant les coups de cloche pour cha-
» cun des Offices, par un intervalle suffi-
» sant; & généralement seront tenus de faire
» dans l'Eglise toutes les fonctions qui par
» l'usage appartiennent, & sont du devoir
» des Marguilliers, &c. avec la décence,
» l'assiduité & les attentions requises.

VI. » Le Marguillier qui entrera dans la
» seconde année de son exercice, sera tenu,
» pendant cette seconde année, de faire le
» recouvrement de tous les revenus de la
» Fabrique, & de faire pour ce toutes les di-
» ligences nécessaires, à peine d'en demeu-
» rer responsable, en cas de négligence, &
» être les articles de reprise rayés, lorsqu'il
» n'apparoîtra pas que les diligences & pour-
» suites convenables ayent été faites (b),
» sauf, audit cas, à en être le recouvrement
» fait au profit dudit Marguillier, à ses ris-
» ques & à ses frais, & sauf à employer dans
» son compte les frais qui auront été légi-

Curé, ou en l'Auditoire, suivant l'usage, comme le prétendoient les Officiers de la Justice; M. l'Avocat Général
Seguier qui porta la parole dans cette affaire, dit que
l'Arrêt de Réglement pour la Fabrique de Montfermeil
s'appliquoit à toutes les Fabriques des Eglises de Campagne; mais que par les mots, *autre lieu accoutumé*, il ne
falloit pas entendre des lieux étrangers à l'Eglise; que cela ne pouvoit s'appliquer qu'à la Sacristie ou aux Salles
de la Fabrique & lieux semblables; & non à un Auditoire; en conséquence, par Arrêt rendu ledit jour 4 Septembre 1761, la Cour a confirmé une Sentence, par laquelle
il étoit ordonné que l'Election des Marguilliers se feroit
au banc de l'Œuvre.

(a) A Paris, on ne peut nommer Marguilliers les Commissaires de Police du Châtelet, parce que leurs fonctions
ne leur permettroient pas d'avoir l'assiduité convenable
aux Offices. Voyez l'Arrêt du 27 Novembre 1694, dans le

Traité des Fonctions des Commissaires.

Je crois qu'il doit en être de même des Procureurs Fiscaux dans les Campagnes, au moyen de ce qu'ils sont, par
état, assujettis de faire une police dans les Cabarets, &c.
pendant l'Office Divin; & que cette police seroit incompatible avec l'assiduité que la Cour recommande ici.

Je crois encore qu'il en doit être de même des Médecins
& Chirurgiens.

Je crois enfin, qu'il doit en être de même des Huissiers
& Sergens qui doivent assister le Ministere public dans les
fonctions de la police qui se fait pendant le Service Divin,
des Archers de Maréchaussée, & autres qui sont assujettis
au service public.

(b) Les régles suivies dans les comptes des tutelles en
faveur des mineurs contre leurs tuteurs, s'observent &
ont également lieu en faveur des Fabriques, contre les
Marguilliers qui en sont comme les tuteurs.

» timement

» timement faits pour parvenir au recou-
» vrement, au profit de la Fabrique.

VII. » Ledit Marguillier fera tenu, pen-
» dant fon année d'exercice, de fatisfaire
» aux charges de la Fabrique; fera auffi tenu
» de compter avec les Marchands fournif-
» feurs & autres, & les payer; enforte que
» les charges & fournitures de fon année
» foient arrêtées & payées avant la reddi-
» tion de fon compte, lors duquel ne feront
» allouées aucunes quittances d'Ouvriers &
» Marchands, fans un Mémoire détaillé &
» arrêté.

VIII. » Ne pourront les Marguilliers
» faire aucune dépenfe extraordinaire au-
» deffus de la fomme de 6 liv. fans la déli-
» bération d'une Affemblée tenue en la for-
» me ci-deffus marquée, fans préjudice,
» lors de la reddition des comptes, à l'exa-
» men de l'emploi utile & néceffaire de cette
» fomme.

IX. » Ne pourront les Marguilliers en-
» treprendre aucun procès, ni y défendre,
» faire aucun emploi ou remploi des de-
» niers appartenans à la Fabrique, fans une
» délibération préalable à cet effet, fans
» préjudice néantmoins des pourfuites né-
» ceffaires pour le recouvrement des re-
» venus ordinaires de la Fabrique, & pour
» faire paffer titre nouvel aux débiteurs des
» rentes.

X. » Ne fera faite par les Marguilliers
» aucune dépenfe pour le fervice de l'Eglife,
» foit pour cire ou autrement, que celle
» accoutumée être faite, s'il n'en a été au-
» trement délibéré dans une Affemblée. Ne
» feront entrepris aucuns bâtimens ou ré-
» parations confidérables, ni fait aucun em-
» prunt, fans une délibération prife dans
» une Affemblée générale (a).

XI. » Le Marguillier en exercice comp-
» table fera tenu de faire, chaque Diman-
» che & Fête, la quête pour la Fabrique,
» dont le produit fera infcrit chaque jour en
» préfence du Curé & du fecond Marguil-
» lier, fur un Regiftre qui fera à cet effet
» tenu, fi ce n'eft qu'il fût d'ufage de met-
» tre lefdites quêtes dans un tronc à ce def-
» tiné; auquel cas ledit tronc fera fermé à

» deux clefs & ferrures différentes, dont
» l'une fera mife ès mains du Curé, & l'au-
» tre reftera ès mains de l'ancien Marguil-
» lier en charge, & les quêtes mifes chacun
» jour dans ledit tronc, qui fera ouvert tous
» les trois mois; & ce qui s'y trouvera, écrit
» fur ledit Regiftre. Il en fera ufé de même
» à l'égard des autres quêtes, qu'il peut être
» d'ufage de faire dans l'Eglife pour des
» dévotions ou charités particulieres.

XII. » Le fecond Marguillier fera tenu
» de quêter auffi, chaque jour de Dimanche
» & Fête, à l'effet de faire dire des prieres
» pour les Trépaffés, fuivant l'ufage de la-
» dite Paroiffe, & le produit remis chaque
» mois au Curé, pour être par lui prié Dieu
» pour les défunts de fa Paroiffe.

XIII. » Chaque Marguillier fera tenu de
» rendre fon compte, tant en recette que
» dépenfe & reprife, dans les fix mois au
» plûtard, après qu'il fera forti d'exercice ;
» & faute par lui de préfenter & rendre fon
» compte dans ledit temps, le Marguillier
» qui lui aura fuccédé, fera tenu de faire
» les diligences néceffaires pour l'y con-
» traindre, à peine de demeurer, en fon
» propre & privé nom, garant & refponfa-
» ble de tous les événemens.

XIV. » Les comptes feront préfentés à
» l'Archevêque & à l'Archidiacre de Paris,
» lors de leurs vifites, & ce en préfence des
» Curé & Marguilliers, Officiers de Jufti-
» ce & Habitans, aux jours qui auront
» été marqués, quinze jours au moins avant
» lefdites vifites, à peine de 6 liv. d'aumô-
» ne contre le Marguillier tenu de rendre
» compte, au profit de l'Eglife, & dont fon
» fucceffeur fera tenu de fe charger en re-
» cette; & feront tenus les Officiers de
» Juftice de tenir la main à l'exécution des
» Ordonnances defdits Archevêque & Ar-
» chidiacre, au fujet defdits comptes (b).

XV. » Si lefdits Archevêque ou Archi-
» diacre ne font pas leurs vifites dans le
» cours de l'année, ou que n'ayant pas indi-
» qué leurs vifites quinze jours auparavant,
» les comptes n'ayent pas été en état d'être
» examinés lors d'icelles, ces comptes fe-
» ront rendus, examinés & arrêtés fans frais

(a) Voyez la Déclaration du 31 Janvier 1690, dont je
parle à l'article *Fabrique*.
(b) Voyez fur cela les difpofitions de l'article 17 de
Tome II. Part. II.

l'Edit (que quelques-uns nomment feulement Lettres-
Patentes) du mois d'Avril 1695, regiftré au Parlement le
14 Mai fuivant.

» dans l'Affemblée des Curé, Marguilliers
» & Habitans, tenue en la forme portée par
» les articles premier & fecond ci-deffus.

XVI. » L'ordre des Chapitres, tant de
» recette que de dépenfe, fera toujours uni-
» forme dans tous les comptes, ainfi que
» l'ordre des articles de chaque chapitre,
» fauf, au cas qu'il y eût des chapitres &
» articles couchés dans un compte, dont il
» n'y auroit ni recette, ni dépenfe dans les
» autres comptes, à en faire mention pour
» mémoire.

XVII. » Dans chacun des articles de re-
» cette des rentes dûes à la Fabrique, fera
» fait mention du nom des débiteurs de
» l'héritage ou maifon qui en eft chargé,
» enfemble fi c'eft une rente fonciere ou
» conftituée, & pareillement du dernier ti-
» tre nouvel, & du Notaire qui l'aura reçu,
» même la fondation à laquelle la rente eft
» affectée, fi ladite fondation eft connue.

XVIII. » Si la rente, par le décès du débi-
» teur, ou par le partage de l'héritage char-
» gé d'icelle, ou autrement, fe trouve dûe
» par plufieurs débiteurs, il n'en fera néant-
» moins fait qu'un feul article de recette,
» dans lequel il fera fait mention de tous
» les débiteurs de ladite rente, & du décès
» & partage qui les ont rendus débiteurs.

XIX. » Il fera laiffé à chaque compte
» une marge blanche de chaque côté, pour
» y inférer dans l'une les apoftilles, & tirer
» dans l'autre les fommes hors de ligne en
» chiffres, par livres, fols & deniers, lef-
» quelles fommes feront en outre inférées
» en entier en toutes lettres dans le texte
» du compte.

XX. » Lors de l'examen du compte, tou-
» tes les piéces juftificatives feront para-
» phées par un de ceux de l'Affemblée qui
» aura été choifi par icelle, & feront dépo-
» fées avec le compte, lors de l'arrêté d'ice-
» lui, dans le coffre ou armoire des titres de
» la Fabrique, dont fera parlé ci-après. Sera
» auffi, lors de l'arrêté, le reliquat du compte
» payé au Marguillier en exercice, à l'effet
» de s'en charger dans le premier chapitre
» de recette de fon compte, fi ce n'eft qu'il
» eût été délibéré de remettre le reliquat
» dans le coffre de la Fabrique.

XXI. » Sera tenu le Marguillier en exer-
» cice de faire le recouvrement ou chapitre

» de reprife, dont à cet effet lui fera remis
» un bordereau, lors de l'arrêté ou compte,
» ou de faire à ce fujet les diligences nécef-
» faires, fauf, à défaut de payement de tout
» ou partie, à en être fait reprife dans fon
» compte, fauf la radiation des articles de
» reprife, pour raifon defquelles les di-
» ligences néceffaires n'auroient été fai-
» tes.

XXII. » En cas de diminution ou augmen-
» tation d'efpéces, le Marguillier en exer-
» cice fera tenu de faire fa déclaration, le
» Dimanche fuivant, dans une affemblée
» qui fera tenue à cet effet, des efpéces
» qu'il a entre les mains, dont fera fait men-
» tion fur le Regiftre, enfemble de ce, à
» quoi l'augmentation ou la diminution
» des efpéces aura monté; le tout à peine
» de fupporter, en fon propre & privé
» nom, les diminutions des efpéces, & de
» lui être imputées les augmentations dans
» fon compte, fur le pied de fes recettes,
» au jour de l'augmentation, fans avoir
» égard aux dépenfes, fi elles ne font juf-
» tifiées par des quittances devant No-
» taires.

XXIII. » Faute par ceux qui auront été
» Marguilliers, de rendre leur compte, &
» payer le reliquat dans le temps porté par
» l'article 13 ci-deffus, fera tenu le Procu-
» reur Fifcal, après une fimple fommation
» faite aux Marguilliers en charge, & faute
» par eux d'y fatisfaire dans la huitaine, de
» faire affigner d'office les comptables, dont
» les comptes n'auroient été préfentés ou
» arrêtés, à l'effet de les rapporter arrêtés
» ou quittancés du reliquat dans un mois
» pour tout délai, finon être, ledit temps
» paffé, condamnés, au profit de la Fabri-
» que, en 50 liv. d'aumône, & en outre, en
» une provifion qui ne pourra être moindre
» que la moitié du revenu annuel de la Fa-
» brique, au payement de laquelle le Comp-
» table fera contraint pareillement, à la re-
» quête du Procureur Fifcal, fauf à être
» prononcé d'autres condamnations, s'il y
» écheoit; & feront les débourfés dud. Pro-
» cureur Fifcal pour les falaires des Huif-
» fiers, ou expéditions des Jugemens, payés
» par le Marguillier en exercice, qui s'en
» chargera dans fon compte.

XXIV. » Sera tenu, comme dit eft, un

» Registre relié, dans lequel feront infcrites
» de fuite, & fans aucun blanc, toutes les
» délibérations, tant pour les élections des
» Marguilliers, comptes arrêtés d'iceux,
» augmentation ou diminution d'efpéces,
» & généralement tout ce qui regardera les
» affaires de la Fabrique, enfemble la note
» des titres & papiers qui auront été tirés
» du lieu où ils font renfermés, ainfi qu'il
» fera dit ci-après.

XXV. » Ledit Regiftre, ainfi que les ti-
» tres & papiers concernans la Fabrique,
» feront mis dans un coffre ou armoire fer-
» mant à trois ferrures & clefs différentes,
» lequel fera placé dans un lieu fec & fûr,
» dont fera fait choix dans l'Affemblée, &
» les clefs en feront remifes; fçavoir, une ès
» mains du Curé, l'autre ès mains du Pro-
» cureur Fifcal, s'il réfide dans la Paroiffe,
» finon ès mains d'un notable habitant, qui
» fera choifi dans l'Affemblée, & la troifié-
» me ès mains du Marguillier en exercice;
» & fera ladite derniere clef, ainfi que celle
» du tronc mentionné en l'article XI, re-
» mife par ledit Marguillier entre les mains
» de fon fucceffeur, le jour qu'il entrera en
» exercice; ce qui fera auffi obfervé pour
» la clef remife entre les mains du Procu-
» reur Fifcal, ou du notable habitant, lorf-
» qu'il écheoira d'en changer.

XXVI. » Ne feront tirés dudit coffre ou
» armoire, aucuns titres ou papiers, qu'il
» ne foit donné, par celui qui s'en chargera,
» un récépiffé fur le Regiftre ci-deffus; le-
» quel fera déchargé lors de la remife defdi-
» tes piéces.

XXVII. » Le récépiffé fera mention de la
» piéce qui fera tirée, de celui qui s'en char-
» gera, de la raifon pour laquelle elle aura
» été tirée du coffre; & fi c'eft un procès,
» fera énoncé la Jurifdiction où il eft pen-
» dant, le nom du Procureur qui occupera,
» même du Rapporteur du Procès, s'il y
» en a.

XXVIII. » Sera fait inceffamment, à la
» diligence des Curé & Marguilliers, un in-
» ventaire des titres & papiers de la Fabri-
» que, lequel fera mis dans le coffre ou ar-
» moire, & fera fait tous les ans un recolle-
» ment dudit inventaire, auquel cas il fera

» ajouté le nouveau compte, piéces juftifi-
» catives d'icelui, & autres nouveaux titres
» & papiers.

XXIX. » Sera fait un état de tous les re-
» venus, tant fixes que cafuels de la Fabri-
» que, enfemble de toutes les charges & dé-
» penfes d'icelles, tant ordinaires qu'ex-
» traordinaires dans le même ordre de cha-
» pitres & articles du compte; lequel état
» fera remis à chaque Marguillier étant en
» exercice, pour lui fervir au recouvrement
» des revenus, & à l'acquittement des char-
» ges; & fera ledit état renouvellé tous les
» ans par rapport aux changemens qui pour-
» roient arriver dans le courant de chaque
» année.

XXX. » Sera tenu un etat exact des fon-
» dations, qui contiendra, autant que faire
» fe pourra, les fonds qui auront été don-
» nés pour chaque fondation, lequel état fe-
» ra dépofé dans le coffre ou armoire des ti-
» tres & papiers de la Fabrique; fera fait
» en outre une carte obituaire expofée pu-
» bliquement, foit dans la Sacriftie, foit dans
» le Chœur ou autres lieux apparens de l'E-
» glife, qui contiendra l'extrait de chaque
» fondation, & le jour que chacune doit être
» acquittée; lefquelles feront en outre an-
» noncées au Prône des Meffes Paroiffiales
» le Dimanche précédent, & feront les nou-
» velles fondations ajoutées tant à l'état qu'à
» la carte obituaire, auffi-tôt qu'elles auront
» été acceptées; laquelle acceptation ne
» pourra être faite fans avoir appelé le Cu-
» ré, & eu fur ce fon avis, conformément
» à l'article 53 de l'Ordonnance de Blois.
» (a)

XXXI. » Les baux des maifons & hérita-
» ges appartenans à la Fabrique, feront paf-
» fés devant Notaires, & les héritages y fe-
» ront déclarés par les nouveaux tenans &
» aboutiffans. Ne pourront lefdites maifons
» & héritages être donnés à bail ni aucune
» autre adjudication faite à l'enchere ou au
» rabais, qu'après trois publications de hui-
» taine en huitaine, à l'iffue de la Meffe Pa-
» roiffiale, & après les affiches mifes, tant à
» la porte de l'Eglife & Auditoire, qu'à la
» Place publique; le tout à la diligence des
» Marguilliers en Charge: & fera, après la

_____

(a) Voyez auffi les quatre premiers articles de l'Edit du mois d'Août 1749, regiftré le 2 Septembre fuivant, connu fous le nom de l'Edit de la Main-morte, dont je rapporte les difpofitions à l'article *Fondation*.

» derniere publication , l'adjudication faite
» dans une Affemblée au jour indiqué, au
» plus offrant & dernier enchériffeur, & au
» rabais ; pourront néantmoins être préférés
» les anciens Fermiers & Locataires, en fai-
» fant par eux la condition de l'Eglife bon-
» ne.

XXXII. » Il en fera ufé de même pour
» les réparations dont la Fabrique feroit te-
» nue, fans qu'elles puiffent être publiées
» fans délibération précédente , & fans un
» devis des ouvrages qui contiendra la qua-
» lité des réparations, les principales con-
» ditions & le temps de la livraifon , fur
» quoi feront faites les publications & l'ad-
» judication, fur laquelle, enfemble fur la
» délibération , le devis & la quittance de
» l'adjudicataire , les fommes payées fe-
» ront allouées dans le compte du Mar-
» guillier.

XXXIII. » Ne pourront les Habitans &
» Marguilliers employer les deniers de la
» Fabrique aux réparations du Presbytere ,
» fous peine de radiation dans les comptes,
» quand bien même les Marguilliers au-
» roient été autorifés par délibération des
» Habitans. Sera tenu le Curé de faire faire
» exactement les réparations locatives &
» ufufruitieres , à peine de répondre des
» groffes réparations qui furviendroient fau-
» te de les avoir faites.

XXXIV. » Sera fait un inventaire double
» de tous les meubles & ornemens de l'E-
» glife, tant en or , argent, cuivre, qu'étof-
» fes , linges , livres & autres effets générale-
» ment quelconques, dont l'un des Mar-
» guilliers en Charge fe chargera au pied
» d'un des doubles, qui fera dépofé dans le
» coffre des titres & papiers, l'autre double
» reftera ès mains dudit Marguillier , qui le
» repréfentera à l'Archevêque ou à l'Archi-
» diacre dans le cours de leurs vifites; & fe-
» ra par lui remis, lorfqu'il fortira de charge,
» ès mains de fon fucceffeur, qui fe char-
» gera defdits effets, au pied du double dé-
» pofé dans le coffre, récollement préalable-
» ment fait defdits effets , pour être rejettés
» du dernier inventaire ceux ufés ou chan-
» gés, & les nouveaux ajoutés.

XXXV. » Les Marguilliers veilleront à
» la propreté de l'Eglife & de tout ce qui
» peut avoir rapport à l'Office Divin , au-

» ront attention que dans les beaux temps il
» y ait quelques vitraux de l'Eglife ouverts
» pour prévenir l'humidité.

XXXVI. » L'un des Marguilliers fera
» tenu de quêter pendant le fermon pour le
» Prédicateur, auquel il remettra lui-même
» & en perfonne le produit de la quête en
» defcendant de la Chaire ; fera tenu en ou-
» tre l'un defdits Marguilliers d'accompa-
» gner le Prédicateur , lorfqu'il fait la quête
» dans les maifons.

XXXVII. » Ne pourront aucuns Habi-
» tans de la Paroiffe fe mettre en poffeffion
» d'aucun banc vacant, ni en faire & placer
» aucun à demeure pour eux & leur famille ,
» s'ils n'en ont obtenu la conceffion.

XXXVIII. » ne pourront les conceffions
» des bancs être faites qu'après le décès de
» ceux auxquels ils avoient été précédem-
» ment concédés, ou un an après leur for-
» tie de la Paroiffe ; & feront lefdites con-
» ceffions faites au plus offrant, après publi-
» cations faites par trois Dimanches confé-
» cutifs.

XXXIX. » Jouiront néantmoins les veufs
» ou les veuves pendant leur vie de la con-
» ceffion faite aux conjoints , & ce , fans re-
» connoiffance; & à l'égard des enfans, ils
» feront préférés après la mort de leurs pe-
» re & mere pour occuper les places &
» bancs concédés, à la charge de payer dans
» trois mois après leur décès la moitié au
» moins de ce qui auroit été donné par les
» pere & mere, au moyen de quoi nouvelle
» conceffion leur fera accordée , finon les
» places & bancs publiés & adjugés; & fe-
» ront toutes les conceffions infcrites fur le
» regiftre de la Fabrique, ainfi que les au-
» tres délibérations.

XL. » Ne feront néantmoins troublés
» ceux qui un an avant le préfent Régle-
» ment auroient une poffeffion paifible de
» quelques bancs & places, fans qu'ils euf-
» fent obtenu la conceffion, fauf à les con-
» céder après leur fortie ou leur décès, &
» fans qu'audit cas leurs enfans puffent être
» préférés, comme auffi fauf au Curé, Mar-
» guilliers & Habitans de délibérer & arrê-
» ter par délibération la conftruction des
» bancs uniformes pour la décence de l'E-
» glife, auquel cas ne pourront ceux qui au-
» roient des places fans conceffion les con-

ferver, s'ils ne s'en rendent adjudicataires comme ci-deſſus.

MARI.

V. *Adultere, Alimens, Avantage indirect, Autoriſation, Communauté, Conquêts, Don mutuel, Douaire, femme, Rembourſement, Titre nouvel.*

L'autorité du Mari ſur la femme eſt du Droit des Gens, & même du Droit Divin. Geneſe, Chap. 3, ℣. 16 (a).

Dans la Coutume de Paris, s'il y a communauté de biens entre les Conjoints, le Mari devient, dans l'inſtant du mariage, tuteur & légitime adminiſtrateur de tous les biens de ſa femme (b). Il acquiert, à cet égard, un pouvoir ſi ſouverain, que la femme, quant à la jouiſſance & à l'adminiſtration, tombe dans une ſorte d'interdiction, qui, en la dépouillant de leur régie, oblige le Mari à veiller à leur conſervation avec tout le ſoin & l'application qu'un bon pere de famille a coutume d'avoir à ſes propres affaires.

Cet engagement va ſi loin, que ſi par ſa négligence, il en laiſſe perdre ou ſeulement preſcrire les droits en tout en en partie, faute d'avoir pourſuivi les Débiteurs, ou de s'être oppoſé au décret de leurs biens, non-ſeulement il en doit récompenſe, mais il eſt même garant de l'inſolvabilité des Débiteurs, cauſée par ſon inattention & ſa négligence.

Cette doctrine eſt fondée ſur la diſpoſition préciſe des Loix, ſur le ſentiment des Auteurs, & ſur la Juriſprudence des Arrêts. Elle a même été ſinguliérement conſacrée par un Arrêt célèbre du mois de Mars 1686, portant homologation de l'avis de Maîtres Juif de Riparfonds, & (Denis) le

Brun, Avocats, par lequel un ſieur Moquette, Secrétaire du Roi, a été condamné à tenir compte aux héritiers de ſa femme, de ce qu'elle auroit dû recouvrer ſur le prix d'une maiſon vendue par décret, auquel il avoit négligé de s'oppoſer, pour la ſûreté d'une rente faiſant partie de ſa ſucceſſion.

En même-temps que les Loix donnent l'autorité au Mari, elles veulent qu'il n'uſe de ſa puiſſance que pour l'avantage de la femme, & pour lui conſerver ſon bien : s'il faiſoit tourner ſon autorité à la ruine de ſa femme & à la diſſipation de ſes biens, la femme auroit un recours naturel contre lui & contre ſes héritiers, de la même maniere que le mineur a ſon recours contre ſon Tuteur, lorſque, durant la tutelle, les biens du Mineur ont été diſſipés : telle eſt l'autorité du Mari ſur les biens de ſa femme, & l'effet de cette autorité en Pays Coutumier.

Les Coutumes rendent donc (au moins pour la plûpart) le Mari, maître de la communauté & des actions mobiliaires de ſa femme; mais elles ne lui donnent pas la même autorité ſur ſes immeubles; car il » ne » peut *faire partage ou licitation, charger,* » *obliger, hypothéquer, vendre ni échanger* » *les héritages de ſa femme, ſi elle n'y con-* » *ſent après qu'il l'a autoriſée à cet effet* «. Coutume de Paris, art. 226.

Il y a même cela de particulier, que ſi le Mari avoit aliéné des propres de ſa femme, & qu'elle n'y eût pas conſenti, elle pourroit évincer l'acquéreur, ſans être tenue d'aucuns dommages & intérêts, quand même elle auroit accepté la communauté.

S'il en étoit autrement, la prohibition prononcée par l'article 226, dont je viens de rapporter les termes, ſeroit inutile, puiſqu'on ne feroit qu'ôter d'une main à l'acquéreur, ce qu'on ſeroit obligé de lui ren-

---

(a) Le mariage eſt un contrat d'égal à égal ; & ſi la loi & l'uſage donnent l'autorité au Mari, l'amour conjugal doit y remettre l'égalité. Le Mari & la Femme ne doivent vouloir qu'une même choſe, parce qu'ils ne doivent être qu'une ſeule perſonne au moyen de leur union : la Femme, en prevenant les ſouhaits de ſon Mari, le déſarmera de ſon autorité, & le Mari s'en dépouillera lui-même avec complaiſance. Ce concours mutuel fait que le Mari n'a pas beſoin de commander, & que la Femme ne ſent pas qu'elle obéit : l'un ne veut point en maître, l'autre ne conſent point par contrainte.

(b) Lorſque le contrat de mariage ne porte qu'une excluſion de communauté, & qu'il n'eſt pas ſtipulé que la femme aura l'adminiſtration de ſes biens, le Mari eſt maî-

tre, & jouit des fruits & revenus des biens de ſa femme. C'eſt l'opinion des Auteurs les plus accrédités ; elle eſt fondée ſur ce que le Droit Romain qui ne connoît point de communauté, rend néantmoins le Mari maître des deniers dotaux de ſa femme ; & que dans les Coutumes qui n'admettent point la communauté, on donne auſſi au Mari le revenu de la femme. Voyez les Coutumes de Normandie & de Rheims ; Loyſeau, du Déguerpiſſement, liv. 2, ch. 4, n. 3 ; Chopin, ſur la Coutume d'Anjou, liv. 2, partie premiere, ch. 2, titre 1, n. 5 ; Brodeau, ſur l'art. 37 de la Coutume de Paris ; Ferrin, ſur l'art. 200, & Argou, Inſtitution au Droit François. Dumoulin dit le contraire ſur la Cout. de Senlis ; mais ſon opinion n'eſt pas ſuivie. V. l'art. 132 de la Coutume de Tours, & Foi & Hommage.

dre de l'autre, fous le nom de dommages & intérêts. Chopin rapporte un Arrêt de l'an 1547, fur la Coutume de Paris, qui l'a ainfi jugé. Tout ce qu'on peut exiger de la femme en qualité de commune, c'eft la reftitution du prix, moyennant lequel fon propre a été aliéné, fuppofé que ce prix foit entré en communauté, fauf fon recours pour moitié contre les héritiers du Mari.

Le Mari peut faire baux à loyer des biens de fa femme; fçavoir, des maifons des villes pour fix ans, & des héritages de campagne pour neuf ans. Coutume de Paris, art. 226 & 227.

Quand le Mari & la femme contractent conjointement & en nom collectif, ils ne font jamais confidérés que comme une feule partie contractante.

Cette maxime eft fi conftante, que fi un Mari & une femme, en contractant conjointement, s'obligent avec un tiers, l'obligation perfonnelle qui réfulte de ce contrat, fe divife de maniere que le Mari & la femme ne font tenus que d'une moitié, & la tierce perfonne avec laquelle ils fe font obligés, eft tenue de l'autre moitié. Par la même raifon, ils n'auroient qu'une feule part dans la dette active, fi l'obligation leur étoit paffée conjointement avec d'autres perfonnes.

La liaifon par laquelle on réunit le Mari & la femme dans un acte, n'empêche point que le Mari ne foit confidéré comme le chef de la fociété. La promeffe de payer au Mari & à la femme, n'a pas plus d'effet que fi elle étoit faite au Mari feul.

La raifon de ceci, c'eft que l'adminiftration appartient au Mari en qualité de Mari, & que par conféquent il a droit de recevoir le payement indépendamment de fa femme.

Ceci a lieu lors même qu'il s'agit d'une vente faite par le Mari & par la femme d'un conquêt de leur communauté, fur lequel la femme a un droit de propriété habituelle.

La Jurifprudence a même étendu le pouvoir du Mari plus loin; car les Arrêts ont jugé qu'il peut recevoir feul le rembourfement des rentes propres de fa femme mineure. V. *Dot & Rembourfement.*

Si la femme majeure avoit, conjointe-

ment avec fon Mari, vendu un propre d'elle femme, avec ftipulation que le prix en feroit payable au Mari & à la femme vendeurs, le payement n'en feroit pas moins valablement fait au Mari feul.

La raifon eft que les deniers du payement, comme mobiliers, tombant néceffairement dans la communauté, fauf le remploi, appartiennent au Mari, qui, en qualité de chef de la communauté, a feul droit de les recevoir. Et en effet, le propre vendu étant converti en deniers, la femme n'a plus, contre l'acquéreur de fon propre, qu'une action pour des deniers qui, par conféquent, eft mobiliaire; or le mari étant maître des actions mobiliaires & poffeffoires de fa femme, il peut, par conféquent, exercer feul l'action mobiliaire appartenante à fa femme, pour le payement de fon propre vendu, & par une conféquence néceffaire, toucher feul le prix.

Les priviléges dont le Mari jouiffoit, deviennent, à fa mort, propres & perfonnels à fa veuve, qui les conferve tant qu'elle refte en viduité; ainfi la veuve d'un Noble, quoique perfonnellement Roturiere, jouit du privilége de la Nobleffe: tel eft l'effet de la fociété que le mariage forme.

Dans les Pays de Droit-Ecrit, les biens de la femme ne font pas toujours, comme en Pays Coutumiers, foumis à l'autorité du Mari; elle peut avoir ce qu'on appelle biens paraphernaux, les régir & en difpofer comme bon lui femble. Voyez *Paraphernaux.*

On trouve dans la nouvelle Edition *infolio* des Arrêts d'Augeard, tom. 2, n°. 42, un Arrêt rendu au Parlement de Metz, le 12 Juillet 1708, par lequel une femme, accufée par fon Mari de vol nocturne, avec effraction, dans la maifon commune, & pourfuivie extraordinairement à ce fujet, *a été condamnée par corps de rapporter, rendre & reftituer à fon Mari les deniers, billets & collier de perles mentionnés au Procès-verbal, &c. en affirmant par lui que l'état joint au Procès-verbal contient vérité; fi mieux n'aime ledit *** faire entrer ladite *** dans telle Maifon Religieufe qu'il jugera à propos, en lui fourniffant les alimens & entretien néceffaires, pour y refter jufqu'à l'entiere exécution du préfent Arrêt.*

MARIAGE.

Voyez *Adultere, Bans de Mariage, Contrat de Mariage, Concubines, Difpenfes, Dot, Fiançailles, Impuiſſant, Légitimation, Mort civile, Nôces, Rapt, Séparation & Sommations reſpectueuſes.*

» Le Mariage eſt (dans le Chriſtianiſme) » un Sacrement inſtitué par Jeſus-Chriſt, » pour bénir l'alliance de l'homme & de la » femme, en leur donnant la grace de vivre » dans une ſainte union, & d'élever leurs » enfans dans la crainte & dans l'amour de » Dieu «. Telle eſt la définition que donnent du Mariage le Catéchiſme des trois Evêques (d'Angers, de la Rochelle & de Luçon) imprimé à la Rochelle en 1676; de Soiſſons, imprimé en 1696 ; de Blois en 1728; d'Amiens en 1691, &c.

Le Mariage a toujours été un objet de grande attention pour l'autorité publique ; il n'eſt point de Légiſlateur qui n'ait preſcrit des régles détaillées ſur ce lien : nous voyons que dans tous les temps & chez toutes les Nations, il a été accompagné d'une pompe & d'une ſolemnité publique ; mais comme les mêmes raiſons n'ont pas eu la même force ſur l'eſprit des divers Légiſlateurs, les Loix qu'ils ont données ſur cette matiere, ont été différentes.

Moyſe a permis la pluralité des femmes; Mahomet l'a imité: ſans doute qu'ils avoient en vûe la multiplication, & que cette raiſon a fait plus d'impreſſion ſur eux, que la paix & la richeſſe des familles, que cette multitude de femmes & d'enfans ne peut gueres manquer de déranger.

Les Romains & les Grecs, au contraire, ont cru que la pluralité des femmes nuiſoit à la multiplication, & ils l'ont interdit : mais ils ont permis le divorce, en obſervant certaines formalités.

La différence de ces Loix eſt une preuve ſenſible que le droit naturel ne dicte rien de particulier ſur la diſtinction des conditions, ſur la ſingularité & ſur la perpétuité des alliances.

Il n'en eſt pas de même de la fidélité conjugale, des alliances en ligne directe, de la dépendance des enfans à l'égard de leurs parens : toutes les Nations ſe ſont accordées à déteſter & punir l'adultere, à défendre le Mariage entre le frere & la ſœur, à ordonner qu'une femme ne pourroit avoir pluſieurs maris, à regarder comme non avenus les Mariages que les enfans contracteroient ſans le conſentement ou contre le gré de leurs parens, & à décider que le mari ſeroit le chef de la famille.

Parmi nous, la pluralité des femmes eſt interdite; le Mariage eſt indiſſoluble, quand après avoir été contracté & ſanctifié par la bénédiction du Curé, il a été conſommé.

Je dis que le Mariage eſt indiſſoluble après le contrat ſanctifié par la bénédiction nuptiale, parce que le contrat eſt diſtingué d'avec le Sacrement : l'un conſiſte dans le ſeul conſentement des perſonnes qui s'uniſſent, & l'autre en eſt la ſanctification.

Le Sacrement ne forme pas le Mariage, il le ſuppoſe préexiſtant ; car on ne ſanctifie pas ce qui n'exiſte pas, & le Prêtre ne peut pas ſanctifier le Mariage, quand il n'y a point de Mariage.

Je ne prétends pas cependant conclure de-là qu'on puiſſe valablement contracter un Mariage en France, ſans qu'il ſoit ſuivi de la bénédiction nuptiale ; ſans le Sacrement, dont le propre Curé eſt le Miniſtre, il n'y a point de Mariage ; ceux qui ſe contractent autrement, n'ont aucun effet.

L'article 44 de l'Ordonnance de Blois défend *à tous Notaires, ſur peine de punition corporelle, de paſſer ou recevoir aucune promeſſe de Mariage par paroles de préſent ;* & la Cour, par un Arrêt de Réglement du 5 Septembre 1680, rendu ſur les Concluſions de M. le Procureur Général, *a fait défenſes à tous Notaires, à peine d'interdiction, de paſſer à l'avenir aucuns actes, par leſquels les hommes & les femmes déclarent qu'ils ſe prennent pour maris & femmes, ſur les refus qui leur ſeront faits par les Archevêques & Evêques, Grands-Vicaires ou Curés, de leur conférer le Sacrement de Mariage, à la charge par leſdits Prélats, leurs Grands-Vicaires & Curés, d'en donner des actes par écrit, qui contiendront les cauſes de leur refus, lorſqu'ils en ſeront requis.*

Lorſque le Curé refuſe de célébrer un Mariage, les Parties ne peuvent s'adreſſer qu'à l'Official, & par appel, devant le Métropolitain, ou en cas d'abus, au Parlement ; c'eſt ce qui a été jugé par un Arrêt célèbre rendu le 10 Juin 1692, dont voici l'espèce.

François Augier, qui étoit mineur, & Anne Jublin, s'étant préfentés au Curé de Vitry-le-François, pour qu'il les mariât, furent refufés, parce qu'ils ne rapportoient pas le confentement du pere de François Augier.

Sur ce refus bien conftaté, Augier & Anne Jublin préfenterent Requête aux Juges de Vitry, qui, conformément aux conclufions de la Requête, ordonnerent à deux Notaires de fe tranfporter à l'Eglife, à la premiere réquifition qui leur feroit faite par les Suppliants, à l'effet de leur donner les actes qu'ils demanderoient.

Ces Notaires, *pour obéir à Juftice*, fe tranfporterent en l'Eglife de Notre-Dame de Vitry, *où étant, François Augier & Anne Jublin, fe font mis à genoux fous le Crucifix, & proche eux un enfant âgé de dix-huit mois, en préfence d'un grand nombre de leurs parens & amis, ont déclaré fe prendre pour mari & femme*, &c.

Le pere de François Augier ayant appellé de l'Ordonnance des Juges de Vitry, il intima fon fils, ainfi qu'Anne Jublin, & prit les Juges à partie.

M. l'Avocat Général de Lamoignon, qui porta la parole dans cette affaire, fit voir que les Juges de Vitry » étoient abfolument » incompétens pour connoître du cas en » queftion, & que ce cas étoit de la compé-» tence des feuls Juges d'Eglife. Il dit que » les Juges Royaux ne pouvant ordonner » à un Curé de célébrer un Mariage, les » Parties devoient, fur le refus du Curé, fe » pourvoir pardevant l'Official, &c. «

Par l'Arrêt, la Cour a jugé qu'il avoit été *mal & incompétemment procédé & ordonné par les Officiers de Vitry-le-François*; en conféquence a ordonné que François Augier & Anne Jublin fe *retireroient pardevers le Curé de Vitry, & en cas de refus, pardevers l'Evêque de Châlons, pour être pourvu & procédé à leur Mariage, fi faire fe devoit, après avoir reçu pénitence falutaire*; & fur les conclufions du Miniftere public, le Lieutenant Général & le Procureur du Roi de Vitry ont été décrétés d'ajournement perfonnel, & les Notaires, d'affigné pour être oui.

Le Parlement de Touloufe a auffi rendu un Arrêt en forme de Réglement, le 18 Juin 1749, portant défenfes à tous Sénéchaux & autres Juges, d'enjoindre aux Curés de procéder aux bénédictions nuptiales.

Les perfonnes des deux fexes bien conformées, & qui ne font point engagées, ni par des vœux folemnels, ni dans les Ordres facrés, font abfolument libres de fe marier ou de ne fe point marier; ni le Mariage, ni le célibat ne font recommandés ni défendus par aucune Loi.

Pour pouvoir valablement contracter Mariage, il faut avoir atteint l'âge de puberté, qui eft fixé par les Loix à 14 ans pour les mâles, & à 12 ans pour les filles.

Le confentement mutuel des perfonnes qui fe marient étant de l'effence du Mariage, on ne doit marier que ceux qui, après avoir atteint l'âge de puberté, ont affez de connoiffance & de raifon pour donner un confentement réfléchi; c'eft pourquoi les Infenfés qui n'ont aucuns bons intervalles, les Furieux dans le temps de leur fureur, & les Imbécilles, ne peuvent valablement fe marier.

Ceux qui font fourds & muets, peuvent fe marier, felon la décifion d'Innocent III, fi leur confentement peut être exprimé par des fignes certains: mais comme il eft extrêmement difficile de s'affurer de la volonté & des confentemens de ces fortes de perfonnes, dont les fignes peuvent être équivoques, on ne doit leur adminiftrer la bénédiction nuptiale, qu'après qu'ils ont donné des marques infaillibles qu'ils connoiffoient la nature, l'objet & l'étendue des engagemens du Mariage.

L'ufage veut que les perfonnes qui défirent fe marier, fe faffent réciproquement des promeffes de s'époufer dans certain temps; & ces promeffes font nommées fiançailles. V. *Fiançailles*.

Les Mariages devant être libres, on ne peut contraindre qui que ce foit d'en contracter, foit en conféquence de promeffes de fiançailles, ou pour d'autres caufes; mais fi par inconftance, ou autrement, après un contrat de Mariage ou de fiançailles, celui qui avoit promis de fe marier, change de réfolution, il doit des dommages-intérêts, qui s'arbitrent fuivant les circonftances, & dont voici quelques exemples.

» Un

» Un fils de famille, majeur de trente
» ans, qui avoit paffé contrat de Mariage
» avec une fille majeure, ne voulant point
» époufer la fille, il a été condamné en 4000
» liv. de dommages-intérêts, quoiqu'il re-
» préfentât qu'il ne dépendoit pas de lui
» d'exécuter fa promeffe, mais bien de fa
» mere, qui ne vouloit pas confentir au
» Mariage.

» M. Maynon, Confeiller au Parlement
» de Paris, ayant voulu, fur le même pré-
» texte, s'exempter d'exécuter la promeffe
» de Mariage qu'il avoit faite à la demoi-
» felle de Chaleannes de Pioufac, fut con-
» damné en 60000 liv. de dommages - inté-
» rêts, par Arrêt rendu en la Grand-Cham-
» bre dans l'année 1712 «.

Sur ces fortes de dommages-intérêts voy.
un Arrêt du 30 Août 1680, qu'on trouve
au Journal du Palais. Voyez auffi *Bagues*
& Joyaux.

On accorde des dommages-intérêts aux
perfonnes du fexe, dans le cas dont je viens
de parler (a), parce que ces ruptures peuvent préjudicier à leur réputation ; mais il
n'en eft pas ainfi des garçons remerciés, la
Jurifprudence condamne feulement les filles
ou femmes inconftantes, à leur rendre les
préfens de nôces qu'elles en ont reçus ; &
un garçon remercié par une veuve majeure,
a été débouté de fa demande en dommages-
intérêts contre cette veuve, par Arrêt rendu, au rapport de M. de Leffeville, en la
cinquiéme Chambre des Enquêtes, le 15
Décembre 1732, infirmatif d'une Sentence
du Bailliage de Chevreufe, qui adjugeoit
600 liv. au garçon : il y avoit cependant eu
des fiançailles ; on avoit fait ftatuer à l'Officialité fur la révocation des promeffes, &
la veuve n'oppofoit d'autres raifons que fon
inconftance.

Mais, par un autre Arrêt rendu le Vendredi 22 Août 1755, en la Grand'Chambre, la Cour a confirmé une Sentence du
Bailliage de Meaux, par laquelle une veuve
Rahaut étoit condamnée au rembourfement
des dépenfes qu'elle avoit occafionnées au
fieur Roux..... & en 1000 liv. de dommages & intérêts : mais dans cette efpéce, la
veuve Rahaut avoit engagé le fieur Roux,
Diftillateur à Paris, à faire différens voyages à Meaux, à y faire tranfporter fes meubles, fes effets, fa marchandife, & tout ce
qui pouvoit être néceffaire au changement
du fiége de fon commerce.

Voyez l'Arrêt du 11 Avril 1656, rapporté par Catelan, tome 2, liv. 4, chap. 2,
qui a condamné une fiancée à rendre aux
héritiers de fon fiancé, mort avant que le
Mariage s'en foit enfuivi, les perles, les
diamans, l'argent qu'elle avoit reçu, mais
non les habits & linges.

Le Mariage doit être précédé de publica-
cations de bans. V. *Bans de Mariage.*

Lorfqu'il furvient aux Mariages des oppofitions qui ont pour objet le lien du Sacrement ; fi, par exemple, l'oppofant prétend qu'il y a eu des fiançailles entre lui
& la perfonne dont il empêche le Mariage,
ou bien s'il prétend qu'il y a entr'eux un
Mariage fubfiftant ; en un mot, lorfqu'il
s'agit de l'oppofition formée par quelqu'un
qui prétend avoir contracté, ou qui veut
contracter Mariage, celui qui veut obtenir
main-levée, doit en ce cas fe pourvoir en
l'Officialité.

Mais fi l'oppofition n'eft fondée que fur
des intérêts temporels, fi ce font des peres,
meres, tuteurs, curateurs, ou autres perfonnes qui s'oppofent, & que leurs oppofitions ne foient pas fondées *fuper fœdere ma-*
trimonii, c'eft devant le Juge Royal que la
demande en main-levée doit être formée.

La Cour l'a ainfi décidé d'une maniere
folemnelle ; 1°. par un Arrêt du 2 Août
1729, qui fait défenfes à l'Official de Chartres de connoître des oppofitions formées
aux Mariages, autres que celles concernant
le lien & promeffe de Mariage.

2°. Par un Arrêt rendu en forme de Rè-
glement, le 20 Février 1733, fur les Conclufions de M. l'Avocat Général Gilbert,
par lequel (Arrêt) en donnant acte d'un
défiftement d'appel comme d'abus, fait par
une Partie défaillante, la Cour, faifant
droit fur les Conclufions de Meffieurs les
Gens du Roi, a fait défenfes à l'Official de
Paris, & à tous autres du reffort, de con-

(a) On accorde auffi, fuivant les circonftances, des
dommages-intérêts aux perfonnes du fexe dont les mariages font déclarés abufifs ; fi on en accorde quelquefois
aux Concubines (V. *Concubinage*), à plus forte raifon doit-
on en accorder aux perfonnes qui fe font crues époufes légitimes. Au refte, cela dépend des circonftances.

noître des oppositions formées aux Mariages par de tierces-personnes, & d'ordonner qu'il fera passé outre aux publications de bans; leur enjoint, audit cas, de renvoyer pardevant les Juges qui en doivent connoître, & ordonne que l'Arrêt sera enregistré au Greffe de l'Officialité de Paris, & autres du ressort.

La même chose avoit aussi été jugée, mais d'une maniere moins solemnelle, par Arrêt du 15 Février 1732. Voyez à ce sujet des Arrêts des 10 Janvier & 1 Février 1701, qu'on trouve au Journal des Audiences, & mes notes sur l'art. *Official.*

Je viens de dire que c'est devant le Juge Royal qu'il faut se pourvoir pour demander main-levée d'oppositions formées à des Mariages : en effet, les Juges des Seigneurs ne peuvent pas connoître de ces sortes de contestations (a). Il y en a un Arrêt du 12 Décembre 1736, qui fait défenses au Juge de S. Rambert (Juge de Seigneur) de connoître de pareilles matieres, & de permettre de faire des sommations respectueuses. V. *Sommations Respectueuses.*

Les Curés, Vicaires & autres Prêtres ne peuvent célébrer les Mariages, ni même publier les bans, quand il leur a été signifié des oppositions : quelque mauvaises & quelque mal fondées que ces oppositions leur paroissent, ce n'est pas à eux d'en juger. Voici comme s'explique sur cela un Arrêt de Réglement du Parlement de Paris, du 15 Juin 1691.

La Cour .... fait défenses .... à tous..... *Curés, Vicaires & Prêtres, lorsqu'il y aura* *des oppositions à des Mariages , de procéder* *à leur célébration , sans avoir auparavant* *des main-levées par écrit desdites oppositions;* *leur enjoint d'avoir des Registres pour trans-* *crire les oppositions qui pourront être formées* *à la publication des bans & à la célébration* *des Mariages, & les désistemens & main-le-* *vées qui en seront données par les Parties, ou* *prononcées par les Jugemens qui interviendront, & de faire signer lesdites oppositions*

par ceux qui les feront, & les main-levées par *ceux qui les donneront ; & en cas qu'ils ne les* *connoissent point , de se faire certifier par des* *personnes dignes de foi , que ceux qui donnent* *lesdites main-levées , sont les personnes dont il* *y sera fait mention.*

Ce Réglement est conforme à l'article 40 de l'Ordonnance de Blois, à l'article 169 de celle de 1629, & à un autre Arrêt de Réglement du 15 Mars 1687. V. aussi l'Arrêt de Réglement du 4 Août 1745, pour le Diocèse de Boulogne : il est dans le Code des Curés.

Les Mariages célébrés au préjudice des oppositions, dont il n'y a pas de main-levées, ne sont cependant pas nuls, s'il ne subsiste d'ailleurs quelqu'empêchement dirimant; mais le Curé, qui passe outre, est sujet à des peines très-graves. La moindre qui soit prononcée par les Canons, est la suspense pendant trois ans. Les Arrêts ont aussi prononcé des peines pécuniaires, dans ce cas-là, contre les Curés contrevenans; les circonstances pourroient en faire infliger de plus considérables & d'un autre genre.

Ceux qui forment des oppositions, sans fondement, à des Mariages, doivent être condamnés en des dommages & intérêts envers ceux dont ils ont empêché le Mariage ; & ces dommages & intérêts peuvent être plus ou moins considérables, selon les circonstances; mais il n'appartient qu'au Juge Séculier de les prononcer. Voy. *Official.*

Comme le consentement des Parties contractantes est la premiere cause efficiente du Mariage, il faut, pour qu'il soit valable, & qu'il opère un véritable Mariage, qu'il soit donné en présence du propre Curé des Parties & d'autres témoins, qui soient au nombre de quatre; autrement les Ordonnances déclarent les Parties inhabiles à contracter, & le Mariage nul.

Nous voulons .... (dit l'article premier de la Déclaration du 26 Novembre 1639, enregistrée le 19 Décembre,) *qu'à la célé-*

(a) M. l'Avocat Général Gilbert de Voisins portant la parole, le 9 Avril 1731, dans une Cause où il s'agissoit entr'autres choses de sçavoir, si un Juge de Seigneur pouvoit connoître d'une opposition formée à un mariage, s'exprime en ces termes :

» Il n'y a aucun Réglement qui en interdise la connoissance aux Juges de Seigneurs ; ....

» néantmoins .... dans la place que » nous tenons, nous ne pouvons nous dispenser de soutenir que la connoissance des oppositions aux Mariages appartient aux seuls Juges Royaux ; parce que dans » ces matieres, il s'agit de l'administration d'un Sacrement, & d'une espéce de Correction sur les Ministres » Ecclésiastiques «.

*bration des Mariages assistent quatre témoins
(a) dignes de foi, outre le Curé qui recevra
le consentement des Parties & les conjoindra
en Mariage, suivant la forme pratiquée en
l'Eglise : faisons ... défenses à tous Prêtres,
tant Séculiers que Réguliers, de célébrer aucun Mariage qu'entre leurs vrais & ordinaires Paroissiens, sans la permission par écrit
des Curés des Parties, ou de l'Evêque Diocésain, nonobstant les Coutumes immémoriales
& priviléges qu'on pourroit alléguer au contraire. Ordonnons qu'il sera fait un bon &
fidéle Registre, tant des Mariages, que de
la publication des bans, ou des dispenses &
des permissions qui auront été accordées.*

L'Edit du mois de Mars 1697, en développant les régles établies sur la nécessité de
la présence du propre Curé, les a de nouveau consacrées & affermies : voici comme
il s'explique.

*Défendons à tous Curés & Prêtres .... de
conjoindre en Mariage autres personnes que
ceux qui sont leurs vrais & ordinaires Paroissiens, demeurans actuellement & publiquement dans leurs Paroisses, au moins depuis
six mois, à l'égard de ceux qui demeuroient
auparavant dans une autre Paroisse de là
même Ville, ou dans le même Diocese, & depuis un an pour ceux qui demeuroient dans
un autre Diocese (b), si ce n'est qu'ils en ayent
une permission spéciale, & par écrit du Curé
des Parties qui contractent, ou de l'Archevêque ou Evêque Diocésain.*

Le Marquis de Chastenoye, Gouverneur
du Cap François en Amérique, étant passé
en France, avec permission du Roi, pour

épouser la demoiselle de Breteuil, avoit à
cet effet apporté le consentement de son
pere, avec un certificat du Curé de sa Paroisse bien légalisé, portant *qu'il étoit libre,
& non marié.*

Arrivé en France, il s'est agi de sçavoir
si ce certificat suppléoit le consentement du
Curé. Les Avocats consultés, déciderent
que non. Ces avis mettoient le Marquis de
Chastenoye dans le cas de ne pouvoir se
marier; parce qu'il ne pouvoit demeurer à
Paris pendant l'année requise pour acquérir le domicile, à l'effet de son Mariage, au
moyen de ce que le service & les ordres du
Roi exigeoient qu'il retournât au Cap François.

Pour faire cesser cet obstacle, le Marquis
de Chastenoye obtint des Lettres-Patentes
le 24 Février 1750. Voici ce qu'elles contiennent.

A ces causes, *vû l'expédition de la procuration passée par le Sr de Chastenoye pere,
le 25 Mai 1749, ensemble le certificat du
Curé de la Paroisse de l'exposant, du 24
Novembre suivant, par lequel il est déclaré
qu'il est libre ...... désirant traiter, &c. Nous
avons relevé & dispensé, relevons & dispen-
sons ledit sieur de Chastenoye du temps qui
lui manque pour remplir l'espace d'une année
requise par l'Edit du mois de Mars 1697,
par rapport à ceux qui passent d'un Diocese
dans un autre, pour y contracter Mariage.
Voulons en conséquence que, sans s'arrêter
audit défaut, il puisse être procédé à la célébration de son Mariage dans la Paroisse de
l'un des contractans, ou pardevant tel Curé*

(a) Ce nombre de quatre témoins est indispensablement nécessaire pour la validité des Mariages : l'article 40
de l'Ordonnance de Blois l'exige, *sous les peines portées
par les Conciles.*

L'Arrêt de la Riviere du 13 Juin 1684, qu'on trouve
au Journal des Audiences, tome 4, semble néanmoins
avoir jugé le contraire, puisqu'il déclare valable le Mariage du sieur de la Riviere avec la Demoiselle de Rabutin,
dont l'acte de célébration n'étoit signé que du Curé & de
deux témoins, & ne l'étoit pas des Parties ; mais en exa-
minant les circonstances de ce Arrêt, on voit qu'il ne
doit pas être tiré à conséquence, parce qu'à la rigueur il
y avoit quatre témoins ; sçavoir, deux Demoiselles qui
n'avoient pas signé, & deux autres qui avoient signé.
D'ailleurs, il y avoit de l'indignité dans le procédé de la
Dame de la Riviere : elle avoit d'abord elle-même appelé
comme d'abus de son Mariage, qu'elle avoit contracté à
l'âge de trente-huit ans : elle s'étoit ensuite désistée de
son appel, pour s'inscrire en faux & soutenir qu'il n'y
avoit pas eu de Mariage, tandis que le contraire étoit
prouvé par ses Lettres, & qu'elle avoit eu un enfant, dont

elle étoit secretement accouchée : on ne peut par conséquent pas regarder cet Arrêt comme établissant une
régle.

Aussi depuis ce temps est-il intervenu un Arrêt en la
seconde Chambre des Enquêtes, au rapport de M. Chas-
sepot de Beaumont, le 23 Avril 1707, qui contient un Réglement pour la Province d'Artois, & qui ordonne que
les Mariages n'y seront célébrés qu'en présence de quatre
témoins ; c'est actuellement un point décidé par l'art. 7 de
la Déclaration du 9 Avril 1736, que je rapporte à la fin du
présent article.

(b) Ces délais doivent être complets ; la Cour a déclaré
nul le Mariage du sieur Germain, qui n'avoit demeuré
que quelques jours de moins d'un an, dans l'endroit où il
avoit fait publier ses bans ; & par un autre Arrêt du 15
Février 1755, le Mariage du sieur de Marcillac, Vicomte
de Bray, avec la nommée Lessieux, fille de son Fermier, a
aussi été déclaré nul, parce qu'il y avoit un seul jour de
moins que l'année requise pour acquérir le domicile à
l'effet du Mariage ; la translation du domicile à Bray étoit
du 23 Juillet 1750, & le Mariage du 22 Juillet 1751.

ou Prêtre qui sera commis par le sieur Archevêque de Paris, en observant d'ailleurs les formalités requises par les Saints Canons & par les Ordonnances.... à l'effet de quoi nous avons dérogé..... pour cette fois seulement, & sans tirer à conséquence, à la disposition de l'Edit du mois de Mars 1697, lequel sera au surplus exécuté selon sa forme & teneur, &c.

Ces Lettres ont été enregistrées au Parlement le 4 Mars 1750 ; elles sont les seules qui ayent été accordées depuis l'Edit de 1697, dont voici quelques autres dispositions.

Enjoignons à cet effet à tous Curés & autres Prêtres, qui doivent célébrer des Mariages, de s'informer soigneusement avant d'en commencer les cérémonies, & en présence de ceux qui y assistent, par le témoignage de quatre témoins dignes de foi, domiciliés, & qui sçachent signer leurs noms, s'il s'en peut aisément trouver autant dans le lieu où l'on célébrera le Mariage, du domicile, aussi-bien que de l'âge & de la qualité de ceux qui le contractent, & particuliérement s'ils sont enfans de famille, ou en la puissance d'autrui, afin d'avoir en ce cas les consentemens de leurs peres, meres, tuteurs ou curateurs (a), d'avertir lesdits témoins des peines portées par notre présent Edit (b), contre ceux qui certifient en ce cas des faits qui ne sont pas véritables, & de leur faire signer, après la célébration du Mariage, les actes qui en seront écrits sur le Registre, lequel sera tenu en la forme prescrite par les art. 7, 8, 9 & 10 du tit. 20 de notre Ordon. du mois d'Avril 1667.

Voulons que si aucuns desdits Curés ou Prêtres, tant Séculiers que Réguliers, célébrent ci-après sciemment, & avec connoissance de cause, des Mariages entre des personnes qui ne sont pas effectivement de leurs Paroisses, sans en avoir la permission par écrit des Curés de ceux qui les contractent, ou de l'Archevêque ou Evêque Diocésain, il soit procédé contr'eux extraordinairement ; & qu'outre les peines Canoniques que les Juges de l'Eglise pourront prononcer contr'eux, lesdits Curés & autres Prêtres, tant Séculiers que Réguliers, qui auront des Bénéfices, soient privés, pour la premiere fois, de la jouissance de tous les revenus de leurs Cures & Bénéfices pendant trois ans, à la réserve de ce qui est absolument nécessaire pour leur subsistance ; ce qui ne pourra excéder la somme de 600 liv. dans les plus grandes Villes, & celle de 300 liv. par-tout ailleurs ; & que le surplus desdits revenus soit saisi à la diligence de nos Procureurs, & distribué en œuvres pies par l'ordre de l'Archevêque ou Evêque Diocésain.

Qu'en cas d'une seconde contravention, ils soient bannis, pendant le temps de 9 ans, des lieux que nos Juges estimeront à propos : que les Prêtres Séculiers, qui n'auront point de Cures & de Bénéfices, soient condamnés, pour la premiere fois, au bannissement pendant trois ans, & en cas de récidive, pendant neuf ans ; & qu'à l'égard des Prêtres Réguliers, ils soient envoyés dans un Couvent de leur Ordre, tel que leur Supérieur leur assignera, hors des Provinces qui seront marquées par les Arrêts de nos Cours ou les

---

(a) Ces termes ont fait croire aux Curés Flamands qu'ils ne pouvoient pas marier les mineurs, si leurs pere, mere, tuteur ou curateur ne consentoient expressément ; & que ce consentement ne pouvoit pas être suppléé par Sentence ou Arrêt.

Ils s'imaginoient que les dispositions de l'Edit de 1697, anéantissoient les Placards de Charles-Quint & de Philippe II, des années 1540 & 1623, par lesquels les mineurs sont autorisés à citer leurs pere, mere, tuteur ou curateur devant les Magistrats, pour déduire les causes des oppositions à leur Mariage ; & les Juges à ordonner le Mariage, nonobstant l'opposition, s'il y a lieu, ou à le défendre, s'ils trouvent l'opposition fondée.

Les représentations qui furent faites d'après ces idées, ont donné lieu à une Déclaration du 8 Mars 1704, regitrée au Parlement de Flandre le 13 Août suivant, par lequel il est dit que le Roi n'a pas entendu, par l'Edit de 1697, déroger aux Loix, Coutumes & Usages de la Flandre, concernans les Mariages des mineurs ; & en conséquence a ordonné que les Magistrats des Villes & autres Juges à qui la connoissance en appartient, continueroient de

connoître, tant des demandes des mineurs, afin d'obtenir la permission de se marier, que des oppositions ou refus de consentement de tuteurs ou curateurs ; & d'y pourvoir, ainsi qu'ils avoient accoutumé avant ledit Edit de 1697, sauf l'appel au Parlement de Tournay, (actuellement à Douay).

Voulons (ajoute la Déclaration) que les Sentences & Arrêts qui auront été rendus entre les pere & mere, tuteur ou curateur des mineurs, soient exécutés ; même ceux par lesquels il aura été permis aux mineurs de contracter Mariage, sans que le défaut ou refus du consentement des pere, mere, tuteur ou curateur, puisse en ce cas être opposé ausd. mineurs.

Ainsi les mineurs Flamands peuvent, avec l'autorité du Juge, qu'il n'accorde qu'en connoissance de cause, se marier malgré leurs pere & mere, tuteur & curateur ; & en ce cas, les Juges nomment un Officier pour assister au contrat, & en régler les conventions. V. ci-après l'Arrêt du 30 Août 1760, dont je parle dans une autre.

(b) Voyez au mot *Témoin*, des Arrêts rendus contre une femme qui s'étoit faussement supposée mere d'un homme qui se marioit, & contre des témoins qui avoient certifié de faux domiciles.

Sentences de nos Juges, pour y demeurer ren-
fermés pendant le temps qui sera marqué par
lesdits Jugemens, sans y avoir aucune char-
ge, fonction, ni voix active & passive; & que
lesdits Curés & Prêtres puissent, en cas de
rapt fait avec violence, être condamnés à
plus grandes peines, lorsqu'ils prêteront leur
ministere pour célébrer des Mariages en cet
état.

Cet Edit (dont je rapporterai ci-après
quelques autres dispositions), a été interprété par une Déclaration du 15 Juin 1697,
enregistrée le 22 du même mois : voici comme elle s'explique sur la présence du propre
Curé.

Enjoignons à nos Cours . . . . & autres,
nos Juges & Officiers . . . . . lorsqu'ils juge-
ront des causes ou des procès, dans lesquels il
s'agira de Mariages célébrés pardevant des
Prêtres, autres que les propres Curés des
contractans, sans en avoir obtenu les dispen-
ses nécessaires, & même sur les poursuites que
nos Procureurs en pourront faire d'office dans
la premiere année de la prétendue célébra-
tion desdits prétendus Mariages, d'obliger
ceux qui prétendent avoir contracté des Ma-
riages de cette maniere, de se retirer parde-
vers leurs Archevêques ou Evêques, pour les
réhabiliter suivant les formes prescrites par
les Saints Canons & par nos Ordonnances,
après avoir accompli la pénitence salutaire
qui leur sera par eux imposée. . . .

Permettons aussi aux Promoteurs des Ar-
chevêques & Evêques, lorsque nos Procureurs
ou les Parties intéressées ne feront aucune pro-
cédure pardevant lesdits Juges, de faire as-
signer devant lesdits Archevêques ou Evêques,
dans le terme ci-dessus, & après en avoir
obtenu d'eux une permission expresse, les per-
sonnes qui demeurent & vivent ensemble (&
qui n'ont point été mariés par les Curés des
Paroisses dans lesquelles ils demeurent, & qui
n'ont point obtenu dispenses pour être mariés

par d'autres Prêtres), aux fins de représen-
ter auxdits Prélats, dans un temps convena-
ble, les actes de célébration de leur Ma-
riage (a).

Voulons qu'en cas que les Archevêques &
Evêques trouvent que lesdits Mariages n'ayent
pas été célébrés par les propres Curés des con-
tractans, & qu'il n'y ait d'ailleurs aucun
autre empêchement légitime, ils puissent leur
enjoindre de les réhabiliter dans les formes
prescrites . . . . . . & en cas que ceux qui au-
ront été assignés, ne rapportent pas les actes
de célébration de leurs Mariages auxdits Ar-
chevêques & Evêques, dans le temps qui leur
aura été marqué ; enjoignons à nos Officiers,
dans le ressort desquels ils demeurent, sur l'a-
vis que lesdits Archevêques ou Evêques leur
en donneront, de les obliger de se séparer,
par des condamnations d'amendes & autres
peines plus grandes, s'il est nécessaire.

Telles sont les Loix qui exigent que le
Mariage soit béni par le Curé de la Paroisse
des Parties. Voici quelques Arrêts rendus
récemment sur la même matiere.

Jean-Baptiste le Febvre, Parisien, âgé
de vingt-deux ans, ayant, sans le consentement de ses pere & mere, épousé Catherine Bingant, le 4 Juin 1718, âgée de trente-
cinq ans, sur le Vaisseau *la Duchesse de*
Noailles, qui passoit de la Rochelle à la
Louisianne, il s'est agi de sçavoir si ce Mariage étoit valable.

Les Parties avoient vécu en mauvais
commerce à Paris avant leur Mariage : leur
condition étoit égale, il n'y avoit de dis-
proportion que dans les âges ; le Mariage
avoit été célébré par un Capucin, Aumônier, Chapelain du Vaisseau, qui en avoit
dressé un acte, faisant mention de la permission de l'Evêque de la Rochelle (on la
représentoit).

Le Febvre, après avoir vécu deux ans à
la Louisianne avec Catherine Bingant, re-

(a) Cette Déclaration n'étant adressée qu'aux Archevêques & Evêques seulement, il faut en conclure que
leurs Grands-Vicaires, leurs Officiaux, ceux des Chapitres, le Siége vacant, & les Abbés qui ont Jurisdiction,
ne peuvent demander aux personnes qui vivent dans un
mariage paisible & concordant, la représentation de l'acte
de célébration de leur Mariage ; parce que le droit que
donne cette Déclaration, est un droit émané de la Puissance Royale, qui, de Droit commun, n'appartient point
à la Jurisdiction Ecclésiastique, mais à la Jurisdiction Séculiere.

Les Evêques ne peuvent agir, en conséquence de cette
Déclaration, que comme Commissaires du Roi, & non
comme Juges ordinaires ; ils ne le peuvent même que
lorsque les Substituts de M. le Procureur Général ou les
Parties intéressées ne font aucune procédure à ce sujet devant les Juges Royaux.

Au reste, la Déclaration de 1697 n'est pas exactement
observée ; & elle est en quelque sorte tombée en désuétude. Voyez un Arrêt relatif à cette Déclaration, que je rapporte à l'article *Registre-Baptistaire.*

vint en France, où il se maria à une autre personne, avec le consentement de ses pere & mere. Catherine Bingant le suivit de près, & les pere & mere de le Febvre interjetterent appel comme d'abus de son Mariage avec elle.

Catherine Bingant disoit que son Mariage n'avoit eu besoin d'autres formalités que celles prescrites par le Droit Divin & par le Droit naturel ; parce que l'intention de demeurer à la Louisianne, contenoit une abdication de domicile en France, & que nos Loix n'avoient jamais été publiées à la Louisianne. Elle ajoutoit que la Mer, où le Mariage avoit été célébré, n'est soumise à aucune domination, & elle citoit deux Arrêts ; l'un du 20 Mai 1667, (il est dans le Journal des Audiences & dans Soëfve) ; l'autre de 1723, (pour le Mariage de Pierre de Choupes dans l'Isle Cayenne, avec Anne Guyon), qui ont confirmé des Mariages de mineurs faits en Amérique, sans le consentement de leurs pere & mere. Enfin, elle disoit que l'Ordonnance de la Marine, liv. 2, tit. 2, permet aux Aumôniers d'administrer les Sacremens sur les Vaisseaux.

Les pere & mere de le Febvre répondoient à Catherine Bingant, que nos Colonies & leurs Habitans sont gouvernés par la Coutume de Paris & par les Ordonnances du Royaume, qui n'avoient pas été observées (voyez *Colonies*) ; que la Louisianne étoit du Diocèse de Quebec ; que dans les Sacremens dont parle l'Ordonnance de la Marine, n'est pas compris le Mariage ; qu'enfin la permission de l'Evêque de la Rochelle ne suppléoit pas les consentemens requis par les Ordonnances ; que d'ailleurs c'étoit au Curé de Saint Nicolas de la Rochelle, & non à l'Aumônier du Vaisseau, que l'Evêque avoit permis de célébrer le Mariage.

Par Arrêt du Jeudi 17 Fév. 1724, il a été dit qu'il y avoit abus dans le Mariage ; & faisant droit sur les Conclusions des Gens du Roi, la Cour a décrété de prise de corps Pierre Sabouret, Aumônier du Vaisseau dans lequel il avoit célébré le Mariage (a).

Le Mardi 21 Août 1723, Arrêt est intervenu en la Grand'Chambre, sur les Conclusions de M. Gilbert de Voisins, par lequel le Parlement a déclaré nul le Mariage contracté entre deux Religionnaires domiciliés à Sedan, qui n'ayant pu vaincre les difficultés que leur faisoit le Curé de leur Paroisse, étoient allés le faire célébrer dans une Eglise de Liége, où ils avoient auparavant fait abjuration.

Ils étoient revenus aussi-tôt à Sedan, où ils avoient toujours vécu publiquement comme mari & femme, & en grande union avec les parens de part & d'autre ; cependant le mari étant mort trente-deux ans après, sans laisser d'enfans, une de ses sœurs, qui avoit elle-même reconnu & approuvé son Mariage par plusieurs lettres, en interjetta appel comme d'abus, pour frustrer la veuve de la jouissance du don mutuel. L'Arrêt n'eut aucun égard aux fins de non-recevoir, résultantes de l'approbation de la sœur, & du laps de trente-deux ans ; elles ne purent militer contre l'abus qui se trouvoit dans le Mariage célébré hors la présence du propre Curé ; ce défaut étant un vice essentiel, qui avoit rendu la célébration nulle dans son principe, & que la plus longue prescription & la reconnoissance des parens n'avoient pû couvrir.

Françoise Berthod, fille de Gabriel-Philbert Berthod, Ecuyer, orpheline de pere & abandonnée par sa mere, (qui s'en étoit allée avec un Garde du Maréchal de Berwick,) s'étant jointe à une troupe de Comédiens, en épousa un, nommé François Hus, sans le consentement de sa mere, mais assistée d'un tuteur *ad hoc*, (Docteur en Médecine,) que lui avoit nommé le Juge de Toulon.

Le Mariage s'étant célébré à Toulon sans publication de bans, sans dispense, ni consentement, ni présence des propres Curés, il en est né un enfant. Françoise Berthod étant morte en 1721, son mari, pere & tuteur naturel de l'enfant, demanda pour lui la portion héréditaire de Françoise Berthod dans la succession de Gabriel-Philbert Berthod, & intervint à cet effet, en 1726, au

_____
(a) Augeard rapporte un Arrêt rendu au Parlement de Metz, le 19 Mars 1696, par lequel il est fait défenses à tous Prêtres & .... Aumôniers d'Armées, de procéder à la célébration d'aucun Mariage, sans la permission expresse des Evêques ou le consentement des Curés des Paroisses des Parties......Voyez Augeard, édition in-fol. tom. 1, n. 124.

procès pendant entre la veuve Berthod & ſes autres enfans.

La veuve Berthod défendit à cette intervention par un appel comme d'abus du Mariage, & François Hus la ſoutint non-recevable. Il alléguoit (mais ne prouvoit pas) que cette veuve avoit fait elle-même la profeſſion de Comédienne; il ajoutoit qu'il n'étoit pas permis d'attaquer l'état d'une perſonne, cinq ans après ſa mort; il invoquoit les Concluſions de M. l'Avocat Général Talon, rapportées par Henrys, tom. 2, liv. 4, queſt. 28. La veuve Berthod, au contraire, citoit l'Ordonnance de 1639, les Edits & Déclarations que je viens de rapporter; elle diſoit que le Mariage n'avoit point été célébré par le propre Curé de l'un ou de l'autre des Parties, qu'il n'y avoit point eu de bans publiés, & qu'elle n'avoit point conſenti au Mariage.

M. l'Avocat Général Gevreau, qui porta la parole au Parlement de Dijon, où cette affaire fut plaidée, fit voir qu'il y avoit abus dans le Mariage; que ſi la mere avoit oublié ſon devoir, il n'avoit pas été permis à la fille d'oublier le ſien en ſe mariant, &c. Néantmoins, tant à cauſe de l'indignité de la mere qui avoit abandonné ſa fille, que par rapport au laps de cinq années qui s'étoient écoulées depuis la mort, ſans reclamation, par Arrêt (du Parlement de Dijon) du 7 Juillet 1727, la Cour déclara l'appellante non-recevable en ſon appel comme d'abus.

Le 18 Janvier 1729, la Cour a prononcé diverſes peines contre Remi de Loveuſe, Antoinette de la Valette, Antoine le Begue & Jacques le Mai, pour, par ledit de Loveuſe & ladite Valette, s'être ſuppoſé un faux domicile, à l'effet de parvenir à leur Mariage, &, par leſdits le Begue & le Mai, avoir certifié le faux domicile.

Le même Arrêt a en outre condamné leſdits de Loveuſe, le Begue & le Mai, aux galeres, & ladite la Valette au banniſſement.

Un autre Arrêt rendu le 21 Juin 1735, a auſſi condamné pluſieurs Particuliers à faire amende honorable & aux galeres,

pour avoir ſuppoſé & certifié un faux domicile, lors de la célébration du Mariage de Noël Doucin avec Claude Drouard. Voyez un autre Arrêt à l'art. Témoin.

Le concours des deux Curés eſt donc abſolument néceſſaire pour la validité des Mariages; c'eſt une maxime annoncée au Barreau par feu M. le Premier Préſident Portail, après la prononciation d'un Arrêt du 21 Février 1732, qui, ſur le fondement de circonſtances particulieres dans les faits, a confirmé le Mariage de Gedeon Dalvimart avec Marguerite Tanflai, où le concours des Curés ne paroiſſoit pas certain. L'eſpéce de cet Arrêt eſt rapporté dans la nouvelle édition, in-folio, des Arrêts notables d'Augeard, tome 2, n°. 198.

Ainſi, quand les perſonnes qui ſe marient, ne ſont pas de la Paroiſſe où ſe fait la célébration, il faut rapporter le conſentement des autres Curés à celui qui célébre le Mariage, & ce conſentement s'induit par la remiſe du certificat de la publication de bans; cette remiſe équivaut au conſentement de l'un à l'égard de l'autre (a).

Il n'y a point de diſtinction à faire du Curé du garçon au Curé de la fille, l'autorité des deux Curés eſt égale pour la célébration du Mariage; c'eſt par décence qu'on marie plus ordinairement ſur la Paroiſſe de la fille.

Les Mariages des François peuvent bien être célébrés en France, hors la préſence des Curés des Parties, avec leur permiſſion ou celle de l'Ordinaire : mais ces permiſſions ne ſuffiroient pas pour la célébration des Mariages en Pays Etrangers; il faudroit de plus une permiſſion expreſſe du Roi : voici comme s'explique ſur cela une Déclaration du 16 Juin 1685, enregiſtrée le 14 Août ſuivant.

Défendons à tous nos Sujets, de quelque qualité & condition qu'ils ſoient, de conſentir ou approuver à l'avenir que leurs enfans, ou ceux dont ils ſeront tuteurs ou curateurs, ſe marient en Pays Etrangers, ſoit en ſignant les contrats qui pourroient être faits pour leſdits Mariages, pour quelque cauſe & ſous quelque prétexte que ce ſoit, ſans notre per-

_____

(a) La Cour, par Arrêt rendu le 2 Août 1729, a fait défenſes à l'Official d'Evreux & à tous autres Officiaux du reſſort, d'enjoindre ou permettre à aucun Curé ou autre Prêtre, de procéder à la célébration des Mariages entre autres perſonnes que leurs vrais & ordinaires Paroiſſiens.

miffion expreffe, à peine des galeres à perpétui-
té à l'égard des hommes, de banniffement per-
pétuel pour les femmes, & de confifcation de
leurs biens; & où ladite confifcation de biens
n'auroit lieu, à 20000 liv. d'amende contre
les pere & mere, tuteur ou curateur, qui au-
ront contrevenu.

Cette Déclaration n'a pas introduit un
droit nouveau; nous voyons en effet que,
par un Arrêt célébre rendu en la Grand-
Chambre du Parlement, le 5 Janvier 1700,
fur les Conclufions de feu M. l'Avocat
Général d'Agueffeau, depuis Chancelier,
après une Plaidoirie de quinze Audiences,
le Mariage du Duc de Guife (Henri de
Lorraine, fecond du nom) avec Honorée
de Berghes, Comteffe de Boffu, célébré à
Bruxelles fans permiffion du Roi, mais
après l'obfervation de toutes les formalités
prefcrites par les Loix du Pays, le 16 Novembre 1641, (par conféquent bien antérieurement à la Déclaration de 1685,) a été
déclaré nul & abufif.

La queftion élevée fur la validité de ce
Mariage, avoit été portée à Rome au Tribunal de la Rote; & un Jugement rendu par
défaut en ce Tribunal, le 6 Mars 1666, l'a-
voit déclaré légitime; mais y ayant eu appel comme d'abus au Parlement, tant du
Mariage, que du Jugement rendu par la
Rote, la Cour a jugé qu'il avoit été *mal,*
nullement & abufivement procédé & célébré,
ftatué & ordonné.

Le Prince de Berghes, héritier de la
Comteffe de Boffu, foutenoit le Mariage
valable. Monfieur, frere du Roi, le Prince
de Condé & la Ducheffe de Hanovre, le
foutenoient nul & abufif.

Voici l'efpéce d'un fecond Arrêt rendu
au même Parlement, le 16 Juillet 1711, fur
les Conclufions de M. Joly de Fleury, Avocat Général.

Simphorien de Serre, foldat François,
étant prifonnier de guerre en Hollande,
époufa à Oftende Elifabeth de la Prairie;
& leur Mariage fut célébré, après avoir obfervé les formalités ufitées dans le Pays.
Etant revenus en France, la mere du
foldat interjetta appel comme d'abus de
leur Mariage; elle fit valoir le défaut de
confentement de fa part & de préfence
du propre Curé; elle allégua auffi le dé-

faut de permiffion du Roi.

Elifabeth de la Prairie répondoit que fon
Mariage étoit revêtu des formes prefcrites
pour ceux qui fe contractent à Oftende, où
il avoit été célébré: elle ajoutoit que fon
mari ne devoit plus être confidéré comme
François, ni fujet aux Loix du Royaume,
au temps de fon Mariage, puifqu'il avoit
abdiqué fa Patrie, & qu'étant prifonnier de
guerre, il s'étoit engagé dans les troupes
de la République de Hollande, dans lefquelles il avoit fervi contre la France. Malgré ces raifons, le Mariage fut déclaré nul
& abufif.

Un autre foldat François & mineur, prifonnier de guerre à Hanovre, y ayant été
marié dans l'Eglife de Saint Clement, le 20
Novembre 1760, revint depuis en France,
& préfenta fa femme à fa mere, qui, loin de
les recevoir, appella comme d'abus de leur
Mariage.

Me Coertin, qui plaidoit pour les mariés, dit que la femme n'avoit pu fe marier
que fuivant les formalités prefcrites par le
Concile de Trente, fuivi dans fon Pays;
que ces formalités ayant été remplies, le
Mariage étoit inconteftablement valable
pour elle; qu'étant valable pour elle, il falloit qu'il le fût pour fon mari, parce que le
Sacrement eft indivifible. Il ajouta que le
foldat mineur étant prifonnier de guerre,
on ne pouvoit lui oppofer les Loix Fran-
çoifes; parce qu'il n'appartenoit plus à la
France, mais au Vainqueur.

Me Hochereau répondoit pour la mere,
que les priviléges des foldats n'étoient relatifs qu'aux formalités des actes, mais qu'ils
ne donnoient point à un Militaire le pouvoir de contracter, quand il en étoit incapable; que les prifonniers de guerre n'appartiennent plus aujourd'hui, comme ils appartenoient autrefois, au Vainqueur; que
celui-ci n'avoit que le droit d'exiger une
rançon de fon prifonnier, lequel ne ceffoit
pas d'être Sujet de fon Prince; & qu'enfin,
ce feroit ouvrir la porte aux plus grands
abus, que de confirmer les Mariages contractés par les mineurs pendant leur captivité, &c.

Par Arrêt rendu en la Grand'Chambre,
fur les Conclufions de M. Joly de Fleury,
le 29 Juillet 1763, le Mariage a été déclaré
abufif,

abufif, avec défenfes aux Parties de fe fréquenter.

La Cour avoit auparavant, par un autre
Arrêt du 16 Mars 1725, rendu au même
Parlement, en la Grand'Chambre, conforme aux Conclufions de M. l'Avocat Général Talon, déclaré nul & abufif un Mariage
célébré en Angleterre, fuivant le Rit An-
glican, par un Miniftre Proteftant, entre
un François majeur (Catholique) domicilié
à Londres, nommé Charpentier, & une
fille mineure, auffi (Catholique) née à Londres d'une Françoife refugiée.

Le fieur Charpentier étoit lui-même appellant comme d'abus de fon Mariage, &
fon principal moyen étoit qu'un Miniftre
Proteftant n'avoit pas pû valablement marier deux Catholiques. Sa femme le foutenoit non-recevable dans cet appel, & elle
difoit qu'il ne pouvoit pas demander à la
Cour qu'elle détruifît ce qui étoit du propre fait de lui Charpentier; mais M. l'A-
vocat Général fit voir que les moyens d'a-
bus propofés par Charpentier, étant abfolus, ils pouvoient être invoqués par toutes
fortes de perfonnes, même par les contractans; c'eft ce qui a déterminé la Cour à déclarer le Mariage nul.

Un autre Arrêt rendu en la Tournelle du
même Parlement, fur les Conclufions de M.
l'Avocat Général d'Aguesfeau, le 4 Septembre 1723, a déclaré abufif un Mariage
célébré par un Curé autre que celui du domicile des Parties, quoique dans un Pays
Etranger. Les Parties étoient la dame de
Pizeau, appellante, & Agnès Nion, intimée.

Tous ces exemples annoncent que la préfence du propre Curé, ou fon confentement,
eft néceffaire pour la validité du Mariage de
fon Paroiffien; mais il eft des cas où l'on
doit néceffairement avoir le confentement
de plufieurs Curés pour une même perfonne; car, comme on l'a vû par les difpofitions de l'Edit de 1697, que j'ai rapportées,
il faut avoir au moins réfidé fix mois fur
une Paroiffe, pour y acquérir un domicile
à l'effet du Mariage, & même un an, fi dans
le changement de domicile il y a auffi changement de Diocèfe : fans cette réfidence de
fix mois dans un cas, & d'un an dans l'autre,
il faut le confentement des Curés des Pa-

roiffes, dans lefquelles les Parties qui veulent fe marier, ont demeuré pendant l'année ou les fix mois qui ont précédé le Mariage.

Il y a même un cas où la réfidence pendant plufieurs années fur une Paroiffe, ne
difpenfe pas la perfonne qui veut fe marier,
de faire publier des bans, & d'apporter le
confentement du Curé d'une autre Paroiffe; c'eft lorfque cette perfonne eft mineure :
elle eft alors préfumée domiciliée chez fes
pere & mere, tuteur ou curateur; & ce domicile fictif, qu'on nomme de droit, oblige
le mineur, non-feulement de rapporter le
confentement du Curé de la Paroiffe du domicile de fes pere & mere, tuteur ou curateur, mais encore celui du Curé de la Paroiffe du domicile de fait.

Il faut remarquer ici que le domicile du
mineur fe perpétue jufqu'à ce qu'après fa
majorité, il l'ait changé par l'établiffement
d'un domicile ailleurs. C'eft ce que la Cour
a jugé dans l'affaire du Mariage de Barthelemi Tourton.

Ce Particulier, né à Lyon en 1678, vint
demeurer à Paris chez un de fes oncles en
1693, & y refta jufqu'en 1702. Alors, âgé
feulement de vingt-trois ans, il fit différens
voyages, & fut fucceffivement enfermé dans
différentes prifons. Il paffa d'abord en Hollande, & revint à Paris en 1704. En 1705,
le 3 Janvier, il fut arrêté & conduit à Saint
Lazare, d'où il ne fortit que le 30 Mai
1707. Après avoir erré fix mois, il fut arrêté en Provence & conduit au Château
d'Yf, où il refta jufqu'en 1713, par ordre
du Roi. Sorti de cette prifon, il fe retira à
Nantes, où il fut arrêté pour dettes & conduit au Château, dont il fortit le 5 Mai
1722. Il alla alors à Lyon; mais fans y fixer
fon domicile, il y paffa un acte le 18 Mars
1723, & revint bientôt après à Paris, où il
fut arrêté & conduit à Charenton le 18 Mars
1724.

Sorti de cette derniere prifon en 1728,
il époufa prefqu'auffi-tôt la veuve d'un
Limonadier, & mourut peu d'années après.

Son Mariage ayant été attaqué par la voie
d'appel comme d'abus par des collatéraux,
ils oppoferent le défaut de préfence & de
confentement du Curé du domicile d'origine de Barthelemi Tourton : ils foutenoient

S

ce confentement néceffaire à fon Mariage, parce qu'il n'avoit pas fixé fon domicile ailleurs depuis fa majorité. On ne pouvoit en effet prouver qu'il eut un domicile fur la Paroiffe de S. Nicolas-des-Champs, où il avoit fait publier des bans: le contraire étoit établi fur des piéces authentiques. Ces raifons déterminerent la Cour à déclarer le Mariage abufif, par Arrêt rendu le 22 Juillet 1733, au rapport de M. de Vienne.

La préfence du propre Curé eft donc, comme on voit, indifpenfablement néceffaire pour la validité des Mariages des perfonnes qui ont un domicile de fait ou de droit. Mais à l'égard des Portes-Balles, des Farceurs, des étrangers, des Marchands & Ouvriers, que leur état met dans la néceffité de voyager & de paffer journellement de Ville en Ville, où de Pays en Pays, où ils n'acquierent point de domicile, ainfi que je l'ai dit, verb. *Domicile*, ces perfonnes n'ayant point de propre Curé, puifqu'ils n'ont pas de demeure fixe, ils doivent s'adreffer à l'Archevêque ou Evêque Diocéfain de l'autre Partie contractante, pour demander difpenfe fur le défaut de domicile; & l'Evêque ne la doit accorder qu'en connoiffance de caufe; c'eft ce qu'a prefcrit le Concile de Trente: nos Ordonnances font muettes fur ce cas particulier. V. les Conférences Eccléfiaftiques du Diocèfe de Paris, tom. premier, page 216.

Il fut préfenté une Requête de cette nature à M. le Cardinal de Noailles, le 17 Décemb. 1706, par le Comte des Gouttes, qui vouloit époufer Marie Efther de Makaris; & le Prélat rendit le même jour une Ordonnance portant renvoi en fon Officialité, pour informer fi le Suppliant n'avoit point de domicile fixe & arrêté; s'il étoit libre de contracter Mariage; fi les parens confentoient, & s'il n'y avoit point quelqu'empêchement canonique ou civil.

Sur l'information qui conftatoit, par la dépofition de trois témoins, la liberté du Suppliant, fon âge, le décès de fes pere & mere, & qu'à caufe de fes emplois il n'avoit aucun domicile fixe: M. le Cardinal de Noailles accorda la difpenfe demandée le 20 Décembre 1706, portant un décret

irritant, au cas qu'il manquât une des conditions expliquées dans la Requête; c'eft-à-dire, la liberté, l'âge, &c.

Le Mariage auroit été valable, fi les faits expofés & certifiés s'étoient trouvés vrais: mais le Suppliant étoit mineur; il avoit fa mere; fon frere avoit pris un faux nom pour dépofer dans l'information; il y avoit une méfalliance, & la demoifelle Makaris étoit d'une conduite équivoque. D'ailleurs le contrat de Mariage portoit que la mere du Comte des Gouttes étoit encore vivante.

On concluoit de cette circonftance, que la demoifelle Makaris n'étoit pas de bonne foi lors du Mariage, puifqu'elle avoit eu connoiffance, par fon contrat de Mariage, qu'elle avoit figné que la dame des Gouttes mere étoit encore vivante.

La mere du Comte des Gouttes & le Marquis, frere du Comte, interjetterent l'un & l'autre appel comme d'abus du Mariage; &, par Arrêt du 31 Janvier 1737, le Mariage fut déclaré avoir *été nullement & abufivement contracté*.

Il eft remarquable que le Marquis des Gouttes avoit lui-même certifié la fauffe majorité de fon frere: c'étoit un des trois témoins entendus dans l'information ordonnée par M. le Cardinal de Noailles; mais depuis la mort du Comte des Gouttes, & la profeffion religieufe de la mere commune, le Marquis avoit repris l'inftance d'appel comme d'abus. On le foutenoit non-recevable, parce qu'il étoit lui-même un inftrument de la fauffeté des faits contenus en l'information; la femme invoquoit fa minorité; il invoquoit auffi la fienne, & on ne critiqua nullement la difpenfe. Les moyens qui déterminerent l'Arrêt, furent la minorité, le défaut de confentement de la mere, qui étoit vivante, & le défaut de préfence du propre Curé des Parties; le défunt Comte des Gouttes étant mineur, avoit pour domicile celui de fa mere (a).

Lors de la plaidoirie de l'affaire du Marquis des Gouttes, jugée par l'Arrêt du 31 Janv. 1737, M. l'Avocat-Général d'Agueffeau de Plimont cita l'Arrêt de la Noue, rendu en 1724. De la Noue s'étoit dit majeur; il étoit appellant comme d'abus de

_____

(a) L'Arrêt, en déclarant le Mariage nul, annulle auffi le Contrat de Mariage & la quittance de dot; & décharge l'héritier des demandes de foi-difante Veuve. V. ce que j'en dis à l'article *Dot*.

son propre Mariage : néantmoins il fut jugé qu'il y avoit abus ; mais de la Noue fut condamné en cinquante mille livres de dommages & intérêts envers la personne qu'il avoit épousée.

De la Noue a depuis réhabilité son Mariage ; sa femme étoit de Poitiers ; les cinquante mille livres lui servirent de dot.

Un sieur Philippe ayant lui-même interjetté appel comme d'abus de son Mariage avec la demoiselle Fery, sous prétexte qu'il étoit mineur lors de la célébration, & que le Curé de S. Roch, qui étoit le Curé du domicile de ses pere & mere, par conséquent le Curé de son domicile de droit, n'avoit pas publié de bans, concluoit à ce qu'en déclarant son Mariage abusif, il lui fût donné acte de ses offres de le réhabiliter suivant les Canons & Ordonnances, & qu'à cet effet il fût renvoyé devant l'Archevêque de Paris : sa femme résista à cette demande ; elle soutint le mariage bon, & refusa de le réhabiliter. En effet, elle avoit intérêt que le premier Mariage subsistât, parce que la communauté avoit beaucoup profité. Par Arrêt rendu le 31 Décemb. 1742, contre les Conclusions de M. l'Avocat Général Gilbert, il fut dit qu'il n'y avoit abus ; & le Sr Philippe, pour lequel plaidoit Me de la Verdy, a été condamné aux dépens.

Une Comédienne majeure, nommée Duclos, ayant elle-même attaqué son Mariage avec Pierre-Jacques Duchemin, mineur, demandoit à prouver qu'elle avoit, au temps de ce Mariage, un domicile différent de celui qui avoit été indiqué par le contrat de Mariage, & par l'acte de célébration, souscrit de quatre témoins ; elle représentoit le bail d'une maison qu'elle prétendoit avoir habitée ; une assignation qui lui avoit été donnée comme domiciliée dans cette maison, & une quittance du Commissaire des Pauvres. C'étoit, selon elle, un commencement de preuve par écrit, qui devoit déterminer les Juges à admettre la preuve testimoniale qu'elle offroit, & d'où (selon elle) résultoit le défaut de présence du propre Curé, qui formoit, disoit-elle, une nullité absolue dans son Mariage.

Duchemin, son mari, soutenoit cette preuve inadmissible ; & elle fut en effet rejettée par Sentence de l'Officialité de Paris, du

21 Juin 1730. Y ayant eu appel comme d'abus, tant du Mariage que de la Sentence de l'Officialité, M. l'Avocat Général Gilbert, qui porta la parole dans cette affaire, fit voir que l'Edit de 1697 concernoit les enfans de famille, qui ne pouvoient jamais se soustraire au domicile de leurs pere & mere, & à leur autorité ; mais qu'à l'égard des majeurs, il en étoit autrement ; qu'ils étoient les maîtres de se choisir un domicile ; qu'ils pouvoient en avoir plusieurs ; que celui de la Duclos, au temps de son Mariage, étoit prouvé par son contrat de Mariage & par l'acte de célébration, où quatre témoins avoient certifié le même domicile ; qu'ainsi il falloit le regarder comme le seul qu'elle eût alors, indépendamment des baux à loyer d'autres maisons qu'elle pouvoit avoir sur d'autres Paroisses.

Par Arrêt du 20 Juillet 1731, il fut dit *qu'il n'y avoit abus* ; ainsi ce Mariage a été confirmé, nonobstant le commencement de preuve par écrit d'un autre domicile ; & la Cour n'a pas jugé à propos d'admettre la preuve testimoniale pour completter cette preuve contre un acte rédigé juridiquement à la face des Autels, en présence de témoins, par un Curé auquel la Loi donne, pour ces sortes d'actes, la qualité d'Officier public. Deux autres Arrêts avoient aussi rejetté les offres de faire de semblables preuves quelques années auparavant.

Dans l'espéce du premier, rendu le 6 Mars 1703, sur les Conclusions de M. l'Avocat Général le Nain, le contrat de Mariage & l'acte de célébration se trouvoient contradictoires sur le fait du domicile ; & cette contradiction sembloit devoir donner lieu à la preuve testimoniale : mais M. l'Avocat Général fit voir que dans le doute, lorsqu'il s'agissoit d'un Mariage contracté entre majeurs, on devoit toujours pancher pour la validité de l'acte de célébration, & que l'énonciation qui se trouvoit dans celui de l'espéce, devoit l'emporter. Ces principes furent adoptés & consacrés par l'Arrêt.

Le second fut rendu le 30 Avril 1723, sur les Conclusions de M. d'Aguesseau, Avocat Général. Par cet Arrêt la Cour a déclaré abusives deux Sentences de l'Officialité d'Arras ; la premiere desquelles avoit admis la preuve par témoins, dans une demande en nullité d'un Mariage, sous prétexte du défaut de présence du propre Curé ; & la seconde avoit déclaré le Mariage nul, en conséquence de la preuve résultante de l'Enquête. Le motif qui détermina la Cour dans cette espéce, c'est que nos Ordonnances rejettent la preuve testimoniale dans les questions d'état : on sent d'ailleurs les inconvéniens & les désordres qui naîtroient de cette preuve, si elle étoit admise ; cependant voyez *Etat*.

Le sieur Samson, originaire du Mans, (& sorti d'une famille noble, qui a toujours eu son habitation au Château de Milon,) s'étant marié à Diest en Brabant, en qualité d'Officier, avec une Comédienne, nommée le Grand, sans faire publier de bans dans son domicile d'origine, son Mariage fut attaqué par le Lieutenant Général du Mans, & autres Collatéraux, qui soutinrent que ce Mariage étoit abusif, parce qu'il n'avoit point été célébré par le propre Curé des Parties.

M. l'Avocat Général Chauvelin, qui porta la parole dans cette affaire, examina la Cause sous trois points de vûe différens : le premier, le sieur Samson étoit-il un fils de famille ? le second, étoit-il Officier ? le troisiéme, étoit-il Comédien ?

A l'égard du premier, M. l'Avocat Général fit voir que le sieur Samson étoit un fils de famille, qui avoit un domicile d'origine, & qui n'avoit pû en acquérir un à Diest par l'espace d'un an de résidence ; qu'ainsi pour se marier valablement, il avoit dû faire publier des bans à son domicile d'origine, & obtenir du Curé de ce domicile, la permission de se marier ailleurs.

Sur le second point de vûe, M. l'Avocat Général a dit, que, supposé que le sieur Samson eût la qualité d'Officier (militaire), qu'il avoit prise par son contrat de Mariage, cette profession, qui l'obligeoit à suivre les Troupes, ne permettoit pas qu'il pût acquérir un domicile ; qu'ainsi il falloit encore en ce cas remonter au domicile d'origine, y publier des bans, &c. ce que n'avoit pas fait le sieur Samson.

Qu'enfin la qualité de Comédien qu'on donnoit au Sr Samson, n'étoit point prou-vée, & qu'on avoit tort de prétendre qu'un Comédien ne dût point avoir de domicile ; qu'il n'en étoit dispensé par aucune Loi ; qu'au contraire, étant Sujet du Roi, il devoit, comme les autres Sujets, se conformer aux Loix du Royaume ; & que la distinction des Comédiens de Province avec les Comédiens de Paris étoit une imagination. Sur ces raisons, la Cour se détermina à déclarer abusif le Mariage du Sr Samson, par Arrêt du Jeudi 19 Juillet 1731, plaidans Me Cochin pour les Appellans comme d'abus, & Me Normant pour la veuve & un fils sorti du Mariage.

Voici un Arrêt plus moderne rendu dans une espéce singuliere.

Philippe Belarbre, femme de Pierre Guilly, Ouvrier à Metz, quitta son mari en 1742, pour suivre le sieur de la Vacquerie de Bachivillers, Capitaine au Régiment du Roi, qui, après l'avoir laissée à Besançon pendant la guerre de Bohême, l'amena à sa Terre de Bachivillers, près de Gisors, où elle fut déclarée être sa femme, quoiqu'ils ne fussent pas mariés. Le sieur de Bachivillers & Philippe Belarbre, ayant appris que Guilly étoit mort à Metz le 3 Novembre 1745, vinrent à Paris, où ils passerent un contrat de Mariage, dans lequel Philippe Belarbre prit la qualité de fille majeure.

Après la signature du contrat, ils s'adresserent à l'Archevêque de Rouen, dans le Diocèse duquel est la Terre de Bachivillers, & obtinrent le 22 Décembre 1745, une dispense adressée au Curé de Saint André de Pontoise, portant permission de les marier, nonobstant le défaut de publication de bans, s'il n'y avoit point d'autres empêchemens canoniques, à la charge d'observer les dispositions du Concile de Trente.

Le Mariage ayant été célébré, il fut attaqué par la voie de l'appel comme d'abus, par un frere du sieur de Bachivillers, après sa mort ; & postérieurement il interjetta aussi appel comme d'abus de la dispense de l'Archevêque de Rouen.

Les moyens d'abus étoient, que Philippe Belarbre s'étoit dite fille majeure, & qu'elle avoit tû sa qualité de veuve à l'Archevêque de Rouen. Si elle s'étoit qualifiée veuve, &

avoit repréfenté l'extrait mortuaire de fon mari, on auroit vû que depuis le 3 Novembre elle n'avoit pas fait une réfidence affez longue à Bachivillers pour y acquérir un domicile à l'effet du Mariage, elle ne pouvoit avoir d'autre domicile que celui de fon mari, (Guilly) tant qu'il vivoit. Une femme mariée, lui difoit-on, ne peut pas même acquérir un domicile de fait autre que celui de fon mari, parce que toute autre demeure lui eft interdite par la Loi naturelle & par la Loi civile; il auroit donc fallu le concours des deux Curés, ou les difpenfes des Evêques de Metz & de Rouen.

Philippe Belarbre fe défendoit par des fins de non-recevoir: elle difoit qu'elle avoit été reconnue pour femme du fieur Bachivillers par fon frere, appellant, dans différentes lettres; elle difoit d'ailleurs qu'un collatéral ne pouvoit pas appeler comme d'abus du Mariage de fon frere, fur lequel il n'avoit aucune autorité.

Le frere répondoit que le moyen d'abus réfultant du défaut de concours des Curés, étoit abfolu, & pouvoit fe propofer par des collatéraux; il ajoutoit que la reconnoiffance d'un Mariage n'étoit confidérable, que quand elle étoit émanée de celui qui pouvoit s'en plaindre pendant la vie des conjoints; & par Arrêt rendu en la Grand-Chambre le premier Février 1755, fur les Conclufions de M. l'Avocat Général Bochard de Sarron, le Mariage a été déclaré abufif, avec défenfes à Philippe Belarbre de prendre la qualité de veuve, &c.

La reconnoiffance qu'avoit faite le fieur de la Vacquerie du Mariage de fon frere, n'étoit pas poftérieure au décès, & c'eft une circonftance qu'il ne faut pas omettre: car l'approbation donnée par des collatéraux, après le décès de leur parent, au mariage qu'il a contracté, opere une fin de non-recevoir infurmontable; parce que ceux qui donnent cette approbation ayant alors le droit d'examiner le Mariage (s'il s'agit de moyens d'abus abfolus) il leur eft libre de le reconnoître ou de ne pas le reconnoître; & après l'avoir reconnu, il ne doit pas leur être libre de varier.

C'eft ce qui fut établi par M. l'Avocat Général le Nain, qui portoit la parole dans une Caufe qui fut jugée le premier Août

1707; ce Magiftrat fe détermina néantmoins alors en faveur des collatéraux, appellans comme d'abus; mais il ne prit ce parti, que parce qu'on ne leur oppofoit que des reconnoiffances antérieures au décès, par conféquent faites dans un temps où ils n'avoient pas droit, ni d'examiner, ni d'attaquer le Mariage.

Ces maximes viennent d'être affermies par un Arrêt rendu en la Grand'Chambre, fur les Conclufions de M. l'Avocat Général Seguier, le 26 Janvier 1756. Dans cette efpéce, Pierre-Ifaac Picot, qui faifoit la profeffion de Matelot, avoit époufé Efther Martin, (Angloife) dans l'Ifle de Guernefey en 1747. Il étoit originaire d'Abbeville, mais domicilié à Dunkerque lors de fon mariage, dans lequel on avoit omis des formalités effentielles.

Ce Mariage avoit été approuvé par le frere de Picot avant & après fon décès; mais les enfans qui en étoient fortis étant morts, le frere de Picot changea d'idée & de volonté; il interjetta appel comme d'abus du Mariage. La veuve, qui s'étoit depuis remariée, & qui demandoit la fucceffion mobiliaire de fes enfans, l'y foutint non-recevable, parce qu'il avoit reconnu & approuvé le Mariage depuis la mort de fon frere; & cette fin de non-recevoir fut admife par l'Arrêt.

On trouve à la fuite du Texte de la Coutume de Normandie, imprimé à Rouen en 1753, un Arrêt rendu au Parlement de Rouen le 9 Juillet 1750, entre le fieur de la Marre, de Chenevarin, Picquefeu, Dutot & Tamponneau, qui a jugé que » lorfqu'un » pere a fçu le Mariage de fon fils, & l'a » laiffé mourir en poffeffion de fon état fans » s'en plaindre, les autres fils ne font pas » recevables à troubler l'état des enfans de » leur frere, en attaquant fon Mariage, en- » core bien qu'il renferme des moyens d'a- » bus abfolus; parce que, dès que le pere a » fçu le Mariage, & ne s'en eft pas plaint, » le tombeau du fils doit être le terme de » la vengeance du pere « Voy. l'Arrêt de Macquerel, que je rapporte au mot *Exhérédation*.

L'Ordonnance de Henri II, du mois de Février 1556, veut que les enfans de famille qui fe marient fans le confentement de leurs pere & mere (*a*), puiffent être exhérédés ; & elle permet même aux pere & mere de révoquer les donations antérieures. Néantmoins, par une difpofition poftérieure, elle affranchit de la peine de l'exhérédation les fils âgés de plus de 30 ans, & les filles âgées de plus de 25, qui ont requis l'avis de leurs pere & mere par des fommations refpec-tueufes. Voy. *Sommations refpectueufes.* Voy. auffi l'Ordonnance d'Orléans, article 111; celle de Blois, article 40 & fuivans; l'Edit de 1606, article 12 ; & la Déclaration du 26 Novembre 1639.

L'Edit du mois de Mars 1697, dont j'ai déja parlé, porte, *ajoutant à l'Ordonnance de 1556, & à l'article 2 de celle de 1639; permettons aux peres & meres, d'exhéréder leurs filles-veuves, même majeures de vingt-cinq ans, lefquelles fe marieront fans avoir requis par écrit leur avis & confeil.*

Déclarons lefdites veuves, & les fils & filles majeurs, même de vingt-cinq & trente ans, lefquels demeurans actuellement avec leurs pere & mere, contractent à leur infçu des Mariages, comme Habitans d'une autre Paroiffe, fous prétexte de quelque logement qu'ils y ont pris peu de temps auparavant leur Mariage, privés & déchus, par leur feul fait, enfemble les enfans qui en naîtront, des fucceffions de leurfdits pere & mere, ayeuls & ayeules, & de tous autres avantages qui pourroient leur être acquis, en quelque maniere que ce puiffe être, même du droit de légitime.

Cette difpofition de l'Edit de 1697, ne s'obferve point en rigueur; en effet, l'exhérédation des enfans n'eft point encourue par le feul fait du Mariage de ceux qui n'ont pas obtenu ou requis les confentemens de leurs pere & mere: il faut qu'elle foit prononcée dans la forme prefcrite, autrement les enfans qui ont contracté de femblables Mariages, fuccédent comme les autres.

Suivant l'ancienne Jurifprudence atteftée par M. l'Avocat Général Bignon, en portant la parole, lors de l'Arrêt du 15 Mars 1664, qu'on trouve au Journal des Audiences, tom. 2, liv. 6, chap. 20, un fils qui avoit pere & mere, ne pouvoit contracter Mariage fans leur confentement, avant l'âge de trente ans. Mais actuellement on ne déclare pas nuls les mariages contractés par des garçons majeurs de vingt-cinq ans, fans le confentement de leurs pere & mere. Ces Mariages peuvent feulement donner lieu à l'exhérédation. Les fommations refpectueufes n'en affranchiffent pas: Secùs, des filles.

Ces maximes (fur lefquelles on peut confulter les Loix Eccléfiaftiques, part. 2, chap. 5 du Mariage, art. 2, n°. 73, & l'Arrêt du 12 Février 1718, qu'on trouve au feptiéme volume du Journal des Audiences,) ont été plaidées comme certaines, par M. l'Avocat Général Seguier, le Samedi 23 Juin 1759, dans une affaire où il s'agiffoit de fçavoir, fi un fils âgé de vingt-fept ans, pouvoit, nonobftant l'oppofition de fon pere, dont il demandoit main-levée, contracter valablement un Mariage défagréable à fon pere & à fa mere.

M. l'Avocat Général a obfervé que dans la thèfe générale, le fils pouvoit demander main-levée; mais, par des circonftances particulieres, la Cour, par Arrêt dudit jour 23 Juin 1750, conforme aux Conclufions de M. Seguier, s'eft déterminée à rejetter la demande du fils.

Dans cette efpéce, il s'agiffoit du Mariage du fils d'un Bourgeois du Mans, avec la fille d'un autre Bourgeois. L'oncle de la fille avoit excédé de coups le pere du garçon, pour le forcer à confentir au Mariage. La famille de la fille avoit d'ailleurs été flétrie par quelques Jugemens, & il paroiffoit qu'il y avoit féduction du fils, commencée, lorfqu'il n'étoit encore âgé que de dix-fept ans.

Mais, par autre Arrêt rendu le Mercredi 12 Décembre 1759, fur les Conclufions du même M. Seguier, la Cour a confirmé une Sentence du Bailliage de Riom, qui prononçoit la main-levée de l'oppofition formée par une mere, au Mariage de fon fils, âgé de vingt-neuf ans, avec une fille de condition égale à celle de ce fils.

Le Lundi 6 Septembre 1762, la Cour a jugé valable le Mariage contracté par le fieur

(*a*) Le Clergé de France, affemblé en 1635, a déclaré » ces la Coutume de France ne permet pas que les Prin-» ces du Sang, & particuliérement les plus proches, & qui » font préfomptifs héritiers de la Couronne, fe marient » fans le confentement du Roi, beaucoup moins contre » fa volonté & fa défenfe, que tels Mariages ainfi faits, » font illégitimes, invalides & nuls........ « C'eft une exception à la régle.

Gois, étant âgé de vingt-huit ans & demi, à l'infçu de ſes pere & mere ; le pere étoit mort ſans apprendre ce Mariage ; la mere qui en avoit été inſtruite depuis, en avoit appellé comme d'abus ; mais la Cour a jugé qu'il n'y avoit abus.

Il paroît que la Juriſprudence du Parlement de Touloufe n'eſt pas ſemblable ; car, par Arrêt rendu le 15 Janvier 1748, en faveur de Marie la Coſte, contre Alexis Peiruſſe ſon fils, demeurant au lieu de Maſſeuve, il a jugé qu'un fils majeur de vingt-cinq ans, mais mineur de trente, qui avoit requis le conſentement de ſa mere par trois ſommations reſpectueuſes, (le pere étoit mort) ne pouvoit contracter Mariage, malgré l'oppoſition de ſa mere.

Le fils prétendoit obtenir main-levée, & ſoutenoit que ſa mere pouvoit ſeulement le deshériter ; mais l'oppoſition de la mere a été jugée valable, encore bien que le Mariage fût devenu néceſſaire pour la conſcience du fils.

La Juriſprudence des Arrêts n'admet pas les collatéraux à propoſer le mépris de l'autorité paternelle, pour faire annuller le Mariage des enfans : ce mépris eſt cependant un moyen d'abus contre le Mariage des enfans mâles qui n'ont pas encore atteint l'âge de vingt-cinq ans ; mais ce moyen d'abus n'étant relatif qu'aux pere & mere non conſultés, eux ſeuls peuvent le propoſer ; les collatéraux ne le peuvent que par la voie d'exception.

Mais lorſqu'il s'agit d'un moyen d'abus abſolu, ſi, par exemple, l'acte de célébration de Mariage n'étoit pas inſcrit ſur le Regiſtre Public ; ou ſi y étant inſcrit, il n'y avoit pas eu de témoins ; ou bien enfin, ſi le Mariage avoit été célébré par un Curé étranger, qui n'en avoit point le pouvoir : alors, comme il n'eſt permis à perſonne de déroger à des droits ſi ſacrés & ſi publics, ces moyens d'abus pourroient être propoſés par des collatéraux. Rien n'eſt plus certain que cette maxime ; elle eſt conſacrée par une foule d'Arrêts récens : j'en citerai trois entr'autres.

Le premier a été rendu le 22 Juil. 1733, j'en ai rapporté l'eſpéce plus haut ; &, par cet Arrêt, le Mariage de Barthelemi Tourton (majeur de cinquante ans) avec la veuve d'Adrien Wable, a été déclaré abuſif à cauſe du défaut de conſentement du propre Curé du domicile du ſieur Tourton ; l'appel comme d'abus étoit interjetté par ſes collatéraux.

Le ſecond, rendu il y a quelques années, a déclaré nul le Mariage du Comte de Hautefort, avec la Dame de Belingen de Kerbabu ; parce que l'acte de célébration étoit écrit ſur une feuille volante : le Mariage avoit été attaqué par le Marquis de Hautefort, neveu & héritier du Comte.

Le troiſiéme eſt du premier Février 1755, pour le Mariage du ſieur de la Vacquerie de Bachivillers, dont j'ai ci-devant rapporté l'eſpéce.

Les Ordonnances défendent auſſi aux mineurs de ſe marier, ſans le conſentement exprès & par écrit d'un tuteur ou curateur ad hoc. Un tuteur, qui n'eſt pas ſpécialement autoriſé (par un avis de parens homologué) à donner ce conſentement, ne pourroit pas ſeul y conſentir ; parce que l'article 43 de l'Ordonnance de Blois veut que, quand il s'agit des Mariages des mineurs, les parens, tant paternels que maternels, ſoient conſultés, donnent leur avis, à peine de punition exemplaire du tuteur qui enfreint ſes diſpoſitions. Voyez ſur cela l'article 5 de la Déclaration du 15 Décembre 1721, & l'article 12 de celle du premier Février 1743, pour le Mariage des mineurs qui ont des tuteurs en France & en Amérique.

Ainſi, ſoit que le mineur ait un tuteur ou non, il faut que les autres parens, les plus proches, conſentent à ſon Mariage, à moins qu'il n'ait encore ou ſon pere ou ſa mere (a), dont le ſeul conſentement ſuffit.

Mais s'il n'a ni pere ni mere, & qu'un ſeul des parens s'oppoſe à ſon Mariage, il ne peut y procéder qu'après l'avis des parens du mineur, aſſemblés devant le Juge ordinaire. La Cour l'a ainſi jugé par Arrêt rendu ſur les Concluſions de M. l'Avo-

---

(a) Le Samedi 30 Août 1760, la Cour a prononcé la main-levée d'une oppoſition formée par une mere au Mariage de ſon fils âgé de 23 ans avec une fille de 38 ; il y avoit cette circonſtance que toute la famille du fils agréoit le Mariage, & que la mere ſeule s'y oppoſoit. Son oppoſi- tion auroit eu du poids dans la théſe générale ; mais elle étoit remariée, & s'étoit dérangée de maniere qu'on avoit été obligé de la faire enfermer. Voyez ci-devant ce que je rapporte d'une Déclaration du 8 Mars 1704, dans une note ſur l'Edit de 1697, au préſent article.

cat Général Gilbert de Voifins, le 9 Avril 1731, dans l'affaire du fieur Romagné, domicilié dans le reffort de la Pairie de Mayenne.

Antoine Recoral & Catherine Vigier, s'étant mariés dans une Paroiffe étrangere, avec permiffion de l'Archevêque de Lyon, & une difpenfe de la publication des trois bans, leur Mariage fut attaqué par la voie d'appel comme d'abus, par les héritiers de Catherine Vigier. Ils difoient que l'Archevêque de Lyon n'avoit pu accorder une femblable difpenfe, & citoient l'article 40 de l'Ordonnance de Blois; ils ajoutoient que Catherine Vigier, qui étoit mineure, s'étoit mariée fans l'affiftance d'un tuteur. On convenoit cependant qu'elle avoit provoqué un avis de fes parens; mais ils s'étoient oppofés à fon Mariage. Recoral fe défendoit par une fin de non-recevoir, & difoit que, par des actes paffés entre lui & la famille de fa femme, il avoit pris la qualité de mari de Catherine Vigier; il y avoit d'ailleurs un enfant du Mariage. Par Arrêt du 27 Février 1680, il fut dit *qu'il n'y avoit abus.*

Indépendamment de tout ce que j'ai déja dit être néceffaire pour la validité des Mariages, les Canons reçus dans le Royaume, & les Ordonnances de nos Rois, admettent deux obftacles au Mariage, dont les effets font différens.

On nomme les uns empêchemens empêchans; ceux-là rendent le Mariage illicite, mais ne l'annullent pas : telles font les fiançailles contractées avec une autre perfonne que celle qu'on époufe, le vœu fimple de chafteté, &c. fur quoi on peut voir les Cas de Confcience de Ste Beuve & Pontas.

Les autres font nommés empêchemens dirimans : ceux-ci rendent le Mariage nul, & empêchent qu'il n'ait fon effet. On en compte quatorze de cette efpéce, & qui naiffent, 1°. de l'erreur; 2°. de la condition; 3°. du vœu folemnel de chafteté; 4°. de la parenté; 5°. du crime; 6°. de la différence de Religion; 7°. de la violence; 8°. des Ordres; 9°. d'un Mariage précédent; 10°. de l'honnêteté publique; 11°. de l'alliance; 12°. de l'impuiffance; 13°. du rapt; 14°. de la clandeftinité.

Il y a empêchement d'*erreur*, lorfqu'on époufe une perfonne, croyant en époufer une autre; par exemple, lorfqu'il y a une fraude femblable à celle que Laban fit à Jacob, en lui faifant époufer fa fille aînée, au lieu de la cadette.

Ainfi, fi l'intention de Pierre eft d'époufer Therefe, & qu'on le trompe en lui faifant donner fon confentement à Catherine, qu'il croit être Therefe, le Mariage fera nul; parce que cette erreur empêche la vérité du confentement, fans lequel il ne peut y avoir de vrai Mariage.

Mais il n'y a point de nullité, quand l'erreur tombe fur les qualités & fur la fortune de la perfonne qu'on époufe.

Par exemple, Pierre, qui croyoit époufer une perfonne riche & noble, s'apperçoit, après fon Mariage, qu'il n'a époufé qu'une Roturiere indigente : fon Mariage eft néantmoins valable, s'il n'a d'autres moyens à propofer qu'une femblable *erreur.*

C'eft ce que la Cour a jugé par Arrêt rendu fur les Conclufions de M. l'Avocat Général de Lamoignon, le 3 Février 1723, en déclarant la demoifelle de Jean de Launac non-recevable dans l'appel comme d'abus, qu'elle avoit interjetté de fon Mariage avec un Particulier, qui, par le fecours d'un Extrait-Baptiftaire, jugé faux par un Arrêt rendu par contumace, s'étoit fait paffer pour ce qu'il n'étoit pas.

Le curateur d'une mineure née de ce Mariage, le foutint valable. » Il n'y a erreur de » perfonne, difoit-il, que quand il y a fuppofition d'un individu à la place de l'autre..... & dans le fait la demoifelle de Launac a connu & entendu époufer l'individu » qu'elle a réellement époufé; il eft tel qu'il » s'eft toujours préfenté à elle, &c.

Ces moyens regardoient le fond de l'appel comme d'abus; mais on oppofoit auffi des fins de non-recevoir à la demoifelle de Launac, réfultantes des actes approbatifs de fon Mariage; & la Cour fe détermina d'abord par les fins de non-recevoir. Depuis elle prit des Lettres de Refcifion contre ces actes, & elle fe pourvut par requête civile contre l'Arrêt; la dame de Couferans, fa mere, y forma une tierce-oppofition, & interjetta auffi un appel comme d'abus du Mariage de fa fille; mais il fut de nouveau confirmé par Arrêt rendu en l'année 1726.

La nullité qui réfulte de la *condition*, eft
celle

celle qui naît du Mariage d'une personne libre, avec une esclave qu'on croyoit également libre. La raison de cette nullité est que, par l'esclavage, une personne est absolument sous la puissance de son Patron, & que par conséquent elle n'est pas libre de passer sous la puissance d'un autre.

Les Serfs ou Gens main-mortables, sur lesquels quelques-unes de nos Coutumes donnent à certains Seigneurs des droits très-onéreux (a), (V. *Main-morte*,) ne sont pas obligés de rapporter le consentement du Seigneur, pour se marier valablement, & l'empêchement de *condition* n'a pas lieu à leur égard; on peut même dire en général, que cet empêchement n'a pas lieu en France, puisqu'on n'y connoît point d'esclaves, & qu'il suffit d'y aborder pour recouvrer la liberté; mais il a lieu dans nos Colonies, où le Code noir permet aux Habitans d'avoir des esclaves. V. *Negres*.

La condamnation par contumace à des peines emportant mort civile, met-elle obstacle au Mariage? V. *Mort civile & Appel*.

Le *Vœu solemnel de chasteté* rend le Mariage nul, quand il a été célébré après la prononciation des Vœux, parce qu'on les regarde comme un Mariage spirituel qui lie à J. C. ceux qui les ont faits.

Cependant, quand les Vœux solemnels sont déclarés nuls, ou lorsque les Religieux & Religieuses en sont authentiquement relevés, ils peuvent se marier; mais ils ne le peuvent pas, sous prétexte qu'ils ont reclamé & obtenu des Rescrits. Le Parlement de Paris a sur cela rendu un Arrêt de Réglement, le 9 Juillet 1668, qu'on trouve dans les Mémoires du Clergé: en voici les dispositions.

La Cour fait.....*défenses à toutes personnes de contracter Mariage à l'avenir avec des personnes qui auront fait des Vœux, & obtenu des Rescrits pour les déclarer nuls, qu'auparavant lesdits Rescrits n'ayent été enthérinés, à peine de la vie contre l'un & l'autre des Contrevenans.*

Lorsque Genevieve Mansion, veuve du sieur Pierre Panneverre, mort en 1743, & qu'elle avoit épousé en 1724, demanda l'exécution de son contrat de Mariage contre le sieur Philibert Panneverre de Rochette, frere de son mari, ce frere la soutint non-recevable au moyen de la Profession Religieuse dans l'Ordre des Cordeliers, faite par Pierre de Panneverre, à Riom le 6 Août 1691.

Cette exception détermina M. le Procureur Général à appeller comme d'abus du Mariage, comme contracté par un Moine apostat; & de son côté, Genevieve Mansion appella incidemment, comme & en tant que de besoin, des prétendus actes de Noviciat & de Profession.

Il y avoit cette circonstance dans les deux actes, que l'acte de vêture donnoit au Novice le nom de Pierre de Panneverre, fils de Pierre Panneverre de la Rochette, & que l'acte de Profession le nommoit *Petrus de la Rochette*, sans indiquer les noms des pere & mere du Profès. Ce dernier acte étoit signé Pierre de la Rochette, & la veuve disoit qu'il n'y avoit pas identité de personne; elle ajoutoit que, pendant son Mariage, son mari avoit été en relation de lettres avec sa famille.

Philibert Panneverre soutenoit l'identité de personne, & en apportoit pour preuve l'intitulé de l'acte de Profession délivré par le Supérieur des Cordeliers de Riom, portant *acte de la Profession du Frere Pierre de Panneverre de la Rochette*.

Par Arrêt rendu le Lundi 16 Mai 1746, sur les Conclusions de M. Gilbert de Voisins, la Cour a jugé qu'il n'y avoit point d'abus dans le Mariage, mais que la Profession étoit abusive.

Le Mariage entre *parens* en ligne directe ne peut jamais être valable, ou plutôt il ne peut jamais y avoir de Mariage entr'eux, à quelque dégré d'éloignement que soit la parenté; mais en ligne collatérale, il n'est défendu que jusqu'au quatriéme dégré inclusivement. Cette nullité a été établie pour empêcher les crimes que la familiarité qui se forme, dès la jeunesse, entre les parens des deux sexes, pourroit leur faire commettre plus aisément; s'ils espéroient pouvoir un jour se marier ensemble.

(a) Plusieurs Seigneurs, & singuliérement le Vidame d'Amiens, étoient autrefois en possession d'exiger une certaine somme des nouveaux Mariés pour la permission qu'ils leur accordoient de coucher ensemble; mais, par Arrêt du 19 Mai 1409, la Cour fit défenses à ce Vidame de plus rien exiger à l'avenir pour pareille cause.

Mais comme cette nullité n'eft, ni de Droit naturel , ni de Droit Divin , les premiers Pasteurs peuvent la lever par une dispense ; & cette dispense doit précéder la tradition des corps, qui sans elle n'est qu'un concubinage, que la seule ignorance peut exempter de crime. V. *Dispense* & *Légitimité*.

Je dis que l'empêchement de parenté au Mariage entre parens collatéraux, n'est pas de Droit Divin; & en effet, si Dieu l'eût trouvé mauvais, il auroit créé plusieurs hommes à la fois, dont les enfans n'eussent point été parens.

Abraham épousa Sara, sa cousine germaine; Isaac épousa Rebecca, sur laquelle il avoit le Germain; Jacob épousa Lia & Rachel (qui étoient sœurs) quoique Laban, leur pere, fût son oncle maternel; cependant, de tous ces Mariages sont issus des enfans bénis de Dieu.

Amram, pere de Moyse, avoit pour femme sa cousine-germaine paternelle: Moyse lui-même ordonna que les filles prissent famille en la famille de leur pere; & le texte porte que les filles qui se trouverent à marier, épouserent leurs cousins-germains.

Les parens de Samson lui demandoient s'il n'y avoit pas entre leurs niéces d'assez belles femmes pour lui, & il lui prit mal d'avoir méprisé leurs désirs.

Le Fils de Tobie fut conseillé par un Ange d'épouser Sara, fille de Raguel sa cousine-germaine: ainsi font encore les Juifs.

Aristote dit la même chose des Grecs, & ne restraint la défense qu'aux freres & sœurs. Tite-Live & Plutarque en disent autant des Romains; & Tacite assure que tels Mariages étoient communs chez toutes les Nations.

Justinien, Empereur Chrétien, rapporte en ses Pandectes l'opinion des Jurisconsultes Paul & Tribonien, qui étoient d'avis que les Mariages des enfans des freres étoient valables. Le même Empereur rapporte dans son Code une Ordonnance d'Arcadius & d'Honorius, qui nous assure que tels Mariages avoient toujours été permis. Le nouveau Testament ne les a pas défendus; & les Loix de l'Eglise, qui prohibent ces Mariages, ne sont pas pures & simples; mais elles veulent qu'ils ne puissent être célébrés sans dispense.

Jusqu'au sixiéme siécle, dit Boulainvilliers (Histoire de France, tom. 1, pag. 50) » les » Canons, pour les dégrés prohibés, n'é- » toient pas incommodes; ils se réduisoient » à la défense d'épouser les deux sœurs ou » les deux freres.

Le Concile d'Agde & le troisiéme Concile d'Orléans les étendirent à la niéce & à la tante, à la veuve du frere, à celle de l'oncle, à la sœur de la femme, & aux cousins-germains.

Depuis, le Mariage fut défendu entre parens, jusqu'au septiéme dégré : l'Eglise défendit même aux veuves d'épouser les parens de leurs défunts époux; c'est la doctrine des Décrétales de leur Glose, & des Capitulaires de Charlemagne.

Mais dans le douziéme siécle, sous Innocent III, au Concile de Latran, ces défenses ont été restraintes au quatriéme dégré, & les dégrés se comptent suivant le Droit Canon. V. *Dégrés de parenté*.

Les Protestans exhortent ceux qui professent leur doctrine, à éviter le Mariage entre cousins-germains; mais ce n'est point une Loi parmi eux, & ils regardent ces alliances comme indifférentes.

Il y a une autre *parenté* légale qui résulte de l'adoption, qui fait aussi naître des empêchemens au Mariage; mais comme l'adoption n'a pas lieu en France, même dans les Pays de Droit-Ecrit, je ne parlerai point de cette espéce d'empêchement.

Pour comprendre ce que c'est que la nullité qui résulte de l'*alliance*, qu'on nomme aussi *affinité*, & qui forme le cinquiéme empêchement, il faut sçavoir que, relativement au Mariage, il y a trois sortes d'alliances, qui sont :

1°. Celle qui se contracte par le Mariage.

2°. Celle qui se contracte par la fornication ou par l'adultere.

3°. L'alliance spirituelle qui se contracte par le Sacrement de Baptême.

L'empêchement de l'alliance contractée par le Mariage, consiste en ce qu'un mari est allié à tous les parens de sa femme, & la femme à tous les parens de son mari. Après la mort de l'un, l'autre ne peut se marier avec les parens du prédécédé, jusqu'au quatriéme dégré inclusivement, s'il n'y a dispense préalable.

L'empêchement qui résulte de l'alliance contractée par la fornication, fait qu'un homme, qui a eu un commerce criminel avec une fille, ne peut pas épouser la sœur de cette fille, & qu'il ne peut pas non plus épouser sa sœur naturelle, c'est-à-dire, la fille que son pere a eue d'un commerce illégitime.

L'alliance spirituelle contractée par le Baptême, fait que celui ou celle qui a baptisé l'enfant, ne peut jamais épouser, ni l'enfant, ni ses pere & mere. Le parrain & la maraine ne peuvent pas non plus épouser leurs filleuls & filleules, ni le pere ou la mere de ces enfans, sans dispense préalable.

Mais le parrain & la maraine ne contractent entr'eux aucune affinité ou parenté spirituelle; ils peuvent se marier ensemble sans dispense.

L'empêchement de *crime* naît de l'homicide & de l'adultere. L'homicide forme un empêchement dirimant, quand les deux personnes, qui veulent se marier, ont toutes deux conspiré la mort du prédécédé. » Une » veuve, par exemple, ne peut pas épouser » celui qui a tué son mari, si elle a participé » à sa mort; & en cas qu'elle l'épouse, son » Mariage est nul : mais si elle n'a point eu » de part à l'homicide, le Mariage est vala- » ble. « On doit raisonner de la même maniere de la femme par rapport au mari. *Loix Ecclésiastiques*, part. 2, ch. 5.

A l'égard de l'adultere commis par une personne mariée, avec promesse d'épouser son adultere, après le décès de la Partie innocente, quelques Auteurs ont cru qu'il ne formoit pas un empêchement dirimant; mais ils ont erré : les Peres & les Conciles de Tibur & d'Aix-la-Chapelle ont décidé que les personnes qui avoient ainsi vécu dans l'adultere, ne pouvoient se marier; & cette décision a été adoptée par le Droit Civil. Voyez ce qu'en disent Papinien, la Novelle 134, ch. 12; Godefroi & Mornac. V. aussi Basnage sur l'art. 235 de la Coutume de Normandie.

C'est aussi ce que la Cour a jugé par Arrêt rendu le 2 Mars 1719, sur les Conclu-sions de M. l'Avocat Général Gilbert de Voisins, en déclarant nul le Mariage du feu Comte de Blangelval avec Marie-Jeanne Menessier, qui avoit été sa concubine avant & pendant son premier Mariage, & qu'il avoit promis par écrit d'épouser, même avant la mort de sa femme.

Il a même été jugé par Arrêt rendu sur les Conclusions de M. l'Avocat Général Talon, le 24 Janvier 1726, qu'un Mariage est nul & abusif, quand il est contracté, après la mort d'une femme, entre son mari & une concubine avec laquelle il vivoit dans un commerce adultérin, sous promesse de Mariage, nonobstant un Bref de Pénitencerie obtenu à Rome, qui avoit permis aux coupables de se marier, malgré l'empêchement de crime qui subsistoit entr'eux, &c. L'espéce de cet Arrêt est rapportée avec beaucoup de détail dans la nouvelle édition *in-fol.* des Arrêts notables d'Augeard, tom. 2, n. 175.

» Si un homme contracte un Mariage, » pendant la vie de sa premiere femme, » avec une autre femme qui le sçait marié, » non-seulement le Mariage est nul, mais » encore cet homme ne peut, après la mort » de sa premiere femme, épouser valable- » ment celle avec laquelle il avoit contracté » un Mariage nul. Il en est de même de la » femme qui s'est mariée pendant la vie de » son mari; mais dans l'un & dans l'au- » tre cas, il faut que le Mariage nul ait » été consommé, pour former cet empêche- » ment dirimant. « *Loix Ecclésiastiques,* ibid.

Ces régles doivent-elles s'appliquer aux Mariages contractés par des Infidéles, & ces Mariages empêchent-ils ceux qui les ont contractés, d'en contracter de nouveaux, lorsqu'ils ont reçu le Baptême? La Cour l'a jugé pour l'affirmative, par un Arrêt du 2 Janvier 1758, dont je rapporte l'espéce à l'art. *Juif.*

L'empêchement tiré de la *diversité de Religion*, appellé en Latin, *Cultûs disparitas,* interdit le Mariage entre les Chrétiens & les Infidéles; il y a même un Edit du mois de Novembre 1680, qui défend aux Catholiques de contracter Mariage avec ceux de la Religion prétendue Réformée, & qui déclare ces Mariages non valablement contractés (a) ; mais, comme tous les François font actuellement réputés Catholiques, depuis la révocation de l'Edit de Nantes, on attaqueroit envain les Mariages de personnes soupçonnées de Protestantisme avec des Catholiques, si les formalités prescrites par les Loix de l'Eglise & de l'Etat avoient été remplies.

Ainsi, le Mariage d'un Chrétien avec une Infidéle est nul ; mais le changement de Religion de la part de l'un des conjoints, n'opère pas la dissolution de leur Mariage contracté suivant les Loix. V. l'Arrêt du 2 Janvier 1758, à l'art. *Juif.*

La *violence* est un empêchement dirimant au Mariage ; parce qu'il est de l'essence du Mariage qu'il soit contracté librement, & qu'il n'est rien de plus opposé à la liberté que la *violence.*

Il n'y a point de liberté, quand on agit par l'impression d'une crainte capable d'ébranler un esprit ferme & constant. Mais quel est le genre de crainte qui est capable de rompre les nœuds d'un engagement si solemnel ? C'est ce qu'il n'est pas toujours aisé de déterminer.

On ne regarde point comme une crainte de cette nature, celle que forme dans l'esprit des enfans le respect dû à leurs pere & mere, & que les Docteurs appellent crainte révérentielle. Par soumission pour son pere, une fille se détermine à un Mariage qui ne seroit pas de son goût, si elle se consultoit elle-même : cette soumission ne peut pas donner atteinte au Mariage : combien y en auroit-il qui seroient attaqués sous de tels prétextes ! On présume alors que c'est un effet de la sagesse des enfans d'avoir suivi les conseils éclairés de ceux à qui ils doi-

vent la naissance, & de les avoir préférés à leur propre inclination.

Ces maximes ont été consacrées par l'Arrêt de Rapaly. En effet, la dame Rapaly reclamoit contre son Mariage, parce qu'elle avoit, disoit-elle, été contrainte par sa mere & son beau-pere d'accepter la main du sieur Rapaly : elle s'étoit jettée à leurs pieds la veille du Mariage, pour les supplier de ne point exiger d'elle ce sacrifice ; & ils l'avoient menacée de l'enfermer dans un Couvent, si elle ne consentoit ; elle alléguoit encore la crainte d'un état de misere, auquel son beau-pere & sa mere la condamnoient, si elle résistoit ; enfin elle demandoit à prouver qu'à l'Eglise elle avoit répondu *non* au Prêtre qui lui avoit demandé son consentement ; & elle alléguoit que le Mariage n'étoit pas encore consommé, quoiqu'*elle eût couché environ quinze nuits* avec le sieur Rapaly. Tout cela fut impuissant : elle avoit signé le contrat de Mariage & l'acte de célébration ; elle étoit convenue, dans un interrogatoire, avoir joué de la basse de viole, le jour des accords. Les menaces qu'elle alléguoit, ne parurent pas de nature à opérer la violence que les Loix exigent pour annuller le Mariage ; il n'en fallut pas davantage pour déterminer l'Official de Paris à la débouter de sa demande à fin de faire preuve de ses faits.

Elle fut plus heureuse sur l'appel qu'elle interjetta à l'Officialité de la Primatie de Lyon. Cette preuve y fut admise ; mais le sieur Rapaly ayant appellé comme d'abus de cette derniere Sentence, Arrêt est intervenu sur les Conclusions de M. d'Aguesseau, Avocat Général, le 16 Décembre 1728, par lequel la Cour confirma le Ma-

---

(a) Il semble que la Loi pacifique de l'Evangile ne met point d'incompatibilité entre des personnes qui sont dans l'enceinte du Christianisme, bien qu'elles soient opposées en quelque point de doctrine : mais d'un autre côté, si le Mariage est une union d'esprits, aussi-bien que de cœurs, quelle liaison peut-il y avoir entre ceux que la Religion sépare, & qui different sur le point le plus essentiel ? Ils se regardent mutuellement comme des aveugles, & ils déplorent sans cesse l'égarement l'un de l'autre. S'ils ne s'aiment pas, qu'elle source de divisions ! S'ils s'aiment, quel péril pour celui qui marche dans le bon chemin ! Leur amour expose l'un à tomber dans le précipice où l'autre l'appelle.

Il y a des Docteurs qui soutiennent que le Pape ne peut pas donner de dispense pour de pareils Mariages ; d'autres estiment qu'un Mariage entre un Chrétien & une Infidéle, est valable quand il y a dispense ; parce que S. Paul a

dit, *cui vult nubat,* & que la distinction des personnes ne vient point de la Loi divine. Samson, Salomon, Roboam, &c. épouserent des filles étrangeres. Le commerce continuel des premiers Chrétiens avec les Payens diminuoit ce qu'il y a d'odieux dans leurs Mariages, qui passeroient aujourd'hui pour criminels dans l'esprit de ceux à qui l'extinction du Paganisme ne permet pas de faire réflexion que cette indulgence étoit nécessaire en ce temps-là.

Quoi qu'il en soit de ces diversités d'opinions, l'Histoire nous apprend que les Papes ont plusieurs fois accordé des dispenses ou permis aux Catholiques d'épouser des Hérétiques. Grégoire XIII valida tous les Mariages contractés & à contracter entre les nouveaux Chrétiens & les Infidéles des Isles du Japon. Urbain VII permit le Mariage de Charles Premier, Roi d'Angleterre, &c. Voyez la cent quarante-neuviéme Lettre du Cardinal d'Ossat, & les Cas de Conscience de Sainte-Beuve.

riage, en jugeant qu'il y avoit abus dans la Sentence de Lyon.

Mais encore une fois, quelle est la crainte qui est capable d'annuller un Mariage qu'on contracta forcément (a)? Les Auteurs répondent qu'il faut premiérement que ce soit la crainte d'un mal énorme; ensorte qu'en le comparant avec un Mariage détesté, on puisse penser qu'un esprit raisonnable se seroit déterminé à prendre le parti du Mariage, plutôt que d'éprouver un mal si terrible.

Secondement, que ce doit être la crainte d'un mal qui renferme quelqu'injustice; car si, en ne faisant point un Mariage, on n'étoit exposé qu'à souffrir ce qu'on a mérité, ou à ne point obtenir ce qui n'est point dû, ce ne seroit point une crainte capable de porter coup au Mariage.

Enfin, le dernier caractere de la crainte est, qu'elle doit être prouvée par des traits de violence, & non par des discours vagues: il faut des faits qui caractérisent la violence, sans quoi il n'est pas permis d'y déférer.

Un nommé Brossart de Bazinval, qui se trouvoit à peu près dans le cas de la dame Rapaly, a essuyé à peu près le même sort en 1715. Ce Particulier, qui prétendoit n'avoir épousé une veuve de la Porte, en 1700, que par crainte de l'exhérédation & des autres peines, dont son pere l'avoit, disoit-il, menacé, reclama contre son Mariage, environ quinze ans après y avoir consenti: il disoit qu'il n'avoit pas été consommé, & sa femme en convenoit. L'Official de Laon avoit admis la preuve; elle avoit été faite, & une Sentence jugeoit qu'il n'y avoit pas eu de Mariage.

La belle-mere du sieur de Bazinval (veuve de son pere), qui n'avoit aucun intérêt à cette affaire, ayant appellé comme d'abus de la Sentence définitive de l'Official de Laon, uniquement pour en donner connoissance à la Cour, Arrêt est intervenu le 7 Janvier 1716, par lequel l'appellante comme d'abus, a été déclarée non-recevable, avec amende & dépens; mais M. l'Avocat Général ayant fait voir, 1°. qu'il y avoit de la collusion dans la procédure faite à Laon; 2°. que Bazinval étoit non-recevable, quinze ans après son Mariage, d'en demander la nullité; & 3°. que la crainte articulée n'étoit pas capable d'ébranler un homme constant, & telle que les Loix l'exigent pour opérer l'empêchement de violence, la Cour a reçu M. le Procureur Général appellant comme d'abus de la Sentence de l'Official de Laon; & y faisant droit, déclara qu'il y avoit abus, & confirma le Mariage.

Ceux qui sont engagés dans les *Ordres sacrés*, ne peuvent se marier; l'obstacle à leur Mariage se nomme empêchement *de l'Ordre*.

Un Mariage en empêche un autre, c'est-à-dire, qu'une personne déja mariée ne peut contracter un nouveau Mariage, tant que le premier subsiste, & que la mort de l'un des époux n'est pas certaine; parce qu'il n'est point permis aux maris d'avoir deux femmes, ni aux femmes d'avoir deux maris; c'est ce qu'on nomme empêchement *de Lien*. V. *Absent*, *Bigame* & *Légitimation* (b).

Mais c'est un principe certain, que la bonne foi de l'un des conjoints, qui ignore les engagemens de l'autre, soutient l'état du Mariage.

Philippe-Auguste, qui répudia la fille du Roi de Dannemarck, pour épouser la fille du Duc de Moravie, eut des inquiétudes sur l'état des enfans qu'il eut de cette seconde femme. Il consulta sur cela le Pape Innocent III; & ce Pontife lui répondit que la bonne foi de la mere, à laquelle on avoit caché la premiere union, couvroit les défauts de la seconde; que cette bonne foi venoit au secours des enfans, pour assurer leur état & celui du Mariage. Cependant voyez l'Arrêt du 5 Septembre 1744,

---

(a) On distingue dans le Droit deux sortes de craintes; la crainte légere qui se rencontre dans l'esprit d'un homme timide, facile à effrayer, & la crainte grave qui peut épouvanter un homme ferme; telle est la crainte de la mort, de la servitude, des mauvais traitemens, des humiliations ignominieuses, & de la perte de son bien.

Lorsque dans un engagement tel que le Mariage, le consentement n'est donné que par un de ces motifs, il n'est pas réputé obligatoire, parce qu'il n'est pas donné librement.

(b) Le P. Lupus, dont les Ouvrages posthumes ont été imprimés à Bruxelles en 1690, dit cependant que Grégoire II permit à un homme, que les longues infirmités de sa femme privoient des droits du Mariage, d'en reprendre une autre, en fournissant à la premiere sa nourriture & des remédes.

& celui du 13 Juillet 1752, dont je parle à l'article *Légitimation.*

Le Jeudi 22 Février 1731, on a plaidé l'appel comme d'abus d'une Sentence rendue en l'Officialité de Poitiers, le 8 Février 1698, par laquelle un Mariage entre N...... & N...... avoit été déclaré nul; & en conséquence de quoi, chacune des deux Parties avoit contracté nouveau Mariage avec une autre personne.

Cet appel comme d'abus étoit interjetté par des parens collatéraux, héritiers de l'une des Parties, dont le Mariage étoit annullé, & ils avoient aussi appellé comme d'abus du second Mariage. Leur moyen étoit que la Sentence de Poitiers ne faisoit pas mention des conclusions des Parties, ni des motifs qui avoient déterminé l'Official.

Ils prouvoient au fond qu'il ne pouvoit y avoir eu de moyen de nullité dans la célébration du premier Mariage, dont ils rapportoient l'acte en bonne forme; il ne pouvoit pas non plus y avoir d'impuissance, puisque les deux personnes démariées avoient eu depuis des enfans; & il étoit évident que la Sentence de Poitiers étoit collusoire, au moyen de quoi l'empêchement du *Lien* résultant du premier Mariage, devoit, selon ces collatéraux, faire déclarer le second abusif.

On leur opposa qu'ils avoient perpétuellement reconnu le second Mariage, & qu'ils avoient eux-mêmes tenu sur les Fonts baptismaux les enfans dont ils attaquoient l'état. Ils avoient fait d'ailleurs de semblables reconnoissances par des actes de famille. Ces raisons déterminerent la Cour à déclarer ces collatéraux non-recevables dans leur appel comme d'abus. Ils étoient défendus par Me Manory, Me Julien de Prunay plaidoit pour les enfans; & l'Arrêt a été rendu en la Grand'Chambre, sur les Conclusions de M. l'Avocat Général Talon, le 22 Février 1731. Voyez sur l'empêchement de *Lien*, ce que je rapporte à l'article *Juif.*

L'honnêteté publique ne permet pas aux Fiancés d'épouser d'autres personnes sans dispense de l'Evêque, ou sans avoir fait prononcer par le Juge d'Eglise la nullité des engagemens qui résultent des fiançailles; mais comme elles ne lient que dans le for intérieur, elles n'opérent point une nullité qui puisse empêcher les effets du mariage.

Il n'en est pas de même de l'empêchement d'honnêteté publique, qui naît d'un Mariage contracté, mais non consommé. Il forme un empêchement dirimant qui s'étend jusqu'au quatriéme dégré de parenté.

L'Impuissance du mari ou de la femme rend le Mariage nul, quand elle subsistoit au temps de la célébration, & qu'elle met les époux hors d'état pour toujours de consommer le Mariage. Sur cet empêchement, voyez ce que j'ai dit au mot *Impuissance.*

La *clandestinité* des Mariages les rend nuls, quant aux effets civils seulement, s'ils ont d'ailleurs été célébrés dans les formes prescrites: tels sont les effets de l'*empêchement de clandestinité.* Voici comme s'explique sur cela l'article 5 de la Déclaration du 26 Novembre 1639, enregistrée le 19 Décembre suivant.

Désirant pourvoir à l'abus qui commence à s'introduire dans notre Royaume par ceux qui tiennent leurs Mariages secrets & cachés pendant leur vie ..... nous ordonnons que les majeurs contractent leurs Mariages publiquement & en face d'Eglise, avec les solemnités prescrites par l'Ordonnance de Blois; & déclarons les enfans qui naîtront de ces Mariages, que les Parties ont tenus ...... ou tiendront à l'avenir cachés pendant leur vie, qui ressentent plutôt la honte d'un concubinage, que la dignité d'un Mariage, incapables de toutes successions, aussi-bien que leur postérité.

Cette Loi veut, comme on voit, que tout Mariage soit public, & que tout Mariage qui ne l'a pas été, soit privé des effets civils: mais qu'entend-t-elle par Mariage public? C'est celui dont la célébration a été accompagnée des formalités prescrites par les Ordonnances, & qui a été suivi de la part des époux d'une profession publique de leur état.

La Loi n'exige pas néantmoins une demeure commune entre les époux, parce que mille circonstances peuvent rendre cette habitation onéreuse, & même impraticable; il suffit que le Mariage soit public & connu. La Cour l'a ainsi jugé dans l'affaire des sieur & dame d'Armaillé, par Arrêt du 19 Décembre 1738, dont on trouve l'espéce avec les Mémoires dans les Œuvres de Me Cochin.

La Déclaration de 1639 ne met au nombre des Mariages clandeſtins, que ceux qui ont été tenus *cachés* par les Parties *pendant leur vie*; ainſi un Mariage qui n'a été ſecret ou caché que pendant un temps, mais qui a été déclaré & rendu public avant la mort de l'un des époux, n'eſt pas ſujet aux peines prononcées contre les Mariages clandeſtins.

La Déclaration de 1639, qui déclare les enfans nés de Mariages cachés, incapables de ſuccéder, &c. ne parle pas des effets civils du Mariage, relativement aux époux; elle ne décide pas, par exemple, ſi la communauté a lieu entr'eux, ſi la veuve doit avoir ſon douaire, &c. mais la Jurisprudence des Arrêts a étendu ſes diſpoſitions aux époux; ainſi le Mariage tenu caché juſqu'à la mort de l'un d'eux, ne produit aucun effet civil entr'eux. Voyez quelques-uns de ces Arrêts rapportés par d'Héricourt, Loix Eccléſiaſtiques, liv. 2, chap. 5, art. 2, n°. 83.

Les diſpoſitions de la Déclaration de 1639 ſont ſuivies en Artois & autres Provinces qui n'appartenoient pas encore à la France, lorſqu'elle fut donnée, & où elle n'a pas été promulguée, parce que cette Loi eſt conforme au Droit commun; c'eſt ce que la Cour a jugé, par Arrêt rendu en la Grand'Chambre, le 29 Mars 1737, ſur les Concluſions de M. l'Avocat Général Gilbert, entre la dame de Wauſin, le ſieur ſon fils & la Barone d'Inkfort, plaidans Mes Cochin & Laverdy.

La Cour a auſſi jugé par cet Arrêt que la clandeſtinité d'un Mariage peut ſe prouver par témoins; & en effet, dans cette eſpèce la dame d'Inkfort articuloit que le Mariage des ſieur & dame Wauſin avoit été clandeſtin, elle offroit de le prouver, & la Cour a admis cette preuve.

L'empêchement *de rapt* interdit au raviſſeur d'épouſer la perſonne ravie ou ſéduite. Voyez ce que je dis ſur cela au mot *Rapt*.

Il y a un quinziéme empêchement dirimant qui réſulte de l'âge. En effet, les Mariages contractés par des impuberes, ſont abſolument nuls : mais ils peuvent être réhabilités. V. ſur cela un Arrêt célèbre du 28 Février 1672, rendu ſur les Concluſions de M. l'Avocat Général Bignon; il eſt au premier volume du Journal du Palais.

» Les Mariages auxquels il n'y a point » d'empêchement dirimant, ou pour leſquels » il y a eu diſpenſe légitime, & qui ont été » célébrés avec les ſolemnités preſcrites par » les Loix, ont leurs effets à tous égards, ſi » ce n'eſt en trois cas, dans leſquels ils ſont » valables quant au Sacrement, & nuls quant » aux effets civils.

» Le premier eſt lorſque le Mariage a été » tenu caché juſqu'à la mort de l'un des con- » joints.

» Le ſecond, lorſque quelqu'un à l'extré- » mité de ſa vie, & atteint d'une maladie » qui avoit trait à la mort, ou dans un âge » très-caduc, a épouſé une perſonne avec la- » quelle il a entretenu un mauvais commer- » ce; ce qui s'entend également de l'homme » & de la femme.

» Le troiſiéme eſt de ceux qui, après avoir » encouru la mort civile par des condamna- » tions qui emportent cette peine, viennent » à contracter Mariage, ce Sacrement ne » leur eſt point interdit; mais étant morts à » la Société, leur contrat civil n'a point » d'effet, à moins que le condamné ne ſe » faſſe relever, ou qu'après ſa mort, ſa veu- » ve ou héritiers ne ſoient en état de purger » ſa mémoire dans le temps. V. *Mort Ci- » vile.*

» Dans ces trois cas, les conventions ma- » trimoniales n'ont point d'effet; & les en- » fans iſſus de ces Mariages ſont réputés il- » légitimes, à l'effet de ne pouvoir ſuccéder » à leurs parens, ſauf à être pourvu à leurs » alimens ſur les biens de leurs pere & me- » re «. Analyſe du Droit François, liv. 1, ch. 3, n. 10.

Philippe Rouſſeau des Bordes, qui avoit vécu en mauvais commerce avec Louiſe-Charlotte Baſtriés le Brun, & en avoit eu un enfant, épouſa cette fille cinquante-deux jours avant qu'il mourût, & dans le temps qu'il étoit attaqué de pulmonie. La mere & le frere du ſieur des Bordes ayant ſoutenu que ce Mariage ne pouvoit produire aucun effet civil, il s'eſt agi de ſçavoir s'il devoit être conſidéré comme contracté *in extremis*. Sur cela la Cour, par un premier Arrêt interlocutoire, a admis la preuve des faits de pulmonie & de maladie de langueur, dont la mere & le frere du ſieur des Bordes ſoutenoient qu'il étoit attaqué au temps de ſon

Mariage ; & cette preuve ayant été faite, un second Arrêt rendu en la Grand'Chambre, au rapport de M. de Vienne, le 14 Juin 1728, a déclaré la demoiselle le Brun *indigne & incapable de tous les effets civils qu'elle auroit pû prétendre sur les biens de la succession dudit Philippe Rousseau, tant en vertu du Contrat de Mariage passé entr'eux, que comme héritiere mobiliaire de défunte Marie Julie Rousseau leur fille, dépens compensés* : cet Arrêt infirme la Sentence du Châtelet qui avoit accordé les droits viduels à la demoiselle le Brun, &c.

Le sieur Dejean, vivant en mauvais commerce avec une demoiselle, dont il avoit eu un enfant mâle en 1713, épousa publiquement cette même demoiselle en 1718, le 29 Mai, après avoir observé les formalités prescrites.

Neuf jours après ce Mariage, la dame Dejean accoucha, l'enfant fut baptisé publiquement comme légitime, & la mere, qui mourut dix-sept jours après, fut enterrée comme femme du sieur Dejean.

Le sieur Dejean en passant à de secondes nôces, ne parla pas des premieres : cependant elles n'étoient pas inconnues à sa nouvelle épouse, puisque les deux enfans du premier lit étoient élevés comme légitimes. S'étant agi de les faire émanciper ; la dame Dejean se fit autoriser par Justice, & imagina de demander que le premier Mariage de son mari fût déclaré contracté *in extremis*, & qu'en conséquence les enfans qui en étoient nés, fussent déclarés incapables d'aucuns effets civils.

Les enfans soutinrent la dame Dejean non-recevable, & Sentence intervint au Châtelet, qui leur ordonna de défendre au fond : mais sur l'appel, Arrêt est intervenu en la Grand'Chambre le 7 Mars 1735, sur les Conclusions de M. l'Avocat Général Gilbert, plaidans Mes Aubry & Normant, par lequel la dame Dejean fut, *quant à présent*, déclarée non-recevable. On fut scandalisé de voir une femme allumer une guerre domestique en élevant une contestation qui pouvoit n'avoir point d'objet réel. Il est arrivé, en effet, qu'il n'est point resté d'enfans à la dame Dejean.

La célébration des Mariages ne peut se prouver que par des extraits des Registres en bonne forme, qui doivent se tenir dans toutes les Paroisses du Royaume. La forme dans laquelle ces registres doivent être tenus, est prescrite par les art. 7, 8, 9 & 10 de l'Ordonnance de 1667, & par une Déclaration du 9 Avril 1736. Le Mariage seroit nul & ne produiroit aucun effet civil, s'il n'étoit pas inscrit sur ces Registres ; la Cour l'a ainsi jugé dans l'affaire de la demoiselle Kerbabu, dont le Mariage avec le Comte de Hautefort étoit inscrit sur une feuille volante.

A l'égard de la forme de l'acte qui constate la célébration des Mariages, elle est prescrite par l'article 7 de la Déclaration du 9 Avril 1736. Voici comme il s'explique.

Dans les actes de célébration de Mariage, seront inscrits les noms, surnoms, âge, qualités & demeures des contractans, & il y sera marqué s'ils sont enfans de famille, en tutelle ou curatelle, ou en la puissance d'autrui, & les consentemens de leurs peres & meres y seront pareillement énoncés : assisteront auxdits actes quatre témoins dignes de foi, & sachant signer (a), *s'il peut aisément s'en trouver dans le lieu qui sachent signer.*

Leurs noms, qualités & domiciles, seront pareillement mentionnés dans les actes ; & lorsqu'ils seront parens ou alliés des contractans, ils déclareront de quel côté & en quel dégré ; & l'acte sera signé sur les deux registres, tant par celui qui célébrera le Mariage que par les contractans, ensemble par

---

(a) Cet article de la Déclaration de 1736 ne dit pas si les témoins doivent être mâles : mais les Jurisconsultes pensent que la Loi demandant des témoins dignes de foi, sa disposition ne peut s'entendre que de ceux qui, suivant les régles ordinaires, peuvent valablement être témoins dans des actes de cette importance.

La Déclaration de 1736 n'a pas dû rapporter toutes les dispositions des Loix concernant la capacité des témoins ; elle les a toutes comprises sous l'expression générale des *témoins dignes de foi*, c'est-à-dire, capables d'être témoins suivant les Loix & les Ordonnances précédentes. Et il est certain que les femmes n'étant pas capables de remplir les fonctions publiques, ne le sont pas pour assister, comme témoins, dans des actes publics aussi importans que ceux qui constatent la célébration d'un Mariage. Leur témoignage n'est admis que dans les cas où il est tellement nécessaire, qu'il ne peut y avoir de preuve sans lui ; ce qui ne peut avoir lieu que dans les faits auxquels on n'a pas coutume d'appeler des témoins, & dont ceux qui en ont connoissance, ne l'ont que fortuitement, comme dans les cas où l'on cherche la preuve par la voie de l'enquête ou de l'information ; mais non pas dans les actes où les Parties peuvent, comme dans les Mariages, appeler des témoins tels qu'elles veulent les choisir.

Voyez sur cela un Arrêt que je rapporte à l'article *Témoin.*

lesdits

lesdits quatre témoins au moins ; & à l'égard de ceux des contractans ou desdits témoins qui ne pourront ou ne sçauront signer, il sera fait mention de la déclaration qu'ils en feront. Voulons au surplus que tout ce qui a été prescrit par les Ordonnances, Edits, Déclarations & Réglemens sur les formalités qui doivent être observées dans la célébration des Mariages & dans les actes qui en seront rédigés, soit exécuté selon sa forme & teneur, sous les peines y portées. V. Témoin.

Il y a un Arrêt de Réglement du 5 Septembre 1710, qui enjoint au Curé de Chevreuse & aux autres Curés du ressort, d'avoir des Registres pour y transcrire les consentemens des peres & meres, tuteurs ou curateurs des contractans, publication ou dispense des bans de Mariages & autres piéces concernant lesdits Mariages.

Lorsque les Mariages se contractent en conséquence de dispenses de bans, de parenté, &c. elles doivent être énoncées dans les actes de célébration, ainsi que *l'insinuation desdites dispenses*, suivant une Déclaration du 16 Févr. 1692, qu'on trouve dans le Recueil Canonique de la Combe.

Pierre Bourgelat, Echevin de Lyon, ayant eu deux enfans d'Hieronyme Caprioli, Italienne, originaire de Rome, lesquels avoient été baptisés comme leurs enfans légitimes, il jugea à propos après la mort de la mere, de traiter le seul fils qui lui restoit des deux comme son fils naturel. Hieronyme Caprioli avoit été enterrée en qualité de femme Bourgelat ; & par son testament ses enfans étoient qualifiés légitimes, le sieur Bourgelat étoit nommé *son mari.*

Pierre Bourgelat étant mort, ses enfans d'un second lit contesterent l'état du seul enfant qui restoit du premier : leur moyen étoit qu'on ne rapportoit point d'acte de célébration de Mariage entre Pierre Bourgelat & Hieronyme Caprioli, qu'ils disoient avoir été concubine de leur pere : mais le fils qui restoit, & après lui sa veuve, répondoient que le Mariage avoit été célébré en Italie, où les usages sont différens de ceux de France ; ils avoient fait entendre des témoins en conséquence d'un Arrêt de la Cour, qui les avoit admis à prouver que le Contrat de Mariage de ses pere & mere avoit été vû de plusieurs personnes, la preu-

ve étoit complette. Par ces raisons, la veuve du fils de Hieronyme Caprioli, & son héritiere testamentaire, fut admise à partager la succession de Pierre Bourgelat avec les autres enfans, par Arrêt rendu en la Grand-Chambre le 20 Juillet 1728, sur les Conclusions de M. l'Avocat Genéral Gilbert, plaidans Mes Cochin & Normant.

La dame Duhan, qui avoit été baptisée & mariée comme fille naturelle de Me Terrasson, Procureur à Lyon, & de Marie de la Mure ; par Arrêt rendu le Jeudi 26 Août 1756, sur les Conclusions de M. l'Avocat Général Seguier, a été admise à prouver que ses pere & mere avoient été mariés une premiere fois ; que leur Mariage avoit été réhabilité, & que par conséquent elle étoit leur fille légitime.

Il y avoit cette circonstance dans l'affaire de la dame Duhan, que sa mere avoit publiquement & perpétuellement porté le nom de Madame Terrasson ; qu'elle avoit présenté une requête en cette qualité contre son mari ; qu'elle avoit été inhumée comme femme de Me Terrasson. Me Terrasson avoit signé d'autres extraits-baptistaires d'enfans nés de lui & de Marie la Mure, avant & depuis la naissance de la Dame Duhan, où Marie la Mure étoit qualifiée sa femme ; & d'ailleurs la dame Duhan rapportoit la preuve que le Registre sur lequel elle articuloit que l'extrait de célébration de Mariage de ses pere & mere avoit été inscrit, étoit altéré, qu'on en avoit ôté plusieurs feuillets, &c.

Mais d'un autre côté, on lui opposoit un autre Mariage du même Me Terrasson, suivi d'une cohabitation avec une autre femme que Marie la Mure, sans reclamation de la part de celle-ci pendant dix-huit ans qu'elle avoit vû Me Terrasson habiter avec une autre femme : on lui opposoit enfin son Contrat de Mariage, par lequel Me Terrasson l'avoit dotée comme sa fille naturelle ; cependant ces moyens ne pa●●rent pas assez puissans pour empêcher d'admettre la preuve.

André Dohin, Procureur au Parlement, qui avoit fait une donation universelle à Collette Bagnelot, par un Contrat de Mariage passé entr'eux, avoit vécu avec elle, & elle avec lui, comme mari & femme pendant trente-sept à trente-huit ans. Pendant ce temps ils avoient paſſé conjointement quantité d'actes en qualité de mari & femme. Le mari étant mort ſans enfans, ſes héritiers diſputerent à ſa veuve la donation, ſous prétexte qu'elle n'étoit pas mariée. On ne trouvoit point l'acte de célébration ſur le regiſtre de la Paroiſſe où la femme diſoit avoir été mariée : mais la Cour jugea qu'une poſſeſſion publique de trente-huit ans de deux perſonnes unies, qui avoient vécu dans le monde avec honneur, & qui avoient été reconnues pour mari & femme par grand nombre d'actes, étoit un titre ſuffiſant contre des héritiers collatéraux qui venoient troubler l'état d'un homme après ſon décès. L'Arrêt du 7 Janvier 1676 eſt rapporté par Soefve, tom. 2, cent. 4, chap. 92.

Marie Charuel, après avoir épouſé Jacques Houdoyer, en fut abandonnée, ſans qu'on pût ſçavoir ce qu'il étoit devenu. Elle vécut depuis & pendant fort long-temps avec Louis Girard, ſur les Paroiſſes de S. Benoît & S. Severin à Paris, elle en eut un fils baptiſé comme légitime en 1685.

Après la mort de Louis Girard, elle prit la qualité de veuve ; un avis de parens aſſuroit à l'enfant l'état de légitime ; l'inventaire fut fait à la requête d'elle comme veuve, & du fils comme héritier ; elle décéda en poſſeſſion de ſon état, ſon inventaire fut même fait à la requête de cet enfant & d'une fille qu'elle avoit eue de ſon Mariage avec Houdoyer.

Jean Girard, qui étoit né de l'habitation publique de Louis Girard avec Marie Charuel, ayant demandé le partage des biens de ſa mere contre ſa ſœur Marie Houdoyer, celle-ci attaqua ſon état, & ſoutint qu'il n'y avoit pas eu de Mariage entre Marie Charuel & Louis Girard ; elle ajouta même qu'il ne pouvoit pas y en avoir eu au moyen de ce qu'on ignoroit le ſort de Jacques Houdoyer.

Jean Girard répondoit qu'il étoit en poſſeſſion de ſon état depuis vingt-ſept ans. Il alléguoit une habitation publique de ſon pere & de ſa mere, & rapportoit des actes où ils étoient qualifiés de mari & femme, ſon extrait-baptiſtaire étoit en régle, ſa qualité de légitime étoit reconnue par des avis de parens & par des inventaires ; cependant parce qu'il ne rapportoit point d'acte de cé-

lébration, ni d'extrait-mortuaire de Jacques Houdoyer, il fut débouté de ſa demande en partage par Sentences du Châtelet, confirmées par Arrêt du 12 Juillet 1713, rendu ſur les Concluſions de M. Joly de Fleury, Avocat Général.

Un ſieur Cahouet, établi à S. Domingue, laiſſa en mourant, entr'autres enfans, une fille.

Sa veuve ayant convolé en ſecondes nôces, la qualité de tutrice qui lui avoit été déférée, paſſa ſur la tête de ſon ſecond mari, lequel envoya la fille à Orléans, chez l'ayeul paternel de cette fille.

Après la mort de cet ayeul, il ſe préſenta un parti pour la fille, qui parut ſortable à ſes parens paternels, la plûpart domiciliés à Orléans. On ne crut pas qu'il fût néceſſaire d'avoir le conſentement de la mere, de peur que le trop long temps qu'il auroit fallu attendre pour avoir des nouvelles de S. Domingue, ne fît rompre un Mariage qu'on regardoit comme avantageux. Mais comme la fille étoit mineure, on crut pouvoir ſuppléer à ce conſentement par un avis de cinq de ſes parens : on lui nomma un tuteur *ad hoc*, & la délibération des parens fut enthérinée par le Prévôt d'Orléans, qui en même-temps ordonna que le conſentement du tuteur ſuppléeroit à celui de la mere.

Les bans furent publiés en conſéquence à Orléans, dans la Paroiſſe du domicile de fait de la fille, & à Paris en la Paroiſſe du domicile du garçon : mais ils ne furent publiés ni à S. Domingue, ni ſur la Paroiſſe du tuteur *ad hoc* nommé à Orléans.

Quelques ſemaines après la célébration, le garçon a diſparu ; la mere de la fille, informée de ce qui s'étoit paſſé, a, conjointement avec ſon mari tuteur, interjetté appel comme d'abus du Mariage ; & par Arrêt du Lundi 2 Août 1745, la Cour a déclaré le *Mariage mal & abuſivement contracté*, a fait *défenſes aux Parties de ſe hanter & fréquenter* ; faiſant droit ſur le réquiſitoire de M. l'Avocat Général Gilbert de Voiſins, a fait *défenſes* au Prévôt d'Orléans de rendre à l'avenir de pareilles Ordonnances, & ordonné que l'Arrêt ſeroit publié en la Juriſdiction d'Orléans.

Voyez un autre Arrêt très-important à l'article *Mort-Civile.*

Le Parlement de Metz a ordonné, par Arrêt rendu le 14 Septembre 1728, que ceux qui font condamnés à réhabiliter leur Mariage, feront tenus par provifion, & nonobftant l'appel, de fe féparer de corps & d'habitation.

Lorfque les Cours jugent que des Mariages ont été nullement & abufivement contractés, il eft d'ufage de faire défenfes aux Parties de fe hanter ni fréquenter. L'objet de ces défenfes eft d'empêcher le libertinage & la débauche entr'elles; mais elles ne les empêchent pas de contracter entr'elles un nouveau Mariage, en obfervant d'ailleurs les régles prefcrites par les Ordonnances; c'eft ce que M. l'Avocat Général Gilbert de Voifins obferva en portant la parole lors d'un Arrêt du 8 Mai 1742.

MARIAGE AVENANT.

En Normandie les filles ne fuccedent pas à leurs pere & mere avec leurs freres. Il y a même cela de fingulier, qu'elles ne peuvent rien demander quand elles ont été mariées & dotées fans être réfervées à partage. Mais quand elles n'ont été mariées ni dotées, elles peuvent, fuivant l'article 249 de la Coutume de Normandie, *demander ce que cette Coutume appelle Mariage Avenant;* c'eft-à-dire, *ce qui doit être eftimé par les parens, eu égard aux biens & charges des fuccessions des pere & mere, ayeul ou ayeule, ou autres afcendans en ligne directe tant feulement, & non des fuccessions échues d'ailleurs aux freres.*......... Coutume de Normandie, article 262.

Ce que la Coutume de Normandie accorde aux filles pour leur *Mariage Avenant,* fe divife également entr'elles fans préciput ni prérogative, & elles le prennent dans les fuccessions de leurs afcendans, comme héritieres légitimaires. Voyez fur cela les articles 249, 250 & 251 de la Coutume générale de Normandie, & les articles 47, 51 & 52 du Réglement de 1666, connu fous le nom de Placités.

MARIAGE ENCOMBRÉ.

Ces mots font particuliers à la Coutume de Normandie; ils fignifient l'aliénation des biens d'une femme, à fon infçu, par fon mari pendant le Mariage, fans qu'elle ait parlé au Contrat. Voy. fur cela le titre 18 de la Coutume de Normandie.

MARQUIS.

Voyez *Baron, Chevalier, Comte, Ecuyer, Noble & Pair.*

On nomme Marquis, les Gentilshommes qui poffédent des Seigneuries érigées en Marquifats, ou en leur faveur, ou en faveur de leurs ancêtres.

Tous ceux qui poffédent des Marquifats, ne peuvent pas prendre la qualité de Marquis: il en eft à leur égard comme des Comtes. Voyez *Comte & Pair.*

Les Marquis étoient autrefois chargés du gouvernement des Frontieres, & il n'y en avoit point dans l'intérieur du Royaume; c'étoient de fimples Offices révocables *ad nutum;* & ces Offices ayant été fupprimés en France, on n'y connoît plus de Marquis que ceux dont les Terres ont été érigées en Marquifats.

Quoique les Marquis ayent une origine moins ancienne & moins illuftre que les Comtes, ils ont néantmoins la préféance fur ceux-ci; & c'eft d'après cela que la Coutume de Normandie taxe le relief dû par un Marquis, plus haut que celui dû par le Comte. Voyez les articles 152, 153 & 154 de cette Coutume.

MASQUES.

Papon & Terrien rapportent plufieurs Arrêts de Réglement, tant du Parlement de Paris, que de celui de Normandie, qui défendent aux Marchands de vendre des Mafques, faux-vifages, barbes feintes, & tout ce qui peut fervir à déguifer des hommes, fous peine d'amendes confidérables.

L'article premier de l'Ordonnance donnée par François Premier à Châtillon-fur-Loing, le 9 Mai 1539, *défend à toutes perfonnes, de quelqu'état qu'elles foient, d'aller par Villes, Cités, Forêts, Bois, Bourgs & Chemins, armés de harnois fecrets ou apparens, feuls ni en compagnie, mafqués ni déguifés, fous quelque caufe que ce foit, fous peine de confifcation de corps & de biens, fans aucune exception de perfonnes.* V. la Conférence de Guefnois, liv. 11, tit. 12.

L'article 2 de la même Ordonnance, *défend à toutes perfonnes de recevoir, loger ni*

*recéler telle maniere de gens.;.;. fur peine
d'être dits complices & fauteurs des autres,
& punis de pareille peine.*

L'Ordonnance de Blois, article 198, veut
qu'il foit couru fur les Mafques, par autorité de Juftice, & avec les Officiers d'icelle,
en toute voie d'hoftilité, & à fon de toc-
fin; & qu'étant appréhendés par les Juges
des lieux, ils foient punis fans diffimula-
tion.

Une Ordonnance de Police pour la Ville
de Paris, datée du 21 Janvier 1729, défend
aux perfonnes mafquées de porter ou faire
porter des épées, bâtons ou autres armes.

La Cour, par un Arrêt du 16 Janvier
1711, a condamné Pierre Majonnet *à être
mené & conduit ès Galeres du Roi, pour y
fervir l'efpace de trois ans, parce qu'il avoit
été trouvé l'épée au côté en habit travefti*, en
la Ville de Paris: (la Sentence du Châtelet
l'avoit condamné en cinq ans de Galeres.)
Cet Arrêt eft au Journal des Audiences,
tome 6.

Il eft bon de remarquer fur cet Arrêt,
que Majonnet étoit Soldat aux Gardes, &
qu'il eft défendu à ces fortes de gens, fous
des peines rigoureufes, de fe travestir.

Par une Ordonnance de Police du 11
Décembre 1742, il eft fait défenfes à toutes fortes de perfonnes mafquées ou non
mafquées, qui n'auront pas été invitées aux
repas, feftins de nôces, ou affemblées qui
fe font chez les Traiteurs & Marchands de
vin, foit de jour, foit de nuit, de s'y introduire avec violence, à peine d'être traités
& pourfuivis comme perturbateurs du repos
public; & à cet effet, d'être arrêtés & conduits en prifon.

MASSARD.

C'eft ainfi qu'on nomme dans les Villes
du Hainaut & du Cambrefis, un Officier
dont la fonction eft de recevoir les revenus
de la Ville, & de faire acquitter les dépenfes dont elle eft chargée; c'eft, à proprement parler, un Tréforier Municipal.

MATIERES SOMMAIRES.

On nomme Matieres Sommaires les affaires qui ont pour objet des demandes qui ne
doivent pas être traitées & inftruites avec
une certaine étendue de procédure, & qui

doivent au contraire être jugées fommairement, &, comme difent les Jurifconfultes,
de plano. V. *Police.*

Les affaires qui doivent être traitées fommairement, & qui, par conféquent, font réputées Matieres Sommaires, font détaillées
dans le titre 17 de l'Ordonnance de 1667,
ainfi que la maniere de les inftruire.

Le Parlement de Pau ne répute Matieres
Sommaires que celles où la demande n'excéde pas la valeur de 200 liv. Voyez l'article 11 de la Déclaration du 30 Novembre
1746, regiftrée audit Parlement le 26 Avril
1747.

MATRICULE.

Ce mot, pris dans fa fignification étroite,
eft fynonime à Catalogue.

Au Barreau, on entend par Matricule,
la lifte des Officiers d'un Siége infcrits dans
un Regiftre: en ce fens on dit qu'un tel Officier eft immatriculé en une telle Jurifdiction, parce qu'il y a été reçu.

Quelquefois auffi, Matricule eft le nom
qu'on donne à l'extrait de ce regiftre: c'eft
en ce fens qu'on appelle Matricule, l'extrait
des Regiftres du Parlement, par lequel il eft
conftaté qu'un tel Licentié en Droit a prêté
ferment en qualité d'Avocat, &c.

On nomme encore Matricule, l'enregiftrement que font les Payeurs des rentes
dûes par le Roi, le Clergé, & des titres &
piéces qui conftatent le droit qu'ont les
créanciers rentiers de toucher ce qui leur eft
dû par le Roi, le Clergé, &c. V. *Payeurs
des Rentes.*

Les Huiffiers doivent, dans leurs Exploits, faire mention de la Jurifdiction en
laquelle ils font immatriculés. Voy. *Ajournement.*

MATRONES.
Voyez *Sages-Femmes.*

MAUBOUGE (Droit de).

C'eft ainfi qu'on nomme une fubvention
établie fous le regne de Louis XIII, par un
Edit du mois de Novemb. 1640, & par une
Déclaration du 25 Février 1643.

Cette fubvention a été nommée Droit de
Maubouge, parce qu'elle fut affermée à
Jean de Maubouge le 3 Décembre 1643;
elle a été réunie à la Ferme générale des

Aides par une Déclaration du 15 Juin 1659.

Le Droit de Maubouge se perçoit dans les endroits où il a lieu, à raison de 20 sols par muid de vin, 10 sols par muid de cidre & de bierre, 5 sols par muid de Poiré, & 40 sols par barique d'eau-de-vie. La perception en est réglée par des Déclarations des 23 Septemb. 1644, premier Mai 1647, 15 Mars & 22 Juin 1655.

Les boissons du crû des biens Ecclésiastiques sont exemptes & affranchies de ce droit. V. les anciens Mémoires du Clergé, tom. 3, partie 4, page 154.

MAUVAIS LIEUX.
V. *Concubinage.*

C'est ainsi qu'on nomme les endroits habités par des filles & des femmes qui se prostituent.

Les payens n'avoient pas attaché, comme nous, une sorte de honte & d'infamie au concubinage; il étoit même en quelque sorte autorisé chez les Romains; mais quand des Empereurs furent Chrétiens, ils firent des Loix pour l'abolir.

Nos Rois en ont aussi donné plusieurs pour l'extirper; & nous lisons dans un Capitulaire de l'an 800, rapporté par Baluze, que Charlemagne prononça la peine du fouet & du bannissement contre les femmes & filles de mauvaise vie; & pour empêcher ses Sujets de leur accorder retraite, il ordonna que le maître de la maison en laquelle une femme de ce caractere auroit été reçue pour se refugier, seroit contraint de la porter sur son cou jusqu'à la place du marché, sous peine de subir une pareille condamnation, (du fouet, &c.)

Saint Louis avoit, en 1254, prononcé la confiscation des corps & biens des femmes & filles de mauvaise vie, & ordonné qu'elles seroient dépouillées de leurs habits: mais il fut obligé de se relâcher de cette sévérité; & Joinville dit dans ses Mémoires, que, par un nouvel Edit, S. Louis ordonna qu'elles seroient séparées des autres femmes, & défendit aux propriétaires de louer leurs maisons pour commettre & entretenir le péché de luxure.

Il y avoit alors des Mauvais Lieux publics destinés (a) à ces sortes de gens; & on trouve un Réglement de l'année 1367, qui enjoint à toutes les femmes débauchées d'aller y demeurer. Il y eut même d'autres Réglemens; & singuliérement un du 26 Juin 1420, qui défendit à ces sortes de femmes de porter quelques ajustemens & parures dont les femmes de ce temps-là se décoroient: on vouloit apparemment que les prostituées fussent connues par leur habillement, & qu'elles ne fussent pas confondues avec les honnêtes femmes.

Les bordels publics ont subsisté à Paris jusqu'au règne de François Premier, qui les a abolis. Ils ont subsisté à Madrid jusqu'en 1627; & ils sont encore tolérés à Rome & en Hollande. Le Commissaire la Mare a traité cette matiere avec beaucoup d'étendue dans le Traité de la Police.

Actuellement il n'y a point dans les Villes de quartier destiné aux femmes débauchées, ni de Mauvais Lieux publics autorisés; & l'usage est de condamner les prostituées à être enfermées à l'Hôpital pendant un temps, les maquerelles à être fouettées, quelquefois marquées, & presque toujours à être promenées dans les rues, coeffées d'un chapeau de paille, avec écriteaux devant & derriere. Ces peines se prononcent ordinairement contre les maquerelles ou maquereaux qui ont séduit des filles pour les prostituer. Les circonstances peuvent déterminer les Juges à prononcer des peines plus ou moins séveres. Il y a sur cela un Arrêt célèbre de l'année 1716, contre Morival & sa femme.

Il y en a un autre du 16 Mai 1729, qui déclare Françoise Fournier convaincue de maquerellage public; pour réparation de quoi, la condamne d'être fouettée, promenée sur un âne, &c. flétrie d'un fer chaud, en forme de fleur-de-lys, & en un bannissement de cinq ans.

Il y en a un pareil du 7 Juillet 1750, contre Jeanne Moyon, veuve le Sur; & un dernier du 7 Janvier 1756, par lequel Thérèse

(a) La Porte S. Marcel à Paris s'est pendant long-tems nommée la Porte Bordel; parce qu'anciennement il y avoit-là un Lieu public de débauche. La rue qui conduit à cette Porte, est nommée encore aujourd'hui rue Bordet. Il y avoit de pareils endroits rue de Glatigny en la Cité, rue du Hurleur, &c.

le Grand a été déclarée *convaincue d'avoir fait un commerce de débauche & de prostitution publique dans sa maison ; pour réparation de quoi, la Cour l'a condamnée à être conduite dans les lieux ordinaires, même rue S. Martin..., montée sur un âne, ayant le visage tourné vers la queue, étant coeffée d'un chapeau de paille, & ayant écriteaux devant & derriere, portant ces mots : Maquerelle publique....... à être battue & fustigée de verges ..... & flétrie d'un fer chaud ..... ce fait ...... bannie pour cinq ans, &c.*

La maniere de poursuivre les femmes & les filles prostituées, est prescrite par une Déclaration du 26 Juillet 1713, registrée le 9 Août suivant.

Cette Déclaration porte, que *dans les cas de débauche publique, & vie scandaleuse des filles ou des femmes, où il n'écheoira que de prononcer la condamnation d'amende ou d'aumône, ou des injonctions de vuider les lieux, ou même la Ville, & d'ordonner que les meubles desdites filles ou femmes seront jettés sur le carreau, & confisqués au profit des Pauvres de l'Hôpital Général: les Commissaires du Châtelet pourront, chacun dans leur quartier, recevoir les déclarations qui leur en seront faites, & signées par les voisins, auxquels ils feront prêter serment avant que de recevoir lesdites déclarations, dont ils seront tenus de faire mention, à peine de nullité dans le Procès-verbal qui sera par eux dressé.*

Le rapport des faits contenus dans ledit Procès-verbal, sera fait par lesdits Commissaires, au Lieutenant Général de Police, les jours ordinaires des Audiences de Police, auxquelles les Parties intéressées seront assignées en la maniere accoutumée, pour y être pourvu contradictoirement ou par défaut, ainsi qu'il appartiendra, sur les Conclusions de celui de nos Avocats au Châtelet, qui sera présent à l'Audience, & entre les mains duquel lesdites déclarations seront remises, pour faire connoître au Lieutenant Général de Police les noms & qualités des voisins qui les auront faites.

En cas que lesdites Parties dénient les faits contenus auxdites déclarations, le Lieutenant Général de Police pourra, s'il le juge à propos, pour la suspicion des voisins, ou par autres causes, ordonner qu'il sera informé des faits devant l'un des Commissaires, à la re-

quête du Substitut de notre Procureur Général au Châtelet, pour y être statué ensuite définitivement ou autrement par ledit Lieutenant Général de Police, sur le récit desdites informations qui sera fait à l'Audience par l'un de nos Avocats ; ou au cas qu'il juge à propos d'en délibérer sur le Registre, sur les Conclusions par écrit de notre Procureur audit Siége ; le tout à la charge de l'appel en notre Cour de Parlement.

Voulons que sur ledit appel, soit que l'affaire ait été jugée sur le simple Procès-verbal du Commissaire, ou sur le récit ou vû des informations, les Parties procédent en la Grand-Chambre de ladite Cour, encore qu'il y ait eu un décret sur lesdites informations, & que la suite de la procédure ait obligé le Lieutenant Général de Police à ordonner que lesdites femmes ou filles seront enfermées pour un temps dans la Maison de force de l'Hôpital Général ; & en cas de maquerellage, prostitution publique & autres où il écheoira peines afflictives ou infamantes, le Lieutenant Général de Police sera tenu d'instruire le procès aux accusés, par récollement & confrontation, suivant nos Ordonnances, les Arrêts & Réglemens de notre Cour ; auquel cas l'appel sera porté en la Chambre de la Tournelle, à quelque genre de peine que les accusés ou les accusées ayent été condamnés ; le tout sans préjudice de la Jurisdiction du Lieutenant Criminel du Châtelet, qu'il pourra exercer en cas de maquerellage, concurremment avec le Lieutenant Général de Police, auquel néanmoins la préférence appartiendra lorsqu'il aura informé & décrété avant le Lieutenant Criminel, ou le même jour.

La Cour a rendu un Arrêt en interprétation de cette Déclaration, sur la Requête de M. le Procureur Général le 9 Déc. 1713, par lequel il a été ordonné que, *sur les appels interjettés par les filles & femmes prévenues de débauche publique & de vie scandaleuse, de toutes Sentences rendues par le Lieutenant Général de Police au Châtelet, ou sur des informations même suivies de décrets, & généralement dans tous les cas où les Sentences n'auront pas été instruites par récollement & confrontation de témoins, procéderont en la Grand'Chambre en la maniere accoutumée, encore que lesdites Sentences ordonnent que lesdites filles ou femmes seront conduites pour* un temps à l'*Hôpital Général*, *fans qu'en cas d'appel*, *lefdites filles ou femmes puiffent y être menées & enfermées par provifion*; *comme auffi fans qu'elles puiffent être mifes en liberté jufqu'à ce qu'autrement par la Cour ait été ordonné*, *en ftatuant fur ledit appel provifionnellement ou définitivement avec le Procureur Général du Roi*, *comme prenant le fait & caufe de fon Subftitut au Châtelet*.

Il y a un Réglement arrêté au Confeil le 20 Avril 1684. pour la punition, le traitement & la nourriture des femmes d'une débauche publique & fcandaleufe enfermées à la Salpétriere à Paris; (c'eft la même maifon que l'Hôpital Général.) Ce Réglement a été regiftré au Parlement le 29 Août fuivant.

Le 6 Mai 1734, Sa Majefté a donné, pour la police & correction des filles & femmes de mauvaife vie de la Ville de Rouen, une Déclaration toute pareille à celle donnée le 26 Juillet 1713 pour Paris.

L'Ordonnance Militaire du 25 Juin 1750, art. 602, porte, que lorfqu'une fille ou femme débauchée fera furprife avec des Soldats, Cavaliers ou Dragons..... en flagrant délit, le premier Officier qui en fera inftruit, la fera arrêter, & en informera auffi-tôt le Commandant de la Place.

Si, dit l'article 603, ces femmes ou filles étoient domiciliées dans la Place, le Commandant les fera remettre au Juge Royal du lieu, fans leur infliger aucune peine.

Mais, porte l'article 604, fi elles étoient étrangeres & fans aveu, le Commandant de la Place les fera paffer par les verges, après avoir été expofées fur le cheval de bois; & elles feront enfuite chaffées de la Ville, avec défenfe d'y rentrer, fous peine de prifon.

MÉDECIN.

Voyez *Apoticaire, Chirurgien*, & *Poifon*.

L'article 87 de l'Ordonnance de Blois, porte: *Nul ne pourra pratiquer en Médecine*, *qu'il ne foit Docteur en ladite Faculté*, & *ne fera paffé aucun Maître Chirurgien ou Apoticaire ès Villes où il y aura Univerfité*, *que les Docteurs*, *Régens en Médecine*, *n'ayent été préfens aux actes & examen*, & *ne l'ayent approuvé*.......

Il eft défendu aux Médecins de la Religion prétendue Réformée, de faire aucun exercice de la Médecine dans le Royaume, à peine de 3000 liv. d'amende. Ces peines font prononcées par un Arrêt du Confeil du 10 Décembre 1685. Les mêmes défenfes avoient été faites aux Chirurgiens & Apoticaires Proteftans, par un autre Arrêt du Confeil du 15 Septembre précédent.

Le fecond jour que les Médecins vifitent les malades, ils doivent........ *les avertir de fe confeffer*; & *les en faire avertir* par la famille; autrement, fi on ne repréfente pas un certificat du Confeffeur à la troifiéme vifite, le Médecin ne peut plus y retourner, *à peine pour la première fois de* 300 *liv. d'amende*; *pour la feconde*, *d'être interdit*.... *pendant trois mois*....; & *pour la troifiéme fois d'être déchu des dégrés*, &*c*. Ces peines font prononcées par une Déclaration du 8 Mars 1712; mais elle eft tombée en défuétude. Voyez fur la même matiere l'article 8 de la Déclaration du 14 Mai 1724, dans le Code des Curés.

Les Médecins ne peuvent être nommés Collecteurs; & fur cette exemption, s'eft élevée une difficulté entre Me Charpentier, Docteur en Médecine, & les Habitans de la Ville de Craon. Ceux-ci ne conteftoient pas l'exemption en elle-même; mais ils prétendoient que Me Charpentier dérogeoit à la Médecine, & faifoit l'Apoticairerie: ils rapportoient une quittance qu'il avoit donnée pour drogues, & foutenoient en conféquence qu'il étoit fujet à la collecte: mais, par Arrêt rendu fur délibéré en la Cour des Aides de Paris le 11 Mars 1730, la Sentence qui déchargeoit Me Charpentier de la collecte, a été confirmée.

Ceux qui ont obtenu des dégrés dans la Faculté de Médecine, ont part aux bénéfices comme les gradués dans les autres Facultés (pourvû qu'ils foient Clercs;) cela eft ainfi réglé par le Concordat. Voyez *Gradué*.

Quelques Arrêts ont jugé des Médecins incapables de recevoir des libéralités de leurs malades par teftament; cependant quand ils n'ont pas ufé de mauvaifes voies pour les obtenir, il ne paroît pas naturel de les juger incapables d'en profiter, par la feule raifon qu'ils font Médecins; furtout fi les difpofitions n'excédent point les bornes d'une juste reconnoissance. Il y a même un Arrêt du 31 Juillet 1703, qui a confirmé un legs universel fait par M. Levesque, Conseiller au Châtelet, à Mᶜ Foissey son Médecin. J'en ai cité un autre du 27 Février 1740, au profit d'un sieur Piat, Apoticaire. Voyez ce que je dis sur ces incapacités, aux mots *Apoticaires*, *Avocats*, & sur tout à l'article *Incapables*.

L'incapacité qu'on oppose aux Médecins, légataires de malades, n'a pas lieu, quand il s'agit de donations entre-vifs faites par personnes jouissantes d'une santé parfaite. Mais voyez Duplessis, sur l'art. 276 de la Coutume de Paris.

Cette incapacité cesse encore, lorsque le Médecin est proche parent du testateur; la parenté fait alors présumer que la libéralité doit sa naissance au penchant naturel qu'on a de faire du bien à ses proches, & non à la crainte que le Médecin n'abusât du pouvoir que sa qualité lui donne.

La Cour a néantmoins, par Arrêt rendu au rapport de M. Robert de Saint-Vincent, en la troisiéme Chambre des Enquêtes, le 8 Juin 1758, déclaré nul le bail à rente d'une Métairie & autres biens situés en Poitou, fait par la dame Savignac au sieur le Comte, son Médecin, demeurant à Niort, la quittance de remboursement & autres actes passés entr'eux. Mais dans cette espéce, il y avoit des présomptions de fraude si violentes contre le Médecin, qui étoit d'ailleurs l'homme d'affaire de la dame Savignac, que l'Arrêt ne doit pas donner atteinte aux maximes que je viens de détailler.

L'article 125 de la Coutume de Paris ne donne d'action aux Médecins pour le payement de leurs consultations & visites, que pendant un an après qu'elles sont faites; & après ce temps, la Coutume prononce contr'eux une fin de non-recevoir: mais nonobstant cette prescription, s'ils forment leur demande après l'année, on oblige les personnes auxquelles les visites & consultations sont demandées, d'affirmer qu'elles les ont payées. V. *Chirurgiens*.

Les Chirurgiens sont subordonnés aux Médecins: sur cette subordination, voyez l'Arrêt du Conseil du 4 Juillet 1750.

Les seuls Docteurs & Licentiés en une Faculté de Médecine peuvent exercer la Médecine en France. Aucun autre ne peut, sous quelque prétexte que ce soit, ordonner aucun remède, même gratuitement.

L'article 26 de l'Edit du mois de Mars 1707, servant de Réglement pour les Facultés de Médecine du Royaume, le défend expressément, sous peine de 500 livres d'amende; & il seroit à souhaiter qu'il fût plus exactement observé.

L'article 27 du même Edit veut que les Religieux, Mendians & non Mendians, soient compris dans la prohibition portée par l'article 26; qu'en cas de contravention, la maison du Religieux non Mendiant soit tenue de l'amende de 500 liv. & que le Religieux Mendiant soit renfermé pour un an.

L'article 28 défend à tous Juges, sous peine d'interdiction, de permettre l'exercice de la Médecine à tous ceux qui n'ont pas obtenu le dégré de Licentié.

Les Médecins de la Faculté de Paris, & ceux des Maisons du Roi, de la Reine, Enfans de France & premier Prince du Sang, peuvent seuls exercer la Médecine à Paris; ils peuvent aussi l'exercer ailleurs dans toute l'étendue du Royaume, concurremment avec les Médecins des autres Facultés. V. l'art. 34 du susdit Edit.

Un Arrêt du 30 Mai 1686, qu'on trouve au Journal des Audiences, *ordonne que les Docteurs* (en Médecine) *des Universités, qui iront s'établir dans la Ville de Châlons, ou autres,* (excepté Paris) *prendront rang & séance du jour de la date de leurs titres de Docteurs.*

Cet Arrêt est conforme au Droit commun, suivant lequel les Docteurs en Médecine, reçus dans une Université Françoise, peuvent s'établir & exercer leur profession dans toutes les Villes & Bourgs du Royaume où il n'y a point d'Université ni d'Aggrégation, en présentant néantmoins leurs Lettres de dégrés aux Juges de Police des lieux où ils veulent s'établir, &c. Voyez l'article 35 du susdit Edit de 1707.

Il faut encore excepter les Villes des Pays-Bas. Voici comme s'explique sur cela l'article 30 de l'Edit du mois de Mars 1707, dont j'ai déja parlé.

» Défendons à tous Docteurs & Licentiés
» des autres Facultés du Royaume, d'exer-
» cer

» cer la Médecine dans nos Provinces de
» Flandres, Artois, Hainaut, Tournaifis &
» Cambrefis, s'ils ne font Gradués en l'U-
» niverfité de Douai, à la charge que réci-
» proquement les Gradués de ladite Uni-
» verfité ne pourront exercer la Médecine
» dans les autres Provinces du Royaume,
» fans néantmoins que la prohibition por-
» tée par le préfent article, contre les
» Docteurs & Gradués des autres Univer-
» fités, puiffe avoir lieu contre ceux des
» Facultés de Paris & de Montpellier, ainfi
» que ladite Faculté de Douai nous l'a
» très-humblement fait demander & pro-
» pofer. «

Dans les affaires qui s'inftruifent aux frais
du Roi, les Médecins, dont le miniftere eft
néceffaire, font payés; fçavoir, des voyages
qu'ils font pour faire leur rapport en Juftice, 5 liv. par jour, compris leur rapport, &
pour leurs vifites & rapports dans le lieu
même de leur réfidence, 50 fols : leurs honoraires ne font fixés qu'à cela par un Arrêt du Confeil du 23 Janvier 1742, (non
revêtu de Lettres-Patentes). Voyez les
Arrêts que je cite à l'article *Chirurgien*,
fur la fubordination de ceux-ci envers
les Médecins.

MÉDICAMENS.

Ce mot comprend non-feulement les drogues que les Apoticaires fourniffent aux
malades, mais encore les vifites & conful-
tations des Médecins, traitemens & panfe-
mens des Chirurgiens.

Les créances réfultantes de Médicamens
faits & fournis pendant la derniere maladie
d'un défunt, font privilégiées dans fa fucceffion; & fur le rang que doit avoir ce privilége, voyez *Privilége*.

Les Empiriques n'ayant point d'action
pour exiger le payement des drogues qu'ils
fourniffent, ne peuvent par conféquent
point participer au privilége que la Jurifprudence des Arrêts accorde aux dettes caufées pour Médicamens faits & fournis par
des perfonnes autorifées; cependant on accorde une action aux perfonnes qui ont une
permiffion du premier Médecin du Roi de
diftribuer certains remédes, quand ces perfonnes les ont fournis de l'Ordonnance des
Médecins.

Tome II. Part. II.

MEIX.

C'eft le nom qu'on donne en plufieurs
Coutumes, & finguliérement en celle de
Bourgogne, à des héritages qui rendent les
détenteurs d'une condition ferve & main-
mortable. V. *Main-morte*.

MÉMOIRE.
V. *Relaps*.

En général, un accufé qui meurt dans le
cours de l'inftruction de fon procès, & même après l'appel interjetté d'une Sentence
de condamnation, eft cenfé mourir *integri
ftatûs* : mais il eft des crimes qui ne s'éteignent point par la mort, & pour lefquels la
Mémoire même des coupables doit être
pourfuivie; tels font le fuicide, le duel, le
crime de Leze-Majefté divine & humaine.

Dans ces fortes de pourfuites, il faut
créer un curateur pour défendre la Mémoire
de la perfonne accufée, & la condamnation
de la mémoire emporte confifcation dans les
Pays où elle a lieu. Voici un Arrêt du Grand-
Confeil, rendu en pareil cas le 3 Juil. 1726.

*Pour les cas réfultans du procès, a con-
damné & condamne la Mémoire dudit Char-
les-Jofeph de la Frenaie à perpétuité ; ordonne que fon nom fera rayé & biffé des Regiftres
de notredit Confeil, & icelui ôté & fupprimé
des Liftes & ordre du Tableau de notredit
Confeil, & que mention fera faite du préfent
Arrêt, en marge de l'enregiftrement de fes
Lettres de Provifions de Confeiller en notredit
Confeil, étant dans les Regiftres de notredit
Confeil, & en marge de la Minute de fon
Arrêt de réception audit Office; a déclaré &
déclare tous & un chacun les biens dudit de
la Frenaie acquis & confifqués à Nous, ou à
qui il appartiendra, &c.*

Comme il peut arriver qu'un innocent foit
condamné & exécuté injuftement, les Loix
permettent en ce cas-là à fes proches de
faire éclater fon innocence, & de purger fa
Mémoire. La maniere de procéder dans ces
fortes d'affaires, eft prefcrite par le tit. 27
de l'Ordonnance Criminelle.

La condamnation prononcée contre la
Mémoire d'un défunt, ne peut s'exécuter
que quand elle eft confirmée par Arrêt, parce que la condamnation d'une Mémoire
équivaut à une mort naturelle.

X

D'ailleurs, cette condamnation ne se prononce point par contumace : l'instruction de ces sortes d'affaires est toujours contradictoire avec des curateurs ; elle se fait par récollement & confrontation. En un mot, elles ne sont pas plus regardées comme des condamnations par contumace, que celles qui se prononcent contre les muets & les sourds ; aussi ne voit-on pas qu'elles s'exécutent par effigie.

Il est vrai que l'article 4 du titre 22 de l'Ordonnance de 1670 semble faire naître un doute à cet égard, en disant que le curateur *pourra* interjetter appel de la Sentence rendue contre le cadavre ou la Mémoire du défunt, & que ce curateur pourra même être forcé d'interjetter cet appel : on peut dire que, puisque le curateur n'est autorisé à interjetter appel de la Sentence, qu'en vertu d'une faculté que l'Ordonnance lui donne, cet appel n'est par conséquent pas de droit.

Mais il est difficile de se persuader que ce soit-là l'esprit de l'Ordonnance : on doit penser au contraire que son intention n'a été que d'autoriser le curateur à défendre en cause d'appel la Mémoire du défunt, comme il a fait en cause principale : on auroit pu croire que la fonction de ce curateur étoit finie par la Sentence de condamnation, & qu'il n'étoit plus en état de suivre l'appel en la Cour.

Ç'a été pour lever ce doute, que l'Ordonnance a permis au curateur d'interjetter appel, & on ne peut donner un autre sens à sa disposition, sans aller contre son esprit, qui ne permet pas d'exécuter une Sentence qui, en même-temps qu'elle couvre d'infamie la Mémoire d'un défunt, enleve à ses héritiers, par la confiscation qu'elle emporte, les biens que la Loi leur défere, cessant la condamnation. Voyez la Requête de M. le Procureur Général, insérée dans l'Arrêt rendu en faveur des Officiers du Bailliage d'Orléans, le 2 Décembre 1737. Je parle de cet Arrêt au mot *Suicide*.

M E N A C E S.

Les Menaces qui se font en termes généraux, & qui ont trait à la vengeance, sont présumées faites pour n'être mises à exé-

cution que d'une maniere conforme à la Justice, & par l'autorité des personnes qui sont en place pour la rendre. Voyez *Menochius*, Traité des Présomptions, livre 1, quest. 89, n°. 66 ; & Balde, vol. II, conseil 143, n°. 4.

Gaill dit que sur cette matiere il faut examiner si la personne qui a menacé, est accoutumé à exécuter ses Menaces à la lettre, ou si c'est une personne d'un naturel propre à faire des Menaces par colere, sans que l'effet s'ensuive. Voyez Gaill, de la Tranquillité publique, liv. 1, ch. 2, n°. 12.

Jean Guillaume a, par Arrêt du Parlement du 11 Avril 1726, été condamné d'être pendu pour avoir écrit ou envoyé des lettres de Menaces à son Maître, pour en tirer de l'argent.

François Roger, dit la Brêche, convaincu de s'être attroupé avec d'autres Particuliers, d'avoir écrit, envoyé ou affiché des lettres & billets de Menaces, exercé des violences à force ouverte, &c. a été condamné, par Arrêt de la Cour du 13 Décembre 1731, à servir le Roi sur ses galeres pendant cinq ans. Voyez des Lettres-Patentes du 28 Mars 1728, registrées le 25 Septembre suivant. Voyez aussi dans le Code de Louis XV, tome 3, page 325, l'Arrêt du 13 Juin 1730.

Augeard rapporte un Arrêt du 22 Septembre 1700, par lequel un Fermier, qui avoit menacé de tuer les Laboureurs qui se présenteroient pour affermer la ferme qu'il devoit quitter, & de brûler leurs maisons, a été condamné en 100 liv. de dommages & intérêts, quoique les Menaces n'eussent été suivies d'aucun effet.

Voyez dans le Recueil pour le Parlement de Flandres, l'Ordonnance du 6 Mars 1685, qui fixe les peines contre ceux qui auront fait des Menaces de brûler, &c.

M E N A G E S.

La Coutume de Normandie nomme Menage, ce que l'on appelle communément ailleurs maison de campagne ; & elle veut que les filles ne puissent demander le mariage avenant sur ces sortes de biens, que quand il y a plus de maisons que d'enfans mâles. V. l'art. 271.

MENEURS, MENEUSES.
Voyez *Nourrices* & *Recommendareſſes.*

Les Meneurs & Meneuſes ſont des gens de campagne qui amenent des nourrices à Paris chez les recommendareſſes, pour y recevoir des nourriſſons, & par l'entremiſe deſquels les pere & mere payent la nourrice.

On n'admet pour Meneurs & Meneuſes de nourrices, que ceux qui ſont munis d'un certificat de leur Curé, contenant leurs noms, ſurnoms, vie, mœurs & Religion, regiſtré ſur le regiſtre de la recommendareſſe qu'ils ont choiſie, & inſcrit ſur le tableau de ſon Bureau. Ceux qui font cette profeſſion, ſans remplir cette formalité, peuvent être empriſonnés & condamnés en 50 liv. d'amende pour la contravention.

Les Meneurs & Meneuſes doivent avoir un regiſtre paraphé du Commiſſaire de Police, où ils doivent écrire, en préſence des pere & mere, ou autres perſonnes qui prennent ſoin de l'enfant, les ſommes qu'ils reçoivent pour la nourrice, & les lui remettre dans la quinzaine, à peine de 50 livres d'amende.

Ils ne peuvent ſe charger d'enfans pour les remettre à des nourrices, quand elles ſont chez elles, ni en prendre ſous de faux certificats, à peine de punition corporelle.

Les nourrices doivent accompagner les Meneurs & Meneuſes qui emportent les enfans, afin qu'ils puiſſent être allaités & ſoignés dans la route; &, ni les uns, ni les autres ne doivent ſe charger d'un enfant, ſans qu'il ait été dûement juſtifié qu'il a reçu le Baptême, & ſans un certificat de la recommendareſſe.

Voyez ſur tout cela un Arrêt de Réglement du 29 Juillet 1705, la Déclaration du 29 Juillet 1715, celle du premier Mars 1727, l'Edit du mois de Juillet 1729, & l'Arrêt de Réglement du 19 Juin 1737. Voyez auſſi ce que je dis aux art. *Nourrices & Recommendareſſes.*

Deux Meneuſes ont été condamnées chacune en 100 liv. d'amende, & privées de leurs fonctions, par Sentence de Police du 5 Mai 1730; l'une, pour avoir exigé le payement des mois de nourrice, & demandé des vêtemens pour un enfant décédé, il y avoit plus de ſix mois; l'autre, parce qu'elle faiſoit le métier de Meneuſe, ſans être inſcrite dans un Bureau des recommendareſſes.

MENDIANS.
Voyez *Pauvres* & *Vagabonds.*

Les Mendians avec inſolence, ceux qui ſe diſent fauſſement Soldats, ceux qui ſont trouvés munis de congés faux, qui déguiſent leurs noms & lieux de leur naiſſance, ceux qui contrefont les eſtropiés, ou qui feignent des maladies qu'ils n'ont pas, qui s'attroupent au-deſſus du nombre de quatre, non compris les enfans, qui ſont trouvés armés de fuſils, piſtolets, épées, ſabres, bâtons ferrés ou autres armes, & ceux qui ſeront trouvés maſqués, ſeront condamnés, ſçavoir, les hommes valides aux galeres au moins pour cinq ans; & à l'égard des femmes ou des hommes invalides, au fouet dans l'intérieur de l'Hôpital, & à une détention à l'Hôpital Général, ou à temps ou à perpétuité, ſuivant l'exigence des cas. Déclaration du 8 Juillet 1724, art. 6. Voyez la Déclaration en entier, & celle du 12 Septembre ſuivant, qui attribue à M. le Lieutenant de Police la connoiſſance des rébellions à l'occaſion de Mendians.

François-Vincent Liger, Commandant des Archers de l'Hôpital, prépoſés pour arrêter les Mendians, a été, par Arrêt du 26 Mars 1737, confirmatif d'une Sentence du Châtelet, condamné à être attaché au carcan pendant trois jours, & à ſervir trois ans ſur les galeres, pour avoir prévariqué dans ſes fonctions, recevant de l'argent des Mendians, auxquels il accordoit la liberté de mendier impunément.

Le Concile tenu en 1585, défend aux Mendians de demander l'aumône dans les Egliſes, & leur permet ſeulement de la demander à la porte. V. l'article 2 de la Déclaration du 25 Juillet 1700.

L'article 73 de l'Ordonnance de Moulins oblige chaque Ville & Village d'entretenir ſes pauvres.

L'article 6 du Réglement fait par Arrêt du Parlement du 18 Avril 1657, » enjoint » aux Locataires, Propriétaires, & leurs do- » meſtiques, d'enfermer les pauvres qui

» iront mendier dans les maisons à Paris,
» & les retenir jusqu'à ce que les Officiers
» de Police soient avertis, &c.

L'article 7 » excepte les quêtes pour
» l'Hôtel-Dieu, celles pour le grand Bu-
» reau des Pauvres, les Aveugles de l'Hô-
» pital des Quinze-Vingts, les Religieux
» Mendians, &c.

L'article 11 » fait défenses aux Proprié-
» taires & Locataires de maisons, de loger
» & retirer chez eux les Mendians, à peine
» de 100 liv. d'amende pour la premiere
» fois, 300 liv. pour la seconde, & de plus
» grande, en cas de récidive.

L'article 12 » enjoint aux Directeurs de
» l'Hôpital Général, de faire saisir les lits,
» matelats, couvertures & paillasses, dans
» lesquels auront été couchés les pauvres,
» chez les Particuliers qui leur auront don-
» né retraite «.

MER.

V. *Amiral, Colonies, Corsaires, Naturalité,*
Naufrage & Navire.

Tout ce qui par le Droit Romain étoit
destiné à l'usage public, est censé parmi
nous appartenir au Roi, qui est aux droits
du peuple.

Les Romains mettoient la Mer & ses ri-
vages au rang des choses publiques : par la
même raison, ils appartiennent en France
au Prince seul, à cause de sa souveraineté.
» Le Roi (dit *Carondas*) est Seigneur sou-
» verain des Mers qui s'étendent à l'entour
» de son Royaume, par le moyen de ce
» qu'en sa puissance est transféré tout le
» droit des choses communes & universelles
» par le Droit naturel & des gens «. Voyez
les Notes sur le Code Henri, liv. 20, tit. 7,
art. 28, &c. Bacquet, des Droits de Justice, ch. 30, n°. 4.

C'est sur le fondement de ces principes,
que toute la Jurisdiction de la Mer appartient au Roi, à l'exclusion des Seigneurs
Hauts-Justiciers, qui ont leurs Fiefs sur
les bords. L'Ordonnance de François Premier, du mois de Février 1544, y est formelle.

M. le Bret, qui a traité de la Souveraineté, dit que tous les droits du Roi sur la
Mer » sont des prérogatives si particulieres
» à la Souveraineté, que personne n'ose s'en

» approprier la jouissance, sans une expresse
» permission du Roi «. Il dit à ce sujet » que
» l'on voit dans le Trésor des Chartres une
» transaction qui fut passée en Parlement
» dès l'an 1377, entre le Roi Charles V,
» le Comte & la Comtesse d'Eu, par la-
» quelle ceux-ci se désistèrent de la posses-
» sion & jouissance qu'ils disoient avoir de
» la Justice, pour tous les faits de Marine,
» & du dixiéme des choses gagnées en Mer
» sur les ennemis, d'autant que ces droits
» dépendent entiérement de l'autorité sou-
» veraine du Prince, & que par conséquent
» ils ne peuvent être communicables à per-
» sonne.

» Comme il arrive souvent des naufrages
» sur Mer, & que les choses naufragées vien-
» nent sur les bords, les Loix ont réglé un
» temps qu'elles accordent aux Maîtres pour
» les recouvrer ; & s'ils ne paroissent dans
» ce temps, le Prince y a ses droits, com-
» me sur les autres espéces de biens vacans ;
» & les Officiers de Mer, & ceux qui les
» ont trouvés, y ont aussi les leurs, ainsi
» qu'il est réglé par les Ordonnances «.
V. Domat, du Droit public & Naufrage.

Cependant, en Normandie, les Seigneurs
voisins de la Mer, ont ce que leur Coutume
nomme droit de Varech, par le moyen duquel ils peuvent, suivant l'article 596 de la
Coutume de Normandie, s'approprier *toutes choses que l'eau jette à terre par tour-
mente & fortune de Mer, ou qui arrivent si
près de la terre, qu'un homme à cheval y
puisse toucher avec sa lance,* pourvû que personne ne les reclame dans l'année ; mais
c'est un privilége particulier à cette Coutume, qui étant en cela exorbitante du Droit
commun, doit être renfermée dans ses bornes. Voyez l'article 602 de la même Coutume.

Ce sont les Officiers du Roi qui connoissent du Varech, qui en ordonnent le séquestre entre les mains du Seigneur, ou la
vente provisoire. L'Ordonnance du mois de
Février 1549, & la Coutume même de Normandie (art. 597 & suiv.) le décident textuellement.

Ainsi le Roi étant maître des Mers qui
environnent le Royaume & de leurs riva-
ges, il s'ensuit que, lorsque les bornes en
sont reculées, soit par l'effet de l'art, soit

naturellement, le terrein que la Mer quitte, appartient au Roi par droit d'alluvion; aussi voyons-nous que c'est Sa Majesté qui concéde ordinairement ces sortes de terreins.

L'Ordonnance de la Marine, tit. 7, art. 1, s'explique en ces termes: *Sera réputé bord & rivage de la Mer tout ce qu'elle couvre & découvre pendant les nouvelles & pleines Lunes, & jusqu'où le grand flot de Mars se peut étendre sur les Greves.*

Ce que j'ai dit du Varech (que quelques personnes nomment Vraix, d'autres Sar, & d'autres Gouefmon) sembleroit n'avoir rapport qu'aux naufrages; néantmoins il y a sur les côtes de la Manche une herbe qui se détache des rochers, & que la Mer jette à bord, qui s'appelle aussi Varech. Les Paysans emportent cette herbe pour engraisser leurs terres; d'autres l'employent à faire de la soude (a), matiere dont on se sert pour la fabrication du verre; mais comme le Varech conserve le fray du poisson, & le poisson du premier âge, le Roi, pour rétablir l'abondance du poisson sur les côtes, a, le 30 Mai 1731, donné une Déclaration registrée au Parlement de Paris, le 28 Juin suivant, & à celui de Rouen, le 5 Juillet aussi suivant, qui, par le titre premier, indique les temps, les lieux & les habitans des côtes de la Manche, qui peuvent couper & enlever le Varech, & ceux auxquels la coupe & l'enlevement en est interdit.

Le titre second prescrit la maniere de faire la coupe du Varech.

Cette Déclaration, qui contient en outre un dernier titre, nommé titre commun, est trop étendue pour trouver place ici.

Une Déclaration du 22 Septembre 1699, registrée le 12 Octobre, défend *aux Officiers, Mariniers & Matelots, d'abandonner en Mer les Vaisseaux sur lesquels ils seront employés, sans le consentement des Capitaines & Maîtres qui les commanderont, & même des Propriétaires & Marchands Chargeurs, lorsqu'ils y seront embarqués, à peine de trois ans de galeres, & de plus grande, s'il y écheoit.*

Un Edit du mois de Février 1716, registré le 11 Mars suivant, détaille les cas dans lesquels les Capitaines & Maîtres de Vaisseaux Marchands doivent, ou sont dispensés de prendre des passe-ports de Sa Majesté pour la navigation & le commerce maritime. Cet Edit contient six articles.

Des Lettres-Patentes du 4 Février 1716, registrées le 28 Mai suivant, confirment un Réglement fait le 28 Janvier précédent, pour prescrire ce qui doit être observé par les Officiers Généraux, & Capitaines-Majors & Compagnies pour la garde des côtes du Royaume, & le service militaire qui doit être fait, tant en temps de guerre, qu'en temps de paix. Ce Réglement contient dix titres différens.

Dans la même année 1716, le Roi a, par une Déclaration du 4 Mars, registrée le premier Avril suivant, autorisé un Réglement fait le premier Mars de la même année en dix-huit articles, contenant ce qui doit être observé par les François propriétaires de vaisseaux, barques & autres bâtimens de Mer, & par ceux qui en acheteront, ou en feront construire, tant en France que dans les Pays étrangers.

Une Déclaration du 15 Mai 1756, a exempté de tous droits, généralement quelconques, les marchandises servant à l'avitaillement des vaisseaux armés en course; mais, par un Arrêt contradictoire, rendu au Conseil en faveur des Fermiers Généraux, contre les Négocians & Armateurs du Havre-de-Grace, le 23 Mai 1758, il a été jugé que cette exemption ne doit pas avoir lieu, relativement aux droits d'Aides.

MERCURIALES.

On nomme Mercuriales des discours sur les devoirs des Magistrats, qui se font ordinairement par l'un de Messieurs les Présidens, ou des Gens du Roi, dans les Cours Souveraines assemblées.

Au Parlement de Paris, les Mercuriales se font alternativement par M. le premier Président, par M. le premier Avocat Géné-

(a) Ceux qui brûlent le Varech pour faire de la Soude, ne peuvent allumer leurs fourneaux que lorsque le vent vient du côté de la Terre & porte du côté de la Mer, à peine de 300 liv. d'amende; quand le vent change, les fourneaux étant allumés, il faut les éteindre au bout de deux heures, si le vent continue de porter du côté de la Terre. V. le Titre commun de la Déclaration de 1731, art. 5, & des Arrêts du Conseil des 23 Déc. 1732, & 7 Septemb. 1737. Voyez ce que le Roi de Lozembrune dit du Varech, sur l'article 22 de la Coutume du Boulonnois.

ral, & par M. le Procureur Général.

Il s'en fait deux dans l'année ; l'une, après la S. Martin, le Mercredi qui suit l'ouverture des grandes Audiences ; l'autre, le Mercredi d'après la Quasimodo.

Elles ont été établies par les Edits des Rois Charles VIII, Louis XII & Henri III, » pour y traiter des abus qui peuvent se » glisser dans l'administration de la Justice, » ou dans la poursuite & l'instruction des » affaires, & en général de tout ce qui peut » intéresser le bon ordre, la discipline & » l'honneur des Cours «. V. l'Ordonnance d'Abbeville pour le Dauphiné, art. 73, 74 & suiv.

Les Mercuriales ne se bornoient pas autrefois à un simple discours préparé sur un sujet moral, comme on fait aujourd'hui. Le Président, ou les Gens du Roi qui les faisoient, exhortoient vivement les Juges à rendre exactement la Justice, & à garder les Réglemens ; souvent même ils faisoient des remontrances personnelles, & des corrections à ceux qui avoient manqué à leur devoir, & dont la conduite & les mœurs n'étoient pas régulieres. V. la note que j'ai faite au mot *Magiſtrat.*

Il y a encore en France des Parlemens qui ont conservé cet ancien usage, & on l'a pratiqué récemment au Parlement de Paris.

Dans la Mercuriale du 17 Avril 1684, *la Cour a arrêté & ordonné que les Préſidens, Conſeillers, & autres Officiers qui ſont du corps de ladite Cour, porteront leurs robes fermées au Palais, aux Aſſemblées de cérémonies, & dans toutes les fonctions de leurs charges.*

Que par-tout ailleurs ils ſeront revêtus d'habits noirs, avec des manteaux & des collets.

Qu'ils ſeront invités de ne ſe point trouver aux lieux où ils ne peuvent être vûs ſans diminution de leur dignité ; & que le préſent Réglement ſera lû tous les ans dans les Mercuriales ordinaires, après la lecture des Ordonnances.

L'exécution de ce Réglement a été ordonnée par un Edit du mois d'Avril 1684, enregiſtré le 24 du même mois ; &, par cet Edit, Sa Majeſté veut *que les Officiers des Préſidiaux obſervent à leur égard ce qui eſt*

preſcrit pour les Officiers .... du Parlement par ledit Réglement.

Le même Edit ordonne qu'il ſera tenu des Mercuriales en la *Cour de ſix mois en ſix mois, dans leſquelles il ſera pourvu à l'obſervation des Ordonnances, & ſur-tout à ce qui regarde l'ordre & la diſcipline de la Compagnie......*

Sur les Mercuriales, voyez l'article 130 de l'Ordonnance de 1539, l'art. 3 de l'Ordonnance de Moulins, l'art. 144 de l'Ordonnance de Blois, & l'art. 79 de l'Ordonnance de 1629. Voyez auſſi une Déclaration pour le Parlement de Pau, du 16 Juillet 1747, art. 18 & 19.

MERES.

Suivant le Droit Romain, qui, comme je l'ai dit ailleurs, eſt obſervé dans pluſieurs de nos Provinces régies par le Droit-Ecrit, la Mere ſurvivante à ſes enfans, leur ſuccéde comme le pere, s'il eût été vivant, non-ſeulement à leurs meubles & acquêts, mais à tous leurs autres biens, de quelque nature qu'ils ſoient, lors même qu'ils proviennent de leur pere, ou de la ligne paternelle.

Ces Régles établies par différentes Loix, & ſinguliérement par une conſtitution de l'Empereur Juſtinien, ſont contraires au Droit commun de la France, ſuivant lequel les biens paternels ſont affectés à la ligne paternelle, comme les maternels le ſont à la ligne maternelle. Il ne paroît pas d'ailleurs naturel que les ayeuls & les oncles paternels, de qui les biens peuvent provenir, & qui ſurvivent ſouvent à leurs neveux, ſoient privés de l'eſpérance d'y ſuccéder, & les voyent paſſer dans une famille étrangere.

Ces grands motifs, parfaitement détaillés dans le préambule d'un Edit donné à Saint-Maur par Charles IX, au mois de Mai 1567, déterminerent ce Prince à ordonner par cet Edit, qu'à l'avenir les Meres ne ſuccéderoient plus à leurs enfans ; » & que les biens » deſdits enfans provenus du pere ou de » l'ayeul, d'oncles, & autres collatéraux du » côté paternel, retourneroient à ceux à qui » ils doivent retourner, ſans que les Meres » y puiſſent ſuccéder «.

Cet Edit conſerva néantmoins aux Meres la ſucceſſion mobiliaire de leurs enfans, avec

les acquêts & l'usufruit des propres pàter-
nels ; mais, par un autre Edit du mois d'Août
1729 , enregistré le 20 du même mois
d'Août, celui de S. Maur est révoqué pour
l'avenir ; & en conséquence , Louis XV a
ordonné » que les successions des Meres à
» leurs enfans, ou des autres ascendans &
» parens les plus proches desdits enfans du
» côté maternel , qui seront ouvertes après
» la publication du présent Edit , seroient
» déférées, partagées & réglées suivant la
» disposition des Loix Romaines , ainsi
» qu'elles étoient avant l'Edit de S. Maur «.
ART. II. » N'entendons néantmoins par
» l'article précédent déroger aux Coutumes
» ou Statuts particuliers qui ont lieu dans
» quelques-uns des Pays où le Droit-Ecrit
» est observé, & qui ne sont pas particuliére-
» rement conformes aux dispositions des
» Loix Romaines sur lesdites successions.
» Voulons que lesdites Coutumes ou les-
» dits Statuts soient suivis & exécutés ,
» ainsi qu'ils l'étoient avant notre présent
» Edit «.

Avant la révocation de l'Edit des Meres, la Cour, par Arrêt du 21 Mars 1720 ,
(qui est imprimé) avoit jugé qu'elles succédoient en Pays de Droit-Ecrit aux meubles & acquêts de leurs enfans, sans aucune
concurrence avec les freres & sœurs germains.

MESSAGERS. (Maîtres des Coches).
V. Prison & Rouliers.

Une Sentence rendue au Châtelet en forme de Réglement , le 18 Juin 1681 , publiée & affichée le 5 Juillet suivant, ordonne
*que tous ceux qui chargeront les Messagers,
Rouliers, Maîtres des Coches & Carosses , de
valises, coffres, & autres choses fermées à
clef, & ne feront point sur le Registre la déclaration des choses qui sont en icelles , ne
pourront demander pour la valeur des choses
qui sont dans lesdites valises ou coffres , non
déclarées sur le Registre ou Feuille , plus que
la somme de 150 livres, lorsqu'elles seront perdues par la négligence des Voituriers, & sans
fraude , en affirmant par ceux qui reclame-
ront les coffres & valises, que les choses qui
étoient en icelles , valoient ladite somme de
150 livres, sauf à ceux qui feront les envois
de choses de plus grande valeur, à les spécifier*

*sur le Registre ou Feuille ; auquel cas les Maî-
tres des Coches , Carosses & Messageries, seront tenus de rendre la juste valeur des choses
qui manqueront.*

D'après cette Sentence , l'Intendant de
Poitiers a seulement condamné un Voiturier à payer 150 liv. pour la valeur d'une
Boëte, déclarée *merciere*, sans autre détail ;
& son Ordonnance a été confirmée par un
Jugement des Commissaires du Conseil, du
21 Mai 1746.

Cette Jurisprudence ne me paroît pas
juste ; elle pourroit même occasionner des
fraudes : car un Messager sçachant qu'on
ne pourra lui demander que 150 liv. pour
la valeur des choses renfermées dans une
valise, malle ou coffre, &c. qu'il sçaura valoir beaucoup plus, pourroit impunément se
l'approprier, en payant 150 livres. Aussi la
Cour n'a-t-elle eu aucun égard au Réglement susdit, cité dans une affaire jugée
par Arrêt rendu en la Grand'Chambre, au
rapport de M. l'Abbé Tudert, le 16 Mai
1760.

Dans cette espéce, le sieur Unfroy, Limonadier, avoit remis au nommé Chatria,
Voiturier, trois caisses adressées au Marquis de Vareilles, & n'avoit fait aucune déclaration de ce que les caisses renfermoient.
Deux de ces trois caisses seulement arrive-
rent à leur destination, la troisiéme se trouva égarée.

Chatria fut assigné aux Consuls , pour
être condamné à représenter la troisiéme
caisse, sinon à payer 2500 livres pour la valeur. Après une instruction assez ample sur
une demande en garantie, formée par Chatria contre d'autres Voituriers, il fut condamné, par Sentence du 30 Juin 1755 , à
remettre la caisse reclamée, sinon à payer
les 2500 livres pour la valeur des marchandises qui y étoient renfermées, si mieux il
n'aimoit suivant l'estimation qui en seroit
faite sur le Mémoire que donneroit le Marquis de Vareilles.

Sur l'appel, Chatria prétendit ne devoir
au plus payer que 150 livres, en conformité
du Réglement du Châtelet, & d'une Ordonnance de l'Intendant de Poitiers confirmée par un Jugement des Commissaires
du Conseil, du 21 Mai 1746; mais on n'eut
aucun égard à ces autorités ; & par l'Arrêt

dudit jour 16 Mai 1760, la Sentence des Confuls fut confirmée. La Cour ordonna feulement que, dans le cas où Chatria opteroit l'eftimation, le Marquis de Vareilles feroit tenu d'affirmer la fincérité du Mémoire. V. au Journal des Audiences, tome premier, liv. 8, ch. 41, un Arrêt du 30 Mai 1656, qui a jugé de même.

La même queftion s'étant depuis préfentée au Bureau de la Ville, entre la dame Thierriat, qui demandoit une malle qu'elle avoit mife au Coche d'Auxerre, finon 2785 liv. pour la valeur des effets qui y étoient renfermés; les Fermiers du Coche offroient feulement 150 liv., conformément au Réglement du Châtelet. On n'eut aucun égard à ce Réglement; &, par Sentence du Bureau de la Ville du 27 Juin 1760, confirmée par Arrêt rendu le 3 Septembre 1761 (a), les Fermiers des Coches ont été condamnés de lui payer la fufdite fomme de 2785 livres, en affirmant que les effets qui étoient dans la malle, valoient cette fomme. Voyez l'article 2 du chap. 5 de l'Ordonnance pour la Ville de Paris, de l'an 1672, & l'art. 19 du Réglement de la Ville, du 29 Avril 1738.

Il eft décidé par une Ordonnance des Commiffaires, députés pour le fait des Poftes & Meffageries, du 19 Janvier 1715, que les Maîtres des Coches, Caroffes & Meffageries, ne font pas garans des chofes fragiles qu'ils font chargés de faire conduire, & qui fe caffent en chemin, ou dans les voitures.

Un Arrêt de Réglement du 16 Décembre 1676, a ordonné que les Meffagers & Maîtres des Coches de Paris ne pourroient être affignés ailleurs qu'au Châtelet, pour le fait de leur Meffagerie.

Ce même Réglement prefcrit la forme dans laquelle les feuilles des Meffageries doivent être tenues, la maniere dont les Directeurs des Coches & Meffageries doivent fe charger des effets, & en tirer décharge. Cet Arrêt eft dans le Journ. des Audiences, tome 3, liv. 10, ch. 31. Il y en a un autre fur la même matiere, du 30 Décemb. 1656, tome premier.

Deux autres Arrêts de Réglement, rendus par la même Cour le 20 Mars 1690, & le 26 Août 1704, prefcrivent ce que doivent faire les Meffagers chargés de transférer ou conduire les prifonniers d'une prifon dans une autre. Je les rapporte au mot *Prifon.* Voyez au même endroit les autres Arrêts qui ont fixé les droits des Meffagers pour le tranfport des prifonniers.

Le dernier de ces deux Arrêts (qu'on trouve dans le Recueil des Réglemens de Juftice, tom. 2,) condamne (par contumace) aux Galeres pour cinq ans, un Cocher, par la faute duquel un Prifonnier condamné à la même peine, & qu'il étoit chargé de conduire, s'étoit fauvé. Le même Arrêt *ordonne que, dans trois mois, les Affociés pour la Meffagerie de Chartres feront tenus de conftituer Prifonnier, Claude Thibaut d'Auvilliers, autrement...... qu'ils y feront contraints par corps.*

Les Auteurs penfent que les Meffagers font refponfables du vol qui leur eft fait des effets d'autrui, quand ils ont été volés avant le lever ou après le coucher du Soleil. Sur cela voyez *Mornac* & *Chenu.*

Voyez auffi l'article 12 de l'Arrêt du Confeil du 25 Juin 1678, contenant le Réglement fur les fonctions & droits des Maîtres des Coches & Caroffes. On le trouve au Recueil dont j'ai déja parlé. Voyez ce que je dis fur les Meffagers de l'univerfité, aux articles *Garde-Gardienne* & *Taille.*

Le Samedi 14 Mai 1763, la Cour a, par Arrêt rendu fur les Conclufions de M. l'Avocat Général de Saint-Fargeau, fait mainlevée de la faifie d'une charrette, chevaux, &c. faite fur un particulier, à la requête du Fermier des Coches de Moulins, fous prétexte que ce Particulier conduifoit dans fa voiture, une femme qui avoit un paquet pefant dix-fept livres, des facs vuides & des paquets de peaux de moutons.

M. l'Avocat Général a dit que, fuivant un Arrêt rendu en forme de Réglement le 25 Février 1622, qui n'a point été imprimé, il eft permis aux Rouliers de conduire jufqu'à trois perfonnes fur leurs voitures,

---

(a) L'Arrêt du 3 Septemb. 1761, ajoute » faifant droit » fur les Conclufions de notre Procureur Général, ordon- » ne que l'Arrêt de notredite Cour, du 31 Janvier 1693, » fera exécuté felon fa forme & teneur; en conféquence, » que les Maîtres des Meffageries & Coches d'eau, & les » plus confidérables trafiquans de Paris, fe retireront dans » deux mois pardevant M....... Severt...... pour, en pré- » fence d'un Subftitut de notre Procureur Général, don- » ner leur avis fur l'expédient d'un Réglement pour la » fûreté publique, &c. «

pourvû

pourvû qu'elles ne fuſſent point couvertes. Dans le cas particulier, il n'y avoit qu'une ſeule perſonne ; à l'égard des peaux, les paquets peſoient plus de ſoixante livres chacun ; d'ailleurs le Roulier diſoit en faire ſon commerce, & les ſacs étoient deſtinés à contenir de l'avoine que le Roulier alloit acheter pour ſes chevaux.

M. de Saint-Fargeau a dit que le Réglement de 1622 étoit le premier ſur la matiere, & que divers Arrêts en avoient ordonné l'exécution ; mais que les Meſſagers ne l'ont pas fait inférer dans leur Recueil, parce qu'il eſt oppoſé à pluſieurs de leurs prétentions.

Il y a un Réglement fait par le Bureau de la Ville de Paris, qui preſcrit tout ce qui doit être obſervé, tant ſur les Rivieres que ſur les Ports, par les Maîtres des coches, Voituriers, Mariniers & autres. Il rappelle tous les autres Réglemens précédemment faits, tant au Conſeil qu'au Bureau de la Ville.

Le Grand-Conſeil a, par Arrêt du 25 Mai 1753, *fait défenſes au Fermier des Voitures de la ſuite de la Cour, à ſes Commis ou Prépoſés, de plus à l'avenir arrêter ni faire arrêter par ſes Commis ou Prépoſés, ſur les chemins conduiſans aux lieux où la Cour ſera ſa réſidence, les Voitures des Loueurs de Caroſſes de Remiſe de la Ville & Fauxbourgs de Paris ; lui permet ſeulement de les arrêter aux entrées & barrieres, & dans l'enceinte deſd. lieux, pour ſçavoir des Cochers s'ils paſſent outre, ou en quel endroit ils vont deſcendre, à l'effet par leſdits Commis ou Prépoſés, pouvoir s'y tranſporter, & ſe faire repréſenter les Baux, & vérifier s'ils ſont conformes aux Lettres-Patentes & Réglemens ce concernans.*

Le Meſſager de Toulouſe, qui avoit retenu l'argent envoyé par ſa voiture, à une perſonne qu'il diſoit prêter ſon nom à l'un des Débiteurs de lui Fermier, a été condamné à 20 liv. de dommages & intérêts envers cette perſonne, & à lui payer en outre l'intérêt de la ſomme retenue avec dépens, par Arrêt rendu à l'Audience de la Grand'Chambre, le 19 Février 1731.

La Cour a, par un Arrêt ſur Requête, rendu le 9 Août 1737, maintenu les Fermiers des Coches, Caroſſes & Meſſageries, leurs Sous-Fermiers & Prépoſés, dans le

droit de ſe charger, à l'excluſion de tous autres, de tous les Priſonniers.... dont la tranſlation & le renvoi conviendront être faits d'un Siége à un autre, ou dans la Conciergerie du Palais & ailleurs, ainſi que des Procès civils & criminels, dont le tranſport ſera ordonné....

Il y a un ſemblable Arrêt rendu par la Cour des Aides, le 23 du même mois d'Août 1737.

Les paquets, balles ballots, marchandiſes & effets, qui ſe trouvent dans les Bureaux des Coches, Meſſageries & Maiſons où ſe tiennent des Voitures publiques, tant par eau que par terre, appartiennent au Roi à titre d'Epave, quand après y avoir reſté deux ans, les Propriétaires ne ſont pas connus & ne reclament point les effets : on peut ſur cela voir la Déclaration du 20 Janvier 1699 ; l'Arrêt du Conſeil, revêtu de Lettres-Patentes du 13 Août 1726, & l'Arrêt rendu au Parlement le 15 Juillet 1752, entre le Receveur général des Domaines & Bois de la Généralité de Paris, le Fermier des Coches de Lyon, M. le Procureur du Roi au Châtelet, & celui de la Chambre du Domaine.

Les Droits & revenus de l'Univerſité de Paris ſur les Meſſageries ont été liquidés par un Arrêt du Conſeil du 23 Fév. 1756, à 140528 liv. 18 ſols 4 deniers par chacun an, & les Fermiers des Poſtes & Meſſageries ſont chargés de payer annuellement cette ſomme aux Receveurs de l'Univerſité, par l'article 8 des Lettres-Patentes du 15 Août 1759, regiſtrées en la Chambre des Comptes le 17 Octobre ſuivant. Voyez l'Arrêt d'enregiſtrement ; il énonce des réſerves faites par l'Univerſité.

MESSIERS.

On nomme Meſſiers, des perſonnes prépoſées par les Communautés d'Habitans, pour veiller à la garde des fruits de la terre.

Dans quelques Cantons, ces ſortes de Gardes ſont nommés Sergens de verdure ; dans d'autres on les nomme Bannars ; l'Edit de Henri II de l'année 1559, & la Coutume d'Auvergne les nomme Gaſtiers.

Chaque Communauté a des uſages particuliers ſur la maniere d'élire les Meſſiers ; & une Déclaration du 11 Juin 1709 a ordonné qu'on en nommât dans chaque Pa-

Y

roisse. Ils doivent être idoines, capables &
suffisamment âgés (a); mais on ne peut ni
nommer, ni contraindre les Bourgeois, &
ceux qui exercent une profession honnête,
de faire les fonctions de Messiers. Un Laboureur, habitant du Village d'Argilly en
Bourgogne, a été déchargé de cette fonction, par Arrêt du Parlement de Dijon du 9
Fév. 1706; & le même Parlement en a déchargé Pierre Patuel, Marchand à l'Eper-
viere, par Arrêt du 27 Novemb. 1744, rapporté dans la Pratique des Fermiers.

Les Messiers doivent prêter serment devant le Juge, de bien & fidélement remplir
leurs fonctions; dans les Justices où il y a
des Officiers particuliers pour la Police,
c'est devant eux que ce serment doit être
prêté. Voyez l'Edit du mois de Novembre
1706.

Le Juge du Moyen-Justicier peut recevoir le serment des Messiers, suivant l'Acte de Notoriété du Châtelet, que j'indique
au mot Justice.

En Dauphiné, les Messiers sont nommés
Gardes champêtres; & l'article 8 de l'Arrêt rendu en forme de Réglement, au Parlement de Grenoble, le 6 Mars 1723, a ordonné » que les Communautés Villageoises
» seroient tenues d'en nommer, pour garder
» les récoltes, & empêcher les dégâts dans
» les bois; auxquels Gardes, ajoute l'Arrêt,
» après qu'ils auront prêté serment entre les
» mains des Châtelains des lieux, lesdites
» Communautés leur donneront des salaires
» compétens, lesquels seront compris dans
» les impositions annuelles «.

Les obligations des Messiers consistent à
garder les fruits du Territoire avec assiduité,
conformément au serment qu'ils doivent
prêter entre les mains du Juge, lors de leur
réception.

L'Auteur du Code de la Police dit que
les dégâts, dont les Messiers n'ont pas fait
de rapport, sont à leur charge, & qu'ils en
sont responsables envers les Particuliers qui
peuvent, à ce sujet, exercer contr'eux leur
action, en dommages & intérêts. Je crois
que ces sortes d'actions dépendent beaucoup des circonstances.

Les Messiers ne sont point assujettis à
dresser des Procès-verbaux des dégâts qu'ils
trouvent, ils doivent seulement en faire un
rapport verbal au Greffe, & le Greffier est
tenu de les écrire, à mesure qu'ils lui sont
faits.

Si les personnes que les Messiers trouvent
en flagrant-délit, sont des personnes non
domiciliées & sans aveu, ils doivent les arrêter, & dans tous les cas, ils sont autorisés
à se saisir des effets des Délinquans; & celui qui les retireroit violemment de leurs
mains, seroit punissable d'amende, ou autre
plus grande peine, selon la qualité des violences. V. le Traité de la Police, titre 5 des
Vivres, & l'art. 36 de la Coutume de Normandie.

Les rapports des Messiers affirmés véritables, sont crus en Justice. Les Cout. d'Auvergne, de Nevers, d'Amiens, de la Rochelle, d'Artois, & de Ponthieu, contiennent sur cela des dispositions précises; &
c'est sur ces rapports, que ceux qui ont commis quelque dégât, sont condamnés en une
amende, & à dédommager la Partie souf-
frante.

Taisant rapporte différens Arrêts, sur
l'article 6 du titre 1 de la Coutume de Bourgogne, par lesquels il a été jugé que les
Communautés sont responsables des fautes
commises par les Messiers, dans l'exercice
de leurs fonctions. Voyez la pratique des
Terriers, tom. 3, chap. 11, sect. 4.

MESURES.

Voyez *Arpenteur*, *Minage* & *Poids*.

On nomme Mesure, ce qui sert à faire
connoître ou à marquer l'étendue & la quantité de quelque chose.

La garde des Mesures-Matrices, c'est-à-
dire, qui servent à l'étalonnage de celles
dont on se sert pour acheter & vendre, a toujours mérité l'attention des Législateurs.
Justinien qui en prescrivit la réforme par la
Novelle 128, ordonna en même-temps que
les étalons publics seroient gardés dans la
principale Eglise du lieu, à l'imitation des
Hébreux, qui les gardoient dans le Sanc-
tuaire.

(a) Je ne connois point de Loi qui fixe l'âge que
doivent avoir les Messiers. Chassanée, sur la Coutume de
Bourgogne, dit qu'il doit être au moins de 18 ans; mais
je crois qu'on peut les assimiler aux Gardes des Capitaineries qui doivent être âgés au moins de 22 ans, suivant
l'Edit dont je parle à l'art. *Age*.

Théodose renouvella ce Réglement, & y ajouta que les étalons des Mesures seroient d'airain ou de pierre. Depuis la translation de l'Empire à Constantinople, les Empereurs envoyoient à Rome les étalons ou prototypes des Mesures, pour y être conservés, & servir de régle sous leur autorité.

Dans les premiers tems de la Monarchie Françoise, les étalons ou prototypes des Mesures, étoient gardés dans le Palais même de nos Rois, ainsi que nous l'apprend un Capitulaire de Charles-le-Chauve, de l'an 864; actuellement l'usage est de les déposer en l'Hôtel-de-Ville, ou dans les Greffes des Justices. Voyez les Coutumes de Tours & de Poitou.

Le Commissaire de la Marre dit que, sous la premiere race de nos Rois, toutes les Mesures étoient égales en France; & que cette égalité a commencé à s'altérer vers la fin du régne de Charlemagne. Traité de la Police, tom. 2, liv. 5, titre 8, chap. 2.

François Premier avoit ordonné, par un Edit du mois d'Avril 1540, que toutes les aulnes seroient rendues égales dans le Royaume (a).

Henri II ordonna aussi, par un Edit du 20 Mai 1557, que les Poids & Mesures fussent rendus uniformes dans ses Etats; & il donna encore une autre Loi sur le même sujet, au mois d'Octobre de la même année.

Charles IX & Henri III ordonnerent la même chose les 29 Janvier 1561, 28 Janvier 1564, & 4 Juin 1575; mais ces Loix & les changemens qu'elles prescrivoient, occasionnerent tant de Procès, qu'on a cru expédient de les laisser sans exécution.

Louis XIV avoit, par des Edits des mois de Janv. 1704, & Mai 1708, créé des Offices de Contrôleurs, Visiteurs des Poids & Mesures, dans chaque Ville & Bourg; mais ces Offices ont été supprimés pour ce qui concerne les moulins. Voyez *Moulins.*

Le droit d'avoir des Mesures originales, pour servir à ce qu'on nomme étalonnage, n'est pas un Droit royal, ainsi qu'on peut le voir dans l'article 42 de la Coutume de Touraine, & dans la question 490 de Guy-Pape; ce droit n'est pas non plus attaché à la Police ni à la mouvance; car nous voyons que l'Abbaye de S. Denis donne la Mesure à S. Germain-en-Laye, (où il y a une Justice Royale) & dans un nombre considérable de Justices Seigneuriales, qui ne dépendent nullement de Saint Denis, ni directement ni indirectement, par ressort, mouvance ou autrement.

Nous voyons même que les Chanoines de Saint Cloud, qui n'ont pas la Justice, donnent l'étalon aux Officiers de la Justice du Duché de S. Cloud; on pourroit citer d'autres exemples en grand nombre (b), & singuliérement la Mesure de Montmorency.

Les Mesures qui servent à l'étalonnage, portent différens noms.

On appelle marc ou matrice, l'original des Mesures primitives, gardés par des Officiers publics, dans les Greffes ou Bureaux des Justices du Roi ou des Seigneurs, pour servir à étalonner les autres Mesures.

On nomme étalon la Mesure marquée aux armes de celui à qui le marc ou la Mesure-Matrice est confiée, & qui se conserve dans les Greffes, pour servir à la Police de l'étalonnage.

Il ne doit y avoir qu'une seule Matrice d'une même Mesure, parce qu'un original doit être unique; mais il peut y avoir différens étalons. En effet, si la Mesure est en usage dans différens endroits, il est naturel, & même nécessaire, que tout Seigneur qui a droit sur la Police des Mesures, ait un étalon, pour en faire la vérification; & quoique l'étalon contienne la même Mesure que la matrice ou original, il ne faut pas confondre l'un avec l'autre, puisque s'ils étoient la même chose, il y auroit autant de Mesures que de Hautes-Justices. Le droit de Mesure est donc différent, comme on voit, de celui d'étalonnage.

Les Mesures-Matrices sur lesquelles on doit faire l'étalonnage de celles qui servent

---

(a) Cette Ordonnance est au troisiéme volume des Registres des Bannieres du Châtelet, *fol.* 170, *vers.* Elle porte que, l'aulne sera de trois pieds sept pouces & huit lignes.

(b) Loysel, Institutions Coutumieres, liv. 2, n. 46, dit que donner Poids & Mesures, sont exploits de Moyenne-Justice. Il y a en effet plusieurs Coutumes qui le décident ainsi par des textes précis; mais d'autres Coutumes n'accordent ce droit qu'au Haut-Justicier. V. les Notes de M. Eusebe de Lauriere, sur l'article susdit de Loysel.

En Normandie, il y a des Jaugeurs en titre. Voyez *Jaugeurs.*

à l'achat & vente des grains, farines, légumes, fruits, charbons de bois & de terre à Paris, ont été fondues & déposées à l'Hôtel-de-Ville de Paris, dans la Chambre des Jurés-Mesureurs de Sel, en exécution de Lettres-Patentes du mois d'Octobre 1669, regiſtrées au Parlement le 22 Déc. 1670, inſérées dans l'Ordonnance de la Ville de Paris, du mois de Déc. 1672, chap. 24.

Ces Lettres portent que, l'étalonnage des Meſures ſe fera ſur les Matrices, *par le moyen de la tremye*, avec *de la graine de millet & non autres*. Voyez tout le chapitre en entier, qui contient pluſieurs autres régles, dont l'exécution eſt ordonnée par la ſuſdite Ordonnance (a).

Des dix Huiſſiers-Audienciers, Commiſſaires de Police, au Bureau de la Ville de Paris, il y en a ſix qu'on nommoit anciennement Sergens du Parloir aux Bourgeois, leſquels ſont chargés de l'étalonnage & de la viſite des Meſures pour les fluides dans la Ville, Fauxbourgs & Banlieue de Paris, & qui pour leur viſite, ont droit d'exiger de chaque Débitant, cinq ſols dans la Ville, & 7 ſols dans les Fauxbourgs & Banlieues, de chaque Débitant, à chacune des deux viſites qu'ils ſont tenus de faire par année.

Le Droit de viſite accordé aux Huiſſiers-Commiſſaires de Police de la Ville de Paris, eſt une exception à la régle, qui veut que les Officiers de Police faſſent *gratis* la viſite des Poids & Meſures. Le Parlement de Beſançon en a fait un Réglement précis par Arrêt du 13 Août 1686.

Les Jurés Meſureurs de Sel de Paris ont auſſi le droit de viſiter & étalonner une fois l'année, les Meſures à grains, dans l'étendue de la Ville, Prévôté & Vicomté de Paris; les Ordonnances de la Ville de Paris, des années 1415 & 1672, leur accordent ce droit; & il leur a été confirmé par Arrêt rendu ſur les Concluſions de M. l'Avocat Général Seguier, en la Grand'Chambre, le 6 Août 1763.

Cet Arrêt qui eſt imprimé, porte: » Maintient & garde la Communauté des Jurés » Meſureurs de Sel, dans le droit de viſiter » & étalonner toutes les Meſures (à grains) » dans toute l'étendue de la Prévôté & Vi» comté de Paris, dans les lieux où le Roi » donne la Meſure; fait défenſes à toutes » perſonnes de les y troubler.

» Faiſant droit ſur les Concluſions du » Procureur Général, fait défenſes à tous » Meſureurs, Fermiers, Marchands, Re» gratiers & autres, de ſe ſervir de Meſures » fauſſes, corrompues ou altérées, ou même » qui n'auront point été marquées & étalon» nées à la lettre courante de l'année au » Bureau de la Ville, à peine de 500 livres » d'amende, & d'être pourſuivis extraordi» nairement, ſi le cas y écheoit; enjoint aux » Officiers de Police des lieux, notamment » au Lieutenant de Police de Montlhéry » d'y tenir la main.

» Enjoint pareillement auxdits Meſu» reurs de demander chaque année au Pré» vôt des Marchands, commiſſion leur être » délivrée, pour aller faire leurs viſites dans » l'étendue de la Prévôté & Vicomté de Pa» ris, & lieux où ils ont droit de ſe tranſ» porter, à l'effet de conſtater les contra» ventions, & de faire aſſigner les Délin» quans pardevant les Prévôt des Marchands » & Echevins de la Ville de Paris, à la Re» quête du ..... Procureur du Roi, en la» dite Ville ..... «

Il y a pluſieurs Communautés de Marchands (b) & d'Artiſans, dans leſquelles les

---

(a) En exécution de ces Lettres, il a été fondu aux frais du Bureau de la Ville de Paris, des ſeptiers de cuivre de potin, par Taupin, Maître Fondeur, leſquels ont été gravés, vérifiés & étalonnés, conformes à la Meſure du ſeptier ſervant de Matrice, gardé au Bureau de la Ville; ces Meſures ont enſuite été envoyées à la Ville-neuve-le-Roi, Joigny, Tonnerre, Coulange-la-Vineuſe, Avalon, Auxerre, Vermanton, Chablis, Cravant, Rancy & Saulieu, & dépoſées au Greffe de chacun de ces endroits, ſuivant les Procès-verbaux qui en ont été dreſſés, dont les originaux ſont au Greffe de l'Hôtel-de-Ville de Paris.

(b) Les Marchands Epiciers & Apoticaires de Paris ont la Garde de l'Etalon des poids & balances, & peuvent faire par toute la Ville & Fauxbourgs de Paris, viſitation de ceux dont on ſe ſert pour le débit des marchandiſes qui ſe vendent au poids, même chez ceux qui ne

ſont pas de leur profeſſion, ſuivant les Arrêts rendus les 6 Septembre 1636, & 5 Juillet 1738, imprimés avec leurs Statuts.

La Communauté des Huiliers-Chandeliers de Paris a la garde du Coin & de l'Etalon des Meſures à huile à Paris; & les Epiciers & Apoticaires-Epiciers, vendans huile à la Meſure, ont été aſſujettis à ſouffrir la viſite de l'Etalonnage des Meſures à huile deſdits Jurés Huiliers, par Arrêt rendu entre les deux Communautés, le 16 Juin 1749. Ce même Arrêt condamne auſſi les Epiciers & Apoticaires-Epiciers vendans huile, à payer le droit de viſite ſur le pied des Réglemens; & il leur enjoint de ſe ſervir de Meſures flétries & étalonnées par leſdits Jurés Huiliers ſur l'Etalon des Meſures à huile, conformément à un autre Arrêt du 30 Août 1741, & à payer le droit de Marque ſur le pied des Réglemens............

Gardes ou Jurés ont droit de veiller fur leurs Confreres, & même de faire des vifites des Mefures & Poids de ceux-ci. Mais cette infpection, quoiqu'accordée par Lettres-Patentes aux Chefs des Communautés des Marchands & Artifans, ne prive point les Officiers de Police du droit de veiller par eux-mêmes, à la juftesse des Poids & Mefures.

Les Communautés des Marchands & Artifans de la Ville de Bar-le-Duc, qui étoient autorifés par Lettres-Patentes, à faire la vifite des Poids & Mefures des Marchands de cette Ville, ont néanmoins prétendu que les Commissaires de Police ne pouvoient pas, comme les Magistrats du Bailliage l'avoient ordonné fur le Réquifitoire du Procureur du Roi, faire chez eux la vifite des Poids & Mefures; ils avoient même refufé de les repréfenter à ces Commissaires; mais quoiqu'on n'eût jamais exercé cette police chez les Marchands & Artifans de Bar, qui alléguoient une poffeffion de quatre cens ans, ils n'en ont pas moins été condamnés; fçavoir, les Gardes & Jurés, en 10 livres d'amende chacun, & les autres en chacun 5 livres pour leur réfiftance & leur refus. La Sentence rendue à Bar, qui prononçoit ces condamnations, a été confirmée par Arrêt rendu en la Grand'Chambre, fur les Conclufions de M. Joly de Fleury, Avocat Général, le Mercredi 14 Mai 1760.

La grande lieue de France contient 6000 pas communs, ou 2853 toifes.

La lieue commune ou moyenne contient 2450 toifes.

La petite lieue contient feulement 2000 toifes (a).

En Italie, on compte par mille, & il en faut trois pour faire une lieue ordinaire.

Le mille d'Italie contient 951 toifes.

La toife courante fe divife en 6 pieds.

La toife quarrée contient 36 pieds.

La toife cube contient 216 pieds.

Le pied fe divife en 12 pouces, le pouce en 12 lignes, la ligne en 12 points.

Ainfi le pied quarré contient 144 pouces, le pouce quarré 144 lignes, & la ligne quarrée 144 points.

Le pas géométrique contient 5 pieds de long.

Le pas commun 3 pieds.

La ftade 125 pas géométriques.

L'arpent eft plus ou moins grand, fuivant les différens lieux & les différens ufages.

La Coutume de Paris ne régle pas l'étendue de l'arpent; il y a même des endroits du reffort de cette Coutume où il eft plus ou moins grand, non pas qu'il ne foit partout de 100 perches quarrées, c'eft-à-dire, de 10 perches de long fur 10 de large dans tout le reffort, mais la perche eft plus ou moins longue.

A Paris, & dans les environs, la perche eft de 3 toifes, valant 18 pieds de long, fuivant l'Acte de Notoriété du 19 Mai 1693; dans d'autres Cantons, elle eft de vingt-deux pieds.

A Touloufe, l'arpent eft compofé de 1764 cannes, fuivant un Arrêt du 13 Février 1700; & c'eft par erreur que dans un imprimé de cet Arrêt, il eft dit 1764 perches.

A Montargis, l'arpent a 100 cordes, & chaque corde a 20 pieds.

L'arpent ou journal de Clermont en Beauvoifis a 100 verges, & chaque verge a 26 pieds.

Dans la Bretagne, le journal a 20 cordes en longueur & 4 en largeur, chaque corde ayant 24 pieds.

Dans la Coutume de Laon, le jallois eft compofé de 80 verges, la verge ayant 11 pieds.

Dans le Bailliage de Peronne, le journal de bois, terre & autres héritages, eft plus ou moins grand felon les lieux. Le journel que l'on qualifie Mefure de Peronne, & qui eft la plus générale du reffort, contient cent verges, la verge 22 pieds, & le pied dix pouces trois quarts.

L'autre journal, qualifié Mefure du mei-

(a) L'article premier de la Déclaration du 8 Septembre 1717, regiftrée le 20 du même mois (par laquelle il eft fait défenfes aux Boulangers d'acheter des bleds & farines dans l'étendue de 10 lieues des environs de Paris,) porte que les lieues feront eftimées à raifon de 2400 toifes par lieue, à commencer de la Halle de Paris.

La Lieue des Gaulois étoit de 2000 toifes de cinq pieds chacune. On a encore fuivi cette Mefure, en fixant l'étendue de la Banlieue d'Orléans, dont le Procès-verbal eft rapporté par Lalande dans fon Commentaire. Voyez Banlieue.

Suivant un Acte de Notoriété de la Sénéchauffée de Poitiers, du 19 Août 1715, la lieue de Poitou eft de 2000 pas, valant chacun cinq pieds de Roi.

ge, & qui a principalement lieu dans les Villages de Mons en Chauffée, Ennemain, Saint-Crift, Falvy, Croix, Willecourt, Martigny & ès environs, contient auffi cent verges ; mais la verge n'a que dix-fept pieds trois quarts, & le pied dix pouces trois quarts, fuivant l'acte de Notoriété du Bailliage de Peronne, du 10 Octobre 1733.

Le 21 Novembre 1740, les Officiers au Bailliage de Roye ont attefté, par Acte de Notoriété, que dans fon reffort on ne fe fert pas du terme *muid*, pour la Mefure des terres & héritages, mais du mot *journal* ; que le journal ordinaire contient cent verges, la verge 24 pieds, le pied dix pouces un tiers, le pouce douze lignes, à l'exception du Terroir & Marquifat de Nefle, dont le journal eft près d'un tiers plus grand, & de celui de Fonches, qui n'eft que de 75 verges.

Dans le Bailliage de Saint-Quentin en Vermandois, la Mefure ordinaire des héritages fe nomme feptier, & contient quatre-vingt verges, la verge vingt-deux pieds, à raifon de douze pouces par pied, & le muid huit feptiers.

La moitié du feptier fe nomme mancaud, & contient quarante verges ; le tout fuivant l'Acte de Notoriété dudit Bailliage, du 10 Juillet 1702. V. auffi celui du 20 Mars 1713.

Ces différentes Mefures me conduifent à remarquer qu'il eft effentiel que les Jurés-Experts & les Arpenteurs, qui dreffent des Procès-verbaux d'arpentage, indiquent foigneufement l'étendue de l'arpent, le nombre des perches dont il eft compofé, la longueur de la perche, & fpécifient fi le pied, dont la perche eft compofée, a douze pouces ; car il y a des contrées où le pied de la Mefure des héritages n'eft pas le pied de Roi. Par exemple, le pied n'a qu'onze pouces en Artois, & feulement dix pouces deux tiers dans le Duché de Guife.

Il en eft du muid de grains, comme des autres Mefures, c'eft-à-dire, qu'il eft diffé-

rent, fuivant les différens Pays. A Paris, le muid de bled, orge, pois, féves & lentilles, contient 12 feptiers (a), le feptier contient deux mines, la mine deux minots, le minot trois boiffeaux, le boiffeau feize litrons.

Il y a un Reglément fait par le Prévôt des Marchands, le 29 Décemb. 1670, rapporté dans le Traité de la Police, par lequel le boiffeau eft fixé à huit pouces deux lignes & demie de haut, fur dix pouces de diametre ; ce qui donne, par le calcul, une capacité de fix cens quarante-quatre pouces cubes foixante-dix-neuf-quatre-vingt-quatriéme.

Le muid d'avoine contient auffi douze feptiers, le feptier eft de vingt-quatre boiffeaux, & le boiffeau contient quatre picotins, dont chacun vaut quatre litrons ; ainfi ce muid eft le double des autres par le volume.

Le muid de fel contient douze feptiers, le feptier quatre minots, le minot quatre boiffeaux, le boiffeau quatre quarts, dont chacun vaut quatre litrons.

Le muid de charbon de bois contient 20 mines, la mine deux minots, le minot huit boiffeaux, le boiffeau quatre quarts.

La voye ou muid de charbon de terre contient trente demi-minots, le demi-minot trois boiffeaux.

Le muid de chaux contient quarante-huit minots, le minot trois boiffeaux, le boiffeau deux demi ou quatre quarts.

Le muid de plâtre contient trente-fix facs, le fac deux boiffeaux ; le pied cube de plâtre pefe 86. livres.

Le muid de vin contient, Mefure de Paris, trente-fept feptiers & demi, y compris la lie & le marc, le feptier contient huit pintes ; le demi-muid & le quart à proportion : c'eft à quoi le muid eft fixé par Ordonnance de Henri II, du 10 Octobre 1557 (b), dont l'exécution eft ordonnée par Arrêt du Confeil de Décembre 1714, revêtu de Lettres-Patentes du 8 Avril 1715, enre-

---

(a) Après plufieurs expériences, on a trouvé que 50 feptiers de bled, Mefure de Paris, font une toife cube. C'eft la Poix de Freminville qui dit avoir vû le témoignage de cette expérience dans une Lettre de M. de la Grange à M. de Louvois. Je crois que l'extrait de cette Lettre, que l'on trouve dans la Pratique des Terriers, tom. 4, pag. 222, n'eft pas exact.
Suivant les Mémoires de l'Académie des Sciences, tom. 5, pag. 540, le feptier de Paris contient 156 pintes, & le

boiffeau 644 pouces cubes trois quarts.
(b) Voici les termes de cet Edit.
» Et contiendra le muid de vin 36 feptiers fur marc &
» lie ; enforte que chacun Fût, de muid, compris ladite lie
» & marc, contiendra 37 feptiers & demi, & le feptier de
» vin, huit pintes. Le demi-muid, & le quart de même à
» l'équipollent ; & la pipe, un muid & demi ; valant 54
» feptiers ».

giftré le 9 Mai ; ainfi le muid va à trois cent pintes, Mefure de Paris, compris la lie (a).

La queue de Bourgogne, valant deux demi-queues, contient quatre cent trente pintes, Mefure de Paris, compris la lie (b).

Celle d'Orléans & du Blaifois doit contenir 240 pintes.

Suivant un Arrêt du Confeil du 13 Août 1715, la piéce de vin de l'Election de Roanne doit contenir deux cent quatre pintes, la demi-piéce ou ânée cent deux pintes, Mefure de Lyon. Cet Arrêt fait en outre défenfes à tous Tonneliers, de faire ni débiter aucun tonneau de moindre contenance, à peine de 100 liv. d'amende & de confifcation.

A Macon, le tonneau doit être de trente quartes, le demi-tonneau ou feuillette de quinze quartes, la quarte de huit pots, Mefure de Macon.

Le tonneau étant rogné, doit être de deux pieds & fept pouces de longueur, le jable d'un pouce neuf lignes de hauteur, le diamètre du fond d'un pied neuf pouces & demi hors du jable, le diamètre du bouge dans œuvre d'un pied onze pouces & demi, fuivant l'ancien échantillon & matricule, qui eft dans l'Hôtel commun de ladite Ville.

Cette jauge eft d'ailleurs réglée par une Ordonnance de l'Election de Macon, du 19 Mars 1680, renouvellée fur la réquifition du Syndic des Etats, le 12 Mars 1753, qui porte défenfes de fabriquer & vendre des tonneaux d'un autre jauge, à peine de confifcation, & d'une amende du double de la valeur des tonneaux.

Les mêmes Ordonnances enjoignent aux Tonneliers, de marquer les tonneaux qu'ils fabriqueront de leurs armes particulieres, & de les renouveller chaque année.

La pipe de Touraine eft fixée par la Coutume de cette Province à trente-fix jallais, chaque jallais de douze pintes, grande Mefure, les traverfiers & quarts à proportion.

La Cour a jugé, par un Arrêt rendu entre le Curé de Rofnay en Brenne & le Décimateur de fa Paroiffe, en la cinquiéme Chambre des Enquêtes le 11 (la Combe le date du 17) Avril 1715, que, quoique ce Décimateur fût dans une poffeffion immémoriale de payer le gros au Curé, dans la Paroiffe duquel il percevoit les dixmes, en mefurant le gros avec le boiffeau, dont le Seigneur de la Paroiffe fe fervoit pour recevoir les rentes en grains que lui payoient fes cenfitaires, le gros devoit néantmoins être payé à la Mefure publique & Royale plus prochaine du lieu, au moyen de ce qu'aucun titre n'annonçoit à quelle Mefure ce payement devoit fe faire.

Les motifs de cet Arrêt (qui eft imprimé) font : » que l'on ne doit reconnoître » d'autres Mefures que celles qui ont été » étalonnées dans les Juftices Royales, ou » dans celles des Seigneurs qui ont des Mé-» fures matrices, & qui peuvent contrain-» dre leurs Vaffaux à s'en fervir pour ven-» dre & pour acheter «.

Quelque changement qu'il puiffe arriver dans les Mefures, les cenfives & les redevances foncieres doivent s'acquitter en conformité de la Mefure exprimée dans les titres ; parce que l'on ne pourroit fur cela admettre les changemens fans augmenter ou diminuer la redevance, ainfi qu'il a été jugé par un Arrêt rendu le 18 Août 1710, entre l'Hôpital de S. Jean d'Arras & le Seigneur d'Afie.

Deux autres Arrêts rendus au Parlement de Bordeaux, en l'année 1692, rapportés par Lapeyrere & par Brillon, ont jugé qu'en matiere de redevances, le mot Mefure fe trouvant fimplement dans les titres, doit s'entendre raz & non comble. Mais je crois que fur cela il faut fe conformer à l'ufage & à la maniere de mefurer certaines efpéces de grains. Par exemple, en beaucoup d'endroits le bled & le feigle fe mefurent raz, & l'avoine comble. Je ferois d'avis qu'on payât de cette maniere les redevances, dont les titres n'in-

(a) La pinte de Paris contient 49 pouces cubes un tiers. V. les Principes fur le Mouvement de M. Trabaut, in-4°, page 574.

(b) Le Parlement de Befançon a, par Arrêt du 18 Déc. 1700, » fait défenfes aux Ouvriers réfidens au Comté de » Bourgogne, à la réferve de ceux travaillans dans Be-» fançon, qui fe conformeront à la Mefure de ladite Ville, » d'expofer en vente ou débiter aucun tonneau qui ne » contienne précifément une queue, demi-queue, quart » & huitième, muid & demi-muid, à raifon de 265 pin-» tes, Mefure de Dole. «

diqueroient pas comment elles doivent être mesurées.

La Cour des Aides de Rouen a, par Arrêt du 14 Juillet 1725, enjoint à tous cabaretiers vendeurs de vin en détail dans l'Election d'Evreux, de se servir de pots, pintes & autres vaisseaux Mesure de Paris.

Les différentes Mesures dont on se sert pour aulner en France, étant réduites en pieds, pouces & lignes de Roi:

L'aulne de Paris contient trois pieds sept pouces huit lignes (a). Celle de Lyon, Bordeaux, Rouen, & la Rochelle est de même grandeur que celle de Paris.

L'aulne de Flandres, de brabant & d'Allemagne, 2 pieds 1 pouce 5 lignes; d'Arras & de Lille, 2 pieds 2 pouces 2 lignes.

Le Parlement de Toulouse a, par Arrêt du 13 Avril 1734, enjoint aux Marchands du Languedoc, de mesurer à l'aulne de Paris, & leur a défendu de mesurer à la canne, qui contenoit 5 pieds 5 pouces 6 lignes. V. Fromental, art. Négociant.

M E S U S.

Ce mot signifie mauvais usage, user mal de quelque chose, en abuser, &c.

Il signifie aussi les dommages que causent les bestiaux dans les héritages ou bois où ils vont pâturer, contre la disposition des Ordonnances, dont les Gardes & Messiers font rapport. V. Messiers.

M E U B L E S.

Voyez Cateux, Immeubles, Mineur, Préciput, Rentes, Vaisselle & Usufruit.

Nous ne connoissons que deux espèces de biens en France; sçavoir, les meubles & les immeubles.

Tout ce qui n'est pas immeuble réel, fictif ou légal, est réputé Meuble.

Tous les effets qui peuvent se trans-

porter d'un lieu à un autre, sont réputés Meubles.

Les rentes constituées sont mobiliaires dans quelques Coutumes (b), & principalement dans celles des Pays-Bas. Voyez l'article 140 de la Coutume générale d'Artois.

Le Parlement de Toulouse a, par Arrêt rendu le 2 Juin 1706, déclaré les rentes constituées à prix d'argent dans son ressort, être Meubles & non immeubles, soit qu'elles appartiennent à des Particuliers, ou à des Communautés & Gens de Main-morte.

Les rentes constituées sont Meubles dans le ressort du Parlement de Dijon: la preuve de cet usage est écrite dans l'Arrêt du Lundi 10 Janvier 1718, portant enregistrement de l'Edit de suppression du premier dixième du mois d'Août 1717.

A Paris, les rentes perpétuelles, constituées à prix d'argent, sont immeubles, ainsi que les promesses de passer contrat de constitution; mais les arrérages sont Meubles. Cependant ils peuvent être immobilisés, quand ils sont saisis réellement, s'il y a bail judiciaire.

En est-il de même des Rentes viageres? Cette question s'est présentée dans la direction des créanciers Brunet. Le contrat qui avoit été précédé de saisie-réelle, contenoit, entr'autres états, celui des immeubles dans lequel on avoit placé une rente viagere de 400 liv. due par le Marquis de Brisay; & un créancier, premier hypothécaire, demandoit à toucher, tant les arrérages de cette rente, que le capital montant à 4000 livres, remboursé de gré à gré par le débiteur.

Le moyen de ce créancier étoit que le fonds de cette rente devoit être considéré comme immeuble, & que les arrérages avoient été immobilisés, tant par la saisie-

(a) L'Arrêt rendu aux Grands-Jours de Clermont, le 9 Janv, 1666, pour fixer les Poids & Mesures des Provinces d'Auvergne, Bourbonnois, &c. paroît cependant décider que l'aulne de Paris est de 3 pieds 8 pouces. Voici les termes de cet Arrêt: » Toutes les marchandises, même celles » de toiles qui se vendent à l'aulne, seront aulnées à » l'aulne de Paris, contenant trois pieds 8 pouces..........

(b) Quoique les rentes constituées soient Meubles en Ponthieu, elles sont cependant susceptibles d'hypothèque dans cette Coutume; mais elles n'y sont pas susceptibles de la qualité de propres.

L'hypothèque s'acquiert sur les rentes en Ponthieu par la mise de fait sur icelles, faites entre les mains des débi-

teurs qu'on fait assigner avec les créanciers de la rente, pour voir décréter la mise de fait; & la Sentence qui intervient, rend la rente sujette à hypothèque; de maniere qu'il n'est plus au pouvoir du débiteur de le rembourser sans le consentement du créancier mis de fait.

La mise de fait, ainsi faite, immobilise en quelque sorte la rente, relativement au créancier; puisqu'il peut en conséquence la faire décréter, & que le prix s'en distribue par ordre d'hypothèque: le tout suivant l'Acte de Notoriété de la Sénéchaussée de Ponthieu, du 20 Déc. 1683. Il a été donné sur la même matiere & par le même Siège, deux autres Actes de Notoriété, les 13 Juin 1701, & 20 Mai 1755.

réelle,

réelle, que par l'établiffement du féqueftre, par le contrat d'union & d'abandon ; il ajoutoit que la direction avoit elle-même placé cette rente au nombre des immeubles dans le contrat ; que la diftribution par ordre d'hypothéque, étoit la fuite néceffaire de l'arrangement pris par le contrat, dont l'exécution avoit été ordonnée par la Sentence d'homologation, &c.

Les autres créanciers Brunet répondoient que la qualification d'immeuble étoit une erreur de fait, qui ne pouvoit changer fa véritable nature qui étoit Meuble, fuivant l'Arrêt du 31 Juillet 1685, qu'on trouve au Journal du Palais. Ils citoient auffi le Traité de la vente des immeubles, par d'Héricourt ; & par Arrêt rendu le Mardi 13 Mai 1760, au rapport de M. de Sahuguet d'Efpagnac, la contribution fut ordonnée.

Dans toute la France, les rentes foncieres font immeubles.

On fait beaucoup de diftinction entre les Meubles & les immeubles, parce que les immeubles, en général, font fufceptibles d'hypothéque, & qu'ils reçoivent d'ailleurs accidentellement la qualité de propres, dont les poffeffeurs ne peuvent difpofer par teftament que d'une partie, fuivant la plûpart des Coutumes ; au lieu que les Meubles font réputés acquets dans tous les Pays, & qu'ils forment toujours des biens libres, qui ne font fufceptibles d'hypothéque, que quand la Loi municipale les y foumet, comme en Bretagne, en Normandie, & en Pays de Droit-Ecrit, &c.

Les Meubles meublans, la vaiffelle d'argent, les pierreries, les deniers comptans, le linge de toute efpéce, les habits & uftenciles de cuifine, les actions qui réfultent des billets, les promeffes, les obligations, les arrérages de rentes, les chevaux, équipages, beftiaux & troupeaux, tout cela eft réputé Meuble.

Il y a pourtant quelques Coutumes où les beftiaux d'une métairie font cenfés faire partie du fonds, & par conféquent immeubles.

Le legs de Meubles, dans un teftament, ne comprend pas tous les effets mobiliers, mais feulement les meubles meublans.

Les revenus de terres, maifons & héritages, font meubles, à moins qu'ils ne foient produits & échus depuis un bail judiciaire, auquel cas ils font immeubles, & ils fe diftribuent par ordre d'hypothéque, comme le prix de l'immeuble même.

Le poiffon dans l'étang, les pigeons dans le colombier à pied, les lapins dans la garenne, font réputés immeubles ; mais s'ils font en boutique, ils font Meubles. Voyez l'article 91 de la Coutume de Paris ; Carondas & Dupleffis, fur la même Coutume.

Le bois coupé, le bled, le foin & autres grains fauchés ou fciés, font Meubles, encore qu'ils foient fur le champ ; mais ils font immeubles, quand ils font fur pied & pendans par racines. Ibid. art. 92.

Toutefois, dit Loyfel, Inftitutions Coutumieres, liv. 2, tit. 1, n°. 6, » en beaucoup de liéux, foins à couper, après la » mi-Mai, bleds & autres grains après la » Saint Jean, ou qu'ils font noués, & rai- » fins, à la mi-Septembre, font réputés » Meubles ; « mais cette fiction, dit Coquille, fur l'article premier du titre 26 de la Coutume, n'a lieu que dans les cas prévus par la Loi, pour régler les fucceffions & les partages. Dans les autres cas, il faut s'en tenir à la régle générale, fuivant laquelle les fruits ne font Meubles que per feparationem à folo. Voyez l'art. 19 de la Coutume de Rheims ; Pithou, fur Troyes ; Lalande, fur Orléans.

L'Auteur de la Pratique des Terriers dit que les échalats, préparés pour employer à une vigne, font Meubles ; mais ceux qui ont été arrachés de la vigne, & qui font difpofés pour y être remis, & ceux qui y font plantés, font partie du fonds, & font par conféquent immeubles : il cite à ce fujet la Loi Fundi, au Digefte.

Les deniers confignés pour rachat ou remboursement d'une rente, font Meubles, quand la rente appartenoit à un majeur ; autrement, s'ils appartiennent à un mineur, les deniers font fictivement immeubles jufqu'à la majorité du propriétaire de la rente ; & s'il décéde, ils appartiennent à l'héritier qui auroit fuccédé à la rente.

Les Meubles, deniers comptans & effets mobiliers, ne peuvent être chargés de fubftitution, que dans le cas où le teftateur a ordonné qu'il feroit fait emploi du montant. d'iceux. Ordonnance de 1747, tit. 1, art. 5. V, *Subftitution.*

Mais dans cette difpofition ne font pas compris les beftiaux & uftenciles fervans à faire valoir les terres; ces objets font cenfés compris dans la fubftitution defdites terres. *Ibid.* art. 6.

Les Meubles meublans & autres chofes mobiliaires, qui fervent à l'ufage & à l'ornement des Châteaux ou maifons, pourront être chargés des mêmes fubftitutions que les Châteaux ou maifons où ils feront, pour être confervés en nature, pourvû que l'auteur de la fubftitution l'ait ainfi ordonné expreffément, foit qu'il s'agiffe d'une fubftitution univerfelle, foit qu'elle foit particuliere; & en ce cas, le grevé de fubftitution fera tenu de les rendre en nature, tels qu'ils feront lors de la reftitution du fidéi-commis, à peine de tous dépens, dommages & intérêts. Ordon. ibid. art. 7.

Dans les fucceffions, les arrérages de rentes & loyers de maifons échus au jour du décès, appartiennent à l'héritier du mobilier par proportion de temps, quand même le terme fixé pour les payer, ne feroit pas arrivé, parce qu'ils échéoient de jour à jour, & que le temps convenu pour le payer, n'eft que pour la commodité des payemens.

Mais cela n'a pas lieu à l'égard des revenus des biens de campagne, c'eft la récolte des fruits qu'il faut confidérer, pour décider fi le revenu appartient à l'héritier des Meubles ou des immeubles, & non pas le terme fixé pour payer les fermages.

Les pratiques des Procureurs, des Notaires & des Huiffiers, font Meubles, & ne font pas, comme l'Office, fufceptibles d'hypothéque en faveur de certains créanciers.

Mais le droit de préférence accordé à une veuve ou à des héritiers, de lever un Office tombé aux Parties cafuelles, eft-il Meuble ou immeuble? V. *Mineurs.*

Les Navires, les Chaloupes, les Vaiffeaux, les Bateaux qui fe trouvent dans les fucceffions, appartiennent à l'héritier des Meubles : cependant ils font fufceptibles d'hypothéque envers les créanciers. Voyez l'Ordonnance de la Marine, & le Traité des Hypothéques, par Bafnage.

Les preffes d'Imprimerie font réputées Meubles.

Les lambris, les boiferies, & généralement tous les ornemens que les propriétaires font dans leur maifon, pour y refter à perpétuelle demeure, font immeubles.

Mais tous ces ornemens, quoique fcellés, quoique pofés à perpétuelle demeure, en apparence, font cependant Meubles, s'ils font mis par le locataire; & celui-ci peut les emporter en remettant les lieux dans l'état où ils étoient, quand il y eft entré.

La terre du Bouchet ayant été vendue par décret, il s'eft agi de fçavoir, fi douze Statues placées dans une galerie du Château (& qui n'étoient pas incorporées dans le mur, mais qu'on avoit pofées fur des piédeftaux, fcellés fur le plancher à chaux & à ciment), étoient Meubles ou immeubles : l'adjudicataire prétendoit qu'elles étoient immeubles, & qu'elles faifoient partie de fon adjudication. Mais, par Arrêt rendu le Samedi 5 Juillet 1737, en la Grand'Chambre, la Cour les a jugées Meubles, & les a, en conféquence, adjugées à la veuve de M. Dubofc, Maître des Requêtes.

C'eft la Loi du domicile du poffeffeur ou propriétaire des Meubles qui régle à qui ils appartiennent dans fa fucceffion, & comment le prix doit s'en diftribuer entre fes créanciers, & non pas la Coutume de la fituation; il en eft autrement des immeubles. V. *Domicile.*

Celui qui poffède des Meubles, en eft préfumé le propriétaire, il ne lui faut pas d'autre titre que fa poffeffion.

La vente des Meubles, fans déplacement & fans dépouiller le poffeffeur, ne fçauroit préjudicier aux créanciers du vendeur, qui peuvent toujours les faire faifir, nonobftant cette vente.

Cependant fi les Meubles avoient été loués par un Tapiffier ou autre Marchand de Meubles, par un bail paffé devant Notaire, fans fraude, antérieurement à la faifie du créancier, la poffeffion n'induiroit pas alors une propriété au préjudice du Tapiffier, qui feroit toujours reçu à reclamer fa chofe, en affirmant qu'elle lui appartient; tel eft l'ufage du Châtelet : il n'y a que le propriétaire de la maifon, au privilége duquel ces sortes de baux de Meubles ne peuvent préjudicier.

En Auvergne, les Meubles sont susceptibles d'affectation par côtés & lignes, lorsque le défunt les tenoit par voie de succession, de celui qui les a possédés le premier dans la famille. C'est une Jurisprudence particuliere à la Coutume d'Auvergne, & que ses Commentateurs expriment par les mots : *les Meubles estoquent au premier dégré de succession.*

Une Sentence rendue au Châtelet, le 4 Décembre 1683, confirmée par Arrêt du 30 Mars 1685, & des Lettres-Patentes du mois d'Août de la même année, enregistrées au Parlement le 13 Mars 1692, déclarent que le privilége des Coches & Carosses allant de Paris à Versailles, est mobilier de sa nature, parce que ce privilége n'est concédé que pour un tems. L'Arrêt est au Journ. du Palais, in-4°. tom. 10, p. 27. Il en est de même des priviléges accordés aux Imprimeurs & Libraires pour l'impression des Livres.

Mais les droits de Messageries, Carosses & Coches, sont constamment immeubles; c'est à ce titre que l'article 10 de l'Edit du mois de Mai 1749, les a assujettis au payement du vingtiéme.

Un Arrêt rendu le 11 Juin 1720, en la Grand'Chambre, au rapport de M. Brayer, entre Jacques Buisson, les sieurs Saladin & autres Intéressés en la Manufacture des Glaces, a confirmé une Sentence du Châtelet du 18 Août 1714, laquelle adjugeoit au sieur Saladin, pour 127500 l. une action de Jacques Buisson sur cette Manufacture, sans publication ni formalité. La Cour a cependant, dans une autre contestation, confirmé la saisie-réelle d'une semblable action. *Voyez Saisie-Réelle.*

La Cour a jugé, par Arrêt rendu le 8 Mars 1736, plaidans Mes Cochin & Mauduit, que la finance d'un Office supprimé, mais qui n'est pas encore remboursée, étoit encore immeuble, & ne pouvoit pas être comprise dans une donation d'effets mobiliers.

Le prix d'une Terre qui reste dû, est-il réputé Meuble ou Immeuble? V. *Propres.*

MEUNIER.
Voyez *Bannalité*, & *Moulins.*

Les Meuniers des moulins bannaux doi-

vent garder l'ordre dans lequel les grains sont apportés pour les moudre ; parce que, dit Loysel, Institutions-Coutumieres, liv. 2. tit. 2, art. 32 & 33, *qui premier vient, premier engraine.*

L'article 386 de la Coutume de Bretagne, contient à ce sujet une disposition expresse, & prononce une amende contre les Meuniers contrevenans, qu'elle condamne en outre aux dommages & intérêts des particuliers; mais elle veut que le bled du Seigneur soit moulu dès qu'il est apporté au moulin, & par préférence à ceux qui y étoient avant.

Le Tiers-Etat avoit très-instamment demandé aux Etats d'Orléans, que les Meuniers fussent payés de leur mouture en argent; qu'ils prissent le bled au poids, & le rendissent de même : mais il ne fut alors rien ordonné sur cette demande.

Il y a néantmoins une Ordonnance du 19 Septembre 1439, qui porte, que les Meuniers, dont le droit ou salaire sera payé en argent, seront tenus de rendre pareil poids en farine, que celui du bled qui leur aura été donné à moudre, excepté deux livres par septier (de froment, mesure de Paris) pour le déchet.

Le 5 Mars 1629, le Parlement de Grenoble a ordonné, par Arrêt rendu sur les Conclusions du Ministere Public, » que » chaque Communauté de la Province de » Dauphiné pourroit faire mettre un poids » à chaque moulin, auquel poids tous les » grains . . . . . . & les farines seroient pesés » sans frais, pour, sur iceux grains, pren- » dre par lesdits Meuniers, en la présence » des maîtres desdits grains ou domesti- » ques, les droits de mouture anciens & ac- » coutumés. . . . . sans excéder ni augmenter » ladite cotte. . . . . ni mouiller les » grains & farines, & mêler d'autres grains » & matieres, à peine de punition corpo- » relle, &c. «. Cet Arrêt, & quelques autres semblables du même Parlement, sont dans le Recueil du Parlement de Dauphiné, tome 1, page 601 & suivant. Voyez dans le même Recueil, tome 9, un autre Arrêt du même Parlement du 12 Juin 1709.

L'article 535 de la Coutume de Bourbonnois porte, que *le droit de moulage est tel que, quand on baille aux Meuniers le bled nettoyé, ils doivent rendre du boisseau de bled rez, un comble de farine bien & convenablement moulu, outre le droit de mouture.*

Différens Réglemens ont défendu aux Meuniers de nourrir aucuns Porcs, Volailles & Pigeons, de garder du son & des recoupes, pour les remoudre & les mêler avec de la bonne farine. Voyez l'Arrêt du 22 Juin 1639, au Traité de la Police, liv. 5, tit. 9, ch. 5.

Un autre Réglement de Police du Châtelet de Paris défend aux Meuniers de faire la profession de Boulanger, & même d'avoir des fours dans leurs maisons. *Ibid.*

Enfin il y a plusieurs autres Réglemens qui assujettissent les Meuniers à avoir des poids & balances bien justes dans leurs moulins. On peut sur cela consulter les articles 1, 2 & 3 de l'Ordonnance du 19 Septembre 1439, dont j'ai déjà parlé, des Arrêts de Réglement de 1603 & de 1622, cités dans le Dictionnaire de Police, & l'Arrêt du 15 Mars 1631, rendu au Parlement de Bretagne, dont parle l'Auteur de la Pratique des Terriers.

Voyez aussi dans le Journal des Audiences, tome 6, liv. 5, chap 37, l'Arrêt du 28 Septembre 1715, par lequel il a été ordonné à un Meunier, condamné à l'admonition, de ne se servir que de mesures étalonnées sur le patron des mesures, & qui lui a enjoint de se servir d'un rouleau pour racler les mesures.

La Jurisprudence ancienne laissoit aux Meuniers la liberté de chasser, c'est-à-dire, d'aller chercher & remener d'une Paroisse à l'autre, le grain des Particuliers, pour le moudre au moulin situé dans une autre Paroisse. Cette liberté n'étoit interdite que dans les Paroisses sujettes à la bannalité.

On trouve sur cela des Arrêts dans M. Louet. Mais la Jurisprudence actuelle, conforme aux articles 15 & 16 de la Coutume de Péronne, & fondée sur les voies de fait dont les Meuniers usoient les uns envers les autres, est, au contraire, de les empêcher d'aller chasser d'un endroit dans l'autre, soit qu'il y ait bannalité ou non, lors même que les moulins ne sont pas dépendans de Fiefs, sauf aux Particuliers non sujets à la bannalité, à faire transporter eux-mêmes leurs grains où bon leur semble pour les faire moudre. Des Meuniers de Picardie & d'Artois ont obtenu plusieurs Arrêts qui l'ont ainsi provisoirement ordonné.

Il en est même intervenu un en la Grand-Chambre, le 11 Août 1752, par lequel le Meunier de Lesquielle, près Guise en Picardie, Coutume de Ribemont, a été définitivement maintenu dans le droit d'empêcher les Meuniers voisins de venir quêter mouture dans la Paroisse de Lesquielle, où son moulin est bâti.

Il en a été rendu un semblable, au rapport de M. l'Abbé Terray, le Lundi 9 Mars 1761, entre la plûpart des Meuniers du Duché de Guise, contre d'autres Meuniers du même canton; & quoique la plûpart de ces Meuniers n'eussent ni bannalité, ni même aucune Justice, l'Arrêt a confirmé la Sentence du Bailli de la Pairie de Guise, du premier Juin 1753, portant défenses aux Etrangers de quêter mouture hors de leur arrondissement respectif.

On prétend qu'il a été rendu un Arrêt tout semblable, le 16 Avril 1755, sur les Conclusions de M. Joly de Fleury, Avocat Général, plaidans Mes Paporet & Babille. Ce dernier Arrêt a été cité par le Défenseur de M. le Comte d'Eu, dans l'affaire des moulins d'Aumale, dont je parle à l'article *Bannalité.*

Cette nouvelle Jurisprudence est bien dure pour de pauvres Habitans, qui n'ayant point de bêtes de somme pour porter leurs grains moudre hors de leur Paroisse, sont par-là contraints de se servir d'un Meunier qui peut être ignorant ou infidèle. D'ailleurs, quand les eaux sont basses, ou lorsqu'il ne fait pas de vent, pourquoi faudra-t-il qu'un Meunier voisin, qui ne manque pas d'eau, ne puisse pas venir chercher des grains que le Meunier du lieu ne peut pas moudre?

MI-DENIER.
V. Office, & Retrait de Mi-Denier.

Le mot Mi-Denier est en usage au Palais, pour désigner l'action que l'un des conjoints a contre l'autre, ou ses héritiers, pour répéter la moitié d'une somme commune employée toute entiere à améliorer ou à augmenter l'héritage propre à l'un des deux. Sur cela, & sur les indemnités ou récompenfes dûes à chacun des conjoints, voyez *Partage*, *Propres* & *Récompenfe*.

MI-LODS.

On nomme Mi-Lods, les droits Seigneuriaux qui fe payent en Pays de Droit-Ecrit, par les poffeffeurs d'héritages roturiers, à toutes les mutations de propriété qui ne donnent pas lieu aux droits de Lods & Ventes.

Le droit de Mi-Lods n'eft connu qu'en Pays de Droit-Ecrit, & il fe perçoit à raifon du douziéme du prix de l'héritage. V. *Lods & Ventes*.

Le droit de Mi-Lods n'eft point dû en Beaujolois pour les mutations des héritages arrivées par fucceffion directe, afcendante, defcendante & collatérale, donation & legs, fuivant des Actes de Notoriété du Bailliage de Villefranche, des 9 Avril 1715 & 10 Janvier 1746; mais il fe paye à M. le Duc d'Orléans, pour les échanges d'héritages qui font fitués en cette Province, au moyen de ce que fon Alteffe a acquis ces droits de Sa Majefté en 1682, fuivant un autre Acte de Notoriété du 5 Décembre 1718. V. *Echange*.

Lorfque dans une même année il arrive plufieurs mutations qui donnent ouverture aux droits de Mi-Lods, il n'eft dû qu'un feul droit, à l'exemple du relief. V. Dumoulin & Bretonnier.

Les mutations occafionnées par les fucceffions directes, ne donnent pas ouverture aux droits de Mi-Lods, mais ils font dûs pour les fucceffions collatérales, & pour celles entre mari & femme.

Dans le Foretz & le Lyonnois, il n'eft point dû de Mi-Lods, lorfqu'un des freres eft décédé avant le partage, ni quand, par le partage, un héritier prend de l'argent, & l'autre des héritages.

Il n'eft pas encore dû de Mi-Lods pour le changement arrivé dans la propriété des héritages par un partage annullé.

Les Mi-Lods font dûs, quand l'héritage donné retourne au donateur, à caufe de la révocation de la donation, pour ingratitude ou par furvenance d'enfans. Ils font encore dûs, quand l'héritage retourne au donateur par droit de réverfion. V. Dumoulin & Bretonnier.

Ce dernier Auteur rapporte un Arrêt de l'année 1699, par lequel il a été jugé qu'il n'eft point dû de droits de Mi-Lods, lorfque la donation d'un héritage eft révoquée, faute par le donataire de payer la penfion ftipulée.

Il n'eft point dû de Mi-Lods pour la vente d'un ufufruit, en Pays de Droit-Ecrit, par la même raifon qu'il n'eft point dû de Lods & Ventes ailleurs.

MINAGE.

Voyez *Exécuteur de la Haute-Juftice*, *Havage*, &c.

C'eft le nom qu'on donne le plus communément à un droit Seigneurial, que le Roi ou les Seigneurs, ou même de fimples Particuliers, peuvent percevoir à caufe des grains vendus dans les Marchés.

Ce droit eft nommé diverfement dans les différentes contrées du Royaume. Il y en a où il eft nommé Droit de Coutume; dans d'autres, on le nomme Layde; dans d'autres, Bichonage, Etalage, Hallage, Havage, Stellage, &c.

Le droit de Minage étant du nombre des droits Seigneuriaux exorbitans, il ne peut être exigé fans titre, ou au moins fans une poffeffion plus que centénaire.

Il n'eft accordé que pour tenir lieu au Seigneur du loyer des places, halles & mefures qu'il fournit; & ceux qui font chargés de le percevoir, ne peuvent rien exiger au-delà de ce qui eft réglé par les titres, fous prétexte de fourniture de mefure ou autrement, fans s'expofer à être pourfuivis & punis comme concuffionnaires.

Le droit de Minage, &c. ne fe perçoit pas d'une maniere uniforme dans le Royaume. Dans certains endroits il fe perçoit en argent; dans d'autres, on le paye en grain. Ce font les titres & la poffeffion qui fervent de régle fur cela.

L'article 7 de la Déclaration du 14 Mai 1709, fait défenfes à tous ceux qui perçoivent les droits de Minage & mefurage *fur les grains & farines, d'en faire aucun commerce directement ou indirectement*, ni d'en prendre en payement de leurs droits & falaires; comme auffi de s'affocier avec aucuns Marchands de grains, & d'exercer le métier de Meunier ou Pâtiffier, &c. à peine de 300 livres d'amende, de confiscation, & en outre, du carcan ou du fouet, du banniffement, & de plus grandes peines, s'il y échet.

Il eft défendu, par une Déclaration du 19 Avril 1723, de vendre & d'acheter des grains & farines ailleurs que dans les halles, ports & marchés publics. D'après cette Déclaration, le Grand-Confeil a condamné Pierre Couftard, dit Coco, Marchand de bled, & Boulanger à Crépi en Valois, à payer aux Religieux Bénédictins de Saint-Arnoul de Crépi, 14 écuellées de bled-froment pour leur droit de feftrage, mefurage & Minage audit Crépi, de fept feptiers de bled qu'il avoit fait entrer chez lui, fans avoir été expofés au marché.

Les mêmes Moines ont obtenu un pareil Arrêt, le 10 Septembre 1749, au même Tribunal, contre un autre Particulier, nommé Viet, Marchand de bled, qui en avoit acheté 12 feptiers dans une chambre.

Le Parlement a rendu un Arrêt contraire, au rapport de M. Rolland, le Vendredi 5 Mai 1758, par lequel la dame le Pelletier, dame de Villeneuve-fur-Bellot, près Meaux, a été déboutée de la demande qu'elle avoit formée, à ce que le Curé dudit Villeneuve lui payât le droit de Minage des grains vendus chez lui, fans avoir été portés au marché. Mais dans cette efpéce, il eft bon d'obferver que les Lettres-Patentes, portant établiffement des halle & marché à Villeneuve, n'avoient été regiftrées qu'au Bailliage & en l'Election de Meaux, où elles étoient adreffées, & non au Parlement.

Le Bureau de la Ville de Paris a rendu une Sentence le 16 Septembre 1758, entre le Chapitre de Troyes & les Marchands de grains de Paris, par laquelle il a été fait défenfes au Chapitre de Troyes, & au Seigneur de Nogent, de *percevoir aucun droit de Minage fur les marchandifes de grains deftinés à la provifion de Paris.*

MINETTE.

C'eft le nom d'un droit qui fe perçoit fur les grains conduits par terre au marché de Boulogne-fur-mer, de dehors la banlieue de cette Ville.

Ce droit a été établi pour l'entretien des chemins; les Gentilshommes, les Curés en font exempts, ainfi que les Habitans d'Ambleteufe, & les grains qu'on apporte pour payer les cenfives.

MINES & MINIERES.
Voyez *Carriere* & *Tourbe.*

On nomme Mine un lieu d'où l'on tire des diamans, des pierres précieufes, &c. ou bien où fe forme quelque métal, comme de l'or, de l'argent, du cuivre, du fer, du plomb, &c. ou quelque minéral, tel que le vitriol, l'antimoine, le cinnabre, &c.

» Les Mines font naturellement partie de » la terre, dit Coquille, fur la Coutume de » Nivernois; elles font formées de fa fubf- » tance, ainfi leur propriété fuit celle de la » terre «. Cependant en France & dans quelques autres Etats, les peuples ont abandonné au Souverain, comme une efpéce de préciput, ce que leur terrein renfermoit de plus précieux: dans quelques Pays, les pierres précieufes qui excédent un certain poids, appartiennent au Prince: dans d'autres, comme en Egypte, en Pologne, en Hongrie, &c. les Mines d'or & d'argent forment ce préciput.

Les Romains avoient d'abord permis aux Particuliers de fouiller les Mines qui fe trouvoient dans leur terrein; mais les Empereurs Valentinien & Valens jugerent à propos d'affermer aux Particuliers les Mines qui étoient fous l'intendance de Crefconius, dans l'Illyrie, moyennant une certaine portion qui devoit revenir au Tréfor public; & on trouve dans le Code *de Metallariis & Metallis,* une Loi qui porte que tous ceux qui dans le fonds d'autrui ouvrent des foffes pour y fouiller des Mines de pierre, payeront un dixiéme au Fifc, & un dixiéme au Propriétaire du fonds.

Parmi nous, la permiffion de chercher des Mines,eft un droit purement royal; mais la propriété des Mines n'appartient point au Roi: nous voyons en effet dans une Ordonnance donnée par Charles VI, le 30 Mai 1413, qui eft la Loi la plus ancienne que nous ayons fur cette matiere; que ce Prince dit feulement *qu'à lui & non à autre appartient...... la dixiéme partie de tous Métaux purifiés, mis au clair, fans être tenu de payer aucune chofe, finon de protéger les Ou-*

vriers. Cette Ordonnance qualifie les Particuliers *Maîtres des très-fonds & Propriétaires des Mines :* & c'est une preuve bien constante que le Roi ne s'en prétend point Propriétaire par droit de souveraineté.

Il faut pourtant excepter les Mines d'or de cette maxime : il est bien constant que celles-ci appartiennent à nos Rois comme un apanage du Domaine Royal ; & c'est la raison pour laquelle la Déclaration de 1413 ne parle point de cette espèce de Mines (*a*).

Le droit de dixième forme donc le préciput de nos Rois sur les Mines du Royaume ; & il paroît par l'Ordonnance de 1413 que ce droit ne devoit se lever que sur les Métaux, & non sur les substances terrestres.

Quelques Seigneurs Hauts-Justiciers ont anciennement prétendu percevoir un droit de dixième sur les Mines fouillées dans leurs terres en vertu des permissions accordées par nos Rois : mais l'Ordonnance de 1413 a décidé que *nul Seigneur spirituel ou temporel .... ne pourra prendre, reclamer ni demander esdites Mines .... assises dans le Royaume la dixième partie ni autres droits de Mine, &c.*

Un autre article de cette Ordonnance enjoint aux Seigneurs Hauts, Moyens & Bas-Justiciers, *de fournir aux Ouvriers, moyennant juste & raisonnable prix, chemins & voies autres issues par leurs terres & pays, bois, rivieres & autres choses nécessaires.*

Mais par des Lettres-Patentes du 10 Octobre 1552, portant ampliation du privilége accordé au Chevalier de Roberval, le dernier Septembre 1584, de fouiller pendant neuf années toutes les Mines en substances terrestres du Royaume ; Henri II accorda aux Seigneurs qui ne s'opposeroient point à la fouille de ces Mines, la quatrième partie du dixième que le Roi prenoit sur les matieres extraites de la terre, à condition, disent ces Lettres, *qu'où ci-après à l'occasion des frais ou autrement, fissions diminution aucune de notre droit de dixiéme, que semblablement ledit quart desdits Seigneurs de notre Royaume diminuera au prorata de la* diminution *que nous & nos successeurs pourront faire.*

Depuis ces Lettres, un Arrêt rendu en forme de Réglement, le 14 Mai 1604, accorda à titre de grace aux Hauts-Justiciers & fonciers, le quarantiéme denier pour tout droit, pour être pris & perçu après que celui du Roi aura été payé, à la charge d'assister lesdits Entrepreneurs de passages, chemins commodes, conformément aux Lettres-Patentes de 1552.

Henri IV croyant appercevoir que la levée du dixième royal préjudicioit au progrès des découvertes & de l'exploitation des Mines, donna au mois de Juin 1601, un Edit qui fut registré le dernier Juillet 1603, par lequel, pour donner de l'émulation aux Entrepreneurs, après avoir ordonné par l'article premier que le dixième sera payé en nature franc & quitte *pur affiné en toutes lesdites Mines,* ce Prince excepta par l'article 2, & affranchit du droit de dixième *les Mines de souffre, salpêtre, fer, ocre, petroil, charbon de terre, ardoise, plâtre, croye & autres sortes de pierre pour bâtimens & meules de Moulin.*

Charles IX a ordonné, par un Edit du 26 Mai 1563, que les Engagistes du Domaine ne pourroient prétendre aucun droit sur les Mines, s'il ne leur a été expressément engagé.

On trouve dans le second Volume des Registres des Bannieres du Châtelet, *folio* 130, une Ordonnance donnée à Fontainebleau par François Premier, le 17 Octobre 1520, portant défense de travailler aux Mines & de les ouvrir sans permission du Roi.

L'article 22 du mois de Juin 1601, dont j'ai déja parlé, porte que les Propriétaires d'héritages dans lesquels il se trouvera des Mines autres que celles de souffre, salpêtre, &c. ci-dessus exceptées, & qui voudront les ouvrir, ne le pourront faire sans obtenir premiérement réglement du Grand-Maître.

L'Ordonnance du mois de Juin 1680, titre de la marque des fers, art. 9, porte que ceux qui ont des *Mines dans leurs fonds, seront tenus, à la premiere sommation qui leur*

___

(*a*) L'art. 17 des Lettres-Patentes du mois d'Avril 1701, registrées au Conseil de Colmar, le 11 Mars 1702, portant confirmation des droits du Comte de Hanau dans ses Terres, au nombre desquels elles mettent les Minéraux qui se trouveront dans le Rhin, dans les Montagnes & dans les Plats-pays, n'exceptent point les Mines d'or & d'argent ; elles contiennent au contraire une concession nouvelle de toutes les Mines en général, & en tant que de besoin.

sera faite par les Propriétaires des fourneaux voisins, d'y établir des fourneaux pour convertir la matiere en fer, *sinon permet au Propriétaire du plus prochain fourneau*, & à son refus aux autres Propriétaires des fourneaux de proche en proche, & à ceux qui les font valoir, de faire ouvrir la terre & d'en tirer la Mine de fer, en payant aux Propriétaires des fonds, pour tout dédommagement, un sol par chacun tonneau de Mine de cinq cent pesant.

Depuis cette Ordonnance, il a été rendu un Arrêt au Conseil, le 13 Mai 1698, par lequel l'exploitation des Mines de charbon de terre a été permise aux Propriétaires des terreins où elles se trouvoient, sans être tenus d'en demander la permission. Mais un autre Arrêt du Conseil rendu en forme de Réglement, le 14 Janvier 1744, contenant onze articles, a ordonné par l'article premier, *qu'à l'avenir personne ne pourroit ouvrir & mettre en exploitation des mines de houilles, sans en avoir obtenu la permission du Contrôleur Général des Finances, soit que ceux qui voudront faire exploiter des Mines soient Seigneurs Hauts-Justiciers, ou qu'ils ayent la propriété des terreins où elles se trouvent.* V. cet Arrêt en entier.

Le même article prononce l'exemption du droit du dixiéme Royal ordonné par l'article 2 de l'Edit du mois de Juin 1601.

L'art. 11 de ce Réglement ordonne que *ceux qui entreprendront l'exploitation des Mines de charbon de terre, en vertu de permissions qu'ils auront obtenues, seront tenus d'indemniser les Propriétaires des terreins qu'ils feront ouvrir, de gré à gré, ou à dire d'Experts, qui seront convenus entre les Parties, sinon qui seront nommés d'office par les Intendans & Commissaires départis.*

Le Roi accorde quelquefois des Brevets de don & de permission exclusive à des Particuliers, de faire ouvrir & fouiller des Mines & Minieres. Louis XIV en accorda un de cette nature au Duc de Montauzier, le 16 Juillet 1689, qui a été conservé à la Duchesse d'Uzès le 29 Avril 1692. Le Brevet de don portoit permission de fouiller toutes les Mines de charbon de terre qui seroient découvertes *de gré à gré des Propriétaires, en les dédommageant préalablement.*

La confirmation accordée à Madame d'Uzès portoit la même chose ; & l'Arrêt d'en-registrement porte, que les Propriétaires des Mines ouvertes en continueront la fouille, sans qu'ils puissent en être empêchés pour quelque cause que ce soit ; que les Mines seront exploitées par diverses personnes non associées ; & que le débit du charbon sera entierement libre, sans pouvoir être mis en parti.

L'Arrêt du Conseil du 19 Avril 1689, qui a permis au Duc de Nevers de faire un bail emphitéotique des Mines de charbon de terre des environs de Decize, a aussi permis à Martin *de prendre les héritages nécessaires pour faire un chemin de cinq toises de large, pour faciliter le transport des charbons, en dédommageant les Propriétaires de gré à gré, sinon à dire d'Experts.*

On peut voir, sur cette matiere, la Déclaration entiere de Charles VI, que j'ai citée, & qui contient plusieurs articles ; celles données en confirmation & en interprétation par Charles VII, le premier Juillet 1437 ; par Charles VIII, au mois de Février 1483 ; par Louis XII, au mois de Juin 1498 ; & par François Premier, au mois de Décembre 1515.

On peut aussi voir la Déclaration de Henri II du 30 Septembre 1548, par laquelle ce Prince a accordé au sieur Roberval, pour neuf ans, la faculté d'ouvrir les Mines & Minieres des substances terrestres : l'Edit du mois de Février 1722, portant établissement d'une Compagnie pour travailler les Mines du Royaume, pendant trente années. Toutes ces Loix sont rassemblées dans un petit volume in-12 imprimé à Paris chez Prault, en 1748.

Voyez enfin les art. 61 de la Coutume d'Anjou, & 70 de celle du Maine, qui décident l'une & l'autre que *fortune d'or trouvée en Mine, appartient au Roi, & fortune d'argent trouvée en Mine, appartient aux Comte, Vicomte, &c.*

Il y avoit autrefois en France un Grand Maître & Surintendant des Mines, Minieres & substances terrestres du Royaume. Feu M. le Duc de Bourbon avoit été pourvu de cet Office : la finance lui en a été remboursée le 28 Octobre 1740.

L'Arrêt du Conseil du 14 Mai 1604, dont j'ai déja parlé, & qui a été rendu en interprétation de l'Edit du mois de Juin 1601, porte que les Etrangers intéressés

ou

ou travaillans aux Mines en France, ne feront pas fujets aux droits d'aubaine pour tout ce qui fera relatif à l'intérêt ou au travail defdites Mines, encore qu'ils ne foient point naturalifés.

En conformité de cette difpofition, le Roi a, le 17 Octobre 1746, accordé des Lettres - Patentes au fieur Guryte, qui l'exemptent du droit d'aubaine, tant qu'il fera exploiter des Mines.

Le privilége accordé par Henri II. au fieur Roberval en 1548, porte, que les Entrepreneurs ne dérogeront, ni à Noblefse, ni à aucune autre dignité ou état, par l'entreprife ou travail des Mines.

Le même Prince concéda de plus à ces Entrepreneurs en Octobre 1552, toute Juftice & Jurifdiction, foit pour le Civil, foit pour le Criminel, fur tous les ouvriers & autres employés aux travaux des Mines, avec le droit de commettre en leur place, pour exercer cette Juftice.

Les conteftations qui s'élevent pour raifon de l'exploitation des Mines des Pirenées, ont été évoquées au Confeil, & renvoyées devant les Commiffaires nommés par Arrêt du 12 Juillet 1723.

Un autre Arrêt du Confeil & des Lettres-Patentes des 22 Juin & 11 Juillet 1728, ont nommé des Commiffaires pour juger en dernier refsort toutes les conteftations générales, particulieres & perfonnelles, nées & à naître, à l'occafion de la Compagnie établie par Edit du mois de Février 1722, pour travailler les Mines du Royaume.

Avant tous ces Réglemens, l'Edit du mois de Juillet 1705, regiftré au Parlement & en la Cour des Aides, avoit attribué à l'Intendant de Poitou la connoifsance des conteftations qui pourroient naître au fujet des Mines du Vigean & de l'Ifle - Jourdain, en Poitou, fauf l'appel au Confeil.

MINEURS.

Voyez *Aliénation*, *Avis de Parens*, *Autorifation*, *Curateurs*, *Difcufsion*, *Emancipation*, *Léfion*, *Lettre de Change*, *Majeur*, *Nourriture*, *Tuteurs*, & *Vente*.

On nomme Mineurs, les perfonnes qui n'ont pas encore atteint l'âge de majorité fixée, par la plûpart des Coutumes de Fran-

ce, à vingt-cinq ans; & par quelques autres, à vingt ans.

En général, les Mineurs ne peuvent contracter aucun engagement; ils ne peuvent pas non plus, ni efter en Jugement, ni gouverner leurs biens, fi ce n'eft lorfqu'ils font, ou émancipés, (Voyez *Emancipation*) ou mariés, ou commerçans.

L'Ordonnance de la Marine contient encore une autre exception à cette régle; elle décide en effet par l'article 14 du titre des afsurances, que les *Mineurs pourront par avis de leurs parens valablement contracter pour tirer leur pere d'efclavage, fans qu'ils puifsent être reftitués.*

Anciennement l'ufage de France étoit de fufpendre le Jugement des caufes des Mineurs jufqu'à leur majorité : mais cette fufpenfion n'avoit pas lieu pour celles des Rois en bas âge, parce qu'on les regarde toujours comme majeurs : il a même été jugé que la prefcription court contre le Roi mineur pour les chofes du Domaine. Il y a fur cela un Arrêt du 28 Avril 1386, cité dans l'afaire de Courtenai : on en trouve un autre du 4 Mai 1551, rapporté par Chopin, Traité du Domaine.

Quand les Mineurs ne font, ni Commerçans, ni mariés, l'adminiftration de leurs perfonnes ou de leurs biens appartient à des tuteurs; & quoique les Loix rendent les Mineurs capables de contracter mariage; fçavoir, les mâles à quatorze ans, & les filles à 12, ils ne peuvent ufer de cette capacité qu'avec l'agrément de leurs pere & mere, ou d'un tuteur *ad hoc*, s'ils font orphelins. Voyez *Curateur*, *Mariage* & *Tuteur*.

Les Mineurs ont plus de liberté, quand ils veulent fe faire Religieux. Il y a des Arrêts qui ont permis aux enfans de prononcer leurs vœux, malgré la réfiftance du pere. V. *Religieux* & *Vœux*.

Le Mineur léfé peut fe faire reftituer contre les actes qui contiennent la lézion, & qu'il a foufcrits dans fa minorité. On ne diftingue point fi la lézion procéde de fon peu d'expérience ou du dol de celui avec lequel il a contracté.

Il eft même des cas où il n'a pas befoin de prendre des Lettres de Refcifion pour faire anéantir les engagemens qu'il a foufcrits : par exemple, elles font inutiles, lorf-que n'étant pas émancipé, ni marié, ni Mar-chand, le Mineur a vendu, hypothéqué, ou autrement aliéné fes biens; parce qu'alors ces actes d'aliénation font nuls de nullité abfolue. V. *Nullité*.

En général, la prefcription ne court point contre les Mineurs : mais l'an & jour du re-trait court contr'eux fans efpérance de ref-titution contre l'acquéreur, à moins qu'il ne fût lui-même le tuteur. Voyez *Retrait ligna-ger*.

Les Mineurs émancipés qui acceptent des fucceffions purement & fimplement, font les maîtres d'y renoncer, lorfqu'ils font devenus majeurs, & qu'ils n'ont point fait acte d'héritier depuis la majorité arri-vée.

Il en eft de même, lorfque les fucceffions ont été acceptées par les tuteurs.

Quand les hypothéques & les autres droits des Mineurs fur les Offices & fur les rentes dûes par le Roi, font ouverts, le fceau des provifions des Offices & des Let-tres de Ratification purge tous ces droits fi les Mineurs n'y ont pas formé oppofition. Le décret des autres immeubles auquel les Mineurs ne font pas oppofans, affranchit auffi ces immeubles des droits & des hypo-théques, que les Mineurs auroient pû faire valoir, s'ils s'y étoient rendus oppofans, fans que dans ces différens cas ils puiffent fe plaindre & fe pourvoir contre l'acqué-reur pour fe faire reftituer.

Mais il en eft autrement quand les droits du Mineur ne font pas ouverts, comme lorf-qu'il s'agit d'un douaire ou d'une fubftitu-tion non encore ouverts : ni le fceau ni les décrets ne purgent en ce cas, (cependant voyez *Sceau*); & le majeur à cet égard a le même droit que le Mineur.

Quoiqu'il ne foit permis à perfonne de tromper, néantmoins on admet le Mineur qui s'eft dit majeur, au bénéfice de la refti-tution en entier, parce qu'on préfume qu'il n'a fait une femblable déclaration que par foibleffe : fi l'on en ufoit autrement, ce fe-roit donner aux Mineurs un moyen facile de diffiper leurs biens; parce que celui au pro-fit duquel ils s'engageroient, ne manque-roit pas d'exiger cette déclaration.

La Cour a même, par Arrêt rendu le 5 Février 1763, en la Grand'Chambre, au rapport de M. le Noir, enthériné des Let-tres de Refcifion prifes par la femme & cu-ratrice du nommé Châalons, Mineur, qui s'étoit dit majeur, fur le fondement d'un ex-trait-baptiftaire falfifié, contre le contrat de vente de rentes fur la Ville, faites par ledit Châalons aux Sœurs Hofpitalieres de la Charité, qui, ainfi qu'on en convenoit, avoient acheté de bonne foi.

Dans cette affaire la femme Châalons a cité deux Arrêts de Réglement des 6 Mars 1620 & 26 Mars 1624, fuivant lefquels les Mi-neurs doivent être reftitués contre les con-trats lors defquels ils ont repréfenté de faux extraits-baptiftaires, ou qui, par d'autres voies, ont donné lieu de croire qu'ils étoient majeurs. V. deux autres Arrêts des 26 Avril 1629 & 6 Février 1691, & l'Arrêt rendu le 18 Février 1716, dont je parle au mot *Stel-lionat*. Mais voyez auffi Fromental, verb. *Mineur*, premier *alinea*.

L'action qu'ont les Mineurs pour fe fai-re reftituer contre les actes par lefquels ils font lézés, paffe à leurs héritiers, parce qu'elle fait partie des biens de leurs fuc-ceffions.

Les Loix n'accordent que dix années au Mineur pour fe pourvoir par la voie de Let-tres de Refcifion contre les actes paffés dans fa minorité; & ces dix années courent à compter du jour de la majorité. Voy. l'Or-donnance de Louis XII de 1510, art. 44 & 46, & celle de 1539, art. 134. Voy. auffi les Notes de Dumoulin & de M. Bourdin fur cette dernière Ordonnance.

Les Banquiers, les Marchands & les Ar-tifans Mineurs, quoique non émancipés, peuvent valablement s'engager pour le fait de leur commerce & de leur profeffion : l'article 6 du tit. premier de l'Ordonnance du Commerce de 1673 le leur permet ex-preffément.

Ainfi ces Mineurs ne peuvent alléguer leur minorité pour fe difpenfer de payer les dettes qu'ils ont contractées relative-ment à leur profeffion. Ils ne font pas non-plus recevables à alléguer qu'ils ont été lé-zés dans les achats qu'ils ont faits; leur éta-bliffement leur donne une efpèce de ma-jorité anticipée pour le fait de leur com-merce ou profeffion feulement. Enfin le

Mineur qui n'eſt pas lézé, ne peut ſe faire reſtituer contre les emprunts qu'il a faits, quand ils ont tourné à ſon profit.

Un Banquier, un Marchand, ou même un Artiſan Mineur, peut donc valablement, quand il eſt établi, louer une maiſon pour ſon commerce, ſans être émancipé ; & il ne ſeroit pas reſtitué, s'il n'alléguoit que de la lézion dans cette eſpéce d'engagement.

Mais un Mineur engagé dans des ſociétés avec des Intéreſſés dans les Fermes du Roi, peut-il ſe faire reſtituer contre les actes qu'il a paſſés avec ſes aſſociés, relativement aux Fermes, quand il eſt lézé ? C'eſt une queſtion qui a été traitée avec beaucoup d'étendue, en la Cour des Aides, au commencement de ce ſiécle, entre le ſieur Favre d'Aulnoy, Mineur, & les autres Intéreſſés à la Sous-Ferme du Tabac, &c. L'Arrêt qui eſt intervenu ſur les Concluſions de M. le Procureur Général, le 10 Janvier 1704, au rapport de M. Raudot, a enthériné les Lettres de Reſciſion obtenues par le ſieur Favre d'Aulnoy ; & ſes Adverſaires s'étant pourvus en caſſation, il eſt intervenu Arrêt au Conſeil d'Etat, le 27 Février 1708, qui les a déboutés de leur demande en caſſation.

Il a été rendu un autre Arrêt en la Cour des Aides, le 12 Mai 1708, en faveur du même ſieur Favre d'Aulnoy, qui, en pareille circonſtance, a enthériné des Lettres de Reſciſion priſes contre de ſemblables actes. Ces Arrêts ont reſtitué le ſieur Favre d'Aulnoy, tant contre ſes aſſociés, que contre les créanciers des deux ſociétés deſquelles il étoit entré ; mais il faut obſerver ici que le Roi étoit payé, & qu'il n'avoit plus d'intérêt dans l'affaire. La queſtion eût été plus difficile, ſi le Mineur avoit eu le Roi pour Partie.

Les Mineurs, revêtus d'Offices, avec diſpenſe d'âge, ſont de même réputés majeurs pour ce qui concerne l'exercice de leurs charges ; ainſi un Mineur ne peut ſe faire reſtituer contre les engagemens qui réſultent de l'exercice de ſon Office ; mais il eſt toujours réputé Mineur pour ſes affaires privées. V. l'Arrêt du 22 Juin 1693, qu'on trouve au Journal des Audiences. V. auſſi Brodeau, Lettre M, n°. premier, & Chopin, tom. 3.

Cependant un Mineur ſeroit reſtituable, s'il étoit lézé dans l'acquiſition d'un Office ; parce que ce n'eſt pas l'acquiſition, mais la réception qui forme l'Officier.

Un Mineur, Receveur des Domaines, peut-il valablement emprunter, & ſes billets ſont-ils valables ?

Cette queſtion s'eſt préſentée au Palais en 1723, entre le ſieur Berthaud, Receveur des Domaines du Roi en Alſace, & le ſieur Chauffour, Receveur des Epices du Conſeil de Colmar. Le ſieur Chauffour demandoit le payement du reſtant d'un billet de Berthaud, & diſoit que celui-ci étoit revêtu d'un emploi qui le rendoit capable d'agir & de contracter ; qu'il avoit beſoin de crédit pour les dettes qu'il ſe trouvoit ſouvent dans le cas de faire pour le Roi.

Berthaud répondoit que ſon emploi ne l'habilitoit que pour recevoir ce qui étoit des fonctions de ſa commiſſion ; que ce qu'il touchoit en ſa qualité, il le remettoit à la caiſſe générale ; qu'il ne lui falloit ni crédit, ni avances, parce qu'il eſt interdit aux Receveurs des Domaines & des Fermes, de faire aucune autre affaire.

Par Arrêt rendu au rapport de M. de Brecourt, le 15 Février 1723, les Lettres de Reſciſion, priſes par le Sr Berthaud contre ſon billet, ont été enthérinées avec dépens.

Au reſte, on n'admet les Mineurs au bénéfice de reſtitution, que quand ils ſont lézés par les conventions qu'ils ont faites : les Légiſlateurs n'ont fait des Loix pour donner aux Mineurs le droit de ne point exécuter les engagemens qu'ils contractent pendant leur minorité, que pour empêcher la perte de leurs biens. Cette fin accomplie, il n'y a plus de différence entre les Mineurs & les majeurs. La République n'a point intérêt que les Mineurs deviennent plutôt riches que les majeurs ; chaque Citoyen lui eſt également précieux dans le juſte uſage de ſes droits ; & dès qu'il s'agit d'avantages, les Loix ſont égales pour les Mineurs & les Majeurs ; chacun eſt préſumé avoir les qualités requiſes pour contracter un engagement.

Le Mineur, pourvu d'un bénéfice, eſt réputé majeur à quatorze ans, pour en adminiſtrer les revenus ; il ne lui faut, ni tuteur, ni curateur, pour en faire les baux, ni pour se faire aſſiſter en Juſtice dans les procédures qui ſe font pour le Bénéfice dont il eſt titulaire; mais il ne peut le réſigner valablement qu'à l'âge de 18 ans.

Le Mineur, quoique n'ayant pas encore acquis l'âge de puberté, *eſt capable d'agir en Juſtice, ſans l'autorité & aſſiſtance d'un tuteur ou curateur, tant pour le poſſeſſoire, que pour les droits, fruits & revenus du Bénéfice, dont il eſt pourvu,* ſuivant l'article 14 du titre 15 de l'Ordonnance de 1667.

Ainſi les Mineurs, titulaires de Bénéfices, peuvent ſeuls, ſans tuteur ni curateur, en affermer les biens, les régir, toucher, déléguer, & diſpoſer des revenus de leur chef, nommer aux Bénéfices dont ils ſont Patrons ou Collateurs, quand même la régie de leurs autres biens, & leur perſonne, ſeroient confiées à des tuteurs.

On penſe même que la préſentation faite par un Mineur titulaire, prévaudroit ſur celle faite par ſon tuteur, parce qu'un Mineur eſt regardé comme capable de diſpoſer d'une choſe qu'il ne peut conſerver pour lui. Je crois néantmoins qu'il faut excepter le cas où le Mineur eſt en démence. V. Baſnage ſur l'article 69 de la Coutume de Normandie.

Mais l'opinion des Juriſconſultes eſt que les Mineurs ne peuvent valablement réſigner les Bénéfices, dont ils ſont titulaires, que quand ils ont acquis l'âge de la pleine puberté, qui eſt de 18 ans. Brodeau rapporte ſur cela pluſieurs Arrêts.

Quand les Mineurs, pourvus de Bénéfices, ont atteint cet âge, ils peuvent valablement les réſigner contre la volonté expreſſe de leurs parens, tuteurs & curateurs; parce que ceux-ci ne peuvent forcer les conſciences, ni engager les Mineurs à reſter dans l'Etat Eccléſiaſtique, pour lequel ils n'ont pas de vocation, & les expoſer par-là à des reſtitutions de fruits. V. Brodeau ſur M. Louet, lettre B, n. 7.

Les Mineurs peuvent néantmoins contracter pour leur propre avantage; mais s'il y a conteſtation ſur la queſtion de ſçavoir ſi le contrat eſt ou n'eſt pas avantageux au Mineur, c'eſt à ceux qui ont contracté avec lui, d'en faire la preuve. Ils doivent s'imputer d'avoir contracté avec une perſonne in-

capable, ſans avoir pourvu à leur ſûreté. V. l'Arrêt du 29 Juillet 1706, rapporté par Augeard.

Les Mineurs qui ſont au ſervice du Roi, peuvent valablement contracter & s'engager pour ce qui concerne le ſervice ſeulement: leurs billets ſont bons, quand ils ſont cauſés pour des fournitures réelles & néceſſaires au ſervice, & quand il n'y a point lieu de ſoupçonner de la diſſipation. C'eſt l'avis de la Lande ſur l'article 181 de la Coutume d'Orléans; & cet Auteur dit que c'eſt auſſi la Juriſprudence quotidienne, priſe de la Loi dernière, Cod. *ad Senatus Conſ. Macedonian.*

Quand les Mineurs ont des biens en France, & dans les Colonies Françoiſes, il doit leur être nommé des tuteurs dans l'un & dans l'autre Pays. La manière de procéder à cette nomination, eſt réglée par deux Déclarations des 15 Octobre 1721 & premier Février 1743, qu'on trouve dans le Code de Louis XV.

Les mêmes Déclarations règlent encore les fonctions de chaque tuteur; elles preſcrivent auſſi ce que doivent faire les Mineurs qui veulent ſe faire émanciper & ſe marier: leur étendue ne me permet pas de les rapporter ici.

Les immeubles des Mineurs ne peuvent être vendus ni décrétés à la requête de leurs créanciers, ſans une diſcuſſion préalable de leurs effets mobiliers.

Cette diſcuſſion doit être exacte; elle ne peut ſe faire que par le compte rendu judiciairement, affirmé par le tuteur, & examiné ſur le vû de l'inventaire & des piéces juſtificatives. Toutes les déclarations faites par le tuteur, de quelque nature qu'elles ſoient, ſont inſuffiſantes. Les Arrêts qui conſacrent cette maxime, ſont rapportés par Chenu, Centurie première, queſtion 29 & 32; M. Louet, lettre M, n°. 15; & par l'Annotateur de M. Henrys, tome 1, liv. 4, queſt. 1.

Si cependant le tuteur refuſoit de rendre compte au créancier du Mineur, après y avoir été condamné, alors le créancier pourroit faire juger contre le tuteur, que le refus de rendre compte tiendra lieu de diſcuſſion: c'eſt ainſi qu'on en uſe au Châtelet; & dans ce cas le tuteur doit indemniſer ſes pupil-

les, s'ils prouvent qu'au temps des pourfuites, il avoit fuffifamment de mobilier
pour payer le créancier.

Suivant un ancien Réglement de l'année
1573, rapporté par le Veft; & un autre Arrêt de Réglement rendu fur les Conclufions
de M. Talon, Avocat Général, le 9 Avril
1630, qu'on trouve au Journal des Audiences, tome 1, liv. 2, chap. 71, on ne peut
volontairement vendre les biens des Mineurs
(a) qu'en obfervant les formalités
qu'ils prefcrivent.

Aux termes de ces Arrêts, il eft néceffaire, 1°. de convoquer une affemblée des
parens des Mineurs, pour inftruire le Magiftrat des raifons qui obligent de vendre
leurs biens immeubles. Sans cet avis de parens homologué, & fans une autorifation
fpéciale, le tuteur ne peut valablement vendre les fonds de fes pupilles.

2°. Le Juge ne doit autorifer le tuteur à
vendre, qu'en deux cas: le premier, lorfqu'il y a des dettes que le mobilier des Mineurs ne peut feul acquitter, & lorfqu'il y
a lieu de craindre que les créanciers ne faififfent réellement: le fecond, lorfque ce font
des maifons & bâtimens qui tombent par vétufté, qui coûteroient trop à reconftruire,
ou à réparer.

Dans ce dernier cas, le Magiftrat ne fe
détermine qu'après avoir vû le rapport d'un
Expert, qu'il nomme d'office pour vifiter
les lieux, & conftater leur état.

Lorfque la famille & le Magiftrat croyent
qu'il eft avantageux pour le Mineur de vendre des immeubles qui lui appartiennent,
on ne doit y procéder qu'après une eftimation préalablement faite par Experts. Au
Châtelet, M. le Lieutenant Civil nomme
les Experts d'office, en homologuant l'avis
de parens.

Toutes ces formalités font exigées par
l'Arrêt du 9 Avril 1630, que j'ai cité plus
haut, & qui eft au Journal des Audiences.
Cet Arrêt ordonne de plus qu'il foit appofé

des affiches judiciaires, indicatives de la
vente; que ces affiches contiennent un détail circonftancié de l'objet qu'il s'agit de
vendre, & qu'il ne foit procédé à la vente,
qu'après trois publications pour le moins.

Un autre Arrêt du 28 Février 1722, rendu en forme de Réglement, au rapport de
M. l'Abbé Pucelle, entre les héritiers l'E-
cuyer & la veuve Moreau, rapporté au Journal des Audiences, tom. 7 liv. 5, chap. 8,
a ordonné l'exécution de celui de 1630, &
*qu'en conféquence le Prévôt de Paris, & tous
autres Juges, en homologuant les avis des parens des Mineurs, portant que les biens des
Mineurs feront vendus, feront tenus d'ordonner que ladite vente ne fera faite qu'après les
affiches, publications & remifes ordinaires (b).*
Voyez dans le Journal des Audiences, tom.
7, un autre Arrêt du 11 Juin 1720, fur la
même matiere.

Il y a deux autres Arrêts rendus; l'un le
2 Avril 1721, au rapport de M. Ferrand;
l'autre le 7 Mai 1723, au rapport du même
Magiftrat, en faveur du Prince de Pons,
qui confacrent l'ufage ordonné par ces Réglemens. Ces Arrêts ont enthériné les Lettres de Refcifion prifes par des Mineurs contre des ventes faites en vertu d'avis de parens, & d'eftimations préalables, mais qui
n'avoient pas été précédées d'affiches. Voyez
l'Acte de Notoriété du premier Mars 1757.

Il ne faut pas croire, comme quelques
Jurifconfultes ont voulu le perfuader, que
ces formalités dans l'aliénation des biens
des Mineurs ne foient néceffaires qu'au
Châtelet. La difpofition de l'Arrêt de Réglement rendu le 28 Février 1722, réfifte à
cette idée, puifqu'il parle non-feulement
du Prévôt de Paris, mais *de tous autres
Juges.*

Le Sr Bellancourt oppofoit ce fophifme
au fieur Pellé, de qui il avoit acheté une
maifon fife à Amiens. Il difoit avoir acheté
en conféquence d'un avis de dix parens,
qui avoient unanimement déclaré qu'il étoit

_____

(a) Les immeubles de l'Interdit pour caufe de démence,
ne peuvent être aliénés ou hypothéqués qu'en prenant les
mêmes précautions, & en obfervant les mêmes formalités
que celles qui font prefcrites pour l'aliénation des biens
des Mineurs; parce que les Interdits pour démence jouiffent, à cet égard, des priviléges accordés aux Mineurs.
(b) Cet Arrêt a déclaré nulle la vente de la moitié d'une
maifon fituée à Paris, rue de la Verrerie, lors de laquelle

les formalités prefcrites par celui du 9 Avril 1630, n'a-
voient pas été obfervées; mais en renvoyant les Mineurs
en poffeffion de la moitié de leur bien, la Cour les a condamnés de rembourfer à l'Acquéreur, à dire d'Experts, la
moitié des réparations utiles & néceffaires qui avoient été
faites, & à rembourfer ce qui avoit été payé en l'acquit
des Vendeurs; *les intérêts defquelles fommes, porte l'Arrêt,
demeureront compenfés avec les loyers de ladite maifon.*

néceffaire de vendre cette maifon. Le prix qu'il en avoit payé, égaloit fa valeur, & l'emploi en étoit prouvé; mais on avoit négligé la formalité des affiches & des publications qui auroient pu procurer des encheres fupérieures au prix payé par le fieur Bellancourt. Cette feule circonftance détermina la Cour à enthériner les Lettres de Refcifion prifes par le fieur Pellé contre la vente. L'Arrêt a été rendu au rapport de M. Parent, le 11 Février 1726; la Sentence du Bailliage d'Amiens, du 20 Juillet 1722, avoit débouté le fieur Pellé de fa demande en enthérinement de Lettres de Refcifion; & elle a été infirmée.

L'efpéce de celui du 7 Mai 1723, rendu au profit de M. le Prince de Pons, eft prefque la même que celle ci-deffus; il y avoit feulement cette différence, que c'étoit le tuteur même de M. le Prince de Pons, qui avoit acquis l'Hôtel de Marfan, qui donnoit lieu au procès.

Au Châtelet, M. le Lieutenant Civil ne permet la vente du bien des Mineurs, lorfque les parens lui difent qu'elle eft néceffaire, fans ordonner une vifite qui en fixe la valeur; & s'il s'agit d'un bâtiment qu'on veuille vendre, foit pour caufe de vétufté, foit à caufe des réparations ou des reconftructions qu'il faut y faire, il ordonne que l'Expert, qui procédera à l'eftimation, conftatera fi l'état des lieux eft tel qu'on l'expofe; qu'il détaillera les réparations qui font à y faire, & fixera leur valeur.

Lorfqu'il ne fe trouve point d'enchériffeurs fur les publications judiciaires qui fe font, ou qu'il s'en préfente qui n'offrent qu'un prix inférieur à l'eftimation, le tuteur peut vendre par contrat volontaire, s'il trouve quelqu'un qui donne au moins le prix fixé par le Procès-verbal des Experts: c'eft ainfi qu'on en ufe au Châtelet, où ces fortes d'affaires font très-communes.

Je voudrois néantmoins que l'adjudication des biens des Mineurs ne pût fe faire que judiciairement, & qu'il ne fût point

permis de vendre par contrat volontaire, en conféquence du certificat que donne ordinairement le Greffier, ou qu'il ne s'eft point préfenté d'enchériffeurs, ou que ceux qui fe font préfentés, n'ont offert qu'un certain prix. Si l'adjudication fe faifoit toujours en ce cas judiciairement, le tuteur ne pourroit pas frauder le Mineur; parce que ce ne feroit pas lui, mais la Juftice qui feroit la vente, & que la chaleur des encheres reçûes publiquement, pourroit faire augmenter le prix; au lieu que la vente chez un Notaire, fur le certificat du Greffier, eft fujette à mille fraudes: celle qui eft la plus commune de la part du tuteur, c'eft de fe faire payer un pot-de-vin dont il profite, & non le Mineur.

Mon avis eft abfolument conforme à l'Arrêt de 1630, par lequel il eft ordonné qu'il fera procédé à l'adjudication (des biens des Mineurs) au plus offrant & dernier enchériffeur (a). Il eft étonnant qu'après un Réglement auffi précis, & dont l'exécution eft ordonnée par tant d'autres Arrêts, on ait cru pouvoir vendre par contrat volontaire. Je me fuis toujours bien gardé de fuivre ce mauvais ufage, & j'ai remarqué que mes Confreres les plus expérimentés en ufent de même.

Le Réglement fur les tutelles, fait par le Parlement de Normandie le 7 Mars 1673, veut auffi que l'adjudication des biens des Mineurs, qui fe vendent pour urgente néceffité ou évidente utilité, foit faite judiciairement en l'Audience & Jurifdiction fous laquelle les héritages font fitués. Voyez les articles 51, 52, 53, 54 & 55 de ce Réglement.

Le Samedi 30 Mai 1761, on a plaidé la queftion de fçavoir fi le tuteur des enfans Mineurs de M. le Duc de Beauvilliers (tué à la bataille de Rosbach) feroit admis à vendre volontairement, fur trois publications, la Terre de Buzançois, dépendante de la fucceffion de leur pere; & fi cette maniere de vendre étoit préférable à la vente

(a) M. le Pelletier de S. Fargeau, portant la parole dans l'affaire du Mineur de la Guiche, pour la vente de l'Hôtel de Grandmont, le Samedi 14 Mai 1765, a dit qu'il avoit fait recherche de cet Arrêt, & qu'il avoit découvert fur les Regiftres, que les vices qui fe trouvoient dans fa rédaction, le rendoient inintelligible.
L'Arrêt rendu ledit jour fur la Plaidoirie de M. de S.

Fargeau, a ordonné qu'il pourroit être paffé contrat de vente devant Notaire, au plus offrant des divers enchériffeurs judiciares, lequel fe feroit connoître pour folvable; mais que les conditions feroient les mêmes pour tous les Acquéreurs, & conformes à l'Enchere dans laquelle les charges, claufes & conditions de la vente feroient détaillées.

par décret de la même Terre que la Ducheſſe de Beauvilliers, belle-mere des Mineurs, avoit fait ſaiſir réellement.

On alléguoit la faveur des Mineurs, l'im-
menſité des frais d'un décret forcé, & d'un
Ordre. Les Mineurs, qui avoient ſur cette
Terre des hypothéques antérieures à celle
de Madame de Beauvilliers, offroient même
de prendre la Terre ſur le pied de l'eſtimation qu'ils demandoient qu'on en fît, ſi perſonne n'enchériſſoit au-deſſus : mais leurs
offres furent rejettées ; & on jugea par l'Arrêt rendu ledit jour, ſur les Concluſions de
M. l'Avocat Général le Pelletier de S. Fargeau, que de pareilles offres ne pouvoient
empêcher un créancier d'uſer de ſon droit :
en effet, elles ne déſintéreſſoient pas Madame de Beauvilliers, & la Cour ordonna
que le décret forcé ſeroit ſuivi.

Les formalités preſcrites pour l'aliénation
des biens des Mineurs, ne ſont pas ſeulement néceſſaires pour la vente de leurs immeubles réels, il faut également les obſerver, lorſqu'il s'agit de la vente de leurs immeubles fictifs, tels que les Offices. Il eſt
même intervenu un Arrêt le Lundi 6 Septembre 1762, en la deuxiéme Chambre des
Enquêtes ſur partage d'opinions en la troiſiéme, par lequel il a été jugé que la ceſſion
faite par la veuve du Titulaire d'un Office tombé aux Parties caſuelles, tant en
ſon nom, que comme tutrice de ſa fille Mineure, étoit ſujette à ces formalités ; parce
que cette faculté a été jugée immeuble, ſur
le fondement qu'on donne à l'action la qualité de la choſe qu'elle pourſuit.

Il ſeroit cependant dangereux d'exiger
rigoureuſement qu'un tuteur ſuivît ces régles, quand il s'agit de la vente d'un Office
de Procureur, de Notaire, ou d'une autre
Charge à laquelle il y a une pratique attachée. La pratique dépériroit pendant le
cours de la procédure ; & en différer ou retarder la vente, ce ſeroit faire tort aux Mineurs. Pour remédier à cet inconvénient,
l'uſage eſt, à Paris, d'autoriſer les tuteurs,
par un avis de parens homologué, à vendre
volontairement ces ſortes d'Offices ; on les
y autoriſe même ſouvent avant l'inventaire
commencé, en ajoutant que la vente ne
pourra attribuer aucune qualité aux vendeurs.

En Pays de Droit-Ecrit, & en Normandie, les baux à ferme des biens des Mineurs
ne peuvent être faits qu'en Juſtice, après
trois publications, comme ceux des biens
d'Egliſe. Voyez Henrys, tom. 2, liv. 4,
queſt. 4.

Les nourritures, logemens & entretiens
des Mineurs, doivent être alloués en dépenſe au tuteur, quand il rend ſon compte ;
& cette dépenſe ſe régle d'ordinaire (pour
le plus ou le moins), par l'avis des parens,
eu égard à la qualité des perſonnes & à la
quotité des biens, de ſorte néantmoins que
le tuteur ne peut jamais faire une dépenſe
qui excéde les revenus des pupilles ; s'il la
fait plus grande, il la perd, & n'a aucune
répétition ſur leurs biens.

Si le Mineur ſe trouve ſans biens, ou n'en
a pas aſſez pour ſon entretien, le tuteur n'eſt
pas obligé d'y ſuppléer du ſien ; mais s'il a
des revenus ſuffiſans, ſa dépenſe, réduite
avec équité, doit être paſſée au tuteur ſans
aucune difficulté. Sur cela voyez un Acte de
Notoriété de M. le Lieutenant Civil le Ca-
mûs, du 18 Février 1701. Voyez auſſi Domat, des Tuteurs, titre premier, ſection 3,
article 7, & la Loi citée par cet Auteur.
Mais voyez auſſi Tuteur.

Dans les choſes abſolument indiviſibles,
le Mineur communique le privilége de ſon
âge au majeur, & non dans les choſes qui
peuvent ſe diviſer. Ce principe eſt répandu
dans une infinité de Loix qui décident que
le Mineur releve le majeur, quand il s'agit
de droits incorporels & indiviſibles entr'eux,
comme d'une ſervitude qui ne ſouffre point
de diviſion, & qui eſt cenſée appartenir
toute entiere à chacun de ceux qui y ſont
intéreſſés.

Il n'en eſt pas de même, lorſqu'il s'agit
de choſes diviſibles, dans leſquelles le majeur peut agir pour la conſervation de ſa
part, & a un droit ſéparé ou au moins diviſible de celui de ſon cohéritier mineur ;
en ce cas le majeur ne peut ſe prévaloir du
privilége qui n'eſt accordé qu'à l'infirmité
de l'âge.

Ainſi le Mineur relevé d'un contrat ou
d'une tranſaction, ne releve point le majeur
avec lequel il étoit obligé, ſuppoſé que l'o-
bligation ſoit diviſible.

C'eſt ſur ce fondement que, par Arrêt

du 13 Mars 1574, rapporté par M. Louet, lett. M, n°. 15, un décret d'héritages communs entre des majeurs & des Mineurs, a été cassé pour la portion des Mineurs, parce qu'il n'y avoit point de discussion de leurs meubles, & jugé valable pour celle des majeurs. Voyez les Arrêts de Henrys, tom. 2, liv. 4, question 19. Voyez aussi *Prescription.*

Le Mineur, même émancipé, ne peut procéder seul à aucun partage ou licitation : il ne peut pas même en provoquer, parce que ces sortes d'actes emportent aliénation ; mais si on le demande contre lui, il doit se faire nommer un tuteur, à l'effet de le défendre & l'assister dans ces sortes d'opérations.

Le Mineur, quoiqu'émancipé, ne peut pas non plus valablement entendre le compte de sa tutelle, il doit être assisté d'un tuteur *ad hoc.*

Le Mineur émancipé peut gérer ses biens, en faire des baux, toucher ses revenus, contracter & s'engager pour ses nourritures, logemens, éducation & entretien, jusqu'à concurrence du montant de ses revenus ; mais si, sans être Commerçant, il faisoit des Lettres de change ou en endossoit, il pourroit se faire restituer très-facilement. Voyez sur cela les Arrêts dont je parle à l'article *Lettres de Change*, & l'Arrêt de Bastier, du 26 Juin 1689, qu'on trouve dans le Praticien des Consuls.

Il y a encore sur la même matiere un Arrêt célèbre, rendu le 8 Juin 1711, en faveur du Sr Rouviere, héritier par bénéfice d'inventaire de son fils, Mineur, Conseiller de la Ville de Paris, lequel avoit souscrit beaucoup de Lettres de change & autres engagemens dont les sieurs Maurice & Gaudebout étoient porteurs, & contre lesquels son pere prit des Lettres de Rescision, qui furent enthérinées par l'Arrêt.

Les créanciers de Rouviere fils résistoient à l'enthérinement de ces Lettres, & soutenoient leurs Lettres de change bonnes, parce que, quand il les avoit souscrites, il étoit reçu Marchand Apoticaire ; qu'il étoit de plus Conseiller de Ville & marié. Ils citoient un Arrêt du 30 Août 1702, imprimé avec ce titre : Arrêt qui *a jugé que des Mineurs qui ont tiré, accepté ou endossé des Let-* tres *de change, ne sont point restituables, & qu'ils sont Consulaires, & contraignables par corps.*

Rouviere pere répondoit que jamais son fils n'avoit fait le commerce ; qu'il n'avoit point eu de boutique ouverte, qu'il étoit toujours resté dans la maison paternelle, & que la Charge de Conseiller de Ville ne rendoit le titulaire majeur, que relativement aux fonctions de cette Charge, suivant l'Arrêt rendu en faveur du Commissaire Hubert, le 22 Juin 1693. Ces raisons prévalurent, & les Lettres furent enthérinées comme je l'ai dit : les Consuls avoient jugé le contraire par cinq Sentences, que l'Arrêt a infirmées.

Enfin, ce point de droit ne paroît plus devoir faire la matiere d'un problême, depuis l'Arrêt de Réglement intervenu sur cette matiere, en la Tournelle, au rapport de M. Rolland, le 29 Juillet 1745, contre Paul Colomb. Ce Réglement ordonne *que les Ordonnances & l'Arrêt de Réglement du 26 Mars 1624, seront exécutés ; ce faisant, fait défenses à toutes personnes, de quelque qualité & condition qu'elles soient, de prêter argent aux enfans de famille étant sous la puissance de pere ou de mere, tuteur ou curateur, sans l'avis & participation de leursdits pere ou mere, tuteur ou curateur, & à tous Marchands de leur prêter, directement ou indirectement, marchandises à perte de finance, bagues, bijoux & joyaux, sous promesses en blanc, par contrats simulés ou autrement, à peine de nullité desdits prêts & promesses, de confiscation des . . . . . . choses prêtées, & de punition corporelle.* Voyez encore sur cette matiere un Arrêt rendu le 15 Mars 1709, rapporté par Augeard, nouvelle édition in-fol. tome 2, n°. 53 ; & un autre Arrêt rendu au Parlement de Dijon le 21 Avril 1701, imprimé en entier dans le Dictionnaire de Police de M. de Freminville, art. *Enfans Mineurs.*

Un Arrêt du Parlement du 21 Avril 1701, rendu au rapport de M. de Brirach, entre Joseph Bellebaut, Procureur au-Bailliage de Milleraye, & sa femme, appellans, & Catherine Perillot, veuve Richard, juge les questions suivantes.

La première, que la preuve faite par témoins de la minorité d'un Mineur, est suffisante.

fifante, quand on ne peut la faire autrement.

La feconde, qu'un Mineur marié depuis long-temps, doit rentrer dans fes biens immeubles qu'il a vendus en minorité, pendant fon mariage, par des contrats volontaires, où il a pris la qualité de Marchand, qui lui a auffi été donnée dans des procédures faites par fes créanciers, avant & depuis les mêmes contrats de vente.

La troifiéme, que l'acquéreur doit être condamné à la reftitution de tous les fruits qu'il a perçus, quoiqu'il eût lieu de croire que le Mineur étoit majeur dans le temps des contrats de vente qu'il lui a faits, y ayant alors long-temps qu'il étoit marié.

La quatriéme, que l'acquéreur eft tenu de juftifier l'emploi du prix qu'il prétend avoir payé au Mineur, & de faire voir qu'il a tourné au profit du Mineur, pour lui en demander la reftitution, ou en prétendre la déduction fur les fruits.

La cinquiéme, que les reconnoiffances faites par le Mineur & par fa femme majeure dans les contrats de vente, & dans des quittances poftérieures, que la partie du prix a été payée en leur acquit, ne fuffifent pas pour en prétendre la déduction fur les fruits perçus par l'acquéreur.

La fixiéme, que les fommes payées par l'acquéreur en l'acquit du Mineur à plufieurs parens, au profit defquels il avoit fait en minorité & pendant fon mariage des promeffes & des obligations, ne doivent point pareillement être déduites à l'acquéreur fur les fruits perçus, ni le Mineur marié tenu de les reftituer à l'acquéreur; & que les quittances qui en contiennent le payement, ne font pas des quittances d'emploi valables, quand l'acquéreur ne juftifie pas que les fommes payées par lui aux créanciers du Mineur, dont les créances ont été faites en minorité, ayent tourné à fon profit, quoiqu'elles fuffent payables par corps par le Mineur qui avoit commis un ftellionat envers les créanciers rembourfés par l'acquéreur.

La feptiéme, que les fommes payées par le dernier acquéreur, en conféquence d'une tranfaction faite par le Mineur en minorité avec plufieurs autres acquéreurs précédens, fur des Lettres de Reftitution qu'il avoit

obtenues contr'eux, pour retirer les héritages qu'il leur avoit vendus, de peur que le dernier acquéreur, à qui il les avoit vendus depuis, ne le pourfuivît comme ftellionataire, ne devoient point pareillement être rendues à ce dernier acquéreur par le Mineur, ni déduites fur les fruits perçus.

La huitiéme, que la reftitution du mari Mineur, contre les contrats de vente de fes immeubles faits en minorité & contre l'autorifation de fa femme majeure, qui s'eft dite féparée de biens d'avec lui, & qui s'eft obligée folidairement avec lui à la garantie, doit profiter à la femme & la faire décharger de la garantie envers l'acquéreur, fans qu'il foit néceffaire qu'elle obtienne perfonnellement des Lettres de Refcifion pour fe faire relever de fon obligation.

Un des priviléges de la minorité, eft que les deniers des Mineurs ne doivent pas refter oififs entre les mains d'un tuteur; il eft obligé de les employer en fonds d'héritages ou rente; finon d'en payer lui-même les intérêts, & même les intérêts des intérêts.

Tous les Auteurs & la Jurifprudence décident que le reliquat du compte dû par le tuteur à fon Mineur, produit de fa nature des intérêts, quand même le compte feroit rendu au Mineur devenu majeur.

Voyez fur cela les Inftituts du Droit François, pages 529 & 533, la Roche-Flavin, liv. 6, tit. 54, Arrêt 2. (Graverol, fur icelui rapporte un Arrêt du 27 Avril 1656,) un autre Arrêt du 23 Février 1665, rapporté par Baffet, tome 2, liv. 4, tit. 15, chap. premier; les Actes de Notoriété du Châtelet des 10 & 14 Juin 1689; Auzanet, Mémoires fur Paris, titre des Tutelles, article 127, page 387; Ricard, Traité des Donations, tome premier, chap. 3, fect. 9, page 101, n. 454; & les Arrêtés de M. de Lamoignon, des Tutelles, art. 127.

Quelques Auteurs ont prétendu que le Mineur lézé ne pouvoit fe faire reftituer pendant fa minorité; mais c'eft une erreur. La reclamation ne lui eft interdite en minorité, que contre des partages judiciaires; encore faut-il qu'un tel partage ne lui faffe pas fouffrir une léfion qui fuffiroit au majeur même pour le faire reftituer. Voyez *Renonciation.*

Dans tous les autres cas, le Mineur peut

Bb

se pourvoir en minorité contre les actes qu'il a souscrits, c'est le plus favorable de tous ceux qui reclament la protection & l'autorité des Magistrats ; il ne seroit pas juste de lui ravir la liberté qu'il a de se plaindre, & que des usurpateurs pussent se faire un titre contre lui de la faveur que les Loix lui accordent. On peut voir sur cela Brodeau, sur M. Louet, lettre C, n°. 37; Despeisses, tome premier, des Contrats, partie 4; le Brun, Traité des Successions, & l'article 491 de la Coutume de Bretagne.

Un tuteur ne peut acquérir à son profit des droits successifs ou litigieux, pour les exercer contre des Mineurs ses pupilles; la nullité de l'acquisition ou de la cession est absolue à son égard : mais l'acte subsiste en faveur de ses pupilles qui, s'ils le jugent à propos, acquiérent à sa place tout ce qu'il vouloit acquérir lui-même. Cette maxime est fondée sur le texte précis des Loix, & sur la Novelle 72. Voyez l'Acte de Notoriété du Châtelet du 21 Mars 1699.

Il a même été jugé, par un Arrêt rendu le 4 Mars 1755, en la Grand'Chambre, au rapport de M. l'Abbé Langlois, que les Mineurs n'ont pas besoin dans ces cas de demander la subrogation, parce que tout est à eux; l'acte est leur titre, & n'en est pas un pour le tuteur.

Dans l'espéce de cet Arrêt, Elie de la Roche-Aymon, tuteur de Suzanne & d'Eléonore de la Roche-Aymon ses niéces, avoit acquis pour lui les droits appartenant à deux sœurs de ses pupilles dans la succession de leur pere, dont dépendoient les Terres du Breuil & de Saint-Maixant. Ces Terres ayant été saisies réellement sur Elie de la Roche-Aymon, les héritiers de ses pupilles en demanderent la main-levée, comme faite *super non Domino*; ils soutenoient que la cession faite au profit d'Elie de la Roche-Aymon personnellement, ne lui avoit pû transmettre aucune propriété; cela a été ainsi jugé par l'Arrêt.

On s'est pourvu par Requête civile contre cet Arrêt. Mais l'enthérinement en a été rejetté par un autre Arrêt.

Les régles suivant lesquelles le Mineur peut revendiquer les biens qui lui appartenoient, & que son tuteur a acquis par décret ou autrement pendant la tutelle, peuvent-elles s'appliquer aux tuteurs ou curateurs *ad hoc*, créés uniquement pour assister les Mineurs dans les affaires qu'ils peuvent avoir contre leur tuteur ?

Cette question s'est présentée entre Louis Etienne & Claude Cleret, Habitans de Clery près Orléans; & par Arrêt rendu le 12 Janvier 1753, en la Grand'Chambre, au rapport de M. de Montholon, la Cour a jugé que ces régles n'ont pas lieu contre ces sortes de tuteurs.

Les biens des Mineurs ne peuvent être vendus par décret, sans une discussion préalable de leurs meubles. V. *Discussion*.

MINISTERE PUBLIC.

Voyez *Avocats du Roi*, *Dépens*, *Gens du Roi*, *Partie Civile*, *Procureur Fiscal*, *Procureur du Roi*, *Substitut*, &c.

On entend en général par Ministere Public, des Magistrats, dont les principales fonctions sont de veiller à la manutention de l'Ordre public, en provoquant l'éxécution des Ordonnances de la même maniere que les Procureurs agissent pour l'intérêt de leurs Parties.

C'est dans le Ministere Public seulement, que réside en France le droit de poursuivre la punition des crimes qui intéressent l'ordre général de la société (a). On n'a point voulu dans nos mœurs abandonner à la licence d'une populace aveugle, ou à la passion de quelques particuliers, la poursuite des délits publics; on n'a pas même laissé la voie de poursuivre la réparation publique qui resulte d'un délit particulier. V. *Partie Civile*.

Le partage des actions est donc réglé parmi nous d'une maniere plus sage & plus sûre pour le maintien de l'ordre public, qu'il n'étoit chez les Romains, où l'on ne connoissoit point de Ministere Public : un François ne peut demander en Justice, que ce qui lui est dû personnellement, ou la réparation du tort qui lui a été fait dans sa

___
(a) Le Ministere Public n'est chargé de poursuivre que la punition des crimes publics. L'Arrêt de Réglement, rendu aux Grands-Jours de Clermont, le 10 Décembre 1665, défend d'informer & d'instruire les Procès, pour rixes & affaires légeres, sans réquisition des Parties plaignantes.

personne, dans son honneur & dans les biens.

Ainsi la liberté des actions n'est point indéfinie, l'intérêt particulier & personnel en est la seule mesure à l'égard des particuliers; ensorte que sans intérêt il n'y a point d'action pour eux.

C'est pour cela que le droit des particuliers dans les délits est borné à demander la réparation du tort qu'ils en souffrent : ils ne peuvent requérir des peines corporelles contre le coupable, cela est réservé au seul Ministere Public, à qui seul appartient aussi la recherche & la punition des délits publics & généraux. Les particuliers ne doivent jamais être Parties pour ces punitions, ils peuvent seulement exciter le Ministere Public par une dénonciation qui est inscrite sur le registre que tient à cet effet chaque Procureur du Roi. V. *Dénonciateur.*

Un des principaux motifs de l'institution du Ministere Public est la sûreté & la conservation du bien public, & la nécessité de prévenir les suites des haines & des jalousies particulieres, sans autoriser l'impunité des coupables.

Ces principes sont la base des Ordonnances, & singuliérement de celle de 1670, titre 3, & nous avons une infinité d'Arrêts qui ont rejetté des plaintes de faits ou de crimes qui n'intéressoient point les plaignans : j'en citerai seulement deux.

Le premier, est du 26 Août 1741, il est rendu au profit du sieur Husson, Curé de Dompremy, contre le nommé Demange Gros-Colas ; le deuxième, du 28 Février 1742, en faveur du sieur Baudistret, Curé de Vassy, contre les Syndics & Echevins de Vassy.

Ces deux Arrêts rendus en la Tournelle, sur les Conclusions de M. l'Avocat Général Gilbert, déclarent Gros-Colas & les Habitans de Vassy non-recevables dans leurs plaintes ; parce qu'elles ne contenoient rien de personnel aux Plaignans.

Le Ministere Public, quoiqu'en différentes Cours, ne se contredit point lui-même, il est un & indivisible ; & ce qu'il a une fois consommé dans un Tribunal, il ne peut, ni le changer, ni le détruire dans un autre.

Le Ministere Public est aussi chargé de veiller à l'intérêt du Roi & de son Domaine : il représente le Roi, non comme Souverain, mais comme Partie. Il est même essentiellement nécessaire dans les affaires qui intéressent le Domaine du Roi. L'Ordonnance veut que dans ces sortes d'affaires les Procureurs Généraux des Cours, & les Procureurs du Roi des Jurisdictions subalternes, *soient mandés en la Chambre du Conseil, avant que de mettre le Procès sur le Bureau, pour sçavoir s'ils n'ont point d'autres pieces ou moyens* que ceux dont on a fait usage dans l'instruction. Voyez l'Ordonnance de 1667, titre 35, art. 36.

Les affaires poursuivies à la requête du Ministere Public, & dans lesquelles il n'y a point de Parties civiles, s'instruisent aux frais du Roi dans les Justices Royales ; & les dépenses qui se font à ce sujet, même celles que l'exécution des Jugemens occasionne, se prennent sur les revenus des Domaines. Elles sont payées par les Fermiers sur les exécutoires décernés par les Juges, & visés par les Intendans des Provinces.

On peut sur ces dépenses directes, indirectes & accessoires, sur celles qui peuvent être comprises dans les exécutoires, & sur la maniere de s'en faire payer, consulter trois Arrêts du Conseil, des 26 Octobre, 25 Novembre 1683, & 5 Mai 1685. V. aussi *Dépens* & *Domaine.*

Des Lettres-Patentes du 7 Octob. 1723, régistrées au Parlement de Flandres le 21, ordonnent que les fonctions du Ministere du Procureur Général seront exercées gratuitement.

Le Parlement de Besançon a ordonné, par Arrêt rendu le 3 Janvier 1731, au Procureur d'Office de Saint-Aubin, & à tous autres, de joindre aux procédures criminelles, qui seront instruites à leur requête, des inventaires-sommaires des pieces par eux produites, & a enjoint aux Substituts de M. le Procureur Général dans les Bailliages, de faire exécuter ledit Arrêt.

Le Ministere Public ne peut pas être recusé, parce qu'il n'est pas Juge, mais seulement Partie ; on peut seulement se plaindre de sa calomnie. Voyez M. le Prestre, centurie premiere, chap. 33, & ce que je dis à l'article *Dénonciateur.* Mais voyez aussi Chenu, tit. 14, chap. 90.

M I N U.

C'eſt, dans quelques Coutumes, ce que l'on nomme dans d'autres, déclaration donnée par le vaſſal au Terrier de ſon Seigneur. V. *Déclaration* & *Terrier*.

M I N U T E,

Voyez *Acte*, *Commiſſion*, *Greffier*, *Groſſe*, *Notaire*, *Ordre*, *Regiſtre*.

On nomme Minute, l'original d'un acte authentique qui doit perpétuellement reſter dans un dépôt public, & ſur lequel l'Officier qui en eſt dépoſitaire, délivre des expéditions ou des groſſes aux Parties intéreſſées.

En général, les Notaires doivent garder Minute de tous les actes qu'ils reçoivent, dont l'effet doit être perpétuel, & ſe tranſmettre des Parties contractantes à leurs héritiers ou ayans cauſe. C'eſt ce qui paroît réſulter de l'article 78 de la Coutume de Bourbonnois, & de l'article 38 de celle de la Marche, qui portent que les Notaires ſont tenus de faire protocole & régiſtre des Lettres perpétuelles par eux reçues.

On trouve dans le ſixiéme volume du Regiſtre des Bannieres du Châtelet, fol. 148, un Arrêt du Parlement, qui défend aux Notaires de ſe deſſaiſir & remettre aux Parties les Minutes des Actes par eux reçus, à peine de privation de leur état.

Cette régle ne s'applique point aux teſtamens, dont les Minutes peuvent être remiſes au teſtateur ſans être controlées, ou laiſſées au Notaire qui les a reçues. En ce cas, le Notaire ne peut refuſer de la remettre au (ſeul) teſtateur quand il la demande. L'Edit du mois de Mars 1693, en contient une diſpoſition préciſe; & il y a une Déciſion du Conſeil du 21 Juin 1749, qui ordonne à Durand, Notaire dans le Diocéſe de Comminges, de remettre à Nicolas de Nauſſe la Minute du teſtament de ce Particulier, qui en offroit décharge. Voyez ce que je dis au préſent article, de l'uſage du Parlement de Toulouſe, & ce que j'ai dit ci-devant au mot *Controle*.

Quoiqu'un acte n'emporte point un effet perpétuel, ſi pluſieurs Parties ont intérêt de le conſtater: par exemple, ſi c'eſt une ſociété, un bail à ferme ou à loyer, une obligation avec nantiſſement, &c. il en doit être gardé Minute, à moins que les Parties ne jugent plus à propos de le faire multiple.

Indépendamment de ces maximes générales, il y a des régles qui aſſujettiſſent les Notaires à garder Minute de certains actes en particulier: tels ſont;

1°. Les quittances de dot & de rapport. Cela eſt fondé ſur la diſpoſition de l'art. 130 de l'Ordonnance de 1629. Il eſt pourtant vrai que cette Ordonnance n'enjoint pas expreſſément aux Notaires de garder Minute de ces ſortes d'actes; elle veut ſeulement qu'ils ſoient *paſſés devant Notaires, à peine de nullité, pour le regard des créanciers*: mais l'intérêt d'un tiers ſe trouvant le motif de cette Loi, on en a conclu que l'intention du Légiſlateur étoit qu'on en gardât Minute.

2°. Les Concordats en matiere bénéficiale, les procurations & autres actes, qui ont pour objet la réſignation (*a*), la permutation, l'union ou déſunion des Bénéfices, les créations ou extinctions des penſions (ſur des Bénéfices), les révocations de ces actes, les rétractions deſdites révocations, les acceptions ou refus d'accepter les Bénéfices, les proviſions, priſes de poſſeſſion, & autres actes concernans les Bénéfices.

L'injonction de garder Minute de ces ſortes d'actes, eſt prononcée par Edit de Louis XIII, du mois de Novembre 1637, vulgairement nommé l'Edit du Controle; il défend aux Notaires de les remettre aux Parties, *à peine de faux*, de nullité *des actes, & de tous dépens, dommages - intérêts des Parties intéreſſées*. Ces défenſes ont été réitérées, ſous de nouvelles peines, par l'Edit du mois de Décembre 1691, portant création des Notaires Apoſtoliques, & par la Déclaration du 14 Février 1737 (*b*).

3°. Les contrats d'échange d'immeubles. La peine d'interdiction contre les Notaires qui ne gardent pas Minute de ces ſortes

---

(*a*) Voyez au mot *Réſignation*, l'Arrêt du 2 Décembre 1727, par lequel il a été jugé que les démiſſions de Bénéfices doivent être paſſées devant Notaires Apoſtoliques, & qu'il en doit reſter Minute.

(*b*) Ces Loix ne parlant que des Notaires, il ne paroît pas raiſonnable d'en appliquer les diſpoſitions aux Patrons & Collateurs. Ceux-ci ont conſervé la liberté qu'ils avoient avant l'établiſſement du Controle & des Notaires

d'actes, est prononcée par un Arrêt du Conseil du 10 Avril 1683.

4°. Les contrats de vente, & autres actes translatifs de propriété d'héritages. Il n'y a pourtant pas sur cela d'injonction formelle aux Notaires : mais c'est une conséquence qui résulte nécessairement de la disposition d'un Arrêt du Conseil, du 5 Juin 1706, par lequel les Notaires de Paris sont assujettis à fournir tous les trois mois aux Fermiers des Insinuations, l'extrait de ces sortes de contrats. Les Notaires ne pourroient satisfaire aux dispositions de cet Arrêt, s'ils ne gardoient pas la Minute de l'acte, dont ils sont tenus de fournir l'extrait (a).

5°. Les actes d'acceptation ou renonciation à la communauté. L'injonction aux Notaires de garder Minute de ces sortes d'actes, a été prononcée par un Arrêt de Réglement rendu sur les Conclusions de M. l'Avocat Général Joly de Fleury, le 14 Fév. 1701, rapporté par Augeard ; & par parité de raison, sa disposition doit s'étendre aux actes de renonciation aux successions.

6°. Les donations entre-vifs. L'Ordonnance du mois de Février 1731, article premier, exige qu'il reste Minute de ces sortes d'actes, à peine de nullité. V. le Traité de Langlois pour les Notaires de Paris ; & ce que je dis au mot Donation.

7°. Les inventaires de biens communs entre conjoints, suivant l'Arrêt de Réglement du 14 Mars 1731, dont je rapporte les dispositions à l'article Inventaire.

8°. Les quittances d'emploi des deniers de ceux qui prêtent pour bâtir & acquérir privilége, suivant la Sentence de Réglement du Châtelet, du 3 Décembre 1689, confirmée par Arrêt du 31 Juillet 1690.

Dans le ressort du Parlement de Toulou-se, les Notaires ne peuvent délivrer aucun acte en brevet aux Parties, à l'exception des procurations & des testamens mystiques & olographes. Ils doivent même écrire les Minutes de tous les autres actes, bien cottés & reliés, sans pouvoir les recevoir sur des feuilles volantes. Deux Arrêts dè ce Parlement du 25 Janvier 1730, & 15 Novembre 1738, l'ont ainsi ordonné.

L'article 4 de la Déclaration du 7 Décembre 1723, regist. le 22 du même mois, en parlant des actes simples qui peuvent se passer sans Minute, les détaille dans l'ordre suivant.

» Les procurations, avis de parens, at-
» testations ou certificats, autorisation d'un
» mari à sa femme, désaveu, répondant de
» domestiques, désistement, consentement,
» main-levée, élargissement, décharge de
» piéces, papiers & meubles, cautionne-
» ment, & généralement tous actes simples,
» qui n'ont rapport à aucun titre, & ne con-
» tiennent aucune obligation respective «.

De ce nombre sont encore, suivant le susdit article, » les apprentissages ou al-
» loués, transport d'iceux, quittances de
» gages de domestiques, arrérages de pen-
» sions ou rentes, quittances d'ouvriers, ar-
» tisans, journaliers, manouvriers & autres
» personnes du commun, pour choses con-
» cernant leur état & métier ; les quittances
» de loyer & fermage ; les cautionnemens
» des Employés des Fermes ; les conven-
» tions, marchés, obligations qui n'excédent
» point 300 livres; les commissions d'Ar-
» chidiacre pour desservir une Cure, les
» actes de véture, noviciat ou profession
» dans les Monasteres ; les nominations de
» Gradués, procurations pour compromet-
» tre, requérir, résigner, céder ou rétrocé-

Apostoliques, de remettre au Pourvu l'original même de sa Provision.

Il faut pourtant convenir que l'article 3 de l'Ordonnance de 1498, enjoignoit aux Collateurs & Patrons Ecclésiastiques d'avoir des Registres de toutes leurs collations, afin d'y avoir recours dans le besoin.

Mais comme cette Loi n'étoit fondée que sur l'intérêt des Gradués, qui a cessé par la disposition du Concordat, l'Ordonnance de 1498 est tombée en désuétude ; & le Grand-Conseil, par Arrêt rendu le 6 Mars 1727, a maintenu le sieur Savary dans la Cure d'Octeville qui lui avoit été conférée par l'Abbesse de Montivilliers, & auquel elle avoit remis la Minute de la Provision.

L'Abbé Ozanne, qui contestoit ce Bénéfice au sieur Savary, s'est pourvu en cassation contre l'Arrêt du Grand-Conseil ; mais sa Requête n'a pas été admise.

MM. les Avocats & Procureurs Généraux du Parlement de Besançon ont attesté, par un Acte de Notoriété (donné le 14 Février 1758, dans l'affaire du sieur Pourteyron, dont je parle au mot Indult,) que les présentations & collations faites par des Patrons & Collateurs de Bénéfices situés en Franche-Comté, sous signature-privée & sans témoins, sont valables.

(a) On trouve dans la nouvelle édition in-fol. des Arrêts notables d'Augeard, tom. 1, n. 144, un Arrêt rendu en la Grand'Chambre au rapport de M. l'Abbé Pucelle, le 19 Avril 1714, par lequel le contrat de vente d'une maison située à Chaillot, passé devant Notaire à Paris, & délivré double en brevet, sans en avoir laissé de Minute, a été déclaré nul. Voyez l'Ordonnance d'Orléans, article 83.

» der un Bénéfice ; celles pour notifier les
» noms, titres & qualités de Gradués, ou
» pour confentir création ou extinction de
» penfion, révocations defdites procura-
» tions, rétractations, fignifications defdits
» actes & des Brefs, Bulles, fignatures,
» Refcrits Apoftoliques, des Concordats &
» atteftations de temps d'étude, notifica-
» tions de dégrés & autres repréfentations,
» requifitions de *vifa*, de fulmination de
» Bulles, admiffion à prendre l'habit, à faire
» noviciat & profeffion ; celles pour fatis-
» faire au décret d'une provifion de Béné-
» fice Régulier, & celles faites aux Curés
» pour publier aux Prônes des Meffes les
» prifes de poffeffion ; les publications à
» l'iffue des Meffes des prifes de poffeffion,
» en cas de refus des Curés ; actes de refus
» d'ouvrir les portes pour prendre poffeffion
» ou autrement ; oppofition à prife de pof-
» feffion, lettres d'intronifation, & les ré-
» pudiations des provifions «.

Lorfqu'un Notaire, ou autre dépofitaire
d'une Minute, la perd, il eft non - feulement garant des dommages & intérêts des
Parties ; mais felon les circonftances, il
pourroit être puni par d'autres peines.

Les Minutes des actes dont les Greffiers
& les Notaires font dépofitaires par état,
ne doivent fe déplacer que, lorfqu'après
avoir été arguées de faux, il a été ordonné
par un Jugement exprès, qu'elles feront ap-
portées au Greffe de la Jurifdiction où l'inftruction fe pourfuit.

L'Edit du mois de Novembre 1717, en
fupprimant quelques Offices, ordonne que
plufieurs droits attribués à ces Offices, fubfifteront, & feront perçus au profit de Sa
Majefté, fous le titre de droits *réfervés* ; &
pour faciliter cette perception, le même
Edit ordonne que *les Minutes des actes* qui
donnent ouverture à ces droits, feront repréfentées aux Commis, *pour être par eux
quittancées defdits droits* ; & l'Arrêt d'enregiftrement ordonne que cette repréfentation
des Minutes aux Commis, fera faite *fans
que lefdites Minutes, regiftres, feuilles, procédures, & autres actes des Greffes, puiffent
en être déplacées, pour quelque caufe & fous
quelque prétexte que ce foit.*

Les Minutes des Jugemens & inftruc-
tions qui fe font dans les Greffes, doi-

vent être fignées non-feulement par les
Juges, mais par les Greffiers, à peine de
nullité.

C'eft ce qui a été jugé dans l'affaire de la
contumace inftruite contre le fieur Tillet
d'Acheux, dont je parle au mot *Prefcription*
& ailleurs ; la procédure par contumace ne
fe trouvoit pas fignée par le Greffier d'A-
miens.

La Minute d'un acte trouvé dans les dépôts publics, munie de la fignature des feules Parties, ne forme qu'un engagement privé, fi le Notaire ou autre Officier public,
qui avoit caractere pour lui donner l'authenticité, ne l'a pas fignée ; parce que c'eft à
l'Officier feul que la Loi a donné fa confiance, & que fon témoignage feul attire la
foi publique : cependant voyez *Acte*.

Les Notaires ne peuvent fe fervir de leurs
Clercs pour écrire les Minutes des teftamens, des permutations, des démiffions ou
réfignations de Bénéfices : toutes les Minutes de ces fortes d'actes doivent être
écrites de la main des Notaires mêmes, à
peine de nullité : il faut même que les deux
Notaires foient réellement préfens à la paffation de ces actes. Cependant voyez *Notaires*.

On trouve dans le Recueil des Réglemens
de Juftice, tome 2, un Arrêt rendu fur les
Conclufions de M. le Procureur Général,
le 27 Juin 1716, qui fert de Réglement pour
la fûreté & la confervation des Minutes des
Greffes & des Notariats ; fon étendue ne
me permet pas de le rapporter. Cet Arrêt,
qui d'ailleurs eft imprimé, avoit été précédé d'un autre, qui eft du 23 Février 1662.
Voyez un troifiéme Arrêt imprimé, rendu
le 13 Juillet 1720, fur la Requête de M.
le Duc de Bourbon, Prince de Condé ; on
le trouve dans le Dictionnaire de Police.
V. enfin ce que je dis à l'art. *Audience*.

Conformément à ces Arrêts, il en eft intervenu un dernier le 15 Mai 1741, entre
Guillaume le Franc, Notaire à Marolle, &
les héritiers du nommé la Motte, fon prédéceffeur, par lequel la Cour a ordonné ;
1°. que le Franc fera tenu de remettre aux
héritiers la Motte les deux tiers des droits
& émolumens des expéditions délivrées &
à délivrer des actes paffés par fon prédéceffeur.

2°. Que les Minutes defdits actes dépofés au Château de Marolle, après le décès de la Motte, feront remifes entre les mains de le Franc, fon fuccefleur, lequel fera tenu de s'en charger; finon permet au Procureur du Roi de les faire remettre.

Le Parlement de Rouen a jugé, par Arrêt rendu le 14 Août 1744, au fujet des Minutes du Greffe de Montivilliers, que les Minutes de ce Greffe devoient être remifes par le Greffier fortant, au Greffier entrant, après inventaire-fommaire fait par le Juge, à la requête du Procureur du Roi, *gratis & fans frais.*

L'art. 7 de l'Arrêt de Réglement, rendu fur la Requête des Commiffaires au Châtelet le 18 Août 1740, ordonne *que les Syndics veilleront à ce que les Minutes des Commiffaires qui décéderont ou qui réfigneront leur Office, ne reftent à la difpofition des réfignans, leur veuve ou héritiers; en conféquence, qu'à l'inftant qu'ils feront avertis du décès d'un Commiffaire, ils fe transporteront en la maifon du défunt; & pour la sûreté publique, ils feront renfermer les Minutes fous clefs; lefquelles clefs demeureront ès mains des Syndics, jufqu'à ce qu'il y ait un fucceffeur reçu, auquel les Minutes ne pourront être remifes que par répertoire; & en cas de réfignation d'Office, lefdits Syndics pourvoiront à ce que les Minutes ne foient pareillement remifes au fuccefleur que par répertoire.*

L'article 15 d'une Délibération faite par les Commiffaires au Châtelet, homologuée par Arrêt du 20 Mars 1745, porte auffi, *qu'en cas de décès d'aucun Commiffaire, les Syndics auront foin incontinent d'aller s'affurer de leurs Minutes.*

Plufieurs Arrêts rendus contre les veuves & héritiers des Notaires de Roye, ont ordonné que les Minutes des Notaires décédés, feroient remifes à leurs fuccefleurs, nonobftant qu'elles euffent été vendues à d'autres Notaires. Le dernier de ces Arrêts a été rendu fur le Réquifitoire de M. le Procureur Général, le 8 Mai 1749: voici quelles en font les difpofitions.

La Cour ordonne que les Arrêts des 9 Juin & 13 Juillet 1739, 19 Janvier, 23 Mai 1740, 28 Avril 1741, rendus pour affurer la confervation des Minutes » des anciens

» Notaires de la Ville de Roye, feront exé» cutés......ce faifant, qu'à la premiere » fommation qui fera faite audit de Bonaire » & à Nicolas Thoquefne, à la veuve Hé» riffier, & à celle de Pierre Prevôt, ils fe» ront tenus de repréfenter; fçavoir, ledit » de Bonaire, toutes les Minutes de Lau» rent Longuet; Antoine-Nicolas Tho» quefne, celles de feu Jofeph Thoquefne » fon pere, & toutes les autres Minutes des » Notaires qu'ils pourroient avoir parde» vers eux.......pour être defdites Mi» nutes fait inventaire-fommaire & fans » frais, icelles remifes par le Lieutenant » Général de Roye, aux fuccefleurs defdits » Notaires, lefquels s'en chargeront au-bas » defdits inventaires; & le profit des an» ciennes expéditions partagé par moitié » entre lefdites veuves & héritiers, ou ayans » caufe defdits anciens Notaires....... «

Voyez fur la même matiere, fix Arrêts rendus au Parlement de Touloufe, les 12 Octobre 1709, 30 Octobre 1726, 20 Décembre 1727, 9 Novembre 1731, 5 Décembre 1738, &.......... 1739. Ils font dans le Recueil de ce Parlement. V. auffi dans le cinquiéme volume du Recueil de Dauphiné, un Arrêt du Parlement de Grenoble, du 3 Avril 1702, qui prefcrit les précautions nécefļaires & à prendre pour la confervation des Minutes des Greffes & des actes des Notaires.

L'Arrêt rendu au Confeil fur les repréfentations de la Nobleffe des Provinces de Breffe, Bugey, Valromey & Gex, le 24 Juillet 1615, contre un Arrêt du Parlement de Dijon, du 14 Avril 1612, porte que *les Minutes & regiftres des expéditions des Juftices Seigneuriales, ne pourront être tranfportées hors d'icelles.*

De deux Notaires nommés par les Parties pour faire un inventaire, c'eft le plus ancien en réception qui doit avoir la Minute; au moins c'eft l'ufage à Paris. Cependant voyez *Inventaire.*

Langlois, Notaire à Paris, qui a fait un Traité des fonctions & des priviléges de fes Confreres, rapporte trois Arrêts des 26 Janvier 1647, 15 Mai 1665, & 29 Juillet 1706, par lefquels différens Notaires ont été déchargés de repréfenter des Minutes d'actes reçues par leurs prédécefleurs qui leur étoient demandées , en affirmant par eux qu'ils ne les avoient pas , & que par dol , fraude ou autrement , ils ne les retenoient point.

Mais comme différens Réglemens assujettissent les Notaires à tenir des répertoires des Minutes dont ils sont dépositaires , ils doivent représenter ces répertoires aux Parties intéressées à se faire délivrer les actes qu'elles demandent, quand on les leur indique avec les dates ; c'est ce qui a été jugé par un Arrêt rendu le 5 Juin 1738 , sur les Conclusions de M. l'Avocat Général Gilbert de Voisins.

Un Arrêt rendu en forme de Réglement le 13 Avril 1722 , entre les Notaires & les Officiers du Bailliage de Gien , fait défenses aux Officiers de ce Bailliage d'ordonner aucun dépôt en leur Greffe , des Minutes des actes passés devant Notaires , s'ils ne sont argués de faux.

La Cour , par un Arrêté fait, toutes les Chambres assemblées, le premier Décembre 1751 , a ordonné que nul des Officiers de ladite Cour ne pourra, pour quelque raison que ce puisse être , déplacer les Minutes & les Registres d'icelle, sans qu'au préalable il y ait été statué par ladite Cour, les Chambres assemblées. Voyez un autre Arrêt du 2 Octobre 1755. Voyez enfin l'Arrêt rendu au Parlement de Toulouse le 12 Avril 1756. Il est imprimé.

MIROIR (ou Mirouer) DE FIEF.

Suivant l'Auteur du Dictionn. des Fiefs, on entend , par Fief de Miroir , ceux qui sont possédés par la branche aînée d'une famille qui possède des Fiefs; » parce que » les Seigneurs n'ont les yeux que sur cette » branche, pour régler leurs droits & leurs » devoirs féodaux «.

MISE DE FAIT.

Voyez Artois , Donation , Meubles , Nantissement , Saisine , Vest & Devest.

La Mise de Fait est une espéce de prise de possession de l'immeuble, ou dont on est nouvellement propriétaire , ou sur lequel on prétend acquérir hypothéque.

La Mise de Fait est un des trois moyens indiqués par la Coutume d'Artois , & par plusieurs autres Coutumes voisines, pour

acquérir droit réel sur un héritage. Dans ces Coutumes, on ne connoît point d'hypothéque tacite , ni d'hypothéque générale ; delà vient que l'on compare la Mise de Fait au Gage Prétorien.

Voici comme elle s'acquiert en Artois. Celui qui a droit personnel sur des fonds en vertu d'un titre , soit entre-vifs , soit à cause de mort, obtient commission du Juge immédiat de la situation ; ou du Juge supérieur , si les héritages sont situés dans plusieurs Justices immédiates.

En vertu de cette commission , un Sergent met de fait , réellement , actuellement & hypothécairement , le demandeur en la possession de l'héritage, pour en jouir à titre...; & par le même Procès-verbal, ou même par un acte séparé , avec lequel il faut , en ce dernier cas, donner copie de la Mise de Fait, ce Sergent assigne à jour marqué : 1°. l'occupeur , soit fermier ou autre ; (car relativement à la Mise de Fait, l'occupeur représente le propriétaire, qu'on appelle Partie directe.) 2°. Le Seigneur immédiat, pour »accorder ou débattre la Mise de Fait, voir » ordonner que le demandeur sera tenu & » décrété de droit en la possession de l'héritage, pour en jouir à titre de.... «

L'usage , sur la matiere , veut qu'il intervienne dans l'an un Jugement conforme à ces conclusions, tant contre la Partie directe , que contre le Seigneur, & qu'il soit signifié avant l'expiration de l'année.

Néantmoins , s'il n'y avoit de cessation de procédures que contre le Seigneur, l'instance ne seroit pas pour cela périmée, & l'on pourroit, relativement à lui, en reprendre les erremens.

Si l'on tardoit plus long-temps que l'année , il n'en résulteroit cependant d'autre inconvénient , si ce n'est que le créancier postérieur, qui se seroit mis en régle dans l'intervalle , auroit la préférence en hypothéque : car c'est celui qui est le premier en possession, qui doit être préféré; & c'est ce que la Sentence seule ne peut opérer: quand ils ne sont ni l'un ni l'autre en possession, on préfére celui qui a le premier fait ses diligences.

En matiere de succession, il n'y a que le Seigneur qui puisse se plaindre du défaut de Mise de Fait; parce que le Seigneur n'est
pas

pas tenu de reconnoître pour son vassal ou censitaire, celui qui n'a pas été mis de fait en possession de l'héritage advenu par succession.

Mais contre tous autres, c'est-à-dire, contre un tiers qui s'en seroit emparé, ou contre un héritier plus éloigné, l'héritier véritable peut se pourvoir, sans Mise de Fait préalable, & intenter complainte.

On prend aussi la Mise de Fait sur un Office, en observant les mêmes formalités ; avec cette différence, qu'au lieu d'appeller le Seigneur, c'est le Procureur du Roi qu'il faut assigner.

Les deux autres voies pour acquérir droit réel sur un héritage situé dans une Coutume qui exige une formalité équipollente à la Mise de Fait, sont :

1°. Le rapport d'héritage, qui n'est autre chose que le *Devest* du débiteur en la main du Seigneur, dont est tenu l'héritage, en présence de ses hommes ; & le *Vest*, qui en est accordé au créancier pour sa sûreté.

2°. La main assise, qui est une espéce de saisie-réelle, par laquelle l'héritage du débiteur est mis en la main de Justice pour sûreté du créancier, sans néantmoins qu'il en résulte aucune dépossession du propriétaire, non plus que dans les deux autres voies.

Il faut aussi, pour la main assise, obtenir commission, &c.

Au reste, presque toutes les Coutumes prescrivent sur la Mise de Fait, des formalités différentes : chacune d'elles a ses usages particuliers, qui doivent sur cela servir de régle locale. On peut sur cette matiere, consulter les art. 74, 75 & 76 de la Coutume générale d'Artois, & la Déclaration donnée pour l'exécution de ces articles, le 14 Mars 1722, regîstrée le 17 Avril suivant. J'en rapporte les dispositions à l'article *Artois*. Voyez dans le septiéme volume du Journal des Audiences, un Arrêt du 8 Fév. 1718, qui veut que la Mise de Fait en Artois soit prise du Seigneur immédiat ayant la censive, quand même il n'auroit pas la Justice.

La question de sçavoir, si la Mise de Fait donne quelque chose de plus que ce qu'on nomme Sentence d'hypothéque dans quelques Cantons, & singuliérement à Amiens, est controversée. Quelques Jurisconsultes pensent qu'elle est entiérement comparable

Tome II. Part. II.

à la Sentence d'hypothéque, qui ne donne que *jus ad rem* : d'autres estiment qu'elle donne *jus in re*.

Cette question ne peut pas être agitée dans les Coutumes, où l'on ne reconnoît point d'hypothéque générale, & où toute hypothéque ne peut être acquise que quand le créancier ou un Procureur pour lui a été mis en possession & saisi de chaque piéce d'héritage, sûr laquelle il vouloit acquérir droit réel par une des trois voies ci-dessus indiquées.

Au surplus, la Mise de Fait est tombée dans une sorte de désuétude dans le Bailliage d'Amiens, depuis l'Arrêt de Réglement du 29 Juillet 1623, dont je parle au mot *Nantissement* ; elle n'est plus gueres d'usage que pour les baux : & cet usage me feroit volontiers pencher pour l'avis de ceux qui pensent qu'elle donne *jus in re* ; car un locataire ou un fermier qui a pris la Mise de Fait en conséquence d'un dernier bail, est préféré, & jouit de l'héritage au préjudice d'un autre fermier ou locataire, auquel le propriétaire a fait antérieurement un bail du même héritage, & pour le même temps, quand cet autre bail n'a pas été suivi de Mise de Fait.

MISE EN POSSESSION.

C'est une formalité nécessaire dans le ressort du Parlement de Toulouse, pour faire courir le temps pendant lequel on peut exercer l'action en rabattement des héritages vendus par décret. Voyez *Ensaisinement, Mise de Fait, Rabattement de décret,* & *Saisine.*

L'article 10 de la Déclaration du 16 Janvier 1736, regîstrée au Parlement de Toulouse le 28, porte : *N'entendons rien innover à l'usage observé dans le ressort de nosdites Cours, sur la formalité de la Mise en Possession des biens adjugés par décret, sans néantmoins que le décret puisse être annullé en conséquence de ladite Mise en Possession, ou des défauts de forme qui pourroient s'y rencontrer.*

MISSI DOMINICI.

C'est ainsi que, sous la premiere race de nos Rois, on nommoit les Députés qu'ils envoyoient dans les Provinces pour prendre

C c

foin du Domaine Royal , des efclaves du Roi , de fes beftiaux, des femailles & des récoltes , & pour recevoir des Eccléfiafti-ques & Bénéficiers de l'Etat , les contribu-tions que chacun devoit fournir en effence pour le magafin public , dans l'étendue du Pays qui compofoit ce qu'on appelloit *Mif-faticum* , que nos peres ont depuis nommé Bailliage & Sénéchauffée.

Les fonctions des *Miffi Dominici* ont beau-coup de rapport avec celles des Intendans actuels des Provinces & Généralités du Royaume. Il y a néantmoins cette différen-ce , que celle des Intendans font beaucoup plus étendues que n'étoient celles de ces pre-miers Députés de nos Rois. V. l'art. 58 de l'Ordonnance de 1629.

M O I N E S.

Voy. *Abbé* , *Biens d'Eglife* , *Carmes* , *Char-treux* , *Cîteaux* , *Cluni* , *Novices* , *Religieux* , *Tranflation* & *Vœux*.

M O I S S O N.

V. *Ban de Moiffon & de Vendange.*

M O N I T I O N.

En certain cas , ce mot fignifie avertiffe-ment ; mais plus communément , & fur-tout dans les Tribunaux Eccléfiaftiques , il eft fynonime à citation. V. *Citation.*

M O N I T O I R E S.

Voyez *Cenfures* & *Excommunication.*

Un Monitoire eft un avertiffement & un commandement que fait l'Eglife aux Fidé-les , de déclarer ce qu'ils fçavent fur certains faits importans , à peine d'être excommu-niés s'ils ne le difent.

Les Monitoires ne doivent s'ordonner & fe décerner que pour des crimes graves & des fcandales publics , & uniquement lorf-qu'on ne pourroit en avoir autrement la preuve , (Edit de 1695 , art. 26 ;) car on ne doit pas menacer d'excommunication pour des bagatelles.

Tous Juges , même Eccléfiaftiques , & ceux des Seigneurs , peuvent permettre d'obte-nir Monitoires , tant en matiere civile que criminelle , encore qu'il n'y ait aucun com-mencement de preuve , ni refus de dépofer par les témoins , (Ordonnance de 1670 , ti-tre 7 , article premier :) mais on ne doit per-mettre de les obtenir qu'aux feuls Catholi-ques ; car l'Eglife ne prend point de part aux affaires de ceux qui ne font point fes en-fans.

Le Parlement de Rouen a jugé , par Ar-rêt rendu le 28 Janvier 1751 , » qu'un Juge » n'eft pas recevable à demander Monitoire » pour avoir révélation de ceux qui s'étoient » plaints qu'il exigeoit trop «. Cet Arrêt eft rapporté à la fuite de la Coutume de Normandie , imprimée à Rouen. (*a*).

Quand les Juges ont permis d'obtenir Mo-nitoires , les Officiaux ne peuvent refufer de les accorder ; & s'ils les refufoient , ils pour-roient y être contraints par faifie de leur temporel. Ordonnance , *ibid.* art 2.

Cette faifie peut être ordonnée par le Ju-ge qui a permis d'obtenir Monitoires ; mais à l'égard de la diftribution des revenus fai-fis , il n'y a que les Juges Royaux qui puif-fent l'ordonner. V. *Temporel.*

En matiere de duel , il n'eft pas néceffai-re d'Ordonnance de Juge pour obtenir Mo-nitoires : la réquifition des Procureurs Gé-néraux ou de leurs Subftituts eft fuffifan-te , fuivant l'Edit du 3 Août 1679 , art. 23.

Les Monitoires ne doivent contenir d'au-tres faits que ceux compris au Jugement qui permet de les obtenir , à peine de nullité , tant des Monitoires , que de ce qui eft fait en conféquence. *Ibid.* art. 3. Il y a à ce fu-jet un Arrêt de Réglement du 17 Décem-bre 1705 , qui enjoint à l'Official de Lan-gres & au Greffier de cette Officialité , de garder les Minutes des Monitoires. V. auffi l'Arrêt du 26 Février 1707 , rapporté au Journal des Audiences , qui a déclaré abufif un Monitoire obtenu fur une accufation de recélé , & dans lequel on avoit inféré des faits de fuggeftion , dont on n'avoit point parlé dans la Requête , par laquelle on avoit demandé permiffion d'informer.

Les accufés ou foupçonnés de crimes pour lefquels s'obtiennent Monitoires , ne peuvent être , ni nommés , ni défignés dans les Monitoires , à peine de 100 liv. d'amen-

(*a*) On trouve dans le fecond volume des anciens Mé-moires du Clergé , tome 2 , page 79 , édition de 1673 , un Arrêt de la Cour des Aides du 28 Novembre 1607 , par-le-quel il a été jugé que les Monitoires & Cenfures Eccléfiaf-tiques ne peuvent être obtenus pour les droits d'Aides & impofitions Foraines.

de, & de plus grande peine s'il y écheoit. *Ibid.* art. 4.

Je crois néantmoins que cette défense ne peut pas avoir lieu, quand il est impossible d'en user autrement ; comme, par exemple, dans le cas d'une accusation d'adultere de la part du mari contre sa femme. Voyez le Procès-verbal de l'Ordonnance Criminelle.

La Cour a jugé, par un Arrêt rendu en la Grand'Chambre, sur les Conclusions de M. l'Avocat Général Talon, le 18 Juin 1731, qu'il y avoit abus dans l'obtention d'un Monitoire, qui désignoit la profession de la personne accusée : c'étoit un Cirier de la Ville de Villenauxe.

On plaida un autre moyen d'abus, tiré de ce que le Monitoire enjoignoit à l'accusé de venir à satisfaction. Mais M. Talon écarta ce moyen, en disant que cette clause étoit de style. M. L'Avocat Général Gilbert de Voisins avoit cependant regardé un pareil moyen comme méritant attention, en portant la parole lors d'un Arrêt du 12 Février 1726.

Les Curés & leurs Vicaires doivent, à peine de saisie de leur temporel, faire la publication des Monitoires, à la premiere réquisition ; & s'ils le refusent, le Juge qui a permis de l'obtenir, peut nommer d'office un Prêtre pour faire la publication. Ordonnance. *Ibid.* art. 5.

Si après la saisie faite du temporel des Officiaux, Curés & Vicaires, ils refusoient encore d'accorder ou publier les Monitoires, les Juges pourroient ordonner la distribution de leurs revenus aux Hôpitaux ou aux Pauvres des lieux. *Ibid.* art. 6.

La publication des Monitoires doit être suspendue, si quelqu'un s'y oppose ; & c'est le Juge qui a permis de l'obtenir, qui doit juger du mérite de l'opposition. Et comme dans ces matieres il y a toujours péril dans le retard, au moyen de ce que les preuves peuvent dépérir, l'Ordonnance (*ibid.* art. 8.) permet d'assigner l'opposant à certain jour & heure, dans les trois jours pour le plûtard, sans commission ni mandement, pour déduire les causes de son opposition, si ce n'est qu'il y eût appel comme d'abus ; alors il

faudroit se conformer aux régles prescrites pour ces sortes d'appels, qui se portent dans les Parlemens ; mais le simple appel ne suspendroit pas la publication du Monitoire. Voyez l'Edit du mois d'Avril 1695, article 36.

L'opposition doit être plaidée (*a*) au jour de l'assignation, & les Sentences portant main-levée d'opposition à la publication de Monitoires, sont exécutoires, nonobstant toutes oppositions & appellations, même comme d'abus, suivant l'article 9 du même titre de l'Ordonnance Criminelle. Cet article défend même d'accorder des défenses d'exécuter ces sortes de Jugemens, si ce n'est après avoir vû les informations & le Monitoire, & ordonne de ne pas déférer à celles qui auroient été accordées sans cet examen.

Ceux qui ont entendu la publication des Monitoires, ou qui en ont eu connoissance, sans avoir révélé ce qu'ils sçavent dans le temps prescrit par le Monitoire, sont excommuniés.

La révélation doit se faire à celui qui a publié le Monitoire ; mais ceux qui révélent, ne sont pas obligés de dire tout ce qu'ils sçavent : il leur suffit de dire qu'ils ont des éclaircissemens à donner ; c'en est assez pour donner lieu à la Partie intéressée de faire assigner celui qui a ainsi révélé devant le Juge pour déposer, & c'est lors de la déposition qu'il faut tout dire, sans rien omettre.

Les Canonistes prétendent que les parens des coupables, jusqu'au quatriéme dégré, sont dispensés de révéler ce qui peut leur préjudicier, à moins qu'il ne s'agisse d'un crime d'Etat ; & je suis de leur avis.

Mais il y a des Casuistes plus relâchés, qui enseignent que ceux qui craignent avec fondement, d'être maltraités considérablement, soit en leurs personnes, soit en leurs biens, sont aussi dispensés du devoir de révéler ; cette doctrine paroît très-contraire au bien public ; car il n'y a personne de tous ceux qui ont peur, & dont le nombre est fort grand, qui ne croye avoir raison de craindre le ressentiment de l'accusé ; au

___

(*a*) Il y a un Arrêt du 23 Mars 1743, qui déclare nul un Appointement prononcé en pareil cas par le Juge de Château-Roux, & qui enjoint audit Juge d'observer à l'avenir les articles 8 & 9 du titre 7 de l'Ordonnance de 1670 ; ce faisant, de juger à l'Audience les oppositions à la publication des Monitoires.

moyen de quoi c'eſt arrêter preſque toutes les révélations.

Au nombre de ceux qui ſont diſpenſés de révéler, il faut joindre les Confeſſeurs, & les perſonnes dont l'accuſé a pris conſeil dans l'affaire ſur laquelle le Monitoire a été obtenu.

Quoique l'accuſé ait pour Confeſſeur le Curé qui eſt chargé de publier les Monitoire, ce n'eſt pas une raiſon pour diſpenſer le Curé de la publication : la Cour des Monnoies l'a ainſi jugé par Arrêt rapporté au Journal des Audiences, tom. premier, liv. 2, chap. 79.

Les révélations que la publication des Monitoires procure, doivent être renvoyées cachetées par les Curés ou Vicaires qui les ont reçues, au Greffe de la Juriſdiction où le Procès eſt pendant ; & le Juge doit pourvoir aux frais du voyage, s'il y écheoit, en décernant exécutoire contre la Partie civile, s'il y en a, ou contre le Domaine. Voyez l'Ordonnance de 1670, tit. 7, article 10.

En matiere criminelle, les révélations entieres doivent être communiquées au Miniſtere public ; mais s'il y a des Parties civiles, on ne doit leur donner connoiſſance que des noms & demeures des témoins ſeulement.

On ne ſçauroit faire un crime aux témoins des variations & différences qui peuvent ſe rencontrer entre la révélation & la dépoſition ; parce que la révélation n'eſt pas, comme la dépoſition, précédée d'un ſerment.

L'Arrêt rendu le 5 Février 1729, dans l'affaire de la demoiſelle de Kerbabu, contre le Comte d'Hautefort, a jugé qu'on ne devoit pas faire entendre comme témoins les perſonnes indiquées dans les révélations, mais ſeulement les révélans.

Un Arrêt du 19 Février 1699 a enjoint au Prévôt d'Andreſy, lorſqu'il procédera à l'avenir à l'audition des témoins venus à révélation en conſéquence de Monitoires publiés, de rédiger mot à mot tous les faits deſquels chacun des témoins pourra avoir connoiſſance, ſans pouvoir ſe ſervir deſdites révélations que comme mémoire ſeulement, à peine de nullité, & de répondre en ſon nom des dommages-intérêts des Parties.

MONNOIES.
V. Lorraine, Payement, Vaiſſelle.

La Chambre des Monnoies, qui anciennement étoit une Juriſdiction ſubalterne établie à Paris, & reſſortiſſante au Parlement, a été érigée en Cour Souveraine, par un Edit de Henri II, du mois de Janvier 1551 ; & actuellement, elle a ſon rang marqué dans les grandes cérémonies, immédiatement après la Cour des Aides.

Les Préſidens de la Cour des Monnoies portent des robes de velours noir ; les Conſeillers, les Gens du Roi, le Greffier en chef, les portent de ſatin noir, & le premier Huiſſier, de taffetas noir.

Le Roi, par un Edit du mois de Mars 1719, enregiſtré le 17 Juin, a confirmé les Officiers de la Cour des Monnoies, dans tous les droits qui leur avoient été précédemment accordés ; & a de plus accordé la Nobleſſe à tous les Préſidens, Conſeillers, Avocats & Procureurs Généraux de cette Cour, à leurs veuves pendant leur viduité, à leurs enfans nés & à naître, & à leurs ſucceſſeurs auxdits Offices, pourvû qu'ils ayent ſervi vingt ans, ou qu'ils meurent en étant revêtus.

Ce Tribunal connoît de la fabrication des Eſpéces, du titre, du cours, du prix, & de la police des Monnoies. Il a encore la connoiſſance du crime de fabrication ou expoſition de fauſſe-Monnoie : mais cette derniere eſpéce d'affaire peut être également portée devant les Baillifs, Sénéchaux & autres Juges Royaux, ſur leſquels la Cour des Monnoies a ſeulement la prévention.

Outre la Cour des Monnoies de Paris, dont je viens de parler, il y en a une autre créée par Edit de Juin 1704, enregiſtré au Parlement pour être établie à l'inſtar de celle de Paris, dans la Ville de Lyon ; & par autre Edit du mois d'Avril 1705, cette Cour (de Lyon) a été réunie à la Sénéchauſſée & Préſidial de la même Ville.

Le reſſort de la Cour des Monnoies de Lyon s'étend ſur les Provinces, Généralités & Départemens de Lyon, Dauphiné, Provence, Auvergne, Haut & Bas-Languedoc, Montauban, Montpellier & Bayonne, & dans les Provinces de Breſſe, Bugey, Valromey & Gex.

MON

MON 205

Quoique, comme je l'ai dit, les Cours des Monnoies connoissent seules de ce qui concerne la fabrication des Espéces, &c. elles n'ont aucune Jurisdiction, par rapport aux contestations qui peuvent survenir à l'occasion du payement ou remboursement en nouvelles Espéces, & encore moins pour billets ou effets de l'Etat.

Le caractere de souveraineté attribué aux Cours des Monnoies, n'a point empêché nos Rois d'adresser au Parlement plusieurs Edits & autres Loix concernant les Monnoies; nous en avons plusieurs exemples : mais il faut convenir qu'ils n'ont pas tous été portés au Parlement, & qu'il y en a grand nombre qui n'ont été enregistrés qu'à la Cour des Monnoies de Paris.

On a porté au Parlement, pour y être enregistré, un Edit du mois de Novembre 1571; un autre du mois de Juin 1575; un autre du mois d'Août 1609; un autre du mois de Mars 1635; une Déclaration du mois de Juin 1656; & un Edit du mois de Décembre 1715. Il est remarquable que l'Edit de 1609 n'eut pas lieu. Henri IV le retira, sur les représentations que le Parlement lui fit du préjudice qui en résultoit pour l'Etat.

La Déclaration du mois de Juin 1656 ne fut enregistrée qu'après des remontrances quatre fois réitérées par le Parlement, sur sa compétence pour connoître du fait des Monnoies.

Il y a encore deux Arrêts du Parlement du mois de Janvier 1652, rendus sur les Conclusions de M. le Procureur Général, qui fixent le prix des Monnoies, & défendent de les exposer à un plus haut prix. Ces Arrêts, quoique rendus dans un temps orageux, ne sont pas du nombre de ceux dont Louis XIV a ordonné la suppression en 1668.

L'article 4 de l'Edit du mois de Février 1726, enregistré en la Cour des Monnoies le 15 du même mois, ordonnoit, *conformément aux Arrêts du 24 Février 1693, & 26 Juin 1694, aux Déclarations des 7 Octobre 1710, & 24 Octobre 1711, & aux Edits des mois de Décembre 1716, & Mai 1718, que toutes les espéces décriées, même les Espéces étrangeres, qui se trouveront en la possession des Particuliers & Communautés, parmi les*

meubles & effets des Parties saisies, ou des personnes décédées, & généralement de quelque maniere que ce soit, seroient confisquées au profit du Roi, & portées aux Hôtels des Monnoies, pour y être converties en nouvelles Espéces, sans que la main-levée des Espéces pût être accordée, sous quelque prétexte que ce fût; mais par l'article 4 d'une autre Déclaration du 7 Octobre 1755, enregistrée en la Cour des Monnoies le 24, il est ordonné que les *vieilles Espéces de France seront dans quinzaine du jour qu'elles auront été trouvées (sous les scellés ou ailleurs, de telles maniere que ce soit), portées aux Hôtels des Monnoies, ou au Change le plus prochain, pour le montant desdites Espéces être payé sans difficulté, selon leur valeur....... passé lequel temps de quinzaine, lesdites Espéces vieilles seront dans le cas de la confiscation prononcée par l'Edit de 1726.*

L'article 13 de cet Edit défend *à tous Orfévres, Jouailliers & autres Ouvriers travaillans en or & en argent, de difformer aucunes Espéces pour les employer à leurs ouvrages, à peine des galeres à perpétuité.*

Les articles 16 & 17 défendent aux Serruriers, à tous autres Travaillans en fer, & aux Graveurs, de fabriquer aucun ustencile & graver aucun poinçon propres à la fabrication des Espéces, sous peine d'être punis de mort comme Faux-Monnoyeurs.

Le crime de fausse Monnoie a été mis au nombre des crimes de Lèze-Majesté; & ceux qui en sont convaincus, ne doivent point espérer de Lettres d'abolition.

La disposition des Loix Romaines sur cette matiere est adoptée parmi nous, & en effet, la Fabrication de la fausse Monnoie est mise au nombre des crimes dont le Roi fait serment, à son sacre, de ne point accorder de rémission.

Il y a des Déclarations des 12 Décembre 1693, & 9 Juillet 1697, (enregistrées au Parlement) qui portent que tous particuliers régnicoles ou étrangers qui seront convaincus d'avoir réformé en fraude, ou pour leur compte particulier, même des Espéces de fabriques étrangeres pour imiter celles de France, seront punis de mort, de même que les Fabricateurs & Expositeurs de fausse Monnoie, sans que, sous quelque prétexte que ce puisse être, cette peine puisse être modérée par les Juges à qui la connoissance en appartient.

Une autre Déclaration du 5 Octobre 1715, registrée en la Cour des Monnoies le 12 du même mois, a aussi ordonné que tous particuliers régnicoles ou étrangers qui seront convaincus d'avoir fabriqué *sans caractere & sans permission du Roi, ou d'avoir altéré dans . . . . . . le Royaume . . . . des Espéces, tant aux coin & Armes de France, qu'aux coin & Armes de toute autre Couronne ou Puissance Souveraine, seront . . . . punis de mort, encore bien que lesdites Espéces étrangeres n'ayent aucun cours dans le Royaume, & n'y soient regardées & reçues que comme matieres, sans que, sous aucun prétexte, cette peine puisse être remise ni modérée par les Juges à qui la connoissance en appartient.*

Le Conseil d'Artois n'a condamné Jacques Tellier, Curé de Boubers, par Arrêt du 30 Octobre 1619, (temps où l'Artois étoit, à ce que je crois, soumis à la Maison d'Autriche,) qu'à la restitution du quadruple, pour avoir exposé & donné en payement des piéces d'or & d'argent à plus haut prix que celui fixé par les Ordonnances du Prince. J'ignore s'il a été rendu des Arrêts en France pour de semblables crimes, mais je pense que ceux qui en seroient convaincus, devroient être punis plus sévérement.

L'article 634 de la Coutume de Bretagne porte que les Faux-Monnoyeurs *seront bouillis, puis pendus.*

MONOPOLES & MONOPOLEURS.

On appelle Monopoleurs, ceux qui font des amas excessifs de marchandises, de quelqu'espéce que ce soit, dans le dessein de la rendre rare & d'être les seuls qui en ayent, pour la vendre à un prix exorbitant. Pline, liv. 8, dit que les Monopoles ont été défendus par plusieurs Arrêts du Sénat.

La Loi la plus ancienne qu'on connoisse sur cette matiere, est de l'Empereur Zenon. » Nous défendons (dit ce Prince) que » personne ose commettre le crime de Mo- » nopole, soit à l'égard des habillemens, » des poissons, des peignes, des petoncles, » des hérissons de mer, ou de quelqu'espé- » ce de chose que ce soit, à peine de con- » fiscation de ses biens & d'être banni à per- » pétuité «.

Le Roi Jean, dans une Ordonnance de 1355, donnée pour défendre le commerce aux Officiers, & empêcher le Monopole qu'ils auroient pû faire avec plus de facilité que des Marchands, s'explique en ces termes: » pour ce que nous avons entendu » qu'aucuns de nos Officiers marchandent » & font marché de diverses marchandises, » pourquoi marchandise est fort empirée, » & notre peuple grévé; si, avons ordonné » par mure délibération, que nosdits Offi- » ciers, dorénavant par eux, ni par person- » nes interposées, ne marchandent, ne fas- » sent marchander, ne s'accompagnent ou » participent en marchandise (à peine) d'ê- » tre punis griévement à notre volonté » &c. «.

L'Ordonnance de François I, en 1539, article 3, porte, » défendons à tous Mar- » chands & autres, de commettre au fait des » vivres & marchandises, aucuns Monopo- » les ou fraudes, au préjudice de nous & de » la chose publique, ni autrement contreve- » nir, ni excéder «.

L'article 191 de la même Ordonnance fait pareilles défenses aux compagnons, serviteurs & artisans de tous métiers, à peine de confiscation de corps & de biens.

Les personnes d'une même profession, qui font entr'elles des conventions préjudiciables au Public, se rendent coupables du crime de Monopole.

Ainsi, par exemple, si des ouvriers d'un certain métier conviennent entr'eux de ne travailler qu'à un certain prix qui est excessif; si tous les Marchands conviennent entr'eux de ne vendre leur marchandise qu'à un prix exorbitant; ou s'ils sont de concert pour altérer, au préjudice du Public, une marchandise qu'ils débitent; dans tous ces cas, il y a Monopole; & ce crime est vraiment un vol, puisqu'il fait tort au prochain.

Par Arrêt du 12 Juillet 1721, rendu, toutes les Chambres assemblées & suffisamment garnies de Pairs, le nommé Orient, Marchand Epicier, qui étoit accusé de Monopole, pour avoir fait des amas prodigieux de marchandises aux Augustins de Paris, a été condamné au blâme, comme convaincu de ce crime; il a en outre été déclaré déchu de sa Maîtrise, & condamné en 100 l.

d'amende. Le Chevalier Landais, accusé de favoriser cet amas & d'y être intéressé, & les nommés du Parc & Bernard, entremetteurs, ont été condamnés à être admonestés; la confiscation des marchandises a été prononcée, & les accusés condamnés en 6000 liv. de dommages-intérêts envers les Parties civiles, & aux dépens.

Charles ***, Marchand de grains sur les Ports à Paris, *convaincu d'avoir, par Monopole & mauvaises voies, causé & entretenu la cherté des grains*, a été condamné par Sentence du Bureau de la Ville de Paris, du 14 Août 1694, (à laquelle il a acquiescé) à être mandé audit *Bureau pour y être*.......*admonesté.* La même Sentence lui a fait *défenses de faire aucun commerce sur les Ports de la Ville, à peine du carcan, & l'a condamné en 10000 liv. d'aumône au profit de l'Hôpital général.*

MONSTRES.
V. *Naissance.*

» Les Monstres qui n'ont pas la forme
» humaine, ne sont pas réputés du nombre
» des personnes, & ne tiennent point lieu
» d'enfans à ceux de qui ils naissent.

» Mais ceux qui ayant l'essentiel de la for-
» me humaine, ont seulement quelqu'excès
» ou quelque défectuosité de conformation,
» sont mis au nombre des enfans. « Voyez
Domat.

MONT-DE-PIÉTÉ.
Voyez *Intérêt* & *Usure.*

C'est ainsi qu'on nomme des établissemens, dont l'objet est d'autoriser certaines personnes à prêter de l'argent, sans usure, moyennant un modique intérêt, à ceux qui donnent des gages pour sûreté du prêt.

Ces établissemens ont commencé en Italie, & on croit que c'est Leon X, qui les a le premier approuvés par une Bulle de l'an 1515. On en a formé de semblables dans diverses grandes Villes de Pays-Bas, où des personnes pieuses ont donné des fonds, qui ont été employés à ces établissemens.

Il fut convenu, par les Traités des Pyrénées & d'Aix-la-Chapelle, que les Monts-de-Piété, établis dans les Villes cédées au Roi par ces Traités, seront conduits & administrés conformément aux Lettres-Patentes du 18 Janvier 1618, par lesquelles ils avoient été établis, & par les articles 64, 65 & 66 de la Capitulation, faite devant Lille, le 27 Août 1667, dont l'exécution a été ordonnée par Lettres-Patentes du 11 Avril 1669, registrées au Conseil Souverain de Tournai, le 12 Juillet suivant, il a été *accordé* » que les Monts-de-Piété éta-
» blis à Lille, demeureroient conservés au
» profit du public, &c. «

Les conditions les plus ordinaires des établissemens de Monts-de-Piété sont:

1°. De ne prêter qu'aux personnes du lieu où le Mont-de-Piété est établi, non aux étrangers.

2°. Que les prêts ne se fassent que pour un temps limité.

3°. Que ceux qui empruntent, donnent des gages qui peuvent être vendus à l'expiration du terme pour lequel le prêt est fait, afin que les fonds puissent se conserver & servir à aider successivement diverses personnes.

4°. Que ceux qui empruntent, donnent quelqu'intérêt léger, pour servir à payer les loyers, frais de régie, &c.

Les Directeurs & Officiers des Monts-de-Piété jouissent de plusieurs prérogatives dans les Pays Conquis. Sur cela voyez un Arrêt du Conseil du 5 Avril 1672.

Louis XIII avoit établi des Monts-de-Piété en France, par un Edit du mois de Février 1626; mais ils furent supprimés par Déclaration du 28 Juin 1627.

MONTRE.

Dans le langage militaire, le mot Montre signifie revûe.

A Paris, on nomme Montre, une Cavalcade annuelle que font les Officiers du Châtelet. Elle se faisoit anciennement le jour du Mardi-Gras. Tous les premiers Magistrats du Siége, les Commissaires, les Gens du Roi & les Huissiers y assistoient. Mais par une Déclaration de Henri II du 31 Décembre 1558, qu'on trouve à la suite des Actes de Notoriété du Châtelet, cette cérémonie a été *transmuée au lendemain de la Fête de la Trinité.*

L'origine de cette cérémonie est inconnue; mais on tient au Châtelet par tradition, que le Prévôt de Paris se promenoit autrefois dans la Ville, le jour du Mardi-Gras avec ses Officiers, tant pour faire lui-même la Police, que pour recevoir de vive voix, les plaintes que les peuples pouvoient avoir à faire, contre les Officiers que l'on n'osoit poursuivre juridiquement, à cause du crédit qu'ils pouvoient avoir dans le Siége; & que lorsque le délit étoit léger, il y statuoit sur le champ. S'il étoit grave, le Prévôt de Paris alloit en rendre compte aux premiers Magistrats. C'est de-là, dit-on, qu'est venu l'usage d'aller tous les ans chez les premiers Magistrats, dans le cours de la Cavalcade.

Actuellement & depuis long-temps, la Montre n'est plus si générale. M. le Prévôt de Paris n'y assiste plus: elle n'est composée que de M. le Lieutenant Civil, de MM. les Lieutenans de Police, Criminel & Particulier, quand ils veulent y assister; de Messieurs les Avocats du Roi, de douze Commissaires, d'un Greffier de la Chambre Civile, d'un premier Huissier, de quelques Huissiers-Audienciers, de plusieurs Huissiers-Priseurs (avec lesquels les Huissiers des Douze & les Huissiers-Fiéfés sont incorporés), des Huissiers à Verge & à Cheval.

Les Huissiers à Cheval commencent la marche, ayant à leur tête des Timballes, Trompettes, Hautbois, Guidon & tous les attributs de la Justice; tels que sont le Casque, la Cuirasse, les Gantelets, le Bâton de Commandement & la main de Justice.

Les Huissiers-Priseurs suivent les Huissiers à Cheval, & les Huissiers-Audienciers suivent les Huissiers-Priseurs. Le premier Huissier & le Greffier qui sont immédiatement après les Huissiers-Audienciers, précédent les Magistrats. Les Commissaires sont après les Gens du Roi, & les Huissiers

à verge qui ont aussi à leur tête des attributs Militaires & de Justice, ferment la marche.

Les Huissiers-Priseurs, les Huissiers-Audienciers, premier Huissier & le Greffier, sont en Robes noires, leurs chevaux sont couverts de housses noires, presque traînantes. Les Magistrats sont en Robes rouges, les Commissaires en Robes de soye noire, & les Huissiers à Cheval & à Verge en habits d'Ordonnance; les Huissiers à Verge, de couleur bleue; & ceux à Cheval, en rouge: tous sont à cheval.

La Cavalcade ainsi composée, part du Châtelet, le Lundi lendemain de la Trinité, à une heure précise après-midi. Elle va d'abord chez M. le premier Président, auquel M. le Lieutenant Civil ou le Magistrat qui le remplace, fait un discours sur l'hommage que le Châtelet rend, suivant l'ancien usage, au Parlement, en la personne de M. le premier Président; elle va ensuite dans le même ordre chez M. le Chancelier, chez Messieurs les Présidens à Mortier, chez Messieurs les Avocats & Procureurs Généraux du Parlement, chez M. le Gouverneur de Paris, M. le Prévôt de Paris, Messieurs les Lieutenant Civil & principaux Magistrats du Châtelet, & à Sainte Genevieve; après quoi, tout le corps reconduit au Châtelet le Magistrat qui y a assisté comme chef, & les Huissiers à Cheval & à Verge seuls le reconduisent chez lui.

La Montre est toujours indiquée, par une Ordonnance imprimée & affichée, que rend M. le Lieutenant Civil, sur le Réquisitoire de M. le Procureur du Roi, portant que » les Huissiers-Fiéfés, les Huissiers-Priseurs vendeurs de meubles, les Sergens » de la Douzaine (a), les Huissiers à Che-

---

(a) Ces Huissiers ont été créés par S. Louis, pour servir auprès de la personne du Prévôt de Paris. Ils faisoient Corps, & exerçoient les mêmes fonctions que les Huissiers à Verge; on les nommoit Huissiers à la Douzaine, parce qu'ils étoient au nombre de douze.

La nomination à ces douze Offices fut attribuée au Prévôt de Paris par des Lettres-Patentes du 20 Novemb. 1539; & elle leur a été continuée par l'Edit du mois de Janvier 1685, portant rétablissement de la Charge de Prévôt de Paris, qui avoit été supprimée sur la tête de M. le Duc de Coislin, pourvu, mais non reçu en cette Charge.

Le Roi ayant, par Edit du mois de Février 1691, distrait de faire les Prisées de meubles dans Paris, qui étoient attribuées aux Huissiers-Fiéfés, Sergens à Verge du Châtelet, & aux douze Huissiers-Gardes, servans près M. le

Prévôt de Paris, a, par le même Edit, réuni ce droit à cent-vingt d'entre lesdits Huissiers sous le titre d'Huissiers-Priseurs; & les Huissiers à la Douzaine ont été du nombre des cent-vingt, en faveur desquels la réunion & le changement du titre étoient faits.

Mais quatre d'entr'eux, & deux des huit Huissiers-Fiéfés n'ayant point payé la Finance que chacun des Huissiers-Priseurs devoit fournir, ils furent, en conséquence d'un Arrêt du Conseil, remplacés par d'autres Sergens à Verge qui n'avoient pas été compris en l'état arrêté au Conseil le 6 Mars 1691. Ce n'est qu'en vertu d'un autre Arrêt du Conseil du . . . . 1742, que les quatre Huissiers de la Douzaine ont été réunis aux Huissiers-Priseurs, dont ils ont acheté quatre Offices.

Ces douze Huissiers, quoique Huissiers-Priseurs, font

» vai

» val & les Huiffiers à Verge du Châtelet ,
» feront tenus de fe trouver le *Lundi* len-
» demain de la Trinité , à une heure après-
» midi , fous le Guidon , à l'effet de faire la
» marche ordinaire «.

Cette Ordonnance fait en outre défenfes
de tirer aucune arme à feu pendant la marche , & difpenfe les Huiffiers à Verge & à
Cheval , de porter d'autres armes que leurs
Epées & leurs Bâtons.

Les plaintes qui fe portoient autrefois
contre les Huiffiers du Châtelet , accufés
d'avoir abufé de leurs fonctions , ne fe portent & ne fe décident plus comme elles fe
décidoient alors à la Montre même. Elles
fe décident fur des placets , écrits fur papier
commun , qui fe préfentent à M. le Lieutenant Civil. Les accufés peuvent cependant en avoir connoiffance ; parce que ce
Magiftrat a ordinairement la bonté de les
communiquer aux Chefs de chaque Communauté avant la Montre.

Le lendemain de la Montre , c'eft-à-
dire , le *Mardi* d'après la Trinité , à fept
heures du matin , les Huiffiers-Prifeurs &
les Huiffiers à Cheval font appellés, & comparoiffent fucceffivement devant le Magiftrat qui a fait la Montre la veille ; les Corps
dans l'ordre que je viens d'indiquer & les
membres de chaque Corps par ordre de réception, pour répondre aux plaintes ; fi quelqu'un y manque fans excufe légitime , juftifiée par une exoine qui doit être remife à
Meffieurs les Gens du Roi , il eft pour cela
feul condamné en une amende , qui eft à
l'arbitrage du Juge , & que j'ai prefque toujours vû fixer à 20 liv.

Les Huiffiers à Verge ne comparoiffent
que l'après-midi : ils font de même appellés
par ordre de réception.

Si l'Officier contre lequel il y a des plaintes ou placets , comparoît devant le Magiftrat , on lui fait lecture du placet qui le concerne , pour le mettre à portée de propofer
verbalement & fommairement fa défenfe ,
à laquelle la Partie eft admife à répliquer
en perfonne , fans pouvoir fe fervir du miniftere de Procureur , ni d'Avocat. Le Jugement fe prononce enfuite fur le champ ,

fans autre forme de Procès ; & fi l'accufé
n'eft pas préfent , il eft jugé par défaut fur
le placet.

L'Audience à laquelle fe rendent les Jugemens dont je viens de parler , fe nomme
communément l'appel des Huiffiers. Un de
Meffieurs les Avocats du Roi y affifte toujours, pour remplir les fonctions du Miniftere public ; & les Jugemens qui s'y rendent
par défaut , ne font point fufceptibles d'oppofition : on ne peut fe pourvoir contre ,
que par la voie d'appel au Parlement ; & ils
font exécutoires par provifion.

Ce Tribunal n'eft établi que pour procurer une Juftice prompte des abus ou des
prévarications commis par les Huiffiers du
Châtelet , dans leurs fonctions uniquement ;
toute autre efpéce d'affaire & de plainte qui
n'a point de relation à ces mêmes fonctions,
ne peut y être portée.

En général , les plaintes portées à ce Tribunal , ont pour objet la remife de piéces ou
deniers retenus par les Huiffiers. Quand la
retention paroît injufte , le Magiftrat condamne l'Officier & par corps à fatisfaire à
la plainte dans un temps limité ; fouvent
même il ajoute à la condamnation par corps,
la peine de l'interdiction , & le nom de ceux
contre lefquels cette peine a été prononcée,
fans qu'ils ayent, ou fatisfait à la plainte, ou
fait infirmer la condamnation , s'affiche enfuite dans un Tableau , pour avertir le public que ces Officiers ne peuvent plus faire
de fonctions.

Il fe fait auffi une efpéce de Montre des
Huiffiers à Abbeville , tous les ans le jour
de Saint Louis.

Ce jour-là , tous les Huiffiers des Jurifdictions Royales du Comté de Ponthieu ,
ordinaires & extraordinaires , comme Election , Grenier à Sel , Traites Foraines , Amirauté , &c. à l'exception feulement des Huiffiers-Audienciers du Préfidial & des Huif-
fiers-Prifeurs-Vendeurs , comparoiffent devant le Lieutenant Général , en la Chambre
d'Audience. Le Magiftrat écoute les plaintes portées contr'eux ; & après avoir entendu les Gens du Roi , qui y font préfens &
donnent leurs Conclufions , il prononce les

---

toujours le fervice auprès de M. le Prévôt de Paris. Ils
l'accompagnent quand il marche en cérémonie , & finguliérement quand il va au Parlement à l'ouverture du Rôle

de Paris , le *Lundi* d'après la Chandeleur. Ils font alors revêtus d'une Cotte de Maille prefque femblable à celle des
Hoquetons.

Tome II. Part. II.   **D d**

peines qu'il juge à propos d'infliger, de la même manière que fait M. le Lieutenant Civil à Paris. Il a fur cela été donné un Acte de Notoriété de la Sénéchauffée d'Abbeville, le 14 ou 24 Juillet 1688.

Les Notaires de la Province d'Artois font auffi fujets à une revûe ou Montre, qu'ils appellent Synode, qui fe fait régulièrement tous les ans le Mardi d'après Quasimodo, par le Conseiller-Commissaire de femaine, en préfence du Procureur Général du Confeil d'Artois, fans aucune affiche ni affignation préalable; parce qu'elle eft indiquée par les Ordonnances du Pays.

Chaque Notaire appellé, dans un ordre fucceffif, par fon nom & par ordre de réfidence, eft obligé de paroître en perfonne, fous peine d'amende, & quelquefois de fufpenfion, s'il n'a préalablement obtenu une difpenfe, qui ne s'accorde que pour caufe légitime; & en comparoiffant, il doit dépofer le Jugement de fa réception, qui lui eft enfuite remis, s'il n'y a point de condamnation qui le prive de fes fonctions.

S'il y a des plaintes, le Commiffaire y pourvoit, felon fa prudence, fur le réquifitoire du Procureur Général. Il arrive même fouvent que, pour des fautes graves, il eft ordonné que le Jugement de réception reftera ès mains du Greffier, jufqu'à ce qu'autrement en foit ordonné; & un pareil Jugement emporte fufpenfion: c'eft prefque la même chofe que la Montre des Huiffiers du Châtelet. Voyez la Notice de l'Artois, pag. 405 & fuivantes.

Les Huiffiers d'Artois font auffi tenus de fe rendre deux fois l'année au Synode; l'un defquels fe tient le même jour que celui des Notaires; & l'autre, le premier Mardi d'après la rentrée du Confeil d'Artois en Octobre, pour répondre aux plaintes du Public, de la même manière que les Huiffiers du Châtelet à la Montre.

M O R I B O N D.
V. *Condamnation*, *Confeffeur* & *Vente*.

L'article 177 de la Coutume de Paris répute donation à caufe de mort, encore qu'elle foit conçue entre-vifs, celle qui eft faite par une perfonne giffante au lit, malade de la maladie dont elle décéde. Voyez *Donation*.

Les Coutumes de Montargis, Bar, Normandie, Auxerre, Poitou, &c. exigent que le Donateur furvive pendant quarante jours, pour que la donation foit cenfée faite entre-vifs.

Mais toutes ces Coutumes ne parlent que des donations, elles ne difent pas un mot des autres actes: ainfi une vente, une obligation, une quittance faite par un Moribond, eft bonne; aucun Auteur, aucune Loi, ne réprouvent ces fortes d'actes; & voici l'efpéce d'un Arrêt qui a adopté la maxime.

René Girard, Curé du Boulay dans le Maine, avoit, pour héritieres préfomptives, deux fœurs & une niéce. Vingt jours avant fa mort, il avoit reconnu devoir différentes fommes à l'une de fes fœurs, demeurante avec lui; & comme les avantages indirects font prohibés par la Coutume du Maine, qui recommande la parfaite égalité en ligne collatérale, comme celle de Paris en directe, les autres héritiers prétendirent que les billets étoient un avantage indirect. Une Sentence de la Sénéchauffée du Maine, du 14 Avril 1717, jugea le contraire, & ordonna le prélevement au profit de la Créanciere, en affirmant qu'elle avoit prêté les fommes; fur l'appel, la Sentence fut confirmée par Arrêt rendu au mois d'Août 1719, au rapport de M. Paris. Voyez un Arrêt plus récent au mot *Vente*; mais voyez auffi *Avantage indirect*.

La Cour a encore jugé qu'une obligation de 1286 liv. foufcrite par Marguerite le Duc, au profit de fa niéce, fon héritiere, quatre jours avant fa mort, lorfqu'elle étoit attaquée d'une hydropifie, n'étoit pas un avantage indirect dans la Coutume du Maine. Cet Arrêt a été rendu au rapport de M. de Tourmont, le 29 Mars 1735. Il a confirmé la Sentence de la Sénéchauffée du Mans, du 16 Février 1732; mais il y avoit des circonftances dans cette affaire qui faifoient préfumer que l'obligation avoit une caufe légitime.

Lorfqu'un malade eft obfédé par quelques parens, qui ferment l'entrée de fa maifon à quelques autres parens; ceux-ci, après avoir fait conftater le refus, peuvent demander, & le Juge peut ordonner fur requête, qu'il fe tranfportera dans la maifon du Malade, pour demander à lui-même, fi c'est par fon ordre que la porte est refusée.

Cette procédure a été tenue par les parens paternels d'un fieur de la Haye, Doyen du Chapitre de Pecquiny, que fes parens ma-ternels obfédoient. Le Lieutenant Général d'Amiens ordonna le 4 Décembre 1731, qu'un Commiffaire fe tranfporteroit chez le Sr de la Haye, à l'effet de lui demander, &c. & même en cas de refus d'ouvrir les portes, a permis au Commiffaire de les faire ou-vrir par un Serrurier.

Comme les réponfes du Sr de la Haye an-nonçoient des intentions contraires au refus que fes parens effuyoient, le même Lieute-nant Général a, par une feconde Ordonnan-ce du 11 Décembre 1731, fait défenfes de refuser l'entrée de la maifon du fieur de la Haye, & aux parens & aux Officiers, à pei-ne d'amende; & permit au Juge des lieux de s'y tranfporter, même de faire tous actes en vertu de cette Ordonnance, qui feroit noti-fiée par attache à la porte.

Cette procédure qui a paffé fous les yeux du Miniftere public, n'a point effuyé de contradiction: au contraire, elle a fervi de fondement à l'Arrêt rendu en la Grand-Chambre le 26 Janvier 1734, par lequel la réfignation qui avoit été arrachée au fieur de la Haye, de fes Bénéfices, dans le temps de fon obfeffion, a été déclarée nulle.

Après la mort de Pierre Gouillard, Mar-chand à Dammartin, fes héritiers firent af-figner Martin de la Garde, Chantre de l'E-glife Collégiale de la même Ville, en con-damnation d'une fomme de 900 liv. que lui avoit remife Pierre Gouillard, étant malade à l'extrémité.

La Garde répondit que cette fomme lui avoit été remife pour faire prier Dieu pour Gouillard, & qu'il offroit de l'employer pour une fondation, s'en *rapportant néant-moins à la prudence de la Cour, pour pronon-cer ce qu'elle jugeroit à propos fur le dépôt des 900 liv. & fur l'exécution d'icelui.*

Malgré la réfiftance des héritiers, la Cour, par Arrêt rendu fur les Conclufions de M. l'Avocat Général Gilbert, le 26 Février 1738, a ordonné qu'il feroit fait un emploi utile de ce qui reftoit des 900 liv. ès mains de la Garde, en préfence des héritiers, &c.
V. *Confeffeur.*

Voyez auffi au mot *Vente*, un Arrêt ren-du fur la queftion de fçavoir, fi une vente faite, moyennant une rente viagere, deux jours avant la mort du Vendeur, eft vala-ble.

MORT.

V. *Cadavre, Enterrement, Honoraires des Eccléfiaftiques, Moribond & Sépulture.*

Un Arrêt de Réglement du 24 Juillet 1714, ordonne aux Curés & Vicaires *de faire mention dans les Regiftres deftinés à écri-re les Baptêmes, Mariages & Sépultures de leur Paroiffe, des mort & fépulture des en-fans, ainfi que des autres perfonnes qu'ils en-terreront, à quelqu'âge que lefdits enfans foient décédés fans aucune diftinction, & de faire figner l'acte par deux des plus proches parens ou amis, qui auront affifté au convoi; & fi aucuns d'eux ne favent figner, ils le déclareront, & feront de ce interpellés par le Curé ou Vicaire qui en fera mention . . . . . à* peine de demeurer refponfables envers les Parties intéreffées, de tous dépens, dom-mages & intérêts, & fous telle autre peine qu'il appartiendra, fuivant l'exigence des cas.

L'inhumation de la dame Serón a don-né lieu à la queftion de fçavoir, quelle qua-lité on lui donneroit dans fon acte mortuai-re. La difficulté naiffoit de ce que cette Dame avoit, ainfi que fa famille, appellé comme d'abus du mariage qu'elle avoit con-tracté avec Me Seron, Médecin. Les parens ne vouloient pas, & Me Seron vouloit qu'on lui donnât la qualité de femme.

Il y eût Reféré chez M. le Lieutenant Civil, qui renvoya à l'Audience, & par Sen-tence contradictoire du 23 Septembre 1739, il a été ordonné *que la défunte feroit inhumée en qualité de femme Seron, fans préjudicier aux droits & actions des Parties, & qu'à cet effet, ladite Sentence feroit tranfcrite à la fuite de l'acte Mortuaire; & que lorfqu'il fe-roit délivré des extraits dudit acte, il feroit auffi fait en iceux extrait de ladite Sentence.*
» Lorfque des Perfonnes de la Religion » Prétendue Réformée décédent, les deux » plus proches parens du Mort, & à défaut » de parens, les deux plus proches voifins » doivent en faire déclaration aux Juges » Royaux, s'il y en a, finon aux Juges de

» Seigneur & figner fur le Regiftre, à pei-
» ne d'amende arbitraire «. Voyez la Déclaration du 11 Décembre 1685, regiftrée
le 17.

C'eft le Juge de Police qui ordonne l'inhumation des Perfonnes auxquelles la fépulture Eccléfiaftique eft refufée.; & elle ne
peut fe faire qu'en vertu de fon Ordonnance. Voyez l'article 13 de la Déclaration du
9 Avril 1736, & ce que je dis à l'article *Sépulture.*

L'ufage, en France, eft de n'enterrer les
corps que vingt-quatre heures après la mort;
mais on ne fuit point cet ufage pour l'ouverture des Cadavres, que les Chirurgiens
croyent pouvoir faire quelques heures après
les fignes (fouvent équivoques) de la Mort.
C'eft un abus très-confidérable, auquel il
eft à fouhaiter qu'on apporte un remède; il
n'eft pas moins affreux de mourir fous le
couteau d'un Chirurgien, que d'être enter-
ré vivant. V. *Enterrement.*

Un Arrêt du Grand-Confeil du 7 Janvier 1751, *ordonne* (que les Arrêts rendus
par le même Tribunal, en date des 20 Mars
1734, & Mars 1739, feront exécutés; ce
faifant, enjoint) *aux Domeftiques de tous &
chacuns les Bénéficiers décédés, comme auffi
aux parens, gardes-malades, & généralement à toutes Perfonnes qui auront foigné lefdits Bénéficiers jufqu'à la Mort, ou chez lefquels ils feront décédés, de fe tranfporter à
l'inftant dudit décès, à la Paroiffe ou Eglife
du lieu où ils feront décédés, & d'avertir les
Prépofés à la fonnerie des cloches; de faire
fonner à l'inftant lefdites cloches, en la maniere accoutumée de les fonner pour les Ecclésiaf-
tiques décédés, fous peine de punition corporelle. Enjoint pareillement aux dits Prépofés à
la fonnerie des cloches, de les fonner à l'inftant
qu'ils en feront avertis & requis, & à quelqu'heure que ce puiffe être, fous la même peine; & ce, nonobftant tout ufage à ce contraire.*
Voyez *Cadavre.*

L'expreffion de la Mort, dans les contrats, s'entend de la Mort naturelle, & non
de la Mort civile.

La Cour, par un Arrêt rendu le Mardi
25 Février 1755, à l'Audience de fept heures, a jugé que le Certificat donné par un
Officier d'Armée, chargé du détail du Régiment, par lequel la Mort d'un Soldat de
ce Régiment, dans un Hôpital, étoit atteftée, valoit un extrait Mortuaire.

MORT CIVILE.

Voy. *Appel, Ban, Confifcation, Contumace,
Exécution, Incapables, peines, &
Sécularifation.*

On appelle Mort Civile, l'état de certaines perfonnes retranchées de la Société
& de la vie civile.

On diftingue trois fortes de mort Civile.

1°. Celle qui s'opere par l'ingreffion & la
Profeffion Religieufe dans un Monaftere.

2°. Celle à laquelle une condamnation de
Mort par Contumace donne lieu.

3°. Et celle qui réfulte de quelques autres
condamnations, comme aux Galeres ou au
banniffement perpétuel du Royaume, la réclufion des femmes à perpétuité, &c.

Sur quoi il faut remarquer, 1°. que les
feuls Jugemens rendus dans les Pays de la
domination du Roi, produifent la Mort civile, & non ceux rendus fous une domination étrangere; parce que ceux-ci n'ont aucune exécution en France. Voyez *Hypothéque.*

2°. Qu'il faut que le banniffement ou la
réclufion foit à perpétuité; parce que la
Mort Civile eft une image de la mort naturelle, & qu'on ne peut mourir pour un
temps ou pour un lieu feulement.

3°. Que les condamnations à être tranf-
porté dans les Colonies, pour y fervir, comme engagé, n'emportent, ni Mort Civile,
ni confifcation, fuivant la Déclaration du 8
Janvier 1719, regiftrée le 20.

La deuxième efpéce de Mort Civile eft
regardée comme une image de la Mort naturelle, & doit par conféquent opérer les
mêmes effets.

Mais le premier & le troifiéme genre de
Mort Civile, ne peuvent être regardés comme une fiction de la Mort naturelle; parce que celui qui fe trouve retranché de l'ordre politique de l'Etat, ou par fa profeffion, ou par des condamnations, refpire toujours, & qu'on lui en a laiffé la liberté. Il
eft bien réputé Mort à la Société; mais il
n'eft pas réputé Mort à la Nature.

Ainfi, comme ceux qui font dans ce dernier genre de Mort Civile, ont toujours la
liberté d'exifter, ils ne font pas véritable-

ment réputés Morts ; leur Mort purement Civile & politique ne fçauroit influer fur des droits qui ne peuvent naître ou mourir, que quand les perfonnes ceffent réellement d'exifter dans la nature.

Si celui qui eft condamné à une peine capitale, par Sentence contradiðoire, en appelle, & meurt avant que l'appel ait été jugé, il meurt *integri ftatûs* ; parce que n'étant plus permis de continuer la procédure contre quelqu'un, que la Mort a mis à l'abri des pourfuites, on préfume en fa faveur, que la Sentence auroit été infirmée, nonobftant les preuves qui font au Procès, dont il n'eft plus permis de difcuter le mérite : on excepte feulement les cas dans lefquels le Procès peut être fait à la mémoire du défunt. Sur tout cela, voyez *Appel, Contumace, Exécution & Mémoire.*

A l'égard de la Mort Civile des Religieux & Religieufes, elle s'opere par leur Profeffion, fuivant l'article 28 de l'Ordonnance de Blois ; & cela a lieu, même en Pays de Droit-Ecrit, nonobftant les difpofitions contraires des Loix Romaines. Il y a feulement quelqu'exception pour la Franche-Comté, mais il faut que la profeffion foit expreffe, folemnelle & prouvée par les Regiftres publics, tenus en conformité des Ordonnances. On ne reconnoît plus les Profeffions tacites & préfumées. Voyez M. le Preftre, Brodeau fur M. Louet, le Brun, &c. mais voyez auffi les articles *Evêques, Hermites, Jéfuites & Vœux.*

Suivant l'ancienne Jurifprudence, les fubftitutions n'étoient point ouvertes par la Mort Civile des perfonnes qui en étoient grévées ; tant que l'héritier grévé exiftoit, ceux à qui la confifcation de fes biens étoit acquife, en jouiffoient jufqu'à fa Mort naturelle, à la charge du Fidéi-commis, & le Droit du Subftitué reftoit alors fufpendu. Voyez Ricard, des Difpofitions conditionnelles.

Mais la nouvelle Ordonnance des Subftitutions, titre premier, article 24, décide que *dans tous les cas où la condamnation pour crime emporte Mort Civile, elle donnera lieu à l'ouverture du Fidéi-commis, comme la Mort naturelle ; ce qui fera pareillement obfervé à l'égard de ceux qui auront fait profeffion folemnelle de la vie religieufe.*

Il en eft de même du préciput, du don mutuel, & de tous les autres gairis nuptiaux. Voyez Dupleffis, fur la Coutume de Paris, au Titre de la Communauté, chap. 2.

En matiere de réfignation de Bénéfice, les deux Régles de Chancellerie Romaine, *de Publicandis* & *de Infirmis,* ne s'entendent point de la Mort Civile, mais feulement de la Mort naturelle. Voyez Dumoulin fur ces Régles.

La Mort Civile du mari ne donne point ouverture au douaire de fa femme : elle peut feulement alors demander une penfion fur les biens de fon mari, en attendant que le douaire s'ouvre par la Mort naturelle. Ce principe eft attefté par tous les Auteurs qui appuyent leur avis fur beaucoup d'Arrêts.

Le douaire n'eft pas non plus éteint par la Mort Civile de la douairiere ; c'eft l'avis d'Auzanet, fur les articles 255 & 256 de la Coutume de Paris ; fon opinion eft fortifiée par l'Edit du mois de Janvier 1686, contre les Religionnaires.

Cet Edit (donné à la fuite de plufieurs autres qui prononcent la confifcation de corps & de biens contre les Proteftans fugitifs) interdit aux femmes & aux veuves fugitives, la liberté de difpofer de leurs biens, & les prive de tous les avantages portés par leur contrat de mariage, notamment de leur douaire : mais il n'en pronorce point l'extinðion ; il en donne la jouiffance (ainfi que de tous les autres avantages échus par le prédécès de leurs maris) à leurs enfans Catholiques ; & à défaut d'enfans, il en gratifie les Hôpitaux. Voyez à ce fujet un Arrêt du 26 Juillet 1695, rapporté au Journal des Audiences.

Le Condamné à Mort Civile eft incapable de fuccéder, même après avoir purgé fa condamnation, par la prefcription de trente an. V. *Contumace & Prefcription.*

Quand le Condamné à Mort Civile a prefcrit, il peut fe marier, & fes parens ne font pas recevables à s'y oppofer ; cela a été ainfi jugé en faveur du fieur Tillet d'Acheux, Gentilhomme de Picardie, contre fes freres, par différentes Sentences confirmées par Arrêt.

Les enfans qui naiffent des perfonnes condamnées à Mort Civile, depuis leur condamnation, font légitimes : mais ils font incapables de fuccéder à leurs parens ; parce qu'un tronc mort, difent les Auteurs, ne peut pas produire des branches vives. Cela a été ainfi jugé par Arrêt du mois de Février 1745, confirmatif d'une Sentence du Châtelet.

La Combe, au mot *Enfant*, cite des Ordonnances & des Arrêts conformes à celui que je viens de rapporter. On peut fur cela voir les articles 5 & 6 de la Déclaration du 26 Novembre 1639 ; l'article 29 du titre 17 de l'Ordonnance Criminelle, & un Arrêt rendu au Parlement de Bretagne, le 17 Octobre 1708, rapporté dans la nouvelle édition *in-folio* des Arrêts d'Augeard, tom. 2, n°. 48, & ce que je dis au mot *Succeffion*.

Voyez enfin l'Arrêt du 31 Mai 1759, dont je rapporte l'efpéce à l'article *Appel* ; mais voyez auffi l'article 277 de la Coutume de Normandie, qui décide au contraire, que *les enfans des Condamnés & Confifqués, fuccédent à leurs parens directs & collatéraux.*

La Combe indique au même endroit, plufieurs autorités, fuivant lefquelles les enfans du Condamné à Mort Civile doivent fuccéder au pere ou à la mere, qui eft dans la bonne foi ; & je penfe que les enfans d'un Condamné à Mort Civile doivent même fuccéder aux biens dont il fe trouve en poffeffion, au temps de fa Mort naturelle, pourvû qu'il foit décédé après avoir acquis la prefcription ; parce que perfonne ne me paroît alors pouvoir invoquer contr'eux le Jugement de condamnation, au moyen de ce que la prefcription lui a fait perdre toute fa force : il me femble d'ailleurs que c'eft le cas d'appliquer les régles, fuivant lefquelles les parens fuccédent aux Jéfuites congédiés, après qu'ils ont acquis l'âge auquel ils deviennent incapables de fuccéder à leur famille.

Je crois même qu'il feroit équitable de donner aux enfans ou autre parent d'un Condamné, les biens qu'il poffède au tems de fa mort naturelle, lors même qu'il eft décédé avant d'avoir acquis la prefcription ; parce que les biens acquis depuis la condamnation, ne me paroiffent pas devoir faire partie de la confifcation.

Le Droit de confifcation ne pouvant avoir lieu en ce cas, puifqu'il n'a d'effet que fur les biens exiftans au jour qu'elle eft prononcée ; c'eft donc à titre de deshérence, que les biens d'un Condamné pafferont en ce cas au Roi ou aux Seigneurs ; mais ce droit ne me paroît pas applicable à cette efpéce ; le fifc ne paroît pas affez favorable pour être préféré aux parens, par lefquels il eft toujours exclu. Dumoulin paroît d'avis contraire fur la Cout. de Bourbonnois ; mais voyez le Brun, des Succeffions, liv. 1, chap. 2, fect. 3, à la fin.

Ceux qui font condamnés à la Mort Civile, font incapables de difpofitions teftamentaires ; & celles qui les regardent, font tenues pour non écrites, excepté les legs d'alimens.

Le Comte de Bonneval, né en France, mais qui étoit Colonel d'un Régiment au fervice de l'Empereur, dès l'année 1717, ayant été obligé de quitter l'Allemagne, fe retira en Turquie en 1730, & fut (en 1731) forcé d'embraffer la Religion de Mahomet.

Cette Apoftafie du Comte de Bonneval donna lieu à la queftion de fçavoir, fi elle emportoit Mort Civile, par le feul fait, fans une condamnation préalable. MM. de Chalmazel & de Biron, qui foutenoient l'affirmative, citoient un Edit du mois d'Août 1669, qui prononce la *peine de confifcation de corps & de biens contre les François* qui abdiquent leur Patrie. Les Créanciers du Comte de Bonneval difoient au contraire, qu'il falloit un Jugement qui déclarât que la peine de Mort Civile étoit encourue ; & par Arrêt rendu fur délibéré, en la cinquiéme Chambre des Enquêtes, au rapport de M. Titon, le 29 Août 1748, il fut jugé que le Comte de Bonneval n'étoit pas Mort civilement, par le fait de fa retraite en Turquie, & de fon changement de Religion.

Le nommé Defvernais, condamné par contumace à être pendu, fe maria huit jours après la prononciation de fa Sentence. Il étoit mineur ; & fa mere remariée en fecondes nôces, avoit par acte fous feing-privé, confenti au mariage célébré après difpenfe de la publication des trois Bans accordée par l'Archevêque de Lyon.

De ce mariage eft né, huit jours après l'exécution de la Sentence par contumace, un enfant qui mourut en bas âge ; & fa mort fit naître la queftion de fçavoir fi la femme de Defvernais pouvoit recueillir la fucceffion de cet enfant, comme mere & héritiere légitime en Pays de Droit-Ecrit.

Cette qualité d'héritiere étoit conteftée à la mere de cet enfant, par les collatéraux de Defvernais, qui avoient interjetté appel comme d'abus de fon mariage ; & cette conteftation faifoit naître la queftion de fçavoir, fi le mariage de Defvernais, contracté après fa condamnation, étoit légitime.

On prétendoit, 1°. que la feule prononciation de la Sentence emportoit Mort Civile, quoiqu'elle n'eût pas été exécutée.

2°. On foutenoit que quand un tel mariage feroit légitime, celui dont il s'agiffoit, ne le pouvoit pas être, puifque Defvernais, qui étoit mineur, n'avoit eu qu'un confentement fous feing-privé de fa mere, en puiffance de mari, fans en être autorifée, & qu'il auroit fallu rapporter celui du fecond mari, qui étoit de droit tuteur des enfans du premier lit.

3°. On foutenoit que le défaut de publication de Bans annulloit le mariage ; parce que, difoit-on, les Evêques n'ont pas droit de donner difpenfe de trois Bans, pour les mariages des mineurs.

M. l'Avocat Général Gilbert, qui porta la parole dans cette affaire, pofa pour principe, que les Loix Divines & Civiles réunies, forment la matiere du Sacrement de Mariage ; & qu'ainfi ces Loix étant obfervées dans le mariage d'un homme Mort civilement, fon mariage étoit bon, quant au for intérieur.

Quant au défaut de confentement de la mere du mineur, M. Gilbert dit que les collatéraux n'étoient point recevables à propofer pour moyens d'abus le défaut de confentement des pere & mere des mineurs ; que les pere & mere feuls pouvoient fe plaindre de ce mépris de leur autorité, & qu'on devoit regarder leur filence comme un pardon de leur part ; qu'ainfi, quand un confentement fous-feing-privé ne feroit pas foi, les collatéraux de Defvernais n'étoient pas fondés à s'en plaindre ; mais qu'il n'étoit pas naturel, dans les circonftances, d'exiger d'une mere un confentement qui auroit mis cette mere dans la néceffité de déceler fon fils, en déclarant, dans l'Etude d'un Notaire, qu'il alloit fe marier, &c.

Quant au défaut de confentement du beau-pere, M. l'Avocat Général dit qu'un beau-pere qui n'a pas été nommé juridiquement tuteur des enfans d'un premier lit de fa femme, ne peut pas être regardé comme tuteur proprement dit, mais feulement comme caution de la tutelle, dont la mere eft naturellement chargée, & qu'ainfi fon confentement étoit inutile pour le mariage de Defvernais.

A l'égard du défaut de publication de Bans, M. Gilbert obferva qu'il n'anéantit pas le mariage des majeurs, mais qu'il impofe feulement des peines à ceux qui font tombés dans cette faute, & qu'il n'y avoit point de défaut dans le mariage en queftion, du côté de la fille, qui feroit feulement, à cet égard, reftée foumife aux peines, fans la difpenfe de l'Evêque.

Qu'à la vérité l'Evêque ne pouvoit difpenfer de ce qui eft prefcrit par les Loix Civiles, mais feulement de ce qui eft purement fpirituel ; qu'il pouvoit par conféquent difpenfer les majeurs, & de la publication des Bans, & de la préfence des propres Curés ; parce que les majeurs étant entiérement *fui juris*, ces deux formalités n'étoient, à leur égard, que de pure cérémonie ; que les Evêques ne pouvoient pas remettre ces deux formalités aux mineurs qui fe marient, fans le confentement de leurs parens ; parce que les Loix Civiles ne les exigent à l'égard des mineurs, que pour les empêcher de fe marier à l'infçû de leurs parens ; mais que quand les mineurs ont le confentement de leurs parens, les raifons civiles ceffent ; & que par conféquent les Evêques pouvoient les en difpenfer en ces cas-là.

M. Gilbert ayant fait voir que le mariage de Defvernais étoit bon, quant au for intérieur, il examina s'il étoit bon quant au for extérieur, & s'il pouvoit produire des effets civils : il fit voir que cette queftion dépendoit du point de fçavoir, fi la feule condamnation à mort emportoit la Mort Civile, ou s'il ne falloit pas que le Jugement eût été exécuté. La Mort Civile, dit-il, » eft l'état d'un homme qui eft retran-» ché de la fociété, & qui ne peut plus con-» tracter avec elle : cela pofé, comment » veut-on qu'un Jugement prononcé dans le » fecret d'une Chambre Criminelle, faffe

» connoître à la société qu'elle ne peut plus
» contracter avec le Condamné? Il faut donc
» pour qu'elle en soit inftruite, que le Ju-
» gement ait été rendu public : or, il ne
» peut l'être que par l'exécution ; & par con-
» féquent la Mort Civile ne doit commen-
» cer que du jour de l'exécution du Juge-
» ment, foit par contumace, foit autre-
» ment «.

En un mot, ce Magiftrat dit que le titre
17 de l'Ordonnance de 1670 devoit régler
la matiere en queftion : & fur fes Conclufions, il eft intervenu Arrêt le 12 Juillet
1746, par lequel la cour a jugé qu'il n'y
avoit abus ; les Appellans ont été condamnés en l'amende & aux dépens.

On prétend que les condamnations à mort
par contumace, prononcées par les Confeils
de Guerre, pour crime de défertion, emportent Mort Civile, & que cela eft décidé par une Ordonnance Militaire du 15
Janvier 1730, non regiftrée dans les Parlemens.

Avant cette Ordonnance, on doutoit de
cette maxime, & le doute paroiffoit fondé
fur ce que ces fortes de condamnations ne
s'exécutent pas par effigie ; mais on dit que
cette exécution eft fuppléée par la publication qui fe fait de la Sentence, la Garde
montante, ou par des Affiches.

L'Auteur du Traité de la Mort Civile
a traité cette matiere, & décide affirmativement que la condamnation à Mort, prononcée par contumace pour délit Militaire,
emporte Mort Civile & confifcation : mais
quoique fon opinion foit d'un grand poids,
je ne la crois pas bonne ; la négative paroît
beaucoup plus probable ; & mon opinion eft
autorifée par un Arrêt du 22 Juin 1712,
qui en enthérinant les Lettres accordées à
un Dragon du Régiment de Cajeux, par
lefquelles le Roi l'avoit rétabli en fa bonne renommée & en fes biens, a ajouté ces
mots : *fans que lefdites Lettres puiffent être
tirées à conféquence, pour ce qui regarde la
confifcation, en conféquence des Jugemens
Militaires.* Cet Arrêt eft au fixiéme Volume du Journal des Audiences, liv. 2, chap.
37.

On peut, fur la même matiere, confulter
ce que dit Dumoulin fur l'art. 198 de l'ancienne Coutume de Paris.

On prétend qu'il y a fur la même matiere
deux autres Arrêts des 23 Mai & 20 Juillet
1713 : je ne les connois pas. Le Journalifte des Audiences ne fait que les indiquer.

Mais il en a été rendu un autre le Mardi
9 Juin 1761, au rapport de M. de Laverdy,
en la premiere Chambre des Enquêtes, par
lequel la Cour a jugé bien diféremment que
la condamnation de Mort par contumace,
prononcée contre un Déferteur, dans un
Confeil de Guerre publié dans la forme
prefcrite par les Ordonnances Militaires,
emportoit Mort Civile, du jour de la publication de la condamnation, dans le lieu
de fa naiffance, dans la forme prefcrite par
les Ordonnances Militaires. Voyez *Confeil
de Guerre.*

MOTTE-FERME.
V. *Alluvion* & *Riviere.*

On nomme Motte-Ferme, une élévation
de terrein voifin d'un fleuve ou d'une riviere, qui n'a pas été inondé en même-temps
que l'a été le terrein adjacent.

La Coutume de Bourbonnois décide que
lorfqu'une piéce de terre ou autre héritage
font totalement inondés & pris par alluvion,
pour fervir de lit aux *rivieres d'Allier, Loire, Scioule, Cher & Besbre,* (non *aux petites
rivieres & ruiffeaux*), quand elles en changent, le Propriétaire perd abfolument fon
droit ; de maniere que fi cette même terre
vient enfuite à fe découvrir, elle appartient
au Seigneur Haut-Jufticier.

Mais s'il refte une Motte-Ferme, c'eft-
à-dire, une partie de l'héritage, *la Motte-
Ferme conferve droit au Propriétaire en la
Terre inondée ;* de maniere qu'il peut reprendre fa Terre, quand l'eau fe retire. Voyez
les articles 341 & 342 de la Coutume de
Bourbonnois, & ce que je dis à l'art. *Alluvion.*

Il a néantmoins été jugé par Arrêt rendu
au Confeil d'Etat, le 10 Février 1728, entre le Syndic de la Province de Languedoc,
& les Chartreux de Villeneuve-lès-Avi-
gnon, que le terrein inondé par le Rhône,
& qui a fait partie de ce fleuve pendant plus
de dix ans, appartient au Roi, lorfque l'eau
vient à fe retirer ; & que ceux qui prétendent en avoir été propriétaires avant l'inon-
dation,

dation, ne peuvent alléguer la Motte-Ferme qui n'a pas été inondée, pour conferver la propriété de ce qui a été inondé pendant plus de dix ans.

La raifon de cet Arrêt, c'eft 1°. qu'en Languedoc les Illes, Crément & Attériffement, font mis au nombre des droits Régaliens.

2°. Que le terrein dont il s'agiffoit, étoit inféodé dès 1717, & que l'inféodation avoit été autorifée par Arrêt & Lettres vérifiées en la Chambre des Comptes de Montpellier, fans reclamation de la part des Chartreux, pendant plus de dix ans.

3°. Que l'Ordonnance du Domaine veut que tout ce qui a été tenu & adminiftré par les Receveurs & Officiers du Domaine pendant l'efpace de dix ans, foit réputé faire partie du Domaine de la Couronne. Voyez *Domaine.*

Les difpofitions de cet Arrêt ne doivent. donc point tirer à conféquence pour d'autres efpéces, avec d'autant plus de raifon que, d'après ce que dit Loyfel dans fes Inftitutions coutumieres, liv. 2, titre 2, *la Riviere ôte & donne au Seigneur.......Jufticier; mais Motte-Ferme demeure au Seigneur Très-foncier.*

MOULINS.

V. *Bannalité, Bief, Boulanger, Meunier, Riviere, & Verte-Moute.*

La plûpart de nos Coutumes, *& plufieurs Réglemens exigent,* fous diverfes peines, que les tambours des meules des Moulins *foient ronds, bien clos & non quarrés.* Voyez entr'autres la Coutume de Bourbonnois, art. 538.

Quand il n'y a point de Moulin bannal dans une Paroiffe, le Seigneur ne peut empêcher fes vaffaux d'en faire conftruire de non bannaux, pourvû qu'ils ne nuifent pas au cours d'eau qui faifoit tourner ceux des Seigneurs. C'eft l'avis de Dupleffis & de Delauriere, fur l'article 72 de la Coutume de Paris. Ce dernier appuye fon opinion fur l'autorité de Héringius *de molendinis,* queft. 10, n. 3, pag. 95 & 96.

Carondas & Brodeau citent un Arrêt contraire du 29 Mars 1575; mais je crois que cet Arrêt eft intervenu dans une efpéce où le Seigneur avoit un Moulin bannal. Bro-

deau dit qu'il a maintenu le Chapitre de Tours dans le droit d'avoir, en la Seigneurie de Saint-Efpain, Moulins à bled, efquels les Sujets font tenus d'aller moudre. Les mots, *tenus d'aller,* me paroiffent annoncer une bannalité. Voyez Brodeau fur M. Louet, Lettre M, n. 17.

Mon avis, au refte, eft appuyé fur le texte de l'article 2 du titre 16 de la Coutume de Berry, qui fur cela me paroît devoir former le Droit commun. Mais voyez l'article 601 de la Coutume de Bretagne, qui reftraint cette liberté à l'homme noble. V. auffi la Coutume de Sole, tit. 12, art. 1. Enfin voyez les Inftitutions de Loyfel, liv. 2, titre 2, n°. 13; M. le Bret, de la Souveraineté, liv. 2, chap. 15; & Bacquet, du Droit de Juftice, chap. 29, n°. 20.

Fromental penfe au contraire qu'en Languedoc, le Seigneur peut empêcher de faire conftruire des Moulins fur les rivieres & ruiffeaux non navigables, à moins que le ruiffeau ne prenne fa fource dans l'héritage même appartenant à l'emphitéote qui y a fait conftruire un Moulin, ainfi que le Parlement de Touloufe l'a, dit-il, jugé par Arrêt du 23 Février 1724. V. Fromental, art. *Droits Seigneuriaux.*

A l'égard des Moulins à vent, il eft fans difficulté que, quand les Coutumes n'ont pas de difpofitions contraires, chaque Particulier peut, à fon gré, en faire conftruire fur fon héritage, fans la permiffion du Seigneur. La Cour vient de confacrer cette maxime par un Arrêt rendu le Mercredi 9 Mai 1759, au rapport de M. Pafquier; en voici l'efpéce.

Un Particulier, propriétaire d'un terrein fitué à Riencourt en Artois, croyant qu'il ne pouvoit faire conftruire de Moulin à vent fur cet héritage, fans la permiffion du Seigneur, traita avec lui, & convint, pour la liberté de faire cette conftruction, qui lui fut accordée, de payer une redevance annuelle de 60 livres, & d'abandonner le Moulin au Seigneur, avec la propriété du terrein, après foixante années de jouiffance.

L'acte fut exécuté pendant quelques années; mais le propriétaire du Moulin l'ayant vendu, l'acquéreur, nommé Tabary, foutint que le Seigneur n'avoit pas pu concéder un droit qu'il n'avoit pas ; que par conféquent la foumiſſion de payer une rente , & d'abandonner la propriété du Moulin avec l'héritage, après 60 ans, étant fans cauſe, elle étoit nulle, &c. La Sentence qui intervint au Conſeil d'Artois, le 20 Fév. 1753, le jugea ainſi. Elle a été confirmée par Arrêt.

Brodeau, ſur M. Louet, rapporte, dans l'endroit que j'ai déja cité, deux Arrêts qui ont jugé que le Seigneur, même le Haut-Juſticier, ne peut pas, quand ſes Moulins ne ſont pas bannaux, empêcher les Meuniers voiſins de venir chaſſer, c'eſt-à-dire, chercher les bleds de ſes Vaſſaux, pour les moudre, & les leur rapporter enſuite. Mais voyez *Meuniers.*

Dans la Coutume de Paris, & dans celles qui n'ont pas de diſpoſitions contraires, » tous Moulins ſont immeubles, à l'excep-» tion de ceux qui ſont aſſis ſur bateaux, & » de petits Moulins-à-bras, que l'on tient » dans les maiſons, qui ſe peuvent aiſément » tranſporter ſans les rompre, ni les déſaſ-» ſembler , leſquels ſont meubles «. Dupleſſis, Traité des Meubles.

Les Annotateurs de cet Auteur diſent néantmoins, d'après Dumoulin, qu'un Moulin à eau, aſſis ſur bateaux, eſt immeuble, quand il eſt bannal; parce que, quoiqu'il puiſſe ſe tranſporter, il eſt cenſé faire partie de la Seigneurie, & avoir été mis pour perpétuelle demeure.

Frain rapporte un Arrêt du Parlement de Bretagne, qui juge que le Propriétaire d'un Moulin bannal doit entretenir les chemins qui y conduiſent, & en rendre l'accès tellement facile, que les Vaſſaux puiſſent y arriver ſans aucun riſque.

Quand le bled eſt crû, acheté, ou amené dans la bannalité, le Sujet ne peut le faire moudre qu'au Moulin bannal; mais ſi le Sujet achete du bled pour ſa proviſion, hors l'étendue de la bannalité, ſans l'y apporter, il peut le faire moudre où bon lui ſemble. L'Auteur de la Pratique des Terriers traite cette queſtion avec beaucoup d'étendue, tom. 2, ch. 3.

L'article 237 de la Coutume de Blois veut que les Moulins à eau ſoient conſtruits de maniere qu'ils ne puiſſent nuire à la na-vigation, & qu'on ne puiſſe ſubmerger ni noyer les terres d'autrui par la retenue des eaux. Voyez auſſi l'art. 256 de la Coutume d'Orléans.

Divers Arrêts de la Cour, en interprétant & développant même cette diſpoſition, ont non-ſeulement condamné divers Propriétaires de Moulins à Bacs, flottans ſur la riviere de Loire, à rembourſer aux Marchands fréquentans la riviere de Loire, les frais par eux avancés pour le déplacement des Moulins, mais ont fait défenſes aux Meuniers de les tenir autrement que cul à cul, de droit fil en droit fil libre, de maniere que la Riviere demeure toujours navigable au plus profond de l'eau libre, droite & large de huit toiſes franches.

J'ai vu dans un ancien Recueil de Piéces ſur la navigation de la Loire, les Réglemens qui l'ont ainſi ordonné, & ſinguliérement des Arrêts de la Cour des 28 Août 1552, 22 Août 1554, 26 Avril 1559, 4 Avril 1615, 11 Mai 1630, 5 Septembre 1650, 7 Juillet 1665.

Des Ordonnances données par les anciens Souverains des Pays de Flandres, Artois & Hainaut, en 1547 & en 1628, ont défendu de conſtruire des Moulins dans ces Provinces, ſoit à eau, à vent, à huile ou à cheval, ſans une permiſſion des Souverains, qui ne devoit s'accorder qu'à la charge d'une redevance envers leur domaine ; mais les Propriétaires de Moulins conſtruits dans ces Pays ſans permiſſion, ont depuis été confirmés dans leur poſſeſſion. Voyez l'Arrêt du Conſeil du 4 Mai 1700, dans le Recueil du Parlement de Flandres.

Par un Arrêt rendu le 30 Juillet 1738, entre les Propriétaires du Pont-au-Change à Paris (a), & les Meuniers des Moulins qui ſe plaçoient, tant ſous les Arches qu'un peu plus bas, entre ce Pont & le Pont-Neuf, la Cour a ordonné que les Propriétaires & Fermiers deſdits Moulins, ſeroient tenus de faire retirer leurs Bateaux & Moulins à la diſtance de ſix toiſes du Pont : fait défenſes de les approcher plus près que leſdites ſix toiſes (b); mais leur a permis de les faire attacher aux piles, ce que ne vouloient pas les Propriétaires du Pont.

(a) Le Pont-au-Change n'appartient, ni au Roi, ni à la Ville de Paris, mais aux Particuliers propriétaires des maiſons bâties ſur le même Pont.

(b) On croit que la trop grande proximité des Moulins

Louis XIV avoit, par des Edits des mois de Janvier 1704 & Mai 1708, créé des Offices des Contrôleurs & Visiteurs des poids & mesures dont on se sert dans les Moulins à eau & à vent, avec attribution des droits proportionnés au revenu des Moulins; mais le Roi régnant a, par un autre Edit du mois d'Octob. 1716, regist. le 21 des mêmes mois & an, supprimé tous ces Offices en ce qui concernoit les Moulins, & les droits qui y étoient attribués, dont les Propriétaires des Moulins ont été déchargés (a).

La dame Morel, Dame de la Terre de Belloi en Picardie, ayant affermé des héritages dépendans de cette Terre, à différens Particuliers, Censitaires & Justiciables du Chapitre de Peronne, & fait obliger ses Fermiers d'aller moudre à son Moulin de Belloi; le Chapitre de Peronne, qui avoit un Moulin non bannal dans sa Terre, se pourvut contre cette condition des baux, & la fit déclarer nulle par Sentence du Baillage de Peronne, du 14 Août 1716, qui a été confirmée par Arrêt de la Cour du 9 Mars 1720.

MOUTE.
Voyez *Verte-Moute.*

C'est le nom qu'on donne à la rétribution qui se paye aux Meuniers pour le moulage des grains. Dans quelques Cantons on nomme ce payement moulage; dans d'autres, mouture, &c.

Le droit de Moute, dû au Meunier du moulin bannal, doit être réglé par les titres du Seigneur, & il ne peut être rien exigé au-delà; mais celui des moulins non bannaux est conventionnel, & se régle par les mêmes principes que les autres conventions.

MOUVANCE.
V. *Aveu*, *Démembrement de Fief*, *Domaine de la Couronne*, *Fief & Justice n'ont rien de commun*, *Jeu de Fief*, *Pair*, *Réunion* & *Terrier.*

Ce mot » signifie dépendance : on dit » qu'un Fief est mouvant d'un autre, quand » il en releve. « V. le Dictionnaire Civil & » Canonique.

Un Seigneur ne peut pas aliéner les Mouvances de son Fief, sans le consentement de ses Vassaux, à moins qu'il n'aliéne en même temps l'universalité de son Fief. Cependant voyez *Domaine de la Couronne.*

Ainsi, si un Seigneur aliéne une partie de son domaine, pour en composer un Fief servant, il ne peut transporter aucun de ses Vassaux à celui qu'il inféode : il faut qu'il les conserve tous, ou qu'en transportant l'universalité de son Fief, il n'en conserve aucun.

Suivant le droit général du Royaume, les aveux rendus par l'arriere-Vassal au Seigneur supérieur, ne peuvent nuire au Seigneur immédiat, par deux raisons.

La premiere, parce que la simple possession du Seigneur dominant ne peut opérer une interversion de Mouvance, contre laquelle le lien de foi (qui établit l'imprescriptibilité entre le Seigneur & le Vassal,) reclame toujours.

La seconde, que des aveux de cette nature sont étrangers à l'égard du Seigneur immédiat qui n'y parle point.

On ne doit pas restraindre la maxime de l'imprescriptibilité, sur laquelle cette vérité est principalement appuyée, au seul cas de la jouissance du Seigneur suzerain, en conséquence d'une saisie féodale; cette aliénation seroit contraire au Droit Coutumier du Royaume, qui est proposé par Lhommeau, comme un des principes généraux du Droit François.

Louis, sur l'article 450 de la Coutume du Maine rapporte un Arrêt du Parlement de Paris, du 8 Mai 1614, qui a décidé qu'un Seigneur suzerain s'étant fait servir par les Sujets de son Vassal, il devoit les lui rendre, sans pouvoir se prévaloir d'aucune prescription. Le motif de cette décision fut le lien de foi réciproque qui est entre le Seigneur & le Vassal. Voyez Dumoulin sur

---

dégrade les radiers & les créches des piles des Ponts de pierres. Feu Me Pageau, Avocat des Propriétaires du Pont-au-Change, a fait sur cela un Mémoire également sçavant, curieux & amusant.

(a) Ce dernier Edit n'a pas été adressé au Parlement de Rouen. On y exige différens droits des Meuniers de cette Province, à raison des Poids & Mesures. V. *Jaugeur.*

Le droit de visite des Moulins qui se perçoit en exécution de l'Edit de 1704, est à la charge des Propriétaires des Moulins, suivant un Arrêt du Conseil du 30 Septemb. de la même année.

L'Edit du mois d'Octobre 1716, dont il s'agit ici, a été adressé au Parlement de Dijon, & y a été regist. le 16 Nov. suivant; & à celui de Grenoble, le premier Déc. suivant.

E e ij

l'article 3 de la Coutume de Paris, la Coutume de Berry, titre 12, art. 3, &c.

La même queſtion a été décidée de la même maniere par Arrêt rendu au Parlement de Bretagne, le 14 Décembre 1719, au rapport de M. du Pont-d'Ouville, en faveur des Carmes déchauſſés de Rennes, Seigneurs de Granec, contre M. le Procureur Général, & le prépoſé à la réformation du Domaine.

Il y a dans le Royaume différens titres de dignité, dont les Terres peuvent être décorées, & ce n'eſt qu'au Roi ſeul qu'il appartient d'accorder ces titres.

En décorant des Seigneuries de titres éminens & de dignité, nos Rois ont preſque toujours ordonné qu'elles deviendroient par-là mouvantes de Sa Majeſté (a), & que l'appel de la Juſtice ſeroit porté au Parlement : ils ont même ſouvent réuni pluſieurs Terres en un ſeul corps de Fief ; & quelquefois ils ont compris dans cette réunion des Fiefs qui relevoient de Seigneurs particuliers, en chargeant ceux, en faveur deſquels ſe fait l'érection ou la réunion, d'indemniſer ces Seigneurs de leurs Mouvances. On en trouve des exemples dans les Lettres d'érection du Duché de Treſmes, du mois de Novembre 1648 ; dans celles du Duché de Châteauvillain, du mois de Mai 1703 ; dans celles du Duché de Rambouillet, du mois de Mai 1711, & dans celles du Duché de Joyeuſe, du mois d'octobre 1714.

Mais il eſt pluſieurs fois arrivé que ces Lettres ont été modifiées par les Arrêts d'enregiſtrement ; par exemple, » celles du » Duché de la Rochefoucault ont été regiſ- » trées pour le titre & dignité de Duc ſeu- » lement, & ſans diſtraction de Mouvance » & de reſſort.

L'enregiſtrement des Lettres d'érection du Duché de Bellegarde porte, » ſans néant- » moins aucune diſtraction de reſſort, &

» ſans rien innover à la Juſtice qui demeu- » rera aux Officiers du Roi, comme aupa- » ravant «.

Celles du Duché dè la Valette furent enregiſtrées le 4 Sept. 1631, avec les mêmes modifications, & dans les mêmes termes.

Les Lettres portant érection des Duchés de Biron, de Leſdiguieres, de Briſſac, de Chaulnes, de Valentinois & d'Eſtrées, ont été enregiſtrées avec la réſerve du reſſort des Juges Royaux : ces enregiſtremens ne parlent point de la Mouvance.

Lorſque nos Rois, en d'autres occaſions, ont voulu faire la grace entiere, ils ont ordonné que les Seigneurs, ſous prétexte de leur prétention en indemnité de Mouvance, ou autres droits, ne pourroient empêcher, ni l'effet, ni l'enregiſtrement des Lettres-Patentes.

Celles du mois de Février 1606, pour l'érection du Duché de Sully, portent : » Et » d'autant qu'en icelle (création) nous nous » attribuons la Mouvance & retenue féo- » dale du Duché & Pairie de Sully, que » nous voulons dorénavant relever de nous » & de notre Couronne, & qu'en cette at- » tribution...... ceux de qui releve en partie » ledit Duché..... pourroient avoir quel- » ques intérêts, nous nous chargeons........ » de les dédommager............ ſans » qu'au moyen de leurs prétentions, ils » puiſſent apporter aucun empêchement à » la préſente création, & à la vérification » d'icelle (b).

Dans les Arrêts d'enregiſtrement des Lettres pour les Duchés de Verneuil, de Villeroi, de la Meilleraye, & de douze autres érections, vérifiées aux Lits-de-Juſtice des 15 Décembre 1663, & 2 Décembre 1665, il eſt ordonné que les Fiefs, Terres & Seigneuries, relevant des Particuliers, ne pourront être cenſées faire partie du Duché, qu'au préalable le conſentement des Sei-

---

(a) L'érection d'un ou de pluſieurs Fiefs réunis pour former un Duché, un Marquiſat ou un autre Fief de Dignité, ne change rien au reſſort & à la Mouvance des Terres décorées d'une de ces dignités par une érection.

Il y a en France pluſieurs Seigneuries érigées en Fiefs de Dignité, qui relevent des mêmes Seigneurs dont elles étoient mouvantes avant l'érection, & non du Roi. Par exemple, le Duché de Geſvres releve de la Seigneurie de la Ferté-au-Col, comme avant ſon érection. Le Duché de Châtillon-ſur-Loire eſt mouvant de pluſieurs Terres appartenantes à divers Seigneurs ; le Duché de Nevers re-

leve de l'Evéché d'Auxerre ; le Duché de la Meilleraye releve de la Chapelle Bertrant, appartenant au Marquis de Sourdis, &c.

(b) Le Chef-lieu de Sully érigé en Duché, relevoit de l'Evêque d'Orléans, avec lequel il y eut un Procès très-conſidérable, qui dura pendant 35 ans, pour la liquidation de ſon indemnité : elle fut fixée au quart de la valeur de la Terre, par Arrêt contradictoire du 13 Février 1641, outre une gouttiere de cire du poids de deux cent-treize livres, que la Terre eſt reſtée chargée de fournir tous les ans, la veille de l'Invention de Sainte Croix.

gneurs ne foit rapporté , & que l'indemnité ne leur foit payée.

Il y a grand nombre d'autres charges dans ces fortes d'enregiftremens : on les trouve dans l'*Hiftoire généalogique* du P. Anfelme. Voyez auffi la Compilation chronologique de Blanchart.

De ces différentes Lettres d'enregiftrement & modifications, il réfulte deux conféquences.

La premiere , que le Roi a droit de difpofer des Mouvances des Seigneurs particuliers ; puifque le Parlement, en enregiftrant ces Lettres , ne réferve aux Seigneurs que leur action en indemnité.

La feconde, que quelque favorable que foit cette indemnité, il n'eft pas effentiellement néceffaire qu'elle foit payée avant la diftraction de la Mouvance ; puifque le Parlement ne l'ordonne pas , lors même que cette diftraction eft exceptée par fes Arrêts.

Il n'en eft pas de l'indemnité dûe aux Officiers des Siéges privés de reffort, comme de celle dûe aux Seigneurs privés de Mouvance, parce que la diftraction de reffort prive les Officiers d'un revenu journalier que leur produifent leurs fonctions dans les lieux dont la Jurifdiction leur eft ôtée. Ils ne feroient pas parfaitement indemnifés, s'ils ne recevoient leur capital avant d'être privés de ce revenu réel ; auffi le Parlement ordonne-t-il toujours le rembourfement préalable avant que la diftraction du reffort puiffe avoir lieu.

Mais les Seigneurs qui ne perdent qu'un revenu cafuel & honorifique, ne fouffrent point une perte auffi confidérable par le retard que peut occafionner la liquidation de leur indemnité ; & c'eft la raifon de la différence qu'on trouve dans les Arrêts d'enregiftrement.

Les Arrêts d'enregiftrement de la Chambre des Comptes n'accordent l'effet de la Mouvance & du reffort, qu'après avoir payé l'indemnité aux Seigneurs & aux Officiers. Voyez ceux des 10 Mai , 26 Juin 1664, 15 Mars 1673 , & 27 Juin 1714, pour la Roche-Guyon , Trefmes & Chaulnes.

Les Lettres d'Erection du Marquifat d'Herbaut, accordées à M. Dodun au mois de Mars 1723 , portoient, que l'union faite de plufieurs Fiefs pour compofer ce Mar-

quifat, ne pourroit nuire ni préjudicier aux Seigneurs particuliers defquels les Fiefs unis pouvoient être mouvans. Mais au mois d'Octobre fuivant , M. Dodun obtint de nouvelles Lettres-Patentes ; par lefquelles il fut ordonné que le *Marquifat d'Herbaut , avec toutes les Terres , Fiefs , Seigneuries , &c. en dépendans , releveroient du Roi & de la Couronne , à caufe du Château du Louvre , à la charge par* M. Dodun *d'indemnifer les Seigneurs particuliers defquels aucuns defdits Fiefs étoient mouvans , fuivant la liquidation qui en feroit faite.*

Ces Lettres furent regiftrées au Parlement ; & il fut ordonné , par Arrêts des 22 Décembre 1723, & 5 Avril 1724, qu'elles ne feroient exécutées qu'après l'indemnité payée aux Seigneurs & aux Officiers des Jurifdictions dont les Fiefs relevoient ; mais l'Arrêt d'enregiftrement en la Chambre des Comptes, du 10 Juillet 1724, ordonna de plus que l'indemnité dûe aux Seigneurs à caufe de la diftraction de leur Mouvance , ne pourroit être fixée que du *confentement des Seigneurs particuliers de gré à gré.*

Cette derniere condition impofée dans l'Arrêt de la Chambre des Comptes, a donné lieu à une Déclaration du 10 Septembre 1724, par laquelle il a été ordonné que les Lettres-Patentes du mois d'Octobre 1723 , auroient *leur plein & entier effet , après que les Seigneurs feroient indemnifés , fans qu'il foit befoin de leur confentement à cet égard , ni pour la diftraction de Mouvance , ni pour leur indemnité ; laquelle , en cas de refus ..... d'en convenir de gré à gré , feroit réglée par les Juges qui en devoient connoître.* Cette Déclaration a été regiftrée en la Chambre des Comptes, le 15 Septembre fuivant.

Le Marquis de Sebbeville , en obtenant l'érection de fa Terre en Marquifat, avoit fait annoncer que cette Terre relevoit nûement du Roi , à caufe de fon Domaine de Carentan. Mais le Maréchal de Matignon, de qui relevoit Sebbeville , à caufe de la Baronie d'Orglandes , s'étant , après 40 ans de filence, pourvu au Confeil en rapport de Lettres d'Erection, le fait pleinement éclairci , Arrêt eft intervenu le 13 Août 1725, par lequel il a été ordonné que les Lettres d'Erection feront réformées ; en ce qu'il y eft dit que le Fief de Sebbeville-Brucourt releve nûement du Roi, &c.

Quand une Terre a une fois relevé directement de la Couronne, & d'une Juftice reffortiffante au Parlement, elle ne change jamais de Mouvance, ni la Juftice de reffort, nonobftant l'extinction du titre & de la dignité dont la Terre a été décorée.

Il y a deux Arrêts qui l'ont ainfi jugé ; le premier eft du 8 Juillet 1694, pour la Mouvance du Duché de Beaufort ; & le fécond, du 28 Mars 1695, pour la Mouvance du Duché de Damville.

Dans la plaidoirie, fur laquelle le dernier de ces deux Arrêts fut rendu, M. l'Avocat Général de Harlay, cita un Arrêt rendu pour les Officiers de Mayenne, contre ceux du Mans, pour ce qui concernoit le reffort de la Juftice.

Il y en a encore un de l'année 1595 pour Coulommiers, contre les Officiers du Préfidial de Meaux, rapporté par Bouchel au mot *Pairs*.

Pithou, fur la Coutume de Troyes, en cite un pour Pont-fur-Seine. La même chofe a été jugée par provifion contre le Préfidial de Provins, en faveur des Officiers du Bailliage de Bray fur-Seine. Enfin, il y a un Arrêt du Parlement de Bordeaux, du 20 Mars 1684, contre les Officiers d'Agen, au fujet de la Terre d'Aiguillon. Voyez dans le Journal du Parlement de Rennes, tome premier, chap. 38, un Arrêt du 5 Août 1734, par lequel il y a été jugé que la réunion d'un Fief fervant au Fief dominant acquis par le Vaffal, confervoit au Seigneur fuzerain la Mouvance totale des deux Fiefs, lorfque l'un des deux étoit vendu.

On penfe affez univerfellement que le Seigneur direct de tout un territoire, qui perçoit un certain cens fur la plûpart des héritages de ce territoire, eft en droit de percevoir & d'exiger le même cens fur tous les héritages du même territoire, pourvû qu'il ait le domaine direct de tout le territoire : c'eft l'opinion de Dumoulin, de Baf-nage, de le Grand, &c. & c'eft auffi ce qui eft décidé ;

1°. Par un Arrêt rapporté par M. Bou-guier, lettre D. num. 19, & qui a été rendu le 14 Mai 1602, en faveur du Chapitre de S. Pierre-le-Puellier de Bourges.

2°. Par un autre Arrêt rendu en faveur de M. le Duc de Luxembourg, Seigneur de Miginnex en Champagne, Coutume de Troyes, au rapport de M. Rollinde, au mois de Septembre 1725.

3°. Par l'Arrêt rendu entre les Habitans & le Seigneur de Charpentry, (près Varenne en Argonne), en la troifiéme Chambre des Enquêtes, au rapport de M. Langlois, le 14 Janvier 1728. (Ce dernier Arrêt a été imprimé)

4°. Par l'Arrêt rendu en faveur de la Princeffe de Naffau, contre les Habitans des Villages qui compofent le Marquifat de l'Ifle fous Montréal en Champagne, dans la Coutume de Troyes, le 23 Juillet 1763, au rapport de M. le Febvre d'Amecourt, en la troifiéme Chambre des Enquêtes. Me le Roy de Fontenelles écrivoit pour la Princeffe de Naffau, qui a gagné fon Procès.

Mais, pour que le Seigneur puiffe oppofer le droit de territoire ou d'enclave, il faut ;

1°. Que fon territoire foit circonfcrit, limité & borné.

2°. Que la directe ne foit, ni coupée, ni corrompue, mais continue de proche en proche, & fans interruption. V. Dumoulin fur l'article 68 de la nouvelle Coutume de Paris, nomb. 6 ; Chopin fur l'article 140 de la Coutume d'Anjou ; & d'Argentré fur l'article 277 de la Coutume de Bretagne.

Suivant un Acte de Notoriété, donné par la Sénéchauffée de Ponthieu le 28 Janvier 1687, aucun Fief & Seigneurie fitué en Ponthieu, n'eft mouvant de Terres ou Seigneuries fituées dans le Bailliage d'Amiens; & aucun héritage du Bailliage d'Amiens ne releve de Fiefs fitués en Ponthieu.

Les immeubles que le Roi acquiert, ceffent d'être mouvans des Seigneurs dont ils relevoient : mais le Roi doit indemnifer les Seigneurs. V. *Indemnité*.

Il faut même remarquer fur cela, que la réunion qui fe fait au Domaine de la Couronne, des Domaines & Fiefs que le Prince poffédoit avant de monter fur le Trône, & qui relevoient alors de Seigneurs particuliers, deviennent mouvans du Roi, s'il les aliéne.

Nous en avons l'exemple dans la Terre de Bohain, que poffédoit Henri IV lorfqu'il parvint à la Couronne en 1589. Il la vendit au Maréchal de Balagny en 1594, avant le fameux Edit de 1607. L'acquéreur & ses ayans cause avoient toujours porté l'hommage de cette Terre aux Religieux de Vermand, dont elle étoit mouvante avant l'avénement de Henri IV à la Couronne. Les Moines l'ayant saisie féodalement, le Marquis de Mailli refusa de les reconnoître. Il soutint au contraire, qu'il relevoit du Roi, au moyen de ce que la Terre avoit été unie de plein droit au Domaine, & que la Mouvance des Religieux étoit éteinte : c'est ce qui fut jugé par Arrêt rendu sur les Conclusions de M. l'Avocat Général de Lamoignon, le 9 Janvier 1679. L'Arrêt réserve seulement aux Religieux à se pourvoir pour leur indemnité.

MOYEN-JUSTICIER.

Les Moyens-Justiciers sont des Seigneurs dont l'autorité, appellée *mixtum Imperium* par les Jurisconsultes, tient le milieu entre celle des Hauts & Bas-Justiciers.

Les matieres dont les Bas-Justiciers peuvent connoître, sont détaillées dans les Actes de Notoriété du Châtelet. On peut aussi consulter sur leur compétence, le titre 2 de la Coutume de Tours, & le Commentaire de Jacquet sur cette Coutume.

MUR, MURAILLES.
Voyez *Arbres, Tour de l'Echelle, Servitude,* &c.

Les Murs, Murailles, Portes des Villes, Contrescarpes, & tout ce qui sert ou a servi aux clôtures & fortifications des Villes du Royaume, tant anciennes que modernes, appartiennent au Roi en pleine propriété, par droit de souveraineté, ainsi que l'espace qui est en-dedans de toutes les Villes, jusqu'à concurrence de neuf pieds, voyez la Déclaration du 6 Novembre 1677; les Edits des mois de Décembre 1681, & Mars 1695.

Celui qui fait abattre un Mur mitoyen, plus élevé que les Murs de clôture ne doivent l'être (de dix pieds), suivant la Coutume de Paris, doit le faire rétablir à la hauteur qu'il avoit avant la démolition; & il n'est pas recevable à dire qu'il le fera rétablir à la hauteur de clôture ou sé-

paration, prescrite par la Coutume. Ainsi jugé par Sentence du Châtelet, entre M. le Febvre de Caumartin & Boquet, Maçon, propriétaires de maisons contigues, situées à Paris, rue Michel-le-Comte, par Sentence du Châtelet, du 21 Juillet 1752, plaidans, Mes des Moulins & Rousselot.

Le voisin qui veut faire construire des écuries contre un Mur mitoyen, doit faire un contre-Mur de huit pouces d'épaisseur, jusqu'à la hauteur du rez de la mangeoire. V. la Coutume de Paris, art. 189.

Pour âtres de cheminées contre un Mur mitoyen, il faut un contre-Mur de tuilots, ou autres choses suffisantes, de six pouces d'épaisseur. *Ibid.*

Pour forge, four ou fourneau, celui qui les fait construire, doit laisser demi-pied de vuide entre le Mur voisin & celui de la forge, four ou fourneau, lequel doit être d'un pied d'épaisseur. *Ibid.* art. 190.

Pour aisances de privés ou puits, doit être fait contre-Mur d'un pied d'épaisseur; & s'il se trouve deux puits voisins, un de chaque côté du Mur, il suffit qu'il y ait entre deux l'épaisseur de trois pieds au moins de maçonnerie, compris l'épaisseur des Murs de part & d'autre; mais s'il y a puits d'un côté, & aisances de privés de l'autre, il faut au moins l'épaisseur de quatre pieds de maçonnerie entre deux, comprises, comme dessus, les épaisseurs des Murs de part & d'autre. *Ibid.* art. 191.

Pour faire fumer & labourer une terre joignante immédiatement un Mur mitoyen, ou qui appartient à autrui, doit être fait contre-Mur de demi-pied d'épaisseur; & si la terre qu'on veut labourer, est jectisse, c'est-à-dire, plus élevée que celle du voisin, le contre-Mur doit avoir un pied d'épaisseur. *Ibid.* art. 192.

A quelle distance les marais, fossés & cloaques, doivent-ils être des Murs. Voyez *Fossés.*

A Paris, *tous Murs séparans cours & jardins, sont réputés mitoyens, s'il n'y a titre au contraire.* La Coutume de cette Capitale en contient une disposition précise dans l'article 211.

Il faut dire le contraire d'un Mur de terrasse. Un pareil Mur doit être regardé comme un accessoire & une dépendance de la terraſſe. La Cour vient de conſacrer cette maxime, qui forme une exception à la régle générale, par l'Arrêt rendu au rapport de M. de Lattaignan, le 26 Mai 1762, en faveur des ſieurs Juteau, contre les Marguilliers & la Fabrique de l'Egliſe Paroiſſiale de S. Aignan de Chartres.

Dans cette eſpéce, la Fabrique de Saint Aignan de Chartres, dont l'Egliſe Paroiſſiale eſt bâtie ſur un terrein conſidérablement élevé, ſoutenu par un Mur très-épais, haut de 30 à 40 pieds, & fortifié par des piliers butans, prétendoit que c'étoit aux ſieurs Juteau, propriétaires du terrein inférieur, à réparer une portion du Mur qui menaçoit ruine vis-à-vis le rompoint de l'Egliſe. Les Marguilliers diſoient qu'on devoit préſumer que la Ville de Chartres, à laquelle ce Mur ſervoit autrefois de clôture, l'avoient concédé aux ſieurs Juteau, & qu'il falloit que la réparation fût faite, ou par la Ville, ou par les ſieurs Juteau, qui avoient un hangard appuyé, & même lié avec le Mur. Les Marguilliers avoient à cet effet mis en Cauſe la Ville de Chartres, qui déclaroit que le Mur ne lui avoit jamais appartenu, & n'y rien prétendre.

Par l'Arrêt ſuſdit, du 26 Mai 1762, la Cour a jugé que la réparation ne pouvoit concerner que la Fabrique; 1°. parce qu'elle ſeule pouvoit être regardée comme propriétaire d'un Mur qui ſoutient ſon terrein & ſon Egliſe.

2°. Parce qu'indépendamment de la propriété, la réparation ne profitoit qu'à l'Egliſe, & que par conſéquent elle ne pouvoit être ſupportée que par elle.

MUTATION.

Voyez *Aveu*, *Dénombrement*, *Droits Seigneuriaux*, *Lods & Ventes*, *Quints*, *Relief & Saiſie Féodale*.

On appelle Mutation, le changement de propriété d'un héritage, Fief ou roture, ſoit que ce changement ſe faſſe par aliénation, ſoit qu'il arrive par l'ordre des ſucceſſions.

Il peut y avoir Mutation de la part du Seigneur, comme de la part du Vaſſal.

La diſtinction des Mutations qui peuvent arriver dans un Fief dominant, eſt inutile aux Vaſſaux poſſédans des Fiefs qui en relevent ; parce que, de quelque qualité qu'elle ſoit, elle ne les aſſujettit, (dans la Coutume de Paris, qui ſur cela forme le Droit commun du Royaume) qu'à porter la foi & hommage au nouveau Seigneur.

Mais cette diſtinction eſt néceſſaire pour les Mutations qui arrivent dans les Fiefs poſſédés par les Vaſſaux, parce que celles-ci donnent toujours lieu à la foi & hommage, & à l'aveu & dénombrement ; & quelques-unes donnent, de plus, ouverture au droit de quint, & d'autres au relief. Voyez *Quint & Relief*.

Suivant la Coutume de Paris, il n'eſt dû que la ſeule foi & hommage pour les Mutations qui arrivent par ſucceſſion directe, aſcendante ou deſcendante.

Les Mutations occaſionnées par les ſucceſſions collatérales, donnent lieu à la foi & hommage & au droit de relief. Voyez *Relief*.

Les donations en ligne directe deſcendantes ſont regardées comme faites en avancement d'hoirie ; & par cette raiſon, le donataire ne doit que la foi & hommage ; mais quand les donations ſont faites à des parens collatéraux, ou même à des Etrangers à titre gratuit, les donataires doivent la foi & hommage avec le relief.

La Mutation par échange donne ouverture à la foi & au relief.

Le bail à rente rachetable & la vente donnent lieu à la foi & hommage, & mettent auſſi le Seigneur en état d'exiger un droit de quint.

Le bail emphitéotique ne donne lieu qu'à la foi & hommage & au relief : ce ſont les mêmes droits pour les Mutations qui arrivent par la mort de l'homme vivant & mourant, & par les changemens des Titulaires des Bénéfices.

Il n'eſt dû que la foi & hommage pour la Mutation qui arrive par le premier mariage d'une fille à laquelle un Fief eſt donné ; mais pour les autres mariages, il eſt dû la foi & hommage avec le relief à chaque mariage.

La femme à laquelle, par un partage de communauté, il écheoit un Fief qui a été commun entr'elle & ſon mari, ne doit que la foi & hommage ſeulement.

Le Vaſſal qui poſſéde des héritages roturiers,

riers, ne doit rien quand il arrive une Mutation dans la Seigneurie ; mais à chaque Mutation dans la vaſſalité, il eſt dû au Seigneur une déclaration détaillée des héritages ſitués dans ſa cenſive, & des droits dont ils ſont chargés.

Il y a même des Mutations dans la vaſſalité des rotures, qui mettent le Seigneur en état d'exiger des lods & ventes, & autres droits Seigneuriaux. Voyez ſur cela ce que je dis aux mots *Droits Seigneuriaux*, *Lods & Ventes*, *&c.* & les articles 78 & 79 de la Coutume de Paris.

Les ventes à temps & conditionnelles n'operent point de Mutation. La condition tient tout en ſuſpens, juſqu'à ce qu'elle ſoit arrivée ou marquée : ainſi les droits Seigneuriaux de ces ventes ne ſont dûs que lorſque, par l'événement de la condition, la vente ſe trouve parfaite & conſommée ; mais le centiéme denier eſt dû, & doit ſe percevoir auſſi-tôt que l'acte exiſte. Il y a ſur cela une Déciſion du Conſeil du 10 Septembre 1740.

MYSEMENT.

C'eſt ainſi qu'on nomme en quelques endroits, ce qu'on nomme *Parciere* en d'autres. V. *Parciere.*

N

NAI   NAI

NAISSANCE.

V. *Avortons*, *Bâtards*, *Enfans*, *Etat*, *Légitimation*, *Monſtres*, & *Mort Civile.*

L'ENFANT qui naît mort, eſt réputé n'avoir jamais vécu ; ainſi il ne tranſmet point les ſucceſſions qui peuvent lui être échues, lorſqu'il vivoit dans le ſein de ſa mere ; parce que n'ayant jamais été au monde, il n'a pû avoir part à rien.

La même incapacité exclud, à plus forte raiſon, ce qui naît d'une femme ſans la forme humaine ; car quoique ce qui naît ſans cette forme, ait eu vie, c'eſt un monſtre qu'on ne peut mettre au nombre des perſonnes. V. *Monſtres.*

Mais les enfans qui naiſſent vivans, quoiqu'ils meurent auſſi-tôt après leur Naiſſance, ſont capables, & recueillent les ſucceſſions qui leur ſont échues dans l'intervalle de leur conception à leur mort.

La Juriſprudence des Arrêts, ſuivant laquelle les enfans qui meurent peu après leur Naiſſance, ſuccédent à leurs pere & mere qu'ils ſurvivent, ne diſtingue point la Naiſſance prématurée d'avec la Naiſſance à terme, pourvû que la légitimité ne ſoit point ce qui eſt en queſtion. Il ſuffit que la preuve de la vie, au moment de la Naiſſance de l'enfant, ſoit parfaite (a).

Quand on doute ſi l'enfant a vécu depuis ſa Naiſſance, on fait l'ouverture de ſon cadavre, pour en détacher les poulmons, & les mettre à l'inſtant dans un ſceau, ou autre vaſe rempli d'eau. Si les poulmons, mis dans l'eau, ſurnagent, on regarde cette circonſtance comme une preuve que l'enfant a reſpiré, & qu'il a par conſéquent vécu. J'ai en ma poſſeſſion la conſultation de cinq Médecins de l'Hôtel-Dieu de Paris, qui atteſtent que » cette preuve eſt inconteſta- » ble « : mais je ne ſuis pas tout-à-fait de leur avis.

Lorſque des poulmons, mis dans l'eau, ſurnagent, c'eſt bien une preuve qu'ils ont été dilatés par l'air extérieur ; mais ils ont pû l'être ſans que l'enfant ait vécu même un inſtant après être ſorti. Il y a des Sages-Femmes qui, lorſqu'elles doutent de la vie de l'enfant qui naît, ou même lorſqu'il leur paroît foible, ſont dans l'habitude de lui ſouffler fortement dans la bouche ; & il

___

(a) Voyez néantmoins dans les Arrêtés de la cinquième Chambre des Enquêtes, rapportés par M. le Preſtre, un Arrêt du 11 Décembre 1594, qui a jugé » qu'un pere ne » peut prétendre, ſon fils avoir ſurvécu la mere, ni moins » demander la ſucceſſion du fils qui étoit né à quatre mois » & demi, *ex ſeſto matris utero*, ne pouvant à cet âge vi- » vre, ſelon le cours de nature, bien qu'il eût remué un » bras, une jambe, le menton & les lévres.

pourroit arriver que, par cette méthode, on fît entrer de l'air dans les poulmons d'un enfant qui seroit mort pendant le travail de l'accouchement; & cela suffiroit pour les faire surnager dans l'eau. Il faudroit donc, pour qu'on pût regarder cette preuve comme *incontestable*, être certain qu'on n'a pas soufflé dans la bouche de l'enfant.

Ceux qui naissent sourds & muets & insensés, sont capables de recueillir des successions.

Un enfant né à dix mois neuf jours après l'absence du mari, qu'on soutenoit être son pere, a été jugé légitime par Arrêt du 21 Août 1649, rapporté au Journal des Audiences, tome premier, liv. 5, ch. 47. Mais voyez *Enfans*.

N A M P S.

La Coutume de Normandie se sert de ce mot en plusieurs endroits; il signifie meubles saisis.

Un nouveau Commentateur de la Coutume de Normandie dit que » ce mot com- » prend, tant les meubles morts, comme » sont les meubles meublans, bleds, grains, » &c. que les meubles vifs, qui sont bes- » tiaux, volailles, &c. «

Le tit. 4 de la Coutume de Normandie, est intitulé *de la délivrance de Namps*.

N A N T I S S E M E N T.
V. *Gage, Hypothéque, Mise de Fait, Saisine, Vest & Devest.*

On nomme Nantissement, la formalité que doivent remplir les créanciers qui veulent acquérir hypothéque sur des héritages situés dans quelques Coutumes de Picardie & de Champagne, qu'on appelle, à cause de cela, Coutume de Nantissement.

Pour remplir cette formalité, le créancier, porteur d'un titre, en vertu duquel il veut acquérir hypothéque, » doit se trans- » porter en la Justice fonciere du lieu où est » assis l'héritage sur lequel il veut acquérir » ladite hypothéque, & là exhiber son con- » trat ou son obligation aux Officiers de la- » dite Justice fonciere; les requérir en pré- » sence de témoins, que pour sûreté de la

» dette, ou continuation de la rente énon- » cée au titre, ils le nantissent sur lesdits hé- » ritages, & que dorénavant ils ne reçoivent » aucun Nantissement, que ce ne soit à la » charge de..... la priorité de son droit; » de quoi acte lui doit être délivré & en- » dossé sur son titre, & ensuite enregistré au » Greffe de ladite Justice fonciere «. Voyez Lange, Praticien François des Actions hypothécaires. Voyez aussi la Coutume de Vermandois, article 119; celle de Reims, article 174; celle de Ribemont, article 51, &c.

Les Coutumes d'Amiens, de Ponthieu, &c. exigent que la formalité du Nantissement se remplisse d'une autre maniere; mais elles ont toutes pour objet de rendre les hypothéques notoires & publiques. V. *Mise de Fait*.

La formalité du Nantissement n'a été introduite, que par rapport aux contrats passés pardevant Notaires; & il est défendu, par un Arrêt du Conseil du 13 Décembre 1695, & par l'artic. 5 de la Déclaration du 19 Mars 1696, d'admettre aucun Nantissement sur les immeubles en conséquence de Sentence ou Arrêt, s'ils sont fondés sur des Actes non contrôlés.

Comme la formalité du Nantissement ne pouvoit naturellement s'appliquer aux Jugemens, qui étant émanés de l'autorité publique, doivent avoir par eux-mêmes tout leur effet, & exercer sur les condamnés & sur leurs biens, tout leur empire, les Rédacteurs de la Coutume de Vermandois y ont inséré l'article 125, conçu en ces termes:

Sentences de Juges emportent hypothéque du jour de l'exécution d'icelles, & où il y auroit appel, ladite hipothéque aura lieu du jour que celui qui aura obtenu ladite Sentence, se sera mis en devoir de la faire exécuter, si puis après ladite Sentence est confirmée.

Cet article ne donne, comme on voit, une hypothéque pour les condamnations résultantes des Jugemens, qu'à compter du jour de leur exécution : mais l'Ordonnance de Moulins ayant depuis décidé, par l'art. 53, que *dès-lors, & en l'instant de la condamnation donnée en dernier ressort, & du jour de la prononciation, il seroit acquis à la Partie droit d'hypothéque sur les biens du condam-*

né, (a) *pour le fait & exécution du Jugement, ou Arrêt par lui obtenu,* on a regardé l'hypothéque comme étant acquise du jour de la date du Jugement. V. *Hipothéque.*

De la Font, l'un des Commentateurs de la Coutume de Vermandois, prétend néantmoins que l'Ordonnance de Moulins, & la Déclaration donnée en interprétation le 10 Juillet 1566, n'ont rien changé à ce que la Coutume de Vermandois avoit réglé: mais son opinion n'est pas suivie; Buridan, d'Héricourt, M. Louet & autres Auteurs, dont le suffrage est infiniment supérieur à l'avis de la Font, pensent tous que l'hypothéque a lieu sur les héritages des Pays de Nantissement, à compter du jour de la condamnation. V. M. Louet, lettre H, nº. 25, & les Notes de Brodeau.

C'est aussi ce qui résulte d'un Arrêt de Réglement, rendu en la troisiéme Chambre des Enquêtes, sur les Conclusions de M. l'Avocat Général le Bret, le 29 Juillet 1623, rapporté par Ricard sur l'article 137 de la Coutume d'Amiens, par lequel il a été ordonné que *les condamnations prononcées par Sentences & Jugemens, auront hypothéque, suivant l'Ordonnance ès Sénéchaussées de Ponthieu & Boullenois, & au Bailliage d'Amiens, sans qu'il soit besoin de Nantissement; & néantmoins que les Jugemens volontaires, n'auront aucune hypothéque que du jour qu'ils auront été mis & reçus au Greffe des lieux où ils auront été donnés.*

L'effet du Nantissement est de fixer l'ordre du temps & l'époque de l'hypothéque pour faire colloquer le premier celui qui a été le premier nanti, & il est nécessaire pour les créances qui ne sont qu'hypothécaires; mais il ne l'est point pour le privilége, qui ne dépend que de la cause, & non du temps. Voyez Buridan sur l'article 176 de la Coutume de Reims, & l'Arrêt du 5 Septembre 1713, rapporté au Journal des Audiences, tome 6, liv. 3, chap. 45.

On est dans l'usage à Amiens & en quelques autres endroits de la Picardie, de stipuler dans les actes dont il résulte des engagemens, qu'il sera passé Sentence d'hypo-

théque; & sur la représentation de l'Acte contenant cette stipulation, le Greffier expédie la Sentence convenue. Une pareille Sentence a donné lieu à la question de sçavoir, si l'hypothéque qui en résultoit dans la Coutume d'Amiens, avoit également lieu sur les héritages situés dans la Coutume de Ribemont, où l'on ne peut acquérir d'hypothéques, en conséquence d'actes passés devant Notaires, qu'en remplissant les formalités prescrites par cette Coutume & par celle de Vermandois.

Ceux qui soutenoient la négative de cette proposition, disoient que les Sentences d'hypothéque n'avoient pas plus d'effet que les Nantissemens pris dans la forme prescrite par l'article 137 de la Coutume d'Amiens, qu'elles n'étoient point précédées de procédures, ni accompagnées de la publicité ordinaire des Jugemens, &c.

On leur répondoit que l'Arrêt de Réglement du 29 Juillet 1623, dont j'ai parlé, avoit prévu le cas des Sentences volontaires, & qu'il leur accordoit l'hypothéque comme aux autres, du jour qu'elles avoient été mises & reçues au Greffe, & qu'il n'avoit pas exigé qu'elles fussent mises au Greffe des lieux où les héritages seroient situés, mais seulement *au Greffe des lieux où elles seroient données;* & que dès que ces Sentences avoient été mises au Greffe des lieux où elles avoient été données, elles avoient le même effet que les Sentences contentieuses & contradictoires.

Les raisons de ceux-ci prévalurent; & par Arrêt rendu au rapport de M. Delpech, en la troisiéme Chambre des Enquêtes, le 12 Août 1744, la Cour, en infirmant la Sentence des Juges de Ribemont, a jugé que la Sentence d'hypothéque obtenue à Amiens, emportoit hypothéque sur les héritages situés dans le ressort de la Coutume de Ribemont, du jour de sa date. Cet Arrêt a été rendu contre Jacques Cauchy, Receveur des Décimes à Amiens, en faveur de la veuve du sieur le Proux.

On trouve dans les anciennes éditions du Recueil de Néron, un Arrêt du 6 Septem-

(a) Cette disposition forme le Droit commun des Pays de Nantissement; les Sentences de condamnation y portent hypothéque, lors même qu'elles sont rendues dans des Tribunaux éloignés; mais il y a une exception pour le ressort de la Coutume d'Artois, les Sentences ne produisent aucune hypothéque dans cette Coutume sur les biens du Condamné; il faut, dans cette Province, obtenir Mise de Fait. Voyez *Artois.*

F f ij

bre 1608, qui, en confirmant une Sentence du Bailliage de Reims, a jugé que le partage, par le moyen duquel la totalité d'un héritage indivis entre cohéritiers paſſoit à l'un d'eux, n'affranchiſſoit pas cet héritage de l'hypothéque ſtipulée ſur le quart de ce même héritage par un des héritiers en faveur du créancier qui s'étoit fait nantir avant le partage. On trouve encore cet Arrêt au premier volume du Journal des Audiences.

On penſe que l'hypothéque réſultante des contrats de mariage, a lieu ſur les héritages ſitués en Pays de Nantiſſement, lors même que la formalité du Nantiſſement n'a pas été remplie. Brodeau ſur M. Louet, lett. H, n°. 26, rapporte pluſieurs Arrêts qui l'ont ainſi jugé. La maxime d'ailleurs a été atteſtée par des Actes de Notoriété, donnés à Peronne le 24 Juillet 1704, à Roye le 26 Septembre ſuivant, à Noyon le 16 Février 1758, & à Abbeville le 7 Juin 1692.

Secùs, en Artois pour la réaliſation par miſe de fait, &c. le contrat de mariage, quoique bien favorable, n'eſt pas excepté de la régle, ſuivant un Acte de Notoriété du Conſeil d'Artois, du 11 Juillet 1684.

Dans le Bailliage de Montdidier, les Actes paſſés devant Notaires, emportent hypothéque ſans la formalité du Nantiſſement, ſuivant un Acte de Notoriété donné en ce Bailliage le 8 Mars 1675.

Enfin, on penſe univerſellement que les hypothéques légales & tacites des mineurs ſur les biens de leurs tuteurs, & des femmes ſur les biens de leurs maris, ſont acquiſes ſans Nantiſſement, parce que la qualité publique de tuteur & de mari ſert d'avertiſſement.

Suivant un Acte de Notoriété donné par les Avocats en la Sénéchauſſée de Ponthieu, le 20 Octobre 1674, » il ne ſe fait aucun » Nantiſſement coutumier ſur les Greffes, » non plus que ſur les autres Charges & » Offices qui ſont ſeulement ſujets aux hy- » pothéques de droit, & aux hypothéques » réſultantes des Arrêts & Sentences, con- » formément à l'Ordonnance..... « Mais voyez *Offices*.

L'hypothéque ne s'acquiert point en Ponthieu, en conſéquence d'actes paſſés devant Notaires, en prenant Nantiſſement, mais bien en obtenant Sentence d'hypothéque, comme à Amiens, à Roye, &c. V. l'Acte de Notoriété donné à Abbeville, le 7 Juin 1692, ceux des 28 Avril 1702, & 2 Mai 1708.

Au reſte, dans les Pays où le Nantiſſement a lieu, on ne peut, en aucun cas, ſe faire nantir en vertu d'actes ſous ſeing-privé non contrôlés ni reconnus, ſuivant l'Arrêt du Conſeil du 20 Avril 1694.

Sur les meubles ou effets mobiliers donnés en Nantiſſement aux créanciers, prêteurs, &c. voyez *Gage*.

NATURALISATION.

V. *Anglois*, *Aubains*, *Etrangers*, *Génevois*, *Génois*, *Hollandois*, *Nice*, *Suédois*, *Suiſſes*, &c.

Naturaliſer quelqu'un, c'eſt le rendre capable de tous les effets civils, comme le ſont les originaires François: ainſi on nomme Naturaliſés, les Etrangers auxquels le Roi a accordé des Lettres, par leſquelles il leur permet de demeurer dans le Royaume, pour y jouir des mêmes priviléges dont jouiſſent les François regnicoles.

Ces Lettres ne ſe refuſent jamais aux Etrangers qui en demandent: à peine témoignent-ils quelqu'inclination pour reſter en France, que le Prince les adopte & les aggrége au nombre de ſes Sujets: nous les voyons de notre part avec plaiſir partager tous nos avantages: chaque genre de mérite eſt ſûr de trouver en France, & les occaſions de ſe produire ſans envie, & des récompenſes proportionnées à ſon dégré d'utilité.

Les Lettres de Naturalité s'obtiennent en la Grande Chancellerie; elles doivent être vérifiées en la Chambre des Comptes; & il eſt d'uſage de les faire de plus enregiſtrer au Parlement, en la Chambre des Comptes, dans les Chambres des Domaines, & Bureaux des Finances (a).

On n'ordonne l'enregiſtrement des Let-

(a) Cependant un Arrêt du Conſeil du 12 Mars 1735, confirme les Ordonnances portant attribution à la Chambre des Comptes, privativement à toutes Cours, du droit d'enregiſtrer des Lettres de Naturalité.

La Chambre des Comptes a ordonné le dépôt de cet Arrêt du Conſeil en ſon Greffe, par un autre Arrêt du 27 Mai 1735; l'un & l'autre ſont imprimés, & ſe vendent chez Prault à Paris.

tres de Naturalité en la Chambre des Comptes, qu'après une information des vie & mœurs & catholicité de l'Impétrant. Mais quand ces Lettres sont accordées à des Protestans, avec dispense de faire preuve sur ce dernier article, on les enregistre sans beaucoup de difficulté. L'enregistrement de celles accordées au fameux Law, au Maréchal de Saxe, & à quelques Etrangers illustres, avec pareilles dispenses, a été ordonné sans la moindre résistance.

L'Etranger qui a obtenu des Lettres de Naturalité, peut posséder des Charges & des Bénéfices en France ; au lieu que sans ces Lettres, il en seroit incapable ; elles l'affranchissent aussi du droit d'Aubaine, auquel sa succession seroit sujette, s'il ne les eût obtenues : mais lorsqu'un Etranger veut être rendu capable de succéder à ses parens regnicoles, ou de recevoir des libéralités par donation entre-vifs, ou testamentaires, à l'exclusion d'un François, il doit faire enregistrer ses Lettres de Naturalité au Parlement. Il est à cet égard deux sortes d'intérêts bien différens, qu'il ne faut pas confondre ; celui du Roi & celui de ses Sujets.

L'intérêt du Roi est de succéder aux Etrangers qui meurent en France, dans les biens qu'ils y laissent : c'est à cet intérêt que le Roi renonce, quand il leur accorde des Lettres de Naturalité ; & leur enregistrement à la Chambre des Comptes & à la Chambre du Domaine, suffit pour l'exclure ; parce que ce sont ces Chambres qui sont chargées de l'intérêt particulier du Roi, & que l'enregistrement y tient lieu du droit que les Aubains devoient autrefois payer au Roi. V. *Etranger*.

Mais les François ont un autre intérêt qui n'est pas moins de conséquence pour l'Etat ; c'est de succéder à leurs parens, qui sont François naturels comme eux, & d'y succéder seuls, à l'exclusion de leurs parens étrangers.

L'intérêt de ces parens naturels François ne se discute & ne s'examine en dernier ressort, qu'au Parlement ; & la Cour ne connoît de Naturalisation complette & capable de mettre l'Etranger en état de concourir avec un François pour recueillir une succession, que celle dont les Lettres ont été enregistrées de son autorité comme les au-

tres Lettres du grand Sceau. C'est ainsi que s'en est expliqué feu M. l'Avocat Général Bignon, dans la célébre affaire du Duc de Mantoue.

» L'enregistrement en la Chambre des » Comptes & du Domaine ne se fait, dit » ce Magistrat, que parce qu'anciennement » il falloit payer une taxe considérable & » arbitraire pour obtenir ces Lettres : mais » l'effet de ces Lettres ne se détermine & » ne se déclare qu'en Parlement, pour l'ef- » fet des successions, & autres droits appar- » tenans aux Sujets du Roi «.

Ces principes ont été nouvellement adoptés par un Arrêt rendu le 4 Septemb. 1738, sur les Conclusions de M. l'Avocat Général Gilbert, dans l'affaire de Louis Flandio : le défaut d'enregistrement au Parlement de ses Lettres de Naturalité, lui a fait préférer, dans la succession de son frere, la veuve du défunt, comme ayant été saisie de la succession de son mari par la Loi *undè vir & uxor*, avant que Louis Flandio y eût droit. On a jugé que ses Lettres, quoiqu'antérieures au décès de son frere, n'avoient pû lui communiquer aucune capacité, faute d'enregistrement au Parlement.

Un sieur Tauxier, François de naissance, laissa par son testament à la dame de la Thuillerie, 250 liv. de rente perpétuelle, constituées sur les Aides & Gabelles de France, & 600 liv. de rente viagere.

La dame de la Thuillerie, qui étoit née à Liége, avoit obtenu délivrance de son legs en cause principale ; mais en cause d'appel, elle fut jugée incapable de profiter du legs en rente perpétuelle ; & la Cour lui adjugea le legs en rente viagere, par Arrêt rendu le 20 Décembre 1737.

La dame de la Thuillerie se prétendoit capable de recevoir un legs de rente sur la Ville, parce qu'elle se disoit fille d'un sieur Rousse, né en France ; mais le fait n'étoit pas prouvé. Elle ajoutoit que l'Edit de création des rentes sur la Ville qui lui étoient léguées, permettoit aux Etrangers de les acquérir, d'en disposer, & de les transmettre à leurs héritiers ; mais M. l'Avocat Général d'Aguesseau de Plimont, qui porta la parole dans cette affaire, remarqua que cet Edit, en permettant aux Etrangers d'acquérir des rentes, n'avoit pas permis aux regnicoles de les léguer aux Etrangers, & que le privilége accordé pour un cas, ne s'étendoit pas à un autre.

A l'égard de la rente viagere, M. l'Avocat Général obferva que plufieurs Arrêts avoient jugé des Etrangers capables de recevoir des legs de cette nature, pourvû que l'Etranger demeurât en France, & que le legs fût fait par forme de penfion alimentaire; mais que dans l'efpéce il ne paroiffoit pas que la rente viagere eût été léguée à la dame de la Thuillerie pour lui tenir lieu d'alimens, puifque le teftament n'en difoit rien, & qu'il n'y avoit aucune liaifon de famille entre le teftateur & la légataire. Par ces raifons, M. l'Avocat Général avoit conclu, à ce qu'en infirmant la Sentence, la dame de la Thuillerie fût déboutée de fa demande en délivrance de legs; mais la Cour ne la jugea incapable que relativement à la rente perpétuelle.

Les parens (regnicoles) de l'Etranger naturalifé, lui fuccédent quand ils demeurent dans le Royaume.

Les Etrangers naturalifés demeurans dans le Royaume, fuccédent auffi à leurs parens naturalifés, comme s'ils étoient originaires François. V. Bacquet, Traité de l'Aubaine; la Peyrere & Coquille.

L'Etranger naturalifé peut difpofer de fes biens par teftament; mais il faut qu'il en difpofe au profit de perfonnes capables, & fans fraude. Il ne peut les laiffer à fes parens étrangers; & s'il n'a point de parens regnicoles ou naturalifés qui puiffent lui fuccéder, fes biens appartiennent au Roi à titre d'Aubaine; parce qu'en accordant des Lettres de Naturalité aux Etrangers, le Roi ne renonce pas au droit d'Aubaine d'une maniere abfolue & indéfinie, mais feulement à l'effet d'habiliter l'Etranger à tranfmettre fa fucceffion à fes parens regnicoles, & à en difpofer en faveur des Sujets du Roi.

Ainfi lorfque l'Etranger n'a pas laiffé d'héritier regnicole, ou tefté, le droit d'aubaine reprend fa force : ce n'eft pas le cas de regarder les biens comme vacans; & les Seigneurs particuliers n'y peuvent rien prétendre au préjudice des droits du Roi.

C'eft d'après ces principes, que la fucceffion de l'Abbé Labifewki, Confeffeur de la Reine, naturalifé, & décédé ab inteftat,

a été déclarée appartenir au Roi à titre d'aubaine, par Arrêt du Confeil du 6 Août 1748. V. auffi les Inftitutions Coutumieres de Loyfel, liv. 1, art. 52; & Bacquet, chap. 26.

Les Etrangers dont le Pays eft conquis, font de droit réputés naturalifés, s'ils reftent fous la domination du Roi, fans qu'ils ayent befoin de Lettres: cette efpéce de Naturalifation ne s'efface même point, fi, lorfque par des Traités particuliers, les Pays conquis retournent à l'ancien Souverain, les habitans viennent fixer leur demeure en France.

Les Etrangers naturalifés doivent faire une réfidence conftante & permanente en France : s'ils n'y faifoient qu'une réfidence momentanée, & s'ils demeuroient tantôt dans un Pays, tantôt dans un autre, leurs Lettres de Naturalité feroient fans effet. V. à ce fujet une Déclaration du 21 Août 1718, contre les Génois; un Arrêt du Confeil du 21 Novembre fuivant, & une Déclaration du mois de Février 1720, regiftrée le 29 Avril fuivant, qui ordonne que les Etrangers naturalifés *ne pourront naviger fous pavillon François, ni recevoir des expéditions de l'Amirauté, s'ils n'ont fait une réfidence actuelle & continuelle dans les Ports ou autres lieux du Royaume .... pendant quatre années...*

Les Lettres de Naturalité font fujettes à infinuation: on peut voir fur cela l'Edit du mois de Décembre 1703; la Déclaration du 20 Mars 1708, & l'article 10 du Tarif du 21 Septembre 1722. Mais la négligence de remplir cette formalité, doit-elle fufpendre l'effet des Lettres de Naturalité, & rendre le naturalifé incapable de recueillir une fucceffion, quand fes Lettres ont été enregiftrées au Parlement, à la Chambre des Comptes & à la Chambre du Domaine; ou doit-on la regarder comme une formalité burfale, qui n'engendre qu'une amende envers le Fermier, fans opérer la nullité des Lettres?

Cette queftion s'eft préfentée au Parlement il y a quelques années: il s'agiffoit de la fucceffion d'un fieur Boulanger, mort à Paris le 13 Juin 1740, qui avoit inftitué pour légataire univerfel en partie, un Italien, nommé Borio.

Ce fieur Borio avoit obtenu des Lettres de Naturalité, qu'il avoit fait enregiftrer par-tout ; mais il avoit négligé de les faire insinuer. Ceux qui le soutenoient incapable à cause de cette négligence, disoient que l'insinuation avoit dû précéder l'enregistrement ; ils s'étoient même pourvus au Parlement, & avoient attaqué l'Arrêt d'enregistrement par la voie de l'opposition.

Le sieur Borio répondoit qu'on devoit regarder l'insinuation des Lettres de Naturalité comme une formalité bursale ; qu'il avoit fait insinuer ses Lettres depuis qu'on avoit attaqué l'Arrêt d'enregistrement, & qu'il importoit peu en quel temps le droit fût payé ; & sur les Conclusions de M. l'Avocat Général le Bret, Arrêt est intervenu le 18 Mars 1747, par lequel la Cour a ordonné l'exécution de l'Arrêt d'enregistrement des Lettres : ainsi elle a jugé que l'insinuation n'est point, en ce cas, une formalité rigoureuse, comme lorsqu'il s'agit d'une donation.

Une Déclaration du mois de Fév. 1720, a annullé & révoqué toutes Lettres de Naturalité accordées aux Etrangers faisant le commerce maritime, qui ont conservé leur domicile dans les Pays soumis aux Princes & Républiques dont ils étoient Sujets.

-NAUFRAGE.

V. *Assurances, Epaves, Mer & Navire.*

Tous les effets naufragés, quels qu'ils soient, & tout ce qui est échappé du Naufrage, sont sous la protection & sauve-garde du Roi.

A l'égard des cadavres trouvés sur le rivage, ou flottans sur la mer, ceux qui les trouvent, doivent les mettre en lieu d'où les flots ne les puissent emporter. l'Ordonnance de la Marine défend de les dépouiller & de les enfouir sous le sable : elle enjoint au contraire à toutes personnes d'avertir l'Amirauté de ces découvertes, & elle ordonne aux Curés d'inhumer les cadavres dans les cimetieres de leurs Paroisses, sous peine de saisie de leur temporel, pourvû qu'il soit reconnu que les personnes qui ont fait Naufrage, étoient de la Religion Catholique, Apostolique & Romaine. Voyez l'Ordonnance de la Marine, liv. 4, tit. 9, art. 34.

L'exécution de cette Loi, en ce qui concerne les Naufrages maritimes, est ordonnée par l'article premier d'une Déclaration du 15 Juin 1735, enregistrée le 31 Août suivant ; & l'article 2 veut que les propriétaires & intéressés aux bâtimens naufragés en pleine mer ou à la portée des côtes, *sans qu'il en reste aucun vestige permanent sur la surface des eaux. . . . soient tenus dans deux mois, à compter du jour de la nouvelle du Naufrage, de faire leur déclaration au Greffe de l'Amirauté du Ressort. . . . qu'ils entendent entreprendre le relevement du fond de la mer & le sauvement des bâtimens, &c. & d'y faire travailler dans le cours de six mois, du jour de la premiere nouvelle du Naufrage ; sinon, qu'ils demeureront déchus de tous droits de reclamation.*

A r t. III. *Voulons qu'après lesdits délais expirés, il soit loisible à ceux de nos Sujets auxquels nous en accorderons la permission par des Brevets qui seront expédiés par le Secrétaire d'Etat, ayant le Département de la Marine, & enregistrés au Greffe de l'Amirauté du Ressort, de faire construire les Vaisseaux & machines qu'ils jugeront à propos, à l'effet d'entreprendre le relevement & sauvement desd. bâtimens, marchandises & effets naufragés, lesquels bâtimens, marchandises & effets ainsi tirés du fond de la mer & sauvés, leur appartiendront en toute propriété, à l'exception toutefois d'un dixiéme pour Nous, & de pareille dixiéme pour l'Amiral, qui seront prélevés sur le total de ce qui sera sauvé, Nous réservant néantmoins la liberté de gratifier lesdits entrepreneurs de partie ou du total de notre dixiéme, selon les circonstances du sauvement, par des Brevets qui seront pareillement expédiés par le Secrétaire d'Etat, ayant le Département de la Marine, & enregistrés au Greffe de l'Amirauté, sans aucune autre formalité.*

IV. *Ordonnons qu'il sera établi sur les bâtimens destinés auxdites entreprises, un Ecrivain qui sera tenu de faire un Inventaire exact & fidéle des choses qui seront sauvées & tirées du fond de la mer, lequel Inventaire sera signé, tant par le Capitaine ou maître & autres principaux Officiers, que par ledit Ecrivain, dont sera remis un double au Greffe de l'Amirauté, pour sur ledit Inventaire, ainsi que sur les rapports & vérifications qui seront faits au retour, être procédé par les Officiers de l'Amirauté à la vente &*

aux liquidations desdits effets , ainsi & en la forme prescrite par les Ordonnances de 1681 & 1684.

V. *Voulons qu'en cas de contestation entre les propriétaires & intéressés , tant aux bâtimens & machines destinés auxdites entreprises , que sur le partage du produit des effets tirés du fond de la mer & sauvés , ensemble sur la liquidation d'iceux , circonstances & dépendances , elles soient jugées par les Officiers de l'Amirauté , dans le ressort de laquelle l'armement aura été fait , & que les Sentences qui seront par eux rendues , soient exécutées par provision , nonobstant les appellations qui en pourront être interjettées , & que les appellans seront tenus de mettre en état d'être jugées dans l'année ; sinon , & à faute de ce faire dans ledit temps , & icelui passé , lesdites Sentences sortiront leur plein & entier effet.* Voyez aussi l'Arrêt du 4 Août 1745, portant Réglement pour le Diocèse de Boulogne.

La Loi *Rhodia , de Jactu,* que les Romains ont prise des Rhodiens , porte que , si dans le danger d'un Naufrage , il est nécessaire de jetter des marchandises à la mer, pour éviter la perte du Vaisseau , tous ceux dont les marchandises auront été conservées , seront tenus de réparer (par contribution) la perte de celles jettées à la mer , suivant l'estimation qui en sera faite , eu égard au prix qu'elles ont été achetées, & non sur le pied qu'on les auroit pû vendre ; au lieu que les marchandises conservées s'estimeront sur le pied qu'elles seront vendues, sans considérer ce qu'elles ont été achetées. Nous avons aussi adopté cette Loi. Voyez Brodeau , sur M. Louet, lettre R , n°. 27.

Ce même Auteur dit qu'il faut distinguer le danger du Naufrage , d'avec les vols & les déprédations des Pirates ; & qu'en ce dernier cas, celui dont les marchandises ont été volées , n'a aucune action contre les propriétaires de celles qui ont été conservées.

Lorsque les *Bateaux chargés de marchandises pour la provision de Paris , font Naufrage par fortune de temps , le voiturier est reçu , dans les trois jours , à faire abandonnement de son Bateau & ustenciles ; quoi faisant , il ne peut être plus avant poursuivi pour la perte de la marchandise.*

Mais si le *Naufrage arrivé par le fait & faute du voiturier , ou si , depuis le Naufrage , il a disposé, à son profit particulier , de son Bateau & ustenciles ; en ce cas le voiturier est tenu de toutes pertes,* &c. Voyez l'article 7 du chap. 2 de l'Ordonnance pour la Ville de Paris de l'année 1672.

NAVIRE,
V. *Amiral, Mer & Naufrage.*

Aucun Navire François ne peut sortir des Ports du Royaume, pour aller en mer , sans congé de l'Amiral, enregistré au Greffe de l'Amirauté du lieu de son départ , à peine de confiscation.

Les Navires & autres bâtimens de mer sont réputés meubles ; ils ne sont point sujets au retrait lignager , & ne donnent ouverture à aucuns droits Seigneuriaux , quand ils sont vendus ; cependant ils sont susceptibles de créances privilégiées , & ils peuvent être hypothéqués ; on peut même les vendre par décret , quand leur port est audessus de dix tonneaux , en observant des formalités particulieres à cette espéce de décret, prescrites par l'Ordonnance de la Marine.

L'hypothéque qu'ont les créanciers sur un Navire, n'est pas purgée par la vente volontaire qu'en a pû faire le propriétaire. Leurs droits sont conservés jusqu'à ce que le Navire ait fait un voyage en mer , sous le nom & aux risques du nouvel acquéreur ; mais la vente par décret purge de tout. V. l'Ordonnance de la Marine , titre des Navires , article 2 ; & l'Arrêt du Parlement de Bretagne , du 21 Août 1728, rapporté au Journal de ce Parlement , tome premier , chap. 16.

La vente du Navire étant faite en voyage ou sous seing-privé , ne peut préjudicier aux créanciers du vendeur. Sur tout cela voyez l'Ordonnance de la Marine , & le Traité des Hypothéques , par Basnage.

NÉCESSITÉ-JURÉE,
V. *Avitins* (Biens).

Plusieurs de nos Coutumes, telles que celles d'Artois, de Saint Pol de Furnes, de Montreuil, de Ponthieu, de Boulogne, & autres des Pays-Bas , ont voulu que les biens propres passassent d'héritier en héritier,

tier, par une forte de fubftitution légale & perpétuelle. A cet effet, elles ont défendu à ceux qui poffédent des biens de cette nature, d'en donner plus que la portion qu'elles fixent, foit par teftament, foit par donation entre-vifs : elles ont même défendu de les vendre, fi ce n'eft avec le confentement de l'héritier apparent, ou dans le cas d'une *Néceffité-jurée par le vendeur, & fuffifamment prouvée par deux témoins dignes de crédence.* Voyez l'article 76 de la Coutume générale d'Artois; l'article 19 de celle de Ponthieu, &c.

On peut néantmoins encore vendre fes propres en Artois, en employant le prix des héritages vendus en acquifition d'autres *héritages de pareille nature & valeur*, & en impofant la condition dans l'emploi que les nouveaux héritages *fortiront la même cotte & ligne, comme l'héritage vendu.*

M. Pollet, qui a recueilli quelques Arrêts du Parlement de Flandres, où il étoit Confeiller, dit auffi que dans la Flandre Flamande, on ne peut valablement aliéner les Fiefs, fans le confentement de l'héritier apparent, à moins qu'on ne le faffe par pauvreté, affirmée par ferment, ou qu'on jure d'employer le prix en héritages de même nature, & que l'héritier féodal eft reçu à débattre l'aliénation du Fief, faite par ferment de pauvreté, & à la faire déclarer nulle, s'il peut faire voir qu'elle a été faite en fraude; fur quoi il cite un Arrêt du mois de Décembre 1670, rendu entre les nommés Bugnies.

La Néceffité qu'exigent les Coutumes, pour la validité des contrats de vente des héritages propres, ne s'entend pas d'une Néceffité phyfique. On s'eft toujours contenté d'une Néceffité morale. On a cru qu'il fuffifoit qu'une perfonne eût befoin d'emprunter; on a même penfé qu'il fuffifoit de l'utilité ou de la commodité du poffeffeur, pour que la vente fût valable. V. le Commentaire de Maillard, fur l'article 76 de la Coutume d'Artois.

Toutes les Coutumes qui permettent la vente des propres par Néceffité-jurée, fe rapportent fur cette Néceffité au ferment du vendeur, atteftée par deux témoins; & on ne permet pas à fon héritier de faire une preuve contraire par témoins, parce qu'il ne doit pas être permis à l'héritier de chercher à convaincre fon auteur d'avoir fait un faux ferment, & d'avoir engagé deux autres perfonnes au même crime. (Voyez l'Arrêt du 23 Mai 1640, rapporté dans une note de Brodeau, fur l'article 126 de la Coutume de Boulogne, au Coutumier général de Richebourg. V. auffi l'Arrêt rapporté par le même Richebourg, fur l'art. 19 de la Coutume de Ponthieu.)

D'ailleurs, les Coutumes donnent à la Néceffité-jurée par le vendeur, & affirmée par deux témoins, le même effet qu'au confentement de l'héritier apparent; elles ont d'ailleurs fuppofé que la crainte de faire un faux ferment, retiendroit le vendeur, s'il n'étoit pas dans une Néceffité au moins morale de vendre; & enfin, dès que le ferment déféré, foit par le Juge, foit par la Loi, a été fait, il eft décifif, & il ne peut plus être queftion de prouver qu'il eft faux; c'eft à Dieu feul auquel il eft réfervé de punir en ce cas.

C'eft d'après ces principes que, par Arrêt rendu au Grand-Confeil de Malines, au mois de Juin 1625, l'exécution du contrat de vente de la Baronie de Rhodes, fituée au Pays de Waes en Flandres, faite par Néceffité-jurée par Henri IV à Rodrigues d'Evora, fut ordonnée nonobftant la preuve de la non Néceffité offerte par Louis XIII, qui offroit auffi de rendre le prix de la vente (a). Cependant voyez Chrifteneau, à qui Maillard renvoye pour ces Arrêts.

Trois Arrêts plus modernes ont jugé de même fur les mêmes principes.

Le premier a été rendu en la troifiéme Chambre des Enquêtes, au rapport de M. de la Michodiere, le 10 Mai 1738. Dans cette efpéce, la Comteffe de Boufies, octogénaire & moribonde, avoit vendu avec Néceffité-jurée & affirmée par deux témoins pour environ 100000 liv. de fes propres fitués en Artois, au Marquis d'Aouft, qu'elle avoit déja inftitué légataire univer-

(a) La même vente a depuis été confirmée par Arrêt du Confeil-Privé du Roi, du 16 Février 1694, nonobftant la preuve requife par le Procureur Général, de la Commiffion qu'Henri IV n'avoit aucun befoin de vendre les biens de la Maifon de Vendôme, qu'il avoit vendus en 1602, 1603 & 1605, par Néceffité-jurée.

fei, par un teftament antérieur d'un an à la vente. Elle mourut peu après le contrat. Le prix de la vente fe trouva en entier dans fa fucceffion, & la Dame de Mouchy, fon héritiere patrimoniale, le demanda, fous prétexte que la vente avoit été faite fans aucune Néceffité; l'exiftence du prix qui fe trouvoit, en étoit une preuve; il étoit d'ailleurs certain qu'au temps de la vente, la Dame de Boufies, qui jouiffoit de plus de 15000 liv. de rente, n'avoit que 2000 liv. de dettes exigibles.

Le légataire, qui étoit en même-temps acquéreur, expofoit que la Coutume n'admettant aucune preuve contraire au ferment du vendeur, & fe contentant de fa déclaration jurée & atteftée par deux témoins, on devoit plutôt croire cette déclaration, que réputer le vendeur parjure, pour fatisfaire l'avidité de fon héritier.

Le Confeil d'Artois avoit adjugé le prix des propres à la Dame de Mouchy qui les demandoit; mais la Sentence a été infirmée par l'Arrêt fufdit du 10 Mai 1738, & en conféquence, la Dame de Mouchy déboutée de fa demande.

Le fecond a été rendu en la Grand-Chambre, au rapport de M. Severt, le 20 Août 1749. Dans cette efpéce, Magdelaine le Grand, qui, par fon teftament du 15 Octobre 1744, avoit inftitué la demoifelle Fontaine fa niéce, (avec laquelle elle avoit prefque toujours demeuré,) fa légataire univerfelle, lui avoit vendu, le 16 Novembre 1747, cent-trente journaux de terres (propres à la venderefse) fitués en Ponthieu, moyennant 15000 liv.; le contrat portoit quittance de 10000 liv., & il ne s'en étoit trouvé qu'environ moitié dans la fucceffion de la venderefse, morte quatre jours après la vente.

La demoifelle Patte, fœur aînée, & par conféquent héritiere de Madeleine le Grand, demanda que la vente fut déclarée nulle. Elle difoit que la vente étoit fimulée, que c'étoit une donation faite in extremis, en fraude de la Loi, & déguifée fous le nom de vente par Néceffité-jurée. Elle articuloit & offroit de prouver que la venderefse n'é-

toit pas dans la Néceffité; on lui répondoit que le contrat étoit revêtu des formalités prefcrites par l'article 19 de la Coutume de Ponthieu, & que par conféquent, elle étoit non-recevable à l'attaquer. Ce moyen a déterminé la Cour, par le fufdit Arrêt du 20 Août 1749, à infirmer la Sentence par défaut de la Sénéchauffée de Ponthieu, & à ordonner l'exécution du contrat de vente (a).

Le troifiéme a été rendu en la feconde Chambre des Enquêtes, au rapport de M. de la Guillaumie, le Vend. 17 Août 1759. Dans cette efpéce, François Spiridion de Louvencourt, qui, par un teftament du 2 Septembre 1730, avoit légué tout ce que la Coutume lui permettoit de donner des biens fitués en Ponthieu, à Jacques de Louvencourt fon neveu, auquel il avoit depuis fait donation entre-vifs, le 29 Mars 1731, d'une portion de la Terre d'Inval, fituée dans la Coutume d'Amiens, avec réferve d'ufufruit, vendit le 22 Janvier 1732, à Anne Romanet, mere de Jacques de Louvencourt, pour Néceffité-jurée & affirmée, les portions de la même Terre d'Inval, fituées en Ponthieu & en Normandie, moyennant 12000 liv. au par-deffus duquel prix il fe réferva la jouiffance de la Terre.

Le fieur François Spiridion de Louvencourt décéda le 2 Octobre 1740, laiffant une fœur & des neveux, fils de fon frere.

Anne Romanet, en mariant Jacques de Louvencourt, le 9 Janvier 1741, lui fit donation entre-vifs, du confentement de fes puînés, des portions de la Terre d'Inval, fituées en Normandie & en Ponthieu, qu'elle avoit acquifes de François Spiridion, &c.

Le 8 Avril 1745, Jeanne-Henriette-Agathe de Louvencourt de Bouillancourt, fœur de François Spiridion, & fa feule héritiere des propres fitués en Ponthieu, à l'exclufion de fes neveux, (parce qu'en Ponthieu, la repréfentation n'a lieu dans aucun cas) obtint, ce qu'on appelle en Ponthieu, mife de fait; en conféquence de quoi elle prit poffeffion réelle de la Terre d'Inval, dont elle demanda les revenus au Fermier,

---

(a) La Demoifelle Fontaine mourut peu de temps après cet Arrêt; & par fon teftament, elle légua à fa fœur par *précipus, hors part & par forme de reftitution,* les biens fitués dans la Coutume de Ponthieu qu'elle avoit acquis de la tante commune, & qui avoient fait la matiere du Procès.

depuis le décès de François Spiridion, pour ce qui étoit situé en Ponthieu.

Le sieur de Louvencourt intervint, prit le fait & cause du Fermier, & forma opposition à la mise de fait, & en demanda main-levée.

La dame de Bouillancourt & après elle son fils, soutinrent que le contrat du 22 Janvier 1732, contenoit une libéralité défendue par la Coutume, & déguisée sous le nom de vente, pour satisfaire sa prédilection en faveur du sieur de Louvencourt son neveu. On argumentoit des actes de 1730, 1731, & de la vente, pour prouver que la dame de Bouillancourt n'étoit qu'une personne interposée, pour faire passer à son fils la totalité des biens qui n'avoient pû lui être légués. On disoit que dans les matieres disposées à la fraude, la proximité des actes & leur multiplicité prouvoient le concert & la fraude, & on ajoutoit qu'il n'y avoit eu aucune nécessité de vendre; que le vendeur avoit fait un faux serment, &c.

Le sieur de Louvencourt répondoit que le contrat de vente, étant revêtu des solemnités de Nécessité-jurée & affirmée prescrites par la Coutume, il ne pouvoit pas être nul. Malgré la solidité de cette défense, les Juges de la Sénéchaussée de Ponthieu avoient déclaré la vente nulle pour les quatre quints de la Terre d'Inval, dont la Coutume défend de disposer; mais, par l'Arrêt susdit du 17 Août 1759, cette Sentence fut infirmée & l'exécution du contrat ordonnée.

Cependant, comme le serment de Nécessité-jurée ne doit pas prévaloir sur la vérité, si la simulation ou la fraude est prouvée, il n'y a point de doute qu'en ce cas la vente est nulle; mais la fraude & la simulation, suivant le témoignage de Brodeau, en rapportant l'Arrêt du 23 Mai 1640, que j'ai ci-devant indiqué, ne se peuvent vérifier » que par écrit & non par témoins, qui » ne peuvent déposer contre le contrat, » quand même les deux témoins, qui ont » déposé en icelui, déposeroient au con- » traire. «

L'Arrêt du mois de Décemb. 1670, cité par M. Pollet, & dont j'ai ci-devant parlé, est aussi intervenu dans le cas d'une preuve par écrit.

Comme la Coutume de Ponthieu n'exige point, d'une maniere expresse, le serment des témoins qui attestent la Nécessité que jure le vendeur, il n'étoit pas d'usage autrefois que les témoins la jurassent avec lui. Les Notaires Royaux de la Sénéchaussée de Ponthieu l'avoient attesté par un certificat en forme d'Acte de Notoriété, donné le 2 Août 1734 (a). Cependant, comme le sieur Petit avoit seul juré la Nécessité où il étoit de vendre des biens situés en Ponthieu, sans que les témoins l'eussent aussi jurée, & peut-être par quelques circonstances qui faisoient présumer une fraude à la Loi; la Cour, par Arrêt rendu le 3 Septembre 1734, en la premiere Chambre des Enquêtes, au rapport de M. Thomé, a déclaré la vente nulle jusqu'à concurrence des quatre quints.

Le 27 Juin 1758, la Cour, par un autre Arrêt rendu en la troisiéme Chambre des Enquêtes, au rapport de M. de Gars de Freminville, après des opinions très-débattues, a encore déclaré nulle & simulée la vente du Comté de Belleforiere, & autres Terres situées en Artois, faite le 9 Novembre 1750, par le Comte de Belleforiere, dernier mâle de cette Maison, aux sieur & dame de Sainte Aldegonde, avec expression de Nécessité-jurée, attestée par deux témoins; parce qu'il étoit prouvé que la vente n'étoit nullement nécessaire; qu'elle étoit faite en haine de la Comtesse de Morvilliers, héritiere du vendeur, dans la vûe de gratifier les sieur & dame de Sainte Aldegonde. On s'est pourvu en cassation contre ces Arrêts; mais le Conseil a rejetté la Requête.

Enfin, il est intervenu un dernier Arrêt en la Grand'Chambre, pour la Coutume de Boulogne, au rapport de M. l'Abbé Terray, le 28 Août 1758, par lequel une vente faite par Nécessité que le vendeur avoit assurée, & qui avoit été certifiée véritable

(a) Ces mêmes Notaires ont aussi attesté, le 5 Avril 1756, que les majeurs Coutumiers en Ponthieu, c'est-à-dire, les garçons âgés de quinze ans, sont capables d'attester & servir de témoins dans les ventes par Nécessité-ju- rée, & que plusieurs en ont servi; mais si tel est l'usage, il ne vaut rien. De pareils témoins doivent avoir au moins l'âge requis pour être témoins instrumentaires des Actes. Voyez *Notaires* & *Témoins*.

par deux témoins, a auſſi été déclarée nulle & de nul effet, comme feinte & ſimulée, & faite au mépris de la Loi.

Dans toutes ces eſpèces, la fraude & la ſimulation étoient prouvées par écrit, ou fondées ſur des préſomptions que les Juriſconſultes ont appellé *juris & de jure*, & aucun des héritiers qui ont attaqué les ventes, n'ont paſſé à l'inſcription de faux.

Quand les ventes des propres ſont jugées ſérieuſes, mais faites ſans Néceſſité, on les déclare nulles, & on condamne les acquéreurs à s'en déſiſter au profit de l'héritier des propres, avec reſtitution de fruits. On ne condamne pas en ce cas cet héritier à en rendre le prix ; on accorde ſeulement pour cela à l'acquéreur un recours contre l'héritier mobilier du vendeur. C'eſt encore ce qu'a jugé l'Arrêt de 1670, déja cité ; & un autre Arrêt du 2 Août 1741, a jugé de même.

NEGRES.
Voyez *Colonies* & *Mineurs*.

Nous ne connoiſſons point d'eſclaves en France ; tous les hommes y ſont libres : c'eſt une vérité à laquelle Bodin a rendu hommage dans ſon Traité de la République, liv. 1, chap. 5 ; & ſur laquelle on peut auſſi conſulter le Deutéronome, chap. 23, verſ. 15 & 16 ; l'Edit de Louis X, ſurnommé Hutin, de l'an 1315, qu'on trouve dans les Ordonnances du Louvre ; les Inſtitutions Coutumieres de Loyſel, liv. 1, art. 6 ; mais le bien de l'Etat a exigé qu'on établît d'autres maximes dans les Colonies Françoiſes de l'Amérique Méridionale, & de l'Afrique.

Nos Rois ont permis d'acheter & de poſſéder des Eſclaves Negres dans ces Pays. Ils ont même donné des Loix qui fixent les droits des Maîtres ſur les Eſclaves, & qui preſcrivent la maniere de les acheter, de les vendre, de les punir, de les affranchir, &c.

La premiere Loi que je connoiſſe ſur cette matiere, eſt un Edit du mois d'Avril 1615 ; l'exécution en a été ordonnée par un autre Edit du mois de Mars 1685, regiſtré au Conſeil Souverain de Saint-Domingue, le 6 Mai 1687. Il ne l'a point été au Parlement.

Ce ſecond Edit ſert auſſi de Réglement *pour la Police des Iſles de l'Amérique Françoiſe*. Il eſt connu ſous le nom de Code noir : L'étendue de ſes diſpoſitions ne me permettant pas de les rapporter ici en entier, voici celles qui m'ont paru les plus importantes.

Tous les Négres doivent être inſtruits dans la Religion Catholique ; & les Habitans, qui en achetent de nouveaux arrivés, ſont tenus, à peine d'amende arbitraire, d'en inſtruire le Gouverneur & l'Intendant, dans huitaine au plûtard, afin qu'ils puiſſent donner les ordres néceſſaires pour l'inſtruction & le Baptême des Negres, &c. (art. 2.)

Les hommes libres, qui ont des enfans de leur concubinage avec des Eſclaves, enſemble les Maîtres qui l'ont ſouffert, doivent être condamnés en une amende de 2000 livres de ſucre ; & s'ils ſont les Maîtres de l'Eſclave, dont ils ont eu un ou pluſieurs enfans, l'Eſclave & les enfans ſont en outre confiſqués au profit de l'Hôpital, ſans jamais pouvoir être affranchis ; cependant, ſi l'homme qui a vécu en mauvais commerce avec ſon Eſclave, n'étoit pas alors marié, il peut l'épouſer dans les formes preſcrites par l'Egliſe ; & par ce mariage, l'Eſclave & les enfans ſont affranchis. (art. 9.)

Les ſolemnités preſcrites pour les mariages en France, par l'Ordonnance de Blois, & par la Déclaration du mois de Novembre 1639, doivent être obſervées par les perſonnes libres & par les Eſclaves ; cependant le conſentement des pere & mere de l'Eſclave n'eſt pas néceſſaire, celui du Maître ſuffit ſeul. (art. 10.)

Les enfans qui naiſſent de mariage, entre Eſclaves, ſont Eſclaves, & appartiennent au Maître de la femme Eſclave, & non au Maître du mari, ſuppoſé que le mari & la femme Eſclaves ayent des Maîtres différens. (art. 12.)

Si le mari Eſclave épouſe une femme libre, les enfans mâles & femelles ſont libres comme leur mere ; & ſi le mari eſt libre, & la femme Eſclave, les enfans ſont Eſclaves. (art. 13.)

Les Eſclaves ne peuvent, ni s'attrouper, ni porter aucune arme offenſive, pas même de *gros bâtons*, (art. 15 & 16.)

Les Maîtres des Esclaves sont tenus de fournir aux Esclaves la nourriture & les vêtemens réglés par les articles 22 & 26. Ils ne peuvent leur donner de l'eau-de-vie pour tenir lieu de cette nourriture, ni se décharger de leur subsistance, en leur permettant de travailler certain jour de la semaine, pour leur compte particulier. (art. 23 & 24.)

Les Esclaves infirmes doivent être nourris & entretenus par leurs Maîtres, sinon ils sont adjugés à l'Hôpital, auquel le Maître doit être condamné de payer la nourriture, &c. (art. 27.)

Les Esclaves ne peuvent rien avoir qui ne soit à leur Maître. Ils ne peuvent être pourvus d'Offices ou Commissions, ayant des fonctions publiques; ils ne peuvent ester en Jugement, ni même être témoins, soit en matiere civile ou criminelle; & s'ils sont entendus, leur témoignage ne sert que de mémoire pour aider les Juges à s'éclaircir d'ailleurs (a); mais ils peuvent être poursuivis criminellement, sans qu'il soit besoin de rendre leur Maître Partie, si ce n'est dans le cas de complicité. (art. 30, 31 & 32.)

Les Maîtres, en cas de vol ou autrement, sont civilement garans du dommage causé par leurs Esclaves, si mieux ils n'aiment abandonner l'Esclave à celui qui a souffert le dommage. (art. 37.)

L'Esclave fugitif est puni différemment, en cas de récidive.

Pour la premiere fois, il a les oreilles coupées, & il est marqué d'une fleur-de-lys sur une épaule.

Pour la deuxiéme fois, il a le jarrêt coupé, & il est en outre marqué d'une fleur-de-lys sur l'autre épaule.

Pour la troisiéme fois, il est puni de mort. (art. 38.)

Les Maîtres peuvent faire enchaîner leurs Esclaves qui l'ont mérité, & les faire battre de verges & de cordes; mais ils ne peuvent leur faire donner la torture, ni les faire mutiler, à peine de confiscation. Ils ne peuvent pas non plus les tuer, sans s'exposer à des poursuites & à des peines *proportionnées*

à l'atrocité des circonstances; cependant, lorsqu'un Esclave est tué par son Maître, ou par celui qui le commande, si les Juges décident qu'il y a lieu à l'absolution, ni le Maître ni le Commandeur n'ont besoin de Lettres de grace. (art. 43.)

Les Esclaves sont réputés meubles. Ils ne sont point susceptibles d'hypothéque, ni sujets au retrait; mais ils peuvent être stipulés propres de côté & ligne, comme les autres choses mobiliaires. (art. 44 & 45.)

(Les mineurs émancipés ne peuvent cependant vendre & disposer de leurs Negres, comme de leurs autres effets mobiliers, cette aliénation ne leur est permise qu'à l'âge de 25 ans. Voyez l'article 11 de la Déclaration du premier Février 1743, & l'Acte de Notoriété du Châtelet du 13 Novembre 1705.)

Quand des Negres sont saisis par un créancier du Maître, on ne peut vendre séparément le mari, la femme & les enfans impuberes, appartenans au même Maître : cela doit aussi s'observer dans les ventes volontaires. (art. 47.)

Les enfans Esclaves, institués légataires universels par leurs Maîtres, ou nommés exécuteurs testamentaires, ou tuteurs de leurs enfans, sont réputés affranchis. (article 56.)

L'affranchissement d'un Esclave lui tient lieu de naissance dans nos Colonies : il n'a pas besoin de Lettres de Naturalité, quoiqu'il soit né en Pays étranger, & il jouit en conséquence de tous les priviléges des Regnicoles.

Il y a un autre Edit du mois de Mars 1724, qui sert de Réglement pour l'administration de la Justice, Police, discipline, & le commerce des Esclaves Negres dans la Colonie de la Louisiane.

On le nomme aussi le Code noir; & ses dispositions ne different qu'en très-peu de choses de celles de l'Edit du mois de Mars 1685, pour les Isles.

Ces Réglemens n'ont pour objet que la police locale de nos Colonies, & le droit des Maîtres qui y résident, sur leurs Esclaves Negres; mais comme les habitans de

---

(a) Voyez cependant l'article 24 de l'Edit du mois de Mars 1724, dont je parlerai ci-après. Il porte que les Negres pourront être entendus, quand ils seront témoins nécessaires, à défaut des Blancs; mais qu'ils ne pourront, en aucun cas, servir de témoins pour ou contre leurs Maîtres.

ces Pays amenent, ou envoyent fouvent des Negres en France, où par un long ufage, qui a force de Loi, les Efclaves deviennent libres dès qu'ils ont le bonheur d'y entrer, il a fallu une Loi précife pour conferver aux Maîtres leur droit fur les Efclaves Negres qui viennent en France; & c'eft dans cette vûe qu'a été donné l'Edit du mois d'Octobre 1716, contenant quinze articles. Il a été regifté au Parlement de Befançon, le 24 Novembre fuivant. On le retrouve dans le Recueil de ce Parlement, tome 5, page 83.

Cet Edit a été interprété par une Déclaration du 15 Décembre 1738, qui en a même abrogé plufieurs difpofitions: voici en fubftance ce que contiennent les articles qui fubfiftent, & dont l'exécution a été ordonnée par la Déclaration de 1738. (a)

L'art. 6 défend à toutes perfonnes d'enlever ni fouftraire en France les Efclaves Negres de la puiffance de leur Maître, à peine de répondre de la valeur de l'Efclave, & de 1000 liv. d'amende.

L'article 8 veut que *tout ce que les Efclaves acquerront en France pendant leur féjour, appartienne aux Maîtres, à la charge de les nourrir.*

Lorfque les *Maîtres* qui ont *amené* ou *envoyé* des Efclaves Negres en France, viennent à décéder, *les Efclaves* reftent *fous la puiffance des héritiers du Maître, lefquels font obligés de les renvoyer dans les Colonies, pour être partagés avec les autres biens de la fucceffion,* (art. 9.)

Quand les *Efclaves* Negres décédent *en France, leur pécule, s'il s'en trouve, appartient à leur Maître.*

Les Efclaves ne peuvent *être ni vendus ni échangés en France;* ils ne peuvent pas même y être faifis par les Créanciers du Maître.

Ils ne peuvent non plus *efter en Jugement en France en matiere civile, fi ce n'eft fous l'autorité de leur Maître.*

Les Habitans de nos Colonies, qui vien-

nent s'établir en France, doivent renvoyer leurs Negres à la Colonie, dans l'année du jour qu'ils ont ceffé d'être Colons. Voyez fur cela les articles 10, 11, 12, 13 & 14.

A l'égard de la Déclaration du 15 Décembre 1738, elle porte que ceux des Habitans des Colonies, qui *envoyeront ou ameneront des Efclaves Negres en France, feront tenus* (pour en conferver la propriété,) *d'en obtenir la permiffion des Gouverneurs Généraux,* ou Commandans dans chaque Ifle, & de faire regiftrer cette permiffion, tant au Greffe de l'Amirauté de leur réfidence, qu'en celui de l'Amirauté du lieu de leur débarquement, dans la huitaine de leur arrivée, (art. 1.)

Quand les Negres font amenés à Paris, ces permiffions doivent être regiftrées au Siége de la Table de Marbre; & s'ils font menés ou envoyés dans les Provinces, la permiffion doit être regiftrée au Greffe de l'Amirauté du lieu ou de l'Intendance, (art. 3.)

Les Negres de l'un & de l'autre fexe, pour lefquelles ces précautions ont été prifes, reftent fous la puiffance de leur Maître, & font tenus de retourner aux Colonies, quand il le juge à propos; mais fi le Maître n'obferve pas ces formalités, les Efclaves font confifqués au profit du Roi, pour être renvoyés aux Colonies, (art. 4.)

Les Officiers des Colonies, qui paffent en France avec des congés, & qui y amenent des Negres pour les fervir, ne peuvent les retenir que pendant le temps limité par le congé; après quoi, s'ils ne font pas renvoyés, ils font confifqués au profit du Roi. . . . (art. 5.)

Les Habitans qui envoyent des Negres en France, pour leur faire apprendre quelque métier, ne peuvent les y tenir que trois ans, qui courent du jour du débarquement. Après ce temps, fi les Efclaves ne font point renvoyés, ils font auffi confifqués au profit du Roi, (art. 6.)

(a) L'Edit de 1716, & la Déclaration de 1738, ne paroiffent pas avoir été enregiftrés au Parlement de Paris; je crois même qu'ils n'y ont jamais été préfentés, parce qu'on les a confidérés comme contraires au Droit commun du Royaume, fuivant lequel tout homme eft libre, dès qu'il habite dans les Pays foumis à nos Rois.

Les exemplaires de ces Edits que j'ai fous les yeux, font mention; fçavoir, l'Edit de 1716, d'un enregiftrement

au Parlement de Dijon, & la Déclaration de 1738, de l'enregiftrement au Parlement de Rennes. Je crois qu'elle a auffi été enregiftrée au Parlement d'Aix. L'imprimé de cet Edit qui fe trouve à l'ordre de fa date dans le Code de Louis XV, porte qu'il a été regiftré dans tous les Parlemens & Confeils Supérieurs, excepté Paris.

L'Edit du mois d'Octobre 1716 a auffi été regiftré au Parlement de Grenoble, le premier Décembre fuivant.

Ceux des Habitans qui viennent s'établir dans le Royaume, ne peuvent y garder des Esclaves, quand même ils n'auroient pas vendu leurs habitations dans les Colonies, à peine de confiscation : ils peuvent seulement, en observant la formalité de la permission & de l'enregistrement, faire passer quelques Negres attachés à leurs habitations, pour leur faire apprendre quelque métier, &c. (art. 7.)

Indépendamment de la confiscation des Negres, qui ne sont pas renvoyés par les Maîtres dans le temps ; & , comme je viens de le dire, les Maîtres encourent encore une amende de 1000 liv. pour chaque Negre qui n'est pas renvoyé, (art. 8.)

Les Esclaves Negres ne peuvent se marier en France, même avec le consentement de leur Maître, (art. 10.)

Les Maîtres ne peuvent affranchir leurs Esclaves Negres, qui sont en France, que par testament ; & l'affranchissement ainsi fait, n'a même lieu que quand le Maître décéde avant l'expiration des délais dans lesquels les Negres Esclaves doivent être renvoyés dans les Colonies, (art. 11.)

Un nommé Francisque, Negre, né à Pondichery, y fut acheté, n'étant âgé que de huit ans, par le sieur Brignon, qui le fit passer en France à Saint-Malo, où il le joignit un an ou deux après, & l'emmena ensuite à Paris.

Francisque, qui étoit en France depuis dix ans, quitta le sieur Brignon, contre le gré de celui-ci, sous prétexte de mauvais traitemens, & alla servir ailleurs en qualité de domestique : bientôt après il fut arrêté & conduit à Bicêtre, de l'ordre du Roi, d'où il fut transféré à la Conciergerie.

Alors Francisque fit assigner le sieur Brignon en l'Amirauté, & demanda que, conformément aux Loix du Royaume, il fût déclaré libre de l'esclavage où il étoit, avant d'arriver en France.

La défense du sieur Brignon fut qu'il avoit rempli les formalités prescrites par le Code noir, pour la conservation des droits des Patrons sur leurs Esclaves ; qu'il avoit fait & réitéré ses déclarations au Greffe de l'Amirauté de Saint-Malo ; qu'il offroit de renvoyer Francisque dans nos Colonies, &c.

Francisque répondoit que le Code noir n'étoit pas registré au Parlement, & qu'on ne pouvoit pas en argumenter dans son ressort ; que les dispositions de ce Code ne concernent que les Américains & les Africains, & non les Negres de l'Indostan, qui sont des peuples libres ; que d'ailleurs le sieur Brignon n'avoit pas satisfait aux Réglemens prescrits pour les Esclaves Negres, puisqu'il l'avoit amené en France, sans permission du Gouverneur du lieu du départ, comme le prescrivoient les articles 1, 2, 3 & 4 de la Déclaration de 1738 ; qu'il n'avoit pas fait de déclaration au Siége de la Table de Marbre à Paris, en conformité de cette même Déclaration ; qu'enfin le Sr Brignon n'étoit pas habitant des Colonies ; que par conséquent il ne pouvoit, demeurant en France depuis dix ans, sans esprit de retour, conserver des Esclaves ; que d'ailleurs il étoit non-recevable à contester, parce qu'il avoit reconnu Francisque pour Etranger, en lui demandant la caution, *judicatum solvi*, &c.

Les raisons de Francisque prévalurent ; & par Sentence du 16 Juin 1758, confirmée par Arrêt rendu en la Grand'Chambre, le Mercredi 22 Août 1759, sa liberté & ses conclusions lui furent accordées.

Une Ordonnance du 24 Octobre 1713, défend à toutes personnes établies aux Isles Françoises de l'Amérique, d'affranchir leurs Esclaves, sans auparavant en avoir obtenu la permission par écrit des Gouverneurs & Intendans, ou Commissaires-Ordonnateurs, à peine de nullité, & d'être, les Esclaves, vendus au profit du Roi.

L'exécution de cette Ordonnance est ordonnée par une autre du 15 Juin 1736, (qui ne paroît point avoir été registrée dans aucun Tribunal) elle prononce cependant une amende considérable contre ceux qui contreviendront à sa disposition.

Cette derniere Ordonnance fait même en outre défenses aux Prêtres & Religieux, desservant les Cures aux Isles, de baptiser aucun enfant comme libre, à moins que l'affranchissement des meres ne leur soit auparavant prouvé par des actes de liberté, revêtus de la permission par écrit des Gouverneurs & Intendans, ou Commissaires-Ordonnateurs, de laquelle même il doit être fait mention fur le Regiftre des Baptêmes.

Enfin, cette Ordonnance veut que les enfans baptifés comme libres, quoique leur mere foit Efclave, foient toujours réputés Efclaves; & que le Maître en foit non-feulement privé, mais condamné en une amende, qui ne pourra être moindre que de la valeur de l'Efclave.

Voyez fur cette matiere une Déclaration du 14 Décembre 1716, des Lettres-Patentes des mois de Janvier 1719, & Octobre 1727.

N E Û M E S.

On appelle Neûmes, un droit que les Curés & Defiervans des Paroiffes exigent dans quelques Cantons pour les frais funéraires d'un défunt fur les meubles de fa fucceffion.

Ce droit confifte dans une portion de l'univerfalité des meubles : dans certains endroits, il eft de la neuviéme partie du tiers des meubles; dans d'autres, il eft dû deux tiers de ce neuviéme; mais par-tout il doit être regardé comme odieux; parce que nos fucceffions n'appartiennent, fuivant le Droit commun du Royaume, qu'à nos parens, & à nos héritiers.

Le Pape Clement V a donné une Bulle, datée d'Avignon, du 27 Juin de la quatriéme année de fon Pontificat, par laquelle il a réglé les droits prétendus par le Clergé en Bretagne, & au nombre defquels eft celui de Neûmes. Cette Bulle eft rapportée dans le troifiéme Volume des anciens Mémoires du Clergé.

A la fuite de cette Piéce eft un Arrêt rendu au Parlement de Rennes, le 7 Novembre 1623, par lequel, en condamnant les enfans de Jeanne Lucas à payer au Prieur de Saint Sauveur de Dinant, pour le droit de Neûmes par lui demandé, les deux tiers de la neuviéme partie du tiers des meubles laiffés par la demoifelle Lucas, il a été ordonné que dans les meubles ne feroient compris les contrats de conftitution de rentes, hypothéques, cédules & obligations.

Le droit de Neûmes ne s'eft jamais perçu en Bretagne, que fur les fucceffions des Roturiers; celles des Nobles en ont toujours été affranchies.

Sauvageau rapporte un Arrêt rendu au Parlement de Bretagne, le 15 Mars 1667; par lequel une Sentence du Préfidial de Kimper, portant permiffion d'informer que le défunt avoit plus de meubles que n'en contenoit fon inventaire, a été infirmée.

N I C E.

Le Comté de Nice formoit originairement une des Vigueries de Provence; & c'eft par cette raifon que les habitans de ce Comté ne font pas réputés Aubains, quoique foumis à une domination étrangere.

Morgues rapporte des Arrêts qui ont maintenu les habitans du Comté de Nice dans la poffeffion de Bénéfices qui leur étoient difputés fur le fondement de leur pérégrinité; & Meffieurs les Gens du Roi du Parlement d'Aix ont attefté, par un acte de Notoriété du 15 Janvier 1738, que les habitans de ce Comté, étant regnicoles, peuvent pofféder des Bénéfices en France, & y recueillir des fucceffions.

Un Auteur anonyme prétend que ces habitans n'ont la capacité fufdite, qu'en obtenant des Lettres de déclaration de Naturalité, lefquels ont, dit-il, un effet rétroactif; parce qu'elles n'ont pas pour objet d'effacer une incapacité, mais de déclarer qu'il n'y en a aucune. V. *Aubains.*

N I É E S.

C'eft le nom qu'on donne en Provence à un droit, ou plutôt à une efpéce d'amende qu'encourent ceux qui nient la dette, dont le payement leur eft demandé. V. Morgues fur les Statuts de Provence.

N O B L E S, N O B L E S S E.

Voyez *Amortiffemens, Bâtards, Cens, Commerce, Confirmation, Droits-Honorifiques, Eccléfiaftiques, Fiefs, Francs-Fiefs, Haute-Juftice, Offices, Pairs, Parlement, Seigneurs, Sépulture,* &c.

On nomme Nobles, non-feulement les perfonnes defcendues par mariage légitime des anciens Gentilshommes, dont l'origine remonte au-delà des temps où les annobliffemens ont commencé, mais encore ceux qui font annoblis par Lettres du Roi, ou pourvus d'Offices auxquels Sa Majefté a attaché le titre de Nobleffe.

Cette définition annonce qu'il faut diftinguer

tinguer l'ancienne d'avec la nouvelle Nobleſſe. L'ancienne eſt celle dont l'origine eſt inconnue ; & les Nobles de cette eſpéce ſont nommés Gentilshommes de nom & d'armes.

La nouvelle Nobleſſe ſe diviſe en deux claſſes ; ſçavoir, en celle des ennoblis par Lettres du Souverain, qui leur a accordé cette prérogative pour récompenſer, ou leurs vertus (a), ou leurs ſervices; & en celle qui s'acquiert par la poſſeſſion des Offices auxquels nos Rois ont attaché ce privilége (b).

L'origine de l'ancienne Nobleſſe remonte à l'établiſſement de la Monarchie; elle s'eſt formée dans le commencement, des Fiefs, des ſurnoms & des armoiries, & elle ſe prouve par l'ancienneté du nom, des armes, &c. par la qualité de Chevalier, de Banneret, de Bachelier, d'Ecuyer & par tous les monumens anciens, tels que les fondations d'Egliſe, les ſceaux, les chartes, les cartulaires, les regiſtres des Tréſoriers des Guerres, &c. Voyez la Roque, *Traité de la Nobleſſe*, chap. 7.

Cette Nobleſſe avoit anciennement grande part aux affaires de l'Etat, ſous le nom de Barons du Royaume, & ſous les dénominations latines de *Proceres*, *Primatès*, *Optimates*, &c. comme on peut le voir dans les Capitulaires de Charlemagne, de Louis-le-Debonnaire, de Charles-le-Chauve, dans le Pere Sirmond, &c. V. *Parlement*.

On a appelé Ecuyers du mot latin *Scutarii*, ceux qui accompagnoient les Grands Seigneurs dans les armées, & qui portoient leur Ecu; c'eſt pour cela qu'anciennement le titre de Noble étoit au-deſſus de celui d'Ecuyer. On voit dans du Tillet, que des Princes du Sang ont pris la qualité de Noble; & Froiſſard dit en pluſieurs endroits qu'en une telle rencontre il fut tué tant de Nobles & tant d'Ecuyers.

D'après cette dénomination, la qualité d'Ecuyer a été affectée au dernier dégré de Nobleſſe; & c'eſt celle que prennent aujourd'hui les ſimples Gentilshommes & les Ennoblis (c).

La qualité de Chevalier a été dans l'origine un titre d'Honneur Militaire, que les Princes Souverains, & quelquefois les Généraux d'Armée, accordoient aux Gentilshommes qui ſe ſignaloient par leur bravoure (d). Ce dégré d'élévation étoit un éguillon pour la gloire; les plus Grands Seigneurs aſpiroient à cette marque d'honneur; les enfans des Rois, les Rois eux-mêmes ne l'ont pas dédaignée.

Lorſque nos Rois vouloient être faits Chevaliers, ils choiſiſſoient les plus Grands Capitaines de leur ſiécle pour leur donner l'accolade. Louis XI fut fait Chevalier à ſon Sacre par Philippe, Duc de Bourgogne; & François Premier voulut l'être de la main du fameux Capitaine Bayard, après la Bataille de Marignan. Voyez le Recueil des Rois de France & des Chevaliers, par du Tillet, & Loyſeau, Traité des Ordres, chapitre 6.

Il y avoit anciennement deux ſortes de Chevaliers; ſçavoir, les Bannerets, qui avoient aſſez de Vaſſaux pour lever Banniere, & les Bacheliers (e), qui marchoient ſous la Banniere d'autrui. La ſolde que le Chevalier-Banneret avoit à la Guerre, étoit double de celle du Chevalier-Bachelier; & celle du Bachelier, double de celle de l'Ecuyer.

Les Chevaliers étoient encore diſtingués par des marques extérieures; ils avoient leurs harnois & leurs éperons dorés, ce qui

---

(a) Il faut avoir au moins cent ans de Nobleſſe, pour prendre ſéance en qualité de Noble dans l'Aſſemblée des Etats de Bretagne, ſuivant l'art. 2 du 26 Juin 1736, reg. le 28 Août ſuivant.

(b) Dans pluſieurs Provinces, & ſinguliérement en Lyonnois, Forêts & Pays voiſins, les Avocats & les Médecins prennent la qualité de Noble : ils ont même été maintenús dans la poſſeſſion de prendre cette qualité; mais elle ne leur a jamais acquis le titre de Nobleſſe, ni à leurs enfans. Voyez les Obſervations ſur Henrys, tome 2, liv. 4, queſt. 47.

Un Acte de Notoriété donné par le Bailliage de Villefranche, le 2 Septembre 1698, porte auſſi que l'uſage du Beaujolois eſt de donner aux Officiers, Avocats & Médecins, la qualité de Noble; mais qu'ils ne jouiſſent pas des privileges de la Nobleſſe.

(c) Il y a actuellement pluſieurs perſonnes, & ſinguliérement des Commenſaux, qui, à cauſe de leur état, jouiſſent d'une Nobleſſe perſonnelle non tranſmiſſible, & qui peuvent prendre la qualité d'Ecuyer ; mais differens Réglemens les aſſujettiſſent, en prenant ce titre, d'y joindre la qualité de leurs Charges ou Offices. V. l'Arrêt des Députés pour la recherche de la Nobleſſe, du 17 Décemb. 1699, & l'art. 33 du Réglement du 15 Mai 1703.

(d) Nul n'avoit droit de s'aſſeoir à la table des Barons, s'il n'étoit Chevalier ; le ſimple Ecuyer n'avoit pas cet honneur. Voyez les Régles de Loyſel, liv. 1, tit. 1 des perſonnes, Reg. 14.

(e) Loyſeau dit que le nom de Bachelier eſt ſynonime à Bas-Chevalier. V. *Bachelier*.

Tome II. Part. II.   H h

n'étoit pas permis à l'Ecuyer. Des Lettres-Patentes données à Melun le 17 Décembre 1486, portent que les Chevaliers tenant 2000 livres de revenu par an, pourront porter toutes fortes de draps de foie ; & que les Ecuyers ayant pareil revenu de 2000 livres auront feulement draps de damas, fatin raz & fatin figuré, non de velours cramoifi ou figuré, à peine d'amende. Voyez le Traité de la Noblesse par la Roque.

Comme la qualité de Chevalier n'étoit établie que pour honorer le mérite personnel, elle ne passoit point à la postérité ; c'est pour cela que Loysel nous dit dans l'une des régles qu'il rapporte, que *nul ne naît Chevalier.*

Par succession de temps, la facilité de faire des Chevaliers en ayant beaucoup augmenté le nombre, les Souverains ont institué des Ordres ou Milices de Chevalerie, qu'ils ont compofé de ceux qui méritoient une distinction, foit par leur valeur, foit par leur naiffance : c'est ainfi que fe font formés nos différens Ordres de Chevalerie de Saint Michel, du Saint Efprit, &c.

L'établissement de ces nouveaux Ordres a fait évanouir l'ancien ufage ; mais comme tous les Grands Seigneurs n'y furent pas admis, ils ont pour la plûpart pris la qualité honoraire de Chevalier, pour fe distinguer des fimples Gentilshommes, & ils fe font maintenus dans cette possession.

Les Grands Officiers de la Couronne, & ceux qui remplissent les premieres Charges de la Magistrature dans les Parlemens, & quelques autres Cours Souveraines, fe font presque toujours auffi qualifiés Chevaliers, comme étant, dit Loyseau, *préfumés honorés de l'accolée & amitié, & comme collatéraux du Prince.* V. Loyseau, des Ordres, chap. 6 & 12.

Nous regardons encore aujourd'hui le titre de Chevalier comme un titre d'honneur élevé au-deffus de la fimple qualité d'Ecuyer, & comme une marque distinctive de la haute Noblesse. Auffi voyons-nous que les Etats affemblés à Paris en 1614, demanderent à Louis XIII, qu'il fût fait défenses à tous Gentilshommes de prendre cette qualité, s'ils n'étoient honorés de l'un des Ordres de Sa Majesté ; & que par l'article 189 de l'Ordonnance de 1629, il a été fait dé-

fenfes à toutes perfonnes de prendre la qualité de Chevalier, s'ils ne l'ont obtenue du Roi, ou que l'Eminence de leur qualité ne la leur attribue..... Voyez l'Arrêt du Parlement de Rennes, que je cite ci-après.

Il ne faut donc point confondre la qualité de Chevalier avec celle d'Ecuyer. Ces deux qualités ont été distinguées dans tous les temps ; le Chevalier est au-deffus de l'Ecuyer ; c'est un titre de haute Noblesse, qu'un fimple Gentilhomme ne doit pas s'attribuer : & l'article de l'Ordonnance de 1629, que j'ai déja cité, *enjoint* aux Juges Royaux *de leur en interdire l'ufage, & de faire obferver* les art. 256 & fuiv. de *l'Ordonnance de Blois.*

Dans les premiers temps de la Monarchie, & jufques vers le milieu du treiziéme fiécle, l'ancienne Noblesse pouvoit feule poffeder des Fiefs ; & l'administration de la Juftice étoit attachée à cette possession. (Voyez *Juftice*).

Les Roturiers étoient alors incapables de poffeder cette efpéce de biens ; ils n'obtinrent la permiffion d'en acquérir que fous Philippe III, furnommé le Hardi, par une Ordonnance vérifiée au Parlement de la Touffaint en 1275, & fous Philippe-le-Bel. Voyez le Traité du Ban & arriere-Ban par la Roque, in-12, imprimé en 1676, chap. 4. Voyez auffi ce que je dis aux art. *Francs-Fiefs, Juftice & Pairs.*

Les Gens de Main-morte étoient auffi également incapables dans l'origine de poffeder des Fiefs ; mais ils en avoient obtenu la permiffion long-temps avant les Roturiers.

Les grands Fiefs donnoient aux poffeffeurs le droit de porter une banniere dans les armées ; & par cette raifon on les nommoit Bannerets : c'étoit une prérogative confidérable ; chaque Banneret étoit obligé de foudoyer au moins cinquante hommes d'armes, avec les Archers & les Arbaleftriers qui l'accompagnoient. Voy. le *Traité de la Noblesse*, par la Roque, chap. 9.

Ces Bannerets commencerent à tomber dans l'oubli fous Charles VII, qui fit les Ordonnances des gens de cheval ; & comme ils perdirent le commandement des armées par l'établissement des troupes réglées, ils négligerent leur qualité. V. *Dumoulin.*

Charles VII établit auſſi les Francs-Archers, qui furent levés dans les Roturiers : chaque Paroiſſe du Royaume en fournit un ; & parce que, lors de leur établiſſement, ces Archers furent exemptés de tous ſubſides ; on les a aiſément confondus avec la Nobleſſe, dont il faut cependant bien les diſtinguer.

La Nobleſſe de la ſeconde eſpéce n'a commencé communément que ſous Philippe-le-Hardi, qui vivoit dans le treiziéme ſiécle. Ce Prince n'accorda, dit-on, des Lettres de Nobleſſe qu'à deux perſonnes ſeulement ; & ce fut, à ce qu'on prétend, un nommé Raoul, Orfévre, qui fut le premier ennobli : mais les Succeſſeurs de Philippe n'accorderent d'abord la même faveur qu'à des perſonnes *grandement diſtinguées*, les exemples en étoient même très-rares. V. la Roque, *ibid.* chap. 5, & l'Abrégé du Préſident Henaut.

» Cette introduction nouvelle par laquelle nos Rois rapprocherent les Roturiers des Nobles, & qui fut appellé Ennobliſſement, ne faiſoit que rétablir les choſes dans le premier état. Les Citoyens de France, même depuis Clovis ſous la premiere & long-temps ſous la ſeconde race, étoient tous d'une condition égale, ſoit Francs, ſoit Gaulois ; & cette égalité, qui dura tant que les Rois furent abſolus, ne fut troublée que par la révolte & la violence de ceux qui uſurperent les Seigneuries «. Abrégé Chronologique de l'Hiſtoire de France.

Bientôt après que les ennobliſſemens furent introduits, ils devinrent très-fréquens, & ils étoient déja aſſez multipliés ſous Charles V, pour mériter que ce Prince donnât, le 22 Juillet 1368, une Déclaration pour ſervir de Réglement ſur cette matiere.

Les ennobliſſemens ne ſe faiſoient d'abord que par Lettres du Prince ; mais bien-

tôt après cette nouveauté, nos Rois accorderent à certains Offices la prérogative d'ennoblir ceux qui en devenoient Titulaires : la Nobleſſe qu'on acquéroit par cette voie, n'étoit dans l'origine que perſonnelle à ceux qui étoient pourvus d'Offices ennobliſſans ; ils jouiſſoient des priviléges attachés à la Nobleſſe pendant leur vie : mais ils ne la tranſmettoient pas à leurs enfans, & leurs biens ſe partageoient roturiérement ; cette Nobleſſe n'avoit pas plus d'effet que n'en a aujourd'hui celle attachée à certains Offices de la Maiſon du Roi & des Maiſons Royales, c'eſt-à-dire, qu'elle mouroit avec les Titulaires ; mais pluſieurs Edits & Lettres-Patentes ont depuis voulu que les Titulaires des Offices auxquels le privilége de Nobleſſe eſt accordé au premier dégré, fuſſent ennoblis eux & leur poſtérité, après avoir poſſédé leurs Offices pendant vingt années, & obtenu des Lettres de vétérance, ou lorſqu'ils en décédent pourvus. V. *Offices.*

» Les Nobles & les ennoblis ſans diſtinction jouiſſent en France de l'exemption des tailles, crues, aides, ſubſides, impoſitions & ſubventions..... excepté dans le Dauphiné, la Provence & le Languedoc, où les tailles ſont réelles & ſuivent la qualité des terres (a) «. La Roque, *de la Nobleſſe*, chap. 95.

Deſpeiſſes prétend même que les Nobles ſont exempts des tailles Seigneuriales dûes aux Seigneurs dans les Terres deſquels ils réſident ; il ſe fonde ſur le ſentiment de Maſuer. Mais voyez *Taille Seigneuriale.*

Ils ſont auſſi affranchis de toutes ſervitudes perſonnelles, comme des bannalités de four & de moulin, des corvées, &c. V. Coquille, ſur Nivernois ; Chopin, ſur la Coutume d'Anjou ; le vingtiéme Playdoyer de M. le Maîſtre ; Baquet, & ce que je dis au mot *Bannalité & Corvées.*

(a) L'article 20 du Traité conclu entre le Roi & le Roi de Sardaigne, Duc de Savoye, le 24 Mars 1760, revêtu de Lettres-Patentes du 24 Août ſuivant, qui ont été regiſtrées au Parlement le 6 Septembre de la même année, porte » que la Nobleſſe des Provinces de Breſſe, Bugey, Valromey & Gex, continuera à jouir, en tant qu'elle ſera domiciliée dans les Etats de Sa Majeſté très-Chrétienne, de l'exemption de toutes tailles & autres impoſitions ordinaires & extraordinaires, réelles, perſonnelles ou mixtes, pour les biens qui lui appartiennent en propriété dans le Duché de Savoye, & qu'elle poſſédé

» de............ & que la même exemption aura réciproquement lieu aux mêmes termes & conditions, en faveur de la Nobleſſe de Savoye, pour les biens qu'elle poſſéde en Franchiſe.

» Et pour ce qui regarde la Nobleſſe du Dauphiné & de Savoye, cette réciprocité d'exemption n'aura lieu qu'en faveur de ceux qui feront preuves de Nobleſſe & de poſſeſſion ſucceſſive, dès le commencement de l'année 1600 ; bien entendu que cette exemption ne concerne que les impôts & tributs Royaux, & nullement les charges locales «.

Dupleſſis prétend cependant que, dans la Coutume de Paris, les Nobles ſont ſujets à la bannalité de moulin.

» Il y a des Bénéfices & des Dignités » Eccléſiaſtiques qui ne peuvent être tenus » que par des perſonnes Nobles « ; (par exemple, les Canonicats des Comtes de Lyon (a) ; ceux de Mâcon, de Strasbourg, de Saint Claude (b), d'Ainai (c), les Comtes de Brioude, &c.) La Roque, ibid.

Il y a auſſi des Bourſes dans quelques Colléges qui ne ſont affectées qu'aux enfans des Nobles ; telles ſont, par exemple, celles du Collége Mazarin à Paris ; ſur quoi il eſt bon d'obſerver qu'il eſt ordonné par une Déclaration du 21 Août 1724, regiſtrée au Parlement le 10 Mai ſuivant, que la Nobleſſe de Breſſe, Bugey & Gex pourra être reçue au Collége Mazarin.

» Les Fiefs & Seigneuries ſont affectés » d'ancienneté aux Gentilshommes, les Ro- » turiers n'en étant capables que par diſpen- » ſes, (c'eſt-à-dire, en payant les Francs- » Fiefs).

Les Gentilshommes n'ont point de pré- ſéance ſur les Magiſtrats Roturiers, mais » ils précédent ceux qui ſont leurs Juſticia- » bles dans les lieux de leur pouvoir & de » leur territoire ; & les Eccléſiaſtiques ne » précédent point les Laïcs Gentilshom- » mes, s'ils n'ont des charges dans l'Eglise.

» Ils ont droit de porter l'épée, ſont » exempts de loger les Gens d'armes «. La Roque, ibid.

Il leur eſt permis de chaſſer à force de chiens & oiſeaux dans leurs forêts, buiſſons, garennes & plaines, pourvû qu'ils ſoient éloignés d'une lieue des plaiſirs du Roi, même au chevreuil & bêtes noires, dans la diſtance de trois lieues.

Il leur eſt encore permis de tirer de l'arquebuſe ſur toutes ſortes d'oiſeaux de paſſage & de gibier, hors le Cerf & la Biche, à une lieue des plaiſirs du Roi, tant ſur leurs Terres que ſur les marais, étangs & rivieres du Roi. Voyez l'Ordonnance des Eaux & Fo-

rêts, titre des Chaſſes, art. 14, 15 & 17. V. auſſi l'Ordonnance de 1601, art. 4.

En cas de délit, les Gentilshommes ſont » exempts d'être fuſtigés, ils ſont décollés, » ſi ce n'eſt qu'ils ayent commis trahiſon, » larcin, parjure ou fabriqué de faux té- » moins ; car la condition aggrave & aug- » mente le crime. La Roque, ibid.

Les Gentilshommes ne ſont en aucun cas, ni pour quelque crime que ce puiſſe être, ſujets à la Juriſdiction des Prévôts des Maréchaux ou Juges Préſidiaux en dernier reſſort (en matiere criminelle) ſi ce n'eſt qu'ils s'en fuſſent précédemment rendus indignes par quelques condamnations qu'ils euſſent ſubies, ſoit de peine corporelle, banniſſement ou amende honorable. Voy. la Déclaration du 5 Février 1731, enregiſtrée le 16 Août ſuivant, art. 11 & 12.

Les Gentilshommes, les Eccléſiaſtiques conſtitués dans les Ordres ſacrés, & même ceux qui ont été ennoblis, peuvent, lorſqu'ils ſont accuſés de crimes, demander en tout état de cauſe, d'être jugés, les Grand-Chambre & de Tournelle (des Parlemens où l'affaire eſt pendante) aſſemblées, pourvû que l'aſſemblée ſoit demandée avant les opinions commencées. Ordonnances criminelles, titre premier, art. 21. Il y a encore ſur cette matiere une Déclaration du 16 Mars 1676, enregiſtrée le 22 Avril ſuivant.

Le ſieur ✠✠✠✠, Marchand à Paris, ennobli par la place d'Echevin de cette Ville, nous fournit la preuve que les ennoblis peuvent, comme les Nobles de race, demander l'aſſemblée de Grand'Chambre & de Tournelle, pour être jugés ; car cette aſſemblée lui a été accordée dans l'accuſation extraordinaire qu'il a eſſuyée de la part d'une Particuliere, chez laquelle elle diſoit qu'il avoit fait ou fait faire du déſordre. Deux Arrêts ſont intervenus dans cette affaire, les deux Chambres aſſemblées ; l'un préparatoire, du 27 Août 1751 ; l'autre définitif, en 1752.

Ce privilége des Nobles d'être jugés en

(a) Les Comtes de Lyon doivent faire preuve de Nobleſſe de quatre races du côté du pere, & d'autant du côté de la mere. Quand quelqu'un a voulu remonter plus haut, le Chapitre s'y eſt oppoſé comme à une vanité & à une occaſion de jalouſie.

(b) Il faut, pour être admis & pourvus de Dignités, & même de ſimples Canonicats de l'Egliſe Cathédrale de S. Claude, prouver ſeize quartiers de Nobleſſe, en remon-

tant par toutes les lignes, c'eſt-à-dire, qu'il faut deſcendre des triſayeuls Nobles, tant paternels que maternels. V. l'article premier de l'Arrêt du Conſeil du 23 Octobre 1750, & les Lettres-Patentes du même jour.

(c) Les Canonicats du Chapitre d'Ainai ſont affectés à des Gentilshommes ; mais il ſuffit qu'ils prouvent que leur pere & leur ayeul étoient Nobles ; leurs preuves ne doivent pas remonter plus haut.

matiere criminelle, la Grand'Chambre & la Tournelle affemblées, n'a lieu que quand l'accufé le reclame & prouve fa Nobleffe.

Les Nobles font-ils jufticiables, & peuvent-ils être traduits dans les Juftices Seigneuriales ? Voyez *Haute-Juftice*.

» Ceux qui font Nobles du côté paternel » & du côté maternel, ont l'avantage de » pouvoir obtenir des Bénéfices, comme Ba- » cheliers en Droit civil & en Droit cano- » nique, après avoir étudié trois ans dans » une Univerfité «. V. d'Héricourt, Loix Eccléfiaftiques, des Gradués.

Ce privilége eft fondé fur le concordat qui exige de plus longues études pour les Roturiers.

L'art. 48 de l'Ordonnance de Blois défend aux Gentilshommes de prendre à ferme les terres, dixmes, champarts & autres revenus eccléfiaftiques, foit fous leurs noms ou fous des noms interpofés, à peine d'être déclarés Roturiers & taillables. Mais un Arrêt du Confeil du 25 Février 1720, *permet à toutes perfonnes Nobles, de tenir & prendre à ferme les Terres & Seigneuries ap-partenantes aux Princes & Princeffes du Sang, fans que fous prétexte de l'exploitation defdites fermes, lefd. Nobles puiffent être in-quiétés ni recherchés pour caufe de dérogean-ce à leur Nobleffe.*

Quand les Gentilshommes accufés ou convaincus de crimes, obtiennent des *Lettres de rémiffion, pardon, pour efter à droit, rappel de ban & de galeres, commutation de peine, de réhabilitation & révifion de procès … ils font tenus d'exprimer nommément leur qualité, à peine de nullité des Lettres.* Ordonnance Criminelle, tit. 16, art. 11.

L'article 12 du même titre porte que ces Lettres (obtenues par des Gentilshommes) *ne pourront être adreffées qu'aux Cours, chacune fuivant fa Jurifdiction, & la qualité de la matiere ; lefquelles (Cours) pourront néantmoins, fi la Partie civile le requiert, & qu'elles le jugent à propos, renvoyer l'inftruc-*

tion fur les lieux.

Les Gentilshommes (vivans noblement) ont le privilége de ne pouvoir être traduits dans les Jurifdictions confulaires : mais ils ont la liberté d'y faire affigner ceux auxquels ils ont vendu des bleds, vins, beftiaux & autres denrées procédans de leur crû, fuivant l'article 10 du titre 12 de l'Ordonnance de 1673.

Il n'eft point permis à la Nobleffe Françoife d'exercer des profeffions viles, ni de faire aucun commerce en détail : ceux qui fe trouvent dans ce cas-là, perdent leur privilége & leur Nobleffe, ils deviennent Roturiers & Taillables, jufqu'à ce qu'ils ayent été réhabilités (a).

La réhabilitation eft une grace du Prince, qui s'accorde par Lettres du Grand Sceau, aux perfonnes mêmes qui ont dérogé, ou à leurs enfans & petits-enfans mâles. Mais au-de-là des petits-enfans, c'eft-à-dire, s'il y a plus de deux générations depuis la déroge-ance, il faut de nouvelles Lettres de No-bleffe.

Les Lettres de Réhabilitation de Nobleffe, font fujettes à Infinuation (b), & doivent auffi être enregiftrées au Parlement, en la Chambre des Comptes & en la Cour des Aides.

L'enregiftrement à la Cour des Aides eft néceffaire pour exempter le Réhabilité de tailles & autres fubfides dont les Nobles peuvent être exempts.

L'enregiftrement à la Chambre des Comptes a pour objet d'acquérir au Réhabilité, l'exemption des Francs-Fiefs.

Mais, pour imprimer le caractere de Noble fur la fucceffion future du Réhabilité, & la faire participer aux priviléges & prérogatives que les Coutumes accordent aux Nobles & aux biens qu'ils poffédent, il faut que l'ennobli ou le Réhabilité ait eu la pré-caution de faire enregiftrer fes Lettres au Parlement ; parce que c'eft l'unique Tribu-nal à qui appartient la connoiffance de l'é-

---

(a) Ceci n'a pas lieu en Artois ; la Nobleffe une fois ac-quife ne fait que dormir pendant la durée des actes de dé-rogeance, fans que ceux qui dérogent, foient aftraints à faire aucune déclaration de l'intention qu'ils ont de con-ferver leur droit & d'y rentrer ; la fimple ceffation des actes de dérogeance & le retour à la vie noble, font, dans cette Province, recouvrer l'ufage & les prérogatives de la Nobleffe, fans qu'on foit obligé d'avoir recours à aucunes

Lettres. V. les art. 199 & 200 de la Cout. générale d'Artois.
La Nobleffe Bretonne a des prérogatives affez femblables, V. l'article 561 de la Coutume de Bretagne, & la Dé-claration du 26 Juin 1736, pour l'Affemblée des Etats.
(b) L'Infinuation des Lettres de Nobleffe & de Réhabili-tation doit être faite au Bureau, dans l'Arrondiffement du-quel les Impétrans font domiciliés. L'article 17 de l'Edit du mois de Décembre 1703, l'a ainfi ordonné.

tat & de la condition des Citoyens, & la distribution des partages des biens Nobles & Roturiers.

Cette formalité de l'enregistrement au Parlement, des Lettres de Réhabilitation de Noblesse, & même des Lettres d'ennoblissement, est recommandée par tous les Docteurs François : de ce nombre sont M. le Bret, dans son Traité de la Souveraineté, chap. 10, liv. 2 ; Bacquet, dans celui de l'ennoblissement, ch. 21 ; Loyseau, Traité des Ordres, &c. Elle a même été jugée nécessaire, quant à la maniere de partager les biens, par un Arrêt de l'année 1543, rapporté par Pithou, & par un autre plus récent du mois de Mai 1648, cité par la Roque, Traité de la Noblesse. Voyez aussi Constant sur l'art. 289 de la Coutume de Poitou.

Je viens de dire que la Noblesse Françoise ne peut faire aucun commerce sans déroger ; mais cela doit s'entendre du commerce en détail ; car elle peut le faire en gros : cela est expressément permis, tant aux Nobles qu'aux ennoblis, excepté aux Magistrats, par deux Edits ; l'un du mois d'Août 1669, enregistré le 13 ; l'autre, du mois de Décembre 1701. Voici quelques dispositions de ce dernier Edit.

Voulons & nous plaît que tous nos Sujets Nobles par extraction, par charges ou autrement, excepté ceux qui sont actuellement revêtus de charges de Magistrature, puissent faire librement toute autre sorte de commerce en gros, (par exemple, le commerce de Mer qu'ils ont été autorisés de faire par l'Edit de 1669,) tant au-dedans qu'au-dehors du Royaume, pour leur compte ou par commission, sans déroger à la Noblesse.

Voulons & entendons que les Nobles qui feront le commerce en gros, continuent de précéder, en toutes assemblées générales & particulieres, les autres Négocians, & jouissent des mêmes exemptions & priviléges attribués à leur Noblesse, dont ils jouissoient avant le présent Edit.

Permettons à ceux qui font le commerce en gros seulement, de posséder des Charges de nos Conseillers, Secrétaires ...... & continuer en même temps le commerce en gros, sans avoir

besoin pour cela d'Arrêt, ni de Lettres de Compatibilité.

Seront censés & réputés Marchands & Négocians en gros, tous ceux qui feront leur commerce en magasin, vendant leurs marchandises par balles, caisses ou piéces entieres, & qui n'auront point de boutiques ouvertes, ni aucun étalage ou enseignemens à leurs portes & maisons.

Voulons que dans les Villes du Royaume, où jusqu'à présent il n'a pas été permis de négocier & faire trafic, sans être reçu dans quelque Corps de Marchands, il soit libre aux Nobles de négocier en gros, sans être obligés de se faire recevoir dans aucun Corps de Marchands, ni de justifier d'aucun apprentissage.

Les diverses Ordonnances données sur le fait des Mines & Minieres, permettent aussi aux Nobles d'entreprendre, s'intéresser ou s'associer à travailler à la fouille, fonte des Mines & Minieres, sans déroger à Noblesse. Voyez les Lettres-Patentes de Henri II, du 30 Septembre 1548, 10 Octobre 1552 ; l'Edit du mois de Juin 1601, art. 17 ; l'art. 12 de l'Edit du mois de Février 1722, registré au Parlement de Navarre le 21 Mai suivant.

Nos Coutumes, les Ordonnances, les Réglemens du Conseil, & particuliérement les Ordonnances d'Orléans & de Blois, les Edits de 1600, 1634 & 1643, prononcent des amendes considérables contre les Usurpateurs du titre de Noblesse, & il seroit à souhaiter qu'elles fussent bien exécutées.

Louis XIV avoit ordonné par différens Edits, qu'il fût fait d'exactes perquisitions des faux Nobles (a) : mais on pense universellement que les ordres qu'il donna sur ce point, eurent un succès tout opposé à ses vûes, parce que des Traitans furent chargés de les faire exécuter. Quoi qu'il en soit des soins de ce Prince, s'il a fait faire des recherches vives & fréquentes contre les faux Nobles, il a aussi considérablement multiplié les ennoblis : les guerres qu'il entreprit, & les dépenses qui en sont inséparables, l'avoient obligé de recourir à des remédes extraordinaires ; il avoit accordé des Lettres de Noblesse, moyennant finance,

_____
(a) Le Parlement de Rennes a, par Arrêt rendu le premier Décemb. 1730, fait défenses à tous Roturiers & non Nobles, d'usurper les qualités d'Ecuyer, Messire, Chevalier, & autres semblables, à peine de 1000 liv. d'amende.

en différens temps , & avoit fait même faveur, sous mêmes conditions , à plusieurs Titulaires d'Offices, qui ne devoient naturellement pas s'attendre d'être ennoblis par leurs Charges : mais à la veille de sa mort , il en usa à peu près, comme en avoit usé Louis XIII en 1640, c'est-a-dire, qu'il retrancha de la Noblesse du Royaume , un nombre considérable de gens que les besoins de l'Etat l'avoient forcé de décorer de cette qualité. Dans cette vûe il donna l'Edit du mois d'Août 1715 , qui fut enregistré le 31 du même mois, veille de sa mort. Voici les dispositions des cinq premiers articles de cet Edit.

ART. I. Nonobstant tous les ennoblissemens que nous avons accordés depuis le premier Janvier 1689 , par Lettres, moyennant finance, en conséquence de nos Edits des mois de Mars 1696, Mai 1702 , & Décembre 1711 , ou autrement ; lesquels nous avons révoqués , éteints & supprimés , révoquons, éteignons & supprimons, voulons que tous les Particuliers que nous avons ennoblis depuis ledit jour premier Janvier 1689 , ensemble leurs enfans & descendans, même les enfans & descendans de ceux desdits ennoblis qui sont décédés, à la réserve de ceux que nous jugerons à propos d'excepter en considération de services importans rendus à l'Etat , soient imposés à la taille & autres impositions & charges publiques ; & à cet effet compris à l'avenir dans les Rôles des Villes, Bourgs & Paroisses taillables de leur résidence, à proportion de leurs biens, tenures & facultés ; & ce à commencer au premier Octobre de la présente année 1715.

II. Révoquons pareillement la Noblesse au premier dégré , que nous avons accordée en conséquence de notre Edit du mois d'Octobre 1704, à ceux des Officiers de nos Cours & Compagnies Supérieures, & Bureaux des Finances de notre Royaume , qui ont acquis les quatre dispenses d'un dégré de service, ou qui nous ont été nommés par nosdites Cours & Compagnies, pour remplir , tous les cinq ans , deux dispenses d'un degré de services, ainsi que nous leur avions permis de le faire par le même Edit.

Voulons que ces Officiers & leurs enfans & descendans, ensemble les enfans & descendans de ceux d'entr'eux qui sont morts revêtus de leurs Charges , après avoir acquis lesdites dispenses, soient remis & rétablis au même & semblable état qu'ils étoient avant notredit Edit du mois d'Octobre 1704, & nos Déclarations & Arrêts rendus en conséquence : N'entendons comprendre dans ladite révocation les Officiers de notre Cour de Parlement , Chambre des Comptes, & Cour des Aides de Paris, ni les Officiers & Secrétaires de notre grande Chancellerie, & de celles près nos Cours & Présidiaux créées par notre Edit du mois de Juin dernier (a).

III. Révoquons la Noblesse au premier degré , que nous avons accordée aux Officiers du Bureau de nos Finances de la Généralité de Paris, par notre Edit du mois d'Avril 1705.

IV. Voulons au surplus que tous les Officiers de nos Cours & Compagnies Supérieures & Bureaux de nos Finances , soient & demeurent maintenus & gardés ; les maintenons & gardons dans la Noblesse graduelle, & dans tous les autres honneurs, prérogatives & priviléges qui étoient attribués à leurs Charges, & dont ils jouissoient aux termes de nos Ordonnances, Edits, Déclarations & Réglemens intervenus avant le premier Janvier 1689.

V. Révoquons aussi non-seulement la Noblesse que nous avons attribuée par plusieurs de nos Edits & Déclarations à différens Officiers , tant Militaires que de Judicature , Police & Finance , soit que ces Officiers ayent été créés depuis le même jour premier Janvier 1689 , ou qu'ils le fussent auparavant ; mais encore la Noblesse graduelle aussi accordée depuis le même temps, moyennant Finance , en quelque sorte & maniere que ce soit , tant aux Corps & Compagnies, qu'à quelques Officiers seulement, qui n'en jouissoient pas avant ladite année 1689. Voulons que tous ces Officiers ; ensemble tous leurs enfans & descendans , soient & demeurent remis & rétablis au même état où ils étoient avant la concession de ce Privilége.

Par l'Edit du mois de Novembre 1640, dont j'ai parlé, Louis XIII a révoqué tous les ennoblissemens accordés dans les trente années précédentes, c'est-à-dire, depuis le

---

(a) Sur cette exception de la révocation de Noblesse, voyez la Déclaration du 20 Mars 1717, registrée au Par- lement le vingt-quatre Avril suivant ; elle contient douze articles.

mois de Novembre 1610, moyennant finance ou autrement, à ceux qui étoient nés Roturiers, même à tous les Officiers Commensaux des Maisons du Roi, de la Reine & des Princes.

Et par un Arrêt du Conseil du 13 Janvier 1667, il est ordonné que tous les ennoblis, depuis le premier Janvier 1611; jusqu'à la Déclaration du mois de Décembre 1664, seront imposés à la taille, à l'exception de ceux qui auront obtenu des Lettres de confirmation, bien & dûement enregistrées.

Quand Louis XIV fit faire la recherche des faux Nobles, il nomma des Commissaires pour juger les contestations que ces recherches pourroient occasionner, mais par une Déclaration du 8 Octobre 1729, registrée en la Cour des Aides le 27, ces commissions ont été supprimées, & les contestations renvoyées *ès Cour des Aides dans le ressort desquelles les Parties intéressées ont leur domicile..... sans que lesdits Commissaires puissent prendre connoissance d'aucune des contestations Jugées dans les recherches* ordonnées par les Déclarations des 8 Fév. 1661, 22 Mars 1666, 20 Janv. 1668, & 4 Sept. 1696.

N'entendons néantmoins empêcher (ajoute la Déclaration) *que nos Cours de Parlement & les Juges ordinaires qui leur sont subordonnés, ne prennent connoissance, ainsi qu'ils ont bien & dûement fait par le passé, des questions de Noblesse incidentes aux matieres & contestations qui sont de leur compétence.*

Par un Édit du mois de Novembre 1750, le Roi regnant a ordonné que la Noblesse pourroit s'acquérir par le grade d'Officier général (militaire) & par les services de l'ayeul & du pere, qui auront été faits Capitaine & Chevalier de Saint Louis, en faveur du fils qui aura lui-même été fait Chevalier de Saint Louis. Cet Edit a été interprété par une Déclaration du 22 Janvier 1752. V. *Taille.*

Au nombre des prérogatives, dont les Nobles & les ennoblis jouissent, est comme je l'ai déja dit, l'exemption des tailles; mais ce privilége est restraint à l'exploitation de quatre charrues par les Réglemens des tailles des années 1634 & 1645.

La Dame, veuve du sieur de Bercy, Gentilhomme de race, ayant été imposée à la taille en 1716, par les Collecteurs de la Paroisse de Courville; parce que dans l'enclos de sa maison, elle avoit une tuilerie dont elle vendoit la tuile, & achetoit le bois pour la faire cuire, on prétendoit que c'étoit-là une dérogeance qui la rendoit taillable.

Elle répondoit que son enclos avec sa tuilerie ne composoient en tout que douze à quinze septiers de terre, & que les Réglemens l'autorisoient à en faire exploiter trente-six muids; que la tuile qu'elle faisoit fabriquer & vendre, ne pouvoit être considérée que comme un fruit de sa terre, de même que le bled qui en proviendroit & qu'elle vendroit; que le bois acheté pour la faire cuire, étoit la même chose que les chevaux, charrues & ustensiles de labour qu'un Gentilhomme achete pour faire cultiver sa Terre & en recueillir le bled.

Par Sentences des Elus de Chartres, confirmées par Arrêt rendu en la premiere Chambre de la Cour des Aides, au rapport de M. Boyetet, le 24 Mai 1717, il a été ordonné que la dame de Bercy seroit rayée des Rôles des tailles, & employée au Chapitre des Nobles.

Les Coutumes de Troyes & de Mantes (qui sur cela forment le Droit commun) portent que la femme Roturiere qui épouse un Noble, est ennoblie.

Cet ennoblissement meurt avec la femme, & sa succession se partage comme Roturiere; mais pendant sa viduité, elle jouit des prérogatives & exemptions accordées à la Noblesse.

Si une Roturiere, veuve de Noble, épouse un Roturier, sa Noblesse dort pendant son nouveau mariage, & ses priviléges sont suspendus tant qu'il dure; mais dès l'instant que son dernier mari décéde, elle les reprend, parce que sa Noblesse n'est plus dans l'ombre du mariage Roturier; cela est décidé par l'art. 5 de la Coutume de Châlons, & par des Arrêts de la Cour des Aides des années 1699 & 1702, cités dans les Mémoires Alphabétiques des Tailles.

La même chose a encore été jugée en 1734, par un Arrêt rendu en la même Cour, le 16 Décembre 1737, au rapport de M. Guillet, entre les Habitans de Bruyeres, & la veuve du sieur Angouillant, Laboureur à Wissous.

Ce

Ce dernier Arrêt a difertement jugé que la veuve Angouillant n'avoit pas befoin de Lettres de Réhabilitation, comme le prétendoient les Habitans; qu'il fuffifoit qu'elle eût déclaré au Greffe de l'Election qu'elle entendoit vivre noblement, fait publier cette déclaration à la porte de l'Eglife, & fignifier aux Collecteurs.

Les Prêtres & autres Eccléfiaftiques, conftitués dans les Ordres facrés, les Abbayes & les Communautés Religieufes, jouiffent, comme les Nobles, de l'exemption des tailles & des Francs-Fiefs; c'eft un privilége que nos Rois leur ont accordé. Voyez ce que je dis fur cela à l'article *Immunité Eccléfiaftique.*

Les Gentilshommes de la Maifon du Roi jouiffent des mêmes priviléges que les autres Nobles, pendant qu'ils font revêtus de leurs Offices : mais ils ne tranfmettent point la Nobleffe à leur poftérité.

Les Traitans ont voulu contefter aux Gentilshommes de la Fauconnerie & de la Venerie, l'exemption des droits de Francs-Fiefs, mais ils ont fuccombé; & ces Gentilshommes ont été maintenus dans ce privilége par Arrêts des 13 Décembre 1695 & 5 Avril 1727. Voyez *Francs-Fiefs.*

Dans prefque toutes les Coutumes de Champagne & de Brie, la Nobleffe fe communiquoit par la mere, de quelque condition que fut le pere; ce privilége avoit anciennement été accordé à la Nobleffe de Champagne, par Charles-le-Chauve, après une Bataille où la plûpart des Nobles furent tués. On peut voir fur cela le Traité de la Nobleffe, par Theriat & la Roque; les Coutumes de Troyes art. 1; de Meaux, art. 5; de Vitry, art. 84; de Sens, article 161; de Châlons, article 2, & de Chaumont, article 2.

Mais Buridan affure, fur l'art. 2 de la Coutume de Reims, que le ventre n'ennoblit plus en France, pas même en Champagne; & il cite à ce fujet Tiraqueau, Boërius, Alciat, Bacquet, & un Arrêt du 23 Décembre 1559. On peut encore fur cette Nobleffe, de par les meres, confulter Piganiol de la Force, defcription de la Champagne;

& Durand, fur l'art. 69 de la Cout. de Vitry.

Saligny, Commentateur de la Coutume de Troyes, prétend, en parlant du Privilége des filles & des femmes de Champagne, qu'il ne fût accordé qu'à celles qui étoient alors vivantes, & pour un feul mariage. Néantmoins, dit cet Auteur » d'autres mariages fe continuerent depuis, defquels » les enfans prétendirent les mêmes préro-» gatives de Nobleffe, à caufe de leur me-» re, jufques-là que ces Nobles prétendus » firent, à la faveur de l'ignorance vulgaire, » paffer dans les Coutumes, des articles qui » entretenoient cet abus «.

Il y a des Coutumes où les Fiefs fe partagent autrement entre les Nobles, qu'entre les Roturiers; dans celle de Ribemont, la portion de l'aîné Noble eft plus confidérable que celle de l'aîné Roturier.

Dans la Coutume de Tours, les Fiefs Roturiers ne fe partagent féodalement, que quand ils font arrivés à la troifiéme fouche : on peut fur cette matiere, voir la Bibliothéque de Bouchel, au mot *Nobleffe,* tome fécond.

Voyez encore fur cela chaque Coutume en particulier; il feroit trop long de rapporter ici leurs diverfes difpofitions; voyez ce que je dis aux mots *Garde, Préciput,* &c.

Sur la maniere de partager les biens Nobles dans la fucceffion des ennoblis, V. M. Louet & Brodeau, lettre S, n°. 19.

La poffeffion d'un Fief Noble n'ennoblit pas le Poffeffeur.

Par un Edit du mois de Janvier 1751, regiftré le 22, le Roi *a fondé une Ecole Militaire, pour le logement, fubfiftance, entretien & éducation dans l'Art militaire, de cinq cens jeunes Gentilshommes du Royaume . . . . . fous la direction & autorité du Secrétaire d'Etat, ayant le département de la Guerre.*

L'Article XIII de cet Edit porte, que *l'établiffement de l'Ecole Militaire a pour objet particulier de fecourir la Nobleffe du Royaume, qui eft hors d'état de procurer une éducation convenable à fes Enfans; & en conféquence, Sa Majefté ordonne par cet article, qu'il n'y ait que cette efpéce de Nobleffe* (a)

(a) L'article 9 de la Déclaration du 24 Août 1760, donnée en interprétation de cet Edic, & qui a été regiftrée le 5 Septembre fuivant, porte, *qu'il ne fera reçu aucun*

Eleve dans l'Ecole Militaire, qu'il n'ait fait preuve de quatre dégrés de Nobleffe de pere, au moins, y compris le produifant . . . . . par titres originaux, non par copies collationnées.

qui y ait part, & que l'on obferve l'ordre fuivant dans l'admiffion defdits Enfans : de forte que la premiere Claffe foit toujours préférée à la feconde ; la feconde, à la troifiéme ; & ainfi de fuite jufqu'à la derniere.

XIV. *La premiere fera des orphelins, dont les peres auront été tués au fervice, ou feront morts de leurs bleffures. La feconde claffe, des orphelins, dont les peres font morts au fervice d'une mort naturelle, ou qui ne s'en feront retirés qu'après trente ans de commiffion, de quelqu'efpéce que ce foit. La troifiéme claffe, des enfans qui feront à la charge de leurs meres, leurs peres ayant été tués au fervice, ou étant morts de leurs bleffures, foit au fervice, foit après s'en être retirés, à caufe de leurs bleffures. La quatriéme claffe des enfans qui feront à la charge de leurs meres, leurs peres étant morts au fervice d'une mort naturelle, ou après s'être retirés du fervice, après trente ans de commiffion, de quelqu'efpéce que ce foit. La cinquiéme claffe, des enfans dont les peres fe trouveront actuellement au fervice. La fixiéme, des enfans dont les peres auront quitté le fervice par rapport à leurs infirmités, à leur âge, ou pour quelque caufe légitime. La feptiéme claffe, des enfans dont les peres n'auront pas fervi, mais dont les ancêtres auront fervi. La huitiéme claffe enfin, des enfans de tout le refte de la Nobleffe qui fe trouvera dans le cas d'avoir befoin de nos fecours.*

XV. *On recevra lefdits enfans depuis l'âge de huit à neuf ans, jufqu'à celui de dix à onze ans, à l'exception des orphelins qui pourront être reçus jufqu'à l'âge de treize ans, en obfervant de n'en point admettre qui ne fache lire & écrire, de façon qu'on puiffe les appliquer à l'étude des Langues.*

XVI. *Il ne fera admis aucun Eleve dans ledit Hôtel, qu'il n'ait fait preuve de quatre générations de Nobleffe de pere, au moins ; à l'effet de quoi les parens defdits Eleves remettront au Secrétaire d'Etat, chargé du département de la Guerre, un cahier contenant les faits généalogiques de leurs naiffances, avec les copies collationnées des titres juftificatifs d'iceux, lefquels cahiers & titres feront dépofés aux Archives de ladite Ecole, après avoir été examinés & reconnus pour véritables par le Généalogifte qui fera par nous*

choifi, & mention en fera faite fur le Regiftre d'admiffion & d'entrée dans ladite Ecole ; & feront en outre tenus de rapporter la preuve que les Eleves font dans une des claffes portées en l'article 14 ; & mention en fera pareillement faite fur le Regiftre d'entrée, avec noms, furnoms, âge & domiciles des enfans admis.

XVII. *La deftination de ces enfans exigeant qu'ils foient bien conformés, il n'en fera reçu aucuns de contrefaits, ni d'eftropiés ; fi cependant il leur arrivoit, tandis qu'ils feront dans ledit Hôtel, quelqu'accident fâcheux qui ne permît pas qu'on les deftinât pour la guerre, notre intention n'en eft pas moins qu'ils y achevent leurs études, fauf à les employer d'une maniere convenable à leur fituation, lorfqu'il s'agira de leur donner un état.*

XIX. *Lorfque lefdits enfans feront parvenus à l'âge de dix-huit ou vingt ans, & même lorfque, dans un âge moins avancé, leur éducation fe trouvera affez perfectionnée, pour qu'ils puiffent commencer à nous fervir utilement, notre intention eft qu'ils foient employés dans nos troupes, ou dans les autres parties de la guerre, fuivant les talens & aptitude que l'on reconnoîtra en eux ; & pour qu'ils puiffent fe foutenir dans les premiers emplois qui leur feront confiés, nous voulons & entendons qu'il leur foit fait, fur les fonds de l'Ecole Militaire, une penfion de 200 livres par année, laquelle fera continuée tant que nous le jugerons néceffaire, à l'effet de quoi nous arrêterons tous les ans un état defdites penfions, lefquelles feront allouées fans difficulté dans les comptes du Tréforier, en rapportant par lui ledit état & les quittances néceffaires.*

L'ufage eft de confier la garde des Lettres de Nobleffe à l'aîné de la famille.

Cette maxime ne fouffre point de difficulté entre les freres ; mais fi la mafculinité s'éteint dans la branche aînée d'une famille, l'aîné mâle d'une branche cadette peut-il redemander ces titres aux filles de la branche aînée.

Cette queftion vient de fe préfenter dans la famille de M. Titon. Le fieur Titon de Villegenou, feul mâle de la branche aînée de fa famille, étoit mort dépofitaire des titres de Nobleffe, ne laiffant qu'une fille. M. Titon, Confeiller au Parlement, aîné mâle de la seconde branche, devenu par cette mort l'aîné mâle de la famille, en demanda les titres. La demoiselle de Villegenou les refusoit, sous prétexte qu'ils dépendoient de la succession de son pere, dont elle étoit héritiere ; elle ajoutoit que, représentant l'aîné, & portant elle-même le nom de Titon, elle avoit intérêt à la conservation de ses titres de Noblesse.

M. Titon répondoit que ces titres appartenoient à la famille des Titon, & non à la succession du sieur Titon de Villegenou, qui n'en étoit que dépositaire ; qu'il étoit d'un usage constant de remettre ces sortes de titres à celui qui se trouvoit l'aîné mâle, dont le nom se perpétuoit, & non de les laisser ès mains des filles qui perdent ce nom, en se mariant.

La Sentence du Châtelet du 26 Juin 1759, avoit mis hors de Cour sur la demande de M. Titon. Mais par Arrêt rendu le 31 Juillet 1759, en la Grand'Chambre, sur les Conclusions de M. Seguier, elle a été infirmée ; & la Cour a ordonné que les Lettres de Noblesse seroient remises à M. Titon.

NOÇAGE.

On donne ce nom au droit qu'avoient anciennement, & qu'ont peut-être encore quelques Seigneurs, d'être invités à la nôce de leurs Vassaux, huit jours avant la célébration du mariage, & d'y assister avec un lévrier, deux chiens courans, &c.

NÔCES (SECONDES).
V. Avantage indirect, Conquêt, continuation de Communauté & Fief.

On appelle Secondes Nôces, tout mariage contracté après la dissolution d'un ou de plusieurs précédens ; car quelque nombre de mariages qu'il y ait eu, chacun de ceux qui sont postérieurs au premier, est compris sous le nom de Secondes Nôces, à l'égard de celui des conjoints qui avoit déja été marié.

L'Eglise tolere les Secondes Nôces ; mais elle les regarde comme l'effet d'une incontinence qui rend les personnes qui y passent, comme moins pures à ses yeux ; c'est pour cela qu'elle n'admet point aux Ordres sacrés ceux qui ont été mariés deux fois.

Les Loix civiles regardent dans les Secondes Nôces l'inconvénient du tort que font à leurs enfans les personnes qui se remarient ; & pour prévenir les dispositions que pourroient faire au préjudice de leurs enfans, ceux qu'un second mariage aliéneroit de l'affection qu'ils doivent conserver pour eux, elles ont affecté aux enfans les biens venus de leurs pere ou mere prédécédés au survivant qui se remarie, de maniere que celui-ci n'en peut donner à son second conjoint qu'une portion égale à celle de l'enfant qui en prendra le moins dans sa succession.

L'ancien Droit Romain ne prononçoit des peines contre les Secondes Nôces, que lorsqu'elles étoient contractées par les veuves dans l'année du deuil (V. Deuil) ; mais une femme pouvoit se soustraire à ces peines, en obtenant du Prince une permission de se marier avant l'expiration de ce terme. Nous avons des exemples de pareilles dispenses accordées par nos Rois.

Ce ne fut que sous les derniers Empereurs que l'on pourvut à l'intérêt des enfans, dont la mere convoloit, après l'année du deuil. D'abord elle fut réduite à l'usufruit des avantages qu'elle avoit reçus de son premier mari ; & cette prohibition, qui ne concernoit que le convol des femmes, fut ensuite rendue commune pour celui des maris.

Depuis il fut défendu au survivant de faire à son second mari, ou à sa seconde femme, aucun avantage qui pût excéder la part de ses enfans les moins prenans dans la succession, & que l'excédent en fût retranché. V. la Novelle 22, chap. 27 & 46, & l'Analyse du Droit François, liv. 3, chap. 1, section 7.

C'est d'après ces anciens usages, que François II donna à Fontainebleau l'Edit du mois de Juillet 1560, vulgairement nommé l'Edit des Secondes Nôces, dont voici les dispositions.

Ordonne Sa Majesté, que *les femmes veuves, ayant enfans, ou enfans de leurs enfans, ne peuvent, & ne pourront, en quelque façon que ce soit, donner de leurs biens, meubles, acquêts ou propres, à leurs nouveaux maris, pere, mere, ou enfans desdits maris, ou autres personnes, qu'on puisse présumer être par dol ou fraude interposées , plus qu'à l'un de leurs enfans , ou enfans de leurs enfans (a).*

S'il se trouve division inégale de leurs biens entre leurs enfans , ou enfans de leurs enfans, les donations faites à leurs nouveaux maris , seront faites & mesurées à raison de celui des enfans qui en aura le moins.

Et au regard des biens à icelles veuves acquis par dons & libéralités de leurs défunts maris , elles ne peuvent & ne pourront en faire aucune part à leurs nouveaux maris ; ains elles seront tenues de les réserver aux enfans communs d'entr'elles & leurs maris , de la libéralité desquels iceux biens leur seront avenus.

Le semblable voulons être gardé ès biens qui sont venus aux maris par dons & libéralités de leurs défuntes femmes , tellement qu'ils n'en pourront faire don à leurs secondes femmes ; mais seront tenus les réserver aux enfans qu'ils ont eu de leurs premieres femmes.

Toutefois n'entendons par ce présent Edit bailler aux femmes plus de pouvoir & liberté de disposer de leurs biens, qu'il ne leur loist par les Coutumes des Pays , esquelles par ces présentes n'est dérogé, en tant qu'elles restraignent plus avant la libéralité desdites femmes.

Le Légiflateur nous apprend lui-même les motifs de cette Loi : c'est parce que les *femmes qui se remarient, font souvent des donations immenses à leurs nouveaux maris , & mettent en oubli, le devoir de nature envers leurs enfans , de l'amour desquels , tant s'en faut qu'elles se dussent éloigner par la mort des peres , que les voyant destitués des secours & aides de leur pere, elles devroient par toutes voies s'exercer à leur faire le double office de pere & de mere , &c.*

C'est par ces grands principes que la prohibition est conçue dans les termes les plus rigoureux. Les femmes ne peuvent donner à leurs seconds maris *plus qu'une portion d'enfant, en quelque maniere que ce soit* ; & les Arrêts ont jugé que la même prohibition a lieu pour les donations que les hommes font à leur seconde ou troisième femmes , parce qu'on trouve les mêmes inconvéniens par rapport à eux.

Ainsi , ni les femmes ni les maris ne peuvent directement ni indirectement se rien donner au-delà de ce que permet l'Edit de 1560.

Il y a deux manieres de frauder la disposition de cet Edit ; la premiere , en donnant à des personnes interposées; & la seconde , en déguisant le contrat , par exemple , en reconnoissant avoir reçu ce qui n'a point réellement été payé. Dans l'un & dans l'autre cas, si l'on peut prouver l'interposition de la personne, ou la simulation du contrat, la libéralité doit être réduite ou annullée , parce que la Loi doit avoir son exécution ; & comme c'est ici une matiere de fraude, des présomptions fortes suffisent pour opérer la preuve. Aussi l'Edit des Secondes Nôces ne dit-il pas qu'il faut que le dol & la fraude soient prouvés , pour que les donations soient annullées ; mais il décide qu'il suffit qu'on puisse les *présumer être interposées* pour frauder la Loi.

Je crois même pouvoir dire que la grande affinité des Donataires avec la personne prohibée, telle , par exemple , que celle qui résulte de la qualité de pere , mere ou enfant, suffit seule pour opérer une présomption légale d'un avantage indirect ; mais si c'étoient des collatéraux ou des étrangers , il faudroit des circonstances plus ou moins fortes , suivant le dégré de parenté pour opérer la présomption que l'Edit exige. On peut sur cette matiere consulter Dumoulin, d'Argentré, Tiraqueau ; M. le Feron (sur la Coutume de Bordeaux) ; Henrys, & plusieurs autres. V. aussi plusieurs Arrêts dont je parle aux articles, *Avantage indirect* & *Donation.*

Pour sçavoir si l'avantage est excessif, & en faire la réduction aux termes de l'Edit des secondes Nôces, on considere le nombre des enfans que le donateur a laissé en mourant ; & si c'est un des enfans du second lit qui se trouve le moins avantagé, c'est sur

---

(a) La Loi Romaine, plus étendue que l'Edit des Secondes Nôces, ôtoit aux femmes la disposition des biens qui, ayant appartenu à leurs premiers maris, venoient à elles par succession de leurs enfans ; & vouloit, au cas de second mariage, que la propriété de ces sortes de biens fût réservée aux enfans du premier lit ; cela est même encore d'usage dans les Pays de Droit-Ecrit. Voyez l'Arrêt du 30 Juillet 1639, dont parle Henrys, tome premier, livre 4, chapitre 1, question 19 & 14 ; Cambolas, livre 1, chapitre 40. Mais cela n'a pas lieu en Pays Coutumier. Voyez Chopin sur la Coutume d'Anjou, & M. Louet, lettre N, n°. 8.

ſa portion que celle du donataire doit être réglée.

Mais s'il ne reſte point d'enfans du premier lit, encore qu'il y en ait du ſecond, l'Edit n'a plus lieu ; & ceux-ci ne peuvent, ni demander aucun retranchement, ni troubler la paix de leur famille.

C'eſt auſſi au moment de la mort du donateur, qu'on regarde quelle eſt là valeur & la conſiſtance des biens de celui qui a donné pour régler ſa libéralité ſur ce pied, parce qu'on ne diſcute point les facultés d'une perſonne vivante. Une donation de part d'enfant eſt une diſpoſition à cauſe de mort, qui ne prend ſa conſiſtance qu'au moment de l'ouverture de la ſucceſſion ; & les enfans ne peuvent, ni ſe plaindre de la donation, ni demander un retranchement, ni rien prendre dans les biens du donateur pendant ſa vie ; ce n'eſt qu'après ſa mort qu'on peut voir quelles ſeront leurs portions, & quelle peut être celle du donataire. Voyez les Arrêts du 28 Avril 1623, & du 27 Août 1659, rapportés au Journal des Audiences ; Ricard, des Donations, &c.

C'eſt ſur ce fondement qu'il a été jugé par Arrêt rendu au Parlement de Bretagne, le 22 Avril 1738, qu'une veuve, qui avoit des enfans d'un premier lit, s'étant remariée, & ayant fait une donation de 12000 livres, tant à ſon ſecond mari, qu'aux enfans à naître de leur mariage, devoit, après la mort du ſecond mari, payer les 12000 l. à la fille du ſecond lit, nonobſtant la réſiſtance de la mere, & l'oppoſition des enfans du premier, ſauf à ceux-ci à demander la réduction à la part du moins prenant après le décès de la mere.

Les donations (plus conſidérables & plus fortes qu'une portion d'enfans) que font les perſonnes, ayant des enfans en ſe remariant, en faveur d'un nouveau conjoint, ne ſont pas nulles, mais ſeulement réductibles ; & il n'importe que la donation exceſſive, faite au nouveau conjoint, ſoit mutuelle ; elle eſt toujours ſujette à réduction, quelque dénomination qu'on lui donne, & dans quelque forme qu'elle ſoit faite. Le douaire peut cependant concourir avec la portion d'enfant, au profit de la ſeconde femme, parce qu'il eſt de Droit commun ; mais s'il excédoit la valeur de celui que la Coutume fixe, il ſeroit également réductible.

En Pays Coutumier, l'avantage retranché en vertu de l'Edit des Secondes Nôces, demeure dans la ſucceſſion du donateur, & ſe partage également entre tous les enfans, tant du premier que du ſecond lit. Mais en Pays de Droit-Ecrit, ce qu'il y a d'exceſſif dans la donation, ne ſe compte plus entre les biens de celui qui a donné ; ce retranchement appartient aux enfans du premier lit ſeulement, & ils le prennent en qualité d'enfans, ſans être héritiers, & ſans rapporter. Il y a ſur cela pluſieurs Arrêts dans Papon & dans Brodeau ſur M. Louet. Voy. Cambolas, liv. 4, ch. 18 ; mais voyez auſſi l'Acte de Notoriété du Châtelet du premier Mars 1698.

Quand la donation faite en faveur d'un ſecond mariage, conſiſte en une ſomme, ou en biens particuliers, les enfans ont le choix d'en faire la délivrance, ou de donner au nouveau conjoint la part d'enfant ; en ce dernier cas il doit contribuer au payement des dettes & des legs.

Les enfans communs, & même ceux qui ſont à naître, ne ſont pas compris dans la prohibition prononcée par l'Edit des Secondes Nôces, à moins qu'ils ne ſervent de prétexte pour avantager un ſecond conjoint.

La Combe rapporte ſur cela un Arrêt rendu le 29 Avril 1719, en la Grand'Chambre, au rapport de M. le Meunier, qui a jugé valable une inſtitution contractuelle faite par Jean Chauffard, Marchand à Felletin, par ſon ſecond contrat de mariage, au profit des enfans à naître de ce ſecond mariage. (Cet Arrêt eſt d'ailleurs imprimé).

La Cour a même jugé, par Arrêt rendu au rapport de M. Bochart de Saron, en la Grand'Chambre, le 11 (ou le 12) Août 1740, confirmatif de deux Sentences du Châtelet des 9 Août & 19 Décembre 1738, que le Marquis de Villenes, âgé de 75 ans, qui avoit un fils d'un premier lit, avoit pu donner valablement par ſon ſecond contrat, en faveur des enfans qui devoient naître de ſon futur mariage, tout ce que la Coutume du Maine permettoit de donner à ſes enfans puînés. V. un autre Arrêt du 7 Septembre 1673, au Journal du Palais.

La queſtion jugée par l'Arrêt de 1740, faiſoit d'autant plus de difficulté, que la ſeconde femme du Marquis de Villenes avoit demandé la garde-noble de ſes enfans ; & que par cette voïe elle jouiſſoit pendant un temps des revenus de ſon défunt mari, contre la diſpoſition de l'Edit des Secondes Nôces, qui ne permet pas d'avantager la ſeconde femme, directement ni indirectement. Cette circonſtance n'a pas paru ſuffiſante ; & la Cour, en décidant la queſtion par les principes fondamentaux, a jugé que les enfans du ſecond lit n'étoient pas compris dans la prohibition de l'Edit des Secondes Nôces. V. ci-devant l'Arrêt du premier Septembre 1744.

Marguerite le Roy, qui avoit un fils de ſon premier mariage avec Pierre Delamarre, épouſa en Secondes Nôces le ſieur Bourgoin, Huiſſier-Priſeur, auquel elle fit une donation de part d'enfant.

L'enfant du premier lit mourut depuis le ſecond mariage, & la dame Bourgoin ne laiſſa aucun enfant. Après ſon décès, il s'eſt agi de ſçavoir, entre ſes parens collatéraux & le ſieur Bourgoin, ſi celui-ci devoit avoir la totalité des biens, ou ſeulement la moitié. Il ſoutenoit que la totalité lui appartenoit, parce qu'il ne devoit, diſoit-il, reconnoître d'autres concurrens, que les enfans de ſa femme dans le partage de ſa ſucceſſion, & que ſa portion devoit augmenter ou diminuer, à proportion de ce que le nombre des enfans ſe multiplie ou s'affoiblit. Il citoit le Brun, des Succeſſions, livre 2, chap. 6, ſection première, diſtinction 5, n. 12 ; & ajoutoit que la prohibition, portée par l'Edit des Secondes Nôces, n'étoit pas faite en faveur des collatéraux.

Les Légataires univerſels de la dame Bourgoin, & ſes héritiers, oppoſoient à cela l'opinion d'Argou, de Ricard, de Dupleſſis, de le Maiſtre, de la Combe ; &c. & par Sentence du Châtelet du 22 Avril 1762, confirmée par Arrêt rendu en la Grand-Chambre, au rapport de M. Lambelin, le 21 Juin 1763, le partage par moitié entre le mari, & les héritiers & légataires univerſels, a été ordonné. V. ce que je dis ſur cela à l'art. Rapport.

Un Arrêt rendu en forme de Réglement, le 19 Août 1715, ſur les Concluſions de M. de Lamoignon, déclare nulle la remiſe de la peine portée par l'Edit des ſecondes Nôces contre les femmes qui ſe remarient, que le ſieur Cherel avoit fait en faveur de ſa femme par ſon teſtament.

Un autre Arrêt rendu le 29 Janvier 1658, a jugé » que la Communauté établie par la » Coutume entre conjoints par mariage, ſe » trouvant exceſſive de la part de celui des » deux qui s'eſt remarié, eſt un avantage » indirect au profit de l'autre, ſujet à réduction, en faveur des enfans du premier » lit .... & qu'après la réduction faite, le » ſurplus de la communauté ſe doit partager » entre leſdits enfans & le ſurvivant des » conjoints. «

L'Edit des Secondes Nôces ne permettant à ceux qui ſe remarient, de donner à leurs conjoints qu'une portion, dans leur ſucceſſion, égale à celle de l'enfant le moins prenant ; ſi le donateur ne laiſſe que des petits-enfans, eſt-ce par ſouches ou par têtes que cette portion ſe régle ?

Cette difficulté s'eſt préſentée dans la ſucceſſion de la dame de Meliand en 1746 ; & d'après les Conſultations des plus célébres Avocats, conformes aux ſentimens de Dupleſſis, de Ricard & de le Brun, il a été arrêté, qu'au moyen de ce que les petits-enfans partageoient par ſouches la ſucceſſion de leur ayeule, la portion du donataire devoit être réglée ſur la portion de la ſouche la moins prenante.

Cette maniere d'opérer en ce cas, eſt fondée ſur ce que la ſucceſſion d'un ayeul qui laiſſe pluſieurs branches de petits-enfans, doit d'abord être partagée par ſouches : ce n'eſt qu'après le premier partage, qu'on en fait un ſecond par têtes dans chaque diviſion. V. Aîneſſe.

Il en eſt autrement lorſqu'un fils ou une fille unique décéde avant le donateur, & laiſſe pluſieurs enfans : la portion du donataire eſt alors égale à celle du petit-enfant qui prend le moins ; parce que tous les petits enfans viennent en ce cas de leur chef à la ſucceſſion du donateur qu'ils partagent par têtes, aux termes de la Novelle 118, chapitre premier. C'eſt ce qui a été établi par Ricard dans ſon Traité des Donations ; 3e partie, ch. 9, gl. 4, n°. 1270 & 1271, où cet Auteur cite la Novelle 118, ch. premier.

La donation de part d'enfant est une forte d'inſtitution contractuelle ; elle devient ſans effet, & s'éteint par le prédécès du conjoint donataire ; ſa mort rend ſon droit caduc, au moyen de quoi il ne tranſmet rien à ſes héritiers. On cite ſur cela un Arrêt rendu en 1731, en la première Chambre des Enquêtes, au rapport de M. Paſquier. Je ne connois point cet Arrêt.

La donation de part d'enfant ne gêne point la propriété du donateur ; il peut aliéner, contracter des dettes ; tant qu'il eſt vivant, il eſt libre ; ſa libéralité ne frappe que ſur les biens qui compoſent ſa ſucceſſion.

Enfin, l'augmentation de la fortune du donateur augmente la valeur de la donation, & la diminution du nombre des enfans en augmente la quotité : cependant elle ne peut pas devenir univerſelle, & elle ne peut être que de moitié quand tous les enfans décèdent, à moins que le contrat de mariage n'en diſpoſe autrement. V. l'Arrêt du 21 Juin 1763, dont j'ai ci-devant rapporté l'eſpèce.

L'Edit des Secondes Nôces défend à ceux qui ont des enfans, & qui ſe remarient, de faire aucune part à leur nouveau conjoint, des biens qui leur ſont venus par dons & libéralités de leurs conjoints prédécédés ; & dans les libéralités, on comprend le capital du douaire préfix conſtitué à la femme ; ainſi le donataire ne peut pas demander ſa portion d'enfant dans ces biens. Mais la Coutume de Paris établit une autre réſerve au profit des enfans ; elle veut de plus que le nouveau conjoint ne puiſſe demander ſa portion d'enfant dans les conquêts des précédens mariages. C'eſt la diſpoſition de l'article 279. Voyez *Conquêts.*

Ces conquêts n'appartiennent cependant pas aux ſeuls enfans des premiers mariages dans la ſucceſſion de leur pere ou mere qui ſe remarie (a) ; ils doivent les partager, ainſi que les autres biens-meubles, acquêts & propres qui ne proviennent point des libéralités du conjoint *prédécédé*, avec les enfans des mariages ſubſéquens : réciproquement les uns & les autres prennent part dans les conquêts des communautés ſubſéquentes ; mais à l'égard des biens qui viennent de la libéralité du conjoint prédécédé, ils ſont affectés aux enfans du premier lit ; ceux du ſecond lit n'y peuvent rien prétendre.

L'uſage du Châtelet ne permet pas non plus de donner une part d'enfant au nouveau conjoint dans la moitié du préciput dont a profité celui qui ſe remarie. Si même le préciput avoit été payé à une femme ſur les biens de ſon défunt mari, après une renonciation à la communauté, comme cela arrive ſouvent, elle ne pourroit, en ce cas, faire aucune part à ſon nouveau mari dans la totalité de ce préciput, qu'elle ſeroit cenſée tenir de la libéralité du prédécédé.

La Cour a jugé, par Arrêt rendu ſur les Concluſions de M. l'Avocat Général Joly de Fleury, le 24 Juillet 1741, que le ſurvivant remarié, lequel avoit ameubli le quart d'une maiſon lors du premier mariage, avoit pû diſpoſer d'une part d'enfant dans ce quart de maiſon, (ſitué dans la Coutume d'Orléans,) nonobſtant l'ameubliſſement & les diſpoſitions de l'art. 203 de la Coutume d'Orléans, conforme à l'article 279 de celle de Paris ; parce que l'ameubliſſement n'eſt qu'une fiction qui ne peut s'étendre au-delà des cas pour lequel il a été fait.

Au reſte, la prohibition portée par l'Edit des Secondes Nôces, & par l'art. 279 de la Coutume de Paris, ceſſe d'avoir lieu, ſoit par le décès de tous les enfans des précédens mariages, ſoit par la diſſolution du dernier ; & il faut bien remarquer que, quelque favorable que ſoit la diſpoſition de l'article 279 de la Coutume de Paris, elle ne s'étend point aux autres Coutumes, qui n'en ont pas de ſemblables, parce qu'elles ne peuvent s'induire des termes de l'Edit des Secondes Nôces.

L'Edit des Secondes Nôces n'a pas lieu en Artois : cela a été ainſi jugé par un Arrêt rendu en la troiſiéme Chambre des Enquêtes le 27 Mai 1700, cité par Me Maillard, dans ſon Commentaire ſur la Coutume d'Artois ; & cela eſt d'ailleurs atteſté par un

___

(a) La Combe rapporte un Arrêt du premier Septembre 1744, par lequel il dit avoir été jugé qu'une veuve qui ſe remarie, ne peut pas diſpoſer de ſa portion dans les conquêts de la première communauté en faveur des enfans du ſecond lit, au préjudice des portions des enfans du premier lit.

Acte de Notoriété donné par le Conseil d'Artois, le 10 Avril 1698, qu'on trouve dans les Coutumes locales d'Artois, imprimées en 1746, page 71.

La raison de cette exception est, que l'Edit a été donné lorsque cette Province étoit sous une domination étrangere, & que, par des Lettres-Patentes de l'an 1651, le Roi a confirmé l'Artois dans les mêmes droits que cette Province avoit sous la domination de la Maison d'Autriche. V. un autre Acte de Notoriété donné par le même Conseil, le 7 Janvier 1730.

NÔCES (FESTINS).
V. Cabarets.

Un Arrêt du Parlement de Dijon, du 6 Août 1718, rendu sur les Conclusions de M. le Procureur Général, fait défenses à tous Villageois (du ressort) de s'attrouper à l'occasion des mariages........ d'y paroître armés, à peine de 300 liv. d'amende, même de recevoir ce qui leur seroit volontairement offert. Les dispositions de cet Arrêt, qui contient six articles, sont imprimées en entier dans le Dictionnaire de Police, verb. Cabaretier.

Un autre Arrêt du 4 Janvier 1723, ordonne l'exécution de celui de 1718, & qu'il sera publié au-devant des Eglises Paroissiales de six mois en six mois, & une fois l'an à la tenue des Jours.

Charles IX fit en 1563 une Ordonnance, par laquelle, en réglant l'ordre & la quantité des services dans les repas des Nôces, la superfluité des viandes fut défendue; mais cette Ordonnance est tombée en désuétude, & je me crois par cette raison dispensé d'en rapporter les dispositions.

NOM.

V. Armes, Bâtards, & Noblesse.

Le Nom, les Armes & le rang des familles ne tombent point dans le commerce, & ils sont inaliénables.

Ce n'est point par le titre d'héritier, ni par celui de donataire qu'on les posséde; il faut, pour y avoir droit, descendre par les mâles de ceux qui en ont joui: c'est le seul bien indépendant des caprices & des révolutions de la fortune.

Balde, l'un des plus anciens & des plus célébres Interprétes du Droit Romain, dit que, dans le Nom & dans les Armes, résident principalement la mémoire d'une Maison & la splendeur d'une Race; & comme ces biens appartiennent en commun à toute la famille, chaque Particulier qui la compose, y a droit, comme étant de la famille; mais nul, par la même raison, n'a le pouvoir de les aliéner ou de les communiquer à une famille étrangere, au préjudice & sans le consentement de toutes les personnes de la famille à qui ils appartiennent.

Selon l'usage général de la France, l'aîné seul d'une Maison a le droit de porter le Cri & les Armes pleines; les cadets ne peuvent les porter sans quelque différence, qu'on appelle brisure; c'est ce que nous apprennent Loyseau, Traité des Ordres, ch. 7, n°. 73; Dumoulin sur l'article 301 de la Coutume de Bourbonnois. D'Expilly rapporte même un ancien Arrêt du 9 Mai 1499 (Arrêt 163), par lequel les puînés furent condamnés de quitter les Armes pleines, & d'y mettre les différences ordinaires, quoiqu'ils eussent une possession de soixante années. Voyez un semblable Arrêt du Parlement de Toulouse, du 14 Août 1509, cité par la Roche-Flavin, des Droits Seigneuriaux, chap. 30, des Armoiries, Arrêt 3.

Les filles qui se marient, perdent par-là tous les avantages, le Nom, les Armes, le Rang & la Noblesse des Maisons dont elles sont sorties. Elles perdent la Noblesse, si elles se marient à un Roturier; elles perdent le Rang qu'elles avoient avant leur mariage, si le mari qu'elles épousent, n'a pas le droit d'en jouir: leur Nom se perd aussi, & ne se communique point à leurs enfans, qui suivent toujours la condition du pere, & non celle de la mere; elles prennent le Nom de leur mari; & si elles conservent les Armes de leur famille, c'est précisément pour faire connoître de quel sang elles sont issues; & pour que cela ne cause point de confusion & de trouble, elles ne peuvent jamais les porter seules; elles sont obligées de placer celles de la famille de leurs maris au côté droit, & celles de leur propre famille qu'elles quittent, au côté gauche.

Lorsqu'il ne reste plus de mâles portant le Nom & les Armes d'une famille illustre, personne ne peut, sans l'autorité du Prince,

ce, ſtipuler dans des contrats de mariage, dans des teſtamens ou autres actes, que des enfans à naître, ou même des perſonnes déſignées, porteront le Nom & les Armes de cette famille. La raiſon de cette régle eſt, que l'ordre public, la nature & la Loi, obligent les enfans de porter le Nom & les Armes de leur pere; & qu'on ne peut, par des conventions particulieres, déroger à l'ordre public ſans l'autorité du Souverain qui permette ce changement.

On ne peut, en effet, changer de Nom en France ſans Lettres-Patentes du Roi; on les nomme Lettres de Commutation de Nom; & la formule en eſt imprimée en pluſieurs endroits. On peut voir ſur cela M. Boyer, Préſident au Parlement de Bordeaux, déciſion 146, n°. 6; Chaſſanée, *Catal. Gloria mundi*; Chriſtin, Chancelier de Brabant, ſur l'art. 2 de l'Edit des Archiducs de 1616; Théodore Hœping, Traité du Droit des Armoiries; Jean Scohier, Traité de l'Etat & comportement des Armes, imprimé en 1597; & Knipſchilt, Auteur Allemand, qui a fait un Traité des Subſtitutions des Maiſons illuſtres.

Malgré les autorités qui conſacrent le principe que j'ai poſé, il faut convenir que d'autres Auteurs, (au nombre deſquels ſont Anſelme, ſur l'Edit perpétuel des Pays-Bas; Jean Eſcobar, Traité de la Nobleſſe; Guy-Pape, Menochius & Ferrerius), penſent au contraire que les donateurs peuvent impoſer à leur libéralité la condition que le donataire prendra le Nom & les Armes d'une certaine famille: mais cela ne peut, tout au plus, avoir lieu que lorſqu'il n'y a plus de mâles de la famille, ou bien lorſqu'ils y conſentent.

Les exemples des changemens de Nom en France, autoriſés par Lettres-Patentes dans les Maiſons nobles, ſont fréquens & d'un uſage très-ancien. Celles du mois de Novembre 1572, regiſtrées le 23 du même mois, qui permirent à Antoine de Blanchefort de porter le Nom & les Armes de Crequy, portent: *A nous ſeuls appartient de permettre la mutation & changement de Cri, Noms & Armes de grandes & illuſtres Maiſons, &c.*

C'eſt en conſéquence de ſemblables Lettres, (du mois de Mai 1644, enregiſtrées

le 11 Mai 1645,) que François de Harville & ſa poſtérité ont porté le nom de Harville des Urſins.

François-Henri de Montmorenci, Comte de Boutteville, & ſa poſtérité, ont été autoriſés à porter le Nom de Luxembourg, par des Lettres-Patentes du mois de Mars 1661.

Léon d'Albert de Brantes en avoit auſſi obtenu le 10 Juillet 1620, qui lui permettoient de porter le Nom de Luxembourg: il avoit épouſé la fille aînée de Henri de Luxembourg, dernier mâle de cette Maiſon.

Sur cette matiere voyez un Arrêt du 22 Décembre 1599, rapporté par Montholon, Peleus & Carondas.

Quand les Lettres-Patentes permettent à quelqu'un de porter le Nom & les Armes d'une Maiſon dont il n'eſt pas ſorti par les mâles, s'il ſubſiſte encore des mâles de la Maiſon dont le Nom eſt ainſi communiqué, ils peuvent s'oppoſer à l'enregiſtrement des Lettres; parce qu'en les accordant, le Roi n'entend point préjudicier aux droits des tiers: il y a ſur cela des Loix préciſes dans le Digeſt. D'ailleurs on trouve dans preſque toutes les Lettres de Chancellerie, la clauſe de ſtyle, *ſauf notre droit en autre choſe, & l'autrui en tout*, laquelle conſerve les droits de ceux qui peuvent être intéreſſés à la grace accordée par les Lettres.

Mais lorſque, comme dans celles accordées à Antoine de Blanchefort, il y a une défenſe expreſſe aux mâles de la famille de s'oppoſer à l'enregiſtrement; alors ils ne peuvent en empêcher l'effet, parce que le Roi eſt maître de déroger ſur cela au droit général du Royaume.

L'Ordonnance de 1629 *enjoint*, par l'article 211, *à tous Gentilshommes de ſigner du Nom de leur famille, & non de celui de leur Seigneurie, en tous actes & contrats qu'ils feront, à peine de nullité deſdits actes & contrats.* Mais elle n'a jamais été ſuivie ſur ce point.

Celui qui ſouſcrit un engagement ſous un autre Nom que le ſien, ſe rend coupable d'un faux, & la premiere réparation qui ſoit dûe à celui qui a été trompé par cette fauſſe ſignature, eſt que le fauſſaire ſoit condamné à exécuter l'engagement qu'il a ſouſcrit ſous un nom emprunté.

K k

C'eſt ce que la Cour a jugé par un Arrêt rendu dans une eſpéce ſinguliere le 11 Mars 1735, au rapport de M. Paſquier. En voici les circonſtances.

Un ſieur Favre, Banquier à Paris, remit en 1715 au ſieur Facio, pour 10567 livres 10 ſols de Lettres de Change, tirées ſur Lyon par lui Favre, & endoſſées en blanc de la ſignature Bonneau.

Ces Lettres n'ayant point été payées, elles revinrent au ſieur Facio, qui les avoit négociées; il pourſuivit le ſieur Favre pour en avoir le payement, & voulut auſſi pourſuivre Bonneau: mais il ne le connoiſſoit pas; il interpella Favre de l'indiquer: Favre répondit que Bonneau demeuroit chez lui.

En conſéquence Bonneau & Favre furent pourſuivis & condamnés ſolidairement à payer le montant des Lettres de Change: Favre fut inutilement diſcuté, ſes affaires étoient en déſordre.

A l'égard de Bonneau, on découvrit que c'étoit un nom ſuppoſé, & que celui qui avoit ſigné ce nom, étoit un Commis de Favre, nommé Angelini.

Auſſi-tôt cette découverte le ſieur Facio pourſuivit Angelini, ſous le nom d'Angelini Bonneau: celui-ci répondit ſe nommer ſeulement Angelini, & qu'il n'étoit point le Bonneau qui avoit endoſſé les Lettres de Change tirées par Favre.

Vérification faite de la ſignature, les Experts déclarerent qu'elle étoit faite par Angelini; en conſéquence il fut condamné à payer.

Sur le fondement de ces condamnations, Facio forma une oppoſition en ſous ordre au décret d'une maiſon ſur Angelini, ſon débiteur, qui avoit une créance privilégiée ſur cette maiſon; il produiſit enſuite, pour ſe faire colloquer dans l'ordre qui ſe pourſuivoit aux Requêtes du Palais à la requête de M. Anjorrant.

M. Anjorrant ſoutint que la collocation devoit être rejettée, & forma, à cet effet, oppoſition aux Sentences de condamnation obtenues par Facio, tant aux Conſuls qu'au Châtelet: ſon moyen étoit, qu'Angelini n'avoit jamais contracté avec Facio; qu'il n'avoit jamais reçu la valeur des Lettres de Change endoſſées ſous le nom de Bonneau. Il ajoutoit qu'en 1715, les Banquiers étoient dans l'uſage de faire les Lettres de Change payables à l'ordre d'un Commis, & que la ſignature de celui-ci ne l'engageoit à rien: cet uſage étoit atteſté par le certificat de grand nombre de Négocians.

Facio répondoit que cet uſage étoit contraire, & à la diſpoſition de l'Ordonnance du Commerce, & au Réglement du Châtelet du 14 Août 1680. Il citoit Savary, & rapportoit l'avis de pluſieurs Négocians, qui décidoient en ſa faveur.

Les raiſons de Facio prévalurent; & par l'Arrêt, la Cour, en déboutant M. Anjorrant de ſon oppoſition, ordonna que Facio ſeroit colloqué, comme exerçant les droits d'Angelini. On avoit jugé le contraire aux Requêtes du Palais.

N O N C E S.
Voyez *Diſpenſes* & *Légats*.

Le Nonce du Pape, en France, n'y eſt conſidéré que comme l'Ambaſſadeur d'un Prince temporel; il ne peut y exercer aucune Juriſdiction contre les Loix du Royaume. V. le Plaidoyer de M. l'Avocat Général Talon, dans l'Arrêt du 23 Juin 1665, & les Arrêts du 15 Mai 1647 (a), & 4 Avril 1716.

Le Nonce ne peut pas même, ſans abus, faire en France les fonctions de Juge délégué par le Saint-Siége; parce qu'il n'y a que les Regnicoles à qui le Roi ſoit cenſé accorder la permiſſion d'exercer quelque Juriſdiction dans ſes Etats (b): il en ſeroit autrement, s'il y étoit autoriſé par Lettres-Patentes enregiſtrées.

Un Nonce ne peut même entrer en France qu'avec l'agrément du Roi. Henri IV étant à Nantes, ordonna au Parlement, par Lettres-Patentes du 4 Juillet 1591, de procéder contre un Nonce de Grégoire XIV, qui étoit entré dans le Royaume ſans la permiſſion de lui Henri IV; & le 5 Août ſui-

---

(a) L'Arrêt du 15 Mai 1647 ſupprime un Mandement, par lequel le Nonce avoit pris la qualité de Nonce, proche la perſonne du Roi, dans tout le Royaume de France.

(b) Les Nonces ſont néantmoins dans l'uſage de faire les informations de vie & mœurs des Eccléſiaſtiques nommés aux Archevêchés, Evêchés & Bénéfices Conſiſtoriaux. Cela eſt contraire à l'article premier de l'Ordonnance de Blois, & à l'Arrêt rendu ſur la Requête de M. le Procureur Général, le 12 Décembre 1639, qu'on trouve dans les anciens Mémoires du Clergé, tom. 2, pag. 253.

vant, le Parlement, féant à Tours, décréta le Nonce de prife de corps, avec défenfes à tous Banquiers de porter or ni argent à Rome.

NONOBSTANCES.

Ce mot n'eft employé qu'en matiere de Jurifprudence Canonique; & il défigne les claufes par lefquelles les Actes émanés de la Chancellerie Romaine, dérogent aux Régles établies par les Conftitutions des Papes, les Conciles Provinciaux, quelquefois même par les Conciles Généraux, &c.

En France, nous regardons ces claufes inférées dans les Refcrits de Rome, comme des chofes de ftyle: on s'eft toujours élevé contre l'ufage où la Chancellerie Romaine eft de les employer; & divers Arrêts les ont profcrits, comme contraires à nos Libertés. V. *Difpenfes.*

NONOBSTANT.

Ce mot fignifie fans avoir égard. Les Juges l'employent quand ils veulent ordonner l'exécutoire provifoire de leurs Sentences, & fe fervent ordinairement de cette phrafe: & fera notre préfent Jugement (ou Sentence) *exécuté nonobftant & fans préjudice de l'appel,* ou *nonobftant oppofitions* ou appellations quelconques, &c.

Quand cette difpofition fe trouve dans un Jugement, l'appel qui en eft interjetté, n'a aucun effet fufpenfif: il s'exécute provifoirement nonobftant l'appel: l'exécution n'en peut être arrêtée en ce cas, que par Arrêt ou Jugement du Tribunal Supérieur, portant défenfes d'exécuter, &c. V. *Exécution provifoire.* V. auffi *Haro.*

NOTABLES.

Ce mot eft prefque fynonime à confidérable. On donne la qualité de Notables aux Bourgeois diftingués. V. *Bourgeois.*

Un riche Marchand peut-il paffer pour Notable? V. *Marguilliers.*

NOTAIRES.

V. *Actes, Arbitres, Auditeurs, Contrats, Compulfoire, Hypothéque, Incompatibilité d'Offices, Lorraine, Maifons Royales, Minutes, Notaires Apoftoliques, Nullité, Protêts, Réception, Rentes, Scellé, Sommations refpectueufes, Témoins,* &c.

Les Notaires font des Officiers publics établis pour donner aux Actes qui fe paffent devant eux, le caractere de la forme publique & de l'autorité de la Juftice, qui fait que ces Actes portent la preuve de leur vérité. Voyez M. Domat, *du Droit public.*

Il y avoit des Notaires chez les Grecs & chez les Romains, comme parmi nous: mais c'étoit chez ces Peuples une profeffion vile, qui n'étoit remplie que par des Efclaves; & quoique les Empereurs Arcadius & Honorius euffent ordonné que les fonctions des Notaires fuffent remplies par des perfonnes libres, il ne s'en trouva point qui vouluffent fe charger de ce miniftere.

Chez les Romains, la fonction des Notaires étoit de rédiger les Actes par notes d'une maniere abrégée; & ces Actes n'étoient obligatoires qu'après avoir été écrits en toutes lettres par le Tabellion, & que les Parties contractantes y avoient appofé leur fignature ou leur fceau. Le premier écrit, qui n'étoit qu'un brouillon, s'appelloit Minute; & le fecond, que le Tabellion lui-même mettoit au net, étoit la Groffe & la perfection du Contrat.

On voit, par cet ufage des Romains, que les Notaires n'étoient, à proprement parler, que les Clercs des Tabellions: ils n'ont guères eu d'autres fonctions en France, jufqu'au quinziéme fiécle. Il y avoit feulement cette différence, que la Minute n'étoit chez les Romains, qu'une ébauche & un Contrat imparfait; au lieu qu'en France elle a toujours été l'original & la preuve du Contrat. V. *Minute.*

L'ufage de remettre aux Tabellions les Minutes des Actes reçus par les Notaires, pour en délivrer des groffes aux Parties, fubfifte encore en quelques endroits du Royaume. V. *Tabellion.*

Actuellement nous regardons les fonctions des Notaires, comme renfermant deux caracteres qui ne participent en rien à la Jurifdiction contentieufe.

Le premier confifte en ce que leur préfence & leur fignature fervent de preuve de la vérité des Actes qui fe paffent devant eux; & qu'au lieu que dans les Ecritures, qu'on appelle privées, c'eft-à-dire, qui ne font fignées que des Parties, & dont les feings font inconnus en Juftice, il faut les vérifier, s'ils font conteftés, les feings des Notaires, Of-

K k ij

ficiers publics, portent la preuve de la vérité des Actes qu'ils signent.

Le second de ces caracteres consiste en ce que les Actes, qui contiennent quelque obligation d'une Partie envers l'autre, étant signés par des Notaires, & revêtus du sceau qu'ils ont droit d'y apposer, donnent l'hypothéque sur les biens de celui qui est obligé; ce qu'une obligation sous seing-privé ne donneroit pas. Et comme c'est en France l'autorité de la Justice qui donne l'hypothéque, c'est, par une espéce de Jurisdiction particuliere attribuée aux Notaires, que l'hypothéque est acquise en plusieurs endroits par leur signature. Cependant voyez *Mise de fait & Nantissement.*

C'est à cause de ces caracteres, que quelques Auteurs ont nommé Jurisdiction volontaire, qu'en quelques Provinces les Notaires mettent dans les Actes qu'on passe pardevant eux, que ceux qui les font, *se sont dûement soumis, & se sont condamnés à entretenir ce qu'ils promettent :* par où l'on a voulu marquer cette Jurisdiction volontaire à laquelle se soumettent les Contractans. Mais en même-temps que nos Loix ont accordé ces fonctions aux Notaires, elles ont réservé tout ce qui concerne l'exécution de leurs Actes aux Officiers & Juges du contentieux. V. *Hypothéque & Sceau.*

Langlois, Notaire à Paris, qui a fait un Traité des Droits des Notaires au Châtelet, prétend cependant, contre la disposition textuelle d'un Arrêt rendu le 7 Septembre 1623, entre les Commissaires & les Notaires de Paris, que les Notaires peuvent recevoir quelques Actes de la Jurisdiction contentieuse. Il cite, pour exemple, les inventaires, les partages, les comptes & les ordres; mais quand ces sortes d'Actes sont contentieux, ils ne sont pas du ministere des Notaires, qui n'ont aucun droit aux Actes qui exigent l'intervention de la Justice & la connoissance de cause, leurs fonctions se bornant uniquement à recevoir les déclarations & les conventions des Parties. Voyez l'Arrêt du 11 Juillet 1761, dont je parle à l'art. *Notoriété* (Acte de).

Dans les inventaires accompagnés de scellé, le contentieux, s'il y en a, regarde le Juge ou le Commissaire qui procéde à la levée des scellés : c'est sur le Procès-verbal de scellé, que l'on statue sur le différend des Parties : l'inventaire ne doit contenir qu'une description des effets, précédée des noms & qualités des Parties qui la font faire. Voyez *Inventaire.*

Les partages contentieux se font en Justice, ainsi que les comptes : les Notaires ne peuvent en faire ou en recevoir que de volontaires, quand toutes les Parties sont majeures & parfaitement d'accord. Cependant voyez *Compte & Partage.*

A l'égard des ordres & distribution de deniers entre créanciers, ils n'appartiennent nullement à la fonction des Notaires, à moins qu'ils ne se fassent volontairement & à l'amiable entre tous les créanciers : ces sortes d'Actes ont toujours appartenu à la Jurisdiction contentieuse ; & ce sont les Commissaires au Châtelet qui peuvent seuls dresser ceux qui se font dans cette Jurisdiction, à l'exclusion des Notaires. Les Commissaires ont à cet égard obtenu différens Arrêts qui assurent leur droit. J'en connois deux entr'autres : l'un est du 5 Septembre 1662 ; l'autre a été rendu le 5 Février 1671, sur les Conclusions de M. l'Avocat Général Talon. Par ce dernier Arrêt, sans avoir égard à l'ordre fait par Mosnier, Notaire, du prix de deux maisons sises à Paris, *la Cour a renvoyé les Parties au Châtelet, pour être procédé à l'ordre dont est question, par le Commissaire commis, en la maniere accoutumée.* Il est à remarquer que ces deux maisons étoient vendues en direction, & que les Directeurs soutenoient la validité de l'ordre fait par le Notaire. Voyez *Commissaires ;* mais voyez aussi *Ordre.*

Si les Notaires ont quelques fonctions qui soient analogues aux affaires contentieuses, ils ne partagent pas celles des Juges, mais seulement celles des Huissiers. Ils peuvent, en effet, faire des protêts concurremment avec les Sergens : l'Ordonnance du Commerce leur en donne le droit. Ce sont eux encore qui font les sommations respectueuses, les révocations de Procurations *ad resignandum* en matiere bénéficiale, les notifications de grades, les requisitions de Bénéfices, & plusieurs autres fonctions qui appartenoient aux Huissiers, avant l'Edit du mois de Décembre 1691. Voyez *Huissiers, Lecture, & Notaires Apostoliques.*

Un Notaire ne peut pas seul donner la forme authentique aux Actes qu'il reçoit ; il faut que ces Actes soient passés, ou devant deux Notaires, ou devant un Notaire, en présence de deux témoins connus & domiciliés : telles sont sur cela les dispositions de l'Ordonnance de Louis XII, article 66 ; de l'Ordonnance de Blois, article 165, & d'une Déclaration du 14 Février 1737.

Il y a des Actes qu'il est défendu aux Notaires de recevoir ; tels sont, 1°. les Actes contraires aux bonnes mœurs (*a*), dans le nombre desquels on comprend les Contrats usuraires. L'Ordonnance donnée par Louis XII, au mois de Juin 1510, prononce en ce cas contre les Notaires la peine de la privation de leur état, & une amende arbitraire.

2°. Les *promesses de Mariage par paroles de présent*, c'est-à-dire, les Actes par lesquels, sur le refus fait à deux Parties, par le Curé, de leur administrer le Sacrement de Mariage, elles déclarent se prendre pour mari & femme.

L'Ordonnance de Blois, article 34, défend aux Notaires de recevoir ces sortes de Contrats, *à peine de punition corporelle ;* & ces défenses ont été réitérées par des Arrêts célèbres des 29 Décembre 1639 & 5 Septembre 1680, & par la Déclaration du mois de Juin 1697. V. *Mariage.*

3°. Les Actes obligatoires, dont le nom du créancier est en blanc. Il y a à ce sujet une Sentence en forme de Réglement pour les Notaires de Paris, rendue au Châtelet sur les Conclusions de M. le Procureur du Roi, le 12 Déc. 1615. Voyez *Obligation.*

4°. Les contrats contenant donation de deniers comptans, héritages ou rentes, au profit des Gens de Main-morte, à charge de rentes viageres plus fortes que le denier de l'Ordonnance, ou qui excédent le légitime revenu des biens donnés : cela est défendu aux Notaires (à peine de répondre, en leurs noms, du montant des choses données ou prêtées,) par des Edits des mois

d'Août 1661 & Janv. 1690. Sur cela V. *Rente.*

5°. Les Contrats d'acquisition d'immeubles, de constitution de rentes sur Particuliers, & de fondation au profit de Gens de Main-morte, à peine de nullité, d'interdiction, dommages, &c. sur quoi l'on peut voir l'article 22 de l'Edit du mois d'Août 1749, que je rapporte à l'article *Gens de Main-morte.*

6°. Les Contre-Lettres sur les Traités d'Office de Procureur au Parlement, & d'Huissiers de la même Cour, pour en porter le prix au-delà de la fixation des Offices & de l'estimation des Pratiques ; sur quoi on peut voir les Arrêts de Réglement rendus les 7 Décembre 1691 & 8 Août 1714, qu'on trouve dans le Recueil des Réglemens pour l'administration de la Justice. V. aussi *Contre-Lettre.*

7°. » Les déclarations par maniere de déposition ou de révélation sur des Monitoires, ni autrement «, suivant la Délibération des Notaires de Paris, du 28 Mars 1688. Voyez l'Arrêt du 3 Septembre 1740, dont je parle à l'article *Enquête.*

A l'exception de ces Actes, il n'y a point de contrats volontaires qui ne puissent être passés devant Notaires : leur ministere n'a de bornes sur cela que celles que les Citoyens jugent à propos d'y mettre. La Cour ne leur a défendu que la réception *des Actes volontaires contraires aux bonnes mœurs, prohibés par les Ordonnances*, par l'Arrêt rendu, au rapport de M. Thomé, entre les Juges de Montierender & les Notaires de Chaumont, le 21 Avril 1751.

A l'égard des contrats de mariage des Princes & Princesses du Sang, *les Secrétaires d'Etat.......se sont toujours conservés dans la possession de les recevoir ;* & le Roi, par une Déclaration du 21 Avril 1692, registrée le 30 du même mois, a ordonné que les contrats de mariage des *Princes & Princesses du Sang*, reçus par les *Secrétaires d'Etat*, emporteroient hypothéque du jour de leur date, *& qu'ils auroient en toutes choses*

(*a*) Un Notaire qui avoit reçu un acte contenant des déclarations jugées *injurieuses & calomnieuses*, par Arrêt rendu au Parlement de Bordeaux, le 5 Février 1734, a été condamné par le même Arrêt, à comparoir à l'Audience de la Cour (le même jour que les Calomniateurs y subiroient la peine prononcée contr'eux) ; & là, debout & nue tête . . . . déclarer . . . . qu'ineptement, inconsidérément, indis-

crettement & mal-à-propos, il a reçu ledit acte ; qu'il s'en repent & en demande pardon au Sieur de . . ". Ce même Arrêt fait en outre déf nses, tant audit * * * qu'à tous Notaires d'en recevoir d'avenir de semblables . . . . ; ordonne qu'il démeurera interdit pendant un an des fonctions de son Office, le condamne en 500 livres d'amende envers le Roi . . . .

la même force & vertu que s'ils avoient été reçus par des Notaires. Voulons en outre (ajoute la Déclaration) que la minute en demeure entre les mains de celui de nosdits Secrétaires d'Etat qui les aura reçus, qui pourra en délivrer des expéditions. Et néantmoins, pour la commodité des Parties, voulons qu'il en soit déposé une copie (par eux signée par collation) chez un Notaire qui en pourra délivrer des expéditions, comme s'il en avoit reçu la minute.

Il y a des Actes qui doivent être passés pardevant Notaires, & qui seroient nuls, s'ils étoient faits sous signatures-privées ; tels sont :

1°. Les donations entre-vifs. L'article premier de l'Ordonnance du mois de Février 1731, l'exige ainsi. Sa disposition est fondée sur ce que les donations entre-vifs étant de leur nature irrévocables & sujettes à insinuation, elles doivent se trouver dans un dépôt public. V. Donation.

2°. Les baux des biens dépendans des Bénéfices, excepté les baux à Chetel. V. Chetel. Cette formalité est prescrite, à peine de nullité, par des Déclarations des 19 Mars 1696, 14 Juillet 1699 & 20 Mai 1708, & par un Arrêt du Conseil du 4 Février 1749, qui a déclaré nul le bail sous seing-privé de l'Abbaye de Sainte-Croix-d'Angle, Diocèse de Bourges. Voyez un semblable Arrêt du 6 Août 1748, dans le Code des Curés ; & l'Arrêt du 2 Septembre 1760, dans le Dictionnaire du Domaine, art. Baux des revenus de Main-morte. V. aussi ce que je dis à l'art. Bail à Loyer.

3°. Tous traités concernans héritages, rente ou réalité ; sur quoi on peut voir l'Ordonnance de 1535, ch. 19, art. 2.

4°. Les baux à loyer des Priviléges des Chirurgiens, suivant un Arrêt rendu en forme de Réglement, le 27 Juin 1727, dont je parle à l'art. Chirurgien.

5°. Toute quittance de dot. L'article 130 de l'Ordonnance de 1629 l'exige, à peine de nullité ; mais elle ne prononce cette peine que relativement aux créanciers seulement. V. l'Arrêt du 17 Déc. 1703, rapporté par Augeard, édit. in-fol tom. premier, n. 231.

6°. Les inventaires des biens des successions dévolues aux mineurs : sur quoi on peut consulter un Arrêt du Conseil du 11 Mars 1713. (Il est imprimé)

Tels sont enfin plusieurs autres Actes sur lesquels je suis entré en quelque détail au mot Minute.

Il y a des formalités essentielles que les Notaires sont indispensablement obligés d'observer dans les Actes passés devant eux.

1°. Ils doivent mettre par leurs contrats, sur peine de privation de leurs Offices, & d'amende arbitraire, les lieux des demeurances des Contractans. Cela leur est enjoint par l'article 67 de l'Ordonnance de 1539; & l'art. 167 de l'Ordonnance de Blois veut, de plus, qu'ils soient tenus d'insérer dans les Actes la qualité, demeurance & Paroisse des Parties & des Témoins y dénommés, la maison où les Contrats seront passés (a), & pareillement le temps devant ou après-midi qu'ils auront été faits (b).

2°. L'art. 180 de l'Ordonnance de Blois défend aux Notaires de recevoir aucun Acte translatif de la propriété d'un héritage, sans que par iceux (Contrats) soit déclaré par exprès en quel Fief ou Censive sont les choses cédées, & de quelles charges & devoirs elles sont sujettes & redevables envers les Seigneurs féodaux & censuels, qui seront aussi particulièrement & spécialement déclarés. Cette énonciation est encore impérieusement recommandée aux Notaires par un Arrêt du Conseil du 29 Août 1721, & par un Arrêt du Parlement de Rennes du 9 Mars 1726, qui prononcent la nullité des contrats où cette énonciation ne se trouve pas (c). Mais

(a) L'article 39 de la Coutume de la Marche, porte aussi que les Notaires doivent insérer dans leurs actes, le lieu où ils les reçoivent ; autrement, dit cet article, lesdites Lettres sont réputées écriture pure, privée, & les Parties intéressées ont leurs recours contre lesdits Notaires, de tous leurs dépens, dommages & intérêts.

(b) Comme cet article ne prononce pas la nullité, on pense que son observation n'est indispensablement nécessaire, que dans les actes qui contiennent obligation de payer ; parce qu'alors il est nécessaire de fixer exactement la date de l'hypothèque ; & la Cour, par Arrêt rendu le

25 Mai 1762, sur les Conclusions de M. Seguier, a déclaré valable la donation faite par la dame Bouvart à la Fabrique de Maintenon, dans laquelle il n'étoit pas dit si elle étoit faite avant ou après midi.

(c) L'Arrêt du Conseil du 29 Août 1721, veut même que les Notaires fassent mention de la nature des biens dans les actes translatifs de propriété d'héritages, c'est-à-dire, s'ils sont Fiefs ou Roturiers.

Un autre Arrêt du Conseil, du 21 Janvier 1749, rendu pour les Provinces d'Artois, Flandres & Hainaut, a ordonné la même chose aux Notaires de ces Pays.

comme les Parties ignorent souvent de quels Seigneurs relevent les héritages vendus, échangés ou donnés, & les droits dont ces héritages peuvent être chargés, on satisfait suffisamment alors aux dispositions de ces Réglemens par une clause qui est d'usage, & par laquelle les Parties déclarent qu'elles n'ont pu spécifier en quelle mouvance est situé l'héritage, ni les droits dont il est chargé envers le Seigneur.

3°. Une Déclaration du 14 Février 1737, enregistrée au Parlement le 13 Mars suivant, assujettit les Notaires qui reçoivent des résignations, des permutations & des démissions de Bénéfices, de faire mention dans ces Actes, non-seulement de l'état de santé ou de maladie où se trouvent les Parties qui les passent, mais même *de la lecture qui leur aura été faite desdits Actes, à peine de nullité.*

4°. Les actes passés devant Notaires, doivent être écrits d'une maniere correcte & lisible. Voici comme s'explique sur cela l'Arrêt rendu contre un Notaire de Noyon, le 4 Sep. 1685, & dont les dispositions s'appliquent à tous les autres Notaires en général.

» ...... Enjoint à l'Appellant d'écrire » les minutes des Actes qu'il recevra, d'une » encre aisée à lire, & de mettre les noms » propres & les sommes d'un plus gros carac- » tere que le reste de l'Acte; lui fait défen- » ses d'user d'aucune abbréviation, sur-tout » à l'égard des sommes & des noms propres.

» Ordonne qu'il sera tenu de laisser trois » doigts de marge dans toutes les pag. de ses » minutes, pour y ajouter commodément » les apostilles qu'il conviendra y mettre.

» Lui fait défenses de faire aucune apos- » tille dans les minutes; comme aussi de » raturer, soit des lignes entieres ou des » mots, que la radiation ou apostilles ne » soient approuvées à la marge, & l'appro- » bation signée & paraphée dans l'instant, » des Parties, des Témoins & du Notaire; » le tout à peine de nullité des Actes, des » dommages & intérêts, & de 100 livres » d'amende.

» Ordonne que les ratures seront faites » par une barre & trait de plume simple, » passant sur les mots, afin de pouvoir » compter & distinguer facilement la quan-

» tité des mots rayés, à peine d'amende ar- » bitraire.

» Lui fait défenses d'ajouter quoi que ce » soit à la fin des Actes qui seront par lui » passés, si ce n'est à l'instant de la passa- » tion, en le faisant, dans le même instant, » approuver & parapher par les Parties & » témoins, & par lui Notaire; & à condi- » tion que ce qui sera ajouté, n'entrera » point dans la signature des Parties, des » Témoins & Notaires, à peine de nullité » des Actes, dommages & intérêts des Par- » ties, & de 100 liv. d'amende.

» Lui fait défenses, sur les mêmes pei- » nes, de laisser en blanc, dans quelqu'Acte » que ce soit, les noms des Parties & des » Témoins, & de passer aucun Acte que les » Témoins ne soient présens, sous les mê- » mes peines; comme aussi de signer au- » cuns Actes qu'ils ne soient auparavant si- » gnés des Parties & des Témoins; lui en- » joint de faire signer, tant les Parties que » Témoins, à l'instant de la passation des » Actes, ou d'expliquer si les Parties sça- » vent ou ne sçavent pas signer, & nommer » la cause pour laquelle ils n'auront pû si- » gner (a).

» Lui enjoint d'insérer dans tous les Ac- » tes, les dates des années, du jour & du » mois, s'ils ont été passés devant ou après » midi. ......

» Lui fait défenses de faire signer aucun » Acte aux Parties ou aux Témoins, sans » leur en avoir fait lecture, à peine de cent » livres d'amende.

» Lui fait défenses, sous les mêmes pei- » nes, d'employer ses enfans ou domesti- » ques pour Témoins dans les Actes qu'il » recevra, & de délivrer aucune grosse ou » expédition des Actes, sans l'écrire & en » faire mention à l'instant sur la minute, » à peine de cent livres d'amende, & de ré- » pondre des dommages & intérêts.

» Entre ceux (des Témoins) qui seront » appellés pour être présens dans l'Acte, il » y en aura au moins un qui sçache signer, » & qui signe actuellement, à peine de nul- » lité, dommages & intérêts des Parties, & » de 100 liv. d'amende. ...... « Voyez ce que je dis ci-après en ce même article, sur

_____
(a) Voyez dans le Code de Louis XV, tome 4, un Arrêt de la Cour des Aides du 21 Mars 1732, qui ordonne la même chose aux Notaires & Tabellions.

les Témoins inſtrumentaires des Actes.

5°. Les Actes paſſés devant Notaires doivent être ſignés par les Parties contractantes; & ſi elles ne ſçavent ou ne peuvent ſigner; les Notaires doivent faire mention dans l'Acte de la Déclaration que les Parties en ont faite, & les ſigner eux-mêmes enſuite, *à peine de nullité & d'amende arbitraire* contre les Notaires. Cette peine eſt prononcée par l'article 84 de l'Ordonnance d'Orléans, par l'art. 165 de celle de Blois, par un Arrêt du 4 Décembre 1604, confirmatif d'une Sentence du Châtelet, du 28 Août 1602; & leurs diſpoſitions ont été renouvellées par un Arrêt de Réglement; rendu au rapport de M. l'Abbé Lorenchet le 9 Mai 1730, à l'occaſion du teſtament d'un ſieur Magontier, dont je rapporte l'eſpéce au mot *Teſtament* (a).

6°. L'Ordonnance de 1535, chap. 19, article 3, défend aux Notaires d'inſérer aucune choſe dans les actes qu'ils paſſeront, *outre ce qu'ils auront oui & entendu des Parties*. Elle veut de plus qu'ils ne mettent choſes qui *ne ſoient été dites ou déclarées par les Parties en préſence de témoins*. Elle veut enfin *qu'ils ne mettent choſes ſuperflues, ni grande multiplication de termes ſynonimes, à peine d'amende arbitraire.*

7°. L'Edit du mois de Juin 1550, enregiſtré le 24 Juillet ſuivant, ordonne que *foi ne ſoit ajoutée aux inſtrumens reçus par les Notaires..... s'il n'y eſt fait mention de la qualité deſdits Notaires, du lieu où ils ſont enregiſtrés & de leur demeurance.*

Un Arrêt rendu en faveur des Notaires d'Angers, au rapport de M. du Trouſſet d'Hericourt, le 15 Mars 1752, a auſſi enjoint aux Notaires, d'inſérer le lieu de leur réſidence dans leurs actes; & la même choſe avoit été précédemment ordonnée par Arrêt rendu le 2 Août 1742, entre les Notaires de Vendôme & ceux du Plat-Pays.

Le choix des Notaires pour la rédaction des actes, appartient aux Parties qui doivent les ſouſcrire. L'Arrêt rendu entre les Officiers du Bailliage d'Orléans, & les Notaires de la même Ville, le 7 Juillet 1761, *fait défenſes aux Officiers dudit Bailliage, de donner par leurs Sentences des Notaires aux Parties, & leur enjoint de leur en laiſſer le choix.......* Cet Arrêt eſt imprimé; & il y en a un ſemblable du 8 Mai 1522, en faveur des Notaires de Paris. Il eſt dans le Recueil de leurs Chartes. Mais voyez *Inventaire.*

Les actes paſſés devant Notaires par des perſonnes qui ne ſont pas domiciliées dans le reſſort où les Notaires ont droit d'inſtrumenter, emportent hypothéque ſur les biens des Parties contractantes, pourvû que, comme je l'ai dit au mot *Hypothéque* (b), l'acte ſoit paſſé ſur le Territoire dans lequel le Notaire a droit d'inſtrumenter.

Hors ce Territoire, les Notaires ne ſont plus des Officiers publics, ils ne ſont que de ſimples perſonnes privées; parce que les Edits de création de leurs Offices, & ſingulièrement celui du mois de Novembre 1542, n'attribuent de fonctions à chacun d'eux que dans le reſſort d'une Châtellenie, Prévôté, Vicomté ou autre Juriſdiction, *ſans qu'il ſoit loiſible à iceux Tabellions & Notaires, d'entreprendre ſur les limites l'un de l'autre, ni de recevoir, paſſer, ni groſſoyer aucuns contrats hors de leurs limites & reſſorts* (c). On peut encore ſur cela conſulter l'article 463 de la Coutume d'Orléans; l'article 378

(a) Il ſubſiſtoit un uſage contraire en Artois, il y a 15 ou 20 ans. Lorſque les Parties ne ſçavoient pas écrire, les Notaires leur faiſoient faire une croix ou marque, qu'ils regardoient comme équivalente à une ſignature; & en conſéquence ils déclaroient dans l'acte que les Parties avoient ſigné avec eux; le Greffier du Gros regardoit auſſi les marques ou croix comme ſignature, & déclaroit au bas des expéditions en groſſe qu'il délivroit des actes, que les Parties avoient ſigné la minute originale avec le Notaire, quoiqu'elles n'euſſent fait que des croix ou marques; & il étoit abſolument inuſité qu'on déclarât dans les actes, que les Parties n'avoient pû ſigner, excepté dans les teſtamens. J'ai vû ſur cela des Certificats en forme de cet uſage, des 9 Juillet 1736, & 22 Février 1737. J'ignore s'il ſubſiſte encore; en tout cas, il eſt très-abuſif.

(b) On trouve néanmoins dans le Dictionnaire de Police de M. de Freminville, pag. 406 & ſuivantes, un Arrêt rendu au Parlement de Dijon, le 16 Juin 1749, par lequel il a été ordonné que le Notaire du Marquiſat d'Epoiſſes pourroit recevoir tous actes & contrats entre toutes ſortes de perſonnes, pourvû que l'une des Parties contractuelles ſoit domiciliée dans le reſſort de ce Marquiſat; ainſi il ſemble que le Parlement de Dijon ne penſe pas tout-à-fait comme celui de Paris.

(c) Quand une Paroiſſe eſt ſans Notaires, ce ſont ceux qui ſont Notaires de la Sénéchauſſée ou Juriſdiction, de laquelle cette Paroiſſe dépend, qui peuvent y inſtrumenter, parce qu'eux ſeuls ont un caractere public dans ce territoire pour faire valider les actes qui y ſont paſſés; le Parlement de Bordeaux l'a ainſi jugé contre un Notaire Royal de la Sénéchauſſée de Guyenne, à la réſidence de la Freſne, par Arrêt du 19 Février 1754, qui a été imprimé à Bordeaux,

de

de la Coutume de Poitou ; l'Edit de 1692 ; portant création de Notaires dans l'Artois & dans le reſſort du Parlement de Tournai ; l'Edit de 1732, pour la Principauté d'Orange ; celui de 1733, pour la Bourgogne. Mais voyez auſſi *Teſtament*.

Par une exception à cette régle, les Notaires de Paris ont le privilége ſingulier de ſe tranſporter & d'inſtrumenter par tout le Royaume, & pour toutes ſortes de perſonnes. Cependant ils ne peuvent faire leur réſidence qu'en la Ville de Paris.

Ce privilége leur eſt accordé par des Lettres-Patentes de Louis XII, du mois d'Avril 1510, enregiſtrées au Parlement en 1512, & par ſemblables Lettres du Roi régnant du mois d'Avril 1736, enregiſtrées le 13 Août ſuivant. La Juriſprudence des Arrêts a auſſi confirmé le droit des Notaires de Paris à cet égard. Il y en a deux entr'autres qui ſont récens. Le premier a été rendu le 7 Avril 1731, en faveur des Notaires de Paris, contre les Notaires de Verſailles. (Il eſt imprimé ;) le ſecond a été rendu le 9 Mai 1736.

Les Notaires au Châtelet d'Orléans peuvent auſſi valablement paſſer & recevoir toutes ſortes d'actes dans l'étendue du Royaume : ce privilége leur a été accordé par des Déclarations de Louis XII, du mois d'Août 1512 ; de François I, dans les mois de Décembre 1519, Juillet 1539 & 6 Août 1544 ; par l'article 463 de la Coutume d'Orléans ; & ils y ont été maintenus par un Arrêt célébre rendu contre M. le Duc de Chevreuſe, Comte de Dunois, le 20 Août 1740.

M. Louet aſſure, & l'art. 463 de la Coutume d'Orléans que je viens de citer, décide que les Notaires de Montpellier ont auſſi le droit d'inſtrumenter dans toute l'étendue du Royaume. Voyez ci-après la note qui concerne les Notaires de Grenoble.

L'Edit du mois de Juillet 1677, qui a ſupprimé des Tabellions en Normandie, à la place deſquels il a créé des Notaires, porte que *les Notaires qui ſeront établis à Rouen, auront pouvoir de recevoir & paſſer tous actes & contrats, tant dans ladite Ville, que dans les autres lieux où ils ſeront requis de ſe tranſporter.*

Tous les Notaires de Paris ſont Notaires Apoſtoliques, ils en faiſoient les fonctions

dès avant l'Edit du mois de Décembre 1691, qui a érigé ces Notariats en titre d'Office. Cet Edit les leur avoit cependant retranchées, mais elles leur ont été rendues par un autre Edit du mois de Février 1693, enregiſtré le 13 du même mois.

Langlois prétend, dans le ch. 8 du Traité dont j'ai déja parlé, que les Offices des Notaires de Paris & des autres lieux du Royaume ont ſouvent été remplis par des Nobles, & que cela n'a pas empêché de confirmer dans les priviléges de Nobleſſe ceux qui y ont été troublés. Il appuye ſon ſentiment ſur une citation du Traité de la Nobleſſe, par de la Roque ; cependant un Arrêt du Conſeil du 4 Juin 1668, porte que les perſonnes Nobles pourvues d'Office de Notaires, même avant 1560, ſeront cenſées avoir dérogé à Nobleſſe.

Au reſte, de la Roque, en parlant de la compatibilité des fonctions des Notaires avec la Nobleſſe, ne diſſimule point que les ſentimens ſont partagés ſur ce point. Il cite en effet Guy-Pape, Bartole, Jean Ferrerius, Florentin de Theriat, & le célébre Loyſeau, qui mettent les Notaires & Tabellions entre les Dérogeans.

Ce n'eſt même plus actuellement un problême que l'incompatibilité de la Nobleſſe avec les fonctions des Notaires, puiſque les Notaires de Paris ont financé une ſomme de 452000 liv, moyennant laquelle ils ont obtenu des Lettres-Patentes au mois d'Août 1673, qui portent que *le titre & les fonctions des Notaires de Paris ne pourront être imputées à Dérogeance à Nobleſſe ;* on doit conclure de ces Lettres & de celles du mois d'Août 1736, par leſquelles les priviléges des Notaires ont été confirmés, que les Notaires de Paris ne dérogent pas ; mais que les autres Notaires, ne pouvant s'approprier un privilége qui leur eſt étranger, dérogent néceſſairement, quoique créés à l'inſtar de ceux de Paris, parce que le privilége de non-dérogeance n'exiſtoit pas lors de leur création.

L'article 177 de l'Ordonnance de 1539, enjoint aux Notaires de garder le ſecret ſur les actes qu'ils paſſent. Elle leur défend de plus d'en communiquer les minutes, & d'en délivrer des expéditions à toutes autres perſonnes qu'aux Parties *contractantes, leurs héritiers, successeurs, ou autres auxquels le droit desdits contrats appartiendroit notoirement, ou qu'il fût ordonné par Justice; &* l'article 179 veut que les contrevenans *qui auront délinqué par dol évident, soient privés de leurs Offices, & punis comme* faussaires. Voyez l'Arrêt du 8 Mars 1557, rapporté par Dufail, livre premier, chap. 42; & les notes de Sauvageau, sur cet Arrêt.

Ainsi, lorsqu'une personne qui n'est pas Partie dans un acte, en demande une expédition, elle ne peut l'obtenir que par la voie du Compulsoire. (Voyez *Compulsoire*). Et si l'acte compulsé n'a point été payé au Notaire devant lequel il a été passé, on ne peut en exiger l'expédition qu'après avoir préalablement payé ce qui est dû pour la minute. Cela a été ainsi jugé dans une espèce particuliere, par Arrêt du 8 Mai 1744.

Les Notaires ne peuvent pas non plus délivrer deux grosses d'un même acte, à moins qu'il n'ait été autrement convenu ou ordonné. V. *Grosse*.

Les Notaires *ne peuvent passer & recevoir aucuns contrats au profit de leurs enfans, gendres, pupilles étant en leur tutelle & curatelle, & cousins-germains:* cela leur est expressément défendu par un Arrêt rapporté par Constant, dans ses additions sur l'article 332 de la Coutume de Poitou; & par le Let, sur l'art. 378 de la même Coutume. Mornac rapporte aussi cet Arrêt; mais il le date de l'année 1606: Constant & le Let disent qu'il est de 1607.

Langlois cite aussi un Arrêt du 8 Juin 1635, qui fait de semblables défenses à Guillaume Herbin, & à tous autres Notaires, d'instrumenter pour leurs fils, gendre & parens au degré de l'Ordonnance; mais il en rapporte un autre de la Chambre de l'Edit du 9 Juin 1659, par lequel cette Chambre a déclaré valables deux contrats de Constitution faits devant le Roux, Notaire à Paris; l'un au profit de sa belle-mere; l'autre au profit de l'oncle de sa femme.

La défense faite aux Notaires d'instrumenter pour leurs parens, est fondée sur ce que, dans les actes qu'ils reçoivent, ils font la fonction de témoins publics & solemnels des conventions des Parties; & qu'il est défendu par les Ordonnances, d'être témoin & Juge dans les affaires des parens.

On a prétendu dans une espéce jugée par Arrêt rendu au rapport de M. de Britignieres, le 30 Août 1762, qu'il falloit distinguer; que les Notaires ne pouvoient pas recevoir les actes de Jurisdiction rigoureuse, tels que sont les testamens, les donations, les résignations de Bénéfices, quand leurs parens y sont Parties; mais qu'ils pouvoient recevoir les autres contrats qui n'étoient pas de Jurisdiction rigoureuse, tels que les baux, les ventes, & autres actes entre leurs parens.

La Cour n'a point adopté cette distinction par le susdit Arrêt; car, en maintenant le Notaire du Marquisat d'Ussé près Chinon, » dans le droit de passer & recevoir » dans l'étendue de la Justice d'Ussé, toutes » sortes d'actes entre personnes domiciliées » & non domiciliées dans ladite Justice, » & pour raison de biens non situés au-de- » dans d'icelle «. (L'Arrêt a ajouté) » sans » néantmoins que ledit Herpin *puisse rece-* » *voir aucuns actes au profit de ses parens au* » *degré prohibé . . . . . .* «

Le 22 Mai 1550, la Cour a rendu, sur le Réquisitoire de M. le Procureur Général, un Arrêt en forme de Réglement, qui défend à tous Notaires du Ressort du Parlement *de eux accoupler ensemble pour passer ou recevoir contrats, le pere, le fils, les deux freres, l'oncle & le neveu, le beau-pere & le gendre . . . . pour éviter la fraude.*

Cet Arrêt est rapporté par Papon, liv. 4, tit. 14, n°. 14. Il a été lû & publié au Châtelet, & dans tous les Siéges du ressort de la Cour; on le trouve au quatriéme volume du Registre des Bannieres du Châtelet, fol. 121; il porte injonction au Prévôt de Paris, de le faire observer exactement, & de procéder contre les Notaires qui y contreviendront.

Les Notaires du Poitou ayant négligé de se conformer à cet Arrêt, leur négligence donna lieu en 1559, à un nouveau Réquisitoire de M. le Procureur Général, par lequel il exposa » que l'inexécution du Ré- » glement de 1550, dans le Poitou, avoit » été la cause de plusieurs faussetés & faux » contrats; ainsi que la Cour en étoit assez » mémorative, pour les avoir connus par » plusieurs procès sur lesquels seroient in- » tervenus divers Arrêts & Jugemens, &

» par diverses condamnations de mort ; tellement que pour raison de plusieurs faussetés qui se commettoient de jour en jour » audit Pays, il n'y avoit personne qui fût » assuré & osât dire qu'il eût quelque chose » sien «. Sur ce Réquisitoire intervint, le 3 Avril 1559, un nouvel Arrêt qui enjoint aux Juges de Poitou de faire observer inviolablement l'Arrêt de 1550, sous peine de suspension, & même de privation de leur Etat.

Les dispositions de ces deux Arrêts ont été adoptées par le Parlement de Bretagne, qui, par Arrêt du 18 Janvier 1625, a déclaré nul un testament reçu par deux Notaires beau-pere & gendre. On cite encore sur cette matiere un Arrêt du 23 Janvier 1635.

Ces Réglemens & Arrêts reçoivent leur application à deux Notaires beaux-freres, ou autres alliés au degré marqué par celui de 1550. Ils ne se sont pas bornés à rejetter le témoignage des personnes unies par le lien de la parenté & de la consanguinité, ils ont porté leur attention jusqu'aux liens de l'affinité, puisqu'ils défendent au beaupere & au gendre d'instrumenter l'un avec l'autre.

Le 2 Juillet 1708, il est intervenu un autre Arrêt sur les Conclusions du Ministere public, par lequel il est défendu à tous Notaires de se servir de témoins qui soient leurs Clercs, soit dans les testamens, soit dans les autres actes qu'ils recevront. Ses dispositions ont été renouvellées par un autre Arrêt du 12 Avril 1726.

Avant que ces Arrêts intervinssent, il n'y avoit point de Loi qui se fût expliquée précisément sur ce point : mais par une sage interprétation des anciens Réglemens, & par une conséquence du même principe qui les avoit produits, la Cour a voulu que les témoins dont les Notaires se servoient dans leurs actes, fussent exempts de tout soupçon, & par cette raison elle a rejetté le témoignage de tous ceux qui pouvoient être attachés aux Notaires par des liens de parenté ou de dépendance.

L'Arrêt du 2 Juillet 1708, qui fait défenses aux Notaires de faire servir leurs Clercs pour témoins des Actes qu'ils passent, leur défend aussi de prendre pour témoins de ces actes, des personnes au-dessous de l'âge de 20 ans accomplis, à peine de faux & de nullité : mais par autre Arrêt du 23 Avril 1709, il est dit que les dispositions de celui de 1708 n'auront pas lieu pour les Pays qui se régissent par le Droit-Écrit, ni dans les Coutumes qui permettent de disposer avant l'âge de vingt ans accomplis. Voyez sur cela les articles 39 & 42 de l'Ordonnance du mois d'Août 1735.

Ce n'est pas seulement pour les testamens que la Cour a ordonné par l'Arrêt du 2 Juillet 1708, que les témoins instrumentaires des actes seroient âgés de plus de vingt ans : l'Arrêt porte que sa disposition sera observée *dans les contrats, actes & testamens.* La Cour a cependant jugé valable un acte passé en présence de témoins âgés de moins de vingt ans, par Arrêt rendu, à ce que je crois, le premier Juillet 1725, en la premiere Chambre des Enquêtes, entre le sieur Roger de Cautigny, & les sieur & dame de Sacquespée ; mais cet Arrêt est intervenu dans des circonstances qui ne doivent point tirer à conséquence, ni affoiblir l'autorité du Réglement de 1708, qui est sur cela très-précis. Voyez ci-devant l'Arrêt du 4 Septembre 1685, & ce que je dis à l'art. *Recors.*

Un Arrêt du 4 Décembre 1703, qui prononce différentes condamnations contre un Notaire & un Sergent, Commis-Greffier, pour crime de faux, *a enjoint aux Notaires & Tabellions du Bailliage de Mantes, d'observer les Ordonnances, Arrêts & Réglemens ; leur fait défenses de passer aucuns actes & contrats, que les témoins y dénommés ne soient présens lors de la passation entiere desdits actes & contrats, & que lecture leur ait été faite d'iceux, avant leur signature ou déclaration qu'ils ne sçavent écrire ni signer, dont sera fait mention dans lesdits actes & contrats ; leur fait défenses de faire signer les témoins hors la présence des Parties contractantes, & que, tant lesdits témoins, que les Parties, ne soient tous présens, le tout à peine de faux & des dommages-intérêts & dépens des Parties, & en outre, d'être poursuivis extraordinairement.* On trouve cet Arrêt dans le Recueil des Réglemens de Justice, tome 2. Voyez celui du 13 Septembre 1713, qui enjoint aux Notaires de Meaux, de ne recevoir des actes qu'en préfence de toutes les Parties & des témoins, &c. il est au Journal des Audiences, tome 6.

Il y a un Arrêt de Réglement du 9 Mars 1730, qui ordonne aussi que les actes feront faits en préfence des témoins y dénommés, & qu'ils feront par eux fignés, ou qu'il fera fait mention de la raifon pour laquelle ils ne fignent pas. Voyez fur cela l'article 48 de l'Ordonnance de 1735, pour les testamens, & la Déclaration du 14 Fév. 1737.

Cet article de l'Ordonnance de 1735, prononce la peine de mort contre les *No-taires & autres perfonnes publiques*, & même contre *les témoins qui figneront des testamens ou autres actes de derniere volonté, fans avoir vû le testateur, & fans l'avoir enten-du prononcer fes dernieres difpofitions.*

Voici l'efpéce d'un Arrêt qui paroît re-latif aux difpofitions de cette Ordonnance.

Un Notaire de Dreux apporta, au mois d'Août 1743, un testament rédigé en par-tie, à la dame Meneftrel, qui étoit malade, & en continua la rédaction dans la chambre de cette dame, hors la préfence des témoins, mais en préfence de fon mari, fans qu'elle prononçât un mot relatif à cet acte.

Le testament rédigé, la prétendue testa-trice figna un autre nom que le fien. A la vûe de cette fignature, on la follicita de fi-gner fon nom : mais elle répondit, *laiffez-moi, je ne puis pas* ; & fur cette réponfe, le Notaire inféra ces mots au bas de l'acte : *& depuis a ladite dame paru vouloir figner . . . . & a déclaré ne le pouvoir à caufe de fa ma-ladie, & de ce interpellée en préfence defdits témoins.*

Les héritiers ayant appris ces circonftan-ces, rendirent plainte contre le Notaire & les témoins ; & par Sentence rendue par le Lieutenant Criminel de Dreux le 4 Mai 1748, confirmée par Arrêt rendu, au rap-port de M. de Loffendiere, le 13 Mars 1752, le testament de la dame de Menef-trel a été déclaré faux, le Notaire interdit de fes fonctions pour trois mois, avec in-jonction de fe conformer aux Ordonnances & à la Coutume dans la confection des tef-tamens, & de ne point rédiger de testa-mens, ni en tout ou en partie, avant que les volontés des testateurs lui ayent été di-tes ou dictées par eux en préfence des té-

moins ; un des témoins a été admonefté de ne point prêter dorénavant fon miniftere de témoin à aucun testament, fans en avoir entendu prononcer les difpofitions de la bouche du testateur : un autre témoin con-tumax a été condamné aux mêmes peines que celui-ci. Mais voyez l'efpéce de l'Arrêt du 7 Août 1759, que je rapporte à l'article *Testament.*

Les témoins instrumentaires des actes *doivent être mâles, regnicoles & capables d'effets civils, à l'exception feulement des tef-tamens militaires, dans lefquels les étran-gers non notés d'infamie, peuvent fervir de témoins.* Ordonnance de 1735, pour les tef-tamens, art. 40.

Les Réguliers, Novices ou Profés, de quel-qu'Ordre que ce foit, ne peuvent être témoins dans les actes de derniere volonté. Ibid. ar-ticle 41.

L'art. 166 de l'Ordonnance de Blois veut que des deux témoins appellés à la paffa-tion d'un acte dans les Villes & gros Bourgs, l'un d'eux au moins fache figner, fi les Par-ties ne fignent point ; l'Arrêt de Réglement du 4 Septembre 1685, dont j'ai rapporté les difpofitions, exige auffi que des deux té-moins aux actes paffés devant Notaires, il y en ait un au moins qui fçache figner.

La fignature de l'un des témoins fuffit pour les actes ordinaires : mais s'il est quef-tion de fommations refpectueufes, de testa-mens, de codiciles, de permutations ou ré-fignations de Bénéfices, il faut que tous les témoins fçachent & puiffent figner. Voyez l'Arrêt de Réglement du 27 Août 1692 ; l'Ordonnance des Testamens, article 23 ; & la Déclaration du 14 Février 1737.

Cette Déclaration veut que les témoins foient connus & domiciliés : elle défend d'y employer les parens ou alliés, tant du réfi-gnant, que du réfignataire, jufqu'au degré de coufin-germain inclufivement ; elle dé-fend encore de prendre pour témoins de ces actes les domeftiques de l'un ou de l'autre.

A l'égard des testamens, les Notaires ne peuvent prendre pour témoins les héritiers inftitués, ni légataires, foit univerfels, foit particuliers, à peine de nullité. Voyez l'ar-ticle 289 de la Coutume de Paris ; & l'arti-cle 43 de l'Ordonnance du mois d'Août 1735, concernant les Testamens.

J'ai dit ci-devant qu'un seul Notaire ne peut donner la forme authentique aux actes qu'il reçoit, & qu'il faut que ces actes soient passés devant deux Notaires, ou devant un Notaire & deux témoins : cependant, suivant les Statuts des Notaires de Paris, homologués au Parlement le 13 Mai 1681, il y a des actes que les Notaires sont assujettis de signer comme seconds (a), sans pouvoir le refuser, lorsqu'ils leur sont présentés par leur confrere, quoiqu'ils n'ayent point été présens, quand on les a passés.

La Déclaration du 4 Septembre 1706, enregistrée le 18 du même mois, donnée en interprétation de l'Edit du mois de Mars précédent, portant création de Notaires-Syndics dans les Villes & Bourgs du Royaume, ordonne même que les Notaires-Syndics ne pourront être repris pour les actes qu'ils auront signés en second, mais seulement pour ceux qu'ils auront passés comme Notaires (b).

Il n'y a néantmoins des actes, pour la validité desquels il est essentiellement nécessaire que les deux Notaires soient présens lorsqu'on les passe ; de ce nombre sont :

1°. Les testamens, les codiciles, & autres dispositions de derniere volonté ; l'article 289 de la Coutume de Paris ; l'article 48 de l'Ordonnance du mois d'Août 1735, concernant les Testamens, l'exigent impérieusement. Cette derniere Loi prononce même la peine de mort contre les Notaires qui auront signé les testamens, codiciles, ou autres actes de derniere volonté, sans avoir vû le testateur, & sans l'avoir entendu prononcer ses dispositions. Il faut même, suivant l'art. 23 de cette Ordonnance, que les dispositions de derniere volonté soient écrites de la main du Notaire ou de l'un d'eux, pour qu'elles soient valables. Voyez sur cela une Déclaration du 24 Mars 1745, enregistrée au Parlement d'Aix le 9 Avril suivant, qu'on trouve dans le Recueil des Ordonnances de Louis XV. Voyez aussi la Déclaration du 6 Mars 1751, registrée le

23 suivant, dont je rapporte les dispositions à l'article Testament-Mistique.

2°. Les résignations, permutations & démissions de Bénéfices, & les procurations qui se passent à cet effet : cela est prescrit par la Déclaration du 14 Février 1737 : & cette Loi veut qu'il soit procédé extraordinairement contre les Notaires qui signeront ces actes, sans avoir entendu les Parties prononcer & expliquer leurs intentions.

La même Déclaration veut que les Notaires, ou l'un d'eux, écrivent eux-mêmes les minutes de ces sortes d'actes, sans pouvoir en ce cas-là se servir de leurs Clercs.

Avant la Déclaration du 14 Fév. 1737 : on jugeoit qu'il n'étoit pas nécessaire que les Notaires écrivissent eux-mêmes les procurations pour résigner : le Grand-Conseil a, par Arrêt rendu, au rapport de M. Mangot, le 12 Mars 1735, maintenu le sieur Imbault dans le Prieuré de Saint Beat, qui lui avoit été résigné par un autre sieur Imbault son oncle, quoique la minute de la procuration ad resignandum eût été écrite par le Maître-Clerc de Me Meunier, Notaire à Paris.

Le sieur Bertin, Indultaire, qui avoit requis le même Bénéfice, comme vacant par mort, s'étoit même inscrit en faux contre cette minute ; il soutenoit que c'étoit le Clerc même, & non Me Meunier, Notaire, qui avoit reçu l'acte, sans qu'aucun Notaire fût présent : mais l'usage (quoique très-abusif) où sont les Notaires à Paris de recevoir & signer les actes, dressés en leur absence par leurs Clercs, ne permit pas d'avoir égard à cette circonstance. On jugeroit bien différemment aujourd'hui, si le cas se présentoit.

3°. Les sommations respectueuses, suivant l'Arrêt de Reglement, rendu le 27 Août 1692, dont je parle à l'article Sommations Respectueuses ; les actes d'offres de deniers, en matiere de retrait ; les requisitions & autres actes qui sont susceptibles de contention.

(a) Les Notaires de Lyon ont été dispensés, par un Edit du mois d'Octobre 1691, registré le 21 Novembre suivant, de prendre à l'avenir des témoins pour signer les actes avec eux, à la charge de les faire signer en second par un de leurs Confreres, comme les Notaires de Paris, sans néantmoins rien innover à l'usage établi pour les testamens solemnels.

(b) Il ne faut pas conclure de la faculté accordée aux Notaires, de faire signer en second les actes à la passation desquels ils n'ont pas assisté ; qu'ils peuvent en user de même, quand, au lieu de second Notaire, l'acte est passé en présence de témoins. Les Réglemens veulent en ce cas, que les témoins soient réellement présens. Voyez les Arrêts de 1703 & de 1730, que j'ai cité plus haut.

Les Notaires ne doivent recevoir des contrats qu'entre les personnes qu'ils connoissent, ou qui leur sont certifiées être *celles qui contractent*, à peine *de privation de leurs Offices*; c'est la disposition de l'Ordonnance de Louis XII en 1498, article 65 : plusieurs Ordonnances postérieures, & singuliérement l'article 409 de l'Ordonnance d'Abbeville, pour le Dauphiné, exigent la même chose. Voyez Guesnois, conférence des Ordonnances, & le Recueil pour le Dauphiné, tome premier. Voyez aussi M. de Catelan, tome 2, liv. 5, chap. 45.

Un Notaire de Lyon, (convaincu d'avoir reçu une quittance en faveur de Pierre Bely, dans laquelle Jean Janot s'étoit fait passer pour être le créancier nommé *Jean Beluse*, ce Notaire, dis-je, qui n'avoit pas fait certifier que celui qui donnoit la quittance étoit l'individu qu'il disoit être,) a été condamné au blâme & en une amende de 10 liv., par Sentence du Lieutenant Criminel de Lyon, du 16 Mars 1744.

Le 7 Août 1761, la Cour, en jugeant le procès de deux faussaires, convaincus de supposition de personne, & qu'elle a condamnés aux galeres, a, par le même Arrêt, » ordonné que les Ordonnances, Arrêts & » Réglemens de la Cour, seront exécutés; » en conséquence, fait défenses à tous No- » taires de recevoir aucuns actes, s'ils ne » connoissent les personnes contractantes, » ou qu'elles leur soient certifiées & témoi- » gnées être celles qui contractent, à peine » de privation de leurs Offices; & que l'Ar- » rêt sera imprimé, publié, affiché, &c «.

Les Notaires qui sont constitués dépositaires de deniers par les actes qu'ils ont eux-mêmes reçus, donnent hypothèque sur leurs biens aux Parties contractantes, à compter du jour du dépôt, encore qu'il n'y ait que deux Notaires qui ayent signé l'acte, compris celui qui se charge.

Ce point de droit a fait beaucoup de difficulté; mais différens Arrêts récemment intervenus dans les contestations qui se sont élevées sur cela dans les ordres ou directions des biens de différens Notaires de Paris, ont consacré la maxime.

Il en a été rendu un premier, le 7 Juillet 1741; un second, le 12 Avril 1745; un troisiéme, le 26 Janvier 1747; & un quatrié-me, le 16 Juillet 1750. Ce dernier Arrêt a été rendu, *consultis Classibus*, c'est-à-dire, après avoir demandé l'avis de toutes les Chambres.

Tous ces Arrêts ont jugé que le Notaire qui s'étoit constitué dépositaire par un acte passé devant lui, & signé, tant par lui, que par un seul de ses confreres, donnoit l'hypothéque sur ses biens : mais d'autres Arrêts ont jugé que le divertissement des deniers déposés entre les mains d'un Notaire, n'opere point un fait de charge. V. *Fait de Charge.*

Suivant des Lettres-Patentes en forme d'Edit du 29 Avril 1664, dont l'exécution a été ordonnée par un Arrêt rendu le 11 Mars 1729, en faveur du sieur Larcher, Notaire au Bailliage de Sens à la résidence de Brienon, contre d'autres Notaires, il ne peut y avoir que deux Notaires au plus dans chaque Bourg & grande Paroisse. (L'Arrêt de 1729 est imprimé.)

Un Notaire reçu dans un Bailliage pour résider dans un lieu, ne peut pas résider dans un autre Bailliage, quoiqu'il offre de ne passer des Actes qu'en se transportant sur son territoire : c'est ce qui a été jugé par Arrêt rendu sur les Conclusions de M. l'Avocat Général d'Aguesseau le 15 Mars 1726, entre Antoine Beaunier, Notaire au Châtelet de Melun, & Jacques Jacob, Tabellion à Courquitaine, dépendant du Bailliage de Brie-Comte-Robert. V. aussi l'Edit du mois de Mai 1686, sur les fonctions des Notaires en Normandie.

La même chose a encore été jugée par un Arrêt (imprimé) rendu en faveur de l'Hôtel-Dieu de Paris, Engagiste des Domaines de Gonesse, & le sieur Nicolas Sollier, Notaire Royal à Arnouville, sur les Conclusions de M. l'Avocat Général d'Ormesson, le 18 Avril 1744, par lequel il a été ordonné audit sieur Sollier d'aller résider à Arnouville dans trois mois, quoiqu'il offrît ne pas instrumenter à Gonesse en qualité de Notaire.

Cet Arrêt a même jugé que le sieur Sollier ne pouvoit pas forcer les Administrateurs de l'Hôtel-Dieu, auxquels il offroit de payer le prix d'un Office de Notaire à Gonesse, de lui donner la nomination qu'ils avoient droit de faire au Roi pour led. Office.

L'Edit du mois de Février 1692, portant création de deux cent Notaires dans le ressort du Parlement de Tournay, où il a été registré le 5 Avril suivant, porte qu'ils *ne pourront instrumenter hors l'étendue de la Justice des lieux où ils seront établis ;* & cela est conforme au Droit commun. Voyez l'Edit du mois de Septembre 1733, concernant les Notaires de Dijon, qui fait défenses aux Notaires de recevoir aucun Acte hors de leur ressort, à peine de 1000 liv. d'amende, dommages & intérêts, & même de nullité des Actes.

L'Edit du mois de Mai 1686, portant Réglement sur les fonctions des Notaires de Normandie, fait aussi défenses aux Notaires d'instrumenter hors de leur détroit, si ce n'est pour cause légitime & avec permission du Juge du lieu, au bas d'une requête ; mais il ne prononce que des peines pécuniaires contre les contrevenans, & non la nullité.

On pense que les seuls Notaires créés pour résider dans les Chefs-lieux des Bailliages & Sénéchaussées, peuvent instrumenter dans tout le ressort, & que ceux qui ne font créés que pour des résidences particulieres, ne peuvent recevoir aucun Acte hors de leur collocation, quoique dans les Bailliages auxquels ils ont prêté serment. Les Arrêts que je vais rapporter, pourront servir à développer & à éclaircir ce point.

Le 2 Août 1742 la Cour, par un Arrêt rendu entre les Notaires de la Ville de Vendôme & ceux du Plat-Pays, a fait défenses à ces derniers de faire aucun Acte au-delà des Paroisses de leur résidence & collocation, ni mettre aucun Acte en grosse & sceller que ceux qui seront passés & reçus par eux ou leurs prédécesseurs dans lesdites collocations.

Cet Arrêt leur a en outre ordonné d'insérer le lieu de leur résidence dans tous les Actes qu'ils passeront, & celui où ils auront été passés à peine de nullité, dommages & intérêts.

Le 15 Mars 1752, la Cour, par un autre Arrêt rendu entre les Notaires de la Ville d'Angers & ceux du Plat-Pays, a fait défenses aux derniers de faire aucune fonction dans la Ville, Fauxbourgs & Banlieue d'Angers, *comme aussi de passer aucun Acte*

au-delà des Paroisses de leur résidence & collocation. . . . . . ordonne que les Notaires du Plat-Pays d'Anjou seront tenus de mettre dans les Actes qu'ils passeront, le lieu de leur résidence & celui où l'Acte aura été passé, à peine de nullité, dépens, dommages & intérêts. . . .

Mais par un autre Arrêt rendu en la quatrième Chambre des Enquêtes, le 31 Août 1752, les Notaires à résidence immatriculés au Bailliage de Château-Thierry ont été maintenus dans le droit d'instrumenter dans tout le ressort du Bailliage de Château-Thierry, à l'exception de la Ville de Château-Thierry.

Par un autre Arrêt plus récent, rendu le 5 Août 1758, au rapport de M. Bochart de Saron, la Cour a permis à François Virey, Notaire Royal au Bailliage de Langres, à la résidence de Bussieres, Belmont & dépendances, de recevoir toutes sortes d'Actes dans l'étendue de la résidence de Bussieres, &c. les sceller, les mettre en gosse, même concurremment avec les Notaires Royaux de Langres, & de recevoir les Actes dans les lieux limitrophes de sa résidence où il n'y a pas de Notaires Royaux d'établis.

D'autres Arrêts ont jugé que les Notaires créés pour résider dans les Chefs-lieux des Bailliages & Sénéchaussées, pouvoient instrumenter dans tout le ressort desdits Bailliages & Sénéchaussées ; mais que ceux créés pour être attachés à des résidences & des districts particuliers, comme étoient avant l'Edit de 1552 les Substituts ou Commis-Notaires auxquels ils ont succédé, ne peuvent instrumenter hors ces districts ; & ces Arrêts forment le Droit commun.

Il y en a un du 19 Juin 1623 en faveur des Notaires de Vendôme, contre les Notaires du Plat-Pays. Il y en a deux autres en faveur des Notaires de Sens ; l'un du 11 Août 1657, contre Moron, Notaire à la résidence de Veron ; l'autre, du 2 Juin 1728, contre Bouras, Notaire à la résidence de Gisy.

Les Notaires de Chaumont en ont obtenu un pareil le 18 Août 1729, contre Pothier, Notaire en la Prévôté de Nogent-le-Roi.

Il y en a un semblable en faveur des Notaires de Tours, contre les Notaires du

Plat-Pays, du 29 Août 1731. Voyez l'Edit du mois de Janvier 1584, regiſtré le 19, portant création de Notaires, au lieu des Clercs-Subſtituts des Tabellions (a).

Il y a eu des Notaires créés par Edit du mois de Février 1704, regiſtré au Parlement le 27 du même mois, *dans toutes les Villes & lieux du Royaume où il y a Grenier à Sel, pour y paſſer, à l'excluſion de tous autres Notaires & Officiers, les obligations des ſels prêtés, les arrieres-baux des regrats, & tous les actes qui ſeront faits dans les Villes & lieux de leur établiſſement, tant pour ce qui concerne les Gabelles, que les autres Fermes.*

Le même Edit porte auſſi que ces Notaires *pourront recevoir & paſſer, concurremment avec les autres Notaires, toutes ſortes d'Actes publics, ſans qu'ils puiſſent être tenus de faire Corps de Communauté ni bourſe commune avec les Notaires deſdits lieux, &c.*

A l'occaſion de cette derniere diſpoſition, il s'eſt élevé une conteſtation entre Pierre Lambert, Notaire à Aubigné, & Jean Briſſet, Notaire au Grenier à Sel du Lude, ſur la queſtion de ſçavoir, ſi ce dernier pouvoit inſtrumenter en ſa qualité de Notaire à Aubigné. Briſſet ſoutenoit l'affirmative, ſur le fondement de l'Edit de 1704, & invoquoit une poſſeſſion contradictoire avec Lambert; il alloit même juſqu'à dire qu'il avoit droit d'inſtrumenter dans tout le reſſort du Grenier à Sel du Lude.

Lambert répondoit que, par la nature de ſon Office, il avoit droit d'inſtrumenter ſeul à Aubigné, à l'excluſion des Notaires Royaux du Lude, leſquels ne ſont que des Notaires de réſidence particuliere & non de Chef-lieu; que l'Office de Briſſet n'étoit pas de meilleure condition que les Offices des autres Notaires du Lude, que la poſſeſſion n'étoit d'aucune conſidération, parce que le pouvoir confié aux Officiers de Juſtice eſt de droit public, & que ſur cette matiere il n'y a point de preſcription.

Par l'Arrêt rendu ſur délibéré, prononcé le 30 Juillet 1760, la Cour a confirmé l'Ordonnance ſur Requête du Lieutenant Général du Mans, du 8 Janvier précédent, portant défenſes à Briſſet de faire aucune fonction de Notaire à Aubigné, &c.

Dans cette affaire, Briſſet a cité un Arrêt du Grand-Conſeil, du 3 Mai 1760, qu'il dit avoir jugé pareille cauſe en faveur du Notaire au Grenier à Sel de Senlis. Mais ;

1°. Le Notaire au Grenier à Sel de Senlis n'avoit pas d'autres Notaires Royaux pour adverſaires, mais ſeulement des Officiers d'une Juſtice Seigneuriale.

2°. Senlis eſt un Chef lieu de Bailliage, &c. au lieu que ceux du Lude ſont Notaires de Plat-Pays.

3°. L'Arrêt du Grand-Conſeil a plutôt jugé que l'inventaire devoit être fait par un Notaire Royal quelconque, par préférence aux Officiers de Juſtice Seigneuriale, que toute autre queſtion. Voyez l'Arrêt du 9 Août 1729, dont je parle à l'article *Haute-Juſtice.*

Suivant le Recueil ou Traité fait par Langlois, ſur les droits des Notaires demeurans à Paris, eux ſeuls en particulier ont » le droit de recevoir & paſſer, à l'excluſion » de tous autres Notaires tous contrats & » actes volontaires, en la Ville, Fauxbourgs » & *Banlieue* de Paris ». C'eſt ainſi qu'il a intitulé le chapitre 19 de ſon Ouvrage : ce qu'il dit à cet égard, doit être reſtraint à la Ville & aux Fauxbourgs de Paris; mais pour ce qui concerne la Banlieue, le droit excluſif des Notaires de Paris n'a lieu que pour les endroits où il n'y a point de Notaires particuliers qui y réſident.

Il y a de ces Notaires reçus au Châtelet, même des Notaires de Seigneurs, réſidens à Belleville, à Montreuil, à Boulogne, à Aubervilliers, à Vitry, à Vanvres, &c. les Actes reçus par ces Notaires ſont auſſi authentiques que ceux paſſés devant des Notaires réſidens à Paris, quand ils ſont faits

(a) Ce que je dis ici, & les Arrêts que je cite, ne doivent point s'appliquer aux Notaires des Provinces de Lyonncis, Forêts & Beaujolois, parce que, ſuivant un Acte de Notoriété donné par le Bailliage de Villefranche en Beaujolois, le 9 Sept. 1720, les Notaires Royaux créés dans chacune des Villes & lieux de ces Provinces, ſans aucune exception, ſont dans l'uſage immémorial d'inſtrumenter concurremment, dans les lieux de la réſidence les uns des autres, & d'y recevoir toutes ſortes d'actes, contrats & teſtamens........

En Provence, les Notaires ne peuvent pas non plus recevoir des actes hors du lieu de leur établiſſement, excepté les teſtamens ſolemnels. Les Notaires de Provence peuvent auſſi recevoir tous actes ès lieux auxquels il n'y a aucun Notaire établi. Voyez l'Acte de Notoriété du Parquet du Parlement d'Aix, du 12 Février 1684.

dans

dans les endroits de la Banlieue où ces Notaires ont droit d'inſtrumenter ; il y a ſeulement cette différence, que ces Actes n'étant point ſcellés du ſceau du Châtelet, comme ceux des Notaires de Paris, mais d'un ſceau particulier aux armes du Roi, que tous les Notaires Royaux ſont autoriſés à appoſer à leurs Actes par un Edit de l'année 1706, dont je parle à l'article *Scel*, ils ne ſont point attributifs de Juriſdiction au Châtelet. Voyez *Sceau du Châtelet*.

Un ſieur Reſteau a néantmoins prétendu que le ſceau appoſé ſur un bail paſſé devant *un Notaire du Roi reçu au Châtelet, réſident au Bailliage de Chevreuſe*, étoit attributif de Juriſdiction au Châtelet ; il y avoit même fait révoquer une aſſignation donnée devant le Juge du Meſnil-Saint-Denis ; mais, par Sentence rendue ſur délibéré, au rapport de M. Loys, après l'examen le plus ſcrupuleux des droits attachés au ſceau de ce Tribunal, le 30 Mars 1762, il a été ordonné que les Parties ſe pourvoiroient devant le Juge du Meſnil-Saint-Denis.

Langlois dit encore » qu'en toutes céré- » monies, Actes publics & Aſſemblées, les » Notaires ont le rang & la préféance ſur » les Procureurs «. Tel eſt le titre du chapitre 42 ; & pour prouver cette propoſition, il cite huit ou dix Arrêts rendus en faveur des Notaires.

Langlois étoit lui-même Notaire, & par conſéquent il n'eſt pas étonnant qu'il ait parlé ſi affirmativement ſur une queſtion qu'on doit regarder comme étant au moins problématique. Il faut ſuppléer à ce qu'il dit ſur cela :

1°. Que ce qui eſt jugé en matiere de préféance entre certains Officiers d'un Siége, contre d'autres Officiers, ne doit point influer pour ou contre les Pourvus des mêmes Offices dans un autre Siége ; parce que, quand il s'agit de préféance, c'eſt la poſſeſſion & l'uſage qui déterminent. V. ce que je dis ſur cela aux articles *Droits-Honorifiques*, *Eau-bénite*, *Pain-béni*, & *Préféance*.

2°. Que les Arrêts cités par Langlois ne donnent la préféance aux Notaires que ſur les Procureurs de quelques Juriſdictions ſubalternes, & non ſur des Procureurs poſtulans ès Cours Supérieures, leſquels (à l'exception des Procureurs au Parlement de Dijon) ont toujours eu la préféance ſur les Notaires.

3°. Que Langlois n'a fait imprimer que dans quatre des dix Arrêts qu'il cite, & que celui du 28 Août 1684, qu'il s'eſt contenté de citer, juge ſeulement que les Notaires de Touloufe & les Procureurs en la Sénéchauſſée de la même Ville, marcheront en *même rang* ſur deux lignes, les Notaires à la droite.

4°. Que par Arrêt rendu au Parlement de Touloufe le 30 Octobre 1715, les Procureurs au Parlement de Touloufe ont été proviſoirement maintenus dans la préféance qu'ils avoient toujours eûe ſur les Notaires de la même Ville.

5°. Et que, par Arrêt rendu au Parlement de Grenoble le 26 Juin 1721, confirmé par un Arrêt du Conſeil du 17 Août 1725, qui a débouté les Notaires de leur demande en caſſation, la préféance a été accordée aux Procureurs au Parlement de Grenoble ſur les Notaires de la même Ville, leſquels ſe prétendent néantmoins créés à l'inſtar de ceux du Châtelet de Paris.

A propos de quoi donneroit-on le pas & la préféance aux Notaires ſur les Procureurs ? Ils ne l'ont pas ſur les Avocats, & jamais il n'y a d'intervalle entre les Avocats & les Procureurs. Les Procureurs ſuivent immédiatement les Avocats. Les Avocats & les Procureurs ne compoſent même qu'une ſeule Communauté au Parlement de Paris.

Les Loix n'honorent pas d'ailleurs les Notaires de la même confiance qu'elles donnent aux Procureurs. Ceux-ci repréſentent leurs Parties, & peuvent les défendre comme les Avocats, ſans avoir d'elles un pouvoir ſpécial, tandis que les Notaires ne ſont, pour ainſi dire, que des Scribes publics (*a*) établis pour donner une forme au-

---

(*a*) Anciennement les Notaires étoient obligés d'écrire eux-mêmes les groſſes de leurs contrats.

Ceux de Paris préſenterent Requête au Roi, le 11 Octobre 1540, pour demander la permiſſion de faire écrire par des mains étrangeres. Cette Requête fut envoyée aux Officiers du Châtelet, qui donnerent leur avis le 18 Novembre ſuivant. Cette permiſſion leur fut accordée par Déclaration du premier Septembre 1541. L'un & l'autre ſont au troiſiéme volume des Regiſtres des Bannieres du Châtelet, *fol.* 245.

.thentique aux conventions des Parties. Les Ordonnances ne les appellent point, comme elles appellent les Procureurs, pour suppléer les Juges en cas d'absence & de légitime empêchement. Tout au contraire elles leur donnent des fonctions pareilles à celles des Huissiers (a); elles leur permettent de faire des protêts, des sommations respectueuses, des notifications de grades, des requisitions, &c. ainsi que je l'ai déja dit; il y a même des cantons où ils sont assujettis à une montre, comme les Huissiers du Châtelet. (Voyez *Montre*). Ils sont d'ailleurs assimilés à des Négocians, & leurs billets à ordre engendrent la contrainte par corps. (Voyez *Ordre de Lettres de Change*). Je crois que de pareilles fonctions & de semblables assujettissemens ne doivent pas faire mériter aux Notaires la préféance sur les Procureurs, dont l'origine est beaucoup plus noble, & l'état plus élevé. V. ce que je dis à l'article *Procureur*.

Langlois dit encore qu'il n'y a que les Notaires de Paris qui ayent droit de faire des inventaires dans Paris. Il y a cependant un Arrêt du 23 Avril 1704, qu'on trouve dans le nouveau Recueil des Réglemens de Justice, tom. 2, & qui a été rendu contre les Notaires de Paris, sur les Conclusions de M. l'Avocat Général Joly de Fleury, par lequel la Cour a ordonné que l'inventaire des biens du Cardinal de Furstemberg, Abbé de S. Germain-des-Prés, *commencé par les Officiers du Bailliage de Saint Germain-des-Prés, sera par eux parachevé.*

Actuellement les Notaires du Châtelet, demeurans à Paris, conviennent qu'ils n'ont pas droit de faire des inventaires dans Paris, à *l'exclusion* des Officiers des Justices Seigneuriales, quand ceux ci les ont commencés. Sans cette circonstance de l'inventaire commencé, ils prétendent que, s'ils sont appellés pour les faire par les personnes qui ont droit de les nommer, ils doivent exclure les Officiers des Justices Seigneuriales. Je crois à cet égard qu'on doit en user dans ces Justices, comme on en use dans l'étendue du Bailliage du Chapitre de Notre-Dame de Paris.

Les Officiers de ce Bailliage ont le droit de faire les inventaires dans l'étendue de leur Jurisdiction : ils prétendoient même avoir ce droit, à l'exclusion des Notaires de Paris; mais, par Arrêt rendu le 9 Juillet 1661, sur les Conclusions de M. l'Avocat Général Talon, le privilége exclusif que le Chapitre soutenoit en faveur de ses Officiers, a été restraint aux seuls Chanoines, Chapelains & autres Ecclésiastiques desservans actuellement dans l'Eglise de Notre-Dame de Paris.

A l'égard des autres Justiciables du Bailliage du Chapitre, l'inventaire de leurs biens peut être fait par les Notaires de Paris, si les Parties intéressées les nomment : mais si un des héritiers requiert que l'inventaire soit fait par les Officiers du Bailliage du Chapitre, & qu'un autre héritier nomme un Notaire; alors, comme on ne peut pas diviser la rédaction, ni donner au Greffier le Notaire pour collègue, c'est au Greffier qu'il appartient de faire l'inventaire. La Cour l'a ainsi jugé *provisoirement* par Arrêt contradictoire rendu entre le Chapitre de Notre-Dame & les Notaires de Paris, le 20 Janvier 1738, sur les Conclusions de M. l'Avocat Général Gilbert de Voisins, pour l'inventaire de Me Matthieu, Avocat.

M. l'Avocat Général a remarqué, lors de cet Arrêt, que, suivant le Réglement du 3 Décembre 1569, les Notaires ne pouvoient *faire les inventaires privativement aux Juges des Seigneurs, que dans le cas où les Parties au pluriel le vouloient, & non l'une des Parties, &c.*

Depuis cet Arrêt, il en est intervenu un autre entre la Dame Garnier de Montigni, & le Procureur du Roi au Bailliage de l'Arsenal, sur les Conclusions de M. l'Avocat Général Pelletier de Saint Fargeau, le Samedi 4 Février 1758, par lequel il a été jugé que les Parties peuvent choisir des Notaires pour faire les inventaires dans l'étendue du Bailliage de l'Arsenal; qu'elles ne sont pas assujetties à se servir des Officiers de ce Bailliage pour la confection des inventaires, & qu'elles sont au contraire libres de se servir de ceux des deux espèces

---

(a) La Loi n'a pas même tant de confiance dans les Notaires que dans les Huissiers; car un Huissier seul, en l'absence de ses Parties, peut faire la plus grande partie des actes qui sont de son ministère; au lieu qu'un Notaire

ne peut pas seul faire des actes. Il faut toujours que ses Parties soient présentes; qu'il soit accompagné, ou d'un autre Notaire, ou de plusieurs témoins, sans quoi ses actes seroient nuls.

d'Officiers qu'elles jugent à propos de préférer. Voyez les art. 2 & 3 de l'Arrêt rendu en forme de Réglement entre les Seigneurs Hauts-Justiciers dans Paris, & les Notaires de cette même Ville, le 3 Décembre 1569, qu'on trouve dans Joly, des Offices, tome 2, page 1673, il juge que la confection des inventaires appartient aux Officiers desdites Justices, à l'exclusion des Notaires. Voyez aussi *Inventaire*.

Langlois ne décide point affirmativement dans le chapitre 46 de son Ouvrage, comme il fait sur d'autres points, que les Notaires ne sont pas garans des suites des actes passés devant eux par des personnes interdites; il se contente de citer quelques Jugemens & Arrêts qui, sur des demandes en garantie, formées en ce cas contre les Notaires, les en ont déchargés.

Les condamnations qui se prononcent en ce cas contre les Notaires, sont fondées sur des Arrêts rendus en forme de Réglement, les 18 Mars 1614 & 23 Novembre 1621, qui assujettissent les Notaires à inscrire les noms des Interdits sur un tableau dans leur Chapelle au Châtelet, & dans chacune de leurs Etudes.

La vraie maxime à suivre sur ce point, est que les Notaires sont sujets à la garantie, toutes les fois qu'ils ont connu l'interdiction. C'est ce que M. l'Avocat Général Talon a établi; & c'est aussi ce qui a été jugé par un Arrêt du 17 Janvier 1662, qu'on trouve au Journal des Audiences, tom. 2, liv. 4, chap. 42.

Les Notaires sont-ils garans des nullités de leur fait qui se trouvent dans leurs actes? V. *Nullités*.

Bourjon dit que les Notaires sont incapables de recevoir des libéralités des personnes qui sont dans l'usage de se servir de leur ministere. Il cite à ce sujet un Arrêt rendu au mois de Juin 1720, dans l'affaire de Me Foucaut, Notaire à Paris; mais il ajoute qu'en ces sortes d'affaires, il faut considérer les circonstances, & il a raison.

Me Pipereau, Procureur au Parlement, a demandé la nullité d'une donation entrevifs de propres maternels, faite par le sieur Olivier à Me Crochart, Notaire à Chartres, sous deux prétextes; l'un, que le donateur étoit malade au temps de la donation, mais il n'offroit pas prouver la maladie & la continuité, jusqu'au décès; l'autre, que Me Crochart étoit non-seulement Notaire, mais fondé de procuration pour toucher les revenus du défunt, qui consistoient en plus de deux cens parties de rente.

Me Pipereau soutenoit que de ces deux qualités il résultoit une double incapacité en la personne de Me Crochart: celui-ci répondoit que les Notaires ne sont pas mis au rang des incapables; que quand ils pourroient être compris dans la disposition de l'Ordonnance de 1539, la qualité de neveu du donateur effaceroit toutes les incapacités; & quoique Me Crochart ne fût pas héritier du défunt, ni parent de la ligne maternelle, dont les propres donnés provenoient, la Cour, par Arrêt rendu au rapport de M. de Bretigneres, en la Grand-Chambre, le Lundi 12 Juillet 1762, a confirmé la Sentence rendue à Chartres le 23 Avril 1761, par laquelle la donation avoit été jugée valable. V. *Incapables*.

Langlois, dans le chapitre 47 du Traité des Droits des Notaires de Paris, dont j'ai plusieurs fois parlé en cet article, dit » que » les Notaires ne doivent point déposer des » faits concernans les actes par eux reçus, » ou venus à leur connoissance, à l'occasion » de ces actes «; & pour autoriser cette maxime, il cite deux Sentences du Châtelet, & deux Arrêts du Parlement, dont le dernier est du 27 Août 1650. Le contraire paroît décidé, en matiere criminelle, par l'article 3 du titre 6 de l'Ordonnance de 1670, & par la nouvelle Jurisprudence.

Entr'autres Arrêts, il y en a un du 19 Janvier 1743, qui a été rendu sur délibéré, conformément aux Conclusions de M. l'Avocat Général Joly de Fleury, *la Grand-Chambre assemblée*, par lequel *la Cour......a ordonné que* Me Duport seroit *tenu de déposer sur le fait des plaintes* du sieur Paradis, dont l'objet capital étoit la question de sçavoir si M. le Duc de Levy, en vendant des bois au sieur Paradis & ses cautions, avoit aussi vendu la Terre du Portail, & si à cet effet il avoit été passé une contre-lettre devant Me Duport.

Le 6 Février 1743, est intervenu un autre Arrêt de la Grand'Chambre, sur les Conclusions de M. l'Avocat Général Joly de

Fleury, par lequel un Notaire a aussi été assujetti à déposer.

Dans cette espéce, un Particulier qui avoit confié sa procuration à quelqu'un pour vendre des biens, prétendoit que son Mandataire les avoit vendus un prix supérieur à celui porté par le contrat, & qu'il s'étoit approprié le surplus ; ce qui étoit un vol, dont le Mandant rendit plainte. Le Notaire, qui avoit passé le contrat, fut assigné pour déposer, & il le refusa ; mais la Cour ordonna par l'Arrêt qu'il y seroit contraint.

Enfin il a été jugé par une Sentence rendue sur délibéré au Châtelet, le 27 Juin 1755, en la Chambre Criminelle, que Me Dulion & son Clerc seroient tenus de déposer dans l'affaire du Prince de Ligne, contre Jean-Baptiste Picard, en laquelle il s'agissoit de sçavoir si, lorsque la demoiselle de Saint-Leger avoit vendu sa maison au sieur Picard, par contrat passé devant Me Dulion, il avoit en même-temps été passé une contre-lettre par le Sr Picard, au profit du Prince de Ligne. La Sentence du Châtelet a même ordonné que Me Dulion & son Clerc seroient contraints à déposer par emprisonnement de leurs personnes. On avoit jugé de même dans une autre affaire contre feu Me de Savigny, Notaire.

Il doit donc demeurer pour constant que les Notaires doivent déposer comme témoins dans les informations, relativement aux actes qu'ils passent. Il seroit en effet bien extraordinaire que des Notaires, simples rédacteurs des volontés des Parties, fussent dispensés de rendre hommage à la vérité, tandis qu'on a quelquefois, dans des circonstances particulieres, contraint des Avocats de déposer comme témoins. V. les Arrêts d'Anne Robert, liv. 2, ch. 19.

L'article 173 de l'Ordonnance de 1539, l'art. 83 de celle d'Orléans, l'art. 38 de la Coutume de la Marche, un Arrêt du Conseil du 21 Juin 1695, l'art. 3 de la Déclaration du 19 Mars 1696, & plusieurs autres Réglemens postérieurs, enjoignent aux Notaires, sous différentes peines, de tenir des répertoires & inventaires-sommaires des actes qu'ils reçoivent, soit qu'ils les délivrent en minute, ou qu'ils les gardent pour en délivrer des expéditions.

Les répertoires doivent singuliérement contenir les noms des Contrôleurs, & les sommes payées pour le contrôle ; & les Notaires en doivent fournir copie signée d'eux au Fermier ou ses Commis, quand ils en sont requis.

Ils doivent être écrits sur du papier timbré, suivant l'Ordonnance des Aides de 1680, & l'article 15 de la Déclaration du 19 Juin 1691.

Un Notaire qui avoit écrit le sien en papier commun, & qui, par accommodement, avoit payé 75 liv. d'amende, prit des Lettres de Rescision contre l'accommodement, les fit enthériner, & condamner le Fermier à lui restituer les 75 liv. par Arrêts de la Cour des Aides des 19 Juin & 20 Août 1737 ; mais ces Arrêts ont été cassés par un Arrêt du Conseil du 19 Août 1740.

Les Notaires ne doivent pas délivrer des expéditions ou des grosses de leurs actes, qui soient différentes de la minute. Elles doivent y être absolument conformes ; & un Notaire de Paris, nommé Louis-Gilles Remon, fut condamné en neuf ans de bannissement, à faire amende honorable, &c. par Arrêt du 3 Juin 1697, pour avoir délivré la grosse d'un contrat de 150 liv. de rente, à laquelle M. Raudot paroissoit obligé solidairement avec sa femme, quoiqu'il n'eût signé la minute de ce contrat, que pour autoriser sa femme à emprunter, sans contracter aucun engagement personnel.

Le tarif des droits & émolumens dûs aux Notaires de Paris, dressé en conséquence d'une Sentence du Châtelet du 24 Février 1688, confirmée par Arrêt du 4 Décembre suivant, qu'on trouve dans le Style du Châtelet, dans le Recueil des Réglemens de Justice, & ailleurs, porte qu'il *sera taxé aux Notaires 6 liv. par vacation aux Actes qu'ils font hors de leurs Etudes, pour lesquels il se paye vacation, dix sols du rôle de la grosse en grand papier, & vingt sols en parchemin rempli de 22 lignes, & 15 syllabes à la ligne ; en ce non compris le papier & le parchemin timbré.*

Ce Réglement, dont les Notaires ont depuis long-temps secoué le joug, subsiste encore pour le payement des expéditions de leurs actes, des rôles d'inventaire & procès-verbaux qu'ils dressent, & M. le Lieutenant Civil taxe en conformité, lorfqu'il fe préfente fur cela des difficultés ; mais leurs vacations ont été augmentées de 40 fols, & fixées à 8 liv. par une Déclaration du 27 Avril 1694, enregiftrée le 27 Mai fuivant. Voyez dans le Journal des Audiences l'Arrêt rendu le 2 Août 1713, qui a confirmé la Sentence du Prévôt d'Orléans, par laquelle ce Juge avoit ordonné que des actes feroient mis en fes mains, pour taxer les falaires d'un Notaire ; les Notaires prétendoient que cette taxe devoit être renvoyée devant eux.

L'article 6 de la Déclaration du 26 Juin 1763, qui a pour objet la perception des rentes viageres, porte : » Et quant aux No» taires de Paris, nous avons fixé.......leur » droit de quittance à 6 f. pour les quittan» ces purement viageres, 8 fols pour celles » de tontines d'une feule action, 12 f. pour » celles qui en contiennent plufieurs, & » 30 fols pour celles qui excéderont le nom» bre de 20...... «

Les falaires, vacations, & autres droits dûs aux Notaires de Normandie, à caufe des actes qu'ils paffent, font détaillés & fixés par un Arrêt du Confeil du 28 Janvier 1681, revêtu de Lettres-Patentes enregiftrées au Parlement de Rouen le 27 Février fuivant.

Le 9 Juillet 1709, il a été rendu un Arrêt contradictoire au Confeil, entre les héritiers de Madame de Nemours, & les Notaires Royaux de la Province de Normandie, qui a caffé un Arrêt du Parlement de Rouen du 7 Juillet 1704, en ce qu'il accordoit au Tabellion du Duché d'Eftouteville la faculté provifoire de procéder à la confection des inventaires ; en conféquence, *Sa Majefté a maintenu & gardé les Notaires Royaux au droit de faire les inventaires, chacun dans le lieu de leur établiffement & diftrict, même dans les Juftices des Seigneurs.*

Fait Sa Majefté défenfes aux Tabellions des Juftices des Seigneurs, & à tous autres, de s'immifcer dans leurs fonctions, à peine de nullité, dépens, dommages & intérêts.

Une Déclaration du 9 Mai 1751, regiftrée au Parlement de Rouen le 25 du même mois, a ordonné que, *conformément à l'Edit du mois de Mars 1702, & à la Déclaration*

du 11 Décembre 1703..... il ne pourroit être procédé par les Notaires de Normandie à l'appofition d'aucun fcellé, ni à la confection des inventaires des biens, effets, titres & papiers des décédés, abfens, faillis, ou en banqueroute, s'ils n'en font requis par Parties intéreffées, ou par le Miniftere public, à peine d'interdiction, & de tous dépens, &c.

Les Notaires peuvent-ils faire les fonctions de Greffiers dans les commiffions qui émanent du Confeil ? Voyez l'Arrêt du 27 Février 1725, dont je parle à l'article *Commiffion.*

Le Mardi 25 Mai 1762, la Cour a déclaré valable une donation faite à l'Eglife Paroiffiale de Maintenon par la veuve le Blanc, par le miniftere d'un nommé Hony, commis à l'exercice du Notariat de Maintenon. On a penfé, comme l'a plaidé Me Doucet, » qu'il étoit licite de commettre à » l'exercice d'un Notariat, parce que c'eft » un droit domanial qui peut s'affermer » comme un Greffe, pourvû que celui qui » exerce par commiffion, ait ferment en » Juftice. «

Il y avoit cela de particulier dans l'efpéce, que les dénombremens de la Terre de Maintenon portoient que le Seigneur *a droit d'établir des Notaires, & de permettre auxdits Notaires d'établir des Commis fous eux.* Voyez M. Louet, lettre T, n°. 11.

Il paroît certain en effet que, dans beaucoup de Provinces, il y a des Notaires par baux, qui achetent le droit d'exercer les fonctions attachées à cet Office ; & les actes que ces Notaires locataires reçoivent, font valables, quand en conféquence de leurs baux, ils ont obtenu commiffion du Seigneur, fur laquelle ils ont été reçus, prêté ferment, &c.

Mais fi les titres des Offices des Notaires n'étoient, ni remplis, ni affermés, le Juge ne pourroit pas commettre à l'exercice de ces fonctions. La Cour l'a ainfi jugé, au rapport de M. Titon, par Arrêt rendu en la Grand'Chambre le 11 Août 1763.

Dans cette efpéce, le Roi avoit, par un Edit du Mois d'Avril 1749, fupprimé les Commiffions de Notaires dans le Duché de Nemours, qui avoient toujours été remplies par des Locataires de ces Commiffions, au lieu defquelles il avoit été créé fix Notaires en titre d'Office. Deux de ces titres seulement avoient été levés ; & sur la requête des deux Titulaires, qui étoient pere & fils, le Lieutenant Particulier de Nemours avoit commis François Baschet » pour Notaire à Nemours, à l'effet de re- » cevoir les actes & contrats, où les No- » taires, & leurs proches parens titulaires » feroient Parties.... «

La demoiselle Remolue ayant fait des donations, & un transport devant ce Notaire commis, au profit du sieur Drugeon, Notaire à Cheroi, les héritiers de la donatrice demanderent la nullité de ces actes ; Me Drugeon leur opposoit la Loi, Barbarius Philippus, &c.

Nonobstant cette autorité, la Cour, par Arrêt rendu ledit jour 11 Août 1763, a non-seulement déclaré nulles les donations & transport ; mais faisant droit sur les Conclusions de M. le Procureur Général, l'Arrêt à fait défenses aux Officiers du Bailliage de Nemours, de plus à l'avenir nommer aucun Notaire, ni d'accorder la faculté d'instrumenter, & recevoir des actes à telle personne que ce soit, qui ne sera pas pourvu de provision.....

NOTAIRES APOSTOLIQUES.

Un Notaire Apostolique est un Officier qui reçoit & expédie des actes en matiere spirituelle & bénéficiale. Voyez le Dictionnaire Universel, au mot Notaire.

Baronius & plusieurs autres Auteurs attribuent l'institution des Notaires Apostoliques au Pape S. Clement, parce qu'il chargea différentes personnes d'écrire l'Histoire des Martyrs de son temps ; mais c'est une erreur. Saint Clement avoit trop de sagesse & trop peu d'autorité pour tenter un établissement public au milieu de Rome. Il choisit sept personnes, que les Auteurs ont nommées Notaires, qui furent probablement tirées du Clergé. Il les chargea de faire des perquisitions exactes de tout ce qui s'étoit passé durant la persécution ; mais ces Notaires étoient plutôt des Historiens, que

des hommes destinés à rédiger les conventions du Public.

Autrefois c'étoient les Evêques qui nommoient les Notaires Apostoliques. Leur nombre étoit si grand, qu'Henri II ordonna qu'ils fussent réduits à la quantité nécessaire pour le service du Public ; mais comme les actes & les contrats que ces Notaires recevoient, étoient imparfaits, au moyen de ce qu'ils n'emportoient point hypothéque, & que d'ailleurs n'étant pas Officiers en titre, ils n'avoient point de successeurs obligés à conserver leurs minutes, Louis XIV les érigea en Notaires Royaux Apostoliques, par un Edit du mois de Décembre 1691, enregistré le 2 Janvier 1692, & en établit dans tous les Archevêchés & Evêchés du Royaume.

Suivant l'article premier de cet Edit, les Notaires Royaux Apostoliques peuvent seuls & privativement à tous autres Notaires, Tabellions, & autres Officiers, (a) recevoir & passer tous les actes qui concernent les matieres bénéficiales, quels qu'ils puissent être, entre toutes sortes de personnes, soit entre Séculiers, soit entre Réguliers, à l'exception des résignations, qui, suivant l'Edit du mois de Février 1693, peuvent être reçues par tous Notaires Royaux, chacun dans son district (b) ; les Transactions, les Sentences arbitrales sur les affaires Ecclésiastiques. Voyez aussi les articles 5 & 6 du même Edit.

Mais il y a d'autres actes que ces Notaires ne peuvent recevoir que concurremment avec les autres Notaires & Tabellions : Tels sont les Titres Sacerdotaux, les Fondations de Bénéfices, de Monasteres, d'Obits.... & autre Service Divin, les donations au profit des Communautés Ecclésiastiques, Séculieres ou Régulieres, Fabriques, Confrairies & Hôpitaux, Baux à fermes & Sous-Baux de biens Ecclésiastiques, les devis & marchés des constructions nouvelles, réfection & réparation des bâtimens appartenans à l'Eglise, les quittances des Ouvriers, les contrats de pensions viageres promises à un Couvent hors de l'entrée d'une fille en Religion, les testa-

---

(a) Depuis le décès des Titulaires des Offices de Notaires Royaux-Apostoliques à Saint-Quentin, on a recours au ministere des Notaires Royaux, suivant un Acte de Notoriété du 28 Mai 1742.

(b) Dans les environs de Paris, & même à quatre lieues à la ronde, les Notaires de Paris peuvent seuls recevoir des résignations de Bénéfices, &c., suivant un Edit du mois de Février 1691.

mens de gens d'Eglise, & l'inventaire des meubles trouvés après le décès des Ecclésiastiques.

Tous ces actes peuvent être reçus, ou par des Notaires Royaux-Apostoliques, ou par d'autres Notaires, par *concurrence entr'eux.* V. l'article 8 du même Edit.

L'article 7 de ce même Edit porte *que les provisions de Bénéfices ne seront plus adressées à des Prêtres, pour mettre en possession* ceux qui y auront été nommés, & enjoint *d'en faire l'adresse aux Notaires Royaux-Apostoliques;* mais des Lettres-Patentes du 16 Mars 1695 permettent aux Archevêques de Rouen, & aux autres Collateurs ordinaires des Bénéfices situés dans le Diocèse, d'adresser à l'avenir leurs provisions aux Doyens ruraux, aussi-bien qu'à ceux des Villes du Diocèse, à l'effet de mettre les Pourvus en possession, *suivant l'ancien usage,* nonobstant cet article.

Lorsque les Notaires *Apostoliques* refusent ou dilayent de faire les *requisitions de provisions, institutions, Visa, fulmination de Bulles & Rescrits,* qu'ils ont seuls droit de faire aux termes du même Edit, les Parties peuvent en ce *cas les faire faire par d'autres Notaires & Tabellions* (Royaux). *Ibid.* art. 7.

Un Arrêt de Réglement du Grand-Conseil, du 4 Octobre 1732, ordonne que les *Notaires Apostoliques seront tenus de passer eux-mêmes les actes de prise de possession, & autres actes concernans les Bénéfices, sans pouvoir, sous quelque prétexte que ce soit, adresser, ou envoyer à d'autres Notaires des commissions..... pour passer lesdits actes.* Fait défenses à tous autres Notaires & Tabellions de s'entremettre pour passer lesdits actes, sous les peines portées par l'article 7 de l'Edit de 1691, (c'est-à-dire, d'interdiction pour six mois, 1000 liv. d'amende, dépens, dommages & intérêts des Parties), comme aussi de se défaisir des minutes des actes de prises de possession de Bénéfice, &c. V. Minute.

Les Notaires Apostoliques ne peuvent *exercer leurs fonctions qu'en un Diocèse, sur peine de faux & de nullité des actes qui seront passés hors le Diocèse où ils sont reçus.*

L'article 5 de l'Edit de Décembre 1691, veut que les *notifications,* & même les *significations extrajudiciaires* en matière bénéfi-ciale, soient faites par des Notaires Apostoliques, privativement à tous autres Officiers (suivant l'article premier); néantmoins il y a quelques exemples, où de semblables significations, faites par des Huissiers, ont été jugées valables: en voici un premier.

Augustin Pourat, qui avoit résigné à André Lefrique la Chapelle de Portedmer, située à Rheims, par acte passé devant de Savigny, Notaire à Paris, le 5 Novembre 1729, révoqua cette résignation devant le même Notaire le 7, & fit signifier cette révocation, tant au sieur Lefrique, qu'à Me Boismelle, Banquier en Cour de Rome, chargé de faire expédier les signatures & provisions sur la résignation.

Ces significations ayant été faites par des Huissiers, & non par des Notaires, le sieur Lefrique soutenoit qu'elles étoient nulles, & par conséquent que la révocation n'empêchoit point l'effet de la résignation; néantmoins, par Arrêt rendu sur la première cause du rôle de Paris en 1736, la Cour a jugé que la révocation ayant été suffisamment connue du sieur Lefrique, il n'importoit par qui elle avoit été signifiée; en conséquence le sieur Pourat fut maintenu.

Voyez sur la même matiere un Arrêt du Grand-Conseil, du 24 Juillet 1722, qu'on trouve au rapport fait par les Agens du Clergé en 1725, & un autre du 14 Décembre 1719, cité par la Combe, Jurisprudence canonique. V. *Brevet,* sect. 3, n. 2, & ce que dit le même Auteur dans le même endroit, n. 6.

La Combe cite au même endroit, des Arrêts qui ont jugé que les requisitions peuvent être faites pour des Brévetaires, par le ministere d'Huissiers Royaux, parce que, dit il, l'article ne parle que des notifications, & non des requisitions.

En Languedoc, tous les Notaires Royaux sont aussi Notaires Apostoliques. V. Fromental, verb. *Notaires.*

Anciennement les actes passés devant les Notaires Episcopaux ou Apostoliques, n'emportoient point d'hypothèque. Ils n'étoient point exécutoires dans le Royaume, parce que la puissance Ecclésiastique, par laquelle ils étoient établis, ne peut donner l'hypothèque & l'exécution; mais à présent qu'ils sont Notaires Royaux, les actes qu'ils paſſent, emportent hypothéque; & ils ſont exécutoires quand ils ſont revêtus des formes preſcrites par les Ordonnances, & ſcellés des armes du Roi. Voyez l'art. 11 de l'Edit du mois de Décembre 1691.

Les Notaires Royaux-Apoſtoliques doivent être reçus, comme les autres Officiers Royaux, par les Baillis, Sénéchaux ou Juges Royaux, dans la Juriſdiction deſquels ils ſont établis; & après avoir prêté ſerment devant les Juges Royaux, ils doivent préſenter *leurs Proviſions & Sentence de réception aux Archevêques, Evêques, leurs Vicaires Généraux ou Officiaux, & faire ſerment entre leurs mains de bien & fidélement faire leur charge, ſans néantmoins qu'ils ſoient obligés de faire une nouvelle information de vie & mœurs, ni de ſubir aucun nouvel examen.* Voyez l'art. 14. *Ibid.*

L'article 15 porte que les *Archevêques, Evêques, leurs Vicaires Généraux ou Officiaux, ne pourront, en vertu de ce ſerment, ni autrement, s'attribuer la connoiſſance de l'exécution des actes qui ſeront paſſés par les Notaires Royaux - Apoſtoliques, ni prétendre autre Juriſdiction que celle qui leur appartient de droit, ſuivant les Ordonnances.*

Voyez l'Arrêt rendu au Parlement de Bretagne, le 13 Juillet 1729, ſur les fonctions des Notaires Royaux-Apoſtoliques.

NOTIFICATION.

Ce mot, qui eſt très en uſage au Barreau, eſt ſynonime à ſignification; il ſe dit de toute procédure qui ſert à donner à quelqu'un la connoiſſance d'un fait ou d'un acte. V. *Grades.*

NOTORIÉTÉ.

Le mot Notoriété ſignifie la connoiſſance publique qu'on a d'une choſe quelconque, comme d'un uſage, d'une Loi, d'un fait, &c.

Les Juriſconſultes diſtinguent deux ſortes de Notoriété; l'une de fait, l'autre de droit.

La Notoriété de fait eſt celle qui réſulte d'une certaine croyance publique: la Notoriété de droit eſt celle qui réſulte d'un Jugement ou de tout autre acte juridique.

Il y a cette différence entre la Notoriété de fait & celle de droit; que cette dernière eſt toujours parfaite dans ſon genre, parce qu'elle eſt toujours appuyée ſur un fondement ſolide, auquel on ne peut refuſer de donner ſa confiance.

Au contraire, ce que nous appellons Notoriété de fait, réſultant de témoignages plus ou moins multipliés, & plus ou moins dignes de foi, fait une impreſſion différente ſur des eſprits différemment affectés; & il arrive-de-là que ce qui paroît notoire aux uns, ne le paroît pas aux autres; c'eſt la raiſon pour laquelle la Notoriété de fait (qu'il ne faut pas confondre avec l'évidence de fait) ne ſuffit point parmi nous pour porter un Jugement légitime & juridique.

Comment, en effet, pourroit-on prendre pour guide, pour principe de conduite & de déciſion, ce qui paroît aux uns tout différent qu'il ne paroît aux autres? Cela ne pourroit qu'enfanter des doutes & des diſputes, loin de ſervir de baſe à un Jugement aſſuré.

De là ſont dérivées les Loix » qui ont » établi les régles & les formes qu'on doit » ſuivre dans les Jugemens qui produiſent » la Notoriété de droit: *car la déclaration » du Juge* (dit Eveillon) *eſt un droit qui au- » toriſe irréfragablement la croyance du cri- » me.*

» De-là eſt dérivé un autre principe, que » le Juge, contre ſa connoiſſance particu- » liere, doit porter ſon Jugement ſelon ce » qu'il trouve allégué & prouvé......

» L'Egliſe a ſi bien ſenti l'inſuffiſance de » la Notoriété de fait pour régler ſa con- » duite à l'égard de ſes enfans, que, frap- » pée des inconvéniens & des abus des cen- » ſures, *latæ ſententiæ*, portées par quelques » décrets des Papes, elle a publié dans le » Concile de Conſtance cette Bulle célébre » *Ad vitanda ſcandala*, de laquelle il ré- » ſulte bien clairement qu'il n'eſt pas per- » mis aux Miniſtres & aux Paſteurs, de re- » fuſer les Sacremens aux Fidéles, ſous pré- » texte de quelque cenſure que ce ſoit, à » moins que la cenſure n'ait été expreſſé- » ment & nommément dénoncée par Sen- » tence du Juge Eccléſiaſtique «.

Sur cette matiere voyez les Plaidoyers de Meſſieurs les Gens du Roi, lors des Arrêts (imprimés) des 3 Mars & 17 Juin 1755, que je viens de copier en partie. Voyez auſſi

ſi

& Eveillon, Ducasse, & les Mémoires du Clergé.

NOTORIÉTÉ (Acte de).

On nomme Actes de Notoriété » ceux » par lesquels les Officiers d'un Siége, con- » sultés sur quelque matiere, rendent rai- » son de leur usage «. Dictionnaire Civil & Canonique.

Ces sortes d'Actes sont d'un usage assez fréquent depuis l'abrogation des Enquê- tes, par Turbes, prononcée par l'Ordon- nance de 1667: nous en avons plusieurs du Tribunal du Châtelet, que l'on consul- te comme des ouvrages également solides & lumineux. J'en ai beaucoup cité dans cet Ouvrage; & j'en ai même fait imprimer un Recueil particulier avec des notes.

La matiere des Actes de Notoriété a été traitée avec beaucoup d'étendue & de lumie- res par M. le Président Bouhier: on peut voir ce qu'il dit sur cela, dans ses Observa- tions sur la Coutume de Bourgogne, chap. 13. Voyez aussi Bechet, sur l'Usance de Xaintes.

Souvent les qualités & le nombre des héri- tiers d'un défunt se prouvent & s'établissent par des Actes de Notoriété, sur-tout quand il n'a point été fait d'Inventaire après la mort de quelqu'un, ou lorsque dans un In- ventaire tous les héritiers n'ont pas été nommés; ou enfin, lorsqu'il n'est pas dit dans un Inventaire en termes positifs, que tous ceux qui y sont dénommés, ne sont pas les seuls héritiers du défunt.

Les Actes de Notoriété servent aussi à rectifier les erreurs & omissions de noms de Baptême ou de famille, dans les Actes & contrats, & principalement dans tout ce qui est relatif à la perception & au payement des rentes dûes par le Roi; sur quoi il faut voir l'Arrêt du Conseil du 3 Février 1714.

Les Actes de Notoriété, sont encore ad- mis, lorsque quelqu'un veut acquérir des rentes viageres ou de tontines, & ne peut représenter son extrait de Baptême, parce que les Registres ont été, ou incendiés ou perdus; une Déclaration du 19 Avril 1690, porte » qu'en ce cas, les Particuliers pour- » ront faire certifier leur âge pardevant deux » Notaires au Châtelet, ou pardevant les » Juges des lieux, par deux témoins gens » connus & de probité; après toutefois que » les Curés ou Vicaires auront certifié qu'il » n'y a aucun Registre-Baptistaire dans leur » Eglise de l'année de leur naissance, dont » il sera fait mention dans lesdits certificats, » lesquels vaudront & serviront, comme » auroient pû faire les extraits-baptistai- » res «. Voyez sur la même matiere l'Edit de création de la Tontine en 1734, art. 9; & l'Arrêt du Conseil du 3 Novembre de la même année.

Les Actes de Notoriété de cette espéce ne sont, à proprement parler, que des cer- tificats sur un point de fait, ils sont d'un usage fréquent pour la perception des ren- tes dûes par les Comptables. La Chambre des Comptes ne fait point de difficulté d'a- jouter foi à ceux qui sont signés de person- nes domiciliées.

Autrefois ces sortes d'Actes apparte- noient à la Jurisdiction ordinaire; un Arrêt du Parlement du 13 Juillet 1674 l'avoit ainsi prescrit, en ordonnant qu'à défaut d'Inventaire, &c. il seroit rapporté un Acte d'attestation fait en Jugement devant les Juges des lieux où leurs successions sont ouvertes, &c. en présence du Substitut du Procureur Général du Roi, &c. Mais une Déclaration du 28 Mai 1706, autorise les Notaires au Châtelet de Paris, à passer tous Actes de Notoriété, pour le fait des rentes sur l'Hôtel-de-Ville de Paris, & on a éten- du sa disposition aux Notaires des Provin- ces, sans cependant leur donner un droit exclusif.

En effet, les Notaires de Châlons sur- Marne ont été maintenus dans le droit de recevoir les Actes de Jurisdiction volontai- re, & notamment les Actes de Notoriété, par Arrêt rendu le Samedi 11 Juillet 1761. Mais cet Arrêt ne porte pas exclusivement au Juge; & j'ai, sous les yeux, un grand nombre de ces sortes d'Actes, donnés tout récemment au Bailliage de Saint-Quen- tin.

NOVALES.

V. *Champart, Décimateur, Dixme, Portion- congrue & Rompeis.*

On appelle Novales, les terres nouvelle- ment défrichées, & qui, de temps immémorial, n'avoient pas été cultivées, ou des terres sur lesquelles on seme des grains sujets à la dixme, quoiqu'elles n'ayent point porté de fruits décimables de temps immémorial; & on nomme dixme Novale, celle qui se perçoit sur les fruits des terres nouvellement mises en labour, & qui auparavant, ou étoient en friche, ou ne rapportoient pas des fruits sujets à la dixme.

Il résulte de cette définition, que si, » dans » une Paroisse où le lin n'est pas sujet à la » dixme, une piéce de terre qui auroit tou- » jours été ensemencée en lin, commen- » çoit à être ensemencée en bled, le bled » seroit sujet à la dixme, & feroit une dix- » me Novale «. Dejoui, Principes de Dix- mes.

De Droit commun, les dixmes Novales appartiennent aux Curés, (à l'exclusion des Décimateurs,) à cause du soin qu'ils prennent des ames; elles appartiennent même aux Curés qui ont opté la portion congrue, aux termes des Déclarations de 1686 & 1690, & qui ont en conséquence abandon- né, tant le Domaine de leur Cure, que les Novales dont ils jouissoient lors de l'op- tion: mais elles ne leur appartiennent que pour les terres défrichées ou chargées de fruits décimables depuis l'option.

Ces sortes de dixmes peuvent néantmoins, par exception, appartenir en tout ou en par- tie à d'autres Décimateurs qui ont quelque cause raisonnable de percevoir les dixmes des terres nouvellement défrichées; & les Canonistes admettent trois causes légitimes qui forment autant d'exceptions au Droit commun:

La premiere, en faveur des Décimateurs qui sont fondés en indults & priviléges apostoliques.

La deuxiéme, en faveur de ceux qui sont en même-temps Curés primitifs, & qui en assignant aux Vicaires perpétuels des reve- nus certains, ont retenu le tout ou partie des Novales.

La troisiéme, en faveur des Décimateurs qui ont une possession suffisante pour avoir prescrit le droit des Novales, contre les Cu- rés qui ne sont pas à portion congrue.

La premiere exception, en faveur des Décimateurs qui ont des priviléges aposto- liques, est d'une grande étendue. Il y a des Ordres entiers qui ont le privilége de jouir des Novales pour la même portion qu'ils ont dans les grosses dixmes. Tels sont les Ordres de Cluny (par une Bulle de Nico- las III, & par d'autres Bulles de plusieurs Papes; mais voyez Cluny): de Cîteaux, par une concession d'Innocent IV en 1249, confirmée par Lettres-Patentes de l'année 1711, enregistrées au Grand-Conseil le 8 Mars 1712; (voyez Cîteaux:) de Malte (a), (par des Bulles d'Alexandre IV, Alexan- dre V, Clément VII, Paul III & Pie IV,) & de Prémontré; (Voyez Prémontré.)

Il y a aussi des Monasteres & des Chapi- tres particuliers qui ont le même droit (b).

On trouve néantmoins dans le Code des Curés, un Arrêt du Parlement de Dijon du 12 Janvier 1742, qui, en réformant une

---

(a) Le Grand-Conseil a, par Arrêt du 20 Mars 1743, maintenu le Commandeur de Blandeix dans le droit & possession de percevoir les dixmes Novales dans l'éten- due de quatre Villages dépendans de la Paroisse de Parsac en Marche, nonobstant la prétention du Curé, qui disoit que les dixmes ayant originairement appartenu à la Com- manderie à cause de la Seigneurie, le Commandeur ne pouvoit prétendre les dixmes Novales. Mais j'ai un exem- ple d'un autre Arrêt du Grand-Conseil du 21 Mars 1659, imprimé sous ce titre : » Arrêt portant Réglement contre » l'Ordre de Malte, par lequel il a été jugé que les Curés » qui ne sont point Vicaires perpétuels, percevront toutes » les Novales & menues dixmes dans l'étendue de leurs » Paroisses, nonobstant les priviléges accordés audit Or- » dre, par lesquels les Papes leur donnent le droit de per- » cevoir les Novales, pour la même portion qu'ils perçoi- » vent les anciennes dixmes «.

(b) L'Abbaye de Saint Hubert en Ardenne est de ce nombre. Son privilége est fondé sur des Bulles des Papes Grégoire IX, Innocent IV, Sixte IV, Paul V. & Grégoi- re XV, des années 1138, 1143, 1477 & 1619, revêtues de Lettres-Patentes du mois de Juin 1754, enregistrées au Grand-Conseil seulement, le 3 Août suivant; lesquel- les portent cette clause, sans néantmoins que les Curés ou autres Décimateurs puissent être dépossédés de dixmes Novales, dont ils seroient en bonne & valable possession depuis un temps suffisant d prescrire.

Le Roi de Pologne, Duc de Lorraine, a accordé de semblables Lettres à l'Abbaye de Saint Hubert, qui con- tiennent la même clause, le 28 Avril 1755.

Je crois aussi que l'Abbaye de Saint Denis jouit du mê- me privilége. Voyez l'Arrêt rendu au Grand-Conseil le 23 Mars 1690, rapporté au Journal du Palais.

L'Abbaye de Saint Maur de Verdun a un pareil Indult; en conformité duquel le Parlement de Paris a rendu un Arrêt le 27 Août 1748.

Le Chapitre de S. Just de Lyon jouit aussi des dixmes Novales dans différentes Paroisses, dont il est Curé primi- tif. Il a été maintenu dans celles des Paroisses de Briguais, Ecuilli & Myon, par Arrêts rendus contre les Curés-Vi- caires perpétuels de ces Paroisses, tant au Parlement de Paris, au Grand-Conseil & aux Conseils, qu'au Parle- ment de Grenoble, les 22 Novembre 1667, 20 Mai 1706, 7 Fév. 1707, 3 Fév. 1710, 5 Sept. 1715, & 9 Mars 1740.

Sentence du Bailliage de Châlons, nonobstant les priviléges de l'Ordre de Cluny, adjuge au Curé-Vicaire de la Paroiſſe de S. Marcel-lès-Châlons-ſur-Saone, (dont un Moine de Cluny étoit Prieur & Curé primitif) les dixmes Novales dans toute l'étendue de la Paroiſſe, conformément aux Déclarations des 29 Janvier 1686, 30 Juin 1690 & 15 Janvier 1731.

L'eſpéce de cet Arrêt, eſt recueilli dans le rapport fait par les Agens du Clergé en 1745, page 179 & ſuivantes, & on y voit que le Parlement de Dijon a penſé que les priviléges de l'Ordre de Cluny ont été anéantis à l'égard des Curés réduits à portion congrue par la Déclaration du 29 Janvier 1686, qui porte que les Gros-Décimateurs ſeront tenus de payer la portion congrue aux Vicaires perpétuels, outre les offrandes, honoraires & droits Caſuels, *enſemble les dixmes Novales ſur les terres qui ſeront défrichées, depuis que leſdits Curés ou Vicaires perpétuels auront fait l'option de la portion congrue.*

» Ce préjugé, diſent les Agens du Clergé, eſt d'autant plus important qu'il y a
» pluſieurs Arrêts, qui, dans des cas ſem-
» blables, ont maintenu les Religieux de
» différens Ordres, même de celui de Clu-
» ny, dans le droit de percevoir les Nova-
» les, en conſéquence des priviléges accor-
» dés par les Bulles des Papes, même de-
» puis les Déclarations de 1686 & 1731 «.

Il ne paroît pas que ce préjugé ait fait beaucoup d'impreſſion ; car, par Arrêt rendu au Parlement de Paris, en la Grand-Chambre, au rapport de M. l'Abbé Macé, le . . . . 1744, entre les Curés de la Ville & les Religieux de l'Abbaye de Cluny, les Religieux ont été maintenus dans le droit de percevoir les dixmes Novales, dans les Paroiſſes de S. Mayeul & de S. Marcel de Cluny.

Les Curés de ces Paroiſſes diſoient que les Bulles dont les Cluniſtes argumentoient, n'étoient point rapportées, & qu'elles n'étoient pas revêtues de Lettres-Patentes; que quand l'Abbaye de Cluny auroit eû un droit légitime ſur les Novales, ce droit auroit été révoqué par la Déclaration de 1686 ; mais ces raiſons ne furent point écoutées.

Depuis les Arrêts dont je viens de parler, il en eſt intervenu un autre au Grand-Conſeil, le 13 Septembre 1758, en faveur du Curé de l'Etoile, Diocéſe d'Amiens, contre les Religieuſes de Morancourt, Ordre de Fontevrault, qui prétend auſſi avoir droit de jouir des Novales ; par lequel il a été jugé que ces Religieuſes ne pouvoient exciper de leur privilége contre le Curé de l'Etoile, dont les prédéceſſeurs avoient opté la portion congrue poſtérieurement aux Déclarations des 29 Janvier 1686 & 30 Juin 1690.

Le Prince Conſtantin de Rohan, Prieur de S. Dagobert de Stenay, & M. de Choiſeul, prétendant droit au même Bénéfice, qui demandoient les dixmes Novales dans les Paroiſſes de Beaufort & Neuville, ont été déboutés de leur demande contre le Curé, par Arrêt rendu le premier Août 1746, au rapport de M. de l'Attaignant.

On prouvoit bien que le Prieur de Stenay étoit Curé primitif de Beaufort ; on prouvoit même qu'il en étoit Gros-Décimateur : mais on ne prouvoit pas qu'il fût en poſſeſſion de percevoir les Novales, ni qu'il y eût à ce ſujet aucun concordat avec le Curé : c'eſt ce qui fit proſcrire la prétention de M. le Prince Conſtantin par l'Arrêt de 1746.

Il y a un pareil Arrêt du Parlement de Metz du 25 Juillet 1731, qui maintient le Curé de Signy dans la poſſeſſion des dixmes Novales, contre les Jéſuites de Luxembourg, Curés primitifs de ſa Paroiſſe & Gros-Décimateurs, mais qui ne prouvoient point de poſſeſſion.

Il y a d'autres Arrêts en grand nombre, qui ont adjugé les Novales aux Curés primitifs qui étoient en poſſeſſion de les percevoir, ou qui avoient à ce ſujet des arrangemens avec les Vicaires perpétuels : mais il n'y en a aucun qui prive des Novales les Curés ou Vicaires perpétuels à portion congrue. La Déclaration de 1686 veut, comme je l'ai dit, que les Curés & Vicaires perpétuels jouiſſent des dixmes Novales ſur les terres défrichées depuis qu'ils ont opté cette portion congrue.

Au reſte, les priviléges accordés aux Ordres de Cluny, de Cîteaux & de Prémontré relativement aux Novales, ont donné lieu à tant de conteſtations, que, pour fixer de

Jurifprudence fur ce point, Sa Majefté a donné une Déclaration le 28 Août 1759; voici quelles en font les difpofitions.

A R T. I. » Les Abbés, Prieurs & Religieux des Ordres de Cluny, Cîteaux & » Prémontré, continueront à l'avenir à per- » cevoir la dixme fur les fonds fur lefquels » ils fe trouveront en poffeffion de la per- » cevoir, à titre de Novales, au jour de l'en- » regiftrement des Préfentes.

II. » Les Curés, tant Vicaires perpé- » tuels, qu'autres, continueront pareille- » ment de percevoir la dixme fur les fonds » fur lefquels ils fe trouveront en poffef- » fion de la percevoir audit titre de No- » vales, au jour de l'enregiftrement des Pré- » fentes.

III. » A l'égard des fonds nouvellement » défrichés, dont la dixme feroit en litige » entre les Curés & les Abbés, Prieurs & » Religieux defd. Ordres, au jour de l'enre- » giftrement des Préfentes, Voulons qu'el- » le demeure définitivement à la Partie qui » s'en trouvera actuellement en jouiffance » audit jour; au moyen de quoi, tous pro- » cès à ce fujet demeureront éteints & affou- » pis; & en cas de difficulté fur le fait de » ladite jouiffance, il y fera ftatué, ainfi » qu'il appartiendra, par les Juges qui en » doivent connoître.

IV. » Et à l'égard de toutes dixmes No- » vales, qui feront à percevoir à l'avenir fur » les héritages défrichés depuis le jour de » l'enregiftrement des Préfentes, Voulons » qu'elles appartiennent auxdits Curés, tant » Vicaires perpétuels, qu'autres, à l'exclu- » fion des Abbés, Prieurs & Religieux

V. » N'entendons rien innover par la » préfente Déclaration, en ce qui concerne » les dixmes Novales, fur les fonds de l'an- » cienne dotation des Ordres de Cîteaux » & de Prémontré, par eux poffédés avant » le Concile de Latran, de l'année 1215. » Voulons que les conteftations formées & » à former fur ce fujet, foient jugées ainfi » qu'elles auroient pû ou dû l'être avant ces » Préfentes. Voulons que notre préfente » Déclaration foit exécutée nonobftant tou- » tes Ordonnances, Edits, Déclarations, » Lettres-Patentes, Arrêts, Réglemens ou » autres chofes à ce contraires «.

Cette Déclaration a été adreffée u Par-

lement de Normandie; & par l'Arrêt d'en- regiftrement du 17 Décembre 1759, il eft dit que *les poffeffion & jouiffance expliquées dans les 1, 2 & 3 articles, ne pourront être entendues que d'une poffeffion & jouiffance quadragénaire de la part defdits Abbés, Prieurs & Religieux, conformément à la Cou- tume de cette Province, fans qu'elles puiffent être préjudiciables au droit des Curés, de re- clamer la dixme de toute terre défrichée, par, & depuis quarante ans.*

La même Déclaration a été auffi adref- fée au Parlement de Paris, & l'Arrêt d'en- regiftrement du 8 Janvier 1762, porte, *à la charge que la poffeffion requife ès trois pre- miers articles, fera une poffeffion publique & paifible, & au moins de trois années, au jour de l'enregiftrement de ladite Déclaration; comme auffi à la charge que la difpofition du quatriéme article aura lieu, nonobftant toute poffeffion que les Abbés, Prieurs & Religieux pourroient à l'avenir alléguer avoir acquife poftérieurement à l'enregiftrement de ladite Déclaration; & encore à la charge que tou- tes les conteftations qui naîtront fur l'exécu- tion de ladite Déclaration, feront portées de- vant les Juges ordinaires, fauf l'appel en la Cour.*

Le droit de percevoir les Novales, eft prefcriptible d'Eglife à Eglife. Voyez Re- buffe, Traité des Dixmes; & les Loix Ec- cléfiaftiques, par d'Hericourt.

Un Arrêt rendu au Grand-Confeil le 3 Juillet 1745, entre les Jéfuites du Collége de Louis-le-Grand à Paris, auquel eft unie la Menfe Abbatiale de Saint Martin-au- Bois, & le Curé de Tricot en Picardie, a jugé que les terres où paffoit un grand che- min, qui font défrichées & mifes en cultu- re, font Novales.

Quand il paroît quelque veftige de fil- lons, ou quand il y a quelqu'indice que les héritages ont autrefois été labourés; les Cu- rés ne peuvent demander la dixme de ces héritages comme Novales: elle appartient aux Gros-Décimateurs. Plufieurs Arrêts l'ont ainfi jugé: il y en a un entr'autres ren- du en faveur du Seigneur de Tigny-fur- Loire, contre le Curé d'Ivreque.

Il y a néantmoins un Arrêt imprimé, & qui a été rendu le 11 Avril 1715, fuivant l'intitulé duquel il paroît que d'anciens fillons ne font pas fuffifans pour faire juger qu'une terre n'eft pas Novale; mais je n'ai pû fçavoir les circonftances de cet Arrêt, dont l'efpéce n'eft point rapportée.

C'eft une maxime au Parlement de Touloufe, que le Curé ou le Vicaire perpétuel ne jouit pas toujours de la dixme des héritages nouvellement défrichés, mais qu'il en a la jouiffance pour un certain temps, qu'on fixe ordinairement à dix ans; après quoi les Gros - Décimateurs jouiffent des dixmes Novales, comme des anciennes dixmes. Voyez Vedel, fur M. de Catelan, édition de 1733.

Drapier prétend que les Curés du reffort du Parlement de Touloufe, ne jouiffent des Novales que pendant cinq ans.

En Artois, les dixmes Novales des terres défrichées depuis quarante ans, & qui ont ceffé un temps d'être en culture, fe réuniffent à la grande dixme, après trois années de jouiffance par les Curés, à moins que le Curé n'ait une poffeffion contraire; auquel cas, la preuve de cette poffeffion eft admife, & c'eft elle qui décide. Voyez l'Acte de Notoriété du Confeil d'Artois du 20 Janvier 1703.

Dans les Paroiffes où chaque ménage paye aux Décimateurs une certaine quantité de grains pour leur tenir lieu de dixme, il n'eft dû aucunes Novales aux Curés.

Avant l'Arrêt rendu au Parlement de Dijon le 12 Janvier 1742, dont je parle au commencement de cet article, il avoit été jugé entre les mêmes Parties dénommées dans cet Arrêt, par un Arrêt rendu au Confeil le 18 Janv. 1740, que, conformément à l'article 12 de la Déclaration du 15 Janvier 1731, l'évocation générale au Grand-Confeil, accordée à l'Ordre de Cluny, n'a pas lieu en matiere de Novales, refpectivement prétendues par le Curé primitif Clunifte, & par le Vicaire perpétuel Séculier.

NOVATION.
V. *Contrat, Hypothéque & Subrogation.*

On nomme Novation, le changement d'une ancienne dette en une nouvelle, ou d'une obligation en une autre.

On diftingue deux fortes de Novations: l'une contrainte, l'autre volontaire.

La Novation contrainte eft celle qui réfulte de condamnations judiciaires; celle-là ne change rien à l'état des cautions & fidéjuffeurs.

La Novation volontaire peut arriver de trois manieres:

1°. Par le changement de la caufe de l'obligation, fans l'intervention d'aucune perfonne étrangere.

2°. Par le changement feulement de la nature même de l'obligation.

3°. Par la délégation. V. *Délégation.*

L'effet de la Novation eft d'éteindre le privilége & l'hypothéque qui réfultoient du premier titre, parce qu'elle tient lieu de payement de la créance originaire.

Mais pour que la Novation produife cet effet, il faut qu'elle foit expreffe: la Novation tacite ou légale n'a pas lieu parmi nous.

Ainfi, par exemple, lorfque le débiteur convertit une obligation en contrat de conftitution, l'hypothéque réfultant de l'obligation, fubfifte toujours, quoiqu'il n'y ait point de réferve à ce fujet dans le contrat: ce n'eft pas alors éteindre ni changer la dette, mais la modifier. Voyez un Arrêt du 10 Mai 1633, rapporté par Bardet, tome 2, liv. 2, & l'Acte de Notoriété du Châtelet, du 6 Octobre 1742.

La Cour a jugé, par Arrêt rendu le 6 Mai 1687, fur les Conclufions de M. l'Avocat Général de Lamoignon, que le créancier qui confent la réduction d'une rente, pour éviter le rembourfement, donne lieu à la Novation à l'égard du garant.

La Cour a encore jugé, par Arrêts rendus les 9 Mars 1736 & 5 Avril 1737, qu'il y a Novation lorfqu'un Marchand prend une obligation d'un autre Marchand, auquel il a vendu des Marchandifes, & que les Confuls font incompétens pour en connoître, lors même que le défendeur a volontairement procédé devant eux. V. *Contrainte par corps.*

NOVELLES.

C'eft le nom qu'on donne aux dernieres Conftitutions de l'Empereur Juftinien, qui forment la derniere partie du Droit Civil.

NOVICE, NOVICIAT.

Voy. *Age, Donation, Religieux, Teftament & Vœux.*

On nomme Novices, les perfonnes qui fe deftinent à l'Etat Religieux, & qui font dans l'année pendant laquelle ils éprouvent s'ils ont la vocation & les qualités propres pour vivre dans la Régle dont ils doivent vouer l'obfervation.

Le Noviciat eft abfolument néceffaire pour la validité des vœux : il doit durer au moins un an, fuivant l'art. 18 de l'Ordonnance de Blois. V. auffi Van-Efpen.

Si pendant l'année de probation on ne fait point obferver la Régle de l'Ordre au Novice, fa profeffion eft nulle. L'Official de Seez l'a (a) ainfi jugé en faveur du fieur Clofputre de Bourgneuf, par une Sentence du 11 Décembre 1734, qui a été confirmée par Arrêt de la Cour du 31 Juillet 1736. Voyez ce que je dis à ce fujet aux mots *Religieux & Vœux.* Voy. auffi le Concile de Bourges de l'année 1584, tit. 37, Canon 3 ; Fagnan, Van-Efpen, &c.

Dans l'affaire de la reclamation d'un Religieux Auguftin de la famille de Meun de la Ferté, contre fes vœux, le Reclamant allégua, comme une difcontinuation de fon Noviciat, une prifon de quinze jours dans le Couvent, pendant lefquels il avoit été privé des habits de Religieux, du Breviaire, & de l'affiftance aux Offices. On répondoit que cette prifon n'étoit qu'une retraite dont le motif avoit été d'éprouver la vocation du Novice ; cependant par Sentence de l'Officialité d'Orléans, du 23 Juillet 1755, la preuve de l'interruption du Noviciat fut entr'autres admife ; & depuis, par Arrêt rendu le 13 Août 1759, fur les Conclufions de M. l'Avocat Général Seguier, il fut dit qu'il n'y avoit abus dans la Sentence.

La renonciation du Novice à l'année du Noviciat ne valideroit point fa profeffion, parce que la néceffité du temps d'épreuve n'eft pas introduite en faveur des poftulans feulement. L'établiffement du Noviciat a eu pour objet l'ordre public, l'avantage réciproque des Novices & du Couvent, & de prévenir les inconvéniens d'une profeffion précipitée. Voy. Van-Efpen, part. première, titre 25, chap. 2, n. 19, & Duret, fur l'article 28 de l'Ordonnance de Blois.

Le Noviciat eft-il néceffaire pour la validité de la tranflation d'un Religieux d'un Ordre dans un autre Ordre ? Sur cela on diftingue ; fi un Religieux paffe d'un Ordre auftere dans un autre qui l'eft moins, alors, comme c'eft une grace qui ne peut être fondée que fur une caufe légitime, il fuffit d'obtenir à Rome (du confentement des Supérieurs) un Bref dans lequel la caufe de la tranflation eft énoncée, & de faire Profeffion dans le nouvel Ordre, fans qu'il foit befoin de faire de Noviciat. Cependant V. *Tranflation.*

Mais s'il s'agit de paffer dans un Ordre plus auftere, en ce cas, comme la tranflation ne fe fait que pour tendre à une plus grande perfection, il ne faut point de Bref du Pape, le confentement des deux Supérieurs fuffit ; mais il faut faire un Noviciat, & être expofé à de nouvelles épreuves, avant d'être admis à la Profeffion, parce qu'alors le Religieux transféré contracte des engagemens plus étendus que les premiers.

Les Novices ne font point réputés morts civilement, comme ceux qui ont fait profeffion : ils demeurent capables de fuccéder jufqu'au moment de l'émiffion de leurs vœux.

Les Bénéfices poffédés par un Novice ne peuvent être impétrés fur lui pendant l'année de probation, fans fon confentement ; il refte capable de les poffeder jufqu'à fa Profeffion. Si même il les réfignoit, étant au Noviciat, & qu'après la réfignation il fortit du Cloître fans avoir fait Profeffion, il feroit jufte de lui permettre de rentrer, & à cet effet de l'admettre au regrès ; c'eft le fentiment de Mr d'Hericourt. V. *Regrès.*

Les Novices ne peuvent difpofer de leurs biens au profit des Maifons dans lefquelles ils font profeffion. Voyez l'art. 28 de l'Ordonnance de Blois, & la Déclaration du 28 Avril 1693, dont j'ai parlé à l'art. *Dot de Religieux,*

____

(a) La connoiffance de la validité des Vœux appartient aux Juges Eccléfiaftiques. Les Juges Séculiers n'en peuvent connoître que par la voie de l'appel comme d'abus. Voyez l'article 34 de l'Edit du mois d'Avril 1695, la Jurifprudence Canonique de la Combe, verb. *Reclamation.*

Les Novices qui, avant ou après le Noviciat commencé, ont fait des *testamens*, *codiciles ou autres dernieres dispositions olographes*, (comme ils le peuvent, étant suffisamment âgés) doivent les reconnoître par actes passés devant Notaires, avant de faire les vœux solemnels, *sinon lesdits testamens, codiciles ou autres dispositions sont nuls & de nul effet.* Voyez l'article 21 de l'Ordonnance de 1735.

Il a été jugé par un Arrêt du 23 Février 1673, qu'on trouve au Journal du Palais, qu'un Novice n'avoit pas pû, par son testament, se réserver une pension viagere sur ses biens, pour en jouir après sa Profession.

L'année du Noviciat est considérée comme le lit de la mort civile d'un Novice, qui meurt au monde par la Profession : c'est pourquoi les Arrêts ont jugé que les donations entre-vifs qu'ils font alors, doivent être regardées comme des donations à cause de mort, & en avoir la forme. Ricard en rapporte un de l'année 1606, & d'Hericourt en cite deux des 6 Février 1673 & 11 Mars 1681; celui de 1673 est dans le Journal du Palais.

A qui appartient l'examen des Novices ? V. *Evêques*, *Religieux & Vœux*.

Le Noviciat doit se prouver par des Registres en bonne forme, tenus & paraphés, comme les Ordonnances le prescrivent. V. à ce sujet les art. 15 & 16 du titre 20 de l'Ordonnance de 1667, modifiés & expliqués par les art. 25 & 26 de la Déclaration du 9 Avril 1736, enregistrée le 13 Juillet suivant.

On ne doit pas admettre indifféremment toutes sortes de personnes au Noviciat. Les Ordres Religieux ont sur cela des régles particulieres à chacun, & dans le détail desquelles je ne dois pas entrer. Mais, indépendamment des empêchemens particuliers & relatifs, il y en a de généraux communs à tous les Ordres.

Ainsi, par exemple, on ne peut admettre au Noviciat les personnes mariées, celles qui n'y entrent que par contrainte, les impuberes, les imbécilles, les personnes en démence, les stellionataires, les Comptables envers le Roi, & dont les comptes ne sont pas apurés, &c.

NOURRICES.
V. *Meneuses & Recommandaresses.*

Les Nourrices qui viennent à Paris chercher des Nourrissons, ne peuvent s'adresser ailleurs que dans un des Bureaux des Recommandaresses; & elles n'y sont admises qu'en représentant un certificat du Curé de leur Paroisse, contenant leur âge, le Pays & la Paroisse dont elles sont, la profession du mari, l'âge de l'enfant dont la Nourrice est accouchée, s'il est vivant ou mort, l'attestation des mœurs de la Nourrice, & qu'elle n'a pas d'autre Nourrisson.

Les Nourrices doivent, en emportant les enfans, emporter en même-temps un extrait du registre de la Recommandaresse, contenant le nom, l'age de l'enfant, les noms, la demeure & la profession des pere & mere, & elles doivent, à leur arrivée chez elles, présenter cet extrait au Curé de leur Paroisse, lequel est tenu de donner un certificat de leur arrivée, qu'elles doivent envoyer à M. le Lieutenant de Police.

Les Loix & les Réglemens défendent aux Nourrices d'avoir en même temps deux Nourrissons étrangers, à peine du fouet contre la Nourrice, & de 50 liv. d'amende contre le mari.

Les Nourrices doivent avertir les parens des Nourrissons des empêchemens qui ne leur permettent pas d'en continuer la nourriture, & des raisons qui peuvent les avoir déterminées à les remettre à d'autres, dont elles doivent indiquer le nom, la demeure & la profession; & si elles deviennent grosses, elles doivent aussi en avertir les parens au moins dans le second mois.

Lorsque les Nourrissons décédent, les Nourrices doivent aussi en avertir les parens, & leur envoyer l'extrait-mortuaire.

Il est défendu aux Nourrices, à peine de 50 liv. d'amende, de ramener ou renvoyer les Nourrissons, même pour défaut de payement, sans en avoir donné avis par écrit aux pere & mere, & sans en avoir reçu l'ordre; & lorsque les parens négligent, ou de répondre, ou de payer, M. le Lieutenant de Police y pourvoit sur le champ, soit en faisant payer les mois échus, soit en permettant de ramener les enfans, soit en condamnant les pere & mere à payer.

Ces condamnations se prononcent sans aucune assignation ni procédure préalables : elles s'exécutent même par corps contre le pere ou la mere, ou autre personne qui a mis l'enfant en Nourrice (par l'entremise des Recommandareffes) ; & ces condamnations peuvent s'exécuter par la capture des condamnés dans les maisons, pourvû que ce ne soit point à heure indûe, ni les Dimanches & Fêtes, sans qu'il soit à cet effet besoin d'une autorisation spéciale, suivant l'art. 14 de la Déclaration du 29 Janvier 1715, celle du premier Mars 1727, art. 14, & l'Arrêt de Réglement du 19 Juin 1737, dont j'ai tiré cet article.

Voyez aussi les autres autorités que j'indique à l'article *Recommandareffes*.

Quand les Nourrices viennent prendre des Nourrissons à Paris dans les maisons des Bourgeois, sans se présenter au Bureau des Recommandareffes, elles ne peuvent se charger d'enfans, & partir de Paris sans être munies d'un certificat des pere & mere, contenant les noms, surnoms, profession & Paroisse desdits pere & mere, & les noms des enfans, à peine de 50 liv. d'amende ; & elles doivent remettre ces certificats à leur Curé en arrivant chez elles : une Sentence de Police du 9 Janvier 1733, le leur enjoint expressément.

NOURRITURE.
Voyez *Alimens, Mineurs, Tuteurs.*

Il y a des Coutumes qui autorisent les baux à nourriture des mineurs. Ces sortes de baux sont singuliérement en usage dans les Provinces de Brie, Champagne, Gatinois & Bourgogne. Un pareil bail est une espéce de forfait pour la Nourriture & entretien du mineur, dont le preneur se charge ; & le Grand sur l'art. 21 de la Coutume de Troyes, n. 46, dit qu'ils sont grandement utiles aux pupilles.

Selon cet Auteur, le mineur devenu majeur, peut (s'il ne l'a point approuvé en majorité), reclamer contre un pareil bail, en tenant compte de toutes ses pensions.

Par Arrêt rendu au rapport de M. de la Michaudiere en la troisiéme Chambre des Enquêtes, le 27 Mai 1724, la Cour a confirmé une Sentence du Bailliage de Sens, confirmative de celle de Tonnerre, par laquelle des enfans âgés de trente-cinq ans ont été déclarés non-recevables dans leur appel d'un bail de Nourriture.

Il y a un autre Arrêt de la même Chambre, du 17 Août 1696, qui confirme un pareil bail.

Un autre Arrêt rendu le 15 Fév. 1732, sur les Conclusions de M. Chauvelin, Avocat Général, a confirmé une Sentence du Bailli de Langres, laquelle condamnoit un pere à rendre compte, nonobstant le délaissement porté au bail à Nourriture.

Enfin le 14 Décembre 1745 de relevée, la Cour a confirmé un bail à Nourriture, par lequel on avoit abandonné au pere, tuteur, des immeubles appartenans à son fils, pour le nourrir, élever & entretenir jusqu'à l'âge de dix-huit ans, plaidans Mes Châtelain & Delpech.

Dans l'espéce de cet Arrêt, le mineur, fils d'un premier lit, qui reclamoit, allégua qu'on ne pouvoit aliéner les biens des mineurs, sans toutes les formalités prescrites ; mais l'usage a prévalu.

De tout ceci il résulte que dans les Pays où les baux à Nourriture sont en usage, lorsqu'on n'en abuse point pour frauder les mineurs, ils sont confirmés. Remarquez que ces baux sont sujets à certaines formalités qu'il faut suivre & observer exactement.

De quel jour la Nourriture est dûe à un Bâtard ? V. *Alimens.*

NOUVEAUX ACQUÊTS.

On nomme Nouveaux Acquêts les héritages, tant féodaux, allodiaux, que roturiers, même les droits immobiliers appartenans aux Gens de main-morte, tant Ecclésiastiques que Laïques, & qui n'ont pas été amortis, & pour lesquels le Roi perçoit annuellement des droits sur les possesseurs. Ce droit se nomme aussi Nouvel Acquêt. Quelques personnes le nomment improprement droit d'usage ; il est domanial & imprescriptible.

Ce droit n'est dû que pour raison des héritages dont les Gens de main-morte ont seulement l'usufruit, & non pas pour ceux dont ils ont la propriété, parce que pour raisons de ceux-ci, le Roi peut exiger l'amortissement ; & quand l'amortissement est **payé,**

payé, il n'eft plus dû de droit de Nouvel Acquêt. V. l'Edit du mois de Mai 1708.

Si cependant des Communautés Eccléfiaftiques avoient joui pendant long-temps d'un fonds non amorti, ils feroient condamnés, non-feulement à payer le droit d'amortiffement, mais le Nouvel Acquêt.

Le droit de Nouvel Acquêt eft aufli dû par les Communautés d'Habitans pour les biens dont ils ont la poffeffion & l'ufage en commun, tels que les droits de pacages, pâturage, chauffage, glandée & autres ufages, quelqu'ancienne que foit leur poffeffion.

Quand les Gens de main-morte font envoyés en poffeffion d'héritages par actes judiciaires ou paffés devant Notaires par forme d'antichrèfe ou autrement, le droit de Nouvel Acquêt eft dû à compter du jour de leur jouiffance; mais ils ne peuvent les poffder de cette maniere que pendant dix ans, fuivant l'article 8 de l'Arrêt rendu en forme de Réglement au Confeil, le 13 Avril 1751, ou obtenir des Lettres-Patentes pour la continuation de cette poffeffion, auquel cas ils doivent l'amortiffement. Voy. l'Edit du mois d'Août 1749, art. 14, & Gens de main-morte.

Le droit de Nouvel Acquêt a été fixé à une année de revenu pour vingt années de jouiffance des biens non amortis. On peut, fur cette fixation, voir l'Edit du mois de Mars 1672, la Déclaration du 5 Juil. 1689 & l'art. 2 de celle du 9 Mars 1700.

Le droit de Nouvel Acquêt dû par les Communautés d'Habitans, fe paye & impofe annuellement à raifon du vingtiéme du revenu pour lequel ce droit eft dû, avec les 2 fols pour livre pour les Receveurs & Contrôleurs généraux des Domaines & Bois. V. l'article 8 de l'Edit du mois de Mai 1708, les Arrêts du Confeil des 15 Novembre 1720, 25 Novembre 1721, 17 Juil. 1725, 20 Novembre 1729, 29 Juin 1761, & la Déclaration du 3 Février 1760, qui ordonne l'augmentation d'un fol pour livre au profit du Roi.

NOUVEAUX-CONVERTIS.
Voyez Proteftans.

NOUVELLETÉ.

Ce mot, qui eft très-ancien, s'eft confervé au Bareau, où il fignifie entreprife nouvelle dans les actions poffeffoires. V. ce que je dis fur ces entreprifes, aux mots Complainte & Poffeffion.

NUESSE.

C'eft le nom d'une efpéce de Fief fort commun dans le Maine & dans l'Anjou. Voyez les art. 10, 12, 13, 29, &c. de la Coutume d'Anjou, & les art. 9, 11, 13, &c. de celle du Maine.

NUL, NULLITÉ.
V. Actes, Ajournement, Interruption & Retrait.

Le mot Nul eft en ufage parmi les Praticiens, pour indiquer les actes qui ne peuvent fubfifter, foit parce qu'ils font faits contre la difpofition des Loix, ou parce qu'ils ne font pas revêtus des formes qu'elles recommandent.

On diftingue deux fortes de Nullités dans les conventions & dans les contrats; fçavoir, celles qui font établies par les Coutumes & par les Ordonnances, & celles qui, fuivant notre ufage, ne rendent pas les actes & les contrats nuls de plein droit, mais donnent feulement ouverture à les faire anéantir & refcinder par la voie de la reftitution en entier.

Les Nullités de la premiere efpéce font nommées Nullités d'Ordonnance. Quand un acte en eft infecté, elles le rendent nul de plein droit; il fuffit, en ce cas, d'alléguer la nullité pour la faire prononcer, fans qu'il foit néceffaire d'obtenir des Lettres de Refcifion.

Du nombre des actes infectés de ces Nullités font, les contrats ufuraires, les obligations paffées par les femmes en puiffance de mari, fans autorifation, & qui ne font pas féparées; les donations qui ne font, ni acceptées, ni infinuées; les teftamens qui ne font pas revêtus des formes prefcrites; les actes contenant des conventions contraires aux bonnes mœurs, &c. V. Notaire.

Les Nullités de la feconde efpéce, & qu'on nomme Nullités de Droit, font celles qui, fuivant notre ufage, ne rendent pas les actes & les contrats nuls de plein droit, mais qui donnent feulement ouverture à les faire caffer & refcinder par le moyen de la restitution en entier, en obtenant des Lettres de Rescision: c'est à cette derniere espéce de Nullité qu'il faut appliquer la maxime, *Les voies de Nullité n'ont pas lieu en France.* Sur cela, voyez *Léfion, Mineur, Rescision* & *Restitution en entier.*

On distingue encore les nullités, en Nullités absolues, & en Nullités relatives.

Les Nullités absolues sont celles qui sont de droit public, & que les Auteurs appellent des Nullités populaires, parce qu'elles appartiennent au Public, & à tous les Membres de l'Etat qui ont intérêt de les opposer.

Le consentement de la Partie intéressée, donné au moment de l'acte, la récompense qui lui est donnée pour obtenir ce consentement, ne peuvent pas couvrir ces Nullités, parce qu'elles ne sont pas établies pour elle seule, & pour un intérêt privé.

Les prohibitions, soit du Droit Naturel, soit du Droit Civil, qui attaquent la substance d'un engagement, emportent une Nullité absolue; ainsi, lorsqu'il y a une incapacité naturelle de consentir, comme dans les enfans, ou dans les personnes en démence; lorsqu'un des contractans n'a pas l'être civil, comme les esclaves, & ceux qui sont morts civilement; lorsque le bien dont on traite, n'est pas dans le commerce, comme les choses sacrées ou publiques; ou enfin lorsque la convention a pour objet un crime, ou quelqu'action honteuse & contraire aux bonnes mœurs; dans tous ces cas, la Nullité est de droit public & absolu; toutes personnes peuvent l'opposer, quand elles ont un intérêt légitime.

Les Nullités relatives sont celles qui ne concernent que ceux, au profit desquels elles sont établies: de celles-là, les personnes qu'elles concernent, peuvent en recevoir la récompense, & y renoncer, soit expressément, soit tacitement. Non-seulement le temps peut les couvrir; mais l'acte qui le renferme, est valable à l'égard de tous ceux qui n'avoient pas droit à la chose. Voyez d'Argentré sur l'article 266 de l'ancienne Coutume de Bretagne, qui est le 271 de la nouvelle.

Ainsi, lorsque la Nullité prononcée par une Loi, tombe sur un acte qui n'a rien de contraire aux bonnes mœurs, qui est passé par des personnes qui ont un être civil, qui sont capables de le rectifier, & de recevoir la récompense du changement que la convention opere, aucun Etranger ne peut s'en plaindre ni invoquer cette Nullité, qui ne regardoit que ceux au profit desquels la Loi l'a prononcée.

Lorsqu'un homme a deux qualités, dont l'une peut vitier un acte qu'il a passé sans l'expression d'aucune qualité, & qu'il a en même-temps une autre qualité qui vivifie & fait valider l'acte, on présume qu'il a été passé dans cette derniere qualité, quand bien même elle ne seroit pas exprimée. C'est la doctrine de Dumoulin, sur la Coutume de Paris.

On regarde comme Nullités d'Ordonnance toutes celles qui résultent du défaut d'observation des formalités prescrites pour les procédures judiciaires. Ces Nullités peuvent être opposées par forme d'exception, sans qu'il soit besoin de Lettres de Rescision; mais on ne peut les opposer, que lorsque les choses sont encore entieres. Si, par exemple, on avoit signifié des défenses, ou des fins de non-recevoir, sur le fond d'une demande formée par un exploit Nul, on ne pourroit plus opposer la Nullité; elle seroit couverte par la circonstance des moyens fournis au fond. Voyez l'Arrêt du 12 Mai 1707, rapporté au Journal des Audiences, tome 5, liv. 7, ch. 19.

On ne peut pas non plus, dans les Jurisdictions subalternes, cumuler les moyens de Nullité avec ceux du fond: proposer l'un & l'autre en même-temps, c'est abandonner, ou au moins couvrir les vices de forme qui se peuvent rencontrer dans la procédure. Telle est sur cela la Jurisprudence constante du Châtelet; mais il en est autrement en Cour Souveraine, on doit y défendre à toutes fins, sans néantmoins confondre les moyens de Nullité avec ceux qui regardent le fond. Ceux-ci ne doivent se proposer que subsidiairement.

En général, les Nullités sont odieuses, quand elles n'ont pour objet que des vices de forme: néantmoins il y en a de favorables; par exemple, celles qui se proposent contre les retraits lignagers, & contre des actes qui interrompent des prescriptions. Celles-là sont presque toujours bien accueilliés des Juges, parce qu'elles ont pour objet d'empêcher l'exercice de droits plus odieux qu'elles.

Les Nullités étant regardées comme des peines, elles doivent plutôt être restraintes qu'étendues; & il n'est jamais permis de les suppléer, quand elles ne sont point établies par la Loi en des termes assez précis, & assez évidens pour être entendus d'un chacun.

L'article 8 du titre 14 de l'Ordonnance de 1670 laisse au devoir & à la religion des Juges, le soin d'examiner, avant le Jugement des procès criminels, s'il n'y a point de Nullité dans la procédure; ainsi il n'est pas nécessaire que l'accusé les expose aux Juges; ils doivent suppléer à son silence, & le Juge d'instruction ne peut seul statuer sur ces Nullités; elles doivent être examinées & jugées en la Chambre du Conseil, ainsi qu'il a été jugé par un Arrêt rendu le 10 Juin 1746, contre le Lieutenant Criminel d'Angers.

Tant que les Juges n'ont pas rendu de Jugemens définitifs, ils peuvent déclarer Nulle leur propre procédure; mais après le Jugement définitif, les Parties n'ont plus que les voies de droit, les Juges ne pouvant eux-mêmes se réformer.

Quand un Juge continue une procédure criminelle, dont la connoissance lui est délaissée par d'autres Juges qui avoient commencé l'instruction, il doit, avant toutes choses, examiner si la procédure est régulière. C'est ce qui résulte de l'Arrêt du 22 Décembre 1731, par lequel la Cour a enjoint au Lieutenant Général de Limours, auquel une procédure avoit été délaissée par la Maréchaussée de Mantes, *lorsqu'il continuera une procédure commencée par un premier Juge, d'examiner, avant toutes choses, si ladite procédure est réguliere; & au cas qu'il ne la trouve pas telle, de la déclarer Nulle, ou de se pourvoir en la Cour, pour en faire prononcer la Nullité, avant de faire aucune instruction de son chef, ou de procéder à aucun Jugement.*

Les dépositions des témoins, déclarées Nulles, peuvent être réitérées, s'il est ainsi ordonné par le Juge.

Les Nullités d'un exploit ou de toute autre procédure n'empêchent pas ceux, au nom desquels elles ont été faites, de renou-

veller leur action, à moins qu'il ne s'agisse d'une action, qu'il n'est pas permis de recommencer, comme d'un retrait lignager dans la plûpart des Coutumes, parce que la Nullité d'une procédure ne doit pas annuller le droit de celui qui l'a fait faire.

Une procédure Nulle ne produit aucun effet; ainsi elle n'interrompt point la prescription; elle ne constitue point un débiteur en demeure, &c.

En général, ni les Procureurs, ni les Huissiers, ne sont garans des Nullités qui se trouvent être de leur fait dans les procédures de leur ministere: quand on les actionne à ce sujet, ils opposent la maxime triviale, *mal exploité point de garant.*

Cette maxime est néantmoins sujette à des exceptions:

1°. Un Procureur, un Huissier, & tout autre Officier, est garant des Nullités procédantes de sa malice & de sa prévarication: s'il en étoit autrement, les Officiers pourroient trahir leur ministere impunément.

2°. Un Huissier est garant de la remise des titres & pièces, qu'il fait mal-à-propos à une Partie qu'il contraint, lorsqu'il n'a pas intégralement reçu tout ce qui étoit dû à la Partie qui l'avoit chargé d'exercer des contraintes.

3°. Il est encore garant, lorsqu'au lieu d'exercer des contraintes contre les débiteurs de ceux qui l'avoient chargé, il en exerce contre des personnes qui ne devoient rien à ses Parties, & contre lesquelles les titres qui lui ont été remis, n'avoient aucune force. Par exemple, un Huissier qui, au lieu de constituer prisonnier le débiteur condamné par le titre qui lui est remis, arrête une autre personne, est tenu des dommages & intérêts, & des autres indemnités que cette personne, non condamnée, peut demander à cette occasion.

Il en est de même d'un Huissier qui exerce des contraintes, que les titres, dont il est porteur, ne lui donnent pas droit d'exercer, (par exemple s'il emprisonne un débiteur qui n'est point condamné par corps,) il est également garant des dommages & intérêts, & des autres demandes que peuvent engendrer les contraintes qu'il a mal-à-propos exercées.

4°. Un Huissier est encore garant des Nullités qui se rencontrent dans une saisie-réelle, dans les criées, & dans les autres poursuites de son ministere, esquelles il n'a pas observé les formes prescrites par les Loix qu'il ne pouvoit pas ignorer ; c'est ce que la Cour a jugé par un Arrêt rendu en la Grand'Chambre, le premier Juillet 1752, par lequel il a été ordonné qu'une poursuite de criées, déclarée Nulles (avant l'adjudication), seroit recommencée aux frais de Guillaumet, Huissier au Parlement, qui avoit fait une Nullité dans l'une des quatre criées des biens saisis sur le sieur l'Herault.

5°. On pense aussi qu'un Procureur est garant des Nullités procédantes de son fait, & qui se rencontrent aux procédures de son ministere dans les poursuites de décret. C'est l'opinion commune du Châtelet ; mais on n'y admet cette garantie que pendant dix ans seulement.

6°. Quelques-uns pensent encore que les Procureurs sont garans, envers les femmes séparées de biens, de la régularité de la procédure de séparation qu'ils ont poursuivie ; mais je ne vois pas sur quoi cette opinion est fondée ; les séparations de biens, qui n'ont ordinairement pour objet que de frauder des créanciers, ne sont pas assez favorables pour engendrer un recours contre les Procureurs qui les ont poursuivies.

7°. En Artois, les Procureurs, chargés de causes sur mises de fait, doivent les faire inscrire tous les ans sur le Rôle, pour éviter l'interruption, & l'espéce de péremption annuelle qui a lieu pour ces sortes d'affaires seulement, par la cessation de poursuite pendant un an ; autrement ils sont garans en leur nom des Nullités qui peuvent résulter de la discontinuation des poursuites. Le Conseil d'Artois l'a ainsi attesté par un Acte de Notoriété du 7 Novembre 1718.

Ni les Procureurs, ni les Huissiers, ne sont garans des Nullités procédantes de leur fait dans les procédures du retrait.

Il y a néantmoins deux Arrêts (imprimés) des 10 Juin 1704 & 12 Mai 1705, qui paroissent avoir condamné Antoine le Noir, Huissier à Fontainebleau, aux dommages & intérêts d'un Retrayant, *résultans du défaut d'un Exploit* en retrait lignager ; mais des circonstances particulieres ont ap-

paremment déterminé cet Arrêt. La Jurisprudence & l'usage contraires sont certains.

Un Retrayant, dont la procédure étoit arguée de Nullité, parce que la copie d'un avenir n'étoit pas signée de l'Huissier-Audiencier, qui avoit signé l'original, assigna l'Huissier en garantie. La Communauté des Huissiers-Audienciers intervint, & soutint n'être pas garante. Par Arrêt rendu le Mardi 13 Mai 1760 de relevée, l'Huissier-Audiencier fut déchargé de la demande. Je parle encore de cet Arrêt à l'article *Retrait lignager.*

En matiere criminelle, lorsqu'il se rencontre des Nullités procédantes du fait des Juges qui ont fait les instructions, les Cours supérieures ordonnent que la procédure sera recommencée aux frais des Juges ; les exemples en sont très-fréquens, & il est d'usage de renvoyer ces nouvelles instructions devant le plus prochain Juge Royal du lieu où la premiere procédure a été instruite.

La Nullité d'une saisie-réelle ou d'une saisie-exécution opere de droit la Nullité de toutes les oppositions qui y ont été formées : de même la Nullité d'un emprisonnement opere de droit la Nullité des recommandations, parce que les oppositions & recommandations ne sont que des suites & des dépendances, qui participent aux vices de la saisie ou de l'emprisonnement.

Les Notaires sont-ils garans des Nullités procédantes de leur fait, qui se trouvent dans les actes qu'ils ont reçus ? Cette question s'est présentée entre les héritiers de Jean Porcher de Lazais, & ceux de Me Berthoumier, Notaire à Crevant, qui avoit passé en 1702 un contrat de vente, en présence de témoins qui n'avoient pas signé, & qui n'avoient pas été interpellés de signer. La Nullité du contrat étoit bien du fait de Berthoumier, & les héritiers de l'Acquéreur demandoient que sa succession les garantît ; mais, par Arrêt rendu au rapport de M. de Chavaudon, en la seconde Chambre des Enquêtes, le Mardi 5 Septembre 1758, la Cour, en déclarant l'acte Nul, a néantmoins débouté de la demande en garantie formée contre les héritiers du Notaire. V. Bouguier, lettre N, nombre 3.

On a cité deux autres Arrêts modernes dans le Mémoire fait pour les héritiers Berthoumier : le premier, qu'on dit avoir été rendu en la Grand'Chambre, en faveur des héritiers de Laideguive, pere, Notaire à Paris, le 9 Février 1751 ; & l'autre, le 16 Mars 1752, en faveur des héritiers de Me Desloges, aussi Notaire à Paris.

Je ne connois pas l'espéce de l'Arrêt qui a déchargé les héritiers de Laideguive, pere, de la garantie demandée contre sa succession, & qui, dit-on, avoit été consentie par les créanciers de Laideguive, fils ; mais à l'égard de l'Arrêt prononcé en faveur des héritiers Desloges, il n'a pas jugé la question, parce qu'elle devenoit indifférente, vû les circonstances d'une hypothéque, sur laquelle la Cour s'est déterminée, & qui opéroient, en faveur du demandeur en garantie, le même effet que si sa demande eût réussi. Voyez l'espéce de l'Arrêt du 7 Août 1759, dont je parle à l'article *Testament.* Voyez aussi le Traité des Conventions, tit. 8, §. 3.

La Cour a jugé que le Greffier des Insinuations étoit garant d'une Nullité qui se trouvoit dans l'insinuation d'un contrat de mariage. V. *Insinuations*, aux Notes.

Les Arrêts, les Jugemens & les autres Actes, doivent être écrits en Langue Françoise, à peine de Nullité. V. *Actes.* Voyez aussi l'Edit du mois de Déc. 1684, qui défend aux Avocats & Procureurs de la Flandre Occidentale, de se servir de la Langue Flamande, &c.

Il n'est point d'usage que les Juges expriment dans leurs Jugemens les motifs qui les ont déterminés à les rendre, ni l'espéce de Nullité qui les porte à déclarer une procédure Nulle ; mais, par exception à cet usage, lorsque les Officiers des Elections du ressort de la Cour des Aides de Paris déclarent des procès-verbaux Nuls, ils doivent *inférer dans leurs Jugemens les Nullités sur lesquelles ils se sont fondés pour les prononcer.* La Cour des Aides l'a ainsi ordonné par un Arrêt rendu en forme de Réglement, le 30 Janvier 1756.

Voyez dans le Code de Louis XV, tom. 2, un Arrêt du Conseil du 9 Mars 1728, qui enjoint la même chose aux Officiers des Elections.

NUNCUPATIF.

Ce mot n'est en usage que pour une espéce de testament, fait verbalement & de vive voix. Voyez ce que je dis sur cette matiere à l'article *Testament Nuncupatif.*

O

OBÉ

OBÉDIENCE (Pays d').
V. *Patronage Royal.*

ON nomme Pays d'Obédience, les Provinces du Royaume qui ne sont pas soumises au Concordat, ou qui n'y sont assujetties que pour les Bénéfices Consistoriaux.

Ces Pays sont la Bretagne, le Roussillon, la Franche-Comté, & la Provence.

Par un Arrêt rendu au Parlement de Flandres le 22 Décembre 1703, il est défendu aux Avocats, & à tous autres, de proposer que la Flandres doit passer pour un Pays d'Obédience, & que la huitiéme régle de Chancellerie, sur la réserve des mois, y est observée.

OBÉ

Cette huitiéme régle donne au Pape la nomination aux Bénéfices des Pays d'Obédience, pendant huit mois, & pendant quatre mois aux Evêques. Mais elle assujettit le Pape à accorder l'alternative aux Evêques qui feront une résidence actuelle dans leur Diocèse.

La régle d'alternative s'observe dans les Evêchés de Metz, Toul & Verdun ; mais le Roi est subrogé aux Droits du Pape, pour ces Diocèses. V. ce que je dis à ce sujet, article *Patronage Royal.*

La Collation des Bénéfices Séculiers & Réguliers non consistoriaux des Pays d'Obédience, appartient au Pape pendant 8 mois de l'année ; les Collateurs ordinaires ne peuvent les conférer que lorsqu'ils vaquent dans les mois de Mars, Juin, Septembre & Décembre (*a*). Cela est ainsi réglé par les Conciles de Constance & de Basle, des années 1414 & 1430.

Il y a néantmoins des Réglemens particuliers qui restreignent à six mois le droit du Pape, sur les Bénéfices de la Bretagne; il confére ceux qui vaquent dans le mois de Janvier; les Collateurs ordinaires conférent ceux qui vaquent dans le mois de Février, & ainsi alternativement (*b*).

Le Pape étant à la place des Collateurs, pour la nomination aux Bénéfices vacans dans les Pays d'Obédience, pendant les mois qui lui sont réservés, est, comme les autres Collateurs, sujet aux régles établies contr'eux par les Canons; & entr'autres par le troisiéme Concile de Latran, qui oblige tous les Collateurs de pourvoir aux Bénéfices dans les six mois de la vacance, à peine d'être privés de l'exercice de leur droit pour cette fois.

Ainsi, lorsqu'un Bénéfice vaque dans un Pays d'Obédience, si le Pape n'y pourvoit pas dans les six mois de la vacance, le Collateur ordinaire rentre dans le droit qui lui appartient naturellement de conférer le Bénéfice.

L'Evêque peut même conférer un Bénéfice vacant en Pays d'Obédience, pendant les mois réservés au Saint Siége, sans être obligé d'attendre l'expiration des six mois. A la vérité, l'effet de cette collation est incertain pendant les six mois que le Pape a pour pourvoir à ce Bénéfice, à la place de l'Ordinaire; mais ce temps passé sans exercice du droit du Saint Siége, la provision de l'Evêque devient réguliere, & assure l'état de celui qu'il a pourvu du Bénéfice.

Le droit, en conséquence duquel le Pape nomme aux Bénéfices des Pays d'Obédience, pendant certains mois, n'est point du tout favorable; nous regardons cette réserve comme une servitude imposée sur les Collateurs, qui doit être restrainte dans les bornes les plus étroites, afin de faciliter le retour au Droit commun, & de remettre les Evêques dans la liberté qu'ils avoient autrefois de disposer librement des Bénéfices de leurs Diocèses.

L'usage des dates n'a pas lieu pour les Bénéfices des Pays d'Obédience; parce que la rétention des dates est une dépendance de la prévention qui n'est point admise pour les Bénéfices de ces mêmes Provinces; c'est pourquoi nous tenons pour maxime en France, que les provisions de Bénéfices expédiées à Rome pour les Eglises dépendantes de cette portion du Royaume, doivent être datées du jour qu'elles sont accordées, sans qu'il soit permis d'introduire la fiction d'une date retenue avant la concession de la grace.

Tous ces principes sont consacrés par un Arrêt du Conseil du 23 Juin 1738, rendu sur les représentations du Clergé en Corps, & sur la sollicitation de ses Agens, par lequel Sa Majesté a cassé des Arrêts du Parlement de Bretagne des 23 Juin 1734, 18 Février & 6 Avril 1735, rendus à l'occasion de la Cure de Plouer, située dans le Diocèse de Saint-Malo. Voyez le rapport des Agens du Clergé en 1730, pag. 220, & ce que je dis à l'art. *Gradué*.

Voyez à la fin du Recueil Canonique de la Combe, l'Arrêt du 22 Juin 1682, qui accorde aux Titulaires des Bénéfices, dont le Chef-lieu est situé en Pays de Concordat, la nomination à ceux qui en dépendent, & qui sont situés en Pays d'Obédience.

OBITUAIRES.

On nomme Obituaires ceux qui obtiennent des Provisions de Bénéfices vacans par la mort des Titulaires.

Quand deux Obituaires sont pourvus du même Bénéfice en Cour de Rome, les contestations qui s'élevent entr'eux pour être maintenus, se décident par la régle, *qui prior tempore, potior jure*; ainsi celui qui a l'avantage d'être le premier pourvu, doit être maintenu.

(*a*) Piganiol dit que dans le Roussillon les mois des collations sont Janvier, Avril, Juillet & Octobre.

(*b*) Benoît XIV a, par une Bulle revêtue de Lettres-Patentes enregistrées au Parlement de Bretagne, le 6 Février 1741, accordé, à la sollicitation du Roi & des Evêques, que les Cures de la Province de Bretagne qui vaqueroient dans les mois réservés au Pape, seroient mises en concours devant les Evêques, dans les Diocèses desquels elles seroient situées; la maniere de distribuer ces Bénéfices en concours, a depuis été réglée par une Décl. du 11 Août 1742, enregist. au Parlement de Rennes le 23. V. le Code des Curés, & ce que je dis à l'art. *Concours*.

Il en est autrement des Bénéfices vacans par mort, auxquels des Patrons Laïcs ont présenté ; c'est la date de l'Institution Canonique qui doit opérer la maintenue. Cependant voyez *Patron*.

Un simple Obituaire de Cour de Rome n'est pas Partie capable pour reprocher au Pourvu d'un Bénéfice, qui en jouit depuis un an, les défauts qui peuvent se rencontrer dans les titres de ce Pourvu : il faut pour cela que les Provisions de l'Obituaire contiennent la cause de dévolut. V. *Bénéfice & Capacité*. V. aussi la régle *de annali possessore*, & le Commentaire de Dumoulin sur cette régle.

OBLATS.

On nommoit Oblats, des Moines Lais, que le Roi mettoit anciennement dans les Abbayes ou Prieurés Conventuels, & qui étoient de Fondation Royale, Comtale ou Ducale. Voyez dans le troisiéme Volume des Mémoires du Clergé, l'Arrêt rendu, *consultis Classibus*, le 23 Février 1600.

Les Religieux chez lesquels le Roi plaçoit un Oblat (a), étoient obligés de lui donner une portion Monacale ; & il étoit chargé du soin de sonner les cloches, de balayer l'Eglise & la cour.

Ces places étoient destinées à des Soldats estropiés & invalides ; actuellement les Maisons régulieres sont déchargées de la nourriture des Oblats ; parce que tous les Soldats qui, par leurs blessures ou leurs longs services, sont hors d'état de servir, sont nourris & entretenus à l'Hôtel des Invalides ; & toutes les Abbayes & Prieurés du Royaume payent des pensions à cet Hôtel, au lieu de la nourriture qu'ils fournissoient anciennement aux Oblats.

Ces pensions sont de 150 liv. pour chaque Abbaye ou Prieuré, dont le revenu excéde 1000 liv. les Bénéfices de moindre valeur ne payent que 75 liv.

Un Arrêt du Conseil du 15 Novembre 1716, revêtu de Lettres-Patentes du même jour, publiées au Grand-Conseil le 17 du même mois, ordonne que tous ceux *qui jouissent d'Abbayes & Prieurés Séculiers ou*

Réguliers, *situés dans l'étendue des Provinces de Flandres, Haynaut & Artois, Généralité de Metz, Gouvernement d'Alsace, Comtés de Bourgogne & de Roussillon, & autres Pays conquis* étant à la *nomination* du Roi......payeront *les pensions des Religieux Lais* ou Oblats, sur le pied ci-dessus. Le même Arrêt attribue au Grand-Conseil la connoissance des contestations qui pourront naître au sujet de ces pensions.

Un autre Arrêt du Conseil du 15 Juillet 1747, a ordonné » que les Abbés & Prieurs, » tant Réguliers que Séculiers, des Abbayes » & Prieurés de nomination Royale, situés » dans la partie des Pays-Bas, nouvelle- » ment soumise à l'obéissance du Roi, mê- » me les Evêques aux Evêchés desquels il a » été unis de ces Bénéfices, payeront an- » nuellement........les pensions d'Oblats ou » de Religieux Lais (sur le pied fixé ci- » dessus), à compter du premier Janvier de » l'année dans laquelle les Pays où ces Bé- » néfices sont situés, ont été soumis au » Roi. . . . . «

Il ne faut pas confondre les Oblats dont je viens de parler, avec ceux qui dans le dixiéme siécle, & dans les suivans, se donnoient aux Abbayes, avec leurs biens, & même quelquefois avec leur famille, jusqu'à y entrer en servitude, eux & leurs enfans. Ces derniers Oblats prenoient un Habit Religieux, mais différent de celui des Moines. On les nommoit aussi Donnés.

Il y a encore actuellement de ces Donnés dans les Ordres de Cîteaux & des Chartreux ; mais ils portent l'habit Séculier. Cette invention des Moines leur a attiré bien des richesses. V. *Biens d'Eglise*.

OBLIAGE.

L'Obliage est un Droit Seigneurial, que les Vassaux doivent dans quelques Coutumes.

» Il y a des endroits où ce droit consiste » en un chapon de rente, ayant un douzain » au bec.

» L'Interprête de la Coutume de Blois » dit que ce droit est dû au Seigneur par un » Vassal qui ne lui a pas payé son droit ou

---

(a) Les Chartreux, les Célestins, les Prieurés de l'Ordre de Cluny, les Couvens & les Abbayes de Filles ne pouvoient pas être contraints de recevoir des Oblats. Leurs diverses exemptions sur cela sont rassemblées dans les anciens Mémoires du Clergé, tome 3, pag. 477 & suivantes.

» devoir annuel au jour marqué «. Voyez le Dictionnaire de Trévoux & de Lauriere.

OBLIGATION.

V. *Actes, Billets, Contrats, Hypothéque, Notaires, &c. Payement.*

On nomme Obligation, un Acte Civil & un lien de Droit, par lequel on promet de faire ou de payer quelque chofe. V. le Dictionnaire Civil & Canonique.

Nous connoiffons trois fortes d'Obligations ; fçavoir, les Obligations naturelles, les Obligations civiles, & celles qui font naturelles & civiles tout enfemble.

Les Obligations naturelles font celles qui ne confiftent qu'au feul lien de l'équité naturelle, fans aucune néceffité civile ; c'eft-à-dire, qui ne produifent point d'action ni de contrainte. Telle eft, par exemple, l'Obligation du mineur qui emprunte, & qui s'oblige fans l'autorité de fon tuteur.

Les Obligations purement civiles, font celles qui font appuyées fur l'autorité civile, & qui produifent une action & une contrainte, fans avoir aucun principe ni fondement en l'équité naturelle. Telle eft, par exemple, l'Obligation de celui qui eft injuftement condamné à payer ce qu'il ne doit pas ; car il eft obligé civilement, puifqu'il y a action & contrainte contre lui, bien que naturellement il ne doive rien.

Les Obligations qui font tout enfemble naturelles & civiles, font celles qui ayant leur principe dans l'équité naturelle, font confirmées & autorifées par le Droit Civil, & qui produifent une action contre la perfonne obligée, comme font les Obligations qui procédent des contrats, &c. V. Lange, *Praticien François*, des Actions perfonnelles, tout ceci en eft tiré.

L'Obligation eft la mere des actions ; en effet, ceux qui ne font pas obligés, ne peuvent être pourfuivis. V. Bouchel au mot *Obligation.*

La Cour a jugé, par Arrêt rendu entre un nommé Cadet, &c. le 30 Août 1716, au rapport de M. l'Abbé le Meunier, qu'une Obligation, dont la caufe n'étoit pas exprimée, étoit nulle, & n'engendroit point d'action.

Mais il faut remarquer que cette Obligation annullée étoit paffée devant Notaire : il en feroit autrement d'un engagement fous fignature privée, foufcrit fans contrainte & fans dol ; ceux qui fe trouveroient avoir fait volontairement de femblables promeffes au profit de perfonnes capables, feroient liés naturellement & civilement, nonobftant le défaut d'expreffion de caufe. Il y a fur cela plufieurs Arrêts ; on en trouve un du 16 Mai 1664, au Journal des Audiences, tom. 2, liv. 6, chap. 31. Il y en a un autre du 29 Juillet 1706, rapporté par Augeard ; & l'on peut voir, fur la même matiere, Carondas fur Paris, art. 107 ; Soefve, tom. 2 ; & Coquille, pag. 308.

Il faut cependant convenir qu'un Réglement du 16 Mai 1650, qu'on trouve au Journal des Audiences, tom. 1, n'eft pas conforme à cette Jurifprudence. Ce Réglement fut invoqué dans une Caufe plaidée le Vendredi 4 Mars 1763 de relevée, en laquelle il s'agiffoit de fçavoir, fi un billet où le nom du Créancier étoit omis, étoit valable ou nul ; le Poffeffeur de ce billet qui en demandoit le payement, vouloit qu'on le regardât comme payable au Porteur ; mais il n'étoit pas conçu dans des termes à le faire regarder comme tel ; & la Cour, par Arrêt rendu ledit jour 4 Mars 1763, en faveur du fieur Gerton, contre le fieur Deffy, a confirmé la Sentence du Châtelet qui déclaroit ce billet nul. Voyez l'art. 147 de l'Ordonnance de 1629.

Les femmes ne peuvent valablement s'obliger, fans l'autorifation de leurs maris. V. *Autorifation.*

Les Obligations d'un défunt, quoiqu'en bonne forme, ne font cependant pas exécutoires fur les biens de fes héritiers, ni fur ceux de fa veuve, avant qu'elles foient déclarées telles par autorité de Juftice ; c'eft la difpofition de l'article 168 de la Coutume de Paris, & de beaucoup d'autres. Voyez celles de Calais, art. 240 ; de Montfort, art. 157 ; Boulenois, art. 151 ; Nivernois, Melun, Etampes, &c.

Les Obligations ne font même exécutoires contre les perfonnes qui les ont foufcrites, que lorfqu'elles font authentiques & groffoyées (Voyez *Groffe*) ; & s'il s'agit de faire exécuter une Obligation hors le reffort de la Jurifdiction, en laquelle les Notaires ont

ont droit d'inftrumenter , il faut , après qu'elle eft groffoyée, obtenir un *Pareatis* avant l'exécution. Sur cela voyez *Pareatis.*

Sur les Obligations des femmes fépa-rées & des Mineurs, voyez *Femme* & *Mineur.*

Les Obligations paffées devant Notai-res , ne font authentiques & valables , que quand elles font revêtues des formes pref-crites pour les actes que reçoivent ces Offi-ciers. V. *Notaire* & *Actes.*

Toutes les Obligations de fommes de deniers une fois payées, font réputées meu-bles dans la Coutume de Paris.

Une Obligation déchirée eft préfumée acquittée. Voyez l'Arrêt du 6 Août 1759, dont je parle à l'article *Payement.*

En général, les dettes contractées pour fait de commerce par obligation devant No-taire, n'engendrent point la contrainte par corps , à moins qu'il ne s'agiffe de ferme de champs. Voyez *Contrainte par corps.* Mais, par un ufage que je crois particulier à la Ville de Lyon, & qui eft attefté être en vi-gueur par un Acte de Notoriété de la Con-fervation de Lyon du 10 Décembre 1725, les Bourgeois & Négocians peuvent faire des Obligations payables à ordre, & en payement des Foires de Lyon.

» L'on ne prend (dit l'Acte de Notorié-» té fufdit) la précaution d'une Obliga-» tion, que pour s'affurer une hypothèque ; » & on accorde aux Obligations de cette » nature le même privilège qu'aux fimples » Billets à ordre, payables en payement, » Lettres de Change & autres Billets de » Commerce.

» Les Obligations pour valeur reçue, » payables à ordre & en payement, affujet-» tiffent à la contrainte par corps, toutes » fortes de perfonnes, de quelqu'état & con-» dition qu'elles foient, à la réferve des » Gens-d'Eglife & des femmes en puiffance » de mari non commerçantes.

» Enfin cette Cour (la Confervation) eft » la feule qui connoiffe des conteftations qui » naiffent au fujet de ces fortes de titres, » par qui qu'ils ayent été contractés pour » valeur reçue «. Voyez les articles 1 & 2 de l'Edit de 1669, art. *Confervation de Lyon*, & un autre Acte de Notoriété du 13 Fé-vrier 1726.

O B O L E.

C'eft le nom d'une ancienne monnoie de cuivre, qui valoit, fuivant quelques-uns, la moitié d'un denier, & le quart, fuivant d'autres : elle n'eft plus d'ufage ni connue qu'en matiere de Cenfive.

OBREPTION ET SUBREPTION.

Le mot Subreption fignifie omiffion d'u-ne vérité qu'on a tûe pour obtenir une gra-ce, qui n'auroit pas été accordée, fi cette vé-rité eût été connue ; & le mot Obreption fignifie faux expofé.

On dit, par exemple, que des Lettres de Chancellerie, des Bulles, des Provifions de Cour de Rome, des Difpenfes, &c. font Subreptices, lorfqu'elles ont été obtenues par furprife, en taifant une vérité qu'il étoit néceffaire d'exprimer pour rendre la grace valable ; & l'on dit qu'elles font Obrepti-ces, lorfque, pour les obtenir plus facile-ment, l'Impétrant a exprimé quelques fauf-fetés.

L'article premier du titre 16 de l'Ordon-nance Criminelle n'ordonne aux Juges d'enthériner les Lettres d'Abolition (qu'on nomme plus communément Lettres de gra-ce), que lorfqu'elles *font conformes aux charges & informations* : ainfi ceux qui im-pétrent ces fortes de Lettres, doivent foi-gneufement exprimer la vérité ; parce que, dit Bornier, » elles peuvent être querellées » d'Obreption & de Subreption « par les Parties Civiles & par le Miniftere public ; & qu'une Ordonnance de François Premier de l'année 1539, chap. 2 , art. 25 , porte, *que fi des Lettres de pardon ou d'abolition font trouvées différentes des informations*, il doit être *procédé contre le Porteur.*

Les Lettres du Grand Sceau ne peuvent être attaquées qu'en les foutenant Obrepti-ces ou Subreptices, parce qu'elles émanent de la propre volonté du Roi : mais il en eft autrement des Lettres qui fe délivrent dans les Chancelleries ordinaires ; on peut non-feulement arguer celles-ci d'Obreption & de Subreption, mais on peut même les que-reller d'incivilité ; c'eft le langage de tous les Auteurs ; la Jurifprudence y eft confor-me.

» L'Obreption & la Subreption dans les

» Bulles & Refcrits de Cour de Rome, ren-
» dent la grace nulle, lorfque l'expreffion
» auroit pû caufer un obftacle à l'impétra-
» tion de la grace «. Dictionnaire Civil &
Canonique.

Quand un Eccléfiaftique obtient un Bénéfice en Cour de Rome, fans exprimer qu'il
eft à charge d'ames, la grace eft Subreptice
& nulle, s'il eft vrai qu'il en foit chargé.

Celui qui, en demandant un Bénéfice à
Rome, n'exprime point ceux dont il étoit
déja pourvû, eft, par cette réticence, déchu
du Bénéfice qu'il a impétré.

A l'égard des difpenfes accordées par le
Pape, elles ne peuvent, ainfi que je l'ai dit
au mot *Difpenfe*, avoir d'effet en France,
qu'après l'examen de l'Official Diocéfain;
& quand, par cet examen, l'Official trouve
la grace, ou Obreptice ou Subreptice, il ne
peut fulminer le Refcrit, s'il remarque que
l'Obreption ou la Subreption vienne du def-
fein de tromper le Pape.

Mais fi l'Obreption ou la Subreption ne
procéde pas de la malice des Impétrans,
l'Official doit alors examiner fi le Pape, fuivant l'ufage ordinaire de la Chancellerie
Romaine, auroit accordé la grace fur l'expofé du fait plus fincere, ou s'il l'auroit refufée, & fe déterminer fuivant le parti que
le Pape auroit pris lui-même, s'il n'y avoit
eu ni Obreption ni Subreption dans l'expofé.

O C T R O I S.

On nomme Octrois, des impofitions que
les Villes levent elles-mêmes avec la permiffion du Roi pour fubvénir aux dépenfes
municipales.

Il n'y a aucune uniformité, foit dans la
maniere de lever les Octrois, foit par rapport aux denrées ou marchandifes qui y font
affujetties. Dans quelques Villes ils fe perçoivent à l'entrée, dans d'autres ils fe levent à mefure de la vente en gros & en
détail.

Les Octrois fe perçoivent auffi fous diverfes dénominations dans différentes Villes.
A Dieppe, on les nomme Droit de Subfif-
tance; à Laval, Droit de Pavage; à Lagny
& à Rofoy en Brie, ils font connus fous le

nom de Droit de Courte-Pinte, &c.

La plûpart de ces droits font fi anciens
qu'en bien des endroits on n'en connoît pas
l'origine; qu'on n'a pas d'autres titres que
l'ufage & les anciens baux pour déterminer
les chofes qui y font affujetties, & la maniere de les percevoir.

Louis XIV ordonna, par une Déclaration du 21 Décembre 1647, que tous les
deniers communs d'Octrois & autres qui fe
levoient au profit des Villes, feroient portés à l'Epargne, à commencer du premier
Janvier 1648, & permit aux Communautés de lever les mêmes droits par double-
ment. Mais la guerre civile fit fufpendre
l'effet de cette Déclaration.

L'Edit du mois de Décembre 1652, la
Déclaration du 28 Novembre 1661, un Arrêt du Confeil du 28 Juin 1653, un Edit du
mois de Décembre 1663, & l'Ordonnance
du mois de Juillet 1681, ont depuis fucceffivement ordonné qu'au lieu du revenu total de tous les dons, conceffions & Octrois,
tant anciens que nouveaux, & deniers communs qui devoient être portés à l'Epargne,
en conféquence de la Déclaration du 21 Décembre 1647, il feroit levé à perpétuité au
profit du Roi, la premiere moitié de tous
les droits, à l'exception des deniers patrimoniaux; au moyen de quoi les dettes &
charges des Villes feroient prifes fur l'autre
moitié, qui feroit levée par les Maires,
Echevins, &c. quand même le temps porté
par l'Octroi feroit limité ou expiré.

Un Edit du mois de Septembre 1710, a
ordonné la levée, pendant fix ans, du double des droits d'Octrois & Tarifs qui fe
percevoient dans les Villes & Bourgs du
Royaume, foit au profit des Villes & Communautés, foit au profit du Roi, & qu'il
en feroit établi dans celles où il ne s'en paye
pas: mais cet Edit a été modifié par une
Déclaration du 7 Octobre fuivant, regiftrée
le 16 du même mois. V. cette Déclaration
en entier; elle contient fix articles.

La moitié des droits d'Octroi qui fe leve
au profit du Roi (a), a été réunie à la Ferme des Aides; & fur cela on peut voir un
Edit du mois de Décembre 1663, autre que
celui dont j'ai déja parlé: mais, comme la

_____

(a) Il ne faut pas confondre les Octrois avec les de- | Le Roi ne partage pas dans ceux-ci, au lieu que la moitié
niers & revenus patrimoniaux des Villes & Communautés. | des Octrois lui appartient.

perception de cette moitié n'a été ordonnée que fur les Octrois, &c. alors fubfiftans, le Roi ne partage pas ceux dont la perception a été ordonnée ou permife depuis, & ils appartiennent en entier aux Villes.

Ceux qui jouiffent de l'exemption du Droit de Gros, de Détail, &c. ne jouiffent point de l'exemption de la moitié de l'Octroi appartenant au Roi, excepté les Etapiers. Les denrées, boiffons & liqueurs deftinées à l'avituaillement des Vaiffeaux du Roi & de la Compagnie des Indes, font auffi affranchies de la moitié des Octrois appartenans au Roi. Mais les Eccléfiaftiques, les Secrétaires du Roi, les Nobles, &c. font, ainfi que les Etapiers, avituaillement de Vaiffeaux, &c. exempts de l'Octroi appartenant aux Villes.

L'Ordonnance du mois de Juillet 1681, attribue aux Elections la connoiffance des conteftations concernant la perception des droits d'Octrois. Mais fur la maniere de faire les baux de la feconde moitié des Octrois, & devant quels Officiers ces baux doivent être faits, voyez les Arrêts du Confeil des 14 Juin 1689, 3 Janvier 1693, 22 Décembre 1745, 2 Avril 1751, 9 Fév. 1756, 22 Février 1757, 7 Juillet 1763, 11 Février 1764 & Août 1764, regiftrés le 11.

Voyez auffi des Arrêts du Confeil des 24 Septembre 1755, & 14 Février 1758, qui ordonnent la levée de plufieurs Octrois municipaux dans diverfes Généralités, jufqu'au dernier Décembre 1767.

Et fur la perception des droits d'Octrois par les Commis aux Aides, ou autres Employés des Fermes du Roi, voyez les Arrêts du Confeil des 15 Décembre 1750, 22 Février 1757, & 2 Février 1763.

L'article premier de la Déclaration du 24 Août 1734, portant Réglement entre le Parlement & la Cour des Aides de Bordeaux, en accordant au Parlement la connoiffance des Procès relatifs aux biens patrimoniaux des Villes, dit que » feront réputés deniers patrimoniaux ceux qui pro-

» viennent des Seigneuries, Terres, Maifons ou autres Héritages ou Droit Domaniaux defdites Villes & Communautés, » tels que font dans ladite Ville de Bordeaux les Cens, Lods & Ventes, Honneurs, Rentes, Droit d'Epave, de Mayadé, Terres, Domaines, Châteaux, Maifons, Echope, Droit de Greffe & Amende, le Droit de Marque & demi - Marque, en ce qui concerne le droit de Marque en lui-même, le droit de Tholofan » pour franc fur le bétail, le droit de 12 deniers Bourdelois fur les encans, &c «.

L'article 2 de cette Déclaration attribue à la Cour des Aides de Bordeaux la connoiffance, par appel, des conteftations relatives aux Octrois; » & feront réputés droits » d'Octrois, dit cet article, toutes levées » de deniers octroyés par Nous ou par nos » Prédéceffeurs, pour avoir lieu par forme » d'impofition, ou d'entrée pour les befoins » defdites Ville & Communauté, payement » de leurs dettes ou autres caufes....« V. les articles 25, 26 & 27 de la même Déclaration.

OFFICES & OFFICIERS.

Voy. *Admonition, Age, Deftitution, Droits Seigneuriaux, Faits de Charge, Homme au Roi, Hypothéque, Interdiction, Juges, Lieutenans, Magiftrats, Montre, Nobles, Oppofition, Paulette, Perruquiers, Procureurs, Réception, Regrès, Rembourfement, Sceau.*

On nomme Office un titre donné par Lettres du Prince, qu'on appelle » Provifions, » qui conferent le pouvoir, & impofent le » devoir d'exercer quelques fonctions publi- » ques; & les Officiers font ceux qui font » pourvus des Offices (a) «. Telle eft la définition que Domat donne des Offices & des Officiers. Loyfeau, qui a fait un Traité fur cette matiere, définit l'Office » une di- » gnité avec fonctions publiques «.

On donne communément & indiftinctement le nom de Charge à toutes fortes d'Of-

---

(a) Il y a en Alface des Offices qui font érigés en Fiefs mafculins relevans de la Couronne, & poffedés comme tels. Voyez ma note à l'article *Baillis & Sénéchaux.*

L'Office d'*Underlandvogt* ou Lieutenant pour le Roi au Grand Bailliage de Haguenau, a été érigé en Fief mafculin relevant de la Couronne, en faveur du fieur Haftel, par Lettres-Patentes du mois de Février 1711.

Il y a auffi des Offices de Notaires d'ancienne création en Artois qui font poffedés comme Fiefs relevans du Roi; quand les Propriétaires de l'un de ces Offices en a porté la foi & hommage en la Chambre des Comptes à Lille, il peut en remplir les fonctions, en fe faifant recevoir fans Provifions, ou affermer ces Offices à quelqu'un qui peut y être reçu fur le vû du bail.

fices ; parce qu'en effet , tout Office eſt une Charge : néanmoins il ne faut pas confondre le ſens de ces mots , parce que toutes les Charges ne ſont pas des Offices. Par exemple , les Charges d'Echevins , de Conſuls , & autres Charges municipales , ne ſont pas des Offices , parce que ceux qui y ſont appellés , ne les exercent que pendant un temps , ſans autre titre que celui de leur nomination (a).

Les Offices ſont diſtingués en Venaux & en non - Venaux.

Les Offices Venaux ſont ceux qui ont été vendus & aliénés par le Roi moyennant finance , qui ſont héréditaires & peuvent s'aliéner (b).

Les Offices non-Venaux ſont ceux qui n'ont point de finance , & dont les Titulaires ne peuvent diſpoſer qu'avec l'agrément du Roi. Tels ſont les Offices de la Maiſon du Roi , de la Reine & des Princes qui ont ce qu'on appelle Maiſon ; la plûpart des Offices Militaires , &c. Je parlerai de ces Offices dans un article particulier.

Les Offices Venaux ſont de deux ſortes ; ſçavoir , les Domaniaux & les Caſuels.

Les Offices Domaniaux ſont ceux qui ont été démembrés des Domaines du Roi , & qui ont été aliénés à faculté de rachat perpétuel , tels que ſont les Greffes , les Tabellionages , la Garde du Scel , &c. ces ſortes d'Offices ſont immeubles à tous égards ; ils ſont héréditaires , & peuvent être conférés par les Propriétaires.

Ils ſe réglent en tout & par-tout comme les héritages ; ils n'impriment point aux Propriétaires la qualité d'Officier ; ils ne ſont point inhérens à la perſonne ; ils peuvent appartenir à pluſieurs ; les femmes & les mineurs peuvent les poſſéder ; on peut les vendre ſans le conſentement du Roi ; ils ne vaquent point par mort ; & ne ſe perdent point par forfaiture ; en un mot , c'eſt une nature d'Office qui ſe régle , tant pour les ſucceſſions que pour la communauté & l'hypothéque , de la même maniere que toute autre nature d'immeuble.

Les Offices Caſuels ſont ceux dont l'Officier eſt pourvu à vie par des Proviſions du Roi , & qui retournent au Roi , lorſque les Titulaires ſont morts ſans les avoir réſignés , ou ſans avoir payé le prêt & la paulette , ſi les Offices y ſont ſujets.

On peut être Propriétaire & poſſéder des Offices Domaniaux ſans obtenir des Proviſions du Roi ; il ſuffit d'obtenir des Lettres de Ratification : mais ceux qui les exercent , ſoit en qualité de Commis , ſoit comme Fermiers , doivent prendre des Commiſſions en la grande Chancellerie deux mois après la date de leurs Baux ou Commiſſions , à peine de faux contre les Commis ou Fermiers , & de 1000 liv. d'amende contre les Propriétaires : cela eſt ainſi ordonné par un Arrêt du Conſeil du 25 Septembre 1718 ; & un autre Arrêt du Conſeil du 29 Mars 1719, a fixé ce qui devroit être payé pour ces ſortes de Commiſſions.

Les Offices Venaux Caſuels different des Domaniaux , en ce que , comme on voit , ils ne ſont pas toujours partie de la ſucceſſion du Titulaire ; ils en different encore , en ce qu'ils ne peuvent être poſſédés que par des mâles ſuffiſamment âgés & capables d'en remplir les fonctions : au lieu que les Offices Domaniaux peuvent être poſſédés par des femmes & par des enfans , qui ont la liberté de les faire exercer par autrui , & même de les affermer.

Dupleſſis remarque encore quelques différences entre ces deux eſpéces d'Officiers , mais elles ne ſont pas eſſentielles : on peut voir ce qu'il dit ſur cela , livre 2. tit. 4 ; & Brodeau ſur M. Louet , lettre R , num. 31, vers la fin.

Les Offices ne ſe vendoient point anciennement ; ils s'éteignoient par la mort de l'Officier ; on les enviſageoit comme un ſimple uſufruit , qui ne faiſoit jamais partie des ſucceſſions ; & par cette raiſon les Rédacteurs & les Réformateurs de nos Coutumes ne ſe ſont point occupés du ſoin d'en déterminer le ſort dans les ſucceſſions. Voyez *Gouverneurs*.

_____

(a) Les Charges Municipales ont été créées en titre d'Office dans preſque toutes les Villes du Royaume ; & ceux qui les ont acquiſes , ſont réellement Officiers.

(b) François Premier eſt celui de nos Rois qui a rendu les Offices venaux. Ce Prince , ſçachant que les Particuliers vendoient ſes graces à ſon inſçu , & ſe voyant accablé d'affaires , crut qu'il n'y avoit point de meilleur expédient , pour tirer de l'argent de ſes Sujets , que de vendre les Offices , qui juſques-là avoient été donnés gratuitement.

Dans la fuite des temps, la vénalité des Charges s'étant introduite, & les Offices compofant la plus grande partie du bien de plufieurs Particuliers, on a fenti la néceffité de les confidérer comme immeubles, & de les conferver, comme les autres biens, dans les familles.

On les a d'abord exclus de la communauté ; on les a enfuite jugés être propres de fucceffion (a) ; & enfin on s'eft, avec raifon, déterminé à les confidérer même comme des propres de difpofition.

Il y a cependant eu fur cela quelque variété dans la Jurifprudence ; & cette variété a principalement procédé de l'ambiguité de l'article 95 de la Coutume de Paris, qui, en déclarant l'Office venal, immeuble & fufceptible d'hypothéque, ajoute que les deniers provenans de l'adjudication de l'Office, font fujets à contribution comme meubles.

De-là naiffoit un grand embarras dans la détermination de la nature des Offices Venaux ; & cette difpofition produifoit dans les Offices un mélange bifarre des caracteres de meubles & d'immeubles.

Mais la feconde difpofition de cet article ayant été abrogée par un Edit du mois de Février 1683, fuivant lequel les deniers provenans de l'adjudication de l'Office, doivent fe diftribuer, par ordre d'hypothéque, entre les créanciers oppofans au fceau, l'ambiguité a ceffé, & l'on n'a plus dû faire de difficulté d'envifager les Offices comme de véritables immeubles fufceptibles de l'impreffion de la qualité de propres, non-feulement par rapport aux fucceffions, pour les déférer, dans le partage, aux héritiers de la ligne d'où ils procédent, mais encore par rapport aux difpofitions, pour qu'ils fuffent fujets aux referves coutumieres établies en faveur des héritiers.

Dès avant l'Edit de 1683, la Jurifprudence étoit établie pour réputer les Offices propres de fucceffion : elle n'étoit pas auffi conftante pour les réputer propres de difpofition.

Cependant tous les Auteurs fe réuniffoient pour conclure que, dès qu'on avoit fait le premier pas de réputer les Offices propres de fucceffion, on ne pouvoit, fans introduire dans la Jurifprudence une bizarrerie inconcevable, fe difpenfer de les juger propres de difpofition ; en effet, même avant l'Edit du mois de Février 1683, il avoit été rendu en la cinquiéme Chambre des Enquêtes, un Arrêt le 11 Mars 1682, qui avoit jugé propre de difpofition un Office de Tréforier de France de la Généralité d'Amiens.

L'Edit du mois de Février 1683 étant furvenu, & ayant ordonné que les deniers provenans de l'adjudication d'un Office fe diftribueroient par ordre d'hypothéque, comme les deniers provenans de l'adjudication d'un autre immeuble réel : la Jurifprudence qui commençoit à s'établir avant cet Edit, & par laquelle les Offices étoient confidérés comme des propres à tous égards, ne trouva plus d'obftacles à fon progrès.

Cependant depuis l'Edit de 1683, il eft intervenu en la quatrième Chambre des Enquêtes, un Arrêt en l'année 1692, qui a jugé qu'un Office n'étoit point un propre de difpofition : mais cet Arrêt, contraire au vœu de toutes les autres Chambres, ne fut point goûté ; & dès l'année fuivante, par un Arrêt du 9 Juillet 1693, la feconde Chambre des Enquêtes jugea, au rapport de M. de Chaffepot de Beaumont, que les Offices étoient des propres de difpofition.

La Jurifprudence a depuis été fixée invariablement fur ce point par un Arrêt de la Cour du 9 Février 1709, intervenu au rapport de M. l'Abbé Pucelle, fur la Charge de Greffier des Requêtes de l'Hôtel. Voici quelle en étoit l'efpéce :

Louis le Mazier, Greffier des Requêtes de l'Hôtel, mourut laiffant fix enfans, deux d'un premier lit, & quatre d'un fecond. Louis le Mazier, aîné de tous, fut pourvu de la Charge du pere, & les parts de chacun des fix enfans dans l'Office furent liquidées à 11175 livres.

Louis le Mazier, fucceffeur de fon pere, décéda fans enfans, ayant fait un teftament. Ses freres & fœurs prétendirent que cette

---

(a) Cette Jurifprudence n'a pas lieu dans le reffort de la Coutume du Duché de Bourgogne. Les Offices y font réputés meubles dans les fucceffions, ainfi que les rentes conftituées à prix d'argent. V. Meubles ; cependant ils n'entrent point, comme les meubles, dans la communauté, fans une ftipulation expreffe.

somme de 11175 livres, à laquelle avoit été fixée la part du défunt dans l'Office, étoit un propre, duquel il n'avoit pû disposer que jusqu'à concurrence du quint : l'Arrêt le jugea ainsi, & adjugea les quatre quints aux héritiers des propres.

Les sieur & dame Tribouleau ayant revêtu leur fils d'une Charge de Trésorier de France de nouvelle création, pour laquelle ils avoient payé 72000 livres aux Parties Casuelles en 1693, au nom de leur fils, sans déclaration que les deniers provenoient des pere & mere qui avoient des enfans de deux lits, il s'est agi (dans la succession du sieur Tribouleau fils.), de sçavoir, si la Charge étoit moitié propre paternel, & moitié propre maternel, ou si c'étoit un acquêt qui dût entrer dans le legs universel fait le sieur Tribouleau fils. Il étoit prouvé, par une reconnoissance du sieur Tribouleau fils, postérieure a sa réception, que ses pere & mere avoient fourni les deniers aux Parties Casuelles. Le légataire universel soutenoit que la Charge étant de nouvelle création, ne pouvoit faire un propre, puisque personne, avant le sieur Tribouleau, ne l'avoit possédée : il argumentoit de la quittance de finance, où les pere & mere n'étoient pas nommés.

Les héritiers répondoient que le Sr Tribouleau fils étant mineur, demeurant chez ses pere & mere, sans droits acquis, n'avoit pû acquérir ni payer l'Office de ses deniers. Ils rapportoient d'ailleurs la reconnoissance du fils, portant que c'étoient ses pere & mere qui avoient payé. Le fils s'étoit en conséquence soumis » de ne pouvoir en disposer ni l'engager en aucune maniere que de » leur agrément «. Sur cette contestation est intervenue une Sentence en la deuxiéme Chambre des Requêtes du Palais, le 6 Juillet 1730, par laquelle il fut fait distraction des quatre quints de la moitié de l'Office, aux héritiers maternels, (les héritiers paternels étoient légataires universels ;) & y ayant eu appel de cette Sentence, elle fut confirmée par Arrêt rendu en la Grand-Chambre le 17 Avril 1731, sur les Conclusions de M. l'Avocat Général Talon.

Dans la plaidoirie de cette affaire, Me Aubry, qui défendoit les héritiers maternels, & qui gagna sa cause, cita un Arrêt

du 5 Mars 1714, rendu sur les Conclusions de M. Chauvelin, Avocat Général, par lequel le partage du prix d'une Charge de Conseiller au Grand-Conseil, vendue en direction, avec déclaration au profit de M. Jannard fils, par le Procureur-Adjudicataire, fut ordonné comme d'un propre dans la succession de M. Jannard fils, par la seule raison, que le prix de cette Charge avoit été payé par son pere.

M. Bignon, Premier Président au Grand-Conseil, qui avoit levé sa Charge aux Parties Casuelles, moyennant 400000 liv. ne laissa qu'une fille, qui recueillit cette Charge dans sa succession, & épousa M. de Verthamont, qui s'en fit pourvoir.

Madame de Verthamont étant elle-même décédée, M. l'Abbé Bignon, son héritier, quant aux propres, prétendit que, dès que l'Office faisoit partie de sa dot, c'étoit un immeuble, dont M. de Verthamont n'avoit eu que l'exercice, & qu'elle n'avoit pû en perdre la propriété.

M. le Procureur Général, héritier en partie des meubles & acquêts de M. de Verthamont, soutint, au contraire, qu'il étoit devenu propriétaire de l'Office par les provisions qu'il en avoit obtenues, & qu'il n'étoit tenu que d'en rendre le prix à la succession de Madame son épouse ; que par conséquent c'étoit un acquêt en la personne de M. de Verthamont.

Les Parties ayant compromis sur cette question Messieurs de Vienne, Thomé & Dupré, Conseillers, & Mes Capon & Gascon, Avocats arbitres, ont jugé que la propriété de l'Office avoit passée à M. de Verthamont, au moyen de ses provisions. *Donnons & octroyons*, disoient-elles, *&c.*

Le Parlement de Rouen a aussi jugé, par Arrêt rendu entre le Greffier de la Maîtrise d'Argentan & les héritiers de sa femme, le 8 Février 1743, que ce Greffier, nommé Damon, pourvu d'un Office appartenant à sa femme, ne pouvoit pas être contraint de leur remettre cet Office, mais qu'il étoit quitte envers eux, en leur payant la valeur au temps de la dissolution du mariage.

Ceux qui sont pourvus d'Offices Royaux, ne peuvent en être destitués que *pour forfaiture* judiciairement prouvée : c'est ce qui est décidé contre l'usage ancien par les Ordonnances de Philippe-le-Bel & de Louis XI, citées par Loyſeau, *des Offices*. Mais les Officiers des Seigneurs peuvent être deſtitués *ad nutum*, quand ils ſont pourvus à titre gratuit. Sur cela, voyez ce que je dis au mot *Deſtitution*.

Les fonctions & les prérogatives dépendantes des Offices, n'appartiennent plus à l'Officier qui a ceſſé d'être Titulaire; il eſt alors conſidéré comme s'il n'en avoit jamais été revêtu, à moins qu'il n'ait obtenu des Lettres de Vétérance. Voyez ce que je dis à ce ſujet aux mots *Honoraires* (*Conſeillers*), & *Vétérance*.

L'Office étant attaché & inhérent à la perſonne du Titulaire, eſt régi par la Coutume de ſon domicile. C'eſt le ſentiment de Dupleſſis, Traité des *Criées*, où il dit que les Arrêts l'ont ainſi jugé. Bourjon, qui a adopté cet avis, dit néantmoins qu'il faut excepter les Greffes & les Tabellionages, qui ont une aſſiette fixe & certaine, & que ceux-ci ſe régiſſent par la Coutume du lieu dans lequel ſe fait l'exercice: il atteſte que c'eſt l'uſage du Châtelet.

Les Offices caſuels ſont, comme je l'ai annoncé, ſujets à être perdus pour la ſucceſſion du Titulaire qui a négligé de payer le prêt & la paulette; mais en faiſant ce payement, il tranſmet l'Office à ſes héritiers; & s'il le réſigne, il ne le perd pas en mourant, dans les quarante jours qui ſuivent ſa réſignation, comme celui qui n'a pas payé. Voyez *Paulette*.

Pour entendre ceci, il faut ſçavoir que les Titulaires d'Offices Venaux, qui ne ſont pas diſpenſés par une Loi préciſe de payer le prêt & la paulette, ou qui ne les ont pas rachetés, ſont tenus de payer annuellement aux Receveurs des Parties Caſuelles, avant le premier Janvier de chaque année, certaines ſommes modiques, mais toujours proportionnées à la finance de l'Office; & faute de faire ce payement, le Titulaire qui vend ſon Office, doit ſurvivre quarante jours à ſa procuration *ad reſignandum*; s'il meurt avant les quarante jours, ou s'il meurt ſans avoir réſigné, ſon Office appartient au Roi, qui peut y pourvoir. Cela eſt ainſi réglé par un Edit de l'année 1604. V. *Homme au Roi*, & *Paulette*.

Il eſt libre aux Pourvus d'Offices ſujets au prêt & à la paulette, de la payer ou de s'expoſer à les perdre en mourant: mais les créanciers des Titulaires peuvent, à l'inſçu & même contre la volonté de leur débiteur, acquitter ces ſortes de droits pour la conſervation de la propriété de l'Office qui fait leur gage. V. Loyſeau, *des Offices*, & de Renuſſon, Traité *des Propres*.

Loyſeau penſe même que les créanciers qui ont acquitté ce droit, ont une action contre leur débiteur pour le répéter auſſitôt après l'avoir payé; & cela paroît très-raiſonnable. V. l'Arrêt du 22 Février 1755, dont je rapporte l'eſpéce à l'article *Paulette*.

Le payement du prêt & de la paulette, ou annuel pour la conſervation de l'Office propre au mari, n'engendre aucune action en indemnité ſur la communauté; parce que dès qu'elle profite des fruits de l'Office, il eſt juſte qu'elle en acquitte les charges: c'eſt l'avis de tous les Auteurs.

Lorſque le Roi remet & donne à la famille l'Office tombé aux Parties Caſuelles faute de payement du prêt & de l'annuel ou paulette, il eſt affranchi de toutes les hypothéques dont il avoit été chargé par le défunt Titulaire; & ſi tel Office eſt acquis directement du Roi par un Etranger, l'acquéreur doit être reçu nonobſtant les *oppoſitions* & empêchemens *des héritiers & créanciers des Officiers décédés en perte d'Office*: cela eſt ainſi ordonné par une Déclaration du 5 Avril 1683, enregiſtrée le 21 Mai ſuivant, qui a lieu même pour les *Offices des Juriſdictions de Lorraine & de Bar*.

Le Titulaire d'un Office Venal peut le vendre: mais le contrat de vente ne ſuffit pas ſeul pour tranſporter l'Office à l'acquéreur, il faut que le vendeur ou ſes repréſentans donne une procuration *ad reſignandum*, par laquelle il déclare préſenter au Roi & à Monſeigneur le Chancelier, Garde des Sceaux de France, la perſonne d'un tel pour être pourvu & revêtu de tel Office, &c. Sans cette procuration, l'Office ne ſeroit pas tranſmis à l'acquéreur; il ne pourroit pas même obtenir de proviſions.

Les Procurations *ad reſignandum* des Offices, ſont révocables juſqu'à ce que les proviſions ſoient ſcellées; mais comme il n'eſt pas permis de préjudicier à quelqu'un inconſtance ou par caprice, celui qui révoque une ſemblable procuration, doit être condamné aux dommages-intérêts du Réſignataire-acquéreur. V. *Regrès.*

Les proviſions d'un Office ne rendent pas Officier celui à qui elles ſont accordées; il n'a véritablement ce caractere qu'après avoir été reçu & prêté le ſerment de bien & fidélement en exercer les fonctions; & cette réception doit être précédée d'information des vie & mœurs du nouveau Pourvu. V. *Réception.*

La vente des Offices engendre les mêmes actions & les mêmes garanties que celle des autres immeubles; ainſi le vendeur d'un Office eſt tenu d'apporter main-levée de toutes les oppoſitions qui peuvent ſurvenir, ou au titre, ou au ſceau; en un mot, il doit faire ceſſer toutes les demandes de ceux qui prétendent droit à l'Office.

Mais le vendeur n'eſt garant que de ſes faits & des hypothéques créées ſur l'Office; ſi, poſtérieurement à la vente, l'Office périt ou diminue par le fait du Prince, la perte doit tomber ſur l'acquéreur: c'eſt ce qui a été jugé depuis quelques années dans l'eſpéce ſuivante.

Un ſieur de Gourlade ayant acquis l'Office de Contrôleur du pavé de Paris, le 12 Janvier 1739, fit préſenter ſes proviſions au ſceau le 30. M. le Chancelier refuſa de les ſceller, parce que le 26 du même mois de Janvier, il avoit ſcellé un Edit portant ſuppreſſion de ces Charges; l'Edit ne fut enregiſtré que le 15 Février.

Cet événement donna lieu à la queſtion de ſçavoir, ſur qui la perte de l'Office devoit tomber. L'acquéreur avoit fait juger au Châtelet que le prix de l'Office qu'il avoit dépoſé, lui ſeroit remis: mais, par Arrêt rendu en la Grand'Chambre le 26 Mai 1742, au rapport de M. Lambelin, la Cour, en infirmant la Sentence du Châtelet, a jugé que l'acquéreur payeroit le prix, & que par conſéquent la perte de l'Office, ſurvenue entre le contrat & les proviſions, tombe ſur l'acquéreur. On peut ſur cette queſtion voir Baſnage, ſur l'article 514 de la Coutume de Normandie.

Le ſceau des proviſions que le Roi accorde de l'Office au nouveau titulaire, purge toutes les hypothéques créées par les précé-

dens pourvus, par la raiſon que le nouvel Officier eſt cenſé obtenir du Roi même, l'Office dont il eſt revêtu; *donnons & octroyons,* &c. diſent toutes les proviſions; il purge même les ſubſtitutions & les douaires non-ouverts, contre toutes ſortes de perſonnes mineures, majeures, privilégiées ou non; ainſi que je le dis au mot *Sceau.*

Mais les créanciers de l'Officier peuvent s'oppoſer au ſceau des proviſions de l'Office qu'il a vendu ou réſigné à leur préjudice: en prenant cette précaution, ils conſervent leurs privileges & leurs hypothéques ſur le prix de l'Office, dont les proviſions ne ſont alors ſcellées qu'à la charge de leurs oppoſitions.

On prétend néantmoins que le créancier, vendeur de l'Office, n'a pas beſoin de former ſon oppoſition au ſceau pour conſerver le privilége & l'hypothéque qu'il a ſur cet Office, pour raiſon du reſtant du prix qui lui eſt dû.

Bourjon dit qu'il l'a vu ainſi juger au Châtelet; & que la propoſition contraire révolta le Barreau. En effet, dit-il, » les » proviſions ſont regardées comme relati- » ves avec le contrat de vente «. Il auroit » pu dire qu'elles perfectionnent le contrat, & ne forment qu'un même titre avec lui, de la même maniere qu'un décret volontaire ne forme auſſi qu'un même titre avec le contrat d'acquiſition. V. ce que je dis ſur cette matiere à l'article *Décret.*

Il n'y a donc que le vendeur de l'Office & les oppoſans au ſceau des proviſions, qui conſervent leurs droits ſur le prix de l'Office: l'effet de ces oppoſitions, les formalités qu'il faut obſerver dans la vente des Offices, & la maniere dont le prix qui provient de la vente, doit être diſtribué entre les oppoſans, ſont réglés par l'Edit du mois de Février 1683, dont j'ai déja parlé: en voici les diſpoſitions.

ART. I..... *Les créanciers oppoſans aux ſceau & expédition des proviſions des Offices, ſeront préférés à tous autres créanciers qui auront omis de s'y oppoſer, quoique privilégiés, & même à ceux qui auront fait ſaiſir réellement les Offices, & ſeroient oppoſans à la ſaiſie réelle.*

II. *Les Directeurs valablement établis par les créanciers de l'Officier, pourront s'oppoſer au sceau audit nom des Directeurs, & conserveront les droits de tous lesdits créanciers.*

III. *Entre les créanciers opposans au sceau, les privilégiés seront les premiers payés sur le prix des Offices. Après les privilégiés acquittés, les hypothécaires seront colloqués sur le surplus dudit prix, selon l'ordre de priorité ou postériorité de leur hypothéque; & s'il en reste quelque chose après que les créanciers privilégiés & hypothécaires opposans au sceau auront été entiérement payés, la distribution s'en fera par contribution entre les créanciers chirographaires opposans au sceau.*

IV. *Si aucun des créanciers ne s'est opposé au sceau, ou si tous les créanciers opposans au sceau étant payés, il reste une partie du prix à distribuer, la distribution s'en fera: premiérement, en faveur des créanciers privilégiés, ensuite au profit des créanciers hypothécaires, suivant l'ordre de leurs hypothéques; le surplus sera distribué entre tous les autres créanciers par contribution, sans avoir égard à aucunes saisies de deniers faites ès mains de l'acquéreur de l'Office, du Receveur des Consignations, ou autre dépositaire du prix d'icelui, ni à la saisie-réelle & opposition, dont les frais de poursuites seront seulement remboursés par préférence.*

V. *Après la saisie-réelle enregistrée, le titulaire de l'Office ne pourra traiter qu'en présence des saisissans & opposans, si aucuns y a, ou eux dûement appellés; & le traité fait par l'Officier sera nul, quoique les oppositions ne fussent que pour conserver, & non au titre, si ledit traité n'est homologué avec les créanciers.*

VI. *Le créancier qui aura saisi réellement l'Office, sera tenu de faire enregistrer la saisie-réelle au Greffe du lieu, d'où dépend & où se fait la principale fonction de la Charge, quand même l'adjudication seroit poursuivie en une autre Jurisdiction; & six mois après ledit enregistrement signifié à la personne ou domicile de l'Officier, quand il sera d'une Compagnie supérieure, & trois mois à l'égard de l'Officier d'une Compagnie subalterne, & de tout autre, le créancier pourra faire ordonner que le titulaire de l'Office sera tenu*

de passer procuration ad resignandum de ladite Charge; sinon que le Jugement vaudra procuration, pour être procédé à l'adjudication, après trois publications qui seront faites de quinzaine en quinzaine aux lieux accoutumés, & même au lieu où la saisie-réelle aura été enregistrée.

VII. *Après les trois publications, il sera encore donné deux remises de mois en mois, avant que de procéder à l'adjudication de ladite Charge.*

VIII. *Quand il aura été ordonné par un Jugement contradictoire, ou rendu Partie dûement appellée, dont il n'y aura point d'appel, ou qui aura été confirmé par Arrêt, & que le titulaire de l'Office sera tenu de passer sa procuration ad resignandum, sinon que le Jugement vaudra procuration; l'Officier demeurera de plein droit interdit de la fonction de sa Charge, trois mois après la signification dudit Jugement faite à la personne ou domicile dudit Officier, & au Greffe du lieu d'où dépend & où se fait la principale fonction de la Charge saisie; & ce en vertu dudit Jugement, sans qu'il puisse être réputé comminatoire, ni qu'il en soit besoin d'autre; & sans que les Juges, pour quelque cause que ce soit, puissent proroger ou renouveller ledit délai (a).*

IX. *L'adjudication faite en Justice, & la Sentence ou Arrêt portant que l'Officier sera tenu de passer procuration ad resignandum; sinon que ledit Jugement vaudra procuration au cas où il ne sera besoin d'adjudication, tiendront lieu de la procuration de l'Officier, & seront en conséquence les Lettres de provisions expédiées.*

X. *Ce qui regarde la préférence des créanciers opposans au sceau sur ceux qui ont omis de s'opposer, sera exécuté, tant pour le passé que pour l'avenir,& la distribution du prix des Offices par ordre d'hypothéque, entre les créanciers hypothécaires, aura lieu à l'égard des Charges qui seront vendues après la date des Présentes, soit par contrat volontaire ou autorité de Justice; & la forme de procéder à la vente des Charges, sera observée seulement à l'égard des Charges qui seront saisies depuis la date de notre présent Edit: lequel nous voulons être exécuté, nonobstant le contenu en*

(a) Voyez les Arrêts rendus au Parlement de Toulouse, les 26 Janvier 1688, & 27 Juillet 1747, en exécution de cet article, & qu'on trouve notés sur icelui à la suite de

l'Edit de 1683, rapportés dans le Recueil des Edits, Déclarations & Arrêts du Parlement de Toulouse, imprimé à Toulouse, chez le Camus en 1749, pag. 42.

la *Coutume de Paris, même l'article 95, & toutes autres Coutumes, Styles & Ordonnances, auxquelles nous avons expreſſément dérogé & dérogeons par ceſdites Préſentes.*

Cet Edit a été interprété par une Décl. du 17 Juin 1703, regiſtrée le 28, qui porte :

Art. I..... *Tous créanciers, même ceux qui auront été délégués par le contrat de vente de l'Office, & ceux auxquels le débiteur l'aura abandonné pour le payement de leur dû, feront tenus de s'oppoſer au ſceau des Lettres de Proviſion, pour la conſervation de leurs droits.*

II. *Pourront néantmoins les Directeurs valablement établis par les créanciers de l'Officier, s'oppoſer au ſceau pour la conſervation de toutes les créances.....*

III. *Ordonnons que ceux qui ſe feront oppoſés, ou, dont les oppoſitions feront ſubſiſtantes dans le temps du ſceau des proviſions, ſoient préférés à ceux qui ne ſe feront pas oppoſés, ou dont les oppoſitions ne ſe trouveront pas actuellement ſubſiſtantes audit temps, encore qu'ils euſſent été colloqués antérieurement à eux par les ordres, & qu'ils euſſent même reçu les deniers du prix de l'Office. Voulons à cet effet, que les ordres qui en ont été ou feront faits en Juſtice, ou à l'amiable avant le ſceau des proviſions, ne ſoient réputés que proviſoires ; & que les créanciers utilement colloqués, ne puiſſent toucher leurs collocations, qu'en donnant bonne & ſuffiſante caution.*

IV. *Défendons à nos Cours & à tous nos autres Juges, qui auront fait l'ordre avant l'adjudication de l'Office ou le ſceau des proviſions, d'en faire un ſecond, après que leſdites proviſions auront été ſcellées. Voulons que les conteſtations qui pourront ſurvenir ſur le défaut d'oppoſition au ſceau, entre les créanciers colloqués dans l'ordre, ſoient jugées à l'Audience ; faiſons défenſes de les appointer, à peine de nullité ; & néantmoins en cas qu'il ſurvienne plus de deux oppoſans au ſceau, qui n'ayent pas été colloqués dans l'ordre, les Juges pourront appointer les Parties à écrire & produire, s'ils le jugent néceſſaire, dont nous chargeons leur honneur & conſcience ; & feront les Parties qui ſuccomberont, condamnées aux dépens en leur nom, ſans que dans aucun des cas compris dans le préſent article, les frais puiſſent être pris ſur les deniers provenans du prix de l'Office.*

V. *Voulons que ..... les oppoſitions qui feront faites pour deniers, au ſceau des proviſions des Offices, demeurent nulles & ſans effet, après l'an expiré, à compter du jour qu'elles auront été ſignifiées aux Gardes des Rôles. ....*

VI. *Ordonnons que la vente des Offices ſaiſis réellement, ſera pourſuivie ſéparément de celle des autres biens du débiteur, même dans les cas des diſcuſſions générales, qui ſe pratiquent en aucune de nos Provinces.....*

Il y a une autre Déclaration du 15 Mars 1741, regiſtrée le 15 Avril ſuivant, qui preſcrit les formalités qui doivent s'obſerver pour faire rayer les oppoſitions au ſceau des Offices par les Gardes des Rôles.

L'article 7 de cette derniere Déclaration veut qu'on ne puiſſe contraindre les Gardes des Rôles à rayer les oppoſitions, que trois mois après la dénonciation des main-levées, obtenues par des Sentences & Jugemens ſubalternes rendus par défaut ; & l'article 9 veut que les ſignifications & dénonciations des mains-levées ne puiſſent être faites aux Gardes des Rôles que par des Huiſſiers du Conſeil ou de la Grande Chancellerie.

Les oppoſitions au ſceau des proviſions des Offices de la Ville, Ports, Quais & Halles de Paris, qui ſe délivrent par les Prévôts des Marchands & Echevins, ſe forment entre les mains d'un Conſervateur particulier des Hypothéques, ſur les Offices dépendans du Bureau de la Ville même ; & ces oppoſitions produiſent le même effet, que celles formées au ſceau des autres Offices, entre les mains de M. le Garde des Sceaux pour les autres Offices.

On a néantmoins prétendu, de la part d'une demoiſelle Gallois, créanciere privilégiée ſur un Office de Juré-Mouleur de Bois, & qui avoit négligé de s'oppoſer à la Ville au ſceau des proviſions, mais qui avoit formé oppoſition au grand Sceau, devoit être payée ; parce que l'Edit de 1683, la Déclaration de 1703, &c. ne devoient pas avoir lieu pour ces ſortes d'Offices ; elle appella de la Sentence d'ordre, rendue aux Requêtes du Palais le 30 Juin 1738, qui lui préféroit un créancier oppoſant, dont l'oppoſition avoit été regiſtrée à la Ville. Elle diſoit que les Loix pénales ne s'étendent pas, que celles prononcées par l'Edit de 1683, ne se trouvoient pas écrites dans l'Edit du mois de Juillet 1704, portant création du Conservateur des Hypothéques, au Bureau de la Ville.

Malgré toutes ces raisons, la Cour a confirmé la Sentence d'ordre des Requêtes du Palais, par Arrêt rendu au mois d'Août 1741, en la cinquiéme Chambre des Enquêtes, au rapport de M. de la Mouche de Beauregard.

Les oppositions au sceau d'un Office ne donnent droit aux opposans que sur le prix de l'Office, à la différence des oppositions au titre qui ont pour objet la propriété. (Voyez *Oppositions* au titre :) ainsi les opposans ne peuvent demander à l'acquéreur que la représentation de son prix ; & si ce prix étoit payé sans que les créanciers du vendeur eussent formé opposition au sceau, fussent-ils mineurs, interdits, &c. ils auroient perdu leur hypothéque sur l'Office, à moins qu'ils ne fussent les vendeurs ; parce que, comme je l'ai dit, le sceau purge tout.

Si néantmois la vente d'un Office étoit faite à vil prix en fraude des créanciers, ils pourroient former opposition au titre de l'Office. Voyez les articles 8 & suivans de la Déclaration du 29 Avril 1738, que je rapporte à l'article *Oppositions* au titre des Offices.

Celui qui a des droits à exercer sur un Office qu'il acquiert, doit lui-même former opposition au sceau pour les conserver : autrement, d'autres créanciers opposans lui seroient préférés, même pour des hypothéques postérieures aux siennes, dans l'ordre & distribution qui se fait du prix des Offices entre les opposans au sceau, de la même maniere que ceux des autres immeubles entre les opposans au décret.

Le sceau des provisions d'un Office met les créanciers, opposans au sceau, en état d'exiger le payement des dettes hypothécaires non encore échues ni exigibles : il donne même lieu aux créanciers d'une rente de demander le remboursement. Sur cela voyez *Remboursement*.

L'opposition au sceau est tellement nécessaire pour conserver au créancier son hypothéque sur le prix d'un Office, que le réancier, sur la poursuite duquel l'Office

a été vendu, est *primé* par les opposans au sceau, lorsqu'il n'y a pas lui-même formé son opposition ; il ne peut, en ce cas, répéter que ses frais de poursuites. Voyez l'art. 3 de l'Edit de 1683, ci-devant rapporté.

Une créance causée pour faits de Charge, est privilégiée sur le prix de l'Office ; & ce privilége prime même tous les autres, de maniere que les vendeurs, ceux qui ont prêté les deniers pour acquérir, &c. ne peuvent espérer de payement qu'après le fait de Charge acquitté, pourvû que ce créancier ait formé opposition au sceau. Voyez *Fait de Charge*.

Comme les Offices sont fictivement immeubles, ceux que le mari possédoit au tems de son mariage, lui restent propres, & ils n'entrent point en communauté, à moins qu'il n'y ait sur cela une convention contraire & expresse dans le contrat de mariage.

Ainsi, si l'Office possédé par le mari, est vendu pendant la communauté, il lui est dû à ce sujet une indemnité ou récompense sur la communauté.

Mais l'Office (Venal) acquis pendant la communauté, est vraiment un conquêt, dans lequel la femme & les héritiers ont part, (s'ils acceptent la communauté) à moins qu'il ne soit acquis avec les deniers provenans de l'aliénation d'un propre du mari, avec une déclaration de sa part qu'il accepte le remploi, sur quoi on peut voir Duplessis, sur la Coutume de Paris ; la Peyrere, au mot *Communauté* ; & Loyseau, Traité des Offices.

Ainsi, tant que la communauté dure, l'Office acquis avec des deniers communs, est gardé comme un véritable conquêt ; & quoique le titre en réside sur la tête du mari, les gages, les profits & tout ce qu'il (l'Office) peut produire appartiennent à la communauté : c'est pourquoi la diminution, les risques, la perte même de l'Office tombent sur la communauté. Il ne seroit pas juste, en effet, qu'elle profitât des revenus, & que l'Office demeurât aux risques du mari seul, lui, d'ailleurs, qui contribue seul de son industrie & de son travail à faire valoir l'Office, dont les fonctions produisent très-souvent des profits plus considérables que les fruits ordinaires des héritages.

D'ailleurs, la femme participant aux honneurs, à la dignité, à la distinction que l'Office peut donner au mari, partageant avec lui les profits qui peuvent en revenir, en conservant même les priviléges qui peuvent en rester après la mort du mari, il est juste qu'elle en partage aussi les dangers & la perte même, lorsqu'elle arrive.

Lors donc que la communauté, propriétaire d'un Office venal, se dissout ; si la dissolution arrive par la mort du mari, comme il n'y a plus alors de titulaire de l'Office, on le regarde toujours comme un véritable conquêt, c'est la communauté qui peut le vendre & le convertir en deniers : le prix qui en provient, se partage également entre la femme survivante & les héritiers du mari.

Mais, il en est tout autrement, si la femme prédécéde : alors, comme l'Office est un titre inhérent à la personne du mari, & qu'il est formé pour lui, qu'il en est seul titulaire, qu'il est indivisible en soi & incommunicable de sa nature, que la femme & les mineurs sont incapables de les posséder, que c'est lui seul qui en est pourvu sur les provisions du Roi, qu'il en est seul en possession & en droit d'en faire les fonctions ; qu'en un mot, l'Office ne vaque point par la mort de la femme ; que, d'un autre côté, il ne seroit pas juste de traiter le mari comme un étranger ; de laisser aux héritiers de la femme, la liberté de lui ôter le titre & le caractere public dont il a été honoré, pour le réduire en homme privé, la Jurisprudence des Arrêts a introduit en faveur du mari, le privilége de pouvoir retenir l'Office acquis pendant la communauté, en payant par lui le mi-denier, c'est-à-dire, en rendant à ses enfans ou autres héritiers de sa femme, la moitié de ce qui a été pris dans le coffre commun pour l'aquisition de l'Office, (quand même la valeur en seroit considérablement augmentée depuis l'acquisition,) & non les frais d'acquisition, de provision & réception.

Les Arrêts ont même jugé que l'action qui résulte contre le mari qui conserve un Office commun, est mobiliaire ès personnes des héritiers de la femme, & que le mari peut la recueillir dans les successions de ses enfans décédans en minorité.

Ainsi, les Arrêts rendent en ce cas le mari maître de faire un propre ou un acquêt en la personne des héritiers de sa femme, du droit qu'elle avoit dans l'Office ; un propre en laissant l'Office dans la communauté, & un acquêt en le retenant & en payant le mi-denier ; ce qui est un privilége considérable, mais incontestable pour le mari.

Les Arrêts qui ont accordé au mari le privilége de conserver l'Office acquis pendant la communauté en payant le mi-denier, n'ont pas fixé le tems pendant lequel le mari doit se déclarer sur cette option : cependant il n'est pas juste que les choses restent à cet égard, dans une incertitude perpétuelle.

Il me paroît donc naturel d'obliger le mari à s'expliquer lors de la dissolution de la communauté, c'est-à-dire, dans le temps que l'Ordonnance accorde pour faire faire Inventaire ; il ne seroit pas naturel que le mari pût rester plus long-temps maître de profiter de l'augmentation qui peut survenir à la valeur de l'Office, tandis que les héritiers de la femme seroient exposés à supporter la moitié de la perte, s'il en arrivoit.

Ainsi, s'il y a eu un Inventaire après le décès de la femme, le temps de la clôture doit être un temps fatal ; parce que c'est alors que la communauté doit être véritablement dissoute & que le mari a dû s'expliquer. S'il l'a fait, il faut s'en tenir à sa déclaration : mais s'il ne l'a pas fait, il est présumé avoir gardé l'Office, quand même il en auroit fait inventorier le traité & les provisions ; ainsi que la Cour l'a jugé par Arrêt rendu le 28 Juillet 1705, qu'on trouve au Journal des Audiences, tome 5, liv. 5, chap. 61. Voyez aussi Loyseau, des Offices.

Si, au contraire, le mari n'a point fait faire d'Inventaire, alors on distingue si les héritiers de la femme sont des enfans ou des étrangers.

Si ce sont des étrangers, il paroît naturel d'accorder au mari, pour se déterminer, le délai de trois mois pour faire Inventaire, & de quarante jours pour délibérer : c'est le délai que l'Ordonnance de 1667 accorde aux veuves & aux héritiers pour s'instruire & prendre qualité ; j'ai néantmoins lû, (je ne sçais où,) qu'il faut que le mari soit constitué en demeure.

Si, au contraire, les héritiers sont enfans, ou ils sont mineurs, ou ils sont majeurs; s'ils sont majeurs, on doit leur appliquer les maximes qui doivent avoir lieu contre des étrangers; mais si les enfans sont mineurs, alors les choses doivent se passer comme dans le cas d'une continuation de communauté: par conséquent, si les enfans acceptent la continuation de communauté, la premiere communauté ne s'étant pas disfoute, le droit du mari s'est perpétué pendant la continuation, sur le même pied qu'il étoit quand la communauté subsistoit; & ainsi tous les fruits, tous les profits de l'Office tombent dans cette continuation de communauté, de même que la diminution & la perte de l'Office, si elle arrive dans ce temps.

Enfin, si les enfans renoncent à la continuation de communauté, alors la communauté étant réputée dissoute du jour du décès de la femme, il faut en ce cas admettre les mêmes principes que j'ai dit devoir servir de régle, contre les héritiers étrangers.

Quand une fois le mari (majeur) a fait son option, soit expresse, soit tacite sur la conservation de l'Office conquêt, il ne lui est plus permis de varier: cependant, si le mari mineur avoit choisi de laisser l'Office à la communauté, il paroîtroit naturel de l'admettre au Bénéfice de restitution, au cas qu'il voulût en user; parce que d'homme public, il deviendroit homme privé, ce qui pourroit venir d'un défaut de connoissance.

Mais quoique mineur, s'il avoit, au contraire, opté de conserver l'Office, il ne paroîtroit pas devoir être restitué, parce qu'alors l'Office feroit son état & son établissement.

Si le mari se trouve pourvu de plusieurs Offices acquis pendant la communauté, pourra-t-il en conserver quelques-uns, & laisser les autres? A cet égard, il faut distinguer si les Offices peuvent facilement se diviser: que ce soient, par exemple, deux Offices d'une même nature, mais qu'ils soient alternatifs, ou deux Offices d'une nature toute différente, comme de Conseiller dans un Bailliage, & d'Elu dans une Election, il pourra les diviser, & retenir celui qu'il jugera à propos de préférer.

Mais si les Offices ne peuvent se diviser,

sans que l'un des deux soit diminué par cette division; par exemple, si c'est un Office de Lieutenant Général de Police, qui ait été acquis pour joindre à un autre Office, dont les fonctions étoient énervées par cet Office de nouvelle création; en ce cas, le mari ne doit point avoir la liberté de les diviser, il faut qu'il les conserve tous deux, ou qu'il les remette tous deux à la communauté.

Tout ce que je viens de dire sur la faculté accordée au mari, de conserver l'Office commun, en remboursant le mi-denier aux héritiers de sa femme, n'a lieu que quand il s'agit d'un Office qui constitue l'état de celui qui en est pourvu. On a jugé en faveur de la demoiselle Lauvin, fille d'un premier lit, contre son frere consanguin, par Arrêt rendu en la Grand'Chambre le 7 Juillet 1745, confirmatif d'une Sentence contradictoire du Châtelet du 20 Juin 1744, qu'un Office d'Inspecteur sur les Veaux à Paris n'étoit pas sujet au retrait de mi-denier, & que, dans un partage de deux communautés, l'estimation de semblables Offices devoit se faire sur le pied de leur valeur intrinsèque, au jour de la dissolution de la communauté, & non pas se régler sur leur valeur au temps de l'acquisition.

Ce droit de conserver l'Office acquis, & dont le mari s'est fait pourvoir pendant la communauté, lui est personnel: il ne passe point à ses héritiers, lesquels n'ont que leur portion dans le prix qui doit être vendu au profit de la communauté. Le mari ne pourroit pas même exercer cette faculté de retenir l'Office pour lui, s'il n'en étoit pas titulaire, parce qu'elle n'est accordée qu'en vûe de l'intérêt public, qui veut que les Offices soient exercés par des gens capables & expérimentés.

On peut acquérir la Noblesse par la possession de certains Offices, aussi-bien que par la profession des Armes; & depuis plusieurs siécles, nos Rois ont singuliérement attaché cette prérogative aux Offices de Présidens & Conseillers des Parlemens & autres Cours Souveraines. V. Nobles.

La Noblesse acquise par la Magistrature, mérite même une sorte de préférence sur celle acquise par les Armes. Les Militaires, que la valeur rend célébres, n'ont que quelques instans à en faire usage pour notre utilité & pour leur gloire; ils ne combattent point fans ceffe; ils n'ont pas toujours des Provinces à conquérir & des ennemis à vaincre : mais les travaux du Magiftrat ne font jamais interrompus. Ses occupations font pour lui un combat qui ne finit pas; fes ennemis peuvent changer, il ne ceffe jamais d'en avoir; les paffions l'affiégent tour-à-tour : avec quel art n'en fait-on pas ufage pour le tromper ou pour le corrompre ?

Le crédit des Grands, l'éclat de la Nobleffe, la mifere même du pauvre, tout devient dangereux pour lui, parce qu'on employe tout pour le féduire. Les flatteries, les menaces, les prieres, les plaintes, fes propres intérêts, ceux de fes amis, le talent des Orateurs, &c. tout lui préfente des embûches : quelle fagacité ne faut-il pas pour les découvrir, & quelle prudence pour les éviter ! C'eft le plus parfait héroïfme; & difons - le à la gloire de notre fiécle, c'eft celui dont il nous offre le plus d'exemples.

Autrefois les Offices de Judicature, dont les Magiftrats étoient pourvus, ne pouvoient pas être faifis réellement; mais cette Jurifprudence a été changée par l'Edit du mois de Février 1683, & les Arrêts de Henrys.

Quoique les Pratiques des Procureurs, Notaires, &c. paroiffent acceffoires des Offices, dont ces perfonnes font pourvues, elles font cependant mobiliaires, & ne participent nullement à la qualité d'immeuble attachée aux Offices; ainfi ces Pratiques ne font pas fufceptibles d'hypothéque : elles tombent dans la communauté, quand il n'y a point de ftipulation contraire.

Tout Office donné au fils par des afcendans, eft fujet à rapport : mais le rapport ne doit s'en faire que fuivant l'eftimation, & non en nature.

Pour fixer ce qui doit être rapporté dans ce cas-là, on diftingue, dit Dupleffis, » fi » le pere n'a point eftimé l'Office en le don- » nant; on en rapporte, ou l'eftimation eu » égard à ce qu'il valoit au temps du don, » ou le prix qu'il a coûté, quand le pere l'a » acheté pour fon fils, & non point eu » égard à ce qu'il vaut lors de la fucceffion » ouverte, quoiqu'il fût beaucoup augmen- » té de prix.

» Mais s'il l'a eftimé, & ne l'a point efti- » mé moins que ce qu'il lui avoit coûté à » lui-même, en ce cas, le fils n'eft obligé » de rapporter que cette eftimation, quoi- » qu'il valût beaucoup plus même lors du » don ; & fi l'Office n'a rien coûté au pere » pour en avoir été gratifié par le Roi, il » peut, non pas le donner gratuitement à » fon fils, mais l'eftimer une fomme infé- » rieure à fa valeur. « Ces maximes annoncées par Dupleffis, ne doivent pas avoir lieu lorfque le fils ne fe fait point pourvoir de l'Office donné, & qu'il le vend incontinent après; en ce cas, il doit en rapporter le prix entier. V. *Rapport.*

Les Offices poffédés par les Comptables de deniers Royaux, tels que les Receveurs Généraux des Finances, les Fermiers Généraux, les Sous-Fermiers & leurs Commis, les Thréforiers Généraux, & par tous ceux qui ont le maniement des deniers Royaux, à quelque titre que ce foit, ne font point affranchis des hypothéques & priviléges acquis au Roi fur ces Offices, pour créances caufées par le maniement des deniers Royaux, lorfque les provifions en font fcellées, fans qu'il ait été formé d'oppofition par le Contrôleur des Reftes, ou autres prépofés au recouvrement de ces deniers.

Le fceau des provifions ne purge aucun des priviléges du Roi fur les Offices, même non Comptables, que les Comptables ont vendus, à moins que l'acquéreur n'ait fignifié fon contrat à Meffieurs les Procureurs Généraux des Cours des Aides, &c. pour par eux, dans la quinzaine, former leur oppofition au fceau des provifions, ou donner leurs confentemens. On peut voir fur cette matiere un Edit du mois d'Août 1669; les Déclarations des mois de Décembre 1665, 7 Janvier 1670, 11 Décembre 1673, 4 Novembre 1680, 21, 27 Janvier 1685, 5 Juillet 1689, 4 Juin 1737 & 18 Mars 1738.

Mais lorfque le Titulaire d'un Office non Comptable, acquis d'un Comptable, le revend à une autre perfonne non Comptable qui s'en fait pourvoir, le fceau des provifions obtenues par ce deuxiéme acquéreur, fans oppofitions formées de la part des prépofés au recouvrement des deniers Royaux, ou de Messieurs les Procureurs Généraux, purge-t-il les hypothéques du Roi sur cet Office? La Cour des Aides a jugé qu'elles étoient purgées en ce cas; & en conséquence a déclaré non-recevable Antoine Arborat, curateur à la succession vacante du sieur Renouard de la Touane, dans la demande en déclaration d'hypothéque qu'il avoit formée contre le sieur Cadeau de Cerny, comme pourvu de l'Office de Commissaire Général des Suisses, que lui avoit vendu le Sr de Pigis, lequel l'avoit acquis du sieur Sauvion, légataire universel du sieur de Villeromard, Trésorier de l'Extraordinaire des Guerres, débiteur de deniers Royaux très-considérables envers le sieur Renouard de la Touane son successeur.

L'Arrêt qui a décidé cette question, a été rendu le 3 Mai 1755, en la premiere Chambre de la Cour des Aides, sur les Conclusions de M. l'Avocat Général Bellanger: mais à la fin de non-recevoir, résultante du sceau des provisions accordées à deux différens Titulaires, on en joignoit une autre résultante de la prescription acquise contre le Roi, par le laps de temps qui s'étoit écoulé depuis la reconnoissance du débet du sieur de Villeromard: & M. Bellanger fit voir que l'une & l'autre fin de non-recevoir étoient également invincibles; parce que le Roi n'ayant pas fait de Loi pour affranchir de la prescription, les actions hypothécaires qu'il pouvoit diriger, celle introduite par le Droit Commun, avoit lieu contre Sa Majesté. Voyez *Commis, Comptables & Deniers Royaux.*

L'Office d'Intendant & Contrôleur des Ecuries & Livrées du Roi, ayant été adjugé, moyennant une somme de 300000 liv. au Comte de Loches, par différens Arrêts rendus entre lui & le Comte de Braque son frere, Titulaire de cette Charge, il intervint entr'eux un Arrêt du 9 Avril 1729, par lequel la Cour permit au Comte de Loches de consigner dans le jour les 300000 livres, pour être distribuées à qui il appartiendroit; & en conséquence, ordonna que dans trois jours le Comte de Braque seroit tenu de donner au Comte de Loches sa procuration, *ad resignandum*, de cet Office, sinon que l'Arrêt tiendroit lieu de ladite procuration.

Postérieurement à cet Arrêt, le Comte de Loches vendit l'Office au sieur Sabot de la Gardette, moyennant 352400 livres, à la charge d'obtenir l'agrément du Roi, sinon que le contrat seroit résolu. En conséquence, le sieur de la Gardette consigna les 300000 livres, & paya les 52400 liv. au Comte de Loches; mais il ne put obtenir l'agrément du Roi, parce que le Comte de Braque obtint des Lettres-Patentes, qui lui permettoient de demeurer Titulaire de la Charge, & d'en continuer les fonctions sur ses anciennes provisions, en consignant les 300000 livres, & payant au Comte de Loches 26200 livres, par forme d'indemnité.

Le Comte de Loches qui, par ce moyen, ne tiroit que moitié du profit qu'il avoit fait sur la Charge, forma opposition à l'enregistrement des Lettres-Patentes, demanda qu'elles fussent déclarées subreptices, & qu'il fût payé des 52400 liv. qui, disoit-il, par le ministere de Me Jullien de Prunay, lui appartenoient comme Propriétaire de l'Office, la chose profitant, comme elle périt, pour le Propriétaire.

Le Comte de Braque au contraire, défendu par Me Cochin, disoit que le Roi étoit le maître de fixer le prix des Offices, & d'en revêtir qui bon lui sembloit; que les 26200 liv. accordées au Comte de Loches, en sus du prix, moyennant lequel il s'étoit rendu adjudicataire, devoient être regardées comme une grace du Prince, & une indemnité dont il devoit être très-content.

Par Arrêt du 5 Septembre 1730, rendu sur les Conclusions de M. l'Avocat Général Talon, le Comte de Loches fut débouté de son opposition à l'enregistrement des Lettres-Patentes.

Les Offices peuvent être substitués. Voyez l'article 3 du titre premier de l'Ordonnance des Substitutions, donnée au mois d'Août 1747.

Des Edits des mois de Mars & Avril 1664, & des Arrêts du Conseil des 15 Juin 1666, 18 Février 1667, 20 Décembre 1669 & 3 Juin 1671, défendent d'exercer aucun Office Royal sur matricules ou simples commissions, sans Lettres de Provision du Roi, scellées du grand Sceau. Le dernier de ces

Arrêts eft dans le Recueil du Domaine, imprimé en 1690, pag. 247.

D'autres Arrêts du Conſeil des 25 Septembre 1718 & 11 Novembre 1724, ont ordonné depuis la même choſe; & le dernier énonce des Edits des mois de Juin 1653, d'Avril 1664, une Déclaration du mois de Décembre 1656, &c. qui contiennent de ſemblables diſpoſitions.

Il paroît que les Parlemens ſuivent cette Juriſprudence. En effet, il a été rendu un Arrêt, en forme de Réglement, au Parlement de Rouen, le 29 Août 1746, (ſur la demande en regrès d'un Office d'Huiſſier en la Juriſdiction Royale de Cany, où l'uſage s'étoit introduit de recevoir des Huiſſiers ſur ſimples matricules), par lequel, *faiſant droit ſur les.....Concluſions de M. le Procureur Général*, la Cour *a fait défenſes aux Juges de Cany, & à tous autres Juges, de recevoir & admettre perſonne à faire les fonctions d'aucune Charge, ſans en avoir fait apparoir des Proviſions.* V. *Notaire.*

Ce n'eſt pas même aſſez de préſenter des Proviſions; il faut que l'Office, pour lequel elles ſont accordées, ait été créé, ſans quoi le Pourvu pourroit être pourſuivi pour les rapporter.

Il eſt intervenu un Arrêt au Conſeil d'Etat, le premier Février 1762, en faveur des ſieurs Fayet, & autres Notaires de Charly-ſur-Marne, contre la veuve & les héritiers Tournant, par lequel les Proviſions de l'Office de Greffier des Arbitrages, avec droit d'exercer les fonctions de Notaire, accordées à Antoine Tournant, réſidant à Charly, ont été déclarées obreptices & ſubreptices, par la raiſon que ces ſortes d'Offices n'ayant été créés, par Edit du mois de Mars 1673, que pour les lieux y déſignés, on n'avoit pas dû en expédier pour la réſidence de Charly, non déſigné dans l'Edit de création.

Il y avoit pourtant ces circonſtances, que Tournant & ſon prédéceſſeur réuniſſoient une jouiſſance de 54 ans, & rapportoient une quittance de finance. Leur jouiſſance n'avoit même pas été contredite par les autres Notaires; au contraire, le prédéceſſeur de Tournant avoit acquis avec ceux-ci un Office de Notaire-Syndic, créé en 1706, réuni à la communauté, à la finance duquel

il avoit contribué, ainſi qu'aux autres taxes impoſées ſur les Notaires; mais ces circonſtances, quoique bien puiſſantes, n'ont pas paru ſuffiſantes pour couvrir le vice des proviſions, & le défaut de création.

L'uſufruitier d'une Terre a-t-il droit de nommer aux Offices de la Juſtice qui en dépendent? V. *Juges* & *Uſufruitier.*

Le Vendeur d'un Office peut en faire réſoudre la vente, quand le ſucceſſeur n'en a pas obtenu de Proviſions. V. *Regrès.*

Les Officiers ne peuvent être deſtitués de leurs Offices, que pour forfaiture. Voyez *Deſtitution* & *Juges.*

OFFICES CLAUSTRAUX.

On nomme Offices Clauſtraux, des Commiſſions qui ſe donnent à des Religieux de prendre ſoin de l'Infirmerie, de la Panneterie, du Cellier, des Aumônes, de l'Hoſpitalité, &c. V. Duperrai, *des Moyens Canoniques*, &c. tom. I, pag. 638.

L'Office de Grand-Veneur de l'Abbé de Saint Denis étoit un Office Clauſtral, comme on le voit dans le Pouillié de cette Abbaye.

Ces Commiſſions étoient autrefois des titres de Bénéfices dans preſque tous les Monaſteres, & le ſont encore dans pluſieurs: on y avoit même attaché des revenus; mais ils ont été pour la plûpart réunis aux Menſes des Abbayes qui ſont en Congrégation. Et dans les Maiſons où ces Offices ſubſiſtent encore, ils ſont révocables *ad nutum.* C'eſt la Juriſprudence du Parlement de Paris qui ſur cela a rendu deux Arrêts, les 6 Juillet 1647 & 28 Août 1649.

L'Ordre de Prémontré a ſur cela des uſages particuliers.

Lorſque des Religieux prétendent que les Offices Clauſtraux de leurs Maiſons ſont des titres de Bénéfices, ils doivent le prouver; parce que la préſomption eſt au contraire qu'ils ne le ſont pas, & que, comme je l'ai dit, ils ont été réunis aux Menſes. Cette preuve doit ſe faire par la préſentation de trois Proviſions, & par une poſſeſſion de quarante ans.

Il y a des Bulles de Gregoire XV & d'Urbain VIII (revêtues de Lettres-Patentes), qui ont ſupprimé les Offices Clauſtraux dans la Congrégation de S. Maur, & les ont

ont réunis aux Menfes conventuelles.

Quand il s'agit de partager les biens de l'Abbaye entre les Religieux & l'Abbé Commendataire, les dépendances des Offices Clauftraux amovibles entrent dans la maffe ; mais celles des Offices Clauftraux, poffédés en titre, n'entrent point en partage.

Lors du partage des biens de l'Abbaye de S. Gildas en Bretagne, entre les Moines & l'Abbé, il s'eft agi de fçavoir fi les biens originairement dépendans des Offices ou Bénéfices Clauftraux de cette Abbaye, devoient entrer dans la maffe de ceux qui étoient à partager entre l'Abbé & les Moines. Ceux-ci foutinrent la négative ; parce que les cinq Offices Clauftraux formoient des titres particuliers de Bénéfice dans l'Abbaye, avant qu'eux, Bénédictins, y euffent été introduits en 1649.

Sur cette conteftation, Arrêt eft intervenu au Grand-Confeil le 20 Septembre 1740, au rapport de M. Mauffion de Condé, par lequel il a été ordonné *que les biens & revenus qui peuvent dépendre des cinq Offices Clauftraux de Cellerier, Ouvrier, Infirmier, Aumônier & Chambrier, appartiendront féparément auxdits Religieux, & ne feront compris audit partage.*

Avant cet Arrêt, il en étoit intervenu un autre au Confeil-Privé du Roi, entre le Prieur-Clauftral, les Moines & le Prieur-Commendataire du Port-Dieu, le 6 Février 1730, par lequel il avoit été auffi ordonné que *les biens, droits & revenus dépendans des Offices Clauftraux dudit Prieuré, ne feroient point rapportés par les Religieux, ni compris dans le partage des revenus dudit Prieuré, entr'eux & leur Prieur Commendataire, mais qu'ils appartiendroient pour le tout aux Religieux, à condition par eux d'acquitter, fuivant leurs offres, fur le revenu de chaque Office, les charges dudit Office, telles que par les titres, la poffeffion & l'ufage du paffé.*

L'article 5 de la Déclaration du 30 Août 1735, enregiftrée le 6 Septembre, porte que la nomination aux Offices Clauftraux & Places Monacales, appartiendra *aux Religieux, même pendant la vacance des Abbayes ou Prieurés dont ils dépendent, à la différence des autres Bénéfices qui font à la collation*

Tome II. Part. II.

de l'Abbé, & que la même Déclaration veut appartenir à l'Evêque, en cas de vacance, &c. V. Collateur.

D'après, & fur le fondement de cette Déclaration, la Cour, par Arrêt rendu fur les Conclufions de M. Chauvelin, le 3 Février 1736, a jugé qu'un Office Clauftral, où Place Monacale, ne tombent point en régale.

Quoique l'Abbé foit Cardinal, il n'a pas la nomination aux Offices Clauftraux : le Grand-Confeil l'a ainfi jugé par Arrêt rendu entre le Cardinal d'Eftrées, Abbé d'Anchin, & le Prieur de cette Abbaye, le 19 Septembre 1697.

Les Offices Clauftraux ne peuvent être poffédés en Commende ; c'eft un point de droit établi par M. Louet fur la Régle *de infirmis*, & par Vaillant.

Le Grand-Confeil a néantmoins rendu un Arrêt contraire à cette maxime, le 31 Mars 1705, en faveur d'un fieur Chaix, pourvu à Rome de la Sacriftie de Cofnac, Diocèfe de Grenoble, contre un fieur de Kailus. Mais je crois que dans cette efpéce il n'y avoit point de Religieux dans la Maifon : au refte, il faut voir fur cette matiere l'Indult accordé au Cardinal de Lorraine en l'année 1530. Voyez auffi l'Arrêt du 27 Février 1745, dont je parle à l'article, *Commende.*

OFFICES DE LA MAISON DU ROI.

V. *Aumôniers, Brevet de retenue, Grands-Officiers de la Couronne, Incompatibilité d'Offices.*

Quoique les Charges de la Maifon du Roi ayent une efpéce d'être politique, quoiqu'elles foient créées par des Edits, quoique l'Officier ait des provifions, & qu'il y ait preftation de ferment, inftallation, gages attribués ; enfin, quoique l'Officier foit employé dans des états vérifiés dans les Cours, & qu'il jouiffe des privilèges accordés par les Edits de création, ces Charges font néantmoins regardées comme des Charges militaires. V. Loyfeau.

Elles ne font ni meubles, ni immeubles ; nulle Loi n'en fait des propres réels, & nulle convention n'en peut faire des propres fictifs. Ce font moins des Offices, que de fimples Commiffions à vie, accordées par le Prince, qui ne confiftent que dans un fimple ufufruit, dans un exercice & dans un emploi qui s'éteint par la mort de l'Officier, par rapport à celles de la Maifon du Roi, & par la mort des Princes & de l'Officier, relativement à celles des Maifons des Princes & Princeffes.

Ces fortes de Charges ne font point dans le commerce; elles ne font ni vénales, ni héréditaires : les Titulaires ne peuvent ni les vendre, ni les réfigner, ni les tranfmettre à leurs héritiers, fans une grace particuliere du Souverain. Elles n'entrent point dans les partages, elles ne font fujettes, ni au douaire, ni au rapport, ni à aucunes faifies. V. l'Edit du mois de Janvier 1678, au Journal des Audiences, tom. 4, liv. 8, ch. 7. Mais voyez auffi *Rapport*.

En un mot, quoiqu'elles foient acquifes pendant le mariage, elles n'en font pas moins perfonnelles à l'Officier, & elles ne font pas regardées comme conquêts.

Ces Charges font, comme on voit, d'une nature toute finguliere; elles ne reconnoiffent aucune des régles ordinaires qui gouvernent nos autres biens; c'eft la raifon pour laquelle elles ne font pas fujettes aux régles du remploi.

Cependant fi le mari, pourvu d'une Charge chez le Roi, avant fon mariage, s'en démet pendant la communauté, le prix qui en provient, appartient au mari feul, & il a pour raifon de ce prix une action de remploi à exercer lors de la diffolution de la communauté.

La Cour l'a ainfi jugé par deux Arrêts rendus; l'un le 24 Septembre 1679, au rapport de M. Gueflin, rapporté au Journal du Palais, pour la Charge de Secrétaire du Cabinet du Roi, dont le fieur Lucas étoit pourvu avant fon mariage, & qu'il avoit vendue conftant la communauté.

L'autre, du 7 Septembre 1758, au rapport de M. Bochard de Saron, par lequel le remploi du prix de l'Office de Fourrier des Logis du Roi, dont le fieur Cartier de la Barre étoit pourvu avant fon mariage, & qu'il avoit vendu depuis, a été ordonné contre fa veuve (a).

Si, au contraire, le mari a acquis l'Office des déniers communs, & le revend pendant que la communauté fubfifte, le prix qui en provient, appartient à la communauté.

Mais l'Office acquis par le mari pendant la communauté, lui refte après la diffolution, fans que les héritiers de la femme ayent à ce fujet aucune récompenfe; on préfume alors que l'Office n'a été acquis que pour l'avantage de la communauté. Ce n'eft pas le cas, dit Dumoulin fur l'article 107 de la Coutume de Paris, de dire que le mari a cherché à s'enrichir aux dépens de la communauté, parce qu'elle a joui & profité des indemnités & des émolumens attachés à la Charge, & que le mari eft fouvent en danger de la perdre, quelquefois même de deux côtés. On peut voir fur cela le Brun, le Maiftre & de Renuffon.

Il y a auffi trois Arrêts qui confacrent ces maximes; l'un du 28 Avril 1646, rapporté par Brodeau fur M. Louet, lettre O, n. 5; un autre du 24 Septembre 1679, cité par le Brun; & un autre du 27 Avril 1689, rendu au rapport de M. Portail, en la troifiéme Chambre des Enquêtes, pour la Charge de Capitaine aux Gardes, dont le fieur de la Bruxerolle étoit pourvu avant fon mariage.

On peut fur cette maxime confulter Renuffon, Traité des Propres, chap. 5, fect. 4, n. 44; le Brun, de la Communauté, liv. 1, ch. 5, n. 74; le Maiftre, fur la Coutume de Paris, Traité de la Communauté, ch. 3, fect. 1.

Il faut pourtant convenir que, par un Arrêt rendu au rapport de M. Delpech de Mérinville, le 18 Juin 1712, la Cour, en déchargeant le mari furvivant de récompenfer les héritiers de fa femme du prix d'un de ces Offices, dont il avoit été pourvu pendant la communauté, a ordonné qu'il

(a) Ce dernier Arrêt a été caffé au Confeil par un Arrêt du 6 Avril 1759, & la veuve de la Barre a été déchargée du remploi; mais il y avoit cette circonftance, que les fieur & dame de la Barre étoient domiciliés à Tours; la veuve foutenoit que le don mutuel fait entr'elle & fon mari, comprenoit les meubles du prédécédé; & que ce prix étant mobilier, il lui appartenoit, conformément à la Coutume de Tours.

D'ailleurs, avant que le fieur de la Barre vendît fon Office, moyennant 13000 livres, fa femme avoit obtenu du Roi un Brevet de retenue de 10000 livres; ces circonftances ont fans doute influé fur la caffation : on prétend néantmoins qu'il y a un autre Arrêt du Confeil du 21 Déc. 1737, qui a auffi déchargé une veuve le Noir, du remploi.

affirmeroit n'avoir rien tiré de fa Communauté, pour fe faire pourvoir ; mais cet Arrêt folitaire eſt oppoſé à l'Edit de 1678, à
l'avis des Jurifconſultes ; & on pratique le
contraire dans l'uſage, à moins qu'il n'y ait
fraude évidente.

Je dois encore ajouter que, par un Arrêt
rendu en la troiſiéme Chambre des Enquêtes, au rapport de M. le Févre d'Amecourt,
le premier Juin 1761, entre les Srs Paule,
pere & fils, la Cour a jugé qu'il étoit dû
récompenſe à la Communauté, à cauſe de
l'acquiſition faite, pendant ſa durée, de
deux Offices de la Maiſon du Roi par le
ſieur Paule, pere, l'un de Chef de Fourriere ; & l'autre, de l'un des vingt-cinq
Marchands de vin ſuivant la Cour.

La queſtion ne paroiſſoit pas faire de difficulté, relativement à l'un des vingt-cinq
Offices ou Priviléges des Marchands de vin
du Roi ; parce qu'indépendamment de ce
que ceux qui en ſont Titulaires, ne ſont
pas conſidérés comme Officiers Commenſaux, mais bien comme les autres Marchands ſuivant la Cour, dont les droits ſont
réglés par un Edit du mois de Mars 1547,
& par des Lettres-Patentes de l'année 1725;
c'eſt que, par des arrangemens pris avec le
Prévôt de l'Hôtel, les priviléges (des Marchands de vin) ſont devenus héréditaires.

Mais il y avoit beaucoup de difficulté,
relativement à l'Office de Chef de Fourriere,
à cauſe des principes & de l'uſage que je
viens de détailler ; il paroît qu'on s'eſt déterminé en faveur de l'indemnité, par le
mérite des circonſtances ; en effet, les deux
objets ſuſdits formoient ce qu'il y avoit de
plus conſidérable dans la Communauté. Il
étoit évident que les acquiſitions du pere
étoient faites en fraude de la Communauté,
& non pour procurer des exemptions, dont
la Communauté, & par conſéquent les femmes, profitent.

Cependant ces raiſons n'ont point fait
impreſſion au Conſeil ; & par Arrêt rendu
le 12 Décembre 1761, l'Arrêt du Parlement du premier Juin précédent a été caſſé,
en ce qu'il ordonnoit que le ſieur Paule,
pere, ſeroit tenu d'indemniſer la Communauté du prix de l'Office de Chef de Fourriere ; en conféquence il a été ordonné *que le
prix dudit Office demeureroit diſtrait du par-*

*tage, conformément aux Edits des années
1653 & 1678, dont Sa Majeſté a ordonné
l'exécution.*

Le ſieur Paule, pere, avoit auſſi demandé
au Conſeil la caſſation de l'Arrêt du premier Juin 1761, en ce qu'il ordonnoit l'indemnité, relativement au privilége de Marchand de vin ſuivant la Cour. Il prétendoit
que ce privilége étoit auſſi un Office de la
Maiſon du Roi ; mais l'Arrêt du Conſeil
n'a point eu d'égard à ce chef de demande,
qui eſt tombé dans le *hors de Cour.*

Lorſqu'un pere céde un de ces Offices à
ſon fils, celui-ci ne doit aucun rapport du
prix de l'office à la ſucceſſion du pere : on
préſume alors que le fils ne tient ſon droit
que par la grace du Prince ; en effet, la
Charge eût été perdue pour la ſucceſſion, ſi
le pere étoit mort Titulaire.

C'eſt l'eſpéce d'un Arrêt du 20 Mars
1651, rendu à l'occaſion de l'Office de Roi
d'Armes de France, dans lequel un pere
avoit fait recevoir ſon fils en ſurvivance ;
cet Arrêt eſt au Journal des Audiences,
tom. 1, liv. 6, chap. 24.

Ceci n'a lieu, que lorſque l'Office eſt
donné par le pere au fils, avec l'agrément
du Roi ; mais ſi, au lieu d'une démiſſion
gratuite, il y avoit eu une vente par le pere
au fils, alors le prix en ſeroit rapportable.

Si le pere, qui s'eſt demis d'un Office de
la Maiſon du Roi, avoit un Brevet de retenue ſur cette Office, le fils ſeroit tenu de
rapporter le montant du Brevet ; il devroit
auſſi, à plus forte raiſon, rapporter ce qui
auroit été payé par le pere pour le Brevet de
retenue accordé à un tiers ſur un pareil Office. V. le Brun, *des ſucceſſions.*

Tout ce que je viens de dire ſur la nature des Offices de la Maiſon du Roi, eſt
commun à ceux de la Reine, & autres Princes & Princeſſes qui ont des Maiſons. Voyez
ſur cela une Déclaration du 24 Novembre
1678.

Par un Arrêt du Conſeil du 29 Juillet
1718, le Roi, ſans avoir égard aux oppoſitions formées par les créanciers de la ſucceſſion d'un Fourrier des logemens du Roi,
dont a été fait main-levée, a ordonné qu'en
payant par l'acquéreur à la veuve & héritiers du dernier Pourvu, une ſomme de
8000 liv. contenue en un Brevet d'aſſurance,

il feroit valablement déchargé, & fes provifions expédiées.

Cette décifion particuliere eft conforme aux difpofitions de l'Edit de 1678, qui, en rappellant celles des Loix précédentes, ordonne que les Officiers domeftiques & commenfaux de la Maifon du Roi, ne pourront être troublés, ni inquiétés, pour quelque caufe que ce foit, par les créanciers, héritiers, ou prétendans droit fur les titres, prix ou valeur defdits Offices, enfemble fur les gages & émolumens.

Les Offices des Maifons du Roi, de la Reine, & des Princes & Princeffes, ne peuvent fe vendre qu'avec leur agrément: cela eft encore décidé par l'Edit de 1678; & un Arrêt du Grand Confeil du 19 Septembre 1714, qui avoit jugé valable le traité d'une Charge chez fon Alteffe Royale, fait fans la permiffion de cette Princeffe, a été caffé par Arrêt du Confeil du 4 Août 1716.

L'article 3 de la Déclaration du 19 Avril 1727, regiftrée le 24 du même mois, porte *qu'à l'avenir il ne fera pourvu aux Offices des Maifons du Roi, de la Reine & des Princes, que des perfonnes d'un état convenable à leurs fonctions, qui foient en état de les remplir, & ne foient d'ailleurs pourvues d'aucunes autres Charges ou Emplois qui exigent d'eux d'autres fervices, que celui defdits Offices, à moins qu'ils n'ayent obtenu des Lettres de Compatibilité à cet effet.*

Sur les droits honorifiques, dont jouiffent ces Officiers, voyez ce que je dis aux mots *Droits honorifiques, Eau Bénite, Marguilliers, Pain-Béni, Préféance*, &c.

OFFICIAL.

V. *Archevêque, Cas-privilégié, Délit commun, Déni de Juftice, Eccléfiaftiques, Evêques, Hôtel de Juges, Jurifdiction Eccléfiaftique, Monitoire, Pareatis, Promoteur, Subornation & Vice-Gérent.*

On nomme Official, un Juge Eccléfiaftique qui exerce la Jurifdiction contentieufe d'un Archevêque ou Evêque.

Cette dignité étoit inconnue dans les onze premiers fiécles de l'Eglife; les Evêques commencerent à en inftituer, lorfque leur mésintelligence avec les Archidiacres, les obligea de créér des Grands-Vicaires; (V. *Archidiacres & Grands-Vicaires.*) Mais ils ne furent établis généralement dans tous les Evêchés, que vers le treiziéme fiécle. On peut voir à ce fujet *la Difcipline de l'Eglife*, par le Pere Thomaffin.

Avant qu'il y eût des Officiaux, & dans les premiers fiécles de l'Eglife, » les Evê- » ques régloient eux-mêmes tout ce qui re- » gardoit le gouvernement de leur Diocè- » fe, & jugeoient les affaires Eccléfiaftiques » avec leur Clergé affemblé. Dans la fuite » ils n'appellerent plus que le Chapitre de » leur Cathédrale «. D'Hericourt, *Loix Eccléfiaftiques*, premiere partie, chap. 2. V. ce que je dis au mot *Cathédrale.*

Quand une fois les Officiaux furent établis, ils fe multiplierent exceffivement: nonfeulement les Evêques, mais les Chapitres exempts & les Archidiacres voulurent en avoir & en établir. Mais bien peu de Chapitres, & encore moins de Monafteres, ont confervé ce privilége.

Selon Fevret, un Official eft moins Officier de l'Evêque que de l'Evêché (a); & en effet, fuivant la Jurifprudence des Arrêts, qui eft certaine fur ce point, les Archevêques & Evêques ne peuvent eux-mêmes exercer la Jurifdiction contentieufe; ils font obligés de nommer à cet effet des Officiaux; & les Provifions qu'ils donnent à ceux qu'ils choififfent pour ces fonctions, auffi bien que les révocations de ces mêmes Provifions, qu'ils peuvent faire *ad nutum*, doivent être fignées d'eux, (voyez Archevêque & Evêque,) & infinuées au Greffe des Infinuations Eccléfiaftiques du Diocèfe. Voyez l'Edit du mois de Décembre 1691, art. 21.

La dignité d'Official ne peut être poffédée que par des François Gradués & Séculiers; il eft même néceffaire que l'Official foit Prêtre. Voyez à ce fujet l'article 45 de l'Ordonnance de Blois, un Edit du mois d'Avril 1679, & des Déclarations des 26 Janvier & 22 Mai 1680: elles font dans le Recueil de la Combe; j'en parle à l'article *Juges.*

Je dis qu'il faut que l'Official foit Sécu-

(a) Louis XIII avoit, par Edit du mois de Mai 1639, créé des Offices d'Avocats & Procureurs du Roi dans les Officialités de Gardes-Scels des Expéditions Eccléfiaftiques, & des Huiffiers des Décimes. Mais ces Offices ont été fupprimés par un autre Edit du mois de Juil. 1641 qu'on trouve dans le 3e vol. des anciens Mém. du Clerg. P. 4, p. 350.

lier, parce que tel est l'avis de Mornac & de Fevret. D'Hericourt pense au contraire qu'un Religieux qui a les qualités requises, peut exercer la Jurisdiction contentieuse ; parce qu'il n'y a, dit-il, ni Canon, ni Ordonnance qui le lui défende. Cette question est examinée par Fevret dans le Traité de l'Abus.

On trouve dans les dernieres Editions de Bouchel, un Arrêt du Parlement de Paris du 18 Février 1616, rendu sur un appel comme d'abus, interjetté par M. le Procureur Général, par lequel la Cour déclara *abusive* une Commission d'Official accordée à un Religieux Augustin, qui étoit néantmoins Prêtre & pourvu d'une Cure, & qui fait défenses à l'Archidiacre de Blois, & à tous autres, de nommer aucuns Religieux pour Official.

La raison de cette incapacité est que les Moines ne peuvent exercer les Charges publiques : leurs Vœux les assujettissent d'ailleurs à une obéissance qui ne leur laisse plus ni liberté ni volonté.

Un Arrêt du Parlement de Rouen du 12 Mars 1683, qu'on trouve dans le Journal du Palais, a néantmoins confirmé une Sentence rendue par un Moine, Official de l'Abbaye de Fécamp, contre un Prêtre-Curé de Fontaine-le-Bourg, convaincu d'adultere & d'autres crimes. Ce Curé prétendoit qu'un Moine étoit incapable d'exercer la fonction d'Official ; mais on lui fit voir que les Moines de Fécamp étoient dans la possession constante d'exercer leur Officialité par eux-mêmes. D'ailleurs le Religieux qui avoit rendu la Sentence en question, avoit une dispense de ses Supérieurs, & il étoit Gradué : ces raisons firent confirmer la Sentence.

L'article 14 de l'Ordonnance de 1629, porte, que les Pourvus de Cures ne pourront accepter les Offices de Promoteur & Official ; mais elle n'a point sur cela d'exécution ; & nous avons vû long-temps le sieur Gex, Curé de S. Pierre-aux-Bœufs, revêtu de l'Office de Promoteur en l'Officialité de Paris.

Les Evêques peuvent à leur gré instituer & destituer les Officiaux, chacun dans son Diocèse : mais ces dignités doivent toujours être données gratuitement ; & l'Evêque doit,

en payant des appointemens honnêtes à son Official, empêcher qu'il ne vende la Justice & la liberté de pécher. Voici comme s'explique sur cela une Déclaration du 17 Août 1700, enregistrée le 29 Janvier 1701.

Nous admonestons, & néantmoins enjoignons auxdits Archevêques & Evêques, de pourvoir gratuitement, suivant les régles de l'Eglise, des personnes capables, par leur probité & par leur doctrine, d'exercer les fonctions d'Officiaux, Vice-Gérens & Promoteurs, même ceux que l'on appelle Forains en leurs Officialités. En conséquence nous les avons maintenus & maintenons, par nos présentes Lettres, au droit qui leur appartient, de les instituer & destituer à quelque titre & en quelque maniere qu'ils en ayent été pourvus, quand même ç'auroit été à titre onéreux. Enjoignons à nos Cours & à tous nos autres Officiers, de tenir la main à l'exécution de notre présente Déclaration, & de donner auxdits Archevêques & Evêques, toute l'aide & le secours qui peut dépendre de l'autorité que nous leur avons confiée, sans permettre qu'il leur soit fait aucun trouble ni empêchement à cet égard, sous quelque prétexte que ce puisse être, sans préjudice néantmoins de faire droit ainsi qu'il appartiendra sur les demandes desdits Officiers, à fin de remboursement, si aucuns avoient été ci-devant pourvus à titre onéreux.

L'intérêt du Roi & la distinction des deux Puissances, ne permettent pas que la Jurisdiction Ecclésiastique & Séculiere soient confondues dans une même personne : ainsi un Conseiller Clerc, soit de Cour Supérieure, soit de Justice Royale subalterne, ne peut point exercer la fonction d'Official : c'est la disposition de l'Ordon. de Blois, articles 112 & 113 ; & l'Archevêque de Rheims ayant nommé pour Official un Conseiller Clerc du Présidial de la même Ville, il fut ordonné, par Arrêt de la Cour du 30 Avril 1717, que le Conseiller opteroit dans trois mois, ou de son Office de Conseiller, ou de la qualité d'Official.

La Cour a depuis, par un autre Arrêt rendu le 10 Février 1720, enjoint à l'Official de Meaux d'opter entre la Commission d'Official & l'Office de Conseiller au Bailliage.

Aucun de ces Arrêts n'a cependant déclaré les procédures de ces Officiaux abuſives ſur le fondement de cette incompatibilité ; ils ont ſeulement ordonné que les Officiaux ſeroient tenus d'opter, conformément à l'article 269 de l'Ordonnance de Blois.

Au reſte, il eſt pluſieurs fois arrivé que des Conſeillers Clercs ont obtenu des diſpenſes pour exercer l'une & l'autre Magiſtrature. M. Dreux, Conſeiller au Grand-Conſeil, étoit auſſi Official Métropolitain de Paris ; & il avoit à cet effet obtenu des Lettres de Compatibilité au Grand-Sceau, leſquelles avoient été enregiſtrées en la Cour.

La maxime, ſuivant laquelle l'Office de Conſeiller Clerc eſt incompatible avec la qualité d'Official, n'a pas lieu lorſque les Réglemens obligent les Evêques de donner commiſſion, pour une ſeule fois, à un Conſeiller d'Egliſe, ſi le Siége eſt éloigné de la Juriſdiction de l'Ordinaire ; & s'il y a danger dans le tranſport de l'accuſé, comme l'Edit du mois de Février 1678, & l'article 39 de l'Edit du mois d'Avril 1695, le preſcrivent.

L'Official ne peut tenir aucune Ferme, quelle qu'elle ſoit, de l'Evêque ou Archevêque qui l'a inſtitué. V. l'art. 45 de l'Ordonnance de Blois.

Les Officiaux connoiſſent des actions purement perſonnelles entre Eccléſiaſtiques : mais leur compétence ceſſe, ſi des Laïcs ſont directement ou indirectement intéreſſés dans ces ſortes d'actions ; parce que, ſuivant les quatre premiers articles de l'Ordonnance de 1539, les Laïcs ne peuvent en aucuns cas être convenus devant les Juges d'Egliſe, en actions pures perſonnelles. V. auſſi l'article 243 de l'Ordonnance d'Abbeville pour le Dauphiné.

Les Officiaux connoiſſent encore des cauſes concernant les Sacremens, les Vœux de Religion, l'Office Divin, la Diſcipline Eccléſiaſtique, & autres matieres purement ſpirituelles. Voyez ce que je dis ſur cette diſpoſition de l'Edit de 1695, au mot Juriſdiction Eccléſiaſtique.

Un Particulier, qui poſſédoit un héritage ſur lequel trois Curés voiſins avoient ſucceſſivement perçu la dixme, fit bâtir une Ferme ſur une portion de cet héritage, &

fut enſuite pendant 13 ou 14 ans ſous la direction ſpirituelle de l'un des trois Curés qui avoient perçu la dixme, & qui adminiſtra les Sacremens, &c.

Ce Curé étant mort, ſon ſucceſſeur prétendit que la Ferme n'étoit pas de ſa Paroiſſe ; il refuſa les ſecours ſpirituels aux habitans de cette Ferme ; & ce refus occaſionna entre les Curés & les habitans, un Procès qui fut porté devant l'Official de Rheims.

Sur l'appel comme d'abus interjetté des Sentences de cet Official, M. l'Avocat Général d'Agueſſeau, qui porta la parole, obſerva que ne s'agiſſant au fond que de ſçavoir de quelle Paroiſſe ſeroit la Ferme : c'étoit une queſtion de limites purement de fait, qui par conſéquent n'avoit pû être portée devant le Juge d'Egliſe. En conſéquence, la Cour, par Arrêt rendu le 9 Décembre 1738, jugea qu'il y avoit abus dans les Sentences de l'Official de Rheims, & renvoya les Parties à ſe pourvoir. Néantmoins par proviſion, l'Arrêt ordonna qu'elles ſe retireroient devers l'Archevêque de Rheims pour être pourvu à l'adminiſtration des ſecours ſpirituels aux habitans de la Ferme, en attendant le Jugement définitif du Procès.

Les Evêques peuvent, en faiſant la viſite de leurs Dioceſes, ſe faire repréſenter les comptes des revenus des Fabriques ; l'Edit de 1695, article 17, leur en donne le droit : mais les conteſtations ſur ces comptes, ne ſont pas du reſſort de l'Official ; c'eſt le ſentiment de d'Hericourt, qui cite un Arrêt rapporté par Bardet ; & j'ai vû porter au Châtelet pluſieurs demandes en reddition de compte contre des Marguilliers en retard de les rendre.

Les Eccléſiaſtiques qui ne ſont coupables ou accuſés que de ce qu'on appelle délit commun, ſont juſticiables de l'Official ſeul : mais ſi le cas eſt privilégié, alors, aux termes de l'art. 22 de l'Edit de Melun, de celui du mois de Février 1678, de la Déclaration du mois de Juillet 1684, & de l'article 38 de l'Edit du mois d'Avril 1695, le Juge Royal doit aſſiſter à l'inſtruction du procès, & l'Official doit à cet effet l'appeller. Voici comme s'explique ſur cela le ſuſdit article 38 de ce dernier Edit.

Les procès criminels qu'il sera nécessaire de faire à tous Prêtres, Diacres, Sous-Diacres ou Clercs vivans cléricalement, résidens & servans aux Offices ou au Ministere & Bénéfice qu'ils tiennent de l'Eglise, & qui seront accusés des cas qu'on appelle privilégiés, seront instruits conjointement par les Juges d'Eglise & par nos Baillis & Sénéchaux, ou leurs Lieutenans, en la forme prescrite par nos Ordonnances.

Les Supérieurs Réguliers ont aussi une sorte de Jurisdiction Ecclésiastique sur leurs Religieux; mais elle ne s'étend pas au-delà du Cloître. Ainsi l'Official connoît des affaires criminelles & des délits commis par les Religieux hors du Cloître; & la Cour, par Arrêt du 14 Juillet 1703, (qu'on trouve dans les Arrêts notables,) a renvoyé devant l'Official de Paris, un Carme, nommé Damascene de la Nativité, revendiqué par le Prieur des Carmes de la Place Maubert.

En conséquence de cet Arrêt, le procès a été fait au Carme Damascene; & par Sentence de l'Officialité de Paris du 25 Octobre 1703, il a été déclaré atteint & convaincu d'être monté, le Mercredi de la semaine de la Passion, dans une chambre, au-dessus d'une boutique de la Foire S. Germain, d'y avoir bû, & même suspect d'être resté un temps considérable en ladite chambre, enfermé avec des filles débauchées, d'avoir causé un grand scandale, &c. Voyez le Rapport des Agens du Clergé en 1710, Piéces justificatives, p. 296 & suiv. Voyez aussi un Arrêt à peu près semblable à l'article *Cîteaux*, & ce que je dis à l'art. *Religieux.*

Les Chevaliers de Malte prétendent qu'ils ne sont pas sujets aux Jurisdictions des Officialités, & qu'ils ne peuvent être jugés que par leur Grand-Maître; mais cette prétention a été rejettée par Arrêt du 26 Septembre 1694, qu'on trouve au Journal des Audiences, & par lequel la Cour a ordonné qu'un Chevalier de Malte, accusé, seroit jugé par le Lieutenant Criminel de Beauvais, pour le cas privilégié, & par l'Official de Senlis, pour le délit commun. Le Plaidoyer de M. l'Avocat Général de Harlay, qu'on trouve avec l'Arrêt, est très-curieux sur la matiere. V. *Malte.*

Le Clergé prétend, & beaucoup de Jurisconsultes pensent, sur le fondement de l'article 22 de l'Edit de Melun, d'un Arrêt du Conseil du 13 Janvier 1657, de l'Edit du mois de Février 1678, de l'article 38 de l'Edit du mois d'Avril 1695, que jamais un Juge de Seigneur ne peut assister à l'instruction du procès d'un Ecclésiastique accusé de cas privilégié, & qu'il faut que ce soit un Juge Royal, parce que toutes les Loix portent que les *procès criminels des Ecclésiastiques . . . . seront instruits conjointement par les Juges d'Eglise, & par nos Baillis & Sénéchaux, ou leurs Lieutenans.* Mais la Combe est d'avis contraire dans sa Jurisprudence Canonique, article *Délit commun.* Il cite deux Arrêts des 27 Septembre 1588 & premier Juillet 1628, qui paroissent conformes à son opinion.

J'en ai trouvé un plus moderne dans le dixiéme volume d'un Recueil imprimé à Dijon, pag. 423. Cet Arrêt, qui a été rendu au Parlement de Dijon, le 18 Août 1705, entre M. le Prince de Condé, ses Officiers au Bailliage du Comté de Charollois & les Officiers du Bailliage, Juges des Cas Royaux, & le Procureur du Roi, » a maintenu & gardé les Officiers du Prince de » Condé au droit d'être appellés par les Of- » ficiers & autres Juges d'Eglise, pour l'ins- » truction & Jugement des procès criminels » des Ecclésiastiques, lorsque les crimes » dont ils seront accusés, seront cas privi- » légiés & non Royaux «.

L'instruction du délit commun qui se fait conjointement par les Lieutenans Criminels & les Officiaux, a donné lieu à beaucoup de contestations entr'eux, & principalement sur la question de sçavoir lequel des deux Juges devoit prendre le serment des accusés & des témoins, les récoller & confronter. Ces différends ont été terminés par une Déclaration du 4 Février 1711, enregistrée le 23 Mai suivant. Voici comme elle s'explique:

Voulons que dans l'instruction des procès criminels qui se font aux Ecclésiastiques conjointement par les Juges d'Eglise pour le délit commun, & par nos Juges pour le cas privilégié, lorsque nos Juges se transporteront dans les Siéges des Officialités pour l'instruction des-

dits *Procès* (a), les *Juges d'Eglise ayent la parole*, qu'ils prennent le *serment des accusés & des témoins*, qu'ils *fassent*, en présence de *nosdits Juges*, les *interrogatoires*, les *récollemens & confrontations*, & *toutes les autres procédures qui se font par les deux Juges*; de sorte néantmoins que nos *Juges pourront requérir les Juges d'Eglise d'interpeller les accusés sur tels faits qu'ils jugeront nécessaires*, soit dans les *interrogatoires*, soit lors de la *confrontation & du reste de la procédure*; lesquelles *interpellations*, ensemble les *réponses des accusés*, seront *transcrites par les Greffiers*, tant des *Juges d'Eglise*, que de nos *Juges*, dans les *cahiers des interrogatoires & confrontations*.

Et en cas de refus des *Juges d'Eglise*, de faire aux accusés lesdites *interpellations*, nosdits *Juges pourront les faire eux-mêmes directement aux accusés*; lesquelles *interpellations*, ensemble les *réponses des accusés*, seront *transcrites par les Greffiers de nosdits Juges*, dans les *cahiers des interrogatoires & confrontations*, & des autres *Piéces de l'instruction*, pour, après ladite *instruction faite conjointement par les Juges d'Eglise & par nos Juges*, être par eux procédé au *Jugement définitif desdits Ecclésiastiques*, conformément à nosdits *Edits des mois de Février 1580 & 1678, Juillet 1684 & Avril 1695*, que nous voulons être *exécutés selon leur forme & teneur*.

Dans la régle générale, il ne doit y avoir qu'un Official pour un Diocèse, & l'usage est de l'établir dans la Ville Episcopale; cependant quand un Diocèse s'étend dans le ressort de différens Parlemens, l'Evêque doit nommer un Official pour exercer la Jurisdiction contentieuse dans les lieux de son Diocèse, ressortissans de Parlemens différens de celui dont ressortit la principale Officialité, afin de conserver l'ordre des Jurisdictions. Ces sortes d'Officiaux établis pour un autre ressort que le Siége Episcopal, sont

nommés forains, & ils doivent tenir leur Siége dans l'étendue du Parlement dont ils ressortissent (b). V. l'Edit du mois d'Avril 1695, art. 31.

On doit observer la même régle relativement aux Evêques des Pays Etrangers qui ont en France quelque partie de leur Diocèse: cependant lorsque les portions des Diocèses, qui ressortissent à d'autres Parlemens que celui dans lequel est situé le Siége ordinaire de l'Officialité, ne sont pas d'une assez grande étendue pour y établir une Cour Ecclésiastique; ou si, par la qualité des lieux, il est difficile de trouver des Sujets capables de remplir les fonctions d'Official, de Promoteur, &c. le Roi dispense en ce cas-là de l'exécution des Ordonnances sur ce point, en prenant les précautions convenables pour conserver aux Parlemens toute l'étendue de leur ressort en ce qui touche les appels comme d'abus. Voyez sur cela la Déclaration du 22 Août 1702, dont je rapporte les dispositions à l'art. *Appel*.

L'Evêque de Tarbes s'est trouvé dans ce cas: une partie de son Diocèse, nommée le Montanarès, ressortit au Parlement de Navarre; & comme il n'y avoit ni Avocats ni Gradués dans ce Canton, le Prélat obtint, le 29 Mars 1732, des Lettres-Patentes qui le dispensoient d'établir un Official dans le Montanarès, composé seulement de vingt-cinq Paroisses.

Les Habitans du Béarn, qui ont le privilége de ne pouvoir être contraints de plaider hors de leur Province, s'opposèrent à l'enregistrement de ces Lettres, & le Parlement ordonna que les Parties se retireroient pardevers le Roi. Sur l'avis de l'Intendant de la Province, il fut expédié de nouvelles Lettres-Patentes, le 15 Mars 1736, par lesquelles l'Evêque de Tarbes fut dispensé d'établir un Official résident dans le ressort du Parlement de Navarre, à la charge que l'Official établi à Tarbes, le

---

(a) Le mot *nos Juges*, dont se sert cette Déclaration, sembleroit n'indiquer que les Juges Royaux; cependant si, comme le dit la Combe, & comme l'a jugé le Parlement de Dijon, les Juges des Seigneurs peuvent instruire les Procès criminels des Ecclésiastiques avec les Officiaux, il faut croire que ces mots *nos Juges* ne sont employés ici que pour désigner les Juges Laïcs; & par opposition aux Juges Ecclésiastiques. Voyez *Haute-Justice*.

(b) Il y a une exception à cette Régle pour les Diocèses de Metz, de Toul & de Verdun. Ces Diocèses ont tou-

jours reconnu l'Archevêque de Treves pour leur Métropolitain, dont les droits sont réservés par le Traité de Munster. On s'en tient à l'ancien usage pour ces cantons; & l'on va, en tems de Paix, plaider à Treves, les appellations des Sentences rendues par les Officiaux de Metz, Toul & Verdun.

Quand la France est en Guerre avec l'Empire, le Parlement de Metz nomme un Official *à Parte Regni*. Voyez aussi l'Arrêt du 17 Mars 1702, pour l'Officialité de Cambrai, Journal des Audiences, tome 5, liv. 1, ch. 48.

Promoteur,

Promoteur, &c. se transporteroient dans la Ville de Pontac, ou dans le Village de Gor, au choix de l'Official, pour y rendre la Justice dans les affaires de la compétence du Juge d'Eglise; cependant qu'il lui seroit permis de faire l'instruction de ces affaires à Tarbes : ces Lettres ont été enregistrées le 14 Mai 1736.

Si un Official n'avoit pas les qualités requises pour posséder cette dignité, ses Sentences seroient-elles nulles? C'est une question sur laquelle d'Hericourt répond oui & non. Les Jugemens d'un tel Official sont abusifs, dit-il : cependant, s'il avoit exercé pendant long-temps, » on ne casseroit pas » tous ses Jugemens, parce qu'on ne pour- » roit le faire sans causer beaucoup de trou- » ble «. Quels sont ceux qu'il faudroit casser ou laisser subsister ? C'est ce que notre Auteur ne décide pas.

Lorsqu'il est question de juger des affaires importantes, les Officiaux sont dans l'usage d'appeller des Assesseurs pour les aider dans l'examen des causes : cela s'observe aussi dans les Tribunaux Séculiers, où le nombre des Juges n'est pas considérable.

L'Official de Grasse, pour se conformer à cet usage, avoit appellé deux Gradués Laïcs pour le Jugement d'une affaire qui intéressoit la Paroisse de Gaulde, Diocése de Vence, laquelle lui avoit été envoyée comme Commissaire, sur l'appel interjetté au Pape des deux Sentences des Officiaux de Vence & d'Embrun. L'Official opinoit pour la confirmation de ces Sentences, mais les deux Assesseurs étoient d'avis contraire; & cette diversité d'opinions donna lieu à la question de sçavoir si des Assesseurs avoient voix délibérative ou simplement consultative.

L'Official prétendit qu'ils n'étoient que ses conseils, & fit rédiger sa Sentence le 18 Juin 1737, conformément à son opinion; mais les Assesseurs ne voulurent point la signer, & il fut fait mention de leur refus. Y ayant eu appel comme d'abus de cette Sentence, Arrêt est intervenu au Parlement d'Aix, le 19 Mai 1738, par lequel cette Cour a déclaré n'y avoir abus.

Il est néantmoins certain, dans la Pratique de tous les Tribunaux Ecclésiastiques

Tome II. Part. II.

& Séculiers, que les Sentences se rendent à la pluralité des suffrages, au nombre desquels ceux des Assesseurs sont comptés; s'il en étoit autrement, les Juges trouveroient difficilement des Gradués, pour les assister dans le Jugement des affaires importantes; & il seroit d'ailleurs inutile d'en appeller.

L'instruction des procès se faisoit autrefois en latin dans les Officialités; mais l'Ordonnance de 1629 ayant, par l'article 27, ordonné *qu'elle seroit conçue en langage François, fors celles qui doivent être envoyées à Rome;* on n'use plus de la langue Latine que pour ces dernieres; les autres s'expédient en François. V. *Actes.*

Les Officiaux sont obligés d'observer les formalités prescrites, par les Ordonnances de nos Rois, dans les procédures qu'ils font : l'article premier du titre premier de l'Ordonnance de 1667 les y assujettit formellement; & le Parlement de Besançon a aussi ordonné, par Arrêt du 17 Mars 1712, qu'on trouve dans le Recueil de ce Parlement, tome 4, que les Juges délégués par le Saint Siége & autres Ecclésiastiques, se conformeroient, dans leurs procédures en matiere civile & criminelle, aux dispositions des Ordonnances. V. *Abbés.*

Il a été rendu au Parlement de Paris un Arrêt plus moderne, qui, en même-temps qu'il décide plusieurs points importans sur la procédure des Officiaux, indique aussi, (ou plutôt renferme ces Jurisdictions dans) les bornes qu'elles doivent avoir.

Cet Arrêt est intervenu le 5 Juin 1734, entre Leger Bordé, Fermier de la Baronie de Mouchi-le-Châtel, & *Michelle-Angelique Bordé,* sa fille, d'une part, appellans comme d'abus des Sentences des Officialités de Beauvais & de Rheims, des 16 Juin, 30 Août 1731 & 26 Juin 1732; & *Claude Ficheux,* Chanoine de l'Eglise de Mouchi, accusé de commerce charnel avec ladite Bordé, sa cousine, dont étoit né un enfant.

Il juge, 1°. qu'il y a abus dans la Sentence de l'Officialité de Beauvais, en ce que par le Jugement qui convertit le décret d'ajournement personnel décerné contre Ficheux, en décret de prise de corps, il a été dit que les biens dudit Ficheux seroient faisis & annotés : en conséquence il eſt fait défenſes à Michel du Four, Official de Beauvais, de plus prononcer à l'avenir, lorſqu'il décernera des décrets, que les biens des décrétés ſeront ſaiſis & annotés. (Les Officiaux n'ont en effet aucune autorité ſur le temporel).

2°. Qu'il y a abus dans la confrontation faite par le même Official, en ce qu'il n'a pas interpellé les témoins de déclarer ſi leurs dépoſitions contenoient vérité; en conséquence il lui eſt enjoint, conformément à l'article 18 du titre 15 de l'Ordonnance de 1670, lorſque la lecture de la dépoſition & du récollement d'un témoin aura été faite à un accuſé, d'interpeller le témoin de déclarer s'ils contiennent vérité.

3°. Qu'il y a abus en la Sentence définitive du même Official, en ce que, par cette Sentence, l'Official a nommé & indiqué Michelle-Angelique Bordé, comme coupable de mauvais commerce & d'habitude charnelle avec ledit Chanoine; en conséquence l'Arrêt lui fait défenſes de nommer & indiquer les Laïcs par les Sentences définitives (a).

4°. Qu'il y a abus, en ce que l'Official de Beauvais, par ſa Sentence définitive, a condamné Ficheux à ſe charger de l'enfant, l'élever & le nourrir, & en des dommages & intérêts envers ladite Bordé; en conséquence il eſt *fait défenſes audit Official de plus prononcer, que quelqu'un demeurera chargé d'élever & nourrir un enfant; & de plus, condamner en des dommages-intérêts en aucun cas* (b); *& lui eſt enjoint de prononcer ſeulement des peines Canoniques, proportionnées avec le délit commun qui ſera prouvé.*

L'Arrêt enjoint pareillement audit Official, lorſqu'il procédera à une information, & que les témoins dépoſeront des cas privilégiés, d'appeller le Juge Royal.

Le même Arrêt fait défenſes à Jacques Hachette, Official Métropolitain de la Ville de Rheims, de plus ordonner à l'avenir *appointement à cotter griefs, & produire ſur l'appellation ſimple des* Sentences qui auront été rendues ſur des procès inſtruits par récollement & confrontation, & ce conformément à l'Ordonnance de 1670, titre 23.

En conséquence (de tous ces abus) *la Cour renvoye la Partie de Bazin,* (le Chanoine Ficheux) *en l'Officialité de Beauvais, pour y être ſon procès fait & parfait pour raiſon du délit commun, à la requête du Promoteur en ladite Officialité : à cette fin ſera tenu l'Evêque de Beauvais de nommer un Official autre que celui dont eſt appel, à la charge du cas privilégié, pour lequel aſſiſtera le Lieutenant Criminel de Beauvais; & ſera l'inſtruction par lui continuée avec l'Official commis, & le procès fait & parfait à la requête de la Partie de Briquet (Bordé), & ſa fille mineure, & du Subſtitut de notre Procureur Général & du Promoteur, juſqu'à Sentence définitive incluſivement, ſauf l'exécution, s'il en eſt appellé; le tout aux frais des Officiaux de Beauvais & de Rheims.*

A cet effet ordonne que toutes les procédures étant au Greffe Criminel de notredite Cour, ſeront portées au Greffe de l'Officialité de Beauvais, même l'interrogatoire ſubi par la Partie de Bazin (Ficheux), en la Chambre du Conſeil de l'Officialité Métropolitaine de Rheims, le 26 Juin 1732, par lequel il a dé-

---

(a) D'autres Arrêts en grand nombre ont auſſi déclaré abuſives des Sentences, par leſquelles les Officiaux avoient nommé des perſonnes laïcques. Livonniere en rapporte un en ſes Arrêts célèbres pour la Province d'Anjou : on en trouve un autre du 23 Juillet 1698, au Journal des Audiences; & la Cour en a rendu de ſemblables les 30 Juil. 1707, 19 Juin 1708, & 18 Décembre 1734.

L'Official peut ſeulement indiquer les Laïcs d'une manière vague, en ſe ſervant des termes, *la perſonne dénommée au Procès.*

(b) D'Hericourt prétend cependant que l'Official peut condamner un Clerc en des dommages & intérêts en matiere civile, comme en matiere criminelle; parce que, dit-il, » cette condamnation eſt perſonnelle, & que le Clerc » eſt juſticiable de l'Evêque pour le temporel, quand » l'action eſt perſonnelle : mais l'Evêque ne peut, dit-il, » jamais prononcer une ſemblable condamnation contre » un Laïc; « il cite même un Arrêt du mois de Fév. 1690,

qu'il dit être dans le Journal des Audiences, tome 5, par lequel la Cour a jugé qu'un Official avoit pû, ſans abus, condamner un Chanoine à payer 1500 liv. de dommages-intérêts à une fille dont il avoit abuſé, ſous prétexte de mariage.

La Combe cite auſſi à l'art. *Délit commun,* un Arrêt rendu au mois de Janvier 1729, par lequel il a, dit-il, été jugé que les Officiaux pouvoient condamner des Eccléſiaſtiques en des dommages & intérêts; mais le contraire paroît différemment jugé par l'Arrêt de 1734, dont je rapporte ici les diſpoſitions. V. auſſi ce que je dis à l'art. *Dommages & intérêts.*

On trouve auſſi dans le premier volume du Recueil du Parlement de Beſançon, un Arrêt de Réglement rendu par ce Parlement, le premier Mars 1696; par lequel il eſt fait défenſes à l'Official du Dioceſe de Beſançon de prendre connoiſſance des dommages & intérêts des Parties dans les cauſes de mariage qui ſeront portées devant lui. V. *Mariage.*

claré, par fa réponfe fur le fixiéme article,
être coufin au troifiéme dégré de Leger Bordé,
pere de Michelle-Angelique Bordé, laquelle
déclaration fervira d'addition de plainte audit Promoteur.

Sera tenu l'Official commis, de faire délivrer audit Lieutenant Criminel, des expéditions de toutes les procédures, pour lui fervir
à l'inftruction & au Jugement du Procès ; &
ne pourra l'Official commis, fe faire affifter,
lors du Jugement, des mêmes perfonnes qui
ont affifté à la Sentence du 30 Août 1731.

Ordonne que les Parties de Briquet fe pourvoiront, ainfi qu'elles aviferont bon être, pardevant ledit Lieutenant Criminel de Beauvais, fur leur demande à fin de fe charger de
l'enfant... contre celui qui fera jugé être le
pere ; condamne Ficheux aux dépens.

La Déclaration du mois de Juillet 1684,
& un Arrêt rendu le 2 Octobre 1697, en
forme de Réglement, exigent que l'Official
prononce fur le délit commun avant que le
Juge Royal rende fa Sentence fur le cas privilégié. L'Arrêt de 1697 fait même des défenfes aux Juges de Mamers au Perche, de
plus juger le cas privilégié, qu'il ne lui ait
apparu de la Sentence de l'Official fur le délit commun, qu'il fera tenu de vifer dans la
Sentence définitive. Les motifs de ces Réglemens font, qu'il eft à craindre que les
Juges d'Eglife, jaloux jufqu'à l'excès de ce
qu'ils appellent leur Jurifdiction, ne s'atta-
chent le plus fouvent à contrecarrer ce qui
feroit décidé par le Juge Royal.

Il eft d'ailleurs de la bienféance, que des
peines afflictives foient prononcées après les
peines Canoniques : ce feroit une dérifion
de remettre un Coupable, condamné à une
peine afflictive ou à mort, entre les mains
d'un Official pour le condamner à jeûner ou
à réciter des prieres : il feroit même dangereux que l'Official ne le mît en liberté.
Cependant un Arrêt du Parlement, du 12
Août 1735, rendu fur les Conclufions de
M. l'Avocat Général Chauvelin, entre le
fieur de la Lande & le fieur Laugeois, a jugé qu'il n'y avoit, ni nullité, ni abus, dans
les Sentences du Lieutenant Criminel de
Chaumont & de l'Official de Langres. Le
moyen de nullité étoit, que le Juge Royal
avoit rendu fa Sentence avant le Juge d'E-
glife : mais le Juge Royal avoit été con-

traint de juger ; on lui avoit fait des fommations à la requête du fieur de la Lande,
qui demandoit la nullité du Jugement.

La Cour a profcrit un autre moyen d'a-
bus par ce même Arrêt : ce moyen étoit
fondé fur ce que le Promoteur avoit donné
des conclufions qui tendoient à faifie & annotation de biens : mais, comme la Sentence
n'avoit pas adopté ces conclufions, on ne
pouvoit pas dire qu'elle étoit abufive ; les
conclufions du Promoteur ne vicient point
les Sentences du Juge d'Eglife, fi elles font
d'ailleurs juridiques.

Le Juge d'Eglife n'eft Juge que de ce
qui concerne les Sacremens, il ne l'eft point
des actes qui fe font en conféquence : ainfi
il ne peut rien décider relativement aux Regiftres des Baptêmes, Mariages & Sépultures ; lefquels devant être tenus conformément aux Ordonnances, l'exécution n'en
peut appartenir qu'aux Juges royaux.

C'eft fur ce principe que, par Arrêt rendu
le (Mardi) 7 Juin 1707, plaidans Mes Gillet & Guillet de Blaru, il a été jugé qu'il
y avoit abus dans la Sentence d'un Official,
lequel avoit ordonné que le Regiftre des
Baptêmes feroit réformé, & un nom fubftitué en la place d'un autre.

Un Arrêt rendu le 7 Août 1710, contre
des Curés de Langres, a jugé qu'il y avoit
abus dans une Sentence rendue par l'Official
de Langres, en ce qu'il avoit ordonné que les
injures & calomnies (pour lefquelles l'Arrêt condamne deux Curés au banniffement)
inférées dans le Procès-verbal du dépôt reçu par un Notaire nommé Gallois, feroient
rayées & biffées, tant en la groffe, qu'en la
copie du procès-verbal.

La Cour a rendu de femblables Arrêts les
9 Mars & 11 Août 1730 : l'efpéce de l'Arrêt du 9 Mars 1730 eft rapportée à l'article Etat des Perfonnes.

L'Official de Paris (le fieur Robinet)
après avoir reçu une plainte du Promoteur,
& fait une information contre le fieur Lair,
Curé de S. Barthelemi, décerna le 10 Juillet 1730, un décret en forme de Sentence,
conçu en ces termes.

Attendu l'indécence & le fcandale qu'ont
caufées dans la Paroiffe les fréquentes obmif-
fions dans lefquelles l'accufé eft tombé, tant en
célébrant les Meffes Paroiffiales, qu'en admi-

niſtrant les Sacremens, nous l'avons ajourné à comparoir devant Nous en perſonne pour être interrogé aux délais de l'Ordonnance ſur les faits réſultans de ladite information, & cependant l'avons déclaré ſuſpens & interdit des fonctions des ſaints Ordres, juſqu'à ce qu'autrement il en ait été ordonné par Nous en connoiſſance de cauſe, &c.

Le ſieur Lair, à qui ce décret fut ſignifié, ſe pourvut en la Cour par la voie de l'appel comme d'abus, demanda un Arrêt de défenſes, & à être renvoyé dans ſes fonctions. Il ſe fondoit ſur trois moyens. 1°. L'Official le déclaroit coupable avant de l'avoir entendu, ſur le vû ſeul des informations, ſans avoir interrogé l'Accuſé.

2°. Le ſieur Robinet convenoit à la fin de ſa Sentence qu'il n'étoit point entré en connoiſſance de cauſe: cependant il déclaroit le ſieur Lair ſuſpens par proviſion, ce qui (dirent Mes Viſinier, Berroyer, de la Vigne, Duhamel, &c. dans leur conſultation) donnoit lieu de prendre le ſieur Robinet à partie.

3°. Le ſieur Robinet n'avoit pas réglé un jour certain pour ajourner l'Accuſé, contre la diſpoſition de l'Ordonnance criminelle.

Enfin, on diſoit que les accuſations, fuſſent-elles même prouvées juridiquement, avoient pour objet des faits qui ne pouvoient pas former un délit; & par Arrêt rendu le 26 Juillet 1730, la Grand'Chambre & la Tournelle aſſemblées, les concluſions de la Requête du ſieur Lair lui furent adjugées.

Par un autre Arrêt du 19 Janvier 1731, rendu ſur les Concluſions de M. l'Avocat Général Gilbert, l'Official & le Promoteur de Lyon, qui s'étoient taxés des épices dans un Procès inſtruit ſans récollement ni confrontation, ont été condamnés de les rendre & reſtituer aux Parties.

L'Official ne peut connoître des cauſes de ſon Evêque, parce que, dit-on, ils ſont cenſés n'être qu'un ſeul Juge; & ſi l'on intente quelqu'action du reſſort du Juge Eccléſiaſtique contre l'Evêque personnelle-

ment, c'eſt au Supérieur Eccléſiaſtique, dans l'ordre de la Hiérarchie, qu'il faut s'adreſſer.

Mais ſi un Evêque eſt accuſé d'un crime capital, ſera-t-il ſujet à la Juriſdiction ſéculiere pour le cas privilégié? D'Hericourt décide que non; parce, dit-il, » que depuis » l'établiſſement de la Monarchie, les Evê- » ques accuſés de crimes, même de Lèze- » Majeſté, ont été jugés par les autres Evê- » ques dans un Concile Provincial «. Il appuye cette déciſion ſur une Déclaration du 26 Avril 1657.

Mais jamais cette Déclaration n'a été regiſtrée au Parlement; d'ailleurs il ne paroît nullement raiſonnable de renvoyer un Accuſé de crimes capitaux dans un Concile pour y être jugé, puiſque les Conciles n'ont aucune autorité temporelle, & qu'ils ne peuvent par conſéquent prononcer des peines proportionnées à des crimes atroces.

Je ne comprends pas d'ailleurs comment d'Hericourt peut dire que les Evêques accuſés, même de crime de Lèze-Majeſté, ont toujours été jugés dans les Conciles Provinciaux (a), tandis qu'on trouve pluſieurs exemples contraires dans l'Hiſtoire. Dès les premiers temps de la Monarchie, le procès a été fait aux Prélats coupables, par l'autorité & par les ordres de nos Rois, de la même maniere & dans la même forme qu'on l'inſtruiſoit aux autres Sujets: à quels titres les Evêques pourroient-ils ſe ſouſtraire à l'autorité du Prince? Ne ſont-ils pas ſes Sujets? Les Grands-Prêtres de l'ancienne Loi étoient juſticiables des Rois: Abiathar, Souverain Pontife, fut privé du Pontificat par Salomon (Rois, liv. 3, chap. 2, verſets 26 & 27).

Le Nouveau Teſtament n'a rien changé ſur cela; nous y voyons au contraire que Jeſus-Chriſt, accuſé devant un Juge ſéculier & Payen ne recuſa pas ſa Juriſdiction: nous y liſons auſſi que S. Paul reconnut la puiſſance légitime de Felix & de Feſtus, tous deux Chefs de la Juſtice en Judée. V. Saint Jean, chap. 19, verſ. 11, & les Actes des Apôtres, chap. 24, verſ. 10.

_____

(a) Piganiol de la Force dit que, ſous les deux premieres Races de nos Rois, les Evêques accuſés de crimes, & même de Lèze-Majeſté, n'étoient jugés que par d'autres Evêques, dans des Conciles ou dans les Parlemens Généraux, auxquels les Evêques aſſiſtoient, mais que cet uſage a ceſſé ſous la troiſième Race. Il rapporte ſur cela grand nombre d'exemples. V. Piganiol, du Gouvernement Eccléſiaſtique de France, tom. 1, pag. 18, édition de 1752.

En un mot ; il paroîtroit bien singulier qu'un Prélat pût exciter des troubles & des séditions dans l'Etat, sans que le Prince ni ses Officiers pussent réprimer & punir le séditieux : c'est néantmoins ce qui résulte de la proposition de d'Hericourt.

L'Official n'exerçant que la Jurisdiction de l'Evêque, on ne peut appeller de l'Official à l'Evêque, mais seulement à l'Official Métropolitain, si l'appel est simple, ou bien au Parlement par la voie de l'appel comme d'abus.

Le droit de nommer un Official est dévolu aux Chapitres des Eglises Cathédrales, quand le Siége Episcopal vaque : ainsi le Chapitre peut en ce cas destituer ceux nommés par l'Evêque, & en instituer d'autres qui ayent les capacités requises : mais jusqu'à l'institution d'un nouvel Official, celui qui a été nommé par le dernier Evêque, doit exercer la Jurisdiction contentieuse.

L'Official nommé par le Chapitre de l'Eglise Cathédrale pour la vacance du Siége Episcopal, étant le Juge ordinaire du Diocèse, c'est à lui que doivent être adressés les Rescrits de Cour de Rome, pour les fulminer pendant la vacance, & non à l'Official d'un Evêque voisin. Le Parlement a déclaré abusive l'exécution d'un Rescrit, qui, pendant la vacance du Siége de Paris, avoit été adressé à l'Official de Chartres.

Quand une affaire est de la compétence de la Jurisdiction Ecclésiastique, le Promoteur de l'Officialité peut bien la révendiquer & demander qu'elle lui soit renvoyée : mais l'Official ne peut pas défendre à ses Justiciables de procéder devant le Juge Laïc, ni prononcer contr'eux aucune peine, au cas qu'ils contreviennent à son Jugement. Voyez à ce sujet un Arrêt du 8 Juil. 1592, qu'on trouve au Journal des Audiences, contre l'Official du Mans.

Les Greffes des Officialités peuvent être possédés par des Laïcs ; & en cas d'absence ou légitime empêchement, l'Official peut commettre un autre Greffier, en observant les formalités prescrites par l'Ordonnance.

Comme l'Eglise n'a point de fisc, les Officiaux ne peuvent condamner leurs Justiciables en des amendes pécuniaires ; mais ils peuvent les condamner à payer une certaine somme par forme d'aumône, & en faire l'application à des œuvres pies par leurs Sentences.

De quelque crime dont les Ecclésiastiques soient convaincus, les Juges d'Eglise ne peuvent prononcer contr'eux aucune peine de mort, ni même les condamner à quelqu'autre peine afflictive qui aille, ou à l'effusion du sang, ou au retranchement de quelque membre. S'ils reconnoissent que des Accusés méritent ces peines, ils doivent les abandonner au bras séculier, avertir à cet effet le Procureur du Roi du ressort du lieu où le crime est commis, ainsi que le prescrit l'Edit du mois de Février 1678, dont j'ai parlé à l'article *Cas Privilégié.*

Mais les Officiaux peuvent prononcer des peines Canoniques contre leurs Justiciables convaincus de crimes : ils peuvent, par exemple, les condamner à être renfermés dans une prison, à se retirer dans un Monastere ou dans un Séminaire, à des jeûnes au pain & à l'eau, à réciter certaines prieres ; d'Hericourt pense même qu'un Official peut condamner un Clerc à subir la peine du fouet dans la prison, pourvû que ce soit par forme de correction paternelle, à peu près comme les Supérieurs Réguliers y condamnent les Moines.

Le même Auteur prétend que plusieurs Arrêts ont jugé que des Officiaux pouvoient, sans abus, condamner des Clercs à subir la question ; parce que, dit-il, elle n'est point une peine, mais un moyen qu'on croit devoir employer pour tirer la vérité de la bouche des Accusés : mais il ne cite ni ne date aucun des Arrêts qu'il allégue ; & j'ai peine à croire que cette Jurisprudence fût actuellement suivie.

On trouve un Arrêt du 15 Juillet 1631, au Journal des Audiences, tome premier, livre 2, chap. 98, par lequel la Cour a jugé qu'il n'y avoit abus dans la Sentence de l'Official de Lyon, laquelle enjoignoit à un Prêtre, accusé de magie, de sortilége & d'enchantement, de sortir & se retirer hors du Diocèse : mais le Juge d'Eglise ne peut bannir, parce que le bannissement est, ainsi que je l'ai dit au mot *Ban*, une peine temporelle qui n'est pas de son ressort, & qu'elle suppose un territoire. Voy. l'Arrêt du 15 Juillet 1631, qu'on trouve au pre-

mier volume du Journal des Audiences, &
dans Bardet.

Un Chanoine revêtu de la qualité d'Official, est tenu présent aux Offices, & jouit
de toutes les distributions, tant quotidien-
nes que manuelles. Il y a sur cela différens
Arrêts des 11 Juin 1723, 29 Sept. 1725,
& 17 Mars 1736, contre les Chapitres de
Rheims & d'Orléans. V. *Présence*.

Les Officiaux ne peuvent faire mettre
leurs Sentences à exécution par saisie d'aucuns biens temporels : il faut pour cela qu'ils
ayent recours au Juge séculier, par la seule
autorité duquel les saisies-exécutions doivent être faites.

La raison est, que le Juge d'Eglise ne
peut connoître des actions réelles & temporelles, ni au pétitoire, ni au possessoire, dont
les Loix déférent la connoissance au seul
Juge séculier, & qu'un Official étendroit sa
Jurisdiction sur le temporel, s'il ordonnoit
des saisies & annotations de biens.

C'est ce qui résulte de l'Arrêt de Ficheux,
du 5 Juin 1734, dont j'ai parlé plus haut.
V. la Philippine de 1274, Fevret, livre 4,
chap. 9, n°. 2, & Bouvot.

Le Juge d'Eglise ne peut donner mandement à un Officier de Justice séculiere quel
qu'il soit ; ainsi il ne peut pas dire : Mandons au premier Huissier de l'Officialité, ou
autre sur ce requis, &c. Une pareille Sentence seroit abusive : la Cour l'a ainsi jugé
par Arrêt rendu en la Grand'Chambre le
25 Mai 1715.

La Cour l'a encore jugé de même par Arrêt rendu le 24 Mars 1741, dans l'affaire
du sieur Savary, Curé de Brinon, par lequel la Cour a fait défenses à l'Official
d'Orléans, de se servir des termes, si mandons à tous Huissiers, &c.

Le 31 Mars 1729, la Cour rendit un Arrêt en la Grand'Chambre, sur les Conclusions de M. Talon, plaidans Mes de la Verdy pour le sieur Belin, Prêtre du Diocèse
de Clermont, habitué à Moulins, Diocèse
d'Autun, appellant comme d'abus, & le Sr
l'Allemand, nommé à l'Evêché de Séez,
ancien Official d'Autun, résidant à Moulins, Intimé, par lequel il a été dit qu'il y
avoit abus, & le sieur l'Allemand, Partie
de Me Aubry, condamné aux dépens.

Dans cette espéce, le sieur Belin s'étoit

habitué dans Moulins du consentement des
Supérieurs, Vicaires-Généraux du Diocèse, & auxquels il avoit représenté dans le
temps son *Exeat* de M. l'Evêque de Clermont. Il y avoit cinq années qu'il desservoit
à Moulins la Chapelle des Carmelites de
la même Ville ; & au bout de ce temps, il
plut au sieur l'Allemand, Grand-Vicaire
d'Autun, résidant à Moulins, de faire publier une Ordonnance en l'année 1720, portant que tous Prêtres étrangers seroient tenus dans huitaine de représenter leur *Exeat*,
avec un certificat de vie & mœurs, & de
faire renouveller leurs pouvoirs ; & cependant défenses d'exercer dans le Diocèse aucune fonction.

Le même jour de cette Ordonnance, le
sieur Belin fut assigné à la requête du Promoteur, pour se voir déclarer suspens & ir-
régulier, pour avoir célébré au préjudice de
la publication de l'Ordonnance ; & sur cette
assignation il intervint Sentence de l'Official, conforme aux Conclusions du Promoteur. Le sieur Belin en appella comme d'a-
bus, & prit l'Official à Partie.

Celui-ci, qui n'étoit plus Official lors de
l'appel comme d'abus, prétendit qu'on ne
pouvoit plus le prendre à Partie. M. Talon, qui porta la parole dans cette affaire,
cita une Loi qui assujettit les Gouverneurs
des Provinces, & les Juges dont les commissions sont révoquées, à rester pendant 50
jours après leur révocation, dans le lieu où
ils exerçoient leur emploi ; afin que ceux
qui avoient des plaintes à porter, pussent
les diriger. D'après cette Loi, M. Talon
fit voir que, s'il y avoit lieu à des dommages & intérêts envers le sieur Belin, le sieur
l'Allemand en étoit tenu.

Il y eut beaucoup de difficulté dans le Jugement de cette affaire : les opinions furent
différentes, & la Cour ordonna un délibéré.
Par l'Arrêt qui fut prononcé le 31 Mars
1729, les Parties furent mises hors de Cour
sur la prise à Partie ; mais sur l'appel comme d'abus, la Cour prononça qu'il y *avoit
abus*.

Un Moine, nommé Duval, Prieur de
Cinq-Mars, ayant, sous prétexte d'appel
comme d'abus, fait imprimer & distribuer
un Libelle, en forme de Requête, contre
l'Archevêque de Tours, prenant le fait &

caufe de fon Promoteur, M. le Procureur Général en rendit plainte, obtint Arrêt, qui décrétoit le Moine de prife-de-corps, & qui ordonnoit que fon Procès feroit inftruit par le Lieutenant Criminel de Tours.

Duval avoit auffi injurié l'Official de Tours dans fon Libelle : cette circonftance détermina la Cour a ordonner, par Arrêt du 21 Février 1714, qu'il feroit, par l'Archevêque de Tours, commis un Official & un Promoteur, autres que l'Official & le Promoteur ordinaire, pour continuer l'inftruction du délit commun ; & cela fut exécuté. V. ce que je dis encore fur cette affaire à l'article *Libelle.*

La Cour a jugé, par un Arrêt rendu en la Grand'Chambre, fur les Conclufions de M. l'Avocat Général Gilbert, le 18 Juillet 1736, qu'un Official n'eft pas compétent pour connoître de la deftitution d'un Bedeau.

OFFRANDE.

Voyez *Droits Honorifiques* & *l'Proceffion.*

Voyez auffi les difpofitions de l'article 5 de la Déclaration de 1731, que je rapporte au mot *Curé.*

On doit aller à l'Offrande dans le même ordre qu'à la Proceffion. V. *Droits Honorifiques* & *Proceffion.* V. auffi ce que dit d'Hericourt, *Loix Eccléfiaftiques,* partie 2, chapitre 9, n. 15.

L'Arrêt du Parlement de Touloufe, du 27 Janvier 1756, qui a ordonné que le Marquis d'Aramon auroit l'Eau-bénite par diftinction, a en même-temps *ordonné que l'Offrande lui fera donnée immédiatement après* les Prêtres, & autres employés & revêtus pour le Service Divin.

Ce n'eft que ce qui eft préfenté à la main & à l'Autel, qui eft cenfé être offert au Curé & aux Eccléfiaftiques.

A l'égard de la cire, elle eft de droit deftinée à l'entretien du luminaire de l'Eglife : mais il y a beaucoup d'Eglifes où l'ufage eft de la laiffer au Curé ; & la poffeffion à cet égard lui tient lieu de titre.

Les cierges & flambeaux portés par les Pauvres d'un Hôpital aux enterremens, appartiennent-ils au Curé ou à l'Hôpital ? V. *Enterrement.*

OFFRES RÉELLES.

Faire des Offres Réelles, c'eft exhiber & préfenter judiciairement à quelqu'un ce qui lui eft dû, ou ce qu'on croit raifonnable & fuffifant pour éteindre une action, & faire ceffer des pourfuites.

Les Offres Réelles font donc faites, 1°. pour purger la demeure, c'eft-à-dire, pour n'être point en retard de payer une fomme exigible.

2°. Pour arrêter le cours des intérêts d'une créance.

3°. Pour s'affranchir d'une peine ftipulée, ou prononcée par le Juge.

4°. Pour pouvoir retirer la chofe donnée en nantiffement.

5°. Pour fe mettre à couvert du danger de la diminution, ou de la fuppreffion des efpéces, ou en transférer le péril en la perfonne du créancier.

Des Offres Réelles doivent être faites au jufte de ce qui eft dû : elles ne doivent être, ni de plus, ni de moins ; elles doivent défintéreffer le créancier, & ne pas l'expofer, s'il les accepte, en une demande en reftitution pour le trop payé, ni à demander un fupplément ; parce qu'étant faites pour tirer les Parties d'affaire, elles ne doivent point contenir matiere à de nouvelles demandes.

Mais on peut appofer des conditions raifonnables à des Offres Réelles ; ainfi, par exemple, on peut offrir à la charge de remettre des titres, de donner des décharges, des fubrogations ; d'apporter des mains-levées, de juftifier des qualités, & de faire emploi des fommes offertes ; & quand le débiteur eft en état d'exiger ces chofes, en tout ou en partie, de fon créancier, la condition que les Offres impofent à celui-ci d'y fatisfaire, n'en empêche pas l'effet.

Il fembleroit que les feules Offres duffent faire ceffer les effets de la demeure & du retardement de payer ; car quand le débiteur dit à fon créancier : *je fuis prêt & offre de vous payer,* le créancier doit répondre ; *je fuis prêt de recevoir* : cependant les Offres Réelles n'ont cet effet, & le débiteur n'eft vraiment libéré que quand elles font fuivies d'un dépôt, ou d'une confignation réelle ordonnée par un Jugement (*a*) ; telle eſt la Juriſprudence des Arrêts. L'uſage du Châtelet eſt même de réaliſer, c'eſt-à-dire, de réitérer les Offres à l'Audience ; & ce n'eſt que du jour de cet réaliſation qu'on prononce la décharge des intérêts dans ce Tribunal.

La Combe, verb. *Conſignation*, n. 1, rapporte un Arrêt rendu le 14 Février 1739, par lequel il a, dit-il, été jugé que le cours des arrérages & des intérêts ne ceſſe que du jour de la conſignation faite & ordonnée par le Juge, & non des Offres Réelles : mais ſans doute que cet Arrêt eſt intervenu dans des circonſtances particulieres ; car il eſt certain, & l'on juge que le cours des intérêts ceſſe du jour que les Offres ſont valablement faites. Voyez le Traité du Déguerpiſſement, par Loyſeau, liv. 5, ch. 9, n. 17, 18 & 19.

On a cité (à ce que je crois) le même Arrêt dans l'affaire des demoiſelles Curtet, contre le ſieur le Preſtre, jugée le 11 Août 1761, dont je parle à l'article *Preſcription*, & on l'a daté du 24 Février 1739. Mais on l'a cité comme ayant jugé que, » quelque » choſe qui arrive entre les Offres & la » conſignation, le créancier ne peut ſouffrir » aucune perte ; parce que, juſqu'à la conſi- » gnation, le débiteur eſt maître des deniers » qu'il a offerts, & *res perit Domino* «. Et cette déciſion me paroît beaucoup plus conforme aux principes, que celle dont parle la Combe.

Par les Offres ſuivies de conſignation, la perte, ou la diminution de la choſe offerte, eſt aux riſques du créancier, qui a mal-à-propos refuſé de recevoir : il doit même ſupporter la ſuppreſſion ou la diminution des eſpéces ſurvenues par le fait du Prince ; parce que, dans l'inſtant de la conſignation qui ſuit les Offres, il ſe fait deux opérations ; l'une de décharger le débiteur ; l'autre de charger le créancier, quand même, avant les Offres, le débiteur auroit été en demeure de payer.

Il en eſt de même de l'augmentation ; elle tourne au profit du créancier, auquel la choſe appartient incommutablement après qu'elle a été conſignée pour lui être remiſe.

Les Offres doivent être faites en temps & lieu, c'eſt-à-dire (pour le lieu), à la perſonne du créancier, ou à ſon domicile, ou à celui qui a été déſigné par la convention. On ne peut pas valablement les faire au domicile élu chez un Procureur, s'il n'y a ſur cela une convention expreſſe entre le créancier & le débiteur ; & l'a Cour a jugé de pareilles Offres inſuffiſantes, par Arrêt rendu le 17 Décembre 1714, entre le ſieur le Breton & la dame Joſſure, quoiqu'elles euſſent été réitérées à l'Audience ſur le Bureau (en cauſe principale).

Les Offres doivent être faites de jour, & non de nuit : le péril de l'erreur & de la ſurpriſe ne permettent point d'autoriſer des Offres faites après la nuit ouverte ; nos Coutumes ont ſur cela des diſpoſitions, auxquelles les Auteurs ſont conformes. Voyez l'Auteur du grand Coutumier, liv. 2, folio 235, Boutillier, Loyſel, Brodeau, &c.

Celui qui doit à différens titres, à la même perſonne, peut ſe libérer d'une dette, & laiſſer ſubſiſter les autres ; mais la même dette ne peut s'éteindre en partie, & ſubſiſter pour le reſte, que du conſentement du créancier : il faut donc en ce cas offrir le principal & les acceſſoires dûs juſqu'au jour des Offres ; elles doivent être intégrales. V. *Payement*.

Les Offres peuvent ſe faire en tout état de cauſe, & elles peuvent ſe révoquer, tant qu'elles n'ont point été acceptées ; mais après l'acceptation, & quand la Partie adverſe en a demandé acte, elles ſont irrévocables, parce que l'acceptation forme un contrat judiciaire, qui ne peut ſe réſilier que pour cauſe de dol & de léſion, comme les contrats devant Notaires. Voyez ce que dit ſur cela Dumoulin, ſur l'article 7 de la Coutume de Bordeaux. Mais voyez auſſi *Erreur*.

On ne peut accepter des Offres pour partie, & en rejetter l'autre ; parce qu'en matiere civile, les Offres & la confeſſion ſont indiviſibles, & qu'il faut, ou les prendre, ou les rejetter entiérement.

(*a*) A Lyon, on peut conſigner les choſes dont il a été fait des Offres Réelles, ſans qu'un Jugement préalable l'ait ordonné. Après les Offres Réelles faites, on va au Greffe faire appoſer des cachets ſur les ſacs où ſont renfermés les deniers offerts ; & cette opération ſe nomme *Cachetement*.

Les Offres, suivies de payement, portant quittance par le même acte, soit qu'elles foient reçues par les Notaires, Greffiers, Huissiers, ou autres personnes publiques, font assujetties au contrôle des actes : ainsi, lorsque des Offres font faites par un Huissier, si le créancier les accepte, outre le contrôle de l'exploit, il est encore dû celui des actes, suivant l'Arrêt du Conseil du 3 Septembre 1720. V. aussi l'article 65 du Tarif du 29 Septembre 1722.

Quand ce font des deniers qui font offerts réellement, l'usage est, à Paris, de spécifier les espéces offertes. Je ne connois aucun Réglement qui prescrive la nécessité de ce détail.

Un Acte de Notoriété du Bailliage de Villefranche, du 20 Février 1685, porte qu'en Beaujolois on regarde comme nulles les Offres Réelles faites pour rentrer dans un fonds, quand les espéces ne font pas nombrées, & suivies de confignation au Greffe.

OFFRIR (Droit d').

Suivant la disposition du Droit Romain, les créanciers, postérieurs en hypothéque, ont droit d'Offrir le payement des créanciers antérieurs, & même forcer ceux-ci de recevoir d'eux, & par ce moyen ils entrent dans leurs hypothéques; mais les créanciers chirographaires ne peuvent pas faire de femblables Offres.

La disposition de ces Loix, quoique très-fage, n'est pas suivie dans le ressort du Parlement de Paris, ni même du Parlement de Bordeaux.

Mais elle est suivie au Parlement de Toulouse & au Parlement de Provence, suivant les Arrêts rapportés par Messieurs d'Olive, de Catelan, Duperrier, Boniface, &c.

» Le droit d'Offrir, mérite d'être reçu en » tous lieux; ce seroit le moyen de soula- » ger les débiteurs, d'arrêter les vexations » des créanciers mal intentionnés, & d'em- » pêcher les frais de décrets «. Voyez Bretonnier, *Recueil alphabétique des Questions*, dont j'ai tiré ceci : il indique les Loix & les Auteurs sur lesquels ces maximes font appuyées.

Tome II. Part. II.

ONCLE.
V. *Dégrés & Successions.*
ONDOYEMENT.
V. *Registre Baptistaire.*

Ondoyer un enfant, c'est le rendre Chrétien, en lui jettant de l'eau sur la tête, au nom du Pere, & du Fils & du Saint-Esprit, en attendant les cérémonies du Baptême.

Si l'Ondoyement est fait par le Curé ou Vicaire, ils doivent en inscrire l'acte incontinent sur les deux Registres que la Déclaration du 9 Avril 1736 ordonne d'être tenus dans chaque Paroisse.

Si l'enfant a été ondoyé par la Sage-Femme ou autre, celui ou celle qui l'a ondoyé, doit, à peine d'amende, & de plus grande peine en cas de récidive, en avertir sur le champ le Curé ou Vicaire, &c. à l'effet d'inscrire l'acte sur le Registre.

L'acte d'Ondoyement doit faire mention du jour de la naissance de l'enfant, des noms des pere & mere, & de la personne qui a fait l'Ondoyement.

Cet acte doit être signé sur les deux Registres, tant par le Curé, Vicaire ou Desservant, que par le pere, s'il est présent, & par celui ou celle qui aura fait l'Ondoyement.

A l'égard de ceux qui ne sçavent ou ne peuvent signer, il doit être fait mention de la déclaration qu'ils en font, & qu'ils en ont été interpellés.

Lorsque les cérémonies du Baptême se suppléent, l'Acte doit en être dressé, comme il est prescrit pour les Baptêmes; & il doit de plus être fait mention du Registre de l'Ondoyement.

Toutes ces régles font prescrites par la Déclaration du 9 Avril 1736, enregistrée le 13 Juillet suivant, art. 5 & 6.

OPINIONS.

V. *Abbés, Conseil de Guerre, Fisc, Juges, Présidiaux & Survivance.*

Opiner, c'est donner son suffrage pour la décision d'une affaire; & la réunion de ces suffrages forme ce qu'on nomme Opinions.

Celui qui prononce les Jugemens, opine ordinairement le dernier. L'usage est néantmoins de prendre d'abord l'Opinion des

T t

Confeillers , par rang d'ancienneté , dans chaque colonne, dont le Préfident recueille fucceffivement les fuffrages.

Lorfqu'en opinant fur le Jugement d'une affaire , il y a trois Opinions différentes, ou plus grand nombre , les Juges doivent néceffairement les réduire à deux , & enfuite décider à la pluralité. Voyez les Ordonnances de 1510, art. 32 ; de 1535, chap. 1 , art. 87 ; l'Edit de Février 1705 , rendu pour le Préfidial d'Ypres , art. 27 , &c.

En comptant les Opinions , il ne faut jamais perdre de vûe que les avis des Juges, qui fe trouvent parens fort proches, ne font comptés que pour un feul avis, quand ils font conformes. C'eft la difpofition d'un Arrêt du Confeil du 31 Juin 1679 ; & cet Arrêt porte que les parens, dont les voix fe doivent confondre dans ces cas-là, font de pere & fils , de freres, d'oncle & neveu, de beau-pere & gendre , & de beaux-freres. Cela eft conforme à un Arrêté du Parlement du 10 Septembre 1551, aux Edits des mois de Juillet 1669, & Janvier 1681, & aux Déclarations des 25 Août 1708, & 30 Septembre 1728.

Cette dernière Déclaration, qui a été enregiftrée le 2 Décembre 1728, veut que ceux qui ont époufé les deux fœurs, foient regardés comme beaux-freres, (à moins que les deux fœurs ne foient décédées , & qu'il n'y ait aucun enfant vivant de l'un ou de l'autre mariage,) & que leurs voix foient confondues, pour n'en former qu'une feule, quand elles font conformes. La raifon qu'en donne la Déclaration , même dans le préambule , eft, » que s'il n'y a pas de véritable alliance en ce cas , il y a au moins une » liaifon équipollente , formée par des intérêts communs , & par l'union des deux » familles , qui produifant les mêmes effets » (que la parenté) , & pouvant être fujettes aux mêmes inconvéniens , doit auffi » porter les Juges à obferver les mêmes » régles dans la maniere de compter les » fuffrages «.

La même Déclaration porte : *Déclarons que le terme de beau-pere , employé dans l'Edit du mois de Janvier 1681 , comprend également, & l'Officier, dont un autre Officier du même Siége époufe la fille , & celui qui a époufé la mere d'un autre Officier auffi du même Siége, lequel par-là eft devenu fon beaufils ; enforte que, de quelque maniere que les qualités de beau-pere & de fils fe trouvent établies , l'incompatibilité ait lieu entre ceux qui auront ces qualités , s'ils n'ont obtenu nos Lettres de difpenfe, & que leurs voix ne feront comptées que pour une , toutes les fois qu'elles feront uniformes.*

C'eft un ufage conftant dans prefque toutes les Cours Souveraines , que, quand les voix font égales en nombre, pour juger d'une maniere ou d'une autre , ou lorfque (dans les affaires de rapport) il n'y a qu'une feule voix de plus pour un avis que pour l'autre , on regarde les Opinions comme partagées ; & qu'il faut, comme je le dirai dans un moment , faire décider la queftion dans une autre Chambre de la même Cour (a).

L'Ordonnance de Louis XII de 1498 , art. 76, porte que , s'il fe trouvoit diverfité d'Opinions au Jugement d'un procès , tellement que l'on voulût dire le procès être parti , il fera parti, s'il ne paffe de deux voix ou Opinions ; auquel cas nos Confeillers & Préfidens de l'autre Chambre départiront ledit procès ; & en ce cas , & pour ledit département , fuffira qu'il paffe d'un.

Cette régle fut changée par l'article 126 de l'Ordonnance de 1539, qui régla que, quand les Opinions auroient une voix de plus d'un côté que de l'autre , le Jugement feroit conclu & arrêté. Mais on connut bientôt le danger de cette nouvelle régle ; & fur les Remontrances du Parlement, Henri II, par un Edit du mois de Février 1549, enregiftré le 4 Mars, ordonna *que l'article 126 de l'Ordonnance precédente n'auroit plus lieu, & ne feroit dorénavant obfervé ; mais fe régleront les Juges & les Parties, felon & ainfi qu'elles faifoient auparavant icelle*

(a) Depuis la naiffance de nos Tribunaux, jufqu'à l'Ordonnance de Louis XII, dont je vais parler, la pluralité des fuffrages formoit le Jugement des conteftations foumifes à la décifion de plufieurs Juges : on ne fçavoit alors ce que c'étoit que ce partage d'Opinions. S'il y avoit égalité de voix dans une affaire , on concluoit pour la confirmation de la Sentence dont étoit appel ; & s'il s'agiffoit d'une demande , on renvoyoit le Défendeur abfous. Voyez le

Preftre, centurie première, chapitre 75.

Cet ufage s'eft obfervé au Párlement de Flandres jufqu'en 1701, que , par une Déclaration du feu Roi, il fut ordonné à cette Cour , de ne conclure qu'à la pluralité. Ainfi , une feule voix de plus fuffit dans ce Parlement, pour empêcher le partage.

On fuit auffi la pluralité dans les Parlemens de Metz & de Grenoble.

*Ordonnances, & mêmement dans le Juge-
ment des procès pendans en nos Parlemens &
Cours Souveraines*, lesquels ne seront conclus, qu'ils ne passent de deux voix & Opinions, ainsi que d'ancienneté on avoit de coutume d'observer auparavant la publication
desdites Ordonnances (a).

Tout cela est conforme à l'article 12 du
titre 25 de l'Ordonn. criminelle de 1670,
qui décide que l'avis le plus sévere ne peut
l'emporter en Cour Souveraine, que quand
il passe de la pluralité de deux voix.

Il ne peut donc jamais y avoir de partage
d'Opinions en matiere criminelle ; puisque,
lorsque les voix ne passent pas de deux,
l'avis le plus doux doit nécessairement être
suivi.

C'est d'après ces régles que le fameux
Arrêt, rendu au Parlement de Provence le
10 Octobre 1731, a prononcé un hors de
Cour en faveur du Pere Girard, Jésuite,
accusé de sortilége, de quiétisme, d'inceste
spirituel, avec la nommée la Cadiere sa Pénitente, &c. Voyez les motifs de cet Arrêt,
envoyés à M. le Chancelier par le Parlement d'Aix : ils sont imprimés.

C'est sur le même fondement qu'un Arrêt du Conseil du 29 Septembre 1732, a
cassé l'Arrêt rendu en la Tournelle du Parlement de Besançon (b), le 8 Mars précédent ;
parce qu'après un partage d'opinions, la
Tournelle avoit porté à l'une des autres
Chambres de ce Parlement, la question de
sçavoir si on instruiroit au Civil ou au Criminel, le procès que l'on intentoit au sieur
Marillon.

Enfin, c'est sur le même principe que,
par Arrêt rendu au Parlement de Toulouse,
en la Tournelle, le 27 Mars 1744, après
avoir demandé l'avis de M. le Chancelier, il
fut jugé entre les sieur & dame de Gaillard,
qu'il ne pouvoit y avoir partage d'Opinions, & que l'Arrêt avoit été conclu *in
mitiorem*. Sur cela voyez Bruneau, des *Matieres Criminelles*, tit. 27 des Sentences, Jugemens & Arrêts, article 28 ; Imbert, liv.

4, ch. 5 ; Ragueau, au mot *Partage* ; la Bibliothéque des Arrêts, au mot *Pratique* ;
M. Bourdin, sur l'art. 126 de l'Ordonnance de 1539; & l'Edit du mois de Février
1682, pour le Parlement de Toulouse.

Un Arrêt rendu en forme de Réglement
par le Parlement de Rouen, le 26 Juin
1720, ordonne que, lorsqu'il y aura partage
d'Opinions, aucune des Parties ne sera plus
reçue à produire de nouvelles piéces ; & au
cas qu'elles le fassent, elles seront rejettées
du procès, sauf à se pourvoir dans la suite
par la voie de droit.

Une Déclaration du 10 Mai 1713, permet aux Magistrats, qui sont exclus de la
voix délibérative par leurs dispenses, de
rapporter & d'opiner dans les affaires, dont
ils seront Rapporteurs. Cette Déclaration
est dans le Recueil des Réglemens de Justice, tome 2.

Lorsqu'il y a différentes Chambres dans
un même Siége dans lequel le procès ou la
cause, sur laquelle il y a partage d'Opinions, est pendant, l'affaire se porte dans
une autre des Chambres du même Tribunal, où elle est jugée, au lieu d'appeller des
Avocats, comme on faisoit autrefois.

Par exemple, au Parlement, s'il y a partage d'Opinions en la Grand'Chambre, l'affaire se porte dans l'une des trois Chambres des Enquêtes, & si le partage arrive
dans l'une des Chambres des Enquêtes,
elle se porte dans l'une des deux autres
Chambres.

Comme il n'y a que deux Chambres aux
Requêtes du Palais, s'il y a partage d'Opinions dans l'une, l'affaire se porte dans l'autre ; & si toutes deux se trouvent partagées,
c'est aux Requêtes de l'Hôtel qu'il faut la
porter.

Au Châtelet (où le service des Juges est
divisé par colonnes), le partage d'Opinions
d'une colonne se porte dans une autre ; &
dans tous ces Tribunaux, c'est toujours le
premier Rapporteur de l'affaire qui la rapporte de nouveau (en présence du Compar-

---

(a) Ceci n'a lieu, que lorsqu'il s'agit de juger une Instance ou un Procès par écrit ; quand il s'agit d'une Cause
d'Audience, la pluralité d'une voix suffit pour former
l'Arrêt. Et s'il y a égalité de suffrage pour deux Opinions
diverses, l'usage est d'appointer ; cet usage des Tribunaux
ordinaires est suivi, même au Grand-Conseil. J'ai sous les
yeux un Arrêt de ce dernier Tribunal, rendu le 26 Février
1757, entre les Religieux de N. D. de Ham & les Sieurs

Martine, par lequel il a été ordonné, *par égalité des suffrages, que les Parties écriroient, pronnroient*, &c.

(b) La Déclaration du 5 Novembre 1739, portant Réglement pour le Parlement de Besançon, prescrit la forme dans laquelle les partages d'Opinions doivent être
vuidés dans les diverses Chambres, dont cette Cour est
composée. Voyez les articles 12 & 13 de la susdite Déclaration.

titeur) dans la Chambre où le départage doit se prononcer.

On en use ainsi dans les affaires dont la connoissance appartient naturellement & de droit au Parlement ; mais quand une des Chambres de ce Tribunal connoît de quelques affaires particulieres, en conséquence d'une attribution spéciale, s'il survient un partage d'Opinions, il faut recourir au Roi, & demander le renvoi à une autre Chambre pour le départage.

C'est ce qu'on a pratiqué dans le partage d'Opinions survenu, le 28 Juin 1702, en la troisiéme Chambre des Enquêtes, à l'occasion d'une affaire d'un sieur de Boisleve. Il n'y avoit dans les Opinions qu'une voix de plus d'un côté que de l'autre ; & comme cette Chambre ne connoissoit de l'affaire que par attribution, on obtint au Conseil, le 18 Septembre suivant, un Arrêt, & des Lettres-Patentes qui renvoyoient la connoissance en la cinquiéme Chambre des Enquêtes.

Il fut rendu au Conseil un autre Arrêt, le 27 Septembre 1722, dans les affaires de la Maison de Senneterre, qui a commis la quatriéme Chambre des Enquêtes pour décider un partage de six voix contre cinq, intervenu en la troisiéme Chambre des Enquêtes, qui n'avoit qu'une compétence d'attribution.

S'il y a partage d'Opinions dans un Siége Présidial, l'affaire se renvoye au plus prochain Siége Présidial ; c'est ainsi que la Cour en usa par un Arrêt du 13 Juillet 1587, qu'on trouve dans le Recueil imprimé à la fin de la derniere édition de Mornac, premiere partie, chap. 40. Cet Arrêt infirme une Sentence du Présidial de Tours, par laquelle il avoit été ordonné qu'un procès seroit départi par sept Avocats du Siége : l'Arrêt renvoye dans un Présidial voisin, & fait défenses aux Présidiaux de plus commettre des Avocats pour départir les procès. V. *Présidiaux.*

Le Bailliage de Chartres ayant rendu une Sentence entre les sieurs Anquetin & Tronçon, au sujet de la Cure de Saint-Aignan de Chartres, par laquelle ce Tribunal déclara être partagé en Opinions, & ordonna par la même Sentence, que les Parties se pourvoiroient au Bailliage d'Orléans : par

Arrêt rendu au commencement de l'année 1707, elle fut infirmée, & les Parties renvoyées au Châtelet. V. aussi au mot *Déport,* les Arrêts définitifs intervenus dans cette affaire sur la question au fond.

Quand M. le Prévôt de Paris assisté à l'Audience du Parc Civil, il opine le premier ; mais en la Chambre du Conseil, il opine le dernier, immédiatement avant M. le Lieutenant Civil, qui recueille les voix ; cela est ainsi réglé par un Arrêt de la Cour du 8 Août 1726.

Bauclas dit que, quand les Maréchaux de France viennent siéger à la Connétablie, le Lieutenant Général va, en matiere sommaire, recueillir leurs Opinions, & qu'ils le donnent assis, découverts & en s'inclinant ; mais que s'il s'agit d'affaires de discussion, les Maréchaux de France se réunissent près du Doyen, & donnent leurs avis debouts & découverts.

O P P O S I T I O N S.

V. *Décret, Offices, Opposition au titre, Ordre, Remboursement, Saisie-réélle, Sceau, Scellé & Vente.*

En termes de Palais, le mot Opposition signifie un acte, qui a pour objet d'empêcher qu'on ne fasse quelque vente ou autre action, à moins que les intérêts de l'Opposant n'y soient conservés.

Il y a des Oppositions de tant de sortes, qu'on ne peut pas aisément les détailler : on en forme à des mariages, au titre & au sceau des provisions des Offices ; au sceau des lettres de ratification, à la délivrance des deniers, à des ventes de meubles, à des scellés, à des décrets : c'est de cette derniere espéce d'Opposition que je vais parler. Sur les autres, on peut voir ce que je dis aux mots, *Inventaire, Office, Opposition au titre, Scellé, Sceau, Vente, &c.*

Les Oppositions aux Décrets peuvent se former de deux manieres ; sçavoir, entre les mains de l'Huissier, pendant qu'il procéde aux criées (Voyez *Criées*) & au Greffe de la Jurisdiction en laquelle le Décret se poursuit.

L'article 7 de la Déclaration du 16 Juillet 1669, registrée le 28 Août suivant, ordonne que, *pour empêcher les fraudes, toutes les Oppositions qui seront formées aux saisies-*

*réelles, criées & ventes, en licitation d'im-
meubles, offices ou droits fur nous, par créanciers, ou autres qui prétendront droit fur les
chofes décrétées ou licitées; feront faites au
Greffe, & regiſtrées par le Greffier des Décrets, ou ſon Commis, ſur ſon Regiſtre à ce
deſtiné, & celles que les Procureurs ſe pourroient faire ſignifier l'un l'autre; & celles faites au Greffe, en quelque façon qu'elles ſoient
formées, ſeront nulles & de nul effet ou valeur, à la réſerve ſeulement de celles faites ès
mains du Sergent procédant aux criées, &
inférées dans le procès-verbal d'icelles, & entre les mains du Scelleur, pendant le temps
que le Décret doit y demeurer. V. auſſi l'article 356 de la Coutume de Paris.*

De quelque maniere que l'Oppoſition au
Décret ſoit formée, c'eſt-à-dire, au Greffe
ou ès mains de l'Huiſſier, il eſt indiſpenſa-
blement néceſſaire qu'elle contienne élection d'un domicile dans le lieu où ſe pourſuit l'adjudication, avec déſignation de la
rue, ou autre marque publique qui puiſſe
aiſément faire trouver la maiſon en laquelle
le domicile à été élu. V. l'article 360 de la
Coutume de Paris.

L'uſage eſt d'élire le domicile de l'Oppoſant au Décret, en la maiſon du Procureur,
chargé d'occuper pour lui ſur ſon Oppoſition; & tous exploits concernans la pourſuite & l'exécution du Décret, faits à ce domicile élu, valent, pour ce qui eſt relatif à
l'oppoſition, comme s'ils étoient donnés à
la perſonne de l'Oppoſant même. *Ibid.*

Le domicile élu par les Oppoſitions au
Décret, n'eſt pas même révoqué par la mort
de la perſonne chez laquelle il a été élu; de
maniere que les aſſignations en conſtitution
de nouveau Procureur, ou en repriſe, quand
c'eſt le cas d'en donner, ſont régulieres,
quoique faites où le domicile avoit été élu:
on prétend néanmoins que quelques Arrêts
ont jugé que la mort de l'Oppoſant révoque l'élection de domicile; & l'on cite à ce
ſujet un Arrêt du 3 Août 1700, rendu contre l'avis de la Communauté des Procureurs: mais l'uſage journalier eſt contraire.
Voyez les articles 2 & 3 de l'Edit du mois
d'Août 1716, regiſtré au Parlement le 5
Septembre ſuivant, concernant les formalités à obſerver dans les Décrets pourſuivis
en la Chambre de Juſtice.

Les Oppoſitions qui ſe forment au Greffe,
doivent être faites par le miniſtere du Procureur qui doit les y faire regiſtrer, & les
faire ſignifier au Procureur Pourſuivant.

L'uſage s'étoit introduit au Châtelet de
négliger de ſignifier les Oppoſitions formées
au Greffe; mais il a été arrêté par une délibération de la Communauté des Procureurs du 28 Juillet 1730, homologuée &
confirmée par Sentence du 8 Août ſuivant,
que leſdites Oppoſitions ſeroient ſignifiées
dans la huitaine du jour de l'enregiſtrement, à peine par les Procureurs de demeurer garans envers le Pourſuivant.

Les Oppoſitions qui ſe forment aux Décrets, ſont de quatre ſortes; ſçavoir :

1°. Les Oppoſitions à fin d'annuller.

2°. Les Oppoſitions à fin de diſtraire.

3°. Les Oppoſitions à fin de charge.

4°. Les Oppoſitions à fin de conſerver.

L'Oppoſition à fin d'annuller ne ſe forme guères que par la Partie ſaiſie; elle a
ordinairement pour objet de faire annuller
la pourſuite du Décret.

Il eſt cependant rare de voir les Parties
ſaiſies arguer de nullité les pourſuites de
Décrets par la voie de l'Oppoſition à fin
d'annuller; parce que, comme on les appelle pour propoſer moyens de nullité,
s'ils en ont, par l'aſſignation en interpoſi-
tion de décret, c'eſt ordinairement après
cette aſſignation que la nullité ſe demande.

Un tiers peut auſſi former une Oppoſition à fin d'annuller; c'eſt même la voie que
doit prendre le propriétaire d'un bien qu'on
a ſaiſi réellement, comme appartenant à un
autre qu'à lui : il n'y a point de nullité plus
certaine dans ces matieres, que celle qui réſulte d'une ſaiſie faite *ſuper non domino.*

L'Oppoſition à fin de diſtraire ſe forme
par le Propriétaire d'un héritage ou droit
réel, qui a été compris dans une ſaiſie réelle
avec d'autres biens appartenant à la Partie
ſaiſie; elle a pour objet de faire prononcer
la diſtraction de l'héritage mal-à-propos
ſaiſi, & d'empêcher que cet héritage ne ſoit
vendu avec les autres biens.

L'Oppoſition à fin de charge ne peut être
formée que par ceux envers leſquels les héritages, ſaiſis réellement, ſont chargés de
rentes foncieres non rachetables, de ſervitudes ou autres charges réelles; & elle a pour

objet de faire ordonner qu'on n'adjugera les chofes faifies, qu'à condition, par l'acqué-réur, de continuer les mêmes charges en-vers ceux qui avoient auparavant droit de les exiger.

Je dis que l'on peut former Oppofition à fin de charge pour les rentes foncieres non rachetables; mais en doit-il être de mê-me des rentes foncieres rachetables? Cette queftion s'eft préfentée depuis peu entre le fieur Aubineau, pourfuivant criées, & le fieur Heron de Courgy, Secrétaire du Roi; & par Arrêt rendu au rapport de M. Se-vert, le 5 Mars 1751, la Cour, en confir-mant la Sentence des Requêtes du Palais du 12 Mai 1747, a jugé que le créancier d'une rente fonciere rachetable, n'a pas droit de former Oppofition à fin de charge, mais feulement une Oppofition à fin de con-ferver.

En Beaujolois, le tiers-Acquéreur d'un fonds qui, depuis l'acquifition qui en a été faite, eft faifi réellement, ne peut en obte-nir la diftraction qu'en prouvant une poffef-fion triennale de ce fonds. Toute autre pof-feffion plus courte eft infuffifante, fuivant l'Acte de Notoriété du Bailliage de Ville-Franche, du 29 Novembre 1706.

Les Oppofitions à fin de charge & à fin de diftraire, doivent être formées avant l'adju-dication, pour produire leur effet: c'eft la difpofition de l'article 354 de la Coutume de Paris; parce que l'adjudication forme le contrat de l'acquéreur, & qu'il n'eft plus poffible de changer fon état, quand une fois il eft adjudicataire, foit en réduifant les biens qui lui ont été vendus, foit en lui impofant des conditions qui auroient pû l'empêcher de fe rendre adjudicataire s'il les eut connues (a).

On ne reçoit même plus ces fortes d'Op-pofitions au Parlement & aux Requêtes du Palais, après que le congé d'adjuger a été prononcé & enregiftré au Greffe. Un Arrêt de Réglement du 23 Novembre 1598 l'a ainfi ordonné: mais la difpofition particu-liere de ce Réglement n'eft point du texte

de notre Coutume; il n'a lieu qu'aux Tri-bunaux (du Parlement & des Requêtes du Palais), pour lefquels il a été fait: on ne le fuit point au Châtelet. V. au furplus l'arti-cle 3 de ce Réglement qui porte une excep-tion en faveur de l'Eglife. Des Arrêts des 28 Mars 1637 & 23 Mai 1642 ont jugé conformément à cette exception; ils font dans le troifiéme volume des anciens Mé-moires du Clergé.

Au Parlement de Bordeaux, après la Sen-tence d'affiche, & l'Arrêt confirmatif d'icel-le, on ne reçoit plus les Oppofitions à fin de diftraire. Voyez la Peyrere, Lettre D, n°. 17, & Bretonnier, queftions alphabétiques, art. Décrets.

Les Oppofitions à fin de diftraire & à fin de conferver, doivent toujours être difcutées & jugées avant l'adjudication; c'eft ce qui eft ordonné par l'article 6 du Réglement de 1598, qui veut même que les Jugemens in-tervenus fur ces fortes d'Oppofitions foient enregiftrés au Greffe. On prétend qu'il fub-fifte un ufage contraire en Normandie, & que l'on paffe outre à l'adjudication finale des biens faifis à la charge des Oppofitions pour diftraire: cela paroît bien extraordi-naire.

» Mais quand quelqu'un a omis de s'op-» pofer à fin de diftraire ou à fin de charge, » avant le congé d'adjuger au Parlement ou » aux Requêtes du Palais, & avant l'adju-» dication aux autres Jurifdictions, & qu'il » en eft par-là déchu, il peut du moins, » comme tous autres créanciers, s'oppofer » fur le prix après l'adjudication, pour y ve-» nir en ordre pour l'eftimation de fa chofe; » auquel cas il fera préféré à tous créanciers » comme ayant privilége réel: mais il faut » toujours qu'il forme cette Oppofition au-» paravant le Décret levé & fcellé comme les » fimples créanciers, autrement elle ne fe-» roit plus reçue «. Cela eft décidé, tant par l'Edit des Criées de l'année 1551 (b), que par l'article 356 de la Coutume de Pa-ris. V. Dupleffis.

Si donc le Propriétaire d'un héritage, mal-

(a) J'ai fous les yeux des Actes de Notoriété des Bail-liages du Cottentin, d'Evreux, Caën, Gifors, Caudebec, de Rouen, &c. par lefquels il eft attefté que les Oppofi-tions à fin de diftraire, n'arrêtent & n'empêchent point l'adjudication par Décret en Normandie; que l'on paffe outre, lorfque les Oppofitions ne font pas en état d'être

jugées dans le moment de l'adjudication, & qu'on les renvoye à l'état du Décret, c'eft-à-dire, à l'ordre pour y être fait droit en effence, s'il y écheoit, &c. cela eft bien extraordinaire!

(b) Cet Edit ne s'exécute pas dans le reffort de plufieurs Parlemens. Voyez ma note fur l'article Décrets.

à-propos compris dans une saisie réelle faite sur autrui, l'avoit laissé vendre sans en demander la distraction, & même sans former aucune Opposition ; si le Créancier d'une Charge réelle, rente foncière, ou servitude, ne s'étoit pas non plus opposé ; les droits de l'un & de l'autre seroient purgés par le Décret levé & scellé sans Opposition.

Telle est la régle générale ; mais elle est sujette à beaucoup d'exceptions. Le Décret ne purgeroit point, par exemple, les Substitutions, les Douaires, le Cens, &c. V. ce que je dis sur cela aux articles *Censives*, *Décrets*, *Douaire*, *Sceau* & *Substitution*.

Il ne purgeroit pas non plus une servitude apparente, & tellement visible qu'elle s'annonce d'elle-même, parce que son évidence vaut une Opposition continuelle.

Enfin, il ne purgeroit pas la faculté que le Roi a de retirer les Domaines de la Couronne engagés, en remboursant le prix de l'engagement, ni les droits de dixmes : l'adjudication est toujours censée faite à la charge de ces sortes de droits, lors même qu'ils n'ont pas été reclamés par des Oppositions.

J'ai dit qu'on ne peut former Opposition à fin de charge, que pour des rentes foncières, charges réelles ou des servitudes. Le créancier d'une rente viagere ne pourroit pas former une semblable Opposition, quand même il seroit vendeur de l'héritage, à moins que la rente ne fût directement le prix de la vente ; parce qu'alors elle seroit charge foncière, au lieu qu'elle n'est pas foncière, quand la vente a été faite, moyennant un certain prix, dont il a été constitué une rente, soit perpétuelle, soit simplement viagere.

Il en seroit de même :

1°. D'un créancier qui auroit pour titre une obligation conditionnelle, dont la condition ne seroit pas arrivée.

2°. D'un créancier dont la dette ne seroit pas encore échue.

3°. De celui qui auroit vendu l'héritage saisi, à condition que le prix ne lui en seroit payé que dans un certain temps non encore échu : tous ces créanciers ne pourroient que former des Oppositions à fin de conserver.

Les Oppositions à fin de conserver sont celles que des créanciers hypothécaires, privilégiés & même chirographaires, forment dans la vûe d'être colloqués & mis en ordre sur le prix d'un héritage vendu par Décret.

Ces sortes d'Oppositions peuvent être formées en tout temps, pourvû que ce soit avant le Décret levé & scellé : si le Décret étoit scellé & délivré, elles ne pourroient plus être reçues par le Greffier ; & le droit des créanciers sur l'immeuble vendu seroit éteint (a), à moins qu'il ne fût du nombre de ceux que le Décret ne purge pas, & dont j'ai parlé plus haut. Voyez les articles 354 & 356 de la Coutume de Paris.

Par le moyen de l'Opposition à fin de conserver, le créancier qui l'a formée, conserve sur le prix de l'adjudication, la même hypothéque qu'il avoit sur l'immeuble vendu, de maniere que le prix est représentatif de la chose à l'égard du créancier.

Le 31 Août 1690, *la Cour*, *toutes les Chambres assemblées*, *a arrêté & ordonné.... que les créanciers qui s'opposeront sur les biens de leur débiteur saisis réellement*, *pour être payés des sommes qui leur sont dûes*, *ne seront point tenus d'expliquer en détail par l'acte d'Opposition*, *les titres de leurs créances ; & que ceux à qui le mari & la femme se trouveront obligés*, *pourront être colloqués*, *comme exerçans les droits de la femme leur débitrice*, *encore que dans leur Opposition ils n'ayent point déclaré qu'ils s'opposent comme créanciers de la femme*, *& que la femme ni ses héritiers*, *& ceux qui la représentent*, *ne soient point opposans.....*

La dispense accordée par ce Réglement, de libeller les Oppositions à fin de conserver, est sujette à une exception. En effet, quand le Décret se poursuit sur le Roi, qui a ac-

---

(a) En Arrois, quoique le créancier n'ait pas formé Opposition au Décret, il est reçu à demander son payement, lors de la distribution, & tant qu'elle n'est pas faite ; le Conseil d'Artois a arresté cette maxime par plusieurs Actes de Notoriété, dont le dernier est du 14 Avril 1696.

· En Normandie, les créanciers sont reçus à s'opposer aux Décrets, même après *l'ouverture de l'état*, c'est-à-dire, après qu'on a commencé à faire l'ordre ; mais en ce cas,

ils doivent payer les dépens de leur retardement. Cependant leurs Oppositions ne peuvent avoir l'effet des Sentences & Jugemens donnés au profit des autres Opposans, mis en ordre avant leur Opposition. Plaçités, art. 141.

Hevin sur Frain, dit qu'en Bretagne, les Oppositions pour deniers, sont reçues jusqu'à la distribution actuelle & consommée, quoique le créancier ne se soit opposé aux Bannies, ni aux Criées.

quis des héritages, conformément à l'Edit du mois de Juillet 1693, qui a indiqué la forme de ces Décrets; il faut que les Oppositions qui y sont formées, *contiennent les causes desdites Oppositions*, & qu'elles soient *libellées en détail, à peine de nullité*. L'Edit le porte expressément.

Par un Arrêt rendu le Mardi 19 Mai 1761 de relevée, la Cour a jugé que l'Opposition formée par un Particulier, qui n'avoit pas, en la formant, pris la qualité de tuteur, devenoit inutile à ses pupilles, qui avoient cependant des droits certains sur l'objet vendu, & qui eussent été payés, sans l'omission de cette qualité. Il étoit néantmoins évident que cette Opposition n'avoit eu, dans l'intention du tuteur, que la conservation du droit de ses pupilles, puisqu'il n'avoit aucun droit personnel. La Cour a réservé le recours des mineurs contre lui; on a cité plusieurs Arrêts semblables.

Les créanciers qui forment des Oppositions à fin de conserver, peuvent valablement & utilement, par leurs Oppositions, requérir l'intérêt des sommes qui leur sont dûes. Voyez ce que je dis sur cela au mot *Intérêt*.

Les créanciers chirographaires peuvent aussi former des Oppositions à fin de conserver; mais elles n'ont d'effet qu'après que les créanciers hypothécaires opposans ont été payés : le restant se distribue entr'eux (créanciers chirographaires), non par ordre d'hypothéque, puisqu'ils n'en ont point, mais par contribution au marc la livre, comme dans le cas d'une déconfiture, sans priorité d'Opposition. C'est l'usage du Châtelet.

Tout ce que je viens de dire sur les Oppositions à fin de conserver, a lieu, soit que le Décret soit volontaire ou forcé. Il y a seulement cette différence que, dans les Décrets volontaires, qui se font ordinairement dans la seule vûe de purger les hypothéques, dont les biens acquis sont affectés, les créanciers délégués par le contrat, en conséquence duquel le Décret volontaire se poursuit, ne sont point obligés de former Opposition à ces Décrets, pour conserver leurs droits : cela a été ainsi décidé par trois Arrêts rapportés dans le Journal des Audiences; & la Jurisprudence est certaine à cet égard. Je crois que cela n'a pas lieu dans les Décrets volontaires qui deviennent forcés.

Dans les Décrets volontaires, l'acquéreur fait ordinairement convertir en saisies-arrêts entre ses mains, & ordonner la radiation des Oppositions à fin de conserver, qui y surviennent. Cette conversion & la radiation sont nécessaires; parce que, sans elles, le Décret cesseroit d'être volontaire, & demanderoit que les Opposans fussent appellés à la publication des encheres, & aux publications. Néantmoins la radiation & la conversion des Oppositions n'empêchent pas que le prix ne soit distribué par ordre d'hypothéque entre les Opposans. Tout ce que cela opere à leur égard, c'est qu'ils ne peuvent plus, après la conversion, enchérir l'immeuble dont le Décret volontaire se poursuit. La conversion fait qu'ils agréent le contrat de vente, le prix & les clauses qu'il contient, au lieu que leur qualité de créanciers hypothécaires & d'opposans les met en état de surenchérir, & même de forcer le Décret, tant que leur Opposition subsiste.

Quand il survient des Oppositions à un Décret volontaire, l'acquéreur doit personnellement en former une pour la sûreté de son acquisition; mais voyez *Décrets*.

Quelques Praticiens sont dans l'usage de former Opposition au Décret, à la Requête du Poursuivant même; cela me paroît superflu. Je crois cependant que cela est nécessaire, lorsque la saisie-réelle a été faite pour raison d'arrérages d'une rente constituée. Il est bon en ce cas qu'il y ait une Opposition qui mette le créancier en état d'exiger le capital.

Je viens de dire que les Oppositions au Décret, soit volontaire, soit forcé, conservent les droits des Opposans : ils sont en effet payés avant que ceux qui ont négligé de s'opposer, puissent rien prétendre; mais si, après les Opposans payés, il reste encore une portion du prix, & que d'autres créanciers se présentent pour le toucher, la distribution devra-t-elle se faire entr'eux par ordre de privilége & d'hypothéque, ou par contribution ?

Je pense qu'en ce cas il doit se faire un nouvel ordre entre les créanciers privilégiés

&

& hypothécaires, & non une contribution ; c'est ce qui me paroît résulter de l'article 3 de l'Edit du mois de Février 1683, que je rapporte à l'art. *Office*; suivant lequel, après que tous les créanciers opposans au Sceau d'un Office sont payés, s'il reste une partie du prix, la distribution doit s'en faire par ordre d'hypothéque entre les créanciers non opposans : le Sceau & le Décret ayant le même objet, & le Décret produisant les mêmes effets que le Sceau, il me semble que la portion du prix doit se distribuer dans un cas comme dans l'autre.

On tient au Palais que l'Opposition au Décret empêche la prescription de cinq ans pour les arrérages de rentes (V. la Combe au mot *Opposition*). Bourjon atteste que c'est aussi l'usage du Châtelet ; & il a raison.

OPPOSITIONS au Titre des Offices.
       Voyez *Sceau.*

L'Opposition au Titre des Offices a pour objet d'en empêcher l'expédition des provisions, & de transmettre les Offices à ceux qui veulent s'en rendre Titulaires ; ainsi l'Opposition au Titre tombe sur l'Office même, au lieu que l'Opposition au Sceau n'a pour but que de conserver à celui qui la forme, les mêmes droits sur le prix de l'Office qu'il avoit sur l'Office même. V. ce que je dis au mot *Office.*

L'Edit du mois de Février 1683, & la Déclaration de 1703, dont j'ai parlé au mot *Office*, ont réglé l'effet & la maniere de former des Oppositions au Sceau. *Mais l'expérience ayant fait connoître que les Oppositions au Titre ne demandoient pas moins un Réglement semblable, soit pour fixer les cas où ces Oppositions peuvent avoir lieu, soit sur la maniere de les former, ou sur l'ordre de la procédure qu'on doit observer pour y faire statuer :* le Roi régnant a, par une Déclaration du 29 Avril 1738 (non enregistrée au Parlement mais publiée, le Sceau tenant le 9 Mai suivant) fixé la Jurisprudence sur ces différens points. Comme elle prévoit toutes les difficultés relatives à ces sortes d'Oppositions, & qu'elle est d'ailleurs très-étendue, je me contenterai d'en rapporter les dispositions sans additions ni réflexions. Voici comme elle s'explique.

ART. I. » Les Oppositions au Titre des

» Offices pourront être formées par tous » ceux à qui la propriété de l'Office appar- » tiendra, en tout ou en partie, ou qui au- » ront droit d'obliger le Titulaire ou le Pro- » priétaire à leur céder ladite propriété, ou » d'empêcher qu'il n'en soit disposé au pro- » fit d'un autre ; ce qui aura lieu, quoique » ledit droit ne fût pas encore ouvert ou » échu dans le temps de l'Opposition.

II. » Lesdites Oppositions pourront pa- » reillement être formées par ceux qui au- » ront obtenu & fait signifier des Lettres de » Restitution contre le Traité de Vente d'un » Office, ou qui auront formé une demande » pour rentrer à titre de regrès, ou autre- » ment, dans un Office par eux vendu, le » tout à la charge de joindre à l'Acte d'Op- » position, la copie de la signification des- » dites Lettres ou de ladite demande ; ce qui » sera observé, à peine de nullité de ladite » Opposition.

III. » La voie de l'Opposition au Titre » sera aussi ouverte à ceux qui auront inté- » rêt d'empêcher que l'Acquéreur d'un Of- » fice ne fasse insérer dans ses provisions, à » leur préjudice, des titres ou qualités, » droits ou fonctions, qui n'appartiennent » pas à l'Office par lui acquis, ou ne se fasse » pourvoir d'un Office supprimé ou réuni » à d'autres Offices, ou qui n'auroit ja- » mais été créé.

IV. » Les Engagistes de nos Domaines, » auxquels la faculté de nommer aux Offi- » ces qui en dépendent, aura été accordée » par le Contrat d'Engagement, pourront » pareillement former Opposition au Ti- » tre, à l'effet d'empêcher que les provi- » sions desdits Offices ne soient scellées sans » leur nomination.

V. » La disposition de l'article précédent » aura lieu à l'égard des Apanagistes, en ce » qui concerne les Offices, dont les provi- » sions ne s'expédient pas en leur nom, & » dont ils n'ont que la nomination.

VI. » Lorsqu'un Office aura été saisi réel- » lement, ou abandonné à des Créanciers, » séparément ou conjointement avec d'au- » tres biens de leur Débiteur, lesdits Créan- » ciers, ou ceux d'entr'eux qui auront été » nommés Syndics ou Directeurs, pourront » former Opposition au Titre dudit Office, » pour empêcher qu'il ne soit vendu à leur

» préjudice, & fans leur confentement.

VII. » La difpofition de l'article précédent aura lieu pareillement dans les cas où » le Titulaire ou le Propriétaire d'un Office auroit fait faillite ou banqueroute, ou » lorfqu'il auroit paffé un Contrat d'Atermoyement avec fes Créanciers, ou obtenu » & fait fignifier des Lettres de Répit.

VIII. » Les Créanciers, même privilégiés, qui ne font dans aucun des cas portés par les deux articles précédens, ne » pourront prendre la voie de l'Oppofition » au Titre, fi ce n'eft pour prévenir l'effet » des ventes de l'Office qui feroient faites » à vil prix, au préjudice de leurs créances; » auquel cas ils pourront à leurs rifques, périls & fortunes, former ladite Oppofition, » à l'effet feulement d'avoir communication » du Contrat de vente de l'Office, pour le » porter à un plus haut prix que celui qui » aura été convenu par le Contrat; le tout » aux charges & conditions portées par les » articles fuivans.

IX. » Celui qui voudra obtenir mainlevée de ladite Oppofition, fera fommer » l'Oppofant de prendre communication du » Contrat de vente dans le délai qui fera réglé ci-après; laquelle fommation fera fignée d'un Avocat en nos Confeils, & contiendra élection de domicile en fa perfonne, à peine de nullité.

X. » Le Demandeur en main-levée ne fera point obligé de faire fignifier le Contrat de vente à l'Oppofant, ni tenu de lui » en donner communication ailleurs que » chez l'Avocat conftitué par ladite fommation; à l'effet de quoi le Demandeur fera » tenu de remettre audit Avocat, une expédition dudit Contrat, fans que pour raifon de ladite communication, il puiffe » être fait aucuns frais, ni aucune procédure; ce qui fera obfervé, à peine de nullité.

XI. » Dans quinzaine pour tout délai, » à compter du jour de ladite fommation, » l'Oppofant fera tenu de faire des offres à » celui qui la lui aura fait fignifier, de porter » le prix de l'Office, au moins à un dixiéme en fus du prix convenu par le Contrat.

XII. » N'entendons néantmoins que lefdites offres puiffent avoir lieu à l'égard » des Offices, dont le prix a été fixé par des » Edits de créations, ou par des Déclarations poftérieures, fi ce n'eft lorfque la » fomme pour laquelle ils auront été vendus, fera inférieure audit prix; auquel cas » feulement lefdites offres pourront être faites, ainfi qu'il eft porté par l'article précédent. Voulons même qu'elles foient réputées fuffifantes, encore qu'elles n'aillent pas jufqu'au dixiéme en fus du prix » porté par le Contrat, pourvû qu'elles égalent celui de la fixation.

XIII. » Les offres portées par les deux » articles precédens, feront faites par Acte » figné de l'Oppofant même, ou du Porteur » de fa procuration fpéciale, de laquelle il » reftera minute, & dont l'expédition fera » annexée audit Acte, qui fera figné dans le » délai porté par l'article 11, au Demandeur » en main-levée, au domicile qu'il aura élu » par la fommation.

XIV. » Faute par l'Oppofant de faire » fignifier lefdites offres en la forme & dans » le délai prefcrit par les articles 11 & 13, » le Demandeur en main-levée pourra, fur » fa Requête, faire ordonner par Arrêt de » notre Confeil, qu'il fera paffé outre au » Sceau des provifions, nonobftant l'Oppofition au Titre, laquelle demeurera convertie en Oppofition pour deniers; & par » le même Arrêt, l'Oppofant fera condamné, s'il y échoit, en tels dépens, dommages & intérêts, qu'il appartiendra.

XV. » En cas que lefdites offres ayent été » faites & acceptées, il fera ordonné, fi le » Demandeur en main-levée le requiert, » que la totalité du prix porté par le Contrat, enfemble la fomme offerte au-delà » dudit prix, feront dépofées entre les mains » d'un Notaire, dans huitaine pour tout délai, & que faute d'y fatisfaire, il fera paffé outre au Sceau des provifions; au moyen » de quoi, l'Oppofition au Titre demeurera » convertie en Oppofition pour deniers; » ainfi qu'il eft porté par l'article précédent.

XVI. » En cas que celui qui aura fait les » offres, forme Oppofition à l'Arrêt rendu » dans le cas de l'article précédent, il ne » pourra y être reçu, s'il ne joint à fa Requête d'Oppofition, l'Acte de dépôt des » fommes portées par ledit Arrêt; & le délai fixé par ledit article ne pourra être

» prorogé, fous quelque prétexte que ce puif-
» fe être.

XVII. » N'entendons comprendre dans
» les neuf articles précédens, les Oppofi-
» tions qui feroient formées par des Créan-
» ciers dans les cas portés par les articles 6
» & 7, à l'égard defquels les régles prefcri-
» tes par les articles 20 & fuivans de notre
» préfente Déclaration, feront obfervées.

XVIII. » Celui qui fera appellé à la
» fubftitution de la propriété d'un Office,
» pourra former Oppofition au Titre dudit
» Office, pour empêcher qu'il ne foit ven-
» du à vil prix, au préjudice de ladite fubfti-
» tution ; à la charge de fe conformer
» aux difpofitions contenues dans les ar-
» ticles 8, 9, 10, 11, 12, 13, 14, 15 & 16
» ci-deffus : ce qui aura lieu à l'égard du
» Tuteur ou Curateur à ladite fubftitution,
» lorfqu'il y en aura eu un de nommé.

XIX. » Faifons au furplus très-expref-
» fes inhibitions & défenfes à tous Officiers
» & autres perfonnes, fans exception, de
» former Oppofition au Titre des Offices,
» pour d'autres caufes que celles qui ont été
» ci-deffus exprimées, notamment fous pré-
» texte d'incapacité, ou même d'indignité
» de celui qui préfentera fes provifions ;
» fauf à en donner avis à notre très-cher
» & féal Chancelier de France, pour y
» être par Nous pourvu, ainfi qu'il appar-
» tiendra, fur le compte qui Nous en fera
» par lui rendu.

XX. » Les Oppofitions au Titre feront
» formées par un Acte qui fera figné d'un
» Avocat en nos Confeils, & contiendra
» élection de domicile en fa perfonne, à
» peine de nullité. Défendons aux Gardes
» des Rôles des Offices de France, de rece-
» voir ni enregiftrer lefdites Oppofitions,
» fi elles ne font dans ladite forme, à peine
» de répondre des dépens, dommages & in-
» térêts des Parties.

XXI. » L'Oppofition au Titre n'aura
» effet que pendant fix mois, après lefquels
» il fera paffé outre au Sceau des provifions
» de l'Office, nonobftant ladite Oppofi-
» tion, fans qu'il foit néceffaire d'en faire
» prononcer ou d'en-rapporter main-levée,

» fi ce n'eft toutefois qu'il en eût formé une
» nouvelle (a).

XXII. » En cas que l'inftance en main-
» levée de ladite Oppofition, ait été intro-
» duite avant l'expiration des fix mois por-
» tés par l'article précédent, l'Oppofition
» au Titre aura fon plein & entier effet,
» jufqu'à ce que ladite inftance ait été ju-
» gée définitivement, fans qu'il foit nécef-
» faire de la renouveller ; pourvû toutefois
» que la demande en main-levée de ladite
» Oppofition ait été dénoncée aux Gardes
» des Rôles, avant l'expiration defdits fix
» mois.

XXIII. » L'Oppofant qui voudra fe dé-
» fifter de fon Oppofition, fera tenu de fai-
» re fignifier aufdits Gardes des Rôles, un
» Acte portant main-levée pure & fimple
» de ladite Oppofition ; & fera ledit Acte
» figné, tant de l'Avocat conftitué par l'Ac-
» te d'Oppofition, que de l'Oppofant, ou
» du Porteur de fa Procuration fpéciale paf-
» fée devant Notaires, dont il reftera minu-
» te ; & l'expédition de ladite Procuration
» fera annexée, audit cas, à l'Acte de main-
» levée, & fignifiée avec ledit Acte, à peine
» de nullité de la fignification.

XXIV. » En cas que l'Acte de main-
» levée ait été fignifié en la forme prefcrite
» par l'article précédent, avant que la de-
» mande en main-levée ait été introduite
» en notre Confeil, il fera paffé outre au
» Sceau des provifions de l'Office, fans qu'il
» foit befoin d'obtenir aucun Arrêt à cet
» effet.

XXV. » Lorfque l'inftance en main-
» levée aura été introduite & dénoncée aux
» Gardes des Rôles, les provifions ne pour-
» ront être fcellées, même en cas de défifte-
» ment de la part de l'Oppofant, que ladite
» main-levée n'ait été prononcée par Arrêt
» rendu en notre Confeil.

XXVI. » Les demandes en main-levée
» des Oppofitions au Titre ne pourront
» être portées qu'en notre Confeil, & elles
» y feront inftruites fommairement en la
» forme prefcrite par les Réglemens qui y
» font obfervés ; fauf à être ordonné avant
» faire droit, s'il y écheoit, que les Parties

(a) Me Saget, Avocat à Touloufe, a prétendu que
l'Oppofition formée au Titre de l'Office d'Avocat Général, & qui n'avoit pas été renouvellée, demeuroit convertie de plein droit en Oppofition pour deniers, au bout de
fix mois ; mais il a été débouté de fa demande, par Arrêt
rendu au Parlement de Touloufe, le 27 Mars 1749.

» fe pourvoiront devant les Juges qui en
» doivent connoître, pour faire juger les
» conteftations qui auront donné lieu aux-
» dites Oppofitions, pour être enfuite fta-
» tué fur icelles en notredit Confeil, ainfi
» qu'il appartiendra. ·

XXVII. » Les Oppofitions au Titre ne
» pourront être fignifiées que par les Huif-
» fiers en nos Confeils, ou en notre gran-
» de Chancellerie ; ce qui aura lieu pareil-
» lement à l'égard de toutes les fignifica-
» tions qui feront faites aux Gardes des Rô-
» les des Actes ou Arrêts qui concerneront
» lefdites Oppofitions ; le tout à peine de
» 300 liv. d'amende contre les autres Huif-
» fiers qui auroient fait lefd. fignifications,
» même d'interdiction, s'il y écheoit ».

Ce Réglement n'a pas lieu pour les Oppofitions au Titre des Offices dépendans des
Ordres du Roi. Le Confeil a rendu un Arrêt de Réglement particulier pour ces fortes d'Offices, le 2 Octobre 1742, qui prefcrit auffi les effets des Oppofitions formées
au Sceau des mêmes Offices.

A l'égard des Offices levés aux Parties
Cafuelles, comme ils fortent directement
des mains du Roi, ils ne fçauroient être fufceptibles de ces fortes d'Oppofitions. Auffi
eft-il défendu par un Arrêt du Confeil du 2
Oct. 1759, aux Gardes des Rôles, de recevoir, & aux Avocats du Confeil, de former
en pareil cas des Oppofitions au Titre.

OPTION.

V. *Choix, Douaire, Incompatibilité de Bénéfices & d'Offices, l'ortion congrue & Préciput.*

ORDINAIRE.

En matiere Eccléfiaftique, on entend par
ce mot, l'Evêque ou celui qui a l'autorité
Epifcopale dans un certain lieu, parce qu'il
faut plus fouvent s'adreffer à lui dans tout
ce qui regarde l'Eglife & la Religion.

Ceux qui donnent au Pape un pouvoir
fans bornes, difent qu'il eft l'Ordinaire des
Ordinaires.

ORDONNANCES.

Voyez *Déclaration, Edit & Loix.*

ORDRE (Sacrement d').

Voyez *Age, Cenfure, Dimiffoire, Evêque,
Hiérarchie, Irrégularité & Tonfure.*

L'Ordre eft un Sacrement qui donne le

pouvoir de faire les fonctions publiques qui
ont rapport au culte de Dieu & au falut des
Ames.

Le pouvoir de conférer le Sacrement de
l'Ordre, n'appartient qu'aux feuls Archevêques & Evêques. Ils ne peuvent communiquer ce pouvoir à leurs Grands-Vicaires. V.
Abbé & Cluni.

On compte ordinairement fept Ordres ;
qui font les Ordres de Portier, de Lecteur,
d'Exorcifte, d'Acolyte, de Soudiacre, de
Diacre & de Prêtre. Les quatre premiers
font appellés mineurs ; les trois derniers
font nommés majeurs ou Sacrés.

L'Epifcopat n'eft pas un Ordre particulier, les Evêques ont la plénitude du Sacerdoce ; mais cette plénitude ne leur confére
pas un Sacerdoce d'une nature différente
de celui du fimple Prêtre.

L'Ordination des Miniftres de l'Eglife a
toujours été regardée comme une action fi
intéreffante, qu'on n'a jamais manqué de la
faire précéder de prieres publiques & de
jeûnes. Jefus-Chrift paffa la nuit en prieres
pour choifir fes Apôtres : les Apôtres eux-
mêmes n'impoferent les mains à Saint Paul
& à Saint Barnabé, qu'après avoir jeûné &
prié. V. S. Luc, chap. 6, verfet 12 & 13 ;
Actes des Apôtres, chap. 13, verf. 2 & 3.

De-là vient qu'encore aujourd'hui, les
Dimanches qui précédent les Quatre-Tems,
les Curés font obligés d'en avertir le Peuple, & d'ordonner des prieres & des jeûnes dans ces quatre révolutions de Saifons,
pour obtenir de la miféricorde de Dieu
des Miniftres capables d'édifier fon Eglife, & de travailler utilement au falut des
Ames.

Par l'Ordination le Prêtre reçoit le pouvoir d'exercer toutes les fonctions Eccléfiaftiques qui appartiennent au Sacerdoce.
Il n'y a que celles qui requiérent la Jurifdiction fpéciale, qui demandent un pouvoir
fpécial de l'Evêque.

Ceux qui font chargés de rendre des
comptes confidérables pour avoir geré des
affaires de mineurs, du Roi ou d'autres
perfonnes, ne peuvent être ordonnés, que
leurs comptes ne foient rendus ; parce que
ces comptes les détourneroient du fervice
du Seigneur, auquel ils doivent fe confacrer tout entiers en entrant dans l'Etat Ec-

cléfiaftique, & parce que la honte, à laquelle ils feroient expofés, s'ils ne payoient pas le reliquat, retomberoit en quelque maniere fur l'Eglife.

L'ufage du Clergé de France, un peu différent du Droit Canon & du Concile de Trente, eft que chaque Clerc ne peut être ordonné que par l'Evêque du Diocèfe dans lequel il eft né : cela a été ainfi réglé dans les affemblées du Clergé de 1635 & 1645, & quoiqu'il n'y ait point de Loi portant révocation de l'ancien ufage, la réfolution du Clergé s'exécute très-exactement ; & un Clerc Séculier ne peut être ordonné par un autre Evêque que celui dans le Diocèfe duquel il eft né, s'il n'a obtenu un Dimiffoire. V. Dimiffoire.

Nous avons quelques Coutumes qui ne permettent pas aux Vaffaux de prendre les Ordres fans le confentement de leurs Seigneurs. Voyez Main-morte.

Feu M. de Vintimille, Archevêque de Paris, a, par une Ordonnance du 10 Mai 1737, prefcrit ce que devoient faire ceux qui vouloient recevoir les Ordres dans fon Diocèfe. On peut fur la même matiere confulter des Ordonnances de M. de Noailles, du 30 Juin & premier Octobre 1696.

ORDRE de Lettres de Change & de Billets de Commerce.
Voyez Banquiers, Billets, Endoffeurs, Garantie, Lettres de Change, Obligation.

On nomme Ordre, une convention extrêmement abrégée, qui s'écrit au dos des Lettres de Change ou des Billets commerçables, par le moyen de laquelle la propriété de la Lettre de Change ou du Billet de Commerce eft tranfmife irrévocablement à celui au profit duquel l'Ordre eft paffé.

L'endoffement peut n'être qu'un fimple mandat, il peut auffi former un tranfport comme l'Ordre ; & on ne peut difcerner, fi c'eft l'un ou l'autre, que par la mention de la valeur reçue. Si cette mention s'y trouve, c'eft un véritable Ordre qui contient une véritable ceffion fujette aux régles établies pour les tranfports, fans cependant être fujette à la fignification ; fi elle ne s'y trouve pas, il ne forme plus alors qu'un fimple mandat, foumis aux régles établies pour les

procurations & pour les mandats. Je fupplie le Lecteur de noter cette différence au mot Endoffeur, où j'aurois dû la faire remarquer.

Les fignatures au dos des Lettres de Change ne ferviront que d'endoffement & non d'Ordre, s'il n'eft daté & ne contient le nom de celui qui a payé la valeur en argent, marchandife ou autrement. Ordonnance du Commerce, titre 5, article 23.

Les Lettres de Change endoffées dans les formes prefcrites par l'article précédent, appartiendront à celui du nom duquel l'Ordre fera rempli, fans qu'il foit befoin de tranfport, ni de fignification. Ibid. art. 24.

Au cas que l'endoffement ne foit pas dans les formes ci-deffus, les Lettres feront réputées appartenir à celui qui les aura endoffées, & pourront être faifies par fes créanciers, & compenfées par fes redevables. Ibid. art. 25.

Défendons d'antidater les Ordres à peine de faux. Ibid. art. 26.

L'ufage eft de ne pas ordonner que les Négocians, porteurs d'Ordres de Lettres de Change, Billets ou promeffes payables à Ordre, foient tenus de répondre & affirmer la fincérité de l'Ordre, ou fur la valeur qu'ils en ont fournie. Mais quand il y a des circonftances qui font préfumer de la fraude & de la collufion, on s'écarte de cet ufage. Voyez l'Acte de Notoriété de la Confervation de Lyon, du 22 Août 1732.

Le même Tribunal a, par un autre Acte de Notoriété du 14 Mars 1738, attefté que l'on n'accorde l'exécution des Lettres de Change, qu'en faveur de celui au profit de qui elles ont été tirées ou endoffées par un Ordre, par écrit ou autre acte équipollent, fans pouvoir, par celui qui en eft nanti, être admis à prouver par témoins qu'il eft propriétaire de la Lettre de Change.

Les Ordres doivent être paffés fans interruption au dos des Lettres de Change ou Billets négociables : une quittance qui fe trouveroit infcrite, même au profit d'un étranger, à la fuite des Ordres, ne mettroit pas celui qui paroîtroit avoir acquitté la Lettre ou le Billet, en état de le négocier ou d'en paffer de nouveaux Ordres : c'eft ce que la Cour a jugé par un Arrêt du 4 Septembre 1749, dont voici l'efpéce.

Nicolas Volant fit le 4 Mars 1722, un

Billet de 2288 liv. payable dans un mois à la veuve Gricourt, laquelle passa son Ordre le 15, au profit du sieur Marion.

Le 17 Février 1748, le sieur Marion écrivit sur le Billet, une quittance conçue en ces termes : *j'ai été remboursé du contenu en l'autre part par M. Denis Volant* ; & en conséquence de cette quittance, Denis Volant passa son Ordre au sieur Bodasse, qui demanda le payement du Billet à Nicolas Volant.

Celui-ci soutint Bodasse non-recevable ; il offrit de prouver qu'il avoit acquitté le Billet à son échéance ; que l'Ordre daté du 15 Mars 1722, n'avoit été écrit qu'en 1748, & offrit de s'inscrire en faux, si on soutenoit le contraire : il ajouta qu'il étoit créancier de Denis Volant son frere, de sommes plus fortes que celles énoncées au Billet, & consentit la compensation des 2288 liv. sur ce que lui devoit son frere. Denis Volant répliqua qu'il n'avoit jamais été payé, & Bodasse, qui les avoit fait assigner tous deux, dit que le débat de deux freres lui étoit indifférent ; qu'il étoit porteur d'Ordre d'un Billet à Ordre ; que cela suffisoit pour faire prononcer la condamnation qu'il demandoit.

Il obtint en effet cette condamnation par Sentence des Consuls. Sur l'appel, Nicolas Volant rapporta les avis des plus fameux Banquiers de Paris, de Rouen & de Bordeaux, qui attestoient que la quittance de Marion avoit interrompu le cours des Ordres, au moyen de quoi Bodasse ne pouvoit poursuivre le payement ; & que Nicolas Volant étoit bien fondé à demander la compensation. Par l'Arrêt qui est intervenu, au rapport de M. de Montulé, le 4 Septembre 1749, la Cour, en infirmant les Sentences des Consuls, a déclaré les Ordres nuls ; en conséquence, a condamné Bodasse & Denis Volant solidairement aux dépens.

Un Arrêt rendu au Parlement de Rouen, le premier Juin 1736, entre le sieur Valmont de Baumare & le nommé d'Aubin, a jugé qu'un Billet à Ordre, acquitté par quittance à part, avant le temps de son échéance, est toujours exigible par celui au profit duquel il est endossé, sauf le recours du débiteur contre celui qui a reçu.

Les Billets à-Ordre engendrent la contrainte par corps contre les débiteurs-endosseurs, quand ils sont faits entre Marchands, Négocians & Gens de Finance. V. *Contrainte par Corps*.

Les Notaires sont sujets à la même contrainte, pour les Billets à Ordre qu'ils souscrivent, la Cour l'a ainsi jugé contre un Notaire en faillite, par Arrêt, (contraire aux Conclusions de M. Joly de Fleury, Substitut,) rendu en Vacation, le 21 Octobre 1763. On a cité plusieurs Arrêts semblables rendus tout récemment.

Peut-on faire des obligations payables à Ordre ? V. *Obligation*.

ORDRE de Privilége & d'Hypothéque. Voyez *Comptables, Contribution, Créanciers, Dettes, Hypothéques, Meubles, Offices, Opposition, Privilége, Sceau, Sous-Ordre Subrogation*.

On nomme Ordre, un Jugement qui contient la distribution entre plusieurs créanciers, du prix provenu de la vente d'un immeuble susceptible d'hypothéque.

Les Ordres les plus fréquens sont ceux qui se poursuivent, & se font après les ventes d'immeubles par décret : on en fait aussi après des ventes volontaires & dans les directions.

Lorsqu'il y a eu un bail judiciaire de biens vendus par décret, les loyers que ce bail a produits, se distribuent par Ordre d'hypothéque, comme le prix principal, & par la même opération ; parce que le bail judiciaire immobilise les loyers. On peut voir sur cela les Annotateurs de Dupleffis : la Jurisprudence est certaine à cet égard.

Celui qui a poursuivi la vente par décret, doit poursuivre l'Ordre ; c'est la Pratique du Châtelet : on y est même dans l'usage d'accorder cette poursuite à l'acquéreur d'un héritage, qui, en ce cas, fait faire un décret volontaire, quoiqu'il ne soit point créancier ; parce qu'il a intérêt de veiller & d'examiner ce que devient son prix (a).

_____

(a) Ces maximes annoncent que les Ordres ne se font à Paris qu'après l'adjudication ; mais il est des Tribunaux en grand nombre, qui sont dans l'usage de faire l'Ordre avant le décret. Dans ces Jurisdictions, celui qui poursuit le décret, poursuit aussi l'Ordre, & les créanciers touchent leurs collocations des mains de l'Adjudicataire, au moment

Au Palais, la pourſuite de l'Ordre s'accorde ordinairement à celui des oppoſans qui obtient le premier ce qu'on nomme appointement ſur l'Ordre ; de maniere que ſi l'oppoſant eſt ſur cela plus diligent que le pourſuivant, il lui eſt préféré.

Ce ſont les Magiſtrats qui, dans preſque tous les Tribunaux, jugent les Ordres ; & ces Jugemens ſont précédés d'une inſtruction judiciaire, dans laquelle le pourſuivant peut contredire les demandes & les productions des créanciers, qui en ſont ſuſceptibles ; mais au Châtelet, ce ſont les Commiſſaires qui dreſſent les Ordres ſur les productions que les Parties font en leurs mains ; & ſi quelqu'oppoſant conteſte la diſtribution faite par le Commiſſaire, les Parties ſont alors renvoyées à l'Audience, pour être ſtatué ſur leurs prétentions. On peut voir dans le Style du Châtelet & dans Bourjon, la maniere dont les Ordres ſe font au Châtelet, ils en parlent d'une maniere très-exacte.

Quand le décret, ſoit volontaire, ſoit forcé, a été pourſuivi au Châtelet, l'Ordre ne peut ſe faire que devant un des Commiſſaires au Châtelet. Cette maxime, qui a eſſuyé bien des contradictions, eſt conſacrée par deux Arrêts rendus les 12 Janvier & 3 Mars 1732, à l'occaſion de l'Ordre de la portion revenante à M. Titon de Villegenoux, dans le prix de deux maiſons ſituées à Paris, rue du Plat-d'Etain, que M. Titon avoit fait évoquer aux Requêtes du Palais, & que la Cour a renvoyé au Châtelet. Ces Arrêts ſont dans le Code de Louis XV, tom. 4, pag. 232 & ſuivant. V. ce que je dis au commencement de l'art. *Notaire.*

Comme les adjudications forcées des Offices de Secrétaire du Roi, & des autres Offices, tant de la Grande Chancellerie, que des Chancelleries établies près les Cours & Conſeils Supérieurs du Royaume, ne peuvent ſe faire que devant M. le Garde des Sceaux ; c'eſt auſſi devant lui que ſe fait l'Ordre & la diſtribution du prix des Offices ainſi vendus ; on peut à ce ſujet, voir

un Arrêt du Conſeil du 12 Février 1729, dans le Code de Louis XV, tome 2.

Quand il ne ſe trouve que des créanciers Hypothécaires, la diſtribution du prix eſt facile entr'eux, parce que la priorité & la poſtériorité de l'Hypothéque indiquent le rang que chacun des oppoſans qui a produit ſes titres, doit tenir : mais l'opération eſt plus compoſée, lorſque, dans le nombre des oppoſans, il y a des créanciers privilégiés ; ce n'eſt plus alors la priorité ou la poſtériorité de l'Hypothéque qui indique le rang du créancier dans l'Ordre, mais bien la nature des Priviléges & leur cauſe.

Les frais extraordinaires de criées, ceux faits pour parvenir à l'Ordre, & les droits du Receveur des Conſignations ſont les plus privilégiés ; auſſi ſont-ils toujours les premiers pris ſur les deniers qui forment l'objet de l'Ordre, lors même qu'il y a des créanciers privilégiés oppoſans, parce que ce ſont ces mêmes frais qui procurent le payement des autres créanciers. Cependant voyez l'Arrêt du 13 Décembre 1695, dont je parle à la fin de l'article *Enchere.*

Après ces ſortes de frais & de droits prélevés, le premier créancier privilégié eſt le Seigneur ; & il peut exercer ſon Privilege, non-ſeulement pour les arrérages des cenſives & rentes Seigneuriales qui lui ſont dûs, parce que c'eſt de ſa main qu'eſt originairement ſorti l'héritage, & qu'il eſt par conſéquent le premier bailleur de fonds, mais il peut encore l'exercer pour les droits Seigneuriaux engendrés par les mutations précédentes de l'héritage vendu, pourvû qu'il ait formé oppoſition au décret ; car l'oppoſition eſt néceſſaire pour les profits de Fiefs qui ſe preſcrivent, au lieu qu'elle eſt ſurabondante, quand il ne s'agit que d'arrérages de cens. Voyez ce que je dis ſur cela au mot *Cens.*

Le vendeur originaire de l'héritage décrété a, pour le prix de la vente & les acceſſoires qui lui reſtent dûs, un Privilége qui ſuit immédiatement celui du Seigneur ; & ce Privilége a lieu, lors même qu'il n'a

---

de l'adjudication. V. une Déclaration du premier Octobre 1697, regiſtrée au Parlement de Beſançon, le 13 Mars 1698.

Les Ordres ſe font auſſi avant l'adjudication au Parlement de Bordeaux. L'Arrêt qui a jugé, contient auſſi l'Ordre du prix.

Le même uſage a lieu en Angoumois, en Lorraine, &c. Il a pour objet d'empêcher qu'on ne vende plus de biens qu'il n'en faut, pour payer tous les créanciers oppoſans. Ce qui eſt très-ſage.

Voyez ſur la même matiere, l'article 19 du Réglement du 16 Décembre 1748, pour le Parlement de Dijon.

pas été ftipulé par la vente, ainfi qu'on le peut voir par l'extrait d'un Arrêt d'Ordre, rapporté par M. Bouguier, lett. H, n°. 12. V. auffi Henrys, tome prem. liv. 4, ch. 6.

S'il y avoit plufieurs vendeurs fucceffifs de l'héritage dont le prix fe diftribue par Ordre, & que chaque vendeur fût créancier d'une partie de fon prix, le premier vendeur feroit préféré au fecond & à fes créanciers, & ainfi fucceffivement; parce que la chofe n'a pû paffer de la perfonne de l'un à celle de l'autre, qu'avec la charge primitive qu'une vente poftérieure n'a pû affoiblir.

Les créances réfultantes des foultes de partage, operent le même privilége, & doivent donner au créancier pour la foulte, les mêmes avantages qu'ont les vendeurs fur les deniers provenus du décret de l'immeuble forti de leurs mains. V. à ce fujet un Arrêt de l'année 1691, dans le cinquiéme volume du Journal des Audiences.

Les créanciers d'un défunt font auffi privilégiés à ceux de l'héritier fur lequel l'Ordre fe fait, & ce Privilége eft indépendant de l'Hypothéque; ainfi le créancier chirographaire d'un défunt dont l'héritage provient, fera préféré au créancier hypothécaire de l'héritier qui a vendu, ou fur lequel cet héritage eft vendu, parce que les créanciers de l'héritier n'ont eu plus de droit que leur débiteur héritier, lequel ne peut rien prétendre qu'après que toutes les dettes du défunt font acquittées. Voyez le Brun, des Succeffions.

Après la collocation des créanciers privilégiés dans le rang que chacun doit tenir, les créanciers hypothécaires doivent être placés chacun dans l'Ordre de l'hypothéque réfultante de leurs titres (fuivant la régle prior tempore potior jure,) & les créanciers chirographaires, c'eft-à-dire, qui n'ont point d'Hypothéque, doivent enfuite être colloqués pour être payés par contribution entre eux au fol la livre.

L'ufage eft de colloquer tous les créanciers qui produifent à l'Ordre, lors même qu'il eft très-certain qu'ils ne feront pas payés.

En Normandie, lorfqu'une femme mariée, ou civilement féparée, créanciere de rente conftituée, & colloquée dans une diftribution de deniers provenans d'adjudication par décret auquel il a été formé Oppofition, le Procureur du Roi eft tenu de requérir, & les Juges d'ordonner que les maris ou les femmes féparés, feront obligés, pour recevoir, de fournir bonne & fuffifante caution des capitaux des rentes; laquelle caution doit être reçue Partie préfente ou dûement appellée en préfence du Procureur du Roi: cela eft ainfi ordonné par un Arrêt de Régl. rendu le 19 Juin 1724.

Les feuls oppofans au décret doivent être colloqués dans l'Ordre du prix qui en provient; fur quoi il faut remarquer que le faififfant réellement eft mis au nombre des oppofans, & qu'il n'eft pas tenu de former oppofition après avoir faifi, quand même il auroit d'autres créances que celles pour lefquelles il a faifi.

Ces maximes s'appliquent aux décrets de maifons & héritages; mais dans les décrets d'Offices, il faut de plus former oppofition au fceau. V. l'Edit du mois de Février 1683, au mot Office.

Voyez ce que je dis, au mot Office, fur la maniere de diftribuer le prix qui en provient. Je rapporte les difpofitions de l'Edit du mois de Fév. 1683, & de la Décl. du 17 Juin 1703.

ORDRES RELIGIEUX.

Voy. Cîteaux, Cluni, Malte, Novices, Prémontré, Religieux, Vœux, &c.

OUVERTURE DE TESTAMENT.

V. Teftament.

OUVRERIE.

L'Ouvrerie eft dans quelques Chapitres, une dignité dont les fonctions font de prendre foin de l'entretien & des réparations de l'Eglife. Il y a une femblable dignité à Couferans. V. l'Arrêt que je cite à l'occafion de cette dignité, au mot Régale.

Ouvrerie eft auffi le nom d'un Office Clauftral. V. Offices Clauftraux.

OYANT.

C'eft ainfi qu'en matiere de compte, on nomme celui auquel un compte eft rendu. V. Compte.

Fin du fecond Volume.

www.ingramcontent.com/pod-product-compliance
Lightning Source LLC
Chambersburg PA
CBHW030008220326
41599CB00014B/1741